BMW EfficientDynamics
Weniger Verbrauch. Mehr Fahrfreude.

Eichelmann
2014
Deutschlands Weine

Gerhard Eichelmann

Eichelmann

2014

Deutschlands Weine

940 Weingüter und 8.850 Weine

Der Verlag übernimmt keine Gewähr für die angegebenen Preise oder die Verfügbarkeit der Weine bei den Weinerzeugern.

Autoren:
Wolfgang Faßbender (Rheingau, Mittelrhein)
Thomas Veigel (Pfalz, Hessische Bergstraße)
Jens Wagner (Pfalz, Nahe)

Redaktion:
Jutta Eichelmann
Ulrike Klein-Debiasi
Alexander Zäpf

Umschlaggestaltung: www.ultrabold.com
Karten: www.ultrabold.com
Herstellung, Satz: Mondo Heidelberg
Druck: TZ-Verlag & Print GmbH

Anschrift des Verlages:
Mondo Heidelberg
Bachstraße 27
69121 Heidelberg
info@mondo-heidelberg.de

ISBN 9783938839201

Inhalt

Autoren

Gerhard Eichelmann ist mit Wein aufgewachsen, machte aber erst über den Umweg einer internationalen Karriere als Unternehmensberater den Wein zum Hauptberuf. Er gründete 1997 den Verlag Mondo Heidelberg, führte mit der Weinzeitschrift Mondo das international übliche 100-Punkte-System für Weinbewertungen in Deutschland ein. Im Jahr 2000 veröffentlichte er die erste Ausgabe dieses Buches über deutschen Wein, das sich als Standardwerk etabliert hat.

Wolfgang Faßbender ist seit vielen Jahren freier Wein- und Gastronomiejournalist, schreibt für Medien wie die Weinwelt, das Sommelier-Magazin, Salz & Pfeffer oder die Schweizerische Weinzeitung. Er war stellvertretender Chefredakteur des Bertelsmann-Restaurantführers und hat zahlreiche regionale Gastroguides herausgegeben. Er lebt heute teilweise im Bergischen Land, teilweise in Zürich. Er verantwortet die Regionen Rheingau und Mittelrhein.

Thomas Veigel wusste schon als Jugendlicher Beerenauslesen von der Mosel zu schätzen, die ein Freund gelegentlich aus dem Keller seines Vaters besorgt hatte. Später entdeckte er die trockenen deutschen Weine, mit denen er sich seit 25 Jahren privat und beruflich als Wirtschaftsredakteur beschäftigt. Seit vielen Jahren verkostet er mit Gerhard Eichelmann, nun hat er seine Mitarbeit intensiviert und sich mit den Weinen der Pfalz und der Hessischen Bergstraße auseinandergesetzt.

Jens Wagner ist als Pfälzer Winzersohn mit Wein aufgewachsen, hat aber zunächst einen Weg außerhalb der Weinberge angestrebt. Während seines Studiums der Politik und der Geschichte in Mannheim begann er sich mit dem Thema Wein auseinander zu setzen und über Wein und Gastronomie zu schreiben, unter anderem für das Rhein-Neckar-Stadtmagazin Meier, den Gastroführer Espresso, die Rheinpfalz und Mondo. Er verantwortet die Nahe und zusammen mit Thomas Veigel die Pfalz.

Vorwort

Wieder ein Weinjahrgang bewältigt, zumindest was das Gros der Weißweine betrifft. 2012 ist ein normaler Jahrgang mit guten Qualitäten in der Basis, im Allgemeinen, denn mancher Winzer scheint es mit den Erträgen allzu gut gemeint zu haben, manch einer mit der Lese etwas allzu eilig.

Aber ganz klar: Man kann sehr gute Qualität schon im Einstiegsbereich finden, bei den Gutsweinen, wie man sie heute nennt. Es ist erfreulich, dass viele Winzer die vom VDP initiierte Einteilung des Sortiments in Guts-, Orts– und Lagenweine übernehmen, ob nun die trockenen Lagenweine als Großes Gewächs bezeichnet oder lediglich die Lage hervorgehoben wird, ist letztendlich egal. Eigenartigerweise sind es Weingüter außerhalb des VDP, beispielsweise in Rheinhessen, die dieses Konzept strikter und konsequenter umsetzen als viele Verbandsmitglieder selbst.

Nun gibt es „VDP-Erste Lagen" und „VDP-Große Lagen", und bei vielen VDP-Winzern findet man eine der beiden Bezeichnungen fast auf jedem Etikett, als ob es darauf ankäme, noch mehr auf deutsche Weinetiketten zu schreiben, statt diese zu entrümpeln. Will man den Verbraucher noch mehr verwirren? Darüber hinaus kommen Jahr für Jahr neue VDP-Winzer hinzu, die ihre teuersten Weine ohne Lagenbezeichnung vermarkten, sozusagen als „Ganz Große Gewächse", und der VDP toleriert dies, so wie er auch Markennamen statt Lagennamen akzeptiert, obwohl es die Arbeit von mehr als einem Jahrzehnt torpediert. „GGG" als neue Superkategorie für Nicht-Lagenweine?

Auch in diesem Jahr können wir viele junge Talente neu vorstellen oder als „Aufsteiger" auszeichnen und viele neue Betriebe vorstellen, es geht weiter voran, in fast allen deutschen Weinbauregionen.

Mein Dank gilt vor allem meiner Frau Jutta, ohne die ich dieses Buch nicht bewältigen könnte. Mein Dank gilt den Redakteuren dieser Ausgabe, ebenso allen, die kritisch mitverkostet haben, vor allem Harald Stelz, meinem wichtigsten „Sparringspartner" in diesem Verkostungssommer; zu guter Letzt Frederic, auch wenn er kaum noch Zeit findet mir zu helfen.

Gerhard Eichelmann

Zum richtigen Gebrauch

In diesem Buch werden die besten deutschen Weinerzeuger und ihre Weine vorgestellt. Das Verzeichnis ist alphabetisch nach den Namen der Weingüter geordnet, wobei der für die Alphabetisierung relevante Teil des Namens durch rote Schrift gekennzeichnet ist.

1. Im Namensfeld, mit dem jeder Eintrag beginnt, finden Sie die Angaben, in welcher Region der Betrieb Weine erzeugt, und eine Qualitätseinstufung in Form von Sternen (neue Betriebe erhalten maximal 2 Sterne).

Grundlage der Beurteilung ist die Gesamtleistung des Weinguts in den letzten drei Jahren. Es bedeuten:

★ ★ ★ ★ ★   Weltklasse, internationales Spitzenweingut
★ ★ ★ ★   Hervorragendes Weingut
★ ★ ★   Sehr gutes Weingut
★ ★   Gutes Weingut
★   Überdurchschnittliches, zuverlässiges Weingut
☆   Ein weißer Stern hinter den schwarzen Sternen zeigt die Zwischenstufe zwischen zwei Kategorien an.

2. Nach dem Namensfeld folgen weitere Angaben zum Weingut wie Adresse, Telefon- und Faxnummer, ggf. E-Mail-Adresse und Webseite im Internet. Dazu der Name des Inhabers, ggf. Geschäftsführer und Mitgliederzahl einer Genossenschaft, Größe der Rebfläche in Hektar, sowie zusätzliche Informationen, die für einen Besucher von Interesse sind (Öffnungszeiten, Weinstube, Gästezimmer u. a.).

Darüber hinaus bedeuten die Symbole

🍇   Zertifiziert biologisch arbeitendes Weingut
◆   Weingut ist in diesem Jahr neu im Buch

3. Die Weine eines Weinguts werden aufgeführt in der Reihenfolge

    Sekte
    Weißweine (in der Abfolge trocken, halbtrocken, süß)
    Rosés/Weißherbste
    Rotweine

Zum richtigen Gebrauch

4. Die Vorstellung der einzelnen Weine folgt dem Schema

Jahrgang und Rebsorte (oder „Name") des Weins
Prädikatsstufe (Kabinett, Spätlese, Auslese, Beerenauslese, Trockenbeerenauslese, Eiswein) oder weitere gesetzlich geregelte Bezeichnungen wie Classic, Selection, Erstes Gewächs
Ausbauart (trocken, halbtrocken)
Zusatzbezeichnung (z.B. Goldkapsel)
Lage

Alle nicht gesetzlich geregelten Termini sind in Anführungszeichen gesetzt, z.B. „GG", „feinherb", aber: Erstes Gewächs, halbtrocken.

Der Übersichtlichkeit zuliebe wird auf die Bezeichnung „Qualitätswein" oder „QbA" verzichtet. Ebenso wird bei roten Rebsorten auf den Zusatz „Rotwein" verzichtet.

Hinweis: Bisweilen ist eine betriebsinterne Klassifikation in Form von Sternen Bestandteil eines Weinnamens. Diese Sterne haben nichts mit einer Bewertung unsererseits zu tun.

5. Die Weinbewertung erfolgt nach dem international üblichen 100-Punkte-System:

95 bis 100	großartig, Weltklasse
90 bis 94	hervorragend
85 bis 89	sehr gut
80 bis 84	gut
75 bis 79	durchschnittlich
70 bis 74	unterdurchschnittlich
60 bis 69	deutliche Mängel
50 bis 59	völlig ungenügend

88+	Wein mit Entwicklungspotenzial
88+?	Wein womöglich mit Entwicklungspotenzial
88*	Unseres Erachtens hatte der Wein zum Zeitpunkt der Verkostung seinen Höhepunkt bereits überschritten
(88)	Fass- oder Tankprobe, keine endgültige Bewertung

6. Preise

5,20 €	Die angegebenen Preise sind Endverbraucherpreise ab Weingut, so wie sie uns von den Weinerzeugern übermittelt wurden.
4,70 €	Schnäppchen
ohne Preis	uns wurde kein Endverbraucherpreis mitgeteilt

Die Weingüter des Jahres

Die Preisträger 2014

Beste Weißweinkollektion: Weingut Klaus Keller

Beste Rotweinkollektion: Weingut Friedrich Becker

Beste edelsüße Kollektion: Weingut Fritz Haag

Aufsteiger des Jahres: Weingut Klumpp

Klassiker: Doosberg Oestrich
                               Weingut Peter Jakob Kühn

                               Doosberg Oestrich „Milestone"
                               Weingut Querbach

Original SELTERS ist zertifizierter Weinbegleiter

Zu meiner „2009er Kreation Rot - S -" aus Lemberger, Cabernet und Merlot, empfehle ich Original SELTERS Naturell.

Christian Dautel
Weingut Dautel
Württemberg

Der Ursprung guten Geschmacks

Beste Rotweinkollektion

Weingut

Friedrich Becker

Schweigen

Die Preisträger der Vorjahre

2013   Weingut Dr. Heger (Baden)

2012   Weingut Meyer-Näkel (Ahr)

2011   Weingut Rudolf Fürst (Franken)

2010   Weingut Franz Keller (Baden)

2009   Weingut Jean Stodden (Ahr)

2008   Weingut Jürgen Ellwanger (Württemberg)

2007   Weingut Bernhard Huber (Baden)

2006   Weingut Seeger (Baden)

2005   Weingut Jacob Duijn (Baden)

2004   Weingut Knipser (Pfalz)

2003   Weingut Bercher (Baden)

Eichelmann 2014

WEINGUT DES JAHRES

BESTE ROTWEINKOLLEKTION

Weingut
Friedrich Becker
Schweigen

Die Spätburgunder-Riege ist einmal mehr beeindruckend, vom „B" bis zum „Heydenreich" zeigen alle Weine reintönige Frucht, Struktur und Kräuterwürze: Großes Kino!

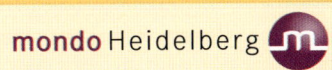

Beste Weißweinkollektion

Weingut

Klaus Keller

Flörsheim-Dalsheim

Die Preisträger der Vorjahre

2013   Weingut Rainer Sauer (Franken)

2012   Weingut Hermann Dönnhoff (Nahe)

2011   Weingut Knipser (Pfalz)

2010   Weingut Wittmann (Rheinhessen)

2009   Weingut Luckert Zehnthof (Franken)

2008   Weingut Emrich-Schönleber (Nahe)

2007   Weingut Josef Leitz (Rheingau)

2006   Weingut Klaus Keller (Rheinhessen)

2005   Weingut Wittmann (Rheinhessen)

2004   Weingut Andreas Laible (Baden)

2003   Weingut Clüsserath-Weiler (Mosel)

Eichelmann 2014

WEINGUT DES JAHRES

BESTE WEISSWEINKOLLEKTION

Weingut
Klaus Keller
Flörsheim-Dalsheim

Großer Riesling muss anspruchsvoll sein, darf anstrengend sein, Gutsweine dürfen Spaß machen: Klaus-Peter Keller hat verinnerlicht, worauf es ankommt.

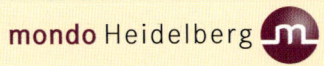

mondo Heidelberg

Beste edelsüße Kollektion

Weingut

Fritz Haag

Brauneberg

Die Preisträger der Vorjahre

2013   Weingut Schloss Lieser (Mosel)

2012   Weingut Markus Molitor (Mosel)

2011   Weingut Schäfer-Fröhlich (Nahe)

2010   Weingut Horst Sauer (Franken)

2009   Weingut Robert Weil (Rheingau)

2008   Weingut Clemens Busch (Mosel)

2007   Weingut Zilliken (Mosel)

2006   Weingut Markus Molitor (Mosel)

2005   Weingut Peter Jakob Kühn (Rheingau)

2004   Weingut Klaus Keller (Rheinhessen)

2003   Weingut Klaus Keller (Rheinhessen)

Eichelmann 2014

WEINGUT DES JAHRES

BESTE EDELSÜSSE KOLLEKTION

Weingut
Fritz Haag
Brauneberg

Frische und Frucht, Eleganz und Finesse, Reintönigkeit und Komplexität: Faszination Mosel-Riesling, eine großartige edelsüße Kollektion präsentiert Oliver Haag.

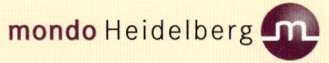

Aufsteiger des Jahres

Weingut

Klumpp

Bruchsal

Die Preisträger der Vorjahre

2013   Weingut Landgraf (Baden)

2012   Weingut Joh. Bapt. Schäfer (Nahe)

2011   Weingut von Winning (Pfalz)

2010   Weingut Raumland (Rheinhessen)

2009   Weingut Kühling-Gillot (Rheinhessen)

2008   Weingut Melsheimer (Mosel)

2007   Weingut Wagner-Stempel (Rheinhessen)

2006   Weingut Philipp Kuhn (Pfalz)

2005   Weingut Sybille Kuntz (Mosel)

2004   Weingut Schnaitmann (Württemberg)

2003   Weingut Flick (Rheingau)

Eichelmann 2014

WEINGUT DES JAHRES

AUFSTEIGER DES JAHRES

Weingut
Klumpp
Bruchsal

Familie Klumpp hat alles im Griff, davon zeugen fruchtbetonte, zupackende Gutsweine und reintönige, kraftvolle Lagenweine mit Substanz und Struktur.

mondo Heidelberg

Klassiker

Doosberg Oestrich Riesling

Weingut Peter Jakob Kühn, Oestrich-Winkel

Doosberg Oestrich Riesling

Weingut Querbach, Oestrich-Winkel

Die Klassiker der Vorjahre

2013   Riesling „GG" Morstein Westhofen
        Weingut Wittmann (Rheinhessen)

2012   Riesling „GG" Idig Königsbach
        Weingut Christmann (Pfalz)

2011   Weißburgunder „GG" Feuerberg Burkheim
        Weingut Bercher (Baden)

2010   Riesling Berg Schlossberg Rüdesheim
        Weingut Georg Breuer (Rheingau)

2009   Riesling Spätlese Niederhäuser Hermannshöhle
        Weingut Hermann Dönnhoff (Nahe)

2008   Grauburgunder Spätlese*** trocken Achkarrer Schlossberg
        Weingut Michel (Baden)

2007   Riesling Auslese „R" trocken Kallstadter Saumagen
        Weingut Koehler-Ruprecht (Pfalz)

2006   Spätburgunder „R" Centgrafenberg
        Weingut Rudolf Fürst (Franken)

2005   Weißburgunder Mandelberg Kirrweiler
        Weingut Bergdolt St. Lamprecht (Pfalz)

2004   Riesling Erstes Gewächs Kiedrich Gräfenberg
        Weingut Robert Weil (Rheingau)

Eichelmann 2014

KLASSIKER

DOOSBERG OESTRICH
RIESLING
Weingut
Peter Jakob Kühn
Oestrich-Winkel

Viel hat sich verändert in den letzten zwanzig Jahren, beim Doosberg wie im Weingut: Spitze ist der Doosberg Jahr für Jahr, komplex, lang und nachhaltig.

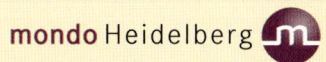

Eichelmann 2014

KLASSIKER

DOOSBERG OESTRICH
RIESLING „MILESTONE"
Weingut
Querbach
Oestrich-Winkel

Ein Meilenstein: Jahr für Jahr faszinierend reintönig und druckvoll, lang und nachhaltig und nach einem Jahrzehnt und länger noch frisch und lebendig.

s

Zur Entstehung dieses Buches

Auswahl der Weingüter

Bei in Deutschland etwa 14.000 Betrieben mit eigener Vermarktung, kann ein Buch über deutschen Wein natürlich nur eine kleine Auswahl der Weinerzeuger vorstellen. Wie kam also die Auswahl der hier vorgestellten Betriebe zustande? Natürlich orientieren wir uns zunächst am Vorjahr, alle Erzeuger, die im Vorjahr vorgestellt wurden, werden wieder gebeten Weine einzureichen. Ergänzt werden diese Betriebe durch Erzeuger, die von Freunden, aber auch von Lesern empfohlen wurden. Dazu kommen Betriebe, von denen wir auf verschiedenen Veranstaltungen, wie zum Beispiel Weinmessen, einzelne interessante Weine verkostet haben. So sind über 1100 Weinerzeuger in die Vorauswahl gekommen. Von diesen Betrieben haben wir jeweils einen Querschnitt ihrer Kollektion verkostet, das heißt meist zwischen sechs und zwölf Weine je Erzeuger. Aufgrund der Verkostungsergebnisse werden alle diejenigen Betriebe für dieses Buch ausgewählt, die eine deutlich überdurchschnittliche Gesamtleistung boten. Die Betonung liegt auf Gesamtleistung. Denn es gibt immer auch Betriebe mit allzu großen Schwankungen, die zwar einzelne sehr gute Weine haben, aber auch allzu viele unbefriedigende Weine. Bei den in diesem Buch aufgeführten Betrieben werden alle verkosteten Weine vorgestellt, auch Weine mit schwächerer Bewertung. Es wird also keine Betriebsleistung durch Weglassen einzelner Weine „beschönigt". Schon im Vorjahr vorgestellte Weine sind nur dann wieder aufgeführt, wenn sie in diesem Jahr erneut verkostet wurden.

Verkostung der Weine

Das Gros der Weine wird von Ende April bis Anfang Oktober in Blindproben verkostet. Dabei werden die Weine nicht nach Erzeugern, sondern nach Rebsorten und Weintypen (z.B. trocken, halbtrocken, süß) gruppiert und verkostet, ohne dass der Erzeuger erkenntlich ist. Der Preis der Weine spielt für die Gruppierung keine Rolle. Bei allen so verkosteten Weinen werden die AP-Nummern (amtliche Prüfnummern) erfasst. Ein kleiner Teil der Weine wird „offen" verkostet bei Besuchen bei Winzern. Von diesen solchermaßen verkosteten Weinen werden einige dann ein zweites Mal „blind" verkostet. Es werden aktuelle Weine vorgestellt. Dies heißt nicht zwangsläufig den letzten Jahrgang, sondern Weine, die aktuell im Verkauf sind. Ganz bewusst stellen wir darüberhinaus von Erzeugern, die ihre Weine auf längere Reifung anlegen oder spät in den Verkauf bringen, auch Weine aus zurückliegenden Jahrgängen vor. Einzelne Fass- oder Tankproben werden vorgestellt, sind aber als solche gekennzeichnet. Wenn die Weine bei uns eintreffen, werden sie ausgepackt. Anhand des – meist – beiliegenden Datenblattes wird jeder einzelne Wein überprüft ob Jahrgang stimmt, Lagenbezeichnung, AP-Nummer etc. (auf dem Datenblatt fragen wir auch die erzeugte Menge der Weine ab, die wir aber ebenso wie die AP-Nummern zwar erfassen, aber aus Gründen der Übersichtlichkeit nicht mit den Weinbewertungen veröffentlichen). Dann wird der Restzucker auf dem Etikett vermerkt und der Wein kommt in eine „Box" zu anderen, vergleichbaren Weinen. Entscheidend für die Zuordnung der Weine sind zunächst Region, Rebsorte und Ausbauart. Beispiel: Wir erhalten eine trockene Riesling Spätlese aus der Pfalz. Die Zuordnung ist klar. Region: Pfalz. Rebsorte: Riesling. Ausbauart: Trocken. Nun wissen wir aber, dass wir mehr trockene Rieslinge aus der Pfalz erhalten, als wir in einer Verkostung probieren können. Deshalb erfolgt in einem solchen Fall eine weitere Unterscheidung. Hier, im Falle des trockenen Rieslings, anhand des Alkoholgehaltes, nicht anhand der Prädikatsstufe. Auch in einer Verkostung von trockenen Weinen werden die Proben immer nach aufsteigendem Alkoholgehalt gestellt. Das heißt ein Qualitätswein mit 12,5 Prozent Alkohol kann neben einer trockenen Auslese mit gleichem Alkoholgehalt stehen. Anders bei süßen Weinen. Bei süßen Weinen ist der Restzucker der Weine maßgeblich für die Anordnung in der Probe.

Betriebsbeurteilung

Die Betriebsbeurteilung in diesem Buch nimmt eine Bewertung der aktuellen Leistungsfähigkeit der Weingüter anhand ihres Gesamtprogramms vor. Von den meisten aufgeführten Weingütern konnten nur mehr oder weniger große Teile des Gesamtprogramms verkostet werden. Vom Gros der Betriebe werden zwischen 6 und 12 Weine verkostet, das heißt nur ein Ausschnitt der Produktion. Diesen Ausschnitt ihrer Produktion haben die Betriebe selbst ausgewählt und zugeschickt (ein kleiner Teil der Weine, weniger als ein Prozent, wird von uns am Markt zugekauft). Bei jeder Gesamtbeurteilung muss also berücksichtigt werden, inwieweit die verkosteten Weine tatsächlich – wie gewünscht – einen Querschnitt des Gesamtprogramms der Weinerzeuger darstellen. Da dieses Buch als Einkaufshilfe für Weinfreunde gedacht ist, geht es um die aktuelle Leistungsfähigkeit der Weinerzeuger, nicht um historische Verdienste oder frühere große Weine, die schon lange nicht mehr im Verkauf sind. Für diese Betriebsbeurteilung werden folglich nur die drei letzten Jahrgänge herangezogen, wobei die Leistung im aktuellen Jahrgang am stärksten gewichtet wird. Sicherlich kann ein Winzer mit einem schwierigen Jahrgang einmal weniger gut zurechtkommen. Aber wer drei Jahrgänge hintereinander „verhaut", der hat nichts in einem Buch der besten deutschen Erzeuger verloren. Das heißt dann selbstverständlich auch, dass es von Jahr zu Jahr Veränderungen in der Betriebsbeurteilung geben kann, ja muss. Eine solche Betriebsbeurteilung will aktuell sein und stellt folglich nicht den Anspruch, eine auf Jahre hinaus gültige, starre Klassifikation zu sein, wie beispielsweise die berühmte Klassifikation der Weingüter in Bordeaux. Neben der aktuellen Leistungsfähigkeit ist es wichtig, das Gesamtprogramm der Erzeuger zu betrachten, nicht einzelne Weine oder Weintypen. Leider befasst sich die Weinkritik in letzter Zeit immer mehr nur mit einzelnen Spitzenweinen, die herausgestellt werden (meist edelsüße Weine oder aber Barriqueweine). Ohne darauf zu achten, ob es diese Weine wirklich auch in „vernünftigen" Mengen gibt, und ob sie auch tatsächlich im Verkauf sind. Der Trend hin zu solchen „Mikrovinifikationen" ist Augenwischerei. Aber solange die gewünschte Wirkung erzielt wird, kann man es den Winzern nicht verdenken, dass sie versuchen mit solchen Weinen bekannt zu werden und Auszeichnungen zu gewinnen. Immer, wenn wir eindrucksvolle Weine verkosten, versuchen wir vom Winzer zu erfahren, wie viele Flaschen es davon gibt. Und leider allzu oft bekommen wir Antworten wie „...ein Barrique". Das Gesamtprogramm eines Weinerzeugers zu beurteilen heißt ein Urteil über seine sämtlichen Weine abzugeben, über trockene und süße, halbtrockene und edelsüße Weine. Wenn einer nur edelsüße Weine macht, und diese Weine sind alle Top – Spitze! Wenn einer aber zehn edelsüße Weine in Kleinstmengen erzeugt, die nicht einmal 5 Prozent seiner Produktion ausmachen, diese zehn alle verkosten lässt – Spitze? Das lässt sich wohl erst dann sagen, wenn man auch den Rest des Programms kennt. Wir haben dieses Problem sehr oft mit Weinkennern diskutiert, die uns einzelne Winzer als die Topwinzer in einer Region empfohlen haben. Wenn wir dann einwarfen, dass aber – als Beispiel – die trockenen Weine dieses Winzers alles andere als großartig seien, kam sehr häufig die Entgegnung: „ja klar, die trockenen, die kann man vergessen, aber die Auslesen sind großartig!" Worauf wir meist entgegneten: „Aber wenn man 60 Prozent der Weine dieses Winzers „vergessen" kann, kann dies denn dann ein Top-Winzer sein?" Beurteilt man einen Betrieb nun nach seinen Spitzen oder nach dem gesamten Programm? Wir beurteilen das Gesamtprogramm, auch wenn nicht jedem Winzer dies gefallen wird. Aber die Größe eines Winzers zeigt sich an seinem kleinsten Wein. In diesem Buch wird die Gesamtleistung der Erzeuger mit Sternen bewertet. Bei Betrieben, bei denen Zweifel bestehen, ob die vorgestellten Weine tatsächlich einen Querschnitt des Programms darstellen, wird sehr „vorsichtig" und zurückhaltend bewertet (wenn beispielsweise ein Weingut zu 90 Prozent trockene Weine erzeugt, aber zu 90 Prozent edelsüße Weine eingeschickt werden).

Weinbeschreibungen

Lange Zeit hatten wir jeden einzelnen Wein beschrieben. Über die Jahre hinweg kamen immer mehr Weingüter ins Buch, aus Platzgründen mussten wir nach und nach darauf verzichten, alle Weine zu beschreiben. Zuletzt haben wir nur noch Weine mit einer gewissen Mindestpunktzahl beschrieben und/oder die am besten bewerteten Weine eines Betriebs. Dadurch wurden oft die (mengenmäßig) wichtigen Weine nicht beschrieben, z.B. die Gutsrieslinge. Was wir Schade fanden. Deshalb haben wir uns entschlossen, den Beschreibungen stärkeres Gewicht zu verleihen und sie in die Weingutportraits einfließen zu lassen. Auf Angaben zur Lagerfähigkeit der einzelnen Weine verzichten wir ganz bewusst, da wir glauben, dass jeder Weinfreund selbst am besten weiß, in welchem Reifestadium er welchen Wein bevorzugt. Kauft man größere Mengen eines Weines, so empfiehlt es sich, hin und wieder eine Flasche davon zu öffnen, um die Entwicklung zu verfolgen und für sich entscheiden zu können, ob und wann der optimale Trinkzeitpunkt gekommen ist.

Zur Entstehung dieses Buches

Weinkritik

Weinkritik hat zwei Kriterien zu erfüllen: Sie muss in sich konsistent und sie muss nachvollziehbar sein. Konsistenz des Urteils heißt, dass man beispielsweise zwei sehr ähnliche Weine auch ähnlich bewertet, unabhängig vom Namen des Erzeugers. Konsistenz des Urteils heißt aber auch, dass man in zeitnahen Verkostungen den selben Wein identisch oder weitestgehend identisch bewertet. Alles andere ist Scharlatanerie. Abweichungen können sich ergeben, wenn man den selben Wein in einem größeren zeitlichen Abstand, zum Beispiel nach zwei Jahren, erneut verkostet. Das zweite Kriterium, die Nachvollziehbarkeit des Urteils, kann nur dadurch gewährleistet sein, dass man das Urteil begründet in dem man die Weine entweder einzeln oder in Bezug zueinander beschreibt. Der Umfang und die Sprache der Weinbeschreibung hängen prinzipiell von zwei Kriterien ab: Für wen schreibt man und wie viel Platz steht zur Verfügung. Für Önologen oder Sommeliers kann man Weine anders beschreiben als für Weinliebhaber ohne fachliche Vorkenntnisse. Genauso muss man danach differenzieren, ob man beispielsweise auf einer Buchseite nur einen Wein vorstellt, oder aber zwanzig Weine.

Warum Blindproben?

Blindproben sind keine notwendige Bedingung für seriöse Weinkritik, dies sind allein Konsistenz und Nachvollziehbarkeit des Urteils. Bei allen Weinwettbewerben weltweit haben sie sich aber als probates Mittel etabliert, um zu gewährleisten, dass jeder Wein die gleiche Chance hat. Aber vielleicht ist dies ja manchmal nicht erwünscht, so dass es immer noch Weinkritiker gibt, die lieber offen verkosten. Vielleicht ist der Grund dafür auch nur ein Mangel an Vertrauen in die eigenen Fähigkeiten als Verkoster. Wann immer wir die Wahl haben entscheiden wir uns für Blindproben, weil uns das Verkosten dadurch einfacher wird: Man kann sich ganz auf den Wein konzentrieren. Verkostet man „offen", muss man sich viel mehr darauf konzentrieren, dass nichts von dem, was man über den Wein weiß – z.B. wie der Wein im letzten Jahr geschmeckt hatte und bewertet wurde – das Urteil beeinflusst. ◄

Die Mondo-Klassiker-Bibliothek

Marcel Reich-Ranicki hat seinen Kanon herausragender Werke der deutschen Literatur seit 2002 in fünf Teilen herausgebracht, seine „Klassiker-Bibliothek". Da unser Schaffen in einer Rezension einmal mit dem von Reich-Ranicki verglichen wurde, liegt es also nahe, dass auch wir unseren Kanon großer deutscher Weine veröffentlichen, unsere „Mondo-Klassiker-Bibliothek".

Jedes Jahr ein Klassiker

Seit Jahren schon zeichnen wir jedes Jahr einen Wein als „Klassiker" aus, einen Wein, der zum einen Jahr für Jahr hohe Qualität bietet, zum anderen aber auch Jahr für Jahr ein klares Profil zeigt und als Klassiker, als Prototyp seiner Rebsorte und Region gelten kann. Solche Klassiker zeichnen sich darüber hinaus durch ihre Langlebigkeit aus, was sie am besten in Vertikalverkostungen unter Beweis stellen können. Solche Klassiker sind für uns „große Weine", und die Weinberge, in denen sie wachsen, folglich große Lagen. Punkt. ◄

Centgrafenberg Bürgstadt

Spätburgunder „R"

Weingut Rudolf Fürst

Der Centgrafenberg in Bürgstadt ist ein in 160 bis 250 Meter Höhe gelegener Südhang mit einer Steigung von 10 bis 40 Prozent, teilweise terrassiert. Der Boden besteht aus verwittertem Buntsandstein mit teilweise tonigem Grund und unterschiedlicher Lössauflage. Seit Jahrhunderten werden hier rote Burgunder angebaut, heute aber setzt Paul Fürst Maßstäbe für Früh- und Spätburgunder, nicht nur für Franken, sondern für Deutschland.

Doosberg Oestrich

Riesling trocken

Weingut Peter Jakob Kühn

Der Doosberg, eine nach Süden und Westen geneigte Kuppe am östlichen Ortsrand von Oestrich, ist eine windexponierte Lage, der lehmige Boden ist durchsetzt
mit Kieseln und großen Bruchstücken aus grauem Quarzit. Der Riesling von Peter
Jakob Kühn stammt von einem Weinberg mit alten Reben fast am höchsten Punkt
des „Doosberg Köpfchens", biodynamisch bewirtschaftet, der Wein wird spontanvergoren, spät abgefüllt, ist komplex, druckvoll, sehr eigenständig.

Doosberg Oestrich

Riesling „Milestone"

Weingut Querbach

Meilenstein nennt Peter Querbach seinen Wein aus dem Doosberg neuerdings, den Spitzenwein des Betriebes. Kurze Maischestandzeit, Spontangärung, langes Hefelager in Edelstahltanks, späte Abfüllung, all das kennzeichnet die Querbachschen Weine. Der Doosberg kann nicht nur hervorragend reifen, wie er in Vertikalverkostungen eindrucksvoll unter Beweis stellt, er braucht auch einige Zeit, um zu zeigen, was in ihm steckt.

Feuerberg 1℟
WEISSER BURGUNDER GG
Kaiserstuhl

Feuerberg Burkheim

Weißer Burgunder GG

Weingut Bercher

Der Feuerberg in Burkheim liegt in 230 bis 240 Meter Höhe am Kaiserstuhl. Der Boden besteht aus Vulkanverwitterungsgestein mit Lössauflagen, aufgrund dieses vulkanischen Ursprungs erhielt er seinen Namen Feuerberg. Burgunder jeder Couleur fühlen sich hier wohl, wie man an den Weinen von Arne und Martin Bercher erkennen kann, Jahr für Jahr faszinieren die Spätburgunder, die Grauburgunder und die wunderschön eleganten Weißburgunder vom Feuerberg.

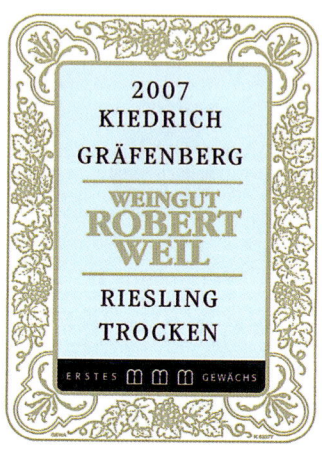

Gräfenberg Kiedrich

Riesling trocken Erstes Gewächs

Weingut Robert Weil

Im 12. Jahrhundert als Berg des Rheingrafen bezeichnet, findet sich erstmals 1258 die Bezeichnung Grevenberg urkundlich belegt. Bis 1803 gehörte der Gräfenberg größtenteils dem Kloster Eberbach, heute ist das Weingut Robert Weil größter Besitzer. Der Boden ist mittel- bis tiefgründig und mit Lösslehm durchsetzt, Phyllite bilden den hohen Gesteinsanteil. Riesling hat hier eine Heimat gefunden, erbringt Spitzen als trockenes Erstes Gewächs, aber auch in edelsüßer Form.

Hermannshöhle Niederausen

Riesling Spätlese

Weingut Hermann Dönnhoff

Die Böden der auch optisch markanten Lage – ein in einer Höhe von 130 bis 175 Meter nach Süd bis Südwest ausgerichteter kegelförmiger Hügel in einer Biegung der Nahe direkt gegenüber Oberhausen – bestehen aus Grauschieferverwitterung, durchsetzt mit vulkanischem Eruptivgestein, Porphyr, Kalkstein und steinig-grusigen Lehmen. Helmut Dönnhoff erzeugt hier eine Jahr für Jahr faszinierende Spätlese – und ein ebenso faszinierendes trockenes Großes Gewächs.

33

Idig Königsbach

Riesling GG

Weingut Christmann

In einer Urkunde aus dem Jahr 1346 wird erstmals ein „Weingarten im Idischen"
in Königsbach erwähnt. Heute umfasst die Lage Königsbacher Idig 7 Hektar,
eine 4 Hektar große arrondierte Fläche gehört Steffen Christmann, der seinen
Weinberg biodynamisch bewirtschaftet. Der Idig ist ein relativ steiler Südhang,
die Kessellage zusammen mit dem Boden aus tertiärem Kalkmergel ergibt
kraftvolle, komplexe Rieslinge mit Wiedererkennungswert.

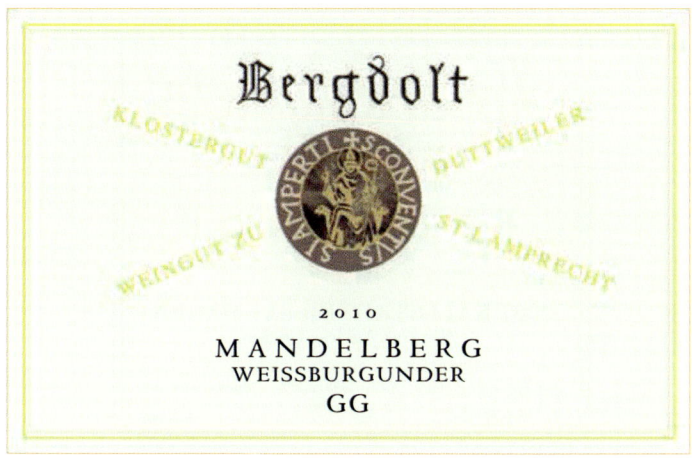

Mandelberg Kirrweiler

Weißburgunder GG

Weingut Bergdolt St. Lamprecht

Als Riedel bezeichnet man die in Ost-West-Richtung verlaufenden Höhenzüge, die die pfälzische Rheinebene prägen. Der Kirrweiler Mandelberg liegt an der Südseite eines solchen Riedels. Der extrem kalkhaltige Boden mit Lössablagerung bietet beste Voraussetzungen für große Burgunder – die Weißburgunder des Weinguts Bergdolt St. Lamprecht zeigen dies Jahr für Jahr, am brillantesten das Große Gewächs.

Saumagen Kallstadt

Riesling Auslese trocken R

Weingut Koehler-Rupprecht

Der Saumagen ist unter diesem Namen schon seit über 200 Jahren bekannt, woher der Name rührt ist umstritten; im deutschen Weingesetz 1971 wurde er als (wenn auch kleine) Großlage definiert. Es ist ein nach Süd-Südost ausgerichteter Hang mit bis zu 25 Prozent Steigung. Der Boden besteht vor allem aus Lösslehm und Kalkmergel. Die trockenen Rieslinge aus dem Saumagen sind präzise, mineralisch und nachhaltig – und enorm langlebig.

Schlossberg Achkarren

Grauer Burgunder*** Spätlese trocken

Weingut Michel

Der steile Süd-Südwesthang über dem Ort Achkarren ist nach einem im 13. Jahrhundert errichteten Schloss benannt. Der sehr steinhaltige Boden besteht aus Vulkanverwitterungsgestein mit hoher Wärmespeicherfähigkeit schafft zusammen mit der Kessellage ein einzigartiges Mikroklima, das feurige, lebhafte Weine hervorbringt wie die immer faszinierend reintönigen Grauburgunder von Josef Michel.

Berg Schlossberg Rüdesheim

Riesling

Weingut Georg Breuer

Der Berg Schlossberg ist ein nach Süden ausgerichteter Steilhang mit Böden aus Quarzit und rotem Schiefer. Er hat seinen Namen von der Burg Ehrenfels, die Anfang des 13. Jahrhunderts von den Mainzer Erzbischöfen als Schutz- und Zoll-burg errichtet wurde und inmitten der Weinberge des Schlossbergs liegt. Schlossberg-Rieslinge sind rassig, kraftvoll und mineralisch, enorm nachhaltig und langlebig.

Morstein Westhofen

Riesling „GG"

Weingut Wittmann

Der Morstein, urkundlich erstmals 1282 erwähnt, besteht im Untergrund aus massivem Kalkfelsen, die obere Schicht besteht meist aus schwerem Tonmergel mit Kalksteineinlagen. 5 Hektar besitzen Günter und Philipp Wittmann im süd- östlich geneigten Teilstück des Morstein. Bereits Mitte der Achtziger Jahre be- gann Günter Wittmann mit der Umstellung auf biologischen Weinbau, heute werden alle Weinberge biodynamisch bewirtschaftet.

Die deutschen Weinregionen

In diesem Kapitel werden die deutschen Weinregionen in alphabetischer Reihenfolge vorgestellt. Zu jeder Region werden am Ende des jeweiligen Teilkapitels die in diesem Buch vorgestellten Betriebe aufgeführt. Erzeuger, die Weine aus mehr als einer Weinbauregion erzeugen, finden sich unter der Region wieder, aus der die meisten der von ihnen produzierten Weine stammen. Im Anhang sind die Erzeuger nochmals alphabetisch nach Regionen gelistet.

Dreizehn Weinregionen gibt es in Deutschland, ihrer Rebfläche nach geordnet sind dies:

Rheinhessen	26.516 ha
Pfalz	23.489 ha
Baden	15.815 ha
Württemberg	11.359 ha
Mosel	8.765 ha
Franken	6.104 ha
Nahe	4.172 ha
Rheingau	3.145 ha
Saale-Unstrut	765 ha
Ahr	562 ha
Sachsen	492 ha
Mittelrhein	462 ha
Hessische Bergstraße	448 ha

Saale-
Unstrut

Sachsen

Mittelrhein

Ahr

Rheingau

Franken

Mosel

Rhein-
hessen

Nahe

Hessische
Bergstraße

Pfalz

Baden

Württemberg

Baden

Ahr   562 ha

2013 hat die Ahr zwei ihrer führenden Winzer verloren: Wolfgang Hehle und Gerhard Stodden waren maßgeblich beteiligt am Aufschwung der Region in den letzten beiden Jahrzehnten. Der Aufschwung setzt sich unaufhörlich fort, auch in diesem Jahr haben die Spitzenbetriebe an der Ahr grandiose Kollektionen mit faszinierenden Früh- und Spätburgundern – und nicht nur, weil 2011 ein sehr guter Jahrgang an der Ahr ist. Immer besser erkennt man in den Spitzenweinen, neben der Handschrift der Winzer, die Lagenunterschiede. Meyer-Näkel und Stodden haben einmal mehr hervorragende Kollektionen, zeigen dabei aber zwei völlig unterschiedliche Interpretationen dessen, was Ahr-Spätburgunder auszeichnet. Kreuzberg hat in der Spitze weiter zugelegt, auch bei Burggarten geht es stetig bergauf, die beiden Weingüter haben sich in den vergangenen Jahren zu den etablierten Betrieben wie Adeneuer oder Deutzerhof gesellt.

Konzentration auf Spätburgunder

Mit gut 550 Hektar Rebfläche ist die Ahr eine kleine Weinbauregion. Die Weinberge erstrecken sich auf knapp 30 Kilometer zwischen Altenahr und Heimersheim, wobei die Spitzenlagen am nördlichen Ufer der Ahr liegen. In den Weinbergen wachsen vor allem rote Reben, 85 Prozent. Womit die Ahr die deutsche Weinregion mit dem höchsten Rotweinanteil ist. Wichtigste Rebsorte ist der Spätburgunder, der mehr als 62 Prozent der Fläche einnimmt, dann folgt mit weitem Abstand Portugieser, der im Anbau rückläufig ist, inzwischen von Riesling überholt wurde, der wichtigsten Weißweinsorte an der Ahr. In den letzten Jahren legte der Frühburgunder kräftig zu, wird immer mehr zur regionalen Spezialität. Vor 30 Jahren sah das alles ganz anders aus, damals gab es 20 Prozent Riesling, 20 Prozent Portugieser und 20 Prozent Spätburgunder. Und das Meiste davon wurde süß ausgebaut, unabhängig von der Rebsorte.

Kleine Region ganz groß

Die Ahr ist ein junges Anbaugebiet. Natürlich hat das Tal eine lange Weinbaugeschichte, aber alles, was für Weininteressierte wichtig ist, passierte in den letzten zwei, drei Jahrzehnten. Werner Näkel war der Erste, der das Potenzial der Region nutzte, um eigenständige, große deutsche Spätburgunder zu produzieren. In den achtziger Jahren war dies, damals, als eigentlich niemand an der Ahr trockene Weine erzeugt hat und der Ausbau im Barrique unbekannt war. Heute ist Barriqueausbau bei den Spitzenweinen die Regel, großer Pinot Noir braucht Barrique.

Längerer Fassausbau

Lange Zeit hat man die Weine viel zu früh abgefüllt, auch die Spitzenweine. Gerhard Stodden und Wolfgang Hehle waren die Ersten, die ihre Weine länger im Fass ausbauten und zeigten, dass sich dies positiv auf die Lagerfähigkeit der Weine auswirkt. Auch bei anderen Erzeugern wie Werner Näkel, Ludwig Kreuzberg und den Brüdern Adeneuer zeichnet sich der gleiche Trend ab. ━

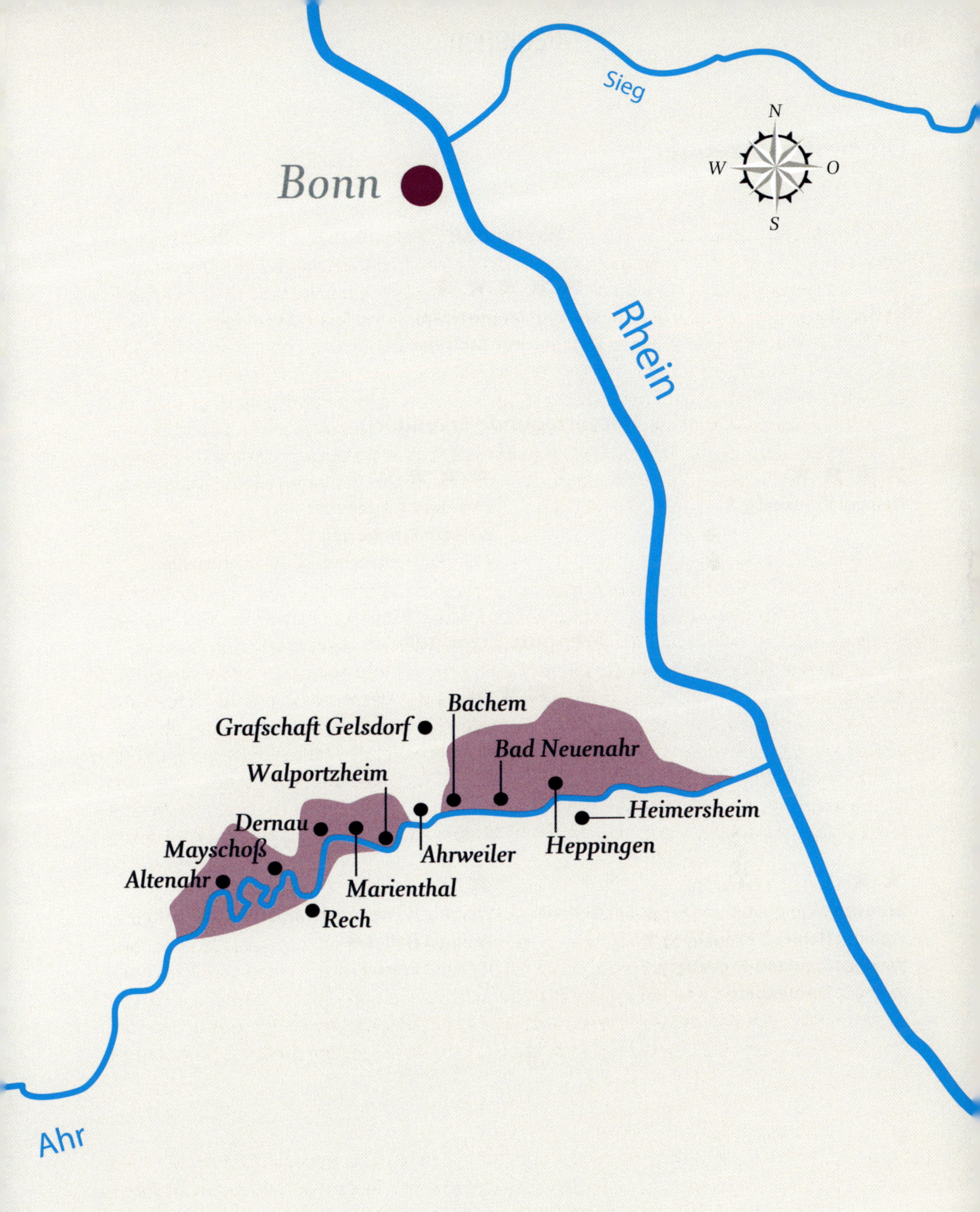

Sieg

Rhein

Bonn

N
W   O
S

Grafschaft Gelsdorf

Bachem

Bad Neuenahr

Walportzheim

Dernau

Heimersheim

Mayschoß

Ahrweiler

Heppingen

Altenahr

Marienthal

Rech

Ahr

Ahr

Die besten Erzeuger

Weltklasse

★ ★ ★ ★ ★

Weingut **Meyer-Näkel**
Weingut Jean **Stodden**

Hervorragende Erzeuger

★ ★ ★ ★

Weingut **Kreuzberg** ↑

★ ★ ★ ☆

Weingut J.J. **Adeneuer**
Weingut **Burggarten**
Weingut **Deutzerhof** – Cossmann-Hehle

Sehr gute Erzeuger

★ ★ ☆

Weingut Peter **Kriechel**
Weingut Paul **Schumacher**

Gute Erzeuger

★ ★

Brogsitter Weinguter und Privat-Sektkellerei
Weingut **Heiner & Kreuzberg** ↑
Weingut **Sermann-Kreuzberg**
Weingut **Sonnenberg**

★ ☆

Winzergenossenschaft **Mayschoß-Altenahr**
Weingut **Nelles** ◆
Weingut Erwin **Riske**

Baden   15.815 ha

Auch in diesem Jahr ist Baden wieder ganz stark in unseren Bestenlisten vertreten und das, obwohl 2012 alles andere als ein einfaches Jahr war. Die Spitzenbetriebe erzeugen Jahr für Jahr hervorragende Kollektionen, nicht nur am Kaiserstuhl, auch wenn dort die Dichte an Spitzen-Weingütern am höchsten ist. In keiner anderen deutschen Weinbauregion gibt es so viele hervorragende Spätburgunder, so viel hervorragende Weiß- und Grauburgunder als in Baden, nicht zu vergessen die Rebsorte, die Jahr für Jahr bessere Ergebnisse bringt: Chardonnay. Dass man auch Riesling hervorragend kann, Silvaner oder Muskateller, im Norden des Anbaugebietes auch Lemberger, mag klasse finden, wer die Vielfalt liebt. Die Spitze ist gefestigt: Am Kaiserstuhl sind es Heger und Bercher, Fritz Keller und Josef Michel, im Breisgau Huber und Wöhrle, Laible in der Ortenau, Seeger an der Bergstraße, aber auch Aufsteiger gibt es wie Klumpp oder Koch, Thomas Schätzle oder Hans-Bert Espe, um nur einige wenige zu nennen. Uns ist nicht bange um Baden, auch wenn es mit den meisten Genossenschaften nicht zum Besten bestellt ist.

Heterogen
Mit knapp 16.000 Hektar Weinbergen ist Baden der Fläche nach das drittgrößte deutsche Anbaugebiet. Keine andere deutsche Weinbauregion ist aber so heterogen wie Baden: Schließlich liegen ja auch 400 Kilometer zwischen Tauberfranken im Norden und dem Bodensee oder dem Markgräflerland im Süden. Im Vergleich zu manchen anderen deutschen Anbaugebieten ist Baden „von der Sonne verwöhnt". Die Trauben erreichen einen höheren Zuckergehalt, die daraus entstehenden Weine sind etwas höher im Alkohol. Die Region Baden ist in insgesamt neun Bereiche eingeteilt, die sich sowohl hinsichtlich der angebauten Rebsorten, als auch hinsichtlich der Böden und der Weine, die sie erzeugen, deutlich voneinander unterscheiden.

Rebsorten
Wichtigste Rebsorte in Baden ist der Spätburgunder, der inzwischen 36 Prozent der gesamten Fläche einnimmt. Danach folgt Müller-Thurgau und dann erst – mit gehörigem Abstand – Grauburgunder. Weißburgunder hat Riesling überholt, liegt nun an vierter Stelle in der Anbaustatistik, nach Riesling folgt Gutedel. Wobei die einzelnen badischen Weinbaubereiche jeweils eigene Spezialitäten haben. Im Markgräflerland ist dies der Gutedel, aber auch Rebsorten wie Nobling oder Freisamer findet man hier. Am Kaiserstuhl findet man neben den Burgundersorten auch Silvaner, Gewürztraminer und Muskateller als Spezialitäten. Im Kraichgau schließlich gibt es den Auxerrois und viele aus dem benachbarten Württemberg bekannte Rebsorten wie Lemberger oder Schwarzriesling.

Main

· Reicholzhe

Mannheim

· Weinheim
· Schriesheim

Heidelberg
· Rohrbach
· Leimen
· Diehlheim

· Michelfeld
· Tiefenbach

Rauenberg

Ubstadt-Weiher

Bruchsal

Karlsruhe

Neustadt/Wstr.

Nahe

Glan

Rhein

Jagst

Beckstein

Heilbronn

Enz

Stuttgart

N
W   O
S

Varnhalt
· Sinzheim
· Neuweier
Bühl
· Kappelrodeck

1 Bischoffingen, Obertbergen,
Vogtsburg, Oberrotweil

2 Schelingen

3 Eichstätten

4 Bötzingen

5 Ihringen

6 Merdingen

7 Waltershofen

· Durbach
Offenburg
Ortenberg

· Lahr
· Schmieheim ——— Ettenheim
· Herbolzheim
Kenzingen

Neckar

Endingen
Bickensohl   Burkheim
Achkarren
Breisach
Scherzingen   Munzingen

· Malterdingen
1 · Teningen
2 3
4   · Buchholz
5
6 7

Nimburg-Bottingen
Denzlingen

Freiburg im Breisgau

Pfaffenweiler   · Ebringen
Heitersheim   Schlatt
Britzingen   · Staufen
Auggen   · Laufen
                  · Müllheim
          · Schliengen

Donau

Efringen-Kirchen   · Binzen
Weil am Rhein   · Haltingen

Lottstetten-Nack

Hohentengen

Rhein

Konstanz

· Meersburg
· Hagnau

Bodensee

Baden

Tauberfranken

Ganz im Nordosten des Anbaugebiets liegt der Bereich Tauberfranken mit etwa 700 Hektar Weinbergen. Er umfasst den badischen Teil des Taubertals zwischen Wertheim und Bad Mergentheim, dessen andere Teile zu den Regionen Franken und Württemberg zählen. Die Böden hier bestehen meist aus Muschelkalk und Buntsandstein. Die Weine hier sind sehr „fränkisch" in ihrer Art, gleichen in ihrem Geschmacksprofil eher Frankenweinen, denn badischen Weinen. Wichtigste Rebsorte ist – wie im benachbarten Franken – der Müller-Thurgau. Auch die weiteren wichtigen Rebsorten erinnern mehr an Franken als an Baden, Silvaner und Bacchus vor allem. Dazu gibt es Kerner, Riesling und als wichtigste Rotweinsorte Schwarzriesling. Eine Spezialität hier ist die alte Rebsorte Tauberschwarz, die nur noch im Taubertal auf wenigen Hektar zu finden ist. Qualitativ hat der badische Teil des Taubertals erst in den letzten Jahren auf sich aufmerksam gemacht, vor allem durch einen Winzer, Konrad Schlör in Reicholzheim.

Badische Bergstraße

Der Bereich Badische Bergstraße war früher mit dem Kraichgau in einem gemeinsamen Bereich zusammengefasst. Zu ihm zählen die Weinberge südlich und nördlich von Heidelberg. Im Norden schließt sich die Weinbauregion Hessische Bergstraße an. Der Bereich umfasst knapp 400 Hektar Weinberge. Bundesweite Bekanntheit hat hier das Weingut Seeger in Leimen erlangt, anfangs vor allem mit seinen barriqueausgebauten Rotweinen, inzwischen auch mehr und mehr mit Weißweinen, denn auch weiße Sorten, Grauburgunder, Weißburgunder oder Riesling, können hier bemerkenswerte Weine ergeben.

Kraichgau

Im Süden der Badischen Bergstraße liegt das Kraichgau mit etwa 1.300 Hektar Weinbergen. Aufgrund unterschiedlicher Böden im Kraichgau sind die Weine hier heterogener als in den anderen badischen Weinbaubereichen. Im Kraichgau wird recht viel Riesling angebaut, aber auch Müller-Thurgau, Grauburgunder und Weißburgunder sind weit verbreitet. Kraichgauer Spezialität ist der Auxerrois, der heute auch außerhalb des Kraichgaus immer häufiger zu finden ist. Anders als in Südbaden bietet das Kraichgau eine Vielfalt an roten Sorten: Neben Spätburgunder findet man Lemberger, Portugieser, Schwarzriesling und Trollinger, in den letzten Jahren aber auch immer häufiger Sorten wie Regent oder Cabernet Sauvignon. Klumpp, Hummel, Burg Ravensburg, Heitlinger und Hagenbucher sind derzeit die Spitzenbetriebe im Kraichgau.

Ortenau

In der Ortenau, zwischen Baden-Baden und Lahr, gibt es etwa 2.600 Hektar Weinberge. Die Reben hier wachsen im Schutze des Schwarzwalds und sind – anders als sonst in Baden – von Urgesteinsverwitterungsböden durchsetzt. Der Riesling, der hier traditionell auch Klingelberger genannt wird, ist die dominierende Rebsorte. Neben Riesling gibt es recht viel Spätburgunder, die wichtigste Rotweinsorte der Ortenau. Gerade die Rieslinge aber mit ihrem eigenständigen Profil haben seit den neunziger Jahren für Aufsehen gesorgt. An erster Stelle ist Andreas Laible zu nennen, der jedes Jahr eine Vielzahl an sehr guten Rieslingen (und nicht nur Riesling!) erzeugt. Aber auch Schloss Neuweier präsentiert seit über einem Jahrzehnt beeindruckende, herrlich mineralische Weine. Mit Rotwein haben sich in der Ortenau seit den neunziger Jahren vor allem Heinrich Männle und Schloss Ortenberg einen Namen gemacht, im darauffolgenden Jahrzehnt dann Jacob Duijn und Ewald Kopp, von einem Ortenauer Spätburgunder-Boom zu sprechen wäre allerdings verfehlt.

Breisgau

Im Breisgau, zwischen Lahr und Freiburg, gibt es etwa 1.800 Hektar Weinberge. Die wichtigsten Rebsorten hier sind Müller-Thurgau, Grauburgunder und Spätburgunder. Anders als in den benachbarten Bereichen Kaiserstuhl und Ortenau, haben sich hier noch keine Weintypen mit „Wiedererkennungswert" etabliert. Während Bernhard Huber vor allem mit seinen Spätburgundern bekannt geworden ist, aber auch hervorragende weiße Burgunder auf die Flasche bringt, waren bei der Familie Wöhrle vom Weingut der Stadt Lahr meist Chardonnay und die weißen Burgunder die interessantesten Weine; inzwischen legt man auch beim Spätburgunder zu. Eine Region mit viel Potenzial!

Kaiserstuhl

Der Kaiserstuhl ist der größte und sicherlich auch bekannteste badische Bereich. Die Burgunder vom Kaiserstuhl gehören regelmäßig zu den Spitzenweinen in Deutschland. Egal ob Grauburgunder, Weißburgunder oder Spätburgunder, nirgendwo sonst in Deutschland gibt es eine solche Dichte an Topburgundern wie am Kaiserstuhl. Aber auch Riesling, Silvaner oder Muskateller sind hier immer wieder ganz hervorragend. In keinem anderen badischen Weinbaubereich gibt es eine solche Vielzahl an Spitzenwinzern wie am Kaiserstuhl. Joachim Heger und Bercher gehören schon seit langem zur deutschen Winzerelite, ebenso Salwey. Josef Michel ist noch immer erstaunlich wenig bekannt, gehört aber seit Ende der neunziger Jahre zur absoluten Spitze, ebenso Fritz Keller, dessen Name für durchgegorene, hochklassige Weine steht, weiß wie rot: Eine Region mit immensen Möglichkeiten!

Tuniberg

Der Tuniberg war bis 1990 ein Teil des Bereichs Kaiserstuhl. Spätburgunder spielt hier die wichtigste Rolle – mit immer besseren Ergebnissen. Grauburgunder, Chardonnay und Weißburgunder werden von Jahr zu Jahr interessanter. Wobei der Tuniberg – anders wie der Kaiserstuhl – bisher noch kein klares Profil zeigt, zu wenige Spitzenerzeuger gibt es bisher hier.

Was macht Badischen Wein so einzigartig?

Aurelia Warther
Badische Weinkönigin 2013/14

Genießer finden ihn auf der Weinkarte aller Sternerestaurants Badens.

Baden ist nicht nur Deutschlands südlichstes Weinland – wo die Sonne öfter und wärmer scheint, als in jeder anderen Region – sondern auch das Anbaugebiet mit den meisten Sternerestaurants. Und alle setzen auf den wahren Genuss. Unsere Weine sind mit Liebe gemacht und vereinen die ganze badische Lebensart in sich: die Freude an gutem Essen, feinen Spezialitäten, höchster Qualität und echter Gastfreundschaft.

  www.badischerwein.de

Markgräflerland

Das Markgräflerland macht immer noch rasante Fortschritte. Die Spätburgunder werden immer besser. Gleiches gilt für Weißburgunder und Grauburgunder. Und in der Liste der besten Chardonnay in Deutschland findet sich jedes Jahr eine Reihe von Markgräfler Weinen mit vorne dabei. Die Nummer Eins unter den Rebsorten ist aber nach wie vor die Markgräfler Spezialität schlechthin, der Gutedel. Er hat in den letzten Jahren sehr gewonnen, vor allem durch die kühlere Vergärung. Eine Gruppe von Winzern hat inzwischen unter dem Namen „Grüner Markgräfler" begonnen Gutedel als leichten, nicht chaptalisierten Wein mit etwa 10 Prozent Alkohol quasi als Marke zu positionieren: Absolut zeitgemäß! Mehr und mehr nutzen Winzer Gutedel auch für edelsüße Weine. Immer mehr Winzer schicken sich an den besten Weingütern vom Kaiserstuhl Paroli zu bieten. Ulrich Bernhardt vom Privatweingut H. Schlumberger ist da zu nennen, Lothar Heinemann, Gerd Schindler (Weingut Lämmlin-Schindler), auch Achim Jähnisch, Bernhard Frick und das Schlossgut Ebringen zählen dazu. Und natürlich der Altmeister, Hermann Dörflinger, der als erster im Markgräflerland sich für trockene Weine engagierte und Jahr für Jahr klasse Kollektionen auf hohem Niveau auf die Flasche bringt.

Bodensee

Die Weinberge am Bodensee sind die südlichsten in Deutschland. Vor allem Müller-Thurgau und Spätburgunder gibt es hier, aber auch Silvaner, Gutedel, Kerner, Bacchus und andere mehr. Während man lange Spätburgunder vor allem für Weißherbste oder leichte Rotweine nutzte, zeigen inzwischen erste Betriebe, dass man am Bodensee sehr gute und gehaltvolle barriqueausgebaute Spätburgunder erzeugen kann. Aber auch bei den weißen Burgundern und beim Chardonnay gibt es inzwischen einzelne bemerkenswerte Weine.

Strukturwandel

Allerdings ist Baden auch eine Region, die derzeit mit vielen Problemen zu kämpfen hat. Man hat es, anders als in Württemberg, nicht verstanden, dass man im genossenschaftlichen Sektor geschlossen auftreten muss: Die Erträge sind gesunken, Investitionen unterbleiben, die Qualität stagniert oder sinkt, die Auszahlungspreise sind niedrig. Viele Feierabendwinzer haben ihre Rebflächen auf- oder abgegeben, dies wird sich in den kommenden Jahren noch verstärken. Dem stehen nur relativ wenige Betriebsneugründungen gegenüber.

Spitzenweine, unabhängig vom Jahrgang

Bei all den regionalen Differenzen in Baden ist es natürlich schwierig, allgemeine Aussagen über die Jahre zu treffen. Generell und für alle Regionen kann man sagen, dass es schon lange kein absolutes Spitzenjahr mehr gegeben hat. Was aber die badischen Winzer nicht daran hindert Spitzenweine in bisher nicht gekannter Zahl zu erzeugen. Bei Weiß- und Grauburgunder, Spätburgunder und Chardonnay findet man Jahr für Jahr mehr Spitzenweine als in jeder anderen deutschen Weinbauregion. Aber nur die Spitze stimmt, wie eingangs gesagt, die Basis leider nicht immer. ◄

Die besten Erzeuger

Weltklasse

 ★★★★★
Weingut **Bercher**
Weingut Dr. **Heger**
Weingut Bernhard **Huber**
Weingut Schwarzer Adler. Franz **Keller**
Weingut **Michel**
Weingut **Seeger**

★★★★☆
Weingut Stadt Lahr – Familie **Wöhrle**

Hervorragende Erzeuger

 ★★★★
Weingut **Klumpp** ✦
Weingut Andreas **Laible**
Weingut **Salwey**
Privat-Weingut H. **Schlumberger**
Weingut Martin **Waßmer**

 ★★★☆
Weingut Hermann **Dörflinger**
Weingut Jacob **Duijn**
Weingut Freiherr von **Gleichenstein**
Wein- und Sektgut Bernd **Hummel**
Weingut **Knab**
Weingut Holger **Koch** ✦
Weingut Burg **Ravensburg**
Weingut Konrad **Schlör**

Sehr gute Erzeuger

 ★★★
Weingut **Fischer**
Weingut Thomas **Hagenbucher** ✦
Weingut Ernst **Heinemann** & Sohn
Weingut Klaus **Hermann**
Biologisches Weingut **Höfflin**
Weingut Achim **Jähnisch**
Weingut Karl H. **Johner** ✦
Weingut Arndt **Köbelin**
Weingut Gebr. **Müller**
Weingut **Pix**
Weingut Gregor und Thomas **Schätzle** ✦
Shelter Winery ✦
Weingut Fritz **Waßmer**
Weingut **Zalwander**

 ★★☆
Schlossgut **Ebringen**
Weingut **Heitlinger**
Weingut **Holub**
Weingut **Konstanzer**
Weingut **Kopp**
Weingut Schloss **Neuweier** ✦
Weingut Schloss **Ortenberg**
Weingut Stefan **Rinklin**
Weingut Claus **Schneider**
Weingut Lothar **Schwörer**
Weingut **Stigler**

_____ **Gute Erzeuger** _____

Weingut Susanne u. Berthold **Clauß**	Weingut **Aufricht**
Weingut Holger **Dütsch**	Weingut **Becker**
Weingut Schloss **Eberstein**	Weingut **Bielig**
Weinfamilie **Fendt** ↑	Winzergenossenschaft **Britzingen**
Weingut Otto und Martin **Frey**	Weingut **danner**
Weingut **Frick**	Weingut **Engelhof**
Weingut Reichsgraf u. Marquis zu **Hoensbroech**	Weingut **Engist**
Kalkbödele – Weingut der Gebrüder Mathis	Weingut **Engler** ↑
Weingut Friedrich **Kiefer**	Weingut Freiherr von und zu **Franckenstein**
Weingut **Lämmlin-Schindler**	Weingut **Jägle**
Weingut **Landmann**	Weingut **Köninger**
Gut **Nägelsförst**	Seegut **Kress**
Weingut **Plag**	Weingut Alexander **Laible**
Weingut **St. Remigius**	Weingut Thomas **Landerer** ↑
Weinbau Frank **Schiele**	Weingut Philipp **Lang** ↑
Weingut Rainer **Schlumberger**	Weingut Edwin **Menges**
Weingut Hans **Winter**	Weingut **Moosmann** ↑
Weingut R. **Zimmerlin** ↑	Weingut Adam **Müller**
	Weingut Friedhelm **Rinklin**
	Weingut **Schindler**
	Weingut Schloss **Staufenberg**
	Weingut **Weber**
	Weingut Michael **Wiesler** ↑
	Weingut **Zimmermann**
	Weingut Julius **Zotz**

Zuverlässige Erzeuger

Weingut **Abril**

Weingut **Aenis**

Winzergenossenschaft **Auggen**

Weingut **Benz** Beckstein

Weingut Dr. **Benz** – Kirchberghof

Weingut Andreas **Bieselin**

Weingut **Bös**

Weingut **Bosch** ◆

Durbacher Winzergenossenschaft

Weingut **GravinO**

Weingut Markus **Hafner**

Winzergenossenschaft **Haltingen**

Wein- und Sektgut **Harteneck**

Weingut **Hauser-Bühler**

Weingut **Hiss** ◆

Weingut Ludwig **Honold**

Weingut Simon **Huber** ◆

Weingut **Huck-Wagner**

Weingut Kilian und Martina **Hunn**

Weingut **Ihle**

Wein- und Sektgut Gerhard **Karle**

Weingut **Löffler**

Weingut Andreas **Männle**

Weingut Heinrich **Männle**

Staatsweingut **Meersburg**

Weingut Ludwig **Mißbach**

Weingut **Nägele** ◆

Winzergenossenschaft **Oberbergen**

Pfaffenweiler Weinhaus

Weingut **Rieger**

Weingut Leopold **Schätzle**

Weingut Dr. **Schneider**

Wein- und Sektgut **Schweigler**

Weingut - Weinhaus **Schwörer**

Weingut Josef J. **Simon** ◆

Franken   6.104 ha

Auch mit dem neuen Jahrgang sind wir zufrieden mit Franken. Wie schon im vergangenen Jahr hat es uns der Silvaner angetan, zeigt erneut seine ganzen Facetten. Dass auch in diesem Jahr wieder hervorragende Pinots und Rieslinge aus Franken kommen, wollen wir aber nicht verschweigen. Paul Fürst ist bundesweit für seine Spätburgunder bekannt, und Jahr für Jahr findet man auch bei anderen Betrieben hervorragende Rotweine. Auch der Weißburgunder zeigt immer häufiger Klasse, Chardonnay besitzt das gleiche Potenzial. Der Silvaner aber ist unumstritten die Leitsorte in Franken, immer mehr Weingüter setzen auf ihn, immer mehr zeigen die Möglichkeiten auf, die diese Rebsorte bietet. Einige Jahre setzte man auf Üppigkeit, Alkohol und Restsüße – das ist glücklicherweise vorbei, denn dies sind Eigenschaften, die dem Silvaner so gar nicht gut anstehen. Rainer Sauer zeigt beispielhaft, was trockener Silvaner kann, Horst Sauer demonstriert dies edelsüß, aber auch trocken, viele andere Winzer erzeugen Spannendes: Rainer Müller und Rudolf May, Paul Weltner und Ludwig Knoll, die Luckerts, Wirsching und Ruck. Und glücklicherweise wird über die Spitze nicht die Basis vernachlässigt, schöne Zechweine entstehen in Franken, auch vom Müller-Thurgau.

Fränkisch trocken

Fränkisch trocken war früher einmal jedem Weinfreund in Deutschland ein Begriff. Als „fränkisch trocken" bezeichnete Weine hatten nicht einmal halb so viel Restzucker, wie es im deutschen Weingesetz für trockene Weine erlaubt ist. Heute aber findet man nur noch wenige Winzer in Franken, die ihre trockenen Weine grundsätzlich durchgegoren ausbauen. „Fränkisch trocken" hat praktisch keine Bedeutung mehr. Eine Chance vertan, sich am deutschen Markt zu profilieren. Also setzte man ganz auf den Bocksbeutel, der wieder einmal dahin kommen soll, wo er einmal war, nämlich als Wahrzeichen des Frankenweins für Qualität zu stehen. Aber auch den Bocksbeutel wollen viele nicht mehr haben, immer öfter findet man Frankenwein in Bordeaux- oder Burgunderflaschen.

Rebsorten

Wichtigste Rebsorte in Franken ist der Müller-Thurgau mit einem Anteil von 28,5 Prozent. Auch wenn dieser Anteil stetig zurückgeht stehen die Franken zu ihrem „Müller". Es folgt die Rebsorte, für die Franken bekannt ist, der Silvaner, der sich derzeit wieder großer Beliebtheit erfreut und inzwischen wieder auf 23 Prozent der Fläche angebaut wird, Tendenz steigend. An dritter Stelle kommt Bacchus. Ergänzt wird der Sortenspiegel mit Riesling, den Burgundersorten, Kerner, Scheurebe oder Rieslaner. Rote Sorten, traditionell am Untermain (Bereich Mainviereck) angebaut, erfreuen sich steigender Beliebtheit und nehmen inzwischen 20 Prozent der Rebfläche ein. Neben Spätburgunder und Frühburgunder ergibt Domina, sortenrein aber auch in Cuvées, dabei die interessantesten Ergebnisse.

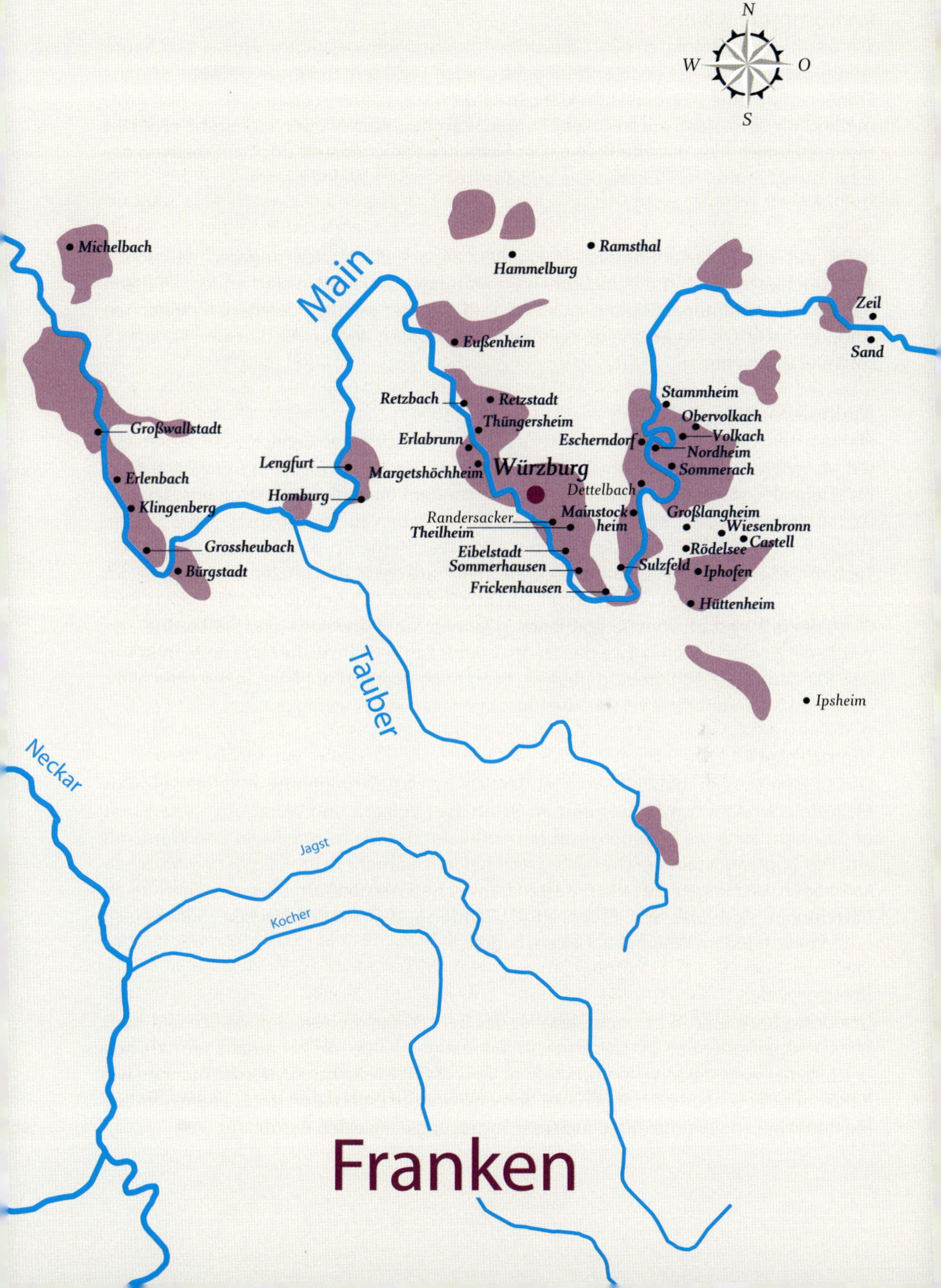

N
W O
S

Michelbach

Main

Ramsthal

Hammelburg

Zeil

Sand

Eußenheim

Großwallstadt

Retzbach   Retzstadt
Thüngersheim
Erlabrunn

Stammheim
Obervolkach
Volkach
Nordheim
Sommerach

Erlenbach

Lengfurt
Margetshöchheim

Würzburg

Escherndorf

Klingenberg
Homburg

Dettelbach

Großlangheim
Wiesenbronn
Castell

Grossheubach

Randersacker
Theilheim

Mainstock-
heim

Rödelsee
Iphofen

Bürgstadt

Eibelstadt
Sommerhausen
Frickenhausen

Sulzfeld

Hüttenheim

Ipsheim

Tauber

Neckar

Jagst

Kocher

Franken

Im Kommen: Silvaner

Der traditionelle „fränkische Stil", die erdigen, recht bodengeprägten Weine, sind heute wenig gefragt. Dass es auch anders geht, zeigen viele aufstrebende Betriebe in ganz Franken, die heute wunderschön klare, fruchtbetonte Weine erzeugen. Nicht nur Silvaner und Riesling, nein, auch Müller-Thurgau, Bacchus, Kerner oder Scheurebe ergeben hier erstaunlich interessante Weine. Der Silvaner aber ist derzeit doch am meisten gefragt, bringt immer mehr komplexe und ausdrucksstarke Weine hervor.

Klima

Nicht nur die Flaschenform ist in Franken anders als in den anderen deutschen Anbaugebieten, auch die klimatischen Bedingungen in Franken sind anders. Franken hat ein ausgeprägteres Kontinentalklima als die weiter westlich gelegenen deutschen Anbaugebiete. Die Unterschiede zwischen relativ kalten Wintern und heißen Sommern sind hier deutlicher.

Mainviereck

Franken ist in drei Weinbaubereiche eingeteilt. Zum westlichsten Bereich, dem so genannten Mainviereck, gehören nicht nur die Weinberge von Kreuzwertheim über Miltenberg bis Erlenbach, wo Buntsandstein vorherrscht, sondern auch die Weinberge nördlich von Aschaffenburg, in der Gegend von Alzenau, wo die Reben auf Urgesteinsböden wachsen. Einige Winzer des Mainvierecks besitzen auch Weinberge im benachbarten badischen Tauberfranken. Bekannt geworden ist dieser Teil Frankens in den letzten Jahren vor allem durch die Rotweine, die von hier kommen. Letztendlich vor allem durch einen Mann, Paul Fürst, der in Bürgstadt vom Centgrafenberg Jahr für Jahr Rotweine – und Weißweine – erzeugt, die zu den besten Rotweinen Deutschlands zählen. Als zweite Lage muss man sich den Klingenberger Schlossberg merken, denn auch dort ist Paul Fürst inzwischen aktiv, das Potenzial anderer viel versprechender Lagen wird leider wenig genutzt.

Maindreieck

Der bekannteste fränkische Weinbaubereich ist das so genannte Maindreieck. Das Maindreieck reicht von Schweinfurt im Osten über Volkach und Würzburg bis Karlstadt und bezieht auch die Weinberge an Nebenflüssen des Mains, wie Saale und Wern, mit ein. Der Buntsandstein weicht nach Osten hin immer mehr Lehm-, Löss- und Muschelkalkböden. Hier liegen die bekanntesten fränkischen Weinbauorte: Neben Würzburg als Mittelpunkt sind Orte wie Escherndorf, Randersacker, Sommerhausen, Sommerach oder Volkach jedem Weinliebhaber ein Begriff.

Steigerwald

Der dritte fränkische Weinbaubereich ist der Bereich Steigerwald. Im Steigerwald herrschen Keuperböden vor. Die bekannteste Weinbaugemeinde hier ist Iphofen. Die Rieslinge und Silvaner vom Steigerwald sind bekannt, aber auch eine Reihe von Neuzüchtungen wie Rieslaner oder Scheurebe bringen hier immer sehr gute Ergebnisse. Und seit einigen Jahren findet man hier immer öfter auch rote Sorten und die weißen Burgunder. ━

Die besten Erzeuger

Weltklasse

Weingut Rudolf **Fürst**
Weingut **Luckert** – Zehnthof
Weingut Horst **Sauer**

Weingut Am Stein – Ludwig **Knoll**
Weingut Rainer **Sauer**

Hervorragende Erzeuger

Weingut **Glaser-Himmelstoß**
Weingut Max **Müller I** ⭡
Weingut Johann **Ruck**
Weingut **Schmitt's Kinder**
Weingut J. **Störrlein & Krenig**
Weingut **Weltner** ⭡
Weingut Hans **Wirsching**

Weingut **Brügel**
Weingut Michael **Fröhlich**
Weingut **Hofmann**
Weingut Richard **Östreicher** ⭡

Sehr gute Erzeuger

Weingut **Bickel-Stumpf**
Fürstlich **Castell'sches** Domänenamt
Weingut Clemens **Fröhlich**
Weingut Dr. **Heigel**
Weingut **Juliusspital** Würzburg
Weingut der Stadt **Klingenberg** ⭡
Ökologischer Weinbau **Krämer** ⭡
Weingut Rudolf **May**
Weingut **Roth**
Weingut Graf von **Schönborn**
Weingut Schloss **Sommerhausen**
Winzerhof **Stahl**
Weingut **Stich**

Weingut & Winzerhof Johann **Arnold** ⭡
Weingut **Baldauf**
Weingut **Brennfleck**
Bürgerspital zum Heiligen Geist ⭡
Weingut H. **Deppisch** ⭡
Weingut Klaus **Giegerich** ⭡
Weingut **Heilmann**
Weingut Bernd **Höfler**
LandArt Weinbau
Weingut Fürst **Löwenstein**
Weingut Max **Markert**
Weingut **Rothe** ⭡

_____**Gute Erzeuger**_____

★ ★	★ ☆

Weingut Wilhelm **Arnold**

Weingut Michael **Blendel**

Weingut Waldemar **Braun**

Weingut & Gästehaus **Felshof**

Weingut **Hausknecht** ↑

Weingut **Hench** ↑

Weingut **Hofmann-Herkert** ↑

Weingut **Höfling**

Weingut Helmut u. Bernd **Hofmann**

Weingut Wolfgang **Kühn**

Weingut Thomas **Mend** ↑

Weingut Ewald **Neder** ↑

Weingut **Neuberger** ↑

Weingut Ernst **Popp**

Weingut Christine **Pröstler** ↑

Weingut A. & E. **Rippstein**

Weingut **Rudloff**

Weinbau **Rumpel & Schömig**

Weingut Egon **Schäffer**

Weingut Artur **Steinmann** ↑

Weinbau **Stritzinger**

Weingut **Trockene Schmitts**

Weingut **Waigand**

Weingut Josef **Walter**

Weingut **Zehntkeller**

Weingut **Augustin**

Winzerhof **Burrlein**

Weingut **Dereser**

Weingut Walter **Erhard**

Weingut Roland **Hemberger** ↑

Staatlicher **Hofkeller** Würzburg

Kremers Winzerhof

Weingut Bernhard **Rippstein** ↑

Weingut **Römmert**

Bocksbeutelweingut **Scheller**

Weingut Ilonka **Scheuring** ↑

Weingut Berthold **Schmachtenberger**

Weingut Christoph **Steinmann**

Weingut Christian **Sturm** ↑

Weingut Edgar **Wallrapp** ↑

Weingut Otmar **Zang**

Zuverlässige Erzeuger

Weingut Günther **Bardorf**

Weingut **Bausewein**

Bocksbeutel-Hof Escherndorf

Weingut Bruno **Bienert**

Weingut Manfred **Braun**

Familienweingut **Braun**

Weingut Ignaz **Bunzelt**

Weingut **Dahms**

Weinmanufaktur **3 Zeilen**

Weingut Herbert **Düll**

Weingut **Fischer**

Weingut Richard **Glaser**

Weingut **Grebner** - Patrizierhof

Weingut Erhard & Max **Helmstetter**

Weingut **Hillabrand**

Wein- und Obstbau **Hofmann**

Weingut **Leipold**

Weingut **Mößlein**

Weingut Jürgen **Rebhann**

Privat-Weingut Schloss **Saaleck**

Weingut **Schinhammer**

Weingut **Schwab**

Weingut Roland **Staudt**

Weingut **Then**

Weingut **Wischer**

Weingut Georg **Zang**

Weingut Rainer **Zang**

Hessische Bergstraße   448 ha

Der Großteil der Weinberge an der Hessischen Bergstraße liegt zwischen Heppenheim und Zwingenberg an den Hängen des Odenwaldes. In Zwingenberg, Auerbach und Bensheim herrschen Granitverwitterungsböden vor, während in einigen Heppenheimer Lagen auch gelber Buntsandstein zu finden ist. Dazu gibt es aber auch bei Groß-Umstadt (Quarzporphyrböden) und Roßdorf einige Weinberge, die ebenfalls zur Region Hessische Bergstraße zählen.

Dominierender Riesling

Die meisten Trauben an der Hessischen Bergstraße werden von der Genossenschaft in Heppenheim, Bergsträsser Winzer genannt, verarbeitet. Wichtigste Rebsorte ist der Riesling, der 46 Prozent der Fläche einnimmt, in den letzten Jahren aber zurückgegangen ist. Es folgen Spätburgunder und Grauburgunder, dann Müller-Thurgau und Silvaner. Daneben gibt es nennenswerte Mengen an Kerner, Weißburgunder, Dornfelder, Ehrenfelser, Scheurebe und Gewürztraminer. Rote Sorten nehmen inzwischen 21 Prozent der Rebfläche ein. Bisher war die Hessische Bergstraße für ihre Rieslinge bekannt, vor allem die edelsüßen. Weiß- und Grauburgunder haben in den letzten Jahren deutlich an Kontur gewonnen. Gleiches gilt für Rotweine, die nicht nur der Fläche nach immer mehr an Bedeutung gewinnen, sondern auch Jahr für Jahr interessantere Ergebnisse bringen. Viel hat sich nicht getan in den vergangenen Jahren im kleinsten Anbaugebiet Deutschlands. Ein paar neue Winzer gilt es weiter zu beobachten, in den Vordergrund hat sich bisher kein Neuling gedrängt. Die Spitze im Anbaugebiet hält weiterhin Simon-Bürkle. Nach dem frühen Tod von Wilfried Bürkle führt nun dessen Sohn Johannes zusammen mit Dagmar Simon den Betrieb. Mit dem Jahrgang 2012 haben sie Wilfried Bürkle ein eindrucksvolles Denkmal gesetzt. ◀

Die besten Erzeuger

Sehr gute Erzeuger

★ ★ ★

Weingut **Simon-Bürkle** ↑

Gute Erzeuger

★ ☆

Weingut **Edling**
Weingut **Rothweiler**

Zuverlässige Erzeuger

★

Bergsträsser Winzer
Domaine **Bergstraße**

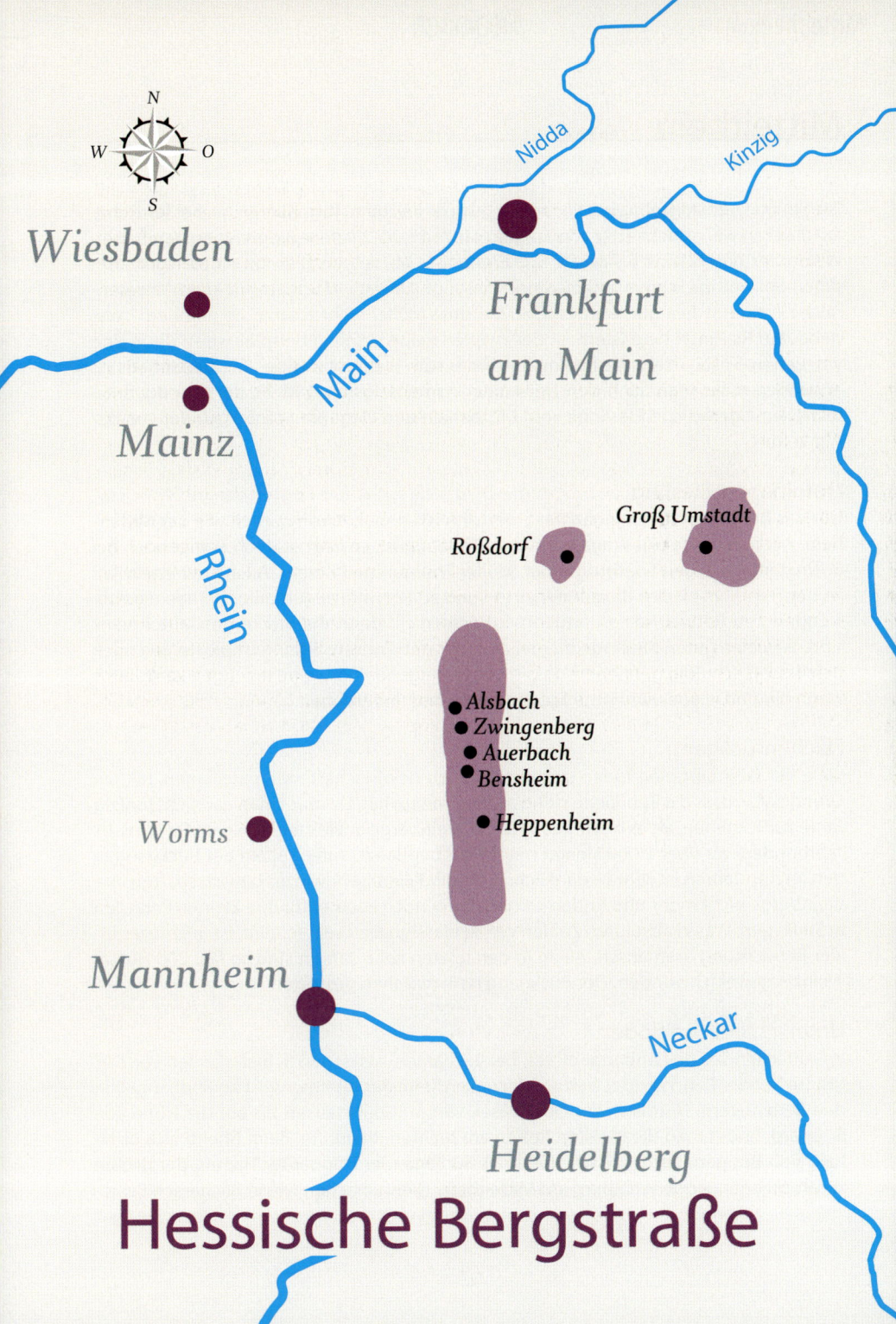

Wiesbaden

Mainz

Worms

Mannheim

Heidelberg

Frankfurt
am Main

Nidda

Kinzig

Main

Rhein

Neckar

Roßdorf

Groß Umstadt

Alsbach
Zwingenberg
Auerbach
Bensheim

Heppenheim

N
W O
S

Hessische Bergstraße

Mittelrhein   462 ha

Die Situation am Mittelrhein ist konstant – um es positiv zu formulieren. Wer es kritischer ausdrücken will, spricht eher von Stagnation. Auch 2012 liefern die wenigen namhaften Weingüter beachtliche bis großartige Ergebnisse ab, zeigen allesamt einen eigenständigen Stil. Saftige, immer animierende Rieslinge kelterte Weingart, für klare, finessenreiche Weine ist Jost gut, während bei Matthias Müller nicht zuletzt die „feinherb" ausgebauten Rieslinge begeistern. In der zweiten Reihe gefallen beispielsweise die Weine von Lanius-Knab – klarer als im Vorjahr – oder vom Weingut Philipps-Mühle. Unbedingt erwähnen muss man auch den Newcomer namens Josten & Klein, der konsequente, bisweilen eigenwillige Rieslinge vom Mittelrhein und elegante Spätburgunder von der Ahr keltert.

Dominanter Riesling

Nur das benachbarte Rheingau hat einen ähnlich hohen Rieslinganteil wie der Mittelrhein. Auch wenn der Rieslinganteil stark rückläufig ist, so liegt er doch immer noch bei 67 Prozent. Es folgen Spätburgunder, Müller-Thurgau und Kerner. Auch am Mittelrhein ist der Trend hin zu den Burgundersorten und zu Rotwein augenfällig. Gerade die Hinwendung zu Rotweinsorten finden wir bedenklich, denn die Stärke des Mittelrheins sind die vielen guten Rieslinge, zu meist moderaten Preisen. Bislang ist die Region noch den Beweis schuldig geblieben, dass sie hervorragende Rotweine erzeugen kann, auch wenn hin und wieder sehr gute Spätburgunder zu finden sind.

Flächenrückgang

Viele der Weinberge befinden sich in schwer zu bewirtschaftenden Steillagen. Mit ein Grund dafür, dass die Rebfläche stetig abgenommen hat. Da muss man gar nicht fünfzig Jahre zurückgehen, als es noch 1.200 Hektar Weinberge am Mittelrhein gab. Oder ins 19. Jahrhundert, als über 2.000 Hektar mit Reben bepflanzt waren. Allein der Rückgang in den letzten Jahren ist sehr bedenklich. Viele der Feierabendwinzer bewirtschaften ihre Weinberge nicht mehr und finden weder Käufer noch Pächter für ihre kleinen Parzellen in Steillagen. Was in absoluten Zahlen vernachlässigbar zu sein scheint, ist bei prozentualer Betrachtung dramatisch. Allein in den letzten zehn Jahren sind so fast 200 Hektar Weinberge verschwunden. Der Rückgang ist inzwischen gestoppt.

Unterschiedliche Böden

Im südlichen Teil des Anbaugebietes, bei Bacharach, herrschen Schieferböden vor. Der größte Teil der Reben findet sich auf der linken Seite des Rheins, meist an Südhängen in den Seitentälern. Nördlich von Oberwesel, von St. Goarshausen bis auf die Höhe von Boppard, findet man die meisten Reben am rechten Rheinufer. Beim Rheinknick oberhalb von Boppard liegt, linksrheinisch als Südlage, der Bopparder Hamm, der größte zusammenhängende Weinberg am Mittelrhein. Hier herrschen wie in Bacharach Schie-

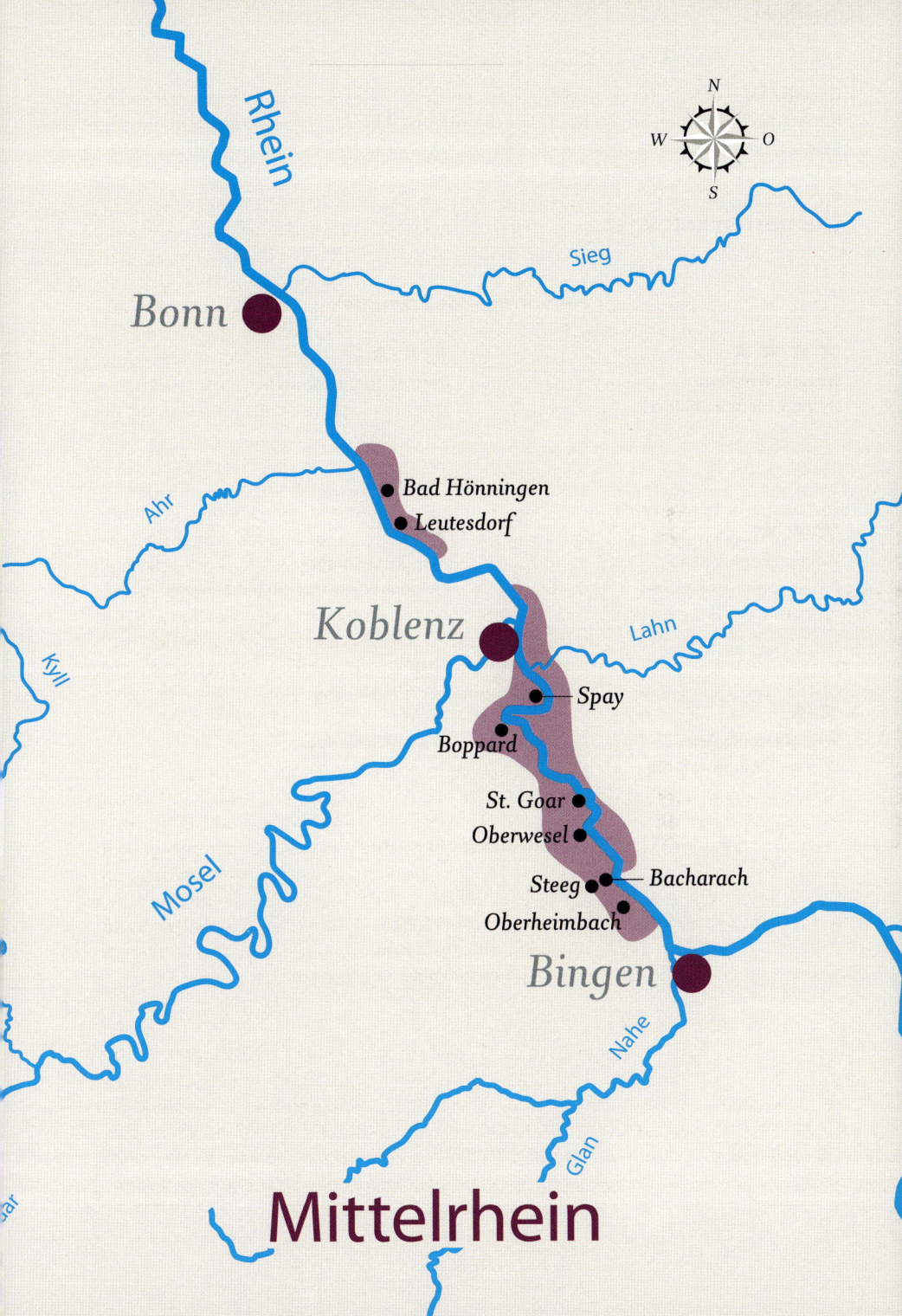

Rhein

Bonn

Sieg

N
W O
S

Ahr

Bad Hönningen
Leutesdorf

Koblenz

Lahn

Spay

Boppard

Kyll

St. Goar
Oberwesel
Steeg — Bacharach
Oberheimbach

Mosel

Bingen

Nahe

Glan

Mittelrhein

ferböden vor. Nördlich von Koblenz, ganz im Norden des Anbaugebietes, wachsen die Reben an Südhängen am rechten Ufer des Rheins. Hier, z.B. bei Hammerstein und Leutesdorf, gibt es schwere Lössböden. ◄━

Die besten Erzeuger

Hervorragende Erzeuger

★★★★
Weingut **Weingart**
Weingut Matthias **Müller**

★★★☆
Weingut Toni **Jost** – Hahnenhof

Sehr gute Erzeuger

★★★
Weingut **Lanius-Knab**

★★☆
Weingut **Didinger**
Weingut Martina & Dr. Randolf **Kauer**

Gute Erzeuger

★★
Weingut **Heilig Grab**
Weingut **Philipps-Mühle**

★☆
Weingut **Scheidgen**

Zuverlässige Erzeuger

★
Weingut **Josten & Klein**
Weingut Bernhard **Praß**
Weingut **Volk**

Mosel   8.765 ha

Man könnte meinen, dass von der weltweiten Riesling-Renaissance vor allem die Mosel profitieren würde, doch dem ist nicht so, die Rebfläche geht weiter zurück, wenn auch nicht mehr ganz so dramatisch wie noch vor einigen Jahren. Die Moselaner tun sich schwer mit Neuerungen, nirgendwo sonst findet man so viele altmodische, altbackene Etiketten, nirgendwo sonst so wenig Weine mit Schraubverschluss. Nirgendwo sonst wird so viel geschwefelt, selbst bei einfachen Weinen, die jung getrunken werden sollen.

Hinzu kommt, dass die letzten Jahrgänge alles andere als einfach waren, 2010 nicht, 2011 war auch nicht einfach, allerdings war die Möglichkeit da, nur wurde sie zuwenig genutzt, oft blieb der Eindruck, dass es manchem Winzer in diesem Jahrgang vor allem darum ging, die Hektarhöchsterträge auszuschöpfen. 2012 war wieder schwieriger, man musste Geduld beweisen, warten können, viele aber schienen diese Geduld nicht zu besitzen, die unreifen Noten in manchem Wein mag darauf zurückzuführen sein (auf hohe Erträge natürlich auch). 2012 war auch nicht prädestiniert für große edelsüße Rieslinge, dass trotzdem einige Winzer große Kollektionen in edelsüß auf die Flasche gebracht haben, ist umso bewundernswerter. Oliver Haag vom Weingut Fritz Haag zum Beispiel, ebenso sein Bruder Thomas Haag von Schloss Lieser, Markus Molitor ja sowieso.

Trocken ist gefragt
Aber edelsüß liegt ohnehin nicht im Trend, trocken ist zur Zeit gefragt, und an der Mosel tat man sich in den letzten Jahren schwer damit, was bei Betrieben, die noch vor wenigen Jahren an „trocken" kaum dachten, auch nicht anders zu erwarten war. Dieses Jahr, trotz des alles andere als einfachen Jahrgangs 2012, fanden wir das Gesamtbild nicht ganz so ernüchternd als in den Vorjahren, als wir bei zu vielen Weinen ganz leichte Bitternoten im Abgang konstatierten. Solche Weine gibt es immer noch, aber wir sehen gerade in der Spitze deutliche Anzeichen der Besserung, sehen das Bestreben, weg von alkoholreichen Rieslingen, hin zu Finesse und Eleganz zu kommen. Reinhard Löwenstein hat uns 2012 angenehm überrascht mit präzisen, druckvollen Weinen, Karl Josef Loewen hat ebenfalls weiter zugelegt, andere wie Clemens Busch, Markus Molitor oder Helmut Clüsserath gehören ohnehin zu den wenigen Winzern, die Jahr für Jahr trockenen Moselriesling auf hervorragendem Niveau erzeugen.

60 Prozent Riesling
Denkt man an die Mosel, denkt man an Riesling. Schaut man in die Rebsortenstatistik, dann ist man ganz überrascht zu sehen, dass es an Mosel, Saar und Ruwer gerade einmal 60 Prozent Riesling gibt. Dazu 13 Prozent Müller-Thurgau, 6 Prozent Elbling und 4 Prozent Kerner und Spätburgunder. Bei Neuanpflanzungen derzeit besonders beliebt sind aber Weißburgunder und Chardonnay – und natürlich rote Sorten wie Dornfelder oder Spätburgunder, rote Sorten nehmen inzwischen über 9 Prozent der Fläche ein.

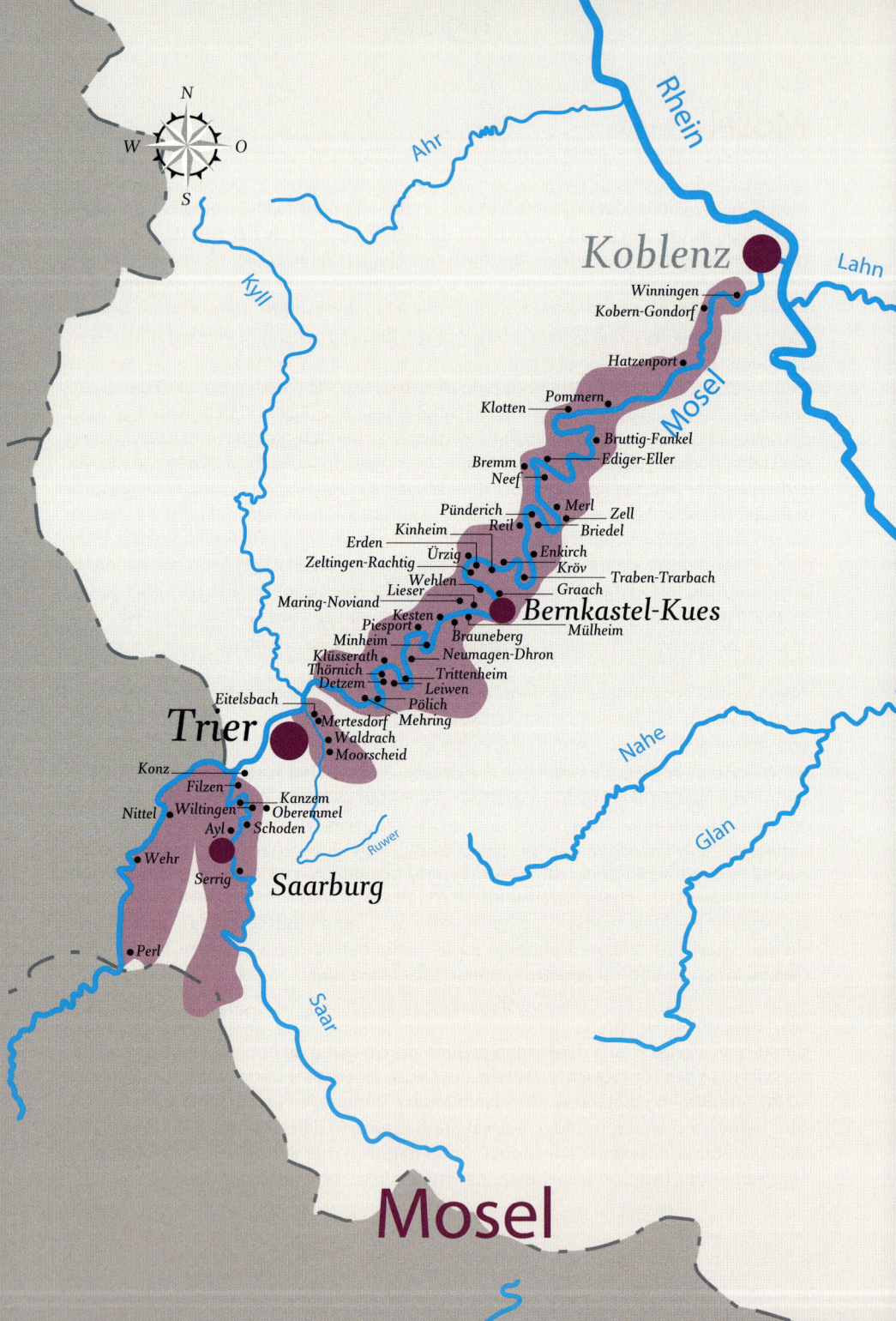

Obermosel

An der Obermosel ist Elbling die wichtigste Rebsorte. Aber auch Riesling, Müller-Thurgau und die Burgundersorten (speziell auch Auxerrois) sind hier zu finden. Doch anders als im benachbarten Luxemburg findet man so gut wie keine bemerkenswerten weißen Burgunder, bisher. Der Elbling wird nach wie vor als die Rebsorte der Obermosel propagiert; er ergibt leichte, frische Weißweine und interessante Sekte.

Saar

An der Saar sind viele renommierte Weingüter zuhause. Auch hier wurden immer mehr gute Steillagen aufgegeben; seit 2008 aber ist der Abwärtstrend gestoppt. An der Saar liegt der Rieslinganteil deutlich über dem Durchschnitt im Anbaugebiet, Riesling nimmt etwa 80 Prozent der Rebfläche ein. Dazu gibt es vor allem noch Weißburgunder, Spätburgunder und Müller-Thurgau, sowie etwas Kerner, Dornfelder und Chardonnay. Die höhere Lage und die niedrigen Durchschnittstemperaturen im Vergleich zur Mosel bewirken, dass Saarweine ein deutlich eigenständiges Profil besitzen mit einer meist markanteren Säure als an der Mosel, bei niedrigerem Alkohol.

Ruwer

Die Ruwer entspringt im Hunsrück und mündet bei Trier in die Mosel. An der Ruwer ist die Rebfläche im letzten Jahrzehnt dramatisch zurückgegangen, vor allem in Waldrach und weiter flussaufwärts gelegenen (ehemaligen) Weinbaugemeinden, so dass es heute nur noch etwa 200 Hektar Weinberge gibt, die zu 90 Prozent mit Riesling bestockt sind.

Mittelmosel

Die Weinberge bei Konz, wo die Saar in die Mosel mündet, rechnet man zur Saar, östlich davon, im Einzugsbereich von Trier, beginnt die Mittelmosel, die bis Reil, oberhalb von Zell gelegen, reicht und dem Weinbaubereich Bernkastel entspricht; wobei die Trierer Lagen, die nicht an der Ruwer liegen, ebenfalls der Mittelmosel zugerechnet werden und nicht der Ruwer. An der Mittelmosel sind in den letzten Jahren so viele beeindruckende Rieslinge entstanden wie noch nie zuvor.

Untermosel

Auch die Untermosel, Terrassenmosel hört man hier lieber, hat seit den neunziger Jahren erstaunliche Fortschritte gemacht und erzeugt Jahr für Jahr – und inzwischen auch in problematischen Jahren – Rieslinge, die zu den besten in der Region zählen, trocken wie edelsüß; ein Problem scheint, dass in warmen Jahren der Alkoholgehalt in trockenen Rieslingen allzu hoch werden kann, vor allem wenn man Trauben mit leichtem Botrytisbefall zu trockenen Weinen verarbeitet. ◄

Die besten Erzeuger

 Weltklasse

★ ★ ★ ★ ★

Weingut Clemens **Busch**
Weingut **Clüsserath-Weiler**
Weingut Markus **Molitor**
Weingut Willi **Schaefer**

★ ★ ★ ★ ☆

Weingut Franz-Josef **Eifel** ↑
Weingut **Grans-Fassian**
Weingut Reinhold **Haart**
Weingut Schloss **Lieser**
Weingut Carl **Loewen**
Weingut Josef **Rosch**
Weingut **Selbach-Oster**
Weingut Forstmeister Geltz - **Zilliken**

 Hervorragende Erzeuger

★ ★ ★ ★

Weingut A. J. **Adam**
Weingut Joh. Jos. **Christoffel**-Erben
Weingut Reinhold **Franzen**
Weingut Fritz **Haag**
Weinhof **Herrenberg**
Weingut **Heymann-Löwenstein**
Weingut Heribert **Kerpen**
Weingut **Kirsten**
Lubentiushof – Weingut Andreas Barth
Weingut **Melsheimer**
Weingut Joh. Jos. **Prüm**
Weingut **Sankt Urbans-Hof**
C.v. **Schubert'sche** Gutsverwaltung Grünhaus
Weingut Wwe Dr. H. **Thanisch**, Erben Thanisch
Weingut **Vollenweider**

★ ★ ★ ☆

Weingut Erben von **Beulwitz**
Weingut Ansgar **Clüsserath**
Galerie - Riesling Weingut **Clüsserath-Eifel**
Weingut Bernhard **Eifel**
Riesling-Weingut Karl **Erbes**
Weingut Willi **Haag**
Weingut **Hain**
Weingut Dr. **Hermann**
Weingut von **Hövel**
Weingut **Karthäuserhof**
Weingut Reinhard & Beate **Knebel**
Weingut Rüdiger **Kröber**
Weingut Peter **Lauer**
Weingut Martin **Müllen**
Weingut von **Othegraven**
Weingut S. A. **Prüm**
Weingüter **Wegeler**
Weingut **Weiser-Künstler**

Sehr gute Erzeuger

 **★ ★ ★**

Weingut **Becker-Steinhauer**
Weingut Frank **Brohl**
Weingut **Caspari-Kappel**
Weingut Ernst **Clüsserath** ↑
Weingut **Conrad**
Weingut **Eifel-Pfeiffer**
Weingut Julian **Haart** ↑
Weingut **Immich-Batterieberg**
Weingut **Kees-Kieren**
Weingut Sybille **Kuntz**
Weingut **Loersch**
Weingut Dr. **Loosen**
Weingut **Molitor** – Rosenkreuz
Weingut Axel **Pauly** ↑
Weingut Dr. **Pauly-Bergweiler**
Weingut **Philipps-Eckstein**
Weingut **Rebenhof**, Johannes Schmitz
Weingut F.J. **Regnery** ↑
Weingut **Reh**
Weingut Max Ferd. **Richter**
Weingut Schloss **Saarstein**
Weingut **Steffens-Keß**
Weingut **Studert-Prüm** - Maximinhof
Weingut Dr. F. **Weins-Prüm** ↑
Weingut **Willems-Willems**

 ★ ★ ☆

Weingut **Bastgen**
Bischöfliche Weingüter Trier
Weingut **Deutschherrenhof**
Weingut Reiner **Fries**
Weingut Joh. **Haart**
Weingut **Jakoby-Mathy**
Weingut **Karlsmühle**
Weingut Reichsgraf von **Kesselstatt** ↑
Weingut **Milz-Laurentiushof**
Weingut **Mönchhof**, Robert Eymael
Weingut **Paulinshof**
Wein- und Sektgut **Rauen**
Weingut Claes **Schmitt** Erben
Weingut Dr. **Siemens**
Weingut **Vereinigte Hospitien**
Weingut **Vols**
Weingut O. **Werner** & Sohn

_____**Gute Erzeuger**_____

★★	★☆

★★

Weingut **Bauer**
Weingut C.H. **Berres**
Weingut Heribert **Boch**
Weingut Manfred **Breit**
Sekt- und Weingut Stephan **Fischer**
Weingut Leo **Fuchs**
Weingut Reinhold **Fuchs**
Weingut Albert **Gessinger**
Weingut **Henrichs + Friderichs**
Weingut **Hoffmann-Simon**
Weingut Albert **Kallfelz**
Weingut Lothar **Kettern**
Weingut Christian **Klein**
Weingut **Köwerich**
Weingut **Lehnert-Veit**
Wein- und Sektgut Günter **Leitzgen**
Weingut **Lorenz**
Weingut Gebr. **Ludwig**
Weingut Dr. **Melsheimer** ↑
Weingut **Meulenhof**
Weingut Familie **Rauen**
Weingut Johann Peter **Reinert**
Weingut Richard **Richter**
Weingut **Römerhof**
Weingut Heinz **Schmitt**
Wein- und Sektgut Heinz **Schneider**
Weingut **Staffelter Hof**
Weingut Stephan **Steinmetz**
Riesling Weingut Alfons **Stoffel**
Weingut **Thanisch**
Weingut **Thanisch**-Müller-Burggraef
Weingut Dr. Heinz **Wagner** ↑

★☆

Weingut **Bernard-Kieren**
Weingut Klaus **Berweiler-Merges**
Weingut **Bollig** - Mühlenhof
Weingut Christoph **Clüsserath**
Weingut Zum **Eulenturm** ↑
Weingut **Frieden-Berg** ↑
Weingut Markus **Fries**
Weingut **Junglen**
Weingut **Kanzlerhof**
Weingut **Laurentiushof**
Weingut Johann Peter **Mertes**
Weingut **Reuscher-Haart**
Weingut **Reverchon** ↑
Weingut **St. Nikolaus-Hof**
Weingut Ulrich **Schumann**
Weingut **Schunk** ↑
Weingut **Steffen-Prüm**
Weingut Christian **Steinmetz**
Weingut Alfred **Walter** ↑

Zuverlässige Erzeuger

Weingut **Ackermann**
Weingut **Agritiushof**
Weingut **Amlinger** & Sohn
Wein- und Gästehaus **Baum**
Weingut **Befort**
Weingut **Bottler**
Weingut Markus **Busch**
Weingut **Dötsch-Haupt**
Weingut **Dostert**
Weingut Ernst **Eifel**
Weingut **Gerlachs Mühle**
Winzerhof **Gietzen**
Weingut Freiherr von **Heddesdorff**
Weingut Bernd **Hermes**
Classisches Weingut **Hoffranzen**
Weingut Christoph **Koenen**
Weingut Dr. **Leimbrock** – C. Schmidt ◆
Weingut Theo **Loosen**
Weingut **Lütz** ◆
Weingut **Margarethenhof**
Weingut **Materne & Schmitt** ◆
Weingut Klaus **Meierer**
Weingut Heinrich **Mertes** ◆
Weingut Ingo **Norwig**
Weingut Johannes **Peters**
Weingut Karl O. **Pohl**
Weingut Hans **Resch**
Weingut **Roth**
Weingut Hermann-Josef **Schwaab**
Gebrüder **Simon** - Weingut -
Weingut **Springiersbacher Hof**
Weingut Julius **Treis**
Weingut **Vanelkan**
Weingut **Villa Huesgen**
Weingut Stefanie **Vornhecke**
Kirchenweingut **Wolf**

Nahe   4.172 ha

Das Spitzentrio an der Nahe aus Dönnhoff, Emrich-Schönleber und Schäfer-Fröhlich ist auch in diesem Jahr unangefochten, bei allen drei Betrieben überzeugt die komplette Kollektion, von den im Jahrgang 2012 besonders starken Basisweinen bis hin zu den faszinierenden Eisweinen. Das Gut Hermannsberg kommt der Spitze in diesem Jahr wieder einen Schritt näher, die Kollektion gewinnt zunehmend an Profil, und auch Sebastian Schäfer legt wieder eine starke Kollektion vor. 2012 ist aber auch ein Jahr, an dem der „Mittelbau" an der Nahe seine Stärken ausspielen kann: Betriebe wie Bamberger, Gebrüder Kauer, Poss, Korell, Lindenhof, Hexamer und Jacob Schneider – um nur einige zu nennen – legen allesamt sehr gute Kollektionen vor, die viel Freude bereiten.

Qualitätsoffensive

Es ist schon erstaunlich, welchen Aufschwung die Weine von der Nahe in den letzten zwei Jahrzehnten genommen haben. Noch in den achtziger Jahren gab es nur eine Handvoll Erzeuger mit guten Qualitäten. Helmut Dönnhoff war dann der Erste, der große Weine erzeugt hat. Heute brauchen die Top-Weine von hier den Vergleich mit keinem anderen deutschen Anbaugebiet zu scheuen, die besten edelsüßen Rieslinge gehören ebenso wie die besten trockenen Jahr für Jahr zur Spitze in Deutschland.

Vielfalt an Böden

Aber gibt es ein klares Profil? Weiß der Verbraucher, was einen Nahewein ausmacht? Es gibt unterschiedliche Böden: Rotliegendes, Lehm, Porphyr, Quarzit, Schiefer, Kies, Löss. Alles auf kleinstem Raum. Am Boden also kann man den Nahewein nicht festmachen. Aber an den Rebsorten: Riesling.

Rebsorten

Aus Riesling werden die besten Naheweine gemacht, auch wenn Riesling erst seit kurzem auf Platz eins der Rebsortenstatistik steht und „nur" 28 Prozent der Rebfläche einnimmt. In der Statistik folgen Müller-Thurgau und Dornfelder, noch vor Spätburgunder und Silvaner. Die weißen Burgunder kommen erst weit dahinter, noch abgeschlagener die weiteren roten Sorten. Aber auch hier boomt Rotwein, wie überall in Deutschland, ein Viertel der Rebfläche an der Nahe nehmen inzwischen rote Sorten ein.

Edelsüße Spitzen, trockene Spitzen

Die edelsüßen Rieslinge zählen seit den neunziger Jahren zur deutschen Spitze. Helmut Dönnhoff hat als Erster Weine von Weltklasse erzeugt und damit die Nahe bekannt gemacht. Inzwischen erzeugen viele Betriebe hervorragende edelsüße Weine, so Crusius und Emrich-Schönleber, auch Diel, Hahnmühle, Korell, Schweinhart oder Joh. Bapt. Schäfer – und natürlich Schäfer-Fröhlich. „Trocken" hat der Aufstieg zur Weltklasse ein wenig später begonnen, genauso beeindruckend aber sind heute die Ergebnisse.

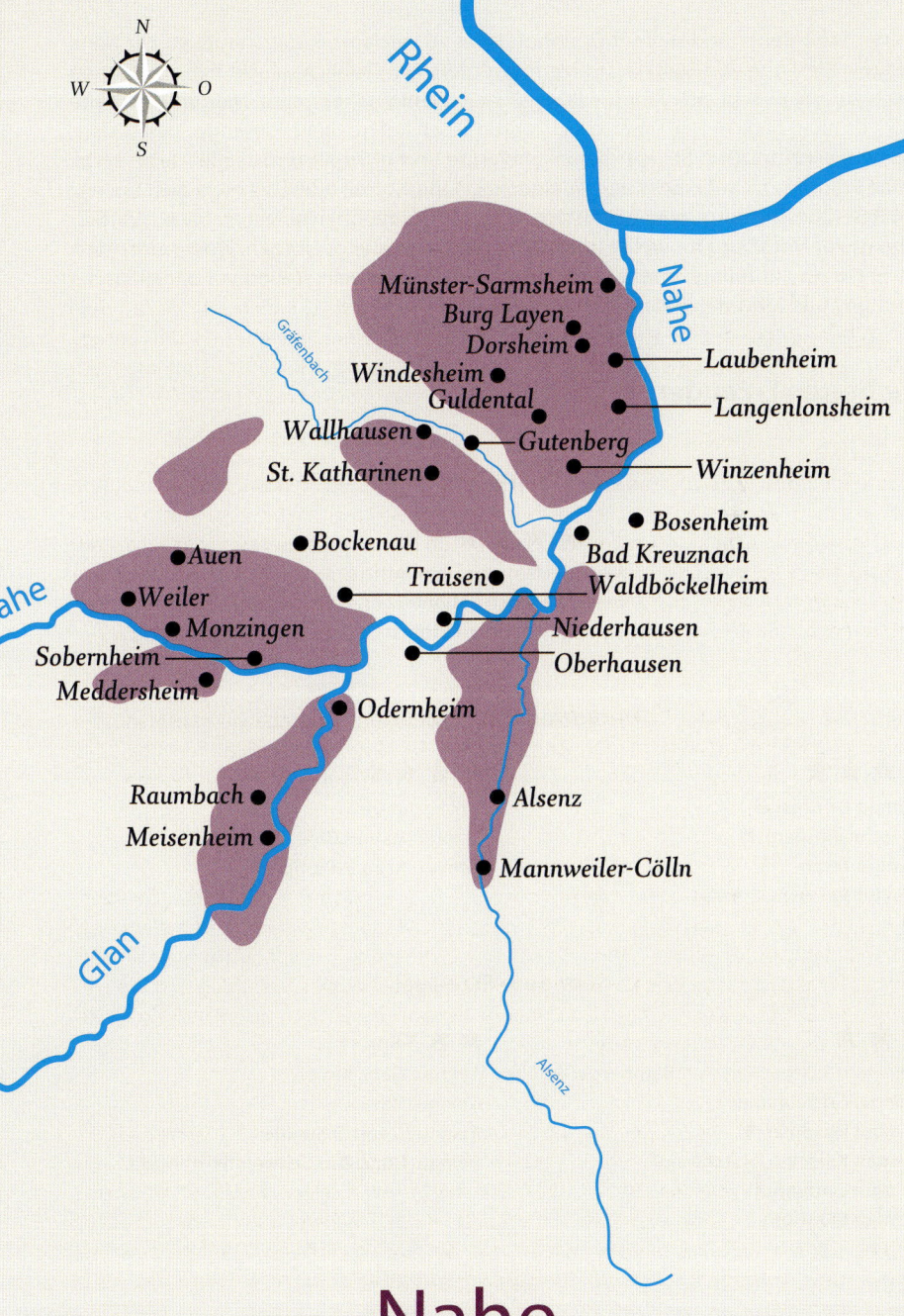

Rhein

Nahe

Gräfenbach

Münster-Sarmsheim
Burg Layen
Dorsheim
Windesheim
Guldental
Wallhausen
St. Katharinen
Gutenberg

Laubenheim
Langenlonsheim
Winzenheim

Bockenau
Auen
Weiler
Monzingen
Sobernheim
Meddersheim
Odernheim
Traisen
Bosenheim
Bad Kreuznach
Waldböckelheim
Niederhausen
Oberhausen

Nahe

Raumbach
Meisenheim

Alsenz
Mannweiler-Cölln

Glan

Alsenz

Nahe

Werner Schönleber und Helmut Dönnhoff ist es zu verdanken, dass heute an der Nahe trockene Rieslinge von Weltklasse erzeugt werden. Tim Fröhlich schickt sich an es ihnen gleich zu tun, pirscht sich Jahr für Jahr ein klein wenig näher heran. Die „untere" Nahe reicht da nicht ganz heran. Hier hat sich Martin Tesch auf trockene Rieslinge spezialisiert, in einem sehr präzisen Stil, der auf alkoholarme und nicht allzu restsüße Weine setzt. Stefan Rumpf setzt auf Frucht und weniger Restsüße, Korrell oder Diel mehr auf Opulenz und Restsüße. Die Burgunder haben sich im letzten Jahrzehnt hier fest etabliert, Windesheim ist zur Hochburg für weiße und auch rote Burgunder geworden, wobei eigentlich alle Erzeuger auf füllige, restsüße Weine setzen. Für Rotwein stehen vor allem Sascha Montigny und Martin Reimann. ━━

Die besten Erzeuger

Weltklasse

Weingut Hermann **Dönnhoff**
Weingut **Emrich-Schönleber**
Weingut **Schäfer-Fröhlich**

Hervorragende Erzeuger

Weingut Dr. **Crusius**
Gut **Hermannsberg** ↑
Weingut **Tesch**
Weingut Joh. Bapt. **Schäfer**

Schlossgut **Diel**
Weingut **Hahnmühle**
Weingut **Kruger-Rumpf**

Sehr gute Erzeuger

Wein- und Sektgut Karl-Kurt **Bamberger** & Sohn
Weingut **Göttelmann**
Weingut **Hexamer** ↑
Weingut **Korrell** – Johanneshof
Weingut **Lindenhof**
Weingut **Montigny**

Weingut Gebr. **Kauer**
Weingut **Poss**
Weingut Jakob **Schneider**
Weingut Bgm. Willi **Schweinhardt** Nachf.

Gute Erzeuger

★★

Weingut **Closheim**
Weingut Theo **Enk**
Weingut **Hees** ↑
Klostermühle Odernheim ↑
Weingut Werner **Marx**
Weingut Heinrich **Schmidt**
Weingut Karlheinz **Schneider** & Sohn ↑
Weingut Meinolf **Schömehl**
Weingut **Sinß**

★☆

Weingut Carl **Adelseck**
Staatsweingut **Bad Kreuznach**
Weingut Reinhold **Barth**
Weingut **Edelberg**
Weingut **Genheimer-Kiltz**
Weingut und Gästehaus **Honrath**
Weingut **Mathern**
Weingut **Rohr**
Prinz zu **Salm**-Dalberg'sches Weingut
Weingut Wolfgang **Schneider**
Weingut Wilhelm **Sitzius**

Zuverlässige Erzeuger

★

Weingut **Alt**
Weingut **Emmerich-Koebernik**
Weingut **Gälweiler**
Weingut St. **Meinhard**
Weingut S.J. **Montigny** ◆
Weingut **Schild**
Weingut F.E. **Schott**
Sekthof **Siben**
Weingut Karl **Stein**
Weingut Udo **Weber**
Weingut Im **Zwölberich** ◆

Pfalz   23.489 ha

Der Jahrgang 2012 stellte die Winzer nicht vor große Probleme. Der Herbst war lang und schön, die Winzer konnten in Ruhe den optimalen Lesezeitpunkt bestimmen. Als Folge hält sich die Zahl der schwachen Weine in engen Grenzen, dafür gibt es viele sehr gute Weine, in der Spitze sind sie großartig. Auffallend ist der Rückgang der eingereichten Rotweine - der Boom ist vorbei, Dornfelder werden nur noch vereinzelt gezeigt. Weißwein ist auf dem Vormarsch und hier sind es die Klassiker: Riesling, Weißer und Grauer Burgunder. Der Sauvignon Blanc-Boom ist zumindest gestoppt, hier wird von den Spezialisten mittlerweile mit verschiedenen Stilen experimentiert. Es gibt die „grünen", gemüsigen Exemplare, die üppigen Fruchtbomben und neuerdings die klassische französische „Fumé"-Richtung, oft auch mit Holzeinsatz. Sehr gut: Mosbacher, Bassermann-Jordan. Verwunderlich ist, dass noch kein Muskateller-Boom ausgebrochen ist. Hier werden in der Pfalz seit vielen Jahren köstliche Weine dieser uralten Rebsorte (schon Karl der Große soll sie geschätzt haben) produziert.

Rotweine 2011

Die Rotweine des Jahrgangs sind deutlich besser als die des Jahrgangs 2010, kommen aber nicht ganz an die 2009er heran - soweit man das jetzt schon beurteilen kann. Neben großartigen Spätburgundern – Becker, Knipser, Kuhn, um nur einige zu nennen – gibt es in der Pfalz auch Topweine einiger anderer Rebsorten, die Syrahs von Knipser zum Beispiel, oder die Cuvée Luitmar von Philipp Kuhn.

Rebsorten

Die Pfalz ist nach Rheinhessen das zweitgrößte deutsche Anbaugebiet mit etwa einem Viertel der gesamten deutschen Rebfläche. In der Pfalz spiegelte sich im letzten Jahrzehnt sehr deutlich der Umbruch wider, der in Deutschland in den Weinbergen stattfand: Weg von weißen Sorten und hin zu roten Sorten. Mit Ausnahme von Weißburgunder, Grauburgunder und Chardonnay, sowie einiger Spezialitäten wie Rieslaner oder Auxerrois, nehmen alle weißen Sorten im Anbau ab. Alle roten Sorten hatten im letzten Jahrzehnt starke Zuwachsraten, allen voran der Dornfelder. Über 3.000 Hektar Dornfelder gibt es inzwischen in der Pfalz, Tendenz inzwischen rückläufig. Damit ist Dornfelder mit fast 14 Prozent nach Riesling (fast 24 Prozent) die meistangebaute Rebsorte. In der Pfalz gibt es 38 Prozent rote Sorten in den Weinbergen. Portugieser ist noch vor Spätburgunder die zweitwichtigste rote Sorte, auch internationale Sorten wie Cabernet Sauvignon oder Merlot sind inzwischen weit verbreitet. Recht häufig findet man reinsortige Dunkelfelder (auch barriqueausgebaut) in der Pfalz, eine Sorte, die einst als Deckrotwein eingesetzt wurde. Sehr interessant ist der Sankt Laurent, einst eine Südpfälzer Spezialität, heute aber auch im Norden der Pfalz, sowie in Rheinhessen und anderen deutschen Anbaugebieten immer häufiger zu finden.

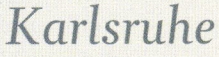

Weiße Vielfalt

Bei den weißen Sorten führt in der Anbaustatistik Riesling. Es folgen Müller-Thurgau, Grauburgunder, Kerner und Weißburgunder. Müller-Thurgau und Kerner, aber auch andere einst vielangebaute Neuzüchtungen wie Morio-Muskat, Huxelrebe, Bacchus, Optima oder Faberrebe nehmen im Anbau ab, auch der Silvaner. Hingegen versuchen immer mehr Winzer sich mit Weiß- und Grauburgunder, sowie Chardonnay zu profilieren. Als Spezialität immer beliebter wird Auxerrois und auch der Gelbe Muskateller findet neue Anhänger. Und jeder Winzer in der Pfalz scheint inzwischen Sauvignon Blanc anzubauen.

Leiningerland

Das Leiningerland, der nördlichste Teil der Pfalz, hat bisher noch kein klares Profil. Was kein Nachteil sein muss, im Gegenteil. Es ist eine Chance, nämlich die, sich von der Mittelhaardt abzugrenzen. Ob mit Weiß- oder Rotwein, Riesling oder eher den Burgundersorten, wird die Zukunft zeigen. Wobei vieles für Riesling spricht, die Weine werden immer spannender. Und für Rotwein natürlich.

Mittelhaardt

Die Weine der Mittelhaardt waren lange Zeit für das Renommee der ganzen Region Pfalz maßgeblich. Von Herxheim über Kallstadt nach Bad Dürkheim und dann weiter über Wachenheim, Forst, Deidesheim und Ruppertsberg bis nach Neustadt reihen sich weltberühmte Weinorte und Lagen aneinander. Die Mittelhaardt und die Weingüter hier stehen für Riesling. Viele der renommierten Betriebe waren Anfang der neunziger Jahre nur noch ein Schatten ihrer selbst. Dann setzten sie konsequent auf Qualität und seither produzierten sie wieder Weine, die zu den besten in der Pfalz gehören.

Südpfalz

In der Südpfalz geht es seit mehr als einem Jahrzehnt stetig bergauf. Früher haben die meisten Winzer in der Südpfalz vom Fassweinverkauf gelebt. Inzwischen aber kommen Jahr für Jahr mehr Spitzenweine aus diesem Teil der Pfalz. Jedes Jahr gibt es mehr bemerkenswerte Weißburgunder und Grauburgunder, Spätburgunder und Chardonnay, aber auch Rieslinge. Neben den genannten Sorten gibt es als Spezialitäten – das Elsass lässt grüßen – Muskateller, Gewürztraminer und Auxerrois. ◀

Die besten Erzeuger

Weltklasse

Weingut **Knipser**

Weingut Geh. Rat Dr. v. **Bassermann-Jordan**
Weingut Friedrich **Becker**
Weingut Reichsrat von **Buhl**
Weingut **Christmann**
Weingut Philipp **Kuhn**
Weingut Georg **Mosbacher**
Weingut Ökonomierat **Rebholz**
Weingut **von Winning**

Hervorragende Erzeuger

Weingut **Bergdolt** St. Lamprecht
Wein- und Sektgut **Bernhart**
Weingut Dr. **Bürklin-Wolf**
Weingut Frank **John** Hirschhorner Hof
Weingut Theo **Minges**
Weingut **Müller-Catoir**
Weingut **Pfeffingen** – Fuhrmann-Eymael
Weingut Jakob **Pfleger**
Weingut **Siegrist**
Weingut Heinrich **Spindler**
Weingut Dr. **Wehrheim**

Weingut **Gies-Düppel**
Weingut **Koehler-Ruprecht**
Weingut Familie **Kranz** ↑
Weingut Jürgen **Leiner**
Weinhof **Scheu**
Weingut Heiner **Sauer**
Weingut **Schumacher**

Sehr gute Erzeuger

★ ★ ★

Sektkellerei **Andres & Mugler**

Weingut **Benderhof**

Weingut **Corbet**

Weingut **Dengler-Seyler**

Weingut Matthias **Gaul** ↑

Weingut **Horcher**

Weingut Ludi **Neiss**

Weingut **Lucashof**

Weingut Herbert **Meßmer**

Weingut **Münzberg**

Weingut **Nauerth-Gnägy**

Weingut **Petri**

Weingut Karl **Pfaffmann**

Weingut **Pfirmann**

Weingut **Rings**

Weingut Egon **Schmitt**

Weingut **Schneider**

Weingut **Siener**

Weingut **Stern**

Weingut Karl **Wegner** & Sohn

Weingut **Weik**

Weingut **Wilhelmshof**

Weingut **Zelt**

Weingut Oliver **Zeter** ↑

Weingut Emil **Zimmermann** ↑

★ ★ ☆

Wein- und Sekthaus **Aloisiushof**

Benzinger – Weingut im Leiningerhof

Weingut **Eymann**

Weingut **Fader** – Kastanienhof

Weingut Karl-Heinz **Gaul** ↑

Weingut **Hensel** ↑

Wein- und Sektgut **Immengarten Hof**

Weingut **Jülg**

Weingut Gerhard **Klein**

Weingut Stefan **Meyer** ↑

Weingut Eugen **Müller**

Weingut am **Nil** ↑

Weingut **Porzelt** ↑

Weingut **Stortz-Nicolaus** ↑

Weingut **Wageck-Pfaffmann**

Sekt- und Weingut **Winterling**

Gute Erzeuger

 ★ ★

Michael **Acker** Weingut Hammel ◆
Weingut **Ackermann**
Weingut Michael **Andres**
Weingut **Bärenhof**
Weingut **Borell-Diehl**
Weingut **Brenneis-Koch**
Weingut **Fitz-Ritter**
Weingut **Jesuitenhof**
Weingut **Klundt** ↑
Weingut **Langenwalter**
Weingut **Lergenmüller**
Weingut Karl-Heinz & Andreas **Meyer** ↑
Weingut Klaus **Meyer**
Weingut Georg **Naegele**
Weingut Castel **Peter**
Weingut **Pflüger** ↑
Weingut **St. Annaberg**
Weingut Karl **Schaefer**
Weingut **Scholler**
Weingut Gerhard **Schwarztrauber**
Weingut Erich **Stachel**

 ★ ☆

Wein- und Sektgut **Bergdolt-Reif & Nett**
Weingut **Grimm**
Weingut Christian **Heußler**
Weingut **Hollerith**
Weingut **Janson Bernhard**
Weingut Ernst **Karst** & Sohn
Weingut Jul. Ferd. **Kimich**
Weingut Dr. **Kopf**
Weingut **Krebs**
Weingut **Krieger**
Stiftsweingut Frank **Meyer** ◆
Weingut Rudi **Möwes**
Weingut Johann F. **Ohler**
Weingut **Wilker**
Weingut Klaus **Wolf** ↑

Zuverlässige Erzeuger

Weingut Gebrüder **Andres** ◆
Weingut Peter **Argus**
Weingut **Arnold & Lang** ◆
Weingut Daniel **Aßmuth**
Weingut Emil **Bauer**
Weingut Karlheinz **Becker**
Weingut **Bohnenstiel**
Weingut **Boudier & Köller** ◆
Weingut **Bühler**
Weingut **Darting**
Weingut **Dietrich**
Weingut **Ehrhart**
Weingut **Fleischmann** ◆
Weingut **Hinterbichler**
Weingut **Hammel-Hundinger**
Staatsweingut mit **Johannitergut**
Weingut Alfons **Hormuth**
Weingut **Isegrim-Hof** ◆
Weingut **Kaßner-Simon**
Weingut **Kirchner**

Weingut **Klosterhof** ◆
Weingut Lukas **Krauß**
Weingut **Lauermann & Weyer** ◆
Weingut **Lidy**
Weingut **Manderschied**
Weingut **Margarethenhof** ◆
Weingut **Mehling**
Weingut **Mugler**
Weingut Theobald **Pfaffmann**
Weingut **Rothmaier**
Weingut Stefan **Schwaab**
Weingut **Sonnenberg**
Weingut Eugen **Spindler**
Weingut Jürgen **Stentz**
Weingut **Wick** ◆
Wein- und Sektgut **Wind-Rabold**
Weingut **Wöhrle**
Weingut Valentin **Ziegler** & Sohn ◆
Weingut **Zumstein** ◆

Rheingau   3.145 ha

Im Rheingau kann man von einem gelungenen, häufig von einem sehr schönen Jahrgang 2012 sprechen. Saftige, gut balancierte Basisweine waren bei fast allen vorgestellten Weingütern zu entdecken, und die Spitzen gelangen nicht nur bei den Top Ten der Region ausgezeichnet. Dass manche der trockenen Edel-Rieslinge nun als Große Gewächse auf den Markt kommen, während andere weiterhin Erste Gewächse heißen, trägt nicht zur Klarheit bei, ist aber angesichts vieler guter Ergebnisse zu verschmerzen. Neben Klassikern von Leitz, Breuer oder Weil machen in diesem Jahr beispielsweise die Großen Gewächse von Spreitzer oder Prinz besonderen Spaß. Übrigens geht es auch ohne offizielle Bezeichnungen: Das Weingut Emmerich Himmel hat entschieden, auf die Bezeichnung Erstes Gewächs zu verzichten und lediglich Lagennamen zu verwenden, auch Peter Jakob Kühn erzeugt keine Ersten Gewächse mehr, Peter Querbach nennt seinen Doosberg schlicht „Milestone". Newcomer wie Biebers Weinkultur und die Ankermühle beweisen schließlich, dass der Rheingau sehr wohl für Innovationen gut ist.

Süß- und Schaumweine sowie andere Überraschungen

Für süße Weine war 2012 nicht gerade prädestiniert. Umso bemerkenswerter ist, welche finessenreichen Beeren- und Trockenbeerenauslesen Kühn und Weil geerntet haben. Einige der besten Schaumweine des Rheingaus entstehen nach wie vor bei Solter in Rüdesheim, doch auch Bardong, Schloss Vaux und Barth sind in dieser Hinsicht eine Bank. Beim Rotwein muss man Kesseler ebenso nennen wie Chat Sauvage. Was spektakuläre Besitzer- und Kellermeisterwechsel angeht, machte der Rheingau allerdings auch Schlagzeilen. Schloss Reinhartshausen wurde von der Pfälzer Familie Lergenmüller übernommen. Noch dramatischer ging es auf Schloss Schönborn zu, wo die Weinkontrolle in einem verblüffenden Ausmaß fündig wurde. Der Betriebsleiter verließ das Unternehmen, zahlreiche Weine wurden vom Markt genommen, ein neues Team übernahm. Wie es weitergeht in diesem Ultra-Traditionsbetrieb, muss abgewartet werden.

Riesling und Spätburgunder

Denkt man an das Rheingau, fallen einem nur zwei Rebsorten ein: Riesling und Spätburgunder. Mit 79 bzw. 12 Prozent Anteil dominieren sie die Weinberge. Neben Riesling und Spätburgunder bringt es allein der Müller-Thurgau auf mehr als ein Prozent der Rheingauer Rebfläche. Immer häufiger angepflanzt wird derzeit Weißburgunder.

Erstes Gewächs: Trend zur Restsüße

Im letzten Jahrzehnt hat man im Rheingau am meisten mit edelsüßem Riesling von sich reden gemacht. Und mit dem Begriff „Erstes Gewächs". Bei dem sich ebenfalls der Rheingauer Trend hin zu mehr Süße zeigt. Denn in der Praxis handelt es sich bei den Ersten Gewächsen meistens um – nach bisherigem Verständnis – halbtrockene Weine. Oft weisen diese vorgeblich „trockenen" Weine ganz deutlich edelsüßen Charakter auf. ◀━

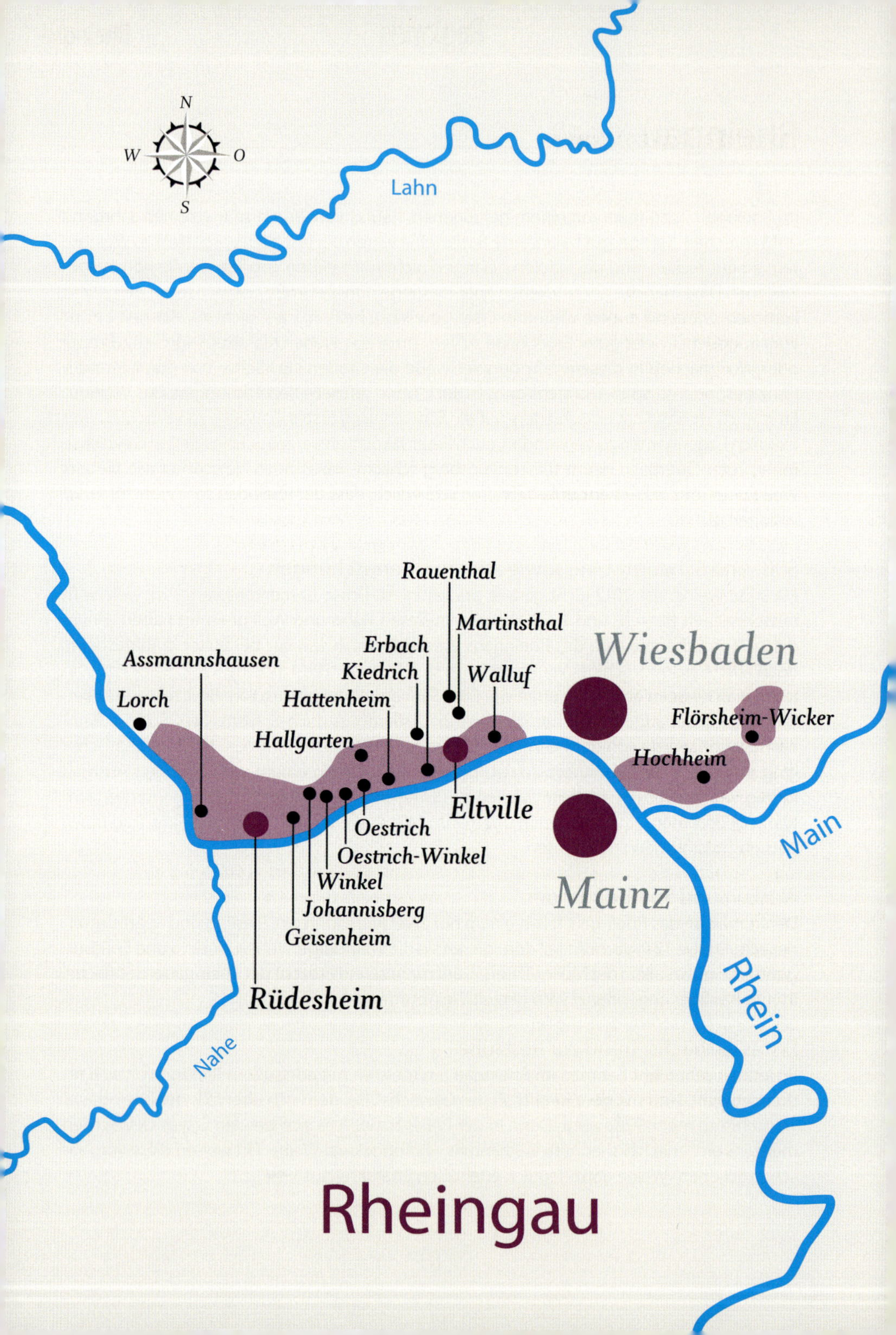

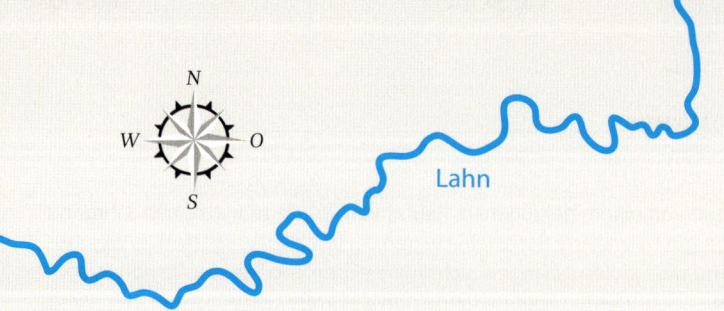

N

W   O

S

Lahn

Rauenthal

Martinsthal

Erbach

Assmannshausen

Kiedrich

Walluf

Wiesbaden

Lorch

Hattenheim

Flörsheim-Wicker

Hallgarten

Hochheim

Eltville

Oestrich

Oestrich-Winkel

Winkel

Main

Johannisberg

Geisenheim

Mainz

Rüdesheim

Rhein

Nahe

Rheingau

Die besten Erzeuger

Weingut Georg **Breuer**   Weingut **Querbach**
Weingut Peter Jakob **Kühn**
Weingut **Leitz**
Weingut Robert **Weil**

Weinbaudomäne Schloss **Johannisberg**   Weingut Joachim **Flick**
Weingut **Prinz**   Weingut August **Kesseler**
Weingut Josef **Spreitzer**   Weingut Franz **Künstler** ↑
                                               Weingut Freiherr **Langwerth** von Simmern

Wein- und Sektgut **Barth**   Weingut Dr. **Corvers-Kauter**
Weinbau J.B. **Becker**   **Diefenhardt'sches** Weingut
Weingut **Chat Sauvage** ↑   Weingut **Krone**
Weingut Carl **Ehrhard**   Weingut Wilhelm **Mohr** Erben
Weingut August **Eser**   Weingut G.H. von **Mumm** ↑
Weingut Emmerich **Himmel**   Weingut Balthasar **Ress** ↑
Weingut **Johannishof**   Weingut W. J. **Schäfer**
Weingut Jakob **Jung**   Wein- und Sektgut F.B. **Schönleber**
Weingut Graf von **Kanitz**   Sektmanufaktur Schloss **Vaux**
Weingut J. **Kögler**
Weingut Robert **König**
Weingut Hans **Lang**
Schloss **Reinhartshausen**
Domänenweingut Schloss **Schönborn**
Sekthaus **Solter**
Weingüter **Wegeler**
Domdechant **Werner'sches** Weingut

Gute Erzeuger

★★

Weingut **Altenkirch**
Domaine **Assmannshausen**
Bischöfliches Weingut Rüdesheim
Staatsweingüter Kloster **Eberbach**
Weingut Friedr. **Fendel** Erben
Weingut Alexander **Freimuth**
Weingut **George**
Weingut Paul **Laquai**
Weingut Georg-**Müller**-Stiftung
Weingut Heinz **Nikolai**
Weingut Johannes **Ohlig**
Weingut Karl **Ottes**
Weingut **Sohns**
Weingut Schloss **Vollrads**

★☆

Sektmanufaktur **Bardong** ↑
Weingut H.T. **Eser**
Garage Winery ↑
Weinhof **Goldatzel**
Weingut Josef **Hirschmann**
Weingut **Schamari-Mühle**
Weingut **Speicher-Schuth**
Weingut Im **Weinegg** ↑
das **weinwerk**

Zuverlässige Erzeuger

★

Weingut **Ankermühle** ◆
Weingut Hans **Bausch**
Weingut **Biebers** Weinkultur ◆
Weingut Stefan **Breuer**
Weingut **Dalgaard & Jordan**
Weingut Karlo **Dillmann**
Weingut **Egert**
Weingut H.J. **Ernst**
Weingut **Jonas**
Weingut **Mehl**
Weingut Karl-Joh. **Molitor**
Weingut Fritz **Rothenbach**
Klosterweingut Abtei **St. Hildegard**
Weingut Thilo **Strieth**
werk2
Weingut Dr. Christopher **Wolf**

Rheinhessen   26.516 ha

Es geht weiter voran in Rheinhessen, viele Weingüter haben sich weiter gesteigert. Hatte man die Erträge im Griff, konnte man 2012 gute Kollektionen, ja sehr gute Kollektionen erzeugen. Die klare Dreiteilung des Sortiments in Gutsweine, Ortsweine und Lagenweine wird sich auszahlen, die Verbraucher lieben und brauchen diese Klarheit. An der Spitze stehen auch dieses Jahr Klaus Peter Keller und Philipp Wittmann mit großartigen Kollektionen, Kühling-Gillot und Battenfeld-Spanier haben in der Spitze weiter zugelegt. Dazu gibt es auch in diesem Jahr eine breite Schar an Aufsteigern, jungen Betrieben, die auf breiter Front – nicht nur in der Spitze, auch mit ihren Guts- und Ortsweinen – besser werden, wie Becker-Landgraf und Dreißigacker, Bischel und Braunewell, Hofmann und Winter, Riffel, Gysler und Mirjam Schneider, um nur einige von denjenigen zu nennen, die wir als Aufsteiger sehen.

Selbstbewusstsein
Zwei Faktoren scheinen maßgeblich für den erfolgreichen Wandel der Region. Einmal der Erfolg von Klaus Keller in Flörsheim-Dalsheim, der vielen Winzern gezeigt hat, dass rheinhessischer Wein in Deutschland Spitze sein kann, Wittmann und andere bestätigen dies. Wichtig war aber auch die Initiative der „Selection Rheinhessen": Die Winzer haben gesehen und geschmeckt, dass man bei Ertragsbeschränkung bessere Weine machen kann. Und sie haben gemerkt, dass man diese bessere Qualität auch besser bezahlt bekommt.

Restrukturierung der Weinberge
Der Wandel in Rheinhessen hat sich auch in den Weinbergen vollzogen. Hier, wie in anderen deutschen Regionen auch, hat man in den letzten Jahren begonnen, viele der Neuzüchtungen wieder nach und nach aus den Rebgärten zu eliminieren. Der Trend zu internationalen Sorten und Rotweinsorten brachte neue Rebsorten ins Land. In den nächsten Jahren werden sicherlich innerhalb Rheinhessens einzelne Regionen sich mit speziellen Weintypen und/oder Rebsorten stärker profilieren.

Rebsorten
Wichtigste Rebsorte mit einem Anteil von über 16 Prozent ist Müller-Thurgau, aber den zweiten Platz nimmt mittlerweile Riesling ein mit 15 Prozent, der Dornfelder (13 Prozent) überholt hat. Dornfelder boomte in Rheinhessen wie nirgendwo in Deutschland. Der Boom ist vorbei, und das ist gut so. Der Silvaneranbau ist weiter zurückgegangen, nur noch 9 Prozent der Fläche nimmt die einst in Rheinhessen so populäre Rebsorte ein. Auf den nächsten Plätzen folgen Portugieser, Spätburgunder, Grauburgunder (legt kräftig zu!), Weißburgunder (der ebenfalls kräftig zulegt) und Kerner. Hinzu kommen Scheurebe und Huxelrebe, die fast schon etwas wie rheinhessische Spezialitäten geworden sind, Faberrebe und Bacchus. Chardonnay, Gewürztraminer, Riesling und die Burgundersor-

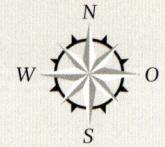

Lahn

Rhein

Main

Wiesbaden

Bingen

Gräfenbach

Nahe

Glan

Mainz

• Ingelheim
Hechtsheim
• Ockenheim • Groß-Winternheim
• Appenheim • Essenheim
Bodenheim
Nackenheim
Aspisheim
Horrweiler • Engelstadt
• Stadecken-Elsheim
Ebersheim
Zornheim
• Jugenheim
Mommenheim
Biebelsheim •
• Vendersheim
• Saulheim
Selzen
Undenheim •
Nierstein
Dienheim
• Friesenheim
Ludwigshöhe
Weinolsheim
Siefersheim •
Bechtolsheim •
Biebelnheim •
Uelversheim
Guntersblum
Wonsheim •
Bermersheim
vor der Höhe
Dorn-Dürkheim
Stein-Bockenheim •
Gau-Odernheim
Alzey-Weinheim •
Dittelsheim-Heßloch •
Mettenheim
Hochborn •
Bechtheim
Hangen-Weisheim •
Monzernheim
Westhofen •
Osthofen
• Flonheim
Flomborn •
Bermersheim
Ober-Flörsheim •
• Gundheim
Flörsheim-Dalsheim •
Pfeddersheim
Monsheim •
Worms-Pffligheim
Hohen-Sülzen •
Worms
Offstein •

Neckar

Mannheim

Rheinhessen

olles Ensemble: erst Weintrauben und dann Beifall geerntet.

In Rheinhessen steht eine ganze Reihe von Winzern im Rampenlicht. Ihr Erfolgsgeheimnis: Sie teilen ihr immenses Wissen miteinander und bleiben dabei einzigartig. So entstehen ausgezeichnete Weine, die von Publikum und Presse überschwänglich gefeiert werden. Autogrammjäger wenden sich an **rheinhessenwein.de**

Rheinhessen
DIE WEINE DER WINZER

ten legen zu, alle anderen weißen Sorten nehmen im Anbau ab. Anders die roten Sorten, die alle, teils dramatisch, zulegen. Stärker noch als Dornfelder haben Regent und St. Laurent zugelegt. Immer häufiger findet man auch Frühburgunder, Cabernet Sauvignon und Merlot. Die Rotweinfläche in Rheinhessen hat sich in den letzten zehn Jahren mehr als verdoppelt, ist inzwischen aber wie so oft in Deutschland wieder rückläufig, der Anteil an der gesamten Rebfläche beträgt heute 31 Prozent.

Junge Talente
Bei der Vielzahl von fast 3000 Erzeugern, die in Rheinhessen selbst Wein vermarkten, ist es nicht einfach, alle interessanten Winzer zu finden. Wie schon in den Vorjahren hatten wir Weine von recht vielen uns zuvor nicht bekannten Winzern probiert. Und wie in den vergangenen Jahren war dies nicht immer eine Freude. Aber wir fanden doch auch wieder einige schöne Überraschungen darunter, Weingüter mit zuverlässigen und in der Regel sehr preiswerten Weinen. Man kann gar nicht oft genug darauf hinweisen: Eine Vielzahl junger Talente wächst in der Region heran. ◄

Die besten Erzeuger

Weltklasse
★ ★ ★ ★ ★
Weingut Klaus **Keller**
Weingut **Wittmann**

Hervorragende Erzeuger

★ ★ ★ ★
Weingut **Battenfeld-Spanier**
Weingut **Becker-Landgraf**
Weingut **Bischel** ↑
Weingut **Dreißigacker** ↑
Weingut **Kühling-Gillot**
Sekthaus **Raumland**
Weingut **Wagner-Stempel**

★ ★ ★ ☆
Weingut **Braunewell** ↑
Weingut Destillerie **Gutzler**
Wein- und Sektgut **Hofmann** ↑
Weingut **Landgraf**
Weingut **Riffel** ↑
Weingut Château **Schembs**
Weingut **Winter** ↑

Sehr gute Erzeuger

★ ★ ★

Weingut J. **Bettenheimer**
Geil's Sekt- und Weingut
Weingut Heinrich **Groh**
Weingut **Gunderloch**
Weingut **Gysler**
Weingut Karlheinz **Keller**
Weingut **Kissinger**
Weingut **Manz**
Weingut **Sander**
Weingut **Schneider** – Mirjam Schneider
Weingut **Spiess**, Riederbacherhof
Weingut **Stallmann-Hiestand**
Winzerhof **Thörle**
Weingut Arndt F. **Werner**

★ ★ ☆

Weingut K. & K. **Dautermann**
Weingut **Hedesheimer Hof**
Weingut Georg Jakob + Matthias **Keth**
Weingut **Knewitz**
Weingut Klaus **Knobloch**
Weingut **Michel-Pfannebecker**
Weingut **Peth-Wetz**
Weingut **Seehof**, Ernst Fauth
Weingut **Steitz**
Weingut Eckhard **Weitzel**

Gute Erzeuger

★ ★

Weingut Brüder Dr. **Becker**
Weingut Winzerfamilie **Flick**
Weingut Helmut **Geil**
Weingut **Goldschmidt**
Weingut **Gres**
Weingut Eckehart **Gröhl**
Weingut Georg Gustav **Huff**
Weingut **Kampf**
Weingut Dr. **Koehler**
Weingut **Kühling**
Weingut **Lamberth**
Bioweingut **Lorenz**
Weingut Karl **May**, Liebenauer Hof
Weingut Karl-Hermann **Milch**
Weingut **Neef-Emmich**
Weingut **Pfannebecker**
Weingut Klaus & Matthias **Runkel**
Weingut **Schätzel**
Weingut **Scherner-Kleinhanss**
Weingut Eugen **Schönhals**
Weingut **Weinreich**

★ ☆

Weingut Jean **Buscher**
Weingut **Eberle-Runkel**
Weingut **Espenhof**
Weingut **Fogt**
Weingut **Gallé**
Weingut **Göhring**
Weingut **Hirschhof**
Wein- und Sektgut Axel **Kreichgauer**
Weingut **Liebfrauenstift**
Weingut **Raddeck**
Weingut **Ruppert-Deginther**
Weingut **Seebrich**
Weingut Uwe **Spies**
Weingut **Strohm**
Weingut **Weedenbornhof**
Weingut Hans **Wernersbach**
Weingut Schloss **Westerhaus**

Zuverlässige Erzeuger

Weingut **Achenbach**

Weingut **Becker**

Weingut **Beiser**

Weingut **Bernhard-Räder**

Weingut **Brandt** ◆

Weingut **Brinkmann**

Weingut **Büsser**

Weingut Lisa **Bunn**

Weingut **Diel**

Weingut **Domhof**

Weingut Udo & Timo **Eppelmann**

Weingut Kurt **Erbeldinger** und Sohn

Weingut **Feth-Wehrhof**

Weingut **Fischborn-Schenk**

Weingut **Franz** ◆

Weingut Johann **Geil** I Erben

Weingut **Götz** ◆

Weingut **Hauck**

Weingut **Hiestand**

Weingut **Hothum**

Weingut Fritz Ekkehard **Huff**

Weingut **Huff-Doll**

Huster Ökologischer Weinbau

Weingut **Julius**

Weingut Georg **Jung**

Weingut **Kapellenhof**

Weingut **Klieber** ◆

Weingut **Lorch** - Westerheymer Hof

Weingut **Machmer**

Weingut **Martinshof**

Weingut **Marx**

Weingut **Merl**

Weingut **Mett** & Weidenbach

Cisterzienser Weingut **Michel**

Weingut Dieter **Michel**

Weingut Axel **Müller**

Weingut **Müller-Dr. Becker**

Weingut **Münzenberger**

Weingut **Posthof** - Doll & Göth

Weingut **Roll**

Weingut **Rollanderhof**

Weingut **Schmitt**

Weingut **Schweickardt**

Weingut **Scultetus-Brüssel**

Weingut **Singer-Fischer**

Weingut **Spohr**

Weingut **Steinmühle**

Weingut H. & H.A. **Strub**

Weingut **Wagner**

Weingut **Wechsler** ◆

Weingut **Werther Windisch**

Weingut Dirk **Wendel**

Weingut **Zehe-Clauß**

Weingut **Zimmer-Mergel**

Saale-Unstrut   765 ha

Die Rebfläche steigt stetig – und erfreulicherweise auch das Qualitätsniveau. So stand es an dieser Stelle im vergangenen Jahr, und so können wir es voller Überzeugung auch in diesem Jahr stehen lassen. Weißburgunder wird immer interessanter im Anbaugebiet, auch Silvaner überzeugt von Jahr zu Jahr mehr. Wie im Vorjahr bieten Gussek und Pawis gute Kollektionen, ebenso Fröhlich-Hake und Klaus Böhme, die großen Betriebe wie die Genossenschaft, Kloster Pforta oder das Thüringer Weingut Bad Sulza bieten zuverlässige Qualität; dazu können wir einen Mini-Betrieb als Newcomer begrüßen, das Weingut der Familie Lückel.

Weinbau an Saale und Unstrut

Weinbau ist urkundlich seit dem 10. Jahrhundert in der Region belegt. Mit der Gründung von Kloster Pforta 1138 wurde der Weinanbau forciert, die erste Weinlage der Mönche, der Pfortenser Köppelberg, ist seit 1154 urkundlich belegt. Die meisten Weinberge im Weinbaugebiet Saale-Unstrut liegen in den Tälern der beiden gleichnamigen Flüsse. Daneben gibt es noch nennenswerten Weinbau an den Mansfelder Seen (dem Süßen See, sowie den kleineren Bruder- und Kernersee, zwischen Halle und Lutherstadt Eisleben). Das Gros der Weinberge liegt im Bundesland Sachsen-Anhalt, aber auch die bisher 66 Hektar Weinberge in Thüringen, wo ebenfalls seit tausend Jahren Wein angebaut wird, gehören zum Anbaugebiet Saale-Unstrut. Die wichtigsten Weinbauorte sind Naumburg und Freyburg.

Klima und Böden

Die Region besitzt ein eher kontinental geprägtes Klima mit kalten Wintern und recht warmen Sommern. Die Böden an Saale und Unstrut bestehen häufig aus Muschelkalk, teils auch aus Buntsandstein. Im Bereich der Mansfelder Seen wachsen die Reben auf Kupferschiefer.

Drei Dutzend Selbstvermarkter

Die Rebfläche hat sich in den letzten Jahren stetig erweitert, neue Weingüter wurden gegründet. Das Weingut Schloss Proschwitz aus Sachsen hat in Kromsdorf bei Weimar neue Weinberge angelegt in der historischen Lage Weimarer Poetenweg, wo der Boden aus Muschelkalk und Lössmergel besteht. Die Mitglieder der Freyburger Genossenschaft bewirtschaften mehr als die Hälfte der gesamten Rebfläche. Dazu gibt es etwa drei Dutzend selbstvermarktende Betriebe. Absatzprobleme gibt es nicht, folglich sind die Preise auch für sehr einfache Weine recht hoch. Was aber sicherlich eine gute Ausgangsposition für neugegründete Weingüter ist und die Chance bietet, sich über Qualität zu profilieren. Viele der kleinen privaten Betriebe haben erst in den letzten Jahren ihre ersten Weine auf den Markt gebracht.

Elbe

Mulde

Halle

Leipzig

Helme

Höhnstedt

Wipper

Unstrut

Roßbach

Kirchscheidungen

Freyburg

Bad Kösen

Bad Sulza

Naumburg

Elster

Weimar

Jena

Ilm

Saale

Pleiße

Saale-Unstrut

Rebsorten

Die Rebfläche im Anbaugebiet Saale-Unstrut nimmt stetig zu, hat sich seit 1990 verdoppelt. Wichtigste Rebsorte ist Müller-Thurgau, gefolgt von Weißburgunder, Riesling und Silvaner. Während aber Müller-Thurgau und Weißburgunder zulegen, nimmt der Anteil des Silvaners ab. Dazu gibt es vor allem noch Bacchus, Kerner, Grauburgunder, Gutedel und Traminer. An roten Sorten, die auf über 26 Prozent der Fläche angebaut werden, gibt es insbesondere Dornfelder, Portugieser – Portugieser war noch vor 30 Jahren quasi die einzige angebaute rote Rebsorte, wurde inzwischen aber von Dornfelder überholt – Spätburgunder, Regent, Zweigelt und Lemberger. Die Erträge im Anbaugebiet Saale-Unstrut sind auf Grund des Kontinentalklimas mit oft strengen Frösten recht starken Schwankungen unterworfen. Die Weine werden überwiegend trocken ausgebaut. ➤

Die besten Erzeuger

Sehr gute Erzeuger

★ ★ ☆

Winzerhof **Gussek**

Gute Erzeuger

★ ★

Weingut Klaus **Böhme** ↑
Weingut **Fröhlich-Hake**
Weingut **Pawis**

Zuverlässige Erzeuger

★

Winzervereinigung **Freyburg**
Weingut Familie **Lückel** ◆
Landesweingut Kloster **Pforta**
Thüringer Weingut Bad Sulza

Sachsen   492 ha

Nichts Neues in Sachsen: Die Rebfläche wächst weiterhin, das Preisniveau ist nachwievor hoch, da bestünde die Möglichkeit in Qualität zu investieren, denn wir halten das Potenzial noch lange nicht für ausgereizt in Sachsen. Einfache Jahrgänge aber gibt es in Sachsen nicht, ebensowenig wie es eine einheitliche sächsische Stilistik gibt. Als Freund sächsischer Weine hat man die Wahl zwischen den geschliffenen Weinen der Großbetriebe wie Schloss Proschwitz und Schloss Wackerbarth, oder den sehr eigenständigen, handwerklichen Weinen von Winzern wie Karl-Friedrich Aust oder Steffen Rößler, den Weingütern Drei Herren oder Vincenz Richter, allein: Die Menge ist allzu gering.

Lange Tradition

Weinbau in Sachsen wurde urkundlich erstmals 1161 erwähnt. Im ausgehenden Mittelalter waren wohl etwa 4.000 Hektar in ganz Sachsen mit Reben bepflanzt, 1840 gab es noch 1636 Hektar Reben, danach ging die Rebfläche dramatisch zurück. Dieser Rückgang begann schon vor dem Reblausbefall (ab 1887) durch die Industrialisierung, die den Weinbau als Wirtschaftsfaktor für Sachsen bedeutungslos werden ließ, die Ausdehnung der Hauptstadt und der Verkauf von Weinbergen als Bauland taten ein Übriges. Nach dem Zweiten Weltkrieg gab es nur noch ganze 60 Hektar Reben in Sachsen. Seit den Fünfziger Jahren aber haben vor allem Nebenerwerbswinzer dafür gesorgt, dass die Rebfläche nach und nach bis auf die heutige Größe anwuchs.

Kontinentalklima

Das Haupt-Weinanbaugebiet in Sachsen liegt entlang der Elbe, flussabwärts von Pirna bis Diesbar. Die wichtigsten Weinbauzentren sind Radebeul (mit den Einzellagen Johannisberg, Goldener Wagen und Steinrücken) und Meißen (Einzellagen Kapitelberg, Ratsweinberg, Rosengründchen und Klausenberg, dazu Schloss Proschwitz und Proschwitzer Katzensprung). Daneben gibt es kleinere Weinbauflächen an der Schwarzen Elster (bei Jessen, Kleindröben im Bundesland Sachsen-Anhalt und bei Schlieben im Bundesland Brandenburg), die weinbaupolitisch zur Region Sachsen zählen, ebenso wie weitere neu angelegte Flächen in Brandenburg (Luckau, Ortrand, Neuzelle, Schenkendöbern). Sachsen besitzt ein Kontinentalklima mit kalten Wintern und der Gefahr von Frühjahrsfrösten, aber recht heißen Sommern mit warmen Tagen und kühlen Nächten.

Unterschiedliche Böden

Das Elbtal ist geprägt von einer Vielzahl unterschiedlicher geologischer Formationen. Hauptsächlich herrschen Granit-Syenit-Verwitterungsböden vor, aber man findet auch Sandstein, Löss, verschiedene Tonarten und Flusssand. Der größte Teil der Weinberge wird von Nebenerwerbswinzern bewirtschaftet, die in der Winzergenossenschaft Meißen zusammengeschlossen sind. Gut die Hälfte der Weinberge befindet sich in Hang- und Steillagen, wo die Weinberge oft in Terrassen angelegt sind.

Rebsorten

Die wichtigsten Rebsorten sind Müller-Thurgau, Riesling und Weißburgunder. Es folgen an weißen Sorten Grauburgunder, Traminer, Kerner, Goldriesling, Scheurebe, Bacchus, Elbling, Solaris und Gutedel, etwas Kernling und Morio-Muskat. Aber auch rote Sorten (19 Prozent der Fläche) findet man immer häufiger, allen voran Spätburgunder und Dornfelder, aber auch Regent, Frühburgunder, Portugieser, Domina, Dunkelfelder und Schwarzriesling. Es zeichnet sich ein Trend ab hin zu den Burgundersorten. Die Weine werden überwiegend trocken ausgebaut. Absatzprobleme gibt es keine, und so ist es nicht verwunderlich, dass man für sächsischen Wein hohe Preise zahlen muss und man ihn selten außerhalb der Region findet. Drei große Betriebe zeichnen zusammen für drei Viertel allen sächsischen Weins verantwortlich: Die Sächsische Winzergenossenschaft in Meißen, das Sächsische Staatsweingut Schloss Wackerbarth und Schloss Proschwitz. ▬◄

Die besten Erzeuger

Gute Erzeuger

★ ★

Weingut Schloss **Proschwitz** – Prinz zur Lippe

★ ☆

Weingut Vincenz **Richter**

Zuverlässige Erzeuger

★

Weingut Karl-Friedrich **Aust**
Weingut **Drei Herren**
Winzerhof **Rößler**
Weingut Schloss **Wackerbarth**

Württemberg   **11.359 ha**

Württemberg ist in Bewegung, das haben wir im vergangenen Jahr an dieser Stelle konstatiert; auch in diesem Jahr stellen wir einige Betriebe neu vor, teils mit ihrem ersten oder zweiten Jahrgang. Auch 2012 sind wir in der Spitze sehr angetan von den Rieslingen, konnten hervorragende Weine verkosten von Weingütern wie Beurer, Adelmann, Schnaitmann, Hohenlohe-Öhringen, Dautel, Haidle oder Aldinger. Sauvignon Blanc ist eine spannende Ergänzung, auch wenn 2012 kein optimales Jahr für diese Rebsorte gewesen ist; Weißburgunder deutet an, dass noch mehr möglich ist. Von den Lembergern des Jahrgangs 2011 waren wir hingegen sehr angetan, vor allem freut uns, dass immer mehr Winzer nicht nur auf Konzentration und Kraft setzen, sondern auf Finesse und reintönige Frucht. Gleiches gilt für Spätburgunder, auch beim Spätburgunder haben wir einen Trend hin zu („burgundischer") Finesse bei einigen Spitzenbetrieben feststellen können. Die Altlast, die wir im vergangenen Jahr erwähnten, besteht natürlich immer noch, das Negativ-Image durch restsüße, maischeerhitzte Rotweine, die man oft mit Württemberg verbindet; und die „Neulast", die Weinsberger Neuzüchtungen.

71 Prozent Rotwein

Württemberg ist der Fläche nach das viertgrößte deutsche Weinbaugebiet. Hier werden drei Viertel der Ernte über Genossenschaften vermarktet. Neben der Ahr ist Württemberg das einzige deutsche Anbaugebiet, in dem mehr rote als weiße Trauben angebaut werden, 71 Prozent. Wichtigste rote Rebsorte und Württemberger Spezialität ist der Trollinger, der 20 Prozent der Fläche einnimmt. Weitere bedeutende Rotweinsorten sind Lemberger (in Österreich Blaufränkisch genannt), Schwarzriesling (der „Pinot Meunier" der Champagne) und Spätburgunder. Hinzu kommen Spezialitäten wie Samtrot, Clevner oder Muskattrollinger. Vor allem im Remstal findet man immer häufiger auch Zweigelt und Merlot.

Weißwein: Riesling dominiert

Bei den weißen Sorten dominiert der Riesling, der 18 Prozent der gesamten Rebfläche einnimmt, aber in den letzten Jahren etwas an Boden verloren hat. Hinzu kommen, mit weitem Abstand, Kerner, Müller-Thurgau und Silvaner. In letzter Zeit findet man auch immer häufiger Weiß- und Grauburgunder, sowie Chardonnay. Auch Sauvignon Blanc wird inzwischen von vielen Weingütern angebaut, vor allem im Remstal. ◄━

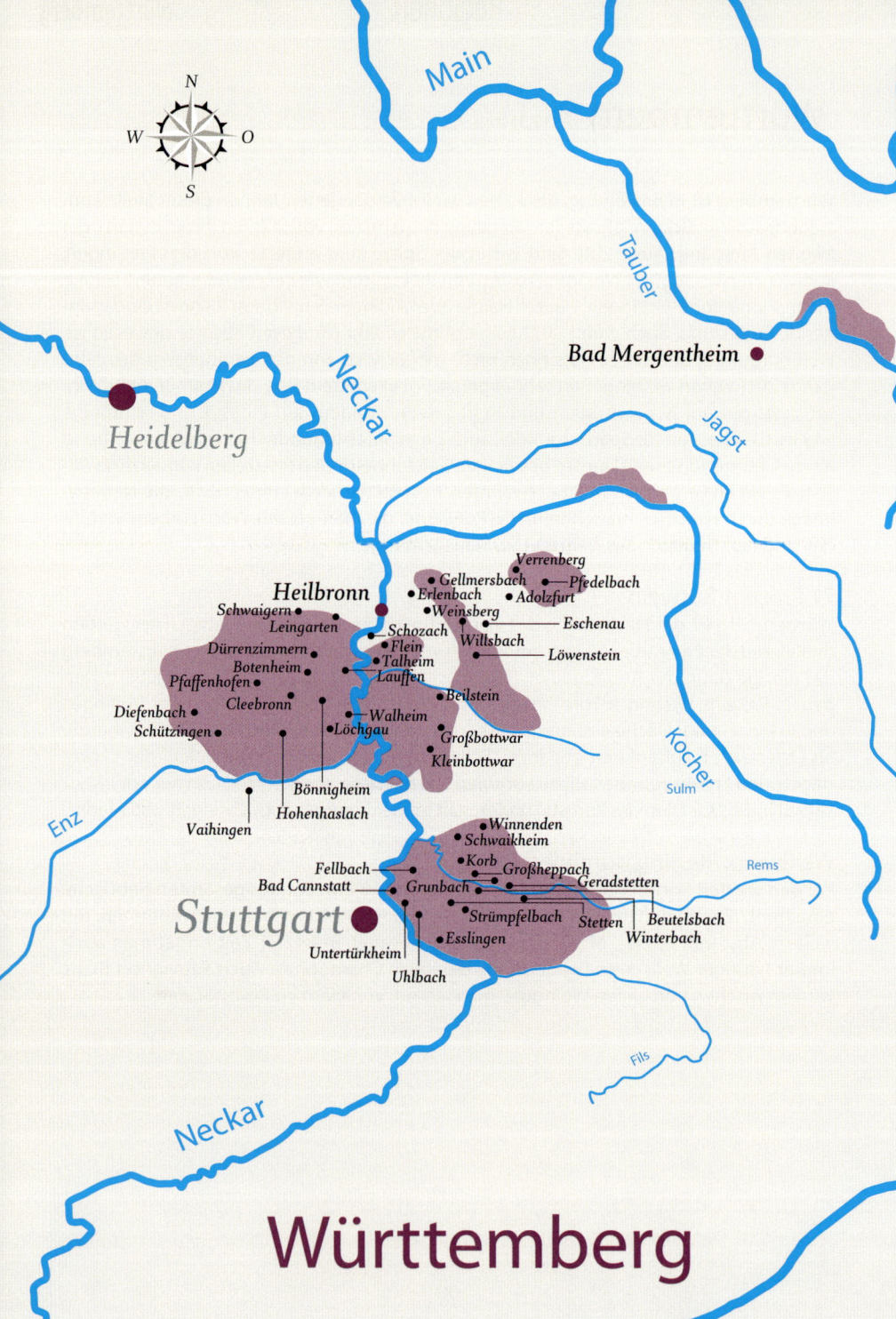

N
W — O
S

Main

Tauber

Bad Mergentheim •

Jagst

Neckar

Heidelberg •

Verrenberg
Gellmersbach • Pfedelbach
Erlenbach • Adolzfurt
Heilbronn • Weinsberg
Schwaigern • Schozach Eschenau
Leingarten Flein Willsbach
Dürrenzimmern Talheim Löwenstein
Botenheim Lauffen
Pfaffenhofen Beilstein
Diefenbach Cleebronn Walheim
Schützingen Löchgau
Großbottwar
Kleinbottwar

Kocher

Sulm

Enz

Bönnigheim
Hohenhaslach
Vaihingen

Winnenden
Schwaikheim
Korb Großheppach
Fellbach Geradstetten
Bad Cannstatt Grunbach Rems
Stuttgart • Stetten Beutelsbach
Strümpfelbach Winterbach
Untertürkheim Esslingen
Uhlbach

Fils

Neckar

Württemberg

Die besten Erzeuger

Weingut **Dautel**

Weingut Gerhard **Aldinger**
Weingut Karl **Haidle**, Inh. H. Haidle
Weingut Rainer **Schnaitmann**

Weingut **Beurer** ↑
Weingut Jürgen **Ellwanger**
Weingut **Heid**
Weingut **Wöhrwag**

Weingut Graf **Adelmann**
Weingut Fürst zu **Hohenlohe-Öhringen**
Weingut **Kistenmacher-Hengerer**
Weingut **Wachtstetter**
Staatsweingut **Weinsberg**
Weingut **Zimmerle**

Weingut **Drautz-Able**
Weingut Bernhard **Ellwanger**
Weingut Fritz **Funk**
Weingut Wolfgang **Klopfer**
Weingut **Kusterer**
Weingut **Medinger**

Weingut **Doreas**
Weingut G.A. **Heinrich**
Schlossgut **Hohenbeilstein**
Weingut **Knauß**
Weingut des Grafen **Neipperg**
Weingut **Sonnenhof**, Bezner-Fischer
Weinmanufaktur **Untertürkheim**
Weingut **Zipf**

Gute Erzeuger

★★

Weingut **Albrecht-Kießling**
Weingut H. **Bader**
Weingut **Bächner**
Panoramaweingut **Baumgärtner**
Weingut Graf v. **Bentzel-Sturmfeder**
Weingut **Birkert**
Weingut Helmut **Dolde**
Fellbacher Weingärtner
wein & gut **frank** ↑
Weingut Frank J. **Haller**
Weingut **Kuhnle**
Weingut **Leiss**
Weingut **Rux**
Weingut **Sankt Annagarten**
Weingut **Schäfer-Heinrich**
Weingut Michael **Schiefer**
Weingut **Siegloch-Klöpfer**
Weingut **Siglinger**
Weingut Herzog von **Württemberg**
Weingut Walter **Zimmer**

★☆

Weingut **Amalienhof** – Gerhard Strecker
Weingärtner **Bad Cannstatt**
Weingut **Drautz-Hengerer**
Weingut **Escher** ↑
Weingut **Forsthof**
Weingut **Gruber**
Weingut **Hirth** – Rebhof
Weingut Gerd **Keller** ↑
Weingut **Parfüm der Erde**
Weingut **Singer** ↑
Weingut **Supp**
Weingut **Ungerer**

Zuverlässige Erzeuger

★

Weingut **Albrecht-Gurrath**
Weingut **Bihlmayer**
Weingut **Borth**
Weingut **Bruker**
Weingärtner **Cleebronn-Güglingen**
Weingut **Dobler**
Weingärtner **Dürrenzimmern-Stockheim**
Weingut **Eberbach-Schäfer**
Weingut **Fried**
Weingut **Häge**
Weingut **Häußermann**
Weingut **Hafner**
Weingut **Hirsch** ◆

Weingut Erich **Hirth**
Weingut **Idler** ◆
Weingut **Keil**
Weingut **Kinzinger**
Weingut Eberhard **Klein** ◆
Weingut **Kurz-Wagner**
Weingut **Maier**
Weingut Jochen **Mayer**
Weingut Reinhard **Schäfer**
Weingut Martin **Schropp** ◆
Weingut **Springer**
Ökoweingut **Stutz**
Weingut **Wagner**

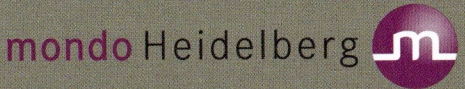

Die besten deutschen Weinerzeuger und ihre Weine

von A-Z

A

★

Abril
Weingut   **Baden**

🍇 *Am Enselberg 1, 79235 Vogtsburg-Bischoffingen*
Tel. 07662-949323-0, *Fax:* 07662-949323-99
www.weingut-abril.de
weingut@weingut-abril.de
Besuchszeiten: Mo.-Fr. 8-18 Uhr, Sa. 11-16 Uhr

Inhaber . . . . Weingut Abril GbR
Betriebsleiter . . . . Armin Sütterlin
Rebfläche . . . . 20 Hektar

Die Familie Abril betreibt seit dem Jahr 1740 Weinbau in Bischoffingen am Kaiserstuhl. Hans-Friedrich Abril führte in achter Generation den Betrieb. Nach 37 Ernten haben er und Ehefrau Gabi das Weingut 2007 an Cousine Helga und ihren Mann Erivan Haub, den Seniorchef von Tengelmann, abgegeben, die das Weingut unter dem alten Namen weiterführen, das Gut ist jedoch nicht Teil der Tengelmann-Gruppe. Die Rebfläche, bei Übernahme 6,5 Hektar, wurde seither deutlich vergrößert, unter anderem durch die Übernahme des benachbarten Weinguts Consequence. Dessen Besitzer, Manfred Schmidt, ist seither für den Weinbau des Weinguts Abril verantwortlich und für die Umstellung auf biologischen Weinbau. Der neue Weinkeller konnte nicht wie geplant am alten Sitz realisiert werden, ein kompletter Neubau am Ortsrand von Bischoffingen inmitten der Weinberge wurde im September 2012 eröffnet. Der Schwerpunkt liegt auf den Burgundersorten, dazu gibt es Spezialitäten wie Gewürztraminer, Muskateller, Riesling, Scheurebe, Chardonnay oder Blauer Sylvaner.

Vorjahr _____

Auch wenn es bis zur alten Abril'schen Klasse noch ein weiter Weg ist, so zeigte die Kollektion doch schöne Ansätze bei Weißburgunder und Gewürztraminer Beerenauslese. ◄

Neue Kollektion _____

Sehr geschlossen präsentiert sich nun die neue Kollektion, weiß wie rot. Der konzentrierte, kraftvolle Weißburgunder aus dem Enselberg gefällt uns sehr gut, ebenso die klare, füllige Gewürztraminer Auslese des Jahrgangs 2011 und der im Barrique ausgebaute Chardonnay, der füllig und kraftvoll ist, reife Frucht besitzt, gute Struktur und Substanz. Im roten Segment gefällt uns der Pinot Noir am besten, der konzentriert und klar im Bouquet ist, frisch, klar und zupackend im Mund, gute Struktur und Kraft besitzt und viel jugendliche Tannine. ◄

Weinbewertung _____

84   Rosé Sekt extra trocken   12 %/12,- €
81   2012 Weißburgunder trocken   11,5 %/8,50 €
80   2012 Grauburgunder trocken   12 %/8,50 €
85   2012 Weißburgunder trocken Enselberg
      12,5 %/14,- €
84   2012 Grauburgunder trocken Enselberg
      13 %/14,- €
85   2012 Chardonnay trocken Barrique Enselberg
      13,5 %/19,- €
85   2011 Gewürztraminer Auslese   11,5 %/14,- €
82   2012 Rosé trocken   12 %/8,50 €
83   2011 Spätburgunder trocken „Magmatit"
      14 %/15,- €
85   2011 Pinot Noir trocken   15 %/28,- €

★

Achenbach
Weingut   **Rheinhessen**

Kirchgasse 1, 55599 Wonsheim
Tel. 06703-707, *Fax:* 06703-3627
www.weingut-achenbach.de
info@weingut-achenbach.de
Besuchszeiten: nach Vereinbarung

Inhaber . . . . Gernot Achenbach
Rebfläche . . . . 19 Hektar

Gernot Achenbach baut neben traditionellen Rebsorten und Neuzüchtungen auch Spezialitäten wie Frühburgunder, Auxerrois,

St. Laurent und Muskatsilvaner (Sauvignon Blanc) an. Die Weinberge liegen vor allem in Wonsheim und Siefersheim. Die Rotweine werden 5 bis 10 Tage auf der Maische vergoren und in Holzfässern ausgebaut. Der älteste Sohn Frank hat 2010 seinen ersten eigenen Wein gemacht, einen Riesling vom Porphyr im Siefersheimer Heerkretz.

Vorjahre

Etwas heterogen präsentierte sich die Kollektion vor zwei Jahren, wobei einige Weine schöne Ansätze zeigten. Die letztjährige Kollektion gefiel uns besser, sie war gleichmäßiger als zuletzt, die „feinherbe" Riesling Auslese und die Ortega Trockenbeerenauslese aus dem Jahrgang 2010 waren unsere Favoriten.

Neue Kollektion

Die neue Kollektion ist sehr gleichmäßig ohne aber Highlights zu bieten: Darauf kann man aufbauen. ◄

Weinbewertung

78	2012 Riesling trocken (1l) **12 %/4,30 €**
81	2012 Sauvignon Blanc trocken „Löss" **12,5 %/5,80 €**
79	2012 Grauburgunder trocken **12,5 %/4,20 €**
80	2012 Grauburgunder trocken „Urmeer" **14 %/5,80 €**
81	2012 Silvaner trocken „Alte Reben" **12,5 %/5,80 €**
81	2012 Riesling trocken „Porphyr" **12 %/6,20 €**
83	2012 Riesling Spätlese trocken „Franky's Steillage" Siefersheimer Heerkretz **13 %/8,50 €**
80	2012 Weißburgunder trocken „Löss" **13,5 %/5,80 €**
83	2011 Grauburgunder trocken Martinsberg **13,5 %/8,50 €**
81	2012 Scheurebe „feinherb Löss" **11,5 %/5,80 €**
83	2012 Huxelrebe Auslese **8 %/7,50 €**
83	2011 Spätburgunder trocken Barrique Heerkretz **14 %/12,- €**

Die besten deutschen Weinerzeuger und ihre Weine

★★

Michael **Acker**
Weingut Hammel   **Pfalz**

◈ *Weinstraße Süd 4, 67281 Kirchheim*
Tel. 06359-86401, *Fax:* 06359-86431
www.weinhammel.de
info@weinhammel.de
Besuchszeiten: Mo.-Fr. 9:30-12:30 + 14-18:30 Uhr, Sa. 9-16 Uhr, So. 9-12 Uhr

Inhaber	Michael Acker
Rebfläche	4,5 Hektar

Michael Acker war lange Jahre Betriebsleiter des Weinguts Schumacher in Herxheim am Berg. 2011 hat er sich mit dem Weingut Hammel in Kirchheim zusammengetan um seine eigene Weinlinie zu kreieren. Michael Ackers Vater war über 40 Jahre lang für die Weinberge im Weingut Hammel verantwortlich gewesen. Michael Acker lässt 4,5 Hektar – ausgesuchte Parzellen in besten Lagen, meist mit alten Reben – nach seinen Vorgaben bewirtschaften, darunter Rieslingparzellen, die in den sechziger Jahren von seinem Vater gepflanzt wurden. Bisher erzeugt er nur Riesling und Spätburgunder, zukünftig soll ein Portugieser von 1955 gepflanzten Reben und ein St. Laurent von 1951 gepflanzten Reben das Programm ergänzen.

Kollektion

2011 wurden die ersten Weine erzeugt, ein Riesling und zwei Spätburgunder. Der 2011er Riesling ist konzentriert und klar, besitzt gute Struktur, Frische und eine feine Länge. Der im Holz ausgebaute 2012er ist präziser, noch strukturierter, besitzt Kraft und Länge. Mehr Fülle und Substanz besitzt die 2012 eingeführte Selektion „hc", die kraft- und druckvoller ist. Der Spätburgunder aus der Kleinkarlbacher Senn wurde in zweitbelegten Barriques ausgebaut. Er ist füllig, harmonisch und kraftvoll, besitzt reife Frucht und gute Struktur bei einer ganz dezenten Bitternote im Abgang. Der in neuen Barriques ausgebaute Spätburgunder aus dem Herrenberg zeigt feine rauchige Noten im Bouquet, gute Konzentration und reintönige Frucht, ist füllig und harmonisch im Mund, komplex und klar, besitzt viel reife Frucht, gute Struktur, Frische und Länge. ◀

Weinbewertung

86 2011 Riesling Spätlese trocken Kleinkarlbacher Herrenberg **12,5 %/12,5 €**

86 2012 Riesling trocken Kleinkarlbacher Herrenberg **12,5 %/12,5 €**

88 2012 Riesling trocken „hc" Kleinkarlbacher Herrenberg **12,5 %/17,5 €**

87 2011 Spätburgunder Spätlese trocken Kleinkarlbacher Senn **13 %/17,5 €**

89 2011 Spätburgunder trocken Kleinkarlbacher Herrenberg **14 %/25 €**

★ ★

Ackermann
Weingut

Pfalz

Oberdorfstraße 40, 76831 Ilbesheim
Tel. 06341-30664, Fax: 06341-32547
www.weingut-ackermann.de
info@weingut-ackermann.de
Besuchszeiten: *nach Vereinbarung*
Ferienwohnung

Inhaber . . . . Familie Ackermann
Rebfläche . . . . 14 Hektar

Das Weingut Ackermann war ursprünglich ein landwirtschaftlicher Gemischtbetrieb, der sich Mitte der sechziger Jahre auf Weinbau spezialisierte. Mit der Aussiedlung an den Ortsrand von Ilbesheim 1972 begann man die Selbstvermarktung zu forcieren. Aus dem Ertrag von einem Hektar Obst werden in der eigenen Brennerei Edelbrände hergestellt. Neben Weinbergen an der Kleinen Kalmit in Ilbesheim (Landschneckenkalk) besitzt die Familie Ackermann auch Weinberge in Eschbach und im Leinsweiler Sonnenberg

(Buntsandsteinverwitterung). Riesling, Weißburgunder und Spätburgunder stehen im Vordergrund, aber auch internationale Rebsorten wie Chardonnay, Sauvignon Blanc, Merlot und Cabernet Franc wurden gepflanzt. Das Sortiment ist aufgegliedert in Guts-, Orts- und Lagenweine. Die Weißweine werden reduktiv im Edelstahl ausgebaut und bleiben teils sehr lange auf der Feinhefe, lediglich der Chardonnay wird auch im Holzfass – in der Regel zu einem Drittel – ausgebaut. Die Rotweine kommen nach der Maischegärung ins Holzfass. Seit Beendigung seiner Weinbautechnikerausbildung in Bad Kreuznach ist Frank Ackermann im Betrieb tätig. Während er für den Keller verantwortlich ist (seit 1996), kümmert sich Vater Karl-Heinz um den Außenbetrieb. Im Sommer 2011 wurde Frank Ackermann in den Kreis der Jungen Talente des VDP Pfalz aufgenommen.

Vorjahre

Vor zwei Jahren konnte Frank Ackermann seine beiden Lagenrieslinge aus Kalmit und Sonnenberg nicht erzeugen – was der Hagel übrig gelassen hatte, landete in der Lagencuvée „Duett", die gemeinsam mit einem prägnanten, kraftvollen St. Laurent an der Spitze des Sortiments stand, vor der erneut sehr fülligen Cuvée aus Cabernet Franc und Merlot und dem gewohnt guten Sauvignon Blanc. Im letzten Jahr konnten wir leider keine Rotweine verkosten, aber die Weißen zeigten durchweg klare Frucht und feine Frische. Die gute Kollektion wurde angeführt von den beiden kraftvollen Lagenrieslingen, knapp dahinter überzeugten auch die beiden Ortsrieslinge aus Ilbesheim und Leinsweiler, genauso wie die Chardonnay- und Weißburgunder-Ortsweine und der verlässlich gute Sauvignon Blanc.

Neue Kollektion

In diesem Jahr sehen wir die beiden Rieslinge aus Ilbesheim vor den Leinsweiler Rieslingen, unser Favorit, der Kalmit-Riesling, ist eindringlich, besitzt viel reintönige Frucht, Mineralität und Zitruswürze, der Sonnenberg-Riesling ist etwas fülliger und kräuterwürziger. Der Sauvignon Blanc ist auch in diesem Jahr wieder gut gelungen, ebenso wie der stoffige Ilbesheimer Weißburgunder mit feiner rauchiger Würze. Und auch zwei Rotweine haben uns sehr gut gefallen: Der Ilbesheimer Spätburgunder mit viel klarer Frucht und Struktur und die kraftvolle Cuvée aus Cabernet Franc und Merlot, die etwas reifen sollte. ◀━

Weinbewertung _____

85 2012 Sauvignon Blanc trocken **12,5 %/7,50 €**
82 2012 Silvaner Kabinett trocken **12 %/5,20 €**
83 2012 Weißburgunder Kabinett trocken
    12 %/5,20 €
85 2012 Weißburgunder trocken „Landschneckenkalk" Ilbesheimer **14 %/7,80 €**
82 2012 Riesling Kabinett trocken **12 %/5,20 €**
85 2012 Riesling trocken „Buntsandstein" Leinsweiler **13 %/7,80 €**
86 2012 Riesling trocken „Landschneckenkalk" Ilbesheimer **13,5 %/7,80 €**
86 2012 Riesling trocken Leinsweiler Sonnenberg **13 %/12,50 €**
87 2012 Riesling trocken Ilbesheimer Kalmit **13 %/12,50 €**
86 2011 Cabernet Franc – Merlot trocken „N 1" **14 %/13,50 €**
83 2011 Spätburgunder trocken **13 %/6,20 €**
86 2011 Spätburgunder trocken Ilbesheimer Kalmit **13 %/14,- €**

Ackermann
Weingut   ★

Mosel

Chur-Kölnerstraße 19, 54492 Zeltingen-Rachtig
Tel. *06532-2763,* **Fax:** *06532-1617*
www.ackermann-weingut.de
info@ackermann-weingut.de
Besuchszeiten: *nach Vereinbarung*
Ferienwohnung

Inhaber .... Harald und Anne Junglen
Rebfläche .... 2,8 Hektar

Das Weingut Ackermann wird seit 1993 von Harald Junglen und Anne Junglen, geborene Ackermann, geführt. Die Weinberge befinden sich in Zeltingen, zum großen Teil in Steillagen: Deutschherrenberg (roter Schiefer, neu bepflanzt 2003 mit wurzelechten Reben), Himmelreich, Schlossberg (schwarzer Devonschiefer) und Sonnenuhr (blauer Devonschiefer), wo Harald und Anne Junglen im Rahmen der Flurbereinigung Mitte des letzten Jahrzehnts wie schon zuvor im Deutschherrenberg zwei Parzellen mit wurzelechten Reben neu bepflanzt haben. Neben Riesling bauen sie ein wenig Müller-Thurgau und Weißburgunder (erster Ertrag 2010) an. Moderne Kellertechnik wird mit dem Ausbau in Eichenholzfässern kombiniert. Neben Weinen des aktuellen Jahrgangs findet man auch noch edelsüße Rieslinge aus älteren Jahrgängen auf der Preisliste.

Vorjahre _____

2010 wurde die stimmige Kollektion angeführt von der Auslese aus der Sonnenuhr. Der Jahrgang 2011 präsentierte sich sehr geschlossen und gleichmäßig, die trockene Spätlese aus dem Schlossberg gefiel uns am besten.

Neue Kollektion _____

Der neue Jahrgang präsentiert sich sehr gleichmäßig mit frischen, klaren Rieslingen, am besten gefallen uns die frische, zupackende feinherbe Spätlese aus dem Himmelreich und die reintönige süße Spätlese aus dem Schlossberg. ◀━

Weinbewertung _____

82 2012 Riesling Spätlese trocken Zeltinger Schlossberg **12 %/7,- €**
81 2012 Riesling Kabinett „feinherb" Zeltinger Sonnenuhr **7 %/6,- €**
84 2012 Riesling Spätlese „feinherb" Zeltinger Himmelreich **9 %/7,- €**
81 2012 Riesling Hochgewächs Zeltinger Schlossberg **8,5 %/5,50 €**
81 2012 Riesling Kabinett Zeltinger Sonnenuhr **7 %/6,- €**
83 2012 Riesling Spätlese Zeltinger Schlossberg **9 %/7,- €**

A

A. J. **Adam**

Weingut   **Mosel**

Brückenstraße 51, 54347 Neumagen-Dhron
Tel. 06507-2115, *Fax:* 06507-702865
www.aj-adam.com
andreas@aj-adam.com
Besuchszeiten: nach Vereinbarung

Inhaber . . . . Andreas Adam
Rebfläche . . . . 4,5 Hektar

Andreas Adam übernahm das zwischenzeitlich stillgelegte Weingut des Großvaters und etwa einen Hektar Rebfläche. Im Jahr 2000 wurden die ersten Weine gekeltert, inzwischen erweiterte er die Fläche; außer den Parzellen im Hofberg werden auch Reben im Piesporter Goldtröpfchen bewirtschaftet. 2011 hat er weitere Felsterrassen im Hofberg erworben und Terrassenstücke im Goldtröpfchen neu bepflanzt. Andreas Adam geht einen extrem traditionellen Weg, arbeitet mit einer alten Korbpresse, vergärt die Rieslinge mit eigenen Hefen und baut sie mit langer Lagerung auf der Feinhefe im Holzfass aus. Dazu passen die großen, antikgrünen Flaschen, die das vorletzte Jahrhundert heraufbeschwören, und die historischen Etiketten. Binnen weniger Jahre haben sich die kraftvollen, bisweilen üppigen, aber sehr komplexen und animierenden Weine einen guten Ruf verschafft – auch im Export.

Vorjahre

2010 glänzte wieder im edelsüßen Segment mit zwei Auslesen und einer Beerenauslese. Begeistert hatte uns aber auch der faszinierend reintönige Wein aus dem Goldtröpfchen und das ebenfalls hervorragende Große Gewächs aus dem Hofberg. Sehr stimmig präsentierte sich auch der Jahrgang 2011, die Highlights lagen eindeutig im edelsüßen Segment mit zwei wunderschön reintönigen Auslesen und zwei ebenso rein-

tönigen und faszinierenden Beerenauslesen.

Neue Kollektion

Sehr stimmig ist nun die 2012er Kollektion schon der gehaltvolle, zupackende Gutsriesling ist sehr gut, der Dhroner wunderschön kraftvoll und reintönig. Der Hofberger ist konzentriert, besitzt viel reife Frucht und kräftige Kräuter-und Gewürznoten, der Goldtröpfchen-Riesling ist reintönig, saftig und lang. Der feinherbe Hofberger ist würzig und geradlinig, der Piesporter Riesling frisch und zupackend, beide sind sehr gut wie auch der konzentrierte, reintönige Kabinett. Die Spätlese ist würzig, aber recht jugendlich-verhalten, die beiden Auslesen besitzen viel reife Frucht und Substanz, Frische und Komplexität, die Sterne-Auslese ist faszinierend reintönig und lang. Eine überzeugende Vorstellung! ◄

Weinbewertung

86	2012 Riesling trocken	12 %/9,- €
87	2012 Riesling Dhroner	12 %/12,- €
89	2012 Riesling trocken Hofberg	12,5 %/27,- €
90	2012 Riesling Goldtröpfchen	12,5 %/35,- €
86	2012 Riesling „feinherb" Hofberg	12 %/17,- €
87	2012 Riesling Piesporter	12 %/13,50 €
86	2012 Riesling Kabinett Hofberg	8,5 %/12,- €
87	2012 Riesling Spätlese Hofberg	8 %/18,- €
90	2012 Riesling Auslese Hofberg	7,5 %/22,- €/0,375l
92	2012 Riesling *Auslese* Hofberg	8,5 %/25,- €/0,375l

★★★☆

Graf **Adelmann**
Weingut   **Württemberg**

Burg Schaubeck, 71711 Steinheim-Kleinbottwar
Tel. *07148-92122-0,* **Fax:** *07148-92122-25*
www.graf-adelmann.com
weingut@graf-adelmann.com
Besuchszeiten: *Mo.-Fr. 9-12 + 14-18 Uhr, Sa. 9-13 Uhr*

Inhaber....................Felix Graf Adelmann
Kellermeister............Clemens Ladenburger
Rebfläche..............................20 Hektar

1914 haben die Grafen Adelmann das Gut erworben, das seit 1978 von Michael Graf Adelmann geführt wurde; 2012 hat sein Sohn Felix das Gut übernommen. Weinbau ist auf der Burg Schaubeck bereits im 13. Jahrhundert nachgewiesen. Das Gros der Weinberge von Graf Adelmann, 16 Hektar, liegt in Kleinbottwar (roter Keuperboden), 1 Hektar in Großbottwar und 3 Hektar in Ludwigsburg-Hoheneck am Neckar, wo die Reben auf Muschelkalkböden wachsen. In Kleinbottwar gehören dem Weingut zwei Weinbergslagen im Alleinbesitz: Oberer Berg und Süßmund. 70 Prozent der Weinberge sind mit roten Reben bestockt: Vor allem Lemberger, Spätburgunder, Trollinger und Samtrot, aber auch etwas Frühburgunder, Muskattrollinger, Urban und andere Sorten. Rotweine werden maischevergoren und im Holzfass ausgebaut. Bei den weißen Rebsorten dominiert Riesling, es folgen Grauburgunder und Weißburgunder, dazu gibt es etwas Muskateller und Traminer. Die Weißweine werden, oft nach Ganztraubenpressung, kühl vergoren und im Edelstahl ausgebaut, nur der Grauburgunder kommt hin und wieder ins Holz. 99 Prozent der Weine werden trocken ausgebaut.
Die besten Rieslinge, Burgunder und Lemberger werden als „Brüssele'r Spitze mit eigenem Etikett vermarktet, benannt nach den Vorbesitzern des Gutes, den Freiherren von Brüssele, denen Burg Schaubeck von 1853 bis zum

Verkauf an die Grafen Adelmann im Jahr 1914 gehörte. Bei den Rotweinen setzte Michael Graf Adelmann verstärkt auf Cuvées. Nach ersten Versuchen ab 1981 lancierte man im Jahr 1989 die Cuvée „Vignette" als roten Spitzenwein, Graf Adelmann gehört damit zu den Pionieren roter Cuvées in Deutschland. Die weiteren Spitzenweine wurden 1996 eingeführt, der „Löwe von Schaubeck" (als Lemberger und als Weißweincuvée) und die rote Cuvée „Herbst im Park". Die Cuvée „Carpe Diem" wurde erstmals 1999 erzeugt.

Vorjahre

„Das Lied von der Erde" führte vor zwei Jahren die weiße Kollektion an, im roten Segment war die Konkurrenz um die Führungsrolle groß, der „Schwarze Löwe" gefiel uns ein klein wenig besser als der „Löwe von Schaubeck" und der Pinot Noir. Die weiße Kollektion zeigte auch im vergangenen Jahr hohes Niveau, Grauburgunder und Weißburgunder überzeugten, ebenso Riesling „S" und die weiße Cuvée, unser Favorit war aber eindeutig „Das Lied von der Erde", einer der faszinierendsten und eigenständigsten Rieslinge Württembergs. Das rote Segment bot einen wunderschön reintönigen Muskattrollinger, eine zupackende Cuvée „Herbst im Park", an der Spitze aber sahen wir wieder die Lemberger, Großes Gewächs und „Der Löwe von Schaubeck", fast gleichauf.

Neue Kollektion

Sehr stimmig präsentiert sich nun auch die neue Kollektion auf durchweg sehr gutem Niveau. Der Riesling Kabinett ist frisch, fruchtbetont und zupackend, der Weißburgunder fruchtbetont und reintönig, der Grauburgunder frisch und klar. Noch besser gefällt uns die weiße Cuvée, die Fülle und Kraft besitzt, reife Frucht und gute Substanz. Das schon im Vorjahr vorgestellte Riesling Großes Gewächs ist immer noch enorm jugendlich, zupackend und nachhaltig. Auch die Rotweine sind alle sehr gut, eindeutiger Star ist der als Fassprobe verkostete Lemberger aus dem Oberen Berg, dessen Bouquet von viel reifer Frucht und etwas

Die besten deutschen Weinerzeuger und ihre Weine

Eukalyptus geprägt ist, der fruchtbetont und zupackend im Mund ist bei guter Struktur. ◄

Weinbewertung

85 2012 Riesling Kabinett trocken „Brüssele" **12,5 %/7,20 €**

86 2012 Weißburgunder trocken „Brüssele" **13 %/9,60 €**

85 2012 Grauburgunder trocken „Brüssele" **13 %/9,60 €**

87 2012 „Der Löwe von Schaubeck" Weißwein trocken **13 %/9,60 €**

90 2011 Riesling „GG" „Das Lied von der Erde" Kleinbottwarer Süßmund **13,5 %/23,- €**

84 2012 Lemberger Rosé trocken „Brüssele" **12 %/6,50 €**

85 2010 Lemberger trocken „Brüssele" **13 %/9,50 €**

85 2011 „Herbst im Park" Rotwein trocken **13 %/16,90 €**

(89) 2011 Lemberger „GG" „Der Schwarze Löwe" Kleinbottwarer Oberer Berg **29,- €**

★ ☆

Carl **Adelseck**

Weingut   **Nahe**

Saarstraße 41, 55424 Münster-Sarmsheim
Tel. *06721-97440*, **Fax:** *06721-974422*
www.adelseck.de
info@adelseck.de
Besuchszeiten: *nach Vereinbarung*

Inhaber .... Carl und Jens Adelseck
Rebfläche .... 10 Hektar

Die Weinberge von Carl und Jens Adelseck liegen unter anderem im Münsterer Dautenpflänzer (Quarzit), im Münsterer Pittersberg (Schiefer) und im Laubenheimer Karthäuser (Sandstein), wo sie jeweils etwa einen Hektar besitzen. Zuletzt wurden weitere Flächen im Pittersberg und im Karthäuser zugekauft, minderwertige Lagen abgegeben, die Rebfläche reduziert. 70 Prozent der Weinberge befinden sich in Steil- oder Hanglagen. Wichtigste Reb-

sorte ist Riesling mit einem Anteil von 55 Prozent, gefolgt von Spätburgunder mit einem Anteil von 20 Prozent. Dazu gibt es etwas Silvaner, Müller-Thurgau, Weißburgunder, Grauburgunder, Chardonnay und Cabernet Sauvignon. Etwa 80 Prozent der Weine werden trocken oder halbtrocken ausgebaut. Aus Riesling und Scheurebe wird auch Sekt erzeugt.

Vorjahre

Vor zwei Jahren gefiel uns der Riesling von alten Reben aus dem Karthäuser sehr gut, manche 2010er aber waren etwas verhalten, Glanzlicht der Kollektion war der 2007er Pinot Noir aus dem Dautenpflänzer. Im vergangenen Jahr war die Riesling-Selection aus dem Karthäuser unser Favorit, zusammen mit dem Cabernet Sauvignon aus dem Fuchsen und dem Spätburgunder „Fass N° 81" aus dem Dautenpflänzer.

Neue Kollektion

In diesem Jahr präsentieren sich die Weißweine – egal ob trocken, halbtrocken oder restsüß – allesamt etwas verhalten, einzig unser erneuter Favorit, die Riesling-Selection aus dem Karthäuser zeigt viel klare, gelbe Frucht und gute Länge. Der im vergangenen Jahr schon einmal verkostete Cabernet Sauvignon besitzt auch in diesem Jahr noch Saft, Kraft und weiteres Potential. ◄

Weinbewertung

81 2012 Grauburgunder trocken Laubenheimer Karthäuser **13 %/7,90 €**

81 2012 Riesling trocken Münsterer Pittersberg **12,5 %/5,90 €**

83 2012 Riesling trocken „alte Reben" Münsterer Dautenpflänzer **13 %/7,90 €**

86 2012 Riesling Selection Laubenheimer Karthäuser **13,5 %/12,90 €**

79 2012 Riesling Classic **12,5 %/5,90 €**

80 2012 Riesling halbtrocken Laubenheimer Vogelsang **13 %/5,90 €**

82 2012 Riesling Spätlese Burg Layer Schlosskapelle **10,5 %/7,90 €**

86 2009 Cabernet Sauvignon trocken Laubenheimer Fuchsen **13,5 %/14,90 €**

84 2009 Pinot Noir trocken „Réserve" **13,5 %/14,90 €**

J.J. Adeneuer
Weingut

★★★☆

Ahr

Max-Planck-Straße 8
53474 Bad Neuenahr-Ahrweiler
Tel. 02641-34473, Fax: 02641-37379
www.adeneuer.de
jjadeneuer@t-online.de
Besuchszeiten: Mo.-Fr. 9-12 + 13:30-18 Uhr,
Sa. 10-15 Uhr

Inhaber . . . . Frank und Marc Adeneuer
Rebfläche . . . . 12,5 Hektar

Seit über 500 Jahren betreiben die Adeneuers Weinbau an der Ahr. Seit 1984 wird das Weingut von den Brüdern Frank und Marc Adeneuer geführt. Sie bauen ausschließlich rote Sorten an. Neben Spätburgunder, der 90 Prozent der Fläche einnimmt, gibt es etwas Frühburgunder und ein klein wenig Dornfelder. Die nach Süden ausgerichtete steil terrassierte Lage Walporzheimer Gärkammer (0,64 Hektar), zwischen Kräuterberg und Pfaffenberg gelegen, eine der kleinsten Einzellagen Deutschlands, gehört dem Weingut Adeneuer seit 1714 im Alleinbesitz. Aber auch in anderen Spitzenlagen ist das Weingut vertreten, so im Walporzheimer Kräuterberg, im Ahrweiler Rosenthal und im Neuenahrer Sonnenberg, aus denen ebenfalls Große Gewächse erzeugt werden. Prädikatsbezeichnungen verwendet man seit 2004 nicht mehr. Die Weine werden nach Kaltmaceration möglichst spontanvergoren. Die Spitzenweine kommen 18 bis 20 Monate ins Barrique, ab dem „No. 1" werden ausschließlich neue Fässer verwendet.

Vorjahre

Vor zwei Jahren wurde ein neues Großes Gewächs vorgestellt, aus dem Kräuterberg, der zukünftig immer erzeugt werden soll, wenn es der Jahrgang erlaubt. Unser Favorit unter den allesamt duftigen 2009er Großen Gewächsen war der Wein aus der Gärkammer. Insgesamt präsentierte sich die Kollektion stimmig auf sehr gutem Niveau, wie man das kennt vom Weingut Adeneuer. Im vergangenen Jahr verkosteten wir vor allem 2011er, teils unmittelbar nach der Abfüllung (2010 wurden keine Großen Gewächse erzeugt). Sie zeigten eine eindringliche aromatische Intensität, besonders gut gefiel uns der Spätburgunder aus der Gärkammer.

Neue Kollektion

Die 2012er Rotweine sind klar und frisch, der Spätburgunder aus der Gärkammer duftig und fruchtbetont, am besten aber gefällt uns der Frühburgunder aus dem Sonnenberg, der herrlich eindringlich, fruchtbetont und reintönig sich präsentiert. Der 2011er „No. 1" ist fruchtbetont und frisch, reintönig und zupackend. Nach einem Jahr ohne Große Gewächse hat man 2011 wieder drei erzeugt: Der Spätburgunder aus dem Rosenthal zeigt viel reife Frucht im Bouquet, Kirschen, rote Früchte, besitzt viel reife süße Frucht im Mund, ist ein Schmeichler wie auch der Wein aus der Gärkammer, der enorm intensiv ist, sehr „soft" und füllig. Unser Favorit ist der Spätburgunder aus dem Kräuterberg, der feine rauchige Noten im Bouquet zeigt, ebenfalls sehr sanft ist und viel reife süße Frucht besitzt, dabei aber frisch, klar und komplex ist. ◄

Weinbewertung

82	2011 „Blanc de Noir"	12,5 %/8,90 €	
85	2011 Spätburgunder	13,5 %/11,50 €	
84	2012 Spätburgunder	13 %/11,50 €	
83	2012 Frühburgunder	12,5 %/15,- €	
87	2011 Spätburgunder trocken „J.J. Adeneuer No. 1"	13,5 %/22,- €	
86	2012 Spätburgunder Walporzheimer Gärkammer	13,5 %/22,- €	
88	2012 Frühburgunder Neuenahrer Sonnenberg	13,5 %/25,- €	
88	2011 Spätburgunder „GG" Ahrweiler Rosenthal	14,5 %/33,- €	
90	2011 Spätburgunder „GG" Walporzheimer Kräuterberg	14,5 %/Verst.	
89	2011 Spätburgunder „GG" Walporzheimer Gärkammer	14,5 %/54,- €	

Gerhard **Aenis**
Öko-Weingut

Baden

Hauptstraße 34, 79589 Binzen
Tel. 07621-63736, *Fax:* 07621-63736
www.weingut-aenis.de
weingut.aenis@gmx.de
Besuchszeiten: Mo./Do./Fr. 16-19 Uhr, Sa. 10-15 Uhr
und nach Vereinbarung

Inhaber . . . . Gerhard Aenis
Rebfläche . . . . 2,5 Hektar

Nach seinem Geisenheim-Studium war Gerhard Aenis fast zwei Jahrzehnte bei verschiedenen Weingütern im Markgräflerland tätig, ein Jahr auch als Betriebsleiter in Ontario, bevor er sich 2006 mit dem eigenen Weingut selbständig machte, dass er zuvor im Nebenerwerb geführt hatte. Seit 1999 werden die Weinberge biologisch bewirtschaftet, Gerhard Aenis ist Mitglied bei Ecovin. Je ein Drittel der Rebfläche nehmen Spätburgunder und Gutedel ein, dazu gibt es Müller-Thurgau, Weißburgunder, Sauvignon Blanc und Grauburgunder. Alle Weine werden durchgegoren ausgebaut und abgefüllt, Süßreserve wird nicht verwendet.

Vorjahr

Freunde durchgegorener Weine sind hier goldrichtig, konstatierten wir im vergangenen Jahr: Die Weine waren alle wunderschön puristisch und klar, sehr präzise und zupackend.

Neue Kollektion

Die 2012er Weißweine sind ein klein wenig verhaltener, der Rosé-Sekt aus dem Jahrgang 2011 ist frisch und zupackend. Highlight der Kollektion ist eindeutig der im Barrique ausgebaute Spätburgunder, der reife Frucht und etwas Gewürznoten im Bouquet zeigt, füllig im Mund ist, kraftvoll und zupackend, gute Struktur und Frische besitzt. ◀

Weinbewertung

83 2011 Pinot Rosé Sekt brut **12,5 %/10,50 €**

81 2012 Weißer Gutedel Kabinett trocken
11,5 %/5,- €

81 2012 Weißburgunder Kabinett trocken
12,5 %/6,50 €

79 2012 Grauburgunder Spätlese trocken
13,5 %/8,- €

81 2012 Sauvignon Blanc Kabinett trocken
12 %/9,- €

86 2011 Blauer Spätburgunder Spätlese trocken
Barrique **13,5 %/15,- €**

Agritiushof
Weingut

Mosel

Agritiushof, 54329 Konz-Oberemmel
Tel. 06501-14350, *Fax:* 06501-150611
www.weingut-agritiushof.de
weingut-agritiushof@t-online.de
Besuchszeiten: Mo.-Sa. nach Vereinbarung

Inhaber . . . . Alfred Kirchen
Rebfläche . . . . 8,5 Hektar

Die Weinberge von Alfred Kirchen liegen in Oberemmel, in den Lagen Karlsberg (einer steilen Süd-Südwest-Lage mit rotem und grauem Schiefer), Altenberg (steile Südlage mit grauem Schiefer) und Rosenberg (Hanglage mit kräftigen, teils kalkhaltigen Böden). Neben Riesling, der 80 Prozent der Fläche einnimmt, baut Alfred Kirchen Weißburgunder, Spätburgunder, Chardonnay, Grauburgunder und Dornfelder an. Gärung und Ausbau erfolgen zum Großteil in traditionellen Holzfässern, die langsame Spontangärung spielt eine große Rolle.

Vorjahre

2010 gefielen uns die beiden halbtrockenen Rieslinge – Alte Reben und Rotschiefer – besonders gut. 2011 gefiel uns klar besser, trocken wie süß. Der kraftvolle Embilaco-Riesling überzeugte, ebenso der reintönige, zupackende Selections-Riesling aus dem

Die besten deutschen Weinerzeuger und ihre Weine

Karlsberg und die elegante Spätlese von alten Reben aus dem Altenberg.

Neue Kollektion

2012 schließt nahtlos an das Vorjahr an, die Weine sind klar und geradlinig, frisch und zupackend. Unser Favorit ist der Selections-Riesling: Gute Konzentration und reintönige Frucht prägen das Bouquet, im Mund präsentiert er sich füllig, und kraftvoll, klar und zupackend, besitzt gute Struktur und Substanz. ◄

Weinbewertung

82 2012 Riesling trocken „Grauschiefer" Oberemmeler Karlsberg **12,5 %/7,- €**

83 2012 Riesling Kabinett trocken „Schnabelsgrube" Oberemmeler Karlsberg **11,5 %/7,50 €**

82 2012 Riesling trocken „PurSchiefer" Oberemmeler Karlsberg **12,5 %/8,- €**

84 2012 Riesling „feinherb" „Rotschiefer" Oberemmeler Karlsberg **12,5 %/8,- €**

80 2012 Riesling „feinherb" Oberemmeler Karlsberg **12 %/6,- €/1l**

87 2012 Riesling Selection „feinherb" Oberemmeler Karlsberg **11,5 %/13,- €**

★

Albrecht-Gurrath
Weingut   **Württemberg**

Äußere Mausklinge 2, 74074 Heilbronn
Tel. *07131-507194,* **Fax:** *07131-578075*
www.weingut-albrecht-gurrath.de
info@weingut-albrecht-gurrath.de
Besuchszeiten: *Mo.-Fr. nach Vereinbarung,*
Sa. 8-16 Uhr

Inhaber . . . . . Denis, Peter und Gabriele Gurrath
Rebfläche . . . . 9 Hektar

Peter und Gabriele Gurrath leiten seit 1987 das Heilbronner Weingut und siedelten alsbald in die Äußere Mausklinge aus. Ihre Weinberge liegen in Heilbronn (Stiftsberg, Wartberg, Stahlbühl, Staufenberg), aber auch in Weinsberg, Neckarsulm und Flein (Eselsberg). Die Reben wachsen hauptsächlich auf tiefgründigen Keuperböden. Sohn Denis hat nach der Winzerlehre die Ausbildung zum Weinbautechniker in Weinsberg abgeschlossen, unterstützt seine Eltern seit 2010 im Betrieb, kümmert sich speziell um Cabernet Dorsa und Sauvignon Blanc.

Vorjahre

Die 2010er Weißweine waren etwas verhalten wie auch die 2009er Rotweine. Im vergangenen Jahr führte der 2009er „Supremus B" eine ansonsten sehr gleichmäßige, überzeugende Kollektion an.

Neue Kollektion

Ein solches Highlight fehlt in diesem Jahr, aber die Kollektion ist stimmig. Unter den Weißweinen gefällt uns der würzige, füllige Sauvignon Blanc aus dem Barrique am besten, rot der im Holzfass ausgebaute Lemberger, der frisch und zupackend ist, reintönige Frucht besitzt. ◄

Weinbewertung

81 2012 Chardonnay Kabinett trocken Heilbronner Stiftsberg **13 %/6,80 €**

80 2012 Sauvignon Blanc „S" trocken Heilbronner Stiftsberg **13,5 %/9,80 €**

84 2011 Sauvignon Blanc „B" trocken Barrique Heilbronner Stiftsberg **15 %/16,80 €**

82 2011 Trollinger „S" trocken Holzfass Heilbronner Wartberg **12,5 %/8,50 €**

80 2011 Lemberger trocken Heilbronner Staufenberg **13 %/6,60 €**

84 2011 Lemberger „S" trocken Holzfass Heilbronner Staufenberg **13 %/10,- €**

★ ★

Albrecht-Kiessling
Weingut
Württemberg

Im Breitenloch 37, 74076 Heilbronn
Tel. *07131-178947,* **Fax:** *07131-166825*
www.albrecht-kiessling.de
weingut@albrecht-kiessling.de
Besuchszeiten: *Do. + Fr. 9-18:30 Uhr, Sa. 9-16 Uhr,*
oder nach Vereinbarung

Inhaber . . . . Annette und Peter Albrecht
Rebfläche . . . . 15 Hektar

Das Weingut Albrecht-Kiessling ist hervorgegangen aus den Weinbergen von Gerhard Kiessling und Walter Albrecht, die beide aus Familien stammen, die seit Jahrhunderten Wein anbauen. Die Weinberge von Annette und Peter Albrecht befinden sich fast ganz in den Heilbronner Lagen Wartberg, Stiftsberg und Stahlbühl. Rote Rebsorten nehmen 60 Prozent der Rebfläche ein. Wichtigste rote Rebsorten sind Lemberger, Trollinger und Samtrot, dazu gibt es einige Cabernet-Kreuzungen und Merlot. Drei Viertel der Weißweinfläche nimmt Riesling ein, dazu gibt es Grauburgunder, Weißburgunder, Kerner und Muskateller. Alle Weine durchlaufen die malolaktische Gärung und bleiben vier Monate auf der Feinhefe. Gut die Hälfte der Produktion wird trocken ausgebaut.

Vorjahre _____

Die starke 2007er Cuvée hatte vor zwei Jahren betriebsinterne Konkurrenz durch den „Privatkeller" erhalten. Zusammen mit einem reintönigen, fülligen Grauburgunder führten sie eine starke Kollektion an. Im vergangenen Jahr begeisterten vor allem die kraftvollen Rotweine. Neben den beiden Cuvées – Privatkeller und Löwenherz – konnte auch der Lemberger gut bestehen. Die weißen 2011er gefielen uns gut, einmal mehr war der Grauburgunder unser Favorit, auch der Weißburgunder-Sekt bereitete viel Freude.

Neue Kollektion _____

Die neue Kollektion ist stimmig, schon die Basisweine sind zuverlässig und gut. Der Grauburgunder Johanna gefällt uns im weißen Segment besonders gut, er ist reintönig und füllig bei reifer süßer Frucht. Etwas stärker ist erneut der rote Teil der Kollektion, bietet einen wunderschön reintönigen Samtrot, die gewürzduftige, zupackende Privatkeller-Cuvée und als Highlight die Löwenherz-Cuvée, die gute Konzentration im Bouquet zeigt, Gewürze, reife rote Früchte, füllig und kraftvoll im Mund ist, bei feinen Vanille- und Schokonoten und guter Struktur. ◄

Weinbewertung _____

82 2011 Lemberger Rosé Sekt brut Heilbronner Stiftsberg **14 %/11,50 €**

82 2012 „Justinus K." Weißwein trocken **12,5 %/7,20 €**

82 2012 Grauburgunder Kabinett trocken Heilbronner Stiftsberg **13,5 %/5,60 €**

85 2012 Grauburgunder trocken „Johanna" **14 %/8,60 €**

82 2011 Spätburgunder trocken „alte Rebe" **14 %/7,70 €**

85 2011 Samtrot Auslese trocken „Löwenherz" **14,5 %/12,30 €**

84 2011 Lemberger Auslese trocken „Löwenherz" **14 %/14,40 €**

85 2010 „Privatkeller" Rotwein trocken Barrique **14 %/14,40 €**

88 2009 „Löwenherz" Rotwein trocken Barrique **14,5 %/23,- €**

★★★★☆

Gerhard **Aldinger**
Weingut   **Württemberg**

Schmerstraße 25 / Ecke Lutherstraße, 70734 Fellbach
Tel. 0711-581417, *Fax:* 0711-581488
www.weingut-aldinger.de
info@weingut-aldinger.de
Besuchszeiten: Mo.-Fr. 9-12 + 14-18 Uhr

Inhaber .... Gert Aldinger
Rebfläche .... 28 Hektar

Wichtigste Lage im Betrieb ist der 9,5 Hektar große Untertürkheimer Gips, die Gert Aldinger allein gehört, der Boden besteht aus Gipskeuper. Hinzu kommen vor allem Weinberge im Fellbacher Lämmler (Stubensandstein, Mergel und Keuper), aber auch in Stetten (Pulvermächer, Kieselsandstein), Rotenberg (Schlossberg, leichter Mergel), Uhlbach und Hanweiler (Mergelböden). 2,5 Hektar liegen bei der Burg Lichteneck (Keuperböden) im Bottwartal. Über 30 Prozent der Weinberge nimmt Riesling ein. An roten Sorten gibt es vor allem Trollinger, Spätburgunder und Lemberger. Wobei Gert Aldinger auch internationale Sorten anbaut: Cabernet Sauvignon und Merlot gibt es bereits seit 1990, auch Sauvignon Blanc steht schon länger in Ertrag, der 3-Sterne-Wein ist meist eine Cuvée aus den Lagen Gips, Lämmler und Schlossberg. An der Spitze der Kollektion stehen die Großen Gewächse aus Gips und Lämmler: Die aus dem Gips tragen schon seit einigen Jahren die Bezeichnung Marienglas, die aus dem Lämmler werden seit 2013 Bergmandel genannt.

Vorjahre
Der Weißburgunder wurde 2010 Großes Gewächs und Rieslinge gab es als Großes Gewächs aus Lämmler und Gips – wir präferierten ganz leicht den Gips-Riesling. Genauso gut gefiel uns auch wieder der Sauvignon Blanc; die Rotweinen präsentierten sich vor zwei Jahren füllig und konzentriert,

waren Klasse, so wie man das kennt. Das weiße Segment präsentierte sich 2011 geschlossen wie gewohnt, an der Spitze standen Sauvignon Blanc und die drei Großen Gewächse, alle waren hervorragend. Das rote Segment wartete im vergangenen Jahr mit drei bestechend fruchtbetonten, reintönigen 2011ern auf, noch stärker aber waren die drei vorgestellten 2010er, die beiden Großen Gewächse und der Merlot; die Cuvée C aus Cabernet Sauvignon, Cabernet Franc und Merlot wurde 2010 nicht erzeugt.

Weißweine
2012 war nun kein großes Jahr für Sauvignon Blanc, der Aldinger-Wein aber ist hervorragend, füllig und komplex, reintönig und kraftvoll: Spitze in Deutschland. Hervorragend ist auch der Marienglas-Weißburgunder, der im Barrique vergoren und ausgebaut wird. Er zeigt gute Konzentration und herrlich viel Frucht im reintönigen Bouquet, weiße und gelbe Früchte, besitzt Frucht und Struktur, Kraft und Länge. Die beiden Rieslinge, Marienglas und Bergmandel, sehen wir in diesem Jahr gleichauf, beide sind reintönig und kraftvoll, besitzen reife Frucht, guten Druck und Präzision, der Lämmler-Wein, im Edelstahl ausgebaut, ist saftiger, der Gips-Wein, im Stückfass ausgebaut, etwas nachhaltiger. Der Eiswein ist faszinierend reintönig, konzentriert und lang.

Rotweine
Der im Barrique vergorene Rosé ist einer der interessantesten deutschen Rosé, er besitzt Kraft, Struktur und Länge. Wunderschön klar, kraftvoll und zupackend ist der in drittbelegten Barriques ausgebaute Trollinger, der Lemberger vom Hanweiler Berg betört mit seiner Reintönigkeit, er ist fruchtbetont und präzise: Lemberger pur! Das Große Gewächs ist kraftvoller und konzentrierter, besitzt herrlich viel Frucht, gute Struktur, Länge und Nachhall, hat an Präzision gewonnen und ist fruchtbetonter als zuletzt. Der Spätburgunder zeigt viel reife Frucht im Bouquet, rote Früchte, Kirschen, ist füllig und komplex im

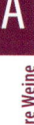

Die besten deutschen Weinerzeuger und ihre Weine

Mund, besitzt reife Frucht, gute Struktur und Länge. Der Merlot enthält ein wenig Petit Verdot, zeigt gute Konzentration und klare reife Frucht im Bouquet, ist füllig und komplex im Mund, besitzt gute Struktur und feine Frische. Die Cuvée C – Cabernet Sauvignon, Cabernet Franc und Merlot – zeigt viel Konzentration im Bouquet, Cassis, ist eindringlich und intensiv. Im Mund ist sie kraftvoll und konzentriert, besitzt herrlich viel Frucht, gute Substanz und Struktur. Ganz starke Kollektion, weiß wie rot! ◄

Weinbewertung

90　2012 Sauvignon Blanc*** **12,5 %/18,70 €**

90　2012 Weißburgunder „GG" „Marienglas" Untertürkheimer Gips　**13,5 %/26,80 €**

91　2012 Riesling „GG" „Bergmandel" Fellbacher Lämmler　**12,5 %/26,80 €**

91　2012 Riesling „GG" „Marienglas" Untertürkheimer Gips　**12,5 %/29,90 €**

91　2012 Riesling Eiswein Fellbacher Lämmler　**7,5 %/38,- €/0,375l**

88　2012 Spätburgunder Rosé „Große Reserve"　**13,5 %/18,20 €**

87　2012 Trollinger Fellbacher Lämmler　**13 %/8,40 €** ☺

88　2011 Lemberger** Hanweiler Berg　**13 %/14,10 €**

90　2011 Merlot „Große Reserve"　**14 %/26,80 €**

91　2011 „Cuvée C Große Reserve" Rotwein　**14 %/26,80 €**

90　2011 Spätburgunder*** „GG" „Marienglas" Untertürkheimer Gips　**13 %/26,80 €**

91　2011 Lemberger*** „GG" „Bergmandel" Fellbacher Lämmler　**14 %/32,90 €**

 ★★☆

Aloisiushof
Wein- und Sekthaus　　　　　**Pfalz**

Mühlstraße 2, 67487 St. Martin
Tel. *06323-2099,* **Fax:** *06323-5149*
www.aloisiushof.de
weinundsekthaus@aloisiushof.de
Besuchszeiten: *Mo.-Sa. 9-18 Uhr*

Inhaber .. Bernhard, Michael und Andreas Kiefer
Rebfläche .... 20 Hektar

Der Aloisiushof liegt in dem malerischen Ort St. Martin, direkt am Pfälzer Wald. Der Betrieb wurde 1950 von Alois Kiefer mit 2 Hektar Anbaufläche gegründet. Seine drei Söhne Bernhard, Michael und Andreas haben das Gut zur heutigen Größe von 22 Hektar ausgebaut. Die Rebfläche ist jeweils zur Hälfte mit Rotwein- und Weißweinsorten bestockt. Bernhards Sohn Philipp übernimmt mehr und mehr die Federführung im Qualitätsmanagement in Weinberg und Keller. Seit 2006 steht der Name „Ambrosia" (ein Begriff aus der griechischen Mythologie, der Speis, Trank und Salbe bezeichnet, die Jugend und Unsterblichkeit verleihen) für die Spitzenweine aus den ältesten Lagen des Gutes. Ihr Ertrag ist auf unter 5000 Liter pro Hektar reduziert. Wichtigste Rebsorten sind Riesling, Gewürztraminer, Burgunder (Weiß-, Grau-, Spätburgunder), Chardonnay, Sauvignon Blanc und Cabernet Sauvignon. Toplagen sind Kirchberg und Baron in St. Martin. Philipp Kiefer wurde 2013 in das Spitzentalente-Programm des VDP Pfalz aufgenommen.

Vorjahre

Vor zwei Jahren besaß der „Pinotimes"-Spätburgunder wieder Substanz und Potential und stand mit einem gekonnt im Barrique ausgebauten Silvaner Eiswein an der Spitze der Kollektion. Auch die vorgestellten „Ambrosia"-Weine – Riesling, Chardonnay und Cabernet Sauvignon – überzeugten mit Kraft und Harmonie. Und auch im vergangenen Jahr war die Kollektion rundum gelungen, weiß wie rot, trocken wie süß, Sekte wie Stillweine. Die Weine waren sehr kraftvoll und stoffig, aber stets harmonisch und auch auf den Umgang mit Holz versteht man sich im Hause Kiefer sehr gut. So waren zwei Weine aus dem Barrique unsere Favoriten: Der „Pinotimes"-Pinot Noir war auch im Jahrgang 2010 elegant und ausgewogen, der Chardonnay kraftvoll und würzig.

Neue Kollektion

In diesem Jahr trumpfen die Kiefers erneut mit einer starken Kollektion auf. An der Spitze stehen neben dem harmonischen, eleganten und gut strukturierten „Pinotimes"-Pinot Noir drei Weine aus der Ambrosia-Linie: Der eindringliche und komplexe, knochentrocken gekonnt im Holz ausgebaute Sauvignon Blanc ist einer der besten Weine seiner Rebsorte aus der Südpfalz, Chardonnay und Riesling besitzen viel Kraft, Stoff, klare Frucht und nachhaltige Würze. Der „Pinotimes"-Pinot Blanc mit Saft und Kraft hat uns noch nie so gut gefallen wie in diesem Jahr, ebenfalls gut gelungen ist die rote Cuvée aus Cabernet Cubin und Cabernet Sauvignon und der momentan noch von seinem jugendlichen Tanningerüst und deutlichen Noten von grüner Paprika geprägte Cabernet Sauvignon könnte mit der Reife noch zulegen. So sehr wir die Weine mögen, so sehr verwirrt uns allerdings der Bezeichnungswirrwarr auf den Etiketten: Rebsorte, Prädikat, Weingutslinie, Terroir- und Lagenbezeichnung stehen da nebeneinander – zu viel des Guten. ◄

Weinbewertung

86 2011 Chardonnay & Weißburgunder Sekt brut nature **13 %/12,90 €**

88 2012 Sauvignon Blanc trocken „Ambrosia" „Reserve" **13,5 %/16,90 €**

86 2012 Weißburgunder Spätlese trocken „Stein & Erde" „vom Kalkstein" St. Martiner Baron **14 %/11,90€**

87 2012 Pinot Blanc trocken „Pinotimes" **14 %/16,90 €**

88 2012 Chardonnay trocken „Ambrosia" St. Martiner Baron **14,5 %/16,90 €**

86 2012 Riesling Spätlese trocken „Stein & Erde" „vom Buntsandstein" St. Martiner Baron **13,5 %/9,80 €**

88 2012 Riesling Spätlese trocken „Ambrosia" St. Martiner Schloss-Ludwigshöhe **13,5 %/14,90 €**

86 2011 „Alois K." Rotwein trocken „Stein & Erde" „vom sandigen Lehm" **14,5 %/11,20 €**

87 2011 Cabernet Sauvignon trocken „Ambrosia" „Bestes Fass" **14 %/24,90 €**

88 2011 Pinot Noir trocken „Pinotimes" **13,5 %/19,90 €**

Alt
Weingut   **Nahe**

Hauptstraße 67, 55569 Monzingen
***Tel.** 06751-94560, **Fax:** 06751-94561*
www.weingut-alt.de
info@weingut-alt.de
***Besuchszeiten:** Mo.-Sa. 8-18 Uhr, sonst nach Vereinbarung; Weinstube (bis 50 Personen) Fremdenzimmer, Ferienwohnung*

Inhaber..............................Holger Alt
Rebfläche...........................8,3 Hektar

Das Weingut Alt ist ein Familienbetrieb, der seit über 100 Jahren besteht. Die Weinberge liegen in den Monzinger Lagen Frühlingsplätzchen und Halenberg. 70 Prozent der Rebfläche nehmen weiße Rebsorten ein, vor allem Riesling, aber auch Müller-Thurgau, Weißburgunder, Grauburgunder und andere Sorten. Wichtigste rote Rebsorten sind Dornfelder und Spätburgunder. Die Weine werden zu 90 Prozent an Privatkunden verkauft.

Vorjahre

Der Jahrgang 2010 zeigte sich etwas verhalten, der Riesling „S" aus dem Halenberg gefiel uns am besten. Im letzten Jahr standen zwei edelsüße Rieslinge an der Spitze der Kollektion, neben der konzentrierten Beerenauslese aus dem Frühlingsplätzchen und einer cre-

A

migen Auslese aus der gleichen Lage zeigten aber auch die beiden trockenen Rieslinge vom Blauschiefer und vom Rotliegenden klare Frucht.

Neue Kollektion

In diesem Jahr sind die beiden trockenen Rieslinge erneut sortentypisch, während sich der Rest der Kollektion sehr verhalten zeigt. ◄

Weinbewertung

80 2012 Grauburgunder trocken Monzinger Frühlingsplätzchen **14 %/5,60 €**

83 2012 Riesling trocken „vom Rotliegenden" Monzinger Frühlingsplätzchen **12,5 %/7,50 €**

83 2012 Riesling trocken „vom Blauschiefer" Monzinger Halenberg **12,5 %/7,50 €**

79 2012 Weißburgunder halbtrocken Monzinger Frühlingsplätzchen **13 %/5,- €**

81 2012 Riesling halbtrocken Monzinger Frühlingsplätzchen **12 %/5,20 €**

80 2012 Kerner Spätlese Monzinger Frühlingsplätzchen **9,5 %/5,80 €**

Altenkirch ★★

Weingut

Rheingau

Binger Weg 2, 65391 Lorch
Tel. *06726-830012,* **Fax:** *06726-2483*
www.weingut-altenkirch.de
info@weingut-altenkirch.de
Besuchszeiten: *Vinothek Mo.-Fr. 10-14 Uhr nach Vereinbarung*

Inhaber . . . . Franziska Breuer-Hadwiger,
. . . . Andreas von Rosen
Kellermeister . . . . Jasper Bruysten
Rebfläche . . . . 20 Hektar

Franziska Breuer-Hadwiger und Andreas von Rosen wollen seit einigen Jahren den Ruf des Weinguts auf alte Höhen bringen. Bereits im 19. Jahrhundert war der Betrieb berühmt, belieferte sogar den kaiserlichen Hof in Berlin. Bewirtschaftet werden Parzellen in den Lorcher La-

gen Schlossberg, Krone, Bodental-Steinberg und Pfaffenwies. Die Weine werden teilweise mit natürlichen Hefen vergoren, sind geradlinig, frisch und teilweise mineralisch. Angeboten werden auch Rebstockpartnerschaften, regelmäßig finden Kunstausstellungen im Weingut statt, abgeschafft wurden dagegen Prädikate wie Kabinett und Spätlese zugunsten von Bezeichnungen wie „Löss", „Grauschiefer" oder „Quarzschiefer".   Im Juni 2011 übernahm Jasper Bruysten die Verantwortung im Keller. Eine Entscheidung, die sich auch auf die Weine auszuwirken scheint: Die mineralische Komponente, die schon in den Vorjahren deutlich zu schmecken war, wird nun noch stärker herausgearbeitet. Alle Rieslinge wirken straff und klar, die Restzuckerwerte liegen oft deutlich unter den erlaubten Grenzen.

Vorjahre

Der Jahrgang 2010 brachte kompakte, sehr eigenständige Weine hervor, darunter interessante Lagenrieslinge und eine üppige Auslese. Die 2009er Rotweine gefielen mit ihrer saftigen Art sehr, waren sie doch geradlinig und nicht übertrieben vom Holz oder vom Alkohol geprägt. Die 2011er zeigten sich als mineralische, straffe und präzise Weine – der trockene „Grauschiefer"-Riesling und der feinherbe „Quarzschiefer" gehörten zu den größten Schnäppchen, die man in diesem Jahr im Rheingau machen konnte.

Neue Kollektion

Der Jahrgang 2012 scheint gelungen, soweit sich das bislang beurteilen lässt, und setzt schon bei den saftigen Basisweinen Glanzlichter. Der als „feinherb" bezeichnete „Quarzschiefer" gefällt mit seinem Schmelz ebenso gut wie der kraftvolle trockene „Grauschiefer". Bei den Lagenweinen wurden allerdings erst die 2011er vorgestellt, von denen der saftige, angenehm trockene Bodental-Steinberg noch etwas besser gefällt als die frische, zitrusduftige Schlossberg. Noch immer ist allerdings etwas Potenzial nach oben vorhanden. Sehr sortentypisch ist der 2011er Spätburgunder. ◄

Weinbewertung

84 2012 Riesling trocken „Steillage" **12,5 %/6,50 €**

85 2012 Riesling trocken „Grauschiefer" **12,5 %/8,50 €**

89 2011 Riesling trocken Lorcher Bodental-Steinberg **13 %/15,50 €**

87 2011 Riesling trocken Lorcher Schlossberg **13 %/15,50 €**

83 2012 „Cuvée Boogie" Weißwein **11,5 %/6,- €**

83 2012 Riesling „feinherb Steillage" **12 %/6,50 €**

85 2012 Riesling „feinherb Quarzschiefer" **12 %/8,50 €**

85 2011 Spätburgunder trocken **13,5 %/9,- €**

★ ☆

Amalienhof
Weingut Gerhard Strecker GbR   **Württemberg**

Lukas-Cranach-Weg 5, 74074 Heilbronn
Tel. 07131-251735, Fax: 07131-572010
www.weingut-amalienhof.de
info@weingut-amalienhof.de
Besuchszeiten: Mo.-Fr. 8-18 Uhr, Sa. 8-16 Uhr,
So. nach Vereinbarung

Inhaber . . . . . Martin Strecker, Regine Böhringer
Rebfläche . . . . 29 Hektar

Gerhard Strecker hat 1971 den Steinberg in Beilstein erworben und im Jahr darauf begonnen Weinreben zu pflanzen. Hier gehören den Streckers heute 25 Hektar Weinberge im Alleinbesitz. Bereits 1954, noch während seiner Tätigkeit an der Weinbauschule in Weinsberg, hatte er sein eigenes Weingut gegründet. Die Reben wachsen am Steinberg auf rotem Keuper und Mergelboden. Riesling ist die wichtigste Rebsorte. Es folgen Trollinger, Samtrot und Lemberger. Nicht nur die Rotweine, sondern auch die Rieslinge reifen relativ lange im Fass. Gerhard Strecker war auch als Rebzüchter tätig, wobei er nicht durch Kreuzung, sondern über Aussaat und Selektion besseres Rebmaterial entwickelte.

Bei dem Versuch, bessere Lemberger-Sämlinge zu selektionieren, ist der vielleicht faszinierendste Wein des Amalienhofs entstanden, der Muskat-Lemberger, der inzwischen unter dem Namen „Wildmuskat" auftritt. Genauso, durch Aussaat und Selektion von Cabernet Franc- und Cabernet Sauvignon-Sämlingen, ist der „Bariton" entstanden.

Vorjahre

Seit der ersten Ausgabe empfehlen wir die Weine des Amalienhofs. Sie sind immer zuverlässig, manchmal überraschen die Rieslinge, ob edelsüß oder mineralisch-trocken ausgebaut, und immer fasziniert der Wildmuskat. In den letzten Jahren waren die Kollektionen sehr ausgewogen, immer waren die Wildmuskat-Weine unsere Favoriten, so auch vor zwei Jahren, das rote Segment präsentierte sich geschlossen auf gutem Niveau, schon der Trollinger bereitete viel Spaß. Die letztjährige Kollektion präsentierte sich sehr gleichmäßig, weiß wie rot. Erneut hatten wir einen Wildmuskat am höchsten bewertet, diesmal die süße Auslese.

Neue Kollektion

In diesem Jahr liegen die Vorteile eindeutig im roten Segment. Der cassisduftige Cabernet Sauvignon ist klar und frisch, die recht süße Wildmuskat-Spätlese faszinierend reintönig. Am besten aber gefällt uns wieder einmal der Wildmuskat A, der klar, frisch und zupackend sich präsentiert, gute Struktur und feine Frucht besitzt. ◄━

Weinbewertung

81 2012 Riesling Kabinett trocken Beilsteiner Steinberg **12,5 %/5,60 €**

81 2012 Riesling trocken „Goldbeere" Beilsteiner Steinberg **13 %/7,30 €**

81 2011 Trollinger „A" trocken Beilsteiner Steinberg **13 %/9,80 €**

84 2011 Cabernet Sauvignon trocken Beilsteiner Steinberg **13 %/9,80 €**

86 2011 Wildmuskat „A" trocken Beilsteiner Steinberg **13 %/7,80 €/0,5l**

84 2011 Wildmuskat Spätlese Beilsteiner Steinberg **13 %/11,- €**

Amlinger & Sohn
Weingut   ★   **Mosel**

Moseluferstraße 17, 56858 Neef
Tel. 06542-2962, Fax: 06542-21976
www.amlinger.de
weingut@amlinger.de
Besuchszeiten: Mo.-Sa. 9-19 Uhr, So. 10-14 Uhr nach
Vereinbarung; Gästezimmer

Inhaber .... Hans-Peter und Christian Amlinger
Rebfläche .... 9 Hektar

Das traditionsreiche Weingut wird heute von Hans-Peter und Liane Amlinger geführt. Sohn Christian studierte zunächst Wirtschaftsinformatik, schloss dann eine Winzerausbildung an, seit 2007 unterstützt er seine Eltern im Betrieb. Die Weinberge liegen in den Neefer Lagen Frauenberg, Petersberg und Rosenberg, den Bremmer Lagen Calmont und Abtei Kloster Stuben, sowie im Bullayer Brautrock. Nicht nur Riesling gibt es bei den Amlingers: Bereits seit 1987 wird Spätburgunder angebaut, in den neunziger Jahren wurde Schwarzriesling und Chardonnay gepflanzt, auch Weißburgunder, etwa noch ein weiteres Dutzend weißer und roter Rebsorten stehen im Anbau.

Vorjahr ───────────────
Ein kraftvoller trockener Riesling vom Frauenberg, eine feine Auslese und ein fülliger, strukturierter Frühburgunder waren unsere Favoriten in der letztjährigen Kollektion.

Neue Kollektion ─────────────
Die neue Kollektion reicht an das Vorjahr nicht ganz heran, den süßen, schmeichelnden Eiswein aus dem Frauenberg haben wir am höchsten bewertet. ◀━

Weinbewertung ─────────────
79	2012 Chardonnay trocken **13,5 %/5,50 €**
82	2012 Riesling trocken Frauenberg **12,5 %/8,90 €**
81	2012 Riesling trocken Calmont **13 %/9,50 €**
78	2012 Riesling halbtrocken „Braunschiefer" **11 %/5,90 €**
85	2012 Riesling Eiswein Frauenberg **9 %/20,- €**
79	2011 Spätburgunder trocken Rosenberg **13,5 %/12,- €**

Gebrüder Andres
Weingut   ★   **Pfalz**

◆ *Weinstraße 6, 67146 Deidesheim*
Tel. 06326-7708, Fax: 06326-980496
www.andreswein.de
mail@andreswein.de
Besuchszeiten: Mo.-Fr. 9:30-12:30 + 14-18:30 Uhr, Sa.
9-16 Uhr, So. 9-12 Uhr

Inhaber .... Matthias & Bernhard Andres
Rebfläche .... 35 Hektar

Das Weingut wurde 1977 von Wunibald Andres gegründet, 1988 übernahmen es die beiden Söhne Bernhard und Matthias und gaben ihm seinen heutigen Namen; deren Söhne Josef, Michael und Thomas arbeiten inzwischen auch im Betrieb mit. Die Weinberge liegen in Deidesheim und umliegenden Gemeinden. Wichtigste Rebsorte ist der Riesling, hinzu kommen vor allem die Burgundersorten, Chardonnay, Merlot und Cabernet Sauvignon, rote Sorten nehmen 40 Prozent der Rebfläche ein, was sehr untypisch ist für die Mittelhaardt.

Kollektion ─────────────
Eine stimmige Kollektion präsentieren Matthias und Bernhard Andres angefangen vom fruchtbetonten Literriesling und dem frischen, geradlinigen Riesling aus dem Herrgottsacker bis hin zum saftigen, konzentrierten Riesling Petershöhle, der klare, reife Frucht besitzt, gute Substanz und Fülle. Er stammt aus einer Kleinlage innerhalb des Herrgottsackers. Im roten Segment trumpft der Merlot auf, der gute Konzentration im Bouquet zeigt, etwas Gewürze und rote Früchte, im Mund herrlich kraftvoll, klar und zupackend ist. ◀━

Weinbewertung

81	2012 Riesling trocken (1l)	**11,5 %/4,30 €**
82	2012 Weißburgunder trocken	**12,5 %/6,10 €**
84	2012 Riesling trocken Deidesheimer Herrgottsacker	**12 %/5,20 €**
86	2012 Riesling trocken „Petershöhle"	**13 %/9,90 €**
81	2011 Spätburgunder trocken	**13,5 %/6,40 €**
87	2011 Merlot „Reserve"	**13,5 %/15,40 €**

★ ★

Michael **Andres**
Weingut   **Pfalz**

Hauptstraße 33a, 67152 Ruppertsberg
Tel. 06326-8667, Fax: 06326-981596
Mobil: 0177-7738313
www.andres-wein.de
info@andres-wein.de
Besuchszeiten: Sa. und nach Vereinbarung

Inhaber . . . . Michael Andres
Rebfläche . . . . 6,5 Hektar

Michael Andres war nach seiner Winzerlehre bei Reichsrat von Buhl und seinem Weinbaustudium in Geisenheim mehrere Jahre für andere Pfälzer Betriebe tätig (Müller-Erben, Meßmer), bevor er mit einem Freund 1989 eine eigene Sektmanufaktur, Andres & Mugler, gründete (siehe nachstehenden Eintrag). 1993 gründete er sein eigenes Weingut. Neben seiner Tätigkeit im eigenen Betrieb war er lange Zeit Kellermeister bei einem anderen Weingut in Forst. Seit 2006 konzentriert er sich ganz auf den eigenen Betrieb. Im gleichen Jahr hat er auf organisch-biologische Bewirtschaftung umgestellt und die Rebfläche um knapp zwei Hektar – alles ältere Rieslinganlagen – erweitert. Seine Weinberge liegen in Deidesheim, Ruppertsberg und Niederkirchen. Riesling und die Burgundersorten baut er an, auch Sauvignon Blanc und Muskateller.

Vorjahre

Vor zwei Jahren gefielen uns die Weine von Michael Andres sehr gut. Die Rieslinge lebten von Frucht und Säure, nicht vom Alkohol. Und sie waren trotzdem reif, herrlich leicht und animierend. Sehr gut gefiel uns auch ein feiner Spätburgunder. Im vergangenen Jahr blieb sich Michael Andres treu. Neben den gewohnt leichten, fruchtig-frischen Rieslingen, dem spielerisch-eleganten Chardonnay-Auxerrois und dem köstlichen Muskateller hatten wir einen neuen Stil entdeckt: Der Ferus Riesling besaß nachhaltigen Biss, gute Struktur und Substanz.

Neue Kollektion

Auch in diesem Jahr gefällt uns die klare, verständliche Linie in den Weinen von Michael Andres. Die Rieslinge zeigen in diesem Jahr etwas mehr Biss, der Ferus zeigt am meisten Struktur mit einer guten Balance von Frucht und Mineralität. In der sehr homogenen Kollektion verdient noch der elegante Chardonny-Auxerrois einer besonderen Erwähnung.

Weinbewertung

87	2012 Riesling trocken „Ferus"	**12 %/8,50 €** ☺
86	2012 Riesling trocken Deidesheimer Mäushöhle	**12,5 %/7,50 €**
86	2012 Riesling trocken Ruppertsberger Reiterpfad	**12,5 %/7,50 €**
84	2012 Weißburgunder trocken	**12 %/6,50 €**
84	2012 Grauburgunder trocken	**12,5 %/6,50 €**
84	2012 Chardonnay-Auxerrois trocken	**13 %/7,- €**
85	2012 Muskateller trocken	**12,5 %/7,50 €**
84	2012 Sauvignon Blanc trocken	**11,5 %/8,50 €**
84	2012 „Blanc de Noir" trocken	**12 %/7,- €**
83	2012 Riesling „feinherb" Königsbacher Jesuitengarten	**12 %/7,50 €**

Die besten deutschen Weinerzeuger und ihre Weine

★ ★ ★
Andres & Mugler
Sektkellerei   **Pfalz**

Hauptstraße 33a, 67152 Ruppertsberg
Tel. 06326-8667, Fax: 06326-981596
0177-7738313, 0177-2940993
www.andresundmugler.de
info@andresundmugler.de
Besuchszeiten: *nach Vereinbarung*
Weitere Verkaufsstelle: Weingut Schädler,
Maikammer

Inhaber . . . Michael Andres und Steffen Mugler
Rebfläche . . . . Weine werden vom Weingut
. . . . Michael Andres bezogen

Michael Andres (siehe den vorherigen Eintrag) und Steffen Mugler haben 1989 die kleine Sektmanufaktur Andres & Mugler gegründet, versekteten in diesem Jahr 1000 Liter Riesling Spätlese von zugekauften Trauben. Heute beziehen sie die Trauben aus den eigenen Weinbergen von Michael Andres. Neben Rieslingsekt erzeugen sie vor allem Sekte aus den Burgundersorten, dazu eine Cuvée aus Muskateller und Sauvignon Blanc, versekten aber auch Weine für befreundete Winzer.

Vorjahre

Vor zwei Jahren waren vom Jahrgang 2009 bis Redaktionsschluss nur drei Weine degorgiert, den anderen Weinen gönnten Michael Andres und Steffen Mugler ein längeres Hefelager. Die drei vorgestellten 2009er waren sehr gut, ganz klar und von guter Struktur. Im vergangenen Jahr zeigte sich, dass sich das längere Hefelager für die 2009er gelohnt hat. An der Spitze stand die Cuvée Elena, der Chardonnay war sehr elegant, die Cuvée Louis war sehr gut strukturiert. Die Cuvée Fleur d'Emely gefiel uns von den 2010er Sekten am besten, Riesling und Weißburgunder waren jahrgangsbedingt etwas schwächer, allerdings immer noch sehr gut.

Neue Kollektion

In diesem Jahr präsentiert sich der Weißbur-

gunder etwas schlanker, klar und saftig. die Cuvée Louis zeigt harmonische Kraft, der Blanc de noir hat nussigen Biss, die Cuvée Fleur d'Emely ist wieder sehr fein, schwebend leicht und duftig, ein (Holunder-)Blütenmeer. Der Riesling hat eine feine süße Frucht, der Chardonnay Auxerrois ist schön stoffig, die Cuvée Elena ist sehr harmonisch, elegant und saftig. Eine sehr schöne Kollektion. ◄━━

Weinbewertung

87	2011 Riesling Sekt brut **13 %/12,- €**
87	2011 Weißburgunder Sekt brut **13 %/12,- €**
86	2010 „Blanc de Noir" Sekt brut **13 %/12,50 €**
87	2010 Chardonnay Auxerrois Sekt brut **13 %/14,50 €**
88	2011 „Cuvée Louis" Sekt brut **13 %/35,- €/1,5l**
89	2011 „Fleur de Emely" Sekt brut **13 %/15,50 €**
89	2010 „Cuvée Elena" Sekt brut **13 %/15,50 €**

★
Ankermühle
Weingut   **Rheingau**

 Kapperweg, 65375 Oestrich-Winkel
Tel. 06723-2407, Fax: 06723-888675
www.ankermuehle.de
jg@ankermuehle.de
Besuchszeiten: *nach Vereinbarung*
Gutsrestaurant (im Sommerhalbjahr Mo., Mi., Do. &
Fr. ab 17 Uhr, Sa. & So. ab 12 Uhr, im Winterhalbjahr
Mo., Do., Fr. & Sa. ab 17 Uhr, So. ab 12 Uhr)

Inhaber . . . . Birgit Hüttner
Kellermeister . . . . Jörn Goziewski
Rebfläche . . . . 2,5 Hektar

Das Weingut verfügt über 2,5 Hektar Weinberge. Inhaberin Birgit Hüttner und Kellermeister Jörn Goziewski verfolgen einen durchaus eigenwilligen Weinstil. Der Ausbau sowohl in Edelstahltanks als auch im Stückfass und in Barriques führt zu würzigen, leicht cremigen Rieslingen, denen bisweilen mit Batonnage zusätzliche Fülle verliehen wird. Etiketten und die meisten Weinnamen sind unverwechselbar. Außer Riesling wird auch Spätburgunder vinifiziert.

Kollektion

Vorgestellt wurden Weine der Jahrgänge 2011 und 2012. Der „Hase" weist eine leicht cremige Art und Orangennoten auf, der Riesling aus der Lage Hallgartener Jungfer ist saftig, rund, besitzt eine dezente Karamellnote und einen erstaunlich salzigen Nachhall. Weine also, über die man nachdenken kann und muss. Leichter verständlich ist die klare, nach exotischen Früchten duftende, deutlich süße Auslese namens „Theresia". ◀

Weinbewertung

83	2011 Riesling trocken „Gabriel"	**12,5 %/8,50 €**	
86	2011 Riesling trocken „Hase"	**13 %/11,80 €**	
87	2011 Riesling trocken Jungfer	**13 %/16,80 €**	
85	2012 Riesling „feinherb Maria"	**12 %/8,50 €**	
88	2011 Riesling Auslese „Theresia"	**8,5 %/19,80 €**	
83	2011 Spätburgunder trocken „Caspar"		
	12 %/9,80 €		

★

Peter **Argus**
Weingut   **Pfalz**

Hauptstraße 23, 76835 Gleisweiler
Tel. *06345-919424,* ***Fax:*** *06345-919425*
www.argus-wein.de
mail@argus-wein.de
Besuchszeiten: *Mo.-Fr. nach Vereinbarung,*
Sa. 10-17 Uhr

Inhaber . . . . Peter Argus
Rebfläche . . . . 10 Hektar

Seit Generationen betreibt die Familie Weinbau in Gleisweiler, 1954 wurden die ersten Weine in Flaschen verkauft. Heute führen Peter und Eva Argus das Gut, das als einziges Weingut in Gleisweiler noch im alten Ortskern angesiedelt ist, wo die Weine in einem alten Gewölbekeller aus dem Jahr 1610 ausgebaut

werden. Die Weinberge von Peter Argus liegen in Gleisweiler und Umgebung, die Reben wachsen teils auf Buntsandsteinverwitterungsböden, auf denen vor allem Riesling steht, teils auf kalkhaltigen Lehmböden, wo vor allem die weißen und roten Burgunder angebaut werden. Spezialität des Hauses sind neben den barriqueausgebauten Weinen die eigenen, bereits seit 1988 erzeugten Sekte.

Vorjahre

Seit über einem Jahrzehnt kennen wir die Weine von Peter Argus, die uns immer überzeugten mit ihrem guten und gleichmäßigen Niveau. Mit einigen Spätlesen, auch im Barrique ausgebaut, ließ er immer wieder aufhorchen, in den letzten Jahren aber überwiegen frische und fruchtbetonte Qualitäts- und Kabinettweine. Vor zwei Jahren waren die Weißweine etwas verhaltener, fruchtbetont und schlank, der Spätburgunder war kraftvoll und zeigte viel Würze. Im letzten Jahr waren die Weißweine wiederum etwas verhalten in der Frucht, die trockenen Spätlesen waren alle sehr kraftvoll, die beiden Roten leider etwas zu süß.

Neue Kollektion

In diesem Jahr müssen wir leider erneut feststellen, dass die Weißweine sich in der Nase sehr verhalten präsentieren, bis auf den Muskateller vermissen wir auch etwas die Sortentypizität. Der Spätburgunder besitzt hingegen klare Frucht und kräftige Röstnoten, leidet aber auch unter dem hohen Alkoholgehalt. ◀

Weinbewertung

81	2012 Grauburgunder Kabinett trocken Frankweiler Kalkgrube	**13 %/5,20 €**
83	2012 Chardonnay Spätlese trocken Böchinger Rosenkranz	**13 %/6,50 €**
81	2012 Riesling Kabinett trocken „Buntsandstein" Gleisweiler Hölle	**12 %/4,80 €**
80	2012 Gelber Muskateller Gleisweiler Hölle	**12 %/4,20 €**
79	2012 Spätburgunder Rosé Kabinett trocken Frankweiler Kalkgrube	**13 %/5,20 €**
84	2011 Spätburgunder Spätlese trocken „Barrique" Frankweiler Kalkgrube	**14,5 %/9,50 €**

Johann **Arnold**

Weingut & Winzerhof

★★☆

Franken

Lange Gasse 26/28, 97346 Iphofen
Tel. 09323-89833, **Fax:** 09323-89834
www.weingut-arnold.de
mail@weingut-arnold.de
Besuchszeiten: Mo.-Sa. 8-19 Uhr, So. 9-18 Uhr
Gästezimmer, Ferienwohnungen

Inhaber . . . . Johannes Arnold jr.
Rebfläche . . . . 7 Hektar

Als 1959 Johann Arnold mit der Selbstvermarktung begann, war das heutige Weingut ein landwirtschaftlicher Gemischtbetrieb mit 1,5 Hektar Weinbergen, 10 Hektar Ackerland und eigener Viehhaltung. Nach und nach hat er sich ganz auf Weinbau konzentriert, die Rebfläche kontinuierlich auf die heutige Größe erweitert, 1974 das benachbarte damalige Gasthaus Zum Lamm erworben und in den eigenen Betrieb integriert. Seit 2000 führen Johannes Arnold jr. und Ehefrau Claudia das Gut. Ihre Weinberge liegen in Iphofen in den Lagen Kalb, Kronsberg und Julius-Echter-Berg (mit dem Filetstück „Im Frohntal") und in den Rödelseer Lagen Schwanleite und Küchenmeister. Silvaner ist mit einem Anteil von 35 Prozent die wichtigste Rebsorte im Weingut. Hinzu kommen Riesling, Domina, Scheurebe, Müller-Thurgau, Bacchus, Spätburgunder, Weißburgunder und Dornfelder.

Vorjahre

Angefangen vom Liter-Silvaner über die Kabinettweine bis hin zur Domina in der roten und Rosé-Version waren die Weine vor zwei Jahren fruchtbetont und klar, das Große Gewächs aus dem Frohntal besaß viel reife Frucht und Substanz. 2011 waren viele Weine fülliger, was aber manchmal zu Lasten der Frische und Lebendigkeit geht; der üppige Silvaner im Frohntal gefiel uns einmal mehr besonders gut.

Neue Kollektion

Die neue Kollektion überzeugt auf breiter Front: Schon der Liter-Silvaner ist reintönig und frisch, die Rieslinge besitzen Kraft und Struktur, sind reintönig wie auch die beiden Rotweine und der Weißburgunder aus dem Julius-Echter-Berg. Die Barrique-Variante des Jahrgangs 2011 ist deutlich vom Ausbau im Holz geprägt, besitzt aber Fülle und Kraft, viel reife Frucht, gute Struktur und Substanz. Das Große Gewächs schließlich ist füllig und saftig, besitzt gute Konzentration und reintönige Frucht. So darf es weitergehen! ◀

Weinbewertung

83	2012 Silvaner trocken (1l) **12 %/5,50 €**
84	2012 Silvaner trocken Iphöfer Julius-Echter-Berg **12 %/7,- €**
85	2012 Riesling trocken Iphöfer Kalb **13 %/7,- €**
86	2012 Riesling trocken Iphöfer Julius-Echter-Berg **13 %/10,- €**
85	2012 Weißburgunder trocken Iphöfer Julius-Echter-Berg **13 %/7,- €**
88	2012 Silvaner „GG" „Im Frohntal" Iphöfer Julius-Echter-Berg **14 %/20,- €**
87	2011 Weißburgunder Spätlese trocken Barrique Iphöfer Julius-Echter-Berg **14 %/12,- €**
84	2012 Scheurebe Spätlese „feinherb" Iphöfer Kalb **12,5 %/10,- €**
84	2011 Domina trocken **13 %/7,- €**
84	2011 Spätburgunder trocken **13,5 %/7,- €**

Wilhelm **Arnold**

Weingut

★★

Franken

Friedenstraße 4-6, 97236 Randersacker
Tel. 0931-708326, **Fax:** 0931-700903
www.arnoldwein.de
info@arnoldwein.de
Besuchszeiten: Mo.-Sa. 8-18 Uhr,
sonst nach Vereinbarung

Inhaber . . . . Bruno Arnold
Rebfläche . . . . 9,5 Hektar

Seit 1673 baut die Familie Arnold Wein in Randersacker an. Heute wird das Gut von Bruno und Diana Arnold geführt. Großvater Wilhelm, Namensgeber des Weingutes, war Gründungsmitglied des Verbandes Fränkischer Weingüter und Selbstvermarkter, dem Vorgänger des fränkischen VDP. Die Weinberge von Bruno Arnold liegen in Randersacker in den Lagen Pfülben, Teufelskeller, Marsberg und Sonnenstuhl, sowie im benachbarten Eibelstadt. Er baut Silvaner, Müller-Thurgau und Riesling an, aber auch Bacchus, Scheurebe, Weißburgunder, Kerner, Rieslaner und Morio-Muskat. An roten Sorten gibt es Domina, Zweigelt und Blaufränkisch. Die Weißweine werden im Edelstahl recht lange auf der Feinhefe ausgebaut, die Rotweine kommen nach der Maischegärung in Eichenholzfässer.

Vorjahre

Die 2010er Weine präsentierten sich frisch und reintönig bei relativ moderaten Alkoholwerten, unsere Präferenz galt dem Silvaner, diesmal als Spätlese trocken – und wiederum aus dem Sonnenstuhl. Die 2011er waren sehr gleichmäßig auf gutem Niveau, waren in der Spitze allerdings etwas verhalten.

Neue Kollektion

Sehr stimmig präsentiert sich die neue Kollektion, bietet gutes Niveau schon bei den Einstiegsweinen, so den reintönigen, zupackenden Silvaner Ewig Leben, den frischen Weißburgunder Kapellenberg und den fruchtbetonten Riesling aus dem Marsberg. Die beiden Großen Gewächse sind beide sehr füllig und saftig bei reifer süßer Frucht – wir würden uns etwas mehr Druck und Präzision wünschen. ◀

Weinbewertung

82 2012 Müller-Thurgau trocken Randersacker Marsberg **12 %/6,50 €**

84 2012 Silvaner trocken Randersacker Ewig Leben **12,5 %/7,50 €**

85 2012 Riesling trocken Randersacker Marsberg **12,5 %/12,- €**

83 2012 Riesling trocken Randersacker Sonnenstuhl **12,5 %/8,50 €**

84 2012 Weißburgunder trocken Eibelstadt Kapellenberg **13 %/7,50 €**

83 2012 Scheurebe Kabinett trocken **12 %**

87 2012 Silvaner „GG" Sonnenstuhl **13,5 %/18,50 €**

86 2012 Riesling „GG" Pfülben **13 %/18,50 €**

84 2012 Silvaner Randersacker Sonnenstuhl **12,5 %/7,50 €**

83 2012 Scheurebe Eibelstadt **12 %/6,50 €**

83 2012 Würzer Randersacker **12,5 %/7,- €**

★

Arnold & Lang
Weinbau **Pfalz**

◆ *Speyererstraße 7, 67273 Herxheim am Berg*
Tel. 0176-64913177 (Isabell Lang)
www.arnoldundlang.de
mail@arnoldundlang.de
Besuchszeiten: *nach Vereinbarung*

Inhaber . . . . Michael Lang
Rebfläche . . . . 3,2 Hektar

2010 erwarb Michael Lang den über ein Jahrzehnt leer stehenden spätbarocken Hakenhof aus dem Jahr 1755 und begann mit der Restaurierung, im Jahr darauf begann er die ehemaligen Weinberge wieder zurückzuführen. Für den Weinausbau ist Roger Arnold verantwortlich. Zu 70 % werden weiße Sorten angebaut, Riesling vor allem, aber auch Grauburgunder und Silvaner, 30 % der Rebfläche nehmen rote Sorten wie Merlot, Cabernet Franc, Cabernet Cubin, Portugieser und Dornfelder ein. Die Weißweine werden gekühlt vergoren, Rotweine werden nach der Maischegärung 15 bis 18 Monate in französischen Barriques ausgebaut.

Kollektion

Die 2012er Weißweine, alle trocken ausgebaut, sind frisch und fruchtbetont, präsentieren sich sehr geschlossen. An der Spitze stehen der füllige, kraftvolle Silvaner und der konzentrierte, strukturierte Riesling vom Riffkalk. Die 2011er rote Cuvée aus Merlot, Cabernet Franc und Cabernet Cubin ist würzig und eindringlich im Bouquet, zeigt rote und dunkle Früchte, ist strukturiert und tanninbetont im Mund. Ein gutes Debüt!

Weinbewertung

81	2012 Cuvée weiß	**12 %/8,90 €**
81	2012 Riesling „16 Grad"	**12,5 %/9,90 €**
81	2012 Grauburgunder	**13 %/9,90 €**
84	2012 Silvaner „vom Riffkalk"	**13 %/13,90 €**
85	2012 Riesling „vom Riffkalk"	**13 %/14,90 €**
85	2011 „Edition No. 1" Rotwein	**13,5 %/19,90 €**

★ ★

Assmannshausen
Domäne   **Rheingau**

Hessische Staatsweingüter GmbH Kloster Eberbach, Höllenbergstraße 10, 65385 Rüdesheim
Tel. 06722-2273, Fax: 06722-48121
www.weingut-kloster-eberbach.de
info@weingut-kloster-eberbach.de
Besuchszeiten: Fr./Sa. 12-18 Uhr, Jan. geschlossen

Inhaber............................Land Hessen
Direktor...........................Dieter Greiner
Betriebsleiter.......................Ralf Bengel
Rebfläche.............................32 Hektar

Unter der Leitung von Dieter Greiner und Önologe Ralf Bengel sowie Kellermeister Frank Werle hat die Domäne Assmannshausen ihre Position als einer der Rotweinspezialisten der Region verteidigt – und sogar ausgebaut. Fast die gesamte Rebfläche ist mit Spätburgunder bestockt, allerdings existiert als Spezialität auch eine kleine Menge Frühburgunder. Die Weine wachsen im Höllenberg an Südhängen mit Steigungen bis zu 60 Prozent. An der Spitze steht meist der so genannte Mauerwein, gekeltert aus Trauben, die im Schutze der Weinbergsmauern wachsen. Auch beim Rotwein hat inzwischen der

bei den Hessischen Staatsweingütern im Weißweinbereich längst etablierte Schraubverschluss mit Innengewinde Einzug gehalten. Die Weine werden klassisch in Holzfässern ausgebaut. Die als Pinot Noir bezeichneten Weine fallen etwas rauchiger aus als ihre fruchtigen, sehr eleganten Pendants, die ausdrücklich als Spätburgunder verkauft werden und manchmal eine fast cremige Art, aber nie aufdringliche Holznoten aufweisen. Der Begriff „Crescentia" steht für Spitzenqualität, vor allem dann, wenn die Weine mit einer goldenen (Schraub-)Kapsel versehen sind und versteigert werden. Oft am interessantesten fallen allerdings die Weine aus, die mit dem Begriff „aus dem Cabinetkeller" versehen werden.

Vorjahre

Aus dem Sortiment des Jahrgangs 2009 ragte ein Versteigerungswein aus dem Höllenberg heraus, der sogenannte Mauerwein wirkte bei der ersten Verkostung noch verhalten, konnte sich aber gut entwickeln. Die Rotweine des Jahrgangs 2010 besaßen charmante Frucht und die typisch elegante, süffige und ganz leicht cremige Art, wie sie den Weinen der Domäne Assmannshausen eigen ist. Während der Pinot Noir etwas würziger und fester ausfiel, wirkte der Spätburgunder „aus dem Cabinetkeller" eleganter, der Spätburgunder „Crescentia" verfügte dagegen über eine leichte Speck- und Rauch-Note.

Neue Kollektion

Die 2011er überzeugen. Elegante, feingliedrige und nie zu sehr vom Holz geprägte Rotweine nötigen Respekt ab. Man kann höchstens kritisch anmerken, dass die Versteigerungsweine zumindest im jetzigen Stadium nicht oder kaum komplexer und interessanter ausfallen als die „normalen" Rotweine, allen voran der wunderschön präzise Höllenberg „aus dem Cabinetkeller". Vor allem dem Frühburgunder ist allerdings eine weitere Verbesserung zuzutrauen. Der Schaumwein aus 2010 zeigt sich schlank und duftig, besitzt Noten von Johannisbeeren und einen winzigen Hauch von Süße.

Die besten deutschen Weinerzeuger und ihre Weine

Weinbewertung _____

84 2010 Spätburgunder Blanc de Noirs Sekt brut Assmannshäuser Höllenberg **12 %/20,- €**

83 2012 Spätburgunder Blanc de Noirs trocken Assmannshäuser Höllenberg **12,5 %/11,20 €**

88 2011 Spätburgunder Spätlese trocken „Crescentia" Assmannshäuser Höllenberg **13,5 %/17,60 €**

90 2011 Spätburgunder trocken „aus dem Cabinetkeller" Assmannshäuser Höllenberg **14 %/45,- €**

89+ 2011 Frühburgunder trocken Goldkapsel „Crescentia" Assmannshäuser Höllenberg **13 %**

89 2011 Spätburgunder trocken Goldkapsel „Crescentia" Assmannshäuser Höllenberg **14 %**

★

Daniel **Aßmuth**
Weinbau   **Pfalz**

🍷 Im Letten 51, 67098 Bad Dürkheim
Tel. 06322-9889310
www.assmuthwein.com
info@assmuthwein.com
Besuchszeiten: Mo.-Fr. nach Vereinbarung

Inhaber .... Daniel Aßmuth
Rebfläche .... 1,5 Hektar

Daniel Aßmuth, geboren 1981, arbeitet nach seiner Ausbildung bei den Weingütern Wegner in Bad Dürkheim, Reichsrat von Buhl in Deidesheim, bei Markus Schneider in Ellerstadt und danach als Kellermeister im Wachenheimer Weingut Zimmermann. Ende 2010 gründete er sein eigenes Weingut, das er mit seiner Frau Marie betreibt. Die Weinberge werden ökologisch bewirtschaftet, seit dem vergangenen Jahr läuft die EU-Öko-Zertifizierung. Aus den Lagen Fuchsmantel und Fronhof erzeugt er seit einigen Jahren eigene, sehr eigenwillige Weine.

Vorjahr _____

Bei der Premiere im vergangenen Jahr zeigten sich die beiden Dürkheimer Lagenweine als kompromisslos puristische, durch-

gegorene und ungeschönte Rieslinge. Der unfiltrierte Fronhof besaß mineralische Tiefe.

Neue Kollektion _____

In diesem Jahr zeigt Daniel Aßmuth eine starke Kollektion. Die drei Rieslinge mit kaum Restsüße sind klar, kräftig, fruchtig. Schon der Ortswein hat ordentlich Druck, beim Fuchsmantel und beim Rittergarten öffnet sich zusätzlich ein Spannungsbogen, der Rittergarten zeigt salzige Mineralität und etwas Eleganz. Ein großer Spaß ist eine weiße, holzausgebaute Cuvée, in der der Riesling den Gewürztraminer deutlich in die Schranken weist. Elegant und von feiner Beerenfrucht ist der Rosé, weich und schokoladig der Rotwein „Krieger". ◀━

Weinbewertung _____

85 2012 Riesling trocken Dürkheimer **12,5 %/10,- €**

87 2012 Riesling trocken Dürkheimer Fuchsmantel **13 %/13,- €**

88 2012 Riesling trocken Rittergarten **12 %/16,- €**

87 2012 Gewürztraminer Riesling **11,5 %/15,- €**

84 2012 Rosé trocken „Kaleidoskop" **12 %/8,- €**

86 2011 Rotwein trocken „Krieger" **13,5 %/13,- €**

★ ☆

Aufricht
Weingut   **Baden**

Höhenweg 8, 88719 Stetten
Tel. 07532-2427, **Fax:** 07532-2421
www.aufricht.de
info@aufricht.de
Besuchszeiten: täglich 8-12 + 14-18 Uhr, außer So.

Inhaber .... Robert und Manfred Aufricht
Rebfläche .... 33 Hektar

Die Brüder Robert und Manfred Aufricht haben 1985 den Betrieb von ihren Eltern übernommen. Das Gros ihrer Weinberge ist in einer Lage – Meersburger Sängerhalde – rund um das Weingut arrondiert, die sich durch be-

sonders schwere Böden mit hohem Kalkge-
halt auszeichnet. Sie bauen hauptsächlich die
Burgundersorten an, wobei allein Spätbur-
gunder 40 Prozent ihrer Weinberge einnimmt.
Neben Grau- und Weißburgunder haben sie
auch Auxerrois und Chardonnay im Anbau.
Hinzu kommen vor allem Frühburgunder,
Lemberger, Sauvignon Blanc und Riesling.

Vorjahre

2010 besaßen die 1-Lilie-Weißweine deutlich
mehr Substanz als ihre Pendants ohne Lilie;
die Rotweine waren vor zwei Jahren geprägt
vom Kontrast aus sehr reifer Frucht und kräftigen, manchmal etwas bitteren Tanninen. Ähnlich präsentierte sich auch die letztjährige Kollektion mit kräftigen Rotweinen, bei denen
die Restsüße hin und wieder ein wenig störte.
Die weiße Kollektion war, unabhängig von
den Lilien, weniger gleichmäßig, am besten
gefielen uns Weißburgunder und Riesling.

Neue Kollektion

2012 sind die Weißweine fast alle recht verhalten, der Sauvignon Blanc gefällt uns am besten, bei den Roten irritiert die kräftige Süße,
ein Wein aber präsentiert sich in prächtiger
Form: Der Spätburgunder „Isabel 3 Lilien" zeigt
feinen Duft im Bouquet, etwas Weihrauch und
Toast, ist füllig und kraftvoll im Mund, besitzt
gute Struktur und feine süße Frucht. ◄

Weinbewertung

82 2012 Sauvignon Blanc trocken Meersburger
Sängerhalde **12,5 %/14,80 €**

82 2012 Chardonnay trocken Meersburger Sängerhalde **13 %/12,90 €**

83 2012 Grauburgunder trocken „1 Lilie" Meersburger Sängerhalde **14 %/12,90 €**

83 2012 Grauburgunder & Chardonnay trocken
Meersburger Sängerhalde **14 %/16,90 €**

81 2012 Riesling trocken „1 Lilie" Meersburger
Sängerhalde **12,5 %/16,90 €**

84 2012 Weißburgunder trocken „1 Lilie" Meersburger Sängerhalde **13,5 %/12,90 €**

85 2012 Sauvignon Blanc trocken „1 Lilie" Meersburger Sängerhalde **13 %/16,90 €**

79 2012 Chardonnay & Grauburgunder trocken
Meersburger Sängerhalde **13,5 %/16,90 €**

83 2012 „AufV" Weißwein **12 %/14,80 €**

81 2012 Gelber Muskateller Meersburger Son-
nenufer **9,5 %/9,- €**

81 2011 Frühburgunder trocken Meersburger
Sängerhalde **13 %/14,80 €**

81 2011 Spätburgunder trocken „Sophia" Meersburger Sängerhalde **13,5 %/10,60 €**

81 2011 Spätburgunder trocken „! Lilie" Meersburger Sängerhalde **13,5 %/16,90 €**

88 2011 Spätburgunder trocken „Isabel 3 Lilien"
Meersburger Sängerhalde **14 %/42,- €**

★

Auggener Schäf eG
Winzerkeller

Baden

An der B 3, 79424 Auggen
Tel. *07631-36800,* **Fax:** *07631-368080*
www.auggener-wein.de
info@auggener-wein.de
Besuchszeiten: *Mo.-Fr. 8-18 Uhr, Sa. 9-13, So. 10-13 Uhr*

Geschäftsführer . . . . Thomas Basler
Kellermeister . . . . Andreas Philipp
Rebfläche . . . . 500 Hektar
Mitglieder 350

In den Weinbergen der Auggener Genossen
ist Gutedel mit einem Anteil von 50 Prozent
die dominierende Rebsorte. Danach folgen
Spätburgunder und Weißburgunder mit jeweils 10 Prozent, sowie Müller-Thurgau, aber
auch Chardonnay und Sauvignon Blanc. Rotweine nehmen inzwischen 12 Prozent ein,
wobei vor allem Regent auf dem Vormarsch
ist. Drei Viertel der Rebfläche entfällt auf die
Lage Auggener Schäf, ein Viertel auf die Lage
Auggener Letten. Der Letten ist eine 60 Hektar große steile Südlage mit schweren, frucht-
baren Böden (Lehm). Im Letten werden Sorten wie Chardonnay, Gewürztraminer und
Grauburgunder angebaut. Der 180 Hektar
große Auggener Schäf besteht aus fünf Hügeln mit bis zu 50-prozentigen Steillagen. Im

Schäf wächst auf Kalkschieferböden vor allem die Rebsorte, für die Auggen und der Auggener Schäf bundesweit bekannt ist: Der Gutedel. Nach der Fusion mit der WG Laufen ist man seit Herbst 2011 auch im Laufener Altenberg vertreten. Der Name Auggen steht für Gutedel, die Gutedel sind meist die Stärke der Auggener Genossen. Aber auch mit Rotweinen und im edelsüßen Segment lassen sie immer wieder aufhorchen.

Vorjahre

2010 waren die Weine ein klein wenig verhaltener, der Gewürztraminer gefiel uns am besten, Gutedel Eiswein und Barrique-Chardonnay aus dem Jahrgang 2009 bewerteten wir vor zwei Jahren noch etwas höher. Sehr geschlossen präsentierte sich die letztjährige Kollektion mit durchweg guter Qualität, interessantem Sauvignon Blanc, konzentrierten edelsüßen Weinen und fülligem Pinot Noir.

Neue Kollektion

Wir stehen der Fusionitis im badischen Genossenschaftswesen skeptisch gegenüber; zumindest was die Weinqualität betrifft hat sie selten zu Verbesserungen geführt, oft aber zu Verschlechterungen. Dass wir dieses Jahr nun zwei Weine verkosteten, die nicht das gewohnte, zuverlässige Niveau des Winzerkellers zeigen, wird hoffentlich kein schlechtes Omen sein. Der prächtige, konzentrierte Eiswein führt die ansonsten etwas verhaltene Kollektion an. ◄

Weinbewertung

81 2012 Gutedel trocken Auggener Schäf
12 %/4,20 €

77 2012 Sauvignon Blanc trocken „Edition Terroir" Laufener Altenberg **12,5 %/5,70 €**

78 2012 Chardonnay Kabinett trocken Auggener Schäf **13 %/6,30 €**

81 2012 Weißburgunder Spätlese trocken Auggener Schäf **13 %/7,30 €**

86 2012 Gutedel Eiswein Auggener Schäf
9 %/16,- €/0,375l

80 2011 Spätburgunder Spätlese trocken „alte Reben" Auggener Schäf **13 %/8,30 €**

★ ☆

Augustin
Weingut   **Franken**

Raiffeisenstraße 5, 97320 Sulzfeld
Tel. 09321-5663, **Fax:** 09321-24704
www.weingut-augustin.de
info@weingut-augustin.de
Besuchszeiten: Mo.-Sa. 9-18 Uhr, So. 10-12 Uhr und nach Vereinbarung
Probierstube, Vinotel Augustin

Inhaber . . . . Arno & Albert Augustin
Rebfläche . . . . 10,5 Hektar

Das 1988 gegründete Weingut wird seit 2001 von Geisenheim-Absolvent Arno Augustin geführt. Die Weinberge liegen alle in den Sulzfelder Lagen Maustal und Cyriakusberg, wo die Reben auf schweren Muschelkalkböden wachsen. Wichtigste Rebsorten sind Müller-Thurgau, Silvaner und Bacchus. Dazu gibt es Weißburgunder und Kerner. Die Rotweinfläche wurde mit Spätburgunder, Schwarzriesling und Merlot ausgeweitet. Die Weine werden überwiegend trocken angeboten. Seit dem Jahrgang 2003 hat Arno Augustin auch Barriqueweine im Programm.

Vorjahre

2010 brachte frische klare Weißweine, der kraftvolle 2008er Merlot war vor zwei Jahr etwas zu sehr vom Holz dominiert. 2011 waren einige Weißweine ein wenig verhalten, der Weißburgunder gefiel uns am besten.

Neue Kollektion

Die neue Kollektion gefällt uns besser, bietet gutes Niveau schon bei den Basisweinen. Der Silvaner von alten Reben, spontanvergoren, ist fruchtbetont, frisch und klar bei guter Substanz, der Silvaner „Spezial", teils im Barrique, teils im Edelstahl ausgebaut und ein Jahr auf der Feinhefe gelagert, ist kraftvoll und strukturiert, besitzt viel Substanz. Der Blanc de Noir ist klar, kraftvoll und zupackend, am besten aber gefällt uns einmal

A

mehr der Weißburgunder, der gute Konzentration und viel reintönige Frucht im Bouquet zeigt, füllig und kraftvoll im Mund ist, reife Frucht besitzt, gute Substanz und Struktur. ◼

Weinbewertung _____

82 2012 „Augusto" Weißwein **12,5 %/6,- €**
83 2012 „Der Müller" trocken **13,5 %/7,50 €**
86 2012 Silvaner trocken „alte Reben" **14 %/10,- €**
87 2012 Weißburgunder trocken **14 %/9,50 €**
85 2012 „Blanc de Noir" trocken **13,5 %/9,- €**
85 2011 Silvaner „S" trocken „Spezial" **13 %/12,- €**

★

Karl Friedrich **Aust**
Weingut   **Sachsen**

Weinbergstraße 10, 01445 Radebeul
***Tel.** 0351-89390100, **Fax:** 0351-89390098*
www.weingut-aust.de
kontakt@weingut-aust.de
***Besuchszeiten:** Do. 17-22 Uhr, Fr. 13-22 Uhr, Sa./So. 12-22 Uhr, Feiertage 11-22 Uhr*
Restaurant Weinhaus Aust; Atelier und Malschule

Inhaber .... Karl-Friedrich Aust
Rebfläche .... 5 Hektar

Das Weingut liegt am Fuße der Lage Radebeuler Goldener Wagen, ist in einem denkmalgeschützten Winzerhaus aus dem 17. Jahrhundert untergebracht. Wichtigste Rebsorten bei Karl-Friedrich Aust sind Riesling, knapp ein Viertel der Fläche, Kerner, Weißburgunder, Spätburgunder, Bacchus und Müller-Thurgau. Dazu gibt es Traminer, Auxerrois und Goldriesling, auch verschiedene Muskatsorten. Alle Weine werden als „Sächsischer Landwein" vermarktet.

Vorjahr _____

Sowohl die 2010er als auch die 2011er waren kraftvoll und klar, zeigten eine klare, eigenständige Stilistik. Trotzdem war unser Favorit im vergangenen Jahr der älteste der eingeschickten Weine, ein Spätburgunder aus dem Jahrgang 2007. ◼

Neue Kollektion _____

Wie im Vorjahr zeigen die Weine eine klare Handschrift, sind schnörkellos und klar, kraftvoll und zupackend. Der Rieslingsekt ist frisch und zupackend, der Müller-Thurgau schön reintönig, am besten aber gefällt uns der Traminer, der feinen Rosenduft und etwas Litschi im Bouquet zeigt, füllig und klar im Mund ist, frisch und zupackend bei guter Struktur. ◼

Weinbewertung _____

84 **2008 Riesling Sekt brut 11 %/17,- €**
83 **2012 Müller-Thurgau trocken 12 %/11,50 €**
81 **2011 Weißburgunder trocken 13 %/16,50 €**
80 **2011 Grauburgunder trocken 13 %/16,50 €**
82 **2012 Auxerrois 13 %/22,- €**
85 **2011 Traminer 13 %/19,50 €**

★☆

Bad Cannstatt
Weingärtner   **Württemberg**

Rommelstraße 20, 70376 Stuttgart
***Tel.** 0711-542266, **Fax:** 0711-557291*
www.badcannstatt-weine.de
info@badcannstatt-weine.de
***Besuchszeiten:** Mo.-Fr. 9-18 Uhr, Sa. 9:30-14 Uhr*

Teamleiter Verkauf .... Jan Steingaß
Kellermeister .... Thomas Zerweck
Mitglieder 81
Rebfläche .... 61 Hektar

Die Mitglieder der 1923 gegründeten Genossenschaft von Bad Cannstatt bewirtschaften Weinberge in den nördlichen Teilen der Landeshauptstadt Stuttgart, und zwar in den Lagen Berg und Kriegsberg (Keuperböden mit Löss), sowie Steinhalde und Zuckerle, wo die Reben auf Muschelkalkböden wachsen. Gut ein Drittel der Weinberge befinden sich in terrassierten Steillagen. Trollinger nimmt über die Hälfte der Rebfläche ein, Riesling ein knappes Viertel. Es folgen Dornfelder, Müller-Thurgau und Kerner. Dazu gibt es ein wenig Lemberger, Spätburgunder, Samtrot und Muskat-Trollinger. 15 der Mitglieder sind Vollerwerbswinzer, die etwa 90 Prozent der verarbeiteten Trauben abliefern. Seit 2005 werden keine Prädikatsbezeichnungen mehr verwendet, alle Weine werden betriebsintern mit bis zu 3 Sternen gekennzeichnet. Die Weine der Premiumserie stammen von alten, ertragsreduzierten Anlagen.

Vorjahre

Der barriqueausgebaute Merlot aus dem Jahrgang 2009 schlug sich vor zwei Jahren prächtig bei deutlichen Schoko- und Vanillenoten, die 2010er Weißweine waren etwas verhalten. Auch im vergangenen Jahr waren es wieder die barriqueausgebauten, sehr gewürzduftigen Rotweine, die punkteten: Pinot Noir, Travertin und Condistat.

Neue Kollektion

Die 2009er Cuvée Condistat, die aus Cabernet Sauvignon, Merlot und Syrah besteht, konnten wir dieses Jahr erneut verkosten. Neu ist die Cuvée „Edition 1923" aus Lemberger und Merlot, ein strukturierter, kraftvoller Barriquerotwein. Noch ein klein wenig besser gefällt uns der wunderschön reintönige Merlot aus dem Jahrgang 2010, der Kraft und Fülle besitzt, gute Struktur und Substanz. Im weißen Segment steht der herrlich saftige 3-Sterne-Riesling aus dem Zuckerle seinen roten Kollegen kaum nach. ◄━

Weinbewertung

86 2012 Riesling*** trocken Cannstatter Zuckerle **12,5 %/12,50 €**

82 2011 „Travertin"** Rotwein trocken **13,5 %/8,50 €**

83 2011 Lemberger** trocken Cannstatter Zuckerle **13,5 %/8,80 €**

86 2011 „Edition 1923"*** Rotwein trocken **14 %/12,- €**

87 2010 Merlot*** trocken **14 %/21,50 €**

87 2009 „Comdistat"*** Rotwein trocken **14 %/23,50 €**

★★

H. **Bader**
Weingut   **Württemberg**

Albert-Moser-Straße 100, 71394 Kernen
Tel. 07151-42828, Fax: 07151-45497
www.weingut-bader.de
info@weingut-bader.de
Besuchszeiten: Mo.-Fr. (außer Mi.) 16-18 Uhr,
Sa. 9-13 Uhr oder nach Vereinbarung

Inhaber .... Hans Bader
Rebfläche .... 6 Hektar

Die Weinberge von Hans Bader verteilen sich auf die Stettener Lagen Pulvermächer, Mönchberg, Lindhälder und Häder. Wichtigste Rebsorte bei Hans Bader ist der Riesling, der 44 Prozent der Rebfläche einnimmt. Mit weitem Abstand folgen Trollinger und Spätburgunder. Hinzu kommen weitere rote Sorten wie Dornfelder, Heroldrebe, Portugieser, Lemberger, Zweigelt und Hegel. 2008 brachte der Merlot den ersten Ertrag. An weißen Sorten gibt es neben Weißburgunder noch ein klein wenig Müller-Thurgau, Sauvignon Blanc und Saphira.

Vorjahre

Die 2010er Weißweine waren etwas verhalten, präsentierten sich klar, frisch und geradlinig. Die Rotweine zeigten vor zwei Jahren reintönige Frucht, der sehr jugendliche Merlot gefiel uns besonders gut. Auch die letztjährige Kollektion überzeugte, bot kraftvolle, eigenständige Weißweine, allen voran den zupackenden Sauvignon Blanc. Auch der rote Teil der Kollektion präsentierte sich sehr gleichmäßig, der 2009er Lemberger Reserve gefiel uns besonders gut:

Neue Kollektion

In diesem Jahr sind die Rotweine zwar von gleichmäßiger Qualität, es fehlen aber die Spitzen der Vorjahre. Dafür entschädigen die Weißweine des Jahrgangs 2012. Der „Justinus K." ist frisch, reintönig und zupackend, der Riesling Slow besitzt wunderschön reintönige Frucht, gute Struktur und Biss. Unser eindeutiger Favorit aber ist der Sauvignon Blanc Visavis, der herrlich klar und geradlinig ist, kraftvoll und zupackend. Sauvignon Blanc + Remstal, das scheint zu passen. ◄

Weinbewertung

85 2012 „Slow" Riesling trocken **13,5 %/8,50 €**
88 2012 Sauvignon Blanc trocken „Visavis"
      13 %/10,50 €
85 2012 „Justinus K." Weißwein trocken **14 %/8,20 €**
82 2012 Hegel trocken **12,5 %/8,50 €**
83 2011 Spätburgunder trocken Stettener Lind-
      hälder **14 %/7,80 €**
82 2011 „Donar" Rotwein trocken **13 %/8,50 €**

★ ☆

Bad Kreuznach
Staatsweingut   **Nahe**

Rüdesheimer Straße 68, 55545 Bad Kreuznach
Tel. *0671-820330,* **Fax:** *0671-820301*
www.staatsweingut.de
info@staatsweingut.de
Besuchszeiten: *Mo.-Do. 9:30-12:30 + 14-16:30 Uhr,*
Fr. 9:30-16:30 Uhr

Inhaber................... Land Rheinland-Pfalz
Betriebsleiter.................. Günter Schenkel
Kellermeister....................... Rainer Gies
Rebfläche............................ 20 Hektar

Im Jahr 1900 wurde die „Provinziale Weinbau-schule" gegründet, aus der das heutige Staats-weingut Bad Kreuznach hervorgegangen ist. Neben Weinbergen in Bad Kreuznacher Lagen (Kahlenberg, Forst, Hinkelstein, Vogelsang) besitzt das Staatsweingut auch Weinberge im Norheimer Kafels. Auf knapp der Hälfte der Rebfläche wird Riesling angebaut. Hinzu kom-men Silvaner, Müller-Thurgau, Weißburgunder und Scheurebe, sowie 20 Prozent Rotweinsor-ten: Spätburgunder, Frühburgunder, Schwarz-riesling, Dornfelder, Portugieser und Domina, eine Sorte die sonst an der Nahe nicht zu fin-

den ist. Seit der ersten Ausgabe schon emp-fehlen wir die von Rainer Gies vinifizierten Weine des Staatsweingutes Bad Kreuznach. Meist gefallen uns die edelsüßen Rieslinge et-was besser als die trockenen, auch die Rot-weine zeigen in den meisten Jahren gute Sub-stanz und Struktur.

Vorjahre

2010 hatten eindeutig die edelsüßen Ries-linge die Nase vorne und bestachen mit ihrer Reintönigkeit. Sehr gut gefielen uns auch die beiden roten Cuvées des Jahrgangs 2008, so-wohl „Prestige" aus Cabernet Sauvignon und Spätburgunder als auch „Duett", eine Cuvée aus Spätburgunder und Frühburgunder. Auch 2011 standen zwei edelsüße Rieslinge an der Spitze, beide aus dem Kafels. Aber auch die beiden trockenen Spätlesen aus dem Kahlenberg und dem Kafels mit viel Kraft und Fülle gefielen uns gut, während die beiden Rotwein-Cuvées im Jahrgang 2009 zu stoffig und alkohollastig geraten waren.

Neue Kollektion

Die beiden roten Cuvées konnten wir nun in diesem Jahr nochmals verkosten und wir fin-den sie immer noch zu wuchtig und unhar-monisch, so dass wir unsere Bewertung vom letzten Jahr noch einmal nach unten korri-gieren müssen. Unsere beiden Favoriten in der diesjährigen Kollektion stammen beide aus dem Kafels, die füllige, trockene Riesling Spätlese mit deutlicher Zitruswürze und die reintönige und harmonische Auslese. ◄

Weinbewertung

82 2012 Weißburgunder Spätlese trocken Kreuz-
      nacher Kahlenberg **13,5 %/7,90 €**
84 2012 Riesling „S" Spätlese trocken Kreuzner-
      er Kahlenberg **13 %/9,80 €**
85 2012 Riesling „S" Spätlese trocken Norheimer
      Kafels **12,5 %**
81 2012 Riesling Spätlese halbtrocken Kreuz-
      nacher Kahlenberg **12 %/6,80 €**
84 2012 Riesling Spätlese Norheimer Kafels
      7 %/8,50 €
86 2012 Riesling Auslese Norheimer Kafels
      8 %/12,- €

82   2009 Cuvée „Prestige" Rotwein trocken
14,5 %/12,70 €
82   2009 Cuvée „Duett" Frühburgunder & Spätburgunder trocken   **14,5 %/14,30 €**

Bächner
Weingut   **Württemberg**

🍇 *Sulzweg 4, 72581 Dettingen*
Tel. 07123-920511, *Fax:* 07123-920512
www.weingut-baechner.de
info@weingut-baechner.de
Besuchszeiten: Di.-Sa. nach Vereinbarung

Inhaber............................Petra Bächner
Rebfläche.............................1,7 Hektar

Die Weinberge von Petra Bächner liegen am Rande der Schwäbischen Alb unterhalb der Burg Hohenneuffen. Seit mehr als 900 Jahren wird hier Wein angebaut, die Weinberge reichen bis in eine Höhe von 526 Meter über dem Meeresspiegel. Auf karstigen Juraböden baut Petra Bächner Silvaner, Kerner und Riesling an, dazu rote Sorten, vor allem Spät- und Frühburgunder. Um den Weinausbau kümmert sich Ehemann Thomas Bächner. Seit der Gründung des Weingutes 2007 werden die Weinberge biologisch bewirtschaftet, zertifiziert, da immer wieder Flächen hinzukamen, gingen diese neuen Anlagen in die Umstellung ein; ab dem Jahrgang 2011 ist man vollständig zertifiziert, was bisher aber nicht auf den Flaschen deklariert wird.

Vorjahre ―――――――――――――――

Vor zwei Jahren machte der Silvaner Spaß, auch die Cuvée aus Kerner, Silvaner und Riesling, der Kerner war sehr vom Ausbau im Barrique geprägt, der Spätburgunder, unser Favorit, war präziser als der Frühburgunder, die rote Cuvée aus Hebsack im Remstal aus Merlot, Lemberger und Zweigelt zeigte intensive Frucht. 2010 gab es weder Spätburgunder

510NN noch Frühburgunder 480NN, der „normale" Spätburgunder aber überzeugte im vergangenen Jahr. Die Kollektion bestätigte den Eindruck der Vorjahre mit frischen, klaren, zupackenden Weinen, unser Favorit war der im Barrique ausgebaute Kerner, Jahrgang 2010.

Neue Kollektion ―――――――――――――

Auch sein Nachfolger 2011 ist sehr gut, zeigt etwas Zitrus und Vanille im Bouquet, ist füllig und kraftvoll im Mund, besitzt reife Frucht, gute Struktur und Frische, führt eine erneut stimmige Kollektion an. Riesling und Cuvée Gottfried gefallen uns im weißen Segment besonders, der Rosé ist frisch und zupackend, der Spätburgunder kraftvoll, klar und strukturiert, noch etwas besser aber gefällt uns der Frühburgunder, der gute Konzentration im Bouquet zeigt, reintönige Frucht, etwas rauchige Noten, klar, fruchtbetont und zupackend im Mund ist, feine Frische und gute Struktur besitzt. Eine überzeugende Vorstellung. ◀

Weinbewertung ―――――――――――――

82   2012 Silvaner   **13 %/7,50 €**
84   2012 „Cuvée Gottfried" Weißwein   **13.5 %/8.50 €**
84   2012 Riesling   **13 %/8,50 €**
82   2012 „Blanc de Noirs"   **14 %/9,- €**
87   2011 Kerner Barrique   **14 %/13,- €**
84   2012 Rosé   **12 %/8,- €**
85   2011 Spätburgunder   **14 %/12,50 €**
86   2011 Frühburgunder „480 NN"   **14 %/15,- €**

Bärenhof
Weingut   **Pfalz**

Weinstraße 4, 67098 Bad Dürkheim-Ungstein
Tel. 06322-4137, *Fax:* 06322-8212
www.weingut-baerenhof.de
weingut-baerenhof@t-online.de
Besuchszeiten: Mo.-Fr. 8-12 + 13-18 Uhr,
Sa. 9-16 Uhr, So. 10-12 Uhr

Inhaber............................Günther Bähr
Rebfläche..............................34 Hektar

Günther Bähr baut in seinen Weinbergen 18 verschiedene Rebsorten an. Mit Abstand die wichtigste ist Riesling, die über 40 Prozent der Rebfläche einnimmt. Es folgen die roten Sorten Portugieser und Dornfelder. Die Weißweine werden reduktiv ausgebaut und im März oder April, auf die Flasche gefüllt, die Rotweine nach der Maischegärung zum Teil im Holzfass ausgebaut. Das Gros der Weine verkauft Günther Bähr an Privatkunden. Mit dem Jahrgang 2000 wurden die Weine der Collection „JB" eingeführt. Hinter dem Kürzel „JB" verbergen sich die Weine, die Sohn Jürgen aus stark ertragsreduzierten Anlagen nach eigenen Vorstellungen ausbaut. Das Weingut expandiert stark, seit dem vergangenen Jahr ist der Bärenhof um neun Hektar gewachsen.

Vorjahre _____

Vor zwei Jahren sahen wir einen qualitativen Schritt nach vorne bei den meisten Weißweinen, obwohl die JB-Linie nicht vertreten war. Riesling Spätlese, Sauvignon Blanc, Chardonnay und Grauburgunder zeigten viel Substanz, Druck und Spannung mit weiterem Potenzial. Langes Hefelager und späte Füllung zahlten sich hier aus, die Säure des Jahrgangs 2010 hatte Jürgen Bähr damit gut in den Griff bekommen. Im vergangenen Jahr gab es wieder zwei Weißweine der JB-Linie. An der Spitze lag der spontanvergorene Riesling knapp vor dem Chardonnay. Auch die vier anderen Rieslinge waren sehr gut, frisch und klar, mit viel Frucht und zum Teil guter Konzentration, auch die weißen Burgunder sprachen eine klare Sprache. Bei den Rotweinen hatten wir einen sehr guten St. Laurent verkostet, der 2010er Ursus zeigte eine feine Frucht.

Neue Kollektion _____

In diesem Jahr gibt es wieder nur Gutes zu berichten, der positive Trend hält an. Die Weine sind wieder alle frisch und von klarer Frucht. Am besten hat uns der feine und elegante Weißburgunder aus dem Holzfass gefallen, es folgen vier weitere Weine aus der „JB"-Linie. Hervorzuheben sind die weiterhin sehr zivilen Preise. ◄━━

Weinbewertung _____

83 2012 Riesling Spätlese trocken Ungsteiner Herrenberg **13 %/5,90 €**
84 2012 Riesling Spätlese trocken Ungsteiner Weilberg **13 %/5,90 €**
86 2012 Riesling Spätlese trocken Ungsteiner Michelsberg JB Kollektion **13 %/8,90 €**
86 2012 Riesling Spätlese trocken Ungsteiner Herrenberg „Ursus Spontaneus" JB Kollektion **13 %/8,90 €**
84 2012 Riesling trocken „Halbstück S" **13 %/6,60 €**
86 2012 Chardonnay Spätlse trocken Dürkheimer Spielberg JB Kollektion **13 %/8,90 €**
87 2012 Weißburgunder trocken „S" im Holzfass gereift JB Kollektion **13,5 %/8,90 €**
84 2011 Spätburgunder trocken „S" im Holzfass gereift **13,5 %/7,90 €**
86 2011 Rotwein trocken Cuvée „Ursus" im Barrique gereift JB Kollektion **14 %/8,90 €**

★★☆

Baldauf
Weingut

Franken

🍇 *Hauptstrasse 42, 97729 Ramsthal*
Tel. 09704-1595, Fax: 09704-7655
www.baldaufwein.de
info@baldaufwein.de
Besuchszeiten: Mo.-Fr. 9-12 + 13-18 Uhr,
Sa. 9-12 + 13-16 Uhr, So. kein Verkauf

Inhaber................Gerald und Ralf Baldauf
Rebfläche.............................18 Hektar

Das 1966 von Karl-Heinz Baldauf in Ramsthal im Saaletal gegründete Weingut wird seit 1991 von seinen Söhnen Gerald und Ralf geführt, die beide in Veitshöchheim zum Weinbautechniker ausgebildet wurden. Ihre Weinberge befinden sich in den Lagen Ramsthaler St. Klausen und Hammelburger Trautlestal, inzwischen werden auch die Weinberge des Weinhauses Flach in Erlabrunn in Pacht bewirtschaftet, so dass man nun auch in Lagen wie Stettener Stein, Retzstadter Langenberg oder Laudenbacher Schloss vertreten ist. 2010 wurden erste Versuche mit biologischem Weinbau unternommen, seit 2011 wird der komplette Betrieb biologisch bewirtschaftet. Die Weißweine werden im Edelstahl, die Rotweine – immerhin ein Viertel der Produktion – in großen oder kleinen Holzfässern ausgebaut. 2008 wurde eine Vinothek eröffnet. Die besten Weine eines Jahrgangs vermarkten die Baldaufs in der Linie Clees, einer sehr alten Ramsthaler Weinlagenbezeichnung (St. Clees).

Gerald und Ralf Baldauf zeigen immer wieder, dass auch ganz im Norden des fränkischen Anbaugebietes Spitzenweine erzeugt werden können. Sie setzen auf Fülle und Frucht und erzeugen mustergültige, reintönige Weine. Im trockenen Segment gefallen uns meist Silvaner und Weißburgunder besonders gut. Aber auch die restsüßen Weine überzeugen immer, sind niemals zu süß, sondern reintönig und frisch. Bacchus und Morio-Muskat machen viel Freude, auch edelsüß können die Baldaufs immer wieder mit tollen Eisweinen auftrumpfen.

Vorjahre

2010 waren die Weine frisch und klar, leichter als in den vorausgegangenen Jahren, präsentierten sich aber sehr homogen auf durchweg gutem Niveau. 2011 beeindruckte die Zuverlässigkeit der Kollektion, das gute Niveau schon der Einstiegsweine, alle präsentierten sich frisch und sortentypisch. Besonders gut gefiel uns die trockene Silvaner Spätlese und zwei Rieslaner, rot überzeugte der kraftvolle Reserve-Spätburgunder.

Neue Kollektion

Sehr gleichmäßig präsentiert sich nun die neue Kollektion, bietet gutes Einstiegsniveau und einige füllige trockene Spätlesen, die meist von einer merklichen Restsüße geprägt sind. Der Riesling ist füllig und saftig, besitzt reife Frucht und gute Struktur, der Silvaner aus dem Stettener Stein besitzt viel reife Frucht, deutliche Süße und Alkohol, besser gefällt uns die üppige Cuvée aus Silvaner und Weißburgunder, in der der Silvaner eindeutig dominiert. Das restsüße Segment bietet zwei feine Rieslaner und einen reintönigen, üppigen Silvaner Eiswein. ◀

Weinbewertung

85 2011 Riesling Sekt brut **13 %/14,- €**
83 2012 Müller-Thurgau trocken „Frank & Frei" **12 %/5,80 €**
82 2012 Silvaner Kabinett trocken **12 %/6,80 €**
84 2012 Weißburgunder Kabinett trocken **12,5 %/6,30 €**
83 2012 Riesling Kabinett trocken **12 %/7,- €**
84 2012 Silvaner Spätlese trocken „clees" **12,5 %/9,50 €**
86 2012 Silvaner Spätlese trocken „clees" Nr. 62/13 **13,5 %/9,50 €**
86 2012 Silvaner Spätlese trocken Stein „clees" **14 %/16,- €**
84 2012 Grauburgunder Spätlese trocken „clees" **13,5 %/9,50 €**
87 2012 Riesling Spätlese trocken „clees" **13.5 %/9.80 €**
88 2012 Sylvaner Pinot Blanc Spätlese trocken „clees" **13,5 %/22,- €**
85 2012 Rieslaner Spätlese „clees" **10,5 %/10,- €**
85 2012 Rieslaner Auslese „clees" **10 %/11,- €**
88 2012 Silvaner Eiswein „clees" **11,5 %/40,- €**
84 2011 Pinot Noir „Reserve" trocken „clees" **13,5 %/14,50 €**

Karl-Kurt
Bamberger & Sohn
Wein- und Sektgut   ★★★
                                      Nahe

Römerstraße 10, 55566 Meddersheim
*Tel. 06751-2624, **Fax:** 06751-2141*
www.weingut-bamberger.de
kontakt@weingut-bamberger.de
Besuchszeiten: täglich 8-19 Uhr, So. nach Vereinbarung

Inhaber . . . . Familie Bamberger
Rebfläche . . . . 11 Hektar

Karl-Kurt Bamberger hatte sich in den sechziger Jahren entschieden, den landwirtschaftlichen Gemischtbetrieb aufzugeben und ganz auf Weinbau zu setzen. Seit 1993 ist Sohn Heiko für den Weinausbau verantwortlich. Die Weinberge liegen in Meddersheim (Rheingrafenberg, Altenberg), sowie in Monzingen (Frühlingsplätzchen) und Sobernheim (Marbach). Riesling nimmt fast 60 Prozent der Rebfläche ein. Es folgen Weiß- und Grauburgunder, Müller-Thurgau, Spät- und Frühburgunder, Gewürztraminer, sowie Dornfelder. Die Rotweinfläche wurde in den letzten Jahren reduziert. Eine Spezialität des Weinguts sind die nach der traditionellen Methode hergestellten Winzersekte, deren Anteil an der Gesamtproduktion mittlerweile bei 20 Prozent liegt. 2007 wurde noch etwas Weißburgunder angelegt und 2008 eine Steilstlage im Frühlingsplätzchen rekultiviert und mit Riesling bestockt. 2010 wurde das Kelterhaus umgebaut.

Vorjahre

Seit der ersten Ausgabe schon loben wir das immer überzeugende Programm der Bambergers. Die Sekte sind Jahr für Jahr Spitze an der Nahe, aber auch die Weine halten trocken wie edelsüß den Anschluss an die Spitze in der Region. Vor zwei Jahren konnten wir vier sehr gute Sekte verkosten, wobei uns der 2009er Pinot noch ein klein weniger besser gefiel als die 2008er „S"-Variante und die beiden Rieslinge. Im Stillweinsegment glänzten die beiden Goldkapsel-Rieslinge, der Wein aus dem Altenberg war durch den geringeren Restzucker etwas präziser als der aus dem Frühlingsplätzchen. Sehr gut gefielen uns auch Grauburgunder, Spätburgunder und die Riesling-Auslese, die Kollektion insgesamt präsentierte sich geschlossen auf hohem Niveau, unbeeindruckt vom Jahrgang 2010. Und auch 2011 führte die Familie Bamberger ein homogenes Sortiment ins Feld, trocken wie edelsüß, Burgunder wie Riesling, Sekt wie Stillwein. Wieder gefiel uns bei den Goldkapsel-Rieslingen der rauchigmineralische Altenberg besser als der etwas süßere Wein aus dem Frühlingsplätzchen. Die Pinot- und Riesling-Sekte überzeugten einmal mehr mit klarer Frucht und Frische, was auch für die beiden edelsüßen Rieslinge aus dem Frühlingsplätzchen galt: Die Auslese wie auch die Beerenauslese waren konzentriert und harmonisch mit viel feiner Würze. Erneut eine starke Kollektion war unser Resümee im vergangenen Jahr!

Neue Kollektion

Auch in diesem Jahr konnten wir wieder eine rundum stimmige Kollektion verkosten, von den drei sehr guten, eindringlichen und harmonischen Sekten über die fülligen und mit feinen Röstnoten versehenen Burgunder bis zu einer starken Riesling-Riege: Unter den trockenen Rieslingen ist einmal mehr der mineralische und nachhaltige „S"-Riesling aus dem Altenberg unser Favorit, sehr gut gefallen uns auch die restsüßen Kabinett-, Spätlese- und Auslese-Weine, die harmonisch und reintönig sind und eine feine Frische besitzen. ◄

Weinbewertung

87 2010 Cuvée Pinot Sekt brut 13 %/11,50 €
86 2009 Riesling Sekt brut 12,5 %/11,50 €
87 2008 Riesling „S" Sekt brut 13 %/18,- €
85 2012 Weißburgunder „S" trocken 13 %/9,- €
84 2012 Riesling trocken Monzinger Frühlingsplätzchen 12,5 %/9,- €
84 2012 Riesling trocken Meddersheimer Altenberg 12,5 %/9,- €
86 2011 Riesling „S" trocken Monzinger Frühlingsplätzchen 13 %/15,- €
87 2011 Riesling „S" trocken Meddersheimer Altenberg 13 %/15,- €
85 2012 Grauburgunder „S" 13 %/12,- €
82 2012 Riesling „Plaisir" 11,5 %/6,60 €
83 2012 Riesling „feinherb" Monzinger Frühlingsplätzchen 11,5 %/9,- €
84 2012 Riesling Kabinett Meddersheimer Altenberg 8,5 %/6,60 €
86 2012 Riesling Spätlese Monzinger Frühlingsplätzchen 8,5 %/9,- €
88 2012 Riesling Auslese Meddersheimer Rheingrafenberg 7 %/19,- €

Bardong

Sektmanufaktur   **Rheingau**

★ ☆

Bahnstraße 7, 65366 Geisenheim am Rhein
Tel. *06722-47136,* **Fax:** *06722-47555*
www.bardong.de
info@bardong.de
Besuchszeiten: *nach Vereinbarung*

Inhaber . . . . Norbert Bardong
Rebfläche . . . . keine eigenen Weinberge

Norbert Bardong gründete 1984 seine eigene Sektkellerei, spezialisierte sich auf Jahrgangs- und Lagensekte in kleinen Auflagen, ausschließlich in den Geschmacksrichtungen brut oder extra brut. Alle Sekte reifen mindestens drei Jahre auf der Hefe, Spezialitäten bis zu zwanzig Jahre; degorgiert wird nach Bedarf. In erster Linie verwendet er die klassischen Rheingauer Rebsorten Riesling und Spätburgunder, dazu aber auch Weißburgunder, Chardonnay, Cabernet Sauvignon oder die weiße Neuzüchtung namens Hölder.

Vorjahr

Eine interessante Kollektion präsentierte die Sektmanufaktur Bardong zum Debüt in diesem Buch, in der wir vor allem die gereifteren Sekte spannend fanden, den Weißburgunder 2006 und den Chardonnay 2004.

Neue Kollektion

Auch dieses Mal stellt Norbert Bardong interessante, vielschichtige Sekte vor. Besonders spannend ist der kompakte, würzige, sehr frische Weißburgunder 2007, auch die komplexe, mehr als zehn Jahre auf der Hefe gereifte Reserve überzeugt voll. Recht üppig und deutlich den Jahrgang widerspiegelnd zeigt sich der nach Pfirsich duftende Chardonnay aus 2005. Ein duftig-frischer Riesling aus 2008 macht mit seiner rassigen Säure viel Spaß, während der rote Sekt aus 2004 merkwürdig blass und fast schon müde wirkt. Vermutlich nur eine Ausnahme im ansonsten hochklassigen Schaumwein-Sortiment. ◀

Weinbewertung

85 2008 Riesling Erbacher Honigberg extra brut **12,5 %/12,- €**
88 2007 Weißburgunder brut **13 %/13,- €**
87 2005 Chardonnay brut **13 %/15,80 €**
88 Riesling Reserve brut **13 %/26,- €**
85 2008 Rüdesheimer Klosterberg Spätburgunder Blanc de Noir **12,5 %/17,- €**
83 2004 Assmannshäuser Frankenthal extra brut **13 %/19,60 €**

Bardorf

Weingut Gasthof Löwen   **Franken**

★

Ochsenfurter Straße 4, 97236 Randersacker
Tel. *0931-70550,* **Fax:** *0931-7055222*
www.loewen-randersacker.de
info@loewen-randersacker.de
Besuchszeiten: *Mo.-So. 9-22 Uhr*
Hotel-Gasthof „Löwen"

Inhaber . . . . Stefan Bardorf
Rebfläche . . . . 3 Hektar

Das Weingut Bardorf wurde 1965 gegründet. Seit Abschluss seiner Winzerlehre arbeitet Sohn Stefan im Weinbaubetrieb mit und ist für den Weinausbau verantwortlich, inzwischen hat er den Betrieb übernommen. Seine Weinberge liegen in den Randersackerer Lagen Marsberg, Sonnenstuhl, Teufelskeller und Dabug, sowie im Eibelstadter Kapellenberg. Er baut Silvaner, Riesling, Bacchus, Müller-Thurgau, Scheurebe und Kerner, sowie Schwarzriesling und Spätburgunder an. Neu angepflanzt wurden Domina, Blaufränkisch, Zweigelt und Weißburgunder. Die Weine werden kühl vergoren und einige Monate auf der Feinhefe ausgebaut.

Vorjahre

2010 war mit der Silvaner Auslese einmal mehr ein edelsüßer Wein unser Favorit in einer etwas verhaltenen Kollektion. 2011 er-

Die besten deutschen Weinerzeuger und ihre Weine

B

zeugte Stefan Bardorf eine ganze Palette an fülligen, süßen Auslesen, am besten gefiel uns der Spätburgunder Rosé; die trockenen Weine waren ein wenig verhalten.

Jahrgang 2011

Dies gilt auch 2012: Die Kollektion ist sehr gleichmäßig, ohne aber Spitzen zu bieten so wie in früheren Jahren. ◀━

Weinbewertung

81　2012 Silvaner Kabinett trocken Randersacker Marsberg　13 %/7,- €

81　2012 Weißburgunder Kabinett trocken Randersackerer Ewig Leben　13,5 %/7,- €

81　2012 Silvaner Spätlese trocken „Alte Reben" Randersackerer Ewig Leben　13,5 %/9,80 €

81　2012 Riesling Spätlese trocken Randersackerer Sonnenstuhl　12,5 %/9,80 €

80　2012 Riesling Kabinett „feinherb" Randersackerer Marsberg　11,5 %/6,50 €

82　2009 Spätburgunder Spätlese trocken Randersackerer Ewig Leben　14 %/14,- €

Barth ★★★

Wein- und Sektgut

Rheingau

Bergweg 20, 65347 Hattenheim

Tel. *06723-2514,* **Fax:** *06723-4375*

www.weingut-barth.de

mail@weingut-barth.de

Besuchszeiten: *Mo.-Fr. 14-18 Uhr, Sa. 11-16 Uhr*

Inhaber .... Norbert Barth

Rebfläche .... 18,5 Hektar

Das Weingut, das seit einigen Jahren offiziell als „Wein- und Sektgut Barth" firmiert, gehört zu den vielfältigsten Betrieben im Rheingau. Es hat sich für Schaumwein einen Namen gemacht, beherrscht die Erzeugung von hochwertigen trockenen und süßen Rieslingen und strengt sich auch beim Rotwein an. Riesling ist die wichtigste Rebsorte bei Norbert Barth, der seit einiger Zeit von seinem Schwiegersohn Mark P. Barth unterstützt wird. Hinzu kommt ein für Hattenheim hoher Spätburgunderanteil, auch Weißburgunder und Cabernet Sauvignon werden angebaut; in manchen Jahren, wie 2007, entsteht aus letzterer Sorte ein kraftvoller, interessanter Rotwein. Norbert Barth lässt seine Schaumweine teilweise sehr lange auf der Hefe reifen, gerüttelt wird per Hand. Teilweise werden sie spät gefüllt (wie der vor allem in Magnums vermarktete „Primus"), dann wieder komplett ohne Dosage vinifiziert wie der „Ultra". Auch der Spätburgundersekt ist nicht alltäglich. Zu den Besonderheiten des nicht schäumenden Barthschen Sortiments gehört auch der deutlich vom Holz geprägte, aber in der Regel interessante Riesling aus dem Barrique namens „Singularis". Fast in jedem Jahr werden außerdem Süßweine ausgebaut, bis hinauf zur Trockenbeerenauslese.

Vorjahre

Vor zwei Jahren wurden feine Schaumweine mit Substanz vorgestellt. Der 2007er Sekt „Primus", erzeugt aus einem Ersten Gewächs, besaß tatsächlich enorm viel Substanz und Würze, dazu eine fast üppige Art und Fülle; der „Ultra" wirkte sehr puristisch und animierend. Die 2010er Süßweine gerieten geradlinig, reintönig und fein. Im letzten Jahr war das Bild etwas uneinheitlicher. Während der rassige Rosé mit Frische überzeugte, wirkte der „Primus" komplex, aber zu breit und alkoholreich, ließ es an Frische fehlen. Ob es überhaupt Sinn macht, aus einem ohnehin schon kraftvollen Ersten Gewächs einen Sekt zu keltern, kann man ernsthaft diskutieren. Rundum gelungen waren indes die 2011er Stillweine in trockener und in süßer Variante – und wie gut die Barthschen Weine reifen können, bewies ein faszinierender Eiswein aus 2002.

Neue Kollektion

Die nun vorgestellten Schaumweine hinterlassen einen guten Eindruck, allen voran der rassige „Ultra". Auch der „Primus" wirkt nicht mehr so breit wie im Jahr zuvor. Ob dessen hoher Preis gerechtfertigt ist, muss jeder selbst entscheiden. Sehr gelungen ist der Schützenhaus-Riesling, auch wenn der mit etwas weniger Süße noch spannender schmecken würde. Die Großen Gewächse wirken dicht und kraftvoll, könnten noch etwas mehr Finesse zeigen, sind aber schon beachtlich gut, vor allem der Riesling aus der Lage Hassel. Aus den vergangenen Jahrgängen präsentierte man eine rassige Auslese, eine reintönige, saftige, extrem süße Trockenbeerenauslese (beide aus 2011) sowie den eigenwilligen, cremigen „Singularis" (2010), dessen Qualitäten man durchaus würdigen muss – auch wenn man Barrique-Rieslingen gegenüber skeptisch eingestellt ist.

Weinbewertung

86   Riesling Sekt extra brut **12,5 %/12,50 €**
85   Pinot Blanc Sekt brut **12,5 %/12,50 €**
86   Pinot Rosé Sekt brut **12,5 %/14,- €**
87   „Ultra" Pinot Sekt brut nature **12,5 %/24,- €**
87   Pinot Noir Sekt brut **13 %/17,- €**
88   2009 „Primus" Sekt brut **13,5 %/125,- €/1,5l**
84   2012 Riesling Kabinett trocken **12,5 %/9,- €**
88   2012 Riesling trocken Hattenheimer Hassel **12 %/15,- €**
85   2010 Riesling „Singularis" **13 %/19,80 €**
88   2012 Riesling trocken „GG" Hattenheim Wisselbrunnen **13 %/22,- €**
90   2012 Riesling trocken „GG" Hattenheim Hassel **12,5 %/24,- €**
87   2012 Riesling trocken „GG" Hallgarten Schönhell **12,5 %/26,- €**
82   2012 Riesling Classic **11,5 %/7,80 €**
82   2012 Riesling „Fructus" **11 %/7,- €**
88   2011 Riesling Auslese Hattenheimer Hassel **11 %/20,- €**
92   2011 Riesling Trockenbeerenauslese Hallgartener Schönhell **6,5 %/300,- €**

Reinhold **Barth**
Weingut   **Nahe**

Lindenallee 23, 55590 Meisenheim
Tel. 06753-5477, **Fax:** 06753-124849
www.hotelweingut-barth.de
hotelweingut-barth@t-online.de
Besuchszeiten: *durchgehend*
Hotel mit Restaurant

Inhaber . . . . Reinhold Barth
Rebfläche . . . . 6,5 Hektar

1895 begann Jakob Sottong mit dem Anbau von Wein in Meisenheim. Sein Sohn führte den Betrieb mit Landwirtschaft und Weinbau weiter, Enkelin Anna heiratete 1955 den Winzer Alois Barth aus Wallhausen. Ihr Sohn Reinhold Barth übernahm 1989 den elterlichen Betrieb und weitete den Weinanbau aus, 1991 errichtete er ein Hotel mit 11 Doppelzimmern und einem Apartment. Seine Weinberge befinden sich in den Raumbacher Lagen Schwalbennest und Schlossberg und in der Meisenheimer Obere Heimbach, 2011 ergänzt durch eine Neuanlage im Rehborner Herrenberg. Er baut Riesling, Weißburgunder, Grauburgunder, Müller-Thurgau, Auxerrois, Dornfelder, Spätburgunder und Frühburgunder an. Die Weine werden komplett über die Flasche vermarktet. Mit dem Jahrgang 2011 ging die Verantwortung im Keller an den Geisenheim-Absolventen Gregor Barth über, der damit begonnen hat, die Moste teilweise spontan zu vergären.

Vorjahre

Vor zwei Jahren überzeugte die Kollektion durch ihr gutes, sehr gleichmäßiges Niveau. Die Rotweine hatten weiter zugelegt, allen voran der Frühburgunder, im weißen Segment waren einmal mehr Grauburgunder und Riesling unsere Favoriten. 2011 präsentierte sich die Kollektion erneut sehr gleichmäßig, die Rotweine besaßen gute Substanz, die Weißen klare Frucht. Besonders gut ge-

B

fielen uns wieder der saftige und reintönige Grauburgunder und der Riesling „S" aus dem Schwalbennest mit seiner feinen rauchigen Würze.

Neue Kollektion

Die Rotweine besitzen in diesem Jahr erneut gute Substanz, setzen aber mehr auf Kraft als auf Finesse, wie auch Grau- und Weißburgunder, die saftig, kraftvoll und füllig sind. An der Spitze einer guten Kollektion sehen wir wieder den trockenen S-Riesling mit viel klarer Frucht und feinen mineralischen Noten. ◄▬

Weinbewertung

85 2012 Weißburgunder „S" trocken Raumbacher Schwalbennest **13 %/9,- €**

84 2012 Riesling Spätlese trocken Rehborner Herrenberg **12,5 %/7,80 €**

84 2012 Riesling trocken „Metamorphit" Meisenheimer **12,5 %/8,- €**

86 2012 Riesling „S" trocken Raumbacher Schwalbennest **13 %/9,- €**

85 2012 Grauburgunder „S" Meisenheimer **13,5 %/10,50 €**

83 2012 Riesling Spätlese Raumbacher Schwalbennest **9 %/8,50 €**

85 2011 Frühburgunder trocken Raumbacher Schwalbennest **13,5 %/14,- €**

83 2011 Spätburgunder trocken Meisenheimer **14 %/11,50 €**

84 2011 Spätburgunder „S" trocken Meisenheimer Obere Heimbach **14 %/16,- €**

★★★★☆

Bassermann-Jordan

Weingut Geh. Rat Dr. v.   **Pfalz**

Kirchgasse 10, 67146 Deidesheim
Tel. 06326-6006, **Fax:** 06326-6008
www.bassermann-jordan.de
hauck@bassermann-jordan.de
Besuchszeiten: Mo.-Fr. 8-12 + 13-18 Uhr,
Sa./So. 10-15 Uhr

Inhaber . . . . Familie Niederberger
Kaufm. Geschäftsführer . . . . Gunther Hauck
Technischer Geschäftsführer . . . . Ulrich Mell
Rebfläche . . . . 49 Hektar

Bassermann-Jordan ist eines der traditionsreichsten und bekanntesten Weingüter in Deutschland. Die Weinberge verteilen sich auf 16 Einzellagen in Forst (Ungeheuer, Kirchenstück, Jesuitengarten, Pechstein, Stift), Deidesheim (Paradiesgarten, Leinhöhle, Hohenmorgen, Kieselberg, Grainhübel, Langenmorgen, Kalkofen, Herrgottsacker) und Ruppertsberg (Reiterpfad, Hoheburg). Im Anbau dominiert Riesling mit einem Anteil von 90 Prozent, hinzu kommen je 2 Prozent Chardonnay, Weißburgunder, Grauburgunder, Spätburgunder und Merlot. Die Weine werden teils in Holzfässern (sehr sehenswerter Gewölbekeller!), teils im Edelstahl ausgebaut. Das Programm ist gegliedert in Rebsortenweine, die Linie „von Bassermann-Jordan", klassifizierte Lagen und Große Gewächse (Hohenmorgen, Kalkofen, Pechstein, Jesuitengarten und Kirchenstück), das Programm ergänzen edelsüße Weine und Sekte.

Vorjahre

Eine hervorragende Kollektion präsentierte Bassermann-Jordan vor zwei Jahren. Den nicht einfachen Riesling-Jahrgang 2010 hatten Uli Mell und seine Mannschaft hervorragend gemeistert, die Großen Gewächse zeigten ein hoch elegantes Bouquet, Klarheit, Komplexität und Präzision im Mund. Sehr gut waren auch Sauvignon Blanc, Weißburgunder und Chardonnay, hervorragend die süße Auslese. Im vergangenen Jahr hatten wir wieder eine beeindruckende Kollektion verkostet. Klarheit und Präzision waren die Merkmale aller Weine, sie vibrierten, waren spannungsgeladen. Das zeigte sich schon beim neuen „Pionier", ebenso bei „Auf der Mauer" und Ungeheuer. Die Großen Gewächse zeigten erwartungsgemäß mehr Komplexität und Dichte, blieben aber präzise und bauten durch eine feine salzige Mineralität Druck und Spannung auf. Wunderbar war auch die Riege der anderen Weißweine: Ein sehr saftiger Weißburgunder, ein cremig-fruchtiger Chardonnay und ein wunderbar leichter Sauvignon Blanc. Last, but not least – ein hervorragendes Süßwein-Trio mit Scheurebe, Riesling Beerenauslese und Trockenbeerenauslese.

Neue Kollektion _____

In diesem Jahr ist die Kollektion wieder auf sehr hohem Niveau – das fängt beim Gutsriesling an. Er hat eine feine Frucht, ist saftig und unkompliziert. Das gleiche gilt für die feinherbe Variante. Die Weine aus erster Lage haben alle eine feine, salzige Mineralität. Der Kieselberg ist geprägt von gelben Früchten, er ist füllig. Der Ziegler ist sehr elegant, feinfruchtig mit stoffigem Zug. Die Mäushöhle ist heller als die beiden vorgenannten Weine, sie ist ebenfalls elegant und sehr fein. Auf der Mauer hat reife gelbe Früchte, er ist füllig und hat einen feinen Biss. Die Großen Gewächse sind sehr stoffig, vielschichtig und elegant. Das Ungeheuer ist straff und zupackend, der Pechstein zeigt ein komplexes Aromenbild aus Früchten, Gewürzen und Steinen, der Biss ist fein und weich. Jesuitengarten gibt ein gutes Mundgefühl, er ist komplex mit viel gelber Frucht. Das Kirchenstück imponiert mit komplexer Struktur und viel Druck, es ist schlank und fokussiert, baut große Spannung auf. Hohenmorgen zeigt viel süße Frucht, ein sehr einladender Wein mit viel Biss und Spannung. Komplex und füllig ist der Kalkofen, er

ist saftig und würzig und hat eine gute Länge. Zupackend ist das Große Gewächs vom Weißburgunder, es ist fokussiert, schlank und von zartcremiger Eleganz, schon im jugendlichen Stadium sehr harmonisch. Herrlich frisch kommt der Chardonnay daher, er hat viel Frucht, die in feinem Holz schwimmt, ebenso fein ist die Säure, vibrierend die salzige Mineralität. Feuersteinig ist der Sauvignon Blanc, weich, mild und nicht fett, die Frucht ist fein und reif. Last but not least: Ein sehr feiner Riesling-Sekt von 2007, ohne Dosage – mit feinen Reifenoten: Haselnuss, Brioche – das kennt man sonst nur von sehr gutem Champagner. Der Sekt ist stoffig und von salzig-mineralischer Länge. ◀━

Weinbewertung _____

90 2007 Riesling Sekt brut nature 13 %/21,90 €
86 2012 Riesling trocken 12 %/8,50 €
87 2012 Riesling trocken Forst 12 %/10,50 €
89 2012 Riesling trocken „Ziegler" Forster Ungeheuer 13 %/15,- €
88 2012 Riesling trocken Deidesheimer Kieselberg 12,5 %/13,- €
88 2012 Riesling trocken Deidesheimer Mäushöhle 12,5 %/15,- €
89 2012 Riesling trocken „Auf der Mauer" 13 %/17,- €
88 2012 Sauvignon Blanc trocken „S" 12 %/21,- €
89 2012 Chardonnay trocken „S" 13 %/17,50 €
92 2012 Riesling „GG" Kirchenstück Forst 13 %/59,- €
91 2012 Riesling „GG" Ungeheuer Forst 13,5 %/34,- €
91 2012 Riesling „GG" Jesuitengarten Forst 13,5 %/39,- €
91 2012 Riesling „GG" Hohenmorgen Deidesheim 13,5 %/34,- €
91 2012 Riesling „GG" Kalkofen Deidesheim 13,5 %/34,- €
92 2012 Riesling „GG" Pechstein Forst 13,5 %/34,- €
91 2012 Weißburgunder „GG" Langenmorgen Deidesheim 13,5 %/29,- €
86 2012 Riesling „feinherb" Deidesheimer Leinhöhle 11,5 %/10,20 €

Die besten deutschen Weinerzeuger und ihre Weine

B

★ ★ ☆

Bastgen
Weingut   **Mosel**

📍 Hofstraße 18, 54518 Monzel
Tel. 06535-933092, **Fax:** 06535-1579
www.weingut-bastgen.de
info@weingut-bastgen.de
Besuchszeiten: nach Vereinbarung

Inhaber . . . . Armin Vogel und Mona Bastgen
Rebfläche . . . . 6 Hektar

Mona Bastgen und Armin Vogel, beide diplomierte Önologen, führen das Weingut Bastgen und versuchen, die Tradition der langsam vergorenen klassischen Rieslingweine zu erhalten. Der „Blauschiefer" genannte Gutsriesling ist eine Cuvée aus verschiedenen Lagen. Als Lagenweine werden nur Selektionsweine aus den Spitzenlagen Kestener Paulinshofberg, Brauneberger Juffer Sonnenuhr und Bernkastel-Cueser Weisenstein vermarktet. Bei den Lagenweinen ist die Spontanvergärung Standard, trockene Weine werden weitgehend ohne Botrytis-Trauben gekeltert. Die Weinberge werden seit 2010 biologisch bewirtschaftet, seit 2011 ist man Mitglied bei Ecovin.

Vorjahre

2010 gehörte das Große Gewächs „auf den Felsen" zu den trockenen Spitzenweinen des Jahrgangs an der Mosel, auch die filigrane Spätlese gefiel uns sehr gut. Auch 2011 führte der „auf den Felsen" eine gute, stimmige Kollektion an, frisch und klar präsentierten sich auch Kabinett und Spätlese, zupackend der Blauschiefer.

Neue Kollektion

Wie in den Vorjahren ist auch 2012 der trockene Spitzenriesling aus dem Paulinshofberg unser Favorit in einer stimmigen starken Kollektion. Der Blauschiefer-Riesling ist frisch, klar und zupackend, der Riesling aus dem Weisenstein etwas fülliger, der aus dem Paulinshofberg aber zeigt viel Konzen-

tration und herrlich eindringliche, reintönige Frucht schon im Bouquet, gelbe Früchte, ist dann enorm kraft- und druckvoll im Mund bei guter Struktur. Sehr überzeugend ist auch der neue Wein im Programm, der Pinot Blanc, der im 500-Liter-Fass vergoren und ausgebaut wurde. Er zeigt gute Konzentration und rauchige Noten im Bouquet, ist füllig und harmonisch im Mund bei klarer Frucht, guter Struktur und Frische. ◀

Weinbewertung

86 2012 Pinot Blanc trocken 13,5 %/11,- €
85 2012 Riesling trocken „Blauschiefer" 12 %/8,50 €
85 2012 Riesling trocken Bernkastel-Cueser Weisenstein 13 %/12,- €
88 2012 Riesling trocken Kestener Paulinshofberg 13 %/15,- €
84 2012 Riesling „feinherb Goldmund" 11,5 %/8,50 €
83 2012 Riesling Kabinett Kestener Paulinshofberg 8,5 %/9,- €

Weingut   ★ ★ ★ ★

BattenfeldSpanier
C. Spanier-Gillot & H.O. Spanier
                                      Rheinhessen

📍 Bahnhofstraße 33, 67591 Hohen-Sülzen
Tel. 06243-906515, **Fax:** 06243-906529
www.battenfeld-spanier.de
kontakt@battenfeld-spanier.de
Besuchszeiten: Verkauf nur bei Kühling-Gillot, Mo.-Fr. 9-12 + 14-17 Uhr, Sa. 10-12 Uhr und nach Vereinbarung

Inhaber . . . . Carolin Spanier-Gillot
. . . . H.O. Spanier
Rebfläche . . . . 28 Hektar

Die Wein- und Sektmanufaktur Battenfeld-Spanier entstand aus dem Zusammenschluss von Hans Oliver Spanier und dem benachbarten Weingut Battenfeld. 18 Hektar Weinberge liegen in Hohen-Sülzen und im benachbarten Nieder-Flörsheim, 10 Hektar in Mölsheim. Wichtigste Rebsorte ist Riesling, der über die Hälfte der Rebfläche einnimmt. Es folgen Spätburgunder, Weißburgunder, Silvaner, Chardonnay und Portugieser. Basis des Sortiments bilden die Gutsweine, dann kommen die Ortsweine und an der Spitze stehen die Großen Gewächse aus den Lagen Hohen-Sülzer Kirchenstück und Nieder-Flörsheimer Frauenberg. In besonders guten Jahren gibt es noch den Spitzenriesling „CO" und die rote Cuvée „Sinope". Seit 1996 ist Hans Oliver Spanier Mitglied bei Ecovin, 2007 hat er begonnen die Weinberge biodynamisch zu bewirtschaften.

Vorjahre ———

2010 gab es ein drittes Großes Riesling-Gewächs im Programm, aus der Mölsheimer Lage Zellerweg am Schwarzen Herrgott. Unser Favorit unter den drei kompakten Rieslingen war der Wein aus dem Frauenberg. Dass Hans Oliver Spanier sich auch auf Rotwein versteht, zeigte er mit dem kraftvollen Spätburgunder aus dem Kirchenstück. Zuverlässig auf gutem und sehr gutem Niveau präsentierten sich Guts- und Ortsweine, eine sehr schöne Überraschung war der Sekt. Auch 2011 brachte wieder fruchtbetonte, reintönige Gutsweine, die Ortsweine waren fülliger und kraftvoller, die drei Großen Riesling-Gewächse machten die Wahl schwer, alle drei präsentierten sich in prächtiger Verfassung, hatten mit diesem Jahrgang an Präzision gewonnen, die Lagenunterschiede wurden deutlicher. Noch etwas besser als diese drei famosen Großen Gewächse gefiel uns der „CO", und dass Hans Oliver Spanier sich auch auf Pinot versteht, zeigte er auch im vergangenen Jahr mit seinem Großen Gewächs aus dem Kirchenstück.

Neue Kollektion ———

Auch die neue Kollektion ist stimmig auf hohem Niveau. Schon der Gutsriesling ist klar und kraftvoll, noch besser aber gefällt uns unter den Gutsweinen der Silvaner, der wunderschön reintönig und saftig ist. Noch konzentrierter ist dann der Ortswein aus Hohen-Sülzen, auch der Weißburgunder ist saftig

und klar, unser Favorit unter den Ortsweinen ist aber eindeutig der Riesling aus Hohen-Sülzen, der gute Konzentration und viel reife, reintönige Frucht besitzt. Neu im Programm ist die Scheurebe Fumée, ein faszinierend kraftvoller, strukturierter Wein. Sehr geschlossen präsentieren sich einmal mehr die Großen Gewächse, wobei die Weine aus Frauenberg und Kirchenstück ein wenig druckvoller und nachhaltiger sind als der Riesling aus dem Schwarzen Herrgott. Unser eindeutiger Favorit ist aber der Riesling CO, ein faszinierend komplexer und druckvoller Wein, kraftvoll und puristisch, enorm nachhaltig: Faszination Riesling! Im Aufwind! ◀━━

Weinbewertung ———

87	2008 „Blanc de Blancs" Sekt brut „sans dosage" **25,- €**
86	2012 Grüner Sylvaner trocken **12 %/9,20 €**
85	2012 Riesling trocken **12,5 %/9,20 €**
85	2012 Riesling trocken „Eisbach" **12,5 %/12,20 €**
87	2012 Grüner Sylvaner trocken Hohen-Sülzen **12,5 %/14,50 €**
87	2012 Weißburgunder trocken Hohen-Sülzen **13 %/14,50 €**
87	2012 Riesling trocken „1897" **12,5 %/17,50 €**
89	2012 Riesling trocken Hohen-Sülzen **12,5 %/16,50 €**
87	2012 Riesling trocken Mölsheim **12,5 %/16,50 €**
88	2012 Scheurebe „Fumée" **12,5 %/17,50 €**
91	2012 Riesling „GG" Kirchenstück **12,5 %/32,- €**
90	2012 Riesling „GG" Zellerweg am Schwarzen Herrgott **13 %/38,- €**
91	2012 Riesling „GG" Frauenberg **13 %/38,- €**
93	2012 Riesling „CO" **13 %**

Die besten deutschen Weinerzeuger und ihre Weine

B

Bauer ★★

Weingut   **Mosel**

Moselstraße 3, 54486 Mülheim
Tel. *06534-571,* **Fax:** *06534-570*
www.weingut-bauer.de
info@weingut-bauer.de
Besuchszeiten: *Mo.-Sa. 8-12 + 13-18 Uhr oder*
nach Vereinbarung
Probierstube, Gästehaus

Inhaber ....Jörg und Thomas Bauer
Rebfläche ....8,3 Hektar

Jörg und Thomas Bauer besitzen Weinberge in den Lagen Mülheimer Sonnenlay, Veldenzer Kirchberg und Brauneberger Juffer – vor allem aber verfügen sie über einen Teil der Lage Elisenberg (der andere Teil gehört dem Weingut Max Ferd. Richter). Neben Riesling wird auch ein wenig Müller-Thurgau, Kerner, Spätburgunder und Dornfelder angebaut. Die Weine werden teils in Holzfässern, teils in Edelstahltanks ausgebaut, kühl und langsam vergoren und bleiben lange auf der Feinhefe.

Vorjahre

2010 blieb ein wenig hinter den Vorjahren zurück. „Maison Elise" und der Riesling von alten Reben führten wie gewohnt das trockene Segment an, die Auslese aus der Sonnenlay das gleichermaßen konsistente süße Segment. Die 2011er Kollektion hatte ihre Stärken im edelsüßen Bereich, bot drei schmeichelnde, saftige Auslesen.

Neue Kollektion

Solche edelsüßen Highlights fehlen in diesem Jahr, die Auslese aus der Juffer kommt nicht ganz an das Vorjahr heran. Trocken überzeugt einmal mehr der herrlich kraftvolle, reintönige Riesling von alten Reben aus der Sonnenlay, mehr 2012 denn 2011. Sehr gut gefällt uns auch das stoffige, füllige Große Gewächs aus dem Elisenberg, Jahrgang 2011. ◂▬

Weinbewertung

82   2012 Riesling Kabinett trocken Mülheimer Sonnenlay **11,5 %/7,- €**

81   2012 Riesling Spätlese trocken Mülheimer Sonnenlay **13 %/9,80 €**

84   2011 Riesling Spätlese trocken „Alte Reben" Mülheimer Sonnenlay **13,5 %/11,80 €**

86   2012 Riesling Spätlese trocken „Alte Reben" Mülheimer Sonnenlay **12,5 %/11,80 €**

87   2011 Riesling „GG" trocken Mülheimer Elisenberg **13,5 %/24,50 €**

79   2012 Riesling „feinherb" **11,5 %/4,80 €/1l**

81   2012 Riesling Kabinett „feinherb" Veldenzer Elisenberg **11,5 %/7,- €**

84   2012 Riesling Spätlese „feinherb" Brauneberger Juffer **10,5 %/9,80 €**

84   2012 Riesling Spätlese Brauneberger Juffer **9,5 %/9,80 €**

85   2012 Riesling Auslese Brauneberger Juffer **8,5 %/16,50 €**

Emil **Bauer** & Söhne ★

Weingut   **Pfalz**

Walsheimerstraße 18, 76829 Landau-Nußdorf
Tel. *06341-61754,* **Fax:** *06341 63584*
www.bauerwein.de
bauerwein@web.de
Besuchszeiten: *Mo.-Sa. 8-12 und 13:30-18 Uhr*

Inhaber .... Norbert, Alexander & Martin Bauer
Rebfläche ....26 Hektar

Das Nußdorfer Familienweingut existiert in der vierten Generation und wird heute vom Geisenheim-Absolventen Alexander und seinem Bruder Martin Bauer, der Weinmarketing studiert hat, geleitet. Angebaut wird ein breites Rebsortenspektrum, weiß vom Riesling über die Burgundersorten hin zu Sauvignon Blanc, Silvaner, Gewürztraminer, Scheurebe und Kerner, rot vom Früh- und Spätburgunder, Dornfelder und Schwarzriesling bis zu Cabernet Sauvignon und Merlot.

Vorjahr

Beim Debüt im vergangenen Jahr besaßen Cabernet Sauvignon und Spätburgunder Substanz, wirkten durch ihre leichte Restsüße aber auch sehr gefällig. Bei den angestellten Weißweinen war die Sortentypizität gut heraus gearbeitet, aber auch hier vermuteten wir, das der Verzicht auf die jeweils knapp an der Trocken-Grenze liegende Restsüße aus den Weinen noch mehr Charakter herauskitzeln könnte.

Neue Kollektion

Unter den Weißweinen ist in diesem Jahr der cremige Grauburgunder unser Favorit, gemeinsam mit der eindringlichen und saftigen restsüßen Riesling-Spätlese, insgesamt fehlt es den Weißen aber etwas an Substanz und sie bleiben im Mund recht kurz. Gut gefällt uns auch wieder der Cabernet Sauvignon, der füllig, kraftvoll und harmonisch ist und viel Sortentypizität zeigt. ◀

Weinbewertung

83	2011 Gelber Muskateller Sekt brut 13 %/10,50 €
84	2012 Sauvignon Blanc trocken 12,5 %/5,50 €
85	2012 Grauburgunder trocken „B" 13 %/9,80 €
81	2012 Riesling Kabinett trocken 11,5 %/4,- €
83	2012 Riesling Spätlese trocken „III" Nußdorfer Kaiserberg 12,5 %/7,80 €
85	2012 Riesling Spätlese Nußdorfer Herrenberg 10,5 %/12,- €
85	2009 Cabernet Sauvignon trocken 13,5 %/11,- €

★

Baum
Wein- und Gästehaus   **Mosel**

Weingartenstraße 54, 54492 Zeltingen-Rachtig
Tel. *06532-1438*
www.wein-und-gaestehaus-baum.de
wein-undgaestehausbaum@web.de
Besuchszeiten: *jederzeit, ganzjährig*
Gästehaus

| Inhaber | Peter Baum |
| Rebfläche | 0,7 Hektar |

Auf seiner kleinen Fläche baut Peter Baum bisher ausschließlich Riesling an, im März 2011 hat er auf einer kleinen Parzelle Spätburgunder gepflanzt. Seine Weinberge befinden sich alle in Steillagen, wo teils wurzelechte, alte Reben stehen, die er auch nach der Flurbereinigung in der Wehlener Sonnenuhr und der Zuteilung neuer Parzellen weiterbewirtschaften will. Seit einigen Jahren werden alle Weine in Edelstahltanks ausgebaut, die Jungweine bleiben lange auf der Feinhefe, Süßreserve ist tabu.

Vorjahre

2010 war sehr gleichmäßig, aber etwas verhalten. Ähnlich präsentierte sich 2011, wobei die Vorteile bei den süßen Rieslingen lagen, vor allem die klare, geradlinige Auslese überzeugte.

Neue Kollektion

In diesem Jahr wurden teilweise nochmals die 2011er vorgestellt, angeführt von der Sonnenuhr-Auslese, unter den beiden 2012ern gefällt uns die süße, frische Himmelreich-Spätlese am besten. ◀

Weinbewertung

80	2012 Riesling Spätlese trocken Wehlener Sonnenuhr 12,5 %/5,30 €
80	2011 Riesling Hochgewächs „feinherb" Wehlener Sonnenuhr 11,5 %/4,50 €
82	2011 Riesling Spätlese Graacher Himmelreich 8,5 %/5,- €
82	2011 Riesling Spätlese Graacher Himmelreich 8,5 %/5,- €
85	2011 Riesling Auslese „Alte Reben" Wehlener Sonnenuhr 8,5 %/6,- €/0,5l

Die besten deutschen Weinerzeuger und ihre Weine

B

Baumgärtner
Panoramaweingut **Württemberg**

An der Steige 94, 74343 Hohenhaslach
Tel. 07147-6298, **Fax**: 07147-13151
www.panoramaweingut.de
info@panoramaweingut.de
Besuchszeiten: Mo.- Sa. 8-12 + 13-18 Uhr

Inhaber .... Reinhard Baumgärtner
Rebfläche .... 10,5 Hektar

Das von den Brüdern Gottlieb und Ernst Baumgärtner 1960 gegründete Weingut wird von deren Söhnen Reinhard und Friedrich weitergeführt. Zum 1. Januar 2012 hat man sich getrennt; Reinhard Baumgärtner führt seinen Teil des Betriebes nun unter der Bezeichnung Panoramaweingut Baumgärtner. Die Weinberge liegen an den Hängen des Strombergs von Häfnerhaslach über Hohenhaslach bis nach Bönnigheim. Wichtigste Rebsorten sind Trollinger, Lemberger, Spätburgunder und Riesling, zuletzt kamen Chardonnay und Muskat-Trollinger hinzu, aber auch Sauvignon Blanc, Grauburgunder, Merlot und Cabernet Cubin. Alle Rotweine werden maischevergoren.

Vorjahre

Sehr homogen war die Kollektion vor zwei Jahren, wurde einmal mehr angeführt von dem im Holz ausgebauten 4-Sterne-Chardonnay. Die letztjährige Kollektion präsentierte sich sehr geschlossen, weiß wie rot. Im weißen Segment war der 4-Sterne-Riesling unser Favorit, auch der Gewürztraminer gefiel uns sehr gut. Im roten Teil der Kollektion überzeugte vor allem der 4-Sterne-Lemberger.

Neue Kollektion

2012 überzeugen Riesling und Chardonnay, beide sind füllig und saftig, dabei recht süß. Einige 2011er Rotweine sind noch sehr verschlossen, hart und tanninbetont (vor allem der Lemberger), in der recht gleichmäßigen roten Kollektion gefällt uns der 2009er Cabernet Cubin am besten, der gute Konzentration im Bouquet zeigt, etwas Gewürze und herrlich viel Frucht, füllig und kraftvoll im Mund ist, reife Frucht besitzt, gute Struktur und Substanz.

Weinbewertung

85 2012 Riesling**** trocken 13 %/9,50 €
85 2012 Chardonnay**** trocken 13,5 %/9,50 €
80 2012 Lemberger „weißgekeltert" 12 %/7,- €
84 2012 Gewürztraminer „SL" 11,5 %/7,- €
82 2012 Muskattrollinger Rosé „SL" 11,5 %/7,50 €
83 2011 Trollinger**** trocken 13 %/9,50 €
83 2011 Merlot*** trocken 13 %/9,- €
82 2011 Spätburgunder**** trocken 13 %/12,- €
85 2009 Cabernet Cubin**** trocken 12,5 %/12,- €
83 2011 Merlot**** trocken 13,5 %/12,- €
82 2011 Lemberger**** trocken 13,5 %/12,- €

Hans **Bausch**
Weingut
Rheingau

Waldbachstraße 103, 65347 Hattenheim
Tel. 06723-889300, **Fax**: 06723-889302
www.weingut-hans-bausch.de
info@weingut-hans-bausch.de
Besuchszeiten: täglich 8-18 Uhr

Inhaber .... Hans Bausch
Rebfläche .... 10 Hektar

Hans Bausch führt den Familienbetrieb und baut auf 85 Prozent der Fläche Riesling an, der Rest ist mit Spätburgunder bepflanzt. Bewirtschaftet werden Lagen in Hattenheim (Schützenhaus, Wisselbrunnen, Hassel und Engelmannsberg) oder Oestrich (Lenchen). Gekühlte Vergärung und Lagerung der Rieslinge auf der Feinhefe im Edelstahl führen zu saftigen, klaren, fruchtbetonten und bis in die Spitze animierenden Weißweinen. Die Rotweine wirken manchmal etwas rustikal, besitzen aber immer viel Würze.

Vorjahre

Die vor zwei Jahren vorgestellten Weine überzeugten mit Frische und Frucht – selbst im Basisbereich. Kaum weniger gut gelangen die 2010er, sie waren saftig und ausgewogen, auch wenn echte Spitzen fehlten. 2011 überzeugten bereits die Basisweine, während das Erste Gewächs keine gewaltige Steigerung mehr darstellte und etwas trockener hätte ausfallen können.

Neue Kollektion

Im neuen Jahrgang ist das Bild ähnlich wie 2011: Es werden seriöse, saftige Rieslinge vorgestellt, beispielsweise die restsüße Spätlese. Das Erste Gewächs ist diesmal eine angenehme Überraschung, auch wenn es nicht puristisch trocken wirkt: Mit seiner saftigen, eher schlanken Art ist es das Gegenteil von manchen zu breiten Ersten Gewächsen im Rheingau.

Weinbewertung

80 2012 Riesling trocken **11,5 %/5,- €**

82 2012 Riesling Kabinett trocken Hattenheimer Schützenhaus **11 %/5,50 €**

85 2012 Riesling Spätlese trocken Hattenheimer Schützenhaus **12 %/7,50 €**

87 2012 Riesling Erstes Gewächs Hattenheim Engelmannsberg **13 %/15,50 €**

84 2012 Riesling Kabinett halbtrocken Hattenheimer Schützenhaus **11 %/5,50 €**

82 2012 Riesling Classic **12 %/5,50 €**

84 2012 Riesling Kabinett Oestricher Lenchen **9 %/5,50 €**

86 2012 Riesling Spätlese Hattenheimer Wisselbrunnen **8 %/7,50 €**

83 2011 Spätburgunder trocken **13 %/5,50 €**

★

Bausewein
Weingut **Franken**

B

Die besten deutschen Weinerzeuger und ihre Weine

Breite Gasse 1, 97346 Iphofen
Tel. *09323-876670,* **Fax:** *09323-804090*
www.altstadthotel-bausewein.de
bausewein@t-online.de
Besuchszeiten: *nach Vereinbarung*
Weinstube (Mo./Di./Fr. 18-22 Uhr, Sa. 15-22 Uhr,
So. und feiertags 17-22 Uhr
Hotel (ganzjährig geöffnet)

Inhaber......................Familie Bausewein
Rebfläche.............................4 Hektar

Die Weinberge der Familie Bausewein liegen in den Iphöfer Lagen Julius-Echter-Berg, Kronsberg und Kalb (3 Hektar), sowie im Dettelbacher Berg-Rondell (1 Hektar). Angebaut werden Silvaner, Müller-Thurgau, Scheurebe, Bacchus und Kerner, dazu gibt es die roten Sorten Spätburgunder und Regent. Die Weine werden überwiegend trocken und halbtrocken ausgebaut. Die Weinberge werden seit 1995 biologisch bewirtschaftet, das Weingut ist Mitglied bei Naturland.

Vorjahre

Vor zwei Jahren bot die Kollektion frische, klare 2010er Weißweine, unser Favorit war, wie zwei Jahre zuvor, der Spätburgunder, diesmal Jahrgang 2009. Die letztjährige Kollektion überzeugte durch ihre gleichmäßige gute Qualität, alle Weine waren reintönig, fruchtbetont und frisch, unsere Favoriten waren der Silvaner „Fass No. 1" und der Spätburgunder.

Neue Kollektion

Die neue Kollektion präsentiert sich geschlossen, weiß wie rot, bietet unter anderem einen geradlinigen Spätburgunder und eine wunderschön reintönige halbtrockene Scheurebe. Unser Favorit in diesem Jahr ist aber eindeutig die trockene Silvaner Spätlese aus dem Julius-Echter-Berg, die herrlich saftig und klar ist, reife Frucht und viel Sub-

B

stanz besitzt.

Weinbewertung

82	„BRausewein" Perlwein	11,5 %/6,70 €
82	2012 Müller-Thurgau Kabinett trocken Iphöfer Kalb	12 %/5,90 €
82	2012 Silvaner Kabinett trocken Iphöfer Kronsberg	12,5 %/6,10 €
83	2012 Silvaner trocken „Fass No. 1"	12,5 %/7,- €
86	2012 Silvaner Spätlese trocken Iphöfer Julius-Echter-Berg	13,5 %/9,60 €
83	2012 Spätburgunder „Blanc de Noir" Spätlese trocken	13 %/8,50 €
84	2012 Scheurebe halbtrocken Iphöfer Kronsberg	11,5 %/5,40 €
82	2011 Regent trocken Dettelbacher Berg-Rondell	13 %/8,20 €
84	2011 Spätburgunder trocken Iphöfer Kalb	13 %/8,- €

★ ★

Brüder Dr. **Becker**

Weingut

Rheinhessen

🍷 *Mainzer Straße 3-7, 55278 Ludwigshöhe*
Tel. *06249-8430,* **Fax:** *06249-7639*
www.brueder-dr-becker.de
weingut@brueder-dr-becker.de
Besuchszeiten: *nach Vereinbarung & jeden ersten Samstag im Monat*

Inhaber ..... Lotte Pfeffer-Müller u. Hans Müller
Rebfläche .... 11 Hektar

Das Weingut erhielt seinen Namen um die Jahrhundertwende von den beiden Brüdern Johann und Jakob Becker. Seither ist es über drei Generationen von der Mutter auf die Tochter vererbt worden. Heute wird das Weingut von Lotte Pfeffer-Müller und Hans Müller geführt. Bereits seit Mitte der achtziger Jahre bewirtschaften sie die Weinberge nach ökologischen Gesichtspunkten und sind Mitglied bei Ecovin, seit 2008 bewirtschaften sie ihre Weinberge biodynamisch, sind Demeter-zertifiziert. Riesling ist mit 40 Prozent die wichtigste Rebsorte, gefolgt von Silvaner mit 20 Prozent, sowie Scheurebe. Hinzu kommen Spätburgunder, Müller-Thurgau und die weißen Burgundersorten. Der Ausbau der Weine erfolgt teils im Edelstahl, teils in traditionellen Holzfässern, beim Spätburgunder manchmal auch im Barrique.

Vorjahre

Seit der ersten Ausgabe präsentieren Lotte Pfeffer-Müller und Hans Müller sehr gleichmäßige Kollektionen auf stets zuverlässigem Niveau. Die fülligen, saftigen Großen Gewächse haben sich in den letzten Jahren als Zugpferde herauskristallisiert, immer wieder aber trumpfen auch die Silvaner auf, und auch mit süßen Weinen, ob von Riesling oder Scheurebe, weiß das Weingut immer wieder zu überzeugen. 2010 gefielen uns die beiden Großen Gewächse am besten, 2011 war deutlich gleichmäßiger, wenn auch etwas verhalten, der herausragende Wein war das Große Gewächs aus dem Falkenberg.

Neue Kollektion

Auch 2012 gefällt uns das füllige, saftige Große Gewächs aus dem Falkenberg sehr gut wie auch der Ludwigshöhe-Silvaner, der füllig, kraftvoll und zupackend ist, zusammen führen sie eine ansonsten ein wenig verhaltene Kollektion an. ◀

Weinbewertung

82	2012 Grüner Silvaner trocken	13 %/6,50 €
80	2012 Weißburgunder trocken	13 %/7,50 €
82	2012 Riesling trocken	12,5 %/7,50 €
85	2012 Silvaner trocken Ludwigshöhe	13,5 %/10,50 €
84	2012 Riesling trocken Dienheim	13 %/10,50 €
87	2012 Riesling „GG" Falkenberg	13,5 %/21,- €
83	2012 Spätburgunder trocken	13 %/9,- €

Friedrich **Becker**
Weingut **Pfalz**

★★★★☆

Hauptstraße 29, 76889 Schweigen
Tel. 06342-290, *Fax*: 06342-6148
www.friedrichbecker.de
wein@friedrichbecker.de
Besuchszeiten: nach Vereinbarung

Inhaber ... Friedrich & Friedrich Wilhelm Becker
Rebfläche .... 22 Hektar

Friedrich Becker begann 1973 mit der Selbstvermarktung. Auf 60 Prozent seiner Weinberge stehen Burgundersorten (einschließlich Chardonnay), dazu kommen 22 Prozent Riesling und etwas Silvaner, Muskateller, Gewürztraminer, Schwarzriesling, Cabernet Sauvignon und Merlot. Seine Weinberge liegen in Schweigen, teils jenseits der Grenze in Frankreich. Friedrich Becker erzeugt zwei Große Gewächse: Zwei Spätburgunder aus den im Sonnenberg gelegenen alten Gewannen Kammerberg und Sankt Paul. Im Kammerberg stehen 1,2 Hektar Spätburgunder, 1967 gepflanzt, aus denen er das Große Gewächs erzeugt, die jüngeren, 20 Jahre alten Reben ergeben den erstmals 2007 erzeugten Spätburgunder „Kalkstein". Sankt Paul lag lange brach, wurde in den neunziger Jahren gerodet und neu bepflanzt. Preislich über den beiden Großen Gewächsen angesiedelt sind der Spätburgunder „Reserve" (bis 2008 „Res") und der Pinot Noir, der bis zum Jahrgang 2008 als Tafelwein in den Verkauf kam und seit dem Jahrgang 2011 den Gewannnamen „Heydenreich" trägt. Bis zum Jahrgang 2011 wurde auch ein Großes Gewächs vom Riesling erzeugt, aus der ursprünglichen Kernlage des Sonnenbergs, mit dem Jahrgang 2012 fällt dieser Wein in die neue VDP-Kategorie „Erste Lage". Seit einigen Jahren ist Friedrich Becker jun. im Betrieb, hat nach und nach die Verantwortung im Keller übernommen.

Vorjahre

Vor zwei Jahren lieferten die Beckers erneut eine rundum überzeugende Kollektion ab, mit starken, wunderbar klaren, feinen und reintönigen Spätburgundern an der Spitze. Bei den Weißweinen gefielen uns der Barrique-Chardonnay „TW" und der ein Jahr lang im neuen Halbstückfass ausgebaute Weißburgunder am besten. Im vergangenen Jahr ein ähnliches Bild: Die sechs verkosteten 2010er Spätburgunder waren alles wunderbar klare, feine, reintönige Weine, unter den beiden Großen Gewächsen war der Sankt Paul der etwas elegantere Wein, der Kammerberg der etwas besser strukturierte. Spätburgunder „Reserve" und Pinot Noir zeigten eindringlich, dass die Beckers auch in einem schwierigen Jahr wie 2010 alles richtig gemacht hatten, die beiden Weine gehörten einmal mehr zu den großen Pinots des Jahres. Auch die Weißweine präsentierten sich ohne Fehl und Tadel, unsere Favoriten in einer starken Kollektion waren der Weißburgunder „Enggasse" und der im Holz ausgebaute 2010er Chardonnay „Mineral".

Weißweine

In diesem Jahr hat vor allem das weiße Segment nochmals zugelegt, allerdings wurden uns keine der trockenen weißen Gutsweine zur Verkostung geschickt. Die trockenen Weißen sind alle geradlinig, präzise und eindringlich und zeigen viel reintönige Frucht. Dazu kommt ein sehr wohl dosierter Holzeinsatz in verschiedenen Gebindegrößen: Der Wormberg-Weißburgunder und die beiden Rieslinge etwa im großen Eichenholzfass, die „Reserve"-Weine und der „Alte Fritz"-Weißburgunder in kleineren Gebinden. Der ist in diesem Jahr auch mit feiner Würze, Schmelz und guter Länge unser Favorit unter den Weißweinen, aber große Freude bereiten sie alle, einschließlich des halbtrockenen Muskatellers und des süßen Gewürztraminers, die Trinkspaß pur bieten.

Rotweine

Die Spätburgunder-Riege ist einmal mehr beeindruckend, vom „B" bis zum „Heydenreich" zeigen alle Weine reintönige Frucht, Struktur und Kräuterwürze, die Qualitätsabstufungen – die sich im Preis niederschlagen – sind klar nachvollziehbar. Beim „Herrenwingert" sind die Kräuternoten (Minze, Salbei) am deutlichsten ausgeprägt, unter den beiden Großen Gewächsen geben wir wieder ganz knapp dem etwas nachhaltigeren Kammerberg, der erst 2014 in den Verkauf kommt, den Vorzug vor dem Sankt Paul, elegant und harmonisch sind beide. Der „Reserve" legt im Vergleich mit den beiden Großen Gewächsen in puncto Nachhaltigkeit noch eins drauf und ist enorm lang, ebenso wie der „Heydenreich", der Druck, Kraft, viel Saft und Frische besitzt. Großartig! ◀

Weinbewertung

88 2012 Grauburgunder trocken „Kalkmergel" 13 %/15,- €

89 2012 Weißburgunder trocken „Wormb*erg" 14 %/19,50 €

90 2012 Weißburgunder trocken „Reserve" 13,5 %/25,- €

91 2012 Weißburgunder trocken „Alter Fritz" 14 %/30,- €

90 2012 Chardonnay trocken „Reserve" 13,5%/25,-€

88 2012 Riesling trocken „Muschelkalk" 13 %/14,- €

89 2012 Riesling trocken Schweigener Sonnenberg 13 %/21,- €

86 2012 Muskateller 11 %/10,50 €

87 2012 Gewürztraminer Spätlese 10 %/15,- €

85 2010 „Guillaume" Rotwein trocken 13 %/8,50 €

87 2011 Spätburgunder trocken „B" 13,5 %/15,- €

88 2011 Spätburgunder trocken Rechtenbacher 13,5 %/20,- €

88 2010 Spätburgunder trocken „Kalkgestein" 13,5 %/25,- €

90 2011 Spätburgunder trocken „Herrenwingert" 13,5 %/35,- €

91 2011 Spätburgunder „GG" „Sankt Paul" 13,5 %/55,- €

92 2011 Spätburgunder „GG" „Kammerberg" 13,5 %/ab Sept. 2014

93 2011 Spätburgunder trocken „Reserve" 13,5 %/ab Sept. 2014

94 2011 Pinot Noir trocken „Heydenreich" 13,5 %/110,- €

Becker
Weingut

Rheinhessen

Hauptstraße 10, 67582 Mettenheim
Tel. 06242-2845, **Fax:** 06242-6460
www.beckerwein.de
beckerwein@t-online.de
Besuchszeiten: nach Vereinbarung

Inhaber............................Gernot Becker
Rebfläche...........................5,8 Hektar

Die Familie Becker betreibt seit Generationen Weinbau in Mettenheim, Philipp Menger, der Urgroßvater des heutigen Besitzers, hatte das Weingut im 19. Jahrhundert gegründet, damals seine Weine an Weinstuben und Händler verkauft. Gernot Becker kaufte nach seiner Winzerlehre die Gebäude und den Kundenstamm des benachbarten Weingutes und legte damit den Grundstein für den heutigen Betrieb. Im Betrieb wird er dabei heute von Sohn Amadeus unterstützt, der seine Lehrjahre bei den Weingütern Hirschhof, St. Antony und Knipser verbrachte, der 2009er im Barrique ausgebaute Grauburgunder war sein erster „eigener" Wein. In den Mettenheimer Lagen Michelsberg und Schlossberg wachsen die Reben vorwiegend auf Löss- und Lehmböden, die aber teils mit Muschelkalk durchsetzt sind. Gernot Becker besitzt aber auch Weinberge im Bechtheimer Geyersberg (Lehm) und im Mettenheimer Goldberg, wo auf Sandböden überwiegend rote Rebsorten stehen wie Spätburgunder, Dornfelder und Cabernet Dorsa. An weißen Rebsorten baut er Riesling, Grauburgunder, Weißburgunder, Sauvignon Blanc, Scheurebe und Bacchus an.

Vorjahre

Gleichmäßig war die Kollektion vor zwei Jahren, in der uns neben dem schon im Jahr zuvor vorgestellten Muschelkalk-Riesling mit Grauburgunder und Cabernet Dorsa zwei weitere 2009er Weine besonders gut gefielen, beide im Barrique ausgebaut. Die 2011er

Weißweinkollektion überzeugte, wurde angeführt vom Riesling „Steinsweg" (aus dem Schlossberg) und dem, im Barrique ausgebauten Grauburgunder.

Neue Kollektion

Auch die neue Kollektion ist sehr gleichmäßig, auch wenn einige Weine etwas verhalten sind, schlank und süß. Unser eindeutiger Favorit ist der gewürzduftige Spätburgunder, der füllig und kraftvoll ist, viel reife Frucht besitzt und deutliche Vanillenoten. ◀

Weinbewertung

80 2012 „Luftikus" Perlwein **12,5 %/6,- €**
81 2012 Sauvignon Blanc Spätlese trocken **12,5 %/6,20 €**
81 2012 Scheurebe Spätlese trocken **12,5 %/7,90 €**
81 2012 Riesling Spätlese trocken **12,5 %/6,50 €**
81 2012 Riesling trocken „Casimir" Mettenheimer **12,5 %/8,50 €**
81 2012 Weißburgunder Spätlese trocken **13 %/6,20 €**
80 2012 Weißburgunder Auslese trocken Mettenheimer **13,5 %/8,70 €**
81 2012 Grauburgunder Spätlese trocken **13 %/6,40 €**
83 2012 Riesling Auslese trocken „Steinsweg" **12,5 %/15,- €**
81 2012 Scheurebe Spätlese **10 %/5,50 €**
86 2009 „Cuvée Amadeus Reserve" Spätburgunder Auslese trocken **14 %/18,- €**

Becker

Weingut

★ ☆

Baden

Oberer Jagdweg 13, 69254 Malsch
Tel. *07253-25189,* **Fax:** *07253-270533*
www.weingutbecker.de
info@weingutbecker.de
Besuchszeiten: *Di.-Fr. 17:30-19 Uhr, Sa. 10-13 Uhr*
Probierstube (bis 50 Personen)

Inhaber..........................Herbert Becker
Rebfläche.............................6 Hektar

Herbert Becker hat 1981 die elterlichen Weinberge übernommen und zusammen mit Ehefrau Marliese das Weingut gegründet. Die Weinberge liegen alle am Letzenberg in den Lagen Ölbaum und Rotsteig. Wichtigste Rebsorten sind Weißburgunder, Spätburgunder und Grauburgunder, die jeweils über 20 Prozent der Rebfläche einnehmen. Es folgen Portugieser, Auxerrois, Regent und Gewürztraminer, dazu gibt es etwas Chardonnay, Müller-Thurgau und Riesling. Zuletzt hat Herbert Becker Sauvignon Blanc gepflanzt, sowie im Versuchsanbau Cabernet Cortis und Cabernet Carbon.

Vorjahre

Die 2010er Weißweine waren jahrgangsbedingt insgesamt etwas verhaltener, der 3-Sterne-Grauburgunder aber gefiel uns sehr gut. Auch der Sekt überzeugte vor zwei Jahren, ebenso der tanninbetonte Spätburgunder. Die letztjährige Kollektion war stark: Die 2011er Weißweine präsentierten sich gleichmäßig auf gutem Niveau, der reintönige Chardonnay und der intensive Sauvignon Blanc gefielen uns besonders gut. Einmal mehr überzeugte ein klarer Sekt, der Rosé im Liter machte viel Freude. Highlight der Kollektion aber war der Reserve-Spätburgunder.

Neue Kollektion

Sehr gleichmäßig ist nun die neue Kollektion, bietet fruchtbetonte, geradlinige Weißweine und ein ganz klares Highlight: Der Spätburgunder ist frisch, fruchtbetont und wunderschön reintönig im Bouquet, klar, frisch und zupackend im Mund, besitzt reintönige Frucht, gute Struktur und feine Tannine. ◀

Weinbewertung

82 2012 Weißburgunder trocken **13 %/6,05 €**
82 2012 Auxerrois trocken **12,5 %/6,50 €**
82 2012 Grauburgunder trocken **12,5 %/6,50 €**
82 2012 Rosé trocken (1l) **12 %/4,30 €**
81 2011 „Trias" Rotwein trocken **13,5 %/7,- €**
86 2011 Spätburgunder trocken **13,5 %/14,50 €**

★ ★ ★

J.B. **Becker**
Weinbau

Rheingau

Rheinstraße 6, 65396 Walluf
Tel. 06123-72523, **Fax**: 06123-75335
h.j.becker@justmail.de
Besuchszeiten: Mo.-Fr. 9-12 und 14-17 Uhr oder nach
Vereinbarung
Weingarten von Mai bis Oktober täglich ab 17 Uhr,
am Wochenende ab 15 Uhr; Glashaus November bis
April Mo., Di., Mi. von 17.30-23, So. von 15-23 Uhr

Inhaber . . . . Maria und Hans-Josef Becker
Rebfläche . . . . .11 Hektar

Hans-Josef Becker gehört zu den charisma-
tischsten Winzern im Rheingau. Der Mann
mit dem markanten Schnurrbart füllt seine
Weine so spät ab wie kaum ein Zweiter in der
Region, Riesling und Spätburgunder reifen
gemächlich im Holzfass. Doch in die traditio-
nalistische Schublade sollte man den Winzer
nicht stecken – denn beim Thema Verschluss
war er einer der Vorreiter in Deutschland.
Konsequent stellte Becker seine Produktion
seit 2003 auf Glasverschluss um, selbst die
Rotweine sind auf diese Weise abgedichtet.
Viele der betont würzigen, altmodischen
und erfreulich trockenen Rieslinge sind in
der Jugend nicht strahlend, sondern eher
verschlossen, entwickeln sich aber umso
besser. Dies gilt besonders für die Weine aus
der Lage Wallufer Walkenberg, allerdings
werden oft auch aus dem Oberberg oder
dem Berg Bildstock interessante Spitzen vorgestellt. Die Spätburgunder wirken saftig,
weisen manchmal rauchige Würze oder Tabaknoten auf. Selbst nach 15 oder mehr Jahren können solche Weine – selbst die trockenen – viel Spaß machen. Überzeugen
kann man sich davon vor Ort: Auf der Rarität-
enliste sind noch reichlich alte Flaschen ver-
zeichnet, und der Gutsausschank am Rheinufer erlaubt die unkomplizierte Verkostung.

Vorjahre _____

Der Jahrgang 2009 brachte gleich vier nicht
ganz trockene bis deutlich süße Rieslinge mit
enormer Würze und rassiger Säure hervor;
die wirklich trockenen Weine, vor allem jene
von alten Reben, waren aber auch nicht zu
vernachlässigen, sie wirkten wunderbar geradlinig und mineralisch. 2010 reichte da
jahrgangsbedingt nicht ganz heran. Die Kollektion bot einige stoffige, kraftvolle Rieslinge, wobei die höheren Prädikate nicht immer eine Steigerung brachten. Am besten
gefiel die trockene Spätlese von alten Reben.

Neue Kollektion _____

Im Jahrgang 2011 ist es wieder die Spätlese
von alten Reben, die mit Würze und Kraft am
meisten überzeugt, die gleichzeitig puristisch und nachhaltig wirkt. Nicht unterschätzen sollte man allerdings auch die feinen, eigenwillig würzigen und nie zu
zuckrigen süßen Gewächse. Bei den Rotweinen gefällt der 2009er, während der 2007er
irritiert. Die verkostete Flasche zeigte sehr
reife, an Portwein erinnernde Aromen und
bereitete leider wenig Trinkfreude. ◀

Weinbewertung _____

87 2011 Riesling Kabinett trocken Wallufer Walkenberg **11,5 %/9,50 €**

88 2011 Riesling Spätlese trocken Wallufer Walkenberg **12 %/13,50 €**

89 2011 Riesling Spätlese trocken „Alte Reben"
Wallufer Walkenberg **12,5 %/16,50 €**

88 2011 Riesling Auslese trocken Wallufer Walkenberg **13 %/22,- €**

86 2011 Riesling Spätlese halbtrocken Wallufer
Oberberg **12 %/13,- €**

86 2011 Riesling Spätlese Eltviller Sonnenberg
10 %/13,50 €

89 2011 Riesling Auslese Wallufer Oberberg
10 %/19,- €

88 2009 Spätburgunder Spätlese trocken Eltviller
Rheinberg **13,5 %/18,- €**

84? 2007 Spätburgunder Spätlese trocken „Alte
Reben" Wallufer Walkenberg **13,5 %/18,- €**

Karlheinz **Becker**
Weingut **Pfalz**

Hauptstraße 34, 76831 Heuchelheim-Klingen
Tel. 06349-5328, **Fax:** 06349-8056
wgkhbecker@gmx.de
Besuchszeiten: *nach Vereinbarung*

Inhaber .... Karlheinz Becker
Rebfläche .... 12,5 Hektar

Das Weingut war früher ein landwirtschaftlicher Gemischtbetrieb, der Fasswein vermarktete. Karlheinz Becker forcierte die Flaschenweinvermarktung, heute werden zwei Drittel der Produktion über die Flasche verkauft. Riesling, Weißburgunder und Grauburgunder sind die wichtigsten weißen Rebsorten, dazu gibt es Gewürztraminer, Muskateller und Silvaner. Rotweine nehmen 30 Prozent der Rebfläche ein. Spätburgunder ist die wichtigste rote Sorte, zuletzt hat Karlheinz Becker etwas Frühburgunder und Merlot gepflanzt. Die Weine bleiben lange auf der Hefe und werden überwiegend trocken ausgebaut.

Vorjahre

2010 war die Kollektion jahrgangsbedingt etwas verhalten, dennoch zeigten die Rieslinge klare Frucht, die Burgunder waren füllig und saftig. 2011 war die Kollektion gleichmäßig gut, die Burgunder gefielen uns insgesamt aber besser als die Rieslinge, die zwar Biss besaßen, aber etwas verhalten in der Frucht waren. Neben Silvaner und Grau- und Weißburgunder waren die beiden Chardonnays unsere Favoriten, wobei die normale Spätlese etwas klarer und präziser war als der im Holz ausgebaute Chardonnay „S".

Neue Kollektion

2012 zeigt sich die Kollektion – mit Ausnahme des Liter-Rieslings, der etwas abfällt – wieder auf homogenem Niveau, alle Weine zeigen klare, sortentypische Frucht. Unser Favorit ist wieder der eindringliche Chardonnay, der unter den Burgundern die beste Substanz zeigt, gut

gelungen sind auch der schmelzige Silvaner von alten Reben, der Buntsandstein-Riesling mit feinem Biss und der harmonische Spätburgunder.

Weinbewertung

78 2012 Riesling trocken (1l) **12 %/4,80 €**
81 2012 Grüner Silvaner Kabinett trocken **12 %/5,70 €**
84 2012 Silvaner Spätlese trocken „Alte Reben" **13,5 %/7,30 €**
83 2012 Grauburgunder „S" Spätlese trocken **13,5 %/7,50 €**
84 2012 Weißburgunder Spätlese trocken „Terra nera" **13,5 %/7,50 €**
85 2012 Chardonnay Spätlese trocken **13,5 %/8,20 €**
82 2012 Riesling Spätlese trocken „Weißer Stein" **13 %/8,- €**
84 2012 Riesling Spätlese trocken „Buntsandstein" **12,5 %/8,- €**
84 2011 Spätburgunder Spätlese trocken Heuchelheimer Herrenpfad **13 %/9,- €**

★★★★
Becker-Landgraf
Weingut **Rheinhessen**

Im Felsenkeller 1, 55239 Gau-Odernheim
Tel. 06733-7449, **Fax:** 06733-1847
www.weingut-beckerlandgraf.de
weingut@beckerlandgraf.de
Besuchszeiten: *nach Vereinbarung*

Inhaber .... Julia und Johannes Landgraf
Rebfläche .... 8 Hektar

2005 entstand das Weingut in seiner heutigen Form durch die Heirat von Julia und Johannes Landgraf. Johannes Landgraf war bis dahin für den Weinausbau im elterlichen Weingut in Saulheim verantwortlich. Ihre Weinberge liegen überwiegend am Petersberg in Gau-Odernheim, wo der Boden aus Ton, Kalkmergel und Muschelkalk besteht. Hinzu kommt jeweils ein Weinberg in Framersheim und Bie-

Die besten deutschen Weinerzeuger und ihre Weine

B

belnheim. Sie bauen vor allem Riesling, Weiß-burgunder, Spätburgunder und St. Laurent an. Das Sortiment ist klar gegliedert in Guts-, Orts- und Lagenweine. Nur die Spitzen-Rieslinge und -Spätburgunder tragen die Namen ihrer besten Lagen: Herrgottspfad, Ölberg und Ro-senberg. Die Weine werden bisher schon größtenteils spontanvergoren, zukünftig sol-len alle Weine, auch die Gutsweine mit den natürlichen Hefen vergären. Die Rotweine werden unfiltriert und ungeschönt abgefüllt.

Vorjahre

Sehr gut gefielen uns die 2010er: Die Gutswei-ne waren reintönig und frisch, die Ortsweine kraftvoll und füllig, der 2009er Riesling aus dem Herrgottspfad hatte vor zwei Jahren an Komplexität gewonnen. Auch der rote Teil der Kollektion präsentierte sich geschlossen auf sehr gutem Niveau. Die letztjährige Kollektion brachte wieder klare, fruchtbetonte Gutswei-ne, die Ortsweine waren fülliger und kraft-voller, eine Steigerung brachte der Lagen-Riesling aus dem Ölberg. Genauso stimmig präsentierte sich auch der rote Teil der Kollek-tion, angeführt vom Spätburgunder aus dem Rosenberg.

Neue Kollektion

Was für ein hohes Niveau schon bei den Guts-weinen: Der Riesling ist klar und kraftvoll, baut Druck auf, die Cuvée aus Weißburgunder und Chardonnay ist wunderschön fruchtbetont wie auch der zupackende Grauburgunder. Die Ortsweine sind fülliger und kraftvoll, wie der saftige Weißburgunder, der im Holz ausge-baute Weißburgunder vom Muschelkalk oder der strukturierte Riesling, der wunderschön druckvoll und nachhaltig ist. Eine klare weitere Steigerung bringen die Lagenweine: Der Öl-berg-Riesling zeigt gute Konzentration und herrlich viel Frucht im Bouquet, ist reintönig im Mund, druckvoll und präzise. Der Riesling vom Herrgottspfad ist ebenso präzise und klar, herrlich zupackend und nachhaltig – und kann problemlos reifen, wie der faszinierend elegante und komplexe 2008er zeigt. Ähnlich stark wie die Weißweine sind auch die Rot-

weine: Die Ortsweine sind klar, kraftvoll und zupackend, der 2009er Spätburgunder vom Rosenberg zeigt reintönige Frucht im Bou-quet, ist füllig und elegant im Mund, harmo-nisch und lang. Eine starke Kollektion! ◀━

Weinbewertung

86	2012 Riesling trocken 12 %/7,90 €
86	2012 Weißburgunder & Chardonnay trocken 12,5 %/7,90 €
86	2012 Grauburgunder trocken 12 %/7,90 €
87	2012 Weißburgunder trocken Gau-Odernhei-mer 13 %/11,50 €
89	2012 Riesling trocken Gau-Odernheimer 12,5 %/11,50 € ☺
88	2011 Weißburgunder trocken „Muschelkalk" 13 %/18,- €
91	2011 Riesling trocken Ölberg 12,5 %/18,- € ☺
91	2008 Riesling trocken Herrgottspfad 12,5 %/19,-€
91	2011 Riesling trocken Herrgottspfad 12,5 %/19,-€
89	2012 Riesling Auslese Herrgottspfad 9 %/16,- €/0,375l
85	2011 Sankt Laurent trocken Gau-Odernheimer 14 %/12,50 €
86	2011 Spätburgunder trocken Gau-Odernhei-mer 13,5 %/12,50 €
90	2009 Spätburgunder trocken Rosenberg 14 %/26,- €

★★★

Becker-Steinhauer

Weingut   **Mosel**

Hauptstraße 72, 54486 Mülheim/Mosel
Tel. *06534-521,* **Fax:** *06534-18378*
www.becker-steinhauer.de
info@becker-steinhauer.de
Besuchszeiten: *nach Vereinbarung*
Gästehaus

Inhaber . . . . Karsten Becker
Rebfläche . . . . 8 Hektar

Die Familie Becker betreibt seit etwa drei Jahrhunderten Weinbau. Heute wird das

Weingut Becker-Steinhauer von Karsten Becker geführt, der die zum Großteil von Mauern umfasste Lage Carlsberg erworben und zu neuer Bedeutung geführt hat. Von dem 1850 erbauten Weinbergshäuschen heraus hat man einen prächtigen Ausblick auf Veldenz, wo die Hälfte der Weinberge liegt. Becker besitzt außerdem Parzellen in den Gemeinden Brauneberg (Juffer), in Mülheim, Zeltingen und Bernkastel. Neben dem dominierenden Riesling, der 90 Prozent der Rebfläche einnimmt, gibt es Spätburgunder. Die Weine werden im Edelstahl ausgebaut und meist spontan vergoren; der Spätburgunder wird teilweise unfiltriert abgefüllt.

Vorjahre _____

2010 präsentierte sich die Kollektion geschlossen auf hohem Niveau. Die Kabinettweine und Spätlesen waren frisch und klar, trocken wie süß, die Glanzlichter aber setzten die edelsüßen Rieslinge: Auslesen, Beerenauslesen und Eisweine. Die 2011er Kollektion hatte ihre Stärken einmal mehr im edelsüßen Segment. Die trockenen Weine waren frisch und klar wie auch die süßen Spätlesen, spannend aber fanden wir die Auslese aus dem Kirchberg, den Eiswein und die Beerenauslese.

Neue Kollektion _____

2012 vermissen wir bei manchem edelsüßen Riesling, vor allem bei den Beerenauslesen, die Reintönigkeit, die duftigen Auslesen gefallen uns besser, sie sind füllig und konzentriert wie auch der klare, zupackende Eiswein. Die süßen Spätlesen sind frisch und zupackend, der trockene und feinherbe Teil der Kollektion reicht da nicht ganz heran, der würzige Wein von alten Reben aus dem Kirchberg gefällt uns hier am besten. ◄

Weinbewertung _____

82   Riesling Sekt brut   **11,- €**

82   2012 Riesling Kabinett trocken Veldenzer Kirchberg   **6,50 €**

83   2012 Riesling Spätlese trocken „Die Steinmauer" Zeltinger Schlossberg   **8,- €**

85   2012 Riesling „GG Alte Reben" Veldenzer Kirchberg   **12,- €**

81   2012 Riesling Kabinett „feinherb" Mülheimer Sonnenlay   **6,50 €**

83   2012 Riesling Spätlese „feinherb" Veldenzer Carlsberg   **8,- €**

82   2012 Riesling Kabinett Veldenzer Kirchberg **6,50 €**

85   2012 Riesling Spätlese Veldenzer Carlsberg   **8,- €**

85   2012 Riesling Spätlese Brauneber Juffer   **8,- €**

87   2012 Riesling Auslese Brauneberger Juffer   **13,- €**

87   2012 Riesling Auslese**Veldenzer Carlsberg **13,-€**

88   2012 Riesling Auslese*** Zeltinger Schlossberg   **15,- €/0,375l**

86   2012 Riesling Beerenauslese Veldenzer Carlsberg   **30,- €/0,375l**

85   2012 Riesling Beerenauslese Zeltinger Schlossberg   **30,- €/0,375l**

88   2012 Riesling Eiswein Mülheimer Sonnenlay   **35,- €/0,375l**

83   2011 Spätburgunder trocken   **12,- €**

★

Befort

Weingut   **Mosel**

Schulstraße 17, 54453 Nittel
Tel. 06584-422, Fax: 06584-1201
www.befort.de
weingut@befort.de
Besuchszeiten: Sa. 9-17 Uhr

Inhaber . . . . Familie Befort
Rebfläche . . . . 4,5 Hektar

Das von Hans und Maria Befort seit 1969 aufgebaute Gut wird seit 2011 von den Geschwistern Ruth, Hans-Jörg und Marcel Befort geführt. Hans-Jörg Befort, Betriebsleiter eines Weingutes in Luxemburg, kümmert sich um den Weinausbau. Die Burgundersorten dominieren: Spätburgunder, Grauburgunder und Weißburgunder nehmen etwa gleichen Anteil an der Rebfläche ein, hinzu kommen 15 Prozent Elbling sowie etwas Auxerrois und Cabernet Sauvignon. Zuletzt wurde Sauvignon Blanc im Nitteler Leiterchen ge-

B

pflanzt, dazu ein neuer Weinberg mit Chardonnay. Die Weißweine werden temperaturgesteuert im Edelstahl ausgebaut, lagern bis zum Frühjahr auf der Vollhefe. Rotweine werden maischevergoren und 12 bis 15 Monate im Holz ausgebaut. Sekte und Crémants reifen mindestens 12 Monate auf der Hefe.

Vorjahr

Die von merklicher Restsüße geprägten Weine zeigten im vergangenen Jahr eine klare Handschrift, der Crémant besaß feine süße Frucht, gute Fülle und Biss.

Neue Kollektion

Die 2012er Weißweine sind klar, aber etwas verhalten, so dass in der neuen Kollektion uns mit dem Pinot Noir ein Rotwein des Jahrgangs 2011 am besten gefällt: Er zeigt rauchige Noten und reintönige Frucht im Bouquet, ist frisch, klar und zupackend im Mund bei guter Struktur.

Weinbewertung

80   **2012 Auxerrois trocken 11,5 %/5,60 €**

82   **2012 Pinot Blanc + Chardonnay trocken
     12 %/7,80 €**

82   **2012 Pinot Gris trocken 12 %/6,20 €**

82   **2012 Pinot Gris „S" 12 %/9,- €**

82   **2011 Pinot Noir + Cabernet Sauvignon
     13 %/9,30 €**

85   **2011 Pinot Noir „S" 13 %/13,10 €**

Beiser
Weingut   ★

Rheinhessen

Außerhalb 1, 55578 Vendersheim
Tel. *06732-8732,* **Fax:** *06732-5061*
www.weingut-beiser.de
weingutbeiser@t-online.de
Besuchszeiten: *täglich 9-12 + 13-19 Uhr und nach*
Vereinbarung
Gutsschänke

Inhaber . . . . Otto und Simon Beiser
Rebfläche . . . . 22 Hektar

Otto Beiser begann 1971 mit der Selbstvermarktung, legte 1979 mit dem Neubau den Grundstein für das heutige Weingut. Sohn Simon schloss 2002 sein Geisenheim-Studium ab und ist für den Weinausbau verantwortlich. Ihre Weinberge befinden sich in der Vendersheimer Lage Sonnenberg, in den Sprendlinger Lagen Klostergarten, Honigberg, Geyersberg, Hölle und Wissberg, sowie in der Wallertheimer Heil und im Binger Schlossberg Schätzerchen. 60 Prozent nehmen weiße Sorten ein. Wichtigste Rebsorten sind Riesling, Weißburgunder, Grauburgunder, Müller-Thurgau und Chardonnay, aber auch Sauvignon Blanc (erster Jahrgang 2009), Gewürztraminer, Scheurebe, Silvaner und Saphira bauen Otto und Simon Beiser an. Hinzu kommen die roten Sorten Spätburgunder, Portugieser, Dornfelder, Frühburgunder, Merlot und Cabernet Sauvignon. Die Weißweine werden nach 6 bis 24 Stunden Kaltmaceration im Edelstahl vergoren und ausgebaut. Die roten Trauben werden entrappt und maischevergoren (5 bis 35 Tage) und dann im Edelstahl ausgebaut, die Spitzenweine kommen für mindestens zwölf Monate ins Barrique.

Vorjahre

Die 2010er Weißweine waren klar und frisch, boten gleichmäßige, zuverlässige Qualität. Im roten Segment prägten vor zwei Jahren merkliche Bitternoten manche Weine. Auch die im vergangenen Jahr verkosteten Rotweine der Jahrgänge 2008 und 2009 waren etwas von Bitternoten geprägt. Die 2011er Weißweine präsentierten sich sauber und frisch, unsere eindeutigen Favoriten waren die beiden Urgesteins-Weine aus dem Binger Schlossberg Schwätzerchen, Silvaner und Riesling.

Neue Kollektion

Die neue Kollektion gefällt uns insgesamt besser, bietet klare, geradlinige Weiß- und Rotweine. Unsere Favoriten sind wie im Vorjahr die beiden Urgesteinsweine aus dem Binger Schlossberg Schwätzerchen: Der Silvaner ist klar, kraftvoll und zupackend, der Riesling zeigt gute Konzentration, feine Würze und Frucht im Bouquet, ist klar und fruchtbetont im Mund bei guter Struktur. ◀

Weinbewertung _____

83   2012 Riesling trocken „vom Kalkstein" Sprendlingen   **6,80 €**

80   2012 Weißburgunder trocken „vom Kalkmergel" Vendersheim   **6,40 €**

81   2012 Sauvignon Blanc trocken „vom Muschelkalk" Sprendlingen   **7,10 €**

81   2012 Chardonnay trocken „vom Tonmergel" Vendersheim   **6,50 €**

(85)   2012 Silvaner trocken „Urgestein vom Quarzit" Binger Schlossberg Schwätzerchen

(86)   2012 Riesling trocken „Urgestein vom Quarzit" Binger Schlossberg Schwätzerchen

82   2010 Spätburgunder trocken „vom Kalkmergel" Sprendlingen   **7,30 €**

83   2011 Merlot trocken „vom Kalkmergel" Vendersheim   **7,40 €**

★ ★ ★

Benderhof

Weingut   **Pfalz**

Neugasse 45, 67169 Kallstadt
Tel. *06322-1520,* **Fax:** *06322-980775*
www.weingut-benderhof.de
info@weingut-benderhof.de
Besuchszeiten: *Mo.-Sa. 9-12 + 14-18 Uhr (mit Bitte um Anmeldung)*

Inhaber .... Karola Bender-Haaß, Otto Haaß
.... Martin Haaß
Rebfläche .... 12 Hektar

Riesling ist die wichtigste Rebsorte beim Benderhof, nimmt ein Drittel der Rebfläche ein. Zweitwichtigste Weißweinsorte ist Weißburgunder, gefolgt von Scheurebe, Silvaner und Grauburgunder. Rote Sorten nehmen 35 Prozent der Rebfläche ein: Spätburgunder, Saint Laurent, Schwarzriesling, Regent und

Dornfelder. Die Weinberge befinden sich in den Kallstadter Lagen Steinacker, Kreidkeller und Saumagen, sowie im Herxheimer Himmelreich. Die Rotweine werden in Holzfässern ausgebaut, teilweise in Barriques.

Vorjahre _____

Vor zwei Jahren präsentierte der Benderhof eine Kollektion auf hohem Niveau, jeder Wein überzeugte, vor allem die Riege der Rieslinge. Bei den trockenen Rieslingen standen zwei Weine ganz oben: Der Kreidkeller hatte eine etwas strahlendere Frucht, der Saumagen überzeugte durch stoffige Mineralität. Kallstadt hatte mit dem Jahrgang 2010 bei den Rieslingen das große Los gezogen, Klarheit, Saftigkeit, Extraktreichtum und Mineralität waren enorm. Im vergangenen Jahr spürte man auch beim Benderhof die Rückkehr zu einem „normalen" Riesling-Jahrgang. Den Weinen fehlte etwas die Dichte des Jahrgangs 2010, sie waren aber immer noch sehr gut. Potenzial zeigten sie allemal - möglicherweise hatten sie zum Zeitpunkt der Verkostungen auch eine Phase der Verschlossenheit. Sehr gut bis hervorragend waren die Rotweine, viel Saft und feine Tannine zeigten sowohl der Regent als auch die Spätburgunder. Musterexemplare waren die beiden edelsüßen Weine, wobei wir der Beerenauslese vom Riesling knapp den Vorzug gegenüber der Trockenbeerenauslese von der Scheurebe gaben.

Neue Kollektion _____

In diesem Jahr konnten wir die 2011er Top-Rieslinge des Weinguts noch einmal verkosten. Sie haben sich sehr gut entwickelt. Der Saumagen 2011 zeigt reife, feinwürzige Eleganz, der Himmelreich 2011 ist herrlich duftig, zeigt einen eleganten, geradlinigen Druck, eher „gotisch". Barocker kommt dagegen der Himmelreich 2012 daher, viel Primärfrucht, feiner Biss und fülliger Druck. Der Saumagen 2012 mit dem Zusatz „Nill", ein Gewann im Saumagen, früher eine Einzellage, zeigt ebenfalls viel Frucht, er ist elegant und geschliffen. Wunderbar entwickelt haben sich die 2003er Rieslinge. Saumagen ist sehr elegant mit feinen reifen Noten, er zeigt ein feines Säurespiel und ein mineralisches Gerüst. Der Himmelreich 2003 ist ebenso elegant, aber etwas fülliger, barocker. Sehr gut sind auch die anderen Weißweine, hervorzuheben wäre der stoffig-elegante Weißburgunder. Bei den Spätburgundern steht ganz klar die Frucht im Vordergrund, nicht das Holz, nicht die Röstaromen, die Frucht ist kühl und klar. Ein sehr moderne Auffassung von Spätburgunder. ◀

Weinbewertung

84	2012 Riesling trocken Kallstadt „Kiesel" 12,5 %/6,- €	
86	2012 Riesling trocken Kreidkeller „Alte Reben" 13 %/9,- €	
89	2012 Riesling trocken Saumagen „S" 12,5 %/13,- €	
89	2012 Riesling trocken Himmelreich „S" 13 %/13,- €	
88	2011 Riesling trocken Saumagen „S" 13 %/13,- €	
88	2011 Riesling trocken Himmelreich „S" 13 %/13,- €	
90	2003 Riesling trocken Saumagen „S" 13 %	
90	2003 Riesling trocken Himmelreich „S" 13 %	
85	2012 Scheurebe trocken Herxheim 12,5 %/8,- €	
84	2012 Silvaner trocken Kallstadt 13 %/6,- €	
86	2012 Weißburgunder trocken Kallstadter Steinacker 14 %/8,- €	
88	2012 Weißburgunder trocken Kallstadter Seinacker „S" 13,5 %/13,- €	
85	2012 Gewürztraminer Spätlese Kallstadt 12 %/8,- €	
85	2012 Spätburgunder „Blanc de Noir" trocken 13 %/8,- €	
85	2011 Schwarzriesling trocken Kallstadter Steinacker 13,5 %/9,- €	
87	2010 Spätburgunder trocken Kallstadter Steinacker 13,5 %/9,- €	
89	2010 Spätburgunder trocken Kallstadter Steinacker „S" 13,5 %/14,- €	

Graf von ★★
Bentzel-Sturmfeder
Weingut   **Württemberg**

Sturmfederstraße 4, 74360 Schozach
Tel. 07133-960894, **Fax:** 07133-960895
www.sturmfeder.de
weingut@sturmfeder.de
Besuchszeiten: Mo.-Fr. 9-17 Uhr, Sa. 10-14 Uhr
Hotel „Landhaus Sturmfeder"

Inhaber . . . . Kilian Graf von Bentzel-Sturmfeder
Kellermeister . . . . Holger Matz
Rebfläche . . . . 15 Hektar

Die Geschichte des Sturmfederschen Weingutes reicht bis 1396 zurück, als Ritter Friedrich Sturmfeder von Graf Eberhard von Württemberg ein Gut in Schozach zu Lehen erhielt. Die 15 Hektar große Süd-Südost-Lage Schozacher Roter Berg mit ihren schweren Lehmkeuperböden gehört dem Weingut seit dem 19. Jahrhundert im Alleinbesitz. Seit 1995 leitet Kilian Graf von Bentzel-Sturmfeder den Betrieb, seit 2001 ist er auch Eigentümer des Weinguts. Drei Viertel der Rebfläche nehmen rote Sorten ein, hauptsächlich Burgundersorten wie Spätburgunder, Samtrot, Clevner und Schwarzriesling, dazu Lemberger, St. Laurent, Acolon, Cabernet Dorsa und Dornfelder. Alle Rotweine werden in Eichenholzfässern ausgebaut. Wichtigste weiße Rebsorte ist der Riesling, es folgen Weiß- und Grauburgunder.

Vorjahre

Vor zwei Jahren bot die Kollektion kraftvolle Rotweine und einen fülligen Riesling an der Spitze. Die letztjährige Kollektion war ein Schritt voran, die Rieslinge gefielen uns gut, die Rotweine präsentierten sich geschlossen auf gutem Niveau, Highlight war der Spätburgunder, das Große Gewächs.

Neue Kollektion

In der neuen Kollektion sind die Gewichte wieder klar verteilt: Während die Weißweine klar, aber etwas verhalten sind, besitzen die Rotweine Frucht und Kraft. An der Spitze ste-

B

hen die beiden sehr guten Großen Gewächse: Der Lemberger besitzt gute Konzentration und reife Frucht, ist füllig und harmonisch bei guter Substanz. Noch ein klein wenig besser gefällt uns der Spätburgunder: Gute Konzentration, Gewürze und reife Frucht prägen das Bouquet, im Mund präsentiert er sich füllig und kraftvoll, besitzt reife Frucht, gute Struktur und Substanz. ◀

Weinbewertung

82 2012 Riesling Kabinett trocken 12 %/7,90 €
81 2012 Grauburgunder Kabinett trocken
    12,5 %/7,90 €
81 2012 Sauvignon Blanc trocken Schozacher
    Roter Berg 13 %/10,60 €
82 2012 Gewürztraminer Kabinett 11,5 %/7,90 €
84 2011 Sankt Laurent trocken 12 %/6,90 €
83 2010 Samtrot trocken Schozacher Roter Berg
    13 %/10,60 €
83 2010 Cabernet Dorsa trocken Schozacher
    Roter Berg 13,5 %/10,90 €
88 2010 Spätburgunder „GG" Schozacher Roter
    Berg 13,5 %/19,90 €
87 2009 Lemberger „GG" Schozacher Roter Berg
    13,5 %/19,90 €

★

Benz
Weingut   **Baden**

Im Walterstal 1, 97922 Lauda-Königshofen
Tel. 09343-4523, Fax: 09343-58388
www.weingut-benz.de
info@weingut-benz.de
Besuchszeiten: Di.-Fr. 8-18 Uhr, Sa. 9-16 Uhr,
So. 10-12 Uhr; Weinproben (15 bis 80 Personen),
„Vintasticum" jeden Sa. 16 Uhr; Weinhotel Benz

Inhaber . . . . Hubert und Renate Benz
Rebfläche . . . . 53 Hektar

Hubert und Renate Benz kamen 1994 aus der Ortenau ins mittlere Taubertal. Sie erwarben am Rande von Beckstein ein Weingut mit über 250-jähriger Tradition. Die Reben wachsen vor allem an ihrem Hausberg, dem Königshöfer Walterstal, einem Seitental der Tauber. Weitere Lagen sind – im Alleinbesitz – der Oberschüpfer Herrenberg, eine sehr muschelkalkhaltige Steillage mit 70 Prozent Hangneigung, und der teilweise terrassierte Becksteiner Kirchberg. Neben den klassischen tauberfränkischen Rebsorten setzen Hubert und Renate Benz verstärkt auf pilzresistente Sorten, bauen aber auch Tauberschwarz und Cabernet Sauvignon an. Die Weißweine werden lange auf der Hefe ausgebaut, Rotweine kommen nach der Maischegärung ins Holzfass oder Barrique, wobei ausschließlich Fässer aus heimischer Eiche verwendet werden. Tochter Corinna ist nach Geisenheim-Studium und Stationen in Übersee ebenso im Betrieb tätig wie Sohn Michael, der derzeit seine Weinbautechniker-Ausbildung in Weinsberg macht. 2010 erwarb man den 10 Hektar großen Königshöfer Turmberg, der Keller wurde erweitert. Im September 2012 wurde in den Weinbergen von Beckstein das Weinhotel Benz eröffnet.

Vorjahre

Vor zwei Jahren gefiel uns der Pinot Rosé Crémant gut, ebenso der Silvaner, auch die roten Barriqueweine des Jahrgangs 2007. Die letztjährige Kollektion hatte einen klaren Star: Den im Barrique ausgebauten 2008er Cabernet Sauvignon.

Neue Kollektion

Dessen Nachfolger ist nun unser Favorit in diesem Jahr, zeigt gute Konzentration im Bouquet, eindringlich Gewürze, dezent Cassis und Schokolade, ist füllig und kraftvoll im Mund bei guter Struktur und Substanz. Überhaupt gefallen uns die Barriqueweine am besten, auch wenn das Barrique schon sehr dominiert, etwas den Sortencharakter nimmt. Im ansonsten sehr gleichmäßigen weißen Segment ist mit dem 2011er Grauburgunder ebenfalls ein Barriquewein unser Favorit, der kräftige Vanillenoten aufweist, kraftvoll und konzentriert ist. ◀

Weinbewertung _____

79 2012 Silvaner Kabinett trocken **13 %/6,50 €**
81 2012 Silvaner Spätlese trocken „Alte Reben" **13 %/9,- €**
81 2012 Auxerrois Spätlese trocken Becksteiner Kirchberg **13 %/7,50 €**
80 2012 Pinot „Blanc de Noir" Spätlese trocken Königshofer Turmberg **13 %/7,50 €**
85 2011 Grauburgunder trocken Barrique „Edition Schlösslein" **13,5 %/16,- €**
81 2012 „Rosé de Benz" trocken **12,5 %/6,50 €**
80 2011 Tauberschwarz trocken Oberschüpfer Herrenberg **13 %/7,90 €**
80 2011 Spätburgunder trocken **13 %/7,- €**
80 2012 Cabernet Sauvignon trocken Oberschüpfer Herrenberg **13,5 %/7,90 €**
84 2009 Tauberschwarz trocken „Edition Schlösslein" **14 %/18,- €**
86 2009 Cabernet Sauvignon trocken „Edition Schlösslein" **14 %/18,- €**
85 2009 Pinot Noir trocken „Edition Schlösslein" **13,5 %/18,- €**

★

Dr. **Benz** Kirchberghof
Weingut   **Baden**

🌿 *Pfadweg 5, 79341 Kenzingen-Bombach*
Tel. 07644-1261, Fax: 07644-4054
www.weingut-dr-benz.de
info@weingut-dr-benz.de
***Besuchszeiten:** Di.-Fr. 9-12 + 14-17:30 Uhr,
Sa. nach Vereinbarung*

Inhaber .... Dr. Eribert Benz
Rebfläche .... 19 Hektar

Der Kirchberghof liegt in Bombach, etwa 20 Kilometer nördlich von Freiburg, besitzt Weinberge in den Lagen Kenzinger Hummelberg, Bombacher Sommerhalde und Riegeler St. Michaelsberg. Sortenschwerpunkt sind die Burgundersorten, ergänzt mit Chardonnay, Müller-Thurgau, Cabernet Sauvignon und Merlot. Daneben gibt es verschiedene pilzwiderstandsfähige Sorten wie Léon Millot und Maréchal Foch, Johanniter und Helios, Prior, Monarch, Cabernet Cortis, Cabernet Carol und Cabernet Carbon. Nach zehn Jahren organisch-biologischen Weinbaus wird das Gut seit 2002 nach den Grundsätzen des biologisch-dynamischen Weinbaus bewirtschaftet. Die Weine werden verstärkt spontanvergoren, viele im Holzfass ausgebaut.

Vorjahre _____

Vor zwei Jahren gefiel uns wieder einmal die Cuvée „Resumé" am besten in einer ansonsten etwas verhaltenen, wechselhaften Kollektion. Auch im vergangenen Jahr war die Cuvée aus Cabernet Sauvignon, Merlot und Regent unser Favorit in einer gleichmäßigen Kollektion.

Neue Kollektion _____

Sehr gleichmäßig präsentieren sich nun die 2012er Weißweine, Weiß- und Grauburgunder sind frisch und klar, im roten Segment gefällt uns der zupackende Spätburgunder aus dem Hummelberg am besten. ◀

Weinbewertung _____

82 2012 Helios **12,5 %/6,50 €**
83 2012 Weißburgunder trocken Bombacher Sommerhalde **13,5 %/8,20 €**
83 2012 Grauburgunder trocken Bombacher Sommerhalde **13 %/8,20 €**
81 Regent Rosé **13,5 %/7,- €**
80 2011 Spätburgunder trocken (1l) **12,5 %/6,50 €**
83 2010 Spätburgunder trocken Kenzinger Hummelberg **12,5 %/8,20 €**

Benzinger
Weingut im Leiningerhof   **Pfalz**

Weinstraße Nord 24, 67281 Kirchheim
Tel. *06359-1339,* **Fax:** *06359-2327*
www.leiningerhof.com
info@weingut-leiningerhof.de
Besuchszeiten: *Mo.-Fr. 8-12 + 13-17 Uhr,*
Sa. 11-17 Uhr, So. 11-14 Uhr
3 Veranstaltungsräume
Restaurant (Küchenchef: Bernhard Friedrich)

Inhaber........................Volker Benzinger
Rebfläche.............................13 Hektar

Der Leiningerhof in Kirchheim im Leiningerland wird heute von Volker und Inge Benzinger geführt. Die Weinberge liegen in verschiedenen Lagen von Kirchheim (Kreuz, Steinacker, Geißkopf), Bockenheim (Schlossberg) und Obersülzen (Schnepp). Neben Riesling und den weißen Burgundersorten spielen die roten Sorten Spätburgunder, Dornfelder und Portugieser eine sehr wichtige Rolle. Im Jahr 2001 hat Volker Benzinger etwas Merlot, Cabernet Sauvignon und Cabernet Franc gepflanzt, die er für Cuvées nutzt. Der Rotweinanteil liegt bei 35 Prozent. 90 Prozent der Weine werden trocken ausgebaut. Volker Benzinger verzichtet auf Prädikatsbezeichnungen. Seit 2004 ist die älteste Tochter Sylvia im Weingut tätig und für das Marketing verantwortlich (im Oktober 2005 wurde sie zur Deutschen Weinkönigin gewählt), inzwischen ist auch ihre jüngere Schwester Julia im Betrieb tätig, kümmert sich zusammen mit ihrem Vater um den Keller.

Vorjahre _____

Seit der ersten Ausgabe empfehlen wir schon die Weine von Volker Benzinger, immer wieder begeistert uns das zuverlässige, gute Niveau seiner Kollektionen. Die Weine sind reintönig und fruchtbetont, zeigen mustergültig den Rebsortencharakter. Vor zwei Jahren gefiel uns die klare frische Frucht der manchmal etwas bissigen Weißweine von 2010, an die Spitze hatten sich allerdings zwei Weißburgunder vom Jahrgang 2009 gesetzt. Auch der Grauburgunder von 2009 war sehr gut, der Riesling „J!" von 2010 zeigte ein elegantes, feines Frucht-Säurespiel. Beeindruckt waren wir ebenfalls von einer Kollektion sehr guter Rotweine. Im vergangenen Jahr haben wir uns wieder an der durchgängig hohen Qualität der reintönigen Weine aus dem Hause Benzinger gefreut. An der Spitze stand ein herrlich feinfruchtiger Grauburgunder, auch der „einfache" Grauburgunder war schon sehr gut. Auf einer Stufe lagen Auxerrois und Sauvignon Blanc, sehr gut waren auch die beiden J!-Weißweine, für die Julia Benzinger sich verantwortlich zeichnet. Sie bevorzugt den etwas süßeren Typ, die Weine liegen knapp über der Grenze eines trockenen Weines.

Neue Kollektion _____

Julia Benzinger bleibt ihrem Stil auch in diesem Jahr treu, von den drei „J!"-Weinen sind zwei sogar gesetzlich trocken. Der spontan vergorene Riesling zeigt viel Frucht und saftigen Biss, die weiße Cuvée ist eine gelungene Kombination von Sauvignon Blanc und Scheurebe, der Rosé hat eine klare Erdbeer-Frucht. Stoffig und druckvoll ist der Steinacker Riesling, zwischen Stachelbeere und Blumenwiese bewegt sich der Sauvignon Blanc. Die Rotweine sind saftig, mit zum Teil deutlicher Restsüße. ◄━

Weinbewertung _____

84 2012 Sauvignon Blanc trocken Obersülzer Schnepp **13 %/8,50 €**
85 2012 Riesling trocken Kirchheimer Steinacker **13 %/8,50 €**
86 2012 Riesling trocken „J!" **12,5 %/8,- €**
86 2012 Cuvée weiß „J!" **12 %/8,- €**
84 2012 Rosé trocken „J!" **12 %/8,- €**
82 2010 Spätburgunder trocken **13,5 %/6,- €**
82 2011 Cabernet Merlot trocken **13,5 %/7,50 €**
84 2009 Spätburgunder trocken „Alte Reben" **13,5 %/9,50 €**
83 2011 Dornfelder trocken „Alte Reben" **13 %/9,- €**

B

B   Die besten deutschen Weinerzeuger und ihre Weine

Bercher

Weingut   **Baden**

Mittelstadt 13, 79235 Burkheim
Tel. 07662-9076-0, **Fax:** 07662-8279
www.weingutbercher.de
info@weingutbercher.de
Besuchszeiten: Mo.-Sa. 9-11:30 + 13:30-17 Uhr

Inhaber . . . . Arne und Martin Bercher
Rebfläche . . . . 25 Hektar

Die aus der Schweiz stammende Familie ließ sich nach dem 30jährigen Krieg am Kaiserstuhl nieder. 1756 erbaute Franz-Michael Bercher das Gutshaus in Burkheim, das noch heute Sitz des Weinguts ist. Rainer und Eckhardt Bercher haben das Weingut in den siebziger Jahren mit damals 4 Hektar übernommen und zur heutigen Größe und zum heutigen Renommee geführt. Inzwischen hat die nächste Generation das Gut übernommen: Rainers Sohn Arne, der für den Weinausbau verantwortlich zeichnet, und Eckhardts Sohn Martin, der sich um den Außenbetrieb kümmert. Ihre Weinberge befinden sich in den Lagen Burkheimer Feuerberg (dunkles Vulkanverwitterungsgestein) und Schlossgarten (Lössterrassen), Sasbacher Limburg (Vulkangestein „Limburgit"), Jechtinger Eichert (Vulkanboden) und Steingrube, Königschaffhausener Hasenberg und Leiselheimer Gestühl. Über 40 Prozent sind mit Spätburgunder bestockt, dazu gibt es neben Weiß- und Grauburgunder vor allem noch Riesling, Müller-Thurgau und Chardonnay. Als Spezialitäten bauen sie Muskateller, Gewürztraminer, Scheurebe und Cabernet Sauvignon an. Über 90 Prozent der Weine werden trocken ausgebaut.

Vorjahre _____

Seit der ersten Ausgabe dieses Buches zählen wir das Weingut zu den besten Weingütern Deutschlands. Unsere Wertschätzung für die Bercherschen Weine ist in diesem Jahrzehnt stetig gestiegen, die letzten Kollektionen waren grandios, angefangen von den Kabinettweinen bis hin zu den Großen Gewächsen. Stars der Kollektionen sind die Großen Gewächse aus dem Feuerberg, Spätburgunder, Grauburgunder und Weißburgunder, die regelmäßig zu den Topweinen in Deutschland rechnen; der Chardonnay und das Große Gewächs aus dem Schlossgarten kommen ihnen oft nahe. 2011 waren schon die Kabinettweine sehr gut, allesamt wunderschön fruchtbetont und reintönig, die Spätlesen brachten eine weitere Steigerung wie dann auch die Großen Gewächse, die einmal mehr zu den Jahrgangsbesten in Deutschland zählten. Noch ein klein wenig besser als Weißburgunder und Grauburgunder aus dem Feuerberg bewerteten wir den komplexen Chardonnay. Auch die Rotweine der Berchers präsentieren sich Jahr für Jahr auf hohem Niveau. Angeführt wird die rote Phalanx regelmäßig vom Großen Gewächs aus dem Feuerberg, so auch 2010, die Cuvée Limburg kam ihm in diesem Jahrgang nahe.

Weißburgunder 2012 _____

Hohes Niveau schon beim Kabinett, so kennt man das von den Berchers: Fruchtbetont, reintönig und saftig, dabei schon erstaunlich füllig. Die Limburg-Spätlese ist noch fülliger, noch saftiger, besitzt viel reife Frucht und gute Länge. Das Große Gewächs zeigt viel Konzentration im Bouquet, dezent Gewürze, weiße und gelbe Früchte, ein klein wenig Toast im Hintergrund, ist füllig und kraftvoll im Mund, besitzt reife Frucht, gute Struktur und Frische, ganz dezent bitter-mineralische Noten im Abgang.

Grauburgunder 2012 _____

Die beiden Grauburgunder Kabinett sind wunderschön saftig und fruchtbetont, klar und füllig, fast schon zu füllig, fast schon Spätlesen, wobei die Spätlese aus dem Feuerberg dann doch nochmals konzentrierter und stoffiger ist, dabei ebenso reintönig wie die Kabinettweine. Das Große Gewächs aus dem Schlossgarten ist harmonisch, klar und zupackend, besitzt gute Präzision und Länge, ist angenehm schlank im Vergleich zum enorm stoffigen, druckvollen Wein aus dem Feuerberg, der herrlich viel Frucht und Substanz besitzt, lang und nachhaltig ist.

WeitereWeißweine

Freunde trockenen Muskatellers aufgepasst: Berchers SE ist für uns Deutschlands Bester, hat aber seinen Preis. Ganz spannend finden wir auch die Cuvée aus Scheurebe und Chenin Blanc, sie besitzt Frische, Kraft und Struktur. Der Chardonnay ist enorm fruchtbetont und konzentriert im Bouquet, ist füllig und saftig im Mund, besitzt viel reife Frucht und Substanz.

Spätburgunder

Sehr gut gefällt uns auch die Spätburgunder-Kollektion dieses Jahres, angefangen beim klaren, frischen Gutswein. Die Spätlese aus dem Eichert zeigt feine rauchige Noten im Bouquet, ist kraftvoll und zupackend im Mund, besitzt gute Präzision, der Wein aus dem Limburg ist kraftvoller und fülliger. Noch besser ist das Große Gewächs, das kraftvoll, klar und komplex ist bei viel jugendlichen Tanninen, nur die Toastnoten im Bouquet erscheinen uns etwas zu stark. ◀

Weinbewertung

87 2012 Weißburgunder Kabinett trocken Burkheimer Feuerberg 13,5 %/8,60 €

87 2012 Grauburgunder Kabinett trocken Jechtinger Eichert 13,5 %/8,10 € ☺

88 2012 Grauburgunder Kabinett trocken Burkheimer Schlossgarten 13,5 %/8,60 € ☺

86 2012 „Blanc de Noirs" Kabinett trocken Burkheimer Feuerberg 13,5 %/8,60 €

89 2012 Weißburgunder Spätlese trocken Sasbacher Limburg 14 %/12,80 €

89 2012 Grauburgunder Spätlese trocken Burkheimer Feuerberg 13,5 %/13,50 €

86 2012 Riesling Spätlese trocken Sasbacher Limburg 12 %/12,80 €

89 2012 Muskateller Spätlese trocken „SE" Burkheimer Schlossgarten 12,5 %/18,- €

89 2012 Scheurebe & Chenin Blanc Spätlese trocken 13,5 %/13,- €

90 2012 Chardonnay Spätlese trocken „SE" 13,5 %/19,- €

91 2012 Weißburgunder „GG" Burkheimer Feuerberg 14 %/21,- €

90 2012 Grauburgunder „GG" Burkheimer Schlossgarten 13,5 %/21,- €

92 2012 Grauburgunder „GG" Burkheimer Feuerberg 13,5 %/25,- €

85 2011 Spätburgunder trocken 13 %/9,30 €

85 2011 Spätburgunder Kabinett trocken Burkheimer Feuerberg 13 %/9,90 €

88 2011 Spätburgunder Spätlese trocken Jechtinger Eichert 13,5 %/17,- €

90 2010 Spätburgunder trocken Barrique Sasbacher Limburg 13 %/20,- €

91 2011 Spätburgunder „GG" Burkheimer Feuerberg 14 %/38,- €

★★★★
Bergdolt St. Lamprecht
Weingut   **Pfalz**

Dudostraße 17, 67435 Neustadt-Duttweiler
Tel. 06327-5027, Fax: 06327-1784
www.weingut-bergdolt.de
weingut-bergdolt-st.lamprecht@t-online.de
Besuchszeiten: Mo.-Fr. 8-12 + 14-18 Uhr, Sa. 10-16 Uhr

Inhaber . . . . Rainer und Günther Bergdolt
Rebfläche . . . . 24 Hektar

Das ehemalige Hofgut des Klosters St. Lamprecht wurde 1754 von Jakob Bergdolt erworben. Im 19. Jahrhundert hat die Familie die Rebfläche erweitert und Riesling und Silvaner im Fass an Händler verkauft. Friedrich Bergdolt begann 1911 mit der Flaschenabfüllung und Selbstvermarktung. Die Weinberge liegen vor allem in Duttweiler (Kalkberg, Mandelberg, Kreuzberg) und Ruppertsberg (Reiterpfad, Nussbien), in Kirrweiler (Mandelberg), Mussbach (Eselshaut) und Deidesheim (Mäushöhle). Wichtigste Rebsorten bei den heutigen Besitzern, den Brüdern Rainer und

Günther Bergdolt, sind Weißburgunder und Riesling mit einem Anteil von jeweils etwa einem Drittel. Hinzu kommen vor allem rote Sorten wie Spätburgunder, aber auch Dornfelder und dazu ein wenig Cabernet Dorio und Cabernet Dorsa.

Vorjahre

Seit der ersten Ausgabe empfehlen wir die Weine der Bergdolts, gehört das Weingut zu den Spitzenbetrieben der Pfalz. Früher als Weißburgunder-Spezialist bekannt, besticht heute die gesamte Kollektion durch ihr hohes Niveau. Der Weißburgunder aus dem Kirrweiler Mandelberg gehört regelmäßig zu den besten Weißburgundern in Deutschland. Die Rieslinge haben in den vergangenen Jahren deutlich an Format gewonnen, aber auch die Spätburgunder und die edelsüßen Weine sind stetig besser geworden, ebenso die Sekte. Die Weine haben sich in den letzten Jahren stilistisch ein klein wenig verändert, sie sind präziser und feiner geworden.

Vor zwei Jahren stand der Weißburgunder aus dem Mandelberg in Deutschland an der Spitze. Aber auch die restliche Riege war ganz stark: Tolle Weißburgunder Spätlesen, ein fülliger Chardonnay aus dem Holzfass, tadellose Rieslinge und kräftige Spätburgunder. Im vergangenen Jahr führte wieder der Mandelberg, das Große Gewächs vom Weißburgunder, die Kollektion der Bergdolts an. Die Kabinett und „S"-Weine vom Weißburgunder waren von einer schlanken Eleganz geprägt, was auch mit dem geringen Restzucker von weniger als 2 oder 3 Gramm pro Liter zusammenhängt. Auch die Riesling-Kollektion zeigte eine klare Handschrift. Die Weine waren gut strukturiert, mit frischer Frucht und aufsteigender Kraft und Komplexität. Das Große Gewächs war elegant, vielschichtig, mit viel Saft und Substanz. Die Sekte waren sehr elegant, profitierten von einem langen Hefelager. Die Spätburgunder zeigten kühle Eleganz und feine, salzige Mineralität, angeführt vom blaublütigen Großen Gewächs.

Neue Kollektion

In diesem Jahr zeigt der bereits vor einem Jahr verkostete Fluxus-Sekt, dass sich auch degorgierte Schaumweine entwickeln können. Der Fluxus hat an Eleganz noch zugelegt, er würde sich auch in einer Reihe sehr guter Champagner behaupten können. Der Weißburgunder hat die Eleganz der Stillweine. Bei Weißburgunder ist Bergdolt eine Bank. Auch in diesem Jahr. Der Kabinett ist klar, kräftig und frisch, der Kreuzberg bereits elegant-stoffig. Der Weißburgunder St. Lamprecht ist noch verschlossen und schwer zu bewerten. Er ist sehr konzentriert und ganz klar, stoffig und fokussiert. Der Lössriedel ist - fast durchgegoren - sehr elegant und schlank, sehr fokussiert, ein idealer Essensbegleiter. Noch eleganter und geschliffener ist das Große Gewächs vom Weißburgunder, im Moment auch noch nicht leicht zugänglich. Aber das ist Weinen dieser Konzentration, die praktisch ohne stützenden Restzucker auskommen müssen, auch nicht weiter verwunderlich. Das Große Gewächs vom Riesling ist druckvoll und spannend mit heller, eleganter Frucht und ebenfalls nicht süß. Sehr gut hat sich das Große Gewächs vom Spätburgunder entwickelt. Der Kalkberg ist kräuterwürzig in der Nase, sehr saftig und elegant. ◄━━

Weinbewertung

87   2010 Weißburgunder Sekt extra brut
     13 %/13,- €

89   2009 „Fluxus" Sekt extra brut   13 %/17,50 €

84   2012 Riesling trocken Deidesheimer
     12,5 %/7,90 €

85   2012 Riesling Kabinett trocken „Kalkmergel"
     12 %/7,60 €

85   2012 Riesling Kabinett trocken „Buntsandstein"   12 %/7,60 €

87   2012 Riesling „S" trocken Duttweiler
     12,5 %/12,50 €

86   2012 Riesling „S" trocken Ruppertsberger
     12,5 %/12,50 €

90   2012 Riesling „GG" Reiterpfad Ruppertsberg
     12,5 %/26,- €

85   2012 Weißburgunder Kabinett trocken „St.

Lamprecht" **12,5 %/7,50 €**

87 2012 Weißburgunder trocken Duttweiler Kreuzberg **13 %/14,50 €**

89 2012 Weißburgunder trocken „Lössriedel" Duttweiler Mandelberg **13,5 %/16,- €**

88 2012 Weißburgunder trocken „St. Lamprecht" **13,5 %/18,- €**

91 2012 Weißburgunder „GG" Mandelberg Kirrweiler **14 %/26,- €**

90 2010 Spätburgunder „GG" Kalkberg Duttweiler **13,5 %/28,- €**

★ ☆

Bergdolt-Reif & Nett
Wein- und Sektgut **Pfalz**

Dudostraße 24, 67435 Neustadt-Duttweiler
Tel. *06327-2803*, **Fax:** *06327-1485*
www.weingut-brn.de
info@weingut-brn.de
Besuchszeiten: *8-18 Uhr*

Geschäftsführer .... Bernhard Nett
Betriebsleiter/Kellermeister .... Christian Nett
Rebfläche .... 30 Hektar

Bergdolt-Reif & Nett vermarktet die Weine in drei Linien: „Tradition" für Weine aus traditionellen Rebsorten für den täglichen Genuss, „Avantgarde" für Weine aus modernen Rebsorten bei niedrigen Erträgen, sowie „Prestige" für die besten Weine und Jahrgänge. 70 Prozent der Weinberge nehmen weiße Rebsorten ein, vor allem Riesling, Weißburgunder, Grauburgunder und Müller-Thurgau, aber auch Sauvignon Blanc, Scheurebe, Silvaner, Muskateller, Gewürztraminer und Bacchus. An roten Sorten gibt es Spätburgunder, Dornfelder, Merlot und Lagrein. Für den Ausbau der Weine ist Christian Nett verantwortlich, der seine Ausbildung bei den Weingütern August Ziegler, Dr. Deinhard und Müller-Catoir absolvierte.

Vorjahre _____

Vor zwei Jahren stellten wir einen qualitativen Schritt nach vorne fest, alle Weine waren klar mit feinem Saft. Die positive Entwicklung bestätigte sich im vergangenen Jahr. Alle Weine waren sehr klar, rund und rebsortentypisch. Der Weiß- und der Grauburgunder waren eine positive Überraschung, sie zeigten eine herrlich klare Frucht mit ganz feinem, unaufdringlichem Holzeinsatz. Auch die vorgestellten Rotweine überzeugten mit klarer Frucht und einer guten Struktur.

Neue Kollektion _____

Es geht weiter voran. Weiß- und Grauburgunder vom neuen Jahrgang sind noch einen Tick feiner und eleganter, der Weißburgunder zeigt klare Frische und viel Frucht, der Grauburgunder Schmelz und cremige Saftigkeit. Der Riesling ist klar und frisch. Mit einer guten Tanninstruktur und viel Frucht punktet der Merlot, der Lagrein ist herrlich saftig und von feiner Struktur. Die Cuvée wirkt noch etwas jugendlich. ◀

Weinbewertung _____

85 2012 Riesling trocken Black Edition **13 %/9,- €**

87 2012 Weißburgunder trocken Black Edition **13,5 %/9,- €**

88 2012 Grauburgunder trocken Avantgarde „Hansen" **14 %/14,- €**

85 2011 „Olé Olá" Rotwein trocken Black Edition **13,5 %/12,- €**

88 2011 Merlot trocken Avantgarde „Kreuz" **14 %/16,- €**

87 2011 Lagrein trocken Avantgarde „Kolben" **13 %/16,- €**

Bergsträsser ★

Winzer eG   **Hessische Bergstraße/Baden**

Darmstädter Straße 56, 64646 Heppenheim
*Tel. 06252-79940, **Fax**: 06252-799450*
www.bweg.de
info@bweg.de
***Besuchszeiten:** Mo.-Fr. 8-18:30 Uhr, Sa. 9-16 Uhr,*
So. 10-15 Uhr
Wein- und Speiselokal „Winzerkeller"

Geschäftsführer . . . . Otto Guthier
Mitglieder 501
Rebfläche . . . . 263 Hektar

Die Bergsträsser Winzer sind mit Abstand der größte Erzeuger an der Hessischen Bergstraße. Sie erzeugen mit etwa 1,8 Millionen Flaschen im Jahr mehr als die Hälfte des insgesamt in der Region produzierten Weins. Wichtigste Rebsorte ist Riesling mit einem Anteil von über 50 Prozent. Es folgen Müller-Thurgau, Grauburgunder, Spätburgunder und Silvaner, aber auch Rebsorten wie St. Laurent, Weißburgunder, Gewürztraminer, Scheurebe und Kerner. Die Weinberge verteilen sich auf 17 Einzellagen. Da auch Winzer aus den badischen Nachbargemeinden (Badische Bergstraße) ihre Trauben in Heppenheim anliefern, führen die Bergsträsser Winzer auch einige badische Weine im Programm. 60 Prozent der Weine werden trocken ausgebaut.

Neue Kollektion

Vor zwei Jahren standen zwei Eisweine an der Spitze der Kollektion, auch der Sauvignon Blanc war richtig gut. Im vergangenen Jahr verkosteten wir eine gleichmäßig gute Kollektion sozusagen außer Konkurrenz, da die Weine erst nach Redaktionsschluss angestellt worden waren. In diesem Jahr ergibt sich wiederum ein gleichmäßiges Bild mit zwei Ausreißern nach oben – den sehr klaren, duftigen, eleganten und konzentrierten Eisweinen. ◄━━

Weinbewertung

80	2012 Grauburgunder trocken Heppenheimer Schlossberg **12 %/5,40 €**
82	2012 Weißer Riesling trocken **12 %/4,70 €**
81	2012 Weißburgunder trocken **12 %/4,80 €**
82	2012 Grauburgunder Kabinett trocken **12 %/5,90 €**
83	2012 Riesling Spätlese trocken Heppenheimer Steinkopf **12 %/8,20 €**
81	2012 Weißburgunder „feinherb" **11,5 %/5,50 €**
78	2012 Scheurebe lieblich **10,5 %/6,90 €**
82	2011 Cabernet Sauvignon & Cabernet Mitos trocken Barrique **13,5 %/13,50 €**
81	2011 Saint Laurent trocken **13 %/7,40 €**
87	2012 Riesling Eiswein Heppenheimer Maiberg **7 %/24,90 €/0,375l**
87	2012 Riesling Eiswein Heppenheimer Schlossberg **7,5 %/19,50 €/0,375l**

Bergstraße ★

Domäne   **Hessische Bergstraße**

Hessische Staatsweingüter GmbH
Kloster Eberbach Domäne Bergstrasse
Grieselstraße 34-36, 64625 Bensheim
*Tel. 06251-3107, **Fax**: 06251-690057*
www.kloster-eberbach.de
weingut@kloster-eberbach.de
***Besuchszeiten:** Mo.-Fr. 8-18, Sa. 9:30-13 Uhr*
Weinpavillon im Rebmuttergarten (1. Mai bis 31.
Oktober Sa. ab 16 Uhr, So. & Feiertage ab 11 Uhr,
zusätzlich 1. Juni bis 31. August Fr. ab 16 Uhr)

Inhaber . . . . Land Hessen
Direktor . . . . Dieter Greiner
Rebfläche . . . . 35 Hektar

Die Weinbaudomäne entstand aus dem Kammerbesitz des Großherzogs von Hessen-Darmstadt. Die beiden Lagen Heppenheimer Centgericht und Schönberger Herrnwingert befinden sich im Alleinbesitz der Domäne. Knapp zwei Drittel der Rebfläche sind mit Riesling bestockt, hinzu kommen Weißburgunder und Chardonnay, Grauburgunder, Spätburgunder, Müller-Thurgau, Traminer und Dornfelder. Eine Spezialität des Weingutes, von Geschäftsführer Dieter Greiner, Betriebsleiter Volker Hörr und Kellermeister Thomas Löffler, ist die Erzeugung edelsüßer Weine. Mit der Ernte 2011 wurde der Weinausbau von der Bensheimer Innenstadt nach Bensheim-Auerbach verlegt. Mittlerweile ist auch die Vinothek von Bensheim in das Gebäude im Rebmuttergarten umgezogen.

Vorjahre

In den letzten Jahren fielen die Kollektionen stetig schwächer aus. Auch 2010 fehlten die echten Spitzen, die 2011er waren dann geradlinig und schlank, ohne zu begeistern. Am Schluss der Verkostung fragten wir uns, warum man hier nicht die Möglichkeiten, welche die Lagen bieten, konsequenter nutzt.

Neue Kollektion

2012 ist ein leichter Aufwärtstrend unverkennbar. Auch wenn Weiß- und Grauburgunder noch an Komplexität zu wünschen übrig lassen, gefällt die trockene Riesling Spätlese bereits gut. Eine echte Überraschung stellt dann der Eiswein aus der Lage Centgericht dar: Reintönig, füllig, deutlich süß, aber gekonnt gemacht. Eine gute Basis für weitere Anstrengungen. ◀

Weinbewertung

81	2012 Weißburgunder trocken „Crescentia" Schönberger Herrnwingert	13 %/10,- €
83	2012 Grauburgunder trocken „Crescentia" Heppenheimer Centgericht	13 %/10,50 €
84	2012 Riesling Spätlese trocken „Crescentia" Heppenheimer Steinkopf	12 %/10,50 €
85	2012 Riesling Spätlese trocken „Crescentia" Heppenheimer Centgericht	12 %/10,50 €
89	2012 Riesling Eiswein „Goldkapsel" Heppenheimer Centgericht	7 %/0,375l

★ ☆

Josef **Bernard-Kieren**
Weingut   **Mosel**

B

Hauptstraße 101, 54470 Graach
Tel. 06531-2183, **Fax:** 06531-2090
www.bernard-kieren.de
info@bernard-kieren.de
Besuchszeiten: täglich nach Vereinbarung
offener Keller: Pfingst- und Fronleichnamwochenende; Straußwirtschaft (Juli bis Ende Oktober täglich geöffnet); Gästezimmer

Inhaber	Josef Bernard
Rebfläche	3,2 Hektar

Die Weinberge von Josef Bernard liegen in den Graacher Lagen Domprobst und Himmelreich, sowie im Lösnicher Burgberg. Neben Riesling gibt es ein wenig Müller-Thurgau und Spätburgunder. Die Weine werden langsam vergoren, überwiegend in Holzfässern, allerdings kommen auch Stahltanks zum Einsatz. Die Rieslinge von Josef Bernard besitzen immer Finesse und Frucht, wirken nie aufdringlich. Die trockenen Weine stehen oft ein wenig im Schatten der saftigen Spät- und Auslesen, die mit ein bis drei Sternen gekennzeichnet werden.

Vorjahre

2010 präsentierte sich konsistent auf gutem Niveau, wurde angeführt von der würzigen Beerenauslese aus dem Himmelreich. 2011 präsentierte Josef Bernard eine sehr gleichmäßige Kollektion, in der die trockenen Weine den restsüßen Paroli bieten konnten.

Neue Kollektion

Sehr gleichmäßige ist nun die 2012er Kollektion. Im trockenen Segment gefällt uns die füllige, kraftvolle Spätlese aus dem Himmelreich am besten. Süß ist ein klein wenig stärker, bietet einen feinen Kabinett und füllige Spätlesen, die konzentrierte, zupackende Spätlese M aus dem Domprobst gefällt uns besonders gut, ebenso die saftige Auslese. ◀

Die besten deutschen Weinerzeuger und ihre Weine

B

Weinbewertung

82 2012 Riesling Hochgewächs trocken Graacher Domprobst **4,80 €**

82 2012 Riesling Kabinett trocken Graacher Domprobst **5,50 €**

84 2012 Riesling Spätlese trocken Graacher Himmelreich **6,80 €**

82 2012 Riesling Hochgewächs halbtrocken Graacher Himmelreich (1l) **5,50 €**

82 2012 Riesling Kabinett halbtrocken Graacher Himmelreich **5,50 €**

83 2012 Riesling Spätlese „feinherb" Graacher Domprobst **7,- €**

84 2012 Riesling Kabinett* Nr. 21/13 Graacher Himmelreich **5,50 €**

81 2012 Riesling Kabinett Nr. 23/13 Graacher Himmelreich **5,50 €**

84 2012 Riesling Spätlese** Graacher Himmelreich **6,80 €**

84 2012 Riesling Spätlese*** Graacher Domprobst **7,50 €**

86 2012 Riesling Spätlese*** „M" Graacher Domprobst **7,50 €**

86 2012 Riesling Auslese** Graacher Himmelreich **10,- €**

★

Bernhard-Räder

Weingut

Rheinhessen

📍 *Langgasse 41, 55234 Flomborn*
***Tel.** 06735-960085, **Fax:** 06735-960086*
www.bernhardraeder.de
weingut@bernhardraeder.de
***Besuchszeiten:** nach Vereinbarung*
Gästehaus

Inhaber . . . . Rüdiger und Philipp Räder,
. . . . Ulla Bernhard-Räder

Rebfläche . . . . 24 Hektar

Ulla Bernhard-Räder und Ehemann Rüdiger Räder haben 1987 den elterlichen Betrieb übernommen und mit der Flaschenweinver-marktung begonnen. 1991 wurde eine Scheune in ein Gästehaus umgewandelt. Ein Teil der Ernte wird als Fasswein verkauft. Die Weinberge liegen in den Flomborner Lagen Goldberg und Feuerberg, im Ober-Flörsheimer Blücherpfad, im Gundersheimer Höllenbrand sowie in den 15 km entfernten Hillesheimer Lagen Sonnheil und Altenberg. 2010 wurde mit der Umstellung auf ökologischen Weinbau begonnen. Sohn Philipp kreiert seit dem 17. Lebensjahr seine eigene Kollektion; er hat 2011 seine Ausbildung zum Weinbautechniker abgeschlossen, war im Frühjahr 2012 zu einem Praktikum in Hawkes Bay.

Vorjahre

2010 überzeugte der Riesling Mordhohl in einer eigenständigen, teils etwas eigenwilligen Kollektion. Die letztjährige Kollektion präsentierte sich ein wenig uneinheitlich mit kraftvollen Rotweinen, einem geradlinigen Riesling Mordhohl und einigen recht süß geratenen, fülligen Weißweinen.

Neue Kollektion

In diesem Jahr nun haben wir zwei sehr eigenständige Weißweine am höchsten bewertet: Der Riesling Mordhohl ist klar, kraftvoll und zupackend, der Grauburgunder „18" aus dem Jahrgang 2009, nach ein bis zwei Tagen Maischestandzeit im 1200-Liter-Fass ausgebaut, ist würzig und kraftvoll, besitzt gute Struktur und Substanz. ◀

Weinbewertung

81 2012 Weißburgunder Classic **13 %/5,90 €**

85 2009 Grauburgunder „18" **14 %/9,90 €**

85 2012 Riesling trocken „Mordhohl" **13 %/7,90 €**

82 2012 Sauvignon Blanc **12 %/6,90 €**

83 2010 Spätburgunder trocken Barrique **13 %/11,90 €**

84 2008 St. Laurent trocken „Ulrubera" **12 %/8,90 €/0,5l**

B

Die besten deutschen Weinerzeuger und ihre Weine

Bernhart

★★★★

Wein- und Sektgut
Pfalz

Hauptstraße 8, 76889 Schweigen-Rechtenbach
Tel. *06342-7202,* **Fax:** *06342-6396*
www.weingut-bernhart.de
info@weingut-bernhart.de
Besuchszeiten: *Mo.-Fr. 9-12 + 14-17 Uhr, Sa. 9-16 Uhr*

Inhaber .... Willi und Gerd Bernhart
Rebfläche .... 16 Hektar

Das Weingut Bernhart in Schweigen an der Grenze zum Elsass wird heute geführt von Willi Bernhart und seinem Sohn Gerd, der für den Keller verantwortlich ist. Spezialität des Weingutes sind trockene Weine aus den Burgundersorten. Neben den Burgundersorten (etwa 40 Prozent) und Chardonnay bauen Willi und Gerd Bernhart auch Riesling, Portugieser, Gewürztraminer, Silvaner und Müller-Thurgau, sowie Cabernet Sauvignon und Merlot an. Immer häufiger findet man barriqueausgebaute Weine im Programm. Bereits seit 1985 stellt man hier auch eigenen Sekt her. 90 Prozent der Weine werden an Privatkunden verkauft.

Vorjahre

Seit der ersten Ausgabe empfehlen wir schon die Weine der Bernharts. Sie waren immer schon reintönig und frisch – und sind es auch heute noch. Seither aber haben sie in der Spitze stetig zugelegt, sowohl die Weißweine wie auch die Roten haben an Konzentration und Kraft, an Fülle und Nachhaltigkeit gewonnen. Vor zwei Jahren zeigte Gerd Bernhart Konstanz auf hohem Niveau, mit eindeutigen Stärken im roten Bereich: Die vier Spätburgunder waren alle wunderbar klar und reintönig, besaßen Kraft und Eleganz – eine beeindruckende Reihe. St. Laurent und die Cuvée aus Cabernet Sauvignon und Merlot verfügten über viel Kraft und Struktur und auch die Weißweine – wie gewohnt mit dem Weißburgunder Redling an der Spitze – machten erneut viel Freude. Im vergangenen Jahr konnte Gerd Bernhart erneut mit einer starken Kollektion aufwarten, schon die Weißweine der Terroir-Linie zeigten alle wunderbar klare, feine Frucht und besaßen Substanz. An der Spitze des weißen Segments standen die beiden Großen Gewächse aus Riesling und Weißburgunder, unter den 2010er Rotweinen waren die Cabernet-Merlot-Cuvée und der Spätburgunder „S" eine Spur verhaltener als ihre Jahrgangsvorgänger, an der Spitze brillierte aber wie gewohnt der Redling-Spätburgunder.

Neue Kollektion

Mit dem Jahrgang 2012 (2011 bei den Rotweinen) setzt Gerd Bernhart konsequent das neue VDP-Klassifikationsmodell durch: Die Ortsweine (mit zusätzlicher Terroirbezeichnung) besitzen wieder Substanz und klare, reintönige Frucht, der Weißburgunder vom Kalkmergel kann zusätzlich mit feinen rauchig-mineralischen Noten aufwarten. Der eindringliche Sonnenberg-Riesling mit guter Länge ist seit diesem Jahr in die neue Kategorie „Erste Lage" eingeordnet und wird nicht mehr als Großes Gewächs vermarktet, an der Spitze des weißen Teils der Kollektion steht wieder der Redling-Weißburgunder mit Substanz, Kraft, Würze und Länge. Sehr stark präsentiert sich wieder das rote Segment, St. Laurent und die Cabernet-Merlot-Cuvée besitzen Kraft und Länge und gehören einmal mehr zu den besten Vertretern ihrer Rebsorten in der Pfalz, die Spätburgunder – mit dem nachhaltigen Redling an der Spitze – sind alle herrlich reintönig und elegant, besitzen deutliche, aber sehr feine Röstnoten. ◄━

Weinbewertung

86 2012 Auxerrois trocken „Tonmergel" Schweigen **13 %/9,80 €**

87 2012 Weißburgunder trocken „Tonmergel" Schweigen **13,5 %/9,20 €**

88 2012 Weißburgunder trocken „Kalkmergel" Schweigen **13,5 %/9,80 €** ☺

87 2012 Grauburgunder trocken „Kalkmergel" Schweigen **13,5 %/9,80 €**

B

Die besten deutschen Weinerzeuger und ihre Weine

86 2012 Riesling trocken „Kalkmergel" Schweigen **12,5 %/9,80 €**

89 2012 Riesling trocken Sonnenberg **13 %/18,- €**

90 2012 Weißburgunder „GG" „Redling" Sonnenberg **13,5 %/21,- €**

88 2011 Cabernet Sauvignon Merlot „S" trocken **14 %/17,- €**

88 2011 St. Laurent „S" trocken **13 %/16,- €**

88 2011 Spätburgunder „S" trocken „Finstergasse" **13 %/18,- €**

90 2011 Spätburgunder „R" trocken „Wormberg" **13 %/26,- €**

91 2011 Spätburgunder „GG" „Redling" Sonnenberg **13 %/37,- €**

★★ C.H. **Berres**
Weingut   **Mosel**

Würzgartenstraße 41, 54539 Ürzig
Tel. 06532-2513, Fax: 06532-4442
www.berres.de
info@berres.de
Besuchszeiten: Mo-Fr 8.30-12.30 + 14-18 Uhr,
sonst nach Vereinbarung

Inhaber..........................Markus Berres
Rebfläche...........................3,5 Hektar

Bis ins Jahr 1510 lässt sich die Geschichte der Familie Berres zurückverfolgen. C.H. Berres ist heute ein reines Rieslingweingut mit Weinbergen in besten Lagen von Ürzig (Goldwingert, Würzgarten), Erden (Treppchen), Kinheim (Hubertuslay), Zeltingen (Himmelreich) und Wehlen (Klosterberg), allesamt in Steillagen. Markus Berres – Weinbauingenieur mit praktischen Erfahrungen unter anderem beim Weingut Chard Farm in Neuseeland – führt seit 2004 den Betrieb. Alle Weine werden in Eichenholzfässern ausgebaut.

Vorjahre
Die 2010 Qualitäts- und Kabinettweine waren verhalten, etwas vordergründig süß, die halbtrockenen Weine waren etwas bitter, die edelsüßen Weine aber glänzten wie gewohnt. 2011 gefielen uns die trockenen Weine – bei weniger Alkohol – deutlich besser als im Vorjahr, die Glanzlichter setzten aber erneut die edelsüßen Weine, die 3-Sterne-Auslese aus dem Treppchen und die Beerenauslese aus dem Würzgarten.

Neue Kollektion
Die neue Kollektion ist gleichmäßig und gut, hat einmal mehr leichte Vorteile im restsüßen Segment: Der zupackende Impulse-Riesling überzeugt ebenso wie die reintönige Spätlese aus dem Würzgarten, die noch übertroffen wird von der Auslese, die frisch, klar und wunderschön zupackend sich präsentiert. ◄

Weinbewertung
82 2012 Weißburgunder Kabinett trocken Ürziger Würzgarten **12,5 %/8,80 €**

81 2012 Riesling Kabinett trocken Erdener Treppchen **12,5 %/10,05 €**

84 2012 Riesling Spätlese Ürziger Würzgarten **13 %/12,50 €**

85 2012 Riesling „Impulse" **11,5 %/8,80 €**

83 2012 Riesling Kabinett Ürziger Würzgarten **9,5 %/10,30 €**

85 2012 Riesling Spätlese Ürziger Würzgarten **9,5 %/13,- €**

87 2012 Riesling Auslese Ürziger Würzgarten **9 %/15,50 €**

★ Klaus **Berweiler-Merges**
Weingut   **Mosel**

Euchariusstraße 35, 54340 Leiwen
Tel. 06507-3285, Fax: 06507-80175
www.weingutberweiler.de
weingutberweiler@t-online.de
Besuchszeiten: Mo.-Sa. 10-18 Uhr und nach Vereinbarung
Straußwirtschaft (1. Juli bis 31. Oktober, Di.-So. ab 17 Uhr)

Inhaber .... Klaus und Edith Berweiler
Kellermeisterin .... Sandra Berweiler
Rebfläche .... 5 Hektar

Klaus und Edith Berweiler besitzen Weinberge in Leiwen (Klostergarten), Pölich (Held), Schweich (Annaberg) und Neumagen (Rosengärtchen). Sie bauen neben Riesling etwas Weißburgunder und Spätburgunder an. Ihre Tochter Sandra Berweiler, die bis Anfang 2009 Vorsitzende der Leiwener Jungwinzer war, vinifiziert seit 2001 Weine nach ihren Vorstellungen. Diese werden spontan vergoren und nach einer langen, kühlen Gärung erst sehr spät abgefüllt.

Vorjahre

Die 2010er Rieslinge waren fruchtbetont und kraftvoll, die Kollektion präsentierte sich geschlossen auf gutem Niveau. Sehr gleichmäßig war auch 2011, lies aber doch ein wenig die Brillanz früherer Jahrgänge vermissen.

Neue Kollektion

Die 2012er Kollektion präsentiert sich sehr gleichmäßig auf gutem Niveau, ohne aber wie auch schon im Vorjahr an frühere Jahrgänge heranzureichen; am besten gefällt uns die elegante Auslese mit ihrer feinen süßen Frucht. ◀

Weinbewertung

83 2012 Riesling Spätlese trocken „Sandra's" Neumagener Rosengärtchen **11,5 %/6,- €**

82 2012 Riesling Spätlese trocken „Alte Reben" Pölicher Held **11,5 %/7,20 €**

83 2012 Riesling Spätlese halbtrocken „Sandra's" **11 %/6,- €**

81 2012 Riesling Spätlese „Alte Reben" Schweicher Annaberg **12 %/8,- €**

82 2012 Riesling Spätlese „feinherb" Leiwener Klostergarten **10,5 %/6,20 €**

80 2012 Riesling Spätlese „Alte Reben" Pölicher Held **8 %/7,20 €**

84 2012 Riesling Auslese „Herz & Seele" Schweicher Annaberg **9 %/8,50 €**

J. **Bettenheimer**
Weingut   **Rheinhessen**

Stiegelgasse 32, 55218 Ingelheim
Tel. 06132-3041, *Fax:* 06132-786795
www.bettenheimer.de
info@weingut-bettenheimer.de
Besuchszeiten: nach Vereinbarung
Gutsausschank „Zum Kuhstall"
Gästezimmer

Inhaber .... Jens Bettenheimer
Rebfläche .... 13,3 Hektar

Nach Geisenheim-Diplom und achtmonatigem Auslandspraktikum in Neuseeland (Fromm Winery) übernahm Jens Bettenheimer das elterliche Weingut. Seine Weinberge liegen vor allem in den Ingelheimer Lagen Sonnenhang, Burgberg, Schlossberg und Täuscherspfad, sowie im Appenheimer Eselspfad. Die klassischen Rebsorten möchte Jens Bettenheimer forcieren: Spätburgunder und Frühburgunder, Grau- und Weißburgunder, Riesling und Silvaner, dazu Chardonnay. Alle Rotweine werden nach langer Maischegärung im Holz ausgebaut; Rot- wie Weißweine werden überwiegend spontanvergoren. Seit dem Jahrgang 2009 ist das Sortiment gegliedert in Guts-, Orts- und Lagenweine.

Vorjahre

Vor zwei Jahren zeigte die Kollektion gutes Niveau schon beim Liter-Silvaner, Zuverlässigkeit bei den Ortsweinen und brachte kraftvolle, füllige Lagenweine. Eine ebenso starke Kollektion folgte im vergangenen Jahr nach, wieder mit einem feinen Literwein und fruchtbetonten, fülligen Ortsweinen, am besten gefiel uns der im Barrique vergorene Chardonnay. Noch stärker waren die Lagenweine: Der Silvaner aus dem Eselspfad, der Riesling aus dem Burgberg und der Grauburgunder aus dem Sonnenhang. Gekrönt wurde die weiße Kollektion wie im Jahr zuvor von einer faszinierenden Trockenbeerenaus-

B

Die besten deutschen Weinerzeuger und ihre Weine

lese; ganz stark waren auch die drei vorgestellten Rotweine.

Neue Kollektion

Die neue Kollektion bietet einen saftigen, feinen Litersilvaner, klare, kraftvolle Ortsweine aus Silvaner, Chardonnay und Riesling, und füllige Lagenweine. Am besten gefallen uns der Silvaner aus dem Eselspfad, von 52 Jahre alten Reben, der wunderschön füllig und klar ist, viel reife Frucht und Substanz besitzt; und der Grauburgunder aus dem Sonnenhang, der nach 60 Stunden Maischestandzeit im Holz spontanvergoren wurde (ein Drittel im Barrique), der reife Frucht, gute Fülle und Substanz besitzt. Im roten Segment gefällt uns der 18 Monate in neuen Barriques ausgebaute Spätburgunder aus dem Täuscherspfad am besten, der füllig und konzentriert ist bei feiner Würze und Toastnoten.

Weinbewertung

83 2012 Silvaner trocken (1l) **12,5 %/4,20 €** ☺
86 2012 Silvaner trocken Nierstein **12,5 %**
85 2012 Silvaner trocken Dexheim **12,5 %**
86 2012 Silvaner trocken Ingelheim **12,5 %/8,50 €**
85 2012 Riesling trocken Ingelheim **12,5 %/8,50 €**
83 2012 Grauburgunder trocken Ingelheim **13 %/8,50 €**
85 2012 Chardonnay trocken Ingelheim **13,5 %/11,90 €**
88 2012 Sylvaner trocken Selection Rheinhessen Appenheimer Eselspfad **13 %/11,90 €**
86 2012 Weißer Riesling trocken „Illumino" Selection Rheinhessen Ingelheimer Burgberg **12,5 %/11,90 €**
88 2012 Grauburgunder trocken „Aureus" Selection Rheinhessen Ingelheimer Sonnenhang **13 %/11,90 €**
84 2011 Blauer Spätburgunder trocken Selection Rheinhessen Ingelheimer Sonnenhang **13,5 %/14,90 €**
86 2011 Blauer Frühburgunder trocken Selection Rheinhessen Ingelheimer Schlossberg **13,5 %/15,90 €**
87 2011 Blauer Spätburgunder trocken Ingelheimer Täuscherspfad **13,5 %/19,90 €**

★★★★☆

Erben von **Beulwitz**
Weingut **Mosel**

Eitelsbacher Straße 4, 54318 Mertesdorf
***Tel.** 0651-95610,* **Fax:** *0651-9561150*
www.von-beulwitz.de
info@von-beulwitz.de
***Besuchszeiten:** jederzeit*
Hotel Weis, Restaurant „Vinum", Weinstube

Inhaber............................Herbert Weis
Rebfläche............................7,5 Hektar

1982 erwarb Herbert Weis das traditionsreiche Weingut Erben von Beulwitz und gliederte es seinem eigenen Betrieb an. Seine Weinberge liegen in Steillagen über der Ruwer hauptsächlich in der Lage Kaseler Nies'chen, aber auch im Kaseler Kehrnagel, in der Kaseler Hitzlay und im Eitelsbacher Marienholz, wo der Gutsriesling erzeugt wird, aber auch Weißburgunder und Spätburgunder. Ein großer Teil der Weinberge ist mit wurzelechten Reben bestockt, die teilweise noch im 19. Jahrhundert gepflanzt wurden. Neben Riesling baut Herbert Weis seit 1993 ein wenig Weiß- und Spätburgunder an. Die Weine sind feingliedrig, präzise und elegant, sie reifen ausgezeichnet – wie man vor Ort feststellen kann: Auf der Weinkarte des Lokals finden sich immer ältere Rieslinge.

Vorjahre

Im edelsüßen Segment hatte Herbert Weis auch 2010 wieder einige hervorragende Rieslinge zu bieten, allen voran die famose Trockenbeerenauslese; trocken konnte vor allem das Große Gewächs „Im Taubenberg" überzeugen. Wie im Vorjahr war auch 2011 das Große Gewächs „Im Taubenberg" der herausragende Wein der trockenen Kollektion, im süßen Segment brillierte die Spätlese von alten Reben, noch etwas gehaltvoller war die Auslese, Beerenauslese und Trockenbeerenauslese krönten die Kollektion.

Neue Kollektion _____

Das Große Gewächs Im Taubenberg ist nun auch 2012 wieder der herausragende Wein im trockenen Teil der Kollektion, ist komplex und reintönig, druckvoll und lang. Der feinherbe Teil wartet mit einem lebhaften Kabinett und einer saftig-süffigen Spätlese auf. Auch der süße Kabinett ist lebhaft und klar, die Spätlese füllig und komplex bei viel Biss, die Auslese konzentriert, füllig und kraftvoll bei viel Substanz. ◀

Weinbewertung / keine Preisangaben _____

84	2008 Riesling Sekt brut	**12,5 %**
83	2012 Riesling trocken	**13 %**
83	2012 Riesling Spätlese trocken Kaseler Nies'chen	**12 %**
86	2012 Riesling „GG" „Auf den Mauern" Kaseler Nies'chen	**13 %**
89	2012 Riesling „GG" „Im Taubenberg" Kaseler Nies'chen	**13 %**
85	2012 Riesling Kabinett „feinherb" Kaseler Nies'chen	**11 %**
87	2012 Riesling Spätlese „feinherb" Kaseler Nies'chen	**11,5 %**
85	2012 Riesling Kabinett Kaseler Nies'chen	**9,5 %**
88	2012 Riesling Spätlese „Alte Reben" Kaseler Nies'chen	**8 %**
88	2012 Riesling Auslese „Alte Reben" (Lange Goldkapsel) Kaseler Nies'chen	**8 %**

★★★★

Beurer
Weingut   **Württemberg**

📍 *Lange Straße 67, 71394 Kernen-Stetten*
Tel. 07151-42190, Fax: 07151-41878
www.weingut-beurer.de
info@weingut-beurer.de
Besuchszeiten: Fr. 14-19 Uhr, Sa. 9-14 Uhr und nach Vereinbarung

Inhaber . . . . Jochen Beurer
Rebfläche . . . . 10 Hektar

Die Familie Beurer ist eine alteingesessene Winzerfamilie in Stetten im Remstal, die seit Generationen Wein- und Obstbau betreibt. Nachdem Sohn Jochen seine Ausbildung in Weinsberg beendet hatte, gründete er mit Vater Siegfried das Weingut Beurer (zuvor hatte Siegfried Beurer die Trauben an die Genossenschaft abgeliefert). 1997 war der erste Jahrgang im eigenen Betrieb. Im Gegensatz zu vielen anderen Württemberger Weingütern setzt Jochen Beurer auf Weißwein. Riesling ist seine wichtigste Rebsorte und da die Weinberge in Stetten (in Lagen wie Pulvermächer, Häder oder Mönchberg), auf kleinem Raum unterschiedliche Böden aufweisen, je nach Höhenlage, hat er nach diesen Bodenformationen sein Rieslingsortiment gegliedert. An der Spitze aber steht der Riesling „Junges Schwaben", der erst im zweiten Jahr nach der Ernte in den Verkauf kommt. Dazu gibt es Kerner, Grauburgunder, Gewürztraminer und Sauvignon Blanc, aber auch rote Sorten wie Trollinger, Portugieser und Dornfelder. In den letzten Jahren hat er auf tiefgründigeren, schweren Böden auch rote Sorten wie Spätburgunder, Lemberger und Zweigelt gepflanzt, die bis zu zwei Jahre ins Holzfass kommen. Auch bei den Weißweinen arbeitet Jochen Beurer mit je nach Jahrgang mehr oder weniger langen Maischestandzeiten. Die Weinberge werden biologisch bewirtschaftet, seit 2006 ein Hektar

B

Die besten deutschen Weinerzeuger und ihre Weine

biodynamisch, Jochen Beurer ist Mitglied bei Ecovin. Seit dem Jahrgang 2003 werden alle Weine mit ihren natürlichen Hefen vergoren. Zuletzt hat Jochen Beurer einen brachliegenden Weinberg direkt unterhalb der Yburg mit alten, in Vergessenheit geratenen Rebsorten neu bepflanzt, 2013 soll daraus der erste Wein entstehen.

Vorjahre

Schon in der ersten Ausgabe dieses Weinführers waren wir erstaunt und angenehm überrascht vom guten Niveau der Weine Jochen Beurers. Seither hat er eine interessante Entwicklung genommen. Durch Spontangärung und Maischestandzeiten sind seine Weine eigenwilliger und eigenständiger geworden, durch die lange Gärdauer brauchen sie auch längere Zeit auf der Flasche bis sie zeigen, was in ihnen steckt. Das wird nicht jedem Kunden gefallen, wer fruchtbetonte und jung konsumreife Weine sucht ist bei Jochen Beurer fehl am Platz. Spannend ist es aber allemal, was er macht, nach einer etwas „wilden" Übergangsphase haben die Weine zuletzt an Komplexität zugelegt.

2009 gefiel uns der Riesling Junges Schwaben wieder ganz hervorragend und auch der Kieselsandstein-Riesling und der Grauburgunder präsentierten sich prächtig. Im 2010er Teil der Kollektion gefiel uns vor zwei Jahren der Schilfsandstein-Riesling besonders gut – und aus dem Jahrgang 2008 überraschten der wunderschön stoffige Sekt und die Jahr für Jahr spannender werdenden mineralischen Rotweine, wobei wir wieder einmal Secundus ganz knapp vor Spätburgunder sahen. Im vergangenen Jahr sahen wir sie gleichauf: Die weiße Kollektion bot einen filligen Grauburgunder, eine eindringliche Gewürztraminer Spätlese, halbtrocken ausgebaut, einen duftigen Eiswein – und wie gewohnt faszinierende Rieslinge. Die spannendsten kamen mit Schilfsandstein, Kieselsandstein und Junges Schwaben aus dem Jahrgang 2010, da Jochen Beurer immer seine Spitzenweine sehr spät abfüllt.

Weißweine

Eine starke Weißweinkollektion präsentiert Jochen Beurer auch dieses Jahr, mit Weinen des Jahrgangs 2012 und 2011. Schon die klare, zupackende Gutscuvée bereitet viel Freude, auch der knackige Gutsriesling, komplexer und fülliger sind Gipskeuper und Schilfsandstein. Danach aber wird es erst richtig spannend: Der Stubensandstein, neu im Programm, von einer Terrassenlage, den höchstgelegenen Weinbergen Beurers, ist faszinierend druckvoll und präzise, kraftvoll, lang und nachhaltig. Der Kieselsandstein ist würziger, aber ähnlich komplex und druckvoll, lang und nachhaltig. Noch spannender aber ist einmal mehr der Riesling Junges Schwaben, druckvoll und präzise, faszinierend nachhaltig mit mineralischen Noten, einer der eigenständigsten, spannendsten Rieslinge in Deutschland. Beim Sauvignon Blanc stört uns die Süße, auch den füligen, kraftvollen Grauburgunder finden wir etwas zu süß, beim eigenständigen Gewürztraminer oder der kompakten Riesling Auslese stört uns diese Süße nicht.

Rotweine

Die Rotweine sind ebenso puristisch wie die Weißweine, geradlinig und zupackend wie die beiden kraftvollen Zweigelt oder der reintönige, strukturierte Stettener Lemberger. Der 2011er Spätburgunder ist enorm druckvoll und zupackend, besitzt gute Struktur und Nachhall, der 2011er Lemberger ist frisch und klar, komplex und strukturiert, aber besser gefällt uns, derzeit, der 2009er, ein faszinierend präziser und enorm nachhaltiger Wein mit dezent mineralischen Noten. ◄━

Weinbewertung

86 2012 „Weiss" trocken **12 %/8,- €**

85 2012 Riesling trocken **12 %/7,- €**

87 2011 Riesling trocken „Gipskeuper" Stettener Häder **11,5 %/9,80 €**

87 2012 Riesling trocken „Gipskeuper" Stettener Häder **12,5 %/9,80 €**

87 2011 Riesling trocken „Schilfsandstein" Stette-

ner Pulvermächer   **12 %/9,80 €**

87   2012 Riesling trocken „Schilfsandstein" Stettener Pulvermächer   **12,5 %/9,80 €**

90   2012 Riesling trocken „Kieselsandstein" Stettener Pulvermächer   **12 %/14,- €** ☺

90   2012 Riesling trocken „Stubensandstein" Stettener   **12,5 %/14,- €** ☺

93   2011 Riesling trocken „Junges Schwaben" Stettener Pulvermächer   **13 %/22,- €** ☺

85   2012 Sauvignon Blanc trocken Stettener Pulvermächer   **13,5 %/18,50 €**

88   2011 Grauburgunder trocken Stettener Pulvermächer   **14 %/16,- €**

87   2012 Gewürztraminer Spätlese Stettener   **11,5 %/15,- €**

88   2012 Riesling Auslese   **11 %/13,- €**

82   2011 „Rot" trocken   **13 %/8,- €**

85   2012 Lemberger trocken Stettener   **13 %/10,50 €**

86   2011 Zweigelt trocken Stettener   **13 %/9,80 €**

86   2012 Zweigelt trocken Stettener   **13 %/9,80 €**

89   2011 Spätburgunder trocken Stettener Mönchberg   **13,5 %/22,- €**

91   2009 Lemberger trocken Stettener Mönchberg   **13 %/25,- €**

89   2011 Lemberger trocken Stettener Mönchberg   **13,5 %/25,- €**

Bickel-Stumpf
Weingut   ★★★

Franken

Kirchgasse 5, 97252 Frickenhausen
Tel. *09331-2847,* **Fax:** *09331-7176*
www.bickel-stumpf.de
info@bickel-stumpf.de
Besuchszeiten: *Mo.-Fr. 9-13 + 14-17 Uhr, Sa. 10-15 Uhr oder nach Vereinbarung*

Inhaber . . . . Reimund & Carmen Stumpf,
. . . . Melanie & Matthias Stumpf
Rebfläche . . . . 12,5 Hektar

Das Weingut Bickel-Stumpf entstand 1976 mit der Heirat der beiden Winzermeister Carmen Bickel aus Frickenhausen und Reimund Stumpf aus Thüngersheim, die ihre gleich großen elterlichen Weinbaubetriebe unter dem neuen Namen zusammenlegten. Seit 2008 werden sie im Betrieb unterstützt von Sohn Matthias und Tochter Melanie. Während die Reben im Frickenhäuser Kapellenberg auf Muschelkalk wachsen, findet man im 200 bis 330 Meter hoch gelegenen Johannisberg im so genannten Thüngersheimer Sattel den Übergang vom Buntsandstein zum Muschelkalk, der auch als Wellenkalk bezeichnet wird. Mit Abstand wichtigste Rebsorte ist Silvaner, es folgen Müller-Thurgau und Riesling. Den Anbau roter Sorten forcierte Reimund Stumpf, Spätburgunder, Portugieser und Domina, sowie inzwischen auch Cabernet Dorsa nehmen zusammen ein Viertel der Rebfläche ein. Seit 1994 baut er ausgesuchte Weine auch im Barrique aus. 2004 wurde die neue Vinothek eröffnet. Als Große Gewächse führen die Stumpfs aus dem Johannisberg einen Riesling (Rothlauf) und einen Spätburgunder (Freiberg), aus dem Kapellenberg Silvaner und Riesling Mönchshof im Programm. Mit dem Jahrgang 2005 kam der Silvaner „Crossover" neu ins Sortiment, der erste spontanvergorene Wein von Junior Matthias Stumpf, der ab dem Jahrgang 2008 als Silvaner „vom Berg" bezeichnet wird. Es handelt sich dabei um eine Partie des Großen Gewächses, die im 500-Liter-Holzfass ausgebaut wird. 2009 brachte den ersten Gemischten Satz aus einem 2007 mit Silvaner, Elbling, Gutedel und Muskateller bepflanzten Weinberg.

Vorjahre ─────────────────

Seit der ersten Ausgabe schon empfehlen wir die Weine von Reimund Stumpf, Jahr für Jahr erzeugt er stets zuverlässige Kollektionen mit fruchtbetonten, fülligen, reintönigen trockenen Weinen, hin und wieder ergänzt um edelsüße Spitzen. 2010 präsentierte sich frisch und klar, wurde angeführt vom prächtigen Großen Gewächs; hinzu kamen zwei Weine aus den Vorjahren, die uns beeindruckten, der Gemischte Satz aus dem Jahrgang 2009 und der komplexe, konzentrierte

Die besten deutschen Weinerzeuger und ihre Weine

B

B

Silvaner „vom Berg" aus dem Jahrgang 2008. Die 2011er Weine waren frisch und klar, geradlinig und fruchtbetont, besonders gut gefielen uns der Silvaner aus dem Kapellenberg und der Mönchshof-Silvaner.

Neue Kollektion

Die neue Kollektion präsentiert sich stimmig mit guten „Brot & Butter"- und Ortsweinen, unter denen uns der Silvaner vom Muschelkalk am besten gefällt. Die Ersten Lagen-Weine bringen eine weitere Steigerung: Der Silvaner aus dem Kapellenberg ist füllig und schmeichelnd, die Scheurebe aus dem Johannisberg reintönig und zupackend, sehr interessant ist der Gemischte Satz, der kraftvoll und zupackend ist, gute Struktur und Frische besitzt, feine süße Frucht und Biss. Unser Favorit aber ist das prächtige Große Gewächs, das konzentriert und füllig ist, kraftvoll und harmonisch, reife Frucht besitzt, gute Struktur, Druck und Länge. ◀

Weinbewertung

80	2007 Spätburgunder Rosé Sekt brut	12,5 %/18,50 €
81	2012 Müller-Thurgau trocken (Brot & Butter)	11 %/5,- €
82	2012 Silvaner trocken (Brot & Butter)	11 %/5,50 €
84	2012 Silvaner trocken	12 %/7,50 €
83	2012 Silvaner trocken „Buntsandstein"	12 %/8,50 €
85	2012 Silvaner trocken „Muschelkalk"	12,5 %/9,50 €
84	2012 Riesling trocken „Buntsandstein"	12,5 %/9,50 €
87	2011 Silvaner trocken Kapellenberg	13 %/13,50 €
86	2012 Silvaner trocken Kapellenberg	13 %/13,50 €
85	2012 Scheurebe trocken Johannisberg	12 %/13,50 €
87	2012 „Fränkischer Gemischter Satz" trocken Kapellenberg	11,5 %/13,50 €
87	2012 Silvaner „barfuß"	11,5 %/18,- €
90	2012 Silvaner „GG" Mönchshof	13,5 %/25,- €
83	2012 „26" Weißwein	11,5 %/7,5 €

★

Biebers Weinkultur
Weingut

Rheingau

◆ Lehnstraße 2, 65366 Geisenheim
Tel. 06722-4025545
www.biebers-weinkultur.de
info@biebers-weinkultur.de
Besuchszeiten: Mo.-Fr. 9-12 und 13-17 Uhr

Inhaber .... Stefan Bieber
Rebfläche .... 2 Hektar

Es ist im Rheingau immer noch nicht üblich, dass sich junge Winzer mit Ambitionen selbständig machen. In diesem Fall allerdings scheint der Versuch gelungen. Stefan Bieber, 1972 geboren, studierter Getränketechnologe und eine Weile im Kellermeister-Team des Weinguts Robert Weil tätig, baut auf zwei Hektar Riesling an, bewirtschaftet Parzellen im Mittelheimer St. Nikolaus und in der Kiedricher Sandgrub.

Kollektion

Die vorgestellten Rieslinge zeigen zwar deutliche Unterschiede, weisen aber eine Gemeinsamkeit auf: Sie wirken recht kompakt und saftig, sind schon jung zugänglich und machen ausnahmslos Spaß. Dass ihnen noch eine gewisse Finesse fehlt, um ganz vorne mitzuspielen, sollte man ihnen nicht negativ anrechnen – das Debüt ist gelungen. Auf Dauer würden wir uns vor allem vom „Großen B", das durchaus mutig kalkuliert wird, noch etwas mehr Präzision erwarten. ◀

Weinbewertung

81	2012 Riesling trocken	12 %/6,90 €
84	2012 Riesling trocken „Nummer 1"	12 %/7,40 €
85	2012 Riesling trocken „Biest" Kiedrich Sandgrub	13 %/14,50 €
86	2012 Riesling trocken „Großes B" Kiedrich Sandgrub	13 %/29,- €
84	2012 Riesling „Tradition"	12,5 %/7,40 €
85	2012 Riesling „Xanadu" Kiedrich Sandgrub	9 %/12,50 €

B

Die besten deutschen Weinerzeuger und ihre Weine

★ ☆

Bielig
Weingut

Baden

Aussiedlerhof 5a, 69198 Schriesheim
Tel. 06203-925198, Fax: 06203-925199
weingut-bielig@t-online.de
Besuchszeiten: Mi. + Fr. 14-18 Uhr, Sa. 9-15 Uhr

Inhaber .... Eva und Georg Bielig
Rebfläche .... 4 Hektar

Georg Bielig gründete 1994 mit 18 Jahren sein eigenes Weingut und bewirtschaftet es heute im Nebenerwerb zusammen mit seiner Frau Eva. Angefangen hat er als „Garagenwinzer" mit 25 Ar, heute stehen 4 Hektar in Ertrag. Seine Weinberge liegen in Schriesheim (Kuhberg, Staudenberg), Dossenheim (Ölberg) und Heidelberg (Heiligenberg). Er baut Riesling (1 Hektar), Spätburgunder, Müller-Thurgau und Weißburgunder an, aber auch Grauburgunder, Silvaner, Cabernet Sauvignon, Dornfelder, Cabernet Mitos, Roten Muskateller und Gewürztraminer. Die Hälfte der Fläche nehmen rote Sorten ein.

Vorjahre

Vor zwei Jahren präsentierte sich die Kollektion geschlossen auf gutem Niveau, die 2010er Weißweine waren klar und frisch, heraus ragte aber der tanninbetonte Lemberger aus dem Jahrgang 2009. Die letztjährige Kollektion war ein klarer Schritt voran, präsentierte sich sehr homogen auf gutem Niveau, weiß wie rot. Der im Holzfass ausgebaute Weißburgunder gefiel uns im Weißweinbereich besonders gut, bei den Roten war der Merlot unser Favorit.

Neue Kollektion

Auch in diesem Jahr hat Georg Bielig wieder feine Weine im Schnäppchenformat, wie den klaren, saftigen Litersilvaner oder den schön fruchtbetonten, harmonischen, saftigen Weißburgunder. Die Gewürztraminer Auslese ist füllig und harmonisch, der Lemberger strukturiert, etwas besser noch gefällt uns

der zupackende Merlot, der eine gute Struktur und feine Säure besitzt.

Weinbewertung

82 2012 Sylvaner trocken Schriesheimer (1l)
  12 %/3,50 € ☺

83 2012 Grauburgunder trocken Schriesheimer
  14 %/5,- €

85 2012 Weißburgunder trocken Schriesheimer
  13 %/4,50 € ☺

81 2011 Chardonnay trocken Holzfass Schriesheimer **13 %/6,50 €**

82 2012 Chardonnay trocken Holzfass Schriesheimer **13,5 %/6,50 €**

81 2012 Müller-Thurgau Schriesheimer (1l)
  11,5 %/3,30 €

82 2012 „Bieligs Sommerwein" Weißwein
  11,5 %/4,50 €

84 2012 Gewürztraminer Auslese Schriesheimer
  12 %/6,50 €

80 2012 „Pink Cow Der Rosé vom" Kuhberg **5,50 €**

82 2011 Spätburgunder trocken Schriesheimer
  12 %/4,50 €

82 2011 Lemberger trocken Schriesheimer
  12,5 %/4,50 €

84 2010 Merlot trocken Holzfass Schriesheimer
  13 %/6,- €

★

Bruno **Bienert**
Weingut

Franken

Kapellenweg 7, 97332 Volkach
Tel. 09381-2261, Fax: 09381-716818
www.weingut-bienert.de
info@weingut-bienert.de
Besuchszeiten: Mo.-Sa. 8-18 Uhr, So. 10-12 Uhr

Inhaber .... Bruno Bienert
Rebfläche .... 5 Hektar

Seit 1977 führen Bruno Bienert und Ehefrau Sigrid dieses Volkacher Gut, heute unterstützt von Sohn Oliver, der ausgebildeter Weinbautechniker ist. Ihre Weinberge liegen hauptsächlich im Volkacher Ratsherr, aber auch im Escherndorfer Fürstenberg, Volkacher Kirchberg und Neuseser Glatzen. Sie bauen Silvaner, Müller-Thurgau, Riesling, Scheurebe, Bacchus, Weißburgunder und Grauburgunder an, aber auch Optima, Morio-Muskat, Kerner und Ortega. An roten Sorten gibt es Spätburgunder, Domina und Dornfelder. Die Weine werden zu 85 Prozent an Endverbraucher verkauft.

Vorjahre

Vor zwei Jahren präsentierte sich die Kollektion sehr gleichmäßig mit frischen Weißweinen, am besten aber gefiel uns die rote Cuvée aus dem Jahrgang 2008. Die 2011er Weißweine waren reintönig, frisch und schlank – der üppige Weißburgunder gefiel uns am besten.

Neue Kollektion

Sehr gleichmäßig präsentiert sich nun der Jahrgang 2012 mit fülligen, fruchtbetonten Weißweinen; die reintönige, zupackende Scheurebe gefällt uns am besten in der überzeugenden Kollektion. ◄

Weinbewertung

84   2012   Weißburgunder   Spätlese   trocken Volkacher Ratsherr   **14 %/6,40 €**

84   2012   Grauburgunder   Spätlese   trocken Volkacher Ratsherr   **14 %/6,40 €**

82   2012 Riesling Spätlese trocken Volkacher Ratsherr   **12,5 %/6,20 €**

85   2012 Scheurebe Spätlese trocken Volkacher Ratsherr   **12,5 %/6,20 €**

83   2012   Weißburgunder   Spätlese   „feinherb" Volkacher Ratsherr   **14,5 %/6,90 €**

82   2012 Silvaner Spätlese „feinherb" Volkacher Ratsherr   **13,5 %/6,20 €**

★

Andreas **Bieselin**
Weingut   **Baden**

Im Brünnelinsgraben 1, 77955 Ettenheim
*Tel. 07822-446319, 0176-10604554 **Fax:** 07822-446320*
www.andreas-bieselin.de
weingut@andreas-bieselin.de
***Besuchszeiten:** nach Vereinbarung*

Inhaber .... Andreas Bieselin
Rebfläche .... 5 Hektar

Andreas Bieselin arbeitete unter anderem bei Bernhard Huber und beim Weingut Poggio al Sole (Toskana). 2002 erzeugte er seinen ersten eigenen Wein. Er baut vor allem die Burgundersorten an, aber auch Riesling, Muskateller, Chardonnay, Cabernet Franc und Merlot.

Vorjahre

Die 2008er Rotweine gefielen uns vor zwei Jahren gut, vor allem die Cuvée; dafür mussten die Weißweine dem Jahrgang 2010 Tribut zollen. Im weißen Segment gefiel uns die 2009er Cuvée am besten. Es ging voran, die letztjährige Kollektion gefiel uns klar besser. Die Weißweine waren klar und geradlinig, die Rotweine besaßen nach wie vor ihre Ecken und Kanten, waren kraftvoll und strukturiert.

Neue Kollektion

Die neue Kollektion ist sehr gleichmäßig und zeigt schöne Ansätze wie beim reintönigen, zupackenden Muskateller oder dem würzigen Riesling, bleibt aber in der Spitze hinter den Vorjahren zurück. ◄

Weinbewertung

83   2012 Riesling trocken „Wein-Gut"   **12,5 %/9,50 €**

82   2012 Auxerrois trocken „Wein-Gut"   **12 %/8,50 €**

80   2012 Grauburgunder trocken „Wein-Gut"   **13 %/8,50 €**

83   2009 Muskateller halbtrocken „Wein-Gut"   **9,5 %/9,50 €**

82   2012 Spätburgunder Rosé trocken „Wein-Gut"   **12,5 %/8,50 €**

B

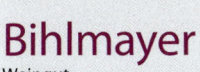

Bihlmayer
Weingut **Württemberg**

Reisacher Straße 60, 74245 Löwenstein
Tel. 07130-8172, *Fax:* 07130-3881
www.bihlmayer-weine.de
info@bihlmayer-weine.de
Besuchszeiten: Mo.-Fr. 9:30-11:30 + 13:30-18:30 Uhr,
Sa. 9:30-17 Uhr, So. 9:30-11:30 Uhr

Inhaber . . . . Bernd Bihlmayer
Rebfläche . . . . 15 Hektar

1969 verließ Herbert Bihlmayer die Genossenschaft und begann mit der Selbstvermarktung. Seit 1982 führt sein Sohn Bernd zusammen mit Ehefrau Sabine den Betrieb. Seit 2010 werden sie von Cathrin, einer ihrer vier Töchter unterstützt, die Diplomingenieurin für Weinbau und Önologie ist, Praktika bei Seyfried (Neuseeland), Gies-Düppel und Breuer absolviert hat und sich im Keller zusammen mit ihrem Partner Alexander Kästel um die Weißweine und die hochwertigen Rotweine kümmert.

Vorjahr ⎯⎯⎯⎯⎯⎯⎯⎯⎯⎯⎯⎯⎯⎯
In einer gleichmäßigen Kollektion ist uns im vergangenen Jahr im weißen Segment der Silvaner vom Gipskeuper besonders aufgefallen; Star der Kollektion war aber der Herzblut-Lemberger aus dem Jahrgang 2009.

Kollektion ⎯⎯⎯⎯⎯⎯⎯⎯⎯⎯⎯⎯⎯
Sehr ähnlich ist das Bild in diesem Jahr: Die 2012er Weißweine präsentieren sich sehr gleichmäßig, sind klar, frisch und fruchtbetont, herausragender Wein der Kollektion ist aber erneut der Herzblut-Lemberger, dieses Mal Jahrgang 2010: Er ist fruchtbetont und herrlich reintönig im Bouquet, klar, kraftvoll und zupackend im Mund, besitzt gute Struktur und jugendliche Tannine. ⎯◄

Weinbewertung ⎯⎯⎯⎯⎯⎯⎯⎯⎯⎯⎯
78 2012 Riesling trocken (1l) **12,5 %/4,- €**
83 2012 Silvaner trocken „vom Gipskeuper"
     12 %/6,50 €

82 2012 Riesling trocken „vom bunten Mergel"
     12 %/6,50 €
83 2012 Chardonnay trocken „vom Gipskeuper"
     12 %/6,50 €
81 2012 Muskattrollinger Weißherbst **10,5 %/5,50 €**
83 2011 Lemberger trocken „vom bunten Mergel" **13 %/6,50 €**
86 2010 Lemberger trocken „Herzblut" **12,5 %/14,- €**
79 2011 Trollinger mit Lemberger (1l) **11 %/4,70 €**
80 2011 Lemberger mit Trollinger **10 %/4,90 €**

★★
Birkert
Weingut **Württemberg**

Unterheimbacher Straße 28, 74626 Adolzfurt
Tel. 07946-484, *Fax:* 07946-3378
www.weingut-birkert.com
info@weingut-birkert.com
Besuchszeiten: nach Vereinbarung
Besenwirtschaft (Öffnungszeiten siehe Webseite)

Inhaber . . . . Boris + Regina Birkert
Rebfläche . . . . 14 Hektar

Im Jahr 2000 war Boris Birkert in den Betriebe eingestiegen, den er 2012 von seinem Vater Manfred übernommen hat und zusammen mit Ehefrau Regina führt. Nach Erfahrungen in Südafrika bei Nederburg und in Burgund bei der Domaine Taupenot-Merme hatte er nach vier Semestern seines Geisenheim-Studiums ein Stipendium der University of California in Davis erhalten. Mit seinem Einstieg 2000 hatte er die Barrique-Serie „roburis" eingeführt. Der Name rührt von der botanischen Bezeichnung für die Stieleiche her, aus der die Fässer gemacht werden, quercius robur, und den letzten beiden Buchstaben des Vornamen von Boris Birkert. Hinzu gefügt wird der Buchstabe für die Rebsorte. Seine Weinberge liegen im Adolzfurter Schneckenhof und im Bretzfelder Goldberg; neu hinzugekommen sind die Weinberge seiner Schwiegereltern in der Lage Michelbacher Margarethe. Neben in Württemberg üblichen Rebsorten baut er auch Sorten wie Chardonnay, Muskateller, Gewürztraminer, Bacchus und Rotberger an. In der hauseigenen Brennerei werden die eigenen Mirabellen, Kirschen, Himbeeren und Brombeeren zu Schnäpsen gebrannt.

Vorjahre

Seit einem Jahrzehnt nun überzeugt uns das Weingut immer wieder mit homogenen Kollektionen. In den letzten Jahren waren meist die kraftvollen und konzentrierten Barriquerotweine unsere Favoriten. Die Weißweine sind ebenfalls füllig und kraftvoll, Chardonnay und Sauvignon Blanc gefallen uns immer wieder besonders gut, aber auch die Rieslinge. Im Jahrgang 2010 hatte sich Boris Birkert mit seinen Weißweinen gut behauptet. Die Highlights der Kollektion waren vor zwei Jahren aber einmal mehr die konzentrierten, holzwürzigen Rotweine, Jahrgang 2008, allen voran der Merlot und die Cuvée „CM". 2011 wurde erstmals eine Beerenauslese geerntet. Diese führte eine gleichmäßige weiße Kollektion an mit kraftvollen, recht fülligen 2011ern. Einmal mehr aber fanden wir im vergangenen Jahr unsere Favoriten im roten Teil der Kollektion. Merlot, Lemberger, beide 2009, und 2010er Spätburgunder waren noch sehr jugendlich, noch besser gefiel uns erneute die mächtige Cuvée CM aus Cabernet Cubin und Merlot.

Neue Kollektion

Auch 2012 präsentieren sich die Weißweine auf gewohnt zuverlässigem Niveau. Die fruchtbetonte, reintönige Muskateller Spätlese gefällt uns besonders gut, ebenso der neue Pinot Blanc, im Holz ausgebaut, der gute Konzentration und etwas Toast im Bouquet zeigt, gute Fülle und Harmonie besitzt. 2010 gibt es keine Barriquecuvées, so dass wir im Topsegment den schon im vergangenen Jahr vorgestellten 2009er CM erneut verkosteten. Der als Fassprobe verkostete 2011er Merlot besitzt gute Struktur und wunderschön reintönige Frucht, auch der 2010er Merlot – füllig, harmonisch, kraftvoll – gefiel

uns sehr gut, während der 2011er Roburis-Spätburgunder noch sehr vom Holz geprägt ist. Trotzdem erneut eine starke, überzeugende Kollektion von Boris Birkert. ◀━

Weinbewertung

84 2011 Riesling Sekt extra trocken Adolzfurter Schneckenhof **12,5 %/9,50 €**

83 2012 Chardonnay Spätlese trocken Adolzfurter Schneckenhof **13,5 %/7,- €**

84 2012 Sauvignon Blanc Spätlese trocken **13,5 %/8,50 €**

85 2012 Pinot Blanc trocken Bretzfelder Goldberg **13,5 %/8,50 €**

79 2012 Riesling (1l) **12,5 %/4,30 €**

85 2012 Muskateller Spätlese Adolzfurter Schneckenhof **11,5 %/7,- €**

82 2011 Lemberger Spätlese trocken Adolzfurter Schneckenhof **13 %/7,50 €**

85 2011 „Triequus" Rotwein trocken **14 %/9,- €**

86 2010 Merlot trocken Adolzfurter Schneckenhof **13,5 %/9,50 €**

85 2011 Spätburgunder trocken Barrique „Roburis S" **14 %/12,- €**

(88) 2011 Merlot trocken Barrique „Roburis M" **14 %/15,- €**

88 2009 „CM" Rotwein trocken Barrique **14 %/20,- €**

Bischel

Weingut ★★★★

Rheinhessen

Sonnenhof, 55437 Appenheim
Tel. *06725-2683,* **Fax:** *06725-5127*
www.weingut-bischel.de
info@weingut-bischel.de
Besuchszeiten: *Mo.-Fr. 9-18 Uhr und nach Vereinb.*

Inhaber . . . . Heike & Hartmut Runkel
Kellermeister . . . . . . Christian & Matthias Runkel
Rebfläche . . . . 14 Hektar

Seit fünf Generationen baut die Familie Wein in Appenheim an. Heute wird der Sonnenhof von Hartmut und Heike Runkel geführt, unterstützt von den Söhnen Christian und Matthias. Die Weinberge liegen vor allem in der an Kalkstein reichen Gau-Algesheimer St. Laurenzikapelle. Seit 2004 besitzt man auch eine Parzelle mit alten Rieslingreben im Binger Scharlachberg. Wichtigste Rebsorten sind Riesling, Grauburgunder, Weißburgunder, Silvaner, Chardonnay, Spätburgunder, Frühburgunder und Huxelrebe. Zuletzt wurden Merlot, Cabernet Sauvignon und Sauvignon Blanc neu gepflanzt. Die Rotweine werden maischevergoren und kommen dann ins Holzfass, die Weißweine werden in Edelstahltanks recht lange auf der Hefe ausgebaut. Seit dem Jahrgang 2006 gibt es die „Quarzit" (Binger Scharlachberg) und „Terra Fusca" (St. Laurenzikapelle) genannten Weine. Diese bilden zusammen mit den „S"-Weinen den mittleren Teil des Sortiments, zwischen den Gutsweinen als Basis und den Lagenweinen aus Scharlachberg (Riesling) und Johannisberg (Spätburgunder). Dazu gibt es süße und edelsüße Weine, die als einzige Weine Prädikatsbezeichnungen tragen.

Vorjahre

2010 brachte mit der Beerenauslese aus dem Hundertgulden erneut einen hervorragenden edelsüßen Wein. Im trockenen Segment gefiel uns vor zwei Jahren der Riesling aus dem Hundertgulden ein klein wenig besser als sein Pendant aus dem Scharlachberg, im Guts- und Ortsweinbereich blieb die Kollektion jahrgangsbedingt ein wenig hinter dem Vorjahr zurück. Sehr stimmig präsentierte sich auch die letztjährige Kollektion. Die Gutsweine waren frisch und klar, die Ortsweine fülliger und kraftvoller, Chardonnay und Quarzit-Riesling gefielen uns besonders gut. Die Lagen-Rieslinge waren konzentrierter, stoffiger, boten viel reife Frucht und viel Substanz, die edelsüßen Rieslinge waren konzentriert, stoffig und reintönig. Sehr stark war im vergangenen Jahr auch der rote Teil der Kollektion mit Frühburgunder, Johannesberg-Spätburgunder und Pinot Noir Reserve.

Neue Kollektion

2012 bringt ganz starke Gutsweine wie den klaren, zupackenden Riesling oder die wunderschön reintönige Scheurebe. Die Ortsweine sind fülliger und kraftvoller, allesamt sehr gut wie der kompakte, reintönige Terrassen-Silvaner, der klare, geradlinige Weißburgunder oder der kompakte Chardonnay, bei den Rieslingen gilt unsere leichte Präferenz dem etwas druckvolleren Binger Wein. Der Lagen-Weißburgunder bringt keine Steigerung gegenüber dem Ortswein, der Goldberg-Silvaner ist füllig und kraftvoll, besitzt enorm viel Substanz. Unsere Favoriten sind aber einmal mehr die Rieslinge, die weiter deutlich zugelegt haben. Der Hundertgulden-Riesling ist füllig und kraftvoll, besitzt reife süße Frucht, der Wein aus der St. Laurenzikapelle ist wunderschön reintönig, füllig, harmonisch und lang. Unsere klare Nummer 1 aber ist im Jahrgang 2012 der Riesling aus dem Scharlachberg, ein herrlich druckvoller und komplexer Wein, enorm lang und nachhaltig bei mineralischen Noten. Die süßen Rieslinge sind harmonisch und reintönig, beide Spätburgunder sind kraftvoll, füllig und zupackend, der Reserve-Pinot Noir ist faszinierend reintönig, besitzt gute Struktur, aber auch recht viele Tannine. Insgesamt eine ganz starke Kollektion! ◄━

Weinbewertung

84 2012 Silvaner trocken   12,5 %/7,90 €
86 2012 Riesling trocken   12,5 %/7,90 €
86 2012 Scheurebe trocken   12,5 %/9,90 €
87 2012 Silvaner trocken „Terrassen" Gau-Algesheimer   13 %/11,20 €
86 2012 Weißburgunder trocken Appenheimer   13 %/11,90 €
86 2012 Riesling trocken „Terra Fusca" Appenheimer   12,5 %/11,90 €
87 2012 Riesling trocken „Quarzit" Binger   13 %/12,30 €
87 2012 Chardonnay trocken „Kapelle" Gau-Algesheimer   13,5 %/13,90 €
88 2012 Silvaner trocken Goldberg   13,5 %/17,90 €
86 2012 Weißburgunder trocken Appenheimer

Die besten deutschen Weinerzeuger und ihre Weine

St. Laurenzikapelle **13,5 %/17,90 €**

89   2012 Riesling trocken Hundertgulden
13 %/19,90 €

90   2012 Riesling trocken St. Laurenzikapelle
13 %/17,90 €

92   2012 Riesling trocken Binger Scharlachberg
13 %/19,90 € ☺

86   2012 Riesling Spätlese **8,5 %/9,90 €**

88   2012 Riesling Auslese Binger Scharlachberg
7,5 %/19,90 €

88   2011 Spätburgunder trocken Johannisberg
13,5 %/19,90 €

89   2011 Pinot Noir trocken „Reserve" **13,5 %/27,90 €**

★ ★ ☆

Bischöfliche
Weingüter Trier   **Mosel**

Gervasiusstraße 1, 54290 Trier
Tel. *0651-14576-0,* **Fax:** *0651-40253*
www.bwgtrier.de
info@bwgtrier.de
Besuchszeiten: *Mo.-Fr. 8-18 Uhr; Sa. 10-14 Uhr*

Inhaber ..... Bischöfliches Priesterseminar Trier
.... Hohe Domkirche Trier
.... Bischöfliches Konvikt Trier
Güterdirektor .... Dr. Karsten Weyand
Rebfläche .... 129 Hektar

Die Bischöflichen Weingüter in Trier bewirtschaften den Weingutsbesitz des Bischöflichen Priesterseminars, der Hohen Domkirche und des Bischöflichen Konvikts Trier. Sie verfügen über umfangreichen Weinbergbesitz in besten Lagen, sowohl an Mosel (Avelsbacher Altenberg, Trittenheimer Apotheke, Dhron-Hofberger, Piesporter Goldtröpfchen, Bernkasteler Badstube, Graacher Domprobst und Himmelreich, Ürziger Würzgarten und Erdener Treppchen), als auch an Saar (Falkensteiner Hofberg, Wiltinger Kupp, Kanzemer Altenberg, Ayler Kupp und Scharzhofberger) und Ruwer (Eitelsbacher Marienholz, Kaseler Kehrnagel und

Nies'chen). Neben dem dominierenden Riesling gibt es ein klein wenig Weißburgunder, Spätburgunder, Frühburgunder, St. Laurent und Regent. Nirgendwo sonst kann man so viele Rieslinge mit ihren lagenspezifischen Besonderheiten aus dem gesamten Anbaugebiet verkosten. Der Ausbau im Holz soll zukünftig forciert werden, die traditionellen Fuder werden nach und nach erneuert; auch wird seit 2010 verstärkt mit Spontangärung gearbeitet.

Vorjahre

2010 behauptete man sich gut, präsentierte eine konsistente Kollektion mit zwei feinen Auslesen an der Spitze. Die 2011er Kollektion präsentierte sich sehr stimmig, trocken wie süß, wobei die Stärken nachwievor im süßen und edelsüßen Segment lagen. Trocken gefiel uns die Spätlese aus dem Nies'chen besonders gut, auch die Auslese Scharzhofberger. Der süße Teil der Kollektion brachte feine Kabinettweine, eine konzentrierte Spätlese aus dem Altenberg, die der Scharzhofberger-Spätlese ebenbürtig war; die Auslese aus dem Nies'chen und eine Beerenauslese aus dem Altenberg krönten das Programm.

Neue Kollektion

Nach einer solch starken 2011er Kollektion sind wir nun doch etwas überrascht, dass 2012 da nicht mithalten kann. Einige Weine wirken unreif in der Frucht, oft bei irritierender Säure, so als hätte man zu früh geerntet. Andere aber zeigen, dass das Vorjahresniveau gehalten werden konnte, so die feinherbe Spätlese aus dem Nies'chen, die füllig, kraftvoll und zupackend sich präsentiert; oder die Spätlese aus dem Altenberg, die gute Struktur und Substanz besitzt. ◀━

Weinbewertung

80   2012 Riesling trocken „Dom" **12 %/6,90 €**

81   2012 Riesling Kabinett trocken Ayler
11,5 %/8,90 €

81   2012 Riesling Kabinett trocken Erdener
12 %/8,90 €

84   2012 Riesling Spätlese trocken Kanzemer Altenberg **12,5 %/11,90 €**

82   2012 Riesling Spätlese trocken Trittenheimer

B

Apotheke **12 %/11,90 €**

80   2012 Riesling „feinherb" Saar   **11 %/8,50 €**

81   2012 Riesling Kabinett „feinherb" Kaseler **10,5 %/8,90 €**

82   2012 Riesling Kabinett „feinherb" Erdener **10,5 %/8,90 €**

86   2012 Riesling Spätlese „feinherb" Kaseler Nies' chen **11 %/11,90 €**

83   2012 Riesling Spätlese „feinherb" Trittenheimer Apotheke   **11 %/11,90 €**

83   2012 Riesling Kabinett Scharzhofberger **8,5 %/9,40 €**

87   2012 Riesling Spätlese Kanzemer Altenberg **8 %/12,40 €**

88   2012 Riesling Eiswein Kaseler Kehrnagel **8,5 %/46,- €/ 0,375l**

Bischöfliches ★★

Weingut Rüdesheim Bistum Limburg   **Rheingau**

Marienthaler Straße 3, 65385 Rüdesheim
Tel. 06722-910560, *Fax:* 06722-910562
www.bischoefliches-weingut.de
weingut@bistumlimburg.de
Besuchszeiten: *Mo.-Fr. 14-17 Uhr und nach*
Vereinbarung

Geschäftsführerin . . . . Silke Trick
Techn. Betriebsleiter/Kellermeister Peter Perabo
Rebfläche . . . . 9 Hektar

Das Weingut des Bistums Limburg führt seine Geschichte auf das Mittelalter zurück, im 11. Jahrhundert wurde es bereits urkundlich erwähnt. Der Klosterkeller stammt aus dem Jahr 1683. Die Reben befinden sich beispielsweise in den Rüdesheimer Spitzenlagen Berg Schlossberg, Berg Rosenecke und Berg Rottland. Für den Keller und die Leitung des Betriebes ist Peter Perabo zuständig, und er hat die Qualität der Weine in neue Höhen getrieben. Die Rieslinge (an der Spitze die „Alten Reben" aus dem Berg Rosenecke und der Schlossberg-Riesling)

sind mineralisch und präzise, die Burgunder elegant, saftig, nicht vom Holz erschlagen. Der gehobene Riesling-Basiswein nennt sich nun „A priori S*" und ist sehr zugänglich, ohne zu langweilen.

Vorjahre _____

2010 stellte das Weingut rassige, komplexe Rieslinge voller Würze vor; die 2009er Spätburgunder waren frisch und, trotz merkbaren Holzeinsatzes, fruchtig und klar. Die 2011er waren die Gutsrieslinge klar und erfrischend, die Lagenweine mineralisch (Schlossberg) oder mit viel Schmelz ausgestattet (Roseneck).

Neue Kollektion _____

In der neuen Kollektion zeigt Peter Perabo, dass er fähig ist, den Lagencharakter herauszuarbeiten. Der geradlinige, animierende, angenehm trockene Schlossberg-Riesling läuft so manchem Großen Gewächs aus dem Rheingau den Rang ab, der „Episcopus" wirkt fast trocken und weist Schmelz auf, der Spitzenwein aus dem Roseneck besitzt eine fordernde Säure. Die beiden Rotweine unterscheiden sich deutlich voneinander; der klare, von Würznoten geprägte Assmannshäuser ist derzeit sehr viel zugänglicher als der dichte, leicht cremige Rüdesheimer, dem eine weitere positive Entwicklung zuzutrauen ist.

Weinbewertung _____

83   2012 Riesling trocken „a priori" **12 %/6,90 €**

85   2012 Riesling trocken „a priori S*" Rüdesheimer   **12,5 %/8,- €**

85   2012 Riesling Kabinett trocken Rüdesheimer Berg Schlossberg **11 %/9,- €**

89   2012 Riesling trocken Rüdesheimer Berg Schlossberg **12,5 %/15,- €**

89   2012 Riesling trocken „Alte Reben" Rüdesheimer Berg Roseneck **12,5 %/15,- €**

88   2012 Riesling „Episcopus" **12 %/13,- €**

86   2012 Riesling „feinherb" Rüdesheimer Bischofsberg **11,5 %/9,- €**

89   2011 Spätburgunder trocken „S" Assmannshäuser **13,5 %/17,50 €**

87   2011 Spätburgunder trocken „S" Rüdesheimer **14 %**

B

Michael **Blendel** ★ ★
Weingut   **Franken**

Bocksbeutelstraße 13, 97332 Escherndorf
Tel. 09381-9130, Fax: 09381-6936
www.weingut-blendel.de
infopost@weingut-blendel.de
Besuchszeiten: Mo.-Fr. 8-18 Uhr, Sa. 8-17 Uhr,
So. 10-12 Uhr oder nach Vereinbarung
2 Gästezimmer

Inhaber .... Michael Blendel & Andreas Blendel
Rebfläche .... 6,5 Hektar

Seit zehn Generationen baut die Familie Wein in Escherndorf an, seit 1908 betreibt sie eine Brennerei. 1975 wurde die erste eigene Kelter gekauft, 1982 mit der Selbstvermarktung begonnen, 1989 konzentrierte man sich dann ganz auf Weinbau. Die Weinberge von Michael Blendel liegen überwiegend in Escherndorf, in den Lagen Lump, Fürstenberg und Berg, hinzu kommen zwei Weinberge in Sommerach. An weißen Rebsorten gibt es Silvaner, Müller-Thurgau, Bacchus, Traminer und Riesling, aber auch Scheurebe und Kerner. Hinzu kommen die roten Sorten Dornfelder, Domina, Spätburgunder und Regent. Die Weißweine werden in Edelstahltanks ausgebaut, die Rotweine in Holzfässern, auch im Barrique. Inzwischen ist Sohn Andreas in den Betrieb eingestiegen.

Vorjahre _____

2010 hatte sich Michael Blendel gut behauptet, die Weine waren frisch, fruchtbetont und klar. Der „Teamgeist"-Silvaner war unser Favorit in einer guten, sehr gleichmäßigen Kollektion. 2011 präsentierte sich sehr gleichmäßig, angefangen vom geradlinigen Müller-Thurgau in der Literflasche; die beiden trockenen Spätlesen aus dem Lump, Silvaner und Riesling, führten die Kollektion an.

Neue Kollektion _____

Auch 2012 erfreut uns wieder das gute Niveau der Basisweine, beginnend beim feinen Müller-Thurgau aus der Literflasche. Die Kollektion präsentiert sich stimmig – unsere leichte Präferenz gilt den Silvanern im Vergleich zu den Rieslingen – auf gewohnt zuverlässigem Niveau, wird angeführt vom recht süßen und schmeichelnden Teamgeist-Silvaner.

Weinbewertung _____

82   2012 Müller-Thurgau trocken Escherndorfer Berg (1l)   **12,5 %/4,60 €**
82   2012 „der Franke" Silvaner trocken   **12,5 %/5,20 €**
82   2012 Silvaner Kabinett trocken Escherndorfer Lump   **13 %/6,50 €**
83   2012 Riesling Kabinett trocken Escherndorfer Lump   **12,5 %/6,80 €**
84   2012 Silvaner Spätlese trocken Escherndorfer Lump   **14 %/8,50 €**
83   2012 Riesling Spätlese trocken Escherndorfer Lump   **14 %/8,80 €**
86   2011 Silvaner Spätlese trocken „Teamgeist" Escherndorfer Lump   **14 %/12,- €**
83   2012 Scheurebe Kabinett Escherndorfer Lump   **12 %/6,80 €**
79   2011 Spätburgunder Spätlese trocken Escherndorfer Lump   **15 %/9,30 €**

Heribert **Boch** ★ ★
Weingut   **Mosel**

Moselweinstraße 62, 54349 Trittenheim
Tel. 06507-2713, Fax: 06507-6795
weingut.boch@t-online.de
Besuchszeiten: Mo.-Sa. 9-12 + 14-19 Uhr, So. 9-14
Uhr und nach Vereinbarung
4 Doppelzimmer, 1 Ferienwohnung

Inhaber .... Michael Boch
Rebfläche .... 7,1 Hektar

Das Weingut Heribert Boch in Trittenheim wird seit 1989 von Michael Boch geführt, seit 1999 unterstützt ihn seine Frau Anne. Nach der Übernahme des Betriebes kaufte Boch etwa 6000 Stock Riesling mit wurzelechten, 100 Jahre alten Reben in den besten Trittenheimer Steillagen hinzu. Die Weinberge liegen in den Trittenheimer Lagen Apotheke und Altärchen. Michael Boch hat sich nach und nach auf Steillagen und auf Riesling konzentriert, der heute 60 Prozent seiner Weinberge einnimmt. Hinzu kommen 25 Prozent Spätburgunder sowie etwas Müller-Thurgau, Kerner, Bacchus und Cabernet Sauvignon an. Die Moste werden nach kurzer Maischestandzeit kühl vergoren und reifen in Edelstahltanks, die Rotweine werden teils im Barrique ausgebaut.

Vorjahre

In den letzten Jahren haben die Weine an Substanz und Frucht gewonnen; sie sind saftig und reintönig – und nach wie vor günstig. 2010 präsentierte sich sehr gleichmäßig, die Weine waren geradlinig und klar, im süßen Segment gefiel uns die 3-Sterne-Spätlese besonders gut. Auch 2011 präsentierte sich sehr geschlossen, schon die Kabinettweine überzeugten, Highlights in diesem Jahrgang waren die beiden Auslesen aus der Apotheke.

Neue Kollektion

Die neue Kollektion präsentiert sich sehr geschlossen, überzeugt mit fruchtbetonten, klaren Weinen, angefangen vom trockenen Kabinett aus der Apotheke. Die trockene Spätlese aus dem Laurentiusberg besitzt gute Struktur und Substanz wie auch das kraftvolle „Urstück". Eine schöne Überraschung ist der Spätburgunder, der rauchige Noten und gute Konzentration im Bouquet zeigt, füllig und kraftvoll ist, reife Frucht und gute Struktur besitzt. ◀

Weinbewertung

83 2012 Riesling Kabinett trocken Trittenheimer Apotheke **12,5 %/5,90 €**

85 2012 Riesling Spätlese trocken Trittenheimer Apotheke **13 %/8,40 €**

86 2012 Riesling Spätlese trocken „Laurentiusberg" Trittenheimer Apotheke **13 %/8,90 €**

83 2012 Riesling Spätlese halbtrocken Trittenheimer Apotheke **13 %/8,40 €**

85 2012 Riesling Spätlese „feinherb" „Urstück" Trittenheimer Apotheke **13 %/9,90 €**

83 2012 Riesling Spätlese „feinherb -5 C" Trittenheimer Apotheke **12,5 %/9,90 €**

85 2012 Riesling Spätlese „Abtsweinberg" Trittenheimer Apotheke **9,5 %/9,90 €**

86 2012 Riesling Auslese Trittenheimer Apotheke **8 %/16,- €**

86 2011 Blauer Spätburgunder*** trocken Trittenheimer Altärchen **13 %/7,90 €**

★

Bocksbeutel-Hof
Escherndorf   **Franken**

Astheimer Straße 6, 97332 Escherndorf
Tel. 09381-803310, **Fax:** 09381-803311
www.bocksbeutel-hof.de
info@bocksbeutel-hof.de
Besuchszeiten: Apr.-Okt.: Mo.-Fr. 9-18 Uhr,
Sa. 9-12 + 14-17 Uhr, So. 14-17 Uhr
Nov.-April: Mo.-Fr. 9-17 Uhr, Sa. 9-12 Uhr
Verkostungs- und Erlebnisraum, Weinprobierstube

Verkaufsleiter . . . . Thomas Römmelt
Mitglieder 34
Rebfläche . . . . 25 Hektar

Der 1913 gegründete Escherndorfer Winzerverein verlor 1970 seine Selbstständigkeit und wurde als Kelterstation einer Zentralkellerei (GWF) angegliedert. 1997 haben sich neun Winzer zusammengetan und die Winzergenossenschaft Escherndorf wieder gegründet. Neben Weinbergen in Escherndorf bewirtschaften die Mitglieder des Bocksbeutel-Hofs auch Weinberge in Neuses, Nordheim, Volkach und Dettelbach. Gut ein Drittel der Weinberge liegt in Steillagen. Wichtigste Rebsorten sind Müller-Thurgau und Silvaner. Es folgen Riesling, Bacchus, Spätburgunder und Domina.

Vorjahre

Vor zwei Jahren präsentierte sich die Kollektion geschlossen auf gutem Niveau, die

B

2009er Beerenauslese war unser Favorit; sehr gleichmäßig präsentierte sich der Jahrgang 2011.

Neue Kollektion

Sehr gleichmäßig ist nun auch 2012 bei leichter Präferenz für die Silvanerriege, angeführt von der weichen Spätlese trocken aus dem Lump und dem fülligen Silvaner von alten Reben. ◄

Weinbewertung

78 2012 Silvaner trocken Escherndorfer Fürstenberg (1l) **13 %/5,50 €**

79 2012 Weißburgunder Kabinett trocken **13 %/7,50 €**

81 2012 Silvaner Kabinett trocken Escherndorfer Lump **13,5 %/6,90 €**

82 2012 Riesling Kabinett trocken Escherndorfer Lump **12,5 %/7,20 €**

84 2012 Silvaner Spätlese trocken Escherndorfer Lump **13,5 %/9,50 €**

83 2011 Silvaner trocken „Alte Reben" **13 %/10,- €**

84 2012 Silvaner trocken „Alte Reben" **13,5 %/10,- €**

80 2012 Riesling Spätlese trocken Escherndorfer Lump **13 %/9,50 €**

81 2012 Kerner Spätlese Escherndorfer Fürstenberg **12,5 %/6,50 €**

Klaus **Böhme**
Weingut ★ ★

Saale-Unstrut

Lindenstraße 42, 06636 Kirchscheidungen
Tel. 034462-20395, Fax: 034462-22794
www.weingut-klaus-boehme.de
weingut.boehme@t-online.de
Besuchszeiten: nach Vereinbarung

Inhaber .... Klaus Böhme
Rebfläche .... 10 Hektar

Klaus Böhme entschied sich nach seiner landwirtschaftlichen Ausbildung für den Weinbau – die Familie hatte immer schon Weinberge bewirtschaftet aber die Trauben an die Genossenschaft abgeliefert – und begann 1993 mit der Flaschenweinvermarktung. Seither hat er die Rebfläche erweitert und einen neuen Keller gebaut. Seine Reben stehen auf Muschelkalkböden in verschiedenen Variationen in den Lagen Burgscheidunger Veitsgrube, Freyburger Mühlberg und Schweigenberg (der einstigen Kernlage), Grosjenaer Blütengrund sowie im Dorndorfer Rappental. Müller-Thurgau, Silvaner, Weißburgunder und Riesling sind die wichtigsten Rebsorten, hinzu kommen Kerner, Traminer und Gutedel, sowie fast 20 Prozent rote Sorten: Spätburgunder, Portugieser und Dornfelder, zuletzt pflanzte er Frühburgunder. Die Rotweine werden maischevergoren, durchgegoren und teilweise in 600-Liter- Fässern ausgebaut, die Weißweine gekühlt im Edelstahl vergoren und ausgebaut und mit natürlicher Restsüße abgefüllt.

Vorjahre

Einen wunderschön leichten, frischen Riesling aus dem Rappental bot Klaus Böhme 2010 an – so macht Riesling Spaß. Auch sonst waren die Weine frisch, klar und geradlinig, angenehm niedrig im Alkohol, bereiteten Trinkfreude. Sehr homogen präsentierte sich die letztjährige Kollektion, alle Weine waren frisch und reintönig, besonders gut gefielen uns Bacchus und Frühburgunder in der stimmigen Kollektion.

Neue Kollektion

Das gefällt uns gut, was Klaus Böhme uns in diesem Jahr vorgestellt hat. Die merkliche Restsüße ist immer noch da, bei allen Weinen, aber die Weine sind druckvoller geworden, trotz der Süße. Eigenwillig und interessant ist der Silvaner von alten Reben aus dem Rappental, der Müller-Thurgau ist frisch und fruchtbetont, der Riesling reintönig und füllig. Spannend sind die drei vorgestellten Weißburgunder, vor allem die füllig, saftige Spätlese und die Bergstern genannte Auslese, ein Weißburgunder mit viel Fülle und reifer Frucht, mit Wärme und Länge. Wir finden: Weißburgunder passt gut an Saale und Unstrut. ◄

B

Weinbewertung

83 2012 Müller-Thurgau trocken „Schloss Neuenburg" **11,5 %/7,- €**

85 2012 Silvaner „Alte Reben" Dorndorfer Rappental **11,5 %/8,- €**

83 2012 Weißburgunder „Schloss Neuenburg"
11,5 %/7,50 €

85 2012 Riesling Spätlese Dorndorfer Rappental
12,5 %/9,- €

85 2012 Weißburgunder Spätlese Dorndorfer
Rappental **12,5 %/9,50 €**

87 2012 Weißburgunder Auslese „Bergstern"
Dorndorfer Rappental **13,5 %/17,- €**

Bös
Weingut

★

Wiesenäcker 2, 69254 Malsch
Tel. 07253-278818, *Fax:* 07253-278819
www.weingut-boes.de, info@weingut-boes.de
Besuchszeiten: Di. + Do. 17-19 Uhr, Fr. 15-19 Uhr,
Sa. 9-14 Uhr und nach Vereinbarung
Besenwirtschaft „Reblaus", Weinwanderungen

Inhaber.............................Rüdiger Bös
Rebfläche.............................18 Hektar

Die Eltern von Rüdiger Bös besaßen einen
landwirtschaftlichen Mischbetrieb mit 3
Hektar Weinbergen. Im Laufe der Zeit wurde
die Rebfläche vergrößert und der Keller ausgebaut. Nach dem Studienabschluss von Rüdiger Bös in Geisenheim entstand aus dem
Genossenschaftsbetrieb ein selbstvermark-
tendes Weingut. 1999 übernahm Rüdiger
Bös den Betrieb. Im Anbau dominieren die
Burgundersorten, dazu gibt es Gewürztraminer, Chardonnay, Portugieser und Lemberger. 2001 wurde Dornfelder, Merlot und Cabernet Sauvignon gepflanzt.

Vorjahre

Die 2010er Weißweine waren jahrgangsbedingt sehr verhalten. Die letztjährige Kollek-

tion war sehr gleichmäßig, weiß wie rot, an
der Spitze ein Weißburgunder und der im
Barrique ausgebaute Lemberger.

Neue Kollektion

Die 2012er Weißweine sind sehr verhalten,
unser klarer Favorit in der aktuellen Kollektion ist der 2011er Lemberger, der rauchige
Noten und klare reife Frucht im Bouquet
zeigt, füllig und kraftvoll im Mund ist bei reifer Frucht und guter Struktur. ◀

Weinbewertung

80 2012 Riesling trocken Malscher Ölbaum
12,5 %/6,- €

80 2012 Chardonnay trocken Malscher Ölbaum
13,5 %/8,- €

80 2012 Weißburgunder Spätlese trocken Malscher Ölbaum **14,5 %/8,- €**

79 2012 Gewürztraminer Spätlese trocken Malscher Ölbaum **13,5 %/9,- €**

81 2011 Spätburgunder Spätlese trocken Malscher Rotsteig **13 %/13,- €**

85 2011 Lemberger trocken Malscher Rotsteig
13,5 %/16,- €

Bohnenstiel
Weingut

★

Pfalz

Weinstraße 77, 67273 Herxheim am Berg
Tel. 06353-91186, *Fax:* 06353-91196
www.weingut-bohnenstiel.de
weingut.bohnenstiel@t-online.de
Besuchszeiten: wochentags 9-18 Uhr möglichst
nach Vereinbarung, Samstag 9-17 Uhr
Probierstube, Ferienwohnung

Inhaber........Edwin und Martina Bohnenstiel
Rebfläche.............................12 Hektar

Seit Ende des 17. Jahrhunderts betreibt die
Familie Bohnenstiel Weinbau in Herxheim
am Berg. Neben den traditionellen Weißweinsorten wie Riesling, Weiß- und Grauburgunder und Silvaner baut Edwin Bohnenstiel

B

Die besten deutschen Weinerzeuger und ihre Weine

inzwischen auch Chardonnay und Sauvignon Blanc an. An roten Sorten gibt es Portugieser, Dornfelder, Spätburgunder, St. Laurent, Acolon, Cabernet Sauvignon und Merlot.

Vorjahre

Vor zwei Jahren waren die Weißweine frisch und reintönig, mit deutlicher Säure und guter Frucht. Die trockene Riesling Spätlese zeigte die klare Kraft des Jahrgangs ohne schwer zu sein. Im vergangenen Jahr verkosteten wir eine stimmige Kollektion mit zwei sehr guten Rieslingen und einem feinen, sehr fruchtigen Chardonnay. Der Riesling „Alte Rebe" war eine Spur zu süß, der „Wermuth" war stoffig und nachhaltig. Der Spätburgunder war konzentriert, dunkelfruchtig und von guter Tanninstruktur, die Cuvée „BB" – Nomen est Omen – präsentierte sich rund und vollbusig.

Neue Kollektion

In diesem Jahr zeigt das Weingut wieder eine ordentliche Kollektion, die Weine sind kräftig-frisch und klar. Am besten gefallen uns die beiden Rotweine, der Spätburgunder zeigt kühle Frucht und eine gute Struktur.

Weinbewertung

80 2012 Riesling Kabinett trocken Herxheimer Honigsack **12 %/5,60 €**

81 2012 Sauvignon Blanc trocken **12 %/6,70 €**

83 2012 Weißburgunder „M" trocken **13,5 %/9,- €**

83 2012 Grauburgunder Spätlese trocken **13 %/6,30 €**

83 2010 Merlot trocken **13 %/7,- €**

84 2011 Spätburgunder Spätlese trocken Herxheimer Honigsack **13 %/6,80 €**

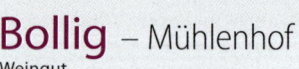

Bollig – Mühlenhof
Weingut

Mosel

Mühlenhof, Brunnenstraße 69
54484 Maring-Noviand
Tel. *06535-490,* **Fax:** *06535-7639*
www.bollig-muehlenhof.de
info@bollig-muehlenhof.de
Besuchszeiten: *nach Vereinbarung*
5 Ferienwohnungen (4 Sterne)

Inhaber .... Hans Dieter und Carsten Bollig
Rebfläche .... 6,5 Hektar

Die Weinberge von Hans Dieter Bollig und seinem Sohn Carsten, der für den Weinausbau verantwortlich ist, werden „kontrolliert umweltschonend" bewirtschaftet. Riesling nimmt 50 Prozent der Rebfläche ein, hinzu kommen 20 Prozent Spätburgunder sowie Chardonnay, Grauburgunder, Müller-Thurgau, Regent, Frühburgunder und Dornfelder. Rote Rebsorten nehmen zusammen mehr als 30 Prozent der Rebfläche ein. Bereits seit dem Jahrgang 2001 verzichten sie auf Prädikatsbezeichnungen bei trockenen Weinen. 2009 wurde eine Vinothek eröffnet für deren Bau fast ausschließlich natürliche Materialien verwendet wurden. Die Bolligs erzeugen auch Kuriositäten wie aus Auslesetrauben hergestellten Balsam-Essig, Aperitifessig aus Riesling Trockenbeerenauslese oder einen Weinbrand Riesling Spätlese.

Vorjahre

2010 waren die Weißweine etwas verhalten, der sehr barriquegeprägte 2009er Spätburgunder besaß gute Substanz. Der Jahrgang 2011 überzeugte, die Weine waren füllig und kraftvoll, klar und zupackend. Trocken gefiel uns der Laymühle-Riesling am besten, die Auslese aus dem Klosterberg führte den süßen Teil der Kollektion an, auch der Spätburgunder überzeugte.

Neue Kollektion

Die neue Kollektion ist stimmig, zeigt eine klare Handschrift und überzeugt trocken wie süß, wobei wir im Jahrgang 2012 die süßen Rieslinge ein klein wenig höher bewerten als die trockenen. Dazu gibt es mit der 2011er Beerenauslese ein kaffeeduftiges Schwergewicht. ◂

Weinbewertung _____

84	2012 Riesling trocken Honigberg 11,5 %/9,- €
83	2012 Riesling „alte Reben" Honigberg 11 %/9,50 €
82	2012 Riesling „feinherb" Laymühle 11 %/7,- €
85	2012 Riesling „feinherb" Sonnenuhr 11 %/9,70 €
85	2012 Riesling Spätlese Honigberg 7,5 %/7,50 €
87	2011 Riesling Beerenauslese Klosterberg 9 %/22,- €/0,5l

★★

Borell-Diehl
Weingut

Pfalz

Weinstraße 47, 76835 Hainfeld
Tel. *06323-980530,* **Fax***: 06323-980570*
www.borell-diehl.de
info@borell-diehl.de
Besuchszeiten*: Mo.-Sa. 8-12 + 13-18 Uhr*

Inhaber . . . . Thomas Diehl
. . . . Annette Borell-Diehl
Rebfläche . . . . 28 Hektar

Die Familie Borell ist seit dem 17. Jahrhundert in Hainfeld ansässig. In seiner heutigen Form entstand das Weingut aber erst 1990 durch die Heirat von Annette Borell mit Thomas Diehl, der ebenfalls aus einer Winzerfamilie (im benachbarten Edesheim) stammt. Wichtigste Rebsorten sind Dornfelder, Riesling und die Burgundersorten. Dazu gibt es Silvaner und Müller-Thurgau, Sauvignon Blanc und Gewürztraminer, aber auch Chardonnay, Sankt Laurent, Schwarzriesling, Merlot und Cabernet Sauvignon. Die Weißweine werden langsam und temperaturkontrolliert im Edelstahl vergoren, die roten Trauben werden entrappt und maischevergoren,

Spitzenweine kommen für mindestens 18 Monate ins Barrique.

Vorjahre _____

Vor zwei Jahren standen vier Weiße gleich obenauf: Der Silvaner aus dem Heiligenberg, der Grauburgunder von alten Reben, der im Barrique ausgebaute Chardonnay und der Riesling „Kupperwolf" zeigten alle gute Konzentration und klare Frucht. Die drei ambitionierten 2009er Spätburgunder besaßen Kraft und Substanz, ähnelten sich aber so sehr, dass keine wirklichen Lagenunterschiede erkennbar waren. Im vergangenen Jahr ähnelten sich die beiden 2010er Spätburgunder mit ihrem kräftigen Holzeinsatz erneut sehr, waren jahrgangsbedingt aber etwas verhaltener als ihre Vorgänger. Die Rieslinge waren alle klar, reintönig und würzig, an der Spitze stand wieder der füllige „Kupperwolf" und auch der Grauburgunder von alten Reben überzeugte wie gewohnt mit Substanz und viel reifer gelber Frucht.

Neue Kollektion _____

In diesem Jahr konnten wir sechs verschiedene trockene Rieslinge verkosten, die allesamt viel klare Frucht und typische Würze besitzen, die Lagenunterschiede sind sehr gut herausgearbeitet. Unser Preis-Leistungs-Favorit – auch wenn wir zwei andere Rieslinge höher bewertet haben – ist der geradlinige, knochentrockene Riesling Kabinett von alten Reben mit feinen Zitrus- und Kräuternoten – viel Wein fürs Geld. Unter den Burgundern favorisieren wir wieder den Grauburgunder mit feiner Holzwürze und viel klarer gelber Frucht, bei den Spätburgundern sehen wir ebenfalls den Wein von alten Reben, aus dem Flemlinger Herrenbuckel, vorne, mit viel kräutriger und röstiger Würze, Kraft und Struktur. ◂

Weinbewertung _____

86	2012 Grauburgunder Spätlese trocken „Alte Reben" Hainfelder Letten 13,5 %/8,50 €
85	2012 Weißburgunder Spätlese trocken „Alte Reben" Hainfelder Kapelle 13,5 %/8,50 €
83	2012 Riesling Kabinett trocken „Buntsand-

stein" **11,5 %/5,- €**

83 2012 Riesling Kabinett trocken „Muschelkalk"
12,5 %/5,20 €

85 2012 Riesling Kabinett trocken „Alte Reben"
Hainfelder Kapelle **13 %/6,- €** ☺

84 2012 Riesling Kabinett trocken „Schiefer"
Burrweiler Altenforst **12 %/6,50 €**

86 2012 Riesling trocken „Halbstück" **13 %/9,- €**

86 2012 Riesling trocken „Kupperwolf" Edesheimer Rosengarten **13 %/9,- €**

85 2012 Rieslaner Auslese Flemlinger Herrenbuckel **9 %/8,- €**

86 2011 Spätburgunder Spätlese trocken „Kupperwolf" Edesheimer Rosengarten **13,5 %/12,80 €**

87 2011 Spätburgunder Spätlese trocken „Alte Reben" Flemlinger Herrenbuckel **13,5 %/18,20 €**

★

Borth
Weingut

Württemberg

Unterheimbacher Straße 35, 74626 Bretzfeld-Adolzfurt
Tel. 07946-2139, Fax: 07946-942533
www.weingut-borth.de
info@weingut-borth.de
Besuchszeiten: täglich nach Vereinbarung
Weinstube (60-80 Personen), zweimal monatlich für
eine Woche geöffnet

Inhaber . . . . Michael Borth
Rebfläche . . . . 6,5 Hektar

Seit 1993 bewirtschaften Andrea und Michael Borth ihr Weingut in Adolzfurt. Ihre Weinberge befinden sich in der Adolzfurter Lage
Schneckenhof und im Cleversulzbacher
Eberfürst. Die Reben wachsen auf Keuperverwitterungsböden. Drei Viertel der Fläche
nehmen rote Sorten ein: Trollinger, Lemberger, Spätburgunder, Schwarzriesling, Samtrot, Muskattrollinger und Dornfelder, inzwischen auch Merlot und Cabernet Cubin. An
weißen Sorten gibt es Riesling, Traminer und
Silvaner, sowie Weißburgunder.

Vorjahre _____

Vor zwei Jahren gefiel uns die Kollektion gut,
bot zuverlässige Qualität auf gutem Niveau,
weiß wie rot. Noch besser gefiel uns die
letztjährige Kollektion, bot sehr gleichmäßige Qualität, hatte mit den beiden kraftvollen Barriquerotweinen Spitzen zu bieten.

Neue Kollektion _____

Sehr gleichmäßig ist nun auch die neue Kollektion, bietet füllige klare Weißweine, einen
wunderschön reintönigen Muskattrollinger
Weißherbst und eine zupackende, strukturierte rote Cuvée, die sich immer noch sehr
jugendlich präsentiert. ◀■

Weinbewertung _____

83 2012 Riesling Spätlese trocken Adolzfurter
Lindelberg **12 %/6,- €**

83 2012 Weißburgunder Spätlese trocken Adolzfurter Schneckenhof **13 %/5,40 €**

84 2012 Silvaner Spätlese trocken Adolzfurter
Schneckenhof **13 %/5,40 €**

84 2012 Muskattrollinger Weißherbst **11 %/6,- €**

83 2011 Spätburgunder Spätlese trocken Adolzfurter Lindelberg **13,5 %/6,- €**

85 „Cuvée 07" Rotwein trocken Holzfass
13,5 %/8,40 €

★

Rudolf **Bosch**
Weingut

Baden

◆ *An der oberen Lußhardt 1/1, 76709 Kronau*
Tel. 07253-9324024
www.weingut-bosch-kronau.de
info@weingut-bosch-kronau.de
Besuchszeiten: Mi. + Fr. 17:30-19 Uhr, Sa. 14-17 Uhr
oder nach Vereinbarung

Inhaber . . . Rudolf Bosch & Andreas Braunecker
Rebfläche . . . . 6,5 Hektar

Das Weingut entstand als Hobby-Weingut,
gegründet von Rudolf Bosch in Bad Schönborn. Erst mit dem Einstieg seines Neffen An-

dreas Braunecker nach dessen Geisenheim-Studium im Jahr 2007 und dem Neubau eines Kellereigebäudes in Kronau wurde aus dem Hobby Haupterwerb. Angebaut werden Riesling, Spät- und Frühburgunder, Müller-Thurgau, Scheurebe, Weißburgunder, Grauburgunder und Portugieser. Die Weine werden in den drei Linien Esprit, Signatur und Charisma vermarktet.

Kollektion

Eine stimmige, sehr gleichmäßige Kollektion präsentiert Andreas Braunecker, aus der zwei Weine hervorragen. Der Spätburgunder ist frisch, klar und zupackend, besitzt gute Struktur und Frucht. Noch etwas besser gefällt uns der im Holz ausgebaute Grauburgunder Signatur, der viel Substanz, reife Frucht und feine Süße besitzt. ◄

Weinbewertung

81	2012 Weißburgunder „Esprit"	13,5 %/6,80 €
81	2012 Auxerrois „Esprit"	12,5 %/6,80 €
81	2012 Riesling „Esprit"	12,5 %/6,80 €
85	2012 Grauburgunder „Signatur"	13,5 %/8,80 €
80	2012 Müller-Thurgau „Esprit"	13 %/5,40 €
84	2011 Spätburgunder „Esprit"	14 %/7,20 €

Bottler ★

Weingut   **Mosel**

Hauptstraße 11, 54486 Mülheim
Tel. *06534-324,* **Fax** *06534-18395*
www.weingut-bottler.de
wein-gaestehaus-bottler@t-online.de
Besuchszeiten: *Mo.-Sa. 8-12 + 13-18 Uhr oder nach Vereinbarung*
Straußwirtschaft, Gästehaus

Inhaber . . . . Hermann und Andreas Bottler
Rebfläche . . . . 5 Hektar

Das Weingut Bottler ist ein typisches Moselweingut mit Straußwirtschaft und Gästehaus. Hermann und Andreas Bottler bauen zu 80 Prozent Riesling an, dazu Weißburgunder, Kerner, Müller-Thurgau, Regent und Spätburgunder. Die Weine werden kühl vergoren, teils im Holz, teils im Edelstahl. Zwei Drittel der Produktion wird trocken ausgebaut. Zu den Spezialitäten gehört der Eiswein, der fast in jedem Jahr erzeugt wird.

Vorjahre

2010 führte der Eiswein die Kollektion an, die ansonsten sehr gleichmäßige, gute Qualität bot. Eine stimmige, überzeugende Kollektion präsentierten Hermann und Andreas Bottler 2011, etwas stärker war der süße Teil, angeführt von zwei reintönigen Auslesen.

Neue Kollektion

2012 sind die Rollen noch klarer verteilt als sonst: Die trockenen Rieslinge sind kompakt, die edelsüßen sind stoffig und komplex, allen voran der Eiswein aus der Sonnenlay, ein würziger, konzentrierter Wein mit viel Substanz und Biss. ◄

Weinbewertung

82	2012 Riesling „S" Spätlese trocken Mülheimer Sonnenlay	13,5 %/7,50 €
81	2012 Riesling „S" Spätlese trocken „Alte Reben" Mülheimer Sonnenlay	13,5 %/9,50 €
80	2012 Riesling Kabinett halbtrocken Mülheimer Sonnenlay	11,5 %/5,50 €
81	2012 Riesling Spätlese*** Mülheimer Sonnenlay	10 %/9,50 €
85	2012 Riesling Auslese (Goldkapsel) Mülheimer Sonnenlay	10,5 %/12,- €/0,5l
89	2012 Riesling Eiswein Mülheimer Sonnenlay	9,5 %/25,- €/0,375l

B

Boudier&Köller
Weingut   **Pfalz**

◈ Hauptstraße 19, 67294 Stetten
Tel. 06355-586, **Fax** 06355-9550949
www.boudierkoeller.de
info@boudierkoeller.de
Besuchszeiten: variabel, siehe Homepage

Inhaber . . . . Dr. Robert Boudier, Elmar Köller
Betriebsleiter . . . . Jan Gross
Rebfläche . . . . 8,5 Hektar

Ganz im Pfälzer Norden liegt das Weingut von Robert Boudier und Elmar Köller, ihre Weinberge liegen teils in der Pfalz, teils im benachbarten Rheinhessen. Sie sind Quereinsteiger, erwarben 2007 das Stettener Pfarrhaus, gründeten 2010 ihr eigenes Weingut, erster Jahrgang war 2011. Seit April 2013 ist Jan Gross als Betriebsleiter mit an Bord, der zuvor Betriebsleiter des Weinguts Karl Schaefer in Deidesheim war. Die Weinberge liegen im Zellertal, vor allem in den Gemeinden Stetten, Gauersheim und Albisheim.

Kollektion ⎯⎯⎯⎯⎯⎯⎯⎯⎯⎯⎯⎯⎯⎯⎯

Die Weine zeigen eine klare Handschrift, sind kraftvoll und eigenständig, wie der stoffige „Mathilde von Tuszien" genannte Müller-Thurgau oder der zupackende, geradlinige Sauvignon Blanc. ◂▬

Weinbewertung ⎯⎯⎯⎯⎯⎯⎯⎯⎯⎯⎯⎯⎯

85   2012 „Mathilde von Tuszien" Weißwein
     11 %/9,80 €
83   2012 Pinot Blanc   13 %/7,80 €
84   2012 Sauvignon Blanc   13 %/9,80 €
83   2012 „Rot" Rotwein Goldloch   13 %/18,- €

Brandt
Weingut   **Rheinhessen**

◈ Dalbergstraße 27, 67596 Dittelsheim-Hessloch
Tel. 06724-5521
www.weingut-brandt.de
info@weingut-brandt.de
Besuchszeiten: nach Vereinbarung

Inhaber . . . . Hans-Richard Brandt
Rebfläche . . . . 10 Hektar

Der landwirtschaftliche Gemischtbetrieb hat lange Zeit nur Fasswein erzeugt, erst 2011 begannen Hans-Richard Brandt und Sohn Markus mit der Flaschenweinvermarktung. Ihre Weinberge liegen in Alsheim, Bechtheim und Hessloch. Der Betriebsschwerpunkt liegt beim Riesling, dazu spielen die Burgundersorten und Scheurebe eine wichtige Rolle. Die Spitzenweine werden in den Bechtheimer Lagen Stein und Hasensprung sowie im Hesslocher Mondschein erzeugt. Für den Ausbau der Weine ist Markus Brandt verantwortlich; die Weine werden meist trocken ausgebaut.

Kollektion ⎯⎯⎯⎯⎯⎯⎯⎯⎯⎯⎯⎯⎯⎯⎯

Eine überzeugende Vorstellung: Gutes Basisniveau, reintönige Scheurebe Spätlese und ein fruchtbetonter, zupackender Spätburgunder. Unser Favorit aber ist der Mondschein-Riesling, der klar, fruchtbetont und zupackend ist, gute Struktur, Fülle und Biss besitzt. Ein gutes Debüt! ◂▬

Weinbewertung ⎯⎯⎯⎯⎯⎯⎯⎯⎯⎯⎯⎯⎯

80   2012 Weißburgunder trocken   13,5 %/6,20 €
81   2012 Riesling trocken „Kalkader"   13,5 %/5,80 €
82   2012 Spätburgunder „Blanc de Noir" trocken
     13 %/5,85 €
86   2012 Riesling trocken Mondschein   13 %/14,25 €
84   2012 Scheurebe Spätlese   8,5 %/8,25 €
84   2012 Spätburgunder trocken Barrique Hesslocher   13,5 %/13,35 €

Braun
Familienweingut   **Franken**

Blütenstraße 22, 97332 Volkach-Fahr
Tel. 09381-80730, **Fax:** 09381-807320
www.weingut-braun.de
info@weingut-braun.de
Besuchszeiten: Di.-So. 8:30-11:30 + 14-18 Uhr
Häckerstube, Gästehaus

Inhaber............... Thomas und Heike Braun
Rebfläche............................ 22 Hektar

Die Weinberge von Thomas und Heike Braun, die das Weingut 1998 von ihren Eltern übernommen haben, liegen in Fahr, Neuses, Obereisenheim, Volkach, Obervolkach, Sommerach, Stammheim, Nordheim, Escherndorf und Astheim. Vierzehn verschiedene Weißweinsorten bauen sie an, dazu vier rote Sorten.

Kollektion _____
Die 2011er Weißweine waren frisch und klar, am besten gefiel uns der Traminer, auch der 2009er Merlot überzeugte.

Neue Kollektion _____
Die neue Kollektion präsentiert sich geschlossen auf gutem Niveau, schon der Bacchus im Liter bereitet viel Freude. Die trockene Silvaner Spätlese ist saftig und klar, führt zusammen mit dem reintönigen, zupackenden Sauvignon Blanc die stimmige Kollektion an. ◄━

Weinbewertung _____
82   2012 Bacchus trocken (1l)   11,5 %/5,- €
84   2012 Sauvignon Blanc Kabinett trocken 13%/7,-€
84   2012 Silvaner Spätlese trocken   13,5 %/9,- €
83   2012 Traminer Auslese   12 %/12,- €
81   2012 „Cuvée rot" Rotwein trocken   12,5 %/6,- €
81   2011 Schwarzriesling trocken Holzfass   7,- €

Manfred **Braun**
Weingut   **Franken**

Weinbergstraße 7, 97334 Nordheim
Tel. 09381-1682, **Fax:** 09381-847351
www.weingut-manfred-braun.de
info@weingut-manfred-braun.de
Besuchszeiten: täglich, auch am Wochenende, nach Vereinbarung

Inhaber......................... Manfred Braun
Rebfläche............................ 3,6 Hektar

Die Familie baut seit Generationen Wein in Nordheim an. Herbert Braun begann in den siebziger Jahren mit der Selbstvermarktung, heute führt sein Sohn Manfred den Betrieb. Er baut Müller-Thurgau, Silvaner, Riesling, Bacchus, Kerner, Scheurebe und Rieslaner an, sowie die roten Sorten Spätburgunder, Frühburgunder, Domina, Acolon und Dornfelder.

Vorjahre _____
2010 behauptete Manfred Braun sich gut, bot sehr gleichmäßige Qualität mit fruchtbetonten, reintönigen Weinen 2011 vermochte die Rieslaner Spätlese zu überzeugen, noch besser gefiel uns der Silvaner von alten Reben.

Neue Kollektion _____
Sehr gleichmäßig ist die 2012er Kollektion, wird wieder angeführt von der Rieslaner Spätlese, die konzentriert und herrlich reintönig ist, feine süße Frucht und Biss besitzt. ◄━

Weinbewertung _____
82   2012 Müller-Thurgau Kabinett trocken Nordheimer Kreuzberg   12,5 %/6,10 €
81   2012 Silvaner Kabinett trocken Nordheimer Ratsherr   12,5 %/6,90 €
83   2012 Scheurebe Kabinett trocken Nordheimer Vögelein   12 %/6,50 €
80   2012 Spätburgunder „Blanc de Noir" Spätlese trocken Nordheimer Vögelein   13 %/9,- €
81   2012 Silvaner Spätlese trocken „Alte Reben" Nordheimer Vögelein   13,5 %/10,20 €
85   2012 Rieslaner Spätlese Vögelein 12,5 %/10,20 €

B

Die besten deutschen Weinerzeuger und ihre Weine

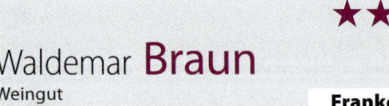

Waldemar **Braun**
Weingut   **Franken**

★★

Langgasse 10, 97334 Nordheim
Tel. 09381-9061, *Fax:* 09381-71179
www.weingut-waldemar-braun.de
info@weingut-waldemar-braun.de
Besuchszeiten: Mo.-Sa. 9-18 Uhr, So. 10-13 Uhr

Inhaber........................Waldemar Braun
Rebfläche...........................14,4 Hektar

Waldemar Braun hat 1985 sein eigenes Weingut gegründet. Seine Weinberge liegen vor allem in Nordheim, aber auch in Volkach, Escherndorf und Sommerach. Wichtigste Rebsorten sind Müller-Thurgau, Silvaner und Bacchus. Dazu gibt es Riesling, Kerner, Scheurebe, Rieslaner, Chardonnay, sowie Grau- und Weißburgunder. Hinzu kommen die roten Sorten Domina, Spätburgunder und Schwarzriesling.

Vorjahre _____

Vor zwei Jahren gefielen uns die beiden Silvaner – „Mandelbrecht" und „Am starken Holz" – einmal mehr besonders gut, aber auch die weißen Burgunder, Domina „vom langen Berg" und Spätburgunder besaßen Kraft und Substanz. 2011 hatte Waldemar Braun gleich vier mächtige „große" Weine im Programm, drei Silvaner und einen Weißburgunder; wer's weniger üppig mag, dem konnte der feine Silvaner Kabinett empfohlen werden.

Neue Kollektion _____

Auch 2012 überzeugen die Kabinettweine, trocken wie süß. Die Spätlesen sind mächtig, konzentriert und alkohoholreich, der Silvaner ein klein wenig bitter im Abgang bei viel Substanz, der Weißburgunder enorm kraftvoll, füllig und zupackend. Zwei reintönige edelsüße Rieslaner runden die Kollektion ab, der Eiswein besitzt viel Substanz, ist dabei frisch und zupackend. ◄

Weinbewertung _____

82 2012 Silvaner Kabinett trocken Nordheimer Vögelein **13,5 %/7,50 €**
82 2012 Grauburgunder Kabinett trocken Nordheimer Vögelein **12,5 %/8,50 €**
84 2012 Silvaner Spätlese trocken „Am starken Holz" Nordheimer Vögelein **14,5 %/13,- €**
85 2012 Weißburgunder Spätlese trocken „Hohe Setz" Nordheimer Vögelein **15 %/14,50 €**
82 2012 Scheurebe Kabinett Escherndorfer Lump **12,5 %/8,50 €**
81 2012 Riesling Kabinett Nordheimer Vögelein **12 %/8,50 €**
85 2012 Rieslaner Auslese Nordheimer Vögelein **10 %/19,50 €**
89 2012 Riesling Eiswein Nordheimer Vögelein **9,5 %/65,- €/0,5l**
82 2012 Domina trocken Nordheimer Kreuzberg **13 %/9,50 €**

Braunewell
Weingut   **Rheinhessen**

★★★☆

Am Römerberg 34, 55270 Essenheim
Tel. 06136-88917, *Fax:* 06136-81226
www.weingut-braunewell.de
stefan@weingut-braunewell.de
Besuchszeiten: Mo.-Do. 13:30-19 Uhr, Fr. 10-12 + 13:30-19 Uhr, Sa. 9-17 Uhr

Inhaber......................Familie Braunewell
Rebfläche.............................18 Hektar

Seit über 350 Jahren bewirtschaften die Braunewells Weinberge in Essenheim. Heute wird das Weingut von Axel Braunewell und seinem Sohn Stefan geführt. Inzwischen ist auch der zweite Sohn Christian nach Abschluss seines Geisenheim-Studiums in den Betrieb eingestiegen, verantwortet den Ausbau der Rotweine. Die wichtigsten Rebsorten sind Riesling, Grauburgunder, Chardonnay, Sauvignon Blanc, Silvaner und Scheurebe, im roten Segment Spätburgunder, Portugieser, St. Laurent und Merlot; die wichtigsten Lagen sind Teufelspfad in Essenheim und Blume in Elsheim. Das Sortiment ist gegliedert in Gutsweine, Ortsweine und Lagenweine. 2009 wurden Stück und Halbstückfässer erworben, in denen die spontanvergorenen Terroir- und Lagen-Weißweine ausgebaut werden.

Vorjahre

Die 2010er Weißweine waren frisch und klar, die Rieslinge aus Blume und Teufelspfad überzeugten mit Fülle, Kraft und Substanz. In der roten Riege gefiel uns vor zwei Jahren der 2008er Spätburgunder ein klein wenig besser als sein Jahrgangsnachfolger und als die R-Variante des Jahrgangs 2007. Der Aufwärtstrend hielt auch im vergangenen Jahr an: Schon der Liter-Riesling bereitete viel Freude, der Orts-Riesling brachte eine Steigerung, so dass die beiden Lagen-Rieslinge es gegen ihn schwer hatten, wobei beide wunderschön füllig und saftig waren. Überrascht hatte uns der Grauburgunder aus dem Teufelspfad und auch im roten Segment hatte Axel Braunewell weiter zugelegt, bot einen kraftvollen Teufelspfad-Spätburgunder 2010, die wesentlich komplexere R-Variante aus 2009 sowie einen mächtigen Merlot.

Neue Kollektion

Die neue Kollektion beginnt mit einem feinen Literriesling, einem recht konzentrierten Gutsriesling in der 0,75l-Flasche und einem wunderschön fülligen, kraftvollen Kalkstein-Riesling, der so gut ist, dass es die Lagenwein schwer haben, sich davon abzuheben. Der Riesling aus dem Teufelspfad besitzt gute Konzentration und herrlich viel Frucht ist wunderschön reintönig und saftig, der aus der Blume ist etwas komplexer und strukturierter. Ganz hervorragend ist der neue Terrassen-Riesling aus der Blume, reintönig und komplex, stoffig und druckvoll und faszinierend lang: Bravo! Die beiden Grauburgunder besitzen Kraft, Fülle und Substanz, aber auch auf Rotweine verstehen sich die Braunewells, wie wir schon seit einigen Jahren wissen. Sehr gut ist schon der frische Kalkmergel-

Spätburgunder, deutlich kraftvoller, wenn auch recht tanninbetont der Spätburgunder aus der Blume, auch beim Teufelspfad konstatieren wir kräftige Tannine. Den mächtigen Merlot hatten wir schon im vergangenen Jahr vorgestellt, der St. Laurent besitzt Fülle und Kraft, reife Frucht, gute Struktur und jugendliche Tannine. Starke Kollektion – einer der Aufsteiger in Rheinhessen! ◄━

Weinbewertung

83	2012 Riesling trocken (1l) **12,5 %/5,50 €**
85	2012 Riesling trocken **12 %/6,90 €**
89	2012 Riesling trocken „Kalkstein" Essenheim **12,5 %/10,90 €** ☺
87	2012 Grauburgunder trocken „Kalkmergel" Essenheim **13,5 %/10,90 €**
90	2012 Riesling trocken Blume Selection Rheinhessen **13 %/16,50 €**
89	2012 Riesling trocken Teufelspfad Selection Rheinhessen **13 %/16,50 €**
92	2012 Riesling trocken „Terrassen" Blume Selection Rheinhessen **13 %/59,- €/1,5l**
88	2012 Grauburgunder trocken Teufelspfad Selection Rheinhessen **13,5 %/16,50 €**
86	2012 Riesling Eiswein Teufelspfad **8 %/39,- €/0,375l**
90	2012 Riesling Trockenbeerenauslese Teufelspfad **5,5 %/99,- €/0,375l**
86	2011 Spätburgunder trocken „Kalkmergel" Essenheim **12,90 €**
88	2011 St. Laurent trocken „François" **19,50 €**
88	2011 Spätburgunder trocken Blume Selection Rheinhessen **19,50 €**
87	2011 Spätburgunder trocken Teufelspfad Selection Rheinhessen **19,50 €**
89	2009 Merlot trocken „François R" **16 %/35,- €**

B

Die besten deutschen Weinerzeuger und ihre Weine

B

Die besten deutschen Weinerzeuger und ihre Weine

Manfred **Breit**
Weingut ★★

Mosel

Bahnhofstraße 31, 54498 Piesport
Tel. 06507-99033, Fax: 06507-99034
www.manfredbreit.de
info@manfredbreit.de
Besuchszeiten: Mo.-Sa. 10-18 Uhr,
So. nach Vereinbarung

Inhaber .... Holger Breit
Rebfläche .... 6,5 Hektar

Holger Breit, der das Gut seit 2000 führt, hat den Betrieb durch Zukauf insbesondere im Piesporter Goldtröpfchen vergrößert. Sein Hauptaugenmerk gilt den restsüßen Rieslingen, allerdings werden auch trockene Spät- oder Auslesen ausgebaut, und es gibt etwas Spätburgunder. Die hochwertigeren Weine werden ausschließlich mit natürlichen Hefen vergoren, der Ausbau erfolgt im Edelstahl. 2008 wurde eine neue Lagerhalle gebaut, 2011 wurden Haupthaus und Probierstube renoviert.

Vorjahre ————————————————

Sehr konsistent präsentierte sich 2010 mit klaren, fruchtbetonten Basisweinen und einer feinen Auslese an der Spitze. 2011 folgte eine stimmige, überzeugende Kollektion mit reintönigen trockenen Goldtröpfchen-Rieslingen.

Neue Kollektion ————————————————

Sehr stimmig präsentieren sich nun auch die 2012er Rieslinge, trocken wie süß. Die trockene Spätlese ist kraftvoll und zupackend, das Große Gewächse füllig und saftig, aber recht süß. Die Kabinettweine sind frisch und klar, die Spätlese zupackend, die Auslese würzig und eindringlich bei guter Substanz.

Weinbewertung ————————————————

82 2012 Riesling trocken „Der Fette" **13 %/7,- €**
85 2012 Riesling Spätlese trocken Piesporter Goldtröpfchen **12,5 %/9,- €**

87 2012 Riesling „GG" Piesporter Goldtröpfchen **12 %/12,- €**
82 2012 Riesling „feinherb" „Der Lausbub" **10,5 %/7,- €**
84 2012 Riesling Kabinett Piesporter Goldtröpfchen **8 %/5,50 €**
84 2012 Riesling Kabinett „Trittenberg" Piesporter Goldtröpfchen **10 %/6,- €**
85 2012 Riesling Spätlese „Die Süße" Piesporter Goldtröpfchen **8,5 %/8,50 €**
87 2012 Riesling Auslese Piesporter Goldtröpfchen **8,5 %/12,- €**
79 2011 Spätburgunder Dhroner Hofberg **13 %/8,- €**

Brenneis-Koch
Weingut ★★

Pfalz

Freinsheimer Straße 2, 67098 Bad Dürkheim
Tel. 06322-1898, Fax: 06322-7241
www.brenneis-koch.de,
matthias.koch@brenneis-koch.de
Besuchszeiten: nach Vereinbarung

Inhaber ..... Matthias Koch und Verena Suratny
Rebfläche .... 8,2 Hektar

Das Weingut Brenneis-Koch entstand 1993 aus dem Zusammenschluss der Weingüter Emil Brenneis in Leistadt und Erhard Koch in Ellerstadt und wird von den Diplom-Biologen Matthias Koch und Verena Suratny geführt. Neben Weinbergen in Bad Dürkheim, Leistadt und Ellerstadt besitzen Matthias Koch und Verena Suratny auch Weinberge in den bekannten Kallstadter Lagen Saumagen und Steinacker. Wichtigste Rebsorte ist der Riesling, dazu gibt es neben den weißen Burgundersorten Gelber Muskateller, Chardonnay, Sauvignon Blanc und Viognier. 40 Prozent der Rebfläche ist mit roten Sorten bestockt. Neben Sankt Laurent, Spätburgunder und Portugieser gibt es Merlot, Nebbiolo und Syrah. Alle Rotweine werden unfiltriert abgefüllt.

Vorjahre

Seit der ersten Ausgabe empfehlen wir die Weine von Matthias Koch. Anfangs haben uns meist die Weißweine etwas besser gefallen, in den letzten Jahren aber wartete er immer wieder mit gekonnt vinifizierten, kraftvollen Rotweinen auf. Vor zwei Jahren wurde die Riege der Weißweine von einer eindrucksvollen Trockenbeerenauslese angeführt. Von den trockenen Weißweinen des Jahrgangs 2010 haben uns Sauvignon Blanc, Viognier und Muskateller gefallen. Im vergangenen Jahr gefielen uns bei den Weißen wieder der feine Muskateller und der blütenduftige Viognier sehr gut. Die Riesling Spätlese von 2010 war schon erstaunlich gereift. Der 2008er Spätburgunder präsentierte sich einfach und geradlinig, der Pinot Noir zeigte bei guter Struktur noch etwas harte Tannine. Auch der Nebbiolo von 2007 brauchte Zeit, er öffnete sich sehr langsam, zeigte dann aber elegante Ansätze.

Neue Kollektion

In diesem Jahr gibt es einen neuen Wein, einen Chardonnay aus dem Barrique, ein Projekt des neuen Mitarbeiters Matthias Dörrlamm. Er hat einen feinen Duft, noch etwas zurückhaltend, er lag in feinem Holz, entsprechend klar ist die Frucht, von der Struktur her eher schlank als zu füllig, sollte sich dieser Wein gut entwickeln können. Die Richtung stimmt. Die Weißweine sind alle sehr klar, die Rieslinge süffig, Grauburgunder und Viognier stoffig, der Muskateller sehr saftig. Sehr gut sind Spätburgunder, St. Laurent und ganz vorne der Merlot, der wie ein reifer Bordeaux daherkommt, mit viel Kraft und Konzentration, guter Tanninstruktur und eleganter Frucht. ◄▬

Weinbewertung

83   2012 Riesling trocken   **12,5 %/5,80 €**

85   2012 Riesling Kabinett trocken Kallstadter Saumagen   **12 %/7,20 €**

86   2012 Riesling Spätlese trocken Leistadter Herzfeld   **13 %/9,80 €**

83   2012 Grauburgunder trocken   **12,5 %/6,80 €**

84   2012 Weißwein-Cuvée (Silvaner und Viognier) trocken „Duett"   **12 %/7,20 €**

86   2012 Viognier trocken   **13 %/9,- €**

88   2012 Chardonnay trocken Barrique „Projekt MD"   **14 %/14,80 €**

86   2012 Muskateller   **11,5 %/7,90 €**

85   2009 Spätburgunder trocken   **13,5 %/8,60 €**

86   2010 Saint Laurent trocken „R"   **13,5 %/8,60 €**

83   „Inspired" Rotwein trocken   **13,5 %/6,80 €**

89   2009 Merlot trocken   **14 %/16,80 €**

Brennfleck
Weingut, Inh. Hugo Brennfleck

Franken

Papiusgasse 7, 97320 Sulzfeld
Tel. *09321-4347,* **Fax:** *09321-4345*
www.weingut-brennfleck.de
info@weingut-brennfleck.de
Besuchszeiten: *Mo.-Fr. 8-17 Uhr oder nach Vereinbarung*

Inhaber . . . . Hugo Brennfleck
Rebfläche . . . . 27 Hektar

Das Weingut Brennfleck hat seinen Sitz in einem im 15. Jahrhundert errichteten Gutshof. Hugo Brennfleck übernahm das Weingut 1998 mit damals 12 Hektar Rebfläche. Seine Weinberge liegen in den Sulzfelder Lagen Maustal und Cyriakusberg, in den Iphöfer Lagen Kalb und Kronsberg, im Rödelseer Küchenmeister und im Escherndorfer Lump. Etwa die Hälfte der Rebfläche nimmt Silvaner ein. Es folgen Riesling und Müller-Thurgau. Grauburgunder und Weißburgunder, dazu gibt es Kerner, Bacchus, Scheurebe und Huxelrebe, eine Rebsorte, die man sonst kaum in Franken trifft. Seit 1994 gibt es auch rote Sorten – Domina, Spätburgunder, Dornfelder. Die Weine werden langsam in temperaturgesteuerten Edelstahltanks vergoren.

B

Vorjahre ─────────────────

In der zweiten Ausgabe dieses Weinführers haben wir die Weine von Hugo Brennfleck erstmals vorgestellt, mit Weinen der Jahrgänge 1999 und 2000. Die große Stärke des Weinguts zeigte sich schon damals: Die Zuverlässigkeit aller Weine, das hohe Basisniveau. Dies gilt heute noch wie damals. In der Spitze hat Hugo Brennfleck zugelegt mit fülligen Spätlesen, die, wie alle Weine, meist von deutlicher Restsüße geprägt sind. Im Jahrgang 2010 hatte sich Hugo Brennfleck gut behauptet, die Weine waren frisch, klar und geradlinig, die Kabinettweine angenehm leicht, die Spätlesen deutlich fülliger. Sehr gleichmäßig und zuverlässig präsentierte sich auch die 2011er Kollektion mit im Vergleich zum Vorjahr recht fülligen Weinen. Am besten gefielen uns in der stimmigen Kollektion drei trockene Spätlesen: Der Riesling aus dem Lump und Silvaner und Scheurebe aus dem Kronsberg.

Neue Kollektion ─────────────────

Eine ähnliche Kollektion folgt nun 2012 mit fruchtbetonten, klaren Weinen. Die Weißburgunder Auslese ist saftig und klar bei feinem Biss, ansonsten aber gefallen uns Silvaner und Riesling besser als die weißen Burgunder. Die beiden Silvaner Kabinett sind frisch und reintönig, die Spätlese aus dem Maustal füllig und harmonisch bei reifer Frucht, die aus dem Kronsberg saftig und kraftvoll bei ganz leicht salzig-mineralischen Noten, der spontanvergorene Riesling JHB, der leider keine Lagenbezeichnung trägt, besitzt viel reife Frucht, gute Struktur und Substanz. ◄━

Weinbewertung ─────────────────

83 2012 Silvaner Kabinett trocken „Anna-Lena"
    12,5 %/7,70 €
84 2012 Silvaner Kabinett trocken Iphöfer Kronsberg 13 %/8,50 €
82 2012 Weißburgunder Kabinett trocken Sulzfelder Cyriakusberg 14 %/8,50 €
81 2012 Grauburgunder Kabinett trocken Sulzfelder Cyriakusberg 13,5 %/8,20 €

85 2012 Silvaner Spätlese trocken „Muschelkalk S" Sulzfelder Maustal 12,5 %/12,- €
86 2012 Silvaner Spätlese trocken „Keuper S" Iphöfer Kronsberg 13,5 %/12,50 €
85 2012 Riesling Spätlese trocken „Steillage S" Escherndorfer Lump 13,5 %/13,- €
87 2012 Riesling Spätlese trocken „JHB Johann S" 13 %/18,- €
88 2012 Weißburgunder Auslese Sulzfelder Cyriakusberg 8,5 %/11,- €/0,375l

★★★★★

Georg **Breuer**
Weingut
Rheingau

Grabenstraße 8, 65385 Rüdesheim am Rhein
Tel. 06722-1027, **Fax:** 06722-4531
www.georg-breuer.com
info@georg-breuer.com
Besuchszeiten: Vinothek, täglich 10-18 Uhr
Breuer's Rüdesheimer Schloss (Weinhotel und Weingasthaus, Steingasse 10, Tel. 06722-90500)

Inhaber . . . . Theresa Breuer
Kellermeister . . . . Hermann Schmoranz,
. . . . Markus Lundén
Rebfläche . . . . 33 Hektar

Das Weingut Breuer wird in der fünften Generation von Theresa Breuer geführt, bei der Weinbereitung wird der langjährige Kellermeister Hermann Schmoranz inzwischen vom jungen Markus Lundén unterstützt. Die Weinberge des Weinguts liegen in besten Lagen von Rüdesheim und Rauenthal. Dort, in Rauenthal, gehört dem Weingut die Lage Nonnenberg im Alleinbesitz. 85 Prozent der Weinberge sind mit Riesling bepflanzt. Hinzu kommen Spätburgunder, sowie Weiß- und Grauburgunder. Das Programm ist sehr klar und übersichtlich gestaltet. Die Basis bilden die Gutsrieslinge, die es trocken („Sauvage") und halbtrocken („Charm") gibt. Dann kommen die beiden Ortsrieslinge, Rüdesheim Estate und Rauenthal Estate, welche die unterschiedlichen Böden in Rüdesheim und Rauenthal widerspiegeln. Während die Reben in Rüdesheim auf den schieferhaltigen Böden des Rüdesheimer Bergs und den mit Lehm durchsetzten Weinbergen des ehemaligen Oberfeldes wachsen, herrschen in Rauenthal Ablagerungen von Lehm, Kies und Sand vor. Nach diesen beiden Ortsrieslingen folgt der „Terra Montosa", der die zweitbesten Partien der großen Lagen enthält. Die Spitze des Programms bilden schließlich die Weine aus den Lagen Berg Schlossberg, Berg Roseneck und Berg Rottland in Rüdesheim sowie dem Nonnenberg in Rauenthal. Neben Riesling, der 85 Prozent der Weinberge einnimmt, gibt es etwas Spät-, Grau- und Weißburgunder. Dazu existieren kleine Anlagen der alten Rebsorten Gelber Orleans und Heunisch.

Die Lagenweine kommen im Weingut Breuer erst im Frühjahr des zweiten auf die Ernte folgenden Jahres in den Verkauf und besitzen einen unverkennbaren Stil, der durch Verzicht auf schmeckbare Süße und durch den Ausbau im großen Fass geprägt wird. Auch die Alkoholwerte sind nie übertrieben hoch. Während „Terra Montosa" meist sehr saftig ausfällt, eine Spur Restsüße aufweist und bereits jung zugänglich ist, brauchen vor allem Schlossberg (mineralisch, in der Jugend eher verhalten) und Nonnenberg (offensiv, kraftvoll, ohne seine ganze Komplexität zu zeigen) eine Menge Zeit. Hinzu kommen je nach Jahrgang edelsüße Rieslinge, die oft zu den besten Weinen der Region zählen, rassig und komplex, nie im Geringsten konfitürig wirkend.

Vorjahre

Aus dem Jahrgang 2010 stellte Theresa Breuer erfreulich klare Basisweine und komplexe, teilweise sehr verschlossene Spitzen vor. Der Schlossberg ragte aus der Riege der trockenen Lagenrieslinge nicht zum ersten Mal heraus, die Goldkapsel-Auslese faszinierte mit ihrer reintönigen Frucht. Nur der

Nonnenberg gab wie so oft Rätsel auf – er war kraftvoll, aber in diesem Stadium kaum zu beurteilen. Die überraschend alkoholarmen 2011er waren wunderbar saftig und rassig. Während „Terra Montosa", Roseneck und Rottland schon bei der Verkostung zugänglich waren, präsentierten sich Schlossberg und Nonnenberg wie gewohnt verschlossen.

Neue Kollektion

2012 wurde wegen niedriger Erträge kein Estate-Wein aus Rauenthal erzeugt. Dafür begeistert der Nonnenberg-Lagenwein mit Würze, und Komplexität, mineralischen Noten und Anklängen an Stachelbeeren, der Schlossberg-Riesling überrascht mit viel Frucht, ist bereits recht zugänglich. Finessenreich und duftig ist der Roseneck-Riesling, kraftvoll der kompakte Rottland, während der „Terra Montosa" schön straff, klar und geradlinig ist. Ein herrlich harmonischer Rosé-Sekt ergänzt das Programm. ◄

Weinbewertung

87 2010 Spätburgunder Rosé Sekt brut
12,5 %/16,50 €

85 2012 Riesling trocken „Sauvage" **11,5 %/9,- €**

86+ 2012 Riesling trocken Rüdesheim „Estate"
12 %/12,50 €

87 2011 Grauburgunder trocken **12,5 %/19,- €**

86 2012 Riesling trocken „Terra Montosa"
12 %/17,50 €

91 2012 Riesling trocken Rüdesheim Berg Roseneck **12 %/30,- €**

91 2012 Riesling Rüdesheim Berg Rottland
11,5 %/30,- €

93 2012 Riesling trocken Rüdesheim Berg Schlossberg **11,5 %/43,- €**

92 2012 Riesling Rauenthal Nonnenberg
12 %/38,- €

84 2012 Riesling „Charm" halbtrocken **11,5 %/9,- €**

87 2011 Spätburgunder trocken **12,5 %/19,- €**

B

Die besten deutschen Weinerzeuger und ihre Weine

Stefan **Breuer**
Weingut **Rheingau**

Auf der großen Straße 10,
65345 Eltville/Rauenthal
Tel. 06123-9742136, *Fax:* 06123-9747972
www.breuer-wein.de
sb@breuer-wein.de
Besuchszeiten: nach Vereinbarung

Inhaber............................Stefan Breuer
Rebfläche...............................9 Hektar

Stefan Breuer gründete sein Weingut 2006 und hat die anfängliche Rebfläche rasch vergrößern können. Heute bewirtschaftet er 9 Hektar, darunter 2,5 in Rheinhessen. Außer Riesling baut er auch Grau-, Weiß- und Spätburgunder an. Die Weine sind mit Ziffern bezeichnet, welche das Qualitätsniveau signalisieren, die Buchstaben stehen für die Rebsorte. „G3" deutet auf einen jugendlich-frischen Grauburgunder hin, „R1" auf einen komplexeren Riesling.

Vorjahr _____

2011 stellte Stefan Breuer geradlinige, zuverlässige Rieslinge und einen saftigen Grauburgunder an, die 2010er Cuvée „10/90" war voller Schmelz und Würze.

Neue Kollektion _____

Aus dem Jahrgag 2012 wird ein weißer „Two Faces" vorgestellt, diesmal ein überraschend würziger, spannender, geradliniger Silvaner. Die Rieslinge zeigen sich frisch und ausgewogen, der rote „Two Faces" wirkt etwas unzugänglich und besitzt viel Alkohol. ◄

Weinbewertung _____

84   2012 Riesling Kabinett trocken „R2" **11 %/8,95 €**
84   2012 Riesling Spätlese trocken „R1" **11,5 %/10,90 €**
85   2012 Silvaner trocken „Two Faces" **13 %/11,30 €**
84   2012 Grauburgunder trocken „G3" **13 %/7,95 €**
83   2012 Grauburgunder Spätlese trocken „G1"
     13,5 %/9,80 €
82   2012 Riesling „feinherb" **12,5 %/7,95 €**
82   2011 Rotwein trocken „Two Faces" **14,5 %/12,50 €**

Brinkmann
Weingut **Rheinhessen**

Hintergasse 48, 55270 Jugenheim
Tel. 06130-1817, *Fax:* 06130-949395
www.weingut-brinkmann.de
info@weingut-brinkmann.de
Besuchszeiten: Mo.-Sa. 8-18 Uhr und nach Ver.

Inhaber......................Heimo Brinkmann
Rebfläche...............................9 Hektar

Heimo Brinkmanns Weinberge liegen in den Jugenheimer Lagen Goldberg und Hasensprung. Er baut vor allem Riesling, Silvaner und die Burgundersorten an.

Vorjahr _____

Der füllige Silvaner gefiel uns im vergangenen Jahr am besten in einer überzeugenden, gleichmäßigen Kollektion von durch Restsüße geprägten Weißweinen, auch Grauburgunder und Holzfass-Riesling überzeugten.

Neue Kollektion _____

2012 ist ein klein wenig verhaltener, am besten gefällt uns der Hasensprung-Riesling, er besitzt Fülle und Harmonie, Kraft und Konzentration. ◄

Weinbewertung _____

78   2012 Riesling trocken (1l) **12,5 %/3,70 €**
81   2012 Weißburgunder trocken Jugenheimer
     13 %/4,20 €
82   2012 Riesling trocken Jugenheimer
     12,5 %/4,30 €
84   2012 Riesling trocken Hasensprung
     13 %/5,50 €
81   2012 Silvaner trocken „Alte Reben" Goldberg
     13,5 %/4,90 €
81   2012 Grauburgunder trocken Goldberg
     14 %/5,50 €

Britzingen
Winzergenossenschaft

★ ☆

Baden

Markgräflerstraße 25-29, 79379 Britzingen
Tel. 07631-17710, Fax: 07631-4013
www.britzinger-wein.de
info@britzinger-wein.de
Besuchszeiten: Mo.-Fr. 9-12:30 + 14-18 Uhr, Sa. 9-12
Uhr, So. 11-14 Uhr
Weinproben (bis 160 Personen)

Geschäftsführer .... Achim Frey
Kellermeister .... Bruno Kiefer
Mitglieder 185
Rebfläche .... 198 Hektar

45 Prozent der Rebfläche der Winzergenossenschaft Britzingen nehmen die Burgundersorten und Chardonnay ein. Auf ebenfalls
45 Prozent bringen es Gutedel und Müller-
Thurgau. Hinzu kommt als Spezialität der
Nobling. Die Weinberge befinden sich in den
Britzinger Lagen Sonnhole und Rosenberg,
sowie im Badenweiler Römerberg.

Vorjahre

Vor zwei Jahren präsentierte sich die Kollektion geschlossen auf gutem Niveau. Sehr gut
gefielen uns die beiden roten Barriqueweine, ebenso die beiden Sekte; aber auch mit
ihren 2010er Weißweinen hatten sich die
Britzinger gut behauptet, alle Weine waren
frisch und klar. Auch die letztjährige Kollektion überzeugte, weiß wie rot. Im weißen Segment gefiel uns die trockene Grauburgunder
Spätlese am besten, rot der Regent.

Neue Kollektion

Auch in diesem Jahr gibt es einen fülligen
Grauburgunder Exclusiv, die anderen tro-
ckenen Weißweine aber sind allzu verhalten.
Besser gefallen uns der harmonisch Sekt, der
Gewürztraminer Eiswein, der viel Substanz
besitzt, der gewürzduftige Merlot St. Paulus
und die konzentrierte rote Cuvée mit ihren
Vanille- und Schokonoten.

Weinbewertung

85 2011 „Blanc de Noirs" Sekt brut **12,5 %/8,70 €**
80 2012 Gutedel trocken Britzinger Rosenberg
    12 %/4,30 €
79 2012 Weißburgunder trocken (1l) **12 %/5,30 €**
80 2012 Weißburgunder Kabinett trocken
    12 %/5,80 €
81 2012 Grauburgunder Kabinett trocken
    13 %/5,95 €
84 2011 Grauburgunder trocken „Exclusiv"
    13 %/9,40 €
86 2012 Gewürztraminer Eiswein Badenweiler
    Römerberg **9 %/30,- €**
84 2011 Merlot trocken „St. Paulus" Badenweiler
    Römerberg **13,5 %/15,80 €**
85 2011 „St. Peter" Rotwein trocken Badenweiler
    Römerberg **13 %/18,40 €**

Brogsitter
Weingüter und Privat-Sektkellerei

★ ★

Ahr

Max-Planck-Straße 1, 53501 Grafschaft-Gelsdorf
Tel. 02225-918111, Fax: 02225-918112
www.brogsitter.de
verkauf@brogsitter.de
Besuchszeiten: Vinothek: Mo.-Fr. 8-20 Uhr, Sa. 9-20
Uhr, So. 13-19 Uhr
Historisches Gasthaus Sanct Peter (seit 1246) und
Romantik-Hotel Sanct Peter in Walporzheim,
Tel. 02641-97750

Inhaber .... Hans-Joachim Brogsitter
Rebfläche .... 33 Hektar

Hans-Joachim Brogsitter besitzt Weinberge in
vielen verschiedenen Lagen, unter anderem
in den Walporzheimer Lagen Pfaffenberg,
Alte Lay, Domlay und Kräuterberg, im Neuenahrer Sonnenberg und im Ahrweiler Silberberg. Spätburgunder ist mit einem Anteil von
knapp zwei Drittel an der Gesamtfläche die
wichtigste Rebsorte bei Hans-Joachim
Brogsitter. Es folgen Frühburgunder, Portugieser, Dornfelder und Riesling. Die Weine der

Serie „Selection" werden im Holzfass ausgebaut, die Weine der Serie „Ad Aram" im Barrique. Spezialität des Hauses sind neben Rotweinen und Rosé die im traditionellen Verfahren hergestellten Sekte. Bestandteil von Brogsitter ist auch ein renommiertes Weinimporthaus. In jüngster Zeit wurde weiter in Gärtanks und den Barriquekeller investiert, das Lesegut wird vor der Verarbeitung noch an einem Rüttelpult selektiert.

Vorjahre

Einige 2009er konnten wir vor zwei Jahren erneut verkosten, zusammen mit 2010er Weinen, die uns gut gefielen. Im vergangenen Jahr wurden noch einmal die 2010er vorgestellt, einige hatten inzwischen deutlich oxidative Noten entwickelt.

Neue Kollektion

Die Basisweine sind in der neuen Kollektion ein wenig verhalten, die 2011er Lagenweine aber gefallen uns allesamt sehr gut. Der Frühburgunder aus dem Pfaffenberg ist kraftvoll und strukturiert, der Spätburgunder aus dem Kräuterberg wunderschön reintönig und zupackend. Der Spätburgunder Alte Lay zeigt feinen Duft und etwas Schokonoten, noch besser gefällt uns der Wein aus dem Silberberg, der frisch und klar ist, gute Struktur und reintönige Frucht besitzt. ◄

Weinbewertung

81 2012 Riesling trocken Marienthaler Stiftsberg **11,5 %/7,95 €**

81 2012 Spätburgunder „Blanc de Noir" trocken „Brogsitter No. 1" **12 %/7,95 €**

80 2012 Weißburgunder trocken „Edition" **12 %/7,95 €**

80 2012 Grauburgunder trocken „Edition" **12,5 %/8,95 €**

82 2011 Spätburgunder „Blanc de Noir" trocken Barrique „Ad Aram" **14 %/19,80 €**

80 2011 Frühburgunder trocken „Edition B" **13,5 %/9,95 €**

81 2011 Spätburgunder trocken „Edition B" **13,5 %/9,95 €**

85 2011 Frühburgunder trocken Barrique „Ad Aram" **14 %/19,80 €**

84 2011 Spätburgunder trocken Barrique „Ad Aram" **14,5 %/19,80 €**

87 2011 Spätburgunder trocken Walporzheimer Alte Lay „Hommage Sanct Peter" **15 %/29,80 €**

88 2011 Spätburgunder Auslese trocken Ahrweiler Silberberg „Hommage Sanct Peter" **14,5 %/29,80 €**

87 2011 Spätburgunder trocken Walporzheimer Kräuterberg „Hommage Sanct Peter" **14 %/29,80 €**

86 2011 Frühburgunder trocken Walporzheimer Pfaffenberg „Hommage Sanct Peter" **13,5 %/29,80 €**

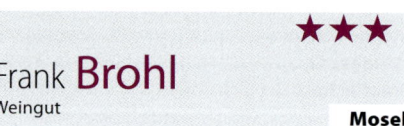

★★★

Frank **Brohl**
Weingut

Mosel

🍇 *Zum Rosenberg 2, 56862 Pünderich*
Tel. *06542-22148,* **Fax**: *06542-1295*
www.weingut-brohl.de
info@weingut-brohl.de
Besuchszeiten: *nach Vereinbarung*

Inhaber . . . . Jutta und Frank Brohl
Rebfläche . . . . 7 Hektar

Jutta und Frank Brohl arbeiten ökologisch mit voller Überzeugung, sind Mitglied bei Ecovin. Bereits seit 1984 werden die Weinberge organisch-biologisch bewirtschaftet, zur Kräftigung der Reben werden Kräuterauszüge gespritzt. Ihre Weinberge befinden sich in den Pündericher Lagen Marienburg, Nonnengarten und Rosenberg sowie in den Reiler Lagen Mullay-Hofberg und Goldlay. Seit 2001 werden nur noch die besten Rieslinge aus den besten Lagen (Marienburg, Nonnengarten und Goldlay) mit Lagenbezeichnungen versehen. Zwei Drittel der Rebfläche nimmt Riesling ein, hinzu kommen etwas Müller-Thurgau, Kerner, Weißburgunder, Spätburgunder und Dornfelder. Obwohl der Großteil der Weine trocken ausgebaut wird, überzeugen immer wieder auch die süßen Spät- und Auslesen sowie die nicht in jedem Jahr erzeugten Beerenauslesen.

Vorjahre

Die 2010er Kollektion präsentierte sich ge-schlossen auf gewohnt hohem Niveau, bot trocken wie süß charaktervolle Rieslinge mit Kraft, Substanz und Nachhaltigkeit. Die 2011er Kollektion war ganz stark, bot frische, klare, zupackende Weine, angefangen beim feinen Literriesling. Highlights waren im trockenen Segment die beiden Spätlesen, süß faszinierte die 2-Sterne-Spätlese ebenso wie die Auslese.

Neue Kollektion

Eine vergleichbar starke Kollektion folgt nun 2012. Trocken überzeugt, angefangen vom Literriesling über den zupackenden Heart-break und den kraftvollen Kabinett von alten Reben bis hin zu den drei trockenen Spätle-sen, die alle drei kraftvoll und füllig sind, gute Struktur und Substanz besitzen. Auch der süße Teil der Kollektion ist stimmig, bietet fei-ne Rieslinge hin bis zur rosinenduftigen 2011er Trockenbeerenauslese. ◄

Weinbewertung

85 2011 Riesling Sekt brut Pündericher Marien-burg **12 %/11,- €**

82 2012 Riesling trocken Reiler vom heißen Stein (1l) **11,5 %/Fachhandel**

84 2012 Riesling Hochgewächs trocken „Heart-break" **11,5 %/6,90 €**

86 2012 Riesling Kabinett trocken „Alte Reben 1889" **11,5 %/7,50 €**

88 2012 Riesling Spätlese trocken Pündericher Nonnengarten **13 %/9,50 €** ☺

88 2012 Riesling Spätlese** trocken Pündericher Marienburg **12 %/11,90 €**

88 2012 Riesling Spätlese trocken „Alte Reben 1889" **12,5 %/12,90 €**

83 2012 Riesling „feinherb" Pündericher Marien-burg **10,5 %/6,70 €**

83 2012 Riesling Kabinett Reiler Goldlay **9 %/7,- €**

87 2012 Riesling Spätlese** Pündericher Marien-burg **8 %/11,90 €**

88 2012 Riesling Auslese Pündericher Marien-burg **7,5 %/11,- €/ 0,5l**

89 2011 Riesling Trockenbeerenauslese Pünderi-cher Marienburg **6 %/45,- €/ 0,375l**

Brügel
Weingut   **Franken** **B**

Hauptstraße 49, 97355 Castell-Greuth
Tel. 09383-7619, **Fax:** 09383-6733
www.weingut-bruegel.de
info@weingut-bruegel.de
Besuchszeiten: Mo.-Fr. 9-12 + 13-18 Uhr,
Sa. 9-12 + 13-17 Uhr und nach Vereinbarung

Inhaber . . . . Harald Brügel
Rebfläche . . . . 8,5 Hektar

Die Weinberge dieses 1992 gegründeten Wein-gutes liegen am Fuß des Steigerwalds in den Orten Abtswind, Greuth und Castell, wo die Re-ben auf Gipskeuperböden wachsen. Heinrich Brügel hatte einen landwirtschaftlichen Ge-mischtbetrieb, die Trauben seiner damals 1,8 Hektar Weinberge lieferte er an eine Genossen-schaft. Als Sohn Harald begann sich für Wein zu interessieren, eine Küferlehre machte und die Schule in Veitshöchheim besuchte, wurde nach und nach der Betrieb erweitert und ganz auf die Selbstvermarktung gesetzt. Seit 1998 ist Harald Brügel voll im Betrieb tätig, inzwischen hat er das Weingut übernommen. Wichtigste Rebsor-ten sind Silvaner und Müller-Thurgau, dazu gibt es Riesling, Spätburgunder, Scheurebe, Bac-chus und Domina. Die Weißweine vergärt er kühl im Edelstahl und lagert sie anschließend auf der Feinhefe, die Filtration beschränkt er auf ein Minimum. Die Rotweine werden nach der Maischegärung in Holzfässern oder Barriques ausgebaut.

Wie kaum ein anderer Winzer in Franken hat Harald Brügel sich im letzten Jahrzehnt stetig gesteigert. Schon vor zehn Jahren gefielen uns seine fruchtbetonten, reintönigen Weine. In der Spitze haben sie weiter an Fülle und Nach-haltigkeit zugelegt, schon die Kabinettweine machen nach wie vor immer noch viel Freude. Und in den letzten Jahren zeigt Harald Brügel, dass er sich auch im roten und edelsüßen Seg-ment mit der fränkischen Spitze messen kann.

Vorjahre

2010 waren die Weine frisch und klar, „Best of" hatte Harald Brügel nicht erzeugt in diesem schwierigen Jahrgang, dafür sprangen die beiden spontanvergorenen pur-Silvaner in die Bresche. Eine beeindruckende Silvanerriege hatte er 2011 vom Literwein bis hin zu Spätlese und pur, und wie gewohnt fand man reichlich Schnäppchen. Aber nicht nur auf Silvaner versteht sich Harald Brügel, das bewies er eindruckvoll mit der letztjährigen Kollektion. Die Rieslinge waren kraftvoll und präzise, die Weißburgunder recht üppig, der weißgekelterte Spätburgunder gehörte wie so oft zu den Besten; dies galt auch für den Muskateller. Aber auch die Rotweine Harald Brügels, Spätburgunder und Cuvée David, hatten weiter an Präzision und Komplexität gewonnen.

Neue Kollektion

2012 zeigt exemplarisch die Stärke des Weinguts, das hohe Niveau der Basisweine, schon der Litersilvaner bereitet Freude, die Kabinettweine sind fruchtbetont und klar. Sehr konsistent präsentiert sich auch die Keuper-Linie mit wunderschön reintönigen, fruchtbetonten Weinen, egal ob Scheurebe oder Muskateller, Weißburgunder oder Riesling. An der Spitze aber sehen wir die trockene Silvaner Spätlese aus dem Bastel, die füllig und kraftvoll ist, herrlich viel Frucht besitzt, gleichauf mit dem Riesling pur, der saftig ist bei guter Fülle und viel Substanz. ◀

Weinbewertung

83 2012 Silvaner trocken (1l) **12,5 %/5,80 €**

84 2012 Silvaner trocken „Monalina" **12,5 %/6,- €**

85 2012 Silvaner Kabinett trocken Abtswinder Altenberg **13 %/7,- €**

85 2012 Silvaner Kabinett trocken Greuther Bastel **13 %/7,- €**

86 2012 Riesling trocken „vom Keuper" **13 %/9,50 €**

86 2012 Weißburgunder trocken „vom Keuper" **13,5 %/9,- €**

86 2012 Muskateller trocken „vom Keuper" **13 %/9,- €**

88 2012 Silvaner Spätlese trocken Greuther Bastel **13,5 %/9,50 €** ☺

86 2012 Müller-Thurgau Spätlese trocken „Alte Reben" Greuther Bastel **13 %/9,- €**

88 2012 Riesling trocken „pur" **14 %/12,50 €**

87 2012 Scheurebe „vom Keuper" **13 %/9,- €**

88 2009 Spätburgunder Spätlese trocken Greuther Bastel **14,5 %/13,50 €**

Markus **Bruker**
Weingut

Württemberg

Kleinaspacher Straße 18, 71723 Großbottwar
Tel. *07148-921050,* ***Fax:*** *07148-9210599*
www.weingut-bruker.de
info@weingut-bruker.de
Besuchszeiten: *nach Vereinbarung*
Hotel Bruker, „Wengerterstüble"

Inhaber . . . . Markus Bruker
Rebfläche . . . . 8,5 Hektar

Otto Bruker, der Urgroßvater des heutigen Besitzers, hatte als hauptberuflicher Landwirt um 1930 auch einige Weinberge angelegt. Sein Sohn Rudolf führte die Landwirtschaft weiter, Wein spielte nur eine Nebenrolle. Das änderte sich erst als dessen Sohn Herbert den Betrieb 1974 übernahm. 1977 eröffnete er die „Wengerterstüble" genannte Besenwirtschaft, 1984 wurde das Gut umgebaut und man konzentrierte sich mit damals 2,5 Hektar Reben ganz auf Weinbau, später kam eine Pension hinzu, die dann Ende der neunziger Jahre zum Hotel ausgebaut wurde. Heute führt Sohn Markus den Betrieb. Seine Weinberge liegen in den Großbottwarer Lagen Harzberg und Lichtenberg und im Oberstenfelder Forstberg, wo die Reben jeweils auf Gipskeuperböden wachsen. Muschelkalkböden, teils von Lettenkeuper und Lösslehmschollen durchzogen, herrschen in den Hessigheimer Felsengärten, sowie in den Mundelsheimer Lagen Käsberg, Mühlbächer und Rozenberg vor. Wichtigste Rebsorten sind Trollinger, Muskat-Trollinger, Lemberger,

Riesling und Dornfelder. Daneben gibt es noch Chardonnay, Spätburgunder, Samtrot und Zweigelt, inzwischen auch Sauvignon Blanc. Weißweine werden kurz maceriert, die roten Trauben werden entrappt und dann etwa 20 Tage bei niedriger Temperatur auf der Maische vergoren. Neben Weinen werden auch Aperitifessig aus Beerenauslese und Brände erzeugt.

Vorjahre

Vor zwei Jahren führte der „Black Berry" klar die Kollektion an, die beiden Illusions-Rotweine besaßen Kraft und Struktur, der weiße Teil der Kollektion präsentierte sich geschlossen auf gutem Niveau. Auch die letztjährige Kollektion überzeugte. Die Weißweine zeigten sich homogen auf gutem Niveau, in der Spitze besser gefielen uns die Rotweine, allen voran der Shiraz und die Black Berry-Cuvée aus Cabernet, Lemberger und Merlot.

Neue Kollektion

Die neue Kollektion überzeugt weiß wie rot mit klaren, geradlinigen Weinen. Im weißen Segment gefällt uns die Gretchen genannte Cuvée aus Sauvignon Blanc, Grauburgunder, Chardonnay und Riesling am besten, sie besitzt Fülle und Kraft, reife Frucht, gute Struktur und Biss. Im roten Segment ist der wunderschön reintönige Lemberger Illusion unser Favorit, der füllig und kraftvoll ist, gute Struktur besitzt, reife Frucht und Frische. ◄━

Weinbewertung

78	2012 Riesling trocken (1l)	**12,5 %/5,90 €**
86	2012 „Gretchen" Weißwein trocken	**12 %/7,90 €**
82	2012 Grauburgunder trocken	**13 %/5,90 €**
83	2012 Sauvignon Blanc trocken	**14 %/7,90 €**
82	2012 Riesling Spätlese „vom Schilfsandstein" **12,5 %/8,90 €**	
83	2012 Riesling Spätlese „vom Rotkeuper" **7,5 %/12,50 €**	
83	2012 Muskattrollinger Rosé	**12,5 %/6,90 €**
80	2012 Trollinger mit Lemberger	**12,5 %/5,20 €**
81	2011 Lemberger „Alte Rebe"	**14 %/6,50 €**
86	2011 Lemberger trocken „Illusion"	**13,5 %/11,50 €**
82	2011 „Mephisto" Rotwein trocken	**14 %/8,50 €**
82	2012 Lemberger Spätlese	**12,5 %/8,90 €**

★

Bühler
Weingut   **Pfalz**

Backhausgasse 2, 67169 Kallstadt
Tel. 06322-61261, **Fax:** 06322-981090
www.buehler-pfalz.de
weingut@buehler-pfalz.de
Besuchszeiten: zu den Öffnungszeiten der Weinstube Fr. und Sa. ab 16 Uhr, So.- und Feiertag ab 12 Uhr und nach Vereinbarung

Inhaber .... Familie Bühler
Ansprechpartner .... Jens Bühler
Rebfläche .... 15 Hektar

Das Weingut wurde 1992 von Pia und Werner Bühler gegründet. Zwei Jahre später wurde im Kallstadter Saumagen ein Neubau errichtet. Schon während der Ausbildung zum Winzer in renommierten Pfälzer Betrieben übernahm Sohn Jens Bühler den Ausbau der Weine. Nach Auslandsaufenthalten in Frankreich, Italien, Portugal und Österreich schloss Jens Bühler 2005 seine Ausbildung zum Techniker für Weinbau und Önologie in Bad Kreuznach ab. Auf 15 Hektar wird vor allem Riesling, Weiß- und Grauburgunder, Chardonnay, Gewürztraminer, Spätburgunder, Merlot und Dornfelder angebaut – der Rotweinanteil liegt bei 30 Prozent. Die besten Lagen sind Kallstadter Steinacker, Kallstadter Saumagen und Felsenberger Hang. Die Eltern von Jens Bühler betreiben eine Weinstube mit Blick in den Saumagen.

Vorjahre

Vor zwei Jahren führte der Riesling vom Saumagen eine gute und stimmige Weißweinkollektion an, die Rotweine waren von guter bis sehr guter Qualität bei sehr akzeptablen Preisen bei Spätburgunder und St. Laurent. Im vergangenen Jahr hatte sich zum stoffigfruchtigen Saumagen-Riesling ein köstlicher Sauvignon Blanc gesellt, der sehr fruchtig und sehr leicht daherkam. Sie führten eine sehr ordentliche Weißweinriege an. Der Merlot von 2009 war immer noch sehr gut.

Neue Kollektion

In diesem Jahr gefiel uns einmal mehr der sehr leichte, aber saftige Sauvignon Blanc mit grüner, fruchtig unterlegter Frische sehr gut, sogar noch besser als der Saumagen Riesling. Die Weißweine sind leicht und frisch, der Grauburgunder etwas kräftiger, der Spätburgunder hat ein schönes Frucht-spiel. ◄━

Weinbewertung

83 2012 Riesling Kabinett trocken **11,5 %/6,- €**

85 2012 Riesling Spätlese trocken Kallstdter Saumagen **12 %/9,50 €**

83 2012 Grauburgunder trocken „S" **13 %/8,50 €**

86 2012 Sauvignon Blanc trocken **11 %/8,- €**

83 2012 „Blanc de Noir" trocken **11,5 %/6,10 €**

85 2012 Spätburgunder trocken **14 %/9,- €**

★★☆

Bürgerspital
zum Heiligen Geist

Franken

Theaterstraße 19, 97070 Würzburg
Tel. 0931-3503441, Fax: 0931-3503444
www.buergerspital.de
weingut@buergerspital.de
Besuchszeiten: Mo.-Fr. 9-18 Uhr, Sa. 9-15 Uhr
Bürgerspital-Weinstuben (Pächter: Familie
Wieseneg), Vinothek
Weinproben, kulinarische Weinproben

Inhaber . . . . Stiftung des öffentlichen Rechts
Gutsdirektor . . . . Robert Haller
Rebfläche . . . . 110 Hektar

1316 wurde das Bürgerspital von Johannes und Mergardis von Steren als Spital gegründet, 1334 erhielt man durch Schenkungen die ersten Weinberge. Heute gehört das Bürgerspital zu den größten Weingütern in Deutschland. Das Gros der Weinberge, fast 80 Hektar, liegt in Würzburg. Fast 30 Hektar besitzt man im Würzburger Stein, die Einzel-lage Stein-Harfe im Zentrum des Steins gehört dem Bürgerspital im Alleinbesitz. Neben den Würzburger Lagen Pfaffenberg und Abtserde erweitern Weinberge in Randersacker (Teufelskeller, Pfülben), Frickenhausen (Kapellenberg), Veitshöchheim (Sonnenschein) und Thüngersheim (Scharlachberg) das Lagenportfolio. Riesling ist mit einem Anteil von 28 Prozent wichtigste Rebsorte, es folgen Silvaner und Müller-Thurgau, die weißen Burgunder werden immer wichtiger, dazu gibt es Scheurebe, Bacchus, Rieslaner und Gewürztraminer. An roten Sorten werden Domina, Blaufränkisch und Spätburgunder angebaut. Mit dem Jahrgang 2012 hat man das Sortiment neu strukturiert in Gutsweine, Ortsweine, Erste Lagen und Große Lagen und Premiumweine. In der Vinifikation wird zunehmend mit Maischestandzeiten, Holzfassausbau und Spontangärung gearbeitet, je nach Wein und Jahrgang in unterschiedlichen Anteilen.

Vorjahre

Der Spätburgunder aus dem Veitshöchheimer Sonnenschein überraschte uns vor zwei Jahren angenehm, gefiel uns mit den Großen Gewächsen und der Trockenbeerenauslese am besten. 2011 präsentierten sich die Großen Gewächse in guter Form, ob Stein-Silvaner, Hagemann-Riesling oder Riesling aus der Stein-Harfe; die Distanz zum Rest der Kollektion war groß.

Neue Kollektion

Das Programm ist verständlicher geworden, die Qualität wird nun nach dem Potenzial der Lagen definiert, nicht mehr über Prädikate. Dem Programm tut es gut. Wir konnten zwei ausführliche Serien von Silvaner und Riesling verkosten: Silvaner finden wir bei Guts- und Ortswein stärker, Riesling in der Spitze. Was uns vor allem freut: Die Erste Lagen-Weine unterscheiden sich klar voneinander – und bringen eine Steigerung gegenüber Guts- und Ortswein. Bei den Silvanern finden wir Innere Leiste und Stein am spannendsten, bei den Rieslingen Abtsleite und Stein. Der

Silvaner Großes Gewächs aus dem Stein ist füllig und saftig, seine Pendant aus der Stein-Harfe weist feine mineralische Noten auf. Der Stein-Harfe-Riesling, durchgegoren, ist präzise, puristisch, enorm nachhaltig, das üppige, füllige Große Gewächs aus dem Stein besitzt herrlich viel Frucht und Substanz. Aber nicht nur Silvaner und Riesling gibt es beim Bürgerspital: Die Scheurebe (aus der Stein-Harfe) ist präzise und zupackend, der Spätburgunder kraftvoll und klar, die Trockenbeerenauslese wunderschön reintönig, besonders interessant ist der gekonnt im Barrique vinifizierte Chardonnay. ━

Weinbewertung _____

82 **2012 Silvaner trocken** 12 %/6,70 €
79 2012 Riesling trocken 12,5 %/6,70 €
84 2012 Silvaner trocken Würzburger 13 %/8,- €
81 2012 Riesling trocken Würzburger 12,5 %/8,- €
86 2012 Scheurebe trocken Würzburger
 13,5 %/12,- €
85 2012 Silvaner trocken Würzburger Pfaffenberg 13,5 %/11,- €
85 2012 Silvaner trocken Würzburger Abtsleite 13 %/11,- €
87 2012 Silvaner trocken Würzburger Innere Leiste 13,5 %/11,50 €
86 2012 Silvaner trocken Würzburger Stein 13 %/12,- €
87 2012 Riesling trocken Würzburger Abtsleite 12,5 %/11,- €
85 2012 Riesling trocken Würzburger Pfaffenberg 12 %/11,- €
86 2012 Riesling trocken Würzburger Stein 12,5 %/12,- €
85 2012 Riesling trocken „RR" Randersacker Teufelskeller 12,5 %/17,60 €
85 2012 Weißburgunder trocken Würzburger Stein 13 %/12,- €
84 2012 Weißburgunder trocken Würzburger Pfaffenberg 13,5 %/12,- €
83 2012 Grauburgunder trocken Würzburger Pfaffenberg 13 %/12,- €
89 2012 Silvaner „GG" Würzburger Stein 14 %/22,- €
89 2012 Silvaner „GG" Würzburger Stein-Harfe 14,5 %/26,- €

91 2012 Riesling „GG" Würzburger Stein-Harfe 13 %/22,- €
91 2012 Riesling „GG" „Hagemann" Würzburger Stein 13 %/40,- €
89 2012 Chardonnay „R" Würzburger Stein 14 %/30,- €
91 2011 Riesling Trockenbeerenauslese Würzburger Stein-Harfe 6 %/140,- €/0,375l
88 2011 Spätburgunder „R" trocken Veitshöchheimer Sonnenschein 13,5 %/28,- €

★★★★

Dr. **Bürklin-Wolf**
Weingut   **Pfalz**

🍇 *Weinstraße 65, 67157 Wachenheim*
Tel. *06322-95330,* **Fax:** *06322-953330*
www.buerklin-wolf.de
bb@buerklin-wolf.de
Besuchszeiten: *Vinothek täglich 11-18 Uhr*

Inhaber . . . . Bettina Bürklin-von Guradze
Rebfläche . . . . 85 Hektar

Das 1597 gegründete Gut erreichte bereits Ende des 19. Jahrhunderts weltweite Bekanntheit unter der Führung von Albert Bürklin. Seit 1990 wird es von Bettina Bürklin-von Guradze geführt. Das traditionsreiche Haus in Wachenheim verfügt über Besitz in den besten Lagen der Mittelhaardt. Die Spitzenweine vermarktet Bürklin-Wolf unter den Bezeichnungen „P.C." (Premiers Crus) und „G.C." (Grands Crus). G.C. umfasst in Forst die Lagen Kirchenstück, Jesuitengarten, Ungeheuer und Pechstein, in Deidesheim die Lagen Hohenmorgen und Kalkofen, sowie in Ruppertsberg die Lagen Reiterpfad und Gaisböhl (im Alleinbesitz). In der Serie P.C. findet man die Weine der Ruppertsberger Lage Hoheburg, der Deidesheimer Lage Langenmorgen, sowie die Weine der Wachenheimer Lagen Altenburg, Böhlig, Gerümpel, Goldbächel und Rechbächel

(Monopollage). Gutsriesling und Ortsrieslinge bilden die Basis des Sortiments. Riesling nimmt über 82 Prozent der Rebfläche ein. Die seit Anfang der 90er Jahre gepflanzten internationalen Rebsorten wurden zum Großteil wieder entfernt. Neben Riesling wird vor allem Weißburgunder, Pinot Noir und Dornfelder angebaut. Die Weinberge im Ruppertsberger Gaisböhl und im Wachenheimer Gerümpel wurden seit 2001 bzw. 2002 schrittweise auf biologisch-dynamischen Anbau umgestellt und mit dem gutseigenen Rieslingklon BW 14 bepflanzt. 2005 wurde die gesamte Anbaufläche auf biodynamischen Weinbau umgestellt, das Weingut ist Mitglied in der französischen Vereinigung Biodyvin.

Vorjahre

Eine starke Kollektion haben wir vor zwei Jahren verkostet, die Weine hatten Eleganz und Komplexität. Die „P.C."-Linie war auf gleichmäßig hohem Niveau; die „G.C."-Weine, die bei Veranstaltungen des VDP als Große Gewächse präsentiert werden, waren etwas süßer als sonst. Sie kamen zunächst weich auf die Zunge, entwickelten dann aber eine feine Säure-Spannung und zum Teil eine druckvolle Mineralität, im Ansatz wunderschön elegant und vielschichtig. Im vergangenen Jahr waren die „P.C."-Weine ebenfalls auf gleichmäßig hohem Niveau mit feinen Unterschieden. Das Gerümpel war frisch und klar, Hoheburg eher weich und süß, beim Böhlig kam mineralischer Druck dazu, Langenmorgen und Altenburg waren die komplexesten und nachhaltigsten Weine. Die „G.C."-Weine waren präzise, geschliffen-elegant und von feiner Mineralität, über die sich eine fokussierte Spannung legte. Bürklin-Wolf-Weine haben ein großes Entwicklungspotenzial, jung verstecken sie zuweilen ihre wahre Größe. Der Pechstein gehörte zu den herausragenden Vertretern der Lage, Gaisböhl war hell und klar und von sehr feiner Textur, Hohenmorgen zunächst zurückhaltend, öffnete sich dann etwas, Kal-

kofen war eigenwillig, reif und baute enormen Druck auf, Kirchenstück zeigte reife, eigenwillige Frucht.

Neue Kollektion

Frisch, klar und hell ist der Gutsriesling in diesem Jahr. Sehr gut. Der Ortsriesling Wachenheim ist fruchtig-steinig, salzige Mineralität gibt ihm eine feine herbe Note. Der Ruppertsberger kommt etwas verspielter und freundlicher daher, er zeigt bereits einen guten Druck. In diesem Jahr sind die „P.C."-Weine eher, samtig, gelbfruchtig, schmeichlerisch, die Säure ist nicht aggressiv, sondern sehr fein. Das Gerümpel ist sehr fruchtig, elegantfüllig und stoffig, Böhlig hat eine ähnliche, gelbe Frucht, ist etwas herber mit lebendigem Säurespiel. Goldbächel ist sehr eindringlich, füllig-elegant, geht mehr in die exotische Richtung, hat viel Stoff. Druckvolle Mineralität zeichnet das elegant-komplexe Rechbächel aus, ähnlich ist Hoheburg, die Frucht ist etwas dunkler, vielschichtig. Viel helle Frucht hat Langenmorgen, viel Konzentration und eine erfrischende Säure. Die „G.C."-Weine sind alle sehr komplex, auch hier ist die Säure präsent, aber nicht dominant, hier spielt auch der bei einigen Weinen deutliche Restzuckergehalt eine Rolle. Es geht nicht um Primärfrucht, vielmehr wird eher der Charakter der Lage herausgearbeitet, die Weine sind sehr extraktreich. Bei Bürklin-Wolf-Weinen entwickelt sich die Frucht auch über Jahre. Die Weine wirken nicht „gemacht", hier wird offensichtlich ein behutsamer Umgang gepflegt. Kirchenstück ist noch etwas jugendlich-streng, männlich-fokussiert, Komplexität und Länge sind reichlich vorhanden, großes Potenzial. Pechstein zeigt ein intensives, komplexes Aromenbild, einladende Würze und Frucht, kommt zunächst süß und füllig in den Mund, entwickelt dann Biss und Druck und ist sehr lang. Ungeheuer ist eindringlich, elegant-würzig und komplex, die Frucht ist fein und süß, der Wein hat Biss und Kraft und viel Zug. Hohenmorgen ist etwas anders, die Frucht ist süß, reif und dunkel, der

Wein wirkt männlich-herb und hat ein sehr gutes Gerüst. Gaisböhl ist geschliffen und komplex, die Frucht ist gelb und reif. ◄━

Weinbewertung

86 2012 Riesling trocken **12,5 %/9,50 €**
87 2012 Riesling trocken Wachenheimer **12,5 %/12,- €**
87 2012 Riesling trocken Ruppertsberger **12,5 %/12,- €**
89 2012 Riesling trocken „P.C." Wachenheimer Gerümpel **12,5 %/19,- €**
88 2012 Riesling trocken „P.C." Wachenheimer Böhlig **12,5 %/19,- €**
89 2012 Riesling trocken „P.C." Wachenheimer Goldbächel **12,5 %/19,- €**
90 2012 Riesling trocken „P.C." Wachenheimer Rechbächel **12,5 %/19,- €**
89 2012 Riesling trocken „P.C." Ruppertsberger Hoheburg **12,5 %/19,- €**
88 2012 Riesling trocken „P.C." Deidesheimer Langenmorgen **12,5 %/19,- €**
92 2012 Riesling trocken „G.C." Kirchenstück Forst **13 %/100,- €**
92 2012 Riesling trocken „G.C." Pechstein Forst **12,5 %/40,- €**
92 2012 Riesling trocken „G.C." Ungeheuer Forst **13 %/40,- €**
91 2012 Riesling trocken „G.C." Hohenmorgen Deidesheim **13 %/40,- €**
91 2012 Riesling trocken „G.C." Gaisböhl Ruppertsberg **13 %/35,- €**

★

Büsser
Weingut
Rheinhessen

Mainzer Straße 50, 55239 Gau-Odernheim
Tel. *06733-6001,* **Fax:** *06733-8319*
www.weingut-buesser.de
info@weingut-buesser.de
Besuchszeiten: *nach Vereinbarung*

Inhaber......................Udo und Eva Büsser
Rebfläche..............................5 Hektar

Das Weingut Büsser, 1925 gegründet, wird heute in vierter Generation von Udo Büsser und seiner ältesten Tochter Eva geführt. Ihre Weinberge liegen in Gau-Odernheim und Alsheim. An weißen Sorten bauen sie Riesling, Weißburgunder, Grauburgunder, Silvaner, Chardonnay und Bacchus an, an roten Sorten Spätburgunder, St. Laurent, Dornfelder und Portugieser. Die Weißweine werden hauptsächlich im Edelstahl ausgebaut, bleiben lange auf der Feinhefe. Spätburgunder und St. Laurent werden im Holz ausgebaut, die anderen Rotweine im Edelstahl. Die Topweine werden in der Linie „Magicus" vermarktet.

Vorjahr

Der gekonnt vinifizierte, kraftvolle Spätburgunder führte im vergangenen Jahr zusammen mit dem fülligen Weißburgunder eine sehr gleichmäßige und überzeugende Kollektion an mit klaren, fruchtbetonten Weiß- und Rotweinen.

Neue Kollektion

Die neue Kollektion reicht da nicht ganz heran, die Basisweine stellen nicht zu frieden. Am besten gefällt uns der Weißburgunder aus der Magicus-Linie, der fruchtbetont ist, frisch und klar. ◄━

Weinbewertung

77 2012 Weißburgunder Classic **12,5 %/4,60 €**
77 2012 Grauburgunder trocken **12 %/4,60 €**
84 2012 Weißburgunder Spätlese trocken „Magicus" **13 %/8,20 €**
81 2012 Riesling Spätlese trocken „Magicus" **12 %/8,20 €**
80 2012 Dornfelder trocken **12 %/4,90 €**
82 2012 Spätburgunder Spätlese trocken „Magicus" **13 %/8,50 €**

★★★★☆
Reichsrat von **Buhl**
Weingut   **Pfalz**

🍷 *Weingut Reichsrat von Buhl GmbH*
Weinstraße 16-24, 67146 Deidesheim
Tel. 06326-965017, Fax: 06326-965024
www.reichsrat-von-buhl.de
info@reichsrat-von-buhl.de
Besuchszeiten: Mo.-Fr. 8-12 + 13-18 Uhr,
Sa./So. 10-12 + 13-17 Uhr

Inhaber . . . . Familie Niederberger
Pächter . . . . Reichsrat von Buhl GmbH
Geschäftsf. Gesellschafter . . . . Stefan Weber
. . . . Christoph Graf
Rebfläche . . . . 60 Hektar

Das 1849 von Franz-Peter Buhl gegründete Weingut entstand aus der Erbteilung des Jordan'schen Weingutes. 1989 wurde es an eine japanische Weinhandelsfirma verpachtet, es wurden Millionenbeträge in Keller und Außenbetrieb investiert. Eigentümer ist die Familie Niederberger, der auch die Weingüter Bassermann-Jordan und von Winning (ehemals Dr. Deinhard) gehören. Der Pachtvertrag läuft Ende 2013 aus, ab 2014 wird eine neue Mannschaft das Weingut führen. Spektakulärster Neuzugang ist Mathieu Kauffmann, bisher Kellermeister des renommierten Champagnerhauses Bollinger in Ay. Reichsrat von Buhl verfügt über beste Lagen in Forst (Freundstück, Jesuitengarten, Pechstein, Ungeheuer, Paradiesgarten), Deidesheim (Leinhöhle, Herrgottsacker, Kieselberg) und Ruppertsberg (Reiterpfad). Riesling ist die dominierende Rebsorte. Daneben findet man etwas Weißburgunder, Grauburgunder, Scheurebe und Gewürztraminer, sowie Spätburgunder. Seit 2009 ist der Betrieb bio-zertifiziert.

Vorjahre _____

Vor zwei Jahren zeigte die Kollektion eine faszinierende Vielzahl an Großen Gewächsen, die Sekte waren allesamt eine sichere Bank und zählten wieder zu den besten in Deutschland. Die Großen Gewächse hatten viel Stoff; Frucht und Mineralität waren präzise herausgearbeitet. Der straffen Säure des Jahrgangs wurde mit etwas höherem Restzucker die Spitze genommen. Hervorragend waren der Rosé-Sekt und der Riesling-Sekt aus dem Pechstein. Die edelsüßen Weine strahlten hell und klar. Im vergangenen Jahr stellte Buhl einmal mehr sehr gute Sekte vor, sie gehörten wieder zu den besten in Deutschland. Die Lagenweine waren unterschiedlich, der Herrgottsacker leicht und fruchtig, der Musenhang straff, trocken, puristisch. Der „F.P."-Riesling zeigte viel Frucht, er erschien als der kleine Bruder der üppig-barocken Großen Gewächse. Die Pechstein Auslese war wild, konzentriert und vielschichtig, die Beerenauslese vom Ungeheuer war köstlich, der Spätburgunder zeigte eine schöne Reife.

Neue Kollektion _____

In diesem Jahr gab es nur einen Sekt, der Riesling von 2009 hat eine herrlich reife Nase, im Mund Zitrus und Nuss und die jahrgangstypische salzige Mineralität. Sehr schön sind die Rieslinge aus Erster Lage. Frisch, klar und vielfruchtig (Zitrus und Holunder) ist der Herrgottsacker, einen feinen Druck entwickelt der gelbfruchtige, mineralische Kieselberg, elegant und vielschichtig ist der Musenhang. Klassisch-elegant präsentieren sich in diesem Jahr die sehr guten Großen Gewächse. Viel Druck und Spannung zeigt der Pechstein, er ist vielschichtig und elegant, von feiner Frucht und Würze. Sehr viel Stoff zeigt der Jesuitengarten, wegen geringer Süße wirkt er schlank und zunächst etwas streng. Viel Frucht und viel Stoff hat das Kirchenstück, ein feines Säurespiel macht Lust auf mehr, zum Schluss bleibt eine feine herbe Note haften. Ungeheuer ist komplex und eindringlich, zeigt sehr viel Frucht, bleibt elegant und schlank. Feine Tannine, eine klare kühle Frucht und viel Eleganz zeigt der Spätburgunder. Die süße Riesling-Spätlese ist mehr herb als süß, zeigt Frucht und Tabak, Graphit und Würze, ein „männlicher" Wein. ◀━

Weinbewertung _____

89	2009 Riesling Sekt brut Forster Pechstein **12,5 %/17,- €**	
86	2012 Riesling trocken Deidesheimer Herrgottsacker **12,5 %/10,- €**	
87	2012 Riesling trocken Deidesheimer Kieselberg **12,5 %/12,- €**	
88	2012 Riesling trocken Forster Musenhang **12,5 %/12,- €**	
91	2012 Riesling „GG" Pechstein Forst **30,- €**	
91	2012 Riesling „GG" Ungeheuer Forst **30,- €**	
90	2012 Riesling „GG" Jesuitengarten Forst **30,- €**	
92	2012 Riesling „GG" Kirchenstück Forst **49,- €**	
90	2012 Riesling Auslese Forster Ungeheuer **7 %/18,- €/0,375l**	
89	2012 Riesling Spätlese Forster Jesuitengarten **9 %/24,- €**	
89	2009 Spätburgunder trocken „F.P. Buhl" **13 %/24,- €**	

Lisa **Bunn**
Weingut
                       ★
                       Rheinhessen

Mainzer Straße 86, 55283 Nierstein
Tel. 06133-59290, Fax: 06133-60309
www.weingut-bunn.de
info@weingut-bunn.de
Besuchszeiten: Di.-Sa. 10-18 Uhr

Inhaber................................Lisa Bunn
Rebfläche.............................10 Hektar

Seit drei Generation ist der Margarethenhof im Besitz der Familie Bunn. Er wird heute von Geisenheim-Absolventin Lisa Bunn geführt, die das Gut im vergangenen Jahr von ihren Eltern Georg und Eva übernommen hat. Die Weinberge liegen in Nierstein, Dienheim und Guntersblum, wo sich auch der Keller befindet. Neben Riesling gibt es Weißburgunder, Grauburgunder, Chardonnay, Müller-Thurgau, Silvaner, Gewürztraminer, Huxelrebe und Scheurebe, sowie Dornfelder,

Spätburgunder und St. Laurent, zuletzt wurde Merlot gepflanzt.

Vorjahr _____

Eine stimmige Kollektion stellten die Bunns zum Debüt im letzten Jahr vor, in der uns die drei Lagenrieslinge aus Nierstein besonders gut gefielen, waren doch die Unterschiede zwischen den Lagen schön herausgearbeitet.

Neue Kollektion _____

Nachdem wir uns im vergangenen Jahr nicht so recht entscheiden konnten, welcher der drei trockenen Lagenrieslinge uns denn am besten gefällt, ist im Jahrgang 2012 nun der Wein aus dem Hipping unser Favorit, er ist konzentriert und kraftvoll bei reifer Frucht, der kraftvolle, klare Wein aus dem Ölberg steht ihm nur wenig nach. ◀

Weinbewertung _____

81	2012 Riesling trocken „vom Rotliegenden" **12,5 %/6,80 €**	
85	2012 Riesling trocken Niersteiner Hipping **13 %/10,50 €**	
84	2012 Riesling trocken Niersteiner Ölberg **13,5 %/9,50 €**	
83	2012 Riesling trocken Niersteiner Orbel **13,5 %/8,50 €**	
80	2012 Riesling „feinherb" **12,5 %/5,70 €**	
81	2012 Riesling Spätlese Dienheimer Tafelstein **10,5 %/8,- €**	

Ignaz **Bunzelt**
Weingut
                 Franken

Heerweg 12, 97334 Nordheim
Tel. 09381-4657 oder 4511, Fax: 09381-6283
www.weingut-bunzelt.de
info@weingut-bunzelt.de
Besuchszeiten: Mo.-Sa. 9-18 Uhr,
So. nach Vereinbarung
Probierstube (bis 20 Personen)

Inhaber..............Hans und Barbara Bunzelt
Rebfläche.................................9 Hektar

B

Das 1969 von Ignaz und Irmina Bunzelt gegründete Weingut wird seit 1985 von Hans Bunzelt geführt. Er besitzt Rebflächen in den Iphöfer Lagen Julius-Echter-Berg, Kronsberg und Kalb, in den Nordheimer Lagen Vögelein und Kreuzberg, im Sommeracher Katzenkopf, im Escherndorfer Fürstenberg und im Frankenwinheimer Rosenberg. Inzwischen hat Nina Bunzelt, die schon lange im Betrieb tätig ist, auch selbst Weine ausgebaut wie den Silvaner 2 und die neue Weißweincuvée Patriarch. Weiße Rebsorten nehmen 89 Prozent der Fläche ein. Wichtigste Sorten sind Müller-Thurgau, Silvaner und Bacchus. Dazu kommt eine breite Palette weiterer Sorten, angeführt von Domina, Riesling und Kerner. Neben Sekten werden auch Edelbranntweine in der eigenen Brennerei hergestellt.

Vorjahre

Seit mehr als einem Jahrzehnt nun kennen wir die Weine von Hans Bunzelt und, heute wie damals, überzeugen sie durch ihre Zuverlässigkeit. Sie sind recht füllig bei reifer Frucht, und oft sind es die Weine aus den so genannten Bukettsorten, die uns besonders gefallen, Traminer und Rieslaner beispielsweise. 2010 war nicht ganz gleichmäßig, die Traminer Spätlese gefiel uns am besten. Die letztjährige Kollektion präsentierte sich geschlossen auf gutem Niveau. Im trockenen Segment gefiel uns die füllige Silvaner Spätlese aus dem Fürstenberg besonders gut, restsüß die reintönige Scheurebe Spätlese aus dem Julius-Echter-Berg und die frische, zupackende Rieslaner Auslese, ebenfalls aus dem Julius-Echter-Berg.

Neue Kollektion

Gewohnt zuverlässig und gleichmäßig präsentiert sich nun auch der Jahrgang 2012. Der Silvaner 2 ist frisch, klar und zupackend, noch besser gefällt uns die neue weiße Cuvée, die Fülle und Kraft besitzt, gute Struktur und reife Frucht. ◄

Weinbewertung

83 2012 Silvaner Kabinett trocken „2" **13 %/6,50 €**
80 2012 Silvaner Kabinett trocken Escherndorfer Fürstenberg **13 %/7,- €**

82 2012 Weißburgunder Kabinett trocken **13 %/7,- €**
81 2012 Kerner Spätlese trocken Iphöfer Kronsberg **13 %/7,- €**
81 2012 Rieslaner Spätlese trocken Iphöfer Julius-Echter-Berg **13,5 %/8,- €**
85 2012 „Patriarch" Weißwein trocken **14 %/9,- €**
82 2012 Scheurebe Spätlese Iphöfer Julius-Echter-Berg **13 %/8,- €**
81 2012 Traminer Spätlese Nordheimer Vögelein **13 %/8,50 €**

★★★☆

Burggarten
Weingut   **Ahr**

Landskroner Straße 61, 53474 Heppingen
Tel. *02641-21280,* **Fax:** *02641-79220*
www.weingut-burggarten.de
burggarten@t-online.de
Besuchszeiten: *Mo.-Fr. 10-12 + 13-18 Uhr,*
Sa./So. 10-13 Uhr
Gästehaus

Inhaber . . . . .Familie Schäfer
Rebfläche . . . . 16 Hektar

Paul Josef Schäfer hat sein Weingut in den letzten Jahren noch stärker auf Spätburgunder ausgerichtet, vom Frühburgunder besitzt er inzwischen 2 Hektar. Dazu gibt es ein klein wenig Zweigelt (seit 1982), kaum noch Dornfelder und Portugieser, aber weiße Sorten wie Riesling und Weißburgunder. Inzwischen besitzt er auch Weinberge an der Mosel, in Piesport und Zeltingen. Seine drei Söhne sind alle ausgebildete Winzer und unterstützen ihn mittlerweile im Betrieb. Die Weinberge von Paul Josef Schäfer liegen im Heimersheimer Burggarten (schwere Lehmböden), Neuenahrer Sonnenberg und Schieferlay (Grauwacke und Grauwackeschiefer) und Ahrweiler Ursulinengarten (Kies am Fluss, weiter oben schwerere Böden). In den letzten Jahren ist er dazu übergegangen seine Weine später abzufüllen. Seit 2005 ist dem Weingut ein Gästehaus angeschlossen.

Vorjahre

Seit der ersten Ausgabe empfehlen wir die Weine von Paul Josef Schäfer, schon damals haben wir konstatiert, dass er den Anschluss an die besten Betriebe der Region geschafft hat. Jahr für Jahr sind wir angetan vom guten Niveau seiner Basisweine, in den letzten Jahren legte er in der Spitze noch einmal zu. Im Jahrgang 2009 waren die Weine kraftvoll und reintönig, die Spitzenweine tanninbetont, sehr jugendlich bei dezenten Schokonoten. Unser Favorit war einmal mehr der Spätburgunder „R", der Wein aus der Schieferlay war noch allzu jugendlich, der Frühburgunder aus dem Sonnenberg eine schöne Überraschung. Die letztjährige Kollektion war ganz stark – und begann mit einer Überraschung: Chardonnay und Weißburgunder waren gekonnt vinifiziert, sie besaßen gute Struktur und Substanz. Die roten 2011er präsentierten sich fruchtbetont und reintönig, schon der Spätburgunder vom Vulkangestein machte viel Freude, ebenso Frühburgunder und Signatur-Spätburgunder. Auch die im vergangenen Jahr präsentierten 2010er Spätburgunder zeigten sehr hohes Niveau, ob Burggarten, Sonnenberg oder Schieferlay, der uns zusammen mit dem „R" aus dem Burggarten am besten gefiel.

Neue Kollektion

Nicht viele Ahr-Weingüter verstehen sich auf Weißweine, Burggarten gehört dazu. Der Riesling ist würzig und konzentriert, der Weißburgunder S besitzt gute Fülle und herrlich viel Frucht. Rot stimmt das Basisniveau, der Spätburgunder S bietet dann schon viel, ist frisch, fruchtbetont und strukturiert. Der Veroso ist füllig und konzentriert bei reifer Frucht, der Merlot besitzt Fülle und Kraft, viel reife Frucht und Substanz, ist noch sehr jugendlich. Noch etwas besser gefällt uns der Cabernet Sauvignon: Gute Konzentration im Bouquet, Gewürznoten, eindring-

lich Cassis, herrlich eindringlich und reintönig. Im Mund ist er füllig und kraftvoll, fruchtbetont, strukturiert und jugendlich. Beeindruckend gute „Internationale", aber es erleichtert uns, dass Früh- und Spätburgunder noch besser sind. Der Frühburgunder aus dem Sonnenberg zeigt reife Frucht im Bouquet, rauchige Noten, etwas Toast, ist füllig und saftig im Mund, besitzt herrlich viel Frucht und Substanz. Sein Spätburgunder-Pendant zeigt Kirschen und Kräuter im Bouquet, ist füllig und kraftvoll bei guter Substanz. Noch etwas besser gefällt uns der herrlich fruchtbetonte Wein aus der Schieferlay, der faszinierend klar und konzentriert ist. Highlight der Kollektion aber ist der R aus dem Burggarten: Gute Konzentration, herrlich viel Frucht, Fülle und Substanz, gute Struktur und Länge. Eine bärenstarke Kollektion – weiter im Aufwind! ◀

Weinbewertung

85	2012 Riesling trocken 13 %/8,- €
83	2012 Weißburgunder trocken 13 %/8,50 €
87	2012 Weißburgunder „S" trocken 13,5 %/16,- €
85	2011 Spätburgunder trocken „Vulkangestein" 13 %/8,40 €
87	2011 Spätburgunder „S" trocken 13,5 %/17,- €
86	2011 „Veroso" Rotwein trocken 14 %/18,- €
87	2011 Merlot trocken 14 %/22,- €
88	2011 Cabernet Sauvignon trocken 15 %/22,- €
89	2011 Spätburgunder trocken (Goldkapsel) Neuenahrer Sonnenberg 14 %/26,- €
90	2011 Frühburgunder trocken (Goldkapsel) Neuenahrer Sonnenberg 14 %/35,- €
90	2011 Spätburgunder trocken (Goldkapsel) Neuenahrer Schieferlay 14 %/38,- €
92	2011 Spätburgunder „R" trocken Heimersheimer Burggarten 14 %/42,- €

Die besten deutschen Weinerzeuger und ihre Weine

Burrlein
★ ☆

Winzerhof

Franken

(🌱) Hauptstraße 149, 97320 Mainstockheim
Tel. 09321-5578, *Fax:* 09321-5510
www.burrlein.com
mail@burrlein.com
Besuchszeiten: Mo.-Sa. 9-18 Uhr

Inhaber . . . . Frieder Burrlein
Rebfläche . . . . 33 Hektar

Der Winzerhof Burrlein betreibt seit 1904 Weinbau. Ein Teil der eigenen Weinberge wird nach kontrolliert ökologischen Richtlinien (Ecovin) bewirtschaftet. Darüber hinaus verarbeitet der Winzerhof Burrlein die Trauben von 35 örtlichen Kleinwinzern, zusammen weitere 25 Hektar. Die Trauben kommen aus der Einzellage Mainstockheimer Hofstück. Vor allem weiße Sorten werden angebaut: Silvaner, Müller-Thurgau, Bacchus, Kerner, Scheurebe und Weißburgunder, seit 2004 auch Riesling. An roten Sorten gibt es Domina, Dornfelder, Regent und Zweigelt. Die Weißweine werden temperaturgesteuert in Edelstahltanks vergoren. Die Rotweine kommen nach der Maischegärung in Holzfässer (auch Barriques).

Vorjahre ————————————————

Vor zwei Jahren überzeugte die Kollektion mit fülligen, alkoholreichen Schlossportal-Weinen des Jahrgangs 2009 und frischen, leichten Weißweinen des Jahrgangs 2010. 2011 brachte frische, sehr reintönige Weißweine, egal ob Silvaner oder Riesling, Weißburgunder oder Scheurebe, alle überzeugten.

Neue Kollektion ————————————

Sehr gleichmäßig präsentiert sich nun die neue Kollektion mit frischen, klaren, fruchtbetonten Weißweinen des Jahrgangs 2012.

◄━━

Weinbewertung ————————————

82 2012 Müller-Thurgau trocken „Frank & Frei"
    12,5 %/5,90 €

81 2012 Silvaner trocken „Bio Edition Karl"
    12,5 %/6,- €
83 2012 Scheurebe trocken „Edition Karl"
    12,5 %/5,60 €
82 2012 Silvaner Kabinett trocken Hofstück
     13 %/6,90 €
83 2012 Weißburgunder Kabinett trocken Hofstück
    13 %/6,90 €
82 2012 Scheurebe Kabinett Hofstück
    12,5 %/7,50 €

Clemens **Busch**
★★★★★

Weingut

Mosel

🌱 Kirchstraße 37, 56862 Pünderich
Tel. 06542-22180, *Fax:* 06542-1625
www.clemens-busch.de
info@clemens-busch.de
Besuchszeiten: nach Vereinbarung

Inhaber . . . . Clemens und Rita Busch
Rebfläche . . . . 13 Hektar

Clemens und Rita Busch bewirtschaften ihre Weinberge seit 1986 nach den Kriterien ökologischen Anbaus und sind Mitglied im Bundesverband Ökologischer Weinbau, im Jahr 2007 folgte die Aufnahme in den Verband der Prädikatsweingüter (VDP). Der größte Teil der Weinberge liegt in der Lage Pündericher Marienburg. Ein Kernstück dieser Lage ist die „Felsterrasse", wo Clemens Busch bis zu 70 Jahre alte Reben stehen hat. Neu bestockt wurde die Parzelle Rothenpfad, eine bereits im 19. Jahrhundert gerühmte, aber bald darauf in Vergessenheit geratene Lage. Der Ausbau der Weine erfolgt in Eichenholzfässern, die Weine lagern lange auf der Hefe. Wurden früher noch 80 Prozent der Weine trocken ausgebaut, so spielen heute die cremig-würzigen Rieslinge mit Restzuckerwerten zwischen etwa 15 und 40 Gramm eine zunehmend größere

Rolle. Allerdings stellte Busch 2007 auch zwei Große Gewächse in einem betont trockenen, kraftvollen Stil vor – und 2009 präsentierte er gleich drei Große Gewächse. Prädikate wie Kabinett und Spätlese sind von den Etiketten der trockenen oder fast trockenen Weine verschwunden, werden nur noch bei den Weinen mit deutlicher Restsüße verwendet. Die Rieslinge vom grauen (aus dem ursprünglichen Bereich der Marienburg) und roten Schiefer stammen aus verschiedenen Teillagen der Pünderich Marienburg, zeigen schön die Terroirunterschiede in dieser Lage, die Clemens Busch mit seinen Großen Gewächsen und den „feinherben" Erste-Lage-Weinen in der Spitze herausgearbeitet hat. Die Marienburg ist ein steiler Süd/Südost ausgerichteter Hang gegenüber von Pünderich. Bis 1971 bestand sie aus verschiedenen kleinen Einzellagen, die dann alle zur Lage Marienburg zusammengefasst wurden. Zu diesen Teillagen gehören Fährlay (die einzige Lage in der der blaue Schiefer dominiert), Falkenlay (grauer Schiefer, etwas tiefgründigerer Boden; das älteste Stück der Fährlay wird Raffes genannt), Rothenpfad (roter Schiefer) und Felsterrasse (hellgrauer Schiefer mit eisenhaltigen Schichten).

Vorjahre _____

Wie kaum ein Anderer an der Mosel meisterte Clemens Busch auch den Jahrgang 2010, hatte trockene Spitzenweine erzeugt und in edelsüß brilliert. Schon die Basisweine, trocken wie süß, waren klar und kraftvoll, die trockenen und halbtrockenen Lagenweine kraftvoll und dominant, wenn auch noch etwas wild und unruhig, wie man das ja so kennt von Clemens Buschs Weinen. Dazu gab es eine Batterie an beeindruckend reintönigen Edelsüßen: Auslesen, Beerenauslesen und Trockenbeerenauslesen, eine besser als die andere. 2011 präsentierten sich die Gutsrieslinge auf gewohnt starkem Niveau, die vier Großen Gewächse unterschieden sich deutlich, in der Bewertung aber hatten wir Fahrlay, Marienburg und Rothenpfad gleichauf. Auch der süße Teil der Kollektion präsentierte sich sehr stimmig, so wie man das kennt bei Clemens Busch. Schon die Spätlesen waren kraftvoll und konzentriert, die Auslesen, alle sehr konzentriert und süß, brachten eine weitere Steigerung, die aus dem Rothenpfad gefiel uns besonders gut, eine weitere Steigerung brachten die Lange Goldkapsel-Auslese und die Beerenauslese aus der Falkenlay.

Riesling trocken _____

Die trockene Kollektion präsentiert sich stimmig wie gewohnt, beginnt mit einem frischen, klaren Gutsriesling und bietet zwei würzige „Schiefer"-Weine. Vier Große Gewächse hat Clemens Busch 2012 erzeugt, wir finden sie alle spannend. Am schwierigsten ist der Wein aus dem Fahrlay, er war zum Zeitpunkt der Verkostung einfach zu sehr vom Schwefel geprägt, besitzt aber Substanz und Kraft. Das Große Gewächs Marienburg ist kraftvoll und zupackend, besitzt gute Struktur und schöne Frische im Abgang, der Wein aus dem Rothenpfad ist enorm kraftvoll, füllig und komplex, besitzt reife Frucht, gute Struktur und Nachhall. Mehr Zeit muss man dem Falkenlay-Riesling geben, der anfangs völlig verschlossen ist, dann aber enormen mineralischen Druck entwickelt, präzise, lang und nachhaltig ist.

Riesling süß _____

Der süße Teil des Sortiments ist 2012 klein wie lange nicht. Der Kabinett ist fruchtbetont, klar und zupackend, der Marienburg-Kabinett wesentlich saftiger, besitzt gute Konzentration und viel Substanz. Die Spätlese ist druckvoll wie gewohnt, besitzt Kraft und Frucht, gute Komplexität und Länge.

Weinbewertung _____

85   2012 Riesling trocken   **11,5 %/8,80 €**
86   2012 Riesling trocken „vom grauen Schiefer"   **12 %/12,50 €**
85   2012 Riesling trocken „vom roten Schiefer"   **12 %/12,50 €**
90   2012 Riesling „GG" Marienburg   **13 %/24,- €**

Die besten deutschen Weinerzeuger und ihre Weine

91	2012 Riesling „GG" „Rothenpfad" Marienburg 13 %/28,- €
89	2012 Riesling „GG" „Falkenlay" Marienburg 13,5 %/28,- €
89	2003 Riesling „Fahrlay" Marienburg
91	2012 Riesling „GG" „Fahrlay" Marienburg 13 %/30,- €
86	2012 Riesling Kabinett 8,5 %/9,30 €
88	2012 Riesling Kabinett Marienburg 9 %/12,50 €
90	2003 Riesling Spätlese Marienburg
90	2012 Riesling Spätlese Marienburg 8 %/18,- €

Markus **Busch**
Weingut

★

Mosel

Schulstraße 6, 56862 Pünderich
Tel. 06542-2810, Fax: 06542-1583
www.buschwein.de, www.steillagenprojekt.de
info@buschwein.de
Besuchszeiten: nach Vereinbarung
Ferienwohnungen

Inhaber . . . . Markus Busch
Rebfläche . . . . 3 Hektar

Dem Riesling aus der Lage Pündericher Marienburg gehört das Hauptaugenmerk von Markus Busch, auch im Pündericher Nonnengarten ist er vertreten. Dazu gibt es etwas Weißburgunder, Müller-Thurgau und die roten Sorten Spätburgunder, Dornfelder und Cabernet Dorsa. Markus Busch ist vor allem durch sein Steillagenprojekt bekannt geworden: Die Anteilseigner haben Mitspracherecht bei der Bewirtschaftung der in der Pündericher Marienburg gelegenen Parzelle und bekommen Riesling als Dividende – mit speziellem Etikett. Die Weißweine werden gekühlt vergoren und in Edelstahltanks ausgebaut, Spitzenrotweine reifen auch im kleinen Holzfass.

Vorjahre
Die 2010er Weine waren sehr verhalten, der Spätburgunder gefiel uns aus diesem Jahrgang am besten. 2011 präsentierte sich sehr gleichmäßig auf gutem Niveau, der frische, zupackende Riesling aus dem Steillagenprojekt gefiel uns besonders gut.

Neue Kollektion
Die neue Kollektion präsentiert sich geschlossen auf gutem Niveau. Einmal mehr ist der Riesling aus dem Steillagenprojekt unser Favorit, dieses Jahr halbtrocken ausgebaut, er ist klar, frisch und zupackend bei guter Struktur; die klare, lebhafte Spätlese aus der Terrassenlage steht ihm kaum nach. ◄━

Weinbewertung
81	2012 Weißburgunder trocken 13 %/5,50 €
81	2012 Rivaner Pündericher Rosenberg 13%/5,50€
83	2012 Riesling halbtrocken „Steillage" 13 %/7,50 €
85	2012 Riesling Spätlese halbtrocken „Steillagenprojekt" 13 %/10,- €
82	2012 Riesling „feinherb" 12 %/5,50 €
84	2012 Riesling Spätlese „Terrassenlage" 9,5 %/7,- €

Jean **Buscher**
Weingut

★ ☆

Rheinhessen

Wormser Straße 4-6, 67595 Bechtheim
Tel. 06242-872, Fax: 06242-875
www.jean-buscher.de
weingut@jean-buscher.de
Besuchszeiten: Mo.-Fr. 8-17 Uhr und nach Vereinbarung

Inhaber . . . . Jean Michael Buscher,
. . . . Jean Raphael Buscher
Rebfläche . . . . 16 Hektar

Seit 1844 betreibt die Familie Weinbau in Bechtheim, das Gut wird heute von Jean Michael Buscher und seinem Sohn Jean Raphael geführt. Gut die Hälfte der Rebfläche nehmen rote Rebsorten ein, Spätburgunder, Dornfelder, Schwarzriesling und Portugieser vor allem, aber auch Heroldrebe, Regent und

Rosenmuskateller, eine Rebsorte, die man hin und wieder in Südtirol findet. Mit Abstand wichtigste weiße Rebsorte ist Riesling, dazu gibt es Weißburgunder, Grauburgunder, Silvaner, Muskateller, Kerner und Gewürztraminer. Nach Praktika in Burgund und Südtirol ist Geisenheim-Absolvent Jean Raphael zusammen mit dem Kellermeister Matthias Schanz für Weinberg und Keller verantwortlich. Sie haben erstmals zusammen den 2007er Jahrgang betreut. 85 Prozent der Weine werden trocken oder halbtrocken ausgebaut.

Vorjahre

Vor zwei Jahren stand die Kollektion eindeutig im Zeichen der edelsüßen Rosenmuskateller, im trockenen Segment gefielen uns die 2009er Weine am besten. Die letztjährige Kollektion war ein wenig verhalten, mit zwei Ausnahmen, Nibelungencuvée und Rosenmuskateller.

Neue Kollektion

Die neue Kollektion ist nicht ganz gleichmäßig. Trocken gefällt uns der konzentrierte, ein klein wenig bittere Geyersberg-Riesling am besten, Highlight der Kollektion ist aber die Silvaner Trockenbeerenauslese, die enorm dick und süß ist, aber klar und sortentypisch. ◀

Weinbewertung

78 2012 Muskateller trocken „Muskateller-Dieb" 13 %/6,40 €

80 2012 Weißburgunder trocken „Edition" Bechtheimer 8,- €

84 2012 Riesling trocken „Edition" Geyersberg 13,5 %/19,90 €

82 2012 Weißburgunder trocken „Edition" Stein 14 %/19,90 €

88 2011 Sylvaner Trockenbeerenauslese „Kometenwein" Stein 7 %/45,-€/0,5l

81 2011 Spätburgunder trocken „Edition" Stein 15 %/24,50 €

Caspari-Kappel
Weingut   **Mosel**

📍 Am Steffensberg 29, 56850 Enkirch
Tel. 06541-6348, *Fax:* 06541-1628
www.caspariwein.de
info@caspariwein.de
Besuchszeiten: jederzeit nach Vereinbarung

Inhaber .... Nico Caspari, Uwe Jostock
Rebfläche .... 11 Hektar

Das Weingut Caspari-Kappel entstand als Projekt von Thomas Caspari, Frank Gibbert und Uwe Jostock, der früher maßgeblich für die Weinbereitung bei Immich-Batterieberg verantwortlich war. Der Betrieb bewirtschaftet inzwischen 11 Hektar in Enkirch und Traben, darunter Parzellen in den Spitzenlagen Ellergrub, Zeppwingert, Montoneubel und Steffensberg, sowie im Trabener Gaispfad; im Burger Schlossberg wird ein wenig Weißburgunder angebaut. Ziel der Kellerarbeit ist es authentische, mineralische Rieslinge zu erzeugen, seit 2009 arbeitet man nach ökologischen Kriterien, ist Mitglied bei Ecovin.

Vorjahre

Die 2010er Kollektion zeigte hohes Niveau, vor allem im rest- und edelsüßen Segment, das angeführt wurde von einer faszinierenden Trockenbeerenauslese, einem der großen Süßweine des Jahrgangs in Deutschland; „feinherb" gefiel uns der „Caspari 100" am besten. Eine starke Kollektion folgte mit dem Jahrgang 2011 nach, wobei in diesem Jahr die trockenen und feinherben Rieslinge den süßen Paroli bieten konnten. Die Weine aus Montoneubel, Ellergrub und Zeppwingert waren ganz stark, Highlight war aber der feinherbe Wein aus dem Gaispfad; auch süß hatte der Gaispfad viel zu bieten von Spätlese über Auslese bis hin zur Beerenauslese.

Neue Kollektion

2012 präsentiert sich geschlossen, trocken wie süß, wobei die Weine aus Montoneubel

C

C

und Ellergrub in diesem Jahrgang feinherb ausgebaut wurden, nicht trocken. Bestechend gut ist das Eingangsniveau mit den Kabinettweinen, wobei wir die zupackende süße Variante leicht favorisieren. Der Weißburgunder ist füllig und harmonisch bei merklicher Restsüße, der Monteneubel-Riesling besitzt gute Struktur und Frische. Noch ein klein wenig besser gefällt uns der kraftvolle Riesling aus der Ellergrub und der füllige, harmonische Wein aus dem Zeppwingert. Der Wein aus dem Gaispfad, in den vergangenen Jahren unser Favorit, besitzt viel Substanz und gute Struktur, war jedoch zum Zeitpunkt unserer Verkostung enorm verschlossen; auch 2012 gibt es eine feine Spätlese aus dem Gaispfad, wunderschön reintönig bei herrlich viel Frucht. ◀

Weinbewertung

85   2012 Riesling Kabinett trocken   **11,5 %/8,- €**
85   2012 Weißburgunder trocken Schlossberg   **12 %/12,- €**
87   2012 Riesling Spätlese Monteneubel **11,5 %/11,- €**
88   2012 Riesling Spätlese „Alte Reben" Ellergrub   **12 %/13,- €**
84   2012 Riesling Kabinett „feinherb"   **11 %/8,- €**
88   2012 Riesling Spätlese „feinherb" „Alte Reben" Zeppwingert   **11,5 %/13,- €**
88   2012 Riesling Spätlese „feinherb 100" Trabener Gaispfad   **11,5 %/21,- €**
86   2012 Riesling Kabinett   **7,5 %/8,- €**
85   2012 Riesling Spätlese Steffensberg   **7,5 %/11,- €**
88   2012 Riesling Spätlese „Alte Reben" Gaispfad   **7,5 %/13,- €**

Fürstlich
Castell'sches
Domänenamt ★★★
Franken

Schlossplatz 5, 97355 Castell
Tel. 09325-60160, **Fax:** 09325-60188
www.castell.de
weingut@castell.de
Besuchszeiten: Mo.-Fr. 8-18 Uhr, Sa. 10-16 Uhr
Landhausgastronomie „Weinstall", Schlossplatz 5
(Pächter: Veronika Widmann und Michael Kiepert, Di.-So. ab 12 Uhr, Tel. 09325-9809949, info@ weinstall-castell.de)

Inhaber....... Ferdinand Graf zu Castell-Castell
Betriebsleiter............... Karl-Heinz Rebitzer
Rebfläche............................. 70 Hektar

Seit 800 Jahren betreibt die Familie Weinbau in Castell. Wald, Landwirtschaft und Bankgeschäft sind die anderen drei Wirtschaftszweige, das Weingut aber ist „ein emotionaler Schwerpunkt und repräsentatives Aushängeschild", wie Ferdinand Erbgraf zu Castell betont. Die Weinberge des Fürstlich Castell'schen Domänenamtes befinden sich größtenteils rings um Castell im Steigerwald. Die Casteller Lagen Schlossberg, Reitsteig, Trautberg, Hohnart, Kugelspiel und Feuerbach gehören dem Weingut im Alleinbesitz, die Lagen Bausch und Kirchberg teilt man sich mit anderen Besitzern. Die Reben wachsen in Castell, am Rande des Steigerwalds, auf Keuperböden. Bereits 1266 wurden in einem Dokument die Lagen Schlossberg, Hohnart, Reitsteig (Der Stieg) und Trautberg (Trucberch) erwähnt. 1659 wurden die ersten Silvanerreben gepflanzt – weshalb sich die Domäne als „erstes Silvanerweingut Deutschlands" bezeichnet. Neben den Trauben der eigenen Weinberge werden auch die Trauben von ca. 90 Winzern der Erzeugergemeinschaft Steigerwald mit weiteren 30 Hektar Weinbergen in den Schlosskellern ausgebaut und über das Weingut vermarktet. Wichtigste Rebsorte ist der Silvaner, der fast 40 Prozent der Rebfläche einnimmt. Es folgen Müller-Thurgau und Riesling, Weißburgunder, Rieslaner, Bacchus, Kerner, Traminer und Scheurebe, sowie die roten Sorten Spätburgunder und Domina, aber auch etwas Dornfelder, Regent und Acolon. Die Weine werden überwiegend trocken ausgebaut. Die Basis-Linie nennt sich Castell-Castell, dann kommt die Linie Schloss Castell, anschließend die Lagenweine (teils im Boxbeutel, teils als Edition Graf Ferdinand in der Bordeauxflasche) und schließlich als Spitzenweine die Großen Gewächse Silvaner und Riesling aus dem Casteller Schlossberg, der im Holzfass ausgebaute Silvaner „6. apriles anno 1659", der Spätburgunder aus dem Schlossberg und die Cuvée C.

Vorjahre

Spätburgunder und Riesling aus dem Schlossberg waren vor zwei Jahren die herausragenden Weine der Kollektion, der Silvaner blieb etwas dahinter zurück; konsistent auf gutem bis sehr gutem Niveau präsentierte sich der Rest der Kollektion, weiß wie rot. Sehr ähnlich präsentierte sich 2011, auch wenn die Weine völlig anders waren als im Vorjahr, deutlich gehaltvoller. Der Silvaner aus dem Schlossberg gefiel uns wieder etwas weniger als der Riesling, der Spätburgunder aus dem Schlossberg war auch 2010 sehr gut, eine schöne Überraschung bereitete der drei Jahre auf der Hefe ausgebaute Silvaner-Sekt aus dem Jahrgang 2007.

Neue Kollektion

Die Weine der Schloss Castell-Linie sind frisch und direkt wie auch die der neuen Linie „49°44'". Nicht ganz so gleichmäßig präsentieren sich die Lagenweine, am besten gefallen uns der kraftvolle, reintönige Hohnart-Riesling, der füllige, warme Weißburgunder aus dem Kirchberg und der kraftvolle, klare Hohnart-Silvaner. Das Große Silvaner-Gewächs aus dem Schlossberg ist klar und zupackend, etwas besser noch aber gefällt uns der Apriles, der saftig und klar ist, harmonisch und strukturiert. Unser Favorit unter den trockenen Weißweinen ist aber einmal mehr der

Riesling aus dem Schlossberg, der Fülle und Kraft besitzt, guten Druck und Länge bei ganz dezent mineralischen Noten. Der Spätburgunder aus dem Schlossberg zeigt feine rauchige Noten im Bouquet, rote Früchte, ist klar und zupackend im Mund, besitzt gute Struktur bei dezenten Bitternoten. Zwei füllige, reintönige Eisweine runden das Programm ab. ◀━

Weinbewertung

82	2012 Silvaner trocken „Schloss Castell"	13 %/8,- €
82	2012 Weißburgunder trocken „Schloss Castell"	13 %/8,- €
81	2012 Riesling trocken „Schloss Castell"	12,5 %/9,50 €
82	2012 Silvaner & Traminer trocken „49°44'"	13,5 %/9,90 €
83	2012 Riesling trocken „49°44'"	12,5 %/10,90 €
85	2012 Silvaner trocken Hohnart	13 %/12,50 €
83	2012 Silvaner trocken Kugelspiel	14 %/12,50 €
86	2012 Riesling trocken Hohnart	12,5 %/14,50 €
83	2012 Silvaner trocken Trautberg	13,5 %/14,50 €
85	2012 Weißburgunder trocken Kirchberg	14 %/14,50 €
88	2012 Silvaner trocken „6.apriles anno 1659"	14,5 %/25,- €
87	2012 Silvaner „GG" Schlossberg	14 %/27,- €
89	2012 Riesling „GG" Schlossberg	13 %/27,- €
85	2012 Rieslaner Spätlese Kugelspiel	11 %/12,50 €/0,5l
89	2012 Silvaner Eiswein Schlossberg	10 %/68,- €
90	2012 Riesling Eiswein Schlossberg	7,5 %/68,- €
85	2011 Spätburgunder trocken Reitsteig	13,5 %/18,- €
88	2011 Spätburgunder trocken Schlossberg	14 %/33,- €

Die besten deutschen Weinerzeuger und ihre Weine

Die besten deutschen Weinerzeuger und ihre Weine

C

Chat Sauvage ★★★
Weingut   **Rheingau**

Hohlweg 23, 65366 Johannisberg
Tel. 06722-9372586, *Fax* 06722-9372588
www.chat-sauvage.de
pinot@chat-sauvage.de
Besuchszeiten: täglich 9–17 Uhr nach Vereinbarung

Inhaber . . . . Günter Schulz
Verwalter/Kellermeister . . . . Michael Städter
Rebfläche . . . . 8 Hektar

Das Weinbauprojekt Chat Sauvage („wilde Katze") wurde vom Hamburger Unternehmer Günter Schulz ins Leben gerufen und wird heute von Michael Städter geleitet, Außenbetriebsleiter ist Mathias Scheidweiler. Der Betrieb hat sich inzwischen mit einem Kellerneubau samt Vinothek etabliert und bewirtschaftet auf nun 8 Hektar vor allem Spätburgunderreben, dazu kommen 20 Prozent Chardonnay. Die Weinberge liegen im Assmannshäuser Höllenberg, im Rüdesheimer Drachenstein, im Lorcher Kapellenberg sowie im Lorcher Schlossberg und in der Johannisberger Hölle. Die nicht filtrierten Rotweine besitzen eine animierende Frucht sowie rauchige Würze und entwickeln sich über Tage hinweg gut, der mineralische Chardonnay reift 14 Monate im Fass.

Vorjahre _____

Im vorletzten Jahr wurden 2009er Rotweine präsentiert, die noch sehr jung waren, aber durch eine klare Aromatik und feine Säure überzeugten, der Barriqueeinsatz war gelungen. Die 2010er fielen sehr überzeugend aus. Der Chardonnay war sehr präzise, kraftvoll und klar, gekonnt vinifiziert, zeigte reintönige Frucht und gute Struktur – ein sehr „burgundischer" Chardonnay. Zwischen den drei Pinot Noirs fiel die Wahl schwer: Der Kapellenberg war fruchtbetont und klar, der Höllenberg etwas intensiver, strukturierter, der Wein aus dem Drachenstein etwas fülliger und kraftvoller.

Neue Kollektion _____

Mit dem Jahrgang 2011 beweist das Weingut, dass es in der Spitze der Rheingauer Rotweinerzeuger angekommen ist. Bei allen Weinen fällt auf, wie gelungen der Holzeinsatz ist. Der Schlossberg-Pinot besitzt nur einen Hauch von schokoladigen Noten und wirkt sehr geradlinig, fest, bestens balanciert. Deutlich anders der Assmannshäuser Spitzenwein, der rauchig-würzig und noch etwas unzugänglich scheint, aber Potenzial zeigt; zu den spannendsten Rotweinen des Jahrgangs 2011 im Rheingau gehören beide. Bemerkenswert gelungen sind aber auch die Basisweine, und der Rosé ist sehr saftig und wunderschön erfrischend.

Weinbewertung _____

85 2012 Pinot Noir Rosé trocken **12,5 %/9,- €**
85 2011 Pinot Noir trocken **13 %/16,- €**
87 2011 Pinot Noir trocken Rüdesheimer **13,5 %/28,- €**
88 2011 Pinot Noir trocken Assmannshäuser **13 %/28,- €**
88 2011 Pinot Noir trocken Lorcher Kapellenberg **13,5 %/35,- €**
89 2011 Pinot Noir trocken Lorcher Schlossberg **14 %/42,- €**
88+ 2011 Pinot Noir trocken Assmannshäuser Höllenberg **14 %/42,- €**

Christmann
★★★★☆

Weingut   **Pfalz**

📍 *Peter-Koch-Straße 43*
67435 Neustadt-Gimmeldingen
Tel. *06321-66039,* **Fax:** *06321-68762*
www.weingut-christmann.de
info@weingut-christmann.de
Besuchszeiten: *Mo.-Fr. 9-11 + 14-18 Uhr,*
Sa. 9-12 Uhr oder nach Vereinbarung

Inhaber .... Steffen Christmann
Kellermeister .... Martin Eller
Rebfläche .... 19,5 Hektar

Karl-Friedrich Christmann hat 1965 das Weingut übernommen, heute führt es sein Sohn Steffen. Die Weinberge befinden sich in besten Lagen der Mittelhaardt, so in Gimmeldingen in den Lagen Mandelgarten und Biengarten, in Königsbach in den Lagen Idig (3,5 Hektar) und Ölberg, in Ruppertsberg in den Lagen Reiterpfad und Linsenbusch und in den Deidesheimer Lagen Langenmorgen, Paradiesgarten und Mäushöhle. Riesling ist mit einem Anteil von 70 Prozent die wichtigste Rebsorte. Hinzu kommen Spätburgunder, Weißburgunder, Grauburgunder und Gewürztraminer. Die Weinberge werden ökologisch bewirtschaftet (nach der biodynamischen Methode), zertifiziert seit dem Jahrgang 2004. 2007 wurde Steffen Christmann zum Präsidenten des VDP gewählt.

„Seit Jahren gehört das Weingut Christmann zur Pfälzer Spitze, selbst die „einfachen" Weine sind hier zuverlässig gut." So hatten wir es in der ersten Ausgabe formuliert, so kann man es heute noch stehen lassen. Auch wenn man präzisieren muss: Sowohl die „einfachen" Weine, als auch die Spitzenweine – die Großen Gewächse – sind noch besser geworden. Die Umstellung auf biodynamischen Weinbau, sicherlich auch die Spontangärung, haben die Weine verändert, zu ihrem Vorteil verändert, wie wir meinen,

sie sind komplexer geworden. Und dass sie hervorragend reifen können stellte eine Vertikalverkostung des Idig unter Beweis.

Vorjahre

Vor zwei Jahren hatte sich der Idig deutlich an die Spitze gesetzt, ein kompromisslos puristischer Riesling, strahlend klar und sehr elegant. Auch die anderen Großen Gewächse trugen ihren Namen zu Recht. Hervorragend waren auch die Weißburgunder und ein Spätburgunder GG von burgundischer Kühle. Im vergangenen Jahr führten Idig und Mandelgarten die Riege der Rieslinge an. Auf ihre Art waren sie alle sehr puristisch-mächtig, bis auf Langenmorgen und Reiterpfad blieben alle Rieslinge unter drei Gramm Restzucker, Orts- und Lagenweine sogar unter zwei Gramm. Die dunkle Farbe zeugte von hochreifem Lesegut, das machte sich allerdings auch in hohen Alkoholgehalten zwischen 13 und 14 Prozent bemerkbar. Die Weißburgunder steckten den Alkohol gut weg, sie waren typisch, von heller Frucht und cremiger Fülle. Die Spätburgunder waren burgundisch kühl, saftig, elegant und zeigten feine salzige Mineralität.

Neue Kollektion

In diesem Jahr hatten einige Weißweine einen zunächst störenden Geruch, möglicherweise vom Schwefel oder von Spontangärung. Insgesamt kam so die Frucht nicht in den Vordergrund, die Weine öffneten sich nicht schnell, zeigten sich verschlossen. Der Fokus bei den Christmann-Weinen liegt auf Terroir, Mineralität und Rebsortentypizität. Der Restzuckergehalt ist in diesem Jahr im Schnitt etwas höher als im vergangenen Jahr, mehr als fünf Gramm hat aber kein Wein. Sobald die Frucht zum Vorschein kommt, zeigt sie sich reif und gelb, eher dunkel als hell. Versteckte Eleganz zeigt der Ortsriesling aus Königsbach, er hat eine eigenwillige Aromatik. Die Rieslinge aus Erster Lage haben alle eine feine salzige Mineralität. Frisch, elegant und von süßer Frucht ist der Kapellenberg, spielerisch der Paradiesgarten,

Die besten deutschen Weinerzeuger und ihre Weine **C**

fülligen Biss zeigt der Ölberg. Cremige Eleganz zeigt der Ölberg Kapelle, in der Nase interessant und fein. Bei den Großen Gewächsen sehen wir Idig und Mandelgarten an der Spitze. Idig ist sehr stoffig und druckvoll, Mandelgarten hat eine komplexe Struktur und eine klare Länge. Viel Frucht und eine gute Struktur zeigt Langenmorgen, Reiterpfad ist puristisch, er hat Spannung und Druck und ist noch etwas streng. Die Weißburgunder sind cremig und füllig, der Biengarten ist sehr saftig, süffig und elegant. Die Spätburgunder sind saftig und elegant, zeigen feine Tannine. Sehr reif ist das Große Gewächs aus dem Idig, er hat eine gute Konzentration und Länge. ◀━

Weinbewertung

85 2012 Riesling trocken **12 %/10,20 €**
88 2012 Weißburgunder trocken Gimmeldingen **13,5 %/17,- €**
86 2012 Riesling trocken Königsbach **12,5 %/16,- €**
90 2012 Weißburgunder trocken Gimmeldinger Biengarten **13,5 %/24,- €**
89 2012 Riesling trocken Gimmeldinger Kapellenberg **13 %/20,- €**
88 2012 Riesling trocken Deidesheimer Paradiesgarten **12,5 %/18,50 €**
88 2012 Riesling trocken Königsbacher Ölberg **13 %/21,- €**
90 2012 Riesling trocken Ölberg „Kapelle" **12,5 %/Verst.**
90 2012 Riesling „GG" Reiterpfad **12,5 %/31,- €**
91 2012 Riesling „GG" Mandelgarten **13 %/36,- €**
90 2012 Riesling „GG" Langenmorgen **13 %/38,- €**
91 2012 Riesling „GG" Idig **13 %/40,- €**
87 2010 Spätburgunder trocken **13 %/20,- €**
88 2010 Spätburgunder trocken Königsbacher Ölberg **13 %/29,- €**
89 2010 Spätburgunder „GG" Idig **13,5 %/47,- €**

★★★★
Joh. Jos. Christoffel Erben
Weingut
Mosel

Verwaltung Weingut Mönchhof,
Robert Eymael, 54539 Ürzig
Tel. *06532-93164,* **Fax:** *06532-93166*
www.moenchhof.de
moenchhof.eymael@t-online.de
Besuchszeiten: *Mo.-Sa. 9-17 Uhr, am Wochenende nach Vereinbarung*
3 Gästezimmer

Inhaber . . . . Robert Eymael
Rebfläche . . . . 4,5 Hektar

Die Geschichte des Weinguts lässt sich 400 Jahre zurückverfolgen, berühmt wurden die Rieslinge aber erst in der zweiten Hälfte des 20. Jahrhunderts. Im Jahr 2000 ist Hans-Leo Christoffel eine Kooperation mit dem Weingut Mönchhof eingegangen, die Weinberge werden zusammen bearbeitet, und seit 2001 werden auch die Kellerarbeiten und der Verkauf gemeinsam betrieben. Da er keinen Nachfolger hat, entschied sich Hans-Leo Christoffel für diese Lösung. Die beiden Weingüter bleiben trotz der gemeinsamen Bewirtschaftung selbstständig und werden unter den bisherigen Namen weitergeführt. Die Weinberge des Weingutes liegen in besten Lagen von Ürzig und Erden. Ausschließlich Riesling wird angebaut, überwiegend wurzelechte Reben, die teilweise bis zu 100 Jahre alt sind. Alle Weine werden in Holzfässern ausgebaut, vergoren werden sie mit den eigenen Hefen.

Vorjahre

Jahr für Jahr hatte Hans-Leo Christoffel durch das hohe Niveau und die Zuverlässigkeit jedes einzelnen Weines beeindruckt, alle Weine waren immer wunderbar reintönig und fruchtbetont, alle betörend schön und süffig. Auch unter der Führung von Robert Eymael blieb dieser Stil erhalten. Die 2010er begeisterten mit Finesse und Eleganz, waren verspielt und lang. Von feinen, leichten Kabinettweinen über kraftvollere, aber ebenso leicht und verspielt wirkenden Spätlesen bis hin zu wunderschön reintönigen Auslesen überzeugte der süße Teil der Kollektion voll und ganz. 2011 setzte das edelsüße Segment die Glanzlichter mit faszinierend reintönigen Auslesen, mit ein bis drei Sternen gekennzeichnet; eine Trockenbeerenauslese krönte den Jahrgang.

Neue Kollektion

Sehr stimmig präsentiert sich nun der Jahrgang 2012, wobei wie gewohnt die Stärken im süßen Segment liegen. Trocken gefällt uns die Spätlese von alten Reben sehr gut, sie ist füllig und saftig bei klarer reifer Frucht. Das süße Segment hat zwei wunderschön reintönige, frische, elegante Kabinettweine zu bieten. Die Spätlesen bringen ein weitere Steigerung, wobei unsere Präferenz dem Wein aus dem Würzgarten gilt. Die Auslesen sind füllig, saftig und zupackend, sie sind reintönig und besitzen viel Substanz. ◄

Weinbewertung

- **83** 2012 Riesling Kabinett trocken Ürzig Würzgarten **12 %/10,80 €**
- **87** 2012 Riesling Spätlese trocken „Alte Reben" Ürzig Würzgarten **13 %/13,90 €**
- **83** 2012 Riesling Kabinett „feinherb" Ürzig Würzgarten **11,5 %/10,80 €**
- **86** 2012 Riesling Kabinett Erden Treppchen **8,5 %/10,80 €**
- **86** 2012 Riesling Kabinett Ürzig Würzgarten **8,5 %/10,80 €**
- **88** 2012 Riesling Spätlese Ürzig Würzgarten **8,5 %/12,90 €**
- **87** 2012 Riesling Spätlese Erden Treppchen **8,5 %/12,90 €**
- **89** 2012 Riesling Auslese** Erden Treppchen **8,5 %/19,80 €**
- **90** 2012 Riesling Auslese*** Ürzig Würzgarten **8,5 %/21,80 €**

★★

Susanne u. Berthold **Clauß**
Weingut   **Baden**

Obere Dorfstraße 39, 79807 Nack
Tel. 07745-5492, Fax: 07745-927951
www.weingutclauss.de
info@weingutclauss.de
Besuchszeiten: *Mo.-Fr. 10-12 + 14-18 Uhr,*
Sa. 9-13 Uhr, Mi. geschlossen

Inhaber........... Susanne und Berthold Clauß
Rebfläche............................. 16 Hektar

Das Weingut wurde 1981 von Elisabeth und Friedrich Clauß aus Esslingen gegründet, 2003 von ihrem Sohn Berthold Clauß und Ehefrau Susanne übernommen. Berthold Clauß machte seine Winzerlehre bei den Weingütern Fritz Currle und Hans Haidle. Die Weine wurden anfangs in den Kellern der Weingüter des Markgrafen von Baden in Schloss Salem ausgebaut, die Ernte 2003 dann erstmals im eigenen Keller vinifiziert, den Berthold Clauß am Fuße des Nacker Weinberges neu erbaute. Gut die Hälfte der Weinberge liegt am Nacker Hausberg (sandiger Lehm und Kiesgestein), hinzu kommen Weinberge in Rechberg und Erzingen im Klettgau (schwerer Lehm und Kalkgestein), wo vor allem Burgundersorten angebaut werden; alle Belemnit-Weine und der Urbanus-Spätburgunder kommen aus Erzingen. Spätburgunder nimmt 70 Prozent der Rebfläche ein. An weißen Rebsorten gibt es Müller-Thurgau, Weißburgunder, Grauburgunder und Sauvignon Blanc.

Vorjahre

Die 2010er Weißweine behaupteten sich sehr gut, vor allem der Grauburgunder aus dem Holzfass, unser Favorit aber war auch vor zwei Jahren wieder der Urbanus. Die letztjährige Kollektion überzeugte wie gewohnt mit der Zuverlässigkeit aller Weine – und bot Spitzen, weiß wie rot. Der Star im weißen Sortiment war der Pinot Gris, der rote Teil der Kollektion bot einen reintönigen Frühburgunder, den

Die besten deutschen Weinerzeuger und ihre Weine

würzigen Spätburgunder „CB", eindeutiger Star war aber wieder der Pinot Noir Urbanus.

Neue Kollektion

Diesen 2010er konnten wir erneut verkosten, er ist reintönig und komplex, frisch und zupackend. Sehr ähnlich präsentiert sich auch der Jahrgang 2011, ist konzentriert und reintönig, enorm jugendlich – der eindeutige Star im Programm. Im weißen Segment gefällt uns der Pinot Gris besonders gut, der enorm konzentriert, aber auch noch enorm verschlossen ist, dadurch etwas monolithisch wirkt bei viel Substanz. ◄

Weinbewertung

82	2012 Riesling trocken Esslinger **13 %/8,90 €**
80	2012 Müller-Thurgau trocken „Belemnit Wildfang" **11,5 %/8,90 €**
82	2012 Weißburgunder trocken Nacker **13 %/8,50 €**
83	2012 Sauvignon Blanc trocken Nacker **13 %/14,50 €**
83	2012 Grauburgunder trocken „Belemnit" **13 %/8,50 €**
87	2012 Pinot Gris trocken „Urbanus" **16,- €**
82	2011 Rotweincuvée trocken „Vasohn Belemnit" **13,5 %/8,90 €**
86	2010 Spätburgunder trocken „CB Belemnit" **14 %/16,- €**
85	2011 Spätburgunder trocken „CB Belemnit" **16,- €**
84	2011 Frühburgunder trocken „Belemnit" **18,- €**
89	2010 Pinot Noir trocken „Urbanus" **14,5 %/26,- €**
89	2011 Pinot Noir trocken „Urbanus" **26,- €**

★

Cleebronn-Güglingen
Weingärtner   **Württemberg**

Ranspacher Straße 1, 74389 Cleebronn
Tel. *07135-98030,* **Fax***: 07135-13228*
www.cleebronner-winzer.de
info@cleebronner-winzer.de
Besuchszeiten: *Mo.-Fr. 8-18 Uhr, Sa. 8:30-13 Uhr ,*
von April bis Dez. So. 11-14 Uhr

Geschäftsführer	Axel Gerst
Kellermeister	Andreas Reichert
Mitglieder	580
Rebfläche	270 Hektar

Die 1951 gegründete Genossenschaft ist ein Zusammenschluss der Weingärtner der Gemeinden Cleebronn, Eibensbach, Frauenzimmern und Güglingen. Wichtigste Lagen sind Cleebronner Michaelsberg und Güglinger Kaiserberg, die beide aus kalkhaltigen Keuperböden bestehen. Rote Rebsorten nehmen 60 Prozent der Rebfläche ein. Das Sortiment besteht aus vier Linien: Rebsortenweine, St. Michael, Herzog Christoph und Emotion CG, hinzu kommen restsüße Prädikatsweine.

Vorjahre

Die 2010er Weißweine präsentierten sich geschlossen auf gutem Niveau, waren fruchtbetont und recht füllig wie auch die 2009er Rotweine. Die trockenen 2011er Weißweine waren frisch und klar, der rote Teil der Kollektion präsentierte sich im vergangenen Jahr recht gleichmäßig auf gutem Niveau.

Neue Kollektion

Die neue Kollektion ist sehr gleichmäßig, weiß wie rot, am besten gefällt uns der „Exot" im Programm, der Viognier, der viel Würze und reintönige Frucht im Bouquet zeigt, Aprikosen und Pfirsiche, füllig und kraftvoll im Mund ist bei reifer Frucht und guter Struktur. ◄

Weinbewertung

79	2012 Weißburgunder trocken „St. Michael" **12,5 %/5,69 €**
81	2012 Riesling trocken „St. Michael" **12 %/5,49 €**
82	2012 Sauvignon Blanc trocken „Herzog Christoph" **12,5 %/8,69 €**
81	2012 Grauburgunder trocken „Herzog Christoph" **13,5 %/8,69 €**
83	2011 Riesling trocken „Herzog Christoph" **13,5 %/8,69 €**
85	2012 Viognier trocken „Herzog Christoph" **13,5 %/15,49 €**
80	2011 Lemberger trocken „St. Michael" **13%/5,49€**
80	2010 Rotwein trocken „Neo" **13,5 %/8,29 €**
82	2011 Lemberger trocken „Herzog Christoph"

13,5 %/8,69 €
83 2011 Spätburgunder trocken „Emotion CG"
    13,5 %/15,49 €
81 2011 Lemberger trocken „Emotion CG" Clee-
    bronner Michaelsberg 13,5 %/19,90 €

Closheim ★★
Weingut

Nahe

Naheweinstraße 97, 55450 Langenlonsheim
Tel. *06704-1314,* **Fax:** *06704-1516*
www.weingut-closheim.de, www.anetteclosheim.de
info@weingutclosheim.de
Besuchszeiten: *8-12 + 13-18 Uhr (Bitte um Anmeldung)*

Inhaber........................Familie Closheim
Rebfläche...............................9 Hektar

Das Weingut Closheim in Langenlonsheim wird in dritter Generation von Konrad und Hannelore Closheim geführt, heute zusammen mit Tochter Anette. Die Weinberge befinden sich in den Langenlonsheimer Lagen Königsschild, Löhrer Berg und Steinchen, sowie in den Guldentaler Lagen Hipperich, Rosenteich und Sonnenberg. Wichtigste weiße Rebsorten sind Riesling, Weißburgunder und Grauburgunder. Bei den roten Sorten dominieren Dornfelder, Spätburgunder und St. Laurent. 2007 wurde die Weinlinie „Summarum" für die Topweine eingeführt, die unter Federführung von Tochter Anette entstanden ist. Mit ihrem Einstieg in das Weingut hat Anette Closheim eine weitere Linie „anetteclosheim" geschaffen, die primär an Fachhandel und Gastronomie distribuiert wird.

Vorjahre

Konrad Closheim hatte über Jahre hinweg solide Kollektionen, die Weine zeigten gleichmäßige Qualität, egal ob weiß oder rot, trocken oder süß. Mit Einführung der Summarum-Linie, zunächst mit Riesling und

Rotwein, ging es einen klaren Schritt voran: Die Weine dieser Linie bieten ein Mehr an Kraft und Konzentration, sind fülliger und nachhaltiger. Gleiches gilt auch für die Weine der anetteclosheim-Linie. Eine starke Kollektion präsentierten die Closheims vor zwei Jahren mit frischen, klaren Weißweinen, angeführt vom kraftvollen Riesling von alten Reben, dem nur der Pinot Noir der Linie anetteclosheim Paroli bieten konnte, einer der besten 2009er Spätburgunder an der Nahe. Im vergangenen Jahr standen zwei Summarum-Weine an der Spitze der wiederum gelungenen Kollektion.

Neue Kollektion

In diesem Jahr ist der neu im Sortiment vertretene Riesling „Mont Solis", gewachsen auf dem roten Sandsteinboden des Guldentaler Sonnenbergs, unser Favorit in einer Kollektion auf gleichmäßig gutem Niveau: Der Wein zeigt Konzentration, viel klare, reintönige Frucht und gute Länge, wie überhaupt vor allem die Weißweine der anetteclosheim-Linie viel klare, prägnante Frucht aufweisen. Und auch ihre beiden Rotweine, die Cuvée aus St. Laurent und Cabernet Dorsa und der Pinot Noir überzeugen mit Kraft und guter Struktur. ◀

Weinbewertung

86 2012 Sauvignon Blanc trocken „anetteclos-
    heim" 13 %/12,- €
86 2012 Grauburgunder trocken „Summarum"
    14 %/7,80 €
83 2012 Weißburgunder trocken 13 %/5,50 €
85 2012 Weißburgunder trocken „anetteclosheim"
    Langenlonsheimer Steinchen 13,5 %/9,90 €
86 2012 Riesling trocken „anetteclosheim" Langenlonsheimer Löhrer Berg 13 %/12,50 €
87 2012 Riesling trocken „anetteclosheim Mont Solis" Guldentaler Sonnenberg 12,5 %/16,- €
86 2011 „Cuvée Rot" trocken „anetteclosheim"
    13,5 %/18,- €
83 2011 St. Laurent trocken 13 %/9,80 €
86 2011 Pinot Noir trocken „anetteclosheim"
    14 %/15,- €

C

Ansgar **Clüsserath**
Weingut   **Mosel**

★★★★☆

Spielesstraße 4, 54349 Trittenheim
Tel. 06507-2290, **Fax:** 06507-6690
www.ansgar-cluesserath.de
weingut@ansgar-cluesserath.de
Besuchszeiten: nach Vereinbarung
Gästehaus (4 Gästezimmer)

Inhaber .... Ansgar und Eva Clüsserath
Rebfläche .... 5 Hektar

Seit dem 17. Jahrhundert wird in der Familie Weinbau betrieben. Heute bewirtschaften Ansgar Clüsserath und seine Tochter 5 Hektar Weinberge, die fast ganz mit Riesling bestockt sind, auf 5 Prozent der Fläche wächst Weißburgunder. Außer Parzellen in der Trittenheimer Apotheke (mit bis zu 80 Jahre alten Reben) besitzt das Weingut auch Flächen im Piesporter Goldtröpfchen, im Trittenheimer Altärchen, Neumagener Rosengärtchen, der Mülheimer Sonnenlay und im Dhron Hofberger. Für den Weinausbau ist seit dem Jahrgang 1998 Eva Clüsserath verantwortlich, die mit Philipp Wittmann vom Weingut Wittmann in Westhofen verheiratet ist. Die Weine werden spontanvergoren, im traditionellen Holzfass ausgebaut und bleiben recht lange auf der Hefe liegen.

Vorjahre

Unbeeindruckt vom Jahrgang erzeugte man auch 2010 einen sehr guten trockenen Riesling aus der Apotheke, auch Schiefer- und Steinreich-Riesling präsentierten sich klar und präzise. Das süße Segment wurde angeführt von zwei sehr schönen, reintönigen Auslesen. Klare, präzise trockene Moselrieslinge brachte 2011, so macht uns das Spaß, angefangen vom Riesling vom Schiefer bis hin zum Wein aus der Apotheke. Sehr stimmig präsentierte sich aber auch der süße Teil der Kollektion, der ebenfalls mit der Reintönigkeit aller Weine bestach, vom feinen Kabi-

nett über Spätlese bis hin zu zwei Auslesen.

Neue Kollektion

Auch die neue Kollektion ist sehr stimmig, beginnt mit einem präzisen „Schiefer"-Riesling. Der Steinreich ist füllig, kraftvoll und konzentriert, der trockene Weine aus der Apotheke noch deutlich saftiger und druckvoller, der feinherbe Goldtröpfchen-Riesling ist druckvoll und zupackend. Genauso stark wie der trockene Teil der Kollektion ist der süße, die Spätlese ist wunderschön reintönig, füllig und saftig wie auch die Auslese, die noch etwas mehr Substanz besitzt. ◀━

Weinbewertung

84 2012 Riesling trocken „Vom Schiefer" 11 %/8,30 €
87 2012 Riesling trocken „Steinreich" 11,5 %/12,90 €
89 2012 Riesling trocken Apotheke 12 %/17,30 €
86 2012 Riesling „feinherb" Piesporter Goldtröpfchen 10 %/12,90 €
83 2012 Riesling Kabinett Trittenheimer Apotheke 8,5 %/9,- €
88 2012 Riesling Spätlese Trittenheimer Apotheke 8 %/12,90 €
89 2012 Riesling Auslese Trittenheimer Apotheke 8 %/16,90 €

Christoph **Clüsserath**
Weingut   **Mosel**

★☆

Im Hof 7, 54349 Trittenheim
Tel. 06507-2167, **Fax:** 06507-99086
www.christoph-cluesserath.de
info@christoph-cluesserath.de
Besuchszeiten: täglich ab 9 Uhr oder nach Vereinbarung; Gästehaus

Inhaber .... Christoph Clüsserath und
.... Alexandra Clüsserath-Eifel
Rebfläche .... 5,01 Hektar

Christoph Clüsserath und Alexandra Clüsserath-Eifel, beide Geisenheim-Absolventen, (sie stammt aus dem Weingut Bernhard Eifel) haben den Betrieb im Jahr 2008 von Klaus und Marie-Theres Clüsserath übernommen. Ihre Weinberge liegen in den Trittenheimer Lagen Apotheke und Altärchen, sowie im Piesporter Falkenberg. 80 Prozent der Rebfläche nimmt Riesling ein, dazu gibt es Weißburgunder, Müller-Thurgau, Kerner und Dornfelder. Die Weine werden, teils nach Maischestandzeiten, gekühlt im Edelstahl oder im traditionellen Fuder vergoren, die Spitzenweine ausschließlich mit natürlichen Hefen.

Vorjahre

2010 befanden wir die beiden Apotheken-Spätlesen als „schnäppchenwürdig", die Basisweine überzeugten mit Frische und klarer Frucht. Auch die 2011er Kollektion machte viel Freude, angefangen beim trockenen Riesling aus der Literflasche über den Weißburgunder bis hin zu den reintönigen Spätlesen und der Auslese.

Neue Kollektion

Auch 2012 befinden wir den trockenen Literriesling als Schnäppchen, die trockene Spätlese ist füllig, harmonisch und saftig bei klarer Frucht. Feinherb gibt es einen frischen, zupackenden Kabinett und eine füllige, saftige Spätlese mit guter Substanz, die fruchtsüße Spätlese ist frisch und klar: Eine stimmige Kollektion. ◄

Weinbewertung

83   2012 Riesling trocken Trittenheimer Altärchen (1l)   **12 %/5,- €** ☺

86   2012 Riesling Spätlese trocken Trittenheimer Apotheke   **12,5 %/7,80 €**

82   2012 Riesling Classic   **11,5 %/5,50 €**

84   2012 Riesling Kabinett „feinherb" Trittenheimer Altärchen   **11 %/5,50 €**

86   2012 Riesling Spätlese „feinherb" Piesporter Falkenberg   **11,5 %/7,80 €**

84   2012 Riesling Spätlese Trittenheimer Apotheke   **9 %/7,80 €**

★ ★ ★

Ernst **Clüsserath**
Weingut   **Mosel**

Moselweinstraße 67, 54349 Trittenheim
Tel. 06507-2607, **Fax:** 06507-6607
www.weingut-ernst-cluesserath.de
info@weingut-ernst-cluesserath.de
Besuchszeiten: Ostern bis Mitte Nov.: Mo.-Do. 15-18 Uhr, Fr./Sa. 10-12 + 15-18 Uhr, So. 10-12 Uhr oder nach Vereinbarung
Gästehaus „Weinhotelchen" (4 Sterne)

Inhaber .... Ernst Clüsserath
Rebfläche .... 4,4 Hektar

Ernst Clüsserath übernahm 1991 das Familienweingut, das er heute mit seiner Frau Heike führt. 2011 verlagerten sie ihr Weingut an den Ortsrand von Trittenheim, wo Keller und Kelterhaus, Weinverkostungsraum und Gästehaus gebaut wurden. Ihre Weinberge liegen in den Trittenheimer Lagen Apotheke und Altärchen, sie bauen zu 97 Prozent Riesling an, hinzu kommt ein klein wenig Müller-Thurgau. Ernst Clüsserath baut seine Weine im traditionellen Fuder aus, die Vergärung erfolgt spontan. Verkauft werden die Rieslinge überwiegend an Privatkunden, die oftmals im angegliederten Gästehaus des Weingutes ihren Urlaub verbringen.

Vorjahre

Seit der ersten Ausgabe empfehlen wir die Weine von Ernst Clüsserath. Immer schon gefällt uns, dass bei ihm trockene, halbtrockene und süße Rieslinge den gleichen Stellenwert besitzen, jede Kategorie gleichermaßen überzeugt. Ernst Clüsserath erzeugt fruchtbetonte, reintönige Rieslinge, die sehr typisch für die Trittenheimer Lagen sind. 2010 war stimmig: Die Versteigerungs-Auslese gefiel uns besonders gut, die trockene Spätlese aus der Apotheke überzeugte wie gewohnt. Auch 2011 hielten sich trocken und süß in etwa die Waage. Der trockene Spitzenriesling aus der Apotheke war füllig und kraftvoll, die 2-Sterne-

C

Spätlese besaß viel reintönige Frucht, die Versteigerungsauslese präsentierte sich konzentriert und herrlich eindringlich.

Neue Kollektion

Die neue Kollektion gefällt uns sehr gut, schon die Kabinettweine bereiten viel Freude, egal ob trocken, feinherb oder süß, alle sind fruchtbetont, druckvoll, klar und zupackend. Die Spätlesen bringen eine weitere Steigerung: Die trockene ist würzig und strukturiert, die süße klar und kraftvoll. Highlight im Programm ist aber das Große Gewächs, das gute Konzentration und viel reife Frucht besitzt, füllig ist, kraftvoll und saftig bei viel Länge. ◀━

Weinbewertung

85   2012 Riesling Kabinett trocken Trittenheimer Apotheke   **12 %/7,50 €**

86   2012 Riesling Spätlese trocken Trittenheimer Apotheke   **12 %/9,50 €**

89   2012 Riesling „GG" Trittenheimer Apotheke **12,5 %/16,- €**

84   2012 Riesling Kabinett „feinherb" „Emma-Marie" Trittenheimer Altärchen   **11,5 %/7,- €**

84   2012 Riesling Kabinett Trittenheimer Altärchen   **9 %/7,- €**

87   2012 Riesling Spätlese Trittenheimer Altärchen   **8 %/8,50 €** ☺

★★★★☆

Clüsserath-Eifel

Galerie - Riesling Weingut   **Mosel**

Im Hof 6, 54349 Trittenheim
Tel. 06507-99000, *Fax:* 06507-99002
www.galerie-riesling.de
info@galerie-riesling.de
Besuchszeiten: nach Vereinbarung
Gutshotel*** - Restaurant „Galerie Riesling"

Inhaber .... Gerhard Eifel
Rebfläche .... 3,8 Hektar

Gerhard Eifel ist nicht nur Winzer, er ist auch einer der engagiertesten Sammler alter Ries-

lingweine und veranstaltet regelmäßig hochkarätige Altweinverkostungen. Mit Zukäufen in der Trittenheimer Apotheke, hat Gerhard Eifel in den letzten Jahren sein Lagenpotenzial verbessert. Dazu besitzt er Weinberge in den Lagen Trittenheimer Altärchen, Klüsserather Bruderschaft und Neumagener Rosengärtchen. Zusammen mit Helmut Clüsserath vom Weingut Clüsserath-Weiler hatte er 1996 vom Friedrich-Wilhelm-Gymnasium den so genannten Fährfels erworben, eine der besten Parzellen der Apotheke mit weit über 100 Jahre alten Reben. Den gleichnamigen Wein vinifizieren sie gemeinsam.

Vorjahre

2010 waren die Weine etwas höher im Restzucker als gewohnt, was ihnen aber angesichts der Säurewerte gut stand. Sie waren kraftvoll und üppig im gewohnten Stil. Das edelsüße Segment wurde angeführt von der faszinierenden Trockenbeerenauslese aus der Bruderschaft, im „feinherben" Teil der Kollektion gefiel uns der komplexe Fährfels ein klein wenig besser als der „1745", auch der Riesling Eminenz bestach wie gewohnt. Auch 2011 präsentierte Gerhard Eifel wieder eine stimmige Kollektion trockener und feinherber Rieslinge, Highlight im edelsüßen Segment war aus unserer Sicht die 3-Sterne-Auslese.

Neue Kollektion

Die neue Kollektion ist in der Basis etwas schwächer als gewohnt, im trockenen wie im restsüßen Segment. Sehr gut gefällt uns der füllige, kraftvolle Riesling aus der Apotheke, die Eminenz besitzt viel Substanz und reife süße Frucht, das Große Gewächs ist herrlich saftig und reintönig. Feinherb überzeugt das Urstück mit wunderschön reintöniger Frucht bei viel Süße, der Fährfels präsentiert sich noch jugendlich verschlossen, besitzt aber gute Struktur und Substanz. Eine kraftvolle, zupackende, sehr reintönige Beerenauslese krönt die Kollektion. ◀━

Weinbewertung

82   2012 Riesling (1l)   **11,5 %/7,50 €**

85   2012 Riesling „Devon-Terrassen"   **11,5 %/9,50 €**

88   2012 Riesling Trittenheimer Apotheke **12 %/12,- €**

88   2012 Riesling „Eminenz Alte Reben" Trittenheimer Apotheke   **12,5 %/16,- €**

82   2012 Riesling „F" (1l)   **10,5 %/7,50 €**

83   2012 Riesling „Nova - Vila"   **11 %/8,50 €**

87   2012 Riesling „Urstück Alte Reben" Trittenheimer Apotheke   **10,5 %/12,- €**

84   2012 Riesling Spätlese Trittenheimer Apotheke   **12,50 €**

91   2012 Riesling „Fährfels"   **Verst.**

89   2012 Riesling „GG Alte Reben 1745" Trittenheimer Apotheke   **12,5 %/a.A.**

85   2012 Riesling Spätlese Klüsserather Bruderschaft   **12,50 €**

86   2012 Riesling Auslese Trittenheimer Apotheke **a.A.**

90   2012 Riesling Beerenauslese Trittenheimer Apotheke   **a.A.**

★★★★★

Clüsserath-Weiler

Weingut   **Mosel**

Haus an der Brücke, 54349 Trittenheim
Tel. *06507-5011,* **Fax:** *06507-5605*
www.cluesserath-weiler.de
helmut@cluesserath-weiler.de
Besuchszeiten: *nach Vereinbarung*
Gästehaus mit 7 Zimmern

Inhaber . . . . Helmut und Hilde Clüsserath
Rebfläche . . . . 6 Hektar

Helmut Clüsserath baut ausschließlich Riesling an. Seine Weinberge befinden sich in besten Lagen von Trittenheim (Apotheke und Altärchen) und im Mehringer Zellerberg. Zusammen mit Gerhard Eifel vom Weingut Clüsserath-Eifel hatte er 1996 vom Weingut Friedrich-Wilhelm-Gymnasium den so genannten Fährfels erworben, eine der besten Parzellen der Apotheke. Den gleichnamigen Wein vinifizieren sie gemeinsam – er ist immer ein bisschen schmelziger und besitzt etwas mehr Restzucker als die trockenen „Alten Reben". Der Ausbau der Weine erfolgt teils in Holzfässern, teils in Edelstahltanks. Alle Weine werden mit den traubeneigenen Hefen vergoren.

Ein klarer Stil zieht sich durch die gesamte Kollektion. Sowohl die trockenen als auch „fruchtig trockenen" Weine begeistern mit Finesse und reintöniger Frucht. So faszinierend wie seine trockenen und halbtrockenen Rieslinge, so faszinierend sind auch die süßen Weine von Helmut Clüsserath. Außer den sehr frischen und animierenden Spät- und Auslesen gibt es in manchen Jahren Beerenauslese, Trockenbeerenauslese oder Eiswein.

Vorjahre _____

Auch ohne edelsüße Weine gefiel uns die 2010er Kollektion ganz enorm, alle Weine präsentierten sich reintönig, präzise und frisch. Star im Programm war der neue trockene Spitzenriesling, Primus genannt, der sich deutlich unterschied vom ebenfalls hervorragenden Riesling Alte Reben. Auch sonst war die Kollektion konsistent, ob trocken, „feinherb" oder süß, der Gutsriesling war wie immer eine sichere Bank. Sehr konsistent präsentierte sich der trockene Teil der Kollektion, angefangen vom Gutsriesling über den HC bis zum (Basis-)Wein aus der Apotheke. Eine Steigerung brachte der Wein von alten Reben, mehr auf Präzision setzte der Primus, ebenfalls aus der Apotheke. Aber nicht nur aus der Apotheke kamen spannende trockene Rieslinge, mit dem Terra Rossa auch aus dem Zellerberg. Ähnlich präsentierte sich auch der feinherbe Teil der Kollektion, bot ebenso einen prächtigen Literriesling, der Wein aus der Apotheke gefiel uns 2011 sogar ein klein wenig besser als sein trockenes Pendant, gleiches galt für den feinherben Wein aus dem Zellerberg; der Fährfels schließlich präsentierte sich wie gewohnt sehr eigenständig. Der süße Reigen begann mit zwei faszinierend reintönigen Spätlesen, brachte zwei ebenso rein-

Die besten deutschen Weinerzeuger und ihre Weine

C

tönige Auslesen und schließlich gleich zwei großartige Trockenbeerenauslesen, die den Jahrgang krönten, unsere leichte Präferenz galt dem Wein aus dem Zellerberg.

Riesling trocken

Die 2012er Weine sind wieder bestechend klar und präzise, alle Weine unterscheiden sich ganz klar voneinander. Der Literriesling ist wie immer eine sichere Bank, der HC ist herrlich präzise und zupackend, weist dezent mineralische Noten auf. Der Apotheke „ist sehr Apotheke", sehr saftig und fruchtbetont, wunderschön reintönig und lang. Völlig anders ist der würzige Terra Rossa-Riesling aus dem Zellerberg, fruchtbetont und präzise, sehr mineralisch. Der „Alte Reben" besitzt viel Kraft und Stoff, dezent mineralische Noten, ist herrlich reintönig, jugendlich wie auch der enorm druckvolle, mineralische Primus.

Riesling feinherb

Auch der reintönige, feinherbe Literriesling bereitet viel Freude, der HC besitzt schöne Präzision, auch der feinherbe Apotheke-Riesling ist sehr präzise, fruchtbetont und klar, unterscheidet sich aromatisch von seinem trockenen Kollegen. Der Wein aus dem Zellerberg ist kräuterwürzig und präzise, klar, frisch und zupackend, der Fährfels besitzt gute Präzision, feine Süße und etwas mineralische Noten. Apropos Fährfels: Wir hatten die Gelegenheit, alle sechzehn bisher erzeugten Jahrgänge zu verkosten, alle waren hervorragend, selbst Jahrgänge wie 2000 oder 2003 überzeugten, unsere Favoriten waren 1998, 2002, 2001, dann folgten 2004 und 2007, auch der im Vorjahr verschlossene 2011er hat sich prächtig entwickelt.

Riesling süß

Das süße Segment ist klein 2012, bringt eine würzige, ein klein wenig strenge Spätlese und zwei faszinierend reintönige Auslesen, die eine frisch und zupackend bei feiner Säure und Biss, die andere, mit einem Stern, fülliger, komplexer. ◄■

Weinbewertung

86 2012 Riesling trocken **11,5 %/8,30 €/1l** ☺
87 2012 Riesling „HC" trocken Trittenheimer **12 %/9,30 €**
88 2012 Riesling trocken Trittenheimer Apotheke **12 %/12,50 €**
89 2012 Riesling „Terra Rossa" Mehringer Zellerberg **12 %/14,50 €**
90 2012 Riesling „Alte Reben" Trittenheimer Apotheke **12,5 %/16,50 €**
91 2012 Riesling „Primus" Trittenheimer Apotheke **12,5 %/21,- €**
86 2012 Riesling „feinherb" **11 %/8,30 €/1l** ☺
87 2012 Riesling „HC" „feinherb" Trittenheimer **11 %/9,- €**
89 2012 Riesling „feinherb" Trittenheimer Apotheke **11 %/12,50 €** ☺
90 2012 Riesling „Alte Reben" „feinherb" Mehringer Zellerberg **11 %/16,50 €**
92 2011 Riesling „Fährfels" **12 %/27,- €**
91 2012 Riesling „Fährfels" **11,5 %/27,- €**
88 2012 Riesling Spätlese Trittenheimer Apotheke **7,5 %/12,50 €**
91 2012 Riesling Auslese Trittenheimer Apotheke **7 %**
92 2012 Riesling Auslese* Trittenheimer Apotheke **7 %**

★★★

Martin **Conrad**
Weingut Brauneberger Hof   **Mosel**

Moselweinstraße 136, 54472 Brauneberg
Tel. 06534-93980, **Fax:** 06534-939855
www.martinconrad.de
info@martinconrad.de
Besuchszeiten: täglich und am Wochenende bitte nur nach Vereinbarung
Hotel Restaurant Brauneberger Hof (Tel. 06534-1400), täglich außer Do. von 18-21:30 Uhr

Inhaber . . . . Martin Conrad
Rebfläche . . . . 5,5 Hektar

Martin Conrad hat 1998 die Führung des Weingutes übernommen, das bereits seit 14 Generationen von der Familie bewirtschaftet wird. Urkundlich wurde der Betrieb erstmals 1558 erwähnt. Die Weinberge liegen in der Brauneberger Juffer und Juffer-Sonnenuhr, sowie in der Mülheimer Sonnenlay und im Veldenzer Kirchberg. Neben Riesling, der 95 Prozent der Rebfläche einnimmt, gibt es ein klein wenig Weißburgunder. Die Weine werden mit den natürlichen Hefen vergoren. Die besten trockenen und halbtrockenen Weine wurden bis 2011 als Goldkapsel bezeichnet, inzwischen gibt es darüber noch die Großen Gewächse.

Vorjahre

2010 behauptete sich Martin Conrad gut, auch wenn in der Spitze im trockenen Segment jahrgangsbedingt nicht ganz das Niveau der letzten Jahre erreicht wurde. Schon der Liter-Riesling war frisch und klar, machte viel Freude, der mächtige Goldkapsel-Riesling aus der Juffer-Sonnenuhr führte die trockene Riege an. Sehr konsistent präsentierte sich auch der süße Teil der Kollektion, mit einer Auslese aus der Juffer-Sonnenuhr an der Spitze. 2011 gab es Neuerungen zu vermelden: Einen Gavius genannten Weißburgunder und zwei Große Gewächse. Ersterer zeigte sich ambitioniert, die Großen Gewächse besaßen Substanz und Kraft. Der süße Teil der Kollektion wurde wie im Jahr zuvor von einer Auslese angeführt.

Neue Kollektion

Die neue Kollektion bietet kraftvolle trockene Weine: Der geradlinige Conradus bereitet Freude, der Juffer-Riesling ist zupackend und strukturiert, die Goldkapsel-Variante besitzt herrlich viel Frucht, gefällt uns besser als der verschlossene Goldkapsel-Riesling aus der Juffer-Sonnenuhr. Das Große Gewächs ist wunderschön reintönig, besitzt gute Fülle, Kraft und Substanz. Der feinherbe Teil der Kollektion reicht da nicht ganz heran, das süße Segment führt der klare, zupackende Eiswein an.

Weinbewertung

83 2012 Riesling trocken „Conradus" 12 %/8,90 €
81 2012 Riesling trocken Veldenzer Kirchberg 12,5 %/10,90 €
85 2012 Riesling trocken Brauneberger Juffer 12 %/12,90 €
87 2012 Riesling trocken Goldkapsel Brauneberger Juffer 12,5 %/16,90 €
86 2012 Riesling trocken Goldkapsel Brauneberger Juffer-Sonnenuhr 13 %/21,90 €
84 2012 Weißburgunder trocken „Gavius" 13 %/21,90 €
88 2012 Riesling „GG" Brauneberger Juffer-Sonnenuhr 13 %/32,50 €
84 2012 Riesling „feinherb" Mülheimer Sonnenlay 11,5 %/10,90 €
83 2012 Riesling „feinherb" Brauneberger Juffer 11,5 %/12,90 €
85 2012 Riesling „feinherb" Goldkapsel Brauneberger Juffer 11,5 %/16,90 €
81 2012 Riesling Kabinett Brauneberger Juffer 8,5 %/9,90 €
88 2012 Riesling Eiswein Veldenzer Kirchberg 10 %/39,50 €/0,375l

★★★

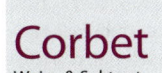

Corbet
Wein- & Sektgut

Pfalz

Kreuzstraße 7, 67434 Neustadt-Diedesfeld
Tel. *06321-86144,* **Fax:** *06321-84468*
www.corbet.de
weingut@corbet.de
Besuchszeiten: *Fr. 10-18 Uhr, Sa. 10-16 Uhr und nach Vereinbarung*

Inhaber............................Lukas Corbet
Rebfläche.............................10 Hektar

Das Weingut Corbet wird in vierter Generation von Lukas Corbet und Ehefrau Christina geführt. Ihre Weinberge liegen in den Gemarkungen Diedesfeld, Maikammer, Hambach und Neustadt. Wichtigste Rebsorten

C

sind Riesling und die Burgundersorten, die zusammen drei Viertel der Rebfläche einnehmen. Dazu gibt es Chardonnay, Silvaner, Sauvignon Blanc, Portugieser, Cabernet Sauvignon und Sankt Laurent. Die Weißweine werden langsam vergoren und bleiben längere Zeit auf der Feinhefe. Die Rotweine stammen aus stark ertragsreduzierten Anlagen. Nach der Maischegärung lagern sie in kleinen Holzfässern. Das Gros der Weine wird trocken ausgebaut.

Vorjahre

Corbet-Weine sind immer bestechend reintönig. Seit der ersten Ausgabe bewundern wir immer wieder die Klarheit und Frische in den Weinen, die Zuverlässigkeit der Kollektionen. Was für die Weine gilt, das zeigt sich auch in den Sekten: Sie sind immer wunderschön frisch und harmonisch, nur wenige Erzeuger in Deutschland bieten wie Lukas Corbet so zuverlässig hohe Sektqualität – und schon gar nicht zu diesen Preisen. Vor zwei Jahren stand der Pinot Noir an der Spitze der Kollektion, ihm zur Seite stand die beeindruckende Cuvée CL. Die Sekte zeigten das gewohnt sehr gute Niveau, die Weißweine den jahrgangstypischen Biss. Im vergangenen Jahr stand bei den Weißweinen der Chardonnay R an der Spitze. Knapp dahinter rangierte die Riesling Spätlese. Sehr typisch und ausbalanciert waren die anderen Weißweine. Die Sekt-Kollektion war großartig, auch die Rotweine überzeugten.

Neue Kollektion

In diesem Jahr zeigt sich ein ähnliches Bild. In einer harmonisch guten Kollektion stehen zwei Sekte und zwei Rotweine an der Spitze. Der Rosé Sekt ist feinfruchtig und von kräftiger Eleganz, der Pinot & Chardonnay Sekt ist sehr frisch und weinig und fein konzentriert. Die von Corbet bekannte, feine und kühle Frucht zeigt wieder der Pinot Noir, der Cabernet Sauvignon ist sehr komplex, saftig und steinig, noch etwas jung und ungestüm. Sehr gut haben uns auch die Lagen-Rieslinge gefallen, sie sind konzentriert und zeigen viel Frucht. ◄━

Weinbewertung

86	2011 Weißburgunder extra brut	13,5 %/11,- €
88	2010 Pinot & Chardonnay Sekt brut	13 %/13,- €
87	2011 Pinot Rosé Sekt brut	13,5 %/12,- €
84	2012 Silvaner Kabinett trocken	13 %/6,20 €
84	2012 Weißburgunder Kabinett trocken 13 %/7,50 €	
85	2012 Sauvignon Blanc trocken	13,5 %/8,- €
83	2012 Riesling Kabinett trocken „Buntsandstein"	12,5 %/6,80 €
85	2012 Riesling Kabinett trocken Hambacher Schlossberg	12,5 %/8,- €
87	2012 Riesling Kabinett trocken Neustadter Erkenbrecht	13 %/10,- €
85	2011 Spätburgunder trocken Diedesfelder Johanniskirchel	13,5 %/8,- €
88	2011 Pinot Noir trocken	13,5 %/17,- €
88	2011 Cabernet Sauvignon trocken	13,5 %/16,50€

Dr. **Corvers-Kauter**
Weingut

Rheingau

Rheingaustraße 129, 65375 Oestrich-Winkel
Tel. 06723-2614, **Fax:** 06723-2404
www.corvers-kauter.de
info@corvers-kauter.de
Besuchszeiten: nach Vereinbarung oder während der Vinotheksöffnungszeiten (April bis Oktober Mi.-Fr. 16-20 Uhr, Sa. & So. 14-20 Uhr); Gutsausschank

Inhaber....... Dr. Matthias und Brigitte Corvers
Rebfläche............................. 12 Hektar

Die Weinberge von Matthias und Brigitte Corvers verteilen sich auf verschiedene Parzellen in Rüdesheim, Johannisberg, Winkel, Mittelheim, Oestrich und Rauenthal. Wichtigste Rebsorte ist der Riesling, der etwa drei Viertel der Fläche einnimmt. Hinzu kommt vor allem noch etwas Spätburgunder. Im Jahr 2004 hat Matthias Corvers zudem 850 Rebstöcke des Roten Rieslings angepflanzt – die erste Ernte wurde 2006 eingefahren. Matthias Corvers strebt fruchtbetonte Weine mit feiner Säure an, die ihr Terroir widerspiegeln. Die Weißweine werden kühl und langsam vergoren und auf der Feinhefe im Edelstahl ausgebaut, Rotweine reifen im Holz. In den letzten beiden Jahren fiel auf, dass die Spitzenweine des Betriebes kraftvoll wirken, teilweise deutlichen Alkohol aufweisen – was manchmal auf Kosten der Finesse geht, gelegentlich aber auch zu eindrucksvollen Ergebnissen führt.

Vorjahre

Die 2010er waren zugänglich. Mächtig war die feinherb ausgebaute Spätlese aus dem Berg Rottland, kraftvoll der Schaumwein aus dem Lenchen. Ähnlich das Bild 2011: Neben geradlinigen, rassigen Basisweinen standen üppige Spitzengewächse mit 14, gar mit 15 Prozent Alkohol. Eine originale Auslese vom Spätburgunder ergänzte das Sortiment.

Neue Kollektion

Im neuen Jahrgang scheinen manche Kritikpunkte der letzten Zeit beseitigt worden zu sein. Zwar zeigen die Spitzenrieslinge noch immer viel Würze und Schmelz, doch die früher zu beobachtenden Übertreibungen sind diesmal nicht festzustellen. Der Kabinett-Riesling aus dem Rottland irritiert mit seiner im ersten Moment an Sauvignon Blanc erinnernden Aromatik, der nach Kräutern und Zitrusfrüchten duftende „Löss"-Wein besitzt feine Süße, während der „Quarzit" nach Johannisbeeren duftet und enorm saftig ist. ◄

Weinbewertung

87	2012 Riesling trocken Rüdesheimer Kirchenpfad **12,5 %**
84	2012 Riesling Kabinett trocken Rüdesheimer Berg Rottland **12 %**
86	2012 Riesling Spätlese trocken „vom Schiefer" Rüdesheimer Berg Rottland **12,5 %**
89	2012 Riesling Spätlese „vom Quarzit" Rüdesheimer Drachenstein **12,5 %**
83	2012 Riesling Kabinett „feinherb" Rüdesheimer Berg Roseneck **12 %**
87	2012 Riesling Spätlese „vom Löss" Rüdesheimer Bischofsberg **12,5 %**

Dr. **Crusius**
Weingut

Nahe

Hauptstraße 2, 55595 Traisen
Tel. 0671-33953, **Fax:** 0671-28219
www.weingut-crusius.de
weingut-crusius@t-online.de
Besuchszeiten: Mo.-Sa. 9-17 Uhr nach Vereinbarung

Inhaber .... Dr. Peter Crusius
Rebfläche .... 17 Hektar

Peter Crusius besitzt Weinberge in besten Lagen der Nahe, darunter einen halben Hektar an der berühmten Traiser Bastei (Vulkanverwitterungsgestein). Andere klangvolle Namen in seinem Lagen-Portfolio sind Schlossböckelheimer Felsenberg (Melaphyr-Vulkangestein) und Norheimer Kirschheck (Schieferverwitterung), Niederhäuser Felsensteyer (Lehm mit hohem Schieferanteil) und Traiser Rotenfels (rötliches Vulkangestein). Peter Crusius baut zu 65 Prozent Riesling an. Hinzu kommen 20 Prozent Weißburgunder, sowie je 5 Prozent Spätburgunder, Müller-Thurgau und weitere Burgundersorten.

Vorjahre

Seit der ersten Ausgabe empfehlen wir die Weine von Peter Crusius, sind stets begeistert von der Konsistenz seiner Kollektionen. Wobei die Glanzlichter immer wieder im edelsüßen Segment zu finden sind. Peter Crusius gelingt es meisterhaft in seinen edelsüßen Rieslingen Konzentration und Eleganz zu vereinen. 2010 zeigte sich Peter Crusius unbeeindruckt vom Jahrgang, alle Weine waren frisch und reintönig. Im trockenen Segment dominierten die Großen Gewächse, dem Wein aus der Bastei galt unsere leichte Präferenz. Noch etwas stärker war der süße und edelsüße Teil der Kollektion, der zwei wunderschöne, reintönige Spätlesen, zwei klasse Goldkapsel-Auslesen und einen faszinierenden Eiswein bot.

C

Die besten deutschen Weinerzeuger und ihre Weine

Ähnlich war das Bild im vergangenen Jahr, in dem die Kollektion von drei starken edelsüßen Rieslingen angeführt wurde, Goldkapsel-Auslese, Beerenauslese und Trockenbeerenauslese. Im trockenen Bereich stand den beiden kraftvollen Großen Gewächsen aus der Bastei und dem Rotenfels der „Top of the rock"-Riesling kaum nach.

Neue Kollektion _____

In diesem Jahr besitzen alle trockenen Rieslinge – mit dem Großen Gewächs aus der Bastei und dem erneut sehr guten „Top of the rock" an der Spitze – viel klare, reintönige Frucht, Zitrusnoten, feine Mineralität und Biss. Unter den rest- und edelsüßen Rieslingen sind die drei Weine aus dem Traiser Rotenfels alle noch sehr verschlossen in der Nase, besitzen aber klare süße Frucht und feine Würze, unsere beiden Favoriten sind die konzentrierte und cremige Auslese aus der Bastei mit feinem Säure-Spiel und der herrlich komplexe, konzentrierte und nachhaltige Eiswein. ◂━

Weinbewertung _____

85 2012 Schwarzriesling trocken „Blanc de Noirs" Traiser **13 %/8,- €**

84 2012 Weißburgunder & Auxerrois trocken Traiser **13 %/8,50 €**

86 2012 Grauburgunder trocken Traiser **13 %/9,- €**

87 2012 Riesling trocken „Zero" Schloßböckelheimer **13 %/9,- €**

87 2012 Riesling trocken „Vom Fels" **13 %/10,- €**

88 2012 Riesling trocken „Top of the rock" **13 %/15,- €**

90 2012 Riesling „GG" Traiser Bastei **13 %/35,- €**

86 2012 Riesling Spätlese Traiser Rotenfels **8,5 %/13,- €**

88 2012 Riesling Auslese Traiser Rotenfels **8 %/17,- €**

90 2012 Riesling Auslese „Goldkapsel" Traiser Rotenfels **8,5 %/20,- €/0,5l**

91 2012 Riesling Auslese „Goldkapsel" Traiser Bastei **8 %/20,- €/0,5l**

92 2012 Riesling Eiswein Traiser **8,5 %/40,- €/0,375l**

★

Dahms

Weingut

Franken

August-Borsig-Straße 8, 97526 Sennfeld
Tel. 09721-69123, **Fax:** *09721-609426*
www.weingut-dahms.de
info@weingut-dahms.de
Besuchszeiten: Mo.-Fr. 8-17 Uhr, Sa. 9-13 Uhr

Inhaber .... Horst und Ulrich Dahms,
.... Jürgen und Alexander Dahms
Rebfläche .... 9,5 Hektar

Das Weingut Dahms wird heute in dritter Generation von Jürgen und Alexander Dahms geführt. Die eigenen Weinberge befinden sich in den Lagen Schweinfurter Peterstirn (Lettenkeuper und sandiger Lehm; die gleichnamige Burg gehört ebenfalls der Familie), Mainberger Schlossberg (Muschelkalk und Keuper) und Stammheimer Eselsberg, aus anderen Lagen wie Schonunger Mainleite, Wirmsthaler Scheinberg, Nordheimer Vögelein, Astheimer Karthäuser, Wipfelder Zehntgraf, Obereisenheimer Höll oder Volkacher Kirchberg kauft man Trauben zu.

Vorjahr _____

Die 2011er Weißweine waren frisch und klar, wunderschön fruchtbetont, die 2009er Rotweine kraftvoll bei guter Struktur, die 2009er Trockenbeerenauslese süß, dick und konzentriert.

Kollektion _____

Die neue Kollektion präsentiert sich geschlossen auf gutem Niveau. Im weißen Segment gefällt uns die reintönige, zupackende trockene Riesling Spätlese besonders gut, genauso gut aber haben wird auch den fruchtbetonten, strukturierten Pinot Noir bewertet. ◂━

Weinbewertung _____

81 2012 Silvaner Kabinett trocken Stammheimer Eselsberg (1l) **12 %/5,- €**

83 2012 Müller-Thurgau Spätlese trocken Schweinfurter Peterstirn **13 %/7,50 €**

82 2011 Silvaner Spätlese trocken Mainberger Schlossberg **13,5 %/8,90 €**
85 2012 Riesling Spätlese trocken Schweinfurter Peterstirn **12 %/8,- €**
81 2011 Silvaner trocken „Premium" **13,5 %/14,- €**
82 2012 Scheurebe Kabinett „fruchtig" **12 %/5,80 €**
80 2012 „Blanc de Noir" Kabinett „fruchtig" **11,5 %/6,- €**
84 2011 Traminer Spätlese Mainberger Schlossberg **12,5 %/8,- €**
85 2009 Pinot Noir trocken „Premium" **13,5 %/15,- €**

Dalgaard & Jordan
Weingut   **Rheingau/Mittelrhein**

Hauptstraße 4, 65344 Eltville am Rhein
Tel. *06123-704907*
christin.jordan@gmail.com
www.dalgaardundjordan.blogspot.de
Besuchszeiten: *nach Vereinbarung*

Inhaber..........................Christin Jordan
Rebfläche.................0,4 Hektar (+ Zukauf)

Das Weingut wurde 2011 von der Fernsehjournalistin Christin Jordan und dem aus Dänemark stammenden Unternehmer Lars Dalgaard gegründet. Letzterer führte zuvor die Villa Riesling am Mittelrhein. Sie besitzen 0,4 Hektar am Mittelrhein und kaufen im Rheingau Trauben hinzu, die sie selbst lesen. Die Weine werden langsam und kühl vergoren und lange auf der Vollhefe, dann nochmals auf der Feinhefe ausgebaut. Chaptalisiert wird nicht.

Vorjahr
Die überzeugende 2011er Kollektion bot einen klaren, zupackenden Riesling von alten Reben aus dem Fürstenberg und als Krönung die Auslese aus der gleichen Lage – fein nach Zitrus duftend, frisch und zupackend.

.Neue Kollektion
Die neue Kollektion ist klein, umfasst lediglich einen Wein vom Mittelrhein und zwei aus der Rheingauer Lage Rüdesheimer Magdalenenkreuz. Sie brauchen allesamt Luft, präsentieren sich dann als ungemein saftige, kraftvolle, zupackende Rieslinge, die erfreulich trocken ausfallen (alle sind komplett durchgegoren) und viel Spiel zeigen. Der „Alten Reben" vom Mittelrhein, der bis kurz vor Weihnachten gegoren hat, ragt heraus, zeigt feine Noten von Limonen, Stachelbeeren und grünen Pflaumen, ist ungemein straff und nachhaltig. Genau so muss guter Riesling schmecken! ◄━━

Weinbewertung
85 2012 Riesling Kabinett trocken „Kreuzweise" Rüdesheimer Magdalenenkreuz **11,5 %/9,- €**
87 2012 Riesling Spätlese trocken „Drei Kreuze" Rüdesheimer Magdalenenkreuz **12 %/11,50 €**
88 2012 Riesling Spätlese trocken „Alte Reben" Oberdiebacher Fürstenberg **12,5 %/13,50 €**

danner
Weingut   **Baden**

Heimbach 3, 77770 Durbach
Tel. *0781-9483123,* **Fax***: 0781-94869537*
www.danner-weingut.de
info@danner-weingut.de
Besuchszeiten: *Mo.-Fr. 9-18 Uhr, Sa. 9-16 Uhr oder nach Vereinbarung Ferienwohnung*

Inhaber...........Alexander und Sonja Danner
Rebfläche...............................4 Hektar

Das Weingut danner entstand 2006 (ursprünglich als Weingut Cristalin) aus der Verbindung zweier Familien, der Familie Danner, seit 1761 in Durbach ansässig, und der Familie Zöllin, die seit fünf Generationen im Weinbau tätig ist. Das Sortiment ist in drei „Weintypen" gegliedert: Die Weine vom Typ „1" werden im Edelstahl ausgebaut, die des Typs „2" im Holz und die des Typs „3" im Barrique.

D

Die besten deutschen Weinerzeuger und ihre Weine

Vorjahre

Die 2009er Rotweine waren vor zwei Jahren noch sehr verschlossen; im weißen Segment, insgesamt ein wenig verhalten, gefiel uns der Chardonnay am besten. Ihren Vorgängern sehr ähnlich präsentierten sich die weißen 2011er, der Chardonnay gefiel uns einmal mehr am besten.

Neue Kollektion

Im weißen Segment gefallen uns in diesem Jahr der strukturierte Grauburgunder 2 und der konzentrierte, gewürzduftige Barrique-Chardonnay, Nr. 3, am besten. Noch besser aber finden wir den Pinot Noir 3 aus dem Jahrgang 2010, der gute Konzentration und etwas rauchige Noten im Bouquet zeigt, klar, fruchtbetont und zupackend im Mund ist, gute Struktur, Tannine und Biss besitzt. ◄

Weinbewertung

81	2010 Sekt brut	12,5 %/14,- €
77	2012 „Cuvée weiß"	11,5 %/8,- €
81	2012 Riesling „1" trocken	12 %/8,- €
81	2012 Grauburgunder „1" trocken	13 %/8,- €
83	2012 Riesling „2" trocken	12,5 %/13,- €
82	2012 Weißburgunder „2" trocken	12,5 %/13,- €
84	2012 Grauburgunder „2" trocken	12,5 %/13,- €
84	2012 Chardonnay „3" trocken	13 %/16,- €
82	2012 „Exot" „2" trocken	11,5 %/9,50 €
83	2010 Pinot Noir „2" trocken	12 %/12,- €
86	2010 Pinot Noir „3" trocken	12 %/26,- €
84	2009 Cuvée Rotwein „3" trocken	13 %/18,- €

★

Darting
Weingut   **Pfalz**

Am Falltor 4, 67098 Bad Dürkheim
Tel. *06322-979830 ,* **Fax:** *06322-9798326*
www.darting.de
weingut@darting.de
Besuchszeiten: *Mo.-Fr. 8-18 Uhr, Sa. 8-16:30 Uhr*

Inhaber................Ella und Helmut Darting
Rebfläche............................25 Hektar

Wichtigste Rebsorte beim Weingut Darting ist Riesling, der knapp die Hälfte der Rebfläche einnimmt. Hinzu kommen Weißburgunder, Rieslaner, Scheurebe, Sauvignon Blanc und Muskateller, sowie in verstärktem Umfang Rotweinsorten wie Spätburgunder, Sankt Laurent, Dornfelder und Schwarzriesling. Aus Kanzler und Huxelrebe werden edelsüße Weine erzeugt. Die edelsüßen Weine haben das Weingut in der Welt berühmt gemacht.

Vorjahre

Die Basis-Kollektion der Darting-Weine, die wir vor zwei Jahren verkostet haben, gefiel uns gut, egal ob Riesling, Sauvignon Blanc oder Muskateller. Im vergangenen Jahr zeigten Ella und Helmut Darting wieder eine stimmige Kollektion. Bereits der Riesling in der Liter-Flasche überzeugte, die Weine waren fruchtig und klar, die Restsüße war am oberen Ende der Trocken-Skala angesiedelt.

Neue Kollektion

In diesem Jahr haben wir wieder eine stimmige Kollektion klarer, fruchtbetonter, sorgfältig ausgebauter Weine verkostet. Am besten hat uns der Gewürztraminer gefallen, sehr gut sind neben dem Muskateller auch die beiden Rieslinge, trocken wie süß. ◄

Weinbewertung

83	2011 Spätburgunder trocken Wachenheimer Mandelgarten	14 %/7,50 €
85	2012 Riesling Spätlese Ungsteiner Herrenberg	9,5 %/8,- €
84	2012 Sauvignon Blanc Kabinett trocken Dürkheimer Schenkenböhl	12,5 %/7,50 €
85	2012 Muskateller Kabinett trocken Dürkheimer Hochbenn	12,5 %/6,50 €
86	2012 Gewürztraminer Spätlese trocken Dürkheimer Nonnengarten	13,5 %/8,50 €
85	2012 Riesling Spätlese trocken Ungsteiner Herrenberg	12,5 %/8,- €

Dautel
Weingut   **Württemberg**

Lauerweg 55, 74357 Bönnigheim
Tel. 07143-870326, Fax: 07143-870327
www.weingut-dautel.de
info@weingut-dautel.de
Besuchszeiten: *Mo.-Fr. 10-12 + 14-18 Uhr,*
Sa. 10-16 Uhr

Inhaber........................Christian Dautel
Rebfläche.............................13 Hektar

Weinbau gibt es seit Anfang des 16. Jahrhunderts in der Familie, mit der Selbstvermarktung hat aber erst Ernst Dautel Ende der siebziger Jahre begonnen, nach Abschluss eines Studiums in Geisenheim. Konsequent hat Ernst Dautel seine Vorstellungen vom Wein umgesetzt, hat viel ausprobiert und ist stetig vorangekommen: Seit Mitte der achtziger Jahre baute er Weine im Barrique aus, 1988 pflanzte er Chardonnay, 1990 erzeugte er seine erste Cuvée, die Kreation Rot. Seit einigen Jahren schon wurde Ernst Dautel im Betrieb unterstützt von Sohn Christian, der ihn nun 2013 übernommen hat; vor zwei Jahren wurden neue Rebflächen erworben, vor allem Spätburgunder möchte Christian Dautel im Anbau forcieren. Seine Weinberge liegen vor allem in Bönnigheim (Sonnenberg) und Besigheim (Wurmberg). Der Sonnenberg besteht aus buntem Mergel, Schilfsandstein und Gipskeuper; die Großen Gewächse stammen von alten Reben im Herzstück des Sonnenbergs. Die Muschelkalkterrassen des Wurmbergs liegen am Ufer der Enz. Rote Sorten nehmen 60 Prozent der Fläche ein. Hauptrebsorten sind Riesling und Lemberger. Dazu gibt es Spätburgunder, Weißburgunder, Samtrot und Trollinger, aber auch Chardonnay, Cabernet Sauvignon und Merlot. Die Weißweine werden lange auf der Feinhefe ausgebaut, die Rotweine kommen nach der Maischegärung

bis zu zwei Jahre ins Barrique. Prädikatsbezeichnungen werden ausschließlich für edelsüße Weine verwendet. An der Spitze des Sortiments stehen die Weine der S-Klasse und die Großen Gewächse.

Entwicklung

Schon in der ersten Ausgabe haben wir die Weine von Ernst Dautel wärmstens empfohlen, schon damals gehörte er für uns zur absoluten Spitze in Württemberg. Seine Weine kennen wir noch viel länger, von seinen Anfängen als „wilder Barriquewinzer", als er noch Riesling und Kerner ins kleine Eichenholzfass zwang, wenn uns die Erinnerung nicht täuscht. Im letzten Jahrzehnt hat er sich kontinuierlich gesteigert, nicht nur bei den weißen und roten Spitzenweinen, nein, auch seine Basisweine, die nur einen oder zwei Sterne abbekommen, sind stets von zuverlässiger Güte. Die Rotweine sind kompromisslos vinifiziert, in ihrer Jugend oft etwas verschlossen und tanningeprägt, entwickeln sie sich sehr schön über viele Jahre hinweg: Es sind Rotweine mit Potenzial. In den jüngsten Jahren haben sie weiter an Finesse gewonnen (vor allem die Spätburgunder), zeigen manchmal feine mineralische Noten; neben reinsortigen Weinen gibt es die erstmals 1990 erzeugte Cuvée Kreation Rot, ein Klassiker unter den deutschen Cuvées.

Vorjahre

Eine konsistente, starke Rotweinkollektion präsentierten Ernst und Christian Dautel vor zwei Jahren mit kraftvollen, recht tanninbetonten, wie gewohnt kompromisslos vinifizierten Weinen, die erneut verkosteten 2008er Rotweine hatten sich prächtig entwickelt, hatten an Präzision und Komplexität gewonnen. Von den 2009er Barriqueweinen waren nur drei bis Redaktionsschluss gefüllt, der Lemberger gefiel uns besonders gut, knapp gefolgt vom erstmals erzeugten Großen Spätburgunder-Gewächs aus dem Sonnenberg. Klasse waren aber auch die weißen Barriqueweine des Jahrgangs 2010,

D

die eine schöne Weißweinriege anführten, die sich unbeeindruckt zeigten vom Jahrgang. Prächtige Weißweine hatten Ernst und Christian Dautel 2011 auf die Flasche gebracht angefangen vom Gipskeuper-Weißburgunder über Wurmberg-Riesling bis hin zur Cuvée Weiß. Doch es kam noch besser, denn Chardonnay und Weißburgunder „S" waren so gut wie noch nie, auch das Große Gewächs aus dem Sonnenberg, nun „Grübenstein" genannt, war hervorragend. Im vergangenen Jahr konnten wir weitere 2009er Barriquerotweine verkosten, der hervorragende Zweigel gefiel uns noch ein klein wenig besser als sein ebenfalls hervorragender Vorgänger aus dem Jahrgang 2008. Noch faszinierender aber war der „Kreation Rot": Sein Vorgänger, Jahrgang 2008, hatte uns schon begeistert, noch grandioser fanden wir den Jahrgang 2009. Zwei rote 2010er Große Gewächse hatten wir nur „im Schnelldurchgang" bei der Vorpremiere in Wiesbaden verkostet, beide waren sehr jugendlich, aber hervorragend.

Weißweine _____

So enorm stark die letztjährige Kollektion war, die neue ist nochmals besser, Christian Dautel hat weiter zugelegt. Der Wurmberg-Riesling ist wunderschön harmonisch, saftig und klar, der Weißburgunder Gipskeuper besticht mit reintöniger Frucht, mit Frische, Harmonie und Länge, die Kreation Weiß ist saftig, besitzt gute Struktur und Substanz. Der Weißburgunder S ist füllig und konzentriert, hat Druck, reife Frucht, gute Struktur und viel Länge. Der Chardonnay zeigt deutlichen Toast im Bouquet, viel reife Frucht, ist füllig und komplex im Mund, druckvoll und frisch, elegant, lang und nachhaltig. Der Grübenstein-Riesling hat an Präzision gewonnen, ist konzentriert und reintönig, besitzt Fülle und Kraft, Substanz, Druck und feinen Nachhall. Ganz faszinierend ist auch die reintönige, sehr eigenständige Gewürztraminer Auslese, nicht sättigend, sondern animierend, frisch und lang.

Rotweine _____

Auch bei den Rotweinen, vor allem den beiden Großen Gewächsen, stellen wir eine leicht stilistische Änderung hin zu mehr Präzision und Feinheit fest. Der Gipskeuper-Lemberger ist frisch und klar, zupackend und elegant, der Spätburgunder vom Schilfsandstein frisch und fruchtbetont, wunderschön reintönig. Die Kreation Rot ist konzentriert und opulent, besitzt viel reife Frucht und viel Substanz. Der Spätburgunder Kalkschupen ist faszinierend reintönig im Bouquet, besitzt klare süße Frucht im Mund, Eleganz und Frische, feine Tannine und viel Länge. Der Lemberger St. Michaelsfeder ist enorm fruchtbetont im Bouquet, reintönig, konzentriert und frisch, ist frisch, klar und zupackend im Mund bei reintöniger Frucht und guter Struktur.

Weinbewertung _____

89	2012 Riesling Besigheimer Wurmberg 13 %/11,40 € ☺	
89	2012 Weißburgunder „Gipskeuper" 13 %/12,30 €	
89	2012 „Kreation Weiß S" 13 %/12,70 €	
93	2012 Weißburgunder „S" 20,50 € ☺	
93	2012 Chardonnay „S" 20,50 € ☺	
92	2012 Riesling „GG" „Grübenstein" Sonnenberg 13 %/20,50 €	
89	2012 Gewürztraminer Auslese 10 %/16,60 €	
88	2011 Spätburgunder*** „Schilfsandstein" 13 %/12,70 €	
88	2011 Lemberger*** „Gipskeuper" 13 %/12,90 €	
91	2010 „Kreation Rot S" 13 %/25,50 €	
91	2011 Spätburgunder „GG" „Kalkschupen" Bönnigheimer Sonnenberg 24,50 €	
91	2011 Lemberger „GG" „St. Michaelsfeder" Michaelsberg 24,50 €	

★★☆

K. & K. **Dautermann**
Weingut   **Rheinhessen**

Unterer Schenkgarten 6, 55218 Ingelheim am Rhein
Tel. *06132-1279,* **Fax:** *06132-431191*
www.dautermannwein.de
k.dautermann@t-online.de,
info@dautermannwein.de
Besuchszeiten: *Mo.-Sa. nach Vereinbarung*
„Erlebnis-Weinproben", Gästehaus Dautermann

Inhaber .... Kristian Dautermann
Rebfläche .... 13,5 Hektar

Das Weingut Dautermann, im Zentrum von Ingelheim gelegen, besteht bereits seit über 100 Jahren. Heute wird es geführt von Kristian Dautermann, der bereits seit 2005 voll im Betrieb an der Seite seines Vaters tätig war. Er konzentriert sich vor allem auf Spätburgunder. Daneben findet man bei ihm eine breite Palette weiterer roter Sorten wie Frühburgunder, Portugieser, St. Laurent und Domina. Der Weißweinanteil beträgt 35 Prozent. Es werden hauptsächlich Riesling, Silvaner, Weißburgunder und Grauburgunder angebaut. Auf Lagenbezeichnungen wurde lange Zeit verzichtet, ebenso auf Prädikatsbezeichnungen. 2011 wurde die historische Lage Ingelheimer Kirchenstück übernommen.

Vorjahre
Seit der ersten Ausgabe überzeugt uns das Weingut mit höchst zuverlässigen Kollektionen, kein Wein enttäuscht, ob weiß oder rot. Vor allem die Rotweine haben in den letzten Jahren noch einmal zugelegt, haben an Ausdruck und Klarheit gewonnen. Die Weißweine sind füllig und reintönig, wirken aber durch die merkliche Restsüße oft ein wenig gefällig, gerade die weißen Burgunder. Vor zwei Jahren lagen die Vorteile im roten Segment, wobei auch die 2010er Weißweine überzeugten, allen voran der substanzreiche Riesling „Kalkbank". Star im Pro-

gramm war einmal mehr der Pinot Noir, Jahrgang 2008, der uns noch besser gefiel als die sehr schöne Frühburgunder-Riege. Die letztjährige Kollektion schloss nahtlos an die Vorjahre an, die Stärken lagen wiederum im roten Segment, wobei uns im vergangenen Jahr die Spätburgunder erneut besser gefielen als die Frühburgunder.

Neue Kollektion
Auch in diesem Jahr liegen die Stärken wieder im roten Segment. Unter den 2012er Weißweinen gefällt uns der Erstwein aus dem Kirchenstück am besten, er besitzt Kraft, reife Frucht und Substanz. Rot betört der schon im Vorjahr präsentierte Pinot Noir aus dem Ingelheimer Horn, der faszinierend reintönige Frühburgunder aus dem Pares steht ihm kaum nach, ist komplex und zupackend bei feiner Schokonote. Knapp dahinter folgt der Spätburgunder aus dem Sonnenhang, der füllig und harmonisch ist bei eindringlichen Schokonoten. ◀

Weinbewertung
84 2011 Chardonnay Sekt extra brut **12,50 €**
81 2012 Riesling trocken „vom Bruchstein" **5,40 €**
83 2012 Cabernet Blanc trocken Ingelheimer **7,50 €**
83 2012 Grauburgunder trocken Ingelheimer **7,50 €**
84 2012 Riesling trocken Selection Rheinhessen Ingelheimer Burgberg **12,50 €**
84 2012 Riesling trocken (Zweitwein) Ingelheimer Kirchenstück **16,50 €**
86 2012 Riesling trocken (Erstwein) Ingelheimer Kirchenstück **19,- €**
85 2012 Rieslaner Auslese Ingelheimer Schlossberg **8,50 €**
84 2011 Frühburgunder trocken Ingelheimer **9,90 €**
87 2011 Spätburgunder trocken Selection Rheinhessen Ingelheimer Sonnenhang **16,- €**
88 2011 Pinot Madeleine trocken Ingelheimer Pares **17,50 €**
88 2009 Pinot Noir trocken Ingelheimer Horn **25,- €**

D

Die besten deutschen Weinerzeuger und ihre Weine

Die besten deutschen Weinerzeuger und ihre Weine

★★★

Dengler-Seyler
Weingut   **Pfalz**

Weinstraße Süd 6, 67487 Maikammer
Tel. *06321-5103,* **Fax:** *06321-57325*
www.dengler-seyler.de
info@dengler-seyler.de
Besuchszeiten: *Mo.-Fr. 9-12 + 13-18 Uhr, Sa. 9-17 Uhr*
Gasthaus „Zum Winzer" mit Gästezimmern

Inhaber . . . . Familie Seyler
Rebfläche . . . . 13 Hektar

Das Weingut Dengler-Seyler in Maikammer ist ein Familienbetrieb, der heute in vierter Generation von der Familie Seyler bewirtschaftet wird. Wichtigste Lage ist der Heiligenberg, wo das Weingut 6 Hektar bewirtschaftet. Die weiteren Weinberge befinden sich vor allem in den anderen Maikammer Lagen Kirchenstück (tiefgründige Lösslehmböden) und Kapellenberg (Ton, Lehm und tertiärer Kalkstein), hinzu kommen Weinberge in Kirrweiler, Alsterweiler und in der Lage Berg in Diedesfeld. In der Hauptlage Heiligenberg gibt es sehr unterschiedliche Böden, weshalb Matthias Seyler aus dem Heiligenberg drei verschiedene Rieslinge erzeugt. Der Heiligenberg-Riesling wächst in der ursprünglich 8 Hektar großen, kalkgeprägten Kernlage „Im Heiligenberg", der Riesling Heidenstock kommt von der Spitze des Heiligenbergs rund um den im 19. Jahrhundert erbauten Tempel, wo das Weingut 2 Hektar mit alten Rieslingreben besitzt (Parabraunerde über Löss). In der 2006 erworbenen Lage Schlangengässel schließlich wachsen die Reben auf carbonhaltigem Kieslehm. Riesling spielt die Hauptrolle im Betrieb, nimmt knapp die Hälfte der Rebfläche ein. Hinzu kommen jeweils 9 Prozent Spätburgunder, Weißburgunder und Grauburgunder, sowie jeweils 6 Prozent Silvaner, Portugieser und Dornfelder. Bukettsorten wie Gewürztraminer, Scheurebe und Muskateller ergänzen das Programm. Die Weißweine werden im Edelstahl kühl vergoren

und bis Januar auf der Hefe ausgebaut. Die Rotweine – 20 Prozent der Rebfläche – werden maischevergoren (7 bis 14 Tage) und dann ein Jahr im Holzfass ausgebaut, die Spitzenweine kommen für achtzehn Monate ins Barrique.

Vorjahre _____

Vor zwei Jahren überzeugten alle Weine, ob trocken oder edelsüß, weiß oder rot. Eine Scheurebe Trockenbeerenauslese führte mit den beiden Rieslingen aus dem Heiligenberg die weiße Kollektion an, Weißburgunder und „Autumnus" waren ebenso gelungen wie die Spätburgunder. 2011 stand erneut eine Trockenbeerenauslese an der Spitze der Kollektion, dieses Mal ein Rieslaner. Die beiden Rieslinge vom Heiligenberg waren sehr gut wie auch Spätburgunder „R", Grau- und Weißburgunder und die Cuvée „Autumnus" .

Neue Kollektion _____

In diesem Jahr wird die stimmige Kollektion von Riesling und Spätburgunder angeführt: Der Heiligenberg-Riesling ist viel zugänglicher als in den Jahren zuvor, besitzt herrlich viel klare gelbe Frucht und feine nachhaltige mineralische Würze, der Spätburgunder „R" ist saftig und harmonisch und zeigt markante Kräuterwürze, die wir schon von seinem Jahrgangsvorgänger kennen. Weiß- und Grauburgunder sind isehr kraftvoll und stoffig, der weiße „Autumnus" aus Chardonnay und Auxerrois zeigt klare Frucht, feine Röstnoten und gute Länge, die rote Cuvée aus Dornfelder, Spät- und Frühburgunder ist saftig und würzig mit noch jugendlichen Tanninen. Und die Scheurebe Auslese vertritt in diesem Jahr die fehlenden edelsüßen Spitzen mit lebendigem Säure-Spiel, guter Konzentration und Länge. ◀━

Weinbewertung _____

82   2012 Riesling trocken (1l)   **12 %/4,50 €**
83   2012 Weißburgunder trocken   **13 %/6,- €**
83   2012 Riesling Kabinett trocken   **11,5 %/6,- €**
85   2012 Gelber Muskateller trocken   **13 %/7,80 €**
86   2012 Riesling trocken „Der Dengler Seyler"   **12,5 %/9,50 €**
86   2012 Weißburgunder Spätlese trocken **14 %/9,- €**
86   2012 Grauburgunder Spätlese trocken **14 %/9,- €**

D

87   2012 „Autumnus" Weißwein trocken **13 %/10,- €**
89   2012 Riesling trocken Maikammer Heiligen-
        berg **13 %/15,- €**
87   2012 Scheurebe Auslese Maikammer Heili-
        genberg **9,5 %/10,- €/0,375l**
86   2011 „Autumnus" Rotwein trocken **13 %/10,- €**
88   2011 Spätburgunder „R" trocken **13 %/18,- €**

★★☆

H. Deppisch
Weingut   **Franken**

 Kirchgasse 4, 97288 Theilheim
Tel. 09303-8986, 0177-6338263, *Fax*: 09303-980183
www.weingut-deppisch.com
kontakt@weingut-deppisch.com
Besuchszeiten: Mo.-Sa. nach Vereinbarung
Heckenwirtschaft

Inhaber . . . . Christian Deppisch
Rebfläche . . . . 3 Hektar

Hermann Deppisch, der Vater von Christian Deppisch, war langjähriger Außenbetriebsleiter beim Bürgerspital. 1989 pachtete er die ersten Rebstöcke. Seit dieser Zeit wurde das Weingut auf die heutige Größe erweitert. Christian Deppisch arbeitet, nach Ausbildung beim Bürgerspital und Önologiestudium, bei der Bayerischen Landesanstalt für Weinbau und Gartenbau, wo er hauptsächlich für ökologischen Weinbau zuständig ist. Er führt das Weingut im Nebenerwerb, sein Vater kümmert sich um die Weinberge. Diese liegen alle im nicht flurbereinigten Theilheimer Altenberg. Christian Deppisch baut vor allem Silvaner an. Riesling, Weißburgunder und Blauer Silvaner wurden zuletzt hinzugepflanzt, sowie ein paar Stock Muskateller. An roten Sorten gibt es Spätburgunder, Frühburgunder, Domina, Regent und Portugieser. Die Weinberge werden biologisch-dynamisch bewirtschaftet (Mitglied bei Demeter), 2011 war der erste vollzertifizierte Jahrgang. Die Weine werden nach Ganztrau-

benpressung komplett spontanvergoren. Alle Rotweine werden im Fass ausgebaut. Mit dem Jahrgang 2012 verzichtet Christian Deppisch auf die Verwendung von Prädikatsbezeichnungen, die Lage Altenberg rückt dafür in den Vordergrund, ausgewählte Spitzen werden in der Reihe „per se" angeboten.

Vorjahre _____

Die 2010er Weißweine präsentierten sich frisch und klar, unser Favorit war der knackige Riesling, die 2008er Rotweine waren fruchtbetont und kraftvoll. Die letztjährige Kollektion war ein klarer Schritt voran, alle Weine präsentierten sich frisch, reintönig und harmonisch, weiß wie rot, an der Spitze standen Weißburgunder, Silvaner „per se" und Frühburgunder.

Neue Kollektion _____

Und es geht weiter voran. Schon die Gutsweine überzeugen mit Frucht und Kraft, sind frisch, klar und zupackend. Die Altenberg-Weine bringen eine weitere Steigerung, sie besitzen Druck und Kraft, gute Präzision, Struktur und Substanz. Die Highlights im Programm sind aber eindeutig die beiden „per se"-Weine. Der Weißburgunder ist herrlich stoffig und druckvoll, sehr präzise, kraftvoll und nachhaltig. Der zwei Jahre auf der Hefe ausgebaute Frühburgunder zeigt faszinierend reintönige Frucht im Bouquet, etwas rauchige Noten, ist kraftvoll und komplex im Mund, fruchtbetont, klar und lang. ◄

Weinbewertung _____

83   2012 „Seitensprung" Perlwein **6,90 €**
83   2012 Müller-Thurgau „Est!" **5,70 €**
84   2012 Silvaner „Est!" **6,20 €**
83   2012 Blauer Silvaner Altenberg **7,20 €**
87   2012 Silvaner Altenberg **9,80 €**
87   2012 Weißburgunder Altenberg **8,50 €** ☺
87   2012 Riesling Altenberg **8,50 €** ☺
89   2012 Weißburgunder „per se" Altenberg
        14,60 €
83   2012 Rosé **5,90 €**
89   2009 Frühburgunder „per se" Altenberg
        15,60 €

Dereser

★ ☆

Weingut

Franken

Maintalstraße 8, 97509 Stammheim
Tel. 09381-2187 **Fax:** 09381-802973
www.weingut-dereser.de
info@weingut-dereser.de
Besuchszeiten: nach Vereinbarung
Gästezimmer

Inhaber . . . . Hermann Dereser
Rebfläche . . . . 6 Hektar

Seit sieben Generationen baut die Familie Wein an, aus dem ehemaligen Gemischtbetrieb hat sich im Laufe der Zeit ein Weingut mit Brennerei entwickelt. Hermann Dereser baut am Eselsberg Müller-Thurgau, Bacchus, Silvaner, Riesling, Weißburgunder und Kerner an, dazu die roten Sorten Domina, Spätburgunder, Portugieser und Acolon. Hermann Dereser ist dabei den Betrieb schrittweise zu erweitern durch den Erwerb guter Parzellen (z.B. im Volkacher Ratsherr), der Neubau des Weiß- und Rotweinkellers wurde zur Ernte 2011 fertiggestellt. Nach Abschluss seines Geisenheim-Studiums ist Sohn Johannes seit Herbst 2011 im Betrieb tätig.

Vorjahr

Beim guten Debüt vor zwei Jahren gefielen uns der Silvaner aus der „Steinhecke" und die halbtrockene Bacchus Spätlese besonders gut, alle Weine waren frisch und klar. Die letztjährige Kollektion gefiel uns noch besser, alle Weine waren reintönig und frisch, unsere Favoriten waren die drei trockenen Silvaner Spätlesen, die alle drei sehr verschieden waren, reintönig und kraftvoll.

Neue Kollektion

Sehr gleichmäßig präsentiert sich die neue Kollektion, bietet noch mehr Silvaner-Varianten. Am spannendsten finden wir den Wildfang, einen im Holz spontanvergorenen Wein, der kraftvoll und zupackend ist bei guter Struktur; ebenso spannend aber auch den im Holzfass ausgebauten Wein aus dem Ratsherr, ein geradliniger, sehr puristischer und zupackender Silvaner. ◄▬

Weinbewertung

81 2012 Silvaner Kabinett trocken Stammheimer Eselsberg **12,5 %/5,50 €**
83 2012 Weißburgunder Kabinett trocken Stammheimer Eselsberg **12,5 %/5,50 €**
83 2012 Silvaner Spätlese trocken Volkacher Ratsherr **13,5 %/7,10 €**
83 2012 Silvaner Spätlese trocken Stammheimer Eselsberg **14 %/7,50 €**
85 2012 Silvaner „Wildfang" **13,5 %/8,90 €**
85 2012 Silvaner Spätlese trocken (Holzfass) Volkacher Ratsherr **14 %/9,20 €**
84 2012 Riesling Spätlese trocken Stammheimer Eselsberg **13 %/7,10 €**
81 2011 Spätburgunder trocken Stammheimer Eselsberg **13,5 %/8,10 €**

Deutschherrenhof

★ ★ ☆

Weingut

Mosel

Olewigerstraße 181, 54295 Trier - Olewig
Tel. 0651-31113, **Fax:** 0651-30463
www.weingut-deutschherrenhof.de
info@weingut-deutschherrnhof.de
Besuchszeiten: Mo.-Do. 8-17 Uhr, Fr.+ Sa. bis 24 Uhr im Gutsausschank

Inhaber . . . . Albert Oberbillig
Rebfläche . . . . 9,5 Hektar

Mit einem Gemischtbetrieb und 2 Hektar Reben hat Albert Oberbillig begonnen, heute ist ein überregional bekanntes Weingut mit Weinstube daraus geworden. Nach seinem Geisenheim-Studium ist Sohn Sebastian in den Betrieb eingestiegen. Ihre Weinberge liegen in den Trierer Lagen Deutschherrenberg (4 Hektar), Burgberg (wo sie vor allem Burgunder anbauen) und Jesuitenwingert. 70 Prozent der Rebfläche nimmt Riesling ein, hinzu kommen vor allem Weißburgunder und Spätburgunder. 2008 wurde die seit Mitte der achtziger Jahre brachliegende Steillage Deutschherrenköpfchen mit alten Rieslingklonen neu bepflanzt, 2010 brachte die ersten Weine aus dieser Lage, die Sebastian Oberbillig als seine „Große Gewächs"-Lage sieht. Die Weine werden im Edelstahl ausgebaut, etwa die Hälfte der Produktion entfällt auf trockene Weine.

Vorjahr

2010 brachte die ersten Weine aus dem Deutschherrenköpfchen: Ein kraftvolles, halbtrockenes „Großes Gewächs" und eine nicht minder beeindruckende Auslese, diese beiden Weine führten eine konsistente, überzeugende Kollektion an. Die 2011er Kollektion war stimmig, begann mit einem feinen Gutsriesling, führte über einen reintönigen Riesling von alten Reben zu den beiden halbtrockenen Spitzenweinen, Schliescht und Deutschherrenköpfchen. Der süße Teil der Kollektion wurde von einer duftigen Beerenauslese angeführt.

Neue Kollektion

Fast identisch präsentiert sich 2012: Der süße Teil der Kollektion wird von einer klaren, zupackenden Beerenauslese angeführt. Feinherb überzeugt der frische, saftige Wein aus dem Burgberg ebenso wie die beiden nun als „GG" bezeichneten" Spitzenweine: Der Wein aus dem Deutschherrenköpfchen ist konzentriert und reintönig, fruchtbetont und saftig, fast noch ein klein wenig besser gefällt uns der Schliescht, der reintönig, kraftvoll und lang sich präsentiert. Im trockenen Segment gefällt uns wie im letzten Jahr der Wein von alten Reben besonders gut, er besitzt gute Struktur und Substanz. ◀

Weinbewertung

83   2012 Weißburgunder trocken   **12 %/7,- €**
82   2012 Riesling trocken „Schiefer"   **11,5 %/7,- €**
86   2012 Riesling trocken „Alte Reben"   **12 %/8,50 €**
83   2012 Riesling „feinherb" „Sebastian No. 1"
     11 %/7,- €

86   2012 Riesling „feinherb" Trierer Burgberg
     11,5 %/9,- €
89   2012 Riesling „GG" „Schliescht" Trierer Deutschherrenberg   **12 %/14,- €**
88   2012 Riesling „GG" Trierer Deutschherrenköpfchen   **12 %/17,50 €**
85   2012 Riesling Spätlese Trierer Deutschherrenberg   **8 %/10,- €**
89   2012 Riesling Beerenauslese Trierer Deutschherrenköpfchen   **6,5 %/40,- €/0,375l**

★★★★☆

Deutzerhof
Weingut Cossmann-Hehle   **Ahr**

Deutzerhof, 53508 Mayschoß
Tel. 02643-7264, Fax: 02643-3232
www.deutzerhof.de
info@deutzerhof.de
Besuchszeiten: Mo.-Fr. 8-12 + 13-17 Uhr, Sa. 10-16 Uhr; Weinproben nach Vereinbarung

Inhaber .... Hella Hehle
Kellermeister .... Hans-Jörg Lichau
Rebfläche .... 7 Hektar

Wolfgang Hehle, einer der profiliertesten und bekanntesten Winzer der Ahr, ist 2013 verstorben; seine Witwe wird den Betrieb fortführen, unterstützt von Kellermeister Hans-Jörg Lichau. Wolfgang Hehle ist es maßgeblich mit zu verdanken, dass die Ahr heute eine tolle Reputation für trockenen Spätburgunder besitzt. Als Wolfgang Hehle, von Haus aus Steuerberater, in den Betrieb seines Schwiegervaters einstieg, war alles ganz anders als es heute ist. Die Weine waren süß und für den schnellen Konsum bereitet. Er war einer der Ersten an der Ahr, der dies änderte, stellte von fast ganz süß auf fast ganz trocken um. Und er orientierte sich an Burgund, vinifizierte seine Weine auf Haltbarkeit hin. 1952 hatte sein Schwiegervater Alfred Cossmann mit damals 3,5 Hektar mit der Selbstvermarktung begonnen. Nach und nach vergrößerte er sich, und als der Betrieb zu klein wurde, errichtete man 1980 einen Aussiedlerhof. Dieser entstand auf einer Außenstelle des ehemaligen Kloster Deutz – und erhielt daher seinen Namen Deutzerhof. Die Weinberge verteilen sich auf verschiedene Lagen entlang der ganzen Ahr: Altenahrer Eck, Laacherberg, Mayschosser Mönchberg und Burgberg, Altenahrer Daubhaus, Neuenahrer Kirchtürmchen und Heimersheimer Landskrone bis Lohrsdorf. Spätburgunder nimmt drei Viertel der Rebfläche ein, hinzu kommen Riesling, Dornfelder und Frühburgunder, sowie ein klein wenig Chardonnay und Portugieser. Von Letzterem besitzt er 1927 gepflanzte Reben, die ältesten Rieslinge sind über 50 Jahre alt.

Vorjahre

Konsistent präsentierte sich 2009: Grand Duc und das Große Gewächs aus dem Mönchberg gefielen uns am besten, viele weitere sehr gute Weine komplettierten das Sortiment. Auch 2010 überzeugte: Zwar gab es keine Großen Gewächse, dies aber schien den anderen Spätburgundern zu Gute gekommen zu sein wie Grand Duc, Caspar C. oder Balthasar C.; der Dornfelder präsentierte sich im gewohnt kraftvollen, tanninbetonten Stil. Der 2011er Frühburgunder war wunderschön reintönig.

Neue Kollektion

Der Riesling ist frisch, klar und durchgängig, der Toujours wunderschön fruchtbetont und geradlinig. Die 2011er Spätburgunder präsentieren sich im gewohnten Stil, sind klar und geradlinig, kompromisslos auf Haltbarkeit vinifiziert, an der Spitze sehen wir gleichauf die beiden Großen Gewächse und Melchior C. Letzterer ist enorm würzig und konzentriert, kraftvoll und jugendlich, das Große Gewächs aus dem Mönchberg zeigt gute Konzentration und herrlich viel Frucht im Bouquet, besitzt Fülle und Kraft, gute Struktur und Substanz. Der Wein aus dem Altenahrer Eck zeigt et-

was Kirschen und Kräuter im Bouquet, eine dezente Schokonote, ist kraftvoll und zupackend im Mund bei guter Struktur. ◀

Weinbewertung

85	2012 Riesling 12 %/9,- €
85	2012 Spätburgunder Rosé trocken „Toujours" 12 %/9,- €
84	2012 Spätburgunder „Cossmann-Hehle" 13,5 %/11,- €
85	2011 Spätburgunder „Balthasar C." 13,5 %/16,- €
86	2011 Spätburgunder „Caspar C." 13,5 %/23,- €
88	2011 Spätburgunder „Wolfgang H. In Memorian" 13,5 %/19,90 €
87	2011 Spätburgunder „Grand Duc" 13,5 %/32,- €
90	2011 Spätburgunder „GG" Mayschoss Mönchberg 14 %/52,- €
90	2011 Spätburgunder „GG" Altenahr Eck 14 %/52,- €
90	2011 Spätburgunder „Melchior C." 13,5 %/Verst.

★★☆

Didinger
Weingut

Mittelrhein

Rheinuferstraße 13, 56340 Osterspai
***Tel.** 02627-512, **Fax:** 02627-971272*
www.weingut-didinger.de
weingutdidinger@web.de
***Besuchszeiten:** Gutsausschank täglich außer Mi. ab 15 Uhr*

Inhaber............................Jens Didinger
Rebfläche...............................6 Hektar

Das Weingut Didinger ist heute das einzige Osterspaier Weingut (auf der rechten Seite des Rheins), das seine Weinberge noch auf der anderen Rheinseite im Bopparder Hamm hat. Neben dem dominierenden Riesling, der 80 Prozent seiner Weinberge einnimmt, baut Jens Didinger auch etwas Dornfelder, Spätburgunder, Müller-Thurgau und Kerner an. Inzwischen wurde die Rebfläche bis auf sechs Hektar erweitert. Die Rieslinge sind stets rassig, klar und geradlinig, schon jung zugänglich.

Vorjahre

Die 2010er Weine wirkten verhalten, zeigten nicht die Klarheit und Brillanz früherer Kollektionen. Der Jahrgang 2011 war dann wieder eine Steigerung. Alle Weine waren rassig und geradlinig, jugendlich und balanciert – auch wenn man sich da und dort etwas mehr Individualität, deutlichere Unterschiede zwischen den Lagen wünschen würde. Zwei duftige, feingliedrige und animierende Süßweine führten das Sortiment an.

Neue Kollektion

2012 gefällt gut, die Weine machen einen saftigen, rassigen Eindruck. Wie im Vorjahr, so fällt es auch diesmal schwer, die Charakteristiken der einzelnen Lagen zu unterscheiden. Die Auslese kommt nicht ganz an die Qualität der Süßweine des Vorjahres heran, die Spätlesen – allen voran jene aus dem Mandelstein – sind angenehm balanciert.

Weinbewertung

83   2012 Riesling Hochgewächs trocken Bopparder Hamm Fässerlay   **12,5 %/5,80 €**

84   2012 Riesling Kabinett trocken Bopparder Hamm Feuerlay   **11,5 %/6,80 €**

87   2012 Riesling Spätlese trocken Bopparder Hamm Mandelstein   **13 %/9,- €**

82   2012 Riesling Hochgewächs halbtrocken Bopparder Hamm Fässerlay   **12 %/5,80 €**

84   2012 Riesling Kabinett halbtrocken Bopparder Hamm Feuerlay   **11 %/,- €**

87   2012 Riesling Spätlese halbtrocken Bopparder Hamm Feuerlay   **12 %/8,50 €** ☺

85   2012 Riesling Kabinett Bopparder Hamm Feuerlay   **10,5 %/6,- €** ☺

85   2012 Riesling Spätlese Bopparder Hamm Feuerlay   **9 %/8,50 €**

88   2012 Riesling Auslese Bopparder Hamm Feuerlay   **7,5 %/12,50 €**

★★☆

Diefenhardt'sches

Weingut   **Rheingau**

Hauptstraße 9-11, 65344 Martinsthal
***Tel.** 06123-71490,* **Fax:** *06123-74841*
www.diefenhardt.de
weingut@diefenhardt.de
***Besuchszeiten:** Mo.-Sa. 9-12 + 14-20 Uhr*
Gutsausschank (So. und Mo. Ruhetage)

Inhaber.......................... Peter Seyffardt
Rebfläche.............................. 18 Hektar

1917 erwarb Jakob Diefenhardt den Besitz, dem er seinen Namen gab, von Baron von Reichenau. Seither wird das Weingut von seiner Familie bewirtschaftet, heute ist Peter Seyffardt Inhaber und Betriebsleiter. Seyffardt arbeitete zuvor unter anderem als Kellermeister in Südafrika, engagierte sich auch in der Weinbau- und Lokalpolitik, seit Anfang 2009 sitzt er im Hessischen Landtag; Tochter Julia studiert in Geisenheim und repräsentiert die nächste Generation. Seyffardts Weinberge befinden sich in den Martinsthaler Lagen Langenberg, Wildsau und Rödchen sowie in den Rauenthaler Lagen Rothenberg und Langenstück. Neben dem dominierenden Riesling nimmt der Spätburgunder etwa 15 Prozent der Rebfläche ein, 80 Prozent der Weinberge liegen in Hang- und Steillagen. Im angeschlossenen Gutsausschank finden Chanson- und Mundartabende mit Ulrike Neradt statt, der Tochter des Hauses. Die Weine werden im Holzfass ausgebaut und weisen einen ruhigen, würzigen Stil auf, der sich nicht nur bei den fast in jedem Jahr erzeugten cremigen Süßweinen zeigt, sondern auch bei den nie allzu konzentrierten trockenen Rieslingen, die traditionell in mehrfacher Ausfertigung zu haben sind: An der Spitze steht oft nicht etwa das Erste Gewächs, sondern die trockene Auslese. Viel Arbeit investiert Seyffardt auch in die Rotweinbereitung, die Weine sind kompakt, saftig, eher zupackend als elegant.

Die besten deutschen Weinerzeuger und ihre Weine

D

Vorjahre

Die 2010er fielen überzeugend aus, an der Spitze stand ein saftiger Riesling vom Rothenberg mit Substanz und Würze. 2011 war ein Musterbeispiel an Gleichmäßigkeit vom trockenen Kabinett über den kraftvollen Rothenberg-Riesling bis zur straffen trockenen Auslese aus dem Langenberg. Der saftige Pinot Noir machte das Beste aus dem Jahrgang 2010.

Neue Kollektion

Diesmal wurden Weine aus 2012, 2011, 2009 sowie der jahrgangslose „Noport" vorgestellt. Letzterer zeigte sich aber bei der Verkostung völlig unzugänglich, schien noch vom Schwefel geprägt, ließ aber einen eher schlanken Stil, eine nicht übertriebene Süße und leichte Holzwürze erkennen. Interessant sind, außer dem kraftvollen, nicht zu hoch dosierten Schaumwein, auch die beiden üppigen Süßweine, allen voran die nach Datteln duftende Trockenbeerenauslese im typisch süffigen, aber nicht anspruchslosen Stil des Hauses. Der einzige 2012er, ein Riesling vom Rothenberg, überzeugt mit Kraft und Präzision. Gelungen und feiner als manchmal in früheren Zeiten präsentieren sich auch die Rotweine, darunter ein Erstes Gewächs mit leichter Röstwürze, das noch Potenzial erkennen lässt. ◄━

Weinbewertung

85 2011 Riesling Sekt brut **12,5 %/10,50 €**

87 2012 Riesling trocken Rauenthaler Rothenberg **13 %/12,50 €**

87 2011 Riesling trocken Erstes Gewächs Martinsthal Langenberg **13,5 %/17,50 €**

88 2011 Riesling Beerenauslese Barrique Martinsthaler Langenberg **9 %/29,50 €**

90 2011 Riesling Trockenbeerenauslese Martinsthaler Langenberg **6,4 %/150,- €**

85 2011 Pinot Noir trocken Barrique Martinsthaler Wildsau **13,5 %/11,30 €**

86 2009 Spätburgunder trocken Erstes Gewächs Martinsthaler Wildsau **14,5 %/27,- €**

82? Likörwein „Noport" **15,5 %/17,50 €**

★ Diel
Weingut   **Rheinhessen**

Hauptstraße 10, 55234 Biebelnheim
Tel. 06733-9600540, **Fax:** 06733-960055
www.weingut-diel.de; info@weingut-diel.de
Besuchszeiten: Fr. 17-19 Uhr, Sa. 10-16 Uhr oder nach Vereinbarung; Vinothek, Straußwirtschaft

Inhaber . . . . Udo Diel
Rebfläche . . . . 4 Hektar

Der Weinbau in der Familie geht bis in das 17. Jahrhundert zurück. Heute wird der Betrieb von Udo Diel, gelernter Techniker für Weinbau und Kellerwirtschaft und Diplom-Betriebswirt, geführt. Unterstützt wird er dabei von Ehefrau Sandra und Mutter Helga. Sein besonderes Interesse gilt den roten Sorten, die inzwischen mehr als die Hälfte seiner Rebfläche einnehmen.

Vorjahre

Der 2009er Cabernet Sauvignon überzeugte, allerdings gefiel uns vor zwei Jahren mit dem Sauvignon Blanc ein Weißwein noch etwas besser. Im letzten Jahr überzeugten die Rotweine, vor allem der Cabernet Sauvignon.

Neue Kollektion

Der 2011er Cabernet Sauvignon ist kraftvoll, klar und tanninbetont, die 2012er Weißweine sind etwas verhalten. ◄━

Weinbewertung

81 2012 Weißburgunder trocken Biebelnheimer Pilgerstein **13 %/4,20 €**

80 2012 Sauvignon Blanc trocken Biebelnheimer Rosenberg **13 %/4,60 €**

81 2012 Spätburgunder Weißherbst „feinherb" Biebelnheimer Rosenberg **12,5 %/4,- €**

82 2012 Gelber Muskateller „feinherb" Biebelnheimer Rosenberg **12 %/4,40 €**

82 2012 Chardonnay Auslese Biebelnheimer Rosenberg **8,5 %/5,80 €**

84 2011 Cabernet Sauvignon trocken Barrique Biebelnheimer Rosenberg **13 %/8,50 €**

Diel
Schlossgut

★★★★☆

Nahe

Burg Layen, 55452 Rümmelsheim
Tel. 06721-96950, **Fax:** 06721-45047
www.schlossgut-diel.com
info@schlossgut-diel.com
Besuchszeiten: Mo.-Do. 8-12 + 13-16 Uhr,
Fr. 8-14 Uhr, Wochenende nach Vereinbarung

Inhaber . . . . Armin Diel, Caroline Diel
Verwalter . . . . Christoph J. Friedrich
Rebfläche . . . . 20 Hektar

1802 erwarb Peter Diel das Landgut des Barons von Dalberg mit der Burg Layen. Unter der Führung von Armin Diel und seiner Ehefrau Monika wurde der Betrieb erweitert und auf Riesling und die Burgundersorten umgestellt. Seit 2006 ist Tochter Caroline im Betrieb tätig, Sohn Victor kümmert sich um Verkauf und Export. In den Dorsheimer Spitzenlagen sind Armin und Caroline Diel gut vertreten, besitzen die Hälfte (knapp 2 Hektar) am Burgberg (eisenhaltiger Lehmboden mit hohem Anteil an Taunusquarzit), 5 Hektar im Goldloch (Urgesteinsboden mit dünner Lehmschicht, die Kieselsteine enthält) und 1 Hektar im Pittermännchen (Lehmboden, mit grauem Schiefer, Kieselstein und Quarzit durchsetzt). Seit 2007 erzeugen sie auch ein Großes Gewächs aus dem Burg Layer Schlossberg (tonhaltiger Lehmboden mit stark verwittertem Schiefer durchsetzt), wo ihnen 1,3 Hektar gehören. Wichtigste Rebsorte ist Riesling mit 65 Prozent. Hinzu kommen 20 Prozent Grauburgunder, sowie Weißburgunder und Spätburgunder.

Vorjahre
2010 lagen die Vorteile eindeutig im restsüßen Segment, das sich sehr stringent präsentierte, mit reintönigen Spät- und Auslesen. Der Nahestein-Riesling überzeugte, der Eierfels-Riesling gefiel uns sehr gut, die Großen Gewächse waren recht duftig, im Mund aber doch mehr oder weniger stark von Bitternoten geprägt; die Burgunder waren schwächer als zuletzt. 2011 gefielen uns die Rieslinge in der sehr gelungenen Kollektion wesentlich besser als die Burgunder – mit Ausnahme des Pinot Noirs, der erneut seine Position als einer der besten Nahe-Rotweine bestätigte – und unter den Rieslingen wiederum waren die rest- und edelsüßen Weine etwas klarer, präziser und reintöniger als die trockenen Exemplare, allen voran die Versteigerungsauslese aus dem Pittermännchen und die Beerenauslese aus dem Goldloch, unter den Großen Gewächsen ragte das Pittermännchen deutlich heraus.

Neue Kollektion
In diesem Jahr haben die Burgunder deutlich zugelegt, sind wesentlich klarer in der Frucht als in den vergangenen Jahren und profitieren von einem sehr feinen, wohl dosierten Holzeinsatz, der den Weinen genügend Raum lässt, ihre reintönige Frucht zu zeigen. Bei den weißen Burgundern sehen wir den Pinot Gris vorne, mit viel klarer Frucht, nachhaltiger Würze und Frische, sehr gut ist auch wieder der Pinot Noir mit feiner kühler Frucht, Struktur und Länge. Und auch der 67 Monate auf der Hefe ausgebaute, ohne Dosage abgefüllte Sekt „Mo", eine Cuvée aus Spät- und Weißburgunder, gefällt uns mit Biss, nussiger Würze, feinen Reifenoten und guter Länge ganz hervorragend (der im letzten Jahr verkostete, niedriger bewertete „Mo" stammte aus einer ersten Charge, der in diesem Jahr aus der zweiten Charge, degorgiert im Februar 2013). Unter den trockenen Basisrieslingen gefällt uns der „Eierfels" mit seiner klaren Würze am besten, der Dorsheimer Riesling ist insgesamt zu verhalten, der „Nahesteiner" zu füllig und zu breit. Mit den drei Großen Gewächsen haben wir uns in diesem Jahr viel Mühe gegeben, haben sie alle mehrfach verkostet, einmal davon über einen Zeitraum von mehreren Tagen hinweg – ein Wiedererkennungswert wollte sich jedoch nicht einstellen. Die Weine

Die besten deutschen Weinerzeuger und ihre Weine

D

Die besten deutschen Weinerzeuger und ihre Weine

wirken monolithisch, besitzen ohne Zweifel Substanz und Druck, aber die Lagenunterschiede sind nicht erkennbar. Ganz anders hingegen bei den reintönigen, süßen Rieslingen, unter den Spät- und Auslesen waren jeweils die Weine aus dem Pittermännchen etwas nachhaltiger als die aus dem Goldloch, die Spätlesen sind sehr füllig, die Auslesen besitzen Frische und die „GK"-Auslese ist herrlich konzentriert, komplex und cremig.

Weinbewertung

89   2006 „Cuvée Mo" Sekt brut nature (2/2013) **13 %/45,- €**

87   2006 Riesling Sekt brut Dorsheim Goldloch (2/2013) **12,5 %/38,- €**

83   2012 Riesling trocken „Nahesteiner" **12,5 %/10,40 €**

84   2012 Riesling trocken Dorsheim **12,5 %/13,80 €**

86   2012 Riesling trocken „Eierfels" **13 %/18,50 €**

87   2012 Pinot Blanc trocken „Reserve" **13,5 %/22,50 €**

89   2012 Pinot Gris trocken „Reserve" **13,5 %/22,50 €**

88   2012 „Cuvée Victor" Weißwein trocken **13,5 %/39,- €**

88   2012 Riesling „GG" Dorsheim Pittermännchen **13 %/31,- €**

89   2012 Riesling „GG" Dorsheim Goldloch **13 %/34,- €**

89   2012 Riesling „GG" Dorsheim Burgberg **13 %/37,- €**

86   2012 Riesling Kabinett Dorsheim Goldloch **9 %/15,50 €**

88   2012 Riesling Spätlese Dorsheim Goldloch **8 %/26,- €**

88   2012 Riesling Spätlese Dorsheim Pittermännchen **8 %/27,50 €**

88   2012 Riesling Auslese Dorsheim Goldloch **8 %/37,- €**

90   2012 Riesling Aulese Dorsheim Pittermännchen **7,5 %/37,- €**

91   2012 Riesling Auslese „GK" Dorsheim Pittermännchen **7,5 %/ 0,375l/Verst.**

90   2011 Pinot Noir trocken „Caroline" **13,5 %/50,- €**

Dietrich

Weingut

Pfalz

Am Osterberg 1, 67229 Großkarlbach
Tel. 06238-2000, **Fax**: 06238-1494
www.weinhof-dietrich.de
info@weinhof-dietrich.de
Besuchszeiten: Mo.-Fr. 9-12 + 13-19 Uhr,
Sa. 9-12 + 13-18 Uhr oder nach Vereinbarung

Inhaber .... Arnd und Gerrit Dietrich
Rebfläche .... 22 Hektar

Der Weinhof Dietrich wird heute von den Brüdern Arnd und Gerrit Dietrich geführt. Gerrit Dietrich hat nach seinem Geisenheim-Studium fast ein Jahr bei De Wetshof Estate in Südafrika gearbeitet. Seit 2006 ist er für den Weinausbau im elterlichen Betrieb verantwortlich, Arnd Dietrich ist nach Beendigung seines Jurastudiums 2008 dazu gestoßen. Sie besitzen 6 Hektar Weinberge „Im Großen Garten", dem Herzstück des Großkarlbacher Burgwegs. Dazu sind sie im Großkarlbacher Osterberg vertreten, wo sich auch das Weingut befindet, und im Weisenheimer Rosenbühl. Die Böden reichen von Muschelkalk, Kalkfels über Löss-Lehm und Kies bis hin zu reinem Sand. Hauptrebsorte im umfangreichen Sortenspiegel ist Riesling gefolgt von Grauburgunder, Chardonnay, Sauvignon Blanc, Weißburgunder und Müller-Thurgau. Bei den Rotweinen setzen sie verstärkt auf Spätburgunder, Merlot und Cabernet Dorsa, besitzen aber auch Portugieser und Dornfelder. 2011 haben die Brüder ein lange angedachtes Projekt verwirklicht, eine Weinbar aus Beton und Glas in der Tradition des Bauhauses, zurückhaltend und modern, mit schönem Blick auf den Burgweg.

Vorjahre

Vor zwei Jahren haben sich Arnd und Gerrit Dietrich viel Arbeit mit zwei Rieslingen aus dem Großen Garten gemacht. Der „Nord" war ein kompromisslos puristischer Riesling, der „Süd" hatte etwas mehr Spiel und Frucht. Bei den Rotweinen überzeugte der „Clavis", nach wie vor das Aushängeschild des Weinguts. Im vergangenen Jahr waren alle Weine klar und frisch, beim Liter-Riesling angefangen. Riesling Kabinett und Chardonnay gefielen uns am besten, die anderen Weißweine folgten nur knapp dahinter.

Neue Kollektion

In diesem Jahr sehen wir eine Fortsetzung des vergangenen Jahres. Die Weine sind noch etwas fruchtiger, sehr frisch und klar. Aus den Rieslingen Süd und Nord ist der Großkarlbacher Burgweg „Gold" geworden. Er zeigt viel Frucht und Biss, andeutungsweise Spannung und Konzentration. Der kann noch werden. Noch sehr jung ist der leicht geholzte Weißburgunder, erfreulich der unkomplizierte Merlot, der Clavis hat 2010 nicht den besten Jahrgang erwischt, er ist sehr zurückhaltend. ◄

Weinbewertung

80 2012 Riesling trocken Großkarlbacher Burgweg **12 %/3,90 €**

82 2012 Sauvignon Blanc trocken Großkarlbacher Osterberg **12 %/4,90 €**

85 2012 Riesling Kabinett trocken Großkarlbacher Burgweg **12 %/5,90 €** ☺

85 2012 Chardonnay trocken Großkarlbacher Burgweg **13 %/4,90 €** ☺

84 2012 Weißburgunder trocken Großkarlbacher Burgweg **13 %/4,90 €** ☺

83 2012 Chardonnay & Weißburgunder Großkarlbacher Burgweg **13 %/5,90 €**

83 2012 Grauburgunder trocken Weisenheimer Rosenbühl **13 %/4,90 €**

85 2012 Weißburgunder trocken „oaked" **13 %/9,80 €**

87 2012 Riesling trocken Großkarlbacher Burgweg „Gold" **12,5 %/10,80 €**

84 2012 Merlot trocken Großkarlbacher Osterberg **13 %/5,80 €**

86 2010 Rotwein trocken Großkarlbacher Osterberg „Clavis" **13,5 %/12,- €**

★

Karlo **Dillmann**
Weingut   **Rheingau**

Langestraße 6, 65366 Geisenheim
Tel. *06722-8162,* **Fax:** *06722-980334*
www.weingut-dillmann.de
weingutkarlodillmann@t-online.de
Besuchszeiten: *nach Vereinbarung*

D

Die besten deutschen Weinerzeuger und ihre Weine

Inhaber .... Karlo und Annette Dillmann
Rebfläche .... 4,5 Hektar

Karlo und Annette Dillmann haben das Weingut 1980 gegründet, inzwischen entstand eine moderne Kellerei mit blitzenden Stahltanks. Neben 80 Prozent Riesling gibt es eine kleine Menge Spätburgunder und Merlot sowie Weiß- und Grauburgunder. Die Weinberge liegen vor allem in den Geisenheimer Lagen Kläuserweg, wo zahlreiche alte Rieslingreben stehen, Mäuerchen und Rothenberg sowie im Rüdesheimer Magdalenenkreuz. Etwa 60 Prozent der Weine werden trocken ausgebaut.

Vorjahre

Die geradlinigen 2010er gefielen mit ihrer fruchtigen Art, allen voran eine gut balancierte, nicht übertrieben süße Auslese; die Rieslinge des Jahrgangs 2011 präsentierten sich rassig und ausgewogen.

Neue Kollektion

Im Jahrgang 2012 machen die Weine aus der Lage Kläuserweg am meisten Spaß – allen voran die beinah puristisch trockene Spätlese, die saftig ist und eine sehr feine Art aufweist. Sehr klar präsentiert sich der leicht verständliche Kabinett, während der Merlot aus 2011 zwar nicht der komplexeste Rotwein ist und eine leicht rustikale Note besitzt, aber sehr wohl Sortencharakter zeigt. ◄

Weinbewertung

83 2012 Riesling Kabinett trocken Geisenheimer Kläuserweg **12 %/5,- €**

84 2012 Weißburgunder Spätlese trocken **12 %/6,- €**

87 2012 Riesling Spätlese trocken „Alte Reben"

Geisenheimer Kläuserweg **13 %/7,50 €** ☺

85   2012 Riesling Spätlese „feinherb" Geisenheimer Kläuserweg **11,5 %/7,50 €**

82   2012 Spätburgunder Weißherbst trocken **13 %/5,- €**

83   2011 Merlot Spätlese trocken **14 %/7,- €**

Dobler
Weingut

★

Württemberg

Eberhardstraße 18/1, 71384 Weinstadt
Tel. 07151-660437, Fax: 07151-660437
www.weingut-dobler.de
info@weingut-dobler.de
Besuchszeiten: während der Öffnungszeiten der Weinstube und nach Vereinbarung
Weinstube (saisonal geöffnet),
Gästezimmer, Ferienwohnungen

Inhaber . . . . Markus Dobler
Rebfläche . . . . 7 Hektar

Lange Zeit Mitglied bei einer Genossenschaft, begann man erst 1996 mit der Selbstvermarktung. An weißen Sorten baut Markus Dobler Riesling, Kerner, Müller-Thurgau, Chardonnay und Sauvignon Blanc an; das rote Sortiment ist umfangreicher: Trollinger, Dornfelder, Zweigelt, Acolon, Regent, Frühburgunder, Spätburgunder, Merlot und Muskat-Trollinger, dazu die Cabernet-Neuzüchtungen (Dorio, Mitos, Cubin).

Vorjahr

Frisch und klar präsentierten sich die 2011er Weißweine, etwas besser aber gefielen uns im vergangenen Jahr die Roten, vor allem der Trollinger von alten Reben und die im Barrique ausgebaute Cuvée SC.

Neue Kollektion

Die neue Kollektion gefällt uns gut, und in diesem Jahr sehen wir weiß und rot gleichauf. Unter den Weißweinen gefällt uns der Sauvignon Blanc besonders gut, der konzentriert und füllig ist, kraftvoll, reintönig und strukturiert. Im roten Segment ist der gewürzduftige Lemberger aus dem Barrique unser Favorit, der kraftvoll und zupackend sich präsentiert, gute Struktur und jugendliche Tannine besitzt. ◄━

Weinbewertung

82   2012 Chardonnay** **13,5 %/7,- €**

85   2012 Sauvignon Blanc*** **13 %/12,50 €**

83   2012 Riesling*** **13,5 %/12,50 €**

83   2011 Trollinger „Alte Reben" **13,5 %/7,50 €**

81   2011 Dornfelder** **12,5 %/6,50 €**

85   2009 Lemberger Barrique **13 %/15,90 €**

★★★★★

Hermann **Dönnhoff**
Weingut

Nahe

Bahnhofstraße 11, 55585 Oberhausen
Tel. 06755-263, Fax: 06755-1067
www.doennhoff.com
weingut@doennhoff.com
Besuchszeiten: nach Vereinbarung

Inhaber . . . . Helmut Dönnhoff
Rebfläche . . . . 30 Hektar

Helmut Dönnhoff setzte immer schon auf Riesling, schon in den siebziger Jahren, als an der Nahe Riesling nur die Nummer 3 war, hinter Müller-Thurgau und Silvaner. 80 Prozent seiner Rebfläche nimmt Riesling ein, dazu gibt es Weißburgunder und Grauburgunder. Er bewirtschaftet Weinberge in der Niederhäuser Hermannshöhle, in der er heute größter Anteilseigner ist, im Schlossböckelheimer Felsenberg, in den Norheimer Lagen Kirschheck und Dellchen, in Oberhausen in den Lagen Leistenberg und Brücke, die Helmut Dönnhoff im Alleinbesitz gehört, sowie in den Bad Kreuznacher Lagen Kahlenberg und Krötenpfuhl und im Roxheimer Höllenpfad. Seine großen trockenen Weine erzeugt er in Hermannshöhle, Dellchen und Felsenberg. Aus der Hermannshöhle kommen Jahr für Jahr aber auch große süße und edelsüße Rieslinge, wie auch aus der Brücke, wo sich Helmut Dönnhoff ganz auf süße Rieslinge konzentriert.

Helmut Dönnhoff hat die Nahe bekannt gemacht, gezeigt, welches Potenzial die Region besitzt. Denn einmal ehrlich: Wer beschäftigte sich – vor Dönnhoff – ernsthaft mit den Weinen der Nahe? Wer hätte – vor Dönnhoff – geglaubt, dass die Region Weine von Weltformat erzeugen kann? Als wir vor über einem Jahrzehnt die erste Ausgabe dieses Buches veröffentlichten, war Helmut Dönnhoff für uns mit weitem Abstand der führende Winzer an der Nahe, gehörte er für uns zu einer Handvoll deutscher Winzer mit Weltformat. In diesem Jahrzehnt hat sich enorm viel getan in Deutschland, deutscher Wein ist in der Spitze dramatisch besser geworden. Aber auch die Weine von Helmut Dönnhoff sind immer noch faszinierender geworden. Dabei ist er seiner Stilistik treu geblieben, denn anders als bei vielen anderen Winzern wirken die süßen Kabinettweine, Spät- und Auslesen von Helmut Dönnhoff niemals zu süß, niemals zu fett, sie sind immer elegant und animierend, sie sind immer eben Kabinettweine, Spätlesen, Auslesen, stehen mustergültig dafür, wie Riesling dieser Prädikatsstufen sein sollte. Helmut Dönnhoff ist seiner Stilistik treu geblieben, hat diese aber immer noch verfeinert. Und doch haben die Weine von Helmut Dönnhoff in diesem Jahrzehnt eine große Entwicklung erfahren. Nicht die süßen und edelsüßen Rieslinge, die waren immer schon Weltklasse, nein, die trockenen Rieslinge. Mit diesen ist er in eine neue Dimension vorgestoßen, hat gezeigt, dass er aus der Hermannshöhle nicht nur eine großartige Spätlese erzeugen kann, sondern auch einen großartigen trockenen Wein.

Vorjahre ————————————————

Auch 2010 fiel es uns schwer zu entscheiden, was wir mehr bewundern, die trockenen oder die süßen und edelsüßen Weine von Helmut Dönnhoff. Die Kabinettweine boten wieder Trinkfreude pur, die Spätlesen waren noch fas-

zinierender als in den Jahren zuvor, die Auslesen und der Eiswein wunderbar reintönig. Ganz großartig waren aber auch die Großen Gewächse, die Weine aus Dellchen und Felsenberg standen 2010 der sonst dominierenden Hermannshöhle nicht nach, alle drei zeigten sich sehr eigenständig, waren komplex und nachhaltig. Genauso wichtig ist uns aber auch das klasse Niveau der Einstiegsweine, alle Rieslinge waren herrlich reintönig, auch die Burgunder waren sehr gut in einer großartigen Kollektion! Die Burgunder konnten wir 2011 leider nicht verkosten, aber auch dieser Jahrgang war wieder großartig gelungen. Unter den süßen Weinen waren schon die Kabinette herrlich eindringlich, die vier Spätlesen waren Lehrstücke in Sachen Eleganz, allen voran der Riesling aus der Hermannshöhle, die beiden Auslesen waren glasklar in der Frucht. Bei den trockenen Rieslingen zeigten schon der „Tonschiefer" und die beiden Lagenweine aus Kahlenberg und Höllenpfad Reintönigkeit und feine Würze. Die drei Großen Gewächse waren allesamt herrlich nachhaltig, besaßen viel eindringliche Mineralität und waren bei aller Kraft doch wunderbar elegant. Die Hermannshöhle hatte im vergangenen Jahr wieder ganz knapp die Nase vorne, aber auch Dellchen und Felsenberg gehörten zu den großen Weinen des Jahrgangs 2011.

Riesling trocken ————————————————

2012 sind die trockenen Rieslinge erneut alle mineralisch, puristisch, präzise und elegant. Schon die beiden Einstiegsweine sind in diesem Jahr hervorragend, der „Tonschiefer" besitzt Länge und markante Würze und bleibt über Tage in der offenen Flasche verblüffend stabil, unter den beiden trockenen Lagenweinen bevorzugen wir den eleganten und enorm nachhaltigen Riesling aus dem Höllenpfad. Bei den drei Großen Gewächsen schafft die Hermannshöhle in diesem Jahr die Gratwanderung zwischen Kraft und Eleganz, zwischen Druck und Finesse um eine Spur besser als die Weine aus dem Dellchen und dem Felsenberg, allesamt besitzen sie herrlich viel reintönige

Frucht, sind enorm mineralisch und nachhaltig – oder einfach: Faszinierende Rieslinge!

Riesling süß _____

Von den beiden wunderbar schlanken Kabinett-Weinen ist der Leistenberg etwas nachhaltiger als der Krötenpfuhl, bei den reintönigen, eleganten Spätlesen ist der Wein aus der Hermannshöhle der lebhafteste, nachhaltigste und komplexeste mit rauchiger Würze, cremiger Textur und feiner Frische. Auch unter den Auslesen steht die Hermannshöhle vorne, ist faszinierend eindringlich, komplex und enorm lang. Attribute, die auch für den Eiswein aus der Oberhäuser Brücke gelten, der bei aller Fülle und Konzentration auch viel Würze, feinen Säurebiss und wunderbare Frische und Harmonie besitzt. ◄■

Weinbewertung _____

87   2012 Riesling trocken   12 %/9,50 €
88   2012 Riesling trocken „Tonschiefer" **12,5 %/12,80 €**
88   2012 Riesling trocken Kreuznacher Kahlenberg **12,5 %/17,50 €**
90   2012 Riesling trocken Roxheimer Höllenpfad **12,5 %/18,50 €**
94   2012 Riesling „GG" Felsenberg **13,5 %/33,- €**
94   2012 Riesling „GG" Dellchen **13,5 %/35,- €**
95   2012 Riesling „GG" Hermannshöhle **13,5 %/38,50 €**
87   2012 Riesling Kabinett Kreuznacher Krötenpfuhl **9 %/11,50 €**
88   2012 Riesling Kabinett Oberhäuser Leistenberg **9,5 %/12,80 €**
90   2012 Riesling Spätlese Norheimer Kirschheck **8,5 %/17,80 €**
91   2012 Riesling Spätlese Oberhäuser Brücke **8,5 %/23,50 €**
93   2012 Riesling Spätlese Niederhäuser Hermannshöhle **8,5 %/27,50 €**
95   2012 Riesling Auslese Niederhäuser Hermannshöhle **8 %/24,- €/0,375l**
93   2012 Riesling Auslese Oberhäuser Brücke **8 %/0,375l/Verst.**
95   2012 Riesling Eiswein Oberhäuser Brücke **7,5 %/105,- €/0,375l**

★★★★☆

Hermann **Dörflinger**
Weingut
                                Baden

Mühlenstraße 7, 79379 Müllheim
Tel. *07631-2207,* **Fax**: *07631-4195*
www.weingut-doerflinger.de
mail@weingut-doerflinger.de
Besuchszeiten: *Mo.-Fr. 8-12 + 13:30-18:30 Uhr,*
Sa. 9-16 Uhr
Weinproben in Probierstube oder Holzfasskeller

Inhaber .... Hermann Dörflinger
Rebfläche .... 20 Hektar

Hermann Dörflinger gehörte zu den ersten Winzern in Baden, die durchgegorenen Weine erzeugten (der Restzucker wird auf dem Etikett vermerkt). Seine Weinberge liegen in den Müllheimer Lagen Sonnhalde, Reggenhag und Pfaffenstück, sowie im Badenweiler Römerberg. Neben Gutedel baut er vor allem die Burgundersorten an: Weißburgunder, Grauburgunder und Spätburgunder. Dazu gibt es ein wenig Silvaner, Müller-Thurgau, Riesling, Nobling und Chardonnay, inzwischen auch Merlot.

Vorjahre _____

Natürlich kennen wir schon lange die Weine von Hermann Dörflinger, wer kennt sie nicht. Natürlich empfehlen wir sie auch schon seit unserer ersten Ausgabe. Die kompromisslos trockenen Weine von Hermann Dörflinger gehören Jahr für Jahr zu den besten in Baden. Bei ihm bereitet immer schon der einfachste Gutedel viel Freude, ist glasklar und präzise wie alle anderen Weine im Sortiment auch. Die reintönigen 2009er Rotweine waren kompromisslos vinifiziert – und dass Hermann Dörflinger sein Metier beherrscht, zeigte sich an den Weißweinen des Jahrgangs 2010, die alle wunderschön frisch, klar und geradlinig waren. Auch 2011 bestach wieder das hohe Niveau der Einstiegsweine: Egal ob Gutedel oder Silvaner, Weißburgunder oder Grauburgunder, alle Weine waren reintönig und präzise, geradlinig und frisch, die Spätlesen brachten eine weitere Steigerung. Auch der rote Teil der Kollektion bestätigte den starken Eindruck der letzten Jahre vom Spätburgunder aus dem Reggenhag über den Merlot aus dem Römerberg bis hin zum Spätburgunder aus dem Römerberg, waren alle Weine reintönig, besaßen Kraft und Frucht, gute Struktur und Substanz.

Weißweine

Bestechend hoch ist auch 2012 wieder das Niveau der Markgräfler Einstiegsdroge Gutedel, der Rebsorte, die Hermann Dörflinger in drei verschiedenen Lagen anbaut. Sehr gut sind aber auch die anderen Weißweinsorten schon im Kabinettbereich, alle sind klar und frisch, fruchtbetont und zupackend, egal ob Weißburgunder, Grauburgunder oder Chardonnay. Eine weitere deutliche Steigerung bieten die Spätlesen. Der Weißburgunder ist herrlich reintönig, zeigt weiße und gelbe Früchte im Bouquet, ist klar, kraftvoll und zupackend im Mund bei guter Struktur. Ähnlich präsentiert sich der Grauburgunder, strukturiert, reintönig und zupackend, ist alles andere als fett, ist frisch und lebendig; mehr Substanz und Kraft bietet der im Barrique ausgebaute Grauburgunder aus 2011, ist füllig und komplex, besitzt reife Frucht und gute Struktur.

Rotweine

Auch die Rotweine präsentieren sich in sehr guter Form, wobei uns beim Spätburgunder die Barriqueversion des Reggenhag-Weines klar besser gefällt, er ist herrlich reintönig im Bouquet, kraftvoll und zupackend im Mund, besitzt gute Struktur, Substanz und Frische. Der Merlot zeigt etwas pfeffrige Noten im Bouquet, klare Frucht, ist geradlinig im Mund, strukturiert und reintönig. ◀━

Weinbewertung

85 2012 Gutedel trocken Müllheimer Reggenhag 11,5 %/5,50 € ☺

85 2012 Gutedel trocken Badenweiler Römerberg 11,5 %/5,50 € ☺

84 2012 Gutedel trocken Müllheimer Pfaffenstück 11,5 %/5,80 €

85 2012 Weißburgunder Kabinett trocken Müllheimer Sonnhalde 13 %/7,- €

86 2012 Grauburgunder Kabinett trocken Müllheimer Sonnhalde 13 %/7,- € ☺

86 2012 Chardonnay Kabinett trocken Müllheimer Reggenhag 13 %/8,80 €

88 2012 Weißburgunder Spätlese trocken Badenweiler Römerberg 13,5 %/10,- € ☺

88 2012 Grauburgunder Spätlese trocken Müllheimer Sonnhalde 13,5 %/10,- € ☺

89 2011 Grauburgunder Spätlese trocken Barrique Müllheimer Sonnhalde 13,5 %/16,- €

85 2011 Spätburgunder Spätlese trocken Müllheimer Reggenhag 13,5 %/12,- €

89 2011 Spätburgunder Spätlese trocken Barrique Müllheimer Reggenhag 13 %/16,- €

88 2011 Merlot Spätlese trocken Badenweiler Römerberg 13,5 %/18,- €

★

Dötsch-Haupt
Weingut

Mosel

Lennigstraße 38, 56330 Kobern-Gondorf
Tel. 02607-8497, Fax: 02607-973421
www.weingut-doetsch.de
info@weingut-doetsch.de
Besuchszeiten: täglich, möglichst nach Vereinbarung

Inhaber . . . . Martin Dötsch
Rebfläche . . . . 12 Hektar

1983 hat Franz Dötsch, der Vater des heutigen Besitzers, das elterliche Weingut übernommen und 1986 mit dem Weingut seines Schwagers, dem Weingut Heinrich Haupt, zusammengeführt. Seit 2003 führen Martin und Gaby Dötsch den Betrieb. Ihre Reben wachsen in den Koberner Lagen Uhlen, Schlossberg, Weißenberg und Fahrberg, überwiegend (zu 92 Prozent) auf Terrassen. Neben Riesling bauen sie 20 Prozent Spätburgunder an. Die Weine werden im Edelstahl ausgebaut. Das Angebot umfasst vor allem trockene und halbtrockene Weine, die teilweise mehrere Jahre auf der Feinhefe reifen.

Vorjahre

Vorgestellt werden immer Weine verschiedener Jahrgänge, oft werden diese erst spät gefüllt. Vor zwei Jahren wurden Rieslinge der Jahrgänge 2007 bis 2009 vorgestellt, wobei insbesondere die 2008er deutliche Petrolnoten aufwiesen. Im vergangenen Jahr wurden überwiegend 2009er vorgestellt, alle im Februar 2012 abgefüllt, die kraftvolle, präzise trockene Spätlese aus dem Weißenberg überzeugte am meisten, aber auch die süße Variante und der sehr eigenständige Rosé gefielen. 2010 wurde komplett als Fassware verkauft.

Neue Kollektion

Dieses Jahr wurden vor allem Rieslinge des Jahrgangs 2011 vorgestellt, die sich sehr gleichmäßig präsentieren, am besten bewerten wir die puristische trockene Spätlese aus dem Fahrberg. ◄━

Weinbewertung

81 2009 Riesling Sekt brut Koberner Schlossberg 13,5 %/9,70 €
79 2011 Riesling Kabinett trocken Koberner Schlossberg 12 %/5,- €
83 2011 Riesling Spätlese trocken Koberner Fahrberg 12,5 %/8,- €
82 2011 Riesling Spätlese trocken Koberner Uhlen 13 %/9,50 €
81 2011 Riesling Spätlese trocken Koberner Weißenberg 13 %/7,50 €
77 2011 Spätburgunder „Blanc de Noir" trocken Koberner Schlossberg 13,5 %/6,50 €
81 2011 Riesling Spätlese halbtrocken Koberner Uhlen 12 %/9,50 €
81 2011 Riesling Spätlese halbtrocken Koberner Fahrberg 12,5 %/8,- €
77 2009 Spätburgunder trocken Koberner Weißenberg 14 %/8,- €

★★

Hedwig & Helmut **Dolde**
Weingut   **Württemberg**

Beurener Straße 16, 72636 Frickenhausen
Tel. 07025-4982, **Fax**: 07025-840620
www.doldewein.de
info@doldewein.de
Besuchszeiten: Do. 16-19 Uhr, Sa. 10-13 Uhr oder nach Vereinbarung

Inhaber............. Hedwig und Helmut Dolde
Rebfläche...............................2 Hektar

Hedwig und Helmut Dolde führen ein kleines Weingut am Rande der Schwäbischen Alb und bewirtschaften Deutschlands höchstgelegene Weinberge. Alle Weine werden trocken ausgebaut.

Vorjahre

Vor zwei Jahren waren alle Weine klar, kraftvoll und zupackend, der Silvaner von über 50 Jahre alten Reben war unser Favorit im weißen Segment; noch spannender aber fanden wir die beiden Spätburgunder aus dem Jahrgang 2009. Sehr gleichmäßig auf gutem und sehr gutem Niveau präsentierte sich auch der Jahrgang 2011, egal ob Silvaner oder Riesling, Weißburgunder, Müller-Thurgau oder Kerner (Creation K.); die 2010er Rotweine waren frisch, klar und zupackend.

Neue Kollektion

Auch die neue Kollektion überzeugt, bietet drei frische, klare, zupackende Silvaner, einen strukturierten Weißburgunder, einen fruchtbetonten, zupackenden Riesling: Kurzum, eine stimmige weiße 2012er Kollektion. Dazu gibt es aber einmal mehr auch spannende Spätburgunder: Der Linsenhofer betört mit seiner reintönigen Frucht, mit Frische und Biss, in der schwäbischen Eiche ausgebaut zeigt er rauchige Noten im Bouquet, etwas Gewürze, ist füllig und kraftvoll im Mund, klar und zupackend bei guter Struktur. Minimal besser gefällt uns die Barrique-Version des Jahrgangs 2010, ist faszinierend reintönig, füllig und kraftvoll, besitzt feine Frucht und Biss. ◄

Weinbewertung _____

85 2012 Silvaner trocken „Alte Reben" 12,5 %/7,50 €
85 2012 Silvaner trocken „Weißer Jura" 13 %/7,50 €
84 2012 Silvaner trocken „Brauner Jura" 13 %/8,- €
85 2012 Weißburgunder trocken „Brauner Jura" 12,5 %/8,50 €
85 2012 Riesling „vom Jurakalk" 12 %/7,50 €
82 2011 „Roter Jura" Rotwein trocken 12,5 %/8,- €
85 2011 Spätburgunder trocken Linsenhöfer 13 %/8,- €
87 2011 Spätburgunder trocken „Schwäbische Eiche" Linsenhöfer 13,5 %/12,- €
87 2010 Spätburgunder Spätlese trocken Barrique 13 %/12,- €

Jahrgang 2012 nun sind sie etwas verhaltener und weniger komplex. Am besten gefallen uns der zupackende Riesling vom Löss und die weiche, füllige Eichenfass-Variante. ◄

Weinbewertung _____

80 2012 Silvaner trocken „vom Löss" 13,5 %/8,20 €
80 2012 Grauburgunder trocken 13 %/6,20 €
82 2012 Riesling trocken „vom Löss" 13 %/9,80 €
82 2012 Riesling trocken „vom Kalk" 13 %/9,80 €
83 2012 Riesling „vom roten Hang aus dem Eichenfass" 13,5 %/13,50 €
80 2012 Riesling „vom roten Hang" 12,5 %/9,80 €

Domhof

Weingut

Rheinhessen

★

Bleichstraße 12-14, 67583 Guntersblum
Tel. 06249-8057671, *Fax:* 06249-80039
www.weingut-domhof.de
baumann@weingut-domhof.de
Besuchszeiten: Di.-Fr. 16-19 Uhr, Sa. 10-12 Uhr oder nach Vereinbarung

Inhaber.....................Alexander Baumann
Rebfläche............................9,4 Hektar

Das einst dem Domstift Worms gehörende Gut ging 1874 in Familienbesitz über. Alexander Baumann übernahm den elterlichen Betrieb 2004, führt ihn zusammen mit Ehefrau Chris. Seine Weinberge liegen in Guntersblum, Alsheim und Nierstein. Neben Riesling (35 Prozent der Rebfläche), baut er Silvaner, Grauburgunder, Sauvignon Blanc und Kerner, sowie die roten Sorten Schwarzriesling, Spätburgunder, Portugieser, Regent und Dornfelder an.

Kollektion _____

Vor allem die Rieslinge überzeugten beim Debüt des Domhofs im vergangenen Jahr. Im

★★☆

Doreas

Weingut

Württemberg

🍇 *Ernst-Heinkel-Straße 85,*
73630 Remshalden-Grunbach
Tel. 07151-75569, *Fax:* 07151-2061200
www.doreas.de
info@doreas.de
Besuchszeiten: Do./Fr. 16-18:30 Uhr, Sa. 9:30-14 Uhr und nach Vereinbarung

Inhaber...........Dorothee Wagner-Ellwanger
.........................Andreas Ellwanger
Rebfläche (Eigenausbau)............4,5 Hektar
Gesamtfläche.........................6,5 Hektar

Dorothee Wagner-Ellwanger und Andreas Ellwanger, im elterlichen Betrieb in Winterbach für den Weinausbau verantwortlich, haben unter dem Namen Doreas 2007 mit der Selbstvermarktung begonnen. Alle Weine stammen aus Grunbach aus den Lagen Klingle und Berghalde, von bis zu 40 Jahre alten Reben. Riesling, Trollinger und Merlot sind die wichtigsten Rebsorten, dazu gibt es Zweigelt, Lemberger, Cabernet Cubin und Cabernet Dorsa. Die Rotweine werden in 1.000-Liter-Zubern maischevergoren, der Riesling wird, teils mit Maischestandzeiten, teils auch mit Spontangärung im Edelstahl

Die besten deutschen Weinerzeuger und ihre Weine

ausgebaut. Die Weine sind den Linien Ballade (Alltagsweine) und Symphonie (Spitzenweine), sowie Oper (edelsüße Weine) zugeordnet. Vor drei Jahren wurde mit der Umstellung auf ökologischen Weinbau begonnen, Dorothee Wagner-Ellwanger und Andreas Ellwanger sind Mitglied bei Ecovin.

Vorjahre

Vier Barriqueweine aus dem Jahrgang 2008 konnten wir vor zwei Jahren verkosten, Lemberger und Syrah gefielen uns am besten. Im weißen Segment brillierte die Beerenauslese, der frische Schillerwein-Sekt machte Spaß wie gehabt. Der Aufwärtstrend hielt auch im vergangenen Jahr an: Die Weißweine waren frisch und klar, ein konzentrierter Eiswein krönte den weißen Teil der Kollektion. Das rote Segment hatte drei kraftvolle Barrique-Rotweine aus dem Jahrgang 2009 vorzuweisen, alle mit guter Struktur und Substanz und dezenten Schokonoten, der reintönige Merlot war unser Favorit knapp vor Zweigelt und Syrah.

Neue Kollektion

Die 2012er Weißweine sind frisch und klar, die herausragenden Weine der Kollektion aber findet man im edelsüßen und im roten Segment. Der Spätburgunder zeigt gute Konzentration im Bouquet, etwas rauchige Noten, reintönige Frucht, ist füllig und kraftvoll im Mund, besitzt gute Struktur und Substanz. Gleichauf sehen wir die Symphonie in Rot, die von Gewürznoten im Bouquet geprägt ist, gute Konzentration zeigt, rote Früchte, füllig und kraftvoll im Mund, gute Struktur besitzt, Frische und jugendliche Tannine. Ganz faszinierend sind die beiden Eisweine, beide sind wunderschön reintönig, konzentriert und frisch, der Riesling noch ein klein wenig komplexer und länger als der Muskat-Trollinger. ◄

Weinbewertung

80 2012 Riesling trocken „Ballade" **11,5 %/5,40 €**
82 2012 Riesling trocken „Symphonie N" **13 %/8,- €**
84 2012 Cabernet Blanc trocken „Symphonie"
    13 %/8,50 €
83 2012 Chardonnay trocken „Symphonie"
    13,5 %/9,- €

91 2012 Riesling Eiswein „Oper" **8,5 %/22,- €/0,375l**
82 2012 „Ballade in Rot" Rotwein trocken
    12,5 %/7,20 €
88 2009 „Symphonie in Rot" Rotwein trocken
    14 %/17,- €
88 2011 Spätburgunder trocken „Symphonie"
    13,5 %/17,- €
90 2012 Muskat-Trollinger Eiswein „Oper"
    9,5 %/22,- €/0,375l

★

Matthias **Dostert**
Weingut   **Mosel**

Weinstraße 5, 54453 Nittel
Tel. *06584-91450,* **Fax:** *06584-914526*
www.weingutdostert.de
info@weingutdostert.de
Besuchszeiten: *9-12 + 13-18 Uhr, So. nur 9-12 Uhr*
Landrestaurant „Culinarium Nittel (Tel. 06584/91450)
Gästezimmer

Inhaber . . . . Anita und Matthias Dostert
Rebfläche . . . . 18 Hektar

Das Weingut Dostert ist ein klassischer Familienbetrieb. 80 Prozent der Weinberge von Matthias Dostert sind mit Elbling bepflanzt. Spezialität dieses Weingutes an der Obermosel – gegenüber dem Großherzogtum Luxemburg – sind die Sekte aus weißem und rotem Elbling. Die Tochter von Anita und Matthias Dostert, Carina Curmann, war 2000/2001 Deutsche Weinkönigin und hat sich mit ihrem Mann und dem gemeinsamen Projekt namens „Culinarium" ein zweites Standbein geschaffen, sie führen ein Landrestaurant mit Kochschule.

Vorjahre

Das Weingut Dostert ist unser Klassiker von der Obermosel, als einziger Betrieb von dort empfehlen wir das Gut seit unserer ersten Ausgabe Jahr für Jahr. Matthias Dostert liefert sehr gleichmäßige Kollektionen, er hat uns nie enttäuscht, seine Sekte sind regelmäßig die be-

Die besten deutschen Weinerzeuger und ihre Weine

sten Elbling-Sekte im Land. Vor zwei Jahren war der trockene Sekt vom Roten Elbling unser Favorit, aber auch sonst gefielen die Elblinge, ebenso der kraftvolle Grauburgunder aus dem Rochusfels. Auch im vergangenen Jahr gefielen uns wieder die Sekte besonders gut, unsere leichte Präferenz galt den Versionen extra-brut und brut; unter den Weißweinen war der harmonische Weißburgunder unser Favorit.

Neue Kollektion _____

Sehr gleichmäßig präsentiert sich nun auch die neue Kollektion, bietet das gewohnte Bild, die drei frischen, klaren Elbling-Sekte gefallen uns einmal mehr besonders gut.

Weinbewertung _____

84   Elbling Sekt extra brut   **12,5 %/8,20 €**
84   Elbling Sekt brut   **12,5 %/8,20 €**
84   Roter Elbling Sekt trocken   **12,5 %/8,70 €**
82   2012 Elbling trocken Nitteler Leiterchen   **12 %/4,40 €**
81   2012 Grauburgunder trocken Nitteler Leiterchen   **12,5 %/6,- €**
82   2012 Spätburgunder „Blanc de Noir" trocken   **12 %/6,50 €**

Drautz-Able
★ ★ ★
Weingut
Württemberg

Faißtstraße 23, 74076 Heilbronn
Tel. *07131-177908,* ***Fax****: 07131-941239*
www.drautz-able.de
info@drautz-able.de
Besuchszeiten*: Mo.-Fr. 8-12 + 13:30-18 Uhr,*
Sa. 9-16 Uhr
Beteiligung an der Wein Villa Heilbronn

Inhaber ..... Monika Drautz und Markus Drautz
Rebfläche .... 16 Hektar

Die Weinberge des Weingutes Drautz-Able liegen in Heilbronn (Wartberg, Stiftsberg), Neckarsulm (Scheuerberg), Erlenbach, Brackenheim, Stetten und Lauffen (Katzenbei-

ßer). Die roten Sorten dominieren, nehmen 65 Prozent der Rebfläche ein. Die Lembergerfläche wurde in den vergangenen Jahren ausgeweitet, zu Lasten des Trollingers. Dazu gibt es Spätburgunder, Samtrot und Schwarzriesling, aber auch Merlot, Dornfelder, Regent und Cabernet Sauvignon. Bei den weißen Sorten dominiert Riesling. Hinzu kommen vor allem die Burgundersorten und Sauvignon Blanc, den es bereits seit 1989 gibt und der inzwischen zweitwichtigste weiße Sorte im Betrieb ist, sowie Gewürztraminer, Müller-Thurgau und Kerner. Das Weinprogramm ist seit 1998 in drei Linien unterteilt. Zunächst die Basisweine, dann die „drei Tauben-Weine" (benannt nach den Tauben im Familienwappen der Weingärtnerfamilie Drautz) und schließlich die „fünf Tauben-Weine" bzw. die im Barrique ausgebauten Hades-Weine. Bereits seit 1986 werden bei Drautz-Able Barriqueweine erzeugt, 1990 war das Weingut Gründungsmitglied des Deutschen Barrique Forums. Neue Barriques werden für die Hades-Weine genutzt, die gebrauchten Barriques für die „drei Tauben-Weine". Prädikatsbezeichnungen werden nur für süße Weine verwendet. Aushängeschild des Weinguts ist der „Jodokus", benannt nach Jodokus Drautz, der 1496 das Recht erhielt mit seinem eigenen Wappen zu siegeln. Seit 2007 führt Markus Drautz zusammen mit seiner Mutter Monika das Gut. Im gleichen Jahr wurde in Zusammenarbeit mit der Forschungsanstalt Geisenheim ein Trollinger-Versuchsweinberg mit schwachwüchsigen Unterlagsreben angelegt.

Vorjahre _____

Der Jodokus war vor zwei Jahren unser roter Favorit, hatte allerdings starke Konkurrenz durch den Spätburgunder aus dem Scheuerberg und den Lemberger R. Der Hades-Sauvignon Blanc wurde in unserem Sauvignon Blanc-Finale heftig diskutiert, wer Holz bei dieser Rebsorte nicht mag wird ihn ablehnen, spannend aber fanden wir ihn allemal. Das weiße Segment wartete im vergangen

Jahr mit einem feinen Gewürztraminer auf, noch besser gefiel uns das Große Gewächs aus dem Scheuerberg. Rot überzeugte in der Spitze mit Jodocus, Spätburgunder GG, Hades-Lemberger und dem noch allzu tanninbetonten Lemberger Steinkreuz.

Neue Kollektion _____

Die neue Kollektion bietet einen schönen Sekt mit feinen rauchigen Noten, einen reintönigen Gewürztraminer, gleich drei Sauvignon Blanc-Varianten – die Auslese schmeichelnd und süß, die Hades-Variante stark vom Holzausbau geprägt – und einige Spitzenrotweine des Jahrgangs 2010, die wir alle als Fassproben verkosteten. Der Cabernet Sauvignon ist wunderschön reintönig und konzentriert im Bouquet, klar, frisch und zupackend im Mund bei guter Struktur und jugendlichen Tanninen. Der Jodukus ist enorm duftig bei eindringlichen Gewürznoten, so dass in diesem Jahrgang der Hades-Lemberger unser Favorit ist, der konzentriert und herrlich reintönig im Bouquet ist, füllig und komplex im Mund, er besitzt viel reife Frucht, gute Struktur und Frische. ◀

Weinbewertung _____

86 2009 „MC blanc" Sekt brut nature 13 %/14,88 €
83 2012 Weißburgunder trocken   12 %/5,95 €
84 2012 Sauvignon Blanc Spätlese trocken „Drei Tauben" 13,5 %/11,90 €
85 2012 Gewürztraminer Spätlese trocken „Drei Tauben" 13,5 %/11,90 €
86 2011 Sauvignon Blanc trocken „Hades" 13 %/17,85 €
87 2012 Sauvignon Blanc Auslese 9 %/11,90 €
82 2012 Lemberger trocken 13 %/6,19 €
(84) 2011 Trollinger trocken „Drei Tauben" 13,5 %/8,93 €
(90) 2010 Lemberger trocken „Hades" 13 %/17,85 €
(87) 2010 „Jodokus" Rotwein trocken „Hades" 13,5 %/29,75 €
(89) 2010 Cabernet Sauvignon trocken „Hades" 13,5 %/29,75 €

Drautz-Hengerer

Weingut   **Württemberg**

Schirmannstraße 13, 74074 Heilbronn
Tel. 07131-172479, **Fax:** 07131-167074
www.drautz-hengerer.de
info@drautz-hengerer.de
Besuchszeiten: Mo.-Fr. 17:30-19 Uhr, Sa. 9-15 Uhr
und nach Vereinbarung
Besenwirtschaft

Inhaber .... Christina Hengerer-Müller
Rebfläche .... 10 Hektar

Das Familienweingut Drautz-Hengerer wird heute von Christina Hengerer-Müller und Jürgen Müller geführt. Sie ist zuständig für Keller und Besenwirtschaft, er für Außenbetrieb und Verkauf. Ihre Weinberge liegen in der Gemarkung Heilbronn in den Lagen Stiftsberg, Stahlbühl und Wartberg, in Flein in den Lagen Altenberg und Sonnenberg, in Abstatt im Burgberg und in Binswangen im Kayberg. Wichtigste Rebsorten sind Trollinger und Riesling, dazu gibt es Schwarzriesling, Lemberger, Spätburgunder, Weißburgunder, Samtrot, Muskateller, Kerner und Müller-Thurgau.

Vorjahre _____

In den vergangenen Jahren hatten Christina Hengerer-Müller und Jürgen Müller sehr gleichmäßige, gute Kollektionen. Meist gefielen die Rotweine, vor allem die barriqueausgebauten, besser als die Weißweine. Vor zwei Jahren überzeugte die Kollektion, an der Spitze stand der barriqueausgebaute Acolon, Jahrgang 2008. Die letztjährige Kollektion präsentierte sich geschlossen auf gutem Niveau, bei Vorteilen im roten Segment.

Neue Kollektion _____

Eine sehr gleichmäßige Kollektion mit fruchtbetonten Weiß- und Rotweinen präsentieren Christina Hengerer-Müller und Jürgen Müller in diesem Jahr, eine Kollektion, die durch ihre Geschlossenheit und Zuverlässigkeit überzeugt. ◀

Die besten deutschen Weinerzeuger und ihre Weine

Die besten deutschen Weinerzeuger und ihre Weine

Weinbewertung

82 „Vinius Secco" **6,20 €**

83 2012 Weißburgunder*** trocken **7,50 €**

82 2012 Cuvée „M" Weißwein „feinherb" **5,50 €**

83 2012 „der Trollinger" trocken **6,90 €**

82 2012 Schwarzriesling trocken **5,20 €**

83 „Cuvée M" Rotwein trocken **7,90 €**

Dreissigacker

Weingut

★★★★

Rheinhessen

🌱 *Untere Klinggasse 4-5, 67595 Bechtheim*

*Tel. 06242-2425, **Fax**: 06242-6381*

www.dreissigacker-wein.de

info@dreissigacker-wein.de

Besuchszeiten: Mo.-Fr. 8-12 + 13-18 Uhr, Sa. 9-16 Uhr

Inhaber . . . . Jochen Dreissigacker

Rebfläche . . . . 24 Hektar

Die Weinberge von Jochen Dreissigacker liegen in den verschiedenen Bechtheimer Lagen, dazu gibt es Weinberge in Westhofen. 60 Prozent der Rebfläche nimmt Riesling ein, hinzu kommen jeweils 10 Prozent Grau-, Weiß und Spätburgunder, sowie Chardonnay und Silvaner. Seit man im Sommer 2006 das Bechtheimer Weingut Dr. Koehler übernommen hat, führt der älteste Sohn Christian das Weingut Dr. Koehler, der jüngere Sohn Jochen kümmert sich um das elterliche Gut. Die Weinberge befinden sich in Umstellung auf biologischen Weinbau (zertifiziert). Jochen Dreißigacker arbeitet verstärkt mit Spontangärung, möchte zukünftig alle Weine spontanvergären. Das Programm ist klar gegliedert in Gutsweine, Ortsweine und Lagenweine. Neben den Rieslingen aus Geyersberg, Rosengarten und Hasensprung gibt es den Weißburgunder Einzigacker, aber auch regelmäßig edelsüße Rieslinge und Rieslaner.

Vorjahre

Die Weißweine waren jahrgangsbedingt 2010 deutlich schwächer; auch die Lagenweine präsentierten sich nicht ganz einheitlich: Der Geyersberg-Riesling gefiel uns sehr gut, von den beiden neuen Westhofener Weinen präferierten wir ganz klar den Riesling aus der Aulerde gegenüber dem Wein aus dem Kirchspiel. Auch der rote Teil der Kollektion präsentierte sich konsistent, der Geyersberg-Spätburgunder war unser klarer Favorit. Die letztjährige Kollektion war bärenstark vom beeindruckenden Gutsriesling bis hin zu den Lagen-Rieslingen, von denen Jochen Dreissigacker gleich sechs Stück präsentierte im Jahrgang 2011, je drei aus Bechtheim und Westhofen, eine klasse Serie, alle zeigten sehr hohes Niveau.

Neue Kollektion

Auch 2012 sind die Gutsweine alle sehr gut, besitzen gute Fülle und Frucht. Unter den Ortsweinen gefällt uns der Silvaner besonders gut, er besitzt herrlich viel Frucht, gute Struktur, Komplexität und Länge, der Riesling besitzt reife Frucht und viel Substanz. Der Silvaner aus dem Kirchspiel ist ein herrlich kraftvoller, saftiger Wein mit viel Substanz und Länge, gefällt uns deutlich besser als der etwas monolithische Weißburgunder Einzigacker. Am spannendsten sind aber in der Spitze die Lagenrieslinge, von denen Jochen Dreißigacker auch 2012 wieder sechs Stück erzeugt hat, je drei aus Bechtheim und aus Westhofen. In Bechtheim ist unsere Wahl klar: Rosengarten ist füllig, saftig und fruchtbetont, Hasensprung etwas zupackender und druckvoller, deutlich die Nase vorne aber hat der Riesling aus dem Geyersberg, der herrlich konzentriert und reintönig ist, viel reife Frucht, Substanz und Länge besitzt. Die Westhofener Rieslinge sind alle drei hervorragend, alle drei sind faszinierend reintönig und drücken exemplarisch ihre Lage aus. Aulerde ist faszinierend frisch und zupackend, besitzt gute Struktur und feinen Nachhall, Kirchspiel ist harmonisch, reintönig und komplex ebenfalls enorm nachhaltig. Leicht die Nase vorne aber hat für uns der

Riesling aus dem Morstein, ein herrlich konzentrierter, kraftvoller Wein, enorm druckvoll und reintönig, komplex und faszinierend nachhaltig. Tolle Kollektion!

Weinbewertung

85	2012 Riesling trocken	12,5 %/9,50 €
85	2012 Weißburgunder trocken	13 %/9,50 €
85	2012 Grauburgunder trocken	13 %/9,80 €
88	2012 Silvaner trocken Bechtheimer	13 %/14,50 €
87	2012 Riesling trocken Bechtheimer	13 %/14,50 €
87	2011 Riesling trocken „Wunderwerk"	13,5 %
85	2012 Chardonnay trocken Bechtheimer 13,5 %/19,50 €	
89	2012 Silvaner trocken Kirchspiel	13,5 %/31,50 €
86	2012 Weißburgunder trocken „Einzigacker" 13,5 %/31,50 €	
89	2012 Riesling trocken Hasensprung	13 %/23,50 €
88	2012 Riesling trocken Rosengarten	13 %/27,50 €
91	2012 Riesling trocken Aulerde	13 %/29,50 €
91	2012 Riesling trocken Kirchspiel	12,5 %/29,50 €
91	2012 Riesling trocken Geyersberg	13 %/31,50 €
92	2012 Riesling trocken Morstein	13 %/36,- €
87	2009 Spätburgunder trocken „Wunderwerk" 13,5 %	

★

Drei Herren
Weingut

Sachsen

Weinbergstraße 34, 01445 Radebeul
Tel. *0351-7956099,* **Fax:** *0351-7956315*
www.weingutdreiherren.de
info@weingutdreiherren.de
Besuchszeiten: *Do.-Sa. 14-18 Uhr, So. 11-18 Uhr*

Inhaber .... Prof. Dr. Rainer Beck & Claus Höhne
Rebfläche .... 4 Hektar

Bis Ende des 19. Jahrhunderts gab es Weinbau auf dem Radebeuler Ballberg durch das Weingut Hermannsberg, das aber nach der Reblauskatastrophe im Jahr 1907 den Betrieb einstellte. 2004 gründeten „Drei Herren" das Gut neu: Der Kunsthistoriker Prof.

Dr. Rainer Beck, der Radebeuler Winzer Claus Höhne und ein dritter Herr, der inzwischen ausgeschieden ist. Sie bewirtschaften traditionsreiche Weinberge wie den Radebeuler Ballberg oder den Sörnewitzer Taubenheimer Berg im Meißner Spaargebirge, wo die Böden durch die Gesteinsarten Syenit und Biotit-Granodiorit geprägt sind, magnetisches Urgestein, das sich schnell erwärmt. 2011 wurde ein neuer Lager- und Weinkeller fertig gestellt.

Vorjahre

Die 2010er waren wie gewohnt puristisch und eigenständig auch wenn die Restsüße, zumindest analytisch, etwas höher lag als sonst. 2011 gefiel uns die Kollektion nochmals besser, allerdings hatte man einen stilistischen Wandel hin zu restsüßen und halbtrockenen Weinen vollzogen, nur ein Riesling und die Rotweine lagen im gesetzlich trockenen Bereich. Unser Favorit war die zwei Jahre im Barrique ausgebaute rote Cuvée Eigensinn.

Neue Kollektion

In diesem Jahr nun bewerten wir den süßesten Wein am höchsten, den reintönigen, spontanvergorenen Riesling; auch die frische, zupackende Scheurebe überzeugt, wie überhaupt die gesamte Kollektion sich sehr stimmig präsentiert auf gutem Niveau. Im Aufwind!

Weinbewertung

82	2012 Weißwein trocken	12 %/10,- €
83	2011 Riesling trocken	12 %/12,- €
84	2012 Scheurebe trocken	12 %/14,- €
82	2012 Weißburgunder	12,5 %/13,- €
85	2012 Riesling „Spontan"	10,5 %/15,50 €
82	2009 Blauer Spätburgunder	13 %/15,- €

3 Zeilen
Weinmanufaktur

Franken

🍇 Heinrich-Wiegand-Straße 2, 97348 Rödelsee
Tel. 09323-876454
www.3-zeilen.de
3zeilen@web.de
Besuchszeiten: nach Vereinbarung

Inhaber . . . . Christian Ehrlich
Rebfläche . . . . 2,2 Hektar

Christian Ehrlich bekam als 16-jähriger von seinem Vater drei Weinbergszeilen geschenkt. Nach Küferlehre und Weinbaustudium arbeitete er bei verschiedenen Weingütern. Im Herbst 2007 gründete er zusammen mit Alexandra Müller die Weinmanufaktur 3 Zeilen. Die Weinberge werden biologisch bewirtschaftet. Zuletzt hat er einen Hektar im Rödelseer Küchenmeister, wo alle seine Weinberge liegen, neu angelegt mit Spätburgunder, Weißburgunder, Silvaner, Riesling, Scheurebe und Sauvignon Blanc, auch etwas Goldmuskateller pflanzte er. Alle Weine werden spontanvergoren. Sie werden in der Regel trocken ausgebaut und kommen als Landwein in den Verkauf.

Vorjahre

Seine 2010er füllte Christian Ehrlich spät, Mitte August 2011 als Fassproben verkostet, zeigten sie die gleiche Stilistik, waren sehr von der Spontangärung geprägt, besaßen Fülle und Substanz. Die gleiche Stilistik zeigten auch die 2011er, die sich sehr gleichmäßig präsentierten.

Neue Kollektion

Mit dem neuen Jahrgang geht es weiter voran. Die Spontangärnoten sind weniger dominant, die Weine insgesamt druckvoller. Die weiße Cuvée aus Sauvignon Blanc, Weißburgunder und Silvaner ist präzise und zupackend, der Süßstoff, eine edelsüße Cuvée aus Sauvignon Blanc und Silvaner, ist herrlich reintönig und frisch, besitzt viel reife Frucht und Biss. ◄▬

Weinbewertung

82	„Secco" Perlwein	**5,80 €**
83	2012 Silvaner	**9,- €**
83	2012 Bacchus	**7,50 €**
85	2012 „Blanc" Weißwein	**9,50 €**
88	2012 „Süßstoff" Weißwein	**33,- €/0,375l**
(82)	2012 Spätburgunder	

Herbert **Düll**
Weingut

Franken

Schützenstraße 15, 91472 Ipsheim
Tel. 09846-254, *Fax:* 09846-977561
www.weingut-duell.de
weingut.duell@gmx.de
Besuchszeiten: Mo.-Sa. ganztägig, So. nach Vereinbarung

Inhaber . . . . Herbert und Thomas Düll
Rebfläche . . . . 8 Hektar

Das Weingut Düll liegt in Ipsheim in Mittelfranken. Die Weinberge von Herbert und Thomas Düll befinden sich in den Lagen Ipsheimer Burg Hoheneck, Weimersheimer Roter Berg und Bad Windsheimer Rosenberg. Müller-Thurgau, Silvaner, Kerner und Bacchus bauen sie an, aber auch rote Sorten wie Dornfelder und Regent.

Vorjahre

2010 hatten sich die Dülls gut behauptet, die Weißweine waren frisch und schön sortentypisch; Highlight vor zwei Jahren war der Cabernet Dorsa aus dem Jahrgang 2009. Der 2011er war dann im vergangenen Jahr etwas von jugendlichen Bitternoten geprägt; in der sehr gleichmäßigen letztjährigen Kollektion gefiel uns die Riesling Spätlese am besten.

Neue Kollektion

Sehr gleichmäßig ist nun auch der Jahrgang 2012, bietet frische, klare, fruchtbetonte Weine. Am besten gefällt uns die saftige Weißburgunder Spätlese, halbtrocken aus-

D

D

Die besten deutschen Weinerzeuger und ihre Weine

gebaut, die viel Substanz und reife Frucht besitzt. ━

Weinbewertung _____

83 2012 „Vielfalter" Weißwein trocken 12 %/5,- €
82 2012 Riesling Ipsheimer Burg Hoheneck 12 %/6,- €
82 2012 Silvaner Kabinett Ipsheimer Burg Hoheneck 12 %/5,50 €
82 2012 Bacchus Kabinett Weimersheimer Roter Berg 11,5 %/5,50 €
85 2012 Weißburgunder Spätlese Weimersheimer Roter Berg 13 %/6,50 €
82 2012 Rosé Ipsheimer Burgberg 11,5 %/5,- €

Dürrenzimmern-Stockheim
Weingärtnergenossenschaft   ★

Württemberg

Meimsheimer Straße 11
74336 Brackenheim-Dürrenzimmern
Tel. 07135-95150, *Fax:* 07135-951539
www.wg-duerrenzimmern.de
info@wg-duerrenzimmern.de
Besuchszeiten: Mo.-Fr. 8-18 Uhr, Sa. 9-13 Uhr

Vorstandsvorsitzender ...... Matthias Schilling
Geschäftsführer .... Matthias Göhring
Kellermeister .... Kurt Freudenthaler
Mitglieder 371
Rebfläche .... 220 Hektar

Die 1937 gegründete Genossenschaft von Dürrenzimmern fusionierte 1970 mit der Weingärtnergenossenschaft Stockheim. Die Reben wachsen auf schweren Keuperböden an der Südseite des Heuchelbergs. Wichtigste Rebsorten sind Lemberger und Riesling, es folgen Trollinger, Schwarzriesling, Spätburgunder und Portugieser. Etwa 20 Prozent der Weine wird trocken ausgebaut.

Vorjahre _____

Vor zwei Jahren waren die Barriqueweine geprägt von Tanninen und Gewürznoten; unser Favorit war der saftige Riesling aus der „Divinus"-Linie. Im vergangenen Jahr ging es weiter im gewohnten Kontext mit kraftvollen, gewürzduftigen Barrique-Rotweinen.

Neue Kollektion _____

Die neue Kollektion ist sehr gleichmäßig und zuverlässig, bietet süffige, klare, fruchtbetonte Weine mit meist deutlicher Süße, weiß wie rot. ━

Weinbewertung _____

81 2012 Weißburgunder trocken „Exclusiv" 13,5 %/10,- €
82 2012 „Justinus K" trocken „Exclusiv" 13,5 %/10,- €
81 2012 Grauburgunder Spätlese „feinherb" „Cellarius" 13 %/7,60 €
82 2012 Lemberger Weißherbst „Klosterhof" 12 %/5,- €
81 2011 Lemberger trocken Holzfass „Cellarius" 12,5 %/7,20 €
81 2011 Lemberger Spätlese trocken „Cellarius" 13 %/9,10 €

Dütsch
Weingut   ★ ★

Baden

St. Michael-Straße 39, 76534 Baden-Baden
Tel. 07223-959739, *Fax:* 07223-2818823
www.weingut-duetsch.de
info@weingut-duetsch.de
Besuchszeiten: Di./Do./Fr. 15-18 Uhr, Sa. 10-13 Uhr und nach Vereinbarung

Inhaber .... Holger Dütsch
Rebfläche .... 4 Hektar

Holger Dütsch und Hannelore Dütsch-Weiß haben 2004 ihr eigenes Weingut gegründet. Holger Dütsch hatte lange in Südtirol gearbeitet und war anschließend Betriebsleiter bei Schloss Neuweier, bevor er sich mit dem Jahrgang 2004 selbständig machte. Wichtigste Rebsorte ist Riesling. Dazu gibt es Silvaner und Spätburgunder, sowie Blaufränkisch.

Duijn
Weingut   **Baden**

📍 Erlenstraße 38, 77815 Bühl
Tel. 07223-21497, Mobil: 0172-6040182
Fax: 07223-83773
www.weingut-duijn.com
info@weingut-duijn.com
Besuchszeiten: Mi.-Sa. 10-13 Uhr oder nach
Vereinbarung

D

Die besten deutschen Weinerzeuger und ihre Weine

Inhaber .... Jacob Duijn
Rebfläche .... 6,5 Hektar

Vorjahre

2009 gefiel uns der Spätburgunder etwas besser als der Lemberger, die 2010er Weißweine boten vom Silvaner bis hin zu den trockenen Riesling-Spätlesen Frische und reintönige Frucht, die Spätlese aus dem Mauerberg gefiel uns besonders gut. Die letztjährige Kollektion bot frische, reintönige Weißweine, unser klarer Favorit war die trockene Spätlese Finesse; die beiden 2010er Rotweine waren fruchtbetont und wunderschön reintönig.

Neue Kollektion

Die 2011er Rotweine sind reintönig und kraftvoll, unsere leichte Präferenz gilt dem Spätburgunder. An der Spitze der Kollektion aber stehen die drei trockenen Riesling Spätlesen, die alle drei klar und zupackend sind, gute Struktur und Frische besitzen, wir präferieren ganz leicht die Spätlese aus dem Mauerberg gegenüber Altenberg und Finesse. Sehr gut ist auch der Neuzugang im Programm, der Silvaner Tradition, der füllig und kraftvoll ist, reife Frucht und gute Struktur besitzt. ◀━

Weinbewertung

85 2012 Silvaner trocken „Tradition" **12 %/8,80 €**
83 2012 Riesling Kabinett trocken „Mineral"
    12 %/8,- €
82 2012 Riesling Kabinett trocken Mauerberg
    12 %/8,- €
86 2012 Riesling Spätlese trocken Altenberg
    13 %/11,- €
87 2012 Riesling Spätlese trocken Mauerberg
    12,5 %/11,50 €
86 2012 Riesling Spätlese trocken „Finesse"
    12,5 %/13,50 €
82 2012 Riesling Kabinett „feinherb" **11,5 %/8,- €**
85 2011 Spätburgunder trocken **12,5 %/9,50 €**
84 2011 Blaufränkisch trocken **12,5 %/9,50 €**

Jacob Duijn ist kein gelernter Winzer und er stammt auch nicht aus einem Weinland. Er ist Holländer und war zunächst Sommelier, unter anderem auf der Bühler Höhe und bei Eckart Witzigmann. Dann hat er das Metier gewechselt und Wein an die Spitzengastronomie verkauft. 1994 begann seine Karriere als Winzer: 15 Ar Spätburgunder hat er in diesem Jahr gekauft, im Engelsfelsen, hoch über dem Bühlertal. Und daraus im folgenden Jahr seinen ersten Wein auf den Markt gebracht, 600 Flaschen Spätburgunder, dann kamen Weinberge im Sternenberg hinzu. Die Weine werden seit 2004 ökologisch bewirtschaftet, inzwischen biodynamisch, Jacob Duijn ist Demter-zertifiziert. Anfangs machte Jacob Duijn nur einen Wein, ab 1999 gab es zwei Weine: Den „normalen" Spätburgunder, den er seit dem Jahrgang 2002 nach seiner Tochter „Jannin" nennt, und den „SD". Seit dem Jahrgang 2006 tragen alle Weine zusätzlich Lagenbezeichnungen, also auch „SD" (Bühlertäler Engelsfelsen) und „Jannin" (Altschweier Sterneberg). Zuletzt wurde die Reihe „Bühler Charme" eingeführt. Jacob Duijn strebt eine lange Gärdauer an, etwa 30 Tage, vergoren werden die Moste mit den traubeneigenen Hefen. Alle Trauben werden entrappt, die für den „SD" seit 2002 mit der Hand. Alle Barriques sind aus französischer Eiche. Früher hat Jacob Duijn ausschließlich neue Barriques verwendet. Seit 2002 nutzt er für einige Partien auch gebrauchte Barriques. Die Dauer des Ausbaus variiert von 13 bis 24 Monate. Die Weine kommen ohne Schönung und ohne Filtration auf die Flasche.

Vorjahre

2009 präsentierte sich vor zwei Jahren sehr stimmig mit kraftvollen, tanninbetonten Weinen, vor allem Gut Alsenhof und SD waren noch Tage nach dem Öffnen verschlossen und tanninbetont. Im vergangenen Jahr verkosteten wir erneut die 2009er, diesmal abgefüllt, Jacob Duijn bringt seine Weine zukünftig erst später in den Verkauf. Der SD gefiel uns am besten, Laufer Gut Alsenhof und Jannin sahen wir in etwa gleichauf.

Neue Kollektion

Der Pinot Noir ersetzt mit dem Jahrgang 2011 den Laufer Gut Alsenhof als „dritter" Pinot Noir von Jacob Duijn; alle 2011er haben wir als Fassproben verkostet. Er ist fruchtbetont, frisch und klar, wesentlich kraftvoller und zupackender ist der Jannin, besitzt gute Struktur und viel Tannine, ist noch enorm jugendlich. Dies gilt auch für den SD, der enorm kraftvoll und stoffig ist, aber auch sehr tanninbetont, er braucht Zeit. ◀

Weinbewertung

(85) 2011 Pinot Noir **9,90 €**

(89) 2011 Pinot Noir „Jannin" Altschweier Sternenberg **27,- €**

(90) 2011 Pinot Noir „SD" Bühlertäler Engelsfelsen **47,- €**

Durbacher
Winzergenossenschaft

Baden

Nachtweide 2, 77770 Durbach
Tel. *0781-93660,* **Fax:** *0781-36547*
www.durbacher.de
wg@durbacher.de
Besuchszeiten: *Mo.-Fr. 9-18 Uhr, Sa./So. 10-13 Uhr*

Gf. Vorstand .... Dr. Johannes Himmelsbach
Vorstandsvorsitzender .... Emil Klaus
Kellermeister .... Rüdiger Nilles
Mitglieder 235
Rebfläche .... 340 Hektar

Die Durbacher Winzergenossenschaft wurde 1928 gegründet. Die Weinberge liegen in den Durbacher Lagen Ölberg, Plauelrain, Kochberg und Steinberg. Knapp die Hälfte der Rebfläche der Mitglieder der Durbacher Winzergenossenschaft nimmt Spätburgunder ein, ein Viertel Riesling. Es folgen Müller-Thurgau, Grauburgunder, Traminer und Gewürztraminer, aber auch Scheurebe, Weißburgunder, Chardonnay, Sauvignon Blanc, Muskateller und Cabernet Dorio werden angebaut.

Vorjahre

Edelsüß erwies sich als die Stärke vor zwei Jahren mit einigen enorm konzentrierten, dicken Weinen des Jahrgangs 2009; aus 2010 gefiel uns der Weißburgunder am besten. Ähnlich war das Bild im vergangenen Jahr: Im trockenen Segment gefiel uns der Sauvignon Blanc am besten, noch stärker aber fanden wir im edelsüßen Bereich die Scheurebe Auslese und die Muskateller Trockenbeerenauslese.

Neue Kollektion

Sehr gleichmäßig ist nun die neue Kollektion, unter unseren Favoriten ist ein altbekannter: Die trockene Sauvignon Blanc Spätlese ist wie gewohnt klar, kraftvoll und zupackend. Ebenfalls sehr gut ist der 2011er Chardonnay aus der Klassik Edition, der reife Frucht, gute Struktur und Frische besitzt. Bei manchem edelsüßen Wein würden wir uns etwas mehr Frische und Klarheit wünschen, sehr gut aber ist die 2011er Clevner Beerenauslese, die reintönig und konzentriert sich präsentiert, gute Fülle und viel reife Frucht besitzt. ◂

Weinbewertung _____

80 2012 Klingelberger (Riesling) trocken Durbacher Plauelrain **12 %/5,90 €**

82 2012 Riesling Spätlese trocken Durbacher Steinberg **13 %/11,90 €**

85 2011 Chardonnay trocken Durbacher (Klassik Edition) **12,5 %/7,90 €**

82 2012 Weißburgunder Spätlese trocken Durbacher Steinberg **13,5 %/11,90 €**

85 2012 Sauvignon Blanc Spätlese trocken Durbacher Steinberg **13,5 %/11,90 €**

82 2012 Clevner Spätlese Durbacher Plauelrain **12 %/7,20 €**

83 2012 Scheurebe Spätlese Durbacher Plauelrain **11,5 %/8,20 €**

83 2011 Scheurebe Auslese Durbacher Plauelrain **8,5 %/10,90 €/0,5l**

86 2011 Clevner Beerenauslese Durbacher Steinberg **8,5 %/36,- €/0,5l**

83 2011 Gewürztraminer Beerenauslese Durbacher Steinberg **8 %/36,- €/0,5l**

80 2011 Pinot Noir trocken **13,5 %/7,90 €**

82 2009 Spätburgunder Spätlese trocken Barrique Durbacher Kochberg **14 %/14,90 €**

Kloster **Eberbach**
Hessische Staatsweingüter   **Rheingau**

Hessische Staatsweingüter GmbH Kloster Eberbach
Schwalbacher Straße 56-62, 65343 Eltville
Tel. 06123-92300, Fax: 06123-923090
www.weingut-kloster-eberbach.de
info@weingut-kloster-eberbach.de
Besuchszeiten: Mo.-So. 10-18 Uhr (Vinothek); April bis Oktober Fr. 16-22 Uhr, Sa. 12-22 Uhr, So. und Feiertage 11-22 Uhr (Gutsausschank im Steinberg) Gästehaus Kloster Eberbach; Gutsschänken im Kloster Eberbach und im Rauenthaler Baiken (Eltville)

Inhaber .... Land Hessen
Direktor .... Dieter Greiner
Rebfläche .... 175 Hektar

Die Hessischen Staatsweingüter sind das größte Weingut in Deutschland: Außer den Rheingauer Lagen (Domäne Assmannshausen, Kloster Eberbach) werden auch jene an der Hessischen Bergstraße von Kloster Eberbach aus verwaltet. Die Hessische Landesregierung hat den bisherigen Staatsbetrieb in eine GmbH umgewandelt, die aber weiterhin zu 100 Prozent in Staatsbesitz ist. Der Kellereistandort in Eltville wurde aufgegeben und an den Steinberg verlagert. Dort, unweit vom Kloster, wurde für 15 Millionen Euro eine in die Landschaft integrierte, unterirdische Kellerei errichtet, in der sämtliche Rieslinge der Rheingauer Staatsdomänen ausgebaut werden, der Ausbau der Assmannshäuser Spätburgunder erfolgt noch in Assmannshausen (siehe eigener Eintrag). Geschäftsführer Dieter Greiner bringt die Hessischen Staatsweingüter auf einen zukunftsweisenden Kurs, unterstützt wird er vom Önologen Ralf Bengel und vom Kellermeister Bernd Kutschick. Auf den neuen Etiketten fehlt der traditionelle Adler, der Schraubverschluss wurde konsequent eingeführt – selbst für die Trockenbeerenauslesen.
Mittlerweile hat sich die Aufregung um die neue Kellerei gelegt; wohl auch deshalb, weil man von außen nur einen kleinen Teil der Anlage sieht. Die Trauben- und Weinverarbeitung erfolgt nach dem Schwerkraftprinzip, im Herbst können große Mengen an Trauben gleichzeitig verarbeitet werden. Seit Jahrzehnten schwört man hier auf eine Vergärung der Weine mit Reinzuchthefen; die trockenen Rieslinge sind entsprechend klar und elegant, von den Basisweinen bis zu den Ersten Gewächsen. Auch bei den Süßweinen ist eine schlanke Art festzustellen

Vorjahre _____

Die Weine des Jahrgangs 2010er überzeugten, ohne in allen Bereichen zu begei-

E

stern. Die rundum zuverlässigen, präzise wirkenden Kabinettweine und ein balanciertes Erstes Gewächs aus der Domdechaney gefielen am besten. 2011 war ein Schritt in die richtige Richtung. Der rassige Kabinett aus der Lage Rauenthaler Baiken zeigte ebenso Klasse wie die beiden Ersten Gewächse, an der Spitze rangierte der nachhaltige Marcobrunn-Riesling.

Neue Kollektion _____

Die aus dem Jahrgang 2012 vorgestellten Rieslinge gefallen gut. Der frische, geradlinige Wein aus dem Wiesbadener Neroberg besitzt eine animierende Säure, der saftige Kabinett aus dem Steinberg eine gute Balance zwischen Säure und Süße, bei der Baiken-Spätlese aus dem Jahrgang 2011 kommt sogar noch Länge dazu. Überraschende Qualität weist das Erste Gewächs aus dem Schlossberg auf, das sich im Glas gut entwickelt. Man könnte sich diesen Wein noch etwas trockener und präziser vorstellen, aber hier ist unzweifelhaft ein Fortschritt erkennbar. ◀

Weinbewertung _____

82 2012 Riesling trocken „Crescentia" Rauenthaler Gehrn **12,5 %/10,50 €**

84 2012 Riesling trocken „Crescentia" Wiesbadener Neroberg **12,5 %/10,50 €**

88 2012 Riesling „GG" Rüdesheimer Berg Schlossberg **12 %/28,- €**

84 2012 Riesling Kabinett Steinberger **8,5 %/10,50 €**

86 2011 Riesling Spätlese Rauenthaler Baiken **7,5 %/15,80 €**

★

Eberbach-Schäfer
Weingut   **Württemberg**

Rieder 6, 74348 Lauffen
Tel. *07133-5222,* **Fax:** *07133-7485*
www.eberbach-schaefer.de
weingut@eberbach-schaefer.de
Besuchszeiten: *Mo.-Sa. 8-18 Uhr*
Weinprobierstube (bis 50 Personen)

Inhaber . . . . Frieder Sven Schäfer
Rebfläche . . . . 28 Hektar

Das Weingut Eberbach-Schäfer liegt auf dem Riedersbückele, etwa 3 km von Lauffen. Dort gehört dem Weingut im Alleinbesitz die etwa 15 Hektar große Lage Lauffener Riedersbückele, die Muschelkalk-Lössverwitterungsböden aufweist. In der Lage Helfenberger Schlossberg wächst auf schweren Keuperböden Trollinger. Neben Spätburgunder und Schwarzriesling (der fast komplett versektet wird) hat sich das Weingut auf Lemberger und Cabernet-Kreuzungen, auch Cabernet Sauvignon spezialisiert.

Vorjahre _____

Vor zwei Jahren präsentierte sich die Kollektion sehr geschlossen mit guten Weißweinen und einer feinen roten Riege, in der uns der barriqueausgebaute Pinot Noir am besten gefiel. Ähnlich war das Bild auch im vergangenen Jahr: Die Weißweine waren etwas verhalten, die Sekte frisch und klar, das rote Segment überzeugte am meisten, vor allem die Barriqueweine Spätburgunder, Cabernoir und Lemberger.

Neue Kollektion _____

Die neue Kollektion ist etwas verhalten, hat ihre Vorteile im roten Segment mit einem sehr tanninbetonten Spätburgunder und der roten Cabernetcuvée, die uns am besten gefällt, sie zeigt gute Konzentration und etwas rauchige Noten im Bouquet, ist füllig und kraftvoll im Mund bei reifer Frucht. ◀

Weinbewertung _____

82 2012 Schwarzriesling „Blanc de Noir" Sekt brut Lauffener Riedersbückele **13 %/7,80 €**

77 2012 Riesling trocken Lauffener Riedersbückele (1l) **12,5 %/5,50 €**

80 2012 Grauburgunder trocken Lauffener Riedersbückele **13 %/7,- €**

82 2012 „Cuvée Duett" Weißwein trocken Lauffener Riedersbückele **13 %/7,- €**

80 2012 Riesling „feinherb" Lauffener Riedersbückele **12 %/7,- €**

80 2012 Chardonnay „feinherb" Lauffener Riedersbückele **12 %/7,- €**

81 2012 Traminer „fruchtig" Lauffener Rieders-

bückele **11,5 %/8,50 €**

81 2012 Trollinger trocken „Alte Reben" Lauffener Riedersbückele **13,5 %/6,70 €**

81 2011 Acolon trocken Lauffener Riedersbückele (2. Füllung) **13,5 %/7,- €**

85 2010 „Cabernero" Rotwein trocken Barrique Lauffener Riedersbückele **13,5 %/9,70 €**

80 2011 Lemberger trocken Holzfass Lauffener Riedersbückele **13 %/7,50 €**

83 2011 Spätburgunder trocken Barrique Lauffener Riedersbückele **13,5 %/12,50 €**

★ ☆

Eberle-Runkel
Weingut

Rheinhessen

Niedergasse 23-25, 55437 Appenheim
Tel. 06725-2810, Fax: 06725-5273
www.weingut-eberle-runkel.de
info@weingut-eberle-runkel.de
***Besuchszeiten:** Straußwirtschaft geöffnet von Mai bis Sept. am Wochenende, sonst nach Vereinbarung*

Inhaber . . . . Michael Runkel
Rebfläche . . . . 13 Hektar

Seit mehreren Generationen betreibt die Familie Weinbau in Appenheim, aus einem landwirtschaftlichen Gemischtbetrieb entstand nach und nach das Weingut in seiner heutigen Form. Die Weinberge von Michael Runkel liegen in den Appenheimer Lagen Eselspfad (hoher Sandanteil), Daubhaus (leichte und sandige Löss-Lehmböden) und Hundertgulden (tonhaltige Lehmböden), sowie im Nieder-Hilbersheimer Honigberg (ebenfalls tonhaltige Lehmböden). Neben regionaltypischen Rebsorten wie Müller-Thurgau, Silvaner, Riesling, Portugieser und Spätburgunder werden Sorten wie Scheurebe, Dornfelder, Chardonnay, Weißburgunder und Grauburgunder angebaut. Sohn Stefan hat nach seiner Weinküferlehre das Studium in Geisenheim abgeschlossen.

Vorjahre _____

Silvaner Hundertgulden und Riesling Honigberg gefielen uns 2010 sehr gut, ebenso der Riesling Hundertgulden, die Gutsweine besaßen Frucht und Substanz, die Kollektion zeigte eine eigenständige Handschrift. Geschlossen präsentierte sich auch die letztjährige Kollektion. Im trockenen weißen Segment gefielen uns die beiden puristischen Rieslinge am besten, edelsüß hatte Michael Runkel eine Beerenauslese zu bieten und rot einen feinen Barrique-Frühburgunder.

Neue Kollektion _____

Auch der Jahrgang 2012 präsentiert sich sehr gleichmäßig mit einem feinen Sauvignon Blanc und zwei knackigen, geradlinigen Lagenrieslingen an der Spitze. Wobei in diesem Jahrgang unsere Präferenz eindeutig dem Wein aus dem Hundertgulden gilt, der herrlich klar, kraftvoll und zupackend ist.

Weinbewertung _____

81 2012 Silvaner trocken **12 %/4,90 €**
81 2012 Riesling trocken **12,5 %/5,60 €**
86 2012 Riesling trocken Hundertgulden **13 %/9,30 €**
84 2012 Riesling trocken Honigberg **13 %/9,30 €**
82 2012 Grauburgunder **13 %/5,90 €**
81 2012 Weißburgunder **13 %/5,60 €**
82 2012 Chardonnay **13 %/6,20 €**
83 2012 Sauvignon Blanc **12 %/6,20 €**

★ ★

Schloss **Eberstein**
Weingut

Baden

Schloss Eberstein 1, 76593 Gernsbach
Tel. 07843-9959215, Fax: 07843-9959217
www.weingut-schloss-eberstein.de
info@weingut-schloss-eberstein.de
***Besuchszeiten:** Vinothek im Schlosshof, Fr.-So. und an Feiertagen 14-19 Uhr*

Inhaber . . . . Jürgen Decker & Ernst Möschle
Kellermeister . . . . Urban Jung
Rebfläche . . . . 7,5 Hektar

E

Die besten deutschen Weinerzeuger und ihre Weine

Seit dem 14. Jahrhundert existierten Reben auf Schloss Eberstein, in den neunziger Jahren des letzten Jahrhunderts gaben die Markgrafen von Baden den Weinbau auf. Mit dem Erwerb von Schloss Eberstein begannen Gerd und Jörg Overlack in den Jahren 2002 und 2003 mit der Neubepflanzung der Lage, die einst den Namen Grafensprung trug, und die nördlichste Lage in der Ortenau ist. Der Boden hier im Murgtal besteht aus rotem Granit. Spätburgunder und Riesling hat man gepflanzt, dazu Merlot, Weißburgunder und Sauvignon Blanc. Erster offizieller Jahrgang war 2005. Die Weißweine werden kühl vergoren und im Edelstahl, die Rotweine nach Saftabzug offen maischevergoren und etwa 18 Monate im Fass ausgebaut. Die Weine sind betriebsintern mit ein bis drei Sternen klassifiziert. Alle Weine werden durchgegoren ausgebaut. Zum 1. November 2012 haben der Ortenauer Unternehmen Ernst Möschle, der Behälter für die Wein- und Fruchtsaftindustrie baut, sowie Jürgen Decker, langjähriger Geschäftsführer des Winzerkellers Hex von Dasenstein, das Gut übernommen.

Vorjahre

2010 waren die Weine frisch, reintönig, zupackend. Einen neuen Meilenstein setzte der 2008er 3-Sterne-Spätburgunder, ein gekonnt vinifizierter, hervorragender Pinot; die 2-Sterne-Version gefiel uns ebenfalls sehr gut. Neues im 2- und 3-Sterne Segment gab es beim Spätburgunder im vergangenen Jahr nicht zu verkosten, dafür entschädigten die Weißweine: In einer konsistenten Kollektion gefielen uns der Sauvignon Blanc und der 3-Sterne-Riesling besonders gut.

Neue Kollektion

2012 sind die 1-Sterne-Weine etwas verhalten, im 2-Sterne-Segment machen Sauvignon Blanc und Riesling eine bessere Figur als der Weißburgunder, der Spätburgunder ist kraftvoll und strukturiert. Die klar besten Weine des Sortiments tragen 3 Sterne auf dem Etikett: Der Riesling ist konzentriert und

würzig, füllig und kraftvoll, besitzt reife Frucht, gute Struktur und Substanz. Der Spätburgunder zeigt herrlich reintönige Frucht im Bouquet, gute Konzentration, ist klar, frisch und zupackend im Mund, besitzt gute Struktur und feine Tannine. ◀

Weinbewertung

81	2012 Riesling* trocken	12,5 %	8,50 €
80	2012 Weißburgunder* trocken	13 %	8,50 €
83	2012 Riesling** trocken	12,5 %	13,- €
81	2012 Weißburgunder** trocken	13 %	12,50 €
83	2012 Sauvignon Blanc** trocken	13,5 %	17,85 €
88	2012 Riesling*** trocken	13 %	17,90 €
83	2011 Spätburgunder* trocken	13 %	8,90 €
85	2011 Spätburgunder** trocken	13 %	19,50 €
88	2009 Spätburgunder*** trocken	13 %	35,50 €

★★☆

Ebringen
Schlossgut

Baden

Schlossplatz 1, 79299 Ebringen
Tel. *07664-6805,* ***Fax:*** *07664-60695*
www.schlossgut-ebringen.de
schlossgut@wein-ebringen.de /
andreas.engelmann@schlossgut-ebringen.de
Besuchszeiten: *nach Vereinbarung*

Geschäftsführer .... Klaus Ruh
Gutsverwalter .... Andreas Engelmann
Rebfläche .... 7,5 Hektar

Mit dem Jahrgang 2003 hat die Winzergenossenschaft Ebringen ein Projekt unter der Führung von Andreas Engelmann ins Leben gerufen: Sie hat Weinberge von ihren Mitgliedern gepachtet und Andreas Engelmann bewirtschaftet diese mit seinem Team. Die Reben wachsen in der Lage Ebringer Sommerberg auf mäßig kalkhaltigen Lösslehmböden oder tonigem Lehm, teils auf Mergel- und Kalkverwitterungsböden, teils mit hohem Steingehalt. Die Weine werden im alten Schlosskeller ausgebaut und unter dem

Namen Schlossgut Ebringen vermarktet. Man konzentrierte sich anfangs ganz auf Pinot: Pinot Blanc, Pinot Gris und Pinot Noir. Seit dem Jahrgang 2007 ergänzen Sauvignon Blanc und Gutedel das Sortiment.

Vorjahre

Die 2010er Selektions-Weißweine überzeugten voll und ganz, allen voran der füllige Grauburgunder und der zupackende Sauvignon Blanc. Auch die beiden Pinot Noir des Jahrgangs 2009 gefielen uns sehr gut, sie besaßen gute Struktur und reintönige Frucht. Die letztjährige Kollektion bestätigte den sehr guten Eindruck der letzten Jahre. Neu im Sortiment war der sehr gute Crémant, im weißen Segment gefiel uns einmal mehr der Grauburgunder am besten, rot überzeugte der Pinot Noir, der „S" brachte eine weitere Steigerung.

Neue Kollektion

Anders nun 2011: Der Pinot Noir ist fruchtbetont, frisch und klar, der „S" konzentrierter und fülliger, besitzt aber etwas harte Tannine. Sehr gelungen ist der füllige, harmonische Rosé-Sekt, der feine rauchige Noten im Bouquet besitzt. Der Chasselas ist kraftvoll und komplex, der Sauvignon Blanc reintönig und zupackend. Noch besser gefällt uns der Weißburgunder S, der füllig und kraftvoll ist, klare reife Frucht und gute Struktur besitzt ebenso wie der Grauburgunder S, ein herrlich geradliniger Weine mit viel Substanz. Erneut eine starke Kollektion.

Weinbewertung

86 2011 Pinot Noir Rosé Sekt brut **12 %/12,90 €**
83 2012 Weißburgunder **13 %/8,20 €**
82 2012 Grauburgunder **13,5 %/8,20 €**
87 2012 Chasselas **12 %/9,90 €**
88 2012 Weißburgunder „S" **13,5 %/10,90 €**
88 2012 Grauburgunder „S" **13,5 %/11,90 €**
87 2012 Sauvignon Blanc **12,5 %/11,90 €**
88 2011 Pinot Noir **13,5 %/12,90 €**
87 2011 Pinot Noir „S" **13,5 %/24,50 €**

★ ☆

Edelberg
Weingut   **Nahe**

Gonratherhof 3, 55624 Weiler
Tel. 06754-224, Fax: 06754-945881
www.weingut-edelberg.de
info@weingut-edelberg.de
Besuchszeiten: täglich 9-19 Uhr nach Vereinbarung
Gutsausschank Sa. ab 17 Uhr, So. ab 11 Uhr

Inhaber . . . . Willi, Christa und Peter Ebert
Kellermeister . . . . Peter und Michael Ebert
Rebfläche . . . . 9,5 Hektar

Willi und Christa Ebert haben 1978 den elterlichen Betrieb übernommen, 1995 erfolgte der Umzug auf den Gonratherhof. 70 Prozent der Weinberge liegen in Weiler, der Rest in Meddersheim. Riesling nimmt zwei Drittel der Fläche ein. Um den Weinausbau kümmern sich die beiden Söhne Peter und Michael. Vor einigen Jahren wurde eine neue Traubenpresse angeschafft, die Flaschen wurden neu ausgestattet, alle Trauben werden nur noch mit der Hand gelesen.

Vorjahre

Vor zwei Jahren führte die Riesling Auslese eine geschlossene Kollektion mit reintönigen Weinen an. Im vergangenen Jahr fanden sich drei Weine an der Spitze der Kollektion: Der Gewürztraminer S und die beiden starken S-Rieslinge, unter denen wir den Wein aus dem Herrenzehntel etwas gegenüber dem Rheingrafenberg favorisierten.

Neue Kollektion

In diesem Jahr zeigen die verkosteten Rieslinge klare Frucht und feine Würze, beim Riesling „S" aus dem Rheingrafenberg kommen dazu noch Fülle und feine mineralische Noten.

Weinbewertung

82 2012 Weißburgunder trocken **13,5 %/6,50 €**
81 2012 Riesling trocken „vom Rotliegenden"
    12 %/6,50 €
84 2012 Riesling trocken „Edition E" Weiler

Die besten deutschen Weinerzeuger und ihre Weine

12 %/9,- €

86   2012 Riesling „S" trocken Meddersheimer Rheingrafenberg **12,5 %/12,50 €**

81   2012 Riesling halbtrocken „13" **11,5 %/6,50 €**

83   2012 Riesling Spätlese Meddersheimer Rheingrafenberg **8 %/9,- €**

Edling

Weingut   **Hessische Bergstraße**

Weingut Edling GbR, Kirchgasse 9, 64380 Roßdorf

Tel. *06154-8402,* ***Fax:*** *06154-803685*

www.weingut-edling.de

info@weingut-edling.de

Besuchszeiten: *Di. + Fr. 15-18 Uhr, Sa. 9-13 Uhr*

Winzerstube (Di., Mi., Fr. ab 19 Uhr, Sa. + So. ab 17 Uhr), aber nicht mehr ganzjährig geöffnet

Inhaber .... Werner und Lisa Edling

Rebfläche .... 3,4 Hektar

Roßdorf liegt östlich von Darmstadt und gehört zum Bereich Umstadt der Region Hessische Bergstraße. Seit 1947 wird hier Wein angebaut. Nur ein einziges Weingut gibt es hier, nämlich das von Werner Edling. Die Reben wachsen in der Lage Roßdorfer Roßberg auf vulkanischen Basaltböden mit Löss-Lehmauflage. Die Lage befindet sich im Alleinbesitz des Weingutes. Tochter Lisa und Ehemann Matthias haben 2006 einen Steillagenweinberg am Schlossberg in Heppenheim gepachtet. Wichtigste Rebsorte im Betrieb ist Grauburgunder, gefolgt von Kerner und Müller-Thurgau. Dazu gibt es Riesling, Silvaner, Muskateller, Weißburgunder und Traminer. Rote Rebsorten nehmen 35 Prozent der Rebfläche ein: Spätburgunder, Frühburgunder und Dornfelder, aber auch Cabernet Sauvignon, Cabernet Mitos und Merlot.

Vorjahre _____

In den letzten Jahren hatten Werner und Lisa Edling überzeugende Kollektionen, mit leichten Vorteilen im roten Segment. Vor zwei Jahren war das auch so, die Rotweine hatten die Nase vorne mit zwei kraftvollen Barriqueweinen, Merlot und Cabernet Sauvignon. Die Weißweine waren frisch und klar, geprägt von viel Frucht. Im vergangenen Jahr gefiel uns bei den Weißweinen der Riesling am besten. Die Rotweine lagen wieder in Front, der Cabernet Sauvignon vom Jahrgang 2009 war immer noch jung, dicht und tanninbetont, Merlot und Frühburgunder zeigten im jungen Stadium Potenzial.

Neue Kollektion _____

In diesem Jahr gefallen uns die klaren Weißweine gut, auch der Frühburgunder zeigt fruchtige Klarheit. Gut gefällt uns auch der Jubiläums-Rotwein „Die Rose", obwohl die Gerbstoffe etwas zu hart erscheinen. Der Cabernet Sauvignon ist eher für Freunde ganz harter Sachen, er duftet, aber die Tannine erscheinen überkonzentriert. Konzentration ist da, aber die Gerbstoffe sind zu dominant.

Weinbewertung _____

80   2012 Müller-Thurgau Kabinett trocken Roßdorfer Roßberg **11,5 %/5,90 €**

83   2012 Riesling trocken Roßdorfer Roßberg **12 %/7,- €**

82   2012 Kerner Spätlese „feinherb" Roßdorfer Roßberg **12 %/6,80 €**

83   2012 Frühburgunder trocken Roßdorfer Roßberg **13 %/9,20 €**

84   2011 „Die Rose Edition E" Rotwein trocken Roßdorfer Roßberg **14 %/15,40 €**

83   2010 Cabernet Sauvignon trocken Barrique Roßdorfer Roßberg **13,5 %/15,40 €**

Egert

Weingut   **Rheingau**

Friedensplatz 15, 65375 Oestrich-Winkel
Verkauf: Rheinallee 33, 65347 Hattenheim
Tel. 06723-5557, **Fax:** 06723-4958
www.weingut-egert.de
weingut.egert@t-online.de
Besuchszeiten: Mo.-Fr. 8-12 + 13-18 Uhr,
Wochenende nach Vereinbarung

Inhaber . . . . Manfred Egert
Rebfläche . . . . 5 Hektar

Bis ins 18. Jahrhundert reicht die Weinbautradition des Betriebes zurück, 1997 übernahm Manfred Egert die Leitung des Gutes von seinem Vater. Bewirtschaftet werden zum Großteil Spitzenlagen – 85 Prozent der Rebfläche in den Ortschaften Mittelheim, Oestrich und Hattenheim sind als Erstes Gewächs klassifiziert. Manfred Egert baut außer Riesling noch etwas Spätburgunder an. Bei den Weißweinen versucht er ein harmonisches Verhältnis von Säure und Restzucker zu erreichen. Die offiziell als trocken gekennzeichneten Weine sind in den letzten Jahren immer präziser geworden.

Vorjahre
Die Weine des Jahrgangs 2010 waren jahrgangsbedingt etwas schwächer als jene des Vorgängerjahrgangs, allerdings gefiel das Erste Gewächs aus dem Nikolaus sehr gut. 2011 fiel dann rundum erfreulich aus, die Doosberg-Rieslinge waren zugänglicher und stoffiger als ihre Pendants aus dem Lenchen. Reintönigkeit zeichnete auch die süßen Vertreter aus.

Neue Kollektion
In der nun vorgestellten Kollektion wird erneut deutlich, wie sorgfältig Manfred Egert arbeitet. Vor allem der saftige, angenehm trockene Kabinett aus dem St. Nikolaus und die Spätlese aus der Lage Wisselbrunnen gefallen. Bei der Verkostung wirkten alle Weine

frisch, etwas Kohlensäure machte sich bemerkbar – doch die dient hier keineswegs dazu, nicht vorhandene Qualität vorzuspiegeln. Gelungen ist auch der zugängliche Schaumwein. ◄━

Weinbewertung

85 2011 Riesling Sekt brut Mittelheimer St. Nikolaus **12,5 %/9,80 €**
83 2012 Riesling Kabinett trocken Oestricher Doosberg **12 %/5,70 €**
85 2012 Riesling Kabinett trocken Oestricher Lenchen **12 %/5,90 €** ☺
85 2012 Riesling Kabinett trocken Mittelheimer St. Nikolaus **12 %/6,30 €**
85 2012 Riesling Spätlese trocken Hattenheimer Hassel **12 %/7,90 €**
87 2012 Riesling Spätlese trocken Hattenheimer Wisselbrunnen **12,5 %/8,90 €**
83 2012 Riesling Classic **11 %/5,50 €**
84 2012 Riesling Kabinett halbtrocken Mittelheimer St. Nikolaus **11,5 %/5,90 €**
85 2012 Riesling Kabinett halbtrocken Oestricher Lenchen **11,5 %/6,30 €**

★★★

Carl **Ehrhard**

Weingut   **Rheingau**

Geisenheimer Straße 3, 65385 Rüdesheim
Tel. 06722-47396, **Fax:** 06722-406690
www.carl-ehrhard.de
info@carl-ehrhard.com
Besuchszeiten: Vinothek „Wijnhuis" (Di.-Fr. 15-18.30 Uhr, Sa. 10-14 Uhr), Gutsausschank (siehe Homepage), kulinarische Weinproben nach Vereinbarung

Inhaber . . . . Carl und Petra Ehrhard
Rebfläche . . . . 10 Hektar

Carl und Petra Ehrhard haben dieses traditionsreiche Weingut 1998 übernommen. Ihre Weinberge liegen alle in Rüdesheim, in den Lagen Berg Rottland, Berg Roseneck, Bischofsberg und Kirchenpfad. Neben 85 Prozent Riesling

E

Die besten deutschen Weinerzeuger und ihre Weine

bauen sie 13 Prozent Spätburgunder und etwas Grauburgunder an. Durch langsame und kühle Spontanvergärung versucht Carl Ehrhard die natürliche Frucht des Rieslings zu erhalten. Die Spätburgunder kommen nach der Maischegärung für mindestens zwölf Monate ins Holzfass – die „Selection" wird in Magnumflaschen abgefüllt. Im eigenen Gutsausschank , der aus einer beliebten Straußwirtschaft hervorgegangen ist, kochen die Ehrhards Gerichte, die weit über das normale Speiseangebot ringsum hinausgehen – beispielsweise Spezialitäten aus Südafrika. Seit Carl Ehrhard das Weingut übernommen hat, werden die Weine meist trocken oder „feinherb" ausgebaut, sie besitzen viel Würze und Frucht und eine manchmal fast erdige Mineralität – vor allem dann, wenn sie unter der Bezeichnung „Urstück" vermarktet werden. Und sie altern ausgezeichnet, wie eine umfangreiche Verkostung von Rieslingen über zwei Jahrzehnte zurück bewies.

Vorjahre

Der Jahrgang 2010 fiel nicht gerade einfach aus, die Rieslinge besaßen eine markante Säure und waren im Spätsommer 2011 noch sehr jugendlich, teilweise nicht harmonisch. Vor allem die „Urstück"-Weine zeigten aber schon da die typisch erdige Würze. Die Weine des Jahrgangs 2011 waren dann sehr viel zugänglicher, rassig und voller Würze. Schön, dass sich die drei „Urstück"-Rieslinge deutlich voneinander unterschieden, der Bischofsberg eine Zitrusnote, der Rottland Schmelz, besaß. Auch der Spätburgunder gefiel bestens.

Neue Kollektion

Was für 2011 galt, trifft auch für 2012 zu: Wiederum wurde das Terroir gut herausgearbeitet. Auch wenn der Roseneck-Riesling gleich nach dem Öffnen eine Reduktionsnote zeigt, präsentiert er sich später als saftiger Wein voller Schmelz. Wunderschön straff wirkt auch der trockene Kabinett. Sehr selbstbewusst kommt der 2011er Spätburgunder daher, der neun Monate in neuem Holz und ein

weiteres Jahr in gebrauchten Barriques reifte: Mit Aromen von dunklen Beeren und einem Hauch von Leder, kraftvoll aber nicht vom Holzausbau verunziert. Er entwickelt sich im Glas ausgezeichnet. Gut balanciert und stoffig ist der Sekt aus 55 Prozent weißgekeltertem Spätburgunder und 45 Prozent Grauburgunder. ◀

Weinbewertung

86	2012 Pinot Sekt brut Rüdesheimer 13 %/11,80 €
83	2012 Riesling trocken Rüdesheimer 12,5 %/7,10 €
84	2012 Riesling trocken Rüdesheimer 12,5 %/7,10 €
86	2012 Riesling Kabinett trocken Rüdesheimer 12,5 %/7,80 €
88	2012 Riesling trocken „Urstück" Rüdesheimer Bischofsberg 13 %/12,- €
90	2012 Riesling trocken „Urstück" Rüdesheimer Berg Rottland 12,5 %/12,- € ☺
83	2012 Riesling Kabinett „feinherb" 12,5 %/7,80 €
89	2012 Riesling „feinherb Urstück" Rüdesheimer Berg Roseneck 12,5 %/12,- € ☺
83	2012 Spätburgunder Blanc de Noirs trocken „Saignee" 12,5 %/7,80 €
89	2011 Spätburgunder trocken Rüdesheimer Berg Roseneck 14 %/40,- €

Ehrhart
Weinbau

Pfalz

Weinstraße 2, 76831 Eschbach
Tel. 06345-7474, Fax: 06345-7474
www.weingut-ehrhart.de
mail@weingut-ehrhart.de
Besuchszeiten: Mo.-Sa. nach Vereinbarung

Inhaber . . . . Reinhold und Benjamin Ehrhart
Rebfläche . . . . 11 Hektar

1959 füllte die Familie Ehrhart den ersten Wein unter ihrem Namen, 1988 übernahmen Reinhold und Ute Ehrhart den Betrieb und erweiterten ihn auf die heutige Größe. Mittlerweile ist Sohn Benjamin nach seiner Ausbildung zum Weinbautechniker für den Weinausbau verantwortlich und dreht an der Qualitätsschraube. Die Weinberge liegen rund um Eschbach, die besten Lagen der Familie sind der Leinsweiler Sonnenberg und der Ilbesheimer Rittersberg. Wichtigste Rebsorten im Betrieb sind Riesling und Spätburgunder, daneben gibt es Weiß- und Grauburgunder, Sauvignon Blanc, Gewürztraminer, Morio-Muskat, Dornfelder und Schwarzriesling. Das Sortiment ist aufsteigend durch einen bis drei Sterne gegliedert, darüber gibt es noch die Lagenweine.

Vorjahr

Beim Debüt im vergangenen Jahr brauchten die trockenen Weißweine alle viel Luft und setzten weniger auf vordergründige Frucht als vielmehr auf mineralische Würze und Tabaknoten – spannende Weine mit Reifepotential. Der drei-Sterne-Spätburgunder bot viel Wein fürs Geld, nur mit seinem im Barrique ausgebauten größeren Bruder, dem Spätburgunder aus dem Sonnenberg konnten wir uns nicht so recht anfreunden, hier fehlte uns die Typizität.

Neue Kollektion

Auch in diesem Jahr sind es wieder die Lagenweine, die uns aus dem Sortiment am besten gefallen: Die beiden Rieslinge aus dem Leinsweiler Sonnenberg und dem Eschbacher Hasen brauchen Zeit, um sich zu entfalten, sind in der offenen Flasche aber auch über mehrere Tage stabil, beide besitzen gute Substanz, der Sonnenberg-Riesling zeigt Zitrusnoten und feine Tabak- und Kräuterwürze und der im Holz ausgebaute Hasen-Riesling zeigt dezente Röstnoten und gute Länge. Und auch der „Inceptum", eine ungewöhnliche Barrique-Cuvée aus Weißburgunder und Scheurebe, braucht einen Tag, um seine feine Cassis-Würze zu entfalten. ◄■

Weinbewertung

84　2012 Cuvée „Inceptum"　**13 %/8,90 €**
83　2012 Sauvignon Blanc** trocken　**12 %/5,20 €**
82　2012 Weißburgunder** trocken　**12,5 %/4,70 €**
80　2012 Riesling trocken　**11,5 %/3,70 €**

81　2012 Riesling** trocken　**12 %/4,90 €**
86　2012 Riesling trocken „Alte Reben" Leinsweiler Sonnenberg　**13 %/7,20 €**
85　2012 Riesling trocken Eschbacher Hasen　**12,5 %/10,50 €**
82　2011 Spätburgunder*** trocken　**13 %/6,- €**

★★★★☆

Bernhard **Eifel**
Weingut　　　　　　　　　　　　　　　**Mosel**

Laurentiusstraße 17, 54349 Trittenheim
Tel. 06507-5972, Fax: 06507-6460
www.weingut-bernhard-eifel.de
bernhard.eifel@t-online.de
Besuchszeiten: *9-18 Uhr nach Vereinbarung*
„Stefan-Andres" Weinstube/Restaurant
(ab 18 Uhr, Mo. + Di. Ruhetag)
Gästehaus, Weinwanderungen, Fahrradtouren,
kulinarische Veranstaltungen

Inhaber . . . . Bernhard Eifel
Rebfläche . . . . 6 Hektar

Das Weingut in Trittenheim ist nicht das einzige, das den Namen Eifel führt. Seit Generationen ist dieses Weingut in Trittenheim in Familienbesitz und wird heute von Bernhard und Marietta Eifel geleitet. Tochter Alexandra ist nach einem Önologiestudium in Geisenheim und nach Praktika an der Terrassenmosel und in der Pfalz zurück nach Hause gekehrt; der von ihr verantwortete Wein mit dem Namen „Alex E." hat sich etabliert. Die Jungwinzerin ist allerdings nun auch, zusammen mit ihrem Mann, im Weingut Christoph Clüsserath aktiv. Die Weinberge von Bernhard Eifel liegen in Trittenheim in den Lagen Apotheke und Altärchen, im Longuicher Maximiner Herrenberg und im Schweicher Annaberg. Bei der Weinbereitung versucht man, das Terroir herauszuarbeiten, sowohl Edelstahl als auch Holzfässer kommen zum Einsatz; teilweise werden auch natürliche Hefen verwendet.

E

Die besten deutschen Weinerzeuger und ihre Weine

E

Vorjahre

Die Basisweine sind eine Stärke des Weinguts, der „Maximilian E." überzeugt auch in schwierigen Jahren, die betont schmelzigen, manchmal recht fülligen, aber komplexen Spitzenweine vom blauen und roten Schiefer bilden die Spitze – inzwischen gemeinsam mit dem Erste Lage-Riesling aus dem Schweicher Annaberg. Sie benötigen oft lange, um zur vollen Form zu finden, jung sind sie manchmal etwas verschlossen.

Sehr geschlossen präsentierte sich auch der Jahrgang 2010, bot kraftvolle, eigenständige Rieslinge mit Frucht und Substanz, ob trocken, halbtrocken oder süß. Auch 2011 war stark, trocken wie süß, gekrönt wurde der Jahrgang durch eine Beerenauslese.

Neue Kollektion

Die 2012er erreichen nicht immer das Niveau ihrer Vorgänger. Im halbtrockenen Segment gefällt uns der wurzelechte Riesling aus dem Annaberg besonders gut, er ist rauchig und würzig, konzentriert, saftig und kraftvoll. Ebenso gut finden wir das feinherbe Pendant aus dem Maximiner Herrenberg, das viel reife Frucht und viel Substanz besitzt. Im edelsüßen Segment dominiert die leicht kaffeeduftige Trockenbeerenauslese, die enorm dick, süß und konzentriert ist. ◄▬

Weinbewertung

85 2012 Riesling trocken „Maximilian E." **12 %/8,50 €**

85 2012 Riesling Spätlese trocken Trittenheimer Apotheke **11,5 %/10,- €**

85 2012 Riesling „vom Rotliegenden" **11,5 %/9,- €**

88 2012 Riesling „vom roten Schiefer Der Wurzelechte" Schweicher Annaberg **12 %/15,- €**

82 2012 Riesling Kabinett „feinherb" Trittenheimer Apotheke **11 %/9,- €**

83 2012 Riesling Kabinett „feinherb" Schweicher Burgmauer **10,5 %/9,- €**

88 2012 Riesling „Alex E." „feinherb" Longuicher Maximiner Herrenberg **11 %/13,- €**

85 2012 Riesling Spätlese Longuicher Maximiner Herrenberg **7,5 %/10,- €**

84 2012 Riesling Spätlese Schweicher Annaberg **7,5 %/11,- €**

86 2012 Riesling Auslese Schweicher Annaberg **7,5 %/12,50 €**

87 2012 Riesling Auslese Trittenheimer Apotheke **9 %/15,- €**

90 2012 Riesling Trockenbeerenauslese Schweicher Annaberg **5,5 %/90,- €**

Ernst **Eifel**
Weingut
Mosel

Johannes-Trithemius-Straße 21, 54349 Trittenheim
Tel. *06507-2632,* **Fax:** *06507-6683*
www.weinguteifel.de
info@weinguteifel.de
Besuchszeiten: *täglich 8-20 Uhr*
Gästehaus „Moselkloster" (45 Betten)

Inhaber . . . . Ernst und Marlene Eifel
Rebfläche . . . . 3,3 Hektar

Seit 1635 bewirtschaftet die Familie Eifel Weinberge in Trittenheim. Die Weinberge von Ernst und Marlene Eifel befinden sich in den Lagen Trittenheimer Apotheke, Trittenheimer Altärchen und Detzemer Würzgarten. 1980 hat Ernst Eifel einen Teil des Betriebes von seinem Vater übernommen (den anderen Teil sein Bruder Bernhard, siehe vorherigen Eintrag). Er baut zu 90 Prozent Riesling an, Weißburgunder und Müller-Thurgau ergänzen das Angebot. Sohn Christoph hat im August 2010 seine Winzerausbildung begonnen.

Vorjahre

Gleichmäßig präsentierte sich 2010, allerdings auf einem jahrgangsbedingt etwas niedrigeren Niveau. Sehr ähnlich präsentierte sich auch der Jahrgang 2011, mit etwas verhaltenen trockenen und halbtrockenen Weißweinen, Highlights der Kollektion waren eindeutig die edelsüßen Rieslinge, die Auslese aus der Apotheke und die Beerenauslese aus dem Altärchen.

Neue Kollektion

Eine vergleichbare 2012er Kollektion schließt sich an, bietet eine kraftvolle trockene Spätlese vom blauen Schiefer und als Highlight die Auslese aus der Apotheke, die gute Konzentration, feine Würze und Frucht im Bouquet zeigt, klar und zupackend im Mund ist, gute Struktur und Biss besitzt. ◄

Weinbewertung

79   2012 Riesling trocken   **11,5 %/5,60 €**

84   2012 Riesling Spätlese trocken „vom blauen Schiefer" Trittenheimer Altärchen   **12 %/9,- €**

81   2012 Riesling Spätlese trocken Trittenheimer Apotheke   **12 %/10,50 €**

83   2012 Riesling Kabinett halbtrocken Trittenheimer Apotheke   **11 %/7,50 €**

83   2012 Riesling Spätlese Trittenheimer Altärchen   **8,5 %/9,- €**

87   2012 Riesling Auslese Trittenheimer Apotheke   **7,5 %/15,- €/0,5l**

★★★★☆

Franz-Josef **Eifel**
Weingut   **Mosel**

🍇 *Engelbert-Schue-Weg 2, 54349 Trittenheim*
Tel. *06507-70009,* **Fax:** *06507-7139*
www.fjeifel.de
info@fjeifel.de
Besuchszeiten: *nach Vereinbarung*
Gästehaus

Inhaber . . . . Franz-Josef Eifel
Rebfläche . . . . 5 Hektar

Das Weingut, etwas versteckt in Trittenheim gelegen, wird seit 1985 in vierter Generation von Franz-Josef Eifel geführt. Mit 1,3 Hektar fing er an, heute besitzt er 5 Hektar Weinberge. Jeweils gut zwei Hektar besitzt er in den Trittenheimer Lagen Apotheke und Altärchen, hinzu kommt eine Parzelle im Neumagener Rosengärtchen. Riesling, mit bis zu 80 Jahre alten Reben, nimmt 95 Prozent seiner Rebfläche ein, dazu gibt es ein wenig Weißburgunder. Die Weinberge werden biologisch bewirtschaftet (Ecovin). Franz-Josef Eifel vergärt seine Weine recht kühl und langsam, teilweise mit den eigenen Hefen. Ausgebaut werden sie teils in Edelstahltanks, teils in Fuderfässern. Das Sortiment ist in drei Stufen gegliedert. Die Basis bilden die Kabinettweine und der Riesling „Su wie frieja", das Mittelsegment bilden Steillagenweine von 50 Jahre alten Reben, jeweils trocken, feinherb und süß, die feinherbe Variante stammt aus dem Jungheld, einer Teillage der Apotheke. Die Topweine, ebenfalls jeweils eine trockene, feinherbe und süße Variante kommen von kleinen Felsenterrassen mit wurzelechten Reben, bis zu 80 Jahre alt, und heißen Sonnenfels, „Die große Leidenschaft" und Goldstückchen.

Vorjahre

Die 2010er Kollektion war hervorragend, wie nur wenige andere an der Mosel hatte Franz-Josef Eifel sowohl klasse trockene Rieslinge, als auch „feinherbe" und süße Rieslinge erzeugt, hinzu kamen edelsüße Weine mit einer faszinierenden Beerenauslese an der Spitze. Die 2011er Kollektion präsentierte sich homogen auf hohem Niveau, schon der Kabinett war frisch und zupackend, trocken trumpfte der Sonnenfels auf, im starken feinherben Segment war „Die große Leidenschaft" unser Favorit, die süßen Spätlesen standen ihren Kollegen nicht nach.

Riesling trocken

Der Kabinett aus der Apotheke ist frisch und zupackend, deutlich gehaltvoller ist die Spätlese von alten Reben, ist füllig und kraftvoll, saftig und komplex, besitzt feine Frische. Noch besser gefällt uns der Sonnenfels-Riesling, der gute Konzentration, rauchige Noten und reife Frucht im Bouquet zeigt, kraftvoll und stoffig im Mund ist, klare reife Frucht und viel Substanz besitzt.

Riesling feinherb

Bei den feinherben Weinen fällt uns die Entscheidung schwer, alle drei stammen aus der

Apotheke, alle drei sind sehr gut. Der „Su wie frieja"ist klar und komplex, lang und nachhaltig bei dezenter Süße, der Wein aus der Teillage Jungheld ist faszinierend reintönig und eindringlich im Bouquet, ist füllig und komplex im Mund, fruchtbetont, frisch und lang. Noch besser ist „Die große Leidenschaft", der feinherbe Spitzenriesling von Franz-Josef Eifel, der viel reife Frucht und viel Substanz besitzt, enorm druckvoll und komplex, lang und nachhaltig ist – und den wir uns auch trocken ausgebaut ganz spannend vorstellen können.

Riesling süß

Der Altärchen-Kabinett ist klar und frisch, die Spätlese von alten Reben zeigt viel reife Rieslingfrucht im Bouquet, gelbe Früchte, ist füllig und saftig im Mund, besitzt herrlich viel Frucht und Substanz. Noch besser gefällt uns das Goldstückchen, das ebenso reintönig, saftig und füllig ist, aber noch etwas mehr Konzentration und Substanz besitzt. Ganz hervorragend ist auch die Auslese, die gelbe Früchte und etwas Zitrus im Bouquet zeigt, füllig und komplex im Mund ist, wunderschön lang und nachhaltig wie auch der konzentrierte Eiswein, der herrlich viel Frucht und Biss besitzt. Eine ganz starke Kollektion!

Weinbewertung

84 2012 Riesling Kabinett trocken Trittenheimer Apotheke **11,5 %/9,- €**

88 2012 Riesling Spätlese trocken „Alte Reben" Trittenheimer Apotheke **12 %/15,- €**

89 2012 Riesling trocken „Sonnenfels" Trittenheimer Apotheke **12,5 %/19,- €**

89 2012 Riesling „Su wie frieja" Trittenheimer Apotheke **11,5 %/12,- €** ☺

89 2012 Riesling Spätlese „feinherb Jungheld" Trittenheimer Apotheke **11 %/15,- €**

91 2012 Riesling Auslese „feinherb Die große Leidenschaft" Trittenheimer Apotheke **12 %/19,- €**

83 2012 Riesling Kabinett Trittenheimer Altärchen **7,5 %/9,- €**

89 2012 Riesling Spätlese „Alte Reben" Trittenheimer Apotheke **7,5 %/15,- €**

90 2012 Riesling Spätlese „Goldstückchen" Trittenheimer Apotheke **7,5 %/19,- €**

92 2012 Riesling Auslese Trittenheimer Apotheke **8 %/20,- €/0,5l**

93 2012 Riesling Eiswein Trittenheimer Altärchen **8 %/48,- €/0,375l**

★★☆

Eifel-Pfeiffer
Weingut   **Mosel**

Moselweinstraße 70, 54349 Trittenheim
Tel. 06507-926214 / 926215, *Fax:* 06507-926230
www.eifel-pfeiffer.de
anne.eifel@eifel-pfeiffer.de
Besuchszeiten: nach Vereinbarung
Weinproben

Inhaber . . . . Heinz und Brigitte Eifel
Rebfläche . . . . 7 Hektar

Das Weingut Eifel-Pfeiffer ist ein alteingesessenes Familienweingut in Trittenheim, das bereits 1640 erstmals urkundlich erwähnt wurde. Heinz und Brigitte Eifel werden heute von Tochter Anne unterstützt, die ihr Studium in Geisenheim bereits im Jahr 2000 beendet hat. Die Weinberge liegen in den Lagen Trittenheimer Apotheke und Altärchen, Graacher Himmelreich und Domprobst sowie in der Wehlener Sonnenuhr und in der Bernkasteler Badstube. Riesling nimmt über 90 Prozent der Rebfläche ein. Etwa ein Fünftel der Rieslingfläche ist mit wurzelechten, 50 bis 90 Jahre alten Reben bestockt. Je nach Jahrgangsbedingungen und Reifezustand wird das Lesegut mittels Ganztraubenpressung gekeltert oder vor dem Pressen angequetscht. Die Weine werden teils in Edelstahltanks, teils in Fuderfässern ausgebaut.

Vorjahre

2010 war jahrgangsbedingt etwas verhaltener, bot aber zuverlässig gute Qualität, am besten gefiel uns die Auslese aus der Apotheke. Die 2011er schlossen wieder an frühere Jahrgänge an, die Kollektion präsentierte sich geschlossen auf gutem und sehr gutem Niveau. Der Gutsriesling war frisch und klar, die drei trockenen Spätlesen besaßen gute Substanz; unter den süßen Spätlesen galt unsere leichte Präferenz dem Wein aus der Sonnenuhr, am besten aber gefiel uns wieder die Auslese aus der Apotheke.

Neue Kollektion

Der trockene Gutsriesling ist klar und frisch, die beiden Spätlesen besitzen Kraft und Substanz, sind noch sehr jugendlich. Auch der Wurzelechte besitzt viel reife Frucht und Substanz, die Kabinettweine sind frisch und klar, unsere eindeutigen Favoriten in der 2012er Kollektion sind aber die beiden süßen Spätlesen: Die Domprobst-Spätlese ist wunderschön reintönig und strukturiert, die aus der Sonnenuhr konzentrierter, aber ebenso reintönig, sie ist füllig und saftig, besitzt herrlich viel Frucht und Substanz. Gute Kollektion! ◄

Weinbewertung

82 2012 Riesling trocken 11,5 %/6,- €

85 2012 Riesling Spätlese trocken Trittenheimer Apotheke 11,5 %/10,- €

85 2012 Riesling Spätlese trocken Neumagener Sonnenuhr 11,5 %/10,- €

86 2012 Riesling Spätlese „Der Wurzelechte" Graacher Domprobst 11 %/10,- €

84 2012 Riesling Kabinett halbtrocken Graacher Himmelreich 11 %/7,50 €

82 2012 Riesling Kabinett Trittenheimer Altärchen 8 %/7,50 €

84 2012 Riesling Kabinett Trittenheimer Apotheke 8,5 %/8,- €

88 2012 Riesling Spätlese Graacher Domprobst 7,5 %/10,- € ☺

89 2012 Riesling Spätlese Wehlener Sonnenuhr 8 %/11,- € ☺

★★★

Bernhard **Ellwanger**
Weingut   **Württemberg**

Rebenstraße 9, 71384 Weinstadt
Tel. 07151-62131, **Fax:** 07151-603209
www.weingut-ellwanger.com
info@weingut-ellwanger.com
Besuchszeiten: Mo./Di./Do./Fr. 14-18:30 Uhr, Sa. 9:30-12:30 Uhr

E

Inhaber . . . . Familie Ellwanger
Rebfläche . . . . 27 Hektar

Bernhard und Ingrid Ellwanger gründeten 1975 das Weingut, mit einem halben Hektar Weinberge. Vor allem in den letzten zehn Jahren haben sie sich kontinuierlich vergrößert, so dass das Gut mit heute 27 Hektar, verteilt aufs ganze Remstal, zu den großen Weingütern in der Region gehört. Die Weinberge liegen vor allem in Großheppach (in 270 bis 430 Meter Höhe, Lage Steingrübler mit buntem Mergel), Schorndorf (Grafenberg, Keuperböden) und Geradstetten (Sandsteinverwitterungsböden). Zwei Drittel der Fläche nehmen rote Sorten ein. Neben Trollinger, Spätburgunder und Lemberger gibt es auch Sorten wie Muskattrollinger, Hegel, Merlot, Syrah und Cabernet Franc. Wichtigste Weißweinsorte ist Riesling. Danach folgt Sauvignon Blanc. Seit 1999, nach Geisenheim-Studium und Aufenthalt in Neuseeland – daher die Begeisterung für Sauvignon Blanc – ist Sohn Sven im Betrieb tätig und für den Keller verantwortlich. Mit dem Jahrgang 2007 wurde erstmals der Riesling „R" erzeugt, eine natürliche Mutation des Weißen Rieslings, dessen Beerenhaut eine ähnliche Farbe aufweist wie die des Traminers oder des Grauburgunders.

Vorjahre

Seit der ersten Ausgabe empfehlen wir die Weine der Ellwangers, in diesem Zeitraum haben sie kräftig zugelegt, heute können sie sich mit den besten Weingütern Württembergs messen. Der 2010er Sauvignon Blanc „Junges Schwaben" war eigenwillig verschlossen, besaß viel Substanz. Besser aber gefielen uns vor zwei Jahren die 2009er Rotweine, zum Teil als Fassproben verkostet, sie besaßen Frucht und Struktur. Im vergangenen Jahr konnten wir Lemberger und Syrah abgefüllt verkosten – sie gefielen uns noch besser denn als Fassproben. Auch sonst präsentierte sich die Kollektion stimmig auf gutem Niveau, schon die Holzfass-Rotweine waren klar und wunderschön fruchtbetont, die Cuvée CMX besaß gute Struktur und Substanz. Das weiße Segment wurde angeführt von dem gewohnt eigenwilligen Sauvignon Blanc „Junges Schwaben".

Neue Kollektion

Sehr stimmig präsentiert sich nun die neue Kollektion, angefangen beim klaren, zupackenden Gutsriesling. Das weiße Segment bietet klare, kraftvolle Weine – und den Sauvignon Blanc Junges Schwaben, der auch dieses Jahr von uns wieder heiß diskutiert wurde, ein Wein, bei dem man keinen gemeinsamen Nenner finden kann, verkostet man ihn in der Gruppe. Das rote Segment bietet ähnlich klare, geradlinige Weine, an der Spitze stehen die drei Weine der SL-Klasse. Der Spätburgunder zeigt gute Konzentration im Bouquet, Gewürze und etwas Toast, ist füllig und kraftvoll im Mund, besitzt reife Frucht, gute Struktur und Frische. Der gewürzduftige Syrah ist füllig und schmeichelnd im Mund besitzt reife Frucht und gute Struktur. Herrlich reintönig ist schließlich der Lemberger, füllig und kraftvoll, besitzt gute Struktur und Substanz, ist noch sehr jugendlich und besitzt Potenzial. ◄━

Weinbewertung

84 2012 Riesling trocken **11,5 %/6,50 €**
87 2012 Riesling Spätlese trocken „bunter Mergel" **12,5 %/9,- €**
85 2012 Sauvignon Blanc trocken **13 %/9,- €**
86 2012 Roter Riesling trocken **12,5 %/9,80 €**
87 2011 Sauvignon Blanc trocken „Junges Schwaben" **13 %/22,- €**

85 2012 Riesling Spätlese Geradstettener Lichtenberg **9 %/9,80 €**
85 2012 Gewürztraminer Auslese Großheppacher Steingrüble **9 %/14,- €**
88 2012 Riesling Eiswein **8,5 %/25,- €**
83 2012 Trollinger trocken „G" **12 %/6,50 €**
83 2011 „Kreation Nero" Rotwein trocken **13 %/9,- €**
84 2011 Lemberger trocken „Steillage" **13 %/9,80 €**
85 2011 Spätburgunder trocken „bunter Mergel" **13 %/12,- €**
89 2011 Spätburgunder trocken „SL" Großheppacher Steingrüble **13 %/22,- €**
(89) 2011 Lemberger trocken „SL" Großheppacher Wanne **13,5 %/22,- €**
(88) 2011 Syrah trocken „SL" Großheppacher Wanne **14 %/22,- €**

★★★★
Jürgen **Ellwanger**
Weingut
Württemberg

Bachstraße 21, 73650 Winterbach
Tel. *07181-44525,* **Fax:** *07181-46128*
www.weingut-ellwanger.de
info@weingut-ellwanger.de
Besuchszeiten: *Di.-Fr. 8-12 + 15-19 Uhr, Sa. 8-15 Uhr*

Inhaber .... Jörg und Felix Ellwanger
Rebfläche .... 26 Hektar

Weinbau wird schon seit dem 16. Jahrhundert in der Familie betrieben, das heutige Weingut Ellwanger wurde 1949 von Gottlob Ellwanger gegründet. Jürgen Ellwanger machte das Gut über Württemberg hinaus bekannt, war als Mitglied der 1986 gegründeten Hades-Gruppe einer der Pioniere des Barriqueausbaus in Deutschland. Heute führt sein Sohn Jörg Ellwanger den Betrieb zusammen mit Ehefrau Sylvia und unterstützt von seinem jüngsten Bruder Felix. Der andere Bruder, Andreas, hat zusammen mit seiner Ehefrau das Weingut Doreas gegründet, unterstützt aber seinen Bruder noch im Keller. Jörg Ellwangers Weinberge verteilen sich auf fünf Gemeinden im Remstal. Wichtigste Lagen sind Winterbacher Hungerberg, Grunbacher Berghalde und Klingle, Hebsacker Lichtenberg und Schnaiter Altenberg. Er baut zu 65 Prozent rote Sorten an, vor allem Lemberger, Trollinger und Spätburgunder, aber auch Zweigelt, Merlot und Syrah. Mit Abstand wichtigste weiße Rebsorte ist Riesling, dazu gibt es Weißburgunder, Grauburgunder und Chardonnay.

Vorjahre

Seit der ersten Ausgabe empfehlen wir das Weingut, wiesen schon damals darauf hin, dass hier mit die interessantesten Rotweine in Württemberg entstehen. In Deutschland, müsste man mittlerweile präzisieren, zeichneten wir doch das Weingut einmal für die beste Rotweinkollektion in Deutschland aus. Aber auch mit seinen Rieslingen, trocken wie edelsüß, gehört Jörg Ellwanger regelmäßig zur Spitze. Die 2008er Rotweine präsentierten sich vor zwei Jahren geschlossen auf hohem Niveau, der 2009er Spätburgunder aus dem Lichtenberg konnte Paroli bieten. Im weißen 2010er Segment überraschte der reintönige Sauvignon Blanc, der Riesling aus dem Altenberg bestätigte den sehr guten Eindruck der vergangenen Jahre und der Riesling Eiswein setzte das gewohnte edelsüße Glanzlicht. Auch 2011 überzeugten die Weißweine wie gewohnt, vom Riesling Kabinett bis hin zum Großen Gewächs. Ganz leicht präferierten wir aber auch im vergangenen Jahr wieder die Rotweine, wobei die 2009er bei unserer Verkostung teils recht holzgeprägt waren.

Weißweine

Die 2012er Weißweine präsentieren sich sehr stimmig, beginnend beim frischen, zupackenden Riesling aus Winterbach. Der Sauvignon Blanc ist wunderschön reintönig, die beiden Rieslinge aus dem Altenberg besitzen reife Frucht, Fülle, Substanz und Struktur, das Große Gewächs ist noch etwas konzentrierter und komplexer als der „Erste Lage"-Riesling – und vielleicht können sich die Ellwangers ja auch noch entscheiden, ob der Altenberg nun eine Große Lage oder eine Erste Lage ist? Der Rieslingsekt ist fruchtbetont und füllig, der Hades-Grauburgunder sehr vom Holz geprägt, ein faszinierend reintöniger Riesling Eiswein zeigt wie schon oft, dass man sich hier auch auf edelsüß versteht.

Rotweine

Der rote Teil der Kollektion hat gleich drei großartige Spitzen aufzuweisen, die beiden Großen Gewächse des Jahrgangs 2011 und den unfiltriert abgefüllten Zweigelt aus dem Jahrgang 2009, ein faszinierend konzentrierter und kraftvoller Wein mit reifer Frucht, guter Struktur und Substanz. Der Spätburgunder aus dem Lichtenberg ist konzentriert und reintönig im Bouquet, zeigt etwas Kirschen, ist füllig und saftig im Mund, besitzt gute Substanz und Länge. Wesentlich stoffiger und kraftvoller ist der Lemberger, konzentriert und dominant, besitzt herrlich viel Frucht und Substanz. ◄━

Weinbewertung

86	2010 Riesling Sekt brut **12 %/13,50 €**
85	2012 Riesling trocken Winterbach **12 %/7,50 €**
88	2012 Sauvignon Blanc trocken **13 %/13,- €**
88	2012 Riesling „Erste Lage" Schnaiter Altenberg **10,50 €**
87	2011 Grauburgunder trocken „Hades" **14%/19,- €**
90	2012 Riesling „GG" Schnaiter Altenberg **22,- €**
91	2012 Riesling Eiswein Winterbacher Hungerberg **8,5 %/37,- €**
84	2012 Lemberger trocken Hebsacker **12,5%/7,50€**
85	2011 Zweigelt „H" trocken **13 %/13,- €**
85	2011 Merlot „H" trocken **13,5 %/13,- €**
91	2009 Zweigelt trocken „Hades" „unfiltriert" **13 %/24,- €**
90	2011 Spätburgunder „GG" Hebsacker Lichtenberg **13,5 %/22,- €**
91	2011 Lemberger „GG" Hebsacker Lichtenberg **13,5 %/22,- €**

E

Die besten deutschen Weinerzeuger und ihre Weine

★

Emmerich-Koebernik

Weingut   **Nahe**

◆ *Hauptstraße 44, 55596 Waldböckelheim*
Tel. *06758-426,* **Fax:** *06758-7697*
www.emmerich-koebernik.de
weingut@emmerich-koebernik.de
Besuchszeiten: *täglich 9-19 Uhr nach Vereinbarung*
Gutsausschank Sa. ab 17 Uhr, So. ab 11 Uhr

Inhaber . . . . . Doris und Ernst-Günter Koebernik
Rebfläche . . . . 14 Hektar

Das zuvor als Weingut Hermann Emmerich bekannte Weingut in Waldböckelheim wird von Ernst-Günter und Doris Koebernik geführt, die heute von Tochter Christiane unterstützt werden. Ihre Weinberge liegen in den Waldböckelheimer Lagen Kronenfels, Mühlberg und Kirchberg, sowie im Schlossböckelheimer Königsfels. In der Lage Kronenfels, wo man 11 Hektar besitzt, werden vor allem die Guts- und Terroirweine erzeugt. Im Mühlberg (1,57 ha) baut man ausschließlich Riesling an, ebenso im Felsenberg (1 ha). Im Kirchberg hat man 2012 eine große Parzelle erworben, die im Jahr darauf mit Riesling und Grauburgunder bepflanzt wurde. Im letzten Jahrzehnt wurde der Rebsortenspiegel konsequent umgestellt, so dass heute der Schwerpunkt auf traditionellen Rebsorten liegt: Riesling, Weißburgunder, Grauburgunder, Silvaner, Scheurebe, Gewürztraminer, Spätburgunder und St. Laurent werden angebaut. Die Weißweine werden temperaturgesteuert in Edelstahltanks vergoren. Die Rotweine, auch ausgewählte Weißweine, werden in großen oder kleinen Eichenholzfässern ausgebaut.

Kollektion

Eine stimmige Kollektion mit klaren Gutsweinen und fülligeren, deutlich von Restsüße geprägten Terroirweinen präsentiert das Weingut. Am spannendsten finden wir die Lagenweine, wie den konzentrierten, kraft-

vollen, noch etwas jugendlich-bitteren Riesling aus dem Mühlberg, die saftig-süffige Spätlese aus dem Kronenfels oder den würzig-duftigen, konzentrierten Eiswein aus dem Kronenfels. ◄

Weinbewertung

83	2012 Riesling trocken „vom Tonschiefer" 12 %/8,40 €
83	2012 Grauburgunder trocken „vom Rotliegenden" 12,5 %/8,80 €
84	2012 Riesling trocken Mühlberg 13 %/14,- €
82	2012 Riesling „feinherb" 12 %/5,60 €
82	2012 Grauburgunder 12,5 %/6,50 €
84	2012 Riesling Spätlese Königsfels 9,5 %/12,80 €
87	2012 Riesling Eiswein Kronenfels 8 %/35,- €/0,5l

★★★★★

Emrich-Schönleber

Weingut   **Nahe**

Soonwaldstraße 10a, 55569 Monzingen
Tel. *06751-2733,* **Fax:** *06751-4864*
www.emrich-schoenleber.com
weingut@emrich-schoenleber.com
Besuchszeiten: *Mo.-Fr. 8-12 + 13:30-18 Uhr, Sa. 8-12 + 13-16 Uhr, NUR nach Vereinbarung*

Inhaber . . . . Werner und Frank Schönleber
Rebfläche . . . . 18 Hektar

Seit mehr als 250 Jahren gibt es zwar Weinbau in der Familie, aber erst Ende der sechziger Jahre – mit zwei Hektar Weinbergen – begann die Entwicklung zum Weingut durch Hannelore und Werner Schönleber, die heute im Betrieb von Sohn Frank unterstützt werden. Sie bauen neben 80 Prozent Riesling etwas Grau- und Weißburgunder an. Ihnen gehören Weinberge in den Monzinger Lagen Frühlingsplätzchen und Halenberg (5 Hektar), beides steile Süd- bis Südwesthänge, in denen die Reben auf Gesteinsböden der so genannten Waderner Schichten wachsen. Hauptbodenbestandteile sind unterschiedliche Schieferarten, Quarzit und Quarz. Der Halenberg, die kleinste Monzinger Lage, besteht aus steinigen, von blauem Schiefer und Quarzit geprägten Böden. Das Frühlingsplätzchen ist von rotem Schiefer und Kiesel geprägt, häufig durchsetzt mit rotem Lehm und Rotliegendem. Im Filetstück des Halenberg, früher Lay genannt, haben Werner und Frank Schönleber 2007 eine 0,64 Hektar große Brachfläche rekultiviert, 2008 eine weitere, 1,2 Hektar groß, direkt über dem Halenberg.

Schon in der ersten Ausgabe konstatierten wir, dass Werner Schönleber sich in der Spitze der Nahe-Winzer etabliert hat. Aber Spitze sein genügt nicht, man muss immer noch besser werden. Wir sind beeindruckt, wie die Qualität in diesen zehn Jahren stetig weiter gesteigert wurde, wie die Weine immer noch präziser, noch ausdrucksstärker geworden sind. Wir sind beeindruckt, weil dies nicht nur für die Großen Gewächse gilt, sondern in gleichem Maße auch für den Gutsriesling und für alle anderen Weine: Das ist Größe!

Vorjahre

Auch 2010 brillierten Werner und Frank Schönleber wieder mit faszinierenden edelsüßen Weinen, mit Auslese und Eiswein aus dem Halenberg. Im trockenen Segment gab es einen ganz puristischen Riesling „Mineral", die trockenen Lagenweine zeigten ebenfalls diese puristische, mineralische Stilistik, besaßen aber noch mehr Substanz und Druck. In den Großen Gewächsen war dann alles noch konzentrierter, der Halenberg lag einmal mehr vor dem Frühlingsplätzchen. Dass trockene Schönleber-Rieslinge hervorragend reifen, davon konnten wir uns bei einem Besuch vor Ort überzeugen, diese Überzeugung wurde dann bei unserer großen Verkostung mit trockenen Rieslingen des Jahrgangs 2001 eindrucksvoll bestätigt mit dem Sieg der trockenen Auslese aus dem Halenberg. Keine Überraschung: Die Kollektion war auch 2011 wieder rundum gelungen! Schon der Gutsriesling war herrlich reintönig wie auch der „Mineral", die beiden Lagenrieslinge waren dann noch einmal substanzreicher und auch eleganter. Unter den beiden Großen Gewächsen – beide enorm nachhaltig, mit viel Druck und Länge – war einmal mehr der Wein aus dem Halenberg knapp unser Favorit, der Versteigerungswein „A. de.L." aus der Lay stand ganz am Anfang seiner Entwicklung. Der 2009er Riesling „R" aus dem Halenberg war faszinierend nachhaltig und harmonisch und so klar und präzise wie auch die hervorragenden süßen und edelsüßen Rieslinge.

Neue Kollektion

2012 ist schon der Gutsriesling enorm stark, wie alle seine „großen Brüder" zeigt er reintönige Frucht, Kräuterwürze und mineralische Noten, wie der „Mineral", zu dem der Abstand in diesem Jahr gar nicht so groß ist, ist er schlank und elegant. Die beiden Grauburgunder besitzen viel klare Frucht und Substanz, beim mächtigen 2011er „R" kommt dazu viel Stoff und Würze. Unter den beiden Lagenrieslingen ist der Halenberg wieder etwas präziser und nachhaltiger als das Frühlingsplätzchen, gleiches gilt für die Großen Gewächse aus den beiden Lagen, die Lagencharakteristika sind auch in diesem Jahr ganz klar zu erkennen: Das etwas fülligere Frühlingsplätzchen zeigt Kräuternoten, der Halenberg ist präziser, markanter und nachhaltiger mit Noten von Rauch und Tabak. Der „A.de.L" zeigt ähnliche Würze wie der Halenberg, ist herrlich eindringlich und komplex und ist wie auch im Jahr zuvor wieder eleganter als die Großen Gewächse. Unter den beiden verkosteten, halbtrockenen „R"-Rieslingen aus dem Halenberg ist der 2010er wesentlich verhaltener als der Jahrgang 2011 und sollte bald getrunken werden, während der 2011er noch eine lange Zukunft vor sich hat. Auch unter den herrlich reintönigen Spätlesen ist der Wein aus dem Halenberg komplexer als das Frühlingsplätzchen und zeigt auch hier seine prägnante rauchige Würze, die auch in der feinen und eleganten Auslese erkennbar ist. Und sowohl der Eiswein aus 2012 als auch die Trockenbeerenauslese aus 2011 sind enorm konzentriert, füllig, dominant und lang. ◄

E

Die besten deutschen Weinerzeuger und ihre Weine

E

Weinbewertung

87	Riesling Sekt brut	**13 %/14,90 €**
87	2012 Grauburgunder „S" trocken	**13,5 %/14,50 €**
90	2011 Grauburgunder „R" trocken	**15 %/33,- €**
87	2012 Riesling trocken	**11,5 %/9,50 €**
88	2012 Riesling trocken „Mineral"	**12 %/14,50 €**
89	2012 Riesling trocken Monzinger Frühlingsplätzchen	**12,5 %/18,50 €**
90	2012 Riesling trocken Monzinger Halenberg	**12,5 %/19,90 €**
92	2012 Riesling „GG" Frühlingsplätzchen	**12,5 %/34,50 €**
94	2012 Riesling „GG" Halenberg	**12,5 %/36,50 €**
93	2012 Riesling trocken „A.de.L"	**12,5 %/Verst.**
86	2012 Riesling „Lenz"	**11,5 %/10,50 €**
90	2010 Riesling „R" Monzinger Halenberg	**12,5 %/33,- €**
92	2011 Riesling „R" Monzinger Halenberg	**12,5 %/a.A.**
89	2012 Riesling Spätlese Monzinger Frühlingsplätzchen	**9 %/19,90 €**
91	2012 Riesling Spätlese Monzinger Halenberg	**9 %/19,90 €**
93	2012 Riesling Auslese Monzinger Halenberg	**8,5 %/32,50 €/ 0,375l**
93	2012 Riesling Eiswein Monzinger Halenberg	**7,5 %/99,- €/ 0,375l**
94	2011 Riesling Trockenbeerenauslese Monzinger Halenberg	**6 %/199,- €/ 0,375l**

★ ☆

Engelhof
Weingut

Baden

Engelhof 1, 79801 Hohentengen am Hochrhein
Tel. 07742-7497, Fax: 07742-7960
www.engelhof.de, engelhof@t-online.de
Besuchszeiten: Mo.-Fr. 8-12 + 14:30-18:30 Uhr,
Sa. 9-13 Uhr nach Vereinbarung

Inhaber .... Georg Netzhammer
Kellermeister .... Alexander Schira
Rebfläche .... 26 Hektar

Das 1628 gegründete Gut wurde 1982 von Obst- auf Weinbau umgestellt. 1986 übernahm die Familie Georg Netzhammer den Betrieb. Georg Netzhammer beendete 1990 in Wädenswil sein Önologiestudium und baute seither das Weingut mit seiner Frau Andrea aus. Neben der arrondierten, 20 Hektar großen Lage um das Gut am Hohentengener Oelberg bewirtschaftet Georg Netzhammer 6 Hektar am Erzinger Kapellenberg. Der Schwerpunkt liegt auf den Burgundersorten und Gutedel, zuletzt wurden Chardonnay, Johanniter und Solaris gepflanzt. Mit Ausnahme edelsüßer Spezialitäten werden alle Weine traditionell trocken ausgebaut. Die letzten Jahre investierte man in Betrieb und Kellertechnik, ein Weinforum für Degustationen und Verkauf wurde mitten im Weinberg errichtet.

Vorjahre

2010 waren die Weißweine jahrgangsbedingt schwächer, die Barriquerotweine präsentierten sich vor zwei Jahren würzig, tanninbetont und etwas holzgeprägt, hatten sich aber im Jahr darauf schön entwickelt; im weißen Segment gefiel uns im vergangenen Jahr der barriqueausgebaute Chardonnay am besten.

Neue Kollektion

Sehr geschlossen präsentiert sich die neue Kollektion, weiß wie rot. Die beiden weißen Barriqueweine, Pinot Gris und Chardonnay, sind cremig und füllig, noch etwas besser gefällt uns der 2011er Pinot Noir, der klar, frisch und zupackend ist, gute Struktur und jugendliche Tannine besitzt. ◄

Weinbewertung

81	2012 Chardonnay trocken	**12,5 %/8,90 €**
83	2012 Pinot Gris Barrique	**13,5 %/14,- €**
84	2012 Chardonnay Barrique	**13,5 %/14,- €**
82	2012 Spätburgunder Weißherbst	**12 %/5,90 €**
85	2011 Pinot Noir Barrique	**13 %/16,90 €**
83	2011 „Laura" Rotwein	**13 %/12,90 €**

Engist
Weingut

★ ☆

Baden

Winzerweg 6, 79235 Vogtsburg-Achkarren
Tel. *07662-373,* **Fax:** *07662-912203*
www.weingut-engist.de
weingut-herbert-engist@t-online.de
Besuchszeiten: *nach Vereinbarung*
2 Ferienwohnungen

Inhaber .... Herbert Daniel Engist
Rebfläche .... 4,5 Hektar

Nach seiner Meisterprüfung in Weinsberg hat Herbert Daniel Engist 1998 ein Weingut in Staufen übernommen, das er zwei Jahre lang führte. Bereits im Jahr zuvor hatte er in Achkarren die Weinberge seines Vaters, der Betriebsleiter bei der örtlichen Genossenschaft war, übernommen und in Terrassen neu angelegt. Seit dem Jahr 2000 sind diese Weinberge in Ertrag und er konzentriert sich ganz auf seine Kaiserstühler Weine. Neben den Burgundersorten hat er Riesling, Müller-Thurgau und Muskateller, aber auch Regent, Merlot und Cabernet Sauvignon gepflanzt. Die Trauben werden entrappt und meist erst nach kurzer Maischestandzeit weiterverarbeitet. Weißweine werden im Edelstahl ausgebaut, beim Chardonnay kommt ein Drittel des Weins ins Barrique. Die Rotweine baut er in gebrauchten Barriques aus, die er aus dem Piemont bezieht. Alle Rotweine durchlaufen den biologischen Säureabbau und bleiben mindestens zwölf Monate im Holz. Seine Weine baut Herbert Daniel Engist überwiegend trocken und durchgegoren aus.

Vorjahre

Vor zwei Jahren gefiel uns der 2009er Spätburgunder am besten in einer homogenen, guten Kollektion. Die letztjährige Kollektion war wiederum homogen auf gutem Niveau, mit Vorteilen im weißen Segment. Der füllige Chardonnay und der fruchtbetonte Grauburgunder gefielen uns gut, ebenso der Grauburgunder aus halbierten Trauben.

Neue Kollektion

Der besitzt auch 2012 wieder viel Substanz, aber auch deutliche Bitternoten, der 2011er Spätburgunder besitzt viel reife Frucht, Wärme und Biss – wer den hohen Alkohol nicht scheut, wird seine Freude haben. ◀

Weinbewertung

81 2012 Weißburgunder Kabinett trocken Achkarrer Schlossberg **13 %/6,70 €**

83 2012 Grauburgunder Kabinett trocken Achkarrer Schlossberg **13 %/6,70 €**

81 2012 Muskateller Kabinett trocken Achkarrer Schlossberg **12 %/8,- €**

83 2012 Grauburgunder Auslese „HTB" trocken Barrique Achkarrer Schlossberg **15 %/18,- €**

83 2011 Merlot-Cabernet Sauvignon trocken Achkarrer Schlossberg **13,5 %/9,50 €**

85 2011 Spätburgunder Auslese trocken Achkarrer Schlossberg **15 %/25,- €**

Engler
Weingut

★ ☆

Baden

Moltkeplatz 2, 79379 Müllheim
Tel. *07631-170550,* **Fax:** *07631-173345*
www.weingut-engler.de
info@weingut-engler.de
Besuchszeiten: *Mo.-Fr. 9-18:30 Uhr, Sa. 9-16 Uhr*
oder nach Vereinbarung

Inhaber .... Andrea Engler-Waibel
Rebfläche .... 10 Hektar

Seit 1892 ist das Gut am Moltkeplatz in Müllheim in Familienbesitz. 1960 übernahm Hans Engler das Gut. Zusammen mit seiner Frau Ursula erweiterte er es auf die heutige Fläche und stellte ganz auf Flaschenvermarktung um. Tochter Andrea war nach ihrem Geisenheimstudium 5 Jahre Betriebsleiterin eines Weingutes am Bodensee bevor sie 1999 in das elterliche Weingut zurückgekommen ist, das sie dann 2004 übernahm. Ihre Wein-

E

Die besten deutschen Weinerzeuger und ihre Weine

berge befinden sich in den Müllheimer Lagen Reggenhag, Pfaffenstück und Sonnhalde sowie im Badenweiler Römerberg. Hauptrebsorten sind Spätburgunder und Gutedel. Hinzu kommen Grau- und Weißburgunder, Nobling, sowie etwas Riesling, Chardonnay und Gewürztraminer. Die Weißweine werden reduktiv ausgebaut mit Betonung auf Frische und Frucht. Die Spätburgunder werden maischevergoren und in Holzfässern ausgebaut. 2011 wurde der neue Weinverkauf mit Probierstube eröffnet.

Vorjahre

Die 2010er Weißweine präsentierten sich frisch, klar und fruchtbetont wie auch die Rotweine des Jahrgangs 2009, angeführt von der fülligen trockenen Auslese. Sehr stimmig und gleichmäßig war die letztjährige Kollektion, bot frische, reintönige Weißweine, klare, fruchtbetonte Spätburgunder und einen geradlinigen, würzigen Nobling-Sekt.

Neue Kollektion

2012 zeigt exemplarisch die Stärke des Weinguts: Alle Weine sind wunderschön reintönig und immer zuverlässig gut. Egal ob Gutedel oder Weißburgunder, Grauburgunder oder Chardonnay, alle präsentieren sie sich frisch und fruchtbetont, klar und zupackend. Und was für die Kabinettweine gilt, das gilt auch für die Grauburgunder Spätlese aus dem Römerberg, die gute Konzentration und herrlich eindringliche, reintönige Frucht im Bouquet zeigt, füllig und kraftvoll im Mund sich präsentiert, gute Substanz und wunderschön reintönige Frucht besitzt. Eine stimmige, überzeugende Kollektion. ◄

Weinbewertung

84 2012 Gutedel Kabinett trocken Müllheimer Reggenhag **11,5 %/5,50 €**

83 2012 Weißburgunder Kabinett trocken Müllheimer Pfaffenstück **12,5 %/6,30 €**

84 2012 Grauburgunder Kabinett trocken Müllheimer Sonnhalde **12,5 %/6,30 €**

84 2012 Chardonnay Kabinett trocken Müllheimer Sonnhalde **13 %/6,50 €**

87 2012 Grauburgunder Spätlese trocken Badenweiler Römerberg **14 %/9,- €**

82 2011 Spätburgunder trocken Müllheimer Pfaffenstück **13,5 %/6,50 €**

★★

Theo **Enk**
Weingut

Nahe

Weinbergstraße 13, 55452 Dorsheim
Tel. *06721-45470,* **Fax:** *06721-47884*
www.weingut-theo-enk.de
info@weingut-theo-enk.de
Besuchszeiten: *nach Vereinbarung*

Inhaber . . . . Theo und Steffen Enk
Rebfläche . . . . 8,5 Hektar

Das Weingut wird heute in dritter Generation von Theo Enk zusammen mit Sohn Steffen geführt, der 2002 seine Ausbildung zum staatlich geprüften Weinbautechniker abschloss. 40 Prozent der Weinberge nimmt Riesling ein, dazu gibt es 15 Prozent Grauburgunder und je 10 Prozent Weißburgunder und Spätburgunder, aber auch Scheurebe, Kerner, Silvaner, Dornfelder und Portugieser. Die Weine werden zu 85 Prozent trocken ausgebaut.

Vorjahre

Vor zwei Jahren war der Riesling aus dem Karthäuser unser Favorit in einer überzeugenden Kollektion, in der nicht nur die Rieslinge, sondern auch Weißburgunder und Grauburgunder zu gefallen wussten. Beeindruckend, bei ein wenig bitteren Tanninen, war auch der barriqueausgebaute Spätburgunder aus dem Jahrgang 2009. Im letzten Jahr stand der ganz knapp über der für trockene Weine zulässigen Restzuckergrenze liegende Goldloch-Riesling mit guter Substanz und Länge an der Spitze der Kollektion, gefolgt von den Rieslingen aus dem Karthäuser und dem Fuchsen mit klarer Frucht und feinem Biss. Und auch der nach Steffen Enks 2011 geborenem Sohn Florian benannte Grauburgunder, eine Selektion aus der ältesten Parzelle des Weinguts, und der Silvaner von alten Reben überzeugten.

Neue Kollektion

Der cremige und konzentrierte Grauburgunder gefällt uns in diesem Jahr sogar noch eine Spur besser als im vergangenen Jahr, zusammen mit drei Rieslingen, die allesamt etwas Luft brauchen bis sie sich öffnen, gehört er zur Spitze der Kollektion. Die trockenen Rieslinge aus dem Fuchsen und dem Karthäuser und der halbtrockene Wein aus dem Goldloch überzeugen mit Saft, klarer Frucht, feinem Säure-Spiel und nachhaltigen mineralischen Noten. ◀

Weinbewertung

83   2012 Grauburgunder trocken   **13,5 %/6,20 €**

86   2012 Grauburgunder trocken „Florian"   **13,5 %/9,80 €**

84   2012 Weißburgunder trocken Laubenheimer Karthäuser   **13,5 %/7,50 €**

86   2012 Riesling trocken „mariage III" Laubenheimer Fuchsen   **12,5 %/8,50 €**

87   2012 Riesling „S" Spätlese trocken Laubenheimer Karthäuser   **12,5 %/9,- €**

87   2012 Riesling Dorsheimer Goldloch   **12,5 %/13,80 €**

81   2012 Riesling Kabinett „feinherb" Laubenheimer Karthäuser   **11 %/5,40 €**

82   2012 Riesling Spätlese halbtrocken Dorsheimer Goldloch   **11,5 %/9,- €**

83   2012 Riesling Spätlese Dorsheimer Goldloch   **8,5 %/8,20 €**

★

Udo & Timo **Eppelmann**
Weingut   **Rheinhessen**

Kirchgasse 10, 55271 Stadecken-Elsheim
Tel. 06136-2778, *Fax:* 06136-3403
www.weingut-eppelmann.de
info@weingut-eppelmann.de
Besuchszeiten: Di.-Fr. 16-18 Uhr, Sa. 10-15 Uhr und nach Vereinbarung

Inhaber .... Udo & Timo Eppelmann
Rebfläche .... 18 Hektar

Die wichtigsten Rebsorten bei Udo und Timo Eppelmann – Vater Udo kümmert sich um den Vertrieb, Sohn Timo um Weinanund -ausbau – sind Riesling, Spätburgunder, Grauburgunder und Dornfelder. Es folgen Portugieser, Silvaner, Müller-Thurgau, Sankt Laurent, Weißburgunder und Frühburgunder, aber auch Spezialitäten wie Gewürztraminer und Huxelrebe. 40 Prozent der Rebfläche nehmen rote Sorten ein. Ihre Spitzenlagen sind die Elsheimer Lagen Blume und Bockstein. Die Weißweine werden gezügelt vergoren und im Edelstahl ausgebaut, die Rotweine reifen nach der Maischegärung in Holzfässern. Im Barrique ausgebaute Spitzenweine werden in der Linie „Turmjuwel" vermarktet. 2010 wurde die neue Vinothek fertig gestellt.

Vorjahre

Vor zwei Jahren gefiel uns die Kollektion gut, die Weißweine waren klar und frisch, die Barrique-Rotweine kraftvoll und konzentriert, der enorm üppige Spätburgunder war besonders stark. Ein solches Highlight gab es im vergangenen Jahr nicht, aber die Kollektion gefiel uns gut, überzeugte durch ihre Geschlossenheit.

Neue Kollektion

Die neue Kollektion zeigt schöne Ansätze beim konzentrierten, reintönigen Riesling aus der Blume, beim rauchigen Pinot Noir oder beim kraftvollen, strukturierten Cabernet Sauvignon. Die als Highlight angekündigte Trilogie aus einer – alkoholreichen – 2011er Spätburgunder-Auslese-Partie konnte uns nicht ganz überzeugen, am besten gefällt uns die edelsüße Blanc de Noir-Variante. ◀

Weinbewertung

83   „CoSecco" Perlwein trocken   **11,5 %**

83   „Sinfonie" Pinot Sekt brut   **13,5 %/9,20 €**

82   2012 Pinot Gris „Kalkmergel" Elsheimer Blume   **13,5 %/7,50 €**

83   2012 Riesling Spätlese trocken „Terra Fusca"

Elsheimer Bockstein **12,5 %/8,50 €**

85 2012 Riesling Spätlese trocken „Turmjuwel" Elsheimer Blume **12,5 %/11,10 €**

85 2011 Spätburgunder „weißgekeltert" Auslese „Turmjuwel" **11 %/12,60 €/0,5l**

85 2011 Pinot Noir trocken Barrique „Terra Fusca" Elsheimer Bockstein **15 %/9,50 €**

85 2011 Cabernet Sauvignon trocken Barrique „Turmjuwel" Elsheimer Bockstein **14 %/19,10 €**

82 2011 Spätburgunder trocken Barrique „Turmjuwel" Elsheimer Bockstein **15,5 %/19,10 €**

81 2011 Spätburgunder Auslese trocken Barrique „Turmjuwel" **16 %/12,60 €/0,5l**

83 2011 Spätburgunder Auslese süß Barrique „Turmjuwel" **13 %/12,60 €/0,5l**

★

Kurt **Erbeldinger** & Sohn

Weingut   **Rheinhessen**

West 3, 67595 Bechtheim
Tel. 06244-4932, Fax: 06244-7131
www.weingut-erbeldinger.de
info@weingut-erbeldinger.de
Besuchszeiten: Mo.-Fr. 7-18 Uhr, Sa. 8-17 Uhr,
So. 9-12 Uhr
Weinprobierstube

Inhaber......................Stefan Erbeldinger
Rebfläche..............................30 Hektar

Kurt und Gertrud Erbeldinger haben 1960 ihre ersten Flaschen unter eigenem Etikett vermarktet und den Mischbetrieb nach und nach auf Flaschenweinvermarktung umgestellt. Nach dem Tod von Kurt Erbeldinger übernahm sein Sohn Stefan den Betrieb, heute führt ihn Stefans Sohn Christoph. Neben Weinbergen in den verschiedenen Bechtheimer Lagen – Heilig-Kreuz, Pilgerpfad, Hasensprung, Geyersberg – ist er in der Gundheimer Lage Mandelbrunnen vertreten. Wichtigste Rebsorten sind Riesling, Weißburgunder, Spätburgunder, Portugie-

ser und Dornfelder, dazu gibt es vor allem noch Müller-Thurgau, Silvaner und Chardonnay.

Vorjahre

Gleichmäßig präsentierte sich der Jahrgang 2010, wurde angeführt vom faszinierenden „feinherben" Muskateller. Sehr gleichmäßig präsentierte sich der Jahrgang 2011, wurde angeführt von einem üppigen, etwas süßen Weißburgunder und einer knackigen trockenen Riesling Spätlese.

Neue Kollektion

Aus einer sehr gleichmäßigen, aber insgesamt etwas verhaltenen Kollektion ragt ein Wein hervor: Der Weißburgunder „privat" zeigt reife Frucht im Bouquet, ist füllig und kraftvoll im Mund, besitzt gute Struktur und Substanz. ◄━

Weinbewertung

80 2012 Weißburgunder Spätlese trocken Bechtheimer Hasensprung **14 %/7,- €**

86 2012 Weißburgunder trocken „privat" Bechtheimer Hasensprung **14 %/15,50 €**

81 2012 Riesling Spätlese trocken Bechtheimer Heiligkreuz **12,5 %/7,- €**

80 2012 Riesling Hochgewächs „feinherb" Gundheimer Mandelbrunnen **11 %/7,- €**

81 2012 Huxelrebe Spätlese Bechtheimer Heiligkreuz **9 %/7,- €**

81 2011 Spätburgunder Spätlese trocken Bechtheimer Hasensprung **14 %/8,- €**

★★★☆

Karl **Erbes**

Riesling-Weingut   **Mosel**

Moseluferstraße 27-29, 54539 Ürzig
Tel. 06532-94465, Fax: 06532-953736
www.weingut-karlerbes.com
info@weingut-karlerbes.com

Besuchszeiten: nach Vereinbarung
Inhaber...............................Stefan Erbes
Rebfläche...............................5 Hektar

Karl Erbes gründete 1967 das Weingut, das heute von seinem Sohn Stefan geführt wird, der seit 1984 im Betrieb arbeitet und ihn 2002 übernommen hat. Stefan Erbes baut ausschließlich Riesling an, besitzt nur wurzelechte Reben im Ürziger Würzgarten und im Erdener Treppchen. Die ältesten Reben sind 70 bis 80 Jahre alt. Im Ausland ist dieses Traditionsweingut teilweise bekannter als bei deutschen Weintrinkern. Kein Wunder, 70 Prozent der Erzeugung wandern in den Export, nach Japan, in die USA oder nach Großbritannien. Traditionelle Arbeit dominiert im Keller, der Ausbau im Holzfass trägt zum Charakter der Weine bei. Diese wirken in ihrer Jugend oft ein wenig unzugänglich, sind teilweise vom Schwefel geprägt. Sie reifen aber zu beeindruckender Würze, wie die immer wieder verkosteten Weine aus den neunziger Jahren zeigen.

Vorjahre

2010 hatte Stefan Erbes eine beeindruckende Batterie an edelsüßen Weinen aufgefahren, eine der besten edelsüßen Kollektionen des Jahrgangs an der Mosel und in Deutschland. Die trockene Kollektion war 2011 überschaubar, die füllige, stoffige Auslese gefiel uns sehr gut. Halbtrocken und feinherb präsentierte sich auf zuverlässigem Niveau, der spannendste Teil der Kollektion war aber wie gewohnt der edelsüße. Die Auslesen waren faszinierend klar und konzentriert, die 3-Sterne-Auslesen boten ein Mehr an Konzentration und waren ebenso reintönig; je zwei dicke, stoffige Beerenauslesen und Trockenbeerenauslesen krönten die Kollektion.

Neue Kollektion

Die neue Kollektion ist stimmig, auch wenn nicht jeder Wein die Brillanz seines Vorgängers erreicht. Wie gewohnt gefallen uns die süßen und edelsüßen Rieslinge besser als die trockenen und halbtrockenen. Unter den sieben verkosteten Auslesen gefallen uns die beiden saftigen, harmonischen Weine aus dem Prälat besonders gut, aber auch die 3-Sterne-Auslese aus dem Würzgarten. Die beiden Eisweine tun sich schwer dies zu toppen, bestechen aber mit Fülle und Konzentration. ◄

Weinbewertung / keine Preisangaben

81	2012 Riesling Spätlese trocken Erdener Treppchen 12,5 %
85	2012 Riesling Spätlese trocken Ürziger Würzgarten 12,5 %
83	2012 Riesling Spätlese halbtrocken Ürziger Würzgarten 12 %
82	2012 Riesling Kabinett Erdener Treppchen 11,5 %
84	2012 Riesling Spätlese „feinherb" Ürziger Würzgarten 11,5 %
83	2012 Riesling Kabinett Ürziger Würzgarten 8,5 %
85	2012 Riesling Spätlese Ürziger Würzgarten 7,5 %
85	2012 Riesling Spätlese „Kranklay" Ürziger Würzgarten 7,5 %
86	2012 Riesling Auslese Ürziger Würzgarten 8 %
86	2012 Riesling Auslese* Ürziger Würzgarten 7,5 %
86	2012 Riesling Auslese** Ürziger Würzgarten 7,5 %
87	2012 Riesling Auslese** „Kranklay" Ürziger Würzgarten 7,5 %
88	2012 Riesling Auslese*** Ürziger Würzgarten 7,5 %
88	2012 Riesling Auslese Erdener Prälat 7,5 %
88	2012 Riesling Auslese* Erdener Prälat 7,5 %
88	2012 Riesling Eiswein Ürziger Würzgarten 6,5 %
88	2012 Riesling Eiswein* Ürziger Würzgarten 6 %

E

Die besten deutschen Weinerzeuger und ihre Weine

★ ☆

Walter **Erhard**

Weingut

Franken

Weinstraße 21, 97332 Volkach
Tel. 09381-2623, **Fax:** 09381-71116
www.weingut-erhard.de
info@weingut-erhard.de
Besuchszeiten: Di.-Sa. 9-18 Uhr, So. 10-12 Uhr und nach Vereinbarung
Gästezimmer, „Schoppenhäusle" (Frühjahr und Herbst), „Schatsuche" in den Volkacher Weinbergen

Inhaber............................Walter Erhard
Rebfläche............................5,6 Hektar

1990 übernahm Walter Erhard den ehemals landwirtschaftlichen Betrieb mit Fassweinerzeugung. Zusammen mit Frau Sabine strukturierte er den Betrieb neu, stellte auf Selbstvermarktung um. Ihre Reben, überwiegend in der Lage Volkacher Ratsherr, wachsen auf Muschelkalkböden. Wichtigste Rebsorten sind Silvaner und Müller-Thurgau, die jeweils 30 Prozent der Fläche einnehmen. Dazu gibt es Bacchus, Kerner, Scheurebe und Weißburgunder, sowie 20 Prozent mit roten Sorten wie Domina, Spätburgunder und Schwarzriesling.

Vorjahre

Sehr homogen präsentierte sich der Jahrgang 2010 mit fruchtbetonten, frischen Weinen, die trockenen Spätlesen von Scheurebe und Riesling, beide aus dem Lump in Escherndorf, waren unsere Favoriten. 2011 waren einige Basisweine etwas verhalten, am besten gefielen uns im vergangenen Jahr die reintönige Silvaner Auslese und der Weißburgunder-Sekt.

Neue Kollektion

Die neue Kollektion präsentiert sich sehr homogen, angefangen vom feinen Silvaner in der Literflasche. Die trockenen Spätlesen aus dem Lump haben es uns besonders angetan: Die Scheurebe ist faszinierend reintönig im Bouquet, füllig im Mund, kraftvoll und harmonisch bei guter Struktur; der Silvaner ist herrlich klar, kraftvoll und zupackend, besitzt gute Struktur und Substanz. ◀

Weinbewertung

82	2012 Silvaner trocken Volkacher Ratsherr (1l)	12,5 %/5,80 €
82	2012 Silvaner trocken Volkacher Ratsherr	
84	2012 Silvaner trocken „Frank & Frei"	12,5 %/6,- €
84	2012 Müller-Thurgau trocken „Frank & Frei"	12 %/5,80 €
81	2012 Riesling trocken	12,5 %/6,50 €
84	2012 Weißburgunder Kabinett trocken Volkacher Ratsherr	13,5 %/7,20 €
87	2012 Silvaner Spätlese trocken Escherndorfer Lump	13,5 %/10,- €
86	2012 Scheurebe Spätlese trocken Escherndor-	

	fer Lump	13 %/10,- €
83	2012 Kerner Spätlese Volkacher Ratsherr	12,5 %/7,50 €
82	2012 Spätburgunder Weißherbst trocken Volkacher Ratsherr	13 %/7,50 €
85	2009 Regent trocken Großlangheimer Kiliansberg	13,5 %/9,50 €

H.J. **Ernst**
Weingut

Rheingau

Holzstraße 40, 65343 Eltville
Tel. *06123-2363,* **Fax:** *06123-4062*
www.weingut-ernst.de
info@weingut-ernst.de
Besuchszeiten: *Mo.-Sa. 8-12 + 13-18 Uhr*

Inhaber..........................Johannes Ernst
Rebfläche.............................35 Hektar

Das Weingut wird in vierter Generation von Hans-Josef Ernst und Sohn Johannes geführt. Ihre Weinberge liegen vor allem in Eltville, aber auch in Rauenthal, Martinsthal und Walluf. Riesling nimmt über 80 Prozent der Rebfläche ein. Dazu gibt es 5 Hektar Spätburgunder, sowie etwas Weißburgunder, Grauburgunder und Chardonnay.

Vorjahr

Aus dem Jahrgang 2010 wurden geradlinige Rieslinge vorgestellt. Im Jahrgang 2011 gefielen vor allem die Spätlesen, auch die Süßweine zeigten Potenzial.

Neue Kollektion

Ein Erstes Gewächs wurde aus dem Jahrgang 2012 nicht vorgestellt, dafür gefällt die sehr gleichmäßige Kollektion von Kabinett bis zur trockenen Spätlese. Der „Selections"-Riesling aus dem Langenstück wirkt vergleichsweise süß, was auf Kosten der Geradlinigkeit geht. Fast wie eine Beerenauslese wirkt die an kandierte Aprikosen und Konfitüre erinnernde Auslese – ein sehr süffiger, leicht zugänglicher Wein, der seinen Preis locker wert ist.

Weinbewertung

84 2012 Riesling Kabinett trocken Martinsthaler Rödchen **12 %/6,- €**

85 2012 Riesling Spätlese trocken Eltviller Langenstück **12,5 %/8,- €**

85 2012 Riesling trocken Selection Eltviller Langenstück **12,5 %/10,- €**

83 2012 Riesling Classic **12 %/6,- €**

85 2012 Riesling Spätlese halbtrocken Eltviller Sonnenberg **12 %/8,- €**

87 2012 Riesling Auslese Eltviller Langenstück **8 %/15,- €/0,5l**

Escher
Weingut ★☆

Württemberg

Seestraße 4, 71409 Schwaikheim
Tel. 07195-57256, **Fax:** 07195-137319
www.wein-escher.de
info@wein-escher.de
Besuchszeiten: Di.-Fr. ab 16:30 Uhr, Sa. 9-14 Uhr
oder nach Vereinbarung
Gutsausschank

Inhaber...........................Ottmar Escher
Rebfläche............................9,5 Hektar

Die Weinberge von Ottmar und Lisa Escher liegen verstreut im ganzen Remstal, in Stetten (Pulvermächer), Strümpfelbach (Altenberg), Hanweiler (Berg), Steinreinach (Hörnle), Korb (Sommerhalde) und Neustadt (Sonnenberg). 60 Prozent der Rebfläche nehmen rote Sorten ein: Acolon, Cabernet Franc, Dornfelder, Trollinger, Lemberger, Muskattrollinger, Merlot, Regent, Spätburgunder und Zweigelt. An weißen Sorten gibt es Chardonnay, Cabernet Blanc, Grauburgunder, Kerner, Riesling, Müller-Thurgau, Sauvignon Blanc, Silvaner und Weißburgunder. Alle Rotweine werden maischevergoren.

Vorjahre

Vor zwei Jahren präsentierte sich die Kollektion geschlossen auf gutem Niveau, alle Weine waren frisch und klar, Spätburgunder und Riesling von alten Reben waren unsere Favoriten. Im vergangenen Jahr ging es weiter voran, die Weine hatten weiter an Kontur gewonnen, waren geradlinig, besaßen Struktur und Kraft. Im weißen Segment gefiel uns der Grauburgunder besonders gut, auch Sauvignon Blanc und Riesling überzeugten; im roten Teil der Kollektion war der barriqueausgebaute Lemberger der eindeutige Star.

Neue Kollektion

Ein vergleichbare Kollektion folgt in diesem Jahr nach. Im weißen Segment gefällt uns der klare, strukturierte Sauvignon Blanc am besten, alle Weine überzeugen, sind klar und geradlinig. Das gilt auch für den roten Teil der Kollektion, in der die Rubin genannte Rotweincuvée unser eindeutiger Favorit ist. Sie zeigt gute Konzentration und reife Frucht im Bouquet, besitzt Struktur und Kraft im Mund, Frische und jugendliche Tannine. ◄

Weinbewertung

83 2012 Weißburgunder** trocken **12,5 %/6,50 €**

82 2012 „Creation weiß" Weißwein trocken **12 %/6,50 €**

82 2012 Chardonnay** trocken **13 %/7,50 €**

85 2012 Sauvignon Blanc** trocken **12,5 %/9,50 €**

82 2012 Riesling „Junge Reben" **12 %/5,80 €**

82 2012 „Creation Rosé" trocken **12,5 %/6,50 €**

83 2011 Zweigelt** trocken **14 %/8,50 €**

83 2011 Spätburgunder** trocken **13,5 %/10,50 €**

83 2011 Lemberger** trocken **13,5 %/7,50 €**

87 2010 „Rubin"*** Rotwein trocken **13,5 %/13,50 €**

E

August Eser

Weingut

★★★

Rheingau

Friedensplatz 19, 65375 Oestrich-Winkel
Tel. *06723-5032,* **Fax:** *06723-87406*
www.eser-wein.de
mail@eser-wein.de
Besuchszeiten: *Mo.-Fr. 9-12 + 13-17 Uhr, Sa. 9-12 Uhr, nach Vereinbarung*

Inhaber............................Désirée Eser
Rebfläche..........................10,4 Hektar

Neben Riesling bauen Joachim, Ehefrau Renée und Tochter Désirée, die inzwischen offiziell Inhaberin des Betriebes ist, etwas Spätburgunder an. Ihre Weinberge verteilen sich auf acht Gemeinden und 17 verschiedene Parzellen. Etwa 80 Prozent der Weine werden trocken oder halbtrocken ausgebaut, süße Spezialitäten sind eher die Ausnahme – und diese wirken dann eher zurückhaltend in der Süße.

Die Weine reifen in einem aus dem 17. Jahrhundert stammenden Gutshaus in Oestrich, die Gärung in traditionellen Holzfässern verleiht ihnen eine eher ruhige Art. Jung sind die Weine manchmal etwas verschlossen, die Zuckerwerte liegen bei den trockenen Rieslingen oft in der Nähe der gesetzlich erlaubten Grenze, was den Weinen erstaunlicherweise aber nicht schadet. Dieser Stil scheint zur langen Reife prädestiniert: Eine 1959er Auslese des Gutes wurde Ende 2008 für mehr als 500 Euro versteigert.

Vorjahre _____

Die 2010er waren sehr gelungen, allen voran das geradlinige, animierende Erste Gewächs aus dem Lenchen, das zu den schönsten Weinen dieser Kategorie im Rheingau zählte, oder die kraftvolle trockene Spätlese aus dem Nussbrunnen. Auch die Auslese faszinierte mit ihrer kühlen Frucht. 2011 wirkte der Steillagen-Riesling aus dem Rauenthaler Rothenberg mit seiner rassigen, minera-

lischen Art am spannendsten. Überzeugen konnten auch das Erste Gewächs, das sich nochmals besser entwickeln könnte, und die saftige, wunderschön ausbalancierte und als „feinherb" gekennzeichnete Spätlese aus der Lage Doosberg

Neue Kollektion _____

Die Weine des Jahrgangs 2012 überzeugen, allerdings würde man sich wünschen, dass die Unterschiede zwischen den einzelnen Weinen da und dort noch etwas präziser herausgearbeitet würden. Keinerlei Beanstandungen gibt es in dieser Hinsicht beim saftigen, sehr komplexen Riesling aus dem Rothenberg, während dem als „my way" bezeichneten Wein etwas mehr Nachhaltigkeit gut stehen würde. Insgesamt aber eine sehr gleichmäßige Leistung!

Weinbewertung _____

83   2012 Riesling Kabinett trocken Winkeler Hasensprung **11,5 %/7,60 €**

83   2012 Riesling Kabinett trocken Hattenheimer Wisselbrunnen **12 %/7,50 €**

85   2012 Riesling Kabinett trocken Winkeler Jesuitengarten **11,5 %/7,60 €**

84   2012 Riesling „10. Generation My way, Désirée Eser" **11,5 %/7,70 €**

87   2012 Riesling trocken „S" Oestricher Doosberg **12 %/10,50 €**

88   2012 Riesling trocken „Steillage" Rauenthaler Rothenberg **12 %/10,50 €**

87   2012 Riesling trocken „S" Hattenheimer Nussbrunnen **12,5 %/10,50 €**

84   2012 Riesling Kabinett „feinherb" Rauenthaler Gehrn **11,5 %/7,80 €**

85   2012 Riesling Kabinett „feinherb" Oestricher Lenchen **11,5 %/7,80 €**

H.T. **Eser**
Weingut   ★ ☆
                                    Rheingau

Rheingaustraße 12, 65375 Oestrich-Winkel
Tel. 06723-6016980, **Fax:** 06723-6016980
www.weingut-eser.de
post@weingut-eser.de
Besuchszeiten: Fr. 14-18.30 Uhr, Sa. 13.30-18 Uhr

Inhaber . . . . Christoph und Thomas Eser
Rebfläche . . . . 13 Hektar

Das Weingut Eser wurde 1936 gegründet und wird heute von Christoph und Thomas Eser geführt. Neben Riesling (85 Prozent) sind auch Burgundersorten im Anbau. Beim Ausbau spielt auch das klassische Holzfass eine Rolle, ein Teil der Rieslinge wird erst im August gefüllt. Der Betrieb hat sich auf den Vertrieb durch den Fachhandel spezialisiert. Die Rieslinge präsentieren sich, über alle Jahre hinweg, als kompakte, stoffige, geradlinige Weine; selbst die Basistropfen sind von zuverlässiger Güte.

Vorjahre

2010 waren keine Enttäuschungen zu konstatieren, der „Purist" besaß viel Schmelz, und auch die Weine von alten Reben und die beiden praktisch trocken wirkenden Lagenrieslinge aus Doosberg und Lenchen hatten Substanz. 2011 kam man bei den verschiedenen Weinen fast ein wenig durcheinander. Der „Purist" genannte Riesling wirkte de facto nicht trockener als etwa der Lenchen-Riesling – überzeugen konnten indes beide. Dazu kamen ein kraftvolles Erstes Gewächs aus dem Doosberg und sein etwas trockener wirkendes, elegantes Pendant aus dem Lenchen.

Neue Kollektion

Auch 2012 wirkt die Strategie etwas irritierend, man muss lange überlegen, für welchen Stil welche Weinbezeichnung steht. Während der „LX" derzeit ein wenig unzugänglich wirkt, macht der straffe „No 1" sehr

viel Trinkfreude. Auch die beiden Spätlesen sind sehr gelungen in ihrer würzigen, zugänglichen Art. ◀

Weinbewertung

85   2012 Riesling trocken „Lösslehm" **12,5 %/8,40 €**
84   2012 Riesling trocken „Mineralist" **12 %/8,20 €**
86   2012 Riesling trocken „No 1" **12 %/6,80 €** ☺
87   2012 Riesling Spätlese trocken Rauenthaler Rothenberg **12,5 %**
84   2012 Riesling trocken „LX Alte Reben" Oestricher Lenchen **12,5 %**
86   2012 Riesling Spätlese Oestricher Doosberg **7,5 %/9,50 €**

Espenhof
Weingut   ★ ☆
                                    Rheinhessen

Hauptstrasse 81, 55237 Flonheim
Tel. 06734-94040, **Fax:** 06734-940450
www.espenhof.de
weingut@espenhof.de
Besuchszeiten: nach Vereinbarung
Weingut & Vinothek, Landhotel & Weinrestaurant

Inhaber . . . . Wilfried und Nico Espenschied
Rebfläche . . . . 26 Hektar

Der Espenhof im Flonheimer Ortsteil Uffhofen wird heute in siebter und achter Generation von Wilfried und Nico Espenschied geführt. Die Weinberge liegen vor allem in Uffhofen (La Roche) und Flonheim (Rothenpfad, Geisterberg, Klostergarten). Das Sortiment wird dominiert von klassischen Rebsorten wie Riesling (30 %), Weiß- und Grauburgunder sowie Chardonnay (zusammen 30 %), Silvaner, Scheurebe und Sauvignon Blanc. An roten Sorten, die gut ein Viertel der Fläche einnehmen, gibt es Spätburgunder, Portugieser, Dornfelder, Cabernet Sauvignon, Cabernet Franc, Syrah und Merlot. Die Weine werden überwiegend trocken ausgebaut, teils im Edelstahl, teils im

E

Die besten deutschen Weinerzeuger und ihre Weine

Holz (40 %). Das Programm ist klar gegliedert in Gutsweine, S-Klasse (Ortsweine) und SL-Klasse mit Lagenweinen aus der Uffhofener La Roche und den Flonheimer Lagen Rotenpfad, Geisterweg und Binger Berg (Parzellen: Ringelberg, Kisselberg, Pfaffenberg).

Vorjahre

Die 2010er Weißweine waren zurückhaltend, dafür entschädigte vor zwei Jahren der beeindruckende Portugieser aus dem Jahrgang 2008. 2011 waren die Weißweine deutlich ausdrucksstärker, trotzdem gefiel uns mit dem kraftvollen Cabernet Sauvignon wiederum ein Rotwein am besten.

Neue Kollektion

Die neue Kollektion ist deutlich stärker. Die weißen Ortsweine sind fruchtbetont und klar; noch stärker ist der Riesling La Roche, Jahrgang 2011, aus dem Kernstück der Lage, der im großen Holzfass ausgebaut und lange auf der Hefe gelagert wurde: Gute Konzentration und viel reife Frucht prägen das Bouquet, Fülle und Kraft dominieren im Mund, er besitzt gute Struktur und Substanz. Einmal mehr sehr gut gefällt uns der Sekt, sehr gut sind auch alle drei vorgestellten Rotweine, der reintönige, zupackende Spätburgunder, der gewürzduftige, kraftvolle Cabernet Sauvignon und die noch sehr jugendliche rote Cuvée aus 90 % Merlot und 10 % Cabernet Sauvignon. Im Aufwind! ◀━

Weinbewertung

85   2007 „Lena Marie" Weißburgunder Sekt brut
     12,5 %/16,- €

80   2012 Riesling trocken (1l)   **12,5 %/5,90 €**

83   2012 Weißer Riesling „S" trocken Flonheim
     13 %/7,90 €

84   2012 Weißburgunder „S" trocken Flonheim
     13 %/7,90 €

82   2012 Grauburgunder „S" trocken Flonheim
     13 %/7,90 €

83   2012 Chardonnay „S" trocken Flonheim
     13,5 %/7,90 €

83   2012 Sauvignon Blanc trocken   **12 %/7,90 €**

87   2011 Weißer Riesling trocken La Roche
     13 %/16,- €

82   2012 „Weißes Espenblatt" Weißwein
     12,5 %/5,90 €

85   2011 Spätburgunder „S" trocken Flonheim
     13 %/8,40 €

86   2011 Cabernet Sauvignon „S" trocken Flonheim   **13,5 %/8,40 €**

85   2011 „Stammbaum" Rotwein trocken
     13,5 %/8,40 €

★ ☆

Zum **Eulenturm**
Weingut   **Mosel**

Hauptstraße 218, 56867 Briedel
Tel. *06542-4702,* **Fax***: 06542-41673*
www.zum-eulenturm.de
info@zum-eulenturm.de
Besuchszeiten: *Mo.-Fr. 8-18 Uhr, Sa. 10-16 Uhr oder nach Vereinbarung*

Inhaber ....Timo C. Stölben
Rebfläche ....3 Hektar

Matthias Schinnen, der Urgroßvater des heutigen Besitzers, begann Anfang des 20. Jahrhunderts mit der Flaschenweinvermarktung. Seit Juli 2013 führt Timo Stölben den Betrieb, der bisher bereits für den Weinausbau verantwortlich war. Seine Weinberge liegen in den Briedeler Lagen Schäferlay, Herzchen (mit den Felsenterrassen Trieren) und Nonnengarten. Das Weingut wurde mit der Betriebsübergabe renoviert, neue Holzfässer und neue Edelstahltanks wurden angeschafft, ebenso eine neue Weinpresse. Timo Stoelben möchte in den kommenden Jahren weitere Parzellen in Steillagen zukaufen.

Vorjahre

Nach einem guten Debüt vor zwei Jahren präsentierte Timo Stölben mit dem Jahrgang 2011 eine stimmige Kollektion, die wieder von einer Beerenauslese angeführt wurde, die Auslese aus den Felsenterrassen stand ihr nur wenig nach.

Neue Kollektion

Die neue Kollektion überzeugt trocken wie süß. Schon der Gutsriesling bereitet Freude, die trockene Spätlese von alten Reben aus der Schäferlay besitzt Fülle und Kraft, gute Struktur und Substanz. Noch kraftvoller ist die trockene Spätlese aus den Felsenterrassen Trieren, die herrlich zupackend und reintönig ist, ihr feinherbes Pendant besitzt viel Konzentration und viel reife süße Frucht, die Auslese ist klar, frisch und zupackend. Eine überzeugende Vorstellung! ◄

Weinbewertung

83	2012 Riesling trocken	11,5 %/5,80 €	
85	2012 Riesling Spätlese trocken Briedeler Schäferlay	12 %/8,50 €	
86	2012 Riesling Spätlese trocken „Felsenterrassen Trieren"	12 %/9,- €	
86	2012 Riesling Spätlese „feinherb" „Felsenterrassen Trieren"	11 %/9,- €	
86	2012 Riesling Auslese „Felsenterrassen Trieren"	8 %/10,- €/0,5l	
82	2011 Spätburgunder trocken Briedeler Herzchen	13 %/14,- €	

★★☆

Eymann
Weingut   **Pfalz**

🍇 *Ludwigstraße 35, 67161 Gönnheim*
Tel. *06322-2808,* **Fax:** *06322 68792*
www.weinguteymann.de
e-mail@weinguteymann.de
Besuchszeiten: *Mo.-Fr. 8-12 + 13-19 Uhr, Sa. 10-19 Uhr*
Weinstube im Haus, geöffnet abends (Do./Fr./Sa.)

Inhaber . . . . Rainer Eymann
Rebfläche . . . . 15,3 Hektar

Rainer Eymann gehörte zu den ersten Winzern in der Pfalz, die ihre Weinberge ökologisch bewirtschafteten. Bereits mit der Betriebsübernahme 1982 begann er mit der Umstellung. Wichtigste Rebsorte ist der Riesling, der etwa ein Drittel seiner Weinberge einnimmt. Dann folgen Spätburgunder, Portugieser, Grauburgunder, Gewürztraminer und Weißburgunder. Die Rotweine werden maischevergoren und im Fass ausgebaut. Eine Spezialität von Rainer Eymann sind die Sekte, die bis zu 60 Monate auf der Hefe ausgebaut werden. Die Spitzenweine werden in der „Selektion Toreye" angeboten, deren Name – wie der Familienname Eymann – auf einen bereits 1350 erwähnten Lehnshof Toreye zurückgeht.

Vorjahre

Seit der ersten Ausgabe empfehlen wir die Weine von Rainer Eymann, seither bietet er zuverlässige Kollektionen – was man nicht von jedem biologisch wirtschaftenden Betrieb behaupten kann – und immer wieder auch Spitzenweine. Und Spitzensekte. Vor zwei Jahren haben wir drei sehr gute Sekte verkostet, mit herrlich viel klarer Frucht und Eleganz. Bei den Weißweinen stand ein würzig- süßfruchtiger Riesling an der Spitze. Das Rotwein-Trio wurde vom St. Laurent und vom Merlot angeführt. Im vergangenen Jahr präsentierte Rainer Eymann eine sehr beeindruckende Kollektion. Neben drei außergewöhnlich guten Sekten vom Jahrgang 2008 und den drei bereits verkosteten Rotweinen vom Jahrgang 2009 zeigte der Bio-Pionier vier sehr gute weiße Spätlesen. Am besten haben uns Weißburgunder und Riesling gefallen, doch auch Grauburgunder und Gewürztraminer waren Weine von Charakter. Bei den Rotweinen hatte sich der Merlot nach vorne geschoben, der Pinot Noir zeigte sich bei der Nachverkostung verbessert.

Neue Kollektion

In diesem Jahr macht Rainer Eymann eine „Sektpause". Aber auch die nicht-perlende Fraktion ist sehr gut. An der Spitze stehen zwei hervorragende Rotweine aus dem nicht einfachen Jahr 2010. Aber es zeigt sich immer wieder, dass die Weine aus vermeintlich schwierigen Jahren nach einiger Zeit eine große Eleganz entwickeln. Der St. Laurent von Rainer Eymann gehört zu den besten seiner Art: Saftige Kirschfrucht, tolle Konzentration, feine, klare Eleganz und Potenzial für die nächsten Jahre. Auf dem gleichen Niveau präsentiert sich der Merlot. Ganz typisch, reif und weich, Gewürze und Kräuter, Eleganz und Konzentration. In der homogen guten Weißwein-Kollektion gefällt uns die „Menage a trois" am besten - eine füllige Burgunder-Cuvée mit elegantem Schmelz. Ähnlich präsentiert sich der Grauburgunder, der Muskateller ist ein feines süßes Früchtchen mit viel Holunderaroma. ◄━

Weinbewertung

83 2012 Riesling Kabinett trocken Gönnheimer Sonnenberg **12,5 %/5,80 €**

83 2012 Silvaner Kabinett trocken Gönnheimer Sonnenberg **12 %/5,80 €**

87 2012 „Menage a trois" Weißwein trocken **13,5 %/9,20 €**

86 2012 Grauburgunder Spätlese trocken Gönnheimer Sonnenberg „Toreye" **13 %/9,20 €**

86 2012 Muskateller Spätlese Gönnheimer Sonnenberg „Toreye" **11,5 %/9,20 €**

82 2010 „Sarabande" Rotwein trocken **13,5 %/7,10 €**

86 2010 Spätburgunder trocken Gönnheimer Sonnenberg **13 %/9,20 €**

89 2010 St. Laurent trocken Gönnheimer Sonnenberg „Toreye" **14 %/9,70 €** ☺

89 2010 Merlot trocken Gönnheimer Sonnenberg „Toreye" **13,5 %/11,80 €** ☺

★★☆

Fader – Kastanienhof

Weingut

Pfalz

Theresienstraße 62, 76835 Rhodt unter Rietburg
Tel. 06323-5193, **Fax:** 06323-980841
www.weingut-fader.de
weingut-fader@t-online.de
Besuchszeiten: Mo.-Sa. 8-12 + 13-18 Uhr

Inhaber .... Karl-Heinz und Knut Fader
Rebfläche .... 15,6 Hektar

Der Kastanienhof in Rhodt ist seit 1780 in Familienbesitz und wird heute von Karl-Heinz Fader, Sohn Knut und ihren Ehefrauen Hedwig und Heike bewirtschaftet. Ihre Weinberge liegen hauptsächlich in Rhodt in den Lagen Rosengarten (sandiger und toniger Lehm), Klosterpfad (sandiger Lehm) und Schlossberg (leichter lehmiger Sand, Kalkmergel, Buntsandstein). Auf den zwei Hektar im Godramsteiner Münzberg, wo die Reben auf Lehm-Löss-Kalkböden wachsen, stehen vor allem rote Sorten. Die Trauben von weiteren drei Hektar Weinbergen kaufen sie von Winzern hinzu, mit denen sie Bewirtschaftungsverträge abgeschlossen haben. Rotwein nimmt 30 Prozent der Fläche ein. Zu Spätburgunder, Portugieser und Dornfelder kamen in den letzten Jahren St. Laurent und Merlot hinzu. Die Rotweine werden alle maischevergoren und dann in Holzfässern ausgebaut. Bei den weißen Sorten liegt der Schwerpunkt auf Riesling, Weiß- und Grauburgunder, sowie Gewürztraminer, eine Spezialität der Gemeinde Rhodt, aber auch Chardonnay und Auxerrois. Bei den Weißweinen versuchen Karl-Heinz und Knut Fader die natürliche Frische und Fruchtigkeit der Weine zu erhalten.

Vorjahre

Seit der ersten Ausgabe empfehlen wir die Weine der Faders, schon damals haben wir Weine als „Schnäppchen" gekennzeichnet. Und auch all die Jahre darauf. Alle Weine sind von höchst zuverlässiger Qualität, alle immer reintönig und fruchtbetont, die trockenen Spätlesen und die barriqueausgebauten Weine reichen nahe an die Pfälzer Spitze heran – kosten aber deutlich weniger als vergleichbare Weine. Vor zwei Jahren waren es die Weißweine, die mit klarer, reintöniger Frucht überzeugten, allen voran der Barrique-Grauburgunder und der Riesling von alten Reben. Auch im vergangenen Jahr war die Weißwein-Kollektion wieder gleichmäßig gut, alle Weine besaßen viel klare reintönige Frucht und ein sehr gutes Preis-Qualitäts-

Verhältnis. Unser Favorit unter den Weißen war wieder der saftige und füllige Riesling von alten Reben mit feiner mineralischer Würze, die beiden gelungenen Rotweine besaßen viel Alkohol und deutliche Röstnoten vom Holz, aber vor allem der Pinot Noir zeigte auch gute Substanz und Länge.

Neue Kollektion

Rotweine konnten wir in diesem Jahr keine verkosten, an der Spitze der Kollektion, die rundum wieder viel Wein fürs Geld bietet, stehen die beiden nachhaltigen Rieslinge vom Buntsandstein und Granit mit Biss und guter Länge und der kraftvolle Barrique-Chardonnay. Sehr gut gefallen uns auch wieder der füllige Graue Burgunder von alten Reben und der eindringliche und reintönige Gewürztraminer. ◄━

Weinbewertung

81	2012 Riesling trocken (1l)	12 %/3,90 €
83	2012 Riesling Kabinett trocken „Kalkmergel" 12,5 %/5,20 €	
83	2012 Weißburgunder Kabinett trocken 13 %/4,80 €	
83	2012 Muskateller trocken Rhodter Schlossberg 12,5 %/6,50 €	
85	2012 Riesling Spätlese trocken „Kalkmergel" 12,5 %/7,- €	
87	2012 Riesling Spätlese trocken „Buntsandstein Alte Reben" 13 %/7,40 € ☺	
87	2012 Riesling Spätlese trocken „Granit" 13 %/7,90 € ☺	
86	2012 Grauburgunder Spätlese trocken „Alte Reben" Rhodter Rosengarten 14 %/7,60 €	
87	2012 Chardonnay Spätlese trocken „Barrique" Rhodter Rosengarten 13,5 %/9,80 €	
86	2012 Gewürztraminer Spätlese trocken Rhodter Rosengarten 13,5 %/7,40 €	
83	2012 Rieslaner Spätlese Rhodter Schlossberg 12 %/7,80 €	
83	2012 Spätburgunder Rosé Spätlese trocken 13 %/5,30 €	

Fellbacher
Weingärtner   **Württemberg**

Kappelbergstraße 48, 70734 Fellbach
Tel. 0711-578803-0, **Fax:** 0711-578803-40
www.fellbacher-weine.de
info@fellbacher-weine.de
Besuchszeiten: Mo.-Sa. 9-18:30 Uhr

Vorstandsvorsitzender	Thomas Seibold
Geschäftsf. Verwaltung	Friedrich Georg Benz
Geschäftsf. Vertrieb	Rolf-Dieter Hess
Kellermeister	Werner Seibold
Mitglieder	270
Rebfläche	186 Hektar

Die Fellbacher Weingärtnergenossenschaft wurde 1858 gegründet, ist damit die älteste noch bestehende Winzergenossenschaft Württembergs. Auf den Keuperböden in Fellbach werden zu zwei Drittel rote Sorten angebaut, vor allem Trollinger, dazu Schwarzriesling, Lemberger und Spätburgunder, aber auch Dornfelder, Acolon, verschiedene Cabernet-Kreuzungen, Blauburger und Merlot. Der Weißweinanteil wird dominiert vom Riesling, dazu gibt es Müller-Thurgau, Kerner, Grauburgunder, Chardonnay, Sauvignon Blanc und Gewürztraminer.

Vorjahre

Vor zwei Jahren waren die Rotweinen recht holzwürzig, die 2010er Weißweine jahrgangsbedingt etwas weniger komplex als gewohnt. Die 2011er Weißweine der „Edition S"-Linie präsentierten sich geschlossen auf gutem Niveau. Die Stars der Kollektion waren aber einmal mehr im roten Segment zu finden mit drei kraftvollen Lembergern, von denen uns der Barriquewein etwas besser gefiel als das sehr tanninbetonte Große Gewächs, noch höher aber bewerteten wir die rote Cuvée Amandus aus dem Jahrgang 2008.

Neue Kollektion

Sehr stimmig präsentiert sich nun auch die neue Kollektion. Im weißen Segment gefällt

Die besten deutschen Weinerzeuger und ihre Weine

uns der vanille- und gewürzduftige, barriqueausgebaute Chardonnay sehr, obwohl er recht süß ist, der Riesling Edition P besitzt Fülle, Substanz und Biss. In der Spitze noch ein wenig stärker sind wiederum die Rotweine. Der Spätburgunder Edition P ist kraftvoll und zupackend, der gewürzduftige Merlot besitzt etwas harte Tannine, deutlich besser gefällt uns da die im Barrique ausgebaute Version des Spätburgunder P, die Gewürze und Toast im Bouquet zeigt, füllig und kraftvoll im Mund ist, viel reife Frucht und gute Struktur besitzt. Und schließlich der Klassiker der Weingärtner, die Cuvée Amandus, die herrlich konzentriert im Bouquet ist, rote und dunkle Früchte zeigt, füllig und kraftvoll im Mund ist, viel reife Frucht besitzt, gute Struktur, Substanz und jugendliche Tannine. ◀

Weinbewertung

82   2012 „Justinus K." Weißwein trocken „Edition S" **13,5 %/7,50 €**

81   2012 Sauvignon Blanc trocken „Edition S" **13,5 %/9,80 €**

82   2012 Grauburgunder trocken „Edition S" **14 %/8,50 €**

86   2011 Riesling trocken „Edition P" Fellbacher Lämmler **13 %/13,- €**

85   2011 Chardonnay „Edition P" Barrique **13,5 %/19,- €**

82   2012 Gewürztraminer Spätlese „Edition S" **12 %/7,50 €**

80   2011 Lemberger trocken „Edition S" **13,5 %/8,70 €**

83   2011 Trollinger trocken „Edition P" Fellbacher Lämmler **13 %/10,50 €**

85   2010 Merlot trocken „Edition P" Fellbacher Lämmler **14 %/12,50 €**

86   2010 Spätburgunder trocken „Edition P" Fellbacher Lämmler **13,5 %/12,50 €**

88   2009 Spätburgunder trocken „Edition P" Barrique Fellbacher Lämmler **13,5 %/19,- €**

88   2009 „Amandus" Rotwein trocken „Edition P" Barrique Fellbacher Lämmler **14 %/25,- €**

Felshof
Weingut & Gästehaus   **Franken**

Felshof, 97286 Sommerhausen
Tel. *09333-90480,* **Fax:** *09333-904838*
www.felshof.de
info@felshof.de
Besuchszeiten: *Mo.-Sa. 9-19 Uhr, So. 9-13 Uhr*
Gästehaus (9 „Wohlfühlgästezimmer")

Inhaber .... Familie Wenninger
Rebfläche .... 11,7 Hektar

Der Felshof in Sommerhausen ist ein Familienbetrieb mit Weinbergen, 5 Hektar Obst (Äpfel und Birnen), eigener Brennerei und Gästehaus mit 9 Zimmern. Zwölf verschiedene Rebsorten stehen in den Weinbergen, die sich in den Sommerhäuser Lagen Reifenstein, Steinbach und Ölspiel (einer ursprünglichen Einzellage) befinden. Das Sortiment ist gegliedert in Gutsweine, die Mittellinie „Fränkische Klassik" und die „Großen Weine", die seit 2011 den Zusatz „Saxum Nobile" (edler Fels) tragen. In diese Kategorie gehören die Weißweine aus den besten Weinbergen wie der Silvaner vom Alten Berg, der Riesling vom Stachelberg und die Scheurebe vom Neuen Berg; Barriqueweine (Spätburgunder, Domina); sowie edelsüße Weine. Seit 2011 wird eine Teilfläche (derzeit 1,5 ha) biologisch bewirtschaftet und ein Weinberg biodynamisch, aber ohne Zertifizierung. Ein Teil der Weine wird spontanvergoren; die Weine werden überwiegend „fränkisch trocken" ausgebaut.

Vorjahre

Silvaner und Scheurebe sind seit vielen Jahren die herausragenden Weine des Felshofs, mit ihnen zeigt die Familie Wenninger, dass sie zuverlässige Qualität auf hohem Niveau erzeugen kann. Dass man in Zukunft wohl auch Riesling mit einreihen muss, deutete der 2008er Wein aus dem Stachelberg an; gleiches gilt für Spätburgunder. Vor zwei Jahren war erstmalig ein Rotwein unser Favorit beim Felshof, der im Barrique ausgebaute Spätburgunder. Insgesamt präsentierten sich die 2010er Weißweine frisch und fruchtbetont, die Scheurebe glänzte als Sekt. Sehr gleichmäßig war der Jahrgang 2011, brachte frische, fruchtbetonte Weißweine, die Spätlesen waren deutlich gehaltvoller als die Kabinettweine.

Neue Kollektion

Die neue Kollektion ist sehr stimmig, bietet gutes Niveau schon bei den Kabinettweinen, die alle fruchtbetont, reintönig und frisch sind, deutlich Kabinettcharakter besitzen. Die Spätlesen sind fülliger und üppiger, besitzen – obwohl fränkisch trocken – viel reife süße Frucht und Substanz, der kraftvolle Riesling ebenso wie die füllgen Weißburgunder und Silvaner. Der Sauvignon Blanc ist wunderschön füllig und harmonisch, die halbtrockene Scheurebe reintönig und konzentriert, auch die fruchtsüßen Weine überzeugen. ◄

Weinbewertung

83 2011 Scheurebe Sekt extra trocken Sommerhäuser **12,5 %/6,50 €**

82 2012 Silvaner Kabinett trocken Sommerhäuser Ölspiel **12,5 %/6.- €**

84 2012 Riesling Kabinett trocken Sommerhäuser Ölspiel **11,5 %/6,- €**

84 2012 Scheurebe Kabinett trocken Sommerhäuser Ölspiel **12,5 %/6,- €**

85 2012 Silvaner Spätlese trocken Sommerhäuser Steinbach **13,5 %/8,50 €**

86 2012 Riesling Spätlese trocken Sommerhäuser Steinbach **12,5 %/9,- €**

85 2012 Weißburgunder Spätlese trocken Sommerhäuser Reifenstein **13,5 %/9,- €**

86 2012 Sauvignon Blanc trocken Sommerhäuser Steinbach **13 %/12,- €**

85 2012 Scheurebe Spätlese halbtrocken Sommerhäuser Ölspiel **13 %/8,50 €**

85 2012 Riesling Spätlese Sommerhäuser Reifenstein **12 %/10,50 €**

85 2012 Gewürztraminer Spätlese Sommerhäuser Steinbach **11 %/10,50 €**

83 2010 Spätburgunder trocken Sommerhäuser Ölspiel **13,5 %/8,50 €**

★★

Friedrich **Fendel**
Weingut **Rheingau**

Marienthaler Strasse 46, 65385 Rüdesheim
Tel. *06722-90570,* **Fax:** *06722-905766*
www.friedrich-fendel.de
info@friedrich-fendel.de
Besuchszeiten: *nach Vereinbarung*
„Weinhaus Fendel"

Inhaber ....Familie Fendel - Hetzert
Rebfläche ....14,5 Hektar

F

Das Weingut Fendel führt seine Geschichte auf das Jahr 1510 zurück. Heute wird es von Paul Peter und Walter Hetzert geführt. Die Weinberge befinden sich in Rüdesheim, Geisenheim und Assmannshausen. 90 Prozent der Rebfläche sind mit Riesling bepflanzt, der Rest mit Spätburgunder. Der Ausbau der Weine erfolgt teils im Holz, teils im Edelstahl. Als „fum Allerhinnerschde" wird stets ein würziger, saftiger Wein mit ganz leichter Süße vermarktet. Die trockenen Spitzen sind in den letzten Jahren deutlich präziser geworden, zeigen oft eine attraktive Kräuterwürze und wirken nicht zu süß.

Vorjahr

2010 war der Roseneck-Spitzenriesling der mit Abstand interessanteste Wein des Gutes. Aus dem Jahrgang 2011 stellte man saftige Basisweine und eine würzige, kraftvolle Spätlese aus dem Rottland vor. Das Erste Gewächs aus der Klosterlay wirkte zum Zeitpunkt der Verkostung noch etwas verhalten. Eine elegante, süffige Auslese krönte das Sortiment.

Neue Kollektion

Die Basisweine gelingen im neuen Jahrgang tadellos: Selbst der „fum Allerhinnerschde", der früher schon mal allzu süffig wirkte, macht in diesem Jahr viel Spaß. Einen trockenen 2012er Spitzenwein konnten wir bis Redaktionsschluss nicht verkosten, dafür eine saftige, wunderschön balancierte süße

Spätlese vom Schlossberg. Das Erste Gewächs aus 2011 hat sich im Vergleich zum letzten Jahr gut entwickelt. ◄

Weinbewertung

81 2012 Riesling trocken **12,5 %/7,20 €**

83 2012 Weißer Burgunder trocken **12,5 %/7,50 €**

83 2012 Riesling trocken „Gutswein" **12,5 %/7,30 €**

83 2012 Riesling Kabinett trocken Rüdesheimer **12 %/8,70 €**

89 2011 Riesling trocken Erstes Gewächs Rüdesheimer Klosterlay **13,5 %/22,- €**

82 2012 Riesling „feinherb" **12 %/7,20 €**

83 2012 Riesling „fum Allerhinnerschde" **12%/7,30€**

84 2012 Riesling Kabinett „feinherb" Rüdesheimer **12 %/8,70 €**

87 2012 Riesling Spätlese Rüdesheimer Berg Schlossberg **8,5 %/13,- €**

★★

Fendt
Weinfamilie   **Baden/Mosel**

Max-Eyth-Straße 36, 72270 Baiersbronn

Tel. 07449-913160

www.fendtwein.de

info@fendtwein.de

Besuchszeiten: nur nach Vereinbarung,
Maren Fendt, Tel. 0171-9386092

Inhaber..........................Jürgen Fendt

Rebfläche............................3 Hektar

Jürgen Fendt, bundesweit bekannter Spitzensommelier, erwarb 2001 eine erste Parzelle in der Klüsserather Bruderschaft. Ab 2008 kamen Parzellen in Baden hinzu, teils gekauft, teils gepachtet. Heute ist er vertreten in den Lagen Altschweier Sternenberg (85 Ar), Umweg Stich den Buben (61 Ar), Neuweier Mauerberg (50 Ar), Neuweier Altenberg (17 Ar), sowie an der Mosel in den Lagen Klüsserath Bruderschaft (7 Ar) und Köwerich Laurentiuslay (11 Ar). Riesling dominiert im Anbau, gefolgt von Spätburgunder, dazu

gibt es ein wenig Müller-Thurgau und Kerner. Die Moselrieslinge werden seit 2010 im Weingut Kirsten in Klüsserath ausgebaut.

Vorjahr

Die 2009er Weine führten vor zwei Jahren die Kollektion an, der Riesling aus dem Altenberg und der Spätburgunder standen an der Spitze. Die letztjährige Kollektion war deutlich stärker, bot im weißen Segment einen feinen Literwein, einen zupackenden Riesling Steinbach und eine schmeichelnde Auslese von der Mosel – für uns aber war der herrlich puristische Riesling Réserve aus dem Jahrgang 2010 das Highlight; der kraftvolle Spätburgunder rundete die Kollektion ab.

Neue Kollektion

Vergleichbar stark ist die neue Kollektion, bietet wieder einen kraftvollen, zupackenden Spätburgunder, feinen „leichten" Rosé und Riesling und eine frische, würzige Spätlese. Unser Favorit aber ist der 2011er Riesling aus Neuweier, der gute Konzentration und herrlich viel Frucht im Bouquet zeigt, füllig und kraftvoll sich im Mund präsentiert, herrlich druckvoll, der reife Frucht und gute Struktur besitzt, Frische und Substanz. Die 2012er Lagenweine und der Spitzen-Spätburgunder aus 2011 werden erst im Frühjahr 2014 gefüllt. ◄

Weinbewertung

89 2012 Riesling Neuweier **12 %/12,- €** ☺

81 2012 „Saugut" Weißwein (1l) **12 %/7,- €**

84 2012 Riesling „Légère" **10,5 %/9,50 €**

84 2012 Riesling Kabinett „feinherb" (Mosel) **11,5 %/12,- €**

86 2012 Riesling Spätlese **10 %/16,- €**

84 2012 „Légère" Rosé **12 %/9,- €**

85 2011 Spätburgunder „zweinullelf" **12 %/16,- €**

Feth-Wehrhof ★
Weingut **Rheinhessen**

🍇 *Rodensteinerstraße 17, 67592 Flörsheim-Dalsheim*
Tel. 06243-7501, **Fax:** 06243-907558
www.feth-wehrhof.de
florianfeth@feth-wehrhof.de
Besuchszeiten: Mo.-Fr. 8-12+14-17 Uhr, Sa. 8-12 Uhr

Inhaber . . . . Florian und Volker Feth
Rebfläche . . . . 27 Hektar

Volker Feth stellte 1985 auf biologisch-dynamischen Weinbau um, ist seit 1988 demeter-zertifiziert. Sohn Florian war seit 2006 als Betriebsleiter beim Weingut Wehrhof in Pfeddersheim tätig; dieses Weingut hat er 2011 übernommen und mit dem elterlichen Betrieb zum Weingut Feth-Wehrhof zusammengelegt.

Vorjahr

Die zum Debüt im vergangenen Jahr vorgestellten Weine waren klar und harmonisch, besaßen feine Frucht und gute Struktur, schon der Müller-Thurgau im Liter bereitete Freude.

Neue Kollektion

Sehr gleichmäßig präsentiert sich der neue Jahrgang mit geradlinigen, unkomplizierten Weinen. Unser eindeutiger Favorit ist der gehaltvolle Frühburgunder, der füllig und harmonisch ist, kraftvoll bei reifer süßer Frucht. ◄

Weinbewertung

83 2012 Riesling trocken Pfeddersheimer St. Georgenberg **13 %/6,20 €**

81 2012 Grauburgunder trocken Dalsheimer Burg Rodenstein **14 %/6,- €**

80 2012 Chardonnay trocken Dalsheimer Sauloch **13 %/6,- €**

79 2012 Grauburgunder „feinherb" Pfeddersheimer St. Georgenberg **12,5 %/5,40 €**

81 2012 Rotweincuvée „XII" trocken Dalsheimer Burg Rodenstein **13,5 %/6,50 €**

85 2009 Frühburgunder trocken Pfeddersheimer Hochberg **14,5 %/12,- €**

Fischborn-Schenk ★
Weinhof **Rheinhessen/Nahe**

Weingasse 2, 55546 Biebelsheim
Tel. 06701-1214, **Fax:** 06701-2304
www.schenkwein.de
hw.schenk@t-online.de
Besuchszeiten: Mo.-Sa. 8-18 Uhr oder nach Vereinbarung

Inhaber . . . . Hans-Werner Schenk
Rebfläche . . . . 14 Hektar

Der „Weinhof" befindet sich seit 1833 in Familienbesitz und wird heute von Hans-Werner Schenk und seiner Ehefrau Martina geführt. Zwei Drittel ihrer Weinberge liegen in Biebelsheim (Rheinhessen), ein Drittel in den benachbarten Gemeinden Planig und Ippesheim (Nahe). Im Biebelsheimer Kieselberg mit seinen kargen, steinigen Kiessandböden bauen sie vor allem Riesling an, im Biebelsheimer Honigberg wachsen vor allem rote Rebsorten und Bacchus auf tiefgründigen Lössböden. Traditionelle Rebsorten wie Riesling, Silvaner und Burgunder bilden den Schwerpunkt der Produktion, aber auch internationale Rebsorten wie Chardonnay und Merlot werden angebaut. Die Weißweine werden recht lange auf der Feinhefe und überwiegend im Edelstahl ausgebaut. Die roten Trauben werden entrappt, in offenen Behältern etwa 14 Tage maischevergoren und kommen dann in Eichenholzfässer.

Vorjahre

Vor zwei Jahren gefiel uns die Kollektion sehr gut, überzeugte mit eigenständigen, kraftvollen Weißweinen des Jahrgangs 2010 und geradlinigen 2009er Rotweinen, angeführt vom Spätburgunder aus dem Kieselberg. Ein gutes Gesamtniveau zeigte auch 2011, präsentierte sich sehr geschlossen, wie gewohnt.

Neue Kollektion

Geschlossen präsentiert sich nun auch die neue Kollektion mit eigenständigen, kraft-

F

vollen Weinen. Am besten gefallen uns der kraftvolle, zupackende Riesling und der klare, strukturierte Spätburgunder, beide aus dem Kieselberg. ➡

Weinbewertung

81 2012 Müller-Thurgau trocken **12,5 %/4,70 €**

82 2012 Weißburgunder trocken Nahe **12,5 %/4,70 €**

84 2012 Riesling Spätlese trocken Biebelsheimer Kieselberg **11,5 %/6,50 €**

83 2012 Grauburgunder Spätlese trocken Kreuznacher Römerhelde **13 %/6,50 €**

83 2011 Spätburgunder trocken **13 %/5,50 €**

85 2011 Spätburgunder trocken Biebelsheimer Kieselberg **13,5 %/9,- €**

★★★

Fischer

Weingut

Baden

Auf der Ziegelbreite 8, 79331 Nimburg-Bottingen
Tel. *07663-1747,* **Fax:** *07668-9300*
www.fischer-weine.de
info@fischer-weine.de
Besuchszeiten: *Di. + Do. 16-19 Uhr, Sa. 10-15 Uhr oder nach Vereinbarung*

Inhaber.............Silvia und Joachim Heger
Gutsleiter.......Lisa Meyer & Stefan Schneider
Kellermeister....................Stefan Rinklin
Rebfläche..........................17,5 Hektar

1978 beschlossen Otto und Mina Fischer, die damals in Nimburg-Bottingen rund 8 Hektar Reben bewirtschafteten, ihre Trauben selbst zu keltern und die Weine unter eigenem Etikett zu vermarkten. Durch die Tätigkeit als Rebveredler besaß die Familie Fischer viele Parzellen mit interessanten Klonen der Burgunderfamilie. Aus Altersgründen wurde das Weingut Otto Fischer 1997 an Joachim und Silvia Heger aus Ihringen verkauft. Der Nimberg ist ein isoliert stehender Vorberg der Freiburger Bucht. Weinbaulich ist er dem Bereich Kaiserstuhl zu-

geordnet. Auf dem Schuttkegel lagerte sich wie beim vulkanisch entstandenen Kaiserstuhl eine Lösssandschicht ab, der Boden ist geprägt von braunem Jura, Muschelkalk und eben dieser Lössauflage. Die Weinberge auf dem Nimberg – die Lage heißt Nimburg-Bottinger Steingrube – sind vor allem mit Burgundersorten bepflanzt. 6,5 Hektar sind allein mit Spätburgunder bepflanzt. Weiß- und Grauburgunder nehmen zusammen mit Chardonnay knapp die Hälfte der Fläche ein. In den letzten Jahren hat Joachim Heger neue rote Sorten angelegt, wobei er sich ganz bewusst auf zwar nicht in Baden, aber doch in Deutschland verbreitete Sorten beschränkt hat: Frühburgunder, St. Laurent, Samtrot und Lemberger. Beim Spätburgunder wurden neue Klone gepflanzt, die den Weinen eine zusätzliche Dimension geben sollen. Die Weine werden zu 95 Prozent durchgegoren ausgebaut.

Vorjahre

2010 präsentierte Joachim Hegers Team eine Kollektion ohne Fehl und Tadel, alle Weine waren frisch und reintönig. Viel Freude machten schon der präzise Sauvignon Blanc und der reintönige Riesling, noch besser aber gefielen uns die beiden Holzfass-Burgunder und der kraftvolle Spätburgunder aus dem Barrique. Auch die letztjährige Kollektion war sehr gut, bestach einmal mehr mit dem hohen Niveau der Basislinie, alle Weine waren fruchtbetont und sortentypisch. Das weiße Segment wartete mit einer Neuerung auf, dem im Barrique ausgebauten Sauvignon Blanc, der 3-Sterne-Chardonnay war ihm ebenbürtig. Das rote Segment wurde angeführt vom 3-Sterne-Spätburgunder des Jahrgangs 2009, der reintönige Rosé bereitete viel Freude.

Neue Kollektion

Sehr stimmig ist nun die neue Kollektion, weiß wie rot, alle Weine sind frisch, fruchtbetont und reintönig, so wie man das kennt aus den vergangenen Jahren. Im weißen Segment gefallen uns die 3-Sterne-Selektionen besonders gut: Der Weißburgunder besitzt reife Frucht, gute Fülle und Kraft, der Chardonnay ist kraftvoll und reintönig, füllig und strukturiert. Unser eindeutiger Favorit unter den Rotweinen ist der Spätburgunder, der reintönig und zupackend ist, harmonisch und frisch. ◀

Weinbewertung

85	2012 Auxerrois trocken	12 %/9,40 €	
84	2012 Weißburgunder trocken	12 %/9,40 €	
85	2012 Grauburgunder trocken	12 %/9,40 €	
85	2012 Sauvignon Blanc trocken	12 %/9,90 €	

87 2012 Weißburgunder*** trocken Nimburg-Bottinger Steingrube 12,5 %

88 2012 Chardonnay trocken Holzfass Nimburg-Bottinger Steingrube 12,5 %/10,- € ☺

82 2011 „Pescatus" Rotwein trocken 13 %/9,50 €

84 2011 Frühburgunder trocken Holzfass Nimburg-Bottinger Steingrube 13,5 %/10,90 €

87 2011 Spätburgunder trocken Holzfass Nimburg-Bottinger Steingrube 13,5 %/10,90 €

84 2011 Lemberger trocken Holzfass Nimburg-Bottinger Steingrube 13,5 %/10,90 €

★★

Stephan **Fischer**
Weingut und Sektmanufaktur   **Mosel**

Merler Straße 12, 56856 Zell
Tel. *06542-41612,* **Fax:** *06542-41651*
www.weingut-stephan-fischer.de
info@weingut-stephan-fischer.de
Besuchszeiten: *nach Vereinbarung*

Inhaber .... Stephan Fischer
Rebfläche .... 3 Hektar

Dieses Weingut mit über 300-jähriger Tradition wird heute in zehnter Generation von Stephan Fischer geführt. Alle seine Weinberge liegen in Steillagen in Zell: Nussberg, Burglay Felsen und Kreuzlay, alle sind teilweise mit wurzelechten Reben bestockt. Neben dem dominierenden Riesling baut Stephan Fischer ein klein wenig Grauburgunder, Spätburgunder und Dornfelder an. Die Weine werden alle in Eichenholzfässern ausgebaut.

Vorjahre

Seit der ersten Ausgabe empfehlen wir die Weine von Stephan Fischer. Seither gehören seine Sekte regelmäßig zu den besten Rieslingsekten der Mosel, seine Weine bestechen mit reintöniger Frucht und Frische – und die Preise sind immer noch moderat. Vor zwei Jahren hatte Stephan Fischer wieder drei schöne Rieslingsekte im Programm – extra brut, brut und trocken. Aber auch die 2010er Weine überzeugten, angefangen vom saftigen Riesling in der Literflasche. Die Sekte des Jahrgangs 2010 erreichten nicht ganz das gewohnte Niveau, der Liter-Riesling aber bereitete auch im vergangenen Jahr viel Freude, ansonsten überzeugten die Spätlese, vor allem in der trockenen und „feinherben" Version.

Neue Kollektion

Die neue Kollektion überzeugt mit ihrem guten, sehr gleichmäßigen Niveau, angefangen vom feinen Riesling in der Literflasche. Sehr gleichmäßig präsentieren sich sowohl die trockenen als auch die süßen Rieslinge, unter den Sekt-Varianten gefällt uns die frische, zupackende extra brut-Version besonders gut. ◀

Weinbewertung

85 2011 Riesling Sekt extra brut Zeller Nussberg 13 %/9,- €

84 2011 Riesling Sekt brut Zeller Nussberg 12,5 %/9,- €

83 2011 Riesling Crémant brut Zeller Schwarze Katz 13 %/12,50 €

83 2012 Riesling trocken Zeller Schwarze Katz 12 %/4,50 €/1l ☺

84 2012 Riesling Kabinett trocken Zeller Schwarze Katz 12,5 %/6,50 €

84 2012 Riesling Spätlese trocken Zeller Schwarze Katz 13 %/9,50 €

82 2012 Riesling halbtrocken Zeller Schwarze Katz 11,5 %/4,50 €/1l

84 2012 Riesling Kabinett halbtrocken Zeller Nussberg 12 %/6,50 €

84 2012 Riesling Spätlese Zeller Nussberg 8,5 %/8,50 €

F

Die besten deutschen Weinerzeuger und ihre Weine

Fischer
Weingut   **Franken**

Erweinstraße 6, 97353 Wiesentheid
Tel. 09383-377, Fax: 09383-1735
www.fischer-wein.de
post@fischer-wein.de
Besuchszeiten: Mo.-Fr. 8-12 + 13-17 Uhr,
Sa./So. 9-13 Uhr
Gasthaus „Zur Krone" (Sa. & Mo. 17:30-24 Uhr),
6 Fremdenzimmer

Inhaber . . . . .Joachim Fischer
Rebfläche . . . . .8,04 Hektar

Das 1848 von Martin Fischer gegründete Weingut wird heute von Joachim und Elisabeth Fischer geführt, die im Betrieb unterstützt werden von ihren Söhnen Thomas und Alexander. Neben den Trauben der eigenen Weinberge werden auch zugekaufte Trauben verarbeitet.

Vorjahre ───────────────

Highlight beim Debüt vor zwei Jahren war eine Silvaner Trockenbeerenauslese aus dem Jahrgang 2009, auch die Auslese und die beiden Rotweine, alle Jahrgang 2009, überzeugten. Die letztjährige Kollektion war gleichmäßig, wenn auch ein wenig verhalten, eine Silvaner Auslese gefiel uns am besten.

Neue Kollektion ───────────────

Aus der ansonsten gleichmäßigen Kollektion ragt ein Wein hervor: Der 3-Sterne-Grauburgunder zeigt gute Konzentration und reife Frucht im Bouquet, ist füllig im Mund, kraftvoll und reintönig, besitzt gute Struktur und Substanz. ◄

Weinbewertung ───────────────

83   2012 Silvaner Spätlese trocken Rödelseer Schlossberg   **13 %/8,50 €**

87   2012 Grauburgunder*** trocken   **13,5 %/12,- €**

81   2012 Scheurebe Kabinett Kammerforster Teufel   **12 %/5,50 €**

82   2012 Gewürztraminer Spätlese Kammerforster Teufel   **13 %/7,50 €**

83   2012 Silvaner Auslese Rödelseer Schlossberg   **11 %/10,50 €**

80   2011 „Cuvée Lisa" Rotwein trocken   **13 %/7,- €**

Fitz-Ritter
Weingut   **Pfalz**

Weinstraße Nord 51, 67098 Bad Dürkheim
Tel. 06322-5389, Fax: 06322-66005
www.fitz-ritter.de
info@fitz-ritter.de
Besuchszeiten: Mo.-Fr. 8-12 + 13-18 Uhr,
Sa. 10-16 Uhr, So. 11-17 Uhr

Inhaber . . . . .Johann Fitz
Rebfläche . . . . .24 Hektar

Das traditionsreiche Weingut Fitz-Ritter wird heute von Johann Fitz geführt. Zum Betrieb gehört auch die Sektkellerei Fitz. Zwei Drittel der Rebfläche nimmt Riesling ein. Dazu gibt es etwas Spätburgunder, Gewürztraminer, Chardonnay und eine ganze Reihe weiterer Sorten.

Vorjahr ───────────────

Im vergangenen Jahr haben wir eine gute und stimmige Kollektion verkostet. Die Rieslinge waren frisch und klar, noch einen Tick besser gefiel uns allerdings der trockene Gewürztraminer. Die süßen Weine hatten eine sehr feine Frucht. Der rote Revoluzzer war süffig dank fließender Tannine, der Pinot Noir zeigte eine klare rote Frucht.

Neue Kollektion ───────────────

In diesem Jahr sind die Rieslinge wieder fruchtig und klar, der Eiswein ist konzentriert und hat eine tolle Aromatik, es fehlt ihm allerdings etwas der Biss, also Säure. Sehr gut gefällt uns auch der fruchtbetonte, kräftige Chardonnay. Sehr fein ist der Gewürztraminer. Der Pinot Noir zeigt eine kühle und klare Frucht, er hat einen schönen Glanz, eine saftige Säure und wird im Moment noch von dunklen Röstaromen beeinflusst. Früchte, Brot, Brioche und eine feine Reife zeigt der Chardonnay Crémant. ◀━

Weinbewertung _____

87 2007 Chardonnay Crémant brut Dürkheimer Abtsfronhof **12,5 %/18,- €**
83 2012 Riesling trocken (1l) **11 %/6,- €**
85 2012 Riesling trocken"RebArena" (aus dem Rittergarten) **12 %/7,50 €**
87 2012 Riesling trocken Dürkheimer Abtsfronhof **12,5 %/11,- €**
87 2012 Chardonnay trocken Dürkheimer Spielberg **13 %/11,- €**
85 2012 Weißburgunder trocken Wachenheimer **12,5 %/8,- €**
86 2012 Grauburgunder trocken Wachenheimer **13,5 %/8,- €**
87 2012 Gewürztraminer Spätlese Dürkheimer Abtsfronhof **9,5 %/11,- €**
88 2012 Riesling Eiswein Dürkheimer Hochbenn **7,5 %/39,- €/ 0,375l**
88 2010 Pinot Noir trocken Barrique **13 %/20,- €**

der, Grauburgunder, Chardonnay, Gewürztraminer, Scheurebe und Sauvignon Blanc. An roten Sorten gibt es Spätburgunder, St. Laurent, Portugieser und Regent. Das Sortiment ist gegliedert in Gutsweine, Lagenweine sowie die Premiumweine aus der Lage Saumagen.

Die Kollektion _____

Eine schöne Kollektion mit klaren, geradlinigen Weinen präsentiert Jochen Fleischmann. Highlight für uns ist ganz klar der Saumagen-Riesling, puristisch, präzise und zupackend besitzt er gute Struktur und Frische, ist geradlinig und reintönig. ◀━

Weinbewertung _____

80 2012 Riesling trocken Kallstadt **12 %/4,50 €**
83 2012 Weißburgunder trocken Steinacker **13 %/5,30 €**
81 2012 Grauburgunder trocken Kronenberg **13,5 %/5,30 €**
87 2012 Riesling trocken Saumagen **12,5 %/8,90 €**
81 2012 Gewürztraminer Kronenberg **14 %/6,60 €**
83 2012 St. Laurent trocken Steinacker **14 %/5,30 €**

Fleischmann
Weingut   ★

Pfalz

◆ *Freinsheimerstraße 92, 67169 Kallstadt*
Tel. *06322-66195,* **Fax:** *06322-987454*
www.weingut-fleischmann.de
info@weingut-fleischmann.de
Besuchszeiten: *Mo.-Sa. nach Vereinbarung*

Inhaber ...... Familie Hans-Georg Fleischmann
Kellermeister .... Jochen Fleischmann
Rebfläche .... 17,5 Hektar

Hans-Georg Fleischmann begann Ende der neunziger Jahre mit der Selbstvermarktung. Sohn Jochen absolvierte seine Winzerlehre bei Neiss und Darting, studiert seit 2011 in Geisenheim. Ihre Weinberge liegen in Kallstadt. 65 Prozent der Fläche nehmen weiße Sorten ein, darunter Riesling, Weißburgun-

Joachim **Flick**
Weingut   ★★★☆

Rheingau

In der Straßenmühle, 65439 Flörsheim-Wicker
Tel. *06145-7686,* **Fax:** *06145-54393*
www.flick-wein.de
info@flick-wein.de
Besuchszeiten: *Mo.-Fr. 15-19 Uhr, Sa. 10-14 Uhr*
Veranstaltungen (bis 240 Personen)

Inhaber .... Reiner Flick
Rebfläche .... 19 Hektar

2012 war der 31. Jahrgang von Reiner Flick, der den Betrieb in dieser Zeit auf beinah 20 Hektar Rebfläche erweitern konnte. Inzwischen wurde in dem Weingut Flick, das seit 1997 in der Straßenmühle untergebracht ist, auch ein Kreuzgewölbekeller zur Lagerung

Die besten deutschen Weinerzeuger und ihre Weine

von Stück- und Doppelstückfässern fertiggestellt, eine moderne Lichtinstallation inklusive. Es existiert auch eine renovierte alte Scheune für größere Veranstaltungen. Riesling ist mit einem Anteil von über 80 Prozent wichtigste Rebsorte bei Reiner Flick. Daneben gibt es etwa 8 Prozent Spätburgunder, aber auch Chardonnay, Weiß- und Grauburgunder sowie Sauvignon Blanc. Flicks wichtigste Lagen sind Wickerer Mönchsgewann, Wickerer Stein, Wickerer Nonnberg, Flörsheimer Herrnberg und Hochheimer Hölle. Das Mönchsgewann ist eine Süd-West-Lage mit losshaltigen, kiesigen Böden, teilweise mit tertiärem Mergel, der Stein ist ebenfalls eine Süd-West-Lage mit Kiesböden, teilweise mit tertiärem Mergel durchsetzt. Der Nonnberg, seit 2004 in Besitz von Reiner Flick, besteht aus Lösslehm und tertiärem Mergel. Der Herrnberg, seit 1270 in Besitz der Mainzer Domherren, ist eine Südlage mit tiefgründigem Löss und teils hohem Kiesanteil. In der Hochheimer Hölle wiederum wachsen die Reben auf tiefgründigem Löss mit kiesigem Untergrund. Seit 2010 bewirtschaftet Joachim Flick auch den Hochheimer Königin Victoriaberg, eine legendäre Lage, die lange Zeit Weine unter ihren Möglichkeiten geliefert hatte. Mit dem Jahrgang 2012 ist das Weingut mit dem Siegel Fairchoice ausgezeichnet.

Die Ersten Gewächse aus dem Weingut Flick sind komplex und voller Würze, geradlinig und stoffig. Edelsüße Weine werden nur erzeugt, wenn das Wetter mitspielt und die Botrytis einwandfrei ist. Wie gut die Weine reifen können, zeigt sich bei den immer wieder präsentierten älteren trockenen oder süßen Weinen. Die Rieslinge aus dem Victoriaberg sind sehr fein und duftig, werden beim ersten Verkosten manchmal unterschätzt.

Vorjahre

Im Jahrgang 2010 entstanden geradlinige, ausgewogene Weine aus Mönchsgewann und Nonnberg; einige der Rieslinge aus dem Königin Victoriaberg wirkten etwas verhalten, allerdings entwickelte sich das feingliedrige,

zunächst verschlossene Erste Gewächs ausgezeichnet. Die trockene Spätlese aus der Hölle sowie das Erste Gewächs aus dem Nonnberg gehörten zu den spannendsten Weinen der 2011er Kollektion.

Neue Kollektion

Unter den Weinen des neuen Jahrgangs ragen gleich mehrere heraus. Ein ungeheuer saftiger, aber nicht im Geringsten einfacher Spätburgunder Rosé und der charmante, ausgewogene Kabinett aus dem König Victoriaberg zum Beispiel. Genau aus dieser Lage stammt auch ein sehr präzise und klar wirkendes Großes Gewächs, das einen komplett anderen Stil repräsentiert als sein Pendant aus dem Nonnberg: Eher kompakt, mit mehr Schmelz ausgestattet, derzeit noch etwas von der Kohlensäure geprägt. Der straffe trockene Riesling aus der Hölle kann als Geheimtipp durchgehen, beim nach Aprikosenkompott duftenden Eiswein aus dem Nonnberg, dessen Trauben am 8. Dezember gelesen wurden, wird die hohe Süße durch rassige Säure optimal balanciert. ◄━

Weinbewertung

84 2012 Riesling trocken „F. vini et vita" 12 %/6,60 €

84 2012 Riesling Kabinett trocken 11,5 %/7,- €

82 2012 Sauvignon Blanc trocken 13 %/7,50 €

86 2012 Riesling trocken Hochheimer Königin Victoriaberg 12,5 %/9,80 €

85 2012 Riesling trocken Wickerer Nonnberg 12,5 %/8,50 €

88 2012 Riesling trocken Hochheimer Hölle 12,5 %/10,50 €

90 2012 Riesling „GG" Hochheimer Königin Victoriaberg 13 %/28,50 €

91 2012 Riesling „GG" Wickerer Nonnberg 13 %/25,50 €

84 2012 Riesling Classic 11,5 %/6,60 €

87 2012 Riesling Kabinett Hochheimer Königin Victoriaberg 8,5 %/9,80 €

93 2012 Riesling Eiswein Wickerer Nonnberg 9,5 %/28,50 €

85 2012 Spätburgunder Rosé 11,5 %/6,60 €

Flick ★★

Weingut Winzerfamilie

Rheinhessen

Brückesgasse 15, 55234 Bechtolsheim
Tel. *06733-6814,* **Fax:** *06733-961863*
www.weingut-flick.de
info@weingut-flick.de
Besuchszeiten: *Mo.-Sa. nach Vereinbarung*

Inhaber .... Ulrich und Alexander Flick
Rebfläche .... 20 Hektar

Die Weinberge von Ulrich und Alexander Flick liegen in Bechtolsheim, Gau-Odernheim (Herrgottspfad), Siefersheim, Gundersheim (Höllenbrand) und Westhofen (Morstein). An weißen Sorten werden Riesling, Chardonnay, Weißburgunder, Silvaner und Müller-Thurgau angebaut, an roten Sorten findet man Spätburgunder, Portugieser, Dornfelder, Regent und St. Laurent. Das Sortiment ist gegliedert in Gutsweine, Ortsweine und Lagenweine.

Vorjahre

Vor zwei Jahren schlossen Ulrich und Alexander Flick nahtlos an das Vorjahr an. Die 2010er Weißweine besaßen Fülle und Frucht, die Rotweine des Jahrgangs 2009 waren kraftvoll und gekonnt vinifiziert, vor allem der Pinot Noir bereitete uns viel Freude. 2011 hatten die Flicks in der Spitze weiter zugelegt mit einem sehr guten Morstein-Riesling an der Spitze, gefolgt vom Riesling aus dem Herrgottspfad.

Neue Kollektion

Auch in diesem Jahr ist der Morstein-Riesling unser Favorit, zeigt gute Konzentration und reife, reintönige Frucht im Bouquet, ist klar und fruchtbetont im Mund bei guter Länge. Auch die weißen Ortsweine sind sehr gut, besitzen reintönige Frucht und gute Struktur. Sehr gut sind auch die beiden Spitzen-Rotweine, die gewürzduftige, konzentrierte Cuvée Maria-Elisabeth und der wunderschön reintönige Spätburgunder, der frisch

und zupackend ist, gute Struktur und reife Frucht besitzt. ◄

Weinbewertung

83 2012 Chardonnay trocken   12,5 %/5,70 €
81 2012 Riesling trocken   12 %/5,90 €
85 2012 Silvaner trocken Siefersheimer   13 %/7,90 €
85 2012 Riesling trocken Gau-Odernheimer   12 %/7,90 €
88 2012 Riesling trocken Westhofener Morstein   13 %/15,50 €
84 2012 Riesling „feinherb" „Jakob"   12 %/8,50 €
81 2011 „Von Berg und Tal" Rotwein trocken   13 %/7,90 €
86 2011 „Maria-Elisabeth" Rotwein trocken   13,5 %/12,90 €
87 2011 Pinot Noir trocken Bechtolsheimer   13 %/12,90 €

Forsthof ★☆

Weingut

Württemberg

🍇 *Forsthof 4, 71711 Kleinbottwar-Steinheim*
Tel. *07148-6134,* **Fax:** *07148-4011*
www.weingut-forsthof.com
info@weingut-forsthof.com
Besuchszeiten: *Mo.-Fr. 9-12 Uhr + 13-18 Uhr,*
Sa. 8-14 Uhr
„Waldstüble" (saisonal geöffnet, 70 Sitzplätze, auf der Freiterrasse 50 Sitzplätze); Waldhotel Forsthof

Inhaber .... Wilfried Roth und Andreas Roth
Rebfläche .... 11 Hektar

Der Forsthof liegt bei Kleinbottwar auf einer Anhöhe des Bottwartals. Die Weinberge von Wilfried und Andreas Roth befinden sich im Bottwartal zwischen Steinheim und dem Lichtenberg. Drei Viertel der Weinberge nehmen rote Sorten ein. Es dominieren die Burgundersorten, Trollinger und Lemberger. Daneben gibt es ein klein wenig Regent und Dornfelder, sowie Acolon, Merlot und Caber-

F

net Mitos. Ein Fünftel der Fläche nimmt Riesling ein, hinzu kommt ein wenig Weiß- und Graubugunder, sowie Kerner. Im August 2009 begann das Weingut mit der Umstellung auf ökologischen Weinbau, seit Januar 2010 ist man Mitglied bei Naturland, 2012 ist der erste zertifizierte Jahrgang.

Vorjahre

Der Merlot war vor zwei Jahren unser Favorit in einer Kollektion, die wie gehabt ihre Vorteile im roten Segment besaß. Etwas weniger einheitlich präsentierte sich die letztjährige Kollektion, in der uns vor allem Merlot und Spätburgunder überzeugten.

Neue Kollektion

Auch in der neuen, sehr gleichmäßigen Kollektion liegen die Vorteile wieder einmal im roten Segment; der reintönige Lemberger und der klare, zupackende Merlot sind unsere Favoriten. ◄

Weinbewertung

81   2012 Riesling Spätlese „feinherb" **12,5 %/8,50 €**
81   2012 Cabernet Blanc Spätlese trocken **13 %/8,50 €**
83   2012 Muskateller **12,5 %/6,80 €**
84   2011 Lemberger trocken **13,5 %/6,90 €**
82   2010 „Ars Vinitoris" Rotwein trocken **13,5 %/8,20 €**
85   2010 Merlot trocken **14 %/9,20 €**

Franckenstein ★ ☆

Weingut Freiherr von und zu   **Baden**

Weingartenstraße 66, 77654 Offenburg
Tel. *0781-34973,* **Fax:** *0781-36046*
www.germanwine.de/weingut/franckenstein
weingut-franckenstein@t-online.de
Besuchszeiten: *Mo.-Fr. 9-12 + 14-18 Uhr, Sa. 9-13 Uhr*
Präsentations- und Degustationsraum (bis 50 Personen)

Inhaber .... Stefan Huschle/Familie Huschle
Rebfläche .... 14 Hektar

Die Geschichte dieses Betriebes reicht bis ins 13. Jahrhundert zurück, seit 1710 gehört das Gut den Freiherren von und zu Franckenstein. 2008 hat die Familie Huschle das Weingut gepachtet. Sohn Stefan Huschle, Geisenheim-Absolvent, war schon 2007 für die Vinifikation verantwortlich. Die Weinberge liegen in Zell-Weierbach und Berghaupten, darunter die Lagen Zell-Weierbacher Neugesetz (3,2 Hektar) und Berghauptener Schützenberg (6,4 Hektar) im Alleinbesitz. Die Weinberge in Berghaupten wurden 1989 hinzugekauft, 1,5 Hektar hat man quer terrassiert. Die Reben wachsen auf tiefgründigen Urgesteinsböden, Granit im Neugesetz und Gneis im Schützenberg. Inzwischen wurde die Monopollage Laufer Gut Alsenhof zugepachtet. Wichtigste Rebsorte ist Riesling, es folgen die Burgundersorten und Müller-Thurgau. Etwa 80 Prozent der Weine werden durchgegoren ausgebaut.

Vorjahre

2010 waren die Großen Gewächse ein klein wenig verhaltener, am besten gefiel uns der Riesling; auch Kabinettweine und Spätlesen waren jahrgangsbedingt schwächer als zuletzt. Auch die 2011er Weißweine waren etwas verhalten, die Großen Gewächse stachen im vergangenen Jahr klar hervor; im roten Segment gefiel uns der kraftvolle Zweigelt am besten.

Neue Kollektion

Wir konstatieren Fortschritte in der neuen Kollektion, bei den Burgundern, vor allem in der Spitze, bei den Großen Gewächsen. Der Weißburgunder Im Himmelreich ist füllig und kraftvoll, besitzt reintönige Frucht und gute Struktur, der Graubugunder Pfaffengässle ist ebenfalls, füllig, kraftvoll und reintönig, der Spätburgunder Marienquelle zeigt im Jahrgang 2011 feine rauchige Noten, ist frisch, fruchtbetont und zupackend im Mund, besitzt gute Struktur und jugendliche Tannine. ◄

Weinbewertung

82   2010 Chardonnay Sekt brut **12,5 %/15,- €**
81   2012 Muskateller trocken **12 %/11,90 €**

81	2012 Riesling Kabinett trocken „Granit"	**12 %/8,50 €**
81	2012 Riesling Kabinett trocken „Gneis"	**11 %/8,50 €**
82	2012 Weißburgunder Kabinett trocken „Gneis"	**12,5 %/8,50 €**
81	2012 Grauburgunder Kabinett trocken „Granit"	**13,5 %/8,50 €**
82	2012 Riesling trocken Schützenberg	**12,5 %/11,90 €**
85	2012 Weißburgunder trocken Schützenberg	**13 %/11,90 €**
84	2012 Grauburgunder trocken Abtsberg	**13,5 %/12,40 €**
83	2012 Chardonnay trocken Schützenberg	**13 %/11,90 €**
84	2012 Riesling „GG" „Marienquelle"	**12,5 %/18,90 €**
88	2012 Weißburgunder „GG" „Im Himmelreich"	**13 %/18,90 €**
88	2012 Grauburgunder „GG" „Pfaffengässle"	**14 %/18,90 €**
82	2012 Traminer Spätlese Neugesetz	**11 %/11,90 €**
81	2010 Spätburgunder trocken Schützenberg	**13 %/8,50 €**
84	2010 Zweigelt trocken	**13,5 %/16,50 €**
85	2010 Spätburgunder „GG" „Marienquelle"	**13 %/24,90 €**
88	2011 Spätburgunder „GG" „Marienquelle"	**13 %/24,90 €**

★ ★

frank
wein & gut   **Württemberg**

Bönnigheimer Straße 29
74336 Brackenheim - Botenheim
Tel. *07135-9361281,* ***Fax:*** *07135-2017*
www.weingutfrank.de
info@weingutfrank.de
Besuchszeiten: *Fr. 14-19 Uhr, Sa. 10-16 Uhr oder*
nach Vereinbarung

Inhaber .... Florian Frank
Rebfläche .... 2,5 Hektar

2009 verließ Florian Frank die Genossenschaft und begann mit der Selbstvermarktung, mit damals einem Hektar, zur Risikominderung schloss er Traubenablieferverträge mit verschiedenen Kellereien. Heute vermarktet er bereits den Ertrag von 2,5 Hektar selbst. Er baut Riesling, Grauburgunder, Müller-Thurgau und Traminer an, sowie die roten Sorten Trollinger, Lemberger, Acolon und Merlot. Alle Weine werden in der Regel trocken ausgebaut.

Vorjahr _____

Beim guten Debüt im vergangenen Jahr zeigten Florian Franks Weine eine klare Handschrift, waren frisch, geradlinig und reintönig – und von sehr gleichmäßiger Qualität.

Neue Kollektion _____

Diese klare Handschrift überzeugt uns auch in diesem Jahr, alle Weine sind kraftvoll und präzise, druckvoll und reintönig. Das fängt beim Trollinger „Blanc de Noir" an und führt über den wunderschön reintönigen Grauburgunder und einem gelungenen Traminer mit viel Substanz hin zu einer feinen kleinen Rotweinkollektion: Der Trollinger ist frisch und zupackend, der Lemberger reintönig und strukturiert, der Merlot ist gekonnt im Barrique vinifiziert, ist frisch und fruchtbetont, herrlich reintönig, kraftvoll und strukturiert. So darf es weitergehen! ◄

Weinbewertung _____

83	2012 Trollinger „weiß von rot" trocken*	**12 %/5,70 €**
84	2012 Grauburgunder trocken**	**13,5 %/9,50 €**
84	2012 Traminer trocken**	**12,5 %/8,50 €**
83	2012 Trollinger trocken**	**12,5 %/7,- €**
84	2011 Lemberger trocken** Holzfass	**13 %/9,90 €**
87	2011 Merlot trocken*** Barrique	**13,5 %/14,90 €**

Franz
★

Weingut **Rheinhessen**

◆ *Hauptstraße 3, 55437 Appenheim*
Tel. *06725-96060,* **Fax:** *06725-96062*
www.weingut-franz.de, info@weingut-franz.de
Besuchszeiten: *Mo.-So. 10-19 Uhr nach Vereinbarung*

Inhaber.....................Heinrich Josef Franz
Kellermeister..................Christopher Franz

Die Weinberge von Heinrich Josef Franz liegen in den Appenheimer Lagen Hundertgulden, Eselspfad und Daubhaus. Er baut die weißen Sorten Riesling, Silvaner, Scheurebe, Sauvignon Blanc, Chardonnay und Müller-Thurgau, sowie die roten Sorten Spätburgunder, Frühburgunder, Portugieser und Dornfelder an. Für den Weinausbau ist Sohn Christopher Franz verantwortlich. Die Weine werden meist spontanvergoren, teils im Edelstahl, teils in alten Holzfässern, und bis zur Abfüllung auf der Feinhefe gelagert.

Kollektion _____

Die Kollektion ist stimmig, überzeugt, schon der Gutsriesling ist klar und frisch, die Rieslinge aus dem Hundertgulden besitzten viel Konzentration, reife Frucht, gute Struktur und Substanz, der 2011er zeigt etwas mehr Komplexität als der noch sehr jugendliche 2012er; dass man sich auch auf Rotwein versteht, stellt der Frühburgunder unter Beweis. ◄

Weinbewertung _____

81 2012 Riesling trocken **12,5 %/5,80 €**
82 2012 Sauvignon Blanc trocken **13 %/6,50 €**
83 2012 Scheurebe trocken **12 %/6,50 €**
84 2012 Chardonnay trocken Appenheimer **13 %/7,80 €**
87 2011 Riesling trocken Appenheimer Hundertgulden **12,5 %/12,- €**
86 2012 Riesling trocken Appenheimer Hundertgulden **12,5 %/12,- €**
81 2012 Grüner Silvaner Classic **12 %/5,80 €**
85 2011 Frühburgunder trocken **13 %/12,- €**

Reinhold Franzen
★★★★

Weingut **Mosel**

Gartenstraße 14, 56814 Bremm
Tel. *02675-412,* **Fax:** *02675-1655*
www.weingut-franzen.de
info@weingut-franzen.de
Besuchszeiten: *nach Vereinbarung*

Inhaber...........................Kilian Franzen
Betriebsleitung..Kilian Franzen, Angelina Lenz
Kellermeister....Kilian Franzen, Benedikt Lenz
Rebfläche............................9,3 Hektar

Das Weingut Franzen hat sich, wie kein anderer Betrieb, um den Bremmer Calmont und den Steilstlagenweinbau in diesem Teil der Mosel verdient gemacht. Im Juni 2010 verunglückte Ulrich Franzen, dem die Renaissance der steilsten Lage Europas ganz wesentlich zu verdanken ist, mit dem Schmalspurschlepper. Iris Franzen führte zunächst den Betrieb weiter, wurde dabei unterstützt von Sohn Kilian, der ihn inzwischen übernommen hat, und Angelina Lenz, sowie deren Bruder, dem Weinbautechniker Benedikt Lenz. Die Reben wachsen vor allem im Bremmer Calmont, wo Ulrich Franzen im letzten Jahrzehnt zahlreiche aufgelassene Parzellen neu bepflanzt hat. Der Boden im 2 Kilometer langen, stark zerklüfteten Calmont besteht aus Schiefer mit einem sehr hohen Steinanteil. Hinzu kommen 2,5 Hektar im Neefer Frauenberg. Riesling nimmt 80 Prozent der Rebfläche ein, hinzu kommen Weißburgunder und Elbling, sowie ein klein wenig Grauburgunder, Spätburgunder und Frühburgunder. Das Sortiment ist gegliedert in die Gutsweine, wie den Riesling „vom Quarzitschiefer", dann folgen der durchgegorene „FranZero" und die Lagenweine mit schwarzer Kapsel, schließlich die mit einer Goldkapsel ausgestatteten Großen Gewächse aus Calmont und Frauenberg, sowie als Spitzenwein des Gutes der „Calidus Mons". In manchen Jahren werden auch edelsüße Rieslinge erzeugt, das Gros der Weine aber wird trocken und halbtrocken ausgebaut.

Vorjahre

Schon seit der ersten Ausgabe empfehlen wir die Franzen-Weine, schon damals waren wir besonders angetan von der Nachhaltigkeit der beiden Goldkapsel-Weine, den Calidus Mons gab es damals noch nicht. Seither haben die Weine stetig an Ausdruck gewonnen, sie sind präzise und kraftvoll, besitzen Substanz und viel Mineralität. 2010 war den Franzens ein bemerkenswerter Jahrgang gelungen, die Weine besaßen Kraft und Substanz, waren füllig und nachhaltig bei feinen mineralischen Noten, vom puristischen „FranZero" bis hin zu den beiden Großen Gewächsen und dem Calidus Mons. Auch 2011 brachte bestechend klare Rieslinge angefangen vom Quarzitschiefer und dem FranZero über die kraftvollen, zupackenden Lagenweine aus Calmont und Frauenberg bis hin zu den Großen Gewächsen. Highlight der Kollektion war aber einmal mehr der Calidus Mons mit seiner faszinierend reintönigen Frucht. Das Kilian Franzen und sein Team sich auch auf edelsüß verstehen, stellten sie mit einer hervorragenden Beerenauslese und einer faszinierend konzentrierten Trockenbeerenauslese unter Beweis.

Neue Kollektion

In diesem Jahr wurden nochmals die Goldkapsel-Weine und der Calidus Mons des Jahrgangs 2011 vorgestellt. Die 2012er Rieslinge gefallen uns sehr gut, sie sind klar und präzise, „Der Sommer war sehr groß" besitzt Fülle, Kraft und reife Frucht, der Wein aus dem Neefer Frauenberg ist geradlinig und zupackend, noch ein klein wenig besser gefällt uns der Calmont-Riesling, der Fülle und Kraft besitzt, reife Frucht, gute Struktur und Substanz. ◄━

Weinbewertung

85 2012 Weißburgunder (trocken) **12,5 %/9,50 €**

84 2012 Riesling (trocken) „Vom Quarzitschiefer" **12,5 %/7,90 €**

86 2012 Riesling (trocken) „FranZero" **13 %/10,50 €**

87 2012 Riesling (trocken) „Der Sommer war sehr groß" **12,5 %/11,- €**

87 2012 Riesling (trocken) Neefer Frauenberg **13 %/10,50 €**

88 2012 Riesling (trocken) Bremmer Calmont **13 %/11,50 €**

88 2011 Riesling Goldkapsel Neefer Frauenberg **13 %/19,50 €**

89 2011 Riesling Goldkapsel Bremmer Calmont **13 %/19,50 €**

91 2011 Riesling „Calidus Mons" **12,5 %/31,50 €**

F

Die besten deutschen Weinerzeuger und ihre Weine

★★

Alexander **Freimuth**
Weingut
Rheingau

Am Rosengärtchen 25, 65366 Geisenheim-Marienthal
***Tel.** 06722-981070, **Fax:** 06722-981071*
www.freimuth-wein.de
info@freimuth-wein.de
***Besuchszeiten:** Mo.-Sa. nach Vereinbarung*
Straußwirtschaft (8 Wochen im Mai/Juni, 4 Wochen im Nov./Dez.)

Inhaber . . . . Alexander und Karin Freimuth
Rebfläche . . . . 8,5 Hektar

Karin und Alexander Freimuth, beide Diplomingenieure für Weinbau, führen das Gut seit 1984, seit 1999 ist der Betrieb Mitglied im Verband der Prädikatsweingüter. Die Weinberge liegen in den Geisenheimer Lagen Kläuserweg, Mönchspfad, Kilzberg und Mäuerchen sowie im Rüdesheimer Bischofsberg. Neben 65 Prozent Riesling baut Alexander Freimuth ein Viertel Spätburgunder sowie etwas Grauburgunder, Weißburgunder und Müller-Thurgau an. Eine Spezialität ist der Sauvignon Blanc, der in manchen Jahren – wie 2007 – besonders früh gelesen wird, um Frische und grasige Noten herauszuarbeiten. Die Weine werden temperaturgesteuert unter 17 Grad Celsius vergoren. Alexander Freimuth ist bestrebt, die natürliche Gärungskohlensäure in den Weinen zu erhalten. Drei Viertel seiner Weine sind trocken, weitere 15 Prozent halbtrocken; süße und edelsüße Weine werden zwar manchmal erzeugt, spielen aber eine untergeordnete Rolle. Experimente mit dem Barrique führen meist zu interessanten Ergebnissen – beim Spätburgunder, aber auch beim Weißburgunder.

Vorjahre

2010 war der Sauvignon Blanc wunderschön schlank und frisch, wirkte viel animierender als in manch anderem Jahr. Gut gelang beispielsweise auch der „Zero", der in der Nase eine offensive Frucht, sogar einen Hauch von Zuckerwatte aufwies und puristisch trocken war. Im Jahrgang 2011 gelangen viele ausgezeichnete Weine – vom saftigen Roten Riesling über den kompromisslosen „Zero" bis zum stoffigen „Alte Reben". Das nach Melone und Kräutern duftende Erste Gewächs aus dem Bischofsberg war allerdings so kraftvoll und alkoholreich, dass man sich fragen musste, ob hier nicht ein wenig zu viel gewollt wurde.

Neue Kollektion

Die Weine des Jahrgangs 2012 gefallen ausgezeichnet, nicht nur der „Zero" sondern auch der Rote Riesling, der leicht nach reifen gelben Früchten und Melone duftet, aber keineswegs breit ausfällt und zu den besten Weinen dieser Sorte im Rheingau zählt. Aus dem Jahrgang 2011 gefällt ein sehr saftiger, beerenduftiger und bestens balancierter Spätburgunder, während für das Erste Gewächs aus dem Kläuserweg Ähnliches gilt wie für das im vergangenen Jahr vorgestellte Pendant aus dem Bischofsberg: Es wirkt relativ mächtig, besitzt zwar Komplexität, lässt aber ein wenig jene Präzision vermissen, die hier sonst üblich ist.

Weinbewertung

87   2012 Riesling trocken „Zero"   **13 %/8,- €** 😊

86   2012 Riesling trocken „Alte Reben"   **13 %/7,50 €**

87   2012 Roter Riesling trocken   **13 %/7,50 €** 😊

85   2012 Grauburgunder Kabinett trocken
     13 %/7,50 €

87   2011 Riesling trocken Erstes Gewächs Geisenheimer Kläuserweg   **14,5 %/17,50 €**

89   2012 Riesling „GG" Rüdesheim Bischofsberg **13 %**

85   2011 Spätburgunder trocken „Lignum"
     13 %/10,50 €

Otto und Martin **Frey**
Weingut   **Baden**

Im Brühl 1, 79211 Denzlingen
*Tel. 07666-5253, **Fax**: 07666-2314*
www.frey-weine.de
info@frey-weine.de
***Besuchszeiten:** Di/Do./Fr. 9-12 + 14-19 Uhr,*
Mi. 9-12 Uhr, Sa. 9-16 Uhr

Inhaber .... Otto und Martin Frey
Rebfläche .... 12 Hektar

Otto Frey übernahm 1970 den damaligen landwirtschaftlichen Mischbetrieb von seinem Vater, siedelte 1972 vom Ortskern Denzlingen aus. Seit 1995 ist Sohn Martin im Betrieb tätig, der die Technikerausbildung in Weinsberg machte. Vor allem die Burgundersorten werden angebaut, aber auch Müller-Thurgau und Gewürztraminer. Die Weine werden in Edelstahltanks ausgebaut. Rotweine werden etwa zwei Wochen maischevergoren, die Spitzenweine dann im Barrique ausgebaut. Das Programm ist gegliedert in drei Linien: Die Basisqualität bilden Lagenweine aus Glottertäler Eichberg, Gundelfinger Sonnenberg oder Denzlinger Sonnhalde. Dann folgt die mittlere Stufe „Gneis" und schließlich als Topline „Aigi", der ursprüngliche Name der Lage Eichberg.

Vorjahre

Sehr gut gefielen uns vor zwei Jahren die 2009er Rotweine, allen voran der Spätburgunder Aigi, aber auch Spätburgunder Gneis und die Merlot-Spätburgunder-Cuvée; die 2010er Weißweine behaupteten sich, boten durchweg gute Qualität. Die letztjährige Kollektion präsentierte sich geschlossen auf gutem und sehr gutem Niveau. Schon die Gutsweine waren fruchtbetont und klar, die Gneis-Linie bot ein Mehr an Fülle und Kraft, nochmals konzentrierter waren die Aigi-Weine; die 2010er Rotweine hatten sich gut behauptet.

Neue Kollektion

Die neue Kollektion gefällt uns sehr gut. Die Weißweine der Gneis-Linie haben deutlich an Ausdruck gewonnen, sie sind klar und kraftvoll, zupackend, besitzen gute Struktur und Frucht. Noch besser gefällt uns die Cuvée aus Weißburgunder und Chardonnay, die herrlich viel Frucht und gute Konzentration im Bouquet zeigt, viel Kraft und Druck im Mund besitzt. Das rote Segment wird angeführt vom Spätburgunder Aigi, der gute Konzentration und klare reife Frucht im Bouquet zeigt, füllig und kraftvoll ist bei reifer Frucht und guter Struktur. ◄━

Weinbewertung

83	2012 Auxerrois trocken Glottertäler Eichberg **11,5 %/5,90 €**	
82	2012 Weißburgunder trocken Glottertäler Eichberg **12 %/5,90 €**	
80	2012 „Blanc de Noir" trocken Gundelfinger Sonnenberg **12 %/5,90 €**	
86	2012 Weißburgunder trocken „Gneis"** **12,5 %/8,80 €**	
86	2012 Grauburgunder trocken „Gneis"** **12,5 %/8,80 €**	
85	2012 Chardonnay trocken „Gneis"** **12 %/8,80 €**	
88	2012 Weißburgunder-Chardonnay trocken „Aigi"*** **12 %/13,50 €**	
81	2011 Spätburgunder trocken „Alte Rebe"* **13 %/9,80 €**	
82	2011 Spätburgunder trocken Holzfass	
81	2011 Merlot-Spätburgunder trocken „Gneis"** **13,5 %/12,- €**	
84	2011 Spätburgunder trocken „Gneis"** **13,5 %/16,50 €**	
87	2011 Spätburgunder trocken „Aigi"*** **13,5 %/24,- €**	

★

Freyburg-Unstrut
Winzervereinigung   **Saale-Unstrut**

Querfurter Straße 10, 06632 Freyburg
Tel. *034464-30622,* **Fax:** *034464-30626*
www.winzervereinigung-freyburg.de
info@winzervereinigung-freyburg.de
Besuchszeiten: *Mo.-Fr. 7-18 Uhr, Sa. 10-18 Uhr,*
So. 10-16 Uhr; Kulinarische Weinproben

Geschäftsführer .... Dr. Gerald Lange
Produktionsleiter .... Hans-Albrecht Zieger
Mitglieder 470
Rebfläche .... 360 Hektar

Die 1934 gegründete Winzervereinigung Freyburg ist heute der größte Erzeuger in den ostdeutschen Anbaugebieten. Fünf große Agrarbetriebe mit zusammen 240 Hektar Weinberge sind Mitglied, dazu 470 Winzer, die zusammen weitere 120 Hektar bewirtschaften. Die Sortenvielfalt ist groß: Müller-Thurgau, Silvaner, Kerner, Riesling, Weißburgunder, Grauburgunder, Traminer, Bacchus und Gutedel, dazu gibt es Hölder, Morio-Muskat und Ortega. Rote Rebsorten nehmen ein Viertel der Fläche ein: Dornfelder, Portugieser, Spätburgunder, Lemberger, Zweigelt, André und Regent. Die Weine werden als Qualitätsweine angeboten, von fünf Sorten werden trockene Spätlesen erzeugt.

Vorjahre

Der Jahrgang 2010 bot geradlinige, frische Weine, am besten aber gefielen uns vor zwei Jahren die beiden Barriqueweine des Jahrgangs 2009. Der Jahrgang 2011 brachte frische, klare Weine, weiß wie rot, unser Favorit war die trockene Weißburgunder Spätlese.

Neue Kollektion

Die neue Kollektion bringt einen fülligen im Barrique ausgebauten Weißburgunder, der gute Konzentration und Gewürznoten besitzt bei feiner süßer Frucht; einen frischen, klaren, wunderschön zupackenden Pinot Gris, leider ein wenig zu süß; und als Highlight einen di-

F

Die besten deutschen Weinerzeuger und ihre Weine

cken, konzentrierten Riesling Eiswein mit viel Substanz. Die Basisweine präsentieren sich zuverlässig wie gewohnt. ◄

Weinbewertung

79 2012 Müller-Thurgau trocken **12,5 %/5,40 €**

84 2011 Weißburgunder Spätlese trocken Barrique **13 %/13,50 €**

83 2012 Grauburgunder Spätlese trocken „Pinot Gris" **12,5 %/13,80 €**

87 2012 Riesling Eiswein **12 %/42,- €**

80 2012 Portugieser Weißherbst halbtrocken **11 %/6,- €**

82 2012 Blauer Zweigelt trocken **11,5 %/7,30 €**

★ ★

Frick

Weingut

Baden

Im Freihof 9, 79589 Binzen
Tel. 07621-65610
www.weingut-frick.de
weingut-frick-binzen@t-online.de
Besuchszeiten: *Winter: Di./Do./Fr. 17.30-19:30 Uhr, Sa. 9-16 Uhr; Sommer: Di./Do./Fr. 18-20 Uhr, Sa. 9-16 Uhr*
Ferienwohnung

Inhaber .... Bernhard und Heike Frick
Rebfläche .... 4 Hektar

Bernhard und Heike Frick aus Binzen im Markgräflerland erzeugen neben Wein auch Branntweine und Edelbrände in der eigenen Brennerei. Bei der Bewirtschaftung der Weinberge werden keine Insektizide und Herbizide eingesetzt, bei Bedarf erfolgt biotechnische Schädlingsbekämpfung. Fast alle Weine werden absolut trocken und durchgegoren ausgebaut.

Vorjahre

Seit mehr als einem Jahrzehnt nun empfehlen wir die Weine und Sekte von Bernhard und Heike Frick. Sie sind immer präzise und klar, sind alles andere als gefällig. Der Nobling-Sekt gefällt uns immer, die Weißweine sind knackig und zupackend, die Rotweine haben in den

letzten Jahren an Statur gewonnen – kurzum die richtige Adresse für jeden, der durchgegorene Weine mag. Vor zwei Jahren war die Kollektion sehr homogen, bot einen dicken Eiswein, Jahrgang 2008, kraftvolle Rotweine aus den Jahrgängen 2008 und 2009 und frische, zupackende Weißweine des Jahrgangs 2010; der Nobling-Sekt war wie immer eine sichere Bank. 2011 bereiteten schon Gutedel und Müller-Thurgau viel Freude, Sauvignon Blanc und Weißburgunder besaßen Fülle und Kraft, ebenso der zupackende Chardonnay, im roten Segment bestach der Spätburgunder von alten Reben mit seiner reintönigen Frucht.

Neue Kollektion

Die neue Kollektion bietet gleich zwei sehr gute Sekte, den klaren, geradlinigen Nobling und den „3" aus Nobling, Weißburgunder und Chardonnay, der frisch und zupackend ist, feine Frucht und Biss besitzt. Im weißen Segment überzeugen die beiden Gutedel, sind frisch und klar, besitzen feine Frucht, sind durchgegoren und trotzdem niedrig im Alkohol – und so sind auch die Preise: So macht Gutedel Spaß. Kraftvoll und herrlich reintönig präsentiert sich der Sauvignon Blanc, im roten Segment gefällt uns der herrliche präzise, druckvolle Mercanoir am besten, eine Cuvée aus Merlot, Cabernet Sauvignon und Pinot Noir. ◄

Weinbewertung

85 2011 Nobling Sekt brut nature **12 %/9,90 €**

86 2011 „S" Sekt extra brut **12,5 %/9,50 €**

83 2012 Gutedel trocken Binzener Sonnhohle **11.5 %/4,20 €/1l** ☺

83 2012 „Lenz" Weißwein Kabinett trocken (Müller-Thurgau) **11,5 %/4,50 €**

86 2012 Gutedel trocken „Markgräfler Gumsle" Rümminger Sonnhohle **11 %/4,80 €** ☺

87 2012 Sauvignon Blanc Spätlese trocken Binzener Sonnhohle **13,5 %/9,90 €**

82 2011 Spätburgunder Rosé trocken (Edition Cucina) **13,5 %/5,90 €**

82 2010 Spätburgunder trocken Binzener Sonnhohle **12 %/4,90 €**

87 2009 „Mercanoir" Rotwein trocken **13,5 %/11,- €**

★

Fried Baumgärtner
Weingut   **Württemberg**

Freudentalerstraße 32, 74343 Hohenhaslach
Tel. 07147-3487, Fax: 07147-13832
www.friedbaumgaertner.de
info@friedbaumgaertner.de
Besuchszeiten: Mo.-Sa. 9-18 Uhr

Inhaber . . . . Friedrich Baumgärtner
Rebfläche . . . . 9,6 Hektar

Friedrich Baumgärtner hat sich von seinem Cousin (Panoramaweingut Baumgärtner) getrennt, führt nun sein eigenes Weingut in Hohenhaslach. Das Gros seiner Weinberge liegt im Hohenhaslacher Kirchberg, aber auch im Bönnigheimer Sonnenberg ist er vertreten. Er baut zu 80 Prozent rote Rebsorten an: Lemberger, Trollinger, Cabernet Cubin, Merlot, Spätburgunder, Samtrot, Schwarzriesling und Muskattrollinger, dazu Riesling und Kerner; Chardonnay und Zweigelt hat er neu gepflanzt.

Vorjahr _____

Im Vorjahr, beim Debüt des jungen Weinguts, war die Kollektion stimmig und gleichmäßig, bot fruchtbetonte, klare Weiß- und Rotweine; unser Favorit war der im Holzfass ausgebaute kraftvolle Riesling. ◀

Neue Kollektion _____

Die neue Kollektion ist sehr gleichmäßig, weiß wie rot, bietet eine frische, zupackende Weißweincuvée und ein dazu passendes Pendant in Rot. Der Sekt ist klar und süffig, am besten aber finden wir den frischen, wunderschön fruchtbetonten Lemberger.◀

Weinbewertung _____

83 2011 „Blanc de Noir" Sekt trocken 12 %/10,- €
83 2012 „Cuvée weiß" trocken 13 %/7,- €
83 2011 Spätburgunder trocken 12 %/7,- €
84 2011 Lemberger trocken 13 %/8,- €
83 2011 „Cuvée Rot" trocken 13 %/8,- €
81 2012 Samtrot 11 %/7,- €

★ ☆

Frieden-Berg
Weingut   **Mosel**

Weinstraße 19, 54453 Nittel
Tel. 06584-99070, Fax: 06584-99072
www.frieden-berg.de; info@frieden-berg.de
Besuchszeiten: Mo.-Sa. 9-17 Uhr, So. 10-12 Uhr,
sowie zu den Öffnungszeiten der Gutsschenke
(Fr.-Di. ab 17 Uhr)

Inhaber . . . . Horst Frieden
Rebfläche . . . . 8 Hektar

Elbling nimmt die Hälfte der Rebfläche von Horst Frieden ein, dazu gibt es Grauburgunder, Auxerrois, Weißburgunder, Müller-Thurgau und Spätburgunder. Die Reben wachsen in den Nitteler Lagen Leiterchen und Rochusfels.

Vorjahre _____

Die Kollektion 2010 überzeugte durch ihr gleichmäßiges Niveau. Die Weine waren füllig und klar, die beiden Auxerrois gefielen uns besonders gut. Sehr gleichmäßig und gut mit sauberen, frischen Weinen präsentierte sich der Jahrgang 2011, einmal mehr hatte der üppige Pinot Auxerrois von uns die betriebsinterne Höchstnote erhalten.

Neue Kollektion _____

Die neue Kollektion ist ein klarer Schritt voran, bietet reintönige, harmonische Weine und einen feinen Elbling-Sekt. Der Auxerrois ist fruchtbetont und kraftvoll, der Auxerrois Max noch etwas druckvoller, der Novum-Elbling kraftvoll und zupackend, noch besser gefällt uns der füllige Grauburgunder, der viel reife Frucht und gute Substanz besitzt. ◀

Weinbewertung _____

84 2011 Elbling Crémant brut 12,5 %/9,50 €
85 2012 Elbling trocken „Novum" 12 %/6,30 €
85 2012 Auxerrois trocken 12,5 %/6,- € ☺
86 2012 Auxerrois trocken „Max" 12 %/8,90 €
86 2012 Grauburgunder trocken 12,5 %/8,30 €
84 2012 Spätburgunder „Blanc de Noir" 12%/6,90 €
81 2012 Elbling „feinherb" 11,5 %/5,80 €

F

Die besten deutschen Weinerzeuger und ihre Weine

F

Fries
Weingut ★ ★ ☆   **Mosel**

Bachstraße 66, 56333 Winningen
Tel. 02606-2686, **Fax:** 02606-200016
www.weingut-fries.de
info@weingut-fries.de
Besuchszeiten: nach Vereinbarung

Inhaber .... Reiner und Anke Fries
Rebfläche .... 8,2 Hektar

Reiner und Anke Fries führen heute dieses Winninger Gut in achter Generation. Sie bauen neben Riesling vor allem Spätburgunder und ein wenig Weißburgunder an. Ihre Weinberge befinden sich in den Winninger Lagen Röttgen, Uhlen und Hamm. Seit dem Jahrgang 2002 verzichten sie bei trockenen und halbtrockenen Weinen auf Prädikatsbezeichnungen wie Spät- und Auslese. Stilistisch sind die Fries-Weine leicht erkennbar. Sie werden – mit Ausnahme des Rotweins – im Stahltank ausgebaut, sind eher schlank als füllig, immer fruchtig und klar.

Vorjahre _____

Die 2010er Weine waren jahrgangsbedingt etwas schwächer, vor allem im trockenen und „feinherben" Segment; die süßen und edelsüßen Rieslinge überzeugten. 2011 zeigten sich die trockenen Weine wieder auf gewohntem Niveau, der von alten Reben aus dem Uhlen war unser Favorit im trockenen Segment, im süßen Segment die Auslese aus dem Röttgen; Highlight für uns war aber der barriqueausgebaute Spätburgunder aus dem Jahrgang 2009.

Neue Kollektion _____

Sein Nachfolger nun hat ein ebenso reintöniges Bouquet, im Mund wirkt die Süße aber allzu irritierend. Sonst präsentiert sich die Kollektion stimmig: Trocken gefällt uns der kraftvolle, zupackende Apollo-Terrassen Riesling sehr gut, noch besser ist wie gehabt der Riesling von alten Reben aus dem Uhlen, ist füllig

und kraftvoll bei guter Substanz und Frische. Das süße Segment wartet mit einer fülligen, zupackenden Spätlese auf, die Auslese besitzt viel Substanz und reife Frucht. ◄━

Weinbewertung _____

82   2012 Weißburgunder trocken   **13,5 %/9,20 €**
83   2012 Riesling Kabinett trocken Winninger Röttgen   **12 %/7,20 €**
85   2012 Riesling trocken „Apollo-Terrassen"   **12,5 %/9,40 €**
87   2012 Riesling trocken „Alte Reben" Winninger Uhlen   **13 %/14,- €**
83   2012 Riesling „feinherb" „Folklore"   **12 %/8,50 €**
84   2012 Riesling „feinherb" „Apollo-Terrassen"   **12 %/9,40 €**
86   2012 Riesling Spätlese Winninger Röttgen   **9,5 %/9,80 €**
87   2012 Riesling Auslese Winninger Röttgen   **10,5 %/17,- €/0,5l**
83   2010 Spätburgunder trocken Barrique   **13 %/14,50 €**

Markus **Fries**
Weingut ★ ☆   **Mosel**

Zum Brauneberg 16, 54484 Maring-Noviand
Tel. 06535-493, **Fax:** 06535-1505
www.weingut-fries.com
direkt@markus-fries.de
Besuchszeiten: Mo.-So. 8-20 Uhr
Probierstube, Gästezimmer, Ferienwohnungen

Inhaber .... Markus Fries
Rebfläche .... 4 Hektar

Die Weinberge von Markus Fries befinden sich in Bernkastel (Lay, Badstube, Schlossberg), Noviand (Honigberg, Römerpfad) und Maring (Sonnenuhr). Seit dem Jahrgang 1999 ist er durch den Zukauf einer Parzelle auch in der Wehlener Sonnenuhr vertreten. Nach seinem Studium in Geisenheim und Bordeaux arbeitet Markus Fries seit 1997 im elterlichen Weingut mit, das er inzwischen übernommen hat. Neben dem dominierenden Riesling gibt es nur ein klein wenig Spätburgunder. 40 Prozent der Rieslingreben sind wurzelechte Reben. Die Weine werden mit ihren natürlichen Hefen vergoren und in Eichenholzfässern ausgebaut. In Noviand hat er Weinberge mit einer Pflanzdichte von 10.000 Stock je Hektar angelegt. Im Betrieb wird Markus Fries unterstützt von seiner Frau Cécile, einer französischen Önologin, die aus Bordeaux stammt.

Vorjahr

Die 2010er waren verhaltener und weniger klar als gewohnt, der 2009er Spätburgunder aber überzeugte vor zwei Jahren. Die letztjährige Kollektion präsentierte sich geschlossen auf gutem Niveau, trocken wie süß, vom feinen Gutsriesling bis hin zu den kraftvollen, saftigen Spätlesen.

Neue Kollektion

Der Jahrgang 2012 von Markus Fries überzeugt mit klarer Stilistik, bietet als Highlight im trockenen Segment die kraftvolle Spätlese aus der Wehlener Sonnenuhr, die herrlich viel Frucht und gute Struktur besitzt. Süß gefallen vor allem die klare, zupackende Spätlese aus dem Würzgarten und die konzentrierte, klare, zupackende Auslese aus der Wehlener Sonnenuhr. ◀

Weinbewertung

82 2012 Riesling trocken „Lesura" **12 %/7,50 €**

86 2012 Riesling Spätlese trocken Wehlener Sonnenuhr **11,5 %/12,50 €**

80 2012 Riesling Kabinett „feinherb" **10,5 %/7,- €**

83 2012 Riesling Spätlese „feinherb" Maringer Sonnenuhr **11 %/12,50 €**

85 2012 Riesling Spätlese Ürziger Würzgarten **12,50 €**

88 2012 Riesling Auslese Wehlener Sonnenuhr **7,5 %/24,50 €**

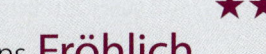

Clemens **Fröhlich**
Weingut

★★★

Franken

Bocksbeutelstraße 19, 97332 Escherndorf
Tel. 09381-1776, Fax: 09381-6163
www.weingut-froehlich.de
info@weingut-froehlich.de
***Besuchszeiten:** täglich geöffnet, möglichst nach Vereinbarung*
4 Gästezimmer (Aufenthaltsraum, Küche)

Inhaber . . . . Clemens Fröhlich
Rebfläche . . . . 6 Hektar

Clemens Fröhlich begann 1987 mit der Selbstvermarktung, mit damals einem halben Hektar Weinberge. Heute bewirtschaftet er 6 Hektar, 3,5 Hektar davon in Steillagen. Ehefrau Ingrid Fröhlich ist für den Verkauf zuständig. Clemens Fröhlich vergärt die Weine kühl mit Reinzuchthefen. Wichtigste Rebsorten sind Riesling und Silvaner. Hinzu kommen vor allem noch Müller-Thurgau, Kerner und Bacchus. Zum Weingut gehören auch ein Hektar Obstbäume, aus deren Ertrag Edelbrände erzeugt werden. Alle als trocken bezeichneten Weine (85 Prozent der Produktion) von Clemens Fröhlich sind „fränkisch trocken", Restzucker und Säure sind auf dem Etikett angegeben; die nicht als trocken bezeichneten Weine liegen in der Regel ebenfalls im gesetzlich trockenen Bereich.

Vorjahre

Seit der ersten Ausgabe empfehlen wir die Weine von Clemens Fröhlich, schon damals lobten wir die wunderschön fruchtbetonten Weine und die gleichmäßige, zuverlässige Qualität. Jahr für Jahr stellt Clemens Fröhlich uns überzeugende Kollektionen vor, alle Weine sind immer bestechend reintönig. 2010 gefielen uns die Riesling Spätlese und die beiden Versionen der Silvaner Spätlese – alles Weine aus dem Lump und alle durchgegoren – sehr gut, ebenso der Riesling Kabinett. Auch die restlichen Weine der Kollektion präsentierten sich zuverlässig wie gewohnt, waren

F

Die besten deutschen Weinerzeuger und ihre Weine

reintönig und frisch. Auch 2011 hatte Clemens Fröhlich reintönige, fruchtbetonte Weine, wobei wir in diesem Jahrgang eindeutig die Silvaner gegenüber den Rieslingen präferierten, allen voran der „Beste Beere"-Silvaner – Lump pur.

Neue Kollektion

Sehr gleichmäßig präsentiert sich die neue Kollektion, wie immer gefällt uns das gute Niveau der Einstiegsweine, die alle klar und fruchtbetont sind. Unter den Kabinettweinen gefällt uns der kraftvolle, zupackende Riesling aus dem Lump besonders gut, die Spätlese bringt eine weitere Steigerung, zeigt gute Konzentration und klare reife Frucht im Bouquet, ist füllig und kraftvoll im Mund, besitzt gute Struktur und Frische. Auch die trockene Silvaner Spätlese aus dem Lump ist sehr gut, ist füllig und kraftvoll bei klarer reifer Frucht, noch fülliger und saftiger ist der Silvaner „Beste Beere", besitzt gute Harmonie und reife Frucht bei einer ganz dezenten Bitternote im Abgang.

Weinbewertung

84 2012 Müller-Thurgau Kabinett **12 %/5,10 €**
83 2012 Silvaner Kabinett **12 %/5,70 €**
84 2012 Riesling Kabinett **12 %/6,30 €**
83 2012 Silvaner Kabinett trocken Escherndorfer Lump **13 %/6,10 €**
83 2012 Bacchus Kabinett trocken Escherndorfer Berg **12,5 %/5,10 €**
85 2012 Riesling Kabinett trocken Escherndorfer Lump **13 %/6,50 €**
83 2012 Kerner Kabinett trocken Escherndorfer Fürstenberg **13,5 %/4,50 €**
83 2012 Morio-Muskat Kabinett trocken Escherndorfer **13,5 %/4,80 €**
86 2012 Silvaner Spätlese trocken Escherndorfer Lump **13,5 %/8,- €**
87 2012 Riesling Spätlese trocken Escherndorfer Lump **13,5 %/9,- €**
89 2012 Silvaner Spätlese trocken „Beste Beere" Escherndorfer Lump **13,5 %/11,- €** ☺
82 2012 Silvaner Kabinett halbtrocken Escherndorfer Lump **13 %/5,90 €**

★★★★☆

Michael **Fröhlich**
Weingut   **Franken**

Bocksbeutelstraße 41, 97332 Escherndorf
Tel. *09381-2847,* **Fax:** *09381-71360*
www.weingut-michael-froehlich.de
info@weingut-michael-froehlich.de
Besuchszeiten: *Mo.-Sa. 9-18 Uhr oder nach Vereinbarung*
Probierstube, Hofschoppenfest Ende August

Inhaber . . . . Michael Fröhlich
Rebfläche . . . . 11 Hektar

1985 gründete Michael Fröhlich sein eigenes Weingut, anfangs mit einer Rebschule als zweitem Standbein. Seine Weinberge liegen in Escherndorf, hauptsächlich in den Lagen Lump und Fürstenberg. Müller-Thurgau, Silvaner und Riesling sind die wichtigsten Sorten, dazu gibt es Rieslaner und Scheurebe, als Spezialität Muskateller und etwa 20 Prozent rote Rebsorten.

Vorjahre

Seit der ersten Ausgabe empfehlen wir die Weine von Michael Fröhlich. Riesling und Silvaner aus dem Escherndorfer Lump sind meist die interessantesten Weine, aber auch der Muskateller gefällt uns immer sehr gut. Die Weine sind fruchtbetont, reintönig, besitzen Fülle und Substanz – und die Kollektionen sind immer bestechend zuverlässig. Dle 2010er Kollektion überzeugte voll und ganz. Die Kabinettweine waren frisch und klar, die Spätlese füllig und kraftvoll. Unser Favorit war der Riesling Großes Gewächs, bei den Silvanern gefiel uns die Spätlese eigentlich besser als das etwas allzu mächtig geratene Große Gewächs. 2011 bereiteten schon die Einstiegsweine wie Müller-Thurgau oder Silvaner Kabinett viel Freude, die trockenen Spätlesen waren sehr gut, ebenso die Großen Gewächse, restsüß betörte der Muskateller wie gewohnt, gekrönt wurde die Kollektion von einer reintönigen Rieslaner Beerenauslese.

Neue Kollektion

Ebenso stark ist nun der Jahrgang 2012, bietet einen frischen, reintönigen Müller-Thurgau, zwei füllige trockene Kabinettweine mit viel Frucht, guter Struktur und Substanz und den gewohnt reintönigen, betörenden Muskateller. Die trockenen Spätlesen werden nun nicht mehr als Spätlese sondern als „Erste Lage" bezeichnet. Der Inhalt bleibt gleich: Der Riesling besitzt Fülle und Kraft, reife Frucht und gute Struktur, der Silvaner ist faszinierend reintönig, füllig und saftig, besitzt herrlich viel Frucht, gute Struktur und Substanz. Muskateller und Rieslaner sind wunderschön reintönig, die Stars im Programm sind aber eindeutig die Großen Gewächse aus dem Lump. Der Riesling ist wunderschön klar und fruchtbetont im Bouquet, ist frisch und zupackend im Mund, besitzt reife Frucht und dezent mineralische Noten. Der Silvaner zeigt viel reife Frucht im Bouquet, viel Duft, ist druckvoll und lang im Mund bei ganz dezent mineralischen Noten. Starke Kollektion, im Aufwind! ◄

Weinbewertung

85 2012 Müller-Thurgau trocken „Frank & Frei"
   12 %/6,- € ☺

84 2012 Silvaner trocken „Frank & Frei" 12,5 %/6,- €

86 2012 Silvaner Kabinett trocken Escherndorfer
   Lump 12,5 %/7,- € ☺

86 2012 Riesling Kabinett trocken Escherndorfer
   Lump 12,5 %/7,50 €

88 2012 Silvaner trocken „Erste Lage" Escherndorfer Lump 13,5 %/10,- € ☺

87 2012 Riesling trocken „Erste Lage" Escherndorfer Lump 13,5 %/10,- €

91 2012 Silvaner „GG" Escherndorfer Lump
   13,5 %/19,- €

90 2012 Riesling „GG" Escherndorfer Lump
   13,5 %/19,- €

86 2012 Muskateller Kabinett 12 %/6,50 € ☺

86 2012 Rieslaner Spätlese Escherndorfer Lump
   13 %/10,- €

★★
Frölich-Hake
Weingut   **Saale-Unstrut**

Am Leihdenberg 11, 06618 Naumburg/Roßbach
Tel. *03445-266800,* **Fax:** *03445-266801*
www.weingut-froelich-hake.de
weingut-froelich-hake@t-online.de
Besuchszeiten: *Mo.-Fr. 11-20 Uhr, Sa./So. 10-20 Uhr*
Gutsausschank (50 Personen)
Kulinarische Weinproben

Inhaber .... Volker und Sandra Frölich
Kellermeister .... Volker Frölich
Rebfläche .... 10 Hektar

Das Weingut wurde 1997 von Volker Frölich und Sandra Hake, heute Frölich, gegründet. Er ist Weinbautechniker, sie Diplom-Journalistin, war 1993 Deutsche Weinkönigin. In den Jahren 1997 und 1998 pflanzten sie 6 Hektar Reben neu. Ihre Weinberge liegen im Naumburger Steinmeister (Muschelkalkböden mit hohem Steinanteil), im Schönburger Fachberg (Buntsandsteinverwitterung), in der Bad Kösener Schöne Aussicht (Lösslehmauflage auf Muschelkalk), sowie in den Freyburger Lagen Mühlberg (Muschelkalk) und Edelacker (Terrassenweinberg, Muschelkalkboden mit hohem Steinanteil). Sie bauen zu 85 Prozent weiße Rebsorten an: Weißburgunder, Silvaner, Grauburgunder, Müller-Thurgau, Kerner und Riesling. Hinzu kommt Dornfelder, etwas Cabernet Dorsa, Portugieser und Spätburgunder. Alle Weine werden im Edelstahl ausgebaut. 2005 haben sie einen Gutsausschank eröffnet.

Vorjahre

Konsistent präsentierte sich der Jahrgang 2010 mit frischen, geradlinigen, leichten Weißweinen. Die letztjährige Kollektion war ein klarer Schritt voran. Man hatte das Sortiment neu strukturiert, stellte bei den Spitzenweinen nun die Lagen heraus. Was uns besonders gefiel war aber natürlich die Qualität: Alle Weine präsentierten sich frisch und klar, waren kraftvoll und zupackend. Von den Lagenweinen, alle aus dem Naumburger Steinmeister, gefiel uns der Grauburgunder am besten, Riesling und Weißburgunder standen ihm nur wenig nach.

Neue Kollektion

Bestechend hoch ist das Basisniveau der neuen Kollektion, der Silvaner ist klar, kraftvoll und zupackend, Scheurebe und Riesling stehen ihm nur wenig nach. Der Muschelkalk-Kerner ist fruchtbetont und reintönig, der Riesling Roter Ton klar und geradlinig. Da haben es die Lagenweine – bis auf den Silvaner allesamt trocken ausgebaut – schwer, eine weitere Steigerung zu bringen. Am besten gefällt uns der herrlich reintönige, füllig und strukturierte Grauburgunder aus dem Steinmeister, knapp gefolgt von dem kraftvollen Riesling aus der gleichen Lage. Nach der starken Kollektion im Vorjahr haben Volker und Sandra Frölich sich mit dem Jahrgang 2012 endgültig in der Spitze der Region etabliert. ◄

Weinbewertung

85 2012 Silvaner trocken **12,5 %/6,50 €**
83 2012 Scheurebe trocken **12 %/7,50 €**
84 2012 Riesling trocken **12 %/7,50 €**
85 2012 Kerner „Muschelkalk" **13,5 %/9,- €**
84 2012 Riesling Spätlese „Roter Ton" **12,5 %/9,- €**
87 2012 Grauburgunder Spätlese Naumburger Steinmeister **14 %/11,- €**
86 2012 Riesling Spätlese Naumburger Steinmeister **12,5 %/12,- €**
84 2012 Scheurebe Spätlese Dorndorfer Rappental **13 %/12,- €**
85 2012 Silvaner Auslese halbtrocken Dorndorfer Rappental **13,5 %/12,- €**

Leo **Fuchs**
Weingut

★★

Mosel

Hauptstraße 3, 56829 Pommern
Tel. *02672-1326,* **Fax:** *02672-1336*
www.leo-fuchs.de
leo-fuchs@t-online.de
Besuchszeiten: *Vinothek Pomaria, April-Dez.*
Mo.-Do. 17-19 Uhr, Fr. 13-19 Uhr, Sa. 10-17 Uhr, sonst nach Vereinbarung

Inhaber . . . . Bruno Fuchs und Ulrich Fuchs
Rebfläche . . . . 9 Hektar

Das Weingut Leo Fuchs, eines der ältesten und traditionsreichsten Weingüter in Pommern, wird heute von Bruno Fuchs und seinem Sohn Ulrich geführt. Das Gros ihrer Weinberge liegt in Pommern in den Lagen Rosenberg, Sonnenuhr, Goldberg und Zeisel, hinzu kommen Parzellen in den Klottener Lagen Brauneberg und Burg Coraidelstein. Neben Riesling, der drei Viertel der Fläche einnimmt, gibt es Müller-Thurgau, Chardonnay, Auxerrois, Weiß- und Grauburgunder, sowie Gewürztraminer. Die Weine werden langsam und kühl vergoren und bleiben lange im Holzfass auf der Feinhefe.

Vorjahre

2010 wurde ein Großes Gewächs aus dem Brauneberg erzeugt, das aber einfach zu sehr von Alkohol und Bitternoten geprägt war, wie auch die „feinherbe" 3-Sterne-Auslese; besser fanden wir Beerenauslese und Trockenbeerenauslesen, auch der Sekt machte Freude. Die letztjährige Kollektion war ingesamt ein wenig verhalten, am besten gefielen uns das Große Gewächs und die Auslese.

Neue Kollektion

Etwas heterogen ist nun die neue Kollektion. Das trockene Segment wird angeführt von den beiden Großen Gewächsen, die beide konzentriert, füllig und harmonisch sind, viel reife süße Frucht besitzen. Edelsüß stammt das Highlight aus dem Jahrgang 2011: Die Trockenbeerenauslese ist konzentriert und stoffig, dominant, dick und süß. ◀

Weinbewertung _____

82 2011 Riesling Sekt brut „vom grauen Schiefer"
     12,5 %/13,- €

79 2012 Rivaner trocken **12,5 %/5,30 €**

81 2012 Chardonnay trocken **13 %/7,50 €**

80 2012 Riesling trocken „vom grauen Schiefer"
     12,5 %/9,30 €

81 2012 Riesling Spätlese trocken Pommerner
     Zeisel **12,5 %/12,50 €**

85 2011 Riesling „GG" Pommerner Rosenberg
     13 %/19,50 €

87 2012 Riesling „GG" trocken Pommerner Ro-
     senberg **13 %**

87 2012 Riesling „GG" trocken Klottener Braune-
     berg **13,5 %**

81 2012 Gewürztraminer Auslese trocken Pom-
     merner Rosenberg **13 %/14,50 €**

83 2012 Riesling Auslese „feinherb" Klottener
     Brauneberg **12,5 %/Verst.**

80 2012 Riesling Hochgewächs „feinherb" Pom-
     merner Zeisel **12 %/7,80 €**

80 2012 Riesling „feinherb" „vom grauen Schie-
     fer" **12 %/9,30 €**

85 2012 Riesling Auslese Pommerner Zeisel
     10 %/Verst.

90 2011 Riesling Trockenbeerenauslese „vom
     grauen Schiefer" **6,5 %/Verst.**

★★

Reinhold **Fuchs**
Weingut   **Mosel**

Zehnthofstraße 4, 56829 Pommern
Tel. 02672-7405, *Fax:* 02672-2427
www.fuchs-vallendar.de
info@fuchs-vallendar.de
Besuchszeiten: nach Vereinbarung

Inhaber .... Eva-Maria Vallendar
Rebfläche .... 3 Hektar

Es handelt sich beim Weingut Fuchs um
eines der kompromisslosesten Weingüter

der Mosel. Eva-Maria und Josef Vallendar bauen in ihren Weinbergen in Pommern neben Riesling lediglich noch ein klein wenig Müller-Thurgau an. Die Weinbereitung ist durch und durch traditionell. Die Trauben kommen auf eine Kelter aus dem Jahr 1904, die Vergärung erfolgt ausschließlich mit den natürlichen Hefen, entsäuert oder geschönt wird prinzipiell nicht. Alle Weine werden in alten Eichenholzfässern ausgebaut und vergleichsweise spät abgefüllt. Entsprechend unzugänglich sind die Rieslinge dann, im besten Falle aber auch rassig, deutlich mineralisch und animierend, stets aber eigenwillig und fast immer trocken oder „feinherb".

Vorjahre _____

2010 war Josef Vallendar seinem Stil treu geblieben, alle Weine waren spontanvergoren, kein Wein wurde entsäuert – dafür hatte er so viel Restsüße gelassen wie noch nie. Trotz dieser Restsüße waren die Weine alle enorm säurebetont und zupackend, brauchen Zeit. 2011 kehrte wieder Normalität ein. Unsere Präferenz war klar: Je trockener, desto spannender, die durchgegorenen, herrlich geradlinigen und zupackenden Rieslinge „unner Spitz" und „Geth Mannwerk" gefielen uns besonders gut.

Neue Kollektion_____

Die 2012 Rieslinge nun, teils als Fassproben verkostet, sind – anstrengend, will man es in einem Wort ausdrücken. Sie sind aggressiv, säurebetont, sehr duftig und eigenwillig, kraftvoll und zupackend, am besten gefielen uns zum Zeitpunkt der Verkostung nicht die ganz trockenen Weine, sondern mit dem Riesling „vom ahle Goldbersch" und dem halbtrockenen Wein aus der Sonnenuhr die etwas süßeren Varianten. ◀

Weinbewertung _____

83 2011 Riesling Sekt brut nature Pommerner
     Sonnenuhr **13 %/9,50 €**

83 2012 Riesling trocken „unner Spitz" Pom-
     merner Sonnenuhr **12 %/7,40 €**

83 2012 Riesling trocken „ewer Spitz" Pom-
     merner Sonnenuhr **11,5 %/6,50 €**

Die besten deutschen Weinerzeuger und ihre Weine

85 2012 Riesling trocken „vom ahle Goldberch" Pommerner Goldberg **11 %**

(83) 2012 Riesling trocken „Geth Mannwerk" Pommerner Zeisel **11 %**

82 2012 Riesling „feinherb" „Kleifluss Pommerner Sonnenuhr **10,5 %**

84 2012 Riesling halbtrocken Pommerner Sonnenuhr **10,5 %**

(83) 2012 Riesling halbtrocken „Binnewingert" Pommerner Sonnenuhr **10,5 %**

Rudolf **Fürst**
Weingut

★★★★★

Franken

Hohenlindenweg 46, 63927 Bürgstadt
Tel. *09371-8642,* **Fax:** *09371-69230*
www.weingut-rudolf-fuerst.de
info@weingut-rudolf-fuerst.de
Besuchszeiten: *Mo.-Fr. 9-12 + 14-18 Uhr,*
Sa. 10-15 Uhr nach Anmeldung

Inhaber .... Paul und Sebastian Fürst GbR
Rebfläche .... 19,7 Hektar

1979 haben Monika und Paul Fürst ihr Gutsgebäude in den Weinbergen am Centgrafenberg errichtet. Sie besitzen neben Weinbergen im Bürgstadter Centgrafenberg auch Reben im Volkacher Karthäuser. Spätburgunder ist ihre wichtigste Rebsorte, dann folgen Riesling, Weißburgunder, Silvaner, Frühburgunder und Chardonnay. Allein ihnen ist es zu verdanken, dass der Centgrafenberg in Bürgstadt allen Weinkennern in Deutschland ein Begriff ist. Nun aber hat Paul Fürst, inzwischen im Betrieb unterstützt von Sohn Sebastian, ein neues Projekt gestartet, ist dabei einer weiteren Weinlage am Untermain zu Reputation zu verhelfen, dem Klingenberger Schlossberg. 2004 hat Paul Fürst seinen ersten Wein in Klingenberg gemacht, von den alten, vorhandenen Reben. 2008 war der erste Jahrgang als „Großes Ge-

wächs", ergänzt nun die Großen Gewächse aus Centgrafenberg und Hunsrück, der inzwischen wieder Hundsrück heißen darf, nachdem die alte Einzellage wieder anerkannt und in die Lagenrolle eingetragen wurde.

Vorjahre _____

Die „pur mineral"-Weine machten auch 2010 ihrem Namen alle Ehre, der Riesling R aus dem Centgrafenberg war noch puristischer und druckvoller als sein Vorgänger. Die roten 2009er waren faszinierend, die Weine hatten weiter an Präzision gewonnen, waren enorm druckvoll und nachhaltig. Wie im Jahr zuvor war der Schlossberg unter den Großen Gewächsen zum Zeitpunkt der Verkostung der verschlossenste Wein, der Centgrafenberg präsentierte sich in Topform, wurde noch ganz leicht übertrumpft vom Hunsrück. Sehr stimmig präsentierten sich 2011 die drei Rieslinge vom „pur mineral" über den Centgrafenberg-Riesling bis hin zum faszinierend nachhaltigen Großen Gewächs; dass auch Silvaner aus dem Centgrafenberg überzeugen kann, bewies der 2011er mit seiner Harmonie und Länge. Auch ein Jahrgang wie 2010 konnte den Fürsts nichts anhaben, ihre Rotweine werden immer noch präziser, feiner und eleganter. Schon der Spätburgunder Tradition ließ an Burgund erinnern, was darauf folgte, war großes Kino. Elegant und reintönig präsentierten sich der Klingenberger Spätburgunder und sein Pendant aus dem Centgrafenberg. Bei den Großen Gewächsen hatte man erneut die Qual der Wahl, großartig waren sie alle drei, gehörten alle drei zu den großen Spätburgundern des Jahrgangs in Deutschland, drei großartige Spätburgunder-Interpretationen! Wobei wir lieber von Pinot sprechen, denn von Spätburgunder, und darunter noch einen weiteren Wein subsumieren, den Frühburgunder, den vierten großen Pinot der Fürsts, den die gleiche Eleganz und Finesse auszeichnet wie seine Kollegen. Und nach zehn Jahren noch fasziniert, wie unsere 2002er-Verkostung im vergangenen Jahr bewies, wobei die Mehrheit der Jury sich für den Spätburgunder aus dem Centgrafenberg entschied.

Weißweine

2012 machen die Silvaner den Rieslingen starke Konkurrenz, schon der Silvaner pur mineral ist wunderschön reintönig, fruchtbetont und harmonisch, der Centgrafenberg-Silvaner ist herrlich präzise und direkt, mineralisch und sehr lang. Der Riesling pur mineral ist ebenfalls sehr gut, der Bürgstadter etwas fülliger wie auch der sehr jugendliche Riesling Centgrafenberg. Unser deutlicher Riesling-Favorit ist wieder das Große Gewächs, das aber wieder, wie schon letztes Jahr, sehr kontrovers diskutiert wurde: Ein sehr puristischer Wein, kraftvoll und zupackend, mineralisch und nachhaltig, aber sehr verschlossen, alles andere als freundlich. Weißburgunder und Chardonnay füllen die Fürsts sehr spät, die letzten Jahre konnten wir sie nicht mehr vor Redaktionsschluss verkosten. Dieses Jahr hat es geklappt und nach den Jahren der Abstinenz wird eine stilistische Änderung ganz deutlich: Sie sind frischer, weniger cremig als früher, was Paul Fürst durch weniger Batonnage und frühere Ernte erreicht. Wer dicke, konzentrierte weiße Burgunder liebt, den mag diese Frische im Abgang irritieren, Burgunderfreunde aber sind – wie bei den Fürst'schen Spätburgundern – hier goldrichtig. Der Centgrafenberg-Weißburgunder ist frisch, klar und zupackend, die R-Version noch etwas komplexer und druckvoller wie auch der Karthäuser-Chardonnay, den ebenfalls diese Frische am Ende von früheren Jahrgängen unterscheidet.

Rotweine

Starker Einsteig: Was für ein wunderschön reintöniger Spätburgunder Tradition. Centgrafenberg und Klingenberger sind deutlich komplexer und kraftvoller, unterscheiden sich klar voneinander. Große Kino bieten dann einmal mehr die Großen Gewächse, mit denen wir uns lange befasst haben

dieses Jahr. Der Centgrafenberg betört wie immer mit seiner reintönigen Frucht, mit Frische und Lebendigkeit, ist dabei druckvoll, lang und nachhaltig. Der Hundsrück ist frisch, klar und komplex, faszinierend reintönig, besitzt eine tolle Präzision, Kraft und Länge. Lange haben wir uns auch mit dem Schlossberg beschäftigt, beide Male begann diese Beschäftigung, unmittelbar nach dem Öffnen, selbstverständlich in Blindproben, mit einer kurzen Irritation aufgrund einer leicht röstigen Toastnote im Bouquet, die dann aber doch schnell verschwand. Im Mund bestand von Anfang an keine Irritation: Faszinierend frisch und elegant, präzise und druckvoll, ganz enormer Nachhall, großes Pinotkino.

Weinbewertung

88 2012 Silvaner „pur mineral" 13 %/9,50 € ☺
87 2012 Riesling „pur mineral" 12 %/11,- €
88 2012 Riesling Bürgstadter 12,5 %/15,- €
91 2012 Silvaner Centgrafenberg 13 %/16,- € ☺
89 2012 Riesling Centgrafenberg 12,5 %/17,50 €
91, 2012 Weißburgunder Centgrafenberg
    13 %/24,- €
92 2012 Riesling „GG" Centgrafenberg 13 %/34,- €
92 2012 Weißburgunder „R" Centgrafenberg
    13 %/34,- €
92 2012 Chardonnay „R" Karthäuser 13 %/34,- €
87 2011 Spätburgunder „Tradition" 13,5 %/12,50 €
90 2011 Spätburgunder Centgrafenberg
    13,5 %/24,- €
90 2011 Spätburgunder Klingenberger 13 %/27,- €
94 2011 Spätburgunder „GG" Centgrafenberg
    13,5 %/44,- €
95 2011 Spätburgunder „GG" Schlossberg
    13,5 %/57,- €
94 2011 Spätburgunder „GG" Hundsrück
    13,5 %/85,- €

F

Die besten deutschen Weinerzeuger und ihre Weine

Fritz **Funk**

Weingut   ★ ★ ★

Württemberg

Friedhofstraße 25, 74369 Löchgau
Postadresse: Finkenweg 13
Tel. *07143-7666,* **Fax:** *07143-24873*
www.weinbau-fritz-funk.de
info@weinbau-fritz-funk.de
Besuchszeiten: *nach Vereinbarung*
Besenwirtschaft (2 x im Jahr für 4 Wochen geöffnet,
Jan./Febr. und Sept.)

Inhaber................................Fritz Funk
Rebfläche.............................2,2 Hektar

Das Weingut Funk ist ein kleiner Betrieb in Löchgau, der bis 1987 seine Trauben an die Felsengartenkellerei Besigheim abgeliefert hatte. Die Weinberge von Fritz Funk liegen alle in der Gemeinde Löchgau, wo die Reben auf Keuper- oder Muschelkalkböden wachsen. Trollinger, Riesling, Lemberger, Schwarzriesling und Spätburgunder sind die wichtigsten Rebsorten, dazu gibt es etwas Dornfelder, sowie die zuletzt angelegten Sorten Cabernet Dorio, Zweigelt und Kerner, 2012 brachte Weißburgunder den ersten Ertrag. Alle Weine werden durchgegoren und kompromisslos trocken ausgebaut. Die im Barrique ausgebauten Rotweine füllt Fritz Funk alle unfiltriert ab, ebenso einige andere Rotweine. 95 Prozent der Weine werden an Privatkunden verkauft.

Die Vorjahre _____

Neu im Programm war vor zwei Jahren der Syrah: 2007 hatte Fritz Funk in seiner Toplage den Trollinger gerodet und im Jahr darauf Syrah gepflanzt, 2009 brachte er den ersten Ertrag, der für ein Barrique reichte. Er präsentierte sich herrlich reintönig, bildete zusammen mit dem Spätburgunder die Spitze der Kollektion, auch wenn Lemberger, Cabernet Dorio und die rote Cuvée aus Lemberger und Spätburgunder ihnen kaum nachstanden. Fritz Funk versteht sich auch auf Weißweine,

das zeigte er mit Riesling und Kerner im vergangenen Jahr. Die Roten aber waren in der Spitze stärker, die Kollektion präsentierte sich geschlossen und stimmig wie gewohnt, ob „Duett in Rot", eine Cuvée aus 60 % Lemberger und 40 Prozent Spätburgunder, Pinot Meunier, Lemberger oder Cabernet Dorio; am besten aber gefiel uns erneut der Syrah.

Neue Kollektion _____

Die neue Kollektion beginnt mit einem Schnäppchen, dem klaren, kraftvollen Literriesling. Die Neuheit im Programm, der Weißburgunder, besitzt Fülle, Kraft und klare reife Frucht. Der rote Reigen wird eröffnet von den beiden wunderschön reintönigen trockenen Auslesen. Das „Duett in Rot", jeweils zur Hälfte Lemberger und Spätburgunder, zeigt rauchige Noten und gute Konzentration im Bouquet, ist kraftvoll und strukturiert im Mund, jugendlich, wie alle Barriqueweine Fritz Funks. Der Lemberger zeigt Gewürznoten im Bouquet, besitzt Fülle, Kraft, reife Frucht und viel Tannine, der Pinot Meunier ist reintönig und strukturiert, beide wurden zwei Jahre im Barrique ausgebaut. Nur achtzehn Monate Barrique sahen die beiden folgenden 2011er: Der faszinierende Trollinger, der Fülle und Kraft besitzt, reintönige reife Frucht und gute Struktur, und der herrlich sortentypische Syrah, der Brombeeren und Pfeffer im Bouquet zeigt, füllig und stoffig im Mund ist, reife Frucht besitzt, gute Struktur und Substanz. Ganz starke Kollektion! ◄━

Weinbewertung _____

83   2012 Riesling Kabinett trocken (1l)   **12 %/5,- €** ☺
84   2012 Riesling Spätlese trocken „Keuper"
     12,5 %/7,50 €
86   2012 Weißburgunder Auslese trocken
     13,5 %/8,50 €
86   2011 Lemberger Auslese trocken Holzfass
     14 %/9,50 €
85   2011 Spätburgunder Auslese trocken Holzfass
     13,5 %/8,- €
88   2011 Trollinger Auslese trocken Barrique
     13,5 %/16,- €

88 2010 „Duett in Rot S" Rotwein trocken Barrique **13,5 %/12,- €**

87 2010 Lemberger „S" trocken Barrique **13,5 %/14,- €**

87 2010 Pinot Meunier „S" trocken Barrique **13,5 %/14,- €**

90 2011 Syrah Auslese trocken Barrique 14,5 %/22,- €

Albert **Gälweiler**
Weingut   **Nahe**

Mühlenstraße 6, 55595 St. Katharinen
Tel. *06706-405,* **Fax:** *06706-6786*
www.gaelweiler-wein.de
info@gaelweiler-wein.de
Besuchszeiten: *täglich, möglichst nach Vereinbarung*

Inhaber......... Andreas und Dr. Leo Gälweiler
Rebfläche.............................. 18 Hektar

1834 erbaute Johann Gälweiler den Hof in St. Katharinen. Heute führen Andreas und Leo Gälweiler den Betrieb. Sie bauen eine Vielzahl von Rebsorten an: Riesling, Grauburgunder, Weißburgunder, Müller-Thurgau, Silvaner, Gewürztraminer, Bacchus, Scheurebe, Spätburgunder, Dornfelder und Regent.

Vorjahre
Vor zwei Jahren hatte uns in dem gleichmäßigen und zuverlässigen Jahrgang der Pinot Noir aus dem Hüttenberg am besten gefallen. Die wiederum gleichmäßig gute Kollektion des letzten Jahres wurde von einem stoffigen Chardonnay angeführt, dicht gefolgt vom Riesling aus dem Roxheimer Höllenpfad.

Neue Kollektion
Diese beiden Weine gehören auch in diesem Jahr in einer erneut homogenen Kollektion zu unseren Favoriten, werden aber noch von einem kraftvollen und stoffigen Pinot Noir mit reintöniger Frucht und feinen Röstnoten übertroffen. ◄

Weinbewertung

81 2012 Scheurebe trocken St. Kathariner Fels **12,5 %/6,80 €**

82 2012 Grauburgunder trocken Kreuznacher Osterhöll **13,5 %/7,- €**

81 2012 Weißburgunder trocken St. Kathariner Fels **13 %/6,80 €**

84 2012 Chardonnay Spätlese trocken Braunweiler Michaeliskapelle **13,5 %/10,50 €**

83 2012 Riesling trocken „vom roten Sandstein" Roxheimer Höllenpfad **12,5 %/7,- €**

84 2012 Riesling Spätlese trocken Roxheimer Höllenpfad **12,5 %/10,50 €**

82 2011 Blauer Spätburgunder trocken St. Kathariner Fels **13 %/7,20 €**

86 2011 Pinot Noir trocken Roxheimer Berg **14 %/14,50 €**

Gallé
Weingut   **Rheinhessen**

Langgasse 69, 55237 Flonheim
Tel. *06734-8961, 06734-6676*
www.weingut-galle.de, info@weingut-galle.de
Besuchszeiten: *nach Vereinbarung*

Inhaber.................. Klaus und Ortrud Gallé
Rebfläche.............................. 13 Hektar

1995 haben Klaus und Ortrud Gallé ein damals 5 Hektar großes Weingut in Flonheim gekauft und nach und nach auf die heutige Fläche erweitert. Ihre Weinberge liegen in der Uffhofener Lage La Roche, in den Flonheimer Lagen Rotenstein, Klostergarten und Binger Berg, im Erbes-Büdesheimer Vogelsang, sowie in Badenheim, Pleitersheim und Wöllstein. An roten Sorten, 30 Prozent der Rebfläche, gibt es Spätburgunder, Dornfelder, Portugieser, Dunkelfelder, Cabernet Sauvignon und St. Laurent. Beim Weißwein überwiegen Riesling und die Burgundersorten, hinzu kommen Silvaner, Sauvignon Blanc und Chardonnay.

Die besten deutschen Weinerzeuger und ihre Weine

G

Vorjahre

Vor zwei Jahren gefiel uns der Spätburgunder Uffhofenerer La Roche besonders gut, auch Weißburgunder und Portugieser überzeugten. Der 2009er Spätburgunder La Roche erwies sich im vergangenen Jahr als ebenbürtiger Nachfolger des 2008er, auch sonst überzeugten die Rotweine, im gleichmäßigen weißen Sortiment galt einmal mehr unsere Präferenz dem Bingerberg-Weißburgunder.

Neue Kollektion

Auch in diesem Jahr haben die Rotweine wieder die Nase vorne, wobei wir allerdings die beiden Spitzenweine schon in den letzten Jahren vorgestellt haben. Im weißen Segment ist wie in den Vorjahren der reintönige Weißburgunder unser Favorit. ◀

Weinbewertung

79 2012 Grauburgunder trocken **13 %/6,20 €**
84 2012 Weißburgunder trocken Flonheimer Bingerberg **13 %/9,50 €**
82 2012 Riesling trocken Uffhofener La Roche **13 %/9,50 €**
82 2010 Spätburgunder trocken **13,5 %/6,50 €**
86 2009 Portugieser trocken Flonheimer Rotenpfad **13,5 %/21,- €**
87 2009 Spätburgunder trocken Uffhofener La Roche **13 %/24,- €**

Garage
Winery ★ ☆

Rheingau

Friedensplatz 12, 65375 Oestrich-Winkel
Tel. 06723-603340, Fax: 06723-601530
www.garage-winery.com
info@garage-winery.com
Besuchszeiten: Mo.-Fr. 9-12 Uhr, Sa. 14-16.30 Uhr

Geschäftsführer ... Anthony Robert Hammond
Rebfläche .... 5 Hektar

Anthony Hammond ist Restaurantfachmann, hat eine Winzerausbildung gemacht und Be-

triebswirtschaft studiert. Mit zwei Mitstreitern gründete er im Jahr 2000 seine Garage Winery in Oestrich-Winkel. In zehn verschiedenen Lagen zwischen Winkel und Rüdesheim baut er heute mit seiner Frau Simone Böhm neben Riesling (80 Prozent der Fläche) Burgundersorten und Chardonnay, aber auch Traminer und Scheurebe an. Inzwischen hat er seine Rebfläche auf 5 Hektar erweitert, darunter befindet sich auch eine Parzelle im Kaisersteinfels. Die Weine verblüffen mit originellen Namen ("Paradise Garage" oder "Sugar Babe") und Etiketten, sind schlank, frisch und geradlinig. Der selbst ernannte "Garage Winemaker" Anthony Hammond vergärt seine Weine gelegentlich spontan.

Vorjahre

Die 2010er waren geradlinig, aber nicht herausragend: Bisweilen mangelte es den Weinen an Nachhaltigkeit. Überzeugend waren allerdings der Riesling und der 2009er Pinot Noir. 2011 kam der typische Stil der Weine besonders gut zur Geltung. Schon der trockene Auxerrois war knackig, der Traminer erfrischend und schlank. Besonders gut gefiel der kräuterwürzige, rassige und gleichzeitig herrlich süffige "Old School", an Kräuter erinnerte auch der noch etwas unruhige und betont saftige, herb-würzige "Wild Thing". Ein gelungener Garagen-Jahrgang!

Neue Kollektion

Auch in der neuen Kollektion zeigt das Weingut, dass es auf den richtigen Weg eingeschwenkt zu sein scheint. Ein saftiger, rassiger und animierender Riesling namens "Wild Thing" gefällt ebenso wie der süffige Drachenstein-Kabinett. Puristisch und nachhaltig kommt der "Old School" daher, während der Roseneck-Wein aus 2011 bei der Verkostung einen leicht karamelligen Nachhall aufwies und die Beerenauslese leichte Gemüsetöne entwickelte. ◀

Weinbewertung

87 2012 Riesling Spätlese trocken "Old School" Rüdesheimer Berg Roseneck **11,5 %/22,50 €**
87 2011 Riesling Spätlese trocken "Alte Reben"

Rüdesheimer Berg Roseneck **13 %/25,- €**

86 2012 Riesling Spätlese „feinherb Wild Thing" **12 %/15,- €**

83 2012 Riesling Kabinett Rüdesheimer Drachenstein **10,5 %/11,50 €**

86 2011 Riesling Beerenauslese Rüdesheimer Berg Roseneck **11 %/35,- €/0,375l**

84 2011 Spätburgunder trocken Rüdesheimer Klosterberg **13,5 %/13,50 €**

★★☆

Karl-Heinz **Gaul**
Weingut   **Pfalz**

Bärenbrunnenstraße 15, 67269 Grünstadt-Sausenheim
Tel. *06359-84569,* **Fax:** *06359-87498*
www.weingut-gaul.de
info@weingut-gaul.de
Besuchszeiten: *Mo.-Fr. 8-12 + 13-18 Uhr, Sa. 9-16 Uhr*
Ferienwohnungen

Inhaber .... Karoline und Dorothee Gaul
Rebfläche .... 17 Hektar

Am 1. September 2011 haben Karoline und Dorothee Gaul das Weingut von ihrem Vater übernommen. Die Weinberge liegen vor allem in Sausenheim und Asselheim, wo die Böden teils sandigen Lehm, teils Kalkstein aufweisen. Wichtigste Rebsorte ist Riesling. Dazu kommen Spätburgunder, Dunkelfelder, Sankt Laurent, Portugieser und Schwarzriesling. Bei den weißen Sorten folgen Weißburgunder und Müller-Thurgau. Zuletzt hat Karl-Heinz Gaul auch Sorten wie Cabernet Cubin und Cabernet Mitos, sowie Auxerrois gepflanzt. Bereits seit Herbst 2008 waren die Töchter Karoline und Dorothee für die 17 Hektar Weinberge verantwortlich und führten den Keller in eigener Regie. Beide haben in Top-Betrieben der Pfalz (Bassermann-Jordan, Mosbacher, Wehrheim) eine Winzerlehre absolviert und in Geisenheim studiert. Unter der Linie „KD" werden bereits seit 2007 die besonderen „Schätzchen" vermarktet.

Vorjahre _____

Vor zwei Jahren hatten wir nur mit den sehr bissigen Rieslingen kleinere Probleme, die hohe Säure wirkte trotz teilweise hoher Restsüße etwas ruppig. Ansonsten gab es nur Gutes zu berichten – an der Spitze standen ein sehr guter Spätburgunder von 2009, ein feiner Weißburgunder und ein würzigvielfruchtiger Grauburgunder. Im vergangenen Jahr waren die Rieslinge wieder sehr gut, die Kabinette leicht und von klarer Frische, die Spätlesen konzentrierter, auch Weiß- und Grauburgunder überzeugten.

Neue Kollektion _____

Die Schwestern Gaul arbeiten an einer klaren Weißwein-Stilistik: Die Rebsortentypizität wird deutlich herausgearbeitet, das bringt Klarheit mit sich, die Kabinette sind eher leicht und unkompliziert, die Spätlesen dürfen sich so zeigen, wie sie im Weinberg wachsen: Elegant bis kräftig. Das zeigt sich auch in diesem Jahr. Und es geht weiter aufwärts. Die weißen Burgunder haben ein sehr gutes Mundgefühl, besitzen Schmelz und eine klare Frucht. Die Rieslinge stehen in einer klaren Linie: Kein Schnickschnack, Riesling pur, fast durchgegoren mit 1 bis 3 Gramm Zucker. Wunderbar erfrischend ist der Muskateller (selbst bei zimmerwarmer Verkostung). Eine erfreuliche Überraschung sind die beiden Spätburgunder. Sehr modern ausgebaut, mit kühler klarer Frucht, sehr burgundisch! ◀

Weinbewertung _____

85 2012 Weißburgunder trocken **13 %/6,- €** ☺

87 2012 Weißburgunder Spätlese trocken Sausenheimer Honigsack **14 %/8,50 €** ☺

86 2012 Grauburgunder Kabinett trocken Sausenheimer Höllenpfad **13 %/6,60 €** ☺

84 2012 Riesling Kabinett trocken Sausenheimer Honigsack **12 %/6,- €**

84 2012 Riesling Kabinett trocken Asselheimer St. Stephan **12,5 %/6,20 €**

87 2012 Riesling Spätlese trocken Sausenheimer

G

Hütt **13,5 %/9,50 €**

87 2012 Riesling Spätlese trocken Neuleininger Schlossberg **13,5 %/9,50 €**

85 2012 Muskateller **10,5 %/7,80 €**

85 2011 Spätburgunder trocken Asselheimer Schloss **14 %/8,50 €**

88 2011 Spätburgunder trocken Sausenheimer Honigsack **13,5 %/14,- €**

Matthias **Gaul**
Weingut

★★★

Pfalz

Weinstraße 10, 67269 Grünstadt-Asselheim
Tel. 06359-3668, Fax: 05359-86575
www.gaul-weine.de
gaul@gaul-weine.de
***Besuchszeiten:** Mo.-Sa. 8-12 + 13-18 Uhr*

Inhaber . . . . Matthias Gaul
Rebfläche . . . . 24 Hektar

Werner Gaul hatte in den siebziger Jahren den damaligen Gemischtbetrieb auf Weinbau spezialisiert und von Fass- auf Flaschenweinvermarktung umgestellt. Nach Studium und Auslandsaufenthalten hat Matthias Gaul 1995 den elterlichen Betrieb mit damals 8 Hektar Reben übernommen. 60 Prozent seiner Weinberge nehmen weiße Sorten ein, Riesling vor allem, aber auch Grauburgunder, Chardonnay, Weißburgunder und Sauvignon Blanc. Wichtigste rote Rebsorten sind Spätburgunder und Dornfelder, hinzu kommen Cabernet Sauvignon und Cabernet Franc. Die Rotweine werden 8 bis 21 Tage auf der Maische vergoren und im Holz ausgebaut, die Weißweine im Edelstahl, der Chardonnay auch im Barrique. 2011 hat Matthias Gaul zusammen mit dem Weinmacher Gerd Stepp die neue Line „Stepp & Gaul" eingeführt. Stepp war bisher für das Londoner Unternehmen Marks und Spencer als Winemaker tätig. Ihr gemeinsames Ziel ist es Weine

mit Lagencharakter zu produzieren, allerdings nicht nur aus dem Asselheimer Raum, man sei offen für andere Lagen, Regionen und auch für Experimente.

Vorjahre

Vor zwei Jahren stand ein Riesling vom Jahrgang 2009 an der Spitze neben zwei sehr guten Spätburgundern. Sehr gut waren auch zwei Weine von 2010, der Sauvignon Blanc und die weiße Cuvée aus dem Barrique. Im vergangenen Jahr haben wir wieder eine sehr gute Kollektion verkostet. Bei den Weißweinen lagen zwei trockene Rieslinge vorne, der Saumagen und der Steinrassel. Sehr gut war auch die konzentrierte Beerenauslese von der Scheurebe, bei den Rotweinen führte eine Cuvée von 2009 die eindrucksvolle Riege an.

Neue Kollektion

In diesem Jahr überzeugten vor allem die Spätburgunder. Die sehr schöne Frucht des Pinot noir Steinrassel kämpft noch mit speckigen Röstaromen des Holzes. Speckfrei präsentieren sich die beiden anderen Pinots. Der „S" ist klarer, heller, eleganter und kühler als der Steinrassel, mit sehr guter Konzentration und feiner Säure. Der St. Stephan setzt noch einen drauf, er ist noch feiner, eleganter und geschmeidiger. Der Cabernet Franc zeigt viel Frucht und Konzentration, aber auch eine gehörige Portion Paprikagemüse. Freunde von Loire-Weinen kommen hier auf ihre Kosten. Die Riege der Rieslinge wird gekrönt vom Asselheimer St. Stephan, er ist elegant, zeigt ein feines Säurespiel und viel exotische Frucht. Der Saumagen ist wegen einer längeren Maischestandzeit noch etwas streng, verspricht üppige Eleganz. Die Cuvée Entrelace ist feinduftig, hat Leichtigkeit vom Riesling und Schwere vom Gewürztraminer.

Weinbewertung

86 2012 „Entrelace" Weißwein trocken **13 %/12,50 €**

84 2012 Riesling trocken Asselheim **12,5 %/8,90 €**

86 2012 Riesling trocken Steinrassel **13,5 %/14,90 €**

88 2012 Riesling trocken Asselheimer St. Stephan

13,5 %/18,50 €

87 2012 Riesling trocken Kallstadter Saumagen
    13,5 %/14,90 €
84 2012 Pinot Gris trocken Asselheim 13,5 %/8,90 €
88 2011 Pinot Noir trocken Steinrassel 13,5 %/19,50 €
89 2011 Pinot Noir trocken „S" 13,5 %/25,- €
90 2011 Pinot Noir Asselheimer St. Stephan 13,5 %
88 2009 Cabernet Franc trocken 14 %/18,- €

Geil's
★★★
Sekt- und Weingut   **Rheinhessen**

Zeller Straße 8, 67593 Bermersheim bei Worms
Tel. *06244-4413,* **Fax:** *06244-57384*
www.geils.de
mail@geils.de
Besuchszeiten: *Mo.-Sa. nach Vereinbarung*

Inhaber .... Rudolf und Birgit Geil
Rebfläche .... 13,8 Hektar

Bereits 1987 begannen Rudolf und Birgit Geil mit der Herstellung eigener Sekte nach der klassischen Methode. Seit 1989 bauen sie Weine im Barrique aus. Zuletzt haben sie verstärkt auf rote Rebsorten gesetzt. Bereits seit 1995 gibt es Merlot und Cabernet Sauvignon, inzwischen auch Frühburgunder. Letzter Neuzugang im Sortenspiegel ist der Gelbe Muskateller. Sohn Florian studiert derzeit in Geisenheim, soll nach dem Studienabschluss in den Betrieb einsteigen.

Vorjahre

Vor zwei Jahren gefielen uns die Sekte sehr gut, sowohl der Blanc de Noirs aus Spätburgunder und Schwarzriesling, als auch der Pinot3 aus Spätburgunder, Weißburgunder und Grauburgunder; der 2008er Spätburgunder aus dem Bürgel überzeugte wie seine Vorgänger, zusammen führten sie eine konsistente, überzeugende Kollektion an. Eine starke Kollektion folgte auch im vergangenen Jahr. Der nach 40 Monaten Hefelager neu degorgierte

Pinot3-Sekt aus Spätburgunder, Weiß- und Grauburgunder, die weiße „Cuvée P" aus Weißburgunder, Chardonnay und Grauburgunder und der Frauenberg-Riesling gefielen uns am besten. Auch im roten Segment blieb alles beim alten, Star war ganz eindeutig der Spätburgunder aus dem Bürgel, Jahrgang 2009.

Neue Kollektion

In diesem Jahr wurden nochmals die besten 2011er Weißweine vorgestellt, ebenso der Pinot3-Sekt, sie bestätigen den Eindruck des Vorjahres. Die 2012er Weißweinen sind frisch, fruchtbetont und reintönig. Die roten 2010er zeigen sich kraftvoll und strukturiert, die rote Cuvée ebenso wie der Spätburgunder S, eindeutiger Favorit ist aber einmal mehr der Spätburgunder aus dem Bürgel: Er zeigt gute Konzentration im Bouquet, Gewürze und rote Früchte, ist füllig und kraftvoll im Mund, besitzt reintönige Frucht, gute Substanz und Struktur. ◂━

Weinbewertung

86 2009 Weißburgunder Sekt brut 12 %/12,50 €
88 2008 „Pinot3" Sekt brut 12 %/16,- €
84 2012 Weißburgunder trocken 13 %/6,- €
84 2012 Riesling trocken 12 %/6,- €
85 2012 Gelber Muskateller trocken 12,5 %/7,20 €
86 2011 Sylvaner „S" trocken 13 %/10,50 €
87 2011 „Cuvée P" Weißwein „S" trocken
    13,5 %/14,80 €
89 2011 Riesling trocken Frauenberg 13 %/18,50 €
83 2012 Rosé trocken (1l) **12,5 %/5,10 €** ☺
86 2010 „Nocturne" Rotwein trocken 13,5 %/10,80 €
85 2010 Spätburgunder „S" trocken 14 %/14,- €
89 2010 Spätburgunder trocken Bürgel 14 %/24,- €

G

Helmut **Geil**

Weingut

Rheinhessen

Am Römer 26, 55234 Monzernheim
Tel. 06244-220, *Fax:* 06244-57489
www.geilwein.de
info@geilwein.de
*Besuchszeiten: Mo.-Fr. 9-18 Uhr, Sa. 9-13 Uhr und
nach Vereinbarung*
Gästezimmer, Wohnmobilstellplätze

G

Die besten deutschen Weinerzeuger und ihre Weine

Inhaber...............Helmut und Andreas Geil
Rebfläche..............................9 Hektar

Helmut und Andreas Geil bauen neben den klassischen Sorten wie Riesling, Grauburgunder, Weißburgunder und Müller-Thurgau auch Neuzüchtungen wie Kerner, Scheurebe, Bacchus und Albalonga an. Die wichtigsten roten Sorten sind Dornfelder, Portugieser, Spätburgunder und St. Laurent. Das Programm gliedert sich in Basisweine (Bonus), Lagenweine (Melior) und Spitzenweine (Optimus). Vater Helmut Geil kümmert sich vor allem um den Außenbetrieb, Sohn Andreas um Vinifikation und Vermarktung.

Vorjahre _____

Vor zwei Jahren führte der 2007er Spätburgunder „Optimus" eine gute, konsistente Kollektion an. Sehr stimmig war die letztjährige Kollektion, an der Spitze standen die Optimus-Weine, Riesling und Grauburgunder.

Neue Kollektion _____

Sehr stimmig ist die neue Kollektion, schon die Bonus-Weißweine sind fruchtbetont und klar, wenn auch recht süß. Die Melior-Weine sind fülliger und kraftvoller, der Riesling zeigt feine Zitrusnoten, der Grauburgunder ist reintönig, aber doch recht süß. Highlight ist der Optimus-Grauburgunder aus dem Kirchspiel, der gute Konzentration und herrlich viel Frucht besitzt, Fülle, gute Struktur und Wärme. Dass man sich auch auf Rotweine versteht, stellt der Spätburgunder aus dem Goldberg unter Beweis, der gute Konzentration im Bouquet zeigt, Vanille und rote Früchte, füllig und harmonisch im Mund ist. Weiter so! ◀

Weinbewertung _____

83   2012 Grauburgunder trocken „Bonus"
      12,5 %/5,60 €
84   2012 Riesling trocken „Bonus"   **12 %/5,60 €**
85   2012 Grauburgunder trocken „Melior" Westhofener Kirchspiel   **13,5 %/8,20 €**
86   2012 Riesling trocken „Melior" Westhofener Kirchspiel   **12 %/8,20 €**
88   2012 Grauburgunder trocken „Optimus" Westhofener Kirchspiel   **14 %/15,20 €**
86   2011 Spätburgunder trocken „Optimus" Monzernheimer Goldberg   **13 %/15,20 €**

Oekonomierat

Johann **Geil** I. Erben

Weingut

Rheinhessen

Kuhpfortenstraße 11, 67595 Bechtheim
Tel. 06242-1546, *Fax:* 06242-6935
www.weingut-geil.de
info@weingut-geil.de
Besuchszeiten: Mo.-Fr. 8-12 + 13-17 Uhr u. n. V.

Inhaber....Johannes und Karl Geil-Bierschenk
Rebfläche..............................32 Hektar

1871 kaufte Georg Geil das Stammhaus nahe der ehemaligen Dorfgrenze von Bechtheim. Sein Sohn Georg, Namensgeber des Weingutes, war Bürgermeister und Mitbegründer der Winzergenossenschaft. Monika und Karl Geil-Bierschenk führen heute das Gut, unterstützt von Sohn Johannes, Geisenheim-Absolvent, der für den Keller verantwortlich ist. Die Weinberge befinden sich in den verschiedenen Bechtheimer Lagen wie Geyersberg (beste Lage nach Einschätzung des Weingutes), Rosengarten, Hasensprung, Heiligkreuz und Stein. Wichtigste weiße Rebsorte ist Riesling mit einem Anteil von gut 30

Prozent, gefolgt von Silvaner, Kerner, Weißburgunder, Chardonnay und Rieslaner. Der Anteil der roten Sorten ist weiter gestiegen. Spätburgunder, Frühburgunder, Dornfelder, Portugieser und inzwischen auch Cabernet Dorsa nehmen etwa ein Viertel der Rebfläche ein. Die Weine werden teils in Edelstahltanks, teils in Holzfässern ausgebaut und recht früh gefüllt.

Vorjahre

Seit der ersten Ausgabe kennen wir das Weingut und meist haben uns die süßen und edelsüßen Weine etwas besser gefallen als die trockenen. 2010 war der Geyersberg-Riesling einmal mehr unser Favorit, führte vor zwei Jahren eine stimmige, wenn auch etwas verhaltene Kollektion an. Die letztjährige Kollektion war ähnlich, mit dem Unterschied, dass es mit der konzentrierten, dicken Huxelrebe Trockenbeerenauslese einen faszinierenden edelsüßen Wein gab. Star im trockenen Teil der Kollektion war einmal mehr der Riesling aus dem Geyersberg.

Neue Kollektion

Die neue Kollektion bringt deutlich verhaltenere Weißweine; Highlight ist eindeutig der Riesling Eiswein, der faszinierend konzentriert, füllig und dominant ist. ◂▬

Weinbewertung

80	2012 Grüner Silvaner „S" trocken Bechtheimer 13 %/8,60 €	
79	2012 Weißburgunder „S" trocken Bechtheimer 13,5 %/8,50 €	
81	2012 Riesling „S" trocken Bechtheimer 12,5 %/8,50 €	
82	2012 Riesling trocken Hasensprung 12,5%/9,90 €	
83	2012 Riesling trocken Geyersberg 13 %/13,90 €	
82	2012 Riesling trocken Rosengarten 13 %/16,50 €	
88	2012 Riesling Eiswein Hasensprung 7,5 %/24,50 €/0,375l	
79	2011 Spätburgunder „S" trocken Bechtheimer 13,5 %/11,50 €	

Genheimer-Kiltz
Weingut   ★ ☆   **Nahe**

Zum Sportfeld 6, 55595 Gutenberg
Tel. 06706-8633, *Fax:* 06706-6319
www.genheimer-kiltz.de
info@genheimer-kiltz.de
Besuchszeiten: Mo.-Sa. 9-17 Uhr oder nach Vereinbarung; Gästehaus

Inhaber . . . . Georg und Gerlinde Kiltz
Rebfläche . . . . 10,2 Hektar

Die Weinberge von Georg und Gerlinde Kiltz liegen überwiegend im Gräfenbachtal in den Gutenberger Lagen Schlossberg (rötlicher, sandig-kiesiger Lehmboden), Römerberg (lehmiger Sand, sandig-kiesiger Lehm) und Felseneck (rotliegender Sandboden mit geringem Lehmanteil). Weitere Weinberge besitzen sie in den Kreuznacher Lagen Hinkelstein (feinsandige Lehmböden) und Narrenkappe (verschiedene Lehmarten, teils Kies und Schotter). Seit 2013 ist der Sauvignon Blanc mit 22 % Anteil an der Rebfläche die wichtigste Sorte im Betrieb, gefolgt von Riesling, Grau- und Weißburgunder und etwas Scheurebe und Bacchus. An roten Sorten werden Dornfelder, Spätburgunder und etwas Regent angebaut. Seit 2001 ist Harald Kiltz für den Keller verantwortlich. Seit dem Jahrgang 2012 wird die Premiumlinie des Weinguts unter dem Namen „beste Lagen" vermarktet.

Vorjahre

Die Kollektion vor zwei Jahren überzeugte. Der 2009er Riesling von alten Reben hatte an Komplexität gewonnen, der „Gold"-Grauburgunder war reintönig und füllig. Eindeutiger Star im Sortiment aber war der barriqueausgebaute Pinot Noir aus dem Schlossberg, der zu den besten Spätburgundern des Jahrgangs an der Nahe gehörte. 2011 waren es vor allem die drei „Gold"-Weine, die überzeugten, ein kraftvoller, fülliger Grauburgun-

G

Die besten deutschen Weinerzeuger und ihre Weine

der und zwei frische, würzige Sauvignon Blancs aus den Gutenberger Lagen Römerberg und Felseneck.

Neue Kollektion

Im Jahrgang 2012 besitzen die Sauvignon Blanc-Lagenweine klare Frucht, Frische und feine Würze, am besten gefällt uns der reintönige und nachhaltige Wein aus dem Gutenberger Felseneck. ◄━

Weinbewertung

83 2012 Sauvignon Blanc trocken Gutenberg
    12 %/7,- €
85 2012 Sauvignon Blanc trocken „Beste Lagen"
    Gutenberger Römerberg 13 %/9,50 €
85 2012 Sauvignon Blanc trocken „Beste Lagen"
    Kreuznacher Narrenkappe 13 %/12,- €
87 2012 Sauvignon Blanc trocken „Beste Lagen"
    Gutenberger Felseneck 13 %/16,- €
82 2012 Grauer Burgunder trocken „Terrassenkies" 12,5 %/5,70 €

★ ★

George
Weingut

Rheingau

Winkelerstraße 111, 65366 Geisenheim
Tel. 06722-980343, Fax: 06722-980344
www.wagenitz.de
info@wagenitz.de
Besuchszeiten: nach Vereinbarung

Inhaber . . . . Jutta und Jürgen Wagenitz
Rebfläche . . . . 2 Hektar

Beim Weingut George handelt es sich nicht um einen Traditionsbetrieb, sondern um ein vergleichsweise neues Weingut. Erst 1994 haben Jutta und Jürgen Wagenitz mit dem Weinbau begonnen, inzwischen werden auf zwei Hektar Riesling und Spätburgunder geerntet. Spezialisiert hat man sich hier auf trockene Weine, was einige fruchtsüße Rieslinge und in Jahren wie 2003 oder 2009 auch edelsüße Spezialitäten nicht ausschließt.

Letztere wirken meist kraftvoll, manchmal auch rustikal. Bei den Weißweinen ist eine langsame, kühle Gärung Grundprinzip.

Vorjahre

Der Jahrgang 2010 brachte geradlinige, schlanke Basisweine und einen überraschend würzigen, sehr gelungenen Riesling aus dem Berg Rottland hervor. Aus der 2011er Kollektion ragte ein duftiger, straffer und nachhaltiger Bischofsberg-Riesling heraus, der auch deshalb beeindruckte, weil er sehr wenig Restzucker aufwies.

Neue Kollektion

Die neue Kollektion macht viel Spaß – und das nicht nur in der Spitze. Bereits der Basisriesling zeigte eine klare Struktur, und der „Big Fish" ist keineswegs so mächtig, wie der Name suggeriert, sondern angenehm trocken, fast puristisch und voller Würze im Nachhall. Auch bei allen anderen Weinen fällt auf, wie klar und trocken sie sind, wie animierend sie ausfallen – selbst die restsüße Spätlese besitzt eine schöne Balance zwischen Säure und (niedriger) Süße. Dass solche im besten Sinne gastronomischen Weine in Verkostungen gelegentlich unterschätzt werden, ist bedauerlich. ◄━

Weinbewertung

82 2012 Riesling trocken 12,5 %
85 2012 Riesling trocken „Alte Reben" Geisenheimer Mönchspfad 12 %/6,60 €
85 2012 Riesling trocken Geisenheimer Mäuerchen 13 %/7,30 €
84 2012 Riesling trocken „Mephisto" 12,5 %/7,50 €
84 2012 Riesling trocken Rüdesheimer Bischofsberg 12,5 %/7,70 €
85 2012 Riesling trocken Rüdesheimer Berg Rottland 12,5 %/8,90 €
86 2012 Riesling trocken „Big Fish" Rüdesheimer Berg Rottland 12,5 %/8,90 €
83 2012 Riesling halbtrocken „Villa Clara" 12%/5,50€
86 2012 Riesling Spätlese Rüdesheimer Bischofsberg 9,5 %/7,70 €

Gerlachs Mühle ★
Weingut **Mosel**

Im Keverbachtal 2, 56330 Kobern-Gondorf
Tel. *02607-6140,* **Fax:** *02607-961809*
www.gerlachsmuehle.de
weingutgerlach@t-online.de
Besuchszeiten: *nach Vereinbarung*

Inhaber . . . . Martin Gerlach
Rebfläche . . . . 6 Hektar

Bereits mit 20 Jahren übernahm Martin Gerlach im Jahr 2003 das Weingut, das aus einem gemischt landwirtschaftlichen Betrieb mit angeschlossener Getreidemühle entstand. Inzwischen wurde der Flaschenweinverkauf kräftig ausgebaut. Er besitzt bis zu 100 Jahre alte Reben. Bis auf etwas Spätburgunder und Dornfelder wird ausschließlich Riesling in Steil- und Steilstlagen angebaut; Lagenbezeichnungen nutzt Martin Gerlach allerdings nicht für seine Weine.

Vorjahre

2010 waren die Weine verhalten, sie waren frisch, geradlinig, recht würzig, überwiegend halbtrocken ausgebaut. Die 2011er Kollektion gefiel gut, bot kraftvolle, eigenständige Rieslinge mit Struktur, Frische und Frucht.

Neue Kollektion

Eine vergleichbare Kollektion folgt in diesem Jahr nach mit geradlinigen, klaren Rieslingen unter denen wir das kraftvolle „Wilde Schieferwerk" leicht favorisieren. ◀

Weinbewertung

83 2011 Riesling Sekt brut   9,- €
80 2012 Weißburgunder trocken „Catena"
     12,5 %/6,50 €
83 2012 Riesling trocken „Stehkragen" 11,5 %/6,20 €
82 2012 Riesling halbtrocken „Blauschiefer"
     11,5 %/6,- €
82 2012 Riesling „Dangerous"   12 %/6,10 €
84 2012 Riesling „Wildes Schieferwerk" 12,5 %/7,90 €

Albert Gessinger ★★
Weingut **Mosel**

Moselstraße 9, 54492 Zeltingen
Tel. *06532-2369,* **Fax:** *06532-1578*
www.weingut-gessinger.de
kontakt@weingut-gessinger.de
Besuchszeiten: *jederzeit nach Anmeldung*
Ferienhaus, Gästezimmer

Inhaber . . . . Alfred Gessinger
Rebfläche . . . . 3,2 Hektar

Bis zum Jahr 1680 reicht die Geschichte des Weinguts zurück. In den Zeltinger Lagen Schlossberg, Himmelreich und Sonnenuhr werden Riesling und Spätburgunder angebaut. Die Weine werden mit den traubeneigenen Hefen im traditionellen Fuder vergoren.

Vorjahre

2010 waren die mächtigen trockenen Weine allzu bitter, bei den süßen Weinen vermissten wir, von der Versteigerungsauslese einmal abgesehen, die Klarheit früherer Jahrgänge. 2011 war wieder besser, präsentierte sich sehr gleichmäßig auf gutem Niveau, trocken wie süß, die füllige Versteigerungs-Auslese gefiel uns besonders gut.

Neue Kollektion

Die neue Kollektion ist im trockenen Segment sehr gleichmäßig, aber etwas verhalten, unser Favorit ist das duftige Große Gewächs, die süßen Rieslinge aber gefallen uns allesamt sehr gut, angefangen von der feinen Spätlese Josefsberg über die zupackende Auslese von alten Reben bis hin zur konzentrierten, enorm würzigen Beerenauslese. ◀

Weinbewertung

80 2012 Riesling Kabinett trocken „Alte Reben"
     Zeltinger Sonnenuhr   12 %/5,50 €
83 2012 Riesling Spätlese trocken „Alte Reben Rothlay" Zeltinger Sonnenuhr   11 %/8,20 €
82 2012 Riesling Spätlese trocken „Alte Reben

G

G

Josefsberg" Zeltinger Sonnenuhr **12 %/9,- €**

85 2012 Riesling „GG Alte Reben" Zeltinger Sonnenuhr **13 %**

82 2012 Riesling Spätlese „feinherb" Zeltinger Sonnenuhr **11 %/8,20 €**

87 2012 Riesling Spätlese** „Alte Reben Josefsberg" Zeltinger Sonnenuhr **7,5 %/10,50 €**

85 2010 Riesling Auslese** „Alte Reben Caldo Infernale" Zeltinger Sonnenuhr **8,5 %/16,- €**

86 2012 Riesling Auslese** „Alte Reben Caldo Infernale" Zeltinger Sonnenuhr **7,5 %/14,50 €**

87 2012 Riesling Auslese*** „Alte Reben" Zeltinger Sonnenuhr **7,5 %/30,- €**

88 2012 Riesling Beerenauslese „Alte Reben" Zeltinger Sonnenuhr **7,5 %/32,- €**

★ ★ ☆

Klaus **Giegerich**

Weingut   **Franken**

Weichgasse 19, 63868 Großwallstadt
Tel. *06022-655355,* **Fax:** *06022-655366*
www.weingut-giegerich.de
info@weingut-giegerich.de
Besuchszeiten: *Di.- Fr. 14-18 Uhr, Sa. 9-13 Uhr oder nach Vereinbarung*
Weinbergshüttenfest (Juli), Hofschoppenfest, Kulinarische Weinproben, Theater im Weingut

Inhaber . . . . Klaus Giegerich
Rebfläche . . . . 8,3 Hektar

Klaus Giegerich übernahm 1992 den Betrieb mit damals 3,5 Hektar Weinbergen. Seine Reben wachsen auf roten Buntsandsteinverwitterungsböden mit Lösslehmauflage in Großwallstadt (Lützeltalerberg), Elsenfeld/Rück (Schalk, Jesuitenberg) und Wörth am Main, dem 2008 die neue Einzellage „Campestres Wörth" zuerkannt wurde. Ihre wichtigsten Rebsorten sind Silvaner, Riesling, Bacchus, Müller-Thurgau, Kerner, Spätburgunder und Portugieser. Zuletzt gepflanzt wurden Weißburgunder, Rieslaner, Frühburgunder, Regent und Dornfelder. Nach Abschluss seiner Weinbautechnikerausbildung in Veitshöchheim ist Sohn Kilian seit 1. September 2012 im Weingut tätig, leitet den Außenbetrieb.

Vorjahre —————————————

Die 2010er Weißweine waren reintönig, frisch und leicht, die beiden Barriqueweine des Jahrgangs 2009, Chardonnay und Frühburgunder, besaßen gute Fülle, Struktur und reife Frucht. Überzeugend war dann auch die letztjährige Kollektion: Die 2011er Weißweine waren kraftvoll und klar, deutlich fülliger als ihre Vorgänger, der Chardonnay gefiel uns besonders gut, der Frühburgunder bestätigte den starken Eindruck des Vorjahres, noch ein klein wenig besser allerdings fanden wir den Spätburgunder Lignum aus dem gleichen Jahrgang.

Neue Kollektion —————————————

Auch 2012 besticht das gute Niveau der Einstiegsweine, die sich alle frisch, fruchtbetont und klar präsentieren. Die trockene Silvaner Spätlese besitzt klare reife Frucht und gute Substanz, der Lignum-Chardonnay ist konzentriert und reintönig, kraftvoll und komplex, zusammen führen sie eine sehr konsistente, überzeugende Kollektion an.

Weinbewertung —————————————

83 2012 Müller-Thurgau trocken „Frank & Frei" **12 %/6,20 €**

84 2012 Silvaner Kabinett trocken Großwallstadter Lützeltalerberg **13 %/7,60 €**

83 2012 Riesling Kabinett trocken **11,5 %/7,50 €**

84 2012 Weißburgunder Kabinett trocken **12,5 %/9,60 €**

86 2013 Silvaner Spätlese trocken Rücker Schalk **13 %/9,80 €**

87 2013 Sauvignon Blanc Spätlese trocken Rücker Schalk **12,5 %/10,50 €**

88 2012 Chardonnay Spätlese trocken Barrique „Lignum" **13,5 %/23,50 €**

83 2011 Spätburgunder trocken **13 %/11,80 €**

84 2012 Spätburgunder trocken **13,5 %/8,60 €**

Gies-Düppel

★★★★☆

Weingut   **Pfalz**

Am Rosenberg 5, 76831 Birkweiler
Tel. 06345-919156, Fax: 06345-919157
www.gies-dueppel.de
info@gies-dueppel.de
Besuchszeiten: Mo.-Fr. 9-12 +14-18 Uhr, Sa. 10-16
Uhr (um Anmeldung wird gebeten)

Inhaber .... Volker Gies
Rebfläche .... 17 Hektar

Das Weingut Gies-Düppel ist ein Familienbetrieb in der vierten Generation. Der heutige Inhaber, Volker Gies, hat den Betrieb 1998 von seinem Vater Franz-Josef Gies übernommen. Die Hälfte seiner Weinberge liegt im Kastanienbusch (teils Buntsandstein, teils Rotliegendes), hinzu kommen vor allem Weinberge im Mandelberg (Muschelkalk), im Rosenberg und im Ranschbacher Seligmacher (teils Muschelkalk, teils Rotliegendes). Im Frühjahr 2013 wurden 1,3 Hektar im Albersweiler Latt (Rotliegendes und Buntsandstein) neu mit Riesling bestockt. Riesling und Spätburgunder sind die wichtigsten Rebsorten, gefolgt von Weiß- und Grauburgunder. Dazu gibt es Auxerrois und Chardonnay, aber auch Sauvignon Blanc und Viognier. Seit dem Jahrgang 2008 verzichtet Volker Gies auf Prädikatsbezeichnungen.

Vorjahre

Schon in der ersten Ausgabe empfahlen wir die Weine von Volker Gies, schon damals überzeugten sie mit Reintönigkeit – und moderaten Preisen. Die Reintönigkeit kennzeichnet auch heute noch alle Weine, die Preise sind gestiegen, wie aber auch die Qualität. Vor allem mit Weißburgunder und Riesling hat Volker Gies den Anschluss an die Südpfälzer Spitze geschafft – und wir sind uns sicher, dass er in den kommenden Jahren weiter zulegen wird. Vor zwei Jahren zeigte Volker Gies erneut hohe Konstanz: Zu unseren beiden aus

dem Kastanienbusch stammenden Favoriten der Vorjahre gesellte sich der Weißburgunder aus dem Mandelberg, aber auch schon die Terroir-Rieslinge vom Buntsandstein, Rotliegenden und dem Muschelkalk waren geschliffen und klar und zeigten deutlich die Lagenunterschiede. Im letzten Jahr präsentierte Volker Gies eine starke Kollektion, alle Weine waren kraftvoll und klar. In seiner beeindruckenden Riesling-Riege hatte Gies die Terroir-Linie weiter differenziert und wie auch vor zwei Jahren waren die Lagenunterschiede deutlich herausgearbeitet. An der Spitze standen die beiden fülligen, mineralischen Rieslinge aus dem Kastanienbusch, der „R" war im neuen Stückfass ausgebaut. Und auch die Burgunder überzeugten voll und ganz, besaßen viel Stoff und Substanz.

Neue Kollektion

Und Volker Gies hat in diesem Jahr weiter zugelegt und präsentiert uns die beste Kollektion, die wir hier bislang verkosten konnten. Die Lagenunterschiede bei den Rieslingen sind wieder sehr gut herausgearbeitet, die Weine sind noch etwas präziser und geradliniger als im letzten Jahr, dazu kommt eine starke Burgunderriege. Bei Riesling und Weißburgunder wird ab dem Jahrgang 2012 nur noch jeweils ein Lagenwein ausgebaut, der Riesling aus dem Kastanienbusch ist kraftvoll und herrlich nachhaltig, der Weißburgunder aus dem Mandelberg eindringlich und konzentriert mit rauchig-mineralischen Noten. An die Stelle des Mandelberg-Rieslings tritt der spontan vergorene Riesling „Alte Reben" von einem über 50 Jahre alten Weinberg im Mandelberg und einer Parzelle im Kastanienbusch, die 1983 gepflanzt wurde, der „Stückfass"-Weißburgunder mit viel Saft und feiner röstiger Würze aus Lagen in Birkweiler und Ilbesheim ersetzt im Sortiment den Kastanienbusch-Weißburgunder. Neu im Programm ist auch der im neuen 500-Liter-Tonneau ausgebaute Grauburgunder „R" der viel klare gelbe Frucht, Substanz und feinen Schmelz besitzt. Und auch die beiden verkosteten 2003er Riesling und Spätburgunder bereiten noch viel Freude, zeigen feine Reifenoten, besitzen aber auch noch Saft und Kraft. ◀

Weinbewertung _____

88   2012 Grauburgunder trocken Birkweiler Mandelberg   **14 %/11,50 €**

89   2012 Grauburgunder „R" trocken   **14 %/14,50 €**

84   2012 Weißburgunder trocken „Calcit" **13 %/6,80 €**

88   2012 Weißburgunder trocken „Stückfass" **13,5 %/10,50 €**

89   2012 Weißburgunder trocken Birkweiler Mandelberg   **14 %/14,50 €**

87   2012 Riesling trocken „Rotliegendes Schiefer" **13 %/8,50 €** ☺

87   2012 Riesling trocken „Rotliegendes Granit" **13 %/8,50 €** ☺

87   2012 Riesling trocken „Rotliegendes Roter Sandstein" **13 %/8,50 €** ☺

87   2012 Riesling trocken „Muschelkalk Kalkstein" **13 %/8,50 €** ☺

86   2012 Riesling trocken „Buntsandstein Quarzsandstein" **13 %/8,50 €**

88   2012 Riesling trocken „Alte Reben" **13 %/11,50 €**

89   2012 Riesling trocken Birkweiler Kastanienbusch   **13,5 %/14,50 €**

87   2003 Riesling Spätlese trocken Birkweiler Mandelberg   **13,5 %**

86   2011 Spätburgunder trocken „Quarz" **13,5 %/9,80 €**

87   2003 Spätburgunder trocken Birkweiler Kastanienbusch   **13,5 %**

Inhaber .... Albrecht Gietzen
Rebfläche .... 3 Hektar

Die Weinberge von Albrecht Gietzen liegen in den Hatzenporter Lagen Stolzenberg, Kirchberg und Burg Bischofstein.

Vorjahr _____

Eine geschlossene Kollektion mit sehr eigenständigen, kraftvollen Rieslingen präsentierte Albrecht Gietzen im vergangenen Jahr, unser Favorit war der reintönige Wein aus dem Kirchberg.

Neue Kollektion _____

Auch die neue Kollektion hat interessante Weine zu bieten wie den kraftvollen, zupackenden trockenen Goldkapsel-Riesling aus dem Stolzenberg oder den fülligen, saftigen Wein aus dem Kirchberg. Unser eindeutiger Favorit ist aber der „Elatus Mons", der natürlich aus dem Stolzenberg kommt: Gute Konzentration und reife reintönige Frucht prägen das Bouquet, im Mund ist er füllig und saftig, besitzt reife Frucht und viel Substanz. ◀

Weinbewertung _____

81   2012 Riesling trocken (1l)   **12 %/7,- €**

83   2012 Riesling trocken „Nikolaus Gietzen" **12,5 %/9,- €**

85   2012 Riesling trocken Goldkapsel Hatzenporter Stolzenberg   **12,5 %/13,50 €**

79   2012 Riesling „feinherb" (1l)   **11,5 %/7,- €**

81?   2012 Riesling „feinherb" Hatzenporter Burg Bischofstein   **11,5 %/9,50 €**

84   2012 Riesling „feinherb" Goldkapsel Hatzenporter Kirchberg   **12 %/12,50 €**

85   2012 Riesling Hatzenporter Kirchberg **9,5 %/9,50 €**

88   2012 Riesling „Elatus Mons" Hatzenporter Stolzenberg   **10,5 %/15,- €**

★

Maria & Albrecht **Gietzen**
Winzerhof   **Mosel**

Moselstraße 70, 56332 Hatzenport
Tel. *02605-952371,* **Fax:** *02605-952372*
www.winzerhof-gietzen.de
service@winzerhof-gietzen.de
Besuchszeiten: *am Wochenende ganztägig, in der Woche nach Vereinbarung*
Gästezimmer, Ferienwohnungen

Richard **Glaser** ★

Weingut   **Franken**

Langgasse 4, 97334 Nordheim am Main
Tel. 09381-9464, Fax: 09381-6810
www.weingut-glaser.com
info@weingut-glaser.com
Besuchszeiten: *Weinverkauf immer geöffnet,*
Anmeldung erbeten; Heckenwirtschaft;
Ferienwohnung

Inhaber . . . . Rudolf Glaser
Rebfläche . . . . 9 Hektar

Das von Richard Glaser gegründete Weingut, ein Familienbetrieb in Nordheim am Main, wird heute von Sohn Rudolf Glaser geführt. Seine Weinberge erstrecken sich über die gesamte Mainschleife, liegen vor allem in den beiden Volkacher Lagen Vögelein und Kreuzberg, aber auch im Sommeracher Katzenkopf und der Dettelbacher Sonnenleite. 80 Prozent der Rebfläche nehmen weiße Sorten ein: Silvaner, Müller-Thurgau, Bacchus, Riesling, Grauburgunder, Weißburgunder, Kerner, Scheurebe und Rieslaner. An roten Sorten baut Rudolf Glaser Früh- und Spätburgunder, Domina, Regent und Dornfelder an. Die Rotweine kommen nach der Maischegärung teils ins große Holzfass oder ins Barrique.

Vorjahre ⸻

Zwei sehr schönen Rotweinen aus dem Jahrgang 2009 standen vor zwei Jahren etwas allzu verhaltene, einfache 2010er Weißweine gegenüber. Etwas verhalten waren auch die 2011er Weißweine; der fruchtbetonte Frühburgunder, Jahrgang 2009, machte letztes Jahr wie schon im Jahr zuvor eine gute Figur.

Neue Kollektion ⸻

Auch in diesem Jahr präsentiert Rudolf Glaser eine sehr gleichmäßige Kollektion ohne Fehl und Tadel: Darauf könnte man aufbauen! ◄

Weinbewertung ⸻

81 2012 Müller-Thurgau Kabinett trocken „Junge Linie" **12 %/4,90 €**

82 2012 Silvaner Kabinett trocken Nordheimer Kreuzberg **13,5 %/6,50 €**

80 2012 Riesling Kabinett trocken „Junge Linie" **13 %/4,90 €**

80 2012 Riesling Kabinett trocken Sommeracher Katzenkopf **13 %/7,50 €**

81 2012 Weißburgunder Kabinett trocken Nordheimer Kreuzberg **13 %/7,50 €**

82 2012 Müller-Thurgau Spätlese trocken Nordheimer Kreuzberg **13,5 %/8,- €**

82 2012 Grauburgunder Spätlese trocken Nordheimer Vögelein **14 %/8,- €**

81 2012 Spätburgunder Weißherbst Spätlese „feinherb" „Tag und Nacht" **14 %/7,50 €**

83 2012 Scheurebe Spätlese Nordheimer Vögelein **12,5 %/9,- €**

82 2012 Domina Spätlese trocken Nordheimer Kreuzberg **13 %/6,50 €**

★★★★
Glaser-Himmelstoss

Weingut   **Franken**

Langgasse 7, 97334 Nordheim-Dettelbach
Tel. 09381-4602, Fax: 09381-6402
www.weingut-glaser-himmelstoss.de
info@weingut-glaser-himmelstoss.de
Besuchszeiten: *Mo.-Sa. 9-18 Uhr, So. & Feiertage*
13:30-17 Uhr, Dienstag Ruhetag
Restaurant Himmelstoss, Pächter: Romann Krückel
(Sommelier), Carsten di Lorenzi (Küchenchef)

Inhaber . . . . Wolfgang und Monika Glaser
Rebfläche . . . . 15 Hektar

Das Weingut Glaser-Himmelstoss entstand durch die Vereinigung der jeweils elterlichen Weingüter von Wolfgang und Monika Glaser (Weingut Siegfried Glaser und Weingut Himmelstoss) und befindet sich in zwei fränkischen Ortschaften, Dettelbach und Nordheim. Dort liegt auch das Gros der Weinberge, hinzu kommen Parzellen in Obervolkach. Wichtigste Rebsorten sind Müller-Thurgau,

G

Die besten deutschen Weinerzeuger und ihre Weine

Silvaner und Bacchus, gefolgt von Spätburgunder, Kerner, Schwarzriesling und Riesling.

Vorjahre

Wolfgang Glaser hat Jahr für Jahr beeindruckende Kollektionen von einer Zuverlässigkeit, wie man sie nur selten findet. Seine trockenen Weißweine gehören immer wieder zur Spitze in Franken und in Deutschland, egal ob Silvaner oder Riesling, Weiß- oder Grauburgunder oder aber Rieslaner und Traminer. Auch mit seinen Rotweinen hat er stetig zugelegt, und dass er sich auf edelsüß versteht beweist er ebenfalls regelmäßig. „Einer der Top-Betriebe in Franken", hatten wir vor zehn Jahren resümiert und die mustergültige Kollektion mit vielen reintönigen Weinen gelobt. An diesem Resümee müssen wir keinerlei Abstriche vornehmen: Glaser-Himmelstoss ist top. 2010 behauptete sich Wolfgang Glaser gut: Die Kabinettweine waren frisch und klar, die Spätlesen besaßen Kraft und Substanz, die roten Barriqueweine gefielen uns im vergangenen Jahr ebenfalls sehr gut. Die letztjährige Kollektion war bärenstark, schon die Kabinettweine bereiteten alle viel Freude. Die Spätlesen brachten eine weitere Steigerung wie der klasse trockene Traminer, der reintönige Silvaner aus dem Vögelein und sein noch etwas komplexeres Pendant aus dem Berg-Rondell. Ganz spannend fanden wir die beiden Grauburgunder aus dem Berg-Rondell, den reintönigen Denker und den hervorragenden, konzentrierten Rebell: Nicht nur Silvaner- und Traminerfreunde, nein, auch Burgunderfreunde kamen 2012 bei Wolfgang Glaser voll auf ihre Kosten.

Neue Kollektion

Auch 2012 ist das Niveau der Kabinettweine wieder enorm hoch, ja noch höher als in den Vorjahren. Die Scheurebe ist faszinierend reintönig und fruchtbetont, frisch und zupackend, hat Kraft und Biss, der Silvaner ist wunderschön füllig, saftig und kraftvoll, der Riesling klar, zupackend und strukturiert. Da haben es die Spätlesen schwer noch eine deutliche Steigerung zu bringen. Der Silvaner aus dem Vögelein ist frisch, fruchtbetont und reintönig im Bouquet, saftig im Mund, besitzt reife süße Frucht, sein Pendant aus dem Berg-Rondell ist würzig im Bouquet, eindringlich und konzentriert, füllig im Mund, saftig und klar, besitzt gute Substanz und Struktur. Der Riesling aus dem Vögelein war zum Zeitpunkt der Verkostung etwas vom Schwefel geprägt, der Traminer aber ist einmal mehr in prächtiger Form, faszinierend reintönig, füllig und kraftvoll: Viel Wein! Ganz spannend ist auch der trockene Rieslaner, herrlich reintönig und konzentriert, füllig und kraftvoll, besitzt gute Struktur, Frische und Druck, noch spannender aber finden wir den Grauburgunder, ein faszinierend fülliger und konzentrierter Wein, enorm reintönig, druckvoll und lang, aber auch hoch im Alkohol. Edelsüß darf natürlich auch 2012 nicht fehlen, die gewürzduftige Rieslaner Beerenauslese ist konzentriert und reintönig wie auch der Riesling Eiswein, beide sind hervorragend. ◄━

Weinbewertung

87   2012 Scheurebe Kabinett trocken Nordheimer Vögelein   13 %/8,- € ☺

87   2012 Silvaner Kabinett trocken Dettelbacher Berg-Rondell   13 %/9,- €

87   2012 Riesling Kabinett trocken Dettelbacher Berg-Rondell   12,5 %/9,50 €

88   2012 Silvaner Spätlese trocken Nordheimer Vögelein   14 %/16,- €

89   2012 Silvaner Spätlese trocken Dettelbacher Berg-Rondell   14 %/23,- €

87   2012 Riesling Spätlese trocken Nordheimer Vögelein   13 %/16,- €

86   2012 Schwarzriesling „Blanc de Noir" Spätlese trocken Dettelbacher Sonnenleite 13,5 %/11,50 €

89   2012 Rieslaner Spätlese trocken Nordheimer Vögelein   14 %/14,50 €

93   2012 Grauburgunder Spätlese trocken „Rebell" Dettelbacher Berg-Rondell 14,5 %/16,50 € ☺

88   2012 Traminer Spätlese trocken Nordheimer Vögelein   14 %/15,50 €

90   2012 Rieslaner Beerenauslese Nordheimer Vögelein 10 %/20,- €/0,375l

90   2012 Riesling Eiswein Nordheimer Vögelein 9 %/30,- €/0,375l

Freiherr ★★★★☆

von **Gleichenstein**

Weingut   **Baden**

Bahnhofstraße 12, 79235 Vogtsburg-Oberrotweil
Tel. *07662-288,* **Fax:** *07662-1856*
www.gleichenstein.de
weingut@gleichenstein.de
Besuchszeiten: *Mo.-Fr. 10-12 + 13-17 Uhr, Sa. 10-17*
Uhr, So. + feiertags geschlossen
Probierstube (bis 45 Personen)
Kelterhalle (überdacht, bis 200 Personen)

Inhaber ... Johannes Freiherr von Gleichenstein
Kellermeister .... Odin Bauer
Außenbetriebsleiter .... Franz Galli
Rebfläche .... 43 Hektar

1634 erwarb die Familie der jetzigen Freiherren von Gleichenstein die Gebäude und Ländereien des Benediktinerordens St. Blasien im damaligen Rothwyhl. Hans-Joachim von Gleichenstein hatte 1959 das Gut als landwirtschaftlichen Mischbetrieb übernommen und ganz auf Wein ausgerichtet. Seit 2003 führt sein Sohn Johannes von Gleichenstein das Weingut in elfter Generation, seit 2004 unterstützt von Ehefrau Christina. Seine Weinberge liegen in den Oberrotweiler Lagen Eichberg (Vulkanverwitterungsgestein) und Henkenberg (Vulkanverwitterungsböden mit Basaltschichten), in der Oberbergener Bassgeige (mit mächtiger Lössschicht überlagertes Vulkangestein) und im Achkarrer Schlossberg (Vulkanverwitterungsböden). Im Anbau dominieren die Burgundersorten, jeweils 30 Prozent der Fläche nehmen Spätburgunder und Weißburgunder ein, 25 Prozent der Grauburgunder. Dazu gibt es Müller-Thurgau, Chardonnay und Muskateller. „Hofgarten" ist die gutsinterne Bezeichnung für Qualitäts- und Kabinettweine.

Vorjahre

Das Weingut Freiherr von Gleichenstein empfahlen wir schon in der ersten Ausgabe, es war schon immer ein grundsolider Betrieb. Seit Johannes von Gleichenstein das Gut übernommen hat ist es stetig bergauf gegangen, die Kollektionen haben an Konstanz gewonnen. Vor zwei Jahren konnten wir den 2007er Baron Philipp nochmals zusammen mit seinem Jahrgangsnachfolger verkosten, beide besaßen viel Substanz und gute Struktur. Auch die beiden Barrique-Rotweine aus dem Eichberg waren sehr gut, ebenso alle weißen Burgunder-Spätlesen, ob mit oder ohne Barrique ausgebaut, unsere leichte Präferenz galt dem neuen Spitzen-Grauburgunder „Baron Louis"; bestechend gut war die Hofgarten-Linie. Auch 2011 waren die Gutsweine frisch und klar, die Lagenweine deutlich fülliger, die Grauburgunder gefielen uns 2011 besonders gut. Bei den beiden barriqueausgebauten Spätburgundern aus dem Eichberg galt im vergangenen Jahr unsere Präferenz dem Jahrgang 2010, auch der Baron Philipp, Jahrgang 2009, beeindruckte einmal mehr.

Neue Kollektion

Auch 2012 sind die Weine der Hofgarten-Linie von gleichmäßiger Qualität, der Rosé gefällt uns besonders gut. Der Weißburgunder aus dem Eichberg ist füllig und saftig, besitzt klare reife Frucht, der Grauburgunder aus dem Henkenberg ist fruchtbetont und intensiv, füllig, saftig und klar. Den 2011er Grauburgunder Baron Louis hatten wir ebenso wie die beiden 2009er Spitzen-Spätburgunder schon im vergangenen Jahr vorgestellt.

Weinbewertung

85 2011 Pinot & Chardonnay Sekt extra brut **12,5 %/13,- €**
83 2012 Weißburgunder Kabinett trocken „Hofgarten" **13 %/8,- €**
84 2012 Weißburgunder & Chardonnay trocken „Hofgarten" **13 %/8,- €**
88 2012 Weißer Burgunder Spätlese trocken Oberrotweiler Eichberg **14 %/15,- €**
88 2012 Grauburgunder Spätlese trocken Oberrotweiler Henkenberg **14 %/15,- €**
89 2011 Grauburgunder Spätlese trocken „Baron Louis" **13 %/30,- €**

85 2012 Pinot Noir Rosé trocken „Hofgarten"
12 %/8,- €

82 2011 Spätburgunder trocken Oberrotweiler Eichberg **13 %/9,50 €**

85 2010 Spätburgunder trocken „Aus dem Kessel" Oberrotweiler Eichberg **13,5 %/15,- €**

88 2009 Spätburgunder trocken Barrique Oberrotweiler Eichberg **13,5 %/30,- €**

89 2009 Spätburgunder trocken „Baron Philipp" **14 %/50,- €**

Göhring ★☆

Weingut

Rheinhessen

Alzeyer Straße 60, 67592 Flörsheim-Dalsheim
Tel. *06243-408,* **Fax:** *06243-6525*
www.goehring-wein.de
info@goehring-wein.de
Besuchszeiten: *Mo.-Sa. 8-12 + 13-18 Uhr, So. 10-12 Uhr*
Probierstuben für 20 Personen, Weinfest im Hof
(August)

Inhaber . . . . Wilfried und Arno Göhring
Rebfläche . . . . 18,5 Hektar

Das Weingut Göhring in Flörsheim-Dalsheim ist ein Familienbetrieb, der seine Weine fast ausschließlich an Privatkunden verkauft. Als Wilfried Göhring den Betrieb vor 30 Jahren übernahm, gab es 5 Hektar Weinberge und 25 Hektar Ackerland und auch Vieh wurde gehalten. Die Äcker sind schon lange verpachtet und Wilfried Göhring und Sohn Arno bauen nur noch Wein an. Weißwein dominiert, wobei man nicht nur auf Riesling und die Burgundersorten setzt, sondern ganz bewusst auch Spezialitäten wie Albalonga pflegt. Die roten Sorten nehmen mehr als ein Viertel der Weinberge ein: Portugieser, Dornfelder, Spätburgunder, Schwarzriesling und St. Laurent. Alle Rotweine werden auf der Maische vergoren. Für den Weinausbau ist Arno Göhring verantwortlich.

Vorjahre

Seit der ersten Ausgabe empfehlen wir die Weine der Göhrings, immer wieder bieten sie zuverlässige Kollektionen auf hohem Niveau. Anfangs dominierten die Weißweine, trocken wie süß, seither hat das rote Segment an Bedeutung gewonnen. 2010 behaupteten sich Wilfried und Arno Göhring gut, boten fruchtbetonte, klare Weißweine, unser Favorit aber war vor zwei Jahren die im Barrique ausgebaute Albalonga Beerenauslese aus dem Jahrgang 2009. Sehr gleichmäßig auf bekannt zuverlässigem Niveau war auch die letztjährige Kollektion, bot frische, fruchtbetonte Weißweine, trocken wie süß, und kraftvolle Rotweine.

Neue Kollektion

Die neue Kollektion bietet einige sehr gute Weine wie den füllligen, kraftvollen Riesling aus dem Frauenberg oder den Pinot Noir mit seinen eindringlichen Gewürznoten, aber auch einige etwas belanglose, allzu einfache Weißweine. ◄

Weinbewertung

81 2012 Gelber Muskateller trocken **12,5 %/5,- €**

80 2012 Riesling trocken Dalsheimer **13 %/7,50 €**

81 2012 Weißburgunder trocken Dalsheimer **13,5 %/6,20 €**

82 2012 Grauburgunder trocken Nieder-Flörsheimer **13,5 %/6,20 €**

84 2012 „xXx Adamah N 11" Weißwein trocken **13,5 %/6,70 €**

82 2012 Gewürztraminer trocken Dalsheimer **13,5 %/8,- €**

86 2012 Riesling trocken Frauenberg **13,5 %/15,- €**

84 2012 Grauburgunder trocken „Reserve" Barrique Goldberg **13,5 %/15,- €**

77 2012 Weißburgunder Classic (1l) **12 %/4,30 €**

80 2012 Grauburgunder Classic **12 %/5,- €**

80 2012 Riesling Classic **12 %/5,- €**

85 2012 Albalonga Auslese **9,5 %/9,- €**

82 2010 Spätburgunder trocken Holzfass Sauloch **13,5 %/7,50 €**

86 2010 Pinot Noir trocken „Reserve" Barrique **14 %/15,- €**

338

Göttelmann

Weingut   **Nahe**

★★★

Rheinstraße 77, 55424 Münster-Sarmsheim
Tel. *06721-43775,* **Fax:** *06721-42605*
goettelmannwein@aol.com
Besuchszeiten: *nach Vereinbarung*
Straußwirtschaft Mai - Nov. Do.-So. ab 18 Uhr

Inhaber . . . . Ruth Göttelmann-Blessing
 . . . . Götz Blessing
Rebfläche . . . . 14 Hektar

Die Weinberge von Ruth Göttelmann-Blessing und Götz Blessing liegen in Münster-Sarmsheim in den Lagen Dautenpflänzer, Kapellenberg, Pittersberg und Rheinberg. Wichtigste Rebsorte ist der Riesling, der etwa 60 Prozent der Rebfläche einnimmt. Hinzu kommen Silvaner und Weißburgunder, aber auch Grauburgunder, Chardonnay, Dornfelder, Spätburgunder und Portugieser. Seit dem Jahrgang 2008 werden bei trockenen Weinen keine Prädikatsbezeichnungen mehr verwendet. Um die prägenden Terroirs hervorzuheben wurden die Weine vom roten Schiefer (Kapellenberg) und schwarzen Schiefer (Rheinberg) eingeführt. Seit dem Jahrgang 2010 erzeugt Götz Blessing aus dem vordersten Kapellenberg, unterhalb einer vor wenigen Jahren errichteten Bruchsandsteinmauer, aus besonders kleinbeerigen Trauben den „Le Mur" genannten Riesling, der mit den traubeneigenen Hefen im Holzfass vergoren wird.

Vorjahre

Schon in der ersten Ausgabe haben wir die höchst zuverlässigen Weine von Blessing gelobt. In diesem Jahrzehnt wurde die Rebfläche erweitert, die Preise sind gestiegen. Die Qualität aber auch. Jahr für Jahr erzeugt Götz Blessing Kollektionen auf hohem Niveau, in denen trockene und süße Weine immer gleichermaßen überzeugen. Im Jahrgang 2010 hatte sich Blessing gut behauptet. Der erstmals erzeugt Riesling „Le Mur" war unser Favorit, er führte eine stimmige Kollektion mit reintönigen, frischen, säurebetonten Weinen an. 2011 überzeugte trocken wie edelsüß. Die trockenen Rieslinge waren klar und reintönig mit Würze und feinem Säure-Spiel, allen voran erneut der „Le Mur" mit rauchig-mineralischen Noten und guter Substanz. Noch besser war der edelsüße Teil des Sortiments gelungen, mit einem beeindruckenden Trio aus dem Kapellenberg an der Spitze: Auslese, Beerenauslese und Trockenbeerenauslese waren alle konzentriert und reintönig, die Trockenbeerenauslese besaß faszinierend viel Frucht und war herrlich nachhaltig.

Neue Kollektion

Da bei der 2012er Ernte die Trauben bis Ende Oktober kerngesund blieben und keine Botrytis auftrat, fehlen solche edelsüßen Spitzen bei der diesjährigen Kollektion. Immerhin: Die Mitte Dezember gelesene Riesling Auslese aus dem Rheinberg ist cremig und konzentriert und besitzt viel klare gelbe Frucht und ein lebhaftes Säure-Spiel. Unser zweiter Favorit in der Kollektion ist wieder der „Le Mur"-Riesling, der fein nach Aprikose, Pfirsich und Blutorange duftet und Substanz, mineralische Würze und Länge besitzt. Auch die restlichen trockenen Rieslinge zeigen klare Frucht, Biss und Würze, die Burgunder sind kraftvoll und füllig. ◀

Weinbewertung

83 2012 „Les trois filles" Weißwein trocken Münsterer **13,5 %/5,80 €**
83 2012 Weißburgunder trocken Münsterer **13,5 %/7,- €**
84 2012 Chardonnay trocken Münsterer **13,5 %/7,80 €**
83 2012 Riesling trocken Münsterer Pittersberg **12,5 %/7,20 €**
85 2012 Riesling trocken „vom schwarzen Schiefer" **12 %/7,50 €**
85 2012 Riesling trocken „vom roten Schiefer" **12 %/7,80 €**
86 2012 Riesling trocken Münsterer Dautenpflänzer **12,5 %/8,80 €**

G

Die besten deutschen Weinerzeuger und ihre Weine

88 2012 Riesling trocken „Le Mur" Münsterer Kapellenberg **12,5 %/12,50 €**

81 2012 Riesling „feinherb" Münsterer **12 %/6,80 €**

83 2012 Riesling Kabinett Münsterer Rheinberg **9 %/7,- €**

88 2012 Riesling Auslese** Münsterer Rheinberg **7,5 %/18,- €**

84 2008 Blauer Spätburgunder „S" trocken **13 %/8,80 €**

G

Götz
Weingut

★

Rheinhessen

◆ ❦ *Weinolsheimer Straße 10, 55278 Uelversheim*
Tel. 06249-7105, Fax: 06249-80284
www.weingut-goetz.de
weingut@weingut-goetz.de
***Besuchszeiten:** nach Vereinbarung*
Gästezimmer

Inhaber . . . . Reinhard und Holger Götz
Rebfläche . . . . 10 Hektar

Reinhard Götz übernahm von seinem Vater den landwirtschaftlichen Gemischtbetrieb, konzentrierte sich nach und nach ganz auf Weinbau. Sohn Holger, Diplom-Önologe, sammelte Erfahrungen im In- und Ausland (Johner, Château Margaux, Chard Farm), bevor er in den Betrieb einstieg, wo er sich hauptsächlich um Keller und Marketing kümmert. Ihre Weinberge liegen vor allem in den Uelversheimer Lagen Tafelstein und Aulenberg, sowie im Dienheimer Tafelstein. Weiße Rebsorten nehmen 65 Prozent der Fläche ein, es dominiert Riesling, gefolgt von Weißburgunder, Grauburgunder und Scheurebe, Huxelrebe und Kanzler, zukünftig auch Sauvignon Blanc. Bei den roten Sorten dominieren Spätburgunder und Dornfelder, zukünftig wird Merlot das Programm ergänzen. Die Rotweine werden überwiegend im großen Holzfass ausgebaut, teilweise auch im Barrique, die Weiß-

weine fast komplett im Edelstahl. Seit 2009 werden alle Weinberge biologisch bewirtschaftet, man ist Mitglied bei Ecovin.

Kollektion _____

Eine stimmige Kollektion präsentieren Reinhard und Holger Götz zum Debüt, angefangen beim geradlinigen Literriesling bis hin zu zwei saftigen, süffigen Spätlesen. Unter den beiden Weißburgunder präferieren wir die frische, zupackende 2012er Variante, noch etwas besser gefällt uns der Riesling aus dem Tafelstein, der klar und kraftvoll ist, fruchtbetont und zupackend. ◄■

Weinbewertung _____

80 2012 Riesling trocken (1l) **12 %/4,- €**

84 2012 Weißburgunder trocken **13,5 %/5,10 €**

85 2012 Riesling Spätlese trocken Dienheimer Tafelstein **12,5 %/5,10 €** ☺

83 2011 Pinot Blanc Weißburgunder trocken „h1" **13,5 %/7,70 €**

83 2012 Kanzler Spätlese **10 %/5,50 €**

83 2012 Huxelrebe Spätlese **10,5 %/5,50 €**

Goldatzel
Weinhof

★ ☆

Rheingau

Hansenbergallee 1a, 65366 Johannisberg
Tel. 06722-50537, Fax: 06722-6009
www.goldatzel.de
wein@goldatzel.de
***Besuchszeiten:** täglich außer Mo., 10-18 Uhr*
Gutsschänke, Terrasse mit Weitblick (März bis November)

Inhaber . . . . Andrea und Gerhard Groß
Rebfläche . . . . 9,8 Hektar

Der Betrieb von Andrea und Gerhard Groß ist vor allem seines Gutsausschanks wegen bekannt geworden, hat sich in den letzten Jahren aber auch einen sehr guten Ruf für die Weine erworben. Der Ertrag der beinah zehn Hektar – neben Riesling auch Kerner, Grau-

und Spätburgunder sowie Frühburgunder – stammt teilweise von alten Reben und wird zu eher traditionellen, würzigen, aber sehr saftigen Weinen verarbeitet. Immer wieder fällt auf, wie gelungen die Basisweine sind und wie gering der Abstand zu den Spitzen, die als „Bestes Fass", unter der Bezeichnung „Alte Reben" oder als Erste Gewächse verkauft werden. Exzesse beim Alkohol oder bei der Süße werden vermieden, alle Erzeugnisse sind im besten Sinne Gastronomie- und keine Angeberweine.

Vorjahre

Die Weine des Jahrgangs 2010 befanden sich auf einem erfreulich gleichmäßigen Niveau, lediglich die Ersten Gewächse wirkten zum Zeitpunkt der Verkostung verhalten. 2011 gelang prächtig – von der trockenen Goldatzel-Spätlese über die „Alten Reben" bis zu den reintönigen Süßweinen.

Neue Kollektion

Ein weiteres gelungenes Jahr bei Andrea und Gerhard Groß. Rassige, saftige Rieslinge ohne ein Übermaß an Alkohol und ohne die bei anderen Weingütern immer wieder zu beobachtenden Übertreibungen beim Restzucker. Das „Beste Fass" präsentiert sich wunderbar saftig, die „Alten Reben" weisen Schmelz auf, und unter den Ersten Gewächsen kann sich der puristisch trockene Wein aus dem Kläuserweg leicht durchsetzen. Von solch geradlinigen Rieslingen zu so fairen Preisen kann man sich nur mehr wünschen. ◄

Weinbewertung

85 2012 Riesling Kabinett trocken Winkeler Hasensprung **12 %/6,50 €**

88 2012 Riesling Spätlese trocken „Bestes Fass" Winkeler Hasensprung **12,5 %/9,40 €** ☺

88 2012 Riesling „EG" trocken Winkeler Hasensprung **12,5 %/16,- €**

89 2012 Riesling „EG" trocken Geisenheimer Kläuserweg **13 %/16,- €**

85 2012 Riesling Spätlese halbtrocken Geisenheimer Kläuserweg **12,5 %/8,- €**

88 2012 Riesling „feinherb Alte Reben" Johannisberger Vogelsang **12,5 %/13,- €**

Goldschmidt
Weingut   **Rheinhessen**

📍 *Enzingerstraße 27-31, 67551 Worms-Pfeddersheim*
Tel. *06247-7044,* **Fax:** *06247-6205*
www.wein-goldschmidt.de
weingut.goldschmidt@t-online.de
Besuchszeiten: *nach Vereinbarung*
Vinothek (im ehemaligen Kuhstall)

Inhaber . . . . Ulrich Goldschmidt
Rebfläche . . . . 12 Hektar

Das Weingut Goldschmidt ist aus einem typisch rheinhessischen landwirtschaftlichen Mischbetrieb entstanden. Jochen Goldschmidt hat Ende der sechziger Jahre die ersten Reben gepflanzt und mit der Selbstvermarktung begonnen. Seit 1998 wird das Gut von Ulrich Goldschmidt geführt. Unterstützt wird er im Betrieb von Ehefrau Elke und seinen Eltern. Seine Weinberge liegen in Pfeddersheim, Osthofen und Dalsheim. In jeder Gemarkung herrscht ein anderer Bodentyp vor, so dass Ulrich Goldschmidt ein breites Spektrum von schweren, kalkhaltigen Tonböden bis hin zu leichten Lösslehmböden in seinen Weinbergen hat. Er vergärt die Weine langsam und kühl. Bei den Weißweinen strebt er fruchtige, filigrane Weine mit dezenter, aber lebendiger Säure an. Den Spätburgunder baut er in neuen und gebrauchten Barriques aus. 2002 hat er den Betrieb auf ökologische Bewirtschaftung umgestellt, ist Mitglied bei Ecovin und Bioland. Neben Johanniter gibt es seit dem Jahrgang 2006 mit Regent einen weiteren Wein aus einer pilzresistenten Rebsorte.

Vorjahre

Seit der ersten Ausgabe empfehlen wir die Weine von Ulrich Goldschmidt. Damals dominierten die weißen Rebsorten im Betrieb, nach und nach hat er den Rotweinanteil erhöht. Die Weißweine haben uns immer wieder begeistert, waren klar und fruchtbetont

G

Die besten deutschen Weinerzeuger und ihre Weine

– und die Preise waren sehr moderat, so dass wir regelmäßig Weine als „Schnäppchen" kennzeichneten. In den letzten Jahren allerdings veränderten sich die Weine stilistisch, verloren ihre – im positiven Sinne! – Unkompliziertheit. Wir stellen dies fest, eine Verbindung zur Umstellung auf ökologische Bewirtschaftung herzustellen ist sicherlich verfehlt. Die Rotweine, die in den letzten Jahren immer wichtiger geworden sind, präsentieren sich geradlinig und kraftvoll bei guter Struktur. Vor zwei Jahren war der kraftvolle Spätburgunder aus dem Bürgel unser klarer Favorit in einer guten, konsistenten Kollektion. Die letztjährige Kollektion zeigte wieder zuverlässig gutes Niveau, bot eine feine Scheurebe, kraftvollen Spätburgunder und als Überraschung eine reintönige Riesling Beerenauslese.

Neue Kollektion

Auch die neue Kollektion ist sehr gleichmäßig, zwei Weine aber stechen hervor: Der Riesling aus dem Liebenberg besitzt gute Konzentration, klare reife Frucht, Struktur und Biss; der Spätburgunder aus dem Bürgel ist würzig und eindringlich, kraftvoll, besitzt reintönige Frucht und gute Struktur. ◄━

Weinbewertung

81   2012 Weißburgunder Spätlese trocken Pfeddersheimer Kreuzblick **12,5 %/5,70 €**

81   2012 Grauburgunder Spätlese trocken Pfeddersheimer St. Georgenberg **13,5 %/5,70 €**

83   2012 Chardonnay Spätlese trocken Pfeddersheimer Kreuzblick **13 %/5,90 €**

82   2012 Riesling Spätlese trocken Dalsheimer Hubacker **13 %/5,70 €**

86   2012 Riesling „S" Spätlese trocken Osthofener Liebenberg **12,5 %/8,50 €**

80   2012 Riesling „feinherb" (1l) **11,5 %/4,30 €**

83   2012 Cabernet Sauvignon Rosé trocken **13,5 %/6,20 €**

82   2011 Frühburgunder trocken Pfeddersheimer St. Georgenberg **13,5 %/7,90 €**

86   2011 Spätburgunder „S" trocken Dalsheimer Bürgel **13,5 %/9,80 €**

★★★★☆

Grans-Fassian
Weingut   **Mosel**

Römerstraße 28, 54340 Leiwen
Tel. 06507-3170, **Fax:** 06507-8167
www.grans-fassian.de
weingut@grans-fassian.de
Besuchszeiten: nach Vereinbarung
Wein & Tafelhaus, Inh. Alexander Oos, Trittenheim, Moselpromenade 4, Tel. 06507-702803, Fax: 06507-702804, tafelhaus@t-online.de

Inhaber . . . . Gerhard Grans
Rebfläche . . . . 11 Hektar

Gerhard Grans verfügt über Weinberge in besten Lagen, in der Trittenheimer Apotheke, der Leiwener Laurentiuslay und im Piesporter Goldtröpfchen, nicht zu vergessen die Parzellen im Dhron Hofberger. Das allein reicht natürlich kaum aus und wäre dem ehrgeizigen Winzer ohnehin nicht genug. Es kommt die konsequente Arbeit in Weinberg und Keller hinzu, und das Qualitätsstreben und Können des Winzers ist ebenfalls unverzichtbar, dann entstehen Spitzenweine. Gerhard Grans ist immer bestrebt, auch die Basisweine in überzeugender Weise zu vinifizieren – der „Mineralschiefer" ist auch in schwierigen Jahren eine sichere Bank.

Vorjahre

2010 blieb vor allem in der Spitze hinter dem Vorjahr zurück. Trotzdem hatte Gerhard Grans eine überzeugende Kollektion, angefangen vom einmal mehr sehr guten Mineralschiefer bis hin zur opulenten Trockenbeerenauslese. Eine prächtige Kollektion an trockenen Rieslingen präsentierte Gerhard Grans 2011 vom Mineralschiefer über die Rieslinge von alten Reben aus Laurentiuslay und Apotheke hin zu den Großen Gewächsen. Der süße Teil der Kollektion war dem trockenen ebenbürtig. Nach einem feinen Kabinett folgten einige Spätlesen und Auslesen, die alle von uns hervorragend bewertet wurden.

2012 trocken

2012 bringt einen klaren, harmonischen Weißburgunder, einen geradlinigen Mineralschiefer-Riesling und den fruchtbetonten, reintönigen Riesling von alten Reben aus der Laurentiuslay. Die Stars im trockenen Segment sind aber eindeutig die Großen Gewächse, die alle füllig und kraftvoll sind, viel Substanz und reife Frucht besitzen. Der Wein aus der Apotheke besticht durch seine reintönige Frucht, besitzt Länge und Nachhall, der aus dem Hofberg ist kompakter, dabei enorm konzentriert, der aus der Laurentiuslay weist ganz leicht salzige Noten auf.

2012 süß

Der Riesling Catherina ist frisch und geradlinig wie auch der wunderschön reintönige Kabinett, die Spätlese ist saftig und doch elegant, die Auslese enorm füllig und kompakt, besitzt wunderschön reintönige Frucht, gute Struktur, Substanz und Länge. ◄

Weinbewertung

87 2012 Weißburgunder trocken 13 %/9,80 €
84 2012 Riesling trocken „Mineralschiefer" 12,5 %/8,50 €
87 2012 Riesling trocken „Alte Reben L" 12,5 %/12,50 €
89 2012 Riesling „GG" Leiwener Laurentiuslay 13 %/22,- €
90 2012 Riesling „GG" Dhroner Hofberg 13 %/22,- €
90 2012 Riesling „GG" Trittenheimer Apotheke 13 %/25,- €
85 2012 Riesling „Catherina" 12 %/9,80 €
85 2012 Riesling Kabinett Trittenheimer 8,5 %/10,- €
88 2012 Riesling Spätlese Trittenheimer Apotheke 7,5 %/17,- €
90 2003 Riesling Auslese Trittenheimer Apotheke
91 2012 Riesling Auslese Trittenheimer Apotheke 7,5 %/28,- €

★

GravinO
Weingut

Baden/Württemberg

Gräfental 54, 75057 Kürnbach
Tel. 07258-7784, **Fax**: 07258-925373
www.gravino.de
gravino.kuernbach@t-online.de
Besuchszeiten: nach Vereinbarung

Inhaber .... Helmut Grahm
Rebfläche .... 7,5 Hektar

Als „Hobby" ist der Betrieb entstanden, heute bewirtschaftet man 7,5 Hektar Reben, sowohl in Baden, als auch in Württemberg, wobei der größere Teil der Trauben verkauft wird. Die Reben sind im Durchschnitt 25 Jahre alt. Die Reben wachsen in der Umgebung von Kürnbach teils auf Muschelkalk, teils auf Tonböden. Helmut und Hannelore Grahm hatten mit dem Weinbau begonnen, heute ist Sohn Jochen für die gesamte Produktion bis hin zur Vermarktung verantwortlich.

Vorjahre

Der 2008er Lemberger führte vor zwei Jahren zusammen mit dem Cabernet Sauvignon, ebenfalls Jahrgang 2008, eine zuverlässige, sehr gleichmäßige Kollektion an mit durchweg guten Weinen. Sehr zuverlässig und konsistent präsentierte sich auch die letztjährige Kollektion mit kraftvollen, geradlinigen Weinen, unser eindeutiger Favorit war der 2009er Lemberger aus dem Barrique.

Neue Kollektion

Dieser wurde dieses Jahr erneut vorgestellt, gefiel uns wieder sehr gut; beim Rest der Kollektion sehen wir allerdings Steigerungsbedarf. ◄

Weinbewertung

82 2011 Scheurebe mit Traminer Sekt extra dry 13 %/10,50 €
79 2012 Müller-Thurgau** trocken „Alte Rebe" 13,5 %/7,20 €
80 2012 Auxerrois** trocken 14 %/7,20 €

Die besten deutschen Weinerzeuger und ihre Weine

G

80	2012 Weißburgunder** trocken „Alte Rebe" 15 %/9,- €
82	2012 Grauburgunder** trocken „Alte Rebe" 14 %/8,- €
78	2012 Schwarzriesling Weißherbst halbtrocken (1l) 13,5 %/4,40 €
79	2012 Rosé** 13 %/7,20 €
82	2011 Schwarzriesling** trocken „Alte Rebe" 13 %/8,- €
87	2009 Lemberger*** trocken Barrique 14 %/21,- €

G

Die besten deutschen Weinerzeuger und ihre Weine

Grebner
Der Patrizierhof – Weingut
★

Franken

Hauptstraße 71, 97320 Großlangheim
Tel. 09325-262, **Fax**: 09325-6325
www.der-patrizierhof.de
info@der-patrizierhof.de
Besuchszeiten: *täglich 8-19 Uhr, am besten nach Vereinbarung*
Weinhotel und Weingasthof (Mi.-So. + feiertags)

Inhaber .... Günter Grebner
Rebfläche .... 8 Hektar

Der 1738 erbaute Patrizierhof liegt am Marktplatz von Großlangheim. 1993 erwarb die Familie Grebner das Anwesen und restaurierte es. Weinbau betreibt die Familie seit Generationen. Die Weinberge von Günter Grebner liegen im Großlangheimer Kiliansberg, sowie in den Wiesenbronner Lagen Wachhügel und Geißberg, die Reben wachsen auf Gipskeuperböden. Angebaut werden die weißen Sorten (70 Prozent) Müller-Thurgau, Silvaner, Bacchus und Riesling, sowie die roten Sorten Domina, Spätburgunder, Blaufränkisch und Schwarzriesling.

Vorjahre

Vor zwei Jahren führten zwei recht eigenwillige Weine die Kollektion an, ein mächtiger Regent (für Portweintrinker) und ein kraftvoller, gereifter „Blanc de Noir"; die frischen,

leichten 2010er Weißweine gefielen uns gut. In der letztjährigen Kollektion gefiel uns wieder einmal der kraftvolle, zupackende Blanc de Noir sehr gut, auch der üppige, reife Spätburgunder machte eine gute Figur.

Neue Kollektion

Die neue Kollektion präsentiert sich geschlossen auf gutem Niveau, weiß wie rot. Unser Favorit ist die rote Cuvée Johann Cuntzmann, ein kraftvoller, zupackender Wein, der derzeit noch etwas von jugendlichen Bitternoten geprägt ist. ◀◀

Weinbewertung

82	2012 Silvaner Kabinett trocken 11,5 %/5,80 €
81	2012 Müller-Thurgau Kabinett trocken 12 %/5,80 €
82	2012 Bacchus Kabinett 11,5 %/5,80 €
84	2012 Silvaner Auslese Großlangheimer Kiliansberg 8,5 %/14,- €
81	2011 Schwarzriesling Spätlese trocken Großlangheimer Kiliansberg 13 %/9,- €
85	2009 „Johann Cuntzmann" Rotwein trocken 14 %/18,- €

★ ★

Gres
Weingut

Rheinhessen

Ingelheimer Straße 6, 55437 Appenheim
Tel. 06725-3310, **Fax**: 06725-5529
www.weingutgres.de
weingut.gres@t-online.de
Besuchszeiten: *Fr./Sa. 8-18 Uhr oder nach Vereinbarung*
Weinstube, Straußwirtschaft, Gästezimmer

Inhaber .... Hans-Jürgen und Klaus Gres
Rebfläche .... 14 Hektar

Seit über 300 Jahren baut die Familie Gres Wein in Rheinhessen an, davor schon im Burgund und im Elsass. Heute wird das Gut von Hans-Jürgen Gres und Sohn Klaus, der für den Weinausbau verantwortlich ist, geführt. Die Weinberge verteilen sich auf fünf Gemeinden. Spätburgunder, Chardonnay und Silvaner sind die wichtigsten Rebsorten, gefolgt von Müller-Thurgau, Riesling, Weißburgunder, Huxelrebe, Sauvignon Blanc, Dornfelder, Merlot und Frühburgunder.

Vorjahre

Der Hundertgulden-Riesling überzeugte 2010, führte eine stimmige Kollektion an. 2011 gefiel uns sehr gut, bot reintönige, füllige Weißweine, allen voran der Riesling Hundertgulden; auch der edelsüße Teil der Kollektion trumpfte auf mit einer enorm konzentrierten Bacchus Trockenbeerenauslese und einer, komplexen Riesling Beerenauslese, die beiden Rotweine – der Spätburgunder und die Cuvée aus Merlot, Frühburgunder und Cabernet – besaßen Kraft und gute Struktur.

Neue Kollektion

So darf es weitergehen, hatten wir im vergangenen Jahr geschlossen. Und es geht so weiter. Erneut gefällt uns der füllige, herrlich reintönige Riesling Hundertgulden besonders gut, er besitzt gute Struktur und Substanz, der Wein aus dem Hipping bleibt erneut ein wenig dahinter zurück. Sehr interessant finden wir auch den Sauvignon Blanc S aus dem Daubhaus, ein kraftvoller, komplexer Sauvignon mit guter Struktur. Die Kollektion insgesamt ist stimmig: Im Auge behalten! ◀

Weinbewertung

83	2012 Sauvignon Blanc trocken	**12,5 %/7,20 €**
82	2012 Silvaner „S" trocken Appenheimer Eselspfad	**13 %/7,20 €**
85	2011 Chardonnay „S" trocken	**13 %/9,90 €**
87	2012 Sauvignon Blanc „S" trocken Appenheimer Daubhaus	**13 %/9,90 €**
89	2012 Riesling trocken Appenheimer Hundertgulden	**13 %/9,90 €** ☺
87	2012 Riesling trocken Niersteiner Hipping	**13 %/9,90 €**
82	2012 Riesling „von der Kreide"	**12,5 %/7,20 €**
85	2012 Huxelrebe Auslese Appenheimer Daubhaus	**9 %/8,20 €**
82	2009 „Gres Patriarch" Rotwein	**13,5 %/19,20 €**

Grimm
★ ☆

Weingut, Inh. Bruno und Andreas Grimm   **Pfalz**

Paulinerstraße 3, 76889 Schweigen-Rechtenbach
Tel. *06342-7106,* **Fax:** *06342-249*
www.weingutgrimm.de
info@weingutgrimm.de
Besuchszeiten: *Sa. 9-18 Uhr oder nach Vereinbarung*
Probierstube

Inhaber..... Bruno Grimm und Andreas Grimm
Rebfläche.............................9 Hektar

Wie andere Winzer in Schweigen auch besitzen Bruno und Andreas Grimm Weinberge sowohl in der Pfalz als auch jenseits der Grenze im Elsass. Neben Riesling, den weißen Burgundersorten, Müller-Thurgau und Gewürztraminer bauen sie vor allem rote Sorten an, die inzwischen etwa ein Drittel der Fläche einnehmen. Die Weißweine werden im Edelstahl ausgebaut, die Rotweine kommen nach der Maischegärung ins Holzfass, ein Teil auch ins Barrique.

Vorjahre

Seit der ersten Ausgabe empfehlen wir das Weingut mit seinen immer zuverlässigen Kollektionen. Und in diesem Jahrzehnt sind die Preise praktisch stabil geblieben, gerade einmal 5,90 Euro kostet heute eine trockene Spätlese: Die Kunden dürfen sich freuen. Vor zwei Jahren standen unter den 2010er Weinen Grauburgunder und Chardonnay an der Spitze, übertroffen wurden sie in der Kollektion des vorletzten Jahres allerdings noch von einem kraftvollen Pinot Noir aus dem Jahr 2009. Und auch im letzten Jahr führte ein kraftvoller, gut strukturierter Spätburgunder die Kollektion an, erneut gefolgt von den Grauburgunder und Chardonnay Spätlesen, die beide Fülle und klare Frucht besaßen.

Neue Kollektion

In diesem Jahr sind die Weißweine alle etwas verhaltener in der Frucht als in den Vorjahren, die beiden angestellten Rotweine über-

G

zeugen umso mehr: Sowohl der 2011er Spätburgunder als auch der von über 40 Jahre alten Reben stammende 2009er Pinot Noir besitzen Kraft, Frische und Struktur und zeigen feine Kräuternoten und klare Frucht. ◄

Weinbewertung

84 2012 Grauburgunder Spätlese trocken
14 %/5,90 €

82 2012 Weißburgunder Kabinett trocken
12,5 %/4,90 €

83 2012 Chardonnay Spätlese trocken **13 %/5,90 €**

81 2012 Gewürztraminer Spätlese **12 %/5,90 €**

86 2011 Spätburgunder „Kalkgestein" **13,5 %/10,90 €**

88 2009 Pinot Noir „âgé" **13,5 %/16,90 €**

★★

Eckehart **Gröhl**
Weingut

Rheinhessen

Uelversheimer Straße 4 + 6, 55278 Weinolsheim
Tel. 06249-93988, *Fax:* 06249-93998
www.weingut-groehl.de
info@weingut-groehl.de
Besuchszeiten: nach Vereinbarung
Probierstube

Inhaber...........................Eckehart Gröhl
Rebfläche.............................20 Hektar

Die Familie Gröhl lebt seit dem 16. Jahrhundert in Weinolsheim und baut heute in zwölfter Generation Wein an. Aus dem ehemaligen landwirtschaftlichen Mischbetrieb ist nach und nach das Weingut in seiner heutigen Form entstanden. Eckehart und Angela Gröhl haben das Weingut 1994 von seinen Eltern gepachtet und 2003 übernommen. Sie reduzierten konsequent die Erträge und setzten auf die klassischen Rebsorten. Vor allem Riesling und die Burgundersorten will Eckehart Gröhl weiter forcieren. Seine Weinberge liegen in den Weinolsheimer Lagen Hohberg und Kehr, im Dalheimer Kranzberg und im Uelversheimer Aulenberg. Er hat sein

Lagenpotenzial um Weinberge an der Rheinfront erweitert, in den Niersteiner Lagen Pettenthal, Hölle und Bergkirche und in den Oppenheimer Lagen Sackträger, Schützenhütte (im Alleinbesitz) und Herrenberg. Ein weiterer Schwerpunkt der Produktion ist die Versektung. Mit dem Jahrgang 2012 wurde das Sortiment neu gegliedert in Gutsweine, Ortsweine und Lagenweine.

Vorjahre

Vor zwei Jahren präsentierte sich die Kollektion sehr homogen mit sortentypischen Weißweinen. Am besten gefielen uns die süße Auslese und die beiden Sekte. Auch der im vergangenen Jahr verkostete Sekt „Pure" überzeugte; in der sehr gleichmäßigen weißen 2011er Kollektion gefielen uns Weiß- und Grauburgunder wie auch der jugendliche Pinot Noir.

Neue Kollektion

Sehr gleichmäßig ist nun die neue Kollektion. Im weißen Segment gefallen uns sehr gut der saftige, strukturierte Weißburgunder Kalkstein, der kraftvolle Riesling Bergkirche, der zupackende feinherbe Riesling von der Schützenhütte und die saftige, elegante Riesling Auslese am besten. Die rote Cuvée besitzt reife Frucht und gute Struktur, der schon im Vorjahr vorgestellte Spätburgunder besitzt Fülle und Kraft, ist aber doch allzu sehr von Gewürz-, Vanille- und Schokonoten dominiert. ◄

Weinbewertung

85 Riesling Sekt brut **9,30 €**

82 2012 Riesling trocken **12,5 %/5,40 €**

83 2012 Riesling trocken „Roter Hang" Niersteiner Pettenthal **12,5 %/7,50 €**

82 2012 Grauburgunder trocken Dalheimer
13,5 %/7,50 €

85 2012 Weißburgunder trocken „Kalkstein" Niersteiner Hölle **13,5 %/9,80 €**

82 2012 Riesling trocken „Alte Reben" Oppenheimer Sackträger **12,5 %/8,10 €**

85 2012 Riesling trocken Niersteiner Bergkirche **12,5 %/9,90 €**

85 2012 Riesling Spätlese „feinherb" Oppenhei-

mer Schützenhütte **12 %/6,80 €**

83 2012 Riesling Spätlese Oppenheimer Herrenberg **9 %/7,20 €**

86 2012 Riesling Auslese „Franziska G" Oppenheimer Sackträger **8 %/8,60 €**

86 2009 „Johannes G."Rotwein trocken **13%/11,90€**

87 2009 Pinot Noir trocken Oppenheimer Herrenberg **13,5 %/26,50 €**

★ ★ ★

Heinrich **Groh**

Weingut

Rheinhessen

Deichelgasse 8, 67595 Bechtheim

Tel. 06242-1443, *Fax:* 06242-60046

www.heinrichgroh.de

weine@heinrichgroh.de

Besuchszeiten: nach Vereinbarung

Inhaber .... Axel Groh
Rebfläche .... 12 Hektar

Das Weingut Heinrich Groh wurde 1899 gegründet und wird heute in vierter Generation
von Axel Groh geführt. Seine Weinberge liegen in den Gemeinden Bechtheim und Alsheim. Wichtigste Rebsorten sind die Burgundersorten, die 35 Prozent der Fläche
einnehmen, und Riesling. Die Weine werden
überwiegend trocken ausgebaut. Eine Spezialität des Weingutes sind Barriqueweine, die
in der Linie „Haus Groh" vermarktet werden:
Bereits seit 1985 (mit einem Silvaner!) hat das
Weingut mit dem Barriqueausbau begonnen.
Seit 1999 gibt es einen barriqueausgebauten
Cabernet Sauvignon im Programm, inzwischen auch einen Merlot, seit dem Jahrgang
2006 die Cuvée „Trei". Axel Groh nutzt heute
ausschließlich medium getoastete Fässer des
Allier-Typs, den Neuholzanteil reduzierte er in
den letzten Jahren, für den Spätburgunder
nutzt er ausschließlich gebrauchte Barriques,
für Cabernet Sauvignon und Merlot etwa ein
Viertel bis ein Drittel neue Fässer.

Die Barriqueweine der Linie „Edition Haus
Groh" sind zum Markenzeichen von Axel
Groh geworden. Der Spätburgunder legte
zuletzt zu, Cabernet Sauvignon und Merlot
zeigen schöne Konstanz. Den immer wieder
beeindruckenden Dornfelder soll es zukünftig nicht mehr geben, so dass die Cuvée
„Trei" die rote Barriquekollektion vervollstän-
digt. Wie die Rotweine zeigt auch der lange
Zeit einzige Barrique-Weißwein, der Chardonnay, bemerkenswerte Konstanz auf hohem Niveau. Die im Edelstahl vinifizierten
Weißweine sind immer klar und frisch,
fruchtbetont und süffig, egal ob trocken ausgebaut oder süß.

Vorjahre _____

Der Barrique-Chardonnay trumpfte 2010 auf,
in der starken 2009er Rotweinriege waren
die Cuvée Trei und der Spätburgunder unsere Favoriten. Barriquerotweine hatte Axel
Groh 2010 nicht erzeugt, so dass wir im vergangenen Jahr erstmalig nur Weißweine vorstellten – und einen Rosé. Alle Weine waren
frisch und klar, an der Spitze stand der Chardonnay aus dem Rosengarten, der im Barrique ausgebaute, Grauburgunder stand ihm
nur wenig nach.

Neue Kollektion _____

Auch 2012 sind der füllige, konzentrierte
Chardonnay aus dem Rosengarten und der
kraftvolle Grauburgunder aus dem Barrique
wieder sehr gut, daneben haben es uns im
weißen Segment die beiden Huxelreben besonders angetan, beide sind faszinierend
reintönig und frisch, die Beerenauslese besitzt Fülle und Substanz. Ganz stark sind aber
auch die Barriquerotweine des Jahrgangs
2011. Die Cuvée Trei ist strukturiert, aber
stark von Gewürznoten und jugendlichen
Tanninen geprägt, der Merlot besitzt Fülle
und Kraft, reife Frucht, gute Struktur und
Substanz und dezente Schokonoten. Der
Spätburgunder zeigt feine rauchige Noten
und reintönige Frucht im Bouquet, ist füllig
im Mund, dabei sehr klar und präzise. Der Cabernet Sauvignon zeigt gute Konzentration

G

Die besten deutschen Weinerzeuger und ihre Weine

und etwas Cassis im Bouquet, ist füllig im Mund, kraft- und druckvoll, besitzt gute Struktur und Frische ➤

Weinbewertung

83 2012 Silvaner trocken Osthofener Hasenbiss 13,5 %/7,- €

84 2012 Riesling Spätlese trocken Bechtheimer Rosengarten 13,5 %/7,- €

87 2012 Chardonnay Rosengarten 14 %/11,50 €

86 2012 Grauburgunder Barrique 14,5 %/9,- €

83 2012 Kerner Spätlese 10 %/5,- €

84 2012 Riesling Spätlese Bechtheimer Geyersberg 9,5 %/7,- €

87 2012 Huxelrebe Auslese 9 %/6,- € ☺

89 2012 Huxelrebe Beerenauslese Römerberg 9 %/16,- €/0,5l

89 2011 Spätburgunder „Edition Haus Groh" 14 %/13,- €

88 2011 Merlot „Edition Haus Groh" 13,5 %/13,- €

89 2011 Cabernet Sauvignon „Edition Haus Groh" 13,5 %/13,- €

87 2011 „Trei" Rotwein 14 %/14,- €

Gruber ★ ☆
Weingut
Württemberg

Tannenhof 1, 74182 Obersulm-Eschenau
Tel. 07130-450128, *Fax:* 07130-450128
www.weingut-gruber.de
info@weingut-gruber.de
Besuchszeiten: Mi./Fr. nachm., Sa. ganztägig, ansonsten (auch So.) nach Vereinbarung
Gutsgasthof (1 Woche im Monat geöffnet)
Ferienwohnung

Inhaber . . . . Andrea und Markus Gruber
Rebfläche . . . . 8 Hektar

Anneliese und Reinhold Gruber haben 1990 mit der Selbstvermarktung begonnen, seit September 2007 führen Andrea und Markus Gruber – der bisher schon für den Weinausbau verantwortlich war – das Gut. Ihre Weinberge liegen im Weinsberger Tal, in Eschenau (Paradies), Lehrensteinsfeld (Steinacker), Weinsberg (Ranzenberg) und Affaltrach (Dieblesberg). Sie bauen insgesamt siebzehn verschiedene Rebsorten an, Hauptrebsorten sind Lemberger und Riesling. Mit der Betriebsübernahme wurde das Sortiment neu gegliedert, auf Prädikatsbezeichnungen für trockene Weine wird seither verzichtet.

Vorjahre

Vor zwei Jahren bot die Kollektion zuverlässige, gute Qualität, weiß wie rot. Unser klarer Favorit war der im Barrique ausgebaute Lemberger, Jahrgang 2007. Auch die letztjährige Kollektion überzeugte, präsentierte sich gleichmäßig auf gutem Niveau. Überrascht hatten uns zwei Weißweine aus dem Jahrgang 2010, der Barrique-Chardonnay und der Gewürztraminer – so gute trockene Gewürztraminer sind rar in Deutschland.

Neue Kollektion

Die neue Kollektion gefällt uns sehr gut, angefangen vom reintönigen Kerner bis hin zu den Barriqueweinen. Der trockene Gewürztraminer besitzt Fülle und Kraft, reife Frucht und feine Frische; genauso gut gefällt uns die Cuvée aus Weißburgunder und Chardonnay, die gute Konzentration und viel reife Frucht im Bouquet zeigt, füllig und kraftvoll im Mund ist bei viel Substanz. Die rote Kollektion führen zwei Barriqueweine an, der gewürzduftige Lemberger und der herrlich reintönige Spätburgunder, der feine rauchige Noten im Bouquet zeigt, klar, fruchtbetont und zupackend im Mund ist bei guter Struktur und Frische. Im Aufwind! ➤

Weinbewertung

83 2012 Kerner trocken 13 %/5,60 €

86 2012 Chardonnay mit Weißburgunder trocken 14 %/9,- €

86 2011 Gewürztraminer trocken 13,5 %/9,- €

82 2010 Lemberger trocken 12,5 %/6,80 €

87 2009 Spätburgunder trocken Barrique 14 %/13,- €

85 2008 Lemberger trocken Barrique 14 %/13,- €

Gunderloch
★★★
Weingut

Rheinhessen

Carl-Gunderloch-Platz 1, 55299 Nackenheim
Tel. *06135-2341,* **Fax:** *06135-2431*
www.gunderloch.de
weingut@gunderloch.de
Besuchszeiten: *Mo.-Fr. 9-12 + 13-17 Uhr*

Inhaber............Fritz und Agnes Hasselbach
Rebfläche...........................12,5 Hektar

Das Weingut Gunderloch wurde 1890 vom Bankier Carl Gunderloch gegründet und wird heute von Fritz und Agnes Hasselbach geführt. Sie haben zudem seit 1996 das Niersteiner Weingut Balbach Erben gepachtet. Sie bauen zu 80 Prozent Riesling an, je 5 Prozent nehmen Silvaner und Grauburgunder ein. Hinzu kommen ein wenig Scheurebe, Gewürztraminer, Dornfelder, Spätburgunder und Weißburgunder. Ihre Weinberge liegen in den Niersteiner Lagen Rothenberg und Pettenthal.

Vorjahre

2010 sahen wir die beiden Großen Gewächse gleichauf; gut gefiel uns aber auch das Basissegment mit den beiden deutlich unterscheidbaren trockenen Rieslingen; bei den Ortsweinen präferierten wir ganz leicht den Niersteiner Riesling gegenüber dem Nackenheimer. 2011 waren beide merklich süß, so dass uns der frische klare Gutsriesling fast besser gefiel; der Abstand zu den beiden Großen Gewächsen war groß, der Wein aus dem Rothenberg gefiel uns ein klein wenig besser als der aus dem Pettenthal.

Neue Kollektion

Die Basis stimmt: Der Gutsriesling ist frisch und geradlinig, Jean Baptiste reintönig und zupackend, „Als wär's ein Stück von mir" besitzt Kraft, Frische und Frucht, der Silvaner besitzt eine gute Struktur. Viel Riesling erhält man dann bei den Ortsweinen: Der Niersteiner ist füllig und kraftvoll, besitzt reife Frucht,

gute Struktur und Frische; noch etwas druckvoller und konzentrierter ist sein Pendant aus Nackenheim. Im Gegensatz zum Vorjahr nur ist die Steigerung durch die Großen Gewächse nur marginal. Diese sind klar und füllig, schön fruchtbetont, aber sie bauen nicht (noch nicht?) mehr Druck auf als die Ortsweine. Trotzdem: Die Kollektion überzeugt, so gute Ortsweine sind nicht alltäglich. ◄━

Weinbewertung

83	2012 Riesling trocken **8,- €**
86	2012 Riesling trocken „Als wär's ein Stück von mir" **11,- €**
86	2012 Silvaner trocken „X.T." **15,- €**
87	2012 Riesling trocken Nierstein **12,- €**
88	2012 Riesling trocken Nackenheim **14,- €**
88	2012 Riesling „GG" Nierstein Pettenthal **25,- €**
89	2012 Riesling „GG" Nackenheim Rothenberg **30,- €**
84	2012 Riesling Kabinett „feinherb Jean-Baptiste" **8,- €**

Gussek
★★☆
Winzerhof

Saale-Unstrut

Kösener Straße 66, 06618 Naumburg
Tel. *03445-7810366,* **Fax:** *03445-7810360*
www.winzerhof-gussek.de
winzerhofgussek@t-online.de
Besuchszeiten: *nach Vereinbarung*

Inhaber...........................André Gussek
Rebfläche.............................8,8 Hektar

André Gussek war 20 Jahre lang Kellermeister des Landesweingutes Kloster Pforta. 1992 gründete er sein eigenes Weingut, seit 1993 werden die Weine im eigenen Keller ausgebaut. Er bewirtschaftet die Kernlage des steilterrassierten Kaatschener Dachsberg (1 Hektar, unter anderem mit 1927 gepflanzten Silvanerreben), weitere 1,5 Hektar im Dachsberg (in der früheren Lage Boxberg,

G

Die besten deutschen Weinerzeuger und ihre Weine

die heute ebenfalls zum Dachsberg zählt) und in Naumburg einen Teil der Lage Steinmeister. Hauptrebsorte ist Müller-Thurgau mit einem Anteil von 40 Prozent. Es folgen Weißburgunder, Riesling, Zweigelt, Spätburgunder, Silvaner, Kerner und Portugieser. Die Weine werden überwiegend trocken ausgebaut. Seit 1994 erzeugt André Gussek auch edelsüße Weine. Im Jahr darauf hat er mit dem Barriqueausbau ausgesuchter Rotweine begonnen.

Vorjahre

Die 2010er Weißweine besaßen Struktur, Kraft und Frische, die beiden roten Barriqueweine aus dem Jahrgang 2009 gefielen uns sehr gut, noch ein wenig mehr aber faszinierte uns vor zwei Jahren der eigenwillige und eigenständige auf der Maische vergorene und im Barrique ausgebaute Grauburgunder. Auch im vergangenen Jahr präsentierte André Gussek wieder eine sehr eigenständige Kollektion mit kraftvollen, charaktervollen Weinen, egal ob weiß oder rot, besonders gut gefielen uns der Weißburgunder „Breitengrad 51" aus dem Dachsberg, der im Barrique ausgebaute Grauburgunder aus dem Naumburger Göttersitz und der Zweigelt aus dem Steinmeister.

Neue Kollektion

Ähnlich stark ist nun auch die neue Kollektion, angefangen beim feinen Silvaner in der Literflasche. Im weißen Segment gibt es wieder einmal einen eigenwilligen maischevergorenen Grauburgunder, auch der recht holzgeprägte Barrique-Grauburgunder gefällt uns sehr gut, ebenso der reintönige Traminer und die beiden feinen Rieslinge, der Wein von alten Reben aus dem Steinmeister besitzt Fülle und Kraft. In der Spitze noch etwas stärker finden wir die Rotweine. Der Spätburgunder aus dem Dachsberg ist konzentriert, klar und kraftvoll, besitzt gute Struktur und jugendliche Tannine, die auch den achtzehn Monate im Barrique ausgebauten Breitengrad-Zweigelt auszeichnen, der im Bouquet von Gewürznoten geprägt

ist, im Mund enorm stoffig und kraftvoll ist, noch sehr jugendlich. ◄━

Weinbewertung

82   2012 Silvaner trocken (1l)   **12 %/7,90 €**

84   2012 Silvaner trocken Naumburger Steinmeister   **13 %/9,90 €**

83   2012 Weißburgunder trocken Naumburger Sonneck   **13,5 %/10,90 €**

84   2012 Spätburgunder „Blanc de Noir" Holzfass Naumburger Göttersitz   **13,5 %/9,30 €**

82   2012 Weiß- und Grauburgunder trocken Kaatschener Dachsberg   **13,5 %/12,50 €**

86   2012 Riesling trocken „Alte Reben" Naumburger Steinmeister   **13,5 %/13,50 €**

86   2011 Grauburgunder trocken Barrique Kaatschener Dachsberg   **14,5 %/19,- €**

87   2011 Grauburgunder trocken „maischevergoren" Kaatschener Dachsberg   **14,5 %/16,- €**

85   2012 Riesling Spätlese („feinherb") Kaatschener Dachsberg   **12 %/12,50 €**

85   2012 Roter Traminer Spätlese „feinherb"   **14 %/9,90 €**

86   2011 Blauer Zweigelt trocken Barrique   **14 %/19,- €**

88   2011 Spätburgunder Barrique Kaatschener Dachsberg   **14,5 %/19,- €**

88   2011 Blauer Zweigelt „Breitengrad 51" Barrique Kaatschener Dachsberg   **14 %/28,- €**

★★★☆

Gutzler
Weingut Destillerie   **Rheinhessen**

Weingut Gutzler GbR, Rossgasse 19, 67599 Gundheim
Tel. *06244-905221,* **Fax***: 06244-905241*
www.gutzler.de
weingut.gutzler@t-online.de
Besuchszeiten: *Mo.-Sa. nach Vereinbarung*

Inhaber . . . . . . Gerhard Gutzler, Michael Gutzler
Rebfläche  15,1 Hektar

Gerhard Gutzler übernahm 1985 das Weingut und stellte bis 1990 das Sortiment auf trockene Weine um. Inzwischen ist Sohn Michael in den Betrieb eingestiegen. Neben Weinbergen in Gundheim, Westhofen (Morstein, Steingrube, Brunnenhäuschen), Dorn-Dürkheim und Alsheim (Römerberg) gehört ihnen seit 1997 auch ein Stück am bekannten Wormser Liebfrauenstift Kirchenstück. Wichtigste Rebsorten sind Spätburgunder und Riesling, es folgen Weißburgunder, Grauburgunder und Silvaner. Die Weißweine werden im Edelstahl ausgebaut. Nur Weißburgunder und Chardonnay werden bei Mostgewichten über 100° Öchsle im Barrique ausgebaut. Die Rotweine kommen nach einer fünfzehn- bis dreißigtägigen Maischegärung ins traditionelle Holzfass oder ins Barrique. Mit Ausnahme einiger edelsüßer Spezialitäten werden alle Weine trocken ausgebaut. Bekannt ist das Weingut auch für seine Edelbrände, die seit 1991 in der hauseigenen Destillerie erzeugt werden.

Vorjahre _____

Das Große Gewächs Liebfrauenstift Kirchenstück war auch 2010 unser klarer Favorit, im roten Segment trumpften vor zwei Jahren die beiden Großen Gewächse auf, wobei wir den Wein aus dem Brunnenhäuschen leicht favorisierten. Im weißen Segment überzeugten im vergangenen Jahr der Grauburgunder aus Westhofen und der Silvaner von alten Reben aus Dorn-Dürkheim, auch Riesling und Chardonnay gefielen uns sehr gut, ganz faszinierend war auch die Cuvée aus Chardonnay und Weißburgunder. Der rote Teil der Kollektion war sehr stimmig, der Spätburgunder aus dem Morstein 2010 enorm holzwürzig und tanninbetont, der aus dem Brunnenhäuschen intensiver in der Frucht, aber ebenfalls sehr tanninbetont.

Neue Kollektion _____

2012 zeigen sich die Gutsweine deutlich verbessert, sowohl Riesling als auch Weißburgunder sind frisch, klar und zupackend. Die präsentierten Ortsweine sind bärenstark: Der Silvaner von 80 Jahre alten Reben ist konzentriert, kraftvoll und reintönig, besitzt

gute Struktur und Länge, der Grauburgunder aus Westhofen ist füllig und kraftvoll, herrlich reintönig, besitzt gute Struktur und Frische. Die im Barrique ausgebaute Cuvée aus Chardonnay und Weißburgunder bestätigt den sehr guten Eindruck des Vorjahres, noch besser aber gefallen uns die beiden weißen Großen Gewächse. Der Riesling aus dem Kirchenstück ist frisch und zupackend, herrlich klar und komplex, noch besser aber finden wir den erstmals erzeugten Riesling aus dem Morstein, ein herrlich konzentrierter, reintöniger Wein, fruchtbetont und intensiv, druckvoll und nachhaltig. Die 2010er Spätburgunder Großen Gewächse bestätigen den Eindruck des Vorjahres. ◄━

Weinbewertung _____

84	2012 Riesling trocken 12 %/7,50 €
84	2012 Weißburgunder trocken 12,5 %/7,50 €
88	2012 Grauburgunder trocken Westhofen 13 %/13,- €
89	2012 Silvaner trocken „Alte Reben" Dorn-Dürkheim 12,5 %/14,80 €
90	2012 Riesling „GG" Wormser Liebfrauenstift Kirchenstück 13 %/21,- €
91	2012 Riesling „GG" Westhofen Morstein 13 %/a.A.
87	2007 „Flur 1 Nr. 361! Rotwein trocken 13,5 %/30,50 €
89	2011 Chardonnay & Weißburgunder trocken Barrique 13 %/35,- €
80	2011 Spätburgunder trocken 12,5 %/9,- €
83	2010 Spätburgunder trocken Westhofen 13 %/14,50 €
88	2010 Spätburgunder „GG" Westhofen Morstein 13 %/30,50 €
89	2010 Spätburgunder „GG" Westhofen Brunnenhäuschen 13 %/45,- €

G

Die besten deutschen Weinerzeuger und ihre Weine

Gysler

★★★

Weingut   **Rheinhessen**

Großer Spitzenberg 8, 55232 Alzey-Weinheim
Tel. 06731-41266, **Fax:** 06731-44207
www.weingut-gysler.de
info@weingut-gysler.de
Besuchszeiten: *Mo.-Fr. 13-18 Uhr, Sa. 10-16 Uhr,*
möglichst nach Vereinbarung
Hoffest (erstes Septemberwochenende)

Inhaber........................ Alexander Gysler
Rebfläche............................. 12 Hektar

Alexander Gysler, Geisenheim-Absolvent, hat das Weingut 1999 nach dem Tod seines Vater Gernot Gysler übernommen, der mit der Flaschenweinvermarktung begonnen hatte. Alexander Gysler bewirtschaftet das Weingut zusammen mit Ehefrau Heike und Mutter Renate. Seine Weinberge befinden sich in den Weinheimer Lagen Hölle, Kirchenstück, Kapellenberg und Mandelberg. 90 Prozent der Reben wachsen auf Sandsteinverwitterungsböden. Alexander Gysler hat den Rieslinganbau forciert, die Rieslingfläche in den letzten Jahren auf 30 Prozent erweitert. Daneben spielen die Burgundersorten eine wichtige Rolle, Scheurebe und Huxelrebe möchte er als Spezialitäten erhalten. Im Jahr 2004 hat Alexander Gysler mit der Umstellung auf ökologische Bewirtschaftung begonnen, 2007 war der erste zertifiziert biologische Jahrgang. Seit 2008 ist Alexander Gysler Mitglied bei Demeter. Im Keller arbeitet er teils mit Spontangärung, die Weine werden recht lange auf der Hefe ausgebaut und nur ein einziges Mal vor der Füllung filtriert.

Vorjahre

2010 präsentierten sich Alexander Gyslers Weine frisch und präzise, puristisch und klar. Auch 2011 bestach das gute Niveau der Gutsweine, alle präsentierten sich klar, frisch, fruchtbetont und sehr sortentypisch, spannend war auch die neue Burgundercuvée aus Weißburgunder, Grauburgunder und Chardonnay, die wir wie auch den Riesling JC als Fassprobe verkosteten.

Neue Kollektion

Die neue Kollektion bietet einen feinen Literriesling und hohes Niveau bei den Gutsweinen, die alle klar, fruchtbetont und zupackend sind. Der Weinheimer Riesling besitzt gute Struktur und reintönige Frucht, noch etwas druckvoller sind die 2011er Weine, der Riesling S besitzt viel Fülle, Kraft und Substanz, der sehr eigenständige JC ist füllig und saftig, besitzt viel Substanz und Druck. Begeistert haben uns auch die älteren Jahrgänge, die wir dieses Jahr verkosten konnten, wobei die fein gereifte 2007er Auslese noch übertroffen wurde von den trockenen Weinen: Der JC 2007 ist kraftvoll, klar und zupackend, besitzt reife Frucht und gute Struktur, der Mandelberg-Riesling des Jahrgangs 2004 ist herrlich reintönig, fein gereift, ist klar und frisch im Mund, komplex und zupackend. ◀

Weinbewertung/Preise im Fachhandel

85	2007 Pinot Sekt brut 13 %/10,90 €
83	2012 Riesling trocken (1l) 12 %/6,30 €
86	2012 Riesling trocken Weinheimer 12 %/8,90 €
85	2012 Scheurebe trocken 12 %/8,90 €
84	2012 Weißburgunder trocken 12,5 %/8,90 €
84	2012 Grauburgunder trocken 12,5 %/8,90 €
87	2011 Riesling „S" trocken 13 %/12,50 €
87	2011 „3erlei" Weißwein trocken 13 %/14,50 €
89	2004 Riesling trocken Mandelberg
89	2007 Riesling „JC" trocken
88	2011 Riesling „JC" trocken 13 %/17,50 €
84	2012 Riesling Kabinett 8,5 %/8,90 €
85	2012 Huxelrebe Spätlese 9 %/8,90 €
88	2007 Riesling Auslese
83	2009 Merlot trocken 13,5 %/8,90 €

★★★★

Fritz **Haag**
Weingut   **Mosel**

Dusemonder Straße 44, 54472 Brauneberg
Tel. 06534-410, **Fax**: 06534-1347
www.weingut-fritz-haag.de
info@weingut-fritz-haag.de
Besuchszeiten: nur nach Vereinbarung

Inhaber .... Oliver Haag
Rebfläche .... 16 Hektar

Das Weingut Fritz Haag kann seine Geschichte bis ins frühe 17. Jahrhundert zurückverfolgen. Wilhelm Haag hat die Verantwortung mittlerweile an seinen Sohn Oliver abgegeben. Die Weinberge, ausschließlich mit Riesling bepflanzt, liegen in besten Lagen von Brauneberg (Juffer-Sonnenuhr und Juffer). Seit dem Jahrgang 2008 werden für trockene Weine keine Prädikatsbezeichnungen mehr verwendet, zumindest nicht auf dem Schmucketikett. Die Rieslinge sind schon seit vielen Jahren dafür bekannt, Finesse und mineralische Struktur miteinander zu verbinden – im süßen Bereich bis hinauf zur Trockenbeerenauslese, immer deutlicher aber auch im trockenen Segment.

Vorjahre
2010 war die Goldkapsel-Auslese herrlich präzise, die beiden Spätlesen waren reintönig und frisch, beim Kabinett kam Trinkfreude auf. Trocken gefiel uns der Wein aus der Brauneberger Juffer etwas besser als das duftige Große Gewächs. 2011 gab es neben dem Großen Gewächs aus der Juffer-Sonnenuhr auch ein Großes Gewächs aus der Juffer – letzteres zogen wir vor.

2012 trocken
Der Gutsriesling ist frisch und kräuterwürzig, der Brauneberger schön geradlinig und schlank, der aus der Juffer herrlich reintönig, frisch und zupackend. Das Großes Gewächs aus der Juffer ist würzig und klar, kraftvoll und zupackend, besitzt gute Struktur und Biss, in diesem Jahr aber ziehen wir eindeutig den Wein aus der Sonnenuhr vor, der wunderschön reintönig und komplex ist, gute Konzentration und feine Frische besitzt: Das ist der richtige Weg zu einem großen trockenen Moselriesling.

2012 süß
Im süßen Segment ist das Einstiegsniveau sehr gut, die beiden feinherben Weine sind elegant, frisch und klar, der süße Kabinett ist komplex und elegant, fruchtbetont und frisch. Danach wird es richtig spannend: Die Juffer-Spätlese ist faszinierend reintönig und eindringlich, frisch, klar und elegant, die aus der Sonnenuhr wunderschön präzise und aggressiv, fülliger und komplexer ist dann die Spätlese Nr. 14, besitzt viel Konzentration und herrlich viel Frucht. Noch beeindruckender ist der Reigen der Auslesen: Juffer frisch, lebhaft und zupackend, Sonnenuhr enorm würzig, fülliger und kraftvoller, Nr. 10 faszinierend komplex, besitzt viel reintönige Frucht, viel Substanz und Frische. Dann folgen drei Goldkapsel-Auslesen: Juffer saftig und konzentriert, besitzt herrlich viel Frucht und Substanz, Sonnenuhr faszinierend reintönig, füllig, harmonisch und lang, besitzt viel Substanz und Frische, noch faszinierender dann die Goldkapsel-Auslese Nr. 13, konzentrierter, aber ebenso reintönig und komplex, mit viel Substanz, Frische und Länge. Eine großartige edelsüße Kollektion! ◄━

Weinbewertung
83   2012 Riesling trocken   **11,5 %/9,- €**
85   2012 Riesling trocken Brauneberger **12 %/12,50 €**
87   2012 Riesling trocken Brauneberger Juffer
     12,5 %/16,- €
87   2012 Riesling „GG" Brauneberger Juffer
     13 %/20,- €
90   2012 Riesling „GG" Brauneberger Juffer-Sonnenuhr   **13 %/25,- €**
85   2012 Riesling   **11 %/9,- €**
87   2012 Riesling Kabinett „feinherb" Brauneberger   **11,5 %/12,50 €**
87   2012 Riesling „feinherb" Brauneberger Juffer
     12 %/17,- €
87   2012 Riesling Kabinett Brauneberger
     7,5 %/12,50 €

H

Die besten deutschen Weinerzeuger und ihre Weine

Die besten deutschen Weinerzeuger und ihre Weine

90	2012 Riesling Spätlese Brauneberger Juffer 7,5 %/16,- €
90	2003 Riesling Spätlese Brauneberger Juffer-Sonnenuhr
91	2012 Riesling Spätlese Brauneberger Juffer-Sonnenuhr 7,5 %/20,- €
92	2012 Riesling Spätlese Nr. 14 Brauneberger Juffer-Sonnenuhr 7 %/Verst.
91	2012 Riesling Auslese Brauneberger Juffer 7,5 %/21,- €
91	2012 Riesling Auslese Brauneberger Juffer-Sonnenuhr 7,5 %/26,- €
94	2012 Riesling Auslese Nr. 10 Brauneberger Juffer-Sonnenuhr 7 %/a.A.
92	2012 Riesling Auslese Goldkapsel Brauneberger Juffer 7,5 %/21,- €
93	2012 Riesling Auslese Goldkapsel Brauneberger Juffer-Sonnenuhr 7,5 %/45,- €
95	2012 Riesling Auslese Goldkapsel Nr. 13 Brauneberger Juffer-Sonnenuhr 7 %/Verst.

★★★☆

Willi Haag
Weingut

Mosel

Burgfriedenspfad 5, 54472 Brauneberg
Tel. 06534-450, Fax: 06534-689
www.willi-haag.de, info@willi-haag.de
Besuchszeiten: nach Vereinbarung

Inhaber............................ Marcus Haag
Rebfläche............................ 5,8 Hektar

Die Familie ist seit dem Jahr 1500 in Brauneberg ansässig. Heute wird das Weingut von Marcus Haag geführt, der neben Weinbergen in den beiden Brauneberger Lagen Juffer und Juffer-Sonnenuhr auch Reben in Veldenz, Burgen und Mülheim besitzt, letztere werden für den Gutsriesling genutzt. Die Weinberge, ausschließlich Riesling, liegen fast ganz in Steillagen. 80 Prozent der Weine werden süß ausgebaut, jeweils 10 Prozent trocken und halbtrocken bzw. „feinherb".

Vorjahre

Die Weine präsentieren sich stets als Rieslingklassiker: Finessenreich und elegant. Die Kabinette sind Kabinette und keine verkappten Auslesen, und die Spätlesen besitzen immer viel Frische. 2010 überzeugte die Kollektion, alle Weine waren frisch und klar, alle gut und sehr gut, die Vorteile lagen wie gewohnt im süßen und edelsüßen Segment. Der Jahrgang 2011 präsentierte sich geschlossen auf gutem und sehr gutem Niveau, schon die Gutsweine waren frisch und klar, Kabinettweine und Spätlesen brachten ein weitere Steigerung, die halbtrockene Juffer-Spätlese bestach durch ihre Harmonie wie auch die Auslese aus der Juffer-Sonnenuhr.

Neue Kollektion

Eine sehr stimmige Kollektion präsentiert Marcus Haag auch 2012, wie gewohnt überzeugt das gute Niveau schon der Gutsweine, die Kabinettweine sind frisch, klar und elegant, die Spätlesen saftiger und gehaltvoller, die aus der Sonnenuhr gefällt uns deutlich besser, die beiden Auslesen sind wunderschön harmonisch und elegant, füllig, saftig und lang, besitzen gute Substanz und Frische – und können hervorragend reifen, wie die 2003er zeigt. ◄

Weinbewertung

83	2012 Riesling trocken 13 %/6,- €
85	2012 Riesling Spätlese trocken 13 %/8,50 €
83	2012 Riesling halbtrocken 12 %/6,- €
85	2012 Riesling Kabinett „feinherb" Brauneberger Juffer 11,5 %/7,20 €
83	2012 Riesling 9 %/6,- €
85	2012 Riesling Kabinett Juffer 9 %/7,50 €
85	2012 Riesling Spätlese Brauneberger Juffer 8,5 %/9,- €
88	2012 Riesling Spätlese Brauneberger Juffer-Sonnenuhr 7,5 %/10,- € ☺
89	2012 Riesling Auslese Brauneberger Juffer 7,5 %/11,- € ☺
90	2003 Riesling Auslese Brauneberger Juffer-Sonnenuhr
89	2012 Riesling Auslese Brauneberger Juffer-Sonnenuhr 7 %/12,50 €

Joh. **Haart**
Weingut   **Mosel**

Sankt-Michael-Straße 47, 54498 Piesport
Tel. 06507-2955, *Fax:* 06507-6155
www.johann-haart.de
joh.haart@t-online.de
Besuchszeiten: nach Vereinbarung

Inhaber ....Gerd Haart
Rebfläche ....6,6 Hektar

Bis zum Jahre 1337 lässt sich die Weinbautradition in der Familie Haart zurückverfolgen. Die Weinberge des heutigen Inhabers Gerd Haart liegen in den Piesporter Lagen Goldtröpfchen, Domherr und Falkenberg. Neben Riesling baut er ein klein wenig Müller-Thurgau, Kerner und Weißburgunder an. Die Weine werden gekühlt vergoren und teils im Holz, teils im Edelstahl ausgebaut. Gerd Haarts Spezialität sind restsüße Weine, die über 80 Prozent der Produktion ausmachen.

Vorjahre _____

Sehr konsistent präsentierte sich der Jahrgang 2010 mit Stärken wie gewohnt im restsüßen Segment. Beerenauslese und Auslese führten die überzeugende Kollektion mit wunderschön reintönigen Rieslingen an. Der Jahrgang 2011 brachte lebhafte Rieslinge mit klarer Frucht und feiner Frische, der halbtrockene Goldtröpfchen-Riesling gefiel uns gut, noch besser aber einige restsüße Weine wie die Spätlese mit der Nr. 13 oder die beiden Auslesen.

Neue Kollektion _____

Die neue Kollektion präsentiert sich zuverlässig wie gewohnt mit feinen Kabinettweinen und gleich drei süßen Spätlesen aus dem Goldtröpfchen, unter denen uns die mit der Nr. 13 am besten gefällt, die Fülle und Kraft besitzt, reintönige Frucht, gute Struktur und Biss. ◂━

Weinbewertung _____

83 2012 Riesling Kabinett (trockene Art) Piespor-

ter Goldtröpfchen **11,5 %/7,- €**
84 2012 Riesling (trockene Art) Piesporter Goldtröpfchen **12 %/9,20 €**
84 2012 Riesling Kabinett Piesporter Goldtröpfchen **8 %/7,- €**
87 2012 Riesling Spätlese Nr. 12/13 Piesporter Goldtröpfchen **7,5 %/10,- €**
86 2012 Riesling Spätlese Nr. 10/13 Piesporter Goldtröpfchen **7,5 %/9,50 €**
84 2012 Riesling Spätlese Nr. 9/13 Piesporter Goldtröpfchen **7,5 %/9,50 €**

Julian **Haart**
Weingut   **Mosel**

Triererstraße 12, 54498 Piesport
Tel. 0160-5543432
www.julian-haart.de
julian.haart@t-online.de
Besuchszeiten: nach Vereinbarung

Inhaber ....Julian Haart
Rebfläche ....5 Hektar

Julian Haart gründete sein Weingut 2010 mit dem Kauf einer großen Parzelle mit 40 Jahre alten Rieslingreben im Wintricher Ohligsberg. Der Devonschieferboden im Ohligsberg ist stark mit hartem Quarzit durchsetzt. Anfang 2011 konnte er weitere Parzellen mit vor dem Ersten Weltkrieg gepflanzten Reben in Piesport erwerben, in den Lagen Goldtröpfchen und Schubertslay. Julian Haart stammt zwar aus einer seit 650 Jahren in Piesport ansässigen Winzerfamilie, hat aber zunächst als Koch in deutschen Spitzenrestaurants gearbeitet, bevor er über Stationen bei deutschen Spitzenweingütern (Heyman-Löwenstein, Emrich-Schönleber, Egon Müller, Klaus-Peter Keller) die Passion für Riesling verinnerlichte. Mit dem Jahrgang 2013 hat sich die Rebfläche vergrößert durch die Übernahme des Weinguts Joh. Haart.

Kollektion

Sensationelle Weine präsentierte Julian Haart im vergangenen Jahr – und das von einem Winzer, der gerade einmal seinen zweiten Jahrgang auf die Flasche brachte. Ein frischer Kabinett, ein saftiger Gutsriesling, ein konzentrierter Piesporter, dann wurde es erst richtig spannend: Faszinierend viel Frucht zeigte der Wintricher Riesling, noch etwas mehr Tiefe und Substanz besaß der Wein aus dem Ohligsberg, noch etwas spannender fanden wir den druckvollen, reintönigen Riesling aus dem Goldtröpfchen. ◀

Neue Kollektion

Genauso spannend geht es mit dem Jahrgang 2012 weiter. Der Basis-Riesling ist saftig und harmonisch, gefällt uns nochmals besser als im Vorjahr. Dies gilt auch für den Piesporter, der reintönig ist, füllig und harmonisch, reife süße Frucht und gute Substanz besitzt. Dies zeichnet auch den Wintricher aus, der ein wenig strukturierter und druckvoller noch ist: Hohes Niveau der Ortsweine. Der Goldtröpfchen-Riesling ist würzig und konzentriert, verschlossen, man merkt viel Fülle und Kraft, im Abgang geprägt von jugendlichen Bitternoten. Viel Substanz und viel reife Frucht kennzeichnen den Ohligsberger, der reintönig, druckvoll und lang ist. Bärenstarke Kollektion! ◀

Weinbewertung

87	2012 Riesling Mosel	11 %/	9,90 €
89	2012 Riesling Piesporter	11,5 %/	14,- €
89	2012 Riesling Wintricher	11,5 %/	19,- €
90	2012 Riesling Goldtröpfchen	12 %/	a.A.
91	2012 Riesling Ohligsberg	12 %/	a.A.
89	2012 Riesling Spätlese Ohligsberg	8 %/	19,- €

Reinhold **Haart**
Weingut   ★★★★☆   **Mosel**

Ausoniusufer 18, 54498 Piesport
Tel. 06507-2015, **Fax**: 06507-5909
www.haart.de
info@haart.de
Besuchszeiten: nach Vereinbarung

Inhaber............Theo Haart, Johannes Haart
Rebfläche............................7,5 Hektar

Die Haarts führen ihre Geschichte auf das Jahr 1337 zurück und können sich als älteste Winzerfamilie des Ortes bezeichnen. Theo Haart besitzt erstklassige Weinberge in den renommierten Lagen von Piesport, wie Goldtröpfchen und Domherr, die Lage Kreuzwingert gehört ihm im Alleinbesitz. Dazu hat Haart, der von seinem Sohn Johannes unterstützt wird, Besitz im Wintricher Ohligsberg, der ebenfalls schon im 19. Jahrhundert als Spitzenlage klassifiziert wurde. Er baut ausschließlich Riesling an. Die Weine werden ohne Reinzuchthefen sehr langsam vergoren und zeigen sich in ihrer Jugend oftmals recht unruhig und verschlossen – sind aber herrlich kraftvoll und saftig, haben viel Frucht und Struktur.

Vorjahre

2010 gefiel uns das Große Gewächs Goldtröpfchen sehr gut, gehörte zu den wenigen hervorragenden trockenen Weinen des Jahrgangs an der Mosel. Beeindruckend gut, wie gewohnt, war das Basisniveau, die Spätlesen waren reintönig und präzise, ebenso die „normale" Auslese, die uns deutlich besser gefiel als die Goldkapsel-Auslese, Theo und Johannes Haart hatten eine starke, konsistente Kollektion, eine der besten des Jahrgangs im Anbaugebiet. Der geradlinige, zupackend Piesporter-Riesling eröffnete 2011 den trockenen Reigen, an der Spitze standen die beiden Großen Gewächse, die beiden feinherben Rieslinge waren wunderschön saftig, harmonisch und lang. Etwas stärker war 2011 der süße Teil der Kollektion mit zwei feinen Kabinettweinen, faszinierend reintönigen Spätlesen und hervorragenden Auslesen, die es jeweils auch noch in einer Goldkapsel-Version gab.

2012 trocken

Der Gutsriesling ist frisch, klar und zupackend, die Ortsrieslinge recht würzig, der Sprung ist groß zu den Großen Gewächsen, von denen Theo und Johannes Haart gleich drei erzeugt haben im Jahrgang 2012. Der Ohligsberger ist enorm kräuterwürzig, frisch und komplex, noch recht jugendlich. Das Goldtröpfchen ist faszinierend reintönig und konzentriert, ist füllig und kraftvoll, frisch und lang. Noch ein klein wenig besser hat uns der Wein aus dem Kreuzwingert gefallen, der herrlich konzentriert und reintönig ist, gute Präzision und Kraft besitzt, Nachhall und mineralische Noten.

2012 süß

Sehr gut gefällt uns schon der feinherbe, sehr „spontigeprägte" „Haart to Heart", die beiden Kabinettweine sind frisch, reintönig und zupackend, die beiden Spätlesen sind harmonisch und klar, die aus dem Goldtröpfchen etwas saftiger, die aus dem Ohligsberger kräuterwürzig und mit ganz dezent salzigen Noten. Die Auslese ist herrlich reintönig und komplex, zupackend und lang – und dass Theo Haarts Rieslinge hervorragend reifen, davon konnten wir uns anhand zweier faszinierender 2003er überzeugen. ◄━

Weinbewertung

86	2012 Riesling trocken	**12,5 %/8,50 €**
84	2012 Riesling trocken Wintricher	**13 %/12,50 €**
85	2012 Riesling trocken Piesporter	**12,5 %/12,50 €**
91	2012 Riesling „GG" Kreuzwingert	**12,5 %/23,- €**
89	2012 Riesling „GG" Ohligsberger	**13 %/23,- €**
90	2012 Riesling „GG" Goldtröpfchen	**13 %/23,- €**
86	2012 Riesling „feinherb" „Haart to Heart" **11,5 %/8,50 €**	
87	2012 Riesling Kabinett Grafenberg	**9 %/11,50 €**
87	2012 Riesling Kabinett Goldtröpfchen **9 %/13,- €**	
90	2003 Riesling Spätlese Ohligsberger	
89	2012 Riesling Spätlese Ohligsberger **8 %/19,80 €**	
89	2012 Riesling Spätlese Goldtröpfchen **9 %/19,80 €**	
92	2003 Riesling Auslese Goldtröpfchen	
91	2012 Riesling Auslese Goldtröpfchen **8,5 %/32,50 €**	

W. **Häfner**
Weingut   **Württemberg**

Wilhelm-Enssle-Straße 5, 73630 Remshalden
Tel. 07151-73139, Fax: 07151-75593
www.weinguthaefner.de
info@weinguthaefner.de
Besuchszeiten: Mi.+Do. 16-18 Uhr, Fr. 10-16 Uhr,
Sa. 9-16 Uhr, nach Vereinbarung

Inhaber .... Sylvia Häfner-Hutt
Rebfläche .... 3 Hektar

Seit dem 15. Jahrhundert baut die Familie Wein im Remstal an. Die Weinberge liegen in Geradstetten, Hebsack, Beutelsbach und Schnait. Neben klassischen Rebsorten wie Riesling, Trollinger, Silvaner, Lemberger, Portugieser, Kerner und Spätburgunder gibt es auch Zweigelt, Dornfelder, Chardonnay, Gewürztraminer und Muskattrollinger, zuletzt wurde etwas Acolon und Regent gepflanzt. Zum 1. Juli 2013 hat Sylvia Häfner-Hutt das Weingut von ihrem Vater Wolfgang übernommen.

Vorjahr

Eine stimmige Kollektion hatte uns Wolfgang Häfner im vergangenen Jahr vorgestellt, unter anderem mit einem klaren, zupackenden Rieslingsekt, einem reintönigen Lemberger und einer würzigen roten Cuvée.

Neue Kollektion

Die neue Kollektion ist sehr gleichmäßig, weiß wie rot, wird angeführt von dem kaffeeduftigen, dominanten Silvaner Eiswein aus dem Jahrgang 2009. ◄━

Weinbewertung

Die besten deutschen Weinerzeuger und ihre Weine

81	2012 Spätburgunder „Blanc de Noir" Auslese trocken „Kollektion Moderne" **14,5 %/11,-**
81	2012 „Floris" Weißwein „Kollektion Moderne" **12 %/5,20€**
86	2009 Silvaner Eiswein „Kollektion Klassik" **9,5 %/30,-**
81	2012 Trollinger Rosé „Kollektion Klassik" **12 %/4,80€**
82	2012 Dornfelder trocken „Kollektion Klassik" **13 %/5,20€**
80	2011 Trollinger mit Lemberger „Kollektion Klassik" (1l) **11 %/4,90€**

H

Die besten deutschen Weinerzeuger und ihre Weine

Häge
Weingut

Württemberg

(🍇) *Illinger Straße 13, 75428 Illingen-Schützingen*
Tel. 07043-8915, **Fax:** 07043-5930
www.weingut-haege.de,
info@weingut-haege.de
Besuchszeiten: Di., Fr. 16-20 Uhr, Sa. 9-13 Uhr
Gutsschenke

Inhaber .... Ilse und Johannes Häge
Rebfläche .... 6 Hektar

1987 gründeten Ilse und Johannes Häge ihr eigenes Weingut, damals ohne einen Rebstock Wein zu besitzen. 2006 sind sie in die ehemalige Schützinger Kelter umgezogen. Die Weinberge befinden sich in den Lagen Mühlhauser Halde, Schützinger Heiligenberg, Illinger Schanzreiter und Maulbronner Closterweinberg. Seit den neunziger Jahren wird ein Teil der Weinberge ökologisch bewirtschaftet, 2004 wurden die ersten Weine zertifiziert.

Vorjahre

Vor zwei Jahren überzeugten die frischen 2010er Weißweine, am besten aber gefiel uns der 2008er Spätburgunder Reserve. Die letztjährige Kollektion zeigte gutes, gleichmäßiges Niveau, das Highlight im Programm war der kraftvolle Lemberger Reserve 2009.

Neue Kollektion

Und auch in diesem Jahr nun ist es wieder ein Reserve-Wein, der eine ansonsten gleichmäßige Kollektion anführt: Der 2011er Spätburgunder ist kraftvoll, klar und zupackend, besitzt gute Struktur und Biss. ◀━

Weinbewertung

81	2012 Rivaner trocken Schützinger Heiligenberg **11 %/5,70 €**
82	2012 Silvaner trocken **12 %/6,40 €**
82	2012 Gewürztraminer trocken Schützinger Heiligenberg **12,5 %/9,20 €**
83	2011 Spätburgunder trocken „M Balthasar Sprenger" **13 %/5,70 €**
80	2011 Merlot trocken **13,5 %/7,80 €**
86	2011 Spätburgunder trocken „Reserve" **13,5 %/13,50 €**

Häußermann
Weingut

Württemberg

Burrainstraße 55, 75447 Diefenbach (Sternenfels)
Tel. 07043-8449, **Fax:** 07043-40383
www.weingut-haeussermann.de
info@weingut-haeussermann.de
Besuchszeiten: Di.-Fr. 9-12 + 15-18:30 Uhr,
Sa. 9-15 Uhr und nach Vereinbarung
Wengertstube (Öffnungszeiten siehe Webseite);
Ferienwohnung

Inhaber ...... Christian & Annette Häußermann
Rebfläche .... 18 Hektar

Seit dem 16. Jahrhundert baut die Familie Wein in Württemberg an. Werner und Inge Häußermann gründeten 1972 das Weingut mit damaligem Betrieb in Fellbach. Ein paar Jahre später kauften sie Weinberge in Diefenbach hinzu, 1986 verlagerten sie den Betrieb dorthin. Seit 2006 führt ihr Sohn Christian zusammen mit Ehefrau Annette das Gut. Sie bauten einen neuen Holzfasskeller und einen neuen Weinverkaufsraum, erweiterten die ehemalige Besenstube zu einem Festsaal für Veranstaltungen. Ihre Weinberge liegen teils an den Westhängen des Strombergs in den Lagen Diefenbacher König und Freudensteiner Reichshalde, sowie bei Hohenneuffen in der Neuffener Schlosssteige.

Vorjahre

Vor zwei Jahren stand die Kollektion eindeutig im Zeichen der Rotweine, die Substanz und Kraft besaßen, der Lemberger aus dem Barrique war unser Favorit, aber auch die trockene Spätlese gefiel uns sehr, ebenso wie die rote Cuvée. Solche Highlights fehlten im vergangenen Jahr, der Muskateller war unser Favorit in einer ansonsten etwas verhaltenen Kollektion.

Neue Kollektion

Ähnlich präsentiert sich nun auch die neue Kollektion: Die Weine zeigen sehr gleichmäßiges, gutes Niveau, weiß wie rot, ohne aber in der Spitze an frühere Jahrgänge heranzureichen. ◄━

Weinbewertung

81 2012 Riesling trocken (2 Kronen) **12,5 %/5,- €**

82 2012 Weißburgunder trocken (2 Kronen)
    12,5 %/5,50 €

83 2012 Riesling trocken „Alte Reben" (3 Kronen)
    Diefenbacher König **13 %/8,50 €**

81 2012 Lemberger trocken (2 Kronen) **13 %/5,50 €**

82 2012 Lemberger trocken (3 Kronen)
    14,5 %/10,50 €

82 2011 Spätburgunder trocken (3 Kronen)
    13,5 %/15,- €

Markus **Hafner**
Weingut   ★   **Baden**

Kirchstraße I-3, 76698 Ubstadt-Weiher
Tel. *07253-354661,* **Fax:** *07253-9591293*
www.weinguthafner.de
info@weinguthafner.de
Besuchszeiten: *Mo.-Fr. 15-18:30 Uhr,*
Sa. 10-13:30 Uhr

Inhaber	Markus Hafner
Rebfläche	10 Hektar

Markus Hafner übernahm 2006 das elterliche Weingut, das er heute zusammen mit Ehefrau Tanja führt, seit 2008 im Haupterwerb. Seine Weinberge liegen in Stettfeld, Zeutern, Bad Langenbrücken und Oberöwisheim. Er baut Spätburgunder, Grauburgunder und Riesling an, aber auch Spezialitäten wie Gewürztraminer, Muskateller, Merlot und Lagrein.

Vorjahre

Die 2010er waren von zuverlässiger Qualität, was uns überzeugte, das Weingut erstmals vorzustellen; Weißburgunder und Chardonnay gefielen uns besonders gut. Auch die letztjährige Kollektion stellte uns zufrieden. Die Weißweine waren klar und füllig, die reintönige süße Gewürztraminer Spätlese gefiel uns am besten im weißen Segment. Ein wenig besser noch aber fanden wir den roten Teil der Kollektion, der mit fruchtbetonten, geradlinigen Weinen aufwartete, darunter der überraschende Lagrein aus dem Jahrgang 2010; unser Favorit war der im Barrique ausgebaute Pinot Noir aus dem Jahrgang 2009.

Neue Kollektion

Die neue Kollektion bietet einen lebhaften Secco, einen füllingen, kraftvollen Weißburgunder, einen strukturierten Grauburgunder und einen frischen, zupackenden Rosé: Darauf kann man aufbauen. ◄━

Weinbewertung

83 „Secco" Perlwein **11 %/5,10 €**

80 2012 Auxerrois Kabinett „feinherb" **12 %/5,50 €**

84 2012 Weißburgunder Spätlese trocken
    13,5 %/6,50 €

83 2012 Grauburgunder Spätlese trocken
    13,5 %/6,50 €

79 2012 Riesling Spätlese „feinherb" **11 %/7,- €**

83 2012 Spätburgunder Rosé Kabinett trocken
    12,5 %/5,20 €

★★★

Thomas **Hagenbucher**

Weingut   **Baden**

Friedrichstraße 36, 75056 Sulzfeld
Tel. 07269-911120, Fax: 07269-911122
www.weingut-hagenbucher.de
info@weingut-hagenbucher.de
Besuchszeiten: nach Vereinbarung

Inhaber . . . . Thomas Hagenbucher
Rebfläche . . . . 8,5 Hektar

Thomas Hagenbucher gründete 1992 sein eigenes Weingut, das er 1998 durch die Übernahme des elterlichen Weinbaubetriebes in der Rebfläche verdoppelte. Wichtigste Rebsorten sind Riesling, Müller-Thurgau, Schwarzriesling, Weißburgunder und Grauburgunder. Dazu gibt es etwas Spätburgunder, Chardonnay, Lemberger und Sauvignon Blanc. Auf Lagennamen verzichtete Thomas Hagenbucher bisher konsequent, in diesem Jahr nun findet man erstmals die Lage Lerchenberg bei den Topweinen auf dem Etikett. Die meisten Weine baut er trocken aus, ausgesuchte Weiß- und Rotweine kommen ins Barrique.

Vorjahre _____

Seit der ersten Ausgabe empfehlen wir die Weine von Thomas Hagenbucher, seit über einem Jahrzehnt präsentiert er sehr zuverlässige Kollektionen. Immer wieder begeistern uns seine kraftvollen, sehr gekonnt vinifizierten Barriqueweine, weiß wie rot, die er leider nicht jedes Jahr erzeugt. Die 2010er Weißweine waren klar, frisch und fruchtbetont. Unsere Favoriten vor zwei Jahren (die Barrique-Roten waren zum Zeitpunkt der Verkostung noch nicht gefüllt) waren die drei kraftvollen Barriqueweißweine. Eine sehr stimmige Kollektion hatte Thomas Hagenbucher im Jahrgang 2011 erzeugt, mit klaren 2-Sterne-Weißweinen, unsere Präferenz galt dem fülligen Weißburgunder. Unter den barriqueausgebauten Weißweinen gefiel uns im vergangenen Jahr der Chardonnay am be-

sten, auch der 3-Sterne-Riesling war sehr gut. Drei gekonnt im Barrique vinifizierte, sehr gute Rotweine ergänzten in diesem Jahr das Programm.

Neue Kollektion _____

Die neue Kollektion bestätigt den sehr guten Eindruck des Vorjahres. Die Weißweine sind frisch und fruchtbetont, klar und zupackend, die beiden Barriqueweine, die erstmals den Lagennamen Lerchenberg tragen, ragen hervor: Der Weißburgunder ist konzentriert, füllig und kraftvoll, den Chardonnay kennzeichnen die gleichen Charaktereigenschaften, er besitzt noch ein klein wenig mehr Druck und Länge. Auch die Barrique-Rotweine sind füllig und konzentriert, deutlich von Vanillenoten geprägt, die ein klein wenig die Sortentypizität überlagern, viel Substanz und Kraft aber besitzen alle beide.

Weinbewertung _____

84 2012 Riesling** trocken **12,5 %/7,80 €**

84 2012 Weißburgunder** trocken **13,5 %/7,80 €**

84 2012 Grauburgunder** trocken **13,5 %/7,80 €**

88 2012 Weißburgunder*** trocken Barrique Lerchenberg **14 %/11,50 €**

89 2011 Chardonnay*** trocken Barrique Lerchenberg **14 %/14,50 €**

84 2012 Riesling** „feinherb" **12 %/7,80 €**

84 2011 Lemberger** trocken **13,5 %/7,80 €**

88 2011 „SL" Rotwein*** trocken Barrique **13 %/14,50 €**

88 2011 Lemberger*** trocken Barrique Lerchenberg **13 %/18.- €**

★★★★☆

Hahnmühle

Weingut   **Nahe**

🍇 *Alsenzstraße 25, 67822 Mannweiler-Cölln*
Tel. 06362-993099, Fax: 06362-4466
www.weingut-hahnmuehle.de
info@weingut-hahnmuehle.de
Besuchszeiten: Mo.-Sa. 8-12 + 14-18 Uhr,
Sa. 9-15 Uhr und nach Vereinbarung

Inhaber . . . . Peter und Martina Linxweiler
Rebfläche . . . . 16 Hektar

Martina und Peter Linxweiler bewirtschaften ihr Weingut Hahnmühle im Alsenztal – einem Seitental der Nahe – seit 1987 nach den Richtlinien Ökologischen Weinbaus. Die Hahnmühle entstand im Mittelalter als Getreidemühle, wird aber seit über 100 Jahren von der Familie Linxweiler als Weingut genutzt. Im Alsenztal findet man Sandsteinverwitterungs- und Schieferböden. Wichtigste Rebsorte ist der Riesling, der gut die Hälfte der Rebfläche einnimmt. Dazu gibt es Gewürztraminer, Silvaner, Chardonnay, Weißburgunder, sowie Spätburgunder als wichtigste rote Sorte. Der „Alisencia" genannte Riesling stammt aus der Schieferlage des Weinguts, dem Alsenzer Elkersberg. Dort gehört Martina und Peter Linxweiler ein 1 Hektar großer Weinberg, der in einer Hangmulde liegt und so vor kalten Nord- und Ostwinden geschützt ist. Diese Steillage ist die Spitzenlage der Hahnmühle. Die weiteren Weinberge liegen im Cöllner Rosenberg (wovon der „Alte Wingert", von über vierzigjährigen Reben, stammt), in den Lagen Oberndorfer Beutelstein, Feuersteindrossel und Aspenberg, sowie im Steckweiler Mittelberg.

Vorjahre

Seit der ersten Ausgabe empfehlen wir die Weine der Hahnmühle, schon damals zählten wir das Weingut zu den Spitzenbetrieben an der Nahe, lobten die konsequente Qualitätsorientierung und das hohe Niveau der Basisweine. Jahr für Jahr wurde dieser Eindruck bestätigt mit immer frischen und mineralischen Weinen, die niemals sättigend oder dick sind, sondern immer animierend – am schönsten zeigt sich diese Stilistik in den immer wieder faszinierenden mineralisch-nachhaltigen „Alisencia"-Rieslingen. Der Jahrgang 2010 war enorm stark: Alle Weine waren sehr gut, waren frisch, präzise und zupackend. An der Spitze stand wieder der

herrlich mineralische „Alisencia S", aber auch „Alisencia" und „Sandstein" zeigten feine mineralische Noten. „Klasse Kollektion!" hatten wir geurteilt, und das galt auch für den Jahrgang 2011: Das Sortiment wurde im trockenen Bereich wieder von den drei wunderbar eleganten und reintönigen Rieslingen angeführt, aber auch Silvaner, Traminer und Chardonnay waren klar und präzise, dazu gab es eine konzentrierte Trockenbeerenauslese.

Neue Kollektion

Edelsüße Weine gibt es aus dem Jahrgang 2012 keine, unsere Favoriten im diesjährigen Sortiment sind die beiden „Alisencia"-Rieslinge – der „S" ist in diesem Jahr nicht ganz trocken ausgebaut – die, wie auch der „Sandstein" und der restsüße „Aspenberg 71", herrlich schlank, elegant und harmonisch sind und ihre sehr feinen, nachhaltigen mineralischen Noten erst nach und nach im Glas offenbaren – ein Gegenentwurf zu den vielen „lauten" Weinen, die es heute gibt. Sehr gut gelungen ist auch der trockene rote Traminer, der komplex und elegant ist und gänzlich frei von der sonst den Traminern oft eigenen Schwere ist. ◀

Weinbewertung

86   2012 Riesling + Traminer trocken Cöllner Rosenberg   **13 %/8,60 €**

88   2012 Roter Traminer Spätlese trocken **13 %/11,60 €**

85   2012 Blauer Silvaner trocken   **12,5 %/7,10 €**

86   2012 Silvaner trocken „Gäseritsch"   **13 %/9,50 €**

86   2012 Chardonnay trocken „Gäseritsch" **13 %/9,40 €**

85   2012 Riesling trocken „Alter Wingert"   **12 %/8,- €**

87   2012 Riesling trocken „Sandstein"   **12 %/10,20 €**

89   2012 Riesling trocken „Alisencia" **12,5 %/11,80 €** ☺

89   2012 Riesling „Alisencia S"   **12 %/14,80 €**

87   2012 Riesling „Aspenberg 71"   **12 %/14,50 €**

86   2012 Riesling + Traminer Spätlese „feinherb" Oberndorfer Beutelstein   **12 %/10,50 €**

85   2012 Riesling Spätlese Steckweiler Mittelberg **9,5 %/10,40 €**

Die besten deutschen Weinerzeuger und ihre Weine

Karl **Haidle**

Weingut, Inh. Hans Haidle

Württemberg

Hindenburgstraße 21, 71394 Kernen-Stetten
Tel. 07151-949110, *Fax:* 07151-46313
www.weingut-karl-haidle.de
info@weingut-karl-haidle.de
Besuchszeiten: Mo.-Fr. 9-12 + 13-18 Uhr, Sa. 9-13 Uhr

Inhaber............................Hans Haidle
Rebfläche.............................25 Hektar

Karl Haidle begann 1949 mit damals einem halben Hektar Reben mit der Selbstvermarktung. Hans Haidle, der den Betrieb 1968 mit damals einem Hektar übernahm, hat zusammen mit Ehefrau Susanne und heute unterstützt von Tochter Bärbel das Weingut als Spitzen-Betrieb in Württemberg etabliert. Seine Weinberge liegen alle im Remstahl, vor allem in Stetten, wo das Weingut seinen Sitz hat. Er ist vor allem in den Stettener Lagen Pulvermächer, Häder und Mönchberg vertreten, in der Schnaiter Burghalde sowie in Strümpfelbach. Der Boden im Pulvermächer, wo Hans Haidle seine Spitzenrieslinge erzeugt, ist von Keuper-Verwitterungsgestein geprägt. Im Mönchberg, einer der wärmsten Lagen im Remstal, baut er überwiegend rote Sorten an, ebenso in der Burghalde in Schnait. Wichtigste Rebsorte ist der Riesling, der 40 Prozent der Weinberge einnimmt. Dazu gibt es an weißen Sorten Kerner, Grauburgunder, Weißburgunder und Chardonnay. Wichtigste rote Sorten sind Trollinger, Spätburgunder und Lemberger. Aber Hans Haidle baut auch ein wenig Dornfelder, Zweigelt und Acolon an und hat in den letzten Jahren Cabernet Franc und Cabernet Sauvignon angelegt, die er für Cuvées nutzt.

Vorjahre

Stark und gleichmäßig präsentierten sich vor zwei Jahren die 2009er Barriqueweine, wobei wir ganz leicht den jugendlichen Lemberger vorne sahen, der Dornfelder überraschte mit seiner Kraft und Struktur. Im weißen Segment gab es wie fast immer einen hervorragenden Eiswein, der Riesling „S" machte dem Großen Gewächs Konkurrenz, der Chardonnay gefiel uns wesentlich besser als noch im Jahr zuvor. Mit dem Jahrgang 2010 hatte der Chardonnay weiter zugelegt, aber auch die 2011er Weißweine machten im vergangenen Jahr eine prächtige Figur vom „Justinus K." bis hin zum Großen Gewächs. Auch die Rotweine schlugen sich im vergangenen Jahr prächtig, wobei wir im Reigen der fünf vorgestellten Weine die Großen Gewächse – hinten gesehen haben. Was nicht heißt, dass sie nicht auch überzeugten, aber die anderen drei Barrique-Rotweine – Zweigelt, Lemberger Reserve und Ypsilon – waren eben noch besser.

Weißweine

Der weiße Reigen beginnt mit einem fülligen, süffigen Sekt, einer fruchtbetonten weißen Cuvée aus Riesling, Müller-Thurgau und Sauvignon Blanc, Fesch genannt, und dem wie jedes Jahr sehr guten, wunderschön reintönigen Kerner „Justinus K.". Der Riesling S ist füllig, saftig und reintönig, das Große Gewächs 2012 aber deutlich druck- und kraftvoller, besitzt gute Struktur und viel Länge. Der Chardonnay zeigt reife Frucht im Bouquet, etwas Vanille und Toast, besitzt Fülle und Kraft im Mund, reife Frucht, gute Struktur und Länge. Edelsüß betört der schmeichelnde Riesling Eiswein, besitzt herrlich viel Frucht und Substanz.

Rotweine

Dornfelder kann sehr gut sein, dies zeigt Hans Haidle auch in diesem Jahr wieder mit einem kraftvollen, strukturierten Wein. Besser aber noch gefallen uns die anderen Barrique-Rotweine: Der Zweigelt ist füllig und kraftvoll, konzentriert und komplex, strukturiert und lang, der Spätburgunder aus der Burghalde ist rauchig und reintönig, besitzt gute Präzision, Frische und Länge. Der Lemberger aus dem Mönchberg ist würzig und eindringlich, zeigt klare reife Frucht im Bouquet, im Mund ist er füllig und kraftvoll, besitzt reife Frucht, gute Struktur und Frische. Der Ypsilon schließlich ist herrlich konzentriert und saftig, fruchtbetont und füllig, besitzt gute Struktur, viel Substanz, Kraft und Länge. Ganz starke Kollektion! ◄━

Weinbewertung _____

86   Pinot Sekt brut   **11,5 %/15,90 €**

84   2012 „Fesch" Weißwein trocken   **12,5 %/6,20 €**

87   2012 Riesling trocken „Tradition" Stettener Pulvermächer   **13 %/9,60 €**

86   2012 „Justinus K." Weißwein trocken **14,5 %/9,60 €**

88   2012 Riesling „S" trocken Stettener Pulvermächer   **13,5 %/14,70 €**

91   2012 Riesling „GG" Stettener Pulvermächer **13,5 %/25,80 €**

92   2011 Chardonnay trocken „Passion" **13,5 %/22,90 €**

91   2011 Riesling Eiswein Stettener Pulvermächer **8,5 %/39,90 €**

88   2011 Dornfelder trocken „Passion"   **14 %/18,90 €**

91   2011 Zweigelt trocken „Passion"   **14 %/25,90 €**

91   2011 Spätburgunder „GG" Schnaiter Burghalde   **13,5 %/29,80 €**

91   2011 Lemberger „GG" Stettener Mönchberg **14 %/29,80 €**

91   2011 „Ypsilon" Rotwein trocken   **14 %/29,80 €**

★★★★☆

Hain
Weingut   **Mosel**

Am Domhof 5, 54498 Piesport
Tel. *06507-2442,* **Fax:** *06507-6879*
www.weingut-hain.de
weingut-hain@t-online.de
Besuchszeiten: *Mo.-Fr. 9-18 Uhr,*
Sa./So. nach Vereinbarung
Weinhotel „Piesporter Goldtröpfchen"

Inhaber .... Gernot Hain
Rebfläche .... 8,3 Hektar

Gernot Hains Weinberge liegen alle in Piesport, vor allem in den Lagen Goldtröpf-

chen und Domherr. Er baut zu 85 Prozent Riesling an, hinzu kommen jeweils 5 Prozent Weißburgunder, Spätburgunder und Müller-Thurgau. Die Weine baut Gernot Hain überwiegend im Edelstahl aus, zu einem kleinen Teil auch in Holzfässern, den Spätburgunder im Barrique. Etwa die Hälfte der Weine ist trocken oder halbtrocken ausgebaut.

Vorjahre _____

Seit der ersten Ausgabe empfehlen wir die Weine Gernot Hains, schon damals zählten wir ihn zur Spitze in Piesport, schon damals reüssierte er gleichermaßen mit trockenen und süßen Rieslingen. Seine Weine sind immer schon bestechend reintönig und fruchtbetont, sie zeigen Finesse und Länge: Faszination Goldtröpfchen! 2010 gefielen uns die restsüßen Spitzen etwas besser als die trockenen Rieslinge, wie eigentlich überall an der Mosel. Alle Weine waren wie gewohnt präzise und fruchtbetont, frisch, säurebetont und zupackend: Eine gelungene Kollektion in einem problematischen Jahrgang. 2011 gefiel uns klar besser, die trockenen Rieslinge bereiteten Freude, die „feinherben" Rieslinge waren etwas verhaltener, wir zogen eindeutig die süßeren Varianten vor, wobei es schwer fiel, sich für eine der drei Spätlesen zu entscheiden, Auslesen und Beerenauslese brachten eine weitere Steigerung.

Neue Kollektion _____

Sehr gleichmäßig präsentiert sich nun 2012, trocken, feinherb wie süß. Die 3-Sterne-Selektionen aus Domherr und Goldtröpfchen gefallen uns trocken besonders gut, beide sind füllig und harmonisch, besitzen reife Frucht und Struktur, die kraftvolle zupackende feinherbe Spätlese von alten Reben kommt ihnen nahe. Die süßen Spätlesen sind harmonisch und klar, die Auslese fülliger und konzentrierter, ohne aber ganz das Niveau ihrer Vorgängerin zu erreichen. ◄━

Weinbewertung _____

84   2012 Riesling Kabinett trocken Piesporter Goldtröpfchen   **12 %/7,50€**

88   2012 Riesling*** trocken Piesporter Gold-

tröpfchen **12,5 %/13,-**

88 2012 Riesling*** trocken Piesporter Domherr **12,5 %/13,-**

84 2012 Riesling Kabinett „feinherb" Piesporter Goldtröpfchen **11 %/7,50€**

87 2012 Riesling Spätlese „feinherb" Piesporter Goldtröpfchen **11 %/10,-**

88 2012 Riesling Spätlese „feinherb" „Alte Reben" Piesporter Goldtröpfchen **11 %/11,-**

85 2012 Riesling Kabinett Piesporter Goldtröpfchen **8 %/7,50€**

86 2012 Riesling Spätlese „Grauschiefer" Piesporter Goldtröpfchen **7,5 %/10,-**

87 2012 Riesling Spätlese „Felsterrassen" Piesporter Goldtröpfchen **7,5 %/12,-**

87 2012 Riesling Spätlese Piesporter Domherr **7,5 %/13,-**

88 2012 Riesling Auslese Piesporter Goldtröpfchen **7,5 %/18,-**

Frank J. **Haller**

★ ★

Weingut

Württemberg

Masurenstraße 60, 70374 Stuttgart
***Tel.** 0711-51882710*
www.weingutfrankjhaller.de
mail@weingutfrankjhaller.de
***Besuchszeiten:** Fr. 15-18:30 Uhr, Sa. 10-14 Uhr und nach Vereinbarung*

Inhaber .... Frank J. Haller
Rebfläche .... 3,5 Hektar

Mit dem Jahrgang 2007 hat Frank Haller seine ersten eigenen Weine auf die Flasche gebracht. Seine Weinberge liegen hauptsächlich im Cannstatter Zuckerle, aber auch in Schnait im Remstal besitzt er einen halben Hektar Reben. Bei den roten Sorten liegt der Schwerpunkt derzeit bei Lemberger und Trollinger, dazu Spätburgunder (seit 2009) und Zweigelt. Bei den weißen Sorten überwiegt Riesling, hinzu kommen im Remstal auf 400 Meter Höhe Kerner, Silvaner und Müller-Thurgau.

Vor zwei Jahren ging es weiter aufwärts: Die 2010er Weißweine waren frisch und klar, ebenso der herrlich reintönige Lemberger, der Zweigelt aus dem Jahrgang 2009 konnte ihm Paroli bieten. Eine feine Kollektion folgte im vergangenen Jahr nach mit gleichermaßen starken Weiß- und Rotweinen, egal ob Muskateller oder Riesling, Lemberger, rote Cuvée oder Trollinger-Sekt.

Auch die neue Kollektion bringt gutes, sehr zuverlässiges Niveau, die Vorteile sehen wir in diesem Jahr ganz leicht im roten Segment, bei Zweigelt und Lemberger, die beide unfiltriert abgefüllt wurden. Der zwölf Monate im gebrauchten Barrique ausgebaute Spätburgunder ist fruchtbetont, reintönig und zupackend bei feiner reifer Frucht. Der Zweigelt, zur Hälfte im neuen Barrique ausgebaut, ist frisch, fruchtbetont und reintönig im Bouquet, klar und zupackend im Mund bei guter Struktur. ◀

84 2011 Trollinger Rosé Sekt brut **12,5 %/12,- €**

83 2012 „0711" Weißwein trocken **12 %/7,50 €**

83 2012 Silvaner trocken **13 %/8,50 €**

82 2012 Trollinger trocken Cannstatter Zuckerle **12 %/7,- €**

86 2011 Zweigelt trocken Cannstatter Zuckerle **13,5 %/15,- €**

86 2011 Spätburgunder trocken Cannstatter Zuckerle **13,5 %/16,50 €**

Haltinger

★

Winzer eG

Baden

Winzerweg 8, 79576 Weil am Rhein
***Tel.** 07621-62449, **Fax:** 07621-65725*
www.wg-haltingen.de
info@wg-haltingen.de
***Besuchszeiten:** Mo.-Fr. 9-12 + 14-18 Uhr, Sa. 9-13 Uhr*

Mitglieder 110
Vorstandsvorsitzender .... Alfred Wendle
Kellermeister .... Christoph Fischer
Rebfläche .... 48 Hektar

Die Haltinger Winzergenossenschaft, 1936 gegründet, ist die südlichste Genossenschaft Deutschlands. Die Reben wachsen auf Schluff- und Kalk-Verwitterungsböden in den beiden wichtigsten Lagen Haltinger Stiege und Weiler Schlipf. Gutedel nimmt 45 Prozent der Rebfläche ein, Spätburgunder 30 Prozent. Hinzu kommen Riesling, Weißburgunder, Grauburgunder, Chardonnay, Sauvignon Blanc und Gewürztraminer. Die Weine werden in drei Linien vermarktet: Basis (Literweine), Premium (Lagenweine) und Exclusiv für die Spitzenweine.

Vorjahre

Auch 2010 behaupteten sich die Haltinger sehr gut, die Weißweine waren frisch und klar; unser Favorit vor zwei Jahren war allerdings der 2009er Pinot Noir. Die letztjährige Kollektion war sehr gleichmäßig, vor allem die frischen Weißweine überzeugten.

Neue Kollektion

Nicht ganz so gleichmäßig ist nun die neue Kollektion: Grauburgunder und Blanc de Noir stellen nicht zufrieden, sehr gut aber gefällt uns dafür der 2010er Chardonnay aus der Exclusiv-Linie, der gute Konzentration und reife Frucht im Bouquet zeigt, füllig und kraftvoll im Mund ist bei guter Substanz und feiner süßer Frucht. ◄

Weinbewertung

81   2012 Gutedel trocken Haltinger Stiege
    11,5 %/4,40 €

78   2012 Pinot Noir „Blanc de Noir" trocken
    12 %/6,30 €

77   2012 Grauburgunder trocken   **12,5 %/6,40 €**

82   2012 Sauvignon Blanc trocken   **12,5 %/7,40 €**

86   2010 Chardonnay trocken (Excklusiv)
    13 %/11,80 €

80   2011 Spätburgunder trocken Haltinger Stiege
    13 %/6,70 €

★

Hammel-Hundinger
Weingut   **Pfalz**

Hauptstraße 33, 67229 Gerolsheim
Tel. 06238-3562, *Fax:* 06238-929272
www.hammel-hundinger.de
info@hammel-hundinger.de
Besuchszeiten: Mi.-Fr. 13-18 Uhr, Sa. 9-17 Uhr und nach Vereinbarung

Inhaber .... Familie Hundinger
Rebfläche .... 17 Hektar

Das Weingut Hammel-Hundinger ist in der nördlichen Pfalz, in Gerolsheim, gelegen. Der Anteil der mit Spätburgunder und anderen roten Sorten bestockten Rebfläche ist hoch. Seit fünf Jahren bringt auch Gerald Hundinger seine Rotwein-Erfahrung ein. Sammeln konnte er diese unter anderem bei seinem Önologie-Studium in Bordeaux oder bei Rotwein-Pionieren in der Pfalz. Burgundersorten und Riesling liegen bei den weißen Sorten im Fokus des jungen Kellermeisters, der letzter Schüler des Weißweinspezialisten Hans-Günter Schwarz bei Müller-Catoir war. Bei den edelsüßen Weinen spielen Rieslaner und Gewürztraminer eine besondere Rolle.

Vorjahre

Wir haben vor zwei Jahren klare und gute Weine verkostet. Die Weißweine waren sortentypisch und reintönig, die beiden Rotweine fein. Im vergangenen Jahr war die Kollektion etwas zurückhaltender, gleichwohl waren die Weine klar und fein und von guter Struktur und Frucht.

Neue Kollektion

Frisch und klar sind die Weißweine auch in diesem Jahr, Chardonnay mit Weißburgunder (Schmelz) und Riesling (Eleganz) ragen etwas heraus. Vom Jahrgang 2011 präsentiert das Weingut einen feinen, eleganten Lemberger mit präzise herausgearbeiteter Frucht. Sehr gut. ◄

H

Die besten deutschen Weinerzeuger und ihre Weine

H

83 2012 Grauburgunder trocken **12,5 %/6,- €**

83 2012 „Frauke" Weißwein trocken **12 %/8,50 €**

84 2012 Chardonnay & Weißburgunder trocken Rosenbühl **13 %/8,- €**

85 2012 Riesling trocken Goldberg **12,5 %/8,- €**

83 2012 Gewürztraminer & Riesling **12,5 %/8,- €**

87 2011 Lemberger trocken Altenberg **13,5 %/10,- €**

★

Harteneck

Wein- und Sektgut $\qquad$ **Baden**

🌱 *Brezelstraße 15, 79418 Schliengen*

Tel. 07635-8837, Fax: 07635-823755

www.weingut-harteneck.de

info@weingut-harteneck.de

Besuchszeiten: Mo.-Fr. 9-19 Uhr, Sa. 9-14 Uhr

Inhaber......................Thomas Harteneck

Rebfläche..............................8 Hektar

Die Weinbautradition der Familie lässt sich bis in die Mitte des 19. Jahrhunderts in die Pfalz zurückverfolgen. Thomas Harteneck bewirtschaftet seine Weinberge nach biodynamischen Grundsätzen, ist Mitglied bei Ecovin und Demeter. Er baut jeweils zur Hälfte rote und weiße Sorten an. Wichtigste rote Rebsorte ist Spätburgunder. Dazu gibt es Dornfelder, Regent, Cabernet Sauvignon und Cabernet Franc. Bei den weißen Sorten überwiegt Gutedel, gefolgt von Weiß- und Grauburgunder. Im Jahr 2000 zog das Weingut in neue Betriebsgebäude, die nach Plänen von Thomas Harteneck nach ökologischen Gesichtspunkten errichtet wurden. Das Weingut ist Demonstrationsbetrieb „Ökologischer Landbau". Seit dem Jahrgang 2003 gibt es die Selektionsreihe „SH", zuletzt wurden Lagenweine herausgestellt (Hellberg, Geigenmantel).

Vorjahre

Vor zwei Jahren war die Kollektion sehr gleichmäßig, unser Favorit war der harmonische Crémant. Eine ebenso gleichmäßige Kollektion präsentierte Thomas Harteneck im vergangenen Jahr. Im weißen Segment gefiel uns der Cabernet Blanc mit seiner feinen süßen Frucht am besten, rot der füllige, kraftvolle Merlot SH.

Neue Kollektion

Die neue Kollektion ist sehr gleichmäßig, bietet zuverlässig gutes Niveau. Am besten gefallen uns die beiden Hellberg-Weine, Cabernet Franc und Merlot, die beide kraftvoll und zupackend sind, noch enorm tanninbetont und jugendlich. ◀

Weinbewertung

82 2012 Gutedel trocken **12 %/6,40 €**

81 2012 Auxerrois „SH" **12 %/8,90 €**

82 2012 Weißburgunder „Geigenmantel" **13 %/12,50 €**

81 2011 Spätburgunder „SH" **13,5 %/11,20 €**

84 2011 Cabernet Franc „Hellberg" **13,5 %/14,50 €**

83 2011 Merlot „Hellberg" **14 %/15,- €**

★

Hauck

Weingut $\qquad$ **Rheinhessen**

Sonnenhof, 55234 Bermersheim vor der Höhe

Tel. 06731-1272,3195, Fax: 06731-45652

www.weingut-hauck.de

vinum@weingut-hauck.de

Besuchszeiten: Mo.-Sa. nach Vereinbarung

Weinproben und Weinseminare

Inhaber........Heinz-Günter und Heike Hauck

Rebfläche..............................30 Hektar

Heinz-Günter Hauck hatte schon in den achtziger Jahren mit der Umstellung hin zu mehr Rotwein begonnen. Neben Spätburgunder, Dornfelder und Portugieser hat er Merlot und Cabernet Sauvignon angepflanzt. Bei den weißen Sorten dominieren Silvaner, Weißburgunder, Grauburgunder, Riesling und Müller-Thurgau.

Vorjahre

Seit der ersten Ausgabe empfehlen wir die Weine von Heinz-Günter Hauck, immer wieder überzeugt er mit seinem guten, gleichmäßigen Niveau. Im Weißweinbereich ist der Grauburgunder seine große Stärke, im roten Segment setzt er mit Erfolg auf Cuvées. Im Jahrgang 2010 waren die Weine durch den Kontrast von Süße und Säure geprägt. Sehr homogen war die letztjährige Kollektion, in der uns im roten Teil St. Laurent und Spätburgunder gut gefielen; im weißen Teil überzeugten der Riesling von alten Reben und die Cuvée aus Weißburgunder und Auxerrois.

Neue Kollektion

Die neue Kollektion ist sehr gleichmäßig, unser eindeutiger Favorit ist ein altbekannter, die trockene Grauburgunder Spätlese. Er zeigt gute Konzentration und reintönige Frucht im Bouquet, ist füllig im Mund, harmonisch und saftig, besitzt reife Frucht und gute Struktur.

Weinbewertung / keine Preisangaben

81 2012 Weißburgunder Auxerrois trocken „Kunststück" **13 %/7,- €**

79 2012 Chardonnay Spätlese trocken Bermersheimer Hildegardisberg **13,5 %/7,- €**

82 2012 Weißburgunder Spätlese trocken **13,5 %/6,50 €**

85 2012 Grauburgunder Spätlese trocken Bermersheimer Hildegardisberg **13,5 %/7,- €**

81 2012 Spätburgunder Rosé trocken **14,5 %/7,- €**

82 2011 Spätburgunder „Reserve" Barrique Bermersheimer Hildegardisberg **13 %/10,- €**

Hauser-Bühler
Weingut   **Baden**

⚑ Neunlindenstraße 34, 79235 Vogtsburg-Bickensohl
Tel. 07662-8280, **Fax:** 07662-8290
www.hauser-buehler.de
info@hauser-buehler.de
Besuchszeiten: täglich nach Vereinbarung

Inhaber . . . . Alexandra Hauser-Bühler
. . . . Hubertus Bühler
Rebfläche . . . . 5 Hektar

Das Weingut wurde 1923 von Adolf Hauser gegründet und unter der Führung seines Sohnes Arno vergrößert und modernisiert. Seit 1990 führen in dritter Generation Alexandra Hauser-Bühler und Hubertus Bühler den Betrieb. Ihre Weinberge befinden sich in den Bickensohler Lagen Herrenstück und Steinfelsen, im Endinger Engelsberg, im Achkarrer Schlossberg und im Ihringer Winklerberg. Sie bauen hauptsächlich die Burgundersorten an, dazu Riesling, Gewürztraminer und Müller-Thurgau. 2012 ist Sohn Felix Bühler in den Betrieb eingestiegen; mit der Betriebserweiterung wurde auf biologischen Weinbau umgestellt.

Vorjahre

Vor zwei Jahren überzeugte die Kollektion weiß wie rot, wurde angeführt von dem barriqueausgebauten Grauburgunder. Die 2011er Weißweine waren klar und geradlinig, von sehr gleichmäßiger Qualität.

Neue Kollektion

Sehr gleichmäßig ist nun die neue Kollektion, zeigt einige interessante Ansätze wie beim Grauburgunder „Pionier" oder dem Riesling „Rebell" aus dem Achkarrer Schlossberg.

Weinbewertung

80 2012 Grauburgunder Kabinett trocken Bickensohler Steinfelsen **13 %/6,50 €**

81 2012 Riesling Kabinett trocken Achkarrer Schlossberg **12,5 %/7,50 €**

81 2012 Weißburgunder Spätlese trocken Bickensohler Steinfelsen **13,5 %/8,50 €**

83 2012 Riesling trocken „Rebell" Achkarrer Schlossberg **13 %/12,- €**

83 2011 Grauburgunder trocken „Pionier" Bickensohler Herrenstück **14,5 %/15,- €**

82 2009 Spätburgunder Spätlese trocken Barrique Endinger Engelsberg **14,5 %/14,50 €**

Hausknecht ★★

Weingut   **Franken**

Würzburger Straße 59, 97250 Erlabrunn
Tel. 09364-2533, Fax: 09364-79346
www.weingut-hausknecht.de
weingut-hausknecht@t-online.de
Besuchszeiten: Mo.-Sa. 8-18 Uhr und nach
Vereinbarung
Heckenwirtschaft

Inhaber...................... Frank Hausknecht
Rebfläche........................... 9,8 Hektar

Das Weingut Hausknecht war früher ein landwirtschaftlicher Gemischtbetrieb, der sich seit den achtziger Jahren ganz auf Wein- und Obstbau konzentrierte und die Rebfläche stetig vergrößerte. 1990 wurden die Betriebsgebäude erweitert, seit 1992 gibt es zweimal jährlich eine Heckenwirtschaft. 1997 übernahm Monika Laudenbach-Hausknecht den elterlichen Betrieb, den sie heute mit ihrem Ehemann Frank Hausknecht führt, der für Weinbau und Vinifikation verantwortlich ist. Ihre Weinberge liegen im Erlabrunner Weinsteig, Escherndorfer Lump und in der Obereisenheimer Höll. Weiße Rebsorten nehmen 80 Prozent der Rebfläche ein: Müller-Thurgau, Silvaner, Bacchus, Kerner, Scheurebe, Weißburgunder und Riesling. An roten Sorten bauen sie Spätburgunder, Domina und Dornfelder an.

Vorjahre

Silvaner Spätlese trocken (2010) und Riesling Spätlese trocken (2009), beide aus dem Escherndorfer Lump, waren vor zwei Jahren unsere Favoriten in einer sehr gleichmäßigen, überzeugenden Kollektion. Sehr gleichmäßig präsentierte sich die letztjährige Kollektion mit reintönigen, fruchtbetonten Weinen. Besonders gut gefielen uns die Silvaner Spätlese aus dem Lump, die trockene Riesling Spätlese, Jahrgang 2010, ebenfalls aus dem Lump, die Bacchus Spätlese und der im Barrique ausgebaute Spätburgunder.

Neue Kollektion

Die neue Kollektion gefällt uns sehr gut, präsentiert sich homogen auf gutem Niveau, schon der Silvaner Kabinett bereitet viel Freude. Highlights aber sind einmal mehr die drei trockenen Spätlesen, der kraftvolle, harmonische Riesling aus dem Lump, der saftige, konzentrierte Silvaner, ebenfalls aus dem Lump, und eine frische, wunderschön reintönige und harmonische süße Bacchus Spätlese aus der Weinsteige. ◀

Weinbewertung

84 2012 Silvaner Kabinett trocken Erlabrunner Weinsteig **12 %/5,- €** ☺
86 2012 Silvaner Spätlese trocken Escherndorfer Lump **13,5 %/7,20 €**
85 2011 Riesling Spätlese trocken Escherndorfer Lump **14 %/7,20 €**
83 2012 Weißburgunder Kabinett Obereisenheimer Höll **13 %/5,50 €**
85 2012 Bacchus Spätlese Erlabrunner Weinsteig **12 %/6,50 €**
82 2011 Domina Spätlese trocken Erlabrunner Weinsteig **13,5 %/8,- €**

Freiherr von **Heddesdorff** ★

Weingut   **Mosel**

Am Moselufer 10, 56333 Winningen,
Tel. 02606-962033, Fax: 02606-962034
www.vonheddesdorff.de
weingut@vonheddesdorff.de
Besuchszeiten: nach Vereinbarung
3 Ferienwohnungen

Inhaber...................... Andreas von Canal
Rebfläche........................... 5,3 Hektar

Seit 1424 befindet sich das Weingut in Familienbesitz, das Gutsgebäude gehört zu den ältesten Häusern Winningens. Die Hälfte der

Weinberge von Andreas von Canal liegt im bekannten Winninger Uhlen, dazu besitzt er Weinberge in den Lagen Röttgen und Brückstück. Er baut ausschließlich Riesling an. Die Weine werden mit den natürlichen Hefen reduktiv im Edelstahl vergoren und sind in den meisten Fällen schon jung zugänglich, sie zeigen oft eine leicht hefegeprägte Würze. 2012 wurde eine neue Kelter- und Abfüllhalle gebaut, zukünftig soll verstärkt mit Maischestandzeiten gearbeitet werden.

Vorjahre

2010 lagen die Stärken eindeutig im süßen Segment. 2011 wurde so früh wie noch nie mit der Lese begonnen; der füllige, kraftvolle Uhlen Baron mit bitter-mineralischen Noten im Abgang machte die beste Figur.

Neue Kollektion

Gleiches gilt 2012: Der Uhlen Baron ragt aus dem Sortiment hervor, ist konzentriert und füllig, besitzt Substanz und Wärme. ◄━

Weinbewertung

80   2012 Riesling trocken **12 %/5,50 €**

81   2012 Riesling Kabinett trocken Winninger Uhlen **12 %/7,50 €**

83   2012 Riesling Spätlese trocken Winninger Röttgen **13 %/11,- €**

86   2012 Riesling Spätlese trocken „Uhlen Baron" Winninger Uhlen **13 %/13,- €**

79   2012 Riesling Kabinett „feinherb" Winninger Uhlen **11 %/7,50 €**

80   2012 Riesling Spätlese „feinherb" Winninger Brückstück **12,5 %/11, €**

★★☆

Hedesheimer Hof
Weingut Beck   **Rheinhessen**

Schildweg 2, 55271 Stadecken-Elsheim
Tel. *06136-2487,* **Fax:** *06136-924413*
www.hedesheimer-hof.de
weingut@hedesheimer-hof.de
Besuchszeiten: *Mo.-Fr. 14-19 Uhr, Sa. 9-16 Uhr und nach Vereinbarung*

Inhaber . . . . Michael Beck
Rebfläche . . . . 26,5 Hektar

Gut ein Drittel der Weinberge von Michael Beck sind mit Rotweinreben bepflanzt, vor allem Portugieser, Spätburgunder und Dornfelder, aber auch ein wenig Frühburgunder und St. Laurent. Hinzu kommt Riesling als wichtigste Weißweinsorte, gefolgt von Weiß- und Grauburgunder, Silvaner, Kerner und ein klein wenig Müller-Thurgau, dessen Anteil reduziert wurde. Dafür wurde Auxerrois angepflanzt, der auch im Barrique ausgebaut wird. Die Reben stehen auf unterschiedlichen Böden, in Stadecken in den Lagen Lenchen (Löss) und Spitzberg (Pelosol), in Elsheim in den Lagen Bockstein und Blume (Kalkmergel), sowie im Jugenheimer Goldberg. Alle Weißweine werden, nach Ganztraubenpressung, gezügelt vergoren und in Edelstahltanks ausgebaut. Die Rotweine werden ausschließlich im Holzfass ausgebaut.

Vorjahre

Der Hedesheimer Hof gehört seit über einem Jahrzehnt zu den immer zuverlässigen und überzeugenden Betrieben in Rheinhessen. Die trockenen Weißweine besitzen Fülle und Substanz, sind immer aber von merklicher Restsüße geprägt. Wenn es der Jahrgang erlaubt, werden die Kollektionen mit edelsüßen Rieslingen gekrönt. 2010 behauptete sich Michael Beck gut, bot eine gleichmäßige Kollektion, in der uns die weißen Burgunder in der Spitze noch ein klein wenig besser gefielen als die Rieslinge. Mit der letztjährigen Kollektion gewannen in der Spitze die Weine an Profil, so der Riesling-Lagenwein aus der Blume und sein Pendant vom Spitzberg, Jahrgang 2010, noch ein klein wenig besser gefiel uns der Auxerrois.

Neue Kollektion

Sehr gleichmäßig präsentiert sich die neue Kollektion, überzeugt mit dem durchweg guten Niveau aller Weine, weiß wie rot. Unser Favorit ist der Riesling von alten Reben aus dem

H

Spitzberg, der gute Länge im Bouquet zeigt, etwas Zitrus, füllig und kraftvoll im Mund ist, jugendlich, dezent mineralische Noten aufweist. Auch der reintönige Riesling aus der Blume ist sehr gut, ebenso der füllige Weißburgunder und der rauchige Auxerrois. ◄—

Weinbewertung

81   2012 Grauburgunder Kabinett trocken Stadecker Lenchen   **12,5 %/5,10 €**

82   2012 Riesling Kabinett trocken Stadecker Lenchen   **11,5 %/5,10 €**

83   2012 Riesling trocken „Terra Fusca"   **12 %/7,50 €**

84   2012 Sylvaner Spätlese trocken „Herzstück" Stadecker Lenchen   **12,5 %/7,50 €**

85   2012 Weißburgunder Spätlese trocken „Alte Reben" Elsheimer Blume   **13,5 %/7,50 €**

82   2012 Grauburgunder Spätlese trocken „Alte Reben" Stadecker Lenchen   **14 %/7,- €**

85   2012 Riesling trocken „Marhans" Elsheimer Blume   **12 %/11,80 €**

87   2012 Riesling trocken „Pelosol Alte Reben" Stadecker Spitzberg   **12 %/11,80 €**

85   2011 Auxerrois Spätlese trocken Stadecker Spitzberg   **13,5 %/11,80 €**

83   2012 Riesling Spätlese „Late Night" Stadecker Lenchen   **8,5 %/6,90 €**

85   2009 Blauer Spätburgunder trocken Barrique Selection Rhh Elsheimer Bockstein **14,5 %/10,20 €**

82   2009 St. Laurent trocken Barrique Jugenheimer Goldberg   **14,5 %/11,80 €**

Hees
Weingut   ★ ★

Nahe

Zur feuchten Ecke 6, 55569 Auen
Tel. *06754-373,* **Fax:** *06754-946925*
www.jaegerauskurpfalz.de
info@jaegerauskurpfalz.de
Besuchszeiten: *täglich 10-20 Uhr*
Landgasthof und Pension

Inhaber .... Marcus Hees
Rebfläche .... 5 Hektar

Seit 1824 ist das Weingut im Familienbesitz, seit 2007 wird es von Marcus Hees geführt, der damals seine Ausbildung zum Weinbautechniker beendete. Er setzt verstärkt auf Riesling und möchte in den kommenden Jahren die Rebfläche erweitern. In den Auener Lagen Römerstich und Kaulenberg wachsen die Reben auf unterschiedlich zusammengesetzten Böden aus Sandstein, Schiefer und Tonschiefer.

Vorjahre

2010 präsentierten sich zwei Rieslinge aus dem Römerstich auf sehr gutem Niveau, die Auslese und der trockene Vertreter führten zusammen eine überzeugende Kollektion mit reintönigen Weinen an. Die 2011er Kollektion führte das konsequent fort: Die trockenen Rieslinge aus dem Römerstich und dem Halenberg waren kraftvoll und füllig mit guter Substanz, die Römerstich-Beerenauslese zeigte Frische, Dichte und klare Frucht.

Neue Kollektion

2012 fiel ein Drittel der Ernte Vögeln und Wild zum Opfer, was Marcus Hees an Weinen erzeugen konnte, überzeugt dafür aber auf ganzer Linie: Der Weißburgunder zeigt viel cremigen Schmelz und gute Substanz, unter den trockenen Rieslingen sehen wir in diesem Jahr den Halenberg vorne, da er noch einen Tick präziser und mineralischer ist als der Wein aus dem Römerstich. Spät- und Auslese aus dieser Lage besitzen viel klare Frucht, Eleganz und Frische. ◄—

Weinbewertung

86   2012 Weißburgunder „S" trocken Auener **13,5 %/8,60 €**

85   2012 Riesling „S" trocken Auener   **12,5 %/8,60 €**

87   2012 Riesling trocken Auener Römerstich **13 %/12,- €**

88   2012 Riesling trocken Monzinger Halenberg **13 %/12,- €**

86   2012 Riesling Spätlese Auener Römerstich **7,5 %/8,80 €**

88   2012 Riesling Auslese Auener Römerstich **7,5 %/12,60 €**

★★★★★

Dr. **Heger**
Weingut **Baden**

Bachenstraße 19, 79241 Ihringen
Tel. 07668-995110 *Fax:* 07668-9300
www.heger-weine.de
info@heger-weine.de
Besuchszeiten: Mo.-Fr. 8-12 + 13:30-17:30 Uhr,
Sa. 10-14 Uhr und nach Vereinbarung

Inhaber.............. Sylvia und Joachim Heger
Außenbetriebsleiter............ Jürgen Kühnle
Kellermeister....................... Jürgen Jehle
Rebfläche............................ 25 Hektar

Das 1935 von Dr. Max Heger gegründete Weingut wurde ab 1949 von seinem Sohn Wolfgang (genannt Mimus) geführt. Dessen Sohn Joachim trägt seit 1981 die Verantwortung im Keller, 1992 übernahm Joachim Heger zusammen mit Ehefrau Silvia das Gut. Die Weinberge von Joachim Heger befinden sich vor allem in den Lagen Ihringer Winklerberg und Achkarrer Schlossberg, etwas auch im Freiburger Schlossberg. Wichtigste Rebsorten sind Spätburgunder, Riesling, Grauburgunder, Weißburgunder und Silvaner. Dazu gibt es Chardonnay und Muskateller, aber auch etwas Scheurebe, Cabernet Sauvignon, Müller-Thurgau und Gewürztraminer. Für die ökologische Ausrichtung der Arbeit in den Weinbergen hat Joachim Heger Claude Bourguignon als Berater verpflichtet. 95 Prozent der Weine baut Joachim Heger durchgegoren aus. Als Zweitmarke führt Joachim Heger das 1986 gegründete „Weinhaus Joachim Heger", dessen Weine aus den Erträgen einer Erzeugergemeinschaft entstehen. Die besten Weine aus Winklerberg und Schlossberg werden intern mit 3 Sternen klassifiziert. 3 Sterne erhalten, wenn es der Jahrgang zulässt, nicht nur die besten Weißburgunder, Grauburgunder, Spätburgunder und Rieslinge, sondern auch die Spitzen-Silvaner und -Muskateller.

Vorjahre _____

2010 waren die Weißburgunder wieder bärenstark – und noch enorm jugendlich, unsere leichte Präferenz galt wieder dem Wein aus dem Schlossberg. Noch ein klein wenig spannender fast fanden wir die druckvollen Grauburgunder, auch hier mit ganz leichter Präferenz für den Schlossberg; Riesling und Silvaner begeisterten uns erneut, der Riesling aus dem Schlossberg und der Silvaner aus dem Winklerberg waren noch druckvoller, noch nachhaltiger als ihre Vorgänger. Im roten Segment gab sich der Häusleboden 2009 noch ein wenig zugeknöpft, wie auch sein kleinerer Bruder aus dem Winklerberg, der Spätburgunder aus dem Schlossberg war wesentlich präsenter, wie oft in diesem Stadium, die Winklerberg-Spätburgunder brauchen eben ein klein wenig länger bis sie offenbaren, was in ihnen steckt. Aus eins mach drei: 2011 gab es gleich drei Große Weißburgunder-Gewächse aus dem Winklerberg, die auf die Namen Rappenecker, „Gras im Ofen" und „vorderer Berg" hören, alle drei waren hervorragend, gleiches gilt für die beiden Grauburgunder, die beiden Rieslinge, den druckvollen Silvaner aus dem Schlossberg oder den faszinierenden Chardonnay. Ganz großartig war aber auch der rote Teil der Kollektion, brachte einen feinen Mimus und drei wirklich große „Große Gewächse", allen voran der Häusleboden.

Weißburgunder _____

Starke Weißburgunder-Riege: Auf den saftigen, wunderschön harmonischen Winklerberg-Weißburgunder folgen allesamt hervorragende Große Gewächse, drei aus dem Winklerberg, eines aus dem Schlossberg, von dem wir aber dafür zwei Jahrgänge vorstellen. Der Wein vom vorderen Berg ist füllig und konzentriert, besitzt gute Struktur und Substanz, ist enorm jugendlich, der „Gras im Ofen" ist fruchtbetont im Bouquet, frisch und reintönig im Mund, fruchtbetont und zupackend, besitzt feinen Biss, der Rappenecker ist druckvoll, zupackend, enorm jugendlich. Der Wein aus dem Schlossberg besitzt Fülle und Kraft, reife Frucht und

H

Die besten deutschen Weinerzeuger und ihre Weine

Substanz, ist strukturiert und enorm jugendlich, selbst der 2011er ist noch sehr sehr jung, kraftvoll und konzentriert, viel Weißburgunder!

Grauburgunder _____

Beim Grauburgunder das gleiche Spiel: Saftiger, reintöniger Winklerberg-Wein, dann hervorragende Große Gewächse, diesmal allerdings nur zwei. Der Winklerberg-Wein zeigt reife reintönige Frucht im Bouquet, ist fruchtbetont und wunderschön reintönig im Mund, besitzt Fülle und Kraft. Der Schlossberg-Grauburgunder zeigt dezent Gewürze im Bouquet, gute Konzentration, besitzt enorm viel Kraft und Stoff, ist sehr verschlossen, besitzt aber sehr viel Potenzial.

Chardonnay _____

Hervorragend allesamt, das Potenzial für Chardonnay in Baden ist groß, wir begrüßen, dass der badische VDP Chardonnay als Großes Gewächs zulässt. Der 2011er Barrique-Chardonnay vom Winklerberg ist konzentriert und kraftvoll, enorm dominant und jugendlich, besitzt viel Stoff und Substanz; der 2012er besitzt ebenfalls enorme Fülle und Kraft, zeigt etwas Vanille im Bouquet und viel reife Frucht, ist stoffig und jugendlich. Der „Gras im Ofen" zeigt Toast und Gewürze im Bouquet, ist frisch und lebhaft im Mund, besitzt herrlich viel Frucht, gute Struktur und Druck, ist lang und nachhaltig.

Sonstige Weißweine _____

Der Silvaner ist klar und geradlinig, der Riesling fruchtbetont, klar und präzise, die beiden Großen Riesling-Gewächse unterscheiden sich stark, der Wein aus dem Schlossberg ist konzentriert und würzig, besitzt Fülle, Saft und Kraft, der aus dem Winklerberg ist kraftvoller und präziser, besitzt Druck, mineralische Noten und viel Nachhall. Gewürztraminer und Muskateller Spätlese wurden ebenfalls vorgestellt, noch faszinierender ist der Muskateller als Auslese und Beerenauslese, alle sind wunderschön reintönig.

Rotweine _____

Der Novis besitzt viel Duft, Fülle und reife Frucht, der Mimus feine rauchige Noten und reintönige Frucht. Das Große Gewächs vom Winklerberg ist kraftvoll und konzentriert, noch enorm tanninbetont, der Häusleboden zeigt eindringlich Gewürze im Bouquet, reife Frucht, viel Konzentration, besitzt viel Druck und Kraft im Mund, viel Präzision, ist enorm jugendlich und hat viel Potenzial. Wesentlich offener in der Frucht und dadurch zugänglicher ist der Wein aus dem Schlossberg, zeigt gute Konzentration im Bouquet, Gewürze, reife Frucht, besitzt Fülle und Kraft, Substanz und eine enorme Konzentration. ◄

Weinbewertung _____

88 2012 Silvaner trocken Ihringer Winklerberg
12 %/10,80 €

88 2012 Riesling trocken Ihringer Winklerberg
16,50 €

89 2012 Weißburgunder trocken Ihringer Winklerberg **13,5 %/17,40 €**

89 2012 Grauburgunder trocken Ihringer Winklerberg **13,5 %/17,40 €**

91 2012 Riesling*** „GG" „v.B." Ihringer Winklerberg **26,50 €**

89 2012 Riesling*** „GG" Achkarrer Schlossberg **26,50 €**

91 2012 Weißburgunder „GG" „v.B." Ihringer Winklerberg **14 %/26,50 €**

91 2012 Weißburgunder „GG" „Rappenecker" Ihringer Winklerberg **13,5 %/26,50 €**

91 2012 Weißburgunder „GG" „Gras im Ofen" Ihringer Winklerberg **13,5 %/26,50 €**

93 2011 Weißburgunder*** „GG" Barrique Achkarrer Schlossberg **13,5 %/24,- €** ☺

92 2012 Weißburgunder „GG" Barrique Achkarrer Schlossberg **14 %/26,50 €**

92 2012 Grauburgunder „GG" „v.B." Ihringer Winklerberg **14 %/26,50 €**

91 2012 Grauburgunder „GG" Barrique Achkarrer Schlossberg **14 %/26,50 €**

92 2011 Chardonnay*** Spätlese trocken Barrique Ihringer Winklerberg **13,5 %**

93 2012 Chardonnay trocken Barrique Ihringer Winklerberg **21,50 €** ☺

93 2012 Chardonnay „GG" „Gras im Ofen" Ihringer Winklerberg **13 %/26,50 €**

87 2012 Muskateller Spätlese Ihringer Winkler-

H

berg **8,5 %/26,50 €**

87 2011 Gewürztraminer Spätlese Ihringer Winklerberg **10,5 %/16,50 €**

88 2012 Gewürztraminer Spätlese **8,5 %/17,40 €**

89 2012 Muskateller Auslese Ihringer Winklerberg **9,5 %//0,375l**

91 2012 Muskateller Beerenauslese Ihringer Winklerberg **6,5 %/45,70 €/0,375l**

88 2010 „Novis" Rotwein trocken Barrique Ihringer Winklerberg **13,5 %/25,20 €**

88 2011 „Mimus" Spätburgunder trocken Ihringer Winklerberg **13,5 %/25,20 €**

93 2011 Spätburgunder*** „GG" Achkarrer Schlossberg **13,5 %/47,50 €**

90 2011 Spätburgunder*** „GG" Ihringer Winklerberg **13,5 %/47,50 €**

93 2011 Spätburgunder*** „GG" „Häusleboden" Ihringer Winklerberg **13,5 %**

Heid
Weingut

★★★★

Württemberg

Cannstatter Straße 13/2, 70734 Fellbach
Tel. 0711-584112, *Fax:* 0711-583761
www.weingut-heid.de
info@weingut-heid.de
Besuchszeiten: Mo.-Fr. 17-19 Uhr, Sa. 9-13 Uhr

Inhaber............................Markus Heid
Rebfläche............................7,5 Hektar

Das Weingut Heid ist aus einem ehemaligen Gemischtbetrieb entstanden, der neben Weinbau vor allem Obstbau betrieb. Markus Heid hat das Weingut 1996 von seinen Eltern übernommen. Er setzte verstärkt auf Qualität und ging „weg von der Literflasche und vom Trollinger", der bei seiner Betriebsübernahme über die Hälfte der Weinberge einnahm. Seine Weinberge liegen vor allem in Fellbach in den Lagen Goldberg und Lämmler, hinzu kommen weitere Parzellen im Remstal, in Stetten (Pulvermächer) und Neustadt. Drei Viertel seiner Weinberge sind mit roten Reben bepflanzt, vor allem Lemberger, Trollinger und Spätburgunder, aber auch Cabernet Mitos, Regent, St. Laurent, Cabernet Dorio, Cabernet Dorsa, Merlot, Samtrot und Syrah. Wichtigste Weißweinsorte ist Riesling. Zuletzt hat er Sauvignon Blanc und Johanniter gepflanzt. Die Weißweine werden kühl und langsam vergoren und ebenso wie Trollinger und Rosé lange auf der Feinhefe ausgebaut. Die Weine wurden bisher mit einer bis drei Trauben klassifiziert, mit der Aufnahme in den VDP hat Markus Heid das System angepasst in Guts-, Orts- und Lagenweine. Die roten Gutsweine werden 4 bis 8 Monate in gebrauchten Barriques ausgebaut, die Ortsweine kommen 7 bis 11 Monate teils in gebrauchte, teils in neue Barriques, die Lagenweine schließlich bleiben 15 bis 22 Monate im Barrique, bei hohem Neuholzanteil. Die Weinberge werden biologisch bewirtschaftet.

Vorjahre ─────────

Als wir in der ersten Ausgabe die Weine von Markus Heid empfahlen, waren er und das Weingut weitgehend unbekannt. Seither hat er uns Jahr für Jahr mit sehr guten Kollektionen erfreut, nicht nur mit kraftvollen Rotweinen, die den größten Anteil seiner Produktion ausmachen, auch mit fülligen, fruchtintensiven Weißweinen von Riesling und Sauvignon Blanc vermochte er uns immer wieder zu überraschen. Vor zwei Jahren präsentierte Markus Heid wieder drei sehr gute Barrique-Rotweine, noch besser aber bewerteten wir den faszinierenden Sauvignon Blanc; wie gewohnt war die gesamte Kollektion durchgängig auf gutem und sehr gutem Niveau. Auch 2011 war der intensive Sauvignon Blanc sehr gut, noch besser aber gefiel uns unter den Weißweinen der Riesling aus dem Pulvermächer. Im roten Segment waren die beiden Barriqueweine des Jahrgangs 2010 aus dem Lämmler die Stars, Spätburgunder und Lemberger, allerdings machten ihnen die herrlich fruchtbetonten 2-Sterne-Weine des Jahrgangs 2011 starke Konkurrenz.

Weißweine

Auch die neue Kollektion ist stark, zuverlässig gut präsentieren sich wie gewohnt schon die Gutsweine wie der klare, zupackende Riesling Kabinett. Der Fellbacher Riesling ist konzentriert im Bouquet, zeigt reife Frucht, gelbe Früchte, ist füllig und kraftvoll im Mund bei reifer Frucht und guter Struktur – ein klasse Ortswein. Eine weitere Steigerung bringt der herrlich füllige, saftige Riesling aus dem Pulvermächer, betört mit seiner reintönigen Frucht. Eine sichere Bank ist auch einmal mehr der Sauvignon Blanc: Füllig und kraftvoll, klar und zupackend.

Rotweine

Die roten Ortsweine des Jahrgangs 2012 besitzen Struktur und Kraft, sind fruchtbetont, frisch und zupackend, unsere leichte Präferenz gilt dem reintönigen Syrah. Klar besser aber sind die Lagenweine des Jahrgangs 2011, und so soll es ja auch sein. Der Lemberger ist kraftvoll und strukturiert, besitzt viel reife Frucht und gute Substanz wie auch die rote Cuvée Melchisedec, die ganz dezent Kaffeenoten im Bouquet zeigt, im Mund aber herrlich füllig und kraftvoll ist, gute Struktur und Länge besitzt. Ebenso hoch haben wir den Spätburgunder aus dem Lämmler bewertet, der gute Konzentration im Bouquet zeigt, etwas rauchige Noten und klare Frucht, füllig und kraftvoll im Mund ist, reife Frucht besitzt, gute Struktur und Substanz bei noch jugendlichen Tanninen. ◀

Weinbewertung

85 2012 Riesling Kabinett trocken 12,5 %/7,50 €
84 2012 Silvaner trocken Neustädter 12 %/9,50 €
86 2012 Riesling und Sauvignon Blanc trocken 13 %/9,50 €
88 2012 Riesling trocken Fellbacher 13 %/9,50 €
88 2012 Sauvignon Blanc trocken Fellbacher Lämmler 13,5 %/16,50 €
89 2012 Riesling trocken Stettener Pulvermächer 13,5 %/16,50 €
86 2012 „Cuvée R" Rotwein trocken Fellbacher 13 %/10,50 €
86 2012 St. Laurent trocken Fellbacher 13 %/12,50 €
87 2012 Syrah trocken Fellbacher 13 %/13,50 €
89 2011 Lemberger trocken Fellbacher Lämmler 14 %/23,- €
90 2011 „Melchisedec" Rotwein trocken Fellbacher 13,5 %/23,- €
90 2011 Spätburgunder trocken Fellbacher Lämmler 13 %/23,- €

★★★

Dr. **Heigel**
Weingut   **Franken**

Haßfurter Straße 30, 97475 Zeil am Main
Tel. 09524-3110, **Fax:** 09524-3109
weingut-dr-heigel-t-online.de
Besuchszeiten: *jederzeit, mit Bitte um Vereinbarung Probierstube (Weinproben bis 60 Personen), Hofschoppentage am letzten Maiwochenende*

Inhaber . . . . Dr. Klaus-Peter Heigel
Rebfläche . . . . 13,8 Hektar

Die Weinberge von Klaus-Peter Heigel liegen vor allem in Zeil, wo ihm die Lage Zeiler Mönchshang im Alleinbesitz gehört, aber auch in Kitzingen (Hofrat), Randersacker (Pfülben, Sonnenstuhl) und Würzburg (Abtsleite). Neben Silvaner und Müller-Thurgau baut er vor allem Rieslaner, Weißburgunder, Riesling, Kerner und Bacchus an. Rote Sorten nehmen ein Viertel der Fläche ein.

Vorjahre

Vor zwei Jahren waren die Basisweine fruchtbetont und frisch, die trockene Silvaner Spätlese besaß Substanz und Kraft, noch besser gefiel uns der kraftvolle, nachhaltige Weißburgunder. 2010 war der Merlot kraftvoll und klar, besaß gute Fülle und Frucht. Das weiße Segment präsentierte sich 2011 stimmig wie in den Vorjahren: Angefangen vom Müller-Thurgau bis hin zu den trockenen Spätlesen überzeugten alle Weine mit reintöniger Frucht, guter Fülle und Frische, der Weißburgunder „S" gefiel uns, wie so oft, besonders

H

Die besten deutschen Weinerzeuger und ihre Weine

gut, ganz faszinierend war aber auch, was Klaus-Peter Heigel an reintönigen edelsüßen Silvanern 2011 auf die Flasche gebracht hatte.

Neue Kollektion

Genauso stark ist nun auch die neue Kollektion, schon der Bacchus im Liter bereitet Freude, die Kabinettweine sind alle fruchtbetont und reintönig, die trockenen Spätlesen allesamt sehr gut. Der Silvaner besitzt Fülle und Saft, der Weißburgunder gute Struktur, Frische und Kraft, der Riesling ist kraftvoll, klar und zupackend. Die edelsüßen Weine sind alle konzentriert und dominant, Spätburgunder und Merlot sind klar und strukturiert: Solche Jahr für Jahr zuverlässigen, stimmigen Kollektionen mögen wir sehr. ◄━

Weinbewertung

84 2012 Müller-Thurgau trocken „Frank & Frei"
    12 %/6,- €

84 2012 Silvaner Kabinett trocken Randersackerer Sonnenstuhl 12,5 %/7,- €

85 2012 Weißburgunder Kabinett trocken Kitzinger Hofrat 12,5 %/7,- €

84 2012 Riesling Kabinett trocken Randersackerer Pfülben 12 %/7,- €

86 2012 Spätburgunder „Blanc de Noir" Spätlese trocken 13,5 %/10,- €

88 2012 Silvaner Spätlese trocken Zeiler Mönchshang 13,5 %/10,- € ☺

88 2012 Riesling Spätlese trocken Zeiler Mönchshang 13 %/11,- €

88 2012 Weißburgunder „S" Spätlese trocken
    14 %/14,- €

83 2012 Bacchus (1l) Zeiler Kapellenberg
    11,5 %/6,- €

87 2012 Silvaner Beerenauslese Zeiler Mönchshang 8,5 %/18,- €/0,375l

88 2012 Rieslaner Beerenauslese Zeiler Mönchshang 7 %/18,- €/0,375l

87 2012 Rieslaner Eiswein Zeiler Mönchshang
    7 %/30,- €/0,375l

88 2012 Riesling Trockenbeerenauslese Zeiler Mönchshang 7,5 %/36,- €/0,375l

86 2011 Merlot „S" trocken 14 %/18,- €

86 2011 Spätburgunder trocken 13,5 %/19,50 €

★★

Heilig Grab
Weingut

Mittelrhein

Zelkesgasse 12, 56154 Boppard
Tel. 06742-2371, *Fax:* 06742-81220
www.heiliggrab.de
weinhausheiliggrab@t-online.de
Besuchszeiten: Öffnungszeiten der Weinstube
älteste Weinstube in Boppard, Gartenwirtschaft
unter Kastanienbäumen, täglich ab 15 Uhr geöffnet
(außer dienstags)
5 Gästezimmer

Inhaber . . . . Rudolf Schoeneberger
Rebfläche . . . . 3,5 Hektar

Das Weingut Heilig Grab ist ein ganz und gar im Ort integrierter Betrieb, der seine Weine zum größten Teil in der eigenen Weinstube mit Gartenwirtschaft verkauft, die sich seit mehr als 200 Jahren in Familienbesitz befindet. Die Weinberge verteilen sich über fünf Einzellagen des Bopparder Hamm, alle reine Seilzuglagen. Hauptrebsorte ist Riesling mit einem Anteil von 80 Prozent. Daneben werden Spätburgunder und etwas Kerner angebaut. Das Gros seiner Weine baut Rudolf Schoeneberger trocken oder halbtrocken aus, immer wieder gehören aber auch geradlinige, frisch wirkende Auslesen zum Programm. Die Weine werden im Edelstahl vergoren und je nach Bedarf anschließend in Eichenfässern gereift.

Vorjahre

2010 lagen die Stärken im restsüßen Segment, das angeführt wurde von einer feinen Auslese und der „feinherben" Spätlese. Die trockenen Weine waren allerdings weniger komplex als in den vorausgegangenen Jahren. 2011 gefielen die trockenen Weine durch ihre gute Balance zwischen Fülle und Frische.

Neue Kollektion

Die 2012er Weine gefallen mit ihrer saftigen, rassigen Art – beispielsweise das Hochgewächs aus dem Mandelstein oder die restsüße

H

Die besten deutschen Weinerzeuger und ihre Weine

Spätlese aus der Lage Feuerlay. Besonders erwähnenswert ist die Tatsache, dass die nominell trockenen Weine tatsächlich trocken wirken und nicht an der obersten Schwelle des erlaubten Restzuckerwertes liegen, wie dies bei vielen anderen Weingütern der Fall ist. Beim komplexen, würzigen „Meisterstück"-Riesling und der nicht weniger gelungenen „normalen" Spätlese wird dies besonders deutlich. ◀

Weinbewertung _____

83 2012 Riesling Hochgewächs trocken Bopparder Hamm Fässerlay **12 %/5,20 €**

86 2012 Riesling Spätlese trocken Bopparder Hamm Feuerlay **12,5 %/7,80 €**

86 2012 Riesling Spätlese* trocken „Meisterstück" Bopparder Hamm Feuerlay **13,5 %/11,50 €**

85 2012 Riesling Hochgewächs halbtrocken Bopparder Hamm Mandelstein **11,5 %/5,20 €** ☺

86 2012 Riesling Spätlese* halbtrocken Bopparder Hamm Mandelstein **12 %/9,50 €**

86 2012 Riesling Spätlese Bopparder Hamm Feuerlay **9 %/7,80 €**

★★☆

Heilmann
Weingut **Franken**

Bogenstraße 10, 63755 Alzenau-Michelbach
***Tel.** 06023-2502, **Fax**: 06023-310921*
www.weingut-heilmann.de
info@weingut-heilmann.de
***Besuchszeiten**: Weinstube Apostelgarten*
(Vinothek): Di.-Fr. 14:30-18:30 Uhr, Sa. 9-15 Uhr oder
nach Vereinbarung; Häckerwirtschaft (2 x im Jahr)

Inhaber .... Armin Heilmann
Rebfläche .... 3,5 Hektar

Nach dem Tod seines Vaters hat Armin Heilmann 1978 den Obst- und Gemüsehandel seiner Familie übernommen. Großvater Josef Gündling hatte mit dem Weinbau begonnen, unter seiner Anleitung begann Armin Heilmann sich intensiver mit Weinbau zu beschäftigen. Anfangs gab es nur Weißweine im Betrieb, 1991 wurde der erste Spätburgunder abgefüllt. Seit der Modernisierung des Betriebes 1994 gibt es eine Häckerwirtschaft in einer ehemaligen Scheune. Armin Heilmanns Weinberge liegen vor allem in den Michelbacher Lagen Apostelgarten und Steinberg, aber auch in Wasserlos (Schlossberg) und Hörstein (Abtsberg). Wichtigste Rebsorten sind Riesling, Silvaner und Spätburgunder, dazu gibt es Weißburgunder, Frühburgunder und St. Laurent.

Vorjahre _____

Die 2010er Weißweine präsentierten sich fruchtbetont, frisch und klar, besaßen aber nicht ganz die Fülle und Komplexität der 2009er. Dafür entschädigten vor zwei Jahren die Barrique-Rotweine, allen voran der kompromisslos vinifizierte Spätburgunder, ein Wein, der auch in vielen Jahren noch Freude bereiten wird. Die letztjährige Kollektion war stark, brachte frische, feine Weißweine und kraftvolle Rotweine. Weißburgunder und Silvaner gefielen uns sehr gut, unter den drei restsüßen Spätlesen gefiel uns der klare, zupackende Riesling aus dem Apostelgarten am besten; rot trumpfte Armin Heilmann mit einem rauchigen, konzentrierten St. Laurent und einem kraftvollen Spätburgunder auf.

Neue Kollektion _____

Auch die neue Kollektion ist ganz stark, bietet gutes Niveau schon bei den Basisweinen. Die Kabinettweine sind klar und fruchtbetont, wie der frische, zupackende Bacchus, der strukturierte, druckvolle Riesling oder der füllige Weißburgunder. Noch besser ist die reintönige, trockene Riesling Spätlese aus dem Apostelgarten, die füllig und kraftvoll ist, zupackend und frisch. Im roten Segment wartet Armin Heilmann gleich mit zwei sehr guten Spätburgundern auf, beide reintönig, frisch und zupackend bei guter Struktur, der Wein aus dem Steinberg mit etwas kräftigeren Tanninen als der aus dem Apostelgarten. ◀

Weinbewertung

82 2012 „Summertime" Weißwein trocken
11,5 %/6,50€

82 2012 Müller-Thurgau Kabinett trocken Michelbacher Steinberg **12 %/7,50€**

85 2012 Weißburgunder Kabinett trocken Michelbacher Apostelgarten **12,5 %/9,50€**

86 2012 Riesling Kabinett trocken Michelbacher Apostelgarten **12,5 %/9,50€**

87 2012 Riesling Spätlese trocken Michelbacher Apostelgarten **13 %/15,-**

85 2012 Bacchus Kabinett halbtrocken Michelbacher Steinberg **11 %/7,50€**

84 2012 Domina Rosé trocken Wasserloser Schlossberg **12 %/7,50€**

88 2011 Spätburgunder trocken Barrique Michelbacher Steinberg **14 %**

88 2011 Spätburgunder trocken Barrique Michelbacher Apostelgarten **13,5 %**

★ ★ ★

Ernst **Heinemann**
Baden   **Baden**

Mengenerstraße 4, 79238 Ehrenkirchen-Scherzingen
Tel. 07664-6351, **Fax:** 07664-600465
www.weingut-heinemann.de
weingut-heinemann@t-online.de
Besuchszeiten: Mo.-Fr. 9-12 + 13:30-18:30 Uhr,
Sa. 9-12 + 13-16 Uhr
Eigene Weinstube in der Freiburger Altstadt
(Batzenbergstüble)

Inhaber . . . . Lothar Heinemann
Rebfläche . . . . 13 Hektar

Wichtigste Rebsorten bei Lothar Heinemann in Scherzingen im Markgräflerland sind Gutedel und Spätburgunder, dazu kommen vor allem Chardonnay, Weißburgunder und Müller-Thurgau. Aber auch Gewürztraminer, Muskateller, Nobling und Regent findet man in seinen Weinbergen im Scherzinger Batzenberg. Die Weißweine werden bei Heinemann recht lange auf der Feinhefe ausgebaut, die Rotweine kommen nach der Maischegärung ins Holzfass (auch Barriques). Das Gros der Weine wird trocken ausgebaut, wobei trocken bei Heinemann durchgegoren heißt. Sein Vater Ernst Heinemann hatte bereits in den sechziger Jahren als einer der ersten Winzer in Deutschland Chardonnay angepflanzt. Seit dem Jahrgang 2008 nutzt er statt des Begriffs Spätlese bei trockenen Weinen nur noch die Bezeichnungen „S" (für Selection) bzw. „SR" (für Selection Reserve).

Vorjahre

Seit der ersten Ausgabe empfehlen wir schon die Weine von Lothar Heinemann. In diesem Zeitraum hat er sich stetig gesteigert, bietet Jahr für Jahr zuverlässige Kollektionen, weiß wie rot, gehört immer zur Spitze im Markgräflerland. Chardonnay SR, Blanc de Noir-Sekt und Spätburgunder SR glänzten vor zwei Jahren wie gewohnt, aber auch sonst präsentierte sich die Kollektion durchweg auf gutem und sehr gutem Niveau. Eine noch stärkere Kollektion folgte im vergangenen Jahr, wobei Lothar Heinemann im roten Segment nochmals die 2009er vorstellte. Die beiden Sekte betörten einmal mehr, Gutedel und Muskateller waren sehr gut wie auch Sauvignon Blanc, Weißburgunder und Riesling und mit seinen beiden Chardonnay zeigte Lothar Heinemann was mit dieser Sorte im Markgräflerland möglich ist.

Neue Kollektion

Der Weißburgunder Sekt ist harmonisch und klar, der Muskateller herrlich reintönig wie auch der zupackende Sauvignon Blanc, am besten aber gefallen uns im weißen Segment einmal mehr die Chardonnay, der klare, füllige, strukturierte Kabinett und der kraftvolle, komplexe SR. Die rote Kollektion überrascht mit den Spätburgundern des Jahrgangs 2010: Der S ist zupackend, reintönig und strukturiert, der SR frisch und fruchtbetont, reintönig und komplex, besitzt gute Struktur, Spiel und Länge. ◄

H

Weinbewertung

87	2011 Weißburgunder Sekt brut Scherzinger Batzenberg	**12,5 %/10,90 €**
83	2012 Weißer Gutedel Kabinett trocken „alte Reben" Scherzinger Batzenberg	**10,5 %/7,90 €**
85	2012 Muskateller Kabinett trocken Scherzinger Batzenberg	**12,5 %/9,80 €**
86	2012 Sauvignon Blanc Kabinett trocken Scherzinger Batzenberg	**12,5 %/11,90 €**
84	2012 Weißburgunder Kabinett trocken	**12,5 %/8,90 €**
84	2012 Grauburgunder Kabinett trocken	**13 %/8,90 €**
87	2012 Chardonnay Kabinett trocken „alte Reben" Scherzinger Batzenberg	**12,5 %/12,90 €**
85	2012 Weißburgunder „S" trocken Scherzinger Batzenberg	**13 %/10,90 €**
83?	2012 Grauburgunder „S" trocken Scherzinger Batzenberg	**13,5 %/10,60 €**
89	2012 Chardonnay „SR" trocken Scherzinger Batzenberg	**13 %/15,90 €**
84	2012 Muskateller Kabinett Scherzinger Batzenberg	**10 %/9,80 €**
82	2011 Blauer Spätburgunder trocken „Alte Reben"	**13 %/9,90 €**
88	2010 Blauer Spätburgunder „S" trocken Scherzinger Batzenberg	**13 %/16,90 €**
85	2010 Cabernet Sauvignon & Merlot „S" trocken Scherzinger Batzenberg	**12,5 %/16,90 €**
90	2010 Blauer Spätburgunder „SR" trocken Scherzinger Batzenberg	**13 %/21,90 €**

★★
Heiner & Kreuzberg
Weingut

Ahr

Burgstraße 12, 53507 Dernau
Tel. 02643-9029155, **Fax:** 02643-9029155
www.heiner-kreuzberg.de, info@heiner-kreuzberg.de
Besuchszeiten: März-Nov. Mo.-Fr. 13-18 Uhr, Sa./So.
+ feiertags 12-16 Uhr und nach Vereinbarung

Inhaber . . . . Hermann-Josef Kreuzberg,
. . . . David Kreuzberg, Michel Kreuzberg
. . . . Joern Heiner

Rebfläche . . . . 6 Hektar

Hermann-Josef Kreuzberg, langjähriger Kellermeister bei seinem Bruder Ludwig, hat sich mit seinen beiden Söhnen David (Kellermeister) und Michael (Marketing) sowie Joern Heiner (Organisation) zusammengetan und das Weingut Heiner & Kreuzberg gegründet. Die Weinberge liegen hauptsächlich in den Lagen Silberberg, Trotzenberg, Schieferlay, Pfarrwingert und Rosenthal. Angebaut werden zu 85 Prozent rote Rebsorten, vor allem Spätburgunder, aber auch Frühburgunder, Merlot und Cabernet Sauvignon. Die Rotweine werden spontanvergoren und nach dem Ausbau im kleinen oder großen Holzfass teils unfiltriert abgefüllt.

Die Kollektion

Aus der ansonsten sehr gleichmäßigen Kollektion ragten im vergangenen Jahr der 2010er Frühburgunder und der Spätburgunder aus dem Silberberg, Jahrgang 2009, hervor.

Neue Kollektion

Auch die neue Kollektion überzeugt, bietet einen reintönigen, frischen Frühburgunder, eine fruchtbetonte, intensive Cuvée CMC mit viel Fülle und Kraft sowie als Highlight einmal mehr den Spätburgunder aus dem Silberberg: Gute Konzentration und reife Frucht, etwas Herzkirschen prägen das Bouquet, im Mund präsentiert er sich reintönig und komplex, frisch und strukturiert, besitzt gute Substanz und Länge. ◄━

Weinbewertung

82	2011 „Blanc de Noir"	**12,5 %/9,90 €**
83	2011 Spätburgunder	**12 %/8,90 €**
85	2011 Frühburgunder	**13 %/18,90 €**
85	2011 Spätburgunder Neuenahrer Schieferlay	**13 %/14,90 €**
86	200 „CMC" Rotwein	**14 %/28,90 €**
89	2011 Spätburgunder Ahrweiler Silberberg	**13,5 %/29,90 €**

G.A. Heinrich
Weingut   **Württemberg**

Riedstraße 29, 74076 Heilbronn
Tel. 07131-175948, **Fax:** 07131-166306
www.weingut-heinrich.de
info@weingut-heinrich.de
Besuchszeiten: Mo.-Fr. 9-12 + 13:30-18 Uhr,
Sa. 9-14 Uhr

Inhaber . . . . Martin Heinrich
Rebfläche . . . . 12 Hektar

Martin Heinrich hat im Juli 2013 den Betrieb an seine Söhne Björn und Tobias übergeben. Björn Heinrich hat nach Winzerlehre und Betriebswirtschaftsstudium als Marketing-Manager für Markenartikelunternehmen gearbeitet, Tobias Heinrich hat in Geisenheim studiert und praktische Erfahrungen bei Weingütern im In- und Ausland gesammelt. Sie bauen in ihren Weinbergen 15 verschiedene Rebsorten an. Rote Sorten nehmen 70 Prozent der Fläche ein. Wichtigste Rebsorten sind Trollinger und Lemberger, sowie Riesling, der zwei Drittel der Weißweinfläche einnimmt. Neben der Basislinie gibt es seit 1991 die „G.A.-Linie" für ausgesuchte, lange im Holzfass gereifte Weine, eine Rotweincuvée und einen Weißburgunder. Unter dem Begriff „G.A. Exklusiv" werden edelsüße Weine vermarktet. Einer der roten Spitzenweine trägt den Namen „Wollendieb". Diesen Namen hatte man einem ehemaligen Teilstück des Heilbronner Stiftsbergs, dem Hundsberger, gegeben, weil ein Fuhrmann aus Bayern, der Wolle verkaufen wollte, dem Hundsberger so zusprach, dass er den ganzen Erlös der Wolle in Wein anlegte und vertrank. 2004 wurde ein neuer Holzfasskeller fertig gestellt, sowie eine begehbare Schatzkammer eingerichtet. Björn und Tobias Heinrich möchten in Zukunft ihre Rotweine erst nach längerer Flaschenreife in den Verkauf bringen.

Vorjahre

Der Wollendieb 2008 dominierte vor zwei Jahren, unterstrich das sehr gute Niveau der Vorjahre; der Rest der Kollektion präsentierte sich zuverlässig wie gewohnt. 2011 präsentierten sich die Weißweine auf zuverlässig gutem Niveau, etwas spanneneder fanden wir aber wieder die Roten allen voran die Cuvée „G.A.1" und der Lemberger Edition, auch der Lemberger aus dem Holzfass bereitete viel Freude.

Neue Kollektion

Die neue Kollektion präsentiert sich ähnlich wie im Vorjahr mit zuverlässigen, klaren Weißweinen, die Stärken aber liegen einmal mehr im roten Segment, wo uns teilweise nochmals bereits im Vorjahr vorgestellte Weine präsentiert wurden wie die beiden wunderschön reintönigen Lemberger oder die füllige, kraftvolle Cuvée GA. Neu ist der 2009er Wollendieb, der gute Konzentration im Bouquet zeigt, viel reife Frucht, rote Früchte, füllig und kraftvoll im Mund ist, reife Frucht, gute Struktur und Substanz besitzt.

Weinbewertung

83	2011 Weißburgunder Sekt extra brut	**13 %/14,- €**
83	2012 Weißburgunder trocken	**12,5 %/8,- €**
82	2012 Riesling „Steillage"	**11,5 %/6,20 €**
83	2012 Riesling trocken „alte Reben"	**12 %/7,50 €**
82	2011 „Cuvée Fass No. IV" Weißwein trocken **12 %/8,50 €**	
86	2010 Lemberger trocken	**13 %/11,- €**
88	2009 Lemberger trocken „Edition S"	**13 %/18,- €**
88	2009 „G.A. 1" Rotwein trocken	**13 %/20,- €**
89	2009 „Wollendieb" Rotwein trocken	**14 %/26,- €**

H

Die besten deutschen Weinerzeuger und ihre Weine

Heitlinger

★★☆

Weingut   **Baden**

Am Mühlberg 3, 76684 Östringen-Tiefenbach
Tel. 07259-9112-0, *Fax:* 07259-911299
www.weingut-heitlinger.de
info@weingut-heitlinger.de
Besuchszeiten: Vinothek Tiefenbach Mo.-Fr. 10-18
Uhr, Sa. 11-18 Uhr, Vinothek Sulzfeld (Weingut Burg
Ravensburg) Di.-Fr. 14-18 Uhr, Sa. 10-13 Uhr
Restaurant Weingut Heitlinger (Mo. + Di. Ruhetag)

Inhaber . . . . Weingüter Heitlinger &
. . . . Burg Ravensburg GmbH, Heinz Heiler
Geschäftsführer . . . . Claus Burmeister
Kellermeister . . . . Jürgen Kern
Rebfläche . . . . 57 Hektar

Albert Heitlinger gründete 1960 das Weingut, sein Sohn Erhard expandierte stark. Inzwischen hat Heinz Heiler das Gut übernommen, seit Januar 2009 ist die Weingut
Heitlinger GmbH auch Pächter des benachbarten Weinguts Burg Ravensburg. Claus Burmeister, vorher Betriebsleiter bei Burg Ravensburg, übernam die Leitung beider
Weingüter. Die Weinberge liegen hauptsächlich in Tiefenbach (Keuper- und Lössböden,
Sandsteinverwitterungsböden mit Kalkun-
terlage im Spiegelberg) und im Odenheimer
Königsbecher. Wichtigste Rebsorten sind
Spätburgunder, Grauburgunder, Weißburgunder und Riesling. Hinzu kommen unter
anderem Lemberger, Auxerrois und Dornfelder. Das Programm wurde unter der neuen
Führung neu strukturiert in eine Basislinie,
sowie Lagenweine und zwei Premiumcuvées.
Seit 2010 werden die Weinberge biologisch
bewirtschaftet.

Vorjahre

Vor zwei Jahren waren die Basisweine frisch
und geradlinig, die Lagenweine deutlich fülliger, die beiden Spitzencuvées waren konzentriert und mächtig, der feine Spätburgunder aus dem Königsbecher gefiel uns

aber doch besser. Im vergangenen Jahr ging
es weiter voran. Die Gutsweine waren frisch
und sortentypisch, die Lagen-Weißweine
hatten an Präzision gewonnen, der 2010er
Pinot Noir Königsbecher war seinem Vorgänger ebenbürtig.

Neue Kollektion

2012 sind die Baisweine frisch und direkt,
sehr gleichmäßig in der Qualität. Die Lagenweine bringen eine deutliche Steigerung. Pinot Blanc und Pinot Gris sind füllig und kompakt, der White Tie ist enorm konzentriert
bei viel Würze und Toast, aber so ohne Spannung. Besser gefallen uns die Rieslinge wie
der würzige, kraftvolle Wein aus dem Schellenbrunnen oder die noch etwas druck-
vollere Museums-Version. Auch der Pinot
Noir aus dem Königsbecher gefällt uns einmal mehr sehr gut, besitzt ein feines Pinotbouquet, herrlich reintönige Frucht, gute
Struktur und feine Frische. ◄

Weinbewertung

83   2012 Auxerrois trocken „Gentle Hills"
     12,5 %/8,80 €
82   2012 Pinot Blanc trocken „Smooth Leaf"
     12,5 %/8,80 €
83   2012 Riesling trocken „Shiny River" 11,5 %/8,80 €
83   2012 Pinot Gris trocken „Spicy Stone"
     13,5 %/8,80 €
88   2012 Riesling „GG" Schellenbrunnen
     13 %/18,50 €
87   2012 Riesling „GG" Eichelberger Kapellenberg
     12 %/18,50 €
89   2012 Riesling trocken „Museum" Schellen-
     brunnen   **12,5 %**
87   2012 Pinot Blanc „GG" „Kapelle" 14 %/18,50 €
87   2012 Pinot Gris „GG" Spiegelberg 14,5 %/18,50 €
87   2011 „White Tie" Weißwein trocken 13,5 %/40,- €
89   2011 Pinot Noir trocken Königsbecher
     13 %/19,50 €

Erhard & Max **Helmstetter** ★
Weingut   **Franken**

Bainweg 1, 63927 Bürgstadt
Tel. 09371-3341, Fax: 09371-66237
www.weingut-helmstetter.de
info@weingut-helmstetter.de
Besuchszeiten: Mo.-Sa. 8-12 + 14-18 Uhr
Vinotel (www.main-vinotel.de), Häckerwirtschaft

Inhaber . . . . Erhard & Max Helmstetter
Rebfläche . . . . 4,6 Hektar

Seit 100 Jahren betreibt die Familie Weinbau, aber erst in jüngster Zeit wurde aus dem Nebenerwerbsbetrieb ein Weingut. Die Weinberge liegen in den Bürgstadter Lagen Centgrafenberg und Hundsrück (bisher ein Teil des Centgrafenberg). Spätburgunder spielt die wichtigste Rolle, dazu gibt es Frühburgunder, Portugieser und Domina, sowie die weißen Sorten Riesling, Silvaner, Weißburgunder, Sauvignon Blanc, Bacchus und Müller-Thurgau. 2011 ist man an den Ortsrand von Bürgstadt ausgesiedelt, wo nicht nur das neue Weingut errichtet wurde, sondern auch das so genannte Main-Vinotel mit 10 Zimmern, 2 Ferienwohnungen und einer Vinothek mit Weinlounge und Veranstaltungsräumen.

Vorjahr
Die Weißweine präsentierten sich geschlossen auf gutem Niveau, dem Sauvignon Blanc galt im vergangenen Jahr unsere leichte Präferenz. Noch besser gefielen uns die beiden Rotweine des Jahrgangs 2009, Frühburgunder und Spätburgunder.

Neue Kollektion
Eine sehr gleichmäßige Kollektion mit klaren, geradlinigen Weinen präsentieren Erhard und Max Helmstetter in diesem Jahr. Unser Favorit ist der wunderschön reintönige Frühburgunder aus dem Jahrgang 2010, der klar uns geradlinig ist bei guter Struktur. ◄

Weinbewertung
83   2010 Spätburgunder „blanc" brut **12,5 %/15,80 €**
83   2012 Weißburgunder „R" trocken Bürgstadter Centgrafenberg **12,5 %/11,- €**
83   2012 Sauvignon Blanc „R" trocken Bürgstadter Centgrafenberg **12 %/12,90 €**
83   2012 Riesling „R" trocken Bürgstadter Hundsrück **13 %/11,- €**
83   2011 Spätburgunder trocken „Churfranken" Bürgstadter Centgrafenberg **13 %/9,- €**
85   2010 Frühburgunder trocken Bürgstadter Centgrafenberg **13,5 %/16,- €**

Roland **Hemberger** ★☆
Weingut   **Franken**

Aussiedlerhof 3, 97348 Rödelsee
Tel. 09323-435, **Fax:** 09323-5072
www.weingut-hemberger.de
info@weingut-hemberger.de
Besuchszeiten: Mo.-Sa. 8-17 Uhr, So. 10-12 Uhr

Inhaber . . . . Roland Hemberger
Rebfläche . . . . 10,3 Hektar

Die Familie baut seit Generationen Wein an, seit 1985 wird das Gut von Roland und Elisabeth Hemberger geführt. Die Weinberge liegen in den Rödelseer Lagen Küchenmeister und Schwanleite und im Iphöfer Kronsberg, wo die Reben auf Gipskeuperböden wachsen. Hauptrebsorten sind Silvaner, Riesling, Domina und alle Burgundersorten. Nach Abschluss seiner Weinbautechnikerausbildung ist 2012 Sohn Tobias in den Betrieb eingestiegen, der unter dem Namen Gratwanderungen eine eigene Kollektion mit 3 Weinen eingeführt hat.

Vorjahre
Als hätte der Jahrgang 2010 keine Probleme bereitet, präsentierten sich die Weißweine wieder wunderschön reintönig und frisch, leicht und lebhaft; die 2011er Weine waren deutlich fülliger.

H

Die besten deutschen Weinerzeuger und ihre Weine

Neue Kollektion

2012 nun gefällt uns insgesamt besser: Wie 2010 sind die Weine reintönig und frisch, weisen aber doch etwas mehr Komplexität auf. Unsere Favoriten in der guten Kollektion sind die beiden neuen Rebsorten im Programm, der kraftvolle, strukturierte Sauvignon Blanc und der rosenduftige, füllige Traminer. Weiter so! ◀━

Weinbewertung

84   2012 Müller-Thurgau trocken „4°"   **12,5 %/6,80 €**
84   2012 Silvaner Kabinett trocken   **12,5 %/6,- €**
83   2012 Silvaner trocken „10°"   **13 %/7,20 €**
82   2012 Riesling trocken   **13 %/6,50 €**
83   2012 Riesling trocken „22°"   **13 %/7,80 €**
86   2012 Sauvignon Blanc trocken   **13,5 %/9,50 €**
85   2012 Silvaner Spätlese trocken   **13 %/7,50 €**
84   2012 Grauburgunder trocken   **13,5 %/8,- €**
85   2012 Traminer trocken   **13,5 %/11,- €**
82   2011 Spätburgunder trocken   **12,5 %/9,50 €**

Hench
Weingut   ★★
                   Franken

Hauptstraße 32, 63927 Bürgstadt
Tel. *09371-5752,* **Fax:** *09371-948287*
www.weingut-hench.de
info@weingut-hench.de
Besuchszeiten: *15-18:30 Uhr, Sa. 9:30-15 Uhr,*
Di. geschlossen

Inhaber . . . . Burkhard Hench
Rebfläche . . . . 6 Hektar

Der älteste Teil des mitten in Bürgstadt gelegenen Weingutes geht auf das Jahr 1563 zurück, unter dem Weingut ist ein historischer Sandsteingewölbekeller, aber auch ein 1998er erbauter neuer Keller. Die Weinberge von Burkhard Hench liegen alle im Bürgstadter Centgrafenberg, auch in der neu eingetragenen Lage Hundsrück, einem Teil des Centgrafenberg, besitzt er einen Terrassen-

weinberg. Er baut vor allem Burgundersorten an, der Rotweinanteil beträgt 70 Prozent. Spätburgunder dominiert, hinzu kommen Frühburgunder, Pinot Meunier, Regent und St. Laurent, sowie die weißen Sorten Silvaner, Riesling und Müller-Thurgau. Die Weißweine werden im Edelstahl ausgebaut, die Weine der R-Linie (Silvaner, Weißburgunder) im Holz, die Rotweine kommen nach der Maischegärung ins Holzfass. Burkhard Hench führt den Betrieb zusammen mit Ehefrau Helene, inzwischen unterstützt von Sohn Peter.

Vorjahre

Vor zwei Jahren war ein 2008er Wein unser Favorit, der im Holzfass ausgebaute Silvaner. Im vergangenen Jahr gefielen uns wieder die Rotweine besonders gut allen voran der beerenduftige Frühburgunder des Jahrgangs 2009 und die spätere Füllung des schon zwei Jahre zuvor einmal vorgestellten Spätburgunder „R" 2008.

Neue Kollektion

Die neue Kollektion ist ein klarer Schritt voran. Die 2012er Weißweine sind klar und frisch, der 2010er Weißburgunder R füllig und kraftvoll, besitzt gute Konzentration und Substanz, ist aber doch etwas zu sehr vom Holz geprägt. Der Frühburgunder ist frisch und fruchtbetont, herrlich zupackend und strukturiert, absolutes Highlight der Kollektion ist aber der 2009er Spätburgunder R: Rauchige Noten prägen des Bouquet, reintönige Frucht, rote Früchte und feine Frische, im Mund präsentiert er sich frisch und zupackend, besitzt reintönige Frucht, gute Struktur, Frische und Nachhall. ◀━

Weinbewertung

83   2012 Silvaner trocken Bürgstadter Centgrafenberg   **11,5 %/7,- €**
83   2012 Spätburgunder „weiß gekeltert" trocken Bürgstadter Centgrafenberg   **12 %/7,50 €**
85   2010 Weißburgunder „R" Bürgstadter Centgrafenberg   **12 %/18,- €**
84   2009 Spätburgunder Bürgstadter Centgrafenberg   **13 %/12,- €**

86 2010 Frühburgunder Bürgstadter Centgrafenberg **13 %/15,- €**

89 2009 Spätburgunder „R" Bürgstadter Centgrafenberg **13,5 %/20,- €**

★★

Henrichs + Friderichs
Weingut - Vinothek   **Mosel**

Weingut: Paulusstraße 29, 56814 Ediger
Vinothek: Moselstraße 10, 56820 Nehren
Tel. *02673-4187 (Vinothek), 02675-716 (Weingut)*
Fax: *02673-960281*
www.wein-mosel-wein.de
info@wein-mosel-wein.de
Besuchszeiten: *Fr. + Sa. 13.30-18.30 Uhr (Vinothek);*
„im Weingut einfach mal klingeln"

Inhaber.................Bernadette Friderichs
Rebfläche...........................1,8 Hektar

1998 haben Bernadette Friderichs und Thomas Henrichs als Quereinsteiger den elterlichen Betrieb in Ediger übernommen. Sie ist Sprachheiltherapeutin, er Landschaftsarchitekt. Neben Riesling bauen sie Spätburgunder, Dornfelder und Weißburgunder an. 2003 eröffneten sie eine Vinothek im Nachbarort Nehren. Sie haben sich auf trockene und halbtrockene Weine spezialisiert, wobei seit dem Jahrgang 2003 auf Prädikatsbezeichnungen verzichtet wird. Die „Mons Ignis" und „vom roten Schiefer" genannten Rieslinge kommen aus dem Ediger Feuerberg, einer steilen, felsigen Süd-Südwest-Lage mit eisenhaltigem roten Schiefer. Desweiteren besitzen sie Weinberge im Bremmer Calmont, in den Ediger Lagen Osterlämmchen und Elzhofberg, sowie im Nehrener Römerberg.

Vorjahre _____
2010 war hier gut gelungen, die Weine waren frisch, fruchtbetont und reintönig, besaßen gute Substanz und Länge. Hohes Niveau

dann auch 2011, mit Präferenz für das trockene Segment, das sich sehr stimmig präsentierte mit Devonschiefer-Riesling, Riesling vom roten Schiefer und mineralischem Mons Ignis.

Neue Kollektion _____
Ein Mons Ignis gab es dieses Jahr nicht zu verkosten, die vorgestellten Weine präsentierten sich sehr gleichmäßig, trocken wie feinherb. Dafür gab es als Überraschung einen Spätburgunder, Römerblut genannt, der frisch, klar und fruchtbetont ist, gute Struktur besitzt. ◄■

Weinbewertung _____

82 2012 Weißburgunder trocken „Pinot"
   12,5 %/8,50 €

83 2012 Riesling trocken „vom roten Schiefer"
   13 %/10,50 €

82 2012 Riesling „feinherb" „Unverzichtbar"
   10,5 %/6,- €

82 2012 Riesling „feinherb" „Drei Sonnen"
   12 %/10,50 €

84 2012 Riesling „Constanze + Pauline" **9 %/8,50 €**

85 2011 Spätburgunder trocken „Römerblut"
   14,5 %/12,50 €

★★☆

Hensel
Weingut   **Pfalz**

In den Almen 13, 67098 Bad Dürkheim
Tel. *06322-2460,* **Fax:** *06322-66918*
www.henselwein.de
info@henselwein.de
Besuchszeiten: *Mo.-Fr. 8-12 und 13-18 Uhr,*
Sa. 9-16 Uhr

Inhaber..........................Thomas Hensel
Rebfläche...........................14,5 Hektar

Thomas Hensel hat Aufwind, ziemlich viel davon. So nennt der Winzer aus Bad Dürkheim nämlich einen Teil seiner Weine, die trockene Basiskollektion. Die Premium-Linie heißt fol-

H

gerichtig Höhenflug und mit dem Barrique-Wein Ikarus kommt er der Sonne schon bedenklich nahe. Die Namen sind nicht vom Himmel gefallen – Hensel kann vom Weingut aus den Segelflugzeugen auf dem angrenzenden Flugplatz in Bad Dürkheim zusehen. Manchmal fliegt er auch selbst. In den Weinbergen werden vor allem Riesling, Weiß- und Grauburgunder, Chardonnay und Sauvignon Blanc bei den weißen Sorten und Spätburgunder, Saint Laurent, Dornfelder, Merlot und Cabernet Sauvignon bei den roten Rebsorten angebaut. Bei den Weißweinen setzt Thomas Hensel, der das Weingut von den Eltern übernommen hat und schon seit 20 Jahren für den Keller verantwortlich ist, auf langes Hefelager. Auf biologischen Säureabbau und jegliche Schönung wird verzichtet. Die Rotweine werden in Spezialtanks 7 bis 30 Tage maischevergoren, die besten Weine eines Jahrgangs kommen für bis zu 20 Monate ins Barrique.

Vorjahre

Vor zwei Jahren haben wir eine Kollektion auf hohem Niveau verkostet, neben sehr guten Rieslingen und einem köstlichen Rosé aus dem Jahrgang 2010 erlebten wir den buchstäblichen Höhenflug des Jahrgangs 2009 mit Grauburgunder, Spätburgunder und Rotwein-Cuvée. Der Höhenflug ging mit dem Weißwein-Jahrgang 2011 weiter, Thomas Hensel hatte sehr gute Weißweine gemacht, die Höhenflug-Weine waren dicht und trotzdem fein, zeigten gekonnten Umgang mit dem Holz. Auch die Aufwind-Weine machten Spaß, frisch und klar war der Steinberg-Riesling, wilde Kräuter zeigte der Hochbenn-Riesling, der Sauvignon war reif und dicht. Der Ikarus von 2009 zeigte ein sehr würziges und konzentriertes Bukett, im Mund war er noch etwas hart.

Neue Kollektion

In diesem Jahr bestätigt Thomas Hensel seinen Weg. Die Rebsorten-Weine sind alle sehr typisch, bei den Aufwind-Weinen gefiel uns in diesem Jahr der Steinberg-Riesling am besten, er hat eine steinige Frucht, er ist wildwürzig und hat einen kräftigen Biss. Die Höhenflug-Weißweine sind sehr gut - der Riesling zeigt eine würzige, exotische Frucht, er hat viel Kraft, man sollte ihm noch etwas Zeit geben. Grauburgunder und Chardonnay zeigen cremigen Schmelz, der Chardonnay ist eine Spur eleganter. Der Spätburgunder zeigt viel Frucht und leichte Röstnoten, im Mund ist er saftig und kühl. Die rote Cuvée ist bereits sehr präsent, hat viel Stoff und dunkle Frucht. Der Ikarus ist sehr duftig, hat einen saftigen Kern, eine enorme Konzentration und noch sehr jugendliche Tannine. Insgesamt eine sehr gute Interpretation des nicht einfachen Rotwein-Jahrgang 2010. ◄

Weinbewertung

86 2012 Riesling trocken „Aufwind" Dürkheimer Steinberg **13 %/7,90 €**
85 2012 Grauburgunder trocken „Aufwind" **13 %/8,50 €**
87 2012 Grauburgunder trocken „Höhenflug" **13,5 %/15,- €**
88 2012 Chardonnay trocken „Höhenflug" **13,5 %/15,- €**
88 2012 Riesling trocken „Höhenflug" **13,5 %/14,- €**
87 2010 Merlot trocken „Höhenflug" **13,5 %/14,- €**
88 2010 Spätburgunder trocken „Höhenflug" **13 %/14,50 €**
88 2010 „Höhenflug" Rotwein trocken **13 %/14,50 €**
89 2010 „Ikarus" Rotwein trocken **14 %/32,- €**

★★★

Hermann
Weingut

Baden

Alt-Vogtsburg 19, 79235 Vogtsburg
Tel. *07662-6202,* **Fax:** *07662-935833*
mail@weingut-hermann.de
Besuchszeiten: *Mo.-Fr. 9-19 Uhr, Sa. 9-17 Uhr*
Probierstube

Inhaber . . . . Gitta Hermann
Kellermeister . . . . Falk Hermann
Rebfläche . . . . 4 Hektar

Gitta und Klaus Hermann gründeten 1995 ihr Weingut. Im Anbau dominieren die Burgundersorten, die zwei Drittel der Rebfläche einnehmen. Hinzu kommen Silvaner und Müller-Thurgau, sowie etwas Sauvignon Blanc, Cabernet Sauvignon und Syrah. Die Weinberge verteilen sich auf verschiedene Lagen des Kaiserstuhls und liegen in der Oberbergener Bassgeige, den Oberrotweiler Lagen Henkenberg, Eichberg und Käsleberg, im Schelinger Kirchberg und im Gottenheimer Kirchberg am Tuniberg. Manche der Burgunderanlagen sind über 40 Jahre alt. Sohn Falk kümmert sich um den Weinausbau. Die Weine werden ausschließlich trocken und durchgegoren ausgebaut. Vor allem die Burgunder reifen recht lange auf der Feinhefe, die Rotweine werden grundsätzlich im Holzfass ausgebaut. Die Weine der Serie „Cantus Avis" kommen komplett in neue Barriques aus französischer Eiche und werden unfiltriert abgefüllt.

Vorjahre

Cantus Avis und Bassgeige-Spätburgunder gefielen uns vor zwei Jahren am besten, aber auch die 2010er Weißweine wussten zu überzeugen. 2011 waren die Weißweine klar und geradlinig, der Sauvignon Blanc gefiel uns besonders gut, die beiden Spätburgunder betörten mit ihrer Reintönigkeit.

Neue Kollektion

Die 2012er Weißweine sind fruchtbetont, frisch und zupackend wie Sauvignon Blanc oder Grauburgunder, noch besser gefällt uns der konzentrierte, strukturierte Grauburgunder Reserve. Das rote Segment bietet einen feinen Spätburgunder, der Spätburgunder Cantus Avis ist kraftvoller, zupackender, die beiden Reserveweine sind deutlich tanninbetonter, so dass uns im roten Segment dieses Jahr die Cuvée aus Cabernet Sauvignon und Syrah am besten gefällt, die gute Konzentration und etwas Pfeffer im Bouquet zeigt, Fülle und Kraft besitzt, gute Substanz und eine feine Schokonote. ◄

Weinbewertung

84	Pinot Sekt brut	**12,50 €**
86	2012 Sauvignon Blanc trocken	**8,90 €**
84	2012 Chardonnay trocken	**8,90 €**
85	2012 Grauburgunder trocken	**9,50 €**
87	2012 Grauburgunder trocken „Reserve"	**16,50 €**
83	2011 „Filius" Rotwein trocken	**7,50 €**
86	2011 Blauer Spätburgunder trocken	**9,90 €**
89	2011 Cabernet Sauvignon & Syrah trocken „Cantus Avis"	**25,- €**
88	2011 Blauer Spätburgunder trocken „Cantus Avis"	**25,- €**
88	2010 Blauer Spätburgunder trocken „Reserve Cantus Avis"	**45,- €**
88	2011 Blauer Spätburgunder trocken „Reserve Cantus Avis"	**45,- €**

★★★☆

Dr. **Hermann**
Weingut   **Mosel**

Moselufer 22, 54539 Ürzig
Tel. *06532-2542,* **Fax:** *06532-4021*
Besucherinformation, Lager und Verkauf:
Auf der Geig 3, 54492 Erden,
Tel. 06532-3549, Fax: 06532-4021
www.weingut-drhermann.de
drhermann@gmx.de
Besuchszeiten: *nach Vereinbarung*

Inhaber........................... Rudi Hermann
Kellermeister............... Christian Hermann
Rebfläche...........................6,5 Hektar

Das Weingut Dr. Hermann (ehemals Sanitätsrat Dr. Hermann) entstand 1966 im Wege der Erbteilung des Weingutes Joh. Jos. Christoffel Erben in fünf Betriebe. Rudi Hermann führt das Gut seit 1974, seit 2001 wird er im Betrieb unterstützt von Sohn Christian. Die Produktionsstätte wurde mit dem Bau eines neuen Kellers von Ürzig nach Erden verlegt, wo die Weine in Edelstahltanks ausgebaut werden. Die Hermanns bauen ausschließlich Riesling an. Ihre Weinberge befinden sich im

Die besten deutschen Weinerzeuger und ihre Weine

Ürziger Würzgarten, in der Lösnicher Försterlay sowie in den Erdener Lagen Treppchen und Herrenberg. Hinzu kommen ein Hektar im nicht flurbereinigten Teil des Ürziger Würzgarten sowie eine Parzelle im Erdener Prälat. 90 Prozent der Fläche in Erden und Ürzig sind mit wurzelechten Reben bestockt. Der Schwerpunkt der Produktion liegt auf edelsüßen Weinen, der Großteil wird exportiert.

Vorjahre

2010 war die Kollektion stimmig auf hohem Niveau: Feine Kabinettweine, saftige Spätlesen und edelsüße Rieslinge hin bis zur gewaltigen Goldkapsel-Trockenbeerenauslese aus dem Würzgarten. Die 2011er erreichten nicht ganz die Brillanz ihrer Vorgänger, das betrifft Kabinettweine, aber auch Spätlesen und Auslesen. Die Auslesen waren konzentriert und dick, allen voran die Goldkapsel-Auslese aus dem Prälat, noch dicker, noch konzentrierter präsentierten sich die drei Trockenbeerenauslesen.

Neue Kollektion

Ganz so dick wie im Vorjahr wird es 2012 nicht, aber trotzdem gibt es wieder einige füllige Auslesen aus Prälat und Treppchen und eine dicke, konzentrierte Beerenauslese. Am besten allerdings gefallen uns die beiden Eisweine, die klar, frisch und zupackend sind bei herrlich viel Frucht. Auch sonst präsentiert sich die Kollektion stimmig, bietet feine Kabinettweine und Spätlesen – ausschließlich süß, so wie man das kennt. ◄

Weinbewertung

82   2012 Riesling „H"   **9,5 %/5,80 €**

82   2012 Riesling Kabinett Ürziger Würzgarten **8 %/8,50 €**

82   2012 Riesling Kabinett Erdener Treppchen **8 %/8,50 €**

85   2012 Riesling Spätlese Erdener Treppchen **8 %/10,50 €**

84   2012 Riesling Spätlese Ürziger Würzgarten **8 %/10,50 €**

85   2012 Riesling Spätlese „Herzlay" (Goldkapsel) Erdener Treppchen   **8 %/14,50 €**

87   2012 Riesling Auslese Erdener Prälat   **8 %/24,- €**

88   2012 Riesling Auslese (Goldkapsel) Erdener Prälat   **7,5 %/18,- €/0,375l**

88   2012 Riesling Auslese (Goldkapsel) Erdener Treppchen   **7 %/24,- €**

90   2012 Riesling Eiswein (Goldkapsel)   **6 %/40,- €**

91   2012 Riesling Eiswein (Goldkapsel) Erdener Herrenberg   **5,5 %/65,- €**

89   2012 Riesling Beerenauslese (Lange Goldkapsel) Erdener Prälat   **5,5 %/125,- €**

★★★★
Hermannsberg
Gut   **Nahe**

Ehemalige Weinbaudomäne, 55585 Niederhausen/Nahe
Tel. *06758-92500,* **Fax:** *06758-925019*
www.gut-hermannsberg.de
info@gut-hermannsberg.de
Besuchszeiten: *Di.-Fr. 14-18 Uhr, Mai bis Okt. auch Sa./So. 12-18 Uhr*
Gästehaus (10 Zimmer)

Inhaber .... Jens Reidel
Betriebsleiter/Kellermeister ..... Karsten Peter
Rebfläche .... 32 Hektar

Die ehemalige Weinbaudomäne wurde 1902 vom Königreich Preußen als Lehr- und Mustergut gegründet und gehörte nach 1946 dem Land Rheinland-Pfalz. 1998 wurde das Gut privatisiert und an die Pfälzer Familie Maurer verkauft, im Sommer 2009 erwarb es der Unternehmer Jens Reidel. Die Domäne besitzt Weinberge in erstklassigen Lagen von Schlossböckelheim (Kupfergrube und Felsenberg) und Niederhausen (Hermannsberg, Hermannshöhle, Steinberg, Kertz), aber auch im Altenbamberger Rotenberg und in der Traiser Bastei. Neben Riesling gibt es ein wenig Weißburgunder.

Vorjahre

Aus dem Jahrgang 2010 präsentierte das Gut Hermannsberg eine stimmige Kollektion mit klaren, frischen und fruchtbetonten Weinen. Angeführt wurde die Kollektion von drei Großen Gewächsen – mit einer leichten Präferenz für den Riesling aus der Bastei – und einer schönen edelsüßen Serie mit Eiswein und Hermannshöhle-Auslese an der Spitze: Sehr schöne Kollektion in einem problematischen Jahrgang, war unser Fazit. Auch 2011 wiesen die Zeichen ganz klar nach oben, die Kollektion hatte weiter an Profil gewonnen: Die drei Großen Gewächse besaßen viel Kraft und Stoff und blieben mehrere Tage in der offenen Flasche stabil, der Wein aus der Kupfergrube war unter den Dreien unser Favorit. Auch der süße Teil der Kollektion hatte im Vergleich zum Vorjahr zugelegt, mit zwei feinen Spätlesen aus dem Rotenberg und dem Steinberg und zwei cherrlich reintönigen Auslesen aus der Kupfergrube.

Neue Kollektion

Mit dem 2012er Jahrgang positioniert sich das Gut nunmehr unter den Spitzenweingütern der Nahe: Alle Weine in der stimmigen und starken Kollektion überzeugen voll und ganz, die trockenen Rieslinge sind allesamt eindringlich, besitzen viel klare, präzise Frucht und Zitrus- und Kräuternoten. Beim Schlossböckelheimer Riesling (aus der Kupfergrube) kommen dazu noch feine nachhaltige, rauchig-mineralische Noten, der „Steinterrassen"-Riesling (aus Steinberg, Kertz und Rotenberg) braucht zunächst viel Luft und ist herrlich elegant. Die drei Großen Gewächse sind nochmals prägnanter als im vergangenen Jahr, besitzen viel eindringliche Würze und Eleganz. Der Wein aus der Kupfergrube ist erneut das markanteste unter den Großen Gewächsen und steht mit viel kräutriger und mineralischer Würze vor den Weinen aus der Bastei und dem Hermannsberg. Und auch die restsüßen Rieslinge haben wiederum zugelegt, der Kabinett besitzt herrlich viel klare Fruchtnoten von Ananas, Pfirsich, Maracuja und Orangenschale, unter den beiden Spätlesen ist der Rotenberg eine Spur nachhaltiger und mineralischer als der etwas weichere Steinberg. ◄━

Weinbewertung

86	2012 Weißburgunder trocken 13 %/9,50 €
85	2012 Riesling trocken „Just Riesling!" 11,5 %/8,50 €
86	2012 Riesling trocken „Jubiläums-Riesling" 12,5 %/11,90 €
87	2012 Riesling trocken Niederhäuser 12,5 %/13,90 €
88	2012 Riesling trocken Schlossböckelheimer 12,5 %/13,90 €
89	2012 Riesling trocken „Steinterrassen" 13 %/19,90 €
91	2012 Riesling „GG" Traiser Bastei 13 %/31,50 €
90	2012 Riesling „GG" Niederhäuser Hermannsberg 13 %/31,50 €
92	2012 Riesling „GG" Schlossböckelheimer Kupfergrube 12,5 %/33,- €
86	2012 Riesling Kabinett 9,5 %/10,50 €
88	2012 Riesling Spätlese Altenbamberger Rotenberg 8,5 %/15,50 €
88	2012 Riesling Spätlese Niederhäuser Steinberg 8 %/15,50 €

★

Bernd **Hermes**
Weingut

Mosel

Im Flurgarten 31-32, 54536 Kröv
Tel. 06541-3619, **Fax:** 06541-3584
www.bernd-hermes.de
weingut@bernd-hermes.de
Besuchszeiten: *nach Vereinbarung*
Luxusferienwohnungen (5 Sterne)

Inhaber. . . . . Bernd Hermes
Rebfläche. . . . . 3,5 Hektar

Bernd Hermes baut in den besten Kröver Lagen, dazu im Wolfer Klosterberg, vor allem Riesling an, pflegt aber auch eine Spezialität, die an der Mosel sonst kaum zu finden ist, den Findling. Die Weine werden temperaturgesteuert vergoren und reduktiv vinifiziert. Ein neues Flaschenlager und Luxusferienwohnungen im

Penthousestil wurden gebaut. Inzwischen bringt auch Sohn Maximilian, der nach Lehrjahren bei Daniel Vollenweider, Thorsten Melsheimer und beim Pfälzer Weingut Fitz-Ritter derzeit bei Andreas Schmitges arbeitet, seine Erfahrungen in die Weinbereitung ein.

Vorjahre

2010 waren die Weine fruchtbetont und füllig, besaßen Saft und gute Substanz. 2011 gab es aufgrund von Hagelschäden Ende August nur eine sehr kleine Ernte. Die Kollektion präsentierte sich sehr gleichmäßig, Highlight war eindeutig die Auslese aus dem Steffensberg.

Neue Kollektion

Auch wenn ein solches Highlight 2012 fehlt, überzeugt uns die neue Kollektion, bietet frische, fruchtbetonte Weine, darunter drei klare, zupackende Spätlesen und der feine, frische Kabinett aus der Kirchlay. ◄━

Weinbewertung

83 2012 Riesling Spätlese trocken Kröver Letterlay 12,5 %/6,50 €
80 2012 Spätburgunder „Blanc de Noir" „feinherb" 11 %/6,80 €
81 2012 Riesling Kabinett halbtrocken Kröver Paradies 10,5 %/5,90 €
84 2012 Riesling Spätlese „feinherb" Kröver Letterlay 12,5 %/7,- €
84 2012 Riesling Kabinett Kröver Kirchlay 8 %/5,90 €
84 2012 Riesling Spätlese Kröver Steffensberg 8,5 %/9,- €

★★★★
Herrenberg
Weinhof   **Mosel**

Hauptstraße 80-82, 54441 Schoden
Tel. 06581-1258, **Fax**: 06581-995438
www.lochriesling.de, info@lochriesling.de
Besuchszeiten: jederzeit nach Vereinbarung
Ferienwohnung

Inhaber..............Claudia und Manfred Loch
Rebfläche...............................4 Hektar

Claudia und Manfred Loch gründeten 1992 ihr Weingut. Sie besitzen Parzellen in den Lagen Schodener Herrenberg, Wiltinger Schlangengraben (mit 1893 gepflanzten, wurzelechten Reben) und Ockfener Bockstein, darunter viele uralte Rebstöcke. Sie bauen ausschließlich Riesling an. Manfred Loch baut einzelne Parzellen im Schodener Herrenberg gesondert aus: Cruv (Hangfuß, tiefgründige Böden), Stier (steilste Parzelle, extremer Rollschiefer), Stoveler (die am höchsten gelegene Parzelle, hoher Schieferanteil) und „De kleinen Hehrenbersch" (jüngste Parzelle am Hangfuß mit tiefgründigen Böden, 2007 gepflanzt, sehr hohe Pflanzdichte). Die jeweils besten trockenen, „feinherben" und süßen Partien eines Jahrgangs werden als Saartyr, Quasaar und Contessaar angeboten. Von Anfang an haben sie ihre Weinberge biologisch bewirtschaftet, sie sind Mitglied bei Ecovin. Claudia und Manfred Loch pflegen ihren eigenen, sehr persönlichen Weinstil, konzentrieren sich auf kraftvolle, sehr mineralische trocken oder feinherb ausgebaute Weine; wenn es der Jahrgang zulässt werden in kleinen Mengen auch Auslesen, Beeren- oder Trockenbeerenauslesen erzeugt. Die Moste werden im Edelstahl vergoren.

Vorjahre

2010 zeigte sich unbeeindruckt vom Jahrgang, alle Weine waren reintönig und kraftvoll, besaßen gute Substanz und Präzision; die edelsüßen Rieslinge waren durch enorme Säure dominiert und schwierig zu bewerten. Auch 2011 brachte wieder stoffige, sehr eigenständige Rieslinge. Begeistert hatte uns der Wein aus dem Bockstein, der Riesling von alten Reben aus dem Schlangengraben auch Saartyr & Co. zeigten sehr hohes Niveau. Prinzipiell fanden wir 2011 die trockeneren Weine etwas spannender als die von viel Restsüße geprägten, sie waren präziser und nachhaltiger; auch mit zwei Auslesen brillierte Manfred Loch.

Neue Kollektion

Ein weiterer 2011er wurde nun erst in diesem Jahr vorgestellt: Die 2011er Trockenbeerenauslese, 303° Oechsle, hatte eineinhalb Jahre gegoren, ist dominant, konzentriert und dickflüssig. Besser gefällt uns die reintönige, zupackende Auslese aus dem Bockstein – da kommt Trinkfreude auf. Insgesamt sind die 2012er nicht ganz so druckvoll und nachhaltig wie ihre Vorgänger, aber sie besitzen Fülle und Kraft. Der Saartyr besitzt viel reife Frucht, Kraft und gute Struktur wie auch der saftige Quasaar, am besten aber gefällt uns der Riesling von alten Reben aus dem Schlangengraben, der konzentriert und herrlich reintönig ist, viel reife Frucht besitzt, noch sehr jugendlich ist. ◄

Weinbewertung

84 2012 „LochRiesling" 12,5 %/10,50€
86 2012 Riesling „Cruv" Schodener Herrenberg 13 %/16,90€
89 2012 Riesling „Alte Reben" Wiltinger Schlangengraben 12 %/39,50€
88 2012 Riesling „Saartyr" 13 %/21,50€
87 2012 Riesling „Stier" Schodener Herrenberg 12,5 %/16,90 €
86 2012 Riesling „Stoveler" Schodener Herrenberg 12 %/16,90 €
88 2012 Riesling „Quasaar" 12,5 %/21,50 €
87 2012 Riesling „De kleinen Hehrenbersch" Schodener Herrenberg 12 %/16,90 €
86 2012 Riesling Auslese Schodener Herrenberg 8 %/19,90 €/0,5l
90 2012 Riesling Auslese Ockfener Bockstein 7 %/49,50 €/0,375l
89 2011 Riesling Trockenbeerenauslese Ockfener Bockstein 5,5 %/303,- €/0,375l

★☆

Christian **Heußler**
Weingut   **Pfalz**

Mühlgasse 5, 76835 Rhodt
Tel. 06323-2235, **Fax:** 06323-980533
www.heussler-wein.de
info@heussler-wein.de
Besuchszeiten: Mo + Mi.-Fr. 10-12 + 13:30-18 Uhr, Sa. 10-17 Uhr

Inhaber .... Christian Heußler
Rebfläche .... 15 Hektar

Seit 1750 bearbeitet die Familie Heußler Weinberge in Rhodt und Umgebung. Seit 1996 wurde der Ertrag von 7 Hektar über die Flasche vermarktet, seit 2005 wird der Ertrag der gesamten Rebfläche selbst vermarktet. Die Weinberge befinden sich vor allem in Rhodt in den Lagen Schlossberg, Rosengarten und Klosterpfad, aber auch in den Nachbargemeinden Hainfeld und Edenkoben. 65 Prozent der Fläche nehmen weiße Sorten ein, vor allem Riesling, Weiß- und Grauburgunder, aber auch Chardonnay, Muskateller, Gewürztraminer und Sauvignon Blanc. Wichtigste rote Sorten sind Dornfelder, Spätburgunder und Portugieser. St. Laurent, Dunkelfelder und Cabernet Sauvignon kamen in den letzten Jahren hinzu. Die „Rosswingert"-Weine stammen aus Weinbergen, bei denen die Bodenbearbeitung mit Hilfe der beiden Pferde Reschen und Rico durchgeführt wird.

Vorjahre

In der gleichmäßig guten Kollektion vor zwei Jahren standen die beiden konzentrierten Grauburgunder und der im Vergleich zum Vorjahr etwas schlankere und harmonischere Chardonnay an der Spitze, dazu kam ein gut strukturierter Spätburgunder aus dem Jahrgang 2009. Die 2010er Rotweine in der Kollektion des vergangenen Jahres präsentierten sich etwas verhaltener und mit leicht spröden Tanninen, aber unter den Weißweinen waren die Rieslinge und die Grauburgunder wieder

H

Die besten deutschen Weinerzeuger und ihre Weine

gut gelungen, allen voran die beiden „Rosswingert"-Weine, auch wenn der saftige und füllige Grauburgunder „Rosswingert" im Restzucker knapp über der Trockengrenze lag.

Neue Kollektion

Und das wäre auch der einzige Kritikpunkt an der gelungenen aktuellen Kollektion: Die trockenen Weißweine erscheinen uns durch die Bank eine Spur zu süß, was etwas zu Lasten der Präzision der Weine geht. Unter unseren drei Favoriten in diesem Jahr sind zwei Rieslinge, der „Rosswingert" mit feiner Würze und Eleganz und der „Granit" mit Kraft und klarer Mineralität, und ein konzentrierter, fülliger Grauburgunder mit rauchiger Würze. ◀

Weinbewertung

83   2012 Gelber Muskateller trocken Rhodter Rosengarten **12,5 %/6,20 €**

86   2012 Grauburgunder Spätlese trocken „Kalkmergel" **14 %/7,40 €**

83   2012 Chardonnay Kabinett trocken Rhodter Rosengarten **13 %/5,20 €**

82   2012 Riesling Kabinett trocken „Buntsandstein" Rhodter Schlossberg **12 %/5,20 €**

86   2012 Riesling Kabinett trocken „Rosswingert" Rhodter Schlossberg **12 %/8,80 €**

84   2012 Riesling Spätlese trocken „Roter Sandstein" Rhodter Schlossberg **12,5 %/7,40 €**

86   2012 Riesling Spätlese trocken „Granit" Rhodter Schlossberg **13,5 %/9,80 €**

83   2012 Riesling Spätlese „feinherb" Rhodter Schlossberg **12,5 %/7,- €**

83   2012 Gewürztraminer Spätlese Rhodter Ordensgut **12,5 %/7,- €**

85   2011 Spätburgunder trocken „Rosswingert" Rhodter Rosengarten **13,5 %/12,50 €**

Helmut **Hexamer**
Weingut

Nahe

Sobernheimer Straße 3, 55566 Meddersheim
Tel. *06751-2269,* **Fax:** *06751-94707*
www.weingut-hexamer.de
info@weingut-hexamer.de
Besuchszeiten: *Mo.-Fr. 8-19 Uhr, Sa. 8-17 Uhr*

Inhaber . . . . Harald Hexamer
Rebfläche . . . . 17,8 Hektar

Vor allem auf Riesling setzt Harald Hexamer, der den Betrieb 1999 von seinem Vater übernommen hat, knapp zwei Drittel der Rebfläche nimmt er inzwischen ein. Es folgen Spätburgunder, Weißburgunder, Grauburgunder und Frühburgunder, auch Domina und Regent baut Harald Hexamer inzwischen an. Die Weinberge liegen in Meddersheim und im Sobernheimer Marbach. Zuletzt konnte er zwei Weinberge in den Schlossböckelheimer Lagen In den Felsen und Königsfels erwerben, dazu 0,6 Hektar im besten Teil des Rheingrafenberg. Die Weißweine werden fast ganz im Edelstahl ausgebaut, nur Grau- und Weißburgunder kommen seit dem Jahrgang 2010 ins Holz, wofür Harald Hexamer Meddersheimer Eiche nutzt; die Rotweine werden immer im großen Holzfass oder Barrique ausgebaut.

Vorjahre

Die 2010er Weine hatte Harald Hexamer noch länger auf der Hefe gelassen als gewöhnlich, das Ergebnis gab ihm recht. Die Weine waren frisch, klar und geradlinig, schon der Gutsriesling bereitete viel Freude. Highlights im Programm waren einmal mehr die edelsüßen Rieslinge. Das war auch 2011 wieder so: Die Beerenauslese und die Trockenbeerenauslese besaßen ein prägnantes Säuregerüst, viel Konzentration und feine Zitrusnoten. Das straffe Säure-Spiel fand sich auch bei den trockenen Rieslingen, unter denen die beiden „No. 1"-Weine aus den Lagen

In den Felsen und Rheingrafenberg hervorstachen.

Neue Kollektion

An der Spitze der aktuellen Kollektion steht ein herrlich konzentrierter, öliger Riesling-Eiswein mit viel Substanz und Biss, einer der besten edelsüßen Weine des Jahrgangs 2012 an der Nahe. Und auch der Rest des verkosteten Sortiments überzeugt: Die Rieslinge, egal ob trocken oder restsüß besitzen klare Frucht und prägnanten Säure-Biss, der trockene Riesling „No.1" aus der Lage In den Felsen zeigt viel nachhaltige Zitrus- und Tabakwürze, der restsüße „No.1" aus dem Rheingrafenberg ist füllig und harmonisch mit feinen mineralischen Noten und auch Weißburgunder und Sauvignon Blanc sind reintönig und saftig mit feinem Schmelz. ◄━

Weinbewertung

85	2012 Sauvignon Blanc trocken	12,5 %/8,50 €
84	2012 Weißburgunder trocken	13 %/7,50 €
86	2011 Weißburgunder trocken „No.1" 13,5 %/12,80 €	
84	2012 Riesling trocken	12,5 %/6,30 €
85	2012 Riesling trocken „Eisendell" Meddersheimer Rheingrafenberg 12,5 %/7,30 €	
86	2012 Riesling trocken Schlossböckelheimer Königsfels 13 %/9,50 €	
88	2012 Riesling trocken „No.1" Schlossböckelheimer In den Felsen 13,5 %/15,80 €	
85	2012 Riesling „Porphyr" Schlossböckelheimer In den Felsen 11,5 %/8,50 €	
88	2012 Riesling „No.1" Meddersheimer Rheingrafenberg 12,5 %/15,80 €	
85	2012 Riesling Kabinett Meddersheimer Altenberg 8 %/8,30 €	
86	2012 Riesling Spätlese Meddersheimer Rheingrafenberg 8 %/15,80 €	
87	2012 Riesling Spätlese Schlossböckelheimer In den Felsen 8,5 %/18,30 €	
88	2012 Riesling Beerenauslese „-6,9 C" Sobernheimer Marbach 6,5 %/23,50 €	
92	2012 Riesling Eiswein Sobernheimer Marbach 6,5 %/72,30 €	
87	2009 Frühburgunder trocken „No.1" 14,5 %	

★★★★☆

Heymann-Löwenstein

Weingut   **Mosel**

Bahnhofstraße 10, 56333 Winningen
Tel. 02606-1919, *Fax:* 02606-1909
www.heymann-loewenstein.com
info@hlweb.de
Besuchszeiten: nach Vereinbarung

Inhaber........Cornelia Heymann-Löwenstein
....................Reinhard Löwenstein
Rebfläche............................15 Hektar

Reinhard Löwenstein ist einer der profiliertesten Winzer der Mosel. Wohl nicht viele aus seiner Branche haben das Thema Terroir so intensiv ergründet wie er. Löwenstein konzentriert sich auf Riesling, die Herzstücke seines Programms sind die von ihm propagierten „Ersten Lagen" – die er teilweise weiter nach Parzellen unterteilt. Außer dem Röttgen und dem Uhlen hat sich Löwenstein auch mit dem Kirchberg und dem Stolzenberg einen Namen gemacht. Hinzu kommen als Gutsweine der „Schieferterrassen"-Riesling, der „Schieferterrassen Alte Reben" und der Riesling „vom blauen Schiefer". Seine trockenen Lagenweine füllt Reinhard Löwenstein immer recht spät ab, und sie sind auch dann noch vergleichsweise unzugänglich. Schon jung bemerkenswert saftig und komplex sind seine Süßweine. Löwensteins Terroir-Konzept ist umfassend, und kein anderer Erzeuger spricht und schreibt so gern über dieses Thema. Nicht immer gelang es uns allerdings in den letzten Jahren, den Charakter der Lage in den Weinen zu erkennen, manchmal waren die Rieslinge zu sehr von Botrytis und üppiger Süße beherrscht.

Vorjahre

2010 trugen alle Weine den Zusatz „Reserve". Ob dies bewusst so gewählt wurde, um den außergewöhnlichen Weinen Rechnung zu tragen? Denn 2010 stellte Reinhard Löwenstein die Hey-Lö-Fangemeinde vor eine harte

Probe. 2007 und 2008 zeigten die Weine feine mineralische Noten, ja selbst die üppigen 2009er waren noch mineralisch. 2010 aber war extrem anders, extrem anders wie zuletzt die 2000er von Reinhard Löwenstein, aber doch auf eine andere Art. Er hatte mächtige Weine erzeugt, die im Bouquet an Beerenauslesen erinnerten, im Mund dominant waren, merklich süß, hoch im Alkohol, mit Bitternoten im Abgang, verknappt hätte man sie als „feinherbe" Beerenauslesen bezeichnen können. 2011 gefiel uns da deutlich besser, bereits die Einstigesweine, Schieferterrassen und „vom blauen Schiefer", präsentierten sich füllig und klar. Die Lagenweine waren 2011 alle hervorragend, am besten gefiel uns der faszinierend nachhaltige Wein aus der Blaufüßer Lay, es folgten Laubach und Kirchberg.

Neue Kollektion

2012 sind die Lagenweine deutlich trockener, alle liegen im gesetzlich trockenen Bereich, können somit als „Große Gewächse" nach den VDP-Richtlinien bezeichnet werden. Aber beginnen wir mit der Basis: Der Schieferterrassen-Riesling ist füllig, saftig und kraftvoll, besitzt reife Frucht und gute Struktur – ein sehr guter Einstieg. Der Riesling vom blauen Schiefer ist reintöniger noch im Bouquet, saftig und geradlinig, besitzt feine Frucht und dezent mineralische Noten. Die Lagenweine sind wie im Vorjahr alle hervorragend, gefallen uns insgesamt nochmals besser, weil sie an Präzision gewonnen haben. Der Kirchberg ist würzig und reintönig, zeigt gelbe Früchte im Bouquet, ist füllig und kraftvoll im Mund, besitzt gute Struktur, Frische und Länge. Der Stolzenberg besitzt Fülle, Kraft und Substanz, Frische und dezent mineralische Noten, während der Röttgen duftiger ist, klar und zupackend, gute Struktur, Frische und Biss besitzt. Unsere Favoriten aber sind die beiden Weine aus dem Uhlen: Der Riesling aus der Blaufüßer Lay ist konzentriert und würzig, kraftvoll und präzise, stoffig, besitzt Druck, Länge und Nachhall. Noch

druckvoller ist der Riesling aus der Laubach, kraftvoll und präzise, nimmt sich Zeit, baut einen enormen Druck im Mund auf, ist lang und nachhaltig.

Klasse Kollektion, eine der besten Kollektionen des Jahrgangs in Deutschland! ◄━

Weinbewertung

86	2012 Riesling „Schieferterrassen"	13 %	14,50 €
88	2012 Riesling „vom blauen Schiefer"	13 %	17,50 €
90	2012 Riesling Kirchberg	12,5 %	19,- €
91	2012 Riesling Stolzenberg	13,5 %	21,- €
91	2012 Riesling Röttgen	12 %	22,- €
92	2012 Riesling Uhlen „B"	13 %	26,- €
93	2012 Riesling Uhlen „L"	13 %	29,- €
89	2003 Riesling Uhlen „R"		

Hiestand
Weingut & Hofbrennerei

Rheinhessen

Nordhöferstraße 19, 67583 Guntersblum
Tel. 06249-2266, **Fax:** 06249-7835
www.hiestand-weingut.de
info@hiestand-weingut.de
Besuchszeiten: Sa. 10-18 Uhr und nach Vereinbarung
Hoffest am 1. Wochenende im Oktober.

Inhaber......................Gunther Hiestand
Rebfläche.............................12 Hektar

Die wichtigsten Rebsorten bei Gunther Hiestand sind Silvaner, Riesling, Weißburgunder und Gewürztraminer. Ihre Weinberge liegen in den Guntersblumer Lagen Kreuzkapelle, Steig-Terrassen, Bornpfad und Eiserne Hand, sowie im Albiger Schloss Hammerstein. Während der Gutshof der Hiestands in der Nordhöferstraße liegt, befindet sich der Keller im Guntersblumer Kellerweg. Dort reifen die Weine in Fässern aus Spessarteiche. Alle Weine werden seit jeher mit den natürlichen Hefen vergoren. Seit 1997 wird das alte Brennrecht wieder ausgeübt und Trauben, Hefe, Holunder, Weinbergpfirsich und Quitte werden in der hauseigenen Destille gebrannt.

Vorjahre

Die beiden spannendsten Weine waren vor zwei Jahren die Rieslinge aus dem Jahrgang 2009, die 2010er präsentierten sich wie gehabt markant und eigenständig. Die 2011er Kollektion brachte einen kraftvollen, geradlinigen Gewürztraminer und eine füllige Riesling Spätlese.

Neue Kollektion

Aus 2011 wurde in diesem Jahr ein weiterer Wein vorgestellt, eine dicke, enorm konzentrierte Riesling Trockenbeerenauslese. Die 2012er präsentieren sich stimmig, sind allesamt an sich spannende Weine, die aber durch die recht hohe Restsüße ein wenig beliebig wirken, am besten gefallen uns die zupackenden, saftigen Rieslinge mit ihrer reifen Frucht. ◀

Weinbewertung

81 2012 Grüner Sylvaner trocken **12 %/5,90 €**
82 2012 Riesling trocken **12 %/6,50 €**
81 2012 Weißburgunder trocken **13 %/6,50 €**
83 2012 Sauvignon Blanc trocken **12 %/6,50 €**
83 2012 „Grauweiss" Burgunder trocken **13,5 %/8,90 €**
84 2012 Riesling trocken Steinberg **12,5 %/8,90 €**
83 2012 Scheurebe „feinherb" **11,5 %/6,50 €**
84 2012 Riesling Kreuzkapelle **12 %/8,90 €**
89 2012 Riesling Trockenbeerenauslese **6 %/45,- €/0,375l**
81 2011 Schwarzriesling trocken **12 %/8,90 €**
83 2011 „St. PoDo" Rotwein trocken **12,5 %/8,90 €**

★ Hillabrand

Weingut   **Franken**

◆ Hüttenheim 96, 97348 Willanzheim
Tel. 09326-1765, **Fax:** 09326-979008
www.weingut-hillabrand.de, info@weingut-hillabrand.de
Besuchszeiten: Mo.-Fr. ab 12 Uhr, Sa. ab 9 Uhr, So. ab 10 Uhr; Heckenwirtschaft

Inhaber .... Markus Hillabrand
Rebfläche .... 7 Hektar

Seit 1929 baut die Familie Wein in Hüttenheim an. Bis 2006 wurde der Weinbau im Nebenerwerb betrieben, mit dem Abschluss der Winzerlehre konzentriert sich Markus Hillabrand seither ganz auf Weinbau. Seit 1999 wird eine Heckenwirtschaft betrieben. Die Weinberge liegen größtenteils im Hüttenheimer Tannenberg, Hüttenheim liegt am Fuß des südlichen Steigerwalds; seit 1199 ist Weinbau in Hüttenheim urkundlich belegt, die Reben wachsen auf Gipskeuperböden, teils in Steillagen.

Kollektion

Alle Weine sind frisch und reintönig, besitzen feine Frucht. Die Scheurebe besitzt viel Fülle und Substanz, der „g'scheit" trockene Silvaner ist herrlich klar und zupackend, die Silvaner Spätlese üppig und harmonisch bei viel reifer Frucht. Eine stimmige Kollektion, auch die Literweine überzeugen. ◀

Weinbewertung

83 2012 Müller-Thurgau Kabinett trocken Hüttenheimer Tannenberg **12,5 %/4,- €** ☺
81 2012 Silvaner Kabinett trocken Hüttenheimer Tannenberg **12 %/4,50 €/1l**
84 2012 Silvaner Kabinett „g'scheit" trocken Hüttenheimer Tannenberg **12,5 %/5,- €** ☺
85 2011 Silvaner Spätlese trocken Hüttenheimer Tannenberg **14 %/7,- €**
84 2012 Scheurebe Spätlese trocken Bullenheimer Paradies **14,5 %/7,50 €**
80 2012 Bacchus Kabinett halbtrocken Hüttenheimer Tannenberg **12 %/4,50 €/1l**

H

Die besten deutschen Weinerzeuger und ihre Weine

★★★
Emmerich **Himmel**
Weingut
Rheingau

Holger-Craoord-Strasse 4, 65239 Hochheim
Tel. *06146-6590,* **Fax:** *06146-601570*
www.weingut-himmel.de
info@weingut-himmel.de
Besuchszeiten: *nach Vereinbarung, jeden 1. Sa. im Monat 11-17 Uhr Weintheke*

Inhaber . . . . Emmerich Himmel
Rebfläche . . . . 5 Hektar

Emmerich Himmel hat das Weingut 1984 von seinem Vater als Fassweinbetrieb übernommen, auf Flaschenweinvermarktung umgestellt und die Qualität der Weine nach und nach immer weiter gesteigert. Heute bewirtschaftet er vor allem Rieslingparzellen (80 Prozent), aber auch Weißburgunder- und Spätburgunderlagen. Die Weine werden zum Teil mit den eigenen Hefen vergoren. Sowohl der Riesling aus dem Kirchenstück als auch jener aus der Hölle zeichnen sich durch eine im Rheingau seltene Geradlinigkeit und Balance aus, ein Übermaß an Süße in den nominell trockenen Weinen wird zum Glück vermieden. Als „Lumen Naturale" wird ein Riesling aus dem Kirchenstück bezeichnet, dessen Trauben langsam gepresst werden, bei der Vergärung lässt Himmel etwa 20 Prozent ganze Trauben mitvergären, der Ausbau findet im großen Holzfass statt, abgefüllt wird erst im zweiten auf die Ernte folgenden Jahr. Der im Barrique ausgebaute Weißburgunder und ein ebenfalls im Holz gereifter Spätburgunder ergänzen das Sortiment. Nicht mehr produziert werden Erste Gewächse. Himmels Spitzenweine, neben dem „Lumen Naturale", heißen fortan „Mirus" (aus der Hölle) und „Stückfass" (aus dem Kirchenstück).

Vorjahre _____

Schlank, aber gelungen waren die Weine des Jahrgangs 2010, der „Lumen Naturale" wirkte

zum Zeitpunkt der Verkostung noch unausgewogen. Die 2011er befanden sich auf einem überaus erfreulichen Niveau, beginnend mit dem Classic und endend mit den beiden sehr guten Ersten Gewächsen.

Neue Kollektion _____

Aus dem Jahrgang 2012 wurden gelungene, zugängliche Rieslinge vorgestellt, an der Spitze ein trockener „Mirus" aus der Lage Hölle, der viel Spiel und Frische aufweist. Als saftiger Alltagswein geht die Cuvée aus Weißburgunder und Riesling durch – ebenso geradlinig wie alle Weine des Hauses. Der Jahrgang 2011 ist mit zwei Rieslingen vertreten. Der im April 2013 gefüllte „Lumen Naturale", ein in sich selbst ruhender, sehr ausgewogener Wein, ist schon jetzt zugänglich, zeigt aber noch längst nicht alles. Auch der schlanke, sehr geradlinige und im besten Sinne süffige „Stückfass" überzeugt. ◀

Weinbewertung _____

84 2012 Weißburgunder/Riesling Kabinett trocken „Himmelsstürmer" **11,5 %/6,- €**

84 2012 Riesling Kabinett trocken „Himmel" Hochheimer Hölle **11,5 %/6,- €**

86 2012 Riesling Spätlese trocken „Himmelstraum" **12 %/8,- €**

88 2012 Riesling Spätlese trocken Hochheimer Hölle **12,5 %/10,- €** ☺

87 2012 Riesling Spätlese trocken Hochheimer Kirchenstück **12,5 %/13,- €**

89 2012 Riesling Spätlese trocken „Mirus" Hochheimer Hölle **12,5 %/15,- €**

88 2011 Riesling Spätlese trocken „Stückfass" Hochheimer Kirchenstück **12,5 %/15,- €**

88 2011 Riesling Spätlese trocken „Lumen Naturale" Hochheimer Kirchenstück **13 %/20,- €**

83 2012 Riesling Classic **11,5 %/6,- €**

Hinterbichler

Weingut   **Pfalz** ⭐

Kleinkarlbacher Straße 16, 67273 Bobenheim am Berg
Tel. *06353-3990,* **Fax:** *06353-507170*
www.hinterbichler.de
info@hinterbichler.de
Besuchszeiten: *nach Vereinbarung*

Inhaber . . . . Famiie Hinterbichler
Rebfläche . . . . 16 Hektar

In Bobenheim am Berg betreibt Markus Hinterbichler zusammen mit seinem Vater das Weingut Hinterbichler. Der Vater kam 1980 aus Österreich in die Pfalz. Weinbautechniker Markus Hinterbichler will in Zukunft auch österreichische Rebsorten kultivieren, eine seiner Wurzeln liegt in Oberösterreich beim „Stoana" (Steine), dem Geburtshaus des Vaters, jetzt trägt eine Cuvée aus Scheurebe, Bacchus und Chardonnay diesen Namen. Dieser wächst schließlich auch auf „Stoana": In den Lagen Kieselberg, wo verwitterter Buntsandstein anliegt, und Ohligpfad, der von Lehm und Löss geprägt ist.

Vorjahr
Bei der Premiere im vergangenen Jahr hat uns die Cuvée Stoana knapp am besten gefallen. Der Wein war frisch, klar, fruchtig und ein wenig süß. Frische und rebsortentypische Klarheit waren auch die wichtigsten Merkmale der anderen Weine.

Neue Kollektion
In diesem Jahr gefällt uns ein Grüner Veltliner am besten, da kommen die österreichischen Gene durch. Neben einer klaren Frucht entwickelt der Wein auch einen feinen Druck. Viele klare Frucht zeigen auch die anderen Weißweine, der Rosé ist himbeerbrauserosa und die Rotweinecuvée zeigt kräftige Tannine. Gut. ◂━

Weinbewertung
84   2012 Weißweincuvée trocken „Stoana"
     12 %/6,50 €

86   2012 Grüner Veltliner trocken   **12 %/9,- €**
83   2012 Sauvignon Blanc trocken   **12,5 %/6,50 €**
84   2012 Weißburgunder trocken   **12,5 %/6,50 €**
80   2012 Rosé trocken   **11 %/6,50 €**
83   2011 Rotweincuvée trocken „Schwoaza Stoana"   **14 %/6,50 €**

Hirsch

Weingut   **Württemberg** ⭐

 *Kastanienstraße 1, 74211 Leingarten*
Tel. *07131-401682,* **Fax:** *07131-403493*
www.hirschweine.de
christian.hirsch@hirschweine.de
Besuchszeiten: *Mo. 8-12 Uhr, Di.-Fr. 8-12 + 14-18 Uhr, Sa. 8-13 Uhr und nach Vereinbarung*

Inhaber . . . . Artur Hirsch
Rebfläche . . . . 45 Hektar

Seit drei Generationen baut die Familie Wein in Leingarten an, am Fuße des Heuchelbergs. Neben dem Ertrag der 10 Hektar eigenen Weinberge wird auch die Ernte einer angeschlossenen Leingartener Erzeugergemeinschaft mit weiteren 35 Hektar verarbeitet und vermarktet. 8 Hektar eigenen Weinberge besitzt man in Leingarten, wo die Reben auf Keuperböden wachsen; hinzu kommen 2 Hektar am Neckar, im Lauffener Katzenbeißer, wo Muschelkalkböden vorherrschen. Aus den eigenen Weinbergen werden die Guts- und Premiumweine erzeugt, der Fokus liegt dabei auf den Burgundersorten, Lemberger, Riesling und Sauvignon Blanc. Für den Weinausbau ist Christian Hirsch verantwortlich, der in Geisenheim und Davis Önologie studiert hat, danach bei Reh-Kendermann für die Premiummarken verantwortlich war, bevor er im Mai 2013 in den elterlichen Betrieb einstieg. Die Rotweine werden maischevergoren und 6 bis 30 Monate in Barriques ausgebaut, ausschließlich schwäbische Eiche wird genutzt. Die Weißweine werden nach Maischestandzeit gekühlt im Edelstahl vergoren und bleiben bis kurz vor der Füllung auf der Vollhefe, 2012 wurden erstmals zwei Weißweine im Barrique ausgebaut.

Kollektion

Eine sehr eigenwillige Kollektion schickte uns Christian Hirsch zur Verkostung, zum Beispiel mit einem barriqueausgebauten halbtrockenen Riesling, der rauchige Noten und Vanille im Bouquet zeigt, Kraft, Substanz und gute Struktur besitzt, oder einem reintönigen, konzentrierten Sauvignon Blanc, der kraftvoll aber eigenwillig verschlossen ist. Der Pinot Noir Eiswein ist reintönig, konzentriert und kraftvoll, besitzt deutliche Tannine, die Cuvée „Rot und Wild", lange in gebrauchten Barriques ausgebaut, ist kraftvoll, klar und zupackend, die recht hohe Restsüße stört überhaupt nicht, die Cuvée Hirsch besitzt Kraft, gute Struktur und Substanz. Wir freuen uns auf die nächsten Kollektionen.

Weinbewertung

83   2012 Grauburgunder trocken „Edition Junior" **13,5 %/8,50 €**

84   2012 Sauvignon Blanc trocken „Virgina Erste Trauben" **13 %/15,- €**

87   2012 Riesling „Barrique **12 %/15,- €**

85   „Rot und Wild" Rotwein **11 %/6,40 €**

86   „Cuvée Hirsch" Rotwein trocken Barrique **12,5 %/10,70 €**

88   2012 Pinot Noir Eiswein **8,5 %/25,- €/0,375l**

★ ☆

Hirschhof
Weingut

Rheinhessen

Seegasse 29, 67593 Westhofen
Tel. 06244-349, **Fax:** 06244-57112
www.weingut-hirschhof.de
hirschhof@t-online.de
Besuchszeiten: Mo.-Fr. 8-12 + 13-18 Uhr,
Sa. nach Vereinbarung

Inhaber .... Familie Zimmer
Rebfläche .... 30 Hektar

Die Ursprünge des Hirschhofs reichen bis ins Jahr 1466 zurück, als ein Vorfahre der heutigen Besitzer seinen Landesherrn vor einem angreifenden Hirsch rettete und zum Dank dafür die Ländereien, das Wappen und den Namen erhielt. Seit 1991 werden alle Rebflächen beim Weingut Hirschhof nach ökologischen Gesichtspunkten bewirtschaftet (Ecovin). Neben den klassischen Sorten wie Riesling, Silvaner und Burgundern spielen rote Sorten wie Saint Laurent, Dornfelder und Portugieser eine wichtige Rolle in den Weinbergen, die in den Gemeinden Westhofen, Guntersblum und Bechtheim liegen. Aber auch Chardonnay und Sauvignon Blanc bauen Walter und Tobias Zimmer inzwischen an. Neben Wein wird Traubensaft hergestellt, ein Riesling-Hefebrand, Marc vom Gewürztraminer und bereits seit 1986 Sekt im traditionellen Verfahren.

Vorjahre

Nicht viele Weingüter bieten Jahr für Jahr solch zuverlässige Qualität wie der Hirschhof. Das war vor zehn Jahren so, heute, mit deutlich mehr Rebfläche, gilt es genauso. 2010 behauptete sich der Hirschhof gut, alle Weine waren klar und frisch, schon der Liter-Silvaner machte Freude. Das Highlight vor zwei Jahren stammte aber mit dem kraftvollen Spätburgunder aus dem Jahrgang 2009. Eine sehr schöne Kollektion folgte 2011 mit vielen reintönigen, frischen Weinen, vor allem Weißburgunder „S" und die trockene Riesling Spätlese, beide aus dem Kirchspiel, stachen hervor.

Neue Kollektion

Solche Highlights fehlen in diesem Jahre, die meisten Weine sind allzu verhalten, auch die beiden verkosteten Rotweine des Jahrgangs 2011. Am besten gefallen uns der süße Muskateller-Sekt und der kraftvolle, aber zurückhaltende Riesling aus der Aulerde.

Weinbewertung

83   2011 Muskateller Sekt trocken **12,5 %/10,20 €**

78   2012 Riesling trocken (1l) **12 %/5,50 €**

82	2012 Weißburgunder Kabinett trocken	
	12,5 %/6,30 €	
81	2012 Sauvignon Blanc trocken	**12,5 %/6,90 €**
80	2012 Riesling Spätlese trocken Westhofener	
	Kirchspiel	**13 %/7,50 €**
81	2012 Grauburgunder Spätlese trocken West-	
	hofener Steingrube	**13,5 %/8,90 €**
83	2012 Riesling Selektion trocken Westhofener	
	Aulerde	**13 %/12,- €**
82	2011 Merlot trocken „Platzhirsch"	**14 %/10,50 €**
81	2011 Spätburgunder Selection trocken	
	Westhofener Morstein	**13 %/12,50 €**

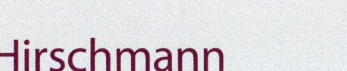

Hirschmann
Weingut
Rheingau

Hauptstraße 10, 65375 Oestrich-Winkel
***Tel.** 06723-2800, **Fax:** 06723-885484*
www.hirschmann-wein.de
info@hirschmann-wein.de
***Besuchszeiten:** Mo.-Sa. nach Vereinbarung*

Inhaber .... Christoph Hirschmann
Rebfläche .... 5,8 Hektar

Die Familie betreibt seit dem 17. Jahrhundert Weinbau in Oestrich-Winkel. 1860 erwarb Johann Hirschmann das historische Gutshaus in Winkel, in dessen altem Gewölbekeller immer noch die Weine ausgebaut werden. Christoph Hirschmann, der heutige Besitzer, baut neben Riesling etwas Spätburgunder an. Seine besten Lagen sind Doosberg, Lenchen (beide Oestrich) sowie Hasensprung (Winkel). Die im Stahl gereiften Rieslinge besitzen auch in schwierigen Jahrgängen eine eindrucksvolle Balance.

Vorjahre
2010 überzeugte rundum Die 2011er begeisterten dann mit saftiger, zugänglicher Art. Bereits der trockene Kabinett besaß eine animierende Säure, der „Edition" war ungemein stoffig.

Neue Kollektion
Nicht nur der stoffige Kabinett „Alte Reben" überzeugt in der nun vorgestellten Kollektion, auch die „Edition 2012" fällt in diese geradlinige Kategorie. Schlank und ausgewogen wirkt zudem das Erste Gewächs, während der Eiswein erhebliche Süße aufweist, die aber durch die Säure bestens ausgeglichen wird. Insgesamt eine sehr erfreuliche Leistung! ◄━

Weinbewertung
86	2012 Riesling Kabinett trocken „Alte Reben"	
	12,5 %/6,40 € ☺	
85	2012 Riesling Spätlese trocken „Edition"	
	13 %/8,80 €	
87	2011 Riesling Erstes Gewächs Oestricher Lenchen	**13 %/13,50 €**
83	2012 Riesling Classic	**12 %/5,- €**
89	2012 Riesling Eiswein Winkeler Gutenberg	
	10,5 %/28,- €	
86	2011 Spätburgunder trocken Mittelheimer Edelmann	**13 %/8,80 €**

Erich **Hirth**
Weingut
Württemberg

Löwensteiner Straße 76, 74182 Obersulm-Willsbach
***Tel.** 07134-3633, **Fax:** 07134-8622*
www.weingut-hirth.de
erich.hirth@t-online.de
***Besuchszeiten:** Mo.-Fr. (außer Mi.) 16-18 Uhr,*
Sa. 9-12 Uhr und nach Vereinbarung

Inhaber .... Erich Hirth
Rebfläche .... 10 Hektar

Seit Generationen betreibt die Familie Weinbau, aber erst Erich Hirth begann 1986 mit dem Aufbau des eigenen Weinguts mit damals 3,5 Hektar Reben. 70 Prozent der Rebfläche nehmen rote Rebsorten ein, vor allem Trollinger, Lemberger, Schwarzriesling und Spätburgunder. Bei den weißen Sorten dominiert Riesling, hinzu kommen Graubur-

H

gunder, Weißburgunder und Chardonnay. Erich Hirths Weinberge liegen im Willsbacher Dieblesberg und im Lehrensteinsfelder Steinacker. Die Weine werden überwiegend trocken ausgebaut.

Vorjahre

Vor zwei Jahren war die Kollektion sehr gleichmäßig, wurde angeführt von der Cuvée Optimus, Jahrgang 2009. In der letztjährigen Kollektion hatten ganz klar die Rotweine, trotz meist merklicher Restsüße, die Nase vorne.

Neue Kollektion

Die 2012er Weißweine gefallen uns gut, sie sind frisch und klar, der Sauvignon Blanc wunderschön geradlinig. Im roten Segment gefällt uns wieder einmal die Cuvée Optimus am besten, sie ist füllig und kraftvoll, besitzt reife Frucht, gute Struktur und Frische. ◀

Weinbewertung

83 2012 Chardonnay Kabinett trocken Willsbacher Dieblesberg **13 %/6,80 €**

83 2012 Riesling Spätlese trocken Willsbacher Dieblesberg **12,5 %/6,85 €**

84 2012 Sauvignon Blanc trocken Willsbacher Dieblesberg **12,5 %/7,60 €**

81 2011 Lemberger trocken Willsbacher Dieblesberg **13 %/6,80 €**

82 2011 Spätburgunder Spätlese trocken Willsbacher Dieblesberg **13 %/8,05 €**

85 2010 „Optimus" Rotwein Spätlese trocken Willsbacher Dieblesberg **13 %/11,90 €**

Hirth - Rebhof
Weingut

★ ☆

Württemberg

❤ *Weingut Hirth GmbH*
Rebhof 1, 74182 Obersulm-Willsbach
Tel. *07134-5369454,* **Fax:** *07134-5298682*
www.weinguthirth.de
info@weinguthirth.de
Besuchszeiten: *Do.-Fr. 10-18 Uhr, Sa. 10-14 Uhr und nach Vereinbarung; Gutsausschank (Anfang des Monats, Termine siehe Webseite)*

Inhaber	Weingut Hirth GmbH
Betriebsleiter/Kellermeister	Frank Kayser
Rebfläche	9 Hektar

Seit mehreren Generationen betreibt die Familie Weinbau in Willsbach. Walter Hirth begann Anfang der siebziger Jahre selbst Wein auszubauen, im Jahr 2000 übernahm Helmuth Hirth den Betrieb. 2010 nahm man den Weinbautechniker Gebhard Steng als Außenbetriebsleiter und den Kellermeister Frank Kayser als Betriebsleiter an Bord und gründete die Weingut Hirth GmbH. Die Weinberge liegen größtenteils rund um das Weingut am Willsbacher Föhrenberg, wo die Reben auf Keuper- und Mergelböden wachsen. Sie sind mit den roten Sorten Spätburgunder, Trollinger, Dornfelder und Lemberger, sowie den weißen Sorten Auxerrois, Riesling und Weißburgunder bestockt; inzwischen gibt es auch Chardonnay, St. Laurent und Schwarzriesling. Seit 2009 werden die Weinberge biologisch bewirtschaftet (Mitglied bei Ecovin).

Vorjahre

Vor zwei Jahren gefiel uns die Kollektion gut, vor allem die Weißweine zeigten sich klar verbessert. Die 2011er Kollektion schloss nahtlos daran an. Die Weißweine waren frisch und reintönig, die Rotweine präsentierten sich klar und geradlinig.

Neue Kollektion

Die neue Kollektion ist sehr gleichmäßig, weiß wie rot. Am besten gefallen uns der schon im Vorjahr vorgestellte Chardonnay und der frische, zupackende Rosé-Sekt. ◀

Weinbewertung

84 2011 Rosé Sekt brut **12,5 %/12,- €**

83 2012 Riesling trocken **12 %/10,- €**

82 2012 Auxerrois trocken **12,5 %/10,- €**

83 2012 „Chronos" Weißwein trocken **12 %/9,- €**

85 2011 Chardonnay trocken **12,5 %/15,- €**

81 2011 St. Laurent trocken **12,5 %/9,- €**

80 2010 Lemberger trocken **13 %/13,- €**

83 2010 Spätburgunder trocken **13 %/13,- €**

81 2010 „Kairos" Rotwein trocken **13 %/11,- €**

Hiss

Weingut

Baden

◆ Hauptstraße 31, 79356 Eichstetten
Tel. 07663-1236, *Fax:* 07663-2017
www.weingut-hiss.de
info@weingut-hiss.de
Besuchszeiten: 9-12 + 15-18 Uhr
Ferienwohnung, Gästezimmer

Inhaber . . . . Andreas Hiss
Rebfläche . . . . 24 Hektar

Karl Hiss legte als Weinküfer und Winzer den Grundstock für den heutigen Betrieb. Sein Sohn Karl-Heinz gründete 1962 zusammen mit Ehefrau Christa eines der ersten selbstvermarktenden Weingüter in Eichstetten. Heute führt Andreas Hiss in dritter Generation den Betrieb. Neben den Burgundersorten baut er Riesling, Muskateller, Müller-Thurgau, Chardonnay, Scheurebe und Gewürztraminer, sowie etwas Dornfelder und Cabernet an.

Kollektion _____

Eine schöne, stimmige Kollektion präsentiert Andreas Hiss zum Debüt. Vor allem die beiden Editionsweine gefallen uns sehr gut. Der Grauburgunder zeigt gute Konzentration und etwas Vanille im Bouquet, ist füllig und kraftvoll im Mund, besitzt reife Frucht und gute Struktur. Noch besser gefällt uns der im Barrique ausgebaute Spätburgunder aus dem Jahrgang 2009, zeigt gute Konzentration im Bouquet, rauchige Noten, klare reife Frucht, ist füllig im Mund, harmonisch und kraftvoll, besitzt reife Frucht, gute Struktur und dezente Schokonoten. ◄

Weinbewertung _____

83 2012 Weißburgunder Kabinett trocken
    13 %/6,20 €
81 2012 Grauburgunder Kabinett trocken
    13 %/6,70 €
85 2011 Grauburgunder trocken (Edition)
    14 %/13,50 €
82 2012 Spätburgunder Rosé trocken **12 %/5,80 €**

82 2011 Spätburgunder trocken Holzfass **14 %/9,- €**
86 2009 Spätburgunder trocken Barrique (Edition) **14,5 %/18,50 €**

Höfflin

★★★

Biologisches Weingut

Baden

🍇 Schambachhof, 79268 Bötzingen
Tel. 07663-1474, *Fax:* 07663-1461
www.weingut-hoefflin.de
info@weingut-hoefflin.de
Besuchszeiten: Mo.-Fr. 8:30-12 Uhr, Do./Fr. auch 13-17 Uhr, Sa. 10-16 Uhr oder nach Vereinbarung

Inhaber . . . . Stella & Matthias Höfflin
Rebfläche . . . . 11 Hektar

1970 ist die Familie in das Schambachtal ausgesiedelt, seit 1974 wird der Hof – Obst, Gemüse, Reben – biologisch bewirtschaftet (Bioland). 1994 wurde zur Weinlagerung ein Keller gebaut, dessen Dach mit einer Erdschicht bedeckt und begrünt ist. Mit der Selbstvermarktung begann man erst, nachdem Matthias Höfflin seine Ausbildung beendete und im Keller die Regie übernahm. Im Anbau dominieren die Burgundersorten, allen voran Spätburgunder. Dazu gibt es etwas Gewürztraminer und Müller-Thurgau, aber auch pilzresistente Sorten wie Regent, Cabernet Carbon, Cabernet Carol (die zusammen die Cuvée Rufus ergeben) und Johanniter. Diese pilzresistenten Rebsorten sollen zukünftig ein Drittel der Rebfläche einnehmen. Alle Weine werden spontanvergoren und durchgegoren ausgebaut.

Vorjahre _____

Seit der ersten Ausgabe empfehlen wir die Weine von Matthias Höfflin. Mehr zufällig sind wir bei einer Veranstaltung mit Biowinzern auf ihn aufmerksam geworden. Die Qualität seiner Weine überraschte uns, wobei wir damals seine reintönigen weißen

Die besten deutschen Weinerzeuger und ihre Weine

Burgunder präferierten. Seither steigerte er sich kontinuierlich, die Weine haben an Kraft und Konzentration gewonnen, vor allem auch im roten Segment, bieten Kraft und Fülle, sind kompromisslos vinifiziert. Die 2011er Weißweine waren klar und zupackend, im gewohnten Stil, die weiße Prestigelinie war stark, noch spannender aber fanden wir die drei Spätburgunder, Schambach, Breitenacker und Biegarten-Spätburgunder. Die 2011er Spätburgunder bestätigten den starken Eindruck des Vorjahres. Der Schambach-Spätburgunder war präzise und klar, der Breitenacker konzentriert, füllig und kraftvoll, unser Favorit war aber einmal mehr der Biegarten-Spätburgunder.

Neue Kollektion

Die neue Kollektion beginnt mit einem sehr guten, klaren und harmonischen Sekt, die Kabinettweine besitzen Kraft und Struktur, die Prestigeweine sind konzentriert und kompakt, besitzen Fülle, Kraft und gute Struktur. Ganz stark sind einmal mehr die Spätburgunder: Die Holzfass-Variante ist präzise und klar, zeigt rote Früchte im Bouquet, der Breitenacker ist konzentriert und stoffig, besitzt gute Struktur und Substanz, Kraft und Druck. Noch ein klein wenig besser gefällt uns der Biegarten, der ebenfalls konzentriert, kraftvoll und stoffig ist, gute Komplexität und reife Frucht besitzt, druckvoll und nachhaltig ist, jugendlich, kompromisslos vinifiziert wie alle Rot- und Weißweine von Matthias Höfflin. ◀━

Weinbewertung

87 2008 Chardonnay + Pinot Noir Sekt extra brut 12,5 %/16,50 €

85 2012 Auxerrois Kabinett trocken „Brenntensaul" 11,5 %/8,90 €

85 2012 Weißburgunder Kabinett trocken „Hammerstein" 13,5 %/8,90 €

84 2012 Grauburgunder Kabinett trocken „Schambach" 13 %/8,90 €

87 2012 Weißburgunder trocken „Prestige S Wächtelberg" 13,5 %/11,20 €

87 2012 Grauburgunder trocken „Prestige S Fumé Endhahle" 13 %/13,50 €

87 2011 Chardonnay trocken Holzfass 13,5 %/13,50 €

87 2012 Chardonnay trocken „Prestige S Laire" 13 %/13,50 €

87 2012 Sauvignon Blanc trocken „Prestige S Fumé Meisental" 13,5 %/14,50 €

87 2011 Spätburgunder trocken Holzfass „Prestige Schambach" 13 %/16,50 €

89 2011 Spätburgunder trocken Barrique „Breitenacker" 13 %/18,- €

90 2011 Spätburgunder trocken Barrique „Prestige Biegarten" 13 %/32,50 €

★★☆

Bernd **Höfler**

Weingut

Franken

Albstädter Straße 1, 63755 Alzenau
Tel. 06023-5495, **Fax:** 06023-31417
www.weingut-hoefler.de
info@weingut-hoefler.de
Besuchszeiten: Mo.-Fr. 9-12:30 + 14-18:30 Uhr, Mi. nur 9-12:30, Sa. 9-15 Uhr

Inhaber .... Edeltraud und Bernd Höfler
Rebfläche .... 8,5 Hektar

Seit 1924 baut die Familie Wein an und aus, als die Brüder Josef und Richard Höfler brachliegende Weinberge neu bepflanzten. Seit 1984 wird das Weingut von Edeltraud und Bernd Höfler geführt. Ihre Weinberge liegen hauptsächlich in Michelbach, seit 2007 bewirtschaften sie auch 30 Ar Müller-Thurgau in Hörstein. Die Reben wachsen auf Quarzitschiefer, Gneis und Lössböden mit hohem Anteil an Mineralien. Neben Riesling und Müller-Thurgau bauen sie Silvaner, Weißburgunder, Rieslaner und Bacchus an, sowie die roten Sorten Domina, Schwarzriesling und Spätburgunder.

Vorjahre

2010 begeisterte uns das Große Gewächs aus dem Apostelgarten, aber auch die „feinherbe" Spätlese war sehr gut, die Rotweine präsentierten sich ebenfalls präzise. Auch 2011 überzeugte das Große Gewächs, ebenso die beiden Riesling-Spätlesen aus dem Apostelgarten. Sehr stimmig präsentierte sich der Rest der Kollektion, schon der Müller-Thurgau bereitete Freude.

Neue Kollektion

Mit dem Jahrgang 2012 verzichtet Bernd Höfler auch bei Silvaner und Riesling auf Prädikatsbezeichnungen bei seinen trockenen Weinen. Die neue Kollektion schließt an die Vorjahre an, bietet klare, kraftvolle Weißweine, alle sehr sortentypisch. Die beiden Rieslinge, trocken und feinherb, aus dem Apostelgarten besitzen Fülle und Kraft, das Große Gewächs ist enorm druckvoll und nachhaltig. Sehr gut ist auch der Silvaner aus dem Apostelgarten, besitzt gute Fülle, reife Frucht und Struktur, der Grauburgunder ist reintönig und kraftvoll, der Weißburgunder frisch und geradlinig, die Riesling Beerenauslese wunderschön reintönig. Im roten Segment gefällt uns der fruchtbetonte, geradlinige Michelbacher Spätburgunder etwas besser als der sehr jugendliche Magnificum. ◄

Weinbewertung

85 2012 Müller-Thurgau trocken Michelbacher
    12,5 %/7,- €
83 2012 Bacchus Michelbacher 12,5 %/7,- €
83 2012 Silvaner trocken Michelbacher 13 %/8,50 €
85 2012 Weißburgunder trocken Michelbacher
    12,5 %/10,- €
86 2012 Grauburgunder trocken Michelbacher
    13,5 %/12,- €
83 2012 Riesling trocken Michelbacher 12 %/9,50 €
88 2012 Silvaner trocken Apostelgarten 13 %/12,- €
86 2012 Riesling trocken Apostelgarten 13 %/15,- €
90 2012 Riesling „GG" „IH" Apostelgarten 13 %/20,-€
86 2012 Riesling „feinherb" Apostelgarten
    13 %/15,- €
86 2012 Rieslaner Michelbacher 13,5 %/13,50 €
88 2012 Riesling Beerenauslese Apostelgarten
    10,5 %/35,- €/0,375l
82 2012 „David Domer" Rotwein trocken Michelbacher 13,5 %/8,50 €

85 2011 Spätburgunder trocken Michelbacher
    13 %/12,50 €
84 2011 Spätburgunder trocken Michelbacher
    „Magnificum" 13,5 %/20,- €

Höfling
Weingut   **Franken**

Kellereigasse 14, 97776 Eußenheim
Tel. 09353-7632, Fax: 09353-1264
www.weingut-hoefling.fwo.de
weingut-hoefling@weinland-franken.de
Besuchszeiten: Mo.-Fr. 9-18 Uhr, Sa. 9-16 Uhr
Gastwirtschaft (saisonal geöffnet, bis 65 Personen),
kulinarische Weinproben; Bauernladen

Inhaber .... Klaus Höfling
Rebfläche .... 20 Hektar

Werner Höfling ist 1988 aus der Genossenschaft ausgetreten und hat mit damals 2,6 Hektar die Selbstvermarktung begonnen, in den letzten Jahren wurde das Weingut stetig erweitert. 2004 baute man einen neuen Keller, und es wurden eine neue Presse und Maischegärtanks angeschafft. Sohn Klaus, der bisher schon für den Keller verantwortlich war, hat 2009 den Betrieb übernommen. Die Weinberge verteilen sich auf vier Lagen: Eußenheimer First, Gössenheimer Homburg, Stettener Stein und Gambacher Kalbenstein, wo ein kleinbeeriger Spätburgunder-Klon gepflanzt wurde. Zu den weißen Sorten Müller-Thurgau, Silvaner, Kerner und Bacchus wurden zuletzt Riesling, Weißburgunder und Gewürztraminer hinzugepflanzt. An roten Sorten gibt es Domina, Spätburgunder und Frühburgunder. Bis 2013 sollen 6 Hektar in Gössenheim neu angelegt werden, wo Klaus Höfling die seit dem Frostjahr 2002 brachliegenden Flächen des Bürgerspitals übernommen hat; vor allem Silvaner hat er neu angelegt, aber auch Spätburgunder, Sauvignon

Blanc und Weißburgunder, die Scheurebe brachte 2012 den ersten Ertrag.

Vorjahre

2010 behauptete sich Klaus Höfling gut, schon die Literweine waren frisch und klar. Die Stars im Programm aber waren die barriqueausgebauten Rotweine des Jahrgangs 2009, die alle sehr gekonnt vinifiziert waren, klar, harmonisch und elegant. Alle fünf Weine waren sehr gut, wir präferierten ganz leicht den Frühburgunder aus dem First und den Spätburgunder aus dem Kalbenstein. Die letztjährige Kollektion präsentierte sich sehr stimmig, weiß wie rot, mit fruchtbetonten, klaren Weinen. Im weißen Segment gefielen uns die trockene Silvaner Spätlese von der Homburg besonders gut, ebenso die weiße Cuvée. 2010 wurden keine Barrique-Rotweine erzeugt, die im Vorjahr verkosteten 2011er waren noch nicht im Verkauf. Am besten gefielen uns der Frühburgunder und der Spätburgunder vom First.

Neue Kollektion

Die im Vorjahr vorgestellten Rotweine sind nun alle im Verkauf. Wir haben das weiße Segment verkostet, das sich sehr stimmig präsentiert mit feinen, fruchtbetonten „First Class"- und Kabinettweinen, unter denen uns der Neuling im Programm, die wunderschön reintönige Scheurebe, besonders gut gefällt. Der trockene Gewürztraminer ist kraftvoll und klar, die edelsüßen Weine, die nicht jedes Jahr erzeugt werden, sind reintönig wie die wunderschön fruchtbetonte Kerner Auslese, der süße, dicke Silvaner Eiswein oder der frische Riesling Eiswein, der gute Konzentration besitzt, Substanz und Biss. Im Aufwind! ◀

Weinbewertung

85   2010 Pinot Sekt brut   **12,5 %/11,20 €**

83   2012 Silvaner trocken Gössenheimer Homburg (1l)   **11,5 %**

83   2012 Bacchus trocken „First Class"   **11,5 %/5,40 €**

83   2012 Silvaner Kabinett trocken Gössenheimer Homburg   **12,5 %/6,10 €**

82   2012 Müller-Thurgau trocken „First Class"   **11,5 %/5,40 €**

83   2012 Riesling trocken „First Class"   **11,5 %**

85   2012 Silvaner Kabinett trocken Stettener Stein   **13 %/6,90 €**

84   2012 Weißburgunder Kabinett trocken Gössenheimer Homburg   **12,5 %/6,10 €**

85   2012 Riesling Kabinett trocken Stettener Stein   **12,5 %/7,60 €**

86   2012 Scheurebe Kabinett trocken Gössenheimer Homburg   **13,5 %/7,60 €**

84   2012 Spätburgunder „Blanc de Noir" Spätlese trocken Eußenheimer First   **13,5 %/9,80 €**

(87)   2012 Weißburgunder Spätlese trocken Gössenheimer Homburg   **9,80 €**

87   2012 Gewürztraminer Spätlese trocken Gössenheimer Homburg   **13,5 %/11,80 €**

87   2012 Kerner Auslese Eußenheimer First   **11 %/14,- €**

86   2012 Spätburgunder „Blanc de Noir" Auslese Eußenheimer First   **11 %/10,20 €/0,375l**

90   2012 Riesling Eiswein Stettener Stein   **11 %/39,80 €/0,375l**

89   2012 Silvaner Eiswein Gössenheimer Homburg   **8 %/28,80 €/0,375l**

Reichsgraf und Marquis zu ★★

Hoensbroech
Weingut   **Baden**

Herrmannstraße 12, 74916 Angelbachtal-Michelfeld
Tel. 07265-911034, **Fax:** 07265-911035
www.hoensbroech.eu
mail@hoensbroech.eu
Besuchszeiten: Mo.-Fr. 10-18 Uhr, Sa. 10-16 Uhr

Inhaber .... Graf von Hoensbroech
Rebfläche .... 15 Hektar

Schon im 14. Jahrhundert besaß die Familie einen Weinberg in Maastricht, seit 1738 gehörte ihr ein kleines Weingut in Wiltingen, das 1968 verkauft wurde. Im Jahr darauf erwarb man 4 Hektar Weinberge im Kraichgau. 1978 erbaute man das Weingut in Michelfeld. Wichtigste Rebsorte und Spezialität des Betriebes ist der Weißburgunder. Hinzu kommen Riesling, Grauburgunder, Spätburgunder, Auxerrois, Chardonnay und Blauer Limberger, wie der Lemberger hier ampelografisch richtig heißt.

Vorjahre

2010 war alles anders: Erstmals gefiel uns nicht ein Weißburgunder am besten, sondern Chardonnay und Limberger erhielten von uns die höchste Bewertung; die 2010er behaupteten sich gut, waren frisch, klar und geradlinig. Der Jahrgang 2011 präsentierte sich geschlossen auf gutem und sehr gutem Niveau, die erstmals erzeugten Großen Gewächse waren füllig, boten viel Saft und reife Frucht.

Neue Kollektion

Sehr geschlossen präsentiert sich nun der Jahrgang 2012 mit klaren, fruchtbetonten Weinen. Unsere leichte Präferenz gilt den Burgundern: Der Auxerrois ist wunderschön reintönig und frisch, der Grauburgunder, klar und frisch, fruchtbetont und zupackend. Unser Favorit aber ist, wie so oft, der Weißburgunder, der herrlich frisch, fruchtbetont und reintönig im Bouquet ist, klar und frisch sich auch im Mund präsentiert, gute Struktur und feine Frucht besitzt. ◄━

Weinbewertung

82 2012 Riesling Kabinett trocken Michelfelder Himmelberg **12 %/8,75 €**

83 2012 Grüner Silvaner trocken Michelfelder Himmelberg **12,5 %/9,15 €**

85 2012 Auxerrois Kabinett trocken Michelfelder Himmelberg **13 %/8,85 €**

87 2012 Weißburgunder Kabinett trocken Michelfelder Himmelberg **12,5 %/8,95 €**

86 2012 Grauburgunder trocken Michelfelder Himmelberg **12,5 %/8,85 €**

84 2012 Chardonnay trocken Michelfelder Himmelberg **13 %/10,50 €**

84 2012 Spätburgunder Weißherbst Kabinett trocken Michelfelder Himmelberg **12,5 %/9,15 €**

83 2012 Rotgold Kabinett Michelfelder Himmelberg **12,5 %/9,95 €**

83 2011 Blauer Limberger trocken Michelfelder Himmelberg **13 %/12,50 €**

von Hövel
Weingut

★★★★☆

Mosel

Agritiusstraße 5-6, 54329 Konz-Oberemmel
Tel. 06501-15384, Fax: 06501-18498
www.weingut-vonhoevel.de
weingutvonhoevel@t-online.de
Besuchszeiten: nach Vereinbarung

Inhaber . . . . Maximilian von Kunow
Rebfläche . . . . 11 Hektar

Das Weingut von Hövel befindet sich in einem Abteihof des ehemaligen Klosters St. Maximin in Trier. Nach der Säkularisation kaufte 1803 die Familie Grach das Gut, 1917 heiratete der Forstmeister Balduin von Hövel in die Familie ein und gab dem Gut seinen Namen. 1950 kauften Friedrich und Irmgard von Kunow, die Enkelin von Balduin von Hövel, das Gut aus einer Erbengemeinschaft. Seit 2011 führt Maximilian von Kunow den Betrieb. Er besitzt zwei Lagen im Alleinbesitz, die Oberemmeler Hütte und den Kanzemer Hörecker, ist auch im Scharzhofberger vertreten. Er baut alle seine Weine in Holzfässern aus.

Vorjahre

2010 waren die Rollen klar verteilt: Die Auslesen und Beerenauslesen brillierten mit viel Konzentration und Substanz, auch die süßen Spätlesen gefielen uns sehr gut, die Kabinettweine blieben aber ebenso wie die trockenen und halbtrockenen Rieslinge hinter früheren Jahrgängen zurück. 2011 gefielen uns die trockenen und feinherben Weine wieder besser, allen voran das Große Gewächs aus dem Scharzhofberg. Die Glanzlichter setzten aber einmal mehr die Auslesen, von denen uns im Jahrgang 2011 gleich drei präsentiert wurden.

Neue Kollektion

Auch in der neuen Kollektion ist das Große Gewächs Scharzhofberg unser Favorit im trockenen Segment, es ist frisch, klar und zu-

H

packend, besitzt gute Struktur und Biss. Die trockene Spätlese „R" ist kraftvoll und zupackend, der feinherbe Hörecker-Riesling füllig und saftig, unter den beiden würzigen süßen Spätlesen präferieren wir die aus dem Scharzhofberg, die reife Frucht, Fülle und Substanz besitzt. Noch konzentrierter ist die Auslese, sie ist reintönig, besitzt herrlich viel Frucht und Biss. ◄

Weinbewertung

83	2012 Riesling Kabinett trocken „Balduin von Hövel"	
86	2012 Riesling Spätlese trocken „R"	11 %
89	2012 Riesling „GG" Scharzhofberg	
83	2012 Riesling „feinherb LMEAAX Crossmosel" 10,5 %	
86	2012 Riesling („feinherb") Kanzemer Hörecker 12 %	
83	2012 Riesling Kabinett Oberemmel Hütte 8,5 %	
84	2012 Riesling Kabinett Scharzhofberg 8,5 %	
86	2012 Riesling Spätlese Oberemmel Hütte 8,5 %	
88	2012 Riesling Spätlese Scharzhofberg 8,5 %	
90	2003 Riesling Auslese* Oberemmeler Hütte	
90	2012 Riesling Auslese „Nr. 28" Scharzhofberg 7,5 %	

Hoffmann-Simon
Weingut ★★

Mosel

📍 Kettergasse 24, 54498 Piesport
Tel. 06507-5025, *Fax:* 06507-992227
www.hoffmann-simon.de
weingut@hoffmann-simon.de
Besuchszeiten: nach Vereinbarung

Inhaber . . . . Dieter Hoffmann
Rebfläche . . . . 10,2 Hektar

Das Weingut Hoffmann-Simon besitzt Weinberge in Piesport, Klüsserath, Köwerich und Maring. Dieter Hoffmann ist, nach Lehre in der Pfalz und Geisenheim-Studium, seit 1994 im Betrieb. Seine Weinberge liegen vor allem in Piesport in den Lagen Goldtröpfchen, Günterslay und Treppchen, aber auch in Klüsserath (Bruderschaft) und Köwerich (Laurentiuslay), sowie in Maring (Honigberg). Er baut neben dem dominierenden Riesling ein klein wenig Müller-Thurgau, Spätburgunder, Sauvignon Blanc, Weißburgunder und Regent an. Die Weine werden im Edelstahl kühl vergoren, die trockenen Rieslinge bleiben recht lange auf der Feinhefe. 2012 hat er die Umstellung auf biologischen Weinbau begonnen.

Vorjahre

2010 war deutlich verhaltener. Die Beerenauslese gefiel uns sehr gut, ebenso die Spätlese aus der Köwericher Laurentiuslay, die trockenen und „feinherben" Weine aber waren etwas zurückhaltend. Die 2011er Kollektion überzeugte auf der ganzen Linie, trocken wie süß. Die beiden trockenen Spätlesen aus der Klüsserather Bruderschaft waren füllig und kraftvoll, süß brillierte das Goldtröpfchen als Spätlese, Auslese, Beerenauslese und Trockenbeerenauslese.

Neue Kollektion

Die neue Kollektion ist stimmig, trocken wie süß. Im trockenen Segment gefällt uns der füllige, kraftvolle Wein aus der Bruderschaft besonders gut, das süße Segment wartet mit zwei feinen, klaren Spätlesen auf. Highlight im Programm ist die frische, zupackende, wunderschön reintönige Beerenauslese – worüber man aber nicht den sehr gekonnt vinifizierten Spätburgunder vergessen sollte, der klar und kraftvoll ist, gute Struktur und Frische besitzt. ◄

Weinbewertung

82	2012 Riesling Kabinett trocken „Kieselstein" 11 %/5,50 €	
83	2012 Riesling trocken „Blauschiefer" 11,5%/5,50€	
86	2012 Riesling Spätlese trocken Klüsserather Bruderschaft 12 %/8,- €	
82	2012 Riesling Kabinett „feinherb" Piesporter Günterslay 10,5 %/5,50 €	
84	2012 Riesling Spätlese „feinherb" Köwericher Laurentiuslay 12 %/8,- €	
84	2012 Riesling Kabinett Piesporter Goldtröpfchen 9 %/6,- €	

84   2012 Riesling Spätlese Piesporter   8,5 %/7,50 €

86   2012 Riesling Spätlese Piesporter Goldtröpfchen   8,5 %/8,50 €

86   2012 Riesling Spätlese Köwericher Laurentiuslay   8,5 %/8,50 €

90   2012 Riesling Beerenauslese Piesporter Goldtröpfchen   9 %/14,50 €/0,375l

86   2011 Spätburgunder Barrique   13,5 %/9,50 €

Hoffranzen

Classisches Weingut   **Mosel**

Schulstraße 22, 54346 Mehring
*Tel. 06502-8441, **Fax**: 06502-980574*
www.weingut-hoffranzen.de
info@weingut-hoffranzen.de
***Besuchszeiten**: nach Vereinbarung*
Gästehaus

Inhaber . . . . Hans Hoffranzen
Rebfläche . . . . 9 Hektar

Seit 1601 baut die Familie Wein in Mehring an, heute wird das Weingut von Hans Hoffranzen geführt, unterstützt von Tochter Carolin Victoria. Die Weinberge liegen in den Mehringer Lagen Zellerberg und Blattenberg, in dem auch die „Layterrassen" liegen, sowie in der St. Maximiner Klosterlay. 90 Prozent der Rebfläche nimmt Riesling ein. Alle Weine werden spontanvergoren.

Vorjahr

In der überzeugenden letztjährigen Kollektion gefielen uns die süßen Wein ein klein wenig besser als die trockenen, allen voran die duftige Beerenauslese aus dem Jahrgang 2010.

Neue Kollektion

Sehr gleichmäßig präsentiert sich die neue Kollektion, angefangen vom feinen Literriesling. Am besten gefallen uns der halbtrockene Riesling Contur, der reife Frucht und gute Substanz besitzt, und die konzentrierte,

dicke Trockenbeerenauslese mit ihrer leichten Kaffeenoten. ◄━

Weinbewertung

81   2012 Riesling trocken (1l)   12 %/5,50 €

82   2012 „Christiane Grape Edition" Weißwein   12 %/6,- €

82   2012 Riesling „Alte Reben Layterrassen"   12 %/9,- €

80   2012 Riesling „feinherb" (1l)   11 %/5,50 €

80   2012 Riesling „Manufact"   11 %/7,- €

85   2012 Riesling „Contur"   11,5 %/9,- €

82   2012 Riesling Spätlese „Caro"   8 %/7,- €

88   2011 Riesling Trockenbeerenauslese Mehringer Blattenberg   7 %/111,- €/ 0,375l

★☆

Hofkeller Würzburg

Staatlicher   **Franken**

Residenzplatz 3, 97070 Würzburg
*Tel. 0931-3050923, **Fax**: 0931-3050966*
www.hofkeller.de
michael.jansen@hofkeller.bayern.de
***Besuchszeiten**: Mo.-Fr. 9-18 Uhr, Sa. 10-16 Uhr*
(Hauptsaison), 10-14 Uhr (Nebensaison)
Veranstaltungen im Fasskeller (bis 320 Personen)

Inhaber . . . . Freistaat Bayern
Geschäftsführer . . . . Michael Jansen
Rebfläche . . . . 100 Hektar

Die Geschichte des Hofkellers lässt sich über eine Schenkungsurkunde bis ins Jahr 1128 zurückverfolgen. Der Hofkeller verfügt über umfangreichen Besitz in ganz Franken, so unter anderem in den bekannten Würzburger (Stein, Innere Leiste) und Randersackerer (Pfülben, Marsberg) Lagen, aber auch im Großheubacher Bischofsberg, dem Iphöfer Julius-Echter-Berg und dem Thüngersheimer Scharlachberg. Wichtigste Rebsorten sind Riesling, Silvaner und Müller-Thurgau. In den letzten Jahren setzt man verstärkt auch auf rote Sorten. Das Programm des Hofkellers ist

H

Die besten deutschen Weinerzeuger und ihre Weine

gegliedert in Gutsweine, Lagenweine und Große Gewächse.

Vorjahre _____

2010 war jahrgangsbedingt deutlich schwächer, sowohl in der Spitze als auch im Basissegment. 2011 zeigte sich das Basissegment verbessert, auch in der Spitze sahen wir Fortschritte, die Großen Gewächse aus dem Stein gefielen uns besonders gut, auch der Silvaner aus der Inneren Leiste und die Scheurebe Beerenauslese, unser Favorit aber war der Riesling aus dem Pfülben.

Neue Kollektion _____

Dieses Jahr wurden ausschließlich trockene Kabinettweine und Spätlesen vorgestellt. Die Kollektion präsentiert sich sehr gleichmäßig, am besten gefällt uns die trockene Riesling Spätlese Innere Leiste, zeigt gute Konzentration im Bouquet, ist saftig im Mund, besitzt reife süße Frucht. ◄━

Weinbewertung _____

82 2012 Müller-Thurgau Kabinett trocken Würzburger Schlossberg **12 %/8,- €**

81 2012 Weißburgunder Kabinett trocken Würzburger Stein **13 %/11,- €**

79 2012 Grauburgunder Kabinett trocken Würzburger Stein **13 %/11,- €**

80 2012 Silvaner Kabinett trocken Iphöfer Julius-Echter-Berg **12,5 %/10,- €**

82 2012 Silvaner Kabinett trocken Würzburger Stein **12,5 %/11,- €**

81 2012 Riesling Kabinett trocken Würzburger Innere Leiste **12,5 %/10,50 €**

83 2012 Riesling Kabinett trocken Würzburger Stein **13 %/11,- €**

82 2012 Silvaner Spätlese trocken Würzburger Stein **13 %/14,80 €**

85 2012 Riesling Spätlese trocken Würzburger Innere Leiste **13 %/14,20 €**

83 2012 Riesling Spätlese trocken Würzburger Stein **13 %/14,90 €**

Hofmann
Weingut   **Franken/Württemberg**

Strüther Straße 7, 97285 Röttingen
Tel. 09338-1577, *Fax:* 09338-993375
www.weinguthofmann.com
info@weinguthofmann.com
Besuchszeiten: nach Vereinbarung
Heckenwirtschaft, Gästezimmer

Inhaber .... Alois und Jürgen Hofmann
Rebfläche .... 7,5 Hektar

1990 beschloss Alois Hofmann seine Trauben nicht länger an eine Weinkellerei abzuliefern und im Jahr darauf vermarktete er erstmals den Wein seiner damals 1,3 Hektar Weinberge komplett selbst. 2001 ist Sohn Jürgen nach Beendigung seines Geisenheim-Studiums (die Winzerlehre hat er bei Paul Fürst in Bürgstadt gemacht) in den Betrieb eingestiegen, war aber schon zuvor für den Weinausbau verantwortlich. Ihre Weinberge liegen vor allem im Röttinger Feuerstein, wo die Reben auf Muschelkalkböden wachsen, die mit Feuerstein durchzogen sind. Hinzu kommen Weinberge in der Lage Tauberrettersheimer Königin sowie im Probstberg und im Schmecker in Weikersheim, das zur Region Württemberg gehört. 40 Prozent der Rebfläche nehmen rote Sorten ein: Spätburgunder, Schwarzriesling, Domina, Merlot, Cabernet Sauvignon und Cabernet Franc, aber auch Tauberschwarz, eine alte, einst in Vergessenheit geratene Rotweinsorte, die nur noch in einigen wenigen Weinbergen im Taubertal zu finden ist. 1997 hatte das Weingut den ersten Tauberschwarz geerntet und inzwischen baut Jürgen Hofmann ihn sogar im Barrique aus. Wichtigste Weißweinsorten sind Silvaner, Müller-Thurgau, Riesling und Bacchus.

Vorjahre _____

Seit der ersten Ausgabe schon empfehlen wir die Weine von Jürgen Hofmann. Damals

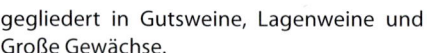

war das Weingut noch völlig unbekannt, und Röttingen kannten nicht einmal Weinkenner. Das hat sich seither gründlich geändert. Jahr für Jahr überzeugen die Kollektionen, haben stetig an Klasse gewonnen. Die Rieslinge zeigen mineralische Noten, die Silvaner besitzen Fülle und Kraft, die Rotweine sind kompromisslos vinifiziert – wie man das eben erwarten kann, wenn jemand bei Paul Fürst in die Lehre gegangen ist.

2009 gefiel uns der Tauberschwarz aus dem Probstberg, spannender aber waren die Spätburgunder, R und RR, 2009 respektive 2008. Und mit seinen 2010er Weißweinen behauptete Jürgen Hofmann sich gut, angefangen vom Flint, der immer viel Trinkspaß bereitet. Den Trinkspaß fanden wir auch 2011, nicht nur beim Flint, auch bei den Silvanern, noch ein wenig besser gefielen uns die Rieslinge, allen voran der 3-Sterne-Wein aus dem Feuerstein. Auch die rote Kollektion bestätigte den starken Eindruck des Vorjahres – und wer Tauberschwarz probieren will, kommt ohnehin nicht an Jürgen Hofmann vorbei, auch die rote Cuvée gefiel uns sehr gut, besser gefielen uns wie schon im Vorjahr die beiden hervorragenden Spätburgunder, der 2010er R und der 2009er RR.

Weißweine

Auch 2012 ist der Flint, die weiße Cuvée aus Riesling, Silvaner, Müller-Thurgau und Bacchus, wieder wunderschön klar, frisch und zupackend, die trockene Silvaner Spätlese ist fruchtbetont und frisch, die 3-Sterne-Variante enorm würzig, dabei deutlich fülliger und kraftvoller, besitzt reife süße Frucht. Die beiden Riesling Kabinettweine sind wunderschön fruchtbetont und klar, besitzen Kraft und Druck, die 3-Sterne Selektion ist würzig und strukturiert, der halbtrocken ausgebaute „Sankt Martin" besitzt feine süße Frucht und dezent mineralische Noten.

Rotweine

Auch in diesem Jahr sind die Rotweine in der Spitze wieder stärker, wobei auch die rote Basis sehr gut ist, wie der tanninbetonte 2012er Spätburgunder oder der faszinierend reintönige Tauberschwarz aus dem gleichen Jahrgang. Die 2010er Barrique-Variante aus dem Propstberg ist kraftvoll und strukturiert, wir sind immer wieder erfreut, wie gut Tauberschwarz das Holz „wegsteckt". Auch die rote Cuvée aus Cabernet Merlot, Sophie Marie genannt, ist 2011 bärenstark, zeigt gute Konzentration im Bouquet, reife Frucht, dezent Cassis, ist klar, kraftvoll und zupackend im Mund, besitzt reife Frucht und gute Struktur. Dieses Jahr hat Jürgen Hofmann nur einen im Barrique ausgebauten Spätburgunder vorgestellt, den RR des Jahrgangs 2010, ein faszinierender Wein: Kraftvoll und komplex, herrlich reintönig und frisch, enorm druckvoll, präzise und nachhaltig, ein toller, sehr „burgundischer" Spätburgunder. ◄

Weinbewertung

85 2012 „Flint" Weißwein trocken 11,5 %/6,-€ ☺

84 2012 Silvaner Kabinett trocken Röttinger Feuerstein 12 %/6,60 €

86 2012 Riesling Kabinett Weickersheimer Schmecker 12 %/6,60 € ☺

86 2012 Riesling Kabinett Röttinger Feuerstein 11,5 %/6,80 € ☺

86 2012 Silvaner Spätlese trocken Röttinger Feuerstein 12,5 %/9,80 €

86 2012 Silvaner*** Röttinger Feuerstein 12,5 %/10,80 €

87 2012 Riesling*** Röttinger Feuerstein 12 %/9,80 €

87 2012 Riesling „Sankt Martin" Röttinger Feuerstein 11,5 %/10,80 €

87 2012 Tauberschwarz trocken Röttinger Feuerstein 13,5 %/8,90 €

85 2012 Spätburgunder trocken Röttinger Feuerstein 13,5 %/7,50 €

89 2010 Tauberschwarz „R" trocken Probstberg 13,5 %/18,- €

89 2011 „Sophie Marie R" Rotwein trocken 13,5 %/18,- €

92 2010 Spätburgunder „RR" trocken Röttinger Feuerstein 13,5 %/25,- €

H

Die besten deutschen Weinerzeuger und ihre Weine

Hofmann
Wein- und Sektgut

★★★☆

Rheinhessen

Vor dem Klopp 4, 55437 Appenheim
Tel. 06725-300063, Fax: 06725-300477
www.schiefer-trifft-muschelkalk.de
info@schiefer-trifft-muschelkalk.de
Besuchszeiten: nach Vereinbarung

Inhaber .... Carolin & Jürgen Hofmann
Rebfläche .... 17,8 Hektar

Klaus und Irene Hofmann begannen 1972 mit der Flaschenweinvermarktung. Inzwischen hat Sohn Jürgen, der nach Studium in Geisenheim in Weinbaugebieten wie Kalifornien, Südafrika, Ungarn, Rumänien und Australien gearbeitet hatte, dann als Weinmacher bei Reh-Kendermann für die Premiummarken verantwortlich war, das Weingut übernommen. Seine Weinberge liegen in Appenheim, St. Johann und Gau-Algesheim. Er baut vor allem Riesling, Silvaner und die Burgundersorten an, aber auch internationale Sorten wie Sauvignon Blanc.

Vorjahre

2010 präferierten wir Hundertgulden knapp vor Oelberg, auch die beiden Sauvignon Blanc gefielen uns sehr gut, ebenso die anderen Ortsweine, die Gutsweine präsentierten sich ebenso auf durchgängig gutem Niveau. „Was für schöne Gutsweine!", schrieben wir im vergangenen Jahr, alle waren frisch, fruchtbetont und sortentypisch, der Silvaner bereitete besonders viel Freude. Die Ortsweine brachten eine Steigerung hinsichtlich Fülle und Substanz, der Sauvignon Blanc war faszinierend reintönig und zupackend. An der Spitze standen die Lagenweine, die Rieslinge aus Hundertgulden und Riesling Oelberg, ein etwas verschlossener Sauvignon Blanc St. Laurenzikapelle und schließlich ein konzentrierter Weißburgunder Eselspfad. Edelsüß glänzte wie gewohnt eine reintönige Huxelrebe.

Neue Kollektion

Es geht weiter voran, die neue Kollektion ist nochmals stärker. Sehr hoch ist wieder das Niveau der Gutsweine, der wunderschön fruchtbetonte, reintönige Silvaner hat uns besonders gut gefallen, der Riesling ist klar und zupackend. Die Ortsweine bringen eine weitere Steigerung, auch hier gefällt uns der füllige, kraftvolle Silvaner besonders gut. Auch die beiden Sauvignon Blanc-Varianten haben es uns angetan, der eine wunderschön, klar, frisch und zupackend, der Wein aus der St. Laurenzikapelle kraftvoller und konzentrierter, aber auch verschlossener. Eine weitere Steigerung bringen die Lagenweine, wie der Silvaner aus dem Eselspfad, der reintönig und konzentriert ist, viel reife Frucht besitzt, einer der besten Silvaner Rheinhessens. Der Weißburgunder, ebenfalls aus dem Eselspfad, ist ebenso reintönig, füllig, konzentriert und lang. Der Ölberg-Riesling ist würzig und zupackend, noch jugendlich bei viel Biss, der Riesling aus dem Hundertgulden ist ein wenig spannender und druckvoller, komplex und lang. Noch etwas besser gefällt uns der neue „Alte Reben" aus dem Hundertgulden, ein faszinierend reintöniger und druckvoller Wein, komplex lang und nachhaltig. Gratulation zu dieser Kollektion! ◄

Weinbewertung

86 2012 Grüner Silvaner trocken 12,5 %/7,30 €
84 2012 Weißburgunder trocken 12,5 %/7,30 €
85 2012 Riesling trocken 12,5 %/7,50 €
87 2012 Grüner Silvaner trocken Appenheimer 12,5 %/10,20 €
86 2012 Weißburgunder trocken Appenheimer „Urmeer" 13 %/10,50 €
85 2012 Chardonnay trocken „vom Korallenriff" 13 %/10,50 €
88 2012 Sauvignon Blanc trocken 12,5 %/10,80 €
88 2012 Riesling trocken „vom Muschelkalk" Appenheimer 12,5 %/10,50 €
89 2012 Silvaner trocken Appenheim Eselspfad 13 %/18,20 €
89 2012 Riesling trocken Nierstein Oelberg 12,5 %/18,20 €

90 2012 Riesling trocken Appenheim Hundert-
    gulden **12,5 %/18,20 €**
91 2012 Riesling trocken „Alte Reben" Hundert-
    gulden **12,5 %/23,- €**
89 2012 Weißburgunder trocken Appenheim
    Eselspfad **13 %/18,20 €**
88 2012 Sauvignon Blanc trocken Gau-Alges-
    heim St. Laurenzikapelle **13 %/18,20 €**
86 2011 Spätburgunder trocken Appenheim
    13,5 %/14,80 €

★★

Hofmann
Weingut   **Franken**

Oberndorfer Straße 20, 91472 Ipsheim
Tel. *09846-727,* **Fax:** *09846-9791717*
www.wein-hofmann.de
weingut@wein-hofmann.de
Besuchszeiten: *Mo.-Fr. 9-18:30 Uhr, Sa. 9-17 Uhr,*
So. 9-18:30 Uhr

Inhaber...........Helmut und Bernd Hofmann
Rebfläche............................. 15 Hektar

Das Weingut Hofmann liegt in Ipsheim in Mittelfranken, wird von Helmut und Bernd Hofmann geführt. Die Reben wachsen in den Lagen Bad Windsheimer Rosenberg
(Gipskeuperboden mit Kalkstein im Untergrund), Ipsheimer Burg Hoheneck (schwere
Tonböden) und Weimersheimer Roter Berg
(tiefgründige Böden mit hohem Löss-Lehm-
Anteil). Zu den weißen Sorten Silvaner, Müller-
Thurgau, Bacchus, Riesling und Kerner kamen
in den letzten Jahren Weißburgunder, Scheurebe und Johanniter hinzu. An roten Sorten
bauen Helmut und Bernd Hofmann Spätburgunder, Dornfelder und Domina an. Die
Weine werden recht kühl in Edelstahltanks
vergoren und bleiben bis März auf der Feinhefe; ausgewählte Rotweine werden im Barrique ausgebaut. Das Sortiment ist in 4 Klas-
sen gegliedert: „L" (leicht und unkompliziert),

„J" (jung und lebendig), „F" (feinfruchtig und
klar) und „S" (selektiv und vielstimmig).

Vorjahre

2010 besaß Riesling „S" Substanz und Kraft,
der Weißburgunder „S" war herrlich reintönig,
der 2009er Spätburgunder aus dem Rosenberg präsentierte sich vor zwei Jahren kraftvoll und klar, kompromisslos vinifiziert. 2011
gab es aufgrund des Frostes keinen Rosen-
berg-Riesling, auch Spätburgunder und Domina verzeichneten 90 Prozent Frostschaden.
Die Weine waren wie gewohnt frisch, fruchtbetont und reintönig. Das F-Segment präsentierte sich geschlossen, unsere leichte Präferenz galt der feinen Scheurebe. Die S-Weine
boten mehr Fülle und Substanz, unser Favorit
war der Silvaner Roter Berg.

Neue Kollektion

2011 gibt es wegen Frostes keine Rotweine, so
dass wir in diesem Jahr nur Weißweine und
einen Rosé verkosten konnten. Und es hat uns
gut gefallen, was wir im Glas hatten, beginnend mit dem frischen, zupackenden Johanniter über feinen, reintönigen Silvaner und
Riesling der F-Linie bis hin zum süffigen Rosé.
Eine klare Steigerung bringt die „S"-Klasse:
Der Silvaner ist füllig und kraftvoll, besitzt klare reife Frucht, gute Struktur, Frische und Länge; der Weißburgunder ist herrlich reintönig
und kraftvoll, füllig und zupackend, besitzt
gute Struktur und reife süße Frucht. Unser Favorit aber ist der Riesling, der herrlich eindringlich und reintönig im Bouquet ist, kraftvoll und zupackend im Mund bei guter
Struktur und feinem Nachhall. Eine überzeugende Vorstellung. ◀

Weinbewertung

84 2012 Johanniter „J" trocken **12 %/6,- €**
83 2012 Silvaner „F" trocken **13 %/7,- €**
83 2012 Riesling „F" trocken **12,5 %/7,- €**
87 2012 Silvaner „S" trocken **13,5 %/8,50 €**
87 2012 Weißburgunder „S" trocken **13,5 %/15,- €**
88 2012 Riesling „S" trocken **13,5 %/12,- €**
83 2012 Spätburgunder Rosé „F" trocken
    12,5 %/7,- €

H

Hofmann
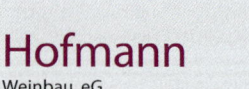

Weinbau, eG

★

Franken

Schulgasse 2, 97355 Wiesenbronn
Tel. 09325-6871, *Fax:* 09325-902672
www.weinbau-hofmann.de
info@weinbau-hofmann.de
Besuchszeiten: *Mo.-Sa. 8-18 Uhr, Sonn- und
Feiertage 9-12 + 13-18 Uhr*

Inhaber . . . . Mario und Heinrich Hofmann
Rebfläche . . . . 2,5 Hektar

Seit 1750 sind die Hofmanns Weinbauern und
Büttner (bis 1960) in Wiesenbronn. Michael
Hofmann hat 1970 mit der Selbstvermarktung
begonnen, sein Sohn Heinrich Hofmann übernahm 1993 den 20 Hektar großen Betrieb, einen Teil der Fläche nutzt er für Wein- und Obstbau. Seit 2004 kümmert sich Heinrichs Sohn
Mario um den Weinbereich. Die Weinberge liegen in Wiesenbronn in den Lagen Wachhügel
und Geißberg, sowie im Casteller Kirchberg. Silvaner, Müller-Thurgau, Weißburgunder, Bacchus, Riesling und Grauburgunder werden angebaut, dazu die roten Sorten Spätburgunder,
Portugieser, Blauburger, Regent und Dornfelder.

Vorjahre

Die 2010er Weißweine waren jahrgangsbedingt etwas schwächer, der Pinot Noir aus dem
Jahrgang 2009 zeigte vor zwei Jahren das gewohnt starke Niveau. Die 2011er Weißweine
gefielen uns ein wenig besser als ihre Vorgänger, allen voran die trockene Silvaner Spätlese; im roten Segment hatten die Spätburgunder
die Nase vorne.

Neue Kollektion

Sehr gleichmäßig ist nun auch die neue Kollektion, weiß wie rot. Unser Favorit ist der „Best of"-
Spätburgunder, der sich reintönig und frisch
präsentiert, fruchtbetont und geradlinig. ◄■

Weinbewertung

81   2012 „Sommerzeit Blanc" Weißwein trocken
      12 %/4,50 €

81   2012 Silvaner trocken „anno 1712" Wiesen-
      bronner Wachhügel   **13 %/6,- €**
83   2012 Silvaner Spätlese trocken Wiesenbronner
      Geißberg   **13,5 %/7,50 €**
81   2011 Regent Spätlese trocken Wiesenbronner
      Wachhügel   **13,5 %/7,50 €**
84   2011 Spätburgunder Spätlese trocken „Best of"
      Wiesenbronner Wachhügel   **13,5 %/10,50 €**
81   2011 „M.H." Rotwein Spätlese trocken Wiesen-
      bronner Wachhügel   **13 %/8,50 €**

★★

Hofmann-Herkert

Weingut

Franken

Schenkenstraße 8-10, 63911 Klingenberg
Tel. 09372-3747 oder 408418, *Fax:* 09372-134691
www.weinbau-hofmann-herkert.de
info@weinbau-hofmann-herkert.de
Besuchszeiten: *nach Vereinbarung*
Heckenwirtschaft „Schenken-Weinstube"

Inhaber . . . . Christian Herkert
Rebfläche . . . . 3,5 Hektar

Hans und Christa Hofmann kauften 1985 ihren
ersten Weinberg, Tochter Karin und ihr Ehemann Friedrich Herkert führten das Weingut
weiter, heute leitet ihr Sohn Christian, ausgebildeter Techniker für Weinbau- und Kellerwirtschaft, den Betrieb, der seine Ausbildung
unter anderem bei Paul Fürst absolvierte und
kurze Zeit bei der Kellerei Terlan arbeitete. Die
Reben wachsen vor allem in Klingenberg, auf
überwiegend quergezeilten Buntsandsteinterrassen. Müller-Thurgau, Bacchus und Silvaner sind die wichtigsten weißen Rebsorten, an
roten Sorten baut Christian Herkert vor allem
Spätburgunder und Portugieser (teilweise
über 80 Jahre alte Reben) an. Die Weißweine
werden, teils nach Maischestandzeiten, kühl
im Edelstahl vergoren und bis Weihnachten
auf der Feinhefe ausgebaut; die roten Trauben
entrappt und maischevergoren (8 bis 14 Tage).

★★☆

Hohenbeilstein

Schlossgut   **Württemberg**

📍 *Schlossstraße 40, 71717 Beilstein*
Tel. *07062-937110,* **Fax:** *07062-9371122*
www.schlossgut-hohenbeilstein.de
info@schlossgut-hohenbeilstein.de
Besuchszeiten: *Mo.-Fr. 9-12 + 14-18 Uhr, Sa. 9-13 Uhr*

Inhaber .... Hartmann Dippon
Rebfläche .... 15 Hektar

Vorjahre

Vor zwei Jahren gefiel uns der Spätburgunder aus dem Schlossberg sehr gut, noch ein klein wenig besser aber der Spätburgunder von alten Reben. Wir waren sehr angetan von der Kollektion, Christian Herkerts Rotweine waren ungekünstelt, sehr reintönig, geradlinig und frisch. 2010 gab es weder Schlossberg noch Alte Reben, so dass im vergangenen Jahr der Jugendstil genannte Wein die Spitze des Spätburgunder-Programms bildete, das uns stilistisch erneut sehr gut gefiel.

Neue Kollektion

Die neue Kollektion gefällt uns nochmals deutlich besser. Auch wenn uns in der Spitze die Rotweine besser gefallen, wollen wir doch zunächst die Weißweine loben, stellen wir hier doch klare Fortschritte fest, angefangen von der zupackend weißen Cuvée aus Sauvignon Blanc, Weißburgunder und Gewürztraminer über den geradlinigen Silvaner Terrassenlage bis hin zum Silvaner aus der Lage Harstell, der gute Konzentration und reintönige Frucht im Bouquet zeigt, Birnen, sich kraftvoll und doch elegant im Mund präsentiert bei guter Struktur. Der Spätburgunder ist reintönig und frisch im Bouquet, herrlich klar und zupackend im Mund, puristisch: So gefällt uns das. Noch übertroffen aber wird er vom Spätburgunder von alten Reben, der ein faszinierendes Pinotbouquet aufweist, etwas rauchige Noten, rote Früchte, im Mund wunderschön reintönig und zupackend ist, präzise und lang. Einer der Aufsteiger in Franken! Im Auge behalten! ◄

Weinbewertung

84 2012 „Silvonie" Weißwein **13,5 %/7,80 €**
83 2012 Silvaner „Terrassenlage" **12,5 %/7,20 €**
86 2012 Silvaner „Harstell" **13,5 %/10,50 €**
83 2010 „Creszentia" Rotwein Klingenberger
    12 %/6,50 €
87 2011 Spätburgunder Schlossberg **13 %/14,- €**
89 2011 Spätburgunder „Alte Reben" **13,5 %/24,- €**

Naturland-Winzer Hartmann Dippon gehört die Lage Hohenbeilsteiner Schlosswengert im Alleinbesitz. 2,5 Hektar davon sind terrassierte Steillagen. Aus Gründen der Übersichtlichkeit verzichtet er inzwischen darauf die Lage auf den Etiketten aufzuführen, mit Ausnahme der Großen Gewächse. Er baut das in Württemberg übliche Sortiment an Rebsorten an: Trollinger und Riesling an der Spitze, gefolgt von Spätburgunder, Lemberger, Samtrot und Schwarzriesling. Schon 1987 hatte Hartmann Dippons Vater Eberhard, der das Anwesen 1959 erworben hatte, mit der Umstellung auf ökologischen Weinbau begonnen. 1991 übernahm Sohn Hartmann das Gut, 1992 wurde er Mitglied bei Naturland und seit 1994 ist das Weingut komplett auf ökologischen Weinbau umgestellt. Am Eingang zur Burg hat Hartmann Dippon einen Lehrweinpfad mit pilzresistenten Rebsorten angelegt.

Vorjahre

Vor zwei Jahren präsentierte sich die Kollektion geschlossen: Ein feiner gereifter Sekt, die geradlinige trockene Riesling Spätlese und die beiden Großen Gewächse waren unsere Favoriten. Eine interessante Kollektion stellte Hartmann Dippon im vergangenen Jahr vor. Im weißen Segment dominierten die beiden Großen Gewächse, Riesling und Weißburgunder, die edelsüße Überraschung war der Silvaner „Winterlese"; auch im roten Segment dominierten die beiden Großen

H

Gewächse, Spätburgunder und Lemberger.

Neue Kollektion

Diese beiden 2009er wurden in diesem Jahr erneut vorgestellt, ebenso wie die beiden weißen Großen Gewächse des Jahrgangs 2011. Unter den präsentierten neuen Weinen gefällt uns die frische, zupackende rote Cuvée Robert Vollmöller am besten, der Rest der Kollektion ist sehr gleichmäßig auf gutem Niveau. ◄━

Weinbewertung

83   2012 „Mathilde" Weißwein trocken   **13,5 %/7,90 €**

82   2012 Cabernet Blanc trocken   **13 %/8,70 €**

88   2011 Riesling „GG" Schlosswengert   **13 %/19,- €**

87   2011 Weißburgunder „GG" Schlosswengert **13 %/19,- €**

83   2012 Lemberger Rosé trocken   **12,5 %/6,30 €**

85   2010 „Robert Vollmöller" Rotwein trocken **13,5 %/9,70 €**

89   2009 Spätburgunder „GG" Schlosswengert **14,5 %/21,- €**

89   2009 Lemberger „GG" Schlosswengert **13,5 %/21,- €**

83   2012 Muskattrollinger   **12,5 %/9,20 €**

★★★★☆

Hohenlohe-Öhringen
Weingut Fürst   **Württemberg**

📍 *Wiesenkelter, 74613 Öhringen-Verrenberg*

Tel. 07941-94910, Fax: 07941-9491-20

www.verrenberg.de

info@verrenberg.de

Besuchszeiten: Mo.-Fr. 9-18 Uhr, Sa. 10-14 Uhr
Restaurant Wiesenkelter direkt am Weingut

Inhaber . . . Fürst Kraft zu Hohenlohe-Öhringen

Betriebsleiter . . . . Joachim Brand

Rebfläche . . . . 20 Hektar

Dem Weingut Fürst Hohenlohe-Öhringen gehört der Verrenberger Verrenberg im Alleinbesitz, wo die Reben auf Muschelkalk-Lettenkeuperböden wachsen. Gutsverwal-

ter war über dreißig Jahre lang Siegfried Röll, 2011 hat Joachim Brand seine Nachfolge übernommen. Wichtigste Rebsorte ist Riesling, der mehr als die Hälfte der Fläche einnimmt. Dazu gibt es Weißburgunder, Chardonnay und Sauvignon Blanc, Müller-Thurgau und Kerner wurden ebenso abgeschafft wie Grauburgunder. Bei den roten Sorten dominieren Lemberger und Spätburgunder, Trollinger wurde etwas reduziert, dafür mehr Merlot angelegt. Die besten Weine werden nach dem Filetstück des Verrenbergs „Butzen" genannt. 2008 errichtete man eine neue moderne Kellerei am Verrenberg. Seit September 2008 werden die Weinberge biologisch bewirtschaftet. Das Sortiment ist eingeteilt in Gutsweine, Lagenweine der Gewann „Butzen", sowie Hades-Weine und Große Gewächse, wenn es der Jahrgang erlaubt werden auch edelsüße Weine erzeugt. Das Weingut gehört zu den Vorreitern roter Cuvées in Deutschland. Bereits 1986 wurde erstmals die nach dem Wappenspruch des Hauses benannte Cuvée „Ex flammis orior" erzeugt, die heute aus Lemberger, Cabernet und Merlot besteht, seit Anfang der neunziger Jahre gibt es die zweite Spitzencuvée „In senio", die nach Bordeauxvorbild aus Cabernet Sauvignon, Cabernet Franc und Merlot besteht.

Vorjahre

Nachdem in früheren Jahren vor allem die Rotweine heraus stachen, haben in den letzten Jahren die Weißweine stark zugelegt. Vor allem die Rieslinge werden immer besser, wirken jung aber recht verschlossen und mineralisch. Sehr geschlossen präsentierte sich vor zwei Jahren die Kollektion, wobei unser eindeutiger Favorit das herrlich mineralische Große Gewächs war, der Riesling. Die 2009er Rotweine waren kraftvoll und stoffig, aber alle recht jugendlich, von Gewürznoten und Tanninen geprägt, wesentlich unzugänglicher als ihre Vorgänger. 2011 wurden alle Weißweine spontanvergoren. Sie waren kraftvoll und klar, die weiße Hades-Cuvée noch sehr vom Ausbau im Holz geprägt, wesentlich besser gefiel uns das Große Gewächs. Im roten Segment gab es harte Konkurrenz um die Spitzenposition, wir haben die beiden Cuvées ein klein wenig höher bewertet als die beiden Großen Gewächse.

Neue Kollektion

In diesem Jahr nun ist es umgekehrt, die beiden Cuvées besitzen Fülle und Substanz, die Kaffee- und Röstnoten im Bouquet finden wir aber etwas irritierend, besser gefallen uns die beiden Großen Gewächse, obwohl der Lemberger immer noch enorm tanninbetont ist; der Spätburgunder besitzt Fülle und Kraft, gute Struktur und Frucht. Ganz stark ist der weiße Teil der Kollektion, schon der Sauvignon Blanc ist sehr gut, eine weitere Steigerung bringen die beiden Butzen-Weine, der Chardonnay besitzt gute Struktur und Druck, der Riesling, Kraft, Präzision und Frische. Diese Kraft und Präzision zeichnet auch das Große Gewächs aus, das herrlich zupackend, druckvoll und nachhaltig ist. ◀

Weinbewertung

82	2010 Pinot Sekt brut	**12,5 %/15,20 €**
86	2012 Sauvignon Blanc trocken	**13 %/12,50 €**
87	2012 Chardonnay trocken „Butzen"	**12,5 %/12,- €**
88	2012 Riesling trocken „Butzen"	**12,5 %/12,- €**
90	2012 Riesling „GG" Verrenberger Verrenberg **12,5 %/26,- €**	
88	2012 Riesling Eiswein	**6 %/30,- €/0,375l**
83	2011 Spätburgunder trocken „Butzen" **13 %/12,80 €**	
82	2011 Lemberger trocken „Butzen"	**13 %/12,80 €**
89	2011 Spätburgunder „GG" Verrenberger Verrenberg **13,5 %/29,50 €**	
88	2010 Lemberger „GG" Verrenberger Verrenberg **13,5 %/29,50 €**	
87	2011 „Ex flammis orior" Rotwein trocken „Hades" **13,5 %/37,- €**	
87	2011 „In Senio" Rotwein trocken „Hades" **13,5 %/40,- €**	

Hollerith
Weingut   **Pfalz**

Gartenstraße 17, 67487 Maikammer
*Tel. 06323-6168, **Fax**: 06323-6362*
www.weingut-hollerith.de
info@weingut-hollerith.de
***Besuchszeiten:** nach Vereinbarung*

Inhaber .... Peter und Florian Hollerith
Kellermeister .... Florian Hollerith
Rebfläche .... 9,5 Hektar

Hugo Hollerith, der Vater des heutigen Besitzers Peter Hollerith, kaufte Weinberge, baute den Hof und betrieb eine Rebschule. Peter Hollerith begann dann 1981 mit der Selbstvermarktung. Inzwischen ist sein Sohn Florian in den Betrieb eingestiegen. Bei den weißen Sorten dominiert der Riesling. Hinzu kommen Weiß- und Grauburgunder, Chardonnay und Sauvignon Blanc. Etwa die Hälfte der Rebfläche ist mit roten Sorten bestockt. Neben Spätburgunder hat das Weingut auch Cabernet Sauvignon und Merlot im Anbau, mit dem Jahrgang 2009 kam noch Syrah dazu. Bereits seit Ende der achtziger Jahre baut Peter Hollerith Weine im Barrique aus.

Vorjahre

Vor zwei Jahren gefiel uns unter den ansonsten etwas zu süffig-süßlich ausgebauten Weißweinen der Sauvignon Blanc am besten, unser Favorit aber war der Pinot Noir. Im letzten Jahr war unter den Weißweinen der zu 40 Prozent in neuen Barriques ausgebaute Chardonnay Rosengarten unser Favorit und auch der Chardonnay Sekt überzeugte mit viel klarer Frucht. Pinot Noir, Syrah und die Cuvée „No Limit" aus je einem Drittel Merlot, Cabernet Sauvignon und Spätburgunder zeigten viel reife, süße Frucht und gute Struktur.

Neue Kollektion

In diesem Jahr sind die drei verkosteten Weißweine sortentypisch, klar in der Frucht

H

und sehr kraftvoll und stoffig. Die beiden roten Cuvées aus Merlot und Cabernet Sauvignon zeigen etwas grüne Noten, Kräuter und Paprika und unser erneuter Favorit, der Pinot Noir aus dem 2010er Jahrgang, besitzt gute Substanz, ist aber eine Spur zu süß geraten. ◄

Weinbewertung _____

84 2012 Sauvignon Blanc trocken 13 %/9,50 €
84 2012 Gewürztraminer Spätlese trocken Maikammer Immengarten 13,5 %/7,60 €
84 2012 Weißburgunder Spätlese trocken Maikammer Kapellenberg 14 %/7,60 €
83 2010 „Luciana XIII" Rotwein trocken 13,5 %/12,- €
85 2010 „Prima Luce" Rotwein trocken 13,5 %/20,- €
87 2010 Pinot Noir trocken Maikammer Heiligenberg 13,5 %/28,- €

Holub

★★☆

Weingut

Baden

Weinstraße 4, 79336 Herbolzheim
Tel. *07643-9141412,* **Fax:** *07643-9141414*
www.weingut-holub.com
info@weingut-holub.com
Besuchszeiten: *Mo.-Do. 9-17 Uhr, Fr. 9-12 Uhr und nach Vereinbarung*

Inhaber...........................Horst Holub
Rebfläche...........................1,4 Hektar

Es begann mit 7 Ar Spätburgunder, die Horst Holub 1999 zu seinem 50. Geburtstag zum Geschenk erhielt. Ein Barrique ergab die erste Ernte. Jedes Jahr kamen dann einige Parzellen hinzu, so dass heute mehr als 1 Hektar Weinberge Horst Holub gehören, Spätburgunder und Grauburgunder vor allem, aber auch ein klein wenig Weißburgunder. Die Weinberge befinden sich in den Lagen Malterdinger Bienenberg, Nordweiler Herrenberg und Herbolzheimer Kaiserberg und sind größtenteils mit 25 bis 40 Jahre alten Reben

bepflanzt. Den Weinberg in der Lage Amolterner Steinhalde am Kaiserstuhl hat Horst Holub 2009 aufgegeben und dafür Weinberge im Breisgau in den Lagen Herbolzheimer Sonnhalde (Grau- und Weißburgunder) und Bombacher Sommerhalde (Spätburgunder) hinzugenommen, wodurch sich insgesamt der Anteil des Weißburgunders zu Lasten des Spätburgunders erhöht hat. Die Spätburgunder werden nach der Maischegärung (2 bis 3 Wochen) etwa achtzehn Monate in neuen Barriques aus französischer Eiche ausgebaut und dann unfiltriert abgefüllt. Die Weißburgunder werden teils im Edelstahl, teils in einjährigen französischen Barriques, die Grauburgunder ganz in neuen und einjährigen Barriques ausgebaut.

Vorjahre _____

Da 2010 erst nach Redaktionsschluss gefüllt wurde, verkosteten wir vor zwei Jahren erneut die 2009er, das Jahr auf der Flasche hatte ihnen gut getan, sie präsentierten sich immer noch jugendlich. Die 2010er Weißweine aus dem Bienenberg waren kraftvoll und klar, bei den Spätburgundern war der Unterschied zwischen den beiden Weinen 2010 deutlicher als gewohnt, der „SH" hatte klar die Nase vorne.

Neue Kollektion _____

2011 ist dies ähnlich: Der Spätburgunder SH ist herrlich wild im Bouquet, zeigt deutlich Holz und Toast, ist kraftvoll, präzise und komplex, besitzt Säure und Biss, ist sehr „burgundisch". Die Weißweine sind kraftvoll, klar und zupackend, der Grauburgunder aus dem Bienenberg gefällt uns am besten. ◄

Weinbewertung _____

84 2011 Weißburgunder Spätlese Malterdinger Bienenberg 13,5 %/9,80 €
85 2011 Grauburgunder Spätlese Herbolzheimer Sundhalde 13 %/9,80 €
86 2011 Grauburgunder Spätlese Malterdinger Bienenberg 13,5 %/9,80 €
85 2011 Spätburgunder 13,5 %/14,50 €
90 2011 Spätburgunder „SH" 13,5 %/24,- €

Ludwig **Honold**
Weingut   ★

Baden

Am Hummelberg 1, 76684 Östringen
Tel. 07253-278627, *Fax:* 07253-278628
www.weingut-honold.de
info@weingut-honold.de
Besuchszeiten: Mo.-Fr. 10-12 + 15-18 Uhr, Sa. 9-13 Uhr

Inhaber . . . . Ludwig Honold
Rebfläche . . . . 10 Hektar

Das Weingut wurde 1938 von Ludwig Honold gegründet und dann von seinem Sohn Theo auf die heutige Größe erweitert. Seit 1985 führt Ludwig Honold, der Enkel des Gründers, das Gut. Seit 1999 ist das Weingut auf den 234 Meter hoch gelegenen Hummelberg oberhalb von Östringen ausgesiedelt. Ludwig Honolds Weinberge liegen in Östringen und Malsch. 70 Prozent der Rebfläche nehmen weiße Sorten ein: Müller-Thurgau, Riesling, Grauburgunder, Weißburgunder, Sauvignon Blanc, Auxerrois und Chardonnay. An roten Sorten gibt es Portugieser, Spätburgunder, Lemberger, Trollinger und Dornfelder. Zuletzt hat er pilzresistente Sorten gepflanzt: 2003 Cabernet Cortis und Cabernet Carbon, 2006 Muscaris und 2008 Cabernet Blanc, inzwischen eine weitere Versuchssorte; 1 Hektar „Piwis" besitzt er insgesamt. Die Weißweine werden kalt vergoren und lange auf der Hefe ausgebaut. Die Rotweine werden maischevergoren und dann in kleinen Holzfässern ausgebaut.

Vorjahre

Die 2010er Weißweine kamen nicht an ihre Vorgänger heran, das rote Segment präsentierte sich vor zwei Jahren sehr gleichmäßig, aber es fehlten die Spitzen der Vorjahre. Eine sehr gleichmäßige Kollektion präsentierte Ludwig Honold im vergangenen Jahr, mit Vorteilen im weißen Segment, in dem uns die Muscaris Spätlese angenehm überraschte, noch besser aber bewerteten wir

den Sekt aus Weißburgunder und Chardonnay.

Neue Kollektion

Die neue Kollektion ist sehr gleichmäßig, ohne aber in der Spitze an frühere Kollektionen anknüpfen zu können. Am besten gefällt uns die frische, süffige Muscaris Spätlese. ◄━

Weinbewertung

80   2012 Auxerrois trocken   **13,5 %/6,20 €**
80   2012 Cabernet Blanc trocken   **12,5 %/6,90 €**
81   2012 Sauvignon Blanc trocken   **13 %/8,50 €**
80   2012 Grauburgunder Spätlese trocken Östringer Hummelberg   **14,5 %/8,50 €**
83   2012 Muscaris Spätlese Östringer Hummelberg   **11 %/9,50 €**
81   „Rot" Rotwein trocken   **14 %/9,50 €**

Horcher
Weingut   ★★★

Pfalz

Freinsheimer Straße 86a, 67169 Kallstadt
Tel. 06322-941520, *Fax:* 06322-941521
www.horcher-wein.de
w.gruen@weingut-horcher.de
Besuchszeiten: jederzeit nach Vereinbarung

Inhaber . . . . Herbert Beltle
Betriebsleiter . . . . Wolfgang Grün
Rebfläche . . . . 5 Hektar

Herbert Beltle, Gastronom in Berlin, erwarb 2005 ein Weingut in der Pfalz. Seine Weinberge liegen alle in Kallstadt in den Lagen Kreidkeller, Steinacker, Kobnert und Saumagen. In den nächsten Jahren möchte er die Rebfläche erweitern. Betriebsleiter ist der gebürtige Heidelberger Wolfgang Grün, der nach Studium und Praktika in verschiedenen Ländern auch beim Weingut Fürst arbeitete.

Vorjahre

Vor zwei Jahren zeigten die 2008er Top-Rotweine von Wolfgang Grün bereits ihre große

H

Klasse; auch unterhalb der Top-Etage gab es nur sehr gute Rotweine, einschließlich der Cuvée in der Literflasche. Auch die Weißweine hatten weiter zugelegt; die Rieslinge waren sehr puristisch. Der Weißweinjahrgang 2011 war in Kallstadt eher normal, die Weine hatten nicht ganz die prickelnde Dichte des Vorjahres. Die erkannten wir wieder in den beiden sehr guten Sekten. Insgesamt blieb die Qualität im Basis- und Mittelsegment hoch, die Weine waren geprägt von Klarheit und Frische. Das galt für die weiße Cuvée aus Riesling, Silvaner und Scheurebe ebenso wie für die rote Cuvée aus Spätburgunder, Merlot, St. Laurent und Acolon und für die Rebsortenweine. Von den Spitzenweinen zeigte Wolfgang Grün im vergangenen Jahr nur den hervorragenden Merlot von 2009.

Neue Kollektion

In diesem Jahr hat Wolfgang Grün wieder eine umfangreiche, sehr gute Kollektion vorgestellt. Er macht sich viel Arbeit mit seinen Weinen, entwickelt klare Vorstellungen über die Stilistik. Bei einigen Weinen ergibt das eine hohe Wiedererkennbarkeit, bei anderen weist der Jahrgang den Weg. Ein starres Schema gibt es also nicht. So war der Spitzenriesling „S" von 2010 deutlich anders als der nun gezeigte 2011er. Der hat nichts von der freundlich-süßen Eleganz des 2010er, er ist stoffig mit druckvoller Spannung und bereits ziemlich reif, er zeigt feine Haselnussnoten. Ein süffiges „Maul voll Wein" ist der Silber-Riesling von 2012, er ist duftig und zeigt ein feines, fruchtiges Säurespiel. Sehr gut gefallen hat uns auch die Cuvée Aigner und der gut strukturierte, füllig-kräftige Grauburgunder, ebenso der hellfruchtige, dichte und feinsalzige Sekt und der feinduftige, fast schlanke Gewürztraminer. Bei den Rotweinen ist zunächst der kräftig-fruchtige Literwein positiv zu erwähnen, wahrscheinlich der beste Liter-Rotwein Deutschlands. Wenn nur alle Weingüter solche Basis-Weine hätten. Auch an die Spitze arbeitet sich das Weingut Horcher heran. Mit dem Merlot ist er schon ganz oben – in diesem

Jahr gibt es aber nur die Silber-Version. Aus einem im Wald oberhalb von Kallstadt gelegenen Weinberg kommt der Spätburgunder „W" von 2009. Er ist sehr duftig, sehr fein, sehr elegant und weich, besitzt saftige Frucht, hat aber genügend Biss. ◄

Weinbewertung

85	2012 „Secco" Rosé	**12,5 %/8,90 €**
87	2011 „HB" Sekt brut	**13 %/12,50 €**
84	2012 Cuvée weiss trocken „Bronze" (1l) **12 %/6,50 €**	
87	2012 „Cuvée Aigner Silber" Weißwein **12,5 %/9,50 €**	
87	2012 Grauburgunder trocken „Silber" **14 %/9,50 €**	
86	2012 Sauvignon Blanc trocken „Silber" **12 %/9,50 €**	
87	2012 Riesling trocken „Silber" **12,5 %/9,50 €**	
89	2011 Riesling trocken „S Gold" **13,5 %/29,- €**	
86	2012 Riesling „feinherb" „Silber" **12 %/9,50 €**	
87	2012 Gewürztraminer „Silber" **11,5 %/12,50 €**	
86	2012 Rosé trocken „Silber" **13 %/8,90 €**	
86	2011 Cuvée rot trocken (1l) **13,5 %/6,50 €** ☺	
87	2010 Merlot trocken „Silber" **14 %/8,90 €**	
86	2011 Spätburgunder trocken „Silber" **13 %/9,50 €**	
88	2009 Spätburgunder trocken „Gold" **14,5 %/19,- €**	
90	2009 Spätburgunder trocken „W Gold" **14 %/29,- €**	

★ ☆

Clemens **Honrath**
Weingut & Gästehaus

Nahe

Obere Grabenstraße 2, 55450 Langenlonsheim
Tel. *06704-729,* **Fax***: 06704-717*
www.weingut-honrath.de
info@weingut-honrath.de
Besuchszeiten: *Mo.-Sa. 9-18 Uhr (nach Vereinbarung)*
Gästehaus

Inhaber . . . . Clemens Honrath
Rebfläche . . . . 6,5 Hektar

Die Weinberge von Clemens Honrath liegen fast ganz auf Langenlonsheimer Gemarkung, in den Lagen Rothenberg, Königsschild, Löhrer Berg und Steinchen, nur ein Grauburgunder-Weinberg liegt in Guldental in der Lage Hipperich. Weiße Sorten nehmen drei Viertel der Rebfläche ein, vor allem Riesling, gefolgt von den Burgundern. Wichtigste rote Rebsorten sind Spätburgunder und Acolon. Die Weine werden in kleinen Gebinden zum Teil spontan vergoren. Seit Abschluss seines Geisenheim-Studiums 2007 ist Sohn Christian im Betrieb tätig.

Vorjahre

Den schwierigen Jahrgang 2010 bewältigten Clemens und Christian Honrath gut, die Weine waren sortentypisch und frisch. Im vergangenen Jahr war der kraftvolle Grauburgunder aus dem Hipperich gut gelungen, ebenso wie ein starkes Trio trockener Rieslinge. Schon der Gutswein vom Löss war klar und präzise, der stoffige Riesling aus dem Königsschild zeigte viel klare Zitrusnoten und feine Mineralität und der neu im Sortiment vertretene „R Quadrat" potenzierte die gleiche Charakteristik getreu seines Namens und zeigte dazu noch feine Kräuternoten.

Neue Kollektion

Auch 2012 besitzt der Grauburgunder wieder gute Substanz und Saft und Kraft, die Gutsrieslinge vom Löss und vom Kieselstein zeigen klare Frucht und feine Würze und beim Königsschild-Riesling finden wir wieder die feinen Zitrusnoten und die Mineralität, die wir schon vom Vorjahr kennen. Einzig der „R Quadrat" zeigte sich zum Zeitpunkt der Verkostung noch sehr verschlossen, Konzentration, Substanz und Kraft sind dennoch klar erkennbar und lassen hoffen, dass sich der Wein mit der Zeit öffnen wird. ◄

Weinbewertung

86 2012 Grauburgunder Spätlese trocken Guldentaler Hipperich **13 %/8,50 €**

83 2012 Weißburgunder Spätlese trocken Langenlonsheimer Steinchen **13,5 %/5,80 €**

84 2012 Riesling trocken „Löss" **12,5 %/5,50 €**

85 2012 Riesling trocken „Kieselstein" **12,5 %/6,20 €**

86 2012 Riesling Spätlese trocken Langenlonsheimer Königsschild **12,5 %/6,80 €** ☺

87 2012 Riesling Spätlese trocken „R Quadrat" Langenlonsheimer Rothenberg **13 %/10,80 €**

79 2012 Riesling „feinherb" **12 %/4,90 €**

81 2011 Acolon & Spätburgunder trocken Langenlonsheimer Steinchen **13 %/9,80 €**

82 2011 Spätburgunder trocken „Halbstück" **13,5 %**

Alfons **Hormuth**

Weingut   **Pfalz**

Edenkobener Straße 11, 67487 St. Martin
Tel. *06323-5309,* **Fax:** *06323-3238*
www.alfons-hormuth.de
info@alfons-hormuth.de
Besuchszeiten: *nach Vereinbarung*

H

Inhaber . . . . Andreas Hormuth
Rebfläche . . . . 9,5 Hektar

Andreas Hormuth hat das Weingut 1989 von seinem Vater Alfons übernommen. Seine Weinberge befinden sich in St. Martin, aber auch in Alsterweiler, Edenkoben und Edesheim. 40 Prozent der Fläche nehmen rote Sorten ein, wobei zu Portugieser, Dornfelder und Spätburgunder zuletzt Frühburgunder und Cabernet Mitos hinzugekommen sind. Die wichtigsten weißen Sorten sind Riesling, Gewürztraminer, Weißburgunder und Grauburgunder, dazu gibt es Silvaner, Kerner und Müller-Thurgau, sowie als Spezialitäten Huxelrebe und seit dem Jahrgang 2003 Muskateller. Die Weine werden meist im Edelstahl ausgebaut, die Spitzenrotweine in Holz. Die besten Weine des Jahrgangs werden in der Serie „Expression" vermarktet.

Vorjahre

Vor zwei Jahren gefiel uns unter den trockenen Weinen erneut der saftige und kräuterwürzige Silvaner am besten, an der Spitze der Kollektion stand ein gekonnt vinifizierter, harmonischer Eiswein vom Spätburgunder.

Eine solche Spitze fehlte in der Kollektion des ketzten Jahres, die trockenen Weißweine waren alle sehr füllig mit merklicher Restsüße, was leider etwas zu Lasten der Typizität ging. Am besten gefiel uns die halbtrockene Riesling-Spätlese mit klarer Frucht und feinem Süße-Säure-Spiel, der ambitionierte Pinot Noir litt unter seinem hohen Alkoholgehalt.

Neue Kollektion

Auch in diesem Jahr sind die Weine wieder sehr füllig, die jeweilige Sortentypizität ist aber wieder besser herausgearbeitet als im vergangenen Jahr. An der Spitze des Sortiments steht ein saftiger, ausgewogener, süßer Gewürztraminer mit feiner Säure-Frische. ◄

Weinbewertung

83   2012 Silvaner trocken „Expression" **13 %/5,60 €**

82   2012 Weißburgunder trocken „Expression" **13,5 %/5,60 €**

82   2012 Riesling trocken „Expression" **13 %/5,60 €**

84   2012 Gewürztraminer Auslese „dulcis" St. Martiner Baron **11 %/10,- €**

81   2012 Cabernet Sauvignon & Merlot Rosé trocken „Expression" **13 %/6,70 €**

82   2011 Cabernet Sauvignon & Merlot trocken „Expression" **14 %/8,30 €**

Hothum ★

Wein- und Sektgut am Rothes

Rheinhessen

📍 *Germaniastraße 46, 55459 Aspisheim*

Tel. *06727-8696,* **Fax:** *06727-8411*

www.hothum.com

info@hothum.com

Besuchszeiten: *nach Vereinbarung*

Inhaber..........Karlfried und Andreas Hothum

Rebfläche............................15 Hektar

Karlfried und Regina Hothum betreiben seit 1989 ökologischen Weinbau nach den Richtlinien von Naturland und Ecovin. Sie werden im Betrieb unterstützt von ihren drei Söhnen Andreas, Christoph und Benjamin, allesamt Önologen, sowie von Tochter Kathi, einer Agrarbiologin. Ihre Weinberge liegen vor allem in und um Aspisheim, aber auch im St. Johanner Steinberg und in Bingen. Riesling und Silvaner sind die wichtigsten Rebsorten, gefolgt von Dornfelder, Portugieser, Grau-, Weiß- und Spätburgunder, sowie Sauvignon Blanc, St. Laurent, Frühburgunder, Gewürztraminer und diversen Neuzüchtungen.

Vorjahre

2010 waren die Weine frisch und klar, aber etwas weniger konzentriert und komplex als ihre Vorgänger. Die letztjährige Kollektion gefiel uns gut, allen voran der im Barrique ausgebaute Frühburgunder und die wunderschön reintönige Gewürztraminer Beerenauslese.

Neue Kollektion

In der neuen Kollektion wissen vor allem die Rieslinge zu überzeugen. Der Riesling vom Quarzit, Neuzugang im Programm aus einem neu gepflanzten Weinberg in der früher Binger Einsel genannten Lage in unmittelbarer Nachbarschaft zum Scharlachberg, die 1971 im Binger Schlossberg Schwätzerchen aufging, ist füllig und saftig, der Riesling vom Muschelkalk kraftvoll, klar und zupackend, die gewürzduftige Beerenauslese konzentriert und klar bei feiner Frische. ◄

Weinbewertung

80   2012 Grüner Silvaner trocken **12,5 %/4,90 €**

83   2012 Grüner Silvaner trocken „vom Kalkstein" Aspisheimer **13 %/6,50 €**

81   2012 Sauvignon Blanc trocken Aspisheimer **13 %/7,50 €**

80   2012 Riesling trocken **12,5 %/5,50 €**

85   2012 Riesling trocken „vom Muschelkalk" Appenheimer **13 %/6,50 €**

84   2012 Riesling trocken „vom Quarzit" Binger Schlossberg Schwätzerchen **13 %/8,90 €**

86   2011 Riesling Beerenauslese St. Johanner Steinberg **8,5 %/25.- €/0,375l**

Bernhard **Huber**
Weingut
Baden

Heimbacher Weg 19, 79364 Malterdingen
Tel. 07644-929722-0, **Fax:** 07644-929722-99
www.weingut-huber.com
info@weingut-huber.com
Besuchszeiten: Mo.-Fr. 14-18 Uhr, Sa. 10-12 Uhr

Inhaber .... Bernhard Huber
Rebfläche .... 28 Hektar

Erst 1987 begann Bernhard Huber mit der Selbstvermarktung. Seine Weinberge befinden sich in Malterdingen, Hecklingen und Bombach, dazu bezieht er Trauben aus Köndringen. Im Hecklinger Schlossberg hat er einen Weinberg mit 13.000 Reben je Hektar bestockt. Spezialität von Bernhard Huber ist der Spätburgunder, der knapp zwei Drittel seiner Rebfläche einnimmt. Dazu kommen insbesondere Chardonnay und Weißburgunder, aber auch Grauburgunder, Freisamer, Riesling, Auxerrois, Muskateller und Müller-Thurgau. In den letzten Jahren pflanzte Bernhard Huber auch ein wenig Cabernet Sauvignon und Merlot.

Vor allem mit seinen Spätburgundern fand Bernhard Huber in den vergangenen Jahren bundesweit Beachtung. Der „Alte Reben" und der „Reserve" gehören immer wieder zu den besten Spätburgundern in Baden. Vertikalproben beweisen eindrucksvoll das hervorragende Alterungspotenzial der Huber-Weine. Den früheren „Reserve" gibt es seit dem Jahrgang 2004 in 4 „R"-Varianten – Bienenberg, Sommerhalde, Schlossberg und Wildenstein (eine besondere Parzelle des Bienenbergs). Zugelegt hat Bernhard Huber in den letzten Jahren aber auch ganz enorm im weißen Segment. Kompakt waren seine Barrique-Weißweine schon immer, in den letzten Jahren aber sind sie deutlich komplexer geworden. Das gilt vor allem für den Chardonnay aus dem Schlossberg, der im Vergleich zum „normalen" Chardonnay einen höheren Anteil an neuen Fässern enthält. Aber auch der Grauburgunder Bienenberg und der Malterer, eine Cuvée aus Weißburgunder und Freisamer, präsentieren sich Jahr für Jahr feiner und komplexer.

Vorjahre

Stark waren die 2010er Weißweine, Grauburgunder und Malterer, auch beide Chardonnay, Jahrgang 2009, trumpften vor zwei Jahren wieder auf. Ganz großartig waren die 2009er Spätburgunder, wobei wir uns für den Wildenstein entschieden, der enorm „burgundisch" auftrat, wie überhaupt stilistisch Bernhard Hubers Spätburgunder einen weiteren Schritt Richtung Burgund gegangen waren, wie sich schon beim tollen Malterdinger Spätburgunder zeigte, auch bei Sommerhalde und Bienenberg. Auch im vergangenen Jahr waren wir von den weißen Spitzenweinen begeistert, um so mehr, da es sich ja um den Jahrgang 2010 handelte, Bernhard Huber lässt seinen Weine lange Zeit, auch den weißen; alle waren hervorragend, Malterer wie Grauburgunder und Weißburgunder, ebenso die beiden Chardonnay. Und dass Bernhard Huber sich auf Sekt versteht, das bewies der 2006er Pinot. Das Spätburgunder-Sortiment begann im vergangenen Jahr mit einem wunderschön reintönigen Wein von jungen Reben, der Malterdinger war kraftvoller und zupackender, der Wein von alten Reben klar und sehr präzise. Die Großen Gewächse waren allesamt hervorragend, an der Spitze sahen wir Schlossberg und Wildenstein gleichauf. Und Huber-Wein ist haltbar: Der 2002er „R" belegte den zweiten Platz in einer hochklassigen Jahrgangsverkostung.

Weißweine

Toller Muskateller-Sekt: Das muss man mögen, schon klar, wir finden das spannend und sehr gelungen. Auxerrois und Müller-Thurgau sind fruchtbetont und reintönig wie auch die beiden wunderschönen Muskateller, allesamt Weine mit angenehm wenig Alkohol.

Dann kommt großes Weißweinkino: Der Grauburgunder zeigt herrlich viel Frucht und Konzentration im Bouquet, ist füllig und kraftvoll im Mund, enorm komplex und druckvoll, besitzt viel Substanz, Länge und Nachhall. Genauso großartig ist der 2011er Schlossberg-Chardonnay, der faszinierend reintönig und konzentriert im Bouquet ist, füllig und stoffig im Mund, kraftvoll und komplex, strukturiert und reintönig, ein Wein mit enormer Länge und Nachhall.

Rotweine _____

Tolles Niveau schon beim Malterdinger Spätburgunder: Reintönig, fruchtbetont und zupackend, der Wein von alten Reben ist deutlich kraftvoller, aber nicht ganz so charmant, die Großen Gewächse sind alle hervorragend. Der Bienenberg zeigt feinen Duft im Bouquet, reife Frucht und Frische, ist wunderschön reintönig und zupackend im Mund, druckvoll und lang. Die Sommerhalde zeigt intensive klare Frucht im Bouquet, feinen Duft, ist fruchtbetont und präzise im Mund, druckvoll, besitzt feine Säure, Struktur und Länge. Der Schlossberg zeigt viel Duft und eine dezente Schokonote im Bouquet, ist füllig und saftig, besitzt reife Frucht, gute Struktur, Substanz und Frische. Am besten gefällt uns der Wildenstein, zeigt viel Duft im Bouquet, viel Konzentration, etwas florale Noten, ist faszinierend frisch und druckvoll im Mund, reintönig und strukturiert, enorm lang und nachhaltig: Faszination Pinot! Faszination auch im Jahrgang 2003: Ein wunderschön reintöniger, präziser „Alte Reben" steht dem R (damals der Topwein von Bernhard Huber) kaum nach, beide sind druckvoll und klar, elegant und lang! ◄━

Weinbewertung _____

89   2011 Muskateller Sekt brut   **12 %/18,- €**
86   2012 Müller-Thurgau trocken (1,5l) **11,5 %/19,90 €**
86   2012 Auxerrois Kabinett trocken Malterdinger **11,5 %/12,50 €**
87   2012 Muskateller Kabinett trocken Malterdinger   **11,5 %/12,50 €**
94   2012 Grauburgunder „GG" Bienenberg   **25,- €**

94   2011 Chardonnay trocken „Reserve" Hecklinger Schlossberg   **55,- €**
87   2012 Muskateller Kabinett Malterdinger **7,5 %/12,50 €**
88   2011 Spätburgunder Malterdinger **13,5 %/16,80 €**
92   2003 Spätburgunder „Alte Reben" **13,5 %/31,50 €**
88   2011 Spätburgunder „Alte Reben"   **27,- €**
93   2003 Spätburgunder „R"   **13,5 %/48,30 €**
93   2011 Spätburgunder „R GG" Malterdinger Bienenberg   **40,- €**
94   2011 Spätburgunder „R GG" Bombacher Sommerhalde   **40,- €**
93   2011 Spätburgunder „GG" Hecklinger Schlossberg   **55,- €**
96   2011 Spätburgunder „R" „Wildenstein"   **120,- €**

★

Simon **Huber**
Weinkeller

Baden

◆ *Mattenhofweg 3, 77723 Gengenbach*
Tel. *07803-934850,* **Fax:** *07803-934840*
www.simonhuber-wein.de, mail@simonhuber-wein.de
Besuchszeiten: *Mo./Di./Do./Fr. 15-19 Uhr, Sa. 10-18 Uhr, So. 10-12 Uhr*

Inhaber............................Simon Huber
Rebfläche............................1,5 Hektar

Simon Huber gründete 2012 sein eigenes Weingut. Seine Weinberge liegen teils in Gengenbach in der Ortenau, teils in Ettenheim im Breisgau. In Gengenbach wachsen die Reben auf Granitverwitterungsböden. Hier baut er Riesling, Müller-Thurgau und Spätburgunder an. In Ettenheim wachsen die Burgundersorten auf Muschelkalkböden mit Lösslehmauflage. Derzeit arbeitet er hauptsächlich mit Vertragswinzern zusammen, ist aber dabei nach und nach eigene Weinberge aufzubauen, die er selbst bewirtschaftet.

Kollektion _____

Klare, geradlinige Weine wurden zum Debüt vorgestellt, darunter ein frischer, reintöniger

Spätburgunder Rosé und der konzentrierte Grauburgunder Réserve, unser Favorit: Er besitzt Fülle und Kraft, reife Frucht, gute Struktur und Substanz. ◀

Weinbewertung

82	2012 Müller-Thurgau trocken	**12,5 %/5,50 €**	
81	2012 Riesling trocken	**12,5 %/7,80 €**	
82	2012 Grauburgunder trocken	**13 %/7,80 €**	
86	2012 Grauburgunder trocken „Réserve"	**14 %/11,50 €**	
83	2012 Spätburgunder Rosé trocken	**12,5 %/6,90 €**	

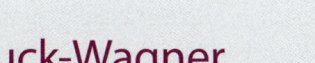

Huck-Wagner ★
Weingut   **Baden**

Engetalstraße 31, 79588 Efringen-Kirchen
Tel. 07628-1462, Fax: 07628-800319
www.huck-wagner.de
huck-wagner@gmx.de
Besuchszeiten: täglich 8-19 Uhr
Weinproben (bis 50 Personen)

Inhaber .... Familie Huck-Wagner
Rebfläche .... 14 Hektar

Efringen-Kirchen, die Heimat des Weingutes Huck-Wagner, liegt am Fuße des Ölbergs. Dort befindet sich auch der größte Teil der Weinberge, die Reben wachsen auf Jura-Kalk-Formationen. Hinzu kommen Parzellen in den Lagen Binzener Sonnhole und Blansinger Wolfer. Wichtigste Rebsorten sind Gutedel, Müller-Thurgau und Spätburgunder. Dazu gibt es Silvaner, Muskateller, Grauburgunder, Riesling, Chardonnay, Weißburgunder und Gewürztraminer, sowie Regent und Merlot. Die Weine werden überwiegend trocken ausgebaut. Das Weingut wird in dritter Generation von Christine Huck-Wagner und Ehemann Roland Wagner geführt.

Vorjahre

Vor zwei Jahren gefiel uns die Kollektion gut, alle Weißweine waren frisch und reintönig,

der Eiswein besaß viel Substanz, die beiden Spätburgunder waren füllig und klar. Eine vergleichbare Kollektion folgte nach mit frischen, reintönigen Weißweinen des Jahrgangs 2011, unser Favoriten waren der füllige, kraftvolle Chardonnay und der im Barrique ausgebaute Spätburgunder.

Neue Kollektion

Die neue Kollektion ist sehr gleichmäßig, aber ein wenig verhalten, die Weine präsentieren sich frisch und klar, weiß wie rot. ◀

Weinbewertung

81	2012 Roter Gutedel trocken	**12 %/5,- €**	
80	2012 Weißburgunder Kabinett trocken Binzener Sonnhohle	**13 %/6,20 €**	
81	2012 Grauburgunder Kabinett trocken Efringer Ölberg	**13 %/6,80 €**	
81	2012 Muskateller trocken Blansinger Wolfer	**12 %/6,80 €**	
82	2012 Chardonnay Spätlese trocken Efringer Ölberg	**13 %/7,80 €**	
83	2011 Spätburgunder Spätlese trocken Efringer Ölberg	**13,5 %/8,80 €**	

Fritz Ekkehard Huff ★
Weingut   **Rheinhessen**

Hauptstraße 90, 55283 Nierstein
Tel. 06133-58003, Fax: 06133-58617
www.weingut-huff.de
info@weingut-huff.de
Besuchszeiten: nach Vereinbarung

Inhaber .... Fritz Ekkehard Huff
Kellermeister .... Christine Huff
Rebfläche .... 6,75 Hektar

Dieser Familienbetrieb im Niersteiner Ortsteil Schwabsburg wird heute in dritter Generation als Flaschenweinbetrieb von Fritz Ekkehard Huff geführt. Die Weinberge liegen in Nierstein und Schwabsburg, unter anderem in den Lagen Schloss Schwabsburg, Or-

H

bel und Paterberg. Riesling und Weißburgunder sind die wichtigsten Rebsorten, rote Sorten nehmen inzwischen 30 Prozent der Fläche ein. Seit Beendigung ihres Geisenheime-Studiums ist Tochter Christine für die Vinifikation verantwortlich, unterstützt von ihrem Ehemann Jeremy, einem gebürtigen Neuseeländer.

Vorjahre

2010 hatte man sich gut behauptet, der Rabenturm-Riesling war einmal mehr sehr gut, dazu gab es Edelsüßes von Riesling und Scheurebe. 2011 war sehr gleichmäßig, Glanzstück der Kollektion war die dicke, konzentrierte Riesling Trockenbeerenauslese.

Neue Kollektion

In der Spitze gefällt uns sehr gut, was wir dieses Jahr zu verkosten bekamen. Zwei starke trockene Rieslinge hat Christine Huff auf die Flasche gebracht, den Rabenturm, der gute Konzentration und viel reife Frucht im Bouquet zeigt, füllig und kraftvoll im Mund ist bei guter Struktur und deutlicher Süße; und den Pettenthal-Riesling, der viel Würze und Duft im Bouquet zeigt, kraftvoll im Mund ist, gute Struktur und Substanz und feine Frische besitzt. Zur Krönung gibt es einen fülligen, schmeichelnden reintönigen Eiswein. Im Aufwind! ◄━

Weinbewertung

78	2012 Grauburgunder trocken Paterberg **13,5 %/7,50 €**	
82	2012 Scheurebe Kabinett trocken Niersteiner **12 %/5,- €**	
80	2012 Riesling trocken Orbel **13 %/8,50 €**	
85	2012 Riesling trocken „Rabenturm" **13 %/18,- €**	
86	2012 Riesling trocken Pettenthal **13 %/20,- €**	
88	2012 Riesling Eiswein Schloss Schwabsburg **7 %/25,- €**	

Georg Gustav **Huff**
Weingut   **★★**

Rheinhessen

Woogstraße 1, 55283 Nierstein
Tel. *06133-50514,* **Fax:** *06133-61395*
www.weingut-huff.com
info@weingut-huff.com
Besuchszeiten: *Sa. 9-17 Uhr, So. 10-12 Uhr, Mo.-Fr. nach Vereinbarung*

Inhaber .... Dieter Huff
Rebfläche .... 19 Hektar

Seit 300 Jahren baut die Familie Wein in Nierstein an. Dieter Huff hat das Weingut 1989 übernommen. Die Weinberge liegen unter anderem in den Niersteiner Lagen Hipping, Pettenthal und Schloss Schwabsburg. Riesling nimmt etwa ein Viertel seiner Rebfläche ein. Es folgen Spätburgunder, Dornfelder, Müller-Thurgau, Portugieser, Chardonnay, Grauburgunder und Weißburgunder. Sohn Daniel, Weinbautechniker, ist seit 2003 für den Ausbau der Weine verantwortlich. Der jüngere Sohn Stefan ist nach Beendigung seiner Technikerausbildung in Weinsberg und praktischen Erfahrungen in Rheinhessen (Peth-Wetz), an der Ahr (Burggarten), in Österreich und in Australien 2010 ebenfalls in den Betrieb eingestiegen, kümmert sich um den Ausbau der Rotweine.

Vorjahre

Stimmig präsentierte sich auch der Jahrgang 2010. Alle Weine waren klar und frisch, die 3-Sterne-Rieslinge besaßen Kraft und Substanz. Unser Favorit war einmal mehr der Riesling aus dem Hipping, der Pettenthal-Riesling stand ihm kaum nach. Ähnlich war das Bild 2011: Der Riesling von alten Reben aus dem Hipping führte den trockenen Teil der Kollektion an, eine Beerenauslese den edelsüßen. Angenehm überrascht hatten uns die kraftvollen Rotweine, allen voran der Spätburgunder von alten Reben aus dem Jahrgang 2009.

H

Neue Kollektion _____

Anders als in den beiden Vorjahren gefällt uns nicht der Wein aus dem Hipping am besten unter den trockenen Lagenrieslingen, 2012 finden wir Pettenthal und Schloss Schwabsburg stärker. Hipping ist konzentriert, duftig und saftig, Pettenthal reintöniger und strukturierter, Schloss Schwabsburg aber ist deutlich druckvoller und zupackender. Die Rotweine präsentieren sich auch in diesem Jahr wieder stark, allen voran der Spätburgunder, der feine rauchige Noten im Bouquet zeigt, klare reife Frucht und gute Struktur besitzt. Mit Beerenauslese und Eiswein krönen zwei konzentrierte, saftige edelsüße Rieslinge die diesjährige Kollektion. Im Auge behalten! ◀

Weinbewertung _____

81	2012 Silvaner trocken	13 %
82	2012 Weißburgunder trocken	12,5 %
83	2012 Grauburgunder trocken	13,5 %
82	2012 Riesling trocken „Roter Hang"	12 %
88	2012 Riesling trocken Schloss Schwabsburg	13 %
87	2012 Riesling trocken Pettenthal	13 %
86	2012 Riesling trocken „Alte Reben" Hipping	13 %
88	2012 Riesling Beerenauslese Schloss Schwabsburg	7,5 %
88	2012 Riesling Eiswein Schloss Schwabsburg	6,5 %
86	2011 Spätburgunder trocken	13,5 %
83	2011 „tres vites" Rotwein trocken	14 %
85	2011 „J + P" Rotwein trocken	14 %

Huff-Doll ★

Weingut   **Rheinhessen**

Weedstraße 6, 55457 Horrweiler
*Tel. 06727-343, **Fax**: 06727-5366*
www.huff-doll.de
weingut@huff-doll.de
***Besuchszeiten:** Mo.-Sa. nach Vereinbarung*

Inhaber..............................Ulrich Doll
Rebfläche...........................8,2 Hektar

Seit 1848 bewirtschaftet die Familie Weinberge rund um Horrweiler, wo die Reben auf schweren, kalkhaltigen Böden wachsen. Gudrun und Ernst Doll haben 1960 das Gut übernommen und stellten von einem landwirtschaftlichen Mischbetrieb auf Weinbau und Flaschenweinvermarktung um. 2002 ist ihr Sohn Ulrich, Weinbautechniker, in den Betrieb eingestiegen, den er inzwischen übernommen hat. Seit 2011 ist nun auch seine Frau Bettina im Betrieb tätig, kümmert sich um Büro und Marketing. Grauburgunder, Riesling und Weißburgunder sind die wichtigsten Rebsorten, dazu gibt es Silvaner, Müller-Thurgau und Chardonnay. Rote Rebsorten nehmen ein Viertel der Rebfläche ein: Dornfelder, Spätburgunder, St. Laurent und Portugieser.

Vorjahre _____

2010 präsentierten sich die Weißweine frisch und klar, der Riesling aus dem Gewürzgärtchen war der eindeutige Star im Programm. Auch 2011 gefiel uns der Gewürzgärtchen-Riesling sehr gut, hatte aber kräftige Konkurrenz bekommen durch zwei Weine, die zwar reinsortig waren, aber nur einen Namen trugen, den Grauburgunder „Frederick" und den Spätburgunder „Milena Johanna".

Neue Kollektion _____

Solche Highlights fehlen in der 2012er Kollektion, die sich sehr gleichmäßig präsentiert mit frischen, klaren, unkomplizierten Weinen. ◀

Weinbewertung _____

80	2012 „Independent" Weißwein trocken	12,5 %/5,90 €
81	2012 Chardonnay trocken	13 %/5,90 €
80	2012 Grauburgunder trocken	13 %/5,90 €
83	2012 Grauburgunder trocken „Prestige"	13,5 %/7,90 €
81	2012 Riesling trocken „Prestige"	12,5 %/7,90 €
81	2012 Spätburgunder „Blanc de Noir" trocken	12,5 %/5,50 €

Die besten deutschen Weinerzeuger und ihre Weine

Bernd **Hummel**

★★★★☆

Wein & Sektgut

Baden

Oberer Mühlweg 5, 69254 Malsch
Tel. *07253-27148,* **Fax**: *07253-25799*
www.weingut-hummel.de
info@weingut-hummel.de
Besuchszeiten: *Mo.-Fr. 17-19 Uhr, Sa. 9-13 Uhr und*
nach Vereinbarung
Probierstube für Weinproben

Inhaber..........................Bernd Hummel
Rebfläche............................8,5 Hektar

Bernd Hummel hat vor allem durch seine Rotweine bundesweite Bekanntheit erlangt, gehören sie doch immer wieder zur Spitze in Deutschland. Darüber vergisst man oft, dass seine Weißweine stetig besser geworden sind, und auch auf die Herstellung von Sekten versteht er sich wie nur wenig andere in Deutschland. Burgundersorten (inklusive Schwarzriesling und Auxerrois) nehmen 80 Prozent seiner Rebfläche ein, rote Sorten nehmen zwei Drittel seiner Weinberge ein. Spätburgunder, Lemberger, Schwarzriesling und Cabernet Sauvignon baut er an, aber auch Cabernet Mitos, Regent und Dornfelder. Bei den weißen Sorten dominieren Riesling und die Burgundersorten. Zuletzt pflanzte er Sauvignon Blanc, Muskateller und Syrah. Das Gros seiner Weine baut er durchgegoren aus, Süßreserven verwendet er nicht.

Vorjahre

Die 2010er Weißweine waren frisch und reintönig, der Sauvignon Blanc gefiel uns besonders gut. Die 2009er Rotweine präsentierten sich geschlossen, Schwarzriesling und Spätburgunder waren füllig und klar, auch Cabernet Sauvignon und die Cuvée aus Cabernet Sauvignon und Merlot wussten zu überzeugen. Auch 2011 waren die Weißweine reintönig, frisch und klar, so wie man das kennt von Bernd Hummel, der Sauvignon Blanc gefiel uns wieder besonders gut, der Chardonnay stand ihm kaum nach, auch Grauburgunder und Weißburgunder bereiteten viel Freude. Die Rotweine aber hatten wir, wie eigentlich alle Jahre, in der Spitze doch noch ein klein wenig höher bewertet, trotz des problematischen Jahrgangs 2010, am besten gefielen uns Spätburgunder Reserve, Syrah und Cabernet Sauvignon.

Weißweine&Sekte

Endlich konnten wir wieder einmal Sekte von Bernd Hummel verkosten, gleich drei stellte er uns vor, alle drei sind sehr gut. Der Rosé ist fruchtbetont und klar, der Chardonnay harmonisch, klar und elegant, noch besser aber gefällt uns die „Grande Cuvée", die zu den besten Sekten Deutschlands gehört, sie ist füllig und komplex, besitzt feine Frische, gute Struktur und Länge. Die 2012er Weißweine präsentieren sich sehr gleichmäßig, sie sind frisch, klar und fruchtbetont.

Rotweine

Sehr gut sind alle sechs vorgestellten Rotweine, wobei unsere Präferenz den beiden Klassikern gilt, Lemberger und Spätburgunder, und nicht den „Internationalen" aus Merlot, Cabernet Sauvignon und Syrah. Der Lemberger ist herrlich reintönig im Bouquet, intensiv und fruchtbetont, ist klar, frisch und zupackend im Mund, besitzt reintönige Frucht und gute Struktur. Der Spätburgunder ist füllig und geradlinig, besitzt gute Harmonie, feine Kirschnoten, Struktur und Länge. ◀━

Weinbewertung

87 2011 Chardonnay Sekt brut **13 %/15,- €**
89 „Grande Cuvée" Sekt brut **13,5 %/19,- €**
85 2011 Pinot Meunier Rosé Sekt brut **13 %/12,90 €**
83 2012 Auxerrois Kabinett trocken Malscher Ölbaum **12,5 %/9,50 €**
84 2012 Grauburgunder Kabinett trocken Malscher Ölbaum **13,5 %/9,50 €**
83 2012 Chardonnay Kabinett trocken Malscher Ölbaum **13,5 %/9,50 €**
88 2011 Lemberger trocken „Reserve" Malscher Rotsteig **13 %/15,90 €**

87 2011 Cabernet Sauvignon Merlot Spätlese trocken Malscher Rotsteig **12,5 %/15,90 €**

86 2011 Merlot Spätlese trocken Malscher Rotsteig **13 %/15,90 €**

89 2011 Spätburgunder trocken „Reserve" Malscher Rotsteig **13 %/19,- €**

86 2011 Cabernet Sauvignon trocken „Reserve" Malscher Rotsteig **12,5 %/19,- €**

86 2011 Syrah trocken „Reserve" Malscher Rotsteig **13 %/25,- €**

★

Kilian und Martina **Hunn**
Weingut   **Baden**

Rathausstraße 2, 79288 Gottenheim
Tel. 07665-6207, **Fax:** 07665-6223
www.weingut-hunn.de
mail@weingut-hunn.de
Besuchszeiten: täglich 9-13 + 15-19 Uhr oder nach Vereinbarung
Straußwirtschaft (Mitte Juni bis Okt. Mo.-Fr. ab 17 Uhr, Sa. ab 16 Uhr)

Inhaber .... Kilian und Martina Hunn
Rebfläche .... 16 Hektar

Das Weingut Hunn in Gottenheim, westlich von Freiburg am Tuniberg gelegen, wurde 1982 von Felix Hunn gegründet mit damals einem halben Hektar Weinberge. 1998 übernahmen es Sohn Kilian und Ehefrau Martina. Nach und nach erweiterten sie die Rebfläche auf die heutige Größe (überwiegend in der Lage Gottenheimer Kirchberg). Der Gottenheimer Kirchberg ist eine mit einer Lössschicht überzogene Kalkscholle aus der Zeit des Jura. Die Burgundersorten nehmen drei Viertel der Weinberge ein. Wichtigste Rebsorte ist Spätburgunder mit einem Anteil von 35 Prozent. Es folgen Weiß- und Grauburgunder, Chardonnay, Riesling und Müller-Thurgau. Die Rotweine kommen nach der Maischegärung in Eichenholzfässer, ausgewählte Weine auch ins Barrique. Die Weißweine vergären langsam und kühl. Die Weine werden überwiegend trocken und durchgegoren ausgebaut. Seit 1993 gibt es im traditionellen Verfahren erzeugte Sekte.

Vorjahre _____
Schon in der ersten Ausgabe empfahlen wir die Weine von Kilian Hunn. Seither bietet er Jahr für Jahr sehr gleichmäßige Kollektionen zu moderaten Preisen, hin und wieder gibt es ein Glanzlicht in Form eines barriqueausgebauten Spätburgunders. Im weißen Segment gefallen uns oft die Grauburgunder am besten, zuletzt aber hatte oft ein Chardonnay die Nase vorne. 2011 wurde die Ausstattung geändert, drei verschiedene Farben kennzeichnen die Weinlinien „Die jungen Frischen", „Die jungen Wilden" und die „Hunn-Selectionen". Diese neue Ausstattung gefällt uns gut, genauso wie die Weine, die sich vor zwei Jahren sehr gleichmäßig präsentierten auf zuverlässigem Niveau. Dass mit der neuen Ausstattung neuer Schwung ins Weingut gekommen ist, zeigte sich auch im vergangenen Jahr. Die Weißweine waren frisch und klar, der feine trockene Chardonnay war unser Favorit im weißen Segment, noch besser aber gefiel uns der im Barrique ausgebaute Spätburgunder aus dem Jahrgang 2009.

Neue Kollektion _____
Mit dem Pinot Noir aus dem Jahrgang 2011 hat er einen würdigen Nachfolger, er zeigt feine rauchige Noten und reintönige Frucht im Bouquet, ist frisch und zupackend im Mund, besitzt gute Struktur und Substanz. Das ansonsten gleichmäßige weiße Sortiment wird angeführt von einem sehr guten Chardonnay, der feinen Toast und gute Konzentration im Bouquet zeigt, füllig und komplex im Mund ist, gute Struktur und Substanz besitzt und feine Frische. So darf es weitergehen! ◄━

Weinbewertung _____
81 2012 Weißburgunder Kabinett trocken („Junge Frische") **12,5 %/6,20 €**

H

81   2012 Grauburgunder Kabinett trocken („Junge Frische")   **13 %/6,50 €**

80   2012 Grauburgunder Kabinett trocken („Junge Wilde")   **13,5 %/7,20 €**

86   2011 Chardonnay („Selection")   **13,5 %/12,50 €**

83   2011 „Fumé Blanc" („Selection")   **13,5 %/14,50 €**

86   2011 Pinot Noir trocken   **13,5 %/12,50 €**

★

Huster
Ökologischer Weinbau

Rheinhessen

◆ *Rosenstraße 13, 55218 Ingelheim*
Tel. 06130-944114, Fax: 06130-944116
www.weingut-huster.de
info@weingut-huster.com
Besuchszeiten: Mo.-Fr. 17-19 Uhr, Sa. 9-17 Uhr
oder nach Vereinbarung
Straußwirtschaft

Inhaber..............Raimund und Jutta Huster
.............................Tobias Huster
Rebfläche.............................11 Hektar

Raimund und Jutta Huster bewirtschaften ihre Weinberge seit 1995 nach den Richtlinien des Bundesverbandes Ökologischer Weinbau. Nach Abschluss seines Geisenheim-Studiums ist Sohn Tobias 2008 in den Betrieb eingestiegen und hat die Verantwortung für den Keller übernommen. 55 Prozent der Rebfläche nehmen weiße Sorten ein, wie Riesling, Silvaner, Weiß- und Grauburgunder. Wichtigste rote Rebsorten sind Spätburgunder, Portugieser, Regent und Sankt Laurent. Die Rotweine werden maischevergoren, die Weißweine nach langem Feinhefelager nur einmal vor der Füllung filtriert.

Vorjahre

Jahrgang 2010 brachte leichte, frische und reintönige Weißweine, bot ein Highlight mit dem kraftvollen Riesling „Q1". Die letztjährige Kollektion war sehr gleichmäßig, die Weißweine waren frisch und klar, insgesamt

etwas stärker war der rote Teil der Kollektion mit einer fruchtbetonten, kraftvollen Cuvée und einem rauchigen Spätburgunder.

Neue Kollektion

Auch in der neuen Kollektion liegen erneut die Vorteile im roten Segment. Der Spätburgunder besitzt klare Frucht und gute Struktur, noch etwas besser gefällt uns die rote Cuvée aus 60 % Domina und 40 % Spätburgunder, sie ist fruchtbetont und klar, besitzt feine Frische und reife Frucht. ◀━

Weinbewertung

81   2012 „frizzz" Perlwein   **11,3 %/5,90 €**

82   2012 Silvaner trocken   **12,5 %/5,70 €**

81   2012 Weißburgunder Classic   **12,5 %/6,20 €**

82   2011 Frühburgunder trocken   **12,5 %/9,70 €**

84   2011 Spätburgunder Spätlese trocken   **14 %/10,- €**

85   2011 „Cuvée No. 1" Rotwein trocken   **12,5 %/8,60 €**

★

Idler
Weingut

Württemberg

◆ *Hauptstraße 74, 71384 Weinstadt-Strümpfelbach*
Tel. 07151-600631
www.weingut-idler.de
info@weingut-idler.de
Besuchszeiten: nach Vereinbarung

Inhaber.............................Ursula Idler
Rebfläche.............................3 Hektar

2012, mit 24 Jahren, gründete Marcel Idler sein eigenes Weingut. Er hat in Geisenheim studiert und zahlreiche Praktika absolviert (Südafrika, Roussillon, Provence, Schweiz). Seine Weinberge liegen in Strümpfelbach, wo die Reben auf kalkhaltigen Keuper- und Mergelböden wachsen, die mit Schichten von Sandstein durchzogen sind. Angebaut werden Riesling, Müller-Thurgau, Silcher und Cabernet Blanc, sowie die roten Rebsorten Lemberger, Cabernet Sauvignon, Merlot, Portugieser, Dornfelder und Trollinger. Die Weine werden teils im Holz, teils im Edelstahl ausgebaut.

Kollektion

Eine stimmige Kollektion präsentiert Marcel Idler zum Debüt, angefangen vom klaren, geradlinigen Gutsriesling über den Riesling vom bunten Mergel bis hin zur weißen Cuvée (aus Müller-Thurgau, Silcher und Riesling) und zur frischen, klaren Riesling Spätlese. Klares Highlight im Programm ist aber der Riesling von über 40 Jahre alten Reben, der im großen Holzfass spontanvergoren wurde. Er ist füllig und kraftvoll, besitzt viel reife Frucht, gute Struktur und Substanz und feine Länge. ◄

Weinbewertung

82	2012 Riesling trocken	**11,5 %/6,40 €**
83	2012 Riesling trocken „vom bunten Mergel" **12,5 %/8,60 €**	
87	2012 Riesling trocken „alte Reben" **13 %/13,50 €**	
83	2012 „Vom Keupergrund" Weißwein **12 %/6,80 €**	
83	2012 Riesling Spätlese „endlos" **9,5 %/9,20 €**	
82	2012 „Vom Keupergrund" Rotwein trocken **12,5 %/8,30 €**	

★

Ihle
Weingut **Baden**

Höfe am Sträßel 3, 69231 Rauenberg
Tel. *06222-64692,* **Fax:** *06222-61259*
www.weingut-ihle.de
weingut.ihle@t-online.de
Besuchszeiten: *Mo.-Fr. 10-12 + 16-18:30 Uhr,*
Sa. 10-14 Uhr
Besenwirtschaft (Mitte April bis Anfang Juni und Ende Sept. bis Mitte Nov.)

Inhaber ... Michael Ihle, Andreas Ihle, Sabine Haas
Rebfläche .... 12 Hektar

Der Ihle-Hof ist nicht nur ein Weingut, sondern auch ein Bauernhof mit Schweinen, Hühnern, Ziegen und Pferden. Im Hofladen kann

man alle Produkte aus eigener Produktion erwerben. Das Weingut besteht seit 1988. Für Weinberge und Keller sind Michael und Andreas Ihle verantwortlich, Schwester Sabine kümmert sich um Verkauf und Besenwirtschaft. An weißen Sorten werden Müller-Thurgau, Weißburgunder, Grauburgunder, Auxerrois, Riesling und Gewürztraminer angebaut. An roten Sorten gibt es Portugieser, Spätburgunder, Dornfelder, Lemberger, St. Laurent, Cabernet Mitos und Syrah. Auch Sekt wird hergestellt, ebenso Edelbrände und Liköre.

Vorjahre

Vor zwei Jahren erreichte uns die Kollektion erst nach Redaktionsschluss; sie war sehr gleichmäßig, mit Vorteilen bei den Barrique-Rotweinen des Jahrgangs 2008. 2011 waren die Weißweine ein wenig verhalten, der rote Teil der Kollektion aber überzeugte im vergangenen Jahr, einmal mehr vor allem die Barriqueweine, Spätburgunder und Syrah.

Neue Kollektion

Sehr ähnlich ist nun auch die neue Kollektion, bietet sehr gleichmäßige Qualität im weißen Segment, der Riesling gefällt uns am besten. Der rote Teil der Kollektion ist in der Spitze stärker, der im Barrique ausgebaute Spätburgunder ist der herausragende Wein, er besitzt reife Frucht, gute Struktur und Fülle bei feinen Vanillenoten. ◄

Weinbewertung

83	2012 Riesling Kabinett trocken **12 %/5,80 €**	
80	2012 Auxerrois Kabinett trocken **12,5 %/5,80 €**	
80	2012 Grauburgunder Kabinett trocken **13 %/5,80 €**	
81	2012 Weißburgunder Spätlese trocken **13,5 %/7,80 €**	
81	2012 Gewürztraminer Spätlese **12,5 %/7,80 €**	
82	2011 Lemberger trocken „Alte Rebe" **13 %/8,60 €**	
83	2011 Spätburgunder trocken Holzfass **13,5 %/8,60 €**	
80	„Dreiklang" Rotwein trocken **12,5 %/8,90 €**	
86	2009 Spätburgunder trocken Barrique **14 %/13,80 €**	

Immengarten Hof

★★☆

Wein- und Sektgut   **Pfalz**

Marktstraße 62, 67487 Maikammer
Tel. 06321-59400, **Fax:** 06321-57437
www.immengarten-hof.de
weingut.hoehn@t-online.de
Besuchszeiten: Fr.-Sa. 9-18 Uhr, So. 10:30-12:30 Uhr,
sonst nach Vereinbarung
Gästezimmer, Ferienwohnung

Inhaber...........................Familie Höhn
Rebfläche...........................13 Hektar

Der Immengarten Hof in Maikammer gehört seit 1865 der Familie Höhn. Gisela und Hans Höhn werden seit dem Jahr 2000 von Sohn Frank im Betrieb unterstützt. In den letzten Jahren haben sie verstärkt auf rote Sorten gesetzt. Die Sortenvielfalt ist groß bei den Höhns, über 20 verschiedene Rebsorten werden angebaut. So findet man neben Dornfelder, Spätburgunder und Sankt Laurent auch Merlot, Cabernet Franc, Blaufränkisch und einige der Weinsberger Neuzüchtungen (Cabernet Dorsa, Cabernet Cubin) in den Weinbergen, die in den Gemeinden Maikammer, Diedesfeld, Hambach und Venningen liegen. Im weißen Segment gibt es Riesling, Weißburgunder, Auxerrois, Chardonnay, Sauvignon Blanc, Muskateller und Gewürztraminer, dazu aber auch Neuzüchtungen wie Kerner, Morio-Muskat, Müller-Thurgau und Huxelrebe.

Vorjahre _____

Vor zwei Jahren wurde der rote Teil der Kollektion vom Spätburgunder „R" angeführt, der uns etwas besser als der ebenfalls sehr gute, kraftvolle Merlot gefallen hatte. Unter den Weißweinen lag der würzige und harmonische Chardonnay gleichauf mit dem besten der Rieslinge, dem „Kalkmergel". Und auch wenn die Rieslinge, dem Jahrgang entsprechend, vor zwei Jahren etwas verhaltener waren – die jeweilige Lagencharakteristik war gut heraus gearbeitet. Im vergangenen Jahr konnten wir leider keine Rieslinge verkosten,

aber die übrigen Weißweine bestachen durch klare und reintönige Frucht. Beim im Barrique ausgebauten Chardonnay „R" konnte Frank Höhn genauso wie bei seinen Rotweinen erneut beweisen, dass er sich auf den Umgang mit dem Holz bestens versteht. Unter den Roten lagen im letzten Jahr der gut strukturierte Spätburgunder „R" und der kraftvolle „Flagship"-Merlot gleichauf an der Spitze.

Neue Kollektion _____

In diesem Jahr überzeugen uns im weißen Segment der Kollektion besonders die drei „R"-Weine mit perfekt dosiertem Holzeinsatz. Der Barrique-Chardonnay und die beiden im großen Holzfass ausgebauten Weißburgunder und Riesling besitzen Saft und Kraft, viel klare Frucht und Würze. Unter den Rotweinen favorisieren wir die beiden im letzten Jahr schon einmal verkosteten 2009er Weine, die Cuvée „CabMerl" und der „Flagship"-Merlot sind kraftvoll und besitzen noch weiteres Potential. ◀

Weinbewertung _____

85 2012 Riesling trocken „Kiessand" 13 %/7,30 €
87 2012 Weißburgunder „R" trocken „Buntsandstein" 14 %/9,80 €
88 2012 Chardonnay „R" trocken „Kalkmergel" 14 %/11,50 €
86 2012 Riesling „R" trocken „Kalkmergel" 13 %/9,80 €
83 2012 Scheurebe 11 %/6,60 €
85 2012 Riesling Maikammer Heiligenberg 12 %/7,30 €
84 2011 Spätburgunder trocken Holzfass Maikammer Heiligenberg 14 %/8,40 €
86 2009 Cuvée „CabMerl" trocken Barrique 14,5 %/14,90 €
87 2009 Merlot trocken „Flagship" Barrique 14,5 %/14,90 €

I

Immich-Batterieberg
★★★
Weingut   **Mosel**

Im Alten Tal 2, 56850 Enkirch
Tel. 06541-815907, **Fax:** 06541-817926
www.batterieberg.com
info@batterieberg.com
Besuchszeiten: nach Vereinbarung

Betriebsleiter/Kellermeister .. Gernot Kollmann
Rebfläche .... 5 Hektar

Das Weingut Immich-Batterieberg hat wechselvolle Zeiten hinter sich. Vor einigen Jahren gehörte es zu den besten Betrieben an der Mittelmosel, dann ging es bergab. Inzwischen ist das Weingut mit der langen Tradition von neuen Investoren übernommen worden. Gernot Kollmann und sein Team bewirtschaften nicht nur den Batterieberg, sondern auch Parzellen in den Lagen Ellergrub, Steffensberg und Zeppwingert. Die Ambitionen scheinen hoch, die Preise sind bereits von Anfang an gehoben. Es deutet vieles darauf hin, dass man hier wieder an die großen Zeiten des Weinguts, das im 19. Jahrhundert von Carl August Immich gegründet wurde, anknüpfen will; nach dem berühmten Ahnherrn wurde auch der Riesling „C.A.I." benannt. Die Lagenweine stammen alle von wurzelechten, mindestens 60 Jahre alten Reben.

Vorjahre
Nach starken 2009er Weinen war 2010 jahrgangsbedingt etwas verhaltener, die Weine präsentierten sich bei der Verkostung noch recht unruhig, der Batterieberg-Riesling aber gefiel uns sehr gut. Schön, dass wir im vergangenen Jahr noch einmal die 2010er verkosten konnten, die im Jahr zuvor, unmittelbar nach der Füllung, noch allzu unruhig waren. Alle hatten deutlich zugelegt, sich harmonisiert und an Komplexität gewonnen, unser Favorit: Batterieberg, ganz knapp vor Ellergrub. Die 2011er, unmittelbar nach der Abfüllung verkostet, waren wesentlich präsenter, bil-

deten eine ganz starke Kollektion: Steffensberg, Batterieberg und Zeppwingert waren hervorragend, knapp dahinter folgte Ellergrub.

Neue Kollektion
Die 2012er Weine sind von hoher Restsüße und merklicher Kohlensäure geprägt. Der C.A.I. ist frisch und zupackend, Escheburg konzentrierter, besitzt feine süße Frucht und Biss, Steffensberg zeigt viel Konzentration und feine Würze im Bouquet, ist füllig und wunderschön saftig im Mund, sehr süß. Dies gilt auch für Batterieberg, der gute Konzentration im Bouquet zeigt, herrlich viel Frucht, reintönig im Mund ist, füllig und saftig. Ellergrub ist konzentriert, klar uns zupackend, besitzt feine süße Frucht und Biss, ganz knapp die Nase vorne hat für uns Zeppwingert, er ist der fülligste und kraftvollste der 2012er, er ist reintönig, strukturiert und wunderschön druckvoll. ◄

Weinbewertung
85 2012 Riesling „C.A.I." **10,5 %/9,50 €**
86 2012 Riesling Escheburg **11,5 %/14,50 €**
88 2012 Riesling Steffensberg **12 %/22,- €**
88 2012 Riesling Batterieberg **11,5 %/25,- €**
87 2012 Riesling Ellergrub **11,5 %/25,- €**
89 2012 Riesling Zeppwingert **11 %/26,- €**

Isegrim-Hof
★
Weingut   **Pfalz**

◆ ✆ Am Spielberg 2, 67098 Bad Dürkheim
Tel. 06322-7731, **Fax:** 06322-981062
www.isegrim-hof.de
info@isegrim-hof.de
Besuchszeiten: Sa. bis 16 Uhr oder nach Vereinbarung

Inhaber .... Klaus Wolf
Rebfläche .... 12 Hektar

1959 zogen die Eltern von Klaus Wolf, dem heutigen Besitzer, aus der Dorfmitte von Ungstein in das neu gebaute Weingut am Ortsrand, mitten in den Weinbergen. 1980 begann Vater Adolf Wolf mit der Umstellung auf kontrolliert biologischen Anbau, seit 1984 ist das Weingut Mitglied bei Bioland. Riesling nimmt über die Hälfte der Rebfläche ein. Hinzu kommen Weißburgunder, Chardonnay, Auxerrois, Silvaner, Gewürztraminer und Muskateller. An roten Sorten gibt es Spätburgunder, Dornfelder, Merlot, St. Laurent, Cabernet Dorsa und Portugieser.

Kollektion

Die 2012er Weißweine präsentieren sich frisch und reintönig, vom feinen Kabinett bis hin zum fülligen Gewürztraminer. Zwei trockene Riesling-Spätlesen, beide aus dem Herrenberg, stehen an der Spitze der Kollektion. Beide sind kraftvoll, klar und zupackend, der Riesling „Am Mandelbaum" ist etwas druckvoller als sein Pendant Siebenmorgen. ◀━

Weinbewertung

82   2012 Riesling Kabinett trocken Ungsteiner Herrenberg   **12 %/6,20 €**

82   2012 Chardonnay + Weißburgunder Kabinett trocken   **12,5 %/6,20 €**

84   2012 Riesling Spätlese trocken „Siebenmorgen" Ungsteiner Herrenberg   **12,5 %/7,40 €**

85   2012 Riesling Spätlese trocken „Am Mandelbaum" Ungsteiner Herrenberg   **12,5 %/9,20 €**

83   2012 Muskateller   **10,5 %/6,40 €**

84   2012 Gewürztraminer Spätlese Ungstein Weilberg   **12,5 %/9,20 €**

★ ☆

Jägle
Weingut   **Baden**

Balger Straße 8, 79341 Kenzingen
Tel. *07644-4105,* **Fax:** *07644-930031*
www.weingut-jaegle.de
weingut.jaegle@t-online.de
Besuchszeiten: *Mo.-Do. 16:30-18:30 Uhr, Fr. 15-18:30 Uhr, Sa. 9-13 Uhr oder nach Vereinbarung*

Inhaber .... Gudrun und Bernhard Jägle
Rebfläche .... 11,9 Hektar

Das Weingut Jägle, 1987 gegründet, liegt in Kenzingen im Breisgau. Alle Weinberge liegen in Kenzingen, in den Lagen Hummelberg und Roter Berg, wo die Reben teils auf Löss-, Löss-Lehm- und Muschelkalkböden wachsen. An roten Sorten bauen Gudrun und Bernhard Jägle Spätburgunder, Dornfelder, Merlot und Cabernet Sauvignon an. An weißen Sorten gibt es Riesling, Chardonnay, Weißburgunder, Müller-Thurgau, Roter Traminer und Auxerrois. Die Spitzenweine werden in der Reihe „MJ" (Methode Jägle) angeboten.

Vorjahre

In der konsistenten Kollektion vor zwei Jahren gefielen uns die beiden herrlich fruchtbetonten Spätburgunder von alten Reben besonders gut, Jahrgang 2009. Die letztjährige Kollektion überzeugte voll und ganz. Die Weißweine waren frisch und klar, der Chardonnay „MJ" besaß gute Fülle, Kraft und Substanz, der Riesling stand ihm kaum nach und mit dem Crémant hatte Bernhard Jägle einen feinen Sekt im Programm. Die Rotweine aus dem problematischen Jahrgang 2010 besaßen gute Struktur und Kraft, der Spätburgunder von alten Reben gefiel uns wie im Jahr zuvor besonders gut.

Neue Kollektion

Auch in der neuen Kollektion ragen die Weine der „MJ"-Linie hervor, der füllige, kraftvolle Weißburgunder, der konzentrierte, kompakte Chardonnay und vor allem der Spätburgunder, der gute Konzentration im Bouquet zeigt, rauchige Noten und reintönige Frucht, klar, frisch und zupackend im Mund ist bei guter Struktur. Und als Überraschung gibt es eine wunderschöne, füllige, saftige Müller-Thurgau Auslese. ◀━

Weinbewertung

82   2011 Crémant brut   **10,80 €**

82   2012 Riesling trocken   **6,20 €**

80   2012 Auxerrois trocken   **7,- €**

82   2012 Weißburgunder trocken   **6,50 €**

80   2012 Chardonnay trocken   **7,80 €**

85   2012 Weißburgunder trocken „MJ"   **9,50 €**

84   2012 Chardonnay trocken „MJ"   **13,50 €**

87	2012 Müller-Thurgau Auslese	13,50 €
82	2011 Spätburgunder trocken „TC"	7,- €
81	2011 Cabernet Sauvignon trocken	9,80 €
86	2011 Spätburgunder trocken „MJ"	15,20 €

sehr gut, wie auch der 2009er Pinot Noir. Riesling gab es im vergangenen Jahr nicht zu verkosten, im gleichmäßigen weißen Segment gefielen uns Chardonnay und Grauburgunder besonders gut, der Gutedel überzeugte wie gewohnt.

Neue Kollektion

Auch 2012 wartet Achim Jähnisch wieder mit einem klaren, geradlinigen Gutedel auf, unter den Grauburgundern präferieren wir die Steinkreuz-Variante, noch besser aber gefällt uns der Riesling aus dem Kapellenstück, der klar und zupackend ist bei feiner süßer Frucht. Highlight im Programm ist aber der Pinot Noir, der gute Konzentration im Bouquet zeigt, rauchige Noten und reife Frucht, füllig und kraftvoll im Mund, reintönige Frucht besitzt, gute Struktur und Substanz.

Achim **Jähnisch**
Weingut   **Baden**

★★★

Hofmattenweg 19, 79238 Kirchhofen
Tel. 07633-801161, *Fax:* 07633-925915
www.weingut-jaehnisch.de
a.jaehnisch@t-online.de
***Besuchszeiten:** täglich ab 17 Uhr, Sa. ab 10 Uhr, oder nach Vereinbarung*

Inhaber . . . . Achim Jähnisch
Rebfläche . . . . 3 Hektar

Achim Jähnisch stammt aus Nordhessen. 1992 bis 1994 absolvierte er eine Winzerlehre bei Bernhard Huber in Malterdingen, anschließend studierte er Weinbau in Geisenheim und machte dabei mehrere Praktika, unter anderem im Napa Valley. 1999 konnte er ein kleines Weingut in Kirchhofen erwerben. Seine Weinberge liegen zum Teil in sehr steilen Lagen, vorwiegend am Staufener Schlossberg. Viele der Reben sind über 40 Jahre alt. Die Hälfte der Weinberge nehmen die Burgundersorten ein. Hinzu kommen Riesling, Gutedel und Müller-Thurgau. Die Moste werden nach der Ganztraubenpressung langsam und kühl vergoren um reintönige Aromen zu erhalten. Die Weine werden trocken ausgebaut (was nicht auf dem Etikett vermerkt ist) und bleiben bis kurz vor der Abfüllung auf der Feinhefe liegen. Achim Jähnisch konzentriert sich ganz auf Riesling und die Burgundersorten, sowie auf die Markgräfler Spezialität Gutedel.

Vorjahre

Der 2010er Riesling aus dem Kapellenstück im Schlossberg gefiel uns vor zwei Jahren

Weinbewertung

84	2012 Gutedel	12 %/6,- €
83	2012 Grauburgunder	13 %/9,- €
85	2012 Grauburgunder „Steinkreuz"	13,5 %/10,- €
86	2012 Riesling „Kapellenstück"	12,5 %/10,- €
83	2011 Spätburgunder	9,- €
88	2011 Pinot Noir	19,- €

Jakoby-Mathy
Weingut   **Mosel**

★★☆

Königstraße 4, 54538 Kinheim
Tel. 06532-3819, *Fax:* 06532-953443
www.jakobypur.de
info@jakobypur.de
***Besuchszeiten:** nach Vereinbarung*

Inhaber . . . . Erich Jakoby
Rebfläche . . . . 4,5 Hektar

Die Familie blickt auf Weinbautradition bis in die Mitte des 19. Jahrhunderts zurück. Für die Vinifizierung sind Erich Jakoby und sein Sohn Peter Jakoby zuständig, während dessen Bruder Stefan sich in erster Linie um den Verkauf kümmert. Angebaut wird vor allem Riesling, die Weine stammen vor allem aus den Kinheimer Lagen Rosenberg und Hubertuslay und werden zum großen Teil an Privatkunden abgegeben, ein Teil geht aber auch in den Export.

Vorjahre

Vor zwei Jahren trumpfte Peter Jakoby mit seinen edelsüßen Weinen auf; überzeugend war aber auch das gute Gesamtniveau, auch die trockenen Weine waren sehr gelungen, allen voran die Spätlese aus der Hubertuslay. Eine ebenso überzeugende Kollektion schloss sich 2011 an, das trockene Segment präsentierte sich klar und stimmig, Highlights waren aber einmal mehr die edelsüßen Rieslinge.

Neue Kollektion

Eine ebenso stimmige Kollektion präsentiert Erich Jakoby mit dem Jahrgang 2012. Das trockene Segment wird angeführt von der Spätlese aus der Hubertuslay, die gute Konzentration, feine Würze und reintönige Frucht im Bouquet zeigt, füllig und kraftvoll im Mund ist bei guter Substanz und Struktur. Der süße Teil der Kollektion wird gekrönt von einem Eiswein, der feinen Duft, etwas Gewürze und Litschi im Bouquet zeigt, süß und konzentriert im Mund ist bei viel Substanz. ◄

Weinbewertung

84   2012 Riesling trocken „Aufstieg" Kinheimer Hubertuslay **12 %/6,30 €**

87   2012 Riesling Spätlese trocken „Bergspitze" Kinheimer Hubertuslay **11,5 %/8,50 €** ☺

83   2012 Riesling Kabinett „feinherb Weitblick" Kinheimer Hubertuslay **12,5 %/6,30 €**

83   2012 Riesling Kabinett Kinheimer Rosenberg **9 %/6,30 €**

87   2012 Riesling Auslese „Eulenlay" Kinheimer Rosenberg **7,5 %/11,- €**

87   2012 Riesling Auslese (Goldkapsel) Kinheimer Rosenberg **8 %/17,50 €/ 0,375l**

90   2012 Riesling Eiswein Zeltinger Himmelreich **9 %/22,50 €/ 0,375l**

★ ☆

Janson Bernhard
Weingut   **Pfalz**

📍 *Hauptstraße 5, 67308 Zellertal*
Tel. 06355-1781, **Fax:** *06355-3725*
www.jansonbernhard.de
weingut-janson-bernhard@t-online.de
Besuchszeiten: *nach Vereinbarung*
Weinproben/Feste: Gartenlaube + Park (Sommer),
Kreuzgewölbe (Winter), Kulturveranstaltungen,
Kochkurse, private Feste, Hochzeiten

Inhaber .... Christine Bernhard
Rebfläche .... 9 Hektar

1738 ließ sich der Mennonit Abraham Janson in Harxheim nieder. 1893 wurden die ersten Weine auf Flaschen gefüllt, 1898 das Gutshaus erbaut, das in einem der größten Privatparks der Pfalz liegt. 1918 heiratete Hans Bernhard in die Familie ein, seither trägt das Weingut den Namen Janson Bernhard. Heute wird das Gut von Christine Bernhard geführt. Sie hat 1993 komplett auf ökologische Bewirtschaftung umgestellt, arbeitet inzwischen biodynamisch und ist Mitglied bei Ecovin und Demeter. Im Zellertal wachsen die Reben auf mageren Kalkmergelböden. Christine Bernhard baut die klassischen Rebsorten der Region an wie Riesling, Silvaner, Grauburgunder, Spätburgunder, Gewürztraminer und Portugieser, dazu pilzresistente Sorten.

Vorjahre

Vor zwei Jahren waren die Weine alle frisch und von klarer Frucht. An der Spitze stand der Riesling Taubrunnen. Das war auch im vergangenen Jahr so, der Taubrunnen war duftig, konzentriert und dennoch leicht und elegant. Sehr gut waren auch Weißburgunder und Silvaner, frisch und klar in der Frucht. Eindrucksvoll war die Beerenauslese vom Gewürztraminer, eine rosenduftige Essenz.

Neue Kollektion

In diesem Jahr sind die beiden trockenen Weine klar und kräftig. Gut gemacht sind die vier nicht trockenen Weine. Riesling mit Gewürztraminer und Auxerrois würden auch als trockene Weine durchgehen, sie haben nichts Süßes. Auch die Spätlesen sind nicht lieblich oder süßlich, sondern ernsthafte Weine mit klarer Handschrift. ◄

Weinbewertung

84   2012 Silvaner trocken Zellertaler   **12,5 %/6,90 €**

84   2012 Riesling Kabinett trocken Zeller Kreuzberg   **12 %/7,80 €**

85   2012 Riesling & Gewürztraminer   **12,5 %/8,50 €**

83   2012 Auxerrois „feinherb" Zellertaler   **12,5 %/7,50 €**

85   2012 Gewürztraminer Spätlese Zeller Kreuzberg   **11,5 %/9,- €**

86   2012 Riesling Spätlese Zeller Schwarzer Herrgott   **11 %/12,- €**

Jesuitenhof
★★

Weingut   **Pfalz**

Obertor 6, 67246 Dirmstein
Tel. *06238-2942,* **Fax:** *06238-4601*
www.jesuitenhof.de
jesuitenhof.dirmstein@t-online.de
Besuchszeiten: *Mo.-Fr. 8-18 Uhr, Sa. 8-16 Uhr oder nach Vereinbarung*

Inhaber . . . . Klaus und Moritz Schneider
Rebfläche . . . . 20 Hektar

Der Jesuitenhof in Dirmstein ist seit 1803 als Guts- und Weingutsbetrieb in Familienbesitz. Nach einer Erbteilung 1969 wurde die Flaschenweinvermarktung eingestellt. Erst Mitte der achtziger Jahre nach einer Teilung in einen landwirtschaftlichen Betrieb und ein Weingut wurde wieder mit der Selbstvermarktung begonnen, die Betriebsfläche seither durch Kauf und Zupachtung von Weinbergen von 6,5 Hektar auf die heutige Größe von 20 Hektar erweitert. Seit Beendigung seines Geisenheim-Studiums 2011 und

einem Praktikum in Neuseeland ist Moritz Schneider fest in den Betrieb eingestiegen. Die Weinberge liegen vor allem in Dirmstein in den Lagen Mandelpfad und Herrgottsacker, sowie im Jesuitenhofgarten, der Klaus und Moritz Schneider im Alleinbesitz gehört. Die 2,5 Hektar innerhalb der ehemaligen Klostergartenmauer sind ausschließlich mit Riesling und Spätburgunder bestockt. Wichtigste Rebsorte ist Riesling. Es folgen Spätburgunder, Weißburgunder und Grauburgunder.

Vorjahre

Eine sehr konsistente Kollektion hatte Klaus Schneider vor zwei Jahren vorgestellt, jahrgangsbedingt waren einige Weißweine ganz leicht schwächer. Die trockene Riesling Spätlese und der Spätburgunder aus dem „Kleinen Garten" waren wieder die Top-Weine neben dem Chardonnay und dem sehr guten Riesling Sekt vom Jahrgang 2009. Im vergangenen Jahr gab es an den Weinen nichts auszusetzen. Sie waren sehr klar, die sehr geringe Restsüße gab den Weißweinen Eleganz und Frische. Die Weißburgunder waren sehr typische Vertreter und hervorragende Essensbegleiter, auch der Chardonnay war wieder sehr gut ebenso wie der Spätburgunder aus dem Jesuitenhofgarten.

Neue Kollektion

In diesem Jahr haben wir wieder eine homogene Kollektion verkostet. Die Rieslinge sind kompromisslos puristisch, mehr oder weniger durchgegoren. Die gleiche klare Linie wird auch bei den Weißburgundern verwirklicht. Kraft, Druck und Biss zeigen Riesling und Weißburgunder aus dem Halbstück-Fass, beide Weine sind noch jung, vom Holz geprägt. Der Riesling zeigt salzige Mineralität. ◄

Weinbewertung

81   2012 Riesling trocken   **13 %/4,50 €**

82   2012 Weißburgunder Kabinett trocken Dirmsteiner Herrgottsacker   **13 %/5,80 €**

82   2012 Grauburgunder Kabinett trocken Dirmsteiner Schwarzerde   **13 %/5,80 €**

J

82   2012 Sauvignon Blanc Laumersheimer Steinbuckel   **12,5 %/7,50 €**

84   2012 Weißburgunder Spätlese trocken Dirmsteiner Mandelpfad   **14 %/7,50 €**

86   2012 Weißburgunder Spätlese trocken Dirmsteiner Mandelpfad „Halbstück"   **14 %/10,50 €**

84   2012 Chardonnay Spätlese trocken Dirmsteiner Mandelpfad   **13,5 %/7,50 €**

83   2012 Riesling Spätlese trocken Dirmsteiner Mandelpfad   **13 %/8,- €**

86   2012 Riesling Spätlese trocken Dirmsteiner Mandelpfad „Halbstück"   **13 %/10,50 €**

84   2012 Riesling Spätlese trocken Dirmsteiner Jesuitenhofgarten   **13 %/9,- €**

85   2011 Spätburgunder trocken Dirmsteiner Jesuitenhofgarten „Kleiner Garten"   **14 %/16,- €**

85   2011 Cabernet Sauvignon & Merlot trocken Dirmsteiner Herrgottsacker   **14 %/15,- €**

★★★★

Schloss **Johannisberg**

Weinbaudomäne   **Rheingau**

65366 Geisenheim-Johannisberg
Tel. 06722-70090, *Fax:* 06722-700933
www.schloss-johannisberg.com
info@schloss-johannisberg.com
Besuchszeiten: Mo.-Fr. 10-13 + 14-18 Uhr,
Sa. + So. 11-17 Uhr
Gutsschänke Schloss Johannisberg (täglich ab 11:30 Uhr geöffnet, Tel. 06722-96090, Fax: 7392,
schloss-johannisberg@freenet.de

Inhaber .... Fürst von Metternich GbR
Gutsverwalter .... Christian Witte
Rebfläche .... 35 Hektar

Das Weingut gehört zu den traditionsreichsten Betrieben Deutschlands. Auf Schloss Johannisberg wird ausschließlich Riesling angebaut. Die 35 Hektar Weinberge umgeben voll arrondiert das Schloss und bilden die Monopollage Schloss Johannisberger. Die Reben wachsen auf einem Untergrund aus Taunusquarzit mit einer Lehm-Lössauflage. Nach der Ganztraubenpressung werden die Weine langsam und kühl vergoren. Mit Einführung des deutschen Weingesetzes 1971 hat man die gutseigene Kennzeichnung der Weine mit Lackfarben an die Prädikatsstufen des Weingesetzes angepasst. Christian Witte, der heutige Gutsverwalter, ist drauf und dran, den Betrieb wieder an die Spitze des Rheingaus und noch weiter nach oben zu führen. Neue Fässer wurden angeschafft, das Sortiment wurde gestrafft (so gibt es keinen trockenen Grünlack mehr, sondern oberhalb des Kabinetts Rotlack gleich das Erste Gewächs). Kaum ein anderer Betrieb in Deutschland kann eine so große Menge eines trockenen Spitzenrieslings anbieten, und dieser besitzt sogar einen eigenen Stil, ist betont würzig, ruht in sich selbst – und gehört regelmäßig zu den besten trockenen Weinen des Rheingaus. Die Süßweine wirken schon jung saftig, ungemein reintönig und komplex, sicher auch eine Folge der Weinbergsarbeit.

Vorjahre

Im Jahrgang 2010 war der trockene Spitzenwein von Schloss Johannisberg leicht unter anderen derselben Kategorie herauszuschmecken: Er besaß Würze, war vom Ausbau im großen Fass beeinflusst und hatte alle Anlagen für lange Lagerung. Aus den Süßweinen, die allesamt eindrucksvoll waren, ragte die Beerenauslese heraus. 2011 konnten wir nochmals eine Steigerung feststellen. Das Erste Gewächs führte den ruhigen, komplexen Stil der Vorjahre fort, war perfekt balanciert und verfügte über eine hintergründige, lang anhaltende Würze. Die ungewöhnlich saubere Botrytis in 2011 ermöglichte sogar den Ausbau jeweils einer Beeren- und Trockenbeerenauslese im Stückfass, die Ergebnisse waren grandios!

Neue Kollektion

Ähnlich spektakuläre Süßweine wie 2011 sind im neuen Jahrgang nicht vorhanden – aber das war weder möglich noch nötig. Allerdings besitzt die „normale" Auslese eine verblüffende Eleganz und angenehme Noten von kandierten Äpfeln, während die süße Spätlese einen massiven Eindruck hinterlässt und eindeutig zu jung ist. Das Große Gewächs zeigt die aus früheren Jahren gewohnte Würze, die wohl auch von der Vinifizierung in großen Fässern herrührt, ist derzeit aber auf hohem Niveau etwas verhalten. Die Qualität der Basisweine ist durchweg zu loben.

Weinbewertung

85 2012 Riesling trocken „Gelblack" Schloss Johannisberger **12,5 %/14,50 €**

86 2012 Riesling Kabinett trocken „Rotlack" Schloss Johannisberger **11,5 %/20,- €**

91 2012 Riesling „GG" „Silberlack" Schloss Johannisberger **12,5 %/39,- €**

84 2012 Riesling „feinherb Gelblack" Schloss Johannisberger **12 %/14,50 €**

87 2012 Riesling Kabinett „feinherb Rotlack" Schloss Johannisberger **11 %/20,- €**

90 2012 Riesling Spätlese „Grünlack" Schloss Johannisberger **7,5 %/33,- €**

93 2012 Riesling Auslese „Rosalack" Schloss Johannisberger **7 %/74,- €**

Johannishof ★★★
Weingut **Rheingau**

Grund 63, 65366 Johannisberg
Tel. 06722-8216, Fax: 06722-6387
www.weingut-johannishof.de
info@weingut-johannishof.de
Besuchszeiten: Mo.-Fr. 8-12 + 13-18 Uhr (Weingut); Sa. 15-18 Uhr, So. 11-17 Uhr (Vinothek Weintempel)

Inhaber............................Johannes Eser
Rebfläche..............................20 Hektar

Der Ursprung des Anwesens Johannishof, ehemals eine Mühle, geht auf das Jahr 1790 zurück. Weinbau ist in der Familie Eser aber bereits im Jahr 1685 nachgewiesen. Das Weingut wird heute in zehnter Generation von Johannes und Sabine Eser geführt, Senior Hans Hermann Eser ist aber immer noch aktiv. Die Weinberge verteilen sich auf elf verschiedene Einzellagen in Johannisberg, Winkel, Geisenheim und Rüdesheim. Johannisberger Hölle und Rüdesheimer Berg Schlossberg gelten als Prestigelagen. Neben Riesling wird ein klein wenig Weißburgunder angebaut, die Vinifizierung erfolgt im Edelstahl und im Holzfass. Der neu erbaute Weintempel steht für Verkostungen und Feste zur Verfügung. Die Weine sind über alle Jahrgangsunterschiede hinweg saftig und rassig, es mangelt nie an Frische und Frucht. Fast immer ist der Charta-Riesling einer der ausgewogensten Weine; die leichte Süße ist in diesen Fällen perfekt integriert.

Vorjahre

2010 war es nicht zum ersten Mal der Basisriesling, der beeindruckte, aber auch die übrigen Weine präsentierten sich voll empfehlenswert, balanciert und ausgestattet mit feiner, unaufdringlicher Säure. 2011 wurden außergewöhnlich viele Weine zur Verkostung angestellt, und diese Entscheidung war nachvollziehbar. Vom Kabinett bis zum saftigen Charta-Riesling überzeugten alle Sorten. Die beiden Ersten Gewächse wirkten fein und rassig, der Rottland schien noch etwas komplexer und nachhaltiger als die ein wenig verhaltene Hölle. Auch die süßen Vertreter, von der rassigen Spätlese über die nach Zitronenkuchen duftende Beerenauslese bis zur komplexen Trockenbeerenauslese, begeisterten.

Neue Kollektion

Unter den durchweg gelungenen Weinen des Jahrgangs 2012 erwähnen wir gern den Charta-Riesling, die zarte Restsüße steht diesem Wein ausgezeichnet. Unter den beiden Großen Gewächsen ragt jenes aus der Hölle hervor: Präzise, klar, mineralisch und höchst animierend. Erwähnenswert ist auch die gut balancierte und nicht, wie anderswo, übertriebene zuckrige Spätlese aus dem Klaus.

J

Weinbewertung

85   2012 Riesling Kabinett trocken Johannisberger Hölle   **12 %/10,30 €**

87   2012 Riesling trocken „Alte Reben" Winkeler Jesuitengarten   **11,5 %/13,90 €**

89   2012 Riesling „Charta"   **12 %**

91   2012 Riesling trocken „GG" Johannisberg Hölle   **12,5 %/25,- €**

89   2012 Riesling trocken „GG" Rüdesheim Berg Rottland   **12 %/25,- €**

85   2012 Riesling Kabinett „feinherb S" Johannisberg   **12 %/9,80 €**

84   2012 Riesling Kabinett „V" Johannisberg   **9 %/9,40 €**

88   2012 Riesling Spätlese Johannisberger Klaus   **8 %/14,10 €**

Johannitergut
Staatsweingut mit   ★   **Pfalz**

Breitenweg 71, 67433 Neustadt
Tel. 06321-671319, Fax 671222
staatsweingut-neustadt@dlr.rlp.de
www.staatsweingut-johannitergut.de
Besuchszeiten: Mo.-Do. 9-12 und 14-17 Uhr,
Fr. 9-14.30 Uhr

Inhaber . . . . Land Rheinland-Pfalz
Direktor . . . . Dr. Günter Hoos
Rebfläche . . . . 28 Hektar

Das Staatsweingut in seiner heutigen Form ist 1970 entstanden, als das Land Rheinland-Pfalz das Johannitergut erwarb, eines der ältesten Weingüter in Deutschland. In den siebziger und achtziger Jahren wurden am Ortsrand von Mußbach neue Gebäude für die staatliche Lehr- und Forschungsanstalt (SLFA) errichtet, die seit 1993 diesen Namen trägt. Sie unterhält Lehr- und Versuchsbetriebe für Weinbau, Gartenbau, Obstbau und Rebveredlung. Die Weinberge des Staatsweinguts liegen in Haardt, Mußbach, Gimmeldingen, Königsbach, Ruppertsberg und Deidesheim. Ein Drittel der Rebfläche ist mit Riesling bestockt. An sonstigen Rebsorten hat man alles zu bieten, was in der Pfalz üblicherweise angebaut wird und den in Vergessenheit geratenen Gänsfüßer. Diese, vor 500 Jahren bekannteste Rebsorte in der Pfalz, ist wegen unsicherer Erträge nach und nach aus den Weinbergen verschwunden und wird hier wieder gepflegt.

Vorjahre

Vor zwei Jahren setzte sich ein Spätburgunder neben den Kalkmergel Riesling – beide Weine des Jahrgangs 2009 – an die Spitze. Im vergangenen Jahr gefielen uns die Weißburgunder gut, auch Goldmuskateller und Sauvignon Blanc, die Rotweine überzeugten.

Neue Kollektion

Auch die neue Kollektion bietet wieder einen kraftvollen, tanninbetonten Spätburgunder, der uns sehr gut gefällt. Die Weißweine sind ein wenig zurückhaltender als zuletzt, am besten gefallen uns Weißburgunder und Sauvignon Blanc. ◀

Weinbewertung

83   2012 Weißburgunder trocken   **12,5 %/5,50 €**

80   2012 Riesling Kabinett trocken Deidesheimer Herrgottsacker   **11,5 %/5,20 €**

81   2012 Riesling Kabinett trocken Mußbacher Johannitergarten   **12 %/6,20 €**

83   2012 Sauvignon Blanc trocken   **12,5 %/8,- €**

79   2012 Grauburgunder trocken   **13 %/5,50 €**

82   2012 Goldmuskateller   **9,5 %/6,- €**

85   2011 Spätburgunder trocken Haardter Herrenletten   **14,5 %/14,- €**

Frank John

Weingut Hirschhorner Hof

Pfalz

🌱 *Hirschhornring 34, 67435 Neustadt*
Tel. *06321-670537,* **Fax:** *06321-670804*
www.hirschhornerhof.de
f.john@hirschhornerhof.de
Besuchszeiten: *nach Vereinbarung*

Inhaber............................ Frank John
Rebfläche.............................. 3 Hektar

Frank John war Betriebsleiter bei Reichsrat von Buhl. Nach seinem Ausscheiden begann er sein eigenes Projekt. Unter der Bezeichnung Hirschhorner Hof erzeugte er im Jahrgang 2003 seinen ersten Wein. Die Trauben hierfür kommen von Winzern, die ihre Weinberge nach den Vorgaben von Frank John biodynamisch bewirtschaften, 2013 ist er Demeter beigetreten, sein kompletter Betrieb wird Demeter-zertifiziert.

Bisher gibt es drei Weine: Neben Riesling, Buntsandstein genannt, und Pinot Noir gibt es einen Rieslingsekt, nächste Ergänzung im Programm wird ein Blanc de Noirs-Sekt werden, der aber erst nach zehn Jahren auf der Hefe in den Verkauf kommen soll. Alle Weine werden spontanvergoren, alle im Holz. Sekt erzeugt Frank John jedes Jahr, aber die erzeugte jährliche Menge variiert stark, in Jahren, die ihm gut zur Erzeugung von Sekt erscheinen, produziert er ein Vielfaches wie in anderen Jahren, die ihm besser zur Erzeugung des Buntsandstein-Rieslings geeignet erscheinen. Der Riesling Buntsandstein wird sehr lange auf der Hefe ausgebaut und erst im September nach der Ernte gefüllt. Der Pinot Noir stammt überwiegend von Trauben aus den Kallstadter Lagen Saumagen und Steinacker. Er wird in Eichenholzfässern mit 225 bis 1200 Liter ausgebaut, überwiegend im gebrauchten Holz, und unfiltriert abgefüllt. Frank John erzeugt nicht nur Wein, er ist auch als Berater für Biodynamie für Weingüter in ganz Europa tätig.

Vorjahre

Präzise und druckvoll präsentierte sich der Riesling 2010, zupackend der 2009er Pinot Noir, die letzte degorgierte Tranche des 2007er Sektes war komplex und füllig. Der 2008er Sekt war im vergangenen Jahr klar und zupackend, der 2011er Buntsandstein-Riesling reintönig und druckvoll bei dezenter Süße und guter Länge, der 2010er Pinot Noir kraftvoll und zupackend, jugendlich und strukturiert, alle drei waren sehr gut.

Neue Kollektion

In diesem Jahr nun konnten wir die letzte Tranche des 2008er Rieslingsektes verkosten. Das Jahr mehr auf der Hefe hat ihm sehr gut getan, er zeigt feine rauchige Noten im Bouquet, feine Reife, ist wunderschön komplex im Mund, rauchig und klar und enorm lang. Gute Konzentration und faszinierend viel Frucht prägen das reintönige Bouquet des Rieslings, der im Jahrgang 2012 völlig durchgegoren ist. Er ist enorm druckvoll im Mund, präzise, besitzt feine mineralische Noten und eine enorme Nachhaltigkeit, ist noch sehr jugendlich. Genauso jugendlich ist auch der 2011er Pinot Noir, der feine rauchig-würzige Noten im Bouquet zeigt, die Pinotfrucht ist noch im Hintergrund, trotzdem ist er konzentriert und eindringlich, im Mund präsentiert er sich enorm kraft- und druckvoll, verschlossen und konzentriert, besitzt gute Präzision, feine Tannine und dezent mineralische Noten, braucht noch etwas Zeit. ◀

Weinbewertung

90 2008 Riesling Sekt brut (deg. 10/2012)
11,5 %/18,- €

91 2011 Riesling trocken „Buntsandstein"
12,5 %/14,50 € ☺

91 2011 Pinot Noir trocken **31,- €**

Die besten deutschen Weinerzeuger und ihre Weine

Karl H. **Johner**

Weingut

Baden

Gartenstraße 20, 79235 Bischoffingen
Tel. 07662-6041, **Fax**: 07662-8380
www.johner.de, info@johner.de
Besuchszeiten: Mo.-Sa. 14-17 Uhr

Inhaber............. Karl Heinz und Patrick Johner
Rebfläche .... 17,5 Hektar

Karl Heinz Johner begann in den achtziger Jahren mit 0,3 Hektar Weinbergen. Reisen nach Kalifornien und Frankreich brachten ihn dazu, von Anfang an auf Barriqueausbau zu setzen. Spätburgunder ist seine wichtigste Rebsorte, gefolgt von Grau- und Weißburgunder. Hinzu kommen Chardonnay und Müller-Thurgau, aber auch Sauvignon Blanc und Cabernet Sauvignon. Seit 1996 ist Sohn Patrick im Betrieb tätig.

Kollektion _____

Nach dreijähriger Abstinenz stellten wir im vergangenen Jahr wieder die Johner'schen Weine vor, was uns besonders freute, hatten wir diese doch seit unserer ersten Ausgabe immer besonders geschätzt. Die drei vorgestellten 2011er Weißweine überzeugten, die Cuvée aus Weißburgunder und Chardonnay gefiel uns am besten. Die drei 2009er Barrique-Weißweine waren kraftvoll und konzentriert, am besten gefiel uns der Grauburgunder. Der Spätburgunder zeigte feinen Duft und klare Frucht, der Pinot Noir aus dem Steinbuck war klar und kraftvoll, der Spätburgunder „SJ" konzentriert und fruchtbetont, war unser Favorit im roten Segment. Zwei Dessertweine aus 2009 komplettierten das Sortiment, Gewürztraminer Auslese und „Saint Patrick".

Neue Kollektion _____

Die 2012er Weißweine sind frisch und klar, am besten gefallen uns der zupackende Sauvignon Blanc und die frische, fruchtbetonte Cuvée aus Weißburgunder und Chardonnay. Unser Favorit unter den Weißweinen ist aller-dings eine Wein aus dem Jahrgang 2011, der Chardonnay SJ, der konzentriert und würzig ist, Kraft, Substanz und gute Struktur besitzt. Der Steinbuck-Pinot Noir ist klar, frisch und geradlinig, hat viel Biss, etwas besser gefällt uns der klare, zupackende SJ, unser klarer Favorit aber ist der SJ aus dem Eichberg, der enorm würzig und konzentriert im Bouquet ist, kraftvoll im Mund sich präsentiert, stoffig und kompakt, gute Struktur und Substanz besitzt und jugendliche Tannine.◄

Weinbewertung _____

85 2012 „Lössmännle" Weißwein 12,5 %/8,- €
84 2012 Rivaner 12,5 %/8,- €
86 2012 Sauvignon Blanc 14 %/16,- €
86 2012 Weißburgunder & Chardonnay 13,5%/16,-€
89 2011 Chardonnay „SJ" 14 %/25,- €
87 2010 Grauburgunder Beerenauslese
    9 %/18,- €/0,375l
81 „Maximilian" Rotwein 14 %/12,- €
88 2011 Pinot Noir Bischoffinger Steinbuck
    14 %/30,- €
89 2011 Blauer Spätburgunder „SJ" 14,5 %/50,- €
91 2011 Blauer Spätburgunder „SJ" Eichberg
    14,5 %/120,- €

Jonas ★

Weingut

Rheingau

Schwalbacher Straße 101, 65343 Eltville am Rhein
Tel. 06123-2367, **Fax**: 06123-5805
www.weingut-jonas.de
steffen.jonas@weingut-jonas.de
Besuchszeiten: Di.-Sa. 10-19 Uhr

Inhaber............... Wilhelm und Silvia Jonas
Rebfläche .... 9 Hektar

Im Jahre 1925 legte Johann Jonas den Grundstein für Gutshaus samt Weingut in Eltville, nach und nach wurde die Fläche auf neun Hektar vergrößert. Heute sind Steffen Jonas, staatlich geprüfter Wirtschafter und

Weinbautechniker, sowie seine Brüder Axel Jonas und Markus Jonas für die Geschicke des Betriebes verantwortlich. Angebaut werden primär Riesling und Spätburgunder.

Vorjahr

Zum Debüt wurden Weine angestellt, über deren Etikettengestaltung man zwar streiten konnte, die aber eine beachtlich gleichmäßige Qualität erreichten. Im direkten Vergleich der beiden trockenen Rieslinge wies die Spätlese aus dem Rothenberg eine beinah offensive Frucht auf, während der „Prima Noctis" verhaltener ausfiel.

Neue Kollektion

2012 fällt zuverlässig aus, aber die Weine der Reihe „Prima Noctis" stellen leider keine Steigerung zur rassigen Spätlese aus dem Rothenberg dar, wirken vielmehr etwas breit, eher füllig als finessenreich. Ein süffiger 2011er Spätburgunder, der etwas zu alkoholisch ausfällt, rundet das Programm ab. ◀

Weinbewertung

81 2012 Riesling trocken Eltviller Taubenberg
    12 %/4,70 €/1l

85 2012 Riesling Spätlese trocken Rauenthaler Rothenberg **13 %/7,70 €**

84 2012 Riesling trocken „Prima Noctis" Rauenthaler Rothenberg **13 %/9,- €**

82 2012 Riesling Kabinett halbtrocken Eltviller Kalbspflicht **11,5 %/6,20 €**

84 2012 Riesling halbtrocken „Prima Noctis" Eltviller Langenstück **13 %/9,- €**

82 2011 Spätburgunder Auslese trocken „Prima Noctis" Kiedricher Sandgrub **13,5 %/12,50 €**

Toni **Jost**
Weingut Hahnenhof

★★★★☆

Mittelrhein/Rheingau

Oberstraße 14, 55422 Bacharach
Tel. *06743-1216,* **Fax:** *06743-1076*
www.tonijost.de
weingut@tonijost.de
Besuchszeiten: *nach Vereinbarung*

Inhaber.................. Cecilia und Peter Jost
Rebfläche............................. 15 Hektar

Im Jahr 1975 übernahm Peter Jost das Weingut von seinem Vater. Den Namen des Vaters hat er beibehalten, so dass das Weingut immer noch „Toni Jost" heißt. In der Lage Bacharacher Hahn hat der Sohn die Rebfläche vergrößert, heute gehört ihm die Lage fast ganz. Der Hahn ist ein nach Süd-Südost ausgerichteter Devonschiefer-Verwitterungshang. Riesling baut Jost vor allem in dieser Steillage mit bis zu 60 Prozent Hangneigung an, am Hangfuß steht auch Spätburgunder. Die zweite wichtige Lage von Peter Jost ist der Wallufer Walkenberg, und der liegt im Rheingau. Seit 1953 besitzt das Gut Weinberge in den Gemarkungen Walluf und Rauenberg. Riesling ist die wichtigste Rebsorte, nimmt 80 Prozent der Rebfläche ein. Hinzu kommen Spätburgunder (den es bereits seit 1965 gibt) und ein wenig Weißburgunder und Dunkelfelder. Die Trauben aus dem Rheingau werden in Bacharach verarbeitet. Nach Abschluss ihres Geisenheim-Studiums und Praktika in der Wachau und in Neuseeland ist Tochter Cecilia 2009 in den Betrieb eingetreten.

Während der Hahn vom Schiefer geprägt ist, herrschen in Walluf Löss-Lehm-Böden vor: Unterschiede, die man auch in den Weinen deutlich schmeckt. Mit dem Jahrgang 2001 hat Peter Jost sein Programm neu strukturiert: Zwei Große Gewächse bietet er als trockene Spitzenweine an, einen aus dem Hahn, den anderen aus dem Walkenberg.

Vorjahre

Die 2010er Rieslinge präsentierten sich stimmig, selbst der trockene Teil der Kollektion überzeugte, was selten war in diesem Jahrgang am Mittelrhein. Glanzlichter setzten aber die edelsüßen Weine. 2011 barg viele angenehme Überraschungen: Die wunderschön klare, mineralische „Devon"-Spätlese, der enorm kraftvolle, aber viel zu junge trockene Riesling aus dem Hahn, selbst der Jodocus war sehr gelungen. Viel versprechend

J

Die besten deutschen Weinerzeuger und ihre Weine

war auch der kompakte, nach Kräutern duftende Riesling von alten Rheingauer Reben, der kaum weniger interessant war als das Große Gewächs aus der Lage Hahn. Auch die 2011er Beerenauslese zeigte viel Eleganz.

Neue Kollektion

Diesmal wurde die im vergangenen Jahr noch gärende Trockenbeerenauslese aus 2011 vorgestellt und präsentiert sich als sehr reintöniger, nach frischen Datteln duftender, cremiger Süßwein, der noch wenigstens 20 Jahre benötigt, um seine beste Trinkreife zu erreichen. Das Große Gewächs aus dem Bacharacher Hahn zeigt sich mit feinen Mirabellennoten und viel mineralischer Struktur, sein Pendant aus dem Walkenberg kann da nicht ganz mithalten, besitzt aber eigenen Reiz. Wie auch die „Alten Reben" mit hervorragendem Preis-Leistungs-Verhältnis. ◀

Mittelrhein

87   Riesling Sekt brut   12 %/12,50 €
84   2012 Riesling trocken   12 %/7,20 €
84   2012 Riesling Kabinett trocken Bacharacher 11,5 %/8,50 €
85   2012 Riesling Kabinett trocken Bacharacher Hahn   12,5 %/13,50 €
86   2012 Riesling Spätlese trocken „Devon S" 12 %/10,80 €
90   2012 Riesling „GG" Bacharach Hahn   13,5 %
85   2012 Riesling Kabinett Bacharacher Hahn 9 %/10,50 €
87   2012 Riesling Spätlese Bacharacher Hahn 9 %/13,50 €
91   2011 Riesling Trockenbeerenauslese Bacharacher Hahn   6,5 %/90,- €/0,375l

Rheingau

85   2012 Weißburgunder trocken   13 %/8,30 €
86   2012 Riesling trocken „Jodocus"   12,5 %/8,30 €
89   2012 Riesling trocken „Alte Reben" 13 %/11,80 € ☺
89   2012 Riesling „GG" Walluf Walkenberg   13 %
88   2012 Riesling Spätlese Wallufer Walkenberg 9 %/13,50 €

★

Josten & Klein
Weingut   **Mittelrhein/Ahr**

◆ Ringofenstraße 3, 53424 Remagen
Tel. 02643-902550, **Fax:** 02643-902570
www.josten-klein.com
info@josten-klein.com
Besuchszeiten: nach Vereinbarung bei Marc Josten, Dorfstraße 81, 53508 Mayschoß

Inhaber .... Torsten Klein und Marc Josten
Rebfläche .... 6 Hektar

Es passiert am Mittelrhein nicht häufig, dass ein neues Weingut aus dem Stand mit spannenden Weinen auf sich aufmerksam macht. Wobei die Bemühungen in diesem Falle nicht auf den Mittelrhein beschränkt sind, sondern sich auch auf die Ahr ausdehnen. Torsten Klein und Marc Josten haben sich 2011 selbständig gemacht, der eine Diplom-Önologe, der andere Weinbautechniker. Sie bewirtschaften Parzellen im Mayschoßer Mönchberg (Spät- und Frühburgunder) sowie in der Leutesdorfer Gartenlay, wo Riesling, aber auch Grauburgunder und Sauvignon Blanc angebaut werden.

Kollektion

Die Weißweine sind ebenso interessant wie die Rotweine. Saftig, würzig, recht kompakt und mit deutlichen Kräuternoten präsentiert sich der Leutesdorfer Riesling, während sein Pendant aus der Gartenlay, ausgebaut im neuen großen Holzfass, üppig-würzig ist, leicht cremige Noten und deutlichen Alkohol besitzt. Die Rotweine besitzen Eleganz und Frucht, der Spätburgunder duftet zunächst nach Mandelblüten, der Pinot Noir genannte Wein ist noch etwas unzugänglich, ist vor allem in der Nase sehr verhalten und verdeckt, hat aber Potenzial. Eine sehr interessante Neuentdeckung! ◀

Mittelrhein

84   2012 Riesling trocken   11,5 %/9,50 €
85   2012 Riesling trocken „R"   13,5 %/16,- €

85 2012 Riesling trocken Leutesdorfer **13,5 %/17,- €**
87 2012 Riesling trocken Leutesdorfer Gartenlay
     14 %/29,- €

Ahr

86 2011 Spätburgunder trocken Mayschoßer
     13,5 %/16,- €
87 2011 Pinot Noir trocken Mayschoßer Mönch-
     berg **13,5 %/35,- €**

Jülg
Weingut   ★★☆

                                            Pfalz

Hauptstraße 1, 76889 Schweigen-Rechtenbach
Tel. *06342-919090,* **Fax:** *06342-919091*
www.weingut-juelg.de
info@weingut-juelg.de
Besuchszeiten: *täglich außer Do. + Fr. (Weinstube geschlossen)*
Pfälzer Weinstube, bewirteter Innenhof

Inhaber.....................Familie Werner Jülg
Rebfläche............................17 Hektar

Die Weinberge von Werner Jülg liegen alle in Schweigen. Es gibt nach dem Weingesetz nur eine Einzellage für Schweigen, den Sonnenberg, aber tatsächlich doch deutlich unterschiedliche Teillagen mit unterschiedlichen Böden: Kalkmergel, Ton, Löss und Sand. Es ist also sinnvoll nach Teillagen wie Springberg, Münzberg, St. Paul oder Wurmberg zu differenzieren, auch wenn die Weinkontrolle untersagt, diese alten Lagenbezeichnungen zu verwenden – so verwendet Werner Jülg auf seinen Etiketten eben das Kürzel „Springb`g". An weißen Sorten baut Werner Jülg vor allem Riesling, Weiß- und Grauburgunder an, aber auch Silvaner, Chardonnay, Gewürztraminer, Muskateller, Scheurebe und Sauvignon Blanc. Zuletzt hat er verstärkt auf rote Sorten gesetzt, wie Spätburgunder, St. Laurent, Schwarzriesling, Cabernet Sauvignon, Dornfelder und Portugieser. Die Rotweine werden maischevergoren und in Allier-Barriques ausgebaut. Mittlerweile hat Werner Jülg die Verantwortung im Keller an seinen Sohn Johannes abgegeben.

Vorjahre

Vor zwei Jahren hatten die Rieslinge an Präzision gewonnen und zeigten klare Frucht, allen voran die Beerenauslese. Im vergangenen Jahr hatten die Rieslinge weiter zugelegt, sie zeigten viel klare Frucht und feine Würze, einzig der hohe Alkoholgehalt störte die Trinkfreude etwas. Und auch die beiden 2010er Spätburgunder gefielen uns besser als ihre Jahrgangsvorgänger, sie zeigten zwar kräftige Röstnoten, aber auch viel reintönige Frucht.

Neue Kollektion

Auch in diesem Jahr kann uns die Riesling-Riege wieder überzeugen, die beiden Lagen-Rieslinge sind klar mit leicht zurückhaltender Frucht, feinen mineralischen Noten und etwas zu viel Fülle, der „Springb`g" ist eine Spur nachhaltiger als der „St. Paul". Der Weißburgunder aus dem Sonnenberg zeigt Kraft, dezente rauchige Würze und ein feines Säure-Spiel. Die drei puristischen Spätburgunder ähneln sich sehr, besitzen reintönige Frucht, deutliche Holzwürze und noch etwas jugendlich-ruppige, harte Tannine. ◀

Weinbewertung

84 2012 Riesling trocken „Buntsandstein"
     12,5 %/7,50 €
85 2012 Riesling trocken „Kalkmergel"
     12,5 %/7,50 €
82 2012 Scheurebe Kabinett trocken Schweigener Sonnenberg **12 %/7,50 €**
81 2012 Muskateller trocken Schweigener Sonnenberg **11 %/7,50 €**
86 2012 Weißburgunder trocken Sonnenberg
     14 %/10,50 €
87 2012 Riesling trocken „St. Paul" **13 %/9,50 €**
87 2012 Riesling trocken „Springb`g" **13 %/11,50 €**
86 2011 Spätburgunder „R" trocken **13,5 %/15,- €**
88 2011 Spätburgunder trocken Sonnenberg
     13,5 %/24,- €
88 2011 Pinot Noir trocken **13,5 %/34,- €**

J

Die besten deutschen Weinerzeuger und ihre Weine

Julius ★

Weingut   **Rheinhessen**

Hauptstraße 5, 67599 Gundheim
Tel. 06244-905218, *Fax:* 06244-905219
www.julius-weingut.de
info@julius-weingut.de
Besuchszeiten: Mo.-Fr. 10-18 Uhr, Sa. 10-17 Uhr nach
Vereinbarung
„Design Vinothek"

Inhaber .... Georg Julius
Rebfläche .... 19 Hektar

60 Prozent der Weinberge von Georg Julius
sind mit weißen Sorten bepflanzt, vor allem
Riesling, Silvaner, Müller-Thurgau, Weißburgunder, Grauburgunder, Chardonnay und
Sauvignon Blanc. Wichtigste rote Sorten sind
Dornfelder, Spätburgunder, Portugieser und
Merlot. Die Weinberge befinden sich unter
anderem im Flörsheimer Frauenberg, in den
Gundheimer Lagen Mandelbrunnen und
Sonnenberg, im Abenheimer Klausenberg,
im Dalsheimer Sauloch, im Bermersheimer
Hasenlauf und in den Westhofener Lagen
Morstein und Rotenstein. Die Weine werden
überwiegend trocken ausgebaut. Die Weinberge werden seit 2007 ökologisch bewirtschaftet, 2010 war der erste zertifiziert ökologische Jahrgang.

Vorjahre

Die 2010er Weißweine waren sauber und
frisch, etwas verhalten – angesichts des Jahrgangs eine ordentliche Kollektion. Die letztjährige Kollektion präsentierte sich nicht
ganz einheitlich, am besten gefielen uns der
neue Morstein-Riesling und der Spätburgunder aus dem Sonnenberg.

Neue Kollektion

Solche Spitzen fehlen nun ganz in der neuen
Kollektion, die sich sehr geschlossen präsentiert: Darauf kann man aufbauen. ◀

Weinbewertung

82   2010 Sekt brut   **12 %**

---

77   2012 Rivaner trocken (1l)   **12,5 %/4,50 €**
80   2012 Silvaner trocken Westhofener Rotenstein
     13 %/6,50 €
80   2012 Grauburgunder trocken Abenheimer
     Klausenberg   **13,5 %/7,20 €**
80   2012 Chardonnay trocken Abenheimer Klausenberg   **13 %/7,20 €**
80   2012 Riesling trocken Bermersheimer Hasenlauf   **12 %/6,90 €**
81   2012 „Sommerlust" Rosé   **12,5 %/5,80 €**
80   2009 Merlot trocken Barrique Gundheimer
     Mandelbrunnen   **13,5 %/11,90 €**

Juliusspital Würzburg ★★★

Weingut   **Franken**

Klinikstraße 1, 97070 Würzburg
Tel. 0931-393-1400, *Fax:* 0931-393-1414
www.juliusspital.de
weingut@juliusspital.de
Besuchszeiten: Mo.-Do. 7:30--16:30 Uhr, Fr. 7:30-15 Uhr
Weinstuben (Juliuspromenade 19), täglich 10-24 Uhr;
Weinverkauf im Weineck „Julius Echter" (Koellikerstraße 1a), Mo.-Fr. 9:30-18:30 Uhr, Sa. 9-16 Uhr

Inhaber .... Stiftung des öffentlichen Rechts
Leiter .... Horst Kolesch
Rebfläche .... 177 Hektar

Die Stiftung Juliusspital wurde 1576 vom
Würzburger Fürstbischof Julius Echter von
Mespelbrunn gegründet. Das Weingut der
Stiftung trägt mit seinen Erlösen zu den gemeinnützigen Stiftungsaufgaben (z.B. Klinik,
Altenpflege) bei. Der ausgedehnte Besitz
verteilt sich auf viele Lagen, darunter so renommierte Namen wie Würzburger Stein,
Würzburger Innere Leiste, Iphöfer Julius-Echter-Berg, Randersackerer Pfülben, Volkacher Karthäuser, Rödelseer Küchenmeister
oder Escherndorfer Lump. Wichtigste Rebsorten beim Juliusspital, dem größten Weingut in Franken, sind Silvaner, Müller-Thurgau

und Riesling. Dazu gibt es Weißburgunder, Grauburgunder, Bacchus, Rieslaner, Traminer und Scheurebe, aber auch rote Rebsorten wie Spätburgunder, Domina, und Schwarzriesling. Die Spitzenweine aus den besten Lagen werden seit dem Jahrgang 2003 als Große Gewächse vermarktet, zuvor trugen sie die Bezeichnung Spätlese trocken. Nachdem einige Jahre die Weine enorm üppig und süß ausfielen, sind sie seit 2007 wieder klarer und präziser, haben an Länge und Nachhaltigkeit gewonnen.

Vorjahre

2010 behaupteten die Großen Gewächse in etwa ihre Stellung, die Kollektion insgesamt aber reichte nicht ganz an die Vorjahre heran. 2011 gefiel uns die Riesling Spätlese aus dem Pfülben sehr gut, die Großen Gewächse, im „Schnelldurchgang" bei der Vorpremiere in Wiesbaden verkostet, erwiesen sich als wahre Monsterweine mit viel Konzentration und Alkohol, üppig und eindringlich in ihrer Jugend.

Neue Kollektion

Mit dem Jahrgang 2012 hat man begonnen das Programm entsprechend den Richtlinien des VDP neu zu strukturieren in Gutsweine, Ortsweine, Erste Lage-Weine und Große Gewächse. Bei den Silvanern, von denen wir 9 Weine verkostet haben, erscheint uns diese Einteilung nicht ganz stimmig, gefallen uns doch die beiden Ortsweine, noch als Kabinett bezeichnet, besser als mancher Erste Lage-Silvaner, unter denen wir klar die Weine aus Küchenmeister und Stein präferieren. Die Großen Gewächse bringen eine klare Steigerung, beide Weine sind konzentriert und saftig, besitzen reife Frucht und viel Substanz, der Silvaner aus dem Julius-Echter-Berg ist etwas fruchtbetonter als der aus dem Stein. Das Große Riesling-Gewächs aus dem Stein besitzt reife Frucht, viel Fülle und Substanz wie auch der saftige Weißburgunder aus dem Karthäuser, der im Abgang von ganz leichten Bitternoten geprägt ist. Die Cuvée BT ist würzig und rauchig, der Spät-

burgunder aus dem Pfaffenberg konzentriert und klar bei präsenten Tanninen, die Riesling Trockenbeerenauslese aus dem Stein ist herrlich konzentriert und dominant.

Weinbewertung

80 2012 Silvaner trocken **12,5 %/7,- €**

84 2012 Sauvignon Blanc trocken **13 %/8,- €**

81 2012 Müller-Thurgau rocken Würzburger **12,5 %/8,- €**

85 2012 Silvaner Kabinett trocken Würzburger **13 %/8,50 €**

84 2012 Silvaner Kabinett trocken Iphöfer **13 %/8,50 €**

86 2012 Silvaner trocken Rödelseer Küchenmeister **14 %/11,- €**

83 2012 Silvaner trocken Iphöfer Kronsberg **14 %/11,- €**

83 2012 Silvaner trocken Würzburger Abtsleite **13,5 %/11,- €**

85 2012 Silvaner trocken Würzburger Stein **14 %/12,- €**

82 2012 Weißburgunder trocken Würzburger Stein **13 %/12,- €**

84 2012 Riesling trocken Iphöfer Kronsberg **13,5 %/11,- €**

84 2012 Riesling trocken Würzburger Stein **12,5 %/12,- €**

89 2012 Silvaner „GG" Würzburger Stein **14 %/25,- €**

89 2012 Silvaner „GG" Iphöfer Julius-Echter-Berg **14 %/25,- €**

88 2012 Weißburgunder „GG" Volkacher Karthäuser **14 %/30,- €**

89 2012 Riesling „GG" Würzburger Stein **13,5 %/27,50 €**

87 2011 „BT" Weißwein trocken **14 %/35,- €**

84 2012 Muskateller Kabinett Würzburger Abtsleite **13 %/12,- €**

87 2012 Rieslaner Auslese **9 %/14,- €/0,5l**

90 2012 Riesling Trockenbeerenauslese Würzburger Stein **8,5 %/85,- €/0,5l**

88 2011 Spätburgunder trocken Würzburger Pfaffenberg **14 %/25,- €**

J

Die besten deutschen Weinerzeuger und ihre Weine

Georg Jung
Weingut

Rheinhessen

Alzeyer Straße 4, 55278 Undenheim
Tel. 06737-246, Fax: 06737-9952
jung-weingut-undenheim@t-online.de
Besuchszeiten: täglich 8-18 Uhr und nach Vereinbarung
Gästezimmer (3 Doppelzimmer)

Inhaber.............................Georg Jung
Rebfläche.............................17 Hektar

Das Weingut Jung ist ein typischer rheinhessischer Mischbetrieb, der neben Weinbergen noch 43 Hektar Ackerland bewirtschaftet. Besonderes Augenmerk legt man bei Jung auf den Silvaner, aber auch Neuzüchtungen wie Faberrebe oder Regner stehen in den Weinbergen. Hinzu kamen mit dem Jahrgang 2000 Cabernet Dorsa und Ortega.

Vorjahre _____
Vor zwei Jahren war die Kollektion etwas weniger gleichmäßig, die restsüßen Weißweine gefielen uns besser als die trockenen, im roten Segment überzeugte der tanningeprägte Cabernet Dorsa. Die 2011er Kollektion war besser, bot gleichmäßiges Niveau, schon der Müller-Thurgau im Liter überzeugte, die Huxelrebe Beerenauslese gefiel uns besonders gut.

Neue Kollektion _____
Sehr gleichmäßig ist nun die neue Kollektion, weiß wie rot, trocken wie süß. Unter den trockenen Weißweinen gefällt uns wie so oft die Grauburgunder Spätlese besonders gut, unter den süßen wie gehabt eine Huxelrebe, 2012 als Spätlese. Unser Favorit in der Kollektion aber ist der ein Jahr im Barrique ausgebaute Cabernet Dorsa, der gute Struktur, Frische und klare Frucht besitzt. ◀

Weinbewertung _____
79 2012 Müller-Thurgau trocken (1l) **12,5 %/3,60 €**
81 2012 Rivaner trocken **12 %/4,40 €**
82 2012 „Goldberg-Erwachen" Weißwein trocken
    12,5 %/5,30 €

82 2012 Weißburgunder trocken **13 %/5,- €**
84 2012 Grauburgunder Spätlese trocken
    14 %/5,90 €
81 2012 Riesling Spätlese trocken **12 %/5,90 €**
82 2012 Ortega Spätlese **9,5 %/5,40 €**
84 2012 Huxelrebe Spätlese **10,5 %/5,30 €**
82 2012 „Sommerliebe" Rosé trocken **13 %/4,80 €**
83 2012 Spätburgunder trocken **13 %/5,20 €**
82 2012 Sankt Laurent trocken **13 %/5,90 €**
85 2011 Cabernet Dorsa trocken Barrique
    13,5 %/10,50 €

Jakob Jung
Weingut

Rheingau

Eberbacher Straße 22, 65346 Erbach
Tel. 06123-900620, Fax: 06123-900621
www.weingut-jakob-jung.de
info@weingut-jakob-jung.de
Besuchszeiten: Mo.-Fr. 13-18 Uhr, Sa. 10-17 Uhr
Weinproben (bis 50 Personen)

Inhaber..............Alexander Johannes Jung
Rebfläche.............................14 Hektar

Seit 1799 befindet sich das Weingut im Besitz der Familie. Ludwig Jung stieg 1969 bereits als 18-Jähriger in den Betrieb ein, inzwischen wird das Gut von seinem Sohn Alexander Johannes Jung geleitet; Vater Ludwig ist allerdings immer noch aktiv und unterstützt den Junior im Weinberg. Alexander Jung absolvierte ein Studium in Geisenheim sowie Praktika in Baden sowie in Südafrika. Die Reben befinden sich in Erbach (Steinmorgen, Honigberg, Michelmark, Hohenrain) und Kiedrich (Sandgrub). Wichtigste Rebsorte bei ihm ist der Riesling, der 85 Prozent der Fläche einnimmt. Hinzu kommen vor allem Spätburgunder, aber auch Chardonnay und Weißburgunder.
Die Rieslinge von Alexander Johannes Jung bleiben nach einer kühlen Gärung, die im

J

Edelstahl stattfindet, recht lange auf der Feinhefe, damit sie mehr Fruchtfülle und Extrakt erhalten. Sie werden größtenteils erst im Spätsommer abgefüllt. Die Weine werden meist trocken und halbtrocken angeboten. Echte Süßweine sind in einem eher ruhigen, würzigen Stil gehalten.

Vorjahre

Der Jahrgang 2010 war gelungen, wartete mit einem würzigen Weißburgunder auf, auch der leicht nach Spargel duftende Sauvignon Blanc und das schlanke, rassige Erste Gewächs gefielen. Aus 2011 wurde ein faszinierender „Alte Reben" aus dem Hohenrain vorgestellt, welcher dem kompakten, würzigen Ersten Gewächs aus dem Siegelsberg nicht im Geringsten nachstand. Gut gefallen haben auch der rassige Sauvignon Blanc und die in sich ruhenden, aber sehr reintönigen Süßweine.

Neue Kollektion

Die Großen Gewächse aus dem Hause Jung besitzen einen eigenen Stil: Saftig, süffig, manchmal ein wenig kantig, aber voller Substanz. 2012 kann das Weingut diese Prinzipien voll ausspielen, vor allem der Wein aus dem Siegelsberg überzeugt. Gelungen sind auch der saftige Riesling aus dem Steinmorgen und sein Pendant von alten Reben aus der Lage Hohenrain. Dem Weißburgunder muss man seine konsequente Art (kein schmeckbarer Zucker) anrechnen, auch der Sauvignon Blanc ist nicht auf Gefälligkeit getrimmt. ◀

Weinbewertung

83 2012 Riesling trocken **12 %/7,20 €**
84 2012 Riesling Kabinett trocken Erbach Steinmorgen **12 %/8,40 €**
85 2012 Weißburgunder trocken **13 %/10,90 €**
84 2012 Sauvignon Blanc trocken **13 %/10,90 €**
87 2012 Riesling trocken Erbach Steinmorgen **12,5 %/10,90 €**
87 2012 Riesling trocken „Alte Reben" Erbach Hohenrain **13 %/11,90 €**
88 2012 Riesling trocken „GG" Erbach Hohenrain **13 %/18,90 €**

89 2012 Riesling trocken „GG" Erbach Siegelsberg **13 %/22,90 €**
82 2012 Riesling Classic **12 %/7,20 €**
83 2012 Riesling Kabinett Erbach Michelmark **8,5 %/8,40 €**
85 2012 Riesling Spätlese Erbach Michelmark **8 %/10,40 €**

H.-J. **Junglen**
Weingut

★☆

Mosel

Stablostraße 20, 54536 Kröv
Tel. 06541-3292, **Fax**: 06541-814537
www.junglenwein.de
info@junglenwein.de
Besuchszeiten: täglich (am besten nach Absprache)
Ferienwohnungen, Gästezimmer,
Straußwirtschaft (Sept. & Okt.)

Inhaber… Markus und Hermann-Josef Junglen
Rebfläche..............................4,5 Hektar

Hermann-Josef Junglen baute zusammen mit Ehefrau Gerti den Nebenerwerbsbetrieb seiner Eltern zum Weingut aus. Seit 2008 werden sie im Betrieb unterstützt von Sohn Markus, nach Winzerlehre, Technikerlehre und vier Jahren Kellermeistertätigkeit an der unteren Mosel. Ihre Weinberge liegen in Kröv und Kinheim. Der Kröver Steffensberg ist ein steiler Südwesthang mit tiefgründigen Devonschieferböden, in der über 160 Hektar großen Einzellage Kröver Paradies sind die Böden schwerer, vor allem im unteren Teil. Gleiches gilt für den Kinheimer Rosenberg. Außer Riesling, der mit 60 Prozent der Fläche dominiert, werden auch Rivaner, Weiß- und Spätburgunder, Kerner und Dornfelder angebaut. Reinzuchthefen und Spontanvergärung kommen zum Einsatz. Die Weißweine werden kühl vergoren, teils im Edelstahl, teils im Holz ausgebaut. 90 Prozent der Produktion wird an Privatkunden verkauft.

J

Die besten deutschen Weinerzeuger und ihre Weine

Vorjahre

Vor zwei Jahren wurde die Kollektion angeführt von den kraftvollen, reintönigen Rieslingen aus dem Steffensberg, die trocken, „feinherb" wie süß überzeugten. Eine sehr gleichmäßige Kollektion schloss sich im vergangenen Jahr an, die mit Auslese und Beerenauslese aus dem Steffensberg zwei edelsüße Highlights zu bieten hatte, beide waren süß und schmeichelnd, frisch und reintönig.

Neue Kollektion

Die neue Kollektion präsentiert sich sehr stimmig und geschlossen. Die süße Spätlese ist frisch und zupackend, der Riesling von alten Reben reintönig und klar, der Riesling Edition M konzentriert und kraftvoll, ist wie auch der Spätburgunder etwas vom hohen Alkohol geprägt. ◄

Weinbewertung

80   2012 Riesling trocken   12,5 %/4,80 €

85   2012 Riesling trocken „Edition M" Kröver Steffensberg   13,5 %/9,50 €

84   2012 Riesling „feinherb" „von alten Reben" Kröver Steffensberg   12,5 %/9,50 €

81   2012 Riesling Kabinett Paradies   8,5 %/5,40 €

84   2012 Riesling Spätlese Kröver Steffensberg   8,5 %/7,50 €

81   2011 Spätburgunder trocken „Edition M"   14,5 %/9,50 €

★ ★

Kalkbödele
Weingut der Gebrüder Mathis

Baden

Enggasse 21, 79291 Merdingen
Tel. 07668-902672, *Fax:* 07668-94505
www.kalkboedele.de
weingut@kalkboedele.de
Besuchszeiten: *Mo./Di./Do./Fr. 10-12 + 14-17 Uhr, Sa. 10-13 Uhr*

Inhaber................Familie Bernhard Mathis
Gutsverwalter/Kellerm. .Manfred Zimmermann
Rebfläche............................. 15 Hektar

1978 begannen Paul Mathis, Gründer eines Kalkwerks in Merdingen, und seine Brüder Bernhard und Franz mit der Herstellung eigener Weine vom Tuniberg. Heute wird das Weingut von Sonja Mathis-Stich geführt. Neuer Betriebsleiter und Kellermeister beim Kalkbödele ist Manfred Zimmermann, der bisher bereits für den Außenbetrieb verantwortlich war. Das Weingut ist auf Spätburgunder spezialisiert, der 60 Prozent der Rebfläche einnimmt. Ein weiteres Viertel der Rebfläche ist mit Weiß- und Grauburgunder bepflanzt. Cabernet Sauvignon und Merlot ergänzen das Programm. Die Rotweine werden maischevergoren und in Holzfässern ausgebaut; auch ein Teil der Weißweine kommt ins Holz. Alle Weine werden durchgegoren ausgebaut. Das Sortiment wurde neu strukturiert in Gutsweine, Lagenweine und Reserveweine.

Vorjahre

Schon seit der ersten Ausgabe empfehlen wir die Weine vom Kalkbödele, aber in den letzten Jahren erst haben die Kollektionen deutlich an Konstanz gewonnen, die Weißweine sind fruchtbetonter und reintöniger geworden, den Holzeinsatz bei den Rotweine scheint man etwas zurückgefahren zu haben. Die Kollektion vor zwei Jahren war die beste, die wir bis dato vom Weingut Kalkbödele je verkostet hatten, und sie bot mit dem Spätburgunder Reserve ein echtes Highlight, auch der Spätburgunder Barrique schlug sich prächtig. Die Rotweine waren fein und elegant, reintönig und frisch, die 2010er Weißweine präsentierten sich geschlossen auf gutem Niveau. Die letztjährige Kollektion bot kraftvolle Weine, weiß wie rot. Die weißen Reserveweine besaßen Fülle und Substanz; gleiches galt für die im Barrique ausgebauten Spätburgunder, unser eindeutiger Favorit war der Spätburgunder Reserve.

Neue Kollektion

Die neue Kollektion ist konsistent auf hohem Niveau. Die beiden weißen Reserve-Weine sind gekonnt vinifiziert, sie besitzten gute Konzentration und viel Kraft, gute Struktur und Substanz, der Weißburgunder ist ein klein wenig druckvoller als der Grauburgunder. Auch die Spätburgunder-Riege präsentiert sich sehr geschlossen mit klaren, kraftvollen Weinen; unser Favorit ist wie in den Vorjahren der Reserve-Spätburgunder, der gute Konzentration im Bouquet zeigt, rauchige Noten und reintönige Frucht, füllig und harmonisch im Mund ist, komplex bei reintöniger Frucht, guter Struktur und Frische. Eine überzeugende Vorstellung! ◄

Weinbewertung ⎯⎯⎯⎯⎯⎯⎯⎯⎯⎯⎯⎯⎯⎯

81   2012 Weißburgunder Kabinett trocken Merdinger Bühl   **12,5 %/7,20 €**

82   2012 Pinot Gris trocken Holzfass Merdinger Bühl   **13 %/9,30 €**

87   2012 Weißburgunder trocken „Reserve" Merdinger Bühl   **14 %/14,50 €**

86   2012 Grauburgunder trocken „Reserve" Merdinger Bühl   **13,5 %/14,50 €**

85   2011 Pinot Noir trocken Merdinger Bühl   **13 %/10,30 €**

85   2011 Spätburgunder trocken Barrique Merdinger Bühl   **13,5 %/12,20 €**

84   2011 Spätburgunder trocken „Edition" Merdinger Bühl   **13,5 %/14,50 €**

83   2011 „Cuvée Paul" Cabernet Sauvignon Merlot trocken Merdinger Bühl   **13,5 %/14,50 €**

88   2011 Spätburgunder trocken „Reserve" Barrique Merdinger Bühl   **13 %/21,50 €**

★★

Albert **Kallfelz**
Weingut   **Mosel**

Hauptstraße 60-62, 56856 Zell-Merl
Tel. 06542-93880, Fax: 06542-938850
www.kallfelz.de
info@kallfelz.de
Besuchszeiten: Mo.-Fr. 8-18 Uhr, Sa. 9-14 Uhr, sonst nach Vereinbarung

Inhaber...........................Albert Kallfelz
Rebfläche.............................50 Hektar

2007 feierte Albert Kallfelz, der 1972 das elterliche Weingut übernommen hat, das 100-jährige Bestehen des Betriebes. Von 1,8 Hektar im Jahr 1972 hat er die Rebfläche bis auf heute 49 Hektar gesteigert. Neben den Trauben aus den eigenen Weinbergen verarbeitet er auch die Trauben von Winzern, mit denen er Pacht- und Bewirtschaftungsverträge abgeschlossen hat. Zwei Drittel der Weinberge befinden sich in Steillagen. 1998 konnte er weitere 1,7 Hektar in der Spitzenlage Merler Königslay-Terrassen zukaufen, die Albert Kallfelz nun fast ganz allein gehört. Daneben besitzt er größere Flächen in den Merler Lagen Adler, Stephansberg und Fettgarten. Im Jahr 2000 hat Albert Kallfelz die Betriebsgebäude vergrößert und zusätzliche Lagerkapazitäten geschaffen. Neben Riesling gibt es etwas Weißburgunder und Müller-Thurgau, allerdings werden diese Sorten immer nur als Qualitätswein ohne Prädikat ausgebaut. Über 85 Prozent der Weine baut Albert Kallfelz trocken aus. 2010 trat Dennis Lehmen die Nachfolge des langjährigen Kellermeisters Rüdiger Nilles an.

Vorjahre ⎯⎯⎯⎯⎯⎯⎯⎯⎯⎯⎯⎯⎯⎯⎯⎯⎯⎯

2010 reichte jahrgangsbedingt nicht ganz an 2009 heran. Die stimmige Kollektion wurde angeführt von der Auslese aus den Königslay-Terrassen. Sehr stimmig war 2011, brachte im trockenen Segment eine schöne Steigerung hin bis zur Spätlese aus den Königslay-Terrassen, dazu gab es Auslese und Beerenauslese.

Neue Kollektion ⎯⎯⎯⎯⎯⎯⎯⎯⎯⎯⎯⎯⎯

Aus dem Jahrgang 2012 gab es keine edelsüßen Weine zu verkosten; der trockene Teil der Kollektion präsentiert sich stimmig, am besten gefallen uns zwei Weine aus den Königslay-Terrassen, die trockene Spätlese, die viel reife Frucht und gute Struktur besitzt, sowie das füllige, saftige, fast allzu süße Große Gewächs. ◄

Weinbewertung ⎯⎯⎯⎯⎯⎯⎯⎯⎯⎯⎯⎯⎯⎯

80   2012 Riesling Hochgewächs trocken (1l)   **11,5 %/6,45 €**

82 2012 Riesling Hochgewächs trocken
    11,5 %/6,95 €
80 2012 Weißburgunder trocken **12 %/6,55 €**
81 2012 Riesling Kabinett trocken Merler Adler
    11,5 %/7,45 €
83 2012 Riesling Spätlese trocken Merler Ste-
    phansberg **12,5 %/7,95 €**
85 2012 Riesling Spätlese trocken Merler Königs-
    lay-Terrassen **12 %/9,40 €**
86 2012 Riesling „GG" Merler Königslay-Terrassen
    13 %/15,70 €
81 2012 Riesling Kabinett „feinherb" Merler Adler
    11 %/7,45 €
83 2012 Riesling Spätlese „feinherb" Merler Kö-
    nigslay-Terrassen **12,5 %/9,40 €**

Kampf ★ ★
Weingut
                                   Rheinhessen

🍇 *Langgasse 75, 55237 Flonheim*
Tel. 06734-1626, Fax: 06734-7117
www.weingut-kampf.de
info@weingut-kampf.de
Besuchszeiten: *Mo.-Fr. 8-12 + 13-19 Uhr, Sa. 8-15 Uhr*
oder nach Vereinbarung

Inhaber ....Hanspeter & Patrick Kampf
Rebfläche ....12 Hektar

Lange Zeit wurden die Weine zwar ausgebaut, aber dann füllfertig an andere Betriebe
verkauft. Mit dem Einstieg von Patrick Kampf
hat sich dies geändert: Geisenheim-Studium,
Praktika bei Wagner-Stempel, Schäfer-Fröhlich und Battenfeld-Spanier, bei Pichler in
Oberloiben und Hartford Family in Sonoma
– da will man mehr erreichen. Seit 2008 werden die Weinberge biologisch bewirtschaftet, 2011 ist der erste zertifizierte Jahrgang.
Vorjahr ————————————————
Schöne Stilistik, klasse Kollektion: Über solche Neuzugänge freuen wir uns, alle Weine
waren sortentypisch, kraftvoll und klar, egal

ob Riesling oder Scheurebe, Grauburgunder,
Weißburgunder oder Sauvignon Blanc.
Kollektion ————————————————
Die neue Kollektion bestätigt den guten Eindruck des Vorjahres, bietet ansprechendes
Niveau schon bei den Gutsweinen, die alle
frisch, klar und zupackend sind, der kraftvolle, füllige Grauburgunder gefällt uns besonders gut. Sehr gut ist der Flonheimer
Riesling, ist herrlich reintönig und kraftvoll,
besitzt Fülle, reife Frucht und Substanz; der
Riesling La Roche ist zwar noch stoffiger und
konzentrierter, aber auch recht verschlossen.
Enorm kraftvoll und stoffig ist auch der eigenwillige Sauvignon Blanc, der viel Fülle
und Substanz besitzt. ◀━
Weinbewertung ————————————————
83 2012 Silvaner trocken **12,5 %/6,- €**
84 2012 Weißburgunder trocken **13 %/6,- €**
85 2012 Grauburgunder trocken **13 %/6,- €** ☺
84 2012 Riesling trocken **12,5 %/7,- €**
87 2012 Riesling trocken Flonheimer **13 %/11,- €**
87 2012 Sauvignon Blanc trocken Flonheimer
    14 %/11,- €
86 2012 Riesling trocken La Roche **13 %/18,- €**

Graf von Kanitz ★ ★ ★
Weingut
                                   Rheingau

🍇 *Rheinstraße 49, 65391 Lorch*
Tel. 06726-346, Fax: 06726-2178
www.weingut-kanitz.de
info@weingut-kanitz.de
Besuchszeiten: *Mo.-Fr. 8-17 Uhr, Mai bis Okt. Sa.*
10-15 Uhr und nach Vereinbarung

Inhaber ....Sebastian Graf von Kanitz
Betriebsleiter ....Jan Kolbert
Rebfläche ....13,5 Hektar

Das Weingut Graf von Kanitz führt seine Geschichte bis ins 13. Jahrhundert zurück. Es
gehört heute zu jenen Betrieben, die eine

Mitgliedschaft im Verband der Prädikatsweingüter (VDP) mit jener bei Ecovin verbinden; das Ökosystem Weinberg hat hier höchste Priorität. Die Weinberge liegen in den Lorcher Lagen Bodental-Steinberg, Kapellenberg, Pfaffenwies, Schlossberg und Krone. Neben dem dominierenden Riesling spielt vor allem der Spätburgunder eine wichtige Rolle, auch etwas Grauburgunder wird im Schlossberg angepflanzt, und aus der Pfaffenwies stammt ein in kleinen Mengen erzeugter Gewürztraminer. Der Jahrgang 2004 war der erste unter der Regie des Betriebsleiters Kurt Gabelmann, der den Betrieb in den letzten Jahren deutlich nach vorne gebracht hat. Inzwischen ist Kurt Gabelmann in Pension gegangen, sein Nachfolger ist Jan Kolbert, der zuvor Erfahrungen in Unterfranken, im österreichischen Weinviertel und beim Weingut Wegeler sammelte. Es ist zu hoffen, dass er den stets klaren und unaufdringlichen Stil der Weine beibehält.

Vorjahre

Die 2010er waren straff und kraftvoll, besaßen Struktur und Würze, die Säure war im Vergleich zu vielen anderen Weinen der Region gut integriert, der 2009er Spätburgunder besaß viel Frucht und Eleganz. Aus dem Jahrgang 2011 wurde nur ein kleines Sortiment vorgestellt, das aber voll überzeugen konnte vom Basiswein über den halbtrockenen Riesling Kabinett aus der Krone bis hin zum Riesling von alten Reben.

Neue Kollektion

Die zwei vorgestellten Rotweine – aus dem Jahrgang 2011 – könnten ein Hinweis darauf sein, dass man künftig dieser Sorte einen noch höheren Stellenwert beimessen möchte. Der Kapellenberg bleibt freilich, mit seinen Kirsch- und Kaffeenoten, hinter dem leicht toastigen, aber sehr ausgewogenen Schlossberg zurück. Unter den vorgestellten Rieslingen gefällt der Wein aus alten Reben am besten, die „Quarzit" und „Schiefer" genannten Weine bringen die Charaktere ihrer Böden gut zum Ausdruck, der Gewürztrami-

ner besitzt eine sehr feine, elegante Art. ▬◀

Weinbewertung

84 2012 Riesling trocken **12 %/6,90 €**
85 2012 Weißburgunder trocken **12,5 %/8,20 €**
84 2012 Riesling Kabinett trocken **12 %/8,60 €**
85 2012 Gewürztraminer trocken **12 %/8,40 €**
85 2012 Riesling Kabinett trocken Lorcher Pfaffenwies **12 %/8,60 €**
86 2012 Riesling trocken „Schiefer" **12 %/11,30 €**
85 2012 Riesling trocken „Quarzit" **12 %/11,30 €**
89 2012 Riesling trocken „Alte Reben" Lorcher Krone **13 %/14,50 €**
89 2011 Riesling Erstes Gewächs Lorcher Kapellenberg **13,5 %**
88 2011 Riesling Erstes Gewächs Lorcher Pfaffenwies **14,5 %**
85 2012 Riesling Kabinett „halbtrocken" Lorcher Krone **11 %/8,40 €**
87 2012 Riesling Spätlese Lorcher Pfaffenwies **9,5 %/10,70 €**
88 2011 Spätburgunder Spätlese trocken Lorcher Schlossberg **14,5 %/12,90 €**
86 2011 Spätburgunder Spätlese trocken Lorcher Kapellenberg **14,5 %/13,40 €**

★ ☆

Kanzlerhof

Weingut   **Mosel**

Hauptstraße 23, 54340 Pölich
Tel. *06507-9389660 oder 3193,* ***Fax:*** *06507-9389661*
www.kanzlerhof.de
weingutkanzlerhof@web.de
Besuchszeiten: *täglich nach Vereinbarung*
Weinstube, Gästezimmer,
Straußwirtschaft Schömann

Inhaber . . . . Familie Schömann-Kanzler
Rebfläche . . . . 4,5 Hektar

Die Weinberge des Weinguts Kanzlerhof liegen in den Lagen Mehringer Blattenberg und Pölicher Held (zum Teil noch mit wurzelechten Reben bestockt) und werden im naturnahen Anbau bewirtschaftet. 60 Prozent der Weine werden trocken oder halbtrocken ausgebaut. Neben Riesling gibt es ein klein wenig Spätburgunder und Müller-Thurgau. Das Stammhaus, der Kanzlerhof, wo die Weine heute noch vinifiziert werden, wurde im Jahr 1578 als Fronhaus der Trierer Abtei St. Maximin errichtet. Der Ausbau der Weine erfolgt teils im traditionellen Fuderfass, teils im Edelstahl.

Vorjahre ────────────────

2010 waren die Weine verhalten, am besten gefielen uns die Spätlesen, trocken, „feinherb" und süß. In einer ansonsten sehr gleichmäßigen Kollektion stellten die edelsüßen Weine die Highlights des Jahrgangs 2011 dar, die Auslese aus dem Blattenberg und die Beerenauslese aus dem Pölicher Held.

Neue Kollektion ────────────

Die 2012er Weine sind etwas verhalten, die feinherbe Spätlese aus dem Blattenberg ist klar und zupackend, zeigt schöne Ansätze. Highlight der Kollektion ist aber ganz klar die Versteigerungs-Auslese aus dem Pölicher Held, die frisch und zupackend ist bei reintöniger Frucht. ◄█

Weinbewertung ─────────────

80 2012 Riesling trocken Pölicher Held (1l)
  11,5 %/5,- €

83 2012 Riesling Spätlese „S" trocken Pölicher Held 12 %/7,50 €

83 2012 Riesling „Schieferheld" 12,5 %/5,50 €

83 2012 Weißburgunder 12 %/5,80 €

81 2012 Riesling Kabinett „feinherb" Pölicher Held 11,5 %/5,50 €

84 2012 Riesling Spätlese „feinherb" Mehringer Blattenberg 11 %/7,50 €

82 2012 Riesling Spätlese Pölicher Held 8,5 %/6,50 €

82 2012 Riesling Spätlese Mehringer Blattenberg 7,5 %/8,50 €

88 2012 Riesling Auslese Pölicher Held 8 %/Verst.

★

Kapellenhof

Weingut Oek.Rat Schätzel Erben   **Rheinhessen**

Kapellenstraße 18, 55278 Selzen
Tel. 06737-204, Fax: 06737-8670
www.kapellenhof-selzen.de
kapellenhof@t-online.de
Besuchszeiten: Mo.-Fr. 7:30-12 + 13-18 Uhr,
Sa. 9-14 Uhr
Kauper's Restaurant im Kapellenhof

Inhaber........................Thomas Schätzel
Rebfläche...........................17,5 Hektar

Der Kapellenhof in Selzen wurde erstmals 1373 als „Capell-Hube" urkundlich erwähnt. Heute wird das Gut von Thomas Schätzel geführt, der nach dem Abschluss seines Weinbaustudiums 1984 in den elterlichen Betrieb eingetreten ist. Weißweine machen 80 Prozent der Produktion aus. Wichtigste Rebsorte ist Riesling, gefolgt von Silvaner, Müller-Thurgau, Grau- und Weißburgunder, sowie etwas Chardonnay und Sauvignon Blanc. An roten Sorten baut Thomas Schätzel Dornfelder, Spätburgunder, Portugieser, sowie ein wenig St. Laurent und Cabernet Cubin an. Wichtigste Lagen sind Hahnheimer Knopf, wo die Reben auf Kalkmergelböden wachsen, und Selzener Gottesgarten.

Vorjahre ────────────────

Vor zwei Jahren präsentierte sich die Kollektion sehr gleichmäßig, der Riesling „Kalkmergel" gefiel uns am besten. Auch 2011 gefiel er uns gut, noch besser aber fanden wir die süße Spätlese aus dem Osterberg.

Neue Kollektion ────────────

Sehr gleichmäßig präsentiert sich nun auch der Jahrgang 2012. Der Kalkmergel-Riesling ist frisch und klar bei feiner Süße, noch ein klein wenig besser gefällt uns die saftige, süße Riesling-Spätlese. ◄█

Weinbewertung ─────────────

82 2012 Grüner Silvaner trocken 12,5 %/5,10 €

82 2012 Sauvignon Blanc trocken 13 %/6,50 €

83 2012 Riesling Spätlese trocken „Kalkmergel"
    Hahnheim **12 %/7,50 €**
80 2012 Weißburgunder Classic **13,5 %/6,50 €**
82 2012 Riesling Spätlese „feinherb" Hahnheim
    11,5 %/6,80 €
84 2012 Riesling Spätlese Selzen **8,5 %/6,80 €**

Gerhard **Karle**
Wein- und Sektgut   **Baden**

Scherkhofenstraße 69, 79241 Ihringen
Tel. 07668-5252, *Fax*: 07668-94181
www.weingut-gerhard-karle.de
info@weingut-gerhard-karle.de
Besuchszeiten: *Mo.-Fr. 8-12 + 13-18 Uhr, Sa. 8-17 Uhr*
und nach Vereinbarung

Inhaber . . . . Gerhard Karle
Rebfläche . . . . 12 Hektar

Das 1899 von Friedrich Karle gegründete
Weingut wird heute in vierter Generation
von Gerhard und Elisabeth Karle geführt. Die
Weinberge befinden sich in Ihringen in den
Lagen Winklerberg und Fohrenberg. Neben
den Burgundersorten, die 75 Prozent der
Rebfläche einnehmen, gibt es Riesling, Chardonnay und Gewürztraminer. Die Weine
werden überwiegend trocken ausgebaut.

Vorjahre

Vor zwei Jahren präsentierte sich die Kollektion geschlossen auf gutem Niveau, bot einen feinen Sekt, klare Weißweine und merklich süße Spätburgunder. Sehr gleichmäßig
auf gutem Niveau präsentierte sich auch die
letztjährige Kollektion, weiß wie rot, mit kräftigen, geradlinigen Weinen.

Neue Kollektion

Etwas weniger gleichmäßig ist die neue Kollektion aus der ein Wein herausragt: Die trockene Grauburgunder Spätlese aus dem
Winklerberg zeigt gute Konzentration und
reife Frucht im Bouquet, besitzt gute Fülle

und Substanz im Mund, ist reintönig, harmonisch und lang. ◂▬

Weinbewertung

80 2012 Weißburgunder Kabinett trocken Ihrin-
    ger Fohrenberg **12,5 %/5,90 €**
79 2012 Grauburgunder Kabinett trocken Ihrin-
    ger Winklerberg **12,5 %/6,10 €**
85 2012 Grauburgunder Spätlese trocken Ihrin-
    ger Winklerberg **13,5 %/7,10 €**
81 2012 Sauvignon Blanc Spätlese trocken Ihrin-
    ger Winklerberg **13 %/7,20 €**
80 2011 Spätburgunder Spätlese trocken Barri-
    que Ihringer Winklerberg **13 %/12,20 €**
81 2011 Spätburgunder Auslese trocken Ihringer
    Winklerberg **14 %/13,20 €**

★★☆
Karlsmühle
Weingut   **Mosel**

Im Mühlengrund, 54318 Mertesdorf
Tel. 0651-5123, *Fax*: 0651-5610296
www.weingut-karlsmuehle.de
anfrage@weingut-karlsmuehle.de
Besuchszeiten: *Mo.-Sa. 8-17 Uhr und nach*
Vereinbarung
Gutsausschank Karlsmühle (Di.-So. ab 12 Uhr)

Inhaber . . . . Peter Geiben
Rebfläche . . . . 14,5 Hektar

Die Geschichte der Mühle, die als älteste Ge-
steinsmühle nördlich der Alpen gilt, reicht
bis weit ins erste nachchristliche Jahrtau-
send zurück. 1889 heiratete der erste Geiben
in die Besitzerfamilie ein. Die Weinberge von
Peter Geiben, dem heutigen Inhaber, befinden sich zu 80 Prozent in Steillagen, alle auf
der rechten Seite der Ruwer. Fast alle Rieslinge werden spontanvergoren. Die Hälfte
der Weine baut er trocken aus, 20 Prozent
halbtrocken und 30 Prozent süß. Die Mertes-
dorfer Einzellagen Lorenzhöfer Mäuerchen
und Lorenzhöfer Felslay gehören Peter Gei-

K

Die besten deutschen Weinerzeuger und ihre Weine

ben im Alleinbesitz. Mit dem Erwerb des Weinguts Partheiger kam die Lage Kaseler Kehrnagel hinzu, dann die Lage Kaseler Timpert.

Vorjahre

2010 waren die Qualitäts- und Kabinettweine etwas verhaltener, die Spät- und Auslesen aber überzeugten wie gewohnt, insbesondere im restsüßen Segment. 2011 bereitete schon der Literriesling viel Freude, die Selektion von alten Reben war unser Favorit im trockenen Segment. Highlights der Kollektion waren die reintönige Auslese und die nach kandierten Früchten duftende Trockenbeerenauslese.

Neue Kollektion

Die neue Kollektion erreicht nicht ganz das Niveau der Vorjahre, wie praktisch bei allen Weingütern an der Ruwer. Die trockenen Weine sind klar und geradlinig, ein klein wenig besser gefallen uns die feinherben mit einem zupackenden Nies'chen-Kabinett und der fülligeren Timpert-Spätlese, ähnlich präsentieren sich auch der süße Kabinett und die süße Spätlese aus dem Nies'chen, die Auslese ist frisch und elegant, lebhaft und süffig. ◄

Weinbewertung

83 2012 Riesling Kabinett trocken Lorenzhöfer 11 %/8,- €

85 2012 Riesling Spätlese trocken „Selektion von alten Reben" Lorenzhöfer 11,5 %/12,- €

85 2012 Riesling Spätlese „Selektion Quarzitschiefer" Lorenzhöfer 12 %/13,50 €

81 2012 Riesling „feinherb Molaris L." 10,5 %/8,- €

85 2012 Riesling Kabinett „feinherb" Kaseler Nies'chen 10 %/8,- €

86 2012 Riesling Spätlese „feinherb" Kaseler Timpert 11,5 %/8,- €

85 2012 Riesling Kabinett Kaseler Nies'chen 8,5 %/8,- €

86 2012 Riesling Spätlese Kaseler Nies'chen 7,5 %/10,50 €

87 2012 Riesling Auslese Lorenzhöfer 7,5 %/20,50 €

Ernst **Karst** & Sohn
Weingut **Pfalz**

In den Almen, 67098 Bad Dürkheim
***Tel.** 06322-2862, **Fax:** 06322-65965*
www.weingut-karst.de
info@weingut-karst.de
***Besuchszeiten:** Di.-Sa. 10-12 + 13-18 Uhr*
Gästehaus
Restaurant Weinrefugium, Schlachthausstraße 1a

Inhaber . . . . Erika und Manfred Karst
Kellermeister . . . . Uli Karst
Rebfläche . . . . 11,5 Hektar

Das Weingut ist seit 1765 in Besitz der Familie und wird heute von Manfred und Erika Karst geführt. Sohn Uli ist – nach Geisenheim-Studium, USA-Aufenthalt und Praxiserfahrung in der Pfalz und in Franken – inzwischen für den Keller verantwortlich. Die Weinberge befinden sich in den Lagen Spielberg, Rittergarten, Hochbenn und Mandelgarten. Wichtigste Rebsorte ist Riesling, der 40 Prozent der Fläche einnimmt. Hinzu kommen 20 Prozent Burgundersorten und 40 Prozent Rotweinsorten wie Spätburgunder, Dornfelder, St. Laurent, Lemberger, Merlot und Cabernet Sauvignon. Alle Rotweine werden maischevergoren und in Holzfässern ausgebaut.

Vorjahre

Vor zwei Jahren lag bei den trockenen Weißweinen ein momentum-Wein von Chardonnay & Weißburgunder vorne, eine reife Graubugunder Beerenauslese von 2007 konnte ebenso überzeugen wie die Rotwein-Cuvée von 2009. Auch Sauvignon Blanc und Gewürztraminer trocken waren sehr gut. Im vergangenen Jahr lagen bei Rot- wie bei Weißweinen die „momentum"-Weine vorne. Der Riesling zeigte viel Frucht, Biss und Nachhaltigkeit, der Spätburgunder eine gute Tanninstruktur. Auch Grauer Burgunder und Chardonnay waren sehr gut, die rote Cuvée Georg I. hatte sich sehr gut entwickelt.

Neue Kollektion

In diesem Jahr steht bei den Weißweinen ein Grauburgunder mit schönem Birnen-Aroma an der Spitze. Sehr gut gefallen uns die beiden Rotweine, der Merlot ist sehr typisch und saftig, die Cuvée Georg I. hat eine gute, fruchtige Tanninstruktur. ◄

Weinbewertung

82   2012 Riesling trocken „Kunststück" **13 %/7,90 €**

83   2012 Grüner Veltliner trocken „Kunststück" **13 %/8,90 €**

84   2012 Grauburgunder trocken „Kunststück" **13 %/7,50 €**

82   2012 „Rosalie" Rosé trocken Kabinettstück" **12,5 %/5,90 €**

84   2011 Merlot trocken „Kunststück" **13,5 %/7,50 €**

86   2011 „Georg.I" Rotwein trocken **13,5 %/9,50 €**

★★★☆

Karthäuserhof
Weingut   **Mosel**

54292 Trier-Eitelsbach
Tel. *0651-5121,* **Fax:** *0651-53557*
www.karthaeuserhof.com
mail@karthaeuserhof.com
Besuchszeiten: *Mo.-Fr. 8-12 + 13-17 Uhr*

Inhaber .... Albert Behler
Kellermeister .... Christian Vogt
Rebfläche .... 19 Hektar

Der Karthäuserhof hat seinen Namen von den Karthäusermönchen, die das Weingut 1335 vom Kurfürsten von Luxemburg als Geschenk erhielten. Nach der Säkularisierung kam es in den Besitz der Familie Rautenstrauch und wurde seit 1986 in sechster Generation von Christoph Tyrell geführt; da er keine Nachkommen hat, übergab er das Weingut 2012 an seinen Vetter Albert Behler. Gutsverwalter und Kellermeister ist seit 2008 Christian Vogt, der mit der Nachfolgeregelung in die Geschäftsführung eingetreten ist. Dem Karthäuserhof gehört der knapp 19 Hektar große Eitelsbacher Karthäuserhofberg im Alleinbesitz. Der Karthäuserhofberg ist eine Süd-Südwest-Lage mit einer Hangneigung bis zu 55 Prozent. Die Reben wachsen auf feinschiefrigen Verwitterungsböden. Neben 93 Prozent Riesling baut er 7 Prozent Weißburgunder an. Ende der achtziger Jahre hat Christoph Tyrell die alten Fuderfässer durch Edelstahltanks ersetzt, in denen heute alle Weine vom Karthäuserhof ausgebaut werden.

Vorjahre

2010 brillierte die Trockenbeerenauslese, einer der großen edelsüßen Weine des Jahrgangs in Deutschland. Auch das Große Gewächs gefiel uns sehr gut, trotzdem blieben die trockenen Weine, wie eigentlich überall im Anbaugebiet, hinter dem Vorjahr zurück. Der trockene Teil der Kollektion präsentierte sich 2011 stimmig, am besten gefiel uns das Große Gewächs. Ebenso stimmig waren die süßen Rieslinge bis hin zu einer großartigen Trockenbeerenauslese.

Neue Kollektion

Eine stimmige Kollektion bringt nun auch der Jahrgang 2012. Die Gutsrieslinge sind frisch, klar und zupackend, die Spätlese von alten Reben zeigt dezent mineralische Noten, Tyrell's Edition ist fülliger und saftiger, das Große Gewächs kraftvoll und präzise, der feinherbe Kabinett klar und zupackend. Das süße Segment bringt eine klare, strukturierte Spätlese, eine Auslese die konzentriert und saftig ist, kraftvoll und komplex, und einen konzentrierten, intensiven Eiswein. ◄

Weinbewertung

84   2012 Riesling trocken Ruwer **11,5 %/8,90 €**

84   2012 Riesling Kabinett trocken „Schieferkristall" **10,5 %/11,50 €**

87   2012 Riesling Spätlese trocken „Alte Reben" **11 %/14,90 €**

87   2012 Riesling Spätlese trocken „Tyrell's Edition" Karthäuserhofberg **11,5 %/18,90 €**

89   2012 Riesling „GG" Karthäuserhofberg **26,50 €**

85   2012 Riesling Kabinett „feinherb Schieferkristall" **9,5 %/11,50 €**

K

Die besten deutschen Weinerzeuger und ihre Weine

84   2012 Riesling Kabinett Karthäuserhofberg
     8,5 %/12,45 €

88   2012 Riesling Spätlese Karthäuserhofberg
     7,5 %/15,45 €

88   2003 Riesling Auslese Nr. 24 Karthäuserhofberg

89   2012 Riesling Auslese Karthäuserhofberg
     7,5 %/18,95 €

90   2012 Riesling Eiswein „Nr. 49" Karthäuserhof-
     berg   **7 %/98 €/0,375l**

Kaßner-Simon ★
Weingut

Pfalz

Wallstraße 15, 67251 Freinsheim
Tel. 06353-989320, Fax: 06353-989321
www.kassner-simon.de
info@kassner-simon.de
Besuchszeiten: Mo.-Sa. 13-18 Uhr, So. 10-13 Uhr
Landhotel „Altes Wasserwerk"

Inhaber . . . . Thomas Simon
Rebfläche . . . . 15 Hektar

Das 1949 gegründete Weingut wird heute von Thomas Simon geführt. Seine Weinberge befinden sich in verschiedenen Freinsheimer Lagen. Wichtigste Rebsorte ist Riesling, der gut ein Drittel der Rebfläche einnimmt. Es folgen die roten Sorten Portugieser, Spätburgunder und Dornfelder, sowie an weißen Sorten Weiß- und Grauburgunder, Scheurebe, Müller-Thurgau, Auxerrois, Rieslaner, Chardonnay und Kerner. Dazu gibt es Merlot und Cabernet Dorsa.

Vorjahre ―――――――――――

Vor zwei Jahren waren die Rieslinge klar und frisch, hatten hohe Extrakte und waren bei guter Struktur und knackiger Mineralität nicht schwer. Auch Spätburgunder und Merlot waren sehr gut, die beiden Sekte elegant. Im vergangenen Jahr lagen die Weine dicht beieinander, Ausreißer nach oben oder unten gab es nicht. Der Riesling-Sekt und der

exotisch-süße Riesling „Groß" waren sehr gut, ebenso der Chardonnay-Weißburgunder, der Chardonnay aus dem Barrique noch sehr jung, auch die Rotweine – Spätburgunder und Cuvée – waren sehr gut.

Neue Kollektion ―――――――――――

In diesem Jahr zeigt das Weingut einen kräftigen Weißen Burgunder mit harzigem Blüten-Aroma und etwas Zitrus, er lag wohl in feinem Holz. Klar und kräftig ist der Riesling „Groß", herrlich reintönig ist die Beerenauslese. ◄━

Weinbewertung ―――――――――――

83   2009 Pinot Blanc-Auxerrois Sekt brut
     12,5 %/11,30 €

82   2012 Grauburgunder trocken   **13 %/6,20 €**

82   2012 Sauvignon Blanc trocken Musikantenbu-
     ckel   **13 %/8,20 €**

85   2012 Weißburgunder Spätlese trocken „Tal"
     14 %/12,50 €

85   2012 Riesling Spätlese trocken „Groß"
     13,5 %/12,50 €

87   2012 Rieslaner Beerenauslese   **10,5 %/17,- €**

Gebrüder **Kauer** ★★☆
Weingut

Nahe

Bürgermeister-Dielhenn-Straße 1, 55452 Windesheim
Tel. 06707-255, Fax: 06707-517
www.kauerwein.de
info@kauerwein.de
Besuchszeiten: Vinothek Bruchgasse: Di./Do. 17-19 Uhr und nach Vereinbarung

Inhaber . . . . Markus und Christoph Kauer
Rebfläche . . . . 10 Hektar

Der einstige landwirtschaftliche Gemischtbetrieb hat sich seit den achtziger Jahren ganz auf Weinbau konzentriert. 1992 hat Markus Kauer die Führung des Gutes übernommen, seit 2000 steht ihm sein Cousin Christoph zur Seite, der sich um den Weinausbau kümmert. Die Weinberge von Markus und Christoph Kauer liegen in den Windesheimer Lagen Sonnenmorgen, Rosenberg, Saukopf und Römerberg, sowie im Schlossböckelheimer Felsenberg. Die Reben wachsen auf Sandsteinverwitterungsböden des Rotliegenden und des Hunsrückschiefers, aber auch auf Sand und Lehm, im Felsenberg auf Vulkangestein. Markus und Christoph Kauer haben in den vergangenen Jahren den Rebsortenspiegel weiter verändert hin zu den Burgundersorten, die inzwischen die Hälfte der Rebfläche einnehmen, und Riesling, der auf einem Viertel der Rebfläche wächst. Daneben gibt es etwas Müller-Thurgau. Drei Viertel der Weine werden trocken ausgebaut.

Vorjahre

2010 gefielen uns die Schlossböckelheimer Rieslinge ein klein wenig besser als ihre Windesheimer Pendants, auch Grau- und Weißburgunder gaben eine prächtige Vorstellung: Eine sehr gelungene Kollektion in einem schwierigen Jahrgang. Auch 2011 war die Kollektion rundum gelungen: Zwar war der Alkoholgehalt bei den Weiß- und Grauburgundern recht hoch, die Weine waren aber trotzdem harmonisch und besaßen viel reintönige Frucht. Die trockenen Rieslinge, unter denen wir erneut die Schlossböckelheimer Weine etwas stärker einschätzten als die Windesheimer, waren klar und präzise mit feinem Biss und überzeugten vom Gutsriesling bis zum eindringlichen, kraftvollen Wein aus dem Felsenberg. Zwei ausgewogene, konzentrierte edelsüße Rieslinge – Auslese und Beerenauslese – ebenfalls aus dem Felsenberg, rundeten das Sortiment nach oben ab.

Neue Kollektion

Auch wenn jahrgangsbedingt die edelsüßen Weine in diesem Jahr fehlen, bietet sich 2012 ein ähnliches Bild, die Kollektion ist genauso stark wie in den Vorjahren. Grau- und Weißburgunder sind kraftvoll, konzentriert und harmonisch, die Rieslinge sehr präzise und mit feinem Biss. Schon der Basisriesling macht wieder viel Freude und auch in diesem Jahr sehen wir die Schlossböckelheimer Rieslinge vor den Windesheimer Weinen, der Felsenberg-Riesling ist etwas nachhaltiger und mineralischer als der Wein aus dem Römerberg. ◀━

Weinbewertung

83	2012 Weißburgunder trocken **13 %/6,70 €**
84	2012 Riesling trocken **12 %/6,70 €**
86	2012 Weißburgunder „S" trocken Windesheimer **13,5 %/10,- €**
87	2012 Grauburgunder „S" trocken **13,5 %/10,- €**
87	2012 Weißburgunder „R" trocken Windesheimer **14 %/14,- €**
86	2012 Riesling trocken „Roter Sandstein" Windesheimer **13 %/8,70 €**
87	2012 Riesling trocken „Vulkangestein" Schlossböckelheimer **13 %/10,30 €**
87	**2012 Riesling trocken Windesheimer Römerberg 13 %/11,50 €**
88	2012 Riesling trocken Schlossböckelheimer Felsenberg **13 %/15,50 €**
86	2012 Riesling Spätlese Schlossböckelheimer Felsenberg **9 %/10,- €**

★★☆

Martina und Dr. Randolf **Kauer**
Weingut   **Mittelrhein**

⚑ *Mainzer Straße 21, 55422 Bacharach*
Tel. 06743-2272, *Fax:* 06743-93661
www.weingut-dr-kauer.de
info@weingut-dr-kauer.de
Besuchszeiten: *nach Vereinbarung*

Inhaber .... Martina und Randolf Kauer
Rebfläche .... 3,6 Hektar

Randolf Kauer hat 1982 den Grundstein für sein eigenes Weingut gelegt und es seither nach und nach auf die heutige Betriebsgröße erweitert. Zusammen mit seiner Ehefrau Martina bewirtschaftet Professor Dr. Kauer,

K

Die besten deutschen Weinerzeuger und ihre Weine

der im Hauptberuf an der Fachhochschule Geisenheim tätig ist, die Weinberge nach den Richtlinien des ökologischen Weinbaus (Mitglied bei Ecovin). Die Weinberge, allesamt Steillagen, liegen in Bacharach (Kloster Fürstental, Wolfshöhle), Oberwesel (Oelsberg), Oberdiebach (Fürstenberg) und Urbach (Beulsberg). 90 Prozent der Rebfläche nimmt Riesling ein, die restlichen zehn Prozent sind mit Spätburgunder bestockt. 2009 wurden Traubenannahme und Kelterhaus komplett erneuert. Randolf Kauer möchte in den kommenden Jahren qualitativ gute bis sehr gute Brachflächen erwerben, um mittelfristig den Betrieb erweitern und auf Vollerwerb umstellen zu können. Randolf Kauer baut seine Weine überwiegend trocken aus. Die Kabinettweine sind klar, frisch und zupackend, die Spätlesen kraftvoller und stoffiger, oft geprägt von mineralischen Noten. Die Weine insgesamt haben in den letzten Jahren an Präzision gewonnen.

Vorjahre

2010 fielen die Weine klar und präzise aus, besaßen Kraft und Spannung, die trockenen Weine, ob Kabinett oder Spätlese, waren sogar mineralisch – eine Seltenheit am Mittelrhein. Die trockene Spätlese aus dem Oelsberg war unser Favorit, auch die Kabinettweine aus Wolfshöhle und Kloster Fürstental gefielen sehr gut, der süße Teil der Kollektion überzeugte ebenfalls. Aus dem Jahrgang 2011 stellten die Kauers würzig-erdige Rieslinge vor, die erfreulich geradlinig und klar waren und nie unter zu viel Süße litten, kraftvoll und direkt präsentierte sich die nach kandiertem Rhabarber duftende Beerenauslese aus 2011.

Neue Kollektion

Wenn wir mal vom eher unscheinbar wirkenden Spätburgunder Weißherbst absehen, wirken alle vorgestellten Weine kraftvoll und ausgeglichen. Ein saftiger, sehr präzise gearbeiteter Kabinett aus der Wolfshöhle erinnert daran, wie gute Weine dieser Prädikatsstufe früher schmeckten (leicht und

elegant), während die saftige Spätlese aus dem Oelsberg zwar sehr gut balanciert ist, aber mit etwas weniger Süße noch besser schmecken würde. Auch der als „feinherb" bezeichnete Vertreter aus dem Bacharacher Kloster Fürstental ist nicht präzise genug. Insgesamt aber eine sehr überzeugende Leistung! ◀━

Weinbewertung

82 2012 Riesling trocken 11,5 %/7,50 €

85 2012 Riesling Kabinett trocken Bacharacher Kloster Fürstental 11,5 %/8,50 €

86 2012 Riesling Kabinett trocken Bacharacher Wolfshöhle 11,5 %/8,50 €

86 2012 Riesling Spätlese trocken „Alte Reben" Bacharacher Kloster Fürstental 12 %/12,50 €

87 2012 Riesling Spätlese trocken „Alte Reben" Oberweseler Oelsberg 12,5 %/12,50 €

86 2012 Riesling Kabinett „feinherb" Oberdiebacher Fürstenberg 11 %/8,50 €

85 2012 Riesling Spätlese „feinherb" Bacharacher Kloster Fürstental 11,5 %/12,50 €

80 2012 Spätburgunder Weißherbst trocken 12 %/6,50 €

Kees-Kieren
Weingut

★★★

Mosel

Hauptstraße 22, 54470 Graach
Tel. 06531-3428, **Fax**: 06531-1593
www.kees-kieren.de
weingut@kees-kieren.de
Besuchszeiten: Mo.-Fr. 9-18 Uhr, Sa. 10-18 Uhr und nach Vereinbarung
Gutsausschank, Tage der offenen Weinkeller (Pfingsten, Mo.-Fr., und Fronleichnam, Do.-So.)

Inhaber . . . . Ernst-Josef und Werner Kees
Rebfläche . . . . 6,5 Hektar

Seit beinah einem Vierteljahrhundert führen die Brüder Ernst-Josef und Werner Kees diesen Graacher Betrieb, der seine Weinbautradition über 300 Jahre zurückverfolgen kann. Das Weingut verfügt über Steillagenparzellen in Graach, Erden, Kinheim und Kesten, Riesling spielt mit rund 90 Prozent die Hauptrolle, daneben wird etwas Kerner, Müller-Thurgau und Spätburgunder angebaut. Die Weine werden vorwiegend in Fuderfässern ausgebaut; sie präsentieren sich immer wieder sehr saftig und rassig, im edelsüßen Bereich sogar opulent.

Vorjahre

2010 war jahrgangsbedingt schwächer: Die trockenen Rieslinge blieben hinter den Vorjahren zurück, die edelsüßen Weine waren etwas weniger brillant, am meisten begeisterte uns die Beerenauslese. Die letztjährige Kollektion insgesamt gefiel uns besser, präsentierte sich stimmig, trocken wie süß. Das Große Gewächs aus dem Domprobst ragte aus den trockenen Weinen hervor, noch etwas spannender waren in der Spitze die Süßen, die würzige, elegante Spätlese aus dem Treppchen, die stoffige Auslese aus dem Himmelreich die duftige, noch konzentriertere Auslese aus dem Domprobst, sowie als Höhepunkt wie im Jahr zuvor eine komplexe Beerenauslese.

Neue Kollektion

2012 wird das trockene Segment wie in den Vorjahren angeführt vom Großen Gewächs, das gute Konzentration und herrlich viel Frucht besitzt, gute Fülle und viel Saft. Im süßen Segment fehlt ein klein wenig die Brillanz früherer Jahrgänge, Fülle und Konzentration gehen bei manchen Weinen zu Lasten der Eleganz. Am besten gefällt uns die konzentrierte, wunderschön reintönige Versteigerungsauslese, die wir auch der konzentrierten, enorm dicken und dominanten Trockenbeerenauslese des Jahrgangs 2011 vorziehen. ◄━

Weinbewertung

80   2012 Riesling Hochgewächs trocken Graacher **12,5 %/6,- €**

82   2012 Kabinett trocken Kinheimer Rosenberg **12,5 %/7,80 €**

82   2012 Riesling Kabinett trocken Graacher Domprobst **12 %/8,- €**

83   2012 Riesling Spätlese trocken Graacher Domprobst **12,5 %/9,50 €**

85   2012 Riesling Spätlese trocken „S" Graacher Domprobst **13 %/12,- €**

88   2012 Riesling** „GG" Graacher Domprobst **13 %/16,- €**

81   2012 Riesling Kabinett „feinherb" Graacher Himmelreich **11,5 %/7,80 €**

85   2012 Riesling Spätlese* „feinherb" Graacher Domprobst **11,5 %/10,- €**

87   2012 Riesling Auslese* „feinherb" Graacher Himmelreich **11,5 %/14,50 €**

83   2012 Riesling Kabinett Graacher Himmelreich **8 %/7,50 €**

82   2012 Riesling Kabinett** Erdener Treppchen **8 %/Verst.**

86   2012 Riesling Spätlese* Graacher Himmelreich **8 %/9,50 €**

86   2012 Riesling Spätlese** Graacher Himmelreich **7,5 %/12,- €**

86   2012 Riesling Auslese* Graacher Himmelreich **8 %/14,50 €**

89   2012 Riesling Auslese*** Graacher Domprobst **7,5 %/Verst.**

88   2011 Riesling Trockenbeerenauslese Graacher Himmelreich **6 %/72,- €/0,375l**

Keil
Weingut

Württemberg

Alt-Renzener Weg 2, 74629 Pfedelbach-Untersteinbach
***Tel.** 07949-528, **Fax:** 07949-940645*
www.weingut-keil.de; info@weingut-keil.de
***Besuchszeiten:** Mo.-Fr. 18 -20 Uhr, Sa. 13:30-18 Uhr, oder nach Vereinbarung*

Inhaber.................................Ralf Keil
Rebfläche.............................3,5 Hektar

Ralf Keil gründete 2004 mit damals 1,7 Hektar Weinbergen sein eigenes Weingut. Seine

Weinberge liegen alle im Steinbacher Tal in der Lage Heuholzer Dachsteiger. Dort wachsen die Reben überwiegend auf schweren Keuperböden, einzelne Parzellen sind mit Muschelkalk durchsetzt. Ralf Keil hat neue Rebsorten gepflanzt und mit dem Barriqueausbau begonnen.

Vorjahre

Die 2010er Weißweine waren gleichmäßig, aber etwas verhalten, so dass der rote Teil der Kollektion vor zwei Jahren die Nase vorne hatte, vor allem Cabernet Mitos und Spätburgunder überzeugten. Die letztjährige Kollektion war stimmig: Die Weißweine waren frisch und klar, der geradlinige Sauvignon Blanc gefiel uns besonders gut; das rote Segment wurde angeführt von der Barriquecuvée.

Neue Kollektion

2012 hatte Ralf Keil mit hohen Mostgewichten zu kämpfen, weshalb er Weine wie den Sauvignon Blanc restsüß ausbaute. In der gleichmäßigen Kollektion gefällt uns trotzdem ein trockener Wein, der kraftvolle, füllige Chardonnay am besten. ◀

Weinbewertung

84   2012 Chardonnay Auslese*** trocken **13 %/7,20 €**
81   2012 Riesling Kabinett**   11 %/4,80 €
82   2012 Riesling Auslese***   11 %/7,20 €
82   2012 Sauvignon Blanc***   **13,5 %/8,50 €**
82   2010 „Cuvée C"** Rotwein trocken 12,5 %/6,20 €
81   2011 Lemberger** trocken   **13,5 %/8,20 €**
80?   2011 Lemberger*** trocken   13,5 %/14,80 €

★★★★★

Franz **Keller**
Weingut Schwarzer Adler

Baden

Badbergstraße 23, 79235 Vogtsburg-Oberbergen
Tel. *07662-93300,* **Fax:** *07662-719*
www.franz-keller.de
keller@franz-keller.de
Besuchszeiten: *Mo.-Fr. 8-18 Uhr, Sa. 8-16 Uhr*
Hotel und Restaurant Schwarzer Adler,
Winzerhaus Rebstock

Inhaber .... Fritz Keller
Rebfläche .... 57 Hektar

Kein Anderer in Deutschland hat sich so für trockene, durchgegorene Weine eingesetzt wie Franz Keller. Sein Sohn Fritz Keller führt diesen Weg konsequent fort: Alle Weine sind durchgegoren und trocken, auch wenn dies nicht auf dem Etikett vermerkt ist. Dafür stehen Restzucker und Säure auf dem Etikett. Im Anbau dominieren die Burgundersorten. Dazu kommen vor allem Müller-Thurgau und Silvaner, beide aber mit abnehmender Bedeutung. Ein wenig Sauvignon Blanc hat Fritz Keller gepflanzt, auch Merlot und Cabernet Sauvignon. Die besten Weine werden in der Reihe Selection angeboten. Entweder als Selection „S" oder – in Ausnahmejahren, wenn die Weine viel Lagerpotenzial versprechen – als Selection „A". Alle Selectionsweine werden zu 100 Prozent im Holzfass ausgebaut. Bei den Weißweinen geht Fritz Keller weg vom Barrique und hin zu 360-Liter-Fässern.

Vorjahre

2010 zeigten Weiß- und Grauburgunder viel reintönige Frucht, Substanz und Frische, die Selektionsweine von Weißburgunder und Chardonnay waren wieder große Klasse. Auch die 2009er Spätburgunder waren großartig, sehr burgundisch und etwas wild der A, enorm verschlossen und ebenfalls burgundisch der S. Im vergangenen Jahr gehörte der Chardonnay dosage zéro, Jahrgang 2009, zu den besten deutschen Sekten.

Die weißen Burgunder aus der Bassgeige waren alle sehr gut, ebenso die Weine aus Pulverbuck und Schlossberg, die Franz Anton-Weine waren hervorragend, an der Spitze aber standen die Selektionsweine, zwei Chardonnay, zwei Grauburgunder und der Weißburgunder A, alle fanden sich auf den vorderen Plätzen wieder in unseren Bestenlisten des vergangenen Jahres, das galt auch für die Spätburgunder A und S.

Weißburgunder 2012

Der Weißburgunder aus der Bassgeige ist fruchtbetont und harmonisch, geradlinig und klar, der aus dem Pulverbuck ein wenig saftiger, ganz hervorragend sind die beiden Selektionsweine: Der S zeigt viel Konzentration und etwas Haselnüsse im Bouquet, besitzt viel Kraft, braucht aber Zeit, ist derzeit sehr puristisch, sehr verschlossen – ein Wein mit viel Potenzial. Dies muss man auch dem A zugestehen, der herrlich konzentriert und reintönig im Bouquet ist, ganz dezent Toast im Hintergrund zeigt, klar, kraftvoll und zupackend im Mund ist, gute Struktur und viel Druck besitzt.

Grauburgunder 2012

Der Grauburgunder aus der Bassgeige ist wunderschön, füllig, harmonisch und reintönig, etwas konzentrierter und kraftvoller ist der Grauburgunder vom Steinriesen, ebenfalls aus der Bassgeige, der Wein aus dem Schlossberg ist etwas puristischer, nachhaltiger, „Franz Anton" ist cremig, harmonisch und klar. An der Spitze stehen S und A, wir sehen sie gleichauf: Der S ist füllig und kraftvoll, puristisch und zupackend, derzeit noch allzu jugendlich, allzu anstrengend. Viel Stoff und Kraft besitzt der A, viel Konzentration, reife Frucht, viel Substanz, ist ebenfalls noch enorm jugendlich.

Chardonnay 2012

Der Chardonnay aus der Bassgeige besitzt gute Konzentration und herrlich viel Frucht, ist wunderschön reintönig, der „Franz Anton" ist würzig und konzentriert, klar und harmonisch, komplex bei feiner Frische. Der S zeigt gute Konzentration im Bouquet, herrlich viel Frucht und dezenten Toast, ist füllig und kraftvoll im Mund, besitzt reife Frucht, gute Struktur und Frische. Der A ist etwas verschlossen, ist füllig und kraftvoll, konzentriert und stoffig, braucht Zeit. Nicht zu vergessen: Chardonnay dosage zéro, komplex und lang, einmal mehr einer der besten Sekte Deutschlands.

Rotweine

Bei der Merlot-Cabernet-Cuvée ziehen wir eindeutig die A-Variante vor, die deutlich fülliger und kraftvoller ist als der S, der fast burgundisch-frisch daherkommt. Der Spätburgunder „Franz Anton" ist fruchtbetont, frisch, herrlich reintönig, besitzt gute Fülle und Eleganz. Der S ist deutlich kraftvoller und tanninbetonter, sehr jugendlich, der A besitzt Fülle und Kraft, gute Struktur und Substanz, feine Frische im Abgang, ist derzeit aber noch sehr vom Toast geprägt. Absoluter Star im roten Segment ist der neue Wein im Programm, der A aus dem Eichberg: Er zeigt gute Konzentration im Bouquet, faszinierend viel Frucht, ist herrlich eindringlich und reintönig, er besitzt Fülle und Kraft im Mund, ist faszinierend druckvoll, reintönig und nachhaltig. ◄■

Weinbewertung

90	2010 Chardonnay Sect dosage zéro **13 %/26,- €**
87	2010 Pinot Sect brut **12,5 %/14,90 €**
87	2011 Sauvignon Blanc **12,5 %/15,50 €**
88	2012 Weißburgunder Oberbergener Bassgeige **13 %/10,50 €**
88	2012 Grauburgunder Oberbergener Bassgeige **13 %/10,80 €**
88	2012 Chardonnay Oberbergener Bassgeige **13 %/10,80 €**
89	2012 Riesling „Vum Schäfacker" Oberbergener Bassgeige **11,5 %/10,80 €** ☺
89	2012 Grauburgunder „vom Steinriesen" Oberbergener Bassgeige (Vulkan) **13,5 %/14,50 €**
89	2012 Weißburgunder Oberbergener Pulverbuck **13 %/15,20 €**
89	2012 Grauburgunder Achkarrer Schlossberg **13 %/15,90 €**

K

Die besten deutschen Weinerzeuger und ihre Weine

K

88	2012 Grauburgunder „Franz Anton"	**13,5 %/17,50 €**
90	2012 Chardonnay „Franz Anton"	**13 %/17,50 €**
92	2012 Weißburgunder „S"	**13 %/24,- €**
93	2012 Grauburgunder „S"	**13,5 %/24,- €** ☺
93	2012 Chardonnay „S"	**13 %/24,- €** ☺
93	2012 Weißburgunder „A"	**13 %/32,- €**
93	2012 Grauburgunder „A"	**13,5 %/32,- €**
92	2012 Chardonnay „A" Kirchberg	**13,5 %**
87	2011 Weißburgunder Auslese	**14,5 %/17,50 €**
87	2011 Ruländer Auslese	**12,5 %/17,50 €**
89	2011 Riesling Auslese	**8 %/18,- €**
87	2012 Gewürztraminer Jechtinger Eichert **11 %/18,50 €**	
90	2011 Müller-Thurgau Beerenauslese Oberbergener Bassgeige **9 %/34,- €/0,375l**	
90	2011 Spätburgunder „Franz Anton"	**13 %/17,50 €**
87	2011 Merlot Cabernet Sauvignon „Franz Anton" **13 %/17,50 €**	
90	2011 Merlot Cabernet „A" Eichberg	**13 %**
91	2011 Spätburgunder „S"	**13 %/32,- €**
92	2011 Spätburgunder „A"	**13 %/44,- €**
95	2011 Spätburgunder „A" Eichberg	**13 %**

★ ☆

Gerd **Keller**

Weingut

Württemberg

Rechentshoferstraße 8, 74343 Sachsenheim
Tel. *07147-7909 oder 0170-2343949*
www.weinbauer-gerd-keller.de
keller.gerd@web.de
Besuchszeiten: *Sa. 9-16 Uhr oder nach Vereinbarung*

Inhaber .... Gerd Keller
Rebfläche .... 3 Hektar

Bereits mit 17 Jahren kaufte Gerd Keller die ersten Terrassenlagen im Geigersberg in Ochsenbach, seit dem Jahr 2000 erzeugt er Wein. Seine Lehre hatte er bei Wöhrwag in Stuttgart absolviert, später dann im In- und Ausland Erfahrungen gesammelt, unter anderem bei Bründlmayer und Mosbacher. Seine Weinberge liegen im Kirbachtal in den Lagen Hohenhaslacher Kirchberg (Keuper), Ochsenbacher Geigersberg (roter Keuper mit Sand) und Häfnerhaslacher Heiligenberg (Buntsandstein). Zu 70 Prozent baut er Rotweine an, Lemberger vor allem, aber auch Trollinger, Portugieser und Schwarzriesling, Regent und Spätburgunder, Cabernet Sauvignon und Merlot. Dazu gibt es weiße Sorten wie Riesling, Grauburgunder, Kerner, Müller-Thurgau und Gewürztraminer. Die Weine werden zu 80 Prozent trocken ausgebaut.

Kollektion —————————————

Eine interessante Kollektion mit eigenständigen Weinen stellte Gerd Keller uns zum Debüt im vergangenen Jahr vor. Der 2010er Riesling Frosch gefiel uns besonders gut im weißen Segment, ebenso die Cuvée Hannah; rot überzeugten vor allem der Lemberger „Brombär", der Trollinger und die Geigenspiel-Cuvée.

Neue Kollektion —————————————

Sehr überzeugend und gleichmäßig ist nun auch die neue Kollektion, weiß wie rot. Die frische, fruchtbetonte Cuvée Hannah und der geradlinige Riesling Frosch gefallen uns im weißen Segment am besten, im roten Segment ist es die Cuvée Geigenspiel, die gute Konzentration und reife Frucht im Bouquet zeigt, gute Struktur, Fülle und Frische im Mund besitzt. ◄

Weinbewertung —————————————

84	2012 Riesling trocken „Frosch"	**12 %/5,40 €**
84	2012 „Hannah" Weißwein trocken	**13 %/6,20 €**
83	2012 „Fetz" Rosé trocken	**4,50 €**
82	2011 „Rambaß" Rotwein trocken	**12 %/6,40 €**
83	2011 Lemberger trocken „Alte Reben"	**11,90 €**
85	2011 „Geigenspiel" Rotwein trocken	**11,90 €**

Karlheinz **Keller**
Weingut

 ★★★

Rheinhessen

Landgrafenstraße 74-76, 67549 Worms-Pfifflingheim
Tel. *06241-75562,* **Fax:** *06241-74836*
www.weingutkeller.de
info@weingutkeller.de
Besuchszeiten: *Mo./Di/Do./Fr. 9-18 Uhr, Mi. 9-13 Uhr, Sa. 9-14 Uhr*

Inhaber............Karlheinz und Markus Keller
Rebfläche..............................21 Hektar

Karlheinz Keller hat 1975 den elterlichen Betrieb übernommen, seither die Rebfläche mehr als verdoppelt. Seit 1997 werden er und Ehefrau Petra im Betrieb von Sohn Markus unterstützt, der bei Klaus Keller und Bassermann-Jordan in die Lehre gegangen war. Die Weinberge liegen in Pfifflingheim (Nonnenwingert, Lössböden), Pfeddersheim (St. Georgenberg und Hochberg, roter Kiesboden mit hohem Lehmanteil, auch Löss und teils Kalk) und Nieder-Flörsheim (Frauenberg). Rotweine spielen eine wichtige Rolle im Betrieb, St. Laurent vor allem, aber auch Merlot, Cabernet Sauvignon, Syrah und Lagrein. Dazu gibt es etwas Frühburgunder, Portugieser und Dornfelder. An weißen Sorten gibt es vor allem Weiß- und Grauburgunder, Chardonnay und Riesling, noch ein klein wenig Bacchus und Morio-Muskat. Die Rotweine werden im Holzfass und teilweise im Barrique ausgebaut und seit 2007 unfiltriert abgefüllt, die Weißweine kommen in Edelstahltanks. Das Gros der Weine wird ab Hof an Privatkunden verkauft.

Vorjahre
Karlheinz und Markus Keller liefern seit der ersten Ausgabe zuverlässige Kollektionen auf sehr gutem Niveau. Die Qualität stimmt, die Rotweine vor allem haben zuletzt weiter zugelegt. Sehr konsistent präsentierte sich der weiße Jahrgang 2011, wobei uns die Rieslinge und der erstmals vorgestellte, wunderschön reintönige Grüner Veltliner etwas besser gefielen als die Burgunder. Stärker noch aber war das rote Segment mit Syrah und Lagrein, Merlot und Spätburgunder.

Neue Kollektion
Auch 2012 präsentieren sich die Weißweine sehr geschlossen, besonders interessant sind der reintönige, zupackende Grüne Veltliner, der frische, klare Riesling aus dem St. Georgenberg und unser Favorit, der Frauenberg-Riesling, der viel reife Frucht besitzt, eine feine Limonennote und deutliche Süße. Auch Chardonnay, Viognier und Sauvignon Blanc sind alle wunderschön sortentypisch. Sehr gleichmäßig präsentiert sich auch der rote Teil der Kollektion mit einem wunderschön rauchigen, kraftvollen Spätburgunder, einem reintönigen, strukturierten Lagrein, einem konzentrierten Merlot, einem pfeffrigen Syrah und einem reintönigen Cabernet Sauvignon mit feinen Cassisnoten.

Weinbewertung
82 2012 Riesling trocken Pfeddersheimer St. Georgenberg **12,5 %/5,80 €**

84 2012 Grauburgunder trocken Wormser Nonnenwingert **12,5 %/6,70 €**

85 2012 Sauvignon Blanc trocken Pfeddersheimer St. Georgenberg 12,5 %/7,- €

86 2012 Grüner Veltliner trocken Wormser Nonnenwingert **13 %/10,20 €**

85 2012 Chardonnay Spätlese trocken Pfeddersheimer St. Georgenberg **13 %/8,20 €**

85 2012 Viognier trocken Wormser Nonnenwingert **12,5 %**

88 2012 Riesling Spätlese trocken Nieder-Flörsheimer Frauenberg **13,5 %/8,20 €** ☺

86 2012 Riesling Spätlese trocken Pfeddersheimer St. Georgenberg **13 %/7,80 €**

85 2011 Syrah trocken Wormser Nonnenwingert **13,5 %/12,50 €**

86 2011 Cabernet Sauvignon trocken Wormser Nonnenwingert **14 %/14,- €**

87 2011 Merlot trocken **13,5 %/9,80 €**

86 2011 Lagrein trocken Pfeddersheimer St. Georgenberg **13,5 %/12,50 €**

87 2011 Spätburgunder Auslese trocken Wormser Nonnenwingert **14,5 %/21,50 €**

K

Klaus **Keller**

Weingut

Rheinhessen

Bahnhofstraße 1, 67592 Flörsheim-Dalsheim
Tel. 06243-456, Fax: 06243-6686
www.keller-wein.de
info@keller-wein.de
Besuchszeiten: Mo.-Fr. 8-12 + 13-17 Uhr, Sa. 10-15
Uhr

Inhaber............................Klaus Keller
Rebfläche...........................19,5 Hektar

Klaus Keller und Sohn Klaus Peter Keller bauen vor allem Riesling und die Burgundersorten an. Dazu gibt es Silvaner, Rieslaner und Scheurebe. Die Rieslinge der Kellers wachsen im Dalsheimer Hubacker, einem nach Südosten geneigten Hang (Kalksteinfels), sowie in Westhofen in den Lagen Morstein, Brunnenhäuschen (Abtserde) und Kirchspiel. Die besten Spätburgunder kommen von Muschelkalkböden aus dem Dalsheimer Bürgel und vom Niederflörsheimer Frauenberg. 2009 hat Klaus Peter Keller Weinberge im Niersteiner Pettenthal zugepachtet, die er 2011 erwerben konnte, dazu einen halben Hektar im besten Teil des Niersteiner Hipping. Die Moste werden bei niedrigen Temperaturen möglichst spontan vergoren. Die Gärung dauert mindestens acht bis zehn Wochen, edelsüße Spitzenweine gären oft ein halbes Jahr. Die Weine werden im Edelstahl oder in Holzfässern ausgebaut.

Die entscheidende Änderung bei den trockenen Keller-Rieslingen der letzten Jahre ist die Vinifikation hin auf lange Haltbarkeit, weshalb sie in ihrer Jugend verschlossener, „schwieriger" sind. Das gilt nicht nur für den G-Max, das gilt auch – je nach Jahrgang mehr oder weniger – für die anderen großen Rieslinge aus Morstein, Hubacker, Kirchspiel und schließlich Abtserde, der mit dem Jahrgang 2006 sein Debüt gab und oft der verschlossenste Keller-Riesling ist.

Vorjahre

Bärenstark waren die Edelsüßen 2010, angeführt von zwei faszinierenden Trockenbeerenauslesen, dazu feine Spätlesen, Auslesen, Beerenauslesen. Auch 2010 waren die Unterschiede im Top-Segment deutlich, die Reihenfolge identisch wie 2009: G-Max war einmal mehr unser Favorit vor den noch verschlossenen Rieslingen aus Abtserde und Morstein. Bei den Spätburgundern trat der Frauenberg mit dem Jahrgang 2009 erstmals als Großes Gewächs auf; beide Spätburgunder waren hervorragend, unsere leichte Präferenz galt dem eleganteren Frauenberg. 2010 dann präferierten wir den Bürgel, beide Spätburgunder waren „burgundischer" geworden. Das edelsüße Segment war enorm stark, hatte eine Vielzahl prächtiger Auslesen und gleich vier Trockenbeerenauslesen zu bieten, eine grandioser als die andere. Mit den trockenen Rieslingen verbrachten wir viel Zeit: Die Abtserde deutete erst im „Langzeittest" an, was in ihr steckt, der G-Max blieb verschlossen, Morstein und Hubacker waren faszinierend präsent, das Kirchspiel sowieso, mit ihm haben wir immer die wenigsten Probleme.

2012 trocken

Solche Gutsweine lassen wir uns gefallen: Frisch und herrlich reintönig der Riesling, klar und geradlinig die durchgegorene Scheurebe. Der Wein vom muscheligen Kalk ist harmonisch und saftig, der Silvaner kraftvoll und kompakt, der Riesling von der Fels besitzt mehr Fülle und Saft als der Gutsriesling, eine weitere Steigerung bringt der kraftvolle, konzentrierte Niersteiner Riesling, der hervorragend ist; aber es kommt natürlich noch besser, mit sechs Großen Gewächsen und dem G-Max. Das Kirchspiel ist frisch, klar und elegant, besitzt feine Präzision, Druck und Länge. Der Hubacker ist füllig und saftig, anfangs irritiert etwas die Süße, später überwiegen Kraft und Präzision, Frucht, Druck und Länge. Pettenthal ist klar und konzentriert, kraftvoll, präzise, besitzt viel Sub-

Die besten deutschen Weinerzeuger und ihre Weine

K

stanz, feine Säure und Länge. Hipping hingegen, etwas vom Schwefel geprägt, ist füllig und kraftvoll, recht süß, aber besitzt Substanz und Länge. Herrlich präsent und faszinierend reintönig präsentiert sich der Morstein, ist fruchtbetont und komplex, kraftvoll und enorm lang. Die Abtserde ist erstaunlich offen (zumindest zum Zeitpunkt unserer Verkostung), herrlich stoffig und kraftvoll, saftig und konzentriert, besitzt viel Frucht und Substanz, ist reintönig und „sättigend", fanden wir in unserer Verkostungsnotiz. Der G-Max ist wie im Vorjahr enorm verschlossen, dieses Jahr klar der verschlossenste unter allen Keller-Weinen. Er besitzt Kraft und Struktur, ist nachhaltig bei bitter-mineralischen Noten, entwickelt nach einem Tag enormen Druck: Potenzial ohne Ende! Um das zu prognostizieren braucht man gar nicht wissen, dass derzeit der 2003er faszinierend komplex, kraftvoll und elegant, harmonisch und lang ist, und noch enorm jugendlich, ein grandioser Riesling!

2012 süß _____

2012 war nicht ganz die Bandbreite früherer Jahrgänge möglich, die sechs Weine, die wir verkosten konnten, waren alle hervorragend. Die Pettenthal-Spätlese ist reintönig und zupackend, die Rieslaner Auslese faszinierend elegant, reintönig und lang. Die Auslese aus der Abtserde ist klar und zupackend, besitzt Substanz und Biss, die aus dem Morstein ist würziger und frischer, aber ebenso klar und lang, etwas konzentrierter noch ist die Auslese aus dem Hubacker, die mit viel Länge und Nachhall fasziniert. Die Goldkapsel-Beerenauslese zeigt gute Konzentration und reintönige Frucht im Bouquet, ist faszinierend klar und zupackend, besitzt herrlich viel Frucht und Substanz.

Spätburgunder _____

Der Frauenberg zeigt rote Früchte und dezent Gewürze im Bouquet, ist frisch und klar im Mund, präzise und zupackend, besitzt gute Struktur, feine Frucht und Biss, jugendliche Tannine. Wie schon im Vorjahr präferie-

ren wir aber auch 2012 den Wein aus dem Bürgel, der viel Duft und reife Frucht im Bouquet zeigt, Fülle und Kraft im Mund besitzt, gute Struktur, Frische und enormen Druck. Ganz starke Basis, ganz starke Spitze: Unsere Kollektion des Jahres! ◀━

Weinbewertung _____

88	2012 Riesling trocken	**12 %/8,90 €** ☺
88	2012 Scheurebe trocken	**12,5 %/9,90 €** ☺
89	2012 Riesling trocken „von der Fels" **12,5 %/16,90 €**	
88	2012 „vom muscheligen Kalk" Weißwein trocken **13 %/14,90 €**	
89	2012 Sylvaner „Feuervogel" **13,5 %/26,90 €**	
90	2012 Riesling trocken Nierstein **12 %/28,- €**	
92	2012 Riesling „GG" Kirchspiel **12,5 %/36,- €**	
92	2012 Riesling „GG" Hubacker **12,5 %/40,- €**	
92	2012 Riesling „GG" Pettenthal **12 %/62,- €**	
91	2012 Riesling „GG" Hipping **12,5 %/Verst.**	
93	2012 Riesling „GG" Morstein **13 %/a.A.**	
94	2012 Riesling „GG" „Abts E" **12,5 %/65 €**	
96	2003 Riesling trocken „G-Max"	
94+	2012 Riesling trocken „G-Max" **13 %/a.A.**	
90	2012 Riesling Spätlese Pettenthal **8,5 %/45,- €**	
91	2012 Rieslaner Auslese **8,5 %/16,- €/0,375l**	
92	2012 Riesling Auslese Morstein **8 %/45,- €/0,375l**	
92	2012 Riesling Auslese „Abts E" **8 %/45,- €/0,375l**	
93	2012 Riesling Auslese*** Hubacker **8,5 %/45,- €/0,375l**	
95	2012 Riesling Beerenauslese Goldkapsel Morstein **6,5 %/195,- €/0,375l**	
94	2011 Spätburgunder „GG" Bürgel **13 %/44,- €**	
92	2011 Spätburgunder „GG" Frauenberg **13 %/69,- €**	

K

Die besten deutschen Weinerzeuger und ihre Weine

Heribert **Kerpen**
Weingut   **Mosel**

★★★★

Uferallee 6, 54470 Bernkastel-Wehlen
Tel. 06531-6868, **Fax:** 06531-3464
www.weingut-kerpen.de
info@weingut-kerpen.de
Besuchszeiten: *Mo.-Fr. 10-18 Uhr, Sa. 10-15:30 Uhr*
und nach Vereinbarung
Weinprobierstube, Weinkellerwoche (Christi
Himmelfahrt bis Pfingsten)

Inhaber . . . . Martin Kerpen
Rebfläche . . . . 7,5 Hektar

Das Weingut blickt auf 250 Jahre Tradition zurück, die Familie auf Weinbau in der achten Generation. Martin Kerpen hat 1988 den elterlichen Betrieb übernommen. Das Gros seiner Weinberge liegt in Steillagen in Wehlen (Sonnenuhr) und Graach (Domprobst, Himmelreich), hinzu kommt ein wenig Besitz im Bernkasteler Bratenhöfchen. Er baut ausschließlich Riesling an, etwa 60 Prozent seiner Rieslinge baut er trocken und halbtrocken aus. Seine Auslesen klassifiziert er intern, gemäß seiner eigenen Einschätzung, mit ein bis drei Sternen. Etwa ein Drittel der Weine wird exportiert.

Vorjahre _____

Martin Kerpens Rieslinge zeigen eine klare Handschrift: Sie sind alle sehr reintönig und zupackend, mit wunderschöner Säure, in den letzten Jahren sind die Weine noch etwas präziser und eleganter geworden. Im schwierigen Jahrgang 2010 hatte sich Martin Kerpen sehr gut behauptet. Die Weine waren frisch und klar, angefangen von den Kabinettweinen bis hin zu den edelsüßen Spitzen. Die 2011er Kollektion war nochmals stärker, trocken wie süß, schon die Basisweine überzeugten, die beiden trockenen Sonnenuhr-Spätlesen waren konzentriert und reintönig, füllig und doch elegant, kraftvoll; das feinherbe Segment bot eine prächtige Spätlese aus dem Domprobst.

Noch etwas spannender fanden wir die süße Domprobst-Spätlese und ihr Pendant aus der Sonnenuhr, sowie die drei Auslesen.

Neue Kollektion _____

2012 nun hat Martin Kerpen einige enorm dicke edelsüße Weine geerntet, die dominante Süße wird ihnen ein langes Leben bescheren – wir aber erfreuen uns mehr an den eleganten, frischen Spätlesen. Die beiden süßen Spätlesen aus der Sonnenuhr sind faszinierend reintönig und lebhaft, komplex und lang, die Ein-Sterne-Spätlese ist etwas kraftvoller. Ähnlich ist das Verhältnis zwischen der trockenen Spätlese und der trockenen Spätlese von alten Reben, beide sind herrlich frisch und reintönig, kraftvoll und zupackend, die Basisweine sind zuverlässig wie gewohnt. ◄

Weinbewertung _____

85 2012 Riesling trocken „Blauschiefer" 12 %/6,40 €
84 2012 Riesling Kabinett trocken Wehlener Sonnenuhr 11,5 %/8,- €
88 2012 Riesling Spätlese trocken Wehlener Sonnenuhr 12,5 %/9,50 € ☺
89 2012 Riesling Spätlese trocken „Alte Reben" Wehlener Sonnenuhr 12,5 %/11,50 € ☺
84 2012 Riesling Kabinett „feinherb" Graacher Himmelreich 11,5 %/8,- €
86 2012 Riesling Spätlese „feinherb" Graacher Domprobst 11,5 %/9,50 €
88 2012 Riesling Spätlese „feinherb" „Alte Reben" Wehlener Sonnenuhr 12 %/11,50 €
85 2012 Riesling Kabinett Wehlener Sonnenuhr 9 %/8,- €
89 2012 Riesling Spätlese Wehlener Sonnenuhr 9,5 %/9,50 € ☺
90 2012 Riesling Spätlese* Wehlener Sonnenuhr 8,5 %/11,50 € ☺
88 2012 Riesling Beerenauslese Graacher Domprobst 7 %/35,- €/0,375l
89 2012 Riesling Eiswein Bernkasteler Bratenhöfchen 11,5 %/35,- €/0,375l
90 2012 Riesling Trockenbeerenauslese „Celsius -15°" Bernkasteler Bratenhöfchen 6 %/0,375l/Verst.
89 2012 Riesling Trockenbeerenauslese* Wehlener Sonnenuhr 6,5 %/0,375l/Verst.

August **Kesseler**
Weingut   ★★★★☆

Rheingau

Lorcher Straße 16, 65385 Assmannshausen
Tel. *06722-2513,* **Fax:** *06722-47477*
www.august-kesseler.de
info@august-kesseler.de
Besuch *nach Vereinbarung*

Inhaber .... August Kesseler
Rebfläche .... 23 Hektar

August Kesseler hat das elterliche Weingut 1977 übernommen und auf die heutige Größe erweitert. Er gehört zu den Pionieren des modernen, im kleinen Holzfass ausgebauten Spätburgunders im Rheingau und machte ab Ende der Achtziger mit seinen Rotweinen Furore. Etwa 50 Prozent seiner Weinberge sind mit Spätburgunder bepflanzt, darunter ist ein hoher Anteil alter Reben, hinzu kommen etwa 50 Prozent Riesling und eine kleine Menge Silvaner. Außer im Assmannshäuser Höllenberg ist er in Rüdesheim in den Lagen Berg Schlossberg, Bischofsberg, Berg Roseneck und Rottland vertreten. Hinzu kommen Reben im Lorcher Schlossberg. Die Rieslinge werden reduktiv im Edelstahl ausgebaut und besitzen Finesse und eine sehr geradlinige Art, von den trockenen Basisweinen (wie den „Jungen Reben") bis zu den animierenden Süßweinen. Sein trockener Spitzenriesling aus dem Roseneck wirkt fast immer würziger und etwas breiter als jener aus dem Berg Schlossberg. Die Spätburgunder reifen im Holz – mal im großen Fass, dann wieder im Barrique – und besitzen Eleganz sowie eine mineralische Struktur; sie leiden nie unter einem Übermaß an Barriquenoten oder Alkohol.

Vorjahre
Die 2010er Weißweine waren animierend, von der saftigen Assemblage aus Riesling und Silvaner bis zur rassigen Auslese aus dem Schlossberg. Im letzten Jahr stellte Kesseler ausschließlich Weißweine vor. Die fürs Erste Gewächs vorgesehene trockene Spätlese aus dem Rüdesheimer Schlossberg faszinierte, bei den süßen Rieslingen war die Auslese aus dem Lorcher Schlossberg unser Favorit.

Neue Kollektion
Die 2011er Spätburgunder sind dicht und fest, besitzen deutlichen Alkohol, sind in der Spitze zunächst leicht kantig, entwickeln sich aber nach 24 Stunden in der Karaffe zu nobler Fülle. Sowohl die „Cuvée Max" als auch das Große Gewächs aus dem Höllenberg besitzen eine feine, süße, an rote Beeren erinnernde, rauchige Frucht, sind sehr präzise gearbeitet, inklusive gekonntem Holzeinsatz. Am verschlossendsten und mineralischsten wirkt das Große Gewächs aus dem Schlossberg. Sehr viel zugänglicher ist da der mit Schraubverschluss abgefüllte, sehr süffige Basisrotwein. Bei Kesselers 2012er Weißweinen überzeugen beispielsweise der wunderschön saftige Kabinett aus dem Lorcher Schlossberg und die beiden Großen Gewächse. Sie sind beide schlank, besitzen verblüffend wenig Alkohol, sind saftig und bereits jetzt zugänglich. Jenes aus dem Schlossberg wirkt geradliniger als der nach gelben Früchten duftende, frische Roseneck-Wein, welcher noch etwas nachhaltiger sein dürfte. ◄━

Weinbewertung
83   2012 Riesling trocken   **12,5 %**
85   2012 Riesling trocken „Junge Reben"   **12 %**
85   2012 Riesling trocken Rüdesheim   **12,5 %**
86   2012 Riesling trocken Lorcher Schlossberg **13 %**
89   2012 Riesling „GG" Rüdesheim Berg Roseneck **12,5 %**
91   2012 Riesling „GG" Rüdesheim Berg Schlossberg   **12,5 %**
87   2012 Riesling Kabinett Lorcher Schlossberg **12 %**
84   2012 Pinot Noir Rosé „Saignée" trocken **13 %**
85   2011 Pinot Noir trocken „N"   **13,5 %**
88   2011 Pinot Noir trocken   **14 %**
90   2011 Spätburgunder trocken „Cuvée Max" **14 %**
91   2011 Spätburgunder „GG" Assmannshäuser Höllenberg   **14 %**
90+ 2011 Spätburgunder „GG" Rüdesheimer Berg Schlossberg   **14 %**

K

Die besten deutschen Weinerzeuger und ihre Weine

Kesselstatt

Weingut Reichsgraf von   **Mosel**

Schloss Marienlay, 54317 Morscheid
Tel. 06500-91690, *Fax:* 06500-916969
www.kesselstatt.com, weingut@kesselstatt.de
Besuchszeiten: nach Vereinbarung

Inhaber . . . . Familie Günther Reh
Geschäftsführerin . . . . . . Annegret Reh-Gartner
Betriebsleiter/Kellermeister . . Wolfgang Mertes
Rebfläche . . . . 36 Hektar

Die Geschichte des Weinguts Reichsgraf von Kesselstatt lässt sich bis 1349 zurückverfolgen. In der zweiten Hälfte des 19. Jahrhunderts wurde der Besitz durch den Kauf vier ehemaliger Klöster in Graach (Josephshof), Piesport, Oberremmel und Kasel erheblich erweitert. 1979 erwarb Günther Reh das traditionsreiche Gut, seit 1983 wird es von seiner Tochter Annegret Reh-Gartner geleitet. Seither wurde das Weingut auf die heutigen 36 Hektar verkleinert, je 12 Hektar in Steillagen an Mosel, Saar und Ruwer. An der Mosel gehört Reichsgraf von Kesselstatt die Lage Josephshöfer im Alleinbesitz. Hinzu kommen Weinberge in den Piesporter Lagen Goldtröpfchen und Domherr, dem Graacher Domprobst, der Brauneberger Juffer-Sonnenuhr und dem Bernkasteler Doctor. An der Saar ist man in den Lagen Scharzhofberger, Ockfener Bockstein und Wiltinger Gottesfuß vertreten, an der Ruwer in den Kaseler Lagen Nies'chen und Kehrnagel. Auf Schloss Marienlay im Ruwertal entstand 1987 die neue Kellerei.

Vorjahre

Unter den sieben 2010er Großen Gewächsen gefiel uns der Wein aus dem Doctor am besten, im restsüßen Segment die Spätlese Josephshöfer knapp vor der Scharzhofberger-Spätlese. Eine umfangreiche Kollektion präsentierte das Weingut im vergangenen Jahr: Im süßen Segment gefiel uns die Scharzhofberger Spätlese, trocken traten die Großen Gewächse sehr geschlossen auf.

Neue Kollektion

In diesem Jahr gefallen uns die Ortsweine klar besser als in den Vorjahren, sie sind klarer und kraftvoller; sehr gut gefallen uns der reintönige Goldtröpfchen-Kabinett und der zupackende, feinherbe Gottesfuß-Kabinett, unter den Spätlesen präferieren wir erneut den Scharzhofberger. Die Großen Gewächse präsentieren sich wie im letzten Jahr sehr geschlossen, sie sind konzentriert und klar im Bouquet, füllen schön den Mund, aber es fehlt ihnen etwas die Länge und Nachhaltigkeit, so dass erneut die Lagenunterschiede nicht sehr herausgearbeitet sind. Am Eigenständigsten finden wir den würzigen Wein aus dem Nies'chen mit seinen dezent mineralischen Noten und den Wein aus der Sonnenuhr, der etwas komplexer ist als seine Kollegen, gute Struktur, Frische und Biss besitzt. ◀

Weinbewertung

82	2012 Riesling trocken Kaseler	12 %/10,40 €
84	2012 Riesling trocken Graacher	12 %/10,40 €
82	2012 Riesling trocken Wiltinger	12 %/10,40 €
84	2012 Riesling trocken „Alte Reben"	
87	2012 Riesling „GG" Scharzhofberger	13%/23,70€
88	2012 Riesling „GG" Sonnenuhr	13 %/22,90 €
87	2012 Riesling „GG" Goldtröpfchen	12%/23,20€
87	2012 Riesling „GG" Nies'chen	13 %/23,20 €
86	2012 Riesling „GG" Juffer-Sonnenuhr	12%/23,70€
87	2012 Riesling „GG" Josephshöfer	13%/24,80€
83	2012 Riesling Kabinett „feinherb" Kaseler Kehrnagel	10,5 %/11,40 €
83	2012 Riesling Kabinett „feinherb" Josephshöfer	11 %/12,90 €
83	2012 Riesling Kabinett „feinherb" Scharzhofberger	10,5 %/12,20 €
86	2012 Riesling Kabinett „feinherb" Wiltinger Gottesfuß	10,5 %/11,70 €
86	2012 Riesling Kabinett Piesporter Goldtröpfchen	9 %/12,20 €
87	2012 Riesling Spätlese Scharzhofberger	8 %/16,50 €
87	2003 Riesling Spätlese Josephshöfer	
86	2012 Riesling Spätlese Josephshöfer	8,5 %/17,10 €
91	2003 Riesling Auslese Lange GK Scharzhofberger	

★★☆
Georg Jakob + Matthias Keth
Weingut
Rheinhessen/Pfalz

Wormserstraße 37, 67591 Offstein
Tel. *06243-7522,* **Fax:** *06243-7751*
www.weingut-keth.de
kontakt@weingut-keth.de
Besuchszeiten: *Mo.-Sa. 8-11:30 + 13-18 Uhr,*
So. 10-12 Uhr
Probierzimmer, 4 Gästezimmer, Vinothek

Inhaber..... Matthias Keth & Georg Jakob Keth
Rebfläche............................ 45 Hektar

Das Weingut Keth liegt in Offstein, ganz im Süden Rheinhessens. Neben Weinbergen in Rheinhessen besitzt es auch Anlagen in der benachbarten Pfalz. 1972 hat Georg Jakob Keth das Weingut übernommen mit damals 2,5 Hektar Reben. Noch im selben Jahr begann er mit der Selbstvermarktung, hat seine ersten 600 Liter Wein gemacht. Von Anfang an setzte er auf Rotweinsorten, die schon immer 50 Prozent seiner Weinberge einnahmen. Schon recht früh pflanzte er neben Spätburgunder und Portugieser Sorten wie Dornfelder, Cabernet Sauvignon und Merlot, aber auch Sankt Laurent. Zuletzt kamen kleinere Anlagen mit Cabernet Dorsa, Cabernet Mitos und Frühburgunder hinzu. Alle Rotweine werden maischevergoren und in Holzfässern ausgebaut. 1998 wurde ein Barriquekeller fertig gestellt, in dem die Spitzenweine im kleinen Holzfass ausgebaut werden. Georg Jakob Keth nutzt sowohl amerikanische als auch französische Eiche. Der Anteil neuer Fässer wird auf etwa ein Drittel begrenzt, damit das Holz den Wein nicht zu sehr dominiert. 90 Prozent der Weine werden trocken ausgebaut. Die Weinberge liegen überwiegend im Offsteiner Engelsberg (leichte Sandböden) und in den Eimsheimer Lagen Sonnenhang und Römerschanze. Auch bei den Weißweinen, die von Sohn Matthias vinifiziert werden, hat Georg Jakob Keth von Anfang an auf die traditionellen Sorten gesetzt.

Neben Riesling, Weiß- und Grauburgunder spielt Chardonnay eine wichtige Rolle. Die Weißweine werden kaltvergoren und im Edelstahl ausgebaut. In den Weinbergen setzt Georg Jakob Keth bewusst auf Klonengemische, das heißt, dass die Reben der verschiedenen Klone einer Sorte durcheinander und nicht gesondert nach Zeilen gepflanzt werden. Der Verkauf der Weine – die gesamte Produktion wird über die Flasche vermarktet – erfolgt zu 70 Prozent an Privatkunden. Nur einzelne Spitzenweine tragen eine Lagenbezeichnung.

Vorjahre

Mächtige Rotweine prägten die Kollektion vor zwei Jahren, wobei durch die hohe Reife die Eleganz etwas zu kurz kam; trotzdem gefielen uns die Spätburgunder, auch der St. Laurent lieferte ein prächtiges Bild. Im weißen Segment gefiel uns der kraftvolle Morstein-Riesling besonders gut. Die letztjährige Kollektion präsentierte sich geschlossen auf gutem und sehr gutem Niveau, weiß wie rot, unser Favorit war der Spätburgunder aus dem Engelsberg.

Neue Kollektion

2012 bringt frische, fruchtbetonte Weißweine, der Riesling besitzt gute Substanz, die Asia-Cuvée – Chardonnay, Weißburgunder und Sauvignon Blanc – hat Biss. An der Spitze steht die wunderschön reintönige, elegante Beerenauslese. Im roten Segment gefällt uns der kraftvolle, strukturierte Holzfass-Spätburgunder besser als der gewürzduftige Morstein-Wein. ◄

Weinbewertung

83 2012 Muskateller trocken **11 %/5,30 €**
85 2012 Riesling trocken „Sonnenspiel"
     13 %/5,70 € ☺
84 2012 „Asia-Cuvée" Weißwein trocken **12%/6,90€**
90 2011 Riesling Beerenauslese **8 %/13,90 €/0,375l**
87 2011 Spätburgunder trocken Holzfass
     13 %/8,70 €
83 2011 Frühburgunder trocken **13 %/16,- €**
86 2011 Spätburgunder trocken Westhofener Morstein **13 %/20,50 €**

K

Die besten deutschen Weinerzeuger und ihre Weine

Lothar **Kettern** ★★
Weingut
Mosel

Müsterterstraße 14, 54498 Piesport
Tel. 06507-2813, *Fax:* 06507-6672
www.weingut-kettern.de
weingut.kettern@t-online.de
Besuchszeiten: 8-18 Uhr
Gästezimmer, Straußwirtschaft

Inhaber . . . . Lothar und Petra Kettern
Rebfläche . . . . 6,6 Hektar

Die Weinbautradition der Familie reicht bis ins 17. Jahrhundert zurück. Philipp Kettern, der im Staatsweingut Eltville seine Ausbildung zum Winzergesellen absolviert hat, unterstützt seinen Vater Lothar im Keller. Beide legen großen Wert auf Riesling, andere Sorten – Müller-Thurgau und Spätburgunder – dienen nur der Ergänzung. Die edelsüßen Spitzen gehen zu einem nicht unerheblichen Teil in den Export. 2003 wurden neue Edelstahltanks angeschafft, die Gärung findet bewusst sehr kühl statt.

Vorjahre
2010 führte wieder eine Trockenbeerenauslese die in sich stimmige Kollektion an, die bis auf den halbtrockenen Goldtröpfchen-Riesling ausschließlich süße Rieslinge umfasste. Sehr stimmig präsentierte sich die 2011er Kollektion mit klaren, fruchtbetonten Weinen und feiner Goldtröpfchen-Aromatik, letztendlich hatten die Süßen wieder die Nase vorne mit einer wunderschönen Auslese.

Neue Kollektion
Die neue Kollektion ist ein Schritt voran, schon das Basisniveau ist gut und überzeugt. Der trockene Goldtröpfchen-Riesling ist konzentriert und reintönig, besitzt Fülle, Kraft und gute Struktur; der feinherbe gefällt uns noch ein klein wenig besser, ist ebenso reintönig, kraftvoll und lang. Das süße Segment wird angeführt von einer konzentrierten

Auslese mit viel Substanz und der duftigen, konzentrierten Beerenauslese aus dem Jahrgang 2011. Im Aufwind!

Weinbewertung
83	2012 Riesling trocken	9,90 €
87	2012 Riesling trocken Goldtröpfchen	19,- €
83	2012 Riesling „feinherb"	9,90 €
88	2012 Riesling „feinherb" Piesporter Goldtröpfchen	14,90 €
84	2012 Riesling Kabinett Goldtröpfchen	9,50 €
85	2012 Riesling Spätlese Goldtröpfchen	11,90 €
88	2012 Riesling Auslese Goldtröpfchen	19,- €
88	2011 Riesling Beerenauslese Goldtröpfchen	75,-€

Friedrich **Kiefer** ★★
Weingut
Baden

Bötzinger Straße 13, 79356 Eichstetten
Tel. 07663-1063, *Fax:* 07663-3927
www.weingutkiefer.de
info@weingut-kiefer.de
Besuchszeiten: Mo.-Fr. 8-12 + 13-17:30 Uhr,
Sa. 9-16 Uhr

Inhaber . . . . Helen & Martin Schmidt
Vertriebsleiter . . . . Alexander Ultes
Rebfläche . . . . 115 Hektar

Der bisherige Besitzer des Weingutes, Lutz Grafahrend, ist ein Urenkel von Friedrich Kiefer, der 1851 den Weinbaubetrieb gründete. 2008 haben Helen und Martin Schmidt den Betrieb übernommen. Der Önologe Martin Schmidt war bereits seit dem Jahrgang 2003 für die Vinifikation der Weine sowohl des 12 Hektar großen eigenen Weingutes als auch der angeschlossenen Erzeugergemeinschaft verantwortlich. In den letzten Jahren wurden neue Weinberge erworben, der Keller erneuert und neue große Holzfässer und Barriques für den Ausbau der Rotweine angeschafft. Das Weingut ist auf die Burgundersorten spezialisiert: 38 Prozent der Rebfläche nimmt Spätburgunder ein, 19 Prozent Grauburgunder und 10 Prozent Weißburgunder. Neu angepflanzt wurde zuletzt Sauvignon Blanc. Die Paradelage des Weingutes, der Eichstetter Herrenbuck, besteht aus Löss-, Lehm- und Vulkanverwitterungsböden in unterschiedlicher Zusammensetzung. Die Weine werden nach intensiver Vorklärung langsam und kühl vergoren und auf der Feinhefe ausgebaut. Die Rotweine werden maischevergoren, die Weine aus der Lage Herrenbuck dann in großen Eichenholzfässern oder im Barrique ausgebaut.

Vorjahre

Vor zwei Jahren präsentierte sich die Kollektion sehr gleichmäßig, aber ohne Spitzen wie in früheren Jahren; unser Favorit war der Spätburgunder Innovation. 2011 brachte klare, geradlinige Weißweine, Highlight des Jahrgangs war der gekonnt im Barrique ausgebaute Sauvignon Blanc. Die beiden weiteren Highlights im vergangenen Jahr stammten aus den Vorjahren: Der Grauburgunder „Dreistern", Jahrgang 2010, und der Spätburgunder „Dreistern", Jahrgang 2009.

Neue Kollektion

Die neue Kollektion überzeugt voll und ganz, bietet einen feinen trockenen Grauburgunder Kabinett und einen frischen, zupackenden Sauvignon Blanc. Unter den beiden 2011er Dreistern-Weinen präferieren wir klar den kraftvollen, zupackenden Grauburgunder, der gute Struktur und Substanz besitzt wie auch der Weißburgunder, bei dem die hohe Restsüße aber doch etwas irritiert. Unser Favorit im weißen Segment ist aber der im Barrique ausgebaute Sauvignon Blanc, der herrlich füllig und kraftvoll ist, reife Frucht besitzt, gute Struktur, Substanz und Frische. Ein feiner Scheurebe Eiswein und kraftvolle, tanninbetonte Spätburgunder des Jahrgangs 2010 ergänzen die Kollektion. ◄■

Weinbewertung

84 2012 Grauburgunder Kabinett trocken Eichstetter Herrenbuck **12,5 %/7,50 €**

84 2012 Sauvignon Blanc trocken Eichstetter Herrenbuck **12,5 %/9,90 €**

83 2012 Grauburgunder Spätlese trocken Eichstetter Herrenbuck **13,5 %/9,90 €**

88 2012 Sauvignon Blanc trocken Barrique „Innovation" Eichstetter Herrenbuck **13,5 %/13,90 €**

86 2011 Grauburgunder trocken „Dreistern" Eichstetter Herrenbuck **14 %/14,90 €**

85 2011 Weißburgunder „Dreistern" Eichstetter Herrenbuck **13,5 %/14,90 €**

83 2012 Muskateller Kabinett halbtrocken Eichstetter Herrenbuck **10,5 %/6,80 €**

88 2012 Scheurebe Eiswein Eichstetter Herrenbuck **10 %/24,50 €**

84 2010 Spätburgunder trocken „Innovation" Eichstetter Herrenbuck **13 %/13,90 €**

86 2010 Spätburgunder „Dreistern" Eichstetter Herrenbuck **13,5 %/21,50 €**

Jul. Ferd. **Kimich**
Weingut

Pfalz

Weinstraße 54, 67146 Deidesheim
Tel. *06326-342,* ***Fax:*** *06326-980414*
www.weingut-kimich.de
info@weingut-kimich.de
Besuchszeiten: *Mo.-Sa. 8-12 + 13:30-18 Uhr,*
So. und feiertags 10-12 + 14-17 Uhr

Inhaber............................Franz Arnold
Rebfläche...........................12,5 Hektar

Der Elsässer Küfer Andreas Kimich gründete 1758 ein Weingut, das noch heute in Familienbesitz ist. 1949 heiratete Joachim Arnold eine Tochter von Julius Ferdinand Kimich, heute führt Franz Arnold das Gut. Die Weinberge liegen in Deidesheim, Forst und Ruppertsberg. Riesling ist die wichtigste Rebsorte, nimmt 70 Prozent der Rebfläche ein. Dazu gibt es Grauburgunder, Müller-Thurgau, Gewürztraminer, Weißburgunder, Chardonnay, Spätburgunder und Regent.

Die besten deutschen Weinerzeuger und ihre Weine

Vorjahre

Vor zwei Jahren verhalf der Jahrgang 2010 den Kimich-Weinen zu etwas weniger Alkohol, die hohe Restsüße am trockenen Grenzwert zog sich durch die gesamte, daher in sich stimmige Riesling-Kollektion. Im vergangenen Jahr war die Kollektion gut und stimmig wie immer. Eine feinfruchtige Überraschung war der sehr gute Spätburgunder!

Neue Kollektion

In diesem Jahr beweist das Weingut seine Kontinuität. Die Rieslinge sind relativ süß, die Spätlesen hoch im Alkohol. Alle Weine sind wieder sehr klar, alle zeigen eine feine Frucht, der Grainhübel ist das Aushängeschild mit guter Struktur und Substanz. ◀

Weinbewertung

84 2012 Riesling Kabinett trocken Deidesheimer Leinhöhle **12,5 %/6,70 €**

85 2012 Riesling Kabinett trocken Forster Pechstein **12,5 %/7,- €**

85 2012 Riesling Spätlese trocken Deidesheimer Kalkofen **13,5 %/9,80 €**

86 2012 Riesling Spätlese trocken Forster Ungeheuer **13,5 %/10,20 €**

87 2012 Riesling Spätlese trocken Deidesheimer Grainhübel **13,5 %/12,80 €**

82 2012 Sauvignon Blanc Kabinett trocken **13 %/7,20 €**

★

Kinzinger
Weingut   **Württemberg**

Berghof, 71665 Vaihingen/Enz
Tel. *07042-4660,* **Fax:** *07042-370988*
www.weingut-kinzinger.com
info@weingut-kinzinger.com
Besuchszeiten: *Mi.+Do. 9-13 + 17-18 Uhr,*
Fr. 9-18 Uhr, Sa. 9-13 Uhr
Besenwirtschaft Kinzingers Berghof

Inhaber . . . . Gerd Kinzinger
Rebfläche . . . . 3,2 Hektar

Mit dem Jahrgang 2011 hat sich der Weinbaubetrieb zum Weingut Kinzinger umfirmiert und die Rebfläche etwas erweitert, nachdem Sohn Michael komplett den Weinbau und die Kellerwirtschaft übernommen hat. Seine Ausbildung absolvierte er im Remstal bei den Weingütern Bernhard Ellwanger und Schnaitmann, bis zu Beginn seiner Technikerausbildung in Weinsberg im Herbst 2012 hat er bei Hofstätter in Tramin und Wachtstetter in Pfaffenhofen gearbeitet. Die Reben wachsen auf tiefgründigen Keuperböden in den beiden Vaihinger Stadtteilen Horrheim und Enzweihingen. Rotweine nehmen zwei Drittel der Rebfläche ein. Trollinger und Lemberger spielen die wichtigste Rolle, dazu gibt es Muskattrollinger, Acolon, Spätburgunder und Schwarzriesling. An weißen Sorten gibt es Sauvignon Blanc, Silvaner und Riesling. Weißweine erhalten Maischestandzeiten von 6 bis 36 Stunden, werden anschließend gezügelt im Edelstahl vergoren und lange auf der Feinhefe ausgebaut. Rotweine werden maischevergoren, teils im Edelstahl, teils im Barrique ausgebaut. Neben dem Weingut betreibt die Familie eine Edelbrennerei, einen Hofladen zur Vermarktung der eigenen landwirtschaftlichen Produkte sowie eine Besenwirtschaft, die zehn Wochen im Jahr geöffnet ist.

Vorjahr

Eine feine Kollektion mit klaren, durchgegorenen Weinen präsentierte Michael Kinzinger zum Debüt im vergangenen Jahr. Silvaner, Sauvignon Blanc und Lemberger gefielen uns besonders gut.

Neue Kollektion

Mit der neuen Kollektion bestätigt Michael Kinzinger den guten Eindruck des Vorjahres. Der Riesling ist frisch, klar und zupackend, der Sauvignon Blanc kraftvoll und strukturiert, der Rosé, eine Cuvée aus Spätburgunder und Schwarzriesling, fruchtbetont und klar. Im roten Segment gibt es einen feinen Trollinger mit Lemberger aus dem Liter, einen geradlinigen Lemberger und einen fruchtbetonten, wunderschön reintönigen Trollinger. ◀

Weinbewertung

84 2012 Riesling** trocken **12,5 %/7,20 €**

84 2012 Sauvignon Blanc** trocken **13,5 %/7,90 €**

83 2012 „Mont Blanc" (Rosé) **11,5 %/5,80 €**

81 2012 Trollinger mit Lemberger trocken (1l)
12 %/4,50 €

82 2012 Lemberger* trocken **13 %/6,20 €**

84 2012 Trollinger** trocken **12,5 %/6,50 €**

★

Kirchner
Weingut   **Pfalz**

Korngasse 14, 67251 Freinsheim
*Tel. 06353-1838, **Fax**: 06353-4471*
www.weingut-kirchner.de
info@weingut-kirchner.de
***Besuchszeiten**: nach Vereinbarung*

Inhaber .... Günter + Ralph Kirchner
Rebfläche .... 12 Hektar

Ulrike und Günter Kirchner haben 1974 ihr eigenes Weingut gegründet. Heute werden sie im Betrieb von Sohn Ralph unterstützt. Ihre Weinberge liegen in Freinsheim in den Lagen Schwarzes Kreuz (sandige Böden auf schwerem Grund), Oschelskopf (hoher Lehm- und Kalkanteil), Rosenbühl (schwere Böden mit Humusauflage) und Musikantenbuckel (teils leichte lehmige Sandböden, teils schwere Lehmböden). Die gesamte Ernte wird über die Flasche vermarktet, zu 80 Prozent an Privatkunden, zu 20 Prozent an Gastronomie und Fachhandel.

Vorjahre

Vor zwei Jahren führte der Riesling aus dem Saumagen eine gleichmäßig gute Kollektion an. Auch im vergangenen Jahr war der Saumagen das Aushängeschild bei den trockenen Weißweinen, die alle mit sehr geringer Restsüße ausgebaut wurden. Ein guter Ansatz. Sehr gut waren auch die samtige Beerenauslese vom Gewürztraminer und eine konzentrierte, nachhaltige Trockenbeerenauslese vom Riesling. Bei den Rotweinen zeigte der XXL eine tolle Frucht und Struktur, der St. Laurent war sehr typisch, kirschfruchtig mit guten Tanninen.

Neue Kollektion

In diesem Jahr zeigt sich der Riesling aus dem Saumagen noch etwas zurückhaltend, es fehlt noch die Harmonie. Sehr gut ist die süße Spätlese vom Gewürztraminer, wunderbar reintönig und mit dem typischen Rosenduft. Als besten Wein haben wir den Cabernet Sauvignon von 2011 bewertet, er zeigt typische, reife Cabernet-Aromen, gute Struktur und Substanz. ◄▬

Weinbewertung

83 2012 Riesling trocken Kallstadter Saumagen
12,5 %/14,50 €

82 2012 Sauvignon Blanc trocken Freinsheimer
12 %/7,- €

81 2012 Weißburgunder trocken Freinsheimer
13,5 %/7,70 €

85 2012 Gewürztraminer Spätlese **10 %/6,50 €**

88 2011 Cabernet Sauvignon trocken Kallstadter Steinacker **13,5 %/18,50 €**

84 2009 Spätburgunder trocken Freinsheimer Rosenbühl **13 %/15,- €**

★★★★

Kirsten
Weingut   **Mosel**

🍷 *Krainstraße 5, 54340 Klüsserath*
*Tel. 06507-99115, **Fax**: 06507-99113*
www.weingut-kirsten.de
mail@weingut-kirsten.de
***Besuchszeiten**: nach Vereinbarung*

Inhaber .... Bernhard Kirsten
Rebfläche .... 15 Hektar

Neben Riesling, der 95 Prozent seiner Weinberge einnimmt, baut Bernhard Kirsten ein klein wenig Spätburgunder und Weißburgunder (bereits seit 1990) an, seit kurzem auch Sauvignon Blanc. Der Großteil seiner Weinberge liegt in der Lage Klüsserather Bruder-

Die besten deutschen Weinerzeuger und ihre Weine

schaft. Des Weiteren hat er Weinberge im Pölicher Held, in der Köwericher Laurentiuslay und inzwischen auch im Longuicher Maximiner Herrenberg, alle in Steillagen; sie werden biologisch bewirtschaftet. Die Weine werden spontan vergoren, und nur bei trockenen Weinen, die nicht zu Ende gären wollen, werden später Reinzuchthefen zugesetzt. Der Schaumwein namens „Heldensekt" gehört oft zu den besten Sekten der Mosel. Inzwischen wird außer den Klassikern „Herzstück" und „Alte Reben" auch der „von Geldern pur" erzeugt, alle drei aus der Klüsserather Bruderschaft. Noch spannender ist meist der Riesling „1904", der von alten Rebstöcken aus dem Longuicher Maximiner Herrenberg stammt. Die Lagenweine tragen alle die Bezeichnung Spätlese auf dem Rückenetikett, ganz egal ob sie trocken, halbtrocken oder restsüß ausgebaut sind.

Wein aus der Laurentiuslay ist würzig und präzise, noch besser aber gefällt uns unter den halbtrockenen Rieslingen der duftige 1904, der Fülle und Kraft besitzt, enorm druckvoll und nachhaltig ist. Eine starke, stimmige Kollektion!

Weinbewertung

86 2010 Riesling Sekt brut   12 %/13,- €
86 Pinot Sekt brut   12 %/13,- €
86 2012 Riesling trocken   12 %/9,- €
86 2012 Sauvignon Blanc   12,5 %/12,- €
88 2012 Riesling Spätlese „von Geldern Pur" 13 %/12,- €
90 2012 Riesling Spätlese „Herzstück" 12,5 %/15,- €
85 2012 Riesling „Wolkentanz" 11 %/7,50 €
86 2012 Riesling „feinherb" 11,5 %/10,- €
88 2012 Riesling Spätlese Laurentiuslay 12 %/12,- €
89 2012 Riesling Spätlese „Alte Reben" 12,5 %/16,- €
90 2012 Riesling Spätlese „1904" 11,5 %/22,- €
88 2012 Riesling Spätlese „BK" 11,5 %/15,- €

Vorjahre

Die 2010er Kollektion gefiel uns sehr gut, bot gutes Basisniveau und eine Reihe von Spitzen wie „1904", „pur" und „Herzstück", Laurentiuslay und „Alte Reben", nicht zu vergessen den Heldensekt, einen der besten Riesling-Sekte Deutschlands. Auch die letztjährige Kollektion war stark, bot sehr eigenständige Weine, trocken wie süß, ob „von Geldern pur" oder „Herzstück", ob der Riesling aus der Laurentiuslay oder der faszinierende Riesling von 1904 gepflanzten Reben im Longuicher Maximiner Herrenberg, ob Spätlesen oder Auslesen.

Neue Kollektion

Die neue Kollektion beeindruckt mit dem sehr guten Niveau der Basisweine wie Wolkentanz, Riesling trocken und feinherb, die allesamt fruchtbetont, zupackend und strukturiert sind; auch die beiden Sekte sind frisch und klar, sehr jugendlich, der Sauvignon Blanc reintönig und zupackend. Der von Geldern Pur ist nicht ganz so knackig wie sonst, aber wunderschön reintönig und zupackend, deutlich besser gefällt uns aber das trockene Herzstück, das Fülle und Kraft vereint, gute Struktur und viel Druck besitzt. Der Riesling von alten Reben ist füllig und saftig, besitzt viel Substanz und Druck, der

★★★

Kissinger
Weingut

Rheinhessen

Außerhalb 13, 55278 Uelversheim
Tel. 06249-7969, **Fax**: 06249-7989
www.weingutkissinger.de
weingut.kissinger@t-online.de
Besuchszeiten: nach Vereinbarung
Jahrgangspräsentation im April

Inhaber .... Jürgen Kissinger
Rebfläche .... 12,65 Hektar

Jürgen Kissinger hat zum väterlichen Betrieb nach und nach Weinberge in den renommierten Lagen an der Rheinfront gekauft und hinzugepachtet. Neben Riesling spielen Silvaner, die weißen Burgunder und Rotweinsorten bei ihm eine wichtige Rolle. Das Gros seiner Weine baut er trocken aus.

Vorjahre

Die 2010er Kollektion war stark: Die Basisweine waren frisch und klar, die trockenen

472

Spätlesen etwas fülliger, die beiden Lagenweine aus dem Tafelstein zeigten Klasse. Sehr ähnlich präsentierte sich auch der Jahrgang 2011: Die Gutsweine waren reintönig und frisch, die beiden Goldkapsel-Weine aus dem Tafelstein führten das trockene Weißweinsegment an, aber auch edelsüß und rot überzeugte im vergangenen Jahr.

Neue Kollektion

Eine ähnliche Kollektion präsentiert Jürgen Kissinger auch in diesem Jahr mit einem frischen, zupackenden Weißburgunder aus dem Tafelstein und einem saftigen, fülligen Chardonnay aus dem Steinberg. An der Spitze aber stehen wie gewohnt die beiden Goldkapsel-Weine: Der Riesling ist füllig und harmonisch, besitzt viel reife Frucht, Kraft und Substanz, der Chardonnay ist ebenfalls füllig und kraftvoll, besitzt reife süße Frucht, feine Säure und Biss. Edelsüß gibt es in diesem Jahr eine feine Auslese, der rauchige, kraftvolle, noch sehr jugendliche Spätburgunder glänzt ebenfalls wie gewohnt. ◄

Weinbewertung

82 2012 Weißburgunder trocken **12,5 %/5,30 €**

82 2012 Grauburgunder trocken **12.5 %/5,30 €**

83 2012 Spätburgunder „Blanc de Noir" trocken **12.5 %/6,30 €**

83 2012 Sauvignon Blanc trocken **12,5 %/6,30 €**

84 2012 Riesling Spätlese trocken Oppenheimer Herrenberg **12,5 %/7,10 €**

85 2012 Weißburgunder Spätlese trocken Uelversheimer Tafelstein **13,5 %/7,10 €**

86 2012 Chardonnay Spätlese trocken Guntersblumer Steinberg **13,5 %/7,10 €**

84 2012 Grauburgunder Spätlese trocken Dienheimer Kreuz **13,5 %/7,10 €**

88 2012 Riesling Spätlese trocken Goldkapsel Uelversheim Tafelstein **12,5 %/10,80 €**

88 2012 Chardonnay Spätlese trocken Goldkapsel Uelversheim Tafelstein **14 %/10,80 €**

86 2012 Riesling Auslese Oppenheimer Sackträger **8,5 %/10,- €**

86 2011 Spätburgunder trocken Barrique Goldkapsel Oppenheim Herrenberg **13,5 %/12,50 €**

★★★★☆

Kistenmacher-Hengerer
Weingut   **Württemberg**

Eugen-Nägele-Straße 23-25, 74074 Heilbronn
Tel. 07131-172354, Fax: 07131-172350
www.kistenmacher-hengerer.de
kistenmacher-hengerer-wein@t-online.de
Besuchszeiten: Mo.-Fr. 16-18:30 Uhr,
Sa. 9-11 + 13-16 Uhr

Inhaber . . . . Hans Hengerer
Rebfläche . . . . 8 Hektar

Die Weinberge von Hans Hengerer liegen hauptsächlich in den Heilbronner Lagen Stiftsberg, Wartberg und Stahlbühl, hinzu kommen Weinberge auf Löwensteiner Gemarkung. Er baut zu 60 Prozent rote Rebsorten an, vor allem Trollinger, Spätburgunder und Lemberger, den er seit den neunziger Jahren verstärkt pflanzte (sein Vater hatte keinen Lemberger angelegt). Dazu gibt es Muskattrollinger, Clevner und Schwarzriesling, seit 2000 auch Merlot, seit 2005 Cabernet Franc. Bei den weißen Sorten dominiert Riesling, dazu kommt etwas Kerner, Müller-Thurgau und Muskateller. Der Großteil der Weinberge ist zwischen 25 und 30 Jahre alt. Die Rotweine kommen nach der Maischegärung ins Holz, wobei Hans Hengerer meist 300-Liter-Fässer nutzt. Abgefüllt werden sie größtenteils ohne Filtration. Die Weißweine durchlaufen teilweise den biologischen Säureabbau, sie werden nicht geschönt und nur einmal leicht filtriert, eine natürliche Kohlensäure in den Weinen ist durchaus erwünscht.

Vorjahre

Schon in der ersten Ausgabe lobten wir die Weine von Hans Hengerer, schon damals haben wir ihm attestiert zu den Top-Winzern in Württemberg zu gehören. Dies können wir heute nur unterstreichen. Seine Kollektionen bestechen Jahr für Jahr durch ihr gleichmäßiges Niveau und ihre Konstanz, auch die Basisweine haben uns nie enttäuscht. In der

K

Die besten deutschen Weinerzeuger und ihre Weine

Spitze legte er in den letzten Jahren vor allem im roten Segment weiter zu, die Weine sind kompromisslos vinifiziert, besitzen Struktur und Kraft. 2010 waren die Weißweine ein wenig verhaltener: Der Gelbe Muskateller war unser Favorit im weißen Segment, im roten gefielen uns Spätburgunder Junges Schwaben und Cuvée Maximilian sehr gut, aber auch der Cabernet Franc und der Lemberger von alten Reben. Die letztjährige Kollektion brachte zwei feine Sekte und klare, frische Weißweine, eine zupackende Riesling Spätlese trocken, die Rotweine waren in der Spitze noch stärker, ob Clevner, Lemberger Edition oder die Spätburgunder-Serie von R über Edition bis hin zu Junges Schwaben.

Neue Kollektion

Die neue Kollektion präsentiert sich sehr gleichmäßig, schon der Gutsriesling bietet richtig gutes Niveau. Im weißen Segment gefällt uns der Riesling von alten Reben besonders gut, ist füllig und kraftvoll, besitzt reife Frucht und gute Struktur. Auch sein feinherbes Pendant bietet viel Fülle, Kraft und reife Frucht, der Muskateller ist frisch, klar und zupackend. Der Lemberger von alten Reben besitzt gute Struktur, reife Frucht und jugendliche Tannine, etwas besser noch gefällt uns der Spätburgunder Edition, der gute Konzentration, reintönige Frucht und etwas rauchige Noten im Bouquet zeigt, frisch, präzise und zupackend im Mund sich präsentiert. ◂

Weinbewertung

84   2010 Riesling Sekt brut   12 %/13,50 €
84   2010 Pinot Sekt brut   13 %/14,90 €
84   2010 Trolliger „weißgekeltert" Sekt brut
     12 %/11,50 €
84   2012 Riesling „G" trocken   12,5 %/7,10 €
84   2012 „Josephine" Weißwein trocken
     13,5 %/7,50 €
84   2012 Weißer Riesling Spätlese trocken
     13 %/12,50 €
84   2012 Weißer Riesling trocken „Theresa"
     12,5 %/8,90 €
88   2012 Weißer Riesling Spätlese trocken „Alte Reben"   13,5 %/14,90 €

86   2012 Gelber Muskateller Spätlese trocken
     13,5 %/10,50 €
88   2012 Weißer Riesling Spätlese „M" „feinherb"
     12,5 %/14,90 €
83   2012 Weißer Riesling Kabinett   10,5 %/8,90 €
87   2012 „Clara" Weißwein Auslese   11,5 %/14,90 €
85   2010 „M+C" Rotwein trocken   13,5 %/9,50 €
87   2010 Lemberger trocken „Alte Reben"
     13,5 %/12,30 €
88   2010 Blauer Spätburgunder trocken „Edition S"   13 %/16,50 €

Christian **Klein**
Weingut   **Mosel**

Moselweinstraße 25, 54536 Kröv
Tel. 06541-835833, *Fax:* 06541-9566
www.weingut-christianklein.de
info@weingut-christianklein.de
Besuchszeiten: nach Vereinbarung

Inhaber . . . . Christian Klein
Rebfläche . . . . 1,5 Hektar

Christian Klein schloss 2004 sein Studium an der Fachhochschule Geisenheim als Diplom-Ingenieur für Weinbau ab und leitete anschließend vier Jahre den Außenbetrieb des Pfälzer Weinguts Fitz-Ritter. Seit 2007 bewirtschaftet er im Nebenerwerb 0,6 Hektar in der Steillage Kröver Steffensberg, mit der Übernahme der elterlichen Weinberge 2010 hat sich diese Fläche dann mehr als verdoppelt. Im Hauptberuf ist Christian Klein leitender Mitarbeiter im Weingut Vollenweider in Traben-Trarbach. Aus den hinzugekommenen Flachlagen entstehen der trockene und „feinherbe" Gutsriesling, Christian Kleins Hauptaugenmerk gilt aber weiterhin der Produktion filigraner Rieslinge aus den Steillagen des Steffensbergs.

Vorjahre

2010 waren die Weine präzise, frisch und klar, komplex und elegant. Die Kollektion war stimmig bei Vorteilen im restsüßen Segment, die Trockenbeerenauslese aus dem Jahrgang 2009 war hervorragend. Sehr stimmig war auch der Jahrgang 2011, angefangen vom Gutsriesling über die beiden fruchtbetonten, klaren Spätlesen, leichte Präferenz für die süße Variante, bis hin zur fruchtbetonten Auslese.

Neue Kollektion

Fruchtbetont und frisch, geradlinig und klar sind nun auch die 2012er, trocken wie süß. Unser Favorit ist die füllige, harmonische trockene Spätlese, die viel reife Frucht, gute Struktur und Substanz besitzt. ◄

Weinbewertung

83   2012 Riesling trocken   12 %/8,- €
87   2012 Riesling Spätlese trocken Steffensberg 13 %/13,- €
84   2012 Riesling „feinherb"   11,5 %/8,- €
84   2012 Riesling Kabinett „Steffi" Steffensberg 8 %/11,- €

Eberhard **Klein**
Terrassenweinbau   ★   **Württemberg**

◆ Blumenstraße 1, 74399 Walheim
Tel. 07143-35745, **Fax:** 07143-35720
www.schalkstein.de
terrassenweinbau@t-online.de
Besuchszeiten: nach Vereinbarung

Inhaber . . . . Eberhard Klein
Rebfläche . . . . 3,3 Hektar

Mehr als die Hälfte der Weinberge von Eberhard Klein liegt in terrassierten Steillagen, an Neckar und Enz (Muschelkalk). Die Weinberge sind dauerbegrünt, Herbizide werden nicht eingesetzt. Eberhard Klein baut Riesling, Grauburgunder, Traminer, Lemberger, Trollinger, Schwarzriesling und Zweigelt an, in den letzten Jahren setzte er verstärkt auf Chardonnay und Spätburgunder.

Kollektion

Sehr gleichmäßig präsentiert sich die Kollektion, mit leichten Vorteilen im weißen Segment, bietet zwei klare, fruchtbetonte Rieslinge und einen reintönige Traminer. Unser Favorit aber ist der im Barrique ausgebaute Chardonnay aus dem Jahrgang 2011, der gute Konzentration und viel reife Frucht im Bouquet zeigt, füllig und kraftvoll im Mund ist bei reifer süßer Frucht. ◄

Weinbewertung

83   2012 Riesling Kabinett trocken   12,5 %/4,80 €
86   2011 Chardonnay trocken Barrique 13,5 %/10,50 €
83   2012 Traminer trocken   13 %/8,80 €
83   2012 Riesling „Alte Reben"   12 %/7,40 €
82   2011 Trollinger trocken   13 %/5,20 €
80   2011 Zweigelt trocken   13,5 %/6,80 €

Gerhard **Klein**
Weingut   ★★☆   **Pfalz**

Weinstraße 38, 76835 Hainfeld
Tel. 06323-2713, **Fax:** 06323-81343
www.weingut-gerhard-klein.de
klein-wein@t-online.de
Besuchszeiten: Mo.-Fr. 8-18 Uhr, Sa. 9-17 Uhr

Inhaber . . . . . Peter, Gerhard und Sieglinde Klein
Kellermeister . . . . Peter Klein & Jürgen Wadle
Rebfläche . . . . 24 Hektar

Die Weinberge von Gerhard und Sieglinde Klein liegen vor allem in den Hainfelder Lagen Letten, Kirchenstück und Kapelle, wo die Reben auf Lehmlöss- und Tonböden stehen. Hinzu kommen Parzellen im Burrweiler Altenforst (Schiefer) und im Weyherer Michelsberg. Gerhard Klein setzt auf die traditionellen Pfälzer Rebsorten: Neben den Burgundersorten (zusammen 45 Prozent) und Riesling (22 Prozent) pflegt er als Spezialitäten Gewürztraminer und Muskateller, die

K

Die besten deutschen Weinerzeuger und ihre Weine

er meist süß ausbaut. Aber auch Cabernet Sauvignon und Syrah hat er gepflanzt, dazu etwas Grüner Veltliner. Die Top-Rieslinge werden möglichst spontan vergoren, die Rotweine auf der Maische. Das Sortiment war bis zum Jahrgang 2011 (bei Rotweinen 2010) in vier Weinlinien gegliedert: Die „Gutsweine" in Literflaschen, „Kabinett & Co.", die „S-Linie" und als Spitze „GK – Großer Klein" aus den Rebsorten Weiß- und Grauburgunder, Riesling, Früh- und Spätburgunder. Mit dem Jahrgang 2012 (bei Rotweinen 2011) ist das Sortiment nur noch dreigliedrig: Guts-, Terroir- und Lagenweine.

Vorjahre _____

Schon in der ersten Ausgabe hatten wir die Weine von Gerhard Klein empfohlen. Damals glänzten vor allem Gewürztraminer und Muskateller, restsüß ausgebaut. In den folgenden Jahren sind dann die Rotweine und Rieslinge immer stärker in den Vordergrund gerückt. Die Spitzenweine setzen auf Konzentration und Kraft, manchmal zu Lasten der Finesse. Vor zwei Jahren standen die fünf Weine der „GK"-Linie an der Spitze: Allen voran die kraftvollen und würzigen Frühburgunder Kirchenstück und Spätburgunder Kapelle, die auch Anlagen zur Eleganz besaßen, aber auch der Weißburgunder Letten, der Grauburgunder Kirchenstück und der Riesling „Im Alten Forst" überzeugten, ebenso wie der erneut sehr gute Grüne Veltliner und der rote „Theatrum Vinum". Eine starke Kollektion, war unser Fazit vor zwei Jahren und das galt auch im vergangenen Jahr: Die 2011er Weißweine waren alle sehr klar und reintönig. An der Spitze standen wieder die Weine der „GK"-Linie, wobei uns die saftigen und fülligen Grau- und Weißburgunder eine Spur besser gefielen als die ebenfalls sehr gut gelungenen Rieslinge. Neu in der „GK"-Riege war der nicht ganz trocken ausgebaute Grüne Veltliner Michelsberg, der, wie auch der gleich hoch bewertete Grüne Veltliner „S", viel typische pfeffrige Würze und gute Substanz besaß. Die Rieslaner Trockenbee-

renauslese zeigte faszinierend viel Frucht, war konzentriert und frisch.

Neue Kollektion _____

In diesem Jahr liegt in einer starken Kollektion der Michelsberg-Veltliner mit dezenten Röstnoten und feiner pfeffriger Würze klar vor dem Grünen Veltliner vom Löss, beide besitzen reintönige Frucht und sind nachhaltig. Bei den beiden Rieslingen vom Kalkmergel und dem neu im Sortiment vertretenen Wein vom Rotliegenden ist das unterschiedliche Terroir gut herausgearbeitet, der Kalkmergel besitzt feine kreidige Mineralität, der sehr puristische Rotliegende rauchige Noten und Eleganz, der Riesling „Im alten Forst" ist konzentriert mit viel klarer Frucht und feinem Säurebiss. Die beiden Lagen-Weißburgunder aus dem Letten sind eindringlich und konzentriert und brauchen viel Luft, um ihre nachhaltige Würze zu entfalten. Und auch die beiden vorgestellten Rotweine sind sehr gut gelungen: Der erstmals produzierte Syrah zeigt Saft, Struktur und kühle, dunkle Beerenfrucht, der harmonische Spätburgunder besitzt reintönige Frucht, Struktur, Eleganz und gute Länge. ◀━

Weinbewertung _____

86 2012 Grüner Veltliner trocken „vom Löss"
    13 %/8,80 €
88 2012 Grüner Veltliner trocken Michelsberg
    14 %/13,50 €
88 2012 Weißburgunder trocken „Im" Letten
    13,5 %/12,90 €
89 2011 Weißburgunder „R" trocken „Im" Letten
    14,5 %/23,- €
86 2012 Riesling trocken „vom Kalkmergel"
    12,5 %/8,40 €
86 2012 Riesling trocken „vom Rotliegenden"
    12 %/8,50 €
87 2012 Riesling trocken „Im alten" Forst
    12,5 %/12,90 €
87 2011 Syrah trocken   **13,5 %/14,50 €**
88 2010 Spätburgunder trocken Kapelle
    13 %/18,- €

Klieber
Weingut

Rheinhessen

◆ *Kreisstraße 33, 67599 Hangen-Weisheim*
*Tel. 06735-421, **Fax:** 06735-1707*
www.weingut-klieber.de
info@weingut-klieber.de
***Besuchszeiten:** Mo.-Fr. 9-12 + 13-18 Uhr, Sa./So.*
nach Vereinbarung
Gästehaus, Weinstube

Inhaber . . . . Martin Klieber
Rebfläche . . . . 14 Hektar

Neben Sorten wie Riesling, Spätburgunder, Müller-Thurgau, Dornfelder und Grauburgunder baut Martin Klieber auch internationale Rebsorten wie Cabernet Sauvignon, Merlot, Chardonnay und Sauvignon Blanc an. Die Reben wachsen in den Lagen Eppelsheimer Felsen, Hangen-Weisheimer Sommerwende, Flomborner Goldberg, Westhofener Bergkloster und Guntersblumer Höllenbrand. Seit dem Jahrgang 2007 ist das Programm in drei Linien gegliedert: Gutsweine, Silber-Edition und Gold-Edition.

Neue Kollektion _____

Martin Kliebers Weißweine sind klar und frisch, aber alle von deutlicher Restsüße geprägt. Anders die Rotweine, die durchgegoren ausgebaut sind. Der Pinot Noir Felsen ist fruchtbetont und reintönig, der Pinot Noir R zeigt gute Konzentration und rauchige Noten im Bouquet, ist füllig und kraftvoll im Mund, besitzt reife Frucht und gute Struktur. Auch der Cabernet Sauvignon ist konzentriert bei feiner Cassisnote im Bouquet, präsentiert sich füllig, kraftvoll und strukturiert im Mund. ▬

Weinbewertung _____

82 2012 Weißburgunder & Chardonnay Spätlese trocken **13,5 %/6,50 €**
82 2012 Riesling Spätlese trocken Felsen **12,5 %/6,90 €**
81 2012 Sauvignon Blanc **12,5 %/6,30 €**
83 2011 Pinot Noir trocken Felsen **13,5 %/6,30 €**
86 2011 Pinot Noir „R" Auslese trocken **13,5 %/10,80 €**
85 2011 Cabernet Sauvignon „R" trocken „Linus primus" **13,5 %/13,50 €**

Stadt **Klingenberg**
Weingut der – Benedikt Baltes

★★★

Franken

Wilhelmstraße 107, 63911 Klingenberg am Main
*Tel. 09372-2438, **Fax:** 09372-921059*
www.weingut-klingenberg.de
info@weingut-klingenberg.de
***Besuchszeiten:** nach Vereinbarung*

Inhaber . . . . Benedikt Baltes
Rebfläche . . . . 13 Hektar

Das 1912 gegründete Weingut der Stadt Klingenberg wurde 2010 von Benedikt Baltes erworben, einem Jungwinzer von der Ahr. Nach der Ausbildung bei Adeneuer hatte er in Österreich und Ungarn gearbeitet, nach seiner Technikerausbildung folgten Aufenthalte in Portugal und Rheinhessen. Die Weinberge liegen im Klingenberger Schlossberg und im Großheubacher Bischofsberg, bestehen aus 65 Prozent Spätburgunder, 20 Prozent Portugieser und anderen roten Rebsorten, 15 Prozent weißen Sorten, vor allem Riesling und Müller-Thurgau.

Vorjahr _____

Schon vor zwei Jahren hatten wir bei der Großen Gewächs-Probe in Wiesbaden einen beeindruckenden Spätburgunder aus dem Schlossberg verkostet, letztes Jahr nun konnten wir einen Querschnitt des Programms verkosten, wobei 2010 ein recht großer Teil der roten Trauben zu Blanc de Noir und Rosé verarbeitet wurde. Ein ungewohnt kraftvoller, mächtiger Portugieser beeindruckte im roten Segment, feiner und präziser noch waren die Spätburgunder, allen vo-

K

ran der zupackende, noch sehr jugendliche „R" und das faszinierende Große Gewächs aus dem Schlossberg – eine beeindruckende rote Kollektion aus dem alles andere als einfachen Jahrgang 2010. ◀

Neue Kollektion

Die neue Kollektion schließt nahtlos an das Vorjahr an. Der Riesling ist frisch und zupackend, besitzt dezent mineralische Noten. Ganz außergewöhnlich ist der Blanc de Noir R: Er zeigt gute Konzentration und rauchige Noten im Bouquet, ist füllig und kraftvoll im Mund, besitzt gute Struktur und Substanz – ein beeindruckender Wein. Spannend ist aber auch die rote Serie an Spätburgundern des Jahrgangs 2011. Schon der Buntsandstein-Spätburgunder ist frisch, klar und zupackend, der Klingenberger ist herrlich reintönig, besitzt gute Struktur und feine reife Frucht. Ganz hervorragend ist der strukturierte, kraftvolle Spätburgunder R, er besitzt reintönige Frucht und Präzision, gute Struktur, Druck und Länge. Ähnlich ist auch das Große Gewächs, in der Frucht etwas konzentrierter, dunkler, sonst aber ebenso strukturiert und präzise, druckvoll und lang. ◀

Weinbewertung

85 2012 Riesling Klingenberger **12,5 %/13,50 €**
82 2012 „Blanc de Noir Buntsandstein" **12,5 %/10,- €**
89 2012 „Blanc de Noir R" Klingenberger
      13,5 %/28,- €
86 2011 Spätburgunder „Buntsandstein"
      12,5 %/10,- €
88 2011 Spätburgunder Klingenberger **13 %/17,- €**
90 2011 Spätburgunder „R" Klingenberger
      13,5 %/32,- €
91 2011 Spätburgunder „GG" Schlossberg
      13,5 %/52,- €

K
Die besten deutschen Weinerzeuger und ihre Weine

★★★
Wolfgang **Klopfer**
Weingut
Württemberg

Gundelsbacher Straße 1, 71384 Weinstadt-Großheppach
Tel. 07151-603848, **Fax:** 07151-600956
www.weingut-klopfer.de
info@weingut-klopfer.de
Besuchszeiten: Di.- Fr. 16-19 Uhr, Sa. 9-16 Uhr
Probierstube

Inhaber . . . . Wolfgang Klopfer
Rebfläche . . . . 12 Hektar

Die Weinberge von Wolfgang Klopfer liegen verstreut in 40 Parzellen am Großheppacher und Geradstettener Hang, hinzu kommt eine Parzelle im Cannstatter Zuckerle. Rote Sorten nehmen zwei Drittel seiner Fläche ein. Trollinger, Schwarzriesling, Lemberger und Spätburgunder sind seine Hauptsorten. Seit 1995 baut er auch Merlot, Cabernet Dorio und Cabernet Dorsa an, zuletzt pflanzte er Frühburgunder und Zweigelt an. Wichtigste Weißweinsorte ist der Riesling, von dem er zuletzt mehr gepflanzt hat, wie auch vom Sauvignon Blanc. Dazu gibt es Weißburgunder, Grauburgunder, Kerner und Gewürztraminer. Das Gros der Weine baut Wolfgang Klopfer trocken aus. Steht nicht trocken auf dem Etikett, dann handelt es sich um – nach dem Weingesetz – halbtrockene Weine (mit Ausnahme der edelsüßen Weine). Die komplette Ernte wird über die Flasche vermarktet, fast ausschließlich an Privatkunden.

Vorjahre

Schon in der ersten Ausgabe haben wir die Weine von Wolfgang Klopfer empfohlen, damals war er außerhalb des Remstals weitgehend unbekannt. Immer wieder sind die barriqueausgebauten Rotweine – Modus-K und Merlot – die herausragenden Weine im Programm von Wolfgang Klopfer. Aber auch die Weißweine haben in den vergangenen Jahren deutlich zugelegt und an Konstanz gewonnen, auch seine Spätburgunder und

Lemberger gewinnen immer mehr an Profil. Vor zwei Jahren gab es Abwechslung, der Spätburgunder aus dem Barrique gefiel uns noch eine Spur besser als unsere langjährigen Favoriten Merlot und Modus-K; die 2010er Weißweine waren jahrgangsbedingt etwas verhaltener als gewohnt. 2011 präsentierten sich die Weißweine frisch, fruchtbetont und klar – und Wolfgang Klopfer wartete mit einer Überraschung auf, dem im Barrique ausgebauten Sauvignon Gris. Auch im roten Segment gab es mit Frühburgunder und Barrique-Lemberger Überraschungen, noch besser aber gefiel uns der hervorragende Zweigelt aus dem Barrique.

Neue Kollektion

Die neue Kollektion gefällt uns sehr gut, schon die 1-Sterne-Weine bieten gutes Niveau, egal ob Weißburgunder, Riesling oder Muskattrollinger. Auch im 2-Sterne-Segment stellen wir Fortschritte fest, alle Weine sind reintönig und sehr gut. Der Sauvignon Blanc ist klar, frisch und zupackend, der Riesling aus dem Steingrüble reintönig, füllig und strukturiert, der aus dem Zuckerle klar und zupackend, der Spätburgunder ist wunderschön fruchtbetont und reintönig wie auch der Lemberger, der gute Struktur und Druck besitzt. Das 3-Sterne-Segment bringt einen mächtigen, saftigen Sauvignon Gris und einen rauchigen Rosé, der klar und fruchtbetont ist, zupackend und strukturiert, leider ein klein wenig süß. Noch besser aber gefallen uns die Rotweine wie der herrlich konzentrierte Modus-K mit seiner reifen Frucht und feinen Schokonoten, und der konzentrierte Merlot, der füllig und kraftvoll ist, reife Frucht besitzt, gute Struktur und Frische. Im Aufwind! ◄

Weinbewertung

84 2012 Weißburgunder* trocken **13 %/6,50 €**
83 2012 Riesling* trocken **12,5 %/6,50 €**
85 2012 Sauvignon Blanc** trocken **13 %/9,80 €**
86 2012 Riesling** trocken Großheppacher Steingrüble **13 %/9,80 €**
88 2012 Sauvignon Gris*** trocken **15 %/15,- €**

85 2012 Riesling** Cannstatter Zuckerle **12,5 %/9,80 €**
83 2012 Muskattrollinger Rosé* trocken **12 %/6,50 €**
87 2012 „Modus K" Rosé*** trocken **13,5 %/15,- €**
85 2011 Spätburgunder** trocken **13 %/9,80 €**
86 2011 Lemberger** trocken **13 %/9,80 €**
90 2011 Merlot*** trocken **14 %/20,- €**
90 2011 „Modus-K" Rotwein*** trocken **14,5 %/20,- €**

★

Klosterhof
Weingut   **Pfalz**

◆ Klosterhof, 67308 Zellertal
Tel. 06355-521, **Fax:** 06355-3673
www.klosterhof-zell.de
info@klosterhof-zell.de
Besuchszeiten: Mo.-Sa. 8-18 Uhr, So. 10-12 Uhr

Inhaber......................Schwedhelm GbR
Rebfläche.............................17 Hektar

Der Klosterhof ist ein noch junges Weingut im Zellertal, das entstand, nachdem Stephan Schwedhelm 2006 sein Geisenheim-Studium beendete. Die Weinberge liegen in den Zeller Lagen Kreuzberg (Ton mit hohem Anteil an Kalkstein), Klosterstück (Lehm, Einschlüsse von Kalkmergel, hauptsächlich rote Sorten im Anbau) und Schwarzer Herrgott (Tonmergel mit hohem Anteil an Kalkstein), wo ausschließlich Riesling und Gewürztraminer angebaut wird.

Kollektion

Eine stimmige Kollektion präsentiert Stephan Schwedhelm zum Debüt, die angeführt wird von zwei Rieslingen: Der Wotanfels-Riesling zeigt gute Konzentration und klare reife Frucht im Bouquet, ist füllig und kraftvoll im Mund, reintönig und jugendlich, besitzt gute Struktur; noch ein klein wenig besser hat uns der Riesling Schwarzer Herrgott gefallen, der herrlich eindringlich und kraftvoll ist, gute Fülle und reife Frucht be-

K

sitts, Struktur und Frische. ◄━

81 2012 Silvaner trocken Zeller Kreuzberg
12,5 %/5,50 €

82 2012 Scheurebe trocken Zeller Kreuzberg
11,5 %/6,50 €

82 2012 Sauvignon Blanc trocken Zeller Kreuzberg **12,5 %/6,80 €**

83 2012 Riesling Spätlese trocken Zeller Kreuzberg **12,5 %/7,- €**

85 2012 Riesling Spätlese trocken „Wotanfels"
Zeller Kreuzberg **12,5 %/10,50 €**

86 2012 Riesling Spätlese trocken Schwarzer
Herrgott **12,5 %/10,50 €**

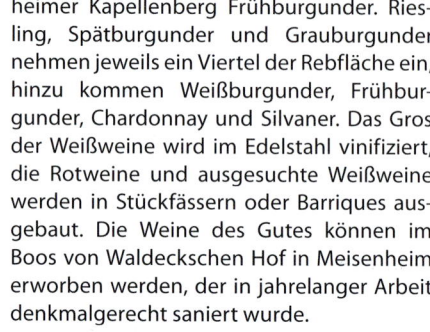

Klostermühle Odernheim
Weingut   **Nahe**

Am Disibodenberg, 55571 Odernheim
Tel. *06753-124841,* **Fax:** *06753-124847*
www.klostermuehle-odernheim.de
mail@boos-von-waldeck.de
Besuchszeiten: *im Ladengeschäft: Boos von
Waldeckscher Hof KG, Obergasse 26 in 55590
Meisenheim Di.- Fr. 13-18 Uhr, Sa. 10-17 Uhr;
abends und am Sonntag nach Vereinbarung*

Geschäftsführer . . . . Christian Held
Betriebsleiter . . . . Thomas Zenz
Rebfläche . . . . 13,5 Hektar

Seit über 1000 Jahren besteht das Weingut
Klostermühle am Fuße des Disibodenbergs,
ursprünglich als Wirtschaftshof des gleich-
namigen Klosters. 1992 wurde es von Peter
Becker und Christian Held erworben, die den
Betrieb erweiterten und die Sektproduktion
begründeten, heute werden 30.000 Flaschen
Sekt erzeugt. Die 4,5 Hektar große Lage
Montfort, in der vor allem Burgundersorten
wachsen, ist im Alleinbesitz des Gutes. In der
Lage Odernheimer Kloster Disibodenberg
wird vor allem Riesling angebaut, im Odern-

heimer Kapellenberg Frühburgunder. Riesling, Spätburgunder und Grauburgunder
nehmen jeweils ein Viertel der Rebfläche ein,
hinzu kommen Weißburgunder, Frühburgunder, Chardonnay und Silvaner. Das Gros
der Weißweine wird im Edelstahl vinifiziert,
die Rotweine und ausgesuchte Weißweine
werden in Stückfässern oder Barriques ausgebaut. Die Weine des Gutes können im
Boos von Waldeckschen Hof in Meisenheim
erworben werden, der in jahrelanger Arbeit
denkmalgerecht saniert wurde.

Beim Debüt vor zwei Jahren präsentierte sich
die Kollektion geschlossen auf gutem Niveau,
angeführt von Spätburgunder und Chardonnay, zwei kraftvollen, kompromisslos vinifizierten Barriqueweinen und einem fülligen
Sekt, der mit viel reifer Frucht betörte. Auch im
vergangenen Jahr war die Kollektion auf
gutem Niveau, lediglich die beiden Trockenbeerenauslesen, denen es an Reintönigkeit
und Frische mangelte, und der unharmo-
nische Pinot Noir Likörwein wollten uns nicht
so recht gefallen. Sehr gut gelungen waren
dagegen der füllige Rosé Sekt, die konzentrierte und würzige trockene Riesling Auslese
und die kraftvollen und harmonischen Früh-
und Spätburgunder.

In diesem Jahr überzeugt die Kollektion weiß
wie rot und trocken wie süß: Die Basisweine
sind solide und reintönig, der „u.b.F."-Riesling
besitzt Saft und feine Zitrusfrucht und der Eiswein ist füllig und konzentriert. Die gekonnt
im Holz ausgebauten Chardonnay und Spätburgunder besitzen zwar viel Alkohol, der
aber jeweils perfekt eingebunden ist, und
dass Spät- und Frühburgunder kompromisslos trocken ausgebaut sind – bei Rotweinen
von der Nahe leider eine Seltenheit – gefällt
uns sehr gut. So gut sogar, dass uns das einen
zweiten Stern für die gelungene Kollektion
wert ist! ◄━

85 2011 Pinot Sekt brut „Monopol Held" Montfort   **13 %/12,90 €**

82   2012 Silvaner trocken   **12,5 %/7,20 €**

82   2012 Grauburgunder trocken   **13 %/8,20 €**

87   2011 Chardonnay trocken „u.b.F." Odernheimer Montfort   **15 %/19,- €**

82   2012 Riesling trocken   **12,5 %/6,20 €**

85   2012 Riesling Auslese trocken „u.b.F." Odernheimer Kloster Disibodenberg   **13 %/14,90 €**

88   2012 Riesling Eiswein „12.12.12" Odernheimer Kloster Disibodenberg   **9 %/24,90 €/0,5l**

86   2011 Frühburgunder*** trocken Odernheimer Kapellenberg   **13,5 %/12,90 €**

88   2011 Spätburgunder trocken „u.b.F." Odernheimer Montfort   **14,5 %/28,- €**

★★★★

Klumpp
Weingut

Baden

 Heidelberger Straße 100, 76646 Bruchsal

Tel. 07251-16719, *Fax:* 07251-10523

www.weingut-klumpp.com

info@weingut-klumpp.com

Besuchszeiten: Mo.-Fr. 16-19 Uhr, Sa. 9-13 Uhr oder nach Vereinbarung

Inhaber . . . . Ulrich Klumpp
Kellermeister . . . . Markus Klumpp
Außenbetriebsleiter . . . . Andreas Klumpp
Rebfläche . . . . 25 Hektar

Ulrich Klumpp machte sich 1983 selbstständig mit damals 4,5 Hektar Weinbergen. 1990 baute er dann das neue Weingut am Stadtrand von Bruchsal. Bereits seit 1985 stellte er Versuche mit ökologischer Bewirtschaftung an, 1995 stellte er komplett um, bewirtschaftet seither seinen gesamten Betrieb nach den Richtlinien des ökologischen Weinbaus (Ecovin). Seit 2004 ist Markus Klumpp für die Vinifikation zuständig, seit 2010 ist auch der zweite Sohn Andreas im Betrieb tätig.

Die Böden im Kraichgau sind sehr heterogen, man findet auf kleinstem Raum Buntsandstein, Muschelkalk und Keuper. Seit 2007 tragen die Premiumweine Lagenbezeichnungen. Grauburgunder, Spätburgunder (Alte Reben) und St. Laurent kommen aus der neu eingetragenen Lage Rothenberg in Bruchsal (die letzten Jahre trugen sie die Bezeichnung Eichholz), einer 2,7 Hektar großen Lage, die ganz dem Weingut Klumpp gehört. Weißburgunder und Chardonnay, sowie die Cuvée M aus Cabernet Sauvignon, Merlot und Cabernet Franc und der Syrah kommen aus dem Kirchberg in Unteröwisheim, einer windexponierten Südlage aus Kalksandstein mit hoher Lössauflage. Der Pinot Noir kommt aus dem Weiherberg in Bruchsal, einer windoffenen Süd-Ost-Lage südlich von Bruchsal mit Kalksandsteinverwitterungsboden mit lehmiger Tonauflage; die 1,1 Hektar große Lage gehört ganz dem Weingut Klumpp. Im Zeuterner Himmelreich (Tonmergel in unterschiedlichen Verwitterungsstufen) wachsen Riesling und Lemberger. Ein weiterer Lagen-Riesling kommt aus dem Bruchsaler Klosterberg (Muschelkalk mit dünner Löss- bzw. Keuperauflage). Wichtigste Rebsorte ist Spätburgunder, gefolgt von Riesling, Grauburgunder, Weißburgunder, Auxerrois (die älteste Anlage wurde 1965 gepflanzt) und Lemberger. Bei den roten Sorten setzt Ulrich Klumpp neben Spätburgunder und Lemberger verstärkt auf St. Laurent, rote Rebsorten nehmen etwa die Hälfte der Rebfläche ein.

Alle Rotweine werden in kleinen Bütten maischevergoren (12 bis 18 Tage), die Maische wird dabei 3 bis 4 Mal täglich von Hand untergetaucht. Alle Rotweine reifen seit 2007 mindestens 6 Monate im Barrique, die Lagenweine in der Regel 18 Monate in überwiegend neuen Barriques. Trauben, Maische und Most werden nur mittels Gravitation bewegt, ohne Pumpeneinsatz. Die Weißweine werden gekühlt vergoren, die Burgunder durchlaufen ganz oder zur Hälfte (bei Edelstahlausbau) den biologischen Säureabbau, die Rieslinge nicht. Sie werden überwiegend im Edelstahl ausgebaut. 2008 wurde der Tankkeller modernisiert und der Barriquekeller um einen Raum erweitert. 95 Prozent der Weine werden trocken ausgebaut, der Rest – mit seltenen edelsüßen Ausnahmen – halbtrocken.

Vorjahre

Vor zwei Jahren präsentierte sich die Kollektion sehr geschlossen mit kraftvollen Weiß- und Rotweinen. Die Lagenweine waren alle sehr gut, weiß wie rot, es fiel schwer einen Favoriten zu benennen, Weißburgunder und Chardonnay im weißen Segment, der Spätburgunder von alten Reben im roten, aber auch Weiherberg-Pinot Noir und Grauburgunder überzeugten. Die 2011er Weißweine überzeugten voll und ganz, schon die Gutsweine bereiteten viel Freude. Die Lagenweine brachten eine weitere Steigerung, der Riesling aus dem Klosterberg gefiel uns besonders gut, aber auch der Himmelreich-Riesling, der Kirchberg-Weißburgunder, der Grauburgunder von alten Reben und der Chardonnay aus dem Kirchberg waren ganz stark. Noch geschlossener präsentierte sich der rote Teil der Kollektion mit durchweg sehr starken Weinen, ob Cuvée M, St-Laurent, Lemberger oder Syrah, unter den beiden Spätburgundern präferierten wir den Wein von alten Reben.

Weißweine

Schon die Gutsweine sind alle sehr gut: Der Auxerrois ist wunderschön reintönig, zeigt etwas gelbe Früchte, der Sauvignon Blanc ist frisch und geradlinig, besitzt feinen Druck, der Grauburgunder ist reintönig, füllig und saftig. Der Weißburgunder aus dem Kirchberg besitzt gute Struktur, Kraft und Druck, der Grauburgunder aus dem Rothenberg ist konzentriert und komplex, herrlich eindringlich und fruchtbetont, der Chardonnay ist frisch, klar und zupackend, dabei konzentriert und kraftvoll. Der Riesling aus dem Himmelreich besitzt Frische und Kraft, Substanz und feinen Biss, deutlich besser gefällt uns der Wein aus dem Klosterberg, der kraftvoll ist, enorm druckvoll und nachhaltig.

Rotweine

Ganz stark, ja noch stärker ist der rote Teil der Kollektion. Der St. Laurent zeigt viel Konzentration im Bouquet, reintönige Frucht, etwas rauchige Noten, besitzt herrlich viel Kraft und Substanz. Der Pinot Noir aus dem Weiherberg ist konzentriert und klar, besitzt Kraft, gute Struktur und Substanz, der Wein aus dem Rothenberg ist noch deutlich stoffiger, konzentrierter, besitzt enorm viel Kraft und Substanz. Die Cuvée M ist konzentriert, besitzt reife Frucht und eine feine Schokonote, der Syrah ist reintönig und kraftvoll, strukturiert und zupackend, der Blaufränkisch ist füllig und komplex, kraftvoll, besitzt viel Substanz, gute Struktur und Länge: Klasse Wein! Tolle Kollektion, weiß wie rot, unser Aufsteiger des Jahres! ◀

Weinbewertung

86 2012 Auxerrois trocken **13 %/9,50 €**
85 2012 Grauburgunder trocken **13,5 %/9,- €**
86 2012 Sauvignon Blanc trocken **12,5 %/10,50 €**
90 2012 Riesling trocken Bruchsaler Klosterberg **12,5 %/14,- €** ☺
88 2012 Riesling trocken Zeuterner Himmelreich **12,5 %/14,- €**
89 2012 Weißburgunder trocken Unteröwisheimer Kirchberg **13,5 %/14,- €**
89 2012 Grauburgunder trocken Bruchsaler Rothenberg **13,5 %/17,- €**
89 2012 Chardonnay trocken Unteröwisheimer Kirchberg **13,5 %/19,- €**
85 2011 „Cuvée N 1" Rotwein trocken **13 %/9,50 €**
89 2011 St. Laurent trocken Bruchsaler Rothenberg **13,5 %/19,- €**
91 2011 Blaufränkisch trocken Zeuterner Himmelreich **14 %/17,- €** ☺
90 2011 Pinot Noir trocken Bruchsaler Weiherberg **13,5 %/17,- €**
92 2011 Spätburgunder trocken Bruchsaler Rothenberg **13,5 %/25,- €**
88 2010 „Cuvée M" Rotwein trocken Unteröwisheimer Kirchberg **14 %/25,- €**
89 2011 Syrah trocken Unteröwisheimer Kirchberg **14 %/32,- €**

Klundt
Weingut   **Pfalz**

★★

Mörzheimer Hauptstraße 15, 76829 Landau
Tel. *06341-32392,* **Fax:** *06341-932703*
www.klundt.de
weingut@klundt.de
Besuchszeiten: *Mo.-Fr. 9-12:30 und 13:30-18 Uhr, Sa.*
9-16 Uhr nach Voranmeldung

Inhaber . . . . Hans und Sven Klundt
Rebfläche . . . . 14,5 Hektar

In den 1970er Jahren richtete die Familie Klundt ihren traditionellen landwirtschaftlichen Mischbetrieb mehr und mehr auf den Weinbau aus, Hans Klundt beschäftigt sich aber hauptsächlich mit der Erzeugung von Fasswein. Junior Sven begann mit dem Jahrgang 2009, seine eigenen Weine zu erzeugen, er konzentriert sich dabei auf bislang nur drei Rebsorten, Weißburgunder, Riesling und Pinot Noir, die er als gehobene Basisweine („Obsession") und als Lagenweine vermarktet. Die Lagenweine stammen aus dem Birkweiler Kastanienbusch (Rotliegendes), dem Steinweg (eine Parzelle im Godramsteiner Münzberg, Kalk) und dem Wacholderberg (eine Parzelle im Mörzheimer Pfaffenberg, Kalkmergel).

Vorjahr

Beim starken Debüt im vergangenen Jahr waren die sechs verkosteten Weine alle klar und reintönig, die Weißen waren kraftvoll und trotz des vor allem bei den Weißburgundern recht hohen Alkoholgehalts, harmonisch und ausgewogen. Unsere Favoriten waren der konzentrierte und kräuterwürzige Weißburgunder aus dem Wacholderberg und der mineralische Kastanienbusch-Riesling.

Neue Kollektion

Die beiden Weine sind auch in diesem Jahr wieder unsere Favoriten in einer Kollektion, die insgesamt an Schliff und Präzision zugelegt hat – was damit zu tun haben könnte, dass die Weine etwas zurückhaltender im Alkohol sind als im letzten Jahr. Der Wacholderberg-Weißburgunder besitzt herrlich viel klare Frucht, Saft, Kraft und gute Länge während beim Kastanienbusch-Riesling die Frucht zugunsten viel eindringlicher und nachhaltiger, rauchig-mineralischer Würze im Hintergrund bleibt. ◄

Weinbewertung

85 2012 Weißburgunder trocken „Obsession" **13,5 %/8,50 €**

88 2012 Weißburgunder trocken „Wacholder-[berk]" **14 %/10,- €** ☺

86 2012 Riesling trocken „Obsession" **12 %/9,- €**

87 2012 Riesling trocken „Stein[vek]" **13 %/10,50 €**

86 2010 Riesling trocken „Steinweg" **12,5 %/10,- €**

88 2012 Riesling trocken Birkweiler Kastanienbusch **13 %/11,- €**

83 2012 Spätburgunder „Blanc de Noir" trocken **12,5 %/5,- €**

86 2011 Pinot Noir trocken „Obsession" **14 %/9,50 €**

Knab
Weingut   **Baden**

★★★☆

Hennengärtle 1a, 79346 Endingen
Tel. *07642-6155,* **Fax:** *07642-931377*
www.knabweingut.de
regina-rinker@t-online.de
Besuchszeiten: *Mo.-Fr. 17-18:30 Uhr, Sa. 10-14 Uhr,*
April bis Okt. Sa. 10-16 Uhr, oder nach Vereinbarung

Inhaber . . . . Thomas und Regina Rinker
Rebfläche . . . . 20 Hektar

Thomas und Regina Rinker haben das Weingut Knab 1994 übernommen. Ihre Weinberge befinden sich fast ganz in der Lage Endinger Engelsberg. Über 90 Prozent der Fläche nehmen die Burgundersorten ein. Die Weißweine werden im Edelstahl ausgebaut, ausgesuchte Weine auch im Barrique. Die Spätburgunder werden alle im Holz ausgebaut.

Vorjahre

Seit der ersten Ausgabe empfehlen wir die

K

Die besten deutschen Weinerzeuger und ihre Weine

Weine von Thomas Rinker, schon damals lobten wir das „überzeugende Programm mit einer Reihe von Highlights", erklärten ihn zu einem der Shooting Stars in Baden. In diesem Zeitraum hat er uns Jahr für Jahr stets zuverlässige Kollektionen präsentiert mit wunderschön reintönigen Kabinetten und Spätlesen. Ohne die Basisweine zu vernachlässigen legte er in diesem Jahrzehnt mit seinen 3-Sterne-Spätlesen bei Weißburgunder und Grauburgunder zu, die, wie auch die Top-Spätburgunder, Kraft und Fülle mit Reintönigkeit und Frische vereinen. Die 2009er Spätburgunder waren vor zwei Jahren sehr jugendlich, besaßen aber enorme Konzentration und Kraft; die 2010er Weißweine zeigten sich unbeeindruckt vom Jahrgang: Die reintönigen Kabinettweine bereiteten viel Freude, noch viel besser gefielen uns die beiden Spätlesen, so dass die 3-Sterne-Selektionen es schwer hatten eine weitere Steigerung zu bringen. 2011 brachte im weißen Sortiment eine stimmige Kollektion von Kabinettweinen und Spätlesen; das 2010er Spätburgunder-Ensemble präsentierte sich geschlossen auf hohem Niveau.

Neue Kollektion _____

Auch 2012 präsentieren sich die Kabinettweine sehr gleichmäßig, unsere leichte Präferenz gilt dem Grauburgunder. Die Spätlesen sind etwas fülliger, die 3-Sterne-Selektionen besitzen noch mehr Substanz, der Grauburgunder ist hervorragend, er ist kraftvoll und konzentriert, besitzt viel Druck und Substanz; das gute Reifepotenzial der Rinkerschen Burgunder zeigt der herrlich saftige, füllige 2004er Weißburgunder; der 2011er Chardonnay ist frisch, klar und zupackend, ein klein wenig irritierend ist der Kontrast aus Süße und Bitternote. Die Spätburgunder präsentieren sich kraftvoll und klar unsere leichte Präferenz gilt der strukturierten, frischen 3-Sterne-Selektion. ◄━

Weinbewertung _____

84 2012 Auxerrois Kabinett trocken Endinger Engelsberg **12 %/7,40 €**

84 2012 Weißburgunder Kabinett trocken Endinger Engelsberg **12,5 %/7,40 €**

85 2012 Grauburgunder Kabinett trocken Endinger Engelsberg **12,5 %/7,40 €**

87 2012 Weißburgunder Spätlese trocken Endinger Engelsberg **13,5 %/9,80 €**

86 2012 Grauburgunder Spätlese trocken Endinger Engelsberg **13,5 %/9,80 €**

89 2004 Weißburgunder Spätlese*** trocken Endinger Engelsberg

87 2012 Weißburgunder Spätlese*** trocken Endinger Engelsberg **14 %/14,80 €**

90 2012 Grauburgunder Spätlese*** trocken Endinger Engelsberg **14 %/14,80 €** ☺

88 2011 Chardonnay Spätlese trocken Barrique **13,5 %/12,80 €**

84 2011 Spätburgunder trocken Holzfass Endinger Engelsberg **12,5 %/8,- €**

85 2011 Spätburgunder trocken Barrique Endinger Engelsberg **13 %/12,70 €**

87 2004 Spätburgunder*** trocken Barrique Endinger Engelsberg

88 2011 Spätburgunder*** trocken Barrique Endinger Engelsberg **13 %/22,50 €**

87 2011 Spätburgunder Auslese trocken Barrique Endinger Engelsberg **14 %/30,- €**

★ ★ ☆

Knauß
Weingut

Württemberg

Nolten 2, 71384 Weinstadt
Tel. *07151-606345,* **Fax:** *07151-960145*
www.weingut-knauss.com
info@weingut-knauss.com
Besuchszeiten: *Fr. 16-19 Uhr, Sa. 10-13 Uhr,*
Mo.-Do. nach Vereinbarung
Besenwirtschaft „Sonna-Besa"

Inhaber . . . . Familie Knauß
Betriebsleiter . . . . Andi Knauß
Rebfläche . . . . 14 Hektar

1995 begann man mit damals 50 Ar Reben mit der Selbstvermarktung. 1998 ist das

Weingut an den Ortsrand von Strümpfelbach ausgesiedelt, hat sich seither auf die
heutige Betriebsgröße erweitert. Die Weinberge liegen in den Strümpfelbacher Lagen
Altenberg und Nonnenberg, aber auch in Endersbach, Schnait und Beutelsbach, sowie in
Lehrensteinsfeld in der Lage Steinacker, wo
auf kalkhaltigem Boden Riesling und Lemberger angebaut wird. Die Remstaler Böden
bestehen aus Stubensandstein, Kieselsandstein und Buntem Mergel. 75 Prozent der Fläche ist mit roten Reben bestockt. Der
Schwerpunkt liegt auf gebietstypischen
Rebsorten wie Trollinger, Lemberger, Spätburgunder und Riesling. Dazu gibt es internationale Rebsorten wie Merlot, Chardonnay
und Sauvignon Blanc. Die Weißweine werden kalt und gezügelt vergoren und im Edelstahl ausgebaut, die Rotweine prinzipiell alle
auf der Maische vergoren und teils im Edelstahl, teils in kleinen oder großen Eichenholzfässern ausgebaut. Die Spitzenweine
werden in den Linien „S" (Selektion) und „R"
(Reserve) vermarktet. Die Rotweine der R-Linie werden in 300- oder 500-Liter Fässern
ausgebaut (und unfiltriert abgefüllt), die
Weißweine zum Teil im großen Holzfass. Zusammen mit Rainer Scholz hat Andi Knauß
das Weingut „Parfüm der Erde" gegründet.

Vorjahre

Nicht nur die kräftigen Barriquerotweine
überzeugten vor zwei Jahren, auch die
2010er Weißweine präsentierten sich frisch
und klar, der Muskat-Trollinger machte Spaß.
Im vergangenen Jahr ging es weiter voran.
Die Weißweine waren frisch, fruchtbetont
und klar, Sauvignon Blanc und Riesling „R"
gefielen uns sehr gut. Im roten Segment
ragten wieder die kompromisslos vinifizierten Barriqueweine hervor.

Neue Kollektion

In diesem Jahr nun wurden die Spitzenweine
der letztjährigen Kollektion (Riesling, Altenberg, Spätburgunder) erneut vorgestellt.
Neu für uns sind der duftige, schmeichelnde
Riesling Eiswein, der uns sehr gut gefällt

ebenso wie der Riesling S, der gute Struktur
und Kraft besitzt; sonst präsentiert sich die
Kollektion sehr gleichmäßig, weiß wie rot.

Weinbewertung

82 2012 „Weiße Reben" Weißwein trocken
    11,5 %/5,90 €
85 2012 Riesling „S" trocken 12,5 %/9,90 €
88 2011 Riesling „R" trocken 12,5 %/13,60 €
87 2012 Riesling Eiswein 8 %/35,- €
82 2012 Rosé „G" trocken 12 %/6,20 €
83 2012 „Rote Reben" Rotwein trocken
    12,5 %/6,60 €
84 2012 Merlot „S" trocken 13,5 %/12,90 €
87 2010 Spätburgunder „R" trocken 13 %/22,- €
88 2010 Altenberg „R" Rotwein trocken 14 %/28,- €

★★★★☆

Reinhard und Beate Knebel
Weingut   **Mosel**

K

August-Horch-Straße 24, 56333 Winningen
Tel. 02606-2631, Fax: 02606-2569
www.weingut-knebel.com
info@weingut-knebel.de
Besuchszeiten: Mo.-Sa. nach Anmeldung

Inhaber . . . . Beate Knebel, Matthias Knebel
Rebfläche . . . . 6,5 Hektar

Seit 1990 erzeugen Reinhard und Beate Knebel Weine von den Terrassen in der Nähe der
Moselmündung. Nach dem Tod Reinhard
Knebels führt Beate Knebel das Weingut allein weiter, heute unterstützt von Sohn
Matthias Knebel, der nach dem Studium in
Geisenheim und Stationen bei Florian Weingart und Peter Jakob Kühn in den Betrieb
eingetreten ist. Die Weinberge befinden sich
in den Winninger Lagen Uhlen, Röttgen,
Hamm und Brückstück. Neben Riesling wird
ein klein wenig Weißburgunder angebaut.
Die Moste werden stets spontan vergoren,
die trockenen bzw. „feinherben" Spitzen-

Die besten deutschen Weinerzeuger und ihre Weine

weine kommen erst spät in den Verkauf. Auch wenn in den letzten Jahren immer wieder grandiose edelsüße Rieslinge erzeugt wurden, wird doch das Gros der Produktion trocken oder feinherb ausgebaut.

Vorjahre

Die edelsüßen Rieslinge präsentierten sich auch 2010 reintönig wie gewohnt, wobei wir die beiden Auslesen präferierten. Liter- und Terrassen-Riesling waren 2010 gesetzlich halbtrocken, die Lagen-Rieslinge alle von deutlicher Süße geprägt, die Weine aus Hamm und Uhlen gefielen uns am besten. Ein feiner trockener Liter-Riesling eröffnete den 2011er Reigen, unter den Lagenweinen – überwiegend halbtrocken und feinherb ausgebaut – gefielen uns die beiden kraftvollen Weine aus dem Uhlen besonders gut, der saftige Wein aus dem Röttgen stand ihnen kaum nach. Der stimmige süße Teil der Kollektion wurde angeführt von einer faszinierend konzentrierten und reintönigen Trockenbeerenauslese aus dem Röttgen, die saftige Beerenauslese aus dem Uhlen war ebenfalls hervorragende.

Neue Kollektion

Das Weingut scheint seit einigen Jahren in einer Findungs- und Umstellungsphase, die einen stilistischen Umbruch bewirkt, weg von feinen, fruchtbetonten, geschliffenen Rieslingen hin zu mehr Konzentration und Fülle. Wir begrüßen, dass man auf Prädikatsbezeichnungen bei trockenen Weinen verzichtet und Lagen in den Vordergrund stellt, trotzdem würden wir uns diese Lagenweine etwas trockener wünschen, vielleicht wären sie dann druckvoller und nachhaltiger, auch etwas gleichmäßiger würden wir sie uns wünschen, was den Restzucker betrifft. Der trockenen Teil der 2012er Kollektion gleicht dem Vorjahr, beginnt mit einem geradlinigen Literriesling. Unter den Lagenweinen präferieren wird die beiden Rieslinge aus dem Uhlen, die Fülle und Kraft besitzen, der Uhlen L weist dezent mineralische Noten auf. Die Auslesen sind klar, kraftvoll und zupa-

ckend, die aus dem Röttgen ist würziger, brillantes Highlight der Kollektion ist eindeutig die faszinierend reintönige Goldkapsel-Auslese. ◄━━

Weinbewertung

82	2011 Riesling Sekt brut	12,5 %/15,- €
83	2012 Riesling (1l)	12 %/7,50 €
82	2012 Weißburgunder	12,5 %/9,- €
84	2012 Riesling „von den Terrassen"	12 %/9,50 €
85	2012 Riesling Hamm	12,5 %/16,- €
84	2012 Riesling Brückstück	12 %/16,- €
86	2012 Riesling Röttgen	12,5 %/19,- €
87	2012 Riesling Uhlen „R"	13 %/25,- €
88	2012 Riesling Uhlen „L"	13,5 %/21,- €
89	2012 Riesling Auslese Röttgen	7 %/25,- €/0,375l
89	2012 Riesling Auslese Uhlen	7 %/25,- €/0,375l
92	2012 Riesling Auslese Goldkapsel Röttgen	7 %/49,- €/0,375l

★★☆

Knewitz
Weingut

Rheinhessen

Rheinblick, 55437 Appenheim
Tel. 06725-2949, **Fax:** 06725-96003
www.weingut-knewitz.de
info@weingut-knewitz.de
Besuchszeiten: *nach Vereinbarung*

Inhaber .... Gerold Knewitz
Kellermeister .... Tobias Knewitz
Rebfläche .... 16 Hektar

Die Weinberge der Familie Knewitz verteilen sich auf vier Gemeinden und sechs Lagen: In Appenheim die Lagen Hundertgulden (Kalkstein) und Eselspfad (Löss, gelber Sand), Goldberg und St. Laurenzikapelle in Gau-Algesheim (Kalkstein und Kalkmergel), Steinacker in Nieder-Hilbesheim und schließlich Schlossberg in Ingelheim (Löss über Kalkstein), wo ausschließlich Spätburgunder angebaut wird. 25 Prozent der Rebfläche nimmt Riesling ein, hinzu kommen 20 Prozent Burgundersorten, 15 Prozent Silvaner und 10 Prozent Sauvignon Blanc, rote Rebsorten nehmen gut ein Drittel der Rebfläche ein. Seit 2010 baut Sohn Tobias Knewitz alle Weine aus, der nach Winzerlehre bei Dautermann, Kuhn und Meßmer im Oktober 2011 sein Geisenheim-Studium begonnen hat. Das Sortiment ist gegliedert in Gutsweine, Ortsweine und Lagenweine.

Vorjahre

Die 2010er Weine waren frisch und klar, wobei die beiden Spitzen-Rieslinge aus Hundertgulden und Goldberg bei der Verkostung im späten Frühjahr noch sehr jugendlich und etwas verschlossen waren, so dass uns vor zwei Jahren der gereiftere 2009er aus dem Goldberg am besten gefiel. Die 2011er Kollektion war sehr stimmig: Die Gutsweine präsentierten sich frisch und klar, die Ortsweine etwas fülliger und konzentrierter, die Highlights im Programm waren die beiden trockenen Lagen-Rieslinge aus Hundertgulden und Goldberg.

Neue Kollektion

Auch in diesem Jahr geht es weiter voran. Die Gutsweine sind frisch und klar, die Ortsweine deutlich kraftvoller, alle sind strukturiert und reintönig. Der Appenheimer Silvaner ist fruchtbetont und zupackend, der Appenheimer Riesling herrlich kraftvoll und geradlinig, der Spätburgunder besitzt gute Struktur und klare Frucht. Die Lagenweine bringen eine weitere klare Steigerung. Der Weißburgunder aus dem Eselspfad zeigt gute Konzentration, reife Frucht, ist enorm würzig, im Mund ist er füllig und kraftvoll, besitzt reife Frucht und gute Substanz. Noch besser gefallen uns die beiden Rieslinge: Der Wein aus dem Goldberg ist konzentriert und kraftvoll, besitzt reife Frucht und viel Substanz wie auch der Wein aus dem Hundertgulden, der herrlich saftig und druckvoll ist, dabei noch sehr jugendlich. Weiter im Aufwind! ◀

Weinbewertung

82   2012 Grüner Silvaner trocken   **12,5 %/6,40 €**

83   2012 Weißburgunder trocken   **12,5 %/6,80 €**

83   2012 Riesling trocken   **12,5 %/6,80 €**

84   2012 Sauvignon Blanc trocken   **13 %/9,20 €**

86   2012 Silvaner trocken Appenheimer **13,5 %/9,90 €**

86   2012 Riesling trocken „Kalkstein" Appenheimer   **13 %/9,90 €**

88   2012 Weißburgunder trocken Eselspfad **13,5 %/17,90 €**

89   2012 Riesling trocken Goldberg   **13 %/17,90 €**

90   2012 Riesling trocken Hundertgulden **13 %/18,90 €**

85   2012 Spätburgunder trocken Ingelheimer **13 %/10,90 €**

★★★★★

Knipser

Weingut   **Pfalz**

Hauptstraße 47, 67229 Laumersheim
Tel. *06238-742,* **Fax:** *06238-4377*
www.weingut-knipser.de
mail@weingut-knipser.de
Besuchszeiten: *Mo.-Fr. 10-12 + 14-18 Uhr,*
Sa. 10-16 Uhr

Inhaber . . . . Werner Knipser
. . . . Volker Knipser
. . . . Stephan Knipser
Rebfläche . . . . 40 Hektar

Werner und Volker Knipser haben Laumersheim bekannt gemacht. Für Rotwein zunächst, aber in den letzten Jahren erzeugen sie regelmäßig auch faszinierende Rieslinge, die zur Spitze in der Pfalz und in Deutschland zählen. Neben Riesling gibt es insbesondere noch Weiß- und Grauburgunder, Chardonnay, Gewürztraminer und Sauvignon Blanc. Als Spezialitäten bauen sie früher in der Pfalz und in Deutschland weit verbreitete Sorten wie Gelber Orleans oder Blauer Arbst an, die inzwischen ganz aus deutschen Weinbergen verschwunden sind. An roten Sorten gibt es neben Spätburgunder, Sankt Laurent und Dornfelder schon recht lange auch internationale Rebsorten

Die besten deutschen Weinerzeuger und ihre Weine

K

wie Cabernet Sauvignon, Cabernet Franc und Syrah. Inzwischen ist Werner Knipsers Sohn Stephan im Betrieb tätig. Die Rieslinge der Knipsers sind in ihrer Jugend enorm verschlossen, zeigen erst nach einiger Flaschenreife, was in ihnen steckt.

Vorjahre

Vor zwei Jahren zeigten die Rotweine des Jahrgangs 2009 enormes Potenzial, vor allem die beiden Reserve-Weine vom Spätburgunder waren noch enorm jugendlich und verschlossen; hervorragend waren auch die Großen Gewächse vom Spätburgunder. Auch Syrah und Cuvée X waren wieder eine Klasse für sich. Die Großen Gewächse vom Riesling des Jahrgangs 2010 waren noch sehr verschlossen. Die Knipser'sche Stilistik mit reintönigen, frischen und vielschichtigen, charaktervollen Weißweinen fand man auch im vergangenen Jahr. Riesling stand im Vordergrund, aber der beste Pfälzer Chardonnay kam ebenfalls aus dem Hause Knipser, die Cuvée von Weißburgunder und Chardonnay war ein großes Vergnügen und der Sauvignon Blanc war wie immer grün, leicht und knackig. Der Riesling aus dem Halbstück-Fass, der erst im Herbst 2016 in den Verkauf kommt, zeigte seine künftige Eleganz und große Feinheit. Die Großen Gewächse waren alle hervorragend. Fünf Spätburgunder vom schwierigen Jahrgang 2010 hatten wir im vergangenen Jahr verkostet und sie waren allesamt gelungen, das war schon in diesem frühen Stadium erkennbar. Bei den Großen Gewächsen hatte sich der Burgweg etwas in den Vordergrund gedrängt, alle waren hervorragend, der Reserve-Wein versprach Großes, auch die beiden X-Cuvées waren großartig.

Weißweine

Köstlich ist in diesem Jahr der Kabinett-Riesling, er duftet und zeigt viel Frucht und er ist wunderbar leicht mit 11,5 Prozent Alkohol. Knochentrocken ist der Riesling HPB, ein druckvoller Wein für harte Männer. Der Riesling Halbstück hat eine sehr gute Struktur, ist stoffig und schlank, zeigt eine feine Agrumen-Würze. Das große Gewächs vom Mandelpfad zeigt große Klarheit und viel helle Frucht, es ist konzentriert, elegant und hat eine feine salzig-mineralische Länge. Der Steinbuckel ist ähnlich, etwas griffiger, ebenso hell, er hat einen eleganten Biss und entwickelt einen guten Druck. Noch zurückhaltend präsentiert sich das Große Gewächs vom Weißburgunder, er zeigt feines Holz und eine ebenso feine Frucht, ist eher schlank als füllig und damit sehr elegant und geschliffen. Füllig, cremig und fruchtig ist die Cuvée aus Chardonnay und Weißburgunder, gewohnt frisch, klar und etwas grün der Sauvignon Blanc. Die beiden Chardonnay, mit drei und vier Sternen ausgezeichnet, zeigen ein hochelegantes, komplexes Aromenspiel zwischen Frucht und würzigen Kräutern, die Frucht dominiert auch im Mund, sie sind süffig, saftig, schlank, sehr fokussiert und sehr lang – die Vier-Sterne-Version hat von allem ein Quäntchen mehr. Den Grauburgunder mit vier Sternen könnte man als besten Rosé Deutschlands bezeichnen, er hat eine feine Kupferfarbe durch längeren Kontakt mit den dunklen Beerenhäuten, zeigt viel Saft und Frucht, er ist sehr stoffig und fein konzentriert.

Rotweine

Der „echte" Rosé ist durch die feine süße Frucht sehr saftig, ein Spaßwein. Leicht und elegant ist der Blaue Spätburgunder Barrique, der Spätburgunder Kalkmergel zeigt sehr viel Frucht und Stoff. Die Top-Spätburgunder aus dem Hause Knipser werden nun auch in Burgunder-Flaschen abgefüllt, da gehören sie auch hin. Der Spätburgunder Kirschgarten ist hell und elegant, er zeigt feinen klaren Saft und sehr feine Tannine, im Finale noch etwas hart. Der Burgweg ist etwas strenger, fokussierter als Kirschgarten, die Frucht ist klar, die Säure fein, ebenso die Tannine. Der Mandelpfad ist saftig und kräftig, noch sehr jung, die Tannine sind noch nicht sehr freundlich. Der Spätburgunder Reserve hat ebenfalls viel Saft, zeigt leichte Röstnoten, er hat viel Biss, eine gute Struktur, die noch jungen Tannine sind sehr fein. Viel Potenzial. Der Syrah hat feine Frucht- und Gewürznoten (vor allem schwarzer Pfeffer), er ist zupackend, hat einen saftigen Kern, eine gute Konzentration, feine Tannine und eine salzige Mineralität, die dem Wein eine große Nachhaltigkeit gibt. Der Syrah Reserve hat von allem etwas mehr, er ist noch duftiger, noch konzentrierter, noch feinere Tannine, fast schon fließend. Großartig. ◄

Weinbewertung

87	2012 Riesling Kabinett trocken Laumersheimer Kapellenberg **11,5 %/8,20 €** ☺	
87	2012 Sauvignon Blanc trocken **11,5 %/10,30 €**	
87	2012 Chardonnay & Weißburgunder trocken **12,5 %/10,30 €**	
85	2012 Riesling trocken „HPB" **12 %/7,80 €**	
91	2012 Riesling trocken „Halbstück" **13 %/22,- €**	
92	2012 Riesling „GG" Steinbuckel Laumersheim **12,5 %/24,- €**	
91	2012 Riesling „GG" Mandelpfad Laumersheim **13 %/24,- €**	
91	2012 Weißburgunder „GG" Kirschgarten Laumersheimer **13 %/24,- €**	
91	2012 Chardonnay trocken Barrique*** **13,5 %**	
92	2012 Chardonnay trocken Barrique**** **13,5 %**	
92	2012 Grauburgunder trocken Barrique**** **13,5 %**	
86	2012 „Clarette Saignée" Rosé trocken **12,5 %/8,20 €**	
86	2011 Blauer Spätburgunder trocken Barrique **12,5 %/10,30 €**	
88	2011 Spätburgunder trocken Barrique „Kalkmergel" **13 %/17,- €**	
92	2011 Spätburgunder „GG" Kirschgarten **13 %**	
92	2011 Spätburgunder „GG" Mandelpfad **13 %**	
91	2011 Spätburgunder „GG" Burgweg **13 %**	
93	2011 Spätburgunder trocken Barrique „Reserve" **13 %**	
91	2011 Syrah trocken Barrique **13 %**	
93	2011 Syrah trocken Barrique „Reserve" **13,5 %**	

Knobloch
Weingut   **Rheinhessen**

📍 *Saurechgäßchen 7, 55234 Ober-Flörsheim*
Tel. 06735-344, Fax: 06735-8244
www.weingut-klausknobloch.de
info@weingut-klausknobloch.de
Besuchszeiten: nach Vereinbarung

Inhaber .... Ralf und Arno Knobloch
Rebfläche .... 32 Hektar

Klaus Knobloch wurde 1988 Mitglied im Bundesverband Ökologischer Weinbau (Ecovin). Heute wird das Weingut von seinen Söhnen Ralf und Arno geführt. Ralf Knobloch kümmert sich um den Keller, Arno Knobloch hauptsächlich um die Weinberge. In den letzten Jahren haben sie verstärkt die weißen Burgundersorten und Riesling, sowie Rotweinsorten angepflanzt. An roten Sorten – der rote Anteil beträgt etwa 50 Prozent – gibt es Dornfelder, Spätburgunder und Portugieser, als Spezialitäten St. Laurent, Lemberger und Regent. Hinzu gekommen sind Auxerrois, Cabernet Mitos und Dunkelfelder. Die Rotweine werden auf der Maische vergoren und überwiegend im Holzfass (auch Barrique) ausgebaut. Zur Unterscheidung vom Basissortiment wurde die Weinlinie Edelsteine kreiert. Für diese Weine, die aus den besten Lagen Westhofener Morstein und Brunnenhäuschen, Gundersheimer Höllenbrand, Dintesheimer Felsen und Esselborner Goldberg stammen, wird der Ertrag auf 25 bis 30 Hektoliter je Hektar reduziert. Ein kleiner Prozentsatz der Burgunder wird im Barrique ausgebaut. Die Rotweine der Edelsteinlinie werden bis zu achtzehn Monate in großen Holzfässern und gebrauchten Barriques ausgebaut. Die Barriqueweine werden ebenfalls bis zu achtzehn Monate im Holzfass ausgebaut, wobei meist drei Viertel neue Barriques verwendet werden, in der Regel Allier- und Spessarteiche. In den letz-

K

Die besten deutschen Weinerzeuger und ihre Weine

ten Jahren hat man alle Weißweine mit Maischestandzeiten ausgebaut, bis zu 24 Stunden für den Riesling „No. 1", die Weine werden überwiegend mit ihren eigenen Hefen vergoren.

Vorjahre

Seit der ersten Ausgabe bewundern wir die zuverlässigen Kollektionen der Brüder Knobloch. So bestechend klar wie ihr Programm gegliedert ist, so klar sind auch ihre Weine, mustergültig zeigen sie die Eigenschaften jeder Rebsorte. Wer reintönige Weine liebt, die den Geldbeutel nicht allzu sehr strapazieren, dazu noch aus biologischem Anbau sind, der wird in Ober-Flörsheim bei den Knoblochs bestens versorgt. 2010 behaupteten sich Ralf und Arno Knobloch gut, alle Basisweine waren zuverlässig gut, die Weine der Edelstein-Linie waren kraftvoller, die Stars im Programm waren die beiden stoffigen Selektionsweine, Grauburgunder und Spätburgunder. 2011 brachte eine konsistente, sehr zuverlässige Kollektion mit klaren Weinen, angefangen vom feinen Gutssilvaner; Highlight war ganz klar der Riesling No. 1 aus dem Brunnenhäuschen.

Neue Kollektion

Eine vergleichbare Kollektion folgt mit dem Jahrgang 2012 mit reintönigen, kraftvollen Weißweinen der Edelstein-Serie, allen voran der konzentrierte Grauburgunder aus dem Morstein; noch etwas besser gefällt uns der frische, zupackende Riesling aus dem Höllenbrand. Auch die 2011er Rotweine machen eine gute Figur, der Spätburgunder aus dem Höllenbrand, vierzehn Monate in neuen Barriques ausgebaut, ist fruchtbetont und reintönig, füllig und harmonisch. ◄━

Weinbewertung

82   2012 Riesling trocken   **11,5 %/5,80 €**

81   2012 Riesling Kabinett trocken Dintesheim Felsen   **11,5 %/Fachhandel**

84   2012 Riesling trocken Westhofen Brunnenhäuschen   **11,5 %/Fachhandel**

82   2012 Weißburgunder trocken   **12 %/5,80 €**

84   2012 Grauburgunder trocken   **12,5 %/5,80 €**

86   2012 Riesling trocken „Jade" Westhofen Brunnenhäuschen   **12,5 %/9,- €**

86   2012 Weißburgunder trocken „Achat" Westhofen Morstein   **13,5 %/9,- €**

87   2012 Grauburgunder trocken „Feueropal" Westhofen Morstein   **13,5 %/9,- €**

88   2012 Riesling trocken „No. 1" Gundersheim Höllenbrand   **12,5 %/15,- €**

84   2011 Regent trocken „Violan" Ober-Flörsheimer Blücherpfad   **13,5 %/9,- €**

84   2011 Dornfelder trocken „Sterngranat" Ober-Flörsheimer Blücherpfad   **13,5 %/9,- €**

87   2011 Spätburgunder trocken „SK" Gundersheim Höllenbrand   **14 %/15,- €**

★★★★☆

Ludwig **Knoll**
Weingut Am Stein   **Franken**

🍇 *Mittlerer Steinbergweg 5, 97080 Würzburg*
Tel. *0931-25808,* **Fax:** *0931-25880*
www.weingut-am-stein.de
mail@weingut-am-stein.de
Besuchszeiten: *Mo.-Fr. 10-12:30 + 14-18 Uhr,*
Sa. 10-14 Uhr
„Weinstein" Weinbar - Restaurant
Gästezimmer

Inhaber . . . . Ludwig Knoll
Rebfläche . . . . 28 Hektar

Das Weingut Am Stein liegt umgeben von Reben am Fuße des berühmten Würzburger Stein. Ludwig Knoll hat es 1990 von seinem Vater übernommen und führt es mit Ehefrau Sandra. Er besitzt Weinberge in den Würzburger Lagen Innere Leiste und Stein, sowie im Stettener Stein, aber auch in Randersacker, Escherndorf und Thüngersheim. In der Kernlage des Stettener Steins (Muschelkalk) wachsen die Reben 80 Meter über dem Main oberhalb eines Kalksteinbruchs. Silvaner und die Burgundersorten nehmen jeweils ein Viertel der Rebfläche ein, Riesling 20 Prozent. Dazu gibt es Rieslaner, Müller-Thurgau, Bacchus und Scheurebe. Seit 2008 werden die Weinberge biologisch bewirtschaftet (zertifiziert). Die Basis des Programms bilden die Gutsweine, dann folgen die Lagenweine. Die Spitze des Programms bilden „Vinz" (von den besten Parzellen im Stettener Stein mit über 40 Jahre alten Reben), „Montonia" (im Barrique ausgebaute Burgunder, der Weißburgunder zur Hälfte im großen Holzfass) und die beiden Großen Gewächse aus der Inneren Leiste; edelsüße Spitzen ergänzen Jahr für Jahr das Programm.

Sandra und Ludwig Knoll verbinden beispielhaft Wein und Küche mit kulturellen Erlebnissen: Kochabende im Küchenhaus, Jazz beim Hoffest und im Juli und August ein Freilichttheater mit jährlich wechselnden Aufführungen. Jedes Jahr am 1. Mai laden sie zur „Wein-Kunst-Probe", bei der im Rahmen einer Vernissage die Werke junger Künstler zusammen mit den Weinen des neuen Jahrgangs präsentiert werden.

Vorjahre

Ganz faszinierend fanden wir 2010 die beiden Vinz-Weine von alten Reben aus dem Stettener Stein. Aus der Inneren Leiste präferierten wir 2010 ganz leicht den Riesling aufgrund seiner Mineralität, die „Hoch 3"-Weine zeigten die eigenständige Aromatik der Vinz-Weine, stammen sie doch ebenfalls aus dem Stettener Stein. Bestechend gut war auch das Niveau der „einfachen" Terroirweine und edelsüß wurde man bei den Knolls ebenfalls fündig auf höchstem Niveau. Auch die letztjährige Kollektion bereitete uns viel Freude, schon die Gutsweine waren stark, das mittlere Segment bot reintönige, zupackende Weißweine wie die Silvaner aus Stein und Sonnenstuhl, den Grauburgunder oder Scheurebe, am besten gefiel uns in diesem Segment der Riesling aus dem Stettener Stein. Die Vinz-Scheurebe begeisterte uns wie schon im Vorjahr, ebenso der Vinz-Silvaner und der „Hoch 3"-Silvaner, das Große Gewächs aus der Inneren Leiste sahen wir im

vergangenen Jahr auf Augenhöhe; beim Riesling sahen wir das Große Gewächs klar vor dem „Hoch 3", der Montonia-Weißburgunder war komplex, der Spätburgunder elegant und Edelsüßes gab es ebenfalls auf hohem Niveau.

Neue Kollektion

Klasse Einstiegsniveau: Was für ein schöner Müller-Thurgau! Klasse auch die Silvaner aus Randersacker und Würzburg, der reintönige Grauburgunder aus Stetten, der geradlinige Riesling aus Stetten. Dann wird es richtig spannend: Silvaner und Riesling aus der Inneren Leiste, im vergangenen Jahr noch Große Gewächse, sind weiterhin „Großes Gewächs"-würdig, besitzen Präzision und Kraft, Struktur und Frische, aber nicht mehr den „Großen Gewächs"-Preis: Schnäppchen, zugreifen! Das gilt auch für den Riesling, der viel reife Frucht besitzt, Substanz, feine mineralische Noten und Nachhall. Der Weißburgunder Montonia ist füllig und harmonisch, besitzt reife Frucht und gute Struktur, die Vinz-Scheurebe ist faszinierend klar, füllig und harmonisch, der Silvaner aber gefällt uns 2012 weniger, ist uns zu „smooth", zu breit und üppig, wesentlich spannender finden wir das Große Gewächs, das Druck und Kraft besitzt, reintönige Frucht und gute Substanz. Dies gilt auch für den Riesling, der wunderschön druckvoll und nachhaltig ist. Die „Hoch 3"-Weine sind saftig und klar, aromatisch den Großen Gewächsen sehr nahe, ohne ganz die Kraft und den Druck zu besitzen, die edelsüßen Weine sind reintönig wie gewohnt, saftig, harmonisch und lang. ◄

Weinbewertung

86	2011 Grauburgunder Sekt brut	**13 %/17,- €**
88	2008 Pinot Rosé Sekt brut	
86	2012 Müller-Thurgau trocken „Frank & Frei" **11,5 %/7,- €** ☺	
87	2012 Silvaner trocken Randersackerer (Sonnenstuhl) **13 %/9,80 €**	
86	2012 Silvaner trocken Würzburger (Stein) **13 %/9,80 €**	
87	2012 Grauburgunder trocken Stettener	

K

Die besten deutschen Weinerzeuger und ihre Weine

13 %/9,80 €

86 2012 Riesling trocken Stettener (Stein)
12,5 %/9,80 €

87 2012 Silvaner trocken Würzburger Stein
13,5 %/15,- €

90 2012 Silvaner trocken Würzburger Innere Leiste 14 %/15,- € ☺

90 2012 Riesling trocken Würzburger Innere Leiste 12,5 %/15,- € ☺

88 2012 Silvaner trocken „Vinz" „Alte Reben"
13,5 %/18,- €

90 2012 Silvaner „GG" Stettener Stein 14 %/35,- €

91 2012 Riesling „GG" Stettener Stein 13,5 %/35,- €

85 2012 Riesling Randersackerer 11,5 %/9,80 €

89 2012 Silvaner Auslese Stettener Stein
9 %/20,- €/0,5l

90 2012 Riesling Auslese Randersackerer Pfülben
8 %/20,- €/0,5l

90 2012 Grauburgunder Eiswein Stettener Stein
7 %/50,- €/0,375l

89 2012 Riesling Eiswein Stettener Stein
8,5 %/60,- €/0,375l

★★★★☆

Holger **Koch**
Weingut
Baden

📍 *Mannwerk 3, 79235 Bickensohl*
Tel. *07662-912258,* **Fax:** *07662-949859*
www.weingut-holger-koch.de
hk@weingut-holger-koch.de
Besuchszeiten: *nach Vereinbarung*

Inhaber........Holger Koch, Gabriele Engesser
Rebfläche...........................7,5 Hektar

Holger Koch war unter anderem Praktikant beim Grafen Neipperg in St. Emilion und Kellermeister bei Franz Keller in Oberbergen bevor er den Winzerhof der Familie übernahm, den er zusammen mit seinen Eltern und Ehefrau Gabriele Engesser führt. 1999 begann er mit der Selbstvermarktung. Seine Weinberge befinden sich in Bickensohl. Er

baut ausschließlich Weiß-, Grau- und Spätburgunder an. Die weißen Qualitätsweine werden im Edelstahl ausgebaut, Rotweine und weiße Selektionsweine werden ausschließlich in Barriques aus französischer Eiche ausgebaut. Die Weine bleiben bis zur Abfüllung auf der Feinhefe liegen. Die Selektions-Spätburgunder werden ohne Filtration abgefüllt. Alle Weine sind durchgegoren und trocken, auch wenn dies nicht auf dem Etikett vermerkt ist. Ab dem Jahrgang 2012 werden die Weine EU-Bio-zertifiziert sein.

Vorjahre _____

Die 2009er Rotweine zeigten sich im gewohnten Stil: Reintönig, frisch und mit merklicher Säure, die 2010er Weißweine waren jahrgangsbedingt etwas schwächer. 2011 meldeten sich die Weißweine wieder zurück in gewohnter Form. Die beiden Herrenstück-Weine waren reintönig und zupackend, kompromisslos vinifiziert, wie auch die 3-Sterne-Selektion, die gute Konzentration und feine rauchige Noten zeigte. Stimmig präsentierten sich auch die 2010er Spätburgunder, waren reintönig und präzise.

Neue Kollektion _____

Die neue Kollektion ist bärenstark, alle Weine sind sehr gut. Der Weißburgunder Herrenstück ist füllig und kraftvoll, der Grauburgunder zeigt feine rauchige Noten im Bouquet, ist fruchtbetont und klar. Auch bei den 3-Sterne-Selektionen gefällt uns der Grauburgunder klar besser als der Weißburgunder: Letzterer ist komplex und stoffig, der Grauburgunder aber deutlich komplexer, kraftvoller, ist enorm druckvoll und zupackend. Ganz faszinierend sind 2011 die drei Pinot Noir von Holger Koch. Die 1-Sterne-Selektion zeigt feine rauchige Noten im Bouquet, herrlich reintönige Frucht, ist wunderschön präzise, reintönig und zupackend im Mund. Die 3-Sterne-Selektion ist nicht ganz so charmant im Bouquet, aber enorm präzise und druckvoll im Mund, sehr lang. Klares Highlight aber ist der Pinot Noir Reserve, der kraftvoll und komplex ist, fruchtbetont und präzise, frisch, lang und nachhaltig. Gratulation zu dieser Kollektion!

86 2012 Weißburgunder Herrenstück **12,5 %/9,80 €**

88 2012 Grauburgunder Herrenstück
    13 %/9,80 € ☺

87 2012 Weißburgunder*** Selektion **13 %/15,- €**

90 2012 Grauburgunder*** Selektion
    13,5 %/15,- € ☺

89 2011 Pinot Noir* Selektion **13 %/15,- €**

90 2011 Pinot Noir*** **12,5 %/22,50 €**

92 2011 Pinot Noir Reserve **12,5 %/36,- €**

★★★

Arndt **Köbelin**

Weingut

Baden

Altweg 131, 79356 Eichstetten
Tel. *07663-1414,* **Fax:** *07663-912666*
www.weingut-koebelin.de
info@weingut-koebelin.de
Besuchszeiten: *Do. + Fr. 9-12 + 15-18 Uhr,*
Sa. 9-12 Uhr und nach Vereinbarung

Inhaber............................Arndt Köbelin
Rebfläche............................11,5 Hektar

Arndt Köbelin gründete – nach Küferlehre und Tätigkeit in verschiedenen Betrieben, zuletzt als Kellermeister der Winzergenossenschaft Durbach – 2005 sein eigenes Weingut. Seine Eltern hatten bis dahin den Ertrag ihrer 3,5 Hektar Reben an die örtliche Genossenschaft abgeliefert. Arndt Köbelin erweiterte die Rebfläche, baute 2006 ein neues Weingut mit Keller, 2011 wurde ein neuer Degustations- und Verkaufsraum eröffnet. Seine Weinberge liegen alle im Eichstetter Herrenbuck, wo die Reben auf Vulkanverwitterungsgestein mit Lössauflage wachsen. Er baut vor allem die Burgundersorten an, Spätburgunder, Grauburgunder und Weißburgunder nehmen jeweils ein Viertel der Rebfläche ein. Dazu gibt es Riesling, Müller-Thurgau, Scheurebe und Gewürztraminer.

Es ging stetig aufwärts in den letzten Jahren, selbst in einem Jahrgang wie 2010: Die beiden im Holz ausgebauten weißen Burgunder besaßen Struktur und Kraft wie auch der noch allzu tanninbetonte Barrique-Spätburgunder; sehr erfreulich fanden wir das gute Gesamtniveau, auch die restsüßen Spätlesen überzeugten. Ganz stark waren auch die 2011er Weißweine mit reintönigen, kraftvollen Kabinettweinen von Weißburgunder, Grauburgunder und Muskateller, die 3-Sterne-Selektionen brachten eine deutliche Steigerung. Auch die 2010er Spätburgunder präsentierten sich stimmig, ob Holzfass-Variante oder 3-Sterne-Selektion, eine weitere, klare Steigerung brachte der neue Eichenlaub-Spätburgunder.

Auch 2012 überzeugt wieder das hohe Niveau im Kabinettbereich, Weißburgunder, Grauburgunder und Muskateller sind klar, fruchtbetont und zupackend. Und wie in den Vorjahren bringen die 3-Sterne-Selektionen eine klare Steigerung. Der Weißburgunder zeigt gute Konzentration und reife Frucht im Bouquet, ist füllig im Mund, saftig und cremig, besitzt reife Frucht und gute Struktur. Noch etwas besser gefällt uns der Grauburgunder, der deutlich vom Ausbau im Holz geprägt ist, aber viel Kraft, gute Struktur und Substanz besitzt.

Auch der rote Teil der Kollektion präsentiert sich sehr stimmig mit drei Spätburgundern: Der im Holzfass ausgebaute Weine ist frisch und klar bei feiner süßer Frucht, die 3-Sterne-Selektion besitzt Fülle und Kraft, feine süße Frucht, gute Struktur und Substanz, noch besser gefällt uns der Spätburgunder Eichenlaub, der viel Konzentration und viel Frucht besitzt, komplex ist, füllig und frisch, viel jugendliche Tannine besitzt: Ein Wein mit Zukunft.

K

Die besten deutschen Weinerzeuger und ihre Weine

Weinbewertung

85 2012 Weißburgunder Kabinett trocken
    13 %/8,- €

85 2012 Grauburgunder Kabinett trocken
    13 %/8,- €

85 2012 Muskateller Kabinett trocken 12 %/9,- €

88 2012 Weißburgunder*** Spätlese trocken
    Holzfass 13,5 %/13,50 €

89 2012 Grauburgunder*** Spätlese trocken
    Holzfass 13,5 %/13,50 €

85 2012 Riesling Spätlese 11 %/10,50 €

90 2011 Spätburgunder Trockenbeerenauslese
    8 %/40,- €/0,5l

84 2012 Spätburgunder Rosé Kabinett trocken
    11,5 %/7,80 €

85 2011 Spätburgunder trocken Holzfass
    13,5 %/10,- €

88 2011 Spätburgunder*** trocken Barrique
    13,5 %/16,50 €

90 2011 Spätburgunder*** trocken „Eichenlaub
    Reserve" Barrique 13,5 %/40,- €

★★★

J. **Kögler** KG
Weingut
                                        Rheingau

Kirchgasse 5, 65343 Eltville
Tel. 06123-2437, **Fax:** 06123-81118
www.weingut-koegler.de
info@weingut-koegler.de
Besuchszeiten: Mo.-Fr. ab 8 Uhr, Sa. & So. ab 12 Uhr
oder nach Vereinbarung

Inhaber . . . . Ferdinand Koegler
Rebfläche . . . . 34 Hektar

Das Weingut befindet sich in einem Gebäude, dessen Geschichte auf das Jahr 1420 zurückgeht, die dazugehörigen Weinberge liegen in Eltville, Kiedrich, Walluf und Hochheim. Neben Riesling und Spätburgunder baut Ferdinand Koegler als einer der wenigen Winzer in Deutschland den Grünen Veltliner an. Als weitere Kuriosität gehört in-zwischen der Zweigelt zum Programm. Im Jahr 2000 übernahm Ferdinand Koegler das traditionsreiche Eltviller Weingut Oekonomierat Fischer Erben mit 7,5 Hektar Weinbergen in den Eltviller Lagen Sonnenberg und Kalbspflicht. Koegler vergärt die Weine mit Reinzucht- bzw. natürlichen Hefen und lässt sie möglichst lange auf der Feinhefe lagern. Der Riesling namens „Alte Villa" reift immer im großen Holzfass, die Rotweine werden stets erst sehr spät präsentiert: Verständlich, wenn man weiß, dass beispielsweise das Erste Gewächs aus dem Eltviller Sonnenberg 24 Monate im Barrique reifen darf. Die Tannine sind bei diesen kompakten Spätburgundern trotzdem gut integriert, Alkohol und Überreife können manchmal auf Kosten der Finesse gehen.

Vorjahre

2010 überzeugte nicht zum ersten Mal der Grüne Veltliner, auch die Süßweine hatten unbestreitbare Klasse, das Erste Gewächs aus dem Sonnenberg entwickelte sich gut. Die 2011er Weißweine hinterließen einen sehr guten Eindruck. Ein knackiger, wunderschön trockener Grüner Veltliner mit pfeffriger Würze sowie der saftige Riesling namens „Alte Villa" überzeugten voll. Die 2008er und die 2009er Spätburgunder waren etwas unnahbar, was auch am hohen Alkohol und an der Mächtigkeit lag.

Neue Kollektion

2012 zeigt sich, sofern sich das bisher beurteilen lässt, als großer Erfolg. Ein nur als Fassprobe verkosteter Grüner Veltliner machte einen hervorragenden Eindruck, ist aber hier noch nicht mit Bewertung aufgeführt. Untadelig ist der „1467", auch das Erste Gewächs aus 2011 gefällt mit klarer Frucht, die kraftvolle Spätlese aus dem Sonnenberg besitzt überraschenden Schmelz sowie Spannung, und die Rotweine wirken gelungen: Der saftige Zweigelt macht mit seiner umkomplizierten Art Spaß, und das Erste Gewächs aus 2009er hat sich gut entwickelt. Es ist zwar nach wie vor nicht der eleganteste Weine im

Rheingau, taut aber nach 24 Stunden in der Karaffe auf und entwickelt dann Noten von Brombeeren und Speck. ◄■

Weinbewertung

85 2012 Riesling trocken „Alte Villa" **13 %/8,- €**

88 2011 Riesling trocken Erstes Gewächs Eltviller Sonnenberg **13,5 %/19,50 €**

86 2012 Riesling „1467" **12,5 %/9,- €**

88 2011 Riesling Spätlese Eltviller Sonnenberg **13,5 %/14,- €**

87 2011 Blauer Zweigelt trocken **13 %/9,50 €**

86 2009 Spätburgunder trocken „Rubeus" **14,5 %/19,- €**

86 2009 Spätburgunder Erstes Gewächs Eltviller Sonnenberg **14,5 %/45,- €**

★ ★

Dr. **Koehler**
Weingut

Rheinhessen

🍇 *Pfandturmstraße 16, 67595 Bechtheim*

Tel. *06242-1525,* **Fax:** *06242-904881*

www.dr-koehler-wein.de

info@dr-koehler-wein.de

Besuchszeiten: *nach Vereinbarung*

Inhaber . . . . Christian Dreißigacker

Rebfläche . . . . 15 Hektar

2006 hat die Familie Dreißigacker das bereits seit 1898 bestehende Weingut Dr. Koehler übernommen. Christian Dreißigacker führt das Gut, hat mit der Umstellung auf zertifiziert biologischen Weinbau begonnen. Seine Weinberge liegen hauptsächlich in Bechtheim, im Anbau dominieren Riesling und die Burgundersorten.

Vorjahre

2010 waren die Weine einfach und verhalten – einen Mandelbaum-Riesling gab es nicht. Mit dem Jahrgang 2011 gewann das Programm an Kontur. Die Gutsweine waren klar und frisch, die Ortsweine fülliger, aber ebenso reintönig, wie auch die Süßweine, unser klarer Favorit aber war der Mandelbaum-Riesling.

Neue Kollektion

Der ist auch 2012 wieder sehr gut, hat aber nun betriebsinterne Konkurrenz bekommen durch die zwei Lagenweine aus Hasensprung und Rosengarten, die beide herrlich reintönig und kraftvoll sind, gute Struktur und Substanz besitzen, dezent mineralische Noten, beide noch sehr jugendlich und mit Potenzial. Bei den Ortsweinen überzeugt vor allem der zupackende Riesling, im Gutsweinbereich gefällt uns die Cuvée aus Weißburgunder und Chardonnay am besten. Insgesamt eine überzeugende Vorstellung: Es geht voran! ◄■

Weinbewertung

81 2012 Riesling trocken (1l) **12,5 %/5,- €**

82 2012 Riesling trocken **12,5 %/5,90 €**

82 2012 Grauburgunder trocken „Pfandturm" **13 %/6,50 €**

83 2012 Weißburgunder trocken **13 %/6,90 €**

83 2012 Grauburgunder trocken **13 %/6,90 €**

82 2012 Grauburgunder & Chardonnay trocken „Pfandturm" **13 %/7,20 €**

84 2012 Chardonnay & Weißburgunder trocken **13 %/6,90 €**

85 2012 Riesling trocken Bechtheimer **13 %/9,50 €**

82 2012 Grauburgunder trocken Bechtheimer **13,5 %/9,50 €**

86 2012 Riesling trocken „Weißer Mandelbaum" **13 %/13,50 €**

88 2012 Riesling trocken Hasensprung **13,5 %/19,50 €**

88 2012 Riesling trocken Rosengarten **13 %/19,50 €**

K

Die besten deutschen Weinerzeuger und ihre Weine

★★★★☆

Koehler-Ruprecht
Weingut   **Pfalz**

Weinstraße 84, 67169 Kallstadt
Tel. *06322-1829,* **Fax***: 06322-8640*
www.koehler-ruprecht.com
info@koehler-ruprecht.com
Besuchszeiten: *Mo.-Fr. 9-11:30 + 13-17 Uhr oder nach Vereinbarung*
Gutsausschank „Weincastell" (Spezialitätenrestaurant, Hotel)

Inhaber . . . . . Weingut Koehler-Ruprecht GmbH
Rebfläche . . . . 12 Hektar

Bernd Philippi machte die eigenwilligsten und faszinierendsten Weine in der Pfalz. Was heißt in der Pfalz, in Deutschland! Kein anderer gab seinen Spitzen-Weinen so viel Zeit, bis er sie in den Verkauf brachte. Verkostet man einmal ältere Jahrgänge dieses Weins, dann kann man verstehen warum. Aber auch schon in ihrer Jugend verrieten sie, was in ihnen steckte. Alle Weine von Bernd Philippi waren auch jung enorm stoffig und bestachen durch ihre Nachhaltigkeit. Sie schwammen gegen den Strom an und trotzen dem Trend, möglichst frische, konsumreife Weine sehr jung auf den Markt zu bringen. Sie waren in ihrer Jugend sicherlich schwierig für den, der solche Weine nicht (mehr) kannte.

Vorjahre _____

Vor zwei Jahren war die Kollektion überschaubar, sechs Weine hatten wir verkostet, zwei feine Weißburgunder und vier Rieslinge, davon ein Saumagen-Trio – ohne „R". Im vergangenen Jahr gab es vom Riesling-Jahrgang 2011 wieder zwei R-Weine, allerdings sahen wir von einer Bewertung ab. Die Weine kamen als füllfertige Fassproben zur Verkostung, zeigten sich aber – wie der Kabinett vom Saumagen – völlig verschlossen und fehltönig. Die beiden anderen Fassproben, Spätlese trocken und Auslese trocken, zeigten sich zugänglicher. Weich und mild war der Weißburgunder Kabinett, die Spätlese vom Annaberg war elegant und cremig-weich. Die Spätlese „R" von 2008, die letztes Jahr in den Verkauf kam, öffnete sich langsam, sie war elegant und zeigte Nussaromen.

Neue Kollektion _____

Der neue Jahrgang zeigt das Dilemma, in dem das Weingut steckt. Bernd Philippi hat das Weingut 2010 an einen US-Investor verkauft, der vom relativ neuen Team verlangt, den Weinstil zu erhalten. Aber nur Bernd Philippi konnte Philippi-Weine machen. Das sagen viele, die ihn kennen. Im vergangenen und in diesem Jahr haben wir Schwierigkeiten mit den Koehler-Ruprecht-Weinen. Nicht das sie unzugänglich oder schwer verständlich wären, das waren die Philippi-Weine meistens. Was uns im vergangenen Jahr erschreckte, ist nun Gewissheit: Zwei Weine von 2011 haben wir noch einmal verkostet, Riesling Saumagen Kabinett und Spätlese R trocken. Beide Weine sind oxidiert, da ist wohl nichts mehr zu machen. Die Weine von 2012 haben dieses Problem nicht, man spürt auch, dass der Philippi-Stil angestrebt wird, aber es wirkt sehr bemüht, einige Weine wirken fast erschöpft. Am besten hat uns der Chardonnay gefallen, der Auslese R sollte man eine Chance geben, sie kommt erst 2018 in den Verkauf. Wir sind gespannt. ◄

Weinbewertung _____

83   2012 Weißburgunder trocken Kallstadter
      6,5 %/6,50 €

83   2012 Riesling Kabinett trocken Kallstadter
      Saumagen **13 %/9,- €**

88   2012 Chardonnay Spätlese trocken Kallstadter
      Annaberg **13,5 %/10,- €** ☺

86   2012 Riesling Spätlese trocken Kallstadter An-
      naberg **12,5 %/10,- €**

86   2012 Riesling Spätlese trocken Kallstadter
      Saumagen **12,5 %/14,- €//ab Mai 2014**

87   2012 Riesling Auslese trocken Kallstadter Sau-
      magen **13 %/22,50 €//ab Sept. 2014**

88   2012 Riesling Auslese trocken „R" Kallstadter
      Saumagen **12,5 %/ab 2018**

Christoph **Koenen**

Weingut ★

Mosel

Am Eichhaus 4a, 54518 Minheim
Tel. *06507-939970,* **Fax:** *06507-939975*
www.ck-weine.de
info@ck-weine.de
Besuchszeiten: *täglich nach Vereinbarung*

Inhaber .... Simone und Christoph Koenen
Rebfläche .... 3,3 Hektar

Christoph Koenen übernahm im Jahr 2000 den elterlichen Betrieb in Minheim. Er baut zu 85 Prozent Riesling an, hinzu kommen Müller-Thurgau und Weißburgunder. Seit dem Umzug in ein neues Kellereigebäude werden die Weine im Edelstahl vergoren und sehr lange auf der Feinhefe ausgebaut.

Vorjahre —————————————————
Beim guten Debüt vor zwei Jahren war die trockene Spätlese aus dem Rosenberg unser Favorit in einer gleichmäßigen Kollektion. 2011 hatten die süßen Rieslinge die Nase vorne, Spätlese und Auslese wurden noch getoppt von einer dicken Trockenbeerenauslese.

Neue Kollektion —————————————
Der Jahrgang 2012 ist sehr gleichmäßig, es ragt die Beerenauslese heraus, die würzig, konzentriert und frisch im Bouquet ist, klar und zupackend im Mund. ◀━

Weinbewertung —————————————
80 2012 Riesling trocken **12 %/5,50 €**
81 2012 Riesling Spätlese trocken **11,5 %/8,50 €**
82 2012 Riesling „Alte Reben" **11,5 %/9,50 €**
81 2012 Riesling halbtrocken Minheimer **11,5%/7,- €**
81 2012 Riesling Spätlese „feinherb" **11 %/8,50 €**
82 2012 Riesling Kabinett „Leichtes Möselchen"
    8,5 %/7,50 €
87 2012 Riesling Beerenauslese **7 %/35,- €**

Robert **König**

Weingut ★★★

Rheingau

Landhaus Kenner, 65385 Assmannshausen
Tel. *06722-1064,* **Fax:** *06722-48656*
www.weingut-robert-koenig.de
info@weingut-robert-koenig.de
Besuchszeiten: *nach Vereinbarung*
Schlemmerwochen (Mai) und Tage der offenen Keller (September)

Inhaber .... Robert König
Rebfläche .... 8 Hektar

Weinanbau wird in der Familie König mindestens schon seit dem Jahr 1704 betrieben, inzwischen wird das Gut von Diplom-Weinbauingenieur Robert König junior geführt. Seine Spezialität sind Spätburgunder (etwa 90 Prozent der Rebfläche sind mit dieser Sorte bepflanzt), allerdings sind auch Frühburgunder, Weißburgunder und etwas Riesling im Anbau. König bewirtschaftet Parzellen im Assmannshäuser Höllenberg sowie im Assmannshäuser Frankenthal und in Rüdesheim. Im Gegensatz zu den meisten anderen Rheingauer Rotweinerzeugern pflegt Robert König einen etwas fruchtbetonteren, eleganteren Spätburgunderstil. Die Weine sind vergleichsweise hellfarbig, die Frucht ist präsent, nie wirkt das Holz aufdringlich. Allzu lange Ausbauzeiten im Fass sind hier unbekannt, die Weine werden zeitig gefüllt. Man würde sich wünschen, dass mehr Winzer im Rheingau solche animierenden Rotweine erzeugen. Eine Besonderheit des Weinguts sind eigenwillige edelsüße Weine aus der Rebsorte Spätburgunder.

Vorjahre —————————————————
Die 2010er fielen feingliedrig aus, waren auch an der Spitze wunderschön saftig, allen voran ein herrlich süffiger Frühburgunder aus dem Höllenberg. Im vergangenen Jahr wurden dann frühzeitig Weine aus 2011 vorgestellt, darunter ein saftiger Kabinettwein mit Beerennoten und ein nach Kirschen duftender Frühburgunder.

K

Die besten deutschen Weinerzeuger und ihre Weine

Neue Kollektion

Diesmal wurden wiederum 2011er präsentiert, darunter auch zwei Weine, die bereits bekannt waren und die wir nicht erneut vorstellen. Auch dieses Mal gefällt der Stil der roten König-Erzeugnisse – hellfarbig, fruchtig, nur mäßig vom Holz beeinflusst –, und es fällt auf, dass die trockene Auslese nur unwesentlich spannender wirkt als die Spätlese, allerdings mehr Alkohol aufweist und dazu einen fast süßlich zu nennenden Schmelz. Eigenwillig wirkt die Beerenauslese: Sehr süß, üppig und sehr niedrig im Alkohol, aber klar, süffig und interessant! ◄

Weinbewertung

86   2011 Spätburgunder Spätlese trocken
      13 %/9,75 €

87   2011 Spätburgunder Spätlese trocken Assmannshäuser Frankenthal **13,5 %/13,50 €**

87   2011 Spätburgunder Auslese trocken Assmannshäuser Frankenthal **14,5 %/22,25 €**

89   2011 Spätburgunder Weißherbst Beerenauslese Assmannshäuser Frankenthal **6 %/17,25 €**

Tobias **Köninger** ★ ☆

Weingut   **Baden**

Steinebach 24, 77876 Kappelrodeck
Tel. 07842-996999, Fax: 07842-996145
www.weingut-koeninger.de
post@weingut-koeninger.de
***Besuchszeiten:** nach Vereinbarung*

Inhaber .... Tobias Köninger
Rebfläche .... 4 Hektar

Tobias Köninger begann 2000 mit der Selbstvermarktung. Seine Weinberge liegen im Kappelrodecker Hex vom Dasenstein, wo die Reben auf Granitverwitterungsböden wachsen, und im Renchener Kreutzberg, wo er auf sehr tiefgründigen Löss- und Lehmböden vor allem Cabernet Sauvignon anbaut. 70 Prozent der Fläche nimmt Spätburgunder

ein, die restlichen 30 Prozent verteilen sich zu gleichen Teilen auf Riesling, Grauburgunder, Cabernet Sauvignon und Gewürztraminer. Alle Rotweine werden im Holzfass ausgebaut.

Vorjahre

Der Pinot Noir Reserve war vor zwei Jahren unser Favorit in einer sehr gleichmäßigen Kollektion. Sehr gleichmäßig präsentierte sich auch die letztjährige Kollektion angefangen beim Sekt über die Rieslinge, einen reintönigen Gewürztraminer bis hin zu zwei kraftvollen Rotweinen des Jahrgangs 2009.

Neue Kollektion

Eine gute, gleichmäßige Kollektion präsentiert Tobias Köninger auch in diesem Jahr, in der der Pinot Noir Réserve der herausragende Wein ist: Er zeigt gute Konzentration im Bouquet, etwas rauchige Noten und Toast, ist klar, kraftvoll und zupackend im Mund bei reintöniger Frucht und guter Struktur. ◄

Weinbewertung

82   2012 Grauburgunder Kabinett trocken
      12 %/8,60 €

83   2012 Gewürztraminer Spätlese **13 %/9,90 €**

80   2012 Rosé Kabinett trocken **12 %/7,90 €**

82   2011 Spätburgunder trocken Holzfass
      13 %/8,60 €

82   2011 Pinot Noir trocken **10,90 €**

86   2011 Pinot Noir trocken „Reserve" **20,90 €**

Nick **Köwerich** ★ ★

Weingut   **Mosel**

Maximinstraße 11, 54340 Leiwen
Tel. 06507-4282, Fax: 06507-3037
www.weingutkoewerich.de
weingut.koewerich@t-online.de
***Besuchszeiten:** nach Vereinbarung*

Inhaber .... Nick Köwerich
Rebfläche .... 10 Hektar

Nick Köwerich übernahm das Weingut 1994 von seinen Eltern. Er baut ausschließlich Riesling an. Das Weingut ist mit seinem Marketingkonzept, den eingängigen Weinnamen und den originellen Etiketten weit über die Region hinaus bekannt geworden. Es werden nur wenige Weine erzeugt, in manchen Jahren ergänzen edelsüße Weine das Programm. „Einblick No. 1" und „Für Feen und Elfen" werden reduktiv ausgebaut, die „Für Träumer und Helden"-Rieslinge im großen Holzfass.

Vorjahre

Sehr stimmig präsentierte sich der Jahrgang 2010, vor allem die beiden reintönigen süßen Spätlesen bereiteten viel Freude, eine Beerenauslese krönte die Kollektion. 2011 überzeugte vor allem der füllige, kraftvolle Riesling aus der Laurentiuslay.

Neue Kollektion

2012 bringt fruchtbetonte, saftige Rieslinge, alle halbtrocken oder süß ausgebaut; der druckvolle, füllige „Nic und Nick" hat für uns knapp die Nase vorne. Die 2002er Auslese ist duftig und würzig, die feine gereifte, sehr klare 1992er gefällt uns deutlich besser. ◄

Weinbewertung

83 2012 Riesling „Einblick No. 1" **11 %/7,50 €**
87 2012 Riesling „Nic und Nick" **12 %/15,- €**
83 2012 Riesling „Für Feen und Elfen" **10,5 %/9,50 €**
85 2012 Riesling Spätlese „Für Träumer und Helden" Leiwener Laurentiuslay **8 %/12,50 €**
86 2012 Riesling Spätlese „Nikolaus Köwerich" Leiwener Laurentiuslay **11,5 %/28,- €**
86 2002 Riesling Auslese „Nikolaus Köwerich" Leiwener Laurentiuslay **8,5 %/38,- €**
88 1992 Riesling Auslese „Nikolaus Köwerich" Leiwener Laurentiuslay **9 %/48,- €**

★★☆

Konstanzer
Weingut   **Baden**

Quellenstraße 22, 79241 Ihringen
Tel. 07668-5537, **Fax:** 07668-5097
www.weingut-konstanzer.de
info@weingut-konstanzer.de
Besuchszeiten: Mo.-Fr. 17-19 Uhr, Sa. 10-17 Uhr und nach Vereinbarung

Inhaber............Horst und Petra Konstanzer
Rebfläche..............................9 Hektar

1983 haben Horst und Petra Konstanzer, damals noch im Nebenerwerb, ihren ersten Wein gemacht. 1989 übernahmen sie den elterlichen Betrieb, der bis dahin die Trauben an die Genossenschaft abgeliefert hatte, betreiben ihn seither im Haupterwerb. Ihre Weinberge liegen in Ihringen in den Lagen Winklerberg und Fohrenberg. 40 Prozent ihrer Weinberge nimmt Grauburgunder ein, 32 Prozent Spätburgunder und 15 Prozent Weißburgunder. Hinzu kommen Silvaner, Chardonnay, Müller-Thurgau, Riesling, Muskateller und Gewürztraminer. In der hauseigenen Brennerei werden Obstschnäpse und Edelbrände destilliert.

Vorjahre

Vor zwei Jahren gefielen uns im weißen Segment die beiden holzwürzigen Weine aus 2009, Chardonnay und Grauburgunder, am besten, die stimmige 2009er Spätburgunder-Kollektion wurde angeführt vom faszinierenden „pur". Im vergangenen Jahr präsentierte sich die weiße Kollektion in gewohnter Form, am besten gefielen uns der 2010er Grauburgunder aus dem Holzfass und der im Barrique ausgebaute 2010er Chardonnay; aber auch die Spätburgunder des Jahrgangs 2010 überzeugten.

Neue Kollektion

Vergleichbar ist nun die neue Kollektion, wobei die Kabinettweine etwas verhalten sind. Die Spätlesen sind fruchtbetont und klar,

K

Die besten deutschen Weinerzeuger und ihre Weine

Holzfass-Grauburgunder und Barrique-Chardonnay aus dem Jahrgang 2011 sind kraftvoll und strukturiert wie gewohnt. Unter den Spätburgundern gefällt uns die konzentrierte, rauchige Barrique-Variante klar am besten. ◄

Weinbewertung _____

82   2012 Silvaner Kabinett trocken Ihringer Winklerberg **12 %/7,80 €**

80   2012 Weißburgunder Kabinett trocken **13 %/7,50 €**

80   2012 Grauburgunder Kabinett trocken **12,5 %/7,50 €**

84   2012 Muskateller Spätlese trocken Ihringer Winklerberg **12,5 %/12,- €**

86   2012 Weißburgunder Spätlese trocken Ihringer Winklerberg **13,5 %/13,- €**

85   2012 Grauburgunder Spätlese trocken Ihringer Winklerberg **13,5 %/13,50 €**

86   2011 Grauburgunder Spätlese trocken Holzfass Ihringer Winklerberg **14 %/14,- €**

87   2011 Chardonnay Spätlese trocken Barrique Ihringer Winklerberg **13,5 %/14,- €**

81   2011 Spätburgunder trocken

84   2011 Spätburgunder trocken Ihringer Winklerberg **13 %/10,50 €**

81   2011 Pinot Noir trocken Ihringer Winklerberg **12,5 %/12,- €**

84   2011 Spätburgunder Spätlese trocken Ihringer Winklerberg **13 %/15,- €**

87   2011 Spätburgunder Spätlese trocken Barrique Ihringer Winklerberg **13,5 %**

Dr. Andreas **Kopf**

Weingut   ★ ☆

Pfalz

📍 *Am Frohnacker 1, 76829 Landau-Mörzheim*
Tel. *06341-32355,* **Fax:** *06341-939395*
biolandhofkopf@t-online.de
www.weingut-dr-kopf.de
Besuchszeiten: *nach Vereinbarung*

Inhaber .... Dr. Andreas Kopf
Rebfläche .... 1,4 Hektar

Mit einer Rebfläche von nur 1,4 Hektar gehört der Betrieb von Dr. Andreas Kopf zu den ganz kleinen Weingütern in der Pfalz. In seinem Hauptberuf als Lehrer – nach Winzerlehre und Studium der Agrarwissenschaften – unterrichtet Andreas Kopf die angehenden Winzer an der Berufsbildenden Schule des DLR Rheinpfalz, der „Weinbauschule" in Neustadt/Weinstraße. Seit 1991 ist er Mitglied bei Bioland. In seinen Weinbergen in den Lagen Mörzheimer Pfaffenberg und Wollmesheimer Mütterle baut er überwiegend Burgundersorten an, daneben Riesling.

Vorjahre _____

Vor zwei Jahren wiesen die Weine – gerade auch im Vergleich zu den Vorjahren – alle deutlichen Restzucker auf. Die Kollektion war erneut sehr gleichmäßig, an der Spitze stand die Jubiläums-Cuvée aus Grau- und Weißburgunder. Im letzten Jahr waren die Weißweine wieder knochentrocken ausgebaut, wirkten dadurch sehr puristisch und brauchten viel Luft. Unser Favorit unter den Weißen war der Sylvaner mit Biss und klarer Frucht, übertroffen wurde er noch von dem in Pfälzer Eiche ausgebauten stoffigen Spätburgunder.

Neue Kollektion _____

In diesem Jahr ist die Kollektion nun wieder etwas gefälliger, die Weine besitzen mehr Restzucker als im vergangenen Jahr. Der Sylvaner von 1959 gepflanzten Reben ist saftig und schmelzig, am besten gefällt uns in der homogenen Kollektion in diesem Jahr der Pinot-Sekt mit klarer Frucht und feinen rauchigen Noten. ◄

Weinbewertung _____

85   2011 Pinot Sekt brut **13,5 %/12,- €**

83   2012 Sylvaner Kabinett **12,5 %/6,50 €**

82   2012 Weißburgunder Kabinett trocken **12,5 %/6,50 €**

82   2012 Grauburgunder Kabinett trocken **12,5 %/6,50 €**

83   2012 Riesling Kabinett trocken **12,5 %/6,50 €**

82   2012 Spätburgunder Weißherbst Kabinett trocken **12,5 %/5,50 €**

Kopp
Weingut

★ ★ ☆

Baden

Ebenunger Straße 21
76547 Sinzheim-Ebenung bei Baden-Baden
Tel. 07221-803601, **Fax:** 07221-803602
www.weingut-kopp.com
info@weingut-kopp.com
Besuchszeiten: Mo.-Fr. 14-18 Uhr, Sa. 10-13 Uhr,
So. + feiertags geschlossen

Inhaber.............. Birgit und Johannes Kopp
Rebfläche........................... 18 Hektar

Das Weingut Kopp liegt in der unteren Ortenau in dem kleinen Weiler Ebenung, zwischen Varnhalt und Sinzheim. Nach einem einjährigen Praktikum bei Bernhard Huber in Malterdingen und einer Winzerlehre begann Ewald Kopp 1996 mit der Selbstvermarktung; seit 2009 bewirtschaftet man auch die Weinberge des Klosterguts Fremersberg mit der 5 Hektar großen Monopollage Feigenwäldchen, dessen Boden aus Rotliegendem und Buntsandstein besteht. Der Bertrieb wird seit dem Tod von Ewald Kopp von Ehefrau Birgit und Sohn Johannes geführt, der für den Weinausbau verantwortlich ist. Die Weinberge umfassen verschiedenste Lagen in Sinzheim und Varnhalt mit unterschiedlichen Böden. Die Spätburgunder wachsen vor allem in den Lagen Klosterbergfelsen und Sonnenberg. Wichtigste Rebsorten sind Spätburgunder und Riesling, die zusammen 70 Prozent der Rebfläche einnehmen. Hinzu kommen Weißburgunder, Grauburgunder, Chardonnay, Sauvignon Blanc, Muskateller und Scheurebe. Die Spätburgunder kommen nach der Maischegärung in Holzfässer, die Weißweine werden langsam und kühl vergoren und in Edelstahltanks ausgebaut. Die Weine der Selektions-Linie („S") werden in französischen Barriques ausgebaut.

Die 2010er Weißweine präsentierten sich gleichmäßig auf gutem Niveau, die Spätburgunder-Riege war vor zwei Jahren stärker. 2011 wussten die Weißweine zu überzeugen – sehr gut gefielen die Rieslinge aus dem Feigenwäldchen, der füllige Chardonnay „S" und der reintönige trockene Muskateller.

Neue Kollektion
Sehr ähnlich präsentiert sich nun auch die neue Kollektion mit sehr gleichmäßigen Weißweinen. Der Sauvignon Blanc ist kraftvoll und zupackend, der Riesling zeigt Zitrus und Kräuter im Bouquet, ist klar und zupackend im Mund, der Muskateller faszinierend reintönig. Unser Favorit ist der im Holz ausgebaute Chardonnay, der fruchtbetont und reintönig ist, gute Fülle und reife Frucht besitzt. Die Spätburgunder, früher das Aushängeschild des Weingutes, bleiben hinter den Vorjahren zurück. ◀

Weinbewertung

82	2012 Riesling trocken Feigenwäldchen 12 %/8,50 €
83	2012 Riesling trocken „Alte Reben" Feigenwäldchen 12,5 %/12,50 €
86	2012 Riesling trocken „S" Feigenwäldchen 13 %/15,50 €
82	2012 Grauburgunder trocken 13 %/8,50 €
84	2012 Chardonnay trocken 13,5 %/9,- €
84	2012 Weißburgunder trocken „Alte Reben" 13,5 %/10,90 €
85	2012 Sauvignon Blanc trocken 13 %/10,90 €
86	2012 Muskateller trocken 12,5 %/9,- €
87	2012 Chardonnay „S" trocken 13,5 %/15,- €
82	2011 Spätburgunder trocken 13,5 %/9,50 €
85	2011 Spätburgunder trocken „Alte Reben" 14,50 €
83	2011 Spätburgunder trocken „S" 25,- €

K

Die besten deutschen Weinerzeuger und ihre Weine

Korrell
Weingut Johanneshof

Nahe

Parkstraße 4, 55545 Bad Kreuznach
Tel. *0671-63630,* **Fax:** *0671-71954*
www.korrell.com
weingut@korrell.com
Besuchszeiten: *Mo.-Fr. 10-12 + 14-18 Uhr,*
Sa. 10-12 + 14-16 Uhr

Inhaber .... Britta und Martin Korrell
Rebfläche .... 22 Hektar

Wichtigste Rebsorte beim Weingut Korrell ist mit 35 Prozent der Riesling. Dazu gibt es jeweils 10 Prozent Grauburgunder, Spätburgunder, Portugieser und Müller-Thurgau, aber auch Weißburgunder und Chardonnay. Die Weinberge befinden sich in den Kreuznacher Lagen Rosenberg (Kies), St. Martin (rotliegender Sandsteinverwitterungsboden) und Paradies (tiefgründiger Tonboden mit hohem Kalkanteil), wo Martin Korrell fast 10 Hektar besitzt, davon 5 Hektar in einer arrondierten Fläche. Hinzu kamen zuletzt Flächen in der Schlossböckelheimer Lage In den Felsen (sandiger bis steiniger Lehm und Sandstein), im Norheimer Kirschheck (Schieferverwitterung) und in der Niederhäuser Klamm (Melaphyr und Grauschiefer). Die Rotweine kommen nach Maischegärung und biologischem Säureabbau im Stahltank bis zu 15 Monate ins Holzfass (auch ins Barrique). Die Weißweine werden nach langem Feinhefelager relativ früh auf Flaschen gefüllt. 2011 wurde ein neues Kelterhaus gebaut.

Vorjahre

Schon seit der ersten Ausgabe empfehlen wir die Weine der Korrells, schon damals hatte uns das Weingut mit einer homogenen Kollektion beeindruckt. In allen Jahren überzeugten die Weine, weiß wie rot, trocken wie süß, Riesling wie Burgundersorten. Und stetig ist eine Steigerung gelungen, vor allem mit den mächtigen trockenen Rieslingen aus dem Paradies, der Schlossböckelheimer Lage In den Felsen und zuletzt den Weinen aus dem Kirschheck und der Klamm.

Der Jahrgang 2010 war Martin Korrell gut gelungen, alle Weine waren frisch und klar. Im Burgundersegment präferierten wir leicht die Weißburgunder gegenüber den Grauburgundern, unter den drei Lagen-Rieslingen sahen wir klare Vorteile bei den Schlossböckelheimer Weinen, der Königsfels war unser Favorit. Die Rotweine waren kraftvoll und stoffig, der Spätburgunder gefiel uns zusammen mit der roten Cuvée „Ars Vini" am besten, auch der Sekt war sehr gut. Rotwein und Sekt konnten wir im letzten Jahr nicht verkosten, stattdessen trumpfte Martin Korrell 2011 mit einer starken Riesling-Kollektion auf, trocken wie edelsüß, auch Grau- und Weißburgunder waren wieder gewohnt gut.

Neue Kollektion

Auch 2012 liegt der Schwerpunkt der verkosteten Weine wieder bei den Rieslingen, aber auch der saftige Muskateller und die kraftvollen Burgunder – vor allem der Weißburgunder zeigt in diesem Jahr viel präzise Frucht – überzeugen. Die Palette an trockenen Rieslingen war bei Martin Korrell noch nie so stark wie in diesem Jahr, alle Weine besitzen viel klare Frucht, die Rieslinge aus den Lagen In den Felsen und der neu im Sortiment vertretene Klamm von 50 Jahre alten Reben zeigen feine mineralische Länge, der Kirschheck-Riesling, der erneut unser Favorit ist, besitzt Eleganz und Nachhaltigkeit. Dazu kommen wieder die süßen Vertreter: Die Auslese aus dem Paradies besitzt viel Frucht und ein prägnantes Säure-Spiel und die beiden Eisweine sind konzentriert, cremig und herrlich reintönig. ◀━

Weinbewertung

86 2012 Grauburgunder trocken „Johannes K."
     13,5 %/12,- €
87 2012 Weißburgunder trocken „J.K." **14 %/12,- €**
83 2012 Riesling trocken „vom Tonmergel"
     12 %/7,20 €
84 2012 Riesling trocken „Goldkapsel" Kreuz-

nacher St. Martin **12,5 %/9,80 €**

88 2012 Riesling trocken „Goldkapsel" Schloß-böckelheimer In den Felsen **13 %/13,20 €**

87 2012 Riesling trocken „Goldkapsel" Kreuz-nacher Paradies **13 %/14,50 €**

88 2012 Riesling trocken „Goldkapsel" Nieder-häuser Klamm **13 %/16,80 €**

89 2012 Riesling trocken „Goldkapsel" Norhei-mer Kirschheck **13 %/16,80 €**

85 2012 Gelber Muskateller **8,5 %/9,20 €**

88 2012 Riesling Auslese Kreuznacher Paradies **7,5 %/9,20 €/ 0,375l**

90 2012 Riesling Eiswein „145°" Kreuznacher Pa-radies **7,5 %/22,- €/ 0,375l**

91 2012 Riesling Eiswein „168°" Kreuznacher Pa-radies **7 %/32,- €/ 0,375l**

★ ★ ★

Krämer
Ökologischer Weinbau   **Franken**

 Lange Dorfstraße 24, 97215 Auernhofen
Tel. 09848-96845, **Fax:** 09848-96847
www.kraemer-oeko-logisch.de
info@kraemer-oeko-logisch.de
Besuchszeiten: nach Vereinbarung
Ferienwohnungen

Inhaber . . . . Stefan Krämer
Rebfläche . . . . 2 Hektar

Seit 1989, mit dem Beitritt zu Naturland, be-wirtschaftet die Familie Krämer ihr Land öko-logisch. Erst in den letzten Jahren hat Stefan Krämer den Weinausbau forciert. Die Wein-berge liegen in der Steillage Tauberzeller Ha-sennestle, wo die Reben auf Muschelkalkbö-den wachsen. Von einem befreundeten Ökowinzer in Iphofen kauft er Trauben aus der Lage Kronsberg zu, inzwischen hat er ei-nen Weinberg im Röttinger Feuerstein ge-pachtet, der 2013 die erste Ernte gebracht hat. Die Weine werden im Edelstahl ausge-baut, überwiegend spontanvergoren, blei-

ben mindestens fünf Monate auf der Hefe. Mit Ausnahme der Scheurebe werden alle Weine durchgegoren ausgebaut.

Vorjahre

2010 sah man wieder schön die Unterschiede zwischen Silvaner vom Muschelkalk (M) und Keuper (K), die Scheurebe duftete intensiv nach Cassis, der Müller-Thurgau war präzise und zupackend – wie alle Weine von Stefan Krämer. Dies galt auch 2011, alle Weine wa-ren klar und zupackend, sogar den Perlwein mag man hier mit Freude trinken. Ganz span-nend, aber noch sehr jugendlich, waren die spontanvergorenen Weine, die faszinierend präzise Scheurebe oder die beiden schön unterschiedlichen Silvaner aus Iphofen und Tauberzell; aber auch die mit Reinzuchthe-fen vergorenen Weine bereiteten viel Freu-de.

Neue Kollektion

Auf eine starke Vorstellung folgt eine weitere starke Kollektion, in der Spitze sind die Weine 2012 nochmals druckvoller und nachhaltiger. Der nicht zu süße Secco macht Spaß, der Sil-vaner, vom Muschelkalk, besitzt Substanz und Druck, ist herrlich nachhaltig, der Müller-Thurgau besitzt Kraft und Präzision, die wei-ße Cuvée aus Bacchus, Johanniter und Mül-ler-Thurgau ist frisch und zupackend, auch der Johanniter besitzt Kraft und Präzision. Sehr puristisch und nachhaltig ist der Silva-ner vom Kronsberg, noch enorm jugendlich wie auch die Scheurebe, die wunderschön kraftvoll, präzise und nachhaltig ist: Weine für Puristen! ◄━

Weinbewertung

84 „Secco" Perlwein trocken **12 %/7,- €**

86 2012 Müller-Thurgau trocken **12,5 %/7,50 €**

87 2012 Silvaner trocken **11,5 %/8,50 €** ☺

85 2012 „Cuvée weiß" trocken **12 %/7,50 €**

86 2012 Johanniter trocken **12,5 %/8,50 €**

88 2012 Silvaner „K" trocken Iphöfer Kronsberg **13 %/9,50 €** ☺

88 2012 Scheurebe trocken Iphöfer Kronsberg **12 %/9,50 €** ☺

Familie **Kranz**
Weingut   **Pfalz**

★★★★☆

Mörzheimer Straße 2, 76831 Ilbesheim
Tel. 06341-939206, **Fax**: *06341-939207*
www.weingut-kranz.de
info@weingut-kranz.de
Besuchszeiten: *Mo.-Mi. 8-12 Uhr, Do.-Fr. 8-12 + 14-18
Uhr, Sa. 9-16 Uhr*

Inhaber . . . . Familie Kranz
Rebfläche . . . . 18 Hektar

Wein wird schon lange angebaut in der Familie, aber erst in den siebziger Jahren entschlossen sich Robert und Lilo Kranz ihren Wein selbst abzufüllen und zu vermarkten. 60 Prozent der Weinberge nehmen weiße Reben ein, 40 Prozent rote. Wichtigste Rebsorten sind Riesling, Weißburgunder, Silvaner und Spätburgunder. Die Weißweine werden gekühlt, teils nach Maischestandzeiten vergoren und teils im Stahltank, teils im großen Holzfass ausgebaut. Alle Rotweine werden maischevergoren. Für den Weinausbau verantwortlich ist seit 1990 Sohn Boris, der sich auch besonders für die Schaffung der Einzellage Kalmit engagiert hatte – die seit Januar 2010 in die Lagenrolle eingetragen ist – und mittlerweile mit seiner Frau Kerstin den Betrieb führt.
Seit der ersten Ausgabe schon empfehlen wir die Weine der Familie Kranz. In diesem Zeitraum hat man sich kontinuierlich gesteigert bei Jahr für Jahr homogenen Kollektionen – und es geht weiter voran! Mit der Aufnahme in den VDP im Januar 2012 hat Boris Kranz sein Sortiment neu in vier Linien gegliedert: Guts-, Orts- und Terroirweine und die Großen Gewächse aus dem Ilbesheimer Kalmit.

Vorjahre
Vor zwei Jahren war die Kollektion gleichmäßig gut auf hohem Niveau, die Qualität stimmte von der Basis bis zu den Lagenweinen. Weißburgunder und Riesling „Terrassenlage" lagen gleichauf vorne, sie waren für den Jahrgang 2010 außergewöhnlich füllig, aber durch ihre feine Mineralität auch harmonisch und frisch. Der Spätburgunder war trotz seiner 14,5 Prozent Alkohol gut ausbalanciert, aber etwas weniger wäre hier vermutlich mehr gewesen. Und auch der Ilbesheimer Sylvaner bot herrlich viel Trinkspaß. Ein ähnliches Bild bot sich auch im vergangenen Jahr: Schon die Guts- und Ortsweine waren alle herrlich klar und reintönig und zeigten feine Frische, die Terroirweine und die Großen Gewächse besaßen noch ein Mehr an Konzentration, Kraft und Substanz. An der Spitze der Kollektion standen vier Weine: Die Großen Gewächse von Riesling und Weißburgunder aus der Kalmit und die beiden „Landschneckenkalk"-Riesling und Weißburgunder, alles Weine mit viel reifer Frucht, die Weißburgunder cremig mit Kräuternoten und die Rieslinge mit Biss und mineralischer Würze. Auch der Sylvaner „vom Ton" gefiel uns mit seiner rauchigen Würze ausgezeichnet.

Neue Kollektion
Der herrlich eindringliche und reintönige Sylvaner mit Biss und Würze ist auch in diesem Jahr wieder einer unserer Favoriten in einer sehr guten, klar gegliederten Kollektion, in der schon die Gutsweine viel Trinkfreude bieten und klare Frucht besitzen. Die Ortsweine sind kraftvoll, ebenso wie die wieder sehr guten Terroirweine vom Landschneckenkalk, die beide Substanz, feine Würze und Länge besitzen. An der Spitze des Sortiments stehen die drei Großen Gewächse: Riesling und Weißburgunder vom Kalmit sind etwas zurückhaltender im Alkohol als im vergangenen Jahr und haben dadurch an Präzision und Schliff gewonnen, beide Weine besitzen Konzentration und zeigen viel reintönige Frucht und nachhaltige mineralische Würze. Die eigentliche Überraschung der diesjährigen Kollektion ist allerdings das erstmals erzeugte rote Große Gewächs: Der Kalmit-Spätburgunder ist herrlich eindringlich und komplex, besitzt Kraft und Eleganz, viel feine Sauerkirschfrucht, Krokantwürze, reife Tannine und einiges an Potential. ◄▬

Weinbewertung

85   2012 Sylvaner trocken   **13 %/7,50 €**
84   2012 Auxerrois trocken   **13 %/7,50 €**
85   2012 Weißburgunder trocken   **13,5 %/7,50 €**
84   2012 Riesling trocken   **12 %/7,50 €**
88   2012 Sylvaner trocken „vom Ton"   **13,5 %/13,- €**
86   2012 Weißburgunder trocken Ilbesheim **14 %/11,50 €**
88   2012 Weißburgunder trocken „vom Landschneckenkalk" Ilbesheim   **14 %/15,- €**
86   2012 Riesling trocken Göcklingen   **13 %/11,50 €**
86   2012 Riesling trocken Ilbesheim   **13 %/11,50 €**
88   2012 Riesling trocken „vom Landschneckenkalk" Ilbesheim   **13,5 %/15,- €**
90   2012 Weißburgunder „GG" Ilbesheimer Kalmit **14 %/27,- €**
90   2012 Riesling „GG" Ilbesheimer Kalmit **13,5 %/27,- €**
86   2011 Spätburgunder trocken Ilbesheim **14 %/11,50 €**
87   2011 Spätburgunder trocken „vom Kalk" Arzheim   **14,5 %/18,- €**
91   2011 Spätburgunder „GG" Ilbesheimer Kalmit **14 %/30,- €**

Krauß
Weingut ★

Pfalz

Weisenheimer Straße 23, 67245 Lambsheim
***Tel.** 06233-55688, **Fax:** 06233-506667*
www.weingut-krauss.de, info@weingut-krauss.de
***Besuchszeiten:** Fr. 17-19 Uhr, Sa. 10-12 + 14-18 Uhr*

Inhaber............................Harald Krauß
Rebfläche.............................5 Hektar

Harald Krauß gründete 1984 das Weingut, ursprünglich ein landwirtschaftlicher Gemischtbetrieb, und erweiterte es seither auf die heutige Größe. Sohn Lukas Krauß erzeugte nach seiner Lehrzeit bei Müller-Catoir mit dem Jahrgang 2008 seine ersten Weine nach eigenen Vorstellungen (Kollektion „ß").

Vorjahre

Vor zwei Jahren verkosteten wir eine gute Kollektion, mit einem Grauburgunder an der Spitze. Der kräftige, typische Grauburgunder gefiel uns auch in diesem Jahr am besten, gefolgt von einem holzgeprägten Silvaner. Alle Weine waren wie gewohnt frisch und klar.

Neue Kollektion

In diesem Jahr hat sich der zweihütige, konzentriert-stoffige Silvaner an die Spitze gesetzt, gefolgt von einem blumig-weichen Grünen Veltliner. ◄━

Weinbewertung

82   2012 Weißwein trocken „Chapeau Krauß" **12 %/5,- €**
82   2012 Riesling trocken „1 Hut"   **12,5 %/6,- €**
82   2012 Silvaner trocken „2 Hut"   **13,5 %/8,- €**
84   2012 Riesling trocken „2 Hut"   **13 %/10,50 €**
83   2012 Grauburgunder trocken „2 Hut" **13,5 %/10,50 €**
86   2012 Silvaner trocken „2 Hut"   **13,5 %/13,50 €**
85   2012 Grüner Veltliner trocken „2 Hut" **13,5 %/11,50 €**
84   2012 Riesling „feinherb"   **12 %/10,50 €**
81   2012 Rotwein trocken „Schwarzer Krauße 1 Hut"   **13 %/8,- €**
82   2012 Spätburgunder trocken „1 Hut"   **13 %/8,- €**

Krebs
Weingut ★☆

Pfalz

Großkarlbacher Straße 10, 67251 Freinsheim
***Tel.** 06353-3149, **Fax:** 06353-1012*
www.weingut-krebs.eu, info@weingut-krebs.eu
***Besuchszeiten:** Mo.-Fr. 10-12 + 14-18 Uhr,*
Sa. 9-17 Uhr und nach Vereinbarung
Gästehaus

Inhaber............................Harald Krebs
Rebfläche.............................13,5 Hektar

1982 wagte Harald Krebs mit seinem am Ortsrand Freinsheims gelegenen Weingut und 7

Hektar Reben den Schritt in die Selbständigkeit. Seit 2005 wird er im Betrieb unterstützt von Sohn Jürgen, der bei den Weingütern Lucashof, Knipser und Kuhn seine Lehre und 2008 seinen Abschluss als Weinbautechniker machte. Die Weinberge von Harald Krebs liegen in den Freinsheimer Einzellagen Schwarzes Kreuz, Musikantenbuckel, Oschelskopf und Goldberg. 60 Prozent der Rebfläche nehmen weiße Sorten ein, vor allem Riesling, gefolgt von Weißburgunder, Grauburgunder und Sauvignon Blanc. An roten Sorten gibt es Spätburgunder, Merlot, Cabernet Sauvignon und Dornfelder. Die Weißweine bleiben bis zur Füllung auf der Feinhefe. Der Ausbau erfolgt überwiegend im Edelstahl, Riesling kommt auch schon einmal ins Halbstückfass. Die Rotweine werden alle maischevergoren und größtenteils im Holz ausgebaut, die Topweine kommen bis zu zwanzig Monate ins neue Barrique. 2010 gewann das Weingut Krebs den Deutschen Rotweinpreis in der Königsklasse der Spätburgunder.

Vorjahre

Vor zwei Jahren gefiel uns die Kollektion sehr gut, die Weine waren klar und präzise, die allermeisten mit erfreulich wenig Restsüße von weniger als drei Gramm pro Liter. Besonders gut gefielen uns Rosé und Sauvignon Blanc. Im vergangenen Jahr zeigte das Weingut wieder eine knochentrockene Kollektion, beim Zuckergehalt stand bei den meisten Weinen eine 0 oder eine 1 vor dem Komma. Die höchste Punktzahl bei den Weißen erhielt der Wein mit dem geringsten Alkoholgehalt – die Gewürztraminer Beerenauslese. Die Rotweine vertrugen die hohen Alkoholgehalte durch ihre muskulöse Struktur sehr gut, egal ob Portugieser, Cabernet Sauvignon oder Spätburgunder.

Neue Kollektion

In diesem Jahr zeigt sich ein ähnliches Bild: Fünf der sechs vorgestellten Weine haben weniger als ein Gramm Zucker, nur der Riesling „Gross" hat zwei Gramm. Die Weine haben viel Kraft und Körper und sind klar in der Ansage. Die Rieslinge entwickeln einen guten Druck im Mund, sind Weine für Erwachsene. Eine überraschende Aromatik bietet der Spätburgunder Ortswein, viel Frucht, Kaugummi im positiven Sinn, erinnert an modernen Weine aus dem Burgund. Fein, elegant, mit kühler Frucht und feinem Säurespiel präsentiert sich der Spätburgunder aus dem Musikantenbuckel. ◀━

Weinbewertung

88 2012 Riesling „Gross" trocken Freinsheimer Oschelskopf **13,5 %/13,50 €**

87 2012 Riesling trocken Herxheimer Honigsack **13,5 %/14,- €**

85 2012 Viognier trocken Freinsheim **13,5 %/10,50 €**

85 2012 Grauburgunder trocken Freinsheim **13,5 %/7,80 €**

87 2011 Spätburgunder trocken Freinsheim **13,5 %/11,80 €**

89 2010 Spätburgunder trocken Freinsheimer Musikantenbuckel **14,5 %/26,- €**

★ ☆

Axel **Kreichgauer**
Wein- und Sektgut

Rheinhessen

📍 Kirchgasse 2, 67585 Dorn-Dürkheim
Tel. 06733-7005, **Fax:** 06733-960806
a.kreichgauer@t-online.de
Besuchszeiten: nach Vereinbarung, täglich ab 9 Uhr

Inhaber . . . . Axel Kreichgauer
Rebfläche . . . . 12,5 Hektar

Das Weingut Kreichgauer befindet sich seit Generationen in Familienbesitz und wird heute von Axel und Anke Kreichgauer geführt. Bis 1991, als Axel Kreichgauer den Betrieb übernahm, wurde der Wein ausschließlich als Fasswein vermarktet. Kreichgauer begann dann nach und nach einzelne Partien selbst über die Flasche zu vermarkten. Die Weinberge befinden sich überwiegend in Dorn-Dürkheim und Alsheim. Dazu gibt es im Oppenheimer Herrengarten einen Rieslingweinberg, sowie in Wintersheim eine Anlage mit Spätburgunder und

Chardonnay. Wichtigste Rebsorten sind Riesling und die Burgundersorten. Recht ungewöhnlich für Rheinhessen ist, dass es bei Kreichgauer keinen Silvaner gibt. 2001 kamen Anlagen mit Cabernet Dorio und Cabernet Dorsa in den Ertrag. Die Weinberge werden biologisch bewirtschaftet, seit September 2007 kontrolliert (Ecovin). Axel Kreichgauer baut seine Weine überwiegend trocken aus. Ausgesuchte Rot- und Weißweine kommen ins Barrique. Seit dem Jahrgang 2004 tragen die Spitzenweine die Bezeichnung „S". Diese Weine werden möglichst mit den natürlichen Hefen vergoren und recht lange auf der Hefe ausgebaut.

Vorjahre

Sehr homogen war die Kollektion vor zwei Jahren mit frischen, geradlinigen 2010er Weißweinen und eigenwilligen, tanninbetonten Rotweinen. Die letztjährige Kollektion war ebenfalls sehr gleichmäßig, weiß wie rot. Klar am besten gefiel uns die füllige, schmeichelnde rote Cuvée Eigensinn, Jahrgang 2008; manche Rotweine waren uns etwas zu oxidativ.

Neue Kollektion

Nicht ganz so gleichmäßig ist die neue Kollektion, am besten gefallen uns der reintönige Gewürztraminer und der Riesling „Sieben Erden", der gute Konzentration und klare reife Frucht im Bouquet zeigt, füllig und kraftvoll im Mund ist, viel reife Frucht und Substanz besitzt. ◄

Weinbewertung

79	2012 Riesling „A" trocken (1l) **11,5 %/5,90 €**
81	2012 Weißburgunder trocken „vom Muschelkalk" Dorn-Dürkheimer Römerberg **13 %/6,90 €**
82	2012 Grauburgunder „G" trocken Gau-Odernheimer Fuchsloch **13 %/6,90 €**
86	2012 Riesling trocken „Sieben Erden" Dorn-Dürkheimer Römerberg **13 %/8,90 €**
82	2012 Riesling trocken „Alte Reben" Dorn-Dürkheimer Hasensprung **13,5 %/9,90 €**
78	2012 Riesling „feinherb" **12,5 %/6,90 €**
84	2012 Gewürztraminer „süß" Dorn-Dürkheimer Römerberg **9,5 %/8,50 €**

★☆

Kremers
Winzerhof

Franken

Mühlgasse 12, 63920 Großheubach
Tel. 09371-3270, *Fax:* 09371-3271
www.kremers-winzerhof.de
winzerhof-kremer@t-online.de
Besuchszeiten: *Mo.-Fr. 8:30-18:30 Uhr, Sa. 8:30-15 Uhr*
Heckenwirtschaft

Inhaber . . . . Stefan Kremer
Rebfläche . . . . 5 Hektar

Kremers Winzerhof, mit Sitz in der „unteren Mühle" im Ortszentrum von Großheubach, hat sich seit 1975 auf Weinbau spezialisiert und die alte Mühle zur Heckenwirtschaft umgebaut. Stefan Kremer übernahm nach Ausbildung und Tätigkeit beim Staatlichen Hofkeller 1990 den Betrieb, führt ihn zusammen mit Ehefrau Christine führt. In den Weinbergen, überwiegend Buntsandsteinterrassen, baut er Müller-Thurgau, Silvaner, Bacchus, Kerner, Riesling, Scheurebe, Weißburgunder und Chardonnay an. Rote Sorten nehmen 40 Prozent der Rebfläche ein: Spätburgunder, Portugieser, Regent, St. Laurent und Cabernet Dorsa. Die Rotweine werden maischevergoren, teilweise im Barrique ausgebaut.

Vorjahre

Vor zwei Jahren überzeugte die Kollektion mit zuverlässig guten, fruchtbetonten Weinen, weiß wie rot. Die letztjährige Kollektion war die stärkste, die wir bisher von Stefan Kremer verkosteten, präsentierte sich geschlossen auf gutem und sehr gutem Niveau, weiß wie rot.

Neue Kollektion

Mit dem neuen Jahrgang schließt er nahtlos daran an. Die 2009er Rotweine sind kraftvoll und konzentriert, dabei reintönig und strukturiert. Die weißen trockenen Spätlesen sind füllig und harmonisch, am besten gefällt uns der Chardonnay, der viel reife süße Frucht besitzt, gute Substanz und Harmonie, dabei wunderschön reintönig ist wie auch der frische, zupackende Weißburgunder. ◄

K

Die besten deutschen Weinerzeuger und ihre Weine

Weinbewertung

83	2012 Silvaner Spätlese trocken Großheubacher Bischofsberg	**13,5 %/9,50 €**
85	2012 Weißburgunder Spätlese trocken Großheubacher Bischofsberg	**13,5 %/9,50 €**
86	2012 Chardonnay Spätlese trocken Großheubacher Bischofsberg	**13,5 %/9,50 €**
82	2011 Spätburgunder Kabinett trocken Großheubacher Bischofsberg	**13 %/10,50 €**
85	2009 Cabernet Dorsa trocken Großheubacher Bischofsberg	**13,5 %/11,- €**
85	2009 Regent Spätlese trocken Großheubacher Bischofsberg	**13,5 %/11,- €**

Kress ★ ☆
Seegut

Baden

Hauptstraße 2, 88709 Hagnau
Tel. 07532-6205, Fax: 07532-2909
www.seegut-kress.de
info@seegut-kress.de
Besuchszeiten: Di.-Fr. 10-12 Uhr, Sa. 9:30-16 Uhr und
nach Vereinbarung

Inhaber . . . . Kristin und Thomas Kress
Rebfläche . . . . 7,2 Hektar

Kristin und Thomas Kress haben nach ihrem Austritt aus der Genossenschaft 2001 ihren ersten eigenen Wein erzeugt. Sie bauen vor allem Spätburgunder und Müller-Thurgau an, dazu Weißburgunder, Grauburgunder und Auxerrois.

Vorjahre

2010 zeigte sich unbeeindruckt vom problematischen Jahrgang, alle Weine waren frisch und reintönig, besaßen Frucht und Substanz: Kein anderes Weingut am Bodensee hatte eine solch konsistente und gleichmäßig gute Kollektion. Auch 2011 hatten Kristin und Thomas Kress wieder eine tadellose Kollektion mit fruchtbetonten, harmonischen, sehr reintönigen Weinen, die immer eine dezente

Restsüße aufwiesen, die aber niemals störend wirkte.

Neue Kollektion

2012 nun war kein einfaches Jahr für die Winzer am Bodensee. Kristin und Thomas Kress haben sich gut behauptet, ihre Weine sind frisch, klar und geradlinig, ohne aber ganz das Niveau des Vorjahres zu erreichen, die Kollektion ist gleichmäßig und zuverlässig. ◄■

Weinbewertung

82	2012 Müller-Thurgau	**12,5 %/7,90 €**
82	2012 Auxerrois	**12,5 %/12,40 €**
81	2012 Weißburgunder	**13 %/10,80 €**
82	2012 Grauburgunder	**13 %/10,40 €**
82	2012 Rosé	**12,5 %/10,40 €**
81	2011 Spätburgunder	**13 %/11,80 €**

H.J. **Kreuzberg** ★★★★
Weingut

Ahr

Benedikt-Schmittmann-Straße 30, 53507 Dernau
Tel. 02643-1691, Fax: 02643-3206
www.weingut-kreuzberg.de
info@weingut-kreuzberg.de
Besuchszeiten: Mo.-Fr. 10-12 + 14-18 Uhr,
Sa./So. 10-15 Uhr
Straußwirtschaft und Pension

Inhaber . . . . Ludwig Kreuzberg
Rebfläche . . . . 8,5 Hektar

Das 1953 gegründete Gut wird heute von Ludwig und Sandra Kreuzberg geführt. Bruder Hermann-Josef war lange Zeit der Önologe im Betrieb, hat inzwischen eine Straußwirtschaft eröffnet, ein eigenes kleines Weingut gegründet und ist an einem Weinprojekt in der Türkei beteiligt. Seit 2008 sind Franz-Josef Stodden und David Kreuzberg, der Sohn von Hermann-Josef, für den Weinausbau verantwortlich. Seit 1994, als er den Betrieb mit damals 3,2 Hektar übernahm, hat Ludwig Kreuzberg kräftig expandiert. Seine Weinberge liegen in Dernau,

Neuenahr und Ahrweiler, aus den Lagen Schieferlay, Sonnenberg und Silberberg erzeugt er Große Gewächse (Spätburgunder), erstmals mit dem Jahrgang 2007 auch einen Frühburgunder aus dem Hardtberg. Spätburgunder nimmt mehr als zwei Drittel der Rebfläche ein, hinzu kommen weitere rote Sorten wie Frühburgunder, von dem er inzwischen über einen Hektar hat, Portugieser und Dornfelder, sowie seit 1999 auch Regent, Cabernet Franc und Cabernet Sauvignon.

Vorjahre

Vor zwei Jahren gefielen uns die vier Großen Gewächse enorm gut, wobei wir knapp den Spätburgunder aus dem Sonnenberg präferierten. Die letztjährige Kollektion war ebenfalls ganz stark. Die ersten verkosteten 2011er waren fruchtbetont, frisch, klar und intensiv; 2010 hatte Ludwig Kreuzberg keine Großen Gewächse erzeugt, aber was er auf die Flasche brachte, das konnte sich sehen lassen, besonders Devonschiefer Goldkapsel und Ahrweiler Spätburgunder; noch besser gefiel uns der faszinierend reintönige Devonschiefer „R".

Neue Kollektion

Der 2012er Spätburgunder ist fruchtintensiv, der Frühburgunder reintönig und geradlinig, der 2011er Cabernet Sauvignon zeigt Cassis im Bouquet, feine Frische, ist geradlinig und strukturiert im Mund, Spannender aber finden wir die Pinots aus 2011: Der Frühburgunder aus dem Hardtberg besitzt gute Struktur, reintönige Frucht, Fülle und Kraft, der Spätburgunder aus der Schieferlay ist füllig, kraftvoll und klar, noch ein wenig besser finden wir den Wein aus dem Silberberg, der Herzkirschen und dezent Schokolade im Bouquet zeigt, frisch und klar im Mund ist, komplex und zupackend. Auf gleichem Niveau sehen wir den Wein aus dem Sonnenberg, der frisch und komplex ist, strukturiert und lang. Noch besser ist der Devonschiefer R: Konzentriert und herrlich eindringlich bei dezenter Schokonote im Bouquet, füllig und kraftvoll im Mund mit Substanz, Struktur und Wärme. Getoppt wird er noch vom Devonschiefer RR, der noch etwas

druckvoller und nachhaltig ist, zusammen führen sie die bärenstarke Kollektion an: Einer der Aufsteiger des Jahres in Deutschland! Allerdings müssen wir auch deutlich zum Ausdruck bringen, dass wir uns ärgern, weil ausgerechnet bei den beiden besten und teuersten Weinen die Herkunft, sprich die Lage verschwiegen wird.

Weinbewertung

85 2012 Spätburgunder 13 %/10,- €
84 2012 Frühburgunder „C" 13 %/22,- €
87 2011 Cabernet Sauvignon „Ca Sa Nova" 14 %/26,- €
90 2011 Frühburgunder „GG" Dernauer Hardtberg 13 %/36,- €
89 2011 Spätburgunder „GG" Neuenahrer Schieferlay 13 %/32,- €
90 2011 Spätburgunder „GG" Ahrweiler Silberberg 13,5 %/35,- €
90 2011 Spätburgunder „GG" Neuenahrer Sonnenberg 13,5 %/39,- €
91 2011 Spätburgunder trocken „Devonschiefer R Reserve" 14 %/50 ,-€
93 2011 Spätburgunder trocken „Devonschiefer RR Reserve" 13,5 %/Verst.

★★☆

Peter **Kriechel**
Weingut

Ahr

Walporzheimer Straße 83-85, 53474 Ahrweiler
Tel. 02641-36193, Fax: 02641-5004
www.weingut-kriechel.de
info@weingut-kriechel.de
Besuchszeiten: Mo.-Fr. 8-18 Uhr, Sa. 10-18 Uhr, So. 10-18 Uhr; Jan. bis März So. 12-17 Uhr
Gutsausschank „Weinhaus Kriechel"

Inhaber... Ernst, Markus, Michael & Gerd Kriechel
Rebfläche..............................24 Hektar

1952 gründete Peter Kriechel, bis dahin Mitglied einer Winzergenossenschaft, mit 1,5 Hektar Weinbergen sein eigenes Weingut.

Die besten deutschen Weinerzeuger und ihre Weine

K

Seine Söhne Hermann und Ernst übernahmen 1969 das Gut und erweiterten es auf die heutige Größe. Heute ist die dritte Generation im Betrieb tätig. Die Weinberge liegen unter anderem in den Walporzheimer Lagen Kräuterberg und Himmelchen, im Neuenahrer Sonnenberg, Ahrweiler Forstberg und Rosenthal sowie Marienthaler Trotzenberg und Rosenberg. Der Schwerpunkt des Betriebes liegt auf Rotwein, auf Spätburgunder, der die Hälfte der Fläche einnimmt, Frühburgunder, Dornfelder und Portugieser. Daneben gibt es auch Regent, Domina und Schwarzriesling, sowie an weißen Sorten Müller-Thurgau, Riesling, Grau- und Weißburgunder.

Vorjahre

2009 brachte eine Batterie an kraftvollen, gewürzduftigen Rotweinen, wobei unsere Präferenz vor zwei Jahren dem Spätburgunder aus dem Rosenthal und dem Goldkapsel-Frühburgunder galt; auch die beiden Portugieser überzeugten mit Fülle und Kraft. Zwei weitere 2009er wurden im vergangenen Jahr vorgestellt, sie führten eine konsistente, überzeugende Kollektion an: Der Frühburgunder aus dem Rosenberg und die Spätburgunder Auslese aus dem Kräuterberg. Ähnlich füllig präsentierte sich auch der 2010er Spätburgunder aus dem Kräuterberg, der Frühburgunder „B" bestach durch seine Reintönigkeit.

Neue Kollektion

Eine starke Kollektion präsentieren die Kriechels nun auch in diesem Jahr mit kraftvollen Rotwein-Spitzen des Jahrgangs 2011. Der Spätburgunder aus dem Sonnenberg ist enorm konzentriert, der Frühburgunder aus dem Marienberg besticht mit Fülle, Harmonie und reifer Frucht. Unsere Favoriten aber sind die beiden Spätburgunder aus dem Kräuterberg: Beide sind füllig und harmonisch, konzentriert und klar, besitzen reife Frucht und gute Struktur, die Auslese ist stoffiger, mehr von Schokonoten und jugendlichen Tanninen geprägt, ein Wein mit Zukunft. ◄━

Weinbewertung

81	2012 Weißburgunder trocken	**12,5 %/7,50 €**
79	2012 Spätburgunder „Blanc de Noir" trocken **12,5 %/7,20 €**	
82	2011 Spätburgunder „S" trocken	**13,5 %/9,50 €**
84	2011 Frühburgunder „B" trocken	**14 %/15,50 €**
83	2011 Spätburgunder „B" trocken	**14 %/13,50 €**
86	2011 Spätburgunder „R" trocken Neuenahrer Sonnenberg **14,5 %/24,- €**	
88	2011 Spätburgunder trocken Walporzheimer Kräuterberg **14 %/25,- €**	
87	2011 Frühburgunder trocken Marienthaler Rosenberg **14 %/39,- €**	
88	2011 Spätburgunder Auslese trocken Walporzheimer Kräuterberg **14 %/39,- €**	

Thorsten **Krieger**
Weingut

Pfalz

Theresienstraße 71, 76835 Rhodt
Tel. 06323-704998, **Fax**: *06323-938728*
www.weingut-thorsten-krieger.de
info@weingut-thorsten-krieger.de
Besuchszeiten: *nach Vereinbarung*

Inhaber . . . . Thorsten Krieger
Rebfläche . . . . 14 Hektar

Das Weingut Krieger befindet sich seit 1652 in Familienbesitz. Mit dem Jahrgang 2001 hat Thorsten Krieger das Weingut von seinem Vater Ludwig übernommen. Seine Weinberge befinden sich in den Rhodter Lagen Rosengarten, Klosterpfad und Schlossberg. Weiße Sorten nehmen etwa 60 Prozent der Rebfläche ein. Sortenschwerpunkte sind Riesling, sowie weiße und rote Burgunder. Hinzu kommen Dornfelder, Dunkelfelder, St. Laurent und Portugieser, sowie Scheurebe, Chardonnay und Gewürztraminer. Neu gepflanzt wurden zuletzt Cabernet Sauvignon, Merlot und Regent.

Vorjahre

Vor zwei Jahren überzeugten die beiden fülligen und cremigen Auslesen von Scheurebe und Rieslaner, unser Favorit war aber eindeutig der stoffige Pinot Noir. Im letzten Jahr zogen wir wieder die süßen Weißweine den trockenen vor, an der Spitze stand die harmonische und frische Scheurebe Auslese. Bei Chardonnay und Grauburgunder machte sich der hohe Alkoholgehalt unangenehm bemerkbar, vor allem der Grauburgunder war viel zu wuchtig geraten, schmeckte brandig und unharmonisch. Unter den Rotweinen gefiel uns die „Rhodter Kult"-Cuvée mit dunkler Beerenfrucht und feinen Röstnoten am besten.

Neue Kollektion _____

In diesem Jahr kann Thorsten Krieger nun auch mit seinen saftigen, frischen, sortentypischen trockenen Weißweinen punkten, die Riesling Spätlese ist mit viel Kraft, Würze und Fülle der beste trockene Weiße, den wir je aus seinem Sortiment verkosten konnten. Und auch der „Rhodter Kult" aus Merlot und Cabernet Sauvignon ist mit viel dunkler Frucht und guter Struktur wieder gelungen. ◄

Weinbewertung _____

84	2012 Scheurebe trocken	11,5 %/6,50 €
83	2012 Sauvignon Blanc trocken	11 %/6,50 €
83	2012 Riesling trocken	12 %/6,50 €
86	2012 Riesling Spätlese trocken	13,5 %/8,- €
86	2012 Gewürztraminer Auslese	8,5 %/10,- €
85	2011 Merlot & Cabernet Sauvignon trocken	
	„Rhodter Kult"	14,5 %/10,- €

★★★☆

Rüdiger **Kröber**
Weingut   **Mosel**

Hahnenstraße 14, 56333 Winningen
Tel. *02606-351,* **Fax:** *02606-2600*
www.weingut-kroeber.de
info@weingut-kroeber.de
Besuchszeiten: *Mo.-Sa. 9-18 Uhr*

Inhaber..........................Rüdiger Kröber
Rebfläche...............................6 Hektar

1991 haben Ute und Rüdiger Kröber das Weingut von Erika und Werner Kröber übernommen. Werner Kröber hatte als Küfer den Grundstock für das Weingut gelegt. Seither haben Ute und Rüdiger Kröber die Rebfläche mehr als verdoppelt indem sie Weinberge in Steil- und Terrassenlagen zugekauft haben. Ihre Weinberge befinden sich in den Winninger Lagen Uhlen, Röttgen und Hamm. Die Hälfte der Weinberge liegt in Steillagen, weitere 40 Prozent in Terrassenlagen. Neben Riesling – 95 Prozent der Rebfläche – gibt es ein klein wenig Müller-Thurgau, Spätburgunder und Dornfelder. Die Weine werden teils im Holz, teils im Edelstahl ausgebaut, wobei der Trend eindeutig hin zum Ausbau im Holz geht. Rüdiger Kröber arbeitet heute überwiegend mit Spontangärung, nutzt Maischestandzeiten (bis zu 18 Stunden), so der Jahrgang es erlaubt, und lässt die Weine recht lange auf der Hefe.

Vorjahre _____

Die Weine von Rüdiger Kröber begeistern uns seit vielen Jahren, trocken wie süß. Und sie begeistern noch heute, wobei sie sich in diesem Jahrzehnt deutlich im Stil verändert haben. Damals waren sie fruchtbetont und frisch, bestachen durch ihre Reintönigkeit. Durch Spontangärung, Maischestandzeiten und Holzfassausbau sind die Weine komplexer geworden, gleichzeitig aber wirken sie in ihrer Jugend verschlossen, manchmal gar unzugänglich. Sie brauchen heute wesentlich mehr Zeit um zu zeigen, was in ihnen steckt: Eine spannende Entwicklung! Gut behauptet hatte sich Rüdiger Kröber auch 2010, präsentierte eine ähnliche Kollektion wie im Vorjahr, mit feinen Basisweinen, einer hervorragenden Auslese und der stoffigen trockenen Spätlese aus dem Röttgen. Wegen der geringen Erntemenge hatte er weniger Weine ausgebaut als üblich, sein Topwein aus dem Uhlen (Uhlen Laubach) war zum Zeitpunkt der Verkostung noch nicht gefüllt. Den sehr guten Uhlen Laubach 2010 konnten wir im vergangenen Jahr verkosten, die

K

Die besten deutschen Weinerzeuger und ihre Weine

trockenen und halbtrockenen 2011er waren stimmig vom feinen Literriesling bis hin zu Uhlen „S" und „Nr. 1". Der ebenfalls stimmige süße Teil der Kollektion wurde gekrönt von einer Beerenauslese.

Neue Kollektion

Vergleichbar ist nun auch die neue Kollektion, bietet klare, geradlinige trockene Rieslinge. Neben dem Laubach – füllig, saftig, süß und konzentriert im Jahrgang 2011 – gibt es nun ein etwas trockener ausgebautes Pendant aus der Blaufüßer Lay, ein fülliger Riesling mit herrlich viel Frucht und Substanz. Süß gefällt uns die Spätlese von alten Reben aus dem Röttgen am besten, ist füllig, saftig und lang.

Weinbewertung

83 2012 Riesling trocken Winninger Domgarten (1l) **11,5 %/5,50 €**

84 2012 Kröber's Riesling trocken „vom Schiefer" **12 %/6,50 €**

85 2012 Riesling Kabinett trocken Winninger Uhlen **11,5 %/7,50 €**

86 2012 Riesling trocken Uhlen „S" **12 %/7,80 €**

83 2012 Riesling Kabinett „Fein Herb" Winninger Brückstück **11,5 %/6,80 €**

85 2012 Riesling Spätlese „Fein Herb Alte Reben" Winninger Röttgen **12 %/9,30 €**

88 2012 Riesling Spätlese Uhlen „Blaufüßer Lay" **13 %/15,- €**

87 2011 Riesling Spätlese Uhlen „Laubach" **12,5 %/17,- €**

84 2012 Riesling Kabinett Winninger Röttgen **10 %/6,80 €**

87 2012 Riesling Spätlese „Alte Reben" Winninger Röttgen **8 %/12,30 €**

Krone Assmannshausen
Weingut **Rheingau**

Niederwaldstraße 2
65385 Rüdesheim-Assmannshausen
Tel. 06722-2525, *Fax* 06722-48346
www.weingut-krone.de
info@weingut-krone.de
Besuchszeiten: nach Vereinbarung (Verkauf auch über Hotel Krone Assmannshausen)

Inhaber . . . . Botho Jung, Familie Drieseberg
Betriebsleiter . . . . Michael Burgdorf
Kellermeister .. Michael Burgdorf, Peter Perabo
Rebfläche . . . . 5,5 Hektar

Das Assmannshäuser Weingut gehört zu den traditionsreichsten Betrieben des Ortes – ebenso wie das Hotel „Krone". Man verfügt über beste Parzellen im Assmannshäuser Höllenberg sowie im Frankenthal, aber ebenso im Rüdesheimer Berg Schlossberg. Spätburgunder dominiert, aber auch Weißburgunder und Riesling werden angebaut. 2007 ist die Familie Drieseberg (Weingüter Wegeler) als Mitgesellschafter in das Weingut Krone eingestiegen, Michael Burgdorf amtiert als Betriebsleiter sowie als einer von zwei Kellermeistern. Der andere Kellermeister heißt Peter Perabo und ist gewiss in erheblichem Maße mitverantwortlich für die präzise Art der Weine. Der Stil der Rotweine ist traditionell, die Weine werden teilweise extrem spät vorgestellt. Die Spitzencuvée „Juwel", die aus den besten Parzellen der Assmannshäuser Lagen stammt, zeigt sich elegant, feingliedrig, nicht übertrieben konzentriert. Ein sehr sympathischer Weinstil und eine nachahmenswerte Verkaufspolitik!

Vorjahre

Die 2010er Weißweine fielen tadellos aus, an der Spitze stand der fast trockene Riesling von alten Reben, der Blanc de Noir besaß eine animierend-saftige Art. Top bei den Roten: Der 2007er aus der „Juwel"-Kategorie und der enorm saftige 2008er Höllenberg. Die Weißweine der 2011er Kollektion waren danach gelungen, die saftige Weißherbst Auslese entpuppte sich als origineller Dessertwein, und auch die Rotweine hinterließen einen guten Eindruck. Beim 2009er Spätburgunder aus dem Höllenberg und erst recht beim 2008er „Juwel" zeigte das Weingut, dass es sich auf die Vinifizierung sehr geradliniger, verführerisch wirkender Rotweine versteht.

Neue Kollektion

Auch die neue Kollektion macht auf ganzer Linie Spaß. Der Riesling besitzt eine feste, straffe Art voller Würze, auch wenn er nicht absolut trocken wirkt, und der Weißburgunder gelingt kompakt und saftig, wirkt nicht im Geringsten anstrengend. Bei den Rotweinen ist es der 2010er, der mit seiner Frische begeistert, der eher hellfarbig ist, aber eine verführerische Frucht besitzt und den recht fülligen 2009er „Juwel" (derzeit?) in den Schatten stellt. ◀

Weinbewertung

88 2012 Riesling „Alte Reben" 12,5 %/15,50 €
86 2012 Weißburgunder trocken 13 %/18,- €
84 2012 Spätburgunder „Blanc de Noir" 11 %/15,50€
90 2010 Spätburgunder trocken Assmannshäuser Höllenberg 13 %/37,- €
89 2009 Spätburgunder trocken „Juwel" Assmannshäuser 13,5 %/57,- €

★★★★☆

Kruger-Rumpf
Weingut **Nahe/Rheinhessen**

Rheinstraße 47, 55424 Münster-Sarmsheim
Tel. *06721-43859,* **Fax:** *06721-41882*
www.kruger-rumpf.com
kruger-rumpf@t-online.de
Besuchszeiten: *Mo.-Sa. 9-18 Uhr, während der Öffnungszeiten der Weinstube und nach Vereinbarung Weinstube (Di.-Fr. ab 17 Uhr, Sa./So. 12-14 Uhr und ab 16 Uhr)*

Inhaber............Stefan Rumpf, Georg Rumpf
Rebfläche.............................23 Hektar

Bis 1984, als Stefan Rumpf das Weingut von seinen Eltern übernahm, wurden die Weine vorwiegend im Fass vermarktet, teilweise an renommierte Weingüter. Stefan Rumpf stellte auf Selbstvermarktung um und gliederte dem Weingut einen Gutsausschank an, der von seiner Frau Cornelia geführt wird. Heute wird er im Betrieb unterstützt von Sohn Georg. Ihre Weinberge liegen in den Münster-Sarmsheimer Lagen Pittersberg (Devon-Schiefer), Dautenpflänzer (Quarzitverwitterung mit Lösslehm), Rheinberg (überwiegend Quarzit und Schiefer) und Kapellenberg (Quarzitverwitterung mit Lösslehm). Dazu sind sie im Dorsheimer Burgberg (Lehmboden mit Schiefer und Quarzit) und im Binger Scharlachberg (Quarzitverwitterung mit Schiefer) vertreten. 70 Prozent der Weinberge sind mit Riesling bestockt, dazu gibt es Weißburgunder, Silvaner, Grau- und Spätburgunder, sowie Frühburgunder, Gewürztraminer, Scheurebe und Chardonnay (Kruger-Rumpf war das erste Weingut an der Nahe, das Chardonnay anpflanzte). In den Lagen Pittersberg und Dautenpflänzer besitzt man über 50 Jahre alte Reben.

Vorjahre

Seit der ersten Ausgabe stellen wir immer höchst zuverlässige, homogene Kollektionen von Stefan Rumpf vor, bei dem schon immer trockene Weine eine wichtigere Rolle gespielt haben als edelsüße. Die Weine, egal ob Riesling oder die Burgunder, bestechen immer wieder durch ihre Reintönigkeit, durch Frische und Saftigkeit. Weißburgunder und Chardonnay waren 2010 ein wenig schwächer als üblich, aber mit ihren Rieslingen hatten sich Stefan und Georg Rumpf gut behauptet. Das Große Gewächs aus dem Pittersberg war unser Favorit im trockenen Segment, edelsüß glänzte die Auslese, der Spätburgunder gehörte einmal mehr zur regionalen Spitze. 2011 gaben wir unter den trockenen Rieslingen trotz der gleichen Bewertung ganz knapp dem Großen Gewächs aus dem Dautenpflänzer den Vorzug.

Neue Kollektion

In diesem Jahr sind die trockenen Weißweine, mit Ausnahme der Großen Gewächse, alle etwas verhalten in der Frucht, die Lagenunterschiede bei den Rieslingen sind kaum erkennbar, die rest- und edelsüßen Rieslinge sind wesentlich klarer im Ausdruck. Hier gefallen uns die Goldkapsel-Auslese und der Eiswein aus dem Pittersberg am besten, beide sind eindringlich, reintönig, dicht und cremig. Die beiden Großen Gewächse sehen wir wieder gleichauf, der Pittersberg ist der geradlinigere und mineralischere Wein, der Dautenpflänzer der fruchtbetontere und fülligere. ◄

Weinbewertung

83	2012 Weißburgunder trocken	**13 %/7,50 €**
85	2012 Chardonnay trocken	**12,5 %/7,70 €**
86	2012 Grauburgunder „S" trocken	**13 %/15,- €**
84	2012 Riesling trocken „Quarzit"	**12,5 %/7,- €**
85	2012 Riesling trocken Dorsheimer	**13 %/11,- €**
86	2012 Riesling trocken Münsterer Kapellenberg	**12,5 %/12,- €**
86	2012 Riesling trocken Münsterer Rheinberg	**12,5 %/12,- €**
89	2012 Riesling „GG" Münsterer Dautenpflänzer	**12,5 %/22,- €**
89	2012 Riesling „GG" Münsterer Pittersberg	**13 %/22,- €**
84	2012 Riesling „feinherb" Münsterer Dautenpflänzer	**12 %/13,- €**
85	2012 Riesling Kabinett Münsterer Rheinberg	**9,5 %/7,50 €**
86	2012 Riesling Spätlese Münsterer Dautenpflänzer	**7,5 %/12,- €**
87	2012 Riesling Spätlese Binger Scharlachberg	**8 %/12,- €**
89	2012 Riesling Auslese Münsterer Pittersberg	**7 %/15,- €/0,375l**
90	2012 Riesling Eiswein Münsterer Pittersberg	**6,5 %/45,- €/0,375l**

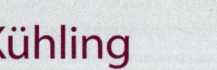

Kühling
Weingut   **★ ★**
Rheinhessen

🍷 *Gartenstraße 2, 67599 Gundheim*
Tel. *06244-666,* **Fax:** *06244-840*
www.weingut-kuehling.de
info@weingut-kuehling.de
Besuchszeiten: nach Vereinbarung

Inhaber .... Berthold Kühling
Rebfläche .... 12 Hektar

Heute führen Berthold und Silvia Kühling das Gut, das sich seit mehreren Generationen in Familienbesitz befindet. Ihre Weinberge liegen in Gundheim, Westhofen, Abenheim und Monzernheim. Wichtigste weiße Sorten sind Riesling, Müller-Thurgau, Silvaner, Grauburgunder und Weißburgunder, dazu gibt es Neuzüchtungen wie Kerner, Huxelrebe, Bacchus und Scheurebe, aber auch Chardonnay und Sauvignon Blanc. An roten Sorten, die 25 Prozent der Rebfläche einnehmen, gibt es Spätburgunder, Portugieser, Dornfelder und St. Laurent. Die Rotweine werden maischevergoren und überwiegend im Holzfass, auch im Barrique ausgebaut. Die Weißweine werden großteils im Edelstahl ausgebaut. Seit 2007 werden die Weinberge ökologisch bewirtschaftet, 2010 ist der erste zertifiziert biologische Jahrgang. 2008, nach Beendigung seines Geisenheim-Studiums, ist Sohn Benedikt in den Betrieb eingestiegen. 2010 wurde das Sortiment neu gegliedert in Gutsweine, Ortsweine und Lagenweine, Prädikatsbezeichnungen werden für trockene Weine nicht länger verwendet.

Vorjahre

Die 2010er Weißweine waren fruchtbetont und klar, die 2009er Rotweine besaßen Kraft und Struktur. Spätburgunder und Chardonnay gefielen uns vor zwei Jahren besonders gut. Es ging weiter voran. In einer überzeugenden, sehr gleichmäßigen Kollektion hatten im vergangenen Jahr die Weine in der

Spitze weiter zugelegt. Der Steinböhl-Riesling überzeugte, ebenso der Sauvignon Blanc, die beiden edelsüßen Rieslinge waren saftig und reintönig; das rote Segment wurde angeführt vom Spätburgunder von alten Reben.

Neue Kollektion

Sehr stimmig ist nun auch die neue Kollektion, weiß wie rot. Die Gutsweine sind reintönig und frisch, die Ortsweine besitzen etwas mehr Fülle, angeführt aber wird die Kollektion von den vier präsentierten Lagenweinen. Der Chardonnay aus dem Sonnenberg ist füllig und kraftvoll, besitzt reife Frucht, gute Struktur und Substanz. Der Riesling aus dem Steinböhl zeigt viel Würze im Bouquet, ist füllig und klar im Mund bei guter Struktur. Viel reife reintönige Frucht zeigt der Grauburgunder aus der Hungerbiene im Bouquet, er ist klar und kraftvoll im Mund bei guter Struktur und Frische. Der herausragende Wein im roten Sortiment ist einmal mehr der Spätburgunder von alten Reben aus dem Klausenberg. Er zeigt gute Konzentration im Bouquet, rauchige Noten, reintönige Frucht, rote Früchte, ist klar, frisch und zupackend im Mund, besitzt gute Struktur und Substanz und reife Frucht. Überzeugende Vorstellung.

Weinbewertung

82	2012 Riesling trocken	**12 %/5,- €**
83	2012 Weißburgunder trocken	**12,5 %/5,- €**
83	2012 Chardonnay trocken Gundheimer **13 %/5,70 €**	
87	2012 Grauburgunder trocken Gundheimer Hungerbiene **13,5 %/7,20 €** ☺	
87	2012 Chardonnay trocken Gundheimer Sonnenberg **14 %/9,80 €**	
86	2012 Riesling trocken Monzernheimer Steinböhl **13,5 %/12,30 €**	
83	2011 St. Laurent trocken Gundheimer **13,5 %/6,90 €**	
83	2011 Pinot Noir trocken Gundheimer **13,5 %/7,- €**	
87	2011 Spätburgunder trocken „Alte Reben" Abenheimer Klausenberg **13,5 %/12,30 €**	

Kühling-Gillot
Weingut   ★★★★

Rheinhessen

Ölmühlstraße 25, 55294 Bodenheim
Tel. 06135-2333, **Fax:** 06135-6463
www.kuehling-gillot.de
info@kuehling-gillot.de
Besuchszeiten: Mo.-Fr. 9-12 + 14-17 Uhr, Sa. 10-12 Uhr und nach Vereinbarung

Inhaber ... Carolin Spanier-Gillot & H.O. Spanier
Rebfläche .... 12 Hektar

Das Weingut Kühling-Gillot entstand in seiner heutigen Form 1970 mit der Heirat von Roland Gillot und Gabi Kühling, bei der die beiden Weingüter Kühling und Gillot verschmolzen. Seit 2002 führt Tochter Carolin das Gut, heute zusammen mit ihrem Ehemann Hans Oliver Spanier. Ihre Weinberge liegen in Oppenheim (Sackträger, Kreuz), Dienheim, Nierstein (Pettenthal, Ölberg), Laubenheim, Nackenheim (Rothenberg) und Bodenheim (Burgweg). Wichtigste Rebsorte ist Riesling mit einem Anteil von 55 Prozent. Es folgen Spätburgunder und Grauburgunder, sowie etwas Silvaner, Chardonnay und Portugieser. Das Programm ist in drei Stufen gegliedert: Gutsweine (Qvinterra), Ortsweine (Nierstein Riesling, seit 2008 auch Oppenheim Riesling) und Erste Lagen. Die Weinberge werden biologisch bewirtschaftet.

Vorjahre

Eine sehr gute Kollektion präsentierten Hans Oliver Spanier und Carolin Spanier-Gillot im problematischen Jahrgang 2010: Die Ortsweine waren bestechend gut, der Oppenheim-Riesling brachte eine Steigerung, ebenso die Großen Gewächse. Unsere Reihenfolge war klar: Pettenthal, Rothenberg und Oelberg. Angenehm überrascht hatten uns die beiden roten Großen Gewächse aus dem Jahrgang 2008, noch besser aber gefiel uns der 2009er Pinot Noir. Eine herrlich stimmige Kollektion folgte im vergangenen Jahr mit tollen Qvinterra-Weinen, die Ortsweine brachten eine klare Steigerung –

K

Die besten deutschen Weinerzeuger und ihre Weine

die Unterschiede waren schön herausgearbeitet. Auch die Großen Gewächse gewannen weiter an Kontur, erstmals fanden wir Rothenberg spannender als Pettenthal, Oelberg folgte an dritter Stelle. Zwei konzentrierte, stoffige Trockenbeerenauslesen rundeten das weiße Sortiment ab. Aber auch rot gab es zwei überzeugende Große Gewächse, Jahrgang 2009.

Neue Kollektion

2012 sind die Qvinterra klar und zupackend, die Weine aus Nierstein und Oppenheim sind füllig und harmonisch, etwas komplexer erscheint uns der Riesling aus Oppenheim, der reife Frucht und gute Substanz besitzt. Eine weitere klare Steigerung bringen die Großen Gewächse. Der Riesling aus dem Oelberg ist frisch, klar und elegant, besitzt gute Struktur und Frucht, der Wein aus dem Pettenthal ist faszinierend präzise und druckvoll, herrlich lang und nachhaltig. Noch besser aber gefällt uns der Riesling aus dem Rothenberg, der herrlich stoffig und kraftvoll ist, präzise und druckvoll, dabei komplex, lang und enorm nachhaltig – Faszination Riesling! Dass man sich auch auf Spätburgunder versteht, wird auch im schwierigen Jahrgang 2010 unter Beweis gestellt mit einem wunderschön reintönigen Spätburgunder R.

Weinbewertung

83	2012 Riesling trocken „Qvinterra"	12,5 %/9,20 €
84	2012 Scheurebe trocken „Qvinterra" 12,5 %/9,20 €
88	2012 Riesling Oppenheim	12,5 %/16,50 €
87	2012 Riesling Nierstein	12,5 %/16,50 €
87	2012 Riesling Nackenheim	12 %/16,50 €
86	2012 Gewürztraminer und Riesling trocken 12,5 %/13,90 €
87	2012 Chardonnay „R"	13 %/19,50 €
90	2012 Riesling „GG" Oelberg	12,5 %/32,- €
92	2012 Riesling „GG" Pettenthal	13 %/38,- €
94	2012 Riesling „GG" „wurzelecht" Rothenberg 13 %/59,- €
84	2012 Riesling „Qvinterra"	11,5 %/9,20 €
82	2010 Spätburgunder trocken	13,5 %/12,50 €
89	2010 Spätburgunder „R"	13,5 %/22,50 €

★★★★★

Peter Jakob **Kühn**
Weingut   **Rheingau**

📍 *Mühlstraße 70, 65375 Oestrich-Winkel*
Tel. 06723-2299, *Fax:* 06723-87788
www.weingutpjkuehn.de
info@weingutpjkuehn.de
Besuchszeiten: Mo.-Fr. 9-17 Uhr, Sa. 11-17 Uhr,
So. geschlossen

Inhaber .... Peter Jakob Kühn
Rebfläche .... 20 Hektar

Peter Jakob Kühn gehört seit vielen Jahren, mit Unterstützung seiner Frau Angela, seiner Tochter Sandra und dem Rest der Familie, zu den innovativsten Winzern Deutschlands. Er verzichtet bei den trockenen Weinen auf Prädikatsangaben, experimentiert mit Amphorenausbau oder Säureabbau. Seit 2004 arbeitet das Weingut ökologisch und biodynamisch, seit 2009 ist es Mitglied bei Demeter. Kein anderer Winzer hat im Rheingau in den letzten Jahren für so viel Furore gesorgt wie Peter Jakob Kühn – und kein anderer Winzer hat solche Kollektionen auf durchgängig hohem Niveau vorzuweisen. Bei Kühn wird akribisch gearbeitet und immer wieder selektiert.

Vorjahre

Aus dem Jahrgang 2010 stellten die Kühns einen sehr feinen, animierenden „Rheinschiefer" und eine großartige Beerenauslese vor, auch der Rest des Sortiments war, inklusive des Basisweines „Jacobus", bemerkenswert. Der Jahrgang 2011 war dann überaus gelungen und bot stilistisch sehr unterschiedliche Weine. Ein geradliniger, straffer „Rheinschiefer" entwickelte sich über 24 Stunden hinweg ausgezeichnet, während der „Quarzit" sofort mit viel Würze überzeugte. Auch die Süßweine begeisterten, von der saftigen, nach Aprikosen duftenden Lenchen-Auslese bis zur Trockenbeerenauslese „E", die trotz aller Opulenz rassig und animierend wirkte und noch ganz am Anfang ihrer Entwicklung war. Die trockenen

2010er Spitzen überzeugten mit Schmelz, wobei der St. Nikolaus etwas zugänglicher wirkte als der Doosberg. Der ungeheuer komplexe und bei aller Fülle unangestrengt wirkende 2010er „Schlehdorn" gehörte zu den besten trockenen Weinen, die jemals im Rheingau erzeugt wurden.

Neue Kollektion

Unter den Basisweinen des neuen Jahrgangs überzeugt nicht nur der „Jacobus", sondern auch ein wunderbar präzise gearbeiteter, schlanker „Rheinschiefer"-Wein. Der Hendelberg ist ebenfalls äußerst geradlinig, braucht etwas Zeit im Glas und vermittelt dann ein ziemlich genaues Abbild des Terroirs. Großartig sind die 2011er Lagenweine aus Doosberg und St. Nikolaus: Der eine straff und noch etwas verschlossen, der andere kraftvoll, voller Würze und bereits zugänglich. Schließlich der 2011er „Schlehdorn", der wiederum jene leicht an Tabak erinnernde Note besitzt, wie sie auch dem 2010er eigen ist: Es handelt sich um einen der komplexesten trockenen Weißweine Deutschlands. Unter den Süßweinen faszinieren wiederum die reintönigen Beeren- und Trockenbeerenauslesen, deren Erzeugung umso beachtlicher erscheint, als 2012 kein ausgesprochener Botrytis-Jahrgang war. Eine besondere Erwähnung verdienen die Rotweine, die nicht vordergründig fruchtig sind, sondern sehr eigenwillig, sehr individuell, florale und würzige Noten besitzen, ungemein animierend sind und nicht im Geringsten mächtig ausfallen. ◄

Weinbewertung

85 2012 Riesling trocken „Jacobus" **12 %/9,30 €**
86 2012 Riesling trocken „Rheinschiefer" Hallgarten **12 %/12,80 €**
88 2012 Riesling trocken „Quarzit" Oestrich **12 %/14,80 €**
87 2012 Riesling trocken Klosterberg **12,5 %/15,80 €**
91 2012 Riesling trocken Hendelberg **12,5 %/16,80 €** ☺
92 2011 Riesling trocken „Landgeflecht" **12,5 %/19,- €** ☺
91 2011 Riesling trocken Mittelheimer St. Niko-

laus **13 %/26,- €**
94 2011 Riesling trocken Oestricher Doosberg **13 %/28,- €** ☺
95 2011 Riesling trocken „Schlehdorn" **13 %/75,- €**
86 2012 Riesling Kabinett Oestricher Lenchen **9,5 %/11,40 €**
87 2012 Riesling Spätlese Oestricher Lenchen **9 %/18,40 €**
94 2012 Riesling Auslese Oestricher Lenchen **7,5 %/26,- €/0,375l**
96 2012 Riesling Beerenauslese Oestricher Lenchen **8,5 %/66,- €/0,375l**
97 2012 Riesling Trockenbeerenauslese Oestricher Lenchen **7,5 %/200,- €/0,375l**
96+ 2012 Riesling Trockenbeerenauslese „E" Oestricher Lenchen **8 %/a.A./ 0,375l**
86 2012 Späburgunder Weißherbst trocken **12 %/8,80 €**
89 2011 Spätburgunder trocken **13 %/12,- €** ☺
91 2010 Spätburgunder trocken „Frühenberg" **13,5 %/26,- €**

Wolfgang **Kühn**
Weingut **Franken**

Ludwigstraße 29, 63911 Klingenberg
Tel. 09372-3169, **Fax**: 09372-12365
www.weingueter.de
Besuchszeiten: nach Vereinbarung
Häckerwirtschaft
Inhaber .... Wolfgang und Ulrike Kühn
Rebfläche .... 2,5 Hektar

Wolfgang Kühn hat 1987 die elterlichen Weinberge übernommen. Seine Weinberge liegen alle im Klingenberger Schlossberg und sind alle in Form kleiner Terrassen angelegt. Spätburgunder nimmt 40 Prozent der Rebfläche ein, es folgen Portugieser, Frühburgunder, St. Laurent, Müller-Thurgau, Silvaner, Riesling und Gewürztraminer, sowie die pilzresistenten Sorten Regent und Rondo, inzwischen auch Cabernet Sauvignon. Alle Rot-

K

Die besten deutschen Weinerzeuger und ihre Weine

weine werden durchgegoren.

Vorjahre

Sehr konsistent präsentierte sich die Kollektion vor zwei Jahren, wie gewohnt mit Stärken im roten Segment. Einmal mehr war der Spätburgunder unser Favorit, führte eine Riege kraftvoller Rotweine an. Im vergangenen Jahr waren die Weißweine ein wenig verhalten, am besten gefiel uns die saftige Traminer Spätlese. Der rote Teil der Kollektion war wieder stärker und wieder gefiel uns der Spätburgunder am besten gefolgt von Frühburgunder und Cabernet Sauvignon.

Neue Kollektion

Sehr ähnlich ist nun die neue Kollektion, wieder sehr gleichmäßig im weißen Segment und mit Spitzen bei den noch sehr jugendlichen 2011er Rotweinen, vor allem der Cabernet Sauvignon ist noch von etwas harten Tanninen geprägt. Der Frühburgunder ist klar, kraftvoll und zupackend, etwas besser noch gefällt uns die trockene Spätburgunder Spätlese, die Kraft, Fülle und gute Struktur besitzt. Deutlich anders ist die Spätlese U, ist frisch, reintönig und lebendig, besitzt gute Struktur und Biss. ◄

Weinbewertung

82   2012 Silvaner Kabinett trocken Klingenberger Schlossberg   **12 %/7,- €**

84   2012 Traminer Spätlese trocken Klingenberger Schlossberg   **13,5 %/12,50 €**

84   2012 Johanniter Spätlese Klingenberger Schlossberg   **13 %/8,50 €**

83   2011 Spätburgunder trocken Klingenberger Schlossberg   **13 %/10,50 €**

83   **2011 St. Laurent trocken Klingenberger Schlossberg   12,5 %/13,50 €**

84   2011 Cabernet Sauvignon trocken Klingenberger Schlossberg   **12,5 %/13,50 €**

86   2011 Frühburgunder Spätlese trocken Klingenberger Schlossberg   **13 %/24,- €**

87   2011 Spätburgunder Spätlese trocken Klingenberger Schlossberg   **14 %/19,50 €**

88   2011 Spätburgunder Spätlese trocken „U" Klingenberger Schlossberg   **13,5 %/21,- €**

★★★★☆

Franz **Künstler**
Weingut
                       Rheingau

Geheimrat-Hummel-Platz 1 a
65239 Hochheim am Main
Tel. *06146-83860,* *Fax:* *06146-7335*
www.weingut-kuenstler.de
info@weingut-kuenstler.de
Besuchszeiten: *Mo.-Fr. 8-12 + 13-18 Uhr, Sa 10-15 Uhr, So. (saisonal, siehe Homepage) 11-16 Uhr*

Inhaber........................Gunter Künstler
Rebfläche............................42 Hektar

Seit Mitte des 17. Jahrhunderts hat die Familie Künstler in Südmähren Weinbau betrieben. Nach dem zweiten Weltkrieg musste sie die Heimat verlassen. Franz Künstler leitete 15 Jahre lang andere Weingüter in Hochheim, bevor er sich 1965 selbstständig machte. Seit 1988 führt sein Sohn Gunter das Weingut, seit 1994 ist es Mitglied im VDP. 1996 übernahm Künstler das Weingut Aschrott Erben, vor einigen Jahren zog er in neue Räume um: Hier ist ausreichend Platz, um die Erträge der mit der Zeit auf stolze 42 Hektar angewachsenen Rebfläche zu verarbeiten. Künstler baut etwa 85 Prozent Riesling an, hinzu kommen Spätburgunder und kleine Mengen Chardonnay, Sauvignon Blanc, Grüner Veltliner und Silvaner. Er bewirtschaftet Parzellen in den Hochheimer Lagen Hölle, Kirchenstück oder Domdechaney, aber auch im Kostheimer Weiß Erd oder im Rüdesheimer Berg Rottland.

Die Künstlerschen Rieslinge sind stoffig und mineralisch, lassen die Lage fast immer deutlich erkennen. Wer vom trockenen Goldkapsel-Wein aus der Hölle automatisch mehr Konzentration erwartet, wird enttäuscht: Dieser Wein entwickelt sich oft erst über Jahre hinweg zur ganzen Komplexität. Künstlers Spätburgunder, vor allem jene aus dem Reichestal, gehören nicht selten zu den besten im Rheingau.

Vorjahre _____

2010 präsentierte sich sehr geschlossen, bei gleicher Bewertung favorisierten wir ganz leicht den Wein aus der Hölle; die Basisweine waren frisch und klar, die Rieslinge aus Stielweg und Domdechaney kraftvoll und geradlinig. Die 2011er überzeugten – und das nicht nur auf der Ebene der Ersten Gewächse. Der Drachenstein-Riesling begeisterte mit Präzision, die Hölle-Goldkapsel mit Feingliedrigkeit, die mächtige Hölle-Auslese den Charakter der Lage widerspiegelte. Unter den Rotweinen ragte das Erste Gewächs aus dem Reichestal heraus.

Neue Kollektion _____

Der Veltliner ist saftig und rassig, schon jetzt zugänglich, der Riesling aus dem Drachenstein sehr präzise gearbeitet. Auch der Rest des Riesling-Sortiments überzeugt, an der Spitze kraftvolle, aber präzise Große Gewächse, vor allem die Weine aus Hölle (finessenreich) und Kirchenstück (sehr fest mit hintergründiger Frucht) begeistern, auch der Goldkapsel-Wein aus der Hölle hat ausgezeichnete Anlagen, ist aber derzeit definitiv zu jung, zeigt erst nach 48 Stunden in der Karaffe seine Klasse. ◀

Weinbewertung _____

85 2012 Grüner Veltliner trocken 13 %/17,90 €
85 2012 Riesling trocken 12,5 %/9,90 €
85 2012 Riesling trocken Hochheimer Herrnberg 12,5 %/9,90 €
87 2012 Riesling Kabinett trocken Hochheimer Kirchenstück 12,5 %/11,50 €
87 2012 Riesling Kabinett trocken Hochheimer Hölle 12 %/12,50 €
86 2012 Riesling Kabinett trocken Rüdesheimer Berg Roseneck 12,5 %/13,90 €
86 2012 Riesling trocken Hochheimer Domdechaney 13 %/16,50 €
88 2012 Riesling trocken „Alte Reben" Hochheimer Stielweg 13 %/16,50 €
89 2012 Riesling trocken Rüdesheimer Drachenstein 13 %/22,- €
84 2012 Riesling Kabinett Hochheimer Reichestal 8,5 %/10,50 €

83? 2011 Chardonnay Barrique trocken 13,5 %/27,50 €
89 2012 Riesling „GG" Kostheim Weiß Erd 13 %/22,- €
91 2012 Riesling „GG" Hochheim Kirchenstück 13,5 %/30,- €
92 2012 Riesling „GG" Hochheim Hölle 13 %/30,- €
90 2012 Riesling „GG" Rüdesheim Berg Rottland 13,5 %/30,- €
92 2012 Riesling trocken Goldkapsel Hochheim Hölle 13,5 %/45,- €
87 2010 Spätburgunder trocken „Tradition" 13,5 %/13,90 €
89 2011 Spätburgunder trocken Erstes Gewächs Hochheim Stein 13,5 %/24,90 €
89+ 2011 Spätburgunder trocken Erstes Gewächs Hochheim Reichestal 13,5 %/45,- €

★★★★☆

Philipp **Kuhn**
Weingut **Pfalz**

K

Grosskarlbacherstraße 20, 67229 Laumersheim
Tel. 06238-656, *Fax:* 06238-4602
www.weingut-philipp-kuhn.de
weingut-philipp-kuhn@gmx.de
Besuchszeiten: *Mo.-Sa. 10-12 + 13-17 Uhr (telefonische Voranmeldung) und nach Vereinbarung*

Inhaber . . . . Philipp Kuhn
Rebfläche . . . . 20 Hektar

Philipp Kuhn erzeugt jeweils zur Hälfte Rot- und Weißwein. Der Schwerpunkt beim Rotwein liegt auf Spätburgunder, daneben gibt es Dornfelder, Portugieser, Frühburgunder, St. Laurent, Lemberger und Cabernet Sauvignon. Alle Rotweine werden in Holzfässern ausgebaut, die Topweine lagern mindestens 20 Monate in neuen Barriques. Bei den Weißweinen dominiert Riesling, gefolgt von den weißen Burgundern, Chardonnay und Gewürztraminer. Der Ausbau erfolgt teils im Edelstahl, teils in Holzfässern (auch Barriques).

Die besten deutschen Weinerzeuger und ihre Weine

Vorjahre _____

Seit der ersten Ausgabe empfehlen wir die Weine von Philipp Kuhn, kaum ein Anderer in Deutschland hat sich in diesem Zeitraum so gesteigert, so dass er heute mit Rotweinen und Weißweinen regelmäßig zur Jahrgangsspitze in Deutschland zählt. Vor zwei Jahren zeigte Philipp Kuhn wieder eine bärenstarke Kollektion. Die Großen Gewächse vom Riesling waren stark, die anderen Weißweine von gleichmäßig hohem Niveau, Sauvignon Blanc und Riesling Alte Reben ragten leicht heraus, hervorragend waren auch die beiden edelsüßen Weine. Bei den Rotweinen gefiel uns neben den Großen Gewächsen die Cuvée Luitmar sehr gut, köstlich auch St. Laurent, und Cabernet Sauvignon. Bei den Weißweinen stand der Riesling im Vordergrund, die Großen Gewächse waren alle drei präzise gearbeitet, ebenso das Große Gewächs vom Pinot Blanc, sehr füllig und reif war die Trockenbeerenauslese.

Weißweine _____

Klar und süffig ist der Gutsriesling, der vom Kalksteinfels ist fruchtig und kräftig. Die „Alten Reben" sind eindringlich, stoffig, mit viel reifer, gelber Frucht. Der Riesling Burgweg hat eine hellere Zitrus-Frucht, er ist zupackend und hat eine feine, salzige Mineralität.

Würzig-duftig ist der „Edelsatz", eine gelungene Kombination von Riesling und Gewürztraminer, er hat viel süße Frucht, viel Stoff, feinen Biss und guten Zug. Der Viognier ist feinduftig, er riecht nach Blumenwiese und honigfeiner Artischockenblüte, er ist elegant, fruchtig-konzentriert und hat eine gute Länge. Der Sauvignon Blanc „Reserve" ist dicht und cremig, hat eine feine Nase und eine elegante Fülle, er sah feines Holz. Cremig-elegant ist der Weißburgunder vom Kalksteinfels, der Grauburgunder „vom Löss" ist kräftig, füllig und hat viel Biss. Der Grauburgunder Reserve ist zitruswürzig, er ist saftig, süffig und elegant. Der Chardonnay ist elegant, vielschichtig, cremig, aber nicht fett, die Frucht ist sehr fein. Die Großen Gewächse vom Riesling zeigen alle viel Frucht, der Steinbuckel hat viel Spiel, einen freundlich-saftigen Kern und ein feines, herbes Finale. Der Kirschgarten zeigt das feinste Säurespiel, der Burgweg entwickelt viel Druck und Spannung. Der Pinot Blanc Kirschgarten ist klar und elegant, hat eine gutgebaute Struktur, er ist sehr fokussiert, baut guten Druck auf.

Rotweine _____

Köstlich ist der Frühburgunder von 2010, sehr elegant und duftig, im Mund zeigt er viel feine Frucht und zarte, fließende Tannine, er ist sehr harmonisch – ein außergewöhnliches Exemplar dieser Rebsorte. Die Cuvée Luitmar von 2010 zeigt zwar viel feine Frucht, die wird aber von harten Tanninen verdeckt, möglicherweise dauert es noch einige Zeit, bis der Wein sich öffnet. Ganz anders Luitmar von 2011, die an 2009 erinnert. Sie ist deutlich fruchtiger, saftiger, feine Kirschfrucht, sehr elegant und sehr feine Tanninstruktur. Der Blaufränkisch von 2011 besitzt viel saftige Frucht und eine gute Struktur, ist nicht überkonzentriert, noch sehr jung, Holz und Tannine sind noch nicht harmonisch eingebaut. Der Cabernet ist zupackend, zeigt reife Frucht, aber ebenfalls noch junge, haftende Tannine. Bei den Großen Gewächsen vom Pinot Noir 2011 zeigt der Kirschgarten sein Potenzial bereits deutlich. Er ist sehr saftig, hat feine Tannine, eine sehr gute Struktur und Nachhaltigkeit. Der Steinbuckel ist etwas fruchtiger, aber auch etwas strenger, herber – noch verschlossen, verspricht aber eine gute Entwicklung.

Weinbewertung _____

85 2012 Riesling trocken „Tradition" 12 %/8,20 €
87 2012 Grauburgunder trocken „vom Löss" Laumersheimer 13,5 %/11,80 €
88 2012 Weißburgunder trocken „vom Kalksteinfels" Laumersheimer 13,5 %/11,80 €
87 2012 Riesling trocken „vom Kalksteinfels" Laumersheimer 12,5 %/12,90 €
89 2012 Gewürztraminer & Riesling trocken „Edelsatz" Laumersheimer 13,5 %/12,90 €
88 2012 Riesling trocken „Alte Reben" Laumersheimer 13 %/15,20 €
88 2012 Riesling trocken Großkarlbacher Burgweg 13 %/15,20 €

90   2012 Viognier trocken „Reserve" Laumersheimer   **13,5 %/15,20 €**

90   2012 Grauburgunder trocken „Reserve" Laumersheimer   **13,5 %/18,90 €**

89   2012 Sauvignon Blanc trocken „Reserve"
Dirmsteiner   **13 %/18,90 €**

90   2012 Chardonnay trocken „Reserve" Dirmsteiner   **13,5 %/18,90 €**

91   2012 Pinot Blanc „GG" Kirschgarten Laumersheim   **13,5 %/23,- €**

90   2012 Riesling „GG" Steinbuckel Laumersheim
13 %/23,- €

91   2012 Riesling „GG" Kirschgarten Laumersheim
13 %/25,- €

91   2012 Riesling „GG" Burgweg Im großen Garten
Großkarlbach   **13 %/23,- €**

91   2012 Rieslaner Auslese   **6,5 %/19,- €/0,375l**

89   2010 Luitmar Rotwein trocken   **14 %/22,80 €**

91   2011 Luitmar Rotwein trocken   **14 %**

90   2011 Blaufränkisch trocken   **13 %**

89   2011 Cabernet Sauvignon trocken   **13,5 %**

91   2010 Frühburgunder trocken „Réserve"
13,5 %/24,50 €

88   2011 Spätburgunder trocken „vom Kalksteinfels" Laumersheimer   **13,5 %**

91   2011 Pinot Noir „GG" Kirschgarten Laumersheim   **13,5 %**

91   2011 Pinot Noir „GG" Steinbuckel Laumersheim   **13,5 %**

Kuhnle ★★
Weingut

Württemberg

Hauptstraße 49, 71384 Weinstadt-Strümpfelbach
Tel. 07151-61293, **Fax**: 07151-610747
www.weingut-kuhnle.de
info@weingut-kuhnle.de
Besuchszeiten: Di.-Fr. 9-12 + 14-18 Uhr, Sa. 9-13 Uhr
und nach Vereinbarung
Kulinarische Weinproben

Inhaber .... Werner und Margret Kuhnle
Rebfläche .... 23 Hektar

Das Weingut von Margret und Werner Kuhnle befindet sich im „alten Forsthaus" im Ortskern von Strümpfelbach. Margret und
Werner Kuhnle haben sich 1983 selbstständig gemacht und nach und nach ihre
Rebfläche erweitert. Sie bauen vor allem rote
Sorten an, sowohl die traditionellen Sorten
wie Samtrot, Schwarzriesling, Spätburgunder, Lemberger und St. Laurent, aber auch
Zweigelt, Regent und Garanoir (eine Schweizer Neuzüchtung). In den letzten Jahren kamen dann fünf der Weinsberger Neuzüchtungen und Merlot hinzu. Werner Kuhnle hat
einen Rotweinanteil von 60 Prozent und insgesamt 20 Rotweinsorten. Bei den weißen
Sorten dominiert Riesling, dazu gibt es vor
allem Kerner und Chardonnay. Die Weißweine werden im Edelstahl ausgebaut. Die
einfachen Rotweine werden maischeerhitzt,
die besseren maischevergoren, ausgewählte
Weine kommen ins Barrique, wobei Werner
Kuhnle Fässer aus schwäbischer, französischer und ungarischer Eiche nutzt.

Vorjahre

Vor zwei Jahren brachte die Kollektion einige
eigenwillige Rotweine, darunter den
„Caratello" von getrockneten Cabernet Cu-
bin-Trauben; die weißen 2010er Weißweine
besaßen jahrgangsbedingt nicht die Brillanz
früherer Jahre. 2011 glänzte im weißen Segment der Riesling, trocken wie süß, im roten
Segment gefiel uns der Forstknecht Marz,
noch besser aber die Trollinger Auslese.

Neue Kollektion

Die neue Kollektion ist sehr ausgewogen,
ohne aber Spitzen zu bieten wie in früheren
Jahren, weiß wie rot. Die Riesling Auslese gefällt uns am besten, sie ist frisch und klar,
wenn auch ein wenig bitter; die Cuvée Cabernet Réserve ist enorm gewürzduftig im
Bouquet, kraftvoll und sehr tanninbetont im
Mund, noch immer sehr jugendlich.

Weinbewertung

83   2012 Sauvignon Blanc Auslese trocken
13 %/18,50 €

81   2011 Chardonnay trocken Barrique   **13 %/16,- €**

K

Die besten deutschen Weinerzeuger und ihre Weine

82 2012 Riesling Spätlese Stettener Pulvermächer 10,5 %/8,20 €

82 2012 Cabernet Blanc 11,5 %/10,- €

82 2012 Muskateller 12,5 %/10,- €

84 2012 Riesling Auslese Strümpfelbacher Nonnenberg 13 %/18,50 €

81 2011 Samtrot trocken Schnaiter Sonnenberg 12,5 %/6,40 €

83+ 2009 Cuvée Cabernet Auslese trocken „Réserve" Barrique 14 %/22,- €

82 2012 Muskattrollinger 12 %/6,40 €

Sybille **Kuntz**

Weingut

★★★

Mosel

Moselstraße 25, 54470 Bernkastel - Lieser

Tel. 06531-91000, **Fax:** 06531-91001

www.sybillekuntz.de

weingut@sybillekuntz.de

Besuchszeiten: Mo.-Fr. 9-12 + 13-17 Uhr, Sa. nach Vereinbarung

Inhaber.. Sybille Kuntz & Markus Kuntz-Riedlin

Rebfläche............................ 12 Hektar

Von Anfang an, seit der Gründung des Weingutes 1984, hat Sybille Kuntz ihren eigenen Stil verwirklicht. Sie macht „Food-Weine", die sie vor allem über die gehobene Gastronomie und Hotellerie im In- und Ausland vermarktet. Unterstützt wird sie dabei von Markus Kuntz-Riedlin, der erst acht Jahre Winemaker und Vice-President eines Weinguts im Bundesstaat New York und schließlich bis 1995 Güterdirektor eines Stiftungsweinguts an der Mosel war. Seit 1998 wurden alle Parzellen von der Einzelpfahlerziehung auf die Spaliererziehung umgestellt; die Reben sind zu einem großen Teil mehr als 40 und bis zu 90 Jahre alt. Die Weinberge liegen in Lieser (Niederberg-Helden, Rosenlay, Schlossberg) und Bernkastel-Kues (Weisenstein, Kardinalsberg). Sybille Kuntz und Markus Kuntz-Riedlin erzeugen

Weine mit klarem Profil und Wiedererkennungswert. Ihre bekanntesten Weine kommen aus der Lage Niederberg-Helden, so der trockene „Gold-Quadrat" (1998 eingeführt) von 40 bis 60 Jahre alten Reben, der als „feinherbe" Auslese angebotene „Scharz" von 60 bis 90 Jahre alten Reben aus dem Kernstück der Lage oder die Auslese „Helden" von in den zwanziger Jahren gepflanzten Reben aus dem mittleren Teil des Berges. Das Weingut befindet sich in der Umstellung auf biologischen Weinbau.

Vorjahre

2010 bot Sybille Kuntz mit Gold-Quadrat und Scharz wieder gewaltig stoffige Rieslinge. Dass 2003er Weine reifen können, zeigte vor zwei Jahren die kraftvolle und immer noch jugendliche Auslese. Die trockenen 2011er waren frisch, kraftvoll und zupackend, die feinherbe Auslese gewaltig konzentriert wie auch Beerenauslese und Trockenbeerenauslese, zwei dicke edelsüße 2011er.

Neue Kollektion

Die trockenen 2012er präsentieren sich ähnlich wie ihre Vorgänger, die Spätlese besitzt Fülle und Saft. Die feinherbe Auslese ist süß und konzentriert, aber ein wenig bitter, die 2011er Trockenbeerenauslese Niederberg-Helden enorm konzentriert und dickflüssig, dominant süß, in dieser Jugend schwierig zu bewerten. Die 2002er ist für unseren Geschmack etwas zu sehr von Kaffeenoten geprägt, wir ziehen die gewürzduftige 2005er Beerenauslese vor. ◄━

Weinbewertung

83 2012 Riesling trocken 12,5 %/11,90 €

83 2012 Riesling Kabinett trocken 12,5 %/17,50 €

87 2012 Riesling Spätlese trocken 13 %/26,50 €

89 2012 Riesling Auslese „feinherb" 13,5 %/42,50 €

90 2005 Riesling Beerenauslese 90,- €/0,375l

88 2002 Riesling Trockenbeerenauslese Lieserer Niederberg-Helden

89 2011 Riesling Trockenbeerenauslese Lieserer Niederberg-Helden

Kurz-Wagner
Weingut
Württemberg

Haigern 8, 74388 Talheim
Tel. 07133-8436, Fax: 07133-963196
www.kurz-wagner.com. info@kurz-wagner.com
Besuchszeiten: Mo.-Fr. 18-20 Uhr, Sa. 9-16 Uhr oder
nach Vereinbarung

Inhaber .... Oliver Kurz
Rebfläche .... 14,5 Hektar

1964 haben die Großeltern von Oliver Kurz den Landgasthof Haigern gepachtet und das Weingut gegründet. Seine Eltern Sybille und Otto Kurz haben nach und nach Betriebsgebäude und Rebfläche erweitert. Oliver Kurz unterstützte seit 2002 seine Eltern im Weingut, das er 2012 übernommen hat. Die Weinberge liegen in Heilbronn (Stiftsberg) und Talheim (Schlossberg). Ein Drittel der Fläche nehmen weiße Sorten ein: Riesling, Chardonnay, Weißburgunder, Grauburgunder, Scheurebe und Gewürztraminer. An roten Sorten gibt es Spätburgunder, Lemberger, Schwarzriesling, Samtrot, Trollinger, Acolon, Cabernet Dorsa, Cabernet Mitos und Merlot.

Vorjahre

Sehr gleichmäßig war die Kollektion vor zwei Jahren, bei leichten Vorteilen im roten Segment, der Lemberger gefiel am besten. Auch die letztjährige Kollektion präsentierte sich geschlossen auf gutem Niveau, weiß wie rot, unser eindeutiger Favorit war der Othello, eine Cuvée aus Merlot und Cabernet Mitos, achtzehn Monate im Barrique ausgebaut.

Neue Kollektion

Sehr gleichmäßig ist nun auch die neue Kollektion, ohne aber Spitzen zu bieten; am besten gefallen uns der Chardonnay mit seinen dezenten Vanillenoten und der fruchtbetonte, zupackende Lemberger aus dem großen Holzfass. ◄

Weinbewertung

79 2012 Weißburgunder trocken Talheimer Schlossberg **12,5 %/5,50 €**
80 2012 Grauburgunder trocken Talheimer Schlossberg **13 %/5,50 €**
83 2012 Chardonnay trocken Heilbronner Stiftsberg **14 %/7,50 €**
81 2012 Riesling „S" trocken Heilbronner Stiftsberg **13 %/5,70 €**
83 2010 Lemberger „S" trocken Heilbronner Stiftsberg **13,5 %/7,30 €**
81 2011 „Baron" Rotwein trocken **13 %/6,70 €**

Kusterer
Weingut ★★★
Württemberg

Untere Beutau 44, 73728 Esslingen
Tel. 0711-357909, Fax: 0711-3508105
www.weingut-kusterer.de
weinwelt.hmkusterer@weingut-kusterer.de
Besuchszeiten: Di. 16-19 Uhr, Sa. 9-13 Uhr und nach
Vereinbarung
Gravitationskelter, Gayernweg 55, Sa. 11-16 Uhr

Inhaber .... Hans und Monika Kusterer
Rebfläche .... 5 Hektar

Das Weingut Kusterer liegt im Herzen der Altstadt von Esslingen. Die Weinberge von Hans und Monika Kusterer befinden sich in den um das Jahr 1200 angelegten Terrassen des Esslinger Schenkenberg, wo sie 50 Parzellen besitzen, sowie in der kleinsten Einzellage Württembergs, der Esslinger Neckarhalde, die bis 1997 von der Sektkellerei Kessler bewirtschaftet wurde und seit 1998 an Hans und Monika Kusterer verpachtet ist. 2007 konnten sie dieses 2 Hektar große Areal – 90 Ar sind mit Riesling und Spätburgunder bestockt – erwerben. Der Schenkenberg besteht im unteren Teil aus buntem Mergel, dazwischen findet man Stubensandstein, darüber Knollenmergel. Die Neckarhalde, die ihnen im Alleinbesitz gehört, besteht aus kalkhaltigem, tonreichem Knollenmergel. Ihre wichtigsten

K

Die besten deutschen Weinerzeuger und ihre Weine

Rebsorten sind Trollinger, Riesling, Spätburgunder und Lemberger. Hinzu kommen Grauburgunder, Zweigelt und etwas Merlot. Die Weine werden in der Regel durchgegoren ausgebaut. 2012 wurde eine neue viergeschossige Kelter in den Berg gebaut, inklusive Vinothek, inmitten der Weinberge.

Vorjahre

Vor zwei Jahren gefiel uns die Kollektion sehr gut, wobei die Stärken eindeutig im roten Segment lagen, wo Hans Kusterer mit einer starken Riege aufwartete: Melac und Merlot, aber auch Spätburgunder, Lemberger und Zweigelt besaßen alle reintönige Frucht, gute Struktur und Substanz. Weiß waren 2011 der 4-Sterne-Riesling und der Chardonnay unsere Favoriten. Rot war in der Spitze aber im vergangenen Jahr wie gewohnt noch stärker mit Spätburgunder Reserve, Melac und Merlot.

Neue Kollektion

Die neue Kollektion ist ganz stark, die Weißweine überraschen, sind allesamt sehr gut. Der Riesling von alten Reben ist kraftvoll und zupackend, der Chardonnay zeigt feine rauchige Noten im Bouquet, besitzt Fülle und Kraft im Mund und gute Struktur. Der Grauburgunder ist reintönig und druckvoll, der Silvaner noch verschlossen, besitzt aber Kraft und Substanz, der Eiswein ist konzentriert und klar. Im roten Teil der Kollektion gefällt uns der Spätburgunder besonders gut, er besitzt gute Struktur und Substanz; unser Favorit aber ist der Melac, der konzentriert und würzig ist, präzise, klar und zupackend bei dezent mineralischen Noten. Starke Kollektion, im Aufwind! ◄

Weinbewertung

86 2012 Grauburgunder trocken Esslinger Schenkenberg **13,5 %/10,50 €**

86 2012 „Maximilian's" Sylvaner **12,5 %/11,- €**

86 2012 Riesling trocken „Alte Reben" Esslinger Schenkenberg **13 %/12,50 €**

87 2012 Chardonnay trocken Esslinger Schenkenberg **13 %/15,- €**

88 2012 „Götterfunken" Eiswein Esslinger Schenkenberg **7,5 %/45,- €/0,375l**

84 2010 Blauer Portugieser trocken Esslinger Schenkenberg **13 %/7,- €**

85 2011 Lemberger trocken Esslinger Schenkenberg **13,5 %/9,50 €**

85 2010 Blauer Zweigelt trocken Esslinger Schenkenberg **13,5 %/15,- €**

88 2009 Spätburgunder trocken Esslinger **13 %/14,50 €**

89 2010 „Mélac" Rotwein trocken Esslinger Schenkenberg **13,5 %/21,- €**

★★
Lämmlin-Schindler
Weingut   **Baden**

📍 *Müllheimer Straße 4, 79418 Mauchen*
Tel. 07635-440, *Fax:* 07635-436
www.laemmlin-schindler.de
weingut@laemmlin-schindler.de
Besuchszeiten: Mo.-Fr. 8:30-12 + 14-18 Uhr,
Sa. 8:30-12 + 14-16:30 Uhr
Probierstube; Gutsausschank Gasthaus „Zur Krone"
in Mauchen

Inhaber..........................Gerd Schindler
Rebfläche.............................19 Hektar

Weinbau ist seit dem 12. Jahrhundert in der Familie nachgewiesen, seit dem 17. Jahrhundert ist die Familie in Mauchen ansässig. Heute führt Gerd Schindler das Gut, dem die Gastwirtschaft Zur Krone angeschlossen ist. Seine Weinberge liegen in den Mauchener Lagen Sonnenstück und Frauenberg, wo die Reben auf Kalkverwitterungsböden mit Lösslehmauflage wachsen. Die eigenen Weinberge bearbeitet Gerd Schindler in kontrolliert ökologischem Anbau, die 5,5 Hektar Weinberge der zugekauften Trauben werden umweltschonend bewirtschaftet. Wichtigste Rebsorten sind Spätburgunder und Gutedel, gefolgt von Weißburgunder und Chardonnay. Am Mauchener Frauenberg hat er Cabernet Dorio, Cabernet Cubin und Merlot gepflanzt, denen Muskat-Ottonel und Silvaner weichen mussten. Sowohl Weiß- als auch Rotweine lässt er recht lange auf der Hefe liegen. Rotweine werden grundsätzlich im Holzfass ausgebaut.

Vorjahre ————————————————

Gerd Schindler möchte fruchtbetonte Weine erzeugen, und dieses Ziel erreicht er Jahr für Jahr auf vorbildliche Weise. Die Weißweine, ob Kabinett oder Spätlese, präsentieren sich immer wunderschön reintönig, die Rotweine haben in den letzten Jahren an Struktur und Präzision gewonnen. Seit der ersten Ausgabe empfehlen wir das Weingut als einen der Top-Betriebe im Markgräflerland. Vor zwei Jahren gefiel uns der Sekt besonders gut, ebenso die Chardonnay Spätlese. Ansonsten war die Kollektion sehr gleichmäßig mit durchweg guten, klaren Weißweinen und zupackenden, geradlinigen Rotweinen. Ähnlich war auch die letztjährige Kollektion, Sekt und Weißburgunder Selektion waren unsere Favoriten; ansonsten präsentierte sich die Kollektion sehr gleichmäßig auf gutem Niveau.

Neue Kollektion ————————————

Die neue Kollektion zeigt klar die Stärke des Weinguts auf: Die Zuverlässigkeit jedes Weines. Sie ist sehr gleichmäßig, bietet feine, reintönige Weißweine und geradlinige Rotweine, allen voran der zupackende, strukturierte Merlot; Highlights wie in früheren Jahren allerdings bietet die neue Kollektion nicht. ◄

Weinbewertung ————————————

85 Sekt Extra Brut **12,5 %/11,80 €**
84 Sekt Brut **12,5 %/11,80 €**
83 2012 Gutedel Kabinett trocken **11 %/6,40 €**
83 2012 Weißburgunder Kabinett trocken
    12,5 %/8,- €
83 2012 Chardonnay Kabinett trocken **12 %/8,50 €**
83 2012 Gewürztraminer Spätlese **12 %/11,80 €**
82 2011 Spätburgunder Kabinett trocken
    12 %/8,- €
85 2011 Merlot trocken **13,5 %/13,50 €**

★ ☆

Alexander **Laible**
Weingut   **Baden**

Unterweiler 48, 77770 Durbach
Tel. 0781-2842380, Fax: 0781-2842180
www.weingut-alexanderlaible.de
info@weingut-alexanderlaible.de
Besuchszeiten: Mo.-Fr. 14-18 Uhr, Sa. 9-17 Uhr

Inhaber........................Alexander Laible
Rebfläche...............................8 Hektar

2007 übernahm Alexander Laible, Sohn von Andreas Laible (siehe nachstehenden Eintrag) ein Anwesen am Eingang zum Durbachtal und im Herbst des gleichen Jahres erzeugte er seinen ersten eigenen Wein. Nach Winzerlehre und Ausbildung zum Weinbautechniker war er mehrere Jahre an der Mosel tätig, seit 2004 wieder in der Ortenau. Seine Weinberge liegen zum Teil in Sinzheim bei Baden-Baden. Die Reben wachsen teils auf Lehmlöss, teils auf kalkhaltigen Granitverwitterungsböden. Riesling ist seine wichtigste Rebsorte, dazu gibt es Spätburgunder, Weißburgunder, Grauburgunder, Chardonnay und ein wenig Lemberger.

Vorjahre ————————————————

Vor zwei Jahren war die Kollektion sehr gleichmäßig weiß wie rot. 2011 waren einige Weine etwas verhalten, am besten gefielen uns der Chardonnay „Louis" und der Riesling „Tausend Sterne".

Neue Kollektion ————————————

Der „Tausend Sterne"-Riesling ist auch 2012 sehr gut, ist konzentriert, füllig und kraftvoll, besitzt gute Struktur und Substanz, zusammen mit dem Weißburgunder von alten Reben führt er eine konsistente Kollektion mit kraftvollen, geradlinigen Weißweinen an. ◄

Weinbewertung ————————————

81 2012 Riesling*** trocken „SL" **13 %/11,- €**
82 2012 Riesling*** trocken „Alte Reben SG"
    13 %/13,50 €

L

Die besten deutschen Weinerzeuger und ihre Weine

86	2012 Riesling trocken „Tausend Sterne" **13 %/22,- €**
85	2012 Weißburgunder*** trocken „Alte Reben" **13 %/13,50 €**
83	2012 Weißburgunder*** trocken „Chara" **13 %/14,50 €**
83	2012 Grauburgunder*** trocken „Alte Reben" **13 %/13,50 €**
83	2012 Chardonnay*** trocken „Chara" **13 %/14,50 €**
82	2012 Scheurebe*** trocken „Chara" **13 %/14,50 €**

★★★★

Andreas **Laible**
Weingut   **Baden**

Am Bühl 6, 77770 Durbach
Tel. *0781-41238,* **Fax:** *0781-38339*
www.weingut-laible.de
info@weingut-laible.de
Besuchszeiten: *Mo.-Fr. 8-11:30 + 13:30-18 Uhr,*
Sa. 8-16 Uhr oder nach Vereinbarung

Inhaber .... Ingrid und Andreas Laible
Rebfläche .... 7,5 Hektar

Die Weinberge von Andreas Laible liegen alle in der bekannten Steillage Durbacher Plauelrain. Zu 60 Prozent baut er Riesling an, hinzu kommen die Burgundersorten, sowie Scheurebe, Traminer, Muskateller und Chardonnay. 85 Prozent der Weine werden trocken ausgebaut. Dem Riesling gilt Laibles ganze Passion. Zwölf verschiedene Klone hat er inzwischen in seinen Weinbergen stehen, einige davon hat er selbst selektioniert. Der Weg zu besseren Rieslingen führt nur über das bessere Verständnis der einzelnen Rieslingklone. Da kann man Andreas Laible nur zustimmen. Andreas Laible wird heute im Betrieb unterstützt von seinem ältesten Sohn Andreas Laible Jr., der jüngere Sohn Alexander hat sein eigenes Weingut gegründet (siehe vorherigen Eintrag).

Vorjahre _____
2010 stellte Andreas Laible wieder eine geschlossene Riesling-Riege vor in der wir allerdings nicht das Große Gewächs präferierten, sondern „Achat" und „SL". 2011 präsentierte sich noch geschlossener auf durchgängig sehr hohem Niveau. Auch im vergangenen Jahr bewerteten wir in der ganz starken Riesling-Riege den Achat am besten, aber auch alle anderen Rieslinge waren sehr gut, ebenso wie Grauburgunder und Scheurebe. Edelsüß brillierte Andreas Laible wieder mit zwei feinen Auslesen von Traminer und Riesling.

Riesling _____
Eine starke Rieslingriege gibt es auch 2012, angefangen vom frischen, zupackenden Kabinett. Der SL ist füllig, kraftvoll und zupackend bei feinem Nachhall, der Achat etwas druckvoller noch, der Klingelberger sehr kompakt, der Riesling an der Kapelle ist saftig, besitzt Substanz und Biss, am besten aber gefällt uns in diesem Jahr das Große Gewächs, das wunderschön klar ist, kraftvoll und fruchtbetont, harmonisch und komplex und feine Länge und Nachhall besitzt. Die Auslese ist wunderschön reintönig, füllig und zupackend, der Eiswein zeigt etwas Aprikosen im Bouquet, viel Konzentration und reintönige Frucht, ist süß und konzentriert auch im Mund bei herrlich viel Frucht und Biss.

Andere Rebsorten _____
Weiß und Grauburgunder sind saftig, harmonisch und fruchtbetont, die Großen Gewächse ein klein wenig komplexer als die trockenen Spätlesen. Saftig ist auch der Chardonnay, klar und zupackend bei feiner Säure, der Sauvignon Blanc ist klar und geradlinig, bei allen ist eine dezente Restsüße spürbar. Wunderschön füllig und reintönig präsentiert sich der Gewürztraminer als Spätlese, die Auslese ist füllig und harmonisch, besitzt reife süße Frucht und Substanz, auch die Scheurebe Auslese ist wunderschön reintönig, harmonisch und lang. Die Riesling Auslese zeigt reintönige Frucht im

L

Bouquet, etwas Rosinen, ist frisch und klar im Mund, der Eiswein ist ebenfalls herrlich reintönig, konzentriert, besitzt viel reife Frucht, Frische und Biss. ◄━

Weinbewertung

85   2012 Riesling Kabinett trocken Durbacher Plauelrain **12 %/9,60 €**

87   2012 Sauvignon Blanc trocken Durbacher Plauelrain **13 %/11,50 €**

88   2012 Riesling Spätlese trocken „SL" Durbacher Plauelrain **12,5 %/12,50 €**

88   2012 Riesling Spätlese trocken „An der Kapelle" **12,5 %/14,- €**

87   2012 Klingelberger Spätlese trocken Durbacher Plauelrain **12,5 %/15,- €**

89   2012 Riesling Spätlese trocken „Achat" Durbacher Plauelrain **12,5 %/16,50 €**

90   2012 Riesling „GG" Durbacher Plauelrain **12,5 %/19,- €**

87   2012 Weißburgunder „S" Spätlese trocken Durbacher Plauelrain **13,5 %/12,50 €**

86   2012 Grauburgunder Spätlese trocken Durbacher Plauelrain **13 %/12,- €**

88   2012 Weißburgunder „GG" Durbacher Plauelrain **14 %/16,- €**

88   2012 Grauburgunder „GG" Durbacher Plauelrain **14,5 %/16,- €**

87   2012 Chardonnay „S" Spätlese trocken Durbacher Plauelrain **13,5 %/14,- €**

86   2012 Scheurebe Spätlese trocken Durbacher Plauelrain **13 %/11,- €**

87   2012 Gewürztraminer Spätlese Durbacher Plauelrain **11 %/11,- €**

89   2012 Riesling Auslese Durbacher Plauelrain **11 %/16,50 €**

89   2012 Scheurebe Auslese Durbacher Plauelrain **11 %/15,- €**

89   2012 Gewürztraminer Auslese Durbacher Plauelrain **11 %/15,- €**

91   2012 Riesling Eiswein Durbacher Plauelrain **10 %/28,- €**

★★

Lamberth
Weingut   **Rheinhessen**

Kirchstraße 20, 55278 Ludwigshöhe
Tel. *06249-8811,* **Fax:** *06249-906434*
www.weingut-lamberth.de
info@weingut-lamberth.de
Besuchszeiten: *Mo.-Sa. nach Vereinbarung*

Inhaber . . . . Armin Lamberth
Rebfläche . . . . 16 Hektar

Das Weingut Lamberth wird in dritter Generation von Armin Lamberth geführt. Inzwischen steigt mit Carsten Lamberth und Ehefrau Nicole, beide Weinbauingenieure, die nächste Generation in den Betrieb mit ein, wobei Carsten Lamberth hauptberuflich als Kellermeister beim Weingut Knipser in Laumersheim arbeitet. Im elterlichen Weingut verantwortet er die Weine der „Edition CL", deren Weine aus den besten Lagen, vor allem kalkgeprägten Lagen wie Himmelthal und Authental stammen; besondere Weine werden im Barrique ausgebaut. Herausragende Weine werden als Reserveweine mit „R" gekennzeichnet, so der Riesling von alten Reben aus der östlichen Parzelle des Teufelskopfs, die durch starke Lösslehmauflage über Kalkstein geprägt ist; der Grauburgunder aus der Parzelle Himmelthal, dem Filetstück der gleichnamigen Einzellage (dünne Lösslehmauflage über Kalkstein).

Vorjahre

Der 2008er Merlot Himmelthal war sehr gut, noch besser aber gefiel uns vor zwei Jahren im weißen Segment der Grauburgunder R. Es ging weiter voran mit der letztjährigen Kollektion. Im weißen Segment gefiel uns der Grauburgunder besonders gut, noch mehr beeindruckten uns allerdings zwei Rotweine, der im Barrique ausgebaute Dornfelder und der Spätburgunder R.

Neue Kollektion

In diesem Jahr nun wurde wieder ein Merlot Himmelthal vorgestellt, Jahrgang 2009, ein be-

L

Die besten deutschen Weinerzeuger und ihre Weine

eindruckender Wein: Gute Konzentration und reintönige Frucht prägen das Bouquet, rote Früchte, ein wenig Pfeffer, im Mund präsentiert er sich kraftvoll, klar und strukturiert. Auch im weißen Segment haben wir im Vergleich zum Vorjahr neue Favoriten: Der Riesling aus dem Teufelskopf ist füllig und kraftvoll, besitzt reintönige Frucht und viel Druck, der Weißburgunder aus dem Authental besitzt Fülle und Saft, gute Struktur und Substanz. Weiter im Auge behalten! ◄

Weinbewertung _____

82   2012 Spätburgunder „Blanc de Noir" trocken **12,5 %/5,60 €**

80   2012 Sauvignon Blanc Kabinett trocken **11,5 %/5,80 €**

82   2012 Riesling trocken   **12 %/6,20 €**

87   2012 Riesling Spätlese trocken Teufelskopf **12,5 %/10,- €**

87   2012 Weißburgunder Spätlese trocken Authental   **13,5 %/10,- €**

84   2012 Riesling Spätlese „Alte Reben"   **9 %/6,50 €**

85   2012 Gewürztraminer Auslese   **9 %**

83   2010 Spätburgunder Spätlese trocken **13 %/6,50 €**

89   2009 Merlot Auslese „R" trocken Himmelthal **14 %/18,- €**

★★☆

LandArt
Weingut   **Franken**

Winterleite 11, 97320 Mainstockheim
Tel. *09321-926464,* **Fax:** *09321-926465*
www.landartwein.de
mail@landartwein.de
Besuchszeiten: *Mo. 10-13 + 17-19 Uhr, Mi.-Fr. 15-19 Uhr, Sa. 10-13 Uhr*

Inhaber . . Brigitte Günzel-Stintzing, Olaf Stintzing
Rebfläche . . . . 2,8 Hektar

2005 begannen Brigitte Günzel-Stintzing, Diplom-Geografin, und Olaf Stintzing, Diplom-

Önologe, mit dem Weinbau im Nebenerwerb, indem sie einen halben Hektar mit 25 Jahre alten Silvanerreben in Mainstockheim pachteten. Inzwischen haben sie ihre Rebfläche deutlich vergrößert: 2007 wurde Riesling gepflanzt, im Jahr darauf kamen Weißburgunder und Chardonnay (im gemischten Satz), Grüner Veltliner und inzwischen auch Blauer Silvaner und St. Laurent hinzu. Mittlerweile bewirtschaften sie auch den vermutlich ältesten Weinberg Mainstockheims, über 100 Jahre alt, im Volksmund Krabbelwengert genannt. Inzwischen haben sie zwei Spätburgunder-Parzellen gepachtet, so dass sie mit dem Jahrgang 2012 erstmals auch Rotwein anbieten können. Sie haben ihr Sortiment in drei Linien eingeteilt: Vineta, LandArt und Premium, auf Prädikatsbezeichnungen und Lagennamen verzichten sie. Während die Weine der Basislinie Vineta im Stahltank ausgebaut werden, liegen die LandArt-Weine unterschiedlich lange im Holz, der Premium-Wein zum Teil auch im Barrique. Der biologische Säureabbau ist wichtiges Instrument, um harmonische, cremige Weine mit niedriger Restsüße zu erzeugen.

Vorjahre _____

Der Erdrauch-Silvaner des Jahrgangs 2009 präsentierte sich vor zwei Jahren sehr eigenständig, ja eigenwillig, die 2010er Weißweine waren frisch, reintönig und geradlinig. Die letztjährige Kollektion war sehr stimmig , bot kraftvolle, fruchtbetonte Weine wie den reintönigen 2011er Grünen Veltliner oder den würzigen 2010er Erdrauch-Silvaner, der deutlich vom Ausbau im Holz geprägt war.

Neue Kollektion _____

Die neue Kollektion ist sehr eigenständig, bietet sehr gleichmäßige Qualität. Die beiden Vineta-Weine sind fruchtbetont und frisch, die Cuvée „W & Y" aus Weißburgunder und Chardonnay ist klar und zupackend, alle weisen eine dezente Restsüße auf. Die stört uns auch beim Veltliner, der „Grüner Veltliner" ist klarer, zupackender, der Siebenstern füllig und schmeichelnd, aber schlicht „too much". Der Blaue Silvaner ist reintönig und zupackend, der

Erdrauch würzig, kraftvoll und konzentriert, der Riesling frisch und klar. Ein feines Debüt gibt der Spätburgunder: Reintönig und frisch, zupackend und strukturiert.

Weinbewertung

84 2012 Silvaner trocken „Vineta" 12,5 %/6,90 €

83 2012 „Vineta Rosenholz Blanc & Noir" trocken 12,5 %/6,90 €

84 2012 Blauer Silvaner trocken „LandArt" 14 %/12,80 €

85 2012 Grüner Veltliner trocken „LandArt" 13,5 %/12,80 €

83 2012 Veltliner trocken „LandArt" 13,5 %/11,- €

85 2012 Riesling trocken „LandArt" 12,5 %/11,- €

85 2012 „W & Y LandArt" Weißwein trocken 13 %/11,- €

87 2011 Silvaner trocken „Erdrauch" 13,5 %/18,50 €

85 2011 Grüner Veltliner trocken „Siebenstern" 14,5 %/22,50 €

86 2012 Spätburgunder trocken „LandArt" 12,5 %/14,- €

★☆

Thomas **Landerer**

Weingut **Baden**

Niederrotweil 3, 79235 Oberrotweil
Tel. 07662-1070, Fax: 07662-94485
www.weingut-landerer.de
info@weingut-landerer.de
Besuchszeiten: Mo.-Sa. 8-12 + 14-18 Uhr und nach Vereinbarung
Ferienwohnungen(****)

Inhaber . . . . Thomas Landerer
Rebfläche . . . . 16 Hektar

Das Weingut Landerer ist aus einem bäuerlich-landwirtschaftlichen Betrieb entstanden und wird seit 1989 von Thomas und Karin Landerer geführt. Damals gab es 6 Hektar Reben, die Ernte wurde zum Teil als Trauben, zum Teil als Fasswein weiterverkauft. Thomas Landerer hat den Winzerhof saniert und die Rebfläche er-weitert. Neben 16 Hektar Reben bewirtschaftet er 4 Hektar Obstanlagen, deren Früchte in der hauseigenen Brennerei zu Obstbränden verarbeitet werden. Die Weinberge befinden sich in den Oberrotweiler Lagen Henkenberg und Käsleberg, sowie in der Wasenweiler Kreuzhalde. Spätburgunder nimmt die Hälfte der Rebfläche ein. Hinzu kommen 20 Prozent Grauburgunder, je 10 Prozent Müller-Thurgau, und Weißburgunder. Chardonnay, Sauvignon Blanc, Muskateller, Scheurebe und Cabernet Sauvignon ergänzen das Sortiment

Vorjahre

Sehr gleichmäßig präsentierte sich der Jahrgang 2010, in dem uns der kraftvolle Grauburgunder SL aus dem Henkenberg am besten gefiel. Die letztjährige Kollektion war im weißen Segment klar stärker, bot durchweg gutes und sehr gutes Niveau.

Neue Kollektion

Die neue Kollektion ist stimmig, überzeugt mit dem guten Niveau der Kabinettweine. Die Cuvée aus Chardonnay und Weißburgunder ist strukturiert, kraftvoll und frisch, der Grauburgunder aus dem Henkenberg kraftvoll und füllig bei dezenter Bitternote, der Spätburgunder aus dem Henkenberg besitzt gute Struktur und Substanz sowie jugendliche Bitternoten. Eine insgesamt überzeugende Vorstellung.

Weinbewertung

83 2012 Weißburgunder Kabinett trocken 13 %/7,80 €

83 2012 Grauburgunder Kabinett trocken 13 %/7,80 €

82 2012 Sauvignon Blanc „S" trocken Oberrotweiler Käsleberg 13 %/11,30 €

85 2012 Weißburgunder & Chardonnay „S" trocken Oberrotweiler Käsleberg 13,5 %/10,10 €

85 2012 Grauburgunder „SL" trocken Oberrotweiler Henkenberg 13 %/13,30 €

83 2011 Spätburgunder trocken Oberrotweiler Käsleberg 13 %/8,10 €

84 2011 Spätburgunder „SL" trocken Oberrotweiler Henkenberg 13 %/16,- €

L

★★★☆

Landgraf
Weingut

Rheinhessen

📍 Außerhalb 9, 55291 Saulheim
Tel. 06732-5126, **Fax:** 06732-62646
www.weingut-landgraf.de
info@weingut-landgraf.de
Besuchszeiten: Hofverkauf: Mo.-Fr. 10-12 + 16-18 Uhr,
Sa. 10-15 Uhr; Verkostungen nach Vereinbarung

Inhaber..........................Andre Landgraf
Rebfläche.............................16 Hektar

Seit 1752 betreibt die Familie Weinbau. Bernd Landgraf konzentrierte sich zunehmend auf Weinbau und erweiterte die Rebfläche. Seit 2001 wird er im Betrieb unterstützt von Sohn Andre, einem Geisenheim-Absolventen. Der ältere Sohn Johannes gründete inzwischen mit seiner Ehefrau Julia das Weingut Becker-Landgraf in Gau-Odernheim. Die Weinberge liegen allesamt in Saulheim, etwa 20 Kilometer südwestlich von Mainz, in den Lagen Haubenberg, Hölle, Heiligenhaus und Schlossberg. Sortenschwerpunkte sind Riesling (35 Prozent), die weißen Burgunder und Spätburgunder, mit steigender Tendenz. Dazu gibt es etwas Silvaner und Portugieser, zuletzt wurden Cabernet Sauvignon und Merlot gepflanzt. Weiße Rebsorten nehmen knapp drei Viertel der Rebfläche ein. Die Weine werden zum größten Teil direkt an den Endverbraucher vermarktet. Seit 2004 werden die Weinberge biologisch bewirtschaftet. Bei den Weißweinen arbeitet Andre Landgraf mit Maischestandzeiten, Spontangärung und langem Feinhefelager, ausgebaut werden sie teils im Edelstahl, teils im Holz. Rotweine werden maischevergoren und im kleinen oder großen Holzfass ausgebaut. Das Sortiment ist klar gegliedert in Gutsweine, Ortsweine (Saulheimer) und die Spitzenweine mit Lagenbezeichnung, Rieslinge aus Schlossberg und Hölle und ein Spätburgunder aus der Hölle. Der Schlossberg ist eine geschützte,

leicht ansteigende Lage, deren Boden aus tertiärem Mergel mit einer Kalksteinschicht besteht. Die Hölle ist eine offene, nach Süden ausgerichtete Hanglage, deren Boden aus tiefgründigem Löss besteht, der mit Kalkstein durchsetzt ist. Orts- und Lagenweine werden unfiltriert abgefüllt.

Vorjahre

Die Weine haben in den letzten Jahren stetig an Profil gewonnen. Seit dem Jahrgang 2006 werden alle Weine mit den natürlichen Hefen vergoren, inzwischen wird selbst bei den Gutsweinen mit Maischestandzeiten gearbeitet. Diese Gutsweine sind stets von guter, zuverlässiger Qualität, überzeugen mit reintöniger Frucht. Die Ortsweine bringen eine weitere Steigerung, ein Mehr an Fülle und Kraft. Die herausragenden Weine aber sind die Lagenweine, die in den letzten Jahren stets zu den Jahrgangsbesten in Rheinhessen gehörten.

Vor zwei Jahren zeigte sich die Kollektion völlig unbeeindruckt vom Jahrgang, was eine Seltenheit war in Rheinhessen. Bemerkenswert war einmal mehr das hohe Niveau der Gutsweine, die allesamt reintönig und frisch waren. Die Ortsweine waren füllig, noch konzentrierter und kraftvoller waren die Lagenweine, wobei der Spätburgunder aus der Hölle den Rieslingen aus Schlossberg und Hölle Paroli bieten konnte. Im vergangenen Jahr ging es weiter voran. Die Gutsweine waren klar und fruchtbetont, die Ortsweine fülliger und kraftvoller. Die Lagenweine brachten eine weitere Steigerung, waren füllig und saftig bei viel Substanz und guter Struktur. Dass Andre Landgraf sich auch auf edelsüß versteht, bewiesen Auslese und Trockenbeerenauslese. Aber auch mit seinen Spätburgundern zeigte er Ambitionen, der 2009er aus der Hölle gehörte zu den Top-Spätburgundern Rheinhessens. Eine klasse Kollektion hatte Andre Landgraf, er war unser Aufsteiger des Jahres.

Neue Kollektion

Bestechend gut ist auch 2012 wieder das Ni-

L

Die besten deutschen Weinerzeuger und ihre Weine

veau der Gutsweine, alle sind fruchtbetont, harmonisch und wunderschön klar, egal ob Weißburgunder, Grauburgunder oder Riesling. Unter den Ortsweinen ist der Riesling unser Favorit, ein herrlich fülliger, kraftvoller Wein, reintönig bei guter Substanz; der Grauburgunder steht ihm nur wenig nach. Eine weitere Steigerung bieten die Lagenrieslinge: Der Riesling aus der Hölle zeigt etwas Zitrus und gelbe Früchte im Bouquet, besitzt viel Substanz und reife Frucht; noch ein wenig besser gefällt uns wiederum sein Pendant aus dem Schlossberg, ist füllig und komplex, besitzt viel reife Frucht, Frische und gute Länge – und dass er reifen kann, zeigt der 2008er, der sich in prächtiger Form präsentiert. Der Weißburgunder aus der Hölle, ist fruchtbetont, konzentriert und reintönig, die Spätburgunder sind kraftvoll und klar, besitzen gute Struktur und Frische: Eine stimmige, starke Kollektion. ◀

Weinbewertung _____

85   2012 Weißburgunder trocken **13 %/6,50 €**
85   2012 Grauburgunder trocken **13 %/6,50 €**
85   2012 Riesling trocken **12,5 %/6,50 €**
85   2012 Weißburgunder trocken Saulheimer **13,5 %/9,50 €**
87   2012 Grauburgunder trocken Saulheimer **13 %/9,50 €**
88   2012 Riesling trocken Saulheimer **13 %/9,50 €** ☺
88   2011 Weißburgunder trocken Saulheimer Hölle **13,5 %/16,50 €**
89   2012 Riesling trocken Saulheimer Hölle **13 %/16,50 €**
89   2008 Riesling trocken Schlossberg Saulheim **13,5 %**
90   2012 Riesling trocken Saulheimer Schlossberg **13 %/16,50 €**
85   2012 Riesling Spätlese **9 %/9,20 €**
87   2012 Riesling Auslese Saulheimer Hölle **7,5 %/18,- €**
86   2011 Spätburgunder trocken Saulheimer **13,5 %/9,90 €**
88   2010 Spätburgunder trocken Saulheimer Hölle **13,5 %/17,40 €**

Landmann
Weingut   **Baden**

🍇 *Umkircher Straße 29, 79112 Freiburg-Waltershofen*
Tel. 07665-6756, Fax: 07665-51945
www.weingut-landmann.de
weingut-landmann@t-online.de
***Besuchszeiten:** Mo.-Sa. 8-19 Uhr*
7 Ferienwohnungen

Inhaber...........Peter und Jürgen Landmann
Rebfläche..............................26 Hektar

Josef Landmann hatte seine Trauben immer an die Genossenschaft abgeliefert. Als seine Söhne Peter und Jürgen das Weingut 1995 mit 2 Hektar Weinbergen übernahmen, bauten sie einen eigenen Keller und begannen mit der Selbstvermarktung. Peter Landmann ist für den Keller zuständig und Jürgen Landmann kümmert sich um den Vertrieb. Das Gros ihrer Weinberge liegt in der Lage Freiburg-Waltershofener Steinmauer (14 Hektar). 1999 konnten sie Weinberge in der Lage Freiburger Kapellenberg, an der Südwestseite des Tunibergs, erwerben. Weine aus dieser Lage sind seit dem Jahrgang 2000 in ihrem Programm. Am Kapellenberg bewirtschaften sie 4 Hektar Weinberge, hinzu kommen 3 Hektar in der Lage Merdinger Bühl. Spätburgunder ist ihre wichtigste Rebsorte und nimmt 40 Prozent der Fläche ein. Hinzu kommen Grauburgunder, Weißburgunder, Müller-Thurgau und Chardonnay, sowie ein wenig Cabernet Sauvignon, Merlot, Cabernet Franc, Riesling, Sauvignon Blanc und Bronner. Cabernet Sauvignon gibt es bei ihnen bereits seit 1997, Chardonnay seit 1995. Sie bauen die Weine unter Verzicht auf Prädikatsbezeichnungen konsequent trocken aus. Die Weine werden zu 60 Prozent über die Gastronomie vertrieben. Inzwischen besitzen sie auch 2 Hektar Reben bei Villányi in Ungarn, wo sie Syrah, Cabernet Sauvignon, Cabernet Franc und Merlot anbauen. Seit

L

Die besten deutschen Weinerzeuger und ihre Weine

2007 werden die Weinberge kontrolliert biologisch bewirtschaftet (Mitglied bei Bioland).

Vorjahre

Was Peter und Jürgen Landmann aufgebaut haben, ist bemerkenswert. Sie haben die Produktion ausgedehnt, sind dabei auch qualitativ vorangekommen – und sie begannen mit der Umstellung auf ökologischen Weinbau – man darf gespannt sein, wie es weitergeht in Waltershofen. 2010 hatten sich die Brüder Landmann gut behauptet, die Weine waren kraftvoll und geradlinig, im gewohnten Stil. Sehr zuverlässig präsentierte sich auch die letztjährige Kollektion mit kraftvollen, geradlinigen Weinen, unser Favorit war einmal mehr der Spätburgunder aus dem Kapellenberg.

Neue Kollektion

Eine vergleichbare Kollektion folgt in diesem Jahr nach, angeführt von dem schon im Vorjahr präsentierten 2010er Spätburgunder aus dem Kapellenberg. Der Sekt ist zuverlässig wie gewohnt, die Weißwein sind kraftvoll und geradlinig, sehr gut gefällt uns der füllige Chardonnay aus dem Barrique, der reife Frucht und gute Struktur besitzt. ◄━

Weinbewertung

84 Pinot & Chardonnay Sekt brut **12,5 %/13,50 €**

82 2012 Grauburgunder trocken Merdinger Bühl
   12,5 %/9,90 €

83 2012 Sauvignon Blanc trocken Freiburger
   Steinmauer **12 %/13,30 €**

85 2011 Grauburgunder trocken Barrique Freiburger Kapellenberg **13,5 %/21,60 €**

86 2011 Chardonnay trocken Barrique Freiburger
   Steinmauer **13 %/21,60 €**

84 2011 Gewürztraminer Selektion Freiburger
   Kapellenberg **15 %/13,80 €**

82 2012 Spätburgunder Rosé trocken Freiburger
   Steinmauer **12 %/8,90 €**

82 2011 Spätburgunder trocken Freiburger Steinmauer **13,5 %/9,90 €**

87 2010 Spätburgunder trocken Barrique Freiburger Kapellenberg **13,5 %/21,60 €**

Hans **Lang**
Weingut

Rheingau

♥ Rheinallee 6, 65347 Eltville-Hattenheim
Tel. 06723-2475, **Fax:** 06723-7963
www.weingut-hans-lang.de
langwein@t-online.de
Besuchszeiten: Mo.-Fr. 8-12 + 13-17 Uhr, Sa. 9-13 Uhr
oder nach Vereinbarung; Vinothek Mo.-Fr. 16-21 Uhr,
Sa. und So. 11-21 Uhr

Inhaber . . . . Urban Kaufmann
Rebfläche . . . . 20 Hektar

Mit dem 42-jährigen Schweizer Unternehmer Urban Kaufmann übernahm 2013 ein Branchenfremder das Weingut. Für Johann Maximilian Lang, der den Betrieb seit 1971 führte, eine Möglichkeit, die Zukunft zu sichern, Tochter Stefanie hatte nämlich kein Interesse, ins Weingut einzusteigen. Für mindestens drei Jahre bleibt Lang dem Betrieb als Berater erhalten. Die Weinberge des Gutes befinden sich hauptsächlich in Hattenheim, in den Lagen Wisselbrunnen, Hassel, Schützenhaus und Engelmannsberg; hinzu kommen drei Hektar am Stück im Hallgartener Hendelberg. Die Böden bestehen aus Löss-Lehm, Mergel bis hin zu tonigem Lehm, im Hendelberg aus Buntschiefer. Neben Riesling, der drei Viertel der Fläche einnimmt, baut er 15 Prozent Spätburgunder an, fünf Prozent Weißburgunder und ein wenig Chardonnay, Silvaner und Grauburgunder. 2009 hat Johann Maximilian Lang den kompletten Betrieb auf ökologische Bewirtschaftung umgestellt und ist Mitglied bei Ecovin geworden. Er gehörte 1992 zu den ersten vier Winzern, die ein Erstes Gewächs erzeugten, zu jener Zeit auf freiwilliger Basis. Der Wein damals kam aus der Hallgartener Schönhell.
Die Rieslinge werden nach der Ganztraubenpressung, je nach Jahr auch mit Maischestandzeiten, im Holzfass oder im Edelstahl drei bis sechs Monate auf der Feinhefe ausgebaut. Eine Spezialität von Johann Maximilian Lang

ist der Barriqueausbau: Seit 1987 vinifiziert er seine besten Spätburgunder im kleinen Eichenholzfass. 90 Prozent der Weine werden trocken ausgebaut, edelsüße Spezialitäten bis hin zu Trockenbeerenauslesen ergänzen je nach Jahrgang das Programm.

Vorjahre

In der 2010er Kollektion waren bereits die Basisweine eine Stärke von Johann Maximilian Lang. Schon der Silvaner bereitete viel Freude, die Rieslinge waren frisch und reintönig, die weißen und roten Burgunder gekonnt vinifiziert: Trinkweine, keine Show-Weine! 2011 gelang nicht nur bei den Basisweinen, auch in der Spitze waren die Weine balanciert und nachhaltig. Neben vielen anderen gefielen der Charta-Riesling mit seiner saftigen Art und das überraschend preiswerte Erste Gewächs aus dem Wisselbrunnen. Der Spitzenrotwein hätte etwas eleganter ausfallen können.

Neue Kollektion

Auch 2012 gelingt es dem Weingut Lang, präsente, aber nicht aufdringlich alkoholreiche Spitzenrieslinge zu erzeugen. Jener aus der Lage Hassel zeigt sich präzise, besitzt Schmelz und Anklänge an Melonen, jener aus dem Schützenhaus kommt da nicht ganz heran, wirkt aber puristisch trocken, weist Potenzial auf. Finesse und Zukunft besitzt auch der Hendelberg-Wein, der sich im Glas bestens entwickelt. Ähnliche Präzision ist auch den Burgundersorten eigen, beispielsweise dem wunderbar klaren Weißburgunder „S". Die beiden 2011er Süßweine gefallen sehr – die Beerenauslese mit ihren Noten von kandiertem Rhabarber wirkt zugänglicher als die sehr süße Trockenbeerenauslese. ◄━

Weinbewertung

83   2012 Riesling trocken **12 %/7,20 €**

85   2012 Chardonnay trocken **12,5 %/10,50 €**

86   2012 Grauburgunder trocken **13 %/10,50 €**

86   2012 Weißburgunder trocken „S" **13 %/12,90 €**

89   2012 Riesling trocken Hattenheim Hassel **12,5 %/16,80 €**

87   2012 Riesling trocken Hattenheim Schützenhaus **13 %/12,- €**

88   2012 Riesling trocken Hattenheim Hendelberg **12,5 %/13,50 €**

86   2012 Riesling Kabinett **9 %/8,60 €**

87   2012 Riesling Spätlese Hallgartener Hendelberg **9,5 %/12,- €**

89   2011 Riesling Beerenauslese Hallgartener Hendelberg **7,5 %**

91   2011 Riesling Trockenbeerenauslese Hattenheimer Hassel **6,5 %**

86   2011 Spätburgunder trocken Barrique **13,5 %/12,90 €**

88   2007 Spätburgunder trocken „R" **14 %/29,85 €**

Philipp **Lang**
Weingut

Baden

Alter Weg 52, 79112 Freiburg-Munzingen
Tel. 07664-59283, **Fax:** 07664-40052
www.philipp-lang.com
contact@philipp-lang.com
Besuchszeiten: nach Vereinbarung Mo.-Sa.

Inhaber............................Philipp Lang
Rebfläche............................4,5 Hektar

Seit mehreren Generationen betreibt die Familie Weinbau am Tuniberg. 2009 gründete Philipp Lang nach Abschluss seines Geisenheim-Studiums zusammen mit seinem Vater Meinrad Lang das Weingut. Die Reben wachsen alle auf tiefgründigen Löss-Lehmböden im Munzinger Kapellenberg. Spätburgunder, Grauburgunder und Weißburgunder nehmen über 80 Prozent der Rebfläche ein. Hinzu kommen Riesling, Müller-Thurgau und Muskateller. Die Weißweine werden kalt, der Spätburgunder wird auf der Maische vergoren.

Vorjahre

Vor zwei Jahren präsentierten sich die Weine frisch und sortentypisch, angeführt von einer feinen Muskateller Spätlese. Auch was wir im vergangenen Jahr verkosten konnten, hat uns gefallen, allen voran der ein wenig süße Bar-

Die besten deutschen Weinerzeuger und ihre Weine

rique-Grauburgunder und der feinherbe Riesling.

Neue Kollektion

Sehr geschlossen präsentiert sich nun auch die neue Kollektion mit fülligen, oft deutlich restsüßen trockenen Weißweinen, einer kraftvollen feinherben Riesling Spätlese und einem reintönigen Spätburgunder-Eiswein aus dem Jahrgang 2011. Es geht voran!

Weinbewertung

85   2012 Grauburgunder Spätlese trocken
     13,5 %/9,20 €

84   2012 Riesling Spätlese trocken   **12,5 %/8,40 €**

84   2012 Chardonnay Spätlese trocken „Eichenfass" **13,5 %/12,90 €**

85   2012 Riesling Spätlese „feinherb" **11,5 %/8,40 €**

82   2012 Spätburgunder Rosé Kabinett trocken
     11,5 %/5,80 €

87   2011 Blauer Spätburgunder Eiswein
     11,5 %/24,90 €/0,375l

Langenwalter ★★

Weingut   **Pfalz**

Bahnhofstraße 45, 67256 Weisenheim am Sand
Tel. *06353-7390,* **Fax:** *06353-4152*
www.weingut-langenwalter.de
info@weingut-langenwalter.de
Besuchszeiten: *Mo.- Mi., Fr. 9:30-19 Uhr, Sa. 9-17 Uhr*
Weinprobierstube (max. 50 Personen)

Inhaber .... Thorsten Langenwalter
Rebfläche .... 25 Hektar

Die Familie von Thorsten Langenwalter betreibt seit dem 17. Jahrhundert Weinbau in der Pfalz. Willi Langenwalter hatte in den sechziger Jahren mit der Selbstvermarktung begonnen, sein Sohn Klaus und dessen Ehefrau Renate erweiterten den Betrieb. 2002 stieg ihr Sohn Thorsten in den Betrieb mit ein und hat ihn mittlerweile übernommen. Die Weinberge liegen alle in Weisenheim am Sand. Wie der Name schon sagt, gibt es hier vor allem sandige Lehmböden, im Süden von Weisenheim auch kalkhaltige, tiefgründige Böden. Hauptrebsorte ist Riesling. Hinzu kommen Weiß- und Grauburgunder, Gewürztraminer und Silvaner. An roten Sorten gibt es Portugieser, Dornfelder, Spätburgunder und Sankt Laurent. Die Weißweine werden kühl vergoren und überwiegend im Edelstahl ausgebaut, die Rotweine kommen nach der Maischegärung ins Holz, auch ins Barrique. Die Weine werden vorwiegend trocken ausgebaut und größtenteils an Privatkunden verkauft.

Vorjahre

Schon in der ersten Ausgabe haben wir die Weine der Langenwalters empfohlen. Seither überzeugen die Kollektionen Jahr für Jahr, immer wieder gibt es barriqueausgebaute Spitzen, vor allem der Chardonnay gehört immer wieder zu den Besten seiner Art in der Pfalz. Vor zwei Jahren haben wir eine mehr als überzeugende Kollektion verkostet. Chardonnay, Grauburgunder und Gewürztraminer waren sehr gut, der Portugieser ragte aber heraus, knapp vor dem St. Laurent. Im vergangenen Jahr wurde wieder eine sehr ordentliche Kollektion gezeigt. Der sonst überzeugende Chardonnay aus dem Barrique zeigte sich im Jahrgang 2010 etwas schwächer, er entwickelte sich aber gut, wie eine Nachverkostung zwölf Monate später ergab. Gut gefiel uns der trockene Gewürztraminer, sehr gut waren wieder die Rotweine, angeführt von zwei Weinen aus dem Jahrgang 2009, einer Cuvée und dem Cabernet Sauvignon.

Weinbewertung

In diesem Jahr zeigt Thorsten Langenwalter im Spitzensegment ein sehr gutes weißes Burgunder-Duo, von gleich hoher Qualität ist der Top-Riesling. Der Chardonnay hat Kraft und Fülle, feines Holz gibt ihm den eleganten Schmelz. Reif und elegant präsentiert sich der Weißburgunder, der ebenfalls in einem guten Fass reifen durfte. Fast durchgegoren ist auch der Riesling, er hat Substanz, zeigt viel Frucht.

Die 2011er Rotweine werden – bis auf eine Cabernet geprägte Cuvée – zurückgehalten, der Spätburgunder von 2010 ist ordentlich. ◄

Weinbewertung

83 2012 Sauvignon Blanc trocken **12,5 %/9,20 €**

83 2012 Riesling trocken Weisenheimer Hahnen **13 %/9,20 €**

83 2012 Grauburgunder trocken Weisenheimer Altenberg **14 %/9,20 €**

85 2012 Gewürztraminer trocken Weisenheimer Altenberg **13,5 %/9,20 €**

86 2012 Riesling trocken Weisenheimer Burgweg **13 %/14,- €**

86 2012 Weißburgunder trocken Weisenheimer Hahnen **13,5 %/14,- €**

87 2011 Chardonnay trocken Weisenheimer Halde **13 %/14,- €**

83 2011 „Terra Silex" Rotwein trocken **13,5 %/9,90 €**

86 2010 Spätburgunder trocken Weisenheimer Altenberg **13,5 %/19,- €**

Freiherr   ★★★★☆

Langwerth von Simmern

Weingut   **Rheingau**

Kirchgasse, 65343 Eltville
Tel. *06123-92110,* **Fax:** *06123-921133,*
www.weingut-langwerth-von-simmern.de
weingut-langwerth-von-simmern@t-online.de
Besuchszeiten: *Mo.-Fr. 10-12 & 13.30-17 Uhr;*
Vinothek: Sa. 10-17 Uhr
Gutsausschank „Gelbes Haus", Eltville

Inhaber. . Georg R. Freiherr Langwerth von Simmern
Rebfläche . . . . 31,5 Hektar

Das Weingut der Freiherren Langwerth von Simmern ist eines der ältesten sich in Familienbesitz befindlichen Weingüter der Welt. Die Familie betreibt seit dem Jahr 1464 Weinbau. Das Weingut wird heute von Georg Reinhard Langwerth von Simmern und seiner Frau Andrea geführt. Die Weinberge verteilen sich auf die fünf Gemarkungen Hattenheim, Er-bach, Kiedrich, Rauenthal und Eltville. Als Spitzenlagen gelten, neben den Lagen Erbacher Marcobrunn und Hattenheimer Mannberg, auch der Rauenthaler Rothenberg, der Baiken sowie der Hattenheimer Nussbrunnen. Es dominiert der Riesling mit weit über 90 Prozent der Rebfläche, dazu gibt es ein klein wenig Spätburgunder, Chardonnay und Weißburgunder.

Vorjahre

In den letzten Jahren wirkten die trockenen Weine stets rassig und kompakt, die restsüßen Spätlesen besaßen Spiel. Nur bei den edelsüßen Weinen schien das Gut noch seinen Stil zu suchen. 2010 konnte die Beerenauslese nicht völlig überzeugen, während die beiden Ersten Gewächse und die rassige Spätlese auf dem gewohnt hohen Niveau lagen. Auch die straffen Basisweine, beispielsweise der feine Kabinett aus dem Baiken, hatten Stil. Über die 2011er ließ sich bei der Verkostung im letzten Jahr noch kein abschließendes Urteil fällen, da die Ersten Gewächse, im August gefüllt, bei Redaktionsschluss noch nicht zur Verkostung vorgestellt waren. Die Basisweine gelangen zuverlässig, die Spätlese aus dem Mannberg wirkte recht füllig und nachhaltig. Bei den edelsüßen Gewächsen war 2011 sehr gelungen, zum Beispiel, was eine nachhaltige Marcobrunn-Trockenbeerenauslese anging.

Neue Kollektion

Sehr zuverlässige Basisweine und hochklassige Große Gewächse: Das Bild des neuen Jahrgangs entspricht den Erwartungen. Unter den trockenen Spitzenweinen ragt diesmal der finessenreiche, vielschichtige und spontan vergorene Wein aus dem Mannberg heraus, während der kompakte, lagentypische Marcobrunn noch etwas verhalten wirkt. Die Süßweine, als Fassproben vorgestellt, sind noch sehr vom Ausbau geprägt, zeigen aber schon ansatzweise Finesse und Würze. Ihnen ist noch viel zuzutrauen. ◄

Weinbewertung

83 2012 Riesling Kabinett trocken Eltviller **11,5 %/9,- €**

L

Die besten deutschen Weinerzeuger und ihre Weine

85 2012 Riesling Kabinett trocken Hattenheimer
    12 %/9,- €

86 2012 Riesling Kabinett trocken Hattenheimer
    Nussbrunnen 12,5 %/11,50 €

86 2012 Riesling Kabinett trocken Rauenthaler
    Baiken 12,5 %/12,50 €

87 2012 Riesling Kabinett trocken Erbacher Mar-
    cobrunn 12,5 %/12,50 €

89 2012 Riesling „GG" Erbacher Marcobrunn
    13,5 %/25,- €

92 2012 Riesling „GG" Hattenheimer Mannberg
    13 %/25,- €

87 2012 Riesling Kabinett Erbacher Marcobrunn
    9 %/12,50 €

89 2012 Riesling Spätlese „Blaukapsel" Hatten-
    heimer Mannberg 9 %/20,- €

(88+) 2012 Riesling Auslese Erbacher Marcobrunn
    9 %/25,- €/0,375l

(90+) 2012 Riesling Auslese Hattenheimer Mann-
    berg 8,5 %/25,- €/0,375l

★★★ Lanius-Knab

Weingut   **Mittelrhein**

Mainzer Straße 38, 55430 Oberwesel
Tel. 06744-8104, **Fax:** 06744-1537
www.lanius-knab.de
weingut@lanius-knab.de
Besuchszeiten: Mo.-Fr. nach Vereinbarung,
Sa. 8-17 Uhr

Inhaber . . . . .Jörg Lanius
Rebfläche . . . . .7,5 Hektar

Die Weinberge von Jörg Lanius liegen im Engehöller Tal in den Lagen Engehöller Bernstein und Goldemund sowie im Oberweseler
Oelsberg. Neben dem dominierenden Riesling baut er etwa 10 Prozent Spätburgunder
und 5 Prozent Müller-Thurgau an. Die Weine
werden im Edelstahl mit den traubeneigenen Hefen vergoren und reifen anschließend
in alten Eichenholzfässern. Jörg Lanius

bringt den neuen Jahrgang immer erst im
September in den Verkauf. Eine Spezialität
sind edelsüße Weine, von denen er Jahr für
Jahr eine breite Auswahl bis hin zur Trockenbeerenauslese im Programm hat.

Die Weine besitzen immer einen ganz eigenen, unverwechselbaren Stil, sind saftig und
komplex, zeigen selbst in der Basis schon
eine spannende Würze. Wenn alles zusam-
menpasst, gelingen hier trockene wie süße
Rieslinge in einer Art, wie sie am Mittelrhein
kein zweites Mal zu finden ist.

Vorjahre

Die 2010er Kollektion war ganz stark, bot
zwei markante, kraftvolle trockene Rieslinge,
edelsüße Spitzen und eine überzeugende
Basis. In der 2011er Kollektion war vor allem
die Spitze spannend. Während der eine oder
andere Basiswein etwas klarer hätte ausfallen können, war das Große Gewächs zwar in
der Nase verhalten, besaß aber viel Kraft und
eine zupackende Art. Leicht rustikal war die
Trockenbeerenauslese aus dem Bernstein,
während die Beerenauslese aus dem Oelsberg mit ihrem saftigen und nachhaltigen
Stil überraschte.

Neue Kollektion

Die 2012er schließen wieder an die Weine
des Jahrgangs 2010 an. Ein Großes Gewächs
wurde bis Redaktionsschluss nicht vorgestellt, auch edelsüße Weine jenseits der Auslese konnten wir nicht verkosten. Die trockenen Weinen sind klar und saftig, besitzen
einen eigenen Stil, allen voran der gut balancierte Wein aus dem Bernstein, aber auch der
puristische „Rheinschiefer" ist sehr animierend. Die Auslese gibt mit ihrer leicht dif-
fusen Aromatik Rätsel auf, wirkt am Gaumen
aber schön saftig.

Weinbewertung

84 2012 Riesling trocken **12,5 %/7,20 €**

87 2012 Riesling Kabinett trocken „Rheinschie-
    fer" **12 %/8,- €** ☺

88 2012 Riesling trocken Engehöller Bernstein
    12,5 %/12,- €

85 2012 Riesling „feinherb" **11 %/7,20 €**

86 2012 Riesling Kabinett „feinherb Rheingold"
    12 %/8,- €
87 2012 Riesling Spätlese Engehöller Bernstein **9
    %/12,- €**
86 2012 Riesling Auslese Engehöller Bernstein
    11 %/22,- €

Paul **Laquai**
Weingut

Rheingau

Park Wispertal 2, 65391 Lorch
Tel. 06726-830838, **Fax:** 06726-830840
www.weingut-laquai.com
kontakt@weingut-laquai.de
Besuchszeiten: Mo.-Fr. 8-18 Uhr, Sa. 9-14 Uhr
Weinproben (bis 40 Personen)
Gutsausschank „Weinwirtschaft Laquai" in Lorch,
Schwalbacher Straße 20 (Tel. 839213)
Gutsausschank „Langehof" in Eltville-Rauenthal,
Martinsthaler Straße 4 (Inh. Matthias Klein)

Inhaber .... Gundolf Laquai, Gilbert Laquai
Rebfläche .... 16 Hektar

Das Weingut Paul Laquai ging 1990 an die
beiden Brüder Gilbert und Gundolf Laquai
über. Seither wurde die Rebfläche von 3,5
auf heute 16 Hektar erweitert. Neben zahl-
reichen Parzellen in Lorch sind 1996 durch
die Übernahme des Weinguts Langehof
auch Weinberge in Rauenthal hinzugekommen. Mit der Erweiterung des Weingutes
wurden die alten Anlagen zu klein, deshalb
kaufte man in Wispertal bei Lorch neue Betriebsgebäude. 2008 wurde ein neuer Weinberg in der Lage Lorcher Kapellenberg angelegt – der erste mit Querterrassierung. Die
Rieslinge aus dem Weingut Laquai sind immer saftig und voller Würze, leicht zugänglich und mit Schmelz ausgestattet. Am deutlichsten zeigt sich dies bei den Terroir-Weinen
aus Schlossberg und Kapellenberg. Die Präzision geht, das ist die Kehrseite, manchmal

verloren; die Ersten Gewächse beispielsweise waren in den vergangenen Jahren nicht
immer eine dramatische Steigerung zu den
übrigen Rieslingen. Saftig, würzig, manchmal von Toastaromen geprägt zeigen sich
die Spätburgunder; bei ihnen könnte manchmal ein wenig zusätzliche Finesse nicht scha-
den.

Vorjahre
Die 2010er Weißweine waren nicht zum ersten Mal rundum zuverlässig, die Spätburgunder aus 2009 präsentierten sich als feine
Rotweine mit viel Frucht. In der überdurchschnittlich stimmigen und gelungenen
2011er Kollektion gefiel neben dem „Terroir"-
Kabinett aus dem Kapellenberg auch der
Weiße Burgunder, der Classic besaß eine
schöne Balance. Gut entwickelt hatte sich
das Erste Gewächs aus dem Schlossberg
(Jahrgang 2010).

Neue Kollektion
2012 ist gelungen, nicht nur in der Spitze.
Dort zeigt sich das nach gelben Früchten
und Kräutern duftende Erste Gewächs deutlich präziser als seine Vorgänger, wirkt saftig,
besitzt Schmelz, ist zwar keineswegs ein
Leichtgewicht, wirkt aber nicht breit. Auch
die „Terroir"-Weine sind gut balanciert, vor
allem der Vertreter aus dem Schlossberg
überzeugt mit mineralischer Art und dem
Verzicht auf unnötige Süße. ◀━

Weinbewertung
84 2012 Riesling Kabinett trocken Korcher Kapel-
    lenberg **12,5 %/7,20 €**
85 2012 Riesling Kabinett trocken „Terroir" Lor-
    cher Kapellenberg **13 %/7,80 €**
86 2012 Riesling Kabinett trocken „Terroir" Lor-
    cher Schlossberg **13 %/7,80 €**
86 2012 Riesling Spätlese trocken Lorcher Schloss-
    berg **13 %/9,80 €**
88 2012 Riesling Erstes Gewächs Lorcher Schloss-
    berg **14 %**
84 2011 Spätburgunder Erstes Gewächs Lorcher
    Bodental-Steinberg **14,5 %/19,50 €**

L

Die besten deutschen Weinerzeuger und ihre Weine

Peter **Lauer**
Weingut

★★★☆

Mosel

Triererstraße 49, 54441 Ayl
Tel. 06581-3031, **Fax:** 06581-2344
www.saarriesling.de
info@lauer-ayl.de
Besuchszeiten: jederzeit nach Anmeldung
Weinhotel „Ayler Kupp"

Inhaber . . . . Peter Lauer
Rebfläche . . . . 8 Hektar

Vater Peter und Sohn Florian führen nicht nur das an der Saar gelegene Weingut, sondern auch ein Hotel-Restaurant, dessen Küche einen guten Ruf genießt. Alle Weine werden lange im Holzfass auf der Feinhefe gelagert, von Zeit zu Zeit aufgerührt, wodurch sie eine cremige, saftige Fülle gewinnen. Auf den Etiketten sind außer den Fassnummern nun auch an Parzellen erinnernde Begriffe angegeben – Schonfels, Kern oder Stirn erinnern an besonders gute Stücke in der Lage Ayler Kupp, die 1971 massiv vergrößert wurde und heute Parzellen sehr unterschiedlicher Güte beinhaltet. Prädikate werden nur für edelsüße Weine verwendet

Vorjahre

2010 präsentierte sich die Kollektion geschlossen. Die mit Parzellennamen bezeichneten Weine waren alle kraftvoll und stoffig, unsere Favoriten waren Neuenbersch und Schonfels, dazu gab es eine faszinierende Palette an edelsüßen Weinen. Auch die 2011er Kollektion präsentierte sich sehr gleichmäßig mit frischen, geradlinigen Rieslingen; zum Zeitpunkt der Verkostung waren viele noch recht schwefelgeprägt.

Neue Kollektion

Auch in diesem Jahr mussten wir wieder lange lüften, um die Schwefeldominanz zu vertreiben, die vielleicht auch einige Weine in diesem jugendlichen Stadium etwas wenig druckvoll erscheinen lässt, vor allem im trockenen und halbtrockenen Segment; die im September nachgeschickten Weine waren wesentlich präsenter, der Schonfels herrlich druckvoll, der Saarfeilser wunderschön präzise. Die süßen Rieslinge, jenseits der 30 Gramm Restzucker, haben im Allgemeinen den Schwefel besser weg gesteckt: Der Wein aus der Stirn zeigt feine Würze und rauchige Noten im Bouquet, ist kraftvoll und füllig im Mund, besitzt herrlich viel Frucht und gute Struktur. Substanz und Kraft prägen auch die 2-Sterne-Spätlese aus der Kupp, die wunderschön füllig und kraftvoll sich präsentiert; kraftvoll ist auch die duftige Auslese, konzentriert und zupackend bei viel Biss.

Weinbewertung / keine Preisangaben

84	2012 Riesling „Fass 25" Ayler	12 %
84	2012 Riesling „Fass 6 Senior" Ayler	11,5 %
86	2012 Riesling „Fass 1" Ayler	11,5 %
86	2012 Riesling „Fass 12 Unterstenberg"	12 %
87	2012 Riesling „Fass 17 Neuenbersch"	12 %
88	2012 Riesling „Fass 11 Schonfels"	12,5 %
87	2012 Riesling „Fass 13" Saarfeilser	12,5 %
86	2012 Riesling „Fass 18" Kupp	12,5 %
85	2012 Riesling „Fass 3" Ayler	10 %
89	2012 Riesling „Fass 15 Stirn"	9,5 %
87	2012 Riesling „Fass 9 Kern"	10,5 %
85	2012 Riesling Kabinett „Fass 8" Ayler Kupp	8,5 %
86	2012 Spätlese „Fass 7" Ayler Kupp	7 %
88	2012 Riesling Spätlese** „Fass 23" Ayler Kupp	7,5%
89	2012 Riesling Auslese „Fass 10" Ayler Kupp	7,5 %

Lauermann & Weyer
Weingut

★

Pfalz

Leininger Ring 79, 67278 Bockenheim/Wstr.
Tel. 06359-4231, **Fax:** 06359-409238
www.lauermannundweyer.de
info@lauermannundweyer.de
Besuchszeiten: Mo.-Fr. 8-12 + 13-18 Uhr, Sa. 9-12 + 13-16 Uhr

Inhaber . . . . Heinrich Weyer
Rebfläche . . . . 20 Hektar

Seit 1904 besteht das Weingut, ist seither in Familienbesitz, wird heute von Heinrich und Elisabeth Weyer geführt, unterstützt von den Söhnen Hans-Jörg und Hans Heinrich. Das Sortiment ist gegliedert in Gutsweine, Prädikatsweine und Lagenweine aus Bockenheim wie der Riesling „Mulde" aus dem ältesten Weinberg des Betriebes oder dem Riesling „Kerzenstümmel".

Kollektion _____

Die Kollektion überzeugt mit frischen, geradlinigen Basisweinen, die Spitzen zeigen vielversprechende Ansätze: Der Weißburgunder „B" besitzt gute Struktur, Konzentration und Frische, der Riesling aus der Mulde ist reintönig bei viel Substanz, noch etwas nachhaltiger ist sein Pendant aus dem Kerzenstümmel. Ein überzeugendes Debüt! ◀

Weinbewertung _____

81 2012 Riesling trocken (1l) **12 %/4,40 €**

82 2012 Chardonnay trocken **13 %/5,90 €**

81 2012 Grauburgunder trocken **12 %/5,10 €**

83 2012 Weißburgunder trocken **13 %/5,90 €**

85 2012 Weißburgunder „B" trocken **13 %/8,40 €**

86 2011 Riesling trocken „Kerzenstümmel" **13,5 %/8,90 €**

85 2011 Riesling trocken „Mulde" **13,5 %/8,90 €**

82 2012 Muskateller „feinherb" **9,5 %/5,40 €**

85 2012 Riesling Eiswein „vom Kleckser" **9,5 %/24,90 €**

84 2011 Spätburgunder trocken „Kerzenstümmel" **12 %/14,90 €**

Laurentiushof

★☆

Weingut

Mosel

🍇 *Gartenstraße 13, 56814 Bremm*
Tel. 02675-508, Fax: 02675-910285
www.weingut-laurentiushof.de
info@weingut-laurentiushof.de
***Besuchszeiten:** nach Vereinbarung*
Komfort-Ferienhaus

Inhaber............... Thomas Franzen-Martiny
Rebfläche............................ 4,5 Hektar

Thomas Franzen-Martiny und Liz Martiny führen den Laurentiushof in Bremm nach ökologischen Richtlinien; das Weingut ist Mitglied bei Ecovin. Gut die Hälfte der Weinberge liegt in Steillagen wie dem Bremmer Calmont oder dem Neefer Frauenberg, ein Teil der Reben ist 100 Jahre alt. Außer Riesling werden auch Weißburgunder, Müller-Thurgau, Elbling und Spätburgunder angebaut. Die Weine werden spontanvergoren und im Edelstahl ausgebaut.

Vorjahre _____

2010 war etwas verhaltener, die Weine zeigten sich würzig und duftig, aber etwas weniger komplex als in früheren Jahrgängen. 2011 präsentierte sich geschlossen auf gutem Niveau, mit leichten Vorteilen im halbtrockenen und süßen Segment, wo zwei Weine aus dem Calmont uns am besten gefielen, der „Freigeist" und die Spätlese.

Neue Kollektion _____

Sehr gleichmäßig präsentiert sich nun der Jahrgang 2012, trocken wie süß. Trocken gefällt uns der frische, klare, fruchtbetonte Urgesteins-Riesling aus dem Calmont besonders gut, gefolgt vom zupackenden Weißburgunder. Die süße Spätlese aus dem Calmont ist fruchtbetont, frisch und zupackend, kann ihrem trockenen Pendant Paroli bieten. ◀

Weinbewertung _____

83 2012 Weißburgunder trocken **11,5 %/7,50 €**

84 2012 Riesling trocken „Urgestein" Bremmer Calmont **11,5 %/8,40 €**

81 2012 Riesling „feinherb" Neefer Frauenberg **11 %/8,40 €**

82 2012 Riesling Spätlese „feinherb" Bremmer Calmont **10,5 %/9,20 €**

81 2012 Müller-Thurgau (1l) **10,5 %/6,20 €**

84 2012 Riesling Spätlese Bremmer Calmont **8 %/12,90 €**

Lehnert-Veit ★★

Weingut   **Mosel**

In der Dur 6-10, 54498 Piesport
Tel. *06507-2123,* **Fax:** *06507-7145*
www.lehnert-veit.de
info@lehnert-veit.de
Besuchszeiten: *täglich 9-20 Uhr; Vinothek von Mai - Oktober, Gästezimmer, Gutsausschank*

Inhaber .... Erich und Peter Lehnert
Rebfläche .... 10,5 Hektar

Die Weinbautradition des Betriebs reicht bis ins Jahr 1653 zurück, als ein gewisser Eucharius Lehnert Weinberge bewirtschaftete. Inzwischen ist die 9. Generation für das Gut zuständig, zu dem auch eine Straußwirtschaft am Moselufer zählt. Erich und Peter Lehnert bauen die Weine – neben Riesling auch Weiß- und Spätburgunder – teils im Edelstahl, teils im Holzfass aus. Ihre Weinberge liegen in den Piesporter Lagen Goldtröpfchen, Falkenberg, Günterslay und Treppchen. Neben Weinen aus dem jüngsten Jahrgang findet man auch viele gereifte Rieslinge, die in der Straußwirtschaft verkostet werden können.

Vorjahre

Vor zwei Jahren gefiel uns im trockenen Segment uns der stoffige Riesling „N° 1" besonders gut, im restsüßen der üppige Riesling „Kapital"; viel Freude bereiteten uns auch die gekonnt vinifizierten Spätburgunder. Die letztjährige Kollektion bereitete uns viel Freude, Highlight war einmal mehr die Auslese Kapital.

Neue Kollektion

Die neue Kollektion hat ihre Stärken im restsüßen Segment, wo uns die zupackende, wunderschön frische und reintönige Spätlese aus dem Goldtröpfchen am besten gefällt. Im trockenen Segment haben wir den im Barrique ausgebauten Riesling am höchsten bewertet, auch wenn er sehr von Vanillenoten geprägt ist. ◀━

Weinbewertung

83   2012 Weißburgunder trocken   **12 %/6,90 €**

84   2012 Riesling trocken „N 1" Goldtröpfchen
     12,5 %/12,- €
85   2011 Riesling „N 1" Barrique Goldtröpfchen
     13,5 %/16,40 €
81   2012 Riesling „Grauschiefer"   **12 %/6,90 €**
81   2012 Riesling Kabinett „feinherb" „Mineral"
     Falkenberg   **10,5 %/7,20 €**
85   2012 Riesling „feinherb" „Tradition" Goldtröpfchen   **11,5 %/12,- €**
88   2012 Riesling Spätlese Goldtröpfchen **8%/10,80€**
87   2012 Riesling Auslese Goldtröpfchen
     7,5 %/12,90 €
85   2010 Spätburgunder trocken Falkenberg
     13,5 %/19,50 €

Dr. **Leimbrock** - C. Schmidt ★

Weingut   **Mosel**

 Bergfried 2, 54486 Mülheim an der Mosel
Tel. *06534-357,* **Fax:** *06534-948727*
www.dr-leimbrock.de, info@dr-leimbrock.de
Besuchszeiten: *Mo.-Fr. 9-18 Uhr und nach Vereinbarung*

Inhaber .... Ulrike Oeffling
Rebfläche .... 9 Hektar

Das Weingut ist seit mehr als 250 Jahren in Familienbesitz, wird heute von Ulrike Oeffling geführt. Die Weinberge befinden sich in den Brauneberger Lagen Juffer und Juffer-Sonnenuhr, im Graacher Himmelreich, der Bernkasteler Badstube, dem Veldenzer Kirchberg und der Mülheimer Sonnenlay. Neben Riesling gibt es ein wenig Weißburgunder, Kerner und Müller-Thurgau. Der Schwerpunkt liegt auf trockenen und halbtrockenen Rieslingen.

Neue Kollektion

Eine stimmige Kollektion mit Stärken im restsüßen Segment konnten wir verkosten, angefangen von der harmonischen, eleganten 2011er Spätlese über die frische, zupackende Auslese bis hin zur konzentrierten Trockenbeerenauslese, die etwas Honig- und Gewürznoten aufweist, an eingelegte süße Aprikosen erinnert. ◄

Weinbewertung

80 2012 Riesling Kabinett trocken Brauneberger Juffer **11,5 %/7,- €**

81 2012 Riesling Spätlese halbtrocken Brauneberger Juffer-Sonnenuhr **11,5 %/12,- €**

84 2011 Riesling Spätlese halbtrocken Brauneberger Juffer-Sonnenuhr **12 %/11,- €**

85 2012 Riesling Spätlese Brauneberger Juffer **9 %/12,- €**

87 2012 Riesling Auslese Brauneberger Juffer-Sonnenuhr **9 %/13,60 €/0,5l**

90 2011 Riesling Trockenbeerenauslese Brauneberger Juffer-Sonnenuhr **6 %/75,- €/0,375l**

★★★☆

Jürgen **Leiner**

Weingut   **Pfalz**

🍇 *Arzheimer Straße 14, 76831 Ilbesheim*
Tel. *06341-30621,* **Fax**: *06341-34401*
www.weingut-leiner.de
info@weingut-leiner.de
Besuchszeiten: *nach Vereinbarung*
Ferienwohnungen

Inhaber . . . . Sven Leiner
Rebfläche . . . . 14,5 Hektar

Das in den siebziger Jahren gegründete Weingut Jürgen Leiner liegt im Ortskern von Ilbesheim, einem Winzerdorf am Fuß der Kleinen Kalmit. Die Weinberge liegen in Ilbesheim, Arzheim und Göcklingen. Rote Sorten, insbesondere Dornfelder und Spätburgunder, dazu als Spezialität Tempranillo, nehmen zusammen ein Drittel der Weinberge ein. Die Burgundersorten (mehr Grauburgunder als Weißburgunder) und Riesling dominieren im weißen Segment, hinzu kommen Chardonnay und Gewürztraminer. Die besten Weine werden mit Gewannnamen bezeichnet, respektive mit der Lagenbezeichnung Ilbesheimer Kalmit, die mit dem Jahrgang 2009 als Einzellage anerkannt wurde. Die Rotweine kommen nach der Maischegärung ins Holzfass oder Barrique. Weißweine werden im Stahltank ausgebaut, Riesling- und Grauburgunder-Lagenweine kommen ins Holzfass, der Chardonnay ins Barrique. Die Weinberge werden biodynamisch bewirtschaftet, für die Vinifikation ist Sohn Sven verantwortlich, der mittlerweile das Weingut übernommen hat.

Vorjahre

Vor zwei Jahren waren Weißburgunder und Riesling aus der Lage Kalmit prägnant und eigenständig und besaßen einiges an Reifepotential, der Grauburgunder „Katzebosch" aus dem Jahrgang 2009 und der 2010er Chardonnay „Hadorne" gehörten jeweils zu den besten ihrer Art in der Pfalz, sehr gut gefielen uns auch die herrlich eindringliche Gewürztraminer Auslese und der klare und reintönige Weißburgunder „Handwerk" – allesamt spannende Weine. Im vergangenen Jahr waren die 2011er Lagenweine zum Zeitpunkt unserer Verkostung noch nicht gefüllt, die mustergültigen „Handwerk"-Basisweine ließen jedoch einiges von den Lagenweinen erwarten. Die erneut verkosteten 2010er Riesling und Weißburgunder aus der Lage Kalmit brauchten immer noch viel Luft, standen immer noch am Anfang ihrer Entwicklung. Die süßen Spät- und Auslesen von Riesling und Gewürztraminer überzeugten ebenso wie der 2009er Spätburgunder.

Neue Kollektion

Den Spätburgunder konnten wir in diesem Jahr nochmals verkosten, er zeigt viel erdige Würze und besitzt noch einiges an Potential. Der 2007er Tempranillo besitzt noch ein sehr prägnantes Gerbstoffgerüst, bei dem wir uns nicht sicher sind, ob er es jemals verdauen wird, der Dornfelder ist kraftvoll und stoffig mit eindringlichen Röstnoten. Dass Trinkfreude und Tiefe sich nicht ausschließen müssen, zeigen deutlich die „Handwerk"-Weißweine, die alle feine rauchige Würze, Frische und Reintönigkeit aufweisen. Unter den beiden weißen

2011er Lagenweinen aus dem Kalmit favorisieren wir den saftigen, cremigen und herrlich nachhaltigen Weißburgunder, der füllige Riesling zeigt schon ganz dezente Reifenoten. ◀━

Weinbewertung _____

85 2012 Riesling trocken „Handwerk" 12 %/7,20 €
86 2012 Weißburgunder trocken „Handwerk"
    13 %/7,20 €
86 2012 Grauburgunder trocken „Handwerk"
    13 %/7,20 €
87 2012 Chardonnay trocken „Handwerk"
    13 %/7,20 € ☺
90 2011 Weißburgunder trocken Ilbesheimer Kalmit 13,5 %/16,50 €
89 2011 Riesling trocken Ilbesheimer Kalmit
    13 %/16,50 €
84 2010 Spätburgunder trocken „Handwerk"
    13 %/8,- €
86 2009 Dornfelder trocken „Kuriosum"
    13,5 %/11,50 €
88 2009 Spätburgunder trocken Ilbesheimer Kalmit 13 %/19,50 €
86 2007 Tempranillo trocken 13 %/25,- €

Leipold ★

Weingut

Franken

◆ Landsknechtstraße 14, 97332 Obervolkach
Tel. 09381-4472, **Fax:** 09381-716728
www.weingut-leipold.de
paul-leipold@t-online.de
Besuchszeiten: Mo.-Fr. 9-12 + 13-19 Uhr, Sa. 9-17 Uhr

Inhaber . . . . Paul und Inge Leipold
Rebfläche . . . . 5 Hektar

Weinbau wird seit den dreißiger Jahren des letzten Jahrhunderts betrieben, aber erst mit der Übernahme des Betriebes durch Paul Leipold wurde die Fläche erweitert und in die Vermarktung investiert. Die Weinberge liegen alle im Obervolkacher Landsknecht, einem zwischen Obervolkach und Rimbach gele-

genen Südhang. Ein Drittel der Fläche nimmt Silvaner ein, hinzu kommen vor allem Müller-Thurgau und Bacchus, aber auch Domina und Spätburgunder, Regent, Dornfelder, Scheurebe und Traminer. Sohn Peter besucht die Weinbaufachschule in Veitshöchheim.

Kollektion _____

Eine schöne, stimmige Kollektion präsentieren Paul und Peter Leipold zum Debüt. Schon die Literweine bereiten Freude, sie sind fruchtbetont und klar. Die trockene Müller-Thurgau Spätlese ist füllig und kraftvoll wie auch der Silvaner von alten Reben, der klare reife Frucht und gute Struktur besitzt. Der Traminer zeigt feinen Rosenduft, besitzt gute Fülle und Struktur, die Bacchus Beerenauslese ist konzentriert, süß und klar, besitzt herrlich viel Frucht und Substanz. Wir freuen uns auf die kommenden Jahrgänge. ◀━

Weinbewertung _____

82 2012 Bacchus Kabinett trocken (1l) 12 %/5,- €
82 2012 Silvaner Kabinett trocken (1l) 12,5 %/5,50 €
83 2012 Müller-Thurgau Kabinett trocken Obervolkacher Landsknecht 12 %/4,80 €
84 2012 Müller-Thurgau Spätlese trocken Obervolkacher Landsknecht 13 %/7,- €
85 2012 Silvaner Spätlese trocken „Alte Reben" Obervolkacher Landsknecht 13 %/8,- €
84 2012 Traminer Spätlese trocken „Alte Reben" Obervolkacher Landsknecht 13,5 %/8,- €
81 2012 Bacchus halbtrocken (1l) 11 %/4,50 €
89 2012 Bacchus Beerenauslese 11 %/15,- €/0,375l

Leiss ★★

Weingut

Württemberg

Lennacher Straße 7, 74189 Gellmersbach
Tel. 07134-14389, **Fax:** 07134-20621
www.weingut-leiss.de
info@weingut-leiss.de
Besuchszeiten: Mo.-Fr. 10:30-12 + 17:30-19 Uhr, Sa. 9-16 Uhr
Besenwirtschaft

L

Inhaber..........................Wolf-Peter Leiss
Rebfläche.............................. 13 Hektar

Zwei Drittel der Weinberge von Wolf-Peter Leiss nehmen rote Rebsorten ein. Wichtigste rote Sorte ist Trollinger, gefolgt von Lemberger und Schwarzriesling. Riesling nimmt ein Viertel der Rebfläche ein, dazu gibt es etwas Kerner, Müller-Thurgau, Gewürztraminer und Grauburgunder. Die Reben wachsen in Gellmersbach auf Keuperverwitterungsböden. Die 1998 erstmals erzeugte Cuvée Nobilis aus Cabernet Cubin und Lemberger ist die Spitzencuvée von Gerhard Leiss.

Vorjahre _____

Vor zwei Jahren dominierten die Barrique-Rotweine, wobei Lemberger und Cuvée G uns noch besser gefielen als unser oftmaliger Favorit, die Cuvée Nobilis. Die Weißweine waren jahrgangsbedingt etwas verhaltener. Die letztjährige Kollektion war stimmig und gleichmäßig, die Vorteile lagen wie gehabt bei den barriqueausgebauten Rotweinen, Lemberger und Cuvée Nobilis waren unsere Favoriten.

Neue Kollektion _____

2012 bringt wieder eine gleichmäßige weiße Kollektion mit klaren, geradlinigen Weinen, Sauvignon Blanc und Gewürztraminer gefallen uns besonders gut. Noch besser aber finden wir wieder einige Rotweine: Der Kirchberg-Spätburgunder ist herrlich reintönig, frisch und zupackend bei guter Struktur, der Kayberg-Lemberger zeigt Schokolade und dunkle Früchte im Bouquet, ist füllig und harmonisch im Mund, besitzt gute Struktur und feine Schokonoten. Unser Favorit aber ist wie so oft die Cuvée Nobilis, die gute Konzentration im Bouquet zeigt, feine Würze, rote Früchte. Im Mund präsentiert sie sich füllig und kraftvoll, besitzt reife Frucht, gute Struktur und jugendliche Tannine. ◀━

Weinbewertung _____

82 2012 Grauburgunder trocken Dezberg
    14 %/7,80 €
84 2012 Sauvignon Blanc trocken Dezberg
    13 %/9,50 €

83 2012 Riesling trocken „Herzgrüble" **13 %/8,20 €**
81 2012 Muskateller trocken Dezberg **12,5 %/7,50 €**
84 2011 Gewürztraminer Auslese trocken
    14,5 %/14,- €
84 2012 Riesling „Winterlese" **10 %/12,- €**
86 2010 Spätburgunder trocken „Kirchberg"
    13 %/13,- €
87 2010 Lemberger trocken „Gipskeuper" Kayberg **14 %/16,- €**
89 2010 „Cuvée Nobilis" Rotwein trocken „Gipskeuper" **14 %/18,- €**

★★★★★

Leitz
Weingut

Rheingau

Theodor-Heuss-Straße 5, 65385 Rüdesheim
Tel. 06722-48711, Fax: 06722-47658
www.leitz-wein.de
johannes.leitz@leitz-wein.de
Besuchszeiten: Mo.-Fr. 8-17 Uhr nach Vereinbarung

Inhaber...........................Johannes Leitz
Rebfläche.............................. 40 Hektar

Weinbau gibt es in der Familie Leitz bereits seit 1744, aber erst in den fünfziger Jahren des letzten Jahrhunderts hatte sich Josef Leitz, der Großvater des heutigen Besitzers Johannes Leitz, ganz auf Weinbau spezialisiert. Nach dem frühen Tod des Vaters hat die Mutter von Johannes Leitz das Weingut als Feierabendbetrieb erhalten. Er selbst vinifizierte bereits 1985 seinen ersten Jahrgang. Johannes Leitz vergrößerte seine Rebfläche in den vergangenen Jahren beträchtlich, beispielsweise, indem er das Erbslöh'sche Weingut in Geisenheim übernahm, inzwischen bewirtschaftet er 40 Hektar – ausschließlich Riesling. Seine Erfolge erzielt Leitz nicht zuletzt im Export; in den USA zählt er längst zu den bekanntesten deutschen Winzern.
Seine Spitzenweine, mit natürlichen Hefen vergoren und im Holz vinifiziert, erzeugt er aus

L

dem Rüdesheimer Berg, aus den Lagen Berg Roseneck, Berg Schlossberg und Berg Rottland, sowie aus dem Berg Kaisersteinfels, wo er alte, brachliegende Terrassen rekultiviert hat. Mit dem Jahrgang 2011 fielen die „Alten Reben", die lange die Prestigegewächse des Hauses waren, weg: Die Spitzenrieslinge nennen sich nun „Terrassen" (Kaisersteinfels), „Hinterhaus" (Rottland), „Katerloch" (Roseneck) und „Ehrenfels" (Schlossberg). Immer wieder fällt auf, wie viel Wert Johannes Leitz auf seine Basisweine legt: Kaum ein anderes Weingut vermag selbst im preiswertesten Wein so viel Qualität zu erreichen.

Vorjahre

2010 stellte Leitz straffe Rieslinge voller Würze an, darunter einen faszinierenden „Ehrenfels"-Riesling aus dem Schlossberg, aber auch geradlinige, elegante Süßweine. Die „Alten Reben" besaßen in diesem Jahr nicht ganz die Komplexität der Vorjahre, aber die Basis hatte gewohnte Klasse – beginnend beim erfrischenden „Eins-zwei-Dry". 2011 begeisterten wieder einmal die Basisweine, die Lagenweine waren zum Zeitpunkt der Verkostung teilweise noch etwas verhalten. Ein straffer, mineralischer „Katerloch" zeigte zunächst eine deutliche Zitrus-Aromatik, entwickelte sich aber über 24 Stunden sehr gut. Am meisten Substanz hatte der schlank und geradlinig wirkende „Ehrenfels" aus dem Schlossberg.

Neue Kollektion

Während der Schlossberg-Riesling zum Zeitpunkt der Verkostung noch unzugänglich war, aber gute Anlagen aufweist, zeigen sich Rottland und Roseneck schon von ihrer besten Seite. Alle Spitzenweine, mit Ausnahme des gelungenen, aber mit Schmelz und zarter Süße ausgestatteten Kaisersteinfels-Weines, wirken sehr präzise und angenehm trocken. Im Vergleich mit früheren Jahren scheint Leitz die Finesse noch mehr in den Vordergrund zu stellen. Immer wieder bewundernswert ist auch die Qualität der Basisweine: Der „Magic Mountain" zeigt echte Klasse, auch der „Eins-Zwei-Dry" ist perfekt gelungen. Der

saftige, nach Apfel und Zitrusfrüchten duftende Kabinett leitet über zu einer süßen Roseneck-Spätlese, die sich etwas verhalten präsentiert. ◄

Weinbewertung

86   2012 Riesling trocken „Eins-Zwei-Dry" **12,5 %/8,50 €**

86   2012 Riesling trocken Rüdesheimer **12 %/9,90 €**

88   2012 Riesling trocken „Magic Mountain" **13 %/14,90 €**

91   2012 Riesling trocken „Katerloch" Rüdesheimer Berg Roseneck **13 %/25,- €**

90   2012 Riesling trocken „Hinterhaus" Rüdesheimer Berg Rottland **12,5 %/27,50 €**

90+ 2012 Riesling trocken „Ehrenfels" Rüdesheimer Berg Schlossberg **12,5 %/29,50 €**

90   2012 Riesling „Terrassen" Rüdesheimer Berg Kaisersteinfels **12 %/25,- €**

85   2012 Riesling Kabinett „feinherb" Rüdesheimer Kirchenpfad **11 %/9,90 €**

86   2012 Riesling Kabinett Rüdesheimer Klosterlay **9,5 %/9,90 €**

87   2012 Riesling Spätlese Rüdesheimer Magdalenenkreuz **8,5 %/12,50 €**

88   2012 Riesling Spätlese Rüdesheimer Berg Roseneck **8 %/25,- €**

Günter **Leitzgen** ★★
Wein- und Sektgut   **Mosel**

Auf Cales 28, 56814 Bremm
Tel. *02675-1673,* **Fax**: *02675-1709*
www.leitzgen-weine.de
info@leitzgen-weine.de
Besuchszeiten: *nach Vereinbarung*

Inhaber .... Günter und Susanne Leitzgen
Rebfläche .... 3 Hektar

Nach zehn Jahren als Kellermeister in zwei großen Kellereibetrieben hat sich Günter Leitzgen selbständig gemacht. Seine Weinberge befinden sich in Bremm (darunter der Calmont), Eller (Pfirsichgarten) und Neef (Frauenberg). Neben Riesling baut er ein wenig Müller-Thurgau und immerhin ein Fünftel Elbling an. Die Weine werden langsam und kühl vergoren, teilweise mit natürlichen Hefen. Die Spitzen lagern anschließend rund sechs Monate auf der Feinhefe. Das Angebot an trockenen Weinen ist groß, sie nennen sich „Stern", „Prestige" oder „Terroir". „Elegance" kennzeichnet den halbtrockenen, „Avantgarde" den lieblichen Topwein. Selten wird ein edelsüßer Riesling erzeugt; auch Schaumwein gehört zum Repertoire.

Vorjahre

Die 2010er präsentierten sich geschlossen auf gutem Niveau, waren kraftvoll, kompakt und geradlinig, besaßen Frucht und Struktur. Geschlossen und stark war auch die letztjährige Kollektion mit einem feinen Sekt Royal und kraftvollen trockenen und halbtrockenen Rieslingen, unter denen wir jeweils den Wein aus dem Calmont leicht präferierten.

Neue Kollektion

Wie gewohnt sehr geschlossen präsentiert sich nun auch der Jahrgang 2012 mit kompakten, kraftvollen Weinen und einem fülligen, zupackenden Rieslingsekt. Die Rieslinge variieren in der Restsüße, sind sich stilistisch aber alle sehr ähnlich, unsere leichte Präferenz gilt dem Wein aus dem Frauenberg, der Fülle und Kraft besitzt, reife Frucht und gute Struktur. ◀

Weinbewertung

85 2010 Riesling Sekt brut „Tradition" **12 %/12,50 €**
84 2012 Riesling trocken „Tradition" **13 %/8,40 €**
86 2012 Riesling trocken „Stern" Neefer Frauenberg **12,5 %/10,- €**
85 2012 Riesling trocken „Stern" Bremmer Calmont **12,5 %/10,- €**
84 2012 Riesling trocken „Stern" Pfirsichgarten **12,5 %/10,- €**
84 2012 Riesling „Prestige" **13 %/12,- €**
84 2012 Riesling halbtrocken Ellerer Bienenlay **12,5 %/8,50 €**
85 2012 Riesling „Spielerei" **11,5 %/8,50 €**
85 2012 Riesling Eiswein **9,5 %/36,- €/0,375l**

Lergenmüller
Weingut   **Pfalz**

Weinstraße 16, 76835 Hainfeld
Tel. 06341-96333, *Fax:* 06341-96334
www.lergenmueller.de
lergenmueller@t-online.de
Besuchszeiten: *täglich*
Gutsrestaurant mit Hotel (Landhaus Herrenberg in Landau-Nußdorf)

Inhaber . . . . Familie Lergenmüller
Rebfläche . . . . 85 Hektar

Stefan und Jürgen Lergenmüller verzichten konsequent auf Lagennamen und bauen ihre Weine überwiegend trocken aus. Ihre Weinberge setzen sich aus mehr als 300 einzelnen Parzellen von Godramstein bis Rhodt unter Rietburg zusammen. 1998 haben sie in Burrweiler das Weingut St. Annaberg übernommen, das als eigenständiges Weingut weitergeführt wird (siehe eigenen Eintrag). Ihr jüngster Coup ist die Übernahme des renommierten Rheingauer Weingutes Schloss Reinhartshausen. Für Furore sorgten die beiden Brüder in den neunziger Jahren mit ihren Rotweinen. Neben Spätburgunder und Dornfelder galt ihr besonderes Interesse schon immer dem St. Laurent. Aber auch mit Cuvées oder internationalen Sorten wie Cabernet Sauvignon gehörten sie zu den Vorreitern in der Pfalz.

Vorjahre

Vor zwei Jahren gefiel uns in einer insgesamt etwas verhaltenen Kollektion wieder einmal der klare und würzige Sauvignon Blanc am besten, die Rotweine konnten nicht überzeugen, sie wirkten unharmonisch, was besonders bei dem alkoholreichen Spätburgunder deutlich war. Und auch in der Kollektion des vergangenen Jahres gefiel uns ein Sauvignon Blanc am besten, der kraftvolle und komplexe Wein aus der neuen Toplinie „Privatreserve". Die beiden anderen „Privatreserve"-Weine konnten dagegen nur bedingt überzeugen, angesichts des hohen Preises fehlte es ihnen etwas an Substanz und Typizität. Gut gefiel uns der eindringliche und frische Chardonnay, die beiden vorgestellten Rotweine hingegen waren zu wuchtig, zu süß und unharmonisch.

Neue Kollektion

Die Rotweine gefallen uns in diesem Jahr wesentlich besser, zwar besitzen auch die Cuvée aus Cabernet und Tempranillo und der Saint Laurent wieder viel Wucht und Fülle, aber auch reife Kirschfrucht, Würze und Struktur. Gut gelungen ist auch wieder der reintönige „Feuerstein"-Sauvignon Blanc, unser Favorit in der aktuellen Kollektion ist aber der eindringliche Chardonnay, der feine Röstnoten und gute Länge besitzt. ◀

Weinbewertung

82   2012 Weißburgunder trocken „Bremer Ratskeller" Hainfelder Ordensgut **13 %/7,50 €**

82   2012 Sauvignon Blanc trocken „Bremer Ratskeller" Böchinger Rosenkranz **13 %/7,50 €**

86   2012 Sauvignon Blanc trocken „Feuerstein" **13 %/14,90 €**

84   2012 Grauburgunder trocken „Buntsandstein" **13 %/13,60 €**

83   2012 Weißburgunder trocken „Muschelkalk" **13 %/13,60 €**

87   2012 Chardonnay trocken „Pur Mineral" **13 %/18,50 €**

83   2012 Gelber Muskateller „feinherb" **12,5 %/9,80 €**

85   2010 Cabernet Sauvignon x Tempranillo trocken „Handschrift" **14,5 %/18,50 €**

84   2010 Saint Laurent trocken „Urgestein" **14,5 %/12,- €**

Lidy
Weingut   ★

Pfalz

Frankenburgstraße 6, 76833 Frankweiler
Tel. 06345-3472, Fax: 06345-5238
www.weingut-lidy.de
weingut-lidy@t-online.de
Besuchszeiten: Mo.-Fr. 9-12 + 13-17 Uhr

Inhaber............................Bertram Lidy
Rebfläche............................22 Hektar

Seit den fünfziger Jahren vermarktet die Familie Lidy ihre Weine selbst. Die Weinberge liegen in Frankweiler, wo die Reben auf Schichten von Kalkstein, blauem Keuper und Buntsandstein wachsen. Ein Drittel der Rebfläche ist mit Riesling bestockt, auf einem Drittel stehen rote Sorten (Spätburgunder, St. Laurent, Frühburgunder, Portugieser, Schwarzriesling und Dornfelder), auf einem weiteren Drittel andere weiße Rebsorten wie Silvaner, Weißburgunder, Grauburgunder, Chardonnay, Gewürztraminer, Rieslaner und Müller-Thurgau. 90 Prozent der Weine werden trocken ausgebaut. Seit dem Jahrgang 2012 wird bei den Weinen auf die Angabe der Prädikate verzichtet, das Sortiment wird nach den vier Metallen Kupfer (Basisweine), Silber (Gutsweine), Gold (Ortsweine) und Platin (Lagenweine) gegliedert.

Vorjahre

Vor zwei Jahren zeigten die beiden Spätburgunder Substanz und viel Kraft, waren aber etwas zu alkoholreich geraten, an der Spitze des Sortiments stand eine feine Beerenauslese. Im letzten Jahr bot die Kollektion ein gutes, gleichmäßiges Niveau, unser Favorit unter den Weißweinen war der saftige, stoffige und frische Weiße Burgunder, er lag gleichauf an der Spitze mit dem eindringlichen, etwas zu alkoholstarken Spätburgunder.

Neue Kollektion

In diesem Jahr stehen drei Weine aus der neuen Toplinie „Platina" an der Spitze der gleichmäßig guten Kollektion: Riesling, Grauburgunder und Weißburgunder besitzen viel Saft, Kraft und Fülle. ◀

Weinbewertung

84   2012 Sauvignon Blanc trocken „Aurum" **12,5 %/8,50 €**

85   2012 Grauburgunder trocken „Platina" Frankweiler Kalkgrube **14 %/9,40 €**

86   2012 Weißburgunder trocken „Platina" Frank-

weiler Kalkgrube **13,5 %/9,40 €**

85 2012 Riesling trocken „Platina" Frankweiler Kalkgrube **13 %/9,40 €**

83 2012 Gelber Muskateller „feinherb" „Aurum" **11 %/6,90 €**

84 2011 Spätburgunder Spätlese trocken „SC" Frankweiler Biengarten **13,5 %/9,80 €**

Liebfrauenstift
Weingut   **Rheinhessen**

★ ☆

Liebfrauenstift 20, 67547 Worms/Rhein
Tel. 06241-9111-19, Fax: 06241-9111-60
www.liebfrauenstift.com
weingut@liebfrauenstift.com
Besuchszeiten: Di.-Fr. 10-18 Uhr, Sa. 10-14 Uhr
(„Der Weinladen" am Weckerlingplatz)

Inhaber ..... Weinhandelshaus P.J. Valckenberg
Geschäftsführer .... Peter Bohn, Tilman Queins
Rebfläche .... 13,3 Hektar

1786 gründete Peter Joseph Valckenberg das noch heute existierende, gleichnamige Weinhandelshaus in Worms. 1808 erwarb er das Kapuzinerkloster und die historischen Weingärten um die Liebfrauenkirche. Nachdem die Weinberge lange Jahre vom Weingut Heyl zu Herrnsheim in Nierstein bewirtschaftet wurden, hat man wieder selbst die Regie übernommen und den Önologen Tilman Queins als Gutsverwalter eingesetzt. Nach seiner Paradelage benannte man 2009 das Weingut um, gab ihm den Namen Liebfrauenstift.

Vorjahre

Die 2010er Weine gefielen uns gut, waren frisch und klar. In der verschlankten 2011er Kollektion hatte der verhaltene Lagenwein knapp die Nase vorne.

Neue Kollektion

Die neue Kollektion nun gefällt uns in der Spitze wieder deutlich besser, bietet eine fruchtbetonte, würzige Auslese und einen eleganten Rieslingsekt mit feinen rauchigen Noten. Unser Favorit aber ist der trockene Spitzenwein, der fruchtbetont und reintönig ist, klar, frisch und zupackend bei guter Struktur. ◄█

Weinbewertung

85 2010 Riesling Sekt brut **13 %/14,50 €**

81 2012 Riesling trocken **12 %/8,50 €**

87 2012 Riesling trocken Liebfrauenstift-Kirchenstück **12,5 %/17,- €**

80 2012 Riesling „feinfruchtig" **10,5 %/8,50 €**

86 2012 Riesling Auslese Liebfrauenstift-Kirchenstück **8 %/24,50 €/0,375l**

Schloss **Lieser**
Weingut   **Mosel**

★★★★☆

Am Markt 1, 54470 Lieser
Tel. 06531-6431, Fax: 06531-1068
www.weingut-schloss-lieser.de
info@weingut-schloss-lieser.de
Besuchszeiten: nach Vereinbarung

Inhaber .... Thomas Haag
Rebfläche .... 12,5 Hektar

Das Weingut Schloss Lieser stammt aus dem Jahr 1904 und war bereits in der ersten Hälfte des 20. Jahrhunderts berühmt. Anfang der neunziger Jahre wurde es von Thomas Haag, dem Sohn von Wilhelm Haag (Weingut Fritz Haag in Brauneberg), übernommen. Thomas Haag baut ausschließlich Riesling an. Das Gros seiner Weinberge liegt in Lieser, vor allem in der Lage Niederberg-Helden, es werden aber auch Parzellen in der Brauneberger Juffer-Sonnenuhr und in anderen Lagen der Mittelmosel bewirtschaftet. Die Weine haben in den letzten Jahren deutlich an Charakter gewonnen, auch die trockenen Rieslinge konnten deutlich zulegen. Die typischen Spontangärnoten sind bei vielen Weinen immer

L

Die besten deutschen Weinerzeuger und ihre Weine

noch merkbar, aber nicht dominant. Im jugendlichen Stadium wirken einige der Auslesen oft recht süß – sie finden aber nach einigen Jahren zu einer faszinierenden Harmonie.

Vorjahre

Schon die faszinierend reintönigen, zupackenden Spätlesen waren 2010 hervorragend, dazu gab es mehrere faszinierend reintönige, frische Auslesen bis hin zur langen Goldkapsel, die beiden Beerenauslesen waren sehr jugendlich und brauchten noch etwas Zeit. Thomas Haag hatte im Jahrgang 2010 eine der großen edelsüßen Kollektionen des Jahrgangs in Deutschland! Und was für 2010 galt, galt auch für 2011: Eine großartige süße und edelsüße Kollektion von den Kabinettweinen über die Spätlesen bis hin zu einer faszinierenden Serie von Auslesen, auch mit Goldkapsel und Langen Goldkapseln – großes Kino, unsere Auszeichnung für die beste edelsüße Kollektion des Jahres in Deutschland ging an Thomas Haag. Aber auch die trockenen Rieslinge waren noch nie so gut wie 2011, angefangen vom feinen Gutsriesling über den zupackenden Kabinett und die kraftvolle Spätlese bis zu den beiden Großen Gewächsen.

Riesling trocken

Schon im vergangenen Jahr waren wir sehr zufrieden mit den trockenen Rieslingen von Thomas Haag, dieses Jahr bestätigen sie mit dem Jahrgang 2012 den sehr guten Eindruck, schon der Kabinett ist sehr gut, ist druckvoll und hat viel Biss wie auch die reintönige, zupackende Spätlese. Eindeutiges Highlight unter den trockenen Rieslingen ist das Große Gewächs Niederberg-Helden, ein faszinierend eindringlicher Wein, füllig und saftig, dabei stoffig und druckvoll, mit viel Substanz und Nachhall.

Riesling süß

Aber auch die süßen Rieslinge sind einmal mehr herausragend, die Kollektion ist wiederum eine der besten in Deutschland. Schon der Kabinett ist frisch und elegant, besitzt gute Struktur und Biss, die beiden Spätlesen sind faszinierend reintönig, frisch und klar, zupackend und lang, der Niederberg-Helden Wein enorm würzig, die Juffer-Sonnenuhr Spätlese war bei der Verkostung noch sehr vom Schwefel geprägt. Herrlich viel Frucht und Eleganz besitzt die Auslese Niederberg-Helden, ist faszinierend reintönig wie auch die Goldkapsel-Version, die wunderschön komplex und lang ist. Noch ein klein wenig faszinierender, noch etwas druckvoller finden wir die Goldkapsel Auslese aus der Sonnenuhr. Darüber gibt es auch 2012 wieder zwei lange Goldkapseln, die alle beide faszinierend reintönig sind, konzentriert, frisch und lang, komplex und nachhaltig. ◄

Weinbewertung

86	2012 Riesling Kabinett trocken	12 %/10,- €
87	2012 Riesling Spätlese trocken	12,5 %/15,50 €
91	2012 Riesling „GG" Niederberg-Helden 13 %/23,- €	
84	2012 Riesling	10,5 %/8,- €
86	2012 Riesling Kabinett Juffer	8 %/11,- €
89	2003 Riesling Spätlese Niederberg-Helden	
90	2012 Riesling Spätlese Niederberg-Helden 7,5 %/16,- €	
90	2012 Riesling Spätlese Juffer-Sonnenuhr 7 %/17,- €	
91	2012 Riesling Auslese Niederberg-Helden 7 %/23,- €	
92	2012 Riesling Auslese Goldkapsel Niederberg-Helden 7 %/18,- €/0,375l	
93	2012 Riesling Auslese Goldkapsel Juffer-Sonnenuhr 7 %/19,- €/0,375l	
94	2012 Riesling Auslese „Lange Goldkapsel" Niederberg-Helden 7,5 %/24,- €/0,375l	
94	2012 Riesling Auslese „Lange Goldkapsel" Juffer-Sonnenuhr 7 %/Verst./ 0,375l	

Lindenhof

Weingut ★★★

Nahe

Lindenhof, 55452 Windesheim
Tel. 06707-330, 06707-8310
www.weingutlindenhof.de
info@weingutlindenhof.de
Besuchszeiten: Mo.-Fr. 10-12 + 14-18 Uhr,
Sa. 10-12 + 14-16 Uhr und nach Vereinbarung

Inhaber . . . . Martin Reimann
Rebfläche . . . . 10 Hektar

Der Lindenhof ist seit über 100 Jahren in Familienbesitz und wird heute von Martin Reimann geführt. Er hat in den letzten Jahren geringere Lagen aufgegeben oder verpachtet und Weinberge in guten Lagen hinzugekauft. Seine Weinberge liegen in Windesheim (Fels, Römerberg, Rosenberg) und Schweppenhausen. Seinen Sortenspiegel hat er hin zu seiner Idealvorstellung – 50 Prozent Riesling und 50 Prozent Burgundersorten – angepasst, so dass er heute 45 Prozent Riesling und 45 Prozent Spät- und Weißburgunder in seinen Weinbergen stehen hat. Über 90 Prozent der Weine werden trocken ausgebaut.

Vorjahre

2010 präsentierten sich die beiden Goldkapsel-Weißburgunder in prächtiger Form, der Sekt gehörte zu den schönsten Sekten im Anbaugebiet. Botrytisprobleme gab es bei Martin Reimann nicht, so dass er auch 2010 mit langen Maischestandzeiten arbeiten konnte. Der 2009er Frühburgunder war kraftvoll und noch sehr jugendlich, noch besser aber hatte uns die Spätburgunder R-Selektion des Jahrgangs 2007 gefallen – gewaltig viel Rotwein! 2011 stellte Reimann erneut eine Kollektion auf gleichmäßig hohem Niveau vor: Die Rieslinge zeigten viel Fülle und Substanz, die beiden Weine aus dem Fels besaßen gute Länge, vor allem der „R" war enorm nachhaltig. Die beiden Goldkapsel-Weißburgunder waren kraftvoll und harmonisch und auch die beiden 2009er Spätburgunder setzten ganz auf Kraft und zeigten viel klare Frucht. An der Spitze der Kollektion stand eine herrlich eindringliche und reintönige Trockenbeerenauslese aus dem Römerberg.

Neue Kollektion

2012 hat Martin Reimann auf die Erzeugung edelsüßer Weine verzichtet, das trockene Sortiment überzeugt aber auch ohne solche Spitzen voll und ganz: Die beiden Goldkapsel-Weißburgunder besitzen Kraft, Schmelz und Fülle, die beiden Spätburgunder sind kraftvoll, besitzen gute Struktur und sind gekonnt im Holz ausgebaut. Die trockenen Rieslinge zeigen Saft und viel klare Frucht, mit einer Spur weniger Restzucker könnten sie allerdings noch etwas präziser sein, an der Spitze stehen wieder die beiden Weine aus dem Fels mit viel nachhaltiger, mineralischer Würze. Und auch der cremige Weißburgunder-Sekt macht viel Freude. ◄

Weinbewertung

87 2009 Weißburgunder Sekt brut 13 %/16,80 €
85 2012 Weißburgunder „S" trocken 13 %/9,20 €
87 2012 Weißburgunder „S" trocken „Goldkapsel" 13,5 %/14,50 €
88 2012 Weißburgunder „R" trocken „Goldkapsel" 14 %/19,50 €
84 2012 Riesling trocken 12,5 %/7,50 €
84 2012 Riesling trocken „Eleven" 11 %/8,50 €
85 2012 Riesling trocken „Grauschiefer" Schweppenhäuser Steyerberg 12,5 %/9,80 €
87 2012 Riesling trocken Windesheimer Fels 12,5 %/14,50 €
89 2012 Riesling „R" trocken Windesheimer Fels 12,5 %/21,50 €
83 2012 Riesling „feinherb" 11,5 %/7,50 €
85 2012 Riesling Spätlese 8,5 %/8,50 €
86 2011 Spätburgunder „S" trocken 14 %/12,80 €
88 2011 Spätburgunder „R" trocken Windesheimer Rosenberg 14,5 %/19,50 €

L

W. Löffler
Weingut

Baden

★

Fohrenbergstraße 43, 79219 Staufen-Wettelbrunn
Tel. *07633-6307,* **Fax** *07633-808994*
www.weingut-loeffler.de
info@weingut-loeffler.de
Besuchszeiten: *Mo.-Fr. 9-12 + 14:30-17 Uhr,*
Sa. 9-12 Uhr; Straußwirtschaft

Inhaber .... Wolfgang Löffler
Kellermeister ... Wolfgang und Andreas Löffler
Rebfläche .... 14 Hektar

Das 1988 gegründete Weingut zog 1994 in einen Neubau in Staufen-Wettelbrunn. 1996 erweiterte man den Betrieb um Keller, Flaschenlager und Veranstaltungsraum, 2009 wurde ein Holzfasskeller gebaut. Angebaut werden an den Hängen von Castell- und Fohrenberg vor allem Gutedel und Spätburgunder, aber auch Grauburgunder, Weißburgunder und Müller-Thurgau, sowie etwas Regent und Gewürztraminer. In der hauseigenen Brennerei werden Edelbrände und Liköre erzeugt.

Vorjahre
Die 2010er Weißweine waren frisch und klar, aber ein wenig verhaltener als ihre Vorgänger. So stammten die Highlights vor zwei Jahren aus dem Jahrgang 2009: Ein dicker süßer Eiswein, ein feiner Barrique-Chardonnay und ein üppiger Spätburgunder. Die 2011er Weißweine waren frisch, klar und fruchtbetont, von guter, sehr gleichmäßiger Qualität.

Neue Kollektion
Eine überzeugende, stimmige Kollektion präsentieren Wolfgang und Andreas Löffler in diesem Jahr. Besonders gut gefällt uns der wunderschön fruchtbetonte und frische Gutedel Kabinett, und dass man aus dieser Rebsorte auch edelsüße Weine erzeugen kann, stellt die würzige, zupackende Trockenbeerenauslese aus dem Jahrgang 2011 unter Beweis, die viel reife Frucht und Substanz besitzt. Weiter so! ◄━━

Weinbewertung
81	2012 Gutedel trocken	**11,5 %/5,- €**
85	2012 Gutedel Kabinett trocken	**10,5 %/5,50 €** ☺
83	2012 Weißburgunder Kabinett trocken	
	12 %/6,50 €	
83	2012 Grauburgunder Kabinett trocken	
	12 %/6,50 €	
88	2011 Gutedel Trockenbeerenauslese	
	9,5 %/22,50 €/0,5l	
83	2011 Spätburgunder Selection trocken	
	12,5 %/6,50 €	

Loersch
Weingut

Mosel

★★★

Tannenweg 11, 54340 Leiwen/Zummet
Tel. *06507-3229,* **Fax:** *06507-3205*
www.weingut-loersch.de, info@weingut-loersch.de
Besuchszeiten: *bei Anmeldung immer geöffnet*
Gästehaus

Inhaber .... Alexander Loersch
Rebfläche .... 5 Hektar

Alexander Loersch, gelernter Weinbautechniker, ist Mitglied im Verein der Leiwener Jungwinzer. Seit dem Jahr 2002 ist er im elterlichen Weingut für den Ausbau der Weine verantwortlich, inzwischen als Inhaber. Die Weinberge liegen in den Trittenheimer Lagen Apotheke und Altärchen, im Piesporter Goldtröpfchen und im Dhroner Hofberg. Neben Riesling (90 Prozent) wird Spätburgunder angebaut. Bei der Lese und beim Ausbau zieht Loersch alle Register. So dürfen die Trauben für die Spitzenweine eine Weile auf der Maische verbringen, werden dann spontanvergoren.

Vorjahre
2010 präsentierte sich geschlossen auf gutem Niveau, der Riesling „Devon-Terrassen" gefiel uns im trocken am besten, edelsüß glänzten Auslese und Beerenauslese. Die 2011er Kollektion war stark. Trocken gefiel uns der kraftvolle

Riesling von den Devon-Terrassen besonders gut, feinherb der von den Fels-Terrassen, schon die Kabinettweine überzeugten, trocken, feinherb und süß. Der süße Teil der Kollektion präsentierte sich stimmig auf hohem Niveau bis hin zur Trockenbeerenauslese.

Neue Kollektion

Eine vergleichbar starke Kollektion folgt nun 2012. Schon die Basisweine sind gut, der feinherbe Literriesling ist ein Schnäppchen wie auch die herrlich füllige, kraftvolle feinherbe Apotheke-Spätlese, noch kraft- und druckvoller ist die zweite feinherbe Spätlese aus den Felsterrassen. Aber auch die trockenen Weine überzeugen, der konzentrierte, würzige Vogelsang-Riesling gefällt uns besonders gut. Der süße Teil der Kollektion hat gleich drei saftige, feine Spätlesen aufzuweisen, eine konzentrierte Auslese mit viel Substanz und zwei faszinierend reintönige Eisweine, die beide viel Konzentration und herrlich viel Frucht besitzen, geradlinig und zupackend sind. ◀

Weinbewertung

84 2012 Riesling Kabinett trocken Trittenheimer Altärchen **11,5 %/7,80 €**

87 2012 Riesling Spätlese trocken „Vogelsang" Trittenheimer Apotheke **12,5 %/9,80 €**

84 2012 Riesling „feinherb einspunktnull" (1l) **11 %/6,- €** ☺

88 2012 Riesling Spätlese „feinherb Schieferhang" Trittenheimer Altärchen **11,5 %/9,80 €** ☺

89 2012 Riesling Spätlese „feinherb Fels-Terrassen" Trittenheimer Apotheke **12 %/14,80 €**

85 2012 Riesling Spätlese Trittenheimer Apotheke **8 %/8,80 €**

86 2012 Riesling Spätlese „Alte Reben" Trittenheimer Apotheke **7,5 %/14,80 €**

86 2012 Riesling Spätlese Piesporter Goldtröpfchen **8 %/8,80 €**

87 2012 Riesling Auslese „Alte Reben" Trittenheimer Apotheke **7 %/16,80 €/0,5l**

91 2012 Riesling Eiswein „12.12.12" Trittenheimer Altärchen **6 %/29,- €/0,375l**

92 2012 Riesling Eiswein „12.12.12 Exclusiv" Trittenheimer Altärchen **6 %/39,- €/0,375l**

Carl **Loewen**
Weingut

★★★★☆

Mosel

Matthiasstraße 30, 54340 Leiwen
Tel. 06507-3094, **Fax:** 06507-802332
www.weingut-loewen.de
mail@weingut-loewen.de
Besuchszeiten: *Mo.-Fr. nach Vereinbarung,*
Sa. 13-16 Uhr

Inhaber . . . . Karl Josef Loewen
Rebfläche . . . . 12 Hektar

Die Geschichte des Weinguts lässt sich auf die Zeit Napoleons zurückführen. Damals war ein Vorfahr von Karl Josef Loewen Verwalter des Detzemer Gutshofs der Benediktinerabtei St. Maximin. Mit der Säkularisation übernahm er Weinberge des Klosters in der Detzemer Maximiner Klosterlay. Darauf basiert das heutige Weingut Carl Loewen. 1982 wurden Weinberge in der Laurentiuslay erworben, 1995 ein Weinberg in der Thörnicher Ritsch. 2008 wurde das Weingut Carl Schmitt-Wagner in Longuich übernommen, womit Karl Josef Loewen, der heutige Besitzer, seinen Weinbergsbesitz noch einmal vergrößert hat. Seine großen Lagen sind Laurentiuslay (Grauschiefer), Maximin Herrenberg (Südlage, roter Schiefer), Ritsch (brüchiger Grauschiefer) und Maximiner Klosterlay (Blauschiefer), dazu besitzt er Weinberge im Leiwener Klostergarten (wo beispielsweise Varidor und „Alte Reben" herstammen) und im Pölicher Held. Neben Riesling baut er ein klein wenig Weißburgunder und Müller-Thurgau an. Inzwischen unterstützt Sohn Christopher seinen Vater im Betrieb.

Karl Josef Loewen hat sein Programm klar gegliedert. Es gibt Riesling im Liter, Blauschiefer, Quant (erstmals 2004 erzeugt), Varidor, „Neun" (ein bewusst alkoholarmer trockener Riesling) und den Riesling von (mindestens 50 Jahre) alten Reben im trockenen Segment. Dann folgen trockene Lagenweine: „Christopher's Wine" aus der Maximin Klosterlay, „Alte Reben" von über 90-jährigen wurzelechten Reben der Laurentiuslay, „Herrenberg 1896" von 1896 gepflanzten wurzelechten Reben und das Große Gewächs aus der Thörnicher Ritsch. Aus diesen Lagen erzeugt Karl Josef Loewen je nach Jahrgang auch süße und edelsüße Rieslinge, sowie hin und wieder Eisweine aus dem Klostergarten. Die Weine des 2008 übernommenen Weingutes Carl Schmitt-Wagner werden teilweise weiter unter diesem Namen vermarktet, aus über 100 Jahre alten wurzelechten Reben im Herrenberg werden Kabinett und Spätlese sowie gegebenenfalls eine Auslese angeboten. Alkoholarme, klassische Moselrieslinge will Karl Josef Loewen erzeugen. 12,5 Prozent Alkohol in trockenen Rieslingen ist für ihn das Maximum dessen, was Moselriesling braucht, angestrebt sind 11,5 bis 12 Volumenprozent. Alle Weine werden spontanvergoren.

Vorjahre

Schon seit der ersten Ausgabe zählen wir das Weingut Carl Loewen zu den Top-Betrieben an der Mosel. Schon damals fiel besonders auf, dass trockene und edelsüße Rieslinge gleichermaßen überzeugen. Dies gilt nach wie vor: Wie nur wenige andere Winzer an der Mosel zeigt Karl Josef Loewen hohes Niveau sowohl im trockenen als auch im restsüßen Segment, schon die Basisweine sind immer zuverlässig gut.

2010 präsentierte sich sehr homogen: Der Varidor entpuppte sich wie in den meisten Jahren als Schnäppchen, die trockenen Lagenweine waren von gleichmäßiger, sehr guter Qualität. Im edelsüßen Segment gefiel uns die lebhafte Ritsch-Auslese besser als die dickeren Auslesen aus dem Maximin Herrenberg oder die noch dickeren Spitzen, Beerenauslese und Eiswein. Klasse war auch 2011, angefangen beim Varidor, mit trockenen Spitzen (unser Favorit war das Große Gewächs Ritsch) und einer faszinierenden Reihe von süßen Rieslingen bis hin zu zwei konzentrierten, aber doch wunderschön reintönigen Beerenauslesen.

Riesling trocken

Eine klasse Kollektion folgt 2012. Beeindruckend gut ist wieder einmal der Varidor, herrlich frisch, klar und zupackend. Es folgen drei hervorragende Weine: Der Wein von alten Reben aus der Laurentiuslay ist frisch und kraftvoll, komplex, enorm lang und nachhaltig, das Große Gewächs aus der Ritsch besticht mit viel Konzentration und herrlich reintöniger Frucht im Bouquet, ist frisch, klar und saftig im Mund, besitzt viel reife Frucht, Substanz, Frische und Biss. Noch besser aber gefällt uns 2012 der Wein von den 1896 gepflanzten Reben im Herrenberg, der faszinierend füllig und komplex ist, reintönig und druckvoll, lang und nachhaltig.

Riesling feinherb

Den feinherben Reigen eröffnet der frische, zupackende Quant, es folgen der saftige, harmonische Riesling von alten Reben und der würzige Riesling aus der Klosterlay, der Fülle und reife süße Frucht besitzt. Vom 1896 gepflanzten Weinberg gibt es 2012 eine zweite, feinherbe Version, ein faszinierend konzentrierter, kraftvoller Wein, der dezent mineralische Noten und Nachhall besitzt, aber nicht ganz die Komplexität des trockenen Weines aufweist.

Riesling süß

Die Spätlese aus der Laurentiuslay ist wunderschön harmonisch, saftig und klar wie auch die Spätlese aus dem Herrenberg, mehr Konzentration und Kraft besitzt die Auslese aus der Ritsch, die frisch und saftig ist, wunderschön reintönig und zupackend. ◄━

Weinbewertung

87   2012 Riesling trocken „Varidor" **12 %/7,20 €** ☺

90   2012 Riesling trocken „Alte Reben" Laurentiuslay **12,5 %/13,- €** ☺

92   2012 Riesling trocken „1896 Alte Reben" Maximin Herrenberg **12,5 %/18,96 €** ☺

91   2012 Riesling „GG" Ritsch **12,5 %/20,- €**

85   2012 Riesling „Quant" **11,5 %/6,80 €**

L

88   2012 Riesling „Alte Reben"   **12,5 %/9,- €**
88   2012 Riesling Maximin Klosterlay   **12,5 %/10,50 €**
90   2012 Riesling „1896"   **12,5 %/40,- €**
88   2012 Riesling Spätlese Laurentiuslay   **9 %/10,50 €**
88   2012 Riesling Spätlese Maximin Herrenberg (Weingut Carl Schmitt-Wagner)   **8,5 %/11,- €**
90   2012 Riesling Auslese Ritsch   **8 %/16,- €**

★★☆

Fürst **Löwenstein**
Weingut   **Franken/Rheingau**

Schlosspark 5, 63924 Kleinheubach
Tel. *09371-9486600,* **Fax:** *09371-9486633*
www.loewenstein.de
weingut@loewenstein.de
Besuchszeiten: *Mo.-Fr. 10-12 + 13-18 Uhr, Sa. 10-15 Uhr*
Schlosshotel

Inhaber . . . . Dr. Stephanie Erbprinzessin
. . . . zu Löwenstein
Technischer Leiter . . . . Bastian Harndorf
Außenbetriebsleiter (Rhg) . . Henning Brömser
Außenbetriebsleiter (Fr) . . . . Daniel May
Rebfläche . . . . 19 Hektar

Das traditionsreiche Haus besitzt Weinberge in Franken, im benachbarten Tauberfranken und im Rheingau. 2009 wurde das Weingut komplett umstrukturiert und ist 2010 von Kreuzwertheim in den Fürstlichen Schlosspark nach Kleinheubach gezogen. Im Zuge dieser Umstrukturierung konzentriert man sich auf die Spitzenlagen, auf den unter Denkmalschutz gestellten Terrassenweinberg Kallmuth in Homburg, in dem der Boden von Buntsandstein zu Muschelkalk wechselt, und auf die Lagen Jungfer und Schönhell in Hallgarten. Im dem Kallmuth benachbarten Lengfurter Oberrot wechselt der obere Buntsandstein Röt zum unteren Muschelkalk; hier wird Spätburgunder angebaut. Wichtigste Rebsorten sind Silvaner und Riesling. Die beiden Spitzenweine aus dem

Homburger Kallmuth tragen die Bezeichnungen Asphodill (Silvaner) und Coronilla (Riesling). Nach dem Tod von Carl Friedrich Prinz zu Löwenstein hat seine Frau Erbprinzessin Stephanie zu Löwenstein die Leitung der Betriebe übernommen, Bastian Harndorf trägt inzwischen die Verantwortung im Keller.

Vorjahre ――――――――――――――
2010 gefiel uns Asphodill besser als Coronilla, die restliche Kollektion blieb hinter den Vorjahren zurück, auch der Riesling „Sophie Löwenstein". In der stimmigen letztjährigen Kollektion fanden wir wieder unsere „alten" Favoriten vom Jahr zuvor: Asphodill und Coronilla führten zusammen mit dem Frühburgunder aus dem Jahrgang 2006 die gute Kollektion an.

Neue Kollektion ――――――――――――
Die neue Kollektion gefällt uns gut, die Guts- und Kabinettsweine sind klar und frisch, zeigen sich leicht verbessert gegenüber den Vorjahren. Dazu gibt es zwei Neuerungen: Der Selektions-Silvaner aus dem Kallmuth ist reintönig, frisch und zupackend, besitzt gute Struktur und Biss; der „Dreiklang", eine Cuvée aus Riesling, Silvaner und Sauvignon Blanc, ist frisch, klar und druckvoll, besitzt Substanz und Kraft. ◄━

Weinbewertung ―――――――――――――
83   2012 Silvaner trocken „CF"   **11,5 %/7,50 €**
82   2012 Riesling trocken „CF" Rheingau   **12 %/7,50 €**
84   2012 Silvaner Kabinett trocken Homburger Kallmuth   **12,5 %/10,50 €**
84   2012 Riesling Kabinett trocken Homburger Kallmuth   **12 %/10,50 €**
83   2012 Riesling Kabinett trocken Hallgartener Jungfer   **12,5 %/,-9 €**
87   2012 Silvaner trocken Selektion   **13 %/14,90 €**
88   2012 „Dreiklang" trocken Kallmuth   **12,5 %/14,90 €**
81   2012 Riesling Kabinett „feinherb" Hallgartener Schönhell   **12 %/9,- €**

L

Die besten deutschen Weinerzeuger und ihre Weine

Dr. **Loosen**
Weingut

Mosel

St. Johannishof, 54470 Bernkastel-Kues
Tel. 06531-3426, **Fax:** 06531-4248
www.drloosen.de
vertrieb@drloosen.de
Besuchszeiten: nach Vereinbarung

Inhaber . . . . Ernst F. Loosen
Rebfläche . . . . 22 Hektar

Das Weingut Dr. Loosen gehört zu den bekanntesten Betrieben an der Mittelmosel. Besitzer Ernst Loosen, der das Weingut von seinem Vater übernahm, hat sich vor allem im angelsächsischen Raum einen großen Bekanntheitsgrad erworben – den er auch seinem eloquenten Auftreten verdankt. Die Weinberge von Ernst Loosen sind überwiegend mit wurzelechten Reben bepflanzt, deren durchschnittliches Alter etwa 60 Jahre beträgt. Er besitzt Weinberge in besten Lagen von Erden (Prälat, Treppchen), Ürzig (Würzgarten, mit teilweise 100 Jahre alten Reben), Wehlen (Sonnenuhr), Graach (Himmelreich) und Bernkastel (Lay). Für seine trockenen Weine verwendet er keine Prädikatsbezeichnungen mehr, allerdings erzeugt Ernst Loosen mittlerweile Große Gewächse nach Vorgabe des VDP – und wenn er den Begriff „Alte Reben" auf seine Etiketten setzt, dann sind die Reben tatsächlich sehr alt! Unterstützt wird Loosen vom langjährigen Kellermeister Bernhard Schug, der für eine langsame Vergärung der Rieslinge und die typischen klaren, eleganten Weine mit eher kühler Frucht sorgt. Auch im Ausland ist Ernst Loosen inzwischen als Weinmacher gefragt: In Washington erzeugt er zusammen mit Chateau Ste. Michelle einen „Eroica" genannten Riesling in großer Stückzahl, in Oregon hat er ein eigenes Weingut gegründet, das sich auf Pinot Noir (und etwas Sauvignon Blanc) spezialisiert. Das Weingut ist traditionell stark im Export, allerdings konzentriert man sich inzwischen wieder stärker auf den deutschen Markt, der mittlerweile komplett von Bernkastel aus betreut wird.

Vorjahre

2010 waren die Basisweine jahrgangsbedingt schwächer, unter den Großen Gewächsen gefiel uns der Wein aus dem Treppchen am besten. 2011 präsentierte sich wie in den letzten Jahren mit unkomplizierten Gutsweinen und nun gleich fünf Großen Gewächsen: Allen gemeinsam ist die deutliche Restsüße, es sind füllige, teils cremige Rieslinge mit guter Substanz aber etwas zu wenig Präzision und Länge; unser Favorit war der Wein aus dem Prälat.

Neue Kollektion

Die neue Kollektion gefällt uns sehr gut, die Basisweine sind klar und frisch, die Großen Gewächse haben deutlich zugelegt, unterscheiden sich klar von einander: Himmelreich (weich, süß), Würzgarten (süß, aber zupackend und druckvoll), Treppchen (klar, harmonisch), Sonnenuhr (klar, harmonisch und strukturiert), am besten gefällt uns der geschliffene Prälat, der komplex und enorm druckvoll ist. Im süßen Segment gefallen uns Treppchen-Kabinett und Würzgarten-Spätlese sehr gut, eindeutiges Highlight aber ist die Goldkapsel-Auslese aus dem Prälat, die viel Konzentration und viel Duft im Bouquet zeigt, zupackend im Mund ist, jugendlich und druckvoll bei enorm viel Biss. ◄

Weinbewertung

83	2012 Riesling trocken „Blauschiefer"
84	2012 Riesling trocken Graacher
87	2012 Riesling „GG" Himmelreich
89	2012 Riesling „GG" Sonnenuhr
89	2012 Riesling „GG" Würzgarten
89	2012 Riesling „GG" Treppchen
90	2012 Riesling „GG" Prälat
83	2012 Riesling „Satyricus"
85	2012 Riesling Kabinett Treppchen
87	2012 Riesling Spätlese Würzgarten
91	2003 Riesling Auslese Bernkasteler Lay
91	2012 Riesling Auslese Goldkapsel Prälat

Theo **Loosen** ★

Weingut   **Mosel**

Mittelstraße 12, 56818 Klotten
Tel. *02671-7501,* **Fax**: *02671-4839*
www.weingut-loosen.de
weingut-loosen@t-online.de
Besuchszeiten: *ganzjährig 9-18 Uhr, am liebsten
nach Vereinbarung*
Gästezimmer

Inhaber .... Familien Theo & Hans-Theo Loosen
Rebfläche .... 5,5 Hektar

Der Betrieb in Klotten versteht sich ausdrücklich als Ferienweingut. Senior Theo und Junior Hans-Theo Loosen bewirtschaften gemeinsam ihre Reben in Klotten – vor allem Riesling (70 Prozent), aber auch Weißburgunder, Müller-Thurgau, Dornfelder und Spätburgunder. Die Rieslinge werden teilweise mit den natürlichen Hefen vergoren. 2011 wurde die neue Vinothek fertig gestellt; 2013 wurde durch Zukauf und Neuanlage von Querterrassen die Rebfläche ein wenig vergrößert.

Vorjahre

2010 blieb jahrgangsbedingt hinter den Vorjahren zurück, bot geradlinige, frische Weine, trocken wie süß. 2011 waren die Weine geradlinig, die mit Restsüße gefielen uns ein wenig besser als die trockenen, vor allem der Riesling „Finesse", aber auch Ehrenfelser und Auslese konnten punkten.

Neue Kollektion

Der Jahrgang 2012 präsentiert sich sehr gleichmäßig, trocken wie süß. Wir präferieren ganz leicht die trockene Spätlese aus dem Brauneberg, die gute Konzentration und feine Würze und Frucht im Bouquet zeigt, klar und zupackend im Mund ist. ◀

Weinbewertung

81   2012 Riesling Hochgewächs trocken „Grauschiefer"   **12,5 %/6,50 €**

84   2012 Riesling Spätlese trocken Klottener Brau-

neberg   **12,5 %/8,- €**

80   2012 Riesling Hochgewächs halbtrocken „Grauschiefer"   **11,5 %/6,- €**

83   2012 Riesling „Finesse" Klottener Brauneberg
     11,5 %/8,- €

83   2012 Ehrenfelser Spätlese Klottener Burg Coraidelstein   **8 %/8,50 €**

82   2012 Riesling Spätlese Klottener Burg Coraidelstein   **8 %/8,50 €**

Thomas **Lorch** ★

Weingut Westerheymer Hof   **Rheinhessen**

In der Hüttstädt, 55294 Bodenheim
Tel. *06135-5404,* **Fax**: *06135-80105*
www.westerheymer-hof.de
info@thomaslorch.de
Besuchszeiten: *nach Vereinbarung*

Inhaber .... Thomas Lorch
Rebfläche .... 9 Hektar

In den achtziger Jahren wurde das Weingut inmitten der Bodenheimer Weinberge neu errichtet, 1992 hat es Thomas Lorch von seinen Eltern übernommen. Fast die Hälfte seiner Weinberge ist mit roten Sorten bestockt: Spätburgunder, Portugieser, Merlot, Cabernet Sauvignon, Dornfelder und Regent. An weißen Rebsorten gibt es Riesling, Grauburgunder, Weißburgunder, Chardonnay, Silvaner und Müller-Thurgau, dazu etwas Gewürztraminer und Scheurebe. Die Weinberge befinden sich in Ingelheim, Laubenheim, Bodenheim, Nackenheim und Nierstein.

Vorjahre

Schon in unserer ersten Ausgabe waren Thomas Lorch und sein Westerheymer Hof vertreten, und seitdem bietet das Weingut Jahr für Jahr zuverlässige Kollektionen, manchmal mit leichten Vorteilen im roten Segment. 2010 war jahrgangsbedingt ein klein wenig schwächer. Die letztjährige Kollektion war zuverläs-

Die besten deutschen Weinerzeuger und ihre Weine

sig wie gehabt, alle Weine waren klar und frisch, die 2010er Cuvée aus Merlot und Cabernet Sauvignon gefiel uns sehr gut.

Neue Kollektion

Die neue Kollektion bleibt etwas dahinter zurück, lediglich der Merlot und der süße 5-Sterne-Riesling präsentieren sich in Normalform. ◄━

Weinbewertung

78* 2011 Weißburgunder trocken **12,5 %/4,50 €**
79 2011 Grauburgunder trocken **13 %/4,50 €**
80 2012 Chardonnay „S" trocken **12,5 %/5,40 €**
81 2012 Riesling „S" „feinherb" **12 %/5,40 €**
83 2012 Riesling „S" ***** **9 %/7,50 €**
83 2011 Merlot trocken **13,5 %/6,80 €**

Lorenz ★★

Weingut
Mosel

Neustraße 6, 54340 Detzem
Tel. *06507-3802,* **Fax:** *06507-4830*
www.lorenz-weine.com
info@lorenz-weine.com
Besuchszeiten: *Sa. 10-16 Uhr oder nach Vereinbarung*
Weinraum, Ferienwohnungen

Inhaber...........................Tobias Lorenz
Rebfläche...............................8 Hektar

Am 1. Juli 2013 hat Tobias Lorenz den Betrieb von seinem Vater Nikolaus übernommen. Tobias Lorenz hatte nach seiner Winzerlehre bei Van Volxem 2010 seine Technikerausbildung in Weinsberg abgeschlossen, war seither im Betrieb tätig. Er baut neben Riesling (85 Prozent der Anbaufläche) auch ein wenig Weißburgunder, Spätburgunder, Müller-Thurgau und Chardonnay an. Seine Weinberge liegen in Detzem (Würzgarten, Maximiner Klosterlay), Thörnich (Ritsch), Pölich (Held) und Trittenheim (Apotheke, Altärchen). Die Kernlage, Detzemer Maximiner Klosterlay, besteht aus Grauschiefer gemischt mit Quarzit. Die Spit-

zenweine sollen zukünftig aus Parzellen mit alten Reben in der Lage Kronenberg im Pölicher Held und der Lage Bergwingert im Thörnicher Ritsch kommen. Die Weine werden teils im Edelstahl, teils im Holzfass ausgebaut. Man setzt zuletzt wieder verstärkt auf klassische Fuderfässer, in denen vor allem die Lagenweine ausgebaut werden, spontanvergoren und mit langem Hefelager. 80 Prozent der Weine werden trocken oder halbtrocken ausgebaut. Dem Weingut ist eine Brennerei angegliedert, in der Trester- und Obstbrände hergestellt werden.

Vorjahre

2010 gefiel uns gut, vor allem die beiden „großen Steillagenweine"; aber auch die „feinherbe" Spätlese war sehr gut, ebenso der feine Chardonnay-Sekt. Sehr stimmig war die letztjährige Kollektion, brachte klare, fruchtbetonte Weine, trocken wie süß, wobei die süßen Rieslinge ganz leicht die Nase vorne hatten mit Spätlese Klosterlay und Auslese Ritsch.

Neue Kollektion

Die neue Kollektion überzeugt, zeigt eine feine Stilistik, alle Weine sind klar und zupackend, schon der Literriesling bereitet viel Freude. Die Lagencuvée „zusammensein" ist reintönig und strukturiert, die feinherbe Spätlese aus der Klosterlay füllig und zupackend, am besten aber gefällt uns der Riesling von alten Reben aus der Parzelle Kronenberg, der gute Konzentration besitzt, reife Frucht, gute Substanz, schön Frische und Kraft vereint. ◄━

Weinbewertung

82 2012 Riesling trocken (1l) **11,5 %/5,60 €**
83 2012 Riesling trocken Detzemer **12 %/5,80 €**
83 2012 Riesling Kabinett trocken Detzemer Maximiner Klosterlay **11,5 %/6,80 €**
85 2012 Riesling trocken „zusammensein" **12 %/8,- €**
87 2012 Riesling „Alte Reben Kronenberg" Pölicher Held **11,5 %/11,- €**
84 2012 Riesling Kabinett „feinherb" „Blauschiefer" **11 %/6,80 €**
85 2012 Riesling Spätlese „feinherb" Detzemer Maximiner Klosterlay **11 %/8,- €**

Lorenz
Bioweingut

★★

Rheinhessen

 Gaustraße 28, 55278 Friesenheim
Tel. 06737-9703, *Fax:* 06737-1448
www.weingut-lorenz.de
info@weingut-lorenz.de
Besuchszeiten: Sa. 9-12 + 13-17 Uhr, werktags nach
Vereinbarung
Gästehaus (7 Doppelzimmer)

Inhaber .... Wendelin und Johannes Lorenz
Rebfläche .... 15 Hektar

Das Bioweingut Lorenz, Mitglied bei Ecovin, wird heute von Wendelin Lorenz und Sohn Johannes, Geisenheim-Absolvent, geführt. Ihre Weinberge liegen rund um Friesenheim, im Windschatten des Petersbergs. Die Reben wachsen hier teils auf tiefgründigen Löss- und Lehmböden, teils auf kalkreichen Ton-Mergelböden. Sie bauen Riesling an, Weißburgunder, Chardonnay, Müller-Thurgau, Huxelrebe und Scheurebe, sowie an roten Sorten Dornfelder, Regent, Cabernet Sauvignon und St. Laurent. Die Weine werden spontan vergoren, lagern bis Ende März auf der Feinhefe.

Vorjahre

Vor zwei Jahren war die Kollektion sehr gleichmäßig, am besten gefiel uns die Huxelrebe Beerenauslese, aber auch die trockenen Weine waren alle klar und kraftvoll, die Rotweine sehr eigenständig. Auch die letztjährige Kollektion war stimmig, bot kraftvolle, geradlinige trockene Weißweine, edelsüß aber gefiel uns 2011 besser, die schmeichelnde Huxelrebe Auslese zum Beispiel, noch faszinierender aber war die Trockenbeerenauslese; rot gefiel uns der Kraftwerk genannte Portugieser besonders gut.

Neue Kollektion

Die in diesem Jahr erneut vorgestellten 2010er Rotweine bestätigen den Eindruck des Vorjahres. Die Weißweine sind fruchtbetont und klar, Weißburgunder und Scheurebe be-

reiten Freude, am besten gefällt uns die sehr sortentypische Huxelrebe Auslese. ◄━

Weinbewertung

84   2012 Weißburgunder „Kalkmergel"   **13 %/8,- €**
81   2012 Chardonnay „Kalkfels"   **12,5 %/8,- €**
84   2012 Scheurebe   **7,5 %/8,- €**
86   2012 Huxelrebe Auslese   **7,5 %/8,- €**
81   2012 Rosé   **11,5 %/7,50 €**
83   2010 „Urschrei" Rotwein   **13 %/8,- €**
86   2010 „Zensiert" (Kraftwerk) Rotwein   **13 %/11,- €**

Lubentiushof
Weingut Andreas Barth

★★★★

Mosel

Kehrstraße 16, 56332 Niederfell
Tel. 02607-8135, *Fax:* 02607-8425
www.lubentiushof.de
info@lubentiushof.de
Besuchszeiten: nach Vereinbarung

Inhaber .... Andreas Barth
Rebfläche .... 4,9 Hektar

Andreas Barth ist Quereinsteiger: Er hat Jura studiert und dann 1994 den Lubentiushof übernommen, seit Jahren ist er auch im Saar-Weingut von Othegraven für die Vinifikation zuständig. Der Lubentiushof bestand zum damaligen Zeitpunkt aus einem alten Betriebsgebäude und 2,5 Hektar Weinbergen. Seitdem hat Andreas Barth die Rebfläche nach und nach ausgeweitet. Seine Weinberge, darunter solche mit 70 bis 90 Jahre alten Reben, liegen in Gondorf, Kobern, Niederfell und Dieblich. Von der 3 Hektar großen Lage Gondorfer Gäns gehören ihm 2,5 Hektar. Dort hat er alte Terrassen wieder neu errichtet und bepflanzt. Neben Riesling baut er ein klein wenig Spätburgunder an. 80 Prozent seiner Weine baut er trocken aus. Alle Weine werden mit den natürlichen Hefen sehr langsam vergoren, ohne Schönung und mit nur einer Filtration sehr spät auf die Flasche gefüllt.

L

Die besten deutschen Weinerzeuger und ihre Weine

L

Vorjahre

2010 hatte Andreas Barth einen prächtigen Riesling von alten Reben, die Beerenauslese war wunderschön reintönig, auch Riesling „von der Leyen" und Kabinett bereiteten Freude. Eine kleine, aber ganz feine Kollektion präsentierte Andreas Barth mit dem Jahrgang 2011: Schon der Riesling „von der Leyen" war kraftvoll und klar, der trockene Riesling Gondorfer Gäns fülliger, kraftvoller, bestach mit seiner reintönigen Frucht. Mit dem „X" war Andreas Barth ein großer Wurf gelungen: Was für ein faszinierender Wein! Da konnten die beiden Rieslinge von alten Reben, beide halbtrocken ausgebaut, nicht ganz mithalten, obwohl sie ebenfalls beeindruckten. Last but not least zeigte Andreas Barth mit der Spätlese, dass er auch „süß" kann.

Neue Kollektion

2012 gibt es neu den frischen, zupackenden Spontan-Riesling, der „von der Leyen" ist kraft- und druckvoller. Auch der Gäns ist frisch und präzise, die X-Variante besitzt etwas mehr Kraft und Druck, wirkt aber durch die kräftige Säure deutlich schlanker als 2011, ist noch sehr jugendlich. Die beiden Alte Reben-Weine sind konzentriert und reintönig, füllig und saftig, besitzen reife Frucht und gute Substanz, der Gäns-Wein ist ein klein wenig komplexer und länger als der Wein aus dem Uhlen. ◄━

Weinbewertung

85   2012 Riesling trocken „Spontan"   **11,5 %/9,80 €**
87   2012 Riesling trocken „von der Leyen"
     12 %/10,50 €
87   2012 Riesling trocken Gondorfer Gäns
     12,5 %/15,- €
89   2012 Riesling trocken „X" Gondorfer Gäns
     13 %/26,- €
87   2012 Riesling Kabinett („feinherb") Gondorfer Gäns   **10,5 %/10,50 €**
88   2012 Riesling „Alte Reben" Koberner Uhlen
     12 %/17,- €
89   2012 Riesling „Alte Reben" Gondorfer Gäns
     12 %/19,- €

Lucashof
Weingut   **Pfalz**

Wiesenweg 1a, 67147 Forst
Tel. 06326-336, **Fax:** 06326-5794
www.lucashof.de
weingut@lucashof.de
Besuchszeiten: *Mo.-Fr. 8-12 + 13-18 Uhr,*
Sa. 8-16 Uhr, So. 10-12 Uhr
Landhotel (7 Doppelzimmer)

Inhaber . . . . Klaus Lucas
Rebfläche . . . . 23 Hektar

Anfang der 60er Jahre wurde der Lucashof gegründet, heute führen Klaus Lucas und Ehefrau Christine das Weingut und das angeschlossene Landhotel. Bruder Hans Lucas ist für die Weinberge verantwortlich. Neben Weinbergen in den Forster Lagen Ungeheuer, Pechstein, Musenhang, Elster, Bischofsgarten und Stift besitzt die Familie Lucas auch Reben im Deidesheimer Herrgottsacker. 90 Prozent der Weinberge sind mit Riesling bepflanzt. Die Trauben werden schonend gepresst, langsam vergoren und dann in Edelstahltanks oder Holzfässern ausgebaut.

Vorjahre

Seit der ersten Ausgabe empfehlen wir die Weine von Klaus Lucas, seine Kollektionen sind immer höchst zuverlässig. Im trockenen Segment ragen meist die Spätlesen aus Ungeheuer und Pechstein hervor. Wie nur wenige andere Weingüter in der Pfalz wartet der Lucashof in den meisten Jahren aber auch mit edelsüßen Rieslingen auf, die immer wunderschön reintönig und elegant sind. Vor zwei Jahren waren die Kabinettweine herrlich saftig und frisch. Gute Säurestruktur, hohe Extrakte und dadurch kräftige Mineralität schufen auch bei den Spätlesen ein harmonisches Gegengewicht zu den relativ hohen Restzuckergehalten. Im vergangenen Jahr verkosteten wir wieder eine sehr gute Kollektion. Klaus Lucas blieb sich treu – hohe Restzuckergehalte bei den Rieslingen vertragen sich gut mit der straffen Säure. Die beiden Spätlesen waren elegant, dicht und nachhaltig. Sehr gut waren auch die beiden Weißburgunder und der Chardonnay, hervorragend war die Beerenauslese vom Riesling, sehr gut der Frühburgunder.

Neue Kollektion

In diesem Jahr wird die sehr gute Kollektion überragt von der großartigen Riesling Spätlese aus dem Pechstein. Der Wein ist konzentriert, harmonisch und entwickelt viel Druck. Von stoffiger Eleganz ist die Spätlese aus dem Ungeheuer geprägt. Die fünf Kabinett-Rieslinge sind schlank und fokussiert, das Ungeheuer zeigt am meisten Dichte – eine sehr gute Kollektion! Sehr gut gefallen hat uns auch ein dichter Weißburgunder alter Schule, ohne Holz, mit viel Schmelz. Auch der süße Rieslaner konnte mit Klarheit und Grapefruit-Aroma punkten. ◄

Weinbewertung

87	2012 Weißburgunder trocken „SL"	13 %/13,- €
85	2012 Riesling Kabinett trocken Wachenheimer Luginsland	12 %/7,50 €
85	2012 Riesling Kabinett trocken Forster Musenhang	12,5 %/8,20 €
85	2012 Riesling Kabinett trocken Deidesheimer Herrgottsacker	12 %/7,80 €
86	2012 Riesling Kabinett trocken Forster Ungeheuer	12,5 %/8,50 €
89	2012 Riesling trocken Forster Pechstein „SL"	13,5 %/15,- €
88	2012 Riesling trocken Forster Ungeheuer „SL"	13 %/15,- €
85	2012 Grauburgunder trocken	12,5 %/7,90 €
85	2012 Chardonnay trocken	12 %/7,50 €
85	2012 Weißburgunder trocken	12 %/7,30 €
82	2012 Riesling trocken Forster	11,5 %/6,- €
85	2012 Riesling Kabinett trocken Wachenheimer Goldbächel	12 %/8,- €
83	2012 Scheurebe trocken	12 %/7,- €
83	2012 „Blanc de Noir" trocken	12 %/7,30 €
86	2012 Rieslaner Spätlese	10,5 %/10,- €

★★

Gebr. **Ludwig**
Weingut   **Mosel**

Im Bungert 10, 54340 Thörnich
Tel. 06507-3760, **Fax:** 06507-4677
www.gebruederludwig.de
info@gebruederludwig.de
Besuchszeiten: nach Vereinbarung

Inhaber . . . . Thomas Ludwig
Rebfläche . . . . 8 Hektar

Seit 1628 betreibt die Familie Ludwig Weinbau in Thörnich. Seit 2005 wird das Gut von Meike und Thomas Ludwig geführt. Ihre Weinberge liegen in den Thörnicher Lagen Ritsch (einer steilen, reinen Südlage, in der ausschließlich Riesling steht) und Schießlay (wo neben Riesling auch Müller-Thurgau und Burgundersorten angebaut werden), sowie in der Klüsserather Bruderschaft, wo die Reben auf etwas tiefgründigeren Schieferböden stehen als in der Thörnicher Ritsch. Riesling (mit bis zu 100 Jahre alten Reben) nimmt 80 Prozent der Rebfläche ein, hinzu kommen Müller-Thurgau, Weißburgunder, Grauburgunder, Sauvignon Blanc, St. Laurent und Frühburgunder.

Vorjahre

2010 überzeugte Thomas Ludwig mit einer guten, sehr gleichmäßigen Kollektion, wobei die edelsüßen Rieslinge keine Steigerung darstellten gegenüber den reintönigen, kraftvollen trockenen und „feinherben" Weinen. 2011 brachte eine sehr konsistente Kollektion, der füllige Weißburgunder überzeugte, ebenso das Große Gewächs, feinherb gefiel uns einmal mehr der Terrassen-Riesling am besten, und edelsüß wurde für jedermann etwas geboten bis hin zur Trockenbeerenauslese.

Neue Kollektion

Die neue Kollektion ist sehr gleichmäßig ohne aber in der Spitze die Vorjahre zu erreichen. Der Ritsch-Riesling gefällt uns am be-

L

Die besten deutschen Weinerzeuger und ihre Weine

Lückel

sten, zeigt reintönige Frucht im Bouquet, ist kraftvoll, klar und zupackend im Mund bei guter Struktur. ◄━

Weinbewertung

83 2010 Riesling Sekt brut **12,5 %/11,- €**

80 2012 Riesling trocken (1l) **12 %/5,50 €**

83 2012 Riesling trocken Thörnicher **12 %/7,- €**

82 2012 Weißburgunder trocken **12,5 %/8,50 €**

80 2012 Grauburgunder trocken **12 %/8,50 €**

82 2012 Sauvignon Blanc trocken **12 %/8,50 €**

86 2012 Riesling trocken „Ritsch" Thörnicher Ritsch **12 %/10,- €**

81 2012 Riesling „feinherb" Thörnicher **11 %/7,- €**

84 2012 Riesling „feinherb Terrassen" Thörnicher Ritsch **11,5 %/14,50 €**

80 2012 Riesling Kabinett Thörnicher Ritsch **7,- €**

81 2012 Riesling Spätlese Thörnicher Ritsch **7,5 %/10,- €**

81 2011 St. Laurent trocken **12,5 %/8,50 €**

den Jahrgängen 2012 und 2011 enthält, letzterer maischevergoren. Er zeigt reife Frucht und Vanillenoten im Bouquet, ist füllig und harmonisch im Mund bei viel Substanz. Auch die jeweils zwölf Monate im Barrique ausgebauten Rotweine präsentieren sich sehr eigenständig, der Dornfelder frisch, klar und zupackend bei guter Struktur, der Cabertin enorm würzig und kraftvoll bei viel reifer Frucht. ◄━

Weinbewertung

80 2012 Gutedel Kabinett trocken **10 %/9,- €**

81 2012 „Blanc de Noirs" trocken **12 %/9,50 €**

86 Silvaner Spätlese trocken Barrique **12,5 %/12,- €**

83 2012 Riesling Spätlese **12 %/9,50 €**

83 2011 Dornfelder Spätlese trocken Barrique **12 %/11,- €/0,5l**

84 2011 Cabertin Auslese trocken Barrique **14 %/12,- €/0,5l**

Familie **Lückel**
Weingut

Saale-Unstrut ★

◆ *Schlossstraße 21, 06632 Freyburg*

Tel. *034464-359160,* **Fax:** *034464-359162*

www.weingut-lueckel.de

info@weingut-lueckel.de

Besuchszeiten: *nach Vereinbarung*

Inhaber .... Andrea und Jörg Lückel

Rebfläche .... 0,8 Hektar

Den Grundstein des Weingutes legten Andrea und Jörg Lückel mit der Rodung und Bepflanzung einer Steillage in der weinhistorischen Lage Haldecke in Freyburg (heute Freyburger Edelacker). Inzwischen kam ein weiterer Weinberg mit Steilterrassen im Naumburger Steinmeister hinzu.

Kollektion

Ein viel versprechendes Debüt ist dies mit eigenständigen Weinen, allen voran der im Barrique ausgebaute Silvaner, der Wein aus

---

Lütz
Weingut

Mosel ★

◆ *Bahnhofstraße 40, 56862 Pünderich*

Tel. *06542-969518,* **Fax:** *06542-961493*

www.weingut-luetz.de

info@weingut-luetz.de

Besuchszeiten: *8-12 + 13-18 Uhr oder nach Vereinbarung*

Ferienwohnungen, Gästezimmer

Inhaber .... Jörg Lütz

Rebfläche .... 4,8 Hektar

Das Pündericher Familienweingut wird heute von Jörg Lütz und seiner Lebensgefährtin Anita Keller geleitet. Die Hälfte ihrer Weinberge liegt im Steilhang, wo fast ausschließlich Riesling angebaut wird. Neben Riesling, der 60 Prozent der Weinberge einnimmt, gibt es Spätburgunder, Dornfelder, Müller-Thurgau und Weißburgunder. Die Weine werden spontanvergoren und lange auf der Feinhefe ausgebaut. Zwei Drittel der Weine wird im Edelstahl, ein Drittel im Holz ausgebaut.

Neue Kollektion

Eine stimmige Kollektion mit fruchtbetonten, klaren, saftigen Weinen präsentiert Jörg Lütz zum Debüt in diesem Buch. Die süße Spätlese ist reintönig und elegant, die trockene Spätlese aus dem Nonnengarten frisch und zupackend, am besten aber gefällt uns die trockene Spätlese aus der Marienburg, die Fülle und Kraft besitzt, gute Struktur, Druck und Länge. ◄

Weinbewertung

83 2012 Weißburgunder „Private Reserve" Pündericher Marienburg **13 %/7,50 €**

82 2012 Riesling Kabinett trocken „Private Reserve" Pündericher Marienburg **12,5 %/6,50 €**

84 2012 Riesling Spätlese trocken Pündericher Nonnengarten **12,5 %/7,- €**

86 2012 Riesling Spätlese trocken „Private Reserve" Pündericher Marienburg **13 %/8,- €**

82 2012 Riesling Hochgewächs „feinherb Classis Nohr" **12 %/5,70 €**

85 2012 Riesling Spätlese Pündericher Marienburg **9 %/7,80 €**

Vorjahre

Der Cabernet Sauvignon gefiel uns vor zwei Jahren gut, noch besser die trockene Riesling Auslese aus dem Geyersberg. Die letztjährige Kollektion präsentierte sich geschlossen auf gutem Niveau, weiß wie rot.

Neue Kollektion

Aus der gleichmäßigen, aber doch recht verhaltenen Kollektion ragen die stoffige, jugendliche Riesling Zero und der Spätburgunder aus dem Geyersberg hervor, der klar und fruchtbetont ist, gute Struktur, Substanz und Frische besitzt. ◄

Weinbewertung

80 2012 Riesling Kabinett trocken **13 %/5,10 €**

80 2012 Weißburgunder trocken „Edition" Bechtheimer **13,5 %/6,40 €**

80 2012 Grauburgunder trocken „Edition" Bechtheimer Geyersberg **14 %/6,40 €**

85 2012 Riesling Auslese trocken „Zero Gold Edition" Bechtheimer Geyersberg **14 %**

78 2012 Spätburgunder „Blanc de Noir" „Edition" Bechtheimer **13,5 %/6,40 €**

85 2009 Spätburgunder trocken „B" Bechtheimer Geyersberg **14,5 %/14,90 €**

79 2011 Cabernet Sauvignon trocken „Edition" Bechtheimer **14 %/7,20 €**

G&M **Machmer**

Weingut

Rheinhessen

Im Rosengarten, 67595 Bechtheim
Tel. *06242-915717,* **Fax**: *06242-915718*
www.weingut-machmer.de
mail@weingut-machmer.de
Besuchszeiten: *Mo.-Fr. 9-12 + 13-18 Uhr, Sa. 9-16 Uhr*

Inhaber .... Markus Machmer
Rebfläche .... 31 Hektar

Die Familie Machmer baut seit Generationen Wein in Bechtheim an. 24 verschiedene Rebsorten gibt es, vor allem Riesling, Kerner, Gewürztraminer, Chardonnay, Weißburgunder, Grauburgunder und Ehrenfelser.

Andreas **Männle**

Weingut

Baden

Heimbach 12, 77770 Durbach
Tel. *0781-41486,* **Fax**: *0781-42981*
www.weingut-maennle.de, info@weingut-maennle.de
Besuchszeiten: *Mo.-Fr. 9-12 + 13:30-18 Uhr, Sa. 9-12 + 13:30-16 Uhr, März-Dez. So. 10-12 Uhr*

Inhaber .... Alfred Männle
Kellermeister .... Thomas Männle
Rebfläche .... 15,3 Hektar

Das bereits 1561 urkundlich erwähnte Weingut ist seit 1919 in Familienbesitz. Alfred Männle be-

M

wirtschaftet in dritter Generation die Weinberge am Durbacher Bienenberg. In der Lage Durbacher Bienengarten wachsen die Reben auf Granitverwitterungsböden. Riesling und die Burgundersorten spielen die Hauptrolle, dazu gibt es Chardonnay, Gewürztraminer, Traminer, Müller-Thurgau und Scheurebe. Für den Weinausbau ist Sohn Thomas verantwortlich.

Vorjahre

Die 2010er Weine besaßen Fülle, aber zu wenig Finesse. Eine ebenso verhaltene Kollektion folgte 2011, am besten gefielen uns der saftige Riesling „Klingelberger 1782" und die frische, reintönige Scheurebe Spätlese.

Neue Kollektion

Etwas verhalten, aber gleichmäßig ist nun auch die neue Kollektion in der uns wie im Vorjahr die reintönige, zupackende Scheurebe Spätlese am besten gefällt. ◄

Weinbewertung

81 2008 Klingelberger Sekt brut 13 %/12,- €

80 2012 Rivaner trocken Durbacher Biengarten 12 %/5,90 €

79 2012 Grauburgunder Kabinett trocken Durbacher Biengarten 12,5 %/8,50 €

83 2012 Scheurebe Spätlese Durbacher Biengarten 11 %/10,50 €

80 2012 Spätburgunder Rosé Kabinett trocken Durbacher Biengarten 12,5 %/8,50 €

82 2011 Spätburgunder Spätlese trocken Durbacher Biengarten 14 %/12,50 €

★

Heinrich **Männle**
Weingut

Baden

Sendelbach 16, 77770 Durbach
Tel. 0781-41101, **Fax:** 0781-44010
www.weingutmaennle.de
info@weingutmaennle.de
Besuchszeiten: *Mo.-Fr. 8-18 Uhr, Sa. 8-16 Uhr,*
So. nach Vereinbarung
Naturstein-Gewölbekeller für Weinlehrproben,
3 Ferienwohnungen (4 Sterne)

Inhaber . . . . Heinrich und Sylvia Männle
Rebfläche . . . . 5,5 Hektar

Seit 1737 ist der Erbguthof in einem Durbacher Seitental in Familienbesitz. Bis 1956 wurden die Weine im Fass verkauft, in den sechziger Jahren hat man dann die Rebfläche im Durbacher Kochberg vergrößert, neue Weinberge angelegt. Spätburgunder ist bei Heinrich Männle – dem „Rotwein-Männle" – mit einem Anteil von über 50 Prozent die wichtigste Rebsorte. Hinzu kommen Weiß- und Grauburgunder, Scheurebe, Riesling, Gewürztraminer, Chardonnay und Müller-Thurgau und bereits seit 1991 auch etwas Cabernet Sauvignon und Merlot. 3,5 Hektar seiner Weinberge liegen in einer arrondierten Fläche in der Lage Durbacher Kochberg direkt beim Weingut. Die weiteren Parzellen befinden sich in den Durbacher Lagen Plauelrain und Ölberg. Barriqueweine bleiben alle mindestens 20 Monate im Fass, seit 2007 werden alle Weine in Holzfässern ausgebaut.

Vorjahre

Seit über einem Jahrzehnt empfehlen wir die Weine von Heinrich Männle, gehört das Weingut zu den zuverlässigsten Betrieben in der Ortenau. Rotweine und Weißweine überzeugen gleichermaßen, auch die edelsüßen Weine – Scheurebe! – gehören immer wieder zur Spitze in der Region. Vor zwei Jahren waren die Weißweine jahrgangsbedingt etwas schwächer, bei den Rotweinen irritierte uns die hohe Restsüße. Diese Irritation bestand auch im vergangenen Jahr; im weißen Segment hatte für uns eindeutig die Scheurebe die Nase vorne, überzeugte als Sekt ebenso wie als süße Spätlese.

Neue Kollektion

Dass Scheurebe eine sichere Bank im Betrieb ist, zeigt in diesem Jahr nun die trockene Spätlese. Die Rotweine sind mächtig und restsüß, besitzen reife Frucht, viel Kraft und dezente Kaffeenoten. ◄

Weinbewertung

81 2012 Grauburgunder Spätlese trocken Durba-

cher Plauelrain **13,5 %/10,20 €**

83 2012 Scheurebe Spätlese trocken Durbacher Kochberg **12 %/9,90 €**

81 2009 Spätburgunder Spätlese trocken „alte Rebe Fass 6" Durbacher Kochberg **14 %/17,- €**

82 2008 Spätburgunder Spätlese trocken Barrique „Fass 3/25" Durbacher Kochberg **13,5 %/27,50 €**

84 2009 Spätburgunder Auslese trocken Barrique Durbacher Kochberg **14 %/26,50 €**

82 2010 Spätburgunder Spätlese trocken Barrique Durbacher Kochberg **14 %/32,50 €**

Maier
Weingut   **Württemberg**

Zehnmorgenweg 2, 71409 Schwaikheim
Tel. 07195-5565, Fax: 07195-139508
www.maier-weingut.de
info@maier-weingut.de
Besuchszeiten: *Di.-Fr. 17-19 Uhr, Sa. 10-14 Uhr*
Besenwirtschaft täglich ab 11 Uhr, Mo. Ruhetag

Inhaber.............Lothar und Rose Maier GbR
Rebfläche...........................9,2 Hektar

Die Familie Maier betreibt seit mehreren Generationen Weinbau, auch wenn zu Beginn des 20. Jahrhunderts, wie im ganzen Remstal, der Weinbau eine untergordnete Rolle spielte, man von Ackerbau und Viehzucht lebte. Das Weingut in seiner heutigen Form besteht seit 1986 als Lothar Maier begann den Weinbaubetrieb auszuweiten und zusammen mit Ehefrau Rose eine Besenwirtschaft eröffnete. Heute werden sie im Betrieb unterstützt von Sohn Michael, Geisenheim-Absolvent. Ihre Weinberge liegen im Remstal, alle in einer Entfernung von nicht mehr als 5 Kilometer vom Weingut, vor allem in Korb (Sommerhalde) und Hanweiler (Berg), aber auch in Neustadt (Sörenberg), Steinreinach (Hörnle), Breuningsweiler (Haselstein) und Winnenden (Haselstein, Holzenberg) sowie

in Endersbach (Wetzstein). Rote Sorten überwiegen im Anbau: Trollinger, Lemberger, Muskat-Trollinger, Samtrot, Zweigelt und Spätburgunder, aber auch Cabernet Dorio und Dornfelder. An weißen Sorten gibt es Riesling, Silvaner, Kerner, Weißburgunder und Traminer. Alle Weine werden recht lange auf der Feinhefe ausgebaut; die Rotweine werden maischevergoren, ausgesuchte Partien werden bereits seit 1999 im Barrique ausgebaut.

Vorjahre

Die 2010er Weißweine behaupteten sich gut, waren frisch und klar; die Highlights der Kollektion waren vor zwei Jahren aber die barriqueausgebauten Rotweine, Lemberger und Zweigelt, auch der Dornfelder machte eine gute Figur. Sehr gleichmäßig präsentierte sich auch der Weißweinjahrgang 2011; etwas weniger homogen war im vergangenen Jahr das rote Segment, dass aber mit dem noch sehr jugendlichen 2010er Barrique-Lemberger den herausragenden Wein der Kollektion stellte.

Neuer Jahrgang

Sehr gleichmäßig präsentieren sich die 2012er Weißweine, sind frisch, fruchtbetont und klar. Im roten Segment stechen die beiden Barriqueweine heraus, die gewürzduftige Cuvée ML und der Spätburgunder vom Stein, der füllig ist, reintönig und kraftvoll, gute Struktur besitzt, reife Frucht und feine Frische. ◄

Weinbewertung

82 2012 Riesling trocken **12 %/4,20 €**

82 2012 Sauvignon Blanc Spätlese trocken **12,5 %/9,20 €**

83 2012 Traminer Spätlese trocken **13,5 %/7,20 €**

83 2012 Spätburgunder Weißherbst trocken **13 %/5,50 €**

81 2012 Trollinger trocken „Alte Reben" **13 %/5,10 €**

82 2011 „Elegantis" Rotwein trocken **13 %/6,70 €**

85 2011 „ML" Rotwein trocken **13,5 %/16,50 €**

87 2011 Spätburgunder trocken „vom Stein" **13,5 %/16,50 €**

Manderschied
Weingut

★

Pfalz

♥ *Dorfstraße 4, 76889 Kapellen-Drusweiler*
*Tel. 0176-20611693, **Fax**: 06343-935230*
www.weingut-manderschied.de
weingut-manderschied@gmx.de
Besuchszeiten: nach Vereinbarung

Inhaber .... Wilfried Manderschied
Rebfläche .... 20 Hektar

Wilfried Manderschied hat lange Zeit Fasswein an Großkellereien und andere Weingüter verkauft. 2002, mit dem Einstieg von Martin Manderschied, wurden die ersten eigenen Flaschenweine erzeugt. Die Weinberge liegen in den Gemarkungen Kapellen-Drusweiler (Rosengarten) und Bad Bergzabern (Altenberg). 35 Prozent der Rebfläche nehmen rote Sorten ein. Im September 2008 wurde mit der Umstellung auf biologischen Weinbau begonnen, mit dem Jahrgang 2011 sind die Weine erstmals zertifiziert biologisch.

Vorjahre
Vor zwei Jahren war es wieder der mineralische, sehr säurebetonte Riesling aus dem Altenberg, der uns am besten gefiel, die im Barrique ausgebauten Chardonnay und Spätburgunder zeigten gute Ansätze. Auch im letzten Jahr war die Kollektion wieder auf gleichmäßigem Niveau, die Weißweine besaßen viel klare Frucht, der 2009er Altenberg-Riesling zeigte schon deutliche, feine Reifenoten.

Neue Kollektion
In diesem Jahr sind es der frische Riesling mit lebhafter Säure und der cremige Chardonnay, die uns in der erneut gleichmäßig guten Kollektion am besten gefallen. ◀

Weinbewertung
82 2012 Sauvignon Blanc trocken **11,5 %/6,70 €**
82 2012 Grauburgunder trocken **13 %/6,70 €**
81 2012 Weißburgunder trocken Kapeller Rosen-

garten **13 %/6,20 €**
84 2012 Chardonnay **12,5 %/6,20 €**
83 2012 Riesling trocken **12 %/5,90 €**
82 2009 „Cuvée Colin" Rotwein trocken **14 %/7,90 €**

Manz
Weingut

Rheinhessen

Lettengasse 6, 55278 Weinolsheim
Tel. 06249-7981, -803008
Fax: 06249-80022, -803041
www.manz-weinolsheim.de
weingut@manz-weinolsheim.de
Besuchszeiten: nach Vereinbarung
Neuer Holzfasskeller, Aussiedlung mit medit. Garten

Inhaber .... Erich Manz und Eric Manz
Rebfläche .... 20 Hektar

Erich Manz und Sohn Eric haben zu ihren Weinbergen in den Gemeinden Weinolsheim, Uelversheim, Dalheim und Dexheim in den letzten Jahren Weinberge in Oppenheim (Herrenberg, Sackträger), Nierstein (Hipping) und Guntersblum (Steig-Terrassen) hinzugekauft. Ihre Reben wachsen auf sehr unterschiedlichen Böden. Der Ludwigshöher Teufelskopf, 2006 mit Riesling bepflanzt, ist vom Löss geprägt, genauso wie die Guntersblumer Steig-Terrasse und der Dalheimer Kranzberg. In den Oppenheimer Lagen Sackträger und Herrenberg herrscht Kalkmergel vor, im Niersteiner Hipping Rotliegendes. Ihre traditionelle Lage Weinolsheimer Kehr, das Filetstück wird Hahnbügel genannt, ist von Tonmergel geprägt. Die wichtigsten Rebsorten sind Riesling und die Burgundersorten, aber auch Silvaner, Kerner, Huxelrebe, Gewürztraminer und Scheurebe, sowie Dornfelder. Die Weißweine werden kühl vergoren und im Edelstahl ausgebaut, die Rotweine kommen nach vier- bis achtwöchiger Maischegärung ins Holz.

Vorjahre _____

Schon seit der ersten Ausgabe kennen wir die Weine von Erich Manz, bewundern immer wieder die Konsistenz seiner Kollektionen. In diesem Jahrzehnt hat sich viel getan, er hat die Rebfläche mehr als verdoppelt, sein Lagenportfolio erweitert. Vor zwei Jahren war der Riesling aus der Kehr Spitze, rot der Spätburgunder aus dem Herrenberg; hinzu kamen drei konzentrierte, dicke Trockenbeerenauslesen. Bei den trockenen Weißweinen waren es im vergangenen Jahr wieder einmal die Rieslinge, die uns am besten gefielen, allen voran die Weine aus Kehr und Herrenberg, edelsüß glänzten Beerenauslese und Trockenbeerenauslese, im roten Segment galt unsere ganz leichte Präferenz dem noch sehr jugendlichen Spätburgunder.

Neue Kollektion _____

Wie im Vorjahr gefallen uns bei den trockenen Weißweinen die Rieslinge am besten, allen voran der kraftvolle, konzentrierte Wein aus dem Herrenberg. Edelsüß brachte der Jahrgang zwei Eisweine, unter denen wir den an kandierte Früchte erinnernden Silvaner ganz leicht bevorzugen. Rot gefällt uns einmal mehr der Spätburgunder aus dem Herrenberg besonders gut, er besitzt viel Konzentration, gute Struktur und Substanz; aber auch die rote Cuvée besitzt herrlich viel Frucht und Stoff bei jugendlichen Tanninen. ◀━

Weinbewertung _____

82 2012 Chardonnay Spätlese trocken „Kalkstein" **13,5 %/9,60 €**

81 2012 Weißburgunder Spätlese trocken „Kalkstein" Herrenberg **13,5 %/9,60 €**

81 2012 Grauburgunder trocken „Alte Reben" **13,5 %/9,60 €**

81 2012 Riesling Spätlese trocken Sackträger **13 %/9,60 €**

84 2012 Weißburgunder*** trocken Dalheimer Kranzberg **13,5 %/16,60 €**

87 2012 Riesling Spätlese trocken „100" Herrenberg **13 %/14,60 €**

85 2012 Riesling Spätlese trocken*** Kehr **13 %/18,60 €**

84 2012 Riesling Spätlese Kehr **7 %/9,20 €**

89 2012 Silvaner Eiswein Weinolsheimer Kehr **8 %/24,20 €/0,375l**

88 2012 Riesling Eiswein Weinolsheimer Kehr **7 %/30,20 €/0,375l**

86 2010 Spätburgunder trocken „Kalkstein" Oppenheimer Herrenberg **14 %/13,60 €**

88 2010 Cuvée „M" Rotwein trocken **13,5 %/14,60 €**

89 2010 Spätburgunder trocken „M***" Oppenheimer Herrenberg **14 %/19,20 €**

Margarethenhof
Weingut Weber

Mosel

Kirchstraße 17, 54441 Ayl
Tel. 06581-2538, **Fax:** 06581-6829
www.margarethenhof-ayl.de
mail@margarethenhof-ayl.de
Besuchszeiten: *Mo.-Fr. 9:30-12:30 + 14-18 Uhr,*
Sa. 9:30-17 Uhr und nach Vereinbarung

Inhaber .... Jürgen Weber
Rebfläche .... 20 Hektar

Das Weingut, ursprünglich in Tawern zuhause, wird heute in dritter Generation von Jürgen und Dorothee Weber geführt, die seit 2000 den Betrieb erweitert haben und im benachbarten Ayl das historische Gebäude des ehemaligen Winzervereins erwarben. Die Weinberge liegen an der Saar (vor allem in der Ayler Kupp) und an der Obermosel.

Vorjahr _____

Eine beeindruckende trockene Auslese aus der Ayler Kupp führte im vergangenen Jahr die Kollektion an, gefiel uns besser als die ebenfalls sehr gute saftige feinherbe Variante.

Neue Kollektion _____

Auch 2012 sehen wir trocken ganz knapp vor süß: Der Herzstück-Riesling aus der Ayler Kupp ist kraftvoll und zupackend, die Spätlese saftig und fruchtbetont, der Crémant besitzt feine rauchige Noten. ◀━

M

Die besten deutschen Weinerzeuger und ihre Weine

M

Die besten deutschen Weinerzeuger und ihre Weine

Weinbewertung

84   Riesling Crémant Brut   **12 %/9,90 €**

80   2012 Elbling Classic   **11 %/5,30 €**

81   2012 Riesling Hochgewächs trocken Ayler Kupp   **11,5 %/7,90 €**

85   2012 Riesling trocken „Herzstück" Ayler Kupp   **11,5 %/8,90 €**

81   2012 Riesling „feinherb" „Schieferstein" Ayler Kupp   **11,5 %/7,90 €**

84   2012 Riesling Spätlese Ayler Kupp   **7,5 %/8,90 €**

Margarethenhof
Weingut   **Pfalz**

◆ *Wiesenweg 4, 67147 Forst*

Tel. 06326-8302, Fax: 06326-980161

www.margarethenhof-forst.de

info@margarethenhof-forst.de

Besuchszeiten: Mo.-Sa. 9-12 + 13-18 Uhr,

So. + Feiertage nur nach Vereinbarung

Inhaber .... Franz und Elisabeth Lucas

Rebfläche .... 16 Hektar

Das nach dem 2. Weltkrieg gegründete Weingut Margarethenhof in Forst besitzt Weinberge in besten Lagen von Forst (Ungeheuer, Musenhang, Jesuitengarten und Pechstein) und Deidesheim (Herrgottsacker). Franz und Elisabeth Lucas bauen zu 80 % weiße Rebsorten (davon 90 % Riesling) und zu 20 % rote Sorten an. Die Weißweine werden im Edelstahl ausgebaut, die Rotweine maischevergoren und anschließend im Holz, teilweise im Barrique ausgebaut. Sohn Martin unterstützt seinen Vater im Betrieb, Tochter Yvonne arbeitet´ nach Geisenheimstudium bei Matthias Gaul in Asselheim als Kellermeisterin.

Die Kollektion

Der Kollektion präsentiert sich geschlossen auf gutem und sehr gutem Niveau. Schon der Literriesling bereitet Freude, Kabinettweine und Spätlese bringen eine weitere

Steigerung. Der feinherbe Kabinett aus dem Musenhang ist reintönig und süffig, die trockene Spätlese aus dem Jesuitengarten besitzt Fülle und Kraft, noch ein wenig besser aber gefällt uns der trockene Kabinett aus dem Pechstein, der klar, zupackend und lang ist. Und auch rot überzeugt: Der Spätburgunder zeigt feine rauchige Noten und reintönige Frucht im Bouquet, ist fruchtbetont, füllig und zupackend im Mund bei guter Struktur. ◀

Weinbewertung

82   2012 Riesling trocken Forster Schnepfenflug   **12 %/4,50 €/1l**

86   2012 Riesling Kabinett trocken Forster Pechstein   **12,5 %/7,50 €**

83   2012 Riesling Kabinett trocken Forster Ungeheuer   **12 %/7,50 €**

85   2012 Riesling Spätlese trocken Forster Jesuitengarten   **13 %/9,- €**

85   2012 Riesling Kabinett „feinherb" Forster Musenhang   **12,5 %/7,- €**

86   2011 Spätburgunder trocken   **13,5 %**

Max **Markert**
Weingut   **Franken**

Am Zöller 1, 97246 Eibelstadt

Tel. 09303-1795, Fax: 09303-1090

www.weingut-markert.de

info@weingut-markert.de

Besuchszeiten: nach Vereinbarung

Inhaber .... Max Markert

Rebfläche .... 11,1 Hektar

Max Markert betreibt Weinbau erst seit 1995 im Vollerwerb. 1974 hatte er seine ersten Reben gepflanzt, seit 1977 das Weingut im Nebenerwerb geführt. Seine Weinberge liegen in den Eibelstadter Lagen Mönchsleite, Kapellenberg und Teufelstor, sowie im Randersackerer Dabug. Die Reben wachsen auf Muschelkalkböden. Weiße Rebsorten nehmen 70 Prozent der Fläche ein: Silvaner, Müller-Thurgau, Bacchus, Kerner, Scheurebe, Rieslaner, Riesling und Weißburgunder baut er an. An roten Sorten gibt es Domina, Spätburgunder, Portugieser, Dornfelder und Cabernet Dorsa. Neben überwiegend trocken ausgebauten Weinen erzeugt Max Markert auch Edelbrände in der eigenen Brennerei.

Vorjahre

Seit der ersten Ausgabe empfehlen wir die Weine von Max Markert. Jahr für Jahr bietet er starke, sehr gleichmäßige Kollektionen, noch nie hat uns ein Wein enttäuscht. Die Weine sind immer wunderschön reintönig und fruchtbetont, die Rotweine baut er sehr gekonnt im Holz aus. In der ersten Ausgabe bewunderten wir schon seinen damals allerersten im Barrique ausgebauten Wein. Die Preise sind nach wie vor angenehm niedrig, liegen nur unwesentlich über denen von damals. Vor zwei Jahren präsentierte sich die Kollektion sehr gleichmäßig, allerdings stellte Max Markert nur einen einzigen 2010er vor. Die verkosteten 2009er waren füllig und klar, sehr ausgewogen, vor allem die Rotweine gefielen uns sehr gut. Eine sehr gleichmäßige und sehr überzeugende Kollektion bot Max Markert 2011, alle Weine waren wunderschön klar und fruchtbetont, vom reintönigen Müller-Thurgau über Silvaner und Riesling bis hin zu Weißburgunder oder Kerner.

Neue Kollektion

Sehr gleichmäßig ist die neue Kollektion, alle Weine sind sortentypisch, fruchtbetont und frisch. Unter den Weißweinen gefallen uns die Silvaner besonders gut, vom feinen Literwein über zwei reintönige Kabinettweine bis hin zur saftigen Spätlese, die gute Struktur und Druck besitzt. Die Scheurebe ist herrlich frisch und zupackend wie auch der Weißburgunder, alle Weißweinen bestechen durch ihre Reintönigkeit. Sehr gut gefallen uns die beiden vorgestellten Rotweine: Die Domina ist reintönig und zupackend, besitzt gute

Struktur und Frische, der Cabernet Dorsa zeigt gute Konzentration und rauchige Noten im Bouquet, ist füllig und kraftvoll im Mund, besitzt reife Frucht und gute Struktur.

Weinbewertung

84 2010 Riesling Sekt brut **12 %/12,- €**

82 2012 Silvaner Kabinett trocken Eibelstadter Kapellenberg (1l) **12 %/5,50 €**

83 2012 Müller-Thurgau trocken „Frank & Frei" **12 %/6,- €**

82 2012 Müller-Thurgau Kabinett trocken **12 %/6,50 €**

85 2012 Silvaner Kabinett trocken Nr. 23/13 Eibelstadter Kapellenberg **12,5 %/7,- €**

84 2012 Silvaner Kabinett trocken Eibelstadter Kapellenberg **12 %/6,60 €**

85 2012 Weißburgunder Kabinett trocken Eibelstadter Kapellenberg **12,5 %/7,20 €**

83 2012 „Blanc de Noir" Kabinett trocken Eibelstadter Kapellenberg **12 %/7,50 €**

85 2012 Scheurebe Kabinett trocken Eibelstadter Kapellenberg **13 %/6,80 €**

87 2012 Silvaner Spätlese trocken Eibelstadter Kapellenberg **13,5 %/8,50 €** ☺

84 2012 Rieslaner Kabinett trocken Eibelstadter Kapellenberg **13 %/7,- €**

87 2010 Cabernet Dorsa trocken Holzfass Eibelstadter Kapellenberg **12,5 %/8,80 €** ☺

86 2010 Domina trocken Holzfass Eibelstadter Mönchsleite **12,5 %/7,- €**

Martinshof
Weingut

★

Rheinhessen

Rheinstraße 85, 55276 Dienheim
Tel. 06133-2280, Fax: 06133-70763
www.wein-martinshof.de
info@wein-martinshof.de
Besuchszeiten: nach Vereinbarung

Inhaber .... Familie Martin
Rebfläche .... 25 Hektar

M

Die besten deutschen Weinerzeuger und ihre Weine

Die Weinberge der Familie Martin liegen in Dienheim und Oppenheim, seit 2003 ist man auch in Nierstein vertreten. Die Reben wachsen auf schweren Kalksteinverwitterungsböden und teils tiefgründigen Lösslehmböden, in Nierstein auf Rotliegendem. Vor allem Riesling und die Burgundersorten werden angebaut, aber auch Silvaner, Müller-Thurgau, Huxelrebe und Scheurebe. An roten Sorten gibt es Dornfelder, St. Laurent, Spätburgunder, Portugieser, Cabernet Dorio, Merlot und Cabernet Sauvignon. Reinhard Martin ist für den Außenbetrieb verantwortlich, Sohn Achim kümmert sich um den Ausbau der Weine.

Vorjahre _____

2010 waren die Weißweine etwas verhaltener, am besten gefiel uns der fruchtbetonte Grauburgunder. Die rote Symphonie aus dem Jahrgang 2008 überzeugte vor zwei Jahren, auch der geradlinige Portugieser für ganze 4 Euro machte Freude. Sehr geschlossen präsentierte sich der Jahrgang 2011, vor allem die Rieslingkollektion bereitete Freude.

Neue Kollektion _____

Diesmal wurde nur ein feinherber Riesling vorgestellt und ein geradliniger, zupackender Rieslingsekt, die aber wie auch die anderen präsentierten Weine etwas zu zurückhaltend sind. ◀

Weinbewertung _____

82   2010 Riesling Sekt „Zero"   **12,5 %/7,50 €**

80   2012 Weißburgunder Spätlese trocken
     13,5 %/5,- €

79   2012 Riesling Spätlese „feinherb"   **12,5 %/5,- €**

82   2012 Huxelrebe Spätlese   **10 %/5,- €**

79   2012 Blauer Portugieser trocken   **12,5 %/4,- €**

Marx
Weingut   **Rheinhessen**

Hauptstraße 83, 55232 Alzey-Weinheim
Tel. *06731-41313,* **Fax:** *06731-45290*
www.weingut-marx.de
info@weingut-marx.de
Besuchszeiten: *Mo.-Fr. 8-19 Uhr, Sa. 8-16 Uhr, So. 10-12 Uhr und nach Vereinbarung*

Inhaber . . . . Klaus Marx
Rebfläche . . . . 11,5 Hektar

Das Weingut Marx wurde in den sechziger Jahren von Hans Marx, dem Vater des heutigen Besitzers Klaus Marx, aufgebaut. Die Vorfahren hatten seit Generationen einen eigenen Sandsteinbruch in Weinheim und waren Steinmetze. Hans Marx jedoch entschloss sich den Beruf des Winzers zu erlernen und ein Weingut zu gründen. Seit 1989 ist Klaus Marx im Betrieb tätig. Die Reben wachsen rund um Weinheim auf rotliegenden Gesteinsverwitterungsböden. Riesling ist mit fast 40 Prozent die wichtigste Rebsorte im Betrieb, gefolgt von Grauburgunder, Silvaner, Müller-Thurgau, Portugieser und Dornfelder. Dazu gibt es noch etwas Weißburgunder, Huxelrebe, Kerner, Scheurebe und Siegerrebe, sowie Cabernet Mitos. Die Weißweine werden temperaturkontrolliert vergoren und im Edelstahl ausgebaut. Die Rotweine kommen nach der Maischegärung ins Holzfass. 80 Prozent der Weine sind trocken oder halbtrocken ausgebaut. Die Weine werden überwiegend an Privatkunden verkauft.

Vorjahre _____

Der Cabernet Mitos, Jahrgang 2009 war vor zwei Jahren unser klarer Favorit, der Riesling von alten Reben zeigte gute Ansätze. Die 2011er Weißweine waren frisch und klar, alle von merklicher Süße geprägt; der 2010er Cabernet Mitos präsentierte sich im vergangenen Jahr füllig und kraftvoll.

Neue Kollektion

Seht stimmig präsentiert sich die neue Kollektion, die Weißweine gefallen uns besser als in den Jahren zuvor, sind fruchtbetont, saftig und klar; der Cabernet Mitos zeigt gute Konzentration und Gewürznoten im Bouquet, ist kraftvoll im Mund bei reifer Frucht, guter Struktur und Frische. ◄

Weinbewertung

81 2012 Riesling trocken Weinheimer **12 %/4,70 €**

82 2012 Grauburgunder Spätlese trocken Weinheimer **12,5 %/5,50 €**

84 2012 Riesling trocken „Alte Reben" Weinheimer **12,5 %/6,90 €**

82 2012 Sauvignon Blanc trocken Weinheimer **12,5 %/7,80 €**

83 2012 Weißburgunder Spätlese halbtrocken Weinheimer **12 %/5,10 €**

85 2011 Cabernet Mitos trocken Barrique Weinheimer **13 %/10,40 €**

Marx ★★
Weingut
                                             Nahe

Im Setzling 6, 55452 Windesheim
Tel. *06707-316,* **Fax:** *06707-1669*
www.weingutmarx.com
info@weingutmarx.com
Besuchszeiten: *nach Vereinbarung*
Ferienwohnung

Inhaber............................Rainer Marx
Rebfläche............................8,5 Hektar

Seit über 300 Jahren betreibt die Familie Weinbau an der Nahe. Die Weinberge von Rainer Marx, der das Gut 2005 von seinen Eltern übernommen hat, liegen in Windesheim, Waldlaubersheim und Schweppenhausen. Die Weißweine werden langsam und kühl vergoren und im Edelstahl ausgebaut. Die Rotweine kommen nach der Maischegärung in Eichenholzfässer, teilweise

auch ins Barrique. Die Weine werden ohne Lagenbezeichnung vermarktet. Seit dem Jahrgang 2007 verzichtet Rainer Marx bei trockenen Weinen auf Prädikatsbezeichnungen, die nach eigener Einschätzung besten Weine tragen die Zusatzbezeichnungen „S" und „R". Diese Weine bieten ein Mehr an Fülle und Konzentration im Vergleich zu den klaren, geradlinigen Basisweinen. Am besten gefällt meist der Grauburgunder, aber Weißburgunder und Chardonnay stehen ihm nur wenig nach, die Rotweine besitzen Kraft und Struktur.

Vorjahre

Im schwierigen Jahrgang 2010 behauptete sich Rainer Marx sehr gut, mit einer in sich durchweg stimmigen Kollektion mit reintönigen, kraftvollen Weinen der „S"-Klasse an der Spitze – und mit einem wunderschönen Sekt. Eine starke, sehr gleichmäßige Kollektion präsentierte Marx auch im letzten Jahr, mit einem feinwürzigen Sekt, kraftvollen trockenen Rieslingen und fülligen Burgundern, unter denen wir ganz knapp den stoffigen und harmonischen Chardonnay favorisierten. Und der gut strukturierte, füllige 2009er Spätburgunder „R" gehörte erneut zu den besten Rotweinen des Anbaugebiets.

Neue Kollektion

Sekt und Rotwein konnten wir in diesem Jahr keinen verkosten, die vorgestellten Burgunder und Rieslinge besitzen durchgehend viel klare, reintönige Frucht, die Burgunder sind zudem kraftvoll und füllig. Unser Favorit aus dem 2012er Jahrgang ist knapp vor den drei ebenfalls sehr guten Burgundern der „S"-Klasse und dem „R"-Riesling der harmonische „R"-Grauburgunder mit guter Substanz und sehr gutem, dezentem Holzeinsatz. ◄

Weinbewertung

82 2012 Grauburgunder trocken **12,5 %/6,50 €**

86 2012 Grauburgunder „S" trocken Waldlaubersheimer Altenburg **13,5 %/8,50 €**

87 2012 Grauburgunder „R" trocken Windeshei-

Die besten deutschen Weinerzeuger und ihre Weine

mer Römernerg   **14 %/13,- €**

86   2012 Weißburgunder „S" trocken Windesheimer Rosenberg   **14 %/8,- €**

86   2012 Chardonnay „S" trocken Waldlaubersheimer Altenburg   **13,5 %/9,- €**

84   2012 Riesling „S" trocken Windesheimer Sonnenmorgen   **12,5 %/8,- €**

86   2012 Riesling „R" trocken Windesheimer Fels
12,5 %/11,- €

84   2012 Riesling Spätlese Schweppenhäuser
Schloßgarten   **9 %/7,50 €**

82   2012 Spätburgunder „Blanc de Noir"
12,5 %/6,50 €

Materne & Schmitt
★

Weingut   **Mosel**

◆ *Bachstraße 16-18, 56333 Winningen*
Tel. *0157-81966691 / 0173-5851636*
www.materne-schmitt.de
riesling@materne-schmitt.de
Besuchszeiten: *nach Vereinbarung*

Inhaber......Rebecca Materne, Janina Schmitt
Rebfläche............................0,75 Hektar

Janina Schmitt und Rebecca Materne, beide
Quereinsteigerinnen, haben sich in Geisenheim kennengelernt, 2008 dort ihren Abschluss gemacht. 2011 fassten sie den Ent-
schluss ein gemeinsames Weingut zu
gründen. Reinhard Löwenstein gab ihnen die
Möglichkeit in Teilzeit als Kellermeisterinnen
in seinem Betrieb zu arbeiten, nebenher bewirtschaften sie einige Parzellen. Ihren ersten
Jahrgang 2012 haben sie beim Weingut Heymann-Löwenstein ausgebaut. Inzwischen haben sie weitere Flächen gepachtet und einen
Keller in Winningen gemietet, sie streben die
volle Selbständigkeit an.

Kollektion _____

Zwei Weine haben Rebecca Materne und Janina Schmitt 2012 erzeugt, je einen Riesling aus

Winningen und Kobern. Beide sind kraftvoll
und konzentriert, besitzen reife Frucht, gute
Struktur und Substanz, der Wein aus Kobern
ist etwas fülliger bei reiferer Frucht und merk-
licherer Süße. Ein spannendes Debüt! ◄■

Weinbewertung _____

86   2012 Riesling Winninger   **13 %/15,- €**

87   2012 Riesling Koberner   **13,5 %/18,- €**

Mathern
★ ☆

Weingut   **Nahe**

Winzerstraße 7, 55585 Niederhausen
Tel. *06758-6714,* **Fax:** *06758-8109*
www.weingut-mathern.de
info@weingut-mathern.de
Besuchszeiten: *nach Vereinbarung*
Gästehaus

Inhaber..........................Gloria Mathern
Kellermeister.....................Felix Eberhard
Rebfläche..............................10 Hektar

Das Weingut Mathern in Niederhausen wird
seit dem Tod vom Helmut Mathern von Gloria
Mathern geführt. Im Anbau dominiert Riesling,
hinzu kommt vor allem noch etwas Dornfelder,
Müller-Thurgau und Weißburgunder.

Vorjahre _____

2010 war die Kollektion ohne Fehl und Tadel,
alle Weine waren zuverlässig gut, sehr gut gefiel uns der Riesling „Merum 10". 2011 waren es
zwei Riesling-Auslesen, die uns am besten gefielen, die Weine aus dem Rosenberg und dem
Dellchen waren saftig und füllig mit feiner
Süße. Im trockenen Bereich war der kraftvolle
Riesling aus der Hermannshöhle unser Favorit.

Neue Kollektion _____

2012 sind die Weine etwas zurückhaltend in
der Frucht, der „Merum 12" zeigt aber rauchig-
mineralische Noten und Würze, ebenso wie die
elegante Spätlese aus dem Niederhäuser
Kertz. ◄■

M

Die besten deutschen Weinerzeuger und ihre Weine

Weinbewertung

83 2012 Riesling Spätlese trocken Norheimer Dellchen **12,5 %/9,- €**

85 2012 Riesling Spätlese trocken „Merum 12" Niederhäuser Rosenberg **12,5 %/11,- €**

81 2012 Riesling „Classic" **12 %/6,- €**

82 2012 Riesling Kabinett „feinherb" Niederhäuser Felsensteyer **8,5 %/7,- €**

85 2012 Riesling Spätlese Niederhäuser Kertz **8,5 %/10,- €**

Karl **May**
Weingut

Rheinhessen

Ludwig-Schwamb-Straße 22, 67574 Osthofen
Tel. 06242-2356, Fax: 06242-3690
www.weingut-karl-may.de
info@weingut-karl-may.de
Besuchszeiten: *nach Vereinbarung*

Inhaber .... Karl May, Peter May, Fritz May
Rebfläche .... 21 Hektar

Der schon im Jahr 1309 beurkundete Liebenauer Hof wurde nach der Säkularisation 1815 von den Vorfahren des heutigen Besitzers Karl May erworben. Seine Weinberge liegen in Osthofen und Bechtheim. Karl und Irmgard May werden im Betrieb unterstützt von Carolin, Peter und Fritz May. Die breite Rebsortenpalette wird angeführt von Riesling, Spätburgunder, Portugieser, Dornfelder und Müller-Thurgau. 2010 wurde das 300 Jahre alte Fachwerkhaus renoviert, ein neues Barriquelager errichtet und die Vinothek fertig gestellt. Neue Weine im Programm sind der Riesling aus dem Osthofener Goldberg, die rote Cuvée Blutsbruder und der Cabernet Sauvignon.

Vorjahre

Vor zwei Jahren war die Kollektion stimmig und überzeugte. Die 2008er Barriqueweine zeigten alle Gewürznoten und Toast im Bouquet, waren vom Holzausbau geprägt, am beeindru-

ckendsten fanden wir den Spätburgunder Geyersberg; im weißen Segment dominierten der Goldberg-Riesling und der Grauburgunder Goldgeyer. Die letztjährige Kollektion war in der Spitze ganz stark, Grauburgunder und Riesling der Goldgeyer-Linie gefielen uns sehr gut, ebenso der Riesling aus dem Goldberg. Auch im roten Segment gab es Spitzen, so die Cuvée „Der Alte Fritz", den Cabernet Sauvignon oder den Spätburgunder aus dem Geyersberg.

Neue Kollektion

Auch die neue Kollektion überzeugt, weiß wie rot. Die Goldgeyer-Serie aus Weißburgunder, Grauburgunder und Riesling präsentiert sich stimmig, am besten aber gefällt uns unter den Weißweinen der Riesling aus dem Geyersberg, der füllig, kraftvoll und zupackend ist bei guter Struktur. Das rote Segment bietet einen kraftvollen Goldgeyer-Spätburgunder, einen noch kraftvolleren Spätburgunder aus dem Geyersberg, der reife Frucht, gute Struktur und Frische besitzt, und einen wunderschön reintönigen Frühburgunder, der füllig und harmonisch ist, kraftvoll und lang.

Weinbewertung

80 2012 Riesling trocken **12,5 %/6,20 €**

82 2012 Weißburgunder trocken **13 %/6,20 €**

85 2012 Riesling trocken „Goldgeyer" **13 %/8,40 €**

84 2012 Weißburgunder trocken „Goldgeyer" **13,5 %/10,90 €**

84 2012 Grauburgunder trocken „Goldgeyer" **13,5 %/10,30 €**

80 2012 „Blutsbruder" Weißwein trocken **12,5 %/9,90 €**

83 2012 Silvaner „Schnapp" **13 %/11,90 €**

87 2012 Riesling trocken Bechtheimer Geyersberg **13 %/13,90 €**

81 2011 „Blutsbruder" Rotwein trocken **13,5 %/11,50 €**

88 2011 Frühburgunder trocken „Mulde" **13,5 %/16,80 €**

86 2010 Spätburgunder trocken „Goldgeyer" **13,5 %/12,90 €**

87 2010 Spätburgunder trocken Bechtheimer Geyersberg **13,5 %/16,90 €**

Die besten deutschen Weinerzeuger und ihre Weine

★★★

Rudolf **May**
Weingut

Franken

Im Eberstal, 97282 Retzstadt
Tel. 09364-5760, **Fax**: *09364-896434*
www.weingut-may.de
info@weingut-may.de
Besuchszeiten: *nach Vereinbarung*
Weinprobierraum für Veranstaltungen

Inhaber .... Petra & Rudolf May
Rebfläche .... 12,8 Hektar

Seit 1987 vermarktet Rudolf May seine Weine selbst. Seither hat er seine Rebfläche vervielfacht. 1997 wurde der Betrieb in das Eberstal an den Ortsrand von Retzstadt ausgesiedelt, wo Petra und Rudolf May ein neues Weingut errichtet haben. Die Weine wachsen in Retzstadt und Umgebung, hauptsächlich auf Muschelkalkböden. Eindeutig wichtigste Rebsorte bei Rudolf May ist heute der Silvaner, der 60 Prozent seiner Rebfläche einnimmt. Dazu gibt es Riesling, Müller-Thurgau, Rieslaner, Grauburgunder, Weißburgunder und Kerner, sowie an roten Sorten Spätburgunder, Dornfelder und Regent. Ausgewählte Weine, auch Weißweine, baut er im Barrique aus. Die Spitzenweine werden in der Linie „Recis" vermarktet.

Vorjahre

Es war schon beeindruckend zu verfolgen, wie Rudolf May sich im letzten Jahrzehnt kontinuierlich gesteigert hat. Als wir ihn in der ersten Ausgabe vorstellten, war er noch weitgehend unbekannt, ebenso Retzstadt, wo er zuhause ist. Damals waren seine Weine klar, saftig und süffig. Diese Stilistik findet man auch heute noch bei seinen Weinen: Sie sind reintönig, fruchtbetont und wunderschön süffig, haben dabei aber deutlich an Struktur und Komplexität gewonnen, profitieren von geringerer Restsüße, denn „fränkisch trocken" ausgebaut zeigen sie, was in ihnen steckt, gewinnen an Länge und Nachhaltigkeit. Einen Recis-Silvaner, meist das Highlight im Programm, erzeugte Ru-

dolf May 2010 nicht, dafür sprang der formidable Silvaner „Wellenkalk" in die Bresche, mit der Trockenbeerenauslese gab es wieder einen tollen edelsüßen Wein. Überhaupt machte die Kollektion viel Spaß, bot frische, fruchtbetonte, wunderschön reintönige leichte Weine. Auch 2011 präsentierte Rudolf May eine schöne, stimmige Kollektion. Müller-Thurgau und Gutssilvaner waren frisch und klar, die Kalkmineral-Serie war durchweg sehr gut, wie auch die etwas fülligeren Wellenkalk-Weine, die beiden Spätburgunder überzeugten. Höhepunkt der Kollektion war wieder einmal der Recis-Silvaner, den es im vergangenen Jahr in zwei Versionen gab, Recis und Recis 1963 – letzterer hatte die Nase vorne.

Neue Kollektion

2012 gibt es wieder nur einen Silvaner Recis, der aber ist grandios, gehört zu den besten Silvanern Deutschlands. Er ist frisch und komplex, zupackend und strukturiert, lang und nachhaltig bei dezent mineralischen Noten. Die zweithöchste Bewertung erhielt in diesem Jahr der Rieslaner Eiswein, der enorm süß, dick und konzentriert ist. Sehr gut gefallen uns auch die bissige Rieslaner Spätlese, der zupackende Riesling, der saftige Silvaner Wellenkalk, der füllige, kraftvolle Grauburgunder und der frische, fruchtbetonte, etwas süße Weißburgunder, das Basisniveau stimmt ebenfalls. ◄━

Weinbewertung

83	2012 Müller-Thurgau trocken „Frank & Frei" 12 %/6,50 €
82	2012 Silvaner trocken 12 %/6,50 €
85	2012 Silvaner trocken „Kalkmineral" 12,5 %/8,50 €
85	2012 Riesling trocken „Kalkmineral" 12,5 %/8,50 €
86	2012 Silvaner trocken „Wellenkalk" 13 %/12,- €
86	2012 Weißburgunder trocken „Wellenkalk" 13,5 %/11,- €
86	2012 Grauburgunder trocken „Wellenkalk" 13,5 %/9,- €
92	2012 Silvaner trocken „Recis" 13,5 %/23,- €
86	2012 Rieslaner Spätlese 8 %/9,- €
89	2012 Rieslaner Eiswein 8,5 %/58,- €

Jochen **Mayer**
Weingut
Württemberg

Friedrichstraße 9, 71384 Weinstadt-Großheppach
Tel. 07151-609763, **Fax**: 07151-62846
www.weingut-jochen-mayer.de
jm@weingut-jochen-mayer.de
Besuchszeiten: Fr. 17-19 Uhr, jederzeit Mo.-Sa. nach
Vereinbarung

Inhaber .... Jochen Mayer
Rebfläche .... 5 Hektar

Jochen Mayer begann 1986 mit der Selbstvermarktung. Seine Weinberge befinden sich hauptsächlich in den beiden Großheppacher Lagen Wanne und Steingrüble. Zu 60 Prozent baut er rote Rebsorten an: Lemberger, Spätburgunder, Zweigelt, Syrah, Merlot, Schwarzriesling, Trollinger und Muskattrollinger. An weißen Sorten gibt es Riesling, Weißburgunder, Sauvignon Blanc, Chardonnay, Kerner und Müller-Thurgau.

Vorjahr

Mit einer gleichmäßigen Kollektion stellten wir Jochen Mayer im vergangenen Jahr erstmals vor; zwei Barriqueweine, Chardonnay und Zweigelt, ragten hervor.

Neue Kollektion

Die neue Kollektion gefällt uns nochmals besser, bietet sehr gleichmäßiges Niveau, weiß wie rot. Der im Barrique ausgebaute Chardonnay besitzt gute Struktur und Konzentration, kommt seinem Vorgänger nahe. Der Spätburgunder ist frisch, klar und zupackend, der Merlot wunderschön reintönig und kraftvoll. Die rote Cuvée Novaris – Zweigelt, Syrah und Acolon – zeigt Gewürznoten im Bouquet und rote Früchte, ist füllig und kraftvoll im Mund bei jugendlichen Tanninen. Eine überzeugende Vorstellung! ◀

Weinbewertung

81	2012 Weißburgunder** trocken	13 %/6,- €
83	2012 Sauvignon Blanc** trocken	12,5 %/7,20 €
85	2011 Chardonnay*** trocken Barrique	
	13 %/13,20 €	
84	2011 Spätburgunder*** trocken	13 %/9,80 €
85	2011 Merlot*** trocken	13,5 %/9,80 €
85	2010 „Novaris" Rotwein trocken Barrique	
	13,5 %/9,80 €	

Mayschoß-Altenahr
Winzergenossenschaft
Ahr

Ahrrotweinstraße 42, 53508 Mayschoß
Tel. 02643-93600, **Fax**: 02643-936093
www.wg-mayschoss.de
baltes@wg-mayschoss.de
Besuchszeiten: ganzjährig 8-18 Uhr (außer 1.+2. Weihnachtstag, Neujahr)

Geschäftsführer .... Rudolf Mies
Verkaufsleiter .... Rudolf Stodden
Kellermeister .... Rolf Münster
Rebfläche .... 145 Hektar
Mitglieder 400

1868 wurde der Winzerverein Mayschoß gegründet, ist damit die älteste Winzergenossenschaft der Welt. 1982 erfolgt die Fusion mit der Winzergenossenschaft Altenahr, im September 2009 mit der 1871 gegründeten Winzergenossenschaft Walporzheim. 60 Prozent der Weinberge der Mitglieder nimmt Spätburgunder ein, 20 Prozent Riesling, je 4 Prozent Portugieser und Frühburgunder, hinzu kommen 12 Prozent mit anderen Rebsorten wie Domina, Dornfelder, Müller-Thurgau, Kerner, Weißburgunder und Regent. Die jährliche Produktion beträgt 1,1 Millionen Flaschen.

Vorjahre

Vor zwei Jahren war das Bild etwas uneinheitlich. Der 2007er Spätburgunder aus dem Walporzheimer Kräuterberg gefiel uns am besten, auch der Pinot Noir überzeugte, einige der Roten aber wirkten etwas gefällig. Im vergangenen Jahr gefielen uns zwei 2010er

M

Die besten deutschen Weinerzeuger und ihre Weine

Spätburgunder gut, der Pinot Noir und der Wein aus dem Kräuterberg.

Neue Kollektion

Die 2011er Rotweine nun sind füllig und kompakt, wir würden uns etwas mehr Komplexität und Frische wünschen. Unser Favorit ist die mächtige trockene Auslese aus dem Rosenthal, die rauchige Noten und klare Frucht im Bouquet zeigt, füllig und harmonisch im Mund sich präsentiert bei reifer süßer Frucht und viel Substanz. ◀

Weinbewertung

79 2012 Spätburgunder trocken „Blanc de Noir" **12 %/7,40 €**

79 2011 Frühburgunder trocken **13,5 %/10,80 €**

81 2011 Spätburgunder trocken „Edition Ponsart Nr. 22" **14 %/14,90 €**

83 2011 Spätburgunder trocken „Edition Ponsart Nr. 22" Goldkapsel **14 %/18,90 €**

82 2011 Spätburgunder trocken „12 Trauben" **14 %/19,50 €**

85 2011 Spätburgunder Auslese trocken Ahrweiler Rosenthal **15 %**

M

★★★

Medinger
Weingut   **Württemberg**

Brühlstraße 6, 71394 Kernen-Stetten
Tel. 07151-44513, **Fax:** 07151-41737
www.weingut-medinger.de
weingut.medinger@t-online.de
Besuchszeiten: Mo.-Fr. 18-19:30 Uhr, Sa. 15:30-18 Uhr

Inhaber .... Barbara Medinger-Schmid
.... und Markus Schmid
Rebfläche .... 5,8 Hektar

Erst 1988, als Barbara Medinger ihre Ausbildung beendet hatte, begann das Weingut Medinger mit der Selbstvermarktung (zuvor wurden die Trauben an die Genossenschaft geliefert). Damals hatte man 80 Prozent Weißwein im Programm, heute liegt der Rot-

weinanteil bei 60 Prozent. Die Weinberge befinden sich in den Stettener Lagen Pulvermächer, Häder und Mönchberg, sowie in Strümpfelbach in den Lagen Altenberg und Sonnenbühl. Riesling ist die wichtigste weiße Sorte, dazu gibt es Kerner, Sauvignon Blanc und Chardonnay. An roten Sorten gibt es Trollinger, Lemberger, Schwarzriesling, Spätburgunder und Dornfelder, aber auch Regent, Cabernet Cubin, Syrah und Acolon. Die Rotweine werden in 800 bis 1000-Liter-Fässern ausgebaut, teilweise auch im Barrique. Barriqueweine werden 18 bis 24 Monate im Fass ausgebaut.

Vorjahre

Seit der ersten Ausgabe empfehlen wir schon die Weine von Barbara Medinger-Schmid und Markus Schmid. Immer präsentierten sie uns höchst zuverlässige Kollektionen, sehr oft mit fülligen, fruchtbetonten Rieslingen und gekonnt vinifizierten Barriquerotweinen an der Spitze. Den in der ersten Ausgabe besonders gelobten Kerner aus dem Barrique gibt es nicht mehr, der ebenfalls gelobte Lemberger aus dem Barrique hat über die Jahre rote Kollegen und damit starke gutsinterne Konkurrenz erhalten. Die 2010er Weißweine waren fruchtbetont und klar auf zuverlässigem Niveau, insgesamt spannender aber waren vor zwei Jahren die Rotweine: Die trockenen Auslesen zeigten Frucht und Frische, die Barriqueweine waren kraftvoll und stoffig, mehr oder weniger deutlich vom Ausbau im Holz geprägt. Im weißen Segment gefiel uns im vergangenen Jahr der neue Riesling „SiebenLinden" am besten, in der Spitze stärker waren die Roten, allen voran die vier Barriqueweine des Jahrgangs 2009, wobei wir ganz leicht den Cabernet Cubin präferierten gegenüber Spätburgunder, Lemberger und roter Cuvée.

Neue Kollektion

Die neue Kollektion ist sehr stimmig, weiß wie rot. Die trockene Riesling Auslese besitzt viel Würze und Duft, noch besser gefällt uns die im Barrique ausgebaute 2011er Burgundercuvée, die gute Fülle, Substanz und Struktur besitzt. Etwas stärker ist erneut der rote Teil der Kollektion, angeführt von den vier Barriqueweinen. Der 2010er Spätburgunder ist strukturiert bei deutlichen Vanillenoten, der Cabernet Cubin besitzt viel Substanz und Kraft. Im Jahrgang 2011 nun gefallen uns aber der Lemberger und die Cuvée M noch besser. Die Cuvée zeigt gute Konzentration im Bouquet, dezent Gewürze, rote und dunkle Früchte, ist füllig und kraftvoll im Mund, besitzt reife Frucht, gute Struktur und Substanz. Der Lemberger ist im Bouquet ein wenig von Gewürznoten geprägt, im Mund präsentiert er sich kraftvoll und zupackend, besitzt gute Struktur und jugendliche Tannine. ◄▬

Weinbewertung

84 2012 Riesling Kabinett trocken Stettener Pulvermächer **12 %/7,50 €**

85 2012 Riesling „M" Auslese trocken Stettener Pulvermächer **12 %/9,90 €**

87 2011 „Blanc de Noir" Burgundercuvée trocken **13 %/12,50 €**

83 2012 Riesling „S" Spätlese „feinherb" **12 %/8,50 €**

83 2011 Riesling „Terra" **12,5 %/12,50 €**

82 2011 Acolon trocken **12,5 %/6,50 €**

84 2011 Spätburgunder Auslese trocken **13 %/9,90 €**

84 2011 Lemberger Auslese trocken **13 %/9,90 €**

87 2010 Spätburgunder trocken Barrique **13 %/21,- €**

89 2011 Lemberger trocken Barrique **13 %/21,- €**

87 2011 Cabernet Cubin trocken Barrique **14 %/21,- €**

89 2011 „Cuvée M" Rotwein trocken Barrique **13,5 %/21,- €**

★

Meersburg
Staatsweingut
                                        Baden

Seminarstraße 6, 88709 Meersburg
Tel. *07532-446744,* **Fax:** *07532-446747*
www.staatsweingut-meersburg.de
info@staatsweingut-meersburg.de
Besuchszeiten: *Mo.-Fr. 9-18 Uhr, Sa. 9-16 Uhr*

Inhaber Finanzministerium Baden-Württemberg
Leiter .... Dr. Jürgen Dietrich
Rebfläche .... 62 Hektar

Die historischen Gebäude, wie auch die Weinberge des Staatsweingutes stammen aus dem ehemaligen Besitz der Fürstbischöfe von Konstanz. Mit der Säkularisation entstand die „Großherzogliche Domänenkellerei Meersburg", aus der 1919 das Staatsweingut wurde. Neben Weinbergen in verschiedenen Meersburger Lagen (darunter die Lagen Rieschen, Bengel, Jungfernstieg und Lerchenberg im Alleinbesitz) gehören dem Staatsweingut auch Weinberge am Hohentwieler Olgaberg (mit 520 Meter über Meeresspiegel der höchstgelegene Weinberg Deutschlands) und in der Gailinger Ritterhalde. Wichtigste Rebsorte ist Spätburgunder, der die Hälfte der Weinberge einnimmt und zu zwei Drittel als Weißherbst oder Rosé vermarktet wird. Wichtigste Weißweinsorte ist Müller-Thurgau, aber auch Weiß- und Grauburgunder, sowie Riesling, Chardonnay und Traminer spielen als Spezialitäten eine wichtige Rolle. Im Jahr 2002 hat Jürgen Dietrich die Leitung des Staatsweingutes übernommen. Er war zuvor Leiter des Staatlichen Hofkellers in Würzburg und davor Leiter des Weinguts des Hauses Württemberg in Ludwigsburg. Mit dem Jahrgang 2003 wurde das Programm neu strukturiert in Gutsweine, Lagenweine und Premiumweine (***). Prädikatsbezeichnungen werden nur noch beim Traminer verwendet.

Vorjahre

2010 brachte frische, schlanke, aber etwas zurückhaltende Weine; der Weißburgunder aus der Chorherrenhalde besaß Kraft und Substanz. In der letztjährigen Kollektion überzeugte der Chardonnay aus der Chorherrenhalde, kraftvoll und reintönig präsentierte sich der 3-Sterne-Spätburgunder aus dem Bengel, in gewohnter Manier führten die 3-Sterne-Weine eine ansonsten sehr gleichmäßige Kollektion mit zuverlässigen Weinen an.

M

Die besten deutschen Weinerzeuger und ihre Weine

Neue Kollektion

Ähnlich ist das Bild nun in diesem Jahr: Der Chardonnay aus der Chorherrenhalde besitzt gute Fülle und Substanz und reife süße Frucht, führt eine ansonsten etwas verhaltene Kollektion an.

Weinbewertung

81   2012 Müller-Thurgau trocken Hohentwieler Olgaberg **12 %/7,- €**

80   2012 Weißburgunder trocken Meersburger Jungfernstieg **12,5 %/8,90 €**

81   2012 Sauvignon Blanc trocken Hohentwieler Olgaberg **13 %/12,80 €**

85   2012 Chardonnay trocken*** Meersburger Chorherrenhalde **13 %/14,- €**

80   2012 Spätburgunder Weißherbst trocken Meersburger Bengel **12,5 %/7,90 €**

78   2011 Spätburgunder trocken Hohentwieler Olgaberg **13,5 %/9,- €**

Mehl ★

Weingut

Rheingau

Haselnussgasse 6, 65396 Walluf
Tel. *06123-73274,* **Fax:** *06123-75626*
www.weingut-mehl.de
weingut.mehl@t-online.de
Besuchszeiten: *Mo. bis Fr. 17-19 Uhr, Sa. 10-14 Uhr und jederzeit nach Vereinbarung*
Weingutschänke

Inhaber .... Markus Mehl
Rebfläche .... 2,7 Hektar

Das Weingut Mehl entstand aus einer kleinen Ortsküferei und wird heute in der fünften Generation betrieben. Während der Vater sich um die Weinberge kümmert, die Mutter um die Gutsschänke, ist Markus Mehl im Keller aktiv. Die Weißweine werden gekühlt im Stahltank vergoren und ausgebaut, der Spätburgunder lagert im Eichenholzfass. Von dieser Regel weicht Markus Mehl beim Grauburgunder, im Holzfass gereift, ab. Der Großteil der Erzeugung von ungefähr 30.000 Flaschen pro Jahr wird an Privatkunden verkauft oder an Ort und Stelle in der eigenen Gutsschänke getrunken. Markus Mehl bevorzugt den Schraubverschluss für seine klaren, fruchtigen und in einem ruhigen, zugänglichen Stil gehaltenen Weine. Der „Authentico" ist tatsächlich authentisch trocken (2010 und 2012 unter 5 Gramm pro Liter, 2011 nur knapp darüber), und auch die übrigen Basisweine sind straff und voller Würze, während die Rotweine saftige Frucht aufweisen und nicht im Geringsten schwer wirken. Mehls Spätburgunder sind konzentriert, aber nicht übertrieben mächtig.

Vorjahre

Die Weine des Jahrgangs 2010 fielen wunderschön geradlinig aus, schienen keine Spur unreif, waren auch im Basisbereich animierend – nur die Grauburgunder konnten, da etwas rustikal, nicht komplett überzeugen. Anschließend wurden gute 2011er vorgestellt. Sehr saftig wirkte die fruchtsüße Spätlese, knackig präsentierte sich der „Authentico", auch der Sauvignon Blanc gelang weit überdurchschnittlich, die beiden Rotweine (aus 2008 und 2009) besaßen gute Balance.

Neue Kollektion

In der neuen Kollektion macht wiederum der Sauvignon Blanc – eher nach Kräutern als nach exotischen Früchten duftend – viel Spaß, der puristisch trockene „Authentico" ist gelungen, während der 2011er Grauburgunder zu breit wirkt. Einige Weine machen darüber hinaus einen unnötig von Kohlensäure beeinflussten Eindruck. Rauchig, stoffig, leicht nach Tabak duftend: Der 2009er Spätburgunder „S".

Weinbewertung

85   2012 Sauvignon Blanc trocken **14 %/8,70 €**

82   2012 Riesling trocken **13,5 %/4,- €**

85   2012 Riesling trocken „Authentico" **12,5 %/5,70 €**

82   2011 Grauburgunder trocken **14 %/11,20 €**

84   2012 Riesling Classic **12,5 %/5,30 €**

85   2009 Spätburgunder trocken „S" **13 %/10,20 €**

Mehling ★

Weingut **Pfalz**

Weinstraße 55, 67146 Deidesheim
Tel. 06326-274, *Fax:* 06326-7473
www.weingut-mehling.de
info@weingut-mehling.de
Besuchszeiten: Mo.-Fr. 9-12 + 14-19 Uhr, Sa. 9-17 Uhr

Inhaber . . . Bernd Otte und Anne Mehling-Otte
Rebfläche . . . . 7 Hektar

Bernd Otte und Anne Mehling-Otte bewirtschaften das Weingut in dritter Generation. Tochter Kathrin hat ihr Studium der Önologie in Geisenheim beendet und wird die Eltern in Zukunft unterstützen und neue Ziele hinzufügen. Riesling ist mit einem Anteil von 75 Prozent die wichtigste Rebsorte, weitere weiße Sorten sind Weißburgunder, Grauburgunder, Chardonnay, Gewürztraminer und seit 2010 Muskateller. Als Rotweine werden Dornfelder und Spätburgunder angebaut. Seit 2010 werden die Weinberge ökologisch bewirtschaftet. Die Weißweine werden in Edelstahltanks ausgebaut, Spätburgunder in Barriques.

Vorjahr _____

Neben einem sehr ordentlichen Liter-Riesling haben wir bei der Premiere im vergangenen Jahr frische und klare Lagen-Rieslinge verkostet, wobei uns von den Kabinett-Weinen die Leinhöhle am besten gefiel. Die beiden Spätlesen zeigten gute Konzentration.

Neue Kollektion _____

In diesem Jahr stellen wir eine etwas andere Vinifikation fest. Die Weine haben eine kräftige Struktur, die uns gut gefällt. Möglicherweise durch Maischestandzeit oder auch Maischevergärung entwickeln die Weine einen ordentlichen Druck, vor allem die Rieslinge. Sehr gut! ◀━

Weinbewertung _____

83   2012 Riesling Kabinett trocken Deidesheimer Leinhöhle   **13 %/6,50 €**
87   2012 Riesling Spätlese trocken Deidesheimer Paradiesgarten   **13 %/9,30 €**
87   2012 Riesling Spätlese trocken Deidesheimer Kalkofen   **13 %/9,70 €**
84   2012 Weißburgunder & Chardonnay Kabinett trocken   **13 %/6,30 €**
84   2012 Grauburgunder Kabinett trocken   **13 %/6,30 €**
85   2012 Riesling Auslese Lux Capta Deidesheimer Kalkofen   **11 %/12,- €**

Meierer ★

Weingut **Mosel**

Am Herrenberg 15, 54518 Kesten
Tel. 06535-7012, *Fax:* 06535-944404
www.weingut-meierer.de
info@weingut-meierer.de
Besuchszeiten: nach Vereinbarung

Inhaber . . . . Klaus Meierer
Rebfläche . . . . 6 Hektar

Seit 1767 betreibt die Familie Weinbau in Kesten, heute führt Klaus Meierer in siebter Generation den Betrieb. Seine Weinberge, überwiegend Riesling, liegen vor allem in Kesten in den Lagen Paulinsberg und Paulinshofberger. Seit 2005 unterstützt Sohn Markus seinen Vater im Betrieb, hauptberuflich aber arbeitet er beim Weingut Fritz Haag in Brauneberg.

Vorjahre _____

Beim guten Debüt vor zwei Jahren war die Auslese aus dem Paulinshofberg unser Favorit in einer stimmigen Kollektion. Auch 2011 überzeugte: Die trockenen Rieslinge waren klar, kraftvoll und geradlinig, saftig und frisch präsentierten sich auch die restsüßen Weine, vor allem Spätlese, Auslese und der Riesling von jungen Reben konnten punkten.

Neue Kollektion _____

Die neue Kollektion ist stimmig, trocken wie süß, bietet einen feinen Kabinett und eine saftige Spätlese. Unser Favorit aber ist der

M

Die besten deutschen Weinerzeuger und ihre Weine

halbtrockene Riesling von alten Reben, der wunderschön reintönig, frisch und zupackend ist bei guter Struktur. ◀

Weinbewertung _____

81 2012 Riesling trocken Kestener **11,5 %/4,90 €**
85 2012 Riesling „Alte Reben" **12,5 %/9,90 €**
79 2012 Riesling „feinherb" **10 %/4,90 €/1l**
83 2012 Riesling „feinherb" Kestener Paulinshofberg **12 %/6,90 €**
84 2012 Riesling Kabinett Kestener **9 %/4,90 €** ☺
84 2012 Riesling Spätlese Kestener Paulinshofberg **7,5 %/9,90 €**

★

St. **Meinhard**
Weingut

Nahe

Kirchstraße 13, 55545 Bad Kreuznach
***Tel.** 0671-43030, **Fax:** 0671-43006*
www.weingut-meinhard.de
info@weingut-meinhard.de
***Besuchszeiten:** täglich nach Vereinbarung*
Straußwirtschaft (Okt.-Nov., März-Mai)

Inhaber .... Steffen Meinhard
Rebfläche .... 8 Hektar

Das Weingut wurde 1885 von Daniel Meinhard, dem Urgroßvater des heutigen Besitzers, gegründet. Seit 1990 wird es von Steffen und Angela Meinhard geführt. Ihre Weinberge liegen rund um Winzenheim. Wichtigste Rebsorte ist Riesling, gefolgt von Weiß- und Grauburgunder. Dazu gibt es Chardonnay, Spätburgunder, Portugieser und Gewürztraminer.

Vorjahre _____

Die 2010er Weißweine bestätigten den kraftvollen und fülligen Stil der Vorjahre, sie boten Substanz, Fülle und Kraft. Und auch 2011 blieb Steffen Meinhard diesem Stil weiterhin treu, teilweise fehlte es den Weinen aufgrund des hohen Alkoholgehalts allerdings etwas an Balance.

Neue Kollektion _____

Die 2012er Kollektion gefällt uns wieder besser, die Burgunder sind gewohnt saftig, füllig und kraftvoll, der Alkohol ist in diesem Jahr jeweils gut eingebunden, der trockene Riesling aus der Pastorei ist gar regelrecht schlank und zeigt feine Zitruswürze. ◀

Weinbewertung _____

84 2012 Grauburgunder „S" Spätlese trocken Winzenheimer Berg **13,5 %/9,- €**
86 2012 Grauburgunder „R" Spätlese trocken Kreuznacher St. Martin **14 %/16,- €**
84 2012 Chardonnay Spätlese trocken Winzenheimer Honigberg **13 %/8,- €**
81 2012 Weißburgunder trocken **13 %/5,- €**
84 2012 Weißburgunder Spätlese trocken **13 %/8,- €**
84 2012 Riesling Spätlese trocken Bretzenheimer Pastorei **12 %**

★★★★

Melsheimer
Weingut

Mosel

🍇 *Dorfstraße 21, 56861 Reil*
***Tel.** 06542-2422, **Fax:** 06542-1265*
www.melsheimer-riesling.de
mail@melsheimer-riesling.de
***Besuchszeiten:** Mo.-Fr. 9-11 + 14-18 Uhr, Sa. 11-18 Uhr, So. 10-12 Uhr*
Gästehaus (Frühstückspension, Ferienwohnungen)

Inhaber .... Thorsten Melsheimer
Rebfläche .... 12 Hektar

Das Weingut ist seit 200 Jahren in Familienbesitz. 1995 ist Thorsten Melsheimer nach seinem Weinbaustudium in den Betrieb eingestiegen und hat mit der Umstellung auf ökologischen Weinbau begonnen. Seit 1997 ist er Mitglied bei Ecovin. Die Weinberge liegen zur Hälfte in Steillagen, vor allem in der Lage Mullay-Hofberg, die erstmals 1143 urkundlich als Hofgut Molun des Klosters

Springiersbach belegt ist. Einzelne Parzellen im Mullay-Hofberg baut Thorsten Melsheimer gesondert aus, so Schäf, Kellerchen, Langeberg und Pfefferberg. Thorsten Melsheimer baut ausschließlich Riesling an, sieht man von Versuchsanlagen mit pilzresistenten Rebsorten ab. Die Weine werden fast ganz in traditionellen Fuderfässern ausgebaut.

Vorjahre

Die 2009er Weine aus Langeberg, Kellerchen und Pfefferberg konnten wir erst vor zwei Jahren verkosten, sie zeigten bestechend hohes Niveau. Aber auch die trockenen 2010er Rieslinge waren stark, herrlich reintönig waren die Spätlesen aus Goldlay und Schäf, dazu gab es 2010 eine geschlossene Kollektion an edelsüßen Weinen, in der uns der Eiswein besonders gut gefiel. Nicht zu vergessen die Rieslingsekte von Thorsten Melsheimer, die immer zu den besten Sekten der Mosel gehören. Die Sekte waren auch 2010 wieder sehr gut – und wieder viel zu jung. Die trockenen 2011er waren stark, am besten gefiel uns der Wein aus dem Kellerchen. Der süße Teil der Kollektion präsentierte sich stimmig auf hohem Niveau mit reintönigen, zupackenden Spätlesen, einer wunderschönen Auslese und einer enorm konzentrierten Beerenauslese.

Neue Kollektion

Eine vergleichbare Kollektion folgt mit dem Jahrgang 2012. Bestechend hoch ist wieder das Einstiegsniveau, der trockene Literriesling ist herrlich klar, kraftvoll und zupackend, der Molun besticht durch seine Reintönigkeit, unser Favorit aber unter den trockenen Weinen ist das Kellerchen, ein kraftvoller, reintöniger Riesling, der gute Struktur und Substanz besitzt. Feinherb gefällt uns der Pfefferberg besonders gut, er ist kraftvoll und stoffig bei herrlich viel Substanz. Betörend hoch ist das Einstiegsniveau auch im süßen Segment mit dem recht fülligen Kabinett, dann folgt die saftige Goldlay-Spätlese und die kraftvolle Schäf-Spätlese, die viel

Substanz besitzt. Die Auslese besitzt ebenfalls viel Substanz, viel reife Frucht und Biss, der duftige Eiswein ist konzentriert und dominant. Und die Sekte sind auch 2011 wieder frisch, klar und zupackend – und allzu jugendlich. ◀━

Weinbewertung

87	2011 Riesling Sekt extra-brut **12,5 %/12,50 €**
86	2011 Riesling Sekt brut **12,5 %/12,50 €**
86	2012 Riesling trocken (1l) **11,5 %/10,- €**
87	2012 Riesling trocken „Molun 1143" Reiler Mullay-Hofberg **12 %/12,- €**
89	2012 Riesling trocken „Kellerchen" Reiler Mullay-Hofberg **12,5 %/18,- €**
85	2012 Riesling Kabinett „feinherb" Reiler Mullay-Hofberg **11 %/9,- €**
88	2012 Riesling „feinherb" „Pfefferberg" Reiler Mullay-Hofberg **12 %/13 ,- €**
86	2012 Riesling Kabinett Reiler Mullay-Hofberg **9,5 %/19,- €**
86	2012 Riesling Spätlese Reiler Goldlay **7,5 %/12,- €**
89	2012 Riesling Spätlese „Schäf" Reiler Mullay-Hofberg **7,5 %/15- €**
89	2012 Riesling Auslese Reiler Mullay-Hofberg **8 %/30,- €**
90	2012 Riesling Eiswein Reiler Mullay-Hofberg **7,5 %/52,- €/0,375l**

★★

Dr. **Melsheimer**
Weingut   **Mosel**

🍷 *Wolfer Weg 11, 56841 Traben-Trarbach*
Tel. 06541-811075, *Fax:* 06541-812844
www.weingut-melsheimer.de
info@weingut-melsheimer.de / md@graifen.de
Besuchszeiten: nach Vereinbarung und zu Öffnungszeiten des Restaurants
Restaurant „Die Graifen" (Tel. 06541-811075)

Inhaber .... Fritz Horst Melsheimer
Verwalter .... Matthias Decker
Kellermeister .... Thorsten Melsheimer
Rebfläche .... 2 Hektar

Fritz Horst Melsheimer baut ausschließlich Riesling an. Die Reben stehen in den Lagen Trarbacher Schlossberg, Trabener Würzgarten und Enkircher Steffensberg. Seit 2009 werden die Weinberge biologisch bewirtschaftet (Mitglied bei Ecovin). Der Ausbau der Weine erfolgt überwiegend im traditionellen Fuder. Die Weine werden zum Teil über das Restaurant die Graifen vermarktet, die Sortimentsplanung erfolgt in Abstimmung mit dem Restaurant.

Vorjahre

Eine klare Stilistik zeigten die drei vorgestellten 2010er Weine, sie waren präzise und zupackend. Die 2011er Kollektion wurde angeführt von gleich drei Spätlesen aus dem Schlossberg, wobei unsere leichte Präferenz der saftigen süßen Variante galt.

Neue Kollektion

Die neue Kollektion ist ein klarer Schritt voran, die Weine sind druckvoller und präziser geworden. Beeindruckend gut ist das Basisniveau, alle drei Gutsweine sind fruchtbetont, klar und zupackend bei guter Struktur, unsere leichte Präferenz gilt der trockenen Variante. Der Fabelwein, eine Cuvée aus Schlossberg und Steffensberg, ist konzentriert, kraftvoll und würzig, besitzt reife Frucht und gute Struktur. Der feinherbe Kabinett ist druckvoll und präzise, der Riesling aus dem Schlossberg würzig, frisch und zupackend bei guter Struktur.

Weinbewertung

86 2012 Riesling trocken **10,5 %/8,- €**
88 2012 Riesling trocken „Fabelwein" **12,5 %/11,- €**
84 2012 Riesling „feinherb" (1l) **10,5 %/9,- €**
85 2012 Riesling Kabinett „feinherb" Trabener Würzgarten **10,5 %/10,- €**
87 2012 Riesling („feinherb") Trabener Schlossberg **11 %/13,- €**
85 2012 Riesling (1l) **8 %/9,- €**
83? 2012 Riesling Spätlese Enkircher Steffensberg **7,5 %/14,- €**

Thomas **Mend**
Weingut   **Franken**

Weinbergstraße 13, 97346 Iphofen
Tel. 09323-3013, **Fax:** 09323-870171
www.weingut-mend.de
info@weingut-mend.de
Besuchszeiten: Mo.-Fr. 9-18 Uhr, Sa. 10-17 Uhr, So. 11-16 Uhr

Inhaber . . . . Thomas Mend
Rebfläche . . . . 9 Hektar

Seit 1992 führt Thomas Mend in vierter Generation das Gut. Seine Weinberge liegen in den Iphöfer Lagen Julius-Echter-Berg, Kronsberg und Kalb. Bei den Rebsorten dominiert Silvaner. Es folgen Müller-Thurgau, Bacchus, Weißburgunder und Riesling, sowie die roten Rebsorten Portugieser, Spätburgunder und Domina. 90 Prozent der Weine werden trocken ausgebaut. 2009 hat Thomas Mend zwei kleine Weinberge in Semsogard in Ostjütland (Dänemark) angelegt mit 1.000 Stock Seyval Blanc, im April 2011 kamen 500 Stock Johanniter hinzu.

Vorjahre

Sehr gleichmäßig präsentierte sich vor zwei Jahren die Kollektion, bei leichten Vorteilen im roten Segment, aber auch die Weißburgunder Spätlese gefiel uns einmal mehr gut. Die Jahrgang 2011 überzeugte voll und ganz, angefangen vom Gutssilvaner über die trockene Silvaner Spätlese aus dem Julius-Echter-Berg bis hin zum Weißburgunder aus dem Kronsberg, auch die schmeichelnde Kerner Auslese bereitete Freude.

Neue Kollektion

Vergleichbar stark ist nun auch der Jahrgang 2012, schon die Gutsweine überzeugen voll und ganz, allen voran die zupackende Scheurebe, die trockenen Spätlesen bringen eine weitere Steigerung. Der Weißburgunder aus dem Kronsberg ist wie im Vorjahr füllig und kraftvoll bei guter Substanz, auch der konzentrierte, reintönige Silvaner aus dem Julius-Echter-Berg schließt nahtlos an seinen Vorgänger an. Noch etwas besser aber haben wir dieses Jahr den Riesling aus dem Kalb bewertet, ein fülliger, reintöniger Riesling, der reife Frucht besitzt, gute Struktur und Substanz.

Weinbewertung

83 2012 Riesling trocken **11,5 %/5,60 €**

82 2012 Weißburgunder trocken **12,5 %/5,60 €**

84 2012 Scheurebe trocken **12 %/5,40 €**

85 2012 Silvaner Spätlese trocken Iphöfer Julius-Echter-Berg **13,5 %/8,10 €**

85 2012 Weißburgunder Spätlese trocken Iphöfer Kronsberg **13,5 %/8,10 €**

86 2012 Riesling Spätlese trocken Iphöfer Kalb **13,5 %/8,10 €**

★ ☆

Edwin **Menges**

Weingut **Baden**

Suttenweg 1, 69231 Rauenberg

Tel. *06222-9510,* **Fax:** *06222-951100*

www.gutshof-menges.de

info@gutshof-menges.de

Besuchszeiten: *Mo.-Fr. ab 15 Uhr, Sa. nach*

Vereinbarung

Hotel, Weinstube

Inhaber . . . . Edwin Menges

Rebfläche . . . . 5,5 Hektar

1988 übernahm Edwin Menges die 1,5 Hektar Weinberge seines Vaters und gründete sein eigenes Weingut. Alle seine Weinberge liegen im Rauenberger Burggraf. Je einen Hektar nehmen Riesling und Spätburgunder ein, dazu gibt es Silvaner, Chardonnay, Sauvignon Blanc, Muskateller, sowie die weißen Burgundersorten. An roten Sorten baut er noch Lemberger, St. Laurent, Cabernet Mitos, Dornfelder und Portugieser an, inzwischen auch Cabernet Sauvignon und Petit

Verdot. Die Weißweine werden kühl vergoren, die Rotweine kommen nach der Maischegärung ins Holzfass. Ehefrau Susanne leitet das Hotel, Sohn Sebastian und Schwiegertochter Laura um den Weinverkauf.

Vorjahre

Vor zwei Jahren war die Kollektion sehr gleichmäßig, zeigte auch 2010 keine Schwächen; neben dem Sekt überzeugte besonders der barriqueausgebaute Chardonnay. Die 2011er Rotweine präsentierten sich kraftvoll und klar, die Stars im Programm aber waren im vergangenen Jahr eindeutig die beiden im Barrique ausgebauten Rotweine des Jahrgangs 2009, der Spätburgunder und die Cuvée Fleur d'Oswald aus Cabernet Sauvignon und Petit Verdot.

Neue Kollektion

Die neue Kollektion ist sehr ausgeglichen, unserve Favoriten aber sind wie im vergangenen Jahr die roten Barriqueweine: Der St. Laurent zeigt eindringlich Gewürznoten, besitze Fülle und Kraft und noch etwas bittere Tannine; der ebenfalls sehr jugendliche Spätburgunder ist klar und zupackend bei guter Struktur.

Weinbewertung

83 2010 „Aira" Rosé Sekt brut **13 %/13,- €**

81 2012 Auxerrois Kabinett trocken **12,5 %/6,50 €**

81 2012 Riesling Kabinett trocken **12 %/6,50 €**

83 2012 Muskateller Spätlese trocken **13 %/8,- €**

81 2011 Portugieser trocken (1l) **12,5 %/5,- €**

84 2011 St. Laurent Spätlese trocken Barrique **13 %/13,- €**

85 2010 Spätburgunder Spätlese trocken Barrique **13 %/18,- €**

M

Die besten deutschen Weinerzeuger und ihre Weine

Merl
Weingut

Rheinhessen

Schwabenheimer Straße 32, 55218 Ingelheim
Tel. *06130-1300,* **Fax:** *06130-941450*
www.weingut-merl.de
info@weingut-merl.de
Besuchszeiten: *Mo.-Sa. 9-19 Uhr*

Inhaber . . . . Hans-Peter und Dominik Merl
Rebfläche . . . . 20 Hektar

Der Christopherushof, der Sitz des Weingutes, wird heute von Hans-Peter Merl und Sohn Dominik geführt. Ihre Weinberge befinden sich in den Ingelheimer Lagen Schlossberg, Klosterbruder, Heilig Häuschen und Bockstein. Neben traditionellen Rebsorten wie Spätburgunder, Portugieser und Silvaner werden auch Sorten wie St. Laurent, Dornfelder, Domina, aber auch die weißen Burgundersorten und Riesling angebaut.

Vorjahre _____

Die 2010er Weine waren etwas verhalten, aber sortentypisch, die beiden Barrique-Rotweine aus dem Jahrgang 2009 gefielen uns vor zwei Jahren sehr gut. 2011 waren die Weißweine geradlinig und klar, die Rotweine fruchtbetont und zupackend.

Neue Kollektion _____

Sehr gleichmäßig ist nun auch die neue Kollektion, am besten gefallen uns der reintönige Gewürztraminer und der klare, fruchtbetonte Spätburgunder. ◀—

Weinbewertung _____

82 2012 Sauvignon Blanc trocken **13,5 %/5,90 €**
82 2012 Grauburgunder trocken **12,5 %/4,70 €**
81 2012 Riesling trocken „Unikum" **12,5 %/5,50 €**
80 2012 Chardonnay trocken **13,5 %/5,- €**
83 2012 Gewürztraminer Spätlese „feinherb"
   12,5 %/5,40 €
83 2011 Spätburgunder trocken **13,5 %/4,60 €**

Heinrich **Mertes**
Weingut

Mosel

◆ *Hermeskeiler Straße 36, 54326 Waldrach*
Tel. *06500-480,* **Fax:** *06500-95181*
www.mertes-waldrach.de, mail@mertes-waldrach.de
Besuchszeiten: *Sa. 9-16 Uhr und nach Vereinbarung*
Ferienwohnung, Gästezimmer

Inhaber . . . . Wolfgang Mertes
Rebfläche . . . . 2,5 Hektar

Heinrich und Alberta Mertes haben das Weingut gegründet, heute wird es von Wolfgang Mertes geführt, der hauptberuflich als Betriebsleiter und Kellermeister bei Reichsgraf von Kesselstatt arbeitet. Seine Weinberge liegen alle in Steillagen, hauptsächlich in den Waldracher Lagen Sonnenberg und Meisenberg. Neben 65 Prozent Riesling baut er 30 Prozent Spätburgunder und 5 Prozent andere Rebsorten an.

Neue Kollektion _____

Eine stimmige Kollektion mit klaren, angenehm schlanken, geradlinigen Rieslingen präsentiert Wolfgang Mertes zum Debüt. Die trockene Spätlese aus dem Meisenberg ist klar, frisch und zupackend, der Riesling von alten Reben aus dem Sonnenberg ist füllig und kraftvoll, besitzt reife Frucht und gute Substanz wie auch die füllige, saftige feinherbe Spätlese, ebenfalls aus dem Sonnenberg. ◀—

Weinbewertung _____

82 2012 Riesling Kabinett trocken Waldracher Sonnenberg **11,5 %/5,50 €**
83 2012 Riesling Spätlese trocken Waldracher Meisenberg **11,5 %/7,- €**
85 2012 Riesling trocken „alte Reben" Waldracher Sonnenberg **12 %/8,50 €**
81 2012 Riesling Kabinett „feinherb" Waldracher Sonnenberg **10,5 %/5,50 €**
84 2012 Riesling Spätlese „feinherb" Waldracher Sonnenberg **11 %/7,- €**
81 2012 Riesling Kabinett Waldracher Sonnenberg **9 %/5,50 €**

M

★★☆

Johann Peter **Mertes**
Weingut & Brennerei   **Mosel**

Kirchstraße 19, 54441 Kanzem
Tel. 06501-17163, *Fax:* 06501-16629
www.weingut-mertes.de
info@weingut-mertes.de
Besuchszeiten: *Mo.-Sa. 8-18 Uhr und nach*
Vereinbarung

Inhaber . . . . Johann Peter Mertes
Rebfläche . . . . 11,6 Hektar

Seit 1891 besteht das Weingut, das heute in fünfter Generation von dem Önologen Johann Peter Mertes und seiner Frau Dagmar geführt wird. Sie verfügen über Parzellen in den Kanzemer Lagen Altenberg und Sonnenberg (in den Teillagen Breizwingert und Sank), den Wawerner Lagen Ritterpfad und Goldberg (fast 2 Hektar im Filetstück, wo bereits seit 1981 auch Spätburgunder angebaut wird), sowie im Ockfener Bockstein und in der Saarburger Kupp (wo insbesondere die Grundweine für die Sekte gewonnen werden). Im Alleinbesitz befindet sich die Lage Saarburger Stirn.

Vorjahre ————————————
Die konsistente 2010er Kollektion war ein wenig verhalten, wurde angeführt von der stoffigen Beerenauslese aus dem Altenberg. Eine sehr ausgeglichene Kollektion präsentierte Johann Peter Mertes mit dem Jahrgang 2011, die sehr gleichmäßiges Niveau zeigte, trocken, wie „feinherb" und süß.

Neue Kollektion ————————————
Sehr gleichmäßig präsentiert sich nun auch der Jahrgang 2012. Trocken gefällt uns die Spätlese aus dem Altenberg besonders gut, sie ist klar und kraftvoll, besitzt gute Struktur und Substanz. Im feinherben Segment sehen wir die beiden Spätlesen aus Sonnenberg und Stirn gleichauf, beide sind recht füllig und süß, klar und konzentriert. ◄

Weinbewertung ————————————

82 2012 Riesling trocken Wawern Goldberg
    12 %/6,90 €
83 2012 Riesling Kabinett trocken Wawern Ritterpfad **11,5 %/8,40 €**
85 2012 Riesling Spätlese trocken „Alte Reben" Kanzem Altenberg **12 %/9,80 €**
82 2012 Riesling „feinherb" Ockfen Bockstein **11,5 %/7,20 €**
82 2012 Riesling Kabinett „feinherb" Saarburg Kupp **11 %/8,40 €**
85 2011 Riesling Spätlese „feinherb Sank Alte Reben" Kanzem Sonnenberg **11 %/8,90 €**
85 2011 Riesling Spätlese „feinherb" „Alte Reben" Saarburg Stirn **11 %/9,80 €**
82 2012 Riesling Kabinett Ockfen Bockstein **10 %/9,50 €**
84 2012 Riesling Spätlese Kanzem Altenberg **8 %/12,50 €**

★★★

Herbert **Meßmer**
Weingut   **Pfalz**

Gaisbergstraße 5, 76835 Burrweiler
Tel. 06345-2770, *Fax:* 06345-7917
www.weingut-messmer.de
m.messmer@weingut-messmer.de
Besuchszeiten: Mo.-Fr. 8-11:30 + 13:30-17 Uhr,
Sa. 9-13 Uhr
Komfort-Ferienwohnungen

Inhaber . . . . Familie Meßmer
Kellermeister . . . . Gregor Meßmer
Rebfläche . . . . 23 Hektar

1960 haben Herbert und Elisabeth Meßmer ihr Weingut gegründet. Beide stammen aus Winzerfamilien und machten sich mit dem Kauf eines bestehenden Weingutes selbstständig. Seit 1984 ist mit Gregor Meßmer und dessen Frau Sieglinde die zweite Generation im Weingut tätig. Inzwischen ist auch der zweite Sohn Martin im Betrieb aktiv, zuständig für die Bereiche Marketing und Vertrieb. Die Weinberge

M

Die besten deutschen Weinerzeuger und ihre Weine

liegen in Burrweiler in den Lagen Schäwer (Schiefer), Altenforst (steinig-felsiger Untergrund) und Schlossgarten, sowie im Weyherer Michelsberg. Riesling nimmt 40 Prozent der Rebfläche ein. Es folgen Spätburgunder, Grauburgunder und Weißburgunder, dazu gibt es St. Laurent, Chardonnay, Cabernet Sauvignon und Merlot. Der Rotweinanteil beträgt etwa ein Drittel.

Vorjahre

Vor zwei Jahren gefiel uns das im Jahr zuvor schon einmal vorgestellte Große Gewächs aus dem Schäwer am besten. Aktuelle Große Gewächse wurden uns vor zwei Jahren keine zur Verkostung geschickt – und auch sonst leider nur drei Weine aus dem Jahrgang 2010. Gewohnt gut war wieder der Barrique-Grauburgunder, die Rieslaner Auslese war herrlich lebendig und frisch. Im vergangenen Jahr konnten wir wieder eine umfangreichere Kollektion verkosten, die sich auf hohem Niveau präsentierte: Die rundum mit viel klarer Frucht und Würze überzeugende Riesling-Riege wurde angeführt von dem neuen, im Holz ausgebauten Riesling „Einzig & Artig" und dem Großen Gewächs aus dem Schäwer, genauso stark war der Selektions-Grauburgunder, übertroffen wurden sie aber im letzten Jahr noch von dem füllligen Weißburgunder Großes Gewächs.

Neue Kollektion

Auch in diesem Jahr überzeugen alle verkosteten Weine, an der Spitze der Kollektion stehen die beiden weißen Großen Gewächse mit viel Saft, viel klarer Frucht und Nachhaltigkeit. Das Große Gewächs vom Spätburgunder hat kräftige dunkle Frucht, Kakao- und Mokkanoten und setzt – wie auch die beiden anderen Rotweine – eher auf Kraft als auf Eleganz und Finesse. Der Grauburgunder aus dem Schlossgarten besitzt wieder Saft, Substanz und Länge, ebenso gut gefallen hat uns auch der cremige und harmonische 2011er Weißburgunder „Einzig & Artig". ◄━

Weinbewertung

85 2012 Riesling trocken „Granit" **12 %/7,90 €**
86 2012 Riesling trocken „Schiefer" **12,5 %/8,80 €**

86 2012 Grauburgunder trocken „Muschelkalk" **13,5 %/8,40 €**
87 2011 Riesling trocken „Einzig & Artig" Weyhrer Michelsberg **13 %/12,- €**
88 2011 Weißburgunder trocken „Einzig & Artig" **14 %/13,50 €**
88 2012 Grauburgunder trocken Burrweiler Schlossgarten **13,5 %/16,- €**
90 2012 Riesling „GG" Schäwer Burrweiler **12,5 %/22,- €**
90 2012 Weißburgunder „GG" „Im goldenen Jost" Schlossgarten Burrweiler **13,5 %/22,- €**
86 2012 Muskateller „feinherb" **12,5 %/9,50 €**
86 2011 Spätburgunder trocken Schlossgarten **16,- €**
87 2011 Cabernet Sauvignon trocken **18,- €**
88 2011 Spätburgunder „GG" Schlossgarten Burrweiler **28,- €**

★
Mett & Weidenbach
Weingut   **Rheinhessen**

Mainzer Straße 31, 55218 Ingelheim
Tel. *06132-2682,* **Fax:** *06132-3271*
www.weingut-mett.de
info@weingut-mett.de
Besuchszeiten: *Di.-Fr. 9-12:30 + 14-18 Uhr,*
Sa. 9-14 Uhr (Bitte um Anmeldung)
Vinothek mit Kreuzgewölbe

Inhaber............................Jürgen Mett
Rebfläche............................12 Hektar

Die Familie Mett bewirtschaftet seit 1842, seit fünf Generationen, Weinberge auf den Hügeln rund um Ingelheim. Mehr als zwei Drittel der Weinberge sind mit roten Sorten bestockt, wobei Spätburgunder den größten Anteil einnimmt. Neben Spätburgunder wird vor allem noch Riesling, Silvaner, Grauburgunder, Müller-Thurgau und Frühburgunder angebaut. 2004 übernahm Jürgen Mett einige Weinberge seiner Schwiegereltern (Weingut Weidenbach) in besten Ober-Ingelheimer Lagen. Weißweine werden im Edelstahl ausgebaut, Rotweine werden 6 bis 14 Tage auf der Maische vergoren. 80 Prozent der Weine sind trocken ausgebaut. Die Weine werden zum größten Teil ab Hof an Privatkunden verkauft.

Vorjahre

Vor zwei Jahren bot die Kollektion frische, klare Weißweine, fruchtbetonte Rotweine, unser Favorit war der Spätburgunder von alten Reben aus dem Pares. Die letztjährige Kollektion präsentierte sich geschlossen auf gutem Niveau, weiß wie rot, am besten gefiel uns der reintönige Frühburgunder aus dem Pares.

Neue Kollektion

Eine ähnliche Kollektion folgt in diesem Jahr nach, mit dem Unterschied, dass uns diesmal der Spätburgunder besser gefällt als der Frühburgunder, er besitzt feine rauchige Noten und reintönige Frucht im Bouquet, gute Struktur, Frische und Frucht im Mund. ◄━

Weinbewertung

82	2012 Grauburgunder „S" trocken **13,5 %/8,50 €**
82	2012 Chardonnay „S" trocken **13 %/7,80 €**
80	2012 Weißer Riesling „S" trocken „aus der Unft" **13 %/7,90 €**
83	2011 Blauer Portugieser trocken Selection Rheinhessen Ingelheimer Rotes Kreuz **13 %/14,- €**
83	2011 Blauer Frühburgunder trocken Selection Rheinhessen Ingelheimer Pares **13,5 %/15,50 €**
86	2010 Blauer Spätburgunder trocken Selection Rheinhessen Ingelheimer Pares **13,5 %/15,50 €**

Meulenhof ★★
Weingut

Mosel

Zur Kapelle 8, 54492 Erden
Tel. *06532-2267,* **Fax:** *06532-1552*
meulenhof@web.de
Besuchszeiten: *immer nach Vereinbarung*

Inhaber .... Stefan Justen
Rebfläche .... 4,5 Hektar

Der historische Meulenhof wird urkundlich bereits in der ersten Hälfte des 14. Jahrhunderts erwähnt. Seit 1990 leitet Stefan Justen den Betrieb, der sich auf restsüße Weine konzentriert. Riesling spielt mit rund 80 Prozent die Hauptrolle, Müller-Thurgau und Kerner dienen nur der Ergänzung. Das Weingut ist mit erstklassigen Parzellen in Erdener Treppchen, Wehlener Sonnenuhr und Erdener Prälat vertreten.

Vorjahre

Die 2010er Weine waren verhaltener, die Prälat Auslese und die Beerenauslese aus dem Treppchen gefielen uns am besten; noch besser aber waren die beiden erst vor zwei Jahren vorgestellten edelsüßen 2009er aus dem Treppchen. 2011 war in der Spitze spannend; die Kollektion insgesamt wies eine merkliche Diskrepanz zwischen trockenen und süßen Weinen auf, letztere waren deutlich interessanter. Die Spätlesen präsentierten sich frisch und klar, die Auslesen sehr gleichmäßig, Highlight der Kollektion war die wunderschön reintönige Beerenauslese.

Neue Kollektion

Ähnlich ist die Kollektion auch 2012, bietet klare, schlanke Moselrieslinge, trocken wie süß, wobei die Vorteile erneut im süßen Segment liegen bei gleich drei Auslesen, die sich alle frisch und klar präsentieren, geradlinig und zupackend sind. ◄━

Weinbewertung

81	2012 Riesling trocken
82	2012 Riesling trocken „Devon-Schiefer"
83	2012 Riesling Spätlese trocken Erdener Treppchen
83	2012 Riesling Kabinett Erdener Treppchen
83	2012 Riesling Spätlese Wehlener Sonnenuhr
84	2012 Riesling Spätlese „Alte Reben" Erdener Treppchen
87	2012 Riesling Auslese Wehlener Sonnenuhr
87	2012 Riesling Auslese Erdener Treppchen
87	2012 Riesling Auslese „Alte Reben" Erdener Treppchen

M

Die besten deutschen Weinerzeuger und ihre Weine

★ ☆

Frank **Meyer**
Stiftsweingut

Pfalz

◆ *Weinstraße 37, 76889 Klingenmünster*
Tel. *06349-7446,* **Fax:** *04349-5752*
www.stiftsweingut-meyer.de
stiftsweingut-meyer@t-online.de
Besuchszeiten: *Sa. 10-17 Uhr*

Inhaber . . . . Frank Meyer
Rebfläche . . . . 10 Hektar

Seit 1999 führen Frank und Manuela Meyer das Weingut, inzwischen sind auch ihre beiden Söhne Nico und Johannes mit im Betrieb. Nico Meyer hat 2012 im dritten Lehrjahr seiner Winzerlehre unter dem Namen „Wild – Nico Select" seine ersten eigenen Weine erzeugt. Die Weine werden im alten Klosterkeller der ehemaligen Benediktinerabtei Klingenmünster ausgebaut, der urkundlich bereits in der Stauferzeit nachgewiesen ist, vermutlich aber sogar seit dem 7. Jahrhundert existiert. Wichtigste weiße Rebsorten im Betrieb sind Riesling, Weiß- und Grauburgunder, Chardonnay, Sauvignon Blanc und Silvaner, bei den roten Sorten sind es Spätburgunder und Portugieser.

Kollektion _____

Alle vorgestellten Weine überzeugen, die Rieslinge „Quarzsand", „S Quarzsand" und „Kalkfels" sind schlank, saftig und frisch, der Riesling „Hablbstück" von Sohn Nico besitzt mehr Kraft und wurde sehr gekonnt im Holz ausgebaut. Der 24 Monate im Barrique ausgebaute Portugieser besitzt Kraft, feine röstige Würze und klare Frucht. ◀━

Weinbewertung _____

84 2012 Riesling Kabinett trocken „Quarzsand federleicht" **12 %/6,80 €**

84 2012 Riesling Kabinett trocken „Kalkfels" Gleiszeller Frühmess **12 %/7,80 €**

86 2011 Riesling „S" Spätlese trocken „Quarzsand" Klingenmünsterer Maria Magdalena **12%/12,50€**

87 2012 Riesling Spätlese trocken „Halbstück Quarzsand

Wild Nico Select"Kling.Maria Magdalena **13%/12,50€**

83 2012 Chardonnay Kabinett „Kalkfels Wild Nico Select" Gleiszeller Frühmess **12,5 %/8,- €**

86 2009 Portugieser „S" trocken Barrique **14 %/12,- €**

★ ★

Karl-Heinz & Andreas **Meyer**
Wein- und Sektgut

Pfalz

Bahnhofstraße 10, 76831 Heuchelheim-Klingen
Tel. *06349-5895,* **Fax:** *06349-7812*
www.meyer-weingut.de. mail@meyer-weingut.de
Besuchszeiten: *Mo.-Sa. 9-12 + 13-18 Uhr*
Weinprobierstube, Weinproben mit Essen, Hoffest (Mitte Juni), Straußwirtschaft (Sept./Okt.)

Inhaber . . . . Karl-Heinz und Andreas Meyer
Rebfläche . . . . 17 Hektar

Das 1949 von Edmund Meyer gegründete Weingut begann Anfang der fünfziger Jahre mit der Selbstvermarktung. Ursprünglich ein landwirtschaftlicher Gemischtbetrieb mit 3,5 Hektar Rebfläche, haben sich Karl-Heinz Meyer und Ehefrau Gudrun seit der Übernahme 1980 ganz auf Weinbau konzentriert und die Rebfläche deutlich erweitert. Nach Abschluss seiner Technikerprüfung – und Ausbildung bei Weingütern wie Siegrist, Dr. Wehrheim und Christmann – ist Sohn Andreas im Juni 2008 in den Betrieb eingestiegen. Er war bereits zuvor für den Keller verantwortlich und hat inzwischen Versuche mit Spontangärung durchgeführt. 2013 wurde er in das „Spitzentalente"-Programm des VDP Pfalz aufgenommen. Die Weinberge liegen in Heuchelheim (Herrenpfad), Göcklingen (Kaiserberg) und Appenheim (Steingebiss) und wachsen auf unterschiedlichen Böden. Von leichten Sandböden bis hin zu schweren Ton- und Lehmböden reicht das Spektrum. Die Weißweine werden nach gezügelter Gärung lange auf der Hefe ausgebaut, die Rotweine kommen nach klassischer Maischegärung in Eichenholzfässer. Das Sortiment ist gegliedert in Literweine, Gutsweine (Blaukapsel), Terroirweine (Silberkapsel) und Lagenweine (Goldkapsel), auf eine Angabe der Prädikatsstufen wird bei den Weißweinen seit dem Jahrgang 2010 verzichtet.

Vorjahre _____

Neben dem gelungenen Spätburgunder aus dem Herrenpfad stand vor zwei Jahren ein ebenfalls aus dem Herrenpfad stammender kraftvoller, nachhaltiger Riesling aus dem Jahrgang 2009 an der Spitze einer Kollektion, die insgesamt an Profil gewonnen hatte. Im letzten Jahr präsentierte sich die Kollektion gleichmäßig gut, unser Favorit unter den Weißweinen war erneut der Riesling aus dem Herrenpfad, der gute Konzentration und nachhaltige mineralische Noten zeigte. Die beiden Weißburgunder vom Muschelkalk und aus dem Herrenpfad waren beide sehr wuchtig geraten, was auf Kosten der Eleganz ging. Die zwei Spätburgunder aus dem Herrenpfad besaßen viel Stoff und trotz des kräftigen Holzeinsatzes auch Feinheit und Finesse.

Neue Kollektion _____

In diesem Jahr konnten wir eine rundum gelungene und stimmige Kollektion verkosten, die uns einen zweiten Stern wert ist: Die Gliederung in die verschiedenen Qualitätsstufen ist klar nachvollziehbar, schon bei den reintönigen Gutsweinen stimmt die Qualität und auch die Terroirweine bieten viel Wein fürs Geld. Rotweine konnten wir aus dem aktuellen Jahrgang keine verkosten, so dass dieses Mal der Herrenpfad-Riesling mit viel Kraft, Konzentration und mineralischer Länge alleine an der Spitze der Kollektion steht.

Weinbewertung _____

84   2012 Grauburgunder trocken   13 %/5,30 €

86   2012 Grauburgunder trocken „Kalkmergel"
     14 %/7,- € ☺

86   2012 Chardonnay Kabinett trocken „Buntsandstein"   13,5 %/7,- € ☺

83   2012 Weißburgunder trocken   13 %/5,30 €

85   2012 Weißburgunder trocken „Muschelkalk"
     14 %/8,- €

86   2012 Weißburgunder trocken Herrenpfad
     14 %/10,- €

86   2012 Riesling trocken „Buntsandstein"   13 %/8,- €

88   2012 Riesling trocken Herrenpfad   13,5 %/11,- €

Klaus **Meyer**
Weingut   **Pfalz**

Theresienstraße 80a, 76835 Rhodt
***Tel.** 06323-93233,* **Fax:** *06323-93235*
weingut.klaus.meyer@t-online.de
www.weingut-meyer.com
***Besuchszeiten:** Mo.-Sa. 14-17 Uhr, So. 10-12 Uhr*

Inhaber .... Klaus Meyer
Kellermeister .... Marius Meyer
Rebfläche .... 10,5 Hektar

Klaus und Dorit Meyer haben das Weingut in Rhodt unter Rietburg an der südlichen Weinstraße 1987 gegründet. 2006 hat Sohn Marius Meyer (1987 geboren) nach Lehr- und Wanderjahren unter anderem bei Ökonomierat Rebholz in Siebeldingen und Praktika in Österreich, Burgund und Neuseeland die Verantwortung für den Keller übernommen. Seither wurde die Rebfläche auf 10,5 Hektar mehr als verdoppelt, wichtigste Rebsorten sind Riesling, Weiß-, Grau- und Spätburgunder, Gewürztraminer, Dornfelder und St. Laurent. Der Rotweinanteil liegt bei 30 Prozent. Die besten Lagen sind Rhodter Schlossberg, Rhodter Rosengarten und Edenkobener Bergel. Neben dem Weingut betreibt die Familie Meyer einen Gutsausschank, der rund sieben Monate im Jahr geöffnet ist. Mit dem Jahrgang 2010 wird auf die Angabe der Prädikate bei trockenen und feinherben Weinen verzichtet, das Sortiment ist gegliedert in Gutsweine, Ortsweine (beide mit Silberkap-

M

sel und dem Label „Klaus Meyer"), Terroir-weine (ausschließlich Rieslinge unter dem Label „Marius Meyer") und Lagenweine (Goldkapsel, Label „Klaus Meyer"). Mit dem Jahrgang 2012 wird nun wieder auf eine Auf-teilung des Sortiments in die beiden Linien „Marius" und „ Klaus Meyer" verzichtet.

Vorjahre

Vor zwei Jahren waren die Lagenunter-schiede der Rieslinge klar herausgearbeitet, der Riesling aus dem Schlossberg an der Spitze besaß Substanz, genauso wie der Weißburgunder aus dem Rosengarten, hinzu kamen zwei Auslesen mit feiner Süße und rauchig-mineralischer Würze. Auch im ver-gangenen Jahr konnten wir wieder eine Kol-lektion auf hohem Niveau verkosten: Die Rieslinge brauchten Luft, entfalteten dann aber klar ihre Lagentypizität, der Schloss-berg besaß wieder gute Substanz. An der Spitze der gelungenen Burgunder-Riege stand erneut der Weißburgunder aus dem Rosengarten mit gutem Holzeinsatz und die Rieslaner Beerenauslese zeigte, dass Marius Meyer auch eine gute Hand für edelsüße Weine besitzt.

Neue Kollektion

Auch in diesem Jahr präsentiert sich die Kol-lektion wieder gleichmäßig gut, schon der Basisriesling „back to the root", aus einer Vor-lese der Orts- und Lagenweine, ist klar und süffig mit feiner Kräuterwürze, die Lagenun-terschiede des Riesling-Sortiments sind wie-der klar erkennbar. Unsere Favoriten sind zwei Lagenrieslinge, der Schäwer mit Kraft und eindringlichen rauchig-mineralischen Noten und der Schlossberg, der sehr eigen-willige rote Frucht und feine nachhaltige Würze zeigt. Die Burgunder sind kraftvoll und besitzen viel Alkohol, sind aber alle har-monisch und zeigen auch Frische und viel klare Frucht. ◄━

Weinbewertung

83 2012 Riesling trocken „back to the root" 12,5 %/6,80 €

85 2012 Weißburgunder trocken Rhodt unter Rietburg 13,5 %/8,50 €

86 2012 Grauburgunder trocken Rhodt unter Rietburg 14 %/8,50 €

86 2012 Chardonnay trocken Rhodt unter Riet-burg 13,5 %/9,50 €

86 2012 Riesling trocken „Rotliegendes" 13,5 %/9,50 €

86 2012 Riesling trocken „Granit" 13 %/9,50 €

87 2012 Weißburgunder trocken Rhodt Rosen-garten 14,5 %/14,- €

86 2012 Riesling trocken Edenkoben Bergel 13,5 %/12,- €

87 2012 Riesling trocken Rhodt Schlossberg 13,5 %/14,- €

87 2012 Riesling trocken Burrweiler Schäwer 13,5 %/14,- €

84 2012 Gewürztraminer Spätlese 11 %/6,50 €

86 2012 Riesling Auslese Edenkoben Bergel 11 %/12,- €

Stefan **Meyer** ★★☆
Weingut   **Pfalz**

Edesheimer Straße 17, 76835 Rhodt
Tel. 06323-2348, **Fax:** 06323-81446
www.meyer-rhodt.de
weingut@meyer-rhodt.de
Besuchszeiten: Mo.-Fr. 13-18 Uhr, Sa. 10-16 Uhr
Ferienwohnung, Reisemobilstellplätze

Inhaber............................Stefan Meyer
Rebfläche.............................12 Hektar

Die Familie Meyer betreibt seit 1702 Wein-bau in Rhodt. Seit 2007, nach Abschluss sei-ner Ausbildung zum Weinbautechniker und Auslandsaufenthalten in Kalifornien und Ös-terreich, ist Sohn Stefan im Betrieb tätig, 2010 übernahm er das Weingut von seinem Vater. Die besten Lagen sind Rhodter Schlossberg (Buntsandstein und roter Sand-stein), Rhodter Rosengarten (Muschelkalk, schwerer Lehm) und Edenkobener Schwarzer Letten (schwerer Lehm). Mit dem Jahrgang 2011 hat Stefan Meyer das Sortiment neu gegliedert in „1 Liter"-, „3/4 Liter"- und Lagenweine. Die Lagenweine werden im Holz ausgebaut, die Weißweine in großen Holzfässern und 500-Liter-Fässern, die Rotweine werden auf der Maische vergoren und liegen anschließend zwischen 11 und 18 Monaten in großen Fässern und neuen Barriques.

Vorjahre

Vor zwei Jahren war die gesamte Kollektion auf gleichmäßig hohem Niveau, die Weine waren reintönig und klar, an der Spitze stand der Grauburgunder, flankiert von einem Riesling aus dem Rhodter Schlossberg und einer Chardonnay Auslese, die beide Ansätze von Eleganz zeigten. Im vergangenen Jahr hatte das neu gegliederte Sortiment deutlich an Profil gewonnen: Die „3/4"-Liter-Weine waren klar und reintönig, die Lagenweine besaßen Kraft, Fülle und Frische, in beiden Linien standen jeweils die Grauburgunder an der Spitze. Sie wurden noch übertroffen von zwei sehr guten 2009er Pinot Noirs, die Weine aus dem Rosengarten und dem Schwarzen Letten waren kraftvoll, harmonisch und zeigten feine Frische.

Neue Kollektion

In diesem Jahr zeigen die „3/4"-Liter-Weine rot wie weiß wieder viel reintönige Frucht und feine Frische und bieten Trinkfreude pur. Die Lagenweine besitzen Saft und Kraft, sind herrlich fruchtbetont mit sehr präzise herausgearbeiteter Sortentypizität, Chardonnay, Weiß- und Grauburgunder und Pinot Noir stehen einmütig an der Spitze der Kollektion, besitzen Substanz und Tiefe. Eine runde Leistung, die uns einen halben Stern mehr in der Betriebsbewertung wert ist! ◀━

Weinbewertung

85 2012 Grauburgunder trocken „3/4 Liter" **12,5 %**
87 2012 Grauburgunder trocken „Lagenwein" Rhodter Rosengarten **13,5 %**
87 2012 Chardonnay trocken „Lagenwein" Rhodter Rosengarten **14 %**
87 2012 Weißburgunder trocken „Lagenwein" Rhodter Rosengarten **14 %**
84 2012 Riesling trocken „3/4 Liter" **12,5 %**
86 2012 Riesling trocken „Lagenwein" Rhodter Schlossberg **13 %**
85 2011 Frühburgunder trocken „3/4 Liter" **14 %**
85 2011 Spätburgunder trocken „3/4 Liter" **13,5 %**
87 2010 Pinot Noir „R" trocken „Lagenwein" **13,5 %**

★★★★★

Meyer-Näkel
Weingut   **Ahr**

Friedensstraße 15, 53507 Dernau
***Tel.** 02643-1628, **Fax:** 02643-3363*
www.meyer-naekel.de
weingut@meyer-naekel.de
***Besuchszeiten:** nach Vereinbarung*
Gutsschenke Weingut Meyer-Näkel, Inhaber Hartwig Näkel, Bachstraße 26, 53507 Dernau (An der Kirche; Tel. 02643-1540), Ferienwohnung

Inhaber . . . . Werner Näkel
Rebfläche . . . . 18 Hektar

Werner Näkel ist der renommierteste Winzer an der Ahr, ihm ist der Aufschwung, den die Region in den letzten zwanzig Jahren genommen hat, maßgeblich zu verdanken. Als er in den achtziger Jahren anfing trockene Weine zu erzeugen und Rotweine im Barrique auszubauen, war die Verwunderung groß. Heute sind Ahrweine überwiegend trocken, Barriqueausbau für die Spitzenweine ist eine Selbstverständlichkeit. Walporzheimer Kräuterberg, Dernauer Pfarrwingert und Neuenahrer Sonnenberg sind seine Paradelagen. Spätburgunder ist die absolute Nummer Eins in den Weinbergen, nimmt drei Viertel der Rebfläche ein. Dazu gibt es 15 Prozent Frühburgunder, etwas Weißburgunder (erster Jahrgang war 2003) und Riesling. Seine Spitzenweine baut er in 300-Liter-Fässern aus, medium getoastet.

M

Die besten deutschen Weinerzeuger und ihre Weine

Werner Näkel füllte diese früher meist im Herbst vor der neuen Ernte ab, heute bleiben die Topweine deutlich länger im Fass. Inzwischen hat Werner Näkel starke Unterstützung erhalten: Tochter Meike, Geisenheim-Absolventin, ist seit 2005 im Betrieb und kümmert sich um die Vinifikation, die zweite Tochter Dörte, ebenfalls Geisenheim-Absolventin, ist 2008 hinzugestoßen. Zusammen mit Neil Ellis erzeugt Werner Näkel auch in Südafrika Weine, die unter dem Namen „Zwalu" (auf deutsch „Neubeginn") vermarktet werden. Aber auch in Portugal ist er aktiv, an der Quinta da Carvalhosa beteiligt, im Douro-Gebiet.

Vorjahre

Vor zwei Jahren gefiel uns die Kollektion in der Spitze noch besser als in den Jahren zuvor, die Großen Gewächse aus Kräuterberg und Pfarrwingert waren so komplex und fein wie noch nie. Klasse waren auch die beiden anderen Großen Gewächse, der Spätburgunder aus dem Sonnenberg und der Frühburgunder aus dem Pfarrwingert, die Basisweine waren wie immer eine sichere Bank: Unsere Auszeichnung für die beste Rotweinkollektion des Jahres ging vor zwei Jahren an Werner Näkel und seine Töchter. 2010 war ein sehr problematischer Jahrgang an der Ahr, den Näkel'schen Spätburgundern aber merkte man dies nicht an, schon Blauschiefer und „S" waren betörend elegant, dazu gab es zwei Große Gewächse, einen beeindruckenden Wein aus dem Pfarrwingert und einen großartigen Kräuterberg, der zu den großen Pinots des Jahrgangs in Deutschland zählte.

Neue Kollektion

Auch mit der neuen Kollektion zeigt man wieder, dass man sich nicht nur auf Rotwein versteht. Der Weißburgunder ist reintönig und fruchtbetont, der Riesling frisch, klar und geradlinig, die Illusion besticht mit Konzentration und reintöniger Frucht, alle drei sind sehr gut. Hoch ist das Einstiegsniveau auch im roten Segment, der „us de la meng"

ist klar und frisch, der Spätburgunder frisch, klar und geradlinig wie auch der reintönige Frühburgunder, der Blauschiefer-Spätburgunder ist saftig und süffig, der S besitzt ebenfalls viel Saft, aber mehr Konzentration und Druck. Die Großen Gewächse – 2011 gibt es wieder vier – sind allesamt hervorragend. Der Frühburgunder aus dem Pfarrwingert ist faszinierend reintönig und konzentriert, enorm kraft- und druckvoll, lang und nachhaltig, unter allen von uns in diesem Jahr verkosteten deutschen Frühburgundern war er der beste. Der Spätburgunder aus dem Pfarrwingert ist 2011 deutlich anders als in den Vorjahren, besitzt viel reife Frucht, gute Struktur, viel Frische, Säure und Biss. Der Wein aus dem Sonnenberg, zeigt viel reife Frucht im Bouquet, Herzkirschen, etwas Schokolade, ist frisch und fruchtbetont im Mund, kraftvoll und zupackend bei guter Struktur. Highlight der Kollektion ist für uns einmal mehr der Kräuterberg-Spätburgunder, der faszinierend duftig und konzentriert im Bouquet ist, füllig und kraftvoll im Mund sich präsentiert, reife Frucht, gute Struktur und Frische, enorm lang und nachhaltig ist: Großes Kino!

Weinbewertung

87	2012 Riesling	12 %/9,80 €	
86	2012 Weißburgunder	12,5 %/10,50 €	
87	2012 „Illusion" Spätburgunder „Blanc de Noir" 12,5 %/12,- €		
85	2012 „Us de la meng" Rotwein	13,5 %/10,50 €	
87	2012 Spätburgunder	13,5 %/11,50 €	
86	2012 Frühburgunder	13,5 %/17,- €	
87	2011 Spätburgunder „Blauschiefer"	14 %/19,- €	
88	2011 Spätburgunder „S"	14 %/29,- €	
92	2011 Frühburgunder „GG" Dernauer Pfarrwingert	14 %/48,- €	
91	2011 Spätburgunder „GG" Neuenahrer Sonnenberg	14 %/42,- €	
91	2011 Spätburgunder „GG" Dernauer Pfarrwingert	14 %/48,- €	
95	2011 Spätburgunder „GG" Walporzheimer Kräuterberg	14 %/65,- €	

Michel

Weingut

★★★★★

Baden

Winzerweg 24, 79235 Achkarren
Tel. 07662-429, *Fax:* 07662-763
info@weingutmichel.com
www.weingut-michel.com
Besuchszeiten: Mo.-Fr. 14-17 Uhr, Sa. 10-13 Uhr und
gerne nach Vereinbarung
Straußwirtschaft

Inhaber.............................Josef Michel
Rebfläche............................14 Hektar

Das Gros der Weinberge von Josef Michel liegt in Achkarren in den Lagen Schlossberg und Castellberg. Hinzu kommen 2 Hektar in Munzingen am Tuniberg, wo er ausschließlich Spätburgunder stehen hat. Die Liebe von Josef Michel gilt eindeutig den Burgundersorten: 40 Prozent Spätburgunder, 30 Prozent Grauburgunder, 20 Prozent Weißburgunder – das spricht für sich. Das bisschen Chardonnay und Müller-Thurgau fällt da nicht ins Gewicht.

Vorjahre

Seit der ersten Ausgabe empfehlen wir die Weine von Josef Michel, seit einem Jahrzehnt rechnen wir ihn zu den Top-Winzern in Deutschland. Zweifel kamen nie auf, im Gegenteil, Jahr für Jahr hat er uns bestärkt in unserer Auffassung, Jahr für Jahr hat er weiter zugelegt. Immer bestechend reintönig und fruchtbetont präsentieren sich seine Qualitäts- und Kabinettweine, die Spätlesen und 3-Sterne-Selektionen von Weiß- und Grauburgunder gehören immer zu den Jahrgangsbesten in Deutschland, und mit seinen Spätburgundern spielt er seit einigen Jahren auch in der allerersten Liga. Nur was die Preise betrifft nicht – die Kunden dürfen sich freuen!
Das Ziel von Josef Michel ist es reintönige Weine zu erzeugen, die Frucht, Spiel und Frische aufweisen. Was ihm in den letzten Jahren immer ganz fantastisch gelungen ist, die Konzentration auf die Burgunder macht sich

eben bezahlt. Reintönig und frisch präsentierten sich die 2010er Weißweine mit feinen Kabinettweinen und faszinierend klaren Spätlesen, wobei wir sowohl beim Weißburgunder als auch beim Grauburgunder „normale" Spätlese und 3-Sterne-Selektion identisch bewerteten; hervorragend waren auch Chardonnay und Spätburgunder. Auch 2011 waren die Kabinettweine wunderschön reintönig und fruchtbetont, die Spätlesen waren alle hervorragend, beim Grauburgunder bewerteten wir die „einfache" Spätlese einen Punkt höher als die Selektion. Hervorragend waren auch der Chardonnay und die beiden Spätburgunder aus dem Schlossberg.

Weißweine

Die neue Kollektion schließ nahtlos an die Vorjahre an mit wunderschön reintönigen, fruchtbetonten Kabinettweinen, die nie zu alkoholreich sind, immer „Kabinett-Charakter" haben. Die Spätlesen sind allesamt hervorragend, alle besitzen Kraft und Substanz: Der Weißburgunder ist weich und harmonisch, die 3-Sterne-Selektion deutlich kraftvoller und konzentrierter, besitzt gute Struktur, sehr viel Substanz und Länge. Beim Grauburgunder gefällt uns wie im Vorjahr die „normale" Spätlese etwas besser als die Selektion, beide sind reintönig und konzentriert, füllig und saftig, besitzen Substanz und Länge. Auch der Chardonnay ist hervorragend, besitzt viel reife Frucht, viel Stoff, gute Struktur und Frische.

Rotweine

Das Preisniveau der Weißweine ist sensationell niedrig, aber auch für die Spätburgunder gilt, dass man, zieht man die Bewertungen heran, keine anderen deutschen Rotweine der gleichen Klasse findet, die günstiger wären. Der Spätburgunder von alten Reben ist frisch und fruchtbetont, herrlich reintönig und lebendig, der 3-Sterne-Wein aus dem Schlossberg zeigt reintönige Frucht im Bouquet, ist füllig und doch lebhaft im Mund, klar, besitzt feinen Biss und gute Struktur. Der R ist enorm konzentriert im Bouquet, zeigt reife Frucht,

M

Die besten deutschen Weinerzeuger und ihre Weine

dezent Schokolade, ist dann enorm füllig und kraftvoll im Mund, druckvoll und stoffig, enorm dominant, jugendlich. ◀

Weinbewertung

86   2012 Grauburgunder Kabinett trocken Achkarrer Castellberg **13 %/7,- €**

86   2012 Weißburgunder Kabinett trocken Achkarrer Schlossberg **13 %/7,90 €**

87   2012 Grauburgunder Kabinett trocken Achkarrer Schlossberg **12,5 %/7,90 €**

90   2012 Weißburgunder Spätlese trocken Achkarrer Schlossberg **13 %/10,20 €**

92   2012 Grauburgunder Spätlese trocken Achkarrer Schlossberg **13,5 %/10,20 €**

92   2012 Weißburgunder Spätlese*** trocken Achkarrer Schlossberg **14 %/15,- €**

91   2012 Grauburgunder Spätlese*** trocken Achkarrer Schlossberg **13,5 %/15,- €**

91   2012 Chardonnay Spätlese*** trocken Achkarrer Schlossberg **13,5 %/15,- €**

89   2011 Spätburgunder „Alte Reben" **13 %/11,50 €**

91   2011 Spätburgunder*** Achkarrer Schlossberg **13,5 %/20,- €**

93   2011 Spätburgunder „R" Achkarrer Schlossberg **13,5 %/30,- €**

★

Michel

Cisterzienser Weingut

Rheinhessen

Dalbergstraße 28, 67596 Dittelsheim-Hessloch
Tel. *06244-4921,* **Fax:** *06244-5499*
www.cisterzienser-weingut.de
info@cisterzienser-weingut.de
Besuchszeiten: *Mo.-Fr. 8-11:30 + 13-19 Uhr,*
Sa. 9-13 Uhr (Bitte um Anmeldung)

Inhaber .... Familie Michel
Rebfläche .... 22 Hektar

Das heutige Cisterzienser Weingut Michel geht auf ein im Jahr 1173 vom Cisterzienser Kloster Otterberg gegründetes Wein- und Hofgut zurück. 1780 wurde es von den Vorfahren der heutigen Eigentümer erworben. Ulrich Michel, Geisenheim-Absolvent, ist seit 1993 für den Weinausbau verantwortlich. Bis in die neunziger Jahre war das Gut ein landwirtschaftlicher Gemischtbetrieb. Inzwischen hat man die Ackerflächen verpachtet und konzentriert sich ganz auf den Weinbau. Die Weinberge befinden sich in Hessloch – dort überwiegen tiefgründige Löss-Lehmböden mit hohem Kalkanteil – und im Bechtheimer Hasensprung, wo die Böden eisenerzhaltig sind und den Weinen mineralische Noten mitgeben. Wichtigste Rebsorten in einer breiten Palette sind Dornfelder und Riesling. Ulrich Michel möchte das Sortiment hin zu den klassischen und internationalen Rebsorten verändern. Chardonnay, Gewürztraminer, Sauvignon Blanc, Merlot, Cabernet Sauvignon und Frühburgunder wurden gepflanzt, zuletzt kamen St. Laurent und Regent hinzu. Der Rotweinanteil beträgt derzeit 42 Prozent. Die Rotweine werden nach der Maischegärung im Holzfass ausgebaut, Weißweine im Edelstahl. Ulrich Michel hat zuletzt weitere Maischegärtanks angeschafft, aber auch Barriques aus französischer und amerikanischer Eiche, sowie 500-Liter-Fässer und kleine Edelstahltanks, um die einzelnen Lagen besser herausarbeiten zu können. 70 Prozent der Produktion wird an Privatkunden verkauft.

Vorjahre

Vor zwei Jahren präsentierte sich die Kollektion gleichmäßig auf gutem Niveau, unser Favorit war der feine Spätburgunder aus dem Jahrgang 2009. Die letztjährige Kollektion war ebenfalls sehr gleichmäßig, die gewürzduftige Cuvée aus Cabernet Sauvignon und Merlot gefiel uns am besten.

Neue Kollektion

Die 2012er Weißweine nun sind alle schön frisch und klar bei deutlicher Süße, auch bei den 2011er Barriqueweinen und den Rotweinen wirkt die Süße etwas irritierend, am besten gefällt uns der klare, kraftvolle Chardonnay, die Cuvée aus Riesling und Chardonnay ist frisch und zupackend wie auch der Sauvignon Blanc. ◀

Weinbewertung

79 2012 Grüner Silvaner trocken **12,5 %/5,10 €**
83 2012 Sauvignon Blanc trocken **13,5 %/6,30 €**
83 2012 Riesling Spätlese trocken **13 %/6,30 €**
78 2012 Silvaner „S" trocken „Löwenerz" **13 %/8,30 €**
83 2012 Chardonnay Riesling trocken **13 %/6,30 €**
82 2011 Grauburgunder trocken „Finn Mattis"
13 %/9,90 €
84 2011 Chardonnay trocken Barrique **13,5 %/8,50 €**
81 2011 Frühburgunder trocken „S Kalkstein"
14 %/9,90 €
81 2010 Merlot trocken Barrique **13,5 %/9,90 €**

ckenden Silvaner, den fülligen, etwas süßen Weißburgunder und den klaren, geradlinigen Riesling aus Westhofen. ◄━

Weinbewertung

83 2012 Silvaner trocken **12,5 %/6,50 €**
82 2012 Scheurebe trocken **13 %/6,50 €**
82 2012 Riesling trocken **12,5 %/6,80 €**
82 2012 Grauburgunder trocken **12,5 %/6,80 €**
84 2012 Weißburgunder trocken Westhofener
13 %/9,20 €
84 2012 Riesling trocken Westhofener **13 %/9,20 €**

Dieter **Michel** ★
Weingut **Rheinhessen**

Dittelsheimer Weg 31, 55234 Hochborn
Tel. 06735-283, **Fax**: 06735-1598
www.weingut-michel.de
info@weingut-michel.de
Besuchszeiten: nach Vereinbarung

Inhaber............................ Dieter Michel
Rebfläche.............................. 20 Hektar

Die Weinberge von Dieter Michel liegen zwischen Alzey und Westhofen; unter anderem ist er im Westhofener Morstein und im Gundersheimer Höllenbrand vertreten. Erst in den neunziger Jahren des letzten Jahrhunderts begann man mit der Selbstvermarktung. Sohn Sebastian studiert derzeit in Geisenheim, 2011 ist der erste gemeinsame Jahrgang von Vater und Sohn.

Vorjahr

Dieter Michel stellte beim guten Debüt im vergangenen Jahr eine homogene Kollektion vor, in der uns der Silvaner aus dem Morstein besonders gefiel.

Kollektion

Sehr homogen präsentiert sich nun auch der Jahrgang 2012, bringt fruchtbetonte, saftige Weißweine wie den reintönigen, zupa-

Michel-Pfannebecker ★★☆
Weingut **Rheinhessen**

Langgasse 18-19, 55234 Flomborn
Tel. 06735-355, **Fax**: 06735-836
www.michel-pfannebecker.de
wgtmi.pfa@t-online.de
Besuchszeiten: Mo.-Sa. 9-18 Uhr nach Vereinbarung

Inhaber ... Heinfried und Gerold Pfannebecker
Rebfläche............................ 11,8 Hektar

Heinfried und Gerold Pfannebecker setzen vor allem auf Riesling und Spätburgunder, aber auch traditionelle Rebsorten wie Silvaner, Weißburgunder, Grauburgunder, Müller-Thurgau und Chardonnay spielen bei ihnen eine wichtige Rolle. Ein Viertel ihrer Weinberge nehmen rote Rebsorten ein. Neben Spätburgunder gibt es etwas Portugieser, Merlot und Cabernet Sauvignon. Die Weinberge liegen in Flomborn (Feuerberg, Goldberg) und Westhofen (Steingrube, Morstein), im Eppelsheimer Felsen, im Ober-Flörsheimer Blücherpfad und im Gundersheimer Höllenbrand. Die Reben wachsen auf leichten bis mittelschweren Lösslehmböden, teils mit extrem hohem Kalkanteil. Heinfried Pfannebecker kümmert sich vor allem um die Weinberge, Gerold Pfannebecker mehr um den Keller. Etwa 80 Prozent ihrer Weine

M

Die besten deutschen Weinerzeuger und ihre Weine

bauen sie trocken und halbtrocken aus. Die Rotweine werden maischevergoren und im Holzfass (auch im Barrique) ausgebaut.

Vorjahre

2010 hatten sich die Brüder Pfannebecker gut behauptet, alle Weine, angefangen vom Literriesling, waren frisch und klar; am besten gefiel uns der Selectionswein aus dem Feuerberg, der eine sehr stimmige, gleichmäßige Kollektion anführte. Die 2011er Kollektion überzeugte voll und ganz, schon der Literriesling bereitete viel Freude, die breite Palette an trockenen Weißweinen präsentierte sich geschlossen, alle Weine waren füllig, saftig und harmonisch, unser Favorit aber war wie so oft der Spätburgunder aus dem Höllenbrand, Jahrgang 2009.

Neue Kollektion

Sehr gleichmäßig ist nun die neue Kollektion, in der uns die Rieslinge ein klein wenig besser gefallen als die Burgunder. Unser Favorit ist der kraftvolle, strukturierte Wein aus dem Feuerberg, knapp gefolgt von Morstein und Steingrube. Als edelsüßes Highlight präsentieren die Brüder Pfannebecker einen duftigen, konzentrierten Riesling Eiswein. ◀

Weinbewertung

83   2012 Silvaner Spätlese trocken Flomborner Feuerberg **12,5 %/6,30 €**

85   2012 Riesling Spätlese trocken Westhofener Steingrube **13 %/6,80 €**

85   2012 Riesling Spätlese trocken Westhofener Morstein **13 %/7,20 €**

83   2012 Weißburgunder Spätlese trocken Flomborner Feuerberg **13,5 %/6,90 €**

81   2012 Grauburgunder Spätlese trocken Flomborner Feuerberg **13,5 %/6,80 €**

86   2012 Riesling trocken Selection Rheinhessen Flomborner Feuerberg **13 %/9,40 €**

83   2012 Riesling Spätlese „feinherb" Westhofener Steingrube **12,5 %/6,50 €**

88   2012 Riesling Eiswein Flomborner Goldberg **6 %/25,- €/0,375l**

83   2011 Spätburgunder Spätlese trocken Flomborner Feuerberg **13,5 %/7,40 €**

★★
Karl-Hermann **Milch**
Weingut
Rheinhessen

Rüstermühle, 67590 Monsheim
***Tel.** 06243-337, **Fax:** 06243-6707*
www.weingut-milch.de
info@weingut-milch.de
***Besuchszeiten:** Mo.-Fr. nach Vereinbarung,*
Sa. 9-12 + 13-17 Uhr

Inhaber . . . . Karl-Hermann Milch
Rebfläche . . . . 13,4 Hektar

Karl-Hermann Milch übernahm 2001 das Weingut von seinem Vater Karlheinz Milch. Seine Winzerlehre verbrachte er bei den Weingütern Keller in Flörsheim-Dalsheim und Knipser in Laumersheim, die Ausbildung zum Weinbautechniker hat er im Jahr 2000 abgeschlossen. Das Weingut ist in der Rüstermühle untergebracht, einer ehemaligen Getreidemühle, die von der Familie 1926 erworben wurde. Der landwirtschaftliche Gemischtbetrieb begann nach dem Zweiten Weltkrieg mit der Flaschenweinvermarktung, seit den achtziger Jahren hatte man sich auf Weinbau konzentriert. In den letzten Jahren wurde der Rotweinanteil auf knapp 50 Prozent erhöht. Vor allem Spätburgunder und Dornfelder werden angebaut, aber auch Frühburgunder, Domina (seit 1990), St. Laurent, Merlot und Cabernet Sauvignon. Wichtigste weiße Sorten sind Chardonnay (seit 1993), Riesling, Müller-Thurgau, Grauburgunder und Scheurebe, dazu gibt es etwas Gewürztraminer, Silvaner und Weißburgunder. Die Weinberge liegen in den Monsheimer Lagen Silberberg und Rosengarten, sowie im Mörstadter Nonnengarten. Die Reben wachsen teils auf Löss-Lehmböden, teils auf Sand und Kies. Seit 2002 (Weißweine) bzw. 2000 (Rotweine) werden keine Prädikatsbezeichnungen mehr für trockene Weine verwendet, die Spitzenweine tragen die Zusatzbezeichnung „S".

Vorjahre

Die Spitze gefiel uns vor zwei Jahren gut, allen voran der Spätburgunder Silberberg (früher „S"), auch Chardonnay Blauarsch und Riesling „Auf dem Tal" waren sehr gut. Die letztjährige Kollektion präsentierte sich geschlossen auf gutem Niveau mit fülligen, klaren Weißweinen. Unser eindeutiger Favorit war der einzige vorgestellte Rotwein, der Frühburgunder aus dem Silberberg.

Neue Kollektion

In der neuen Kollektion zeigen sich die Rieslinge verbessert, unser Favorit ist aber der Chardonnay XXL der gute Konzentration im Bouquet zeigt, feinen Toast, füllig und kraftvoll im Mund sich präsentiert bei reifer Frucht und guter Substanz. ◄

Weinbewertung

82 2012 Riesling trocken **12,5 %/5,- €**

80 2012 Grauburgunder trocken „vom Kalkstein" **13 %/6,90 €**

84 2012 Riesling trocken „vom Kieselstein" Monsheimer **13 %/7,50 €**

80 2012 Chardonnay trocken „Valentin" **13 %/6,40 €**

80 2012 Chardonnay „S" trocken Monsheimer **13,5 %/11,- €**

85 2011 Chardonnay trocken „Blauarsch" Monsheimer Silberberg **14 %/15,90 €**

87 2011 Chardonnay „XXL" trocken Monsheimer Silberberg **14 %/25,- €**

83 2009 Dornfelder trocken Holzfass **13 %/5,80 €**

★★☆

Milz – Laurentiushof
Weingut

Mosel

Moselstraße 7-9, 54349 Trittenheim
Tel. 06507-2300, **Fax:** 06507-5650
www.milz-laurentiushof.com
milz@milz-laurentiushof.com
Besuchszeiten: nach Vereinbarung
Veranstaltungen, Weinproben (bis 100 Personen)
Vinothek, Brückenstraße 4 in Trittenheim

Die Weinbaugeschichte der Familie Milz reicht bis ins 16. Jahrhundert zurück. Markus Milz, der heutige Inhaber, ist auch ein erfolgreicher Geschäftsmann im Bereich der Kellertechnik. Die Weinberge des Laurentiushofs befinden sich zu 90 Prozent in Steillagen, darunter drei Lagen im Alleinbesitz: Trittenheimer Leierchen und Trittenheimer Felsenkopf, beide jeweils knapp einen Hektar groß, sowie Neumagener Nusswingert (etwa 0,6 Hektar). Das Weingut Milz ist aber auch in den Lagen Trittenheimer Apotheke, Trittenheimer Altärchen und Dhron Hofberger vertreten. Das Gros der Weine wird mit den eigenen Hefen vergoren. Bei der Vinifikation spielen Edelstahltank und traditionelle Fuderfässer eine Rolle. 2009 wurde erstmals ein Großes Gewächs aus der Lage Leierchen vorgestellt.

Vorjahre

2010 war deutlich verhaltener. Die Weine wurden erst ungewöhnlich spät gefüllt, wirkten bei der Verkostung kurz vor Redaktionsschluss noch etwas unruhig. Unser Favorit war das Große Gewächs aus dem Leierchen, knapp vor seiner „feinherben" Variante. Auch 2011 gefiel uns das Große Gewächs aus dem Leierchen im trockenen Segment am besten; sehr stimmig präsentierte sich der süße Teil der Kollektion, angefangen vom feinen Kabinett bis hin zu den beiden dicken, süßen Highlights, der Goldkapsel-Auslese aus der Apotheke und der Beerenauslese aus dem Leierchen.

Neue Kollektion

Solche edelsüßen Highlights fehlen 2013. Die Kollektion präsentiert sich geschlossen, an der Spitze stehen das saftige, recht süße Große Gewächs aus dem Leierchen, sein ebenfalls sehr saftiges feinherbes Pendant und die frische, zupackende Spätlese aus dem Felsenkopf. ◄

Weinbewertung

83 2012 Riesling trocken „180°" **12 %/7,90 €**

82 2012 Riesling Kabinett trocken Trittenheimer

M

Die besten deutschen Weinerzeuger und ihre Weine

Apotheke **12 %/8,90 €**

86   2012 Riesling „GG" Leiterchen **13,5 %/15,90 €**

81   2012 Riesling „feinherb" „180°" **11,5 %/7,90 €**

82   2012 Riesling Kabinett „feinherb" Dhron Hofberger **11,5 %/8,90 €**

86   2012 Riesling „feinherb" Leiterchen **13 %/15,50 €**

83   2012 Riesling Kabinett Trittenheimer **9 %/8,90 €**

88   2003 Riesling Spätlese Felsenkopf

86   2012 Riesling Spätlese Felsenkopf **8,5 %/12,80 €**

84   2012 Riesling Spätlese Leiterchen **8 %/15,50 €**

91   2003 Riesling Auslese Goldkapsel Leiterchen

★★★★

Theo **Minges**
Weingut   **Pfalz**

Bachstraße 11, 76835 Flemlingen
Tel. *06323-93350,* **Fax:** *06323-93351*
info@weingut-minges.com
Besuchszeiten: *Mo.-Fr. 9-12 + 13-18 Uhr, Sa. 9-17 Uhr*

Inhaber..............................Theo Minges
Rebfläche.............................24 Hektar

Der Weinkeller von Theo Minges stammt aus dem 15. Jahrhundert und gehörte damals als Zehntkeller den Grafen von der Leyen. Wichtigste Rebsorte ist Riesling, es folgen Grauburgunder, Weißburgunder und Chardonnay sowie Gewürztraminer und Muskateller. Wichtigste rote Sorte ist Spätburgunder. Hinzu kommen Dornfelder und St. Laurent, aber auch Cabernet Sauvignon, Cabernet Franc und Merlot. Den Riesling hat Theo Minges vor allem in der Gleisweiler Hölle stehen. Die Weißweine werden nach Maischestandzeiten von 6 bis 30 Stunden kühl und langsam vergoren und bleiben recht lange auf der Feinhefe. Seine Rotweine baut Theo Minges sehr lange im Fass aus.

Vorjahre _____

Schon in der ersten Ausgabe lobten wir die Weine von Theo Minges, besonders die Rieslinge und Rotweine. Die Rieslinge haben sich in diesem Jahrzehnt immer mehr als seine Stärke erwiesen, auch die Rotweine haben uns immer beeindruckt, wenn wir welche zu verkosten bekamen. Die Qualität ist stetig gestiegen, die Konsistenz der Kollektionen ist beeindruckend. Im vorletzten Jahr waren die Rieslinge wieder klar und präzise, am besten hatte uns der 18 Monate lang auf der Hefe ausgebaute „Froschkönig"-Riesling aus dem Jahrgang 2009 gefallen, zusammen mit einem starken Rotwein-Trio aus Cuvée, Cabernet Franc und Cabernet Sauvignon des Jahrgangs 2007. Rotweine konnten wir im vergangenen Jahr keine verkosten, aber die Weißweinkollektion präsentierte sich auf hohem Niveau, alle Weine waren erneut präzise und klar. Die vier trockenen Riesling Spätlesen unterschieden sich deutlich und zeigten viel Lagencharakteristik, Weiß- und Grauburgunder waren kraftvoll und füllig, gut gefallen hatten uns auch der reintönige Gewürztraminer und die konsequent trocken ausgebaute, sehr sortentypische Scheurebe Spätlese.

Neue Kollektion _____

Auch in diesem Jahr befindet sich die Kollektion wieder auf hohem Niveau, weiß wie rot und trocken wie süß. An der Spitze des weißen Segments stehen der 2011er Froschkönig-Riesling, der sich noch recht verschlossen zeigt, aber auch schon einiges an Potential erkennen lässt und die beiden erstmals erzeugten Großen Gewächse: Der Riesling aus der Gleisweiler Hölle zeigt feine Feuerstein-Noten, ist konzentriert und nachhaltig und der Weißburgunder aus dem Böchinger Rosenkranz präsentiert sich sehr kompakt mit Kraft und Substanz. Sehr gut und reintönig sind auch Chardonnay, Gewürztraminer und der Riesling „Buntsandstein", ebenso wie die drei süßen Weine mit dem herrlich konzentrierten und cremigen Riesling Eiswein mit feinem Säurebiss an der Spitze. Dazu kommt ein erneut starkes Trio von Rotweinen des Jahrgangs 2009: Cabernet Franc und die Cuvée „Eva" zeigen perfekt eingebundenes Holz, Länge und Frische, der

Spätburgunder setzt dagegen eher auf Kraft und Wucht, verdaut aber dank seiner Substanz den hohen Alkoholgehalt sehr gut.

Weinbewertung

85   2012 Riesling trocken Gleisweiler   **11,5 %/7,80 €**

85   2012 Gelber Muskateller trocken Burrweiler **11 %/7,80 €**

87   2012 Riesling Spätlese trocken „Buntsandstein" **12,5 %/12,- €**

88   2012 Riesling Spätlese trocken „Froschkönig" **12,5 %/17,- €**

87   2012 Chardonnay Spätlese trocken „vom Kalkmergel" **13,5 %/12,- €**

87   2012 Riesling – Gewürztraminer Spätlese trocken **13 %/16,- €**

87   2012 Gewürztraminer Spätlese trocken „Edition Rosenduft" **14 %/14,- €**

88   2012 Weißburgunder „GG" Böchinger Rosenkranz **14 %/24,- €**

89   2012 Riesling „GG" Gleisweiler Hölle **13,5 %/24,- €**

85   2012 Rieslaner Spätlese Burrweiler Schlossgarten **10 %/11,- €**

88   2012 Gewürztraminer Auslese Flemlinger Herrenbuckel **13 %/16,- €/0,375l**

91   2012 Riesling Eiswein Böchinger Rosenkranz **9 %/40,- €/0,375l**

88   2009 „Cuvée Eva" Rotwein trocken **13,5 %/20,- €**

88   2009 Cabernet Franc trocken **13,5 %/18,- €**

89   2009 Spätburgunder trocken „ZE" **15 %/22,- €**

Mißbach
Weingut

★

Baden

🍇 Schönbergstraße 32, 79285 Ebringen
Tel. 07664-6513, **Fax:** 07664-60209
www.weingut-missbach.de
missbach-wein@t-online.de
Besuchszeiten: Mo.-Fr. 8-12 + 14-18 Uhr,
Sa. 9-12:30 Uhr oder nach Vereinbarung

Inhaber............................Ralf Mißbach
Rebfläche (Eigenbesitz)...............6 Hektar
Rebfläche (Erzeugergemeinschaft)...9 Hektar

1789 gründete Mathias Mißbach den Weinbaubetrieb, Namensgeber des Weingutes ist Ludwig Mißbach, der den Betrieb 1923 übernahm. Heute führt Ralf Mißbach das Weingut in siebter Generation. 1994 erfolgte die Umstellung der Rebflächen auf ökologische Bewirtschaftung (Ecovin). Neben den eigenen Weinbergen wird die Ernte von weiteren Weinbergen vermarktet, die Vertragswinzer nach Ralf Mißbachs Vorgaben bewirtschaften. Neben Gutedel, Weißburgunder, Grauburgunder, Riesling, Gewürztraminer, Chardonnay und Spätburgunder werden auch pilzresistente Sorten wie Maréchal Foch, Léon Millot oder Cabernet Carol angebaut.

Vorjahre

Vor zwei Jahren gefiel uns mit dem barriqueausgebauten Weißburgunder ein Wein aus dem Jahrgang 2009 am besten in einer ansonsten sehr gleichmäßigen Kollektion. Die 2011er Weißweine präsentierten sich sehr homogen, wenn auch etwas verhalten, die im vergangenen Jahr vorgestellten 2010er Rotweine gefielen uns ein klein wenig besser, allen voran die kraftvolle Spätburgunder-Spätlese.

Neue Kollektion

Homogen, aber doch etwas zu verhalten präsentiert sich nun auch die neue Kollektion, weiß wie rot. Alle vorgestellten Weine stammen aus ökologischem Anbau. ◀

Weinbewertung

82   2012 Chasselas trocken   **12 %/6,20 €**

82   2012 Weißburgunder Kabinett trocken **13,5 %/7,50 €**

83   2012 Grauburgunder Spätlese trocken **14 %/8,50 €**

81   2011 Weißburgunder Spätlese trocken Barrique **14 %/14,50 €**

79   2011 Spätburgunder Kabinett trocken **13 %/8,50 €**

82   2011 Spätburgunder Spätlese trocken Barrique **14 %/14,50 €**

M

Die besten deutschen Weinerzeuger und ihre Weine

Mönchhof
Weingut Robert Eymael

Mosel

Mönchhof, 54539 Ürzig
Tel. 06532-93164, *Fax:* 06532-93166
www.moenchhof.de
moenchhof.eymael@t-online.de
Besuchszeiten: Mo.-Sa. 9-17 Uhr, am Wochenende
nach Vereinbarung
3 Gästezimmer

Inhaber .... Robert Eymael
Rebfläche .... 14 Hektar

Der Mönchhof, der ehemals der Zisterzienserabtei Himmerod gehörte, ist eines der ältesten Weingüter an der Mosel. Zum Mönchhof gehören Weinberge in berühmten Lagen wie Ürziger Würzgarten (an dessen Fuß das Weingut liegt), Erdener Treppchen oder Erdener Prälat. Sie sind ausschließlich mit wurzelechten, teilweise hundert Jahre alten Rieslingreben bepflanzt. Robert Eymael, der das elterliche Weingut 1994 übernommen hat, baut nur Riesling an. Alle Weine werden im alten Gewölbekeller in Holzfässern ausgebaut. Neben dem Gutsgebäude aus dem 16. Jahrhundert kann man eine weitere Sehenswürdigkeit aus der Römerzeit bewundern, nämlich die älteste bislang bekannte römische Kelteranlage nördlich der Alpen, die in den Erdener Weinbergen des Mönchshofs entdeckt wurde. Typisch für die Mönchhof-Weine ist der reduktive, frische Stil der Weine, der von etwas Kohlensäure unterstrichen wird.

Vorjahre

2010 präsentierte sich geschlossen auf hohem Niveau: Die Auslese aus dem Prälat, ein Klassiker des Mönchhofs, führte die Kollektion an, die Spätlesen präsentierten sich reintönig und elegant, der Kabinett verspielt und leicht. 2011 präsentierte sich sehr gleichmäßig, vor allem die „feinherben" und süßen Weine überzeugten mit Frische und Frucht, am besten gefiel uns wieder einmal die Auslese aus dem Prälat.

Neue Kollektion

Die neue Kollektion präsentiert sich stimmig, trocken wie süß. Im trockenen Segment gefällt uns die Spätlese von alten Reben aus dem Treppchen besonders gut, sie zeigt gute Konzentration und herrlich viel Frucht im Bouquet, ist füllig und kraftvoll im Mund, besitzt reife Frucht und gute Struktur; der Grand Lay Riesling ist klar und zupackend. Süß ist die Auslese aus dem Prälat unser eindeutiger Favorit, sie ist fruchtbetont und frisch, würzig, klar und zupackend.

Weinbewertung

84 2012 Riesling trocken „Grand Lay" 13 %/7,90 €
87 2012 Riesling Spätlese trocken „Alte Reben" Erden Treppchen 12,5 %/13,90 €
81 2012 Riesling „feinherb Salve" 11,5 %/7,90 €
85 2012 Riesling Spätlese „feinherb" „Fass 33" Ürzig Würzgarten 11,5 %/12,90 €
83 2012 Riesling Kabinett Ürzig Würzgarten 8,5 %/10,80 €
84 2012 Riesling Spätlese Ürzig Würzgarten 8,5 %/12,90 €
88 2012 Riesling Auslese Erdener Prälat 8,5%/19,80€

Mößlein
Weingut

Franken

Untere Dorfstraße 8, 97509 Zeilitzheim
Tel. 09381-1506, *Fax:* 09381-6332
www.weingeister.de
martin@weingeister.de
Besuchszeiten: tägl. 8-18 Uhr, So. + feiertags 10-12 Uhr

Inhaber .... Ursula Mößlein
Rebfläche .... 10 Hektar

Das 1984 gegründete Weingut wird heute von Ursula Mößlein geführt, Sohn Martin ist seit 2008 für den Weinausbau verantwortlich. Neben Weinbergen im Zeilitzheimer Heiligenberg ist man auch in den Lagen Escherndorfer Fürstenberg, Gaibacher Kapellenberg, Stammheimer Eselsberg, Krautheimer Sonnenleite und Volkacher Ratsherr vertreten.

Kollektion

Die Weine der „M"-Serie stechen hervor: Der Silvaner ist füllig und kraftvoll, der Pinot besitzt reife Frucht und gute Struktur, die Domina ist reintönig und zupackend, der Cabernet kraftvoll und klar, alle sind sehr gekonnt vinifiziert.

Weinbewertung

81 2012 Silvaner trocken „der franke" 12,5 %/5,20 €

86 2011 Silvaner „M" trocken 13,5 %/7,95 €

85 2009 „Grand" Pinot „M" Weißwein trocken 14 %/16,95 €

80 2012 Rotling „der franke" 11 %/5,20 €

85 2011 Domina „M" trocken 13 %/8,95 €

86 2009 „Grand" Cabernet „M" trocken 13%/16,95€

Rudi **Möwes**

Weingut   ★ ☆

Pfalz

Hübühl 10, 76835 Weyher in der Pfalz
Tel. 06323-5602, Fax: 06323-980158
www.weingut-moewes.de
info@weingut-moewes.de
Besuchszeiten: nach Vereinbarung
Ferienhaus „An der Dorflinde", Ferienwohnung

Inhaber .... Rudi und Michael Möwes
Rebfläche .... 9,95 Hektar

Die Weinberge von Rudi und Michael Möwes liegen in den Lagen Weyherer Michelsberg, Burrweiler Altenforst, Hainfelder Kapelle und Rhodter Schlossberg und Rosengarten. Die Reben wachsen auf unterschiedlichen Böden von Schiefer über Granit, Rotliegendem, Kalkmergel bis Buntsandstein. Weiße Sorten nehmen 65 Prozent der Rebfläche ein: Riesling, Weißburgunder, Grauburgunder, Chardonnay und Silvaner vor allem, aber auch Müller-Thurgau, Kerner, Scheurebe, Bacchus, Rieslaner und Muskateller. An roten Sorten bauen sie Spätburgunder, Sankt Laurent, Portugieser und Dornfelder an. Die Rotweine werden nach der Maischegärung im Holz ausgebaut, der Ausbau der Weißweine erfolgt im Edelstahl, von der 2012er Ernte wurde aber auch erstmals ein Weißwein im Holzfass ausgebaut.

Vorjahre

Vor zwei Jahren war die Kollektion etwas verhalten: Ein fülliger, cremig-süßer Ruländer Eiswein hatte uns am besten gefallen, aber die Terroir-Rieslinge litten unter der zu prägnanten Säure des 2010er Jahrgangs. Im letzten Jahr präsentierte sich die Kollektion etwas uneinheitlich: Auslese und Beerenauslese vom Rieslaner waren klar, reintönig und harmonisch mit feiner Süße und Fülle, aber die trockenen Weißweine, unter denen uns der kraftvolle Altenforst-Riesling noch am besten gefallen hatte, zeigten wenig Typizität.

Neue Kollektion

In diesem Jahr präsentiert sich die Burgunder-Riege mit klarer Frucht und viel Saft und Kraft, der Riesling vom Michelsberg besitzt feine Zitruswürze und die Beerenauslese aus dem Altenforst ist dicht und cremig. Einzig der trockene Altenforst-Riesling lässt uns etwas ratlos zurück: Der Ausbau im Holzfass hat leider die Sortentypizität verwischt, so dass der Wein blind kaum als Riesling erkennbar ist.

Weinbewertung

79 2012 Riesling trocken 11,5 %/3,90 €

82 2012 Riesling Kabinett trocken „Alte Reben Schiefer-Steillage" Burrweiler Altenforst 11,5 %/7,80 €

81 2012 Gelber Muskateller Kabinett trocken „Kalkmergel" Weyherer Michelsberg 12 %/6,50 €

84 2012 Riesling Spätlese trocken „Granit" Weyherer Michelsberg 12,5 %/7,- €

84 2012 Weißburgunder Spätlese trocken „Kalkmergel" Rhodter Rosengarten 13,5 %/6,- €

84 2012 Grauburgunder Spätlese trocken „Kalkmergel" Rhodter Schlossberg 14 %/8,- €

84 2012 Chardonnay Spätlese trocken Weyherer Michelsberg 13,5 %/6,- €

86 2011 Riesling Beerenauslese „Schiefer-Steillage" Burrweiler Altenforst 6,5 %/16,- €

Die besten deutschen Weinerzeuger und ihre Weine

Wilhelm **Mohr** Erben

Weingut

Rheingau

Rheinstraße 21, 65391 Lorch
Tel. 06726-9484, **Fax**: 06726-1694
www.weingut-mohr.de
info@weingut-mohr.de
Besuchszeiten: nach Vereinbarung
Straußwirtschaft (Ende April-Ende Juni, Mitte Oktober-Anfang November)

Inhaber . . . . Jochen Neher
Rebfläche . . . . 6,5 Hektar

Das 1875 von Wilhelm Mohr gegründete Weingut wird heute von dessen Urenkel Jochen Neher und seiner Frau Saynur geführt. Hauptrebsorte bei Jochen Neher ist der Riesling. Daneben gibt es Spätburgunder, Weißburgunder, Silvaner sowie Scheurebe und Muskateller. Die Weißweine werden in Edelstahltanks vergoren, die Rotweine dürfen nach der Maischegärung in Eichenholzfässern reifen. Einen Namen gemacht hat sich das Weingut auch für elegante und nachhaltige Schaumweine aus Burgundersorten und Riesling, die regelmäßig zu den besten im Rheingau gehören; die Ersten Gewächse sind erfreulich trocken und klar.

Vorjahre

Im vorletzten Jahr stellte das Weingut neben bemerkenswert gut gelungenen 2010ern (darunter die komplexen „Alten Reben", ein Erstes Gewächs voller Kraft und ein stoffiger Weißburgunder) auch spannende 2009er Süß- und Schaumweine vor. Die Rotweine besaßen Substanz, wirkten allerdings noch etwas unzugänglich. Im Folgejahr gefielen außer dem 2011er Riesling „Alte Reben" auch der Silvaner und die rassige Spätlese aus der Scheurebe, während der Weißburgunder etwas enttäuschte. Auch die beiden frisch wirkenden und zum Glück nicht zu alkoholreichen Schaumweine aus 2010 überzeugten. Kraftvoll, aber nicht übertrieben mächtig

und leicht nach Tabak duftend präsentierte sich der Spätburgunder von alten Reben aus dem Höllenberg.

Neue Kollektion

Zwei üppige Trockenbeerenauslesen bilden das vorgestellte süße Sortiment, doch einige der trockenen Rieslinge sind noch interessanter. Jener von alten Reben natürlich, aber auch der „34" genannte Wein aus einer besonders alten Parzelle, mineralisch und nach Zitrus duftend. Auch die Ersten Gewächse wirken komplex und kraftvoll, könnten sich sogar weiter entwickeln. Dass sie mit etwas weniger Süße noch spannender schmecken könnten, lässt sich nur vermuten. Der Schaumwein namens „Grande Réserve" hat Kraft, lässt es aber etwas an Präzision mangeln. Dennoch: Das Weingut ist auf dem richtigen Weg! ◀

Weinbewertung

84 2011 Riesling Sekt brut **13 %/16,90 €**
85 2009 Riesling Sekt extra brut „Grande Réserve" Lorcher Krone **13,5 %/25,- €**
85 2012 Riesling Spätlese trocken **13 %/11,90 €**
87 2012 Riesling trocken „Alte Reben" **13 %/12,90 €**
88 2012 Riesling trocken „34" Lorcher Schlossberg **13 %/17,90 €**
88 2012 Riesling trocken Erstes Gewächs Lorcher Krone **13 %/18,90 €**
89 2012 Riesling trocken Erstes Gewächs Lorcher Bodental-Steinberg **13 %/19,90 €**
88 2011 Riesling Trockenbeerenauslese Lorcher Krone **8,5 %/50,- €/0,375l**
88+ 2011 Riesling Trockenbeerenauslese Lorcher Schlossberg **6,5 %/70,- €/0,375l**
86 2011 Spätburgunder trocken „Alte Reben" Assmannshäuser Höllenberg **14,5 %/25,- €**

M

Die besten deutschen Weinerzeuger und ihre Weine

Karl-Joh. **Molitor**
Weingut
Rheingau ★☆

Weider Weg 1, 65346 Eltville-Hattenheim
Tel. 06723-2537, *Fax:* 06723-7517
www.molitor-wein.de
info@molitor-wein.de
Besuchszeiten: *täglich nach Vereinbarung*

Inhaber............................Klaus Molitor
Rebfläche..............................14 Hektar

Das Weingut Molitor befindet sich in Hattenheim direkt neben der bekannten Lage Steinberg, und besitzt mehr als 100 Jahre Tradition. Neben Riesling und Weißburgunder baut Klaus Molitor Spätburgunder und seit einigen Jahren auch St. Laurent an. Seine Weinberge verteilen sich auf nicht weniger als 14 (!) verschiedene Lagen im Rheingau. Die Weine sind praktisch in jedem Jahrgang enorm saftig und würzig, zeigen oft mehr Frucht als Eleganz.

Vorjahre ――――――――――――
Die Weine des Jahrgangs 2010 kamen nicht ganz an jene des Vorgängers heran, allerdings waren auch keine Ausfälle zu beklagen. 2011 gefiel die saftige Spätlese aus dem Schlossberg am besten, aber die Qualität des gesamten Sortiments war vorbildlich gleichmäßig.

Neue Kollektion ――――――――――
Auch 2012 ist gelungen, was mit der erfreulichen Tatsache zusammenfällt, dass die Preise nach wie vor äußerst vernünftig gehalten werden. Der Kabinett „Dicke Toni" ist zum Glück längst nicht so schwer, wie der Name suggeriert. Etwas füllig wirkt allein der feinherbe „Primus Marco", während die Spätlese aus dem Magdalenenkreuz sehr süffig und saftig ausfällt. ◂▬

Weinbewertung ―――――――――――
83 2012 Riesling Kabinett trocken Hattenheimer Engelmannsberg **11,5 %/4,50 €**
81 2012 Riesling trocken „Edition René" **11,5 %/4,20 €**

83 2012 Riesling Kabinett trocken „Dicke Toni" Rüdesheimer Klosterlay **11,5 %/5,50 €**
83 2012 Riesling Kabinett „feinherb" Hattenheimer Schützenhaus **11,5 %/4,50 €**
81 2012 Riesling „feinherb Primus Marco IX" Hattenheimer Wisselbrunnen **11,5 %/4,90 €**
86 2012 Riesling Spätlese „feinherb" Rüdesheimer Magdalenenkreuz **11,5 %/6,50 €** ☺

Markus **Molitor**
Weingut
Mosel ★★★★★

Haus Klosterberg, 54470 Bernkastel-Wehlen
Tel. 06532-95400-0, *Fax:* 06532-95400-29
www.markusmolitor.com
info@markusmolitor.com
Besuchszeiten: *Mo.-Fr. 10-18 Uhr, Sa./So. nach Vereinbarung*

Inhaber..........................Markus Molitor
Rebfläche..............................50 Hektar

Ganz klein und sehr jung hat er angefangen, heute ist Markus Molitor größter Weingutsbesitzer an der mittleren Mosel. Direkt am Weingut besitzt Markus Molitor 10 Hektar Weinberge, das größte arrondierte Stück an der Mittelmosel (Wehlener Klosterberg). Beträchtlichen Besitz hat er auch in der Zeltinger Sonnenuhr, ist aber auch auf der Wehlener Seite vertreten und im Zeltinger Schlossberg. Hinzu kommen unter anderem Weinberge im Graacher Domprobst und Himmelreich, Erdener Treppchen, Ürziger Würzgarten und in der Bernkasteler Lay. An der Saar hat er 3 Hektar im Saarburger Rausch erworben, einen halben Hektar im Ockfener Bockstein. Neben Riesling besitzt er 1,3 Hektar Weißburgunder und 2,5 Hektar Spätburgunder, hat jüngst noch einen Hektar Weißburgunder gepflanzt. Die Burgunder werden bei ihm prinzipiell im Holz ausgebaut. Markus Molitor vergärt alle Weine ohne Reinzuchthefen. Zum Pressen benutzt

M

Die besten deutschen Weinerzeuger und ihre Weine

er in den letzten Jahren verstärkt Korbpressen, lässt die Weine 12 bis 18 Stunden macerieren, je nach Jahrgang auch mal zwei Tage. Zum Ausbau nutzt er Edelstahl und Holzfässer, hat den Holzfassanteil in den letzten Jahren weiter vergrößert. Er baut die Weine lange auf der Feinhefe aus und füllt sehr spät ab. In ihrer Jugend wirken sie dadurch oft etwas streng und verschlossen, eine Tendenz, die sich von Jahr zu Jahr immer deutlicher abzeichnet. Solche Weine sollte man eigentlich erst nach ein paar Monaten Flaschenreife zeigen. Sie altern großartig, auch die trockenen Weine und selbst in Jahrgängen wie 2003 – wovon wir uns dieses Jahr wieder einmal überzeugen konnten.

Bezeichnungen wie trocken oder „feinherb" hat Markus Molitor mit dem Jahrgang 2007 abgeschafft. Für ihn trocken schmeckende Weine (auch wenn nicht im gesetzlich trockenen Bereich) werden mit weißer Kapsel ausgestattet, „feinherbe" mit grüner Kapsel und süße mit goldener Kapsel.

Vorjahre

Die 2009er Spätburgunder, Ende September als füllfertige Fassproben verkostet, präsentierten sich vor zwei Jahren sehr stimmig, die beiden 3-Sterne-Selektionen besaßen wunderschön feine Tannine. Ganz starke Rieslinge hatte Markus Molitor 2010 auf die Flasche gebracht, der trockene und „feinherbe" Teil der Kollektion war stark, schon einige wunderschöne, im Alkohol niedrige Kabinettweine machten viel Freude. Grandios war aber 2010 einmal mehr der edelsüße Teil der Kollektion, in einem Jahrgang mit 10 Trockenbeerenauslesen, dazu Beerenauslesen, Eiswein, 3- und 2-Sterne-Auslesen zuhauf, jeder einzelne Wein bestechend reintönig! 2011 war beeindruckend stark, sowohl trocken als auch feinherb und süß. Trocken glänzten vor allem die Weine aus der Zeltinger Sonnenuhr, das feinherbe Segment sah eine 3-Sterne-Auslese aus dem Würzgarten an der Spitze und süß war einfach alles geboten bis hin zur Trockenbeerenauslese.

Riesling „trocken"

Die Kollektion mit den weißen Kapseln ist einmal mehr bärenstark. Man steigt ein auf hohem Niveau (Schieferteil), unter den Kabis ragt einmal mehr Fuder 6 hervor, die Spätlesen sind beide prächtig, unter den alten Reben präferieren wir den druckvolleren Saar-Wein. Bei den 2-Sterne-Auslesen ist klar der Wein aus der Zeltinger Sonnenuhr unser Favorit, die 3-Sterne-Auslesen sind alle großartig, alle enorm druckvoll und nachhaltig.

Feinherb und süß

Der feinherbe Teil der Kollektion ist deutlich kleiner als gewohnt, wird angeführt von der saftigen 2-Sterne-Auslese aus der Zeltinger Sonnenuhr. Im süßen Segment bereiten schon die Kabinettweine viel Freude, die Spätlesen sind alle hervorragend, klar die Nase vorne haben die beiden Versteigerungsweine, Jahrgang 2011 und 2012. Unter den sechs 2-Sterne-Auslesen – allesamt hervorragend – bewerten wir den faszinierend nachhaltigen Wein aus der Zeltinger Sonnenuhr und den Neuling im Programm, den Wein aus dem Bockstein (präzise, druckvoll) am höchsten, im 3-Sterne-Bereich die Auslesen aus den beiden Sonnenuhren. Beerenauslese, Trockenbeerenauslese und eine grandiose 3-Sterne-Trockenbeerenauslese runden die 2012er Kollektion ab.

Burgunder

Die Weißburgunder beeindrucken, sind präzise und zupackend, der 3-Sterne-Wein herrlich komplex und nachhaltig. Die 2010er Spätburgunder präsentieren sich kraftvoll und tanninbetont, sind enorm jugendlich, kompromisslos vinifiziert. Der Wein aus dem Schlossberg zeigt feine mineralische Noten und viel Nachhall, der 3-Sterne-Pinot Noir aus dem Klostergarten ist kraftvoll, druckvoll und fruchtbetont, wesentlich offener als sein stoffiges Pendant aus dem Himmelreich. ◀

Weinbewertung

Weiße Kapseln (trocken):

89   2012 Pinot Blanc* Wehlener Klosterberg
       13 %/14,90 €
92   2012 Pinot Blanc*** Wehlener Klosterberg

13 %/36,20 €

87 2012 Riesling „Schiefersteil" 12 %/10,90 €

88 2012 Riesling Kabinett Erdener Treppchen
11 %/12,50 €

87 2012 Riesling Kabinett Wehlener Klosterberg
11,5 %/12,50 €

89 2012 Riesling Kabinett „Fuder 6" Zeltinger
Sonnenuhr 11,5 %/19,50 €

90 2012 Riesling Spätlese Ockfener Bockstein
12 %/17,70 €

91 2012 Riesling Spätlese Zeltinger Sonnenuhr
12 %/18,90 €

88 2012 Riesling „Alte Reben" Mosel 12 %/16,90 €

90 2012 Riesling „Alte Reben" Saar 12 %/16,90 €

89 2012 Riesling Auslese** Saarburger Rausch
12 %/32,50 €

91 2012 Riesling Auslese** Zeltinger Sonnenuhr
12,5 %/34,- €

93 2012 Riesling Auslese*** Zeltinger Sonnenuhr
12,5 %/61,90 €

93 2012 Riesling Auslese*** Graacher Himmelreich 12,5 %/59,90 €

94 2012 Riesling Auslese*** (Versteigerung) Zeltinger Sonnenuhr 12,5 %

Grüne Kapseln („feinherb"):

86 2012 Riesling Kabinett Zeltinger Himmelreich
10,5 %/12,50 €

86 2012 Riesling Kabinett Bernkasteler Badstube
10 %/12,50 €

88 2012 Riesling Spätlese Graacher Himmelreich
10,5 %/18,50 €

91 2012 Riesling Auslese** Zeltinger Sonnenuhr
11 %/33,50 €

Goldene Kapseln („frucht- und edelsüß"):

88 2012 Riesling Kabinett Wehlener Sonnenuhr
8 %/13,90 €

89 2012 Riesling Kabinett Zeltinger Sonnenuhr
7,5 %/14,50 €

90 2012 Riesling Spätlese Saarburger Rausch
7 %/17,90 €

90 2012 Riesling Spätlese Ürziger Würzgarten
7,5 %/17,90 €

91 2012 Riesling Spätlese Wehlener Sonnenuhr
7,5 %/18,50 €

90 2012 Riesling Spätlese Zeltinger Sonnenuhr
7,5 %/18,90 €

93 2011 Riesling Spätlese (Versteigerung) Zeltinger Sonnenuhr

94 2012 Riesling Spätlese (Versteigerung) Zeltinger

93 2012 Riesling Auslese** Ockfener Bockstein
32,50 €

92 2012 Riesling Auslese** Saarburger Rausch
32,50 €

91 2012 Riesling Auslese** Erdener Treppchen
32,50 €

92 2012 Riesling Auslese** Zeltinger Schlossberg
32,50 €

92 2012 Riesling Auslese** Graacher Himmelreich 32,50 €

94 2012 Riesling Auslese** Zeltinger Sonnenuhr
34,- €

94 2012 Riesling Auslese*** Wehlener Sonnenuhr 54,80 €

92 2012 Riesling Auslese*** Zeltinger Sonnenuhr
61,90 €

93 2011 Riesling Auslese*** (Versteigerung) Zeltinger Sonnenuhr

94 2012 Riesling Auslese*** (Versteigerung) Zeltinger Sonnenuhr

95 2012 Riesling Beerenauslese** Zeltinger Sonnenuhr 282,50 €

95 2012 Riesling Trockenbeerenauslese* Zeltinger Sonnenuhr 425,- €

98 2011 Riesling Trockenbeerenauslese*** Zeltinger Sonnenuhr

98 2012 Riesling Trockenbeerenauslese*** Zeltinger Sonnenuhr

Spätburgunder:

87 2011 Pinot Noir „Haus Klosterberg" 13,5 %

90 2010 Pinot Noir* Brauneberger Mandelgra-
ben 14 %/25,90 €

91 2010 Pinot Noir** Brauneberger Klostergarten
14 %/38,90 €

92 2010 Pinot Noir** Trarbacher Schlossberg
13,5 %/41,- €

93 2010 Pinot Noir*** Brauneberger Klostergarten
14 %/77,20 €

92 2010 Pinot Noir*** Graacher Himmelreich
14 %/82,50 €

Riesling 2003:

89 2003 Riesling Spätlese trocken Bernkasteler Lay

90 2003 Riesling Auslese** trocken Wehlener

Sonnenuhr

92 2003 Riesling Auslese*** trocken Barrique Zeltinger Sonnenuhr

87 2003 Riesling Spätlese „feinherb" Wehlener Klosterberg

90 2003 Riesling Auslese** „feinherb" Zeltinger Sonnenuhr

93 2003 Riesling Auslese*** „feinherb" Graacher Domprobst

92 2003 Riesling Auslese** Zeltinger Sonnenuhr

92 2003 Riesling Spätlese „Edition 6" Graacher Himmelreich

93 2003 Riesling Beerenauslese Zeltinger Sonnenuhr

93 2003 Riesling Trockenbeerenauslese Zeltinger Sonnenuhr

95 2003 Riesling Trockenbeerenauslese** Zeltinger Sonnenuhr

Molitor – Rosenkreuz

★★★

Weingut   **Mosel**

Am Rosenkreuz 1, 54518 Minheim
Tel. *06507-6739,* **Fax:** *06507-992109*
weingutmolitor-rosenkreuz@freenet.de
Besuchszeiten: *jederzeit nach Vereinbarung*

Inhaber .... Achim W. Molitor
Rebfläche .... 5,2 Hektar

Achim Molitor hat 1995 ein Weingut in Minheim gekauft. Dadurch kam er in den Besitz von 4 Hektar Weinbergen in Piesport, darunter über 50 Jahre alte Reben im Piesporter Goldtröpfchen. Hinzu kam ein Hektar mit 40 bis 80 Jahre alten Reben in Wintrich. 1998 hat Achim Molitor in neue Kelter- und Kelleranlagen in Minheim investiert. Neben 95 Prozent Riesling baut er 5 Prozent Spätburgunder an. Die Hälfte der Jahresproduktion wird exportiert.

Vorjahre

Sehr geschlossen präsentierte sich der Jahrgang 2010, der seine Stärken mit den Goldtröpfchen-Weinen im edelsüßen Segment hatte. Das 2009er Große Gewächs, ebenfalls aus dem Goldtröpfchen, gefiel uns vor zwei Jahren auch sehr gut, ebenso der Pinot Noir. Eine ganz starke Kollektion präsentierte dann Achim Molitor mit dem Jahrgang 2011, an der Spitze das Große Gewächs aus dem Goldtröpfchen und zwei druckvolle Trockenbeerenauslesen, die ein starkes edelsüßes Segment mit vielen sehr guten Weinen – Auslese, Beerenauslese, Eiswein – anführten.

Neue Kollektion

Eine starke Kollektion mit sehr eigenständigen Weinen stellt Achim Molitor auch in diesem Jahr vor. Die trockenen Rieslinge sind kraftvoll, klar und zupackend, alle noch sehr jugendlich und verschlossen, sie besitzen Potenzial, wie man anhand der beiden fein gereiften trockenen 2003er Spätlesen prognostizieren kann. Das restsüße Segment ist bärenstark, bietet eine wunderschön reintönige Spätlese aus dem Ohligsberg mit Struktur und Biss, eine füllige, harmonische Auslese aus dem Goldtröpfchen, die noch konzentriertere, saftige Auslese aus dem Ohligsberg und einen Eiswein mit viel Frucht und viel Substanz. Unter den Pinot Noir hat uns der kraftvolle, fein gereifte 2003er am besten gefallen, der „Falco" genannte Wein ist uns eine Spur zu duftig und oxidativ.

Weinbewertung

87 2003 Riesling Spätlese trocken Wintricher Großer Herrgott **12 %/10,- €**

88 2003 Riesling Spätlese trocken Wintricher Ohligsberg **13 %/a.A.**

85 2012 Riesling trocken Wintrich Ohligsberg **11,5 %/16,- €**

87 2012 Riesling „GG" Piesport Goldtröpfchen **13 %/16,- €**

86 2012 Riesling „GG" Wintrich Ohligsberg **13 %/18,- €**

86 2012 Riesling Spätlese halbtrocken Piesport Falkenberg **11,5 %/10,- €**

85 2012 Riesling Spätlese „Honigberg" Bernkastel Kurfürstlay **9,5 %/10,- €**

88 2003 Riesling Spätlese Piesporter Grafenberg

7,5 %/12,- €

88　2012 Riesling Spätlese Wintrich Ohligsberg
9,5 %/12,- €

88　2012 Riesling Auslese* Piesporter Goldtröpfchen　8,5 %/18,- €

90　2012 Riesling Auslese** Wintricher Ohligsberg
8,5 %/20,- €

90　2012 Riesling Eiswein Piesporter Falkenberg
7,5 %/30,- €/0,375l

87　2003 Pinot Noir trocken　14 %/a.A.

84　2011 Pinot Noir trocken　13,5 %/15,- €

86　2011 Pinot Noir trocken „Mont Piesport"
14 %/18,- €

85　2011 Pinot Noir trocken „Mont Piesport Falco"
14,5 %/24,- €

Montigny ★★★

Weingut　　　　　　　　　　　　**Nahe**

Weidenpfad 46, 55452 Laubenheim/Nahe
Tel. *06704-1468,* **Fax:** *06704-1602*
www.montigny.de
sascha.montigny@montigny.de
Besuchszeiten: *Mo.-Fr. 10-12 + 14-18 Uhr, Sa. 10-14
Uhr, jeweils nach Vereinbarung*

Inhaber........................ Sascha Montigny
Rebfläche.............................. 8 Hektar

Das Weingut Montigny wurde in den sechziger Jahren von den Eltern des heutigen Besitzers gegründet. Sascha Montigny ist seit
fast zwanzig Jahren im Weingut tätig, das er
1994 übernommen hat. Ungewöhnlich für
die Nahe ist, dass mittlerweile die Hälfte der
Rebfläche mit roten Sorten bestockt ist.
Spätburgunder, den es bereits seit 1975 gibt,
ist die wichtigste rote Sorte. Zweite wichtige
Rotweinsorte ist der St. Laurent. Der Schwerpunkt bei den Weißweinen liegt beim Riesling, der ein Viertel der Rebfläche einnimmt.
Dazu gibt es Grauburgunder und Weißburgunder. Die Weißweine werden kühl in Edel-

stahltanks vergoren. Die Rotweine werden
maischevergoren und anschließend in Eichenholzfässern ausgebaut, teils in Stückfässern, teils in Barriques.

Vorjahre _____

Vor zwei Jahren lagen die Vorteile klar im
roten Segment, das sich sehr geschlossen
präsentierte, allerdings war diesmal nicht
der allzu duftige St. Laurent „R" unser Favorit,
die Cuvée Mariage gefiel uns noch ein klein
wenig besser. Im letzten Jahr punktete
Sascha Montigny mit vier starken Rotweinen
des 2010er Jahrgangs und einem 2011er, die
alle saftig und fleischig waren und sich durch
einen wohl dosierten, zurückhaltenden
Holzeinsatz auszeichneten. An der Spitze
stand der Spätburgunder aus der Krone, und
aus dieser Lage stammten auch zwei überzeugende, füllige Rieslinge, die das weiße
Segment zusammen mit einem harmonischen Barrique-Grauburgunder anführten.

Neue Kollektion _____

Der kraftvolle Barrique-Grauburgunder
steht auch in diesem Jahr zusammen mit
dem trockenen Riesling aus der Krone, der
feinen Biss und Zitruswürze zeigt, an der
Spitze des weißen Teils der Kollektion. Auch
die beiden gelungenen Sekte zeigen klare
Frucht und Biss, aber die eigentlichen Stärken des Sortiments liegen wieder im roten
Bereich: Früh- und Spätburgunder, Saint
Laurent und die Cuvée Mariage sind gleichmäßig gut, besitzen Kraft, klare Frucht und
feine röstige Würze. Und Sascha Montignys
Rotweine können hervorragend reifen, wie
der eindringliche und harmonische 2003er
Saint Laurent „R" zeigt, der viel klare Frucht
besitzt, kaum gealtert wirkt und sich noch
herrlich frisch präsentiert. ◄

Weinbewertung _____

86　2011 Spätburgunder „Blanc de Noir" Sekt brut
13 %/11,- €

84　2010 Riesling Sekt brut　12,5 %/9,50 €

86　2012 Grauburgunder trocken Barrique Laubenheimer Karthäuser　14 %/9,- €

84　2012 Weißburgunder trocken Laubenheimer

M

13,5 %/7,- €

84 2012 Riesling trocken Laubenheimer Karthäuser 12,5 %/7,50 €

87 2012 Riesling trocken Laubenheimer Krone 12,5 %/13,50 €

83 2012 Riesling „feinherb" Laubenheimer Karthäuser 12 %/7,50 €

84 2012 Riesling Spätlese Laubenheimer Karthäuser 8 %/7,50 €

87 2011 „Cuvée Mariage" Rotwein trocken Barrique Laubenheimer 14 %/15,50 €

86 2011 Saint Laurent trocken Barrique Laubenheimer 13,5 %/12,50 €

87 2011 Saint Laurent „R" trocken Barrique Laubenheimer Krone 13,5 %/19,50 €

88 2003 Saint Laurent „R" trocken Barrique 13,5 %

87 2012 Frühburgunder trocken Barrique Laubenheimer 14 %/14,50 €

87 2011 Spätburgunder trocken Barrique Laubenheimer 14,5 %/13,50 €

★

S.J. **Montigny**

Weingut

Nahe

 In den zehn Morgen 41, 55559 Bretzenheim
Tel. *0671-48313040,* **Fax**: *0671-483130419*
www.weingut-montigny.de
steffen@weingut-montigny.de
Besuchszeiten: *nach Vereinbarung*

Inhaber.........................S.J. Montigny KG
Rebfläche..............................28 Hektar

Das 2009 gegründete Weingut verfügt über keine eigenen Rebflächen, die in Bretzenheim verarbeiteten Trauben stammen von Winzern an der Nahe und in Rheinhessen, mit denen Anbauverträge abgeschlossen wurden. Zudem hat Steffen J. Montigny ebenfalls 2009 auf 2 Hektar in Altmühlen und Grebin in Schleswig-Holstein rund 8.500 Rebstöcke gepflanzt, dort konzentriert er sich auf

pilzresistente Sorten wie Regent, Solaris und Johanniter. An der Nahe sind die wichtigsten Rebsorten Riesling, Grau- und Weißburgunder, Chardonnay und Gewürztraminer, dazu kommen Dornfelder, etwas Spätburgunder und Regent, in Rheinhessen kommen zu diesen Sorten noch Sauvignon Blanc, Portugieser, Merlot und Cabernet Sauvignon dazu.

Kollektion _____

Wir haben uns bei der Verkostung auf die Weine von der Nahe konzentriert, alle Weine sind sortentypisch, wenn auch zum Teil etwas verhalten. Gut gefallen haben uns der saftige und füllige Riesling aus dem Frühlingsplätzchen, der feine mineralische Würze zeigt und die beiden trockenen Auslesen: der im Barrique ausgebaute Chardonnay ist eindringlich und weich mit klaren Röstnoten und der Weiße Burgunder besitzt Fülle und Würze. ◀

Weinbewertung _____

81 2012 Grauburgunder Spätlese trocken 12,5 %/7,99 €

83 2012 Weißburgunder Auslese trocken Kreuznacher Hinkelstein 13 %/9,99 €

84 2012 Chardonnay Auslese trocken Barrique Kreuznacher St. Martin 13 %/12,99 €

85 2012 Riesling Spätlese trocken Monzinger Frühlingsplätzchen 12,5 %/9,99 €

80 2012 Riesling Classic 12 %/5,99 €

81 2012 Riesling Spätlese „feinherb" 12 %/7,99 €

82 2011 Spätburgunder trocken Barrique Monzinger Frühlingsplätzchen 13 %/12,99 €

★ ☆

Moosmann

Weingut, Siegfried & Georg

Baden

Alte Dorfstrasse 32, 79183 Waldkirch-Buchholz
Tel. *07681-7574,* **Fax**: *07681-25118*
www.weingut-moosmann.de
weingut.moosmann@t-online.de
Besuchszeiten: *Mo.-Fr. 8-12 + 14-18:30 Uhr,*
Sa. 8-16 Uhr

Inhaber.......... Siegfried & Georg Moosmann
Rebfläche............................. 22 Hektar

Seit 1986 baut Siegfried Moosmann seine Weine selbst aus, seit 1994 ist Sohn Georg für den Weinausbau verantwortlich. Von ursprünglich 7,5 Hektar ist die Rebfläche auf die heutige Größe angewachsen. Die Weinberge liegen in Buchholz und Glottertal, wo die Reben auf Gneisverwitterungsböden wachsen, sowie in Mundingen und Herbolzheim; dort stehen die Reben auf tiefgründigen Lössböden. Die Hälfte der Rebfläche nimmt Spätburgunder ein, es folgen Grauburgunder, Weißburgunder und Chardonnay. Dazu gibt es etwas Müller-Thurgau, Riesling, Gewürztraminer und Muskateller, seit 2005 auch Sauvignon Blanc.

Vorjahr _____

Die im letzten Jahr vorgestellten Weine waren füllig und kraftvoll, besaßen reife Frucht und gute Substanz, am besten gefiel uns der intensive, herrlich zupackende Sauvignon Blanc.

Neue Kollektion _____

Eine überzeugende Kollektion folgt dieses Jahr nach mit kraftvollen, trockenen weißen Spätlesen, unter denen uns der Chardonnay am besten gefällt. Der Star im Programm ist aber die im Barrique ausgebaute trockene Spätburgunder-Auslese, die Gewürznoten und reife Frucht im Bouquet zeigt, füllig und kraftvoll im Mund ist, reife Frucht besitzt, gute Struktur und Tannine. ◄━

Weinbewertung _____

83   2012 Weißburgunder Spätlese trocken
     13 %/8,- €

86   2012 Chardonnay Spätlese trocken
     13,5 %/14,50 €

84   2012 Grauburgunder Spätlese trocken
     14 %/14,50 €

81   2011 Spätburgunder trocken „Eichenfass"
     13,5 %/8,- €

83   2011 Spätburgunder trocken Barrique
     14 %/13,80 €

88   2011 Spätburgunder Auslese trocken Barrique
     14 %/29,- €

★★★★☆

Georg **Mosbacher**
Weingut   **Pfalz**

Weinstraße 27, 67147 Forst
Tel. 06326-329, Fax: 06326-6774
www.georg-mosbacher.de
info@georg-mosbacher.de
Besuchszeiten: Mo.-Fr. 8-12 + 13:30-18 Uhr, Sa. 9-13 Uhr

Inhaber...................... Familie Mosbacher
Betriebsleiter..... Sabine Mosbacher-Düringer
.... Jürgen Düringer
Rebfläche............................. 20 Hektar

Seit über 200 Jahren betreibt die Familie Weinbau in Forst. Richard Mosbacher Sen. gründete das Weingut 1920 zusammen mit seinen Schwestern und benannte es nach seinem Vater Georg. Sein Sohn Richard und Ehefrau übernahmen das Gut in den sechziger Jahren, seit 1992 leiten Tochter Sabine und ihr Ehemann Jürgen Düringer, beide Geisenheim-Absolventen, den Betrieb. Ihre Weinberge liegen in Forst und Deidesheim. Große Gewächse erzeugen sie in den Forster Lagen Pechstein (Basalt, Buntsandsteingeröll), Ungeheuer (Buntsandstein mit Kalkgeröll und Basalt) und Freundstück (Buntsandsteingeröll, stellenweise etwas Kalkgeröll), sowie im Deidesheimer Kieselberg (lehmiger Sand, stellenweise Buntsandstein und Geröll). Weitere Weinberge besitzen sie in den Forster Lagen Musenhang, Stift und Elster, sowie in den Deidesheimer Lagen Herrgottsacker, Mäushöhle und Leinhöhle. Riesling ist die mit Abstand wichtigste Rebsorte im Betrieb. Daneben gibt es ein klein wenig Weißburgunder, Gewürztraminer und Sauvignon Blanc, aber auch Spätburgunder, Dornfelder, Regent und Merlot.

Vorjahre _____

Schon in unserer ersten Ausgabe haben wir festgestellt: Einer der Top-Betriebe in der Pfalz. Dies gilt heute noch wie damals. Jahr für Jahr präsentiert das Weingut konsistente

M

Die besten deutschen Weinerzeuger und ihre Weine

607

Kollektionen auf hohem Niveau, die immer angeführt werden von den prächtigen Großen Gewächsen. Vor zwei Jahren gehörte Mosbacher zu den wenigen Weingütern, die bei den Weißweinen des Jahrgangs 2010 das Niveau hielten oder zum Teil sogar übertreffen konnten. Neben zwei tollen Rotweinen und dem herrlich saftigen Sauvignon Blanc hatten uns die Rieslinge erfreut. Die etwas höhere Restsüße als üblich fügte sich gut in die Struktur der Weine, die tolle Frucht und der hohe Extrakt machen die kräftige Säure mehr als erträglich. Von den Großen Gewächsen gefielen uns Freundstück und Pechstein besser als im Jahr davor, sie gewannen durch ihre Präzision an Statur und dürften auch noch in einigen Jahren viel Freude machen. Im vergangenen Jahr hatten wir wieder eine sehr gute bis hervorragende Riesling-Kollektion verkostet. Die Kabinett-Weine waren leicht, die Mäushöhle war unser Favorit; bei den Terroir-Weinen hatten wir keinen Favoriten, alle waren gleichermaßen sehr gut. Bei den Großen Gewächsen favorisierten wir wieder das Ungeheuer, es zeigte komplexe Kraft, der Kieselberg war etwas zurückhaltender, überzeugte aber mit feinem Biss und feiner Frucht. Das Große Gewächs aus dem Pechstein war das mit dem höchsten Restzucker, sehr gut waren auch der knackig-frische Sauvignon Blanc und der cremige Weißburgunder.

Neue Kollektion

In diesem Jahr gefällt uns bei den Großen Gewächsen erneut das Ungeheuer am besten, es ist zupackend-elegant, von sehr klarer Frucht, hat viel Stoff, bleibt dennoch schlank. Der Kieselberg schmeichelt mit süßer Frucht, der Pechstein ist eindringlich-würzig, er zeigt viel Frucht und ein elegantes Spiel. Eine vielschichtige Textur und viel Stoff besitzt der Jesuitengarten, er ist eine Spur zu süß. Beim Freundstück schmeckt man die Maischestandzeit, er bekommt dadurch eine interessante Struktur mit guter Konzentration und Länge. Sehr schön sind die beiden Rieslinge aus Erster Lage, eine feine, intensiv fruchtige Nase zeigt der spielerische Musenhang, das Gerümpel ist üppig-elegant mit mineralischer Länge. Eine feine salzige Mineralität hat auch der Basalt-Riesling, er ist der puristischste der Mosbacher-Rieslinge, fast durchgegoren. In die gleiche Richtung geht der Kalkstein-Riesling, er ist etwas üppiger. Eine herrliche Aromenvielfalt zeigt der Buntsandstein-Riesling. Er ist wunderbar saftig und elegant. Köstlich-elegant ist der Sauvignon Blanc Fumé, keine vordergründige Fruchtbombe. Er zeigt eine sehr feine Feuerstein-Nase. Sehr modern ist der lachsfarbene Grauburgunder, er ist reif, weich und kräftig. ◄

Weinbewertung

89	2012 Sauvignon Blanc trocken „Fumé" **13 %/13,- €**
88	2012 Grauburgunder trocken „sl" **14 %/14,- €**
88	2012 Riesling trocken Forster Musenhang **13 %/13,- €**
88	2012 Riesling trocken Wachenheimer Gerümpel **13 %/14,- €**
89	2012 Riesling trocken „Basalt" **13 %/15,- €**
89	2012 Riesling trocken „Kalkstein" **13 %/15,- €**
89	2012 Riesling trocken „Buntsandstein" **13,5 %/15,- €**
91	2012 Riesling „GG" Kieselberg Deidesheim **13 %/27,- €**
91	2012 Riesling „GG" Freundstück Forst **13 %/27,- €**
91	2012 Riesling „GG" Pechstein Forst **13 %/30,- €**
91	2012 Riesling „GG" Jesuitengarten Forst **13 %/30,- €**
92	2012 Riesling „GG" Ungeheuer Forst **13 %/30,- €**

Martin **Müllen**
Weingut   **Mosel**

Alte Marktstraße 2, 56841 Traben-Trarbach
Tel. *06541-9470,* **Fax:** *06541-9470*
www.weingutmuellen.de
info@muellen.de
Besuchszeiten: *Mo.-Sa. 10-12 + 15-19 Uhr (um Anmeldung wird gebeten), So. Ruhetag*

Inhaber...........................Martin Müllen
Rebfläche............................4,6 Hektar

Martin Müllen hat 1991 sein eigenes Weingut gegründet, mit einer „Hobby-Rebfläche", zu der er nach und nach weitere Parzellen in besten Lagen von Kröv und Wolf hinzu erworben hat, sowie einen Weinberg im Trabacher Hühnerberg. Neben Riesling baut er etwas Weißburgunder, Spätburgunder und Dornfelder an. Die Weine werden mit den natürlichen Hefen vergoren und lange auf der Feinhefe in Eichenholzfässern ausgebaut. Sie zeichnen sich durch ihr sehr gutes Alterungspotenzial aus.

Vorjahre ⎯⎯⎯⎯⎯⎯⎯⎯⎯

Sehr verhalten und eigenwillig waren die trockenen 2010er. Der edelsüße Teil der Kollektion präsentierte sich geschlossen auf sehr gutem Niveau, die Beerenauslesen waren noch sehr jugendlich. Die letztjährige Kollektion präsentierte sich geschlossen, mit Vorteilen im edelsüßen Segment, an der Spitze mehrere Beerenauslesen, Auslesen und eine Trockenbeerenauslese, alle recht duftig und konzentriert. Sehr gut hatten sich im vergangenen Jahr die Müllen-Rieslinge in unserer 2002er-Verkostung behauptet.

Neue Kollektion ⎯⎯⎯⎯⎯⎯⎯⎯⎯

Die neue Kollektion, teilweise noch Weine des Jahrgangs 2011, ist deutlich heterogener, bei manchen Weinen waren wir uns nicht sicher, ob eine lichte Muffnote im Bouquet immer vom Kork herrührt. Relativ geschlossen präsentiert sich der trockene Teil der Kollektion, bietet kraftvolle, stoffige Weine mit viel

Substanz und guter Struktur, an der Spitze stehen die trockenen Spätlesen aus dem Hühnerberg. Die feinherbe Spätlese steht ihren trockenen Kollegen nicht nach, ist füllig, saftig und druckvoll. Das süße Segment wird angeführt von der Auslese aus dem Hühnerberg, die von einer eigenwilligen Schärfe geprägt ist, aber herrlich druckvoll ist. ⎯

Weinbewertung ⎯⎯⎯⎯⎯⎯⎯⎯⎯

83 2012 Riesling Kabinett trocken (1l) **6,90 €**
86 2012 Riesling Kabinett trocken Trabacher Hühnerberg **11,90 €**
86 2012 Riesling Kabinett trocken Kröver Letterlay **11,90 €**
87 2011 Riesling Spätlese* trocken Trabener Würzgarten **12,90 €**
88 2011 Riesling Spätlese trocken „A&J" Trabacher Hühnerberg **18,90 €**
86 2011 Riesling Spätlese** trocken Kröver Paradies **20,- €**
88 2012 Riesling Spätlese trocken Trabacher Hühnerberg **18,90 €**
88 2011 Riesling Spätlese* trocken Trabacher Hühnerberg **25,- €**
89 2012 Riesling Spätlese* trocken Trabacher Hühnerberg **25,- €**
84 2012 Riesling Kabinett „feinherb" Trabacher Hühnerberg **11,90 €**
86 2012 Riesling Kabinett* „feinherb" Trabacher Hühnerberg **13,90 €**
86? 2011 Riesling Spätlese** „feinherb" Kröver Letterlay **13,90 €**
89 2012 Riesling Spätlese „feinherb" Trabacher Hühnerberg **18,90 €**
87 2012 Riesling Spätlese** Kröver Kirchlay **12,90 €**
83? 2012 Riesling Spätlese** „alte Reben" Kröver Paradies **14,90 €**
87 2012 Riesling Spätlese Trabacher Hühnerberg **18,90 €**
89 2012 Riesling Auslese Trabacher Hühnerberg **30,- €**

Adam **Müller**

Weingut
Baden

Adam-Müller-Straße 1, 69181 Leimen
Tel. 06224-97100, *Fax:* 06224-971047
www.weingut-adam-mueller.de
verkauf@weingut-adam-mueller.de
Besuchszeiten: Mo.-Fr. 8-18 Uhr, Sa. 9-13 Uhr

Inhaber............Matthias und Marcus Müller
Rebfläche..............................21 Hektar

Die Cousins Marcus und Matthias Müller, die das Weingut zum 1. Januar 2003 von ihren Vätern übernommen haben, bringen ihre durch viele Auslandsaufenthalte geprägten Erfahrungen in dieses traditionsreiche Haus ein. Zunächst trennten sie das eigene Weingut vom Kellereibetrieb. Nur die besten Weine aus den eigenen Weinbergen werden in anderer Ausstattung in der Weingutslinie vermarktet. Neben Weinbergen in den Leimener Lagen Kreuzweg und Herrenberg haben sie von der Stadt Heidelberg einen 1,2 Hektar großen Weinberg in der Lage Sonnenseite ob der Bruck gepachtet, den sie mit Riesling und Spätburgunder bepflanzten. An roten Sorten, die ein Drittel der Rebfläche einnehmen, gibt es neben Spätburgunder noch Lemberger und Portugieser. Alle Rotweine werden im Barrique ausgebaut. Wichtigste weiße Sorten sind Riesling, Weiß- und Grauburgunder. Marcus Müller ist für den Weinausbau verantwortlich, Matthias Müller für den kaufmännischen Bereich, dessen Frau Nathalie für Kundenbetreuung und Öffentlichkeitsarbeit.

Vorjahre _____

Seit über einem Jahrzehnt empfehlen wir nun die Weine vom Weingut Adam Müller. Die 2010er Weißweine waren deutlich verhaltener, am besten gefiel uns vor zwei Jahren der 2008er Spätburgunder „Ernte 273". Enorm gleichmäßig war auch die letztjährige Kollektion, weiß wie rot, mit zwei saftigen, klaren Rieslingen an der Spitze.

Neue Kollektion _____

Sehr gleichmäßig ist auch die neue Kollektion, weiß wie rot, mit einem herausragenden Wein an der Spitze, den Spätburgunder von der Sonnenseite, der gute Konzentration und reife Frucht im Bouquet zeigt, rote Früchte, etwas Kirschen, füllig und harmonisch im Mund ist, klare Frucht und gute Struktur besitzt bei feinen Tanninen. ◀

Weinbewertung _____

81 2012 Auxerrois Kabinett trocken Leimener Kreuzweg **12 %/7,- €**
81 2012 Weißburgunder Kabinett trocken Leimener Kreuzweg **12 %/7,- €**
81 2012 Grauburgunder Kabinett trocken Leimener Kreuzweg **12 %/7,- €**
82 2012 Weißburgunder trocken „Alte Reben" **13 %/8,95 €**
83 2011 Muskat-Ottonel Spätlese **11,5 %/8,50 €**
81 2012 Spätburgunder Rosé Kabinett trocken Heidelberger Burg **12 %/5,50 €**
82 2011 Pinot Noir trocken **13 %/8,45 €**
86 2011 Spätburgunder Spätlese trocken Heidelberger Sonnenseite ob der Bruck **13 %/15,45 €**
81 2011 Lemberger Spätlese trocken Leimener Kreuzweg **13 %/12,90 €**

Axel **Müller**

★

Weingut
Rheinhessen

Ph.-Merckel-Straße 23, 67592 Flörsheim-Dalsheim
Tel. 06243-7412, *Fax:* 06243-6295
www.weingut-otto-mueller.de
weingutottomueller@t-online.de
Besuchszeiten: Mo.-Sa. 8-18 Uhr, So. 10-14 Uhr

Inhaber..............................Axel Müller
Rebfläche..............................12 Hektar

Seit 1625 ist das Gut in Familienbesitz, das heute von Axel und Birgit Müller geführt wird. 18 verschiedene Rebsorten baut Axel Müller an, zuletzt wurden Chardonnay, Cabernet Sauvignon und St. Laurent gepflanzt. Über ein Drittel der Rebfläche ist mit roten Sorten bestockt.

Vorjahre

2010 gefiel uns der Riesling von alten Reben am besten, das Gros der Weine war aber zu verhalten. Die letztjährige Kollektion gefiel uns besser, brachte klare, geradlinige Weißweine; am besten aber bewerteten wir die rote Cuvée aus dem Jahrgang 2009.

Neue Kollektion

Auch in diesem Jahr hat uns die rote Cuvée am besten gefallen, aber auch die weiße Kollektion präsentiert sich geschlossen auf gutem Niveau. ◀━

Weinbewertung

82	2012 Grüner Veltliner trocken	12,5 %/6,70 €
81	2012 Weißburgunder „S" trocken	13 %/6,30 €
83	2012 Sauvignon Blanc trocken	12,5 %/5,80 €
82	2012 „Triologie vom Burgunder" Weißwein trocken	12,5 %/6,50 €
80	2012 Chardonnay Spätlese trocken	13 %/5,80 €
84	2010 Cuvée „X" Rotwein trocken	13,5 %/7,20 €

Eugen **Müller**
Weingut

★★☆

Pfalz

Weinstraße 34a, 67147 Forst
Tel. *06326-330,* **Fax:** *06326-6802*
www.weingut-eugen-mueller.de
weingut-eugen-mueller@t-online.de
Besuchszeiten: *Mo.-Fr. 8-12 + 13:30-18 Uhr,*
Sa. 9-16 Uhr
Ferienwohnungen

Inhaber . . . . Stephan & Kurt Müller
Rebfläche . . . . 17 Hektar

Eugen Müller heiratete in die Familie Wallbillich ein, die seit 1767 eine Küferei in Forst betrieb. Die eigentliche Entwicklung vom Küfer zum Weinhändler und Weingut begann 1952, als ein Hagelsturm die Ernte der Forster Winzer vernichtete, so dass Eugen Müllers 30 neue Fässer nicht benötigt wurden. Er kaufte darauf Trauben aus anderen Gemeinden zu und baute seinen ersten Wein auf eigene Rechnung aus. Später kaufte und pachtete er Weinberge zu, 1971 gründete er das Weingut Eugen Müller, das nach Beendigung seines Geisenheimstudiums im gleichen Jahr von seinem Sohn Kurt Müller geführt wird. Dieser wird seit 2000 im Betrieb unterstützt von Sohn Stephan, der nach seinem Geisenheim-Studium ein halbes Jahr in Australien verbrachte, wo er im Barossa Valley beim Weingut Glaetzer arbeitete. Sie besitzen Weinberge in den besten Lagen von Forst: Kirchenstück (Buntsandsteingeröll mit Kalksteingeröll, sandigem Lehm und Basalt), Jesuitengarten (Sandsteingeröll, sandiger Lehm und Basalt), Pechstein (Basalt), Ungeheuer (Buntsandstein vermischt mit Kalksandsteingeröll und Basalt) und Freundstück (Buntsandsteingeröll mit Kalksteingeröll durchsetzt). Mehr als drei Viertel der Weinberge sind mit Riesling bestockt. Hinzu kommen Weißburgunder und Grauburgunder, aber auch rote Sorten wie Dornfelder, Spätburgunder, Portugieser, Dunkelfelder und Cabernet Cubin. 75 Prozent der Weine werden trocken ausgebaut, weitere 15 Prozent halbtrocken. Die Weine werden in Eichenholzfässern kühl vergoren, Dunkelfelder, Cabernet Cubin und Weißburgunder danach in Barriques ausgebaut.

Vorjahre

Vor zwei Jahren verkosteten wir herrlich klare, saftige Rieslinge, nicht zu fett, mit sehr guter Struktur und feinem Spiel von Frucht, Säure und Mineralität. Im vergangenen Jahr zeigten die trockenen Riesling-Spätlesen viel Frucht und feinen Biss, sehr gut war auch der Sauvignon Blanc. Bei den edelsüßen Weinen lag die Riesling Auslese aus dem Holzfass an der Spitze; noch deutlich vom Holz geprägt war der duftige Barrot Rotwein.

Neue Kollektion

Auch in diesem Jahr steht der Riesling im Mittelpunkt der Kollektion, zehn Weine der

M

Rebsorte haben wir verkostet, vom Gutsriesling bis zur süßen Auslese. Stephan Müller beherrscht die Klaviatur der großen Forster Lagen. Vier trockene Spätlesen, beispielhafte Lagenweine, bilden Zentrum und Höhepunkt des vorgestellten Sortiments. Maischestandzeiten bringen viel Stoff und Struktur, Kraft und Saft beim Pechstein, helle Zitrustöne und viel Druck beim Freundstück, viel eleganten Biss und Mineralität beim Ungeheuer. Komplex und nuancenreich ist das Kirchenstück, unser Favorit. Die Weine sind noch sehr jung, Lagerung wird ihnen gut tun im Sinne der Entwicklung von Eleganz. Alles andere ist da. Viel Saft und eine feine, klare Frucht zeigt der Weißburgunder, ebenso der Sauvignon Blanc. Sehr typisch mit ausladendem Rosenduft ist der Gewürztraminer. Klassisch ist die Auslese vom Kirchenstück, nicht dick mit feinem Säurespiel. ◄▬

Weinbewertung _____

83	2012 Riesling Kabinett trocken 11,5 %/5,60 €
85	2012 Riesling Kabinett trocken Forster Ungeheuer 12 %/7,50 €
85	2012 Riesling Kabinett trocken Forster Jesuitengarten 12,5 %/8,50 €
88	2012 Riesling Spätlese trocken Forster Pechstein 13 %/16,- €
88	2012 Riesling Spätlese trocken Forster Freundstück 13 %/15,- €
88	2012 Riesling Spätlese trocken Forster Ungeheuer „Z" 13 %/16,- €
89	2012 Riesling Spätlese trocken Forster Kirchenstück „Cyriakus" 13 %/16,- €
87	2011 Weißburgunder trocken „BF" 12,5 %/9,90 €
85	2012 Sauvignon Blanc trocken 13 %/9,- €
85	2012 Riesling Auslese „Holzfass" 11 %/14,50 €
87	2012 Riesling Auslese Forster Kirchenstück 10,5 %/14,50 €
87	2011 Gewürztraminer Spätlese 10 %/12,50 €
86	2011 Spätburgunder trocken „BF" 13 %/11,50 €

Gebr. Müller
Weingut

Baden

Richard-Müller-Straße 5, 79206 Breisach
Tel. 07667-511, **Fax:** 07667-6581
www.mueller-weine.de
info@-mueller-weine.de
Besuchszeiten: Mo.-Fr. 15-17:30 Uhr oder nach Vereinbarung

Inhaber	Peter Bercher
Weinbau & Keller	Team Dr. Heger
Betriebsleiter	Silvia & Joachim Heger
Verkauf	Team Dr. Heger
Rebfläche	2,5 Hektar

Das Weingut wurde 1822 von Johann Baptist Hau gegründet, Kaufmann und Bürgermeister der Stadt Breisach. Er übergab es an seinen Schwiegersohn Franz Josef Müller, der ihm den heutigen Namen gab. Die Weinberge liegen im Breisacher Eckartsberg und im Ihringer Winklerberg. Die Hälfte der Rebfläche nimmt Spätburgunder ein. Es folgen Weiß- und Grauburgunder, dazu kleine Flächen Riesling, Silvaner und andere. Seit 2005 wird das Gut vom Weingut Dr. Heger bewirtschaftet.

Vorjahre _____

Grauburgunder und Spätburgunder führten vor zwei Jahren die Kollektion an, die sich geschlossen auf gutem Niveau präsentierte. Und auch im vergangenen Jahr ging es weiter voran, die Weine hatten nochmals an Ausdruck und Komplexität gewonnen, waren nochmals druckvoller.

Neue Kollektion _____

Sehr stimmig präsentiert sich nun auch die neue Kollektion, bietet kraftvolle, geradlinige Kabinettweine und zwei füllige, komplexe, Grauburgunder Spätlesen aus den Jahrgängen 2011 und 2012, die beide konzentriert sind, gute Struktur und Substanz besitzen. Auch der Barrique-Spätburgunder, dieses Jahr aus dem Winklerberg, ist konzentriert und kraftvoll, besitzt viel Substanz bei jugendlichen Tanninen.

Weinbewertung

84 2012 Riesling Kabinett trocken „Johann Baptist Hau" Breisacher Eckartsberg **12 %/10,30 €**

85 2012 Weißburgunder Kabinett trocken „Johann Baptist Hau" Breisacher Eckartsberg **12,5 %/10,30 €**

84 2012 Grauburgunder Kabinett trocken „Johann Baptist Hau" Breisacher Eckartsberg **12,5 %/10,30 €**

89 2011 Grauburgunder Spätlese trocken „Johann Baptist Hau" Breisacher Eckartsberg **13,5 %/17,40 €**

88 2012 Grauburgunder Spätlese trocken „Johann Baptist Hau" Breisacher Eckartsberg **13,5 %/17,40 €**

85 2011 Spätburgunder trocken „Johann Baptist Hau" Breisacher Eckartsberg **13,5 %/11,30 €**

88 2011 Spätburgunder trocken Barrique „Johann Baptist Hau" Ihringer Winklerberg **13,5 %**

Georg-**Müller**-Stiftung ★★
Weingut   **Rheingau**

Eberbacher Straße 7-9, 65347 Hattenheim
Tel. 06723-2020, Fax: 06723-2035
www.georg-mueller-stiftung.de
info@georg-mueller-stiftung.de
Besuchszeiten: Mo.-Fr. 9-12 + 14-17 Uhr,
Wochenende nach Vereinbarung

Inhaber .... Peter Winter
Rebfläche .... 12,5 Hektar

Im Jahr 1913 stiftete Georg Müller, Miteigentümer der Eltviller Sektkellerei „Matheus Müller", sein Weingut seiner Heimatgemeinde. Hattenheim wurde 1972 zu Eltville eingemeindet, seitdem trug das Weingut den Namen „Weingut der Stadt Eltville". 2003 erwarb schließlich Peter Winter das Gut. Seine Weinberge liegen alle in Hattenheim, in den Lagen Schützenhaus, Wisselbrunnen, Nussbrunnen, Hassel, Engelmannsberg und Heiligenberg. Riesling nimmt 80 Prozent der Fläche ein, Spätburgunder 10 Prozent. Dazu gibt es ein klein wenig Frühburgunder, Auxerrois, Scheurebe, Ehrenfelser und Müller-Thurgau. Das Weingut hat sich auf klare, elegante Weine spezialisiert. Der Ausbau der Weißweine erfolgt in aller Regel im Edelstahl, für die Rotweine sowie weiße Spezialitäten kommen auch Barriques zum Einsatz.

Vorjahre

2010 überzeugte der hochkarätigste Süßwein, eine Trockenbeerenauslese aus Scheurebe, am meisten – aber auch die übrigen Weine gefielen mit Würze und eher schlanker Art. Die 2009er Rotweine waren dagegen zum Zeitpunkt der Verkostung teilweise noch etwas rau, hätten mehr Eleganz vertragen. 2011 gefielen nicht nur die Basisweine, auch die reif-würzigen Ersten Gewächse besaßen Substanz. Klar und saftig war die Auslese, während die Trockenbeerenauslese eine konfitürige Üppigkeit aufwies.

Neue Kollektion

Die 2012er überraschen durchgängig mit einer Qualität, die früher in diesem Weingut nur hin und wieder zu beobachten war. Gelungene Basisrieslinge, sehr präzise gearbeitete Große Gewächse (der Wisselbrunnen übertrifft den Nussbrunnen an Finesse, weist aber auch eine winzige Spur Süße auf) und ein saftiger, reintöniger und nach Williamsbirnen und Aprikosen duftender Eiswein gehören zu den erfreulichsten Kreationen dieses Weingutes. Der Spitzenrotwein aus 2011, ein mächtiger Spätburgunder aus dem Engelmannsberg, wirkte bei der Verkostung nicht ganz klar, besaß aber trotz des hohen Alkohols eine beachtliche Balance. —

Weinbewertung

83 2012 Riesling trocken **12,5 %/6,80 €**

83 2012 Riesling Kabinett trocken **11,5 %/8,90 €**

85 2012 Riesling trocken Hallgartener **12,5 %/9,80 €**

89 2012 Riesling „GG" Hattenheim Nussbrunnen **13,5 %/24,80 €**

90 2012 Riesling „GG" Hattenheim Wisselbrunnen **13,5 %/24,80 €**

M

86 2012 Riesling Spätlese Hattenheimer Wissel-
    brunnen **9,5 %/14,80 €**

91 2012 Riesling Eiswein Hattenheimer Hassel **8 %**

86 2011 Spätburgunder trocken „Edition PW"
    14 %/13,80 €

86 2011 Spätburgunder „GG" Hattenheim Engel-
    mannsberg **14,5 %/38,- €**

Matthias **Müller**

Weingut

★★★★

Mittelrhein

Mainzer Straße 45, 56322 Spay
Tel. *02628-8741,* **Fax:** *02628-3363*
www.weingut-matthiasmueller.de
weingut.matthias.mueller@t-online.de
Besuchszeiten: *ganztägig, Mo. bis So.*
Hofschoppenfest am 1. Septemberwochenende

Inhaber . . . . Familie Matthias Müller
Rebfläche . . . . 14,5 Hektar

Die Weinberge von Matthias Müller liegen in den Steillagen des Bopparder Hamm in den Lagen Feuerlay, Mandelstein, Ohlenberg und Engelstein. Neben 90 Prozent Riesling baut er ein wenig Grauburgunder und Spätburgunder an. Den Spätburgunder baut er allerdings ausschließlich als Rosé oder „Blanc de Noir" aus. Seit dem Jahrgang 2000 werden ausgewählte Spitzenweine in der „Edition MM" (nach den Initialen von Matthias und Marianne Müller) vermarktet. 2010 wurde eine neue Kelterhalle mit Flaschenlager gebaut. Die Söhne Johannes und Christoph wirken bereits bei der Erzeugung der Weine mit.

Matthias Müller versucht alle Weine spontan zu vergären, das heißt ohne Reinzuchthefen. Alle seine Rieslinge weisen sehr eigenständige Aromen auf, unterscheiden sich klar voneinander. Die trockenen Weine sind meist deutlich von Restsüße geprägt, aber dennoch ungemein saftig und animierend.

Neben halbtrockenen Weinen gibt es seit einigen Jahren noch mit „feinherb" bezeichnete Rieslinge, die in der Restsüße noch einmal deutlich höher liegen. Angeführt werden seine Kollektionen in der Regel von edelsüßen Rieslingen, bis hin zur Trockenbeerenauslese.

Vorjahre

Die 2010er Kollektion war stark, dieses Mal mit klaren Vorteilen im süßen Segment, angeführt von zwei wunderschön reintönigen Auslesen; die trockenen und „feinherben" Rieslinge gerieten teils etwas mächtig. 2011 dann war wenig zu kritisieren. Nicht nur die trockenen Weine, auch die süßen des Jahrgangs 2011 begeisterten, zum Beispiel der Kabinett von alten Reben oder die trockene Spätlese „MM", das Große Gewächs präsentierte sich als saftiger, zugänglicher Wein. Auch die Süßweine hatten Klasse, beginnend bei der Auslese aus der Feuerlay bis hin zur Trockenbeerenauslese.

Neue Kollektion

Eine Fülle an trockenen Spitzenweinen stellt Matthias Müller in diesem Jahr an. Das sehr fest gewirkte Große Gewächs mit feinen Zitrusnoten braucht noch etwas Zeit, entwickelt sich erst nach einigen Stunden in der Karaffe, aber die meisten anderen Weine sind schon jetzt zugänglich. Besonders die Phalanx an feinherben Weinen muss besonders erwähnt werden; alle vorgestellten Rieslinge besitzen Schmelz, ohne breit zu wirken, unterscheiden sich auch deutlich voneinander. So zeigt die feinherbe Spätlese aus der Feuerlay einen klaren Steinobstton, während ihr Pendant aus dem Ohlenberg eher an Kernobst erinnert. Bei der saftigen „Edition MM" kam dann noch eine Note von getrocknetem Apfel und Mirabelle hinzu. ◀━

Weinbewertung

86 2012 Riesling trocken „Alte Rebe" Bopparder
    Hamm **12,5 %/7,80 €**

86 2012 Riesling trocken „S" Bopparder Hamm
    Feuerlay **13 %/8,50 €**

87 2012 Riesling trocken „S" Bopparder Hamm

Mandelstein **12,5 %/9,20 €**

89　2012 Riesling trocken „S Edition MM" Bopparder Hamm Ohlenberg **13 %/12,50 €**

90　2012 Riesling „GG" Bopparder Hamm Engelstein **13,5 %/18,- €**

86　2012 Riesling „feinherb Alte Rebe" Bopparder Hamm **12 %/7,80 €**

87　2012 Riesling Spätlese „feinherb" Bopparder Hamm Feuerlay **12 %/8,50 €** ☺

87　2012 Riesling Spätlese „feinherb" Bopparder Hamm Ohlenberg **12 %/9,50 €**

90　2012 Riesling Spätlese „feinherb Edition MM" Bopparder Hamm Mandelstein **12,5 %/12,50 €** ☺

83　2012 Riesling „Rheindiabas" **7,5 %/5,80 €**

86　2012 Riesling Spätlese Bopparder Hamm Ohlenberg **8 %/8,50 €**

89　2012 Riesling Spätlese „Edition MM" Bopparder Hamm Feuerlay **8 %/12,50 €**

Max **Müller** I
Weingut　　　　　　　　★★★★

Franken

Hauptstraße 46, 97332 Volkach
Tel. 09381-1218, Fax: 09381-1690
www.max-mueller.de
info@max-mueller.de
Besuchszeiten: *Mo.-Fr. 9-18 Uhr, Sa. 9-15 Uhr,*
　So. 10-12 Uhr

Inhaber . . . . Rainer und Monika Müller
Rebfläche . . . . 18,4 Hektar

Das seit 1991 von Rainer und Monika Müller geführte Familienweingut hat seinen Sitz in einem 1692 von den Würzburger Fürstbischöfen erbauten Winzerhof. Die Weinberge liegen in Volkach, Sommerach, Escherndorf und Obereisenheim. Wichtigste Rebsorte ist Silvaner, der 38 Prozent der Rebfläche einnimmt. Es folgen Müller-Thurgau und Riesling, dazu gibt es Weißburgunder, Scheurebe, Rieslaner, Kerner und Bacchus. Die roten Sorten Spätburgunder, Domina, Portugieser und Schwarzriesling nehmen 12 Prozent der Rebfläche ein. Die Weißweine werden überwiegend im Edelstahl ausgebaut und lagern recht lange auf der Feinhefe. Rainer Müller will damit die Aromenvielfalt und Frische der Weine erhalten. Die Rotweine kommen nach der Maischegärung ins große Holzfass, Domina auch ins Barrique. 2008 wurde eine neue moderne Vinothek eröffnet.

Traditionell bilden die trockenen Spätlesen die Spitze des Sortiments; diese Spitze wurde durch die Lancierung neuer Weine in den vergangenen Jahren erweitert. 2008 wurden zwei Silvaner neu eingeführt. Der Eigenart genannte Silvaner wird in neuen 600-Liter-Fässern ausgebaut; der Silvaner von alten Reben stammt von 40 Jahre alten Reben in der Lage Wilm, einer Teillage des Sommeracher Katzenkopf. Mit dem Jahrgang 2011 wurden gleich drei „neue" Weine im Top-Segment eingeführt: Die trockene Riesling Spätlese aus dem Lump gibt es nun auch in einer „Alte Reben"-Version; der „Lump 64", stammt von einem 1964 gemischt gepflanzten Weinberg aus etwa 55 % Riesling, 40 % Silvaner und 5 % Traminer; der Riesling „Berg" stammt aus dem steilen Filetstück des Volkacher Ratsherr. 2012 brachte das Debüt des „Main Stoff", eines maischevergorenen Silvaners.

Vorjahre

Nicht viele Weingüter in Franken zeigen seit den neunziger Jahren ein solch konstant hohes Niveau. Rainer Müller hat in den letzten Jahren die Rebfläche deutlich erweitert, der Qualität tat dies keinen Abbruch, im Gegenteil. Seine Weine bestechen immer wieder durch ihre reintönige Frucht, sind frisch und wunderschön süffig. Das gilt für die Kabinettweine ebenso wie für die edelsüßen. In den letzten Jahren haben die Spitzenweine weiter an Profil und Klasse gewonnen, vor allem der Silvaner von alten Reben und der „Eigenart"-Silvaner, aber auch Weißburgunder und Riesling. 2010 boten die Müllers eine ganz starke Kollektion auf hohem Niveau mit einer Reihe klasse Silvaner, aber auch Weiß-

M

Die besten deutschen Weinerzeuger und ihre Weine

burgunder, Riesling und Rieslaner waren ganz stark. Die 2011er Kollektion war nochmals stärker, die Weine hatten in der Spitze weiter zugelegt. Die Silvaner waren bärenstark, die Spätlese aus dem Ratsherr ebenso wie der rauchige Eigenart-Silvaner, noch etwas besser gefiel uns der faszinierend reintönige Silvaner von alten Reben. Auch die beiden Rieslinge aus dem Lump überzeugten, gleiches galt für die beiden Weißburgunder, aber auch für den „Lump 64", spontanvergoren und im Edelstahl ausgebaut.

Neue Kollektion

Die neue Kollektion ist bärenstark und beginnt stark: „Einfach Müller" und Silvaner Kabinett sind fruchtbetont und zupackend, die trockene Weißburgunder Spätlese ist harmonisch und saftig, leider ein wenig süß, der im Holz ausgebaute Weißburgunder besitzt gute Struktur und Substanz. Der Berg-Riesling ist frisch und fruchtbetont, zeigt etwas Limone im Bouquet, besitzt gute Struktur, Frische und Biss, die trockene Riesling Spätlese aus dem Lump ist füllig und kraftvoll, besitzt reife Frucht und gute Struktur. Präziser und druckvoller ist der Riesling von alten Reben, besitzt dezent mineralische Noten, der Lump 64 ist kraftvoll und kompakt, besitzt feine Frische und Frucht. Die Silvaner bieten großes Kino. Die trockene Spätlese aus dem Vögelein ist füllig und saftig, wunderschön fruchtbetont und lang. Der Silvaner von alten Reben aus dem Katzenkopf ist konzentriert und herrlich reintönig, wunderschön saftig und cremig, recht süß, aber faszinierend reintönig und lang. Noch besser gefällt uns der Holz ausgebaute Eigenart-Silvaner, der ebenfalls etwas süß ist, aber herrlich konzentriert und fruchtbetont, er besitzt Fülle und Kraft, viel reife Frucht, Substanz und Länge. Ein puristischer Gegenentwurf zu diesen beiden hedonistischen Silvanern ist der „Main Stoff", der Fülle, Kraft und ganz enormen Druck besitzt, dem derzeit (noch?) aber ein wenig Komplexität und Länge fehlen. ◄━

Weinbewertung

85 2012 Müller-Thurgau trocken „Einfach Müller" **11,5 %/7,- €**

85 2012 Silvaner Kabinett trocken Volkacher Ratsherr **12,5 %/7,10 €**

89 2012 Silvaner Spätlese trocken Volkacher Ratsherr **13,5 %/14,- €**

86 2012 Weißburgunder Spätlese trocken Sommeracher Katzenkopf **13 %/10,- €**

88 2012 Riesling trocken „Berg" **13 %/14,- €**

89 2012 Riesling Spätlese trocken Escherndorfer Lump **13,5 %/14,- €**

92 2012 Silvaner trocken „Eigenart" **13 %/15,50 €** ☺

91 2012 Silvaner Spätlese trocken „Alte Reben" Sommeracher Katzenkopf **13,5 %/18,- €** ☺

88 2012 Weißburgunder trocken Holzfass **13,5 %/16,50 €**

89 2012 „Lump 64" Gemischter Satz trocken **13 %/19,- €**

90 2012 Riesling Spätlese trocken „Alte Reben" Escherndorfer Lump **13,5 %/21,- €**

90 2012 Silvaner trocken „Main Stoff" **13 %**

90 2012 Riesling Eiswein Volkacher Ratsherr **8 %/65,- €**

★★★★

Müller-Catoir
Weingut   **Pfalz**

Mandelring 25, 67433 Haardt/Wstr.
Tel. *06321-2815,* **Fax:** *06321-480014*
www.mueller-catoir.de
weingut@mueller-catoir.de
Besuchszeiten: *Mo.-Fr. 8-12 + 13-17 Uhr,*
Sa. 10-14 Uhr (keine Gruppen)

Inhaber .... Philipp David Catoir
Betriebsleiter .... Martin Franzen
Rebfläche .... 20 Hektar

Die Weinberge von Philipp David Catoir liegen vor allem in Haardt (Bürgergarten, Herzog, Mandelring) und Gimmeldingen (Mandelgarten, Schlössel). Im Kernstück des

Bürgergarten besitzt er eine 2,8 Hektar große arrondierte Fläche, Breumel in den Mauern genannt, aus der das derzeit einzige Große Gewächs erzeugt wird. Riesling ist mit Abstand die wichtigste Rebsorte, nimmt etwa zwei Drittel der Rebfläche ein. Hinzu kommen Weißburgunder und Grauburgunder, Rieslaner, Muskateller und Scheurebe.

Vorjahre

Vor zwei Jahren waren uns bei einigen Weinen nicht ganz saubere Noten aufgefallen - bei eigentlich sehr guten Weinen, die viel Stoff und präzise herausgearbeitete Frucht zeigten. Hervorragend war die Riege der edelsüßen Weine. Das war auch im vergangenen Jahr so. Die Auslese war bei aller Konzentration nicht dick, sondern elegant mit feiner Zitrus-Süße. Die beiden Trockenbeerenauslesen waren dicht, würzig, dunkel, konzentriert, die 270°-Ausgabe war hervorragend strukturiert, eine wahre Essenz mit perfektem Biss. Die trockenen Weißweine waren alle sehr gut, fruchtig-frisch und klar.

Neue Kollektion

In diesem Jahr sind die Weine frei von störenden Nebentönen. Frisch, leicht und klar ist der feinfruchtige Gutsriesling, die Ortsrieslinge sind dichter, mit viel reifer Frucht und feinstoffigem Biss. Die Lagen-Rieslinge Herrenletten und Bürgergarten zeigen viel Stoff, Spiel und Substanz, der Herrenletten hat eine etwas hellere Frucht. Eine klare, süße Frucht hat das Große Gewächs, es zeigt Länge und Konzentration. Sehr eindringlich ist der ganz typische Muskateller, der Weißburgunder ist klar, frisch und straff. Sehr gelungen ist die Riege der Süßweine. Die Spätlese Bürgergarten ist tänzelnd leicht, fast schwebend, mit klarer, würziger Frucht. Aus dem Mandelgarten kommt ein etwas kräftigeres Exemplar, die einen feinen Druck entwickelt. Ein sehr intensives Aromenspiel zeigt die Beerenauslese, die Frucht ist klar und süß, die Säure hält den Wein zusammen. Noch konzentrierter ist die elegant-eindringliche Trockenbeerenauslese. ◄

Weinbewertung

85 2012 Riesling trocken „MC" **12 %/7,- €**
86 2012 Weißburgunder trocken Haardt
    12,5 %/10,- €
87 2012 Muskateller trocken Haardt **12,5 %/12,- €**
86 2012 Riesling trocken Haardt **12,5 %/10,- €**
87 2012 Riesling trocken Gimmeldingen
    12,5 %/10,- €
88 2012 Riesling trocken Bürgergarten **13 %/16,- €**
88 2012 Riesling trocken Herrenletten **13,5 %/16,- €**
90 2012 Riesling „GG" Breumel in den Mauern
    13,5 %/24,- €
88 2012 Riesling Spätlese Bürgergarten **9 %/17,- €**
89 2012 Riesling Spätlese Mandelgarten **9,5 %/17,- €**
92 2012 Rieslaner Beerenauslese Herzog
    9,5 %/38,- €/0,375l
93 2012 Rieslaner Trockenbeerenauslese Herzog
    8,5 %/86,- €/0,375l

★ ☆

Müller-Dr. Becker

Weingut   **Rheinhessen**

Vordergasse 14-18, 67592 Flörsheim-Dalsheim
Tel. 06243-5524, **Fax**: 06243-6227
www.mueller-dr-becker.de
info@mueller-dr-becker.de
Besuchszeiten: Mo.-Fr. 10-18 Uhr, Wochenende nach Vereinbarung

Inhaber . . . . Jochen Becker
Rebfläche . . . . 14 Hektar

Die Familie betreibt Weinbau in der zwölften Generation, heute führt Jochen Becker das Gut. Seine Weinberge liegen alle in Dalsheim, dort stehen die Reben auf unterschiedlichen Böden von tiefgründigen Lehm-Löss-Böden über Muschelkalkböden bis hin zu schweren Lettenböden. Gut 60 Prozent nehmen weiße Rebsorten ein wie Riesling, Weißburgunder, Grauburgunder, Chardonnay, Silvaner, Müller-Thurgau und Gewürztraminer. An roten Sorten gibt es hauptsächlich Spätburgunder, Schwarzriesling und St. Laurent.

Vorjahre _____

Die 2010er Kollektion präsentierte sich geschlossen, der barriqueausgebaute Chardonnay gefiel und sehr gut, das Vorjahresniveau aber wurde insgesamt nicht erreicht. Die 2011er Weine waren fruchtbetont und klar, füllig und harmonisch, weiß wie rot, am besten gefiel uns der trockene Riesling aus dem Hubacker.

Neue Kollektion _____

Die neue Kollektion ist deutlich verhaltener, kann weder weiß noch rot an frühere Jahrgänge anknüpfen. ◄━

Weinbewertung _____

77 2012 Riesling trocken (1l) 11 %/5,- €
81 2012 Grüner Silvaner trocken 11,5 %/5,50 €
80 2012 Riesling Spätlese trocken Dalsheimer Bürgel 12,5 %/7,- €
80 2012 Chardonnay trocken „MDCXXV" Dalsheimer Bürgel 13,5 %/9,50 €
82 2011 Saint Laurent trocken „MDCXXV" Dalsheimer Bürgel 14 %/16,50 €
81 2011 Spätburgunder trocken „MDCXXV" Dalsheimer Bürgel 13,5 %/16,50 €

★★★

Münzberg
Weingut   **Pfalz**

Hofgut, 76829 Landau-Godramstein, Pfalz
Tel. *06341-60935,* **Fax:** *06341-64210*
www.weingut-muenzberg.de /
www.fuenf-winzer.de
wein@weingut-muenzberg.de
Besuchszeiten: *Mo.-Fr. 8-12 + 14-18 Uhr, Sa. 9-16 Uhr*

Inhaber .... Lothar Kessler und Söhne
Rebfläche .... 17 Hektar

Lothar Kessler zog 1974 aus dem Godramsteiner Ortskern an den Münzberg um, der dem Weingut seinen Namen gab. Heute führen seine Söhne Rainer und Gunter Kessler das Gut. Der Münzberg ist geprägt von Keuperböden, die mehr oder weniger Anteile von Muschelkalk, Sand und Lehm enthalten. 60 Prozent der Fläche nehmen die Burgundersorten und Chardonnay ein, hinzu kommen 22 Prozent Riesling, sowie Silvaner, Müller-Thurgau, Dornfelder und Gewürztraminer. Die Weißweine werden überwiegend im Edelstahl ausgebaut, der Chardonnay teils auch im Holz. Seit 1989 werden die besten Rotweine im Barrique ausgebaut.

Vorjahre _____

Vor zwei Jahren wurden uns leider die Großen Gewächse nicht zur Verkostung geschickt. Aus dem „Mittelbau" gefielen uns die reintönigen Weißburgunder am besten, die Gewürztraminer Auslese war ebenfalls herrlich klar und reintönig während die Rieslinge und Grauburgunder sich im vorletzten Jahr etwas verhaltener präsentierten. Im vergangenen Jahr zeigten alle Weine, egal ob weiß oder rot, Rieslinge oder Burgunder, klare, reintönige Frucht. Die Eleganz vergangener Jahre hatten wir im letzten Jahr jedoch gänzlich vermisst. Bei einigen Weinen machte sich der hohe Alkoholgehalt sogar unangenehm bemerkbar, vor allem der Gewürztraminer, die Chardonnay Spätlese und der Spätburgunder vom Kalkmergel erschienen deswegen unharmonisch, auch wenn die Weine an sich Substanz besaßen. Unsere Favoriten waren die drei Großen Gewächse aus dem Münzberg, aber auch Riesling und Chardonnay vom Kalkmergel überzeugten mit viel Kraft und Saft.

Neue Kollektion _____

In der aktuellen Kollektion sind alle Weine konsequent trocken ausgebaut, dadurch sind sie alle sehr geradlinig und präzise in der Frucht, der Alkoholgehalt ist deutlich niedriger als im vergangenen Jahr und die Weine sind wieder harmonischer und eleganter. Die beiden Literweine von Silvaner und Riesling sind Ausreißer nach unten, ansonsten präsentiert sich die Kollektion auf geschlossen gutem Niveau: Unsere Favoriten sind die beiden weißen Großen Gewächse aus dem Schlangenpfiff, der Riesling zeigt klare gelbe Frucht, Zitrusnoten, Tabak- und Kräuterwürze, der Weißburgunder besitzt Kraft, Substanz und gute Länge. Das Große Gewächs vom Spätburgunder zeigt dunkle Frucht und feine Röstnoten, der Chardonnay aus dem Münzberg ist eindringlich und harmonisch und auch der cremige Weißburgunder-Sekt mit rauchigen Noten ist hervorragend gelungen. ◄

Weinbewertung

87	2011 Weißburgunder Sekt brut	**12 %/13,50 €**
78	2012 Silvaner trocken (1l)	**12 %/4,50 €**
80	2012 Riesling trocken(1l)	**12 %/5,- €**
84	2012 Riesling trocken	**11,5 %/7,50 €**
81	2012 Müller-Thurgau trocken	**12,5 %/3,50 €**
85	2012 Weißburgunder trocken	**12,5 %/7,50 €**
84	2012 Grauburgunder trocken	**12,5 %/7,50 €**
86	2012 Riesling trocken Godramstein	**12 %/12,- €**
87	2012 Weißburgunder trocken Godramstein	**13 %/12,- €**
87	2012 Grauburgunder trocken Godramstein	**13 %/12,- €**
86	2012 Gewürztraminer trocken Godramstein	**13,5 %/12,- €**
88	2012 Chardonnay trocken Godramstein Münzberg	**13,5 %/18,- €**
89	2012 Weißburgunder „GG" „Schlangenpfiff" Godramstein Münzberg	**14 %/22,50 €**
89	2012 Riesling „GG" „Schlangenpfiff" Godramstein Münzberg	**12,5 %/22,50 €**
83	2012 Spätburgunder Rosé trocken	**12,5 %/7,50 €**
88	2011 Spätburgunder „GG" „Schlangenpfiff" Godramstein Münzberg	**14 %/30,- €**

★

Münzenberger
Weingut im Brunnenhof   **Rheinhessen**

Lindenplatz 9, 55270 Zornheim
Tel. *06136-44573,* **Fax**: *06136-46904*
www.weingut-muenzenberger.de
info@weingut-muenzenberger.de
Besuchszeiten: *nach Vereinbarung*

Inhaber . . . . Andreas Münzenberger
Rebfläche . . . . 18 Hektar

1962 gegründet, wird das Weingut heute in zweiter Generation von Andreas Münzenberger geführt. Seine Weinberge liegen in Zornheim, Hahnheim, Selzen und Nierstein; 17 weiße und 10 rote Rebsorten baut er an.

Vorjahr

Andreas Münzenberger präsentierte im vergangenen Jahr eine stimmige Kollektion mit fruchtbetonten, klaren Weinen, schon der Riesling im Liter konnte sich sehen lassen.

Neue Kollektion

Die neue Kollektion ist weniger stimmig, sehr heterogen wirken die Weine auf uns, wobei einige gute Ansätze zeigen, allen voran der im Holz ausgebaute Grauburgunder, der füllig und kraftvoll ist und viel reife Frucht besitzt. ◄

Weinbewertung

79	2012 Riesling trocken „Edels-Schoppen" (1l)	**12 %/4,50 €**
80	2012 Silvaner trocken „Wildwuchs"	**11,5 %/4,70 €**
81	2012 Riesling Classic Zornheim	**12 %/5,50 €**
80	2012 Weißburgunder trocken „Kalkmergel" Zornheim	**13,5 %/5,50 €**
81	2012 Grauburgunder Classic	**13 %/5,50 €**
80	2012 Grauburgunder trocken „Löss"	**14 %/4,70 €**
82	2012 Sauvignon Blanc „Zwei Erden"	**13 %/5,- €**
83	2012 Chardonnay trocken „Grüner Letten"	**13,5 %/5,50 €**
85	2012 Grauburgunder Spätlese trocken „Quercus"	**13,5 %/7,30 €**
83	2012 Riesling trocken Spätlese trocken „Vetus Vinea" Selzener	**12 %/7,30 €**
82	2012 Scheurebe halbtrocken „Final Cut"	**12,5 %/4,80 €**
80	2011 Spätburgunder trocken Selection Rheinhessen Zornheimer Vogelsang	**14.5 %/13,50 €**

Mugler

★

Weingut

Pfalz

Peter-Koch-Straße 50, 67435 Neustadt-Gimmeldingen
Tel. *06321-66062,* **Fax:** *06321-68609*
www.weingut-mugler.de
info@weingut-mugler.de
Besuchszeiten: *Mo.-Sa. 9-18 Uhr und nach*
Vereinbarung

Inhaber........................Susanne Mugler
Gutsverwaltung.................Harald Mugler
Kellermeister....................Günther Majer
Rebfläche.............................13 Hektar

1790 in Gimmeldingen gegründet, hat das Weingut Mugler die Geschichte des Weinbaus in der Pfalz maßgeblich mitbestimmt. Vier Familienmitglieder kümmern sich heute um alle Belange des Weinguts, vom Weinberg über die Produktion bis zum Marketing. Susanne Mugler besitzt Weinberge in Gimmeldingen (Biengarten, Mandelgarten, Kapellenberg und Schlössel), Ruppertsberg (Reiterpfad) und Königsbach (Idig und Ölberg). Neben Riesling werden Weißburgunder, Chardonnay, Müller-Thurgau und Scheurebe angebaut, sowie die roten Sorten Spätburgunder, St. Laurent, Regent und Dornfelder. 80 Prozent der Weine werden trocken ausgebaut.

Vorjahre _____

Vor zwei Jahren hatten wir klare und frische Weine verkostet, vor allem Rivaner und Grauburgunder gefielen uns gut. Im vergangenen Jahr zeigte uns das Weingut eine stimmige Kollektion mit einigen sehr guten Rieslingen. Die 2011er hatten eine klare Linie, waren eher schlank bei feinem Biss und mittlerer Restsüße. Wir favorisierten die nachhaltige Spätlese vom Ölberg, auch Grauburgunder und Chardonnay überzeugten.

Neue Kollektion _____

In diesem Jahr haben wir frische, klare Weißweine mit feiner Frucht verkostet. An der Spitze steht wieder der Ölberg-Riesling mit Konzentration und gutem Druck. Auch der Idig hat eine gute Struktur. Sehr griffig und vielfruchtig ist der Blanc de Noir.

Weinbewertung _____

85	2012 Riesling trocken Gimmeldinger Biengarten	12,5 %/8,- €
86	2012 Riesling trocken Königsbacher Idig	12,5 %/9,50 €
87	2012 Riesling trocken Königsbacher Ölberg	13 %/12,- €
86	2012 Weißburgunder trocken	12,5 %/7,50 €
84	2012 Spätburgunder „Blanc de Noir" trocken	13 %/8,- €
85	2011 Spätburgunder trocken	14 %/9,50 €

G.H. von Mumm

★★☆

Weingut

Rheingau

Schloss Johannisberger Weingüterverwaltung
Am Erntebringer 9a, 65366 Geisenheim-Johannisberg
Tel. *06722-70090,* **Fax:** *06722-700933*
www.mumm.de
Besuchszeiten: *Mo.-Fr. 10-18, Sa. & So. 11-17 Uhr*
Guts-Restaurant Burg Schwarzenstein (täglich ab 12
Uhr geöffnet, Tel. 06722-99500)
Gutsschänke Schloss Johannisberg (täglich ab 11:30
Uhr geöffnet, Tel. 06722-96090)

Gutsverwalter....Christian Witte, Hans Kessler
Rebfläche.............................65 Hektar

Das 1811 aus der Domäne Schloss Johannisberg hervorgegangene Weingut bewirtschaftet heute 65 Hektar Reben in 16 Einzellagen in Assmannshausen, Rüdesheim, Geisenheim, Johannisberg und Winkel. Dazu gehören Spitzenlagen wie beispielsweise Schwarzenstein, Hansenberg und Mittelhölle. Hauptsächlich Riesling wird angebaut, dazu etwas Weißburgunder sowie im Assmannshäuser Höllenberg und in der Lage Assmannshäuser Hinterkirch Spätburgunder; außer Rotweinen werden auch Roséweine bzw. Weißherbste vinifiziert.

Das Weingut feiert mit dem nun präsentierten Jahrgang 2011 sein 200-jähriges Jubiläum. Im Vergleich mit den Weinen von Schloss Johannisberg wirken die Mumm'schen Rieslinge oft etwas schlanker und können im ersten Moment unterschätzt werden, entwickeln sich aber erfahrungsgemäß gut. Die Süßweine wirken oft zugänglicher, saftiger, unmittelbarer als jene des großen Bruders.

Vorjahre

2010 wurden saftige trockene Rieslinge (gute Basisqualitäten, ein sehr präzises Erstes Gewächs) vorgestellt, die nicht zu viel Alkohol aufwiesen. Die Spätburgunder aus 2009 waren voller Eleganz und Frucht, beginnend beim Basiswein; auch das recht dunkle Erste Gewächs aus dem Höllenberg konnte gefallen. Aus dem Jahrgang 2011 stellte das Weingut saftige Rieslinge an, die bereits in der Basis voll überzeugen konnten. Der animierende trockene Kabinett aus dem Johannisberger Schwarzenstein war ein Sonderlob wert – ebenso wie die in halbe Flaschen gefüllte Spätlese aus der gleichen Lage. Etwas verhalten wirkten dagegen die Auslese und der Jubiläumswein „Elfer". Die beiden Süßweine – eine saftige, deutlich süße Beerenauslese und eine nach Nektarinen duftende, sehr reintönige Trockenbeerenauslese – schienen noch etwas eindimensional und waren gewiss zu jung, um endgültig beurteilt zu werden.

Neue Kollektion

Süßweine wurden in diesem Jahr nicht vorgestellt, doch angesichts der Klasse des Sortimentes ist das zu verschmerzen. Zwei hochklassige Große Gewächse – der mineralische, klare Hölle-Riesling hat die Nase ganz leicht vorn – kontrastieren mit einem erfrischenden, schlanken und knackigen „Berglagen"-Wein oder dem saftigen „Taunusquarzit". Die Assemblage aus Weißem Riesling und Rotem Riesling wirkt dagegen etwas allzu süffig, die Spätlese aus der Mittelhölle besitzt eine überdurchschnittliche Balance. Erst vorläufig zu beurteilen ist der Assmannshäuser aus 2011, noch etwas kan-

tig und beinah scharf wirkend. Gut möglich, dass er sich im nächsten Jahr besser präsentiert. ◀━━

Weinbewertung

85   2012 Weißburgunder trocken   **12,5 %/8,90 €**

83   2012 Riesling trocken   **11,5 %/7,90 €**

85   2012 Riesling trocken „Berglagen"   **12 %/8,50 €**

86   2012 Riesling trocken Johannisberger   **12 %/11,50 €**

91   2012 Riesling „GG" Johannisberger Hölle   **13 %/25,- €**

90   2012 Riesling „GG" Rüdesheimer Berg Rottland   **12,5 %/25,- €**

82   2012 Riesling „feinherb"   **11 %/7,90 €**

84   2012 Riesling „feinherb Taunusquarzit"   **12 %/8,50 €**

84   2012 Roter Riesling und Riesling „feinherb Eilfer"   **11 %/13,- €**

87   2012 Riesling Kabinett Johannisberger Mittelhölle   **10 %/13,- €**

88   2012 Riesling Spätlese Johannisberger Mittelhölle   **8 %/16,- €**

87   2011 Spätburgunder „GG" Assmannshäuser Höllenberg   **13,5 %**

★

Nägele
Weingut

Baden

⚓ *Schafgasse 12, 74889 Sinsheim-Weiler*
Tel. 07142-967512, *Fax:* 07143-811931
www.naegele-baden.de
weingut@naegele-baden.de
Besuchszeiten: Fr. 9-18 Uhr oder nach Vereinbarung

Inhaber .... Tobias Nägele
Rebfläche .... 1,7 Hektar

Tobias Nägele ist nach Winzerlehre beim Weingut Zipf und Wirtschafterausbildung in Weinsberg seit 2003 Winzermeister, arbeitet seither im elterlichen Betrieb in Hessigheim, der seine Trauben an die Genossenschaft abliefert. 2011 kaufte er Weinberge in Michelfeld

N

im Kraichgau und pachtete die Weinberge des Weinguts Rapp-Kiess am Eichtersheimer Kletterberg, für den ersten Jahrgang 2012 kaufte er noch Trauben aus dem Eschelbacher Sonnenberg zu. Vergoren wurden die Weine in Hessigheim, abgefüllt aber dann in Sinsheim, wo man eine alte Scheune erwarb und zur Weinkellerei umbaute. Am 1. Juni 2013 eröffnete er offiziell sein Weingut in Sinsheim-Weiler. Zu den bisherigen Sorten Riesling, Kerner, Spätburgunder, Grauburgunder, Müller-Thurgau und Dornfelder sollen in den kommenden Jahren Lemberger und Cabernet Franc hinzu kommen, vielleicht auch noch Weißburgunder und Sauvignon Blanc. Die Lagenweine stammen von über 35 Jahre alten Reben vom Eichtersheimer Kletterberg. 2014 soll ein Teil der zur Zeit brachliegenden Fläche in Michelfeld neu bestockt werden.

Kollektion _____

Schönes Niveau schon bei den Basisweinen, weiß wie rot, trocken wie süß. Die Riesling Spätlese ist frisch und klar, fruchtbetont und zupackend, noch besser aber gefällt uns die Gewürztraminer Auslese von alten Reben, die herrlich eindringlich und reintönig im Bouquet ist, viel reife Frucht und gute Substanz besitzt. ◄━

Weinbewertung _____

83 2012 „Weiß+trocken" Weißwein trocken
    12 %/5,90 €
82 2012 „Weiß+Frucht" Weißwein 12 %/5,90 €
84 2012 Riesling Spätlese Eichtersheimer Kletterberg 12,5 %/8,90 €
85 2012 Gewürztraminer Auslese Eichtersheimer Kletterberg 12,5 %/12,90 €
82 (2012) „Rot+trocken" Rotwein trocken
    13 %/5,90 €
81 (2012) „Rot+Frucht" Rotwein 12 %/5,90 €

★★

Georg **Naegele**
Weingut   **Pfalz**

Schlossstraße 27-29, 67434 Neustadt-Hambach
Tel. 06321-2880, **Fax:** 06321-30708
www.naegele-wein.de
info@naegele-wein.de
Besuchszeiten: Mo.-Fr. 9:30-12 + 13-17:30 Uhr,
Sa. 9:30-12 Uhr und nach Vereinbarung
Vinothek und Probenräume im alten Barockanwesen, Jahrgangspräsentation und Weinfest
„Schwarz-Rot-Gold" am 3. Juniwochenende

Inhaber .... Familie Bonnet
Rebfläche .... 14 Hektar

Das Weingut Georg Naegele am Schlossberg in Hambach ist ein bereits 1796 gegründetes Familien-Weingut. Zu den Trauben der 14 Hektar eigenen Weinberge werden die Trauben von befreundeten Winzern hinzugekauft. Eva und Ralf Bonnet führen heute das Gut, unterstützt von ihren Eltern Volker und Gerda Bonnet. Sie investierten in den letzten Jahren vor allem in die Kellertechnik. In den Weinbergen haben sie verstärkt rote Sorten angepflanzt, wie Domina, Cabernet Sauvignon, Merlot, Dornfelder oder Spätburgunder. Hauptrebsorte ist aber weiterhin der Riesling mit einem Anteil von gut 30 Prozent. An weißen Sorten gibt es noch Chardonnay, Gewürztraminer, Rieslaner, Silvaner, Müller-Thurgau und Weißburgunder. Unter dem Namen „Naegele Chronos" werden barriqueausgebaute Spitzenweine angeboten. 2008 wurde das verwandtschaftlich verbundene Weingut Alfred Bonnet in Friedelsheim übernommen.

Vorjahre _____

Vor zwei Jahren präsentierte sich die Kollektion sehr ausgewogen, der Kirchberg-Riesling, der Weißburgunder „Im Garten" und das rote „Feuer" lagen gleichauf. Ein sehr ähnliches Bild bot sich im vergangenen Jahr. Die beiden Sekte waren sehr gut, bei den

Weißweinen sahen wir den Weißburgunder und den Chardonnay, knapp vor dem Riesling, der aus weinrechtlichen Gründen nicht mehr Kirchberg heißen durfte. Sehr gut und von klarer Frucht waren die beiden Rotweine.

Neue Kollektion

In diesem Jahr sehen wir bei den Weißweinen den eleganten Weißburgunder leicht vor dem Chardonnay, der allerdings mit etwas mehr Reife aufblühen dürfte. Sehr gut sind auch der Riesling „Kirchblick" und der nach Rosen und Äpfeln duftende Gewürztraminer. Der Spätburgunder zeigt eine würzige Frucht und eine gute Tanninstruktur, die rote Cuvée Chronos reifte in feinem Holz, der Wein ist ebenfalls fein und elegant, er hat Kraft und Wärme. ◄

Weinbewertung

87   2011 „Ohne Namen" Chardonnay & Spätburgunder Sekt brut nature **13,5 %/13,50 €**

85   2012 Sauvignon Blanc trocken **12,5 %/7,- €**

83   2012 Riesling trocken „Cuvée Alfred Bonnet" **12,5 %/5,60 €**

84   2012 Riesling Spätlese trocken Hambacher Schlossberg **12,5 %/7,50 €**

86   2012 Riesling Spätlese trocken „Kirchblick" **13 %/9,50 €**

86   2012 Chardonnay Spätlese trocken Hambacher Schlossberg **13 %/8,50 €**

87   2012 Weißburgunder Spätlese trocken „Im Garten" **13 %/10,- €**

86   2012 Gewürztraminer Spätlese Hambacher Schlossberg **10,5 %/7,50 €**

86   2011 Spätburgunder trocken „Feuer" **14 %/12,- €**

88   2011 „Naegele Chronos" Rotwein trocken **14 %/16,- €**

Nägelsförst
Gut   **Baden**

Nägelsförst 1, 76534 Baden-Baden (Varnhalt)
Tel. *07221-35550,* **Fax:** *07221-355556*
www.naegelsfoerst.de
info@naegelsfoerst.de
Besuchszeiten: *Mo.-Fr. 9-18 Uhr, Sa. 10-16 Uhr*
Probierstube, Herrenhaus mit Bankett-Räumen, Gutspark für Wein-Menüs

Inhaber . . . . Reinhard J. Strickler
Kellermeister . . . . Siegbert Konopka
Rebfläche . . . . 33 Hektar

Gut Nägelsförst wurde 1268 als Hofgut des Cisterzienserinnenklosters Lichtenthal gegründet. Aus der Klosterchronik geht hervor, dass die Nonnen bereits 1344 Pinot Noir am „Klosterberg", dem Hausberg von Gut Nägelsförst pflanzten. Nach der Säkularisierung gelangte das Anwesen in den Besitz der Markgrafen von Baden, später gehörte es einem Bankier. 1993 hat Reinhard J. Strickler das Gut übernommen und in Keller und Weinberge investiert. Seine Weinberge liegen im Varnhalter Klosterbergfelsen (granithaltige Böden), im Umweger Stich den Buben (Granit und Löss) und im Neuweierer Mauerberg (Granit und Porphyrschutt mit Lösslehmauflagen), sowie in Waldulm und Bühlertal. Wichtigste Rebsorte ist Riesling mit einem Anteil von 40 Prozent, es folgt Spätburgunder mit 35 Prozent. Der Rest entfällt auf Weißburgunder, Chardonnay, Grauburgunder, Gewürztraminer, Sauvignon Blanc, sowie auf Cabernet Sauvignon und Merlot, und inzwischen gibt es sogar etwas Tempranillo.

Vorjahre

Seit mehr als einem Jahrzehnt nun gehört Gut Nägelsförst zu den Spitzenbetrieben der Ortenau. Die Weine sind kompakt und konzentriert, setzen auf Fülle und Kraft, was – insbesondere bei den Rotweinen – hin und wieder zu Lasten der Eleganz geht. Vor zwei Jahren wurden die 2009er Rotweine vorgestellt, der kraft-

N

Die besten deutschen Weinerzeuger und ihre Weine

volle „RJS Prestige" war unser Favorit; die 2010er Weißweine waren etwas verhalten, am besten gefielen uns die beiden Großen Gewächse aus Mauerberg und Stich den Buben. Im weißen Segment trumpften 2011 die Rieslinge auf, alle waren klar, kraftvoll und zupackend, wir präferierten ganz leicht den „RJS-Prestige" gegenüber den drei Lagenweinen aus Mauerberg, Stich den Buben und Klosterbergfelsen.

Neue Kollektion

Die neue Kollektion präsentiert sich sehr geschlossen, wird im weißen Segment von den drei kraftvollen Großen Gewächsen angeführt, unser Favorit ist der füllige, zupackende Wein aus dem Mauerberg. Im roten Segment wurden in diesem Jahr die 2011er vorgestellt: Der im Barrique ausgebaute Merlot ist reintönig und kraftvoll, besitzt gute Struktur, reife Frucht und Frische; der Cru Vision ist etwas von Gewürznoten geprägt, er besitzt Fülle, Kraft und Biss. Noch ein klein wenig besser gefällt uns der RJS Prestige, der rauchige Noten, reife Frucht, gute Konzentration und Fülle besitzt. ◀

Weinbewertung

84 2012 Sauvignon Blanc trocken **12,5 %/11,90 €**
84 2012 Chardonnay trocken „Alte Reben" **12,5 %/10,90 €**
83 2012 Pinot Blanc trocken „Alte Reben" **12,5 %/9,90 €**
82 2012 Pinot Gris trocken „Alte Reben" **12,5 %/10,90 €**
87 2012 Riesling Spätlese trocken „Großes Gewächs" Neuweierer Mauerberg **12,5 %/17,50 €**
86 2012 Riesling Spätlese trocken „Großes Gewächs" Umweger Stich den Buben **12,5 %/17,50 €**
85 2012 Riesling Spätlese trocken „Großes Gewächs" Varnhalter Klosterbergfelsen **12,5 %/17,50 €**
86 2012 Riesling Beerenauslese Neuweierer Mauerberg **9 %/39,50 €**
82 2012 „Gutsrosé No. 1" trocken **12,5 %/8,90 €**
86 2011 Merlot **12,5 %/18,50 €**
86 2011 „Cru Vision Rouge" Rotwein trocken Barrique **12,5 %/18,50 €**
87 2011 Pinot Noir „RJS Prestige" trocken Barrique **12,5 %/32,- €**

★★★
Nauerth-Gnägy
Weingut   **Pfalz**

Müllerstraße 5, 76889 Schweigen-Rechtenbach
Tel. *06342-919042, 06349-8529*
Fax: *06342-919043, 06349-6795*
www.nauerth-gnaegy.de
info@nauerth-gnaegy.de

Besuchszeiten: *Sa. 9-17 Uhr und nach Vereinbarung*
Weinprobierstube, Destillate aus eigener Brennerei, Gästezimmer

Inhaber .... Familie Nauerth-Gnägy
Rebfläche .... 26 Hektar

Das Weingut Nauerth-Gnägy entstand im Sommer 2011 aus einer Fusion der Weingüter Nauerth in Heuchelheim-Klingen und Gnägy in Schweigen-Rechtenbach, nachdem Mareen Nauerth und Michael Gnägy 2009 geheiratet hatten. In Rechtenbach wurde ein neues Betriebsgebäude gebaut, in dem seit dem Jahrgang 2013 die Weine ausgebaut werden. Die wichtigsten Rebsorten im Betrieb sind Riesling, Weiß-, Grau- und Spätburgunder, dazu gibt es Sauvignon Blanc, Auxerrois, Chardonnay und Gewürztraminer, bereits seit 1994 gab es im Weingut Gnägy Cabernet Sauvignon, seit 2001 auch Merlot. Mit der Fusion wurde das Sortiment neu in Guts-, Orts- und Lagenweine gegliedert, auf den Etiketten gekennzeichnet mit den Kürzeln „ng.1", „ng.2" und „ng.3". Mit dem Jahrgang 2011 durften erstmals die Schweigen-Rechtenbacher Lagenbezeichnungen Herrenwingert (schwerer, kalkhaltiger Tertiär-Tonboden) und Pfarrwingert (Muschelkalk) benutzt werden, zwei Lagen, die vormals zum Schweigener Sonnenberg gehörten.

Vorjahre

Die Weine des Weinguts Nauerth empfehlen wir seit der Ausgabe 2006, jene des Weinguts Gnägy bereits seit der ersten

Ausgabe, seitdem wurde kontinuierlich an der Qualität gearbeitet. Reintönig waren die Weine immer schon, in den letzten Jahren sind sie strukturierter und kraftvoller geworden. Vor allem im roten Segment erzielte man große Fortschritte mit kompromisslosen, in der Jugend oft etwas tanninbetonten Weinen, die ausgezeichnet reifen können – was zwei gute Platzierungen in unserer Verkostung von Rotweinen des Jahrgangs 2001 vor zwei Jahren belegten. Im vergangenen Jahr waren die Weißweine gleichmäßig gut, alle waren reintönig und klar, die Orts- und die Lagenweine unterschieden sich deutlich voneinander. Unsere Favoriten im weißen Segment waren der mineralische Riesling aus dem Herrenwingert und der stoffige Grauburgunder aus dem Pfarrwingert. Als wahre Stärke des fusionierten Betriebs erwiesen sich aber – wie auch schon beim Weingut Gnägy – die Rotweine, alle vier angestellten Weine der Jahrgänge 2009 und 2010 überzeugten mit Kraft und Saft, guter Struktur und Potential.

Neue Kollektion ⎯⎯⎯⎯⎯⎯⎯⎯⎯⎯⎯⎯⎯

Auch in der aktuellen Kollektion zeigen die Weißweine wieder viel reintönige Frucht, die Lagenweine von Weiß- und Grauburgunder sind sehr kraftvoll und stoffig, aber auch harmonisch. Neben dem konzentrierten Grauburgunder ist wieder der eindringliche Riesling aus dem Herrenwingert unser Favorit unter den Weißen, unter den drei 2010er Spätburgundern zeigen vor allem die beiden Pinot Noir feine, dezente Röstnoten, Struktur und gute Länge. ◄

Weinbewertung ⎯⎯⎯⎯⎯⎯⎯⎯⎯⎯⎯⎯

83 2012 Gewürztraminer trocken „ng.2"" **14,5 %/6,- €**

83 2012 Grauburgunder trocken „ng.2" **12,5 %/5,30 €**

86 2012 Grauburgunder trocken „ng.3" Schweigen-Rechtenbacher Pfarrwingert **14,5 %/7,80 €**

83 2012 Weißburgunder trocken „ng.2"

13,5 %/5,30 €

85 2012 Weißburgunder trocken „ng.3" Schweigener Sonnenberg **14,5 %/7,80 €**

86 2012 Riesling trocken „ng.3" Schweigen-Rechtenbacher Herrenwingert **13 %/8,- €**

84 2012 Riesling Spätlese „ng.3" **10,5 %**

86 2010 Spätburgunder trocken „ng.3" **13,5 %/11,80 €**

87 2010 Pinot Noir trocken „ng.3" Schweigen-Rechtenbacher Herrenwingert **13,5 %/18,90 €**

88 2010 Pinot Noir trocken „ng.3" Schweigen-Rechtenbacher Pfarrwingert **13,5 %**

Ewald **Neder** ★★

Weingut **Franken**

Urbanusweg 5, 97729 Ramsthal
Tel. *09704-5692,* **Fax**: *09704-7469*
www.weingut-neder.de
info@weingut-neder.de
Besuchszeiten: *Mo.-Fr. 14-18 Uhr, Sa. 9-16 Uhr oder nach Vereinbarung*
Probierstube (bis 20 Personen) und Weinpavillon im Hof

Inhaber .... Ewald Neder
Rebfläche .... 9,8 Hektar

Ganz im Norden des fränkischen Anbaugebietes liegt in einem Seitental der Fränkischen Saale der Ort Ramsthal mit etwa 50 Hektar Weinbergen. Eugen Neder hat Ende der siebziger Jahre mit der Flaschenweinvermarktung begonnen und die Rebfläche erweitert, die größte Erweiterung erfolgte mit der Flurbereinigung 1981, in dem Jahr, in dem Ewald Neder den Betrieb mit damals 4,5 Hektar Weinbergen von seinen Eltern übernahm. Stetig erweiterte er ihn seither auf die heutige Größe, 1991 errichtete er neben dem Wohnhaus im Urbanusweg ein neues Kellereigebäude. Seine Weinberge liegen allesamt in Steillagen vor allem in der Lage

N

Die besten deutschen Weinerzeuger und ihre Weine

Ramsthaler St. Klausen, wo die Reben in Höhen von 280 bis 360 Meter auf Muschelkalkböden wachsen. Hinzu kommen Weinberge im Wirmsthaler Scheinberg (Muschelkalkböden mit etwas mehr Lössauflage) und im Trimberger Schlossberg, wo die Böden etwas tiefgründiger und sehr nährstoffarm sind. Er baut Müller-Thurgau, Bacchus, Silvaner, Kerner, Grauburgunder, Weißburgunder und Scheurebe an, sowie die roten Sorten Domina, Dornfelder und Regent. Seit 2012 ist Sohn Lorenz im Betrieb tätig, der nach Ausbildung bei Gerhard Roth, Praktika im Burgenland und Wagram sowie Technikerschule in Veitshöchheim die Verantwortung für den Keller übernommen hat.

Vorjahre

Seit der ersten Ausgabe kennen wir die Weine von Ewald Neder, und in diesem Jahrzehnt haben sie uns niemals enttäuscht: Sie sind kraftvoll, sehr „fränkisch", geradlinig und klar. Der barriqueausgebaute 2009er Weißburgunder gefiel uns vor zwei Jahren besonders gut, die 2010er Weißweine waren frisch und klar. Auch 2011 überzeugte, die Weine waren fülliger und kraftvoller als ihre Vorgänger, aber präzise und klar, angefangen vom durchgegorenen feinen Müller-Thurgau Kabinett bis hin zur ebenfalls durchgegorenen Silvaner Spätlese: Liebhaber fränkisch trockener Weine können sich freuen, lautete unser Fazit im vergangenen Jahr.

Neue Kollektion

Und unser Fazit vom vergangenen Jahr gilt uneingeschränkt auch für die neue Kollektion, die gutes, sehr gleichmäßiges Niveau bei den frischen, klaren Kabinettweinen zeigt. Die trockenen Spätlesen bringen dann eine weitere Steigerung: Der Silvaner zeigt gute Konzentration im Bouquet, Birnen, ist füllig und kraftvoll im Mund bei guter Struktur; der Grauburgunder ist nochmals druckvoller bei ganz feinen Bitternoten im Abgang; der Weißburgunder füllig und kraftvoll, besitzt gute Struktur und Substanz. Und dass die Neders sich auch auf Rotweine verstehen,

zeigt die reintönige im Barrique ausgebaute Domina. Eine stimmige, starke Kollektion.

Weinbewertung

82 2012 „a weng weiß" Weißwein **12 %/5,- €**
83 2012 Silvaner Kabinett trocken Ramsthaler St. Klausen **13 %/6,- €**
83 2012 Silvaner Kabinett trocken Wirmsthaler Scheinberg **13 %/6,- €**
84 2012 Scheurebe Kabinett trocken Ramsthaler St. Klausen **13 %/6,20 €**
86 2012 Silvaner Spätlese trocken Wirmsthaler Scheinberg **13 %/8,50 €**
86 2012 Weißburgunder Spätlese trocken Ramsthaler St. Klausen **14 %/8,50 €**
87 2012 Grauburgunder Spätlese trocken Ramsthaler St. Klausen **14,5 %/8,50 €** ☺
84 2012 Regent trocken Wirmsthaler Scheinberg **13 %/6,50 €**
88 2011 Domina trocken Ramsthaler St. Klausen **14 %/13,50 €**

Neef-Emmich ★★
Weingut   **Rheinhessen**

Alzeyerstraße 15, 67593 Bermersheim
Tel. 06244-905254, **Fax:** 06244-905255
www.neef-emmich.de
info@neef-emmich.de
Besuchszeiten: *nach Vereinbarung*
Weinprobierstube

Inhaber . . . . Dirk Emmich
Rebfläche . . . . 20 Hektar

Wichtigste Weißweinsorten bei Dirk Emmich sind Riesling, Weißburgunder, Silvaner und Müller-Thurgau, hinzu kommen Sorten wie Siegerrebe, Bacchus oder Huxelrebe, von denen er regelmäßig edelsüße Weine erzeugt. Bei den roten Sorten dominieren Dornfelder, Spätburgunder, Portugieser und St. Laurent. Die Weinberge von Dirk Emmich liegen in

Bermersheim (Seilgarten, Hasenlauf) und benachbarten Gemeinden wie Westhofen (Rotenstein), Gundersheim (Höllenbrand) und Albig (Hundskopf, Schloss Hammerstein), wo unterschiedliche Böden zu finden sind von Kalkgestein über Rotliegendes bis hin zu schwerem Tonmergel. Die Rotweine werden nach der Maischegärung im Holzfass ausgebaut. Die Weißweine werden kühl vergoren. 2010 wurde das Kelterhaus innerhalb des historischen Baubestandes umgebaut. Dirk Emmich hat Weinbergsflächen im Höllenbrand in Gundersheim erworben, wo er nach der Flurbereinigung 2012 Riesling und Spätburgunder pflanzte. Im Sommer 2012 wurde ein neuer Verkostungsraum in einer ehemaligen Kuhkapelle eröffnet.

Vorjahre

Schon in der ersten Ausgabe dieses Weinführers stellten wir das Weingut vor, überraschte uns Dirk Emmich mit einer sehr gleichmäßigen Kollektion mit fruchtbetonten Weinen; seither glänzte er immer wieder mit einzelnen edelsüßen Weinen. In den letzten Jahren legte er auch im trockenen Segment in der Spitze zu. 2010 hatte sich Dirk Emmich sehr gut behauptet, die Weine waren frisch und klar, der Riesling aus dem Hundskopf und der Silvaner aus dem Seilgarten waren unsere Favoriten, im roten Segment gefiel uns der barriqueausgebaute St. Laurent am besten. Die letztjährige Kollektion war ganz stark, weiß wie rot, trocken wie süß. Die weißen Lagenweine hatten an Ausdruck gewonnen, alle gefielen uns sehr gut, ob Weißburgunder Rotenstein, Silvaner Seilgarten oder Riesling Hundskopf, die beiden Beerenauslesen waren konzentriert und dick. Im roten Teil der Kollektion trumpften mit Spätburgunder und St. Laurent zwei Barriqueweine auf.

Neue Kollektion

Sehr geschlossen präsentiert sich nun auch die 2012er Kollektion. An der Spitze stehen die Lagenweine wie der füllige, kraftvolle Seilgarten-Silvaner, der konzentrierte, strukturierte Riesling aus dem Hundskopf oder der füllige Weißburgunder aus dem Rotenstein mit seiner reifen süßen Frucht. Dazu gibt es einen zupackenden St. Laurent und mit der Siegerrebe Beerenauslese das gewohnte edelsüße Highlight. ◄■

Weinbewertung

82	2012 Weißburgunder trocken	**12,5 %/6,60 €**
84	2012 Riesling Spätlese trocken Dalsheimer	**12,5 %/8,- €**
87	2012 Sylvaner Spätlese trocken Seilgarten	**13,5 %/12,50 €**
86	2012 Weißburgunder Spätlese trocken Rotenstein	**13,5 %/13,50 €**
86	2012 Riesling Spätlese trocken Hundskopf	**13 %/12,50 €**
84	2011 Grauburgunder Spätlese trocken Schloss Hammerstein	**14,5 %/18,- €**
83	2012 Riesling „feinherb"	**12 %/6,40 €**
88	2012 Siegerrebe Beerenauslese	**8 %/15,- €**
84	2012 St. Laurent trocken	**13 %/7,70 €**

★ ★ ☆

Weingut des

Grafen **Neipperg**

Württemberg

Schlossstraße 12, 74193 Schwaigern
Tel. *07138-941400,* **Fax:** *07138-4007*
www.neipperg-weingut.de
info@graf-neipperg.de
Besuchszeiten: *Mo.-Fr. 8-12 + 13-16 Uhr,*
Sa. 10-12:30 Uhr
Gaststätte „Zum alten Rentamt"

Inhaber.....................Erbgraf zu Neipperg
Rebfläche............................31,5 Hektar

Die beiden Spitzenlagen des Gutes sind seit dem 13. Jahrhundert mit Reben bestockt. Im Neipperger Schlossberg ebenso wie in der Schwaigerner Ruthe wachsen die Reben auf Keuperböden. Anders in der dritten Lage des Weinguts, die seit dem Jahrgang 2008 ebenfalls auf Etiketten erscheint: Im Klingenberger

Die besten deutschen Weinerzeuger und ihre Weine

Schlossberg – Klingenberg ist ein Stadtteil von Heilbronn – besteht der Boden aus Lösslehm auf Muschelkalkgestein. Aus dem Klingenberger Schlossberg, eine der kleinsten Einzellagen Württembergs, wird ausschließlich ein Riesling erzeugt. Lemberger und Riesling sind die wichtigsten Rebsorten im Weingut, es folgen Trollinger, Schwarzriesling, Spätburgunder und Müller-Thurgau, dazu gibt es Dornfelder, Samtrot, Weißburgunder und Muskateller, aber auch Merlot, aus dem der Spitzenrotwein des Hauses, der „S.E." bereitet wird.

Vorjahre

Vor zwei Jahren präsentierten sich die Großen Gewächse geschlossen auf sehr gutem Niveau, es fiel schwer einen Favoriten zu benennen, so gleichmäßig waren sie, weiß (neu: Weißburgunder) wie rot. Aber auch die trockene Riesling Spätlese und der Weißburgunder gefielen uns sehr gut, ebenso der „normale" Lemberger aus dem Neipperger Schlossberg. Die letztjährige Kollektion war etwas weniger einheitlich, die Spitze mit den Großen Gewächsen überzeugte, ebenso die süßen Weißweine. Der Weißburgunder vom Schlossberg gefiel uns sehr gut ebenso wie die beiden Rieslinge. Unter den roten Großen Gewächsen war der Spätburgunder aus dem Schlossberg unser Favorit, die Lemberger aus Schlossberg und Ruthe waren noch sehr jugendlich und tanninbetont.

Neue Kollektion

In diesem Jahr haben wir nochmals den 2011er Riesling aus dem Schlossberg verkostet, er bestätig den guten Eindruck des Vorjahres; die beiden Auslesen sind reintönig und zupackend bei guter Struktur. In der Spitze ein wenig stärker ist der rote Teil der Kollektion. Der Spätburgunder aus dem Schlossberg ist füllig und kraftvoll, besitzt gute Struktur und jugendliche Tannine wie auch der Lemberger, der konzentriert, reintönig und strukturiert ist, aber dezente Bitternoten im Abgang aufweist. Dazu gibt es einen weichen, füllligen Syrah mit deutlichen Schokonoten und einen konzentrierten, herrlich eindringlichen Merlot, der gute Struktur und Substanz besitzt. ◄

Weinbewertung

83   2012 Weißburgunder trocken Neipperger 13 %/8,60 €

82   2012 Muskateller trocken   12,5 %/8,45 €

83   2012 Riesling Kabinett trocken Klingenberger Schlossberg   12,5 %/9,- €

88   2011 Riesling „GG" Neipperger Schlossberg 13 %/19,50 €

86   2012 Traminer Auslese   10,5 %/19,50 €

86   2012 Muskateller Auslese   10,5 %/21,50 €

81   2011 Lemberger trocken   13 %/9,90 €

83   2011 Spätburgunder trocken Neipperger 13 %/14,- €

89   2011 Spätburgunder „GG" Neipperger Schlossberg   13 %/30,- €

88   2011 Lemberger „GG" Neipperger Schlossberg   13,5 %/30,- €

90   2011 Merlot trocken „S.E."   14 %/47,- €

88   2011 Syrah trocken „S.E."   14 %/47,- €

★★★

Ludi **Neiss**
Weingut   **Pfalz**

Hauptstraße 91, 67271 Kindenheim
Tel. *06359-4327,* **Fax:** *06359-40476*
www.weingut-neiss.de
weingut-neiss@t-online.de
Besuchszeiten: *Mo.-Fr. 9-12 + 13:30-17:30 Uhr,*
Sa. 10-15 Uhr
Veranstaltungsraum

Inhaber............................Familie Neiss
Rebfläche............................15 Hektar

1959 übernahm Ludi Neiss den landwirtschaftlichen Mischbetrieb, den er erst allein, dann mit Ehefrau Christine führte. In den siebziger Jahren konzentrierte er sich dann ganz auf Weinbau. Seit 1997 führt sein Sohn Axel Neiss, Geisenheim-Absolvent, das

Weingut. Er stellte auf klassische Rebsorten um und konzentrierte sich auf die besten Lagen in der Region. Die Weinberge liegen in Kindenheim und Bockenheim, die Reben wachsen auf schweren, kalksteindurchzogenen Lehmböden. Rote Sorten nehmen die Hälfte seiner Weinberge ein. Neben Spätburgunder, Dornfelder und Portugieser gibt es Frühburgunder, Dunkelfelder, Regent, Cabernet Sauvignon, Merlot und Syrah. Wichtigste weiße Sorte ist Riesling, dazu gibt es Weißburgunder, Müller-Thurgau, Silvaner und Chardonnay. Fast alle Weine werden trocken ausgebaut. Das Weißwein-Programm wurde von Axel Neiss neu strukturiert in Gutsweine, Lagenweine und dem Top-Segment, in dem der Riesling aus der Lage Burgweg angesiedelt ist, ein 35 Jahre alter Weinberg an der Abbruchkante zwischen Kindenheim und Bockenheim.

Vorjahre

Axel Neiss ist es zu verdanken, dass Weinkenner in Deutschland den Namen Kindenheim kennen. Zunächst machte er oft mit barriqueausgebauten Rotweinen auf sich aufmerksam, in den letzten Jahren aber sind die Rieslinge immer wichtiger geworden in seinem Sortiment. Seine Weine bestechen durch Fülle, Kraft und Konzentration. Vor zwei Jahren gefielen uns bei den Rotweinen der Spätburgunder Glockenseil und der Syrah am besten. Die 2009er Rotweine hatten deutlich gegenüber den Vorjahresweinen gewonnen. Auch die 2010er Weißweine gefielen uns deutlich besser als die 2009er. Die Rieslinge zeigten viel Stoff, enorme Konzentration und Präzision. Im vergangenen Jahr war der Top-Riesling aus dem Burgweg wieder da und lag ganz vorne. Aber auch die anderen Rieslinge mussten sich nicht verstecken. Sehr gut war auch die neue Weißwein-Cuvée „That's Neiss", großes Potenzial sahen wir im Barrique-Chardonnay, die Riesling Beerenauslese war hervorragend. Pech hatte Axel Neiss im Jahr 2010 mit dem Hagel, dem fast alle Rotweine zum Opfer fielen, Spätbur-

gunder und Cuvée N II waren aber sehr gut. Sehr gut entwickelt hatten sich die Rotweine vom Jahrgang 2009, Syrah und Spätburgunder führten die rote 2009er Phalanx an.

Neue Kollektion

Auch in diesem Jahr stellt Axel Neiss eine überzeugende Kollektion vor. Alle Weine sind sehr gut bis hervorragend. Die Rieslinge sind geprägt von klarer Frucht, feinem Säurespiel und guter Struktur. Die beiden Weißburgunder und die beiden Chardonnay stehen unter der Überschrift „Saft!" Dazu kommt Schmelz und eine klare Frucht. Der Weißburgunder „Alte Reben" ist stoffig-konzentriert, der Chardonnay bekam durch feines Holz eine gute Struktur, ein Wein mit Potenzial. Die Rotweine vom Jahrgang 2011 sind eine Klasse für sich. Der Frühburgunder ist weich, elegant, saftig, die Frucht ist klar, die Tannine fließen. Der Syrah ist ein typischer Vertreter seiner Art, pfeffrig, sehr elegant, schlank und von harmonischer Tanninstruktur. Ähnlich wie der Frühburgunder präsentiert sich der Spätburgunder, er ist noch eine Spur eleganter. ◄

Weinbewertung

86	2012 Riesling trocken Sonnenberg 13 %/9,- €
87	2012 Riesling trocken Heiligenkirche 13 %/10,50 €
87	2012 Riesling trocken „Alte Reben" 13 %/14,- €
89	2012 Riesling trocken Burgweg 13 %/21,- €
85	2012 Weißburgunder trocken Vogelsang 13,5 %/9,- €
86	2012 Chardonnay trocken Schlossberg 13 %/9,- €
87	2012 Weißburgunder trocken „Alte Reben" 13,5 %/11,- €
88	2012 Chardonnay trocken Barrique 13,5 %/20,- €
86	2011 Spätburgunder trocken Vogelsang 13 %/9,- €
88	2011 Frühburgunder trocken Vogelsang 13 %/16,- €
89	2011 Syrah trocken Katzenstein 13,5 %/16,- €
89	2011 Spätburgunder trocken „Glockenspiel" 13,5 %/24,- €

Nelles
Weingut

★ ☆

Ahr

Göppinger Straße 13a, 53474 Heimersheim
Tel. 02641-24349, Fax: 02641-79586
www.weingut-nelles.de
infoweingut-nelles.de
Besuchszeiten: Mo.-Fr. 9-12 + 13:30-18 Uhr,
Sa. 10-14 Uhr
Hotel-Restaurant Weinhaus Nelles (Tel. 02641-6868)

Inhaber . . . . Toni Nelles
Kellermeister . . . . Philipp Nelles
Rebfläche . . . . 8,5 Hektar

Die Anfänge des Weinguts lassen sich bis ins Jahr 1479 zurückverfolgen, weshalb diese Jahreszahl auch die Etiketten ziert. Heute führt Thomas Nelles das Gut. Seine Weinberge liegen vor allem in den Heimersheimer Lagen Landskrone (3,8 Hektar) und Burggarten (1,8 Hektar), sowie im Neuenahrer Sonnenberg (1 Hektar). Drei Viertel der Rebfläche nimmt Spätburgunder ein, hinzu kommen Riesling, Grauburgunder, Frühburgunder und Weißburgunder. Bereits seit Ende der achtziger Jahre gibt es „B 48" und „B 52" als Spitzenweine des Hauses, seit dieser Zeit werden auch keine Prädikatsbezeichnungen mehr verwendet.

Neue Kollektion

Zwei Jahre lang hatte das Weingut ausgesetzt, in diesem Jahr schickte man uns Rotweine der Jahrgänge 2009 bis 2011, am besten gefällt uns aus 2010 der Spätburgunder „1 Ahr", zeigt rauchige Noten im Bouquet, ist füllig und harmonisch, kraftvoll, besitzt reife Frucht und gute Struktur wie auch der 2010er Spätburgunder B, der stärker von Toastnoten geprägt ist, feine Frische besitzt, Länge und Nachhall. Nicht ganz so überzeugend finden wir das Große Gewächs des Jahrgangs 2011 und den Goldkapsel-Spätburgunder B-52 aus 2009: Ersteres ist von überreifen Noten geprägt, bei letzterem kommen noch Kaffeenoten hinzu, er ist weich und alkoholisch, ja brandig, da mag kein Pinot Noir-Feeling aufkommen. Angesichts dieses zwiespältigen Eindrucks – und des Blanc de Noir – mögen wir nicht zu unserer früheren Betriebsbewertung zurückkehren.

Weinbewertung

81   2012 Riesling „Alte Reben"   **12,5 %/12,- €**
77   2012 Spätburgunder „Blanc de Noir" **13 %/10,50 €**
79   2011 Spätburgunder „Ruber"   **13 %/10,50 €**
84   2010 Pinot Noir   **13,5 %/13,50 €**
88   2010 Spätburgunder „1 Ahr"   **14 %/21,- €**
89   2010 Spätburgunder „B"   **14 %/24,- €**
87   2011 Spätburgunder „B-48" „GG" Heimersheimer Landskrone   **14 %/31,- €**
87   2009 Spätburgunder „B-52" (Goldkapsel)   **15 %/55,- €**

Neuberger
Weingut

★ ★

Franken

Freudenberger Straße 7, 63927 Bürgstadt
Tel. 09371-2562, Fax: 09371-7008
www.weingut-neuberger.de
info@weingut-neuberger.de
Besuchszeiten: Di.-Fr. 9-12 + 14-18:30 Uhr,
Sa. 9-15 Uhr
Häckerwirtschaft (3 x jährlich)

Inhaber . . . . Burkhard Neuberger
Rebfläche . . . . 10 Hektar

Burkhard Neuberger baut in seinen Weinbergen im Bürgstadter Centgrafenberg gut zur Hälfte rote Sorten an. Spätburgunder ist seine wichtigste Rebsorte, hinzu kommen Frühburgunder, Cabernet Dorsa und Cabernet Mitos. Die Rotweine werden alle maischevergoren und grundsätzlich trocken ausgebaut. An weißen Sorten gibt es Riesling, Silvaner, Müller-Thurgau, Weißburgunder, Bacchus, Kerner und Rieslaner.

Vorjahre

Vor zwei Jahren war der im Holz ausgebaute Weißburgunder aus dem Jahrgang 2009 unser Favorit, aber auch die Rotweine überzeugten mit klarer Frucht und guter Struktur. Sehr geschlossen präsentierte sich die letztjährige Kollektion, weiß wie rot. Wobei uns im weißen Segment die Silvaner ein klein wenig besser gefielen als die Rieslinge; mit seinen Rotweinen hatte Burkhard Neuberger sich im schwierigen Jahrgang 2010 gut behauptet, der Frühburgunder gefiel uns besonders gut.

Neue Kollektion

Die neue Kollektion präsentiert sich geschlossen auf sehr gutem Niveau. Die Silvaner Spätlese besitzt gute Struktur und reintönige Frucht, der Rieslaner ist frisch, klar und zupackend, die Rotweine bestechen alle durch ihre reintönige Frucht. Am besten gefällt uns der Spätburgunder aus dem Hundsrück, er ist kraftvoll und frisch, zupackend, besitzt gute Struktur und feine Tannine: Eine überzeugende Vorstellung! ◄

Weinbewertung

82   2012 Riesling Kabinett trocken Bürgstadter Centgrafenberg **12,5 %/5,40 €**

85   2012 Silvaner Spätlese trocken Bürgstadter Centgrafenberg **13 %/8,80 €**

85   2012 Rieslaner Spätlese Bürgstadter Centgrafenberg **13,5 %/8,80 €**

86   2011 Frühburgunder trocken Bürgstadter Centgrafenberg **13 %/11,- €**

85   2011 Spätburgunder trocken Bürgstadter Centgrafenberg **13,5 %/11,- €**

88   2011 Spätburgunder trocken Bürgstadt Hundsrück **14 %/14,50 €**

★★☆

Schloss **Neuweier**
Weingut   **Baden**

Mauerbergstraße 21, 76534 Baden-Baden
Tel. *07223-96670,* **Fax:** *07223-60864*
www.weingut-schloss-neuweier.de
kontakt@weingut-schloss-neuweier.de
Besuchszeiten: *Nov.-April Mo.-Fr. 9-12 + 13-17 Uhr, Sa. 10-15 Uhr; Mai bis Okt.: Mo.-Fr. 9-12 + 13-18 Uhr, Sa. 10-15 Uhr*

Inhaber . . . . Robert Schätzle
Rebfläche . . . . 15 Hektar

Die Anfänge von Schloss Neuweier reichen bis ins 12. Jahrhundert zurück. Gisela und Helmut W. Joos haben 1992 Schloss Neuweier gekauft und Keller und Weinberge sukzessive saniert; im Juni 2012 wurde es von Klaus Schätzle erworben, dessen Sohn Robert den Betrieb führt; er hat zuvor unter anderem für Joachim Heger und Fritz Keller gearbeitet, bei Zind-Humbrecht und Clos du Val. Wichtigste Lagen sind der Neuweierer Mauerberg, unter anderem mit dem jahrzehntelang brachgelegenen Teilstück, dem so genannten „Goldenen Loch", und der Neuweierer Schlossberg, der dem Weingut im Alleinbesitz gehört. Riesling ist mit einem Anteil von über 80 Prozent die mit Abstand wichtigste Rebsorte bei Schloss Neuweier. Hinzu kommen Spätburgunder, sowie ein klein wenig Weißburgunder und Gewürztraminer. Das Gros der Weine wird trocken ausgebaut.

Vorjahre

2010 ergab sich das gewohnte Bild: Die beiden Großen Gewächse dominierten, auch wenn sie zum Zeitpunkt der Verkostung noch recht verschlossen wirkten, führten eine stimmige Kollektion an. Die letztjährige Kollektion lies uns etwas ratlos zurück, ist wohl nur durch den Umbruch im Betrieb zu erklären.

Neue Kollektion

2012 nun präsentiert sich deutlich verbessert

und stimmig, angefangen vom feinen Literriesling über einen reintönigen, kraftvollen Ortswein von alten Reben und einem Mauerberg- und einem Schlossberg-Riesling mit viel Substanz bis hin zu den Großen Gewächsen. Der Mauer-Wein ist füllig und saftig, besitzt reife Frucht und gute Substanz, während der Wein aus dem Goldenen Loch stärker von Zitrusnoten geprägt ist, süße Frucht besitzt und feinen Biss. ◀━

Weinbewertung

82	2007 Riesling Sekt brut	13 %/15,- €
82	2012 Riesling trocken (1l)	11,5 %/7,- €
82	2012 Riesling trocken	12 %/7,90 €
84	2012 Riesling trocken „RS" Neuweierer	12,5 %/11,90 €
85	2012 Riesling trocken „Alte Reben" Neuweierer	12 %/11,90 €
83	2012 Weißburgunder trocken Mauerberg	13,5 %/14,- €
87	2012 Riesling trocken Mauerberg	12,5 %/15,- €
87	2012 Riesling trocken Schlossberg	12,5 %/15,- €
85	2012 Sauvignon Blanc „F" trocken Neuweierer	12 %/16,- €
88	2012 Riesling „GG" „Mauer-Wein"	12,5 %/23,- €
88	2012 Riesling „GG" „Goldenes Loch"	12,5 %/23,- €
83	2012 Riesling Neuweierer	12 %/11,90 €
86	2012 Riesling Schlossberg	12,5 %/15,- €
84	2011 Spätburgunder trocken	12,5 %/8,50 €

N

Die besten deutschen Weinerzeuger und ihre Weine

★★

Heinz **Nikolai**
Weingut
Rheingau

Ringstraße 16, 65346 Erbach
Tel. 06123-62708, **Fax:** 06123-81619
www.heinz-nikolai.de
weingut@heinz-nikolai.de
Besuchszeiten: Mo.-Fr. 10-19 Uhr, Sa./So. 10-14 Uhr
Straußwirtschaft während der Rheingauer Schlemmerwochen (April/Mai)

Inhaber .... Katharina und Frank Nikolai
Rebfläche .... 12,5 Hektar

Das Erbacher Weingut wird inzwischen von Frank und Katharina Nikolai in der sechsten Generation bewirtschaftet. Die beiden bauen in ihren Weinbergen zu 85 Prozent Riesling an, hinzu kommen etwas Spätburgunder und Weißburgunder sowie Sauvignon Blanc. Ihre besten Lagen sind Erbacher Michelmark, Erbacher Steinmorgen, Erbacher Siegelsberg und Hallgartener Jungfer. Nach intensiver Vorklärung werden die Moste kühl und gezügelt vergoren. Die Rieslinge werden grundsätzlich im Edelstahl ausgebaut, der Spätburgunder kommt nach der Maischegärung ins Eichenholzfass. Die Weine sind meist sehr klar und feingliedrig, Experimente wie ein süßer Eiswein-Sekt gehören bisweilen ebenso zum Programm wie reintönige, sehr klare und schon in der Jugend zugängliche edelsüße Weine.

Vorjahre

Im Jahrgang 2010 gelang schon die Basis bemerkenswert gut und würzig, der „Primus Maximus" machte erneut viel Spaß, und auch der saftige Weißburgunder und die Süßweine gefielen sehr. Dass die Ersten Gewächse keine Steigerung darstellten und der Spätburgunder aus 2009 ein wenig schokoladig-mächtig wirkte, trübte das Bild kaum. Aus der 2011er Kollektion ragten mehrere Weine heraus: Der stoffige „Primus Maximus", die nach Steinobst duftende Spätlese aus dem Steinmorgen sowie deren feinherb ausgebautes Pendant. Wie im Vorjahr brachten die Ersten Gewächse keine Steigerung, ihnen fehlte etwas Geradlinigkeit und Finesse.

Neue Kollektion

Der „Primus Maximus" ist nicht zum ersten Mal jener Wein, der spontan am besten gefällt: Stoffig, voller Würze und Struktur. Während der Sauvignon Blanc eine klare, an Cassis erinnernde Frucht aufweist, wirken die beiden Ersten Gewächse zunächst verhalten. Der geradlinige Steinmorgen schneidet, mit etwas Luft, besser ab als der nach Apfel, Melone und Kräutern duftende, recht füllige Siegelsberg. Bei beiden Weinen würde man sich eine Spur weniger Restzucker wünschen. Der Barrique-Spätburgunder aus 2011 hat gute Anlagen, wirkt aber derzeit etwas zu massiv, alkoholstark und kantig; eine gewisse Wartezeit könnte für Harmonie sorgen. ◄

Weinbewertung

83	2012 Sauvignon Blanc trocken	12,5 %/6,80 €
84	2012 Riesling Kabinett trocken Hallgartener Schönhell	12 %/6,30 €
87	2012 Riesling Spätlese trocken „Primus Maximus"	12,5 %/9,30 €
88	2012 Riesling Erstes Gewächs Erbacher Steinmorgen	13 %/15,- €
86	2012 Riesling Erstes Gewächs Erbacher Siegelsberg	13 %/15,- €
84	2012 Riesling Kabinett „feinherb" Hallgartener Jungfer	11,5 %/6,30 €
86	2012 Riesling Spätlese „feinherb Alte Reben" Erbacher	12 %/7,80 €
83	2011 Spätburgunder trocken Erbacher Michelmark	13,5 %/6,80 €
84	2011 Spätburgunder trocken „Barrique Johann Jakob"	14,5 %/12,50 €

am Nil
Weingut   ★★☆

Pfalz

Neugasse 21, 67169 Kallstadt
Tel. 06322- 8011
www.weingutamnil.de
info@weingutamnil.de
Besuchszeiten: Mo.-Fr. 8-12 Uhr

Inhaber................................ Ana Pohl
Rebfläche........................... 12 Hektar

Floss der Nil in grauen Vorzeiten bei Kallstadt in den Rhein? Das war wohl nicht mal vor Jahrmillionen der Fall. Der Nil (genauer „Nill") ist eine 20 Hektar große ehemalige Lage, die dem Kallstadter Saumagen zugeschlagen wurde und zum Teil im Besitz der Familie Schuster war. Im Herbst 2010 wurde das Weingut Schuster von der Familie Pohl übernommen. Ein ambitioniertes Team hat mit der Arbeit begonnen.

Vorjahr

Grau- und Weißburgunder punkteten, weil sie durchgegoren waren. Der Grauburgunder sah junges Holz, er hatte Biss und zeigte eine typische Frucht, der Weißburgunder war klar und frisch. Die Rieslinge waren konzentriert, fruchtig, süß, füllig und hatten Biss.

Neue Kollektion

In diesem Jahr unterstreicht das Team am Nil seine Ambitionen mit einer sehr guten, übersichtlichen Kollektion, angeführt von drei sehr guten Rieslingen und einem duftigen, saftigen Spätburgunder. Nur die speckigen Röstnoten störten zunächst etwas, mit etwas Luft treten sie schnell in den Hintergrund. Der Sauvignon Blanc gehört eher zur grünen Fraktion. Süffig ist der Gutsriesling mit exotischer Frucht und gutem Biss. Der Ungsteiner Riesling bietet ein Potpourri an Früchten, er ist komplex und dicht mit salziger Mineralität. Die Lagen-Rieslinge sind im Vergleich zum Vorjahr nicht mehr so füllig-dominant, sie sind deutlich eleganter – weniger ist manchmal mehr. Sie haben alle drei eine feine Konzentration. Der Herrenberg ist eher weich und zeigt reife gelbe Früchte. Elegant und stoffig sind die beiden Rieslinge aus dem Saumagen, der R ist der kompletteste und komplexeste. ◄

Weinbewertung

86	2012 Riesling trocken	12,5 %/8,50 €
87	2012 Riesling trocken Ungsteiner	13 %/14,50 €
88	2012 Riesling trocken Herrenberg Ungstein	13 %/19,50€
86	2012 Sauvignon Blanc trocken	13,5 %/9,50€
89	2012 Riesling trocken Saumagen Kallstadt	13 %/21,50€
90	2012 Riesling trocken Saumagen „R" Kallstadt	13 %/24,50€
88	2012 Spätburgunder trocken	13,5 %/21,50€

N

Die besten deutschen Weinerzeuger und ihre Weine

Ingo **Norwig**
Weingut   **Mosel**

Am Frohnbach 1, 54472 Burgen
Tel. 06534-763, *Fax:* 06534-949504
www.weingut-norwig.de
info@weingut-norwig.de
Besuchszeiten: nach Vereinbarung
Ferienwohnung

Inhaber............................Ingo Norwig
Rebfläche..............................8 Hektar

Ingo Norwig baut neben Riesling auch etwas Müller-Thurgau, Grauburgunder, Ortega, Spätburgunder und Dornfelder an. Seine Weinberge liegen in Burgen, Brauneberg, Veldenz und Mülheim. Die Weine werden kühl vergoren und bleiben lange auf der Feinhefe.

Vorjahre

Nicht ganz gleichmäßig präsentierte sich der Jahrgang 2010, wurde angeführt von der saftigen Auslese aus der Brauneberger Juffer. 2011 gefiel uns besser, bot frische, saftige Rieslinge wie die trockene Spätlese aus dem Kirchberg, die Beerenauslese ebenfalls aus dem Kirchberg oder die Kerner Auslese.

Neue Kollektion

2012 punkten vor allem die edelsüßen Rieslinge mit zwei klaren, zupackenden Auslesen aus Hasenläufer und Juffer. Noch übertroffen werden sie aber vom Eiswein aus dem Hasenläufer, der fruchtbetont und konzentriert im Bouquet ist, etwas Pfirsiche zeigt, kraftvoll und zupackend im Mund ist bei feiner süßer Frucht und Biss.

Weinbewertung

80 2012 Riesling trocken Bernkasteler Kurfürstlay (1l) **13 %/4,20 €**
82 2012 Riesling Spätlese trocken Veldenzer Kirchberg **12,5 %/5,- €**
82 2012 Riesling Spätlese Burgener Hasenläufer **9,5 %/5,- €**
85 2012 Riesling Auslese Burgener Hasenläufer **9 %/8,- €**
85 2012 Riesling Auslese Brauneberger Juffer **9 %/11,- €**
88 2012 Riesling Eiswein Burgener Hasenläufer **8,5 %/24,- €/0,375l**

Oberbergen
Winzergenossenschaft   **Baden**

Badbergstraße 2, 79235 Vogtsburg-Oberbergen
Tel. 07662-94600, *Fax:* 07662-946024
www.wg-oberbergen.com
info@wg-oberbergen.com
Besuchszeiten: Mo.-Fr. 8-12 + 13:30-17:30 Uhr,
Sa. 8:30-13 Uhr (nicht Jan.-März)

Geschäftsführer.............Rolf Hofschneider
Kellermeister.................Wolfgang Schupp
Rebfläche...........................340 Hektar
Mitglieder....................................450

Die Mitglieder der 1924 gegründeten Genossenschaft von Oberbergen bauen neben Spätburgunder vor allem weiße Sorten wie Müller-Thurgau, Silvaner, Weiß- und Grauburgunder, sowie Chardonnay an. Daneben gibt es insbesondere noch Gewürztraminer, Muskateller, Kerner und Riesling. In der bekannten Lage Bassgeige finden sich die steilsten Terrassen am Kaiserstuhl.

Vorjahre

Homogenes Niveau zeigte die Kollektion vor zwei Jahren, weiß wie rot. Dazu gab es mit der Muskateller Trockenbeerenauslese aus dem Jahrgang 2009 ein faszinierendes Highlight. Auch die letztjährige Kollektion zeigte eine überzeugende Zuverlässigkeit über das ganze Sortiment.

Neue Kollektion

In der aktuellen Kollektion gefällt uns die süße, saftige Beerenauslese besonders gut, die trockene Spätburgunder Auslese besitzt viel reife Frucht und deutliche Süße bei guter Substanz.

Weinbewertung

78 2012 Grauburgunder Kabinett trocken Oberbergener Bassgeige **13 %/6,05 €**

81 2012 Weißburgunder Spätlese trocken Oberbergener Bassgeige **13,5 %/7,35 €**

80 2011 Grauburgunder trocken „Edition TT" Oberbergener Bassgeige **14,5 %/11,50 €**

83 2011 Gewürztraminer Auslese Oberbergener Bassgeige **10 %/13,95 €/0,5l**

86 2011 Ruländer Beerenauslese Oberbergener Bassgeige **8 %/28,50 €/0,375l**

84 2009 Spätburgunder Auslese trocken Oberbergener Bassgeige **14,5 %/14,20 €/0,5l**

★★★★☆

Richard **Östreicher**
Weingut   **Franken**

Hauptstraße 15, 97334 Sommerach
Tel. *09381-1698,* **Fax:** *09381-3010*
www.weingut-richard-oestreicher.de
weingut@richard-oestreicher.de
Besuchszeiten: *nach Vereinbarung*
Weinstube, 3 Pensionszimmer

Inhaber......................Richard Östreicher
Rebfläche..............................3 Hektar

Richard Östreicher hat seit der Betriebsübernahme von seinem Vater 1995 das über 250 Jahre alte Anwesen umgestaltet, die Remise wurde zur Weinstube. Seine Weinberge liegen vor allem in Sommerach (Katzenkopf), aber auch in Dettelbach (Honigberg) und in Volkach (Kirchberg, Ratsherr). 40 Prozent der Anbaufläche wurde umstrukturiert, vor allem Spätburgunder, Merlot und Cabernet Sauvignon pflanzte Richard Östreicher in Toplagen. Fast die Hälfte der Rebfläche nehmen heute rote Sorten ein. Müller-Thurgau und Kerner reduzierte er, konzentriert sich auf Silvaner, Riesling und Weißburgunder bei den weißen Sorten; 2012 hat er Chardonnay neu gepflanzt, die Klone stammen aus Meursault. Seine Leidenschaft aber gilt den Rotweinen, die er nach langer Maischegärung in kleinen Bottichen lange auf der Hefe reifen lässt und ohne Filtration abfüllt.

Vorjahre

Vor zwei Jahren wurden nochmals die drei Rotweine des Jahrgangs 2007 vorgestellt; neu war der barriqueausgebaute Weißburgunder des Jahrgangs 2009, der ebenso überzeugte wie sein Vorgänger. Im vergangenen Jahr stellte Richard Östreicher seine 2009er Rotweine vor, sie gefielen uns nochmals besser als ihre Vorgänger aus dem Jahrgang 2007, alle drei machten eine prächtige Figur, Merlot und Cabernet Sauvignon ebenso wie der Spätburgunder.

Neue Kollektion

In diesem Jahr nun folgen Spätburgunder und Cuvée R des Jahrgangs 2010. Die Cuvée, Cabernet Sauvignon und Merlot, ist kraftvoll und strukturiert, klar und zupackend, noch ein klein wenig besser aber gefällt uns der Spätburgunder, der komplex und frisch ist, kraftvoll, klar und zupackend, gute Struktur und reintönige Frucht besitzt. Der Weißburgunder des Jahrgangs 2011 ist kraftvoll und zupackend, geradlinig und konzentriert, die weiße Cuvée aus Silvaner, Riesling und Scheurebe ist frisch und zupackend, der Silvaner füllig und kraftvoll, besitzt reintönige Frucht und gute Struktur: Eine überzeugende Vorstellung! ◄

Weinbewertung

85 2012 „Sommergewitter" Weißwein Sommeracher Katzenkopf **12 %/7,50 €**

87 2012 Silvaner „Lieblingsstück" Sommeracher Katzenkopf **13,5 %/12,50 €**

87 2011 Weißburgunder „S.L." Sommeracher Katzenkopf **13,5 %/18,50 €**

89 2010 „Cuvée R" Rotwein Sommeracher Katzenkopf **13 %/25,- €**

90 2010 Spätburgunder „No. 1" Sommeracher Katzenkopf **13 %/25,- €**

Johann F. **Ohler**
Weingut   **Pfalz**

★ ☆

Meerspinnstraße 33, 67435 Neustadt-Gimmeldingen
Tel. 06321-6116, **Fax:** 06321-60382
www.weingut-ohler.de
webmaster@weingut-ohler.de
Besuchszeiten: Mo.-Fr. 9-12 + 14-18 Uhr,
Sa. 10-16 Uhr oder nach Vereinbarung

Inhaber . . . . Sabine Ohler-Jost
Kellermeister . . . . Stefan Giese
Rebfläche . . . . 6,4 Hektar

Seit mehr als 200 Jahren betreibt die Familie Weinbau in Gimmeldingen. 1758 baute Johann Michael Ohler eine Küferei auf, erst 1962 hat Reinhard Ohler sie eingestellt und sich ganz auf Weinbau konzentriert. Sabine Ohler-Jost übernahm 2007 das Weingut von ihrem Vater Reinhard Ohler und führt es zusammen mit ihrem Ehemann Dr. Arnim Jost. Die Weinberge von Sabine Ohler-Jost liegen in Gimmeldingen (Mandelgarten, Schlössel), Königsbach (Idig), Mußbach (Eselshaut) und Haardt. Riesling nimmt gut die Hälfte der Rebfläche ein, es folgen Spätburgunder, Cabernet Sauvignon, St. Laurent, Chardonnay und Weißburgunder. Die Weißweine werden im Edelstahl ausgebaut, Rotweine im großen Holzfass oder im Barrique.

Vorjahre —————————————

Vor zwei Jahren konnten wir eine gute Kollektion mit Weinen aus drei Jahrgängen verkosten, mit einem Chardonnay von 2009 an der Spitze. Die 2010er Rieslinge hatten ordentlichen Biss, gute Frucht und Mineralität mit hohen Extrakten. Im vergangenen Jahr waren die Rieslinge zum Zeitpunkt der Verkostung noch verschlossen. Am besten gefielen uns der Kabinett aus dem Schlössel und die „Alten Reben" aus dem Mandelgarten, ganz vorne lag bei den Weißweinen aber der Chardonnay „JFO"; überzeugen konnten auch die beiden Rotweine.

Neue Kollektion —————————————

In diesem Jahr liegt ein sehr feiner, rauchig-eleganter Sekt an der Spitze der verkosteten Kollektion. Sehr gut gefielen uns auch der Graue Burgunder, der Riesling Alte Reben und ein pikanter Spätburgunder mit kräftigen Röstnoten.

Weinbewertung —————————————

88 2009 Sekt Chardonnay & Spätburgunder brut **12,5 %/13,80 €**
85 2012 Grauburgunder trocken **13,5 %/8,- €**
83 2012 Riesling Kabinett trocken Gimmeldinger Schlössel **13 %/7,80 €**
85 2012 Riesling trocken „Alte Reben" Gimmeldinger Mandelgarten **12,5 %/9,50 €**
82 2012 Riesling Gimmeldinger Biengarten **12 %/7,90 €**
87 2012 Spätburgunder „JFO" trocken **14 %/28,- €**

Johannes **Ohlig**
Weingut   **Rheingau**

★ ★

Hauptstraße 68, 65375 Oestrich-Winkel
Tel. 06723-2012, **Fax:** 06723-87872
www.weingut-ohlig.de
info@weingut-ohlig.de
Besuchszeiten: Mo.-Fr. 8-12 + 14-18 Uhr,
Sa. nach Vereinbarung
Fraund's Restaurant im Zehntenhof (ganzjährig geöffnet)

Inhaber . . . . Johannes Ohlig
Rebfläche . . . . 14 Hektar

Das Weingut Ohlig befindet sich im historischen, Ende des 16. Jahrhunderts erbauten Zehntenhof in Winkel. Johannes Ohlig, der den Betrieb in der vierten Generation führt, verfügt über große Gewölbekeller und Parzellen in Lagen wie Hasensprung, Gutenberg (beide Winkel), Klaus (Johannisberg) oder Kläuserweg (Geisenheim). Wichtigste Rebsorte ist Riesling, der

O

80 Prozent der inzwischen auf 14 Hektar erweiterten Fläche einnimmt, hinzu kommen 15 Prozent Spätburgunder, kleine Mengen Rivaner sowie spezielle Rotweinsorten, die zu einem Glühwein verarbeitet werden. Drei Viertel der Weine werden trocken oder halbtrocken ausgebaut, vier Fünftel der Gesamterzeugung verkauft man an Privatkunden. Inzwischen belebt ein ambitioniertes Gutsrestaurant das Weingut.

Vorjahre

Die 2010er Kollektion präsentierte sich homogen mit frischen klaren Weinen, überzeugte sowohl trocken als auch „feinherb" und süß. Die 2011er waren rundum zuverlässig, auch wenn den trockenen Weinen teilweise die letzte Präzision fehlte. Möglicherweise liegt das auch an der Tatsache, dass die Restzuckerwerte bei diesen oft nahe der obersten Grenze des Zulässigen angesiedelt sind. Eine saftige, animierende Beerenauslese krönte das Sortiment.

Neue Kollektion

Der Riesling „Alte Reben" gehört zu den interessantesten Weinen des Jahrgangs 2012: Stoffig, süffig, aber auch ganz leicht süß. Auch die offiziell als trocken deklarierte Spätlese aus dem Klaus ließ eine Spur Restzucker durchschimmern, was wir als schade empfinden. Im Übrigen wirkt das Sortiment süffig und sehr ausgewogen, lässt es allenfalls etwas an Individualität fehlen. ◄━

Weinbewertung

82 2012 Riesling trocken Mittelheimer St. Nikolaus **12 %/5,- €**

84 2012 Riesling Spätlese trocken Johannisberger Klaus **11,5 %/7,40 €**

85 2012 Riesling „Alte Reben" **12 %/8,50 €**

82 2012 Riesling Classic **12 %/5,60 €**

81 2012 Riesling Kabinett „feinherb" Winkeler Hasensprung **11,5 %/5,90 €**

83 2012 Riesling Spätlese „feinherb" Mittelheimer Edelmann **11 %/7,40 €**

83 2012 Riesling Kabinett Mittelheimer Edelmann **10 %/5,90 €**

84 2012 Riesling Spätlese Johannisberger Gold-

atzel **9,5 %/7,40 €**

85 2012 Riesling Spätlese Geisenheimer Kläuserweg **8,5 %/8,50 €**

★★☆

Schloss **Ortenberg**
Weingut   **Baden**

Am St. Andreas 1, 77799 Ortenberg
Tel. 0781-93430, *Fax*: 0781-934320
www.weingut-schloss-ortenberg.de
info@weingut-schloss-ortenberg.de
Besuchszeiten: Mo.-Fr. 8-12 + 13-17 Uhr, Sa. 9-12:30 Uhr

Inhaber .... Zweckverband Weingut
.... Schloss Ortenberg
Geschäftsführer .... Matthias Wolf
Kellermeister .... Hanspeter Rieflin
Rebfläche .... 45 Hektar

Das Weingut Schloss Ortenberg ist 1997 durch Zusammenlegung des Weingutes Schloss Ortenberg des Ortenaukreises mit dem St. Andreas-Weingut der Stadt Offenburg entstanden. Das 1300 gegründete St. Andreas-Hospital bewirtschaftete seit 1500 Rebhöfe, vor der Fusion umfasste es 29 Hektar Reben. Das 1950 gegründete Weinbauversuchsgut des Ortenaukreises führte seit 1992 den Namen Weingut Schloss Ortenberg, der dann auch für das fusionierte Weingut übernommen wurde. Winfried Köninger, seit 1991 Leiter von Schloss Ortenberg, wurde Betriebsleiter des neuen Gutes. Seit 2010 ist Matthias Wolf als Nachfolger von Winfried Köninger neuer Geschäftsführer. Die Weinberge liegen vor allem in Ortenberg (Käfersberg, Schlossberg) und Zunsweier (Halde), sowie in Ohlsbach (Fürsteneck), Zell-Weierbach (Abtsberg) und Gengenbach (Nollen). Die Reben stehen auf Granitverwitterungsböden. Spätburgunder und Riesling sind die wichtigsten Rebsorten, gefolgt von Müller-Thurgau, Weißburgunder, Grauburgunder

O

Die besten deutschen Weinerzeuger und ihre Weine

und Chardonnay. Dazu gibt es Scheurebe, Kerner, Sauvignon Blanc, Cabernet Sauvignon, Gewürztraminer, Muskat Ottonel, Silvaner, Muskateller und Merlot.

Vorjahre

2010 hatte sich Schloss Ortenberg mit seinen Weißweinen gut behauptet, sie präsentierten sich frisch und klar, ein Eiswein setzte im vergangenen Jahr das edelsüße Glanzlicht. Die letztjährige Kollektion war sehr gleichmäßig, bot zuverlässiges Niveau weiß wie rot. Der Sauvignon Blanc et Gris gefiel uns gut, auch der Klingelberger „1782" und die süße Scheurebe Auslese.

Neue Kollektion

Die neue Kollektion ist recht gleichmäßig, hat ihre Stärken im weißen Segment. Einmal mehr gibt es eine feine, cassisduftige edelsüße Scheurebe, dazu einen fülligen, wunderschön saftigen Weißburgunder und zwei kraftvolle Rieslinge, wobei uns die SL-Variante aufgrund ihrer Präzision und Reintönigkeit etwas besser gefällt als der Klingelberger.

Weinbewertung

82	2012 Sauvignon Blanc Kabinett trocken 13 %/7,90 €
85	2012 Sauvignon Blanc et Gris trocken 13 %/13,20 €
86	2012 Klingelberger-Riesling „SL" trocken 13 %/13,20 €
85	2012 Klingelberger-Riesling „1782" trocken 12,5 %/15,20 €
84	2012 Grauburgunder Spätlese trocken 13,5 %/10,- €
86	2012 Weißburgunder „SL" Spätlese trocken 13,5 %/13,20 €
84	2012 Gewürztraminer Spätlese 11,5 %/10,- €
87	2012 Scheurebe Beerenauslese 9 %/20,45 €/0,375l
80	2011 „Duett" Rotwein trocken 13 %/13,29 €
84	2009 Cabernet Sauvignon trocken 13 %/17,50 €

★★★★☆

von **Othegraven**
Weingut

Mosel

Weinstraße 1, 54441 Kanzem
Tel. *06501-150042,* **Fax:** *06501-18879*
www.von-othegraven.de
info@von-othegraven.de
Besuchszeiten: *Mo.-Fr. 8-12, 13-17 Uhr und nach Vereinbarung*

Inhaber............................Günther Jauch
Kellermeister.....................Andreas Barth
Rebfläche.............................16 Hektar

Heidi Kegel, die das traditionsreiche Weingut von ihrer Tante Maria von Othegraven übernommen hatte, veräußerte den Betrieb an den Fernsehmoderator Günther Jauch. Der Wahl-Potsdamer ist ein Nachkomme von Emmerich Grach, eines Multi-Weingutsbesitzers, der Anfang des 19. Jahrhunderts mehrere Weingüter an Mosel und Saar kaufte, darunter auch jenes, das später als Weingut von Othegraven bekannt wurde. Für den Keller ist nach wie vor Andreas Barth zuständig, der auch ein eigenes Weingut, den Lubentiushof, bsitzt. Zum Weingut gehört ein 7,5 Hektar großer Besitz im Herzstück des Kanzemer Altenbergs (Devonschiefer mit hohem Steinanteil und Spuren von Eisenoxid), der ausschließlich mit Riesling bestockt ist. Hinzu kommen Weinberge im Ockfener Bockstein (silbriggrauer Schiefer) und in der Wiltinger Kupp (stark verwitterter Schiefer). Im Januar 2011 erwarb Günther Jauch die 3,5 Hektar große Monopollage Wawerner Herrenberg, die bis dahin dem Weingut Dr. Fischer gehörte. An der Spitze des Programms steht der Kanzem Altenberg als Großes Gewächs, auch aus dem Ockfener Bockstein wird ein Großes Gewächs erzeugt, 2008 einmalig auch aus der Wiltinger Kupp, 2011 aus dem Herrenberg. Dann folgt der Maximus, der im Sinne eines Zweitweines die nächstbesten Partien enthält, schließlich Qualitätswein und Kabinett trocken sowie süße und edelsüße Rieslinge. Die Weine werden alle spontan vergoren, seit 2008 nutzt man auch wieder Eichenholzfässer für den Ausbau.

Vorjahre

Die 2010er Kollektion überzeugte, trocken wie süß. Das Große Gewächs aus dem Bockstein gefiel uns in diesem Jahr ein klein wenig besser als der Wein aus dem Altenberg, die Kabinettweine waren frisch und reintönig, die süßen Rieslinge präsentierten sich konsistent bis hin zur Auslese von alten Reben und der Beerenauslese. Die trockenen 2011er präsentierten sich geschlossen, wurden angeführt von den beiden Großen Gewächsen aus Altenberg und Bockstein, auch der feinherbe Wein aus dem Altenberg war ganz stark. Die edelsüßen Weine glänzten mit eleganten Spätlesen und zwei wunderschönen Auslesen.

Neue Kollektion

2012 ist nun, wie so oft an der Saar, deutlich verhaltener. Eine klare, zupackende Auslese führt den süßen Teil der Kollektion an, auch die beiden Spätlesen sind reintönig und elegant. Die beiden Großen Gewächse sind eigenwillig verhalten und verschlossen, der Wein aus dem Bockstein will sich so gar nicht zu erkennen geben, der Wein aus dem Altenberg besitzt Kraft und Struktur, der Wein von alten Reben aus dem Altenberg ist konzentriert, zeigt dezent Orangen und Honig im Hintergrund, ist dann füllig und saftig im Mund bei dezenter Bitternote. ◄━

Weinbewertung

86	2012 Riesling trocken Kanzemer	12 %/14,50 €
87	2012 Riesling „GG" Ockfen Bockstein	12 %/23,- €
89	2012 Riesling „GG" Kanzem Altenberg	12,5 %/27,- €
88	2012 Riesling „Alte Reben"	12 %/38,- €
84	2012 Riesling Kabinett Kupp	9 %/12,- €
83	2012 Riesling Kabinett Bockstein	9 %/12,50 €
84	2012 Riesling Kabinett Altenberg	9 %/13,50 €
88	2012 Riesling Spätlese Altenberg	8 %/17,- €
88	2012 Riesling Spätlese „Alte Reben" Altenberg	7,5 %/19,- €
89	2003 Riesling Auslese Altenberg	
90	2012 Riesling Auslese Altenberg	7 %/24,- €

★★

Karl **Ottes**
Weingut   **Rheingau**

Binger Weg 1a, 65391 Lorch im Rheingau
Tel. 06726-830083, Fax: 06726-830084
www.weingut-ottes.de
info@weingut-ottes.de
Besuchszeiten: täglich (Anmeldung erbeten)

Inhaber .... Helmut Ottes und Gerald Ottes
Rebfläche .... 7 Hektar

Seit 1841 betreibt die Familie Weinbau im Rheingau. Das heutige Weingut wurde 1959 von Karl Ottes zusammen mit seinem Sohn Helmut gegründet. Heute wird das Weingut von Helmut und Annelore Ottes geführt. Für den Keller verantwortlich ist – nach Geisenheimstudium und Praxisaufenthalten im In- und Ausland – ihr Sohn Gerald, unterstützt von seiner Frau Fumiko, die ebenfalls Diplom-Ingenieurin für Weinbau und Önologie ist. Drei Viertel der Rebfläche nimmt Riesling ein, hinzu kommen rund ein Viertel Spätburgunder und eine kleine Menge Weißburgunder. Die Rieslinge werden hier kühl und langsam vergoren, als „Aurum" wird ein trockener bzw. „feinherber" Wein von alten Reben vermarktet. Gerald und Helmut Ottes haben auch beim Spätburgunder Ehrgeiz und erzeugen mächtige, oft alkoholreiche Rotweine. In manchen Jahren wirken diese allerdings ein wenig zu üppig, etwas weniger Konzentration könnte in diesen Fällen mehr sein.

Vorjahre

Die 2010er Weißweine wirkten zuverlässig, wenngleich nicht begeisternd, die 2009er Spätburgunder besaßen Substanz. 2011 gelang gut, beginnend beim knackig-frischen Riesling „Schiefer" und endend beim erfreulich geradlinigen, nach gelben Früchten duftenden Ersten Gewächs, das mit etwas weniger Süße noch spannender gewesen wäre. Der 2010er Spätburgunder wirkte etwas kan-

O

Die besten deutschen Weinerzeuger und ihre Weine

tig, zeigte aber Potenzial.

Neue Kollektion

2012 haben Gerald und Helmut Ottes feine, präzise Rieslinge erzeugt. Der „Schiefer" gefällt ebenso wie der fast puristische „Alte Reben". Das Erste Gewächs ist füllig und kann eine Spur Süße nicht verleugnen. Die beiden 2011er Rotweine sind zwar noch nicht der ganz große Wurf, doch sie scheinen mitnichten so mächtig, wie dies in anderen Jahrgängen schon mal der Fall war. Der „Rubin" ist angenehm saftig und weist eine leichte Bitternote auf, das Erste Gewächs könnte sich noch weiter entwickeln. Ein klarer Rotwein-Fortschritt! ◄

Weinbewertung

83 2012 Riesling Kabinett trocken Lorcher Kapellenberg **12 %/6,90 €**

86 2012 Riesling trocken „Schiefer" Lorcher Pfaffenwies **13 %/8,50 €**

87 2012 Riesling Spätlese trocken Lorcher Kapellenberg **13 %/9,- €**

87 2012 Riesling „Aurum Alte Reben" **13 %/12,20 €**

86 2012 Riesling Erstes Gewächs Lorcher Kapellenberg **13,5 %/16,80 €**

82 2012 Riesling Classic **12,5 %/6,90 €**

84 2012 Riesling Spätlese Lorcher Krone **10,5 %/9,- €**

84 2011 Spätburgunder trocken „Rubin" **14,5 %/14,- €**

85 2011 Spätburgunder Erstes Gewächs Lorcher Bodental-Steinberg **14,5 %/35,- €**

★ ☆

Parfum der Erde

Weingut   **Württemberg**

Hauptstraße 32, 71384 Weinstadt
www.parfum-der-erde.de
info@parfum-der-erde.de
Besuchszeiten: *nach Vereinbarung*

Inhaber . . . . Dr. Rainer Scholz, Andi Knauß
Rebfläche . . . . 1 Hektar

Wenn ein Hamburger und ein Schwabe sich zusammentun, dann muss etwas Ungewöhnliches dabei herauskommen, so wie das Weingut von Rainer Scholz und Andi Knauß: Parfum der Erde nennen sie es, auf allen Etiketten sind groß die Geokoordinaten notiert, aus deren Weinberg die jeweiligen Weine kommen.

Vorjahr

Die zum Debüt im vergangenen Jahr verkosteten Weine waren klar und kompromisslos vinifiziert: Geradlinig und frisch präsentierten sich Müller-Thurgau und Riesling, die beiden Regent waren kraftvoll und strukturiert, am meisten aber beeindruckten uns die Spätburgunder, Jahrgang 2009 und 2010.

Kollektion

Mit dem Schillerwein haben wir nur einen 2012er verkostet, dazu einige Weine des Vorjahres erneut und, ganz spannend, einige ältere Weine aus den Anfängen des Projektes. Der 2011er Riesling hat sich schön entwickelt, ist kraftvoll und stoffig und immer noch enorm jugendlich, auf Haltbarkeit vinifiziert, wie die Jahrgänge 2008 und 2009 beweisen, die beide kraftvoll und zupackend sind. Den würzig-duftigen, sehr kraftvollen Regent hatten wir schon im letzten Jahr vorgestellt, ebenso den reintönigen, strukturierten 2010er Spätburgunder, der 2008er zeigt feine Reife im Bouquet, ist aber frisch, klar und zupackend im Mund. ◄

Weinbewertung

82 2011 Müller-Thurgau trocken **11,5 %/12,90 €**

85 2008 Riesling trocken **12 %**

85 2010 Riesling trocken **12 %**

86 2011 Riesling trocken **13,5 %/16,90 €**

82 2012 Schillerwein **12 %/9,90 €**

85 2010 Regent trocken **13,5 %/24,90 €**

85 2008 Spätburgunder trocken **13,5 %**

87 2010 Spätburgunder trocken **13 %/28,90 €**

Paulinshof ★★☆

Weingut   **Mosel**

Paulinsstraße 14, 54518 Kesten
Tel. *06535-544,* **Fax:** *06535-1267*
www.paulinshof.de
paulinshof@t-online.de
Besuchszeiten: *Mo.-Fr. 8-18 Uhr, Sa. 9-17 Uhr und nach Vereinbarung*

Inhaber . . . . Klaus und Oliver Jüngling
Rebfläche . . . . 9 Hektar

Der Paulinshof ist ein ehemaliger Stiftshof der Kirche St. Paulin, der erstmals im Jahr 936 urkundlich erwähnt wurde. Die heutigen Besitzer Klaus und Christa Jüngling sowie Sohn Oliver, denen der Paulinshof seit 1969 gehört, haben sich vor allem mit ihren trockenen und halbtrockenen Weinen einen guten Namen geschaffen. Die Lage Brauneberger Kammer, eine der kleinsten existierenden Einzellagen an der Mosel, bewirtschaften sie im Alleinbesitz. Daneben gehören ihnen Weinberge in den Kestener Lagen Paulins-Hofberger, Paulinsberg und Herrenberg, sowie in den Brauneberger Lagen Juffer und Juffer-Sonnenuhr. Die Weine, vor allem die trockenen, präsentieren sich kurz nach der Abfüllung oft sehr würzig und verschlossen. Die süßen Weine besitzen ebenfalls einen eigenständigen Stil, sind oft rauchig-würzig und nachhaltig. Große Gewächse werden inzwischen aus den beiden Lagen Kammer und Paulins-Hofberger erzeugt.

Vorjahre _____

2010 präsentierte sich wenig einheitlich, die Spätlese aus dem Paulinshof gefiel uns sehr gut, ebenso das eigenwillige und eigenständige Große Gewächs aus der Brauneberger Kammer. 2011 lagen die Stärken eindeutig im edelsüßen Bereich, schon der Kabinett bereitete Freude, Juffer-Spätlese und Juffer-Sonnenuhr-Auslese waren sehr gut, eine Beeren-auslese krönte die Kollektion.

Neue Kollektion _____

Die 2012er trockenen und halbtrockenen Rieslinge sind alle recht duftig und füllig, das Große Gewächs aus der Kammer ist konzentriert, aber ein wenig bitter. So dass uns in der neuen Kollektion ganz klar die beiden Auslesen aus der Juffer-Sonnenuhr am besten gefallen: Die in der 0,75l-Flasche ist würzig und frisch im Bouquet, klar und zupackend im Mund; das Pendant in der halben Flasche zeigt kandierte Früchte im Bouquet, viel Duft, ist dick, kraftvoll und konzentriert im Mund. ◄━

Weinbewertung _____

82   2012 Riesling Kabinett trocken „Von der Ley" **12,5 %/8,90 €**

83   2012 Riesling Spätlese trocken Brauneberger Juffer-Sonnenuhr **13 %/13,50 €**

85   2012 Riesling „GG" Brauneberger Kammer **13 %/19,- €**

82   2012 Riesling Spätlese Trittenheimer Apotheke **12,5 %/13,50 €**

82   2012 Riesling „vom roten Schiefer" **12 %/9,50 €**

81   2012 Riesling „feinherb" Kestener Paulins-Hofberger **12 %/9,90 €**

82   2012 Riesling Spätlese „feinherb" Kestener Paulins-Hofberger **12 %/12,50 €**

81   2012 Riesling Kabinett Kestener Herrenberg **12 %/8,90 €**

82   2012 Riesling Kabinett Brauneberger Juffer **10,5 %/10,50 €**

82   2012 Riesling „feinherb" Brauneberger Kammer **12 %/13,50 €**

87   2012 Riesling Auslese Brauneberger Juffer-Sonnenuhr **7,5 %/21,- €**

88   2012 Riesling Auslese Brauneberger Juffer-Sonnenuhr (0,375l) **7 %/18,- €**

Axel **Pauly**
Weingut

★★★

Mosel

Hochstraße 80, 54470 Lieser
Tel. *06531-6143,* **Fax**: *06531-915007*
www.wein-pauly.de
info@wein-pauly.de
Besuchszeiten: *Mo.-Sa. 10-18 Uhr und nach*
Vereinbarung; mit Bitte um Anmeldung

Inhaber . . . . Axel und Sabrina Pauly
Rebfläche . . . . 6,9 Hektar

Das Weingut der Paulys ist ein typischer Familienbetrieb, lange geführt von Rudolf und Ursel Pauly. Seit 2004 ist Axel Pauly für den Keller verantwortlich, 2009 übernahm er das Weingut, und inzwischen wurde auch der Name des Gutes angepasst. Axel Paulys Frau Sabrina ist mittlerweile ebenfalls im Betrieb tätig. 2009 wurden weitere Parzellen im Niederberg-Helden gepachtet oder erworben, 2010 Weinberge mit alten Reben in Bernkastel-Kues (Kardinalsberg) und Lieser (Niederberg-Helden). Für die Vinifikation werden Edelstahltanks und Holzfässer genutzt, die Weine verbleiben nach der langsamen Gärung lange auf der Feinhefe. Nach dem Großbrand im Weingut im August 2011 wurde ein neues Kelter- und Lagergebäude errichtet, in dem Axel Pauly mit Gravitation arbeiten und somit auf ein Pumpen der Weine verzichten kann; zudem wurde eine moderne Vinothek eingerichtet.

Vorjahre
Eine hervorragende Trockenbeerenauslese gab es 2010, sehr gut gefiel uns aber vor zwei Jahren auch der gekonnt vinifizierte Spätburgunder des Jahrgangs 2009, die Kollektion insgesamt bot zuverlässig gute Qualität – nicht selbstverständlich in diesem Jahrgang. Auch 2011 bereiteten die Weine wieder viel Freude, angefangen beim glasklaren, geradlinigen „purist" über den Helden-Riesling bis zum Neuling im Programm, „Drei Helden" genannt, quasi das Großes Gewächs von Axel Pauly, das

aus der Parzelle Held im Lieserer Niederberg-Helden stammt. Edelsüß gab es 2011 gleich zwei Auslesen und eine Beerenauslese, alle waren reintönig und frisch, elegant und zupackend; sehr gut war auch der Frühburgunder des Jahrgangs 2009.

Neue Kollektion
Auch mit dem neuen Jahrgang geht es weiter voran. Eine angenehme Überraschung ist der kraftvolle, füllige Weißburgunder, die erste Ernte eines jungen Weinberges, der fruchtbetont, präzise und strukturiert ist – eine angenehme Überraschung deshalb, weil allzu viele Moselwinzer glauben einen trocken genannten Weißburgunder mit hoher Restsüße wie einen Riesling ausbauen zu müssen, bei Axel Pauly aber ist er durchgegoren. Der Purist ist fruchtbetont, klar und zupackend, der Tres Naris überraschend füllig und strukturiert, der Helden-Riesling ist konzentriert und reintönig, besitzt gute Struktur und Substanz. Noch etwas kraftvoller und konzentrierter ist der Drei Helden (2012 trocken ausgebaut), er besitzt Fülle, reintönige Frucht, Struktur und Druck. Die beiden feinherben Rieslinge sind saftig und fruchtbetont, die Auslese wunderschön reintönig und elegant, besitzt feine Frische und Länge. Was für den Weißburgunder gilt, das gilt auch für die roten Pinots von Axel Pauly, sie sind sehr gekonnt vinifiziert und durchgegoren, was eigentlich selbstverständlich sein sollte. Der Frühburgunder ist füllig und komplex, besitzt viel reife Frucht und feine Tannine im Abgang; der Spätburgunder zeigt feine rauchige Noten im Bouquet, ist wunderschön reintönig im Mund, harmonisch und zupackend, besitzt gute Struktur und Substanz. Einer der Aufsteiger des Jahres an der Mosel – im Auge behalten! ◀

Weinbewertung
86 2011 Riesling trocken „purist" **11 %/7,20 €**
83 2011 Riesling trocken „Tres Naris" **12 %/6,90 €**
87 2011 Riesling trocken „Helden" Lieserer Niederberg-Helden **12,5 %/9,80 €**
86 2011 Riesling „Drei Helden" Lieserer Niederberg-Helden **13 %/15,80 €**

83   2011 Riesling „feinherb Generations" **11,5 %/6,90 €**

86   2011 Riesling „feinherb" „Steinerd" Bernkastel-Kueser Kardinalsberg **11,5 %/9,80 €**

85   2011 Riesling Spätlese Lieserer Niederberg-Helden **8 %/9,80 €**

87   2011 Riesling Auslese Lieserer Niederberg-Helden **8 %/12,80 €**

88   2011 Riesling Auslese*** Lieserer Niederberg-Helden **7,5 %/10,80 €/0,375l**

90   2011 Riesling Beerenauslese Lieserer Niederberg-Helden **8 %/22,- €/0,375l**

87   2009 Frühburgunder trocken Barrique **13 %/15,80 €**

Dr. **Pauly-Bergweiler** ★★★
Weingut   **Mosel**

Gestade 15, 54470 Bernkastel-Kues
Tel. *06531-3002,* **Fax:** *06531-7201*
www.pauly-bergweiler.com
info@pauly-bergweiler.com
Besuchszeiten: *Mo.-Sa. 10–18 Uhr, So. nur nach Vereinbarung*

Inhaber . . . . Stefan Pauly
Rebfläche . . . . 16,2 Hektar

Dr. Peter Paulys Großvater, Zacharias Bergweiler, war einer der legendärsten Moselwinzer überhaupt. 1959 übernahm Pauly den Betrieb, 2006 übertrugen er und seine Frau Helga das Weingut auf ihren Sohn Stefan. Der Betrieb verfügt über beste Lagen in Bernkastel, Graach, Wehlen, Zeltingen, Ürzig (darunter die ganze Lage Ürziger Goldwingert in Familienbesitz), Erden und Brauneberg, wobei die Weine aus Ürzig und Erden traditionell unter dem Namen Peter Nicolay vermarktet werden. Die Rieslinge, die im Edelstahl ausgebaut werden, sind klar und feingliedrig und spiegeln ihr Terroir deutlich wider.

Vorjahre ———————————————
Substanz und Würze zeigten die 2010er Weine, allerdings nicht die Klarheit ihrer Vorgänger. Die Beerenauslese aus der Badstube und eine der beiden Himmelreich-Auslesen gefielen uns am besten; interessant war der Spätburgunder aus dem Jahrgang 2009. Die letztjährige Kollektion war nicht ganz gleichmäßig, aber vor allem der süße Teil der Kollektion überzeugte, bot saftige Spätlesen aus Badstube und Alte Badstube am Doctorberg, sowie drei brillant klare Auslesen.

Neue Kollektion ———————————
Die neue Kollektion überzeugt auch trocken mit klaren, geradlinigen Weinen, der Wein aus der Alten Badstube am Doctorberg besitzt Fülle und Kraft, reife Frucht, Substanz und viel Süße. Sehr geschlossen präsentiert sich der süße Teil der Kollektion, bietet feine Kabinettweine und füllige Spätlesen. Die konzentrierte, herrlich füllige Auslese aus dem Prälat und ein würziger, eindringlicher, herrlich zupackender Eiswein setzen die edelsüßen Ausrufezeichen. ◂▬

Weinbewertung ———————————
83   2012 Riesling trocken **11,5 %/7,95 €**

83   2012 Riesling trocken Ürziger Würzgarten **12 %/10,20 €**

87   2012 Riesling trocken Bernkasteler Alte Badstube am Doctorberg **13 %/18,- €**

83   2012 Riesling „feinherb" Erdener Treppchen **12 %/10,20 €**

82   2012 Riesling Kabinett Wehlener Sonnenuhr **8 %/9,50 €**

85   2012 Riesling Kabinett Bernkasteler Alte Badstube am Doctorberg **7,5 %/10,50 €**

85   2012 Riesling Spätlese „Fass Nr. 1225" Wehlener Sonnenuhr **8,5 %/17,- €**

84   2012 Riesling Spätlese „Fass Nr. 1224" Wehlener Sonnenuhr **9 %/12,50 €**

86   2012 Riesling Spätlese Bernkasteler Alte Badstube am Doctorberg **7,5 %/13,- €**

85   2012 Riesling Spätlese Graacher Himmelreich **8 %/17,- €**

88   2012 Riesling Auslese Erdener Prälat **9 %/27,- €**

89   2012 Riesling Eiswein Graacher Himmelreich **10 %/Verst.**

P

Die besten deutschen Weinerzeuger und ihre Weine

Pawis

Weingut

★★

Saale-Unstrut

Auf dem Gut 2, 06632 Freyburg-Zscheiplitz
Tel. *034464-28315,* **Fax:** *033464-66727*
www.weingut-pawis.de
info@weingut-pawis.de
Besuchszeiten: *Mo.-Sa. 10-12 + 13-18 Uhr,*
So. 10-12 Uhr oder nach Vereinbarung
Mai/Aug./Sept./Okt. Sa. 14-21 Uhr, So. 14-19 Uhr
Gutsausschank

Inhaber . . . . Bernard und Kerstin Pawis
Rebfläche . . . . 14 Hektar

1990 gründeten Herbert und Irene Pawis mit 0,5 Hektar Weinbergen ihr eigenes Weingut. 1998 übernahm Sohn Bernard das Gut, im Jahr darauf baute er einen neuen Keller. Seit 2007, nach umfangreicher Sanierung und Neubau, hat der Betrieb seinen Sitz im Klostergut Zscheipitz. Wichtigste Lage (5,6 Hektar) ist der Freyburger Edelacker, dessen Boden aus verwittertem Muschelkalk besteht, in der Talsohle mit Übergängen zu rotem Keuper. Im Freyburger Mühlberg (3,5 Hektar) herrschen Löss-Lehmböden mit Muschelkalkuntergrund vor. Dazu besitzt das Weingut Flächen im Naumburger Sonneck (2,7 Hektar, Kalkschotter mit Lösslehm, Übergänge zu verwittertem Buntsandstein und Keuper) und im Weischützer Nüssenberg (1,2 Hektar, Kalkverwitterungsböden mit Lössanteilen). Die bisher nur 0,7 Hektar große Fläche im Naumburger Sonneck wurde jüngst durch Zukauf von 2 Hektar Steillage mit 30 Jahre alten Rieslingreben erweitert. Riesling nimmt mehr als ein Drittel der Rebfläche ein, es folgen Müller-Thurgau und Weißburgunder, Silvaner und Grauburgunder, sowie etwas Bacchus und Kerner. An roten Sorten werden Portugieser, Dornfelder, Spätburgunder, Zweigelt und Regent angebaut.

Vorjahre

Mit dem Jahrgang 2010 bestätigte Bernard Pawis, dass er zur Spitze im Anbaugebiet zählt: Die teils halbtrockenen Weine besaßen Frische und Klarheit, das Große Gewächs vom Edelacker Fülle und Substanz, besser noch gefiel uns der 2009er Spätburgunder, auch der Dornfelder war sehr gelungen. Die letztjährige Kollektion war sehr stimmig, bot fruchtbetonte, zupackende Gutsweine, fülligere trockene Spätlesen und dann an der Spitze drei üppige weiße Große Gewächse von Weißburgunder, Grauburgunder und Riesling.

Neue Kollektion

Die neue Kollektion präsentiert sich sehr stimmig. In der neuen Riesling-Trilogie gefällt uns die Quarz-Variante am besten, ist strukturiert und zupackend. Der Eiswein ist konzentriert und klar, der Traminer wunderschön reintönig, der Zweigelt noch recht jugendlich und ein wenig bitter im Abgang. Unsere Favoriten sind die beiden Großen Gewächse aus dem Edelacker: Der Riesling ist füllig, kraftvoll und zupackend, besitzt gute Struktur und Länge; der Grauburgunder zeigt viel reife Frucht im Bouquet, gelbe Früchte, ist füllig und saftig im Mund bei guter Substanz.

Weinbewertung

81	2012 Bacchus trocken	12 %/9,95 €
83	2012 Grüner Silvaner trocken	12 %/7,50 €
83	2012 Riesling „Muschelkalk"	12 %/9,95 €
85	2012 Riesling „Quarz"	13,5 %/12,- €
84	2012 Riesling „Buntsandstein"	13 %/12,- €
86	2012 Traminer trocken Edelacker	13,5 %/14,- €
88	2012 Grauburgunder „GG" Edelacker 13,5 %/19,80 €	
89	2012 Riesling „GG" Edelacker	13,5 %/19,80 €
88	2012 Riesling Eiswein	9 %/42,- €
85	2011 Blauer Zweigelt trocken Edelacker 13 %/17,80 €	

Castel **Peter** ★★
Weingut
Pfalz

🌿 Am Neuberg 2, 67098 Bad Dürkheim
Tel. 06322-5899, *Fax:* 06322-67978
www.castel-peter.de
info@castel-peter.de
Besuchszeiten: Mo.-Fr. 9-18 Uhr, Sa. nach
Vereinbarung

Inhaber . . . . Hoffmann und Merck GbR
Rebfläche . . . . 14 Hektar

2007 hat Wilfried Peter das Weingut an Barbara Hoffmann und Albrecht Merck verpachtet, blieb aber für den Außenbetrieb verantwortlich. Die Weinberge liegen in den Dürkheimer Lagen Fuchsmantel, Hochbenn und Spielberg. Der Schwerpunkt der Produktion liegt auf Weißweinen, insbesondere Riesling. Hinzu kommen die Burgundersorten, aber auch Gewürztraminer, Rieslaner, Portugieser, Cabernet Sauvignon und Dornfelder. Alle Rotweine werden maischevergoren und im Holzfass ausgebaut. Eine Spezialität des Weingutes sind barriqueausgebaute Weine (Wilfried Peter war Gründungsmitglied des Pfälzer Barrique-Forums). Der Großteil der Weine wird trocken ausgebaut. Seit einigen Jahren wird auf Prädikatsangaben verzichtet, stattdessen ein eigenes System mit ein bis drei Sternen verwendet.

Vorjahre

Vor zwei Jahren wirkten die Rieslinge etwas unharmonisch, die anderen Weißen waren frisch und klar, Chardonnay und die rote Cuvée Pierre N. waren sehr gut. Im vergangenen Jahr waren wieder zwei Rotweine an der Spitze, der Spätburgunder, Jahrgang 2009 mit viel Frucht und angenehmer Säure und die Cuvée aus Merlot und Cabernet Sauvignon, sehr gut war auch der St. Laurent; bei den Weißweinen lag der Riesling „Terrassen" in Front.

Neue Kollektion

Die neue Kollektion ist in der Spitze etwas verhaltener. Sehr gut gefallen uns der zupa-

ckende Sauvignon Blanc und der fruchtbetonte, geradlinige Riesling aus dem Fuchsmantel; im roten Segment ist der 2009er Cabernet Sauvignon unser Favorit, präsentiert sich reintönig, frisch und zupackend bei guter Struktur. ◀

Weinbewertung

82 2012 Riesling* trocken (1l) **12,5 %/4,50 €**
81 2012 Grauburgunder** trocken **13 %/7,- €**
83 2012 Weißburgunder/Auxerrois** trocken
    12,5 %/6,50 €
85 2012 Riesling** trocken Fuchsmantel
    12,5 %/6,50 €
85 2012 Sauvignon Blanc** trocken **12,5 %/7,50 €**
80 2012 Chardonnay** trocken **12,5 %/6,50 €**
79 2012 Schwarzriesling Rosé* trocken (1l)
    12 %/4,50 €
81 2009 „Petit N."** Rotwein trocken **14,5 %/8,50 €**
85 2009 Cabernet Sauvignon*** trocken
    14,5 %/18,- €

Johannes **Peters** ★
Weingut
Mosel

Zum Schlossberg, 54459 Wiltingen
Tel. 06501-18753, *Fax:* 06501-18755,
www.peterswein.de
info@peterswein.de
Besuchszeiten: nach Vereinbarung

Inhaber . . . . Johannes Peters
Rebfläche . . . . 7 Hektar

Johannes Peters arbeitete nach seiner Ausbildung und einem Auslandspraktikum in Australien bei verschiedenen deutschen Weingütern, bevor er 1991 sein eigenes Weingut gründete. Seine Weinberge liegen in den Wiltinger Lagen Braunfels, Klosterberg, Kupp und Rosenberg, sowie in der Lage Scharzhofberger. 70 Prozent der Rebfläche nimmt Riesling ein, der Rest verteilt sich auf Weißburgunder, Müller-Thurgau, Grauburgunder und Sauvignon Blanc. Die

P

Die besten deutschen Weinerzeuger und ihre Weine

Weine werden temperaturkontrolliert vergoren und teilweise im Holzfass, teilweise im Edelstahltank auf der Feinhefe ausgebaut. Der Großteil der Weine wird trocken ausgebaut.

Vorjahre

Sehr geschlossen präsentierte sich 2010 mit klaren, geradlinigen Weinen, angeführt von zwei kraftvollen Rieslingen. Die letztjährige Kollektion gefiel uns gut, bot frische, klare, geradlinige Weine, Highlight war ganz klar die trockene Scharzhofberger-Spätlese.

Neue Kollektion

Diese ist auch 2012 unser eindeutiger Favorit in einer ansonsten gleichmäßigen Kollektion. Sie besitzt gute Konzentration, ist fruchtbetont, klar und zupackend, besitzt gute Struktur und reife Frucht.

Weinbewertung

82   2012 Riesling trocken   **11,5 %/6,43 €**

81   2012 „Eigensinn" Weißwein trocken **11,5%/6,78€**

83   2012 Weißburgunder trocken   **12 %/6,78 €**

83   2012 Riesling trocken Wiltinger Klosterberg **12 %/6,43 €**

86   2012 Riesling Spätlese trocken Scharzhofberger   **12 %/9,16 €**

80   2012 Riesling Classic   **11,5 %/7,02 €**

P

Die besten deutschen Weinerzeuger und ihre Weine

★★☆

Peth-Wetz

Weingut

Rheinhessen

Alzeyer Straße 16, 67593 Bermersheim

Tel. *06244-4494,* **Fax:** *06244-4424*

www.weingut-peth-wetz.de

info@weingut-peth-wetz.de

Besuchszeiten: *Mo.-Sa. 9-12 + 13-18 Uhr*

Probierstube (bis 50 Personen)

Inhaber . . . . Familie Peth

Rebfläche . . . . 20 Hektar

Das Bermersheimer Weingut Peth-Wetz wird heute in dritter Generation von Johanna und Hartmut Peth geführt. Sohn Christian ist, nach

Ausbildung bei Keller und Knipser und Praktika in USA, Australien und Chile, für den Keller zuständig. Die Weinberge befinden sich vor allem in Bermersheim und Westhofen. Die wichtigsten Lagen sind Westhofener Rotenstein (sehr kalkhaltig), Bermersheimer Hasenlauf (leichte Lösslehmböden mit hohem Kalkgehalt) und Dalsheimer Bürgel (Terra-Fusca-Böden mit hohem Kalkgehalt), in den letzten Jahren kamen Weinberge in Siefersheim (Heerkretz) hinzu. Es werden Riesling, Müller-Thurgau, Silvaner, Weißburgunder, Huxelrebe, Scheurebe, Chardonnay und andere weiße Sorten angebaut. Aus der Rebsorte Bacchus erzeugt das Weingut immer wieder faszinierende edelsüße Weine. Bei den roten Sorten setzte die Familie Peth in den letzten Jahren verstärkt auf Spätburgunder, hat aber auch Cabernet Sauvignon, Cabernet Franc, Merlot, Petit Verdot und Malbec gepflanzt. Daneben gibt es Dornfelder, Portugieser und St. Laurent. Grundsätzlich werden nur gesunde Trauben verarbeitet. Die Weine werden kühl vergoren und lagern bis Januar auf der Feinhefe, hochwertige Qualitäten bis Februar auf der Vollhefe. Alle Rotweine werden maischevergoren und in großen Holzfässern oder im Barrique ausgebaut.

Vorjahre

In der 2010er Rieslingriege gefiel uns der Wein aus dem Hubacker am besten, er besaß etwas mehr Nachhaltigkeit als seine Kollegen aus Heerkretz und Hasenlauf. Auch die rote Kollektion präsentierte sich vor zwei Jahren geschlossen, im Jahrgang 2009 war der Spätburgunder aus dem Rotenstein unser Favorit, auch der kraftvolle Merlot gefiel uns sehr gut. Die letztjährige Kollektion war ganz stark, angefangen beim feinen Gutsriesling. Die kraftvollen, stoffigen Lagenrieslinge präsentierten sich auf hohem Niveau, wobei wir im Jahrgang 2011 den Heerkretz bevorzugten, gleichauf lag der Hasenlauf-Riesling, der Wein aus dem Hubacker gefiel uns etwas weniger. Rot trumpfte wieder der konzentrierte und reintönige Rotenstein-Spätburgunder auf, aber auch die rote Cuvée aus Cabernet Sauvignon, Merlot, Cabernet Franc, Petit Verdot und Malbec gefiel uns sehr gut.

Neue Kollektion _____

Auch der 2011er Assemblage überzeugt, ist konzentriert, füllig und kraftvoll, besitzt viel reife Frucht, gute Struktur und Substanz, führt eine starke rote Riege an mit einem eindringlichen Petit Verdot, einem zupackenden Merlot, einem fülligen Gundersheimer St. Laurent und dem schon im vergangenen Jahr vorgestellten Spätburgunder Rotenstein, die wir allesamt sehr gut bewertet haben; auch die vorgestellten Weißweine überzeugen, Lagenrieslinge bekamen wir dieses Jahr nicht zu verkosten.

Weinbewertung _____

82	2012 Riesling	**12,5 %/6,80 €**
84	2012 Sauvignon Blanc	**12,5 %/7,50 €**
84	2012 Chardonnay & Weißburgunder	**13 %/6,80 €**
85	2011 „Assemblage" Rotwein	**14 %/7,80 €**
81	2011 Spätburgunder Bermersheim	**13,5 %/17,- €**
83	2011 Saint Laurent Westhofen	**13,5 %/20,- €**
87	2011 Saint Laurent Gundersheim	**13,5 %/20,- €**
88	2011 „Assemblage Reserve" Rotwein **13,5 %/25,- €**	
86	2011 Merlot	**14 %/39,- €**
86	2011 Cabernet Sauvignon	**13,5 %/39,- €**
87	2011 Petit Verdot	**13,5 %/45,- €**

Petri
Weingut

★ ★ ★

Pfalz

Weinstraße 43, 67273 Herxheim am Berg
Tel. *06353-2345,* **Fax:** *06353-4181*
www.weingut-petri.de
weingut-petri@aol.com
Besuchszeiten: *Mo.-Fr. 9-12 + 13:30-18 Uhr,*
Sa. 9-12 + 13:30-17 Uhr
Gutsausschank (mit Pfälzer Spezialitäten)

Inhaber .... Sigrun und Gerd Petri
Rebfläche .... 15 Hektar

Als Gerd Petri das Weingut 1977 von seinem Vater übernahm, wurde noch die komplette Ernte als Fassware vermarktet. Inzwischen wird alles über die Flasche verkauft. Die Weinberge bewirtschaften Sigrun und Gerd Petri nach den Richtlinien des kontrolliert umweltschonenden Weinbaus. Die Weinberge liegen in den Herxheimer Lagen Himmelreich und Honigsack, aber auch im Kallstadter Saumagen. Wichtigste Rebsorte ist der Riesling, der gut 40 Prozent der Weinberge einnimmt. Hinzu kommen vor allem Spätburgunder und Grauburgunder, aber auch Weißburgunder, Chardonnay, St. Laurent und Portugieser. Cabernet Cubin, Merlot und Frühburgunder vervollständigen das Programm. Seine Rotweine baut Gerd Petri alle im Holzfass aus, ebenso wie die meisten Rieslinge. 80 Prozent der Weine sind trocken. Inzwischen ist mit Sohn Maximilian die nächste Generation in den Betrieb eingestiegen.

Vorjahre _____

Gerd Petri will mineralische Rieslinge erzeugen. Schon in der ersten Ausgabe waren wir angenehm überrascht von der klaren Handschrift und der guten Qualität. Und die Preise, die sind nach wie vor sehr moderat. Vor zwei Jahren erfreuten uns vor allem zwei Barrique-Weine von 2009, Chardonnay und Spätburgunder. Die 2011er Weine waren kraftvoll und klar, besaßen Substanz und Charakter, nicht nur die Rieslinge, auch Weißburgunder, Grauburgunder und Chardonnay waren sehr gut. An der Spitze stand die trockene Riesling Spätlese aus dem Saumagen.

Neue Kollektion _____

Sehr gleichmäßig ist nun die neue Kollektion, besticht mit dem gewohnt guten Einstiegsniveau, mit einem feinen Literriesling im Schnäppchenformat. Grauburgunder und im Barrique ausgebauter Chardonnay gefallen uns sehr gut, noch besser aber die trockene Riesling Spätlese aus dem Saumagen, die herrlich klar und zupackend ist, gute Struktur und Frische besitzt. Ebenso hoch haben wir den würzig-duftigen Eiswein bewertet.

P

Die besten deutschen Weinerzeuger und ihre Weine

Weinbewertung

84 2011 Riesling Kabinett trocken Herxheimer Honigsack **12,5 %/ 4,90 €** ☺

83 2012 Riesling trocken Holzfass (1l) **11,5 %/4,70 €** ☺

83 2012 Weißburgunder Kabinett trocken **13 %/5,- €**

84 2012 Riesling Kabinett trocken Kallstadter Saumagen **12,5 %/5,20 €**

87 2012 Riesling Spätlese trocken Kallstadter Saumagen **12,5 %/8,- €** ☺

84 2012 Scheurebe Spätlese trocken Herxheimer Honigsack **13,5 %/6,50 €**

85 2012 Grauburgunder Spätlese trocken **13,5 %/6,80 €**

86 2011 Chardonnay Spätlese trocken Barrique Herxheimer Himmelreich **14 %/9,50 €**

84 2012 Gewürztraminer Spätlese Herxheimer Himmelreich **13,5 %/6,50 €**

87 2012 Riesling Eiswein Herxheimer Honigsack **9,5 %/28,- €**

82 2011 Spätburgunder trocken Holzfass **13 %/6,30 €**

84 2011 Merlot Spätlese trocken Holzfass Herxheimer Honigsack **12,5 %/7,50 €**

84 2011 Spätburgunder Spätlese trocken Barrique Herxheimer Honigsack **12,5 %/9,- €**

P

Pfaffenweiler
Weinhaus

★

Baden

Weinstraße 40, 79292 Pfaffenweiler
Tel. 07664-97960, **Fax:** 07664-979644
www.pfaffenweiler-wein.de
info@pfaffenweiler-wein.de
Besuchszeiten: Mo.-Fr. 8-12 + 13-17 Uhr, Sa. 9-12 Uhr

Geschäftsführer .... Heinrich Stefan Männle
Kellermeister .... Roland Braun
Rebfläche .... 112 Hektar
Mitglieder 270

Wichtigste Rebsorten in den Weinbergen der 270 Pfaffenweiler Genossen sind Gutedel, Spätburgunder und Müller-Thurgau, in den letzten Jahren setzt man verstärkt auf Sauvignon Blanc. Hinzu kommen Weißburgunder und Grauburgunder, aber auch Gewürztraminer. Die Weinberge befinden sich in den Pfaffenweiler Lagen Oberdürrenberg und Batzenberg. Die Spitzenweine, früher als „Primus" bezeichnet, werden heute in der Linie „Sancta Clara" vermarktet.

Vorjahre

Gleich vier Sauvignon Blanc hatte man vor zwei Jahren vorgestellt, alle überzeugten, an der Spitze der dicke, reintönige Eiswein. Sehr homogen präsentierte sich auch die letztjährige Kollektion mit frischen, klaren trockenen Weißweinen und fülligen, schmeichelnden süßen Auslesen von Gewürztraminer und Scheurebe.

Neue Kollektion

Die neue Kollektion ist ein wenig verhaltener, wobei uns wieder ein Sauvignon Blanc am besten gefällt; allerdings ziehen wir den klaren, frischen und zupackenden Bannstein der „Sancta Clara"-Variante vor. ◄

Weinbewertung

79 2012 Grauburgunder Kabinett trocken Pfaffenweiler **13 %/5,20 €**

84 2012 Sauvignon Blanc trocken „Bannstein" Pfaffenweiler **13 %/6,15 €**

79 2012 Pinot Blanc trocken „Bannstein" Pfaffenweiler **13 %/6,15 €**

82 2012 Grauburgunder Spätlese trocken „Sancta Clara" Pfaffenweiler **13 %/7,70 €**

82 2012 Sauvignon Blanc Spätlese trocken „Sancta Clara" Pfaffenweiler **13 %/8,20 €**

81 2012 Weißburgunder Spätlese trocken „Sancta Clara" Pfaffenweiler **13 %/7,70 €**

Karl **Pfaffmann**
Weingut   **Pfalz**

Allmendstraße 1, 76833 Walsheim
Tel. *06341-61856,* **Fax:** *06341-62609*
www.weingut-karl-pfaffmann.de
info@weingut-karl-pfaffmann.de
Besuchszeiten: *Mo.-Fr. 8-12 + 13-18 Uhr, Sa. 9-16 Uhr*

Inhaber .... Helmut und Markus Pfaffmann
Rebfläche .... 60 Hektar

Bei Helmut Pfaffmann und Sohn Markus, der nach seinem Studium in Geisenheim seit 1998 im Betrieb mitarbeitet und für den Keller verantwortlich ist, sind etwa 35 Prozent der Weinberge mit roten Reben bepflanzt, vor allem Dornfelder und Spätburgunder, aber auch Portugieser, Dunkelfelder, Sankt Laurent und Merlot. Wichtigste Weißweinsorte ist Riesling, gefolgt von Weiß- und Grauburgunder, Chardonnay, Müller-Thurgau, Silvaner, Huxelrebe und Gewürztraminer. Die Weinberge befinden sich in Walsheim und Nussdorf.

Vorjahre

Vor zwei Jahren waren die Weine reintönig, klar und süffig, aus einer gleichmäßig guten Kollektion ragte der Riesling aus dem Walsheimer Silberberg hervor, knapp vor dem ebenfalls sehr guten Chardonnay aus der gleichen Lage. Diese beiden Weine waren auch im vergangenen Jahr wieder unsere Favoriten unter den trockenen Weißweinen, die, wie gewohnt, wieder alle sehr klar und reintönig in der Frucht waren. Angeführt wurde das weiße Segment von einem edelsüßen Duo aus Riesling Auslese und Beerenauslese, beide aus dem Silberberg, beide eindringlich und konzentriert, mit herrlich viel klarer, süßer Frucht und Frische. An der Spitze des roten Segments standen zwei neue Weine, der 2009er Pinot Noir „Charlotte" und die 2007er Cuvée „Lara", die hauptsächlich aus Merlot besteht. Beide Weine waren eindringlich mit viel dunkler Frucht und deutlichen Röstnoten und besaßen viel – fast zu viel – Stoff und Wucht.

Neue Kollektion

In diesem Jahr ist die 30 Monate im Barrique ausgebaute 2009er Cuvée „Lara" wieder sehr kraftvoll und stoffig, besitzt Substanz und Konzentration und ist etwas harmonischer als ihre Jahrgangsvorgängerin. Unter den Weißweinen ist wieder die saftige und würzige Riesling Spätlese aus dem Silberberg unser Favorit, neben dem Chardonnay- und Weißburgunder-Spätlesen, die sich – wie alle Burgunder – wieder reintönig, sortentypisch und klar präsentieren. Sehr gut gelungen sind auch die beiden Auslesen aus dem Silberberg, Riesling und Scheurebe besitzen herrlich viel reintönige Frucht, ein lebendiges Säure-Spiel und Eleganz. ◀━

Weinbewertung

84 2012 Sauvignon Blanc trocken **12,5 %/6,70 €**

83 2012 Grauburgunder Kabinett trocken Nußdorfer Bischofskreuz **12,5 %/5,70 €**

87 2012 Weißburgunder Spätlese trocken „Selection" Knöringer Hohenrain **13,5 %/9,- €**

86 2012 Grauburgunder Spätlese trocken Walsheimer Silberberg **13,5 %/7,90 €**

87 2012 Chardonnay Spätlese trocken Walsheimer Silberberg **13,5 %/7,90 €** ☺

86 2012 Riesling Spätlese trocken Nußdorfer Herrenberg **13 %/7,90 €**

87 2012 Riesling Spätlese trocken „Selection" Walsheimer Silberberg **13,5 %/9,- €**

84 2012 Gelber Muskateller Spätlese trocken Walsheimer Silberberg **12,5 %/8,20 €**

88 2012 Scheurebe Auslese Walsheimer Silberberg **7 %/8,20 €/ 0,375l**

88 2012 Riesling Auslese Walsheimer Silberberg **9 %/13,20 €**

88 2009 Cuvée „Lara" Merlot & Cabernet Sauvignon trocken **14 %/21,90 €**

86 2010 Pinot Noir trocken „Charlotte" **14 %/21,90 €**

Theobald **Pfaffmann**

Weingut   **Pfalz**

★

Lindenbergstraße 32 & 36, 76829 Landau-Nußdorf
Tel. 06341-969187, Fax: 06341-969188
www.vinopan.de, info@vinopan.de
Besuchszeiten: Mo.-Fr. 9-19 Uhr, Sa. 8-18 Uhr,
Anmeldung erwünscht; Weinproben (bis 120
Personen); Gästezimmer (1 Doppelzimmer)

Inhaber .... Theobald Pfaffmann
Rebfläche .... 8,1 Hektar

Theobald Pfaffmann wollte seine Weine nicht mehr länger an den Handel abgeben und hat deshalb vor 20 Jahren mit der Selbstvermarktung begonnen. Er baut jeweils zur Hälfte rote und weiße Sorten an. Die Rotweine werden maischevergoren und in Holzfässern, auch Barriques, ausgebaut. Die Weine werden überwiegend trocken ausgebaut.

Vorjahre —————————————

Vor zwei Jahren waren es die beiden „Pan"-Sekte, Rosé und Pinot, die uns in einer homogenen Kollektion am besten gefallen hatten, Merlot und Spätburgunder besaßen Substanz, aber auch viel Holzwürze. Im vergangenen Jahr waren die Weißweine konsequent trocken und puristisch ausgebaut und besaßen Kraft, fielen aber im Mund schnell ab und blieben recht kurz. Gut gelungen waren wieder die beiden „Pan"-Sekte mit klarer Frucht, Frische und Fülle und der kraftvolle 2010er Pinot Noir.

Neue Kollektion —————————————

Solche Spitzen fehlen leider in der Kollektion dieses Jahres, die gewohnt guten Sekte konnten wir dieses Mal nicht verkosten. Einzig Sankt Laurent und Auxerrois ragen aus einer etwas verhaltenen Kollektion heraus, beide mit Kraft, Fülle und Würze. ◀—

Weinbewertung —————————————

82 2012 Sauvignon Blanc trocken Nußdorfer Herrenberg **13 %/8,50 €**
83 2012 Auxerrois trocken Nußdorfer Kaiserberg **13 %/8,50 €**

82 2012 Grauburgunder trocken Nußdorfer Bischofskreuz **13 %/6,50 €**
81 2012 Weißburgunder trocken **13 %/6,50 €**
81 2012 Riesling trocken **12,5 %/7,- €**
82 2011 Riesling trocken Nußdorfer Herrenberg **12 %/10,- €**
83 2011 Sankt Laurent trocken Nußdorfer Herrenberg **13,5 %/8,- €**
80 2011 Spätburgunder trocken Nußdorfer Herrenberg **13 %/8,- €**

Pfannebecker

Weingut   **Rheinhessen**

★★

🍇 *Zum Neusatz 14, 67551 Worms-Pfeddersheim*
Tel. 06247-286, Fax: 06247-905287
burgunderhof@gmx.net
Besuchszeiten: Mo.-Fr. 8-11 + 13-18 Uhr, Sa. 10-16
Uhr und nach Vereinbarung

Inhaber .... Holker & Max Pfannebecker
Rebfläche .... 21 Hektar

Die Weinberge der Pfannebeckers liegen vor allem in Pfeddersheim in den Lagen Kreuzblick (lehmhaltige, schwere Lössböden), Sankt Georgenberg (tiefgründige Löss-Lehmböden) und Hochberg (steinige Löss-Lehmauflagen), aber auch in Wiesoppenheim und Mörstadt. Sortenschwerpunkte sind Riesling und die Burgundersorten sowie Sauvignon Blanc. Seit dem Jahrgang 2004 ist Max Pfannebecker für den Weinausbau verantwortlich, der nach der Winzerlehre beim Weingut Hirschhof in Westhofen und bei Knipser in Laumersheim seine Ausbildung zum Weinbautechniker in Bad Kreuznach beendet hat. 2007 wurde mit der Umstellung auf biologischen Weinbau begonnen, 2010 war der erste zertifizierte Jahrgang.

Vorjahre —————————————

2010 hatten sich die Pfannebeckers, anders als manche andere Winzer in Rheinhessen, gut behauptet, die Weine waren frisch und klar, der Pfeddersheimer Riesling saftig und zupackend. Noch besser aber gefielen uns die 2008er Rotweine mit ihrer Kraft und Struktur. Die letztjährige Kollektion bestätigte den guten Eindruck der letzten Jahre, überzeugte gleichermaßen weiß wie rot. Die beiden Rieslinge aus Hochberg und St. Georgenberg gefielen uns besonders gut, auch der Pfeddersheimer Weißburgunder. Im roten Segment trumpften erneut der Spätburgunder St. Georgenberg und die Cuvée Maximus auf.

Neue Kollektion

Die neue Kollektion präsentiert sich sehr stimmig, die Gutsweine sind schön fruchtbetont, frisch und klar. Durchweg sehr gut sind die Ortsweine, weiß wie rot: Der Weißburgunder ist füllig, kraftvoll und strukturiert, der Grauburgunder besitzt klare reife Frucht und gute Länge wie auch der Chardonnay, der Riesling ist fruchtbetont, kraftvoll und reintönig, der Spätburgunder klar und zupackend, der St. Laurent wunderschön reintönig, besitzt gute Struktur und Substanz. Eine weitere, wenn auch kleine Steigerung bringen die Lagenweine, der würzige, im Bouquet an Limonen erinnernde Riesling Sankt Georgenberg, der füllig, klar und kompakt ist, oder der cremige, füllige Weißburgunder, ebenfalls aus dem Sankt Georgenberg. ◀

Weinbewertung

83 2011 Cuvée Pinot Sekt brut **12,5 %/11,50 €**
81 2008 Rosé Sekt brut **12 %/13,50 €**
82 2012 Weißburgunder **13 %/6,70 €**
83 2012 Grauburgunder **13 %/6,70 €**
83 2012 Riesling „1511" **12,5 %/6,50 €**
84 2012 Sauvignon Blanc **13 %/7,- €**
86 2012 Riesling Pfeddersheimer **12,5 %/10,50 €**
86 2012 Weißburgunder Pfeddersheimer
    13 %/10,50 €
86 2012 Grauburgunder Pfeddersheimer
    13,5 %/10,50 €
85 2012 Chardonnay Pfeddersheimer **13 %/10,50 €**
87 2012 Riesling Sankt Georgenberg **13 %/16,- €**
87 2012 Weißburgunder Sankt Georgenberg

    13 %/21,- €
83 2011 Spätburgunder **13,5 %/7,20 €**
86 2011 Sankt Laurent Pfeddersheimer
    13,5 %/12,50 €
85 2011 Spätburgunder Pfeddersheimer
    13,5 %/12,50 €
87 2009 „Maximus" Rotwein **14 %/14,50 €**

★★★★

Pfeffingen
Weingut Fuhrmann-Eymael   **Pfalz**

Pfeffingen 2, 67098 Bad Dürkheim-Pfeffingen
Tel. 06322-8607, Fax: 06322-8603
www.vdp.de/weingut/pfeffingen oder
www.pfeffingen.de
info@pfeffingen.de
Besuchszeiten: Mo.-Fr. 8-12 + 13-18 Uhr,
Sa. 9-12 + 13-16 Uhr, So. nach Vereinbarung

Inhaber . . . . Familien Fuhrmann-Eymael
Rebfläche . . . . 15 Hektar

Das Weingut Pfeffingen im gleichnamigen Bad Dürkheimer Ortsteil wird heute von Doris Eymael geführt. Dabei wird sie unterstützt von Kellermeister Rainer Gabel und ihrem Sohn Jan, der seit 2003 im Betrieb tätig ist. Die Weinberge liegen alle nicht weit vom Weingut in Ungstein, die besten Lagen sind Herrenberg und Weilberg, desweiteren ist man im Nußriegel vertreten. Wichtigste Rebsorte ist der Riesling, der knapp zwei Drittel der Rebfläche einnimmt. Es folgen Scheurebe (10 Prozent), Weißburgunder, Spätburgunder, Gewürztraminer und Silvaner, sowie ein klein wenig Chardonnay, Cabernet Dorsa und Auxerrois. 30 Prozent der Produktion wird exportiert.

Vorjahre

Seit der ersten Ausgabe empfehlen wir die Weine, und in dieser Zeit ging es stetig voran. Die edelsüßen Scheureben waren immer schon faszinierend, im trockenen Segment

P

Die besten deutschen Weinerzeuger und ihre Weine

haben die Großen Gewächse eine weitere Steigerung gebracht, die Qualitäts- und Kabinettweine sind stets reintönig und fruchtbetont. Vor zwei Jahren standen ein feinfruchtiger Riesling-Sekt und zwei Große Gewächse aus dem Weilberg an der Spitze der insgesamt sehr guten Kollektion. Im vergangenen Jahr führten drei große Gewächse und eine Beerenauslese von der Scheurebe eine wieder sehr gelungene Kollektion an.

Neue Kollektion

2012 bringt klare, zupackende Ortsweine, am besten gefallen uns der würzige, kraftvolle Kalkstein-Riesling und der fruchtbetonte, zupackende Terra Rossa-Riesling. Die Scheurebe Spätlese ist frisch, komplex und zupackend, die trockene Scheurebe SP enorm konzentriert, aber völlig verschlossen. An der Spitze stehen einmal mehr die Großen Gewächse, der kraftvolle, komplexe Weißburgunder aus dem Herrenberg und die beiden Rieslinge, die beide konzentriert und klar, kraftvoll und zupackend sind, der Wein aus dem Herrenberg ist ein klein wenig nachhaltiger als der aus dem Weilberg. ◀━

Weinbewertung

85 2012 Scheurebe trocken Ungstein **12,5 %/11,- €**
85 2012 Riesling trocken Ungstein **12,5 %/9,- €**
87 2012 Riesling trocken „Kalkstein" Ungsteiner
    13 %/12,50 €
87 2012 Riesling trocken „Terra Rossa" Ungsteiner
    13 %/12,50 €
86 2012 Scheurebe „SP" trocken **13 %/17,- €**
84 2012 Gewürztraminer trocken Ungstein
    13 %/11,- €
89 2012 Riesling „GG" Weilberg **13 %/24,- €**
90 2012 Riesling „GG" Herrenberg **14 %/24,- €**
89 2012 Weißburgunder „GG" Herrenberg
    13 %/20,- €
87 2012 Scheurebe Spätlese Ungstein **11,5 %/10,- €**

★★★
Pfirmann
Weingut   **Pfalz**

Wollmersheimer Hauptstraße 84,
76829 Landau-Wollmesheim
Tel. *06341-32584,* **Fax:** *06341-930066*
www.weingut-pfirmann.de
info@weingut-pfirmann.de
Besuchszeiten: *Fr. + Sa. 9-18 Uhr und nach*
Vereinbarung
Weinproben (bis 25 Personen), im Sommer auch im
Kelterhaus (bis 60 Personen)

Inhaber . . . . Jürgen Pfirmann
Rebfläche . . . . 13,5 Hektar

Das Weingut Pfirmann wird herrlich eindringliche in fünfter Generation von Jürgen Pfirmann geführt, der bereits seit dem Abschluss seiner Ausbildung zum Weinbautechniker im Jahr 2001 für den Ausbau der Weine verantwortlich ist. Die Weinberge befinden sich in den Lagen Wollmesheimer Mütterle, Mörzheimer Pfaffenberg, Leinsweiler Sonnenberg und Ilbesheimer Kalmit. Wichtigste Rebsorte ist Riesling, gefolgt von Spätburgunder, Weiß- und Grauburgunder, Dornfelder, Chardonnay und Silvaner. Auch Merlot und Cabernet Sauvignon werden angebaut. Die Weißweine werden in Edelstahltanks ausgebaut und bleiben bis zur Abfüllung teils auf der Vollhefe, teils auf der Feinhefe. Die Rotweine werden maischevergoren und in kleinen oder großen Holzfässern ausgebaut. Das Programm ist gegliedert in Gutsweine, Terroirweine und Lagenweine.

Vorjahre

Vor zwei Jahren stand der Weißburgunder aus der neuen Einzellage Ilbesheimer Kalmit an der Spitze der Kollektion, knapp vor dem enorm mineralischen Riesling Sonnenberg, dem klaren, eindringlichen Spätburgunder Mütterle und einem ebenfalls sehr guten, saftigen und cremigen Sauvignon Blanc. Im letzten Jahr präsentierte sich die starke Kollektion wieder gleichmäßig gut, alle Weine besaßen sehr klare, reintönige Frucht. Der Spätburgunder aus dem Mütterle wurde 2010 wegen Hagelschäden nicht produziert, aber die beiden anderen Spitzen der Vorjahre, Riesling Sonnenberg und Weißburgunder Kalmit, überzeugten auch im vergangenen Jahr mit Kraft, Stoff und viel nachhaltiger Mineralität, die beiden Rieslinge aus dem Mütterle standen ihnen kaum nach.

Neue Kollektion

Mit dem 2012er Jahrgang hat die Kollektion an Profil gewonnen, die beiden neuen Terroirweine vom Landschneckenkalk – Weißburgunder und Riesling – sind kompromissloser, präziser und mineralischer als die Weine vom Kalkmergel. Neben dem wieder sehr guten, kraftvollen Weißburgunder aus dem Kalmit und dem saftigen, etwas zu süßen Mütterle-Riesling ist der nachhaltige und würzige Riesling aus dem Sonnenberg und der eindringliche, knochentrockene „R"-Riesling aus dem Mütterle mit perfektem Holzeinsatz unsere Favoriten diesen Jahres.

Weinbewertung

85 2012 Gelber Muskateller trocken **12,5 %/6,70 €**
86 2012 Weißburgunder trocken „Kalkmergel"
    13,5 %/7,10 €
86 2012 Weißburgunder trocken „Landschneckenkalk" **14 %/7,10 €**
85 2012 Grauburgunder trocken „Kalkmergel"
    13,5 %/7,10 €
85 2012 Riesling trocken „Buntsandstein"
    13 %/7,10 €
86 2012 Riesling trocken „Kalkmergel" **13 %/7,10 €**
86 2012 Riesling trocken „Landschneckenkalk"
    13 %/7,10 €
87 2012 Weißburgunder trocken Ilbesheimer Kalmit **14 %/10,80 €**
88 2012 Riesling trocken Leinsweiler Sonnenberg
    13 %/10,80 €
87 2012 Riesling trocken Wollmesheimer Mütterle **13 %/10,80 €**
88 2012 Riesling „R" trocken Wollmesheimer Mütterle **13,5 %/11,80 €**
86 2011 Spätburgunder trocken Wollmesheimer Mütterle **13,5 %/13,80 €**

Jakob **Pfleger**
Weingut   **Pfalz**

Weinstraße 38, 67273 Herxheim am Berg
Tel. 06353-7465, Fax: 06353-6850
www.weingut-jakob-pfleger.de
weingutjpfleger@t-online.de
Besuchszeiten: Mo.-Fr. 9-12 + 13-18 Uhr,
Sa. 9-16 Uhr nach Vereinbarung

Inhaber............................Roland Pfleger
Rebfläche.............................5,5 Hektar

Seit dem 17. Jahrhundert betreibt die Familie Weinbau in der Pfalz. Namensgeber war Jakob Pfleger, der Großvater des heutigen Besitzers Roland Pfleger. Roland Pfleger hatte einige Jahre in den Vereinigten Staaten gearbeitet. Nach seiner Rückkehr in die Pfalz führte er einige Änderungen ein. So gehört er zu den Pionieren des Barriqueausbaus in der Pfalz, bereits 1984 erzeugte er seine ersten Barriqueweine. Desweiteren pflanzte er Chardonnay im Felsenberg, weitere französische Rebsorten wie Sauvignon Blanc und Viognier folgten später. Seine Weinberge liegen vor allem im Herxheimer Honigsack, aber auch im Herxheimer Kirchenstück (tiefgründige Löss-Lehmböden mit tertiärem Kalk) und Kallstadter Steinacker (Kalksteinverwitterungsböden mit Löss und sandigem Lehm). Innerhalb der Lage Honigsack kann man drei unterschiedliche Teillagen unterscheiden: „Felsenberg" (Muschelkalk mit fossilen Einschlüssen), „Am Berg" (Kalksteinverwitterungsboden mit Löss-Lehm) und „Sommerseite", ein teils terrassierter Südhang aus tiefgründigem Löss-Lehm mit Kalk. Bei den weißen Sorten dominiert der Riesling, dazu gibt es Chardonnay, Grauburgunder, Weißburgunder, Sauvignon Blanc und Viognier. An Rotweinsorten baut er vor allem Spätburgunder an, aber auch Dornfelder, Merlot, Cabernet Sauvignon und Cabernet Franc. Das Gros seiner Weine baut er trocken aus.

P

Die besten deutschen Weinerzeuger und ihre Weine

Pflüger

Weingut **Pfalz**

📍 Gutleustraße 48, 67098 Bad Dürkheim
Tel. 06322-63148, **Fax:** 06322-66043
www.weingut-pflueger.de
info@pflueger-wein.de
Besuchszeiten: Mo.-Fr. 9-12 + 14-18 Uhr, Sa. 9-17 Uhr

Inhaber .... Familie Pflüger
Rebfläche .... 19,5 Hektar

Vorjahre _____

Seit der ersten Ausgabe empfehlen wir die Weine von Roland Pfleger, schon damals lobten wir, wie gekonnt er mit dem Barrique umgeht. Vor zwei Jahren überzeugte die weiße Kollektion, der Chardonnay gefiel uns sehr gut wie immer, gleichauf sahen wir den Pinot Blanc und den Sekt vom Jahrgang 2007. Bei den Rotweinen war der Pinot Noir unser Favorit, dicht gefolgt von Cuvée Laura und Claret (2008). An der Spitze der weißen Kollektion lag im vergangenen Jahr einmal mehr der Chardonnay Curator, Jahrgang 2010, aber auch die 2011er Weißweine überzeugten. Die 2011er Rotweine präsentierten sich fruchtbetont und saftig, der 2010er Pinot Noir war elegant.

Neue Kollektion _____

2012 überzeugen die drei Rieslinge, angefangen vom feinen, zupackenden Literwein über den reintönigen Kabinett aus dem Steinacker bis hin zur trockenen Spätlese, die gute Konzentration und herrlich viel Frucht besitzt, Fülle und Kraft; auch der reintönige Sauvignon Blanc gefällt uns sehr gut. Merlot und Spätburgunder sind fruchtbetont und klar, die Cuvée Laura, ebenfalls ein Merlot, zeigt reife Frucht und gute Struktur, ist komplex und frisch, harmonisch und lang. ◀

Weinbewertung _____

83	2008 Pinot „Blanc de Noir" Sekt brut **13%/10,40€**	
83	2012 Riesling Kabinett trocken (1l) **12%/5,50€**	
86	2012 Riesling Kabinett trocken Kallstadter Steinacker **12%/6,-€** 😊	
86	2012 Sauvignon Blanc Spätlese trocken „Am Berg" Herxheimer Honigsack **13%/8,50€**	
84	2012 Chardonnay Kabinett trocken Herxheimer Honigsack **12,5%/6,50€**	
88	2012 Riesling Spätlese trocken „Am Berg" Herxheimer Honigsack **13%/9,20€** 😊	
85	2012 Spätburgunder Spätlese Herxheimer Honigsack **13,5%/9,20€**	
86	2012 Merlot Spätlese Herxheimer Kirchenstück **14%/9,50€**	
90	2011 „Cuvée Laura" Merlot „Edition Curator" **13,5%/16,90€**	

Im Jahr 2007 ist Alexander Pflüger nach seinem Diplom zum Ingenieur für Weinbau und Oenologie im väterlichen Weingut eingestiegen, im Jahr 2010 hat er zusammen mit seiner Frau Aline die Verantwortung im Weingut übernommen. Das Weingut arbeitet seit über 20 Jahren biologisch und biodynamisch, ist Mitglied bei Ecovin und Demeter. 2011 wurde Alexander Pflüger ins Talente-Programm des VDP Pfalz aufgenommen. Die Weinberge liegen in den Dürkheimer Lagen Michelsberg, Herrenberg, Spielberg und Fronhof. 60 Prozent der Fläche ist mit weißen Rebsorten bestockt, es dominiert mit 60 Prozent der Riesling, gefolgt von 15 Prozent Burgundersorten. Beim Rotwein sind es 50 Prozent Burgundersorten.

Vorjahre _____

Die Guts- und Ortsweine waren frisch und klar, der Lagenriesling kraftvoll, der St. Laurent zeigte feine Kirschnoten – eine überzeugende Kollektion präsentierte Alexander Pflüger zum Debüt im vergangenen Jahr. ◀

Kollektion _____

Die neue Kollektion nun ist nochmals deutlich stärker, die Weine zeigen eine klare Handschrift, besitzen Kraft und Charakter. Der Riesling vom Buntsandstein ist frisch, klar und zupackend, der Dürkheimer Riesling, sehr ähnlich, ein klein wenig kraftvoller. Klares Highlight im weißen Segment ist der Michelsberg-Riesling, der gute Konzentration im Bouquet zeigt, herrlich viel Frucht, gelbe Früchte, sich füllig und kraftvoll im Mund präsentiert, gute Struktur besitzt, Frische und Länge. Die beiden Rotweine sind noch von jugendlichen, ein klein wenig bitteren Tanninen geprägt, besitzen aber viel Potenzial. Der Spätburgunder aus dem Fronhof ist faszinierend reintönig und kraftvoll, besitzt gute Struktur und Frische. Die Alte Reben-Cuvée – Merlot und Cabernet Sauvignon – zeigt gute Konzentration im Bouquet, rote und dunkle Früchte, etwas Cassis, ist klar und kraftvoll im Mund, zupackend, besitzt ebenfalls gute Struktur, Frische und jugendliche Tannine. Wir freuen uns auf die kommenden Jahre!

Weinbewertung

84   2012 Riesling trocken „Buntsandstein" **12%/7,- €**
85   2012 Riesling trocken Dürkheimer **12,5%/8,- €**
84   2012 Weißburgunder trocken Friedelsheimer **13%/9,- €**
88   2012 Riesling trocken Dürkheimer Michelsberg **12,5%/13,50 €**
86   2011 Spätburgunder „R" trocken Fronhof **14%/17,- €**
86   2011 „Alte Reben" Rotwein trocken **14,5%/17,- €**

Kloster **Pforta** ⭐
Landesweingut   **Saale-Unstrut**

Saalhäuser, 06628 Bad Kösen
Tel. *034463-300-0,* **Fax:** *034463-300-35*
www.kloster-pforta.de
service@kloster-pforta.de
Besuchszeiten: *Verkaufsstelle Schulpforte täglich von 10-18 Uhr*

Inhaber.................Land Sachsen-Anhalt
Betriebsleiter.................Christian S. Kloss
Rebfläche.............................55 Hektar

Das Zisterzienser-Kloster Pforta wurde 1137 gegründet, mit dieser Gründung begann der Weinbau in der Region. Bereits Mitte des 12. Jahrhunderts wurde der zwischen Bad Kösen und Schulpforte gelegene Köppelberg von Mönchen mit Reben bepflanzt (urkundlich belegt erstmals 1154). Das heutige Landesweingut Kloster Pforta, 1993 vom Land Sachsen-Anhalt gegründet, ist heute Besitzer dieser Reben am Köppelberg. Es ist ein Muster- und Demonstrationsweingut, das den bestehenden und künftigen Weinbau an Saale und Unstrut fördern will. Neben dem Köppelberg (Muschelkalk), einer teilweise verpachteten Monopollage, besitzt man die Monopollagen Saalhäuser (Muschelkalk), und Gosecker Dechantenberg (roter Buntsandstein), ist darüber hinaus vertreten im Naumburger Paradies (tiefgründige Lösslehmböden), Großjenaer Blütengrund (Lösslehm- und Gesteinsböden) und Freyburger Schweigenberg (Muschelkalk). Bei den weißen Rebsorten dominieren Weißburgunder, Müller-Thurgau, Silvaner, Riesling, Morio-Muskat, Traminer und Gutedel, zuletzt hat man Blauen Silvaner, Weißen Heunisch und Elbling gepflanzt. An roten Sorten gibt es die traditionellen Portugieser und Spätburgunder, dazu André und recht viel Zweigelt. Die Weinberge im Köppelberg sind auf ökologische Bewirtschaftung umgestellt und zur Zertifizierung angemeldet. Das Programm ist gegliedert in Gutsweine (bronze), Lagenweine (silber) und Klosteredition (gold).

Vorjahre

Sehr ausgeglichen präsentierte sich die Kollektion vor zwei Jahren mit klaren, frischen Weißweinen des Jahrgangs 2010 – und einmal mehr mit einem sehr guten Sekt. Die letztjährige Kollektion war sehr gleichmäßig, weiß wie rot, am besten gefielen uns der Silvaner aus dem Dechantenberg und der Zweigelt von alten Reben.

Neue Kollektion

Schön gleichmäßig präsentiert sich die neue Kollektion, angeführt von einem duftigen Riesling Eiswein. Im trockenen Segment ge-

P
Die besten deutschen Weinerzeuger und ihre Weine

fallen uns der strukturierte, geradlinige Grauburgunder aus dem Köppelberg, zur Hälfte im Barrique ausgebaut, und der zupackende, spontanvergorene Silvaner aus dem Dechantenberg am besten. ◀━

Weinbewertung

82 2011 Weißer Elbling Sekt extra trocken
    11,5 %/12,50 €

81 2012 Weißburgunder trocken **13 %/9,- €**

81 2012 Roter Traminer trocken **13,5 %/9,50 €**

84 2012 Grauburgunder trocken Pfortenser Köppelberg **14 %/11,90 €**

83 2012 Grüner Silvaner trocken Gosecker Dechantenberg **12,5 %/12,90 €**

85 2012 Weißer Riesling Eiswein Pfortenser Köppelberg **7,5 %/49,- €/0,375l**

★★★
Philipps-Eckstein
Weingut   **Mosel**

Panoramastraße 11, 54470 Graach-Schäferei
Tel. *06531-6542,* **Fax:** *06531-4593*
www.weingut-philipps-eckstein.de
info@weingut-philipps-eckstein.de
Besuchszeiten: *täglich 12:30-22 Uhr*
Gästehaus, Winzerwirtschaft (60 Sitzplätze)

Inhaber .... Patrick und Michaela Philipps
Rebfläche .... 5 Hektar

Patrick Philipps ist Bürokaufmann und als Quereinsteiger Winzer geworden. Riesling nimmt 93 Prozent seiner Weinberge ein, dazu gibt es etwas Weißburgunder, Spätburgunder und Dornfelder. Die Weinberge befinden sich in den Graacher Lagen Domprobst und Himmelreich, im Bernkasteler Johannisbrünnchen und im Zeltinger Himmelreich. Patrick Philipps baut die Weine eher modern aus, mit kühler Gärung, im Stahltank und mit Verzicht auf Süßreserve.

Vorjahre

Sehr konsistent präsentierte sich der Jahrgang 2010, überzeugte mit frischen, fruchtbe-

tonten Weinen, trocken wie süß. 2011 waren die Weine frisch und fruchtbetont, klar und zupackend, aber etwas weniger brillant als 2010, die Vorteile lagen im restsüßen Segment.

Neue Kollektion

2012 sind die Unterschiede noch deutlicher: Die trockenen und feinherben Weine sind klar und geradlinig, die süßen Spätlesen füllig und harmonisch, so richtig spannend aber wird es erst bei den beiden Auslesen und dem Eiswein: Die Auslesen sind konzentriert, klar und schmeichelnd, der Eiswein konzentriert, dick und enorm süß. ◀━

Weinbewertung

81 2012 Riesling Kabinett trocken Graacher Domprobst **12 %/7,90 €**

81 2012 Riesling Spätlese trocken Graacher Domprobst **12,5 %/9,- €**

82 2012 Riesling Spätlese trocken „Alte Reben" Graacher Domprobst **12,5 %/9,50 €**

81 2012 Riesling Spätlese halbtrocken Graacher Domprobst **11,5 %/10,- €**

81 2012 Riesling Kabinett „feinherb" Graacher Domprobst **11 %/7,90 €**

82 2012 Riesling Spätlese „feinherb" Graacher Domprobst **11,5 %/9,50 €**

83 2012 Riesling Kabinett „Alte Reben" Graacher Domprobst **8 %/7,90 €**

84 2012 Riesling Spätlese „Laurine" Graacher Domprobst **8 %/9,- €**

84 2012 Riesling Spätlese „Gehr" Graacher Domprobst **8 %/10,- €**

84 2012 Riesling Spätlese „Alte Reben" Graacher Domprobst **8 %/11,80 €**

87 2012 Riesling Auslese** Graacher Dompropst **8 %/15,- €**

87 2012 Riesling Auslese „Alte Reben" Graacher Dompropst **8 %/18,50 €**

88 2012 Riesling Eiswein Graacher Himmelreich **7 %/38,- €**

Philipps-Mühle
★★

Weingut
Mittelrhein

Gründelbach 49, 56329 St. Goar
Tel. 06741-1606, *Fax*: 06741-981838
www.philipps-muehle.de
thomas@philipps-muehle.de
Besuchszeiten: täglich von 9-18 Uhr oder nach
Vereinbarung
Winzerschenke, Vinothek & WeinCafé an der Loreley
Winzerschenke, Vinothek
Vinothek an der Loreley, täglich 10-18 Uhr

Inhaber............Thomas und Martin Philipps
Rebfläche...........................3,7 Hektar

Die beiden Jungwinzer Martin und Thomas Philipps rücken den Weinbau mehr und mehr in den Mittelpunkt der alten Getreidemühle und Winzerschenke. Thomas Philipps studierte Önologie, sein Bruder Martin machte eine Winzerlehre. Sie haben die Rebfläche von 0,3 Hektar auf heute drei Hektar erweitert und möchten weitere Brachflächen rekultivieren. Sie bauen 90 Prozent Riesling und 10 Prozent Müller-Thurgau an. Das Sortiment ist in drei Linien gegliedert: Das Basissegment „Steilhang", das Mittelsegment mit den Weinen der Großlage St. Goarer Burg Rheinfels und das Premiumsegment mit den Weinen aus den St. Goarer Einzellagen Frohwingert und Ameisenberg.

Vorjahre

2010 war das Bild stimmig: Die Weine gerieten präzise und klar, der Frohwingert-Riesling wirkte noch jugendlich und verschlossen. Auch in diesem schwierigen Jahrgang konnten sich die Philipps-Brüder gut behaupten. Der Jahrgang 2011 gefiel deswegen so gut, weil schon die Basisweine sehr präzise und geradlinig waren. Der Müller-Thurgau wirkte erfrischend und besaß wenig Alkohol. Animierend und nach getrockneten Äpfeln duftend zeigte sich der süße, aber keineswegs zu süße Riesling aus dem Ameisenberg.

Neue Kollektion

Im neuen Jahrgang beweisen die Philipps nicht zum ersten Mal, dass man aus Müller-Thurgau einen geradlinigen, fast rassigen Wein vinifizieren kann. Auch die Rieslinge besitzen eine wunderschöne Präzision, vom knackigen, erfreulich trockenen „Steilhang"-Wein bis zum vibrierenden, bestens balancierten süßen Vertreter aus dem Ameisenberg. Ein klarer Schritt in die richtige Richtung! ◄━

Weinbewertung

85 2012 Müller-Thurgau trocken „Steilhang"
    11,5 %/6,50 €
84 2012 Riesling trocken „Steilhang" **11,5 %/6,50 €**
83 2012 Riesling trocken St. Goarer Burg Rheinfels **12,5 %/9,50 €**
86 2012 Riesling trocken St. Goarer Frohwingert
    13 %/14,50 €
82 2012 Riesling halbtrocken „Steilhang"
    10,5 %/6,50 €
86 2012 Riesling St. Goarer Ameisenberg
    9,5 %/14,50 €

Pix
★★★

Weingut
Baden

⚑ Eisenbahnstraße 19, 79241 Ihringen
Tel. 07668-879, *Fax*: 07668-902678
www.weingut-pix.de
info@weingut-pix.de
Besuchszeiten: immer, nach tel. Voranmeldung

Inhaber................Helga und Reinhold Pix
Rebfläche..............................6 Hektar

Die Weinberge, sowie 10 Hektar Acker und Wiesen werden von Helga und Reinhold Pix seit 1984 nach den Bioland-Richtlinien bewirtschaftet. Daneben gab es im Betrieb auch Landwirtschaft und Viehhaltung mit Hinterwälder-Rindern, beides wurde aber wegen eines Arbeitsunfalls im Frühjahr 2005

P

Die besten deutschen Weinerzeuger und ihre Weine

aufgegeben. Seither konzentrieren sich Helga und Reinhold Pix voll auf den Weinbau. Spezialität des Weinguts sind die Burgundersorten, aber auch Silvaner. Dazu gibt es einen Gewürztraminer von alten Reben. Und der gebürtige Stuttgarter Reinhold Pix hat auch etwas Lemberger gepflanzt, inzwischen auch Cabernet. Alle Weine werden durchgegoren ausgebaut, die Rotweine bleiben mindestens ein Jahr im Barrique.

Vorjahre ___

Schon in der ersten Ausgabe haben wir die Weine von Helga und Reinhold Pix empfohlen, diese Empfehlung gilt nach wie vor ohne jede Einschränkung. Die Qualität der Basisweine ist immer wieder erstaunlich hoch, Enttäuschungen erlebt man nicht. Immer wieder aber gibt es Überraschungen mit weißen wie roten Spitzen – nicht nur bei Spät-, Grau- und Weißburgunder, auch bei Sorten wie Silvaner und Gewürztraminer – oder Weinen mit besonders attraktivem Preis-Leistungs-Verhältnis. Mit dem Jahrgang 2008 wurde die Ausstattung verändert, Restzucker und Säure findet man seither auf dem Etikett. Die 2010er Weißweine präsentierten sich geschlossen auf gutem und sehr gutem Niveau, unsere leichte Präferenz galt dem Chardonnay; noch etwas besser gefiel uns der 2009er Crémant. Im roten Segment war die 18 Monate im Barrique ausgebaute Cuvée aus Cabernet, Lemberger und Spätburgunder unser Favorit. Die 2011er Weißweine waren stark und überzeugten, vor allem die Grauburgunder bereiteten Freude.

Neue Kollektion ___

Nur Weißweine wurden in diesem Jahr vorgestellt, darunter drei Spätlesen aus dem Jahrgang 2011. Die Kollektion bietet wie gewohnt eigenständige Weine – und hohes Einstiegsniveau. Die Kabinettweine sind klar und zupackend, egal ob Riesling oder Silvaner, Grauburgunder oder Weißburgunder, letzterer gefällt uns 2012 besonders gut, besitzt reintönige Frucht und gute Struktur. Der Gewürztraminer gehört wie seit vielen Jahren

zu den interessantesten Vertretern seiner Rebsorte, der Silvaner besitzt reintönige Frucht und gute Struktur, noch besser aber gefällt uns der Chardonnay, der kraftvoll und füllig ist, viel reife Frucht, gute Struktur und Substanz besitzt. Eine starke, gleichmäßige Kollektion auf hohem Niveau. ◄

Weinbewertung ___

85   2012 Grüner Silvaner Kabinett   13 %/7,50 €
86   2012 Weißburgunder Kabinett   13 %/8,- €
85   2012 Riesling Kabinett   12 %/7,- €
85   2012 Grauburgunder Kabinett   13 %/8,50 €
87   2011 Silvaner Spätlese   13 %/12,- €
85   2011 Weißburgunder Spätlese   13,5 %/13,- €
88   2011 Chardonnay Spätlese   13,5 %/13,50 €
86   2012 Gewürztraminer Spätlese   14 %/12,50 €

★★

Plag
Weingut   **Baden**

Leiberger Weg 1, 75057 Kürnbach
Tel. *07258-234,* **Fax:** *07258-9269561*
www.weingut-plag.de
info@weingut-plag.de
Besuchszeiten: *Mi. + Fr. 14-18 Uhr, Sa. 9-16 Uhr und nach Vereinbarung*
Besenwirtschaft „Plag's Weinstube" (3 x im Jahr eine Woche)

Inhaber .... Philipp Plag
Rebfläche .... 8,5 Hektar

Reinhold Plag, der Urgroßvater des heutigen Besitzers, trat 1982 aus der Genossenschaft aus und begann mit der Selbstvermarktung. Sohn Werner Plag baute den Betrieb aus, heute führt dessen Sohn Philipp das Gut. 70 Prozent der Rebfläche nehmen rote Rebsorten ein. Schwarzriesling ist die wichtigste Rebsorte im Betrieb, gefolgt von Pinot Noir, Lemberger, Riesling und Weißburgunder. Dazu gibt es etwas Müller-Thurgau, Gewürztraminer, Dunkelfelder, Cabernet Dorsa und Samtrot. Die Weine werden seit 2006 in den drei Linien Gutsweine, Premiumweine und Excellance vermarktet.

Vorjahre

Vor zwei Jahren überzeugte die Kollektion, die 2010er Weißweine waren frisch und klar, der barriqueausgebaute Weißburgunder besaß Struktur und Kraft. Highlights der Kollektion aber waren einmal mehr die beiden roten Barriqueweine, wobei uns der Lemberger noch ein klein wenig besser gefiel als der Pinot Noir. Im vergangenen Jahr bereiteten die Rotweine viel Freude, sie waren fruchtbetont und klar; auch die Weißweine zeigten durchweg gutes Niveau.

Neue Kollektion

Sehr gleichmäßig präsentiert sich nun auch die neue Kollektion, weiß wie rot, hat aber ihre Spitzen wie gewohnt im roten Segment, wo zwei sehr gute, reintönige, zupackende Premium-Lemberger angenehm überraschen, auch der geradlinige Premium-Spätburgunder macht eine gute Figur. Angeführt wird die Kollektion wie gewohnt von den Barriqueweinen, wie der fülligen, konzentrierten Cuvée Rouge mit ihren eigenwilligen Gewürznoten oder dem fülligen Pinot Noir mit seiner reifen, klaren Frucht. Unser Favorit ist der im Bouquet von deutlichen Vanillenoten geprägte Lemberger, der Fülle und Kraft besitzt, gute Struktur und reife Frucht. ◀━

Weinbewertung

84 2012 Riesling trocken „Premium" 12,5 %/5,80 €
83 2012 Weißburgunder trocken „Premium" 13 %/6,20 €
82 2012 Gewürztraminer „Premium" 12 %/6,80 €
80 2011 Schwarzriesling trocken „Premium" 13,5 %/7,50 €
85 2011 Lemberger trocken „Premium" 13,5 %/7,50 €
84 2011 Spätburgunder trocken „Premium S" 13,5 %/9,50 €
86 2011 Lemberger trocken „Premium S" 13,5 %/9,50 €
82 2011 Merlot trocken „Premium" 14 %/12,50 €
83 2011 „Red" Syrah Cabernet Merlot trocken 13,5 %/14,50 €
87 2011 Pinot Noir trocken „Excellance" 13,5%/16,-€

88 2011 Lemberger trocken „Excellance" 13,5 %/16,- €
87 2011 „Cuvée Rouge" Rotwein trocken „Excellance" 13,5 %/17,50 €

Karl O. **Pohl**
Weingut   **Mosel**

Weingut Karl O. Pohl GbR, Uferallee/Reitzengang 9, 54470 Bernkastel-Wehlen
***Tel.** 06531-8372, **Fax:** 06531-1792*
www.weinpohl.de
info@weinpohl.de
***Besuchszeiten:** täglich 9-20 Uhr*
Gutsweinstube (Mai-Oktober, Mi.-Sa. ab 17 Uhr, So. ab 11 Uhr und nach Vereinbarung)

Inhaber............................Familie Pohl
Rebfläche...............................2 Hektar

Dieses kleine Wehlener Weingut befindet sich seit 400 Jahren in Familienbesitz. Die Weinberge liegen in der Wehlener Sonnenuhr sowie in den Graacher Lagen Himmelreich und Domprobst. Es wird ausschließlich Riesling angebaut, alle Weine werden im Edelstahl ausgebaut.

Vorjahre

2010 wurden nur süße Spät- und Auslesen vorgestellt, die sich recht schlank und zugänglich präsentierten. 2011 waren die Weine frisch, schlank und säurebetont, alle sehr ähnlich, man konnte sie nur schwerlich voneinander unterscheiden.

Jahrgang 2011

Der Jahrgang 2011 ist mengenmäßig sehr klein ausgefallen, qualitativ sehr gleichmäßig, bietet aber mit der feinherben Auslese aus der Sonnenuhr einen herausragenden Wein: Sie ist füllig und schmeichelnd, besitzt herrlich viel Frucht, Substanz und Frische. ◀━

Weinbewertung

81 2012 Riesling Spätlese trocken Graacher Him-

Die besten deutschen Weinerzeuger und ihre Weine

melreich   **12 %/7,80 €**

81   2012 Riesling Spätlese halbtrocken Wehlener Sonnenuhr   **12,5 %/9,- €**

83   2012 Riesling Spätlese „feinherb" Graacher Himmelreich   **11,5 %/8,- €**

81   2012 Riesling Spätlese „feinherb" Graacher Domprobst   **11 %/10,- €**

86   2012 Riesling Auslese „feinherb" Wehlener Sonnenuhr   **12 %/12,- €**

★★

Ernst **Popp**
Weingut
Franken

Rödelseer Straße 14, 97343 Iphofen
Tel. *06723-3371,* **Fax:** *06723-5781*
www.weingut-popp.de
info@weingut.popp.de
Besuchszeiten: *Mo.-Sa. 8-18 Uhr, So. 10-12:30 Uhr und nach Vereinbarung*

Inhaber..............................Familie Popp
Kellermeister.........................Ernst Popp
Außenbetrieb........................Georg Giel
Rebfläche.............................32 Hektar

Das 1878 am Marktplatz von Iphofen gegründete Weingut hat seinen Sitz seit 1959 am Fuß des Kronsbergs. Seit dem Tod von Ernst Popp wird es von seiner Witwe Maria Popp geführt, unterstützt von den Söhnen Ernst und Johannes. Ihre Weinberge liegen in Iphofen in den Lagen Julius-Echter-Berg, Kronsberg, Kalb und Burgweg, sowie in den Rödelseer Lagen Küchenmeister und Schwanleite. Wichtigste Rebsorte ist Silvaner. Es folgen Riesling, Müller-Thurgau, Bacchus, Kerner, Scheurebe und Weißburgunder. Zuletzt wurde mehr Riesling, Silvaner und Grauburgunder gepflanzt.

Vorjahre _____

Die 2010er Weißweine behaupteten sich gut, waren frisch und klar bei guter Fülle. Die Highlights im Programm stammten aber vor zwei Jahren aus dem Jahrgang 2009: Zwei di-

cke Eisweine und der kraftvolle, reintönige Spätburgunder „R". Sehr gleichmäßig präsentierte sich die letztjährige Kollektion, bot üppige Weißweine und einen feinen unfiltriert abgefüllten Frühburgunder.

Neue Kollektion _____

Sehr geschlossen präsentiert sich nun auch der Jahrgang 2012 mit saftigen, fülligen Weißweinen, allen voran die Riege von drei trockenen Silvaner Spätlesen aus Julius-Echter-Berg und Kalb, alle üppig und mit viel reifer, reintöniger Frucht. ◀

Weinbewertung _____

84   2012 Silvaner Kabinett trocken Rödelseer Küchenmeister   **13 %/7,30 €**

84   2012 Silvaner Kabinett trocken Iphöfer Julius-Echter-Berg   **13 %/7,90 €**

83   2012 Weißburgunder Kabinett trocken Iphöfer Kronsberg   **13,5 %/8,- €**

86   2012 Silvaner Spätlese trocken Iphöfer Kalb   **14 %/12,50 €**

86   2012 Silvaner Spätlese trocken Nr. 23/13 Iphöfer Julius-Echter-Berg   **14 %/15,50 €**

85   2012 Silvaner Spätlese trocken Nr. 26/13 Iphöfer Julius-Echter-Berg   **14 %/13,- €**

84   2012 Riesling Spätlese trocken Iphöfer Julius-Echter-Berg   **13 %/14,- €**

★★☆

Porzelt
Weingut
Pfalz

Steinstraße 91, 76889 Klingenmünster
Tel. *06349-8186,* **Fax:** *06349-3950*
www.weingut-porzelt.de
info@weingut-porzelt.de
Besuchszeiten: *Mo.-Sa. 9-12 + 14-18 Uhr Gästehaus, Weinstube (bis 50 Personen)*

Inhaber.........................Andreas Porzelt
Rebfläche.............................14 Hektar

Das Weingut wird heute in dritter Generation von Andreas Porzelt geführt, der 1998 nach seiner Ausbildung zum Weinbautechniker die Regie im Keller übernahm. Die Weinberge liegen im Klingenmünsterer Maria Magdalena, Heuchelheimer Herrenpfad und Gleiszeller Kirchberg. Die wichtigsten Rebsorten sind Riesling, Portugieser, Spätburgunder, Weiß- und Grauburgunder, Silvaner und Dornfelder, aber auch Merlot, Domina und verschiedene Weinsberger Neuzüchtungen werden inzwischen angebaut. Die Weine werden überwiegend an Privatkunden verkauft. Bei Weißweinen wird teilweise mit Maischestandzeiten gearbeitet, sie werden kühl vergoren und teils im Edelstahl, teils im Holz ausgebaut. Die Rotweine werden maischevergoren und in Eichenholzfässern ausgebaut. Im Sommer 2011 wurde Andreas Porzelt in das Talentprogramm des Pfälzer VDP aufgenommen.

Vorjahre

Wie viele andere Betriebe in der Südpfalz war auch das Weingut Porzelt im Jahrgang 2010 vom Hagel betroffen, weshalb sich die Kollektion vor zwei Jahren ein klein wenig verhaltener präsentierte. Die Weißweine waren ausgewogen und konzentriert, am besten gefiel uns der 2009er Chardonnay, aber auch der Riesling-Sekt und der Portugieser überzeugten. Die 2011er Kollektion präsentierte sich wieder stärker, schon die Basisweine besaßen eine klare Frucht, bei den Terroir-Rieslingen war die Lagentypizität gut herausgearbeitet, der Riesling vom Buntsandstein war unser Favorit. Bei den Weißburgundern gefiel uns der „Muschelkalk" mit viel präziser Frucht besser als der im Holz ausgebaute Wein aus der Lage Maria Magdalena, auch Silvaner und Spätburgunder überzeugten.

Neue Kollektion

In diesem Jahr nun präsentiert Andreas Porzelt seine bislang stärkste Kollektion: Die beiden 2011er Portugieser- und Spätburgunder-Ortsweine zeigen klare, kühle Frucht, die Weißweine besitzen alle Substanz, die beiden Weißburgunder aber auch eine Spur zu viel Restzucker. Die Lagenweine sind kraftvoll mit herrlich viel klarer Frucht, sehr gut gefallen uns

der nachhaltige Weißburgunder und der cremige und harmonische Chardonnay. Unser Favorit im 2012er Sortiment aber ist der erstmals erzeugte, im 500-Liter-Tonneau ausgebaute Silvaner „500.1", der Saft, viel reife gelbe Frucht, ein feines, animierendes Säure-Spiel und nachhaltige Würze besitzt – der beste Silvaner, den wir in diesem Jahr aus der Südpfalz verkostet haben. ◀

Weinbewertung

86   2012 Silvaner Spätlese trocken „Muschelkalk" Gleiszeller   **13,5 %/9,50 €**

86   2012 Riesling Spätlese trocken „Kieselstein" Klingenmünster   **12 %/9,50 €**

86   2012 Weißburgunder Spätlese trocken „Muschelkalk" Klingenmünster   **13,5 %/9,50 €**

87   2012 Riesling trocken Klingenmünster Maria Magdalena   **13,5 %/14,50 €**

88   2012 Weißburgunder trocken Klingenmünster Maria Magdalena   **14 %/14,50 €**

88   2012 Chardonnay trocken Klingenmünster Maria Magdalena   **14 %/14,50 €**

89   2012 Silvaner trocken „500.1" Gleiszellen Kirchberg   **13,5 %/17,50 €**

85   2011 Portugieser trocken „Kieselstein" Klingenmünster   **13 %/8,50 €**

85   2011 Spätburgunder trocken Klingenmünster   **13,5 %/8,50 €**

★ ★ ☆

Poss
Weingut   **Nahe**

Goldgrube 20-22, 55452 Windesheim
Tel. *06707-342,* **Fax:** *06707-8332*
www.weingut-poss.de
info@weingut-poss.de
Besuchszeiten: *nach Vereinbarung*
Neue moderne Vinothek „Pinoteca" mit direktem Zugang zu einem ehemaligen römischen Weinkeller einer ehemaligen Villa Rustica aus dem 3. Jahrhundert

Inhaber .... Karl-Hans und Harald Poss
Rebfläche .... 10 Hektar

P

Die besten deutschen Weinerzeuger und ihre Weine

Die Weinberge von Karl-Hans und Harald Poss befinden sich in den Windesheimer Lagen Römerberg, Rosenberg und Saukopf, im Winzenheimer Berg, sowie in Waldlaubersheim. 45 Prozent der Rebfläche nimmt Weißburgunder ein, 25 Prozent Grauburgunder, 15 Prozent Spätburgunder, 5 Prozent Riesling, hinzu kommen weitere Rebsorten. Die Konzentration auf wenige Rebsorten und das straffe, übersichtliche Programm zahlen sich aus. Die Weine sind reintönig, besitzen Substanz und Fülle. Vor allem mit ihren Weißburgundern gehören Karl-Hans und Harald Poss Jahr für Jahr zur Spitze in der Region, aber auch Grauburgunder und Spätburgunder überzeugen immer wieder.

Vorjahre

Vor zwei Jahren präsentierte sich die Kollektion stimmig in den drei Linien, die Weine besaßen Substanz und Kraft. Unser Favorit war der stoffige 2010er Grauburgunder aus dem Winzenheimer Berg. Der stand auch 2011 wieder an der Spitze der Kollektion, zusammen mit dem Weißburgunder aus dem Römerberg, beide Weine zeigten Konzentration, Fülle und nachhaltige Würze. Die beiden erst im letzten Jahr in den Verkauf gebrachten 2007er Rotweine waren eindringlich, mit viel Frucht und Würze ausgestattet und besaßen Substanz, auch wenn Kraft und Wucht beim Spätburgunder etwas zu Lasten der Typizität ging.

Neue Kollektion

Außer einem harmonischen Pinot-Sekt mit feinem Biss haben wir in diesem Jahr nur Weiß- und Grauburgunder verkostet, wobei die Stärken der Kollektion ganz klar bei den letzteren liegen: Die Grauburgunder sind alle stoffig, aber da der Alkohol jeweils perfekt eingebunden ist, auch harmonisch. Unser Favorit, der 2011er Grauburgunder aus dem Windesheimer Fels besitzt herrlich viel klare Frucht, Schmelz und Länge. Und Gratulation: Karl-Hans Poss Tochter Nadine, die derzeit in Geisenheim Internationale Weinwirtschaft studiert, wurde im September 2013 zur 65. Deutschen Weinkönigin gewählt! ◄

Weinbewertung

86	2010 Pinot Sekt brut	**12,5 %/10,90 €**
83	2012 Weißburgunder trocken	**13 %/8,90 €**
83	2012 Grauburgunder trocken	**13,5 %/8,90 €**
85	2012 Weißburgunder „S" trocken	**13,5 %/12,90 €**
86	2012 Grauburgunder „S" trocken	**14 %/12,90 €**
88	2012 Grauburgunder trocken Winzenheimer Berg	**14,5 %/19,80 €**
89	2011 Grauburgunder trocken Windesheimer Fels	**14,5 %/25,50 €**

★

Posthof – Doll & Göth
Weingut   **Rheinhessen**

Kreuznacher Straße 2, 55271 Stadecken-Elsheim
Tel. *06136-3000,* **Fax:** *06136-6001*
www.doll-goeth.de
weingut.posthof@doll-goeth.de
Besuchszeiten: *Mo.-Fr. 8-12 + 13:30-18:30 Uhr,*
Sa. 9-17 Uhr und nach Vereinbarung
Weinbar – Rotwein-Lounge – Weintafel

Inhaber . . . . Roland Doll
Rebfläche . . . . 18 Hektar

Nach der Heirat von Erika Göth und Roland Doll wurden 1993 die beiden Familienbetriebe Göth in Gau-Bischofsheim und Doll zum Weingut Posthof mit Sitz in der ehemaligen kaiserlichen Postagentur in Stadecken zusammen geschlossen. Die Weinberge liegen vor allem in Stadecken (Lenchen und Spitzberg, Elsheim (Blume) und Gau-Bischofsheim (Kellersberg und Glockenberg). Wichtigste Rebsorte mit einem Viertel der Rebfläche ist Riesling. Dazu gibt es die in Rheinhessen übliche breite Sortenpalette mit Dornfelder, Spätburgunder, Portugieser und St. Laurent, sowie den weißen Sorten Grau- und Weißburgunder, Silvaner, Gewürztraminer, Huxelrebe, Scheurebe und Kerner. Zuletzt ist Merlot hinzugekommen, im Spitzberg wurde Chardonnay neu gepflanzt.

Blücherstraße 132, 55422 Bacharach-Steeg
Tel. 06743-1585, **Fax:** 06743-3260
www.weingut-prass.de
weingut-prass@t-online.de
Besuchszeiten: Mo.-So. nach Vereinbarung
Hoffest am ersten Samstag im August

Inhaber	Bernhard Praß
Rebfläche	2 Hektar

Die Weinberge von Bernhard Praß, der den elterlichen Betrieb 1976 übernommen hat, liegen überwiegend im Steeger Tal, wo die Reben auf Schiefer- und Grauwackeverwitterungsböden wachsen. Er baut neben 60 Prozent Riesling noch Spätburgunder, Weißburgunder, Grauburgunder und Dornfelder an. Die Weißweine werden ausschließlich im Edelstahl ausgebaut, die Rotweine reifen nach der Maischegärung in Holzfässern.

Vorjahre

2010 reichte jahrgangsbedingt nicht ganz an die Leistungen des Vorjahres heran, bot aber gleichmäßige, zuverlässig gute Weine zu moderaten Preisen. Die 2011er Rieslinge präsentierten sich auf zuverlässigem Niveau, sehr süffig war der trockene Weißherbst.

Neue Kollektion

Klare, feine, saftige und generell sehr zugängliche Weine entstanden in diesem Jahr. Die im besten Sinne süffige süße Spätlese aus der Wolfshöhle ragt heraus, dem "T" scheint es dagegen etwas an Präzision zu mangeln. Der Grauburgunder würde mit etwas weniger Süße sicher spannender schmecken. ◂▬

Weinbewertung

83	2012 Grauburgunder trocken Bacharacher	13 %/6,30 €
82	2012 Weißburgunder Classic	12,5 %/5,10 €
81	2012 Riesling "T" Steeger St. Jost	13 %/5,70 €
84	2012 Riesling Spätlese "feinherb" Bacharacher Wolfshöhle	11,5 %/6,30 €

Vorjahre

Seit über einem Jahrzehnt gehört der Posthof zu den höchst zuverlässigen Weingütern in Rheinhessen, die Weine enttäuschen nie. Während aber in diesem Jahrzehnt andere rheinhessische Weingüter kräftig die Preise anhoben, sind die Preise des Pothofs nur sehr moderat gestiegen. Die Kunden wird es freuen. 2010 waren die Weine jahrgangsbedingt deutlich verhaltener, der Sauvignon Blanc gefiel uns am besten, zusammen mit den beiden 2009er Rotweinen. Die letztjährige Kollektion präsentierte sich sehr stimmig: Im weißen Segment gefiel uns der Riesling aus dem Kellersberg sehr gut, der einzige verkostete Rotwein, der 2009er Merlot, war ebenfalls stark.

Neue Kollektion

Die 2012er Weine sind insgesamt etwas verhalten; unser klarer Favorit in der aktuellen Kollektion ist einmal mehr der Riesling aus dem Kellersberg, der füllig und kraftvoll ist und reife süße Frucht besitzt. ◂▬

Weinbewertung

81	2010 Chardonnay Sekt brut	12,5 %/9,30 €
81	2012 Silvaner trocken	12,5 %/5,30 €
82	2012 Riesling Kabinett trocken Stadecker Lenchen	12,5 %/6,30 €
80	2012 Weißburgunder trocken	13 %/5,80 €
82	2012 Grauburgunder trocken	13,5 %/5,80 €
84	2012 Silvaner Spätlese trocken Gau-Bischofsheimer Glockenberg	13,5 %/7,80 €
86	2012 Riesling Spätlese trocken Gau-Bischofsheimer Kellersberg	13 %/7,80 €
79	2012 Grauburgunder Classic	13 %/6,80 €
83	2012 Weißburgunder "feinherb" Stadecker Lenchen	13 %/6,80 €
82	2012 Gewürztraminer Spätlese "feinherb" Stadecker Lenchen	13,5 %/5,80 €
83	2012 Huxelrebe Spätlese Stadecker Lenchen	10,5 %/5,80 €
80	2011 Spätburgunder Auslese trocken	14,5 %/10,30 €

85 2012 Riesling Spätlese Bacharacher Wolfshöhle 8 %/7,- €

83 2012 Spätburgunder trocken „S" Bacharacher 13,5 %/7,20 €

★★★★

Prinz
Weingut

Rheingau

Im Flachsgarten 5, 65375 Hallgarten
Tel. 06723-999847, Fax: 06723-999848
www.prinz-wein.de
info@prinz-wein.de
Besuchszeiten: nach Vereinbarung

Inhaber............................Familie Prinz
Rebfläche.............................7 Hektar

Großeltern und Eltern von Fred Prinz lieferten die Trauben noch an die Genossenschaft ab, 1991 vermarktete man dann die ersten 3.000 Flaschen eigenen Wein. Fred Prinz führte den Betrieb lange im Nebenerwerb, arbeitete nach dem Studium bei Breuer, dann bei den Staatsweingütern Kloster Eberbach. 2003 bot sich die Möglichkeit, einen Betrieb im Ort zu übernehmen, Keller, Lager und Weinberge. Im Jahr darauf wagte Fred Prinz den Schritt in die Selbständigkeit, schon ein Jahr später wurde er in den VDP aufgenommen. Seine Weinberge befinden sich rund um Hallgarten in den Lagen Schönhell (teils sandige, teils steinige Lösslehmböden), Hendelberg (blauer und grüner Schiefer, Phyllit) und Jungfer (Taunusquarzit mit Lösslehmeinlagerungen). Über 90 Prozent der Rebfläche nimmt Riesling ein, dazu gibt es Spätburgunder, inzwischen auch Sauvignon Blanc (erste Ernte 2006) und Roten Riesling (erste Ernte 2008).

Das Programm ist in vier Linien gegliedert. Die Basis bilden die Gutsweine, dann folgen die Kabinettweine und der Riesling „Tradition". Die dritte Linie bilden die traditionellen Spätlesen, trocken wie süß, wobei Fred Prinz bei dem 2008 neu eingeführten Riesling aus dem Hendelberg auf eine Prädikatsbezeichnung verzichtet. Roter Riesling und Sauvignon Blanc gehören ebenfalls in diese Linie. Das Topsegment schließlich bilden die Ersten Gewächse und die Goldkapsel-Spätlesen. Die Weine werden fast ganz im Edelstahl vinifiziert, nur für den Riesling „Tradition" wird ein Teil des Weines im Halbstück ausgebaut. Die Basisweine werden überwiegend mit Reinzuchthefen vergoren, alle höherwertigen Weine mit natürlichen Hefen, wobei Fred Prinz dies nicht dogmatisch sieht, auch noch einmal etwas Hefen zusetzt, wenn die Weine nicht weit genug vergären.

Vorjahre

Schon in der allerersten Ausgabe haben wir die Weine von Fred Prinz vorgestellt, schon damals lobten wir die Reintönigkeit des gesamten Sortiments. Die trockene Schönhell-Spätlese hatte uns damals schon besonders gut gefallen, trotzdem erhielten zunächst meist die rest- und edelsüßen Rieslinge Höchstnoten. In den vergangenen Jahren konnten die trockenen Rieslinge weiter zulegen. Sie waren rassig und elegant, aber auch kraftvoll und nachhaltig. 2010 gelang Fred Prinz gut, die Weine waren reintönig und frisch, schon der Gutsriesling machte viel Freude, die Steigerung kam mit „Tradition", Hendelberg und dem Ersten Gewächs. 2011 wirkte dann das Erste Gewächs sehr geradlinig, während der Goldkapsel-Kabinett erstaunlich verhalten ausfiel. Der saftige, an Quitten erinnernde Rote Riesling und der perfekt belancierte 2009er Spätburgunder „R" bewiesen, dass Prinz nicht nur auf den klassischen Riesling fixiert ist.

Neue Kollektion

2012 ist in jeder Hinsicht ein gelungener Jahrgang. Die Freude beginnt schon beim als feinherb deklarierten, aber nur knapp oberhalb der Trocken-Grenze liegenden Riesling „Schiefer", setzt sich fort beim mineralischen Riesling „Tradition" mit viel Schmelz und würde seinen trockenen Höhepunkt in den beiden Lagenweinen von Hendelberg und Schönhell finden, wenn da nicht das Große Gewächs wäre. Es wirkt in der Nase noch etwas jugendlich, leicht hefig und mit Zitrus- und Kräuteraromen ausgestattet, ist im Mund dann enorm saftig, mineralisch und angenehm trocken. Auch der kompakte, rassige Rote Riesling macht viel Spaß, wirkt nochmals spannender als in den Vorjahren. Die süßen Weine sind, anders als im Vorjahr, sofort zugänglich, und der Versteigerungs-Kabinett steht mit seiner duftigen, saftigen Art der noch etwas zu jungen Spätlese kaum nach. ◄

Weinbewertung

84	2012 Riesling trocken	12 %/7,10 €
86	2012 Riesling Kabinett trocken Hallgartener 12,5 %/9,40 €	
88	2012 Riesling trocken „Tradition" 12,5 %/10,50 €	
88	2012 Roter Riesling trocken 13 %/13,90 €	
88	2012 Riesling trocken Hallgartener Schönhell 13 %/13,90 €	
89	2012 Riesling trocken Hallgartener Hendelberg 13 %/13,90 €	
91	2012 Riesling „GG" Hallgarten Jungfer 13 %	
88	2012 Sauvignon Blanc trocken 13 %/13,90 €	
86	2012 Riesling „feinherb vom bunten Schiefer" 11,5 %/7,10 €	
87	2012 Riesling Kabinett Hallgartener Jungfer 7,5 %/9,80 €	
89	2012 Riesling Kabinett „Goldkapsel" Hallgartener Jungfer 7,5 %/Verst.	
91	2012 Riesling Spätlese „Goldkapsel" Hallgartener Hendelberg 7,5 %/Verst.	

Christine **Pröstler** ★★

Weingut

Franken

Obere Hauptstraße 100, 97225 Retzbach
Tel. 09364-7904229
www.cproestlerweine.de
kontakt@cproestlerweine.de
Besuchszeiten: nach Vereinbarung

Inhaber .... Christine Pröstler
Rebfläche .... 5,5 Hektar

Christine Pröstler hat in Geisenheim studiert, Praktika in Südafrika und Neuseeland absolviert, dann bei Reh-Kendermann gearbeitet, war seit 2010 als Kellermeisterin beim Staatlichen Hofkeller in Würzburg, konzentriert sich nun seit 2012 ganz auf den eigenen Betrieb. Ihr Vater bewirtschaftete seine Weinberge im Nebenerwerb, die Trauben wurden an eine Genossenschaft abgeliefert. Davon übernahm Christine Pröstler 1,4 Hektar, verkaufte aber einen Teil der Trauben aus Platzmangel an ein anderes Weingut. In den elterlichen Weinbergen im Retzbacher Benediktusberg (Muschelkalkböden) wachsen Müller-Thurgau, Silvaner, Bacchus, Weißburgunder, Grauburgunder, Riesling, Domina, Schwarzriesling, Regent und Spätburgunder. Christine Pröstlers erster Jahrgang war 2008. Am Ortsrand von Retzbach wurde 2012 das neue Weingut errichtet, der 2012er Jahrgang wurde bereits dort verarbeitet, auch wenn die offizielle Eröffnung erst im Frühjahr 2013 erfolgte. Mit dem Jahrgang 2012 wird der Ertrag der gesamten Rebfläche, selbst verarbeitet.

Vorjahre

Die 2010er Kollektion war stark: Die Weine der Benediktusberg-Linie besaßen gute Fülle und reife Frucht, die als Frankenwein ohne Lagenbezeichnung angebotenen Basisweine waren klar und frisch. 2011 präsentierte sich geschlossen auf gutem Niveau mit fruchtbetonten, frischen Weißweinen. Am besten gefiel uns der füllige Silvaner aus dem Benediktusberg, auch die schmeichelnde süße Variante überzeugte.

Neue Kollektion

Mit dem neuen Jahrgang wurde die Kollektion gegliedert in Gutsweine, Ortsweine und Lagenweine. Die Gutsweine sind klar und frisch, auch 2012 freut uns das gute Basisniveau. Die Ortsweine bringen eine klare Steigerung: Der Grauburgunder ist füllig und kraftvoll, der Weißburgunder reintönig, strukturiert und

P

Die besten deutschen Weinerzeuger und ihre Weine

frisch, der Riesling klar und geradlinig, am besten gefällt uns im Ortsweinsegment der Silvaner von alten Reben, der füllig und saftig ist, klare reife Frucht uns gute Struktur besitzt. Der im 500-Liter-Fass ausgebaute Weißburgunder besitzt Fülle und Kraft, ist uns aber doch etwas zu süß, so dass unter den beiden Lagenweinen aus dem Benediktusberg eindeutig der Silvaner unser Favorit ist: Gute Konzentration und herrlich viel Frucht prägen das Bouquet, er besitzt Fülle und Kraft im Mund, reife Frucht, gute Struktur und Länge. Weiter im Aufwind! ◀

Weinbewertung _____

82 „Secco" **10,5 %/7,- €**
83 2011 Pinot Sekt brut **13 %/15,50 €**
82 2012 Silvaner trocken **12,5 %/7,30 €**
85 2012 Weißburgunder trocken Retzbacher **12,5 %/9,50 €**
85 2012 Grauburgunder trocken Retzbacher **13 %/9,50 €**
84 2012 Riesling trocken Retzbacher **12 %/9,50 €**
86 2012 Silvaner trocken „Alte Reben" Retzbacher **12,5 %/12,50 €**
88 2012 Silvaner trocken Retzbacher Benediktusberg **13,5 %/15,- €**
85 2011 Weißburgunder trocken Retzbacher Benediktusberg **13 %/15,- €**
82 2012 Bacchus halbtrocken **11 %/7,30 €**
82 2012 Rotling halbtrocken **11,5 %/7,30 €**

Schloss **Proschwitz** ★★
Weingut Prinz zur Lippe   **Sachsen**

Dorfanger 19, 01665 Zadel
Tel. *03521-76760,* **Fax:** *03521-767676*
www.schloss-proschwitz.de
weingut@schloss-proschwitz.de
Besuchszeiten: *Mo.-So. 10-18 Uhr*
Restaurant „Lippe'sche Gutshaus"; Gästezimmer

Inhaber . . . . Dr. Georg Prinz zur Lippe
Marketing/Vertrieb . . . . Peter Bohn
Außenbetriebsleiter . . . . Walter Beck

Kellermeister . . . . Martin Schwarz
Rebfläche . . . . 90 Hektar

Das seit 1991 wieder aufgebaute Gut ist das größte private Weingut in den ostdeutschen Anbaugebieten und das älteste Weingut Sachsens. Zur Hauptlage Schloss Proschwitz kam eine neue Einzellage auf dem linken Elbufer hinzu, Kloster Heilig Kreuz Meissen, die 2008 neu in Ertrag kam. Die wichtigsten Rebsorten sind Grauburgunder, Weißburgunder, Müller-Thurgau, Elbling, Spätburgunder, Riesling, Traminer, Dornfelder, Goldriesling, Scheurebe, Traminer und Frühburgunder. Neues Projekt von Georg Prinz zur Lippe ist der Aufbau eines Weingutes in der Nähe von Weimar, wo bei Kromstorf bereits die ersten Reben gepflanzt wurden. 50 Hektar sollen es einmal werden, der Rebsortenspiegel soll ähnlich werden wie auf Schloss Proschwitz, Sauvignon Blanc soll hinzu kommen. 2009 war die erste Ernte, die Trauben wurden auf Schloss Proschwitz verarbeitet. 2010 hat Georg Prinz zur Lippe die Ordensburg Liebstedt erworben, in deren Vorburg das neue Weingut für die Thüringer Weinberge errichtet werden soll.

Vorjahre _____

Die 2010er Basisweine waren frisch und klar, alle deutlich von Restsüße geprägt. 2011 gefiel uns deutlich besser, die Weine waren kraftvoll und fruchtbetont. Unsere Favoriten waren der Grauburgunder und der Weißburgunder Großes Gewächs.

Neue Kollektion _____

In der neuen Kollektion gefallen uns zwei Weine am besten, die wir schon im vergangenen Jahr vorstellten, der 2009er Spätburgunder und der 2011er Weißburgunder Großes Gewächs. Die 2012er Weißweine sind von gleichmäßiger Qualität, es mangelt ihnen aber etwas an Komplexität, was auch durch Restsüße nicht cachiert werden kann; am besten gefällt uns die frische, zupackende süße Riesling Spätlese. ◀

Weinbewertung

82	2012 Müller-Thurgau trocken Schloss Proschwitz **11,5 %/10,50 €**
81	2012 Spätburgunder „Blanc de Noir" trocken Schloss Proschwitz **13 %/13,50 €**
81	2012 Grauburgunder trocken Schloss Proschwitz **12,5 %/12,50 €**
82	2012 Scheurebe trocken Meißen **13 %/13,50 €**
81	2012 Weißburgunder Spätlese trocken Kloster Heilig Kreuz **14 %/16,- €**
86	2011 Weißburgunder „GG" Schloss Proschwitz **13,5 %/24,- €**
80	2012 Riesling Schloss Proschwitz **12 %/12,50 €**
84	2012 Riesling Spätlese Kloster Heilig Kreuz **8 %/16,- €**
86	2009 Spätburgunder trocken Schloss Proschwitz **14,5 %/23,- €**

Joh. Jos. **Prüm**

★★★★

Weingut   **Mosel**

Uferallee 19, 54470 Bernkastel-Wehlen
Tel. 06531-3091, *Fax:* 06531-6071
www.jjpruem.com
info@jjpruem.com
Besuchszeiten: nach Vereinbarung

Inhaber . . Dr. Manfred Prüm, Dr. Katharina Prüm
Rebfläche . . . . 20 Hektar

Manfred Prüm und Tochter Katharina bauen ausschließlich Riesling an. Sie verfügen über beste Lagen in Wehlen (Sonnenuhr), Graach (Himmelreich), Zeltingen (Sonnenuhr) und Bernkastel (Badstube, Lay) und füllen ihre Weine erst sehr spät ab. Sehr jung probiert waren sie in früheren Jahren oft nicht so recht zugänglich, sondern von heftigen Spontangärnoten geprägt, in den jüngsten Jahrgängen war dies nicht mehr so. Die meisten ihrer Rieslinge altern ausgezeichnet und wirken oft noch nach zwei oder drei Jahrzehnten frisch und jugendlich.

Vorjahre

2010 präsentierte sich sehr stimmig, bot die Steigerung über Spätlesen und Auslesen bis hin zu den Goldkapsel-Auslesen, bei denen wir die aus dem Himmelreich ganz leicht präferierten. Klar und elegant präsentierten sich auch die 2011er, waren frisch und lebendig, angefangen vom wunderschön leichten Kabinett über die verspielten Kabinettweine aus Sonnenuhr und Himmelreich, bis hin zu den Spät- und Auslesen.

Neue Kollektion

Die neue Kollektion präsentiert sich ebenso stimmig vom frischen, lebhaften Kabinett über drei reintönige, zupackende, ebenfalls sehr lebhafte Spätlesen bis hin zu den eleganten Auslesen – unsere leichte Präferenz gilt 2012 dem Wein aus der Sonnenuhr mit feiner Frucht und Biss. Auch die beiden verkosteten, recht duftigen 2003er präsentieren sich noch frisch und jugendlich. ◄

Weinbewertung

86	2012 Riesling Kabinett Graacher Himmelreich **16,50 €**
89	2012 Riesling Spätlese Bernkasteler Badstube **20,- €**
90	2003 Riesling Spätlese Wehlener Sonnenuhr
90	2012 Riesling Spätlese Wehlener Sonnenuhr **26,50 €**
90	2012 Riesling Spätlese Graacher Himmelreich **22,50 €**
92	2012 Riesling Auslese Wehlener Sonnenuhr **31,50 €**
91	2012 Riesling Auslese Graacher Himmelreich **28,50 €**
93	2012 Riesling Auslese Goldkapsel Wehlener Sonnenuhr **68,- €**
92	2003 Riesling Auslese Goldkapsel Graacher Himmelreich

S.A. **Prüm**
Weingut   **Mosel**

Uferallee 25-26, 54470 Bernkastel-Wehlen
Tel. 06531-3110, **Fax:** 06531-8555
www.sapruem.com
info@sapruem.com
Besuchszeiten: Mo.-Fr. 10-12 + 14-18 Uhr, Sa. 10-16 Uhr
Vinothek, exklusives Gästehaus,
Veranstaltungsräume, Gutsausschank

Inhaber . . . . Raimund Prüm
Kellermeister . . . . Michael Blümling
Rebfläche . . . . .16,5 Hektar

Seit dem 12. Jahrhundert betreibt die Familie nachweislich Weinbau in Bernkastel, Wehlen, Graach und Zeltingen, Jodocus Prüm baute 1842 die berühmte Sonnenuhr, die der gleichnamigen Wehlener und Zeltinger Lage ihren Namen gab. Das heutige Weingut S.A. Prüm entstand aus einer Erbteilung im Jahr 1911, wurde von Sebastian Alois Prüm gegründet. Seit 1971 leitet Raimund Prüm das Weingut. Lange Zeit wurde nur Riesling angebaut, inzwischen gibt es auch etwas Weißburgunder, Chardonnay und Spätburgunder. Die Weinberge liegen vor allem in der berühmten Wehlener Sonnenuhr, außerdem verfügt Raimund Prüm über Besitz in Graach (Domprobst) und Bernkastel (Graben, Lay, Bratenhöfchen), in Ürzig (Würzgarten), Erden, Kinheim und Lösnich. Seit 1999 ist dem Gut ein Gästehaus angeschlossen, das von Erika Prüm geleitet wird. Beim Ausbau der Weine spielen sowohl die Spontanvergärung als auch die Reife in Fuderfässern eine große Rolle. 2009 war der erste Jahrgang des neuen Kellermeisters Michael Blümling.
S.A. Prüm ist bekannt für seine edelsüßen Rieslinge, die schon lange regelmäßig zu den Besten an der Mosel gehören; in vielen Jahrgängen erzeugt Raimund Prüm alle Prädikate bis hin zu Eiswein und Trockenbeerenauslese. Aber auch trockene Rieslinge spielen bei ihm eine wichtige Rolle. Die trockene Spitze bilden die Großen Gewächse, zwei davon aus der Sonnenuhr: Der „Devon" stammt von 60 bis 80 Jahre alten Reben aus der Gemarkung Lay, der „Alte Reben" stammt von 100 bis 120 Jahre alten Reben aus der Gemarkung Langenberg. Die weiteren, erstmals 2009 erzeugten Großen Gewächse stammen aus dem Domprobst und aus der Bernkasteler Lay (Grand Ley).

Vorjahre _____

Unbeeindruckt vom Jahrgang zeigte sich die 2010er Kollektion: Gutes Basisniveau, sehr gute Spätlesen und dazu wie gewohnt Brillantes in edelsüß, an der Spitze die faszinierende Trockenbeerenauslese aus der Sonnenuhr. Die vier Großen Gewächse führten 2011 die trockene Fraktion an, in der Sonderverkostung 2002er Rieslinge spielte die trockene Spätlese aus der Wehlener Sonnenuhr im vergangenen Jahr eine sehr gute Rolle. Zwei brillante süße Spätlesen, aus Himmelreich und Sonnenuhr, begeisterten uns im vergangenen Jahr, eine Trockenbeerenauslese krönte die Kollektion.

Neue Kollektion _____

Auch 2012 führen die vier Großen Gewächse den trockenen Teil der Kollektion an, der Wein aus der Lay würzig und duftig, der Devon leider noch recht vom Schwefel dominiert, der Domprobst frisch und zupackend, besitzt feine Frucht und Biss, der Wein von alten Reben aus der Sonnenuhr schließlich ist der fülligste und saftigste der vier Rieslinge. Unter den beiden süßen Spätlesen präferieren wir leicht die aus der Sonnenuhr, sie ist füllig, harmonisch und klar, die Auslese besitzt feine Frische und Biss. Dass SA-Prüm-Weine hervorragend reifen, zeigen die beiden verkosteten Auslesen des Jahrgangs 2003. ◄

Weinbewertung _____

83 2012 Riesling Kabinett trocken „Prüm Blue" **11,5 %/12,50 €**

87 2012 Riesling „GG" „Devon" Wehlener Sonnenuhr **12,5 %/28,50 €**

87   2012 Riesling „GG" „Grand Lay" Bernkasteler Lay **13 %/28,50 €**

88   2012 Riesling „GG" „Alte Reben" Wehlener Sonnenuhr **13 %/34,50 €**

88   2012 Riesling „GG" „Prevot" Graacher Domprobst **12,5 %/28,50 €**

84   2012 Riesling Kabinett halbtrocken „Sebastian A." **11,5 %/12,50 €**

84   2012 Riesling Kabinett Wehlener Sonnenuhr **8,5 %/15,90 €**

87   2012 Riesling Spätlese Graacher Himmelreich **8 %/17,90 €**

88   2012 Riesling Spätlese Wehlener Sonnenuhr **8,5 %/18,50 €**

88   2012 Riesling Auslese Wehlener Sonnenuhr **8 %/26,50 €**

90   2003 Riesling Auslese Graacher Domprobst

90   2003 Riesling Auslese „Fass 20" Wehlener Sonnenuhr

★★★★☆

Querbach
Weingut   **Rheingau**

Lenchenstraße 19, 65375 Oestrich-Winkel
Tel. *06723-3887,* ***Fax:*** *06723-87405*
www.querbach.com
mail@querbach.com
Besuchszeiten: *Mo.-Fr. 8-12 + 14-17:30 Uhr,*
Sa. 9-14 Uhr und nach Vereinbarung

Inhaber..........................Peter Querbach
Rebfläche.............................10 Hektar

Die Weinberge von Peter Querbach liegen vor allem in den beiden Oestricher Lagen Doosberg und Lenchen, aber auch in Hallgarten (Schönhell) und Winkel (Hasensprung) ist er vertreten. Neben Riesling baut er etwas Spätburgunder an, den er teils als Rotwein, teils als Blanc de Noir und Sekt ausbaut. Das Sortiment ist klar gestaltet: Die Basis bilden der Schoppen genannte Literriesling und der Riesling Classic, dann folgt der Orts-Riesling

aus Hallgarten, schließlich die beiden Lagenrieslinge aus dem Oestricher Lenchen („Querbach N° 1") und dem Oestricher Doosberg („Milestone"). Seit dem Jahrgang 1999 bietet Peter Querbach seine Weine mit dem von Peter Querbach entwickelten Verschlusssystem, basierend auf einem Edelstahlverschluss (eine Art Kronkorken) an. Nach einer Maischestandzeit von etwa zwölf Stunden werden die Moste mit den natürlichen Hefen vergoren, alle Weine werden in Edelstahltanks ausgebaut. Die Weine bleiben recht lange auf der Hefe und werden relativ spät abgefüllt.

Vorjahre _____

Seit der ersten Ausgabe empfehlen wir die Querbach'schen Weine, schon damals waren wir beeindruckt vom guten Niveau der Basis-Rieslinge, schon damals fanden wir den Spitzenwein aus dem Doosberg hervorragend. Die Weine zeigen eine klare Handschrift, sie sind klar und geradlinig, besitzen Frucht und Kraft, die Kollektionen sind immer stimmig, man findet immer eine klare Steigerung von den Guts- hin zu den Orts- und Lagenweinen. Und es sind Weine, die hervorragend altern können, wovon wir uns schon mehrfach überzeugen konnten, nicht nur die Topweine. Und für Liebhaber gereifter Rieslinge ein Tipp: Peter Querbach hat noch viele alte Jahrgänge im Verkauf – und diese bietet er erstaunlicherweise zu den gleichen Preisen an wie die jeweils aktuellen Weine.

2010 bestach die Kollektion mit dem guten Niveau der Basisweine, schon der Schoppen war sehr gut, angenehm saftig und klar. 2011 war die Kollektion wieder bestechend gut, der Schoppen bereitete wieder viel Freude, der Classic war reintönig und elegant, die Edition füllig und kraftvoll, der Hallgarten besaß herrlich viel Frucht, der Wein aus dem Lenchen viel reife süße Frucht und Substanz. Highlight war aber ganz eindeutig der Doosberg, ein faszinierend komplexer Riesling; auch die beiden Sekte überzeugten, die 2002er schlugen sich prächtig in unserer 10-Jahres-Verkostung.

Neue Kollektion _____

Q

Auch die 2012er Kollektion ist wieder bestechend gut, schon der saftige, harmonische Liter-Schoppen ist sehr gut, der Classic ist süffig und lang, der Hallgarten-Riesling besitzt Kraft und Saft, viel Druck, gute Struktur und Substanz. Der Wein aus dem Lenchen gefällt uns deutlich besser als in den Vorjahren, er ist kraft- und druckvoller, besitzt Substanz und viel Länge. Unser Favorit aber ist wie in den vorherigen Jahren auch der Wein aus dem Doosberg, der nun nicht mehr als Erstes Gewächs, sondern schlicht als Milestone bezeichnet wird. Er ist faszinierend klar und konzentriert im Bouquet, herrlich eindringlich, besitzt viel Kraft und Struktur, reintönige Frucht, ist druckvoll, lang und nachhaltig mit dezent mineralischen Noten. Neben den 2012ern konnten wir auch sechs Weine des Jahrgangs 2003 verkosten, dem „heißen" Jahrgang, dessen Weine man erst bejubelt und dann verdammt hat, weil man ihnen die Lagerfähigkeit abspricht. Dass dem nicht so sein muss, beweisen die Weine von Peter Querbach, allen voran der recht üppige Doosberg-Wein und der saftige Lenchen-Riesling, beide besitzen Druck, Frische und Länge. ◀

Weinbewertung ─────────────────

85 2012 Riesling „Schoppen" 7,20 €/1l ☺
86 2012 Riesling Classic 7,90 €
88 2012 Riesling Edition 9,40 € ☺
90 2012 Riesling Hallgarten 11,75 € ☺
91 2012 Riesling „Querbach No. 1" Oestrich Lenchen 14,15 € ☺
92 2012 Riesling „Milestone" Oestrich Doosberg 18,90 € ☺

Jahrgang 2003

84 2003 Riesling Edition 9,40 €
87 2003 Riesling Hallgarten 9,80 €
89 2003 Riesling „Querbach No. 1" Oestrich Lenchen 14,15 €
90 2003 Riesling Erstes Gewächs Oestrich Doosberg 13,5 %/18,90 €
85 2003 Riesling „fruchtig" 10,5 %/7,90 €
87 2003 Riesling Auslese Oestrich Lenchen 10 %/14,15 €/0,375l

★ ☆

Raddeck
Weingut

Rheinhessen

🍇 Am Hummertal 100, 55283 Nierstein
Tel. 06133-58115, *Fax:* 06133-58331
www.raddeckwein.de
info@raddeckwein.de
Besuchszeiten: Mo.-Fr. 9-18 Uhr, Sa. 9-16 Uhr, sonst nach Vereinbarung

Inhaber . . . . Stefan Raddeck
Rebfläche . . . . 17 Hektar

2003 haben Birgit und Hans Raddeck auf ökologische Bewirtschaftung umgestellt, nach Abschluss der Lehre von Stefan Raddeck beim Weingut Roth in Wiesenbronn. Inzwischen hat Stefan Raddeck das Gut übernommen, das vom Ortskern in das Hummertal ausgesiedelt wurde. Wichtigste weiße Rebsorten sind Riesling, Weißburgunder, Silvaner und Müller-Thurgau, im roten Segment sind es Spätburgunder, Dornfelder und Portugieser. Das Sortiment ist gegliedert in Gutsweine, „Edition 2Hügel" und „Edition S".

Vorjahre ─────────────────

Mit dem Jahrgang 2010 war der Aufwärtstrend erst einmal gestoppt. Die Weine waren frisch und klar, erreichten aber in der Spitze nicht das Niveau der Vorjahre, so dass uns das rote Segment ein klein wenig besser gefiel, angeführt von der kraftvollen Cuvée. Die letztjährige Kollektion war deutlich besser, glänzte mit zwei feinen edelsüßen Weinen, der trockene Teil der Kollektion war sehr gleichmäßig, weiß wie rot.

Neue Kollektion ─────────────────

Die neue Kollektion zeigt gutes Niveau, weiß wie rot, präsentiert sich sehr geschlossen. Im weißen Segment gefällt uns der Orbel-Riesling trotz kräftiger Restsüße am besten, rot überzeugt der Spätburgunder mit feinen rauchigen Noten, klarer Frucht und guter Struktur. ◀

Weinbewertung ─────────────────

84 2012 Weißburgunder trocken „2Hügel" 13,5 %/7,50 €

81	2012 Riesling trocken „2Hügel" Roter Hang **13 %/8,50 €**
83	2012 Riesling „S" trocken Heiligenbaum **13 %/12,- €**
83	2012 Riesling „S" trocken Pettenthal **13 %/12,- €**
84	2012 Riesling „S" trocken Orbel **13 %/14,- €**
81	2011 Spätburgunder trocken **13 %/5,80 €**
82	2011 „Triologie" Rotwein trocken **13 %/5,80 €**
83	2011 St. Laurent trocken „2Hügel" **13,5 %/7,80 €**
85	2010 Spätburgunder trocken Barrique „2Hügel" **13,5 %/11,50 €**

Familie **Rauen**
Weingut   **Mosel**

Hinterm Kreuzweg 5, 54340 Thörnich
Tel. 06507-3403, Fax: 06507-8382
www.weingut-familie-rauen.de
info@weingut-familie-rauen.de
Besuchszeiten: nach Vereinbarung
Weinprobierstube, Ferienapartments

Inhaber . . . . Maria und Harald Rauen
Rebfläche . . . . 9,5 Hektar

Harald Rauen übernahm 1982 das elterliche Weingut, damals überwiegend Fassweinbetrieb, und verlagerte 1997 den Sitz von Detzem nach Thörnich. Seine Weinberge befinden sich in den Lagen Detzemer Würzgarten, Detzemer Maximiner Klosterlay und Thörnicher Ritsch. Neben Riesling gibt es ein wenig Weißburgunder, Spätburgunder, Müller-Thurgau und Dornfelder, sowie Sauvignon Blanc. 80 bis 90 Prozent der Weine werden trocken ausgebaut, zwei Drittel der Produktion wird über den Fachhandel vermarktet. Inzwischen unterstützt Sohn Matthias seine Eltern im Betrieb.

Vorjahre _____
2010 präsentierte Harald Rauen eine konsistente Kollektion mit reintönigen, frischen Rieslingen, allen voran die feinherbe Spätlese von alten Reben. Die letztjährige Kollektion überzeugte auf der ganzen Linie, bot fruchtbetonte, reintönige Weine – zu moderaten Preisen. Trocken war die saftige Spätlese aus der Klosterlay unser Favorit, im halbtrockenen Segment trumpfte der Riesling vom Schieferfels auf, im süßen Segment gefiel uns die Spätlese Thörnicher Ritsch noch etwas besser als die Auslese. So darf es weitergehen, lautete unser Schlusssatz im vergangenen Jahr.

Neue Kollektion _____
Und es geht so weiter, der Jahrgang 2012 schließt nahtlos an das Vorjahr an. Trocken gefällt uns der Riesling von alten Reben aus der Ritsch besonders gut, ist kraftvoll, klar und zupackend bei dezent mineralischen Noten. Der halbtrockene Kabinett ist frisch und klar, der Riesling vom Schieferfels füllig, saftig und enorm zupackend. Das süße Segment beginnt mit zwei feinen Spätlesen, bietet eine saftige Auslese mit viel Substanz und eine gewürzduftige Trockenbeerenauslese, die feine Frische besitzt, gute Struktur und Biss. Im Auge behalten! ◀━

Weinbewertung _____

81	2012 Riesling Spätlese trocken **12,5 %/6,30 €**
86	2012 Riesling trocken „Alte Reben" Thörnicher Ritsch **13,5 %/12,50 €**
85	2012 Riesling Kabinett halbtrocken „Edition Matthias" **11 %/5,40 €** ☺
86	2012 Riesling halbtrocken „vom Schieferfels" **13,5 %/12,50 €**
85	2012 Riesling Spätlese **8 %/6,30 €**
85	2012 Riesling Spätlese „Alte Reben" Thörnicher Ritsch **8,5 %/7,80 €**
87	2012 Riesling Auslese „Alte Reben" „Kirschenberg" **8 %/11,50 €**
90	2012 Riesling Auslese Trockenbeerenauslese **8,5 %/55,- €/0,375l**

Die besten deutschen Weinerzeuger und ihre Weine

R

Rauen

★★☆

Wein- & Sektgut , Inh. Stefan Rauen

Mosel

Im Würzgarten 2, 54340 Detzem
Tel. *06507-3278,* **Fax:** *06507-8372*
www.weingut-rauen.de
info@weingut-rauen.de
Besuchszeiten: *nach Vereinbarung*
Weinprobierstube

Inhaber .... Stefan Rauen
Rebfläche .... 13,5 Hektar

Walter Rauen ist Ende der sechziger Jahre an den Ortsrand von Detzem ausgesiedelt und hat nach und nach auf Selbstvermarktung umgestellt. Heute führt Stefan Rauen den Betrieb. Das Gros seiner Weinberge liegt in den Detzemer Lagen Würzgarten und Maximiner Klosterlay. Riesling nimmt zwei Drittel der Weinberge ein. Dazu gibt es etwas Müller-Thurgau, Kerner und Weißburgunder, sowie Spätburgunder, Dornfelder und Regent. Alle Weine werden im Edelstahl vergoren, die besseren Qualitäten kommen dann für zwei bis drei Monate ins Holzfass. Etwa drei Viertel der Weine baut Stefan Rauen trocken oder halbtrocken aus.

Vorjahre

Die 2010er Kollektion war ein Muster an Zuverlässigkeit, alle Weine waren frisch, klar und süffig. Auch 2011 präsentierte Stefan Rauen wieder eine zuverlässige, stimmige Kollektion. Die Literweine waren frisch und klar, Crémant und Weißburgunder überzeugten, die Spätlesen brachten eine weitere Steigerung, trocken wie süß, die Auslese besaß mehr Substanz.

Neue Kollektion

Gewohnt zuverlässig präsentiert sich nun auch 2012, ob Weißburgunder oder Riesling, trocken oder süß, wobei die Vorteile dieses Jahr im restsüßen Segment liegen, bei der füllligen, zupackenden feinherben Spätlese von alten Reben, der kraftvollen, struktu-

rierten „Edition Delphinfass" genannten Cuvée aus Weißburgunder und Riesling oder dem füllligen, saftigen Eiswein. ◄—

Weinbewertung

83 2012 Weißburgunder trocken **12 %/5,60 €**
82 2012 Riesling Hochgewächs trocken Detzemer Würzgarten (1l) **12 %/5,20 €**
84 2012 Riesling Spätlese trocken „Alte Reben" Thörnicher Ritsch **12,5 %/6,50 €**
86 2012 „Edition Delphinfass" Weißwein **12 %/11,- €**
83 2012 Riesling Hochgewächs halbtrocken Pölicher Held (1l) **12 %/5,20 €** ☺
85 2012 Riesling Spätlese „feinherb" „Alte Reben" Detzemer Maximiner Klosterlay **12 %/6,50 €**
82 2012 Riesling Kabinett Detzemer Würzgarten **10 %/5,20 €**
84 2012 Riesling Spätlese „Alte Reben" Detzemer Maximiner Klosterlay **10 %/6,50 €**
89 2012 Riesling Eiswein Detzemer Würzgarten **9 %/29,50 €/0,375l**

Raumland

★★★★

Sekthaus

Rheinhessen

🍇 *Alzeyerstraße 134, 67592 Flörsheim-Dalsheim*
Tel. *06243-908070,* **Fax:** *06243-908077*
www.raumland.de
info@raumland.de
Besuchszeiten: *nach Vereinbarung*

Inhaber .... Volker Raumland
Rebfläche .... 10 Hektar

1990 haben Volker und Rose Raumland das Anwesen in Flörsheim-Dalsheim gekauft, 1991 dann die ersten Sekte aus eigenen Trauben erzeugt, vorher nur aus zugekauften Trauben. Seit 1997 durchlaufen alle Sekte den biologischen Säureabbau, seit 2002 sind die Weinberge biologisch zertifiziert. Neben Riesling, Weißburgunder und Chardonnay werden Spätburgunder und Schwarzriesling verwendet. Nach der Ganztraubenpressung

R

– die Taille wird inzwischen nicht mehr verwendet – werden die Weine lange bei kühler Temperatur vergoren.

Vorjahre

Volker Raumlands Sekte werden Spitzenchampagner immer ähnlicher, ohne dass sie versuchen, diese zu kopieren, nein, sie sind eigenständig – und sie brauchen Zeit, profitieren vom langen Hefelager. Und Volker Raumland arbeitet permanent an weiteren, kleinen Veränderungen, probiert aus, was möglich ist. Sehr gut, wie immer, gefielen uns vor zwei Jahren die beiden nach den Töchtern benannten Cuvées Marie-Luise und Katharina. Sehr gut waren auch wieder die beiden Triumvirate, Nr. V und VII, am meisten faszinierte der 2001er MonRose, ein komplexer, wunderschön gereifter Sekt, dem zur Größe nur etwas die Länge fehlte. Auch im vergangenen Jahr gefielen uns Marie-Luise und Katharina wieder sehr gut, der Rosé war präzise und geradlinig, der Blanc de Noir besaß gute Substanz und Länge. Die beiden Triumvirate, neu degorgiert, waren füllig und komplex, unser eindeutiger Favorit war aber der „Blanc et Noirs" aus dem Jahrgang 2005, neu degorgiert, ohne Dosage abgefüllt.

Neue Kollektion

Dieses Jahr wurden alle unsere Favoriten des letzten Jahres ein weiteres Mal vorgestellt, neu degorgiert, sie haben sich nur unwesentlich anders präsentiert als im Vorjahr, hin und wieder gab es eine geringfügige Abweichung in der Bewertung. Unter den Sekten ohne Jahrgangsbezeichnung gefällt uns die harmonische Cuvée Katharina am besten, dicht gefolgt von der Cuvée Marie-Luise. Ganz hervorragend ist der einzige komplett neue Jahrgangssekt, der 2004er MonRose, er besitzt ein faszinierendes Bouquet, feine rauchige Noten, ist füllig und komplex im Mund, fein gereift, strukturiert und lang. ◄

Weinbewertung

83 Riesling Sekt brut (deg. 1/13) **12 %/12,- €**

86 Cuvée Marie-Luise" Sekt brut (deg. 12/12)
     12 %/14,- €

87 Cuvée Katharina" Sekt brut (deg. 1/13)
     12 %/14,- €

88 2007 „Blanc de Blancs" Sekt brut (deg. 11/12)
     12 %/25,- €

88 2007 Chardonnay „Prestige" Sekt brut (deg. 1/13) **12 %/29,- €**

86 2007 Pinot „Blanc de Noir" „Prestige" Sekt brut (deg. 11/12) **12 %/19,- €**

91 2005 „Blanc et Noirs" Sekt brut nature (deg. 1/13) **12,5 %/29,- €**

90 2005 „V. Triumvirat Grande Cuvée" Sekt brut (deg. 1/13) **12,5 %/33,- €**

89 2007 „VII Triumvirat Grande Cuvée" Sekt brut (deg. 1/13) **12 %/35,- €**

85 Rosé „Prestige" Sekt brut (deg. II/13) **12 %/17,- €**

90 2004 „MonRose" Sekt brut **12,5 %/160,- €/1,5l**

★★★☆

Burg **Ravensburg**
Weingut   **Baden**

📍 *Hauptstraße 44, 75056 Sulzfeld*
Tel. *07269-91410,* **Fax:** *07269-914140*
www.burg-ravensburg.de
weingut@burg-ravensburg.de
Besuchszeiten: *Vinothek Sulzfeld (Weingut Burg Ravensburg) Fr. 14-18 Uhr, Sa. 10-13 Uhr*
Vinothek Tiefenbach (Weingut Heitlinger) Mo.-Fr. 10-18 Uhr, Sa. 11-18 Uhr
Restaurant im Weingut Heitlinger (Mo. + Di. Ruhetag)

Inhaber . . . . Weingüter Heitlinger &
. . . . Burg Ravensburg GmbH, Heinz Heiler
Geschäftsführer . . . . Claus Burmeister
Kellermeister . . . . Jürgen Kern
Rebfläche . . . . 34 Hektar

Dem Weingut Burg Ravensburg gehören 18 Hektar Weinberge arrondiert um die gleichnamige Burg mit den drei Einzellagen Burg Ravensburger Löchle, Burg Ravensburger Dicker Franz und Burg Ravensburger Husarenkappe. Die Reben wachsen hier auf Gipskeuperböden. Die Husarenkappe ist eine reine

R

R

Rieslinglage, das Löchle überwiegend Burgunderlage und die Lage Dicker Franz ist für ihren Lemberger bekannt. Wichtigste Rebsorte ist Riesling, gefolgt von Lemberger, Schwarzriesling, Spätburgunder, Weißburgunder, Grauburgunder und Trollinger. Das Programm ist gegliedert in Gutsweine, Lagenweine und die Großen Gewächse bzw. die Corvus genannten Barriqueweine. 2009 wurde das Weingut von den Unternehmern Heinz Heiler, Barry Green und Klaus Vogel übernommen, denen auch das benachbarte Weingut Heitlinger in Tiefenbach gehörte, heute ist Heinz Heiler alleiniger Besitzer beider Betriebe. Claus Burmeister, der Burg Ravensburg seit 1995 führt, ist seither für beide Weingüter verantwortlich. Seit 2010 werden die Weinberge ökologisch bewirtschaftet.

Vorjahre

Burg Ravensburg hat in den letzten Jahren deutlich zugelegt. Vor allem bei den Weißweinen. Die Rieslinge haben stetig an Ausdruck gewonnen, zuletzt aber gefiel meist der Grauburgunder aus dem Löchle besonders gut. Auch die Rotweine zeigten Klasse auf hohem Niveau, haben ebenfalls weiter zugelegt in den letzten Jahren. Die Basisweine überzeugten vor zwei Jahren weiß wie rot, die 2010er Lagenweine mussten allerdings ein wenig dem Jahrgang Tribut zollen: Der Riesling gefiel uns am besten, gefolgt vom Weißburgunder – und erst an dritter Stelle folgte unser Favorit der letzten Jahre, der Grauburgunder. Die letztjährige Kollektion wartete mit starken weißen Basisweinen auf – und drei bärenstarken Lagenweinen, die sich geschlossen präsentierten wie selten zuvor, allen voran der Grauburgunder. Im roten Teil der Kollektion gefiel uns der reintönige Spätburgunder aus dem Löchle, der Star im Programm war aber eindeutig der Corvus-Lemberger, Jahrgang 2009.

Neue Kollektion

Die 2010er Lemberger kommen jahrgangsbedingt nicht ganz an ihre Vorgänger heran. Das dezent gewürzduftige Große Gewächs

ist kraftvoll und geradlinig, besitzt feine Tannine und Biss, der Corvus ist konzentrierter, zeigt etwas Schokolade im Bouquet, ist kraftvoll und harmonisch im Mund bei guter Struktur. Der 2011er Lemberger ist fruchtbetont und reintönig, der Spätburgunder aus dem Löchle besitzt feine rauchige Noten, reintönige Frucht und gute Konzentration. Der Weißburgunder aus dem Löchle ist füllig und kompakt, der Grauburgunder etwas druckvoller und komplexer, am besten aber gefällt uns im weißen Segment der Riesling aus der Husarenkappe, der gute Konzentration im Bouquet zeigt, reife Frucht, gelbe Früchte, kraftvoll und füllig im Mund ist, gute Struktur und Substanz besitzt. ◄━

Weinbewertung

83	2012 Riesling trocken	12,5 %/8,80 €
82	2012 Weißburgunder trocken	12,5 %/8,80 €
90	2012 Riesling „GG" Husarenkappe	12,5 %/21,- €
87	2012 Weißburgunder „GG" Löchle	13,5 %/21,- €
88	2012 Grauburgunder „GG" Löchle	14,5 %/21,- €
85	2011 Lemberger trocken	13,5 %/10,- €
87	2011 Spätburgunder trocken Löchle	13 %/22,50€
87	2010 Lemberger trocken Dicker Franz	13,5 %/22,50 €
89	2010 Lemberger trocken „Corvus"	13,5 %/55,- €

★★★

Rebenhof
Weingut Johannes Schmitz

Mosel

Hüwel 2-3, 54539 Ürzig
Tel. 06532-4546, Fax: 06532-1565
www.rebenhof.de; info@rebenhof.de
Besuchszeiten: täglich nach Vereinbarung
Gästezimmer, Apartments, kulinarische Wochenenden

Inhaber......................Johannes Schmitz
Rebfläche..............................6 Hektar

Der Rebenhof in Ürzig wird von Johannes und Doris Schmitz bewirtschaftet. Die Weinberge liegen größtenteils in der Ürziger Moselschleife, in der Lage Ürziger Würzgarten. Die Trauben aus benachbarten Lagen gehen in den Gutsriesling ein. Johannes Schmitz vergärt die Weine langsam und kühl, teils in Holzfässern, teils im Edelstahl, und lässt sie recht lange auf der Feinhefe liegen.

Vorjahre

Die 2010er präsentierten sich sehr gleichmäßig: Sie waren üppig und saftig, aber nicht ganz so feingliedrig und elegant wie in vorausgegangenen Jahren; drei konzentrierte, dicke edelsüße Weine führten die Kollektion an. Die 2011er Kollektion war stimmig und stark, das trockene Segment wurde angeführt vom Großen Gewächs, noch stärker war der süße Teil der Kollektion.

Neue Kollektion

Die neue Kollektion präsentiert sich sehr gleichmäßig, wobei die Vorteile eindeutig im edelsüßen Segment liegen, das angeführt wird von einer würzig-duftigen Auslese und einer konzentrierten, dicken Beerenauslese mit viel Biss.

Weinbewertung

83 2012 Riesling trocken „Zero" Ürziger Würzgarten 11,5 %

84 2012 Riesling trocken „von wurzelechten Reben" Ürziger Würzgarten 11,5 %

82 2012 Riesling Spätlese trocken Ürziger Würzgarten 12 %

82 2012 Riesling trocken „von alten Reben" Ürziger Würzgarten 12 %

85 2012 Riesling „feinherb" „von den Felsen" Ürziger Würzgarten

82 2012 Riesling „feinherb" „vom roten Schiefer" 11 %

84 2012 Riesling Spätlese „Grand Ley" Ürziger Würzgarten 10 %

87 2012 Riesling Auslese „Fass Nr. 12" Ürziger Würzgarten 9 %

88 2012 Riesling Beerenauslese Ürziger Würzgarten 7,5 %

★

Jürgen **Rebhann**
Weinkellerei   **Franken**

Kammerforst 11, 97516 Oberschwarzach
Tel. 09553-469, **Fax:** 09553-921081
www.rebhann.de
rebhann-juergen@t-online.de
Besuchszeiten: 8-18 Uhr, auch am Wochenende
Gastronomiebetrieb (Wochenende)

Inhaber........................Jürgen Rebhann
Rebfläche............................5,8 Hektar

Von den 5,8 Hektar Rebfläche, die Jürgen Rebhann besitzt, wurde ein Teil der Ernte bis 2010 an eine Genossenschaft abgeliefert. Seine Weinberge liegen im Steigerwald in den Lagen Kammerforster Teufel und Handthaler Stollberg. Derzeit strukturiert er den Sortenspiegel neu. Bacchus und Silvaner sind derzeit die wichtigsten Rebsorten, gefolgt von Domina, Müller-Thurgau, Johanniter, Scheurebe, Grauburgunder, Kerner und Weißburgunder. Silvaner und Johanniter will er weiter forcieren, Chardonnay und Frühburgunder wurden neu angelegt, die Scheurebe wurde gerodet, dafür Silvaner gepflanzt. Die Weißweine werden kühl im Edelstahl vergoren, die Rotweine kommen nach der Maischegärung ins Holz. Das Holz stammt aus eigenen Wäldern, die an die Weinberge angrenzen. Die 3 Hektar Obst werden komplett in der eigenen Brennerei verarbeitet und ganz über die Flasche vermarktet.

Vorjahre

Vor zwei Jahren präsentierte Jürgen Rebhann ausschließlich Weine der Jahrgänge 2009 und 2008. Die Kollektion gefiel uns noch ein wenig besser als im Jahr zuvor, bot sehr zuverlässige Qualität, mit Grauburgunder und Kerner überzeugten vor allem zwei teilweise bzw. ganz im Barrique ausgebaute Weißweine. Sehr gleichmäßig präsentierte sich auch der Jahrgang 2011, überzeugte mit frischen, klaren Weinen. Wieder einmal ge-

Die besten deutschen Weinerzeuger und ihre Weine

R

fiel uns der im Barrique ausgebaute Grauburgunder sehr gut, ebenso die Scheurebe Auslese und die trockene Silvaner Spätlese.

Neue Kollektion

Bei der Scheurebe nun hat Jürgen Rebhann einen weiteren 2011er vorgestellt, eine wunderschön konzentrierte und klare Trockenbeerenauslese, die reintönig, saftig und lang ist – schade, dass Jürgen Rebhann den Weinberg gerodet hat. Im sehr gleichmäßigen 2012er Sortiment, beginnend mit einem feinen Liter-Müller-Thurgau, gefällt uns einmal mehr die trockene Silvaner Spätlese besonders gut, auch die reintönige, kraftvolle Domina Spätlese aus 2011 überzeugt. ◄

Weinbewertung

81	2012 Müller-Thurgau Kabinett halbtrocken (1l)	12,5 %/4,70 €
82	2012 Silvaner Kabinett trocken	12,5 %/4,50 €
83	2012 Riesling Kabinett trocken	12,5 %/7,50 €
82	2012 Weißburgunder Kabinett	12,5 %/8,- €
84	2012 Silvaner Spätlese trocken	14 %/8,50 €
82	2012 Kerner Kabinett halbtrocken	12,5 %/5,- €
82	2012 Johanniter Kabinett halbtrocken	12 %/5,- €
89	2011 Scheurebe Trockenbeerenauslese	10 %/28,- €/0,5l
82	2012 Domina Rosé Kabinett halbtrocken	12 %/6,50 €
84	2011 Domina Spätlese trocken	13,5 %/10,- €

R

Rebholz
Weingut Ökonomierat

★★★★☆

Pfalz

📍 *Weinstraße 54, 76833 Siebeldingen*
Tel. 06345-3439, *Fax:* 06345-7954
www.oekonomierat-rebholz.de
wein@oekonomierat-rebholz.de,
Besuchszeiten: *Mo.-Fr. 9-12 + 14-17 Uhr, Sa. 9-15 Uhr, Vereinbarung erwünscht*

Inhaber . . . . Hansjörg Rebholz
Rebfläche . . . . 20 Hektar

Wichtigste Rebsorten bei Hansjörg Rebholz sind Riesling und Spätburgunder. Hinzu kommen die weißen Burgundersorten, Chardonnay, Silvaner und Müller-Thurgau, sowie als Spezialitäten Gewürztraminer und Muskateller. An der Basis des Programms von Hansjörg Rebholz stehen die Rebsortenweine, darüber die Terroirweine, die „S"-Weine gibt es ab dem Jahrgang 2012 nicht mehr. Darüber wiederum stehen die Weine aus Ersten und Großen Lagen aus denen die Großen Gewächse stammen: Riesling aus dem Birkweiler Kastanienbusch, Riesling, Weißburgunder und Spätburgunder aus dem Siebeldinger Im Sonnenschein, Riesling aus dem alten Gewann „Ganz Horn" im Siebeldinger Im Sonnenschein und erstmals mit dem Jahrgang 2012 ein Weißburgunder aus dem Birkweiler Mandelberg. Daneben gibt es noch die im Barrique ausgebauten „R"-Weine. 2006 stellte Hansjörg Rebholz auf ökologischen Weinbau um.

Vorjahre

Seit Ende der achtziger Jahre kennen wir nun die Weine von Rebholz: Kein Anderer im Süden der Pfalz steigerte sich so kontinuierlich Jahr für Jahr wie Hansjörg Rebholz. Vor zwei Jahren fanden wir die weißen Burgunder etwas verhaltener als in den Jahren zuvor. Die drei Großen Gewächse vom Riesling waren bei der Verkostung noch enorm jugendlich und zeigten erst nach zwei, drei Tagen in der offenen Flasche ihre ganze Klasse – Weine für die Reife. Der faszinierend nachhaltige „Ganz Horn" lag vorne, knapp vor dem Sonnenschein und etwas deutlicher vor dem Kastanienbusch. Die beiden Spätburgunder aus dem Jahrgang 2008 präsentierten sich herrlich klar und präzise. Im vergangenen Jahr war die Kollektion erneut sehr stark, alle Weine überzeugten. Die Riesling-Riege war vorbildlich, die drei Terroir-Rieslinge bildeten ihre jeweilige Lagentypizität ganz klar und präzise ab, alle drei Großen Gewächse vom Riesling waren wunderbar elegant. Der Chardonnay meldete sich zurück als einer der besten

Vertreter der Rebsorte in Deutschland, die drei Weißburgunder mit dem gut strukturierten und saftigen Großen Gewächs an der Spitze waren ebenfalls herrlich eindringlich. Jeweils sehr klare, reintönige und frische Silvaner, Muskateller und Gewürztraminer – trocken wie restsüß – komplettierten das weiße Sortiment, die beiden Spätburgunder besaßen herrlich reintönige Frucht.

Neue Kollektion

In diesem Jahr ist die Riesling-Riege wieder beeindruckend stark, an der Spitze steht aus dem 2012er Jahrgang das Große Gewächs aus dem Kastanienbusch, ein herrlich präziser Wein mit viel Druck, enormer Länge und viel mineralischer Würze. Zudem war der Kastanienbusch zum Zeitpunkt der Verkostung das präsenteste der drei Großen Gewächse, während die beiden Rieslinge Sonnenschein und „Ganz Horn" sich noch sehr verschlossen zeigen und Kraft, Würze und Nachhaltigkeit erst andeuten – erneut sind das Weine für die Reife, dann könnten sie in der Bewertung durchaus noch zulegen. Auch die „zweite Reihe" ist sehr gut, der „Muschelkalk"-Riesling ist elegant, mineralisch und nachhaltig, wie auch der Riesling vom Rotliegenden, der noch etwas mehr Finesse zeigt und dem die Verwandtschaft mit den Großen Gewächsen deutlich anzumerken ist. Unter den Weißburgundern liegt das etwas nachhaltigere Große Gewächs aus dem Sonnenschein vor dem neu im Sortiment vertretenen Wein aus dem Mandelberg und auch die beiden Weine vom Muschelkalk und vom Lößlehm zeigen Substanz, Würze und Länge. Der Chardonnay zeigt in diesem Jahr viel Holzwürze und Vanille, beim insgesamt etwas verhalteneren „PiNo" ist der Holzeinsatz wesentlich dezenter, beim ebenfalls im Barrique ausgebauten Sauvignon Blanc ist die Frucht zugunsten der Röst- und Kräuternoten noch ganz im Hintergrund. Und der 2008er Spätburgunder aus dem Kastanienbusch besitzt Eleganz, Länge und feine reife Tannine, die noch einige Jahre an Potential garantieren. ◀

Weinbewertung

87 2012 Muskateller trocken **12 %/12,50 €**
87 2012 Gewürztraminer trocken **13,5 %/16,50 €**
88 2012 Sauvignon Blanc „R" trocken **12,5 %/21,- €**
90 2012 „PiNo" „R" trocken **27,- €**
91 2012 Chardonnay „R" trocken **27,- €**
88 2012 Weißburgunder trocken „vom Lößlehm" **13,5 %/17,- €**
89 2012 Weißburgunder trocken „vom Muschelkalk" Siebeldinger **13,5 %/21,- €**
87 2012 Riesling trocken „vom Buntsandstein" **12,5 %/17,- €**
89 2012 Riesling trocken „vom Muschelkalk" **12,5 %/17,- €**
90 2012 Riesling trocken „vom Rotliegenden" Birkweiler **12,5 %/21,- €**
91 2012 Weißburgunder „GG" Mandelberg **13,5 %/35,- €**
92 2012 Weißburgunder „GG" Im Sonnenschein **13,5 %/37,- €**
92 2012 Riesling „GG" Im Sonnenschein **12,5 %/36,- €**
93 2012 Riesling „GG" „Ganz Horn" Im Sonnenschein **12,5 %/36,- €**
94 2012 Riesling „GG" Kastanienbusch **12,5 %/40,- €**
89 2012 Gewürztraminer Auslese Albersweiler Latt **11 %/26,- €**
87 2011 Spätburgunder trocken „Tradition"
91 2008 Spätburgunder „GG" Im Sonnenschein **13 %/45,- €**

Die besten deutschen Weinerzeuger und ihre Weine

R

★★★

F.J. **Regnery**
Weingut   **Mosel**

Mittelstraße 39, 54340 Klüsserath
Tel. 06507-4636, Fax: 06507-3053
www.weingut-regnery.de
mail@weingut-regnery.de
Besuchszeiten: täglich nach Vereinbarung

Inhaber..........................Peter Regnery
Rebfläche...............................7 Hektar

Die Geschichte des Weinguts Regnery geht auf das 17. Jahrhundert zurück. Franz-Josef Regnery hatte seine Weinberge in Flachlagen verkauft und Parzellen in den besten Lagen der Klüsserather Bruderschaft hinzugekauft. Davon profitiert heute sein Sohn Peter, der 2000 sein Studium in Geisenheim beendet hat und heute den väterlichen Betrieb führt, unterstützt von den Eltern Franz-Josef und Waltraud. Während seines Studiums hatte er jeweils zweimonatige Praktika in Neuseeland (Corban's) und Südafrika (Louisvale) gemacht. Neben Riesling baut Peter Regnery ein Viertel Spätburgunder an, von dem es vier verschiedene Klone gibt. Die Rieslinge werden überwiegend im Edelstahl ausgebaut, kommen aber während des Ausbaus alle auch für kurze Zeit (maximal zwei Monate) ins Holzfass. 80 Prozent der Weine werden trocken abgefüllt.

Die besten deutschen Weinerzeuger und ihre Weine

Vorjahre

Vor zwei Jahren war das füllige Große Gewächs der Star, im roten Segment gefiel uns der Spätburgunder Barrique ein klein wenig besser als die Auslese trocken. Die letztjährige Kollektion war nochmals stärker, alle Weine waren reintönig und kraftvoll, vom Gutsriesling über die trockene Spätlese bis hin zur trockenen Auslese von alten Reben, am faszinierendsten aber war das Große Gewächs, das konzentriert war, reintönig, füllig und kraftvoll, gute Struktur und Substanz besaß.

Neue Kollektion

Sehr geschlossen und stark präsentiert sich die neue Kollektion, beginnt mit einem frischen, zupackenden Gutsriesling auf überzeugendem Niveau. Der trockene Riesling Edition Michelskirch besitzt reife Frucht, gute Konzentration und viel Substanz, nochmals komplexer ist das Große Gewächs, besitzt Fülle und Saft, viel reife Frucht und Substanz. Halbtrocken bietet Peter Regnery einen wunderschön reintönigen Kabinett und eine füllige, wunderschön harmonische Spätlese, pardon: Edition Michelskirch, mit

guter Struktur und viel Substanz. Die Spätburgunder gehören wieder einmal zu den besten im Anbaugebiet. Schon der im Holz ausgebaute Basiswein besitzt gute Substanz, die Barrique-Variante besitzt reife Frucht, viel Kraft und gute Struktur, noch fülliger, dabei aber ebenso reintönig ist die im Barrique ausgebaute Auslese, zeigt feine rauchige Noten, besitzt reife Frucht, gute Struktur und Substanz. Starke Kollektion!

Weinbewertung

84 2012 Riesling trocken **11,5 %/5,50 €**
87 2012 Riesling trocken „Edition Michelskirch" **12,5 %/9,50 €**
89 2012 Riesling „GG" Klüsserather Bruderschaft **12,5 %/17,50 €**
85 2012 Riesling Kabinett „feinherb" Klüsserather Bruderschaft **11,5 %/6,- €** ☺
88 2012 Riesling „feinherb" „Edition Michelskirch" **11,5 %/9,50 €** ☺
85 2011 Spätburgunder trocken Klüsserather Bruderschaft **13 %/7,- €**
87 2011 Spätburgunder trocken Barrique Klüsserather Bruderschaft **13,5 %/12,50 €**
88 2011 Spätburgunder Auslese trocken Barrique Klüsserather Bruderschaft **13,5 %/18,50 €**

Reh
Weingut   ★★★
                            Mosel

Weierbachstraße 12, 54340 Schleich
Tel. 06507-99110, Fax: 06507-99111
www.weingut-reh.de
weingut-reh@t-online.de
Besuchszeiten: nach Vereinbarung

Inhaber . . . . Winfried und Sigrid Reh
Rebfläche . . . . 7,5 Hektar

Sigrid und Winfried Reh bewirtschaften vor allem Rieslingreben in Lagen wie dem Mehringer Blattenberg und dem Zellerberg. Winfried Reh hat im vergangenen Jahrzehnt sein Weingut neu strukturiert. Er hat Weinberge in schlechteren Lagen verkauft und sich immer mehr auf Riesling und Toplagen konzentriert. Im Mehringer Blattenberg besitzt er 1,1 Hektar wurzelechte Rieslingreben, die vor mehr als 100 Jahren gepflanzt wurden. Der Stil der Weine hat sich in den letzten Jahren allmählich verändert. Seine Weine vergärte Reh früher konsequent mit Reinzuchthefen, heute experimentiert er auch mit Spontanvergärung. Einen Großteil ihrer Weine bauen die Rehs trocken und feinherb aus, allerdings werden immer in kleinen Mengen animierende, frische restsüße Spätlesen (mit eher wenig Zucker) und sehr kleine Mengen der „Zenit"-Auslese gewonnen. Großen Wert legt man hier wie eh und je auf zuverlässige, animierende Basisweine.

Vorjahre

2010 präsentierte sich sehr geschlossen, wobei die Vorteile in diesem Jahrgang im restsüßen Segment lagen, das von Auslese und Beerenauslese aus dem Blattenberg angeführt wurde, die Basisweine überzeugten wie gewohnt. Auch 2011 bekam man bei Winfried Reh wieder feinen Riesling im Liter, ob trocken, „feinherb" oder süß. Der Schieferterrassen-Riesling gefiel uns im trockenen Segment besonders gut, noch besser der „Layet 1900"; die Glanzlichter aber setzten Zenit und Trockenbeerenauslese.

Neue Kollektion

Solche Highlights fehlen 2012, die Zenit-Auslese ist zwar recht duftig und konzentriert, aber weniger komplex und lang als gewöhnlich. Halbtrocken gefällt uns dieses Jahr etwas besser als trocken, unser Favorit ist die Spätlese von alten Reben aus dem Zellerberg, die füllig und kraftvoll sich präsentiert, reife Frucht und gute Struktur besitzt. ◄

Weinbewertung

82 2012 Riesling trocken (1l) **12 %/5,50 €**
82 2012 Riesling Hochgewächs trocken **12 %/5,50 €**
82 2012 Riesling trocken „Schieferterrassen" **12,5 %/6,- €**
81 2012 Weißburgunder trocken **13 %/6,50 €**

85 2012 Riesling Spätlese trocken „Layet 1900" Mehringer Blattenberg **13 %/8,- €**
81 2012 Riesling „feinherb" (1l) **12 %/5,50 €**
83 2012 Riesling „feinherb" „Schieferterrassen" **12 %/6,- €**
88 2012 Riesling Spätlese „feinherb" „Alte Reben" Mehringer Zellerberg **13 %/8,- €**
82 2012 Riesling (1l) **9,5 %/5,50 €**
84 2012 Riesling Spätlese **9,5 %/8,- €**
87 2012 Riesling Auslese „Zenit" Mehringer Blattenberg **9,5 %/12,- €**
80 2012 Spätburgunder Rosé „feinherb" **12,5 %/6,- €**

★★

Johann Peter **Reinert**
Weingut   **Mosel**

Alter Weg 7a, 54441 Kanzem
Tel. *06501-13277,* **Fax:** *06501-150068*
www.weingut-reinert.de
kontakt@weingut-reinert.de
Besuchszeiten: *nach Vereinbarung*
Probierstube, Hoffest Ende August

Inhaber.................... Johann Peter Reinert
Rebfläche............................ 4,4 Hektar

1813 gründete Johann Peter Reinert, ein Vorfahre des heutigen Inhabers, das gleichnamige Weingut in Kanzem. Der heutige Inhaber, der wie seine vier Vorgänger ebenfalls den Namen Johann Peter Reinert trägt, hat das Weingut 1965 im Alter von einundzwanzig Jahren übernommen, wird heute im Betrieb unterstützt von seinem Sohn Johannes. Seit 1970 befindet sich das Weingut am Ortsrand von Kanzem. 1987 hat Johann Peter Reinert die Reberziehung im gesamten Betrieb umgestellt: Er hat den Zeilenabstand vergrößert und die Reben von den Spanndrähten befreit. So können viele junge Blätter am Stock belassen werden, was nach Meinung von Reinert zu einer deutlichen Qualitätssteigerung führt. Die Vielfalt

R

der Lagen hängt mit der Geschichte des Weingutes zusammen: Jede der Ehefrauen brachte einige Weinberge in die Ehe mit. So besitzt Johann Peter Reinert heute Weinberge – alle in Steillagen – in Wiltingen, Filzen, Ayl, Wawern und natürlich Kanzem. Alle Weine werden im traditionellen Fuder ausgebaut und reifen meist bis zum Mai im Fass. Die Rieslinge reifen eher langsam und benötigen entsprechend viel Zeit, um sich im Bestzustand zu präsentieren, bleiben dann aber lange auf diesem Niveau.

Vorjahre

2010 präsentierte sich konsistent, angefangen vom feinen Gutsriesling bis hin zu den Versteigerungsauslesen. Auch 2011 bot gutes Niveau, mit leichten Vorteilen im restsüßen Segment, die Auslesen aus Ritterpfad und Altenberg gefielen uns besonders gut.

Neue Kollektion

2012 sind die Weine etwas verhaltener, die Vorteile liegen einmal mehr im restsüßen Segment. Die feinherbe Spätlese aus dem Ritterpfad ist konzentriert und elegant, noch besser aber gefällt uns die Versteigerungsauslese aus dem Altenberg, die frisch, klar und zupackend ist bei feiner süßer Frucht. ◀

Weinbewertung

81 2009 Elbling Crémant brut Igeler Dullgärten **12,5 %/9,50 €**

81 2012 Riesling Kabinett trocken Wiltinger Schlangengraben **11,5 %/6,- €**

81 2012 Riesling Spätlese halbtrocken Wawerner Ritterpfad **11 %/7,50 €**

85 2012 Riesling Spätlese „feinherb" Wawerner Ritterpfad **10,5 %/7,50 €**

81 2012 Riesling Kabinett Kanzemer Sonnenberg **9,5 %/6,20 €**

87 2012 Riesling Auslese Kanzemer Altenberg **8 %/Verst.**

★★★

Reinhartshausen
Weingut Schloss   **Rheingau**

Hauptstraße 41, 65346 Eltville-Erbach
Tel. *06123-676333,* **Fax:** *06123-4222*
www.schloss-reinhartshausen.de
service@schloss-reinhartshausen.de
Besuchszeiten: *Vinothek Mo.-Fr. 9-18 Uhr,*
Sa./So. 11-17 Uhr
Schlossausschank (Mo.-Fr. ab 16 Uhr, Sa./So. ab 11 Uhr)

Inhaber . . . . Familie Lergenmüller
Geschäftsführer . . . Stefan & Jürgen Lergenmüller
Rebfläche . . . . 80 Hektar

Das Weingut, 1999 von der Gruppe „Freunde von Schloss Reinhartshausen" übernommen, hat einen erneuten Besitzerwechsel erfahren. Die Brüder Stefan und Jürgen Lergenmüller, engagierte Winzer und Gastronomen aus der Pfalz, sind nun verantwortlich für die Geschicke des Rheingauer Traditionsbetriebes. Walter Bibo, der den Betrieb seit 2003 leitete und auf einen guten Weg gebracht hatte, wechselt in den Beirat. Ob sein Einfluss dort groß sein wird, muss abgewartet werden. Schloss Reinhartshausen baut neben knapp 90 Prozent Riesling noch etwas Weißburgunder, Chardonnay und Spätburgunder an. Zum Besitz gehören Weinberge in den Erbacher Lagen Marcobrunn, Schlossberg (im Alleinbesitz), Siegelsberg und Hohenrain, in den Hattenheimer Lagen Wisselbrunnen und Nussbrunnen, sowie in der Kiedricher Sandgrub. Zum Betrieb gehört auch eine eigene Insel im Rhein, die Mariannenaue mit 24 Hektar Rebfläche. Aus dem Marcobrunn wird neben dem Ersten/Großen Gewächs seit 2008 auch eine restsüße Spätlese erzeugt. Große Gewächse gibt es zudem aus dem Schlossberg und aus dem Siegelsberg. Die Weine werden in Edelstahltanks vergoren und dann in Holzfässern gelagert, sie wirken manchmal im ersten Moment nicht so strahlend wie die Rieslinge anderer Rheingauer Weingüter, besitzen aber Würze und Länge.

Vorjahre

2010 schloss nahtlos an das Vorjahr an, die edelsüße Kollektion gehörte zu den besten im Rheingau, wurde angeführt von zwei konzentrierten Eisweinen. Aber auch trocken gelang Walter Bibo und seinem Team eine gute Kollektion, vor allem die Spitzen überzeugten, angeführt vom nachhaltigen Ersten Gewächs aus dem Marcobrunn. Auch die 2011er Kollektion hatte viel zu bieten, vor allem mit dem Ersten Gewächs aus dem Schlossberg, das nach reifen Zitrusfrüchten, Mirabellen und Apfel duftete. Eine echte Überraschung stellte der würzige, fast trocken wirkende und sehr nachhaltige „Alte-Reben"-Wein aus der Lage Hohenrain dar. Das gewaltige Sortiment an Süßweinen bot etwas für jeden Geschmack – mit der saftigen, dezent an Apfelschalen erinnernden Auslese aus dem Marcobrunn oder der nach kandierten Zitronen duftenden Beerenauslese aus dem Schlossberg. Von den drei erstklassigen Trockenbeerenauslesen gar nicht zu reden!

Neue Kollektion

Ein knackiger Sauvignon Blanc führt die diesjährige Kollektion an, die auch einen saftigen Holzfass-Riesling aus dem Siegelsberg zu bieten hat. Die Großen Gewächse des Jahrgangs 2012 wurden nicht präsentiert, zum Ausgleich wurden die im letzten Jahr noch nicht gezeigten 2011er Rieslinge aus Marcobrunn und Siegelsberg vorgestellt. Beide besitzen eine interessante Reife, wirken eher schlank und fein als opulent, vertreten einen durchaus eigenen Stil. ◄

Weinbewertung

85 2012 Weißburgunder & Chardonnay trocken „von der Insel Mariannenaue" 12 %/9,80 €

84 2012 Sauvignon Blanc trocken „von der Insel Mariannenaue" 12 %/7,90 €

82 2012 Riesling trocken 12 %/7,90 €

86 2012 Riesling trocken Hattenheimer Nussbrunnen 12 %/12,50 €

87 2012 Riesling trocken „Holzfass" Erbacher Siegelsberg 12,5 %/13,50 €

88 2011 Riesling Erstes Gewächs Erbach Marcobrunn 13 %/33,- €

89 2011 Riesling Erstes Gewächs Erbach Siegelsberg 13 %/25,- €

89 2011 Riesling Auslese Erbacher Schlossberg 10 %/30,- €

92 2011 Riesling Auslese Goldkapsel Erbacher Marcobrunn 9 %/37,50 €

Hans **Resch**
Weingut   **Mosel**

Kirchstraße 29, 54459 Wiltingen
Tel. 06501-16450, **Fax:** 06501-14586
www.weingut-resch.de
info@weingut-resch.de
Besuchszeiten: Mo.-Sa. nach Vereinbarung

Inhaber . . . . Franz-Andreas Resch
Rebfläche . . . . 6,6 Hektar

Franz-Andreas Resch führt heute mit Ehefrau Monika das Weingut in fünfter Generation. Offiziell hat er es 1983 übernommen, aber erst nach seinem Betriebswirtschaftsstudium ist er ganz in den Betrieb eingestiegen. Riesling ist mit einem Anteil von über 80 Prozent die wichtigste Rebsorte, aber auch etwas Chardonnay, Weißburgunder und Spätburgunder baut er an. Die Weine werden langsam mit ihren natürlichen Hefen vergoren und lagern recht lange auf der Feinhefe. Etwa 70 Prozent der Weine baut er trocken aus, knapp ein Drittel der Trauben nutzt er für die Erzeugung von Sekt.

Vorjahre

2010 hatte Franz-Andreas Resch mit Bâtonnage gearbeitet, zum Zeitpunkt der Verkostung wirkten die 2010er aber nicht harmonisch, waren sehr säuregeprägt. Die 2011er Weine waren sehr gleichmäßig, manche ein

Die besten deutschen Weinerzeuger und ihre Weine

R

wenig verhalten. Am besten gefiel uns die kraftvolle, zupackende trockene Spätlese aus dem Klosterberg, auch der cremige Chardonnay überzeugte.

Neue Kollektion

Ein weiterer säuregeprägter 2010er wurde uns nun dieses Jahr vorgestellt, der Scharzhofberger Eiswein. Die 2012er Kollektion ist sehr gleichmäßig, im trockenen Segment gefällt uns der Kabinett aus dem Klosterberg besser als die Spätlese aus der gleichen Lage, feinherb überzeugt die füllige, saftige Scharzhofberger Spätlese und süß die ebenfalls sehr saftige Spätlese aus dem Rosenberg. ◄■

Weinbewertung

83   Riesling Sekt brut   **12 %/9,50 €**

80   2012 Saar-Riesling (1l)   **11 %/5,50 €**

82   2012 Riesling Spätlese trocken Wiltinger Klosterberg   **11 %/8,50 €**

83   2012 Riesling Kabinett trocken Wiltinger Klosterberg   **10,5 %/7,30 €**

80   2012 Weißburgunder & Riesling   **10 %/7,50 €**

80   2012 Saar-Riesling „feinherb" (1l)   **11 %/5,50 €**

81   2012 Riesling Kabinett „feinherb" Wiltinger Schlangengraben   **10,5 %/7,30 €**

85   2012 Riesling Spätlese „feinherb" Scharzhofberger   **11 %/12,- €**

83   2012 Riesling Kabinett „Alte Reben" Wiltinger Klosterberg   **8,5 %/7,30 €**

84   2012 Riesling Spätlese „Schieferkopf" Wiltinger Rosenberg   **10 %/8,50 €**

85   2010 Riesling Beerenauslese Scharzhofberger   **10,5 %/30,- €/0,375l**

R

Balthasar **Ress**
Weingut   **Rheingau**

Rheinallee 7, 65347 Hattenheim
Tel. *06723-9195-0,* ***Fax****: 06723-9195-91*
www.balthasar-ress.de, info@balthasar-ress.de
Besuchszeiten: *Vinothek Mo.-Fr. 9-18 Uhr,*
Sa./So. 12-17 Uhr

Inhaber .... Stefan und Christian Ress
Rebfläche .... 46 Hektar

Im Jahre 1870 gründete Balthasar Ress einen Gastronomiebetrieb mit angeschlossenem Weinbau. Inzwischen gehört das Unternehmen zu den größten familiengeführten Weingütern im Rheingau und wird heute in vierter und fünfter Generation von Stefan und Christian Ress geführt – der Gastronomiezweig wurde abgespalten. Das Weingut hat sich zu beachtlicher Größe entwickelt – mittlerweile werden 46 Hektar bewirtschaftet, darunter Parzellen in Spitzenlagen wie dem Rüdesheimer Berg Schlossberg oder dem Hattenheimer Nussbrunnen. Über 90 Prozent der Rebfläche nimmt Riesling ein, dazu kommt ein kleiner Anteil Spätburgunder. Im Jahr 2009 bepflanzte Christian Ress sogar eine Parzelle auf der Nordseeinsel Sylt mit Solaris- und Müller-Thurgau-Reben. Inzwischen fungiert der umtriebige Allrounder Dirk Würtz als Betriebsleiter, bringt frischen Wind ins Weingut. Die Basisweine sind in aller Regel straff und mineralisch, manchmal deutlich säurebetont, die Lagenweine sind sehr individuell, straff und nicht eben leicht verständlich. Eigenwillige Etiketten ergänzen das Gesamtpaket. Als „Von Unserm" wird ein trockener Basiswein, als „Von Unserm S" ein deutlich kraftvollerer Premium-Riesling vermarktet.

Vorjahre

2010 waren die mächtigen edelsüßen Weine leider weniger reintönig als im Vorjahr, auch im trockenen und „feinherben" Teil des Sortiments würden wir uns viele Weine etwas klarer und feiner wünschen; nichtsdestotrotz präsentierte sich die Kollektion geschlossen auf gutem Niveau. Sehr eigenwillig wirkte die Kollektion 2011, beginnend bei den tadellosen Basisweinen über einen feinen Kabinett bis zum leicht alkoholischen „Von Unserm S". Die Lagenweine waren sehr speziell, verschlossen, von Spontangärnoten geprägt, trocken und bisweilen fordernd. Der Rottland-Riesling besaß Länge und Komplexität, schien aber sehr unzugänglich, während der Schlossberg eher mächtig und nicht sehr nachhaltig daherkam.

Neue Kollektion —————————————

Ein saftiger Riesling in der Literflasche läutet das Sortiment der Rieslinge ein. Die Lagenweine aus 2012 wirken nicht so eigenwillig und so markant von der Spontanvergärung beeinflusst wie jene aus 2011, was durchaus positiv gemeint ist. Vor allem der Schlossberg mit seiner feinen Zitrusfrucht sowie der straffe Wisselbrunnen gefallen schon jetzt, während der Nussbrunnen bei der Verkostung irritiert, über Stunden hinweg seinen Charakter komplett verändert; der Kabinett aus dem Schützenhaus ist enorm saftig und balanciert. ◄

Weinbewertung —————————————

82 2012 Riesling trocken 12 %/7,50 €
85 2012 Riesling trocken „von Unserm" 12 %/9,50 €
87 2012 Riesling trocken Hattenheim Engelmannsberg 12,5 %/22,30 €
89 2012 Riesling „GG" Hattenheim Wisselbrunnen 13 %/27,80 €
88 2012 Riesling „GG" Hattenheim Nussbrunnen 12,5 %/27,80 €
89 2012 Riesling „GG" Rüdesheim Berg Rottland 12 %/29,70 €
91 2012 Riesling „GG" Rüdesheim Berg Schlossberg 12,5 %/33,- €
87 2012 Riesling Kabinett Hattenheim Schützenhaus 9 %/10,50 €
85 2012 Riesling Kabinett Schloss Reichartshausen 8 %/11,40 €
81? 2011 Pinot Noir trocken „von Unserm" 13,5 %/12,50 €

★ ☆

Reuscher-Haart
Weingut   **Mosel**

Sankt-Michael-Straße 20/22, 54498 Piesport
Tel. 06507-2492, **Fax:** 06507-5674
www.weingut-reuscher-haart.de
info@weingut-reuscher-haart.de
Besuchszeiten: *jederzeit nach Vereinbarung*

Inhaber . . . . Mario Schwang
Rebfläche . . . . 6,2 Hektar

Seit 1337 existiert das Weingut Reuscher-Haart, der Doppel-Name entstand 1919 mit der Heirat von Elisabeth Haart und Matthias Reuscher, den Urgroßeltern des heutigen Besitzers Mario Schwang, der, nach Geisenheim-Studium und Arbeit in der Provence, das Weingut 2006 von seinem Vater Hugo Schwang übernommen hat. 95 Prozent der Rebfläche nimmt Riesling ein, dazu gibt es 4 Prozent Müller-Thurgau und 1 Prozent Regent. Die Weinberge befinden sich in den Piesporter Lagen Goldtröpfchen, Domherr, Falkenberg, Treppchen, Gräfenberg und Günterslay. Die Weine werden kalt vergoren und lagern etwa drei Monate auf der Feinhefe.

Vorjahre —————————————

Die 2010er waren jahrgangsbedingt etwas verhaltener, überzeugten aber durch ihr gutes Gesamtniveau, schon die beiden Liter-Rieslinge bereiteten Freude. Auch die letztjährige Kollektion war sehr homogen, wieder mit feinen Liter-Rieslingen als Einstieg, saftigen Spät- und Auslesen, am besten aber gefiel uns das trockene „Urgestein" aus dem Domherr.

Neue Kollektion —————————————

Die 2012er trockenen Weine nun sind eigenartig verhalten, deutlich besser gefällt uns das süße Segment: Der feine Literriesling ist frisch und klar, der Kabinett herrlich zupackend und reintönig wie auch die Spätlese, die noch etwas mehr Substanz besitzt. ◄

Weinbewertung —————————————

79 2012 Riesling trocken Piesporter Falkenberg

Die besten deutschen Weinerzeuger und ihre Weine

R

Die besten deutschen Weinerzeuger und ihre Weine

(1l) **11,5 %/4,50 €**

81   2012 Riesling Kabinett trocken Piesporter Falkenberg **11,5 %/5,50 €**

82   2012 Riesling Spätlese trocken Piesporter Goldtröpfchen **12,5 %/7,30 €**

83   2012 Riesling Spätlese trocken „Urgestein" Piesporter Domherr **13 %/7,80 €**

82   2012 Riesling Spätlese „feinherb ÜberSchwang" Piesporter Goldtröpfchen **11 %/7,50 €**

82   2012 Riesling Piesporter (1l) **9 %/4,50 €**

84   2012 Riesling Kabinett Piesporter Goldtröpfchen **8,5 %/5,50 €**

84   2012 Riesling Spätlese Piesporter Goldtröpfchen **9 %/7,80 €**

Reverchon
Weingut   **Mosel**

Saartalstraße 2-3, 54329 Konz-Filzen
***Tel.** 06501-923500,* ***Fax:** 06501-923509*
www.weingut-reverchon.de
kontakt@weingut-reverchon.de
***Besuchszeiten:** Mo.-Do. 8-14 Uhr, Fr. 8-18 Uhr und nach Vereinbarung*

Inhaber .... Hans Maret
Kellermeister .... Bernhard Maas
Rebfläche .... 13,2 Hektar

R

Das Gut wurde 1685 von der Kirche an die Familie Staadt verkauft, 1921 kam es in den Besitz der Familie Reverchon, 2007 wurde es von der Weingut Reverchon KG unter Führung des geschäftsführenden Gesellschafters Hans Maret übernommen. Inzwischen wurde die Rebfläche erweitert, die Spontanvergärung eingeführt, auch eine neue Vinothek hat mittlerweile eröffnet. Neuer Spitzenwein des Hauses ist der Herrenberg „GC", eine Selektion aus dem Filzener Herrenberg, der sich im Alleinbesitz befindet. Außer Riesling sind auch Weißburgunder, Chardonnay, Auxerrois sowie Spätburgunder im Anbau.

Vorjahre

Die gleichmäßige 2010er Kollektion wurde angeführt von der feinherben Spätlese aus dem Herrenberg. 2011 zeigte einige vielversprechende Ansätze: Der Saar-Riesling war klar und zupackend wie auch der Riesling von alten Reben, das Große Gewächs aus dem Herrenberg besaß Kraft und Stoff, die Auslese war füllig und schmeichelnd.

Neue Kollektion

2012 setzt sich der Weg fort, die Kollektion bietet klassische Saar-Rieslinge, fruchtbetont, frisch und animierend. Der trockene Riesling von alten Reben besitzt Kraft und reife Frucht, die süße Spätlese aus dem Herrenberg ist frisch, klar und zupackend, besitzt feine Frucht und gute Struktur: So darf es weitergehen! ◄

Weinbewertung

83   2012 Weißburgunder trocken   **11,5 %/8,50 €**

83   2012 Riesling trocken Saar   **11 %/7,50 €**

85   2012 Riesling trocken „Alte Reben" **11,5 %/10,90 €**

84   2012 Riesling Kabinett „feinherb" Filzener Herrenberg   **11 %/9,90 €**

82   2012 Riesling Kabinett Filzener Pulchen **11 %/9,50 €**

86   2012 Riesling Spätlese Filzener Herrenberg **10,5 %/13,90 €**

Max Ferd. Richter
Weingut   **Mosel**

Hauptstraße 37/85, 54486 Mülheim / Mosel
***Tel.** 06534-933003,* ***Fax:** 06534-1211*
www.maxferdrichter.com
weingut@maxferdrichter.com
***Besuchszeiten:** nach Vereinbarung*

Inhaber .... Dr. Dirk M.F. Richter
Rebfläche .... 17 Hektar

Das Weingut Max Ferd. Richter geht auf ein 1680 gegründetes Handelsunternehmen zurück. Die Kellerei wurde 1880 errichtet und beherbergt den größten Holzfasskeller an der mittleren Mosel. Die Weinberge von Dirk Richter liegen in Trarbach, Wehlen, Graach, Bernkastel, Brauneberg, Mülheim und Veldenz. Die Lagen Mülheimer Helenenkloster, ein 1 Hektar großer relativ flacher nach Südwesten ausgerichteter Weinberg, und Veldenzer Elisenberg, 4,3 Hektar groß, gehören dem Weingut im Alleinbesitz. 90 Prozent der Weinberge von Max Ferd. Richter sind mit Riesling bepflanzt. Alle Rieslinge werden in Eichenholzfässern vergoren und ausgebaut, etwa die Hälfte der Weine wird trocken oder halbtrocken angeboten. Seit 2012 wird Dirk Richter im Betrieb unterstützt von seinem Sohn Constantin, der mit dem Jahrgang 2012 seinen ersten Jahrgang vorstellt.

Vorjahre

2010 war jahrgangsbedingt deutlich verhaltener als gewohnt, hatte seine Vorteile im edelsüßen Bereich. Auch 2011 setzten edelsüße Weine die Glanzlichter. Die süßen Kabinettweine und Spätlesen präsentierten sich stimmig, unter den drei verkosteten Auslesen präferierten wir ganz klar diejenigen aus Juffer-Sonnenuhr und Sonnenlay.

Neue Kollektion

Die neue Kollektion hat trocken und edelsüß in der Spitze viel zu bieten. Die Auslese aus dem Domprobst ist im trockenen Teil der Kollektion unser eindeutiger Favorit, sie zeigt gute Konzentration im Bouquet, etwas gelbe Früchte, ist füllig und harmonisch im Mund, besitzt gute Struktur, Frische und Präzision. Edelsüß wartet die Kollektion mit einer frischen, zupackenden Auslese aus dem Helenenkloster auf, die in Sachen Komplexität und Länge noch übertroffen wird von der 2-Sterne-Auslese aus der Juffer-Sonnenuhr. Noch besser gefällt uns der herrlich reintönige Eiswein, der feine Frische und viel Biss besitzt. Ein sehr gelungener Einstand von Constantin Richter. ◀━

Weinbewertung

82 2012 Riesling Kabinett trocken Brauneberger Juffer 10,5 %/9,- €

84 2012 Riesling Spätlese trocken Brauneberger Juffer-Sonnenuhr 12 %/12,- €

89 2012 Riesling Auslese trocken Graacher Domprobst 12,5 %/18,- €

83 2012 Riesling Kabinett „feinherb" Mülheimer Sonnenlay 11 %/8,50 €

86 2012 Riesling Spätlese „feinherb" Graacher Domprobst 11 %/12,- €

83 2012 Riesling Kabinett Veldenzer Elisenberg 8 %

82 2012 Riesling Kabinett Brauneberger Juffer 8,5 %/9,- €

82 2012 Riesling Kabinett Graacher Himmelreich 8 %/9,- €

85 2012 Riesling Spätlese Wehlener Sonnenuhr 8 %/13,- €

88 2012 Riesling Auslese Mülheimer Helenenkloster 7,5 %/25,- €

89 2012 Riesling Auslese** „Fass 61" Brauneberger Juffer-Sonnenuhr 8 %/26,- €

91 2012 Riesling Eiswein Mülheimer Helenenkloster 9,5 %/40,- €/0,375l

Richard **Richter** ★★
Weingut   **Mosel**

Marktstraße 19, 56333 Winningen
***Tel.** 02606-311, **Fax**: 02606-312*
www.weingut-richter.net
info@weingut-richter.net
***Besuchszeiten:** Mo.-Fr. 8-18 Uhr,*
Sa.+ So. nach Vereinbarung
Weinproben im Gewölbefasskeller

Inhaber . . . . . . Thomas und Claus-Martin Richter
Rebfläche . . . . 7 Hektar

1838 gründete Karl-Friedrich Richter ein Weinhandelshaus. Heute wird das Gut von den Cousins Thomas und Claus-Martin Richter geführt, die Handelsaktivitäten hat man bereits 1990 aufgegeben. 90 Prozent ihrer Rebfläche nimmt

Die besten deutschen Weinerzeuger und ihre Weine

R

Riesling ein, dazu gibt es etwas Spätburgunder, Frühburgunder, Weißburgunder und Chardonnay. Die Weinberge liegen alle in der Winninger Gemarkung. Die Rieslinge werden temperaturgeführt vergoren und in Edelstahltanks ausgebaut. Die Spätburgunder werden in gebrauchten Barriques ausgebaut.

Vorjahre

Die 2010er Rieslinge waren meist recht verhalten, die trockenen Spitzenrieslinge allzu üppig und alkoholreich. Ganz toll aber war vor zwei Jahren der Frühburgunder aus dem Jahrgang 2009, einer der faszinierendsten Rotweine an der Mosel. Die letztjährige Kollektion gefiel uns klar besser, angefangen vom Literriesling bis hin zur Beerenauslese; im trockenen Segment war der Wein aus dem Uhlen unser Favorit.

Neue Kollektion

Die neue Kollektion überzeugt vor allem in der Spitze: Der Riesling aus dem Uhlen ist füllig und kraftvoll, besitzt viel reife Frucht und Substanz. Sehr eigenständig ist der 2011er Reserve aus dem Hamm, ist saftig, besitzt viel reife Frucht und Substanz. Genau so spannend finden wir den feinherben Terra V, der füllig und konzentriert ist, saftig, harmonisch und lang. ◄

Weinbewertung

82   2012 Riesling trocken „Felsenterrassen Terrassenlage" **13 %/10,- €**

80   2012 Riesling Spätlese trocken „Terrassenlage" Winninger Brückstück **13 %/12,50 €**

87   2012 Riesling trocken „Terrassenlagewein" Winninger Uhlen **13 %/12,50 €**

88   2011 Riesling „Réserve auf der Hefe gereift Terrassenlage" Winninger Hamm **14 %/19,50 €**

80   2012 Riesling „feinherb" (1l) **11,5 %/6,- €**

82   2012 Riesling Kabinett „feinherb" Winninger Brückstück **11,5 %/7,50 €**

85   2012 Riesling Spätlese „feinherb Terrassenlage" Winninger Brückstück **12,5 %/12,50 €**

88   2012 Riesling Spätlese „feinherb Terra V Terrassenlage" **12,5 %/14,50 €**

86   2012 Riesling Auslese „Terrassenlage" Winninger Brückstück **11 %/19,- €**

Vincenz **Richter**
Weingut   **Sachsen**

Kapitelholzsteig 1, 01662 Meißen
Tel. 03521-73F1606, **Fax:** 03521-731923
www.vincenz-richter.de
weingut@vincenz-richter.de
Besuchszeiten: *Vinothek Kapitelholzsteig Di.-So.*
13-18 Uhr, Vinothek Dresdner Straße Mo.-Fr. 9-16 Uhr
Restaurant „Vincenz Richter", Meißen

Inhaber .... Thomas Herrlich
Rebfläche .... 9 Hektar

Das Weingut wurde 1873 von Vincenz Anton Richter gegründet und wird heute, nach der Neugründung 1990, in vierter Generation von Thomas Herrlich geführt. Seine Weinberge liegen vor allem im Meißner Kapitelberg (mit Granit-Syenit-Verwitterungsböden), sowie im Weinböhlaer Gellertberg, wo die Reben auf leichten Sandböden wachsen. 30 Prozent der Rebfläche von Thomas Herrlich nimmt Riesling ein. Es folgen Weißburgunder und Grauburgunder, aber auch Kerner, Traminer und Scheurebe, dazu gibt es etwas Müller-Thurgau, Spätburgunder, Goldriesling, sowie Cabernet Dorsa. 2009 begann man einen neuen Betriebssitz unterhalb des Kapitelbergs im ehemaligen Stadtweingut der Stadt Meißen zu erstellen, der 2010 bezogen werden konnte.

Vorjahre

Sehr gut gefiel uns vor zwei Jahren die Kollektion, wobei mit der Riesling Spätlese ein Wein aus dem Jahrgang 2008 unser Favorit war. 2010 waren die Weine jahrgangsbedingt verhaltener, aber von guter, gleichmäßiger Qualität. Sehr gleichmäßig war auch der Jahrgang 2011, die Traminer Spätlese und die Riesling Spätlese gefielen uns am besten.

Neue Kollektion

Eine vergleichbare, gleichmäßige Kollektion folgt nun mit dem Jahrgang 2012, mit einer feinen Scheurebe und einem reintönigen Traminer. Unser Favorit aber ist der Riesling, der gute Konzentration, feine Würze und Frucht im Bouquet zeigt, kraftvoll im Mund ist, fruchtbetont und zupackend, besitzt gute Struktur und Biss. ◀

Weinbewertung _____

83 2012 Scheurebe Meißner Kapitelberg
    11,5 %/8,70 €

85 2012 Riesling Spätlese Meißner Kapitelberg
    11,5 %/12,50 €

83 2012 Traminer Spätlese trocken Meißner Kapitelberg   **13,5 %/12,50 €**

81 2012 Kerner Spätlese Meißner Kapitelberg
    13,5 %/12,50 €

82 2012 „Schieler" (Rotling) trocken Meißner Spaargebirge   **11 %/8,70 €**

81 2012 Cabernet Dorsa Spätlese trocken Meißner Kapitelberg   **13 %/18,- €**

Rieger
Weingut   **Baden**

🍇 *Noblingstraße 13b, 79426 Buggingen-Betberg*
Tel. 07634-2013, Fax: 07634-553452
www.weingutrieger.de
info@weingutrieger.de
Besuchszeiten: nach Vereinbarung
Straußwirtschaft (Frühjahr und Herbst)

Inhaber . . . . Philipp und Bernhard Rieger
Rebfläche . . . . 13 Hektar

Seit Generationen ist der Hof in Familienbesitz, aber erst 1984 spezialisierten sich Bernhard und Josepha Rieger auf Weinbau, heute unterstützt von Sohn Bernhard. Seit 2005 werden alle Weinberge biologisch bewirtschaftet (Ecovin). Sie bauen vor allem Gutedel, Spätburgunder, Weiß- und Grauburgunder an, aber auch etwas Gewürztraminer, Muskateller, Riesling und Müller-Thurgau.

Vorjahr _____

Die letztjährigen Weine waren fruchtbetont und kraftvoll, besaßen Substanz und Frische. Am besten gefielen uns der kraftvoll Spätburgunder aus dem Jahrgang 2009 und der Muskateller.

Neue Kollektion _____

Die neue Kollektion gefällt uns nochmals besser, alle Weine sind zuverlässig gut, zwei Weine ragen hervor: Der Grauburgunder „SR" zeigt gute Konzentration und klare reife Frucht im Bouquet, ist füllig und kraftvoll im Mund bei viel Substanz; der Spätburgunder SR ist wunderschön reintönig im Bouquet bei feinen rauchigen Noten, füllig und kraftvoll im Mund, besitzt gute Struktur und Frische. Im Auge behalten! ◀

Weinbewertung _____

82 2012 Weißer Gutedel trocken   **11 %**

82 2012 Weißburgunder trocken   **12,5 %**

85 2012 Grauburgunder Spätlese trocken „SR"
    13,5 %

82 2012 Pinot Noir trocken   **13 %**

82 2011 Spätburgunder trocken Holzfass Britzinger Sonnhole   **13 %**

86 2011 Spätburgunder Spätlese trocken „SR"

Riffel
Weingut   **Rheinhessen**

🍇 *Mühlweg 14A, 55411 Bingen*
Tel. 06721-994690, Fax: 06721-994691
www.weingut-riffel.de
service@weingut-riffel.de
Besuchszeiten: April bis Dez.: Mo.-Do. 17-19 Uhr, Fr. 13-19 Uhr, Sa. 10-17 Uhr, Jan. bis März: Mo.-Fr. 17-19 Uhr, Sa. 10-16 Uhr

Inhaber . . . . Erik und Carolin Riffel
Rebfläche . . . . 12,5 Hektar

Das Weingut Riffel in Büdesheim-Bingen ist Ende der fünfziger Jahre als landwirtschaft-

Die besten deutschen Weinerzeuger und ihre Weine

R

licher Gemischtbetrieb mit Ackerbau, Vieh-zucht, Obst- und Weinbau entstanden, hat dann in den siebziger Jahren die ersten eigenen Weine vermarktet und sich danach immer mehr auf Weinbau spezialisiert. Die wichtigsten Rebsorten sind Riesling, Silvaner und Weißbur-gunder, mit dem Jahrgang 2011 kam Graubur-gunder neu ins Programm. An der Binger Lage Scharlachberg besitzt das Weingut über einen Hektar, die anderen Weinberge liegen in den Bingener Lagen Schlossberg Schwätzerchen und Bubenstück. Die Reben wachsen teils auf Quarzit, teils auf Löss (in Bingen auch „Leimen" genannt) und Tonmergel. 2009 wurde das Weingut komplett auf biologische Bewirtschaf-tung umgestellt, so dass 2012 der erste zertifi-zierte Jahrgang ist. Das Weingut ist Mitglied bei Ecovin. Die Weißweine werden langsam und gezügelt vergoren um ausdrucksstarke, frucht-betonte Weine zu erhalten. Bei Rotweinen wird prinzipiell ein biologischer Säureabbau durch-geführt. Seit 1994 kommen ausgesuchte Rot-weine auch ins Barrique. Die Weine werden überwiegend trocken ausgebaut. Das Sorti-ment ist in drei Linien gegliedert. Die Basis bil-den die Gutsweine, dann kommen die Lagen-weine und darüber gibt es seit dem Jahrgang 2007 die Linie „Turm" für die Spitzenweine, in der Riesling, Silvaner, Weißburgunder und Spätburgunder angeboten werden.

Vorjahre

Seit der ersten Ausgabe kennen und schätzen wir die Weine von Erik Riffel. Nur wenige andere Weingüter in Deutschland wurden in diesem Jahrzehnt so oft für Weine mit besonders gutem Preis-Leistungs-Verhältnis ausgezeich-net. Die Weine von Erik Riffel sind betörend reintönig, die besten zeigen Jahr für Jahr feine mineralische Noten. Dass die Preise in den letz-ten Jahren deutlich angezogen haben, das kann man, angesichts der sehr guten Qualität, nachvollziehen. Vielleicht ist damit ja auch eine weitere Qualitätssteigerung für die kommen-den Jahre angesagt. 2010 war zwar jahrgangs-bedingt schwächer, trotzdem präsentierten sich die Weine ohne Fehl und Tadel, waren

frisch, klar und zupackend. Unsere Favoriten waren zwei Weine der Turm-Linie, Riesling und Chardonnay. Sehr konsistent präsentierte sich die 2011er Kollektion, angefangen vom feinen, klaren Gutsriesling. Unter den Ortsweinen ge-fiel uns der reintönige, etwas süße Weißbur-gunder besonders gut, Riesling und Silvaner vom Quarzit standen ihm kaum nach, die Turm-Weine waren nochmals fülliger und kraftvoller.

Neue Kollektion

Auch 2012 überzeugen wieder die Gutsweine, allen voran der füllig, reintönige Weißburgun-der und der saftige, harmonische Silvaner. Ganz stark sind die Ortsweine: Der Riesling ist druck-voll und zupackend, der Silvaner konzentriert und saftig, der Chardonnay besitzt viel reife süße Frucht wie auch der Weißburgunder, der Sauvignon Blanc ist reintönig und zupackend. Klares Highlight der Kollektion aber ist der Ries-ling aus dem Scharlachberg, der Spannung und Präzision besitzt, herrlich druckvoll und nach-haltig ist. Hin und wieder erscheint uns der Restzucker ein wenig zu hoch, trotzdem Gratu-lation, ganz starke Kollektion! ◀

Weinbewertung

84 2012 Riesling trocken 12 %/5,30 €
85 2012 Silvaner trocken „MDCLIX" 12 %/6,30 €
86 2012 Weißburgunder trocken 12,5 %/6,30 € ☺
88 2012 Silvaner trocken „Quarzit" Binger
    12,5 %/9,20 € ☺
87 2012 Weißburgunder trocken „Tonmergel"
    Binger 13 %/9,20 €
88 2012 Riesling trocken „Quarzit" Binger
    12,5 %/9,70 € ☺
87 2012 Sauvignon Blanc trocken „Leimen" Bin-
    ger 12,5 %/8,90 €
88 2012 Chardonnay trocken „Tonmergel" Binger
    12,5 %/9,20 € ☺
90 2012 Riesling trocken „Turm" Scharlachberg
    13 %/29,- €
83 2012 Riesling „feinherb" 11,5 %/5,30 €
86 2012 Riesling „feinherb" „Quarzit" Binger
    11,5 %/9,70 €
86 2011 Spätburgunder trocken „Mariage" Bin-
    ger 14 %/9,20 €

Rings
Weingut   **Pfalz**

Dürkheimer Hohl 21, 67251 Freinsheim
Tel. *06353-2231,* **Fax:** *06353-915164*
www.weingut-rings.de
info@weingut-rings.de
Besuchszeiten: *Mo.-Sa. 10-12 + 13-17 Uhr*
Gästehaus

Inhaber............. Steffen und Andreas Rings
Rebfläche........................... 23,5 Hektar

Seit sechs Generationen wird in der Familie Rings Weinbau betrieben. 1960 siedelte Friedrich Weinsheimer in die Dürkheimer Hohl aus und errichtete den neuen Winzerhof. 1973 übernahmen seine Tochter Traudel und ihr Mann Willi Rings den Betrieb. Sie haben bis zum Jahr 2000 ihren Wein als Fasswein verkauft, erst als Steffen Rings seine Ausbildung beendete und die Verantwortung im Keller übernahm begann man mit der Selbstvermarktung. Heute führt Steffen Rings den Betrieb zusammen mit seinem Bruder Andreas. Das Gros ihrer Weinberge (12 Hektar) liegt in Freinsheim, dort bauen sie vor allem Burgunder, Sauvignon Blanc und rote Sorten an. Zugekauft haben sie Weinberge in Lagen wie Weilberg, Nussriegel und Saumagen, wo sie verstärkt Riesling und weiße Rebsorten anbauen. Rote Rebsorten nehmen die Hälfte der Rebfläche ein: Portugieser und Dornfelder, aber auch Spätburgunder, Cabernet Sauvignon (2 Hektar), Merlot, St. Laurent und ein klein wenig Syrah. Neben Riesling gibt es an weißen Sorten Weißburgunder und Grauburgunder, Chardonnay, Silvaner und inzwischen 2 Hektar Sauvignon Blanc. Die Weine werden fast komplett trocken ausgebaut.

Vorjahre

Vor zwei Jahren hatten die Weißweine deutlich zugelegt, die Rieslinge waren noch etwas ungestüm und strotzten vor Kraft. Bei den Rotweinen wurde das wiederum exzellente 2008er „Kreuz" übertroffen vom hervorragenden Saumagen-Spätburgunder. Im vergangenen Jahr zeigten die Brüder Rings wieder eine beeindruckende Kollektion. Bei den Weißweinen waren alle Rieslinge sehr gut, der Saumagen lag an der Spitze. Bei den Spätburgundern hatten wir eine 2009er Reserve vom Gottesacker am höchsten bewertet, die 2010er Spätburgunder waren zum Zeitpunkt der Verkostung noch sehr jung, hervorragend waren Syrah und Portugieser und auch edelsüß brillierte man im vergangenen Jahr.

Weißweine

In der neuen Kollektion begegnen sich Weißweine und Rotweine auf Augenhöhe. Das weiße Segment präsentiert sich stimmig, schon mancher Ortswein wie der Freinsheimer Weißburgunder ist sehr gut. An der Spitze stehen die Lagenweine wie der kraftvolle, stoffige Weißburgunder aus dem Weilberg, der noch sehr jugendlich ist, oder der füllige Steinacker-Chardonnay mit seiner intensiven Frucht. Drei Lagenrieslinge hat man uns aus dem Jahrgang 2012 präsentiert, wobei der Wein aus dem Steinacker, der frisch, klar und zupackend ist bei dezent mineralischen Noten, deutlich hinter seinen beiden Kollegen aus Weilberg und Saumagen zurückbleibt, die beide hervorragend sind. Der Riesling aus dem Saumagen ist herrlich druckvoll und präzise, besitzt viel Kraft und gute Struktur, während der Wein aus dem Weilberg wunderschön saftig, füllig und kraftvoll ist, reife Frucht, gute Struktur und Substanz besitzt.

Rotweine

Auch im roten Segment überzeugen schon die Ortsweine wie der reintönige Spätburgunder aus Freinsheim. Die rote Cuvée „Das Kreuz" ist konzentriert und von Gewürznoten geprägt, bietet viel Stoff und Tannine – Freunde von Rotweinen „internationaler" Art werden ihre Freude daran haben. Uns hat der Spätburgunder aus dem Saumagen noch ein klein wenig besser gefallen, er zeigt reintönige Frucht und etwas rauchige Noten im Bouquet, ist frisch,

Die besten deutschen Weinerzeuger und ihre Weine

R

klar und strukturiert im Mund, was auch seinen Kollegen aus dem Steinacker auszeichnet, der nur nicht ganz so druckvoll und nachhaltig ist. Einmal mehr eine ganz starke Kollektion. ◀

Weinbewertung

83   2012 Grauburgunder trocken   **13,5 %/7,20 €**

84   2012 Riesling trocken „Kalkmergel" **12,5 %/7,20 €**

83   2012 Sauvignon Blanc trocken Freinsheim **13 %/10,50 €**

86   2012 Weißburgunder trocken Freinsheim **13,5 %/10,50 €**

88   2012 Riesling trocken Ungsteiner Nussriegel **13 %/16,- €**

87   2012 Riesling trocken Kallstadter Steinacker **13,5 %/16,- €**

90   2012 Riesling trocken Ungsteiner Weilberg **13 %/24,- €**

90   2012 Riesling trocken Kallstadter Saumagen **13 %/28,- €**

89   2012 Weißburgunder trocken Ungsteiner Weilberg **14 %/24,- €**

88   2012 Chardonnay trocken Kallstadter Steinacker **13,5 %/18,- €**

86   2011 Spätburgunder trocken Freinsheim **13,5 %/14,- €**

86   2011 „Das Kleine Kreuz" Rotwein **14 %/18,- €**

89   2010 „Das Kreuz" Rotwein **14 %/32,- €**

88   2011 Spätburgunder trocken Kallstadter Steinacker **12,5 %/22,- €**

90   2011 Spätburgunder trocken Kallstadter Saumagen **13 %/32,- €**

R

Biolandhof **Rinklin**
Weingut   ★ ☆

Baden

♥ *Hauptstraße 94, 79356 Eichstetten*
Tel. *07663-99218,* **Fax:** *07663-99724*
www.rinklin.de
rinklin.weine@t-online.de
Besuchszeiten: *jederzeit nach Vereinbarung*
2 Ferienwohnungen
Inhaber........................ Friedhelm Rinklin
Rebfläche.............................. 7 Hektar

Friedhelm Rinklin baut Müller-Thurgau, Spätburgunder, Grauburgunder, Weißburgunder, Muskateller, Riesling und Regent an. Der Vater von Friedhelm Rinklin stellte bereits 1955 den gesamten Betrieb auf ökologische Bewirtschaftung nach Demeter-Richtlinien um und war 1971 maßgeblich an der Gründung des heutigen Verbandes Bioland beteiligt. Die Weine werden ohne Chaptalisation mit den traubeneigenen Hefen vergoren, bleiben recht lange auf der Hefe und werden in der Regel trocken ausgebaut. Alle Rotweine werden maischevergoren. Das Gros der Weine wird als Tafelwein verkauft, der Restzucker ist auf dem Etikett vermerkt.

Vorjahre

Die 2010er Weißweine präsentierten sich frisch und klar, recht puristisch. Eine überzeugende Kollektion mit geradlinigen, zupackenden Weinen, weiß wie rot, folgte im vergangenen Jahr nach.

Neue Kollektion

Die neue Kollektion präsentiert sich sehr geschlossen auf zuverlässig gutem Niveau. Die Weine sind klar und geradlinig, frisch und zupackend; unsere leichte Präferenz gilt dem fülligen, kraftvollen Grauburgunder aus dem Holzfass. ◀

Weinbewertung

82   2011 Rivaner Sekt brut   **12 %/8,90 €**

83   2011 Muskateller Sekt brut   **12,5 %/12,90 €**

81   2012 Riesling trocken   **12,5 %/7,- €**

82   2012 Weißburgunder trocken   **13 %/7,- €**

82   2012 Sauvignon Blanc trocken   **12,5 %/7,50 €**

84   2010 Grauburgunder Spätlese trocken Holzfass **13,5 %/12,- €**

83   2012 Muskateller trocken   **11,5 %/7,- €**

83   2011 Spätburgunder trocken Holzfass **13 %/7,90 €**

81   2011 Rotweincuvée   **12,5 %/8,50 €**

Stefan **Rinklin**
Weingut

Baden

Hauptsraße 102, 79268 Bötzingen
Tel. 07663-949706, **Fax:** 07663-949707
www.weingut-stefan-rinklin.de
kontakt@weingut-stefan-rinklin.de
Besuchszeiten: nach Vereinbarung

Inhaber .... Stefan Rinklin
Rebfläche .... 3 Hektar

Das Weingut wurde 2007 von Stefan Rinklin (Kellermeister bei Fritz Keller) und Miriana Rinklin gegründet. Ihre Weinberge liegen in Bötzingen. Sie bauen hauptsächlich die Burgundersorten an, dazu etwas Müller-Thurgau. Die Weine werden alle trocken und durchgegoren ausgebaut, auf Prädikats- und Lagenangaben wird verzichtet.

Vorjahre

Vor zwei Jahren begeisterte der 2008er Spätburgunder mit seiner Präzision; aber auch die 2010er Weißweine gefielen uns sehr gut, alle waren frisch, klar, und präzise. Die 2011er Weißweine präsentierten sich im gewohnten Stil, waren frisch, klar und zupackend, wobei wir im vergangenen Jahr die Grauburgunder ganz leicht präferierten im Vergleich zu den Weißburgundern, noch besser aber gefielen uns die beiden Spätburgunder.

Neue Kollektion

Sehr gleichmäßig ist in diesem Jahr der weiße Teil der Kollektion, bietet reintönige, zupackende Weine, die Kraft und gute Struktur besitzen. Unser absoluter Favorit ist aber einmal mehr der im Barrique ausgebaute Spätburgunder, der gute Konzentration im Bouquet zeigt, intensive Frucht, rote Früchte, füllig und kraftvoll im Mund ist, klare Frucht besitzt, gute Struktur und Frische. ◄━

Weinbewertung

85   2012 Weißburgunder trocken   12,5 %/7,50 €
85   2012 Grauburgunder trocken   12,5 %/8,- €
84   2010 Weißburgunder trocken Barrique

13 %/15,- €
87   2010 Spätburgunder trocken   12,5 %/11,50 €
85   2011 Spätburgunder trocken   12,5 %/11,50 €
89   2011 Spätburgunder trocken Barrique
13 %/21,- €

★★

A. & E. **Rippstein**
Weingut
Franken

Sandgasse 26, 97522 Sand am Main
Tel. 09524-1341, **Fax:** 09524-301046
www.weingut-rippstein.de
info@weingut-rippstein.de
Besuchszeiten: Mo.-Sa. 15-18 Uhr und nach Vereinbarung
Heckerstube (täglich von April bis September)
Weinsommerfest am 2. Wochenende im August

Inhaber .... Mathias Rippstein
Rebfläche .... 6,5 Hektar

Die Familie baut seit Generationen Wein in Sand am Main an, heute führt Mathias Rippstein das Gut. Die Reben wachsen teils auf verwittertem Sandsteinkeuper, teils auf tonigem Lehm und lehmigen Sand. Mathias Rippstein baut Silvaner, Müller-Thurgau, Weißburgunder, Riesling, Bacchus und Kerner an. An roten Sorten gibt es Domina, Dornfelder und Merlot. Die Weißweine werden langsam bei 16 bis 18° C vergoren und bis März auf der Feinhefe ausgebaut, teilweise mit Batonnage. Die roten Trauben werden entrappt, zwei Tage kaltmaceriert, dann maischevergoren (10 bis 16 Tage) und anschließend 12 bis 18 Monate im Barrique ausgebaut bevor sie unfiltriert abgefüllt werden.

Vorjahre

2010 war jahrgangsbedingt etwas schwächer, bot aber trotzdem eine gute Kollektion mit durchweg überzeugenden Weinen, Weißburgunder und Silvaner gefielen uns, wie so oft, am besten. Die letztjährige Kollektion überzeugte auf der ganzen Linie, schon der Gutssil-

Die besten deutschen Weinerzeuger und ihre Weine

vaner bereitete Freude, sehr gut gefielen uns der Silvaner „Pure Sand" und Weißburgunder „S", und wie 2009 hatte Mathias Rippstein 2011 eine breite Palette an edelsüßen Silvanern bis hin zur wunderschön reintönigen Trockenbeerenauslese.

Neue Kollektion

Eine stimmige, überzeugende Kollektion hat Mathias Rippstein nun auch mit dem Jahrgang 2012 auf die Flasche gebracht. Das Basisniveau überzeugt, alle Weine sind fruchtbetont und reintönig. Der Sekt besitzt gute Fülle und feine rauchige Noten, der Weißburgunder Struktur und Biss, die beiden Silvaner Spätlesen sind füllig, besitzten reife Frucht und viel Substanz, die strukturierte, unfiltriert abgefüllte Domina zeigt, dass Mathias Rippstein sich auch auf Rotwein versteht. Und wie im Vorjahr hat er mit Eiswein und Trockenbeerenauslese zwei wunderschön harmonische, reintönige edelsüße Silvaner im Programm. Im Auge behalten! ◄

Weinbewertung

86 2009 Pinot Sekt brut Sander Himmelsbühl
12,5 %/12,- €

83 2012 Silvaner trocken Sander Kronberg
13 %/5,20 €

84 2012 Silvaner Kabinett trocken Sander Kronberg **13 %/6,80 €**

85 2012 Weißburgunder Kabinett trocken Sander Himmelsbühl **12 %/6,80 €**

83 2012 „Blanc de Noir" Kabinett trocken Sander Kronberg **13 %/6,80 €**

82 2012 Riesling Kabinett trocken Sander Kronberg **12 %/6,80 €**

85 2012 Silvaner Spätlese trocken „Pure Sand" Sander Kronberg **13,5 %/12,- €**

86 2012 Silvaner „S" Spätlese trocken Sander Kronberg **13 %/10,50 €**

83 2012 Riesling „feinfruchtig" Sander Kronberg
12 %/6,50 €

88 2012 Silvaner Eiswein Sander Kronberg
6 %/28,- €/0,375l

88 2012 Silvaner Trockenbeerenauslese Sander Kronberg **6,5 %/28,- €/0,375l**

85 2011 Domina „S" trocken **13,5 %/11,- €**

Bernhard **Rippstein**
Weingut

Franken

Anger 14 und Wörth 6, 97522 Sand am Main
Tel. *09524-5167,* **Fax:** *09524-850930*
www.rippstein.de
info@rippstein.de
Besuchszeiten: *täglich geöffnet*

Inhaber . . . . Michael und Stefan Rippstein
Rebfläche . . . . 5 Hektar

Das Weingut wurde 1980 von Bernhard und Elfriede Rippstein gegründet, heute wird es von den Söhnen Stefan und Michael geführt. In ihren Weinbergen in den Sander Lagen Himmelsbühl und Kronberg bauen sie Müller-Thurgau, Bacchus, Silvaner und Kerner an, inzwischen komplettieren Weißburgunder, Riesling und Scheurebe das Programm. An roten Rebsorten gibt es Dornfelder, Schwarzriesling und Cabernet Dorsa an. Ein Teil der Rotweine wird im Barrique ausgebaut, auch vom Silvaner gibt es eine Barrique-Variante, eine weitere, die im großen Holzfass ausgebaut wird.

Vorjahre

Die 2010er Weißweine waren klar, frisch und fruchtbetont, unser Favorit unter den vor zwei Jahren vorgestellten Weinen war aber der barriqueausgebaute Cabernet Dorsa aus dem Jahrgang 2009. Sehr gleichmäßig präsentierte sich der Jahrgang 2011, die Weine waren frisch, klar und geradlinig, am besten gefielen uns die beiden Silvaner Spätlesen, unsere leichte Präferenz galt der im Eichenfass ausgebauten Variante.

Neue Kollektion

Auch in diesem Jahr überzeugt das gute Basisniveau und die reintönige Frucht schon bei den Kabinettweinen, alle sind frisch und klar, egal ob Silvaner, Bacchus oder Müller-Thurgau. Sehr gut gefällt uns der Neuzugang im Programm, der Weißburgunder, der gute Konzentration und reintönige Frucht im Bouquet zeigt, füllig und harmonisch im Mund ist bei reifer Frucht. Sehr gut gefällt uns auch der mächtige, im Barrique ausgebaute Silvaner, der konzentriert und herrlich eindringlich ist, viel Fülle und reife Frucht besitzt, Substanz und Wärme.

Weinbewertung _____

82 2012 Rivaner Kabinett trocken 12 %/4,50 €

82 2012 Silvaner Kabinett trocken 12 %/5,- €

85 2012 Weißburgunder Spätlese trocken
    13,5 %/6,- € ☺

86 2011 Silvaner Spätlese trocken Barrique
    14,5 %/12,- €

82 2012 Bacchus Kabinett 11 %/4,50 €

83 2012 Müller-Thurgau Spätlese 10,5 %/6,- €

★ ☆

Erwin **Riske**

Weingut, Inhaber Volker Riske   **Ahr/Mittelrhein**

Wingertstraße 26-28, 53507 Dernau

Tel. *02643-8406,* **Fax:** *02643-3531*

www.weingut-riske.de

weingut-riske@t-online.de

Besuchszeiten: *Weinverkauf mit Beratung: Mo.-Fr. nach Vereinbarung, Sa. 10-18 Uhr, So. + feiertags 15-18 Uhr Straußwirtschaft 1. Mai bis Mitte Juni und 1. Sept. bis Mitte Nov. (Fr. 15-22 Uhr, Sa. 12-22 Uhr, Sonn- und feiertags 12-20 Uhr; Sept./Okt. auch Di.-Do. 15-20 Uhr) Ferienwohnungen*

Inhaber............................ Volker Riske

Rebfläche........................... 6,5 Hektar

Volker Riske führt zusammen mit Ehefrau Mechthild in vierter Generation den Betrieb. Neben Weinbergen an der Ahr gehört Volker Riske auch ein Hektar in Leutesdorf am Mittelrhein. Seine Ahr-Weinberge liegen in den Dernauer Lagen Burggarten, Hardtberg, Schieferlay und Pfarrwingert, in den Marienthaler Lagen Trotzenberg und Rosenberg, im Ahrweiler Ursulinengarten, Bachemer Sonnenschein und Bad Neuen-

ahrer Sonnenberg. Spät- und Frühburgunder nehmen drei Viertel der Fläche ein, Riesling 15 Prozent, dazu gibt es Portugieser, Dornfelder und Müller-Thurgau. Die Spitzen-Spätburgunder werden alle fünfzehn Monate in neuen Barriques ausgebaut.

Vorjahr _____

Die im Barrique ausgebauten Weine gefielen uns im vergangenen Jahr am besten, angefangen vom reintönigen Schieferturm und dem tanninbetonten Hardtberg-Spätburgunder bis hin zum strukturierten Wein aus dem Sonnenberg. ◀

Neue Kollektion _____

Sehr stimmig ist die neue Kollektion, sehr gleichmäßig präsentieren sich vor allem die 2011er Spätburgunder. Schieferfels und Schieferturm sind kraftvoll und geradlinig, der Wein aus dem Sonnenberg recht duftig, der aus dem Hardtberg würzig, geradlinig und tanninbetont wie auch der kraftvolle, ebenfalls noch enorm tanninbetonte Wein aus dem Pfarrwingert, vor allem die letzten beiden sind Weine, die noch etwas Flaschenreife benötigen. ◀

Weinbewertung _____

80 2012 Riesling trocken „Alte Reben" 12,5 %/9,90 €

80 2012 Spätburgunder „Blanc de Noirs" trocken
    „Surprise" 12 %/8,90 €

82 2011 Spätburgunder trocken „ER" 13 %/9,90 €

84 2011 Spätburgunder trocken „Schieferfels"
    13,5 %/13,90 €

85 2011 Spätburgunder trocken „Schieferturm"
    13,5 %/14,90 €

83 2011 Frühburgunder trocken Dernauer Hardtberg 13 %/15,90 €

85 2011 Spätburgunder trocken Dernauer Hardtberg 13,5 %/22,50 €

84 2011 Spätburgunder trocken Bad Neuenahrer Sonnenberg 13,5 %/18,90 €

85 2011 Spätburgunder trocken Dernauer Pfarrwingert 13,5 %/25,- €

R

Römerhof

Weingut

★★

Mosel

Burgstraße 2, 54340 Riol
Tel. 06502-2189, Fax: 06502-20671
www.weingut-roemerhof.de
mail@weingut-roemerhof.de
Besuchszeiten: nach Vereinbarung

Inhaber . . . . Franz-Peter & Daniel Schmitz
Rebfläche . . . . 8 Hektar

Franz-Peter Schmitz hat seit den siebziger Jahren das Weingut aufgebaut. Heute wird er im Betrieb von seinem Sohn Daniel unterstützt, der in Geisenheim studiert hat und Auslandserfahrungen in Chile, Argentinien und Österreich sammelte. Ihre Weinberge liegen im Schweicher Annaberg, im Longuicher Maximiner-Herrenberg, im Rioler Römerberg sowie in den Mehringer Lagen Zellerberg und Blattenberg. Sie bewirtschaften steile Parzellen – beispielsweise die Felsenterrasse im Zellerberg – und besitzen über 60 Jahre alte Reben. Neben Riesling bauen sie auch Spät- und Frühburgunder an. Die Weine werden teils in Holzfässern, teils in Edelstahltanks ausgebaut. Das Gros der Weine wird trocken und halbtrocken ausgebaut.

Vorjahre

2010 gefiel uns die Auslese besonders gut. Insgesamt war die Kollektion stimmig: Die trockenen wie auch die halbtrockenen Rieslinge überzeugten mit Kraft und Präzision, die Rotweine besaßen feine Frucht bei merklicher Süße. Die letztjährige Kollektion war etwas verhalten, bot klare, geradlinige Weine. Unsere Favoriten waren die trockene Spätlese von alten Reben, die Spätlese und der Frühburgunder aus dem Barrique.

Neue Kollektion

Sehr ähnlich präsentiert sich der neue Jahrgang: Der Frühburgunder besitzt feine rauchige Noten und reife süße Frucht, die trockene Spätlese von alten Reben ist klar, frisch

und zupackend, auch Spätlese No. 1 und Sekt überzeugen.

Weinbewertung

84	2011 „Rigodulum" Riesling Sekt brut	**12 %/9,80 €**
81	2012 Riesling Kabinett trocken	**11,5 %/6,30 €**
80	2012 Riesling Spätlese trocken	**12 %/8,- €**
85	2012 Riesling Spätlese trocken „Alte Reben" **13 %/9,50 €**	
79	2012 Riesling Spätlese halbtrocken „Selection" **12 %/8,- €**	
82	2012 Riesling Spätlese halbtrocken „Felsenterrasse" **12 %/10,- €**	
81	2012 Riesling Spätlese „feinherb" „vom grauen Tonschiefer" **12 %/9,- €**	
84	2012 Riesling Spätlese „No. 1" **9 %/9,- €**	
85	2010 Blauer Frühburgunder trocken Barrique **13,5 %/13,- €**	

Römmert

Weingut

★☆

Franken

Erlachhof 1, 97332 Volkach
Tel. 09381-2366, Fax: 09381-4185
www.weingut-roemmert.de
infoweingut-roemmert.de
Besuchszeiten: Mo.-Fr. 9-18 Uhr, Sa. 9-16 Uhr,
So. 10-13 Uhr und nach Vereinbarung

Inhaber . . . . Isolde Flammersberger
Rebfläche . . . . 12 Hektar

Die Besonderheit beim Weingut Römmert ist, dass es seit seiner Gründung 1923 immer von der Mutter an die Tochter vererbt wird, erklärt Andrea Flammersberger. Sie kümmert sich um die Vermarktung der Weine, ihre Mutter Isolde Flammersberger um den Außenbetrieb und Vater Wolfgang um den Keller. Das Gros der Weinberge liegt in Volkach in der Lage Ratsherr, 2 Hektar liegen etwa 25 Kilometer entfernt im Steigerwald in der Lage Altmannsdorfer Sonnenwinkel. Silvaner, Müller-Thurgau und Riesling spielen eine wichtige Rolle,

R

dazu gibt es Bacchus, Kerner, Traminer und Chardonnay. An roten Sorten werden Spätburgunder, Schwarzriesling, Domina, Dornfelder, Acolon und Regent angebaut.

Vorjahre

2010 war jahrgangsbedingt schwächer, die Kombination aus Säure und Süße gelang nicht immer, am besten gefiel sie uns beim Gewürztraminer. 2011 war klar besser, die Kollektion präsentierte sich geschlossen auf gutem und sehr gutem Niveau. Die trockene Riesling Auslese, die Silvaner Spätlese und die reintönige Scheurebe waren unsere Favoriten.

Neue Kollektion

Der Jahrgang 2012 präsentiert sich geschlossen auf hohem Niveau, die Weinen sind reintönig, besitzten Struktur und Kraft. Der Rieslaner ist wunderschön saftig und schmeichelnd, die trockene Silvaner Spätlese besitzt herrlich viel Frucht, Kraft und Druck, die trockene Riesling Spätlese ist harmonisch und lang. ◄

Weinbewertung

81   2012 Müller-Thurgau trocken „Frank & Frei" 12 %/6,- €

83   2012 Silvaner Kabinett trocken Volkacher Ratsherr   12,5 %/7,80 €

83   2012 Riesling Kabinett trocken Volkacher Ratsherr   13 %/8,50 €

85   2012 Silvaner Spätlese trocken Volkacher Ratsherr   13,5 %/12,- €

86   2012 Riesling Spätlese trocken Volkacher Ratsherr   13,5 %/12,- €

86   Rieslaner Spätlese Volkacher Ratsherr   13%/12,-€

Rößler

Winzerhof

★

Sachsen

Rietzschkegrund 37, 01445 Radebeul
Tel. 0172-3445755
www.winzerhof-roessler.de
info@winzerhof-roessler.de
Besuchszeiten: Fr. 15-19 Uhr und nach Vereinbarung
Straußwirtschaft (Mai/Juni + Aug./Sept.)

Inhaber . . . . Steffen Rößler
Rebfläche . . . . 1 Hektar

Im Juli 2010 gründete Steffen Rößler den Winzerhof. Nach Lehre in Sachsen (Staatsweingut) und Arbeit in Franken (Wirsching, Roth) betreute er von 1998 bis 2006 die Weine von Hoflößnitz in Radebeul, dann die Außenwirtschaft bei Vincenz Richter in Meißen. Seine Weinberge liegen in Radebeul, vorwiegend in Steillagen am Rande des Lößnitzer Naturschutzgebietes, wo seit 2005 brachliegende Weinberge neu aufgebaut wurden; hinzu kommen gepachtete Flächen in Naundorf, der Niederlößnitz und Lindenau. Er baut Müller-Thurgau, Weißburgunder, Grauburgunder, Riesling, Kerner und Traminer an, sowie Regent und Spätburgunder. Steffen Rößler verzichtet auf eine AP-Nummer-Anstellung und bietet seine Weine als Sächsischer Landwein an.

Kollektion

Beim guten Debüt vor zwei Jahren gefiel uns der Traminer am besten. Die letztjährige Kollektion war nochmals besser, vor allem Traminer und Müller-Thurgau überzeugten, unser Favorit aber war der kraftvolle, klare feinherb ausgebaute Riesling.

Neue Kollektion

Die neue Kollektion gefällt uns gut, überzeugt mit sehr eigenständigen Weinen, die eine klare Handschrift zeigen und alles andere als Mainstream sind. Der Regent ist klar und geradlinig, der Riesling frisch bei feinen Zitrusnoten. Sehr eigenwillig und eigenständig ist der druckvolle Traminer, klar, direkt und zupackend der Kerner. ◄

Weinbewertung

84   2012 Kerner trocken   11,5 %/9,80 €

83   2012 Riesling trocken   11,5 %/10,50 €

84   2012 Traminer trocken   12,5 %/11,- €

82   2012 Rotling trocken   11 %/8,80 €

83   2012 Regent trocken   13 %/12,- €

R

Rohr

Weingut

★ ☆

Nahe

Hauptstraße 104, 55592 Raumbach
***Tel.** 06753-2827,* ***Fax:** 06753-6278*
www.weingut-rohr.de
weingut-rohr@t-online.de
***Besuchszeiten:** Mo.-Fr. 8-18 Uhr oder nach*
Vereinbarung; 2 Ferienwohnungen

Inhaber . . . . Michael Rohr
Rebfläche . . . . 4,9 Hektar

Die Weinberge von Michael Rohr liegen in Steillagen mit Sandsteinverwitterungsböden in Raumbach (Schwalbennest, Schlossberg), Rehborn (Herrenberg) und Meisenheim (Obere Heimbach). Hinzu kommt ein kleiner Weinberg im Weilerer Klostergarten. Hauptrebsorte ist der Riesling, der knapp die Hälfte der Fläche einnimmt. Dazu gibt es Müller-Thurgau, Kerner, Weißburgunder und Traminer, sowie über 20 Prozent an roten Sorten: Dornfelder, Spätburgunder und Portugieser. Die Weine werden gezügelt vergoren und im Edelstahl oder im Holzfass ausgebaut. Die Rotweine und der Weißburgunder durchlaufen den biologischen Säureabbau. 95 Prozent der Weine werden an Endverbraucher verkauft.

Vorjahr

Die 2011er Kollektion präsentierte sich gleichmäßig gut, die Weine besaßen klare Frucht und waren reintönig: Unsere Favoriten waren ein kraftvoller Traminer, ein würziger trockener Riesling aus dem Schwalbennest und eine füllige Riesling Auslese aus der gleichen Lage.

Neue Kollektion

Die 2012er Rieslinge zeigen klare Frucht und Zitrusnoten, der Traminer & Riesling aus dem Schlossberg besitzt Kraft und Würze. Unser Favorit in diesem Jahr aber ist der reintönige Spätburgunder aus der gleichen Lage, der gekonnt im Barrique ausgebaut wurde. ◄▬

Weinbewertung

84 2012 Traminer & Riesling Spätlese trocken Raumbacher Schlossberg **13,5 %/7,30 €**
81 **2012 Weißburgunder trocken 13,5 %/6,- €**
82 2012 Riesling Kabinett trocken Raumbacher Schwalbennest **12 %/5,50 €**
84 2012 Riesling Spätlese trocken Rehborner Herrenberg **13 %/7,50 €**
83 2012 Riesling Spätlese Raumbacher Schwalbennest **9,5 %/7,50 €**
85 2011 Spätburgunder Auslese trocken Raumbacher Schlossberg **14 %/11,50 €**

Roll

Weingut

★

Rheinhessen

Kloppbergstraße 36, 67596 Dittelsheim-Heßloch
***Tel.** 06244-7438,* ***Fax:** 06244-7751*
www.weingut-roll.de
info@weingut-roll.de
***Besuchszeiten:** Mo.-Fr. 8-11:30 + 13-18 Uhr,*

Inhaber . . . . Familie Roll
Rebfläche . . . . 15 Hektar

Friedrich Robert Roll führt heute das Gut zusammen mit seinem Sohn Christian, Geisenheim-Absolvent, der für An- und Ausbau der Weine verantwortlich ist. Riesling, Silvaner, Weißburgunder und Sauvignon Blanc sind die wichtigsten weißen Rebsorten, Spätburgunder, St. Laurent und Merlot die roten.

Vorjahre

2010 war jahrgangsbedingt schwächer, die Rotweine aber überzeugten vor zwei Jahren, einschließlich des portweinähnlichen „Trop". Die letztjährige Kollektion gefiel uns besser, vor allem der Riesling Edition aus dem Leckerberg und die Rotweine.

Neue Kollektion

Der süße, saftige Editions-Riesling gefällt uns auch 2012 wieder sehr gut, ebenso der kraftvolle, strukturierte 2009er Merlot, zusammen führen die beiden eine ansonsten gleichmäßige Kollektion an. ◄

Weinbewertung

81 2012 Silvaner trocken Dittelsheimer **12,5%/5,90€**

82 2012 Weißburgunder trocken Dittelsheimer **13%/7,- €**

81 2012 Riesling Spätlese trocken Dittelsheimer Geiersberg **13%/8,40€**

81 2012 Weißer Riesling halbtrocken Dittelsheimer **12%/5,90€**

83 2012 Riesling „vom Tertiär" Dittelsheimer Geiersberg **13%/8,60€**

85 2012 Riesling „Edition" Dittelsheimer Leckerberg **12,5%/8,50€**

81 2012 Sauvignon Blanc Dittelsheimer Pfaffenmütze **13,5%/8,60€**

84 2012 Gewürztraminer Spätlese Dittelsheimer **11,5%/6,70€**

80 2012 Spätburgunder Weißherbst halbtrocken **12,5%/6,20€**

80 2012 Spätburgunder trocken Bechtheim **13,5%/6,60€**

78 2010 Spätburgunder „R" trocken Dittelsheimer Geiersberg **14%/13,- €**

85 2009 Merlot trocken Dittelsheimer Leckerberg **14%/14,- €**

Rollanderhof ★
Weingut   **Rheinhessen**

55291 Saulheim
Tel. 06732-61820, Fax: 06732-8231
www.rollanderhof.de, rollanderhof@t-online.de
Besuchszeiten: nach Vereinbarung

Inhaber .... Rudolf und Brigitte Weyerhäuser
.... Anna und Andreas Weyerhäuser
Rebfläche .... 28 Hektar

Seit mehreren Generationen betreibt die Familie Weinbau, aber erst mit Übernahme des Betriebes durch Rudolf Weyerhäuser und Brigitte Thörle-Weyerhäuser im Jahr 1980 hat

man sich auf die Flaschenweinvermarktung konzentriert. Rudolf und Brigitte Weyerhäuser führen das Weingut seit 2011 gemeinsam mit ihren Kindern Anna und Andreas. Die Weinberge liegen vor allem in Saulheim in den Lagen Hölle, Schlossberg und Probstey, wo die Reben auf schweren Tonmergel- und Kalksteinverwitterungsböden wachsen. 70 Prozent der Rebfläche nehmen weiße Sorten ein, vor allem Grauburgunder, Riesling, Müller-Thurgau, Silvaner und Weißburgunder, aber auch Chardonnay und Sauvignon Blanc. An roten Sorten gibt es Portugieser, Spätburgunder, Dornfelder und Merlot, sowie Frühburgunder und Cabernet Sauvignon. Die Weißweine werden kühl vergoren und im Edelstahl ausgebaut, die besten Rotweine kommen nach der Maischegärung ebenso wie ausgesuchte Weißweine in neue oder gebrauchte Barriques. 85 Prozent der Weine werden trocken ausgebaut. Die besten trockenen Weine erhalten gutsintern den Zusatz „S".

Vorjahre

2010 waren die Weißweine jahrgangsbedingt schwächer, der 2009er Grauburgunder war vor zwei Jahren, bei enormer Substanz, sehr vom Barrique dominiert. Die letztjährige Kollektion war sehr gleichmäßig, allerdings waren die trockenen Weißweine etwas verhalten; Highlight war ganz klar die füllige, konzentrierte Riesling Trockenbeerenauslese aus der Hölle.

Neue Kollektion

Ein solches Highlight fehlt nun in diesem Jahr, die Weine präsentieren sich gleichmäßig, aber doch etwas verhalten, am besten gefallen uns die süße Silvaner Auslese und der füllige Riesling aus dem Holzfass. ◄

Weinbewertung

80 2012 Sauvignon Blanc trocken **13%/8,20 €**

79 2012 Riesling trocken „vom Kalkstein" **13%/8,80€**

82 2012 Riesling Auslese trocken Holzfass **13%/14,90€**

79 2012 Rivaner Classic **12,5%/4,50€**

82 2012 Silvaner Auslese edelsüß **13%/11,- €**

R

Josef **Rosch**
Weingut   ★★★★☆   **Mosel**

Mühlenstraße 8, 54340 Leiwen
Tel. 06507-4230, **Fax:** 06507-8287
weingut-josef-rosch@t-online.de
Besuchszeiten: *nach Vereinbarung*

Inhaber............................Werner Rosch
Rebfläche............................8,5 Hektar

Es gibt wenige Winzer an der Mosel, die Jahr für Jahr so geradlinige, klare und animierende Weine auf höchstem Niveau erzeugen, aber gleichzeitig vielen Genießern noch so unbekannt sind. Werner Rosch besitzt Weinberge in den Trittenheimer Lagen Apotheke und Altärchen, in der Leiwener Laurentiuslay, der Klüsserather Bruderschaft, der Köwericher Bruderschaft, sowie in der Lage Dhron Hofberger. Es werden ausschließlich Rieslingreben angebaut. Die Moste werden fast alle spontan vergoren, das heißt mit ihren natürlichen Hefen. Im Gegensatz zu vielen anderen trockenen Prestigetropfen der Mosel sind die von Werner Rosch stets sehr präzise, klar und animierend.

Vorjahre

2010 behauptete sich Werner Rosch sehr gut, bot trocken wie süß Spitzenweine, im edelsüßen Segment glänzte die Beerenauslese. Der trockene Leiwener Riesling war 2011 frisch und geradlinig, die Dhron Hofberger-Spätlese, früher Selection JR genannt, konzentriert und füllig. Auch im „feinherben" Segment gab es einen frischen, geradlinige Einstiegsriesling, die Spätlese aus der Bruderschaft war frisch und elegant, der Wein aus der Laurentuislay fülliger und kraftvoller. Die Glanzlichter jedoch fand man 2011 wie im Jahr zuvor im süßen Segment mit einer wunderschönen Apotheke-Spätlese und drei Auslesen, alle aus der Apotheke, die höherstufige brachte jeweils eine weitere Steigerung an Konzentration und Substanz, alle drei waren herrlich reintönig, harmonisch, elegant und lang. Zur Krönung des Jahrgangs gab es Beerenauslese und Trockenbeerenauslese.

Riesling trocken

Der Leiwener Riesling ist frisch, klar und zupackend, der aus dem Hofberg zeigt Zitrus und gelbe Früchte im Bouquet, ist klar, frisch und geradlinig im Mund. Deutlich konzentrierter ist der aus der Apotheke, bei der Verkostung noch sehr vom Schwefel geprägt, würzig, füllig und kraftvoll, besitzt viel Substanz.

Riesling feinherb

Der feinherbe Leiwener ist klar und direkt, der Wein aus der Bruderschaft frisch und zupackend, war aber ebenfalls bei der Verkostung noch sehr vom Schwefel geprägt. Klar am besten gefällt uns der Wein aus der Laurentiuslay, ist würzig, konzentriert und eindringlich im Bouquet, füllig und harmonisch im Mund, besitzt reife süße Frucht und viel Substanz.

Riesling süß

Etwas stärker ist auch 2012 wieder das süße Segment mit einem feinen, frischen Kabinett, einer fülligen, saftigen Apotheke-Spätlese, die in ihrer 3-Sterne-Version noch mehr Fülle und Substanz besitzt. Dazu gibt es drei Auslesen: Die „einfache" füllig und harmonisch, die 1-Sterne-Auslese enorm würzig und stoffig, süß und konzentriert, die 3-Sterne-Auslese zeigt etwas Zitrus und Orangenschalen im Bouquet, ist füllig und konzentriert im Mund, besitzt herrlich viel Frucht und Substanz. ◄━

Weinbewertung

85   2012 Riesling trocken Leiwener   11,5 %/6,80 €

86   2012 Riesling Spätlese trocken Dhroner Hofberg   12,5 %/13,50 €

88   2012 Riesling trocken Apotheke   13,5 %/20,- €

84   2012 Riesling „feinherb" Leiwener   10,5 %/6,80 €

86   2012 Riesling Spätlese „feinherb" Klüsserather Bruderschaft   11 %/13,50 €

89   2012 Riesling „feinherb" Laurentiuslay   12,5 %/20,- €

R

85 2012 Riesling Kabinett Leiwener Klostergarten
    8,5 %/9,50 €

88 2012 Riesling Spätlese Trittenheimer Apothe-
    ke **8 %/13,- €**

90 2012 Riesling Spätlese*** Trittenheimer Apo-
    theke **7,5 %/10,- €/0,375l**

89 2012 Riesling Auslese Trittenheimer Apotheke
    7,5 %/13,- €/0,5l

90 2012 Riesling Auslese* Trittenheimer Apothe-
    ke **7,5 %/17,- €/0,5l**

91 2012 Riesling Auslese*** Trittenheimer Apo-
    theke **7 %/20,- €/0,375l**

Roth
Weingut   ★★★

                                                  Franken

🍇 *Büttnergasse 11, 97355 Wiesenbronn*
Tel. *09325-902004,* **Fax:** *09325-902520*
www.weingut-roth.de
info@weingut-roth.de
Besuchszeiten: *Mo.-Sa. 9-11:30 + 13-17 Uhr*
„Rothweinhotel" (16 Doppelzimmer)

Inhaber...........................Gerhard Roth
Rebfläche.............................17 Hektar

Die Weinberge von Gerhard Roth, der seit 1974 ökologischen Weinbau betreibt, liegen in Wiesenbronn am Fuße des Schwanberges, wo die Reben in den Lagen Wachhügel und Geißberg auf dunklen Gipskeuperböden wachsen; im Abtswinder Altenberg baut er Riesling an. Seit dem Jahrgang 2008 gibt es eine neue Lage in Wiesenbronn, Heller Berg. Das beste Stück im Geißberg war bis 1971 eine Einzellage, deren Name daher rührt, dass die Lage von morgens bis abends der Sonne ausgesetzt ist. Die 2,5 Hektar große Lage ist komplett im Besitz von Gerhard Roth, der dort Silvaner, Riesling, Spätburgunder und Blaufränkisch stehen hat. 45 Prozent der Weinberge von Gerhard Roth ist mit roten Reben bestockt, vor allem Spätbur-

gunder, Portugieser, Domina und Schwarz-riesling, sowie als Spezialität der bei ihm Blaufränkisch genannte Lemberger, der sonst selten in Franken zu finden ist. An wei-ßen Sorten baut Gerhard Roth Silvaner, Ries-ling, Müller-Thurgau, Bacchus, Kerner und Traminer an. Die Rotweine werden alle mai-schevergoren und prinzipiell trocken und ohne Restzucker ausgebaut, das Gros der Weine wird spontanvergoren. Ein Teil der Rotweine kommt ins Barrique, wofür Ger-hard Roth seit 1988 Wiesenbronner Eiche nutzt. Seit dem gleichen Jahr gibt es die Cuvée Purpur aus Domina, Spätburgunder und Blaufränkisch. 2007 wurde eine neue Vi-nothek gebaut, 2009 ein benachbartes Grundstück erworben und zum „Rothwein-hotel" mit 16 Doppelzimmern umgebaut.

Vorjahre

Vor zwei Jahren bot die Kollektion zwei Überraschungen: Den wunderschön reintö-nigen Silvaner Eiswein und den Riesling Hel-ler Berg, den präzisesten und mineralisch-sten Riesling, den wir bisher von Gerhard Roth verkostet hatten. Der Aufwärtstrend hielt auch in diesem Jahr an, die Weine, zu-nehmend spontanvergoren, hatten weiter an Präzision gewonnen. Im roten Segment war die 2009er Cuvée Purpur, bereits 1988 erstmals erzeugt, der eindeutige Star.

Neue Kollektion

Die neue Kollektion bietet erfreuliches Ni-veau schon beim Litersilvaner, der Johanni-ter ist frisch und zupackend, die Kabinett-weine wunderschön reintönig. Silvaner und Grauburgunder vom Geißberg besitzen mehr Fülle und Kraft, der Silvaner Heller Berg viel Substanz, der Riesling „FF" besitzt klare Zitrusnoten, besser gefällt uns der schon im vergangenen Jahr vorgestellte Riesling Hel-ler Berg. Der neun Monate im Betonei ausge-baute Gemischte Satz scheint sehr vom Sil-vaner dominiert, ist füllig und harmonisch bei guter Struktur. Im roten Segment findet man gleich mehrere Spitzen: Die Cuvée G, Blaufränkisch, Cabernet Dorsa und Cabernet

R

Mitos, zeigt viel Konzentration im Bouquet, Cassis, rote Früchte, ist füllig und kraftvoll im Mund mit reifer Frucht und viel Substanz. Der Purpur, Spätburgunder, Domina, Cabernet und Blaufränkisch, ist etwas komplexer und nachhaltiger wie auch der Spätburgunder Heller Berg, der konzentriert und klar ist, füllig und kraftvoll, viel reife Frucht besitzt. ━━

Weinbewertung _____

82	2012 Silvaner trocken (1l)	**12 %/6,50 €**
83	2012 Silvaner trocken	**12 %/6,50 €**
85	2012 Johanniter trocken	**11 %/6,50 €**
82	2012 „Blanc de Noir" trocken	**11,5 %/6,50 €**
85	2012 Silvaner Kabinett trocken Wiesenbronner Geißberg	**12 %/7,50 €**
86	2012 Weißburgunder Kabinett trocken	**13 %/7,50 €**
86	2012 Riesling trocken „FF"	**13 %/10,50 €**
85	2012 „Q.E.D." Weißwein trocken	**13 %/15,- €**
86	2012 Silvaner trocken Wiesenbronner Geißberg	**13 %/10,50 €**
86	2012 Grauburgunder trocken Wiesenbronner Geißberg	**13,5 %/11,- €**
87	2012 Silvaner „G" trocken Wiesenbronner Heller Berg	**13 %/12,- €**
89	2011 Riesling „G" trocken Wiesenbronner Heller Berg	**13 %/12,- €**
84	2012 Portugieser trocken Wiesenbronner	**12,5 %/8,- €**
86	2011 Pinot Noir trocken Wiesenbronner Wachhügel	**13,5 %/13,- €**
85	2011 Blaufränkisch „G" trocken Wiesenbronner Heller Berg	**13,5 %/17,50 €**
89	2011 „Purpur" Rotwein trocken	**13,5 %/17,50 €**
90	2011 Spätburgunder „G" trocken Wiesenbronner Heller Berg	**13,5 %/26,50 €**
88	2011 „G" Rotwein trocken	**13,5 %/22,- €**

Roth
Weingut

★

Mosel

Auf der Lährwiese 8, 54538 Kinheim-Kindel
Tel. 06532-953761, Fax: 06532-954493
www.roth-riesling.de
weingut@roth-riesling.de
Besuchszeiten: *nach Vereinbarung*
Ferienwohnung

Inhaber .... Andreas Roth
Rebfläche .... 4,5 Hektar

Andreas Roth – Weinküfer und Winzermeister – sowie seine Frau Nicole führen das Familienweingut seit 2006. Riesling ist die wichtigste Sorte, daneben gibt es noch etwas Müller-Thurgau, Kerner, Dornfelder und Spätburgunder.

Die Vorjahre _____

2010 glänzten die edelsüßen Rieslinge. Die 2011er Kollektion war sehr gleichmäßig, trocken wie süß, ohne aber Highlights zu bieten wie in den Jahren zuvor.

Neue Kollektion _____

Ein solches Highlight gibt es nun wieder 2012 mit dem Eiswein, der süß und konzentriert ist, viel Substanz und Frische besitzt. Die anderen 2012er Weine sind frisch und geradlinig, präsentieren sich sehr gleichmäßig auf gutem Niveau. ━━

Weinbewertung _____

81	2012 Riesling Kabinett trocken Kinheimer Rosenberg	**11,5 %/5,20 €**
81	2012 Riesling Spätlese trocken Kinheimer Hubertuslay	**12 %/7,50 €**
81	2012 Riesling Spätlese „Steillage" Kinheimer Rosenberg	**11 %/7,50 €**
81	2012 Riesling Kabinett Kinheimer Rosenberg	**8,5 %/5,20 €**
82	2012 Riesling Spätlese Kinheimer Rosenberg	**8 %/7,50 €**
88	2012 Riesling Eiswein Kinheimer Römerhang	**6 %/25,- €/0,375l**

Rothe
Weingut

★★☆

Franken

 Hauptstraße 14, 97334 Nordheim
Tel. 09381-4579, **Fax:** 09381-6644
www.wein-rothe.de, info@wein-rothe.de
Besuchszeiten: nach Vereinbarung; Gästezimmer

Inhaber..........................Manfred Rothe
Rebfläche............................7,5 Hektar

Die Weinberge von Manfred Rothe liegen vor allem in der Mainschleife bei Nordheim und Sommerach, aber auch im Astheimer Karthäuser. Bis 2002 hat er sie im Nebenerwerb bewirtschaftet, seither ist er vollberuflich Winzer. Auf den Muschelkalkböden baut er die traditionellen Rebsorten der Region wie Müller-Thurgau, Silvaner, Bacchus, Grauburgunder und Scheurebe, aber auch pilzresistente Neuzüchtungen wie Helios oder Muscaris an. An roten Sorten gibt es Domina, Schwarzriesling, Spätburgunder, Regent und Zweigelt. Alle Rotweine werden im Holz ausgebaut, statt Barriques nutzt Manfred Rothe inzwischen nur noch 500-Liter-Fässer, in denen die Weine zwölf Monate bleiben. Alle Rotweine werden komplett durchgegoren. Spezialität von Manfred Rothe sind lange gereifte Weine und Weine von alten Reben. Die Weine der „Grande"-Linie stammen von ertragsreduzierten Anlagen und bleiben lange auf der Hefe. Die Weinberge werden biologisch bewirtschaftet, Manfred Rothe ist Mitglied bei Bioland. Mit dem Kauf eines Weingutes in Nordheim hat er zukünftig deutlich mehr Platz und Möglichkeiten zum Ausbau seiner Weine.

Vorjahre

Vor zwei Jahren waren alle Weine klar und zupackend, die 2010er Weißweine deutlich säurebetont, die Rotweine puristisch, klar und durchgegoren. Sehr konsistent präsentierte sich die letztjährige Kollektion, die Seccos, Müller-Thurgau und Helios waren frisch, klar und geradlinig. Ganz spannend waren die Silvaner, die Manfred Rothe alle spontanvergoren hatte, die alle drei sich deutlich voneinander unterschieden, Highlight war der puristische Silvaner aus dem Holzfass, den Manfred Rothe vierzehn Tage auf der Maische vergoren und dann im 500-Liter-Fass ausgebaut hatte. Auch die Rotweine hatten an Präzision gewonnen, präsentierten sich alle sehr reintönig, das Holz war sehr schön integriert.

Neue Kollektion

Der maischevergorene Silvaner hat nun einen Namen gefunden, Indigenius, ist noch nachhaltiger als im vergangenen Jahr. Auch der Grande-Silvaner macht eine sehr gute Figur, besitzt Struktur und Kraft die Scheurebe ist faszinierend reintönig und zupackend, besitzt viel Frucht und Biss. Bestechend gut ist auch wieder das Basisniveau der Weine, die alle frisch und zupackend sind und reintönige Frucht besitzen. Wunderschön reintönig sind auch die Rotweine: Der Regent ist kraftvoll und klar, die Domina frisch, präzise und zupackend, der Zweigelt kraftvoll und strukturiert. Der Schwarzriesling fasziniert mit seiner reintönigen Frucht, ist zupackend, besitzt gute Struktur und Frische, der Spätburgunder zeigt feine rauchige Noten im Bouquet, viel reife Frucht, ist fruchtbetont und zupackend im Mund, strukturiert, sehr jugendlich. Ganz starke, stimmige Kollektion! ◄

Weinbewertung

84   2012 Müller-Thurgau trocken   12,5 %/6,- €
84   2012 Helios trocken   13 %/6,50 €
84   2012 Grauburgunder trocken   13 %/8,50 €
87   2012 Silvaner trocken „Grande"   13 %/10,- €
87   2012 Scheurebe trocken „Grande"   13 %/10,- €
90   2011 Silvaner trocken „Indigenius"   13 %/25,- €
85   2012 Bacchus   12 %/6,- € ☺
86   2011 Rieslaner „Grande"   12 %/15,- €
88   2011 Schwarzriesling trocken „Grande"
       13 %/9,- € ☺
87   2011 Blauer Zweigelt trocken   13,5 %/10,- €
86   2011 Domina trocken   13 %/9,- €
85   2012 Regent trocken   13 %/7,50 €
88   2011 Spätburgunder trocken   13,5 %/14,- €

Die besten deutschen Weinerzeuger und ihre Weine

R

Fritz **Rothenbach**
Wein- und Sektgut   **Rheingau**

★

Eisenbahnstraße 12, 65375 Oestrich-Winkel
Tel. 06723-2695, **Fax:** 06723-889851
www.weingut-rothenbach.de
info@weingut-rothenbach.de
Besuchszeiten: Mo.-Sa. 8-18 Uhr, sonst nach
Vereinbarung

Inhaber.................Fritz Peter Rothenbach
Rebfläche..............................8 Hektar

Auf rund 300 Jahre Tradition kann dieses Weingut zurückblicken. Die Weinberge verteilen sich auf elf verschiedene Lagen in Oestrich, Mittelheim und Hallgarten. Zu den 5 Hektar eigenen Weinbergen hat Fritz Peter Rothenbach weitere 3 Hektar hinzugepachtet. Neben Riesling und Spätburgunder baut er etwas Portugieser und Dunkelfelder sowie als Spezialitäten Frühburgunder und Huxelrebe an. Die Weißweine werden hier kühl vergoren und meist im Edelstahl ausgebaut, Rotweine kommen nach der Maischegärung ins Holzfass. Jeweils etwa 45 Prozent der Weine werden trocken und halbtrocken ausgebaut. Immer wieder stellt Fritz Peter Rothenbach zudem Süßweine vor, die ebenso süffig wie preiswert sind und sich perfekt als Einstieg in die Welt der Beerenauslesen anbieten. Auch die Sekterzeugung nimmt inzwischen einen hohen Stellenwert ein.

Vorjahre
Die 2010er waren gleichmäßig, allesamt saftig, voller Würze und Frucht. Enttäuschungen waren auch in der 2011er Kollektion nicht zu entdecken, vor allem die Spätlesen aus dem Doosberg überzeugten in der trockenen, der feinherben sowie in der süßen Version.

Neue Kollektion
Dem vorgestellten Schaumwein fehlt es etwas an Präzision, doch die stillen Weine machen mit ihrer saftigen Art durchweg Spaß, sind süffig und animierend. Die halbtro-

ckenen Weine liegen, was den vorhandenen Zucker angeht, am unteren Rande der gesetzlich erlaubten Werte und wirken auch deshalb gut balanciert. ◄━

Weinbewertung
80 2010 Riesling Sekt extra trocken Oestricher Lenchen **12,5 %/7,30 €**
79 2012 Riesling trocken Oestricher Lenchen **13 %/3,80 €**
82 2012 Riesling Kabinett trocken Oestricher Lenchen **12 %/4,60 €**
84 2012 Riesling Spätlese trocken Oestricher Lenchen **12 %/5,90 €**
84 2012 Riesling Spätlese „feinherb" Oestricher Klosterberg **12 %/5,90 €**
82 2012 Riesling Kabinett halbtrocken Hallgartener Jungfer **12 %/4,60 €**
83 2012 Riesling Kabinett halbtrocken Oestricher Doosberg **11,5 %/4,60 €**
82 2012 Riesling Classic **12,5 %/4,60 €**
85 2012 Riesling Spätlese Oestricher Doosberg **8 %/6,20 €**

★

Rothmeier
Weingut   **Pfalz**

Offenbacher Weg 8, 76829 Landau-Mörlheim
Tel. 06341-52600, **Fax:** 0634153033
www.ben-rothmeier.de
info@weingut-rothmeier.de
Besuchszeiten: Mo.-Fr. 8-12 + 13:30-18 Uhr,
Sa. 9-16 Uhr

Inhaber.......................Familie Rothmeier
Kellermeister....................Ben Rothmeier
Rebfläche.............................13 Hektar

Philipp Rothmeier begann Anfang der 1980er Jahre mit der Direktvermarktung. Sein Sohn Ben hat seine Lehre bei den Weingütern Münzberg, Meßmer und Müller-Catoir gemacht, anschließend die Ausbildung zum Techniker für Weinbau und Kellerwirtschaft in Weinsberg.

R

Seit der Ernte 2007 arbeitet er an seiner eigenen Kollektion, die anfänglich nur aus Merlot und Pinot Noir im Barrique bestand, aber in den folgenden Jahren ausgeweitet wurde. Der Dornfelder nimmt 25 Prozent der Rebfläche ein, Riesling 20 Prozent, Spätburgunder 10 Prozent, Weiß- und Grauburgunder, Chardonnay und Merlot sind mit je 5 Prozent vertreten, auf dem Rest der Rebfläche stehen außerdem noch Saint Laurent, Muskateller, Rieslaner, Müller-Thurgau, Kerner und Portugieser. Die Weinberge liegen rund um Landau, in erster Linie auf Lösslehmböden.

Vorjahr _____

Die vor zwei Jahren angestellten sechs Weine konnten allesamt mit ihrer klaren, reintönigen Frucht überzeugen und waren gleichmäßig gut. Die gekonnt im Barrique ausgebauten Merlot und Pinot Noir ließen Ambitionen nach oben erkennen, der Pinot setzte aber mit 14,5 Prozent Alkohol mehr auf Kraft und Fülle als auf Finesse und Eleganz. Mit Ausnahme der saftigen und konzentrierten trockenen Riesling Spätlese präsentierten sich die Weißweine im letzten Jahr etwas verhaltener, die Stärken lagen eher im roten Segment der Kollektion: Der im Jahr zuvor schon einmal verkostete kraftvolle und eindringliche 2009er Merlot hatte sich gut entwickelt und verfügte noch über weiteres Potential.

Neue Kollektion _____

In diesem Jahr überzeugt die Kollektion weiß wie rot: Der trockene Rieslaner ist gelungen, Pinot Blanc und Chardonnay sind gekonnt im Holz ausgebaut, besitzen Saft und Kraft und sind kompromisslos trocken, an der Spitze des weißen Segments steht ein eleganter und frischer Riesling Eiswein. Der 2011er Pinot Noir ist leider etwas zu wuchtig geraten, worunter der Sortencharakter leidet, sehr gut gefällt uns aber wieder der kraftvolle, harmonische und gut strukturierte Merlot. ◀━

Weinbewertung _____

82   2012 Scheurebe Kabinett trocken   12,5 %/6,- €
83   2012 Rieslaner Spätlese trocken   13 %/8,- €
85   2012 Pinot Blanc trocken   13,5 %/9,50 €
86   2012 Chardonnay trocken   14 %/9,50 €
87   2012 Riesling Eiswein   10 %/25,- €/0,5l
85   2011 Cuvée „Unique G.P." Rotwein trocken   13,5 %/13,- €
87   2011 Merlot trocken „5/10"   13,5 %/23,- €
83   2011 Pinot Noir trocken   13,5 %/7,- €
86   2011 Pinot Noir Auslese trocken „5/10" 15%/23,-€

Rothweiler
Weingut   **Hessische Bergstraße**

Berliner Ring 184, 64625 Bensheim-Auerbach
Tel. 06251-76569, **Fax:** 06251-788385
www.weingut-rothweiler.de
mail@weingut-rothweiler.de
Besuchszeiten: Mo.-Fr. 17-19 Uhr, Sa. 10-13 Uhr und nach Vereinbarung

Inhaber .... Hanno Rothweiler
Rebfläche .... 4 Hektar

Hanno Rothweiler, der nicht aus einer Winzerfamilie stammt, hat schon während seiner Ausbildung 1983 seine ersten eigenen Weine gemacht. Wichtigste Rebsorte in seinem Betrieb ist Riesling, der mehr als die Hälfte seiner Rebfläche einnimmt. Es folgen Grauburgunder, St. Laurent und Dornfelder. Dazu gibt es Sorten wie Ehrenfelser, Silvaner, Chardonnay, Gewürztraminer und Dakapo, inzwischen auch Merlot und Syrah. Die Rotweine werden mit den Rappen maischevergoren und dann gut ein Jahr im Barrique ausgebaut. Die Weine baut Hanno Rothweiler zu 90 Prozent trocken aus. Neben Weinen führt Hanno Rothweiler auch Obstbrände und Liköre im Programm.

Vorjahre _____

Die Kollektion vor zwei Jahren wurde angeführt vom herrlich fruchtigen St. Laurent aus dem Schöntal, der St. Laurent aus dem Barrique war konzentriert, aber noch sehr verschlossen und vom Holz geprägt. Sehr gut

R

auch der Chardonnay - als Stillwein und als Sekt. Auch Auxerrois und Syrah hatten uns gut gefallen. Im vergangenen Jahr zeigte sich ein etwas uneinheitliches Bild. Am besten gefiel uns ein feinfruchtiger Chardonnay mit leichtem Holzeinsatz, bei den Rotweinen war es der vielfruchtige St. Laurent.

Neue Kollektion

In diesem Jahr zeigt Hanno Rothweiler eine sehr gute, homogene Kollektion. Neben einem kräftigen Sekt gefallen uns die sehr klaren, leichten und doch ausdrucksstarken Weißweine außerordentlich gut. Sehr gut ist wieder der St. Laurent, aber noch besser gefällt uns in diesem Jahr der Syrah aus dem Barrique. Er zeigt die typischen Pfeffernoten der Rebsorte, daneben findet man aber auch Gewürze wie Zimt und Rosmarin.

Weinbewertung

86	2010 Chardonnay Sekt brut	**12,5 %/14,10 €**
86	2012 Roter Riesling trocken Auerbacher Fürstenlager	**12 %/8,70 €**
85	2012 Auxerrois trocken Auerbacher Fürstenlager	**12 %/8,70 €**
84	2012 Cabernet Sauvignon trocken Weißherbst	**12 %/8,50 €**
86	2011 St. Laurent trocken Barrique Auerbacher Fürstenlager	**13 %/11,20 €**
87	2011 Syrah trocken Barrique Auerbacher Fürstenlager	**13 %/9,70 €**

R

Johann **Ruck**
Weingut   ★★★★   **Franken**

Marktplatz 19, 97346 Iphofen
Tel. 09323-800880, Fax: 09323-800888
www.ruckwein.de, www.triaswein.de
post@ruckwein.de
Besuchszeiten: Mo.-Fr. 9-12 + 13-18 Uhr,
Sa. 10-15 Uhr, So. 10-12 Uhr

Inhaber ....Johann Ruck
Rebfläche ....12,4 Hektar

Die Weinberge von Johann Ruck liegen in den Iphöfer Lagen Julius-Echter-Berg (3,5 Hektar), Kronsberg und Kalb, sowie in den Rödelseer Lagen Schwanleite und Küchenmeister. Silvaner ist mit einem Anteil von 30 Prozent die mit Abstand wichtigste Rebsorte bei Ruck. Es folgen Müller-Thurgau, Riesling und Grauburgunder, dann Scheurebe, Kerner und Domina. Anstelle des Kerners pflanzte er mehr Spätburgunder. Er setzt dabei auf Spätburgunderklone aus Burgund. Sohn Johann jr. unterstützt seinen Vater heute im Betrieb und ist für den Keller verantwortlich. Die meisten Weine werden im Edelstahl vergoren und bleiben lange auf der Hefe.

Vorjahre

Seit der ersten Ausgabe empfehlen wir die Ruckschen Weine, seit dieser Zeit gehören sie zur fränkischen Spitzenklasse. In diesem Jahrzehnt aber hat sich viel getan im Hause Ruck, die Stilistik hat sich komplett verändert. Früher waren die Weine immer herrlich fruchtbetont und reintönig, saftig und zugänglich, heute sind sie wesentlich puristischer, weniger charmant, aber nicht weniger beeindruckend, ganz auf Haltbarkeit vinifiziert. 2010 waren die Basisweine frisch und klar, niedrig im Alkohol. Die Großen Gewächse behaupteten ihre Stellung, Estheria und Myophorium waren eigenständig und eigenwillig: Wir fanden sie außerordentlich spannend, 2008 mit Vorteilen bei Estheria. Dem 2008er Myophorium hatte im vergangenen Jahr das Jahr auf der Flasche gut getan, er präsentierte sich wesentlich komplexer, begeisterte wie auch Estheria 2009. Die 2011er Kollektion war stimmig, der Sauvignon Blanc überraschte, die beiden Großen Gewächse waren hervorragend: Eine starke Kollektion hatten die Rucks im vergangenen Jahr.

Neue Kollektion

Auch 2012 überzeugt das Basisniveau, die Gutsweine, sind frisch und klar, der Kalb-Silvaner ist füllig und strukturiert, kraftvoll und reintönig, der Julius-Echter-Berg-Riesling kraftvoll und zupackend wie auch der würzige, eindringliche Traminer, die beiden Rieslaner sind wunderschön reintönig, frisch und elegant. Begeistert waren wir von den beiden Scheureben, die beiden besten trockenen deutschen Scheureben, die wir in diesem Jahr verkostet haben. Der Wein von alten Reben ist saftig und konzentriert, herrlich reintönig, harmonisch und lang; spannender noch finden wir Estheria, ein faszinierend druckvoller, präziser Wein, komplex, lang und nachhaltig. Auch die beiden Großen Gewächse sind wieder hervorragend: Der Silvaner zeigt viel Frucht im Bouquet, Birnen, ist füllig und saftig im Mund, besitzt viel reife Frucht und gute Länge; der Riesling ist präzise und kraftvoll, zupackend, besitzt guten Druck und Länge. ◀━

Weinbewertung

84 2012 Silvaner trocken **13 %/8,- €**
84 2012 Riesling trocken **12,5 %/8,- €**
84 2012 Bacchus **11,5 %/8,- €**
86 2012 Silvaner trocken Iphöfer Kalb **12,5 %/10,- €**
88 2012 Riesling trocken Iphöfer Julius-Echter-Berg **12,5 %/14,- €**
89 2012 Scheurebe trocken „Alte Reben" Iphöfer Kronsberg **12,5 %/14,- €**
87 2012 Traminer trocken Iphöfer Julius-Echter-Berg **13,5 %/12,50 €**
90 2011 „Estheria" Weißwein trocken **12 %/15,- €** ☺
90 2012 Silvaner „GG" „Trias" Julius-Echter-Berg **13,5 %/24,- €**
90 2012 Riesling „GG" „Trias" Julius-Echter-Berg **12,5 %/24,- €**
86 2012 Rieslaner Spätlese Rödelseer Küchenmeister **11 %/12,50 €**
88 2012 Rieslaner Auslese Iphöfer Julius-Echter-Berg **11 %/19,- €**

Rudloff
Weingut   **Franken**

Mainstraße 19, 97334 Nordheim
Tel. *09381-2130,* **Fax:** *09381-2136*
www.weingut-rudloff.de
info@weingut-rudloff.de
Besuchszeiten: *Mo.-Fr. 10-18 Uhr, Sa. 9-14 Uhr und nach Vereinbarung*
Gästeführungen, 2 Ferienwohnungen.

Inhaber............................Peter Rudloff
Rebfläche............................4,5 Hektar

Seit Ende des 19. Jahrhunderts sind die Müllers Weinbauern in Nordheim. Das heutige Gut wurde 1980 von Dorothea Rudloff, geb. Müller, erbaut. 1998 richtete man eine Probierstube und Ferienwohnungen ein. Bereits seit 1990 ist Sohn Peter für den Weinausbau verantwortlich, der inzwischen den Betrieb auch übernommen hat. Die Weinberge befinden sich in den Nordheimer Lagen Vögelein und Kreuzberg, sowie im Sommeracher Katzenkopf. 70 Prozent der Fläche nehmen weiße Reben ein, vor allem Müller-Thurgau und Silvaner, gefolgt von Weißburgunder und Bacchus. Zu Domina und Spätburgunder hat er zuletzt Cabernet Dorio, Cabernet Dorsa und Zweigelt hinzugepflanzt. Das Programm ist in vier Linien unterteilt: Edle Rebe, Klassische Beere, Junge Triebe und Gute Traube. Die Weine werden gezügelt und langsam vergoren. Die Weine der einfachen Linien werden im Edelstahl ausgebaut. Die besten Weine, rot wie weiß, kommen ins Barrique, wobei Peter Rudloff darauf achtet, dass die Barriquenote nicht dominiert.

Vorjahre

2010 blieb jahrgangsbedingt hinter den Vorjahren zurück. Die letztjährige Kollektion war die stärkste, die wir bisher von Peter Rudloff verkosteten, präsentierte sich geschlossen auf gutem und sehr gutem Niveau. Die Weine der Linie „Klassische Beere" besaßen reintönige

Die besten deutschen Weinerzeuger und ihre Weine

R

Frucht und Frische; kraftvoller und stoffiger waren die Weine der Linie „Edle Rebe": Gewürztraminer und Silvaner gefielen uns sehr gut, noch besser aber der Weißburgunder.

Neue Kollektion

Mit dem neuen Jahrgang schließt Peter Rudloff nahtlos daran an, die Weine präsentieren sich reintönig und fruchtbetont, frisch und zupackend. Unser klarer Favorit ist die rote Cuvée Kunstwerk, die gute Konzentration und viel reife Frucht im Bouquet zeigt, füllig und kraftvoll im Mund sich präsentiert bei reifer Frucht, guter Struktur und Frische.

Weinbewertung

84   2012 Silvaner Kabinett trocken   13 %/6,60 €
83   2012 Riesling Kabinett trocken   13 %/6,60 €
85   2012 Silvaner & Traminer Spätlese trocken 13,5 %/7,50 €
82   2011 „Schwarzer Peter" Rotwein trocken 13,5 %/6,60 €
83   2011 Zweigelt trocken „Junge Triebe" 13,5 %/7,- €
87   2011 „Kunstwerk" Rotwein Spätlese trocken 14,5 %/16,- €

Rumpel & Schömig ★★
Weinbau   **Franken**

Obere Torstraße 3, 97273 Kürnach
Tel. 09367-3331; bzw. Versbacher Straße 13, 97222 Rimpar-Maidbronn. **Tel.** 09365-1644
www.rumpel-schoemig.de
m.a.schoemig@web.de
Besuchszeiten: nach Vereinbarung

Inhaber...Klemens Rumpel, Manfred Schömig
Rebfläche............................2,6 Hektar

Klemens Rumpel und Manfred Schömig bewirtschaften seit 1986 Reben im Rimparer Kobersberg, von Anfang an nach ökologischen Gesichtspunkten. Sie sind Mitglied

bei Naturland und beim Bund Fränkischer Ökowinzer, Klemens Rumpel ist Vorsitzender des Bundes Fränkischer Ökowinzer. Ausgebaut werden ihre Weine bei Gerhard Roth in Wiesenbronn.

Vorjahre

Der Müller-Thurgau gefiel uns vor zwei Jahren besonders gut, ebenfalls die als Fassprobe verkostete Domina, die Kollektion präsentierte sich sehr gleichmäßig auf gutem Niveau. Auch im vergangenen Jahr waren wir von der Domina sehr angetan, beide verkosteten Jahrgänge, 2010 und 2011, waren sehr gut. Frisch und geradlinig waren die beiden Seccos, im weißen Segment gefiel uns der Silvaner besonders gut.

Neue Kollektion

Zuverlässig gut ist nun auch die neue Kollektion, bietet feine, nicht zu süße Perlweine, einen fruchtbetonten, unkomplizierten Rotling aus Portugieser und einen saftigen Silvaner. Den Müller-Thurgau gibt es in diesem Jahr in zwei Versionen, die neue Variante, spontanvergoren, ist wesentlich druckvoller und präziser. Sehr gut gefallen uns auch die beiden Domina, die sehr reintönig und strukturiert sind, feine Frucht und Tannine besitzen, 2012 ist noch sehr jugendlich. Die Preise sind für Franken sehr moderat – die Weine aber nur direkt bei Klemens Rumpel oder Manfred Schömig zu erhalten, denn sie versenden nicht.

Weinbewertung

84   2012 „Secco weiß" Perlwein   5,50 €
84   2012 „Schnelzer Secco" Rotling Perlwein   5,50 €
86   2012 Müller-Thurgau „FF"
85   2011 Silvaner   12,5 %/4,- € ☺
84   2012 Müller-Thurgau   11,5 %/4,- € ☺
83   2012 Rotling   11,5 %/4,- € ☺
87   2011 Domina   13 %/7,- € ☺
86   2012 Domina   7,- € ☺

Klaus & Matthias **Runkel** ★★

Weingut   **Rheinhessen**

📍 *Petersgässchen 2, 67595 Bechtheim*
Tel. 06242-2110, *Fax:* 06242-5554
www.weingut-runkel.de
info@weingut-runkel.de
Besuchszeiten: Mo.-Fr. 8-12 + 13-18 Uhr, Sa. 9-16 Uhr

Inhaber . . . . Matthias Runkel
Rebfläche . . . . 10 Hektar

Seit dem 17. Jahrhundert betreibt die Familie Weinbau, mit der Flaschenweinvermarktung wurde in den fünfziger Jahren des letzten Jahrhunderts begonnen. Jakob Runkel erweiterte die Rebfläche seit 1958, im Vordergrund stand aber der Küferbetrieb. Klaus Runkel und Ehefrau Gabriele bauten die Selbstvermarktung aus, seit 2006 hat sich ihr Sohn Matthias in den Betrieb eingebracht, der 2011 sein Geisenheim-Studium abschloss. Die Weinberge liegen in den Bechtheimer Lagen Rosengarten, Heilig-Kreuz, Stein, Hasensprung und Geyersberg, sowie in den Hesslocher Lagen Mondschein und Edle Weingärten. Seit 2011 befindet sich das Weingut in Umstellung zum biologischen Weinbau. Es werden jeweils zur Hälfte weiße und rote Rebsorten angebaut. Spätburgunder, St. Laurent, Portugieser, Dornfelder und Merlot sind die wichtigsten roten Rebsorten, Riesling, Grauburgunder, Chardonnay, Weißburgunder, Silvaner und Gewürztraminer die wichtigsten weißen.

Vorjahr

Eine starke Kollektion stellte Matthias Runkel zum Debüt im vergangenen Jahr vor, an der Spitze ein rauchiger Spätburgunder und druckvolle Rieslinge.

Neue Kollektion

2012 haben die Rieslinge an Komplexität gewonnen, sie sind kraftvoll und strukturiert, besitzen reintönige Frucht und gute Struktur, alle drei gefallen uns sehr gut. Die 2011er

Trockenbeerenauslese ist konzentriert, dick und süß, im roten Segment überzeugen der konzentrierte Portugieser von wurzelechten Reben und der kraftvolle, reintönige Hasensprung-Spätburgunder, der gute Struktur besitzt, Frische und Frucht. ◄━

Weinbewertung

84 2010 „PinotCu" Sekt brut   **11,5 %/14,50 €**
82 2012 Riesling trocken   **12,5 %/7,50 €**
82 2012 Grauburgunder trocken   **13,5 %/7,50 €**
86 2012 Riesling trocken Geyersberg **12,5 %/21,- €**
87 2012 Riesling trocken Heilig-Kreuz **13 %/21,- €**
87 2012 Riesling trocken Hasensprung **13,5 %/21,- €**
88 2011 Riesling Trockenbeerenauslese Geyersberg   **6,5 %/98,- €/0,375l**
81 2011 Spätburgunder trocken Bechtheimer **13,5 %/18,- €**
79 2011 Merlot trocken Bechtheimer **13,5 %/20,- €**
85 2011 Portugieser trocken „Löwenberg" **13 %/29,- €**
87 2011 Spätburgunder trocken Hasensprung **13,5 %/29,- €**

Ruppert-Deginther ★☆

Weingut   **Rheinhessen**

Kämmerergasse 8, 67596 Dittelsheim-Hessloch
Tel. 06244-292, *Fax:* 06244-57134
www.ruppert-deginther.de
kontakt@ruppert-deginther.de
Besuchszeiten: nach Vereinbarung

Inhaber . . . . Karl-Joachim Ruppert
Rebfläche . . . . 28 Hektar

Seit sechs Generationen betreibt die Familie Weinbau in Hessloch. Heute wird der Betrieb von Karl-Joachim Ruppert und Ehefrau Gabi geführt. Karl-Joachim Ruppert hatte den landwirtschaftlichen Gemischtbetrieb auf Weinbau umgestellt, die Rebfläche vergrößert und die Vermarktung ausgebaut. Sohn Justus ist nach Geisenheim-Studium und

Die besten deutschen Weinerzeuger und ihre Weine

R

Praktika bei Keller und Knipser in den Betrieb eingestiegen und kümmert sich hauptsächlich um die Weinberge. Zuletzt wurde die Traubenannahme komplett geändert, so dass keine Pumpen mehr verwendet werden müssen; neue Edelstahltanks in Größen von 240 bis 2.100 Liter wurden angeschafft. Die Weinberge liegen in den Hesslocher Lagen Liebfrauenberg und Mondschein, im Bechtheimer Hasensprung und in der Westhofener Aulerde. Der Riesling „Weißer Stein" stammt aus der ehemaligen Einzellage Lebkuchenberg, heute Teil der Lage Hesslocher Edle Weingärten. Rote Sorten wie Dornfelder, Portugieser und Spätburgunder nehmen 30 Prozent der Rebfläche ein. Wichtigste weiße Sorten sind Riesling und Silvaner. Die roten Lagenweine werden zwei Jahre in deutschen oder französischen Barriques ausgebaut. 2012 wurde das Sortiment neu gegliedert in Guts-, Orts- und Lagenweine.

Vorjahre

2010 wurden die Weine länger auf der Vollhefe gelassen, erst spät geschwefelt. Anscheinend ein probates Mittel, um auf den schwierigen Jahrgang zu reagieren, denn Justus Ruppert hatte sich gut behauptet, die Weine waren frisch, kraftvoll und klar. Unser eindeutiger Favorit war wieder der Riesling vom Weißen Stein, auch der „feinherbe" Gewürztraminer gefiel uns sehr gut. Die letztjährige Kollektion überzeugte, im weißen Segment war wieder einmal der Riesling „Weißer Stein" unser Favorit, eine schöne Überraschung aber waren die beiden gekonnt vinifizierten Rotweine, Spätburgunder und Cabernet Sauvignon.

Neue Kollektion

Den eindringlich nach Cassis duftenden Cabernet Sauvignon konnten wir dieses Jahr noch einmal verkosten, dazu zwei weitere Rotweine, den geradlinigen Spätburgunder und einen beeindruckenden Dornfelder mit feinen rauchigen Noten, gute Struktur und Substanz. Im weißen Segment gefällt uns erneut der kraftvolle Riesling Weißer Stein

sehr gut, auch wenn er zum Zeitpunkt der Verkostung noch sehr jugendlich war; auch der füllige, harmonische Chardonnay macht eine prächtige Figur. Gute Kollektion! ◀━━

Weinbewertung

82 2012 Silvaner Spätlese trocken Hesslocher 12 %/7,15 €

82 2012 Riesling Spätlese trocken Hesslocher 12,5 %/7,90 €

82 2012 Riesling Spätlese trocken Westhofener 12 %/7,80 €

81 2012 Riesling Spätlese trocken Hesslocher Liebfrauenberg 12,5 %/15,30 €

85 2012 Riesling Spätlese trocken „Weißer Stein" 12,5 %/16,30 €

85 2012 Chardonnay trocken „Weißer Stein" 14 %/12,10 €

86 2010 Dornfelder trocken Hesslocher Liebfrauenberg 13,5 %/10,30 €

84 2010 Spätburgunder trocken Bechtheimer Hasensprung 13,5 %/16,10 €

87 2009 Cabernet Sauvignon trocken Hesslocher Liebfrauenberg 13,5 %/24,95 €

Rux
Weingut   ★★

Württemberg

Heidenburgstraße 20, 70378 Stuttgart
Tel. *07111-51861894*
www.ruxwein.de
rux@ruxwein.de
Besuchszeiten: *Sa. 10-16 Uhr und nach Vereinbarung (So. nicht)*

Inhaber . . . . Heike + Christoph Ruck
Rebfläche . . . . 3,5 Hektar

Heike Ruck hat bei Hans-Peter Wöhrwag gelernt, dann in Geisenheim studiert. Von ihrem Großvater übernahm sie 70 Ar Reben, ist 2008 aus der Genossenschaft ausgetreten und hat ihren eigenen Wein gemacht, einen tatsächlichen Garagenwein. Inzwischen hat sie sich vergrößert, ihr Mann Christoph Ruck ist nun mit an Bord, der seit 2003 Betriebsleiter bei Schloss Lehrensteinsfeld war, aus dem bekannten Weingut in Iphofen stammt. Bisher hatten Heike und Christoph Ruck nur 0,85 Hektar Reben, weshalb die 2011er Weißweine, ganz schnell ausverkauft waren; im Jahrgang 2012 wurden 2,5 Hektar bewirtschaftet, inzwischen ist ein weiterer Hektar hinzugekommen. Bisher gibt es Riesling und Sauvignon Blanc, Trollinger, Lemberger und Spätburgunder, die Weine stammen aus steilen Terrassenlagen im Cannstatter Zuckerle.

Vorjahr

Fruchtbetont und frisch präsentierten sich die im vergangenen Jahr verkosteten vier Rotweine, klar und zupackend. An der Spitze stand der Nimbus – der „Spezial-Trollinger meines Mannes", schrieb Heike Ruck – ein faszinierend reintöniger Trollinger; auch Lemberger und Spätburgunder gefielen uns sehr gut.

Neue Kollektion

Die Rotweine bestätigen den starken Eindruck des Vorjahres, sind fruchtbetont und reintönig, zupackend und strukturiert. Sehr geschlossen präsentieren sich die Weißweine mit einem feinen, frischen Gutsriesling, dem etwas kraftvolleren Riesling von alten Reben und einem fülligen, harmonischen Weißburgunder. ◄

Weinbewertung

85 2012 Weißburgunder trocken Cannstatter Zuckerle **12,5 %/10,- €**
85 2012 Riesling trocken „Alte Reben" Cannstatter Zuckerle **12,5 %/12,- €**
84 2012 Riesling **11,5 %/8,- €**
82 2012 Trollinger trocken **12,5 %/6,- €**
82 2012 Dornfelder trocken Münster Berg **13,5 %/10,- €**
86 2011 Spätburgunder trocken Cannstatter Zuckerle **13 %/15,- €**
86 2011 Lemberger trocken „Alte Reben" **13 %/16,-€**

Schloss **Saaleck**
Privat-Weingut   **Franken**

◆❦ *Am Marktplatz 1, 97762 Hammelburg*
Tel. 09732-7887450, **Fax:** 09732-7887451
www.weingut-schloss-saaleck.de
info@weingut-schloss-saaleck.de
Besuchszeiten: *Mo.-Fr. 8-13 + 14-18 Uhr, Sa. 9-14 Uhr, So. 11-16 Uhr (Juni-Okt.)*

Inhaber .... Ulrike Lange
Rebfläche .... 18 Hektar

Hammelburg nennt sich „älteste Weinstadt Frankens", denn in einer Schenkungsurkunde Karls des Großen aus dem Jahr 777 ist erstmals Weinbau in Franken dokumentiert. Schloss Saaleck, lange Zeit in Klosterbesitz, wurde 1816 bayerische Staatsdomäne, nach mehreren Besitzerwechseln wurde es das Städtische Weingut der Stadt Hammelburg. 2011 verkaufte die Stadt das Weingut an die Familie Lange aus Bergtheim. Der 15 Hektar große Saalecker Schlossberg gehört dem Weingut im Alleinbesitz; ein Teil der Lage ist von einer 1729 errichteten Weinbergsmauer umgeben; daneben ist man im Hammelburger Heroldsberg vertreten, die Böden in beiden Lagen sind vom Muschelkalk geprägt. Angebaut werden Silvaner, Weiß- und Grauburgunder und Riesling, aber auch Müller-Thurgau und Bacchus, Dornfelder, Domina, Schwarzriesling und Zweigelt. Die Weinberge werden biologisch bewirtschaftet (in Umstellung).

Kollektion

Schon lange haben wir keine Perle mehr verkostet, eine Neuzüchtung, die einst auf 100 Hektar in Deutschland angebaut wurde, heute nur noch vereinzelt zu finden ist, in Franken vor allem im Saaletal. Der verkostete Wein ist frisch und klar, ein feiner Sommerwein. Noch etwas besser gefallen uns der reintönige Kerner und der fruchtbetonte, zupackende Zweigelt, die eine sehr gleichmäßige Kollektion anführen, die durch das gute Basisniveau überzeugt. ◄

Weinbewertung

83	2012 Müller-Thurgau Kabinett trocken Saalecker Schlossberg	**5,60 €**
81	2012 Silvaner Kabinett trocken Hammelburger Heroldsberg	**6,50 €**
82	2012 Perle halbtrocken Saalecker Schlossberg	**4,90 €**
82	2012 Bacchus Kabinett halbtrocken Hammelburger Heroldsberg	**6,- €**
81	2012 „Blanc de Noir feinherb" Saalecker	**8,50 €**
81	2012 Rotling halbtrocken	**4,90 €**
84	2012 Kerner Spätlese „Letzte Ernte" Saalecker Schlossberg	
84	2012 Zweigelt trocken Saalecker Schlossberg	**8,50 €**

Schloss **Saarstein**
Weingut   ★★★   **Mosel**

54455 Serrig
Tel. 06581-2324, **Fax:** 06581-6523
www.saarstein.de
weingut@saarstein.de
Besuchszeiten: nach Vereinbarung

Inhaber . . . . Christian Ebert
Rebfläche . . . . 11 Hektar

Das Weingut Schloss Saarstein wurde 1828 von einem Schifffahrtsunternehmer gegründet, der die Weinberge des damaligen Saarsteiner Schlossberges kaufte und im Tal ein Kelterhaus baute. Schloss Saarstein war Gründungsmitglied des Großen Rings in Trier. 1956 erwarb Dieter Ebert das Gut, das heute von seinem Sohn Christian Ebert und Ehefrau Andrea geführt wird. Schloss Saarstein gehört im Alleinbesitz die direkt am Gutshaus arrondiert liegende Lage Serriger Schloss Saarstein, in der die Reben in 160 bis 200 Meter Höhe auf blauem Devonschiefer wachsen, in Steilhängen mit bis zu 60 Prozent Steigung. Der älteste Weinberg besteht aus 1943 gepflanzten wurzelechten Rieslingreben. Christian Ebert baut neben Riesling ein klein wenig Weißburgunder und Grauburgunder an. Die Weine werden stark vorgeklärt und geschönt, dann mit den eigenen Hefen langsam vergoren, teils im Fuder, teils im Edelstahl.

Vorjahre

2010 war jahrgangsbedingt verhalten; die Auslese gefiel uns sehr gut, ebenso Spätlese und „Alte Reben". 2011 war klar stärker, angefangen vom frischen, klaren Gutsriesling, die Weine zeigten reintönige Frucht und dezent mineralische Noten, edelsüß glänzten zwei faszinierend reintönige Auslesen.

Neue Kollektion

Die neue Kollektion ist nochmals stärker. Der Gutsriesling ist frisch und fruchtbetont, ebenso wie der reintönige Weißburgunder. Der Grauschiefer-Riesling ist klar und geradlinig, besitzt feine Frucht und Biss, dezent mineralische Noten. Kraftvoller, druckvoller noch ist der Riesling von alten Reben, der konzentriert und füllig ist, gute Struktur und Substanz besitzt. Der feinherbe Kabinett ist frisch und zupackend, die Spätlese wunderschön elegant, besitzt gute Struktur und Länge. Eleganz kennzeichnet auch die Auslese, die viel reife süße Frucht besitzt, gute Struktur, Frische und Länge. Weiter im Aufwind! ◄━

Weinbewertung

85	2012 Pinot Blanc	**12,5 %/9,- €**
84	2012 Riesling trocken (1l)	**12,5 %/8,75 €**
86	2012 Riesling Kabinett trocken „Grauschiefer"	**12 %/10,50 €**
83	2012 Riesling „feinherb" (1l)	**11 %/8,75 €**
89	2012 Riesling Spätlese trocken „Alte Reben"	**13 %/15,- €**
86	2012 Riesling Kabinett „feinherb"	**11 %/10,50 €**
85	2012 Riesling Kabinett	**9 %/10,50 €**
88	2012 Riesling Spätlese	**9 %/15,- €**
90	2003 Riesling Auslese	
89	2012 Riesling Auslese	**7,5 %/27,50 €**
91	2003 Riesling Beerenauslese	

Salm-Dalberg'sches

★★

Prinz zu, Weingut　　　　　**Nahe**

🍇 *Schlossstraße 3, 55595 Wallhausen*
Tel. 06706-944411, Fax: 06706-944434
www.prinzsalm.de
info@prinzsalm.de
Besuchszeiten: Mo.-Fr. 8-17 Uhr

Inhaber............. Michael Prinz zu Salm-Salm
.... Constantin Prinz zu Salm-Salm
Rebfläche............................. 27 Hektar

Unbestritten die Nummer Eins beim Salm-Dalberg'schen Weingut, in dem seit 800 Jahren und aktuell in der 32. Generation Weinbau betrieben wird, ist der Riesling, der etwa 70 Prozent der Rebfläche einnimmt. Daneben gibt es vor allem noch Spätburgunder, aber auch Grauburgunder, Weißburgunder und Silvaner. Michael Prinz zu Salm-Salm hat bereits 1988 mit der Umstellung auf ökologischen Weinbau begonnen, das Weingut ist seit 1995 zertifizierter Naturland-Betrieb. 2013 wurde das vorher separat geführte Weingut Rheingraf in Bingen mit dem Stammbetrieb an der Nahe zusammengeführt, aktuell sind 65 Prozent der Rebfläche des Weinguts Prinz Salm vom VDP als Große Lagen klassifiziert: An der Nahe die Lagen Wallhäuser Johannisberg und Felseneck, sowie der Roxheimer Berg, in Rheinhessen die Binger Lagen Scharlachberg und Kirchberg.

Vorjahre

Aus der 2010er Kollektion gefiel uns das Große Gewächs aus dem Felseneck etwas besser als das aus dem Johannisberg, die Basisweine waren frisch und klar, die feine Spätlese zeigte Zitrusfrüchte und Pfirsiche, der barriqueausgebaute Spätburgunder war klar und zupackend. Im vergangenen Jahr war unter dem süßen Teil des Sortiments die ausgewogene Spätlese aus dem Berg mit Würze und feinem Säurebiss unser Favorit, die beiden gleich hoch bewerteten, hochfar-

bigen Trockenbeerenauslesen besaßen zwar Konzentration und viel süße Frucht, aber wenig Reintönigkeit und Frische. Die beiden Großen Gewächse, von denen uns das Felseneck wieder etwas besser gefiel als der Johannisberg, waren saftig und füllig, aber vor allem der Johannisberg zeigte auch störende grasig-grüne Noten, die in der offenen Flasche von Tag zu Tag deutlicher wurden.

Neue Kollektion

2012 konnten wir keine Großen Gewächse verkosten, unter den rheinhessischen Weinen hat der Riesling vom Binger Bergrücken eine eindringliche und viel versprechende Würze in der Nase, im Mund fehlt es ihm dann aber etwas an Substanz. Unsere Favoriten sind die beiden Spätlesen von der Nahe, die sich sehr unterschiedlich präsentieren: Die Spätlese vom Felseneck ist saftig und füllig, während sich der Wein aus dem Berg Roxheim sehr elegant und schlank mit viel feiner Würze zeigt. ◀

Weinbewertung

81　2012 Riesling trocken　**12 %/8,90 €**
84　2012 Riesling trocken „Rotschiefer"
　　12,5 %/12,90 €
83　2012 Riesling trocken „vom Binger Bergrücken"　**12,5 %/12,90 €**
82　2012 Riesling „Grünschiefer"　**12,5 %/12,90 €**
87　2012 Riesling Spätlese Berg Roxheim 7,5 %/18,- €
86　2012 Riesling Spätlese Felseneck Wallhausen
　　9 %/18,- €

Die besten deutschen Weinerzeuger und ihre Weine

S

S

Salwey

★★★★

Weingut   **Baden**

Hauptstraße 2, 79235 Oberrotweil/Kaiserstuhl
Tel. 07662-384, Fax: 07662-6340
www.salwey.de
weingut@salwey.de
Besuchszeiten: Mo.-Fr. 13-17 Uhr, Sa. 11-17 Uhr und nach Vereinbarung

Inhaber .... Konrad und Franziska Salwey
Rebfläche .... 40 Hektar

Seit 2002 bereits war Konrad Salwey für An- und Ausbau der Weine verantwortlich, das er seit dem Tod seines Vaters Wolf-Dietrich Salwey führt. Das Gros seiner Weinberge liegt in Oberrotweil am Kaiserstuhl, in den Lagen Käsleberg (Lössboden), Henkenberg und Eichberg (beide vulkanischen Ursprungs mit Asche und tuffhaltigem Gestein), sowie der kleinen Lage Kirchberg mit steinigen, felsigen Böden, die dem Weingut zu etwa 80 Prozent gehört. In den Weinbergen im Glottertal, einem Schwarzwaldtal, wird an dessen Südwesthängen auf Gneisverwitterungsböden vor allem Spätburgunder angebaut. Spätburgunder und Grauburgunder sind mit Abstand die wichtigsten Rebsorten im Betrieb, hinzu kommt noch Weißburgunder, Riesling und Silvaner, sowie ein klein wenig Müller-Thurgau, Chardonnay, Auxerrois, Muskateller und Gewürztraminer. Seit dem Jahrgang 2008 gibt es aus den Lagen Oberrotweiler Käsleberg und Glottertäler Eichberg RS-Weine der Sorten Grauburgunder und Weißburgunder, dazu einen Spätburgunder Weißherbst. Im Oberrotweiler Kirchberg wurden 2009 die Weinberge wieder überwiegend in ihren Zustand vor der Terrassierung zurückversetzt, mit Hangneigungen bis zu 45 Prozent.

Vorjahre
2010 konstatierten wir eine große Kluft zwischen Qualitäts- und Kabinettweinen einerseits, RS und Großen Gewächsen andererseits; unter den vier hervorragenden weißen Großen Ge-

wächsen galt unsere leichte Präferenz dem Grauburgunder aus dem Henkenberg Den Spätburgunder aus dem Kirchberg gab es 2009 zusätzlich in einer „Rappen"-Version, die uns fast ebensogut gefiel wie die „normale" Version. Im vergangenen Jahr bekamen wir nur zwei weiße Große Gewächse vorgestellt (die anderen waren noch nicht gefüllt), beide waren hervorragend. Bei den Spätburgundern gelang es Konrad Salwey 2010 sehr gut die Lagenunterschiede herauszuarbeiten, die Großen Gewächse aus Henkenberg, Oberrotweiler Eichberg und Kirchberg waren hervorragend, ebenso die Rappen-Version des Kirchberg-Weins.

Neue Kollektion
Die 2011er Spätburgunder, zumindest die Großen Gewächse, will Konrad Salwey frühestens im Herbst 2014 auf den Markt bringen, vielleicht sogar noch später, nach den 2012ern. Die 2012 weißen Großen Gewächse waren Ende September noch nicht gefüllt, die entgültige Assemblage stand noch nicht fest, da Konrad Salwey möglichst nicht filtrieren will, brauchen sie mehr Zeit. Mit einer Ausnahme konnten wir deshalb dieses Jahr nur das Basissegment verkosten, das klare, geradlinige Weine umfasst, einen feinen Grauburgunder in der Literflasche beispielsweise, einen fruchtbetonten, zupackenden Weißherbst und den feinen Spätburgunder aus dem Käsleberg. Die eine Ausnahme, der Spätburgunder RS, ist das Highlight der vorgestellten Kollektion: Er zeigt feine Würze und Frucht im Bouquet, rauchige Noten, dezent Wildbret im Hintergrund, ist frisch und elegant im Mund, besitzt herrlich viel Frucht und gute Struktur. ◄

Weinbewertung
83   2012 Grauburgunder (1l)   **12,5 %/7,45 €**
83   2012 Grauburgunder   **12,5 %/9,10 €**
83   2012 Weißburgunder & Chardonnay **13 %/9,40 €**
85   2012 Weißherbst Glottertäler   **12,5 %/9,10 €**
82   2011 Spätburgunder (1l)   **13,5 %/8,- €**
83   2011 Spätburgunder   **12,5 %/9,10 €**
85   2011 Spätburgunder Käsleberg   **13 %/11,40 €**
90   2011 Spätburgunder „RS"   **12,5 %/19,- €**

Sander

Weingut   ★★★

Rheinhessen

 *In den Weingärten 11, 67582 Mettenheim*
Tel. 06242-1583, **Fax:** 06242-6589
www.sanderweine.de
info@sanderweine.de
Besuchszeiten: nach Vereinbarung

Inhaber .... Familie Sander
Rebfläche .... 25 Hektar

Bereits in den fünfziger Jahren hatte Otto Heinrich Sander konsequent auf chemische Mittel verzichtet und sich dem ökologischen Weinbau verschrieben, gilt allgemein als ältestes Bio-Weingut in Deutschland. Sohn Gerhard, der den Betrieb 1979 übernahm, und Enkel Stefan führen heute diese Arbeit fort, das Weingut wird biodynamisch bewirtschaftet, ist Mitglied bei Naturland und Demeter. An weißen Sorten, die 55 Prozent der Weinberge einnehmen, gibt es Riesling, Weißburgunder, Sauvignon Blanc, Müller-Thurgau, Kerner, Silvaner und Chardonnay. Auch bei den roten Sorten finden sich mit Merlot und Cabernet Sauvignon internationale Rebsorten neben Spätburgunder, Dornfelder, Portugieser und Schwarzriesling. Die Weine werden zu über 90 Prozent trocken ausgebaut.

Vorjahre

Schon in der ersten Ausgabe waren wir angetan vom guten, gleichmäßigen Niveau der Sanderschen Kollektion. Seither hat immer jeder Wein überzeugt, in den letzten Jahren haben die Weine weiter an Komplexität und Nachhaltigkeit gewonnen. In der Spitze gefiel uns die Kollektion vor zwei Jahren nochmals besser, vor allem der Schlossberg-Riesling mit seiner Präzision und Nachhaltigkeit, auch der Geyersberg-Riesling hatte an Kontur gewonnen, der Michelsberg-Spätburgunder präsentierte sich wunderschön elegant. Überzeugend war aber auch der Rest der Kollektion, angefangen vom Sekt über Chardonnay und Sauvignon Blanc, den fülligen Ortsweinen bis hin zum Cabernet Sauvignon. Die letztjährige Kollektion präsentierte sich geschlossen auf sehr gutem Niveau, bot eine feine Rieslingkollektion, aber auch Weißburgunder und Silvaner, Sauvignon Blanc und Chardonnay auf hohem Niveau; der Michelsberg-Spätburgunder war ein würdiger Nachfolger des 2009er.

Neue Kollektion

Stimmig und stark ist nun auch die neue Kollektion mit vielen sehr guten Weinen, wie dem konzentrierten, reintönigen fülligen Sauvignon Blanc, einen sehr reintönigen Chardonnay, einem druckvollen, zupackenden Silvaner mit viel Substanz und einem reintönigen Weißburgunder mit reifer süßer Frucht. An der Spitze stehen die Lagenrieslinge: Der Wein aus dem Michelsberg ist füllig und saftig, besitzt reife Frucht, gute Struktur und Substanz; noch etwas besser gefällt uns der Schlossberg-Riesling, der gute Konzentration besitzt, Fülle und Kraft, viel Druck, Länge und dezent mineralische Noten. Der einzige vorgestellte Rotwein, der Spätburgunder aus dem Michelsberg, ist kraftvoll, klar und konzentriert. ◄━

Weinbewertung

83 2012 „Trio" Weißwein trocken **12 %/6,90 €**
84 2012 Riesling „S" Mettenheimer **12,5 %/10,40 €**
87 2012 Sauvignon Blanc trocken **13 %/10,90 €**
85 2012 Chardonnay trocken **13 %/10,90 €**
87 2012 Silvaner „Alte Rebe" Schlossberg **12,5 %/12,90 €**
86 2012 Weißburgunder Mettenheimer Michelsberg **13 %/13,90 €**
88 2012 Riesling trocken Mettenheimer Michelsberg **13 %/17,90 €**
90 2012 Riesling trocken Mettenheimer Schlossberg **13,5 %/22,50 €**
88 2011 Spätburgunder Mettenheimer Michelsberg **13,5 %/19,90 €**

Die besten deutschen Weinerzeuger und ihre Weine

S

St. Annaberg ★★

Weingut **Pfalz**

St. Annagut, 76835 Burrweiler
Tel. 06345-3258, Fax: 06345-918140
www.sankt-annaberg.de
lergenmueller@t-online.de
Besuchszeiten: nach Voranmeldung
Gutsschänke (geöffnet Mi.-Fr. ab 15 Uhr,
Sa./So. ab 12 Uhr)
Gästezimmer

Inhaber . . . . Familie Lergenmüller
Rebfläche . . . . 7,5 Hektar

Die Weinberge vom Weingut St. Annaberg, dem den eigenen Angaben zufolge höchstgelegenen Weingut der Pfalz, sind arrondiert in der Monopollage St. Annaberg, drei Hektar davon sind Terrassenlagen. Das Gut wurde 1998 von der Familie Lergenmüller (siehe Weingut Lergenmüller) übernommen, wird aber als eigenständiges Gut weitergeführt. Neben Riesling gibt es etwas Gewürztraminer, Gelben Muskateller und Spätburgunder.

Vorjahre

Vor zwei Jahren hatte der Schäwer die Nase vorne und lag knapp vor dem rauchig-mineralischen Riesling aus dem Kastanienbusch und deutlich vor dem etwas zu süßen und zu verhaltenen Riesling aus der Gleisweiler Hölle. Im vergangenen Jahr lagen die Weine aus dem Schäwer und dem Kastanienbusch gleichauf an der Spitze der Kollektion, beide Weine brauchten viel Luft und zeigten dann feine mineralische Noten. Der neue Top-Riesling „Privatreserve" hatte Substanz, litt aber an einem zu starken Holzeinsatz, die Röstnoten standen viel zu sehr im Vordergrund. Gelungen war hingegen eine dichte und cremige Beerenauslese.

Neue Kollektion

In diesem Jahr sind die Rieslinge alle sehr kraftvoll, die Weine aus dem Schäwer und

dem Kastanienbusch brauchen erneut viel Luft, um sich zu entfalten. Den Schäwer sehen wir an der Spitze der Kollektion, er besitzt klarere mineralische Noten und etwas mehr Biss als der Kastanienbusch und wäre mit weniger Restzucker sicherlich noch präziser. ◂━

Weinbewertung

83 2012 Riesling trocken Burrweiler Sankt Annaberg **13,5 %/9,- €**

85 2012 Riesling trocken Gleisweiler Hölle **13 %/9,- €**

83 2012 Riesling trocken „Die Terrassen" Burrweiler Sankt Annaberg **12,5 %/11,- €**

87 2012 Riesling trocken Birkweiler Kastanienbusch **13,5 %/18,- €**

88 2012 Riesling trocken Burrweiler Schäwer **13,5 %/28,50 €**

83 2012 Riesling „feinherb" „355 N.N." Burrweiler Sankt Annaberg **12,5 %/9,- €**

84 2012 Riesling „Edition Johannis Kreuz" Burrweiler Sankt Annaberg **13,5 %/9,- €**

84 2012 Gewürztraminer Burrweiler Sankt Annaberg **13,5 %/11,- €**

81 2011 Dornfelder x Pinot Noir trocken „Doppelstück" **13,5 %/18,50 €**

Sankt Annagarten ★★

Weingut **Württemberg**

📍 *St. Annagärten 1, 71717 Beilstein*
Tel. 07062-3166, Fax: 07062-22851
www.sankt-annagarten.de
info@sankt-annagarten.de
Besuchszeiten: Mo.-Fr. 9-12 + 13:30-19 Uhr,
Sa. 9-15 Uhr

Inhaber . . . Hans und Renate Wiedenmann GbR
Rebfläche . . . . 10,5 Hektar

Die Weinberge von Hans und Renate Wiedenmann liegen zwar alle am Beilsteiner Wartberg, dort aber gibt es Teillagen mit unterschiedlichen Böden. Während am eigentlichen Wartberg roter Mergel dominiert findet man in der Gewann Freudenberg Gipskeuper vor, in der Gewann Forst Schilfsandstein. Trollinger und Riesling sind die wichtigsten Rebsorten, gefolgt von Schwarzriesling, Lemberger, Samtrot und Grauburgunder, zuletzt neu gepflanzt wurden Spätburgunder und Sauvignon Blanc. Nach Stationen in Geisenheim, Südafrika und Siebeldingen (Weingut Rebholz) ist Sohn Marcel seit 2007 offiziell im Weingut tätig, für Weinberge, Vinifikation und Marketing zuständig. Marcel Wiedenmann vermarktet seine Lieblingsweine in der Linie „Generation". 2012 ist der erste zertifizierte Jahrgang aus biologischem Anbau.

Vorjahre

Die 2010er Weißweine waren kraftvoll und klar, die Spitzen-Roten besaßen vor zwei Jahren Kraft und Substanz bei klarer Frucht. Sehr stimmig präsentierten sich 2011 die Weißweine, angefangen beim Riesling Kabinett bis hin zum „Experimentalwein", dem maischevergorenen Grauburgunder, große Klasse war einmal mehr der Riesling „Generation" aus dem Jahrgang 2010. Ebenso stimmig war der rote Teil der Kollektion, schon der Lemberger „Tradition" bereitete viel Freude, der Trollinger „Generation" und die beiden „Sankt Anna"-Barriqueweine waren kraftvoll und klar.

Neue Kollektion

Ein sehr guter brut nature ausgebauter Pinotsekt eröffnet in diesem Jahr den Reigen, er ist kraftvoll und zupackend bei guter Substanz. Der Sauvignon Blanc ist intensiv und eigenständig, der feinherbe Generation-Riesling saftig und konzentriert bei dezenter Bitternote im Abgang. Im roten Segment gefallen uns die Sankt Anna-Weine am besten. Der Lemberger ist konzentriert, frisch und reintönig, enorm zupackend bei guter Struktur; die Cuvée Selbander zeigt Cassis im Bouquet, rote und dunkle Früchte, ist füllig und geradlinig im Mund, kraftvoll und struktu-

riert: Erneut eine starke, stimmige Kollektion aus dem Hause Wiedenmann. ◄▬

Weinbewertung

87   2011 „PiNo 1 Generation" Sekt brut nature **12,5 %/13,- €**

84   2012 Riesling Kabinett trocken „Gipskeuper" **12,5 %/6,20 €**

83   2012 Grauburgunder Spätlese trocken „Schilfsandstein" **13,5 %/7,80 €**

85   2012 Sauvignon Blanc Spätlese trocken „Re-Generation" **12,5 %/12,80 €**

86   2011 Riesling Auslese „feinherb" Holzfass „Generation" **13,5 %/12,80 €**

83   2012 Trollinger trocken „Generation" **13 %/9,50 €**

83   2011 Lemberger trocken „Tradition" **12,5 %/6,80 €**

87   2011 Lemberger Auslese trocken „Sankt Anna" (Blaue Kapsel) **13,5 %/13,50 €**

88   2011 „Selbdritt" Rotwein Auslese trocken Barrique „Sankt Anna" (Blaue Kapsel) **13,5 %/19,50 €**

★

Abtei St. Hildegard
Klosterweingut   **Rheingau**

Klosterweg 1, 65385 Rüdesheim
Tel. 06722-499130, **Fax:** 06722-499185
www.abtei-st-hildegard.de
weingut@abtei-st-hildegard.de
Besuchszeiten: Mo.-Sa. 9.30-11:45 + 14-17 Uhr
(außer an kirchlichen Feiertagen)

Inhaber . . . . Abtei St. Hildegard
Rebfläche . . . . 7 Hektar

Die Tradition des Weinbaus reicht zurück bis in die Zeit der Gründung der Abtei im 12. Jahrhundert. Die Weinberge liegen meist rings um die Abtei in Lagen, deren Namen deutliche Hinweise auf die Bedeutung der Kirche vermitteln – wie Klosterberg oder Klosterlay. Etwa 80 Prozent der Rebfläche nimmt Riesling ein, auf dem restlichen Teil stehen Spätburgunderreben. Die Weine werden, mit Ausnahme der roten Varianten, reduktiv im Stahltank ausge-

S

baut und zeigen sich frisch und zugänglich.

Vorjahre

Der Jahrgang 2010 gelang, gemessen an den Bedingungen des Herbstes, recht gut; alle Weine wirkten saftig und frisch, auch wenn die Säure deutlich merkbar blieb. Aus der Preisgestaltung der 2011er Kollektion wurden wir zwar nicht schlau (der Kabinett kostete mehr als die Spätlese), aber an der Qualität der duftigen, knackig wirkenden Rieslinge war nicht das Geringste auszusetzen. Lediglich vom Perlwein hätten wir für diesen Preis etwas mehr erwartet.

Neue Kollektion

Aus 2012 wurden lediglich drei Weine vorgestellt. Der „Klostersecco" wirkt ausgewogener als im Vorjahr, besitzt eine süffige Art und einen vergleichsweise hohen Preis. Während der „Sommer"-Wein allzu harmlos wirkt, erinnert der trockene Riesling an alte Zeiten. Für 2013 wünschen wir uns etwas mehr Spannung.◄

Weinbewertung

82 2012 Klostersecco trocken **11,5 %/11,11 €**

83 2012 Riesling trocken **12 %/9,30 €**

80 2012 Riesling „Sommer" **11 %/9,30 €**

St. Nikolaus-Hof ★★☆
Weingut   **Mosel**

Mühlenstraße 44, 54340 Leiwen
Tel. *06507-8107,* **Fax:** *06507-802821*
www.nikolaushof.de
klausschweicher@t-online.de
Besuchszeiten: *nach Vereinbarung*
Weinprobierstube

Inhaber.......Klaus und Annegret Schweicher
Rebfläche..............................7 Hektar

Der Vater von Klaus Schweicher hatte den Betrieb bis in die achtziger Jahre als reinen Fassweinbetrieb geführt und dann nach und

nach begonnen, Weine auch über die Flasche zu verkaufen. Im Jahr 2000 übernahm Klaus Schweicher den Betrieb und setzt seither konsequent auf Ertragsbeschränkung und Qualität. Durch Zukauf hat er seine Fläche in der Leiwener Spitzenlage Laurentiuslay vergrößert, wo er Querterrassen angelegt und einen Hektar neu bepflanzt hat. Daneben besitzt er unter anderem auch Weinberge im Wintricher Ohligsberg und in der Trittenheimer Apotheke. Neben Riesling (90 Prozent) werden Müller-Thurgau, Spät- und Weißburgunder angebaut. Besonders stolz ist Klaus Schweicher auf die felsige Parzelle „Vor dem Stortel", gut einen halben Hektar groß, die sich im Alleinbesitz des Gutes befindet.

Vorjahre

2010 hatte seine Stärken im edelsüßen Segment mit Auslese und Beerenauslese aus der Parzelle „Vor dem Stortel". 2011 war etwas verhaltener bei leichten Vorteilen im restsüßen Segment.

Neue Kollektion

2012 hat seine Stärken im restsüßen Segment, bietet einen frischen, zupackenden Kabinett und zwei reintönige, harmonische Spätlesen, beide elegant und lang, der Wein aus der Apotheke ein klein wenig komplexer als der aus der Laurentiuslay. ◄

Weinbewertung

82 2012 Riesling Hochgewächs trocken Leiwener Klostergarten **11 %/6,- €**

81 2012 Riesling Kabinett trocken Trittenheimer Apotheke **11 %/6,50 €**

82 2012 Riesling Spätlese trocken „Vor dem Stortel" Leiwener Laurentiuslay **12 %/7,50 €**

84 2012 Riesling Kabinett „feinherb" „Vor dem Stortel" Leiwener Laurentiuslay **11 %/6,50 €**

86 2012 Riesling Spätlese Trittenheimer Apotheke **8,5 %/7,50 €**

85 2012 Riesling Spätlese „Vor dem Stortel" Leiwener Laurentiuslay **9 %/7,50 €**

St. Remigius
Weingut

★★

Baden

Rittgasse 17, 79291 Merdingen
Tel. 07668-5718, **Fax**: 07668-7252
st.remigius@web.de
www.weingut-st-remigius.de
Besuchszeiten: nach Vereinbarung
Weinproben mit Vesper (bis 40 Personen)

Inhaber . . . . . . Edgar Bärmann und Conrad Isele
Rebfläche . . . . 8 Hektar

Das Weingut St. Remigius wurde 1988 von Edgar Bärmann und Conrad Isele gegründet. Neben Weinbergen am Tuniberg in den Lagen Merdinger Bühl und Niederrimsinger Rotgrund besitzen sie auch Weinberge am Kaiserstuhl, und zwar in der Lage Achkarrer Schlossberg. Gut die Hälfte der Rebfläche nimmt Spätburgunder ein. Es folgen Grau- und Weißburgunder. Dazu gibt es etwas Chardonnay, Müller-Thurgau, Riesling, Sauvignon Blanc und andere Versuchssorten, inzwischen auch Merlot. Die Weine werden überwiegend trocken ausgebaut. Nicht nur Spätburgunder, sondern auch Chardonnay und Weißburgunder kommen ins Barrique. Neben Weinbau besitzen Edgar Bärmann und Conrad Isele eineinhalb Hektar mit Kern- und Steinobst, deren Ertrag in der hauseigenen Brennerei verwertet wird.

Vorjahre _____

Vor zwei Jahren überzeugte die Kollektion, bot fruchtbetonte, klare Weißweine, fruchtintensive Rotweine. Der Chardonnay überzeugte, wie so oft, im weißen Segment am meisten, aber auch Weißburgunder Spätlese und Sauvignon Blanc waren sehr gut; im roten Segment fiel uns die Wahl schwer zwischen der üppigen Auslese und dem etwas geradlinigeren „SR". Auch die letztjährige Kollektion war stark, bot kraftvolle, präzise Weißweine, darunter ein zupackender, reintöniger Sauvignon Blanc, und klare, fruchtbe-

tonte Rotweine, unser Favorit war der Spätburgunder Reserve.

Neue Kollektion _____

Sehr geschlossen präsentieren sich nun die 2012er Weißweine, sind reintönig, frisch und geradlinig. Im roten Segment verkosteten wir nochmals die 2009er Auslese trocken – reintönig, füllig und strukturiert – und den 2011er Reserve-Spätburgunder, der frisch ist bei reifer, klarer Frucht. ◀━

Weinbewertung _____

83 2012 Grauburgunder Kabinett trocken Merdinger Bühl **13,5 %/6,40 €**
83 2012 Muskateller trocken **11 %/6,20 €**
83 2012 Weißburgunder Spätlese trocken Achkarrer Schlossberg **13,5 %/8,10 €**
83 2012 Sauvignon Blanc Spätlese trocken Achkarrer Schlossberg **12,5 %/9,70 €**
84 2011 Spätburgunder trocken „Reserve" **14 %/12,20 €**
86 2009 Spätburgunder Auslese trocken Achkarrer Schlossberg **14,5 %/16,- €**

Sankt Urbans-Hof
Weingut

★★★★

Mosel

Urbanusstraße 16, 54340 Leiwen
Tel. 06507-93770, **Fax**: 06507-937730
www.urbans-hof.com
info@urbans-hof.com
Besuchszeiten: Mo.-Fr. 8-17, Sa. nach Vereinbarung
Landhaus St. Urban (Büdlicherbrück/Naurath)

Inhaber . . . . Nik Weis
Rebfläche . . . . 35 Hektar

Der Sankt Urbans-Hof wurde 1947 auf einer Anhöhe bei Leiwen von Nicolaus Weis erbaut. In den sechziger Jahren übernahm sein Sohn Hermann den Betrieb, baute die betriebseigene Rebschule zu einer der größten in Deutschland aus. Er erweitert auch die Rebfläche, indem er große Parzellen an der

S

Saar – in Ockfen, Wiltingen und Schoden – erwirbt. Seit 1997 ist dessen Sohn Nik Weis im Betrieb, den er heute führt. Er strukturierte den Betrieb weiter um indem er Weinberge in Spitzenlagen erwarb und schwächere Parzellen abgab. Seine Weinberge befinden sich in drei Lagen an der Saar und drei Lagen an der mittleren Mosel. Schon seit über 100 Jahren besitzt die Familie Reben in der Leiwener Laurentiuslay, im Piesporter Goldtröpfchen erwarb man Ende der neunziger Jahre die ersten Parzellen, die Weinberge im Mehringer Blattenberg kamen 2004 durch Nik Weis' Ehefrau zum Weingut. An der Saar ist Nik Weis in den Lagen Ockfener Bockstein, Schodener Saarfeilser Marienberg und Wiltinger Schlangengraben vertreten. Im Schlangengraben besitzt er eine 9 Hektar großen arrondierten Weinberg, der in den 1920er Jahren angelegt wurde, ein Teil der Reben stammt noch aus dieser Zeit. Nik Weis baut ausschließlich Riesling an. Die Trauben werden alle in Leiwen gekeltert, ausgebaut und abgefüllt. Die Weine werden alle spontanvergoren und teils im Edelstahl, teils im Holzfass ausgebaut.

Vorjahre _____

2010 behaupteten sich Nic Weis und sein Team sehr gut, angefangen von den Gutsrieslingen bis hin zu den edelsüßen Spitzen. Im Kabinettbereich gefiel uns der Wein aus dem Goldtröpfchen am besten, die Phalanx an Spätlesen und Auslesen war beeindruckend. Der 2011er Reigen begann mit einem frischen klaren Gutsriesling und einem wunderschön leichten trockenen Saarfeilser. Das Große Gewächs aus der Laurentiuslay war füllig und saftig, die beiden „feinherben" Kabinettweine von alten Reben frisch und zupackend, der Kabinett aus dem Bockstein klar und zupackend, wie im Jahr zuvor aber gefiel uns der wunderschön reintönige, komplexe Kabinett aus dem Goldtröpfchen ein klein wenig besser. Die drei präsentierten Spätlesen unterschieden sich klar voneinander, dazu gab es zwei hervorragende Auslesen aus Bockstein und Goldtröpfchen und zwei mächtige, monumentale Trockenbeerenauslesen, die bei über 400 Gramm Restzucker fast unmöglich zu bewerten waren – Weine für zukünftige Generationen.

Neue Kollektion _____

Jahr für Jahr gewinnen die Kollektionen an Kontur, die Lagenunterschiede werden präziser, die Stilistik gefällt uns sehr, die Weine besitzen Präzision, Druck und Kraft. 2012 sind die Gutsweine klar, geradlinig und frisch, die beiden Ortsweine von alten Reben sind kraftvoll und zupackend, fruchtbetont und strukturiert, der Saarfeilser ist sehr präzise, aber auch sehr verschlossen, der Riesling aus der Laurentiuslay besitzt Fülle und Kraft, gute Struktur und Substanz, das Große Gewächs aus der Laurentiuslay ist noch deutlich druckvoller, ist würzig und kompakt bei feinem Biss. Das Große Gewächs aus dem Bockstein, bei der Verkostung noch sehr schwefelgeprägt, zeigt viel Schärfe im Bouquet, ist komplex im Mund bei dezent mineralischen Noten, ein sehr jugendlicher Riesling. Der faszinierend reintönige Kabinett aus dem Goldtröpfchen gefällt uns wie im Vorjahr besonders gut, unter den kraftvollen Spätlesen gilt unsere Präferenz den Weinen aus Zickelgarten, einer Teillage des Bockstein, und Goldtröpfchen, die Auslese besitzt noch etwas mehr Substanz. ◄━

Weinbewertung _____

84 2012 Riesling trocken **11,5 %/8,50 €**

90 2012 Riesling „GG" Ockfener Bockstein **12 %/29,- €**

90 2012 Riesling „GG" Leiwener Laurentiuslay **12,5 %/29,- €**

87 2012 Riesling „Alte Reben" Wiltinger **10 %/9,50 €**

86 2012 Riesling „Alte Reben" Mehringer **11,5 %/12,50 €**

85 2012 Riesling Saarfeilser **11,5 %/15,- €**

88 2012 Riesling Leiwener Laurentiuslay **11 %/24,- €**

84 2012 Riesling **9,5 %/8,50 €**

88 2012 Riesling Kabinett Piesporter Goldtröpfchen **8 %/15,- €**

87 2012 Riesling Kabinett Ockfener Bockstein
8 %/13,- €

89 2012 Riesling Spätlese Ockfener Bockstein
7,5 %/20,- €

90 2012 Riesling Spätlese Piesporter Goldtröpfchen **8 %/20,- €**

89 2003 Riesling Spätlese Leiwener Laurentiuslay

88 2012 Riesling Spätlese Leiwener Laurentiuslay
8 %/29,- €

90 2012 Riesling Spätlese „Zickelgarten" Ockfener Bockstein **8 %/39,- €**

90 2003 Riesling Auslese Ockfener Bockstein

90 2012 Riesling Auslese Ockfener Bockstein
8 %/29,- €/0,375l

★★★☆

Heiner **Sauer**
Weingut   **Pfalz**

🍇 *Hauptstraße 44, 76833 Böchingen*
Tel. *06341-61175,* **Fax:** *06341-64380*
www.weingut-sauer.com
info@weingut-sauer.com
Besuchszeiten: *nach Vereinbarung*

Inhaber . . . . Heiner Sauer
Rebfläche . . . . 21 Hektar

Die Familie von Heiner Sauer hat schon lange Weinbau betrieben, das Weingut in seiner jetzigen Form existiert aber erst seit 1987. Von Anfang an hat Heiner Sauer nach biologischen Grundsätzen gearbeitet und sich dem Bioland-Verband angeschlossen. Riesling und Weißburgunder sind seine wichtigsten Weißweinsorten, Spätburgunder und St. Laurent die wichtigsten Rotweinsorten. Bemerkenswert sind auch die Weine, die Heiner Sauer seit 1998 von seinem ebenfalls ökologisch bewirtschafteten Weingut Bodegas Palmera in Utiel-Requeña in Südspanien erzeugt.

Vorjahre

Seit der ersten Ausgabe empfehlen wir die Weine von Heiner Sauer, seit einem Jahrzehnt

bestechen die Kollektionen mit ihrer Qualität, kein Wein enttäuscht, alle Weine sind wunderschön reintönig und frisch: Bioweine auf sehr hohem Niveau! Vor zwei Jahren war der neue Riesling „Feinschliff" unser Favorit, eine Lagencuvée aus drei verschiedenen Lagen, der zur Hälfte in 500-Liter-Tonneaus ausgebaut wurde. Aber auch der Weißburgunder aus dem Münzberg und der Riesling „Steinreich" waren wieder von gewohnter Güte in einer Kollektion auf gleichmäßig hohem Niveau. Im vergangenen Jahr waren alle Weine erneut herrlich klar und zeigten viel reintönige Frucht, die starke Kollektion wartete mit einigen Spitzen auf: Die beiden trockenen Riesling Spätlesen „Steinreich" und aus dem Schäwer zeigten feine mineralische Noten, aber auch – wie auch die sehr guten Burgunder – recht viel Restsüße. Der 2009er St. Laurent war einer der besten Vertreter seiner Rebsorte, auch der 2008er Spätburgunder war sehr gut.

Neue Kollektion

In diesem Jahr ist die Kollektion erneut auf hohem Niveau, schon die sechs verkosteten trockenen Kabinett-Weine zeigen viel Sortentypizität und Frische und bieten viel Wein fürs Geld. Unter den trockenen Spätlesen ragen wieder die beiden Rieslinge „Steinreich" und Schäwer – beide besitzen Fülle und nachhaltige mineralische Würze – hervor, ebenso wie der Weißburgunder „Schloss" mit feinen Röstnoten, Biss und guter Länge. Sehr gut auch der im Holzfass ausgebaute Sauvignon Blanc und der füllige Gewürztraminer mit dezenter Süße. An der Spitze des Sortiments sehen wir zwei sehr unterschiedliche Weine, den herrlich eindringlichen, harmonischen und eleganten Spätburgunder und den in einer Amphore ausgebauten Gewürztraminer „Tinaja", der komplex, cremig und nachhaltig ist und Noten von Holunder, Zitrus, Kräutern, Eisen und Rosenblättern zeigt – ein gelungenes Experiment. ◀

Weinbewertung

86 2012 Sauvignon Blanc trocken **12 %/8,80 €**

84 2012 Weißburgunder Kabinett trocken
12,5 %/6,80 €

Die besten deutschen Weinerzeuger und ihre Weine

S

84 2012 Grauburgunder Kabinett trocken
    13 %/6,80 €

85 2012 Chardonnay Kabinett trocken **12,5 %/6,80 €**

85 2012 Riesling Kabinett trocken Gleisweiler
    Hölle **12 %/6,80 €**

86 2012 Riesling Kabinett trocken „Zinkler"
    12,5 %/7,- € ☺

86 2012 Riesling Kabinett trocken Burrweiler
    Schäwer **12,5 %/7,50 €**

88 2012 Sauvignon Blanc trocken Holzfass
    12,5 %/14,50 €

87 2012 Weißburgunder Spätlese trocken Godramsteiner Münzberg **13,5 %/9,50 €**

88 2012 Weißburgunder Spätlese trocken „Schloss"
    13,5 %/14,50 €

87 2012 Grauburgunder Spätlese trocken Nußdorfer Herrenberg **14,5 %/9,50 €**

87 2012 Chardonnay Spätlese trocken Nußdorfer Herrenberg **13,5 %/9,50 €**

88 2012 Riesling Spätlese trocken „Steinreich"
    13 %/12,50 €

88 2012 Riesling Spätlese trocken Burrweiler
    Schäwer **13 %/13,50 €**

90 2012 Gewürztraminer trocken „Tinaja"
    14,5 %/30,- €

88 2012 Gewürztraminer Spätlese Nußdorfer
    Herrenberg **14 %/10,- €** ☺

87 2010 St. Laurent trocken Böchinger Rosenkranz **13 %/13,- €**

90 2011 Spätburgunder trocken Nußdorfer Kaiserberg **13 %/17,50 €**

★★★★★

Horst **Sauer**
Weingut **Franken**

Bocksbeutelstraße 14, 97332 Escherndorf
Tel. *09381-4364,* **Fax:** *09381-6843*
www.weingut-horst-sauer.de
mail@weingut-horst-sauer.de
Besuchszeiten: *Mo.-Fr. 9-12 + 13-18 Uhr, Sa. 11-17 Uhr*

Inhaber .... Magdalena und Horst Sauer
Rebfläche .... 17,5 Hektar

Seit Mitte der achtziger Jahre hat Horst Sauer seinen Betrieb kontinuierlich auf die heutige Größe ausgedehnt. Seine Weinberge liegen in den Escherndorfer Lagen Lump und Fürstenberg. Silvaner nimmt inzwischen fast 40 Prozent der Fläche ein, ein Viertel ist mit Müller-Thurgau bestockt, 15 Prozent mit Riesling. Dazu gibt es etwas Bacchus, Scheurebe, Weißburgunder, Spätburgunder und Domina. Seit 2005 werden Magdalena und Horst Sauer im Betrieb von Tochter Sandra unterstützt. Sandra Sauer kümmert sich um die Burgunder (in Weinberg und Keller), Horst Sauer um die edelsüßen Weine, um das sonstige Sortiment kümmern sie sich gemeinsam.

Vorjahre

Seit unserer ersten Ausgabe haben wir Horst Sauer und sein Weingut mit unserer Höchstnote bedacht, und in diesem ganzen Zeitraum kam uns nie der leiseste Zweifel, ob diese Höchstbewertung denn gerechtfertigt sei. Schon damals waren wir begeistert von seinen edelsüßen Weinen, genauso begeistert aber auch vom hohen Niveau seiner Basisweine. Niemand macht Jahr für Jahr so schönen Müller-Thurgau, so schönen Silvaner Kabinett. Aufmerksamkeit erregt man mit Müller-Thurgau nicht, und ist er noch so gut. In Deutschland ist Riesling gefragt, in Franken der Silvaner. Und Horst Sauer beherrscht beide Rebsorten, von der Basis bis zur Spitze, vom Kabinett bis hin zu den Großen Gewächsen. 2010 gefiel uns der Sehnsucht-Silvaner klar besser als das Große Silvaner-Gewächs, noch besser aber fanden wir den druckvollen Riesling. Bei Kabinett und Spätlesen wurde nicht ganz das Niveau der Vorjahre erreicht, das gab der Jahrgang einfach nicht her. Auch 2010 brillierte Horst Sauer wieder mit edelsüßem Silvaner, angeführt von einer mächtigen Trockenbeerenauslese. 2011 machten schon die Kabinettweine viel Freude, ebenso die Müller-Thurgau, die trockenen Spätlesen waren füllig und reintönig. Noch ein klein wenig besser gefielen uns die

Großen Gewächse; bei den Silvanern präferierten wir einmal mehr ganz leicht die „Sehnsucht". Der süße Reigen wurde 2011 von zwei wunderschönen Auslesen eröffnet, die Beerenauslese war konzentrierter, an der Spitze der edelsüßen Kollektion aber standen zwei faszinierende Trockenbeerenauslesen, Riesling und Silvaner.

2012 trocken

Auch 2012 beeindruckt wieder das hohe Niveau der Einstiegsweine, ob „Just weiß", Silvaner oder Riesling Kabinett, alle sind fruchtbetont und klar. Die „Erste Lage"-Weine der S-Linie (bisher Spätlese) sind füllig und harmonisch, der Blaue Silvaner besitzt feine Frische und Biss, der Müller-Thurgau ist faszinierend reintönig und zupackend wie auch der herrlich kraftvolle Silvaner. Der Riesling besitzt gute Struktur und Substanz, der Weißburgunder viel reife Frucht, Fülle und Harmonie. Die Stars im trockenen Segment sind aber die Großen Gewächse, die mit dem Jahrgang 2012 deutlich an Präzision und Druck gewonnen haben, nachhaltiger sind – eine spannende Entwicklung. So gefällt uns in diesem Jahr der Silvaner „GG" besser als der Sehnsucht-Silvaner. Dieser ist füllig und saftig, wunderschön reintönig bei viel Substanz, das Große Gewächs aber deutlich druckvoller, präziser und nachhaltiger.

2012 edelsüß

Ganz großartig ist einmal mehr der edelsüße Teil der Kollektion. Die Silvaner Auslese ist faszinierend reintönig, besitzt herrlich viel Frucht, Frische und Biss, gefällt uns 2012 noch ein klein wenig besser als die Riesling Auslese, die wunderschön, frisch, klar und zupackend ist. Eine deutliche Steigerung bringen die beiden Beerenauslesen: Die Riesling Beerenauslese ist füllig und saftig, dabei klar und präzise, die Silvaner Beerenauslese zeigt gute Konzentration und herrlich viel Frucht im Bouquet, etwas Litschi und Rosinen, ist füllig, saftig und konzentriert im Mund bei viel Substanz. Noch faszinierender ist der herrlich reintönige Silvaner Eiswein,

ist füllig, zupackend und lang. Die Silvaner Trockenbeerenauslese ist faszinierend klar, konzentriert und dominant wie auch die Riesling Trockenbeerenauslese, beide bieten herrlich viel Stoff: Einmal mehr hat Horst Sauer eine der großen edelsüßen Kollektionen des Jahrgangs in Deutschland. ◄━

Weinbewertung _____

85   2012 „Just weiß" Müller-Thurgau & Riesling trocken   **12 %/6,40 €**

87   2012 Müller-Thurgau „S" trocken Escherndorfer Fürstenberg   **13,5 %/8,60 €**

86   2012 Silvaner Kabinett trocken Escherndorfer Fürstenberg   **12,5 %/7,70 €**

87   2012 Riesling Kabinett trocken Escherndorfer Lump   **12,5 %/9,30 €**

86   2012 Blauer Silvaner „S" trocken Escherndorfer Lump   **13 %/11,20 €**

88   2012 Silvaner „S" trocken Escherndorfer Lump **13 %/11,20 €**

88   2012 Riesling „S" trocken Escherndorfer Lump **13 %/13,40 €**

88   2012 Weißburgunder „S" trocken Escherndorfer Fürstenberg   **13,5 %/15,- €**

91   2012 Silvaner „GG" Escherndorfer Lump **14 %/19,- €**

90   2012 Silvaner trocken „Sehnsucht" **13,5 %/18,- €**

92   2012 Riesling „GG" Escherndorfer Lump **13,5 %/19,50 €** ☺

87   2012 Scheurebe Spätlese Escherndorfer Lump **12,5 %/11,20 €**

91   2012 Silvaner Auslese Escherndorfer Lump **7,5 %/18,50 €/0,5l**

90   2012 Riesling Auslese Escherndorfer Lump **8 %/18,50 €/0,5l**

93   2012 Silvaner Beerenauslese Escherndorfer Lump **7 %/35,- €/0,5l**

92   2012 Riesling Beerenauslese Escherndorfer Lump **8 %/35,- €/0,5l**

94   2012 Silvaner Trockenbeerenauslese Escherndorfer Lump **6 %/62,- €/0,5l**

94   2012 Riesling Trockenbeerenauslese Escherndorfer Lump **6 %/62,- €/0,5l**

94   2012 Silvaner Eiswein Escherndorfer Lump **6 %/62,- €/0,5l**

Die besten deutschen Weinerzeuger und ihre Weine

S

★★★★☆

Rainer **Sauer**
Weingut

Franken

Bocksbeutelstraße 15, 97332 Escherndorf
Tel. *09381-2527,* **Fax:** *09381-71340*
www.weingut-rainer-sauer.de
info@weingut-rainer-sauer.de
Besuchszeiten: *Mo.-Fr. 9-12 + 13-18 Uhr,*
Sa. 10-17 Uhr, So. nach Vereinbarung
Wein-Sommerfest (3. Juli-Wochenende)

Inhaber . . . . Rainer Sauer
Rebfläche . . . . 12 Hektar

Seit 1979 führen Helga und Rainer Sauer das elterliche Weingut und haben mit der Selbstvermarktung begonnen. Seither haben sie den Betrieb auf die heutige Größe erweitert, wovon 3,7 Hektar im Escherndorfer Lump liegen, insgesamt 5 Hektar in Steillagen. Die anderen Weinberge liegen im Fürstenberg, hinzu kommen 40 Ar in Untereisenheim. Helga und Rainer Sauer werden im Betrieb unterstützt von Sohn Daniel, der 2007 seinen Abschluss in Geisenheim machte. Silvaner ist mit Abstand wichtigste Rebsorte, nimmt 62 Prozent der Weinberge ein. Mit weitem Abstand folgen Müller-Thurgau und Riesling, dazu gibt es etwas Traminer, Kerner, Weißburgunder und rote Sorten. Seit 2007 werden 2,5 Hektar biodynamisch bewirtschaftet. Seit 1999 gibt es den Silvaner „L" aus dem Herzstück des Lump, in den letzten Jahren hat Rainer Sauer sein Silvaner-Sortiment weiter differenziert mit „Freiraum" (von Sohn Daniel vinifiziert), „Alte Reben" und „Muschelkalk", setzt nach und nach Spontangärung ein und hat versuchsweise mit einer Sondergenehmigung einen Wein in einem 900-Liter-Beton-Ei ausgebaut („ab ovo"), Silvaner, was sonst.

Vorjahre

Schon in der ersten Ausgabe haben wir die Weine von Rainer Sauer empfohlen, seither hat er gewaltig zugelegt. Wer sich für Silvaner interessiert, der kommt an ihm nicht vorbei, und wer sich nicht für Silvaner interessiert, der sollte nach Escherndorf fahren und Rainer Sauer besuchen. Qualitätswein und Kabinett sind wunderschön reintönig, die Spitzen-Silvaner sind puristisch und doch erstaunlich komplex, faszinieren mit ihrer Nachhaltigkeit. Dass auch die Weine aus anderen Rebsorten wie Riesling oder Weißburgunder ganz toll sind, das versteht sich von selbst. 2010 präsentierte sich die Silvaner-Riege wieder bärenstark. Unser Favorit war der Silvaner „ab ovo", knapp vor „L" und dem herrlich fruchtbetonten „Freiraum". Auch der Weißburgunder machte viel Freude, der Riesling lag ein wenig zurück, die Basisweine waren klar und fruchtbetont, so wie man das kennt aus dem Hause Sauer. Die letztjährige Kollektion war großartig, so macht Silvaner Spaß! Der Guts-Silvaner und die drei Kabinettweine waren sehr gut, was folgte war hervorragend: Freiraum-Silvaner, Spätlese, Spätlese vom Muschelkalk, „ab ovo" und „L", der unser Favorit in dieser großartigen Silvanerkollektion war, unsere Auszeichnung für die beste Weißweinkollektion des Jahres ging im vergangenen Jahr an Rainer Sauer.

Neue Kollektion

Vergleichbar stark ist auch 2012, betörend gut ist wieder das Einstiegsniveau mit dem wunderschön reintönigen Gutssilvaner und dem klaren, zupackenden Müller-Thurgau „Frank & Frei". Der Silvaner Kabinett ist herrlich saftig, der Wein vom Muschelkalk etwas kraftvoller, der Freiraum-Silvaner herrlich fruchtbetont, saftig und süffig, die trockene Spätlese trägt mit dem Jahrgang 2012 nicht mehr die Bezeichnung Spätlese auf dem Etikett, sondern wird als „VDP Erste Lage" bezeichnet, saftig und kraftvoll aber ist sie wie zuvor schon auch. Der Silvaner vom Muschelkalk ist kraftvoll und füllig, harmonisch und lang, der L ist füllig und harmonisch, besitzt klare reife Frucht, unser absoluter Favorit aber ist 2012 der „ab ovo", der viel Konzentration und herrlich viel Frucht im Bouquet zeigt, füllig und

S

kraftvoll im Mund ist, gute Struktur und Substanz, Druck und Länge. Der Riesling Kabinett ist frisch und zupackend, der „Erste Lage"-Riesling besitzt Kraft und Druck, der Weißburgunder ist füllig und harmonisch, besitzt viel reife Frucht und deutliche Süße. 2012 gibt es auch einen Silvaner Eiswein von Rainer Sauer, der faszinierend reintönig ist, konzentriert, schmeichelnd, feine Frische besitzt und Länge. ◀

Weinbewertung _____

86   2012 Silvaner trocken **12 %/6,- €** ☺

87   2012 Müller-Thurgau trocken „Frank & Frei"
     12 %/6,- € ☺

88   2012 Silvaner Kabinett trocken Escherndorfer
     Lump **12,5 %/8,- €** ☺

88   2010 Silvaner trocken „vom Muschelkalk"
     12,5 %/8,50 € ☺

86   2012 Riesling Kabinett trocken Escherndorfer
     Lump **12,5 %/8,50 €**

87   2012 Müller-Thurgau trocken Escherndorfer
     Fürstenberg **13,5 %/10,50 €**

89   2012 Silvaner trocken „Freiraum" **13 %/10,50€** ☺

89   2012 Silvaner trocken Escherndorfer Lump
     13,5 %/10,50 € ☺

89   2012 Riesling trocken Escherndorfer Lump
     13 %/13,- €

90   2012 Silvaner „M" trocken „vom Muschelkalk"
     14 %/15,- € ☺

88   2012 Silvaner „L" trocken **14,5 %/15,- €**

89   2012 Weißburgunder „L" trocken **14,5 %/15,- €**

92   2012 Silvaner trocken „ab ovo" **14,5 %/20,- €** ☺

91   2012 Silvaner Eiswein Escherndorfer Lump
     6,5 %/60,- €/0,5l

Joh. Bapt. Schäfer
Weingut

★★★★

Nahe

Burg Layen 8, 55452 Burg Layen
Tel. 06721-43552, Fax: 06721-47841
www.jbs-wein.de
schaefer@jbs-wein.de
Besuchszeiten: nur nach Vereinbarung

Inhaber . . . . Sebastian Schäfer
Rebfläche . . . . 6,5 Hektar

Das Weingut Joh. Bapt. Schäfer ist ein Familienbetrieb in vierter Generation. Seit Beendigung seiner Lehre 1997 baut Sohn Sebastian die Weine aus, 2002 hat er den Betrieb übernommen. Wichtigste Rebsorte ist Riesling, dessen Anteil Sebastian Schäfer auf 65 Prozent ausgeweitet hat. Es folgen die Burgundersorten mit 30 Prozent, sowie als Spezialitäten Scheurebe und Gewürztraminer. Die Weinberge befinden sich in den Dorsheimer Lagen Goldloch (0,6 Hektar) und Pittermännchen (1,5 Hektar), sowie in Laubenheim, wo neben einem Hektar Riesling im Karthäuser vorwiegend Burgunderreben stehen. Hinzu kommen Weinberge in Rümmelsheim, darunter ein Weinberg im Burg Layer Schlossberg. Die Weine werden teils spontanvergoren und lange auf der Feinhefe ausgebaut, teils im Holz, teils im 2003 neu erbauten Edelstahlkeller. Aus Pittermännchen und Goldloch erzeugt Sebastian Schäfer in guten Jahren seine „Großen Gewächse", beide Weine stammen von 30 bis 40 Jahre alten Reben und werden mit langem Hefekontakt in großen Holzfässern ausgebaut.

Vorjahre _____

In der ersten Ausgabe schon hatten wir die Weine von Sebastian Schäfer vorgestellt, ihn damals erstmals auch besucht. Und schon damals waren wir sehr angetan von der Kollektion des weitgehend unbekannten Winzers. Seither hat er die Weinberge auf Riesling und die Burgundersorten ausgerichtet und sein Programm neu strukturiert. Seine

Die besten deutschen Weinerzeuger und ihre Weine

S

Weine sind immer höchst zuverlässig, bestechen durch Reintönigkeit und Frische, wenn es der Jahrgang zulässt erzeugt er reintönige, konzentrierte edelsüße Rieslinge, die den Weinen der berühmteren Nahe-Kollegen ebenbürtig sind. 2010 gefiel uns sehr gut: Während sonst die Betriebe im westlichen Teil des Anbaugebietes dem Jahrgang Tribut zollen mussten, präsentierte Sebastian Schäfer eine tadellose, stimmige Kollektion, angefangen vom Gutsriesling über die Rieslinge vom Kieselstein und Dorsheimer bis hin zu den Spitzen aus Pittermännchen und Goldloch, und dass er sich auch auf edelsüß versteht hatte er ja ebenfalls schon oftmals bewiesen. Und auch 2011 waren alle Weine, egal ob Riesling, Burgunder oder Scheurebe, herrlich reintönig und besaßen Substanz. Unter den trockenen Rieslingen lag im vergangenen Jahr das Pittermännchen klar vorne, der Wein war noch eine Spur würziger, noch mineralischer, noch nachhaltiger als der aus dem Goldloch und reihte sich mühelos unter die großen Rieslinge der Nahe. Im edelsüßen Segment präsentierte Schäfer vier faszinierend komplexe Weine, unter denen besonders die beiden Beerenauslesen und die Trockenbeerenauslese von einem prägnanten Säure-Spiel getragen wurden, das den Weinen trotz aller Konzentration und Eindringlichkeit eine feine Frische verlieh.

Neue Kollektion

Bis auf einen saftigen und frischen, restsüßen Riesling Kabinett haben wir in diesem Jahr nur trockene Weine verkostet, die sich allesamt, wie auch schon in den Jahren zuvor, rebsortentypisch und klar präsentieren. Sebastian Schäfers Scheurebe ist einer der wenigen wirklich überzeugenden trockenen Vertreter der Rebsorte, Weiß- und Grauburgunder sind kraftvoll und frisch und der gekonnt im Holz ausgebaute Chardonnay ist in diesem Jahr herrlich elegant und nachhaltig. Alle trockenen Rieslinge besitzen Saft und feine mineralische Würze, wir favorisieren wieder

knapp den Wein aus dem Pittermännchen gegenüber dem Goldloch, da er wieder etwas mineralischer, komplexer und nachhaltiger ist. Im Gegensatz zu den eleganten Rieslingen setzt der Spätburgunder mit viel eindringlicher dunkler Frucht mehr auf Fülle und Kraft und besitzt noch jugendliche Tannine.

Weinbewertung

86 2012 Scheurebe trocken 13,5 %/9,50 €
87 2012 Grauburgunder „S" trocken 14 %/14,- €
86 2012 Weißburgunder trocken 13,5 %/11,- €
88 2012 Chardonnay trocken 13 %/18,50 €
85 2012 Riesling trocken 12 %/8,90 €
87 2012 Riesling trocken „vom Kieselstein" 12 %/13,50 €
88 2012 Riesling trocken Dorsheimer 12,5 %/14,50 €
89 2012 Riesling trocken Burg Layer Schlossberg 12,5 %/16,50 €
90 2012 Riesling trocken Dorsheimer Goldloch 12,5 %/23,- €
91 2012 Riesling trocken Dorsheimer Pittermännchen 12,5 %/23,- €
87 2012 Riesling Kabinett Dorsheimer Pittermännchen 8 %/11,- €
88 2011 Spätburgunder „S" trocken 14 %/27,- €

Karl Schaefer ★★
Weingut   **Pfalz**

Weinstraße Süd 30, 67098 Bad Dürkheim
Tel. 06322-2138, Fax: 06322-8729
www.weingutschaefer.de
info@weingutschaefer.de
Besuchszeiten: Mo.-Fr. 9-12 + 13-18 Uhr, Sa. 10-16 Uhr

Inhaber .... Dr. Job und Nana von Nell
Rebfläche .... 17,5 Hektar

1843 kaufte der Arzt Dr. Christian Schaefer das klassizistische Gutshaus in Bad Dürkheim, sein Sohn Karl Schaefer vergrößerte das Gut und wurde einer der ersten Flaschenweinvermarkter in der Region. Bis 2009 hatte es in fünfter Generation Gerda Lehmeyer geführt, dann wurde es von Job und Nana von Nell übernommen. Die Weinberge liegen in Bad Dürkheim (Steinberg, Spielberg, Michelsberg), Wachenheim (Fuchsmantel, Gerümpel), Forst (Pechstein) und Ungstein (Herrenberg, Weilberg). Im Fuchsmantel und in der darin befindlichen Teillage Quetschenbaum besitzt man 6 Hektar Reben. Die dominierende Rebsorte ist Riesling, der 85 Prozent der Rebfläche einnimmt. Daneben gibt es eine für die Mittelhaardt ungewöhnlich breite Palette an anderen Rebsorten wie Weißburgunder, Chardonnay, Grauburgunder, Gewürztraminer, Muskateller, Rieslaner und Spätburgunder. Die Weine wurden bis 2009 in bis zu 80 Jahre alten Holzfässern ausgebaut, der Jahrgang 2010 wurde erstmals zu zwei Dritteln in Edelstahl-Tanks vergoren. Seit 2008 sind die Weine nach EU-Richtlinien biologisch zertifiziert.

Vorjahre —————————————

Im Jahrgang 2010 wurde eine hohe Restsüße belassen, damit man auf eine massive Entsäuerung verzichten konnte. „Richtig" trocken waren im vergangenen Jahr auch nur zwei Weine, der „Fosslilium Riesling" und das Gerümpel. An die Spitze der Kollektion sahen wir „Fosslilium" Riesling und Quetschenbaum, auch der süße Muskateller gefiel uns sehr gut.

Neue Kollektion —————————————

Die neue Kollektion ist stimmig, bietet sehr eigenständige Weine wie das säurebetonte, zupackende Große Gewächs aus dem Michelsberg, Jahrgang 2010. Sehr gut gefällt uns auch wieder der Quetschenbaum-Riesling, er ist füllig und kraftvoll bei guter Substanz, der in der Magnum abgefüllte Basalt-Riesling des Jahrgangs 2011 besitzt gute Struktur und viel Biss, auch das gute Niveau der Gutsweine überzeugt. ◄

Weinbewertung —————————————

83   2012 Riesling trocken   **10 %/6,50 €**

84   2012 Weißburgunder trocken   **12,5 %/8,- €**

84   2012 Riesling trocken „Sonnentropfen" Bad Dürkheim   **12 %/9,- €**

86   2011 Riesling trocken „Basalt" (1,5l)   **12 %/26,- €**

84   2012 Riesling trocken Wachenheimer Gerümpel   **11,5 %/12,- €**

87   2012 Riesling trocken „Quetschenbaum" Wachenheimer Fuchsmantel   **12 %/12,- €**

89   2010 Riesling „GG" Michelsberg   **11,5 %/26,- €**

85   2012 Gewürztraminer Dürkheimer Steinberg   **8 %/12,- €**

84   2012 St. Laurent Rosé trocken   **12 %/9,- €**

★

Reinhard **Schäfer**
Weingut   **Württemberg**

📍 *Weinbergstraße 21, 71711 Steinheim-Kleinbottwar*
Tel. *07148-8937,* **Fax:** *07148-4545*
www.schaeferwein.com
info@schaeferwein.com
Besuchszeiten: *Mo.-Fr. 17-18:30 Uhr, Sa. 8-13 Uhr oder nach Vereinbarung; Weinproben (mit Essen), Ferienwohnung auf dem Weingut*

Inhaber ....Reinhard Schäfer
Rebfläche ....5 Hektar

Reinhard Schäfer war zweiter Kellermeister bei der Genossenschaft in Mundelsheim als er sich 1981 mit damals 70 Ar selbstständig machte. Von Anfang an hat er auf durchgegorene Weine gesetzt - eine Seltenheit in Württemberg. Seine inzwischen auf 5 Hektar angewachsene Rebfläche liegt rund um Kleinbottwar, unter anderem auch am Götzenberg. Die Reben wachsen hier auf tiefgründigen Keuperböden. Reinhard Schäfer baut zu 70 Prozent rote Sorten an, zu 30 Prozent weiße Sorten, bei denen Riesling und Grauburgunder dominieren. Hinzu kommen als Spezialitäten Silvaner und Gewürztraminer, aber auch Müller-Thurgau. Bei den Rotweinen spielen die Burgundersorten (Spätburgunder, Samtrot, Schwarzriesling) die

S

Hauptrolle, hinzu kommen Lemberger und Trollinger, sowie etwas Cabernet Dorsa, Dornfelder und Merlot. Die Rotweine werden nach der Maischegärung (bis zu 3 Wochen) überwiegend in Holzfässern ausgebaut und reifen in einem aus dem Fels gehauenen Gewölbekeller aus dem 17. Jahrhundert. 2009 begann Reinhard Schäfer mit der Umstellung auf biologischen Weinbau (Ecovin), 2012 ist der erste zertifizierte Jahrgang.

Vorjahre ——————————

Homogen präsentierte sich die Kollektion vor zwei Jahren, der barriqueausgebaute Spätburgunder führte die gute Riege an. Auch die letztjährige Kollektion war gleichmäßig, mit Vorteilen im roten Segment, eindeutiges Highlight war wie im Jahr zuvor ein barriqueausgebauter Wein, diesmal ein Lemberger.

Neue Kollektion ——————————

Sehr gleichmäßiges, gutes Niveau zeigt die neue Kollektion, weiß wie rot. Die Weine sind klar und geradlinig, fruchtbetont und kraftvoll, zeigen eine klare Handschrift. Der Traminer ist füllig und geradlinig, der Rivaner wunderschön reintönig und zupackend wie auch der Sauvignon Blanc, auch die Rotweine besitzen reintönige Frucht, sind geradlinig bei guter Struktur. ◄

Weinbewertung ——————————

84 2012 Rivaner „S" trocken 12,5 %/5,80 €
83 2012 Sauvignon Blanc „S" trocken 13,5 %/8,50 €
84 2012 Traminer „S" trocken 13 %/7,80 €
83 2011 „Opilio" Rotwein trocken 13 %/6,80 €
82 2012 Trollinger „S" trocken 12 %/5,80 €
83 2011 Lemberger „S" trocken 13,5 %/8,50 €

★★★★★
Willi **Schaefer**
Weingut   **Mosel**

Hauptstraße 130, 54470 Graach
Tel. 06531-8041, **Fax:** 06531-1414
info@weingut-willi-schaefer.de
Besuchszeiten: nach Vereinbarung, So. geschlossen

Inhaber...........Christoph und Willi Schaefer
Rebfläche...........................4,2 Hektar

Das Weingut Schaefer kann seine Weinbautradition bis zurück ins Jahr 1590 verfolgen. In der Schatzkammer lagern zudem noch Weine bis in die erste Hälfte des 20. Jahrhunderts zurück. Sohn Christoph ist mittlerweile voll im Betrieb tätig. Die Weinberge befinden sich in den Graacher Lagen Domprobst und Himmelreich sowie in der Wehlener Sonnenuhr, alle in Steillagen und sämtlich mit Riesling bestockt, teilweise mit bis zu 70 Jahre alten wurzelechten Reben. Das Gros der Weine wird mit den natürlichen Hefen im klassischen Fuder vergoren. Jahr für Jahr hat Willi Schaefer tadellose Kollektionen mit höchst zuverlässigen, wunderbar fruchtbetonten Weinen. Vor allem die Auslesen aus dem Graacher Domprobst gehören immer wieder zu den Spitzenweinen an der Mosel. Wobei besonders gefällt, dass sie wirklich den Charakter einer Moselauslese mustergültig zeigen. Während andere Winzer immer mehr auf Kraft und Konzentration setzen und Weine als Auslesen vermarkten, die eigentlich dem Charakter nach Beerenauslesen sind, setzt Willi Schaefer auf Reintönigkeit, Eleganz und Finesse, zieht die Verspieltheit der Fülle vor. Er will, dass seine Auslesen lebendig sind und zum Weitertrinken reizen. Und das gelingt ihm von Jahr zu Jahr, am besten oft mit der Versteigerungsspätlese, die meist zu den spannendsten restsüßen Spätlesen der Mosel gehört.

Vorjahre ——————————

2010 verzichtete Willi Schaefer darauf Große Gewächse zu erzeugen, der Jahrgang war eindeutig besser für süße und edelsüße

Weine geeignet. Die Kollektion präsentierte sich konsistent, überzeugte mit feinen eleganten Spätlesen und ebenso eleganten Auslesen, hinzu kam eine prächtige Beerenauslese. 2011 präsentierten Willi und Christoph Schaefer eine starke Kollektion angefangen vom feinherben Riesling über die beiden Kabinettweine bis hin zum etwas verhaltenen Großen Gewächs. Herrlich komplex präsentierte sich die hervorragende Domprobst-Spätlese, die grandiose Versteigerungs-Spätlese bot eine weitere Steigerung. Da tat sich die „normale" Auslese schwer dagegen, die Versteigerungs-Auslese aber faszinierte wie auch die Beerenauslese.

Neue Kollektion _____

Das 2012er Große Gewächs, recht schwefelgeprägt, besitzt Fülle und Kraft, viel Säure und Biss. Der feinherbe Riesling ist frisch und zupackend, die beiden Kabinettweine sind geprägt vom Kontrast aus viel Süße und viel Säure, den man auch bei den Spätlesen findet, die nicht ganz das Niveau der vorausgegangenen Jahrgänge erreichen. Die aus dem Domprobst ist etwas fülliger als ihr Pendant aus dem Himmelreich, aber nicht komplexer, mehr Komplexität bringt erst die würzige Versteigerungs-Spätlese. Die Auslesen sind konzentriert und frisch, zupackend und doch elegant, die mit der Nr. 14 besitzt eine feine Honignote, viel Kraft und Konzentration, noch komplexer und länger ist die Versteigerungs-Auslese, die die Nummer 1 trägt. ◄

Weinbewertung _____

88 2012 Riesling „GG" Himmelreich **12 %/19,80 €**
85 2012 Riesling „feinherb" Graacher **11 %/8,50 €**
85 2012 Riesling Kabinett Graacher Himmelreich **8 %/12,- €**
86 2012 Riesling Kabinett Graacher Domprobst **8 %/12,- €**
87 2012 Riesling Spätlese Graacher Himmelreich **7,5 %/16,80 €**
87 2012 Riesling Spätlese Nr. 5 Graacher Domprobst **7,5 %/21,50 €**
90 2012 Riesling Spätlese Nr. 13 Graacher Domprobst **7,5 %/Verst.**

91 2003 Riesling Auslese Graacher Domprobst
90 2012 Riesling Auslese Nr. 11 Graacher Domprobst **7,5 %/36,- €**
90 2012 Riesling Auslese Nr. 9 Graacher Himmelreich **7 %/45,- €/0,375l**
92 2012 Riesling Auslese Nr. 14 Graacher Domprobst **7 %/50,- €/0,375l**
94 2012 Riesling Auslese Nr. 1 Graacher Domprobst **7 %/Verst.**

W. J. Schäfer
Weingut

★★☆

Rheingau

Elisabethenstraße 4, 65239 Hochheim
Tel. 06146-2112 oder 4821, **Fax:** 06146-61560
www.wj-schaefer.de
info@wj-schaefer.de
Besuchszeiten: Mo.- Sa. 9-18 Uhr

Inhaber .... Josef Schäfer
Rebfläche .... 6,8 Hektar

Wilhelm Joseph Schäfer hat den Betrieb in seiner heutigen Form aufgebaut. Seit 1988 wird das Weingut von Josef Schäfer geführt, der neben dem dominierenden Riesling ein wenig Spätburgunder und, seit 2004, auch etwas Weißburgunder anbaut. Als Spezialität des Hauses wird der Gewürztraminer gepflegt. Die Weinberge befinden sich in den Hochheimer Lagen Domdechaney, Kirchenstück, Hölle und Reichestal. Josef Schäfer ist stolz auf seine alten Reben: Die ältesten wurden 1943 gepflanzt, und sie dürften einen Grund liefern für die beachtliche Struktur der hier erzeugten Weine. Jahr für Jahr gelingen hier saftige, rassige Rieslinge, die sofort überzeugen und eine duftige Art aufweisen. Man muss bei ihrem Genuss selten lange nachdenken, was aber keineswegs bedeutet, dass hier Langeweile produziert würde. Die verwendeten Schraubverschlüsse unterstützen den geradlinigen, zugänglichen Stil.

Die besten deutschen Weinerzeuger und ihre Weine

S

★★★★★
Schäfer-Fröhlich
Weingut   **Nahe**

Schulstraße 6, 55595 Bockenau
Tel. *06758-6521,* **Fax**: *06758-8794*
www.weingut-schaefer-froehlich.de
info@weingut-schaefer-froehlich.de
Besuchszeiten: *nach Vereinbarung*

Inhaber .... Hans, Karin und Tim Fröhlich
Rebfläche .... 17,5 Hektar

Vorjahre

Selbst in einem schwierigen Jahrgang 2010 bekam Josef Schäfer saftige, stoffige, keinesfalls unharmonisch schmeckende Weine hin, vom Classic bis zu den Spätlesen. Die 2011er gefielen mit ihrem saftigen, zugänglichen Stil. Eine stoffige trockene Spätlese lag angenehm niedrig im Alkohol, die nach Apfel und gelben Früchten duftende Hölle-Spätlese kam da zwar nicht ganz heran, besaß aber ebenfalls Finesse. Erfreulich, dass hier auch der anderswo vernachlässigte Classic mit seiner nur ganz leicht wahrnehmbaren Süße überzeugend ausfiel!

Neue Kollektion

Eine Situation wie immer: Saftige, frische Rieslinge, die sofort zum Trinken animieren, sind auch in diesem Jahr Standard im Weingut Schäfer. Vor allem die nach Cassis duftende süße Domdechaney-Spätlese und ihr halbtrockenes Pendant aus der Hölle überzeugen, während sich das trockene Kirchenstück erst langsam öffnet. ◄

Weinbewertung

83   2012 Riesling Kabinett trocken Hochheimer Stielweg   **12,5 %/6,- €**

84   2012 Riesling Kabinett trocken Hochheimer Hölle   **13 %/7,- €**

86   2012 Riesling Spätlese trocken Hochheimer Kirchenstück   **13 %/10,50 €**

83   2012 Riesling Classic   **12 %/6,- €**

86   2012 Riesling Spätlese halbtrocken Hochheimer Hölle   **12,5 %/9,50 €**

87   2012 Riesling Spätlese Hochheimer Domdechaney   **8 %/10,50 €**

Seit Anfang der siebziger Jahre wird das Weingut von Hans und Karin Fröhlich geführt, seit 1995 ist ihr Sohn Tim für den Weinausbau verantwortlich. Neben Weinbergen in Bockenau (mit ihrer Paradelage Felseneck) besitzen sie auch Weinberge in Schlossböckelheim (Felsenberg, Kupfergrube) und Monzingen (Halenberg, Frühlingsplätzchen). Sie bauen zu 80 Prozent Riesling an, hinzu kommen 20 Prozent Burgundersorten: Weißburgunder, Grauburgunder und Spätburgunder.

Vorjahre

Schon in der ersten Ausgabe hatten uns vor allem die Rieslinge begeistert, auch wenn Riesling damals erst die Hälfte der Rebfläche einnahm. Seither ist die Qualität stetig gestiegen, sowohl mit den trockenen als auch mit den edelsüßen Rieslingen gehört Schäfer-Fröhlich zur Spitze an der Nahe und in Deutschland. Die 2010er Kollektion schloss nahtlos an die Jahre zuvor an, wieder waren alle süßen und edelsüßen Rieslinge bis hin zu Beerenauslese und Eiswein faszinierend reintönig. Im trockenen Segment gefielen uns die Burgunder etwas weniger, die Rieslingkollektion aber war aus einem Guss und ganz stark, angefangen beim feinen Gutsriesling. Unter den Großen Gewächsen war eindeutig der Wein aus dem Halenberg unser Favorit, einer der großen Weine des Jahrgangs in Deutschland. 2011 lagen die vier Großen Gewächse wieder sehr nah beieinander, sie waren spannende, eindringliche, noch sehr jugendliche

Weine, die zum Zeitpunkt der Verkostung noch deutlich vom Schwefel und von Spontinoten geprägt waren. Aber wir waren zuversichtlich, dass die Vier, unter denen wir ganz leicht die Weine aus dem Halenberg und dem Felseneck präferierten, eine große Zukunft vor sich hatten. Der Gutsriesling überzeugte mit Frucht und Frische, bei den Vulkan- und Schiefergestein-Rieslingen kamen dazu noch Fülle und nachhaltige mineralische Würze. Ganz und gar faszinierend waren auch wieder die süßen und edelsüßen Rieslinge gelungen: Der Schiefergestein-Kabinett war eine wahre Trinkfreude, die Goldkapsel-Spätlese bot feine rauchig-mineralische Noten und viel Frucht und die Weine von der Auslese aufwärts zeichneten sich allesamt durch zunehmende Konzentration, wunderbare Reintönigkeit und ein sehr feines lebendiges Säure-Spiel aus, das den Weinen viel Frische verlieh. Die beiden Goldkapsel-Trockenbeerenauslesen an der Spitze des Sortiments waren zwei faszinierende edelsüße Unikate, die sich trotz aller erkennbaren Verwandtschaft auch deutlich in ihrer Aromatik voneinander unterschieden.

Riesling süß

In diesem Jahr konnten wir noch eine dritte Goldkapsel-Trockenbeerenauslese aus 2011 verkosten, die erst 2013 abgefüllt wurde: Ein öliges Riesling-Konzentrat, reintönig, enorm dominant und nachhaltig. Dagegen zeigen die beiden faszinierenden Eisweine aus 2012 trotz aller Konzentration viel Frische, besitzen feine cremige Textur und einen enormen Säure-Biss. Frische und ein prägnantes Säure-Spiel kennzeichnen auch die beiden würzigen und herrlich reintönigen Auslesen, die Goldkapsel-Auslese ist dabei noch animierender und komplexer als die etwas schlankere „normale" Auslese. Herrlich elegant, reintönig und würzig sind auch der Kabinett-Riesling und die beiden Spätlesen, die allesamt von einem feinen, animierenden Zusammenspiel von Süße und Säure geprägt sind.

Riesling trocken

Im trockenen Segment überzeugen schon die beiden Einstiegsweine, der „Fröhlich", ein trinkfreudiger, saftiger Müller-Thurgau mit feiner Würze und der gewohnt gute Gutsriesling. Vulkangestein und Schiefergestein sind dann schon deutlich von der typischen „Schäfer-Fröhlich-Würze" gekennzeichnet, ein komplexer Mix aus mineralischen Noten, Brotkruste, Tabakwürze und – nicht zuletzt – deutlichen Schwefelnoten. All das findet sich noch deutlicher bei den mittlerweile sechs Großen Gewächsen – neu hinzugekommen sind in diesem Jahr die Weine aus dem Monzinger Frühlingsplätzchen und dem Bockenauer Stromberg, dessen Trauben bislang für den „Vulkangestein" verwendet wurden. Wie auch in den vergangenen Jahren sind die Großen Gewächse enorm spannende, prägnante Weine, die aber auch polarisieren können. Nebeneinander verkostet zeigen sich eindringlich die Lagencharakteristika, wieder einmal ganz knapp die Nase vorne haben die Weine aus dem Halenberg und dem Felseneck, aber die anderen stehen ihnen kaum nach. Die große Überraschung in der Kollektion diesen Jahres ist aber der Weißburgunder „R", ein enorm schlanker, eleganter aber auch komplexer und nachhaltiger Wein mit kaum spürbarem Holzeinsatz und feinem Schmelz. ◄

Weinbewertung

85   2012 „Fröhlich" Weißwein trocken   **12 %/7,50 €**

87   2012 Weißburgunder „S" trocken Bockenauer **13,5 %/14,50 €**

91   2012 Weißburgunder „R" trocken   **13 %/32,- €**

86   **2012 Riesling trocken   11,5 %/9,50 €**

87   2012 Riesling trocken „Vulkangestein" **12 %/13,- €**

89   2012 Riesling trocken „Schiefergestein" Bockenauer **12,5 %/17,50 €**

92   2012 Riesling „GG" Kupfergrube   **13 %/35,- €**

92   2012 Riesling „GG" Felsenberg   **13 %/35,- €**

92   2012 Riesling „GG" Frühlingsplätzchen **13 %/35,- €**

93   2012 Riesling „GG" Halenberg   **13 %/35,- €**

91   2012 Riesling „GG" Stromberg   **13 %/35,- €**

93   2012 Riesling „GG" Felseneck   **13 %/38,- €**

87   2012 Riesling „feinherb" „Schiefergestein" Bockenauer **11,5 %/17,50 €**

88 2012 Riesling Kabinett Bockenauer Felseneck
   8 %/13,- €
89 2012 Riesling Spätlese Bockenauer Felseneck
   7,5 %/17,50 €
91 2012 Riesling Spätlese „Goldkapsel" Bockenauer Felseneck **7,5 %/22,- €**
91 2012 Riesling Auslese Bockenauer Felseneck
   7,5 %/a.A.
93 2012 Riesling Auslese „Goldkapsel" Bockenauer Felseneck **7,5 %/a.A.**
94 2012 Riesling Eiswein Bockenauer Felseneck
   6,5 %/a.A.
96 2012 Riesling Eiswein „Goldkapsel" Bockenauer Felseneck **6 %/a.A.**
96 2011 Riesling Trockenbeerenauslese 33-13
   „Goldkapsel" Bockenauer Felseneck **5,5 %/a.A.**

Schäfer-Heinrich ★★

Weingut   **Württemberg**

📍 *Im Letten 3, 74074 Heilbronn*
Tel. 07131-162454, Fax: 07131-165659
www.schaefer-heinrich.de
weingut@schaefer-heinrich.de
Besuchszeiten: Mo.-Do. 17-19:30 Uhr, Fr. 13-19:30
Uhr, Sa. 9-18 Uhr oder nach Vereinbarung

Inhaber . . . . Elke und Andreas Hieber
Rebfläche . . . . 16 Hektar

1986 übernahmen Elke und Andreas Hieber das elterliche Weingut und stellten Schritt für Schritt auf ökologische Bewirtschaftung um, 1990 wurden sie Mitglied beim Bundesverband Ökologischer Weinbau (Ecovin). 70 Prozent der Weinberge sind mit roten Rebsorten bestockt, vor allem Trollinger und Lemberger, aber auch Spätburgunder, Clevner, Dornfelder, Samtrot, Regent, Cabernet Cubin und Cabernet Mitos. Bei den weißen Sorten dominiert der Riesling. Daneben gibt es etwas Kerner, Grauburgunder und Müller-Thurgau. Die Rotweine werden alle maischevergoren (bis zu drei Wochen).

Vorjahre _____

Seit der ersten Ausgabe empfehlen wir die Weine von Elke und Andreas Hieber, seither präsentieren sie Jahr für Jahr zuverlässige Kollektionen mit reintönigen, fruchtbetonten Weinen. Die Basisweine sind immer zuverlässig, dazu gibt es immer wieder weiße und rote Spitzen. Vor zwei Jahren war die Kollektion sehr homogen, bot kraftvolle Rotweine, geradlinige Weißweine und einen wunderschönen Sekt. Die letztjährige Kollektion präsentierte sich etwas weniger gleichmäßig, die Stärken lagen eindeutig im roten Segment, in dem uns drei Barriqueweine, Merlot, Cabernet Cubin und Clevner besonders gut gefielen.

Neue Kollektion _____

Ähnlich ist das Bild in diesem Jahr: Die Weißweine präsentieren sich sehr gleichmäßig, am besten gefällt uns die saftige feinherbe Riesling-Auslese. Die Vorteile liegen aber erneut im roten Segment. Der Merlot ist noch allzu jugendlich und tanninbetont, der Cabernet Mitos besitzt gute Fülle und viel reife süße Frucht. Etwas besser noch gefällt uns die rote Cuvée CM, die gute Konzentration und etwas Cassis im Bouquet zeigt, füllig und kraftvoll im Mund ist bei reifer Frucht und guter Struktur. Unser Favorit aber ist der Spätburgunder: Er ist füllig und kraftvoll, besitzt gute Struktur, Substanz und feine Frische. ◄

Weinbewertung _____

83 2010 Riesling Crémant brut** Heilbronner
   Stiftsberg **12,5 %/13,30 €**
82 2012 Riesling Spätlese trocken** Heilbronner
   Stiftsberg **12,5 %/8,60 €**
83 2012 Riesling „N" trocken** Heilbronner Stiftsberg **12,5 %/9,60 €**
85 2012 Riesling Auslese „feinherb"** Heilbronner Stiftsberg **13 %/11,50 €**
86 2009 Cabernet Mitos trocken** Barrique
   14 %/11,30 €
84 2010 Merlot trocken*** Barrique **13,5 %/17,90 €**
87 2009 „CM" trocken*** Barrique **14 %/17,90 €**
88 2009 Spätburgunder trocken*** Barrique Heilbronner Stiftsberg **13,5 %/19,10 €**

Egon **Schäffer**

★★

Weingut

Franken

Astheimer Straße 17, 97332 Escherndorf
Tel. 09381-9350, *Fax:* 09381-4834
www.weingut-schaeffer.de
info@weingut-schaeffer.de
Besuchszeiten: Mo.-Sa. 9-18 Uhr

Inhaber .... Egon Schäffer
Rebfläche .... 3,32 Hektar

Die Weinberge von Egon Schäffer liegen in den Escherndorfer Lagen Lump und Fürstenberg, sowie im Untereisenheimer Sonnenberg, 70 Prozent davon in Steillagen. Silvaner ist seine wichtigste Rebsorte, es folgen Müller-Thurgau und Riesling. Dazu gibt es etwas Weißburgunder, Bacchus und Schwarzriesling. Egon Schäffer baut seine Weine durchgegoren aus („Schäffer trocken" = unter 2 Gramm Restzucker) und lässt ihnen viel Zeit zur Reife. Egon Schäffer pflegt einen eigenen, oftmals etwas eigenwilligen Stil, den wir seit der ersten Ausgabe (und schon zuvor) schätzen. Alle Weine sind kraftvoll und markant, mit Ecken und Kanten. Und sie reifen gut, auch ohne Restsüße, davon konnten wir uns bei einem Besuch vor Ort vergewissern.

Vorjahre

2010 gefiel uns die als Fassprobe unmittelbar vor der Abfüllung verkostete Silvaner Spätlese am besten.. Weitere 2010er konnten wir im vergangenen Jahr verkosten, der Silvaner von alten Reben und die trockene Riesling Spätlese gefielen uns sehr gut, noch besser aber fanden wir die trockene Weißburgunder Spätlese des Jahrgangs 2011.

Vorjahre

Eigenwillige Weine hat Egon Schäffer auch in diesem Jahr vorgestellt, einige davon gefielen uns gut, bei anderen störte uns die Überreife und der hohe Alkohol. Der Rieslingsekt ist klar und geradlinig, der 2012er Silvaner

„Escherndorf am Lumpen" konzentriert, füllig und saftig, die 2011er trockene Silvaner Auslese ist etwas bitter und schlicht „too much". ◄━

Weinbewertung

85 2009 Riesling Sekt brut nature Escherndorfer Lump **13,5 %/12,60 €**
82 2012 Silvaner trocken **13 %/7,60 €**
82 2011 Silvaner Kabinett trocken Sonnenberg **12,5 %/6,30 €**
83 2012 Riesling Kabinett trocken Escherndorfer Lump **12,5 %/9,10 €**
83 2011 Silvaner Spätlese trocken Escherndorfer Fürstenberg **13,5 %/10,10 €**
83 2011 Riesling Spätlese trocken Escherndorfer Lump **14 %/14,60 €**
84 2011 Silvaner Auslese trocken Escherndorfer Lump **15 %/17,10 €**
85 2012 Silvaner Escherndorf am Lumpen
81 „es-binoh" Rosé trocken **13 %/8,- €**

Schätzel

★★

Weingut

Rheinhessen

Oberdorfstraße 34, 55283 Nierstein
Tel. 06133-5512, *Fax:* 06133-60159
www.schaetzel.de
weingut@schaetzel.de, kai@schaetzel.de
Besuchszeiten: 9-19 Uhr

Inhaber .... Kai Schätzel
Rebfläche .... 6,5 Hektar

Seit über 650 Jahren betreibt die Familie Schätzel Weinbau am Rhein. 1850 gründete Jakob Schlamp das Weingut in Nierstein, 1874 erwarb sein Sohn Heinrich das Anwesen „General von Zastrow", Sitz des Weinguts. Der heutige Besitzer Kai Schätzel baut zu 60 Prozent Riesling an. Es folgen 15 Prozent Silvaner und 10 Prozent Spätburgunder, dazu gibt es Müller-Thurgau, Portugieser und andere Rebsorten.

Die besten deutschen Weinerzeuger und ihre Weine

S

Vorjahre

2010 galt unsere eindeutige Präferenz dem Riesling aus dem Pettenthal, aber auch der Heiligenbaum-Riesling gefiel uns sehr gut, besaß gute Struktur und Substanz. Ähnlich präsentierte sich der Jahrgang 2011, mit den identischen Favoriten, den beiden Rieslingen aus Pettenthal und Heiligenberg, Konkurrenz machte ihnen der Silvaner aus dem Rothenberg.

Neue Kollektion

Kai Schätzels Weine waren in den vergangenen Jahren immer ein wenig monolithisch und verschlossen, aber 2012 nun sind die Rieslinge in der Spitze deutlich komplexer, wenn auch zum Zeitpunkt der Verkostung noch sehr jugendlich – und sie unterscheiden sich deutlicher voneinander als in den vergangenen Jahren. Der Riesling aus dem Hipping gefällt uns am besten, er ist füllig und kraftvoll, nachhaltig bei guter Struktur. Nur wenig nach steht ihm der Riesling aus dem Heiligenbaum, der viel Kraft besitzt, gute Struktur und Frische bei dezent mineralischen Noten, während der Wein aus dem Pettenthal sich zupackend, aber verschlossen präsentiert. Im Auge behalten! ◄

Weinbewertung

81 2012 Riesling „ReinStoff" **11,5 %/8,50 €**

82 2012 Riesling „ReinSchiefer" Nierstein **11 %/12,- €**

83 2012 Silvaner Nierstein **12 %/15,- €**

85 2012 Silvaner Nackenheim **12 %/32,- €**

87 2012 Riesling Nierstein Heiligenbaum **12 %/20,- €**

86 2012 Riesling Nierstein Pettenthal **11,5 %/25,- €**

88 2012 Riesling Nierstein Hipping **12 %/35,- €**

83 2012 Riesling Kabinett Nierstein **9,5 %/12,- €**

84 2012 Riesling Spätlese Nierstein Ölberg **9,5 %/25,- €**

★★★

Gregor u. Thomas **Schätzle**
Weingut   **Baden**

Heinrich-Kling-Straße 38, 79235 Vogtsburg-Schelingen
Tel. 07662-9461-0, **Fax**: 07662-9461-20
www.weingutschaetzle.de
info@weingutschaetzle.de
Besuchszeiten: Mo.-Fr. 8-12 + 13:30-18 Uhr,
Sa. 9-16 Uhr oder nach Vereinbarung

Inhaber .... Thomas Schätzle
Rebfläche .... 13 Hektar

Gregor Schätzle erbaute 1972 einen Aussiedlerhof außerhalb von Schelingen und verließ 1982 mit damals 5 Hektar Weinbergen die Genossenschaft. 1994 übernahm Thomas Schätzle das Weingut von seinem Vater. Seine Weinberge befinden sich vor allem in der Lage Schelinger Kirchberg (Verwitterungsgestein vulkanischen Ursprungs), aber auch in der Oberbergener Bassgeige (mit Lösslehm überlagertes Vulkangestein) und in der Amolterer Steinhalde. Wichtigste Rebsorten sind Spätburgunder und Grauburgunder, die jeweils etwa ein gutes Drittel der Rebfläche einnehmen. Dazu gibt es Müller-Thurgau, Weißburgunder und Chardonnay, aber auch ein klein wenig Kerner, Gewürztraminer, Cabernet Mitos und Merlot. Die Spitzenweine von den Terrassen im Schelinger Kirchberg werden lange im Barrique ausgebaut und seit dem Jahrgang 2005 in der Linie „RS" (Reserve Schätzle) angeboten, in der es Grauburgunder, Chardonnay und Spätburgunder gibt. Anfang 2013 ist Tochter Franziska in den Betrieb eingestiegen; sie hat in Geisenheim und Dijon studiert, in Burgund, Bordeaux, Neuseeland und Spanien sowie anschließend drei Jahre in der Bundesgeschäftsstelle des VDP gearbeitet, bevor sie zurück an den Kaiserstuhl kam.

Vorjahre

Vor zwei Jahren gefielen uns die kraftvollen, kompromisslos vinifizierten RS-Weine, Chardonnay und Spätburgunder des Jahrgangs 2009, besonders gut; aber auch die 2010er Weißweine überzeugten, sie waren frisch und klar bei guter Substanz. 2011 waren sie kraftvoller und besaßen noch mehr Substanz, Highlights aber waren die beiden weißen RS-Weine, Chardonnay und Grauburgunder, führten eine ganz starke Kollektion an, in der auch die Sekte und der rote Schatz überzeugten.

Neue Kollektion ⎯⎯⎯⎯⎯⎯⎯⎯⎯⎯

Auch die neue Kollektion ist ganz stark, wir sind sehr angetan vom guten Niveau der Kabinettweine, die alle reintönig, kraftvoll und fruchtbetont sind, egal ob Weißburgunder, Grauburgunder oder Chardonnay. Der weiße Schatz genannte Grauburgunder bringt eine weitere Steigerung, ist kraftvoll, klar und zupackend. Der Grauburgunder RS zeigt gute Konzentration im Bouquet, reife Frucht, dezent Gewürze, gelbe Früchte, ist füllig, kraftvoll und komplex im Mund, gekonnt vinifiziert wie auch der Chardonnay RS, zusammen führen sie die durch und durch stimmige Kollektion an. ◄━

Weinbewertung ⎯⎯⎯⎯⎯⎯⎯⎯⎯⎯

86 2005 Pinot & Chardonnay Sekt brut **13,50 €**

85 2012 Weißburgunder Kabinett trocken Schelinger **8,90 €**

84 2012 Grauburgunder Kabinett trocken Schelinger **8,90 €**

84 2012 Chardonnay Kabinett trocken Schelinger **8,90 €**

87 2012 Grauburgunder trocken „Weißer Schatz" **12,- €**

89 2012 Grauburgunder „RS" trocken Schelinger Kirchberg **18,- €**

89 2012 Chardonnay „RS" trocken Schelinger Kirchberg **18,- €**

86 2012 Grauburgunder Eiswein Schelinger Kirchberg **28,- €**

85 2011 Spätburgunder trocken „Unser kleiner Schatz" **15,50 €**

★

Leopold **Schätzle**
Weingut

Baden

Wilhelmshöfe 1, 79346 Endingen

Tel. 07642-3361, *Fax:* 07642-2460

www.schaetzle-weingut.de

leopold@schaetzle-weingut.de

Besuchszeiten: Mo.-Fr. 9-12 + 13:30-18:30 Uhr,

Sa. 9-12 + 13:30-15:30 Uhr und nach Vereinbarung

Ferienwohnung

Inhaber . . . . Leopold Schätzle

Rebfläche . . . . 13,5 Hektar

Leopold Schätzle begann 1970 mit einem Hektar Weinberg und einem gemieteten Keller. Zwei Jahre später baute er einen Aussiedlerhof zwischen Endingen und Riegel. Seine Weinberge liegen in den Endinger Lagen Steingrube (im Alleinbesitz) und Engelsberg. Dazu ist er in den Lagen Oberbergener Bassgeige, Bombacher Sommerhalde, Kenzinger Hummelberg und Hecklinger Burg Lichteneck vertreten. Wichtigste Rebsorte ist Spätburgunder, gefolgt von Riesling, Grauburgunder, Müller-Thurgau, Weißburgunder, Scheurebe und ein klein wenig Gewürztraminer.

Vorjahre ⎯⎯⎯⎯⎯⎯⎯⎯⎯⎯

Vor zwei Jahren war die Kollektion sehr ausgewogen, weiß wie rot. Die letztjährige Kollektion gefiel uns deutlich besser, die Weißweine waren füllig bei klarer Frucht, die Grauburgunder-Auslesen mächtig und konzentriert. Die Rotweine des Jahrgangs 2010 präsentierten sich frisch und klar, die 2009er Auslese war kraftvoll und stoffig.

Neue Kollektion ⎯⎯⎯⎯⎯⎯⎯⎯⎯⎯

Sehr homogen präsentiert sich nun die neue Kollektion. Unser Favorit ist die Cuvée Schätzle Noir aus Spätburgunder und Cabernet Mitos, die gute Konzentration, Gewürze und Schokolade im Bouquet zeigt, viel reife süße Frucht und Substanz besitzt bei kräftigen Tanninen. ◄━

Die besten deutschen Weinerzeuger und ihre Weine

S

Weinbewertung

80 2012 Grauburgunder Kabinett trocken Endinger Steingrube **12,5 %/9,70 €**

83 2012 Grauburgunder Spätlese trocken „SL" Oberbergener Bassgeige **13,5 %/14,30 €**

83 2012 Grauburgunder Spätlese trocken „SL" Endinger Steingrube **13,5 %/12,90 €**

83 2011 Spätburgunder Spätlese trocken „SL" Kenzinger Hummelberg **14 %/13,90 €**

81 2011 Spätburgunder Spätlese trocken Endinger Steingrube **13,5 %/14,90 €**

85 2011 „Schätzle Noir" Spätlese trocken „SL" Barrique **14 %/21,90 €**

★ ☆

Schamari-Mühle
Weingut   **Rheingau**

Grund 65, 65366 Johannisberg
Tel. 06722-64537, *Fax:* 06722-7421
www.schamari.de
mail@schamari.de
Besuchszeiten: *Mo.-Sa. 9-12 + 13-18 Uhr oder nach Vereinbarung*
Gutsausschank: April bis Nov. Fr. ab 17 Uhr, Sa./So. ab 15 Uhr

Inhaber .... Petra und Erik Andersson
Rebfläche .... 5 Hektar

Um 1900 war die Schamari-Mühle die letzte noch arbeitende Mühle in Johannisberg, 1929 jedoch wurde auch sie aufgegeben. In den 50er Jahren dann erweckte Erik Andersson senior, Sohn eines schwedischen Kaufmanns und Olympiateilnehmer im Zehnkampf, das Anwesen zu neuem Leben. Seit 1987 hat Erik Andersson junior den Betrieb modernisiert und erweitert. Er baut sowohl Riesling (60 Prozent) als auch Spätburgunder, Frühburgunder, Dornfelder und Regent an. Inzwischen werden Weinberge in Geisenheim, Johannisberg, Assmannshausen, Winkel und Lorch bearbeitet. Die edelsüßen

Weine des Gutes sind unverkennbar, recht füllig, manchmal überraschend cremig, immer saftig. Bei den trockenen Rieslingen experimentiert Andersson schon mal (Vergärung im kleinen Fass), auch bei den Weinnamen lässt er sich immer etwas Neues einfallen.

Vorjahre

Im Jahrgang 2010 gelangen feine, würzige, eher schlanke Weine – darunter ein kurioser, tatsächlich nach Cassis duftender feinherber Riesling namens „Cassis". An der Spitze der 2011er Kollektion standen mit der Kläuserweg-Auslese und dem trockenen „Scha-TO-Marie" zwei sehr harmonische Rieslinge. Auch die übrigen Weine überzeugten, lediglich die Spätlese war etwas verhalten.

Neue Kollektion

Schön ist in diesem Jahr, dass bereits der 2012er Schoppen-Riesling sehr seriös vinifiziert wurde. Saftig und gut balanciert sind auch die trockene Spätlese und die schlank wirkende, mit frischer Säure ausgestattete Auslese. Bei den Rotweinen sind erneut Fortschritte erkennbar, auch wenn der Kapellenberg-Spätburgunder einen leichten Bitterton zeigt und dessen Pendant aus der Hölle bei der Verkostung sehr verhalten war. ◄

Weinbewertung

82 2012 Riesling trocken „Schoppen" (1l) **12,5 %/5,- €**

86 2012 Riesling Spätlese trocken Geisenheimer Kläuserweg **13 %/9,- €**

84 2012 Riesling „feinherb" Johannisberger Erntebringer **12 %/6,- €**

88 2012 Riesling Auslese Geisenheimer Kläuserweg **9 %/16,- €**

85 2011 Pinot Noir trocken Lorcher Kapellenberg **13,5 %/16,- €**

87 2011 Pinot Noir trocken „Scha-TO-Marie" Johannisberger Hölle **14 %/19,- €**

Scheidgen
Weingut

★☆

Mittelrhein

Hauptstraße 10, 56598 Hammerstein
Tel. 02635-2329 *Fax:* 02635-6082
www.weingut-scheidgen.de
winzer@weingut-scheidgen.de
Besuchszeiten: Mo.-Sa. 8-19 Uhr, So. 9:30-18 Uhr
Weinprobierstube bis 60 Personen
Ferienwohnung

Inhaber........................ Georg Scheidgen
Rebfläche............................. 17 Hektar

Die Weinberge des Weinguts Scheidgen liegen in verschiedenen Lagen der Gemarkungen Rheinbrohl, Hammerstein und Leutesdorf. Elf verschiedene Rebsorten baut Georg Scheidgen heute auf 17 Hektar an. Neben Riesling gibt es auch Weiß- und Grauburgunder, Chardonnay, Silvaner, Kerner und Müller-Thurgau sowie an Rotweinsorten Portugieser, Dornfelder und Spätburgunder. Die Weißweine werden kühl, die Rotweine werden auf der Maische vergoren.

Vorjahre

Die sehr gleichmäßige 2010er Kollektion wurde angeführt von der trockenen Spätlese „In den Layfelsen". Auch 2011 fiel das vorgestellte Sortiment sehr gleichmäßig aus, die Rieslinge präsentierten sich auf weitgehend einheitlichem Niveau, der frische Weißburgunder gefiel etwas besser als der Grauburgunder. Noch etwas verhalten, mit einer fast nussig wirkenden Würze, zeigte sich der Riesling aus der Kategorie „Selection". Ein unfiltrierter Spätburgunder, der ganz leicht bitter wirkte, und zwei saftige Süßweine nicht zu vergessen.

Neue Kollektion

Die Rieslinge haben gegenüber früheren Jahren an Substanz gewonnen, vor allem das angenehm trocken wirkende „Meisterstück" ist hervorzuheben. Etwas jugendich-kantig kommen Weiß- und Grauburgunder daher,

während der unfiltrierte Spätburgunder kraftvoll und massiv ist und Zeit braucht. ◄

Weinbewertung

82 2012 Weißburgunder trocken „Edition Pinot" Hammersteiner Hölle **12,5 %/7,60 €**

83 2012 Grauburgunder trocken „Edition Pinot" Hammersteiner Hölle **12,5 %/7,60 €**

85 2012 Riesling trocken „Selection Alte Reben" Hammersteiner In den Layfelsen **13 %/12,- €**

86 2012 Riesling trocken „Meisterstück" Leutesdorfer Gartenlay **13 %/13,50 €**

85 2012 Riesling „Federspiel" Hammersteiner Schlossberg **12 %/7,80 €**

82 2012 Riesling halbtrocken Hochgewächs Leutesdorfer Gartenlay **12,5 %/8,80 €**

80 2012 Riesling Hochgewächs **11 %/6,90 €**

84 2011 Spätburgunder trocken „Barrique" Hammersteiner Schlossberg **14 %/13,- €**

Scheller
Bocksbeutelweingut

★☆

Franken

Weinbergstraße 24, 97509 Stammheim
Tel. 09381-3295, *Fax:* 09381-710686
www.bocksbeutelweingut.de
info@bocksbeutelweingut.de
Besuchszeiten: nach Vereinbarung

Inhaber.......................... Familie Scheller
Rebfläche............................ 2,6 Hektar

Wahrzeichen des Betriebes ist seit 2003 ein fast 12 Meter hoher Bocksbeutel, in dem 50 Personen Platz finden. Die Reben der Familie Scheller wachsen auf Muschelkalkböden im Stammheimer Eselsberg. Neben Silvaner gibt es Müller-Thurgau, Bacchus, Kerner, Weißburgunder und Rieslaner, dazu Domina und Dornfelder. Seit 2008 ist Geisenheim-Absolvent Michael Scheller für den Weinausbau verantwortlich.

Vorjahre

Die trockene Silvaner Spätlese überzeugte vor zwei Jahren, ebenso der Rieslaner, die bar-

S

riqueausgebaute Domina stand ihnen kaum nach. Die 2010er Weißweine präsentierten sich insgesamt frisch und klar, keine Selbstverständlichkeit in diesem Jahrgang. Der Jahrgang 2011 präsentierte sich sehr geschlossen auf gutem Niveau, es fiel schwer einzelne Weine herauszuheben, so gleichmäßig war die Kollektion.

Neue Kollektion

Ebenso gleichmäßig ist nun 2012: Trocken präferieren wir Kerner ganz leicht gegenüber Silvaner und Weißburgunder, im süßen Segment gibt es einen feinen, reintönigen Bacchus, einen lebhaften, zupackenden Kerner und eine fruchtbetonte, zupackende Weißburgunder Auslese. ◀

Weinbewertung

80 2012 Müller-Thurgau Kabinett trocken Stammheimer Eselsberg (1l) **12 %/5,- €**

82 2012 Silvaner Kabinett trocken Stammheimer Eselsberg **13 %/6,- €**

84 2012 Kerner Spätlese trocken Stammheimer Eselsberg **13 %/8 €**

83 2012 Silvaner Spätlese trocken „von alten Reben" Stammheimer Eselsberg **14,5 %/8,5o €**

83 2012 Weißburgunder Spätlese trocken Stammheimer Eselsberg **13,5 %/9,- €**

83 2012 Bacchus Kabinett Stammheimer Eselsberg **11,5 %/5,80 €**

83 2012 Silvaner Spätlese Stammheimer Eselsberg **13 %/8,50 €**

84 2012 Kerner Spätlese Stammheimer Eselsberg **11 %/8,- €**

85 2012 Weißburgunder Spätlese „edelsüß" Stammheimer Eselsberg **9 %/9,- €/0,5l**

82 2012 Domina Spätlese trocken Stammheimer Eselsberg **13 %/8,50 €**

83 2011 Domina trocken Barrique Stammheimer Eselsberg **13 %/10,- €**

80 2012 Rotweincuvée Stammheimer Eselsberg **12,5 %/6,70 €**

★★★☆

Château **Schembs**
Weingut
Rheinhessen

Herrnsheimer Hauptstraße 1c, 67550 Worms
Tel. *06241-52056,* **Fax:** *06241-591720*
www.schembs-worms.de
info@schembs-worms.de
Besuchszeiten: *nur nach Vereinbarung*
Weingeschäft in der Herrnsheimer Hauptstraße
50,52,54 (Do./Fr. 15-19 Uhr, Sa. 10-14 Uhr)

Inhaber . . . . Arno Schembs
Rebfläche . . . . 10 Hektar

Wichtigste Rebsorten bei Arno Schembs sind Riesling und Spätburgunder, die zusammen mehr als die Hälfte seiner Weinberge einnehmen. Dazu gibt es vor allem noch Weißburgunder und Grauburgunder, Schwarzriesling, Dornfelder und Chardonnay. Die Weine baut er „eigentlich nur trocken" aus. Bereits Mitte der achtziger Jahre begann er sich im Vertrieb auf den Fachhandel zu konzentrieren. Seine Weinberge liegen in verschiedenen Gemeinden im Norden von Worms, auch im Liebfrauenstift Kirchenstück, einer ehemals sehr berühmten Lage (und Namensgeber für die Liebfraumilch), ist er vertreten. Zusammen mit Freunden hat er Räumlichkeiten im Herrnsheimer Schloss gepachtet. Jeweils einen Weiß- und Rotwein baut er im Schloss aus.

Vorjahre

Vor zwei Jahren gefielen uns in einer sehr gleichmäßigen und zuverlässigen Kollektion Sekt, Sauvignon Blanc und Kvadratur am besten, aber auch schon der Wilde Wonnegauer im Liter bereitete viel Freude. Die letztjährige Kollektion war bärenstark, angefangen vom Wilden Wonnegauer über Gutsriesling, Grauburgunder, Weißburgunder und Blanc de Noir. Die Cuvée aus rotem und gelbem Muskateller gefiel uns sehr gut, ebenso der Rieslingsekt und der Riesling aus dem Liebfrauenstift-Kirchenstück. Der eindeutige Star im weißen Segment war allerdings der neue Château

Schembs, eine Cuvée von Riesling (aus dem Kirchenstück), Weißburgunder (aus dem Osthofener Goldberg) und in den achtziger Jahren gepflanztem Chardonnay. Im roten Teil der Kollektion überraschte der wunderschön reintönige St. Laurent, aber auch hier gab es einen neuen Château Schembs, einen Pinot Noir, der die rote Riege anführte.

Weißweine

Ganz stark präsentieren sich nun auch die 2012er Weißweine, sind nochmals druckvoller als im Jahr zuvor. Der Gutsriesling ist frisch und zupackend, der „Wilde Wonnegauer" ist klar und zupackend, der Weißburgunder besitzt Fülle und Kraft, gute Struktur und Frische, die Muskateller-Cuvée fasziniert mit ihrer reintönigen Frucht, ist kraftvoll und zupackend. Die neue Cuvée aus Weißburgunder und Grauburgunder ist konzentriert und füllig, kraftvoll und strukturiert, der Sauvignon Blanc herrlich reintönig, er besitzt gute Struktur und feine Länge.

Rotweine

Die Rotweine sind durchweg sehr gut: Der St. Laurent ist fruchtbetont und herrlich reintönig, besitzt Kraft, gute Struktur und Frische; der „Noir", ein reinsortiger Spätburgunder, ist frisch, klar und zupackend; der Schwarzriesling aus dem Jahrgang 2009 begeistert mit seiner reintönigen Frucht, er besitzt Kraft und Frische, gute Struktur und Substanz. ◄

Weinbewertung

84 2012 „Wilder Wonnegauer" Riesling (1l)
     12,5 %/6,80 € ☺

83 2012 Riesling trocken **12,5 %/6,80 €**

86 2012 Weißburgunder trocken **13 %/7,- €** ☺

85 2012 Grauburgunder trocken **12,5 %/8,30 €**

88 2012 Sauvignon Blanc trocken **12,5 %/7,- €** ☺

86 2012 Roter & Gelber Muskateller trocken
     12 %/7,- € ☺

87 2012 „Weiß + Grau" trocken **13 %/9,80 €**

87 2012 Riesling Kabinett trocken Wormser Liebfrauenstift-Kirchenstück **11,5 %/12,50 €**

87 2011 St. Laurent trocken **12,5 %/10,- €**

86 2011 „Noir" Rotwein trocken **12,5 %/9,80 €**

88 2009 Schwarzriesling trocken **13,5 %/12,50 €**

★★
Scherner-Kleinhanss
Weingut   **Rheinhessen**

Alzeyer Straße 10, 67592 Flörsheim-Dalsheim
Tel. *06243-435,* **Fax:** *06243-5665*
www.scherner-kleinhanss.de
info@scherner-kleinhanss.de
Besuchszeiten: *nach Vereinbarung*
Kulinarische Weinproben

Inhaber...........................Klaus Scherner
Rebfläche.............................12 Hektar

Seit 1726 ist das Gut in Familienbesitz, wird heute in neunter Generation von Klaus Scherner geführt. Klaus Scherner war nach seinem Studium in Geisenheim vier Jahre in Nordamerika tätig, bevor er die Verantwortung im Weingut der eigenen Familie übernahm. Seine Weinberge liegen in den Nieder-Flörsheimer Lagen Frauenberg (Muschelkalk, Löss, quarz- und kieshaltige Böden), Goldberg (Lehmmergel auf Kalksteinuntergrund) und Steig (Löss), im Monsheimer Rosengarten (Löss mit Kies), dem Dalsheimer Bürgel (schwere Böden) und dem Dalsheimer Sauloch (Löss mit Muschelkalk). Seine wichtigsten Rebsorten sind die Burgundersorten, Riesling und Silvaner. Die Weine werden überwiegend trocken ausgebaut.

Vorjahre

Seit der ersten Ausgabe stellen wir die Weine von Klaus Scherner vor, und immer überzeugen uns die Kollektionen mit gutem Niveau bei nach wie vor moderaten Preisen. Oft ist es ein Riesling aus dem Goldberg, der uns besonders gefällt, hin und wieder sind es barriqueausgebaute Weine oder edelsüße Spitzen. Geschlossen präsentierte sich der Jahrgang 2010, angefangen vom feinen Liter-Riesling bis hin zur Ortega Trockenbeerenauslese, auch der Spätburgunder gab eine gute Vorstellung. Die letztjährige Kollektion hatte, wieder einmal, als Highlight die Ortega Trockenbeerenauslese, sonst prä-

S

sentierte sie sich gleichmäßig, vor allem Weißburgunder und Sauvignon Blanc überzeugten.

Neue Kollektion

Auch 2012 gibt es wieder eine bestechend klare Trockenbeerenauslese, die konzentriert und zupackend ist, viel Substanz und Biss besitzt. Im trockenen Segment ist der Riesling aus dem Morstein unser eindeutiger Favorit, er ist füllig und kraftvoll, wunderschön reintönig, besitzt gute Struktur und reife Frucht. ◄━━

Weinbewertung

80 2012 Riesling trocken „vom Muschelkalk" (1l) 12 %/6,50 €

82 2012 Grauburgunder trocken 12,5 %/7,50 €

83 2012 Weißburgunder Spätlese trocken Dalsheimer Sauloch 13 %/8,50 €

80 2012 Sauvignon Blanc trocken 12,5 %/8,50 €

82 2012 Riesling Spätlese trocken Dalsheimer Bürgel 12 %/8,50 €

87 2012 Riesling Spätlese trocken Westhofener Morstein 12 %/19,- €

90 2012 Trockenbeerenauslese 7,5 %/40,- €

82 2011 Blauer Spätburgunder trocken „Turmalin" Monsheimer Rosengarten 12 %/13,50 €

Scheu
Weinhof **Pfalz**

★ ★ ★ ☆

Hauptstraße 33, 76889 Schweigen-Rechtenbach
Tel. *06342-7229,* **Fax:** *06342-919975*
www.weinhof-scheu.de
info@weinhof-scheu.de
Besuchszeiten: *Mo.-Do. nach Vereinbarung, Fr./Sa. 9-18 Uhr*

Inhaber................Günter und Klaus Scheu
Rebfläche............................14 Hektar

Der Weinhof Scheu wurde 1964 mit damals 2 Hektar Reben von Günter Scheu und seiner Frau gegründet. 1996 hat Klaus Scheu den Be-

trieb übernommen. Die Weinberge liegen im Schweigener Sonnenberg, der aus klar unterscheidbaren Teillagen besteht. Die besten Weine tragen seit dem Jahrgang 2004 diese Teillagen-Namen, seit dem Jahrgang 2009 aus bezeichnungsrechtlichen Gründen nur noch die Abkürzungen „R*DL*G" und „ST*B*G" : Im Raedling mit seinem Boden aus Kalkgestein und schwerem Letten wachsen Weiß- und Grauburgunder, im Strohlenberg – Kalkboden, der mit Buntsandstein, Silikat und Sand versetzt ist – werden Riesling und Weißburgunder angebaut. Beide liegen auf französischem Staatsgebiet. In der Kernlage, dem ursprünglichen Sonnenberg mit seinen leichteren Böden stehen vor allem Riesling und Gewürztraminer. Riesling und Weißburgunder sind die wichtigsten Sorten im Betrieb. Hinzu kommen Grauburgunder, Spätburgunder, Müller-Thurgau, Scheurebe, Rieslaner und Gewürztraminer.

Vorjahre

Seit der ersten Ausgabe empfehlen wir die Weine von Klaus Scheu, schon damals hat uns die Reintönigkeit und Frische der gesamten Kollektion sehr gut gefallen. Jahr für Jahr präsentiert er zuverlässig gute Kollektionen, in denen schon die Kabinettweine viel Freude bereiten. In der Spitze hat er zuletzt weiter zugelegt, die Weine haben an Kraft, Fülle und Nachhaltigkeit gewonnen.

Vor zwei Jahren konnte uns Klaus Scheu nur wenige Weine zur Verkostung schicken, die sich jahrgangsbedingt etwas verhaltener präsentierten, aber die beiden Spitzen, der Raedling-Riesling und der Weißburgunder vom Kalkstein, zeigten die gewohnte Eleganz und Reintönigkeit.

Im vergangenen Jahr präsentierte sich die Kollektion wieder wesentlich stärker, mit kraftvollen trockenen Weißweinen und zwei feinen edelsüßen Weinen. An der Spitze stand ein hervorragender trockener Gewürztraminer, auch die vier anderen Lagenweine, zwei Rieslinge und zwei Weißburgunder, waren stark und überzeugten mit klarer, feiner Frucht, Würze, Substanz und Potential.

Neue Kollektion _____

In diesem Jahr stehen sechs starke Lagenweine einträchtig an der Spitze der Kollektion, alle besitzen viel Kraft und Stoff, der teilweise recht hohe Alkoholgehalt ist sehr gut eingebunden. Unter den beiden Lagenrieslingen ist der Raedling mit seiner klaren Kräuterwürze noch etwas verschlossener als der fülligere und direktere Sonnenberg, bei den Weißburgundern zeigt der Strohlenberg viel klare gelbe Frucht, der Raedling ist dagegen würziger mit mehr Biss. Und auch der Gewürztraminer zeigt wieder, wie auch der Grauburgunder, gute Substanz und viel reintönige Frucht. ◀

Weinbewertung _____

84 2012 Weißburgunder trocken Schweigen **13,5 %/6,20 €**

86 2012 Weißburgunder trocken „Kalkstein" Schweigen **13,5 %/8,- €**

85 2012 Riesling trocken „Kalkstein" Schweigen **13 %/8,- €**

88 2012 Weißburgunder trocken „R*DL*G" **14 %/12,- €**

88 2012 Weißburgunder trocken „ST*B*G" **14 %/12,- €**

88 2012 Grauburgunder trocken „R*DL*G" **14 %/12,- €**

88 2012 Riesling trocken „R*DL*G" **13 %/12,- €**

88 2012 Riesling trocken Sonnenberg **13,5 %/12,- €**

88 2012 Gewürztraminer trocken Sonnenberg **14,5 %/12,- €**

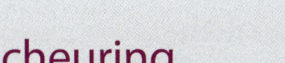

Scheuring
Weingut   **Franken** ★ ☆

Lutzgasse 6, 97276 Margetshöchheim
Tel. *0931-463633,* **Fax:** *0931-3046438*
www.weingut-scheuring.de
info@weingut-scheuring.de
Besuchszeiten: *jederzeit nach Vereinbarung,*
Sa. 8-15 Uhr
Heckenwirtschaft (nach Fasching der 1. Samstag, im Herbst nach der Weinlese Ende Okt./Anfang Nov.)

Inhaber . . . . Ilonka Scheuring
Rebfläche . . . . 10 Hektar

Die Familie Scheuring betreibt seit 1983 Weinbau in Margetshöchheim (Bärental) und in den umliegenden Gemeinden Erlabrunn, Leinach (Himmelberg), Thüngersheim (Scharlachberg), Retzbach (Benediktusberg) und Stetten (Stein). Es werden Müller-Thurgau, Silvaner, Bacchus, Scheurebe, Kerner, Weißburgunder und Grauburgunder angebaut, dazu die roten Sorten Domina, Blaufränkisch, Spätburgunder und Cabernet Dorsa. 2007 ist Tochter Ilonka, nach Ausbildung zur Weinküferin, Auslandsaufenthalten in Südtirol und Neuseeland und Abschluss als Weinbautechnikerin, in den Betrieb mit eingestiegen, hat ihn mittlerweile übernommen.

Vorjahre _____

Vor zwei Jahren gefiel uns der Sekt am besten in einer guten, sehr homogenen Kollektion. 2011 überzeugte mit einer sehr gleichmäßigen Kollektion, in der uns wieder einmal ein Silvaner besonders gut gefiel, der präzise, zupackende Silvaner „Franken".

Neue Kollektion _____

Die neue Kollektion präsentiert sich sehr geschlossen, schon der Silvaner in der Literflasche bereitet Freude, wie auch die zwei weiteren „fränkisch" trockenen Silvaner, vor allem der kraftvolle, zupackende Wein aus dem Stettener Stein. Der reintönige, füllige Grauburgunder aus dem Benediktusberg kommt ihm nahe, die Scheurebe ist frisch und klar: So darf es weitergehen! ◀

Weinbewertung _____

82 2012 Silvaner trocken (1l) **12 %/5,- €**

84 2012 Silvaner „fränkisch" trocken **11 %/6,- €**

86 2012 Silvaner „fränkisch" trocken Stettener Stein **13 %/8,- €**

85 2012 Grauburgunder trocken Retzbacher Benediktusberg **14 %/8,- €**

84 2012 Scheurebe **11,5 %/6,- €**

83 2010 Cabernet Dorsa trocken **13,5 %/8,- €**

S

Michael **Schiefer**

★★

Weingut

Württemberg

Südstraße 12, 74348 Lauffen
Tel. 07133-203821, Fax: 07133-203823
www.weingut-schiefer.de
info@weingut-schiefer.de
Besuchszeiten: Sa. 9-15 Uhr und nach Vereinbarung

Inhaber .... Michael Schiefer
Rebfläche .... 4 Hektar

Michael Schiefer studierte nach Winzerlehre bei Jürgen Ellwanger und Geisenheim-Studium zunächst in Berlin und Lissabon Musikwissenschaft und Philosophie, bevor er im Jahr 2000 doch den elterlichen Betrieb übernahm und aus der Genossenschaft austrat. Vor allem die Burgundersorten baut er an, aber auch Trollinger, Lemberger, Kerner und Gewürztraminer. Spätburgunder möchte er in den kommenden Jahren weiter forcieren. Die Rotweine werden vier bis sechs Wochen auf der Maische vergoren.

Vorjahre

Vor zwei Jahren beeindruckten die kompromisslos vinifizierten Rotweine. Dass sie sich vorteilhaft entwickeln, zeigte der erneut verkostete 2008er 3-Sterne-Spätburgunder, der, obwohl immer noch sehr jugendlich, deutlich an Komplexität gewonnen hatte, der 2009er war schon etwas offener als sein Vorgänger ein Jahr zuvor. Sehr gut gefiel uns auch die Cuvée aus Cabernet Cubin und Samtrot, in der 2-Sterne-Klasse waren Lemberger und Spätburgunder unsere Favoriten, die Weißen präsentierten sich geschlossen auf gutem Niveau. Die 2011er Weine waren sehr gleichmäßig auf gutem Niveau, weiß wie rot. Die Stars im Programm waren einmal mehr die Rotweine, Cabernet Cubin und Lemberger – und Lemberger kann reifen, wie der für die 2002er Verkostung eingereichte Wein eindrucksvoll bewies.

Neue Kollektion

Dies zeigt auch der in diesem Jahr vorgestellte

2003er, der füllig und kraftvoll ist, reife Frucht besitzt gute Struktur und Frische. Und obwohl wir wissen, dass Michael Schiefers Weine gut reifen können, waren wir doch erstaunt ob eines anderen 2003ers, der herrlich komplex und druckvoll sich zeigt, kraftvoll und erstaunlich jugendlich: Dornfelder kann reifen! Die 2012er Weißweine präsentieren sich geschlossen auf gutem Niveau, unsere Favoriten finden wir auch in der aktuellen Kollektion einmal mehr im roten Segment. Der Cabernet Cubin zeigt gute Konzentration und dezent Gewürze im Bouquet, ist füllig und kraftvoll im Mund, besitzt reife Frucht, gute Struktur und Substanz. Noch ein klein wenig besser gefällt uns der 3-Sterne-Lemberger, der faszinierend reintönig ist, zupackend und strukturiert, reife Frucht und feine Tannine besitzt.

Weinbewertung

82	2012 „Mieke" Weißwein trocken	12 %/5,70 €
83	2012 Weißburgunder** trocken	13,5 %/7,90 €
84	2012 Grauburgunder** trocken	13,5 %/7,40 €
81	2012 Rosé trocken	12 %/5,20 €
83	2012 Spätburgunder trocken	13,5 %/5,70 €
83	2012 Lemberger trocken	12,5 %/6,- €
81	2012 „Mirot" Rotwein trocken	12,5 %/5,70 €
89	2003 Lemberger*** trocken	12,5 %
89	2011 Lemberger*** trocken	12,5 %/14,90 €
89	2003 Dornfelder*** trocken	
88	2010 Cabernet Cubin	13 %/17,- €

Frank **Schiele**

★★

Weinbau

Baden

Weieräcker 17, 69231 Rauenberg
Tel. 06222-62040, Fax: 06222-769747
www.weinbau-schiele.de
info@weinbau-schiele.de; f.schiele@online.de
Besuchszeiten: Do./Fr. 16:30-18:30 Uhr,
Sa. 14:30-17:30 Uhr oder nach Vereinbarung

Inhaber .... Frank Schiele
Rebfläche .... 1 Hektar

Frank Schiele baut zu 65 Prozent rote Sorten an, Spätburgunder, Cabernet Sauvignon und Merlot, 35 Prozent nehmen weiße Sorten ein: Chardonnay, Auxerrois und Grauburgunder, ab 2010 kam Riesling in den Ertrag, 2012 kam Sauvignon Blanc hinzu (zuvor hat Frank Schiele den Sauvignon Blanc aus der Pfalz bezogen), den ersten, kleinen Ertrag hat Frank Schiele versektet. 2005 erzeugte er seine ersten Weine. Die Rotweine werden etwa drei Wochen maischevergoren, die Weißweine bei etwa 13 Grad kühl vergoren.

Vorjahre ───────────────────

Die 2010er Weißweine waren frisch und zupackend, Barrique-Weißweine hatte Frank Schiele in diesem Jahrgang nicht erzeugt. Spannender waren die 2009er Rotweine: Unser Favorit war die Cuvée Andrea, gefolgt vom kraftvollen, reintönigen Cabernet Sauvignon und der tanninbetonten Cuvée M, Spätburgunder und Merlot zeigten ein wenig härtere Tannine. Da die 2010er Rotweine unmittelbar nach der Abfüllung nach Meinung Frank Schieles noch vollkommen verschlossen waren, stellte er im vergangenen Jahr nochmals die 2009er vor: Sie präsentierten sich immer noch sehr jugendlich, wenig verändert zum Vorjahr, die etwas harten Tannine in manchem Wein waren immer noch präsent. Die Weißweine glichen stilistisch ihren Vorgängern, waren klar, frisch und geradlinig.

Neue Kollektion ─────────────────

Die 2012er Weißweine sind frisch, klar und direkt, im gewohnten Stil. Die nun vorgestellten 2010er Rotweine besitzen eine gute Struktur, sind aber doch recht stark von kräftigen, manchmal ein klein wenig bitteren Tanninen geprägt; am besten gefällt uns die Cuvée Andrea aus Cabernet Sauvignon und Merlot, die gute Struktur, Fülle und Frucht besitzt bei jugendlichen Tanninen. ◄

Weinbewertung ──────────────────

83   2012 Auxerrois Kabinett   12 %/8,- €
82   2012 Chardonnay Kabinett   12 %/8,- €
83   2012 Riesling Kabinett   11 %/8,- €
83   2012 „Cuvée weiß   11,5 %/8,- €
84   2010 Spätburgunder trocken Barrique
      13 %/14,- €
84   2010 Cuvée „M" Rotwein trocken Barrique
      12,5 %/14,- €
86   2010 „Cuvée Andrea" Rotwein trocken Barrique   13 %/16,- €

Schild
Weingut   **Nahe**

Klosterstraße 7, 55595 St. Katharinen
Tel. 06706-447, Fax: 06706-6298
www.schild-weingut.de
weingut-schild@t-online.de
Besuchszeiten: nach Vereinbarung
Ferienwohnung

Inhaber..............Thomas, Johannes, Maria
..........................und Brigitte Schild
Rebfläche.............................11 Hektar

Das Weingut wird heute in zweiter und dritter Generation von Thomas und Johannes Schild geführt. Ihre Weinberge liegen in St. Katharinen (Fels), Roxheim (Berg), Bad Kreuznach (Hofgarten, Hinkelstein), Wallhausen (Laurentiusberg, Höllenpfad, Backöfchen, Pastorenberg), Braunweiler (Michaeliskapelle, Hellenpfad) Sommerloch (Ratsgrund) und Mandel (Schlossberg). Wichtigste Rebsorten sind Riesling und die Burgunder, hinzu kommen Sauvignon Blanc, Portugieser und einige Neuzüchtungen.

Vorjahre ───────────────────

Vor zwei Jahren war die Kollektion sehr homogen, mit klaren, deutlich restsüßen und säuregeprägten Weißweinen und süffigen Rotweinen des Jahrgangs 2009. Die im vergangenen Jahr präsentierten 2010er Rotweine fanden wir dagegen zu süß, zudem zeigten sie leichte Bitternoten. Am besten gefiel uns die Riesling-Spätlese aus dem

Kreuznacher Hofgarten, die eine feine Frische besaß.

Neue Kollektion

2012 ist das Sortiment wiederum sehr homogen, die Weißen sind sauber und unkompliziert und zeigen viel klare Frucht bei einem guten Preis-Leistungs-Verhältnis, die rote Cuvée aus Cabernet Dorsa und Spätburgunder besitzt dunkle Frucht und ein noch jugendliches Tanningerüst. ◄

Weinbewertung

83   2012 Sauvignon Blanc trocken   **12,5 %/6,40 €**

83   2012 Grauburgunder trocken Wallhäuser Laurentiusberg   **13 %/6,- €**

82   2012 Riesling Spätlese trocken Kreuznacher Hofgarten   **12,5 %/5,- €**

82   2012 Scheurebe Spätlese Roxheimer Höllenpfad   **8 %/5,- €**

83   2011 Cabernet Dorsa & Spätburgunder trocken Braunweiler Hellenpfad   **14 %/10,- €**

80   2011 Spätburgunder trocken „Zweigestein"   **13,5 %/6,90 €**

Schindler
Weingut   ★ ☆

Baden

Bachgasse 4, 79379 Müllheim
Tel. 07631-2597, Fax: 07631-174306
www.weingut-schindler.de
info@weingut-schindler.de
Besuchszeiten: *Mo.-Fr. 9-12:30 + 14-18:30 Uhr,*
Sa. 9-13 + 15-18 Uhr

Inhaber .... Wolfgang Schindler
Rebfläche .... 8 Hektar

Großvater und Vater von Wolfgang Schindler haben ihre Trauben noch an die Genossenschaft abgeliefert. Wolfgang Schindler hat vor mehr als zwanzig Jahren das Weingut mit damals 4 Hektar Weinbergen übernommen und auf Selbstvermarktung umgestellt. Damals wie heute war das Weingut ein Burgunderbetrieb

mit 40 Prozent Spätburgunderanteil, aber auch Weiß- und Grauburgunder. Wichtig ist natürlich auch der Gutedel. Als Spezialitäten pflegt Wolfgang Schindler Riesling und Muskateller. Zuletzt hat er Chardonnay angelegt und ein wenig Regent. Die Weinberge von Wolfgang Schindler befinden sich vor allem in Müllheim (Sonnhalde, Reggenhag, Pfaffenstück), wo die Reben teils auf Löss, teils auf sehr schweren Böden wachsen. Auch in Badenweiler (Römerberg) und in Auggen (Schäf) besitzt er Parzellen. Die Weißweine werden kühl vergoren und lagern bis zur Abfüllung im März auf der Feinhefe. Der Spätburgunder wird je nach Jahrgang ganz oder teilweise im Barrique ausgebaut.

Vorjahre

2010 zeigte Wolfgang Schindler frische, reintönige Weine von allen Rebsorten, der Gutedel Kabinett gefiel uns besonders gut, aber auch die 2009er Spätburgunder überzeugten vor zwei Jahren. Auch die 2011er präsentierten sich im gewohnten Stil, waren frisch und fruchtbetont, klar und lebendig, Muskateller und Gutedel aus dem Römerberg waren unsere Favoriten in einer gleichmäßigen Kollektion.

Neue Kollektion

Sehr gleichmäßig ist nun auch die neue Kollektion, weiß wie rot. Der Chardonnay ist füllig und kraftvoll bei reifer Frucht, die trockene Spätburgunder Spätlese aus der Sonnhalde ist konzentriert und reintönig, klar, frisch und zupackend bei guter Struktur. ◄

Weinbewertung

83   2012 Gutedel trocken Badenweiler Römerberg   **12 %/4,20 €**

83   2012 Weißburgunder Kabinett trocken Müllheimer Sonnhalde   **13,5 %/5,30 €**

84   2012 Chardonnay Spätlese trocken Müllheimer Sonnhalde   **13 %/7,80 €**

81?   2012 Riesling Spätlese trocken Müllheimer Sonnhalde   **13,5 %/8,90 €**

83   2012 Spätburgunder Kabinett trocken Müllheimer Sonnhalde   **13,5 %/6,90 €**

84   2012 Spätburgunder Spätlese trocken Müllheimer Sonnhalde   **13,5 %/8,90 €**

★

Schinhammer
ökologischer Weinbau

Franken

📍 *Lindenstraße 8, 97337 Bibergau*
Tel. 09324-771, *Fax:* 09324-771
www.weinbau-schinhammer.de
info@weinbau-schinhammer.de
Besuchszeiten: nach Vereinbarung
Restaurant und Weinbar, Mai-Okt. Fr. + Sa. ab 18 Uhr

Inhaber........Fred und Brigitte Schinhammer
Rebfläche..............................3 Hektar

Fred und Brigitte Schinhammer haben mit einem drei Viertel Hektar angefangen, nach und nach den Betrieb auf die heutige Fläche erweitert. Der Betrieb befindet sich in Bibergau, die Weinberge aber liegen vor allem in Dettelbacher Steillagen, hinzu kommen ein halber Hektar in Neuses und ein Weinberg im Mainstockheimer Hofstück. Die Weinberge werden ökologisch bewirtschaftet (Bioland). Sie bauen Silvaner, Müller-Thurgau, Bacchus, Riesling und Weißburgunder an, aber auch Johanniter und Regent. Sohn Richard hat 2007 seine Winzerlehre abgeschlossen und arbeitet im Betrieb mit. 2010 wurden Restaurant und Weinbar eröffnet.

Vorjahre _____
Nach einem guten Debüt vor zwei Jahren – am besten gefiel uns der Weißburgunder Kabinett – folgten 2011 frische, fruchtbetonte, schön geradlinige halbtrockene Weißweine und ein intensiv-lebhafter Regent mit Biss. ◄━━

Neue Kollektion _____
Sehr gleichmäßig präsentiert sich nun die neue Kollektion. Der Regent ist immer noch sehr jugendlich, besitzt aber Kraft und Biss, braucht Zeit. Im weißen Segment gefällt uns der angenehm reintönige, alkoholarme Johanniter, er besitzt Süße, Säure und Biss, auch der trockene Silvaner Kabinett ist wunderschön reintönig und saftig wie auch die halbtrockene Variante, der Weißburgunder

ist fruchtbetont und klar. ◄━━

Weinbewertung _____
83 2012 Weißburgunder Kabinett trocken Dettelbacher Honigberg **12 %/6,- €**
83 2012 Silvaner Kabinett trocken Dettelbacher Honigberg (1l) **12 %/5,50 €**
83 2012 Silvaner halbtrocken Mainstockheimer Hofstück **11 %/5,50 €**
82 2012 Bacchus Kabinett halbtrocken Dettelbacher Honigberg **11 %/5,50 €**
83 2012 Johanniter Kabinett „feinherb" **11 %/5,- €**
82 2012 Rotling halbtrocken Dettelbacher Honigberg **11 %/5,- €**
84 2011 Regent trocken Dettelbacher Honigberg **13 %/6,- €**

★★★☆

Schlör
Weingut

Baden

Martin-Schlör-Straße 22, 97877 Wertheim-Reicholzheim
Tel. 09342-4976, *Fax:* 09342-6959
www.weingut-schloer.de
info@weingut-schloer.de
Besuchszeiten: nach Vereinbarung

Inhaber...........................Konrad Schlör
Rebfläche.............................6,5 Hektar

Das Weingut Schlör in Reicholzheim liegt im badischen Teil des Taubertals. Seit 1983, nach dem Austritt aus der Genossenschaft, vermarkten Konrad und Monika Schlör ihre Weine selbst. Die Weinberge liegen vor allem im Reicholzheimer First, wo die Reben auf Muschelkalkböden mit hohem Steinanteil wachsen, sowie im Reicholzheimer Satzenberg. Wichtigste Rebsorten sind Müller-Thurgau, Riesling, Spätburgunder und Schwarzriesling. Dazu gibt es insbesondere noch Weißburgunder und Silvaner. 40 Prozent der Rebfläche nehmen rote Reben ein, wobei Konrad Schlör diesen Anteil keinesfalls steigern will. Die Weißweine werden kühl oder

Die besten deutschen Weinerzeuger und ihre Weine

S

kalt vergoren, die Rotweine maischevergoren. Ausgewählte Weine baut Konrad Schlör
bis zu achtzehn Monate im Barrique aus.

Vorjahre

Seit der ersten Ausgabe empfehlen wir die
Weine von Konrad Schlör, mit einer starken
Kollektion haben wir ihn schon in der ersten
Ausgabe gelobt. Seither ist es weiter vorangegangen, hat er in der Spitze weiter zugelegt, vor allem mit Spätburgunder und
Schwarzriesling, aber auch die Kabinettweine sind stetig besser geworden: Eine tolle
Entwicklung. Die 2010er Weißweine waren
frisch und klar, ohne aber in der Spitze
frühere Jahrgänge zu erreichen. Rot überzeugte vor zwei Jahren wie gewohnt, wobei
der Schwarzriesling „R" dem Spätburgunder
First Paroli bieten konnte. Die Spätfröste
2011 hatten Konrad Schlör und das ganze
Taubertal stark getroffen, so dass er im vergangenen Jahr Trauben zukaufen musste.
Das Programm war etwas kleiner als gewohnt, was es aber gab, das konnte sich sehen und vor allem schmecken lassen, an der
Spitze standen die Großen Gewächse, Weißburgunder und Spätburgunder aus dem
First.

Neue Kollektion

Die neue Kollektion überzeugt mit dem guten Einstiegsniveau bei den Kabinettweinen.
Die trockene Riesling Spätlese ist klar, kraftvoll und zupackend, die trockene Weißburgunder Spätlese besitzt reife Frucht und gute
Struktur. Der Riesling aus dem Satzenberg ist
frisch und klar, kraftvoll und zupackend, besitzt feine Säure und Biss, der Weißburgunder
aus dem First ist konzentriert und würzig, besitzt reife Frucht, gute Struktur und Substanz.
Die rote Cuvée ist fruchtbetont und zupackend, der Schwarzriesling wunderschön
reintönig und strukturiert. ◀━━

Weinbewertung

84	2011 Pinot Sekt brut **13 %/13,- €**
84	2012 Müller-Thurgau Kabinett trocken **11,5 %/5,50 €**
84	2012 „S" Weißwein trocken **11,5 %/5,70 €**
83	2012 Silvaner Kabinett trocken **12 %/7,20 €**
84	2012 Riesling Kabinett trocken **12 %/8,- €**
87	2012 Riesling Spätlese trocken **13 %/10,50 €**
86	2012 Weißburgunder Spätlese trocken **14 %/10,50 €**
89	2012 Riesling „GG" Satzenberg **13 %/19, €**
89	2012 Weißburgunder „GG" First **14 %/19,- €**
86	2012 „M" Rotwein trocken **13 %/8,50 €**
87	2012 Schwarzriesling trocken **13 %/11,- €**

★★★★

H. Schlumberger
Privat-Weingut

Baden

Weinstraße 19, 79295 Laufen
Tel. 07634-8992, **Fax:** 07634-8255
www.schlumbergerwein.de
info@schlumbergerwein.de
Besuchszeiten: Mo.-Fr. 8-12 + 14-18 Uhr,
Sa. 10-12 + 14-16 Uhr
Probierraum im Keller

Inhaber . . . . Claudia Schlumberger-Bernhart
. . . . Ulrich Bernhart
Rebfläche . . . . 9 Hektar

Hartmut Schlumberger hat das Weingut gegründet, heute wird es von seiner Tochter
Claudia und deren Ehemann Ulrich Bernhart
geführt, der schon zuvor für den Keller verantwortlich war. Die Weinberge werden ökologisch bewirtschaftet. Sie liegen alle rund um
Laufen im Markgräflerland. In Laufen gibt es
nur eine eingetragene Einzellage, den Altenberg, aber deutlich unterschiedliche Teillagen
mit unterschiedlichen Kalk- und Lehmantei-
len. Aus dem Herzstück des Altenberg, Wingerte genannt, der höchstgelegenen Lage in
Laufen, erzeugen sie ihre Großen Gewächse.
Neben Gutedel bauen sie vor allem Burgundersorten an. Spätburgunder hat flächenmä-
ßig inzwischen gar den Gutedel überholt,
Weißburgunder und Grauburgunder sind in
etwa gleichauf; diese vier genannten Rebsor-

ten nehmen mehr als drei Viertel der Rebfläche ein. Dazu gibt es Riesling, Sauvignon Blanc, Chardonnay, Cabernet Sauvignon und Merlot. 70 Prozent der Produktion wird an Privatkunden verkauft.

Vorjahre

Seit der ersten Ausgabe loben wir die Weine von Claudia Schlumberger-Bernhart und Ulrich Bernhart, schon damals waren wir sehr angetan von ihrer Kollektion. Seither ging es stetig weiter voran mit bestechend klaren und frischen Basisweinen, kraftvollen Spätlesen und starken Rotweinen, der Pinot Noir R – heute Großes Gewächs – gehört immer wieder zu den Jahrgangsbesten in Deutschland. 2010 waren die beiden weißen Großen Gewächse eigenartig verhalten und würzig, besser gefiel uns der Riesling Kalkgestein mit seiner reintönigen Frucht. Die rote Kollektion war stimmig, wie man das kennt, wurde angeführt vom Großen Gewächs, dass seither wie seine beiden weißen Kollegen den Namen der Teillage „Wingerte" auf dem Etikett trägt. Eine schöne, stimmige Kollektion folgte 2011, mit ganz starken Kabinettweinen. Noch stärker war das Mittelsegment mit Sauvignon Blanc, Kalkstein-Riesling und Weißburgunder und Grauburgunder Altenberg, da hatten es die Großen Gewächse schwer, dies zu toppen. Der Spätburgunder-Reigen war auch 2010 wieder stimmig, an der Spitze stand das Große Gewächs; dass Schlumberger-Pinots reifen können, zeigte unsere 2002er-Verkostung.

Weißweine

Das Niveau der Kabinettweine ist hoch, alle sind wunderschön fruchtbetont und reintönig, frisch und zupackend, egal ob Gutedel oder Weißburgunder, Grauburgunder oder Riesling. Der Sauvignon Blanc ist sortentypisch und frisch, der Kalkgestein-Riesling besitzt Fülle und Kraft, Konzentration und reife Frucht. Der Weißburgunder aus dem Altenberg ist klar und kraftvoll besitzt guten Druck und Biss, der Grauburgunder ist füllig und saftig – das Große Gewächs aber bringt

keine Steigerung, im Gegenteil, ist allzu geprägt von laktisch-würzigen Noten.

Rotweine

Auch im roten Segment ist das Niveau der Einstiegsweine hoch, der Spätburgunder ist klar und frisch, der Laufener fruchtbetont, reintönig und zupackend, der Pinot Noir besitzt reintönige Frucht und gute Struktur, die Bordeauxcuvée Kraft, Struktur und feine Tannine. Das Große Gewächs ist leicht duftig, besitzt reife Frucht, gute Struktur und dezent mineralische Noten, hat Potenzial. ◀━

Weinbewertung

86 2012 Gutedel Kabinett trocken 11 %/6,- € ☺
86 2012 Riesling Kabinett trocken 12 %/8,50 €
85 2012 Weißburgunder Kabinett trocken 12,5 %/8,- €
85 2012 Grauburgunder Kabinett trocken 12,5 %/8,- €
87 2012 Sauvignon Blanc trocken 12,5 %/11,50 €
88 2012 Weißburgunder trocken Laufener Altenberg 13 %/12,- €
87 2012 Grauburgunder trocken Laufener Altenberg 13,5 %/12,- €
87 2012 Riesling trocken „Kalkgestein" 12 %/12,- €
86 2012 Chardonnay trocken „Kalkgestein" 13 %/14,- €
86 2012 Grauburgunder „GG" „Wingerte" Altenberg 13,5 %/17,50 €
86 2011 Spätburgunder trocken 13 %/8,50 €
87 2011 Spätburgunder trocken Laufener 13 %/12,- €
89 2011 Pinot Noir trocken Laufener Altenberg 13,5 %/17,- €
88 2011 Cabernet Sauvignon & Merlot trocken 13,5 %/15,- €
89 2011 Pinot Noir „GG" „Wingerte" Altenberg 13,5 %/30,- €

Die besten deutschen Weinerzeuger und ihre Weine

S

Rainer **Schlumberger** ★★

Weingut   **Baden**

Obere Holzgasse 4, 79295 Sulzburg-Laufen
Tel. *07634-592240,* **Fax:** *07634-592241*
www.weingut-schlumberger.de
info@weingut-schlumberger.de
Besuchszeiten: *Mo.-Sa. 14-18 Uhr*

Inhaber . . . . Rainer Schlumberger
Rebfläche . . . . 5,5 Hektar

Wichtigste Rebsorten bei Rainer Schlumberger sind Gutedel und Spätburgunder mit 40 bzw. 20 Prozent Anteil an der Rebfläche. Spezialität ist der naturtrüb abgefüllte, als Tafelwein verkaufte Gutedel (seit 1999), sowie die Huxelrebe.

Vorjahre _____

Seit der ersten Ausgabe empfehlen wir die Weine von Rainer Schlumberger. Sie sind immer klar und geradlinig, immer zuverlässig. Mit trockenen weißen Spätlesen oder mit barriqueausgebauten Rotweinen gehört er immer wieder zur Spitze im Markgräflerland. Der 2008er Pinot Noir Eich gefiel uns vor zwei Jahren besonders gut, die 2010er Weißweine präsentierten sich reintönig und frisch, angefangen beim feinen, leichten „Grünen Markgräfler" bis hin zur barriqueausgebauten Gutedel-Variante. Die letztjährige Kollektion überzeugte auf der ganzen Linie: Die Weißweine waren frisch, fruchtbetont und reintönig, die Weißburgunder Spätlese gefiel uns besonders gut – und im roten Segment gab es wie gehabt den überzeugenden Pinot Noir Eich.

Neue Kollektion _____

In diesem Jahr konnten wir einen weiteren 2009er Spätburgunder verkosten, die mächtige, ganz leicht bittere Auslese aus dem Barrique. Im weißen Segment haben zwei Weißburgunder die Nase vorne und wir können uns nicht entscheiden, ob uns die „normale" Variante, die herrlich viel Frucht, gute Struk-

tur und Frische besitzt, besser gefällt oder aber die Barriqueversion, die fülliger und kraftvoller ist, gute Struktur und Substanz besitzt. Stimmige, sehr gleichmäßige Kollektion! ◀

Weinbewertung _____

83   2012 Gutedel Kabinett trocken Laufener Altenberg   **11,5 %/5,50 €**
83   2012 Gutedel trocken „mit Feinhefe" **12 %/5,50 €**
84   2012 Weißburgunder Kabinett trocken Laufener Altenberg   **12,5 %/6,- €**
83   2012 Grauburgunder Kabinett trocken Laufener Altenberg   **13 %/6,- €**
86   2012 Weißburgunder Spätlese trocken Laufener Altenberg   **14 %/9,- €**
86   2012 Weißburgunder Spätlese trocken Barrique Laufener Altenberg   **14,5 %/14,- €**
83   2012 Huxelrebe Spätlese Laufener Altenberg **11,5 %/6,50 €**
83   2010 Spätburgunder trocken Laufener Altenberg   **13 %/6,50 €**
85   2009 Spätburgunder Auslese trocken Barrique Laufener Altenberg   **15,5 %/19,50 €**

Schmachtenberger ★☆

Berthold, Weingut   **Franken**

Klosterstraße 43, 97236 Randersacker
Tel. *0931-707850,* **Fax:** *0931-708961*
www.weingut-schmachtenberger.com
mail@weingut-schmachtenberger.com
Besuchszeiten: *täglich, So. + feiertags nach Vereinbarung*

Inhaber . . . . Berthold Schmachtenberger
Rebfläche . . . . 8,5 Hektar

Berthold Schmachtenberger führt seit 1977 in elfter Generation den Betrieb, der sich bis ins Jahr 1598 in den Nachbarort Eibelstadt zurückverfolgen lässt. Seine Weinberge liegen vor allem in Randersacker (Muschelkalk) in den Lage Sonnenstuhl und Marsberg, sowie in der früheren Lage Gerstberg (heute Großlage Ewig Leben), wo er rote Rebsorten und Silvaner anbaut. Die Weinberge in Sulzfeld und Iphofen wurden gegen Weinberge in Randersacker getauscht, befinden sich aber weiterhin im Eigentum der Familie. Berthold Schmachtenberger baut Müller-Thurgau, Silvaner, Bacchus, Scheurebe und Kerner an, sowie Riesling, Weißburgunder, Traminer und Rieslaner. Hinzu kommen die roten Sorten Domina, Spätburgunder und Portugieser, sowie Spezialitäten wie Ortega, Traminer und Rieslaner. Die Spitzenweine werden in der Linie „Greif" ausgebaut. Im Herbst 2012 wurde die neue Vinothek eröffnet.

Vorjahre _____

2010 behauptete man sich gut, alle Weine waren frisch und klar, besaßen reintönige Frucht. Der Greif-Silvaner aus dem Marsberg gefiel uns wieder besonders gut, ebenso der Silvaner von alten Reben aus dem Sonnenstuhl. Ähnlich war das Bild 2011: Der Silvaner von alten Reben aus dem Sonnenstuhl und der Greif-Silvaner, in diesem Jahrgang ebenfalls aus dem Sonnenstuhl, waren sehr gut, noch besser aber gefiel uns der Neuzugang im Programm, der im Barrique ausgebaute Silvaner aus dem Marsberg mit dem Namen Caractère.

Neue Kollektion_____

Sehr stimmig präsentiert sich nun auch der Jahrgang 2012 mit klaren, fruchtbetonten Kabinettweinen, egal ob Müller-Thurgau oder Silvaner, Riesling oder Weißburgunder. Sehr gut gefallen uns einemal mehr die trockenen Silvaner Spätlesen, der kraftvolle, füllige Wein von alten Reben aus dem Sonnenstuhl und der konzentriert, stoffige Greif aus dem Marsberg. ◄━

Weinbewertung _____

82 2012 Rivaner Kabinett trocken Randersacker Ewig Leben **11,5 %/4,60 €**

81 2012 Silvaner Kabinett trocken „Quaderkalk" Randersacker Ewig Leben **13 %/5,40 €**

83 2012 Riesling Kabinett trocken „Quaderkalk"

Randersacker Ewig Leben **12 %/5,60 €**

82 2012 Weißburgunder Kabinett trocken Randersacker Sonnenstuhl **12,5 %/5,20 €**

85 2012 Silvaner Spätlese trocken „Alte Reben" Randersacker Sonnenstuhl **13 %/7,50 €**

85 2012 Silvaner Spätlese trocken „Greif" Randersacker Marsberg **13,5 %/9,- €**

Heinrich **Schmidt**
Weingut

Nahe

Hauptstraße 8, 55452 Windesheim
Tel. *06707-414,* **Fax:** *06707-1725*
weingut-heinrich-schmidt-t-online.de
Besuchszeiten: *Mo.-Fr. 9-17 Uhr, Wochenende nach Vereinbarung*

Inhaber . . . . Günter Schmidt
Rebfläche . . . . 8,5 Hektar

Das Windesheimer Weingut wird in fünfter Generation seit dem Jahr 2000 von Günter Schmidt geführt. Er hat die Sortenstruktur geändert, weg von Neuzüchtungen, hin zu Burgundersorten, die inzwischen 40 Prozent der Rebfläche einnehmen, und Riesling. Etwas Müller-Thurgau, Kerner und Scheurebe will er aber weiterhin behalten. Seine Weinberge liegen in Windesheim und Schweppenhausen, die Hälfte davon in Steillagen. Auf den Schweppenhäuser Schieferverwitterungsböden baut er vor allem Riesling und Spätburgunder an, in Windesheim überwiegend Grauburgunder und Weißburgunder. Ein Teil der Rotweine wie auch der Weißweine wird im Barrique ausgebaut. Wobei die Weißweine nach Vergärung und sechsmonatigem Ausbau im Holz wieder mit einem im Edelstahl ausgebauten Teil rückverschnitten werden. Die Spitzenweine werden in den Linien „S" (Selektion) und „R" (Reserve) vermarktet. Die Weine werden fast ausschließlich an Privatkunden verkauft.

S

Vorjahre

Vor zwei Jahren gefiel uns der 2008er Frühburgunder sehr gut, ebenso der im Barrique ausgebaute Grauburgunder aus dem Fels, sie führten eine konsistente Kollektion an. Als Fazit hatten wir geschrieben, dass die trockenen Weine, weiß wie rot, mit weniger Restsüße an Präzision gewinnen könnten – und da konnten wir uns im vergangenen Jahr nur wiederholen. Die 2009er Früh- und Spätburgunder besaßen gute Substanz, wirkten aber durch zu viel Restzucker unnötig „aufgehübscht". Der Grauburgunder aus dem Fels überzeugte auch im letzten Jahr wieder mit einem gelungenem Ausbau im Holz.

Neue Kollektion

Auf die Gefahr hin, uns nochmals zu wiederholen: Wir finden auch in diesem Jahr, dass die erneut verkosteten 2009er Spät- und Frühburgunder gute Substanz besitzen, der hohe Restzuckergehalt aber die Sortentypizität verwischt und so Möglichkeiten leider verschenkt werden. Unter den weißen Sorten gefallen uns die Grauburgunder besser als die Weißburgunder und die Rieslinge: Der Barrique-Grauburgunder ist wieder kraftvoll und füllig mit viel reifer gelber Frucht und feiner Würze.

Weinbewertung

80 2012 Weißburgunder trocken 12,5 %/6,10 €
83 2012 Weißburgunder „S" trocken Windesheimer Sonnenmorgen 13,5 %/7,80 €
84 2012 Grauburgunder „S" trocken 13,5 %/7,80 €
86 2012 Grauburgunder „R" trocken Windesheimer Fels 14 %/9,40 €
83 2012 Riesling „S" trocken „Grauschiefer" Schweppenhäuser Schloßgarten 12,5 %/8,10 €
83 2012 Riesling „S" „feinherb" Schweppenhäuser Schloßgarten 11,5 %/6,70 €
83 2012 Scheurebe Spätlese Windesheimer Rosenberg 9 %/6,30 €
86 2009 Frühburgunder „R" trocken Schweppenhäuser Schloßgarten 14 %/15,90 €
84 2009 Spätburgunder „R" trocken Schweppenhäuser Schloßgarten 14 %/12,90 €

★★☆

Claes **Schmitt** Erben
Weingut

Mosel

Moselweinstraße 43, 54349 Trittenheim
Tel. 06507-701736, **Fax:** 06507-701738
www.claeswein.de
info@claeswein.de
Besuchszeiten: nach Vereinbarung
Gästehaus

Inhaber .... Niko Schmitt
Rebfläche .... 4 Hektar

Niko Schmitt absolvierte seine Winzerlehre beim Weingut Dr. Crusius und anschließend in Weinsberg die Ausbildung zum Weinbautechniker. Im Jahr 2001 übernahm er das elterliche Weingut, und nach und nach verfeinerte er den Stil der Weine, die Vinifikation findet teils im Edelstahl, teils im Holz statt. Der Name des Weingutes wurde geändert im Andenken an den Großvater des heutigen Besitzers, der Nikolaus Schmitt hieß, kurz Claes genannt. Die Weinberge befinden sich in den beiden Trittenheimer Lagen Apotheke und Altärchen. 2006 kam eine steile Terrassenlage mit 70 Jahre alten Rebstöcken hinzu, der Jungheld, ein Gemeinschaftsprojekt Niko Schmitts und des fränkischen Jungwinzers Paul Weltner; 2012 kam ein Weinberg im Neumagener Rosengärtchen hinzu. Neben Riesling gibt es Müller-Thurgau und Spätburgunder im Anbau, 2010 wurde ein klein wenig Sauvignon Blanc gepflanzt. Inzwischen machen die trockenen und „feinherben" Weine 90 Prozent der Produktion aus. 2010 wurde die neue „Weinlounge" fertig gestellt.

Vorjahre

Sehr gut gefiel uns die 2010er Kollektion, die Weine waren reintönig und frisch, überzeugten trocken und „feinherb" ebenso wie „restsüß", unser Favorit war der präzise und kraftvolle Riesling „Jungheld". Auch 2011 stellte Niko Schmitt eine starke Kollektion vor, die trocken wie süß gleichermaßen überzeugte, vom Gutsriesling über den kraftvollen Sonntheilen bis hin zur reintönigen Beerenauslese.

Neue Kollektion

Vergleichbar stark ist nun auch der Jahrgang 2012. Im trockenen Segment gefällt uns der Sonntheilen-Riesling besonders gut, er ist füllig und kraftvoll, besitzt reintönige Frucht, gute Struktur und Substanz. Noch etwas besser finden wir den feinherben Riesling aus dem Jungheld, der faszinierend viel Frucht im Bouquet zeigt, gelbe Früchte, füllig im Mund ist, kraftvoll und zupackend bei viel Substanz. Die feinherbe Spätlese ist frisch und präzise, der restsüße Kabinett klar und zupackend, die neue Spätlese aus dem Rosengärtchen besitzt gute Fülle und Kraft. Die Auslese ist frisch, klar und zupackend, genauso reintönig wie der Eiswein, der viel Substanz und Frucht besitzt und feinen Biss. Weiter im Aufwind! ◀

Weinbewertung

82 2012 Riesling trocken **11,5 %/6,- €**
88 2012 Riesling trocken „Sonntheilen" **12,5 %/10,- €** ☺
82 2012 Riesling Kabinett „feinherb" Altärchen **11 %/6,- €**
85 2012 Riesling Spätlese „feinherb" Apotheke **11,5 %/8,50 €**
89 2012 Riesling „feinherb Jungheld" **12 %/15,- €**
84 2012 Riesling Kabinett **8,5 %/6,- €**
85 2012 Riesling Spätlese Rosengärtchen **9%/8,50€**
87 2012 Riesling Auslese Apotheke **8,5 %/12,- €**
89 2012 Riesling Eiswein Altärchen **7,5 %/28,- €**

★

Schmitt
Weingut   **Rheinhessen**

In den Weingärten 7, 67582 Mettenheim
Tel. 06242-1717, **Fax:** 06242-60004
www.wgt-schmitt.de, www.schmitt-weine.com
info@wgt-schmitt.de
Besuchszeiten: nach Vereinbarung

Inhaber...........................Daniel Schmitt
Rebfläche.............................15 Hektar

Nach Geisenheim-Studium und Auslandsaufenthalten in Neuseeland und Südafrika übernahm Daniel Schmitt 2009 das elterliche Weingut. Innerhalb eines Jahres erweiterte er die Rebfläche von 8 auf 15 Hektar. Seine Weinberge liegen in Mettenheim und Bechtheim.

Vorjahre

Der kraftvolle Riesling aus dem Geyersberg und eine konzentrierte Huxelrebe Beerenauslese führten die Kollektion beim guten Debüt vor zwei Jahren an. Überzeugend war auch die homogene 2011er Kollektion, alle Weine waren fruchtbetont und klar, der Grauburgunder aus dem Geyersberg gefiel uns am besten.

Neue Kollektion

Die 2012er Weißweine nun sind allzu verhalten; herausragender Wein der Kollektion ist der im Barrique ausgebaute Spätburgunder des Jahrgangs 2009, der feine rauchige Noten und klare Frucht im Bouquet zeigt, füllig und kraftvoll im Mund ist, reife Frucht, gute Struktur und dezente Vanillenoten besitzt. ◀

Weinbewertung

80 2012 Riesling trocken **12,5 %/6,50 €**
79 2012 Weißburgunder trocken **13 %/6,60 €**
80 2012 Grauburgunder trocken **13 %/6,60 €**
80 2011 Grauburgunder trocken Barrique **14 %/11,80 €**
80 2012 Gewürztraminer halbtrocken **12,5 %/6,80€**
86 2009 Spätburgunder trocken Barrique **14 %/14,50 €**

S

Egon **Schmitt**
Weingut

★★★

Pfalz

Am Neuberg 6, 67098 Bad Dürkheim
Tel. 06322-5830, Fax: 06322-68899
www.weingut-egon-schmitt.de
info@weingut-egon-schmitt.de
Besuchszeiten: Mo.-Fr. 10:30-12 + 14-18:30 Uhr
(Mi. nach Voranmeldung), Sa. 9-15 Uhr
Ferienwohnung

Inhaber..........................Familie Schmitt
Rebfläche.............................14 Hektar

Bis in die siebziger Jahre war das Weingut ein Gemischtbetrieb, der in der Stadtmitte von Bad Dürkheim angesiedelt war. 1976 haben Inge und Egon Schmitt den Betrieb am Neuberg gebaut, zwei Jahre später folgte der Austritt aus der Genossenschaft. Aber erst in den letzten Jahren hat Egon Schmitt auch überregional Beachtung gefunden. Was sicherlich auch Sohn Jochen zu verdanken ist, der – nach Geisenheim-Studium – seit 1997 für den Keller verantwortlich ist. Die Weinberge befinden sich in verschiedenen Dürkheimer und Ungsteiner Lagen: Spielberg, Nonnengarten, Hochbenn, Fronhof, Steinberg und Herrenberg. In den letzten Jahren haben Egon und Jochen Schmitt auch in den Weinbergen Änderungen vorgenommen. Rote Sorten nehmen inzwischen die Hälfte der Fläche ein, Sorten wie Silvaner, Ortega oder Kerner sind ganz verschwunden. Neue Sorten wurden gepflanzt, wie z.B. Cabernet Sauvignon, Acolon und St. Laurent, der Anbau von Spätburgunder und auch Regent wurde verstärkt. Wichtigste Weißweinsorte ist der Riesling. Daneben gibt es die Burgundersorten, aber auch Chardonnay, Scheurebe und Rieslaner. Etwas Prinzipal wurde versuchsweise angelegt – insgesamt werden 20 Rebsorten angebaut!

Vorjahre
Schon seit der ersten Ausgabe empfehlen wir die Weine von Egon Schmitt, schon damals, wie in vielen Folgejahren, hatte uns die rote Cuvée Duca XI besonders gut gefallen. Den Rotweinanbau hat man in diesem Jahrzehnt weiter forciert, aber nicht nur die Rotweine, auch die Weißweine beweisen Jahr für Jahr Konstanz und Klasse. Die Rotwein-Riege war vor zwei Jahren wieder beeindruckend gut, köstlich waren wieder einige Weißweine; Grauburgunder, Riesling Hochbenn und Chardonnay boten sehr viel Wein fürs Geld, die Top-Rieslinge zeigten viel Frucht, hohen Extrakt und eindringliche Mineralität. Auch im vergangenen Jahr zeigte Jochen Schmitt eine außergewöhnliche Rotwein-Kollektion, wobei die am höchsten bewerteten Weine aus den Jahrgängen 2009 (Cabernet Sauvignon, Merlot) und 2008 (Duca XI) stammten. An den Weißweinen gab es ebenfalls nichts auszusetzen, die Top-Rieslinge waren fett und kräftig, aber auch sehr saftig und konzentriert, sehr fein waren Chardonnay und Weißburgunder.

Neue Kollektion
Die neue Kollektion ist stark, überzeugt weiß wie rot. Weißburgunder und Chardonnay besitzen Fülle und Kraft, der Riesling aus dem Spielberg ist fruchtbetont und zupackend. Die Selektion aus dem Filetstück des Spielberg besitzt viel reife Frucht und Substanz, Kraft und Biss, noch ein klein wenig besser gefällt uns der Riesling aus dem Herrenberg, der klar und zupackend ist, feine Frische, reife Frucht und gute Struktur besitzt. Stark ist auch das rote Segment, auch wenn Merlot und Cabernet Sauvignon im Jahrgang 2010 nicht ganz an ihre im Vorjahr so gelobten Vorgänger herankommen. Der Lagrein, 2011, schlägt sich prächtig, ist füllig, kraftvoll und zupackend bei guter Struktur, der Spätburgunder aus dem gleichen Jahrgang zeigt gute Konzentration und reife Frucht im Bouquet, ist füllig und klar im Mund, lebendig und komplex. Noch besser gefällt uns die Cuvée Duca XI, ein wunderschön konzentrierter, kraftvoller Wein mit reifer Frucht, guter Struktur und Substanz. ━

S

86 2012 Weißburgunder trocken Dürkheimer Fronhof **13,5 %/7,80 €**

85 2012 Chardonnay trocken Dürkheimer Spielberg **14 %/10,- €**

83 2012 Riesling trocken Kallstadter Kreidkeller **12,5 %/7,50 €**

85 2012 Riesling trocken Dürkheimer Spielberg **13 %/9,50 €**

88 2012 Riesling trocken „Z" Dürkheimer Spielberg **13,5 %/13,- €**

89 2012 Riesling trocken Ungsteiner Herrenberg **13,5 %/14,- €**

86 2010 „Thor" Rotwein trocken **13,5 %/12,- €**

88 2011 Lagrein trocken **13 %/13,- €**

89 2011 Spätburgunder trocken „Goldkapsel" **13,5 %/15,50 €**

86 2010 Merlot trocken **13,5 %/13,- €**

87 2010 Cabernet Sauvignon trocken **14 %/16,- €**

90 2009 Cuvée „Duca XI" Rotwein trocken **14,5 %/18,50 €**

Betrieb radikal verkleinert von 22 auf 4 Hektar.

Vorjahre

Im schwierigen Jahrgang 2010 zeigten die drei erzeugten Weine klare Frucht, waren frisch und zupackend. Die drei vorgestellten 2011er präsentierten sich frisch, klar und harmonisch, vor allem die trockene Spätlese aus dem Altärchen bereitete viel Freude.

Neue Kollektion

2012 wurden nur zwei Weine erzeugt, beide wurden spontanvergoren. Der Gutsriesling ist klar und geradlinig, die feinherbe Spätlese aus dem Rosengärtchen zeigt reife Frucht und feine Frische im Bouquet, ist füllig und kraftvoll im Mund, reintönig, besitzt gute Struktur und Frische.

Weinbewertung

83 2011 Riesling trocken **12 %/7,50 €**

87 2012 Riesling Spätlese Neumagener Rosengärtchen **11 %/11,- €**

Heinz **Schmitt** Erben ★★
Weingut   **Mosel**

Stephanusstraße 4, 54340 Leiwen
Tel. 06507-4276, **Fax:** 06507-8161
www.weingut-heinz-schmitt.de
weingutheinzschmitt@t-online.de
Besuchszeiten: Mo.-Sa. 8-18 Uhr und nach Vereinbarung

Inhaber .... Familie Schmitt
Rebfläche .... 4 Hektar

Heinz Schmitt gehörte spätestens seit Mitte der Achtziger des letzten Jahrhunderts zu den profiliertesten Winzern von Leiwen und zu denen, die einst die Leiwener Jungwinzer zu einer der bekanntesten Winzervereinigungen Deutschlands führten. Im Spätsommer 2010 verunglückte Heinz Schmitt tödlich im Weinberg. Daraufhin wurde der

Schmitt's Kinder ★★★★
Weingut   **Franken**

Am Sonnenstuhl 45, 97236 Randersacker
Tel. 0931-7059197, **Fax:** 0931-7059198
www.schmitts-kinder.de
info@schmitts-kinder.de
Besuchszeiten: Mo.-Fr. 8-18 Uhr, Sa. 9-17 Uhr

Inhaber .... Karl Martin Schmitt
Kellermeister .... Martin Schmitt
Rebfläche .... 14 Hektar

Die Familie betreibt seit Generationen Weinbau in Randersacker, das Stammhaus im Ortskern wurde 1712 erbaut. Der Name Schmitt's Kinder geht auf eine Erbteilung von 1910 zurück: Entgegen den fränkischen Gepflogenheiten wurde der Betrieb nicht aufgeteilt sondern von den Geschwistern zusammen bewirtschaftet. 1984 wurde ein

Die besten deutschen Weinerzeuger und ihre Weine

neuer Betrieb am Fuß des Sonnenstuhls erbaut. Heute führen Karl Martin und Renate Marie Schmitt das Weingut, inzwischen unterstützt von Sohn Martin Johannes. Ihre Weinberge liegen in den Randersackerer Lagen Sonnenstuhl, Marsberg, Teufelskeller und Pfülben. Silvaner ist die wichtigste Rebsorte, die knapp ein Drittel der Fläche einnimmt. Es folgen Riesling, Müller-Thurgau, Spätburgunder, Bacchus, Domina und Weißburgunder, sowie etwas Rieslaner und Scheurebe. Die Weine werden langsam vergoren und lange auf der Feinhefe ausgebaut, teils im Edelstahl, teils im Holz.

Vorjahre _____

Seit der ersten Ausgabe schon empfehlen wir die Weine von Karl Martin Schmitt, seither zählt er zur fränkischen Spitze. Wie kaum ein Anderer hat er in diesem Zeitraum Jahr für Jahr homogene Kollektionen sowohl im trockenen als auch im edelsüßen Segment hervorgebracht. Seine Weine sind füllig und kraftvoll, dabei aber immer auch wunderschön reintönig, schon die Gutsweine machen viel Freude. Ganz stark war der Jahrgang 2010, wie nur wenigen Anderen gelang es Karl Martin und Martin Johannes Schmitt das Niveau der Vorjahre zu halten, alle Weine waren sehr gut. Die beiden Beerenauslesen präsentierten sich reintönig und konzentriert, der Spätburgunder kraftvoll und klar, die beiden Großen Gewächse aus dem Pfülben besaßen Fülle und Substanz. Ganz stark war auch die letztjährige Kollektion, schon die beiden Kabinettweine waren sehr gut, ebenso die Rieslinge aus dem Weinberg Mendelsohn und aus dem Marsberg, die Scheurebe, an der Spitze standen die Großen Gewächse. Edelsüß gab es bei den Schmitts 2011 eine feine, reintönige Silvaner Auslese und als Highlight eine grandiose Rieslaner Trockenbeerenauslese.

Neue Kollektion _____

Auch 2012 stimmt die Basis, der Gutssilvaner ist klar und fruchtbetont wie auch der etwas kräftigere Wein aus dem Sonnenstuhl, der Silvaner aus dem Marsberg hat Fülle und Saft, der Riesling aus dem Sonnenstuhl ist kraftvoll und zupackend, der aus dem Weinberg Mendelssohn würziger und konzentrierter, der aus dem Spielberg besitzt Fülle und Kraft, gute Substanz und reife klare Frucht. An der Spitze stehen die beiden Großen Gewächse: Der Silvaner besitzt viel Saft und viel reife Frucht, der Riesling ist strukturierter, kraftvoller, ist herrlich zupackend und klar, druckvoll, lang und nachhaltig. Rieslaner Auslese und Riesling Beerenauslese sind konzentriert, klar und zupackend, der Spätburgunder Tradition ist wunderschön klar, fruchtbetont und zupackend, das Große Gewächs ist frisch, fruchtbetont und reintönig, besitzt feine Tannine, gute Struktur und viel Spiel. ◄

Weinbewertung _____

84 2012 Silvaner trocken Randersackerer
   12 %/6,60 €

85 2012 Silvaner trocken Randersackerer Sonnenstuhl **12,5 %/8,60 €**

86 2012 Riesling trocken Randersackerer Sonnenstuhl **12,5 %/11,80 €**

86 2012 Silvaner trocken „Alte Reben" Randersackerer Marsberg **13,5 %/12,90 €**

86 2012 Riesling trocken „Weinberg Mendelssohn" Randersackerer **12,5 %/11,80 €**

88 2012 Riesling trocken „Spielberg" Randersackerer Marsberg **13 %/14,- €**

89 2012 Silvaner „GG" Randersackerer Pfülben **19,- €**

91 2012 Riesling „GG" Randersackerer Pfülben **20,- €**

89 2012 Rieslaner Auslese Randersackerer Sonnenstuhl **10,5 %/11,70 €/0,375l**

90 2012 Riesling Beerenauslese Randersackerer Sonnenstuhl **8,5 %/34.- €/0,375l**

88 2011 Spätburgunder trocken „Tradition" Randersackerer Sonnenstuhl **14 %/14,50 €**

90 2010 Spätburgunder „GG" Randersackerer Sonnenstuhl **13,5 %/25,- €**

★★★★☆

Rainer **Schnaitmann**
Weingut   **Württemberg**

📍 *Untertürkheimer Straße 4, 70734 Fellbach*

Tel. *0711-574616,* **Fax:** *0711-5780803*

www.weingut-schnaitmann.de

info@weingut-schnaitmann.de

Besuchszeiten: *Mo., Mi,. Do. 9-12 + 13-17 Uhr, Di. +*
Fr. 9-12 + 13-18:30 Uhr, Sa. 9-13 Uhr

Inhaber .... Rainer Schnaitmann
Rebfläche .... 24 Hektar

Rainer Schnaitmann vermarktete mit dem Jahrgang 1997 die ersten Weine unter dem eigenen Etikett. Davor machte der Geisenheim-Absolvent Praktika in Neuseeland (Morton) und in Südtirol (Waldthaler). Das Gros der Weinberge von Rainer Schnaitmann liegt im Fellbacher Lämmler, aber auch in benachbarten Lagen ist er vertreten, so in Uhlbach im Götzenberg, in Untertürkheim im Mönchberg oder in Schnait im Altenberg. Seine wichtigsten Rebsorten sind Riesling, Spätburgunder und Lemberger, dazu gibt es Schwarzriesling und Trollinger, aber auch internationale Rebsorten wie Cabernet Sauvignon, Merlot, Syrah und Sauvignon Blanc, sowie Spezialitäten wie Gewürztraminer und Muskattrollinger, auch einen Silvaner aus Schnait, einem einst für Silvaner bekannten Ort, hat Rainer Schnaitmann im Programm. Ausgesuchte Weine werden im Barrique ausgebaut und seit dem ersten Jahrgang unter dem Namen „Simonroth" verkauft, nach dem Namen des Teils des Lämmlers, wo Rainer Schnaitmann seine größte zusammenhängende Parzelle besitzt. Die Großen Gewächse tragen seit dem Jahrgang 2012 (Weißweine) bzw. 2011 (Rotweine) die Bezeichnung Lämmler Bergmandel, stammen aus den besten Parzellen des Lämmlers, dort wo traditionell Mandelbäume gepflanzt wurden. 2011 wurde für reinsortige Weine aus Fellbacher und Stuttgarter Lagen die Be-

zeichnung Steinwiege eingeführt. Inzwischen werden die Weinberge biologisch bewirtschaftet (zertifiziert, in Umstellung), Rainer Schnaitmann ist aber bisher noch keinem Verband beigetreten.

Vorjahre _____

Schon in der ersten Ausgabe empfahlen wir die Weine von Rainer Schnaitmann – den damals noch niemand kannte, kein Wunder, hatte er doch erst zwei Jahre zuvor mit der Selbstvermarktung begonnen. Heute kennt man ihn nicht nur in Württemberg, sondern in ganz Deutschland. Jahr für Jahr konnte er seine Qualität steigern, Jahr für Jahr haben uns seine Kollektionen besser gefallen. Dies gilt gleichermaßen für Weiß- wie für Rotweine. Seine Pinots faszinieren mit Frucht und Fülle, sein Sauvignon Blanc ist immer eine Klasse für sich, die Rieslinge haben zuletzt weiter zugelegt: Rainer Schnaitmann ist weiter auf dem Vormarsch!

Der Rotweinjahrgang 2009 brachte eine Reihe sehr guter und hervorragender Weine, wobei wir Lemberger und Cuvée MC ganz leicht den Pinots vorzogen. Die weißen 2010er machten ebenfalls eine gute Figur vom neuen Großen-Grauburgunder-Gewächs über die beiden Rieslinge und den Sauvignon Blanc bis hin zum Silvaner. Sehr stimmig und stark war 2011 die weiße Kollektion, schon die Basiscuvée und der Gutsriesling bereiteten viel Freude wie auch der Sekt. Die neue Steinwiege-Linie präsentierte ein wenig kraftvollere Weine, die Ortsweine brachten eine weitere Steigerung, die große Überraschung war der Dreistern-Gewürztraminer. Die rote Kollektion begann im vergangenen Jahr mit einem klaren Steinriegel-Trollinger, der Trollinger von alten Reben brachte eine klare Steigerung. Im Drei-Sterne-Bereich präsentierten sich Lemberger und Schwarzriesling herrlich fruchtbetont, die Simonroth-Linie überzeugte mit jugendlichen Weinen, auch der Spätburgunder aus dem Lämmler war sehr jugendlich, wesentlich komplexer war der Lemberger.

S

Weiße Kollektion

Der Riesling aus dem Götzenberg war Ende September noch am Gären, so dass wir in diesem Jahr nur ein Riesling Großes Gewächs verkosten konnten, den Wein aus dem Lämmler. Der aber hat es in sich, ist herrlich kraft- und druckvoll, besitzt Substanz und gute Struktur, Länge und Nachhall. Aber auch die Basis stimmt, schon der Gutsriesling ist sehr gut, der Steinwiege-Riesling ist kraftvoll und zupackend. Der Steinwiege-Grauburgunder ist fruchtbetont und klar, der GrauWeiss saftig und füllig, der Sauvignon Blanc klar und kompakt, der herrlich reintönige Gewürztraminer besitzt viel Süße und viel Wärme, aber auch viel Druck, der Grauburgunder aus dem Lämmler ist duftig, geradlinig und klar, jugendlich.

Rote Kollektion

Der Trollinger von alten Reben ist bestechend reintönig und kraftvoll, der Zweistern-Lemberger besitzt herrlich viel Frucht, wie auch der Spätburgunder von jungen Reben, der Frühburgunder ist duftig und intensiv, der Simonroth-Spätburgunder ist enorm fruchtbetont, sehr intensiv, frisch und harmonisch, der Simonroth-Lemberger zeigt viel Konzentration im Bouquet, viel Duft, rote Früchte, besitzt gute Struktur und Frische. Der Lemberger aus dem Lämmler ist kraftvoll und zupackend, herrlich reintönig und frisch, noch sehr jugendlich, der Spätburgunder zeigt faszinierend viel Frucht im Bouquet, ist konzentriert und reintönig, anfangs enorm verschlossen, nach einigen Tagen aber entwickelt er enormen Druck, hat Kraft und Nachhall, ein sehr spannender Pinot. ◄━━

Weinbewertung

85 2012 Riesling trocken **13 %/6,80 €**
87 2012 Riesling „Steinwiege" **13 %/8,80 €**
86 2012 Grauburgunder „Steinwiege" **8,80 €**
88 2012 „GrauWeiss" Weißwein trocken „Dreistern" **13,5 %/15,60 €**
88 2012 Sauvignon Blanc „Dreistern" **13 %/18,50 €**
89 2011 Gewürztraminer „Badmer" **13,5 %/16,50 €**

91 2012 Riesling „GG" „Bergmandel" Lämmler **13 %/26,50 €**
88 2012 Grauburgunder „GG" „Bergmandel" Lämmler **13,5 %/28,- €**
84 2012 Muskattrollinger Rosé trocken **11,5 %/8,- €**
87 2011 Trollinger „Alte Reben" **12,5 %/9,40 €**
87 2011 Lemberger „Zweistern" **13,5 %/10,90 €**
87 2011 Spätburgunder „Junge Reben" **13,5 %/15,90 €**
87 2011 Frühburgunder „Simonroth" **13,5 %/32,- €**
89 2011 Lemberger „Simonroth" **13,5 %/18,50 €**
88 2011 Spätburgunder „Simonroth" **13,5 %/26,50 €**
92 2011 Spätburgunder „GG" „Bergmandel" Lämmler **13,5 %/42,- €**
90 2011 Lemberger „GG" „Bergmandel" Lämmler **13,5 %/34,- €**

★★☆

Claus **Schneider**
Weingut

Baden

Lörracher Straße 4, 79576 Weil am Rhein
Tel. *07621-72817,* **Fax:** *07621-78014*
www.schneiderweingut.de
info@schneiderweingut.de
Besuchszeiten: *Mo. 14:30-18:30 Uhr, Di.-Fr. 9-12 + 14:30-18:30 Uhr, Sa. 10-14 Uhr und nach Vereinbarung*

Inhaber .... Claus Schneider
Rebfläche .... 10 Hektar

Das Gros der Weinberge von Claus Schneider liegt im Weiler Schlipf, wo die Reben auf schweren, kalkhaltigen Lehmböden wachsen. Weitere zwei Hektar befinden sich in der Stiege in Haltingen. Spätburgunder, die Traditionssorte am Weiler Schlipf, nimmt 40 Prozent seiner Weinberge ein. Es folgen Gutedel, Weißburgunder, Grauburgunder und Chardonnay. Die Rotweine lagern mindestens zwölf Monate in großen oder kleinen Eichenholzfässern. Alle Weine werden vollständig durchgegoren. „CS" (Creation S) steht für besondere Weine aus Steillagen mit niedrigem Ertrag.

Die besten deutschen Weinerzeuger und ihre Weine

S

Vorjahre

Vor zwei Jahren gefielen uns der Pinot Noir und der Barrique-Chardonnay sehr gut, aber auch die 2010er Kabinettweine überzeugten mit Frische und Frucht. Sehr geschlossen präsentierte sich die letztjährige Kollektion mit kompromisslos durchgegorenen Weinen. Im weißen Segment gefielen uns die beiden Chardonnay und der Pinot Blanc besonders gut. Mit seinen Spätburgundern behauptete sich Claus Schneider sehr gut im schwierigen Jahrgang 2010, schon der Einstiegswein überzeugte, in der Spitze fiel uns die Entscheidung schwer zwischen CS*** als „Spätburgunder" oder „Pinot Noir".

Neue Kollektion

Die 2012er Weißweine präsentieren sich sehr geschlossen, sind kraftvoll und kompakt, zupackend, die Weine der CS-Linie alle noch sehr jugendlich und etwas verschlossen – und durchgegoren, so wie man das kennt von Claus Schneider; Chardonnay und Weißburgunder gefallen uns ein klein wenig besser als der Grauburgunder. Der Pinot Noir zeigt gute Konzentration und Gewürze im Bouquet, ist klar und zupackend im Mund, besitzt gute Struktur und viel Tannine, ist ebenfalls noch sehr jugendlich. Der Pinot Noir Reserve ist ein faszinierender, sehr „burgundischer" Wein, faszinierend frisch und komplex, strukturiert und zupackend bei feinen Tanninen. ◄

Weinbewertung

82 2012 Gutedel „CS" Weiler Schlipf **11 %/6,80 €**

82 2012 Weißburgunder Weiler **12 %/8,40 €**

86 2012 Weißburgunder „CS" Weiler Schlipf **13 %/11,80 €**

85 2012 Grauburgunder „CS" Weiler Schlipf **13 %/11,80 €**

86 2012 Chardonnay „CS" Weiler Schlipf **13 %/12,80€**

84 2011 Weißburgunder „CS Reserve" Weiler Schlipf **15 %/16,- €/0,5l**

81 2011 Spätburgunder Weiler **13 %/9,20 €**

87 2011 Pinot Noir „CS***" Weiler Schlipf **13,5 %/35,- €**

90 2011 Pinot Noir „CS*** Reserve" Weiler Schlipf **13,5 %/64,- €**

Rosenbergstraße 10, 79379 Müllheim-ZunZingen
Tel. 07631-2915, **Fax:** 07631-15399
www.weingut-dr-schneider.de
info@weingut-dr-schneider.de
Besuchszeiten: *Mo.-Sa. 14-18 Uhr*
Gutsschänke Di.-Sa. 17-23 Uhr, So. 12-23 Uhr
Weinetiketten-Museum,
Hoffeste (Ende Mai und Ende August)

Inhaber .... Dr. Gustav Schneider
Rebfläche .... 12 Hektar

Das 1950 von der Familie Bolanz gegründete Gut wurde 1995 von Elisabeth und Gustav Schneider übernommen. Die Weinberge liegen in den Gemarkungen ZunZingen (Rosenberg), Müllheim (Reggenhag und Pfaffenstück) und Auggen (Letten). Vor allem die Burgundersorten werden angebaut, dazu unter anderem Gutedel, Nobling und Regent, aber auch internationale Sorten wie Chardonnay, Sauvignon Blanc, Cabernet Franc, Merlot und Cabernet Sauvignon. Rote Sorten nehmen 44 Prozent der Rebfläche ein. 2004 wurde eine Gutsschänke eröffnet, die regionale Speisen anbietet.

Vorjahre

Vor zwei Jahren gefielen uns die kraftvollen Rotweine einmal mehr etwas besser als die verhaltenen Weißweine, hinzu kam ein feiner Crémant. Ähnlich war das Bild im vergangenen Jahr, am besten gefiel uns der Pinot Noir, auch die weiteren Rotweine überzeugten.

Neue Kollektion

Die neue Kollektion ist nun auch im roten Segment verhaltener als sonst, allein der Crémant vermag wirklich zu überzeugen. ◄

Weinbewertung

83 2010 „Edition Jacob" Pinot Crémant Brut **12,5 %/13,- €**

80   2012 Grauburgunder trocken **13,5 %/8,80 €**

79   2012 Chardonnay trocken **12,5 %/8,80 €**

80   2012 Sauvignon Blanc trocken **12,5 %/9,30 €**

78   2012 Weißburgunder trocken „Edition Julien"
      13,5 %/9,- €

81   2010 Spätburgunder trocken Barrique
      13 %/9,50 €

80   2011 Merlot trocken Barrique **13,5 %/11,50 €**

81   2010 Spätburgunder trocken Barrique Zum-
      Zinger Rosenberg **13 %/18,- €**

★★

Heinz **Schneider**
Wein- und Sektgut   **Mosel**

Klostergartenstraße 34-36, 54340 Leiwen
Tel. *06507-99139,* **Fax:** *06507-99137*
www.weingut-schneider.de
info@weingut-schneider.de
Besuchszeiten: *nach Vereinbarung*

Inhaber .... Heinz Schneider
Rebfläche .... 13,5 Hektar

Das Weingut hat seinen Sitz in einem im 17. Jahrhundert im Ortskern von Leiwen erbautem Nonnenkloster mit Zehnthof. Susanne und Heinz Schneider erzeugen auf rund einem Drittel ihrer Rebfläche Rotwein: Bei den Weißweinen setzt man auf langsame Vergärung und lange Lagerung auf der Feinhefe, es werden Eichenfässer und Edelstahltanks verwendet. 2006 erweiterten sie die bestehende Rebfläche um 6,5 Hektar im Ginsterberg. Hier wurden Querterrassen angelegt und neben Riesling auch Cabernet gepflanzt.

Vorjahre ————————————

2010 hatte sich Heinz Schneider gut behauptet, bot eine stimmige Kollektion mit fülligen, sehr eigenständigen Rieslingen, die trocken wie süß überzeugten; auch der Sekt bereitete Freude. Die letztjährige Kollektion präsentierte sich geschlossen auf sehr gutem

Niveau, der trockene Riesling von alten Reben, der trockene Mons Gradus, Sekt und Spätburgunder gefielen uns besonders gut.

Neue Kollektion ————————————

2012 kommt da vor allem im trockenen Segment nicht ganz heran, auch wenn sich die Kollektion recht gleichmäßig präsentiert mit klaren, geradlinigen Rieslingen, an der Spitze der Sekt und die würzige Auslese.

Weinbewertung ————————————

85   2011 Riesling Sekt brut „Alte Reben"
      12,5 %/11,- €

83   2012 Riesling Spätlese trocken „Mons Gradus vom roten Schiefer" **12 %/8,90 €**

81   2012 Riesling trocken „Alte Reben vom blauen Devonschiefer" **12 %/9,50 €**

84   2012 Riesling „Terra Decoris" Leiwener Laurentiuslay **11 %/8,90 €**

81   2012 Riesling „feinherb Mons Gradus"
      11 %/7,- €

83   2012 Riesling „Quarzschiefer" **9,5 %/5,90 €**

84   2012 Riesling „Sedimentgestein" **9 %/8,90 €**

85   2012 Riesling Auslese „Mons Gradus"
      8,5 %/10,- €

79   2010 Spätburgunder trocken „Terra Lapidis"
      12,5 %/9,50 €

★★☆

Jakob **Schneider**
Weingut   **Nahe**

Winzerstraße 15, 55585 Niederhausen
Tel. *06758-93533,* **Fax:** *06758-93535*
www.schneider-wein.com
info@schneider-wein.com
Besuchszeiten: *Mo.-Sa. 9-18 Uhr, bitte Termin vereinbaren*

Inhaber ..... Jakob Schneider senior und junior
Rebfläche .... 18 Hektar

Das 1575 gegründete Weingut wird heute von Jakob Schneider und seinem Sohn geführt. Die Weinberge, allesamt in Niederhausen und Norheim gelegen, befinden sich zu 80 Prozent in Steillagen und zu 20 Prozent in Hanglagen. Riesling ist bei Jakob Schneider mit knapp 90 Prozent Anteil an der Rebfläche die wichtigste Rebsorte. Dazu gibt es ein klein wenig Dornfelder, Spätburgunder und Grauburgunder.

Vorjahre

Ende der neunziger Jahre, selbst im problematischen Jahrgang 2000, hatte Jakob Schneider faszinierende Kollektionen mit wunderschön reintönigen edelsüßen Weinen. Warum dann ausgerechnet mit einem relativ „einfachen" Jahrgang wie 2001 die Reintönigkeit verloren ging, haben wir nicht verstanden. In den letzten Jahren aber haben die Kollektionen wieder zugelegt, wobei immer den edelsüßen Weinen die Vorliebe von Vater und Sohn Schneider zu gelten scheint, die Weine setzen auf Fülle und Kraft, manchmal zu Lasten der Finesse. 2010 behaupteten sich die Schneiders gut: Die trockenen Weine präsentierten sich kraftvoll und würzig, stärker aber war wie gewohnt die edelsüße Riege, in der uns im Jahrgang 2010 die Beerenauslese am besten gefallen hatte. Auch 2011 zeigten sich die trockenen Rieslinge wieder kraftvoll und besaßen Biss, wurden aber von einem edelsüßen Trio aus zwei Beerenauslesen und einer Trockenbeerenauslese – allesamt aus der Hermannshöhle – übertroffen: Die Weine besaßen Frische, waren konzentriert, reintönig und nachhaltig.

Neue Kollektion

2012 sind erneut zwei edelsüße Weine an der Spitze der überzeugenden Kollektion, dieses Mal zwei Eisweine: Der Eiswein aus der Klamm besitzt Frische und Würze, der aus der Hermannshöhle etwas mehr Substanz und herrlich viel Konzentration. Die restsüßen Rieslinge vom Kabinett bis zur Auslese zeigen klare Frucht, feine Süße und ein lebhaftes Säure-Spiel und auch die trockenen Rieslinge zeigen viel Biss. An der Spitze des trockenen Segments steht der eindringliche Riesling „Magnus" aus der Hermannshöhle,

der mit viel reintöniger Frucht und nachhaltigen, rauchig-mineralischen Noten auftrumpfen kann. ◄━

Weinbewertung

83 2012 Riesling trocken „Grauschiefer" **12,5 %/6,20 €**

85 2012 Riesling trocken Niederhäuser Hermannshöhle **13 %/9,- €**

87 2012 Riesling trocken Niederhäuser Felsensteyer **12,5 %/10,- €**

89 2012 Riesling trocken „Magnus" Niederhäuser Hermannshöhle **13 %/15,- €**

85 2012 Riesling Spätlese Niederhäuser Klamm **9 %/9,- €**

87 2012 Riesling Spätlese Niederhäuser Hermannshöhle **8,5 %/10,- €**

87 2012 Riesling Auslese Niederhäuser Hermannshöhle **8,5 %/13,50 €**

88 2012 Riesling Eiswein „Mitternacht" Niederhäuser Hermannshöhle **7,5 %/35,- €/0,375l**

90 2012 Riesling Eiswein Niederhäuser Klamm **7,5 %/40,- €/0,375l**

91 2012 Riesling Eiswein Niederhäuser Hermannshöhle **7 %/50,- €/0,375l**

★★
Karlheinz **Schneider** & Sohn
Weingut

Nahe

Meddersheimer Straße 29, 55566 Bad Sobernheim
Tel. *06751-2505,* **Fax:** *06751-3657*
www.weingut-schneider.com
wgt.schneider@t-online.de
Besuchszeiten: *Mo.-Sa. 10-18 Uhr, So. nach Vereinbarung*

Inhaber......................... Bernd Schneider
Rebfläche........................... 11,55 Hektar

Das Weingut wurde 1956 von Karlheinz Schneider gegründet, der aus Guldental stammte und dessen Familie seit vielen Generationen Weinbau betrieb. Seit 1999 führen Bernd Schneider und seine Frau Marion

S

das Weingut. Nach Abschluss seines Studiums in Heilbronn, sowie praktischen Erfahrungen in Neuseeland und beim Weingut Wagner-Stempel ist Sohn Andi für den Weinausbau verantwortlich, Bruder Christoph hat seine Winzerlehre abgeschlossen und kümmert sich um den Außenbetrieb. Die Weinberge liegen in den Bad Sobernheimer Lagen Marbach und Domberg (60 % Steillagen), wo die Böden aus rotem Lehm mit hohem Steinanteil bestehen, teils mit Schiefer durchsetzt. 2011 kamen 0,9 Hektar Riesling in Schlossböckelheim dazu, darunter eine Parzelle im Felsenberg. Wichtigste Rebsorte ist Riesling, der inzwischen 40 Prozent der Fläche einnimmt. Es folgen Müller-Thurgau, Spätburgunder, Portugieser und Grauburgunder. Cabernet Dorsa, Cabernet Mitos und Sauvignon Blanc wurden neu angepflanzt. In Zukunft sollen Riesling- und Spätburgunderanteil weiter erhöht werden.

Vorjahre

2010 arbeitete Bernd Schneider mit langen Maischestandzeiten und verlängertem Hefelager, füllte später wie sonst und brachte eine prächtige Beerenauslese auf die Flasche, auch die beiden trockenen Spitzenrieslinge gefielen uns in einer gelungenen Kollektion in einem schwierigen Jahrgang. 2011 konnten wir drei sehr gute trockene Lagenrieslinge verkosten, der Wein aus dem Felsenberg hatte dabei dank seiner Kraft, Fülle und Nachhaltigkeit knapp die Nase vor den Rieslingen aus dem Domberg und dem Marbach. Die wiederum sehr gute und reintönige Beerenauslese wurde im vergangenen Jahr noch von der dichten und öligen Trockenbeerenauslese aus dem Marbach übertroffen.

Neue Kollektion

2012 präsentieren uns die Schneiders eine Kollektion ohne Fehl und Tadel: Bei den trockenen Rieslingen ist vom Gutswein bis zu den Lagen-Rieslingen durchgehend eine klare Stilistik erkennbar, alle Weine sind gekennzeichnet von klarer, feiner Frucht und harmonischer mineralischer Würze, die La-

genunterschiede sind klar und präzise herausgearbeitet. Unsere beiden Favoriten im Sortiment sind so auch sehr unterschiedlich: Der Riesling aus dem Marbach zeigt viel feine Zitruswürze, besitzt Druck und Nachhaltigkeit, während der ebenfalls sehr nachhaltige Felsenberg-Riesling zunächst viel Luft braucht um dann seine feine, sehr deutliche mineralische Würze und Tabak- und Kräuternoten zu zeigen. Abgerundet wird das Sortiment, das uns in diesem Jahr einen zweiten Stern wert ist, von einem sehr fülligen und saftigen Eiswein. ◄━

Weinbewertung

82	2012 Riesling trocken	**11,5 %/6,40 €**
84	2012 Riesling trocken „Roter Tonschiefer" Sobernheimer	**12 %/8,50 €**
85	2012 Riesling trocken „Vulkanstein" Schloßböckelheimer	**12 %/9,50 €**
86	2012 Riesling trocken Sobernheimer Domberg	**12,5 %/13,60 €**
87	2012 Riesling trocken Sobernheimer Marbach	**12,5 %/13,60 €**
87	2012 Riesling trocken Schloßböckelheimer Felsenberg	**12,5 %/14,60 €**
84	2012 Riesling Kabinett Sobernheimer	**10 %/7,10 €**
86	2012 Riesling Spätlese Sobernheimer Domberg	**9 %/9,10 €**
88	2012 Riesling Eiswein Sobernheimer Marbach	**7 %/39,- €/0,375l**

★★★

Markus **Schneider**
Weingut   **Pfalz**

Am hohen Weg 1, 67158 Ellerstadt
Tel. 06237-7288, **Fax:** 06237-977230
www.black-print.net
info@black-print.net
Besuchszeiten: Mo.-Fr. 9-12 + 13-17:30 Uhr,
Sa. 10-16 Uhr

Inhaber............Klaus und Markus Schneider
Rebfläche..............................75 Hektar

1990 kaufte Klaus Schneider ein altes Weingut, welches in den fünfziger Jahren aufgegeben worden war. Sein Sohn Markus, der drei Jahre bei Bürklin-Wolf gelernt hatte, ist der Weinmacher. 1994 wurden die ersten vier eigenen Weine erzeugt. Neben Weinbergen in Ellerstadt besitzt man Reben in Kallstadt, Ungstein und Bad Dürkheim. Die Rotweine – immerhin 50 Prozent der Produktion – werden bei Markus Schneider im Holzfass ausgebaut. Wichtigste rote Rebsorten sind Spätburgunder, St. Laurent, Portugieser, Cabernet Franc, Cabernet Sauvignon und Merlot. Weiße Hauptrebsorten sind Riesling, Weißburgunder, Chardonnay, Grauburgunder und Sauvignon Blanc, von dem es inzwischen 5 Hektar gibt. Bei den Weißweinen arbeitet Markus Schneider mit Maischestandzeiten bis zu 48 Stunden. Sie bleiben bis unmittelbar vor der Füllung auf der Feinhefe, teils in Edelstahltanks, teils in Holzfässern, auch Barriques. Die Sekte bleiben mindestens achtzehn Monate auf der Hefe. Nur Riesling- und Burgundertrauben werden zur Sektbereitung genutzt. 2007 wurden die neuen Gutsgebäude mitten in den Weinbergen bei Ellerstadt bezogen.

Vorjahre

Als wir in der allerersten Ausgabe die Weine von Markus Schneider empfahlen, kannte noch niemand diesen Namen, heute ist er ganz Wein-Deutschland ein Begriff. Stetig steigerte er seither Qualität und Größe – eine Leistung, die man nicht genug würdigen kann, haben doch andere, bekanntere Weingüter eine kräftige Flächenexpansion oft qualitativ nicht in den Griff bekommen. Bei Markus Schneider aber stimmen Qualität und Menge. Seine Weißweine sind kraftvoll und reintönig, die Rotweine setzen auf Fülle und Opulenz. Vor zwei Jahren zeigte uns Markus Schneider nur sechs Weißweine, die Rotweine waren bis Redaktionsschluss noch nicht gefüllt; am besten gefiel uns ein fülliger Chardonnay mit viel Holzeinsatz. Im vergangenen Jahr präsentierte Markus

Schneider die Rotweine von 2009, Syrah und Merlot gefielen uns am besten; bei den Weißweinen vom Jahrgang 2011 sahen wir den Sauvignon Blanc Fumé an der Spitze.

Neue Kollektion

Die 2012 Weißweine präsentieren sich stimmig auf sehr gutem Niveau. Wie im Vorjahr gefällt uns der kraftvolle Sauvignon Blanc Fumé besonders gut, in diesem Jahr sehen wir den „einfachen" Sauvignon Blanc gleichauf, er ist wunderschön reintönig und fruchtbetont. Der Riesling ist saftig, der Chardonnay cremig bei reifer Frucht, der Gewürztraminer besitzt Fülle und Biss. Mit den Rotweinen hingegen tun wir uns schwer: Sie zeigen alle viel Duft im Bouquet, Gewürznoten, teilweise Kaffeenoten, sind konzentrierte und dominante, vom Alkohol geprägte Powerweine mit viel Tanninen. Am stimmigsten erscheint uns dies beim Syrah, folgerichtig auch Shiraz genannt, der Spätburgunder gefällt uns, weil er als einziger Rotwein etwas zurückhaltender ist, Sortentypizität und gute Struktur besitzt. ◀

Weinbewertung

87 2012 Sauvignon Blanc „Kaitui" 13 %/9,90 €
85 2012 Riesling Kirchenstück Ellerstadt
    13,5 %/15,90 €
86 2012 Chardonnay Bubeneck Ellerstadt
    13,5 %/15,90 €
87 2012 Sauvignon Blanc „Kaitui Fumé" 13 %/15,90 €
84 2012 Gewürztraminer Dürkheimer Feuerberg
    13 %/15,90 €
86 2011 Spätburgunder „M" 14 %/16,50 €
85 2011 Portugieser „Einzelstück" 14 %/29,50 €
87 2011 Shiraz „Holy Moly" 14 %/29,50 €
85 2011 „Steinsatz" Rotwein 14,5 %/29,50 €
84 2011 „Tailor" Rotwein 15 %/35,- €

Die besten deutschen Weinerzeuger und ihre Weine

S

Schneider – Mirjam Schneider

Weingut

Rheinhessen

Klein-Winternheimer-Weg 6, 55129 Mainz-Hechtsheim

Tel. 06131-59678, **Fax:** 06131-9728804

www.schneider-weingut.com

info@schneider-weingut.com

Besuchszeiten: Mo.-Fr. 8:30-12 + 14-19 Uhr, Sa. 8-14 Uhr oder nach Vereinbarung, Mi. nachmittags geschlossen

Inhaber ... Lothar Schneider & Mirjam Schneider

Rebfläche .... 6 Hektar

Bereits seit 2002 ist Mirjam Schneider für den Weinausbau verantwortlich, 2005 beendete sie ihre Ausbildung zur Weinbautechnikerin, machte ein Praktikum in Neuseeland. Die Weinberge liegen in Laubenheim in den Lagen Edelmann (Lösslehm, im Untergrund Kalkstein) und Johannisberg (Lösslehm mit hohem Lehmanteil), im Gau-Bischofsheimer Kellersberg, einem Südhang mit sandigen Lösslehmböden, wo Spätburgunder und Merlot wachsen, sowie im Niersteiner Pettenthal (Rotliegendes). Sie konzentriert sich auf klassische Rebsorten wie Riesling, Silvaner und Portugieser, dazu die Burgundersorten, baut aber auch Merlot an. Die Weißweine werden langsam und kühl im Edelstahl vergoren, die Rotweine kommen nach der Maischegärung ins Holz, werden lange auf der Feinhefe ausgebaut. Die Weine werden betriebsintern mit drei (Gutsweine), vier (Ortsweine) oder fünf Sternen (Lagenweine) klassifiziert.

Vorjahre _____

Auch im schwierigen Jahrgang 2010 behauptete sich das Weingut gut, der Silvaner gefiel uns einmal mehr besonders gut, noch besser aber der kraftvolle Merlot aus dem Jahrgang 2008. Silvaner glänzte auch 2011, ebenso die Rieslinge aus Pettenthal und Edelmann, auch der 2009er Spätburgunder aus dem Kellersberg überzeugte im ver-

gangenen Jahr: Es geht weiter voran, lautete unser Fazit.

Neue Kollektion _____

Das bestätigt sich auch in diesem Jahr. Das Einstiegsniveau ist hoch, wie Silvaner und Riesling beweisen, die Ortsweine bringen da nur eine geringe Steigerung. Die Lagenweine gewinnen stetig an Präzision. Der Silvaner aus dem Edelmann ist füllig und kraftvoll, sein Riesling-Pendant besitzt klare reife Frucht, gute Struktur und Substanz. Noch etwas besser gefällt uns der Riesling aus dem Pettenthal, ist noch ein wenig komplexer und druckvoller. Rot wartet Mirjam Schneider mit einem kraftvollen, jugendlichen Spätburgunder auf, besser noch ist der Merlot aus dem Kellersberg, der gute Konzentration und herrlich viel Frucht besitzt, gute Struktur, Substanz und Frische, dabei reintönig und kraftvoll ist. Stimmige, starke Kollektion! ◄━━

Weinbewertung _____

84 2012 Silvaner*** trocken **12,5 %/5,30 €**

84 2012 Riesling*** trocken **12,5 %/5,70 €**

84 2012 Weißburgunder**** trocken Bodenheimer **13 %/6,50 €**

85 2012 Grauburgunder**** trocken Hechtsheimer **13,5 %/7,10 €**

86 2012 Silvaner***** trocken Laubenheimer Edelmann **13 %/10,30 €**

87 2012 Riesling***** trocken Laubenheimer Edelmann **13 %/13,- €**

88 2012 Riesling***** trocken Niersteiner Pettenthal **13 %/25,50 €**

86 2010 Spätburgunder**** trocken Gau-Bischofsheimer **13,5 %/8,30 €**

88 2009 Merlot***** trocken „Nr. 4" Gau-Bischofsheimer Kellersberg **14 %/16,- €**

Wolfgang **Schneider**
Weingut   ★☆

Nahe

Naheweinstraße 35, 55452 Guldental
Tel. 06707-324, *Fax:* 06707-7201
www.weingut-wolfgang-schneider.de
info@weingut-wolfgang-schneider.de
Besuchszeiten: täglich nach Vereinbarung

Inhaber........... Wolfgang und Nils Schneider
Rebfläche............................. 10 Hektar

Das heutige Weingut wurde über mehrere Generationen als landwirtschaftlicher Gemischtbetrieb mit Weinbau, Ackerbau und Viehzucht geführt. Die Viehzucht gab Wolfgang Schneider 1978 auf, 1993 verpachtete er die Äcker und spezialisierte sich ganz auf Weinbau. Er führt zusammen mit seiner Frau Birgitt den Betrieb seit 1975. Sohn Nils, Diplom-Ingenieur für Weinbau und Önologie, arbeitet seit 2003 im Betrieb mit. Die Weinberge befinden sich in verschiedenen Lagen von Guldental, Roxheim und Langenlonsheim. Besonderes Augenmerk liegt im Weingut auf den Burgundersorten, die zusammen 45 Prozent der Fläche einnehmen, dazu kommen 15 Prozent Riesling und 13 Prozent Müller-Thurgau, der Rest der Fläche ist mit Silvaner, Gewürztraminer, Bacchus, Scheurebe, Dornfelder und Regent bestockt. Bereits seit 1988 werden auch Sekte erzeugt.

Weißburgunder und Grauburgunder sind meist zuverlässig, auch die fülligen Rieslinge bereiten viel Vergnügen, hinzu kommen interessante Gewürztraminer. Interessantester Weißwein ist allerdings oft der Silvaner. Die Rotweine sind mindestens ebenbürtig, der im Barrique ausgebaute Spätburgunder zeigt über Jahre hinweg hohes Niveau, besitzt immer Kraft und doch auch Eleganz.

Vorjahre

Im schwierigen Jahrgang 2010 hatten sich Wolfgang und Nils Schneider gut behauptet. Die Weißweine waren frisch, fruchtbetont und reintönig, boten zuverlässig gute Qualität. Auch mit Silvaner vermochte man hier zu punkten, Riesling, Grauburgunder, Chardonnay und Gewürztraminer gefielen uns wie gewohnt, der barriqueausgebaute Spätburgunder besaß Struktur und Kraft. 2011 bot die Kollektion füllige Weine mit kräftigem, aber gut eingebundenem Alkohol. Besonders gut gefielen uns die Weine der „Linie S", allen voran der cremige Silvaner, der reintönige Gewürztraminer und der stoffige und weiche Grauburgunder, der 2010er Spätburgunder fiel dagegen etwas verhaltener als seine Jahrgangsvorgänger aus.

Neue Kollektion

In diesem Jahr zeigt sich die Kollektion sehr homogen und klar gegliedert: Weiß- und Grauburgunder sind sauber, klar, frisch und unkompliziert, der Riesling „S" ist schlank und saftig mit feiner Würze, der Silvaner „S" ist konzentriert und cremig mit viel klarer Frucht und der Spätburgunder zeigt – bei etwas zu viel Restzucker – reintönige Frucht und gute Substanz.

Weinbewertung

85	2012 Grüner Silvaner Spätlese „S" trocken Guldentaler Hipperich **13,5 %/7,- €**
82	2012 Grauburgunder trocken Guldentaler Hipperich **13 %/4,70 €**
82	2012 Weißburgunder trocken **13 %/4,70 €**
85	2012 Riesling Spätlese „S" trocken Guldentaler Sonnenberg **12 %/8,50 €**
82	2009 „Fusion Cuvée" Rotwein trocken Barrique **13 %/9,80 €**
82	2011 Frühburgunder Auslese trocken Guldentaler **14 %/10,50 €**
85	2011 Spätburgunder trocken Barrique Guldentaler Sonnenberg **14,5 %/9,80 €**

Die besten deutschen Weinerzeuger und ihre Weine

S

Meinolf **Schömehl**
Weingut

★ ★

Nahe

Binger Straße 2, 55452 Dorsheim
Tel. 06721-45675, **Fax:** 06721-48623
www.schoemehl.de
weingut@schoemehl.de
Besuchszeiten: Mo.-Sa. 9-12 + 13-18 Uhr und nach
Vereinbarung

Inhaber ... Hartmut Hahn, Elke Schömehl-Hahn
Kellermeister .... Hartmut Hahn
Rebfläche .... 12 Hektar

Das Weingut Meinolf Schömehl ist ein Familienbetrieb in Dorsheim. Die Weinberge von Hartmut Hahn und Elke Schömehl-Hahn liegen in Dorsheim und Laubenheim, unter anderem in den Lagen Burgberg, Goldloch, Pittermännchen und Karthäuser (3 Hektar). Hauptrebsorte ist Riesling, der knapp die Hälfte der Rebfläche einnimmt. Weitere Schwerpunkte sind weiße Burgunder und rote Sorten wie Spätburgunder, Frühburgunder und Dornfelder. Dazu gibt es vor allem noch Müller-Thurgau und Scheurebe, zuletzt wurde Auxerrois gepflanzt. Die Rieslingrebfläche wurde 2013 erweitert, auch Spätburgunder wurde 2011 nochmals angepflanzt. Die Weißweine werden gekühlt vergoren und im Edelstahl ausgebaut. Die Rotweine werden maischevergoren und im Holz, teils im Barrique, ausgebaut. Weiß-, Grau- und Spätburgunder werden in Basislinie und „S"-Linie vermarktet.

Vorjahre

2010 war die Kollektion sehr gleichmäßig auf gutem Niveau, brachte aber anders als in früheren Jahren keine süßen Spitzen. Die gab es 2011 wieder, in Form einer Beerenauslese und einer Trockenbeerenauslese, die beide viel klare und reintönige Frucht aufweisen konnten. Und auch sonst bot die Kollektion rundum zuverlässige Qualität, besonders gut gefielen uns noch der feinwürzige Riesling von alten Reben und die kraftvolle und saftige trockene Riesling Spätlese aus dem Goldloch.

Neue Kollektion

In diesem Jahr konnten wir zwei weitere edelsüße Rieslinge aus dem Jahrgang 2011 verkosten, die an der Spitze der Kollektion stehen: Die Beerenauslese aus dem Burgberg besitzt feine Frische, die Trockenbeerenauslese aus dem Pittermännchen viel Konzentration. Die trockenen Weißen, Burgunder wie Rieslinge, präsentieren sich 2012 etwas verhaltener als in den vergangenen Jahren, unser Favorit ist hier die füllige Goldloch-Spätlese. Der Spätburgunder ist trotz seines hohen Alkoholgehalts harmonisch und zeigt reintönige Frucht. ◄

Weinbewertung

82 2011 Cuvée Riesling Sekt brut **12,5 %/8,20 €**
83 2012 Grauburgunder „S" Spätlese trocken Laubenheimer Hörnchen **13,5 %/7,80 €**
82 2012 Weißburgunder „S" Spätlese trocken Laubenheimer Hörnchen **13,5 %/7,90 €**
83 2012 Riesling Spätlese trocken „Rotliegendes" Laubenheimer Karthäuser **12 %/6,50 €**
85 2012 Riesling Spätlese trocken Dorsheimer Goldloch **12 %/7,50 €**
79 2012 Riesling Classic **12 %/4,70 €**
82 2012 Riesling Spätlese halbtrocken Laubenheimer Karthäuser **11,5 %/6,30 €**
88 2011 Riesling Beerenauslese Dorsheimer Burgberg **7,5 %/20,- €/0,375l**
88 2011 Riesling Trockenbeerenauslese Dorsheimer Pittermännchen **6,5 %/30,- €/0,375l**
85 2011 Spätburgunder „S" trocken Laubenheimer Vogelsang **14,5 %/9,90 €**

★★★

Schloss **Schönborn**
Domänenweingut

Rheingau

Hauptstraße 53, 65347 Hattenheim
Tel. 06723-91810, **Fax**: *06723-918191*
www.schoenborn.de
schloss-schoenborn@schoenborn.de
Besuchszeiten: *Mo.-Fr. 8-16 Uhr*

Inhaber . . Paul Graf von Schönborn-Wiesentheid
Betriebsleiter . . . . . Torsten Kuhne & Steffen Röll
Rebfläche . . . . 50 Hektar

Schloss Schönborn ist eines der größten privaten Weingüter im Rheingau. Gleichzeitig ist es eines der ältesten Weingüter Deutschlands und gehört seit 1349 der Familie der Grafen Schönborn. Die lange Geschichte wird allein schon von einer Flasche 1735er Riesling illustriert, des ältesten existierenden und vermutlich noch trinkbaren deutschen Weines; im Jahre 1987 wurde diese für mehr als 50.000 DM versteigert. Schloss Schönborn besitzt heute Weinberge in nahezu allen renommierten Rheingauer Lagen, von Hochheim bis Lorch. Das Weingut ist größter Anteilseigner am Erbacher Marcobrunn und Alleineigentümer des Hattenheimer Pfaffenbergs. Neben 90 Prozent Riesling gibt es etwas Spätburgunder und Weißburgunder. In den letzten Jahren war der Exportanteil jeweils hoch.
Doch sowohl 2012 als auch 2013 durchlebte das Weingut schwere Zeiten. Der Keller wurde durchsucht, die Weinkontrolle beanstandete zahlreiche Weine, etliche Abfüllungen wurden zurückgezogen. Das genaue Ausmaß der mutmaßlichen Verstöße gegen weinrechtliche Vorschriften überraschte Fachleute, schockierte den ganzen Rheingau. Peter Barth, der 2006 zum Technischen Betriebsleiter ernannt worden war, verließ das Unternehmen. Inzwischen ist ein neues Team am Start. Torsten Kuhne und Steffen Röll amtieren als Betriebsleiter, Torsten Kuh-

ne und Marc Ramershoven sind gemeinsam für den Vetrieb zuständig. Für den Jahrgang 2013 ist eine neue Flaschenausstattung geplant, schon jetzt werden Investitionen in Weinbau und Keller getätigt. Es bleibt viel zu tun, bis sich das Gut vom Imageschaden erholt haben dürfte.

Neue Kollektion

Unter den 2012ern gefallen die trockenen Basisweine sehr gut (der nach gelben Früchten duftende Nussbrunnen-Riesling ist noch saftiger als der eher zitrusfruchtige Pfaffenberg-Wein), während die nach Apfel duftende, aber nicht sehr nachhaltige Pfaffenberger Spätlese enttäuscht. Die Weine der Großen Lagen sind gelungen, ohne zu begeistern: Saftig und gelbfruchtig, in sich ruhend präsentiert sich der Marcobrunn-Riesling, geradlinig und frisch wirkt sein Pendant aus dem Pfaffenberg. Auf die Erzeugung edelsüßer Weine wurde verzichtet. ◄

Weinbewertung

83	2012 Riesling trocken **12 %/8,25 €**
87	2012 Riesling trocken Hattenheimer Nussbrunnen **12,5 %/11,50 €**
86	2012 Riesling trocken Hattenheimer Pfaffenberg **12,5 %/12,50 €**
87	2012 Riesling trocken „Alte Reben" Hattenheimer **12,5 %/15,60 €**
88	2012 Riesling trocken Hattenheim Pfaffenberg **13,5 %/24,- €**
88	2012 Riesling trocken Erbach Marcobrunn **13 %/30,50 €**
84	2012 Riesling Spätlese „Pfaffenberger" Hattenheimer Pfaffenberg **9,5 %/21,30 €**

Die besten deutschen Weinerzeuger und ihre Weine

S

★★★

Graf von **Schönborn**
Weingut Schloss Hallburg
Franken

Schloss Hallburg, 97332 Volkach
Tel. *09381-2415,* **Fax:** *09381-3780*
www.schoenborn.de
schlosshallburg@schoenborn.de
Besuchszeiten: *Mo.-Do. 9-17 Uhr, Fr. 9-14 Uhr, So.*
und Feiertage 11-17 Uhr in der Vinothek
Schlossweinstuben (Pächter: Karin und Peter
Hartmann)

Inhaber .... Paul Graf von Schönborn
Gutsdirektor .... Georg Hünnerkopf
Rebfläche .... 30 Hektar

Das 30 Hektar große, arrondierte Weingut Schloss Hallburg ist seit 1806 in Familienbesitz, urkundlich erstmals erwähnt wurde das Schloss bereits 1284. Die beiden reinen Südlagen Hallburger Schlossberg und Gaibacher Schlosspark mit Muschelkalk- und Keuperverwitterungsböden sind Monopollagen von Schloss Hallburg. Dazu besitzt man Weinberge im Gaibacher Kapellenberg, unter anderem einen 1867 gepflanzten Silvanerweinberg. Am Schlossberg sind 4,65 Hektar, ausschließlich mit Silvaner und Riesling bepflanzt, von einer Mauer umgeben. Silvaner und Riesling sind die wichtigsten Rebsorten, es folgen Bacchus, Müller-Thurgau, Traminer, Weißburgunder, Grauburgunder und Spätburgunder. Das Gut wird seit 1984 von Georg Hünnerkopf geleitet.

Vorjahre

Die 2010er Kollektion bot frische, geradlinige, relativ leichte Basisweine, gewohnt stoffige 3-Sterne-Selektionen – leichte Präferenz in diesem Jahrgang für Weißburgunder und Silvaner – und zwei konzentrierte Trockenbeerenauslesen: Insgesamt eine stimmige Kollektion. 2011 brachte frische, klare Guts- und Kabinettweine, die Spätlesen waren füllig und kraftvoll, unsere leichte Präferenz galt dem Riesling. Die Selektionsweine waren angekündigt, trafen aber nicht mehr vor Redaktionsschluss ein, so dass die unangefochtenen Stars der Kollektion die beiden Trockenbeerenauslesen waren.

Neue Kollektion

2012 gefallen uns die Gutsweine richtig gut, sie sind klar, fruchtbetont und zupackend. Die Ortsweine bringen eine weitere Steigerung, der Silvaner von alten Reben in Gaibach ist wunderschön reintönig, der Hallburger Riesling frisch und reintönig, Silvaner und Riesling aus dem Schlossberg besitzen mehr Fülle und Saft, beide sind wunderschön reintönig. Eine weitere Steigerung bringen die 3-Sterne-Selektionen, die sich 2012 sehr geschlossen präsentieren, alle reintönig sind, kraftvoll, gute Struktur und Substanz besitzen, unsere leichte Präferenz gilt dem Weißburgunder, der am druckvollsten ist. Der Spätburgunder ist kraftvoll, klar und strukturiert, dazu gibt es wieder zwei faszinierend reintönige edelsüße Weine, die Riesling Beerenauslese und die herrlich eindringliche Silvaner Trockenbeerenauslese. Eine starke, rundum stimmige Kollektion. ◄━

Weinbewertung

84	2012 Müller-Thurgau trocken	12 %/6,50 €	
82	2012 Silvaner trocken	13 %/7,- €	
83	2012 Weißburgunder trocken	12 %/7,80 €	
84	2012 Grauburgunder trocken	12,5 %/7,80 €	
83	2012 Riesling trocken	13,5 %/7,20 €	
87	2012 Silvaner trocken „Alte Reben" Gaibacher 13,5 %/9,20 €		
84	2012 Silvaner trocken Hallburger	13,5 %/8,50 €	
85	2012 Riesling trocken Hallburger	12 %/8,50 €	
87	2012 Silvaner trocken Hallburger Schlossberg 13,5 %/15,50 €		
87	2012 Riesling trocken Hallburger Schlossberg 13,5 %/15,50 €		
88	2012 Silvaner*** Gaibacher	14 %/16,50 €	
88	2012 Riesling*** Gaibacher	13,5 %/16,50 €	
89	2012 Weißburgunder*** Hallburger	14 %/16,80 €	
88	2012 Grauburgunder*** Hallburger	14 %/16,80 €	
88	2012 Silvaner*** „Fass 1806" Hallburger 14 %/17,80 €		
84	2012 Traminer Kabinett Hallburger	12,5 %/8,50 €	
86	2012 Rieslaner Spätlese Hallburger Schlossberg 11,5 %/15,50 €		

89 2012 Riesling Beerenauslese Hallburger Schloss-
    berg **8,5 %/a.A./ 0,375l**
91 2012 Silvaner Trockenbeerenauslese Hallbur-
    ger Schlossberg **9,5 %/a.A./ 0,375l**
83 2012 Rosé trocken **10,5 %/6,50 €**
88 2011 Spätburgunder Hallburger Schlossberg
    13,5 %/28,80 €

Eugen **Schönhals** ★★
Weingut   **Rheinhessen**

🍇 *Hauptstraße 23, 55234 Biebelnheim*
Tel. 06733-960050, *Fax:* 06733-960052
www.weingut-schoenhals.de
schoenhals@weingut-schoenhals.de
Besuchszeiten: Mo.-Sa., nach Vereinbarung

Inhaber . . . . Eugen Schönhals
Kellermeister . . . . Martin Knab
Rebfläche . . . . 13 Hektar

Eugen Schönhals hat 1986 auf ökologischen Weinbau umgestellt und ist seit 1988 Ecovin-Mitglied. Seit 1995 führt er den Betrieb zusammen mit Martin Knab. Rotweine nehmen die Hälfte der Fläche in den Weinbergen von Eugen Schönhals ein, insbesondere Dornfelder, Portugieser und Spätburgunder. Bei den Weißweinen dominiert der Riesling. Aber auch mehltauresistente Rebsorten wie Rondo, Regent oder Saphira baut Eugen Schönhals bereits seit 1990 an.

Vorjahre _____

Von Anfang an haben wir die Weine von Eugen Schönhals und Martin Knab empfohlen, schon damals überzeugten Rondo, Spätburgunder und Co. Und heute noch gehört das Weingut zu den zuverlässigsten Betrieben in Rheinhessen. Vor zwei Jahren überzeugte die Kollektion, war sehr gleichmäßig, präsentierte sich geschlossen auf gutem Niveau; unsere Favoriten waren Sekt und Rondo, beide aus dem Jahrgang 2009. Die letztjährige

Kollektion bot gutes Niveau schon im Einstiegssegment. Im weißen Segment gefielen uns Saphira Pinot Blanc am besten; rot präferierten wir den reintönigen, tanninbetonten Pinot Noir.

Neue Kollektion _____

Die neue Kollektion gefällt uns nochmals besser, alle Weine sind fruchtbetont, frisch und klar, das hohe Niveau der Einstiegsweine macht uns Freude. Im weißen Segment gefällt uns der kraftvolle, strukturierte Riesling „S" besonders gut, im roten Bereich gilt unsere leichte Präferenz der roten Cuvée, die gute Konzentration und Gewürznoten besitzt, füllig und kraftvoll ist. ◄━

Weinbewertung _____

83 2011 Pinot „Blanc de Noirs" Sekt brut
    12,5 %/12,50 €
84 2012 Weißburgunder trocken **12 %/5,80 €**
83 2012 Riesling Kabinett trocken „Steine"
    12 %/5,80 €
84 2012 Cabernet Blanc trocken **13 %/7,20 €**
82 2012 Spätburgunder „Blanc de Noirs" trocken
    13 %/7,40 €
87 2012 Riesling „S" trocken **12,5 %/8,50 €** ☺
84 2009 Pinot Noir trocken **13 %/8,- €**
85 2011 Pinot Noir trocken **13 %/8,30 €**
86 2011 „Crescendo S" Rotwein trocken **13,5 %/14,-€**

F.B. **Schönleber** ★★☆
Wein- und Sektgut   **Rheingau**

Obere Roppelsgasse 1, 65375 Oestrich-Winkel
Tel. 06723-3474, *Fax:* 06723-4759
www.fb-schoenleber.de
info@fb-schoenleber.de
Besuchszeiten: Mo.-Sa. nach Vereinbarung

Inhaber . . . . Bernd und Ralf Schönleber
Rebfläche . . . . 10 Hektar

Das Weingut kann auf eine Tradition bis ins Jahr 1783 zurückblicken. Franz und Katharina

Die besten deutschen Weinerzeuger und ihre Weine

S

Schönleber übernahmen es 1965 und vergrößerten das Weingut. Heute wird der Betrieb von Bernd und Ralf Schönleber geführt. Sie bauen hauptsächlich Riesling an, dazu 10 Prozent Spätburgunder und ein klein wenig Grauburgunder, der wie Teile des Spätburgunders zu Sekt verarbeitet wird. Die Weine vergären im Edelstahl. In den letzten Jahren hat sich der Betrieb mehr und mehr einen Namen gemacht für komplexe Schaumweine, die teilweise erfreulich niedrig dosiert sind und fast immer eine gute Balance aufweisen, sowie recht kompakte Erste Gewächse, die allerdings oft keine Steigerung zu den bereits beachtlich gelungenen Spätlesen darstellen.

Vorjahre

2010 gab es keine Ausreißer nach unten, doch die Spitzen-Spätlesen wirkten teilweise etwas zu füllig. Voll überzeugen konnten indes die 2009er Sekte, auch wenn diese einen hohen Alkoholgehalt aufwiesen. Auch im Jahr darauf überzeugten die kraftvollen Schaumweine. Die 2011er Stillweine zeigten eine gute Balance, allen voran das potenzielle Erstes Gewächs aus dem Doosberg. Elegant, geradlinig und süffig präsentierten sich die Süßweine.

Neue Kollektion

Der nun vorgestellte Schaumwein gefällt mit Frische und einer angenehm niedrigen Dosage sowie leichten Apfel- und Gelbfruchtnoten. Unter den stillen Weinen gibt es kaum Ausreißer. Die Rieslinge besitzen generell Schmelz, wirken manchmal etwas zu breit – wie dies beim nach Mirabellen duftenden, süffigen Vertreter aus dem Steinmorgen zu beobachten ist. Sehr angenehm und präzise fällt dagegen der Oestricher „Alte Reben" aus. Das klare, präzise Große Gewächs aus dem Doosberg wirkt interessanter als der etwas zu breite, leicht melonige Wein aus dem St. Nikolaus. ◄──

Weinbewertung

86   2011 Spätburgunder Sekt Blanc de Noir brut   **13 %/16,60 €**

85   2011 Riesling & Spätburgunder Sekt „Creation" extra brut   **13 %/15,10 €**

81   2012 Gutsriesling (1l)   **12 %/7,10 €**

83   2012 Riesling trocken Mittelheimer   **12 %/7,60 €**

85   2012 Riesling trocken „Alte Reben" Oestricher   **12,5 %/10,10 €**

86   2012 Riesling trocken Mittelheimer Edelmann   **12,5 %/15,60 €**

88   2012 Riesling „GG" Oestricher Doosberg   **13 %/20,10 €**

86   2012 Riesling „GG" Mittelheimer St. Nikolaus   **13 %/20,10 €**

83   2012 Riesling „feinherb Edition" Mittelheimer   **12 %/10,10 €**

84   2012 Riesling „feinherb" Erbacher Steinmorgen   **12,5 %/15,60 €**

85   2012 Riesling Kabinett Winkeler   **10 %/7,60 €**

88   2012 Riesling Spätlese Winkeler Hasensprung   **9 %/15,60 €**

Scholler ★★
Weingut   **Pfalz**

Alte Kirchstraße 7, 76831 Birkweiler
Tel. *06345-3529,* ***Fax:*** *06345-8535*
www.weingut-scholler.de
info@weingut-scholler.de
Besuchszeiten: *Mo.-Sa. 8-12 + 13-18 Uhr*
Ferienwohnungen

Inhaber . . . . Helmut und Bettina Scholler
Rebfläche . . . . 13 Hektar

Seit 1991 führen Helmut und Bettina Scholler dieses Weingut, das seit Jahrhunderten in Familienbesitz ist und seit 1889 den Namen Scholler trägt. Die Weinberge verteilen sich auf 40 Parzellen von Birkweiler bis Nussdorf. Hauptrebsorten sind Riesling, Weißburgunder und Spätburgunder mit jeweils 15 Prozent. Es folgen Müller-Thurgau, Silvaner und Sankt Laurent. Hinzugekommen sind zuletzt Chardonnay, Regent und noch mehr Sankt Laurent. Rote Sorten nehmen inzwischen 30 Prozent der Weinberge von Helmut Scholler ein und er möchte diesen Anteil noch etwas erhöhen. Im Birkweiler Kastanienbusch wird Riesling und Spätburgunder auf Rotliegendem und Weißburgunder auf Buntsandsteinverwitterungsböden angebaut, im Mandelberg Riesling und Chardonnay auf Muschelkalk. Im Rosenberg mit seinen lehmigen und tonigen Böden wachsen Gewürztraminer, Weißburgunder, Spätburgunder und Sankt Laurent. Im Nussdorfer Herrenberg mit seinen Lößböden wachsen Silvaner, Riesling, Portugieser und Spätburgunder. Die Rotweine werden nach der Maischegärung in Holzfässern ausgebaut, die Weißweine werden temperaturkontrolliert vergoren und im Edelstahl ausgebaut. Ausgesuchte Weine kommen ins Barrique. Die Weine werden überwiegend trocken angeboten und vor allem an Privatkunden verkauft. Seit dem Jahrgang 2011 verzichten die Schollers auf die Angabe der Prädikatsbezeichnungen, das Sortiment wird in Guts- („Scholler 310"), Orts- bzw. Terroirweine („Scholler 330") und Lagenweine („Scholler 350") gegliedert.

Vorjahre

Seit der ersten Ausgabe schon empfehlen wir die Weine von Helmut Scholler, seit einem Jahrzehnt loben wir die gute, stets zuverlässige Qualität ebenso wie die sehr verbraucherfreundlichen Preise. Alle Weine sind stets wunderschön reintönig und fruchtbetont, süffig ohne je oberflächlich zu sein. Vor zwei Jahren gefielen uns zwei Sekte aus Weiß- und Spätburgunder am besten, der etwas prägnantere Extra Brut hatte dabei die Nase vorne. Die vorgestellten 2010er Weißweine waren dagegen etwas verhaltener als in den Vorjahren. Beim guten Riesling-Trio waren im vergangenen Jahr die Lagenunterschiede klar erkennbar, die beiden Chardonnays waren prägnanter als die etwas verhalteneren Weißburgunder.

Neue Kollektion

Was auch für die Kollektion in diesem Jahr gilt, genauso, wie wir unter den beiden Sekten aus Weiß- und Spätburgunder wieder den etwas präziseren Extra Brut knapp bevorzugen. Die Terroirweine sind klar und sortentypisch, unsere Favoriten finden sich aber unter den Lagenweinen. Der im 500-Liter-Fass ausgebaute Chardonnay vom Mandelberg ist saftig, füllig und weich mit feiner Kräuterwürze, der Riesling aus dem Kastanienbusch zeigt klare Frucht und feine mineralische Noten, der Spätburgunder vom Rosenberg hingegen ist uns zu süß und füllig.

Weinbewertung

85 2011 Weißburgunder und Spätburgunder „Blanc de Blancs et Noirs" Sekt brut **12,5 %/9,40 €**

86 2011 Weißburgunder und Spätburgunder „Blanc de Blancs et Noirs" Sekt extra brut **12,5 %/9,40 €**

83 2012 Weißburgunder trocken „{Sandstein}" **13,5 %/5,60 €**

84 2012 Chardonnay trocken „{Kalkstein}" **13 %/6,- €**

84 2012 Riesling trocken „{Rotliegendes}" **12,5 %/5,60 €**

85 2012 Weißburgunder trocken Birkweiler Kastanienbusch **14 %/7,30 €**

86 2012 Chardonnay trocken Birkweiler Mandelberg **13,5 %/8,70 €**

85 2012 Riesling trocken Birkweiler Mandelberg **12,5 %/6,90 €**

86 2012 Riesling trocken Birkweiler Kastanienbusch **12,5 %/7,30 €**

84 2011 Spätburgunder trocken Birkweiler Rosenberg **13,5 %/9,40 €**

★

F.E. **Schott**
Weingut **Nahe**

An der Ruh 2, 55595 Wallhausen
Tel. *06706-402,* **Fax:** *06706-6283*
www.schottwein.de
weingut@schottwein.de
Besuchszeiten: *Mo.-Sa. 8-18 Uhr, So. 10-12 Uhr*

Inhaber.......Edwin, Michael, Benjamin Schott
Rebfläche............................. 15 Hektar

Friedrich Edwin Schott gab die Landwirtschaft auf und konzentrierte sich ganz auf Weinbau.

1959 füllte er den ersten Jahrgang unter eigenem Etikett ab. Seine Söhne Hermann und Edwin erweiterten das Weingut auf die heutige Größe. Edwins Söhne Michael und Benjamin stiegen 2010 in den Betrieb ein. Michael Schott kümmert sich um den Weinausbau, Edwin und Benjamin Schott leiten den Außenbetrieb. Die Reben wachsen in den Wallhäuser Lagen Backöfchen, Pastorenberg, Höllenpfad und Laurentiusberg, sowie auf Kreuznacher Gemarkung. Die Schotts bauen vor allem Riesling, Weißburgunder und Grauburgunder, sowie die roten Sorten Dornfelder, Dunkelfelder und Schwarzriesling an. 2010 hat man zusammen mit anderen Wallhäuser Winzern die seit den 80er Jahren mehr und mehr brach gefallene Rotschieferlage Wallhäuser Johannisberg rekultiviert und einen Hektar Terrassen mit Riesling und Spätburgunder bepflanzt. 500 Meter davon entfernt wurde 2013 Riesling auf dem Grünschieferboden der Lage Felseneck gepflanzt.

Vorjahre ————————————————

Vor zwei Jahren war der Weißburgunder „R" aus dem Laurentiusberg unser Favorit. Vom recht bitteren Dunkelfelder einmal abgesehen überzeugte das gleichmäßige Niveau der Weine, die sich alle recht frisch und sortentypisch präsentierten, bei immer merklicher Süße. Der erneut sehr bittere Dunkelfelder ließ uns auch im vergangenen Jahr ratlos zurück, gerade im direkten Vergleich mit dem gelungenen Dornfelder. Ansonsten präsentierte sich die Kollektion wieder gleichmäßig gut, neben dem Dornfelder waren der Riesling „R" und der Grauburgunder unsere Favoriten.

Neue Kollektion ————————————————

Aus der erneut sehr gleichmäßigen 2012er Kollektion, bei der die Rieslinge klare Würze und Zitrusnoten zeigen, ragt der „Terrassen"-Riesling aus dem Johannisberg mit klarer gelber Frucht und einem feine Säure-Spiel heraus.

Weinbewertung ————————————————

82 2012 Sauvignon Blanc trocken 12 %/5,60 €
81 2012 Riesling trocken 11,5 %/4,70 €

83 2012 Riesling „S" trocken Wallhäuser Pastorenberg 12 %/7,10 €
84 2012 Riesling trocken „Terrassen" Wallhäuser Johannisberg 12,5 %/10,- €
83 2012 Riesling „S" Kreuznacher Hinkelstein 12 %/7,10 €
82 2011 Spätburgunder „S" trocken Wallhäuser Pastorenberg 13 %/7,50 €

Martin **Schropp**
Weingut

Württemberg

◆ Straßenäcker 1, 74235 Erlenbach
Tel. 07132-7644, *Fax:* 07132-5553
www.schroppwein.de
weingut@schroppwein.de; vertrieb@schroppwein.de
Besuchszeiten: Mo.-Fr. 15-18 Uhr, Sa. 8-18 Uhr oder nach Vereinbarung
Besenwirtschaft „Schroppbesen"

Inhaber............................Martin Schropp
Rebfläche..............................13 Hektar

Hermann Schropp pflanzte die ersten Reben, sein Sohn Martin konzentrierte sich mehr und mehr auf Weinbau, 1992 dann übernahm Enkel Martin den Betrieb und spezialisierte sich ganz auf Weinbau. Der Hof und das Gros der Weinberge liegen in Erlenbach-Binswangen. 70 Prozent der Fläche nehmen rote Rebsorten ein. Hauptrebsorten sind Lemberger und Trollinger, Muskat-Trollinger und Riesling.

Kollektion ————————————————

Die Basisweine sind frisch und klar, wesentlich fülliger und gehaltvoller sind die Lagenweine aus dem Kayberg, die aber statt des Lagennamens nach ihrer Bodenherkunft benannt sind, da der Kayberg seit dem Weingesetzt 1971 eine 240 Hektar große „Einzellage" ist. Der Weißburgunder ist klar und zupackend, der Riesling reintönig und strukturiert, der Grauburgunder füllig und kraft-

S

voll, der Schiava fruchtbetont, reintönig und harmonisch: Ein gelungenes Debüt! ◄

Weinbewertung _____

82	2012 Riesling trocken Kayberg	**12,5 %/7,90 €**
85	2012 Riesling „Sandstein"	**13 %/13,80 €**
85	2012 Grauburgunder „Am Fels"	**15,5 %/13,80 €**
84	2012 Weißburgunder „Kalkmergel" **14,5 %/13,80 €**	
82	2012 Muskat-Trollinger Weißherbst Kayberg **11 %/6,90 €**	
85	2012 „Schiava"	**13 %**
83	2012 Lemberger trocken Kayberg	**13 %**
81	2011 Merlot trocken	**14,5 %/9,80 €**

C. von **Schubert**

★★★★

Weingut Maximin Grünhaus   **Mosel**

Hauptstraße 1, 54318 Mertesdorf
Tel. *0651-5111,* **Fax:** *0651-52122*
www.vonschubert.com
info@vonschubert.com
Besuchszeiten: *Mo.-Fr. 8-17 Uhr, Sa. 8-12 Uhr*

Inhaber .... Dr. Carl-Ferdinand von Schubert
Betriebsleiter .... Stefan Kraml
Rebfläche .... 34 Hektar

Die Weinberge von Carl-Ferdinand von Schubert befinden sich in einer arrondierten Lage auf der linken Seite der Ruwer. Alle drei Teile dieser Lage, Bruderberg, Herrenberg und Abtsberg gehören ihm im Alleinbesitz. Der 14 Hektar große Abtsberg besteht im Untergrund aus blauem Devonschiefer, im Herrenberg, 19 Hektar groß, dominiert roter Devonschiefer. Der nur 1 Hektar große Brudersberg hat als direkter Nachbar des Abtsbergs ebenfalls blauen Schieferboden. Angebaut wird überwiegend Riesling, Auxerrois und Weißburgunder brachten 2008 den ersten Ertrag, im Jahr zuvor hatte man auch Spätburgunder gepflanzt. Die Weine werden mit ihren natürlichen Hefen vergoren, teils im klassischen

Fuder, teils in kleinen Edelstahltanks. Dank einer sehr klaren Linie sind von den angebotenen Weinen „vernünftige" Mengen vorhanden. Von Qualitätsweinen, Kabinett und Spätlesen werden jeweils etwa 10.000 Flaschen erzeugt. Wie nur bei wenigen anderen Weingütern in Deutschland, zeigen die Weine von Carl-Ferdinand von Schubert eine klare, unverwechselbare Handschrift, sind wieder erkennbar. Sie sind kraftvoll und mineralisch, in ihrer Jugend oft etwas streng und verschlossen. Selbst einfache Rieslinge sind von bemerkenswerter Lagerfähigkeit. Kein Wunder, dass man diese Weine in der gehobenen Gastronomie fast überall findet. In den letzten Jahren wurden die trockenen oder fast trockenen Spitzenweine immer ausdrucksstärker. Die „Superior"-Rieslinge (mit um die 20 Gramm Restzucker) und die ab 2008 „Alte Reben" genannten trockenen Spitzenweine zeigen eine straffe Art und viel Struktur.

Vorjahre _____

2010 brachte eine stimmige starke Kollektion, die aber naturgemäß nicht ganz an die Vorjahreskollektion heranreichte. Im edelsüßen Segment hatte man eine Reihe hochkarätiger Auslesen und Eisweine zu bieten, unser Favorit war der Eiswein Nr. 56. Auch der trockene und „feinherbe" Teil der Kollektion war stimmig, wurde wiederum angeführt von „Superior" und „Alte Reben". Im trockenen Segment kam 2011 nicht ganz an 2010 heran, es fehlt den Spitzenweinen etwas an Druck und Nachhall. Deutlich spannender war der süße Teil der Kollektion, mit einem klaren Abtsberg-Kabinett, einer stoffigen Spätlese aus dem Bruderberg und einer reintönigen Abtsberg-Spätlese. Unter den beiden Herrenberg-Auslesen präferierten wir klar die Nr. 15, aus dem Abtsberg wurden gleich drei Auslesen vorgestellt, alle drei waren hervorragend.

2012 trocken _____

Das trockene Segment präsentiert sich ähnlich wie 2011 mit klaren, zupackenden Weinen, die Rieslinge von alten Reben sind kraftvoll und zupackend, unsere leichte Präferenz gilt dem Wein aus dem Herrenberg. Das feinherbe Segment wird erneut angeführt vom Superior, der konzentriert ist, Fülle, Kraft und viel Substanz besitzt.

2012 süß _____

Der süße Teil der Kollektion ist sehr stimmig, allerdings fehlt die Vielzahl edelsüßer Highlights der vergangenen Jahre. Sehr gut sind die beiden Kabinettweine, sind frisch und zupackend bei feinem Biss wie auch die Spätlese aus dem Abtsberg. Unter den beiden präsentierten Auslesen präferieren wir den präzisen, druckvollen Wein aus dem Abtsberg, beide aber sind füllig und kraftvoll und besitzen Substanz. ◄

Weinbewertung _____

84	2012 Riesling trocken Maximin Grünhäuser 12 %/9,90 €
84	2012 Riesling trocken Maximin Grünhäuser Herrenberg 12 %/12,40 €
84	2012 Riesling trocken Maximin Grünhäuser Abtsberg 12 %/12,90 €
87	2012 Riesling trocken „Alte Reben" Maximin Grünhäuser Herrenberg 11,5 %/13,80 €
86	2012 Riesling trocken „Alte Reben" Maximin Grünhäuser Abtsberg 12,5 %/15,50 €
88	2012 Riesling „Superior" Maximin Grünhäuser Abtsberg 11 %/21,90 €
83	2012 Riesling „feinherb" Maximin Grünhäuser 11 %/9,90 €
85	2012 Riesling Kabinett „feinherb" Maximin Grünhäuser Herrenberg 10 %/12,40 €
81	2012 Riesling Maximin Grünhäuser Bruderberg 9,5 %/10,80 €
86	2012 Riesling Kabinett Maximin Grünhäuser Herrenberg 8 %/12,40 €
86	2012 Riesling Kabinett Maximin Grünhäuser Abtsberg 7,5 %/12,90 €
87	2012 Riesling Spätlese Maximin Grünhäuser Abtsberg 7,5 %/15,50 €
90	2012 Riesling Auslese „Nr. 25" Maximin Grünhäuser Herrenberg 7,5 %/35,- €
89	2012 Riesling Auslese Maximin Grünhäuser Abtsberg 7 %/28,- €

★★★☆

Schumacher
Weingut   **Pfalz**

Hauptstraße 40, 67273 Herxheim am Berg
Tel. *06353-93590,* **Fax:** *06353-935922*
www.schumacher-weine.de
weingut-schumacher@t-online.de
Besuchszeiten: *M.-Fr. 14-17 Uhr, Sa. 10-14 Uhr*

Inhaber .... Annetrud Franke
Gutsverwalter .... Martin Leyh
Rebfläche .... 7 Hektar

Die Weinberge von Annetrud Franke liegen vor allem in Herxheim. Die mit dem Zusatz „Garten" versehenen Weine sind die Spitzenweine aus einer arrondierten Lage – im Herxheimer Himmelreich – unmittelbar beim Weingut, die 3,5 Hektar umfasst und von einer bis zu 5 Meter hohen Kalk- und Buntsandsteinmauer umgeben ist. Im Himmelreich herrschen mineralstoffreiche Kalkböden vor, mit einer sandigen Lehmauflage im „Garten". Weitere Weinberge besitzt das Weingut im Herxheimer Honigsack (sandiger Lehm auf Kalkgeröll), Kallstadter Saumagen (Muschelkalk), Dirmsteiner Herrgottsacker (Lösslehm) und Freinsheimer Musikantenbuckel (lehmiger Sand). Wichtigste Rebsorte ist Riesling, gefolgt von Spätburgunder, die zusammen 70 Prozent der Fläche einnehmen. Hinzu kommen Portugieser, Grauburgunder, Weißburgunder, Dornfelder, Frühburgunder und Auxerrois. Alle Rotweine werden im Holzfass ausgebaut.

Vorjahre _____

Vor zwei Jahren führte wieder ein Riesling aus dem Garten die Riege der Weißweine an, auch Grauburgunder, Weißburgunder und der Riesling aus dem Saumagen waren sehr gut. Die 2009er Rotweine waren eine Demonstration von Kraft und Fülle. Bei allen drei Spätburgundern und dem Frühburgunder stand ein Alkohol-Gehalt von 14,5 Prozent auf dem Etikett, der Garten „R" präsentierte sich als toller Rotwein von kalifornischer Wucht. Im vergangenen Jahr wurde der Wechsel im Betrieb deutlich. Die Weißweine waren im Ansatz gut, zeigten eine schöne Frucht, es fehlte jedoch etwas an Substanz. Im roten Segment gefiel uns der Spätburgunder Garten am besten.

Neue Kollektion _____

Die neue Kollektion gefällt uns wieder besser, bietet frische, fruchtbetonte Weißweine mit merklicher Säure. Die Riesling Spätlesen sind frisch, klar und zupackend, der Wein aus dem Garten zeigt feine Zitrusnoten im Bouquet, ist druckvoll und lang. Auch die Spätburgunder überzeugen, schon der Gutswein ist fruchtbetont und reintönig, der Wein aus dem Felsenberg besitzt gute Struktur und Länge, noch besser aber gefällt uns der Spätburgunder Garten, der frisch und reintönig ist, fruchtbetont und zupackend, gute Struktur und jugendliche Tannine besitzt. ◄━

Weinbewertung _____

86   2012 Riesling Kabinett trocken Herxheimer Himmelreich **12,5 %/9,- €**

86   2012 Weißburgunder trocken Herxheimer Himmelreich **13 %/9,- €**

83   2012 Spätburgunder trocken „Blanc de Noir" Dirmsteiner Herrgottsacker **12,5 %/8,50 €**

86   2012 Grauburgunder trocken Herxheimer Himmelreich **13 %/9,- €**

88   2012 Riesling Spätlese trocken Kallstadter Saumagen **13 %/12,- €**

88   2012 Riesling Spätlese trocken Herxheimer Himmelreich **13 %/12,- €**

90   2012 Riesling Spätlese trocken „Garten" Herxheimer Himmelreich **13,5 %/16,- €**

82   2011 „Roter Rock" Rotwein trocken **13,5 %/9,- €**

86   2011 Spätburgunder trocken **14 %/13,- €**

89   2011 Spätburgunder trocken „Felsenberg" Herxheimer Honigsack **14 %/21,- €**

90   2011 Spätburgunder trocken „Garten" Herxheimer Himmelreich **14 %/23,- €**

★★☆

Paul **Schumacher**
Weingut   **Ahr**

Marienthaler Straße 6, 53474 Marienthal / Ahr
Tel. *02641-4345*, **Fax:** *02641-359419*
www.weingut-ps.de
ps-info@weingut-ps.de
Besuchszeiten: *Mo.-Do. 9-12 Uhr, Fr.-So. 10-12 Uhr*
oder nach Vereinbarung
Straußwirtschaft Mai, Sept., Okt., Sa. + So. ab 12 Uhr

Inhaber........................Paul Schumacher
Rebfläche............................3,4 Hektar

Das Weingut von Paul Schumacher gehört zu den kleinsten an der Ahr. Er baut Spätburgunder, Frühburgunder, Riesling, Portugieser, Merlot und Kerner an. Aufgrund der steigenden Nachfrage kauft er seit 2005 auch Trauben von anderen Winzern zu. Im Keller arbeitet er mit offener Maischegärung (8 bis 14 Tage), teilweise mit Kaltmaceration, langen Maischestandzeiten, Mostentzug, Spontangärung und Holzfassausbau, ein Teil der Weine wird ohne Filtration abgefüllt.

Vorjahre _____

Der Aufwärtstrend hielt auch vor zwei Jahren an, und es gab wieder Neuerungen: Lagenweine aus Trotzenberg und Kräuterberg, sowie den Spätburgunder „Ex Core". Diese drei neuen Weine waren unsere Favoriten in einer starken Kollektion, die mit reintönigen, recht puristischen Spät- und Frühburgundern aufwartete, einer Kollektion, die eine klare Handschrift zeigte. Mit dem schwierigen Jahrgang 2010 bestätigte Paul Schumacher den starken Eindruck der Vorjahre. Star im Programm war im vergangenen Jahr eindeutig der Spätburgunder aus dem Kräuterberg, der reintönige „PurPinot" begeisterte uns ebenfalls, schon die einfachen Rotweine waren fruchtbetont und klar.

Neue Kollektion _____

Die Spitze begeistert uns auch in diesem Jahr, aber bitte: Nicht die Basis vernachlässi-

Die besten deutschen Weinerzeuger und ihre Weine

S

gen. Sprechen wir von der Spitze: Der PurPinot ist frisch und elegant, besitzt gute Struktur und Biss; der Trotzenberg-Spätburgunder ist füllig und komplex, klar und zupackend, unser Favorit aber ist der Spätburgunder aus dem Kräuterberg, der gute Konzentration im Bouquet zeigt, reintönige Frucht, feine Würze, der füllig im Mund ist, kraftvoll und harmonisch, gute Struktur und Substanz besitzt. ◀

Weinbewertung _____

80	2012 Riesling	**12 %/8,50 €**
79	2012 Spätburgunder „Blanc de Noir"	
	12,5 %/8,50 €	
78	2012 Spätburgunder „Blanc de Noir" „feinherb"	
	12 %/8,50 €	
80	2011 „Casa" Rotwein (1l)	**13 %/7,50 €**
82	2011 Spätburgunder	**13 %/8,50 €**
82	2011 Frühburgunder	**13,5 %/13,- €**
83	2011 Spätburgunder „Carpe Diem"	**13,5 %/11,- €**
85	2011 Frühburgunder „Allegria"	**13 %/17,- €**
87	2011 Spätburgunder „PurPinot"	**14 %/19,- €**
88	2011 Spätburgunder Marienthaler Trotzenberg	**13,5 %/26,- €**
89	2011 Spätburgunder Walporzheimer Kräuterberg	**13,5 %/35,- €**

★ ☆

Ulrich **Schumann**

Weingut und Ferienhaus   **Mosel**

Beethovenstraße 36, 54470 Lieser
Tel. *06531-6353,* **Fax:** *06531-6454*
www.weingut-schumann.de
info@weingut-schumann.de
Besuchszeiten: *täglich nach Vereinbarung*
Ferienhaus

Inhaber .... Ulrich Schumann
Rebfläche .... 4 Hektar

Seit dem 16. Jahrhundert betreibt die Familie Weinbau an der Mosel, heute führt Ulrich Schumann den Betrieb. Seine Weinberge liegen in Lieser in den Lagen Rosenlay, Niederberg-Helden und Schlossberg, sowie im Piesporter Goldtröpfchen; 70 Prozent seiner Weinberge befinden sich in Steillagen. Ulrich Schumann baut zu 85 Prozent Riesling und zu 15 Prozent Müller-Thurgau an. Die Weine werden fast ausschließlich an Privatkunden verkauft. Seit 1992 ist dem Weingut ein Ferienhaus angeschlossen. Ulrich Schumann vergärt seine Weine teils mit Reinzuchthefen, teils mit den natürlichen Hefen; alle Weine werden im Edelstahl ausgebaut, um sehr klare, fruchtige Rieslinge zu erzeugen.

Vorjahre _____

2010 wurde angeführt von einer sehr guten Auslese aus der Rosenlay. Die 2011er Kollektion überzeugte, schon der Literriesling machte Spaß, die Kabinettweine waren lebhaft und fein, die Spätlesen besaßen Substanz.

Neue Kollektion _____

Die neue Kollektion ist ein wenig verhaltener, aber stimmig, wird angeführt von der zupackenden, frischen trockenen Spätlese aus der Rosenlay und der halbtrockenen Spätlese Niederberg-Helden, die klare Frucht, feine Frische und Biss besitzt. ◀

Weinbewertung _____

80	2012 Riesling trocken (1l)	**12,5 %/5,50 €**
81	2012 Riesling Kabinett trocken Lieser Schlossberg	**12 %/6,50 €**
84	2012 Riesling Spätlese trocken Lieser Rosenlay	**13 %/9,- €**
81	2012 Riesling Kabinett halbtrocken Lieser Rosenlay	**12 %/6,50 €**
85	2012 Riesling Spätlese halbtrocken Niederberg-Helden	**12 %/9,- €**
78	2012 Riesling (1l)	**10,5 %/5,50 €**
81	2012 Riesling Kabinett Lieser Rosenlay	**11 %/6,50 €**

Paul **Schunk** ★☆
Weingut   **Mosel**

Hauptstraße 26, 56814 Bruttig-Fankel
Tel. 02671-1458, **Fax:** 02671-8221
www.weingut-schunk.de
info@weingut-schunk.de
Besuchszeiten: täglich nach Vereinbarung

Inhaber............................Paul Schunk
Rebfläche...........................2,6 Hektar

Seit 1625 betreibt die Familie Schunk Weinbau an der Mosel. Paul Schunk baut vor allem Riesling an – 80 Prozent der Rebfläche sind mit dieser Sorte bestockt, dazu gibt es etwas Müller-Thurgau und Elbling. Seine Weinberge liegen in den Bruttiger Lagen Götterlay und Pfarrgarten, im Fankeler Rosenberg und im Valwiger Herrenberg. Die Weine gären überwiegend mit natürlichen Hefen, der Ausbau erfolgt im Edelstahl oder im Fuder, das Gros der Weine wird trocken und halbtrocken ausgebaut.

Vorjahre _____

2010 waren die Weine frisch und lebhaft, geradlinig und klar. 2011 gefiel uns sehr gut, vor allem der Vinovation, der mit viel Fülle und Kraft bestach. Auch die trockene Spätlese von alten Reben war druckvoll und strukturiert, zusammen führten sie eine stimmige, überzeugende Kollektion an.

Neue Kollektion _____

Eine vergleichbare Kollektion präsentiert Paul Schunk mit dem Jahrgang 2012. Die trockene Spätlese ist reintönig und strukturiert, der „Vinovation" füllig und kraftvoll, die feinherbe Spätlese besitzt Substanz und Länge. ◀

Weinbewertung _____

80   2012 Riesling trocken (1l)   **11,5 %/4,40 €**
82   2012 Riesling Kabinett trocken Bruttiger Rathausberg   **12 %/5,50 €**

85   2012 Riesling Spätlese trocken Bruttiger Götterlay   **12 %/8,40 €**
86   2012 Riesling Auslese trocken „Vinovation"   **12 %/10,80 €**
82   2012 Riesling Kabinett „feinherb" Bruttiger Kapellenberg   **11 %/5,50 €**
85   2012 Riesling Spätlese „Alte Reben" „feinherb" Bruttiger Pfarrgarten   **11,5 %/7,80 €**

Hermann-Josef **Schwaab** ★
Weingut   **Mosel**

Im Unterdorf 10, 54492 Erden
Tel. 06532-3452, **Fax:** 06532-1052
www.weingut-schwaab.de
info@weingut-schwaab.de
Besuchszeiten: Ostern bis Ende Oktober täglich außer Mittwoch ab 12 Uhr, sonst nach Vereinbarung
Weinstube, Gästehaus

Inhaber..............Hermann-Josef, Karin und ....Hans-Hermann Schwaab
Rebfläche...............................6 Hektar

Das Weingut Schwaab ist ein klassischer Familienbetrieb im Ortskern Erden, der von zwei Generationen geleitet wird. Die Weinberge befinden sich in den Erdener Lagen Treppchen, Prälat und Busslay. Angebaut werden außer Riesling auch Müller-Thurgau und Kerner, inzwischen auch Spätburgunder, Dornfelder und Chardonnay.

Vorjahre _____

Die überzeugende 2010er Kollektion klassischer Moselrieslinge wurde von zwei Auslesen angeführt. Die 2011er Kollektion war etwas verhalten, die süße Treppchen-Auslese gefiel uns am besten.

Neue Kollektion _____

Sehr ähnlich präsentiert sich nun auch der Jahrgang 2012, wie gewohnt mit Stärken im restsüßen Segment, allen voran einmal mehr die klare, zupackende Auslese aus dem Treppchen. ◀

S

Die besten deutschen Weinerzeuger und ihre Weine

S

Weinbewertung

82 2012 Riesling Spätlese trocken „Arduena" Erdener Treppchen **12,5 %/6,80 €**

81 2012 Riesling Kabinett „feinherb" Erdener Treppchen **11 %/5,30 €**

84 2012 Riesling Spätlese „feinherb" „A" Erdener Treppchen **11,5 %/6,80 €**

80 2012 Riesling Kabinett Erdener Treppchen **8,5 %/5,30 €**

83 2012 Riesling Spätlese Erdener Treppchen **8 %/6,80 €**

86 2012 Riesling Auslese Erdener Treppchen **7,5 %/11,50 €**

Stefan **Schwaab**
Weingut   ★   **Pfalz**

Marktstraße 7, 67487 Maikammer
Tel. 06321-58411, Fax: 06321-5421
www.weingutschwaab.de
info@weingutschwaab.de
Besuchszeiten: Mo.-Fr. 9-18 Uhr, Sa. 9:30-17 Uhr, So. 10-12 Uhr

Inhaber .... Marion und Stefan Schwaab
Rebfläche .... 4,5 Hektar

Das Familienweingut besteht in der fünften Generation, 2002 übernahm Stefan Schwaab die Verantwortung im Betrieb. Angebaut wird ein breites Spektrum an Rebsorten: Riesling, Silvaner, Weiß- und Grauburgunder, Chardonnay, Auxerrois, Sauvignon Blanc, Rieslaner und Muskateller, ergänzt durch die roten Sorten Dornfelder, Spätburgunder, Cabernet Dorsa und Cabernet Sauvignon. Die Weißweine werden kalt vergoren und im Edelstahl ausgebaut, zum Teil aber auch im Holzfass spontan vergoren, die Rotweine werden im großen Holz oder im Barriquefass ausgebaut.

Vorjahr

Im vergangenen Jahr waren die vier verkauf-

steten Weißweine klar und reintönig, kraftvoll und ausgewogen, bei dem im 500-Liter-Fass spontan vergorenen Weißburgunder „D" war das Holz gekonnt eingebunden, der Wein zeigte nachhaltige mineralische Noten. Die beiden Rotweine besaßen gute Substanz, aber auch etwas zu viel Restsüße.

Neue Kollektion

Gleiches gilt für den neuen Jahrgang, die beiden Rotweine besitzen Kraft und Substanz, der Spätburgunder zeigt trotz des hohen Alkoholgehalts und deutlicher Süße klaren Sortencharakter. Riesling und Chardonnay aus dem Heiligenberg sind eindringlich mit viel klarer Frucht, der Riesling zeigt feine Kräuterwürze und der spontanvergorene, im Holz ausgebaute Chardonnay ist harmonisch und kraftvoll.

Weinbewertung

84 2012 Auxerrois Kabinett trocken Maikammer Heiligenberg **12,5 %/6,90 €**

83 2012 Grauer Burgunder Kabinett trocken Maikammer Mandelhöhe **13 %/6,40 €**

87 2012 Chardonnay trocken „D" Maikammer Heiligenberg **14 %/13,- €**

86 2012 Riesling „S" Spätlese trocken Maikammer Heiligenberg **13 %/9,90 €**

85 2011 Cabernet Sauvignon „S" trocken „Groda Negra 5511" Maikammer Mandelhöhe **14,5 %/17,50 €**

86 2011 Spätburgunder „S" Spätlese trocken „Groda Negra 7311" Maikammer Mandelhöhe **15 %/19,50 €**

Schwab
Weingut   ★   **Franken**

Bühlstraße 17, 97291 Thüngersheim
Tel. 09364-89183, Fax: 09364-89184
www.weingut-schwab-franken.de
info@weingut-schwab-franken.de
Besuchszeiten: Mo.-Fr. 8-18 Uhr, Sa./So. nach Vereinbarung
Probierstube (bis 70 Personen), Vinothek
Ferienzimmer (5 Doppelzimmer, 1 Einzelzimmer)

Inhaber . . . . Thomas Schwab
Rebfläche . . . . 12 Hektar

Das Weingut Schwab war ursprünglich ein landwirtschaftlicher Mischbetrieb, bevor Gregor und Barbara Schwab Mitte der siebziger Jahre sich ganz auf Weinbau spezialisierten. Seit 1990 bewirtschaftet mit Thomas und Andrea Schwab die nächste Generation das Familienweingut. Die Weinberge von Thomas Schwab liegen in den Thüngersheimer Lagen Johannisberg und Scharlachberg. Wichtigste Rebsorte ist Müller-Thurgau, gefolgt von Riesling, Silvaner, Bacchus, Kerner und Spätburgunder.

Vorjahre
Die 2010er Weine waren gleichmäßig, wenn auch ein wenig verhaltener, Star vor zwei Jahren war das üppige 2009er Große Silvaner-Gewächs. Die letztjährige Kollektion war ebenfalls sehr gleichmäßig, in der Spitze aber etwas verhalten. Die saftige, süffige Solaris Auslese und der kraftvolle, im Barrique ausgebaute Spätburgunder waren unsere Favoriten.

Neue Kollektion
Die neue Kollektion ist nicht ganz so stimmig und gleichmäßig. Das 2011er Große Gewächs ist weich und füllig, aber schon etwas müde, so dass uns der saftige klare 2012er Johannisberg-Silvaner besser gefällt. Noch besser finden wir den Riesling, ebenfalls aus dem Johannisberg, der klar, kraftvoll und zupackend sich präsentiert mit einer wunderschön reintönigen Rieslingfrucht.◄

Weinbewertung
82 2012 Müller-Thurgau trocken Thüngersheimer Johannisberg **12,5 %/8,- €**
79 2012 Riesling trocken Thüngersheimer **12 %/6,50 €**
84 2012 Silvaner trocken Thüngersheimer Johannisberg **13,5 %/9,50 €**
82 2011 Silvaner „GG" Johannisberg **14 %/15,- €**
85 2012 Riesling trocken Thüngersheimer Johannisberg **12,5 %/9,50 €**
83 2012 Kerner Spätlese Thüngersheimer **12,5 %/8,50 €**

★★
Gerhard **Schwarztrauber**
Weingut   **Pfalz**

🖂 *Lauterbachstraße 20*
67435 Neustadt-Mußbach an der Weinstraße
Tel. *06321-968561,* **Fax:** *06321-968562*
weingut@schwarztrauber.com
Besuchszeiten: *Mo.-Do. 8-12, Fr. 8-18 Uhr,*
Sa. 9-16 Uhr und nach Vereinbarung

Inhaber . . . . Gerhard Schwarztrauber
Rebfläche . . . . 15 Hektar

Das Weingut Schwarztrauber ist ein Familienbetrieb in Mußbach bei Neustadt. 1959 haben Walther und Gerlinde Schwarztrauber mit der Selbstvermarktung begonnen, sechs Jahre später ist man von der Ortsmitte Mußbachs ausgesiedelt. Seit 1986 ist das Weingut Mitglied bei Bioland, mittlerweile hat Sohn Gerhard den Betrieb übernommen. Der Boden wird mit Klee, Roggen oder Wicken begrünt, Kompost versorgt ihn mit Nährstoffen. Gegen Pilzbefall und Schädlinge helfen intensive Laubarbeit und Spritzungen mit Fenchelextrakten und Backpulver. Wichtigste Rebsorte ist Riesling. Es folgen Spätburgunder, Silvaner, Dornfelder, Regent, sowie Weiß- und Grauburgunder. 2011 wurde der neue Weinkeller eingeweiht, in dem die kommenden Jahrgänge noch schonender und moderner ausgebaut werden sollen. Ziel ist es, im Rotweinbereich noch mehr mit Barriques zu arbeiten, wobei auf minimales Toasting gesetzt wird, dominante Holznoten sind nicht erwünscht.

Vorjahre
Vor zwei Jahren waren die Weißweine durch ihre hohe Restsüße gefällig, betonten ihre Frucht, der Merlot zeigte ebenfalls viel Frucht, der Spätburgunder wirkte noch sehr jung. Im vergangenen Jahr waren die Weißweine klar und frisch, im roten Segment gefielen uns Masterpiece Junior und Masterpiece am besten.

Die besten deutschen Weinerzeuger und ihre Weine

S

Die besten deutschen Weinerzeuger und ihre Weine

Neue Kollektion

Meisterstücke gab es dieses Jahr nicht zu verkosten, die Kollektion präsentiert sich sehr gleichmäßig, weiß wie rot. Am besten gefallen uns im weißen Segment die Rieslinge aus Herzog und Kapellenberg, beide sind kraftvoll, klar und zupackend; rot gefällt uns der reintönige Frucht Spätburgunder, die Premiumversion ist kraftvoller, aber sehr vom Holz geprägt. ◀

Weinbewertung

82 2012 Grauburgunder Kabinett trocken „Edition Papillon" Mußbacher Glockenzehnt 13 %/9,80 €

82 2012 Chardonnay trocken „Edition Papillon" 13 %/7,20 €

80 2012 Riesling trocken Mußbacher Eselshaut 12,5 %/6,90 €

85 2012 Riesling Kabinett trocken „Edition Papillon" Haardter Herzog 12,5 %/12,50 €

85 2012 Riesling Kabinett trocken „Edition Papillon" Gimmeldinger Kapellenberg 12,5 %/12,50 €

80 2011 Blaufränkisch trocken 13,5 %/7,50 €

81 2011 „Mara Sophie" Rotwein trocken „Edition Papillon" 13 %/7,50 €

84 2011 Spätburgunder trocken „Edition Papillon" 13,5 %/10,50 €

84 2011 Spätburgunder trocken „Edition Papillon Premium" 14 %/15,- €

★

Schweickardt
Weingut   **Rheinhessen**

Breitgasse 48, 55437 Appenheim
Tel. 06725-2723, **Fax**: 06725-963046
www.weingut-schweickardt.de
info@weingut-schweickardt.de
Besuchszeiten: Mo.-Fr. 8-19 Uhr, Sa. 9-17 Uhr, So. 10-12 Uhr
Vinothek (bis 70 Personen), Gästezimmer

Inhaber .... Gunnar Schweickardt
Rebfläche .... 13 Hektar

Der Weidenhof ist ein 1870 gegründeter Familienbetrieb, der heute von Gunnar Schweickardt geführt wird. Seine Weinberge liegen in den Appenheimer Lagen Eselspfad, Hundertgulden und Daubhaus, sowie im Gau-Algesheimer Goldberg. Der Boden im Eselspfad ist durch einen hohen Sandanteil geprägt, im Daubhaus findet man leichten Lösslehm mit etwas Feinsandanteil, in den Lagen Hundertgulden und Goldberg tonige Lehmböden. Riesling, Weißburgunder, Grauburgunder, Chardonnay und Silvaner werden angebaut, aber auch Bacchus, Huxelrebe und Kerner. An roten Sorten gibt es Spätburgunder, Frühburgunder, Portugieser, Sankt Laurent, Dornfelder und Merlot.

Vorjahre

Seit der ersten Ausgabe kennen wir das Weingut als höchst zuverlässigen Betrieb mit moderaten Preisen. 2010 präsentierten sich die Weine frisch und fruchtbetont, der Riesling aus dem Hundertgulden bereitete viel Freude. Die 2011er Kollektion war ohne Fehl und Tadel, präsentierte sich gleichmäßig auf gutem Niveau, neben dem Hundertgulden-Riesling gefiel uns der Grauburgunder am besten.

Neue Kollektion

Sehr homogen präsentiert sich nun die neue Kollektion mit klaren, fruchtbetonten Weinen, unser Favorit ist die füllige, schmeichelnde Huxelrebe Auslese. ◀

Weinbewertung

82 2012 Grauburgunder trocken 13,5 %/4,80 €
83 2012 Chardonnay trocken 13,5 %/6,30 €
82 2012 Riesling trocken Hundertgulden 12,5 %/6,30 €
84 2012 Huxelrebe Auslese 9,5 %/6,40 €
81 2011 Frühburgunder trocken 13,5 %/6,80 €
81 2011 Pinot Noir trocken 13,5 %/6,90 €

Schweigler ★
Wein- und Sektgut   **Baden**

Hauptstraße 23, 79589 Binzen
Tel. 07621-64790, *Fax* 07621-669639
www.weingut-schweigler.de
info@weingut-schweigler.de
Besuchszeiten: Mo.-Fr. 8-12 + 13:30-19 Uhr,
Sa. 8-12 + 13:30-18 Uhr

Inhaber . . . . Dieter Schweigler
Kellermeister . . . . Stefan Schweigler
Rebfläche . . . . 6 Hektar

Wichtigste Rebsorte bei Dieter Schweigler ist der Gutedel, der über 40 Prozent der Fläche einnimmt. Es folgt Spätburgunder als zweite Hauptrebsorte, dazu gibt es Müller-Thurgau, Nobling, Weißburgunder, Grauburgunder, Regent und ein klein wenig Gewürztraminer. Seit 2002 ist Sohn Stefan im Betrieb tätig und verantwortlich für den Weinausbau.

Vorjahre _____

Die 2010er blieben ein klein wenig hinter den Vorjahren zurück, der Nobling-Sekt, der Weißburgunder und der 2009er Spätburgunder gefielen uns vor zwei Jahren am besten. Sehr gleichmäßig präsentierte sich die letztjährige Kollektion mit frischen, geradlinigen 2011er Weißweinen und einem fruchtbetonten Spätburgunder aus dem Jahrgang 2010, unser Favorit war einmal mehr der Nobling-Sekt.

Neue Kollektion _____

Sehr geschlossen präsentiert sich nun die neue Kollektion, bietet feine Gutedel und Sekte und geradlinige Spätburgunder, wobei die trockene Spätlese noch sehr tanninbetont und jugendlich ist. ◄▬

Weinbewertung _____

85   2011 Nobling Sekt brut   **12,5 %/8,20 €**
83   2011 Pinot Rosé Sekt extra trocken
      12,5 %/8,90 €
83   2012 „Grüner Markgräfler" Gutedel trocken
      10,5 %/5,50 €

82   2012 Gutedel trocken   **12 %/4,40 €**
81   2012 Grauburgunder Kabinett trocken
      13 %/6,30 €
82   2012 Johanniter Spätlese trocken   **13 %/7,90 €**
82   2012 „Rosa Markgräfler" Spätburgunder Rosé
      trocken   **12 %/6,50 €**
83   2011 Spätburgunder trocken   **13,5 %/6,10 €**
83   2011 Spätburgunder Spätlese trocken
      13,5 %/8,90 €

Bgm. Willi   ★★☆

Schweinhardt Nf.
Weingut   **Nahe/Mittelrhein**

Heddesheimer Straße 1, 55450 Langenlonsheim
Tel. 06704-93100, *Fax:* 06704-931050
www.schweinhardt.de
info@schweinhardt.de
Besuchszeiten: Mo.-Fr. 9-18 Uhr, Sa. 10-18 Uhr,
So. 12-18 Uhr
„Heinrichs Bed & Breakfast im Weingut Schweinhardt"

Inhaber . . . . Axel Schweinhardt
Rebfläche . . . . 33 Hektar

Das Weingut Bürgermeister Willi Schweinhardt gehört mit einer durchschnittlichen Jahresproduktion von 300.000 Flaschen zu den größten Weingütern an der Nahe. 90 Prozent davon werden an Privatkunden verkauft. Die Reben wachsen in den Langenlonsheimer Lagen Löhrer Berg (Terrassenschotter und Kies), Königsschild (Muschelkalk) und Rothenberg (Rotschiefer). Wichtigste Rebsorten bei Axel Schweinhardt sind Riesling und die Burgundersorten, sowie in den letzten Jahren verstärkt auch rote Sorten wie Spätburgunder, Dornfelder, Portugieser, Frühburgunder, Merlot und Cabernet Sauvignon. Wobei das Weingut auf eine lange Rotweintradition zurückblickt und bereits seit den fünfziger Jahren Rotwein erzeugt. Auch Grau- und Weißburgunder haben schon immer eine wichtige Rolle

S

Die besten deutschen Weinerzeuger und ihre Weine

gespielt, ebenso Chardonnay. Die Weine werden kühl mit Reinzuchthefen vergoren.

Vorjahre

Seit der ersten Ausgabe empfehlen wir die Weine von Axel Schweinhardt, seither beweist er Konstanz auf hohem Niveau. Konstanz über die Jahrgänge hinweg, aber auch Konstanz innerhalb der Kollektionen, trocken wie süß, weiß wie rot, bei den Burgundern wie beim Riesling. Die Weine sind füllig und kraftvoll, auch im trockenen Segment oft von einer merklichen Restsüße geprägt, sie besitzen Substanz und Länge. Der Jahrgang 2010 hatte in den Weinen seine Spuren hinterlassen, die Weine waren weniger fruchtig und harmonisch als gewohnt, unabhängig davon ob sie aus Langenlonsheim kamen oder vom Mittelrhein. Die 2011er Kollektion präsentierte sich dann wieder sehr homogen. Die drei Weine vom Mittelrhein waren knackige Rieslinge mit Biss und auch die trockenen Rieslinge von der Nahe waren alle klar mit feiner Würze und Frische – und deutlicher Restsüße. Unser Favorit war wieder einmal der nachhaltige Terrassen-Riesling aus dem Rothenberg.

Neue Kollektion

Auch 2012 ist die Kollektion wieder sehr homogen, wenn sich auch einzelne Weine etwas verhaltener präsentieren als im vergangenen Jahr. So fehlt es dem füllligen und saftigen Terrassen-Riesling im Vergleich zu seinem Jahrgangsvorgänger ein wenig an Nachhaltigkeit. Und insgesamt würden wir uns in den trockenen Rieslingen etwas weniger Restzucker wünschen. Die beiden Rotweine besitzen Struktur und Kraft, aber auch noch etwas jugendlich-ruppige Tannine. ◀

Weinbewertung

83   2012 Grauburgunder trocken Langenlonsheimer Löhrer Berg   **13,5 %/7,50 €**

85   2012 Weißburgunder trocken Langenlonsheimer Löhrer Berg   **13,5 %/8,10 €**

83   2012 Riesling trocken Langenlonsheimer   **12 %/5,50 €**

84   2012 Riesling trocken Langenlonsheimer Löh-

rer Berg   **12 %/7,70 €**

85   2012 Riesling trocken Langenlonsheimer Königsschild   **12,5 %/7,90 €**

85   2012 Riesling trocken Langenlonsheimer Rothenberg   **12,5 %/8,50 €**

86   2012 Riesling trocken „Terrasse" Langenlonsheimer Rothenberg   **13 %/16,50 €**

85   2012 Riesling trocken Kauber Backofen   **11,5 %/8,50 €**

82   2012 Riesling Kabinett „feinherb" Langenlonsheimer Rothenberg   **12 %/8,50 €**

82   2012 Spätburgunder trocken „Blanc de Noir" Langenlonsheimer   **13,5 %/7,-€**

83   2011 „Scala" Rotwein trocken Barrique **13 %/15,-€**

84   2011 Merlot trocken Barrique   **13 %/15,50 €**

★

Schwörer

Weingut - Weinhaus   **Baden**

Grol 8, 77770 Durbach
***Tel.** 0781-42362, **Fax**: 0781-33408*
www.weingut-schwoerer.de
info@weingut-schwoerer.de
***Besuchszeiten:** Mo.-Fr. 8:30-12 + 13:30-18 Uhr, Sa. 8:30-13 Uhr, So. 10-12 Uhr (außer Jan./Febr.)*

Inhaber . . . . Josef Rohrer
Rebfläche . . . . 25 Hektar

Die Familie Schwörer betrieb seit 1812 Weinbau in Durbach. 2001 übernahm Josef Rohrer, zuvor Gutsverwalter des Weingutes Graf Wolff Metternich in Durbach, das Gut. Die Weinberge befinden sich in den Durbacher Lagen Plauelrain, Kochberg und Ölberg. Riesling und Spätburgunder sind die wichtigsten Rebsorten. Hinzu kommen Müller-Thurgau, Grauburgunder, Traminer, Weißburgunder und Chardonnay, inzwischen auch Cabernet Sauvignon und Sauvignon Blanc.

Vorjahre

Vor zwei Jahren gefiel uns die Scheurebe Auslese am besten, die 2009er Rotweine prä-

S

sentierten sich gleichmäßig. Ähnlich war das Bild im vergangenen Jahr: Die prächtige Scheurebe Auslese führte das Feld an, rot überzeugte vor allem der kraftvolle Cabernet Sauvignon aus dem Jahrgang 2010.

Neue Kollektion

Die trockenen Weißweine sind 2012 etwas verhalten, die Scheurebe Auslese aber ist sehr gut wie immer, zeigt reintönige Frucht im Bouquet, ist klar, frisch und harmonisch im Mund. Im roten Segment gefällt uns der Cabernet Sauvignon am besten, der Cassis und Paprika im Bouquet zeigt, kraftvoll und zupackend im Mund sich präsentiert bei guter Struktur. ◀

Weinbewertung

81 2012 Klingelberger Riesling Kabinett trocken Durbacher Plauelrain **12 %/6,80 €**

82 2012 Weißburgunder Kabinett trocken Durbacher Kochberg **12,5 %/6,80 €**

82 2012 Grauburgunder Spätlese trocken Durbacher Plauelrain **13 %/7,80 €**

81 2012 Chardonnay Spätlese trocken Durbacher **13 %/9,60 €**

87 2012 Scheurebe Auslese Durbacher Ölberg **10,5 %/12,- €/0,5l**

80 2012 Spätburgunder Rosé trocken Durbacher **12,5 %/6,80 €**

84 2011 Spätburgunder trocken Holzfass Durbacher Plauelrain **13,5 %/9,60 €**

82 2011 Spätburgunder trocken „Maz" Durbacher Plauelrain **13,5 %/9,60 €**

81 2011 Spätburgunder trocken Barrique Durbacher Plauelrain **13,5 %/10,90 €**

86 2011 Cabernet Sauvignon trocken Barrique Durbacher **13,5 %/11,80 €**

★★☆

Lothar **Schwörer**
Weingut   **Baden**

Waldstraße 6, 77971 Kippenheim-Schmieheim
Tel. 07825-7411, **Fax:** 07825-2381
www.weingut-lothar-schwoerer.de
mail@weingut-lothar-schwoerer.de
Besuchszeiten: Mo.-Fr. 16-19 Uhr, Sa. 9-15 Uhr oder nach Vereinbarung

Inhaber . . . . Lothar Schwörer
Rebfläche . . . . 11 Hektar

Lothar und Cornelia Schwörer führen das Weingut seit 1993 in fünfter Generation. Sie haben die Rebfläche verdoppelt, das Sortenspektrum erweitert und in neue Kellerei- und Betriebstechnik investiert. Ihre wichtigsten Lagen sind Schmieheimer Kirchberg (mit der Premiumlage Kalkofen) und Kippenheimer Haselstaude. Die Reben wachsen hier, im nördlichen Breisgau, teils auf Kalkstein, teils aber auch auf Löss und auf Muschelkalkverwitterungsböden. Zwei Drittel der Rebfläche nehmen die Burgundersorten ein, vor allem Spätburgunder, aber auch Auxerrois (10 Prozent der Fläche!), Grauburgunder und Weißburgunder. Hinzu kommen Riesling und Müller-Thurgau, Chardonnay und Muskateller. Die Weine aus dem Gewann Kalkofen (weiß-gelblicher Kalksteinfels) tragen die Bezeichnung „Vom Kalksteinfels".

Vorjahre

Vor zwei Jahren hatten die Spätburgunder weiter zugelegt, bestachen mit ihrer reintönigen Frucht; auch die 2010er Weißweine präsentierten sich frisch und klar, Weißburgunder und Muskateller gefielen uns sehr gut, ebenso die beiden „Visionen", noch besser aber fanden wir den Riesling vom Kalksteinfels aus dem Jahrgang 2009. Eine sehr geschlossene, überzeugende Kollektion präsentierte Lothar Schwörer auch im vergangenen Jahr. Die Crémants waren frisch und harmonisch, im weißen Segment

Die besten deutschen Weinerzeuger und ihre Weine

S

gefielen uns die beiden Weine vom Kalksteinfels besonders gut; der 2009er Spätburgunder von alten Reben stand seinem Vorgänger kaum nach.

Neue Kollektion

Sehr geschlossen präsentiert sich auch die neue Kollektion, weiß wie rot, Der zupackende Spätburgunder von alten Reben ist noch sehr jugendlich, im weißen Segment gefällt uns der füllige, kraftvolle, zupackende Weißburgunder vom Kalksteinfels besonders gut, noch etwas besser gar der Riesling, der reintönige Frucht, gute Struktur und Substanz und feine Frische besitzt. ◄

Weinbewertung

83   2011 Riesling Crémant brut   12,5 %/11,- €

84   2012 Weißburgunder Kabinett trocken
12 %/8,- €

86   2012 Weißburgunder trocken „vom Kalksteinfels"   12 %/11,- €

83   2012 Grauburgunder Kabinett trocken Kirchberg   12,5 %/8,- €

82   2012 Auxerrois Kabinett trocken „Hugenottenwein"   12,5 %/8,- €

83   2012 Chardonnay Kabinett trocken Haselstaude   11,5 %/8,- €

84   2012 Riesling trocken „SL"   11,5 %/8,- €

87   2012 Riesling Spätlese trocken „Kalksteinfels"
12 %/11,- €

83   2012 Spätburgunder Rosé trocken   12 %/8,- €

85   2009 Spätburgunder trocken „Fass Nr. 1"
13 %/9,50 €

86   2010 Spätburgunder trocken „Alte Reben" Barrique   13,5 %/17,- €

S

★

Scultetus-Brüssel
Weingut   **Rheinhessen**

Winzerstraße 15, 67595 Bechtheim
Tel. 06242-7048, Fax: 06242-7077
www.weingut-scultetus-bruessel.de
mail@weingut-scultetus-bruessel.de
Besuchszeiten: Mi. + Fr. 9-12 + 13-18 Uhr, Sa. 9-12 +
13-16 Uhr und nach Vereinbarung

Inhaber . . . . . . Dieter Brüssel und Janine Brüssel
Rebfläche . . . . 10 Hektar

Das Weingut Scultetus-Brüssel wird von Dieter und Martina Brüssel geführt, sowie Tochter Janine, die ebenso wie die jüngere Tochter Jasmin Weinbautechnikerin ist. Die wichtigsten Rebsorten sind Riesling, Silvaner, Weißburgunder, Grauburgunder, Spätburgunder, Portugieser und Dornfelder, aber auch Chardonnay, Merlot und Cabernet Sauvignon werden angebaut.

Vorjahre

Der 2009er Riesling „JJ" führte vor zwei Jahren eine gute Kollektion an. Gut und gleichmäßig präsentierte sich auch die letztjährige Kollektion, in der wir den Barrique-Weißburgunder am besten bewerteten.

Neue Kollektion

Diesen konnten wir nun erneut verkosten, er besitzt wie im Vorjahr Fülle und Substanz; gut gefällt uns auch der 2012er Geyersberg-Riesling, der sehr reintönig ist, aber noch recht jugendlich und verschlossen. ◄

Weinbewertung

81   2012 Riesling trocken   12 %/5,- €

81   2012 Silvaner trocken   12 %/4,50 €

82   2012 Riesling trocken „JJ" Bechtheimer
13,5 %/8,50 €

84   2012 Riesling trocken Bechtheimer Geyersberg   13,5 %/11,50 €

84   2011 Weißburgunder trocken „JJ" (Bechtheimer)   13,5 %/10,- €

79   2012 Gewürztraminer trocken   12,5 %/6,- €

Heinrich **Seebrich**

★☆

Weingut   **Rheinhessen**

Schmiedgasse 3-5, 55283 Nierstein
Tel. 06133-60150, **Fax:** 06133-60165
www.weingut-seebrich.de
kontakt@weingut-seebrich.de
Besuchszeiten: nach Vereinbarung

Inhaber . . . . Jochen und Heinrich Seebrich
Rebfläche . . . . 14,5 Hektar

Das Weingut Seebrich in Nierstein befindet sich seit seiner Gründung 1783 in Familienbesitz. Die Weinberge liegen in den Niersteiner Lagen Hipping, Oelberg, Heiligenbaum, Findling, Klostergarten, Paterberg, Rosenberg und Brückchen. Wichtigste Rebsorte bei Jochen und Heinrich Seebrich ist Riesling, der knapp 50 Prozent der Rebfläche einnimmt. Hinzu kommen Dornfelder, Grauburgunder, Weißburgunder, Müller-Thurgau, Silvaner, Spätburgunder, Kerner, Merlot, Scheurebe Gewürztraminer und Frühburgunder. Die Weine werden langsam vergoren und dann im Holzfass oder im Edelstahltank ausgebaut. 2008 wurde der Weingarten des Mathildenhofes in Nierstein gepachtet und mit Riesling bepflanzt.

Vorjahre

Seit der ersten Ausgabe empfehlen wir das Weingut. In starken, homogenen Kollektionen setzen immer wieder edelsüße Rieslinge – Auslesen, Eisweine, Beerenauslesen – die Glanzlichter, edelsüße Weine, die immer durch Eleganz und Frische bestechen. Homogen war der Jahrgang 2010, allerdings nicht ganz auf dem Niveau des Vorjahres; die trockenen Spitzenweine waren mächtig, allzu mächtig, vom Alkohol geprägt und merklich süß. 2011 präsentierte sich sehr ähnlich wie das Vorjahr, allerdings mit der entscheidenden Ausnahme, dass Spitzen vorhanden waren, trocken wie edelsüß.

Neue Kollektion

Die neue Kollektion gefällt uns gut. Das trockene Segment wird angeführt von drei fülligen, reifen Rieslingen, unter denen wird den kraftvollen, strukturierten Wein vom Schloss Schwabsburg leicht präferieren. Sehr stimmig präsentiert sich auch der süße Teil der Kollektion mit einer würzigen, zupackenden Auslese und einer enorm duftigen Beerenauslese, die an kandierte Früchte denken lässt, süß und konzentriert ist. ◀

Weinbewertung

78	2012 Riesling trocken Niersteiner (1l) **12 %/6,40 €**
81	2012 Weißburgunder trocken Niersteiner **13 %/7,10 €**
81	2012 Riesling Kabinett trocken „Roter Schiefer" Niersteiner **12,5 %/7,10 €**
83	2012 Riesling Spätlese trocken Niersteiner Ölberg **13 %/8,30 €**
85	2012 Riesling Auslese trocken „Mathildenhof" Niersteiner Kranzberg **13 %/11,50 €**
85	2012 Riesling Auslese trocken „Steilhang" Niersteiner Hipping **13,5 %/14,90 €**
86	2012 Riesling trocken Niersteiner Schloss Schwabsburg **13 %/18,90 €**
81	2012 Sauvignon Blanc **13 %/7,40 €**
82	2012 Riesling Spätlese „feinherb" Niersteiner Hipping **12,5 %/8,70 €**
83	2012 Riesling Spätlese Niersteiner Hipping **9,5 %/8,10 €**
86	2012 Riesling Auslese Niersteiner Hipping **7,5 %/12,- €**
89	2012 Riesling Beerenauslese Niersteiner Hipping **8 %/39,- €**

Die besten deutschen Weinerzeuger und ihre Weine

S

Seeger
Weingut   ★★★★★
Baden

Rohrbacher Straße 101, 69181 Leimen
Tel. 06224-72178, **Fax:** 06224-78363
www.seegerweingut.de
info@seegerweingut.de
Besuchszeiten: nach Vereinbarung
Gutsausschank „Jägerlust", Di.-Fr. 18-23 Uhr, Tel.
06224-77207

Inhaber..........................Thomas Seeger
Rebfläche............................10 Hektar

Die Weinberge von Thomas Seeger liegen alle im Herrenberg, der teils zu Leimen, teils zu Heidelberg gehört. Riesling und die Burgunder sind die wichtigsten Sorten. Zu Spätburgunder und Schwarzriesling, Weiß- und Grauburgunder hat er zuletzt ein wenig Sauvignon Blanc hinzu gepflanzt. Die Barrique-Rotweine werden für etwa 22 Monate in französischer Eiche ausgebaut. Seine Barriqueweine kennzeichnet er nach eigener Einschätzung mit den Buchstaben S, R und RR, in aufsteigender Reihenfolge. Alle Weine werden trocken ausgebaut. Die Weine stammen aus dem Herrenberg, tragen aber nur zum Teil die Lagenbezeichnung auf dem Etikett.

Vorjahre

2010 gab es zwar keine neuen Weine im Programm, aber doch eine Neuerung: Weißburgunder S und Grauburgunder S trugen jetzt die Bezeichnung Oberklamm, sind wie der Riesling VDP-klassifizierte Große Gewächse. Alle drei präsentierten sich druckvoll und komplex, unsere leichte Präferenz galt dem faszinierenden Grauburgunder. Auch die anderen Weißweine waren frisch und klar, der Auxerrois, alle Rieslinge und auch der geradlinige Sauvignon Blanc. Die 2009er Spätburgunder waren noch feiner als ihre Vorgänger, im wahrsten Sinne des Wortes, eleganter, präziser, „burgundischer", ohne aber an Kraft und Konzentration einzubüßen im Vergleich

zu früheren Jahrgängen. Den Dreifach-R sahen wir an der Spitze, die Spätburgunder mit einem und zwei R auf dem Etikett sahen wir gleichauf, schon der Spätburgunder S war hervorragend. Auch die beiden Schwarzrieslinge begeisterten uns 2009 wieder, sie waren reintönig, komplex und lang. Noch faszinierender aber fanden wir die Lemberger, den Lemberger R insbesondere. Die Cuvées Anna und Naan ergänzten mit gewohnt hohem Niveau das rote Programm. Noch besser war die Kollektion im vergangenen Jahr, denn die Weißweine hatten weiter zugelegt, sowohl Weiß- und Grauburgunder als auch Riesling gehörten – die Großen Gewächse – zur Spitze in Deutschland. Dass dies auch für Spätburgunder, Lemberger und Schwarzriesling galt, ist fast schon zur Selbstverständlichkeit geworden. Neu im Programm war der Chardonnay S, der Ambitionen erkennen lies.

Riesling 2012

Der „Philipp Georg" ist frisch und klar, zupackend und fruchtbetont, dezent mineralisch, der Riesling von alten Reben zeigt etwas gelbe Früchte und Zitrus im Bouquet, besitzt Frische und Kraft im Mund, Substanz und Biss. Noch besser gefällt uns die „Anna Marie", sie besitzt Fülle und Kraft, Komplexität und feinen Nachhall. Das Große Gewächs ist füllig und saftig, besitzt reife Frucht, feinen Druck und Länge mit dezent mineralischen Noten.

Weißburgunder 2012

Der Qualitätswein ist frisch und fruchtbetont, wunderschön reintönig wie auch der harmonische, saftige Kabinett, der AS besitzt Kraft und Struktur, Substanz und Druck. Das Große Gewächs ist enorm füllig und konzentriert, druckvoll und strukturiert, besitzt viel Substanz, Kraft und Nachhall.

Grauburgunder 2012

Ein großes Grauburgunder-Jahr ist auch 2012 wieder für Thomas Seeger. Auf den reintönigen, harmonischen Kabinett folgt mit dem AS ein der besten Grauburgunder Deutsch-

S

lands: Er zeigt feinen Toast im Bouquet, ist füllig und druckvoll im Mund, besitzt herrlich viel Frucht, Substanz, Kraft und Länge. Aber es kommt noch Besser: Das Große Gewächs zeigt ebenfalls Toast im Bouquet, ist im Mund noch etwas kraft- und druckvoller, faszinierend präzise, lang und nachhaltig, wir waren uns sofort einig in unserer Finalprobe: Der beste Grauburgunder des Jahrgangs in Deutschland.

Weitere Weißweine

Der Sauvignon Blanc ist frisch und reintönig, der Auxerrois Kabinett geradlinig und klar, der Auxerrois AS besitzt herrlich viel Frucht, gute Struktur und Kraft, die Cuvée Georg ist würzig und recht cremig, der Chardonnay wunderschön fruchtbetont und strukturiert, die S-Version besitzt Kraft und reintönige Frucht, gute Struktur und Druck, ist enorm lang und nachhaltig, gehört zur Spitze in Deutschland.

Spätburgunder 2011

Ganz stark ist einmal mehr die Spätburgunder-Kollektion von Thomas Seeger. Der S ist kraftvoll und jugendlich, besitzt viel Tannine und Biss, der R ist faszinierend präzise, besitzt feine Frucht und Tannine, gute Struktur und viel Substanz, ist jugendlich. Das Große Gewächs ist fruchtbetont und faszinierend klar im Bouquet, frisch, klar und präzise im Mund, herrlich druckvoll, besitzt gute Struktur, Länge und enormen Nachhall. Der druckvollste aller 2011er Spätburgunder in unserer Finalprobe war aber ganz klar der Dreifach-R: Faszinierend viel Konzentration, Fülle und Kraft, Substanz und Frische, enormer Druck und Nachhall, faszinierend viel Wein.

Weitere Rotweine

Hier gibt es einen Neuerung in diesem Jahr, die Lemberger heißen nun Blaufränkisch. Der S ist fruchtbetont, klar und zupackend, der R enorm stoffig und konzentriert, besitzt viel Kraft und Tannine, reife Frucht und gute Struktur, ist noch enorm jugendlich und hat viel Potenzial. Große Klasse sind 2011 die

Schwarzrieslinge: Der S ist wunderschön reintönig und präzise, der R besitzt faszinierend viel Frucht, ist fruchtbetont und kraftvoll, präzise, reintönig und lang: Viel Pinot! Die Cuvée Anna ist kraftvoll, stoffig und strukturiert die Cuvée Naan enorm füllig, kraftvoll und tanninbetont. ◄

Weinbewertung

86	2012 Weißburgunder trocken 12,5 %/6,70 € ☺
87	2012 Weißburgunder Kabinett trocken 12 %/8,10 € ☺
87	2012 Auxerrois Kabinett trocken 12 %/8,10 € ☺
87	2012 Grauburgunder Kabinett trocken 12 %/8,10 € ☺
88	2012 Chardonnay trocken 12,5 %/8,10 € ☺
87	2012 Sauvignon Blanc „S" trocken 12,50 €
89	2012 Auxerrois „AS" trocken 13 %/12,50 €
90	2012 Weißburgunder „AS" trocken 12,5 %/12,50 € ☺
93	2012 Grauburgunder „AS" trocken 12,5 %/12,50 € ☺
89	2012 „Georg" Weißwein trocken 13 %/13,50 €
94	2012 Chardonnay „S"
93	2012 Weißburgunder „GG" „Oberklamm" 19,50 €
95	2012 Grauburgunder „GG" „Oberklamm" 19,50 € ☺
89	2012 Riesling trocken „Alte Reben" 12,5 %/11,50 € ☺
88	2012 Riesling trocken „Philipp Georg" 12,5 %/11,50 €
90	2012 Riesling trocken „Anna Marie" 12,5 %/13,50 € ☺
93	2012 Riesling „GG" „Oberklamm" 25,- € ☺
85	2012 Spätburgunder 13 %/8,10 €
90	2011 Schwarzriesling „S" 13,5 %/19,50 €
89	2011 Spätburgunder „S" 13 %/22,- €
90	2011 Blaufränkisch „S" 13,5 %/19,50 €
89	2011 „Anna" Rotwein 13 %/14,80 €
90	2011 „Naan" Rotwein 13,5 %/20,50 €
92	2011 Schwarzriesling „R" 13,5 %/27,50 €
92	2011 Spätburgunder „R" 13 %/36,- €
91	2011 Blaufränkisch „R" 13,5 %/27,50 €
94	2011 Spätburgunder „GG" „Oberklamm" 64,- €
95	2011 Spätburgunder „RRR" 120,- €

Die besten deutschen Weinerzeuger und ihre Weine

S

Seehof

Weingut Ernst Fauth

★★☆

Rheinhessen

Seegasse 20, 67593 Westhofen
Tel. *06244-4935,* **Fax:** *06244-907465*
www.weingut-seehof.de
weingut-seehof@t-online.de
Besuchszeiten: *Mo.-Sa. nach Vereinbarung*
Gästezimmer

Inhaber .... Familie Fauth
Rebfläche .... 16 Hektar

Seit vier Generationen baut die Familie Fauth auf dem 1200 Jahre alten Seehof in Westhofen Wein an. Seit 1999 werden Ernst und Ruth Fauth von Sohn Florian im Betrieb unterstützt, der für den Keller verantwortlich ist. Ihre Weinberge liegen vor allem in den Westhofener Lagen Morstein, Steingrube und Kirchspiel. Riesling, Müller-Thurgau, Weißburgunder und Grauburgunder bauen sie an, aber auch Scheurebe, Silvaner, Auxerrois und Chardonnay, dazu rote Sorten wie Spätburgunder, Frühburgunder, Dornfelder und Portugieser.

Vorjahre _____

Seit über einem Jahrzehnt nun empfehlen wir die Weine der Fauths. Damals fanden wir die edelsüßen Weine etwas interessanter als die trockenen – und wir freuten uns über die vielen „Schnäppchen". Die Preise haben ein wenig angezogen in den letzten Jahren, die Qualität aber auch, vor allem die trockenen Weißweine haben an Kraft und Nachhaltigkeit gewonnen. Der Riesling von alten Reben aus dem Morstein präsentierte sich 2010 so gut wie noch nie, auch der „normale" Morstein-Riesling war sehr gut, ebenso der Wein aus der Steingrube, der Abstand zu den Guts- und Ortsweinen war sehr groß. Edelsüß überzeugte wie gewohnt, gleich mit drei sehr schönen Weinen in diesem Jahrgang. 2011 zeigten sich die Gutsweine leicht verbessert, der Riesling von alten Reben aus dem Morstein war unser Favorit im trockenen Segment, auch der

Riesling aus dem Kirchspiel gefiel uns sehr gut. Die Glanzlichter setzten aber eindeutig die edelsüßen Weine, angefangen von der wunderschön reintönigen Scheurebe Auslese bis hin zu zwei fülligen Trockenbeerenauslesen.

Neue Kollektion _____

Die Gutsweine sind frisch und direkt, die Ortsweine etwas fülliger, spannend aber wird es erst bei den Lagenweinen mit einer feinen Riesling-Serie. Der Morstein ist reintönig und kraftvoll, der Wein aus dem Kirchspiel fülliger, besitzt gute Struktur und Frische, noch kraftvoller und fülliger ist der Steingrube-Riesling, ist dabei jugendlich und besitzt dezent mineralische Noten. Unser Favorit ist einmal mehr der Wein von alten Reben aus dem Morstein, der viel Fülle und Kraft besitzt, gute Struktur und Substanz. Kraftvoll und strukturiert ist auch der Grauburgunder, die Huxelrebe Auslese besitzt herrlich viel Frucht, Frische und Biss. ◄━

Weinbewertung _____

85 2010 Pinot Sekt brut „Jonathan" **12,5 %/14,- €**
81 2012 Riesling trocken **12,5 %/5,70 €**
82 2012 Weißburgunder & Chardonnay trocken
     13 %/6,20 €
84 2012 Weißburgunder trocken „vom Kalkstein"
     Westhofen **13,5 %/7,50 €**
83 2012 Grauburgunder trocken „vom Kalkstein"
     Westhofen **13,5 %/7,60 €**
83 2012 Riesling trocken „vom Kalkstein" Westhofen **13 %/7,80 €**
87 2012 Grauburgunder trocken „S" Westhofener
     Steingrube **13,5 %/11,50 €**
86 2012 Riesling trocken Westhofener Morstein
     13 %/12,50 €
87 2012 Riesling trocken Westhofener Kirchspiel
     13 %/13,90 €
88 2012 Riesling trocken Westhofener Steingrube **13 %/18,50 €**
89 2012 Riesling trocken „Alte Reben" Westhofener Morstein **13 %/24,- €**
88 2012 Huxelrebe Auslese Westhofener Rotenstein **9,5 %/9,50 €** ☺

Die besten deutschen Weinerzeuger und ihre Weine

S

Selbach-Oster

Weingut   **Mosel**

★★★★☆

Uferallee 23, 54492 Zeltingen
Tel. 06532-2081, **Fax:** 06532-4014
www.selbach-oster.de
info@selbach-oster.de
Besuchszeiten: nach Vereinbarung
Ratsschänke auf dem Marktplatz in Zeltingen (www.ratsschaenke-zeltingen.de)

Inhaber .... Johannes Selbach
Rebfläche .... 21 Hektar

Die Geschichte des Weinguts Selbach-Oster reicht bis in die Mitte des 17. Jahrhunderts zurück. Johannes Selbach, der einen Großteil seiner Weine in den Export gibt, besitzt heute Weinberge in besten Lagen wie Graacher Domprobst, Zeltinger Sonnenuhr und Schlossberg, Wehlener Sonnenuhr und Bernkasteler Badstube. Ein Großteil der Reben ist noch wurzelecht. Johannes Selbach baut praktisch ausschließlich Riesling an. Die Weine werden meist spontan vergoren, der Ausbau erfolgt in erheblichem Umfang im Eichenfuder.

Vorjahre

Jahr für Jahr fallen die Rieslinge von Selbach-Oster selbst in umfangreichen Mosel-Verkostungen auf: Sie bestechen durch ihre Eleganz und Reintönigkeit, und somit wirkt die Süße niemals vordergründig: Klassische Mosel-Rieslinge! Die trockenen Weine waren 2010 etwas allzu verhalten, die Spät- und Auslesen aber glänzten wie gewohnt mit Reintönigkeit und Eleganz. 2011 waren die trockenen und halbtrockenen Weine wieder deutlich stärker. Der süße Reigen wurde mit zwei eleganten Kabinettweinen eröffnet, brachte kraftvolle und doch elegante Spätlesen, die stoffigen Weine aus Anrecht und Rotlay und zwei hervorragende 2-Sterne-Auslesen.

2012 trocken

Sehr stimmig präsentiert sich das trockene Segment im Jahrgang 2012. Der Literriesling

ist frisch und klar wie auch der Weißburgunder, der Pinot Blanc besitzt viel reife Frucht und viel Substanz, ist aber doch etwas allzu süß. Die trockenen Spätlesen besitzen Kraft und Struktur, die aus dem Schlossberg mehr Substanz. Der halbtrockene Reigen beginnt mit einem feinen Kabinett und bietet dann zwei füllige, saftige feinherbe Spätlesen von alten Reben, die aus der Sonnenuhr besitzt viel Substanz und Länge.

2012 süß

Die süßen Spätlesen und Auslesen zeigen sehr hohes Niveau. Die Spätlese aus dem Domprobst ist faszinierend reintönig, harmonisch und elegant, gefällt uns ein klein wenig besser als die aus der Sonnenuhr, obwohl diese von Johannes Selbach mit einem Sternchen versehen wurde. Auch die beiden Auslesen sehen wir in etwa gleichauf, sie besitzen herrlich viel Frucht und viel Substanz, sind dabei harmonisch, elegant und lang. Dazu gibt es einen duftigen Eiswein, der in der Frucht an eingelegte süße Aprikosen erinnert, viel Substanz und viel Biss besitzt. ◄━

Weinbewertung

82 2012 Riesling trocken (1l) 12 %/7,- €
83 2012 Weißburgunder trocken 12,5 %/8,30 €
87 2012 Pinot Blanc** trocken 13 %/18,- €
83 2012 Riesling Kabinett trocken Zeltinger 11,5 %/9,50 €
87 2012 Riesling Spätlese trocken Zeltinger Sonnenuhr 12,5 %/14,- €
88 2012 Riesling Spätlese trocken* Zeltinger Schlossberg 13 %/18,- €
85 2012 Riesling Kabinett halbtrocken Zeltinger Himmelreich 11 %/9,30 €
87 2012 Riesling Spätlese „feinherb" „Alte Reben" Graacher Domprobst 11,5 %/16,- €
89 2012 Riesling Spätlese „feinherb" „Ur Alte Reben" Zeltinger Sonnenuhr 12 %/18,- €
84 2012 Riesling Kabinett Zeltinger Schlossberg 9 %/9,80 €
90 2012 Riesling Spätlese Graacher Domprobst 8 %/13,50 € ☺
89 2012 Riesling Spätlese* Zeltinger Sonnenuhr 8 %/15,- €

S

90 2012 Riesling Auslese Zeltinger Sonnenuhr
8,5 %/16,- €
90 2012 Riesling Auslese* Zeltinger Schlossberg
8 %/20,- €
91 2012 Riesling Eiswein Zeltinger Himmelreich
7,5 %/50,- €/0,375l

★★
Sermann-Kreuzberg
Weingut   **Ahr**

Seilbahnstraße 22, 53505 Altenahr
Tel. 02643-7105, Fax: 02643-901646
www.sermann.de
info@sermann.de
Besuchszeiten: täglich 10-18 Uhr und nach
Vereinbarung
Gästezimmer (4 Doppelzimmer)

Inhaber............................Klaus Sermann
Rebfläche..............................7,5 Hektar

Seit 1775 betreibt die Familie Weinbau aber erst seit 1936 besteht das eigene Weingut. Mit der Übernahme des Gutes durch Klaus Sermann im Jahr 1995 und dem Erwerb des Weingutes Kreuzberg in Reimerzhoven wurde das Weingut auf knapp 6 Hektar Weinberge erweitert, heute besitzt Klaus Sermann über 7 Hektar Reben. Seine Weinberge liegen in Altenahr (Eck, Ubigberg), Ahrweiler (Forstberg), Mayschoss (Burgberg) und Dernau (Hardtberg). Spätburgunder nimmt 60 Prozent der Rebfläche ein. Es folgen Frühburgunder, Riesling und Portugieser. In den letzten Jahren sind Kerner und Bacchus ganz aus dem Programm verschwunden, Müller-Thurgau und Portugieser wurden stark reduziert.

Vorjahre ————————————————
Der Goldkapsel-Frühburgunder war vor zwei Jahren unser Favorit unter den 2009er Rotweinen, der Goldkapsel-Spätburgunder kam ihm sehr nahe. Insgesamt präsentierte Klaus Sermann eine sehr homogene, stimmige Kol-

lektion, die wie gewohnt ihre Stärken bei den barriqueausgebauten Rotweinen hatte. 2010 gefiel uns der Goldkapsel-Spätburgunder aus dem Altenahrer Eck klar besser als der Frühburgunder aus dem Hardtberg, die Kollektion war stimmig, die recht würzigen Barrigueweine führten sie an, wie gewohnt.

Neue Kollektion ————————————————
Sehr ähnlich präsentiert sich die neue Kollektion, mit dem Unterschied, dass 2011 uns der Frühburgunder aus dem Hardtberg besser gefällt als der Goldkapsel-Spätburgunder aus dem Altenahrer Eck. Der Frühburgunder ist wunderschön füllig und kraftvoll, reintönig und komplex, besitzt reife Frucht, gute Struktur und Länge, während der Goldkapsel-Spätburgunder noch enorm jugendlich ist, gute Struktur und Frische besitzt, kraftvoll ist wie auch der Barrique-Spätburgunder, ebenfalls aus dem Altenahrer Eck; auch der reintönige Frühburgunder aus dem Burgberg behauptet sich sehr gut, wie gewohnt führen die Barriqueweine die stimmige Kollektion an. ◀━

Weinbewertung ————————————————
83 2012 Weißburgunder trocken Altenahrer Ubigberg **13 %/7,30 €**
82 2012 Riesling trocken **12,5 %/5,60 €**
80 2012 Spätburgunder „Blanc de Noir" trocken „Bellabianca" **12,5 %/6,50 €**
83 2012 Weißburgunder trocken Barrique Altenahrer Ubigberg **13 %/12,50 €**
82 2012 Spätburgunder trocken **13,5 %/6,20 €**
83 2012 Spätburgunder trocken Altenahrer Eck **14 %/7,80 €**
82 2012 Frühburgunder trocken **13,5 %/8,20 €**
84 2012 Spätburgunder trocken Ahrweiler Forstberg **14 %/8,30 €**
86 2011 Frühburgunder trocken Barrique Mayschosser Burgberg **13,5 %/13,- €**
87 2011 Spätburgunder trocken Barrique Altenahrer Eck **13,5 %/12,50 €**
89 2011 Frühburgunder trocken „Goldkapsel" Barrique Dernauer Hardtberg **13,5 %/19,50 €**
87 2011 Spätburgunder trocken „Goldkapsel" Barrique Altenahrer Eck **14 %/19,50 €**

S

Shelter
Winery   ★★★
                                        Baden

Mühlestraße 17, 79341 Kenzingen
Tel. 07644-927663, Fax: 07644-927775
www.shelterwinery.de
espe@shelterwinery.de
Besuchszeiten: nur nach Vereinbarung

Inhaber..........................Hans-Bert Espe
Kellermeister...Hans-Bert Espe und Silke Wolf
Rebfläche............................4,5 Hektar

Hans-Bert Espe stammt aus Osterode, Silke Wolf aus Paderborn. Beide haben in Geisenheim studiert, ihre Kenntnisse bei Auslandsaufenthalten erweitert. Kurz vor ihrer ersten eigenen Lese 2003 haben sie auf dem verlassenen Flughafen in Lahr eine Unterkunft für ihren Wein gefunden – und damit den Namen für ihr Weingut: Shelter Winery. Inzwischen bauen sie ihre Weine bei Freunden in Eichstetten aus. Ihre Weinberge liegen in Kenzingen und Malterdingen. Sie bauten ursprünglich nur Spätburgunder an, den aber gab es immer auch als Blanc de Noir und Sekt. Der Rotwein wird in Holzbottichen lange auf der Maische vergoren und im Barrique ausgebaut.

Vorjahre

Eine kleine, aber feine Kollektion hatte Hans-Bert Espe vor zwei Jahren. Der 2008er Pinot Noir präsentierte sich herrlich präzise und puristisch, der Sparkling gehörte einmal mehr zu den besten badischen Sekten, der Blanc de Noir war wunderschön frisch und fruchtbetont. Gleiches galt im vergangenen Jahr: Der Sekt war füllig, harmonisch und komplex, der Blanc de Noir wunderschön reintönig, so wie auch der frische, zupackende Spätburgunder; der neue Chardonnay war geradlinig. Die beiden Pinot Noir, 2009 und 2010, waren reintönig, frisch und zupackend.

Neue Kollektion

Der Blanc de Noir ist wunderschön reintönig im Bouquet, füllig und harmonisch im Mund, besitzt reife Frucht und gute Struktur wie auch der klare, zupackende Spätburgunder. Den Sparkling fanden wir noch nie so gut wie 2008, er ist rauchig und komplex, besitzt ganz dezente Vanillenoten, gute Struktur und viel Länge – einer der Top-Sekte in Deutschland. Und was für den Sekt gilt, das gilt auch für den Pinot Noir: Noch nie fanden wir ihn so gut wie 2011. Er zeigt faszinierend viel Frucht im Bouquet, etwas rauchige Noten, ist wunderschön reintönig und frisch im Mund, komplex und elegant, lang und nachhaltig. ◀

Weinbewertung

90 2008 „Sparkling" Sekt brut 12 %/19,- €
86 2012 „Blanc de Noir" 12,5 %/9,- €
85 2011 Spätburgunder 13,5 %/9,- €
91 2011 Pinot Noir 13 %/28,- €

Sieben
Sekthof   ★
                                        Nahe

🍷 *Binger Straße 11, 55452 Dorsheim*
Tel. 06721-994405, Fax: 06721-498999
www.oekosekt.de
sekthofsieben@t-online.de
Besuchszeiten: nach Vereinbarung

Inhaber..........................Joachim Sieben

1997 gründeten Joachim Sieben und Johanna Wagner-Sieben ihre Sektkellerei für Sekte aus biologischem Anbau. Die Trauben für die Sektgrundweine stammen aus Lagen rings um Dorsheim: Dorsheimer Goldloch, Burg Layer Hölle, Burg Layer Johannisberg und Laubenheimer Vogelsang.

Vorjahre

Vor zwei Jahren überzeugte die Cuvée aus den drei Champagner-Rebsorten, ebenso der Riesling brut nature, der wie der Brut-Riesling oder der Chardonnay zunehmend bissiger als in den Vorjahren daherkam. Auch im vergangenen Jahr war wieder die Cuvée

Die besten deutschen Weinerzeuger und ihre Weine

S

unser Favorit, zusammen mit dem Spätburgunder „Blanc de noirs", die Sekte waren füllig und harmonisch.

Neue Kollektion

In diesem Jahr haben die Riesling-Sekte Biss, alle Sekte zeigen klare Frucht und Fülle, sind aber bis auf unseren erneuten Favoriten, die saftige und cremige Cuvée aus Pinot Noir, Chardonnay und Pinot Meunier, etwas kurz im Mund. ◄━

Weinbewertung

82   Riesling Sekt brut nature   **12,5 %/9,70 €**
82   Riesling Sekt brut   **12,5 %/9,- €**
81   Pinot Blanc Sekt brut   **13 %/9,60 €**
83   Chardonnay Sekt brut   **13 %/12,30 €**
85   Pinot Noir Chardonnay Pinot Meunier Sekt brut   **13 %/14,90 €**
80   Schwarzriesling Rosé Sekt extra trocken **12 %/8,50 €**
78   Spätburgunder Sekt dry   **13 %/11,50 €**

Siegloch-Klöpfer ★★

Weingut   **Württemberg**

Albertviller Straße 51, 71364 Winnenden
Tel. *07195-177120,* **Fax:** *07195-177137*
www.siegloch-kloepfer.de
info@siegloch-kloepfer.de
Besuchszeiten: *Di. + Fr. 16-19 Uhr, Do. 10-12 Uhr, Sa. 9-13 Uhr oder nach Vereinbarung*

S

Inhaber .... David und Markus Siegloch
Rebfläche .... 7 Hektar

Das Weingut entstand 1993 durch die Zusammenlegung der Weinberge der Familien Klöpfer in Winnenden und Siegloch in Cannstatt. Seit 2006, seit sich die Söhne von Peter und Birgit Siegloch, Markus und David, im Betrieb engagieren, wurde der Betrieb umstrukturiert, es wurde in den Keller investiert, ein neuer Barriquekeller wurde errichtet. Die Weinberge von Markus und David Siegloch liegen in Win-

nenden (Haselstein, Holzenberg) und Bad Cannstatt (Zuckerle, Berg). Auf den Muschelkalkböden im Cannstatter Zuckerle wachsen überwiegend Rotweine. Auf den Stubensandsteinböden in Winnenden, bis zu 400 Meter hoch, werden vor allem weiße Sorten angebaut. Rote Sorten aber überwiegen im Anbau: Neben Trollinger und Lemberger gibt es Muskattrollinger, Spätburgunder, Zweigelt, Portugieser, Dornfelder, Merlot, Cabernet Franc und Syrah. An weißen Sorten werden Riesling, Weißburgunder, Gewürztraminer, Sauvignon Blanc, Müller-Thurgau und Silvaner angebaut. Die Weine werden betriebsintern mit 1 bis 3 Sternen klassifiziert, auf Prädikatsbezeichnungen wird verzichtet. Rotweine werden, teils nach Kaltmaceration, maischevergoren, bis zu vier Wochen. Die Spitzenweißweine werden bis zu einem Jahr auf der Hefe ausgebaut.

Vorjahre

Die 2010er Weißweine waren jahrgangsbedingt ein wenig verhaltener, aber frisch und klar. Die Vorteile lagen vor zwei Jahren eindeutig im roten Segment, wo uns neben der Cuvée aus Zweigelt und Syrah auch der reinsortige Syrah und der Lemberger sehr gut gefielen. Sehr ähnlich präsentierte sich die letztjährige Kollektion. Haselstein-Riesling und Gewürztraminer gefielen uns gut, trotzdem lagen die Vorteile einmal mehr im roten Segment, das kraftvolle, durchgegorene Rotweine bot wie den Merlot aus dem Cannstatter Berg oder den komplexen Lemberger aus dem Haselstein.

Neue Kollektion

In diesem Jahr gefallen uns im weißen Segment die beiden kraftvollen, strukturierten Weißweine des Jahrgangs 2011 aus dem Winnender Haselstein besonders gut, der reintönige Sauvignon Blanc und der zupackende Riesling. Das rote Segment wird angeführt von drei sehr guten 3-Sterne-Weinen. Der Syrah ist wunderschön reintönig im Bouquet, kraftvoll und kompakt im Mund, der Lemberger besitzt reintönige Frucht, gute Struktur und Substanz. Uner Favorit aber ist die rote Cuvée, die aus jeweils einem Drittel Lemberger, Syrah und

Zweigelt besteht: Sie zeigt gute Konzentration im Bouquet, rauchige Noten, etwas Schokolade, ist füllig und kraftvoll im Mund, besitzt reife Frucht, Struktur und Substanz.

Weinbewertung

85 2011 Sauvignon Blanc*** trocken Winnender Haselstein **13 %/12,50 €**

86 2011 Riesling*** trocken Winnender Haselstein **13,5 %/14,- €**

83 2012 Riesling „L-A-X" **12 %/5,60 €**

80 2011 „Rubato*" Rotwein trocken **13,5 %/7,50 €**

83 2011 Frühburgunder** trocken Winnender Haselstein **13 %/10,20 €**

87 2011 Lemberger*** trocken Winnender Haselstein **14 %/17,80 €**

86 2011 Syrah*** trocken Cannstatter Steinhalde **14 %/17,80 €**

88 2010 „Cuvée S"*** Rotwein trocken **13 %/21,- €**

82 2011 Muskattrollinger* halbtrocken **10,5 %/5,60 €**

Siegrist

★★★★

Weingut

Pfalz

Am Hasensprung 4, 76829 Leinsweiler
Tel. *06345-1309,* **Fax:** *06345-7542*
www.weingut-siegrist.de
wein@weingut-siegrist.de
Besuchszeiten: *Mo.-Fr. 8-12 + 13:30-18 Uhr,*
Sa. bis 16 Uhr

Inhaber .... Familien Siegrist & Schimpf
Rebfläche .... 14 Hektar

Thomas Siegrist hat das Weingut bekannt gemacht, das er heute zusammen mit Schwiegersohn Bruno Schimpf führt. Ihre Weinberge liegen in Leinsweiler, Ilbesheim, Eschbach und Wollmesheim. Im Kernstück des Sonnenbergs besitzen sie 2,5 Hektar. Wichtigste Rebsorte ist Riesling, gefolgt von Spätburgunder, Weißburgunder, Chardonnay, Silvaner und Grauburgunder. Mit dem Jahrgang 2011 wurde das Sortiment neu gegliedert, die Basis bilden die Solidus-Weine, darüber dann Concretus und Primus und an der Spitze die Großen Gewächse.

Vorjahre

Das Weingut Siegrist gehört seit Jahren zu den festen Größen in der Südpfalz, seit der ersten Ausgabe empfehlen wir die Weine. Seither haben Thomas Siegrist und Bruno Schimpf stetig zugelegt, beim Weißwein wie beim Rotwein. Siegrist-Weine brauchen Zeit. Davon konnten wir uns vor einigen Jahren bei einem Besuch vor Ort überzeugen, mehr noch aber in unserer Verkostung der Rotweine des Jahrgangs 1998, aus der der 3-Sterne-Spätburgunder als Sieger hervorging, gefolgt vom 2-Sterne-Spätburgunder! Vor zwei Jahren ragten aus einer erneut gleichmäßig sehr guten Kollektion mehrere Weißweine heraus: Die beiden „sur lie" ausgebauten Chardonnay und Pinot Blanc aus dem Jahrgang 2009, der „Eigensinn" und das Große Gewächs aus dem Sonnenberg. Auch im letzten Jahr war die Kollektion wieder stark, weiß wie rot. An der Spitze stand das Große Gewächs vom Riesling aus dem Sonnenberg, aber auch die Rieslinge Heidenbäumel, „Eigensinn" und der neue „Rudus" zeigten viel Charakter. Die „Solidus"-Linie bot viel Wein fürs Geld, gewohnt gut waren auch wieder der im Barrique ausgebaute 2010er Chardonnay und der Pinot Blanc aus der „Concretus"-Linie. 2010 wurde im Weingut Siegrist konsequenterweise darauf verzichtet, ein Großes Gewächs vom Spätburgunder zu produzieren, die im letzten Jahr verkosteten 2009er Rotweine überzeugten voll und ganz.

Neue Kollektion

Und auch in diesem Jahr konnten wir wieder eine klar gegliederte, starke Kollektion verkosten. Die Weiß- und Grauburgunder und die beiden Chardonnay sind alle sehr geradlinig und präzise und mit sehr wenig Restzucker ausgebaut, sehr stark auch der 2007er Pinot-Sekt mit feinem Schmelz und Biss. Die Riesling-Riege wird wieder angeführt von dem knochentrockenen Großen Gewächs aus dem Sonnenberg, das herrlich viel reintönige Frucht und Eleganz besitzt, die Rieslinge „Eigensinn" und

„Rudus" sind nachhaltiger und würziger als der mit einer Spur mehr Restzucker ausgebaute „Heidenbäumel". Unter den durchweg klaren und reintönigen Rotweinen könnte der eindringliche, gut strukturierte und kräuterwürzige Lössriedel-Pinot Noir noch zulegen, bis er 2015 in den Verkauf kommt. Und wie hervorragend die Siegrist-Weine reifen können, zeigte sich wieder einmal, als wir den mit einem Glasstöpsel verschlossenen Pinot Gris aus 2005 und das Sonnenberg-Große Gewächs aus 2003 verkosteten: Beide Weine zeigten nur dezente Reifenoten, der Grauburgunder besitzt noch Saft und Kraft, der Riesling noch viel klare Frucht, ein feines Säure-Gerüst und Länge. ◀━

Weinbewertung _____

88 2007 Pinot Sekt brut **12,5 %/13,50 €**
85 2012 Grüner Silvaner trocken „Solidus" **11,5 %/7,- €**
86 2012 Gelber Muskateller trocken „Solidus" **12,5 %/7,50 €**
87 2012 Riesling trocken „Concretus" „Heidenbäumel" **12,5 %/12,- €**
88 2012 Riesling trocken „Concretus" „Eigensinn" **12,5 %/12,- €**
88 2012 Pinot Blanc trocken „Concretus" **14 %/12,- €**
87 2005 Pinot Gris Spätlese trocken **13,5 %**
87 2012 Pinot Gris trocken „Concretus" **14 %/14,- €**
88 2012 Chardonnay trocken „Concretus" „Hagestolz" **13,5 %/12,- €**
88 2012 Riesling trocken „Primus" „Rudus" **13 %/16,- €**
89 2012 Pinot Blanc trocken „Primus" „Lössriedel" **13,5 %/16,- €**
89 2011 Chardonnay trocken „Primus" „sur lie" **15 %/22,- €**
89 2003 Riesling Spätlese trocken „GG" Leinsweiler Sonnenberg **13 %**
91 2012 Riesling „GG" Sonnenberg **12,5 %/24,- €**
86 2011 Pinot Noir trocken „Concretus" **13 %/12,- €**
87 2009 Cabernet Sauvignon trocken „Kalkgestein" **14 %/16,- €**
88 2011 Pinot Noir trocken Ilbesheimer Kalmit **13,5 %/22,- €**
90 2011 Pinot Noir trocken „Lössriedel" **13,5 %/33,- €**

Dr. **Siemens**
Weingut   **Mosel**

Römerstraße 63, 54455 Serrig
Tel. 06581-9200992, **Fax:** 06581-9200993
www.dr-siemens.de
weingut@dr-siemens.de
Besuchszeiten: nach Vereinbarung

Inhaber . . . . Dr. Jochen Siemens
Rebfläche . . . . 14 Hektar

Das ehemalige Weingut Bert Simon, ganz am südlichen Ende des Weinbaugebietes Mosel, wurde von Karen und Jochen Siemens übernommen. Quereinsteiger Dr. Jochen Siemens war zuvor u. a. als Chefredakteur bei der Frankfurter Rundschau tätig. Auf dem eindrucksvollen Gut, von dem man hinunter auf die Saar blickt, möchte er elegante, leichte, zum Genuss animierende Weine erzeugen, die das Terroir zum Ausdruck bringen. Die Kellerwirtschaft wurde binnen kurzer Zeit auf den neuesten Stand der Technik gebracht. Außer Riesling werden auch Auxerrois, Weiß- und Grauburgunder sowie Spätburgunder angebaut.

Vorjahre _____

2010 besaßen die Weine im Allgemeinen nicht die Rasse ihrer Vorgänger, so dass die Süße oft dominierte. Sehr gut allerdings gefiel uns die Würtzberg Auslese, auch die kraftvolle, zupackende Würtzberg-Spätlese „T" überzeugte. 2011 präsentierte sich etwas uneinheitlich: Während die Burgunder etwas gefällig und süß waren, hatten die Rieslinge deutlich an Präzision gewonnen.

Neue Kollektion _____

Auch in diesem Jahr sind die Rieslinge überzeugender als die Burgunder. Der Terra Saar ist frisch und zupackend, die trockene Spätlese aus dem Herrenberg füllig und kraftvoll bei guter Substanz; unser Favorit ist aber wieder einmal die Würtzberg-Auslese, die füllig, harmonisch und schmeichelnd sich präsentiert bei viel Substanz. ◀━

Weinbewertung

83 2012 Auxerrois **12 %/8,- €**

82 2012 Pinot Blanc **12 %/8,- €**

83 2012 Riesling „Scivaro" **12 %/9,- €**

85 2012 Riesling Kabinett trocken „Terra Saar" Serriger Herrenberg **12,5 %/10,50 €**

86 2012 Riesling Spätlese „T" Serriger Herrenberg **12 %/14,- €**

84 2012 Riesling Kabinett „feinherb" „Alte Kupp" Serriger Würtzberg **11,5 %/10,50 €**

88 2012 Riesling Auslese Serriger Würtzberg **8 %/20,- €**

84 2011 Pinot Noir **13,5 %/14,- €**

Siener

★★★

Weingut   **Pfalz**

Weinstraße 31, 76831 Birkweiler
Tel. 06345-3539, Fax: 06345-919100
www.weingutsiener.de
info@weingutsiener.de
Besuchszeiten: Mo.-Fr. 9-12 + 14-18 Uhr, Sa. 9-16 Uhr
(um Anmeldung wird gebeten)

Inhaber .... Peter Siener
Rebfläche .... 12 Hektar

In den letzten Jahren standen die Zeichen auf Expansion beim Weingut Siener in Birkweiler, die Rebfläche wurde stetig erweitert. 40 Prozent der Weinberge liegen im Kastanienbusch, wo vor allem Riesling (auf Rotschiefer) und Spätburgunder (auf gelbem Buntsandstein) stehen. Die dritte wichtige Sorte, Weißburgunder, steht im Mandelberg auf reinem Kalk. Riesling nimmt inzwischen fast die Hälfte der Rebfläche ein, Spätburgunder ein Viertel, dazu gibt es Weiß- und Grauburgunder, aber auch ein wenig Silvaner, St. Laurent, Cabernet Sauvignon und Merlot.

Vorjahre

Seit der ersten Ausgabe empfehlen wir die Weine von Peter Siener, schon damals erklärten wir das Weingut zu einem der interessantesten in der Südpfalz. Heute gilt diese Aussage mehr denn je, denn mit seinen letzten Kollektionen zeigt Peter Siener Konstanz auf hohem Niveau, seine Spitzenweine gewinnen an Klasse, die Basisweine an Zuverlässigkeit. Vor zwei Jahren stand der Schiefer-Riesling erneut vor dem Sonnenberg und dem mit etwas Restsüße – die geschmacklich allerdings kaum ins Gewicht fiel – versehenen Taschberg, alle drei Rieslinge waren klar und besaßen viel mineralischen Druck. Daneben standen wieder der Weißburgunder aus dem Mandelberg und der Spätburgunder aus dem Kastanienbusch an der Spitze einer sehr guten Kollektion. Im letzten Jahr war die Kollektion erneut stark, die Terroir-Rieslinge waren klar und mineralisch, bei den Lagenrieslingen führte wieder der Wein vom Schiefer das Feld an, gefolgt vom Taschberg, der auch im letzten Jahr wieder halbtrocken ausgebaut wurde, und dem Sonnenberg.

Neue Kollektion

Ein ähnliches Bild bietet die erneut starke Kollektion diesen Jahres, die beiden Terroir-Rieslinge sind klar unterscheidbar, bei den Lagenrieslingen sehen wir wieder den puristischen „Schiefer" mit viel klarer mineralischer Würze vor dem dieses Mal trocken ausgebauten Taschberg mit eindringlichen Zitrusnoten und dem saftigen Sonnenberg. Während der 2011er Chardonnay vom Mandelberg eine Spur zu füllig und weich ist, überzeugt der Weißburgunder aus der gleichen Lage mit Kraft und Würze. Unser zweiter Favorit aus dem Sortiment, neben dem Schiefer-Riesling, ist der harmonische 2011er Pinot Noir aus dem Kastanienbusch, der mit viel reintöniger Frucht, Struktur, Frische und Eleganz überzeugen kann.

Weinbewertung

84 2012 Weißburgunder trocken **12,5 %/7,40 €**

86 2012 Riesling trocken „Buntsandstein" **12 %/8,20 €**

86 2012 Riesling trocken „Rotliegend" **12 %/8,40 €**

791

S

88 2012 Weißburgunder trocken Birkweiler Mandelberg **13 %/18,50 €**

87 2011 Chardonnay trocken Birkweiler Mandelberg **13,5 %**

88 2012 Riesling trocken „Taschberg" Birkweiler Kastanienbusch **12,5 %/12,50 €**

87 2012 Riesling trocken Leinsweiler Sonnenberg **12 %/14,50 €**

89 2012 Riesling trocken „Schiefer" Birkweiler Kastanienbusch **12,5 %/18,50 €**

87 2009 Spätburgunder trocken Birkweiler **14 %/17,50 €**

89 2011 Pinot Noir trocken Birkweiler Kastanienbusch **13,5 %/32,- €**

★★
Siglinger
Öko-Weingut   **Württemberg**

🍇 *Rebenstraße 21, 71384 Weinstadt-Großheppach*
Tel. *07151-906288,* **Fax:** *07151-906289*
www.weingut-siglinger.de
info@siglinger.de
Besuchszeiten: *Fr. 17-19 Uhr, Sa. 9:30-13 Uhr*

Inhaber . . . . Familie Siglinger
Rebfläche . . . . 1,2 Hektar

Karin und Manfred Siglinger bewirtschaften den Betrieb bereits seit 1989 ökologisch nach den Richtlinien von Ecovin. Im Anbau dominieren rote Sorten wie Spätburgunder, Zweigelt, Trollinger, Regent und Dornfelder, sowie Muskattrollinger. An weißen Sorten gibt es Riesling und Chardonnay. Die Weißweine werden nach der Ganztraubenpressung gezügelt – möglichst spontan – vergoren. Die Rotweine werden nach der Maischegärung in Holzfässern ausgebaut und unfiltriert abgefüllt. Die mit „N" als „Schwäbische Naturgewächse" gekennzeichneten Weine sind eine vom Ecovin Württemberg entwickelte Weinlinie, deren Weine ausschließlich spontanvergoren und weder chaptalisiert noch geschönt werden.

Vor zwei Jahren fanden wir die 2009er Rotweine klar stärker als die Weißweine des Jahrgangs 2010. Die letztjährige Kollektion war wieder sehr homogen, präsentierte sich geschlossen auf gutem und sehr gutem Niveau, weiß wie rot. Der Gewürztraminer und der im Barrique ausgebaute Chardonnay gefielen uns im weißen Segment am besten, rot der 2010er Spätburgunder, ganz faszinierend war auch der Muskat-Trollinger Crémant.

Der 2011er Chardonnay wurde in diesem Jahr erneut präsentiert, dazu ausschließlich Rotweine, die sich sehr gleichmäßig zeigen, fruchtbetont und geradlinig, der Spätburgunder ist wunderschön reintönig, die rote Cuvée Burris noch allzu jugendlich und tanningeprägt.

87 2011 Chardonnay*** trocken Barrique **14 %/14,- €**

84 2011 „Quadriga*" Rotwein trocken **13 %/7,- €**

83 2011 Zweigelt** trocken Holzfass **13 %/9,- €**

85 2011 Spätburgunder*** „N" trocken **13 %/12,- €**

85+ 2011 „Burris"*** Rotwein trocken **13,5 %/15,- €**

★
Gebrüder **Simon**
- Weingut -   **Mosel**

Hauptstraße 6, 54492 Lösnich
Tel. *06532-2130,* **Fax:** *06532-94369*
www.gebrueder-simon.de
weingut@gebrueder-simon.de
Besuchszeiten: *nach Vereinbarung*
Probierstube, Weinseminare, Weinerlebnistouren, individueller Weinpräsent-Service

Inhaber . . . . Ingo Simon
Rebfläche . . . . 6,3 Hektar

Der Name des Weingutes leitet sich von den Gebrüdern Peter, Otto und Josef Simon ab. Das 1724 gegründete Weingut wird heute von Josefs Enkel Ingo Simon geführt, unterstützt wird er von der Badenerin Kirsten Pfitzer. Neben Riesling baut Simon vor allem noch Weißburgunder und Spätburgunder an. Die Hälfte seiner Weinberge befindet sich in Steillagen, im Erdener Treppchen und in der Lösnicher Försterlay. Die Weine werden teils im Stahltank, teils im traditionellen Fuder ausgebaut. Einen Namen hat sich Ingo Simon auch für Schaumweine gemacht, die schon mal mit Eiswein dosiert werden. Die verschiedenen Versionen ein und derselben Lage unterscheiden sich beispielsweise bezüglich der verwendeten Hefen, doch Simon experimentiert auch mit Kaltgärung oder Maischestandzeiten. Es werden Weinseminare und Weinerlebnistouren veranstaltet.

Vorjahre

2010 vermissten die Klarheit früherer Jahrgänge. Auch 2011 präsentierte sich etwas uneinheitlich, die Stärken lagen eindeutig im restsüßen Segment.

Neue Kollektion

Sehr gleichmäßig präsentiert sich nun der Jahrgang 2012, ohne aber in der Spitze an frühere Jahrgänge heranzureichen; am besten gefällt uns die füllige Auslese. ◄━

Weinbewertung

83   2011 Cuvée Pinot Sekt brut **12,5 %/10,50 €**

80   2012 Weißburgunder trocken Erdener Treppchen **12,5 %/6,80 €**

80   2012 Riesling trocken „Fass 2" Kinheimer Rosenberg **13,5 %/7,50 €**

79   2012 Riesling trocken Lösnicher Försterlay **12,5 %/7,50 €**

83   2012 Riesling Spätlese „feinherb" Erdener Treppchen **10 %/7,50 €**

81   2012 Riesling Kabinett „Pichter" Erdener Treppchen **9 %/6,80 €**

81   2012 Riesling Kabinett „Kloop" Lösnicher Försterlay **9,5 %/6,80 €**

82   2012 Riesling Spätlese „Herzlay" Erdener Treppchen **9,5 %/7,50 €**

84   2012 Riesling Auslese „Herzlay" Erdener Treppchen **8 %/12,- €**

Josef J. **Simon**
Weingut   **Baden**

◆ *Vogteistraße 15, 79112 Freiburg-Tiengen*
Tel. *07664/6116480,* **Fax:** *07664/6116472*
www.josef-simon-wein.de
mail@josef-simon-wein.de
Besuchszeiten: *nach Vereinbarung (Tel. 0179-1050690)*

Inhaber............................Josef J. Simon
Rebfläche.............................3,1 Hektar

Josef Simons Vater war Mitglied bei einer Genossenschaft, bewirtschaftete zusammen mit seiner Ehefrau 4 Hektar Weinberge. Josef Simon selbst absolvierte eine Winzerlehre, studierte aber anschließend Betriebswirtschaft und kam erst 2005 in die Heimat zurück. 2009 begann er mit seiner Ehefrau zusammen selbst Wein zu erzeugen. Heute bewirtschaftet er gut 3 Hektar Reben am Tuniberg, zu einem Drittel Spätburgunder, zu einem Drittel Weiß- und Grauburgunder, hinzu kommen Sorten wie Sauvignon Blanc, Muskateller und Müller-Thurgau. Alle Weine werden trocken und durchgegoren ausgebaut.

Kollektion

Die Weine sind klar und geradlinig, besitzen feine Frucht und gute Struktur. Unser Favorit ist der im Barrique ausgebaute Pinot Noir, der gute Konzentration und Toast im Bouquet zeigt, klare reife Frucht, strukturiert und kraftvoll im Mund ist, jugendlich. ◄━

Weinbewertung

80   2012 Rivaner trocken **12 %/6,- €**

83   2012 Sauvignon Blanc trocken **12,5 %/8,50 €**

81   2012 Weißburgunder trocken **12,5 %/7,- €**

82   2012 Grauburgunder trocken **12,5 %/7,50 €**

81   2011 Spätburgunder trocken **13 %/8,50 €**

86   2010 Pinot Noir trocken Barrique **13 %/18,- €**

Die besten deutschen Weinerzeuger und ihre Weine

S

Simon-Bürkle

★★★

Weingut

Hessische Bergstraße

Wiesenpromenade 13, 64673 Zwingenberg
Tel. 06251-76446, *Fax*: 06251-788641
www.simon-buerkle.de
info@simon-buerkle.de
Besuchszeiten: Mo.-Fr. 9-12 + 15-18 Uhr, Sa. 9-13 Uhr
Restaurant, Weinbistro Bunter Löwe, Löwenplatz 6,
Zwingenberg, Mo.-Fr. ab 17:30 Uhr, Sa./So. ab 11 Uhr

Inhaber .... Dagmar Simon, Wilfried Bürkle
Rebfläche .... 12 Hektar

Die Studienkollegen Kurt Simon, der 2003 verstarb, und Wilfried Bürkle, im Januar 2013 im Alter von 54 Jahren verstorben, haben 1991 gemeinsam dieses Weingut in Zwingenberg gegründet und an die Spitze im Anbaugebiet Hessische Bergstraße geführt. Wilfried Bürkles Sohn Johannes führt das Weingut nun gemeinsam mit Dagmar Simon. Riesling, Weiß- und Grauburgunder, Chardonnay, Silvaner und Kerner wird angebaut, hinzu kommt ein für die Hessische Bergstraße recht hoher Rotweinanteil von 15 Prozent, der sich aufteilt auf Spätburgunder, Lemberger, Cabernet Sauvignon, St. Laurent und Dunkelfelder. 90 Prozent der Weine werden trocken oder halbtrocken ausgebaut.

Vorjahre _____

Vor zwei Jahren war der 2005er Cabernet Sauvignon unser Favorit, es folgte der Aurea-Sekt und eine Riege sehr guter Weine des Jahrgangs 2010. Im vergangenen Jahr führten drei Weine eine sehr gute Kollektion an: Ein wunderbar gereifter, fruchtig-nussiger Sekt, eine herrlich reintönige Riesling-Auslese und ein eleganter Rotwein namens Pan. Auch der eindringliche Riesling Granit und der fruchtig-elegante Weißburgunder waren sehr gut.

Neue Kollektion _____

In diesem Jahr stellen wir einen deutlichen Schritt nach vorne fest. Alle Weine sind von klarer Sortentypizität, die Weißweine fein-fruchtig-elegant, die Rotweine sehr fokussiert, mit saftigem Kern. Sie sind noch jung, besitzen aber Potenzial. Eine Liga für sich ist der Riesling Eiswein. Wunderbar klar und rein, unglaublich viel Konzentration, herrlicher Fruchtextrakt, sehr viel Biss und Spannung, sehr nachhaltig. Sehr gut ist auch der Riesling Diorit von 2007 mit betörend reifer Nase und feinen Karamelltönen, sehr elegant. Wunderbar duftig, leicht und intensiv fruchtig ist der Muskateller, man wundert sich, dass noch kein Muskateller-Boom ausgebrochen ist, denn es gibt, auch in anderen Anbaugebieten, herrliche Weine aus dieser Rebsorte. ◄━

Weinbewertung _____

86 2012 Auxerrois trocken Alsbacher Schöntal
12 %/8,- €

86 2012 Grauburgunder Kabinett trocken
13 %/7,50 €

88 2012 Weißburgunder Spätlese trocken Zwingenberger Steigeröll 13,5 %/11,- €

88 2012 Muskateller trocken Zwingenberger Steigeröll 12,5 %/12,- €

87 2012 Riesling Spätlese trocken Zwingenberger Steigeröll 12 %/9,- €

89 2007 Riesling trocken „Diorit" 12 %/17,- €

88 2012 Riesling Spätlese Auerbacher Höllberg 9,5 %/9,- € ☺

86 2011 Gewürztraminer Spätlese Alsbacher Schöntal 10,5 %/12,- €

92 2012 Riesling Eiswein Auerbacher Höllberg 9 %/43,- €/ 0,375l

88 2011 Lemberger trocken Barrique Zwingenberger Steigeröll 13 %/15,- €

88 2011 Spätburgunder trocken Barrique Zwingenberger Steigeröll 14 %/17,- €

88 2011 „Pan" Rotwein trocken Zwingenberger Steigeröll 14 %/19,- €

S

Singer ★☆

Weingut   **Württemberg**

Buocherstraße 46, 71404 Korb im Remstal
Tel. *07151-271068,* **Fax:** *07151-271069*
www.weingut-singer.de
info@weingut-singer.de
Besuchszeiten: *Mi.+Fr. 17-19 Uhr, Sa. 9-13 Uhr*

Inhaber............................Julian Singer
Rebfläche..............................2 Hektar

Julian und Barbara Singer (geborene Bader, die aus dem gleichnamigen Stettener Weingut stammt) haben ihr eigenes Weingut gegründet mit einheimischen Rebsorten wie Trollinger, Lemberger, Muskattrollinger, Kerner und Riesling, sie bauen aber auch internationale Rebsorten wie Syrah, Cabernet Sauvignon, Merlot und Cabernet Franc an.

Vorjahr ————————————————————

Sehr gleichmäßig präsentierte sich die Kollektion beim guten Debüt im letzten Jahr mit reintönigen Weißweinen und geradlinigen Rotweinen, allen voran die kraftvolle Cuvée 1.

Neue Kollektion ————————————————

Die neue Kollektion gefällt uns nochmals besser, besticht mit dem guten Niveau und der Reintönigkeit aller Weine. Der Rosé vom Cabernet Franc ist frisch und zupackend wie auch der Muskattrollinger, der restsüße Vintage-Riesling besitzt viel, fast zu viel Substanz und Kraft, der reintönige Merlot besitzt gute Struktur und Substanz. Unser Favorit aber ist der Sauvignon Blanc, der Kraft und Frucht mit Frische und Finesse vereint. ◄

Weinbewertung ————————————————

82 2012 Riesling Kabinett trocken Korber Steingrüble **13 %/6,50 €**
87 2012 Sauvignon Blanc trocken **13,5 %/15,- €**
85 2011 Riesling Spätlese „Vintage" **14,5 %/11,- €**
83 2012 Cabernet Franc Rosé trocken **12 %/6,- €**
85 2011 Merlot trocken **14 %/12,50 €**
83 2012 Muskattrollinger **13 %/7,60 €**

Singer-Fischer ★

Weingut   **Rheinhessen**

Oberntrautstraße 39
55218 Ingelheim-Großwinternheim
Tel. *06130-944000,* **Fax:** *06130-944002*
www.singer-fischer.de
weingut@singer-fischer.de
Besuchszeiten: *nach Vereinbarung*
Gästezimmer

Inhaber.....................Klaus Singer-Fischer
Rebfläche................................8 Hektar

Klaus Singer-Fischer baut jeweils zur Hälfte weiße und rote Rebsorten an. Spätburgunder ist die wichtigste rote Rebsorte, gefolgt von Dornfelder, St. Laurent, Portugieser und Frühburgunder. Wichtigste weiße Rebsorten sind Silvaner, Riesling, Grauburgunder, Müller-Thurgau und Kerner. Die Rotweine werden maischevergoren (bis zu 14 Tage) und im Holz ausgebaut.

Vorjahre ————————————————————

Im schwierigen Jahrgang 2010 war die Kollektion ohne Fehl und Tadel, alle Weine waren frisch, klar und fruchtbetont, unser Favorit vor zwei Jahren war die rote Barriquecuvée aus dem Jahr 2008. 2011 präsentierte sich sehr homogen auf gleichmäßigem Niveau, unser klarer Favorit war der Riesling aus dem Schlossberg.

Neue Kollektion ————————————————

Die neue Kollektion ist zwar gleichmäßig, aber wieder ein wenig verhalten; am besten gefällt uns der klare, zupackende Rieslingsekt. ◄

Weinbewertung ————————————————

83 2011 Riesling Sekt brut **12,5 %/8,50 €**
80 2012 Grauburgunder Classic **14 %/5,- €**
81 2012 Riesling trocken Schlossberg **12 %/6,80 €**
79 2012 Portugieser Weißherbst **11,5 %/4,20 €**
81 2011 St. Laurent trocken Ingelheimer **13 %/5,- €**
81 2012 Spätburgunder trocken Ingelheimer **13,5 %/5,20 €**

Die besten deutschen Weinerzeuger und ihre Weine

S

Sinß

Weingut

★★

Nahe

Hauptstraße 18, 55452 Windesheim
Tel. 06707-253, **Fax:** 06707-8510
www.weingut-sinss.de
info@weingut-sinss.de
Besuchszeiten: Mo.-Sa. 9-18 Uhr, nach Vereinbarung

Inhaber .... Familie Sinß
Rebfläche .... 10 Hektar

Rudolf Sinß hat 1985 den elterlichen Betrieb übernommen. In den neunziger Jahren richtete er das Weingut auf Riesling und die Burgundersorten aus. Heute nehmen Riesling und Spätburgunder jeweils ein Viertel der Rebfläche ein, dicht gefolgt von Weiß- und Grauburgunder. Hinzu kommen andere Rebsorten wie Chardonnay, Scheurebe, Müller-Thurgau, Bacchus und Dornfelder. Die Rotweine werden alle maischevergoren und teilweise in Holzfässern, auch Barriques, ausgebaut. Die Weißweine werden in Edelstahltanks kühl vergoren. Nach seinem Geisenheim-Studium ist Sohn Johannes Sinß in den Betrieb eingestiegen und seit 2010 für den Weinausbau verantwortlich. Die Traubenannahme wurde modernisiert, ein Holzfasskeller gebaut und der Hof erneuert, ebenso wurde ein neues Gelände für Flaschenlager und Maschinenhalle erworben – die Zeichen stehen auf Expansion. Seit dem Jahrgang 2007 werden die trockenen Weißweine nicht mehr mit Prädikatsbezeichnungen versehen, die nach eigener Einschätzung besten Weine erhalten den Zusatz „S" oder „R". Grauburgunder und Spätburgunder ragten in den vergangenen Jahren meist heraus, sind üppig und kraftvoll, gehören immer wieder zu den Besten an der Nahe.

Vorjahre
Der Jahrgang 2010 war hier gut gelungen, präsentierte sich geschlossen, wie gewohnt, mit füllligen, fruchtbetonten Weinen, die meist von deutlicher Restsüße geprägt waren. 2011 standen die beiden weißen „R"-Weine an der Spitze einer guten Kollektion: Der Grauburgunder „R" war kraftvoll, füllig und harmonisch, der Riesling „R" besaß Substanz, viel klare Frucht und mineralische Würze. Und auch die konzentrierte Beerenauslese und der reintönige 2009er Spätburgunder „R" überzeugten.

Neue Kollektion
2012 präsentiert sich die Kollektion gleichmäßig gut und hat im Vergleich zum Vorjahr bei den Basisweinen etwas zugelegt: Riesling und Grauburgunder besitzen klare Frucht und feine Würze. Die füllligen und saftigen „S"- und „R"-Burgunder brauchen in diesem Jahr viel Luft um sich zu entfalten, der Grauburgunder „R" überzeugt einmal mehr mit Kraft, viel Würze und guter Länge. Der „R"-Riesling aus dem Römerberg zeigt viel reife gelbe Frucht, Zitrusnoten und mineralische Würze, der Pinot Noir ist leider etwas zu süß und wuchtig, besitzt aber sehr gute Substanz und wurde gekonnt im Barrique ausgebaut.

Weinbewertung
83 2012 Grauburgunder trocken 13 %/6,40 €
87 2012 Grauburgunder „R" trocken Windesheimer Rosenberg 13,5 %/15,- €
84 2012 Weißburgunder „S" trocken Windesheimer 13,5 %/8,50 €
85 2012 Chardonnay „S" trocken Windesheimer 13,5 %/9,50 €
83 2012 Riesling trocken 12 %/6,20 €
85 2012 Riesling „S" trocken Windesheimer 12,5 %/8,50 €
87 2012 Riesling „R" trocken Windesheimer Römerberg 12,5 %/15,- €
87 2011 Pinot Noir trocken 14,5 %/27,- €

S

Wilhelm **Sitzius**

★☆

Weingut **Nahe**

Naheweinstraße 87, 55450 Langenlonsheim
Tel. *06704-1309,* **Fax:** *06704-2781*
www.sitzius.de
weingut@sitzius.de
Besuchszeiten: *Mo.-Sa. 8-18 Uhr,*
So. nach Vereinbarung

Inhaber .... Wilhelm und Sonja Sitzius
Rebfläche .... 15 Hektar

Wilhelm Sitzius besitzt Weinberge nicht nur in besten Lagen von Langenlonsheim, Guldental und Laubenheim, sondern – durch seine Frau Sonja – auch in Oberhausen und Niederhausen. Wichtigste Rebsorte bei ihm ist Riesling, der 60 Prozent seiner Rebfläche einnimmt. Die Burgundersorten nehmen 30 Prozent ein, dazu gibt es etwas Silvaner, Sauvignon Blanc und Müller-Thurgau. An roten Sorten hat er Frühburgunder gepflanzt, aber auch Acolon, den Wilhelm Sitzius ebenso wie Cabernet Dorsa für Cuvées nutzt.

Vorjahre

2010 fehlten jahrgangsbedingt die Highlights im weißen Segment, dafür entschädigten die beiden fülligen Spätburgunder aus dem Jahrgang 2007. 2011 ragte wieder der Riesling aus der Hermannshöhle mit feiner mineralischer Würze und guter Länge aus einer homogenen Kollektion mit fülligen Weinen heraus.

Neue Kollektion

2012 präsentiert sich die Kollektion etwas verhaltener, die trockenen Rieslinge wirken weich und zeigen insgesamt wenig Frucht. Unsere Favoriten sind der Chardonnay mit dezenter Barrique-Würze und die harmonische und elegante Riesling Auslese. ◄━

Weinbewertung

79 2012 Silvaner trocken **13 %/4,90 €**
82 2012 Weißburgunder trocken „Silberkapsel"
13 %/7,80 €

84 2012 Chardonnay trocken „Silberkapsel"
13 %/11,- €
80 2012 Riesling trocken **13 %/5,80 €**
83 2012 Riesling Spätlese trocken Langenlonsheimer Königsschild **12,5 %/8,50 €**
84 2012 Riesling Spätlese trocken „Goldkapsel" Langenlonsheimer Rothenberg **12,5 %/11,90 €**
81 2012 Riesling Spätlese „feinherb" Langenlonsheimer Löhrer Berg **11,5 %/7,20 €**
86 2012 Riesling Auslese „Cold Cristal" **7 %/22,- €**
82 2010 Cuvée „WS" Rotwein trocken **14 %/12,- €**

Sohns

★★

Weingut **Rheingau**

Hospitalstraße 25, 65366 Geisenheim
Tel. *06722-8940,* **Fax:** *06722-75588*
www.weingut-sohns.de
info@weingut-sohns.de
Besuchszeiten: *Mo.-So. nach Vereinbarung*
Straußwirtschaft (Anfang Aug. - Mitte Sept.)

Inhaber .... Erich und Pascal Sohns
Rebfläche .... 6 Hektar

Pascal Sohns ist inzwischen Mitinhaber des Weinguts, Vater Erich ist aber immer noch aktiv im Betrieb. Neben Riesling, der 70 Prozent der Fläche einnimmt, werden auch Weißburgunder und Spätburgunder sowie Dornfelder angebaut. Die Weinberge befinden sich in verschiedenen Lagen rund um Geisenheim sowie im benachbarten Winkel. Der Riesling wird komplett in Stahltanks ausgebaut, der Spätburgunder im Holzfass. Als Weißburgunder „M" kommt ein Wein auf dem Markt, der im großen Holzfass vergoren und gelagert wurde. Typisch für den Stil des Weinguts ist die Eleganz und Klarheit der stets animierenden Rieslinge – ganz egal, ob sie in der Basislinie „esprit", in der Reihe „elegance" oder in den Spitzenlinien „excellence" und „perfection" angeboten werden.

Die besten deutschen Weinerzeuger und ihre Weine

S

S

Vorjahre

2010 präsentierten sich die Rieslinge zuverlässig und kraftvoll, der 2009er Barrique-Spätburgunder besaß Schmelz und Würze. Die 2011er waren dann nicht nur ein Schritt, sondern ein Sprung in die richtige Richtung. Ein nach Kernobst duftender trockener Riesling aus dem Kilzberg gehörte zu den Highlights, die gehaltvollen „Alten Reben" besaßen Struktur, Fülle, eine leichte Kräuternote sowie eine dezente Restsüße. Auch der Spätburgunder überzeugte mit attraktiver Beerenfrucht.

Neue Kollektion

Auch mit den 2012er Rieslingen beweist Pascal Sohns, dass er zu den Aufsteigern im Rheingau gezählt werden kann. Den beiden Lagenweinen Fuchsberg und Kilzberg kann man höchstens vorwerfen, dass sie gleich nach dem Einschenken etwas unzugänglich wirken und einiges an Kohlensäure aufweisen. Dahinter verbirgt sich aber viel Struktur und Geradlinigkeit, der Kilzberg wirkt derzeit etwas spannender als sein Pendant. Das Erste Gewächs aus dem Kläuserweg ist in einem ähnlichen Stil gehalten, besitzt Schmelz, scheint allerdings nicht komplett trocken zu sein. ◄━

Weinbewertung

85   2012 Weißburgunder trocken   13 %/7,- €

83   2012 Riesling trocken „SE"   11,5 %/4,80 €

85   2012 Riesling trocken Geisenheimer Mönchspfad   12 %/6,- € ☺

88   2012 Riesling trocken Geisenheimer Kilzberg   13 %/8,50 € ☺

87   2012 Riesling trocken Geisenheimer Fuchsberg   13 %/9,- €

89   2012 Riesling Erstes Gewächs Geisenheimer Kläuserweg   13 %/15,- €

86   2012 Riesling „feinherb" Geisenheimer Kläuserweg   12,5 %/8,50 €

87   2012 Riesling „Alte Reben" Geisenheimer Kläuserweg   13 %/12,50 €

85   2012 Riesling Spätlese Geisenheimer Kläuserweg   9,5 %/8,50 €

85   2011 Spätburgunder trocken „M"   13,5 %/14,- €

Solter
Sekthaus

★★★

Rheingau

Zum Niederwald-Denkmal 2, 65385 Rüdesheim
Tel. 06722-2566, Fax 06722-910402
www.sekthaus-solter.de
mail@sekthaus-solter.de
***Besuchszeiten:** Mo.-Fr. 8-17 Uhr, Sa. 10-17 Uhr*
Straußwirtschaft Roseneck

Inhaber .... Sekthaus Solter GmbH & Co. KG
Geschäftsführer .... Helmut Solter
Rebfläche .... 6 Hektar

Helmut Solter, ein gebürtiger Kaiserstühler mit Erfahrungen in der Champagne, hat sich seit 1988 ganz auf Schaumweine spezialisiert; im Auftrag namhafter Kunden versektet er deren Grundweine. Nicht zu unterschätzten sind aber die eigenen Sekte, die er aus Riesling, aber auch aus Weiß- und Grauburgunder, aus Chardonnay und sogar aus Gewürztraminer oder weiß gekeltertem Spätburgunder herstellt. Inzwischen bewirtschaftet Solter seine Weinberge ökologisch. Die Kaiserstühler Lagen wurden mittlerweile aufgegeben, im Ausgleich dafür erwarb Solter Parzellen auf der Rüdesheim gegenüberliegenden Rheinseite.

Eine absolute Spezialität sind die viele Jahre auf der Hefe gereiften Riesling-Réserve-Sekte, die nach Bedarf degorgiert werden und trotz Dosagewerten von häufig über 11 Gramm pro Liter nicht breit, sondern sehr würzig, nach Kräutern duftend und wunderbar präzise wirken. Wer diese Stilistik schätzt, findet in Deutschland kaum etwas Besseres. Auch Weine wie der würzige „Lilly", eine lange auf der Hefe gereifte Rosé-Réserve, oder die mehr als 15 Jahre auf der Hefe gereifte Pinot-Cuvée zeigen eine im Rheingau und darüber hinaus seltene Geradlinigkeit; auch übertriebene Alkoholwerte sind hier nie zu finden.

Vorjahre

Im vorletzten Jahr begeisterten die reifen Raritäten aus 1993 und 1998 am meisten, aber auch der jugendliche, vergleichsweise niedrig dosierte 2007er Riesling oder die ungewöhnliche Rosé-Réserve aus 2004 verdienten Respekt. Im letzten Jahr gehörte die süffige, nach welken Beeren duftende Rosé-Réserve wiederum zu den eigenwilligsten Schaumweinen, die man im Rheingau kaufen kann. Enorm spannend, mineralisch, lang und noch nicht am Ende seiner Entwicklung war der kräuterwürzige, erstaunlich präsente und rassige 1996er Pinot, während der 2002er Riesling ebenfalls eine deutliche Kräuterwürze aufwies und mit seiner mineralischen Art die Klasse dieses Jahrgangs zeigte.

Neue Kollektion

Diesmal zeigt Helmut Solter erneut, dass nicht nur gereifte Riesling-Schaumweine zu seinen Spezialitäten zählen, sondern auch lange auf der Hefe gelagerte Sekte aus Burgundersorten. Der 1999er Pinot besitzt eine faszinierende Kräuterfrucht, wirkt noch erstaunlich jugendlich und schlank, insgesamt ein sehr präzise gearbeiteter Wein. Die Réserve-Sekte vom Riesling aus 2008 und 2009 zeigen noch längst nicht alles, der 2005er wirkt für den Jahrgang erstaunlich fein und fruchtig. ◀

Weinbewertung

85	Riesling Sekt brut	12,5 %
86	Pinot Noir Rosé Sekt brut	12,5 %
87	Blanc de Blancs Sekt extra brut	12,5 %
88	„Cuvée Henri" Sekt brut „Réserve"	12 %
88	2009 Pinot Cuvée Sekt brut	12,5 %
88	2009 Riesling Sekt brut „Réserve"	12,5 %
90	2008 Riesling Sekt brut „Réserve"	12,5 %
89	2005 Riesling Sekt brut „Réserve"	12,5 %
91	1999 Pinot Cuvée Sekt brut „Réserve"	12,5 %

★★★

Schloss **Sommerhausen**
Weingut   **Franken**

Ochsenfurter Straße 17-19, 97286 Sommerhausen
Tel. *09333-260,* **Fax:** *09333-1488*
www.sommerhausen.com
info@sommerhausen.com
Weinverkauf *im Schloss: Mo.-Fr. 9-18 Uhr, Sa. 10-16 Uhr, So. + feiertags 10-14 Uhr*
Weinproben in Gewölbekeller und Kelterhalle

Inhaber . . . . Martin Steinmann
Rebfläche . . . . 28 Hektar

Johann Kaspar Steinmann kaufte 1968 das Schloss Sommerhausen mit den dazugehörigen Weinbergen. Heute führt Sohn Martin das Weingut, die vormals zum Weingut gehörende Rebschule wird von seiner Schwester weitergeführt. Dadurch, dass dem Weingut immer eine Rebzüchtung angeschlossen war, erklärt sich auch, dass neben Silvaner und Riesling die Burgundersorten – mit für Franken ungewöhnlichen 35 Prozent – einen wichtigen Platz in den Weinbergen in Sommerhausen, Eibelstadt, Randersacker und Iphofen einnehmen. Auch Spezialitäten wie Chardonnay, Rieslaner, Blauer Silvaner oder Auxerrois – den es bereits seit 1976 gibt – findet man bei Schloss Sommerhausen. An roten Sorten gibt es neben Spät- und Frühburgunder – von dem Schloss Sommerhausen eigene Klone hat – auch Zweigelt und Blauburger. Die Weine werden temperaturgesteuert vergoren und bleiben dann recht lange auf der Feinhefe liegen. Ziel von Martin Steinmann ist es, den Sortencharakter in den Weinen herauszuarbeiten. Die Weine werden überwiegend trocken ausgebaut. Bereits seit 1984 kommen besondere Weine ins Barrique. Eine Besonderheit von Schloss Sommerhausen sind die Sekte, die es hier seit 1982 gibt. Seit 1990 werden sie komplett im eigenen Haus hergestellt. Die Jahresproduktion liegt bei 15.000 Flaschen. Alle Sekte werden für min-

Die besten deutschen Weinerzeuger und ihre Weine

S

destens drei Jahre, meist vier Jahre und mehr auf der Hefe ausgebaut. Eine Spezialität ist der ohne Dosage abgefüllte Auxerrois-Sekt.

Vorjahre _____

2010 behauptete sich Martin Steinmann gut, seine Weine besaßen Ecken und Kanten, waren dabei klar und frisch. Unsere Favoriten waren der üppig-süße Weißwein „Scheherazade", der präzise Auxerrois-Sekt und das eigenwillige Große Silvaner-Gewächs. Die letztjährige Kollektion war die beste der letzten Jahre, brachte zwei wunderschöne Sekte, und fruchtbetonte, klare Weine; unter den Großen Gewächsen präferierten wir den birnenduftigen Silvaner.

Neue Kollektion _____

Auch 2012 präsentiert Martin Steinmann eine sehr stimmige Kollektion mit fruchtbetonten, ausgewogenen Weinen. Der Riesling Kabinett ist wunderschön kraftvoll und zupackend, der Weißburgunder besticht mit guter Struktur und reintöniger Frucht, der Grüne Silvaner ist ebenfalls wunderschön saftig, reintönig und fruchtbetont. Die beiden Großen Gewächse besitzen viel Saft und Substanz, wir würden uns dazu etwas mehr Druck und Nachhaltigkeit wünschen. Schon früher hatten wir uns immer für die edelsüßen Weine von Schloss Sommerhausen begeistern können, nach einigen Jahren der Abstinenz wurden mit dem Jahrgang 2012 wieder welche vorgestellt. Sie bestechen mit ihrer Reintönigkeit, sind frisch und elegant, klar, harmonisch und lang, egal ob Spätlese, Auslese oder die beiden Trockenbeerenauslesen, die zur Jahrgangsspitze in Franken zählen. ◄

Weinbewertung _____

83 2012 „Nur Wein" trocken **12 %/6,50 €**
86 2012 Grüner Silvaner „ST 90" trocken **12 %/8,50 €**
87 2012 Riesling Kabinett trocken Sommerhäuser Steinbach **12,5 %/9,50 €**
85 2012 Auxerrois trocken „Ochsenohr" **11,5 %/9,50 €**
86 2012 Weißburgunder „ST 15" trocken **13,5 %/11,50 €**
84 2012 Grauburgunder „ST 100" trocken **13,5 %/11,50 €**
85 2012 „Dinarazade ST 5" Muskatsilvaner & Muskateller trocken **12,5 %/12,50 €**
87 2012 Silvaner „GG" Sommerhäuser Steinbach **13,5 %/23,- €**
88 2012 Riesling „GG" Sommerhäuser Steinbach **13,5 %/23,- €**
87 2012 Riesling Spätlese „Sonnenuhr" Sommerhäuser Steinbach **11 %/23,- €**
89 2012 Rieslaner Auslese Sommerhäuser **8 %/25,- €**
92 2012 Rieslaner Trockenbeerenauslese Sommerhäuser **7 %/53,- €/ 0,375l**
92 2012 Riesling Trockenbeerenauslese Sommerhäuser Steinbach **5,5 %/53,- €/ 0,375l**

★★

Sonnenberg
Weingut

Ahr

Heerstraße 98, 53474 Bad Neuenahr
Tel. *02641-6713,* **Fax:** *02641-201037*
www.weingut-sonnenberg.de
info@weingut-sonnenberg.de
Besuchszeiten: *Mo.-Fr. 10:30-12 + 14-18 Uhr,*
Sa. 10:30-14 Uhr, So. 10:30-12 Uhr
Straußwirtschaft (Herbst, Do./Fr. 18-22 Uhr,
Sa. 15-22 Uhr); Ferienwohnungen/Ferienhaus

Inhaber .... Marc Linden
Rebfläche .... 7 Hektar

Das Weingut Sonnenberg wurde 1981 von Norbert und Elsbeth Görres mit 1,5 Hektar Weinbergen gegründet. Heute führt ihr Enkel Marc Linden das Gut. Er bewirtschaftet 7 Hektar Weinberge (davon ein Hektar in denkmalgeschützten Terrassenlagen), vor allem Spätburgunder, der zwei Drittel der Rebfläche einnimmt. Hinzu kommen Grauburgunder, Weißburgunder, Frühburgunder und Riesling. Die Reben wachsen in den

Neuenahrer Lagen Sonnenberg und Schieferlay, sowie im Ahrweiler Ursulinengarten, wo Frühburgunder angebaut wird. 65 Prozent der Weine werden trocken ausgebaut.

Vorjahre _____

Die 2010er zeigten viel reife Frucht. Spätburgunder „R" und „A" gefielen uns einmal mehr am besten, auch der Frühburgunder überzeugte wie schon im Jahr zuvor, der reintönige Spätburgunder „S" bot ihm Paroli. Die im Vorjahr verkosteten 2011er Rotweine zeigten sich sehr gleichmäßig auf gutem Niveau.

Neue Kollektion _____

Die besten 2011er stellte uns Marc Linden nun in diesem Jahr vor. Der Spätburgunder S zeigt rauchige Noten und reintönige Frucht im Bouquet, besitzt gute Struktur und klare Frucht im Mund, gefällt uns ebenso gut wie der Spätburgunder A, der etwas konzentrierter ist und viel reife süße Frucht besitzt. Highlight aber ist die Cuvée Inspiration Z, die herrlich viel Frucht im Bouquet zeigt, klar und zupackend im Mund sich präsentiert, kraftvoll und komplex, gute Struktur und Frische besitzt. ◄

Weinbewertung _____

82	2012 Weißburgunder trocken	**11,5 %/7,90 €**
81	2012 Grauburgunder „feinherb"	**11,5 %/7,90 €**
81	2012 Spätburgunder „Blanc de Noir feinherb" **12,5 %/8,90 €**	
80	2012 Ahrtaler Landwein Rotwein trocken (1l) **11,5 %/6,50 €**	
81	2012 Spätburgunder trocken Neuenahrer Schieferlay **13,5 %/8,90 €**	
86	2011 Spätburgunder „S" trocken **14,5 %/14,- €**	
86	2011 Spätburgunder „A" trocken **14,5 %/19,- €**	
89	2011 „Inspiration Z" Rotwein trocken **15 %/35,- €**	

★

Sonnenberg
Weingut   **Pfalz**

Am Sonnenberg 1, 67271 Neuleiningen
Tel. *06359-82660,* **Fax:** *06359-83002*
www.nippgen.net
info@nippgen.net
Besuchszeiten: *Mo.-Fr. 8-12 + 13-19 Uhr, Sa. 8-18 Uhr,*
So.+ feiertags bis 12 Uhr oder nach Vereinbarung
Hotel, Restaurant

Inhaber .... Elli Nippgen
Rebfläche .... 8 Hektar

1960 siedelte die Familie, mit damals 4 Hektar Reben, in den Sonnenberg oberhalb von Neuleiningen aus, 1970 übernahmen Karlheinz Nippgen und seine Frau den Betrieb. 1976 bauten sie ein kleines Hotel, in den achtziger Jahren wurde das Restaurant verpachtet und die Landwirtschaft aufgegeben. Auf 40 Prozent der Fläche stehen rote Reben: Spätburgunder, Schwarzriesling, Dornfelder, Portugieser und Acolon. Alle Rotweine werden maischevergoren, teils im Barrique ausgebaut. Wichtigste Weißweinsorten sind Riesling, Weißburgunder, Grauburgunder und Chardonnay, aber auch Bukettsorten wie Gewürztraminer und Scheurebe werden angebaut. Die Reben wachsen auf Kalk-Lehmböden mit hohem Muschelkalkanteil.

Vorjahre _____

Vor zwei Jahren wurde eine ordentliche Kollektion vom Riesling Feuermännchen angeführt. Im vergangenen Jahr überzeugten uns drei trockene weiße Spätlesen von großer Klarheit – Grauburgunder, Weißburgunder und Riesling.

Neue Kollektion _____

Die neue Kollektion ist gleichmäßig und stimmig, zeigt durchweg gutes Niveau. Unser Favorit ist wieder einmal der Riesling aus dem Feuermännchen, der gute Konzentration, feine Würze und Frucht im Bouquet zeigt, füllig und kraftvoll im Mund ist bei reifer süßer Frucht. ◄

Die besten deutschen Weinerzeuger und ihre Weine

S

Weinbewertung

81 2012 Riesling Classic **12,5 %/5,70 €**

82 2012 Sauvignon Blanc trocken **12,5 %/6,90 €**

85 2012 Riesling Spätlese trocken Feuermännchen **12,5 %/8,- €**

83 2012 Grauburgunder Spätlese trocken Feuermännchen **13,5 %/8,- €**

83 2011 Chardonnay Spätlese trocken Schlossberg **14 %/7,50 €**

82 2011 „Jean" Rotwein trocken **14 %/11,50 €**

★★☆

Sonnenhof
Weingut Martin & Joachim Fischer   **Württemberg**

Sonnenhof 2, 71665 Vaihingen-Gündelbach

***Tel.** 07042-81888-0,* **Fax:** *07042-81888-6*

www.weingutsonnenhof.de

info@weingutsonnenhof.de

***Besuchszeiten:** Mo.-Fr. 8-12 + 13-18 Uhr,*

Sa. 9-12 Uhr + 13-17 Uhr

Probierstube (bis 50 Personen)

Inhaber . . . . Martin und Joachim Fischer

Rebfläche . . . . 38 Hektar

Als wir Ende der achtziger Jahre das erste Mal den Sonnenhof besuchten, hatte Albrecht Fischer gerade begonnen, als Gründungsmitglied der Hades-Gruppe, mit seinen im Barrique ausgebauten Weinen überregional Aufmerksamkeit zu finden. Bis in die siebziger Jahre waren auf dem Bezner-Hof und dem Fischer-Hof Weinbau und Landwirtschaft nebeneinander betrieben worden. Dann hat man sich – bei gerade mal 5 Hektar Weinbergen – ganz auf den Weinbau verlegt. Heute gehört der Sonnenhof mit einer Jahresproduktion von 250.000 Flaschen zu den größten privaten Weingütern in Württemberg. Das Gros der Reben wächst an Südhängen mit Keuperböden, viele der Weinberge gehörten ehemals dem Kloster Maulbronn. Wichtigste Lage ist der Gündel-bacher Wachtkopf, direkt beim Weingut gelegen. Hinzu kommen Weinberge im Hohenhaslacher Kirchberg, im Spielberger und Ochsenbacher Liebenberg und im Häfnerhaslacher Heiligenberg. Die Rotweinsorten nehmen drei Viertel der Fläche ein, den größten Anteil haben Lemberger, Spätburgunder und Trollinger. Dazu gibt es Muskat-Trollinger, Dornfelder, Schwarzriesling, Samtrot, Regent, Cabernet Mitos, Acolon, Merlot, Syrah und Cabernet Sauvignon. Bei den weißen Sorten ist die Liste nicht ganz so lang. Wichtigste Weißweinsorte ist der Riesling, es folgen Grauburgunder, Chardonnay, Müller-Thurgau, Kerner, Gewürztraminer und Muskateller. Die Söhne von Albrecht Fischer, Martin und Joachim, haben 2008 das Gut übernommen.

Vorjahre

Vor zwei Jahren gab es gleich mehrere starke, gewürzduftige Hades-Weine, neben dem Lemberger hinterliesen auch Spätburgunder und die Agnatus genannte Cuvée einen prächtigen Eindruck, im weißen Segment der Chardonnay. Auch im vergangenen Jahr waren die Spitzen im roten Segment zu finden mit Spätburgunder, Lemberger und der Cuvée Agnatus.

Neue Kollektion

Eine sehr ähnliche Kollektion schließt sich nun an, wieder mit Vorteilen im roten Segment. Die Weißweine sind kraftvoll und klar, am besten gefällt uns die Riesling Auslese, die feine Frucht, Frische und Biss besitzt. Im roten Segment überzeugen in der S-Linie Lemberger und Kerberos. Die Hades-Weine bringen eine weitere Steigerung, haben sich im problematischen Jahrgang 2010 gut behauptet, auch wenn Spätburgunder und Lemberger von dezenten Bitternoten im Abgang geprägt sind. Der Lemberger besitzt reintönige Frucht, gute Fülle und Kraft und feine Vanillenoten, der Spätburgunder ist strukturiert, reintönig und frisch. Die Cuvée Agnatus zeigt viel reife Frucht im Bouquet, ist füllig und kraftvoll im Mund, schmeichelnd, besitzt reife Frucht und jugendliche Tannine.

Weinbewertung

84 2012 Chardonnay „S" trocken Gündelbacher Wachtkopf   12,5 %/10,- €

84 2012 Riesling „S" Gündelbacher Wachtkopf   13 %/12,- €

86 2012 Riesling Auslese   9 %/14,- €

82 2010 Spätburgunder „S" trocken Gündelbacher Wachtkopf   12,5 %/10,- €

85 2010 Lemberger „S" trocken Gündelbacher Wachtkopf   13 %/10,- €

85 2010 „Kerberos" „S" Rotwein trocken Gündelbacher Wachtkopf   13 %/14,- €

87 2010 Spätburgunder trocken „Hades" 13 %/20,- €

87 2010 Lemberger trocken „Hades"   13,5 %/20,- €

87 2010 „Agnatus" Rotwein trocken „Hades"   13,5 %/25,- €

★ ☆

Speicher-Schuth
Weingut   **Rheingau**

Suttonstraße 23, 65399 Kiedrich
Tel. 06123-81421, Fax 06123-61615
www.speicher-schuth.de
info@speicher-schuth.de
Besuchszeiten: nach Vereinbarung
Gutsausschank

Inhaber .... Ralf Schuth
Rebfläche .... 11 Hektar

Das Weingut Speicher-Schuth baut außer Riesling eine beachtliche Menge Spätburgunder an (mehr als ein Fünftel der gesamten Rebfläche), dazu kommen etwas Chardonnay und Weißburgunder, inzwischen ist auch Cabernet Franc im Ertrag. Die Reben stehen beispielsweise in den Kiedricher Lagen Gräfenberg, Sandgrub, Klosterberg und Wasseros. Spitzenrieslinge reifen im Holzfass, alle Sorten werden spät gefüllt, viele erst im September. Ralf Schuths Terroir-Rieslinge

aus Wasseros und Klosterberg sind oft die interessantesten Gewächse des Hauses, die eher dunklen, saftigen und zugänglichen Rotweine sollte man auf keinen Fall unterschätzen.

Vorjahre

Aus dem Jahrgang 2010 stellte Ralf Schuth trockene und fast trockene Rieslinge vor, die mit ihrem feinen Duft ebenso gefielen wie mit ihrem Schmelz. Der „Terroir"-Wein aus der Wasseros besaß eine wunderschöne Balance. Ein saftiger, recht fülliger, leicht nach Apfel duftender „Terroir"-Riesling aus der Wasseros gehörte zu den schönsten Weinen des Jahrgangs 2011, aber bereits der trockene Liter-Wein überzeugte voll, während die trockene Spätlese aus dem Gräfenberg etwas unzugänglich wirkte.

Neue Kollektion

Die 2012er sind saftig und zugänglich ausgefallen. Erstaunlicherweise scheint das Erste Gewächs aus der Lage Wasseros weniger balanciert als die trockene Spätlese aus dem Gräfenberg. Saftig und üppig wirkt die edelsüße Spätlese, die schon mehr von einer hochkarätigen Auslese aufweist, aber von knackiger Säure getragen wird.

Weinbewertung

80 2012 „Secco blanc"   11,5 %/7,50 €

79 2012 „Secco" rosé   11,5 %/7,50 €

83 2012 Riesling trocken Kiedricher Sandgrub   11,5 %/6,- €

88 2012 Riesling Spätlese trocken Kiedricher Gräfenberg   13 %/12,- €

85 2012 Riesling „Terroir" Kiedricher Wasseros   11,5 %/7,50 €

87 2012 Riesling Erstes Gewächs Kiedricher Wasseros   13 %/15,- €

85 2012 Chardonnay trocken Barrique   13 %/10,- €

83 2012 Riesling Classic   11,5 %/6,- €

89 2012 Riesling Spätlese edelsüß Kiedricher Gräfenberg   9 %/12,- € ☺

S

Uwe **Spies**

Weingut

★ ☆

Rheinhessen

Hauptstraße 26, 67596 Dittelsheim-Heßloch
Tel. 06244-7416, **Fax**: 06244-57500
www.weingut-spies.de
info@weingut-spies.de
Besuchszeiten: *Mo.-Fr. 14-18 Uhr, Sa. 9-17 Uhr nach Vereinbarung*

Inhaber .... Uwe Spies
Rebfläche .... 14 Hektar

1958 begannen Werner und Elisabeth Spies mit der Selbstvermarktung. Seit 1989 führen Uwe und Ingrid Spies das Gut, Sohn David studiert nach Winzerausbildung (bei Basser-mann-Jordan und Rings) seit 2011 in Geisen-heim, ist zusammen mit seinem Vater für den Weinausbau verantwortlich. Die Reben wachsen hauptsächlich in den Dittelsheimer Lagen Pfaffenmütze, Geiersberg und Lecker-berg, vorwiegend auf Löss- und Tonmergel-böden. Riesling, Silvaner, Grauburgunder und Weißburgunder sind die wichtigsten weißen Rebsorten, Spätburgunder, Dorn-felder und Portugieser die wichtigsten roten. Dazu gibt es Müller-Thurgau, Sauvignon Blanc, Kerner, Merlot und St. Laurent.

Vorjahr ⎯⎯⎯⎯⎯⎯⎯⎯⎯⎯⎯⎯

In der stimmigen Kollektion beim guten De-büt im vergangenen Jahr ragten der füllige Leckerberg-Riesling und die reintönige Scheurebe Auslese aus dem Brunnenhäus-chen hervor.

Neue Kollektion ⎯⎯⎯⎯⎯⎯⎯⎯⎯

Die neue Kollektion gefällt uns nochmals besser, präsentiert sich sehr stimmig, ange-fangen vom feinen Literriesling über einen geradlinigen Ortsriesling und einen zupa-ckenden Sauvignon Blanc bis hin zu den La-genweinen. Der Silvaner aus der Pfaffenmüt-ze ist füllig und reintönig, der Riesling aus dem Geiersberg besitzt gute Struktur und Substanz. Noch besser aber gefällt uns der

Riesling aus dem Leckerberg, der reintönige reife Frucht besitzt, gute Konzentration und Substanz. ◀⎯

Weinbewertung ⎯⎯⎯⎯⎯⎯⎯⎯⎯⎯

81	2012 Riesling trocken (1l)	**11,5 %/4,60 €**
81	2012 Weißburgunder trocken	**13 %/5,30 €**
84	2012 Sauvignon Blanc trocken	**12 %/6,50 €**
84	2012 Riesling trocken Dittelsheimer	**12,5 %/7,- €**
85	2012 Silvaner trocken Dittelsheimer Pfaffen-mütze	**13 %/11,30 €**
85	2012 Riesling trocken Dittelsheimer Geiers-berg	**13 %/10,30 €**
87	2012 Riesling trocken Dittelsheimer Lecker-berg	**13 %/12,30 €**

Spiess

Weingut Riederbacherhof

★★★

Rheinhessen

Gaustraße 2, 67595 Bechtheim
Tel. 06242-7633, **Fax**: 06242-6412
www.spiess-wein.de
info@spiess-wein.de
Besuchszeiten: *Mo.-Fr. 8-12 + 13-18 Uhr, Sa. 8-18 Uhr, So. Vormittag nach Vereinbarung*

Inhaber .... Jürgen Spiess
Verwalter (Außenbetrieb) ..... Christian Spiess
Kellermeister .... Johannes Spiess
Rebfläche .... 29 Hektar

Die Weinberge von Jürgen Spiess liegen in Bechtheim, in den Lagen Hasensprung, Geyersberg, Stein, Heilig-Kreuz und Rosengar-ten. Die Hälfte der Rebfläche nehmen rote Trau-ben ein: Spätburgunder, St. Laurent und Dorn-felder, aber auch internationale Sorten wie Cabernet Sauvignon und Merlot. Bei den wei-ßen Reben dominieren Riesling, Silvaner, Weiß-burgunder, Grauburgunder und Chardonnay. Die besten Weine werden seit 1992 mit dem Zu-satz „S" (für Selektion) vermarktet. Die roten Topweine werden im Barrique ausgebaut. 2007 wurde der neue Gewölbekeller fertig gestellt.

S

Vorjahre

Die 2010er Weißweine waren frisch, frucht-betont und klar, zeigten erfreulich zuver-lässiges Niveau, der Geyersberg-Riesling war hervorragend; die rote Riege präsen-tierte sich vor zwei Jahren sehr geschlos-sen. Auch 2011 trat die weiße Riege sehr ge-schlossen auf, schon die Gutsweine waren fruchtbetont, füllig und klar, Chardonnay „S" und „R" waren füllig und mächtig, der kraft-volle Geyersberg-Riesling gefiel uns noch besser, und dass man sich auch auf edelsüß versteht, zeigte die Trockenbeerenauslese. Spätburgunder und Merlot aus dem Jahr-gang 2010 waren fruchtbetont und klar, bei den 2009ern Rotweinen hatten sich die Spätburgunder schön entwickelt, auch der tanninbetonte Merlot gefiel uns sehr gut.

Weißweine

Die 2012er Gutsweine sind sehr gleichmäßig, deutlich besser gefällt uns der füllige, kraft-volle Bechtheimer Riesling, an der Spitze der weißen Kollektion stehen aber die Lagen-weine aus Rosengarten (würzig, harmonisch) und vor allem Geyersberg, ein Riesling, der Konzentration und Kraft, Fülle und Komple-xität besitzt.

Rotweine

Vergleichbar ist das Bild im roten Segment: Die Gutsweine sind klar und geradlinig, die Cuvée CM füllig und konzentriert wie auch Cabernet Sauvignon und Merlot, unser Fa-vorit aber ist der Spätburgunder aus dem Hasensprung, der gute Konzentration und klare reife Frucht besitzt, Fülle und gute Struktur. ◄■

Weinbewertung

83 2012 Riesling trocken 12 %/6,10 €

83 2012 Weißburgunder trocken 12,5 %/6,90 €

82 2012 Grauburgunder trocken 13,5 %/8,- €

83 2012 Chardonnay trocken 13 %/7,20 €

83 2012 Gelber Muskateller trocken 12 %/7,70 €

84 2012 Chardonnay & Weißburgunder „S" tro-cken 14,5 %/9,80 €

84 2012 Chardonnay „S" trocken 13,5 %/10,20 €

86 2012 Riesling trocken Bechtheimer 13 %/11,60 €

89 2012 Riesling trocken Bechtheimer Geyers-berg 12,5 %/20,50 €

87 2012 Riesling trocken Bechtheimer Rosengar-ten 12,5 %/20,50 €

82 2012 Riesling „feinherb" 11,5 %/5,80 €

82 2012 Gewürztraminer „feinherb" 13 %/7,50 €

82 2011 Schwarzriesling trocken 13 %/6,80 €

82 2011 Spätburgunder trocken 13,5 %/7,- €

83 2011 Cabernet Sauvignon „S" trocken 13,5 %/8,70 €

82 2011 Spätburgunder trocken Bechtheimer 13,5 %/11,70 €

85 2011 „Cuvée CM" Rotwein trocken 13,5 %/17,- €

86 2011 Merlot „R" trocken 14,5 %/18,- €

87 2011 Cabernet Sauvignon „R" trocken 13,5 %/18,- €

88 2011 Spätburgunder trocken Bechtheimer Ha-sensprung 13,5 %/21,50 €

Eugen **Spindler**

Weingut Lindenhof GbR   **Pfalz**

Weinstraße 55, 67147 Forst

***Tel.** 06326-338, **Fax:** 06326- 7556*

www.spindler-lindenhof.de

info@spindler-lindenhof.de

***Besuchszeiten:** Mo.-Fr. 10-12 Uhr + 14-17 Uhr,*

Sa. 10 -16 Uhr

Inhaber ...... Peter Spindler und Timo Spindler

Rebfläche .... 11 Hektar

Die Familie Spindler, deren Vorfahren aus dem Burgund stammen, betreibt seit 1620 Weinbau an der Mittelhaardt. Vor drei Gene-rationen wurde der stattliche Weinbergsbe-sitz in drei Weingüter aufgeteilt. Eines davon ist der Lindenhof. Die heutigen Eigentümer sind Peter Spindler und Sohn Timo, der auch die Verantwortung für den An- und Ausbau der Weine übernommen hat. Die Weinberge liegen in den Forster Lagen Jesuitengarten, Pechstein, Ungeheuer und Musenhang, in

S

Deidesheim in den Lagen Langenmorgen, Leinhöhle und Herrgottsacker, sowie in den Ruppertsberger Lagen Hoheburg und Reiterpfad. Die Weißweine werden in Edelstahltanks ausgebaut. Die Rotweine vergären auf der Maische und reifen in Eichenholzfässern und Barriques.

Vorjahr

Die im vergangenen Jahr vorgestellten Weine zeigten große Klarheit und Frische, die trockene Riesling Spätlese aus dem Jesuitengarten der 2008er Spätburgunder aus dem Herrgottsacker gefielen uns besonders gut.

Kollektion

Auch der frische 2009er Spätburgunder gefällt uns gut, ebenso der Riesling „Ü30" mit seiner reifen süßen Frucht. Noch besser aber finden wir die beiden 2012er Riesling-Kabinettweine, die beide kraftvoll, frisch und zupackend sich präsentieren, der Wein aus dem Ungeheuer ist noch ein wenig druckvoller als sein Pendant aus dem Pechstein.

Weinbewertung

80 2012 Riesling trocken Forster Schnepfenflug (1l) **12 %/4,75 €**

80 2012 Grauburgunder trocken **13,5 %/8,50 €**

85 2012 Riesling Kabinett trocken Forster Pechstein **12 %/9,- €**

86 2012 Riesling Kabinett trocken Forster Ungeheuer **12,5 %/9,50 €**

84 2009 Riesling trocken „Ü30" Deidesheimer Langenmorgen **12,5 %/9,50 €**

84 2009 Spätburgunder Spätlese trocken Deidesheimer Herrgottsacker **13,5 %/9,50 €**

★★★★

Heinrich **Spindler**
Weingut   **Pfalz**

🍇 *Weinstraße 44, 67147 Forst*
Tel. *06326-96291-0,* **Fax***: 06326-96291-22*
www.weingutheinrichspindler.de
info@weingutheinrichspindler.de
Besuchszeiten: *Mo.-Fr. 9-18 Uhr, Sa. 10-16 Uhr*
Weinrestaurant (Di.-Sa. 11:30-21:30 Uhr warme Küche)

Inhaber..............Markus und Hans Spindler
Rebfläche.............................18 Hektar

Seit 1620 ist die Familie in Forst ansässig, das heutige Gutshaus wurde im Jahr 1770 erbaut, 1933 wurde der Gutsausschank eröffnet. Seit 1978 führt Hans Spindler in zehnter Generation den Betrieb, 2007 ist Sohn Markus in den Betrieb eingestiegen. Ihre Weinberge liegen vor allem in Forst, wo sie in sämtlichen Spitzenlagen vertreten sind, in Ungeheuer, Pechstein, Kirchenstück, Freundstück und Jesuitengarten, sowie in Musenhang und Elster. Hinzu kommen Weinberge in Ruppertsberg (Reiterpfad) und Deidesheim (Herrgottsacker). 85 Prozent der Rebfläche ist mit Riesling bestockt, die restlichen 15 Prozent nehmen Weißburgunder, Gewürztraminer, Scheurebe, Spätburgunder und Sauvignon Blanc ein. Seit 2012 wird die gesamte Rebfläche biologisch bewirtschaftet. Florian Schindler, der Bruder von Markus, ist 2013 in den Gutsausschank eingestiegen. Die Spitzenrieslinge werden größtenteils in Holzfässern vergoren und lange auf der Feinhefe ausgebaut. Rotweine werden maischevergoren und in Doppelstückfässern oder Barriques ausgebaut.

Vorjahre

Seit der ersten Ausgabe schon empfehlen wir die Weine von Hans Spindler, schon damals waren wir überrascht von seinen durchweg klaren, fruchtbetonten Rieslingen – und den moderaten Preisen. Jahr für Jahr führen wir Hans Spindler meist mit mehreren Weinen in unserer „Schnäppchenliste". In den letzten

Jahren sind die Preise vor allem für die trockenen Spätlesen gestiegen, aber die Weine haben auch an Konzentration und Kraft gewonnen; die Kabinettweine überraschen immer wieder mit ihrer Präzision und Reintönigkeit. Nicht viele Weingüter in der Pfalz zeigten eine solche Zuverlässigkeit und Konstanz im vergangenen Jahrzehnt. Die Spindlers hatten den schwierigen Jahrgang 2010 sehr gut in den Griff bekommen, die Spätlesen zeigten alle eine feine Frucht und ein klares Säurespiel, Eleganz und Harmonie. Auch 2011 waren wir wieder beeindruckt von der hohen Qualität der Spindler-Rieslinge. Die Kabinettweine waren leicht und elegant, die Spätlesen deutlich anspruchsvoller, den Wein aus dem Jesuitengarten sahen wir knapp vor Ungeheuer und Pechstein, der Kirchenstück-Riesling war noch sehr verschlossen.

Neue Kollektion

Auch 2012 gefällt uns der Riesling aus dem Jesuitengarten wieder besonders gut, ist komplex und kraftvoll, frisch, harmonisch und lang, wieder sehen wir ihn knapp vor den beiden wunderschön reintönigen Spätlesen aus Ungeheuer und Freundstück und dem süßsaftigen Riesling aus dem Kirchenstück. Eine prächtige Figur macht der Kabinett aus dem Pechstein, ist frisch, klar und zupackend wie auch der Kabinett aus dem Ungeheuer. Bestechend gut ist einmal mehr der Einstiegs-Riesling Rural, und dass man sich auch auf die anderen Rebsorten versteht zeigen die saftige Gewürztraminer Auslese, der füllige Weißburgunder und der wunderschön reintönige, frische, zupackende Sauvignon Blanc. ◄━

Weinbewertung

85   2012 Riesling trocken „Rural" **11,5 %/6,- €** ☺
87   2012 Sauvignon Blanc trocken **12,5 %/8,40 €** ☺
86   2012 Riesling trocken Ruppertsberger **12 %/8,- €**
85   2012 Riesling trocken Deidesheimer **12,5 %/8,- €**
87   2012 Riesling Kabinett trocken Forster Ungeheuer **12 %/9,- €**
88   2012 Riesling Kabinett trocken Forster Pechstein **12 %/8,80 €** ☺
86   2012 Weißburgunder „S" trocken **13,5 %/12,50 €**

89   2012 Riesling Spätlese trocken Forster Freundstück **12,5 %/12,50 €**
89   2012 Riesling Spätlese trocken Forster Ungeheuer **13 %/14,- €**
90   2012 Riesling Spätlese trocken Forster Jesuitengarten **13,5 %/18,- €**
89   2012 Riesling Spätlese trocken Forster Kirchenstück **13 %/18,- €**
87   2012 Gewürztraminer Auslese Ruppertsberger Reiterpfad **9 %/16,- €**

★

Spohr
Weingut   **Rheinhessen**

Welschgasse 3, 67550 Worms
Tel. 06242-911060, *Fax:* 06242-9110630
www.weingutspohr.de
info@weingutspohr.de
Besuchszeiten: Mo.-Fr. 8-18 Uhr, Sa. 10-14 Uhr

Inhaber .... Heinz und Christian Spohr
Rebfläche .... 26 Hektar

Das Weingut Spohr befindet sich in Abenheim, einem Stadtteil von Worms. Die Weinberge liegen rund um Abenheim, in Bechtheim und im Liebfrauenstift-Kirchenstück in Worms. In der Linie „CS" (für Christian Spohr) werden die Weine der besten Lagen vermarktet.

Vorjahre

2010 war jahrgangsbedingt deutlich verhaltener – wie bei so vielen Weingütern in Rheinhessen. Die letztjährige Kollektion gefiel uns besser, war gleichmäßig auf gutem Niveau, der Riesling aus dem Liebfrauenstift und die Auslese waren unsere Favoriten, auch der Spätburgunder zeigte schöne Ansätze.

Neue Kollektion

Ähnlich präsentiert sich nun auch 2012: Der Kirchenstück-Riesling besitzt Fülle, Kraft und eine feine Zitrusnote, der Chardonnay ist

S

reintönig und strukturiert wie auch der kraftvolle Weißburgunder. ◀

Weinbewertung _____

83 Pinot Sekt brut **12,5 %/14,90 €**
80 2012 Riesling trocken **12 %/5,70 €**
82 2012 Scheurebe trocken „S88" **12 %/5,70 €**
84 2012 Chardonnay „S" trocken **13 %/7,90 €**
84 2012 Weißburgunder „S" trocken **13 %/8,90 €**
84 2012 Riesling trocken Liebfrauenstift-Kirchenstück **13 %/12,90 €**

★★★★

Josef **Spreitzer**
Weingut   **Rheingau**

Rheingaustraße 86, 65375 Oestrich
Tel. 06723-2625, **Fax:** 06723-4644
www.weingut-spreitzer.de
info@weingut-spreitzer.de
Besuchszeiten: Mo.-Fr. 9-12 + 13:30-18:30 Uhr,
Sa. 9-16 Uhr
„Schlemmerwochen" Ende April/Anfang Mai

Inhaber .... Bernd und Andreas Spreitzer
Rebfläche .... 17 Hektar

Das Weingut Spreitzer ist eines der ältesten Weingüter in Oestrich und wird seit 1997 von den Brüdern Bernd und Andreas Spreitzer geführt. Das Gut – dessen Rebfläche inzwischen auf stolze 17 Hektar erweitert wurde – ist in einer Jugendstilvilla in der Nähe des Rheins untergebracht, wo die Weine in einem alten, 1743 erbauten Gewölbekeller lagern. Die Weinberge sind zu 90 Prozent mit Riesling, zu einem Zehntel mit Spätburgunder bepflanzt. Die Moste werden, wenn möglich, spontanvergoren. Der Ausbau der Weine erfolgt teils im Edelstahl, teils in Holzfässern, wobei auch die im Edelstahl vergorenen Weine für kurze Zeit ins Holzfass kommen. Große Gewächse werden aus den Lagen Lenchen und Wisselbrunnen erzeugt, neu hinzugekommen ist ab dem Jahrgang 2012 der

Mittelheimer St. Nikolaus.
In den letzten Jahren ragten immer wieder drei Weine aus dem Sortiment heraus: Die beiden Ersten Gewächse, kompakt und erfreulich trocken und animierend, sowie die dichte, elegante Spätlese „303", deren Name an eine vom Großvater geerntete 1920er Oestricher Bremerberg-Eiserberg Trockenbeerenauslese erinnert. Jener Wein wurde mit dem sagenhaften Mostgewicht von 303 Grad Oechsle gelesen; ein ganzes Fass dieses Süßweines (600 Liter) erzielte Mitte der Zwanziger den phänomenalen Preis von 75.000 Reichsmark.

Vorjahre _____

2010 war in jeder Hinsicht ein großer Erfolg, auch wenn die Erntemengen um ein knappes Drittel unter dem langjährigen Mittel lagen. Aus spät gelesenen Trauben gelangen den Spreitzers zahlreiche Süßweine, die allesamt mit einer reintönigen Frucht und einem verführerischen Süße-Säure-Spiel begeisterten und teilweise in gar nicht mal so kleinen Mengen vorrätig waren. Die 2011er waren kraftvoll und geradlinig, nicht nur bei den Ersten Gewächsen, von denen das Lenchen etwas zugänglicher wirkte, sondern auch beim puristischen, nach Äpfeln duftenden „Alte-Reben"-Riesling aus dem Doosberg oder beim enorm saftigen Charta-Wein, der lediglich über einen Hauch von Süße verfügte. Zum Zeitpunkt der Verkostung wirkte die Auslese Goldkapsel noch völlig unfertig in der Nase. Der nach welken Früchten duftende Eiswein besaß beachtliche Struktur, die Trockenbeerenauslese begeisterte.

Neue Kollektion _____

Nicht weniger als drei Große Gewächse stellen die Spreitzers in diesem Jahr vor. Ein wunderschön mineralischer, straffer Wisselbrunnen-Riesling voller hintergründiger Würze kontrastiert mit einem schlanken, sehr feinen und trotzdem nachhaltigen Lenchen-Wein. Am eigenwilligsten wirkt der Riesling aus dem Mittelheimer St. Nikolaus, dessen Trauben erst um den 8. November herum ge-

S

erntet wurden. Er ist voller Würze, saftig und kraftvoll, voller Schmelz, aber dennoch angenehm trocken. Was die edelsüßen Weine angeht, ist erneut größter Respekt zu zollen. Die Auslese verführt mit Noten von kandierten Äpfeln und gekochter Ananas, die wunderbar reintönige Beerenauslese erinnert an feinsten Blütenhonig. Bei den beiden Eisweinen fällt es schwer, sich zu entscheiden. Jener aus dem St. Nikolaus wirkt noch verhalten, der aus dem Würzgarten ist präsent und fein. ◄━

Weinbewertung

84 2012 Riesling trocken **11,5 %/6,90 €**

86 2012 Riesling Kabinett trocken Oestricher Doosberg **11,5 %/8,80 €**

85 2012 Riesling Kabinett trocken Oestricher Lenchen **11,5 %/8,80 €**

87 2012 Riesling trocken „Alte Reben" Oestricher Doosberg **12,5 %/12,20 €**

88 2012 Riesling „Charta" **11,5 %/11,50 €**

92 2012 Riesling „GG" Hattenheim Wisselbrunnen **13 %/22,- €** ☺

91 2012 Riesling „GG" Mittelheim St. Nikolaus **13 %/a.A.**

92 2012 Riesling „GG" Oestrich Lenchen „Rosengarten" **13 %/22,- €** ☺

86 2012 Riesling Kabinett halbtrocken Winkeler Jesuitengarten **11 %/9,- €**

89 2012 Riesling halbtrocken „Alte Reben" Oestricher Lenchen **12 %/12,50 €**

87 2012 Riesling Kabinett Oestricher Lenchen **8,5 %/8,80 €**

88 2012 Riesling Spätlese Oestricher Lenchen **7,5 %/12,20 €**

90 2012 Riesling Spätlese „303" Oestricher Lenchen **7,5 %/19,90 €**

91 2012 Riesling Auslese Oestricher Lenchen **7,5 %/17,- €/0,375l**

94 2012 Riesling Beerenauslese Oestricher Lenchen **8 %/55,- €/0,375l**

92 2012 Riesling Eiswein Hallgartener Würzgarten **8 %/78,- €/0,375l**

92+ 2012 Riesling Eiswein Mittelheimer St. Nikolaus **6,5 %/78,- €/0,375l**

★

Springer
Weingut   **Württemberg**

Staufenberger Weg 4, 74074 Heilbronn
Tel. *07131-70695,* **Fax:** *07131-256196*
www.weingut-springer.de
info@weingut-springer.de
Besuchszeiten: *Mo.-Do. 12-13:30 Uhr, Fr. 13-19 Uhr, Sa. 9-18 Uhr und nach Vereinbarung*
Besenwirtschaft

Inhaber............................Felix Springer
Rebfläche...............................6 Hektar

Felix Springer hat bei Ellwanger gelernt, dann in Geisenheim studiert, ein Praxissemester bei Paul Fürst absolviert – seit 2007 ist er für den Weinausbau im elterlichen Weingut verantwortlich, das er inzwischen übernommen hat. Seine Weinberge liegen in Heilbronn und Flein. Hauptrebsorten sind Trollinger, Riesling, Spätburgunder und Lemberger. Dazu gibt es Schwarzriesling, Samtrot, Weißburgunder, Cabernet Dorsa, Müller-Thurgau, Clevner, Gewürztraminer und Dornfelder. Das Gros der Weine wird an Privatkunden verkauft, ein Teil in der Besenwirtschaft ausgeschenkt.

Vorjahre

Vor zwei Jahren führte die rote Cuvée „Der Springer", Jahrgang 2008, die Kollektion an, deren Stärken im roten Segment lagen. Die letztjährige Kollektion war sehr homogen, zeigte gutes Niveau. Der barriqueausgebaute Spätburgunder gefiel uns sehr gut, ebenso der Weißburgunder aus dem Holzfass.

Neue Kollektion

Die ansonsten, weiß wie rot, sehr gleichmäßige Kollektion wird angeführt vom im Barrique ausgebauten Lemberger: Gute Konzentration und reintönige Frucht prägen das Bouquet, im Mund präsentiert er sich frisch, klar und zupackend, besitzt gute Struktur und feine Frucht. ◄━

Weinbewertung

81 2012 Riesling Kabinett trocken Fleiner Son-

S

nenberg **12.5 %/5,- €**

82 2012 Weißburgunder trocken Heilbronner Stiftsberg **13,5 %/5,50 €**

81 2011 Frühburgunder trocken Holzfass Heilbronner Stiftsberg **13,5 %/6,- €**

86 2011 Lemberger trocken Barrique Heilbronner Stiftsberg **13 %/9,- €**

83 2011 „Junior" Rotwein trocken Barrique Heilbronner Stiftsberg **13,5 %/9,70 €**

★

Springiersbacher Hof
Weingut, Michael Borchert · **Mosel**

Oberbachstraße 30, 56814 Ediger
Tel. 02675-1560, **Fax:** 02675-910149
www.moselhof.de
info@moselhof.de
Besuchszeiten: *Wein-Café 12-19 Uhr*
Ferienwohnungen

Inhaber ....Gabriele und Michael Borchert
Rebfläche ....2,1 Hektar

Das Weingut hat seinen Sitz in einem Barockgebäude, das die Augustiner-Chorherren vom Kloster Springiersbach 1752 errichten liesen. 1997 gründeten Gabriele und Michael Borchert das Weingut praktisch neu, in dem sie einen Weinberg im Ediger Feuerberg pachteten. Nach und nach kauften sie Parzellen in besten Lagen im Calmont und im Elzhofberg, wo sie Steil-Terrassen rodeten und neu bepflanzten und eine Monorackbahn bauten. 2005 eröffneten sie das Wein-Café in einer ehemaligen Kelterscheune, 2010 nahmen sie eine Destille in Betrieb. Sohn Johannes studiert derzeit in Geisenheim.

Vorjahr

Die Weine präsentierten sich im vergangenen Jahr reintönig, waren kraftvoll und zupackend, trocken wie süß. Die beiden trockenen Weine aus dem Elzhofberg waren unsere Favoriten in einer gelungenen Kollektion. ◄

Neue Kollektion

Eine vergleichbare Kollektion folgt mit dem Jahrgang 2012 nach, ganze fünf Weine wurden in diesem Jahrgang erzeugt. Die Weine sind klar und fruchtbetont, am besten gefällt uns der Riesling von den oberen Mauern im Elzhofberg, der füllig und kraftvoll ist, klar, zupackend und strukturiert. ◄

Weinbewertung

82 2012 Grauburgunder trocken **13 %/14,50 €**

84 2012 Riesling Spätlese trocken Ellerer Calmont **12,5 %/12,50 €**

86 2012 Riesling trocken „von den oberen Mauern" Ediger Elzhofberg **11,5 %/8,50 €**

84 2012 Riesling Ediger Elzhofberg **11 %/9,50 €**

81 2012 Riesling Spätlese „feinherb" „Franziska" Ediger Osterlämmchen **11 %/7,- €**

★★

Erich Stachel
Weingut · **Pfalz**

Bahnhofstraße 40, 67487 Maikammer
Tel. 06321-5112, **Fax:** 06321-58561
www.weingut-stachel.de
info@weingut-stachel.de
Besuchszeiten: *Mo.-Fr. 9-12 + 14:30-18 Uhr,*
Sa. 10-16 Uhr

Inhaber ....Erich Stachel
Kellermeister ....Matthias Stachel
Rebfläche ....15 Hektar

Die Weinberge von Erich und Matthias Stachel liegen in Maikammer und Umgebung. An weißen Sorten bauen sie Riesling, Weißburgunder, Auxerrois, Silvaner, Chardonnay, Kerner, Müller-Thurgau, Gewürztraminer und Sauvignon Blanc an. Die Weißweine werden im Edelstahl kühl vergoren. An roten Sorten gibt es Spätburgunder, St. Laurent, Dornfelder, Syrah, Regent, Merlot und Cabernet Sauvignon an. Die Rotweine werden in großen Eichenholzfässern oder im Barrique ausgebaut.

Vorjahre

Vor zwei Jahren waren die Weißweine bis auf den guten Riesling „Alte Reben" etwas zu verhalten. Die Stärken lagen weiterhin eindeutig im roten Barriquesegment, Cabernet Sauvignon, Merlot und Syrah waren gekonnt vinifiziert und gehörten zu den besten Vertretern ihrer Rebsorte in der Pfalz, der Spätburgunder aus dem Heiligenberg beeindruckte durch Reintönigkeit und Eleganz. Im vergangenen Jahr gefielen uns unter den Weißweinen vor allem die klaren, reintönigen Rieslinge, der Weißburgunder aus dem Römerweg und der Chardonnay waren allerdings etwas zu wuchtig geraten. Spätburgunder Heiligenberg, Merlot, Syrah und St. Laurent waren alle kraftvoll und harmonisch, der im vorletzten Jahr schon einmal verkostete Syrah hatte sogar noch etwas zugelegt.

Neue Kollektion

Die Weißweine sind in diesem Jahr klar und sortentypisch, am besten gefällt uns der würzige Sauvignon Blanc. Das rote Segment der Kollektion überzeugt aber wieder wesentlich mehr, wobei wir die beiden 2011er Weine den etwas verhalteneren 2010ern vorziehen. Alle Rotweine zeigen durchweg sehr guten Holzeinsatz und klare Sortentypizität, der Syrah besitzt feine dunkle Beerenfrucht und pfeffrige Würze und auch der erstmals – in sehr kleiner Menge – erzeugte Malbec überrascht mit dunkler Frucht, Kraft und guter Struktur und erinnert uns eher an die argentinischen Vertreter der Rebsorte als an französische Malbecs. ◄━

Weinbewertung

82 2012 Riesling trocken Maikammer **12 %/5,20 €**
82 2012 Auxerrois trocken Maikammer **12,5 %/5,50 €**
82 2012 Grauburgunder trocken Kirrweiler **13,5 %/6,50 €**
84 2012 Sauvignon Blanc trocken Diedesfelder Paradies **13 %/8,90 €**
83 2012 Weißburgunder trocken Kirrweilweiler Römerweg **14,5 %/8,20 €**
87 2010 Spätburgunder trocken Maikammer Hei-

ligenberg **13,5 %/18,- €**
87 2010 Merlot trocken Maikammer Kirchenstück **14 %/17,80 €**
87 2010 Cabernet Sauvignon Maikammer Kirchenstück **14 %/18,50 €**
88 2011 Malbec trocken Maikammer Heiligenberg **14 %/28,- €**
88 2011 Syrah trocken Maikammer Heiligenberg **14 %/29,- €**

Staffelter Hof
Weingut   **Mosel**

Robert-Schuman-Straße 208, 54536 Kröv
Tel. 06541-3708, Fax: 06541-3933
www.staffelter-hof.de
info@staffelter-hof.de
Besuchszeiten: Mo.-Fr. ganztägig, am Wochenende nach Vereinbarung
Gästezimmer, Ferienapartments

Inhaber . . . Jan-Matthias, Gerd und Gundi Klein
Rebfläche . . . . 9,5 Hektar

Das Weingut Staffelter Hof in Kröv ist eines der ältesten Weingüter an der Mosel. Im Jahre 862 schenkte Kaiser Lothar II. den Hof dem Kloster Stavelot. Bis zur Säkularisation gehörte der Hof Mönchen. 1805 erwarb der letzte Hofmann des Klosterguts, Peter Schneiders, ein Vorfahr der heutigen Besitzer, das Anwesen vom französischen Staat. Heute führen Gerd und Gundi Klein zusammen mit ihrem Sohn Jan-Matthias das Weingut. Ihre Weinberge, hauptsächlich mit Riesling bestockt, befinden sich in Kröv, Piesport und Neumagen-Dhron. Der Spitzenrotwein wird im Barrique ausgebaut. Neben Weinen erzeugt Gerd Klein in der hauseigenen Destille auch Hefe-, Trester- und Obstbrände.

Vorjahre

2010 gefielen uns die beiden kraftvollen trockenen Spätlesen sehr gut, der edelsüße Teil der Kollektion hatte ebenfalls viel zu bieten, bis hin zur Trockenbeerenauslese. 2011 präsentierte sich etwas weniger gleichmäßig. Trocken überzeugten der Riesling von alten Reben und der fast trockene Wein aus dem Dhron Hofberger. Etwas gleichmäßiger präsentierte sich der süße Teil der Kollektion mit feinen Kabinettweinen, einer würzigen Auslese, sowie Eiswein und Trockenbeerenauslese.

Neue Kollektion

Solche edelsüßen Highlights fehlen 2012, die Weine insgesamt sind alle, anders als beispielsweise 2010, sonderbar verhalten und verschlossen, trocken wie süß. Am besten gefallen uns das füllig, kraftvolle „GeGe" aus dem Steffensberg und der saftige feinherbe Wein aus der Letterlay. ◀

Weinbewertung

83 2011 Riesling Sekt brut 12,5 %/11,50 €
81 2012 Rivaner trocken „Diva" 11,5 %/5,90 €
81 2012 Riesling trocken „Magnus" 12 %/7,50 €
82 2012 Riesling trocken „Bergrettung" 12,5 %/12,50 €
81 2012 Riesling trocken „Alte Reben 862" 12,5 %/13,50 €
84 2012 Riesling trocken „GeGe" Kröv Steffensberg 13,5 %/19,50 €
82 2012 Riesling „feinherb" Paradies 11,5 %/7,50 €
84 2012 Riesling Kabinett Kröv Letterlay 12 %/12,50 €
83 2012 Riesling „Knackarsch" 9,5 %/7,50 €
81 2011 Spätburgunder Barrique 13,5 %/21,50 €

Stahl ★★★
Winzerhof **Franken**

Lange Dorfstraße 21, 97215 Auernhofen
Tel. *09848-96896,* **Fax:** *09848-96898*
www.winzerhof-stahl.de
mail@winzerhof-stahl.de
Besuchszeiten: *täglich nach Vereinbarung*
Weinrestaurant (Events und Menüs nach Anmeldung)
Heckenwirtschaft

Inhaber . . . . Christian Stahl
Rebfläche . . . . 15 Hektar

Bis 1984 war der Betrieb ein Bauernhof mit Ackerbau und Viehzucht. In diesem Jahr kaufte Albrecht Stahl im Zuge der Flurbereinigung Weinbergflächen im zehn Kilometer entfernten Taubertal. Anfangs wurde der Ertrag komplett an eine Weinkellerei abgeliefert, erst 1992 begann Albrecht Stahl seine Weine selbst auszubauen. Sohn Christian ist seit dem Jahrgang 2000 für die Vinifikation verantwortlich, inzwischen hat er den Betrieb übernommen. Die Weinberge liegen nicht nur im Tauberzeller Hasennestle und an der Tauber, sondern auch in Randersacker, Sommerhausen, Eibelstadt und Marktbreit, wo Christian Stahl Flächen gepachtet hat. Die angebauten Rebsorten sind Müller-Thurgau, Silvaner, Bacchus, Kerner, Spätburgunder, Regent und Domina. Zuletzt kamen Grauburgunder und Tauberschwarz hinzu, ein Teil des Bacchus wurde durch Scheurebe und Sauvignon Blanc ersetzt. Seit dem Jahrgang 2004 wird auf Prädikatsbezeichnungen verzichtet, die Weine werden betriebsintern in die drei Linien „feder stahl", „Damaszener Stahl" und „Edelstahl" klassifiziert.

Vorjahre

Eine klasse Kollektion hatte Christian Stahl auch im problematischen Jahrgang 2010, angefangen vom leichten Sommer-Wein bis hin zu den kraftvollen Edelstahl-Silvanern, auch die Müller-Thurgau überzeugten wie gehabt. Die letztjährige Kollektion war stark wie gewohnt, wurde angeführt von den beiden Silvanern der Edelstahl-Linie, auch Scheurebe und Riesling gefielen uns sehr gut, in der Damaszener Stahl-Linie war die Pinot-Cuvée unser Favorit.

Neue Kollektion

Eine ebenso starke Kollektion folgt nun mit dem Jahrgang 2012. Die Damaszener Stahl-Serie präsentiert sich gleichmäßig auf sehr gutem Niveau, egal ob Pinocuvée oder Scheurebe, Silvaner oder Hasennest-Müller Thurgau. Der Edelstahl-Silvaner zeigt gute Konzentration und faszinierend viel Frucht im Bouquet, ist füllig und kraftvoll im Mund bei guter Struktur und reifer Frucht; ähnlich präsentiert sich die „Best of"-Variante, ist aber deutlich komplexer. Kraftvoll und zupackend ist der Riesling, konzentriert und reintönig sind die im vergangenen Jahr eingeführten „Zweimännerweine", Scheurebe und Sauvignon Blanc. Eine sehr überzeugende Vorstellung! ━

Weinbewertung

81   2012 „sommer" Weißwein „feder stahl"
     12 %/6,50 €

82   2012 Müller-Thurgau „feder stahl"   **12 %/6,50 €**

85   2012 Müller-Thurgau trocken „Hasennest"
     12,5 %/10,01 €

85   2012 Silvaner „Damaszener Stahl"   **12,5 %/8,50 €**

86   2012 Pinot Cuvée „Damaszener Stahl"
     12,5 %/9,90 €

86   2012 Scheurebe „U-Haft Damaszener Stahl"
     12,5 %/9,50 €

87   2012 Silvaner „Edelstahl"   **13,5 %/14,50 €**

89   2012 Silvaner „Edelstahl best of"   **13,5 %/16,- €**

87   2012 Riesling „Edelstahl best of"   **13,5 %/15,- €**

87   2012 Sauvignon Blanc (zweimännerwein) „Ehl-Stahl"   **13,5 %/17,- €**

87   2012 Scheurebe (zweimännerwein) „Ehl-Stahl"   **13,5 %/17,- €**

★★★

Stallmann-Hiestand
Weingut   **Rheinhessen**

Eisgasse 15, 55278 Uelversheim
Tel. *06249-8463,* **Fax***: 06249-8614*
www.weingut-stallmann-hiestand.de
info@weingut-stallmann-hiestand.de
Besuchszeiten: *nach Vereinbarung*

Inhaber .... Werner und Christoph Hiestand
Rebfläche .... 17,5 Hektar

Werner Hiestand will in Zukunft noch stärker auf die klassischen Rebsorten setzen – bei Weißweinen zumindest – und möchte den Anteil des Weißburgunders in seinen Weinbergen weiter erhöhen. Diese liegen in Dienheim, Uelversheim und Guntersblum, inzwischen ergänzen Weinberge in Nierstein und Oppenheim das Lagenportfolio. Riesling und Spätburgunder sind die wichtigsten Rebsorten, gefolgt von den weißen Burgundern, Silvaner und Gewürztraminer. Portugieser, Weinsberger Cabernet-Kreuzungen (Cabernet Dorsa, Cabernet Cubin), Sankt Laurent und Sauvignon Blanc sind wichtige Bestandteile des Sortiments. Im Betrieb wird Werner Hiestand unterstützt von Sohn Christoph, als gelernter Krankenpfleger quasi Quereinsteiger, der 2007 sein Geisenheim-Studium abgeschlossen hat und Praktika bei Meyer-Näkel, Nederburg (Südafrika) und Knipser machte. Er hat inzwischen den Betrieb übernommen, führt ihn zusammen mit Ehefrau Nora, die derzeit noch ein Masterstudium Internationales Weinmarketing an der Universität Eisenstadt absolviert. Christoph Hiestand setzt im Keller verstärkt auf Spontangärung

Vorjahre

Seit der ersten Ausgabe empfehlen wir die Weine von Werner Hiestand, schon damals haben wir die Reintönigkeit des gesamten Sortiments besonders gelobt. Jahr für Jahr präsentiert er höchst zuverlässige Kollektionen, zuletzt haben die Weine in der Spitze weiter zugelegt, haben an Komplexität und Nachhaltigkeit gewonnen. Vor zwei Jahren hatten Werner und Christoph Hiestand ihre bisher beste Kollektion – und dies in einem Jahrgang wie 2010. Unsere Favoriten, Grauburgunder und Spätburgunder, stammten zwar aus dem Jahrgang 2009, nichtsdestotrotz lobten wir die 2010er, weil sie auf konstant sehr gutem Niveau sich wunderschön geschlossen präsentierten wie nur bei wenigen anderen Betrieben in Rheinhessen. Eine ebenso starke Kollektion folgte im vergangenen Jahr. Im homogenen weißen Segment gefielen uns Grauburgunder und Sauvignon Blanc besonders gut, ebenso die geschlossen auftretende Rieslingriege. Auch

S

die drei präsentierten Rotweine waren bärenstark, am besten gefiel uns der Spätburgunder R.

Neue Kollektion

Vergleichbar stark ist nun auch die neue Kollektion, bietet saftige, fruchtbetonte Weißweine wie den fülligen Weißburgunder, den reintönigen, zupackenden Silvaner oder den wunderschön frischen und reintönigen Sauvignon Blanc. Der Grauburgunder besitzt Fülle und Kraft, noch etwas besser gefällt uns die im Barrique ausgebaute Variante aus dem Jahrgang 2011, die gute Struktur und Druck besitzt, noch sehr jugendlich ist. Die Riesling-Riege präsentiert sich einmal mehr sehr geschlossen, am besten gefällt uns der „Hoch Drei" genannte Wein, der herrlich kraft- und druckvoll ist bei dezent mineralischen Noten; ein reintöniger Chardonnay Eiswein ergänzt das weiße Sortiment, der rote Teil der Kollektion gefällt uns dieses Jahr etwas weniger, die rote Cuvée ist für unseren Geschmack etwas zu oxidativ geraten. ◄

Weinbewertung

86 2011 Riesling Sekt brut 12,- €
86 2012 Silvaner „S" trocken 6,30 € ☺
86 2012 Weißburgunder „S" trocken 13 %/7,50 €
87 2012 Grauburgunder „S" trocken 13,5 %/9,50 €
87 2012 Sauvignon Blanc trocken 12 %/8,20 € ☺
87 2012 Riesling Spätlese trocken Niersteiner Hipping 13 %/9,50 €
87 2012 Riesling Spätlese trocken Dienheimer Kreuz 13 %/9,80 €
88 2011 Grauburgunder trocken Barrique 14,5 %/13,- €
88 2012 Riesling Spätlese trocken „Hoch Drei" 13 %
90 2012 Chardonnay Eiswein Dienheimer Tafelstein 9,5 %/16,- €
83 2011 Spätburgunder „S" trocken 13,5 %/9,50 €
83 2011 „Nero" Rotwein trocken 13,5 %/16,50 €

★

Roland **Staudt**
Weingut

Franken

Am Maustal 3, 97320 Sulzfeld
Tel. 09321-6826, **Fax:** 09321-6927
www.weingut-staudt.de
info@weingut-staudt.de
Besuchszeiten: Mo.-Sa., So. nach Vereinbarung
Inhaber..........................Roland Staudt
Rebfläche...........................9,5 Hektar

1984 wurde der erste Jahrgang erzeugt. Roland Staudt baut in seinen Weinbergen in den Sulzfelder Lagen Maustal und Cyriakusberg vor allem Müller-Thurgau und Silvaner an, die jeweils etwa ein Viertel der Rebfläche einnehmen. Hinzu kommen Bacchus, Kerner, Riesling, Weißburgunder, Gewürztraminer, Spätburgunder, Dornfelder, Cabernet Dorsa und Domina. Die Weißweine werden in temperaturgesteuerten Edelstahltanks ausgebaut, die Rotweine kommen nach der Maischegärung ins Holz.

Vorjahre

Schon die beiden Literweine überzeugten vor zwei Jahren mit Frische und Frucht, der Cabernet Dorsa gefiel uns erneut am besten. Die 2011er Weine waren etwas verhalten, die trockene Silvaner Spätlese war unser Favorit.

Neue Kollektion

Die neue Kollektion gefällt uns gut, überzeugt mit dem gleichmäßigen, zuverlässigen Niveau aller Weine, die S-Linie zeigt einige viel versprechende Ansätze, unser Favorit ist der reintönige, zupackende Spätburgunder. ◄

Weinbewertung

81 2012 „Monte C" Weißwein Kabinett trocken 12 %/5,70 €
82 2012 Silvaner Kabinett trocken Sulzfelder Maustal 13 %/6,30 €
83 2012 Weißburgunder „S" trocken Sulzfelder Cyriakusberg 14 %/11,- €
83 2012 Riesling „S" trocken Sulzfelder Cyriakusberg 12,5 %/11,- €

S

83 2012 Silvaner „S" trocken Sulzfelder Maustal **13 %/11,- €**

84 2012 Spätburgunder „S" trocken Sulzfelder Maustal **14 %/12,- €**

★☆

Schloss **Staufenberg**
Weingut Markgraf v. Baden   **Baden**

Schloss Staufenberg 1, 77770 Durbach
Tel. *0781-42778,* **Fax:** *0781-440578*
www.markgraf-von-baden.de
info@schloss-staufenberg.de
Besuchszeiten: *Mo.-Fr. 9:30-12 + 13-17 Uhr,*
Sa. 10-16 Uhr, Gutsausschank

Inhaber . . . . Markgraf von Baden
Betriebsleiter . . . . Achim Kirchner
Kellermeister . . . . Martin Kölble, Klaus Ebert
Rebfläche . . . . 27 Hektar

Schloss Staufenberg kam 1693 in den Besitz des Hauses Baden. In den Weinbergen von Schloss Staufenberg, am Durbacher Schlossberg, spielt Riesling mit 45 Prozent die wichtigste Rolle. Es folgen 30 Prozent Spätburgunder, Müller-Thurgau, Traminer, Weiß- und Grauburgunder, sowie Chardonnay. Die Rieslinge werden alle in Edelstahltanks ausgebaut, Spätburgunder im Barrique.

Vorjahre —————————————————

Die 2010er Weißweine präsentierten sich gleichmäßig; der Spätburgunder „Fass No. 75" faszinierte vor zwei Jahren mit seiner reintönigen Frucht. Die letztjährige Kollektion präsentierte sich geschlossen auf gutem Niveau, bot klare, fruchtbetonte Weine. Im weißen Segment war der Klingelberger 1782 unser Favorit; rot trumpfte einmal mehr der Spätburgunder aus dem Schlossberg auf.

Neue Kollektion —————————————

Die 2012 sind in der Basis recht verhalten, wenn auch technisch korrekt. Sehr gut gefällt uns einmal mehr der Klingelberger 1782, der

füllig ist, kraftvoll und zupackend bei guter Struktur, das Große Gewächs bringt keine weitere Steigerung. Die beiden Barrique-Spätburgunder sind recht gewürzduftig im Bouquet und etwas unharmonisch im Mund. ◄■

Weinbewertung ——————————————

84 Klingelberger Riesling Sekt brut **12 %/12,- €**
79 2012 Klingelberger Riesling trocken **11,5 %/8,- €**
82 2012 Weißburgunder trocken **12 %/7,- €**
80 2012 Chardonnay trocken **12,5 %/8,- €**
82 2012 Klingelberger Riesling trocken „Erste Lage" **12 %/10,- €**
80 2012 Grauburgunder trocken „Erste Lage" **13,5 %/13,50 €**
81 2012 Sauvignon Blanc trocken **12,5 %/13,50 €**
86 2012 Klingelberger Riesling trocken „1782" **12 %/17,- €**
86 2012 Klingelberger Riesling „GG" Durbacher Schlossberg **35,- €**
84 2012 Gewürztraminer Spätlese **11 %/13,50 €**
82 2011 Spätburgunder trocken „Carl Friedrich" **12,5 %/11,- €**
86 2011 Spätburgunder trocken Barrique „Fidelitas" **35,- €**
86 2011 Spätburgunder trocken „Fass No. 85" Durbacher Schlossberg **45,- €**

★☆

Steffen-Prüm
Weingut   **Mosel**

Trierer Straße 12, 54484 Maring-Noviand
Tel. *06535-420,* **Fax:** *06535-1538*
www.weingutsteffen-pruem.de
www.sgsteffenpruem.com
info@weingutsteffen-pruem.de
Besuchszeiten: *täglich nach Vereinbarung*

Inhaber . . . . Gerd Steffen
Rebfläche . . . . 3,8 Hektar

Die Weinberge von Gerd und Marita Steffen liegen in Maring-Noviand (Sonnenuhr, Honigberg) und Lieser (Rosenlay, Niederberg-Hel-

S

den), inzwischen sind sie auch im Erdener Treppchen vertreten. Sie bauen außer Riesling auch Findling, Dornfelder, Portugieser, Regent und Schwarzriesling an. Die Weine werden teils im Edelstahl, teils im Eichenholz ausgebaut.

Vorjahre _____

Eine überzeugende 2010er Kollektion brachte reintönige süße und edelsüße Rieslinge. Im letzten Jahr hatte Gerd Steffen die neue Linie „S.G. Prüm" eingeführt. Die Kollektion präsentierte sich etwas uneinheitlich, hatte ihre Stärken klar im süßen Segment.

Neue Kollektion _____

Die neue Kollektion ist sehr gleichmäßig, beginnt mit einem klaren, geradlinigen Riesling No. 1 und endet bei unserem Favoriten, der frischen Spätlese aus dem Treppchen, die wunderschön klar und fruchtbetont ist bei feinem Biss. ◀

Weinbewertung _____

83   2012 Riesling trocken „No. 1" „S.G."   9,50 €
81   2012 Riesling Spätlese „S" trocken „S.G."
     14,50 €
82   2012 Riesling Kabinett „feinherb" „S.G." Niederberg Helden   11,50 €
83   2012 Riesling Spätlese „feinherb" „S.G." Maringer Sonnenuhr   12,50 €
83   2012 Riesling Spätlese „SL" „S.G." Honigberg
     14,50 €
85   2012 Riesling Spätlese „ET" „S.G." Erdener Treppchen   17,50 €

★★★
Steffens-Keß
Weingut   **Mosel**

◆ Moselstraße 63, 56861 Reil
Tel. 06542-1246, **Fax:** 06542-1353
www.steffens-kess.de
weingut@steffens-kess.de
Besuchszeiten: nach Vereinbarung

Inhaber .... Harald Steffens
Rebfläche .... 4 Hektar

Harald Steffens und Marita Keß bauen fast ausschließlich Riesling an, ausnahmslos in Steillagen in der Reiler Goldlay, im Burger Wendelstück oder im Hahnenschrittchen. Bereits seit 1982 betreiben sie ökologischen Weinbau und sind Mitglied bei Ecovin. Die Moste werden mit den traubeneigenen Hefen vergoren und in Eichenholzfässern ausgebaut. Praktisch alle Weine werden trocken abgefüllt, nur in Ausnahmejahren werden, wenn die Gärung stockt, Weine mit einem kleinen Anteil Restsüße ausgebaut. Edelsüße Spezialitäten gehören nicht zum Programm: Harald Steffens baut eben nur das aus, was er selbst am liebsten trinkt.

Vorjahre _____

Die 2010er Weine waren gewohnt präzise, reintönig und zupackend, zeigten die Handschrift, die man von Harald Steffens kennt. Sehr stimmig präsentierte sich der Jahrgang 2011, brachte reintönige, präzise Weine. Schon die Qualitäts- und Kabinettweine bereiteten viel Freude, Highlights für uns waren die trockene Spätlese aus dem Hahnenschrittchen und die trockene Auslese aus der Goldlay.

Neue Kollektion _____

Die neue Kollektion schließt nahtlos an das Vorjahr an, gefällt uns gar nochmals besser. Die stimmige Kollektion besteht aus reintönigen, sehr präzisen Rieslingen, die zupackend sind, Frische und Biss besitzen, wie schon der Wein aus dem Hahnenschrittchen oder sein Pendant aus der Goldlay. Die beiden Kabinettweine sind nochmals druckvoller, besitzen gute Struktur und Substanz – und das bei moderaten Alkoholwerten. Mehr Fülle besitzt die Spätlese aus der Goldlay, zeigt gute Konzentration und gelbe Früchte im Bouquet, ist kraftvoll im Mund, besitzt viel Substanz und Druck und eben diese tolle Präzision, die alle Weine kennzeichnet. Ähnlich ist auch die Auslese aus dem Wendelstück, füllig und saftig, kraftvoll und präzise, noch ein klein wenig nachhaltiger und länger im Mund als die Spätlese: Eine klasse Kollektion mit sehr zeitgemäßen Weinen, die neben moderaten Alkoholwerten auch mit moderaten Preisen überraschen. ◄

Weinbewertung

85   2011 Riesling Sekt brut **12,5 %/10,50 €**

85   2012 Riesling trocken Burger Hahnenschrittchen **11 %/6,50 €**

86   2012 Riesling trocken Reiler Goldlay **11,5 %/6,60 €** ☺

87   2012 Riesling Kabinett trocken Burger Wendelstück **11,5 %/7,70 €** ☺

87   2012 Riesling Kabinett trocken Reiler Goldlay **11,5 %/8,20 €** ☺

89   2012 Riesling Spätlese trocken Reiler Goldlay **12 %/10,40 €** ☺

90   2012 Riesling Auslese trocken Burger Wendelstück **13 %/14,50 €** ☺

★

Karl **Stein**
Weingut

Nahe

Auf dem Stiel 12, 55585 Oberhausen
***Tel.** 06755-242, **Fax:** 06755-741*
www.steinwein.de
info@steinwein.de
***Besuchszeiten:** Mo.-Sa. 8-17 Uhr und nach Vereinbarung*

Inhaber . . . . Edith und Karl Rainer Schneider
Rebfläche . . . . 10 Hektar

Seit 1801 erzeugt die Familie selbst Wein, 1960 kam die Sektherstellung dazu. Riesling nimmt mittlerweile 80 Prozent der Rebfläche ein, dazu gibt es Weißburgunder und etwas Grauburgunder, Gewürztraminer, Silvaner, Müller-Thurgau und Chardonnay. Ein Drittel der Fläche wird in Steillagen bewirtschaftet.

Vorjahre

Im Jahrgang 2010 gefielen uns der Weißburgunder und die kräftigen Riesling Spätlesen gut, auch die sehr moderat kalkulierten Sekte zeigten gutes Niveau und Substanz. 2011 gefiel uns der rest- und edelsüße Teil der Kollektion wesentlich besser als die teilweise etwas bitteren trockenen Weine. Spätlese, Auslese und Beerenauslese vom Riesling und die Gewürztraminer Auslese zeigten alle klare Frucht und feinen Säurebiss.

Neue Kollektion

2012 sind die trockenen Rieslinge etwas zurückhaltend, aber klar in der Frucht, von den beiden restsüßen Spätlesen präsentiert sich der Wein aus dem Felsenberg zum Zeitpunkt der Verkostung klarer und harmonischer als der noch sehr verschlossene Felsensteyer-Riesling. ◄

Weinbewertung

82   2012 Riesling trocken Oberhäuser Kieselberg **13 %/7,- €**

84   2012 Riesling trocken Oberhäuser Leistenberg **13 %/7,50 €**

84   2012 Riesling trocken Niederhäuser Felsensteyer **13 %/10,- €**

79   2012 Riesling Classic **12 %/5,50 €**

84   2012 Riesling Spätlese Oberhäuser Felsenberg **7,5 %/7,20 €**

84   2012 Riesling Spätlese Niederhäuser Felsensteyer **7,5 %/10,- €**

★★

Artur **Steinmann**
Weingut

Franken

Plan 4, 97286 Sommerhausen
***Tel.** 09333-90460, **Fax:** 09333-904627*
www.artur-steinmann.de
info@pastoriushaus.de
***Besuchszeiten:** Mo.-Sa. 9-12 + 13-18 Uhr, So. 9-12 Uhr*
Hotel

Inhaber . . . . Artur Steinmann
Rebfläche . . . . 18 Hektar

Das 1916 von Karl Steinmann gegründete Gut hat seinen Sitz in einem im 17. Jahrhundert erbauten Haus, in dem Franz David Pastorius geboren wurde, der erste deutsche Auswanderer nach Amerika, der 1683 in Pennsylvania die

Die besten deutschen Weinerzeuger und ihre Weine

S

Stadt German-Town gründete. Karl Steinmanns Sohn konzentrierte sich seit den sechziger Jahren auf Weinbau, seit 1982 führt Enkel Artur Steinmann das Gut. Seine Weinberge liegen vor allem in Sommerhausen (Steinbach, Reifenstein), dazu ist er in Frickenhausen im Kapellenberg vertreten. Er baut vor allem Silvaner, Müller-Thurgau und Riesling, aber auch rote Rebsorten an. Dem Weingut ist ein Hotel mit Tagungsräumen angeschlossen. Artur Steinmann ist Initiator der Gruppe Frank & Frei und Präsident des Fränkischen Weinbauverbandes.

Vorjahre

2010 vermissten wir die Spätlesen, die erzeugten Kabinett- und Qualitätsweine waren klar, frisch und geradlinig, angenehm leicht. 2011 waren die Spätlesen zurück, der Steinbach-Silvaners und der Silvaner von alten Reben aus dem Reifenstein waren sehr gut, am besten gefiel uns der Steinbach-Riesling.

Neue Kollektion

Die neue Kollektion bietet frische, zupackende Kabinettweine, unter denen uns der reintönige Traminer besonders gut gefällt. Der im Barrique ausgebaute Weißburgunder zeigt gute Konzentration und viel reife Frucht im Bouquet, ist füllig und kraftvoll im Mund, besitzt gute Struktur und reintönige Frucht. Dass Artur Steinmann sich auch auf edelsüß versteht, stellt er mit der Riesling Auslese unter Beweis, die wunderschön reintönig, frisch und zupackend ist. Eine stimmige Kollektion. ◀

Weinbewertung

83 2012 Müller-Thurgau trocken „Frank & Frei"
    11,5 %/6,- €
83 2012 Silvaner Kabinett trocken Sommerhausen Ölspiel 12,5 %/7,50 €
84 2012 Traminer Kabinett trocken Sommerhausen Ölspiel 12 %/8,- €
86 2011 Weißburgunder Spätlese trocken Barrique Sommerhausen Reifenstein 13 %/15,- €
87 2012 Riesling Auslese Sommerhausen Steinbach 9 %/15,- €/0,5l
83 2012 Domina trocken Sommerhausen Ölspiel
    12,5 %/8,50 €

Christoph Steinmann
Weingut
★ ☆
Franken

Neuenbergshof, 97286 Sommerhausen
Tel. 09333-436, *Fax*: 09333-785
www.weingut-steinmann.de
weingut.steinmann@t-online.de
Besuchszeiten: Mo.-Sa. 8-18 Uhr
Weinstube (bis 65 Personen), Weinproben nach Anmeldung, Häckerwirtschaft im Januar + Oktober, Gästeführungen in Weinberg, Keller und durch den Sommerhäuser Altort

Inhaber . . . . Christoph Steinmann
Rebfläche . . . . 14 Hektar

Das Weingut entstand in den sechziger Jahren als Aussiedlerbetrieb auf dem Neuenberg, inmitten der Weinberge. Noch heute betreibt Christoph Steinmann neben Weinbau auch Landwirtschaft und Obstbau. Die Reben wachsen teils auf Muschelkalkböden in den Sommerhäuser Lagen Reifenstein, Steinbach und Ölspiel und im Eibelstadter Kapellenberg. In den Lagen Winterhäuser Kaiser Wilhelm und Frickenhäuser Kapellenberg findet man kräftige Böden mit Lehm und Ton. Wichtigste Rebsorte ist Silvaner, der inzwischen mehr als ein Drittel der Rebfläche einnimmt. Es folgen Müller-Thurgau, Riesling und Weißburgunder, sowie rote Sorten (bereits seit 1974) wie Domina, Spätburgunder, Schwarzriesling und Portugieser. Dazu Spezialitäten wie Traminer und Scheurebe, sowie erstmals mit dem Jahrgang 2004 Blauer Silvaner und mit dem Jahrgang 2008 Sauvignon Blanc. Die Weine werden überwiegend trocken ausgebaut.

Entwicklung

Schon in der ersten Ausgabe hatten wir das Weingut mit einer guten, gleichmäßigen Kollektion vorgestellt. Das ist die Stärke von Christoph Steinmann: Man wird nie enttäuscht, die Weine sind fruchtbetont und klar, trockene Spätlesen oder restsüße Weine ragen immer wieder einmal aus grundsoliden Kollektionen hervor.

Vorjahre

Vor zwei Jahren war die Kollektion war jahrgangsbedingt etwas verhaltener, bot aber gutes, gleichmäßiges Niveau mit frischen, klaren Weinen. 2011 erntete Christoph Steinmann aufgrund des Spätfrostes nur die Hälfte eines normalen Ertrags. Seine Weine präsentierten sich wie gewohnt frisch und klar, Sauvignon Blanc, Silvaner Spätlese und die im Barrique ausgebaute Domina gefielen uns besonders gut.

Neue Kollektion

2012 sind die Weine ein wenig verhalten, aber von gleichmäßiger, guter Qualität; die beiden Silvaner gefallen uns am besten, wobei wir den fülligen Selectionswein nicht unbedingt besser finden als den unkomplizierten Frankolino. Darauf kann man aufbauen. ◀

Weinbewertung

81 2012 Müller-Thurgau trocken „Müllerlust" **12 %/4,80 €**

83 2012 Silvaner trocken „Frankolino" **12 %/5,20 €**

83 2012 Silvaner Selection Sommerhäuser Steinbach **13,5 %/9,50 €**

82 2012 Scheurebe Kabinett Sommerhäuser Steinbach **11,5 %/5,50 €**

82 2011 Domina trocken Sommerhäuser Steinbach **13,5 %/7,90 €**

Christian **Steinmetz**
Weingut

★☆

Mosel

Moselweinstraße 137, 54472 Brauneberg
Tel. *06534-947920,* **Fax:** *06534-947921*
www.weingut-csteinmetz.de
info@weingut-csteinmetz.de
Besuchszeiten: *Mo.-Sa. 8-19 Uhr, So. nach Vereinbarung*
Restaurant von Juni bis Oktober täglich 11:30-22 Uhr, Mi. Ruhetag; Gästezimmer im historischen Scheunengebäude

Inhaber....................Christian Steinmetz
Rebfläche.............................2 Hektar

1999 erwarb Christian Steinmetz ein Winzeranwesen in Brauneberg. Die ersten Trauben wurden 2000 aus der Juffer, dem Kestener Paulinshofberg und der Mülheimer Sonnenlay geerntet, inzwischen werden auch Trauben aus den Graacher und Zeltinger Lagen verarbeitet. Spontangärung, teilweiser Einsatz von Edelstahldrucktanks (um einen Wein „sur lie" zu erzeugen) sowie – bei den „Alten Reben" – die Vergärung in Barriques gehören zum Konzept des Weingutes. 2005 wurde der Jungfernertrag einer Spätburgunderanlage gelesen. Seit Mai 2009 ergänzt ein Gutsausschank das Ensemble. Das Weingut wird im Nebenerwerb geführt, hauptberuflich ist Christian Steinmetz Außenbetriebsleiter bei Reichsgraf von Kesselstatt.

Vorjahre

2010 präsentierte sich geschlossen auf gutem Niveau, überzeugte trocken wie süß. Sehr geschlossen präsentierte sich auch 2011, im trockenen Segment angeführt von drei kraftvollen und fülligen Rieslingen aus Sonnenuhr, Juffer und Himmelreich, im süßen Segment von der würzigen Auslese.

Neue Kollektion

Sehr geschlossen präsentiert sich nun auch der Jahrgang 2012, bietet füllige, saftige Spätlesen zuhauf. Die trockene Spätlese aus der Sonnenuhr besitzt reife Frucht, Kraft und Substanz, ihr halbtrockenes Pendant aus der Juffer ist deutlich schmeichelnder und süßer, der Wein von alten Reben aus dem Himmelreich besitzt gute Struktur und Substanz. Unter den feinherben Spätlesen gefallen uns die fülligen Weine aus Schlossberg und Juffer am besten. ◀

Weinbewertung

82 2012 Riesling Kabinett trocken Mülheimer Sonnenlay **12 %/7,- €**

86 2012 Riesling Spätlese trocken „sur lie" Zeltinger Sonnenuhr **13 %/8,- €**

85 2012 Riesling Spätlese „sur lie" Brauneberger Juffer **13 %/9,- €**

Die besten deutschen Weinerzeuger und ihre Weine

S

86   2012 Riesling „Alte Reben" Graacher Himmelreich   **13,5 %/9,80 €**

82   2012 Riesling Spätlese „feinherb" Graacher Domprobst   **12 %/8,- €**

85   2012 Riesling Spätlese „feinherb" Zeltinger Schlossberg   **12 %/8,- €**

85   2012 Riesling Spätlese „feinherb" Brauneberger Juffer   **12 %/9,- €**

84   2012 Riesling Spätlese Brauneberger Juffer   **9 %/9,- €**

Stephan **Steinmetz** ★★
Weingut   **Mosel**

Am Markusbrunnen 6, 54439 Wehr
Tel. 06583-234, Fax: 06583-1848
www.der-weinmacher.de
info@der-weinmacher.de
Besuchszeiten: wochentags nach Vereinbarung

Inhaber .... Stephan Steinmetz
Rebfläche .... 5,6 Hektar

Schon mit 22 Jahren hat Stephan Steinmetz das elterliche Weingut übernommen. Er ist an der Obermosel zu Hause, baut Elbling und die Burgundersorten an, aber keinen Riesling, auf Lagenbezeichnungen verzichtet er. Er erzeugt trockene Weine, hat immer auch Crémant im Programm, sowohl Elbling wie eine Burgundercuvée.

Vorjahre _____

Auch vor zwei Jahren gefielen uns die Crémants gut, wie überhaupt die gesamte Kollektion sich geschlossen auf gutem Niveau präsentierte, der 2008er Spätburgunder war gekonnt vinifiziert. Auch im vergangenen Jahr bereiteten uns die beiden Crémants wieder viel Freude, im weißen Segment ließ der wunderschön reintönige Elbling die Burgunder hinter sich. Wie im Jahr zuvor überzeugte der Spätburgunder, diesmal gleich doppelt mit den Jahrgängen 2009 und 2007.

Neue Kollektion _____

Auch in diesem Jahr hat Stephan Steinmetz wieder zwei wunderschön harmonische Crémants, beide frisch und klar, komplex und jugendlich. Die 2012 Weißweine sind klar und geradlinig, herrlich zupackend und zurückhaltend im Alkohol, wie Elbling und Weißburgunder, etwas kraftvoller und komplexer ist der strukturierte Grauburgunder.

Weinbewertung _____

85   Elbling Crémant brut   **12 %/9,- €**

85   „Liaison" Crémant brut   **12,5 %/10,50 €**

83   2012 Elbling trocken (1l)   **10,5 %/4,80 €** ☺

83   2012 Elbling trocken   **11 %/5,- €**

81   2012 Auxerrois trocken   **11,5 %/6,40 €**

83   2012 Weißburgunder trocken   **12 %/6,40 €**

85   2012 Grauburgunder trocken   **12,5 %/7,20 €**

85   2009 Spätburgunder Barrique   **12,5 %/10,50 €**

Steinmühle ★
Weingut   **Rheinhessen**

Eulenberg 18, 67574 Osthofen
Tel. 06242-1478, Fax: 06242-1580
www.weingut-steinmuehle.de
info@weingut-steinmuehle.de
Besuchszeiten: nach Vereinbarung

Inhaber .... Axel May
Rebfläche .... 15,5 Hektar

Das 1275 erstmals erwähnte Hof- und Weingut Steinmühle ist seit Anfang des 18. Jahrhunderts im Besitz der Familie, wird heute von Axel May geführt. Mit dem Jahrgang 2011 wurde das Sortiment neu gegliedert in Guts-, Orts- und Lagenweine.

Vorjahr _____

Aus der Serie fruchtbetonter, klarer Weine ragten im vergangenen Jahr die Cuvée aus Weißburgunder und Grauburgunder, der frische, zupackende Riesling aus dem Liebenberg und der füllige, kraftvolle Spätburgunder Klosterberg hervor.

Neue Kollektion

Sehr ähnlich präsentiert sich nun auch der Jahrgang 2012. Der füllige, kraftvolle Riesling aus dem Liebenberg gefällt uns einmal mehr besonders gut, ebenso die Cuvée aus Weiß- und Grauburgunder, die Huxelrebe Auslese ist schön saftig bei reifer, klarer Frucht.

Weinbewertung

81 2012 Riesling trocken Osthofener **12,5 %/6,50 €**

82 2012 Weißburgunder trocken Osthofener **12,5 %/6,50 €**

81 2012 Grauburgunder trocken Osthofener **12,5 %/6,50 €**

84 2012 Grauburgunder & Weißburgunder trocken „Opus 738" **13 %/7,50 €**

85 2012 Riesling trocken Osthofener Liebenberg **12,5 %/10,- €**

85 2012 Huxelrebe Auslese **8,5 %/9,80 €/0,5l**

★★☆

Steitz
Weingut

Rheinhessen/Nahe

Mörsfelderstraße 3, 55599 Stein-Bockenheim
Tel. *06703-93080,* **Fax:** *06703 -930890*
www.weingut-steitz.de
mail@weingut-steitz.de
Besuchszeiten: *täglich außer So., nach Vereinbarung*
Weinprobierstube, Gästehaus
Gewölbekeller für Weinproben

Inhaber .. Gernod, Heidrun und Christian Steitz
Rebfläche .... 15 Hektar

Gernod und Heidrun Steitz werden seit 1994 im Betrieb von Sohn Christian unterstützt, der für Keller und Weinberge verantwortlich ist. Der Anbauschwerpunkt liegt auf den klassischen Rebsorten, vor allem den Burgundersorten (Weiß-, Grau- und Spätburgunder), die zusammen etwa 40 Prozent der Rebfläche einnehmen, sowie Riesling. Hinzu kommen Sorten wie Portugieser, Dornfelder, Müller-Thurgau und Chardonnay. St. Laurent ist inzwischen in Ertrag, dazu wurde ein wenig Cabernet Dorsa gepflanzt, der aber nur in Cuvées verwendet wird. Die Rotweine werden nach der Maischegärung im Holzfass ausgebaut. Die Weißweine werden reduktiv mit langem Feinhefelager ausgebaut. Prädikatsbezeichnungen bleiben restsüßen Weinen vorbehalten.

Vorjahre

Seit über einem Jahrzehnt bietet die Familie Steitz höchst zuverlässige, gute Qualität. Die Weine waren immer schon wunderschön reintönig und – im positiven Sinne – süffig. In den letzten Jahren nun deutet sich an, dass man willens ist einen weiteren Schritt zu gehen um zur rheinhessischen Spitze aufzuschließen, die Weine haben deutlich an Profil gewonnen. Vor zwei Jahren wurde der sehr gute Eindruck der Vorjahre bestätigt: Die 2010er Weißweine waren frisch und klar bei guter Fülle, die Rotweine besaßen Frucht und Struktur. Die letztjährige Kollektion überzeugte voll und ganz, bot feine, reintönige Gutsweine und kraftvolle, zupackende Ortsweine. Sehr gut gefielen uns die Lagenweine, der Silvaner Goldenes Horn, der Heerkretz-Riesling und der neue Heerkretz-Grauburgunder. Im roten Segment überzeugten vor allem der wunderschön reintönige St. Laurent und der füllige Eichelberg-Spätburgunder.

Neue Kollektion

Mit der neuen Kollektion bestätigt Christian Steitz den starken Eindruck der Vorjahre, bietet klare, fruchtbetonte Gutsweine, fülligere, saftige Ortsweine – unsere leichte Präferenz gilt Riesling und Sauvignon Blanc – und kraftvolle Lagenweine mit viel Substanz. Der Silvaner Goldenes Horn ist saftig und reintönig, besitzt viel reife süße Frucht, der Riesling ist kraftvoll und klar, sehr druckvoll und präzise. Die rote Cuvée besticht mit Fülle und Kraft, besitzt gute Struktur und Substanz, der Spätburgunder aus dem Sonnenberg zeigt gute Konzentration, rauchige Noten und reintönige Frucht im Bouquet, ist füllig und kraftvoll im Mund, komplex bei guter Struktur. Es geht weiter voran! ➤

Weinbewertung

82	2012 Riesling trocken	11,5 %/6,20 €
81	2012 Grauburgunder trocken	13 %/6,20 €
85	2012 Riesling trocken „Steinriegel" Neu-Bamberger	11,5 %/8,50 €
83	2012 Weißburgunder trocken „Achat" Stein-Bockenheimer	13,5 %/7,80 €
85	2012 Sauvignon Blanc trocken „Achat" Stein-Bockenheimer	13,5 %/8,50 €
84	2012 Chardonnay trocken „Achat" Wonsheimer	13 %/7,80 €
86	2012 Silvaner trocken Siefersheimer Goldenes Horn	13 %/11,- €
88	2012 Riesling trocken Neu-Bamberger Heerkretz	13 %/14,- €
84	2011 Spätburgunder trocken Holzfass Wonsheimer	13 %/7,80 €
84	2011 Saint-Laurent trocken Holzfass Wendelsheimer	12,5 %/7,80 €
87	2011 „Steitz N 1" Rotwein trocken	13 %/10,80 €
88	2009 Spätburgunder trocken Wonsheimer Sonnenberg	13,5 %/18,- €

★

Jürgen **Stentz**
Weingut

Pfalz

Mörzheimer Hauptstraße 47, 76829 Landau-Mörzheim
Tel. 06341-30121, Fax: 06341-34565
www.stentz.de
info@stentz.de
Besuchszeiten: *Mi.-Fr. 9-12 + 14-18 Uhr, Sa. 9-14 Uhr*
oder nach Vereinbarung
Gästehaus, Weinprobierstube (bis 40 Personen)

Inhaber .... Jürgen Stentz
Rebfläche .... 14 Hektar

Das Weingut Stentz ist in einem alten, denkmalgeschützten Anwesen, einer ehemaligen Wagnerei, untergebracht. Jürgen und Astrid Stentz haben das Weingut 1999 von seinen Eltern übernommen. Sie bauen vor allem Riesling und die Burgundersorten an, aber auch Dornfelder. Die Weißweine werden kühl und langsam vergoren. Die Rotweine kommen nach der Maischegärung ins Eichenholzfass.

Vorjahre

Seit der ersten Ausgabe empfehlen wir die Weine von Jürgen Stentz. Jahr für Jahr präsentiert er sehr zuverlässige Kollektionen, immer wieder mit einzelnen Spitzen, vor allem bei den Burgundersorten. Vor zwei Jahren gefielen uns zwei Sekte aus dem Jahrgang 2009 am besten, die vorgestellten 2010er Weine waren uns hingegen ein wenig zu verhalten. In der Kollektion des vergangenen Jahres waren die Basisweine wieder etwas verhalten, die Goldkapsel-Weine hingegen waren klar und sortentypisch, an der Spitze stand der gut balancierte Chardonnay, der mit feiner Frucht und Kräuternoten überzeugte.

Neue Kollektion

In diesem Jahr sind die Basisweine klar, sauber und unkompliziert, die Goldkapselweine zeigen gute Substanz, auch wenn sich der Riesling und der Grauburgunder bei der Verkostung noch sehr verschlossen präsentierten. Der knapp über der Grenze für trockene Weine liegende Weiße Burgunder überzeugt mit Saft, Schmelz und feiner Würze. ➤

Weinbewertung

82	2012 Grauburgunder trocken	12,5 %/6,- €
82	2012 Weißburgunder trocken	13 %/6,- €
80	2012 Riesling trocken	12 %/4,50 €
84	2012 Grauburgunder „Goldkapsel 49 09'55''N 8 03'50''O	13 %/9,90 €
85	2012 Weißburgunder „Goldkapsel 49 10'24''N 8 04'05''O	14 %/9,90 €
83	2012 Riesling „Goldkapsel 49 09'21''N 8 04'27''O	12 %/9,90 €

Stern

Stern
Weingut
Pfalz

Hauptstraße 199, 76879 Hochstadt
Tel. 06347-8634 oder 06347-700580
Fax: 06347-7309
www.weingut-stern.de
weingut.stern@gmx.de
Besuchszeiten: Mo.-Fr. 8-18 Uhr, Sa. 9-16 Uhr und
nach Vereinbarung
Weinstube „Zum Sterne Sepp" in Hochstadt

Inhaber .... Wolfgang und Dominic Stern
Rebfläche .... 8,5 Hektar

1952 kaufte Josef Stern den ersten Weinberg, 1960 begann er mit der Brennerei. 1980 übernahm Sohn Wolfgang den Betrieb, den er heute mit seinem Sohn Dominic führt. In den Weinbergen rund um Hochstadt wachsen die Reben auf sandigen Lössböden mit leichtem Kalkgehalt. Wolfgang und Dominic Stern haben den Anbau von Riesling und den Burgundersorten in den letzten Jahren forciert. Die Burgundersorten nehmen 35 Prozent der Rebfläche ein, Riesling 30 Prozent. Hinzu kommen Silvaner, Gewürztraminer, Müller-Thurgau, Dornfelder und Portugieser, aber auch Rieslaner, Merlot und Cabernet Sauvignon. Die Weißweine werden gezügelt vergoren und recht lange auf der Hefe ausgebaut. Rotweine werden prinzipiell maischevergoren und im Holz, teilweise im Barrique ausgebaut. Die „Pinotimes" genannten Weine entstehen aus der Zusammenarbeit der Cousins Dominic Stern und Philipp Kiefer (siehe Aloisiushof, Sankt Martin).

Vorjahre _____

Vor zwei Jahren standen die Rotweine an der Spitze der gleichmäßig guten Kollektion, allen voran die kraftvolle, konzentrierte Cuvée 55 und der „Pinotimes"-Spätburgunder. Bei den Weißweinen zeigten Grauburgunder und Chardonnay aus dem Jahrgang 2010 im Gegensatz zu den etwas stoffigeren 2009ern mehr Finesse und Eleganz. Im vergangenen Jahr konnten wir eine sehr gleichmäßige Kollektion auf hohem Niveau verkosten, weiß und rot überzeugten genauso wie die beiden Sekte. Unsere Favoriten waren der Barrique-Chardonnay und die beiden Spätburgunder.

Neue Kollektion _____

Und auch in diesem Jahr erreichen alle verkosteten Weine der Kollektion wieder gleichmäßig hohes Niveau. Die beiden „Pinotimes"-Weine sind wieder sehr gut, der Pinot Noir ist harmonisch, elegant und gut strukturiert, der Pinot Blanc mit Saft und Kraft hat uns noch nie so gut gefallen wie in diesem Jahr. Unter den Weißweinen ist der spontan im Holzfass vergorene Riesling „Im langen Rain" unser Favorit, der nachhaltige Würze besitzt und gekonnt im Holz ausgebaut wurde, was auch für die Rotweine zutrifft. Hier hat für uns wieder die eindringliche Cuvée „55" mit dunkler Frucht, feinen Röstnoten und Kräuterwürze die Nase vorne, aber auch Spätburgunder, St. Laurent und die Cuvée „Josef" überzeugen durchgehend. ◄

Weinbewertung _____

85 Pinot Cuvée Sekt brut **13 %/14,- €**
86 2012 Grauburgunder Spätlese trocken „vom Löss-Lehm" **13,5 %/10,- €**
86 2012 Riesling Spätlese trocken „Klostergarten" **13 %/10,- €**
87 2012 Riesling Spätlese trocken „Im langen Rain" **13 %/10,- €**
87 2012 Pinot Blanc trocken „Pinotimes" **14 %/16,90 €**
85 2012 Rieslaner Auslese **9 %/13,- €/0,5l**
85 2011 „Cuvée Zephyr" Rotwein trocken **13,5 %/9,80 €**
87 2011 „Cuvée Josef" Rotwein trocken Barrique **13,5 %/15,- €**
87 2011 St. Laurent trocken „Réserve" Barrique **13,5 %/17,- €**
87 2011 Spätburgunder trocken Barrique **13,5 %/16,- €**
88 2011 Pinot Noir trocken „Pinotimes" **13,5 %/19,90 €**
88 2011 „Cuvée 55" Rotwein trocken Barrique **13,5 %/28,80 €**

S

Stich
Weingut

★★★

Franken

Freudenberger Straße 73, 63927 Bürgstadt
Tel. *09371-5705,* **Fax:** *09371-80973*
www.weingut-stich.de
info@weingut-stich.de
Besuchszeiten: *Mo.-Fr. 8:30-18:30 Uhr, Sa. 8:30-16 Uhr*
Gutsausschank „Im Löwen" (ab Ostermontag 3
Wochen, 8 Tage im Juni/Juli), Kabarett und Wein im
Sept., Weinproben bis 150 Personen

Inhaber . . . . Gerhard Stich
Rebfläche . . . . 8,5 Hektar

Das Weingut von Gerhard Stich hat seinen Sitz im 1901 erbauten ehemaligen Gasthof „Zum Löwen". Neben Weinbergen im Bürgstadter Centgrafenberg (Buntsandsteinverwitterungsböden) besitzt Gerhard Stich auch Weinberge am Fuß des Steigerwaldes, in der Lage Prichsenstadter Krone (tiefgründige, steinige Muschelkalkböden). Seine wichtigste Rebsorte ist der Spätburgunder. Hinzu kommen vor allem Müller-Thurgau, Silvaner, Bacchus, Weißburgunder und Gewürztraminer, aber auch Schwarzriesling und Frühburgunder.

Vorjahre

2010 behauptete sich Gerhard Stich sehr gut, alle Weine waren frisch und klar. Die Stars vor zwei Jahren aber kamen aus den vorausgegangenen Jahrgängen mit dem im Holz ausgebauten Silvaner, sowie Frühburgunder und Spätburgunder aus der „Löwenlinie"; dass Stich-Weine haltbar sind, ja sich entwickeln, zeigte der Sieg des Spätburgunders in der 2001er-Verkostung. Die letztjährige Kollektion war stark, brachte wie gewohnt zuverlässige, klare Weißweine, am besten gefiel uns die trockene Silvaner Spätlese aus dem Centgrafenberg. In der Spitze waren die Roten etwas stärker allen voran die trockene Spätburgunder Spätlese aus der Löwenlinie und die hervorragende „AAA"-Selektion, beide aus dem Jahrgang 2009.

Neue Kollektion

Die neue Kollektion gefällt uns sehr gut, das Basisniveau stimmt: Der Müller-Thurgau ist fruchtbetont und zupackend wie auch der recht kraftvolle Silvaner Kabinett, der Riesling Kabinett besitzt gute Struktur, Frische und Biss, der Weißburgunder ist wunderschön reintönig, dies gilt auch für den rosenduftigen Gewürztraminer. Unser Favorit unter den Weißweinen ist aber der im Holz ausgebaute Silvaner des Jahrgangs 2011, der füllig und kraftvoll ist, herrlich druckvoll, gute Struktur und Substanz besitzt. Ganz stark sind auch wieder die Rotweine, schon der Churfranken-Spätburgunder ist wunderschön reintönig und elegant, der im großen Holz ausgebaute Wein besitzt feine rauchige Noten, klare reife Frucht, gute Struktur und Frische, der Frühburgunder ist faszinierend reintönig und konzentriert, füllig, harmonisch und elegant. Noch faszinierender aber war die trockene Spätburgunder Spätlese des Jahrgangs 2003, ein wunderschön fülliger und komplexer Wein, elegant und konzentriert, herrlich reintönig, harmonisch und lang, noch jugendlich. Bravo!

Weinbewertung

83   2012 Müller-Thurgau „Frank & Frei"   **12 %/6,- €**

84   2012 Silvaner Kabinett trocken Prichsenstadter Krone   **13 %/6,80 €**

86   2012 Riesling Kabinett trocken Bürgstadter Centgrafenberg   **12,5 %/8,80 €**

85   2012 Weißburgunder trocken „Alte Reben" Prichsenstadter Krone   **13,5 %/8,80 €**

88   2011 Silvaner trocken „großes Holz" Bürgstadter Centgrafenberg   **12,5 %/10,50 €**

85   2012 Gewürztraminer „Alte Reben" Bürgstadter Centgrafenberg   **12,50 €**

86   2011 Spätburgunder trocken „Churfranken" Bürgstadter Centgrafenberg   **12 %/9,50 €**

88   2011 Spätburgunder trocken „großes Holz" Bürgstadter Centgrafenberg   **12,5 %/12,50 €**

89   2011 Frühburgunder trocken „Löwenlinie" Bürgstadter Centgrafenberg   **12,5 %/16,- €**

92   2003 Spätburgunder Spätlese trocken „Löwenlinie" Bürgstadter Centgrafenberg   **14 %**

Stigler

Weingut

Baden

Bachenstraße 29, 79241 Ihringen
Tel. 07668-297, *Fax:* 07668-94120
www.weingut-stigler.de
info@weingut-stigler.de
Besuchszeiten: nach Vereinbarung

Inhaber . . . . Andreas Stigler
Rebfläche . . . . 12 Hektar

Wichtigste Rebsorten bei Andreas Stigler sind Spätburgunder und Riesling, gefolgt von Weißburgunder und Silvaner. Das Gros seiner Weinberge liegt im Ihringer Winklerberg. Daneben besitzt Andreas Stigler auch Weinberge im Oberrotweiler Eichberg, im Ihringer Fohrenberg und seit 1992 im Freiburger Schlossberg, wo vor allem Spätburgunder steht, er zuletzt aber etwas Cabernet Franc und Petit Verdot gepflanzt hat. Die Weine von Andreas Stigler sind Spätentwickler und kommen oft erst ein Jahr nach der Ernte in den Verkauf.

Vorjahre

Andreas Stigler macht keine Weine für den schnellen Konsum: Sie besitzen Ecken und Kanten, sind eigenwillig, kraftvoll – und haben Wiedererkennungswert. Vor zwei Jahren präsentierten sich die 2010er Großen Gewächse, sowohl Riesling als auch Weißburgunder, kraftvoll und zupackend, der 2009er Chardonnay stand ihnen kaum nach, auch der fruchtbetonte, zupackende Spätburgunder „Backöfele" gefiel uns sehr gut, frisch und klar präsentierten sich die beiden Sekte. Auch im vergangenen Jahr präsentierte Andreas Stigler wieder eine eigenwillige Kollektion mit sehr eigenständigen Weinen. Im weißen Segment gefiel uns die Cuvée aus Sauvignon Blanc und Chenin Blanc etwas besser als ihre reinsortigen Vertreter, der duftige Weißburgunder besser als das Riesling Große Gewächs. Unter den beiden roten Großen Gewächsen präferierten

wir leicht den Spätburgunder vom Winklerberg.

Neue Kollektion

Die neue Kollektion ist sehr gleichmäßig, bietet einen feinen Sekt und eine geradlinige Riesling Spätlese, die Großen Gewächse aber bringen keine große Steigerung, ihnen fehlt es an Druck und Kraft; auch im roten Segment ist der GG-Spätburgunder kaum besser als die strukturierte trockene Spätlese.

Weinbewertung

85   2010 Pinot Rosé Sekt brut   **13 %/15,50 €**

83   2012 Silvaner trocken Ihringen Winklerberg **12,5 %/14,- €**

84   2012 Weißburgunder trocken „Burghalde" Freiburg Schlossberg   **12,5 %/14,- €**

85   2012 Riesling Spätlese trocken Ihringen Winklerberg   **12,5 %/15,- €**

83   2012 Grauburgunder trocken Ihringer Winklerberg   **14 %/16,- €**

82   2012 Chardonnay trocken Ihringen Winklerberg   **14 %/16,- €**

85   2012 Weißburgunder „GG Pagode" Ihringen Winklerberg   **13,5 %/2,- €**

85   2012 Grauburgunder „GG Pagode" Ihringen Winklerberg   **14 %/22,- €**

86   2012 Riesling „GG F36 Herrgottswinkel" Ihringen Winklerberg   **13,5 %/22,- €**

82   2011 Pinot Noir Spätlese trocken „Stiglers Max"   **14 %/15,- €**

85   2009 Spätburgunder Spätlese trocken Ihringen Winklerberg   **14 %/20,- €**

86   2009 Spätburgunder „GG Roter Boden" Ihringer Winklerberg   **14,5 %/38,- €**

Die besten deutschen Weinerzeuger und ihre Weine

S

Jean **Stodden**

⭐⭐⭐⭐⭐

Weingut   **Ahr**

Rotweinstraße 7-9, 53506 Rech
Tel. *02643-3001,* **Fax:** *02643-3003*
www.stodden.de
info@stodden.de
Besuchszeiten: *Mo.-Fr. 9-12 + 13-18 Uhr, Sa. 10-13 Uhr*

Inhaber .... Dr. Brigitta und Alexander Stodden
Rebfläche .... 6,5 Hektar

Gerhard Stodden ist tot, mit ihm haben die Ahr und Deutschland einen der renommiertesten Winzer verloren, der wie nur wenige andere in Deutschland mit seinen Spätburgundern auf Augenhöhe mit Burgund war, qualitativ wie stilistisch. Sohn Alexander stand ihm bereits seit über einem Jahrzehnt zur Seite, an ihrem Stil wird sich nichts ändern. Die Weinberge liegen zu 90 Prozent in Steilhängen: Der Recher Herrenberg ist die Paradelage, hinzu kommen Weinberge in den Lagen Neuenahrer Sonnenberg, Ahrweiler Rosenthal, Mayschosser Mönchberg und Dernauer Hardtberg und Burggarten. Neben Spätburgunder wird ein wenig Riesling und Frühburgunder angebaut. Alle Trauben werden entrappt, nach einer Maischegärung von bis zu 24 Tagen kommen alle Rotweine ins Holz, ausgesuchte Weine werden im Barrique ausgebaut. Diese Weine werden in der Serie „JS" vermarktet, die es seit 1989 gibt. In den letzten Jahren wurde der Barriqueanteil kräftig erhöht, ebenso der Anteil neuen Holzes; genutzt werden 228-Liter-Barriques aus Alliereiche, medium getoastet; seit 1999 finden für die Spitzenweine nur noch neue Barriques Verwendung, seit dem Jahrgang 1999 werden sie unfiltriert abgefüllt. Ziel ist es gerbstofffreie Weine zu erzeugen, die sich durch gute Lagerfähigkeit auszeichnen.

Während die meisten anderen Winzer an der Ahr ihre Spitzenweine schon im August oder September des auf die Ernte folgenden Jahres abfüllen, bleiben bei Alexander Stodden die Weine mindestens 15 Monate im Barrique oder im großen Holzfass. Mit dem Effekt, dass ihre Weine wesentlich haltbarer sind als die anderer Ahrwinzer. Aber auch mit dem Effekt, dass sie jünger wesentlich unzugänglicher sind.

Vorjahre

Ganz stark war der Jahrgang 2009, wobei es uns schwer fiel uns für einen der großartigen Spätburgunder zu entscheiden, so nah lagen sie beieinander, die drei Großen Gewächse, „Alte Reben" und „Lange Goldkapsel"; auch der Frühburgunder und der „normale" Spätburgunder aus dem Herrenberg waren hervorragend, die Einstiegsqualitäten sehr gut. 2010 wurde uns die Entscheidung leicht gemacht, denn es gab keine Großen Gewächse, nur den faszinierenden Alte Reben-Spätburgunder aus dem Herrenberg; aber auch die Spätburgunder aus Rosenthal und Herrenberg waren hervorragend, der Frühburgunder stand ihnen nur wenig nach.

Weinbewertung

Der 2011er Frühburgunder gefällt uns noch ein klein wenig besser als sein Vorgänger, ist wunderschön reintönig, frisch und elegant, Ganz stark ist die Spätburgunder-Riege, angefangen vom fruchtbetonten, präzisen Gutswein über den ebenso präzisen, zupackenden J und dem herrlich eindringlichen und reintönigen JS, den wir schon hervorragend finden, den „einfachen" Wein aus dem Herrenberg, der faszinierend reintönig, frisch und zupackend und ebenfalls hervorragend ist, bis hin zu den Großen Gewächsen. Der Wein aus dem Sonnenberg ist konzentriert und kraftvoll, herrlich eindringlich und stoffig, der aus dem Rosenthal faszinierend klar, druckvoll und nachhaltig, der aus Mönchberg präzise und kraftvoll, sehr reintönig, komplex und lang, der Herrenberg ist duftig, füllig und kraftvoll, besitzt gute Struktur und Länge. Noch besser gefallen uns 2011 aber zwei Weine, die keine Lagenbezeichnung tragen: Der Spätburgunder Lange Goldkapsel ist präzise und frisch, herrlich druckvoll, komplex und lang, der Spätburgunder von alten Reben zeigt deutlich

Toast im Bouquet, ein wenig Gewürze, besitzt Fülle und Kraft im Mund, Substanz und Frucht, ist enorm jugendlich und nachhaltig. ◄

Weinbewertung

85 2012 Spätburgunder „Blanc de Noir" **12,5 %/13,- €**
87 2012 Spätburgunder **12,5 %/13,- €**
88 2011 Spätburgunder „J" **14 %/16,- €**
90 2011 Spätburgunder „JS" **13 %/21,- €**
90 2011 Frühburgunder Recher Herrenberg **13 %/33,- €**
90 2011 Spätburgunder Recher Herrenberg **13,5 %/28,- €**
91 2011 Spätburgunder „GG" Sonnenberg **13 %/55,- €**
92 2011 Spätburgunder „GG" Rosenthal **13 %/60,- €**
92 2011 Spätburgunder „GG" Herrenberg **13,5 %/69,- €**
92 2011 Spätburgunder „GG" Mayschosser Mönchberg **13,5 %/Verst.**
93 2011 Spätburgunder „Lange Goldkapsel" **13,5 %/75,- €**
94 2011 Spätburgunder „Alte Reben" **13,5 %/85,- €**

★★★★

J. **Störrlein & Krenig**
Weingut   **Franken**

Schulstraße 14, 97236 Randersacker
Tel. 0931-708281, **Fax:** 0931-701155
www.stoerrlein.de
info@stoerrlein.de
Besuchszeiten: Mo.-Sa. 8-19 Uhr, So. nach Vereinbarung
mehrmals kultur-kulinarische Wochenenden

Inhaber .... Armin Störrlein & Martin Krenig
Rebfläche .... 12,5 Hektar

Die Weinberge von Armin Störrlein liegen in den Randersackerer Lagen Sonnenstuhl, Marsberg und Pfülben. Wichtigste Rebsorten sind Silvaner, Riesling und Müller-Thurgau, gefolgt von den roten Sorten Schwarzriesling, Domina und Spätburgunder. Seine Rotweine baut Armin Störrlein immer im Holz aus (teils auch im Barrique). Auch die meisten Weißweine kommen nach dem Ausbau im Edelstahl noch für einige Monate in große Holzfässer und werden relativ spät abgefüllt. 2008 wurde das Weingut Josef Störrlein mit dem Weinbaubetrieb von Armin Störrleins Schwiegersohn Martin Krenig (4,5 Hektar) verschmolzen und trägt seither den Namen Weingut J. Störrlein & Krenig. Armin Störrlein und Tochter Christiane Störrlein-Krenig kümmern sich im Wesentlichen um Vinifikation und Vermarktung, Martin Krenig um die Bewirtschaftung der Weinberge. Durch den Zusammenschluss besitzt das Weingut nun über 5 Hektar von mehr als 30 Jahre alten Silvaner- und Rieslingreben.

Vorjahre

Seit der ersten Ausgabe empfehlen wir die Weine von Armin Störrlein, schon damals haben wir ihn als einen der Top-Winzer in Franken gelobt, haben besonders gewürdigt, dass er gleichermaßen hervorragende Weiß- und Rotweine erzeugt. Dies gilt uneingeschränkt auch heute noch. Im Gegenteil, hatten wir doch in den jüngsten Jahrgängen den Eindruck, dass es weiter voran geht, dass die Basisweine noch reintöniger und fruchtbetonter sind, bei den Spitzenweinen mehr Komplexität erkennbar wird. Schon der Liter-Silvaner machte 2010 Freude, ebenso die Traditions-Weine, der Weißburgunder gefiel uns als Großes Gewächs besonders gut, der Sekt gehörte zu den besten deutschen Rieslingsekten, im roten Segment präferierten wir 2009 den Frühburgunder gegenüber dem Spätburgunder. Edelsüß gab es 2011 faszinierende Trockenbeerenauslesen von Silvaner und Scheurebe, das trockene Segment präsentierte sich stimmig mit durchweg fruchtbetonten, klaren Weinen: Die Traditions-Weine, Silvaner und Weißburgunder, überzeugten wie auch der Gemischte Satz und der Pfülben-Silvaner, hinzu kamen drei hervorragende Große Gewächse aus dem Sonnenstuhl.

Neue Kollektion

Auf diese starke Kollektion folgt eine ebenso starke in diesem Jahr. Der Sekt ist klar, besitzt gute Fülle und Harmonie, der Liter-Silvaner ist fruchtbetont, frisch und reintönig, die Cuvée Blanc aus Scheurebe, Bacchus und Sauvignon Blanc ist frisch und zupackend. Der Trdaitions-Silvaner besitzt gute Struktur und Frucht, der Wein aus dem Marsberg ist füllig, kraftvoll und präzise, der Weißburgunder besitzt reife Frucht und Substanz, der Frentsch ist kraftvoll und klar, strukturiert und zupackend. Die Großen Gewächse sind wie im Vorjahr alle hervorragend: Der Silvaner ist füllig und saftig, besitzt gute Struktur und Länge, der Weißburgunder ist strukturiert und harmonisch, kraftvoll, reintönig und lang, der Riesling ist druckvoll und zupackend, präzise und nachhaltig. Der Casparus ist fruchtbetont und intensiv, der Trias-Spätburgunder reintönig und zupackend, das Große Gewächs zeigt intensive Frucht im Bouquet, ist frisch und komplex, klar, lebendig und zupackend. Die faszinierend reintönige, konzentrierte Trockenbeerenauslese rundet die klasse Kollektion ab. ◂▬

Weinbewertung

- 87 2011 Riesling Sekt brut **12 %/13,50 €**
- 85 2012 Silvaner Randersacker Ewig Leben (1l) **12 %/6,90 €** ☺
- 84 2012 „Blanc" Weißwein **12,5 %/7,- €**
- 86 2012 Silvaner „Tradition" Sonnenstuhl **13 %/7,20 €**
- 88 2012 Sylvaner „Alte Reben" Marsberg **13,5 %/9,40 €** ☺
- 86 2012 Weißburgunder Marsberg **12,5 %/9,- €**
- 87 2011 „der Frentsch im Steinriegel" Weißwein „Tradition" **13 %/10,- €**
- 91 2012 Weißburgunder „GG" Sonnenstuhl **13,5 %/22,- €**
- 91 2012 Silvaner „GG" Sonnenstuhl **14 %/17,- €** ☺
- 91 2012 Riesling „GG" Sonnenstuhl **13 %/17,- €** ☺
- 92 2012 Riesling Trockenbeerenauslese Sonnenstuhl **7,5 %/48,- €/ 0,375l**
- 87 2011 Spätburgunder „Trias" Sonnenstuhl **13 %/15,- €**
- 87 2011 „Casparus" Rotwein **13 %/17,- €**
- 90 2011 Spätburgunder „GG" Sonnenstuhl **13 %/25,- €**

S

Alfons **Stoffel**
Weingut

Mosel

Maximinstraße 15, 54340 Leiwen
Tel. 06507-3312, **Fax:** 06507-4651
www.weingut-stoffel.de
weingut-stoffel@t-online.de
Besuchszeiten: Mo.-Sa. 9-12 + 14-18 Uhr, So. +
Feiertage 9-14 Uhr
Wein- und Gästehaus St. Maximin (4 Sterne)

Inhaber............................Alfons Stoffel
Rebfläche...............................4 Hektar

Seit Alfons Stoffel das Weingut Anfang der 1970er Jahre übernommen hat, spezialisierte er sich ganz auf Riesling. 95 Prozent der Rebfläche nimmt er ein, hinzu kommt ein wenig Weißburgunder. Seine Weinberge befinden sich zum großen Teil in den Steillagen der Leiwener Laurentiuslay, Köwericher Laurentiuslay und Klüsserather Bruderschaft. Alfons Stoffel vergärt die Weine im Edelstahl, lässt sie aber teilweise auf der Feinhefe im Holzfuder reifen – was den Weinen gut zu tun scheint, präsentieren sie sich doch zugänglich, saftig, voller Substanz. Die Ernte wird komplett über die Flasche vermarktet, zu 90 Prozent über den Fachhandel. Seit 1999 gehört zum Weingut das Vier-Sterne-Gästehaus „St. Maximin" mit exklusiven Ferienwohnungen.

Vorjahre

In der konsistenten 2010er Kollektion gefielen uns der mächtige trockene Genius-Riesling aus der Klüsserather Bruderschaft und die duftige Beerenauslese am besten. Die 2011er Kollektion war sehr gleichmäßig, gefiel uns wieder besser, allen voran die süße Spätlese aus der Bruderschaft, dazu gab es Beerenauslese und Trockenbeerenauslese.

Neue Kollektion

Die neue Kollektion präsentiert sich geschlossen auf gutem Niveau. Der Rieslingsekt ist klar und macht Druck wie auch der frische, zupackende Maximus. Die trockene Genius-Spätlese ist füllig und saftig und enorm süß, erscheint uns deutlich süßer als die feinherbe Symphonie, die gute Konzentration und viel reife Frucht besitzt, Fülle und Kraft, gute Struktur und Frische. ◄━

Weinbewertung

85	2011 Riesling Sekt brut	**12 %/12,- €**
85	2012 Riesling Hochgewächs trocken „Maximus" Klüsserather Bruderschaft	**12 %/6,80 €**
83	2012 Riesling Kabinett trocken Leiwener Laurentiuslay	**11 %/7,- €**
84	2012 Riesling Spätlese trocken Köwericher Laurentiuslay	**11,5 %/8,50 €**
85	2012 Riesling Spätlese trocken „Genius" Klüsserather Bruderschaft	**12 %/12,- €**
83	2012 Riesling Kabinett „feinherb" „Summertime"	**10 %/6,50 €**
86	2012 Riesling Spätlese „feinherb" „Symphonie" Köwericher Laurentiuslay	**11 %/8,50 €**

★★☆

Stortz-Nicolaus
Weingut   **Pfalz**

🍇 *Weinstraße 601, 67434 Neustadt-Diedesfeld*
Tel. 06321-31575, Fax: 06321-927870
www.stortz-nicolaus.de
info@stortz-nicolaus.de
***Besuchszeiten**: Sa. 10-18 Uhr und nach Vereinbarung*

Inhaber .... Roland Stortz-Nicolaus
Rebfläche .... 4,7 Hektar

Roland Stortz-Nicolaus hat nach dem Studium in Geisenheim im elterlichen Betrieb gearbeitet, dann war er im Vertrieb von Wilmes tätig, hat in Neuseeland gearbeitet, später auch in Südafrika. Im Jahr 2000 übernahm er den elterlichen Betrieb, bepflanzte 80 Prozent der Weinberge neu und stellte von Fassweinvermarktung auf Flaschenvermarktung um. 2002 erzeugte er die ersten Weine, 2003 war dann der erste „richtige" Jahrgang, mit Weinen aus den neu angelegten Weinbergen. Seine Weinberge liegen alle in Diedesfeld. Zu 60 Prozent baut er rote Sorten an. Vor allem Spätburgunder, aber auch Merlot, Cabernet Sauvignon und Syrah. 2005 pflanzte er Auxerrois, im Jahr darauf Riesling, denn, man glaubt es kaum bei einem Pfälzer Weingut, bisher hatte Roland Stortz-Nicolaus keinen Riesling im Programm. Auch Sauvignon Blanc hat er inzwischen gepflanzt, dazu Muskateller, der mit der Ernte 2013 in Ertrag kommt, inzwischen auch Grauburgunder. Seit der Betriebsübernahme werden die Weinberge ökologisch bewirtschaftet, seit 2004 ist Roland Stortz-Nicolaus Mitglied bei Bioland, seit 2006 bietet er zertifiziert ökologische Weine an.

Vorjahre

Vor zwei Jahren war die Kollektion stark, an der Spitze stand ein Trio mit einem köstlichen Sauvignon Blanc 2010 und zwei sehr gelungenen 2008er Rotweinen. Im vergangenen Jahr wurde die gute weiße Basiskollektion wiederum vom Sauvignon Blanc angeführt, alle Weine waren klar und frisch, interessant war auch der Rosé-Sekt vom Cabernet Sauvignon. Die gute Rotweinkollektion wurde angeführt von zwei vielversprechenden Fassproben, Syrah und Cabernet Sauvignon.

Neue Kollektion

Mit dem Jahrgang 2009 hat Roland Stortz-Nicolaus eine neue Linie mit Weinen aufgelegt, die unter der Zusatzbezeichnung „R" vermarktet werden. Diese stammen aus ertragsreduzierten Anlagen – maximal 25 hl/ha – und wurden achtzehn Monate in neuen Barriques ausgebaut, anschließend kamen sie für weitere sechzehn Monate nochmals in ein neues Barrique. Drei dieser Weine hat er uns vorgestellt, alle drei sind fruchtbetont und kraftvoll, sortentypisch, besitzen gute Struktur und Substanz, dezente Schokonoten und jugendliche Tannine. Aber auch der weiße Teil der Kollektion gefällt uns gut, alle Weine sind frisch, fruchtbetont und zupa-

S

ckend, der Sekt ist wunderschön füllig und harmonisch: Im Aufwind!

Weinbewertung

86	2009 „Blanc de Noirs" Sekt brut	13 %/11,- €
84	2012 Auxerrois trocken	13 %/7,20 €
84	2012 Pinot Blanc trocken	13,5 %/10,- €
86	2011 Chardonnay trocken	14 %/9,- €
85	2012 Riesling trocken	12,5 %/6,50 €
85	2012 Sauvignon Blanc trocken	12 %/8,20 €
88	2009 „Cuvée Pan" „R" Rotwein trocken	13,5 %/25,- €
88	2009 Cabernet Sauvignon „R" trocken	15 %/25,- €
89	2009 Syrah „R" trocken	14,5 %/30,- €

★

Thilo **Strieth**

Weingut

Rheingau

Hauptstraße 43, 65385 Rüdesheim-Aulhausen
Tel. 06722-4646
www.weingut-strieth.de
weingut-strieth@t-online.de
Besuchszeiten: nach Vereinbarung
Gutsausschank (Mai bis September)

Inhaber .... Fred Strieth
Rebfläche .... 3 Hektar

Das Weingut Strieth hat sich auf Riesling und Spätburgunder konzentriert und bewirtschaftet fast ausschließlich Steillagen. Die Weißweine werden mittels Ganztraubenkelterung gewonnen und im Edelstahl ausgebaut, die Rotweine reifen je nach Qualitätsstufe im großen Fass oder im Barrique.

Vorjahr

Die zum Debüt vorgestellten 2011er Rieslinge zeigten eine klare, fruchtbetonte Art – vor allem die rassigen „Alten Reben" sowie die balancierte Spätlese waren animierend. Was die Rotweine angeht, hat Fred Strieth eine ähnliche Philosophie wie bei den Weißweinen – sie sollen saftig und animierend schmecken,

vor allem beim 2009er Höllenberg-Spätburgunder war dies klar zu erkennen.

Neue Kollektion

Diesmal hinterließen sowohl die 2012er Rieslinge als auch die 2011er Rotweine einen gute Eindruck. Während der Assmannshäuser Spätburgunder angenehm saftig ausfiel, muss man sich bei der trockenen (!) Beerenauslese allerdings fragen, welchen Sinn solche Experimente machen. Der mit 17 Volumenprozent etikettierte Wein wirkte zwar nicht überreif, sondern wies Noten von getrockneten Beeren und Kräutern auf, war aber so stark vom Alkohol geprägt, dass fraglich bleibt, ob er je zur Trinkreife finden wird.

Weinbewertung

83	2012 Riesling Kabinett trocken „Saxum" Rüdesheimer Berg Schlossberg	12 %/7,50 €
83	2012 Riesling Kabinett „Sinfonie" Rüdesheimer	11,5 %/7,50 €
80	2012 Spätburgunder „Blanc de Noir" Assmannshäuser	12 %/7,90 €
83	2011 Spätburgunder trocken Assmannshäuser Frankenthal	12 %/8,50 €
86	2011 Spätburgunder Spätlese trocken Assmannshäuser Höllenberg	13 %/13,- €
83	2011 Spätburgunder Beerenauslese trocken „Unicus" Rüdesheimer Berg Schlossberg	17 %/28,- €

★★

Stritzinger

Weinbau

Franken

🍇 *Bergwerkstraße 19, 63911 Klingenberg*
Tel. 09372-922954, **Fax**: 09372-922512
www.weinbau-stritzinger.de
info@weinbau-stritzinger.de
Besuchszeiten: nach Vereinbarung

Inhaber .... Anja Stritzinger
Rebfläche .... 1,5 Hektar

Willi Stritzinger war 1985 Gründungsmitglied beim Bundesverband ökologischer Weinbau,

S

1972 hatte er mit einem Traminerweinberg mit dem Weinbau begonnen. Nach langjährigem Probieren wagte er 1990 die Umstellung auf ökologischen Weinbau (Mitglied bei Bioland). Seit 2001 führt seine Tochter Anja das Gut. Ihre Weinberge liegen fast alle in Steillagen im Klingenberger Schlossberg, hinzu kommt ein Weinberg im Bürgstadter Centgrafenberg. Die Reben wachsen hier am Untermain auf Buntsandsteinverwitterungsböden. Zu 70 Prozent baut Anja Stritzinger rote Sorten an, vor allem Spätburgunder, dazu Portugieser und Regent. An weißen Sorten gibt es Riesling, Gewürztraminer, Johanniter und Müller-Thurgau. Das Weingut ist Demonstrationsbetrieb Ökologischer Landbau.

Vorjahre

Vor zwei Jahren gefiel uns die Cuvée St. Urban sehr gut, auch Riesling und Gewürztraminer überzeugten im schwierigen Jahrgang 2010. Sehr geschlossen präsentierte sich die letztjährige Kollektion. Unser Favorit im weißen Segment war der herrlich rosenduftige Gewürztraminer, im roten Segment überzeugte der reintönige, zupackende Spätburgunder, aber auch die Cuvée St. Urban – Spätburgunder, Dornfelder und Regent – machte 2010 wieder eine prächtige Figur.

Neue Kollektion

Auch die neue Kollektion ist stark. Im weißen Segment gefällt uns einmal mehr der wunderschön reintönige Gewürztraminer besonders gut, der Riesling ist frisch, fruchtbetont und zupackend. Die rote Cuvée besitzt wieder einmal viel Kraft und Substanz, Tannine und Biss. Unser eindeutiger Favorit aber ist in der neuen Kollektion die trockene Spätburgunder Spätlese aus dem Schlossberg, ein reintöniger, zupackender Wein mit reifer Frucht, guter Struktur und Kraft und feiner Länge.

Weinbewertung

83 2012 „Sommer-Inspiration" Weißwein trocken **7,50 €**

83 2012 Spätburgunder „Blanc de Noir" Kabinett trocken **8,90 €**

85 2011 Riesling Kabinett halbtrocken Klingenberger Schlossberg **10,50 €**

86 2012 Gewürztraminer Spätlese halbtrocken Klingenberger Schlossberg **14,50 €**

84 2012 Portugieser trocken Klingenberger Schlossberg **7,50 €**

84 2011 Spätburgunder trocken Klingenberger Schlossberg **10,50 €**

88 2011 Spätburgunder Spätlese trocken Klingenberger Schlossberg **14,50 €**

86 2011 „St. Urban" Rotwein Spätlese trocken **15,50 €**

★ ☆

Strohm
Weingut   **Rheinhessen**

Neu-Offsteiner Straße 44, 67591 Offstein
Tel. 06243-905117, *Fax:* 06243-905118
www.weingut-strohm.de
weingut-strohm@t-online.de
Besuchszeiten: nach Vereinbarung
3 Gästesuiten

Inhaber........................Rüdiger Strohm
Rebfläche............................12,5 Hektar

Das Weingut Strohm wird geführt von Rüdiger Strohm und Lydia Bollig-Strohm, die von der Mosel stammt und 1991/1992 Deutsche Weinkönigin war. 1997 haben sie das Weingut übernommen, im Jahr darauf mit der Selbstvermarktung begonnen. Wichtigste Rebsorten sind Riesling, Müller-Thurgau, Dornfelder, Weißburgunder, Portugieser und Silvaner. Rüdiger Strohm verwendet für seine Weine keine Prädikatsbezeichnungen und auch keine Lagenangaben, die Weine werden intern mit bis zu drei Sternen klassifiziert.

Vorjahre

Der Cultus aus dem Jahrgang 2008 war vor zwei Jahren unser eindeutiger Favorit; die 2010er Weißweine waren recht verhalten. 2011 gefielen sie uns besser, allen voran der üppige

S

Riesling von alten Reben; im roten Segment war einmal mehr der Cultus unser eindeutiger Favorit.

Neue Kollektion

2012 nun sind die Weißweine sehr gleichmäßig, aber doch etwas verhalten; in einem solchen Jahrgang müsste mehr möglich sein. Etwas besser gefallen uns die Roten, vor allem der frische, fruchtbetonte Spätburgunder. ◄━

Weinbewertung

82 2012 Weißburgunder** trocken 12 %/7,- €
83 2012 Grauburgunder** trocken 12,5 %/7,50 €
80 2012 Sauvignon Blanc** trocken 13 %/7,50 €
81 2012 Chardonnay** trocken 12 %/7,50 €
81 2012 Riesling** trocken 12 %/7,50 €
79 2012 Riesling* halbtrocken (1l) 11 %/5,50 €
81 2012 Riesling** 10,5 %/8,50 €
84 2011 Spätburgunder trocken 13,5 %/7,50 €
83 2009 „IV Amicus"*** Rotwein trocken 13,5 %/12,- €

S

J. & H.A. **Strub** ★
Weingut

Rheinhessen

Rheinstraße 42, 55283 Nierstein
Tel. 06133-5649, Fax: 06133-5501
www.strub1710.de
info@strub1710.de
Besuchszeiten: Mo.-Fr. 8-17 Uhr, Sa. 8-13 Uhr und nach Vereinbarung

Inhaber . . . . Walter Strub
Inhaber . . . . Sebastian Strub
Rebfläche . . . . 15 Hektar

Seit 1710 baut die Familie Strub Wein in Rheinhessen an. Walter Strub führt seit 1985 in elfter Generation den Betrieb, in dem er seit 1976, nach seinem Geisenheim-Studium, tätig ist. Seine Weinberge liegen in Nierstein, ein Teil im Roten Hang (Pettenthal, Hipping, Oelberg, Orbel), aber auch in den Lagen Rosenberg, Brückchen, Paterberg und Findling

ist er vertreten. Riesling nimmt mehr als drei Viertel seiner Weinberge ein, dazu gibt es Müller-Thurgau, Spätburgunder, Weißburgunder und als Besonderheit Grüner Veltliner.

Vorjahr

In einer sehr gleichmäßigen Kollektion 2010 gefiel uns der Riesling „Im Taubennest" am besten. Sehr ähnlich präsentierte sich auch 2011 mit einer konsistenten, geschlossenen Kollektion, trocken wie süß. Unser Favorit war wieder der füllige, kraftvolle Riesling „im Taubennest", der frische zupackende Grüne Veltliner überraschte.

Neue Kollektion

Sehr gleichmäßig ist nun auch der Jahrgang 2012; wie im Vorjahr gefallen uns der klare, zupackende Grüner Veltliner und der füllige, kraftvolle Riesling „im Taubennest" besonders gut. ◄━

Weinbewertung

83 2012 Grüner Veltliner trocken Niersteiner 12 %/6,- €
81 2012 Riesling trocken Niersteiner Rosenberg 10,5 %/8,50 €
81 2012 Riesling trocken „Steillage" Niersteiner Orbel 12 %/10,- €
84 2012 Riesling Spätlese trocken „Im Taubennest" Niersteiner Oelberg 12,5 %/10,- €
81 2012 Riesling „feinherb" „Roter Schiefer" Niersteiner Oelberg 11,5 %/10,- €
82 2012 Riesling Kabinett Niersteiner Brückchen 8,5 %/8,50 €

Studert-Prüm ★★★
Weingut Maximinhof

Mosel

Hauptstraße 150, 54470 Bernkastel-Wehlen
Tel. 06531-2487, Fax: 06531-3920
www.studert-pruem.com
info@studert-pruem.com
Besuchszeiten: Mo.-Do. 9-12 Uhr, 16-17:30 Uhr, Fr. 9-12 Uhr, sonst nach Vereinbarung

Inhaber . . . . Stephan und Gerhard Studert
Rebfläche . . . . 5 Hektar

Die Weinbaugeschichte des Betriebes beginnt mit der Säkularisation; 1805 kam der Maximinhof in Familienbesitz. Der Name Studert taucht freilich schon Ende des 16. Jahrhunderts in den Annalen auf. Stephan und Gerhard Studert, die Weinbau in der zwölften Generation betreiben, bauen in ihren Weinbergen ausschließlich Riesling an. Der größte Teil ihrer Weinberge liegt in der Wehlener Sonnenuhr, aber sie besitzen auch Weinberge in Graach und Bernkastel. Die Weine werden teils im Edelstahl, teils im Holz ausgebaut; allerdings reifen auch die zunächst im Edelstahl ausgebauten Weine für mindestens drei Monate im Holz.

Vorjahre _____
Die 2010er waren frisch und elegant, sehr typisch für den Stil des Hauses. 2011 präsentierte sich sehr geschlossen, wie gewohnt mit Stärken im restsüßen Segment.

Neue Kollektion _____
Sehr stimmig präsentiert sich die neue Kollektion, auch wenn die Stärken wie gewohnt im restsüßen Segment liegen. Ein feiner Rieslingsekt eröffnet den Reigen, die trockene Spätlese aus der Sonnenuhr ist frisch, fruchtbetont und zupackend, feinherb gibt es einen wunderschön reintönigen Kabinett. Die süßen Spätlesen aus Himmelreich und Sonnenuhr sind wunderschön klar und harmonisch, zupackend und doch elegant, die Auslese besitzt viel Fülle, reife süße Frucht und Substanz. ◀

Weinbewertung _____
85   2011 Riesling Sekt trocken „Maximiner Cabinet" **12,5 %/11,20 €**

83   2012 Riesling Kabinett trocken Graacher Domprobst **11 %**

85   2012 Riesling Kabinett trocken Bernkasteler Graben **12 %**

85   2012 Riesling Spätlese trocken Wehlener Sonnenuhr **12 %/9,50 €**

82   2012 Riesling Classic **12,5 %/7,50 €**

85   2012 Riesling Kabinett „feinherb" Wehlener Sonnenuhr **11 %/8,30 €**

84   2012 Riesling Kabinett Graacher Himmelreich **8,5 %/7,90 €**

83   2012 Riesling Kabinett Wehlener Sonnenuhr **8 %/8,20 €**

89   2003 Riesling Spätlese Graacher Himmelreich

86   2012 Riesling Spätlese Graacher Himmelreich **8 %/9,30 €**

86   2012 Riesling Spätlese Wehlener Sonnenuhr **8,5 %/9,50 €**

89   2012 Riesling Auslese Wehlener Sonnenuhr **8 %/14,- €**

90   2003 Riesling Auslese** Wehlener Sonnenuhr

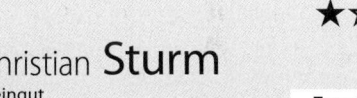

★ ☆

Christian **Sturm**
Weingut   **Franken**

Freudenberger Straße 91, 63927 Bürgstadt
Tel. *09371-67854,* **Fax:** *09371-959725*
www.weingut-sturm.com
info@weingut-sturm.com
Besuchszeiten: *Di.-Fr. 9-12 + 14-18:30 Uhr,*
Sa. 9-15 Uhr oder nach Vereinbarung
Häckerwirtschaft (Januar, Pfingsten, August)

Inhaber . . . . Christian Sturm
Rebfläche . . . . 7,5 Hektar

Seit dem 15. Jahrhundert baut die Familie Wein am Centgrafenberg an. 1993 übernahm Christian Sturm gemeinsam mit Ehefrau Michaela das Gut von seinem Vater Ludwig. An roten Sorten baut er Spätburgunder, Frühburgunder, Regent, Dornfelder und Portugieser an. Hinzu kommen die weißen Rebsorten Silvaner, Müller-Thurgau, Riesling, Weißburgunder und Bacchus. Die Rotweine werden maischevergoren und im Holz ausgebaut.

Vorjahre _____
Vor zwei Jahren war die Kollektion sehr gleichmäßig, überzeugte mit der Zuverlässigkeit aller Weine, am besten fanden wir die beiden

S

Weißburgunder und den Silvaner-Sekt. Sehr gleichmäßig präsentierte sich auch der Jahrgang 2011 mit frischen, geradlinigen Weinen, unser Favorit war der füllige Weißburgunder.

Neue Kollektion

Die neue Kollektion überzeugt, das Basisniveau ist hoch, schon die beiden Kabinettweine bieten gute Frucht und Struktur, die Spätlesen sind fülliger und kraftvoller, der Silvaner besitzt reife süße Frucht und viel Substanz, der Frühburgunder ist rauchig und reintönig, frisch und harmonisch bei guter Struktur. Im Auge behalten. ◄━

Weinbewertung

84 2011 Spätburgunder Weißherbst Sekt brut Bürgstadter Centgrafenberg **12,5 %/14,- €**

83 2012 Weißburgunder Kabinett trocken Bürgstadter Centgrafenberg **12,5 %/6,90 €**

83 2012 Riesling Kabinett trocken Bürgstadter Centgrafenberg **12,5 %/6,90 €**

85 2012 Silvaner Spätlese trocken Bürgstadter Centgrafenberg **13,5 %/9,30 €**

84 2012 Riesling Spätlese Bürgstadter Centgrafenberg **13 %/10,50 €**

85 2011 Frühburgunder trocken Bürgstadter Centgrafenberg **13 %/13,50 €**

★

Stutz
Ökoweingut   **Württemberg**

📍 *Liebigstraße 49, 74074 Heilbronn*
Tel. *07131-251325,* **Fax** *07131-251367*
www.weingut-stutz.de
mail@weingut-stutz.de
Besuchszeiten: *Di./Do. 15-18 Uhr, Sa. 9-13 Uhr, jederzeit nach Vereinbarung*

Inhaber..........................Andreas Stutz
Rebfläche.............................14 Hektar

Die Familie betreibt seit Generationen Weinbau, aber erst nach dem 2. Weltkrieg richtete man den ehemaligen landwirtschaftlichen Ge-

mischtbetrieb ganz auf Weinbau aus. Andreas Stutz übernahm nach Beendigung seiner Ausbildung in Weinsberg 1994 das elterliche Weingut mit damals 2,5 Hektar Reben und stellte von naturnaher Wirtschaftsweise auf kontrolliert ökologischen Anbau um. 1995 wurde er Mitglied bei Ecovin, seit 2000 ist Andreas Stutz Vorsitzender des Württemberger Ecovin-Verbandes. Seit 2003 bebaut er seine Weinberge nach biologisch-dynamischen Methoden und ist Mitglied bei Demeter. Alle seine Weinberge befinden sich – verteilt auf 35 Parzellen – in der Gemarkung Heilbronn. Die Weinberge liegen alle in den Heilbronner Einzellagen Stiftsberg und Wartberg. Die Heilbronner Böden bestehen aus Keuper mit einer mächtigen Sandstein-Deckschicht. Knapp ein Drittel der Rebfläche nimmt Trollinger ein, es folgen Riesling, Lemberger und die roten Burgundersorten. Neben den weiteren typischen Württemberger Rebsorten wie Gewürztraminer, Grau- und Weißburgunder, Dornfelder und Kerner baut er seit 1998 auch pilzresistente Rebsorten wie Regent, Johanniter, Helios, Monarch, Prior, Solaris oder Léon Millot an, inzwischen auch Cabernet Carbon, Cabernet Cortis und Cabernet Carol. Mit dem Jahrgang 2008 kam Zweigelt neu ins Sortiment. Bei der Sekterzeugung wird seit 2008 mit Holunder, Rosen und Quitten experimentiert.

Vorjahre

Vor zwei Jahren gefielen uns Léon Millot und Lemberger sehr gut, ebenso das süße „Naturgewächs", der Grauburgunder, die Kollektion insgesamt bot gutes, zuverlässiges Niveau. Dies galt auch im vergangenen Jahr, nur die Spitzen vermissten wir.

Neue Kollektion

Die neue Kollektion nun ist deutlich stärker, bietet einen frischen, geradlinigen „Vino Resisto Blanco", einen feinen, muskatduftigen Muscaris und eine saftige Solaris-Auslese – allesamt aus pilzresistenten Rebsorten. Auch die kraftvolle rote Version des Vino Resisto überzeugt, noch besser aber gefällt uns der enorm gewürzduftige Lemberger, der reintönig und zupackend ist, kraftvoll und frisch. ◄━

S

Weinbewertung _____

83　2012 „Vino Resisto Blanco" Weißwein trocken „Edition"　13 %/6,80 €
80　2012 Cabernet Blanc trocken „Edition"　13 %/8,20 €
84　2012 Muscaris „Edition"　12,5 %/7,90 €
85　2012 Solaris Auslese　13 %/11,50 €
84　2010 „Vino Resisto" Rotwein trocken Holzfass „Edition"　13 %/9,10 €
87　2009 Lemberger trocken Barrique „Edition"　12,5 %/17,40 €

★☆

Supp
Weingut

Württemberg

Weinsberger Straße 16, 74189 Weinsberg-Gellmersbach
Tel. *07134-14360,* **Fax**: *07134-23263*
www.supp-weingut.de
supp-weingut@t-online.de
Besuchszeiten: *Mo.-Fr. 17-19 Uhr, Sa. 9:30-17 Uhr oder nach Vereinbarung; „Wirtschäftle", Pension*

Inhaber . . . . Martin Supp & Benjamin Supp
Rebfläche . . . . 7,6 Hektar

Seit Generationen betreibt die Familie Weinbau in Gellmersbach, seit 1982 vermarktet sie Weine selbst. Mehr als zwei Drittel der Weinberge von Martin Supp nehmen rote Sorten ein, wie Trollinger, Schwarzriesling, Lemberger, Samtrot, Spätburgunder und Dornfelder. Bereits seit 1994 baut er Weine im Barrique aus. Bei den weißen Sorten dominiert Riesling. Dazu gibt es vor allem Kerner und Grauburgunder, aber auch Muskateller und Gewürztraminer. Die Weißweine werden kühl vergoren und durchlaufen teilweise den biologischen Säureabbau, auch der Riesling. Die Weine werden zu 95 Prozent an Privatkunden verkauft, die Hälfte davon außerhalb Württembergs. Nach Beendigung seiner Ausbildung zum Weinbautechniker ist Benjamin Supp in den Betrieb eingestiegen. Bei trockenen Weinen

wird auf Prädikatsstufen verzichtet, sie werden stattdessen mit Sternen gekennzeichnet. 2-Sterne-Rotweine werden teils maischeerhitzt, teils maischevergoren, 3-Sterne-Rotweine werden maischevergoren und kommen mindestens ein Jahr in gebrauchte Barriques. Der Anteil maischevergorener Weine wird stetig erhöht, ebenso der Ausbau im Holz.

Vorjahre _____

Vor zwei Jahren gefiel uns die Kollektion gut: Dornfelder und Cuvée Junior & Senior besaßen Kraft und Struktur, beim Lemberger zogen wir die 3-Sterne-Variante vor; im weißen Segment gefiel uns der Grauburgunder besonders gut. Auch in der letztjährigen Kollektion hatten die Rotweine die Nase vorne, die 3-Sterne-Varianten waren reintönig und fruchtbetont, die Barriqueweine sehr tanninbetont und jugendlich, die Weißweine ein wenig verhalten.

Neue Kollektion _____

Die neue Kollektion ist recht verhalten, weiß wie rot, die beiden besten Weine, die 2009er Barriquerotweine, hatten wir schon im vergangenen Jahr vorgestellt, der 2010er Spätburgunder aus dem Barrique ist etwas von Bitternoten geprägt. ◀

Weinbewertung _____

82　2010 Muskateller Sekt trocken　12,5 %/11,30 €
83　2012 Riesling*** trocken　13 %/7,40 €
82　2012 Grauburgunder*** trocken　13,5 %/7,40 €
81　2012 Muskateller*** trocken　12 %/8,20 €
82　2012 Riesling**** trocken „Alte Reben"　13,5 %/9,40 €
78　2012 Muskateller**　11,5 %/5,70 €
80　2012 Gewürztraminer Spätlese　12 %/7,90 €
81　2011 Trollinger*** trocken　14 %/6,70 €
83　2010 Spätburgunder***** trocken Barrique　13,5 %/13,50 €
80　2010 Lemberger*** trocken　14 %/7,90 €
80　2010 „Cuvée S"*** Rotwein trocken　13,5 %/8,90 €
87　2009 Lemberger***** trocken Barrique　13,5 %/14,90 €
86　2009 Cuvée „Junior & Senior*****" Rotwein trocken　13,5 %/16,50 €
84　2011 Spätburgunder Auslese　13 %/9,80 €

Tesch
Weingut

Nahe

Naheweinstraße 99, 55450 Langenlonsheim
Tel. *06704-93040,* **Fax:** *06704-930415*
www.weingut-tesch.de
info@weingut-tesch.de
Besuchszeiten: *nach Vereinbarung*

Inhaber .... Dr. Martin Tesch
Rebfläche .... 18,9 Hektar

Das Weingut Tesch war bis in die siebziger Jahre hinein eines der größten Güter an der Nahe. Neben 35 Hektar Weinbergen gehörten noch 100 Hektar landwirtschaftliche Flächen zum Betrieb. Hartmut Tesch hat sich dann ganz auf Weinbau konzentriert – bei den Weinbergen auf die besten Lagen. In Laubenheim auf die Lagen Karthäuser, St. Remigiusberg und Krone, in Langenlonsheim auf den Löhrer Berg und den Königsschild. Heute führt sein Sohn Martin den Betrieb. Dominierende Rebsorte ist Riesling, der über 80 Prozent der Fläche einnimmt, hinzu kommt etwas Weißburgunder und Spätburgunder. Mit dem „Riesling-Unplugged" greift Martin Tesch den Naturweingedanken wieder auf und versucht eine Gegenbewegung zu initiieren zu dem, was in Deutschland derzeit in Mode ist: Immer alkoholreichere und süßere – angeblich trockene – Weine zu erzeugen. Er setzt auf durchgegorene Weine, die nicht aufgebessert werden, das heißt der Alkoholgehalt wird weder durch Chaptalisierung noch durch andere kellertechnische Verfahren (wie beispielsweise Konzentration der Moste) erhöht. Er hat sein Sortiment gestrafft und übersichtlicher gestaltet, so dass die verschiedenen Lagen schon anhand der Etiketten unterschieden werden können.

Vorjahre _____

Die 2010er waren jahrgangsbedingt deutlich verhaltener als die Weine der Vorjahre. Der Riesling aus dem Karthäuser gefiel uns am besten zusammen mit dem Wein aus dem Löhrer Berg, der Wein aus dem St. Remigiusberg, meist unser betriebsinterner Favorit, konnte uns 2010 nicht überzeugen. 2011 führte der Riesling aus dem St. Remigiusberg die Kollektion wieder an, dicht gefolgt von den Weinen aus dem Karthäuser und der Krone. Alle Rieslinge zeigten wieder Präzision und Klarheit, waren saftig und mineralisch.

Jahrgang 2011 _____

In diesem Jahr ist die Kollektion nochmals stärker als im vergangenen Jahr, schon der „Unplugged" ist herrlich präzise und reintönig. Der Wein vom Löhrer Berg ist der fruchtbetonteste im Sortiment, Krone und Königsschild – der erste eher mit Zitrus- und Kräuternoten, der zweite mit rauchig-tabakiger Würze – sind knapp hinter unserem erneuten Favoriten aus dem St. Remigiusberg, der unter den 2012er Weinen von Martin Tesch der komplexeste und nachhaltigste ist. ◀

Weinbewertung _____

86 2012 Riesling trocken „Unplugged" **12 %/8,- €**
87 2012 Riesling trocken Langenlonsheimer Löhrer Berg **13 %/12,- €**
89 2012 Riesling trocken Laubenheimer Krone **12,5 %/12,- €** ☺
89 2012 Riesling trocken Langenlonsheimer Königsschild **13 %/12,- €** ☺
88 2012 Riesling trocken Laubenheimer Karthäuser **13 %/12,- €**
90 2012 Riesling trocken Laubenheimer St. Remigiusberg **13 %/14,- €** ☺

Witwe Dr. H. **Thanisch**
Weingut, Erben Müller-Burggraef

★★

Mosel

Saaralle 24, 54470 Bernkastel-Kues
Tel. *06531-7570,* **Fax:** *06531-7910*
www.dr-thanisch.de
weingut@dr-thanisch.de; maximilian@dr-thanisch.de
Besuchszeiten: *Mo.-Fr. 10-16 Uhr,*
Wochenende nach Vereinbarung

T

Inhaber	Barbara Rundquist
Gutsverwalter	Maximilian Ferger
Rebfläche	13 Hektar

Der Betrieb entstand nach der Trennung des Gutes Witwe Dr. H. Thanisch im Jahr 1988. Inhaberin ist heute Barbara Rundquist. Angebaut werden zu rund 95 Prozent Riesling, unter anderem in den Bernkasteler Lagen Doctor, Badstube, Graben und Lay, im Graacher Himmelreich, der Brauneberger Juffer-Sonnenuhr und der Wehlener Sonnenuhr.

Vorjahre

2010 wurden die Weine sehr spät gefüllt, die vier verkosteten Weine gaben kein klares Bild, vor allem süße Rieslinge, die Stärke des Weinguts, wurden nur zwei vorgestellt. Im vergangenen Jahr wurden neben dem neuen Jahrgang 2011 auch Weine aus 2010 vorgestellt; die Kollektion präsentierte sich über Jahrgänge und Prädikatsstufen hinweg sehr geschlossen, trocken wie süß.

Neue Kollektion

Sehr ähnlich ist nun auch in diesem Jahr die vorgestellte Kollektion, im trockenen Segment noch mit Weinen des Jahrgangs 2011. Sie bringt über Kabinett, Spätlese bis hin zu den Auslesen Steigerungen, wenn auch nur geringfügige. An der Spitze sehen wir die frische, zupackende Auslese aus dem Doctor knapp vor den beiden Auslesen aus Lay und Sonnenuhr. ◄

Weinbewertung

83	2009 Riesling Sekt brut **13 %/15,- €**
83	2011 Riesling Spätlese trocken Graacher Himmelreich **11,5 %/13,- €**
82	2011 Riesling Spätlese trocken Wehlener Sonnenuhr **12,5 %/16,- €**
83	2011 Riesling Spätlese trocken Berncasteler Doctor **12,5 %/30,- €**
82	2012 Riesling **11,5 %/7,80 €**
84	2012 Riesling Kabinett Bernkasteler Badstube **8,5 %/9,50 €**
84	2012 Riesling Kabinett Bernkasteler Doctor **8 %/20,- €**
85	2012 Riesling Spätlese Brauneberger Juffer-Sonnenuhr **8 %/14,- €**
84	2012 Riesling Spätlese Bernkasteler Graben **8 %/16,- €**
85	2012 Riesling Spätlese Berncasteler Doctor **8 %/30,- €**
86	2012 Riesling Auslese Wehlener Sonnenuhr **8 %/16,- €**
86	2012 Riesling Auslese Bernkasteler Lay **8 %/15,- €/0,375l**
87	2012 Riesling Auslese Bernkasteler Doctor **8 %/25,- €/0,375l**

★★★★

Wwe. Dr. H. **Thanisch**
Weingut, Erben Thanisch   **Mosel**

Saarallee 31, 54470 Bernkastel-Kues
Tel. *06531-2282,* **Fax:** *06531-2226*
www.thanisch.com
sofia@thanisch.com
Besuchszeiten: *nach Vereinbarung*

Inhaber	Sofia Thanisch
Rebfläche	6,5 Hektar

Das Weingut besitzt eine lange Geschichte, die bis ins 17. Jahrhundert reicht. Als eigentliche Gründer gelten indes Dr. Hugo Thanisch und – ab 1895 – dessen Witwe Katharina. Bereits in der ersten Hälfte des 20. Jahrhunderts war das Gut weltberühmt für seine Doctorweine. Nach der Teilung des Betriebes führt Sofia Thanisch, eine Urenkelin von Katharina und Hugo Thanisch, das Weingut Wwe. Dr. H. Thanisch – Erben Thanisch. Sie baut in ihren Weinbergen, die vor allem in Bernkastel, in den Lagen Doctor, Badstube und Lay, ausschließlich Riesling an. Die Weine werden in kleinen Gebinden bis 2000 Liter Inhalt, etwa jeweils zur Hälfte im Holz und im Edelstahl ausgebaut.

Vorjahre

Seit der ersten Ausgabe empfehlen wir die Weine von Sofia Thanisch und ihrem Team.

Die besten deutschen Weinerzeuger und ihre Weine

T

Es sind klassische Moselrieslinge, die nicht auf Üppigkeit und Alkohol setzen, sondern auf Präzision und Eleganz. Das gilt für die immer feinen Kabinettweine ebenso wie für die Spätlesen, das gilt trocken wie süß. Üppigkeit und Konzentration findet man allerdings schon in Beerenauslesen und Trockenbeerenauslesen, die erzeugt werden, wenn der Jahrgang es zulässt. Klassische Moselrieslinge brachte auch der Jahrgang 2010: Trockene Weine gab es in diesem Jahr nicht, aber Kabinett und Spätlesen glänzten wie gewohnt, stärker noch waren aber die edelsüßen Rieslinge, angeführt von der großartigen Trockenbeerenauslese aus dem Doctor. Auch 2011 brachte eine klasse Kollektion mit feinen Rieslingen. Schon Gutsriesling und Kabinettweine waren reintönig und frisch, die Spätlesen wunderschön elegant, faszinierendes Highlight war die Auslese aus dem Doctor.

Neue Kollektion

Nun kann man wirklich nicht sagen, dass „Thanisch-Thanisch" schon immer zu den Mosel-Weingütern gehört hätte, die trockenen Moselriesling propagieren. Umso bemerkenswerter ist das erste Große Gewächs des Hauses: Präzise und druckvoll, reintönig und mineralisch, ein herrlich nachhaltiger, jugendlicher Riesling. Auch sonst waren wir von der Kollektion sehr angetan, schon Gutsriesling und Kabinett sind klar und zupackend, der feinherbe Kabinett aus der Badstube wunderschön reintönig wie auch der süße Kabinett, der Kabinett aus dem Doctor kraftvoller, strukturierter, auch bei den Spätlesen findet man diesen Unterschied, alle sind faszinierend reintönig, frisch und elegant, besitzen gute Struktur und Biss, die beiden Weine aus dem Doctor sind fülliger, saftiger und druckvoller wie auch die Auslese, die viel Kraft und Substanz besitzt. Der Eiswein ist eigenwillig würzig, die 2011er Trockenbeerenauslese enorm süß und konzentriert bei viel Biss. Eine ganz starke Kollektion! ◀━

Weinbewertung

85	2012 Riesling trocken	11,5 %/8,- €
91	2012 Riesling „GG" Berncasteler Doctor	12,5 %/24,- €
85	2012 Riesling Kabinett („feinherb")	10,5 %/8,80 €
86	2012 Riesling Kabinett „feinherb" Bernkasteler Badstube	10,5 %/9,50 €
86	2012 Riesling Kabinett Bernkasteler Badstube	8,5 %/9,50 €
87	2012 Riesling Kabinett Bernkasteler Doctor	7,5 %/17,- €
90	2012 Riesling Spätlese Bernkasteler Badstube	8,5 %/11,50 € ☺
90	2003 Riesling Spätlese Bernkasteler Doctor	
90	2012 Riesling Spätlese Bernkasteler Doctor	7,5 %/24,- €
91	2012 Riesling Spätlese „J" Bernkasteler Doctor	Verst.
90	2012 Riesling Auslese Bernkasteler Badstube	8,5 %/16,50 €
91	2012 Riesling Auslese Bernkasteler Doctor	7,5 %/32,- €
89?	2012 Riesling Eiswein Bernkasteler Doctor	8 %
92	2011 Riesling Trockenbeerenauslese Bernkasteler Doctor	6 %

Thanisch
Weingut

★★

Mosel

Moselstraße 56, 54470 Lieser
Tel. 06531-8227, Fax: 06531-8294
www.thanisch.de, info@thanisch.de
Besuchszeiten: ganztägig geöffnet

Inhaber .... Jörg Thanisch
Rebfläche .... 6,5 Hektar

Seit 1648 gibt es Weinbau in der Familie. 2001 hat Jörg Thanisch das Weingut von seinen Eltern übernommen. Neben dem dominierenden Riesling, der 85 Prozent seiner Weinberge einnimmt, baut er ein wenig Müller-Thurgau, Kerner, Dornfelder und bereits seit 1988 auch Spätburgunder an. 70 Prozent seiner Weinberge befinden sich in Steillagen. Die wichtigsten Lagen sind Lieser Lagen Niederberg-Helden, wo er seinen Besitz zuletzt noch erweitert hat, und Süßenberg, sowie Brauneberger Juffer.

Vorjahre

2010 reichte nicht an die Vorjahre heran, die Vorteile lagen im restsüßen Segment, angeführt von der herrlich bissigen 3-Sterne-Auslese aus dem Brauneberger Juffer. 2011 präsentierte sich konsistent, trocken wie süß, bot eine zupackende 2-Sterne-Spätlese, eine reintönige Auslese und als Höhepunkt einen konzentrierten, fülligen trockenen Riesling von alten Reben aus dem Niederberg Helden.

Neue Kollektion

Die neue Kollektion ist sehr gleichmäßig, insgesamt bei leichten Vorteilen im restsüßen Segment, wo es eine frische, klare, zupackende Spätlese Niederberg-Helden gibt und eine konzentrierte, zupackende Auslese aus der Juffer. Unser Favorit aber ist wie schon im Vorjahr der trockene Riesling von alten Reben aus dem Niederberg-Helden, der Kraft und Konzentration besitzt, Fülle und reife Frucht, gute Struktur und Substanz. ◄━

Weinbewertung / keine Preisangaben

80 2012 Weißburgunder trocken 13 %
82 2012 Riesling trocken „1648" 12,5 %
82 2012 Riesling Kabinett trocken Lieserer Niederberg-Helden 11,5 %
83 2012 Riesling Spätlese trocken Lieserer Niederberg-Helden 12,5 %
87 2012 Riesling trocken „Alte Reben R" Lieserer Niederberg-Helden 13 %
82 2012 Riesling Kabinett „feinherb" Lieserer Niederberg-Helden 11 %
82 2012 Riesling Spätlese „feinherb" Lieserer Niederberg-Helden 11,5 %
83 2012 Riesling Kabinett Bernkastel-Cueser Weisenstein 8,5 %
85 2012 Riesling Spätlese Lieserer Niederberg-Helden 7,5 %
86 2012 Riesling Auslese Brauneberger Juffer 7 %

★

Then

Weingut   **Franken**

◆ Hauptstraße 1, 97334 Sommerach
Tel. 09381-9268, **Fax** 09381-4810
www.weingut-then.de
info@weingut-then.de
Besuchszeiten: Mo.-Fr. 8-18 Uhr, Sa. 9-15 Uhr, So. 10-15 Uhr und nach Vereinbarung; Gästezimmer

Inhaber................Arthur und Daniel Then
Rebfläche............................5,5 Hektar

Seit fünf Generation baut die Familie Wein in Sommerach an, das Weingut wird heute von Arthur Then und seinem Sohn Daniel geführt. Ihre Weinberge liegen vor allem in den Sommeracher Lagen Katzenkopf und Rosenberg, im Nordheimer Vögelein und im Volkacher Ratsherr. Silvaner spielt die Hauptrolle, aber auch Riesling, Müller-Thurgau und Scheurebe, Spätburgunder und Domina sind von Bedeutung.

Kollektion

Eine stimmige, starke Kollektion haben Arthur und Daniel Then zum Debüt vorgestellt. Die trockene Silvaner Spätlese ist kraftvoll und zupackend bei guter Struktur, die Scheurebe reintönig und fruchtbetont, der Riesling füllig, harmonisch und saftig. Unsere Favoriten sind der reintönige Weißburgunder, der herrlich viel Frucht und Fülle besitzt, Kraft und gute Struktur, und der Sponti-Silvaner, der gute Struktur und Substanz besitzt, gute Konzentration, Fülle und Kraft. ◄━

Weinbewertung

80 2012 Silvaner trocken „Löwe" 12 %/5,20 €
85 2012 Silvaner Spätlese trocken Sommeracher Katzenkopf 13 %/7,80 €
86 2012 Weißburgunder Spätlese trocken Sommeracher Katzenkopf 13,5 %/8,50 €
85 2012 Riesling Spätlese trocken Nordheimer Vögelein 13 %/7,80 €
84 2012 Scheurebe Spätlese trocken Sommeracher Katzenkopf 13 %/7,80 €

Die besten deutschen Weinerzeuger und ihre Weine

T

87 2011 Silvaner trocken „Sponti" Sommeracher Katzenkopf **13 %/12,- €**
82 2011 Spätburgunder trocken Sommeracher Katzenkopf **13 %/6,80 €**
82 2011 Domina trocken Sommeracher Rosenberg **13 %/7,50 €**

Thörle

Weingut

★ ★ ★

Rheinhessen

Ostergasse 40, 55291 Saulheim
Tel. 06732-5443, *Fax:* 06732-960860
www.thoerle-wein.de
info@thoerle-wein.de
Besuchszeiten: Mo.-Fr. 8-18 Uhr (bitte anmelden),
Sa. 9-17 Uhr
Gästehaus

Inhaber............................Rudolf Thörle
Rebfläche...........................17,5 Hektar

1985 haben Rudolf und Uta Thörle aus einem landwirtschaftlichen Gemischtbetrieb ein direktvermarktendes Weingut geschaffen. Seit Abschluss seiner Ausbildung in Heilbronn und praktischen Erfahrungen bei den Weingütern Wittmann und Eikendal (Südafrika) ist Sohn Johannes für den Weinausbau verantwortlich. Wichtigste weiße Sorten sind Silvaner, Riesling und die Burgundersorten. An roten Sorten gibt es Dornfelder, Spätburgunder und Portugieser. Die Rotweine werden in Eichenholzfässern ausgebaut, die Weißweine in Edelstahltanks kaltvergoren. Wichtigste Lage ist die sehr kalkreiche Saulheimer Hölle.

Vorjahre ——————————————

Vor zwei Jahren brachte die Kollektion ambitionierte Weine, gekonnt vinifiziert, mit Substanz und Kraft. Die Rieslinge aus Probstey und Schlossberg gefielen uns ein klein wenig besser als der Wein aus der Hölle, angenehm überraschte der Silvaner Probstey; auch die Spätburgunder besaßen Kraft und Substanz, aber auch

die Ortsweine überzeugten, zeigten dieselben Anlagen und Ambitionen wie die Lagenweine. Eine starke Kollektion folgte im vergangenen Jahr nach: Der Kalkstein-Riesling kam den Lagenweinen aus Hölle und Probstey sehr nahe, unser Favorit war der Wein aus dem Schlossberg. Sehr gut waren auch der Weißburgunder vom Muschelkalk und der Silvaner von alten Reben, noch konzentrierter war der Silvaner aus der Probstey.

Neue Kollektion ——————————————

Der ist nun im Jahrgang 2012 unser klarer Favorit, ist konzentriert, kraftvoll und zupackend, besitzt gute Struktur und Substanz. Die Lagen-Rieslinge sind recht verschlossen und monolithisch, bei viel Konzentration. Der einzige präsentierte Gutswein, der Riesling ist frisch und klar, unter den Ortsweinen bevorzugen wir Silvaner, Riesling und Chardonnay. Der Probstey Spätburgunder ist frisch, klar und geradlinig bei deutlicher Eukalyptusnote, der aus der Hölle konzentrierter, aber von Holz- und Gewürznoten geprägt. ◄

Weinbewertung ——————————————

84 2012 Riesling trocken **12,5 %/7,10 €**
85 2012 Silvaner trocken „Kalkstein" Saulheimer **13,5 %/9,80 €**
85 2012 Riesling trocken „Kalkstein" Saulheimer **13 %/10,- €**
82 2012 Weißburgunder trocken „Muschelkalk" Saulheimer **13,5 %/13,- €**
85 2012 Chardonnay trocken „Muschelkalk" Saulheimer **13,5 %/16,60 €**
89 2012 Silvaner trocken Probstey **13,5 %/18,- €**
86 2012 Riesling trocken Probstey **13,5 %/17,- €**
86 2012 Riesling trocken Schlossberg **13 %/17,- €**
87 2012 Riesling trocken Hölle **13 %/18,- €**
85 2012 Scheurebe Spätlese Schlossberg **8 %/9,89 €**
84 2012 Riesling Beerenauslese Hölle **7 %/29,- €/0,375l**
87 2011 Spätburgunder trocken Probstey **13,5 %/17,50 €**
87 2011 Spätburgunder trocken Hölle **13,5 %/22,60 €**

Thüringer
Weingut Bad Sulza　　　　**Saale-Unstrut**

Sonnendorf, Nr. 17, 99518 Bad Sulza
Tel. 036461-20600, *Fax:* 036461-20861
www.thueringer-wein.de
info@thueringer-wein.de
Besuchszeiten: Mo.-Fr. 10-18 Uhr, Sa. 10-16 Uhr,
So. 10-13 Uhr
Weinproben im Gewölbekeller (ab 20 Personen),
Ferienwohnung

Inhaber . . . . Familie Burkhardt
. . . . Stadt Bad Sulza, Andreas Clauß
Geschäftsführer . . . . Andreas Clauß
Kellermeister . . . . Wolfram Proppe
Rebfläche . . . . 42 Hektar

Das Thüringer Weingut Bad Sulza wurde 1992 als erstes Weingut in Thüringen gegründet. Die Weinberge in Thüringen gehören weinbaugeografisch zum Weinanbaugebiet Saale-Unstrut, das größtenteils im Bundesland Sachsen-Anhalt liegt. 1998 hat das Thüringer Weingut seine neue Betriebsstätte in Sonnendorf, einem Ortsteil von Bad Sulza, bezogen. Derzeit ist das Thüringer Weingut Bad Sulza das größte private Weingut an Saale und Unstrut. Die Weinberge liegen an den Hängen des Ilmtals, vor allem in Bad Sulza, wo dem Weingut eine 22 Hektar große Fläche gehört und die Reben auf Muschelkalkböden wachsen. Die Lage heißt Sonnenberg, die Kernlage Sommerleite möchte man zukünftig als Einzellage eintragen lassen und nutzen. 14 Hektar liegen in Auerstedt (Tamsel, im Alleinbesitz), hinzu kommen 20 Ar im Dornburger Schlossberg (ebenfalls im Alleinbesitz), wo zwei kleine Terrassen gerodet und mit alten deutschen Sorten bepflanzt wurden. 2010 wurde ein Weinberg im Jenaer Grafenberg wiederbelebt; im Ortsteil Kunitz wurden 5 Hektar mit Bacchus, Weißburgunder, Acolon und Cabernet Jura bestockt. Die Böden bestehen aus Röt, einer besonderen Formation des Buntsandstein. Fast die gesamte Fläche wurde in den Jahren 1999 bis 2005 neu bepflanzt. Hauptrebsorte ist Müller-Thurgau. Weitere wichtige weiße Rebsorten sind Kerner, Gutedel, Weiß- und Grauburgunder, sowie Riesling und Traminer. Neu gepflanzt wurden Muskateller, Scheurebe und Sauvignon Blanc, aber auch rote Sorten, zunächst Regent (mit 6 Hektar wichtigste rote Rebsorte), inzwischen auch Sorten wie Cabernet Dorsa, Cabernet Mitos, Frühburgunder, Pinotin und Cabertin. Die Weine tragen alle die Bereichsangabe „Thüringer" anstatt der Lagenbezeichnungen Bad Sulzaer Sonnenberg oder Auerstedter Tamsel. Die besten Weine des Jahrgangs werden seit dem Jahrgang 2004 in der Linie „Excellence" vermarktet, auf Prädikatsbezeichnungen wird verzichtet.

Vorjahre _____
Die 2010er Weine waren etwas verhalten, besaßen aber klare Frucht, die Rotweine waren im vergangenen Jahr merklich säurebetont. Der Jahrgang 2011 präsentierte sich sehr gleichmäßig auf gutem Niveau, am besten gefiel uns der Chardonnay Excellence.

Neue Kollektion _____
Die neue Kollektion präsentiert sich stimmig, überzeugt mit dem guten Niveau aller Weine. Eine schöne Überraschung ist der herrlich reintönige, zupackende Bacchus aus den neu angelegten Weinbergen im Jenaer Grafenberg; noch besser gefällt uns die kraftvolle, komplexe Cuvée aus dem Sonnenberg. ◀

Weinbewertung _____
81　2012 Gutedel trocken　**12 %/7,50 €**
84　2012 Bacchus trocken Jenaer Grafenberg
　　　12 %/8,- €
83　2012 Weißburgunder trocken　**13 %/8,50 €**
83　2012 Scheurebe trocken　**13 %/10,- €**
86　2012 Weißwein trocken Bad Sulzaer Sonnenberg　**13,5 %/15,- €**
80　2011 Cabernet Dorsa　**12,5 %/9,- €**

Die besten deutschen Weinerzeuger und ihre Weine

T

T

Julius **Treis**
Weingut   ★   **Mosel**

Fischelstraße 24-26, 56861 Reil
Tel. 06542-900200, **Fax:** 06542-900201
www.treis-wein.de, wein.treis@t-online.de
Besuchszeiten: jederzeit

Inhaber .... Familie Treis
Rebfläche .... 4 Hektar

Die Familie betreibt seit dem 17. Jahrhundert Weinbau an der Mosel. Die Weinberge liegen in den Reiler Lagen Mullay-Hofberg, Falklay, Goldlay und Sorentberg, wo eine Steilstlage von Tobias Treis rekultiviert wurde. Neben Riesling wird auch Müller-Thurgau, Kerner, Dornfelder und Spätburgunder angebaut.

Kollektion _____

Die 2011er Weine waren fruchtbetont und klar, die kraftvolle trockene Spätlese von alten Reben gefiel uns besonders gut, führte zusammen mit dem Rieslingsekt eine überzeugende Kollektion an.

Kollektion _____

Eine stimmige 2012er Kollektion folgt nach, angefangen vom klaren, zupackenden Gutsriesling über die kraftvolle, reintönige trockene Spätlese von alten Reben, die in der fülligen feinherben Spätlese Mullay-Hofberg ein gleichwertiges Pendant hat. Eine dicke, dominante Trockenbeerenauslese aus dem Jahrgang 2011 rundet die Kollektion ab. Im Auge behalten! ◄━

Weinbewertung _____

83   2012 Riesling trocken   **12 %/7,50 €**
80   2012 Weißburgunder trocken   **13 %/8,50 €**
85   2012 Riesling Spätlese trocken „Alte Reben"   **12,5 %/12,50 €**
82   2012 Riesling „feinherb"   **11,5 %/7,50 €**
85   2012 Riesling Spätlese „feinherb" Mullay-Hofberg   **12 %/12,50 €**
87   2011 Riesling Trockenbeerenauslese „Maximus"   **6,5 %/75,- €/0,25l**

Trockene Schmitts
Weingut   ★★   **Franken**

Maingasse 14a/Flecken 1, 97236 Randersacker
Tel. 0931-700490, **Fax:** 0931-3048815
www.durchgegorene-weine.de
info@naturreine-weine.de
Besuchszeiten: Mo.-Fr. 8-18 Uhr, Sa. 9-16 Uhr oder nach Vereinbarung
Weinrestaurant „Ewig Leben"
Ferienwohnungen „Sartoriushaus"

Inhaber .... Paul Schmitt und Bruno Schmitt
Rebfläche .... 15 Hektar

Die Brüder Paul Schmitt („Haus der trockenen Weine") und Bruno Schmitt („Weingut Robert Schmitt") aus Randersacker haben ihre beiden Betriebe zusammengelegt und vermarkten seit dem Jahrgang 2002 ihre Weine gemeinsam unter dem Namen Weingut Trockene Schmitts. Angebaut werden vor allem Silvaner und Müller-Thurgau, aber auch Riesling, Rieslaner, Traminer, Scheurebe, Weißburgunder und Bacchus. Rote Sorten nehmen 10 Prozent der Rebfläche ein. Alle Weine kommen nach der Gärung im Edelstahl zur Reifung ins traditionelle Holzfass. Die Weine werden prinzipiell durchgegoren ausgebaut, meist mit weniger als einem Gramm Restzucker.

Vorjahre _____

In den vergangenen Jahren hatten Paul und Bruno Schmitt sehr schöne Kollektionen mit vielen kraftvollen, sehr eigenständigen Weinen. Die 2010er Weißweine präsentierten sich homogen, sie waren frisch und klar, alle enorm säurebetont. Sehr gleichmäßig präsentierte sich auch die letztjährige Kollektion mit kraftvollen Weinen; unsere Präferenz galt sowohl bei den Kabinettweinen als auch bei den Spätlesen dem Riesling, die trockene Spätlese aus dem Pfülben war unser Favorit.

Neue Kollektion _____

Sehr markante Weine bringt auch der Jahrgang 2012. An der Spitze stehen dieses Jahr zwei restsüße Weine, die Rieslaner Auslese und die Albalonga Beerenauslese, beide konzentriert und eindringlich, beide besitzen viel Substanz. Unter den trockenen Weißweinen gefallen uns die füllige, kraftvolle Silvaner Spätlese aus dem Sonnenstuhl und die konzentrierte Gewürztraminer Spätlese aus dem Lämmerberg am besten.

Weinbewertung

83   2012 Silvaner Kabinett trocken Randersacker Pfülben **12,5 %/7,50 €**

81   2012 Riesling Kabinett trocken Randersacker Marsberg **12 %/7,90 €**

83   2012 Scheurebe Kabinett trocken Randersackerer Marsberg **12 %/6,90 €**

82   2012 Weißburgunder Kabinett trocken Randersacker Marsberg **12,5 %/8,50 €**

85   2012 Silvaner Spätlese trocken Randersacker Sonnenstuhl **13 %/8,90 €**

84   2012 Gewürztraminer Spätlese trocken Randersackerer Lämmerberg **13,5 %/10,50 €**

83   2012 Albalonga Spätlese Randersacker Marsberg **12,5 %/10,90 €**

86   2012 Rieslaner Auslese Randersacker Sonnenstuhl **9,5 %/13,- €**

87   2012 Albalonga Beerenauslese Randersackerer Marsberg **9,5 %/17,50 €**

★ ☆

Ungerer
Weingut   **Württemberg**

Harsberger Straße 15, 74629 Renzen
Tel. *07949-419 + 940650,* **Fax:** *07949-419*
www.weingut-ungerer.de
weingut-ungerer@t-online.de
Besuchszeiten: *Mo.-Fr. 17-19 Uhr, Sa. 9-13 Uhr oder nach Vereinbarung*
Weinstube (6 Tage im Monat geöffnet)
Wein- und Sektfest am letzten Sonntag im Aug.

Inhaber.........................Familie Ungerer
Rebfläche............................6,5 Hektar

Karl Ungerer und Sohn Karlheinz haben 1993 mit der Selbstvermarktung begonnen. Alle ihre Weinberge befinden sich in der Lage Heuholzer Dachsteiger. 65 Prozent der Fläche nehmen rote Sorten ein, vor allem Lemberger, Trollinger und die Burgundersorten. Dazu gibt es Dornfelder und Cabernet Mitos, der im Jahrgang 2002 erstmals sortenrein ausgebaut wurde. Zuletzt wurde etwas Regent in einer Steillage gepflanzt. Wichtigste weiße Rebsorten sind Riesling, Kerner, Traminer und Chardonnay. Die Rotweine werden maischevergoren. Die Weißweine vergären in Edelstahltanks, ausgesuchte Partien auch im Barrique.

Vorjahre

Vor zwei Jahren gefiel uns die Kollektion gut, die Weißweine waren frisch und klar, die Rotweine besaßen Substanz und viel reife Frucht, unsere Favoriten waren der Pinot Noir und die „Saltatium virium" genannte Cuvée. Die letztjährige Kollektion überraschte mit dem starken Niveau der Weißweine, egal ob Silvaner oder Riesling, Sauvignon Blanc oder Barrique-Chardonnay. Etwas weniger gleichmäßig präsentierte sich der rote Teil der Kollektion, Cabernet Mitos und „Unglaublich" waren kraftvoll und tanninbetont wie auch die Cuvée „Saltatium virium".

Neue Kollektion

Weitere Cuvées ergänzen nun das Programm, so dass man leicht die Übersicht verlieren kann. Respekt heißt eine dieser neuen Cuvées, ein herrlich fülliger und kraftvoller Wein mit guter Struktur und feiner Schokonote, er gefällt uns noch ein klein wenig besser als unser oftmaliger Favorit, die Cuvée „Saltatium virium", die von Gewürz- und Vanillenoten geprägt ist. Bei manchen Rotweinen finden wir die Restsüße etwas störend, die Weißweine erreichen nicht ganz das Niveau des Vorjahres: Trotzdem eine stimmige, überzeugende Kollektion.

U

Weinbewertung

81 2012 Riesling trocken „Edition Q" Heuholzer Dachsteiger **13,5 %/9,28 €**

79 2012 „Rebers Pflug" Weißwein trocken **12,5 %/9,64 €**

82 2012 Sauvignon Blanc trocken Heuholzer Dachsteiger **13 %/9,99 €**

80 2012 Kerner Spätlese trocken Heuholzer Dachsteiger **13 %/7,14 €**

81 2012 Riesling Spätlese Heuholzer Dachsteiger **10 %/7,62 €**

80 2012 Trollinger trocken „Alte Rebe" Heuholzer Dachsteiger **13 %/5,47 €**

80 2012 Lemberger Spätlese trocken Heuholzer Dachsteiger **12,5 %/8,33 €**

82 2012 Regent trocken **13 %/9,09 €**

83 2011 „Unglaublich" Rotwein trocken **13 %/12,50 €**

84 2011 „R/R" Rotwein trocken **13,5 %/16,50 €**

87 2011 „Saltatium virium Cuvée VIII" Rotwein trocken **13 %/20,23 €**

88 2011 „Respekt" Rotwein trocken **13,5 %/29,75 €**

★★☆

Untertürkheim

Weinmanufaktur   **Württemberg**

Strümpfelbacher Straße 47, 70327 Stuttgart
Tel. 0711-336381-0, **Fax:** 0711-336381-24
www.weinmanufaktur.de
info@weinmanufaktur.de
Besuchszeiten: Mo.-Fr. 8-18 Uhr, Sa. 9-14 Uhr
Weinproben (nach Vereinbarung)

Geschäftsführer . . . . Stefan Hübner
Kellermeister . . . . Jürgen Off
Mitglieder 87
Rebfläche . . . . 85 Hektar

Die Weinberge der 1887 gegründeten Untertürkheimer Genossenschaft liegen in den Untertürkheimer Lagen Mönchberg und Altenberg. Zwei Drittel der Weinberge sind mit roten Reben bestockt. Wichtigste Rebsorte ist der Trollinger, der knapp die Hälfte der Rebfläche einnimmt. Danach kommt Riesling, dann – mit gehörigem Abstand – Müller-Thurgau, Kerner, Lemberger und die Burgundersorten, aber auch Gewürztraminer, Muskattrollinger, Regent und Merlot. Die Weine sind betriebsintern mit bis zu drei Sternen klassifiziert, auf Prädikatsbezeichnungen bei trockenen Weinen wird verzichtet. Die Weißweine werden überwiegend im Edelstahl ausgebaut, der Grauburgunder auch im Holzfass. Die einfachen Rotweine werden maischeerhitzt, die besseren (2- und 3-Sterne-Weine) maischevergoren. Die besten Weine kommen im 1902 erbauten Kreuzgewölbekeller auch ins große Holzfass oder ins Barrique. Die als Barriqueweine gekennzeichneten Weine kommen ausschließlich in neue Fässer, Weine mit der Bezeichnung „Holzfass" werden in gebrauchten Barriques ausgebaut. Kellermeister Jürgen Off ist seit 1987 in Untertürkheim tätig, seit 2001 trägt er die Verantwortung im Keller.

Vorjahre

Vor zwei Jahren sahen wir gleich mehrere Rotweine gleichauf, alle besaßen viel Konzentration, Gewürznoten und Toast. Im weißen Segment gefiel uns, wie so oft, der 3-Sterne-Riesling am besten. Sehr ähnlich präsentierte sich im vergangenen Jahr die Kollektion: Im weißen Segment war eindeutig der Drei-Sterne-Riesling unser Favorit, rot waren wieder die Barriqueweine ganz stark, wobei im vergangenen Jahr die Unterschiede zwischen den einzelnen Weinen deutlicher waren.

Neue Kollektion

Die Basisweißweine sind 2012 ein wenig verhalten, der 3-Sterne-Riesling war zum Zeitpunkt der Verkostung sehr verschlossen, aber enorm konzentriert, der Riesling Eiswein ist geradlinig und zupackend, führt in diesem Jahr die Kollektion zusammen mit den beiden Barrique-Rotweinen an. Der Spätburgunder zeigt eindringliche Gewürznoten im Bouquet, ist füllig und harmonisch im Mund, herrlich schmeichelnd. Etwas besser noch gefällt uns der reintönige Lemberger, der Fülle und Kraft besitzt, reife Frucht, dezent Vanille und Schokolade, gute Struktur und Substanz.

Weinbewertung

80	2012 Riesling* trocken	**12,5 %/6,90 €**
81	2012 Sauvignon Blanc** trocken	**13 %/9,90 €**
80	2012 Grauburgunder** trocken	**13 %/8,90 €**
85	2012 Riesling*** trocken	**13,5 %/15,- €**
88	2012 Riesling Eiswein	**9,5 %/32,- €**
80	2012 Trollinger* trocken	**12 %/5,60 €**
82	2011 Lemberger** trocken	**13,5 %/9,10 €**
87	2010 Spätburgunder*** trocken	**13,5 %/24,- €**
88	2010 Lemberger*** trocken	**13,5 %/27,- €**

Neue Kollektion

Auch 2012 gibt es einen trockenen Ruwer-Riesling, deutlich besser aber gefallen uns die frische, zupackende feinherbe Version und die süße Spätlese von alten Reben, die frisch und fruchtbetont sich präsentiert bei viel Biss.

Weinbewertung

83	2012 Riesling trocken Ruwer	**12 %/7,50 €**
85	2012 Riesling „feinherb" Ruwer	**11 %/7,50 €**
85	2012 Riesling Spätlese „Alte Rebe" Kaseler Nies'chen	**9 %/9,80 €**

★★

Weingut   **Mosel**

Rieslingweg 1, 54318 Mertesdorf
Tel. 0651-9954475, Fax: 0651-9954476
www.vanelkan.de
info@vanelkan.de
Besuchszeiten: nach Vereinbarung

Inhaber . . . . Marco van Elkan
Rebfläche . . . . 0,5 Hektar

Marco und Christina van Elkan haben 2001 zusammen mit Freunden eine kleine, von der Stilllegung bedrohte Parzelle im Ruwertal übernommen, ab 2003 kamen weitere Parzellen im Kaseler Nies'chen und in anderen Ruwerlagen hinzu. Ein Teil der Reben ist wurzelecht und bis zu 70 Jahre alt. Im Keller setzt man auf die kühle Vergärung der Weine im Edelstahltank, ausschließlich mit natürlichen Hefen.

Vorjahre

Die 2010er präsentierten sich frisch, klar und elegant, blieben aber hinter dem Vorjahr zurück. 2011 wurde erstmals ein trockener Riesling aus dem Kaseler Nies'chen erzeugt; unser Favorit in der gleichmäßigen Kollektion war aber die süße Spätlese.

★★☆

Sektmanufaktur   **Rheingau**

Kiedricher Straße 18a, 65343 Eltville
Tel. 06123-62060, Fax: 06123-63339
www.schloss-vaux.de
info@schloss-vaux.de
Besuchszeiten: Mo.-Fr. 8-18 Uhr, Sa. 10-14 Uhr

Inhaber . . . . Nikolaus Graf von Plettenberg
Rebfläche . . . . keine eigenen Weinberge

Ihren Namen verdankt die 1868 gegründete Sektkellerei Schloss Vaux dem gleichnamigen Herrschaftsgebäude bei Metz. Ein Freundeskreis übernahm das Unternehmen, seit 1998 führt Nikolaus Graf von Plettenberg die Sektkellerei. Burgundersorten und Riesling werden in klassischer Flaschengärung versektet, die Grundweine stammen zum Teil von renommierten Rheingauer Erzeugern wie Robert König, der Domaine Assmannshausen (Spätburgunder), Langwerth von Simmern und Schloss Schönborn. Im Jahre 2007 wurde erstmals ein Sekt aus Sauvignon Blanc erzeugt, mit dem gleichen Jahrgang gab der erste Weißburgunder-Sekt mit Trauben aus ökologischem Anbau sein Debüt. Die Lagensekte, zum Beispiel aus dem Rüdesheimer Berg Schlossberg oder

Die besten deutschen Weinerzeuger und ihre Weine

V

dem Erbacher Marcobrunn, gehören zu den besten Schaumweinen der Region, die Rotsekte sind immer eigenwillig, aber auch immer spannend.

Vorjahre

Die 2008er waren bestens balanciert, die 2009er Basisprodukte gefielen sehr, und ein Sekt aus der Lage Marcobrunn und aus dem Lesegut des Weinguts Langwerth von Simmern begeisterte mit seiner rassiger Art. Nur vom 2010er Sauvignon Blanc hätte man etwas mehr Nachhaltigkeit erwarten können. Schön, dass in allen Jahren die Dosage eher niedrig lag.

Kollektion

Wie im letzten Jahr, so wurden auch in diesem Jahr lediglich drei Sekte angestellt: An der Spitze liegt nicht unerwartet der saftige Rieslingsekt aus dem Steinberg. Etwas dahinter rangiert der herbwürzige, an getrocknete Waldbeeren und etwas Tabak erinnernde Rotsekt, der mit etwas mehr Nachhaltigkeit eine noch höhere Bewertung bekommen hätte. ◀

Weinbewertung

88 2010 Riesling Sekt brut Steinberger **12,5 %/20,- €**
85 2010 Pinot Blanc de Noirs Sekt brut **12 %/15,- €**
87 2011 Spätburgunder Sekt brut Assmannshäuser Höllenberg **12,5 %/23,- €**

★★☆

Vereinigte Hospitien

Güterverwaltung   **Mosel**

Krahnenufer 19, 54290 Trier
Tel. 0651-9451210, -9451211, Fax: 0651-9452060
www.vereinigtehospitien.de
weingut@vereinigtehospitien.de
Besuchszeiten: Mo.-Do. 8-12:30 + 13:30-17 Uhr,
Fr. 8-12:30 + 13:30-16 Uhr

Inhaber.......Stiftung des öffentlichen Rechts
Betriebsleiter.....................Joachim Arns
Rebfläche.............................25 Hektar

Die Vereinigten Hospitien, gegründet 1806 aufgrund eines Ediktes von Napoleon, bauen ausschließlich Riesling und Burgundersorten an. Die Weinberge liegen in bekannten Saar- und Mosel-Lagen, darunter drei arrondierte Lagen im Alleinbesitz: Serriger Schloss Saarfelser Schlossberg (5 Hektar), Trierer Augenscheiner (3,5 Hektar, Bundsandstein!) und Wiltinger Hölle (2,5 Hektar). Aber auch in der Lage Scharzhofberger und in den Piesporter Goldtröpfchen und Schubertslay ist man vertreten, ebenso im Kanzemer Altenberg. Über 90 Prozent der Fläche nimmt Riesling ein. 2008 wurde erstmals ein Großes Gewächs aus der Schubertslay erzeugt, 2010 aus dem Altenberg, 2012 aus dem Scharzhofberger.

Vorjahre

2010 hatten sich Joachim Arns und sein Team sehr gut behauptet, die Kollektion präsentierte sich geschlossen auf gutem und sehr gutem Niveau, mit Vorteilen im restsüßen Segment. Sehr gleichmäßig präsentierte sich 2011, trocken wie süß. Trocken fanden wir die beiden Varianten der Scharzhofberger-Spätlese spannend, im süßen Segment gefiel uns die Augenscheiner-Auslese besonders gut.

Neue Kollektion

2012 nun gibt es ein Großes Gewächs Scharzhofberger, ein herrlich fülliger und kraftvoller Riesling mit viel Stoff und Substanz, wesentlich komplexer als das Große Gewächs Schubertslay, das gute Konzentration und reife Frucht besitzt. Dem Scharzhofberger ebenbürtig ist der Wein aus dem Altenberg, der Fülle und Kraft besitzt, Frische und Länge. Die feinherbe Spätlese aus dem Altenberg ist harmonisch und saftig, die Scharzhofberger Auslese besitzt gute Struktur, ist faszinierend harmonisch und elegant. Eine stimmige Kollektion. ◀

Weinbewertung

83 2012 Riesling trocken
83 2012 Riesling Kabinett trocken Serriger Schloss Saarfelser Schlossberg **11,5 %/7,90 €**
86 2012 Riesling „GG" Piesport Schubertslay **12,5 %/17,50 €**
89 2012 Riesling „GG" Altenberg

89   2012 Riesling „GG" Scharzhofberger   **12 %/21,- €**

81   2012 Riesling Kabinett „feinherb" Wiltinger   **11 %/7,90 €**

85   2012 Riesling Spätlese „feinherb" Kanzemer Altenberg   **11 %/18,- €**

82   2012 Riesling Kabinett Piesporter Goldtröpfchen   **8,5 %/9,- €**

82   2012 Riesling Kabinett Scharzhofberger   **9 %/10,- €**

88   2003 Riesling Spätlese Piesporter Schubertslay

88   2012 Riesling Auslese Scharzhofberger   **7 %/19,- €**

Weinbewertung

82   2012 Weißburgunder trocken   **12,5 %/8,45 €**

82   2012 Riesling trocken „Schiefer"   **12 %/9,95 €**

82   2012 Riesling Kabinett trocken Trabener Würzgarten   **11 %/12,95 €**

85   2012 Riesling trocken „Alte Reben" Enkircher Steffensberg   **12 %/15,95 €**

79   2012 Riesling Kabinett „feinherb" Enkircher Steffensberg   **10,5 %/12,95 €**

86   2012 Riesling Auslese Enkircher Steffensberg   **7,5 %/22,60 €/0,5l**

Villa Huesgen ★
Weingut   **Mosel**

An der Mosel 46, 56841 Traben-Trarbach
***Tel.** 06541-9281,**Fax:** 06541-4801*
www.villahuesgen.com
infowine-international.de
***Besuchszeiten:** Mo.-Fr. 9-17 Uhr und nach Vereinbarung (Tel. 0163-6437901)*

Inhaber .... Adolph Huesgen
Rebfläche .... 5 Hektar

Die Familie Huesgen ist seit 1735 in Traben-Trarbach zuhause, betreibt Weinbau und Weinhandel. Die Weinberge liegen in Enkirch und Traben-Trarbach, ausschließlich Riesling wird angebaut.

Vorjahr

Der Schiefer-Riesling war klar, geradlinig und zupackend, die Auslese besaß herrlich viel Frucht, gute Struktur und Frische: Eine gelungene kleine Kollektion stellte Adolph Huesgen im vergangenen Jahr vor.

Neue Kollektion

Auch 2012 überzeugt. Die Auslese ist einmal mehr das Highlight im Programm, präsentiert sich reintönig, frisch und zupackend, der trockene Riesling von alten Reben besticht mit Fülle und Kraft. ◄

★

Volk

Weingut   **Mittelrhein**

Koblenzer Straße 6, 56322 Spay
***Tel.** 02628-8290,**Fax:** 02628-987416*
www.weingutvolk.de
info@weingutvolk.de
***Besuchszeiten:** Mo-Fr. 9-18 Uhr, Sa. 9-16 Uhr, sowie nach Vereinbarung*

Inhaber .... Jürgen Volk
Rebfläche .... 4 Hektar

Das Weingut Volk wird seit 1995 von Heidi und Jürgen Volk geführt, beide Weinbau-Ingenieure mit Geisenheim-Studium. Alle Weinberge befinden sich im Bopparder Hamm. Riesling ist die wichtigste Rebsorte, außerdem gibt es ein wenig Weißburgunder und Müller-Thurgau, dazu Spätburgunder und Regent. Die Rotweine werden maischevergoren und zeigen sich schon im jugendlichen Stadium zugänglich. Im Sommer 2011 wurde die neue Vinothek eröffnet.

Vorjahre

Die Weine des Jahrgangs 2010 waren gleichmäßig, aber jahrgangsbedingt etwas verhalten. Neben dem saftigen, recht fülligen Weißburgunder gefielen 2011 auch die halbtrockene Spätlese aus dem Ohlenberg und ihr sehr geradlinig wirkendes trockenes Pendant.

Die besten deutschen Weinerzeuger und ihre Weine

V

Neue Kollektion

Ob Regent am Mittelrhein eine Zukunft hat, kann man diskutieren, aber dass die Weißweine noch mehr Spaß machen als in früheren Jahren, steht fest. Die trockene Spätlese aus dem Ohlenberg wirkt, gemeinsam mit ihrem feinherben Pendant, am klarsten und animierendsten, ist ausgewogen und voller Würze. ◀

Weinbewertung

82 2012 Riesling Hochgewächs trocken Bopparder Hamm Weingrube **12,5 %/5,40 €**

85 2012 Riesling Spätlese trocken Bopparder Hamm Ohlenberg **13 %/7,60 €**

82 2012 Weißburgunder trocken Bopparder Hamm **13 %/7,60 €**

84 2012 Riesling Hochgewächs „feinherb" Bopparder Hamm Weingrube **11,5 %/5,40 €**

85 2012 Riesling Spätlese „feinherb" Bopparder Hamm Ohlenberg **12 %/7,60 €**

82 2011 Regent trocken Bopparder Hamm **13 %/6,50 €**

★★★★

Vollenweider

Weingut   **Mosel**

Wolfer Weg 53, 56841 Traben-Trarbach
Tel. *06541-814433,* **Fax:** *06541-816773*
www.weingut-vollenweider.de
mail@weingut-vollenweider.de
Besuchszeiten: *nur nach Vereinbarung*

Inhaber . . . . Daniel Vollenweider
Rebfläche . . . . 4,5 Hektar

Der junge Schweizer Daniel Vollenweider kam aus Leidenschaft für den Riesling an die Mosel. Seit dem Jahrgang 2000 (sein erster Jahrgang) bewirtschaftet er Reben in der Lage Wolfer Goldgrube in Traben-Trarbach, inzwischen sind auch eine in sich geschlossene Parzelle im Würzgarten, Schimbock genannt, und Parzellen im Kröver Steffensberg hinzugekommen, ausschließlich Riesling. Die Goldgrube ist nicht flurbereinigt, so dass fast alle Parzellen dort noch mit wurzelechten Reben bepflanzt sind, die bis zu 100 Jahre alt sind. Die Böden bestehen aus grauem bis rotgrauem Schiefer in unterschiedlichen Verwitterungszuständen. Die Prädikate werden nicht nur nach dem Mostgewicht, sondern auch nach dem sensorischen Empfinden vergeben. Kabinett und Spätlese sind immer Weine ohne Botrytis. Ab dem Prädikat Auslese aufwärts erzeugt Vollenweider seine Weine aus reinen Botrytistrauben. Die Weine von Daniel Vollenweider gehen zu fast 100 Prozent in den Export.

Vorjahre

Sehr geschlossen im gewohnten Stil präsentierten sich die 2010er, wobei uns die Goldgrube-Rieslinge besser gefielen als ihre Pendants aus dem Steffensberg; Goldkapsel Auslese und Beerenauslese krönten die Kollektion. 2011 hatte Daniel Vollenweider eine stimmige Kollektion, angefangen bei zwei klaren, trockenen Rieslingen über Kabinett, Spätlese, Goldkapsel-Spätlese und zwei Goldkapsel-Auslesen bis zur Beerenauslese, die eine weitere Steigerung brachte.

Neue Kollektion

In diesem Jahr nun hat Daniel Vollenweider uns erstmals mehr trockene als süße Rieslinge vorgestellt. Der Felsenfest ist frisch und klar, der Wolfer Riesling würzig und zupackend, einen deutlichen Sprung gibt es zum trockenen Wein aus der Goldgrube, der würzig und eindringlich ist, reintönig, Fülle und Kraft besitzt, gute Struktur und Frische. Noch konzentrierter und stoffiger ist der Schimbock, der auf einer alten Korbpresse gekeltert wird: Kraftvoll und dominant, besitzt er viel Substanz und Druck, ist noch enorm jugendlich. Der Kabinett ist frisch und klar, die Spätlese aus dem Steffensberg reintönig, frisch und zupackend, gehaltvoller und komplexer aber ist die Spätlese aus der Goldgrube, die gute Struktur und Biss besitzt, alle Weine sind noch recht jugendlich, besitzen Potenzial. ◀

Weinbewertung

84 2012 Riesling „Felsenfest" **12 %/9,80 €**
85 2012 Riesling Wolfer **13 %/14,50 €**
89 2012 Riesling trocken Wolfer Goldgrube
     13 %/22,50 €
90 2011 Riesling „Schimbock" **12,5 %/27,- €**
85 2012 Riesling Kabinett Wolfer Goldgrube
     8,5 %/12,- €
88 2012 Riesling Spätlese Kröver Steffensberg
     9 %/16,- €
90 2012 Riesling Spätlese Wolfer Goldgrube
     8,5 %/18,- €

★ ★

Schloss **Vollrads**
Weingut   **Rheingau**

Schloss Vollrads, 65375 Oestrich-Winkel
Tel. *06723-660,* **Fax:** *06723-6666*
www.schlossvollrads.com/.de
info@schlossvollrads.com
Besuchszeiten: *Mo.-Fr. 9-18 Uhr, Sa., So. und*
Feiertage 11-19 Uhr

Inhaber .... Nassauische Sparkasse
Gutsdirektor .... Dr. Rowald Hepp
Rebfläche .... 80 Hektar

Schloss Vollrads gehört zu den ältesten Weingütern der Welt und zu den ganz wenigen, die ihre Geschichte bis ins Hochmittelalter zurückverfolgen können: Weinhandel ist hier seit 1211 nachgewiesen. Mit dem Jahrgang 2011 feierte man dieses Jubiläum. In den letzten Jahren hat Schloss Vollrads weitere Weinberge erworben, inzwischen werden 80 Hektar bewirtschaftet. Gutsdirektor Rowald Hepp hat das Weingut nach schwierigen Zeiten stabilisiert, die Qualität ist in den letzten Jahren gleichmäßiger geworden. Gekühlte, langsame Vergärung ist typisch für den Rieslingstil des Hauses. Über alle Jahrgangsunterschiede hinweg wirken die Weine schlank, feingliedrig und zugänglich.

Vorjahre

Die 2010er Rieslinge fielen erfreulich aus: Neben dem schlanken, würzigen Ersten Gewächs standen sehr feine, geradlinige Süßweine. Die Basisweine konnten da nicht ganz mithalten. Im Jahrgang 2011 wirkte das Erste Gewächs etwas brav, dafür hatte Schloss Vollrads in diesem Jahr noch einen anderen trockenen Spitzenwein anzubieten. Der Riesling zu Ehren des 800-Jahr-Weinverkaufsjubiläums präsentierte sich konzentriert und dicht, besaß eine fast salzige Komponente und Nachhaltigkeit. Unter den übrigen Weinen überzeugte die elegante Beerenauslese am meisten.

Neue Kollektion

Die Basisweine fallen 2012 zuverlässig aus, bisweilen auch mehr als das. Mit dem Großen Gewächs allerdings haben wir nicht zum ersten Mal ein Problem, es besitzt zu wenig Finesse, wirkt merkwürdig verhalten. Der Riesling von alten Reben, verkostet als Fassprobe, macht da merklich mehr Spaß. Eine gelungene restsüße Spätlese und ein wunderbar reintöniger, nach Aprikosenkonfitüre duftender und sehr feingliedriger Eiswein zeigen, dass der Betrieb durchaus auf dem richtigen Kurs ist. ◄

Weinbewertung

82 2012 Riesling trocken Schloss Vollrads
     12,5 %/10,20 €
84 2012 Riesling Kabinett trocken Schloss Vollrads **12 %/11,50 €**
(88) 2012 Riesling trocken „Alte Reben" Schloss Vollrads **18,90 €**
86 2012 Riesling „GG" Schloss Vollrads **13 %/24,80 €**
81 2012 Riesling „feinherb" Schloss Vollrads
     12 %/10,20 €
84 2012 Riesling Kabinett „feinherb" Schloss Vollrads **11,5 %/11,50 €**
84 2012 Riesling Kabinett Schloss Vollrads
     9,5 %/11,50 €
87 2012 Riesling Spätlese Schloss Vollrads
     8 %/14,60 €
(91) 2012 Riesling Eiswein Schloss Vollrads
     91,- €/0,375l

V

★★☆

Vols
Weingut   **Mosel**

Zuckerberg, 54441 Ayl an der Saar
Tel. *0651-9935414*
www.vols.de
info@vols.de
Besuchszeiten: *nach Vereinbarung*

Inhaber . . . . Helmut Plunien
Rebfläche . . . . 7 Hektar

Helmut Plunien war Güterdirektor der Bischöflichen Weingüter als er mit anfangs einem Hektar im Wiltinger Schlangengraben begann Wein unter eigenem Etikett zu vermarkten. 2010 hat er das Weingut Altenhofen in Ayl übernommen, so dass Weinberge in den Ayler Lagen Kupp, Scheidt und Schonfels hinzu kamen, in der Wiltinger Kupp konnte Helmut Plunien einen Rieslingweinberg mit 40 Jahre alten Reben erwerben. Riesling spielt die Hauptrolle in seinen Weinbergen, aber es gibt auch Weißburgunder, Spätburgunder, Chardonnay, Müller-Thurgau und Cabernet Sauvignon. Anfangs gab es zwei Weine im Sortiment, „Vols I" und „Vols II". Der „Vols I" wächst auf stark verwittertem Devonschiefer in einer wurzelechten Parzelle, die unmittelbar an den Scharzhofberger angrenzt; „Vols II" stammt aus südlich ausgerichteten Parzellen mit blauem Devonschiefer. 2008 wurde erstmals der „Vols S" vorgestellt, ein Wein, der aus einer Parzelle im Schlangengraben von teilweise über 90 Jahre alten Rebstöcken gewonnen wird. Alle Weine werden spontanvergoren und bleiben bis kurz vor der Abfüllung auf der Vollhefe. Helmut Plunien bietet an, die Weine nach 25 Jahren kostenlos neu zu verkorken.

Vorjahre ———————————————

2010 waren einige Weine zum Zeitpunkt der Verkostung noch sehr jugendlich. Die Kollektion präsentierte sich geschlossen, Vols I und Vols II waren unsere Favoriten. 2011 überzeugten wie schon zuletzt die Gutsweine, die Lagenweine besaßen Substanz und gute Struktur, unsere Favoriten waren – mit aufsteigender Restsüße – die Weine aus Schlangengraben und Schönfels, sowie der Vols I.

Neue Kollektion ———————————————

2012 beginnt mit starken, überzeugenden Gutsrieslingen, trocken wie feinherb. Etwas kraftvoller sind der Wiltinger Riesling und der trockene Wein aus der Ayler Kupp, unter den Kabinettweinen präferieren wir den frischen, zupackenden Wein aus der Wiltinger Kupp. Eine weitere Steigerung bringen die Spätlesen. Die Spätlese aus dem Schlangengraben, als einzige feinherb ausgebaut, besitzt gute Konzentration und Kraft, herrlich viel Frucht und Substanz. Viel Substanz und gute Struktur bietet auch der sehr jugendliche Wein aus dem Schonfels, der Vols II ist würzig und eindringlich, die Spätlese aus der Ayler Kupp kraftvoll, klar und geradlinig. ◂━━

Weinbewertung ———————————————

84 2012 Riesling trocken   11 %/7,- €
83 2012 Weißburgunder trocken   11,5 %/8,- €
85 2012 Riesling trocken Wiltinger   11 %/8,- €
85 2012 Riesling trocken Ayler Kupp   11,5 %/10,- €
84 2012 Riesling „feinherb"   9,5 %/7,- €
84 2012 Riesling („feinherb") Ayl   10 %/8,- €
84 2012 Riesling Kabinett Ayler Kupp   8,5 %/12,- €
86 2012 Riesling Kabinett Wiltinger Kupp   9,5 %/12,- €
87 2012 Riesling Spätlese Ayler Kupp   9,5 %/14,- €
88 2012 Riesling Spätlese Schonfels   9,5 %/14,- €
88 2012 Riesling Spätlese Schlangengraben   10,5 %/14,- €
87 2012 Riesling Spätlese „Vols II"   10 %/12,- €
78 2011 Pinot Noir trocken   12,5 %/10,- €

V

Stefanie **Vornhecke**
Weingut

Mosel

Zeller Straße 74, 56820 Senheim
Tel.** 02673-4412,* ***Fax: *02673-960294*
www.weingut-vornhecke.de
stefanie.vornhecke@t-online.de
Besuchszeiten: *Di.-Sa. 17-19 Uhr, So. 11-13 Uhr oder*
nach Vereinbarung; Ferienwohnungen

Inhaber.....................Stefanie Vornhecke
Rebfläche...........................1,6 Hektar

Stefanie Vornhecke gründete 2001 ihr eigenes Weingut. Neben Riesling baut sie etwas Spätburgunder an.

Vorjahre
Vor zwei Jahren wurden vor allem Weine des Jahrgangs 2009 vorgestellt, da 2010 nur 4.000 Liter Ertrag brachte. Die 2011er präsentierten sich stimmig; am besten gefielen uns der halbtrockene Wein aus dem Wahrsager und die reintönige trockene Spätlese; der 2004er Lacerta war harmonisch gereift.

Neue Kollektion
Die neue Kollektion ist sehr gleichmäßig, trocken wie süß, wenn auch insgesamt doch etwas zu verhalten: Darauf kann man aufbauen. ◂━

Weinbewertung
81 2012 Riesling Kabinett trocken Senheimer **11,5 %**
79 Spätburgunder „Blanc de Noir" Senheimer Lay **13,5 %**
82 2012 Riesling Hochgewächs edelsüß **9,5 %**
81 2012 Riesling Spätlese Senheimer Wahrsager **12 %**
82 2012 Riesling Spätlese „Grus" Senheimer **11 %**

Wachtstetter
Weingut

Württemberg

Michelbacher Straße 8, 74397 Pfaffenhofen
Tel.** 07046-329,* ***Fax: *07046-931000*
www.wachtstetter.de
info@wachtstetter.de
Besuchszeiten: *Do. + Fr. 9-12 + 13:30-18 Uhr, Sa. 9-16 Uhr und nach Vereinbarung*

Inhaber.....................Rainer Wachtstetter
Rebfläche...........................16 Hektar

Mitte der achtziger Jahre wurden die landwirtschaftlichen Flächen verpachtet, erfolgte die Konzentration auf Wein. Diese Konzentration hat sich ausgezahlt, denn die Weine, die seit einigen Jahren aus diesem Pfaffenhofener Keller kommen, gehören zur Spitze in Württemberg, insbesondere die Rotweine. Seit Rainer Wachtstetter die Regie übernommen hat, wurde die Rebfläche erweitert, der Rotweinanteil ist auf mittlerweile 75 Prozent gestiegen. Trollinger und Lemberger sind weiterhin die wichtigsten Sorten, gefolgt von Spätburgunder, Schwarzriesling, Samtrot und Dornfelder. Aber auch Cabernet Cubin und Acolon kamen hinzu. Vor allem den Anbau von Lemberger will Rainer Wachtstetter weiter forcieren. Bei den weißen Sorten dominiert der Riesling. Hinzu kommen etwas Gewürztraminer, Grauburgunder und Kerner. Die barriqueausgebauten Spitzenweine vermarktet Rainer Wachtstetter in der Linie „Ernst Combé", benannt nach seinem Großvater. Seit dem Jahrgang 2009 ergänzt ein Lemberger-Großes Gewächs das Programm, wie der Lemberger Junges Schwaben, der 2002 eingeführt wurde, stammt er aus dem Pfaffenhofener Hohenberg, allerdings von unterschiedlichen, auch räumlich getrennten Parzellen. Die Parzelle für den Junges Schwaben ist windoffener, die für das Große Gewächs liegt in einer leichten Mulde.

Vorjahre

Der 2008er Lemberger Junges Schwaben war unser Favorit vor zwei Jahren, aber auch die anderen Barrique-Rotweine zeigten gewohnt hohes Niveau, schon der Trollinger machte Spaß; die 2010er Weißweine behaupteten sich gut. Mit seinen Weißweinen hatte Rainer Wachtstetter im vergangenen Jahr weiter zugelegt. Die Roten aber waren insgesamt noch ein klein wenig stärker. Die beiden roten Cuvées präsentierten sich würzig und konzentriert, kraftvoll und klar, spannender noch waren die Lemberger, allen voran das erstmals vorgestellte Große Gewächs.

Weiße Kollektion

Rainer Wachtstetter hat sein Programm mit dem Jahrgang 2012 entsprechend den Vorgaben des VDP neu strukturiert – und qualitativ weiter zugelegt. Der Riesling Kabinett ist klar und zupackend, der Anna genannte Riesling füllig und kraftvoll, besitzt gute Struktur und Druck. Der Riesling aus dem Hohenberg bringt eine weitere Steigerung, ist herrlich reintönig, kraftvoll und lang. Der Grauburgunder Pfaffenhofen besitzt gute Präzision, der Lagenwein ist füllig und kraftvoll, besitzt gute Struktur und Substanz, ist noch sehr jugendlich, der Gewürztraminer ist wunderschön reintönig wie auch die beiden edelsüßen Auslesen.

Rote Kollektion

Die vorgestellten Rotweine sind allesamt sehr gut, angefangen vom strukturierten, reintönigen Trollinger über den ebenfalls wunderschön reintönigen Lemberger Felix bis hin zu Spätburgunder Ernst Combé und Großem Gewächs. Der Spätburgunder zeigt gute Konzentration und Gewürznoten im Bouquet, ist kraftvoll und klar im Mund, besitzt gute Struktur und Frische. Der Lemberger ist enorm konzentriert und dominant, füllig und kraftvoll, fruchtbetont und komplex, besitzt gute Struktur und jugendliche Tannine. Weiter im Aufwind! ◀

Weinbewertung

86 2011 Lemberger Sekt „weißgekeltert" brut **12,5 %/12,- €**
84 2012 Riesling Kabinett trocken **12,5 %/7,- €**

87 2012 Riesling trocken „Anna" Pfaffenhofen **12,5 %/9,80 €**
85 2012 Grauburgunder trocken Pfaffenhofen **12,5 %/9,80 €**
86 2012 Gewürztraminer trocken Pfaffenhofen **13 %/9,80 €**
89 2012 Riesling trocken Pfaffenhofen Hohenberg **13 %/14,50 €**
88 2012 Grauburgunder trocken Pfaffenhofen Hohenberg **13 %/14,50 €**
88 2012 Riesling Auslese Güglingen Kaiserberg **8,5 %/14,50 €**
88 2012 Rieslaner Auslese **9,5 %/13,- €**
86 2011 Trollinger trocken „Steillage" **13 %/6,50 €** ☺
86 2010 Lemberger trocken „Felix" **13 %/9,80 €**
88 2009 Spätburgunder trocken „Ernst Combé" **13 %/18,- €**
91 2010 Lemberger „GG" Pfaffenhofen Hohenberg **13,5 %/25,- €**

Schloss Wackerbarth ★
Sächsisches Staatsweingut   **Sachsen**

Sächsisches Staatsweingut GmbH
Wackerbarthstraße 1, 01445 Radebeul
Tel. *0351-8955155,* **Fax:** *0351-8955150*
www.schloss-wackerbarth.de
kontakt@schloss-wackerbarth.de
Besuchszeiten: *täglich 9:30-22 Uhr*
Gasthaus, Veranstaltungen

Inhaber . . . . Sächsische Aufbaubank
Geschäftsführerin . . . . Sonja Schilg
Leiter Weinbau . . . . Andreas Knetsch
Kellermeister . . . . Jürgen Aumüller
Rebfläche . . . . 93 Hektar

Die Sächsische Staatsweingut GmbH mit Sitz in Schloss Wackerbarth bewirtschaftet an der Sächsischen Weinstraße zwischen Diesbar-Seußlitz und Radebeul 93 Hektar Weinberge, ein Drittel davon in Steillagen. Dazu gehören die Radebeuler Lagen Goldener Wagen, Steinrücken und Johannisberg oder die Seußlitzer Heinrichsburg. An weißen Sorten gibt es vor allem Riesling, Müller-Thurgau, Kerner und Weißburgunder, dazu Spezialitäten wie Traminer, Scheurebe, Bacchus und Goldriesling. An roten Rebsorten baut man Dornfelder, Spätburgunder und Frühburgunder an. Eine Spezialität von Schloss Wackerbarth ist die Sektherstellung. 2002 wurde die umfangreiche, zweijährige Sanierung des Schlosses abgeschlossen.

Vorjahre

Vor zwei Jahren gefielen uns die Weißweine des Jahrgangs 2010 gut, trotz des problematischen Jahrgangs. Insgesamt präsentierte sich die Kollektion geschlossen, von den Sekten bis hin zur Beerenauslese. Die letztjährige Kollektion überzeugte, bot kraftvolle und doch fruchtbetonte 2011er Weißweine, unser Favorit war allerdings der Traminer-Sekt aus dem Jahrgang 2007.

Neue Kollektion

Die neue Kollektion präsentiert sich gleichmäßig, bietet einige feine Kabinettweine, die Spätlesen allerdings bringen oft keine Steigerung. Am besten gefällt uns die kraftvolle, zupackende Cuvée aus Riesling und Traminer. ◄

Weinbewertung

80   2006 Pinot Sekt brut   **13 %/18,90 €**
82   2011 Traminer Sekt trocken   **12,5 %/29,90 €**
83   2012 Bacchus trocken   **12,5 %/12,- €**
82   2012 Riesling Kabinett trocken   **12,5 %/14,90 €**
83   2012 Weißburgunder Kabinett trocken   **14 %/14,90 €**
78   2012 Grauburgunder Kabinett trocken   **14 %/14,90 €**
78   2011 Weißburgunder Spätlese trocken Radebeuler Goldener Wagen   **14 %/14,90 €/0,5l**
83   2012 Riesling Spätlese trocken Radebeuler Steinrücken   **12,5 %/14,90 €/0,5l**
83   2012 Riesling Spätlese trocken Radebeuler Goldener Wagen   **12,5 %/14,90 €/0,5l**
85   2012 Riesling Traminer Spätlese trocken „Edition 1950" Radebeuler Goldener Wagen   **14 %/19,90 €/0,5l**
83   2012 Traminer Spätlese Radebeuler Goldener Wagen   **12,5 %/14,90 €/0,5l**
83   2012 Scheurebe Kabinett   **13 %/14,90 €**

Wageck-Pfaffmann
Weingut   ★★☆   **Pfalz**

Luitpoldstraße 1, 67281 Bissersheim
Tel. *06359-2216,* **Fax:** *06359-86668*
www.wageck-pfaffmann.de
weingut@wageck-pfaffmann.de
Besuchszeiten: *Mo.-Sa. 8-12 + 13-18 Uhr, So. 10-12 Uhr und nach Vereinbarung*
Probierstube (bis 50 Personen)

Inhaber . . . . Gunter und Gertraud Pfaffmann
. . . . Frank und Thomas Pfaffmann
Rebfläche . . . . 50 Hektar

Das Weingut in seiner heutigen Form ist entstanden, als Gunter Pfaffmann aus Walsheim 1973 in den Betrieb eingeheiratet hat. Gunter und Gertraud Pfaffmann werden im Betrieb unterstützt von ihren Söhnen Frank und Thomas. Geisenheim-Absolvent Frank – mit Diplomarbeit über Rotweinbereitung – kümmert sich hauptsächlich um Keller und Außenbetrieb, Thomas ist für Büro und Verkauf zuständig. Die Weinberge der Familie Pfaffmann liegen in Bissersheim (Goldberg, Steig, Orlenberg) und Großkarlbach (Burgweg und Osterberg). Rotweine nehmen etwa die Hälfte der Rebfläche ein, insgesamt 12 verschiedene rote Sorten baut man an. Wichtigste Rotweinsorte ist Dornfelder, dazu gibt es Portugieser, Spätburgunder, Frühburgunder und Schwarzriesling, aber auch Dunkelfelder, Lemberger, Merlot und Cabernet Sauvignon. Wichtigste weiße Sorten sind Riesling, Chardonnay, Müller-Thurgau, Sauvignon Blanc, Weißburgunder und Grauburgunder. Die Weine werden betriebsintern mit bis zu drei Sternen gekennzeichnet, auf Prädikatsangaben wird, außer bei edelsüßen Weinen, verzichtet. 2-Sterne-Rotweine werden im Holzfass ausgebaut, 3-Sterne-Rotweine im Barrique. 2004 wurde ein 3,2 Hektar großer Weinberg im Goldberg, in der Parzelle „In der Halde" zugepachtet, wo kleinbeerige Spätburgunderklone, Cabernet Franc, Ge-

Die besten deutschen Weinerzeuger und ihre Weine

würztraminer und Riesling angepflanzt wurden.

Vorjahre

Vor zwei Jahren hatten wir sowohl sehr gute Weißweine als auch sehr gute Rotweine verkostet. Zwei Rieslinge und jeweils einen Chardonnay, Weißburgunder und Sauvignon Blanc sahen wir gleichauf an der Spitze. Im vergangenen Jahr haben wir gleich sieben trockene Weißweine gleich hoch bewertet, sehr klar und reintönig waren die drei edelsüßen Weine. Bei den Rotweinen sahen wir Portugieser, Cuvée Wilhelm und Spätburgunder Gottes Berg an der Spitze.

Neue Kollektion

In diesem Jahr nun haben wir hauptsächlich Weißweine vorgestellt bekommen, die Kollektion präsentiert sich stimmig, bietet schon in der Basis gutes Niveau. Zwei Weine haben es uns besonders angetan: Der Goldberg-Riesling ist fruchtbetont und klar, besitzt gute Struktur und Substanz; ebenso gut haben wir den Sauvignon Blanc Reserve bewertet, der rauchige Noten und viel Würze im Bouquet zeigt, Kraft und Substanz besitzt und gute Struktur. ◄

Weinbewertung

82   2012 Riesling trocken „Fundament"   12 %/7,90 €
83   2012 Riesling trocken „Tertiär"   12 %/9,90 €
83   2012 Sauvignon Blanc trocken „Tertiär"   12 %/9,90 €
84   2012 Chardonnay & Weißburgunder trocken „Tertiär"   12,5 %/9,90 €
83   2012 Grauburgunder trocken „Tertiär"   13,5 %/9,90 €
84   2012 Riesling trocken „Kalkmergel" Bissersheimer   13 %/14,- €
82   2012 Chardonnay trocken „Kalkmergel" Bissersheimer   13 %/14,- €
88   2012 Sauvignon Blanc trocken „Reserve"   14 %
88   2012 Riesling trocken Goldberg   13,5 %/22,- €
86   2012 Chardonnay trocken „Sülzner Weg"   13,5 %/22,- €
81   2010 „Luise" Rotwein trocken   14 %
85   2011 Frühburgunder trocken Bissersheimer   13,5 %

Wagner
Weingut   **Rheinhessen**

Hauptstraße 30, 55270 Essenheim
Tel. 06136-87438, *Fax:* 06136-814709
www.wagner-wein.de
info@wagner-wein.de
Besuchszeiten: *an allen Tagen geöffnet*
Straußwirtschaft (Mai, Juni, Juli, Sept.)
„Hoffestspiele", Kleinkunstbühne: Theater, Kabarett und Musik im alten Fachwerkhof (Jun./Juli)
Weinbergswanderungen, „Krimi"-Wanderungen

Inhaber .... Ulrich Wagner, Dr. Andreas Wagner
Rebfläche .... 15 Hektar

Bereits im Jahr 1692 erwarben die Vorfahren der heutigen Besitzer Weinberge in Essenheim. 2002 haben die Brüder Ulrich und Andreas Wagner das Weingut von ihrem Vater Rudolf übernommen. Geisenheim-Absolvent Ulrich hatte nach Studienabschluss praktische Erfahrungen in Südafrika und beim Weingut Dr. Heger gesammelt. Er ist für den Keller verantwortlich, während der promovierte Historiker Andreas – der seit 2007 mehrere Winzerkrimis veröffentlichte – sich um die Vermarktung kümmert. Inzwischen ist auch der dritte Bruder Christian im Betrieb tätig. Sie bauen Grau- und Weißburgunder, Dornfelder, Spätburgunder, Riesling, Silvaner, Müller-Thurgau, Portugieser, sowie Merlot und Cabernet Sauvignon an. Die besten Weine eines Jahrgangs werden in der Linie „Jean" (der Name des Urgroßvaters) vermarktet.

Vorjahre

Vor zwei Jahren war die Kollektion sehr gleichmäßig, weiß wie rot, Sekt, Sauvignon Blanc und die Cuvée aus Weißburgunder und Sauvignon Blanc gefielen uns am besten. Homogen war auch der Jahrgang 2011, in dem uns die beiden Sauvignon Blanc am besten gefielen.

Neue Kollektion

Die neue Kollektion nun ist sehr gleichmäßig, bietet aber mit dem Sauvignon Blanc Reserve einen herausragenden Wein: Gute Konzentrati-

Die besten deutschen Weinerzeuger und ihre Weine

W

on und reife Frucht prägen das Bouquet, er besitzt Fülle und Kraft, reife Frucht und gute Struktur – einer der schönsten Sauvignon Blanc aus Rheinhessen.

Weinbewertung _____

80   2012 Silvaner trocken   **12,5 %/4,40 €**
80   2012 Chardonnay trocken   **13,5 %/4,40 €**
82   2012 Scheurebe trocken „Alte Reben" **13%/7,20€**
80   2012 Riesling trocken „Mergel Jean" Teufelspfad **13 %/7,20 €**
80   2012 Weißburgunder „Kalkalgenriff Jean" **14 %/7,20 €**
80   2012 Grauburgunder „Mergel Jean" Teufelspfad **13,5 %/7,20 €**
86   2012 Sauvignon Blanc Spätlese trocken „Reserve" Teufelspfad   **13 %/15,- €**
82   2011 Spätburgunder „Mergel Jean" **14 %/8,- €**
83   2011 Spätburgunder „Reserve" Teufelspfad **16 %/20,- €**

★

Wagner
Weingut
                              Württemberg

Kelteräcker 1, 71397 Leutenbach-Weiler zum Stein
Tel. *07195-61509,* **Fax** *: 07195-174616*
www.wagnerweingut.de
ingrid.wagner@wagnerweingut.de
Besuchszeiten: *nach Vereinbarung; Besenwirtschaft*

Inhaber .... Ingrid Wagner
Rebfläche .... 3 Hektar

1994 begannen die Wagners in Leutenbach-Weiler zum Stein mit der Selbstvermarktung, im Dezember 1999 wurde die Besenwirtschaft eröffnet, die seither viermal im Jahr für jeweils knapp drei Wochen geöffnet hat. Die Weinberge liegen alle in Erligheim. Der Großteil der Rebfläche ist mit roten Reben bestockt: Lemberger, Trollinger, Spätburgunder, Portugieser und Muskat-Trollinger, neuerdings wird auch Merlot angebaut. Alle Rotweine werden maischevergoren. An wei-

ßen Sorten gibt es derzeit nur Riesling, Sauvignon Blanc und Gewürztraminer wurden neu gepflanzt. Junior Robin Wagner, derzeit in Winzerlehre, baute 2010 einen Lemberger im Barrique aus. Die ganze Produktion wird über die Flasche vermarktet.

Vorjahre _____

Mit einer sehr gleichmäßigen Kollektion stellten wir das Weingut vor zwei Jahren erstmals vor. Auch die letztjährige Kollektion war sehr gleichmäßig, ein Wein ragte heraus, der im Holzfass ausgebaute Lemberger.

Neue Kollektion _____

Dieser gefällt uns auch in diesem Jahr wieder sehr gut, zeigt gute Konzentration und eindringlich Gewürze im Bouquet, rote Früchte, ist füllig und kraftvoll im Mund bei reifer Frucht und guter Struktur. Zusammen mit dem frischen, klaren, zupackenden Gewürztraminer führt er eine ansonsten sehr gleichmäßige Kollektion an.

Weinbewertung _____

80   2012 Riesling trocken „Edition W" **12,5 %/5,10 €**
81   2012 Sauvignon Blanc trocken   **13 %/7,50 €**
84   2012 Gewürztraminer Spätlese   **12,5 %/7,50 €**
81   2012 Merlot trocken   **13 %/7,50 €**
80   2011 Lemberger trocken „Edition W" **13,5 %/7,90 €**
86   2010 Lemberger „No 1" trocken Holzfass **14 %/13,50 €**

★★

Dr. Heinz **Wagner**
Weingut
                              Mosel

Bahnhofstraße 3, 54439 Saarburg
Tel. *06581-2457,* **Fax** *06581-6093*
www.weingutdrwagner.de
info@weingutdrwagner.de
Besuchszeiten: *Mo.-FR. 9:30-12 + 13:30-17 Uhr, Sa. 9:30-13 Uhr*

Inhaber .... Christiane Wagner
Rebfläche .... 7 Hektar

Die besten deutschen Weinerzeuger und ihre Weine

W

Die Villa hinter dem Saarburger Bahnhof beherbergt eines der traditionsreichsten Weingüter der Saar. Gegründet wurde der Betrieb im Jahr 1880 von Josef Heinrich Wagner, dem Ururgroßvater der heutigen Inhaberin. Dessen Sohn Adolf machte einst den Saarsekt populär. Lange war Heinz Wagner für das Weingut verantwortlich, im Jahr 2009 übergab er es an Tochter Christiane, eine in Geisenheim ausgebildete Önologin. Das Weingut verfügt über Rebflächen in den Lagen Saarburger Rausch und Kupp sowie im Ockfener Bockstein. Angebaut werden ausschließlich Rieslingreben. Nach wie vor werden die Weine in Holzfässern auf klassische Art ausgebaut. Waren früher vor allem die Spät- und Auslesen mit Restsüße berühmt, konzentriert sich der Betrieb mehr und mehr auch auf trockene Rieslinge.

Vorjahre

Die 2010er erreichten uns vor zwei Jahren erst nach Redaktionsschluss. Die Kollektion überzeugte mit einer feinen trockenen Spätlese aus der Kupp und einer saftigen feinherben Spätlese aus dem Rausch; auch die Bockstein-Auslese war sehr gut. 2011 hatte seine Stärken mit Bockstein-Spätlese und -Auslese im süßen Segment.

Neue Kollektion

2012 nun gehört das Weingut zu den ganz wenigen an der Saar, bei denen uns dieser Jahrgang besser gefällt als 2011. Das Sortiment ist stimmig, bietet eine trockene Spätlese von alten Reben aus der Kupp mit reifer Frucht und guter Struktur und eine saftige, zupackende feinherbe Spätlese, etwas stärker ist aber erneut der süße Teil der Kollektion, beginnend mit einem feinen, lebhaften Kabinett und einer frischen, zupackenden Spätlese, beide aus dem Bockstein. Unser Favorit aber ist die herrlich eindringliche Auslese aus dem Saarburger Rausch, die konzentriert und reintönig, frisch und zupackend ist und feine süße Frucht besitzt. ◄

Weinbewertung

82   2012 Riesling trocken   11,5 %/7,90 €

82   2012 Riesling Kabinett trocken Saarburger Rausch   11 %/9,60 €

85   2012 Riesling Spätlese trocken „Alte Reben"

Saarburger Kupp   11,5 %/13,90 €

83   2012 Riesling „Generation V"   11 %/10,80 €

82   2012 Riesling Kabinett „feinherb" Saarburger Kupp   10 %/9,60 €

87   2012 Riesling Spätlese „feinherb" „Johann Heinrich" Saarburger Rausch   10,5 %/13,90 €

84   2012 Riesling Kabinett Ockfener Bockstein   8 %/9,60 €

86   2012 Riesling Spätlese Ockfener Bockstein   8,5 %/13,90 €

90   2003 Riesling Auslese Saarburger Rausch

89   2012 Riesling Auslese*** Saarburger Rausch   8,5 %/39,- €/0,5l

★★★★

Wagner-Stempel

Weingut   **Rheinhessen**

📍 *Wöllsteiner Straße 10, 55599 Siefersheim*
Tel. 06703-960330, *Fax:* 06703-960331
www.wagner-stempel.de
info@wagner-stempel.de
Besuchszeiten: *nach Vereinbarung*

Inhaber .... Daniel Wagner
Rebfläche .... 18 Hektar

Seit Daniel Wagner 1992 sich um die Vinifikation kümmerte, inzwischen ist er Inhaber des Gutes, ging es steil bergauf, 2007 war er unser Aufsteiger des Jahres in Deutschland. Seine Weinberge liegen zu jeweils einem Drittel in den Siefersheimer Lagen Heerkretz, Höllberg und Goldenes Horn. Das besondere an den Siefersheimer Lagen ist der Porphyr-Fels im Untergrund, der den Weinen eine ganz eigene Note verleiht. Hauptlage ist der Heerkretz, wo Daniel Wagner inzwischen 9 Hektar in 19 Parzellen besitzt, wovon allerdings 3 Hektar derzeit brachliegen. Wichtigste Rebsorte ist Riesling mit einem Anteil von 50 Prozent. Dazu gibt es ein Viertel weiße Burgundersorten und Chardonnay, 15 Prozent Silvaner, sowie Scheurebe und Sauvignon Blanc. Rote Rebsorten

W

(Frühburgunder, Spätburgunder, St. Laurent und Merlot) nehmen ganze 5 Prozent der Rebfläche ein. Daneben werden Silvaner und Müller-Thurgau, verschiedene Burgundersorten, sowie Chardonnay, Sauvignon Blanc (2000 gepflanzt) und Scheurebe angebaut. Dazu kommen die roten Sorten St. Laurent, Spätburgunder und Merlot, zukünftig auch ein wenig Frühburgunder. Alle Rotweine kommen ins Barrique und werden unfiltriert abgefüllt. In den letzten Jahren wurde das Weingut modernisiert. Zuletzt kam ein neues Kelterhaus hinzu, in dem die Trauben nur durch Kippen und ohne jedes Pumpen verarbeitet werden können. Seit September 2008 werden die Weinberge zertifiziert biologisch bewirtschaftet. Die meisten Weine werden mit Rebsortenangabe vermarktet, nur die beiden Großen Gewächse und edelsüße Weine tragen eine Lagenbezeichnung.

Vorjahre

Seit der ersten Ausgabe empfehlen wir die Weine von Wagner-Stempel, im Jahr davor hatten wir die Weine erstmals in Mondo vorgestellt. In diesem Zeitraum ging es stetig bergauf, immer mit der gesamten Kollektion: Die Basisweine haben zugelegt, die Spitzenweine ebenso und auch die edelsüßen Rieslinge wurden Jahr für Jahr besser. Stetige Verbesserung auf breiter Front, nicht nur bei einzelnen Show-Weinen: Das zeichnet ein hervorragendes Weingut aus. 2010 behauptete sich Daniel Wagner gut mit frischen, klaren Ortsweinen, dem wie immer beeindruckenden Riesling Porphyr und zwei wuchtigen Großen Gewächsen, wobei der Wein aus dem Heerkretz etwas druckvoller und nachhaltiger war als der aus dem Höllberg. Die 2011er Kollektion war sehr gut und sehr stimmig. Die Gutsweine waren frisch, fruchtbetont und reintönig, der Sauvignon Blanc gehörte zu den wenigen gelungenen Vertretern seiner Art in Rheinhessen. Ganz stark waren dann die Ortsweine, egal ob Silvaner, Weißburgunder oder Riesling vom Porphyr. Eine weitere Steigerung folgte mit den zwei kraftvollen, hervorragenden Großen Gewächsen.

Neue Kollektion

Stark wie immer beginnt die Kollektion mit zuverlässigen Gutsweinen. Der reintönige Sauvignon Blanc gefällt uns besonders gut, der klare, harmonische Silvaner und der präzise, zupackende Riesling stehen ihm kaum nach. Eine klare Steigerung bringen dann die Ortsweine mit einem konzentrierten, reintönigen Weißburgunder und dem präzisen Porphyr-Riesling, der kraftvoll und zupackend ist bei viel Substanz. Noch besser gefällt uns der faszinierend reintönige Silvaner, der viel reife Frucht besitzt, gute Struktur und Substanz bei merklicher Restsüße, die bei den meisten Guts- und Ortsweinen vorhanden ist. Highlights im trockenen Segment sind einmal mehr die beiden Großen Gewächse. Beide sind konzentriert und kraftvoll, präzise und komplex, sie sind druckvoll bei dezent mineralischen Noten, der Wein aus dem Heerkretz ist noch ein klein wenig nachhaltiger als sein Pendant aus dem Höllberg. Der süße Teil der Kollektion präsentiert sich stimmig mit einer feinen Spätlese, einer saftigen Auslese und einer duftigen Trockenbeerenauslese des Jahrgangs 2011. Dazu wurden uns gleich vier Rotweine vorgestellt, darunter der wunderschön reintönige Merlot und der Siefersheimer Spätburgunder, der reife Frucht und feine Tannine besitzt. Eine starke, stimmige und überzeugende Kollektion. ◄

Weinbewertung

85	2012 Silvaner trocken 12 %/8,- €
84	2012 Weißburgunder trocken 12,5 %/8,50 €
84	2012 Scheurebe trocken 12,5 %/8,50 €
85	2012 Riesling trocken 12 %/8,50 €
86	2012 Sauvignon Blanc trocken 13 %/8,50 €
89	2012 Silvaner trocken Siefersheim 13 %/14,50 €
87	2012 Weißburgunder trocken Siefersheim 13 %/14,50 €
88	2012 Riesling trocken „vom Porphyr" Siefersheim 12,5 %/14,50 €
91	2012 Riesling „GG" Höllberg Siefersheim 13 %/26,- €
92	2012 Riesling „GG" Heerkretz Siefersheim 13 %/31,- €

Die besten deutschen Weinerzeuger und ihre Weine

W

87 2012 Riesling Spätlese Heerkretz Siefersheim
7,5 %/15,- €
89 2012 Riesling Auslese Heerkretz Siefersheim
7,5 %/21,- €
90 2011 Riesling Trockenbeerenauslese Heerkretz Siefersheim 6,5 %/75,- €
84 2011 Spätburgunder trocken 13 %/9,50 €
84 2011 „Steinkönig" Rotwein trocken 13 %/12,- €
88 2011 Spätburgunder trocken Siefersheim
13 %/22,- €
86 2011 Merlot trocken 13,5 %/21,- €

A. Waigand ★★
Weingut
Franken

Dr. Vits-Straße 8, 63906 Erlenbach am Main
Tel. 09372-4596, Fax: 09372-940230
www.waigand-wein.de
kontakt@waigand-wein.de
Besuchszeiten: nach telefonischer Vereinbarung
Häckerwirtschaft (4 x im Jahr)

Inhaber..........................Albert Waigand
Ansprechpartner..............Verena Waigand
Rebfläche............................1,6 Hektar

Das nach dem Zweiten Weltkrieg gegründete Weingut wird heute von Albert und Heike Waigand geführt, unterstützt von Tochter Verena, die nach Weinküferlehre ihr Studium der Weinbetriebswirtschaft in Heilbronn abgeschlossen hat. Die Weinberge liegen alle in Querterrassen im steilen Erlenbacher Hochberg, wo die Reben auf Buntsandstein wachsen. Weißburgunder und Spätburgunder werden im Holz ausgebaut, dazu gibt es Silvaner, Riesling, Kerner und Portugieser.

Vorjahr

Weine der Jahrgänge 2009 bis 2011 konnten wir im vergangenen Jahr verkosten, und was wir verkosteten, das gefiel uns alles gut, allen voran der 2009er Weißburgunder und die beiden Spätburgunder aus dem gleichen Jahrgang.

Die besten deutschen Weinerzeuger und ihre Weine
W

Neue Kollektion

Sehr geschlossen präsentiert sich nun auch die neue Kollektion, weiß wie rot, bietet durchweg klare, kraftvolle und zupackende Weine. Im weißen Segment gefällt uns der fruchtbetonte Silvaner Kabinett besonders gut, knapp gefolgt von Blanc de Noir, Weißburgunder und Riesling Kabinett. Sehr gut gefallen uns auch dieses Jahr die beiden Spätburgunder, diesmal aus dem Jahrgang 2011, beide sind reintönig, frisch und zupackend, besitzt gute Struktur und feine Frucht.

Weinbewertung

81 2012 „einfach weiß'" Weißwein trocken (1l) 13 %
83 2012 Müller-Thurgau Kabinett trocken „Sommer-Feeling" Erlenbacher Hochberg 13 %/5,40 €
84 2012 „Blanc de Noirs" trocken Erlenbacher Hochberg 13 %/7,20 €
85 2012 Silvaner Kabinett trocken Erlenbacher Hochberg 12,5 %/5,90 €
84 2011 Weißburgunder Spätlese Erlenbacher Hochberg 13,5 %/11,50 €
84 2012 Riesling Kabinett Erlenbacher Hochberg 12 %/7,50 €
83 „Cuvée vom roten Stein" Rotwein trocken Erlenbacher Hochberg 12 %/6,50 €
85 2011 Spätburgunder trocken Erlenbacher Hochberg 12,5 %/8,50 €
86 2011 Spätburgunder trocken „Churfranken" 13 %/9,50 €

Edgar Wallrapp ★☆
Winzerhof
Franken

 Biebelrieder Straße 17, 97288 Theilheim
Tel. 09303-1580, Fax: 09303-8´981479
www.bio-weingut-wallrapp.de
edgar-wallrapp@t-online.de
Besuchszeiten: nach Vereinbarung

Inhaber..........................Edgar Wallrapp
Rebfläche............................2,5 Hektar

Seit 1984 erst baut die Familie Wein in Theilheim an, das in einem Seitental des Mains liegt. Die Weinberge werden biologisch bewirtschaftet, Edgar Wallrapp ist Mitglied bei Bioland. Er baut Müller-Thurgau und Silvaner an, Bacchus, Riesling und Johanniter, sowie einen fast hundert Jahre alten Weinberg mit einem altfränkischen Satz in der Machtilshäuser Sommerleite, der auch Rebsorten wie Gutedel und Roter Elbling enthält; an roten Sorten gibt es Domina, Regent und Dornfelder.

Vorjahr ─────────────────────

Ein klarer zupackender Silvaner von alten Reben, eine saftige trockene Silvaner Spätlese, ein kraftvoller, strukturierter Regent und ein kraftvoller Riesling, gefielen uns am besten in der stimmigen letztjährigen Kollektion.

Neue Kollektion ─────────────────

Sehr gleichmäßig und stimmig ist nun auch die neue Kollektion, bietet fruchtbetonte, saftige, sehr sortentypische Weine. Die herrlich reintönige, zupackende Scheurebe, von 37 Jahre alten Reben, gefällt uns besonders gut, der Riesling Kabinett ist klar, frisch und zupackend, die Silvaner Spätlese saftig und süß. Reintönig und kraftvoll präsentiert sich der Regent, fruchtbetont und zupackend bei jugendlichen Tanninen; noch etwas besser gefällt uns die konzentrierte, im 650-Liter-Fass ausgebaute Domina, besitzt reintönige Frucht, gute Struktur und Substanz. ━━

Weinbewertung ─────────────────

83 2012 Silvaner Kabinett trocken Theilheimer Altenberg **12,5 %/5,40 €**

85 2012 Riesling Kabinett trocken Theilheimer Altenberg **11 %/7,80 €**

83 2012 Bacchus Kabinett „feinherb" „Alte Rebe" Theilheimer Altenberg **11,5 %/5,20 €**

83 2012 Johanniter Kabinett „feinherb" Theilheimer Altenberg **11,5 %/6,50 €**

85 2012 Scheurebe Kabinett „feinherb" „Alte Rebe" Theilheimer Altenberg **12 %/9,50 €**

84 2012 Silvaner Spätlese Theilheimer Altenberg **12 %/8,50 €**

83 2012 Rotling Kabinett Theilheimer Altenberg **11,5 %/5,80 €**

85 2012 Regent Spätlese trocken Theilheimer Altenberg **13,5 %/8,50 €**

86 2012 Domina Spätlese trocken Theilheimer Altenberg

─────────────────────────────

Walter
Weingut   **Mosel**

Hauptstraße 188, 56867 Briedel
Tel. 06542-98690, **Fax**: 06542-986925
www.weingut-walter.de
info@weingut-walter.de
Besuchszeiten: *Mo.-Sa. nach Vereinbarung*
Weinbistro von Mai-Okt. Fr. + Sa. ab 17:30 Uhr

Inhaber .... Alfred Walter
Rebfläche .... 6,5 Hektar

Seit 1568 betreibt die Familie Weinbau in Briedel. Heute wird das Gut von Alfred und Alexa Walter geführt, die von ihrem Sohn Gerrit unterstützt werden, der inzwischen seine Tätigkeit als Kellermeister des Weinguts Dreißigacker beendet hat und voll in den Betrieb eingestiegen ist. Ihre Weinberge liegen überwiegend in Steillagen in Briedel und Pünderich. Riesling ist die wichtigste Rebsorte im Betrieb, daneben gibt es etwas Weißburgunder, Müller-Thurgau, Dornfelder und Spätburgunder. 2012 wurde das neue Kelterhaus fertig, so dass nun die ganze Traubenverarbeitung mittels Schwerkraft erledigt werden kann. Vergrößert und erneuert wurden auch Abfüll- und Verkostungsbereich mit einer an Wochenenden geöffneten Weinbar, neue Etiketten runden das moderne Erscheinungsbild ab.

Vorjahre ─────────────────────

Beim guten Debüt vor zwei Jahren machte ein kraftvoller trockener Riesling aus der Pündericher Marienburg die beste Figur. Auch 2011 war er der beste Wein in einer ein klein wenig uneinheitlichen Kollektion; gute

Ansätze zeigte auch der Weißburgunder aus dem Weisserberg.

Neue Kollektion

Die neue Kollektion überzeugt mit einer klaren Handschrift. Unsere Favoriten sind die beiden trockenen Rieslinge aus Weisserberg und Marienburg: Beide zeigen gute Konzentration und faszinierend viel Frucht im Bouquet, sind kraftvoll und stoffig im Mund, besitzen gute Struktur und Substanz, der Wein aus der Marienburg ist noch ein wenig verschlossener als sein Pendant aus dem Weisserberg. Im Auge behalten! ◄

Weinbewertung

82	2012 Riesling Spätlese trocken Briedeler **12,5 %/7,- €**	
86	2012 Riesling Spätlese trocken Briedeler Weisserberg **12,5 %/12,- €**	
86	2012 Riesling trocken Pündericher Marienburg **12,5 %/12,- €**	
83	2012 Riesling Kabinett **9,5 %/5,90 €**	
80	2012 Riesling Spätlese „feinherb" Briedeler **11,5 %/7,- €**	
84	2012 Riesling Spätlese Briedeler Schäferlay **8 %/7,- €**	

W

★ ★

Josef **Walter**
Weingut   **Franken**

Freudenberger Straße 21-23, 63927 Bürgstadt
Tel. *09371-948766,* **Fax:** *09371-948767*
www.weingut-josef-walter.de
info@weingut-josef-walter.de
Besuchszeiten: *Mi. + Fr. 9-12, Mo.-Fr. 14-18 Uhr,*
Sa. 9-14 Uhr und nach Vereinbarung
Hoffest erstes Juliwochenende

Inhaber .... Christoph und Daniela Walter
Rebfläche .... 3,5 Hektar

Das Bürgstadter Weingut war ursprünglich ein landwirtschaftlicher Gemischtbetrieb, der nebenher auch Wein anbaute. Christoph

Walter ist nach seiner Ausbildung in Veitshöchheim und Stationen bei verschiedenen Weingütern 1996 in den Betrieb eingestiegen und hat die Verantwortung im Keller übernommen. Er begann mit dem Barriqueausbau und konzentrierte sich ganz auf Wein. Heute führt er den Betrieb zusammen mit Ehefrau Daniela, unterstützt von den Eltern Josef und Brigitte Walter. Ihre Weinberge liegen alle im Centgrafenberg. Drei Viertel der Rebfläche nehmen rote Rebsorten ein, vor allem Spätburgunder und Frühburgunder, aber auch Domina und Regent. An weißen Rebsorten gibt es Silvaner, dazu Müller-Thurgau, Bacchus und Kerner.

Vorjahre

2008 war der Spätburgunder „J" etwas von Gewürznoten geprägt, so dass uns vor zwei Jahren der reintönige Frühburgunder am besten gefiel. Auch im vergangenen Jahr lagen die Vorteile ganz eindeutig im roten Segment, das angeführt wurde von dem wunderschön reintönigen Pinot Noir. Dass Walter-Weine gut reifen, hatten wir schon öfter festgestellt, auch im vergangenen Jahr haben sie sich in unseren 2002er-Verkostungen sehr gut geschlagen, allen voran die geradlinige Domina.

Neue Kollektion

Das beweisen auch die in diesem Jahr vorgestellten 2003er, aus einem Jahrgang dem man nachsagt, dass die Weine schlecht reifen können. Die Cuvée Trilogie ist fruchtbetont und frisch, kraftvoll und zupackend bei feinen Tanninen, der 2003er Spätburgunder faszinierend reintönig, klar und zupackend, besitzt feine Frucht, Biss und gute Struktur. Der Frühburgunder steht im nicht nach, ist klar und kraftvoll, fruchtbetont und zupackend bei feinen Tanninen. Und das Gute: Alle kann man noch kaufen. Die aktuelle Kollektion bietet einen kraftvollen, zupackenden Silvaner S und einen präzisen, geradlinigen Basis-Spätburgunder. Den herrlich reintönigen 2009er Pinot Noir und den ebenso reintönigen 2008er Frühburgunder hatten wir schon vorgestellt, neu ist der 2009er Spätburgunder J, der ebenso reintönig ist wie seine Kollegen, harmonisch und elegant, zupackend, gute Struktur und jugendliche Tannine besitzt.

Weinbewertung

81   2012 Silvaner trocken Centgrafenberg
     13 %/7,- €

84   2012 Silvaner „S" trocken Centgrafenberg
     13 %/9,50 €

80   2012 Spätburgunder Weißherbst halbtrocken
     12 %/7,- €

83   2010 Spätburgunder trocken   **12,5 %/8,- €**

86   2003 „Trilogie" Rotwein trocken   **13,5 %/12,- €**

88   2003 Frühburgunder „J" trocken Centgrafenberg   **13,5 %/19,50 €**

87   2008 Frühburgunder „J" trocken Centgrafenberg   **14 %/22,- €**

88   2003 Spätburgunder „J" trocken Centgrafenberg   **13,5 %/19,50 €**

87   2009 Spätburgunder „J" trocken Centgrafenberg   **13,5 %**

88   2009 Pinot Noir trocken   **14 %/19,50 €**

★★★

Fritz **Waßmer**

Weingut   **Baden**

Lazariterstraße 2, 79189 Bad-Krozingen-Schlatt
Tel. 07633-3965, Fax: 07633-4458
www.weingutfritzwassmer.de
mail@weingutfritzwassmer.de
Besuchzeiten: Mo.-Fr. 9-18 Uhr, Sa. 10-16 Uhr, April bis Juni: täglich 8-20 Uhr

Inhaber . . . . Fritz Waßmer
Rebfläche . . . . 38 Hektar

Fritz Waßmer baut wie sein Bruder Martin nicht nur Wein an, sondern auch Erdbeeren und Spargel, dazu verkauft er Weihnachtsbäume. 1999 hat er sich Weinberge im Breisgau gekauft. Zu 80 Prozent baut er Pinot Noir an. Er pflanzte ausschließlich Klone aus Burgund, auf schwach tragenden Unterlagsreben, bis zu 13.000 Stock je Hektar. Die Trauben werden in kleinen Kisten nach Schlatt transportiert und dort verarbeitet. Alle Spätburgunder werden spontanvergoren, teils in Holzgärtanks, teils in Edelstahltanks. 1999 erzeugte er seine ersten Rotweine, zwei Jahre später die ersten Weißweine. 2003 haben die neu gepflanzten Burgunderklone ihren ersten Ertrag gebracht.

Vorjahre

Vor zwei Jahren wurde die Kollektion angeführt von den beiden Top-Spätburgundern, Alte Reben und XXL, wobei letzterer sich noch sehr verschlossen gab; aber auch der Syrah und die Cuvée Felix gefielen uns sehr gut, ebenso die Riege kompakter Weißweine der R-Klasse. Eine umfangreiche Kollektion hatte uns Fritz Waßmer auch im vergangenen Jahr wieder vorgestellt. Im weißen Segment gefielen uns die 2010er R-Weine recht gut, sie waren kraftvoll und konzentriert, im roten Segment überzeugten Spätburgunder Alte Reben und „XXL", noch besser fanden wir den Syrah.

Neue Kollektion

Die rote Kollektion gefällt uns in diesem Jahr nun sehr gut. Der Syrah ist reintönig und konzentriert, die Cuvée Felix würzig und direkt, der Cabernet Franc harmonisch, füllig und reintönig wie auch der strukturierte, gewürzduftige Merlot. Der Spätburgunder von alten Reben besitzt Fülle und Struktur, der XXL zeigt viel Duft und reife Frucht im Bouquet, ist frisch im Mund, reintönig, kompakt und strukturiert. Der neue CCL ist konzentriert und reintönig, besitzt Fülle und Kraft, gute Struktur und Substanz. Da kommen die Weißweine in der Spitze nicht ganz heran. Die R-Linie bietet kraftvolle, klar vom Holz geprägte Weine und auch die drei neuen Lagenweine aus dem Jahrgang 2011 sind zwar konzentriert und füllig, aber das Holz dominiert für unseren Geschmack etwas zu sehr, nimmt Lagen- und sogar Sortentypizität, statt diese zu unterstreichen; sehr gut aber sind die drei Weine allemal.

Die besten deutschen Weinerzeuger und ihre Weine

W

Weinbewertung

85	Chardonnay Sekt brut	12,5 %/14,50 €
84	2012 Sauvignon Blanc „R"	13 %/14,50 €
85	2011 Weißburgunder „R"	13,5 %/14,50 €
86	2011 Grauburgunder „R"	13,5 %/14,50 €
85	2011 Chardonnay	13,5 %/16,50 €
83	2011 Viognier	13,5 %/18,50 €
88	2011 Weißburgunder Schlossberg Staufen 13,5 %/a.A.	
88	2011 Grauburgunder Sommerhalde Bombach 14 %/a.A.	
87	2011 Chardonnay Schlossberg Staufen 14 %/a.A.	
86	2012 Riesling Auslese	6,5 %/19,80 €/0,375l
85	2012 Chardonnay Auslese	9,5 %/23,50 €/0,375l
84	2012 Viognier Auslese	8 %/23,50 €/0,375l
84	2011 Frühburgunder	13,5 %/14,50 €
85	2011 Spätburgunder „M"	13,5 %/16,50 €
87	2011 Cuvée „Felix" Merlot & Cabernet Franc 14,5 %/19,80 €	
88	2011 Spätburgunder „Alte Reben"	13,5 %/28,- €
89	2011 Cabernet Franc	14 %/a.A.
89	2011 Merlot	14 %/48,- €
88	2011 Syrah	13,5 %/28,- €
90	2011 Spätburgunder „XXL"	13,5 %/38,- €
90	2011 Spätburgunder „CCL"	13,5 %/a.A.

Martin **Waßmer**

Weingut

Baden

Am Sportplatz 3, 79189 Bad-Krozingen-Schlatt
Tel. *07633-15292,* **Fax:** *07633-13384*
www.weingut-wassmer.de
wassmer-krozingen@t-online.de
Besuchzeiten: *April-Juni tägl. 8-20 Uhr, sonst Mo.-Sa. 9-12:30 + 13:30-18 Uhr oder nach Vereinbarung*
Weinprobierstube, Bauernladen

Inhaber .... Martin Waßmer
Rebfläche .... 27 Hektar

Martin Waßmer stammt aus einem landwirt-schaftlich orientierten Betrieb, der schon seit Generationen auch Weinbau betreibt. Während seiner Ausbildung zum Koch hat er 1980 mit dem Anbau von Spargel begon-nen. Spargel und Erdbeeren sind flächen-mäßig die wichtigsten landwirtschaftlichen Produkte in seinem Betrieb. Seine Liebe gilt aber dem Wein. Durch Seminare und Be-suche bei anderen Winzern im In- und Aus-land hat er sich Kenntnisse im Weinausbau verschafft und beschlossen selbst Wein zu machen und zu vermarkten. 1998 hat er zum letzten Mal an die Genossenschaft abgelie-fert. Wichtigste Rebsorte bei Martin Waß-mer ist der Spätburgunder. Hinzu kommen Weißburgunder, Grauburgunder, Müller-Thurgau und Gutedel, sowie inzwischen Muskateller und Chardonnay. Die Reben ste-hen in den Schlatter Lagen Maltesergarten, Steingrüble und Altenberg. Alle Weine wer-den möglichst mit ihren natürlichen Hefen vergoren und recht lange auf der Hefe aus-gebaut. Die Rotweine kommen alle ins Holzfass, die besten Qualitäten ins Barrique. Die Klärung erfolgt durch Absetzen der Schwebstoffe, filtriert wird möglichst nicht.

Vorjahre

Das Programm war nochmals deutlich grö-ßer geworden vor zwei Jahren; dass die Kol-lektion etwas weniger homogen war als in früheren Jahren, schien uns aber weniger am großen Sortiment, sondern mehr am Jahrgang 2010 zu liegen, manche Weiß-weine erreichten nicht die Form früherer Jahre. Große Klasse war wieder der Char-donnay aus dem Castellberg, den Weißbur-gunder sahen wir fast gleichauf. Im roten Segment hatte sich einiges getan, neben Cabernet Sauvignon gab es nun auch Syrah, Cabernet Franc und Merlot in reinsortiger Form. Für uns hatten Syrah und Cabernet Sauvignon klar die Nase vorne, noch span-nender aber fanden wir die drei Top-Spät-burgunder. 2011 gefielen uns die Weißweine insgesamt besser, auch wenn sie vor allem in der Spitze nicht ganz gleichmäßig waren, unser Favorit war der Weißburgunder aus dem Castellberg. Auch bei den Rotweinen war im vergangenen Jahr die Kollektion nicht ganz gleichmäßig, einige Weine waren von etwas harten Tanninen geprägt; die Spitze aber mit den 3 Top-Spätburgundern begeisterte erneut.

Weißweine

2012 sind die Weißweine in der Basis ein wenig verhalten, hin und wieder von unreifen Noten geprägt. Die Weine der SW-Linie sind konzentriert und kompakt, der Chardonnay kommt am besten mit dem Holzeinsatz zurecht, er besitzt gute Struktur und Frische. Im Top-Segment, der GC-Linie, haben wir überwiegend nochmals die 2011er verkostet, das Holz scheint uns fast noch präsenter als im Jahr zuvor, der Chardonnay besitzt ein faszinierendes Bouquet, bleibt aber nachwievor verschlossen im Mund. Der neue GC-Wein, der 2012er Grauburgunder Auggener Letten ist konzentriert und strukturiert, bleibt ein klein wenig bitter im Abgang, besitzt aber enorm viel Substanz.

Rotweine

So gefallen uns auch in diesem Jahr vor allem in der Spitze die Rotweine klar besser, die den Holzeinsatz besser „weggesteckt" haben als die Weißweine. Wieder einmal bemerkenswert sind die „Internationalen": Merlot, Cabernet Sauvignon und Syrah sind füllig und konzentriert, besitzen herrlich viel Frucht, gute Struktur und Biss bei feinen Vanille- und Schokonoten, sind dabei sortentypisch, unsere leichte Präferenz gilt dem druckvollen Merlot. Noch spannender aber finden wir in der Spitze einmal mehr die Spätburgunder von Martin Waßmer. Der SW aus dem Maltesergarten ist faszinierend reintönig, frisch und elegant, ein wunderschön feiner, komplexer Pinot Noir. Der GC aus dem Maltesergarten zeigt dezente Gewürznoten im Bouquet, aber auch viel reintönige Frucht, ist frisch, klar und elegant im Mund, besitzt herrlich viel Frucht, gute Struktur und Biss. Der Wein aus dem Castellberg zeigt feine rauchige Noten im Bouquet, gute Konzentration, etwas Toast, aber reintönige Frucht, ist frisch und elegant im Mund, besitzt gute Struktur und feine, aber kräftige Tannine. Großes Burgunder-Kino! ◀

Weinbewertung

84   2010 Pinot-Chardonnay Sekt brut   **12,5 %/12,50 €**

82   2012 Weißburgunder trocken   **12,5 %/7,60 €**

83   2012 Sauvignon Blanc trocken   **12,5 %/9,50 €**

83   2012 Grauburgunder Spätlese trocken **13,5 %/10,80 €**

85   2012 Riesling Spätlese trocken „Kalkstein" **13 %/13,50 €**

85   2012 Sauvignon Blanc „SW" trocken **13,5 %/16,50 €**

85   2012 Weißburgunder „SW" Spätlese trocken Schlatter Maltesergarten **13,5 %/14,50 €**

86   2012 Grauburgunder „SW" trocken **13,5 %/17,50 €**

87   2012 Chardonnay „SW" trocken   **13,5 %/17,50 €**

89   2011 Weißburgunder „GC" Spätlese trocken Dottinger Castellberg **14,5 %/24,- €**

88   2011 Grauburgunder „GC" Spätlese trocken Dottinger Castellberg **14 %/28,- €**

88   2012 Grauburgunder „GC" trocken Auggener Letten **14 %/28,- €**

86   2011 Chardonnay „GC" Spätlese trocken Dottinger Castellberg **14 %/32,- €**

84   2012 Muskateller Kabinett   **9 %/9,90 €**

83   2011 Spätburgunder trocken   **13,5 %/8,40 €**

85   2011 Spätburgunder trocken Schlatter Maltesergarten **13,5 %/14,50 €**

85   2011 „Calmo" Rotwein trocken   **14 %/18,- €**

91   2011 Spätburgunder „SW" trocken Schlatter Maltesergarten **13,5 %/25,- €**

90   2011 Merlot trocken Ehrenstetter Ölberg **13,5 %**

89   2011 Cabernet Sauvignon trocken Auggener Letten **14 %/28,- €**

89   2011 Syrah trocken Castellberg **14 %**

93   2011 Pinot Noir „GC" trocken Dottinger Castellberg **13,5 %/58,- €**

93   2011 Pinot Noir „GC" trocken Schlatter Maltesergarten **13,5 %/47,- €**

Die besten deutschen Weinerzeuger und ihre Weine

W

Udo **Weber**
Weingut   **Nahe**

Soonwaldstraße 41, 55569 Monzingen
Tel. *06751-3278,* **Fax:** *06751-2076*
www.weingut-udo-weber.de
info@weingut-udo-weber.de
Besuchszeiten: *täglich*
Weinprobierstube (bis 50 Personen)
2 Ferienwohnungen
Inhaber................................Udo Weber
Rebfläche...........................11,5 Hektar

Das Weingut Weber in Monzingen wird seit 1991 von Udo und Sabine Weber geführt. Ihre Weinberge liegen vor allem in den Monzinger Lagen Frühlingsplätzchen und Halenberg, aber auch in den benachbarten Gemeinden Meddersheim und Bad Sobernheim. Udo Weber hat in den letzten Jahren vor allem den Anbau der Burgundersorten forciert. Wichtigste Rebsorte ist aber Riesling, weitere weiße Sorten im Anbau sind Weißburgunder, Grauburgunder, Chardonnay, Silvaner, Bacchus und Muskateller. An roten Sorten gibt es Dornfelder, Früh- und Spätburgunder, sowie Regent und Portugieser.

Vorjahre
Die 2010er Weine waren insgesamt etwas verhalten. Dafür entschädigten vor zwei Jahren die kraftvollen Burgunder des Jahrgangs 2009: Weißburgunder, Spätburgunder und Frühburgunder besaßen gute Struktur und klare Frucht. 2011 präsentierte sich die Kollektion wieder etwas stärker, mit leichten Vorteilen im süßen Segment. An der Spitze standen die beiden Weine aus dem Halenberg: Der kraftvolle Riesling „Grosser Genuss" und eine konzentrierte, saftige und cremige Beerenauslese.

Neue Kollektion
2012 ist der trockene Riesling „S" aus dem Halenberg mit deutlichen Zitrusnoten und feinem Säure-Spiel einer unserer Favoriten in der gelungenen Kollektion, neben der eindringlichen 2011er Trockenbeerenauslese aus dem Frühlingsplätzchen mit Noten von Quitte, Schwarztee, Kräutern und Honig.

Weinbewertung
83 2012 Grauburgunder „S" trocken Monzinger Frühlingsplätzchen **13,5 %/8,5 €**
86 2012 Riesling „S" trocken Monzinger Halenberg **12,5 %/8,5 €**
83 2010 Chardonnay „feinherb" „No.5 Edition L" Monzinger Frühlingsplätzchen **13 %/8,5 €**
83 2012 Riesling Spätlese halbtrocken Monzinger Frühlingsplätzchen **11,5 %/7,4 €**
85 2011 Riesling Auslese Monzinger Frühlingsplätzchen **10 %/8,9 €**
87 2011 Riesling Trockenbeerenauslese Monzinger Frühlingsplätzchen **7 %/52,5 €**

Weber
Weingut   **Baden**

Im Offental 1, 77955 Ettenheim
Tel. *07822-8948-0,* **Fax:** *07822-8948-12*
www.weingut-weber.de
info@weingut-weber.de
Besuchszeiten: *Mo.-Fr. 10-19 Uhr, Sa. 10-16 Uhr*

Inhaber..........................Michael Weber
Rebfläche..............................15 Hektar

Alle Weinberge von Michael Weber liegen im Ettenheimer Kaiserberg, wo die Reben auf tiefgründigen, lehmhaltigen Lössböden wachsen. Wichtigste Rebsorte ist der Spätburgunder, der 40 Prozent der Rebfläche einnimmt. Es folgen Grauburgunder, Müller-Thurgau und Weißburgunder. Dazu gibt es Riesling, Chardonnay, Gewürztraminer und Scheurebe. Die Weine werden in drei Kategorien eingeteilt: Liter, Selektion und Premium.

Vorjahre
Die 2010er Weißweine waren verhaltener, die Premiumweine zum Zeitpunkt der Verkostung noch nicht gefüllt. Am besten gefiel uns vor zwei Jahren die Trockenbee-

renauslese, gefolgt vom Barrique-Spätburgunder. Die letztjährige Kollektion war sehr verhalten, die Rotweine noch sehr jugendlich und tanninbetont, auch die Weißweine, vor allem der Premiumlinie, wirkten zum Zeitpunkt der Verkostung sehr verschlossen.

Neue Kollektion

Dieses Jahr nun hat Michael Weber nochmals die Premiumweine des Vorjahres eingeschickt, die von hohem Alkohol geprägt sind, der Chardonnay ist ein wenig bitter, der Grauburgunder ist konzentriert und kraftvoll, gefällt uns ein klein wenig besser als im vergangenen Jahr, die 2010er Spätburgunder bestätigen den Vorjahreseindruck. Die 2012er Weißweine sind frisch, saftig und klar, präsentieren sich sehr gleichmäßig. ◄━

Weinbewertung

81   2012 Müller-Thurgau trocken Ettenheimer Kaiserberg (1l)   **12 %/4,- €**

82   2012 Weißburgunder „SE" trocken Ettenheimer Kaiserberg   **7,- €**

83   2012 Grauburgunder „SE" trocken Ettenheimer Kaiserberg   **7,- €**

84   2011 Grauburgunder trocken „Premium" Ettenheimer Kaiserberg   **14 %/13,- €**

82   2011 Chardonnay trocken „Premium" Ettenheimer Kaiserberg   **14,5 %/13,- €**

83   2012 Scheurebe „SE" lieblich Ettenheimer Kaiserberg   **10,5 %/7,- €**

83   2010 Spätburgunder trocken Barrique Ettenheimer Kaiserberg   **14,- €**

82   2010 Spätburgunder trocken „Alte Rebe" Ettenheimer Kaiserberg   **16,- €**

Wechsler ★ ★
Weingut   **Rheinhessen**

◆ *Wormser Straße 1, 67593 Westhofen*
Tel. 0151-42322482, **Fax**: 06244-5636
www.weingut-wechsler.de
katharina@weingut-wechsler.de
Besuchszeiten: *nach Vereinbarung*

Inhaber.............. Ernst & Katharina Wechsler
Rebfläche............................. 17 Hektar

Erst als Katharina Wechsler nach Westhofen zurückkam und in den Betrieb einstieg, begann man beim Weingut Wechsler mit der Selbstvermarktung, vorher wurde nur Fasswein verkauft. Sie hat ihre Ausbildung bei Gerhard Gutzler und Klaus Peter Keller absolviert, 2010 ihre ersten eigenen Weine erzeugt. Die Weinberge liegen in Westhofen in den Lagen Kirchspiel, Morstein, Steingrube und Aulerde, sowie in der Lage Benn, einer 6,5 Hektar großen Einzellage, die sich im Alleinbesitz des Weinguts befindet; dort besitzt man einen fast 50 Jahre alten Rieslingweinberg. Das Sortiment ist gegliedert in Gutsweine, Ortsweine und Lagenweine.

Kollektion

Schon die Gutsweine machen Spaß, sind fruchtbetont und frisch, klar und zupackend. Die Ortsweine bringen eine weitere Steigerung: Der Riesling ist kraftvoll und zupackend bei guter Struktur, der Silvaner von alten Reben würzig und herrlich eindringlich, fruchtbetont und klar. Highlight ist ganz klar der Lagenwein aus dem Kirchspiel, der faszinierend reintönig und frisch im Bouquet sich zeigt, kraftvoll und wunderschön reintönig auch im Mund ist, reife Frucht besitzt gute Struktur und Frische. Und dass Katharina Wechsler sich auch auf süß versteht, zeigt das frische, klare, zupackende „Schweisströpfchen". ◄━

Weinbewertung

82   2012 Weißburgunder trocken   **13 %/7,- €**

83   2012 Scheurebe trocken   **13 %/7,50 €**

85   2012 Riesling trocken Westhofen   **12,5 %/11,- €**

85   2012 Sylvaner „Alte Reben"   **12 %/9,50 €**

88   2012 Riesling Kirchspiel   **12,5 %/16,- €**

86   2012 Riesling „Schweisströpfchen"   **8 %/9,- €**

Die besten deutschen Weinerzeuger und ihre Weine

W

Weedenbornhof

★ ☆

Weingut

Rheinhessen

Am Römer 4-6, 55234 Monzernheim
Tel. *06244-387,* **Fax:** *06244-57331*
www.weedenbornhof.de
weingut@weedenbornhof.de
Besuchszeiten: *nach Vereinbarung*

Inhaber .... Familien Mattern & Roll
Rebfläche .... 18 Hektar

Der Weedenbornhof, mitten im Ortskern von Monzernheim gelegen, wird geführt von Heidrun und Udo Mattern, sowie ihrer Tochter Gesine und Ehemann Markus Roll. Sie haben ihr Weingut auf inzwischen 18 Hektar vergrößert, indem sie von einem anderen Weingut langfristig Weinberge in besten Lagen von Monzernheim hinzugepachtet haben. Ihre Tochter Gesine ist nach Winzerlehre (bei Bassermann-Jordan) und Studium in den Betrieb eingetreten, ihr Ehemann Markus Roll war zuvor Juniorbetriebsleiter des Weingutes Roll in Dittelsheim-Heßloch. Wichtigste Rebsorten sind Riesling, Weißburgunder, Huxelrebe, Chardonnay und Sauvignon Blanc, sowie die roten Sorten Spätburgunder, Portugieser, St. Laurent, Dornfelder, Regent und Cabernet Sauvignon. Die Rotweine reifen in großen oder kleinen Holzfässern.

Vorjahre _____

Vor zwei Jahren war die Kollektion jahrgangsbedingt etwas verhalten, präsentierte sich aber geschlossen, weiß wie rot. Sehr gleichmäßig war der Jahrgang 2011 mit durchweg kompakten, teils verschlossenen Weinen; am besten gefiel uns der kraftvolle Steingrube-Riesling. ◄

Neue Kollektion _____

Die neue Kollektion präsentiert sich geschlossen auf gutem Niveau mit einem strukturierten, frischen Weißburgunder vom Kalkmergel, einem wunderschön reintönigen

Terra Rossa-Riesling und einem fülligen, kraftvollen Kirchspiel-Riesling, der gute Substanz und Struktur besitzt. Dazu wurden gleich drei Sauvignon Blanc vorgestellt, darunter die kraftvolle, zupackende Terra Rossa-Variante und ein fülliger Fumé mit viel Substanz und reifer Frucht, dessen rauchige Noten seinen Namen stimmig erscheinen lässt. Eine sehr interessante Kollektion! ◄

Weinbewertung _____

82 2012 Sauvignon Blanc trocken **12,5 %/8,20 €**
85 2012 Weißburgunder „vom Kalkmergel"
   13 %/9,50 €
85 2012 Riesling „Terra Rossa" Westhofener
   13 %/10,90 €
85 2012 Sauvignon Blanc „Terra Rossa" Westhofener **13 %/12,90 €**
87 2012 Riesling Kirchspiel **13,5 %/15,90 €**
86 2012 Sauvignon Blanc „Fumé" **13,5 %/25,- €**

Weingüter Wegeler

★ ★ ★

Gutshaus Rheingau

Rheingau

Friedensplatz 9-11, 65375 Oestrich-Winkel
Tel. *06723-9909-0,* **Fax:** *06723-990966*
www.wegeler.com
info@wegeler.com
Besuchszeiten: *nach Vereinbarung*

Inhaber .... Familie Wegeler-Drieseberg
Gutsverwalter .... Michael Burgdorf
Kellermeister .... Andreas Holderrieth
Rebfläche .... 48 Hektar

Der erfolgreiche Weinhändler Julius Wegeler erwarb 1882 ein Weingut im Rheingau, das noch heute der Familie gehört. Geheimrat J. Wegeler Erben zählt mit Weinbergen in Rüdesheim, Winkel, Geisenheim und Oestrich zu den größten Privatgütern im Rheingau. Ausschließlich Riesling wird angebaut, man ist in 15 als „Großes Gewächs" klassifizierten Lagen vertreten. Michael Burgdorf leitet als Gutsverwal-

Die besten deutschen Weinerzeuger und ihre Weine

W

ter den Betrieb, Kellermeister ist Andreas Holderrieth. Neben den Großen Gewächsen gibt es den „Geheimrat J" als Erstwein des Gutes nach Vorbild der Erstweine in Bordeaux, aber auch der Goldkapsel-Riesling aus dem Rothenberg erhebt Anspruch auf den Titel des besten trockenen Wegeler-Weines. Die Rieslinge werden zwar überwiegend trocken und halbtrocken ausgebaut, besitzen aber auch im edelsüßen Bereich Renommee und werden exklusiv über Gastronomie und Weinfachhandel vertrieben. Der sehr lange auf der Hefe gereifte Schaumwein namens „Geheimrat J" gehört oft zu den interessantesten Sekten im Rheingau, er ist erfreulich niedrig dosiert und kommt spät auf den Markt.

Vorjahre

Im Jahrgang 2010 gelangen sowohl feingliedrige Süßweine als auch gelungene trockene Gewächse – neben dem klaren Ersten Gewächs aus dem Schlossberg ein eigenwilliger, aber auch sehr eigenständiger trockener Goldkapsel-Riesling aus dem Rothenberg. Die 2011er Rieslinge überzeugten fast durchweg, nur dem „Pur" fehlte es etwas an Substanz. Sehr mineralisch und kraftvoll, präzise und vibrierend war erneut die trockene „Goldkapsel"-Auslese aus dem Rothenberg, während der Schlossberg-Spitzenriesling etwas schlanker ausfiel. Individuell waren wieder mal die Weine der spät in den Verkauf gelangenden Serie „Geheimrat J".

Neue Kollektion

Verändert zeigt sich 2012 das Etikett, das nun an historische Vorbilder erinnert. Unverändert dagegen ist die erfreulich hohe Qualität der Weine. Außer dem 2011er „Geheimrat J" voller Würze gefällt auch der saftige, ausgewogene Oestricher, während der „Pur" etwas zu gefällig wirkt. Bei den Großen Gewächsen ist der Rothenberg-Wein jenem vom Schlossberg mindestens ebenbürtig, zeigt sich allerdings sehr wankelmütig. Bei drei Verkostungen präsentierte sich der Wein komplett unterschiedlich, mal vollkommen verschlossen, dann wieder enorm klar und präzise. Die Wertung ist deshalb ein Mittelwert. ◂▬

Weinbewertung

82   2012 Riesling trocken   **12 %/9,70 €**
87   2012 Riesling trocken Oestricher   **12 %/12,- €**
89   2011 Riesling Spätlese trocken „Geheimrat J" **12,5 %/25,- €**
89   2012 Riesling „GG" Rüdesheim Berg Schlossberg   **13 %/25,- €**
89   2012 Riesling „GG" Geisenheim Rothenberg **13 %/49,- €**
83   2012 Riesling „feinherb"   **11,5 %/9,70 €**
83   2012 Riesling Kabinett „Pur"   **11 %/14,40 €**
84   2012 Riesling „feinherb" Johannisberger **11,5 %/12,- €**
85   2012 Riesling Kabinett Rüdesheim Berg Schlossberg   **7,5 %/13,50 €**
87   2012 Riesling Spätlese Rüdesheim Berg Rottland   **8 %/18,70 €**

★★★★☆

Weingüter **Wegeler**
Gutshaus Mosel

Mosel

Martertal 2, 54470 Bernkastel-Kues
Tel. 06531-2493, Fax: 06531-8723
www.wegeler.com
info@wegeler.com
Besuchszeiten: nach Vereinbarung

Inhaber .... Familie Wegeler-Drieseberg
Gutsverwalter .... Norbert Breit
Kellermeister .... Norbert Breit
Rebfläche .... 15 Hektar

Das Bernkasteler Gutshaus der Familie Wegeler-Drieseberg ist vor allem wegen seines Besitzes in der Lage Bernkasteler Doctor bekannt geworden. Im Jahr 1903 wurde der Gutshof errichtet, nachdem man Rebstöcke zu astronomischen Preisen im Doctor gekauft hatte. Heute besitzt das Weingut Weinberge in besten Lagen der Mittelmosel, wie Bernkasteler Doctor, Wehlener Sonnenuhr, Bernkasteler Badstube und Lay sowie Graacher Himmelreich und baut ausschließlich Riesling an.

W

Vorjahre

Gutsverwalter Norbert Breit hat den Rieslingstil mehr und mehr verfeinert: Die Weine präsentieren sich rassig, kraftvoll und mineralisch, sind reintönig und geradlinig schon im Basissegment, die edelsüßen Rieslinge gehören regelmäßig zu den besten an der Mosel. 2010 präsentierte Norbert Breit eine konsistente Kollektion auf hohem Niveau. Kabinett und Spätlesen waren frisch, reintönig und elegant, das Große Gewächs aus dem Doctor bot ein Mehr an Fülle und Kraft; die Highlights der Kollektion aber waren wie so oft die edelsüßen Weine aus dem Doctor. Der Jahrgang 2011 war ebenso stark, präsentierte sich konsistent, trocken wie süß. Im trockenen Segment waren die Spätlese aus der Sonnenuhr und das Große Gewächs aus dem Doctor unsere Favoriten; auch im süßen Segment überzeugte die Sonnenuhr-Spätlese, die Doctor-Spätlese war noch komplexer, Auslese und Beerenauslese faszinierend reintönig und lang.

Neue Kollektion

Auch 2012 überzeugt, schon der Gutswein bereitet Freude, auch die Ortsweine sind frisch und klar, der feinherbe Riesling aus der Lay ist füllig und saftig, besitzt reife süße Frucht. Das Große Gewächs aus der Sonnenuhr zeigt reintönige Frucht im Bouquet, etwas gelbe Früchte, feine Frische, besitzt Fülle und Kraft im Mund, reife Frucht und gute Struktur, sein Pendant aus dem Doctor ist ähnlich reintönig, kraftvoll und zupackend, besitzt gute Struktur und Substanz. Der süße Reigen wird von einem feinen Kabinett eröffnet, unter den beiden reintönigen, zupackenden Spätlesen präferieren wir die aus dem Doctor, die wunderschön konzentriert, kraftvoll und lang ist. Eine stimmige Kollektion! ◄━

Weinbewertung

84 2012 Riesling trocken Bernkasteler 12 %/12,- €
89 2012 Riesling „GG" Wehlen Sonnenuhr 13 %/21,- €
89 2012 Riesling „GG" Bernkastel Doctor 13 %/41,- €
84 2012 Riesling „feinherb" 11,5 %/9,70 €
85 2012 Riesling „feinherb" Graacher 10,5 %/12,- €
88 2012 Riesling „feinherb" Bernkastel Lay 12,5 %/18,70 €
86 2003 Riesling Kabinett Graacher Domprobst
85 2012 Riesling Kabinett Wehlen Sonnenuhr 9 %/13,50 €
88 2012 Riesling Spätlese Wehlen Sonnenuhr 8,5 %/18,70 €
90 2012 Riesling Spätlese Bernkastel Doctor 8 %/41,- €
92 2003 Riesling Auslese Goldkapsel Wehlener Sonnenuhr

Karl **Wegner** & Sohn
Weingut ★★★ Pfalz

Am Neuberg 4, 67098 Bad Dürkheim
Tel. 06322-989327, *Fax*: 06322-989328
www.weingut-wegner.de
info@weingut-wegner.de
Besuchszeiten: Mo.-Fr. 9-12 + 13-18:30 Uhr, Sa. 9-17 Uhr
Ferienwohnung

Inhaber .... Joachim Wegner
Rebfläche .... 9,9 Hektar

Karl Wegner ist 1976 an den Neuberg in Bad Dürkheim ausgesiedelt. Damals noch reiner Fassweinbetrieb, hat er dann 1980 mit der Flaschenvermarktung begonnen. 1989, nach Beendigung seines Geisenheim-Studiums, ist dann Sohn Joachim, dem das Weingut inzwischen gehört, in den Betrieb eingestiegen und seither für den Keller verantwortlich. Die Weinberge liegen alle in Bad Dürkheim und Ungstein. Wichtigste Rebsorte ist Riesling mit einem Anteil von 30 Prozent. Rotweine nehmen inzwischen 40 Prozent der Rebfläche ein, vor allem Dornfelder und Spätburgunder. 1996 wurde Sauvignon Blanc gepflanzt, zwei Jahre später Cabernet Sauvignon und Merlot. Auch die Weinsberger Neuzüchtungen Cabernet

Dorsa, Cabernet Cubin und Cabernet Mitos hat Joachim Wegner angepflanzt, die er für Cuvées nutzt.

Vorjahre

Vor zwei Jahren waren wir wieder beeindruckt von einer tollen Kollektion. Die 2010er Weißweine waren alle gut bis sehr gut, mit schöner Frucht und hohen Extrakten, sehr gut waren auch Merlot 2007 und Cabernet Sauvignon 2005. Auch im vergangenen Jahr präsentierte Joachim Wegner eine Kollektion auf hohem Niveau. Die Weißweine besaßen klare Frucht und gute Struktur, am besten gefiel uns der Riesling aus dem Barrique. Fruchtbetont und saftig waren die beiden roten Pinots, noch besser gefielen uns die beiden Cabernet Sauvignons.

Neue Kollektion

Eine ähnlich starke Kollektion hat Joachim Wegner auch dieses Jahr vorgestellt. Im weißen Segment haben uns die beiden Spitzen-Rieslinge am besten gefallen. Der Vision genannte Wein aus dem Herrenberg ist würzig und eindringlich, füllig und kraftvoll, besitzt reife Frucht, gute Struktur, Säure und Biss. Der im Barrique ausgebaute Lunatic, ebenfalls aus dem Herrenberg, ist deutlich vom Ausbau im Holz geprägt, zeigt gute Konzentration und feinen Toast im Bouquet, ist füllig und enorm kraftvoll im Mund, besitzt gute Struktur und Substanz. Aber auch die anderen Weißweine überzeugen, vor allem Chardonnay und Gewürztraminer. Ganz stark ist auch das rote Segment mit charaktervollen, sehr eigenständigen Weinen wie dem duftigen Pinot Noir oder der kraftvollen, fülligen Cuvée Philipp, die reife Frucht besitzt, gute Substanz und dezente Schokonoten. Der Cabernet Sauvignon zeigt Cassis und Schokolade, besitzt gute Struktur und feine Tannine. Noch besser aber gefällt uns der Pinot Noir Kleinod, der füllig und harmonisch ist, reintönig und kraftvoll, reife Frucht besitzt, feine Frische und gute Struktur. ◄

Weinbewertung

82 2012 Riesling Kabinett trocken Dürkheimer Fronhof (1l) **12 %/4,90 €**

83 2012 Riesling Kabinett trocken Dürkheimer Rittergarten **12 %/6,20 €**

85 2012 Chardonnay Spätlese trocken Dürkheimer Schenkenböhl **13 %/7,60 €**

84 2012 Sauvignon Blanc Spätlese trocken Dürkheimer Schenkenböhl **12,5 %/8,80 €**

84 2012 Weißburgunder & Auxerrois trocken „2klang" Dürkheimer **12,5 %/8,70 €**

88 2012 Riesling Spätlese trocken „Vision" Ungsteiner Herrenberg **12,5 %/8,80 €** ☺

88 2012 Riesling Spätlese trocken Barrique „Lunatic" Ungsteiner Herrenberg **12,5 %/14,30 €**

85 2012 Gewürztraminer Spätlese trocken Dürkheimer Feuerberg **13,5 %/8,20 €**

82 2012 Riesling Kabinett „feinherb" Ungsteiner Honigsäckel **12 %/6,20 €**

86 2008 Pinot Noir „R" trocken **14 %/13,40 €**

88 2007 „Philipp" Rotwein trocken Barrique Dürkheimer Feuerberg **14 %/16,30 €**

88 2007 Cabernet Sauvignon trocken „Machwerk" Dürkheimer Feuerberg **14 %/18,80 €**

89 2007 Pinot Noir trocken „Kleinod" **13,5 %/21,30 €**

★★★★

Dr. **Wehrheim**
Weingut   **Pfalz**

⚑ *Weinstraße 8, 76831 Birkweiler*
Tel. 06345-3542, Fax: 06345-3869
www.weingut-wehrheim.de
dr.wehrheim@t-online.de
Besuchszeiten: *Mo.-Fr. 9-12 + 14-18 Uhr, Sa. 10-16 Uhr*
Gutsausschank: 3. und 4. Wochenende im August,
Hoffest 1. Wochenende im September

Inhaber . . . . Karl-Heinz Wehrheim
Rebfläche . . . . 17 Hektar

Seit den achtziger Jahren schon gehört das Weingut Dr. Wehrheim zu den führenden Betrieben in der Südpfalz. Als eines der ersten Weingüter hier hat man konsequent auf trocken ausgebaute Weine, auf Burgundersorten und Riesling gesetzt. Der Riesling nimmt heute 45 Prozent der Weinberge ein, Weißburgunder, Grauburgunder und Chardonnay zusammen 25 Prozent. Weitere wichtige Sorten sind Spätburgunder und St. Laurent, die roten Sorten nehmen 15 Prozent der Rebfläche ein. Dazu pflegt man Südpfälzer Spezialitäten wie Silvaner, Gewürztraminer und Muskateller. Wichtigste Lagen von Karl-Heinz Wehrheim, der das Gut seit 1992 führt, sind die beiden Birkweiler Lagen Kastanienbusch und Mandelberg. Der Kastanienbusch, wo gut die Hälfte seiner Weinberge liegen, besteht aus unterschiedlichen Böden: Aus Rotliegendem, Buntsandstein und Keuper. Der Mandelberg hingegen besteht aus Muschelkalk. Hier hat Karl-Heinz Wehrheim zwei Parzellen mit Weißburgunder, aus denen sein Großes Gewächs Mandelberg kommt. Seine anderen Großen Gewächse, Riesling und Spätburgunder, kommen aus dem Kastanienbusch. Beim Riesling erzeugt Karl-Heinz Wehrheim zwei Große Gewächse: Der Kastanienbusch-Riesling stammt von Rotliegendem, der Riesling Köppel aber von Buntsandstein. Zur Kennzeichnung der Weine nach dem Terroir, auf dem sie gewachsen sind, bezeichnet Karl-Heinz Wehrheim einige Weine nach den Böden, Prädikatsbezeichnungen werden seit dem Jahrgang 2008 für trockene Weine nicht mehr verwendet, seit dem Jahrgang 2012 tragen nur die Weine aus Ersten und Großen Lagen Lagenbezeichnungen. Im Ausbau arbeitet er verstärkt mit Maischestandzeiten bei den Weißweinen. Bis auf einige wenige edelsüße Weine werden alle Weine trocken ausgebaut. Alle Rotweine kommen ins Barrique (die „einfachen" Weine in gebrauchte Barriques). 2007 wurde mit der Umstellung auf biodynamischen Weinbau begonnen, aus dem Jahrgang 2010 gab es die ersten zertifizierten Bioweine.

Vorjahre

Vor zwei Jahren war das Große Gewächs vom Weißburgunder aus dem Mandelberg wieder der beste Wein der Kollektion, zusammen mit dem Spätburgunder aus dem Kastanienbusch, Jahrgang 2009. Die Terroirweine im Mittelbau waren im Jahrgang 2010 ohne Fehl und Tadel, ob Weiß- oder Grauburgunder, Riesling oder Chardonnay, alle Weine präsentierten sich klar und reintönig, mit dem jahrgangstypischen Biss und guter Substanz. Im vergangenen Jahr war die Kollektion konsistent und stark. An der Spitze lagen die drei weißen Großen Gewächse gleichauf, und auch die Weine der Terroir-Linie überzeugten voll und ganz.

Neue Kollektion

In diesem Jahr präsentieren sich die Weißburgunder etwas verhaltener als in den Vorjahren, das Große Gewächs aus dem Mandelberg besitzt zwar Kraft und Fülle, lässt es aber etwas an Präzision vermissen. Sehr gut gefällt uns der neu im Programm vertretene, im Holz ausgebaute Chardonnay aus dem Rosenberg mit feiner nachhaltiger Würze und Frische, ebenfalls neu ist der sehr elegante und feingliedrige Taschberg-Riesling, der, wie auch der Riesling vom Rotliegenden, herrlich viel reintönige Frucht besitzt. Unter den beiden Großen Gewächsen vom Riesling hat in diesem Jahr der Köppel die Nase knapp vorne, er zeigt feine mineralische Noten und deutliche Tabakwürze, während der Kastanienbusch klare Zitrus- und Kräuternoten besitzt. Das Spätburgunder-Große Gewächs zeigt feine Röstnoten, gute Struktur und noch jugendliche Tannine. ◀

Weinbewertung

87 2008 Rosé Sekt brut **11,5 %/17,40 €**

85 2012 Riesling trocken „Buntstück" **12 %/8,20 €**

87 2012 Weißburgunder „S" trocken „Buntsandstein" Birkweiler **13,5 %/14,40 €**

87 2012 Weißburgunder „S" trocken „Muschelkalk" Birkweiler **13,5 %/16,90 €**

88 2012 Grauburgunder „S" trocken „Keuper" Birkweiler **13,5 %/15,40 €**

89 2012 Chardonnay Birkweiler Rosenberg **14 %/23,- €**

86 2012 Riesling „S" trocken „Buntsandstein" Birkweiler **13 %/14,80 €**

88 2012 Riesling „S" trocken „Rotliegendes" Birkweiler **13 %/16,40 €**

89   2012 Riesling Birkweiler „Taschberg" **12 %/21,- €**

89   2012 Weißburgunder „GG" Mandelberg
14 %/33,- €

90   2012 Riesling „GG" Kastanienbusch **12,5 %/29,- €**

91   2012 Riesling „GG" „Köppel" Kastanienbusch
13 %/29,- €

90   2010 Spätburgunder „GG" „Köppel" Kastanienbusch **13,5 %/38,- €**

★ ★ ★

Weik
Weingut   **Pfalz**

Lutwitzistraße 10, 67435 Neustadt-Mußbach
***Tel.** 06321-66838, **Fax:** 06321-60941*
www.weingut-weik.de
mail@weingut-weik.de
***Besuchszeiten:** Di.-Fr. 14-18 Uhr, Sa. 10-16 Uhr und
nach Vereinbarung*

Inhaber............................Bernd Weik
Rebfläche............................6,5 Hektar

Die Weinberge von Bernd Weik liegen in Mußbach (Eselshaut), in Gimmeldingen, Haardt und Königsbach. Wichtigste Rebsorte ist der Riesling mit einem Anteil von 30 Prozent an der Rebfläche, gefolgt von Sauvignon Blanc, Spätburgunder, St. Laurent, Grauburgunder und Weißburgunder. Rote Sorten nehmen 30 Prozent der Rebfläche ein. Die Weißweine werden im Edelstahl ausgebaut, die Rotweine im Holzfass. Die Topweine vermarktet Bernd Weik seit dem Jahrgang 2007 in der Linie „Löwenherz".

Vorjahre ─────────────────

Der Jahrgang 2010 trennte die Spreu vom Weizen. Bernd Weik gehörte eindeutig zum Weizen. Die Löwenherz-Weine waren sehr gut bis hervorragend, noch besser als im vermeintlich größeren Jahrgang 2009. Die beiden Sauvignon Blanc waren deutsche Spitzenklasse, aber auch die Riesling-Kollektion und die Chardonnays waren sehr gut, ebenso der Spätburgunder. Im vergangenen Jahr setzte Bernd Weik noch einen drauf. Die drei Löwenherz Weine waren noch besser als ihre Jahrgangsvorgänger, auch sonst überzeugten alle Weine.

Neue Kollektion ─────────────────

Die neue Kollektion ist sehr stimmig, kommt aber in der Spitze nicht ganz an das Vorjahr heran. Das durchweg gute Niveau überzeugt, an der Spitze sehen wir einmal mehr die Löwenherz-Weine: Der Riesling besitzt gute Struktur und viel reife Frucht, ist kraftvoll und saftig bei guter Struktur. Noch ein klein wenig besser gefällt uns der Sauvignon Blanc, der viel Duft im Bouquet zeigt, im Mund Fülle und Kraft besitzt, gute Struktur und Substanz. Sehr gut sind auch der kraftvolle Cabernet Sauvignon, der fruchtbetonte Sauvignon Blanc aus der Meerspinne und der harmonische Sekt. ◄──

Weinbewertung ─────────────────

85   2009 Chardonnay Sekt brut **12,5 %/10,60 €**

81   2012 Müller-Thurgau trocken (1l) **12,5 %/4,20 €**

83   2012 Riesling trocken Königsbacher Idig
12,5 %/7,40 €

82   2012 Riesling trocken Spätlese Gimmeldinger Biengarten **12,5 %/8,60 €**

82   2012 Auxerrois trocken **12,5 %/6,20 €**

83   2012 Weißburgunder trocken Mußbacher Eselshaut **13,5 %/8,20 €**

82   2012 Grauburgunder trocken **13 %/6,20 €**

85   2012 Sauvignon Blanc trocken Gimmeldinger Meerspinne **13 %/9,80 €**

87   2012 Riesling Spätlese trocken „Löwenherz"
12,5 %/13,50 €

88   2012 Sauvignon Blanc trocken „Löwenherz"
13 %/16,50 €

84   2012 „Roter Löwe" Rotwein trocken **13 %/7,60 €**

86   2011 Cabernet Sauvignon trocken Mußbacher Eselshaut **13 %/12,50 €**

Die besten deutschen Weinerzeuger und ihre Weine

W

Robert **Weil**
Weingut
★★★★★

Rheingau

Mühlberg 5, 65399 Kiedrich
Tel. 06123-2308, **Fax:** 06123-1546
www.weingut-robert-weil.com
info@weingut-robert-weil.com
Besuchszeiten: Mo.-Fr. 8-17.30, Sa. 10-17,
So. 11-17 Uhr

Inhaber.................. Suntory, Wilhelm Weil
Rebfläche............................ 90 Hektar

Das Weingut Weil, das soeben seinen neuen Kellereianbau eröffnete, wird heute in vierter Generation von Wilhelm Weil geleitet. Gegründet wurde es von Robert Weil, der 1867 die ersten Weinberge im Kiedricher Berg kaufte. Heute wächst in den Weinbergen zu 100 Prozent Riesling. Acht Hektar liegen im Kiedricher Gräfenberg, einer relativ hoch gelegenen Lage, wo die Trauben durch den Wind vom Taunus her recht lange am Stock bleiben können. Beim Weingut Robert Weil wird deshalb drei bis vier Wochen später geerntet als in den direkt am Rhein gelegenen Weinbergen. Die Trauben werden in mehreren Lesedurchgängen (bis zu 20!) recht spät geerntet. Nach etwa achtzehnstündiger Sedimentation werden die Moste recht zügig vergoren und mit nur einer Filtration relativ früh gefüllt.

2005 erhielt das Erste Gewächs aus dem Gräfenberg hausinterne Konkurrenz durch den neuen Wein im Programm, den Riesling aus dem Kiedricher Turmberg. Diese Lage wurde im Zuge des 1971er Weingesetzes abgeschafft, doch sie erbrachte in den Jahrzehnten zuvor Spitzenweine und ist nun wieder auf den Etiketten präsent. 2007 kam ein weiterer Lagenwein hinzu, derjenige aus dem Klosterberg. Das trockene Segment ist derzeit gegliedert in Gutsriesling, Kiedricher Riesling, die beiden Lagenrieslinge aus Turmberg und Klosterberg (beide als Erste Lagen klassifiziert) sowie das Große Gewächs aus der Großen Lage Gräfenberg.

Vorjahre _____

Mit edelsüßen Weinen hat Wilhelm Weil dem Weingut in den neunziger Jahren zu weltweitem Renommee verholfen. Während viele traditionsreiche Rheingauer Weingüter eine Schwächephase durchlebten, hat er es geschafft, mit herausragenden edelsüßen Weinen national und international Zeichen zu setzen. Die 2010er Kollektion zeigte sich unbeeindruckt vom Jahrgang, schon der Literriesling war sehr gut, die konsistente trockene Kollektion wurde einmal mehr angeführt vom Ersten Gewächs aus dem Gräfenberg. Noch spannender war der süße Teil der Kollektion, der mit ungeheuer präzise gearbeiteten Auslesen, Beeren- und Trockenbeerenauslesen aufwartete. Die 2011er Rieslinge profitierten von der überdurchschnittlich langen Hängezeit am Stock und von einem besonders hohen Anteil an spontan vergorenen Mosten. Bereits die Basisweine waren animierend und klar, der trockene Turmberg-Riesling sowie das Erste Gewächs aus dem Gräfenberg begeisterten mit Präzision. Unter den Süßweinen faszinierte beispielsweise eine saftige, ohne Botrytis gekelterte und nach getrocknetem Apfel duftende Auslese aus dem Klosterberg.

Neue Kollektion _____

Mit dem Jahrgang war Wilhelm Weil sehr zufrieden, noch im Oktober waren die Beeren absolut gesund. Das Große Gewächs aus dem Gräfenberg mag in diesem Jahr nicht so expressiv wirken, wie es früher mal der Fall war, aber bei genauerem Hinschmecken merkt man diesem Wein seinen besonderen Stil an; individueller war der Prestigewein des Hauses Weil nie. Die Auslesen und Beerenauslesen sind ebenfalls über jeden Zweifel erhaben, die Versteigerungsauslese (kühle Noten von kandiertem Apfel), der Eiswein (Himbeer-Apfel-Noten) und die grandiose, nach kandierter Birne duftende Trockenbee-

W

renauslese aus dem Gräfenberg begeistern auf Anhieb. Die Spätlese aus dem Gräfenberg ist für eine Spätlese sehr dicht und sehr süß.

Im **Weinegg**
Weingut

Rheingau

Kirchstraße 38, 65239 Hochheim
Tel. 0170-5559208, Fax: 06146-90739918
www.weinegg.de
f.schmidt@weinegg.de
Besuchszeiten: Mi. 18-20 Uhr, Fr. 18-21 Uhr, Sa. 12-14 + 18-21 Uhr, So. 14-19 Uhr

Inhaber . . Fabian Schmidt, Engelbert Gemünden
Rebfläche . . . . 5,5 Hektar

Weinbewertung

85 2011 Riesling trocken **12 %/12,- €/1l**
86 2011 Riesling trocken **12 %/12,80 €**
87 2011 Riesling trocken Kiedricher **12,5 %/15,80 €**
88 2011 Riesling trocken Kiedrich Klosterberg **12,5 %/23,- €**
90 2011 Riesling trocken Kiedrich Turmberg **13 %/23,- €**
89 2011 Riesling trocken Kiedrich Gräfenberg **13 %/23,- €**
93 2011 Riesling trocken Erstes Gewächs Kiedrich Gräfenberg **13,5 %/36,80 €**
88 2011 Riesling Kabinett **9 %/15,80 €**
88 2011 Riesling Spätlese **8,5 %/22,- €**
90 2011 Riesling Spätlese Kiedrich Klosterberg **8 %/36,80 €**
91 2011 Riesling Spätlese Kiedrich Turmberg **8,5 %/36,80 €**
91 2011 Riesling Spätlese Kiedrich Gräfenberg **8 %/36,80 €**
91 2011 Riesling Auslese Kiedrich Klosterberg **8,5 %/36,- €/0,375l**
90 2011 Riesling Auslese Kiedrich Turmberg **8,5 %/36,- €/0,375l**
92 2011 Riesling Auslese Kiedrich Gräfenberg **8,5 %/36,- €/0,375l**
95 2011 Riesling Auslese Goldkapsel Kiedrich Gräfenberg **7,5 %/Verst.**
93 2011 Riesling Beerenauslese Kiedrich Turmberg **7 %/150,- €/0,375l**
93 2011 Riesling Beerenauslese Kiedrich Gräfenberg **7,5 %/150,- €/0,375l**
94 2011 Riesling Trockenbeerenauslese Kiedrich Turmberg **6 %/310,- €/0,375l**
95 2011 Riesling Trockenbeerenauslese Kiedrich Gräfenberg **6 %/310,- €/0,375l**

Fabian Schmidt ist Quereinsteiger, die Mutter war Arzthelferin, der Vater Bankkaufmann. Gleich im Anschluss an das Studium Weinbau und Önologie in Geisenheim unterschrieb er den Gesellschaftervertrag für das Weingut Im Weinegg – auch deshalb, weil alte Rebbestände, historische Gebäude und Gewölbekeller zum Anwesen gehören. Angebaut werden zu 85 Prozent Riesling, dazu Grauburgunder, Spätburgunder, Merlot oder der seltene Rotberger. Die Reben stehen in den Hochheimer Lagen Stein, Hölle, Reichestal und Hochmeister. Die Weine werden in alten Stückfässern ausgebaut, lange auf der Feinhefe gelagert und frühestens im März des auf die Ernte folgenden Jahres abgefüllt.

Vorjahr

Die 2011er waren ein starkes Debüt. Ein mit Batonnage vinifizierter Kabinett „Generation Riesling" zeigte eine wunderbare Präzision, die nach Steinobst duftende Selektion von alten Reben aus der Hölle besaß eine animierende Frucht. Man merkte sämtlichen vorgestellten Weinen an, dass sie mit Engagement und Können vinifiziert wurden.

Neue Kollektion

Auch die 2012er Rieslinge sind ausgezeichnet ausgefallen. Feingliedrige, aber präzise Weine von alten Reben (besonders jener aus der Hölle ragt heraus) stehen neben einem saftigen Kabinettwein. Der reintönige, nach reifen gelben Früchten duftende Eiswein ist

Die besten deutschen Weinerzeuger und ihre Weine

zwar nicht der allerkomplexeste Vertreter seiner Art, aber sehr ausgewogen. Selbst der Merlot aus 2011 besitzt reife Fruchtnoten und Finesse, hat nichts mit den mächtigen Rotweinen vieler anderer Rheingauer Weingüter gemein. ◄━━

Weinbewertung

85 2012 Riesling Kabinett trocken Hochheimer **11 %/5,50 €** ☺

86 2012 Riesling Spätlese trocken Hochheimer Reichestal **12 %/7,50 €**

88 2012 Riesling trocken „Alte Reben" Hochheimer Hölle **12 %/10,- €** ☺

87 2012 Riesling trocken „Alte Reben" Hochheimer Hofmeister **12 %/10,- €**

84 2012 Riesling Kabinett „feinherb" Hochheimer **10,5 %/5,50 €**

87 2012 Riesling „Alte Reben" Hochheimer Reichestal **11,5 %/10,- €**

88 2012 Riesling edelsüß Hochheimer Stielweg **8 %/12,- €**

90 2012 Riesling Eiswein Hochheimer Reichestal **10 %/45,- €/0,5l**

86 2011 Merlot trocken Hochheimer Reichestal **12,5 %/12,50 €**

Weingart

★★★★

Weingut

Mittelrhein

Mainzer Straße 32, 56322 Spay
Tel. 02628-8735, **Fax:** 02628-2835
www.weingut-weingart.de
mail@weingut-weingart.de
Besuchszeiten: Mo.-Sa. 9-19 Uhr
Weinproben bis 30 Personen

W

Inhaber .... Familie Florian Weingart
Rebfläche .... 6,5 Hektar

Adolf Weingart hatte den landwirtschaftlichen Mischbetrieb ganz auf Weinbau umgestellt. Seit 1996 wird das Gut von seinem Sohn Florian geführt. Seine Weinberge liegen im Bopparder Hamm, in den Lagen Feuerlay, Ohlenberg und Engelstein; den Pachtvertrag für die Weinberge in der Lage Schloss Fürstenberg hat er beendet. Riesling dominiert bei Florian Weingart, dazu gibt es etwas Spätburgunder. Ein Großteil der Weine wird „feinherb" oder süßer ausgebaut, allerdings sind auch die trockenen Weine nicht zu unterschätzen. Sehr beachtlicher Schaumwein ergänzt das Angebot, und wenn Trockenbeerenauslesen gelingen, sind die in der Regel von großartiger Balance.

Vorjahre

Das Weingut gehört seit über einem Jahrzehnt zu den Spitzenbetrieben am Mittelrhein. Wobei sich in diesem Jahrzehnt die Weine stilistisch verändert haben. Sie haben deutlich an Profil gewonnen, sie sind – teils durch die inzwischen praktizierte Spontangärung – vielleicht etwas weniger fruchtbetont und zugänglich als früher, dafür aber präziser und nachhaltiger. Experimente, beispielsweise mit einem gewissen Anteil an Botrytistrauben, gefallen sehr. Weine, die sich „anarchie" nennen oder die mit einem „+" bezeichnet werden, sind meist besonders interessant, saftig und vibrierend. 2010 präsentierte Florian Weingart eine starke, geschlossene Kollektion, die von zwei faszinierenden edelsüßen Weinen angeführt wurde. Dazu gab es mit dem Sekt und dem Spätburgunder zwei schöne Überraschungen. In 2011 wurden keine edelsüßen Weine jenseits der Auslese-Kategorie angestellt, aber dafür komplexe, rassige Spätlesen sowie eine wunderschöne Auslese; auch die Spätlese „anarchie" begeisterte

Neue Kollektion

Außer dem kraftvollen und eigenwilligen Spätburgunder des Jahrgangs 2011 – deutlich vom Alkohol geprägt, aber mit typischer Frucht ausgestattet – gefallen auch die 2012er Rieslinge. Sie sind, wie in den Vorjahren, von der Vergärung beeinflusst und wunderschön balanciert, saftig und vibrierend. Enorm süffig im allerbesten Sinne ist die als „feinherb" bezeichnete Spätlese aus Spay, und die Ohlenberg-Spätlese beweist, dass Florian Weingart auch die Erzeugung trockener Rieslinge beherrscht, sie ist saftig, puristisch, besitzt eine angenehme Kräuterwürze und Länge. ◄━

Weinbewertung

86   2012 Riesling Kabinett trocken Bopparder Hamm Ohlenberg   **12 %/7,50 €**

89   2012 Riesling Spätlese trocken Bopparder Hamm Ohlenberg   **13,5 %/11,50 €** ☺

85   2012 Riesling halbtrocken   **11,5 %/6,- €** ☺

86   2012 Riesling Kabinett „feinherb" Bopparder Hamm Engelstein   **11 %/7,50 €**

89   2012 Riesling Spätlese „feinherb" Spay   **10,5 %/9,- €** ☺

87   2012 Riesling Kabinett Bopparder Hamm Engelstein   **8,5 %/8,- €** ☺

89   2012 Riesling Spätlese Bopparder Hamm Engelstein   **11 %/9,50 €** ☺

89   2012 Riesling Spätlese Bopparder Hamm Feuerlay   **8,5 %/10,- €** ☺

87   2011 Spätburgunder Spätlese trocken Spay   **15 %/13,- €**

★★

Weinreich

Weingut

Rheinhessen

🍇 *Riederbachstraße 7, 67595 Bechtheim*

Tel. *06242-7675,* **Fax:** *06242-7678*

www.weinreich-wein.de

info@weinreich-wein.de

Besuchszeiten: *nach Vereinbarung*

Gutsschänke, Gästehaus

Inhaber .... Weinreich GbR
Rebfläche .... 16 Hektar

Marc Weinreich schloss 2009 sein Studium als Weinbauingenieur ab. Etwa zur gleichen Zeit verstarb sein Vater, so dass Marc Weinreich Betriebsleiter des Schuhmacher-Weinreich genannten Weinguts wurde. Zusammen mit seiner Frau entwickelte er ein neues Betriebskonzept: Weinreich. Er begann mit der Umstellung auf ökologische Bewirtschaftung, vergärt überwiegend mit den natürlichen Hefen. Das Sortiment wurde eingeteilt in Guts-, Orts- und Lagenweine – Rieslinge aus Geyersberg und Hasensprung, sowie ein Spätburgunder aus dem Rosengarten sollen die Spitze des Sortiments bilden.

Vorjahre

Die 2010er Weine blieben naturgemäß etwas verhalten, dafür entschädigte vor zwei Jahren der füllige 2009er Geyersberg-Riesling. Die letztjährige Kollektion knüpfte an den Jahrgang 2009 an, bot fruchtbetonte, klare Weißweine, an der Spitze die beiden Rieslinge aus Hasensprung und Geyersberg; noch etwas besser gefiel uns der 2009er Spätburgunder aus dem Rosengarten.

Neue Kollektion

Die neue Kollektion ist sehr stimmig, bietet klare, geradlinige Ortsweine und drei sehr gute Lagenweine. Der Riesling aus dem Hasensprung zeigt faszinierend viel Frucht und rauchige Noten im Bouquet, ist füllig und kraftvoll im Mund bei guter Struktur, ähnlich wie auch sein Pendant aus dem Geyersberg ein stoffiger, noch sehr jugendlicher Riesling mit viel Substanz. Auch der reintönige Spätburgunder aus dem Rosengarten überzeugt, ist kraftvoll und zupackend bei guter Struktur. ◄━

Weinbewertung

81   2012 Silvaner trocken   **12,5 %/7,- €**

82   2012 Riesling trocken   **12,5 %/7,50 €**

83   2012 Grauburgunder trocken   **13 %/7,50 €**

83   2012 Chardonnay & Weißburgunder trocken   **13,5 %/8,- €**

83   2012 Riesling trocken Bechtheimer   **13,5 %/11,50 €**

88   2012 Riesling trocken Hasensprung   **13,5 %/16,50 €**

88   2012 Riesling trocken Geyersberg   **13,5 %/20,50 €**

82   2012 Riesling Kabinett   **10 %/11,50 €**

87   2010 Spätburgunder trocken Rosengarten   **13,5 %/21,50 €**

Die besten deutschen Weinerzeuger und ihre Weine

W

Weinsberg
Staatsweingut

★★★★☆

Württemberg

Traubenplatz 5, 74189 Weinsberg
Tel. *07134-504-167,* **Fax:** *07134- 504-168*
www.lvwo.weinsberg.de
staatsweingut@lvwo.bwl.de
Besuchszeiten: *Mo.-Fr. 9-17 Uhr*

Inhaber..............Land Baden-Württemberg
Direktor........................Dr. Günter Bäder
Rebfläche.............................40 Hektar

Von den 40 Hektar Weinbergen des Staatsweingutes Weinsberg befinden sich 18 Hektar in Weinsberg, 10 Hektar in Gundelsheim und 12 Hektar rund um die Burg Wildeck (im Alleinbesitz) bei Abstatt. Die 1868 als „Königliche Weinbauschule" gegründete Wein- und Obstbauschule in Weinsberg ist das älteste Weinbau-Lehrinstitut in Deutschland. Aus der Weinsberger Rebenzüchtung sind Rebsorten wie Kerner oder Dornfelder hervorgegangen. 1999 wurden sechs Rotwein-Neuzüchtungen der Öffentlichkeit vorgestellt: Acolon, Cabernet Cubin, Cabernet Dorio, Cabernet Dorsa, Cabernet Mitos und Palas. Man hat in die Kellerwirtschaft investiert und einen Kellerneubau fertig gestellt. Das Staatsweingut ist Mitglied der Hades-Gruppe.

Vorjahre

Seit der ersten Ausgabe empfehlen wir die Weine des Staatsweingutes Weinsberg, und in diesem Jahrzehnt ist es qualitativ stetig bergauf gegangen, so dass man heute mit den besten privaten Weingütern Württembergs konkurrieren kann. Die Hades-Weine gehören immer zur regionalen Spitze, in der sich auch die Großen Gewächse und die rote „Traum"-Cuvée etabliert haben. Stark war die Kollektion vor zwei Jahren, vor allem im roten Segment, die Spätburgunder gefielen uns besser als der Lemberger oder die Cuvées; auch die Weißweine, bis hin zur Trockenbeerenauslese, überzeugten. Die Weißweine überzeugten auch 2011, allen voran der

Riesling Burg Wildeck. Im roten Segment war der Himmelreich-Spätburgunder unser Favorit.

Neue Kollektion

In diesem Jahr nun ist die Spitze im weißen Segment dichter geworden. Der Riesling Burg Wildeck ist füllig und saftig, besitzt viel reife Frucht und gute Struktur, die beiden Hades-Weißweine sind konzentriert und füllig, der Chardonnay ein wenig vom Alkohol geprägt, der Grauburgunder aber zeigt viel Substanz und reintönige Frucht; so mancher Wein der S-Linie war aber in den vergangenen Jahren schon stärker gewesen, das gilt besonders auch für den Spätburgunder. Rot trumpft das Staatsweingut wieder mit einigen Hochkarätern auf. Unter den beiden Großen Gewächsen ist einmal mehr der Wein aus dem Himmelreich unser Favorit, er ist herrlich reintönig, kraftvoll und komplex, „mehr Pinot" als sein Pendant von der Burg Wildeck. Begeistert hat uns wieder einmal der Hades-Lemberger, der konzentriert und füllig, kraftvoll und saftig ist, gute Substanz und Frische besitzt; viel Substanz und Fülle besitzt auch der Syrah, aber auch viel Tannine. ◂━

Weinbewertung

82	2012 „Secco M" Perlwein	**11,5 %/8,80 €**
85	2010 Chardonnay Sekt brut Burg Wildeck	**12,5 %/13,- €**
84	2012 „Justinus K." Weißwein trocken	**13 %/7,50 €**
83	2012 Sauvignon Blanc trocken	**13,5 %/11,80 €**
82	2012 Riesling „S" trocken	**13 %/11,50 €**
89	2012 Riesling „GG" Burg Wildeck	**13 %/19,50 €**
88	2012 Chardonnay „Hades"	**14,5 %/18,- €**
89	2012 Grauburgunder „Hades"	**14 %/18,50 €**
83	2012 Traminer „S" halbtrocken	**13 %/11,50 €**
80	2011 Spätburgunder „S" trocken	**13,5 %/14,- €**
86	2011 Lemberger „S" trocken	**13,5 %/14,50 €**
86	2010 „Traumzeit" Rotwein trocken Holzfass	**13 %/16,50 €**
90	2011 Spätburgunder „GG" Gundelsheimer Himmelreich	**13 %/25,- €**
88	2011 Spätburgunder „GG" Burg Wildeck	**13,5 %/25,- €**
90	2011 Lemberger trocken „Hades"	**14 %/25,- €**
88	2011 Syrah trocken „Hades"	**25,- €**

Die besten deutschen Weinerzeuger und ihre Weine

W

Dr. F. **Weins-Prüm**
Weingut   **Mosel**

Uferallee 20, 54470 Bernkastel-Wehlen
Tel. 06531-2270, **Fax:** 06531-3181
info.weins-pruem@gmx.de
Besuchszeiten: nach Vereinbarung

Inhaber............................Bert Selbach
Rebfläche..............................4 Hektar

Das Weingut geht, wie so viele Betriebe an der Mittelmosel, auf Sebastian Alois Prüm zurück. Die jüngste Tochter von dessen Sohn Mathias heiratete einst Dr. Franz Weins. Dessen Enkel Bert Selbach führt heute das Gut. Er baut ausschließlich Riesling an. Seine Reben stehen in den Lagen Wehlener Sonnenuhr, Graacher Himmelreich und Domprobst, Ürziger Würzgarten, sowie im Kernstück des Erdener Prälat. Das Gros seiner Weine baut er im traditionellen Fuder aus, die restsüßen Weine vergären mit den natürlichen, im Keller vorhandenen Hefen, nur die Qualitätsweine werden im Edelstahl ausgebaut. Etwa die Hälfte der Produktion wird an inländische Privatkunden verkauft (Tendenz steigend), die andere Hälfte geht in den Export.

Die Entwicklung

Klassischen Moselriesling aus Wehlen und Umgebung erhält man bei Bert Selbach – und das seit langen Jahren auf stets zuverlässigem, hohen Niveau. Schon in der ersten Ausgabe lobten wir seine süßen und edelsüßen Rieslinge, die immer fein und elegant sind und sehr gut reifen können. 2010 zeigten die Weine die typische Stilistik des Hauses, waren rassig und elegant, wunderschön reintönig. Die Auslese aus dem Prälat besaß viel Stoff, das Aushängeschild des Gutes, die Spätlese aus der Wehlener Sonnenuhr, bestach mit Eleganz und Biss, insgesamt aber wurden die vorausgegangenen Jahrgänge nicht ganz erreicht. Die Stärke von Bert Selbach waren auch im Jahrgang 2011 die süßen Weine: Schon der Kabinett machte viel Freude, die Spätlesen waren füllig und saftig, der Prälat-Spätlese galt unsere leichte Präferenz.

Neue Kollektion

Sehr stimmig präsentiert sich nun die 2012er Kollektion, bietet frische, klare, elegante Kabinettweine, dem aus dem Domprobst gilt unsere leichte Präferenz. Die Spätlesen sind klar, frisch und harmonisch, eine deutliche Steigerung aber erfolgt erst durch die Auslesen, die würzig und konzentriert sind, harmonisch, reintönig und lang. Eine der Stärken des Hauses ist das gute Lagerpotenzial der Weine, wovon wir uns anhand mehrerer gereifter Rieslinge überzeugen konnten. Die 1990er Auslese aus der Sonnenuhr ist klar und präzise, die 2003er harmonisch und saftig, die 2003er Spätlese zupackend und frisch, die Prälat-Spätlese des Jahrgangs 2004 wunderschön frisch, lebhaft und elegant. Klassischer Mosel-Riesling. ◄━

Weinbewertung

83   2012 Riesling „feinherb"   **10,5 %/6,60 €**
84   2012 Riesling Kabinett „feinherb" Graacher Himmelreich   **10 %/8,10 €**
86   2012 Riesling Kabinett Graacher Domprobst   **8 %/8,10 €**
85   2012 Riesling Kabinett Wehlener Sonnenuhr   **8 %/8,30 €**
86   2012 Riesling Spätlese Wehlener Sonnenuhr   **7,5 %/9,60 €**
88   2003 Riesling Spätlese Graacher Domprobst
85   2011 Riesling Spätlese Graacher Domprobst
86   2012 Riesling Spätlese Graacher Domprobst   **7,5 %/9,30 €**
88   2004 Riesling Spätlese Erdener Prälat
89   1990 Riesling Auslese Wehlener Sonnenuhr
90   2003 Riesling Auslese Wehlener Sonnenuhr
89   2012 Riesling Auslese Wehlener Sonnenuhr   **7,5 %/13,60 €**
89   2012 Riesling Auslese Erdener Prälat   **7,5 %/14,- €**

weinwerk

★ ☆

das

Rheingau

Grabenstraße 14, 65385 Rüdesheim
Tel. 06722-910797, *Fax:* 06722-910798
www.wein-werk.com
info@wein-werk.com
Besuchszeiten: nach Vereinbarung
Straußwirtschaft (nur wenige Tage im Jahr)

Inhaber.................................Ingo Witt
Rebfläche............................0,9 Hektar

Der Computerspezialist Hans-Joachim Klose und der ZDF-Journalist Ingo Witt begannen ab 1995 mit der Bewirtschaftung weniger Weinbergszeilen. Inzwischen wird der Betrieb, der über beinah einen Hektar im Rüdesheimer Drachenstein und im Magdalenenkreuz sowie in der Lorcher Krone verfügt, von Ingo Witt allein geführt. Die Weine tragen ausgefallene Namen, werden mit schlichten Etiketten versehen und zum Teil in der eigenen Straußwirtschaft ausgeschenkt. Dieses Lokal hat zwar nur an wenigen Tagen im Jahr geöffnet, gilt aber – zu Recht – als Geheimtipp im Rheingau. Ingo Witt hat seinen Betrieb inzwischen mit einer hochmodernen pneumatischen Kelter ausgestattet.

Vorjahre

Unter den 2010er Rieslingen überzeugte ein recht fülliger, ungewöhnlich alkoholreicher Wein von alten Reben am meisten. Auch im Jahrgang 2011 blieb Ingo Witt seinem Stil treu: Die Rieslinge besaßen direkte Art und im besten Fall attraktive Würze. Vom Begriff „Monster" sollte man sich nicht abschrecken lassen: Der so benannte Wein von alten Reben verfügte zwar über eine gehörige Portion Alkohol, aber auch über eine balancierende Säure.

Neue Kollektion

Schwer zu sagen, welchen Wein man in diesem Jahr mehr herausheben sollte. Der „supernova" kommt saftig daher, der „fly me to the moon" wirkt angenehm trocken, öffnet sich erst nach einer Weile im Glas. Eigenwillig würzig wirkt der „Vincenz", der eine leichte Süße und viel Schmelz aufweist. Sogar der Rotwein aus 2010 macht viel Spaß, verführt mit feiner Kirschfrucht. ◄━━

Weinbewertung

82 2012 Riesling trocken"postcard from heaven" **11 %/6,- €**

84 2012 Riesling trocken** „supernova" **12 %/8,- €**

86 2012 Riesling trocken*** „Alte Reben fly me to the moon" Rüdesheimer Drachenstein **12,5 %/12,- €**

87 2012 Riesling*** „Edition Vincenz No. 2" Rüdesheimer Drachenstein **12,5 %/16,- €**

80 2012 Spätburgunder Blanc de noir trocken „drops of jupiter" Rüdesheimer Drachenstein **12 %/6,- €**

84 2010 Spätburgunder trocken *** „Reserve ballrooms of mars" Rüdesheimer Magdalenenkreuz **14 %/14,- €**

Weiser-Künstler

★ ★ ★ ☆

Weingut

Mosel

Wilhelmstraße 11, 56841 Traben-Trarbach
Tel. 06541-819943, *Fax:* 06541-813380
www.weiser-kuenstler.de
weingut@weiser-kuenstler.de
Besuchszeiten: nach Vereinbarung

Inhaber......................Konstantin Weiser
.............................Alexandra Künstler
Rebfläche...............................3 Hektar

Im Jahr 2005 gründete Konstantin Weiser, Bankkaufmann und Weinbautechniker, sein Weingut in Traben-Trarbach, ein Jahr später trat Alexandra Künstler in den Betrieb ein. Ihre Weinberge liegen in den Lagen Enkircher Ellergrub, Enkircher Zeppwingert und Steffensberg, sowie Trabener Gaispfad (0,5 Hektar in einer Parzelle). Ihre wichtigste Lage ist die Enkircher Ellergrub, wo die Reben auf blauem Devonschiefer wachsen und sie bis zu 100 Jahre alte wurzelechte Reben besitzen, 1,8 Hektar an einem Stück. Alle Reben wachsen in terrassierten Steillagen. Sie bauen ausschließlich Riesling an, ihr Schwerpunkt liegt auf der Erzeugung süßer und restsüßer Weine. Konstantin Weiser hatte bei Weingütern in der Pfalz, im Rheingau (Weingut Leitz) und in Neuseeland gearbeitet, war Betriebsleiter bei Immich-Batterieberg bevor er sich selbständig machte.

Vorjahre

In einer konsistenten, sehr stimmigen 2010er Kollektion waren die Weine puristisch und präzise, trocken wie süß; Highlights waren einmal mehr die edelsüßen Weine. Sehr konsistent präsentierte sich der Jahrgang 2011 mit reintönigen, zupackenden Weinen, trocken wie süß, vom saftigen Gutsriesling über frische, leichte Kabinettweine, fülligere, kraftvollere Spätlesen hin zu zwei klaren, würzigen Auslesen und einer faszinierenden Beerenauslese.

Neue Kollektion

Die neue Kollektion ist stark und stimmig, trocken wie süß. Der Riesling aus dem Steffensberg ist füllig und kraftvoll, besitzt gute Struktur und dezent mineralische Noten, noch etwas druckvoller ist der trockene Wein aus der Ellergrub, enorm stoffig und noch sehr jugendlich. Die feinherbe Spätlese aus dem Gaispfad ist kraftvoll und fruchtbetont, zupackend und strukturiert, die süßen Weine sind allesamt sehr gut, sie sind frisch, klar und zupackend. Dazu gibt es eine Trockenbeerenauslese aus dem Vorjahr, herrlich konzentriert und dominant zeigt sie Anklänge an Zitrusfrüchte, aber auch Gewürz- und dezente Kaffeenoten. ◀━

Weinbewertung

84 2011 Riesling Sekt brut Enkircher Steffensberg **12,5 %/15,- €**

84 2012 Riesling Kabinett trocken Trabener Gaispfad **11,5 %/8,90 €**

88 2012 Riesling Spätlese trocken Enkircher Steffensberg **12,5 %/15,- €**

89 2012 Riesling Spätlese trocken „Große Eule"

Enkircher Ellergrub **12,5 %/22,- €**

88 2012 Riesling Spätlese „feinherb" Trabener Gaispfad **11,5 %/15,- €**

85 2012 Riesling **11 %/7,90 €**

86 2012 Riesling Kabinett Enkircher Ellergrub **8,5 %/9,90 €**

86 2012 Riesling Spätlese Enkircher Ellergrub **8 %/16,- €**

91 2011 Riesling Trockenbeerenauslese Enkircher Ellergrub **5,5 %/90,- €**

Eckhard **Weitzel**
Weingut

★ ★ ☆

Rheinhessen

 Backesgasse 7, 55218 Ingelheim
Tel. *06130-447,* **Fax:** *06130-8438*
www.biowein-weitzel.de
eweitzel@biowein-weitzel.de
Besuchszeiten: *werktags nach Vereinbarung*

Inhaber .... Eckhard und Elke Weitzel
Rebfläche .... 7 Hektar

Eckhard und Elke Weitzel führen das Gut in dritter Generation. Sie haben 1993 auf ökologischen Weinbau umgestellt, sind Mitglied bei Bioland. Die Weinberge liegen in Großwinternheim, gut die Hälfte davon in der Lage Bockstein (mit einer Steigung von bis zu 45 Prozent). Rote Sorten nehmen 60 Prozent der Fläche ein. Neben Portugieser und Spätburgunder gibt es Cabernet Sauvignon und Dornfelder. Die Rotweine werden maischevergoren und im Holz ausgebaut. Bei den Weißweinen dominiert Riesling, dazu gibt es Grauburgunder, Weißburgunder, Silvaner und Müller-Thurgau. Seit 2006 arbeitet Tochter Romy, Weinbautechnikerin, im Betrieb mit.

Vorjahre

Seit der ersten Ausgabe schon empfehlen wir die Weine von Eckhard Weitzel, seit über einem Jahrzehnt präsentiert er Jahr für Jahr

zuverlässige Kollektionen auf sehr gutem Niveau mit fruchtbetonten, wunderschön reintönigen Weinen. Vor zwei Jahren bot die Kollektion fruchtbetonte 2010er Weißweine, am meisten beeindruckten uns allerdings die beiden Spätburgunder aus dem Jahrgang 2009. Die letztjährige Kollektion präsentierte sich sehr gleichmäßig auf gutem Niveau. Die Weißweine waren frisch und klar, die Rotweine geradlinig und zupackend, am besten gefiel uns der Cabernet Sauvignon aus dem Jahrgang 2008.

Neue Kollektion

Sein Nachfolger aus dem Jahrgang 2009 ist ebenfalls sehr gut, herrlich reintönig, frisch und zupackend bei guter Struktur, die trockene Spätburgunder Auslese des Jahrgangs 2011 steht ihm kaum nach, auch sie betört mit ihrer reintönigen Frucht, mit guter Substanz und Struktur. Die Weißweine präsentieren sich zuverlässig auf gewohnt hohem Niveau, unser Favorit ist der neue Terrassen-Riesling, der kraftvoll und füllig ist, gute Struktur und Substanz besitzt. ◄━

Weinbewertung

85   2012 Silvaner Spätlese trocken Groß-Winternheimer Bockstein **13,5 %/6,80 €**

84   2012 Weißburgunder Spätlese trocken **13,5 %/6,50 €**

85   2012 Grauburgunder trocken Groß-Winternheimer Bockstein **14 %/6,80 €**

85   2012 Riesling Spätlese trocken Groß-Winternheimer Bockstein **12,5 %/6,80 €**

87   2012 Riesling Spätlese trocken „Terrasse" Groß-Winternheimer Bockstein **13 %/9,50 €**

83   2012 Portugieser trocken „Alte Reben" **13,5 %/5,50 €**

82   2011 Spätburgunder trocken Groß-Winternheimer Bockstein **13,5 %/7,50 €**

83   2011 „Cuvée No. 4" Cabernet Sauvignon Portugieser trocken **13,5 %/6,90 €**

86   2011 Spätburgunder Auslese trocken Groß-Winternheimer Bockstein **14 %/12,50 €**

87   2009 Cabernet Sauvignon trocken Groß-Winternheimer Bockstein **14 %/14,50 €**

Weltner
Weingut   **Franken**

Wiesenbronner Straße 17, 97348 Rödelsee
Tel. 09323-3646, **Fax:** 09323-3846
www.weltnerwein.de
weingut.weltner@t-online.de
Besuchszeiten: Mo.-Fr. 9-12 + 13:30-18 Uhr,
Sa. 10-16 Uhr

Inhaber .... Paul Weltner
Rebfläche .... 8,5 Hektar

Seit dem 16. Jahrhundert betreibt die Familie Weinbau, seit vier Generationen in Rödelsee. Seit 2005 führt Paul Weltner das Gut. Seine Weinberge liegen an den südwestlichen Hängen des Schwanberges, in den Rödelseer Lagen Küchenmeister und Schwanleite sowie im Iphöfer Julius-Echter-Berg. Seine wichtigste Lage ist der Küchenmeister, dessen Boden aus Schilfsandstein und Dolomit, Gipskeuper und tonigem Mergel besteht mit großen Anteilen an Kalk, Kalium und Magnesium. Aus der Gewanne Hohenleite im Küchenmeister erzeugt er seine Großen Gewächse. Die an den Küchenmeister angrenzende Lage Schwanleite ist überwiegend nach Westen exponiert. Der Boden besteht aus dem gleichen Mineralienmix wie im Küchenmeister, vor allem im vorderen Teil der Schwanleite, wo Paul Weltner alte Scheurebe- und Silvanerreben stehen hat. Südöstlich grenzt an den Küchenmeister der Julius-Echter-Berg an, wo Paul Weltner Riesling und Weißburgunder anbaut. Mehr als die Hälfte seiner Weinberge ist mit Silvaner bestockt, dazu gibt es Riesling, Weißburgunder, Müller-Thurgau, Scheurebe und Sauvignon Blanc, aber auch Spätburgunder und Domina. 90 Prozent der Weine werden trocken ausgebaut.

Vorjahre

Schon seit der ersten Ausgabe empfehlen wir die Weine von Paul Weltner, schon damals waren wir sehr angetan von der Frische und Reintönigkeit aller Weine. Seither ist es stetig weiter vorangegangen, die Weine haben an Fülle und Ausdruck gewonnen ohne diese Reintönigkeit zu verlieren, angefangen von den Kabinettweinen sind alle Kollektionen immer sehr zuverlässig. 2010 behauptete sich Paul Weltner gut, alle Weine waren frisch, klar und zupackend; das Große Gewächs gefiel uns allerdings nicht ganz so gut wie in den vorausgegangenen Jahrgängen. Sehr gut gefielen uns Scheurebe Auslese und Spätburgunder, knapp gefolgt von der neuen weißen Spitzencuvée aus Scheurebe und Silvaner. Die letztjährige Kollektion war bärenstark, egal ob Müller-Thurgau oder Sauvignon Blanc, Weißburgunder oder Riesling, Scheurebe oder Spätburgunder. Und natürlich gab es eine tolle Silvaner-Riege, angeführt von einem famosen Großen Gewächs Hoheleite.

Neue Kollektion

Die neue Kollektion beginnt mit einem wunderschön fruchtbetonten, sehr guten Gutssilvaner, der Müller-Thurgau ist reintönig und zupackend. Es folgen drei „Erste Lagen"-Silvaner, die Wahl fällt uns schwer, der aus dem Julius-Echter-Berg besitzt die reifere Frucht, die Weine aus Küchenmeister und Schwanleite sind etwas geradliniger und druckvoller. Der Rödelseer Riesling ist frisch und zupackend bei viel Biss, das erstmals erzeugte Große Gewächs ist kraftvoll, klar und geradlinig, besitzt gute Struktur und Substanz. Die Scheurebe ist faszinierend reintönig wie auch der Sauvignon Blanc, die weiße Cuvée Villsenah, Silvaner und Scheurebe, ist enorm konzentriert, bleibt aber verschlossen, braucht Zeit. Zeit braucht man auch für den Hoheleite-Silvaner: Frisch geöffnet ist er etwas vom Schwefel geprägt, ist frisch, klar und präzise bei deutlicher Kohlensäure, entwickelt sich dann aber prächtig, ist druckvoll und nachhaltig, gewinnt nach Tagen noch weiter an Präzision. Aber Paul Weltner kann nicht nur weiß, auch beim Spätburgunder wird er immer besser, der 2011er ist reintönig und frisch, zupackend und

fruchtbetont, besitzt gute Struktur und Länge. Stimmige, starke Kollektion! ◄■

Weinbewertung

85   2012 Gutssylvaner trocken **12,5 %/7,50 €**
85   2012 Müller-Thurgau trocken Rödelseer **12 %/7,50 €**
88   2012 Sylvaner trocken Rödelseer Küchenmeister **13 %/12,- €**
88   2012 Sylvaner trocken Iphöfer Julius-Echter-Berg **13,5 %/15,- €**
88   2012 Sylvaner trocken „Alte Reben" Rödelseer Schwanleite **13 %/12,- €**
87   2012 Riesling trocken Rödelseer Küchenmeister **12,5 %/12,- €**
88   2012 Sauvignon Blanc trocken Rödelseer **13 %/16,- €**
88   2012 Scheurebe trocken Rödelseer Schwanleite **12,5 %/12,- €**
88   2012 „Villsenah" Weißwein trocken **13 %/24,- €**
91   2012 Sylvaner „GG" „Hoheleite" **13 %/28,- €**
90   2012 Riesling „GG" „Hoheleite" **13 %/28,- €**
88   2012 Riesling Auslese Rödelseer Küchenmeister **9,5 %**
89   2011 Spätburgunder Rödelseer Küchenmeister **13 %/18,- €**

Dirk **Wendel** ★
Weingut
Rheinhessen

📍 *Zellertalstraße 48, 67551 Worms-Pfeddersheim*
*Tel. 06247-5720, **Fax:** 06247-5718*
www.weingut-wendel.de
weingut.wendel@t-online.de
***Besuchszeiten:** täglich von 8-19 Uhr*
Weinstube für 12-35 Personen

Inhaber . . . . Dirk Wendel
Rebfläche . . . . 7,5 Hektar

Nach seiner Lehre hat Dirk Wendel sich noch einige Jahre in der Pfalz und in Rheinhessen umgesehen. Dort hat er bei einem Weingut, einem Sekthaus und einem Rebveredler ge-

Die besten deutschen Weinerzeuger und ihre Weine

W

arbeitet und übernahm 1997 den elterlichen Betrieb. Neben Riesling, Silvaner und den Burgundersorten baut er beispielsweise auch Sauvignon Blanc an. Bei den roten Sorten gibt es neben Portugieser und Dornfelder auch St. Laurent, Cabernet Sauvignon, Früh- und Spätburgunder. Seit 2010 werden die Weinberge biologisch bewirtschaftet.

Vorjahre

Neben Sauvignon Blanc und Cabernet Dorsa hatte Dirk Wendel vor zwei Jahren nur zwei eigenwillige Weine vorgestellt, den glühweinähnlichen „Emozione" und einen Riesling im Sherrystil. Im vergangenen Jahr gab es ihn in der Extra-Dry-Version – und er erinnerte wirklich an Sherry, die Rieslinge waren kraftvoll, klar und eigenwillig.

Weinbewertung

Die neue Kollektion ist sehr gleichmäßig, bei Vorteilen im roten Segment, der kraftvolle Spätburgunder mit seiner klaren, reifen Frucht gefällt uns am besten. ◀

Weinbewertung

81	2012 Sauvignon Blanc trocken	12 %/6,50 €
81	2012 Grauburgunder trocken	12 %/6,- €
82	2012 Riesling trocken Morstein	12 %/6,- €
83	2010 Frühburgunder trocken Holzfass	13 %/8,- €
83	2011 Dunkelfelder trocken Holzfass	13 %/8,- €
84	2011 Spätburgunder trocken „Kurt Gentner"	13 %/9,90 €

Nachdem Hans-Joachim Klose zusammen mit Ingo Witt das Weinwerk in Rüdesheim aufgebaut hatte, startete der Nebenerwerbswinzer, von Beruf IT-Systemarchitekt, in Geisenheim neu. Angebaut werden heute Riesling und Spätburgunder.

Vorjahr

Zum Debüt wurden Weine der Jahrgänge 2009 bis 2011 vorgestellt, mit Schraubverschluss, klingenden Namen und origineller Flaschenausstattung. Der rassige Riesling „dreamweaver" gefiel ebenso wie der unkomplizierte „smalltalk". Highlight war allerdings die ungemein süffige, animierende Beerenauslese.

Neue Kollektion

Unter den Weinen des Jahrgangs 2012 gefällt wiederum der „dreamweaver" am besten. Er besitzt eine sehr präzise Art, ist zwar nicht ewig lang, macht aber viel Spaß. Rassig und nicht zu hoch dosiert ist der Schaumwein aus 2011. ◀

Weinbewertung

84	2011 Riesling Sekt brut „pearl"	12,5 %/11,50 €
83	2012 Riesling trocken „smalltalk"	12 %/6,50 €
86	2012 Riesling trocken „dreamweaver"	12,5 %/10,- €
84	2012 Riesling „swing"	10,5 %/7,50 €

★

werk2
Weingut

Rheingau

Behlstraße 2, 65366 Geisenheim (Betrieb: Wass'sche Fabrik, Winkeler Straße 100b, 65366 Geisenheim)
Tel. 06722-4979712
www.werk2.org, www.werkslounge.de
hklose@werk2.org
Besuchszeiten: nach Vereinbarung

Inhaber . . . . Hans-Joachim Klose
Rebfläche . . . . 0,5 Hektar

★★★

Arndt F. **Werner**
Weingut

Rheinhessen

 Mainzer Straße 97, 55218 Ingelheim
Tel. 06132-1090, **Fax:** 06132-431335
www.weingutwerner.de
info@weingutwerner.de
Besuchszeiten: Mo.-Fr. 9-12:30 + 14-18 Uhr, Sa. 9:30-14 Uhr
Probierzimmer und Weinterrasse, Proben im Barriquekeller, Weinseminare

Inhaber . . . . Arndt und Birgit Werner
Rebfläche . . . . 13 Hektar

Anfang der achtziger Jahre hat Arndt Werner, Diplom-Geograph, das Gut mit damals 3 Hektar Weinbergen von seinem Vater übernommen und mit der Umstellung auf ökologischen Weinbau begonnen. 1983 gründete er mit gleich denkenden Winzern den ersten Verband ökologischer Winzer in Deutschland. Heute ist Arndt Werner Mitglied bei Ecovin und Bioland. Darüber hinaus ist das Weingut Demonstrations-Ökoweingut des Bundesministeriums für Landwirtschaft und Verbraucherschutz. Arndt Werner baut in seinen Weinbergen viele rote Sorten an: Spätburgunder, Portugieser und Dornfelder, aber auch Frühburgunder, Regent und Cabernet Sauvignon (seit dem Jahrgang 2002). Die Rotweine werden nach der Maischegärung in Holzfässern ausgebaut. Bei Weißweinen beschränkt er sich auf Riesling, Silvaner und Chardonnay, sowie Grauburgunder und Weißburgunder. Der Weißweinanteil hat durch Neuanlagen von Weißburgunder, Riesling und Chardonnay etwas zugenommen, zuletzt wurde Cabernet Blanc gepflanzt – und vor allem mehr Riesling. Seit dem Jahrgang 2004 wird auf Prädikatsbezeichnungen verzichtet, die besten Weine werden in der „S"-Klasse angeboten. 95 Prozent der Weine werden an Endverbraucher verkauft. Nach der Teilaussiedlung an den Rand der Weinberge befinden sich Keller und Weinverkauf weiterhin im alten Hofgut.

Vorjahre _____

Die überzeugende 2010er Weißweinkollektion wurde angeführt vom Weißburgunder, der Grauburgunder stand ihm vor zwei Jahren nur wenig nach, im roten Segment dominierten Frühburgunder und Spätburgunder. Unser Favorit im roten Segment im vergangenen Jahr war der Cabernet Sauvignon, aber auch sonst konnten die Roten sich sehen lassen, allen voran Spätburgunder und der Portugieser. Ebenbürtig war auch wieder der weiße Teil der Kollektion, der Weißburgunder hatte wieder ganz knapp die Nase vorne, knapp gefolgt von Silvaner, Chardonnay und Riesling.

Neue Kollektion _____

Sehr gleichmäßig ist nun die neue Kollektion, weiß wie rot, da fällt es schwer einzelne Weine herauszuheben. Im weißen Segment bilden die Selektionsweine eine Steigerung gegenüber den Gutsweinen hinsichtlich Fülle und Schmelz, der saftige Silvaner, der zupackende Riesling und der reintönige, aber recht süße Weißburgunder gefallen uns besonders gut. Ähnlich ist es bei den Rotweinen: Die Spätburgunder-Selektionen sind füllig, man spürt den Alkohol, der Cabernet Sauvignon besitzt Kraft und Struktur, der Frühburgunder wie auch der Portugieser besitzen reintönige Frucht. ◀

Weinbewertung _____

83   2012 Cabernet Blanc trocken **13,5 %/6,30 €**

83   2012 „Blanc de Blanc" trocken **13 %/7,30 €**

83   2012 Weißburgunder trocken **13,5 %/7,80 €**

86   2012 Silvaner trocken Selection Ingelheimer Steinacker **14 %/8,80 €**

86   2012 Riesling trocken Selection Ingelheimer Steinacker **14 %/10,80 €**

86   2012 Weißburgunder trocken Selection Ingelheimer Horn **14 %/11,80 €**

85   2012 Grauburgunder „S" trocken Ingelheim am Rhein **14 %/9,80 €**

84   2012 Chardonnay „S" trocken Ingelheim am Rhein **13,5 %/10,80 €**

85   2012 Riesling „S" halbtrocken Ingelheimer Steinacker **13 %/8,80 €**

82   2011 Blauer Spätburgunder trocken **14 %/9,80 €**

86   2011 Blauer Spätburgunder „S" trocken Ingelheim am Rhein **15 %/11,80 €**

85   2011 Saint Laurent „S" trocken Ingelheim am Rhein **14 %/15,80 €**

86   2011 Blauer Portugieser trocken Selection Ingelheimer Sonnenhang **14,5 %/15,80 €**

86   2011 Blauer Frühburgunder „S" trocken Ingelheim am Rhein **14,5 %/16,80 €**

87   2009 Blauer Spätburgunder trocken Selection (2. Füllung) Ingelheim am Rhein **15 %/19,80 €**

87   2011 Blauer Spätburgunder trocken Selection Ingelheim am Rhein **14,5 %/15,80 €**

86   2011 Cabernet Sauvignon „S" trocken Ingelheimer Höllenweg **14,5 %/19,80 €**

Die besten deutschen Weinerzeuger und ihre Weine

W

O. **Werner** & Sohn

★★☆

Weingut   **Mosel**

Römerstraße 17, 54340 Leiwen
Tel. 06507-4341, **Fax:** 06507-8355
www.weingut-werner.de
weingut1@aol.com
Besuchszeiten: Mo.-Sa. 10-18 Uhr
Probierstube (Weinprobe mit Essen)

Inhaber........................Bernhard Werner
Rebfläche...............................6 Hektar

Bernhard Werner war fast zehn Jahre Vorsitzender der „Vereinigung der Leiwener Jungwinzer", die seit Mitte der achtziger Jahre mit hochwertigen Rieslingen auf sich aufmerksam machen. Seine besten Parzellen liegen in den Lagen Schweicher Annaberg, Trittenheimer Apotheke und Leiwener Laurentiuslay. Die Weine werden spontanvergoren und im klassischen Fuder ausgebaut; die trockenen Rieslinge werden teilweise gegen Ende des Gärverlaufs nochmals mit Reinzuchthefen beimpft, um in den trockenen Bereich zu gelangen. 80 Prozent seiner Weine baut Bernhard Werner trocken oder halbtrocken aus.

Vorjahre

Recht würzig präsentierten sich die 2010er, allerdings war die Kollektion nicht so ausgewogen wie in früheren Jahren, das mächtige Große Gewächs und die duftige Beerenauslese gefielen uns am besten. 2011 präsentierte Bernhard Werner eine stimmige, starke Kollektion. Im trockenen Segment trumpfte einmal mehr das Große Gewächs aus dem Annaberg auf, restsüß betörte die Versteigerungsauslese.

Neue Kollektion

Die neue Kollektion hat ihre leichten Vorteile im restsüßen Segment, sieht man einmal von der feinherben Spätlese aus der Laurentiuslay ab, die klar und harmonisch ist bei guter Struktur. Der in gebrauchten Barriques ausgebaute Spätburgunder stammt aus den besten Lagen des Annabergs, er ist kraftvoll und strukturiert.

Unser Favorit in der aktuellen Kollektion ist aber die Versteigerungs-Auslese aus der Apotheke, die wunderschön klar und harmonisch ist, reife Frucht und gute Struktur besitzt.

Weinbewertung

83   2011 „Grande Cuvée" Riesling Sekt brut
     12,5 %/10,80 €
82   2012 Riesling trocken „vom steilen Hang"
     12 %/6,90 €
83   2012 Riesling Spätlese trocken Annaberg
     12 %/9,20 €
81   2012 Riesling Kabinett „feinherb" Apotheke
     10,5 %/6,50 €
86   2012 Riesling Spätlese „feinherb" Laurentiuslay   **11 %/9,20 €**
82   2012 Riesling Kabinett Annaberg   **9,5 %/6,50 €**
83   2012 Riesling Spätlese Annaberg   **7,5 %/9,70 €**
84   2012 Riesling Spätlese Apotheke   **7,5 %/9,70 €**
88   2012 Riesling Auslese Trittenheimer Apotheke
     7,5 %/Verst.
84   2011 Riesling Trockenbeerenauslese Schweicher Annaberg   **6,5 %/82,- €/0,375l**
85   2011 Spätburgunder trocken Barrique
     14 %/12,50 €

Domdechant

★★★

Werner'sches

Weingut   **Rheingau**

Rathausstraße 30, Postfach 1205, 65234 Hochheim
Tel. 06146-835037, **Fax:** 835038
www.domdechantwerner.com
weingut@domdechantwerner.com
Besuchszeiten: Mo.-Fr. 8:30-17 Uhr, Sa. 9-12 Uhr,
sonst nach telefonischer Anmeldung
Weinproben für Gruppen ab 20 Personen nach
Absprache

Inhaber................Dr. Franz-Werner Michel
Rebfläche............................12,5 Hektar

1780 erwarb der Vater des Mainzer Domdechanten Dr. Franz Werner vom Grafen Jork dieses Hochheimer Weingut. Domdechant

Werner wird heute in siebter Generation von Franz-Werner Michel geführt, unterstützt wird er von Tochter Catharina Mauritz. Seine Weinberge liegen in den Hochheimer Lagen Domdechaney, Kirchenstück, Hölle, Stein, Stielweg und Reichestal. Neben Riesling (98 Prozent) baut Franz-Werner Michel ein klein wenig Spät- und Frühburgunder an. Die Weine werden überwiegend an Gastronomie und Fachhandel verkauft, etwa die Hälfte der Produktion wird exportiert. In den letzten Jahren haben sich die Weine auf einem sehr gleichmäßigen Niveau etabliert: Alle sind geradlinig und besitzen viel Frucht, entwickeln sich langsam und können gut reifen. Die Lagenunterschiede werden immer besser herausgearbeitet, auch die Süßweine haben an Präzision gewonnen.

Vorjahre

Der Jahrgang 2010 hatte geradlinige Erste Gewächse hervorgebracht, auch die Basisweine waren überzeugend, und der Frühburgunder aus 2009 machte mit seiner klaren Frucht viel Freude. 2011 setzte das Weingut seinen Weg überzeugend fort. Geradlinigen Basisweinen standen frische, rassige und nicht zu süß wirkende Erste Gewächse gegenüber. Vor allem der Riesling aus dem Kirchenstück begeisterte mit Geradlinigkeit und einem angenehm trocken-präzisen Stil, während sein Pendant aus der Domdechaney etwas verhaltener wirkte.

Neue Kollektion

Mit saftigen Basisweinen kann das Weingut in diesem Jahr punkten. Schon der Gutsriesling überzeugt mit Frische, bleibt dabei angenehm trocken. Die schlanke Spätlese gefällt ebenso wie der nach Äpfeln und Mirabellen sowie einem Hauch Zitrus duftende trockene Wein aus der Domdechaney. Das verkostete Große Gewächs aus dem Kirchenstück ist in seiner schlanken Art höchst zuverlässig, stellt allerdings keine wirkliche Steigerung mehr da. Tipp: Der saftige, duftige Frühburgunder. ◄

Weinbewertung

84   2012 Riesling trocken   **12 %/8,50 €**

86   2012 Riesling Kabinett trocken Hochheimer

Hölle   **12 %/9,75 €**

87   2012 Riesling trocken Hochheimer Kirchenstück   **12,5 %/12,50 €**

88   2012 Riesling trocken Hochheimer Domdechaney   **12,5 %/15,- €**

88   2012 Riesling trocken „GG" Hochheimer Kirchenstück

83   2012 Riesling Classic   **12 %/9,75 €**

86   2012 Riesling Kabinett Hochheimer Hölle **10 %/9,75 €**

86   2012 Riesling Spätlese Hochheimer Domdechaney   **8,5 %/12,50 €**

89   2012 Riesling Auslese Hochheimer Domdechaney   **8 %/20,- €**

87   2011 Frühburgunder trocken Hochheimer **12,5 %/12,50 €**

Wernersbach

Weingut   **Rheinhessen**

Spitalstraße 41, 67596 Dittelsheim-Hessloch
Tel. 06244-4477, **Fax:** 06244-249
www.wernersbach-weine.de
weingut@wernersbach-weine.de
Besuchszeiten: nach Vereinbarung

Inhaber.................Stephan Wernersbach
Rebfläche.............................10 Hektar

Das Weingut in seiner heutigen Form wurde 1941 gegründet, doch lässt sich bis ins 17. Jahrhundert zurück Weinbau in der Familie nachweisen. 2005, noch während seines Studiums, hat Stephan Wernersbach die Weinberge übernommen, die von seinen Eltern als „Hobby" bewirtschaftet wurden. Zusammen mit Bruder Florian und den Eltern baute er das Gut auf. Die Weinberge liegen in Hessloch (Edle Weingärten, Liebfrauenberg, Mondschein) und Bechtheim (Geiersberg und Hasensprung mit dem Filetstück Löwenberg). Riesling, Silvaner, die Burgundersorten und Portugieser dominieren im Sortiment, hinzu

Die besten deutschen Weinerzeuger und ihre Weine

W

kommen Chardonnay, Kerner, Müller-Thurgau, Dornfelder, Cabernet Sauvignon, Würzer und Huxelrebe. Die Weißweine werden nach kühler Gärung im Edelstahl ausgebaut, Rotweine kommen nach der Maischegärung ins Holz, teils auch ins Barrique.

Vorjahre

2010 lagen die Vorteile bei den Rieslingen; insgesamt aber war die Kollektion jahrgangsbedingt deutlich schwächer als gewohnt. 2011 präsentierte sich sehr gleichmäßig, Highlight im trockenen Segment war einmal mehr der Riesling „Ars Antiqua, edelsüß aber gab es ein weiteres Glanzlicht zu vermelden, eine faszinierend reintönige Muskateller Beerenauslese.

Neue Kollektion

Die neue Kollektion ist stimmig und überzeugt. Unsere Favoriten sind die beiden „Ars Antiqua"-Weine: Der Riesling ist füllig und kraftvoll, besitzt gute Konzentration und Substanz, der Spätburgunder zeigt feine rauchige Noten im Bouquet, ist reintönig und kraftvoll im Mund bei guter Struktur und Frische. ◄

Weinbewertung

81 2012 Riesling trocken **12,5 %/5,50 €**

82 2012 Riesling Spätlese trocken Hesslocher Mondschein **13 %/8,50 €**

81 2012 Riesling Spätlese trocken „Auf den Aupern" **13 %/8,50 €**

85 2012 Riesling trocken „Ars Antiqua" **13 %/12,90 €**

81 2012 Scheurebe Spätlese trocken **13 %/8,50 €**

86 2011 Spätburgunder trocken „Ars Antiqua" **14 %/15,90 €**

★

Werther Windisch
Weingut **Rheinhessen**

Schulstraße 3, 55278 Mommenheim
Tel. 06138-5587, **Fax**: 06138-5587
www.werther-windisch.de
info@werther-windisch.de
Besuchszeiten: nach Vereinbarung

Inhaber................... Hans Albert Windisch
Rebfläche.............................. 11 Hektar

Anfang der achtziger Jahre übernahm Hans-Albert Windisch das Gut von seinem Schwiegervater, fokussierte den Mischbetrieb immer stärker auf Weinbau. 2006 begann Sohn Jens seine Ausbildung mit Stationen in Neuseeland und Rheinhessen; er studiert derzeit in Geisenheim, ist für den Weinausbau verantwortlich. Die Weinberge liegen in Mommenheim, Harxheim, Zornheim und Selzen, zu 90 Prozent werden weiße Rebsorten angebaut. Wichtigste Rebsorte ist Silvaner, gefolgt von Weißburgunder, Riesling und Gewürztraminer, an roten Sorten gibt es Portugieser und Spätburgunder.

Kollektion

Eine stimmige Kollektion präsentierten Hans-Albert uns Jens Windisch zum Debüt im vergangenen Jahr mit klaren, fruchtbetonten Guts- und Ortsweinen, unser Favorit war der Lagen-Silvaner aus der Harxheimer Lieth.

Neue Kollektion

Auch 2012 gefällt er uns wieder sehr gut, zeigt gute Konzentration und reife Frucht im Bouquet, ist füllig und kraftvoll im Mund, besitzt gute Struktur, Substanz und Druck. Auch der Riesling „8°14' E" ist sehr gut, ist kraftvoll, klar und zupackend, zusammen führen sie eine stimmige, überzeugende Kollektion an. ◄

Weinbewertung

81 Silvaner Sekt „dosage zero" **12,5 %/11,- €**

81 2012 Riesling trocken **12 %/6,20 €**

85 2012 Riesling trocken „8 14' E" **13 %/8,50 €**

87 2012 Silvaner trocken Lieth **13 %/15,- €**

83 2012 Gewürztraminer Auslese **9,5 %/8,50 €**

81 2012 Portugieser trocken „8 14' E" **12,5 %/8,50 €**

Schloss **Westerhaus**
Weingut

★ ☆

Rheinhessen

Westerhaus, 55218 Ingelheim
Tel. 06130-6674, *Fax:* 06230-6608
www.schloss-westerhaus.de
info@schloss-westerhaus.de
Besuchszeiten: Mo.-Fr. 9-12 + 14-17 Uhr,
Sa. 10-16 Uhr

Inhaber - Ivonne Gräfin von Schönburg-Glauchau
...... Johannes Graf von Schönburg-Glauchau
Kellermeister .... Toni Frank
Rebfläche .... 15 Hektar

Das im Jahr 1900 von Heinrich Opel, einem der Söhne Adam Opels, gekaufte Weingut wird heute in vierter Generation von Ivonne Gräfin von Schönburg-Glauchau und ihrem Ehemann Johannes Graf von Schönburg-Glauchau geführt. 12 Hektar Weinberge befinden sich direkt unterhalb des Schlosses in der arrondierten Einzellage Oberingelheimer Schloss Westerhaus (im Alleinbesitz), wo die Reben auf Muschelkalkböden wachsen. Zwei Drittel der Weinberge nehmen weiße, ein Drittel rote Rebsorten ein. Neben Riesling liegt der Schwerpunkt auf Grauburgunder und Weißburgunder, auch Auxerrois wurde inzwischen angepflanzt. Bei den roten Sorten dominiert Spätburgunder, dazu gibt es Frühburgunder. In den letzten Jahren wurden die alten Holzfässer zum Teil durch Edelstahl ersetzt, aber es wurden auch neue Holzfässer angeschafft. Die Saphir-Linie wurde 2008 in die Ortslinie „Ingelheimer" integriert.

Vorjahre _____

Die 2010er Weißweine waren frisch und etwas verhalten, die Rotweine vor zwei Jahren etwas vom Holz dominiert, das Große Gewächs besaß gute Substanz. 2011 waren die Gutsweine frisch und klar, wenn auch etwas verhalten, unter den Ortsweinen gefiel uns der Riesling besonders gut. Highlight im Programm war aber eindeutig die nach Litschi duftende Trockenbeerenauslese.

Neue Kollektion _____

Der weiße Teil der Kollektion präsentiert sich etwas uneinheitlich, überzeugt aber in der Spitze: Das Große Gewächs ist füllig und kraftvoll, besitzt reife Frucht und gute Struktur, auch die süße Spätlese überzeugt. Etwas gleichmäßiger präsentieren sich die Rotweine mit einem fruchtbetonten Frühburgunder und dem ein klein wenig bitteren Spätburgunder Grand Prix, auch hier gefällt uns das Große Gewächs am besten, ist fruchtbetont und intensiv, besitzt gute Struktur, Kraft und klare Frucht. ◄■

Weinbewertung _____

80	2012 Riesling trocken **12,5 %/6,80 €**
81	2012 Chardonnay & Weißburgunder trocken **13,5 %/8,90 €**
82	2012 Weißburgunder trocken „Saphir" Ingelheimer **13,5 %/11,50 €**
81	2012 Grauburgunder trocken „Saphir" Ingelheimer **13,5 %/11,50 €**
83	2012 Riesling trocken „Saphir" Ingelheimer **13 %/11,50 €**
88	2012 Riesling „GG" Schloss Westerhaus **13 %/21,- €**
80	2012 Riesling „feinherb" **12,5 %/7,50 €**
83	2012 Riesling „Maxima" **12 %/14,50 €**
85	2012 Riesling Spätlese Schloss Westerhaus **10 %/18,- €**
85	2011 Frühburgunder trocken Ingelheimer **13 %/15,90 €**
84	2011 Spätburgunder trocken „Grand Prix" **13,5 %/15,90 €**
87	2011 Spätburgunder „GG" Schloss Westerhaus **13,5 %/24,- €**

Die besten deutschen Weinerzeuger und ihre Weine

Wick

Weingut   **Pfalz** ★

◆❖✿ *Hauptstraße 2, 67308 Zellertal-Zell*
Tel. 06355-2201, *Fax:* 06355-3176
www.weingut-wick.de
weingut-wick@t-online.de
Besuchszeiten: Sa. 10-16 Uhr oder nach Vereinbarung
Probierstübchen, Weinproben im Gewölbekeller, im
Weinberg oder am „Château Escargot"

Inhaber .... Jochen und Martina Wick
Rebfläche .... 12 Hektar

Jochen und Martina Wick bewirtschaften seit
1986 ihre Weinberge nach den Richtlinien von
Ecovin. Zusammen mit ihren Kindern Max und
Eva leben sie auf dem an die Weinberge angrenzenden 100 Jahre alten Hof der ehemaligen Zeller Winzergenossenschaft. Neben Riesling, den Burgundersorten und Gewürztraminer
spielen rote Sorten eine wichtige Rolle: Spätburgunder und Portugieser (mit über 50 Jahre
alten Reben) bauen sie an, dazu Dornfelder,
Dunkelfelder, St. Laurent und Regent. Die Rotweine werden maischevergoren und entweder
in alten Fässern aus Pfälzer Eiche oder im Barrique ausgebaut. 2002 haben sie den ersten
deutschen „Bio-Balsamico" erzeugt.

Neue Kollektion ———————————————
Die 2012er Weißweine präsentieren sich frisch,
klar und fruchtbetont, sie besitzen kräftige Säure und feine süße Frucht. Unser Favorit in der
aktuellen Kollektion aber ist die rote Cuvée Cathédrale, die 60 % Dunkelfelder aus den Jahrgängen 2008 und 2010 enthält sowie 40 % Merlot des Jahrgangs 2011. Sie ist fruchtbetont und
intensiv im Bouquet, klar im Mund, füllig und
zupackend, besitzt gute Struktur. ━━◀

Weinbewertung ———————————————
82   2012 Sauvignon Blanc trocken   **12,5 %/8,- €**
82   2012 Chardonnay trocken   **13 %/7,80 €**
82   2012 Riesling trocken „Sauvage"   **12,5 %/7,70 €**
82   2012 Riesling trocken Zeller Kreuzberg
     12,5 %/8,80 €

83   2012 Riesling + Gewürztraminer „Hochzeits-
     wein"   **11,5 %/9,80 €**
83   2011 Regent trocken Barrique   **13 %/12,40 €**
86   „Cathédrale" Rotwein trocken Barrique
     13,5 %/15,50 €

Michael **Wiesler**

Weingut   **Baden** ★ ☆

Krozinger Straße 26, 79219 Staufen
Tel. 07633-6905, *Fax:* 07633-6917
www.weingut-wiesler.de
kontakt@weingut-wiesler.de
Besuchszeiten: Mo.-Fr. 15-18:30 Uhr, Sa. 9-13:30 Uhr
Weinproben (10 bis 60 Personen)
Gutsschänke Apr. + Mai, Sept. + Okt., Do.-So. ab 16 Uhr

Inhaber .... Michael Wiesler
Rebfläche .... 6,8 Hektar

Karl Alfred Wiesler gründete 1927 das Weingut, das 1971 von den Söhnen Bernhard und
Klaus Wiesler übernommen wurde. Michael
Wiesler, der Sohn von Bernhard und Enkel
des Gründers, übernahm 1990 den Betrieb,
den er zusammen mit Ehefrau Kristina führt.
1994 modernisierten sie den Betrieb und errichteten einen Verkaufsraum, 2003 eröffneten sie dann die Gutsschänke. Die Weinberge liegen überwiegend in Hang- und
Steillagen, alle im Staufener Schlossberg, wo
die Reben auf Kalkverwitterungsböden
wachsen. Ein Teil der Weinberge wurde bereits in den fünfziger Jahren gepflanzt. Der
Schwerpunkt liegt auf den Burgundersorten.
Dazu gibt es Gutedel, aber auch Gewürztraminer und Riesling.

Vorjahre ———————————————
Vor zwei Jahren gefiel uns der Spätburgunder sehr gut, ebenso der Weißburgunder aus
der Editions-Serie, beide hatten elf Monate
Vollhefekontakt. Überhaupt überzeugte uns,
angesichts des Jahrgangs, was Michael Wies-

W

Die besten deutschen Weinerzeuger und ihre Weine

ler 2010 auf die Flasche gebracht hatte, präsentierte er doch eine sehr konsistente Kollektion ohne jede Schwäche. Die letztjährige Kollektion war deutlich verhaltener, brachte frische, klare Weine.

Neue Kollektion

Die neue Kollektion überzeugt. Neben dem frischen klaren Gutedel gibt es einen weiteren, elf Monate auf der Vollhefe ausgebauten Gutedel, der kraftvoll und klar ist, reife Frucht und gute Struktur besitzt. Beim Weißburgunder präferieren wir allerdings die jugendliche Variante, die herrlich klar, kraftvoll und zupackend sich präsentiert; die Vollhefe-Variante, von 1954 gepflanzten Reben, ist deutlich verschlossener, noch sehr jugendlich. Sehr reintönig ist der nach Limonen duftende Riesling, klar und kraftvoll, fruchtbetont und zupackend; auch Grauburgunder und Blanc de Noir überzeugen. Im roten Segment gibt es einen kraftvollen Spätburgunder von 1954 gepflanzten Reben, im Barrique ausgebaut: Er zeigt gute Konzentration und rauchige Noten im Bouquet, reife Frucht, gute Struktur und Frische im Mund. So darf es weitergehen! ◄

Weinbewertung

82   2012 Gutedel trocken Staufener Schlossberg **12 %/5,50 €**

85   2011 Gutedel trocken „Edition Wiesler" Staufener Schlossberg **12,5 %/6,90 €**

86   2012 Weißburgunder trocken Staufener Schlossberg **13 %/7,20 €**

84   2011 Weißburgunder trocken „Edition Wiesler" Staufener Schlossberg **13 %/8,50 €**

84   2012 Grauburgunder trocken Staufener Schlossberg **13,5 %/7,20 €**

83   2011 „Blanc de Noirs" trocken Staufener Schlossberg **13 %/7,20 €**

86   2011 Riesling trocken „Edition Wiesler" Staufener Schlossberg **13 %/8,- €**

83   2011 Spätburgunder trocken Staufener Schlossberg **13 %/7,60 €**

86   2010 Spätburgunder trocken „Edition Wiesler" Staufener Schlossberg **14 %/19,50 €**

Wilhelmshof
Weingut ⭐⭐⭐   **Pfalz**

Queichstraße 1, 76833 Siebeldingen
Tel. *06345-919147,* **Fax:** *06345-919148*
www.wilhelmshof.de
mail@wilhelmshof.de
Besuchszeiten: *Mo.-Fr. 8-12 + 13-18 Uhr, Sa. 9-17 Uhr*
Kellerführung nach Voranmeldung Sa. 10 Uhr

Inhaber .... Familie Roth-Ochocki
Rebfläche .... 18 Hektar

1975 übernahmen die beiden Diplom-Önologen Christa und Herbert Roth den Wilhelmshof. Christa Roths Vater, Wilhelm Jung, hatte 1949 mit der Flaschenweinvermarktung begonnen. Christa und Wilhelm Roth strukturierten die Weinberge um, konzentrierten sich ganz auf Riesling, Weißburgunder, Spätburgunder und Grauburgunder. Und sie begannen Sekte zu erzeugen, mit denen sie sich bald auch außerhalb der Region einen Namen machten. Sekte werden nur brut oder extra brut angeboten. 2005 sind ihre Tochter Barbara und deren Ehemann Thorsten Ochocki in den Betrieb eingestiegen.

Vorjahre

Die erfreuliche Entwicklung, die wir in den Vorjahren fest stellten, setzte sich vor zwei Jahren fort, egal ob bei weiß, rot oder beim Sekt – die Kollektion überzeugte auf ganzer Breite. Die Weißweine waren wieder reintönig und klar, Weißer und Grauer Burgunder „Alte Reben" aus dem Jahrgang 2009 besaßen beide Substanz und Potential, die Spätburgunder mit dem „Wilhelm" an der Spitze waren saftig, reintönig und intensiv und der faszinierende Pinot „B" gehörte einmal mehr zu den besten Sekten aus Deutschland. Im letzten Jahr war der einmal mehr wunderbar komplexe und eindringliche Pinot „B" zum Zeitpunkt der Verkostung noch etwas unruhig. Ganz stark unter den gewohnt guten Sekten fanden wir im vergangenen Jahr auch den Weißburgunder. Die

Die besten deutschen Weinerzeuger und ihre Weine

Weißweine zeigten viel klare, feine Frucht, die Spätlesen waren konzentriert und harmonisch, die vor zwei Jahren schon einmal verkostete Spätburgunder Spätlese aus dem Jahrgang 2009 war kraftvoll und elegant.

Neue Kollektion

In diesem Jahr konnten wir erneut vier verschiedene Sekte verkosten, darunter den lange auf der Hefe gereiften 2004er „Patina", der wie auch der 2010er Pinot „B", herrlich elegant und nachhaltig ist, der „Patina" besitzt dazu ganz dezente Reifenoten, der „B" feine Frische, war aber bei der Verkostung noch etwas verhalten. Die beiden Spätburgunder sind reintönig, wie auch die Rieslinge und Burgunder. Hier sehen wir wieder einmal die beiden kraftvollen und substanzreichen Weine von alten Reben mit viel klarer Frucht an der Spitze. ◄

Weinbewertung

86 2011 Spätburgunder Rosé Sekt brut Siebeldinger Königsgarten **13 %/13,50 €**

87 2010 Pinot Blanc de Noirs Sekt brut Siebeldinger Königsgarten **12 %/15,50 €**

88 2010 Pinot „B" Sekt brut Siebeldinger Königsgarten **13 %/21,- €**

89 2004 „Patina" Pinot Sekt brut Siebeldinger Königsgarten **12,5 %/44,- €**

85 2012 Weißburgunder Kabinett trocken Siebeldinger Im Sonnenschein **12,5 %/6,60 €**

87 2012 Weißburgunder Spätlese trocken Siebeldinger Im Sonnenschein **13,5 %/10,50 €**

88 2012 Weißburgunder Spätlese trocken „Alte Reben" Siebeldinger Im Sonnenschein **14 %/17,- €**

87 2012 Grauburgunder Spätlese trocken Siebeldinger Im Sonnenschein **14 %/10,50 €**

88 2012 Grauburgunder Spätlese trocken „Alte Reben" Siebeldinger Im Sonnenschein **14 %/17,- €**

87 2012 Riesling Spätlese trocken Frankweiler Kalkgrube **13 %/10,50 €**

85 2010 Spätburgunder trocken Siebeldinger Im Sonnenschein **13 %/10,- €**

87 2011 Spätburgunder Spätlese trocken Siebeldinger Im Sonnenschein **14 %/19,- €**

Wilker
Weingut   **Pfalz**

Hauptstraße 30, 76889 Pleisweiler-Oberhofen
Tel. 06343-2202, **Fax:** 06343-4379
www.wilker.de, info@wilker.de
Besuchszeiten: Mo.-Sa. 9-18 Uhr, So. 10-12 Uhr
Gutsausschank und Flammkuchenabende (nach Anmeldung), Hotel mit Restaurant

Inhaber . . . . Heinz und Jürgen Wilker
Rebfläche . . . . 20 Hektar

Heinz und Helga Wilker haben 1965 erstmals Weine selbst vermarktet. Heinz Wilker hat seither den ehemaligen landwirtschaftlichen Gemischtbetrieb ganz auf Wein ausgerichtet. Aus den Maisfeldern wurden Weinberge und aus dem Kuhstall der Weinkeller. Seit 1990 arbeitet Sohn Jürgen, der unter anderem Praktika in Oregon, Australien und Südafrika gemacht hat, im Betrieb mit und ist für den Keller verantwortlich. Rote Sorten nehmen 45 Prozent der Weinberge ein. Die wichtigsten roten Sorten sind Dornfelder und Trollinger, dann Spätburgunder und Portugieser. In den letzten Jahren wurden Acolon, Cabernet Cubin, Cabernet Dorsa, Cabernet Sauvignon und Frühburgunder gepflanzt. Das Weingut Wilker ist einer der ganz wenigen Betriebe in der Pfalz, der Trollinger anbaut, eine Rebsorte, die früher häufiger in den Weinbergen zwischen Wissembourg und Bad Bergzabern zu finden war. Wichtigste Weißweinsorte ist Riesling, gefolgt von Weißburgunder, Müller-Thurgau, Grauburgunder und Silvaner. Die Jahresproduktion von 150.000 Flaschen wird fast ganz an Privatkunden verkauft.

Vorjahre

Seit der ersten Ausgabe empfehlen wir die Wilkerschen Weine. Immer wieder sind die Kollektionen durch das gleichmäßige, gute Niveau aller Weine gekennzeichnet. Spitzen findet man regelmäßig im holzausgebauten roten Segment, beim Spätburgunder, aber auch beim Dornfelder. Der Grauburgunder, stand vor zwei

Jahren an der Spitze der Weißweinkollektion, noch besser gefiel uns der im Barrique ausgebaute Frühburgunder. Im letzten Jahr bot die Kollektion gleichmäßige Qualität auf gutem Niveau, die Weißweine waren klar und typisch, wir favorisierten ganz leicht den Silvaner; die beiden Barrique-Rotweine waren gekonnt im Holz ausgebaut.

Neue Kollektion

Barrique-Rote konnten wir in diesem Jahr keine verkosten, dafür ist die Weißweinkollektion sehr gelungen: Silvaner, Chardonnay und Weiß- und Grauburgunder zeigen viel klare reintönige Frucht und besitzen Fülle und feine Würze.

Weinbewertung

85 2012 Silvaner Spätlese trocken Schlossberg
   13,5 %/7,90 €

85 2012 Grauburgunder trocken Schlossberg
   14 %/7,90 €

84 2012 Chardonnay trocken Schlossberg
   13,5 %/7,90 €

85 2012 Weißburgunder Spätlese trocken Schlossberg   **14 %/7,90 €**

83 2012 Riesling trocken Nonnenbusch
   11,5 %/6,50 €

84 2012 Riesling Spätlese trocken Schlossberg
   12,5 %/7,90 €

82 2011 Spätburgunder trocken Holzfass
   13,5 %/8,90 €

★★★

Willems-Willems
Weingut   **Mosel**

Mühlenstraße 13, 54320 Konz-Oberemmel
Tel. 06501-15816, Fax: 06501-150387
www.weingut-willems.de
info@weingut-willems.de
Besuchszeiten: nach Vereinbarung

Inhaber .... Carolin & Jürgen Hofmann
Technischer Betriebsleiter .... Peter Thelen
Rebfläche .... 4,2 Hektar

Maria Willems, geborene Willems (daher der Name Willems-Willems für das Weingut) hat den Betrieb 1971 übernommen, inzwischen ist Tochter Carolin, verheiratete Hofmann, für den Betrieb zuständig. Ihre praktischen Erfahrungen sammelte sie in Australien und Südafrika, sowie beim Deutzerhof an der Ahr. 70 Prozent der Rebfläche nimmt Riesling ein. Hinzu kommen Spätburgunder, Dornfelder, Müller-Thurgau und Weißburgunder. Die Weinberge liegen überwiegend in Oberemmel in den Lagen Altenberg (blauer Schiefer) und Rosenberg, sowie in Niedermennig im Herrenberg (rötlicher Schiefer). Trockene und feinherbe Rieslinge werden ohne Prädikatsbezeichnungen angeboten, die nur noch für süße Weine verwendet werden. Die nominell besten Rieslinge kommen aus Altenberg und Herrenberg, der Riesling „Unter der Kapelle" stammt von über 70 Jahre alten Reben aus dem Filetstück des Altenberg, der „Edmond" ist ebenfalls ein Riesling von sehr alten Reben, ebenfalls aus dem Altenberg. Die Rotweine werden maischevergoren und teils im Barrique ausgebaut. Der „Fusion II" genannte Riesling ist ein Gemeinschaftsprojekt von Carolin und Jürgen Hofmann und vereint Trauben von der Saar und aus Rheinhessen.

Vorjahre

Die 2010er waren etwas verhaltener, besaßen Substanz und Kraft, aber nicht ganz die Komplexität ihrer Vorgänger. Der Riesling „Unter der Kapelle" gefiel uns am besten, der kraftvolle Wein aus dem Herrenberg stand ihm kaum nach, ebenso die würzige Auslese. Geschlossen präsentierte sich der Jahrgang 2011. Saar- und Schiefer-Riesling waren klar und zupackend, Herrenberg, Altenberg und „Unter der Kapelle" alle drei enorm druckvoll, aber alle drei auch recht süß, was ihnen Präzision und Nachhaltigkeit nahm; unser Favorit war wie im Vorjahr „Unter der Kapelle". Spätlese und Auslese aus dem Altenberg rundeten das Programm ab.

Neue Kollektion

Sehr stimmig ist nun auch die 2012er Kollektion. Der Saar-Riesling ist frisch und präzise,

Die besten deutschen Weinerzeuger und ihre Weine

W

der Schiefer-Riesling würzig und zupackend, der Riesling „Auf der Lauer" besitzt Kraft und gute Struktur wie auch der Altenberg-Riesling, der viel reintönige Frucht und gute Länge besitzt. Kraft und Substanz prägen den Herrenberg-Riesling, er ist reintönig und konzentriert, noch sehr jugendlich. Der Riesling „Unter der Kapelle" ist füllig und saftig bei viel reifer süßer Frucht, wesentlich druckvoller und komplexer ist der Edmond, er besitzt herrlich viel Frucht und gute Länge.

Weinbewertung

83	2012 Riesling trocken Saar	11,5 %/8,20 €
85	2012 Riesling trocken „Schiefer"	11,5 %/10,40 €
86	2012 Riesling „feinherb" „Auf der Lauer" 10,5 %/10,20 €	
84	2012 Riesling „feinherb" Rosenberg 11,5 %/10,90 €	
87	2012 Riesling („feinherb") Altenberg 11,5 %/18,20 €	
88	2012 Riesling („feinherb") Herrenberg 11 %/18,20 €	
87	2012 Riesling („feinherb") „Unter der Kapelle" 11 %/22,- €	
89	2012 Riesling („feinherb") „Alte Reben Edmont" 11 %/22,- €	
84	2012 Riesling Spätlese Oberemmeler Altenberg 7,5 %/12,- €	

Wind-Rabold
Wein- und Sektgut   **Pfalz**

★

Gaisbergstraße 9, 76835 Burrweiler
Tel. *06345-3692,* **Fax:** *06345-5226*
www.wind-rabold.de, wind-rabold@t-online.de
Besuchszeiten: *nach Vereinbarung Mo.-Fr. 9-18 Uhr, Sa. 9-17 Uhr*

Inhaber . . . . Rita und Josef Rabold
Rebfläche . . . . 12,5 Hektar

Zwei Drittel der Weinberge von Rita und Josef Rabold nehmen weiße Sorten ein, vor allem Riesling, aber auch Müller-Thurgau, Weißburgunder, Grauburgunder, Silvaner, Chardonnay, Sauvignon Blanc, Muskateller und Gewürztraminer. An roten Sorten gibt es Sankt Laurent, Dornfelder, Spätburgunder und Regent. Etwa die Hälfte der Produktion wird über die Flasche vermarktet, fast ausschließlich an Privatkunden. Die Weinberge liegen vor allem in Burrweiler, aber auch in Hainfeld, Flemlingen, Böchingen und Arzheim. Dort wurde die Betriebsfläche im vergangenen Jahr in der Lage „Kalmit", die von Landschnecken- und Muschelkalk geprägt ist, erweitert.

Vorjahre

In einer insgesamt etwas verhaltenen Kollektion vor zwei Jahren stand die Riesling Spätlese aus dem Altenforst an der Spitze und auch der Muskateller-Sekt hatte uns gut gefallen. Und auch im vergangenen Jahr präsentierten die Rabolds wieder zwei gute, cremige und füllige Sekte, die Weißweine mit dem Altenforst-Riesling an der Spitze waren saftig und klar, nur der feinherbe Riesling und der Rivaner fielen etwas ab.

Neue Kollektion

In diesem Jahr hat uns erneut der Riesling aus dem Altenforst mit seiner feinen mineralischen Würze am besten in einer Kollektion gefallen, in der alle Weine sortentypisch, klar und saftig sind.

Weinbewertung

83	2011 Roter Muskateller Sekt trocken 12,5 %/9,50 €	
82	2012 Grauburgunder Kabinett trocken Hainfelder Kapelle	12,5 %/4,50 €
84	2012 Weißburgunder Spätlese trocken Hainfelder Kapelle	12,5 %/5,90 €
82	2012 Riesling Kabinett trocken Burrweiler Schäwer	12 %/4,50 €
85	2012 Riesling Auslese trocken Burrweiler Altenforst	13 %/7,90 €
81	2012 Spätburgunder trocken „Blanc de noir" Burrweiler Bischofskreuz	12 %/4,50 €

W

★★★★☆

von **Winning**
Weingut **Pfalz**

Weinstraße 10, 67146 Deidesheim
Tel. 06326-221, **Fax:** 06326-7920
www.dr-deinhard.de
weingut@dr-deinhard.de
Besuchszeiten: Mo.-Fr. 8-17:30 Uhr,
Sa. 9:30-17:30 Uhr, So. 10-15 Uhr

Inhaber . . . . Familie Niederberger
Betriebsleiter . . . . Stephan Attmann
Außenbetriebsleiter . . . . Joachim Jaillet
Kellermeister . . . . Kurt Rathgeber
Rebfläche . . . . 36 Hektar

Das Weingut Dr. Deinhard entstand 1849, im Jahr nach der Heirat von Friedrich Deinhard (Sohn des Besitzers der Wein- und Sektkellerei Deinhard in Koblenz) mit Auguste Jordan, die ihre geerbten Weinberge in die Ehe einbrachte. Ihr Sohn Andreas Deinhard baute den Besitz aus, nach seinem Tod übernahm sein Schwiegersohn Hauptmann von Winning die Führung des Gutes. Nach dessen Tod erwarb es die Familie Hoch, die es 2007 an den in diesem Jahr verstorbenen Achim Niederberger verkaufte, der zuvor schon die Weingüter Reichsrat von Buhl und Bassermann-Jordan erworben hatte. Das Weingut besitzt Weinberge in besten Lagen von Deidesheim (Leinhöhle, Mäushöhle, Grainhübel, Paradiesgarten, Kalkofen, Kieselberg, Herrgottsacker), Forst (Ungeheuer – 4 Hektar, Jesuitengarten) und Ruppertsberg (Reiterpfad, Nußbien, Linsenbusch, Spies). 80 Prozent der Rebfläche nimmt Riesling ein, hinzu kommen Weißburgunder, Grauburgunder, Chardonnay, Gewürztraminer und Spätburgunder, inzwischen auch Sauvignon Blanc. Das Weingut hat nach der Übernahme durch Achim Niederberger den Namen „von Winning" erhalten und bietet seit dem Jahrgang 2008 zur Linie „Dr. Deinhard" auch eine Linie „von Winning" an.

Über Maischestandzeiten, Holzeinsatz, langes Hefelager, keine Schönung und möglichst moderate Filtration möchte Betriebsleiter Stephan Attmann seiner Vorstellung von einem großen trockenen Riesling nahe kommen.

Vorjahre
Vor zwei Jahren gehörte von Winning zu den Weingütern, die die Qualität des Vorjahres gehalten oder noch übertroffen haben. Die Lagenweine waren herrlich leicht, die Unterschiede der Terroirs waren fein herausgearbeitet. Die Großen Gewächse waren einmal mehr beeindruckend, neben dem Ungeheuer gab es noch einen weiteren „500"er Wein, einen Sauvignon Blanc, der ebenso wie Weißburgunder und Cuvée Blanc klasse war. Eine außergewöhnliche gute Kollektion zeigte von Winning auch im vergangenen Jahr. Sieben Große Gewächse verkosteten wir und sie trugen das Prädikat „Groß" zu Recht. Beeindruckend gut waren wie immer die Sauvignon Blancs, ebenso die beiden Weißburgunder und der Pinot Noir, auch die Deinhard-Linie hatte ernstzunehmende Rieslinge auf hohem Niveau.

Neue Kollektion
Anfangs waren die Weine der Dr. Deinhard-Linie und der von Winning-Linie deutlich unterschiedlich, heute lässt sich in stilistischer Hinsicht kein Unterschied mehr erkennen, die Preise aber unterscheiden sich schon. Das Basisniveau der Rieslinge ist sehr hoch, alle sind sehr gut, ob Dr. Deinhard, Drache oder WinWin. Bei den Lagenrieslingen sehen wir 2012 deutliche Unterschiede: Paradiesgarten (harmonisch, saftig), Grainhübel (geradlinig) und Ölberg (füllig, komplex, zupackend) sehen wir klar vor Reiterpfad. Der Sauvignon Blanc ist frisch und klar, der Weißburgunder ein klein wenig zu sehr vom Holz geprägt, der Pinot Noir besitzt Fülle und Kraft, gute Struktur und Frische bei ganz dezenten Bitternoten im Abgang, die edelsüßen Weine sind duftig, konzentriert und dick.

W

Gleich acht Große Gewächse hat man uns dieses Jahr vorgestellt, und wir waren ein wenig ratlos. Ratlos nicht, was die Qualität betrifft, die ist über jeden Zweifel erhaben, alle acht sind hervorragend. Ratlos deswegen, weil die unterschiedliche Vinifikation es schwer macht die Lagenunterschiede zu erkennen, ganz zu schweigen davon eine „von Winning"-Stilistik zu erkennen. Da gibt es einzelne Weine, bei denen mit langen Maischestandzeiten und Maischegärung gearbeitet wurde, Weine mit mehr oder weniger Holz, durchgegorene Weine und solche mit hoher (wenn auch nie störender) Restsüße. Der Langenmorgen ist enorm kraft- und druckvoll, braucht Luft um sein Potenzial zu entfalten ebenso wie der Kieselberg, der füllig und strukturiert ist, enorm druckvoll und jugendlich. Herrlich viel Stoff besitzt Ungeheure, ist füllig und komplex, besitzt gute Struktur und Substanz, Spieß ist offener, besitzt herrlich viel Frucht, ist komplex und kraftvoll, besitzt Substanz und Länge. Kalkofen zeigt sich enorm konzentriert und druckvoll, strukturiert und jugendlich, ist ein Wein mit viel Potenzial, während Jesuitengarten geradliniger ist, viel Fülle und Saft besitzt. Pechstein präsentiert sich konzentriert und füllig, besitzt viel Kraft und gute Struktur, ihm mangelt es momentan noch an Charme, dies gilt auch für Kirchenstück, der enorm konzentriert uns stoffig ist, jugendlich, aber viel bietet, „die volle Ladung Wein", wie es in unseren Verkostungsnotizen steht. ◄━

Weinbewertung

85 2012 Riesling Kabinett trocken „Dr. Deinhard" Ruppertsberger **12,5 %/5,70 €/1l** ☺

85 2012 Riesling „K" trocken „Dr. Deinhard" Deidesheimer Paradiesgarten **12 %/7,20 €**

86 2012 Riesling trocken „Dr. Deinhard" Deidesheimer Herrgottsacker **12 %/7,70 €**

86 2012 Riesling trocken „Drachen" **12 %/8,50 €**

87 2012 Riesling trocken „WinWin" **12 %/10,- €**

87 2012 Sauvignon Blanc „II" **13 %/10,- €**

89 2012 Riesling trocken Deidesheimer Paradiesgarten **12 %/12,50 €**

86 2012 Riesling trocken Ruppertsberger Reiterpfad **12,5 %/15,- €**

88 2012 Riesling trocken Königsbacher Ölberg **13 %/16,50 €**

88 2012 Riesling trocken Deidesheimer Grainhübel **12 %/17,50 €**

89 2011 Weißburgunder „I" **13 %/24,- €**

92 2012 Riesling „GG" Ungeheuer **13 %/24,- €**

93 2012 Riesling „GG" Langenmorgen **13%/26,-€** ☺

93 2012 Riesling „GG" Spieß **13 %/24,- €** ☺

93 2012 Riesling „GG" Kalkofen **13 %/26,- €** ☺

92 2012 Riesling „GG" Pechstein **13 %/39,- €**

91 2012 Riesling „GG" Jesuitengarten **13 %/44,- €**

93 2012 Riesling „GG" Kirchenstück **13 %/49,- €**

92 2012 Riesling „GG" Kieselberg **13 %/28,50 €**

89 2012 Riesling Beerenauslese Forster Ungeheuer **6,5 %/a.A.**

89 2012 Riesling Eiswein Deidesheimer Herrgottsacker **6 %/a.A.**

83 2011 „WinWin rot" Rotwein **13 %/14,- €**

89 2011 Pinot Noir „I" **14 %/36,- €**

Winter
Weingut   **Rheinhessen**

Heilgebaumstraße 34, 67596 Dittelsheim-Hessloch
Tel. 06244-7446, **Fax:** 06244-57046
www.weingut-winter.de
info@weingut-winter.de
Besuchszeiten: Mo.-Fr. 8-12 + 13-18 Uhr, Sa. 9-12 + 13-16 Uhr mit Anmeldung

Inhaber .... Edmund & Stefan Winter
Rebfläche .... 20 Hektar

Was für ein rasanter Aufstieg: In einem Jahrzehnt vom absoluten Newcomer zum VDP-Mitglied. Im Jahrgang 2000 hat Stefan Winter, damals noch in der Ausbildung, die ersten Weine erzeugt. Seine Lehre machte er bei Klaus Keller und Bassermann-Jordan, dann die Ausbildung zum Weinbautechniker. Er hat den

Rebsortenspiegel verändert hin zu Riesling, der inzwischen weit über die Hälfte der Rebfläche einnimmt, und den Burgundersorten, daneben spielt der Silvaner eine wichtige Rolle im Betrieb. Das Weingut liegt in Dittelsheim am Fuße des Kloppbergs, der höchsten Erhebung des Wonnegaus. Die Winterschen Weinberge liegen alle rund um Dittelsheim in den Lagen Geyersberg, Leckerberg, Pfaffenmütze und Mönchhube. Stefan Winter hat schon früh sein Programm in Gutsweine, Ortsweine und Lagenweine gegliedert, letztere kommen aus dem Leckerberg (mit Kalksteinverwitterungsboden) und dem südlich von Dittelsheim gelegenen Geyersberg. Die Weine werden mit den natürlichen Hefen vergoren und teils im Edelstahl, teils im Holz ausgebaut.

Vorjahre

Im Jahrgang 2000 erzeugte Stefan Winter seine ersten Weine, der Jahrgang 2001 war der erste, den wir von ihm verkosteten – und vorstellten. „Im Auge behalten" lautete unsere Empfehlung damals. Seither steigerte er sich kontinuierlich, mit seinem gesamten Programm: Die Gutsweine sind eine sichere Bank, die Ortsweine bringen eine weitere Steigerung wie dann auch die Lagenweine, Jahr für Jahr stellt Stefan Winter überzeugende, stimmige Kollektionen vor. Im schwierigen Jahrgang 2010 schlug sich Stefan Winter prächtig, kaum ein Anderer in Rheinhessen hatte so feine, reintönige Ortsweine. Aber auch das Spitzensegment überzeugte mit den beiden Lagen-Rieslingen aus Leckerberg und Geyersberg, der Dittelsheimer Silvaner stand ihnen nicht nach. Auch 2011 waren die Gutsweine frisch und klar, am besten gefiel uns der reintönige Sauvignon Blanc. Die Ortsweine waren deutlich fülliger und cremiger, besaßen Substanz und reife süße Frucht, die Lagenweine aus Leckerberg und Geyersberg brachten eine weitere Steigerung.

Neue Kollektion

Diese beiden Lagenweine werden nun, nach der Aufnahme in den VDP, als Große Ge-

wächse bezeichnet. Beide sind frisch, klar und komplex, besitzen gute Struktur und reintönige Frucht, der Wein aus dem Geyersberg ist ein wenig kraftvoller und nachhaltiger als der aus dem Leckerberg. Aber eigentlich sollte man mit den Gutsweinen beginnen, die ja die wichtigsten Weine eines jeden Betriebes sind. Silvaner und Riesling hat Stefan Winter uns vorgestellt, beide sind reintönig, fruchtbetont und frisch, besitzen Struktur und bereiten viel Freude, so wie man das kennt aus dem Hause Winter. Ganz stark ist die Riege der Ortsweine, einige kommen den Großen Gewächsen nahe. Der Riesling ist füllig und fruchtbetont, faszinierend reintönig wie auch der Grauburgunder, beide sind wunderschön harmonisch und lang, der Silvaner besitzt herrlich viel Frucht, gute Struktur, Substanz und Länge. Nicht ganz so überzeugend ist der Chardonnay S, trotzdem: Eine ganz starke Kollektion! ◄━

Weinbewertung

85 2012 Silvaner trocken **12 %/7,50 €**
85 2012 Riesling trocken **12 %/7,50 €**
88 2012 Silvaner trocken Dittelsheimer **13%/13,50€**
88 2012 Riesling trocken „Kalkstein" Dittelsheimer **12,5 %/9,90 €** ☺
87 2012 Weißburgunder trocken Dittelsheimer **13,5 %/9,90 €**
85 2012 Chardonnay & Weißburgunder trocken Dittelsheimer **13 %/9,90 €**
88 2012 Grauburgunder trocken Dittelsheimer **13,5 %/9,90 €** ☺
89 2012 Riesling „GG" Dittelsheim Leckerberg **12,5 %/24,- €**
90 2012 Riesling „GG" Dittelsheim Geyersberg **12,5 %/24,- €**
86 2012 Chardonnay „S" trocken Dittelsheim **13 %/24,- €**

Die besten deutschen Weinerzeuger und ihre Weine

W

Hans **Winter**
Weingut   ★★   **Baden**

Weingasse 2, 69126 Heidelberg-Rohrbach
Tel. 06221-336717, Fax: 06221-395235
www.weingut-hanswinter.de
info@weingut-hanswinter.de
Besuchszeiten: Mo.-Do. 17-19:30 Uhr, Fr. 9-19 Uhr,
Sa. 9-13 Uhr oder nach Vereinbarung

Inhaber............................Hans Winter
Kellermeister............Hans Christian Winter
Rebfläche...............................6 Hektar

Das Weingut Winter liegt mitten im alten Ortskern des Heidelberger Stadtteils Rohrbach, wo die Familie schon seit Jahrhunderten Weinbau betreibt. Die Weinberge von Hans Winter liegen in den Heidelberger Lagen Burg und Herrenberg. Weiße Sorten dominieren im Anbau, vor allem Riesling, die Burgundersorten gewinnen immer mehr an Bedeutung. Knapp ein Viertel der Weinberge nehmen rote Sorten ein. Neben Spätburgunder und Portugieser gibt es Dornfelder und Regent. Alle Rotweine werden maischevergoren. Für den Weinausbau ist Hans Winters Sohn Hans Christian Winter verantwortlich.

Vorjahre
Die 2010er Weißweine waren frisch und klar, zwei reintönige edelsüße Rieslinge krönten die Kollektion, auch die Rotweine präsentierten sich kraftvoll und klar. Mit der letztjährigen Kollektion bestätigte Hans Christian Winter den sehr guten Eindruck der Vorjahre. Die Weißweine waren reintönig und frisch, nicht zu süß, der im Barrique ausgebaute Grauburgunder besaß eine gute Struktur. Auch die Rotweine überzeugten, allen voran der komplexe Barrique-Spätburgunder.

Neue Kollektion
Sehr stimmig präsentieren sich nun die 2012er Weißweine, sie sind reintönig, frisch und klar, der druckvolle Blanc de Noir und der füllige Weißburgunder gefallen uns besonders gut, die S-Variante des Weißburgunders ist klar und zupackend. Sehr gut gefallen uns die beiden trockenen Riesling Spätlesen. V (vom Buntsandstein und Löss) ist füllig und saftig, besitzt dezent mineralische Noten, JG (vom Muschelkalk) ist druckvoller und präziser. Die rote Kollektion ist ebenfalls stimmig, auch wenn uns die Spätburgunder etwas weniger gefallen als ihre Vorgänger, der Alkohol dieses Jahr merklicher ist, auch wenn S- und Barrique-Variante kraftvoll und strukturiert sind.

Weinbewertung

84	2012 Auxerrois trocken Heidelberger Herrenberg **12 %/6,50 €**
85	2012 Weißburgunder trocken Heidelberger Herrenberg **13,5 %/6,50 €**
84	2012 Grauburgunder trocken Heidelberger Burg **13,5 %/6,- €**
84	2012 Chardonnay trocken Heidelberger Burg **12,5 %/6,50 €**
85	2012 Spätburgunder „Blanc de Noir" trocken Heidelberger Herrenberg **12,5 %/7,- €**
84	2012 Riesling Kabinett trocken Heidelberger Herrenberg **12,5 %/6,50 €**
87	2012 Riesling Spätlese trocken „JG" Heidelberger Herrenberg **13 %/8,50 €** ☺
87	2012 Riesling Spätlese trocken „V" Heidelberger Herrenberg **13,5 %/9,50 €**
87	2012 Weißburgunder „S" trocken Heidelberger Herrenberg **14 %/11,- €**
85	2012 Riesling Spätlese „E" Heidelberger Herrenberg **10 %/9,50 €**
83	2012 Spätburgunder Rosé Kabinett trocken Heidelberger Herrenberg **12,5 %/7,- €**
82	2011 Spätburgunder trocken Heidelberger Herrenberg **14,5 %/7,- €**
84	2011 Dornfelder trocken Heidelberger Herrenberg **14 %/5,50 €**
82	2011 Regent trocken Heidelberger Herrenberg **13 %/7,- €**
85	2011 Spätburgunder „S" trocken Heidelberger Herrenberg **14,5 %/11,- €**
86	2011 Spätburgunder trocken Barrique Heidelberger Herrenberg **14,5 %/18,- €**

W

Winterling

★ ★ ☆

Sekt- und Weingut   **Pfalz**

📍 *Im Brühl 15, 67150 Niederkirchen*
Tel. 06326-8952, *Fax:* 06326-980436
www.winterling-sekt.de
info@winterling-sekt.de
Besuchszeiten: Mo.-Fr. 9-12 + 14-18 Uhr, Sa. 9-16 Uhr
Austern-Sektprobe (Samstage an Adventstagen)

Inhaber .... Anne und Martin Winterling
Rebfläche .... 11 Hektar

Das Sekt- und Weingut Winterling ist ein Familienbetrieb in Niederkirchen in der Pfalz. 1984 von Anne und Martin Winterling als Hobby begonnen, hat es sich heute zu einem beachtlichen Gut entwickelt. Wein spielt nur eine Nebenrolle, das Hauptaugenmerk liegt auf Sekt. Neben verschiedenen Riesling-Lagensekten bietet man Pinot und Chardonnay Sekt an. Die Weißweine werden in der Regel durchgegoren ausgebaut. Die Weinberge werden biologisch bewirtschaftet. Der älteste Sohn Stefan arbeitet als Betriebsleiter eines Weinguts auf Mallorca, der zweite Sohn Sebastian ist nach Abschluss seines Geisenheim-Studiums im Betrieb tätig, Tochter Susanne studiert derzeit Internationale Weinwirtschaft. Bei den Weißweinen liegt der Schwerpunkt auf Riesling und Sauvignon Blanc, die Burgundersorten werden versektet, aus Spätburgunder wird auch Rotwein gemacht.

Vorjahre _____

Vor zwei Jahren gefielen uns zwei Sekte sehr gut, der La Coulée d'Or hatte noch Potenzial, das „Geliebte Gretchen" hatte den Höhepunkt erreicht; sehr fein war auch der Spätburgunder. Der 2010er Spätburgunder führte im vergangenen Jahr die Kollektion an. Bei der Phalanx der sehr guten Schaumweine sahen wir den Fleur de Pinot in Front. Von den drei Sauvignon Blanc beeindruckte vor allem der puristische „S", sehr gut waren auch der

Kabinett und die süße Riesling Auslese.

Neue Kollektion _____

Sehr geschlossen präsentiert sich die neue Kollektion. Die Sekte sind frisch, klar und harmonisch, am besten gefällt uns die komplexe Cuvée La Coulée d'Or, auch der würzige, eindringliche Rieslingsekt ist sehr gut. Im weißen Segment gefällt uns der kraftvolle, strukturierte Riesling aus dem Paradiesgarten besonders gut, auch der harmonische Chardonnay, am besten aber fanden wir die Sauvignon Blanc Spätlese, die herrlich kraftvoll ist, reife Frucht besitzt, gute Struktur und Biss. Sehr gut gefällt uns auch einmal mehr der Spätburgunder vom schwarzen Sand, der reintönige Frucht und feine Frische im Bouquet zeigt, frisch und zupackend im Mund ist bei guter Struktur. ◄

Weinbewertung _____

83   2011 „Sommerling" Sekt brut   13 %/10,50 €
84   2011 „Blanc de Blancs" Crémant brut 13 %/12,30€
85   2011 Riesling Crémant brut Ruppertsberger Reiterpfad   13 %/13,- €
86   2009 „La Coulée d'Or" Crémant brut 13 %/14,50€
84   2011 Pinot Rosé Crémant brut   13,5 %/13,- €
81   2012 Riesling trocken „East Side"   12,5 %/6,90 €
82   2012 Sauvignon Blanc Kabinett trocken   **11,5 %/11,20 €**
85   2012 Chardonnay „S" trocken   13 %/13,- €
86   2011 Riesling Spätlese „S" trocken Deidesheimer Paradiesgarten   12 %/14,30 €
87   2012 Sauvignon Blanc Spätlese „S" trocken   13 %/18,70 €
83   2012 Gewürztraminer Spätlese „S" trocken   **13,5 %/15,50 €**
83   2012 Sauvignon Blanc Kabinett „Süße Sovie"   **9 %/12,50 €**
87   2011 Spätburgunder Spätlese „S" trocken „vom schwarzen Sand"   13 %/17,50 €

Hans **Wirsching**
Weingut   ★★★★

Franken

Ludwigstraße 16, 97346 Iphofen
Tel. 09323-87330, **Fax:** 09323-873390
www.wirsching.de
info@wirsching.de
Besuchszeiten: täglich 8-18 Uhr, Sonn- und
Feiertage 10-12:30 Uhr
„Zur Iphöfer Kammer" (Marktplatz 24)

Inhaber . . . . Dr. Heinrich Wirsching
Betriebsleiter . . . . Dr. Uwe Matheus
Kellermeister . . . . Werner Probst
Rebfläche . . . . 75 Hektar

Das Weingut Wirsching gehört heute zu den größten Weingütern in Franken. Es verfügt über beträchtlichen Weinbergbesitz in den Iphöfer Renommierlagen Julius-Echter-Berg, Kronsberg und Kalb, wo die Böden aus Gipskeuper mit Einlagen von Schilfsandstein bestehen. Wichtigste Rebsorte ist der Silvaner mit einem Anteil von 40 Prozent. Es folgen Riesling, Grau- und Weißburgunder, aber auch Scheurebe und Spätburgunder.

Vorjahre

2010 hatte man sich gut behauptet, die Großen Gewächse gehörten zu den Jahrgangsbesten in Franken – und sie altern hervorragend, davon konnten wir uns anhand zweier Vertikalproben, Riesling und Silvaner, der Julius-Echter-Berg-Weine überzeugen. Die letztjährige Kollektion war bärenstark, schon die Kabinettweine besaßen reintönige Frucht, Kraft und Struktur, egal ob Silvaner oder Riesling, Scheurebe oder Weißburgunder. Ein viel diskutierter Wein war die Scheurebe von alten Reben, die Großen Gewächse beeindruckten wie gewohnt. Zur Krönung des Jahrgangs gab es zwei faszinierende Trockenbeerenauslesen.

Neue Kollektion

Zwei sehr gute Kabinettweine aus dem Julius-Echter-Berg eröffnen den 2012er Reigen, beide sind fruchtbetont und reintönig, der Silva-

ner aus dem Kalb steht seinem berühmteren Kollegen kaum nach. Es folgt die Serie der „Alte Reben"-Weißweine: Der Silvaner besitzt gute Konzentration und reife Frucht (gelbe Früchte), ist füllig und saftig, harmonisch und fruchtbetont; der Chardonnay ist rauchig und würzig, kraftvoll und zupackend, besitzt gute Struktur und Druck, der Grauburgunder ist mächtig, besitzt viel reife Frucht, die Scheurebe ist klar und konzentriert, herrlich reintönig bei viel süßer Frucht. Der „Sister Act"-Riesling besitzt viel Frucht und Substanz, zupackender noch ist der Koningswijn. An der Spitze der trockenen Kollektion aber stehen einmal mehr die Großen Gewächse, so soll es ja auch sein. Der Kronsberg-Silvaner zeigt gute Konzentration im Bouquet, reintönige Frucht, gelbe Früchte, ist füllig im Mund, kraftvoll und wunderschön saftig. Füllig und saftig ist auch der Wein aus dem Julius-Echter-Berg, besitzt viel reife süße Frucht und viel Substanz. Kraftvoller und präziser erscheint uns 2012 der Riesling, der klar und zupackend ist, gute Struktur und Substanz besitzt. Im edelsüßen Segment gibt es einen duftigen, zupackenden „Halbgefrorenen", noch besser gefällt uns der faszinierend reintönige und konzentrierte Eiswein. ◀

Weinbewertung

84	2012 Silvaner Kabinett trocken Kalb **13 %/9,50 €**
85	2012 Silvaner Kabinett trocken Iphöfer Julius-Echter-Berg **13 %/11,- €**
86	2012 Riesling Kabinett trocken Iphöfer Julius-Echter-Berg **13 %/11,- €**
88	2012 Silvaner trocken „Alte Reben" Iphöfer Kronsberg **13 %/13,50€**
86	2012 Grauburgunder trocken „Alte Reben" Iphöfer Julius-Echter-Berg **14 %/16,50 €**
88	2012 Chardonnay trocken „Alte Reben" Iphöfer Kronsberg **13,5 %/17,50 €**
89	2012 Scheurebe trocken „Alte Reben" Iphöfer Kronsberg **13,5 %/16,50 €**
87	2012 Riesling trocken „Sister Act" Iphöfer Julius-Echter-Berg **13,5 %/18,50 €**
88	2012 Riesling trocken „Koningswijn" **13 %/18,50€**
90	2012 Silvaner „GG" Iphöfer Kronsberg **13,5 %/24,- €**

90   2012 Silvaner „GG" Iphöfer Julius-Echter-Berg
14 %/28,- €

91   2012 Riesling „GG" Iphöfer Julius-Echter-Berg
13,5 %/28,- €

89   2012 Riesling Auslese „der Halbgefrorene"
Iphöfer Julius-Echter-Berg   9 %/48,- €/0,375l

91   2012 Riesling Eiswein Iphöfer Kronsberg
8,5 %/75,- €/0,375l

82   2012 Bacchus Kabinett „feinfruchtig" Obereisenheimer Höll   11,5 %/7,50 €

84   2009 Frühburgunder Spätlese trocken Nordheimer Vögelein   13,5 %/15,- €

Wischer
Weingut   ★   **Franken**

Am Rain 1, 97334 Nordheim
Tel. 09381-1371, **Fax:** 09381-6257
www.weingut-wischer.de
info@weingut-wischer.de
Besuchszeiten: nach Vereinbarung

Inhaber . . . . Doris Wischer
Rebfläche . . . . 16,5 Hektar

Die Familie Wischer bewirtschaftet 16,5 Hektar Weinberge in sieben Lagen, kauft noch ein wenig Trauben hinzu. Bei den weißen Sorten dominieren Müller-Thurgau, Silvaner, Bacchus und Scheurebe, an roten Sorten gibt es Domina, Spätburgunder und Frühburgunder.

Kollektion

Sehr homogen präsentiert sich die vorgestellte Kollektion, die Weine sind füllig und fruchtbetont bei dezenter Süße. Am besten gefallen uns der reintönige Weißburgunder, die üppige Silvaner Spätlese aus dem Jahrgang 2011 und der kraftvolle Frühburgunder.

Weinbewertung

82   2012 Silvaner Kabinett trocken Obereisenheimer Höll   12 %/7,50 €

84   2012 Weißburgunder Kabinett trocken Nordheimer Vögelein   12 %/7,50 €

82   2012 Riesling Kabinett trocken   11,5 %/4,90 €

84   2011 Silvaner Spätlese trocken Nordheimer Kreuzberg   13 %/12,50 €

Wittmann
Weingut   ★★★★★   **Rheinhessen**

Mainzer Straße 19, 67593 Westhofen
Tel. 06244-905036, **Fax:** 06244-5578
www.wittmannweingut.com
info@wittmannweingut.com
Besuchszeiten: nach Vereinbarung

Inhaber . . . . Günter und Philipp Wittmann
Rebfläche . . . . 25 Hektar

Günter und Elisabeth Wittmann begannen Mitte der achtziger Jahre mit der Umstellung auf ökologische Bewirtschaftung und sind seit 1990 Mitglied bei Naturland. Sohn Philipp führt diesen Weg konsequent fort. Seine Weinberge liegen vor allem in Westhofen, wo er aus vier Lagen Große Gewächse erzeugt. In der Aulerde, der wärmsten, am tiefsten gelegenen Lage mit Tonmergelböden und geringen Anteilen an Lösslehm und Kalkstein, besitzt er 4 Hektar im Kernstück der Lage. Im angrenzenden Kirchspiel besitzt er Weinberge vor allem im oberen Bereich der Lage; die Böden im Kirchspiel bestehen aus Tonmergel mit Kalksteineinlagen und Kalksteinverwitterungslehm. Das Brunnenhäuschen ist ein Südhang der bis auf 240 Meter ansteigt. Der Boden besteht aus Tonmergel mit Kalkstein und Kalksteinfelsen im Untergrund, enthält einen hohen Eisenoxidanteil (Terra Rossa).Philipp Wittmanns Weinberge liegen vor allem im unteren Teil des Brunnenhäuschens in der Gewanne Abtserde. Der westlich angrenzende Morstein ist die bekannteste Lage in Westhofen, ein Südhang mit schweren Tonmergelböden mit Kalksteineinlagerun-

Die besten deutschen Weinerzeuger und ihre Weine

gen und Kalksteinfels im Untergrund.

Die Weine werden teils mit den eigenen Hefen, teils mit Reinzuchthefen vergoren, recht lange auf der Hefe ausgebaut und nur einmal vor der Abfüllung filtriert. Alle trockenen Weine werden als Qualitätswein vermarktet, nur süße Weine werden mit Prädikatsangabe versehen. Das Programm ist gegliedert in Gutsweine, Ortsweine (Riesling Westhofener) und Große Gewächse aus den Lagen Aulerde, Kirchspiel, Brunnenhäuschen und Morstein. Die Spitzenweine der anderen weißen Sorten – Chardonnay, Weißburgunder – werden in der Reihe „S" vermarktet. Süße und edelsüße Rieslinge bis hin zur Trockenbeerenauslese ergänzen hin und wieder das Programm.

Vorjahre

Die 2010er Kollektion war bärenstark, schon die Gutsweine zeigten sich frisch und klar, waren alle sehr gut. Die Ortsweine brachten eine weitere Steigerung, Weißburgunder S und Chardonnay S waren einmal mehr hervorragend; bei den Großen Gewächsen sahen wir im Jahrgang 2010 ganz klar Morstein und Brunnenhäuschen vor Aulerde und Kirchspiel. 2011 zeigten schon die Gutsweine bestechend hohes Niveau, alle präsentierten sich reintönig und harmonisch bei guter Länge. Der Westhofener Riesling brachte eine weitere Steigerung, der rauchige Chardonnay S beeindruckte mit Fülle und Frucht, noch ein klein wenig besser gefiel uns der Weißburgunder S. Die Stars im Programm aber waren einmal mehr die hervorragenden Großen Gewächse, wobei wir im vergangenen Jahr die Weine aus Morstein und Brunnenhäuschen ganz klar vor Kirchspiel und Aulerde sahen; auch der Versteigerungswein La borne war hervorragend.

Gutsweine

Auch 2012 ist das Niveau der Gutsweine wieder bestechend gut. Der Riesling ist klar und kraftvoll, füllig und zupackend, die Scheurebe wunderschön reintönig und frisch, der Weißburgunder besticht mit Reintönigkeit, Fülle und reifer Frucht, ist wunderschön harmonisch und lang.

Ortswein/S-Klasse

Der Westhofener Riesling ist füllig und saftig, besitzt herrlich viel Frucht, gute Struktur und Substanz. Der Weißburgunder zeigt gute Konzentration und reife Frucht im Bouquet, ein klein wenig rauchige Noten, ist füllig und saftig im Mund, besitzt reife süße Frucht, Substanz und Frische. Der Chardonnay ist herrlich eindringlich und reintönig im Bouquet, besitzt viel reife Frucht im Mund, gute Struktur, Substanz und Länge.

Große Gewächse

Bei den Großen Gewächsen haben sich die Gewichte ein klein wenig verschoben in diesem Jahr, was vor allem an dem faszinierenden Wein aus dem Kirchspiel liegt, der enorm druckvoll und stoffig ist, komplex, lang und nachhaltig mit dezent mineralischen Noten. Die Aulerde ist konzentriert und kraftvoll, jugendlich und geradlinig, besitzt gute Struktur und Länge. Das Brunnenhäuschen ist duftig und konzentriert im Bouquet, saftig im Mund, enorm druckvoll und nachhaltig, besitzt reife Frucht und viel Kraft, ist ein Wein mit Potenzial. Viel Konzentration, reife Frucht und feinen Duft zeigt auch der Morstein im Bouquet, ist kraftvoll und präzise im Mund, besitzt reife Frucht, gute Struktur, Frische und Biss. Der Versteigerungswein La Borne gewinnt nach und nach an Komplexität und Druck, ist stoffig und konzentriert, kraftvoll und komplex bei guter Länge und Nachhall.

Weinbewertung

88	2012 Weißburgunder trocken	13 %/10,20 €
88	2012 Riesling trocken	12 %/10,20 €
87	2012 Scheurebe trocken	12,5 %/10,20 €
90	2012 Riesling trocken Westhofener	13 %/16,50 €
90	2012 Riesling „GG" Aulerde	13 %/28,- €
93	2012 Riesling „GG" Kirchspiel	13 %/35,- €
93	2012 Riesling „GG" Brunnenhäuschen	13 %/40,- €
93	2012 Riesling „GG" Morstein	13 %/40,- €
92	2012 Riesling trocken „La borne"	13 %/Verst.
92	2012 Weißburgunder „S"	28,- €
92	2012 Chardonnay „S"	28,- €

Familie **Wöhrle**
Weingut Stadt Lahr

★★★★☆

Baden

🍇 *Weinbergstraße 3, 77933 Lahr*
Tel. *07821-25332,* **Fax:** *07821-39398*
www.weingut-stadt-lahr.de
info@weingut-stadt-lahr.de
Besuchszeiten: *Mo.-Fr. 17-19 Uhr, Sa. 10-14 Uhr*

Inhaber . . . . Familie Wöhrle
Rebfläche . . . . 15 Hektar

Das Weingut der Familie Wöhrle ist ein Familienbetrieb, der 1979 aus dem traditionsreichen Weingut der Stadt Lahr und dem Weinbaubetrieb Wöhrle entstanden ist. 1988 haben Hans und Monika Wöhrle ein Drittel der Rebfläche auf ökologische Bewirtschaftung umgestellt, seit 1990 wird die gesamte Fläche ökologisch bewirtschaftet. 1997 wurde das zuvor gepachtete Gut von Hans und Monika Wöhrle gekauft und anschließend saniert. Seit dem Jahr 2002 ist Sohn Markus im Betrieb tätig. Die Reben stehen alle am Lahrer Schutterlindenberg. Da der Schutterlindenberg aber mit der Einführung des Deutschen Weingesetzes zur Großlage „befördert" wurde, nutzt man seit dem Jahrgang 2004 anstelle der Bezeichnung Schutterlindenberg den Lagennamen Lahrer Kronenbühl. Die Großen Gewächse tragen seit dem Jahrgang 2009 die Lagenbezeichnungen Herrentisch und Kirchgasse. Der Herrentisch ist eine 5 Hektar große Südlage mit tiefgründigen Löss- und Lösslehmboden, von dort kommt aus einem halben Hektar großen Weinberg der Weißburgunder. Grau- und Spätburgunder kommen aus der Kirchgasse, einem 3 Hektar großen Südhang mit humusreichem Lösslehmboden, der sich im Alleinbesitz des Weingutes befindet und als neue Einzellage anerkannt wurde. Im Anbau dominieren die Burgundersorten und Riesling, bereits seit 1990 gibt es auch Chardonnay. Zuletzt wurden pilzresistente Sorten wie Johanniter und Bronner gepflanzt. Rote Sorten nehmen inzwischen 30 Prozent der Rebfläche ein. Alle Weine werden grundsätzlich durchgegoren. Die weißen Großen Gewächse werden komplett im Halbstück ausgebaut, zur Hälfte werden neue Fässer genutzt; der Spätburgunder wird in neuen Barriques ausgebaut.

Vorjahre

Seit der ersten Ausgabe empfehlen wir die Weine der Wöhrles, schon damals waren wir begeistert von der Stilistik, die Reintönigkeit und Frucht in den Vordergrund stellt. Jahr für Jahr sind die Kollektionen höchst zuverlässig, in den jüngsten Jahrgängen hat man in der Spitze weiter zugelegt, die eingeführten Großen Gewächse präsentieren sich komplex und nachhaltig. Eine klasse, stimmige Kollektion präsentierten die Wöhrles vor zwei Jahren. Nur wenige Weingüter in Deutschland hatten so reintönige, feine Kabinettweine, die bei 11,5° oder 12° Alkohol auch wirklich noch Kabinettweine waren. Sehr geschlossen präsentierten sich die Kronenbühl-Weine, die Großen Gewächse boten eine weitere Steigerung. Auch 2011 brachte wieder wunderschön reintönige, bestechend schöne Kabinettweine, die Kronenbühl-Weine, also die Spätlesen, waren fülliger und kräftiger, strukturiert und ebenso reintönig, der gekonnt im Barrique vinifizierte Chardonnay hatte das Holz schön integriert. Herrlich reintönig und konzentriert war der Weißburgunder vom Herrentisch, noch ein klein wenig besser gefiel uns der Grauburgunder Kirchgasse: Zwei spannende Große Gewächse!

Neue Kollektion

Auch 2012 sind alle Kabinettweine wieder wunderschön fruchtbetont und reintönig, alle sind sehr gut, unsere leichte Präferenz gilt in diesem Jahrgang Auxerrois und Riesling. Unter den Kronenbühl-Weinen gefällt uns dieses Jahr der Weißburgunder besonders gut, der feine Würze und ganz dezenten Toast im Bouquet zeigt, füllig und saftig ist, reife Frucht und Substanz besitzt, der Grauburgunder ist ebenfalls füllig und saftig, aber weniger kom-

Die besten deutschen Weinerzeuger und ihre Weine

W

plex als der Weißburgunder, der Riesling ist faszinierend reintönig und zupackend. Der Herrentisch-Weißburgunder ist konzentriert im Bouquet, zeigt viel reife Frucht, im Mund ist er füllig und sehr cremig, saftig und lang. Noch deutlicher malogeprägt ist der Grauburgunder, der viel Stoff und Konzentration besitzt, die dezent laktischen Noten nehmen ihm aber die Spannung. Ganz anders beim Chardonnay: Mit dem neuen Großen Gewächs ist Markus Wöhrle ein großer Wurf gelungen. Er ist würzig und eindringlich im Bouquet, zeigt feinen Toast und herrlich viel Frucht, besitzt Fülle und Kraft im Mund, gute Struktur und Substanz und viel Länge, gefällt uns klar besser als der ebenfalls hervorragende Barrique-Chardonnay des Jahrgangs 2011, der ebenfalls konzentriert und kraftvoll ist, aber weniger komplex und frisch als sein jüngerer Rivale. Die stimmige Spätburgunder-Serie wird angeführt vom Großen Gewächs, das feine rauchige Noten im Bouquet zeigt, kraftvoll, klar und zupackend im Mund ist.

Weinbewertung

86 2012 Auxerrois Kabinett trocken **12 %/8,50 €**
85 2012 Weißburgunder Kabinett trocken **12,5 %/8,50 €**
85 2012 Grauburgunder Kabinett trocken **12,5 %/8,50 €**
86 2012 Riesling Kabinett trocken **12 %/8,50 €**
89 2012 Weißburgunder trocken Lahrer Kronenbühl **13,5 %/12,90 €**
87 2012 Grauburgunder trocken Lahrer Kronenbühl **13,5 %/12,90 €**
88 2012 Riesling trocken Lahrer Kronenbühl **12,5 %/12,90 €**
91 2012 Weißburgunder „GG" Herrentisch **13 %/19,50 €**
90 2012 Grauburgunder „GG" Kirchgasse **13,5 %/19,50 €**
93 2012 Chardonnay „GG" „Vum Gottsacker" Lahrer Kronenbühl **13 %/19,50 €** ☺
90 2011 Chardonnay trocken Barrique Lahrer Kronenbühl **13,5 %/15,50 €**
84 2011 Spätburgunder „bestes Fass" Lahrer Kronenbühl **13 %/12,90 €**
86 2011 Spätburgunder „SC" Lahrer Kronenbühl **13 %/17,- €**
90 2011 Spätburgunder „GG" Kirchgasse **13,5 %/27,50 €**

Wöhrle
Weingut   **Pfalz**

Leininger Ring 64, 67278 Bockenheim
Tel. 06359-4215, *Fax:* 06359-949367
www.weingut-woehrle.de
info@weingut-woehrle.de
Besuchszeiten: Sa. 9-15 Uhr oder nach Vereinbarung

Inhaber .... Andreas Wöhrle
Rebfläche .... 12,5 Hektar

Der im 18. Jahrhundert errichtete Hof ist seit 1844 im Besitz der Familie. Andreas Wöhrle trat nach dem Abschluss seines Studiums 1999 in den Betrieb ein, schon vorher war er für den Weinausbau verantwortlich. Bereits seit 1980 erfolgt die Bewirtschaftung nach ökologischen Richtlinien, das Weingut ist Gründungsmitglied bei Ecovin. Riesling und Spätburgunder sind die Hauptrebsorten, hinzu kommen Weißburgunder, Grauburgunder, Gewürztraminer und Portugieser, aber auch Dornfelder und Regent. Alle Rotweine werden im Holzfass ausgebaut.

Vorjahre

Vor zwei Jahren verkosteten wir neben ordentlichen Weißweinen eine starke rote Kollektion mit einem Cabernet an der Spitze. In einer recht gleichmäßigen Kollektion im vergangenen Jahr gefielen uns Weißburgunder und Silvaner, jeweils als trockene Spätlesen, am besten.

Neue Kollektion

Die 2012er Weißweine präsentieren sich sehr gleichmäßig auf gutem Niveau; spannender aber finden wir die beiden im Barrique ausgebauten Rotweine des Jahrgangs 2011: Der

Cabernet Sauvignon besitzt feine Gewürz- und Cassisnoten und klare reife Frucht, der Spätburgunder zeigt feine rauchige Noten und reintönige Frucht im Bouquet, ist kraftvoll, klar und komplex im Mund.

Weinbewertung

82 2012 Weißburgunder trocken **12,5 %/5,50 €**
84 2012 Grauburgunder trocken **14 %/6,20 €**
81 2012 Riesling trocken „vom" Grafenstück **12,5 %/5,50 €**
83 2012 Riesling Kabinett trocken „vom" Vogelsang **12 %/6,20 €**
84 2012 Riesling Spätlese trocken „aus der" Goldgrube **13 %/7,20 €**
83 2012 Riesling Kabinett „feinherb von der Mauer" **12,5 %/6,20 €**
84 2012 Riesling Spätlese „feinherb Alte Reben" **12,5 %/9,80 €**
83 2011 Spätburgunder trocken **12,5 %/7,50 €**
81 2011 Merlot trocken **12,5 %/7,80 €**
85 2011 Spätburgunder Spätlese trocken **13 %/10,80 €**
87 2011 Spätburgunder Spätlese trocken Barrique **13,5 %/19,- €**
86 2011 Cabernet Sauvignon trocken Barrique **13 %/16,80 €**

Wöhrwag ★★★★
Weingut

Württemberg

Grunbacher Straße 5, 70327 Stuttgart-Untertürkheim
Tel. 0711-331662, Fax: 0711-332431
www.woehrwag.de
info@woehrwag.de
Besuchszeiten: Mo.-Fr. 8-12:30 + 14-18:30 Uhr, Sa. 9-14 Uhr

Inhaber .... Hans-Peter Wöhrwag
Rebfläche .... 18,5 Hektar

Die Weinberge von Hans-Peter Wöhrwag liegen im Untertürkheimer Herzogenberg. Er baut etwa zur Hälfte rote und weiße Sorten an. Wichtigste Rebsorte ist Riesling, der 40 Prozent der Fläche einnimmt. Hinzu kommen Weiß- und Grauburgunder, aber auch ein wenig Sauvignon Blanc, Müller-Thurgau und Muskateller. Bei den roten Sorten dominierte früher der Trollinger. Nach dem schweren Hagel 2000 rodete Hans-Peter Wöhrwag aber zwei Hektar Trollinger und legte dort Lemberger an, wobei Trollinger nach wie vor die wichtigste rote Rebsorte ist. Nach Lemberger folgen Merlot, Spätburgunder, Dornfelder und Cabernet Sauvignon. Merlot wurde anfangs nur für Cuvées verwandt, 2008 gab es den ersten sortenreinen Merlot. Im roten Segment spielen Cuvées eine wichtige Rolle: Moritz, Philipp und X heißen diese. Die Cuvée X bestand ursprünglich aus Merlot und Lemberger, heute besteht sie aus Merlot und Cabernet Sauvignon.

Vorjahre

Gleich sechs Große Gewächse gab es vor zwei Jahren im Programm, drei weiße und drei rote. Unsere leichte Präferenz galt dem Pinot Noir vor dem Spätburgunder, aber auch Lemberger und Cuvée X gefielen uns sehr gut. Im weißen Segment bestach der Grauburgunder unter den Großen Gewächsen, auch der Riesling war sehr gut, angenehm überrascht hatte uns der Sauvignon Blanc. Die 2011er Rieslinge präsentierten sich zuverlässig wie gewohnt, von Goldkapsel über Mineral bis zum Großen Gewächs gibt es eine stetige Steigerung, auch der Sauvignon Blanc gefiel uns wieder sehr gut, ebenso Muskateller, Weißburgunder und Grauburgunder. Im roten Segment gefielen uns im vergangenen Jahr die beiden Jahrgänge der Cuvée X, 2009 und 2010, noch ein klein wenig besser als die Großen Gewächse, Pinot Noir und Lemberger.

Weißweine

Bemerkenswert hoch ist einmal mehr das Niveau von Goldkapsel- und Mineral-Riesling, beide sind frisch, fruchtbetont und lebhaft, dabei komplex, besitzen gute Struktur und

Die besten deutschen Weinerzeuger und ihre Weine

Substanz. Das Große Gewächs ist kraftvoller und fülliger, komplex und lang, der Weißburgunder würzig und eindringlich, besitzt aber nicht die Komplexität des Rieslings.

Rotweine

Die Rotweine sind in der Spitze bärenstark, und es ist wieder einmal die Cuvée X aus Merlot und Cabernet, die uns am besten gefällt, sie zeigt gute Konzentration im Bouquet, reife Frucht, etwas Cassis, ist komplex und fruchtbetont im Mund, besitzt gute Struktur und Länge. Der Pinot Noir ist konzentriert, herrlich eindringlich und reintönig im Bouquet, zupackend und klar im Mund bei jugendlichen Tanninen. Auch der Lemberger besticht mit seiner reintönigen Frucht, er besitzt gute Struktur, Frische und Biss, die Cuvée Philipp ist kraftvoll und zupackend: Stimmige Kollektion, weiß wie rot.

Weinbewertung

84 2012 Weißburgunder trocken Untertürkheimer Herzogenberg **13,5 %/9,50 €**

88 2012 Sauvignon Blanc trocken Untertürkheimer Herzogenberg **13,5 %/14,50 €**

87 2012 Riesling trocken „Goldkapsel" Untertürkheimer Herzogenberg **12 %/8,90 €**

87 2012 Riesling trocken „Mineral" Untertürkheimer Herzogenberg **12,5 %/10,80 €**

87 2012 Weißburgunder „GG" „Kreidenstein" **13,5 %/20,50 €**

89 2012 Riesling „GG" „Kreidenstein" **13 %/19,- €**

83 2011 „Moritz" Rotwein trocken **13 %/8,95 €**

83 2011 Lemberger trocken Untertürkheimer Herzogenberg **13 %/11,- €**

86 2011 „Philipp" Rotwein trocken **13,5 %/17,50 €**

89 2011 Pinot Noir „GG" „Kreidenstein" **13,5 %/26,-€**

89 2011 Lemberger „GG" „Kreidenstein" **14%/21,50€**

90 2011 „X" Rotwein trocken **13,5 %/23,50 €**

Dr. Christopher Wolf
Weingut   **Rheingau**

Weinbergstraße 7, 65347 Hattenheim
Tel. 06723-88302
www.rhein-wein.com
rheingauwolf@web.de
***Besuchszeiten:** jederzeit, ggf. nach. Voranmeldung*

Inhaber.....................Dr. Christopher Wolf
Rebfläche............................1,5 Hektar

Das Weingut in Hattenheim besteht seit 2003 und wird von dem Arzt Dr. Christopher Wolf und seiner Frau Julia nebenberuflich geführt. Angebaut werden Weißburgunder, Riesling und Spätburgunder in den Lagen Hassel, Doosberg, Schützenhaus und Nussbrunnen. Seit 2005 gehört auch eine Straußwirtschaft zum Gesamtkonzept.

Vorjahr

Die zum Debüt vorgestellten Weine der Jahrgänge 2010 und 2011 gefielen mit Klarheit und Würze, allen voran die Nussbrunnen-Spätlese und die „in vino lupi"-Weine.

Neue Kollektion

Mit saftigen, unkomplizierten und preiswerten Rieslingen beweist Christopher Wolf, dass er die Weinerzeugung beherrscht. Der Weißburgunder gefällt noch besser als der leicht kantig wirkende Spätburgunder aus dem Barrique, an der Spitze steht der duftige Selections-Riesling voller Schmelz.

Weinbewertung

84 2012 Riesling Kabinett trocken Hallgartener Hendelberg **12 %/4,20 €** ☺

83 2012 Weißburgunder Kabinett trocken Hattenheimer Hassel **12,5 %/4,50 €**

85 2012 Riesling trocken Selection **12,5 %/6,80 €**

82 2012 Riesling Classic **12 %/4,20 €**

84 2012 Riesling Spätlese **11,5 %/5,50 €**

82 2012 Spätburgunder trocken Barrique **14 %/6,50 €**

Kirchengut **Wolf**
Weingut

Mosel

🍇 *Berenbruchstraße 4, 56841 Traben-Trarbach-Wolf*
Tel. 06541-6394, Fax: 06541-6395
www.kirchengut-wolf.de
info@kirchengut-wolf.de
Besuchszeiten: immer nach Vereinbarung

Inhaber .... Markus Boor
Rebfläche .... 4,5 Hektar

Markus und Ulrike Boor bewirtschaften das ehemalige Kirchengut seit 2001. Paradelage ist die Wolfer Goldgrube, aber sie besitzen auch Reben in den Wolfer Lagen Klosterberg und Schatzgarten, sowie im Trabener Würzgarten. Der Betrieb wurde auf biologischen Anbau umgestellt, ist Mitglied bei Ecovin. Außer Riesling bauen die Boors auch Rivaner und Weißburgunder an, sowie Merlot, Dornfelder und Spätburgunder. Im Versuchsanbau gibt es auch ein wenig Cabernet Blanc, der 2010 den ersten Ertrag erbrachte. Die Weine werden im traditionellen Holzfass ausgebaut.

Vorjahre

2010 präsentierte sich konsistent, die Weine besaßen Frische, reintönige Frucht und Biss. Im vergangenen Jahr gefielen uns die süßen Weine, – Riesling Spätlese und Auslese – am besten.

Neue Kollektion

Sehr gleichmäßig ist nun die neue Kollektion, edelsüße Weine bekamen wir dieses Jahr nicht zu verkosten. Interessant ist der neue Cabernet Blanc, klar, frisch und zupackend, auch die beiden Rieslinge aus der Goldgrube sind frisch und geradlinig, die Spätlese deutlich fülliger, ohne aber komplexer zu sein. ◄

Weinbewertung

80   2012 Weißburgunder trocken   **12,5 %/6,50 €**
81   2012 Riesling Classic   **12 %/6,50 €**
83   2012 Riesling Kabinett trocken Wolfer Goldgrube   **11 %/7,50 €**
83   2012 Cabernet Blanc trocken   **11,5 %/7,80 €**
83   2012 Riesling Spätlese trocken Wolfer Goldgrube   **12,5 %/9,- €**
79   2012 Rivaner Classic   **12 %/4,90 €**

Klaus **Wolf**
Weingut

Pfalz

Hauptstraße 36, 76831 Birkweiler
Tel. 06345-919203, Fax: 06345-919204
www.weingut-wolf-birkweiler.de
info@weingut-wolf-birkweiler.de
Besuchszeiten: nach Vereinbarung

Inhaber .... Klaus und Mathias Wolf
Rebfläche .... 11 Hektar

Weinbau wird in der Familie Wolf seit etlichen Jahrhunderten betrieben, 1620 wurde der Winzer Hans Wolf erstmals urkundlich in Birkweiler erwähnt. Seit 1986 führt Klaus Wolf das Familienweingut, im Frühjahr 2011 ist Sohn Mathias, nach Beendigung der Weinbaufachschule, in den Betrieb eingestiegen. Die Familie besitzt Weinberge in den Birkweiler Lagen Kastanienbusch, Mandelberg und Rosenberg, wichtigste Rebsorten sind für die Weißweine Riesling und die Burgundersorten, für die Rotweine sind es Spätburgunder, Sankt Laurent und etwas Cabernet Sauvignon. Seit dem Frühjahr 2011 ist das Sortiment in drei Weinlinien gegliedert: Gutsweine, Lagenweine und Terroirweine, gekennzeichnet durch ein, zwei oder drei kleine Weinblätter auf den Etiketten.

Vorjahre

Die vor zwei Jahren angestellten sechs Weine zeigten ein klares Profil und eine durchgängige Stilistik, bei den beiden reintönigen und mineralischen Terroir-Rieslingen waren die Lagenunterschiede gut herausgearbeitet, die Burgunder waren klar und besaßen gute Substanz, ähnelten sich aber auch sehr – wir mutmaßten, dass hier vielleicht noch etwas der

Mut zu mehr Individualität fehlte. Im vergangenen Jahr waren die Weißweine wieder sehr klar in der Frucht, die Terroir-Rieslinge waren noch etwas präziser als im Jahr zuvor, die Burgunder waren wieder sehr ähnlich, begannen aber doch auch kleine Unterschiede zu zeigen. Die Rotweine besaßen gute Substanz, aber auch zu viel Wucht und zu viel Restsüße.

Neue Kollektion

In diesem Jahr zeigen die Terroirrieslinge an der Spitze des Sortiments viel Kraft, die unterschiedlichen Lagencharakteristiken sind einmal mehr sehr gut herausgearbeitet. Unser Favorit ist neben dem „Buntsandstein"-Riesling, den wir schon im vergangenen Jahr vorne sahen, der neue „Schiefer"-Riesling von 40 Jahre alten Reben, der Zitrus- und Kräuternoten und eine feine, rauchige Mineralität zeigt.

Weinbewertung

82 2012 Grauburgunder trocken Birkweiler Mandelberg **13 %/5,50 €**

83 2012 Weißburgunder trocken Birkweiler Mandelberg **12,5 %/5,50 €**

85 2012 Weißburgunder trocken „Muschelkalk" Birkweiler Kastanienbusch **14 %/7,50 €**

85 2012 Chardonnay trocken „Tonstein" Birkweiler Mandelberg **14 %/7,50 €**

84 2012 Riesling trocken Birkweiler Kastanienbusch **12,5 %/5,50 €**

87 2012 Riesling trocken „Buntsandstein" Birkweiler Kastanienbusch **13,5 %/7,50 €** ☺

86 2012 Riesling trocken „Rotliegendes" Birkweiler Kastanienbusch **13,5 %/7,50 €**

87 2012 Riesling trocken „Schiefer" Birkweiler Kastanienbusch **13,5 %/9,80 €**

83 2010 Cabernet Sauvignon trocken Birkweiler Kastanienbusch **13,5 %/11,50 €**

Herzog von

Württemberg

Weingut ★★

Württemberg

Schloss Monrepos, 71634 Ludwigsburg
Tel. *07141-22106-0,* **Fax:** *07141-22106-260*
www.weingut-wuerttemberg.de
weingut@hofkammer.de
Besuchszeiten: *Mo.-Fr. 10-12 +13-18 Uhr, Sa. 10-14 Uhr*
Schlosshotel Monrepos mit Restaurant
Gutsschenke, Golfplatz, Seeschloss Monrepos

Inhaber..............Herzog von Württemberg
Technischer Betriebsleiter...........Moriz Just
Kaufmännische Leiterin.......Claudia Krügele
Rebfläche.............................40 Hektar

Weinbau lässt sich im Hause Württemberg bis ins 13. Jahrhundert zurückverfolgen, die Hofkammerkellerei wurde 1677 gegründet, bis Ende des 19. Jahrhunderts wurden Weinberge in besten Württemberger Lagen erworben: Mönchberg (1671), Käsberg (1713), Steinbachhof (1757), Eilfingerberg (1872). Heute ist das Weingut mit 40 Hektar Weinbergen das größte private Weingut in Württemberg. Die Weinberge verteilen sich auf 8 Lagen: Maulbronner Eilfingerberg (14,6 Hektar mit Schilfsandsteinverwitterungsboden auf Gipskeuper), Mundelsheimer Käsberg (Muschelkalk), Untertürkheimer Mönchberg (mit Steinen durchsetzte Gipskeuperböden), Stettener Brotwasser (2,8 Hektar im Alleinbesitz, Schilfsandsteinboden), Hohenhaslacher Kirchberg, Asperger Berg und Gundelsbacher Steinbachhof und Wachtkopf. Weiße Rebsorten wachsen auf 23 Hektar: Riesling vor allem, aber auch Silvaner, Traminer und Weißburgunder. An roten Sorten werden Trollinger, Lemberger, Spätburgunder und Zweigelt angebaut, inzwischen wurden auch internationale Sorten wie Merlot, Cabernet Sauvignon und Sauvignon Blanc angelegt. Die Kellerei liegt im Park von Schloss Monrepos in Ludwigsburg.

Vorjahre

Der Lemberger aus dem Mönchberg, Jahrgang 2009, war vor zwei Jahren unser Favorit in einer ansonsten etwas verhaltenen Kollektion. In der letztjährigen Kollektion gefiel uns das Große Gewächs Stettener Brotwasser am besten, das rote Pendant aus dem Mönchberg erreichte nicht ganz die Klasse seiner Vorgänger.

Neue Kollektion

In der neuen Kollektion gefallen uns im weißen Segment die beiden Großen Gewächse am besten. Der Wein aus dem Brotwasser zeigt Frische und Zitrus, ist kraftvoll und zupackend, etwas druckvoller aber ist der Wein aus dem Eilfingerberg, fruchtbetont und reintönig. Die Rotweine kommen in der Spitze da nicht ganz heran, alle Barriqueweine sind sehr von Toast- und Schokonoten im Bouquet geprägt und besitzen, kräftige, teils etwas bittere Tannine im Abgang, der eigenwillige, kraftvolle Lemberger aus dem Mönchberg gefällt uns wieder einmal am besten zusammen mit dem Spätburgunder aus dem Käsberg. ◄

Weinbewertung

- 83 2012 Riesling Kabinett trocken Maulbronner Eilfingerberg **12 %/8,50 €**
- 82 2012 Riesling Kabinett trocken Stettener Brotwasser **12,5 %/9,60 €**
- 88 2012 Riesling „GG" Maulbronner Eilfingerberg **13 %/17,50 €**
- 86 2012 Riesling „GG" Stettener Brotwasser **13 %/24,- €**
- 80 2011 Pinot Noir trocken (Schloss Monrepos) **12 %/9,50 €**
- 81 2011 Lemberger trocken Maulbronner Eilfingerberg **12,5 %/10,50 €**
- 85 2011 „Ducissa" Rotwein trocken **14 %/25,- €**
- 86 2011 Spätburgunder „GG" Mundelsheimer Käsberg **14 %/24,- €**
- 86 2011 Lemberger „GG" Untertürkheimer Mönchberg **14 %/29,- €**

★★★

Zalwander
Weingut

Baden

Hauptstraße 50, 79331 Köndringen
Tel. 07641-9649103, Fax: 07644-923837
www.zalwander.de
weingut@zalwander.de
Besuchszeiten: nach Vereinbarung

Inhaber . . . . Elmar Lehmann, Odin Bauer
Rebfläche . . . . 1,3 Hektar

2002 haben sich Elmar Lehmann und Odin Bauer zusammengetan und das Weingut Zalwander gegründet. „Zu zweit" bedeutet das alemannische Zalwander. Ihre Weinberge liegen im Breisgau zwischen den Gemeinden Mundingen und Köndringen, wo die Reben auf Muschelkalk und Lösslehm wachsen. Hauptrebsorte ist Spätburgunder, der Spitzenwein stammt von mehr als 30 Jahre alten Reben in der Steillage Erdenhard, trägt neuerdings den Namen „Harte Erde". 2003 wurden Lemberger und Grauburgunder gepflanzt. Die Weine werden in burgundischen Stückfässern ausgebaut und ohne Filtration abgefüllt.

Vorjahre

Mit einem Jahr Flaschenreife präsentierte sich der 2008er Spätburgunder „Harte Erde" vor zwei Jahren noch schöner, sein Jahrgangsnachfolger stand ihm nicht nach, auch der Lemberger und der „normale" Spätburgunder gefielen uns sehr gut, ebenso der Blanc de Noirs und der Grauburgunder. Auch die letztjährige Kollektion präsentierte sich in bestechend guter Form, von Blanc de Noirs über Grauburgunder bis hin zu Lemberger und Spätburgunder, Highlight war einmal Spätburgunder Harte Erde.

Neue Kollektion

Die 2011er Rotweine wurden als Fassproben eingereicht, die beiden Spätburgunder waren allerdings so stark von oxidativen Noten geprägt, dass wir sie in diesem Zustand nicht beurteilen mögen. Der Lemberger ist klar und zupackend, von jugendlichen Tanninen geprägt,

Die besten deutschen Weinerzeuger und ihre Weine

Z

der 2003er Spätburgunder ist füllig, kraftvoll und kompakt bei ganz dezenten Bitternoten im Abgang. ◂━

Weinbewertung _____

87   2003 Spätburgunder **13,5 %**

(85+) 2011 Lemberger **13,5 %/15,-€**

Georg Zang
Weingut   ★   **Franken**

◈ *Nordheimer Straße 8, 97334 Sommerach*
Tel. 09381-2888, Fax: 09381-6111
www.weingut-georg-zang.de
info@weingut-georg-zang.de
Besuchszeiten: Mo.-Sa. 9-17 Uhr, So. und feiertags
10-15 Uhr

Inhaber . . . . Georg Zang
Rebfläche . . . . 6,5 Hektar

Seit 2005 führen Georg und Heike Zang in fünfter Generation das Gut. Ihre Weinberge liegen vor allem im Sommeracher Katzenkopf und im Volkacher Kirchberg.

Kollektion _____

Eine gleichmäßige Kollektion mit fruchtbetonten, reintönigen Weinen präsentiert Georg Zang. Der Riesling ist wunderschön klar und zupackend, die Silvaner Spätlese weich und üppig, die Scheurebe betört mit feinem Duft, der Weißburgunder besitzt Kraft und gute Struktur. Ein überzeugendes Debüt! ◂━

Weinbewertung _____

81   2012 Rivaner Kabinett trocken Sommeracher Katzenkopf **11,5 %/4,90 €**

80   2012 Silvaner Kabinett trocken Sommeracher Katzenkopf **12 %/4,60 €**

84   2012 Riesling Kabinett trocken Sommeracher Katzenkopf **11,5 %/5,40 €**

85   2012 Scheurebe Kabinett trocken Sommeracher Katzenkopf **11,5 %/5,20 €** ☺

84   2011 Silvaner Spätlese trocken Sommeracher Katzenkopf **12,5 %/6,30 €**

86   2012 Weißburgunder Spätlese trocken Sommeracher Katzenkopf **13 %/7,- €** ☺

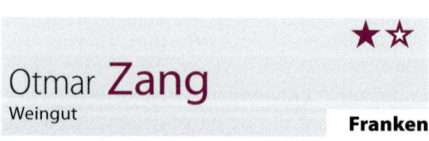

Otmar Zang
Weingut   ★ ☆   **Franken**

Zum Katzenkopf 2, 97334 Sommerach
Tel. 09381-9278, Fax: 09381-9280
www.weingut-zang.de
info@weingut-zang.de
Besuchszeiten: Mo.-Sa. 8-12 + 13-18 Uhr, So. 9-12 Uhr
Ferienwohnung (4 Sterne)
„Jazz & Wein" im Mai

Inhaber . . . . Otmar Zang
Rebfläche . . . . 10 Hektar

Die Weinberge von Otmar Zang befinden sich in den Lagen Sommeracher Katzenkopf, Volkacher Ratsherr und Obervolkacher bzw. Rimbacher Landsknecht, wo Otmar Zang, nach eigenem Bekunden, der älteste Weinberg Frankens gehört, ein 1835 gepflanzter Weinberg, in dem unter anderem Riesling, Silvaner, Elbling, Muskateller und Traminer stehen. Die Reben wachsen vorwiegend auf Muschelkalk, teils auch auf Lösslehm und Lettenkeuper. Wichtigste Rebsorte ist Silvaner, gefolgt von Müller-Thurgau, Riesling, Bacchus, Weißburgunder und Scheurebe. An roten Sorten baut Otmar Zang Spätburgunder, Domina und Dornfelder an. Otmar Zang wird inzwischen im Betrieb unterstützt von Sohn Johannes.

Vorjahre _____

2010 war der Aufwärtstrend erst einmal gestoppt: Die Weine waren zwar frisch und klar, blieben aber jahrgangsbedingt hinter den Vorjahren zurück. Die letztjährige Kollektion war ganz stark: Schon die Qualitäts- und Kabinettweine machten viel Freude mit ihrer reintönigen Frucht, die trockenen Spätlesen besaßen Substanz und viel reife

Z

süße Frucht, am meisten beeindruckte uns aber wieder einmal der Alte Satz.

Neue Kollektion

Die neue Kollektion bietet schön frische, zupackende Kabinettweine wie den Silvaner oder die Scheurebe, einen recht fülligen Alten Satz und eine wunderschön reintönige, harmonisch trockene Silvaner Spätlese. Dazu gibt es erstmals edelsüße Spitzen mit zwei fülligen, reintönigen Eisweinen, die beide herrlich viel Frucht und Substanz besitzen. ◄

Weinbewertung

82 2012 Silvaner trocken „vom Muschelkalk"
    12,5 %/6,- €

84 2012 Silvaner Kabinett trocken Sommeracher Katzenkopf **11,5 %/7,50 €**

81 2012 Riesling Kabinett trocken Sommeracher Katzenkopf **12 %/7,80 €**

84 2012 Scheurebe Kabinett trocken Sommeracher Katzenkopf **12,5 %/7,50 €**

85 2012 „Alter Satz" trocken Rimbacher Landsknecht **12,5 %/12,80 €**

86 2012 Silvaner Spätlese trocken Sommeracher Katzenkopf **13 %/9,20 €**

79 2011 Silvaner trocken „Alte Reben J 40"
    13 %/18,- €

85 2012 Rieslaner Auslese Sommeracher Katzenkopf **9 %/20,- €/0,5l**

89 2012 Silvaner Eiswein Sommeracher Katzenkopf **6 %/40,- €/0,375l**

89 2012 Riesling Eiswein Sommeracher Katzenkopf **6 %/52,- €/0,375l**

⭐

Rainer **Zang**
Weingut   **Franken**

◆ 🍇 *Kreuzbergstraße 2, 97334 Nordheim*
Tel. 09381-6761, *Fax:* 09381-3942
www.oekoweingut-zang.de
info@oekoweingut-zang.de
Besuchszeiten: Mo.-Sa. 9-12 + 14-18 Uhr, So. nach Vereinbarung

Inhaber.............................Rainer Zang
Rebfläche...........................6,5 Hektar

Seit dem 17. Jahrhundert baut die Familie Wein in Nordheim an, seit 1990 bewirtschaften Rainer und Christa Zang ihr Weingut biologisch, sind Mitglied bei Naturland. Ihre Weinberge liegen in den Nordheimer Lagen Vögelein und Kreuzberg sowie im Sommeracher Rosenberg. Neben klassischen fränkischen Rebsorten wie Silvaner, Müller-Thurgau, Riesling, Bacchus, Spätburgunder und Weißburgunder bauen sie auch pilzresistente Neuzüchtungen wie Johanniter, Regent und Bronner an. Die Weine werden teils im Edelstahl, teils im Holz ausgebaut, bleiben sehr lange auf der Hefe.

Kollektion

Rainer Zangs Weine sind alles andere als Mainstream: Sie werden sehr lange auf der Hefe ausgebaut, mindestens ein Jahr, und spät gefüllt. Sie sind füllig, weich, ja cremig, besitzen gute Substanz, was für alle verkosteten 2011er Weißweine gilt. Trotzdem hat uns der frische, zupackende Müller-Thurgau aus dem Jahrgang 2012 am besten gefallen, im August als Fassprobe verkostet. Im roten Segment, aktuell 2006 und 2008 im Verkauf, hat uns der herrlich reintönige 2008er Regent überrascht, der konzentriert und füllig ist, harmonisch, komplex und lang. ◄

Weinbewertung

(85) 2012 Müller-Thurgau trocken

83 2011 Bronner Kabinett trocken Nordheimer Vögelein **7,- €**

82 2011 Johanniter Kabinett trocken Nordheimer Vögelein **7,- €**

83 2011 Riesling Kabinett trocken Nordheimer Vögelein **7,50 €**

83 2011 Weißburgunder Kabinett Nordheimer Vögelein **7,50 €**

83 2008 Spätburgunder trocken Nordheimer Vögelein **11,- €**

86 2008 Regent Spätlese trocken Nordheimer Vögelein **12,- €**

★

Zehe-Clauß
Weingut

Rheinhessen

📍 *Rheinhessenstraße 109, 55129 Mainz-Hechtsheim*
Tel. 06131-9728942, *Fax:* 06131-9728943
info@zehe-clauss.de
www.zehe-clauss.de
Besuchszeiten: nach Vereinbarung

Inhaber ... Birgit Zehe-Clauß und Marcus Clauß
Rebfläche .... 16,5 Hektar

Marcus Clauß, geboren in Esslingen, ist Diplom-Ingenieur für Getränketechnologie. Mit dem Jahrgang 2001 hat er die „MC Weinkollektion" auf dem Weingut seiner Schwiegereltern gestartet. Im Frühjahr 2010 gab er seine Beratertätigkeit auf und führt seither zusammen mit seiner Ehefrau Birgit Zehe-Clauß das Weingut, das den Namen Weingut Zehe-Clauß angenommen hat. Ihre Weinberge liegen in Hechtsheim, Laubenheim, Bodenheim, Gau-Bischofsheim und Nackenheim. Die Weißweine werden kühl vergoren und im Edelstahl ausgebaut, der Grauburgunder kommt für acht Monate ins Barrique. Die Rotweine werden nach der Maischegärung teils im Fass ausgebaut, filtriert wird nur einmal vor der Abfüllung. 2011 wurde mit der Umstellung auf ökologischen Weinbau begonnen.

Vorjahre _____

Der feine Riesling „First Clauß" führte vor zwei Jahren eine Kollektion ohne Fehl und Tadel an. Auch in der letztjährigen Kollektion war der „First Clauß" der beste Wein, die anderen Weißweine waren meist frisch, aber etwas verhalten.

Neue Kollektion _____

Sieht man einmal von der duftigen, konzentrierten Huxelrebe Beerenauslese ab, ergibt sich ein ähnliches Bild wie im Vorjahr: Die Weine sind insgesamt etwas verhalten, der Riesling „First Clauß" aber ist füllig und kraftvoll, besitzt reife Frucht, gute Struktur und

Druck, erweist sich einmal mehr als der herausragende Wein im Programm von Marcus Clauß. ◄━━

Weinbewertung _____

81	2011 Pinot Sekt brut	13 %/11,80 €
80	2012 Weißburgunder trocken	13 %/6,30 €
80	2012 Riesling trocken	12,5 %/6,30 €
81	2012 Sauvignon Blanc trocken	12,5 %/6,50 €
83	2012 Muskateller trocken	12,5 %/7,20 €
87	2012 Riesling trocken „First Clauß"	13 %/11,- €
86	2012 Huxelrebe Beerenauslese	

★★★★★

Zehnthof
Weingut Luckert

Franken

📍 *Kettengasse 3, 97320 Sulzfeld*
Tel. 09321-6536, *Fax:* 09321-5077
www.weingut-zehnthof.de
luckert@weingut-zehnthof.de
Besuchszeiten: Mo.-Sa. 8-12 + 13-18 Uhr

Inhaber .... Familie Luckert
Rebfläche .... 17 Hektar

1962 füllte Theo Luckert seinen ersten Jahrgang auf Flaschen und begann mit der Selbstvermarktung. 1970 erwarb er den ehemaligen Zehnthof aus dem Jahr 1558, der Sitz und Namensgeber des Weingutes ist. Heute bewirtschaften die Brüder Ulrich und Wolfgang Luckert mit ihren Familien die ausschließlich in Sulzfeld in den Lagen Maustal und Cyriakusberg liegenden Weinberge. Wichtigste Rebsorte beim Zehnthof ist Silvaner, der inzwischen fast die Hälfte der Rebfläche einnimmt. Hatte man bisher schon viele alte, teils 60jährige Reben, so wurde dies durch den Zukauf eines alten Weinbergs mit wurzelechten, im Jahr 1875 gepflanzten Reben noch getoppt, den die Luckerts unmittelbar vor der geplanten Rodung erwerben konnten. Dieser Weinberg ist einer der ganz wenigen, die zur damaligen Zeit sortenrein

Z

bepflanzt wurden; 2012 wurde erstmals ein Wein aus diesem Weinberg erzeugt, Creutz genannt. Weitere weiße Sorten sind Weißburgunder, Müller-Thurgau und Riesling, bereits seit 1986 gibt es Chardonnay, Sauvignon Blanc brachte 2003 die erste Ernte, Muskateller ist der bislang letzte Neuzugang im Programm. An roten Sorten gibt es Spätburgunder und Domina, in den neunziger Jahren wurden Frühburgunder und Merlot neu gepflanzt, ebenso kam Cabernet Sauvignon hinzu. Die Weine werden spontanvergoren, oft mit Maischestandzeiten auch bei Weißweinen. Das Gros der Weine wird durchgegoren ausgebaut. Ulrich und Wolfgang Luckert wollen verstärkt große Holzfässer für Vergärung und Ausbau der Weine nutzen. Ihr Hauptaugenmerk gilt allerdings der weinbaulichen Arbeit. So nutzen sie seit Jahren ausschließlich die Kordon-Erziehung, reduzieren weiter stark die Erträge. Bereits 2005 haben sie Teilflächen auf ökologische Bewirtschaftung umgestellt, 2008 war die Hälfte des Betriebes umgestellt, 2009 der komplette Betrieb, sie sind Mitglied bei Naturland.

Vorjahre

Aufgrund des Jahrgangs hatten die Luckerts 2010 keine 3-Sterne-Selektionen erzeugt. Die Mittel-Linie konnte so ihr Niveau halten, bot frische, geradlinige, sehr reintönige Weine, auch die Basisweine überzeugten wie gewohnt. In der Spitze aber waren die Rotweine des Jahrgangs 2009 deutlich spannender, konzentriert und kraftvoll, präzise und mineralisch wie ihre Vorgänger. 2011 trumpften die Luckerts wieder in gewohnter Stärke auf. Großartig waren schon die Einstiegsweine, das Mittelsegment bot eine weitere Steigerung, die 3-Sterne-Selektionen waren nochmals kraft- und druckvoller, alle waren hervorragend, wobei wir den Silvaner am höchsten bewerteten. 2010 gab es zwar weder Merlot noch Cabernet Sauvignon, aber das, was die Luckerts auf die Flasche gebracht hatten, das überzeugte voll

und ganz, sowohl Frühburgunder als auch Spätburgunder und Grand Noir waren hervorragend, unsere leichte Präferenz galt letzterem.

Weißweine

Mit dem Jahrgang 2012 haben die Luckerts ihr Sortiment an die neue VDP-Klassifikation angepasst. Das Maustal wurde als Große Lage klassifiziert, weshalb Riesling, Silvaner und Spätburgunder nun als Große Gewächse angeboten werden. Aus dem Cyriakusberg wurden zwei Teilflächen – Berg I und Sonnenberg – herausgelöst, die als Erste Lagen gekennzeichnet werden. Die Ortsweine sind auch 2012 wieder bestechend reintönig, fruchtbetont und frisch, wie immer eine sichere Bank, egal ob Silvaner oder Müller-Thurgau, Weißburgunder oder Riesling, Muskateller oder Chardonnay. Silvaner Gelbkalk, Riesling Steinriegel und Weißburgunder Terrassen sind nun als Erste Lage-Weine eingestuft, qualitativ hat sich nichts geändert: Der Silvaner ist herrlich reintönig, besitzt Struktur und Kraft, der Riesling ist geradlinig und zupackend, klar und frisch, unsere leichte Präferenz gilt dem wunderschön saftigen Weißburgunder, der reintönig, harmonisch und lang ist. Die weiße Cuvée „Unter der Mauer" ist kraftvoll, klar und zupackend. Zu den Großen Gewächsen: Der Silvaner zeigt viel Konzentration und viel eindringlichen Silvanerduft im Bouquet, besitzt Kraft, Substanz und reife klare Frucht. Der Riesling besitzt Kraft und gute Präzision, ist wunderschön klar und zupackend. Unsere Favoriten aber im weißen Segment – sind keine Großen Gewächse! Verkehrte Welt. Der 3-Sterne-Weißburgunder, aus dem Sonnenberg im Cyriakusberg, ist faszinierend reintönig und konzentriert, frisch und komplex, besitzt herrlich viel Frucht, gute Struktur und Länge. Der neue Silvaner Creutz zeigt gute Konzentration im Bouquet, ganz leicht Marzipan, ist füllig und kraftvoll im Mund, konzentriert und klar, besitzt herrlich viel Frucht, gute Struktur und Substanz, viel Länge.

Rotweine

Zwei Rotweine nur haben wir dieses Jahr verkostet, diese aber haben es in sich, beide sind ganz hervorragend. Der Spätburgunder zeigt reintönige Frucht im Bouquet, ist würzig und herrlich eindringlich, im Mund ist er frisch und klar, zupackend und komplex, lebhaft und jugendlich, besitzt dezent mineralische Noten. Diese findet man auch beim Grand Noir, der wieder herrlich komplex und druckvoll ist, konzentriert, zupackend und enorm lang. ◄■

Weinbewertung

85   2012 Müller-Thurgau trocken Sulzfelder 13 %/7,- €

86   2012 Blauer Silvaner trocken Sulzfelder 13 %/10,- €

87   2012 Silvaner trocken Sulzfelder 12,5 %/9,50 €

88   2012 Silvaner trocken „Alte Reben" Sulzfelder 13 %/12,- €

86   2012 Riesling trocken Sulzfelder 12,5 %/10,- €

86   2012 Weißburgunder trocken Sulzfelder 13 %/10,- €

85   2012 Sauvignon Blanc trocken Sulzfelder 13 %/10,- €

87   2012 Chardonnay trocken Sulzfelder 13 %/11,- €

87   2012 Muskateller trocken Sulzfelder 13 %/11,- €

89   2012 Silvaner trocken „Gelbkalk Sonnenberg" 13 %/15,- €

89   2012 Riesling trocken „Steinriegel Berg I" 13 %/15,- €

90   2012 Weißburgunder trocken „Terrassen Berg I" 13 %/15,- € ☺

90   2012 Silvaner „GG" Sulzfelder Maustal 13 %/30,- €

92   2012 Weißburgunder*** „Sonnenberg" 13,5 %/26,- €

91   2012 Riesling „GG" Sulzfelder Maustal 13 %/30,- €

89   2012 „Unter der Mauer"*** Weißwein 13 %/30,- €

92   2012 Silvaner „Creutz" Sulzfelder 13 %/50,- €

92   2011 Spätburgunder „GG" Sulzfelder Maustal 13,5 %/30,- €

92   2011 Grand Noir*** Rotwein 13,5 %/34,- €

Zehntkeller
Weingut

Franken

📍 Bahnhofstraße 12, 97346 Iphofen
Tel. 09323-844-0, **Fax:** 09323-844-123
www.zehntkeller.de
zehntkeller@romantikhotels.com
Besuchszeiten: täglich 7-22 Uhr
Hotel

Inhaber . . . . Heinrich Seufert
Rebfläche . . . . 26 Hektar

Der erstmals 1436 urkundlich erwähnte Zehntkeller war lange Zeit Sitz des Zehntgerichts, befindet sich seit Anfang des 20. Jahrhunderts in Familienbesitz. Nach und nach wurde das Gut zur Weinschänke, zur ländlichen Gaststätte und schließlich zum Hotel und Restaurant ausgebaut. Zum Haus gehören 26 Hektar Reben rund um den Schwanberg in den Iphöfer Lagen Julius-Echter-Berg, Kronsberg und Kalb sowie im Rödelseer Küchenmeister. Die wichtigsten Rebsorten sind Silvaner (30 Prozent) und Müller-Thurgau (20 Prozent), gefolgt von Riesling, Bacchus, Scheurebe, Kerner, Weißburgunder, Grauburgunder, Chardonnay (bereits seit Anfang der neunziger Jahre) und Sauvignon Blanc. Der Rotweinanteil liegt bei 20 Prozent: Spätburgunder, Frühburgunder, Blaufränkisch, Dornfelder, St. Laurent, Merlot (erste Ernte 2003) und Cabernet Sauvignon (erste Ernte 2004) werden angebaut. Die besten Rotweine werden dreizehn Monate im Barrique ausgebaut. Spitzenweine erhalten den Zusatz „SZ" auf dem Etikett, was für „Selektion Zehntkeller" steht. 2009 begann das Weingut die Umstellung auf biologischen Weinbau (Bioland).

Vorjahre

Auch im schwierigen Jahrgang 2010 hatte sich der Zehntkeller hervorragend behauptet, die Weißweine waren frisch und klar, dabei angenehm niedrig im Alkohol.

Der SZ-Silvaner aus dem Julius-Echter-Berg gefiel uns einmal mehr besonders gut, im roten Teil der Kollektion der barriqueausgebaute Saint Laurent aus dem Jahrgang 2008. Die letztjährige Kollektion präsentierte sich stimmig auf gutem und sehr gutem Niveau. Die Kabinettweine waren klar und fruchtbetont, die Spätlesen fülliger und kraftvoller, der strukturierte Chardonnay aus dem Barrique, Jahrgang 2009, gefiel uns besonders gut. Zwei kraftvolle Barrique-Rotweine und eine hervorragende Trockenbeerenauslese rundeten das Programm ab.

Neue Kollektion

Die neue Kollektion ist stimmig, bietet an der Spitze den Silvaner SZ mit reifer Frucht und guter Struktur, den fülligen, harmonischen Riesling und den kraftvollen, zupackenden Chardonnay SZ, Jahrgang 2011, der gute Struktur und Biss besitzt und einmal mehr unser Favorit ist. ◀

Weinbewertung

80 2012 Silvaner trocken Iphöfer Kronsberg (1l) **12 %/6,10 €**

81 2012 „Blanc de Noir" trocken **12 %/6,- €**

82 2012 Silvaner Kabinett trocken Iphöfer Julius-Echter-Berg **12 %/7,80 €**

83 2012 Scheurebe Kabinett trocken Iphöfer Kronsberg **11,5 %/7,- €**

85 2011 Riesling Spätlese trocken Iphöfer Julius-Echter-Berg **13 %/11,- €**

83 2012 Sauvignon Blanc Spätlese trocken Iphöfer Kronsberg **12,5 %/13,- €**

85 2012 Silvaner Spätlese trocken „SZ" Iphöfer Julius-Echter-Berg **13 %/15,- €**

87 2011 Chardonnay Spätlese trocken „SZ" Barrique Iphöfer Kalb **13 %/15,- €**

83 2011 Spätburgunder trocken Barrique Iphöfer Kronsberg **12 %/10,- €**

Zelt
Weingut   **★★★**

                                            Pfalz

Binsenstraße 2, 67229 Laumersheim
Tel. 06238-3281, **Fax:** 06238-1233
www.weingutzelt.de
info@weingutzelt.de
Besuchszeiten: Mo.-Fr. 10-12 + 14-18 Uhr,
Sa. 10-16 Uhr

Inhaber . . . . Ernst und Mario Zelt
Rebfläche . . . . 13 Hektar

Die Familie betreibt seit vier Generationen Weinbau, bis Mitte der neunziger Jahre war das Gut ein landwirtschaftlicher Gemischtbetrieb, der seinen Wein größtenteils an Kellereien verkaufte. Erst als Mario Zelt sich entschied das Weingut fortzuführen, konzentrierte man sich ganz auf Wein. Mario Zelt hat in Geisenheim Önologie studiert und Praktika in Frankreich, Österreich und Südafrika gemacht. Alte Weinberge wurden gerodet und neue, auch internationale Rebsorten gepflanzt. Die Weinberge von Ernst und Mario Zelt liegen vor allem in den Laumersheimer Lagen Kirschgarten (Kalkmergel) und Mandelberg (kalkgeprägter Lehmboden), im Großkarlbacher Burgweg (Löss-Lehmschicht über Kalkgestein) und im Bissersheimer Goldberg (Lehm und Kalk). Jeweils zur Hälfte werden rote und weiße Rebsorten angebaut. Wichtigste weiße Rebsorte ist Riesling, gefolgt von Weißburgunder, Chardonnay und Sauvignon Blanc. Wichtigste rote Rebsorte ist der Spätburgunder, es folgen St. Laurent und Merlot. Die Weißweine werden nach individueller Maischestandzeit temperaturgekühlt vergoren und mehrere Monate auf der Feinhefe ausgebaut. Die Rotweine kommen nach der Maischegärung in neue oder gebrauchte Barriques.

Vorjahre

Mario Zelt hatte vor zwei Jahren weiter zugelegt, sowohl bei den Rotweinen als auch bei den Weißweinen. An der Spitze standen die beiden Spätburgunder und der St. Laurent, die Cuvée Trilogie war ganz stark, ebenso der Chardonnay und die weißen Burgunder. Im vergangenen Jahr untermauerte Mario Zelt die bisher erreichte hohe Qualität. Die Weißweine waren von bestechender Klarheit, die Typizität der Rebsorten war fein herausgearbeitet, Spätburgunder und Frühburgunder zeigten sehr hohes Niveau.

Weiße Kollektion _____

Auch 2012 überzeugt das hohe Einstiegsniveau bei den Guts- (feiner Muskateller) und Ortsweinen. In der Spitze hat Mario Zelt weiter zugelegt. Der Riesling aus dem Goldberg zeigt gute Konzentration und reintönige Frucht im Bouquet, besitzt Kraft und Fülle, ist komplex und reintönig bei feiner Frische. Der Chardonnay aus dem Kirschgarten ist klar und komplex, besitzt gute Struktur, Frische und Substanz.

Rote Kollektion _____

Auch die rote Kollektion zeigt ein gutes Einstiegsniveau, Spätburgunder und St. Laurent besitzen Fülle, Frucht und Kraft. Der Frühburgunder aus dem Goldberg ist reintönig und füllig, die Cuvée Trilogie zeigt feinen Toast, ist frisch, klar und zupackend. Die beiden Spätburgunder sind reintönig, fruchtbetont und zupackend, der Burgweg stärker von Gewürznoten geprägt, der Kirschgarten ein wenig feiner und lebhafter. ◄━

Weinbewertung _____

85 2012 Muskateller trocken **11,5 %/6,50 €**
84 2012 Riesling trocken „Kieselstein" **12 %/9,50 €**
85 2012 Riesling trocken „Alte Reben" **12,5 %/9,50 €**
86 2012 Sauvignon Blanc trocken Laumersheimer **12 %/9,50 €**
84 2012 Weißburgunder trocken „Kalkstein" **13,5 %/9,- €**
86 2012 Grauburgunder trocken „Kalkstein" **13,5 %/9,- €**
86 2012 Chardonnay trocken „Kalkstein" **13,5 %/9,- €**
90 2012 Riesling trocken Bissersheimer Goldberg **13,5 %/14,- €** ☺
88 2012 Chardonnay trocken Laumersheimer Kirschgarten **13,5 %/19,- €**

85 2011 St. Laurent trocken **13,5 %/9,50 €**
85 2011 Spätburgunder trocken **13,5 %/9,50 €**
87 2011 Frühburgunder trocken Bissersheimer Goldberg **13,5 %/18,- €**
87 2011 Spätburgunder trocken Großkarlbacher Burgweg **13,5 %/18,- €**
88 2011 Spätburgunder trocken Laumersheimer Kirschgarten **13,5 %/25,- €**
88 2011 „Cuvée Trilogie" Rotwein trocken **13,5 %/23,- €**

Oliver **Zeter**
Weingut

★★★

Pfalz

Lauterstraße 9, 67434 Neustadt
Tel. *0172-7755815*
www.oliver-zeter.de
hallo@oliver-zeter.de
Besuchszeiten: *Mo.-Fr. 10-16 Uhr, Sa. 11-16 Uhr*

Inhaber . . . . Oliver Zeter, Christian Zeter
Rebfläche . . . . 6,5 Hektar

Oliver Zeter absolvierte eine Winzerlehre beim Weingut Dr. Deinhard (heute von Winning) und dann eine Ausbildung zum Weinbautechniker in Weinsberg. Es folgten jeweils einjährige Auslandsaufenthalte in Italien und Südafrika. Für die Weinagentur Zeter war er zunächst in Hamburg, ist inzwischen aber wieder am Stammsitz in Neustadt tätig. Er hat verschiedene Parzellen mit Sauvignon Blanc (6 verschiedene Klone) und Viognier bepflanzt. Nach ersten Versuchen 2005 und 2006 brachte er 2007 seine ersten eigenen Weine auf den Markt.

Vorjahre _____

Vor zwei Jahren gefiel uns der Viognier sehr gut, ebenfalls Sauvignon Blanc und Sauvignon Blanc Fumé. Im vergangenen Jahr hatte sich die Kollektion mehr als verdoppelt. Sie war beeindruckend, sehr ordentlichen Basisqualitäten folgten sehr gute Réserve-Weine

Z

mit einem konzentrierten Weißburgunder an der Spitze. Sauvignon Blanc Fumé und Viognier standen an der Spitze der Kollektion, auch die drei präsentierten Rotweine waren sehr gut.

Neue Kollektion

Die neue Kollektion bietet gutes Niveau schon bei den reintönigen, fruchtbetonten Gutsweinen, egal ob Riesling, Weißburgunder oder Grauburgunder. Der Muskateller ist frisch und wunderschön reintönig, der Sauvignon Blanc modern, erinnert eher an Neue Welt-Sauvignons, ist reintönig und bereitet Trinkfreude, noch druckvoller und dominanter ist der Sauvignon Blanc Heiligenberg, die Fumé-Variante ist konzentriert und strukturiert: Ein sehr interessantes Sauvignon-Trio! Der Chardonnay zeigt feinen Toast und gute Konzentration, ist kraftvoll und reintönig, noch besser aber gefällt uns der Viognier, der reintönig ist, füllig und harmonisch, gute Struktur besitzt, Substanz und Frische, bravo. Die Reserve-Weißweine sind füllig und konzentriert, sie bieten Substanz und reintönige Frucht. Sehr international und eigen, ungewöhnlich für Deutschland, sind die Süßweine, ob Sweetheart Sauvignon Blanc, Goldschatz oder Sweet Purple. Das rote Segment bietet einen reintönigen, kraftvollen St. Laurent, noch besser aber gefällt uns der Pinot Noir Reserve, der konzentriert und reintönig ist, gute Struktur, Frische und Länge besitzt. Die Kollektion ist groß und fast ein wenig unübersichtlich geworden, gelungen aber ist sie allemal. ◄━

Weinbewertung

84 2012 Riesling trocken **12,5 %/7,80 €**
84 2012 Weißburgunder trocken **12,5 %/7,80 €**
83 2012 Grauburgunder trocken **12,5 %/7,80 €**
85 2012 Muskateller trocken **11 %/7,80 €**
87 2012 Sauvignon Blanc trocken **12,5 %/11,50 €**
89 2012 Viognier trocken **13,5 %/15,- €**
87 2012 Chardonnay trocken **13,5 %/15,- €**
87 2012 Riesling trocken „Réserve" Weilberg Ungstein **13 %/15,- €**
86 2012 Weißburgunder trocken „Réserve" **13,5 %/14,- €**

87 2012 Grauburgunder trocken „Réserve" **13,5 %/14,- €**
88 2012 Sauvignon Blanc Heiligenberg Maikammer **12,5 %/14,- €**
88 2012 Sauvignon Blanc trocken „Fumé" **13,5 %/15,- €**
87 2012 Sauvignon Blanc „Sweetheart" **7,5 %/9,90 €/0,5l**
88 2012 „Goldschatz" Süßwein **11,5 %/19,90 €/0,375l**
83 2011 Spätburgunder trocken **14 %/9,90 €**
87 2010 St. Laurent „Réserve" **13 %/17,80 €**
89 2010 Pinot Noir „Réserve" **13,5 %/17,80 €**
88 2012 „Sweet Purple" Likörwein **16 %/14,- €/0,5l**

★

Valentin **Ziegler** Sohn
Weingut   **Pfalz**

◆ Hübühl 9, 76835 Weyher
Tel. 06323-988599, **Fax:** 06323-988598
www.wein.v-z-s.de
wein@v-z-s.de
Besuchszeiten: Mo.-Fr. 14-19 Uhr, Sa. 9-16 Uhr

Inhaber.....Helmut, Barbara und Georg Meier
Rebfläche.............................. 14 Hektar

Barbara Meiers Urgroßvater Valentin Ziegler gründete das Weingut 1885, Helmut Meier war zunächst Schlosser, bevor er sich dann voll und ganz dem Wein widmete und mit seiner Frau das Weingut 1999 übernahm. Seit 2005 ist Sohn Georg, der bei Bernhard Koch, Siegrist und Christmann in die Lehre ging und anschließend den Abschluss als Weinbautechniker in Bad Kreuznach machte, für den Ausbau der Weine verantwortlich. Die Weinberge liegen im Weyherer Michelsberg (Buntsandstein), im Burrweiler Altenforst (Granit und Rotliegendes) und im Hainfelder Letten (Ton- und Kalkmergel). 17 verschiedene Rebsorten werden angebaut, die wichtigsten sind Riesling und die weißen Burgundersorten bei den Weißweinen sowie Spätburgunder, St.

Die besten deutschen Weinerzeuger und ihre Weine

Z

Laurent, Merlot und Cabernet Sauvignon bei den Rotweinen.

Kollektion

Alle sechs verkosteten Weine zeigen viel klare, reintönige Frucht, die Stärken liegen vor allem bei den beiden kraftvollen Rieslingen mit Würze und feinem Säure-Spiel und bei dem stoffigen Spätburgunder, der viel Saft und Würze besitzt. Ein überzeugendes Debüt!

Weinbewertung

82   2012 Silvaner Kabinett trocken   **12 %/4,20 €**

83   2012 Weißburgunder Spätlese trocken
     13 %/7,30 €

85   2012 Riesling Spätlese trocken „Georg Meier Granit" Weyherer Michelsberg   **13 %/8,50 €**

84   2012 Grauburgunder Auslese trocken
     14,5 %/9,50 €

87   2012 Riesling Spätlese trocken „Georg Meier Granit Goldkapsel" Weyherer Michelsberg   **13,5 %/14,- €**

86   2009 Spätburgunder Auslese trocken „Georg Meier Goldkapsel" Weyherer Michelsberg   **14,5 %/15,- €**

★★★★☆

Zilliken

Weingut Forstmeister Geltz   **Mosel**

Heckingstraße. 20, 54439 Saarburg
Tel. *06581-2456,* **Fax:** *06581-6763*
www.zilliken-vdp.de
info@zilliken-vdp.de
Besuchszeiten: *nach Vereinbarung*

Inhaber .... Hans-Joachim Zilliken
Rebfläche .... 11 Hektar

Bereits seit mehr als 260 Jahren befindet sich das Weingut in Familienbesitz. Der königlich-preußische Forstmeister Ferdinand Geltz führte den Betrieb Anfang des 20. Jahrhunderts in die Spitze der Region, das Weingut ist Gründungsmitglied des Großen Rings; seit 1947 trägt es den Namen Forstmeister Geltz-Zilliken. Der heute Besitzer Hans-Joa-

chim Zilliken hatte nach seinem Geisenheim-Studium die Verantwortung im Keller übernommen, seit 1981 führt er das Weingut. Seit 2007 wird er im Betrieb unterstützt von seiner Tochter Dorothee, ebenfalls Geisenheim-Absolventin. Ihre wichtigste Lage ist der Saarburger Rausch (Devonschiefer, Diabas), wo sie 10 Hektar Reben besitzen. Hinzu kommt 1 Hektar im Ockfener Bockstein (Devonschiefer, Quarz). Sie bauen ausschließlich Riesling an. Alle Weine werden im Holz ausgebaut.

Der Name Zilliken steht für klassischen Saar-Riesling – Saar-Riesling mit enormem Reifepotenzial. Zilliken-Rieslinge stehen für Eleganz und Frische, sie sind immer reintönig, lebendig und komplex, dabei lang und nachhaltig. Lange Zeit stand der Name Zilliken für süßen und edelsüßen Saar-Riesling, zuletzt aber sind die trockenen Weine wichtiger geworden: 2011 hatte Hans-Joachim Zilliken sein Sortiment im trockenen und feinherben Segment etwas differenziert, neben Gutsriesling gibt es seither einen Ortsriesling, trocken auch in einer „Alte Reben"-Variante; der Spitzenwein im trockenen Segment ist das Große Gewächs aus dem Rausch, die feinherbe Variante wird Diabas genannt.

Vorjahre

2010 brachte eine Reihe wunderschöner Auslesen, die mit der Abfüllnummer 1 gefiel uns am besten. Sehr gut wie gewohnt war schon der Gutsriesling, der feinherbe Diabas gefiel uns hervorragend, besser als das trockene Große Gewächs. Auch 2011 war das wieder so. Das süße Segment bestach durch Frische und Eleganz, wurde angeführt von der wunderschönen Versteigerungs-Spätlese und der Auslese.

Neue Kollektion

2012 beginnt eigentlich wie gehabt mit einem klaren, zupackenden trockenen Gutsriesling, doch dann bleiben im trockenen Segment die Steigerungen aus, das Große Gewächs lässt uns doch recht ratlos zurück, ist zwar füllig, aber so ohne Leben. Die duf-

Z

tige feinherbe Variante Diabas gefällt uns deutlich besser, ist füllig, harmonisch und saftig, besitzt viel reife Frucht und Substanz. Aber auch im feinherben und süßen Segment finden wir einige Weine erstaunlich reif und so gar nicht lebendig, so ganz anders wie in allen Jahren zuvor, so ganz anders, wie man es kennt von Hans-Joachim Zilliken. Unsere Begeisterung beginnt in diesem Jahr erst bei den Spätlesen: Die mit der Nummer 3 ist reintönig und füllig, harmonisch und saftig, besitzt gute Struktur und Biss. Noch besser gefällt uns wie gehabt die Versteigerungs-Spätlese, Nummer 2, die noch mehr Frucht und Druck besitzt, wunderschön reintönig und lang ist wie auch die Auslese, die würzig und eindringlich ist bei viel Substanz.

Weinbewertung _____

85 2012 Riesling trocken **12 %/9,- €**
85 2012 Riesling trocken Saarburger **11,5 %/12,- €**
86 2012 Riesling trocken „Alte Reben" Saarburger **12 %/19,- €**
85 2012 Riesling „GG" Saarburg Rausch **12,5 %/30,- €**
84 2012 Riesling „Butterfly" **11,5 %/9,- €**
83 2012 Riesling „feinherb" Saarburger **11 %/12,- €**
88 2012 Riesling „Diabas" Saarburg Rausch **12 %/30,- €**
82 2012 Riesling **10 %/9,- €**
83 2012 Riesling Kabinett Saarburger **8,5 %/12,- €**
85 2012 Riesling Kabinett Ockfen Bockstein **8 %/14,- €**
84 2012 Riesling Kabinett Saarburg Rausch **8 %/14,- €**
89 2003 Riesling Spätlese Saarburger Rausch
89 2012 Riesling Spätlese Saarburg Rausch **7,5 %/22,- €**
91 2012 Riesling Spätlese Nr. 2 Saarburg Rausch **7,5 %/Verst.**
90 2003 Riesling Auslese Saarburger Rausch
90 2012 Riesling Auslese Saarburg Rausch **7,5 %/40,- €**

★★

Walter **Zimmer**
Weingut   **Württemberg**

Frauenländerstraße 85, 71394 Kernen-Stetten
Tel. *07151-910068,* **Fax:** *07151-910067*
www.zimmer-weingut.de
info@zimmer-weingut.de
Besuchszeiten: *Mo.-Fr. 11:30-14+17-19 Uhr, Sa. 9-14 Uhr, sowie zu Öffnungszeiten des Weingutsausschanks (5 x im Jahr geöffnet, siehe Homepage)*

Inhaber .... Walter und Susanne Zimmer
Rebfläche .... 6,5 Hektar

Seit 1615 betreibt die Familie Weinbau im Remstal, das Weingut aber in seiner heutigen Form besteht seit 1988. Walter Zimmer baut 20 Rebsorten an. Die wichtigsten sind Trollinger und Riesling, mit deutlichem Abstand folgt Lemberger. Seine Weinberge liegen in Stetten (Pulvermächer, Mönchberg), Strümpfelbach und umliegenden Gemeinden. Die Moste werden kühl vergoren, alle Rotweine durchlaufen die malolaktische Gärung. Tochter Stefanie, gelernte Weinbautechnikerin, unterstützt ihren Vater im Betrieb.

Vorjahre _____

Der mächtige 2009er Cabernet Dorio war sehr gut, führte vor zwei Jahren eine geschlossene Kollektion an, in der die Weißweine jahrgangsbedingt etwas hinter dem Vorjahr zurückblieben. Die 2011er Weißweine gefielen uns wieder gut, sie waren fruchtbetont, besaßen Säure, Süße und Biss, unsere Präferenz galt dem Sauvignon Blanc und dem 3-Sterne-Riesling. Rot hatten die Barriqueweine – Merlot und Lemberger – die Nase vorne.

Neue Kollektion _____

Sehr geschlossen präsentiert sich nun der weiße Teil der Kollektion mit frischen, geradlinigen Weinen; am besten gefällt uns der fruchtbetonte, intensive, zupackende Sau-

Die besten deutschen Weinerzeuger und ihre Weine

Z

vignon Blanc. Etwas weniger homogen ist der rote Teil der Kollektion, wo wie vor zwei Jahren der im Barrique ausgebaute Cabernet Dorio herausragt: Er zeigt gute Konzentration, feine Würze und Toast im Bouquet, ist füllig und kraftvoll im Mund, besitzt gute Struktur, Frische und viel Tannine. ◀━

Weinbewertung _____

82	2012 Chardonnay trocken **12 %/6,90 €**
85	2012 Sauvignon Blanc trocken **12 %/9,20 €**
83	2012 Grauburgunder Spätlese trocken **12,5 %/9,50 €**
84	2012 Riesling*** Stettener Pulvermächer **12,5 %/8,90 €**
82	2012 Gewürztraminer Spätlese Stettener Pulvermächer **12,5 %/8,50 €**
81	2012 Acolon trocken **13,5 %/6,- €**
83	2010 Zweigelt trocken **13 %/6,30 €**
82	2011 „Phantastico" Rotwein trocken Holzfass **13,5 %/9,20 €**
87	2010 Cabernet Dorio trocken Barrique **13 %/19,20 €**

★

Zimmer-Mengel
Weingut   **Rheinhessen**

Im Adelpfad 1, 55270 Engelstadt
Tel. *06130-1788,* **Fax:** *06130-7770*
www.weingut-zimmer-mengel.de
fabian_mengel@gmx.de /
info@weingut-zimmer-mengel.de
Besuchszeiten: *Mo.-Sa. nach Vereinbarung*
Fr. - So. Straußwirtschaft geöffnet

Inhaber	Andreas Mengel
Kellermeister	Fabian Mengel
Rebfläche	20 Hektar

Das Weingut Zimmer-Mengel wird heute von Andreas Mengel geführt, unterstützt von Sohn Fabian, der nach seinem Geisenheim-Studium 2010 in den Betrieb eingestiegen und für den Weinausbau verantwortlich

ist. Seither wurden Edelstahltanks, aber auch Holzfässer angeschafft, auch die Gutsweine werden inzwischen teilweise im Holz ausgebaut. Die Weinberge liegen in den Engelstadter Lagen Römerberg und Adelpfad sowie den Elsheimer Lagen Bockstein und Blume. Der Schwerpunkt liegt auf Silvaner, den Burgundersorten und Riesling, aber auch Scheurebe und Portugieser spielen eine wichtige Rolle. Mit einem Freund wird ein Riesling-Weinberg an der Mosel mit 70 Jahre alten, wurzelechten Reben bewirtschaftet.

Vorjahr _____

Eine stimmige Kollektion präsentierten Andreas und Fabian Mengel im vergangenen Jahr angefangen von den klaren Literweinen bis hin zu den im Holzfass ausgebauten Grauburgunder und Riesling.

Neue Kollektion _____

Stimmig ist nun auch die neue Kollektion mit guter Basis – Liter-Silvaner – und ansprechenden Holzfass-Weinen von Riesling und Grauburgunder, beide kraftvoll und strukturiert wie auch der klare, zupackende Frühburgunder. ◀━

Weinbewertung _____

80	2012 Silvaner trocken (1l) **12,5 %/3,90 €**
84	2012 Grauburgunder trocken Holzfass Elsheimer **13,5 %/9,40 €**
84	2012 Riesling trocken Holzfass Engelstadter **12,5 %/8,90 €**
79	2012 Spätburgunder „Blanc de Noirs" **12,5 %/4,60 €**
83	2012 Riesling Spätlese **10 %/5,90 €**
84	2011 Frühburgunder trocken Barrique Engelstadter **12,5 %/9,50 €**

Z

Zimmerle
Weingut

★★★☆

Württemberg

Kirchstraße 14, 71404 Korb
Tel. 07151-33893, *Fax:* 07151-37422
www.zimmerle-weingut.de
info@weingut-zimmerle.de
Besuchszeiten: Mo.-Fr. 17-18:30 Uhr, Sa. 9-15 Uhr

Inhaber......................Friedrich Zimmerle
Rebfläche.............................14 Hektar

Die Weinbautradition der aus Südtirol stammenden Familie lässt sich bis ins Jahr 1647 zurückverfolgen. 1979 verlies Friedrich Zimmerle die Genossenschaft und begann mit der Selbstvermarktung. Heute wird er im Betrieb unterstützt von Sohn Jens, der für den Weinausbau verantwortlich ist. Ihre Weinberge liegen in Korb, Kleinheppach, Großheppach, Hanweiler und Breunigsweiler. Vielfältige Bodentypen, wie Bunter Mergel, verschiedene Keuperarten, Muschelkalk, und unterschiedliche Höhenlagen bieten die Möglichkeit jede Rebsorte an ihrem optimalen Standort anzubauen. Sie bauen zu 70 Prozent Rotweinsorten und zu 30 Prozent Weißweinsorten an. Neben den Burgundersorten gibt es Zweigelt, Lemberger, Merlot und Cabernet Sauvignon, dazu die weißen Sorten Riesling, Sauvignon Blanc, Chardonnay, Grauburgunder und Kerner. Die Weißweine werden kalt vergoren; die Rotweine nach Saftabzug maischevergoren, ausgesuchte Weine kommen 14 bis 24 Monate ins Barrique. Für seine Barriqueweine nutzt Friedrich Zimmerle überwiegend französische, aber auch schwäbische Eiche. An der Spitze des Sortiments stehen die im Barrique ausgebauten Rotweine, darunter die Cuvée Triologie aus Cabernet Sauvignon und Merlot.

Vorjahre
Die Barriqueweine begeisterten vor zwei Jahren wie gewohnt, vor allem der Samtrot hatte es uns angetan, gefiel uns noch etwas besser als die Reserveweine des Jahrgangs 2007; aber auch die Basisweine machten viel Freude, weiß wie rot. Der weiße Teil der Kollektion überzeugte im vergangenen Jahr, allen voran die weiße Cuvée Triologie. Der rote Teil der Kollektion war stimmig, die 2011er Weine waren fruchtbetont und klar, stärker noch aber waren die 2009er Barriqueweine, Zweigelt und Spätburgunder, am höchsten bewerteten wir die rote Cuvée Triologie.

Weiße Kollektion
Auch 2012 präsentieren sich die Weißweine sehr geschlossen, alle sind sehr gut, der Sauvignon Blanc ist reintönig, der Chardonnay besitzt Fülle und Kraft, besonders gut gefällt uns die im Holz ausgebaute Cuvée Triologie aus dem Jahrgang 2011, die reife süße Frucht und feine Vanillenoten besitzt, der duftige Eiswein aus dem gleichen Jahr ist konzentriert und klar.

Rote Kollektion
Auch alle Rotweine sind sehr gut: Der Spätburgunder ist frisch und fruchtbetont, zupackend und klar wie auch die Cuvée Trio, der Zweigelt ist reintönig und zupackend, besitzt gute Struktur. Der Spätburgunder Goldadler ist füllig und harmonisch bei reifer Frucht, der Lemberger deutlich kraftvoller und komplexer, die Cuvée Triologie besitzt gute Struktur, feine Frucht, Substanz und Frische, die Cuvée „Age virilter time deum" ist deutlich von Gewürznoten geprägt, sie besitzt Fülle, Kraft, enorm viel Stoff. ◀

Weinbewertung
86	2012 Sauvignon Blanc trocken „Vogel"	13,5 %/13,50 €
85	2012 Chardonnay trocken Berg	13 %/12,90 €
88	2011 „Triologie" Weißwein trocken	13,5 %/17,50 €
84	2012 „Essenziell" Rosé trocken	12 %/6,60 €
89	2011 Riesling Eiswein „Greta"	7 %/36,-€/0,375l
85	2012 „Trio" Rotwein trocken	13 %/9,80 €
86	2012 Spätburgunder trocken „Glüver"	13 %/9,20 €
86	2012 Zweigelt trocken „Herrschaft"	12,5 %/13,20 €

Z

89 2010 Lemberger trocken (Goldadler)
    13,5 %/22,- €
87 2011 Spätburgunder trocken (Goldadler)
    13,5 %/27,- €
89 2010 „Triologie" Rotwein trocken **13,5 %/26,50 €**
89 2009 „Age virilter time deum" Rotwein tro-
    cken **13,5 %/a.A.**

R. **Zimmerlin**
Weingut   **Baden**

Kirchweg 2, 79268 Bötzingen
Tel. 07663-1296, Fax: 07663-3510
www.weingut-zimmerlin.com
info@weingut-zimmerlin.com
Besuchszeiten: Mo.-Fr. 9-17 Uhr, Sa. 10-13 Uhr (April
bis Sept.)

Inhaber . . . . Alexander Steiner
Kellermeister . . . . Bettina Schumann
Rebfläche . . . . 18 Hektar

Heinrich und Maria Zimmerlin waren noch Nebenerwerbswinzer, die nächste Generation aber, Rudolf und Olga Zimmerlin, gründeten 1955 das Weingut. Ihr Sohn Dietmar erweiterte den Betrieb, kaufte auch Trauben von befreundeten Winzern zu und eröffnete 1980 in Freiburg eine Weinstube. Nach seinem Tod führte seine Ehefrau Claudia den Betrieb weiter. Im April 2010 hat Alexander Steiner das Weingut übernommen. Vor allem die Burgundersorten werden angebaut, dazu Müller-Thurgau, Silvaner, Chardonnay, Gewürztraminer und Scheurebe.

Vorjahre _____

Den Jahrgang 2010 hatte das Weingut gut bewältigt: Die Weine waren frisch und klar, der Grauburgunder gekonnt vinifiziert. Zusammen mit dem 2009er Premium-Spätburgunder stand er vor zwei Jahren an der Spitze einer überzeugenden Kollektion. Präzise, geradlinige Weißweine mit feiner Frucht, guter Struktur und Frische folgten im Jahr darauf, zwei sehr gute weiße Burgunder von alten Reben standen an der Spitze. Präzise und klar waren im vergangenen Jahr auch die Rotweine, mit dem zupackenden Premium-Spätburgunder aus dem Eckberg als Highlight.

Neue Kollektion _____

Sehr zufrieden sind wir auch mit der neuen Kollektion, die sich stimmig präsentiert und durchweg gutes Niveau schon bei den Kabinettweinen zeigt. Der Weißburgunder von alten Reben ist konzentriert, füllig und kraftvoll, besitzt reife süße Frucht und gute Substanz; sein Pendant, der Grauburgunder von alten Reben, ist füllig und kraftvoll, besitzt gute Struktur und Frische. Noch etwas besser gefällt uns der Premium-Grauburgunder aus dem Eckberg, der konzentriert und kraftvoll ist, gute Struktur und Substanz, feine Frische und Länge. Zwei starke Spätburgunder runden das Programm ab: Der Spätburgunder von alten Reben aus dem Herrenbuck ist kraftvoll und strukturiert bei reifer Frucht, der aus dem Eckberg ist wunderschön reintönig und füllig, herrlich zupackend und frisch. Wie eingangs gesagt: Wir sind zufrieden. ◄━

Weinbewertung _____

83 2012 Auxerrois Kabinett trocken „Edition"
    11,5 %/7,10 €
83 2012 Weißburgunder Kabinett trocken „Edition" **12,5 %/7,30 €**
84 2012 Grauburgunder Kabinett trocken „Edition" **12,5 %/7,80 €**
86 2012 Weißburgunder Spätlese trocken „Alte Reben" Eichstetter Herrenbuck **12,5 %/9,70 €**
86 2012 Grauburgunder Kabinett trocken „Alte Reben" Eichstetter Herrenbuck **12,5 %/9,90 €**
87 2012 Grauburgunder Kabinett trocken „Premium" Bötzinger Eckberg **13 %/14,20 €**
83 2012 Spätburgunder Rosé Kabinett trocken „Edition" **12 %/7,20 €**
86 2011 Spätburgunder Spätlese trocken „Alte Reben" Eichstetter Herrenbuck **14,5 %/10,70 €**
87 2011 Spätburgunder Spätlese trocken „Premium" Bötzinger Eckberg **14,5 %/16,20 €**

Z

Zimmermann
Weingut
Baden

Auf dem Schliengener Berg, 79418 Schliengen
Tel. 07635-665, *Fax:* 07635-463
www.zimmermann-wein.de
info@zimmermann-wein.de
Besuchszeiten: Mo.-Fr. 9-12 + 14-18 Uhr, Sa. 10-12 Uhr

Inhaber . . . . Karl-Ernst Zimmermann
Rebfläche . . . . 19 Hektar

Das Weingut Zimmermann besteht seit 1985 und wird geführt von Karl-Ernst und Martina Zimmermann. Ihre Weinberge liegen in Schliengen, Bad Bellingen, Liel, Mauchen und Niedereggenen, alle in der Lage Sonnenstück. Angebaut werden Gutedel, Spätburgunder, Weißburgunder, Grauburgunder, Chardonnay, Riesling, Regent, Muskateller und Müller-Thurgau.

Vorjahre

Gut gefiel uns die Kollektion vor zwei Jahren: Die 2010er Weißweine waren frisch und reintönig, vor allem der im Holz ausgebaute Chardonnay überzeugte; im roten Segment gefiel uns der Pinot Noir am besten. Die 2011er Weißweine präsentierten sich gleichmäßig auf gutem Niveau. Unter den „Angel Hill"-Rotweinen gefiel uns im vergangenen Jahr der Cabernet Franc besonders gut.

Neue Kollektion

Die neue Kollektion präsentiert sich gleichmäßig, weiß wie rot, ohne aber Spitzen zu bieten. Der reintönige Gutedel ist saftig und frisch wie auch der geradlinige Weißburgunder, der Angel Hill-Chardonnay von Gewürznoten dominiert. Im roten Segment präferieren wir dieses Jahr nicht den – noch? – recht verhaltenen Pinot Noir, sondern den fruchtbetonten, zupackenden Merlot. ◄━

Weinbewertung

82 Cremant brut **12,5 %/11,80 €**
83 2012 Gutedel trocken **12 %/5,20 €**
81 2012 Weißburgunder trocken **13 %/7,20 €**

82 2012 Grauburgunder trocken **13 %/7,20 €**
81 2012 Sauvignon Blanc trocken **12 %/9,80 €**
83 2011 Chardonnay trocken „Edition Angel Hill"
    13 %/13,50 €
82 2012 Muskateller **10 %/9,20 €**
83 2012 Rosé trocken **11,5 % €**
82 2011 Pinot Noir trocken „Edition Angel Hill"
    14 %/13,50 €
84 2011 Merlot trocken „Edition Angel Hill"
    14 %/18,50 €

Emil **Zimmermann**
Weingut
Pfalz

Grabenstraße 5, 67157 Wachenheim
Tel. 06322-2384, *Fax:* 06322-65160
www.wein-zimmermann.de
info@wein-zimmermann.de
Besuchszeiten: Mo.-Fr. 9-18 Uhr, Sa. 9-17 Uhr

Inhaber . . . . Jürgen Zimmermann
Rebfläche . . . . 10 Hektar

Emil Zimmermann, der Vater des heutigen Inhabers, hat sich in den fünfziger Jahren ganz auf Weinbau spezialisiert. Seit 1990 ist Sohn Jürgen im Betrieb, 1996 hat er ihn übernommen. Die Weinberge liegen alle rings um Wachenheim, in den Lagen Fuchsmantel, Gerümpel, Königswingert, Luginsland und Schlossberg. Riesling ist die wichtigste Rebsorte, nimmt zwei Drittel seiner Weinberge ein. Hinzu kommen Weißburgunder, Grauburgunder und Chardonnay, aber auch Scheurebe, Silvaner, Sauvignon Blanc, Müller-Thurgau und Gewürztraminer. Der Rotweinanteil – Spätburgunder, Portugieser, Merlot und Cabernet Sauvignon – liegt bei 10 Prozent. Die Weine werden teils im Edelstahl, teils im Holz ausgebaut. 80 Prozent der Weine werden trocken ausgebaut.

Vorjahre

Vor zwei Jahren zeigte uns Jürgen Zimmer-

Die besten deutschen Weinerzeuger und ihre Weine

Z

mann eine sehr schöne Riesling-Kollektion, auch die beiden weißen Burgunder waren sehr schön, sehr gut waren auch die beiden Rotweine. Im vergangenen Jahr stellte man uns wieder eine eindrucksvolle Riesling-Kollektion mit vier sehr guten trockenen Spätlesen; der Grauburgunder überraschte, die Kabinett-Rieslinge waren frisch und klar.

Neue Kollektion _____

Gleich fünf trockene Riesling Spätlesen präsentiert Jürgen Zimmermann 2012 – und das Schöne daran: Sie unterscheiden sich alle voneinander. Der Wein aus dem Schenkenböhl ist sehr eigenständig, füllig und saftig bei guter Struktur, der aus dem Königswingert besitzt viel Würze, reife Frucht und Substanz, ist aber nicht ganz so nachhaltig. Der Fuchsmantel-Riesling ist füllig und harmonisch, dabei lebhaft, besitzt gute Struktur und Länge bei ganz dezenter Bitternote. Der Altenburg-Riesling ist saftig und füllig, besitzt viel reife Frucht und Substanz, noch ein klein wenig besser aber gefällt uns der Gerümpel-Riesling, der strukturiert und füllig, faszinierend viel Frucht und Länge besitzt. Über diese faszinierende Spätlese-Serie sollte man die Kabinettweine nicht vergessen, die wunderschön frisch, klar und zupackend sind, auch Weißburgunder, Grauburgunder und Sauvignon Blanc sind klar, harmonisch und sortentypisch, die Gewürztraminer Spätlese wunderschön saftig. Stimmige, starke Kollektion. ◀━

Weinbewertung _____

83   2012 Riesling Kabinett trocken   **12 %/5,90 €**

85   2012 Riesling Kabinett trocken Wachenheimer Luginsland   **12 %/7,20 €**

85   2012 Riesling Kabinett trocken Wachenheimer Königswingert   **12,5 %/7,50 €**

85   2012 Weißburgunder trocken   **14 %/7,20 €**

86   2012 Grauburgunder Spätlese trocken   **14 %/8,50 €**

85   2012 Sauvignon Blanc trocken   **11,5 %/7,80 €**

87   2012 Riesling Spätlese trocken Schenkenböhl   **13 %/9,20 €**

88   2012 Riesling Spätlese trocken Wachenheimer

Fuchsmantel   **13,5 %/9,80 €** ☺

87   2012 Riesling Spätlese trocken Wachenheimer Königswingert   **13,5 %/9,80 €**

89   2012 Riesling Spätlese trocken Wachenheimer Gerümpel   **13 %/12,- €** ☺

88   2012 Riesling Spätlese trocken Wachenheimer Altenburg   **13 %/12,- €**

86   2012 Gewürztraminer Spätlese   **10,5 %/9,- €**

★★☆
Zipf
Weingut   **Württemberg**

Vorhofer Straße 4, 74245 Löwenstein
Tel. *07130-6165,* **Fax:** *07130-9725*
www.zipf.com
weingut@zipf.com
Besuchszeiten: *Mo.-Fr. 13-18:30 Uhr, Sa. 9-16 Uhr, So. 9-11:30 Uhr (nach Vereinbarung)*
Probierstube (bis 15 Personen)

Inhaber .... Familie Zipf
Rebfläche .... 13 Hektar

Weinbau betreibt die Familie Zipf in Löwenstein schon seit über 100 Jahren, das Weingut wurde jedoch erst 1964 von Hermann Zipf gegründet, von Reinhold Zipf dann bis 2004 geführt, als Sohn Jürgen, gelernter Weinbautechniker, den Betrieb übernahm. Jürgen Zipf baut zu knapp 60 Prozent rote Sorten an. Neben Lemberger, Schwarzriesling und Trollinger vor allem Spätburgunder und Acolon. Bei den weißen Sorten dominiert Riesling, dazu gibt es etwas Kerner, Scheurebe, Silvaner und Gewürztraminer. Jürgen Zipfs Weinberge liegen hauptsächlich in Löwenstein, im Wohlfahrtsberg, der einzigen Lage, die das Weingesetz für Löwenstein vorsieht, auch wenn der Boden alles andere als einheitlich ist, findet man doch teils Mergelschichten, teils Sandsteinbänke über dem Keupergestein. Die Weine bleiben recht lange auf der Feinhefe und durchlau-

Z

fen fast alle den biologischen Säureabbau – auch Riesling. Die Weine werden überwiegend trocken oder halbtrocken ausgebaut. Jürgen Zipf klassifiziert sie betriebsintern mit bis zu vier Sternen, als Mitglied der Winzervereinigung „Junges Schwaben" bietet er als Spitzenwein einen gleichnamigen Wein, wobei er, anders als seine Kollegen, dabei auf eine barriqueausgebaute rote Cuvée setzt. Mit dem Barriqueausbau begann man schon 1991 beim Weingut Zipf.

Vorjahre

Als wir 1999 erstmals das Weingut in Mondo vorstellten, bescheinigten wir ihm eine gute gleichmäßige Qualität – darauf könne man aufbauen, lautete unser Fazit damals. Genau das tat Jürgen Zipf. Bestechend zuverlässig sind seine Basisweine, sein Trollinger „Steillage" gehört Jahr für Jahr zu den interessantesten Trollingern Württembergs und beweist, dass Trollinger mehr sein kann als nur einfach und belanglos. In der Spitze legte er in den letzten Jahren stetig zu, nicht nur mit der Cuvée „Junges Schwaben", auch mit Riesling und barriqueausgebautem Lemberger. Im Jahrgang 2010 hatte Jürgen Zipf sich gut behauptet, die Weine waren fruchtbetont und klar. Besser gefielen uns im vergangenen Jahr aber die kraftvollen Rotweine, allen voran die Cuvée Junges Schwaben 2008 und der reintönige 2009er 4-Sterne-Lemberger. 2011 gefielen vor allem die Rieslinge, allen voran die 4-Sterne-Variante. Die im vergangenen Jahr präsentierten Rotweine stammten überwiegend aus dem Jahrgang 2009. Die beiden Lemberger gefielen uns sehr gut, noch etwas besser aber die rote Cuvée Junges Schwaben.

Neue Kollektion

Auch die neue Kollektion zeigt das gewohnt zuverlässige, gute Niveau. Der klare, nach Zitrus und Orangenschalen duftende 4-Sterne-Riesling gefällt uns einmal mehr unter den Weißweinen am besten, auch die füllige neue weiße Cuvée aus Kerner, Gewürztraminer und Chardonnay überzeugt mit viel rei-

fer Frucht. Im roten Segment erweist sich einmal mehr der Trollinger als einer der besten seiner Art in Württemberg, ist faszinierend reintönig, fruchtbetont und zupackend, die 2009er Cuvée Prestige ist von Gewürznoten geprägt, besitzt Fülle, Kraft und gute Struktur; die 2011er Topweine wurden erst spät gefüllt, so dass wir sie erst in der kommenden Ausgabe vorstellen können. ◂━

Weinbewertung

83 2012 Grüner Silvaner*** trocken „Alte Reben" Löwensteiner Wohlfahrtsberg **13,5 %/9,- €**

84 2012 Riesling*** trocken „Inka" Löwensteiner Wohlfahrtsberg **12,5 %/8,- €**

81 2012 Grauburgunder*** trocken Unterheinrieter **13,5 %/9,- €**

85 2012 „Fa3ch"-Z-*** Weißwein trocken **14 %/8,- €**

86 2012 Weißer Riesling**** trocken Löwensteiner Wohlfahrtsberg **13,5 %/15,- €**

84 2012 „Nachspiel" Weißwein Auslese **8,5 %/12,50 €/0,5l**

83 2012 Rosé trocken „Geschwisterliebe" Löwensteiner Wohlfahrtsberg **13,5 %/8,- €**

86 2012 Blauer Trollinger** trocken „Steillage" Löwensteiner **13 %/6,50 €** ☺

84 2011 Lemberger*** trocken Löwensteiner Wohlfahrtsberg **13 %/7,50 €**

86 2009 „Cuvée Prestige"**** Rotwein trocken Holzfass Löwensteiner Wohlfahrtsberg **13 %/12,- €**

★ ☆

Julius **Zotz**
Weingut

Baden

Staufener Straße 3, 79423 Heitersheim
Tel. 07634-1059, *Fax:* 07634-4758
www.weingut-zotz.de
info@weingut-zotz.de
Besuchszeiten: Mo.-Fr. 8-12:30 + 13:30-18 Uhr,
Sa. 9-13 Uhr

Inhaber .... Martin und Michael Zotz
Rebfläche .... 10 Hektar
Erzeugergemeinschaft .... 60 Hektar

Die besten deutschen Weinerzeuger und ihre Weine

Z

1845 erwarb Karl Zotz den östlichen Teil des Malteserschlosses in Heitersheim und baute ein Weingut auf. Dieses wird heute von Martin und Michael Zotz geführt. Sie setzen auf die typischen Markgräfler Rebsorten wie Gutedel, Müller-Thurgau, Silvaner, die Burgundersorten, Nobling und Gewürztraminer. Das Weinprogramm teilt sich in eine Basislinie, die Serie „Exclusiv-Auswahl" für die jeweils besten Fässer, sowie die „Selektions"-Weine von ertragsreduzierten, alten Weinbergen.

Vorjahre

Die 2010er Weißweinkollektion war sehr homogen; homogen und zuverlässig war auch die letztjährige Kollektion, bot füllige weiße Premiumweine, einen saftigen Chasslie und gleichmäßiges Basisniveau.

Neue Kollektion

Die neue Kollektion gefällt uns sehr gut, alle Weine besitzen klare Frucht und gute Struktur. Der Chasslie ist füllig und kraftvoll, der Sauvignon Blanc frisch und zupackend, der Weißburgunder besitzt viel reife Frucht und viel Substanz wie auch der reintönige Grauburgunder; dass man sich auch auf Rotweine versteht, beweist der Pinot Noir mit seinen rauchige Noten und seiner reintönigen Frucht im Bouquet, guter Struktur und Fülle im Mund. Eine rundum stimmige Kollektion ◄━━

Weinbewertung

84   2012 „Chasslie" Gutedel „sur lie" trocken Heitersheimer Maltesergarten **12 %/6,90 €**

85   2012 Sauvignon Blanc Kabinett trocken Heitersheimer Maltesergarten **12 %/7,80 €**

83   2012 Chardonnay Kabinett trocken Heitersheimer Maltesergarten **12,5 %/7,20 €**

86   2012 Weißburgunder trocken „Premium" Heitersheimer Maltesergarten **13 %/10,50 €**

85   2012 Grauburgunder trocken „Premium" Heitersheimer Maltesergarten **13 %/11,- €**

86   2011 Pinot Noir trocken „Premium" Heitersheimer Maltesergarten **13,5 %/11,50 €**

★

Zumstein
Weingut   **Pfalz**

◆ *Kaiserslauterner Straße 45, 67098 Bad Dürkheim*
Tel. *06322-981498,* **Fax:** *06322-50664152*
www.zumstein.de, info@zumstein.de
Besuchszeiten: *Genusskeller/Quellenkeller: Mo.-Fr. 8:30-17 Uhr oder nach Vereinbarung*
Restaurant Ölmühle (Di.-Sa. ab 17 Uhr), Vinotel

Inhaber .... Dirk Konzelmann
Rebfläche .... 13 Hektar

Seit dem 18. Jahrhundert besteht das Bad Dürkheimer Weingut Zumstein, dessen Weinberge sich unter anderem in den Dürkheimer Lagen Michelsberg, Hochbenn und Spielberg befinden. Überwiegend weiße Sorten werden angebaut, vor allem Riesling, aber auch Grauburgunder, Weißburgunder und Chardonnay. An roten Sorten gibt es Portugieser, Dornfelder, Cabernet Dorio und Cabernet Dorsa, Schwarzriesling und Regent.

Kollektion

Die überzeugende Kollektion wird angeführt von zwei kraftvollen Rieslingen, beide reintönig und zupackend, der aus dem Hochbenn noch ein klein wenig nachhaltiger als der Spielberg-Riesling. Die beiden roten Cuvées sind sehr unterschiedlich: „Dodo" füllig bei reifer Frucht und feiner Schokonote, „Luna" fruchtbetont, frisch und zupackend. ◄━━

Weinbewertung

81   2012 Silvaner trocken „Sissi" **12 %/7,50 €**

83   2012 Riesling Kabinett trocken „The Rock" Dürkheimer Steinberg **12 %/7,50 €**

86   2012 Riesling Spätlese trocken „Big Benn" Dürkheimer Hochbenn **12,5 %/11,50 €**

85   2012 Riesling Spätlese trocken „Player" Dürkheimer Spielberg **12 %/11,50 €**

84   2010 „Cuvée Luna" Rotwein trocken Barrique **12,5 %/13,50 €**

85   2009 Cabernet Dorio & Dorsa Auslese trocken Barrique „Cuvée Dodo" **14 %/22,50 €**

Z

Im **Zwölberich**
Weingut   **Nahe**

◆ ❦ *Schützenstraße 14, 55450 Langenlonsheim*
*Tel. 06704-9200, **Fax**: 06704-92040*
www.zwoelberich.de, info@zwoelberich.de
***Besuchszeiten**: Mo.-Fr. 9-12:30 + 14-19 Uhr*

Inhaber .... Hartmut Heintz
Rebfläche .... 33 Hektar

Weinbau wird in der Familie Heintz seit 1711 betrieben, das Weingut wirtschaftet seit 1993 biodynamisch und ist Demeter-zertifiziert. Die
Weinberge liegen in den Langenlonsheimer
Lagen Steinchen (sandiger Lehm), Königsschild
(kiesiger Ton) und Löhrer Berg (Terrassenkies)
und in Guldental im Rosenteich (kiesiger Lehm)
und im Honigberg (Sandsteinverwitterung).
Angebaut werden Riesling, die weißen und
roten Burgundersorten, Silvaner, Dornfelder,
Dunkelfelder, Portugieser, Regent und St. Laurent, besonderes Augenmerk legt Hartmut
Heintz auch auf den Auxerrois. Neben Wein
werden verschiedene rebsortenreine Trauben-
säfte erzeugt.

Kollektion ——————————————————
Weißburgunder und Auxerrois sind füllig und
weich, der 2011er Auxerrois von alten Reben besitzt Kraft und Substanz, zeigt aber auch schon
deutliche Reifenoten. Die beiden Rieslinge sind
knackig und schlank und besitzen feinen Säurebiss, der Spätburgunder ist kraftvoll und stoffig
und zeigt viel reintönige Frucht. ◀━

Weinbewertung ——————————————————
84 2012 Riesling trocken **12 %/9,50 €**
83 2012 Auxerrois trocken **13 %/11,80 €**
82 2012 Weißburgunder trocken **13 %/10,80 €**
85 2012 Riesling Kabinett trocken „Genesis" Lan-
    genlonsheimer Löhrer Berg **12 %/12,80 €**
86 2011 Auxerrois Auslese trocken „Alte Reben"
    Guldentaler Rosenteich **14,5 %/24,80 €**
84 2011 Spätburgunder Spätlese trocken Lan-
    genlonsheimer Steinchen **14 %/16,8 €**

Z

Die besten deutschen Bio-Weingüter

In diesem Verzeichnis sind alle Weingüter, die ihre Weinberge biologisch zertifiziert oder zertifiziert in Umstellung bewirtschaften, nach Regionen getrennt aufgelistet. Gehören sie einem Bio-Verband an, ist dies in Klammern vermerkt.

Baden

Weingut **Abril**
(Ecovin)
Öko-Weingut Gerhard **Aenis**
(Ecovin)
Weingut Dr. **Benz** - Kirchberghof
(Ecovin)
Weingut **Duijn**
(Demeter)
Wein- & Sektgut **Harteneck**
(Ecovin, Demeter)
Weingut **Hauser-Bühler**
Weingut **Heitlinger**
Biologisches Weingut **Höfflin**
(Bioland)
Weingut **Klumpp**
(Ecovin)
Weingut Holger **Koch**
Weingut **Lämmlin-Schindler**
Weingut **Landmann**
(Bioland)
Weingut **Mißbach**
(Ecovin)
Weingut **Pix**
(Bioland)
Weingut Burg **Ravensburg**
Weingut **Rieger**
(Ecovin, Demeter)
Weingut Biolandhof **Rinklin**
(Bioland)

Franken

Weingut **Baldauf**
Weingut **Bausewein**
(Naturland)
Winzerhof **Burrlein**
(Ecovin)
Weingut H. **Deppisch**
(Demeter)
Weinmanufaktur **3 Zeilen**
Weingut Am Stein – Ludwig **Knoll**
(Naturland)
Ökologischer Weinbau **Krämer**
Weingut **Roth**
(Naturland)
Weingut Manfred **Rothe**
(Bioland)
Weinbau **Rumpel & Schömig**
(Naturland)
Privatweingut Schloss **Saaleck**
ökologischer Weinbau **Schinhammer**
(Bioland)
Weinbau **Stritzinger**
(Bioland)
Weingut Edgar **Wallrapp**
(Bioland)
Weingut Rainer **Zang**
(Naturland)
Weingut **Zehnthof**
(Naturland)
Weingut **Zehntkeller**
(Bioland)

Bio-Weingüter

Mittelrhein

Weingut Martina & Dr. Randolf **Kauer**
(Ecovin)

Mosel

Weingut **Bastgen**
(Ecovin)
Weingut Frank **Brohl**
(Ecovin)
Weingut Clemens **Busch**
(Ecovin)
Weingut **Caspari-Kappel**
(Ecovin)
Weingut Franz-Josef **Eifel**
(Ecovin)
Weinhof **Herrenberg**
(Ecovin)
Weingut **Hoffmann-Simon**
Weingut Sybille **Kuntz**
Weingut **Laurentiushof**
(Ecovin)
Weingut Dr. **Melsheimer**
(Ecovin)
Weingut **Melsheimer**
(Ecovin)
Weingut **Steffens-Keß**
(Ecovin)
Weingut Kirchengut **Wolf**
(Ecovin)

Nahe

Weingut **Hahnmühle**
(Demeter)
Prinz zu **Salm**-Dalberg'sches Weingut
(Naturland)
Sekthof **Sieben**
Weingut Im **Zwölberich**
(Demeter)

Pfalz

Weingut Dr. **Bürklin-Wolf**
(Biodyvin)
Weingut Reichsrat von **Buhl**
Weingut **Christmann**
Weingut **Eymann**
(Demeter)
Weingut **Isegrim-Hof**
(Bioland)
Weingut **Janson Bernhard**
(Ecovin, Demeter)
Weingut **John**
(Demeter)
Weingut Dr. Andreas **Kopf**
(Bioland)
Weingut Jürgen **Leiner**
(Demeter)
Weingut **Manderschied**
Weingut Castel **Peter**
(Ecovin)
Weingut **Pflüger**
(Ecovin, Demeter)
Weingut Ökonomierat **Rebholz**
Weingut Heiner **Sauer**
(Bioland)
Weingut Karl **Schaefer**
Weingut **Schumacher**
Weingut **Schwarztrauber**
(Bioland)
Weingut Heinrich **Spindler**
Weingut **Stortz-Nicolaus**
(Bioland)
Weingut Dr. **Wehrheim**
Weingut **Wick**
(Ecovin)
Sekt- und Weingut **Winterling**
Weingut **Wöhrle**
(Ecovin)

Rheingau

Wein- und Sektgut **Barth**
Weingut Graf von **Kanitz**
(Ecovin)

Bio-Weingüter

Weingut Peter Jakob **Kühn**
(Demeter)
Weingut Hans **Lang**
(Ecovin)

Rheinhessen

Weingut **BattenfeldSpanier**
(Ecovin)
Weingut Brüder Dr. **Becker**
(Ecovin, Demeter)
Weingut + Gästehaus **Bernhard-Räder**
Weingut **Dreissigacker**
Weingut **Feth-Wehrhof**
(Demeter)
Weingut **Götz**
(Ecovin)
Weingut **Goldschmidt**
(Ecovin, Bioland)
Weingut **Gysler**
(Demeter)
Weingut **Hirschhof**
(Ecovin)
Wein- und Sektgut Am Rothes – **Hothum**
(Naturland, Ecovin)
Huster Ökologischer Weinbau
(Ecovin)
Weingut **Julius**
Weingut **Kampf**
Weingut Klaus **Knobloch**
(Ecovin)
Weingut Dr. **Koehler**
Wein- und Sektgut Axel **Kreichgauer**
(Ecovin)
Weingut **Kühling**
(Naturland)
Weingut **Kühling-Gillot**
(Ecovin)
Bioweingut **Lorenz**
(Ecovin)
Weingut **Pfannebecker**
Weingut **Raddeck**
Sekthaus **Raumland**
Weingut **Riffel**
(Ecovin)

Weingut Klaus & Matthias **Runkel**
Weingut **Sander**
(Naturland, Demeter)
Weingut Eugen **Schönhals**
(Ecovin)
Weingut **Wagner-Stempel**
Weingut **Weinreich**
Weingut Eckhard **Weitzel**
(Bioland)
Weingut Dirk **Wendel**
Weingut Arndt F. **Werner**
(Ecovin, Bioland)
Weingut **Wittmann**
(Naturland)

Württemberg

Weingut **Bächner**
Weingut **Beurer**
(Ecovin, Demeter)
Weingut **Doreas**
(Ecovin)
Weingut **Forsthof**
(Naturland)
Weingut **Häge**
Weingut **Heid**
Weingut **Hirth** – Rebhof
(Ecovin)
Schlossgut **Hohenbeilstein**
(Naturland)
Weingut Fürst zu **Hohenlohe-Öhringen**
Weingut **Sankt Annagarten**
Weingut Reinhard **Schäfer**
(Ecovin)
Weingut **Schäfer-Heinrich**
(Ecovin)
Weingut Rainer **Schnaitmann**
Öko-Weingut **Siglinger**
(Ecovin, Demeter)
Weingut Andreas **Stutz**
(Ecovin, Demeter)

Schnäppchen

In diesem Einkaufsführer sind Weine mit besonders gutem Preis-Leistungs-Verhältnis dadurch gekennzeichnet, dass die Preise dieser Weine farbig hervorgehoben sind. In diesem Verzeichnis sind alle diese Weine noch einmal getrennt nach Anbaugebieten aufgelistet. Darunter finden sich sowohl preiswerte Literweine mit überzeugender Qualität, als auch eine Reihe von Spitzenweinen, ja Weltklasse-Weinen, die gerade auch im internationalen Vergleich – fast – konkurrenzlos günstig sind. Zu jedem Wein wird die Bewertung, die der Wein erhalten hat, sowie der Preis aufgeführt (z.B. 86/5,50 €). Ist weiter nichts angegeben, handelt es sich um Preise für 0,75-Liter-Flaschen.

Baden

Weingut Bercher
2012 Grauburgunder Kabinett trocken
Burkheimer Schlossgarten . . . . 88/8,60 €
2012 Grauburgunder Kabinett trocken
Jechtinger Eichert . . . . 87/8,10 €
Weingut Bielig
2012 Sylvaner trocken
Schriesheimer . . . . 82/3,50 €/1l
2012 Weißburgunder trocken
Schriesheimer . . . . 85/4,50 €
Weingut Hermann Dörflinger
2012 Gutedel trocken
Badenweiler Römerberg . . . . 85/5,50 €
2012 Gutedel trocken
Müllheimer Reggenhag . . . . 85/5,50 €
2012 Grauburgunder Kabinett trocken
Müllheimer Sonnhalde . . . . 86/7,- €
2012 Weißburgunder Spätlese trocken
Badenweiler Römerberg . . . . 88/10,- €

2012 Grauburgunder Spätlese trocken
Müllheimer Sonnhalde . . . . 88/10,- €
Weinfamilie Fendt
2011 Riesling Neuweiere . . . . 89/12,- €
Weingut Fischer
2012 Chardonnay trocken Holzfass
Nimburg-Bottinger Steingrube . . . . 88/10,- €
Weingut Frick
2012 Gutedel trocken
Binzener Sonnhohle . . . . 83/4,20 €/1l
2012 Gutedel trocken „Markgräfler Gumsle"
Rümminger Sonnhohle . . . . 86/4,80 €
Weingut Dr. Heger
2012 Chardonnay "GG" Barrique
Achkarrer Schlossberg . . . . 93/26,- €
2012 Chardonnay trocken Barrique
Ihringer Winklerberg . . . . 93/21,50 €
Weingut Franz Keller
2012 Riesling „Vum Schäfacker"
Oberbergener Bassgeige . . . . 89/10,80 €
2012 Grauburgunder "S" . . . . 93/24,- €
2012 Chardonnay "S" . . . . 93/24,- €
Weingut Klumpp
2012 Riesling trocken
Bruchsaler Klosterberg . . . . 90/14,- €
2011 Blaufränkisch trocken
Zeuterner Himmelreich . . . . 91/17,- €
Weingut Knab
2012 Grauburgunder Spätlese*** trocken
Endinger Engelsberg . . . . 90/7,80 €
Weingut Holger Koch
2012 Grauburgunder Herrenstück . . . . 88/9,80 €
2012 Grauburgunder*** Selektion . . . . 90/15,- €
Weingut W. Löffler
2012 Gutedel Kabinett trocken . . . . 85/5,50 €
Weingut Michel
2012 Grauburgunder Kabinett trocken
Achkarrer Castelberg . . . . 86/7,- €
2012 Grauburgunder Kabinett trocken
Achkarrer Schlossberg . . . . 87/7,90 €
2012 Weißburgunder Spätlese trocken
Achkarrer Schlossberg . . . . 90/10,20 €
2012 Grauburgunder Spätlese trocken

Schnäppchen

Achkarrer Schlossberg .... 92/10,20 €
2012 Weißburgunder Spätlese*** trocken
Achkarrer Schlossberg .... 92/15,- €
2012 Grauburgunder Spätlese*** trocken
Achkarrer Schlossberg .... 91/15,- €
2012 Chardonnay Spätlese*** trocken
Achkarrer Schlossberg .... 91/15,- €
2011 Spätburgunder
„Alte Reben" .... 89/11,50 €

Privat-Weingut H. Schlumberger
2012 Gutedel Kabinett trocken .... 86/6,- €

Weingut Seeger
2012 Weißburgunder trocken .... 86/6,70 €
2012 Auxerrois Kabinett trocken .... 87/8,10 €
2012 Weißburgunder Kabinett trocken ... 87/8,10 €
2012 Grauburgunder Kabinett trocken ... 87/8,10 €
2012 Chardonnay trocken .... 88/8,10 €
2012 Weißburgunder trocken „AS" ...... 90/12,50 €
2012 Grauburgunder trocken „AS" ...... 93/12,50 €
2012 Weißburgunder „GG"
„Oberklamm" .... 93/19,50 €
2012 Grauburgunder „GG"
„Oberklamm" .... 95/19,50 €
2012 Riesling trocken „Alte Reben" ..... 89/11,50 €
2012 Riesling trocken „Anna Marie" ..... 90/13,50 €
2012 Riesling „GG"
„Oberklamm" .... 93/25,- €

Weingut Hans Winter
2012 Riesling Spätlese trocken „JG"
Heidelberger Herrenberg .... 87/8,50 €

Familie Wöhrle, Weingut der Stadt Lahr
2012 Chardonnay „GG" „Vum Gottsacker"
Lahrer Kronenbühl .... 93/19,50 €

Franken

Weingut Brügel
2012 Silvaner Spätlese trocken
Greuther Bastel .... 88/9,50 €

Weingut H. Deppisch
2012 Weißburgunder
Altenberg .... 87/8,50 €

2012 Riesling
Altenberg .... 87/8,50 €

Weingut Clemens Fröhlich
2012 Silvaner Spätlese trocken „Beste Beere"
Escherndorfer Lump .... 89/11,- €

Weingut Michael Fröhlich
2012 Müller-Thurgau trocken
„Frank & Frei" .... 85/6,- €
2012 Silvaner Kabinett trocken
Escherndorfer Lump .... 86/7,- €
2012 Silvaner trocken „Erste Lage"
Escherndorfer Lump .... 88/10,- €
2012 Muskateller Kabinett .... 86/6,50 €

Weingut Rudolf Fürst
2012 Silvaner trocken
„pur mineral" .... 88/9,80 €
2012 Silvaner trocken
Centgrafenberg .... 91/16,- €

Weingut Glaser-Himmelstoss
2012 Scheurebe Kabinett trocken
Nordheimer Vögelein .... 87/8,- €
2012 Grauburgunder Spätlese trocken „Rebell"
Dettelbacher Berg-Rondell .... 93/16,50 €

Weingut Hausknecht
2012 Silvaner Kabinett trocken
Erlabrunner Weinsteig .... 84/5,- €

Weingut Dr. Heigel
Silvaner Spätlese trocken
Zeiler Mönchshang .... 88/10,- €

Weingut Hillabrand
2012 Müller-Thurgau Kabinett trocken
Hüttenheimer Tannenberg .... 83/4,- €
2012 Silvaner Kabinett „g'scheit" trocken
Hüttenheimer Tannenberg .... 84/5,- €

Weingut Hofmann (Ipsheim)
2012 Silvaner „S" trocken .... 87/8,50 €

Weingut Hofmann (Röttingen)
2012 „Flint" Weißwein trocken .... 85/6,- €
2012 Riesling Kabinett trocken
Weickersheimer Schmecker .... 86/6,60 €
2012 Riesling Kabinett trocken
Röttinger Feuerstein .... 86/6,80 €

Weingut am Stein - Ludwig Knoll

2012 Müller-Thurgau trocken
„Frank & Frei".............................86/7,- €
2012 Silvaner trocken
Würzburger Innere Leiste................90/15,- €
2012 Riesling trocken
Würzburger Innere Leiste................90/15,- €

Ökologisches Weingut Krämer
2012 Silvaner trocken....................87/8,50 €
2012 Silvaner „K" trocken
Iphöfer Kronsberg........................88/9,50 €
2012 Scheurebe trocken
Iphöfer Kronsberg........................88/9,50 €

Weingut Max Markert
2012 Silvaner Spätlese trocken
Eibelstadter Kapellenberg...............87/8,50 €
2010 Domina trocken Holzfass
Eibelstadter Mönchsleite.................86/7,- €

Weingut Max Müller
2012 Silvaner trocken
„Eigenart"................................92/15,50 €
2012 Silvaner Spätlese trocken „Alte Reben"
Sommeracher Katzenkopf................91/18,- €

Weingut Ewald Neder
2012 Grauburgunder Spätlese trocken
Ramsthaler St. Klausen ....87/8,50 €

Weingut Bernhard Rippstein
2012 Weißburgunder Spätlese trocken....85/6,- €

Weingut Gerhard Roth
2011 Riesling trocken „G"
Wiesenbronner Heller Berg..............89/12,- €

Weingut Rothe
2012 Bacchus..............................85/6,- €
2011 Schwarzriesling trocken „Grande"....88/9,- €

Weingut Ruck
2011 „Estheria"...........................90/15,- €

Weinbau Rumpel & Schömig
2012 Silvaner.............................84/4,50 €
2012 Müller-Thurgau......................83/4,- €
2012 Rotling..............................83/4,- €
2011 Domina..............................87/7,- €
2012 Domina..............................86/7,- €

Weingut Horst Sauer
2012 Riesling „GG"
Escherndorfer Lump....................92/19,50 €

Weingut Rainer Sauer
2012 Müller-Thurgau trocken
„Frank & Frei".............................87/6,- €
2012 Silvaner trocken....................86/6,- €
2012 Silvaner Kabinett trocken
Escherndorfer Lump......................88/8,- €
2012 Silvaner trocken
„vom Muschelkalk".......................88/8,50 €
2012 Silvaner trocken
„Freiraum"..............................89/10,50 €
2012 Silvaner trocken
Escherndorfer Lump....................89/10,50 €
2012 Silvaner „M" trocken
„vom Muschelkalk".......................90/15,- €
2012 Silvaner trocken
„ab ovo"..................................92/20,- €

Weingut Störrlein & Krenig
2012 Silvaner
Randersacker Ewig Leben.............85/6,90 €/1l
2012 Sylvaner „Alte Reben"
Marsberg.................................88/9,40 €
2012 Silvaner „GG"
Sonnenstuhl..............................91/17,- €
2012 Riesling „GG"
Sonnenstuhl..............................91/17,- €

Weingut A. Waigand
2012 Silvaner Kabinett trocken
Erlenbacher Hochberg..................85/5,90 €

Weingut Georg Zang
2012 Scheurebe Kabinett trocken
Sommeracher Katzenkopf..............85/5,20 €
2012 Weißburgunder Spätlese trocken
Sommeracher Katzenkopf................86/7,- €

Weingut Zehnthof
2012 Weißburgunder „Terrassen"
Berg I....................................90/15,- €

Hessische Bergstraße

Weingut Simon-Bürkle
2012 Riesling Spätlese
Auerbacher Höllberg.....................88/9,- €

Schnäppchen

Mittelrhein

Weingut Didinger
2012 Riesling Spätlese halbtrocken
Bopparder Hamm Feuerlay . . . . 87/8,50 €
2012 Riesling Kabinett
Bopparder Hamm Feuerlay . . . . 85/6,- €

Weingut Heilig Grab
2012 Riesling Hochgewächs halbtrocken
Bopparder Hamm Mandelstein . . . . 85/5,20 €

Weingut Lanius.Knab
2012 Riesling Kabinett trocken
„Rheinschiefer" . . . . 87/8,- €

Weingut Matthias Müller
2012 Riesling Spätlese „feinherb"
Bopparder Hamm Feuerlay . . . . 87/8,50 €
2012 Riesling Spätlese „feinherb Edition MM"
Bopparder Hamm Mandelstein . . . . 90/12,50 €

Weingut Weingart
2012 Riesling Spätlese trocken
Bopparder Hamm Ohlenberg . . . . 89/11,5 €
2012 Riesling halbtrocken . . . . 85/6,- €
2012 Riesling Spätlese „feinherb"
Spay . . . . 89/9,- €
2012 Riesling Kabinett
Bopparder Hamm Engelstein . . . . 87/8,- €
2012 Riesling Spätlese
Bopparder Hamm Engelstein . . . . 89/9,50 €
2012 Riesling Spätlese
Bopparder Hamm Feuerlay . . . . 89/10,- €

Mosel

Weingut Frank Brohl
2012 Riesling Spätlese trocken
Pündericher Nonnengarten . . . . 88/9,50 €

Weingut Christoph Clüsserath
2012 Riesling trocken
Trittenheimer Altärchen . . . . 83/5,- €/1l

Weingut Ernst Clüsserath
2012 Riesling Spätlese
Trittenheimer Altärchen . . . . 87/8,50 €

Weingut Clüsserath-Weiler
2012 Riesling trocken . . . . 86/8,30 €/1l
2012 Riesling „feinherb" . . . . 86/8,30 €/1l
2012 Riesling „feinherb"
Trittenheimer Apotheke . . . . 89/11,50 €

Weingut Franz-Josef Eifel
2012 Riesling „Su wie frieja"
Trittenheimer Apotheke . . . . 89/12, €

Weingut Eifel-Pfeiffer
2012 Riesling Spätlese
Graacher Domprobst . . . . 88/10,- €
2012 Riesling Spätlese
Wehlener Sonnenuhr . . . . 89/11,- €

Weingut Stephan Fischer
2012 Riesling trocken
Zeller Schwarze Katz . . . . 83/4,50 €/1l

Weingut Frieden-Berg
2012 Auxerrois trocken . . . . 85/6,- €

Weingut Willi Haag
2012 Riesling Spätlese
Brauneberger Juffer-Sonnenuhr . . . . 88/10,- €
2012 Riesling Auslese
Brauneberger Juffer . . . . 89/11,- €

Weingut Jakoby-Mathy
2012 Riesling Spätlese trocken „Bergspitze"
Kinheimer Hubertuslay . . . . 87/8,50 €

Weingut Heribert Kerpen
2012 Riesling Spätlese trocken
Wehlener Sonnenuhr . . . . 88/9,50 €
2012 Riesling Spätlese trocken „Alte Reben"
Wehlener Sonnenuhr . . . . 89/11,50 €
2012 Riesling Spätlese
Wehlener Sonnenuhr . . . . 89/9,50 €
2012 Riesling Spätlese*
Wehlener Sonnenuhr . . . . 90/11,50 €

Weingut Loersch
2012 Riesling „feinherb"
„einspunktnull" . . . . 84/6,- €/1l
2012 Riesling Spätlese „feinherb"
Trittenheimer Apotheke . . . . 88/9,80 €

Weingut Carl Loewen
2012 Riesling trocken
„Varidor" . . . . 87/7,20 €

Schnäppchen

2012 Riesling trocken „Alte Reben"
Laurentiuslay .... 90/13,- €
2012 Riesling trocken „1896 Alte Reben"
 Maximin Herrenberg .... 92/18,96 €
2012 Riesling
„Alte Reben" .... 88/9,- €
Weingut Meierer
2012 Riesling Kabinett
Kestener .... 84/4,90 €
Weingut Familie Rauen
2012 Riesling Kabinett halbtrocken
 „Edition Matthias" .... 85/5,40 €
Wein- und Sekt Rauen
2012 Riesling Hovhgewächs halbtrocken
Pölicher Held .... 83/5,20 €/1l
Weingut F.J. Regnery
2012 Riesling Kabinett „feinherb"
Klüsserather Bruderschaft .... 85/6,- €
2012 Riesling „feinherb"
„Edition Michelskirch" .... 88/9,50 €
Weingut Reh
2012 Riesling Spätlese „feinherb" „Alte Reben"
Mehringer Zellerberg .... 88/8,- €
Weingut Claes Schmitt Erben
2012 Riesling trocken
„Sonntheilen" .... 88/10,- €
Weingut Selbach-Oster
2012 Riesling Spätlese
Graacher Domprobst .... 90/13,50 €
Weingut Steffens-Keß
2012 Riesling trocken
Reiler Goldlay .... 86/6,60 €
2012 Riesling Kabinett trocken
Burger Wendelstück .... 87/7,70 €
2012 Riesling Kabinett trocken
Reiler Goldlay .... 87/8,20 €
2012 Riesling Spätlese trocken
Reiler Goldlay .... 89/10,40 €
2012 Riesling Auslese trocken
Burger Wendelstück .... 90/14,50 €
Weingut Thanisch, Erben Thanisch
2012 Riesling Spätlese
Bernkasteler Badstube .... 90/11,50 €

Nahe

Weingut Hahnmühle
2012 Riesling trocken
„Alisencia" .... 89/11,80 €
Weingut Clemens Honrath
2012 Riesling Spätlese trocken
Langenlonsheimer Königsschild .... 86/6,80 €
Weingut Tesch
2012 Riesling trocken
Laubenheimer Krone .... 89/12,- €
2012 Riesling trocken
Langenlonsheimer Königsschild .... 89/12,- €
2012 Riesling trocken
Laubenheimer St. Remigiusberg .... 90/14,- €

Pfalz

Weingut Michael Andres
2012 Riesling trocken
„Ferus" .... 87/8,0 €
Weingut Bernhart
2012 Weißburgunder trocken
„Kalkmergel" Schweigen .... 88/9,80 €
Weingut Borell-Diehl
2012 Riesling Kabinett trocken „Alte Reben"
Hainfelder Kapelle .... 85/6,- €
Weingut Dietrich
2012 Riesling Kabinett trocken
Großkarlbacher Burgweg .... 85/5,90 €
2012 Chardonnay trocken
Großkarlbacher Burgweg .... 85/4,90 €
2012 Weißburgunder trocken
Großkarlbacher Burgweg .... 84/4,90 €
Weingut Eymann
2010 St. Laurent trocken
Gönnheimer Sonnenberg „Toreye" ...... 89/9,70 €
2010 Merlot trocken
Gönnheimer Sonnenberg „Toreye" ..... 89/11,80 €
Weingut Fader
2012 Riesling Spätlese trocken
„Granit" .... 87/7,90 €
2012 Riesling Spätlese trocken

Schnäppchen

„Buntsandstein Alte Reben"............. 87/7,40 €

Weingut Karl-Heinz Gaul

2012 Weißburgunder trocken............. 85/6,- €

2012 Grauburgunder Kabinett trocken

Sausenheimer Höllenpfad............... 86/6,60 €

2013 Weißburgunder Spätlese trocken

Sausenheimer Honigsack............... 87/8,50 €

Weingut Gies-Düppel

2012 Riesling trocken

„Rotliegendes Granit".................. 87/8,50 €

2012 Riesling trocken

„Rotliegendes Schiefer"................ 87/8,50 €

2012 Riesling trocken

„Rotliegendes Roter Sandstein".......... 87/8,50 €

2012 Riesling trocken

„Muschelkalk Kalkstein"................ 87/8,50 €

Weingut Horcher

2011 Cuvée rot trocken............... 86/6,50 €/1l

Weingut Frank John

2012 Riesling trocken

„Buntsandstein"........................ 91/14,50 €

Weingut Klundt

2012 Weißburgunder trocken

„Wacholder[berk]"...................... 88/10,- €

Weingut Knipser

2012 Riesling Kabinett trocken

Laumersheimer Kapellenberg........... 87/8,20 €

Weingut Koehler-Ruprecht

2012 Chardonnay Spätlese trocken

Kallstadter Annaberg.................. 88/10,- €

Weingut Jürgen Leiner

2012 Chardonnay trocken

„Handwerk"............................. 87/7,20 €

Weingut Karl-Heinz Meyer

2012 Chardonnay Kabinett trocken

„Buntsandstein".......................... 86/7,- €

2012 Grauburgunder trocken

„Kalkmergel"............................. 86/7,- €

Weingut Petri

2012 Riesling trocken Holzfass (1l)....... 83/4,70 €

2012 Riesling Spätlese trocken

Kallstadter Saumagen.................. 87/8,- €

Weingut Karl Pfaffmann

2012 Chardonnay Spätlese trocken

Walsheimer Silberberg.................. 87/7,90 €

Weingut Jakob Pfleger

2012 Riesling Kabinett trocken

Kallstadter Steinacker..................... 86/6,- €

2012 Riesling Spätlese trocken

„Am Berg" Herxheimer Honigsack....... 88/9,20 €

Weingut Heiner Sauer

2012 Riesling Kabinett trocken

„Zinkler"................................... 86/7,- €

2012 Gewürztraminer Spätlese

Nußdorfer Herrenberg.................. 88/10,- €

Weingut Heinrich Spindler

2012 Riesling trocken „Rural".............. 85/6,- €

2012 Sauvignon Blanc trocken.......... 87/8,40 €

2012 Riesling Kabinett trocken

Forster Pechstein....................... 88/8,80 €

Weingut Wegner

2012 Riesling Spätlese trocken „Vision"

Ungsteiner Herrenberg.................. 88/8,80 €

Weingut von Winning

2012 Riesling Kabinett trocken „Dr. Deinhard"

Ruppertsberger....................... 85/5,70 €/1l

2012 Riesling „GG"

Spieß .... 93/24,- €

2012 Riesling „GG"

Kalkofen................................. 93/26,- €

2012 Riesling „GG"

Langenmorgen........................... 93/26,- €

Weingut Klaus Wolf

2012 Riesling trocken „Buntsandstein"

Birkweiler Kastanienbusch.............. 87/7,50 €

Weingut Zelt

2012 Riesling trocken

Bissersheimer Goldberg................. 90/14,- €

Weingut Zimmermann

2012 Riesling Spätlese trocken

Wachenheimer Fuchsmantel........... 88/9,80 €

2012 Riesling Spätlese trocken

Wachenheimer Gerümpel............... 89/12,- €

Schnäppchen

Rheingau

Weingut Dillmann
2012 Riesling Spätlese trocken „Alte Reben"
Geisenheimer Kläuserweg . . . . 87/7,50 €

Weingut Egert
2012 Riesling Kabinett trocken
Oestricher Lenchen . . . . 85/5,90 €

Weingut Carl Ehrhard
2012 Riesling trocken „Urstück"
Rüdesheimer Berg Rottland . . . . 90/12,- €
2012 Riesling „feinherb" „Urstück"
Rüdesheimer Berg Roseneck . . . . 89/12,- €

Weingut H.T. Eser
2012 Riesling trocken Nr. 1 . . . . 86/6,80 €

Weingut Freimuth
2012 Roter Riesling trocken . . . . 87/7,50 €
2012 Riesling trocken „Zero" . . . . 87/8,- €

Weinhof Goldatzel
2012 Riesling Spätlese trocken „Bestes Fass"
Winkeler Hasensprung . . . . 88/9,40 €

Weingut Emmerich Himmel
2012 Riesling Spätlese trocken
Hochheimer Hölle . . . . 88/10,- €

Weingut Hirschmann
2012 Riesling Kabinett trocken
„Alte Reben" . . . . 86/6,40 €

Weingut Toni Jost
2012 Riesling trocken
„Alte Reben" . . . . 89/11,80 €

Weingut Peter Jakob Kühn
2012 Riesling trocken
Hendelberg . . . . 91/16,80 €
2012 Riesling trocken
„Landgeflecht" . . . . 92/19,- €
2012 Riesling trocken
Oestricher Doosberg . . . . 94/28,- €
2011 Spätburgunder trocken . . . . 89/12,- €

Weingut Mehl
2012 Riesling trocken
"Authentico" . . . . 85/5,70 €

Weingut Karl Joh. Molitor
2012 Riesling Spätlese „feinherb"

Rüdesheimer Magdalenenkreuz . . . . 86/6,50 €

Weingut Querbach
2012 Riesling Schoppen . . . . 85/7,20 €/1l
2012 Riesling Edition . . . . 88/9,40 €
2012 Riesling Hallgarten . . . . 90/11,75 €
2012 Riesling „Querbach No. 1"
Oestrich Lenchen . . . . 91/14,15 €
2012 Riesling „Milestone"
Oestrich Doosberg . . . . 92/18,90 €

Weingut Sohns
2012 Riesling trocken
Geisenheimer Mönchspfad . . . . 85/6,- €
2012 Riesling trocken
Geisenheimer Kilzberg . . . . 88/8,50 €

Weingut Speicher-Schuth
2012 Riesling Spätlese edelsüß
Kiedricher Gräfenberg . . . . 89/12,- €

Weingut Spreitzer
2012 Riesling „GG"
Hattenheim Wisselbrunnen . . . . 92/22,- €
2012 Riesling „GG"
Oestrich Lenchen „Rosengarten" . . . . 92/22,- €

Weingut Im Weinegg
2012 Riesling Kabinett trocken
Hochheimer . . . . 85/5,50 €
2012 Riesling trocken „Alte Reben
Hochheimer Hölle . . . . 88/10,- €

Weingut Dr. Christopher Wolf
2012 Riesling Kabinett trocken
Hallgartener Hendelberg . . . . 84/4,20 €

Rheinhessen

Weingut Becker-Landgraf
2012 Riesling trocken
Gau-Odernheimer . . . . 89/11,50 €
2012 Riesling trocken
Ölberg . . . . 91/18,- €

Weingut Bettenheimer
2012 Silvaner trocken . . . . 83/4,20 €/1l

Weingut Bischel
2012 Riesling trocken

Schnäppchen

Binger Scharlachberg...................92/19,90 €

Weingut Braunewell
2012 Riesling trocken
„Kalkstein" Essenheim.................89/10,90 €

Geil's Sekt- und Weingut
2012 Rosé trocken....................83/5,10 €/1l

Weingut Götz
2012 Riesling Spätlese trocken
Dienheimer Tafelstein...................85/5,10 €

Weingut Gres
2012 Riesling trocken
Appenheimer Hundertgulden..........89/9,90 €

Weingut Heinrich Groh
2012 Huxelrebe Auslese...................87/6,- €

Weingut Kampf
2012 Grauburgunder trocken..............85/6,- €

Weingut Karlheinz Keller
2012 Riesling Spätlese trocken
Nieder-Flörsheimer Frauenberg.........88/8,20 €

Weingut Klaus Keller
2012 Riesling trocken....................88/8,90 €
2012 Scheurebe trocken.................88/9,90 €

Weingut Keth
2012 Riesling trocken
„Sonnenspiel"............................85/5,70 €

Weingut Kühling
2012 Grauburgunder trocken
Gundheimer Hungerbiene..............87/7,20 €

Weingut Landgraf
2012 Riesling trocken
Saulheimer.............................88/9,50 €

Weingut Riffel
2012 Weißburgunder trocken...........86/6,30 €
2012 Silvaner trocken „Quarzit"
Binger..................................88/9,20 €
2012 Riesling trocken „Quarzit"
Binger..................................88/9,70 €
2012 Chardonnay trocken „Tonmergel"
Binger..................................88/9,20 €

Weingut Adolf Schembs
2012 „Wilder Wonnegauer" Riesling..84/6,50 €/1l
2012 Weißburgunder trocken.............86/7,- €
2012 Sauvignon Blanc trocken...........88/7,- €

2012 Muskateller trocken.................86/7,- €

Weingut Eugen Schönhals
2012 Riesling „S" trocken................87/8,50 €

Weingut Seehof
2012 Huxelrebe Auslese
Westhofener Rotenstein.................88/9,50 €

Weingut Winter
2012 Grauburgunder trocken
Dittelsheimer.............................88/9,90 €
2012 Riesling trocken „Kalkstein"
Dittelsheimer.............................88/9,90 €

Württemberg

Weingut Gerhard Aldinger
2012 Trollinger** trocken
Fellbacher Lämmler.....................87/8,40 €

Weingut Beurer
2011 Riesling trocken „Kieselsandstein"
Stettener Pulvermächer..................90/14,- €
2011 Riesling trocken „Stubensandstein"
Stettener...............................90/14,- €
2011 Riesling trocken „Junges Schwaben"
Stettener Pulvermächer.................93/22,- €

Weingut Dautel
2012 Riesling
Besigheimer Wurmberg................89/11,40 €
2012 Weißburgunder „S"................93/20,50 €
2012 Chardonnay „S"..................93/20,50 €
2012 Riesling „GG" „Grübenstein"
Sonnenberg...........................92/20,50 €

Weingut Wachtstetter
2011 Trollinger trocken
„Steillage".............................86/6,50 €

Weingut Zipf
2012 Blauer Trollinger** trocken „Steillage"
Löwensteiner...........................86/6,50 €

Bestenlisten

Die folgende Zusammenstellung soll denjenigen, die sich für spezielle Rebsorten oder einen speziellen Weintyp interessieren, die Orientierung erleichtern. Wir haben bewusst darauf verzichtet, die Gruppen an den gesetzlichen Prädikats-Bezeichnungen wie Spätlese oder Auslese festzumachen, weil diese Bezeichnungen keine Weintypen repräsentieren, und die Weine, die diese Bezeichnungen tragen, selten miteinander vergleichbar sind. So findet man beispielsweise in einer Verkostung von süßen Riesling-„Spätlesen" immer seltener Weine, die dem klassischen Typ einer Spätlese entsprechen. Die meisten Rieslinge in solchen Verkostungen sind abgestufte Auslesen, gar Beerenauslesen, andere wieder mit einem Anteil Eiswein „aufgemotzt". Gleiches gilt auch für trockene Weine. Ist denn eine Kategorie „Kabinett" sinnvoll, wenn dort Weine mit 14,5% Alkohol vertreten sind (jawohl, das gibt es!)? Da im deutschen Weingesetz nur Mindestgrenzen, aber keine Höchstgrenzen für den potentiellen Alkoholgehalt der Weine der einzelnen Prädikate festgesetzt sind, eignen sich diese Prädikate nicht als Weintypen. Noch weniger geeignet sind natürlich nicht gesetzlich geregelte Bezeichnungen, wie beispielsweise „feinherb", die jeder Winzer nach Belieben aufs Etikett setzen kann. Wir unterscheiden folglich nur zwischen trockenen (gesetzlich trocken, also bis maximal 9 Gramm Restzucker je Liter) und süßen Weinen. Weine aus zurückliegenden Jahrgängen, die nicht mehr im Verkauf sind, werden nicht mehr in der Bestenliste aufgeführt. Desgleichen Weine, die schon in früheren Ausgaben vorgestellt wurden (Ausnahme: Neu degorgierte Sekte). Wir unterscheiden im Folgenden:

Trockene Weißweine
Riesling
Weißburgunder
Grauburgunder
Chardonnay
Silvaner
Sonstige weiße Rebsorten/Cuvées

Süße/edelsüße Weine
Riesling
Sonstige edelsüße Weine

Rotweine
Spätburgunder
Cuvées
Lemberger
Sonstige rote Rebsorten

Sekte

Riesling

95 Punkte

Weingut Hermann **Dönnhoff**	2012 Hermannshöhle
Nahe	Riesling „GG"
Weingut Peter Jakob **Kühn**	2011 „Schlehdorn"
Rheingau	Riesling trocken

94 Punkte

Weingut Hermann **Dönnhoff**	2012 Felsenberg
Nahe	Riesling „GG"
Weingut Hermann **Dönnhoff**	2012 Dellchen
Nahe	Riesling „GG"
Weingut **Emrich-Schönleber**	2012 Halenberg
Nahe	Riesling „GG"
Weingut Klaus **Keller**	2012 „Abts.E" Westhofen
Rheinhessen	Riesling „GG"
Weingut Klaus **Keller**	2012 „G-Max"
Rheinhessen	Riesling trocken
Weingut **Kühling-Gillot**	2012 Rothenberg
Rheinhessen	Riesling „GG"
Weingut Peter Jakob **Kühn**	2011 Doosberg
Rheingau	Riesling trocken
Weingut Oekonomierat **Rebholz**	2012 Kastanienbusch
Pfalz	Riesling „GG"

93 Punkte

Weingut **Battenfeld-Spanier**	2012 „CO"
Rheinhessen	Riesling
Weingut **Beurer**	2011 „Junges Schwaben"
Württemberg	Riesling trocken
Weingut Georg **Breuer**	2012 Berg Schlossberg Rüdesheim
Rheingau	Riesling
Weingut **Emrich-Schönleber**	2012 „A.d.L."
Nahe	Riesling
Weingut **Heymann-Löwenstein**	2012 Uhlen „L"
Mosel	Riesling

Bestenlisten

Weingut Klaus **Keller** Rheinhessen	2012 Morstein Westhofen Riesling „GG"
Weingut Oekonomierat **Rebholz** Pfalz	2011 Im Sonnenschein Riesling „GG"
Weingut Oekonomierat **Rebholz** Pfalz	2012 „Ganz Horn" Im Sonnenschein Riesling „GG"
Weingut **Schäfer-Fröhlich** Nahe	2012 Halenberg Monzingen Riesling „GG"
Weingut **Schäfer-Fröhlich** Nahe	2012 Felseneck Bockenau Riesling „GG"
Weingut Thomas **Seeger** Baden	2012 „Oberklamm" Riesling „GG"
Weingut Robert **Weil** Rheingau	2012 Kiedrich Gräfenberg Riesling trocken Erstes Gewächs
Weingut von **Winning** Pfalz	2012 Spieß Riesling „GG"
Weingut von **Winning** Pfalz	2012 Kalkofen Riesling „GG"
Weingut von **Winning** Pfalz	2012 Langenmorgen Riesling „GG"
Weingut von **Winning** Pfalz	2011 Kieselberg Riesling „GG"
Weingut von **Winning** Pfalz	2011 Pechstein Riesling „GG"
Weingut **Wittmann** Rheinhessen	2012 Kirchspiel Westhofen Riesling „GG"
Weingut **Wittmann** Rheinhessen	2012 Brunnenhäuschen Westhofen Riesling „GG"
Weingut **Wittmann** Rheinhessen	2012 Morstein Westhofen Riesling „GG"

92 Punkte

Weingut **Bassermann-Jordan** Pfalz	2012 Pechstein Riesling „GG"
Weingut **Bassermann-Jordan** Pfalz	2012 Kirchenstück Riesling „GG"
Weingut **Bischel** Rheinhessen	2012 Binger Scharlachberg Riesling trocken
Weingut **Braunewell** Rheinhessen	2012 „Terrassen" Blume Riesling trocken
Weingut Georg **Breuer** Rheingau	2012 Rauenthal Nonnenberg Riesling

Weingut **Bürklin-Wolf**	2012 Pechstein
Pfalz	Riesling „G.C."
Weingut **Bürklin-Wolf**	2012 Kirchenstück
Pfalz	Riesling „G.C."
Weingut **Bürklin-Wolf**	2012 Ungeheuer
Pfalz	Riesling „G.C."
Weingut Reichsrat von **Buhl**	2012 Kirchenstück
Pfalz	Riesling „GG"
Weingut **Christmann**	2011 Mandelgarten Gimmeldingen
Pfalz	Riesling „GG"
Weingut **Christmann**	2011 Idig Königsbach
Pfalz	Riesling „GG"
Weingut **Dautel**	2012 „Grübenstein" Sonnenberg
Württemberg	Riesling „GG"
Weingut **Dreissigacker**	2012 Morstein
Rheinhessen	Riesling trocken
Weingut **Emrich-Schönleber**	2012 Frühlingsplätzchen
Nahe	Riesling „GG"
Weingut Rudolf **Fürst**	2012 Centgrafenberg „R"
Franken	Riesling „GG"
Gut **Hermannsberg**	2012 Kupfergrube
Nahe	Riesling „GG"
Weingut **Heymann-Löwenstein**	2012 Uhlen „B"
Mosel	Riesling
Weingut Klaus **Keller**	2012 Kirchspiel
Rheinhessen	Riesling „GG"
Weingut Klaus **Keller**	2012 Pettenthal
Rheinhessen	Riesling „GG"
Weingut Klaus **Keller**	2012 Hubacker
Rheinhessen	Riesling „GG"
Weingut **Knipser**	2012 Steinbuckel
Pfalz	Riesling „GG"
Weingut **Kühling-Gillot**	2012 Pettenthal
Rheinhessen	Riesling „GG"
Weingut Peter Jakob **Kühn**	2011 „Landgeflecht"
Rheingau	Riesling trocken
Weingut Franz **Künstler**	2012 Hölle
Rheingau	Riesling „GG"
Weingut Franz **Künstler**	2012 Hölle
Rheingau	Riesling trocken Goldkapsel
Weingut **Langwerth von Simmern**	2012 Mannberg
Rheingau	Reserva „GG"

Bestenlisten

Weingut Carl **Loewen**	2012 „1896 Alte Reben" Maximin Herrenberg
Mosel	Riesling trocken
Weingut Georg **Mosbacher**	2012 Ungeheuer Forst
Pfalz	Riesling „GG"
Weingut **Querbach**	2012 Oestrich Doosberg
Rheingau	Riesling „MIlestone"
Weingut Oekonomierat **Rebholz**	2012 Im Sonnenschein
Pfalz	Riesling „GG"
Weingut Horst **Sauer**	2012 Lump Escherndorf
Franken	Riesling „GG"
Weingut **Schäfer-Fröhlich**	2012 Felsenberg
Nahe	Riesling „GG"
Weingut **Schäfer-Fröhlich**	2012 Kupfergrube
Nahe	Riesling „GG"
Weingut **Schäfer-Fröhlich**	2012 Frühlingsplätzchen
Nahe	Riesling „GG"
Weingut Josef **Spreitzer**	2012 Oestrich Lenchen „Rosengarten"
Rheingau	Riesling „GG"
Weingut Josef **Spreitzer**	2012 Hattenheim Wisselbrunnen
Rheingau	Riesling „GG"
Weingut **Wagner-Stempel**	2012 Heerkretz
Rheinhessen	Riesling „GG"
Weingut von **Winning**	2012 Kieselberg
Pfalz	Riesling „GG"
Weingut von **Winning**	2012 Ungeheuer
Pfalz	Riesling „GG"
Weingut von **Winning**	2012 Pechstein
Pfalz	Riesling „GG"
Weingut von **Winning**	2012 Kirchenstück
Pfalz	Riesling „GG"
Weingut **Wittmann**	2012 „La Borne"
Rheinhessen	Riesling

Weißburgunder

93 Punkte

Weingut **Dautel**	2012 „S"
Württemberg	Weißburgunder
Weingut Dr. **Heger**	2011 Schlossberg Achkarren
Baden	Weißburgunder „GG"
Weingut Franz **Keller**	2012 „A"
Baden	Weißburgunder
Weingut Thomas **Seeger**	2012 Oberklamm
Baden	Weißburgunder „GG"

92 Punkte

Weingut Rudolf **Fürst**	2012 Centgrafenberg „R"
Franken	Weißburgunder
Weingut Dr. **Heger**	2012 Schlossberg Achkarren
Baden	Weißburgunder „GG"
Weingut Franz **Keller**	2012 „S"
Baden	Weißburgunder
Weingut **Michel**	2012 Achkarrer Schlossberg
Baden	Weißburgunder Spätlese*** trocken
Weingut Markus **Molitor**	2012 Wehlener Klosterberg***
Mosel	Pinot Blanc
Weingut Oekonomierat **Rebholz**	2012 Im Sonnenschein
Pfalz	Weißburgunder „GG"
Weingut **Wittmann**	2012 „S"
Rheinhessen	Weißburgunder trocken
Weingut **Zehnthof**	2012 „Sonnenberg"
Franken	Weißburgunder ***

91 Punkte

Weingut **Bassermann-Jordan**	2012 Langenmorgen
Pfalz	Weißburgunder „GG"
Weingut Friedrich **Becker**	2012 „Alter Fritz"
Pfalz	Weißburgunder trocken
Weingut **Bercher**	2012 Feuerberg Burkheim
Baden	Weißburgunder „GG"
Weingut **Bergdolt** St. Lamprecht	2012 Mandelberg Kirrweiler
Pfalz	Weißburgunder „GG"

Weingut Rudolf **Fürst** Franken	2012 Centgrafenberg Weißburgunder
Weingut Dr. **Heger** Baden	2012 Winklerberg „Gras im Ofen" Weißburgunder „GG"
Weingut Dr. **Heger** Baden	2012 Winklerberg „v. B." Weißburgunder „GG"
Weingut Dr. **Heger** Baden	2012 Winklerberg „Rappenecker" Weißburgunder „GG"
Weingut **Knipser** Pfalz	2012 Kirschgarten Weißburgunder „GG"
Weingut Philipp **Kuhn** Pfalz	2012 Kirschgarten Pinot Blanc „GG"
Weingut Oekonomierat **Rebholz** Pfalz	2012 Mandelberg Weißburgunder „GG"
Weingut **Schäfer-Fröhlich** Nahe	2012 „R" Weißburgunder trocken
Weingut J. **Störrlein & Krenig** Franken	2012 Sonnenstuhl Weißburgunder „GG"
Weingut Familie **Wöhrle** Baden	2012 Herrentisch Weißburgunder „GG"

90 Punkte

Weingut Gerhard **Aldinger** Württemberg	2012 „Marienglas" Gips Untertürkheim Weißburgunder „GG"
Weingut Friedrich **Becker** Pfalz	2012 „Reserve" Weißburgunder trocken
Wein- und Sektgut **Bernhart** Pfalz	2011 „Redling" Weißburgunder „GG"
Weingut **Christmann** Pfalz	2012 Gimmeldinger Biengarten Weißburgunder trocken
Weingut Familie **Kranz** Pfalz	2012 Ilbesheimer Kalmit Weißburgunder „GG"
Weingut Jürgen **Leiner** Pfalz	2012 Ilbesheimer Kalmit Weißburgunder trocken
Weingut Herbert **Meßmer** Pfalz	2012 „Im goldenen Jost" Schlossgarten Weißburgunder „GG"
Weingut **Michel** Baden	2012 Achkarrer Schlossberg Weißburgunder Spätlese trocken
Weingut Thomas **Seeger** Baden	2012 „AS" Weißburgunder trocken
Weingut **Zehnthof** Franken	2012 „Terrassen" „Berg i! Weißburgunder trocken

Grauburgunder

95 Punkte

Weingut Thomas **Seeger**
Baden

2012 Oberklamm
Grauburgunder „GG"

94 Punkte

Weingut Bernhard **Huber**
Baden

2012 Bienenberg
Grauburgunder „GG

93 Punkte

Weingut **Glaser-Himmelstoss**
Franken

2012 Dettelbacher Berg-Rondell „Denker"
Grauburgunder Spätlese trocken

Weingut Franz **Keller**
Baden

2012 „S"
Grauburgunder

Weingut Franz **Keller**
Baden

2012 „A"
Grauburgunder

Weingut Thomas **Seeger**
Baden

2012 „AS"
Grauburgunder trocken

92 Punkte

Weingut **Bercher**
Baden

2012 Feuerberg Burkheim
Grauburgunder „GG"

Weingut Dr. **Heger**
Baden

2012 „v.B." Winklerberg Ihringen
Grauburgunder „GG"

Weingut **Knipser**
Pfalz

2012 Barrique***

Weingut **Michel**
Baden

2012 Achkarrer Schlossberg
Grauburgunder Spätlese trocken

91 Punkte

Weingut Dr. **Heger**
Baden

2012 Schlossberg Achkarren
Grauburgunder*** „GG" Barrique

Weingut **Michel**
Baden

2012 Achkarrer Schlossberg
Grauburgunder Spätlese*** trocken

90 Punkte

Weingut **Bercher**	2012 Schlossgarten Burkheim
Baden	Grauburgunder „GG"
Weingut **Emrich-Schönleber**	2012 „R"
Nahe	Grauburgunder trocken
Weingut **Knab**	2012 Endinger Engelsberg
Baden	Grauburgunder*** trocken
Weingut Holger **Koch**	2012 Grauburgunder*** Selektion
Baden	
Weingut Philipp **Kuhn**	2012 „Reserve" Laumersheimer
Pfalz	Grauburgunder trocken
Weingut Familie **Wöhrle**	2012 Kirchgasse
Baden	Grauburgunder „GG"

Chardonnay

94 Punkte

Weingut Bernhard **Huber**	2011 Hecklinger Schlossberg
Baden	Chardonnay trocken „Reserve"
Weingut Thomas **Seeger**	2012 „S"
Baden	Chardonnay trocken

93 Punkte

Weingut **Dautel**	2012 „S"
Württemberg	Chardonnay
Weingut Dr. **Heger**	2012 Winklerberg Ihringen
Baden	Chardonnay trocken Barrique
Weingut Dr. **Heger**	2012 „Gras im Ofen" Winklerberg Ihringen
Baden	Chardonnay „GG"
Weingut Franz **Keller**	2012 „S"
Baden	Chardonnay
Weingut **Knipser**	2012 Chardonnay****
Pfalz	
Weingut Familie **Wöhrle**	2012 „Vum Gottsacker" Lahrer Kronenbühl
Baden	Chardonnay „GG"

92 Punkte

Weingut Rudolf **Fürst**	2012 Karthäuser „R"
Franken	Chardonnay
Weingut Karl **Haidle**	2011 Chardonnay trocken „Passion"
Württemberg	
Weingut Dr. **Heger**	2011 Winklerberg Ihringen
Baden	Chardonnay trocken Barrique
Weingut Franz **Keller**	2012 „A" Kirchberg
Baden	Chardonnay
Weingut **Wittmann**	2012 „S"
Rheinhessen	Chardonnay trocken

Bestenlisten

91 Punkte

Weingut **Knipser**	2012 Chardonnay****
Pfalz	
Weingut **Michel**	2012 Achkarrer Schlossberg
Baden	Chardonnay Spätlese*** trocken
Weingut Oekonomierat **Rebholz**	2012 „R"
Pfalz	Chardonnay trocken

90 Punkte

Weingut Friedrich **Becker**	2012 „Reserve"
Pfalz	Chardonnay trocken
Weingut **Bercher**	2012 „SE"
Baden	Chardonnay Spätlese trocken
Weingut Hermann **Dörflinger**	2011 Chardonnay Spätlese trocken Barrique
Baden	Müllheimer Reggenhag
Weingut Franz **Keller**	2012 „Franz Anton"
Baden	Chardonnay
Weingut Philipp **Kuhn**	2012 „Reserve" Dirmsteiner
Pfalz	Chardonnay trocken
Weingut Familie **Wöhrle**	2011 Lahrer Kronenbühl
Baden	Chardonnay trocken Barrique

Silvaner

92 Punkte

Weingut Rudolf **May**	2012 „Recis"
Franken	Silvaner trocken
Weingut Max **Müller** I	2012 „Eigenart"
Franken	Silvaner trocken
Weingut Rainer **Sauer**	2012 „ab ovo"
Franken	Silvaner trocken
Weingut **Zehnthof**	2012 „Creutz" Sulzfelder
Franken	Silvaner

91 Punkte

Weingut Rudolf **Fürst**	2012 Centgrafenberg
Franken	Silvaner
Weingut Max **Müller** I	2012 „Alte Reben" Sommeracher Katzenkopf
Franken	Silvaner Spätlese trocken
Weingut Horst **Sauer**	2012 Lump Escherndorf
Franken	Silvaner „GG"
Weingut J. **Störrlein & Krenig**	2012 Sonnenstuhl Randersacker
Franken	Silvaner „GG"
Weingut **Weltner**	2012 Küchenmeister „Hoheleite"
Franken	Sylvaner „GG"

90 Punkte

Weingut **Bickel-Stumpf**	2012 „Mönchshof"
Franken	Sylvaner „GG"
Weingut Michael **Fröhlich**	2012 Escherndorfer Lump
Franken	Silvaner „GG"
Weingut Ludwig **Knoll**	2012 Innere Leiste Würzburg
Franken	Silvaner trocken
Weingut Ludwig **Knoll**	2012 Stein Stetten
Franken	Silvaner „GG"
Weingut Max **Müller** I	2012 „Main Stoff"
Franken	Silvaner trocken
Weingut **Rothe**	2011 „Indigenius"
Franken	Silvaner trocken

Weingut Johann **Ruck** Franken	2012 Julius-Echter-Berg Iphofen Silvaner „GG"
Weingut Horst **Sauer** Franken	2012 „Sehnsucht" Silvaner trocken
Weingut Rainer **Sauer** Franken	2012 „vom Muschelkalk" Silvaner „M" trocken
Weingut Hans **Wirsching** Franken	2012 JKronsber Iphofen Silvaner „GG"
Weingut Hans **Wirsching** Franken	2012 Julius-Echter-Berg Iphofen Silvaner „GG"
Weingut **Zehnthof** Franken	2012 Maustal Silvaner „GG"

Sonstige weiße Rebsorten und Cuvées

90 Punkte

Weingut Gerhard **Aldinger** Württemberg	2012 Sauvignon Blanc***
Weingut Philipp **Kuhn** Pfalz	2012 Viognier trocken „Reserve" Laumersheimer
Weingut Oekonomierat **Rebholz** Pfalz	2012 „PiNo" „R"trocken
Weingut Johann **Ruck** Franken	2011 „Estheria" Weißwein trocken
Weingut Heiner **Sauer** Pfalz	2012 Gewürztraminer trocken „Tinaja"

89 Punkte

Weingut **Bercher** Baden	2012 Scheurebe & Chenin Blanc Spätlese trocken
Weingut **Bercher** Baden	2012 Muskateller Spätlese trocken „SE" Burkheimer Schlossgarten
Weingut **Dautel** Württemberg	2012 „Kreation weiß"
Weingut **Glaser-Himmelstoss** Franken	2012 Rieslaner Spätlese trocken Nordheimer Vögelein
Weingut Ludwig **Knoll** Franken	2012 „Vinz" alte Reben Scheurebe trocken
Weingut Philipp **Kuhn** Pfalz	2012 Sauvignon Blanc trocken „Reserve" Dirmsteiner
Weingut Philipp **Kuhn** Pfalz	2012 Gewürztraminer & Riesling trocken „Edelsatz" Laumersheimer
Weingut Georg **Mosbacher** Pfalz	2012 Sauvignon Blanc trocken „Fumé"
Weingut Max **Müller** I Franken	2012 „Lump 64" Gemischter Satz trocken
Weingut Johann **Ruck** Franken	2012 Scheurebe trocken „Alte Reben" Iphöfer Kronsberg
Weingut Thomas **Seeger** Baden	2012 Cuvée „Georg" trocken
Weingut Thomas **Seeger** Baden	2012 Auxerrois „AS" trocken

Bestenlisten

Weingut Hans **Wirsching**	2012 Scheurebe trocken
Franken	„Alte Reben" Iphöfer Kronsberg
Weingut **Zehnthof**	2012 Unter der Mauer ***
Franken	Sulzfelder Maustal
Weingut **Zeter**	2012 Viognier trocken
Pfalz	

Süße/edelsüße Rieslinge

98 Punkte

Weingut Markus **Molitor**
Mosel

2012 Riesling Trockenbeerenauslese***
Zeltinger Sonnenuhr

97 Punkte

Weingut Peter Jakob **Kühn**
Rheingau

2012 Riesling Trockenbeerenauslese
Oestrich Lenchen

Weingut Robert **Weil**
Rheingau

2012 Riesling Trockenbeerenauslese
Kiedrich Gräfenberg

96 Punkte

Weingut Peter Jakob **Kühn**
Rheingau

2012 Riesling Trockenbeerenauslese „E"
Oestrich Lenchen

Weingut Peter Jakob **Kühn**
Rheingau

2012 Riesling Beerenauslese
Oestrich Lenchen

Weingut **Schäfer-Fröhlich**
Nahe

2012 Riesling Eiswein Goldkapsel
Bockenauer Felseneck

Weingut **Schäfer-Fröhlich**
Nahe

2011 Riesling Trockenbeerenauslese GK 33
Bockenauer Felseneck

Weingut Robert **Weil**
Rheingau

2012 Riesling Auslese Goldkapsel
Kiedrich Gräfenberg

Weingut Robert **Weil**
Rheingau

2012 Riesling Beerenauslese
Kiedrich Gräfenberg

Weingut Robert **Weil**
Rheingau

2012 Riesling Eiswein
Kiedrich Gräfenberg

95 Punkte

Weingut Hermann **Dönnhoff**
Nahe

2012 Riesling Auslese
Niederhäuser Hermannshöhle

Weingut Hermann **Dönnhoff**
Nahe

2012 Riesling Eiswein
Oberhäuser Brücke

Weingut Fritz **Haag**
Mosel

2012 Riesling Auslese Goldkapsel Nr. 13
Brauneberger Juffer-Sonnenuhr

Weingut Klaus **Keller**
Rheinhessen

2012 Riesling Beerenauslese
Westhofener Morstein

Weingut Markus **Molitor**	2012 Riesling Beerenauslese**
Mosel	Zeltinger Sonnenuhr
Weingut Markus **Molitor**	2012 Riesling Trockenbeerenauslese*
Mosel	Zeltinger Sonnenuhr
Weingut **Schäfer-Fröhlich**	2011 Riesling Beerenauslese GK
Nahe	Bockenauer Felseneck
Weingut **Schäfer-Fröhlich**	2011 Riesling Trockenbeerenauslese 26
Nahe	Bockenauer Felseneck
Weingut Robert **Weil**	2011 Riesling Auslese Goldkapsel
Rheingau	Kiedrich Gräfenberg

94 Punkte

Weingut **Emrich-Schönleber**	2012 Riesling Trockenbeerenauslese
Nahe	Monzinger Halenberg
Weingut Fritz **Haag**	2012 Riesling Auslese Nr. 10
Mosel	Brauneberger Juffer-Sonnenuhr
Weingut Peter Jakob **Kühn**	2012 Riesling Auslese
Rheingau	Oestrich Lenchen
Weingut Schloss **Lieser**	2012 Riesling Auslese Lange Goldkapsel
Mosel	Niederberg-Helden
Weingut Schloss **Lieser**	2012 Riesling Lange Auslese Goldkapsel
Mosel	Brauneberger Juffer-Sonnenuhr (Verst.)
Weingut Markus **Molitor**	2012 Riesling Spätlese Verst.
Mosel	Zeltinger Sonnenuhr
Weingut Markus **Molitor**	2012 Riesling Auslese**
Mosel	Zeltinger Sonnenuhr
Weingut Markus **Molitor**	2012 Riesling Auslese***
Mosel	Wehlener Sonnenuhr
Weingut Markus **Molitor**	2012 Riesling Auslese*** Verst.
Mosel	Zeltinger Sonnenuhr
Weingut Horst **Sauer**	2012 Riesling Trockenbeerenauslese
Franken	Escherndorfer Lump
Weingut Willi **Schaefer**	2012 Riesling Auslese Nr. 1
Mosel	Graacher Domprobst
Weingut **Schäfer-Fröhlich**	2012 Riesling Eiswein
Nahe	Bockenauer Felseneck
Weingut Josef **Spreitzer**	2012 Riesling Beerenauslese
Rheingau	Oestricher Lenchen
Weingut Robert **Weil**	2012 Riesling Beerenauslese
Rheingau	Kiedrich Turmberg

93 Punkte

Weingut Hermann **Dönnhoff** Nahe	2012 Riesling Spätlese Niederhäuser Hermannshöhle
Weingut Hermann **Dönnhoff** Nahe	2012 Riesling Auslese Oberhäuser Brücke
Weingut Franz-Josef **Eifel** Mosel	2011 Riesling Eiswein Trittenheimer Altärchen
Weingut **Emrich-Schönleber** Nahe	2012 Riesling Auslese Monzinger Halenberg
Weingut **Emrich-Schönleber** Nahe	2012 Riesling Eiswein Monzinger Halenberg
Weingut Joachim **Flick** Rheingau	2012 Riesling Eiswein Wickerer Nonnberg
Weingut Fritz **Haag** Mosel	2012 Riesling Auslese Goldkapsel Brauneberger Juffer-Sonnenuhr
Weingut Schloss **Johannisberg** Rheingau	2012 Riesling Auslese „Rosalack" Schloss Johannisberger
Weingut Klaus **Keller** Rheinhessen	2012 Riesling Auslese*** Dalsheimer Hubacker
Weingut Schloss **Lieser** Mosel	2012 Riesling Auslese Goldkapsel Juffer-Sonnenuhr
Weingut Markus **Molitor** Mosel	2011 Riesling Spätlese Verst. Zeltinger Sonnenuhr
Weingut Markus **Molitor** Mosel	2012 Riesling Auslese*** Verst. Zeltinger Sonnenuhr
Weingut Markus **Molitor** Mosel	2012 Riesling Auslese** Ockfener Bockstein
Weingut Markus **Molitor** Mosel	2012 Riesling Beerenauslese Zeltinger Sonnenuhr
Weingut Joh. Jos. **Prüm** Mosel	2012 Riesling Auslese Goldkapsel Wehlener Sonnenuhr
Weingut **Schäfer-Fröhlich** Nahe	2012 Riesling Auslese Goldkapsel Bockenauer Felseneck
Weingut Robert **Weil** Rheingau	2012 Riesling Spätlese Kiedrich Gräfenberg
Weingut Robert **Weil** Rheingau	2012 Riesling Auslese Kiedrich Gräfenberg

Edelsüße Weine: Sonstige Rebsorten

94 Punkte

Weingut Horst **Sauer**	2012 Silvaner Trockenbeerenauslese
Franken	Escherndorfer Lump
Weingut Horst **Sauer**	2012 Silvaner Eiswein
Franken	Escherndorfer Lump

93 Punkte

Weingut **Müller-Catoir**	2012 Rieslaner Trockenbeerenauslese
Pfalz	Herzog
Weingut Horst **Sauer**	2012 Silvaner Beerenauslese
Franken	Escherndorfer Lump

92 Punkte

Weingut **Müller-Catoir**	2012 Rieslaner Beerenauslese
Pfalz	Herzog
Weingut Schloss **Sommerhausen**	2012 Rieslaner Trockenbeerenauslese
Pfalz	Sommerhäuser

91 Punkte

Weingut Dr. **Heger**	2012 Muskateller Beerenauslese
Baden	Ihringer Winklerberg
Weingut Klaus **Keller**	2012 Rieslaner Auslese
Rheinhessen	
Weingut Philipp **Kuhn**	2012 Rieslaner Auslese
Pfalz	
Weingut Horst **Sauer**	2012 Silvaner Auslese
Franken	Escherndorfer Lump
Weingut Rainer **Sauer**	2012 Silvaner Eiswein
Franken	Escherndorfer Lump
Weingut **Schmitt's Kinder**	2011 Rieslaner Trockenbeerenauslese
Franken	Randersackerer Sonnenstuhl
Weingut Schloss **Schönborn**	2012 Silvaner Trockenbeerenauslese
Franken	Hallburger Schlossberg

Spätburgunder

96 Punkte

Weingut Bernhard **Huber**	2011 „Wildenstein"
Baden	Spätburgunder „R" trocken

95 Punkte

Weingut Rudolf **Fürst**	2011 Schlossberg „R"
Franken	Spätburgunder „GG"
Weingut Franz **Keller**	2011 „A" Eichberg
Baden	Spätburgunder
Weingut **Meyer-Näkel**	2011 Walporzheimer Kräuterberg
Ahr	Spätburgunder „GG"
Weingut Thomas **Seeger**	2011 Spätburgunder „RRR"
Baden	

94 Punkte

Weingut Friedrich **Becker**	2011 „Heydenreich"
Pfalz	Pinot Noir trocken
Weingut Rudolf **Fürst**	2011 Centgrafenberg „R"
Franken	Spätburgunder „GG"
Weingut Rudolf **Fürst**	2011 Centgrafenberg Hundsrück
Franken	Spätburgunder „GG"
Weingut Bernhard **Huber**	2011 Sommerhalde Bombach „R"
Baden	Spätburgunder „GG"
Weingut Klaus **Keller**	2011 Bürgel
Rheinhessen	Spätburgunder „GG"
Weingut Thomas **Seeger**	2011 „Oberklamm"
Baden	Spätburgunder „GG"
Weingut Jean **Stodden**	2011 „Alte Reben"
Ahr	Spätburgunder

Bestenlisten

93 Punkte

Weingut Friedrich **Becker**	2011 Reserve
Pfalz	Spätburgunder trocken
Weingut Dr. **Heger**	2011 Schlossberg Achkarren
Baden	Spätburgunder*** „GG"
Weingut Dr. **Heger**	2011 „Häusleboden" Winklerberg Ihringen
Baden	Spätburgunder*** „GG"
Weingut Bernhard **Huber**	2011 Malterdingen Bienenberg „R"
Baden	Spätburgunder „GG"
Weingut Bernhard **Huber**	2011 Schlossberg Hecklingen „R"
Baden	Spätburgunder „GG"
Weingut **Knipser**	2011 „Reserve"
Pfalz	Spätburgunder
Weingut **Kreuzberg**	2011 „Devonschiefer RR"
Ahr	Spätburgunder
Weingut **Michel**	2011 Achkarrer Schlossberg „R"
Baden	Spätburgunder trocken
Weingut Markus **Molitor**	2010 Brauneberger Klostergarten
Mosel	Pinot Noir***
Weingut Jean **Stodden**	2011 „Lange Goldkapsel"
Ahr	Spätburgunder
Weingut Martin **Waßmer**	2011 Schlatter Maltesergarten „GC"
Baden	Pinot Noir trocken
Weingut Martin **Waßmer**	2011 Dottinger Castellberg „GC"
Baden	Pinot Noir trocken

92 Punkte

Weingut Friedrich **Becker**	2011 „Kammerberg"
Pfalz	Spätburgunder „GG"
Weingut **Burggarten**	2011 „R" Heimersheimer Burggarten
Ahr	Spätburgunder trocken
Weingut **Hofmann**	2010 Röttinger Feuerstein „RR"
Franken	Spätburgunder trocken
Weingut Franz **Keller**	2011 „A"
Baden	Spätburgunder
Weingut **Keller**	2011 Frauenberg
Rheinhessen	Spätburgunder „GG"
Weingut **Klumpp**	2011 Bruchsaler Rothenberg
Baden	Spätburgunder trocken
Weingut **Knipser**	2011 Mandelpfad
Pfalz	Spätburgunder „GG"

Weingut **Knipser**	2011 Kirschgarten
Pfalz	Spätburgunder „GG"
Weingut Holger **Koch**	2011 Pinot Noir Reserve
Baden	
Weingut Markus **Molitor**	2010 Trarbacher Schlossberg
Mosel	Pinot Noir**
Weingut Markus **Molitor**	2010 Graacher Himmelreich
Mosel	Pinot Noir***
Weingut Rainer **Schnaitmann**	2011 „Bergmandel" Lämmler
Württemberg	Spätburgunder „GG"
Weingut Thomas **Seeger**	2011 „R"
Baden	Spätburgunder
Weingut Jean **Stodden**	2011 Recher Herrenberg
Ahr	Spätburgunder „GG"
Weingut Jean **Stodden**	2011 Ahrweiler Rosenthal
Ahr	Spätburgunder „GG"
Weingut Jean **Stodden**	2011 Mayschosser Mönchberg
Ahr	Spätburgunder „GG"
Weingut **Zehnthof**	2011 Sulzfelder Maustal
Franken	Spätburgunder „GG"

Rote Cuvées

92 Punkte

Weingut **Zehnthof** Franken	2011 Grand Noir***

91 Punkte

Weingut Gerhard **Aldinger** Württemberg	2011 Cuvée C Große Reserve
Weingut **Dautel** Württemberg	2010 Kreation Rot
Weingut Karl **Haidle** Württemberg	2011 Ypsilon
Weingut Philipp **Kuhn** Pfalz	2011 Luitmar

90 Punkte

Weingut **Heid** Württemberg	2011 Melchisedec Fellbacher
Weingut Franz **Keller** Baden	2011 Merlot Cabernet „A" Eichberg
Weingut Wolfgang **Klopfer** Württemberg	2011 Modus-K
Weingut Egon **Schmitt** Pfalz	2009 Duca XI
Weingut Thomas **Seeger** Baden	2011 Naan
Weingut **Wöhrwag** Württemberg	2011 X

Lemberger

91 Punkte

Weingut Gerhard **Aldinger** Württemberg	2011 „Bergmandel" Lämmler Lemberger „GG"
Weingut **Beurer** Württemberg	2009 Stettener Mönchberg Lemberger trocken
Weingut **Dautel** Württemberg	2011 „St. Michaelsfeder" Michaelsberg Lemberger „GG"
Weingut Jürgen **Ellwanger** Württemberg	2011 Hebsacker Lichtenberg Lemberger trocken
Weingut Karl **Haidle** Württemberg	2011 Stettener Mönchberg Lemberger trocken
Weingut **Klumpp** Baden	2011 Zeuterner Himmelreich Blaufränkisch trocken
Weingut Thomas **Seeger** Baden	2011 Blaufränkisch „R"
Weingut **Wachtstetter** Württemberg	2010 Hohenberg Pfaffenhofen Lemberger „GG"

90 Punkte

Weingut Philipp **Kuhn** Pfalz	2011 Blaufränkisch trocken
Weingut Rainer **Schnaitmann** Württemberg	2011 „Bergmandel" Lämmler Lemberger „GG"
Weingut Thomas **Seeger** Baden	2011 Blaufränkisch „S"
Staatsweingut **Weinsberg** Württemberg	2011 „Hades" Lemberger trocken

Sonstige rote Rebsorten

93 Punkte

Weingut **Knipser**
Pfalz

2011 Syrah trocken Barrique „Reserve"

92 Punkte

Weingut **Meyer-Näkel**
Ahr

2011 Dernauer Pfarrwingert
Frühburgunder „GG"

Weingut Thomas **Seeger**
Baden

2011 Schwarzriesling „R"

91 Punkte

Weingut Jürgen **Ellwanger**
Württemberg

2009 Zweigelt trocken „Hades"
„unfiltriert"

Weingut Karl **Haidle**
Württemberg

2011 Zweigelt trocken „Passion"

Weingut Philipp **Kuhn**
Pfalz

2011 Frühburgunder trocken „Réserve"

Weingut **Knipser**
Pfalz

2011 Syrah trocken Barrique

90 Punkte

Weingut Gerhard **Aldinger**
Württemberg

2011 Merlot „Große Reserve"

Weingut **Burggarten**
Ahr

2011 Frühburgunder trocken (Goldkapsel)
Neuenahrer Sonnenberg

Weingut Fritz **Funk**
Württemberg

2011 Syrah Auslese trocken Barrique

Weingut **Kreuzberg**
Ahr

2011 Frühburgunder „GG"
Dernauer Hardtberg

Weingut Wolfgang **Klopfer**
Württemberg

2011 Merlot*** trocken

Weingut des Grafen **Neipperg**
Württemberg

2011 Merlot trocken „S.E."

Weingut Jakob **Pfleger**
Pfalz

2011 „Cuvée Laura" Merlot „Edition Curator"

Weingut Thomas **Seeger** Baden	2011 Schwarzriesling „S"
Weingut Jean **Stodden** Ahr	2011 Frühburgunder Recher Herrenberg
Weingut Martin **Waßmer** Baden	2011 Merlot trocken Ehrenstetter Ölberg

Sekte

91 Punkte

Sekthaus **Raumland** Rheinhessen	2005 „Blanc et Noirs" brut nature (deg. 1/13)
Sekthaus **Solter** Rheingau	1999 Pinot „Reserve" brut

90 Punkte

Weingut Geh. Rat Dr. v. **Bassermann-Jordan** Pfalz	2007 Riesling brut nature
Weingut Frank **John** Pfalz	2008 Riesling brut
Weingut Franz **Keller** Baden	2010 Chardonnay Zero Dosage
Sekthaus **Raumland** Rheinhessen	2005 „V Triumvirat Grande Cuvée" brut (deg. 1/13)
Sekthaus **Raumland** Rheinhessen	2004 „MonRose" brut
Shelter Winery Baden	2008 „Sparkling" brut
Sekthaus **Solter** Rheingau	2008 Riesling „Reserve" brut

89 Punkte

Sektkellerei **Andres & Mugler** Pfalz	2010 „Cuvée Elena" brut
Sektkellerei **Andres & Mugler** Pfalz	2011 „Fleur de Emely" brut

Bestenlisten

Weingut **Bergdolt** St. Lamprecht Pfalz	2009 „Fluxus" extra brut
Weingut Reichsrat von **Buhl** Pfalz	2009 Riesling brut Forster Pechstein
Schlossgut **Diehl** Nahe	2006 „Cuvée Mo" brut nature (deg. 2/2013)
Sekthaus **Raumland** Rheinhessen	2007 „V Triumvirat Grande Cuvée" brut (deg. 1/13)
Weingut Bernhard **Huber** Baden	2011 Muskateller brut
Wein & Sektgut Bernd **Hummel** Baden	„Grande Cuvée" brut
Weingut **Wilhelmshof** Pfalz	2004 „Patina" Pinot brut Siebeldinger Königsgarten
Sekthaus **Solter** Rheingau	2005 Riesling „Reserve" brut

Rebsorten

Dieses Verzeichnis enthält nur solche Rebsorten, die uns in den letzten Jahren reinsortig oder in Cuvées „auf die Zunge" gekommen sind. Darüber hinaus gibt es noch weitere Rebsorten, die früher ab und an in Deutschland zu finden waren, oft Neuzüchtungen, die im Versuchsanbau zu finden waren, dann aber züchterisch nicht weiter verfolgt wurden.

| Rebsorte | weiße Rebsorten |
| **Rebsorte** | rote Rebsorten |

Acolon ... gelegentlich als „Cabernet Acolon" bezeichnet. Weinsberger Neuzüchtung aus Lemberger und Dornfelder. Eine der neuen Sorten, die Rotweine im „Cabernettyp" erbringen sollen. Fand recht schnelle Verbreitung (fast 500 Hektar), insbesondere in Württemberg, aber auch in Rheinhessen und der Pfalz, vereinzelt auch in Franken (Roth) zu finden. Reinsortige Weine erinnern im Bouquet deutlich an rote Johannisbeeren. Hat (bisher) noch keine denkwürdigen Weine erbracht, ab und an einige gute barriqueausgebaute Weine, meist aus Württemberg. Wird häufig für Cuvées genutzt.

Albalonga ... in den fünfziger Jahren in Würzburg als Kreuzung aus Rieslaner und Silvaner gezüchtet. Kaum verbreitet, findet man sie am ehesten noch in Franken (z.B. Staatlicher Hofkeller, Trockene Schmitts) oder Rheinhessen (z.B. Göhring). Kann ganz exzellente edelsüße Weine ergeben, die ein wenig an Rieslaner erinnern, auch trocken ausgebaut findet man Anklänge an Grapefruit, wie beim Rieslaner.

André ... in den sechziger Jahren in der ehemaligen Tschechoslowakei aus Blaufränkisch und Sankt Laurent gekreuzt. Einige wenige Hektar im Anbau in Sachsen und Saale-Unstrut (Pawis, Kloster Pforta), häufiger in Mähren zu finden. Die wenigen von uns bisher verkosteten Weine wiesen – bei feiner Frucht – eine deutliche Säure auf.

Arnsburger ... Geisenheimer Neuzüchtung aus zwei Rieslingklonen, benannt nach Kloster Arnsburg in Hessen. Hat sich in Deutschland nicht durchgesetzt, nur noch ganz wenige Anbauflächen. Auf Madeira wird Arnsburger für trockene Weine verwendet, reinsortig oder in Cuvées. Auch in Neuseeland findet man ein klein wenig Arnsburger.

Auxerrois ... Rebsorte aus der Burgunderfamilie, die vor allem im Kraichgau und an der Badischen Bergstraße (Seeger), sowie in der Südpfalz (heute auch immer häufiger im Norden der Pfalz) anzutreffen ist, auch an der Obermosel. Bereits seit den siebziger Jahren auch in Franken bei Schloss Sommerhausen zu finden (immer wieder bemerkenswert der Sekt!). Außerhalb Deutschlands vor allem im Elsass verbreitet, wo sie früher oft einfach als „Pinot Blanc" bezeichnet wurde, heute immer häufiger als „Pinot Blanc Auxerrois". Auch in Luxemburg von Bedeutung. Findet sich heute vereinzelt in fast allen deutschen Anbaugebieten – mit steigender Beliebtheit, so in Rheinhessen (Gutzler, Hedesheimer Hof, Manz, Gröhl), an der Nahe (Crusius) oder in Württemberg (Hirth), auch im Breisgau (Wöhrle, Huber, Frey), am Kaiserstuhl (Knab, Fischer, Höfflin) und am Bodensee (Aufricht). Bei reifen Trauben ergeben sich recht stoffige Weine mit ausgeprägtem Bouquet und kräftiger Frucht (meist markanter als beim verwandten → Weißburgunder), aber niedriger Säure.

Bacchus . . . in den sechziger Jahren am Geilweilerhof durch Kreuzung von (Silvaner x Riesling) mit Müller-Thurgau entstanden hat Bacchus in kurzer Zeit in fast allen deutschen Weinbaugebieten Einzug gehalten. Größere Anbauflächen gibt es in Rheinhessen und der Pfalz, aber nur in Franken hat Bacchus ein eigenständiges Profil entwickelt mit interessanten Weinen. In Franken erfreut sich Bacchus bei Neuanlagen weiter großer Beliebtheit, während der Anbau in den anderen Anbaugebieten rückläufig ist. Bacchus profitiert sehr von kühler, langsamer Vergärung, die ausgeprägte Aromen zu Tage bringt, manchmal Anklänge an Johannisbeeren. Wird auch in Franken selten trocken ausgebaut, oft halbtrocken, gelegentlich edelsüß bis hin zur Trockenbeerenauslese.

Baron . . . pilzresistente Neuzüchtung aus Freiburg, gelegentlich in Cuvées zu finden.

Blauburger . . . österreichische Neuzüchtung aus Portugieser und Blaufränkisch. In Österreich auf etwa 1000 Hektar im Anbau, in Deutschland einige wenige Hektar im Versuchsanbau, vor allem in Franken (z.B. bei Schloss Sommerhausen, Hofmann). Ergibt recht füllige Weine bei zurückhaltender Frucht.

Blauer Frühburgunder . . . siehe → Frühburgunder.

Blauer Limberger . . . ampelografisch korrekte Bezeichnung des → Lemberger.

Blauer Portugieser . . . siehe → Portugieser.

Blauer Silvaner . . . Mutation des Grünen Silvaners, die sich von diesem lediglich durch die Rotfärbung der Beeren unterscheidet. Sehr selten zu finden (etwa 20 ha), vor allem in Franken z.B. bei Schloss Sommerhausen (die Rebschule Steinmann betreut die Rebsorte seit 1964), Zehnthof und Horst Sauer in Franken oder bei der Hahnmühle an der Nahe. Im Geschmack nicht vom Grünen → Silvaner zu unterscheiden, durch Maischestandzeiten ist eine leicht rötliche Färbung des Weines möglich. Erfreut sich derzeit steigender Beliebtheit.

Blauer Spätburgunder . . . siehe → Spätburgunder.

Blauer Wildbacher . . . alte Rebsorte, vermutlich aus dem Heunisch hervorgegangen. Früher auch in Deutschland verbreitet, heute vor allem in der Weststeiermark, wo sie den Schilcher genannten Wein ergibt. An der Hessischen Bergstraße (wo die Rebsorte früher als „Willbacher" bekannt war) von den Bergsträsser Winzern in Zusammenarbeit mit der Forschungsanstalt Geisenheim versuchsweise angebaut.

Blauer Zweigelt . . . siehe → Zweigelt.

Blaufränkisch . . . in Österreich übliche Bezeichnung für → Lemberger, gelegentlich auch in Deutschland (außerhalb Württembergs) auf dem Etikett zu finden, z.B. in Franken (Roth, Bürgerspital), in der Pfalz (Immengarten Hof) oder auch in Baden (Dütsch, jetzt auch bei Seeger, Klumpp).

Bolero . . . pilzresistente Neuzüchtung aus Geisenheim, eine Kreuzung aus Rotberger und Reichensteiner die weitergekreuzt wurde mit der Sorte Chancellor. Bisher nur einzelne Versuchspflanzungen.

Bronner . . . pilzresistente Neuzüchtung aus Freiburg, gekreuzt aus Merzling und Rondo. 4 Hektar im Versuchsanbau, vor allem in Baden, auch in Franken, oft in Cuvées mit anderen pilzresistenten Rebsorten zu finden („Bacat"), gelegentlich auch sortenrein anzutreffen.

Cabernet Blanc . . . pilzresistente Neuzüchtung aus der Schweiz, gekreuzt aus Cabernet Sauvignon und einer Hybridsorte. Inzwischen auch sortenrein in Deutschland immer häufiger zu finden, oft bei biologisch arbeitenden Betrieben. Nicht zu verwechseln mit einer in Australien zu findenden Mutation des Cabernet Sauvignon mit hellen Beeren, die den Namen Shalistin erhalten hat.

Cabernet Cantor . . . pilzresistente Neuzüchtung aus Freiburg, trotz des Namens keine Cabernet-Kreuzung.

Cabernet Carbon . . . pilzresistente Neuzüchtung aus Freiburg, vereinzelt in Baden zu finden.

Cabernet Carol . . . pilzresistente Neuzüchtung aus Freiburg (aus Cabernet Sauvignon und Solaris), ergibt farbintensive Weine mit Kraft und Tanninen.

Cabernet Cortis . . . pilzresistente Neuzüchtung aus Freiburg (ebenfalls aus Cabernet Sauvignon und Solaris), bisher vor allem in Cuvées verwendet.

Cabernet Cubin . . . Weinsberger Neuzüchtung aus Lemberger und Cabernet

Sauvignon, die – obwohl erst seit 1998 im Versuchsanbau – derzeit rasche Verbreitung findet. Stellt hohe Anforderungen an die Lage und ergibt kraftvolle Rotweine. Bisher überwiegend für Cuvées verwendet, oft mit überzeugenden Ergebnissen (z.B. Cuvée Ernst Combé von Wachtstetter, Cuvée Nobilis von Gerhard Leiss), aber auch reinsortig sehr interessant, wie z.B. bei Stallmann-Hiestand in Rheinhessen, Schäfer-Heinrich und Medinger in Württemberg oder Immengarten Hof in der Pfalz.

Cabernet Dorio . . . Weinsberger Neuzüchtung aus Dornfelder und Cabernet Sauvignon, die deutliche Cabernet Sauvignon-Noten hervorbringt mit intensivem Duft, der manchmal an Cassis erinnert. Bisher selten reinsortig zu finden, da meist in Cuvées verwendet. Hat (bisher) reinsortig noch keine denkwürdigen Weine erbracht.

Cabernet Dorsa . . . wie der Cabernet Dorio eine Weinsberger Neuzüchtung aus Dornfelder und Cabernet Sauvignon. Im Bouquet Anklänge an rote Beeren (Johannisbeeren), ergibt fruchtbetonte, meist unkomplizierte Weine mit intensivem Bouquet. Sehr beliebt auch in Cuvées. Interessante Weine vor allem in Rheinhessen, in Cuvées (Manz), aber auch reinsortig (Stallmann-Hiestand, Kreichgauer). In der Pfalz als Cuvéebestandteil beim Weingut Pfeffingen, reinsortig beim Weingut Fitz-Ritter. Etwa 250 Hektar im Anbau.

Cabernet Franc . . . gelegentlich findet man diese Rebsorte in Deutschland, die ihre Hauptverbreitungsgebiete in Frankreich hat, an der Loire (Bourgeuil, Chinon, Saumur) und in Bordeaux (wo sie meist als komplementäre Sorte zu → Cabernet Sauvignon und → Merlot in Cuvées genutzt wird). In Deutschland vor allem in der Pfalz, z.B. bei Knipser, Minges, als Bestandteil im Bordeaux-Blend Claret bei Pfleger, im Steinsatz von Schneider, reinsortig bei Matthias Gaul, außerhalb der Pfalz bei Schnaitmann in Württemberg, immer öfter auch in Rheinhessen und in Baden, z. B. bei Fritz und Martin Waßmer.

Cabernet Jura ... pilzresistente Neuzüchtung aus der Schweiz, dort in einigen Kantonen zu finden, inzwischen auch erste Anpflanzungen in Deutschland, z.B. beim Thüringer Weingut Bad Sulza.

Cabernet Mitos . . . Weinsberger Neuzüchtung aus Lemberger und Cabernet Sauvignon, die Weine im Cabernettyp erbringen soll. Bisher meist in Cuvées verwendet, überzeugend bei Egon Schmitt.

Cabernet Sauvignon . . . Einer der Stars der internationalen Weinszene, der von Bordeaux bis Kalifornien in fast allen Weinbauregionen der Welt zu finden ist. In Deutschland erst seit wenigen Jahren im Anbau, vor allem in Baden, der Pfalz (Knipser, Minges, Horcher, Kuhn, Wegner, Corbet) und Rheinhessen (Groh), aber auch in Württemberg (Aldinger) an der Ahr (Kreuzberg, Burggarten) und in Baden (Martin Waßmer). Ganz stark auch bei Luckert (Franken), reinsortig wie in der Cuvée. Zunehmend bessere Ergebnisse. Braucht eine lange Vegetationsperiode, weshalb er in manchen Jahren nicht ganz ausreift. Zeigt dann Anklänge an grüne Paprika. Reifer Cabernet weist hingegen deutliche Cassisaromen auf. Gelegentlich wird er nach Bordeaux-Vorbild in Cuvées mit → Merlot und/oder → Cabernet Franc genutzt.

Cabertin . . . Schweizer Neuzüchtung aus Pinot Noir, pilzresistent, bei einigen ökologisch arbeitenden Betrieben im Anbau.

Calandro . . . pilzresistente Neuzüchtung des Geilweilerhofes aus Domina und Regent.

Carmina . . . wie Domina eine Kreuzung aus Portugieser und Spätburgunder. Zuletzt noch beim Fürstlich Castell'schen Domänenamt in Cuvées verwendet, inzwischen gerodet.

Chardonel . . . Neuzüchtung aus Geneva (New York) aus Seyval Blanc und Chardonnay, pilzresistent; bei einigen biologisch arbeitenden Winzern für Cuvées verwendet.

Chardonnay . . . die vielleicht international renommierteste Weißweinsorte hat weltweite Verbreitung gefunden. In den letzten Jahren hat ihr Anbau in Deutschland stark zugenommen (sie wurde erst in den neunziger Jahren für deutsche Anbaugebiete zugelassen). Vor allem in Baden, der Pfalz und in Rheinhessen hat sie starke Zuwachsraten zu verzeichnen, aber auch in allen anderen deutschen Weinbaugebieten ist sie immer häufiger anzutreffen. Man mag stehen zu der Sorte wie man will, anerkennen muss man, dass sie sehr gute Weine ergeben kann. Auch in Deutschland. Jahr für Jahr gibt es mehr bemerkenswerte deutsche Chardonnay, aus Baden (wo er inzwischen vom VDP für Große Gewächse zugelassen ist) und der Pfalz vor allem, auch in Franken (Fürst, Zehnthof), Württemberg (Dautel, Haidle) und Rheinhessen (Wittmann), mit oder ohne Barriqueausbau. 1.500 Hektar sind in Deutschland mittlerweile mit Chardonnay bestockt.

Verzeichnis der Rebsorten

Chasselas . . . französische Bezeichnung für → Gutedel, gelegentlich auch auf deutschen Etiketten zu finden (Schlossgut Ebringen).

Chenin Blanc . . . die wichtigste Rebsorte an der Loire, aber auch in Südafrika, erbringt bei maßvollen Erträgen sowohl trockene wie edelsüße Spitzenweine. In Deutschland im Versuchsanbau bei Stigler in Ihringen, reinsortig und als Cuvée mit Sauvignon Blanc, auch bei Bercher.

Clevner . . . Mutation des Spätburgunders, die seit dem Mittelalter in Württemberg bekannt ist (insbesondere in der Gegend um Heilbronn). Wird neuerdings immer öfter auch als Frühburgunder bezeichnet. Im Geschmack jedoch weniger markant als der Frühburgunder (von der Ahr oder von Fürst aus Bürgstadt), was sicherlich mit an den Böden liegt. Der Württemberger Clevner ähnelt mehr dem Spätburgunder. Interessant bei Adelmann. Bitte beachten: In der Ortenau wird der → Rote Traminer auch als Clevner bezeichnet.

Dakapo . . . in den siebziger Jahren in Geisenheim aus Deckrot und Portugieser gekreuzt. Wird (bisher) meist als Deckrotwein verwendet, ist gelegentlich aber auch sortenrein zu finden, z.B. bei Rothweiler an der Hessischen Bergstraße. In Cuvées z.B. bei Frick im Markgräflerland – und ohne Kennzeichnung in manch dunklem deutschen Spätburgunder.

Deckrot . . . in Freiburg aus Grauburgunder und Färbertraube gekreuzt. Wird ausschließlich zur Farbaufbesserung anderer Rotweine verwendet (und ist sicherlich für manch dunklen deutschen Spätburgunder verantwortlich).

Domina . . . in den zwanziger Jahren am Geilweilerhof aus Portugieser und Spätburgunder gezüchtet. Erfreut sich steigender Beliebtheit in verschiedenen deutschen Anbaugebieten. Das Gros der knapp 400 Hektar findet man in Franken. Von dort kommen auch die bisher interessantesten Weine, sowohl reinsortig (Zehnthof, Markert), als auch in Cuvées, oft mit Spätburgunder (Fürst, Ruck, Störrlein). Außerhalb Frankens immer häufiger zu finden, ohne jedoch bisher so überzeugende Weine wie in Franken zu erbringen.

Dornfelder . . . bereits in den fünfziger Jahren entstandene Weinsberger Kreuzung aus Helfensteiner und Heroldrebe, hat ihre Eltern an Beliebtheit weit hinter sich gelassen und ist der Fläche nach die Nummer 2 unter den roten Rebsorten (über 8.000 Hektar im Anbau). Auch wenn „Connaisseurs" die Nase rümpfen – Dornfelder kann sehr interessante Weine erbringen, vor allem auch barriqueausgebaut. Allerdings führte die Beliebtheit der Rebsorte im letzten Jahrzehnt dazu, dass immer höhere Hektarerträge erzeugt wurden – was bei Dornfelder leicht möglich ist – und die Weine immer früher abgefüllt werden; inzwischen aber ist der Boom vorbei.

Dunkelfelder . . . einst auf Grund seiner dunklen Farbe als Deckrotwein genutzt, findet man ihn in letzter Zeit immer häufiger auch reinsortig (gut 300 Hektar). Vor allem in der Pfalz und in Rheinhessen (z.B. bei Gallé) zeigt er, dass er, gerade auch barriqueausgebaut, gute Ergebnisse bringen kann. Interessant auch in Cuvées, z.B. bei Schmitt (Duca XI).

Ehrenbreitsteiner . . . Geisenheimer Neuzüchtung, Kreuzung aus Ehrenfelser und

Reichensteiner. Kaum verbreitet, zuletzt noch etwa 10 Hektar im Anbau, hauptsächlich in Rheinhessen.

Ehrenfelser ... in den zwanziger Jahren in Geisenheim aus Riesling und Silvaner gezüchtet. Stark rückläufig im Anbau (noch etwa 65 Hektar), am ehesten noch an der Hessischen Bergstraße. Ergibt fruchtbetonte Weine mit feiner Säure, eignet sich gut für edelsüße Weine.

Elbling . . . auch: **Weißer Elbling**. In früheren Jahrhunderten weit verbreitet, findet man Elbling heute vor allem an der Obermosel und in Sachsen. Die Weine sind recht neutral im Geschmack, niedrig im Alkohol und oft säurebetont. Wird häufig zu Sekt verarbeitet (Dostert, Frieden-Berg, Steinmetz).

Faberrebe ... in den zwanziger Jahren in Alzey aus Weißburgunder und Müller-Thurgau gezüchtet. Sie ergibt interessante Weine mit dezentem Muskatbouquet. Recht häufig in den Weinbergen in Rheinhessen und der Pfalz zu finden, seltener als Rebsortenbezeichnung auf Etiketten. Meist süß oder edelsüß zu finden, selten einmal trocken ausgebaut. Im Anbau stark rückläufig, die Rebfläche hat sich in den vergangenen fünf Jahren halbiert, aber immer noch 450 Hektar sind mit Faberrebe bestockt.

Färbertraube ... wird fast ausschließlich als Deckrotwein verwendet.

Findling ... Mutation des Müller-Thurgau. Kann faszinierende edelsüße Weine ergeben, jedoch selten zu finden, am ehesten an der Mosel (Hermes), beim Espenhof in Rheinhessen.

Fontanara ... Veitshöchheimer Neuzüchtung, Kreuzung aus Rieslaner und Müller-Thurgau. Früher gelegentlich in Franken zu finden, hat sich nicht durchgesetzt.

Freisamer ... 1916 in Freiburg aus Silvaner und Grauburgunder gezüchtet. Heute fast nur in Südbaden – insbesondere im Markgräflerland – zu finden, auch als Sekt. Als Cuvée-Bestandteil im „Malterer" von Bernhard Huber.

Frühburgunder . . . auch: **Blauer Frühburgunder**, gelegentlich auch als Pinot Madeleine oder Pinot Noir Précoce bezeichnet. Mutation des Blauen Spätburgunders, reift deutlich vor dem → Spätburgunder aus, daher der Name. Führte lange Jahre nur ein Außenseiterdasein (nur noch 15 Hektar in den sechziger Jahren), war am ehesten noch am Untermain, in der Gegend von Ingelheim, bei Heilbronn und an der Ahr zu finden. Erfreut sich derzeit aber steigender Beliebtheit (260 Hektar), eigentlich in allen deutschen Anbaugebieten. Frühburgunder ergibt sehr eigenständige Weine – mit Wiedererkennungswert. Jahr für Jahr interessantere Weine von der Ahr, ganz faszinierend in Franken der „R" von Fürst, dazu Zehnthof, Walter, Höfling, Stich. Im Rheingau immer häufiger zu finden; erste interessante Weine auch in Rheinhessen, in der Pfalz (Kuhn, Schumacher), an der Nahe und in Württemberg (Schnaitmann), wo er in der Gegend von Heilbronn seit langem als → Clevner bekannt ist. Auch in Baden zu finden, an der Hessischen Bergstraße, an der Mosel (Römerhof, Pauly, Richard Richter).

Früher Malingre ... Im 19. Jahrhundert in der Nähe von Paris aus Sämlingen gezogen, in Deutschland zugelassen, von Bedeutung als Tafeltraube und in der Reb-züchtung.

Frühroter Malvasier . . . in Österreich noch weit verbreitet, wird sie heute in Deutschland fast gar nicht mehr ange-baut. Noch einige wenige Hektar im An-bau in Rheinhessen.

Gänsfüsser . . . diese vor 500 Jahren be-rühmteste Rebsorte der Pfalz ist auf Grund ihrer Ertragsschwäche nach und nach aus den Weinbergen verschwunden. Heute wird sie wieder betreut vom Staatswein-gut mit Johannitergut in Mußbach.

Garanoir . . . anfangs Granoir genannt. Eine im Weinbauinstitut Changin am Gen-fer See entstandene Kreuzung aus Gamay Noir und Reichensteiner. Wird in Deutsch-land ausschließlich bei Kuhnle in Strümp-felbach im Remstal angebaut.

Gelber Muskateller . . . seit dem Mittelal-ter in Deutschland bekannt, heute etwa 250 Hektar, am häufigsten am Kaiserstuhl zu finden (Heger), in der Ortenau (Laible), auch an der Nahe (Korrell), in der Pfalz (Müller-Catoir, Rebholz, Brenneis-Koch, Schaefer), in Württemberg (Neipperg, Ki-stenmacher-Hengerer), Rheinhessen und Franken (Michael Fröhlich), bei Huber auch als Sekt. Von trocken bis edelsüß in vielen Spielarten zu finden.

Gelber Orleans . . . alte Rebsorte, die we-gen ihrer späten Reife nicht mehr ange-baut wurde. Früher (in gemischt stehen-den Weinbergen) oft am Rande des Weinbergs angepflanzt, um potentielle Diebe mit den unreifen Trauben abzu-schrecken. Bei Knipser in der Pfalz zu fin-den, auch bei Breuer im Rheingau.

Gewürztraminer . . . in fast allen deut-schen Anbaugebieten als Spezialität zu fin-den, außerhalb Deutschlands vor allem im Elsass, in Südtirol (vom Ort Tramin rührt der Name her) und in Osteuropa. Das Bouquet erinnert häufig an Rosen. Gewürztraminer eignet sich auch sehr gut für edelsüße Weine. Sowohl für trockene als auch für edelsüße Weine wird das Potenzial der Reb-sorte in Deutschland – anders im Elsass und in Südtirol – zu wenig genutzt. Nur wenige Erzeuger bringen Jahr für Jahr sehr gute Gewürztraminer auf die Flasche (z.B. Gla-ser-Himmelstoß, Laible, Pix, Schnaitmann, Scheu).

Goldriesling . . . Elsässer Züchtung aus Riesling und einer französischen Tafeltrau-be. In Deutschland vor allem in Sachsen und Saale-Unstrut zu finden. Ergibt recht neutrale Weine.

Grauburgunder . . . auch: **Grauer Burgun-der, Ruländer**, international als Pinot Gris bezeichnet (Pinot Grigio in Italien). Eine der wenigen Weißweinsorten in Deutschland, die im Anbau zulegt (über 5.000 Hektar). Als Ruländer (meist süß ausgebaut) nicht mehr gefragt, hat die Namensänderung – zusam-men mit der Stiländerung – einen gewal-tigen Boom ausgelöst. Das Gros der Spitzen-weine kommt derzeit vom Kaiserstuhl, aber auch in der Pfalz, in Rheinhessen, im Mark-gräflerland, in Franken und an der Nahe fin-det man immer häufiger Spitzenweine.

Grüner Veltliner . . . neben Riesling die bekannteste Rebsorte in Österreich. In Deutschland bei fast zwei Dutzend Betrie-ben im Versuchsanbau (13 Hektar), z.B. in Franken beim Weingut LandArt, bei Ger-hard Klein in der Pfalz oder Karlheinz Kel-ler in Rheinhessen.

Grüner Silvaner ... siehe → Silvaner.

Gutedel ... auch: **Weißer Gutedel**. Die Hauptrebsorte im badischen Markgräflerland, sonst aber kaum noch in Deutschland zu finden (ein wenig an Saale und Unstrut). Ergibt jung zu trinkende Weine mit verhaltenen Aromen. Durch kühle, langsame Vergärung gibt es neuerdings etwas ausdrucksstärkere Weine. In den letzten Jahren häufig auch edelsüß zu finden. Verbreitet in der Schweiz, wo er Fendant oder Chasselas (nach einem Ort in Burgund) genannt wird. In geringem Umfang auch noch im Elsass zu finden, mehr im Südwesten Frankreichs. Größte Anbauflächen in Rumänien (13.000 Hektar) und Ungarn (6.000 Hektar).

Hecker ... pilzresistente Neuzüchtung, bei einigen badischen Winzern im Versuchsanbau; auch als Tafeltraube angebaut, Ähnlichkeit mit Gutedel.

Hegel ... Weinsberger Kreuzung aus Heroldrebe und Helfensteiner. Ergibt leichte unkomplizierte Rotweine. Bei einigen Betrieben in Württemberg, vor allem im Remstal im Versuchsanbau, auch in Baden.

Helfensteiner ... in den dreißiger Jahren in Weinsberg aus Frühburgunder und Trollinger gezüchtet. Ergibt leichte Rotweine und ist heute nur noch selten zu finden.

Helios ... pilzresistente Neuzüchtung aus Freiburg, die man gelegentlich vor allem bei ökologisch wirtschaftenden Betrieben findet, z.B. bei Stutz.

Heroldrebe ... Kreuzung aus Portugieser und Lemberger, im Anbau rückläufig. Er-

gibt leichte, fruchtbetonte Weine mit deutlicher Säure. Vor allem in der Pfalz und in Württemberg noch zu finden. Am interessantesten als „Rosé".

Heunisch ... Weißer Heunisch. Alte Rebsorte, bis ins 19. Jahrhundert in Mitteleuropa weit verbreitet (in Frankreich als Gouais Blanc bekannt), heute noch Restbestände in Osteuropa. Wurde vom Weingut Georg Breuer wieder neu angepflanzt.

Hibernal ... pilzresistente Weißweinzüchtung (Kreuzung aus Seibel 7053 und Riesling), kaum verbreitet. Die von uns bisher verkosteten wenigen Weine zeigten sowohl im Bouquet als auch im Mund deutliche Anklänge an Johannisbeeren (ähnlich wie manchmal bei Scheurebe).

Hölder ... in den fünfziger Jahren in Weinsberg aus Riesling und Grauburgunder gezüchtet, benannt nach Friedrich Hölderlin. War in den achtziger Jahren häufiger bei einigen Württemberger, Badischen und Pfälzer Weingütern (im Versuchsanbau) zu finden, heute aber bedeutungslos, nur noch wenige Hektar im Anbau; reinsortig bei der Winzervereinigung Freyburg.

Huxelrebe ... in den zwanziger Jahren in Alzey aus Gutedel und der französischen Tafeltraube Courtillier Musqué gezüchtet und benannt nach dem Winzer Fritz Huxel aus Westhofen, der sie durch seine Anbauversuche bekannt gemacht hat. Hat sich als Spezialität vor allem in Rheinhessen etabliert, wo sie meist für edelsüße Weine genutzt wird. Häufiger auch in der Pfalz zu finden, aber auch in anderen deutschen Anbaugebieten gelegentlich anzutreffen, z.B. bei Brennfleck (Franken), Rothenbach (Rheingau) oder Rainer Schlumberger (Baden).

Irsay Oliver . . . ungarische Züchtung aus den dreißiger Jahren. Einige Anpflanzungen in Sachsen und Saale-Unstrut.

Johanniter . . . pilzresistente Neuzüchtung aus Freiburg (Muttersorte: Riesling), die man immer häufiger vor allem bei ökologisch wirtschaftenden Betrieben findet, inzwischen auf 100 Hektar angebaut. Ergibt Weine mit kräftiger Säure und erinnert im Bouquet etwas an Johannisbeeren und Holunder, manchmal auch an Melone.

Juwel . . . Weinsberger Neuzüchtung der fünfziger Jahre aus Kerner und Silvaner, vor allem in Rheinhessen, auch in Württemberg. Selten reinsortig zu finden.

Kanzler . . . in den zwanziger Jahren in Alzey aus Müller-Thurgau und Silvaner gekreuzte Züchtung, findet man heute am ehesten in Rheinhessen. Kanzler ergibt körperreiche Weine und eignet sich besonders gut für edelsüße Weine.

Kerner . . . aus Trollinger und Riesling gekreuzte Traube, war bis in die neunziger Jahre hinein sehr beliebt in allen deutschen Regionen. Heute ist sie überall im Anbau rückläufig, wobei immer noch über 3.000 Hektar Weinberge mit Kerner bepflanzt sind. Dabei ergibt sie interessante (auch edelsüße) Weine, vor allem in Franken und im Remstal. Auch barriqueausgebaut immer wieder interessante Ergebnisse.

Kernling . . . Mutation des → Kerner mit rötlicher Beerenhaut. In verschiedenen Anbaugebieten gelegentlich zu finden, z.B. beim Thüringer Weingut Bad Sulza.

Klingelberger . . . in der Ortenau übliche Bezeichnung für den → Riesling.

Lagrein . . . wichtige Rebsorte in Südtirol, die gerbstoffreiche Weine ergibt. Versuchsweise schon länger bei einigen deutschen Weingütern zu finden, inzwischen auch reinsortige Weine (z.B. Karlheinz Keller, Egon Schmitt, Bergdolt Reif & Nett).

Lemberger . . . auch: **Blaufränkisch**, Blauer Limberger. Die im Burgenland als Blaufränkisch bekannte Rebsorte ist vor allem in Württemberg und im nördlichen Baden (Kraichgau, Badische Bergstraße, z.B. Seeger, Hummel, Klumpp, Burg Ravensburg) von Bedeutung, wo sie recht körperreiche, dichte Rotweine ergibt. Vereinzelt inzwischen auch in anderen deutschen Anbaugebieten zu finden, so in der Pfalz (Knipser, Kuhn), in Rheinhessen (Knobloch), am Kaiserstuhl (Fischer) und in Franken (Roth). Die größten Anbauflächen liegen in Ungarn, Österreich, Slowenien und Tschechien. Auch als Cuvéepartner interessant, wie viele Winzer im Burgenland unter Beweis stellen (dort oft Cuvées mit Zweigelt oder Cabernet Sauvignon). Auch in Württemberg gibt es einige sehr gute Cuvées, z.B. den Ypsilon von Haidle (Lemberger mit Zweigelt und Acolon). Gelegentlich auch als edelsüßer Weißherbst zu finden.

Léon Millot . . . pilzresistente Züchtung von 1911 aus Colmar. Gilt als Hybride und darf nur als Tafelwein vermarktet werden, z.B. bei Stutz.

Malbec . . . die aus Südwestfrankreich (z.B. Madiran) bekannte Rebsorte, der Star in Argentinien, ist im Versuchsanbau auch in Deutschland zu finden (Peth-Wetz, Stachel).

Maréchal Foch . . . wie Léon Millet eine pilzresistente Züchtung von 1911 aus Colmar. Gilt als Hybride und darf nur als Tafelwein vermarktet werden.

Mariensteiner . . . Würzburger Neuzüchtung aus Silvaner und Rieslaner, ist heute nur noch ganz selten in Franken oder Rheinhessen zu finden.

Merlot . . . ist derzeit überall auf der Welt sehr beliebt. Auch in Deutschland bauen viele Winzer inzwischen Merlot an, vor allem in der Pfalz und in Rheinhessen. 560 Hektar inzwischen, in allen deutschen Anbaugebieten immer öfter zu finden. Sehr beliebt derzeit im Remstal, wo erste sehr überzeugende Weine entstanden sind (z.B. bei Aldinger, Klopfer, Schnaitmann, Zimmerle). Immer überzeugend auch beim Zehnthof (Franken), bei Groh (Rheinhessen), relativ neu als Spitzencuvée von Graf Neipperg (S.E.). Wird sicherlich in den nächsten Jahren weiter zulegen. International oft nach Vorbild von Bordeaux in Cuvées mit → Cabernet Sauvignon und/oder → Cabernet Franc genutzt (in Deutschland z.B. die Cuvée X von Knipser).

Merzling ... Merzling ist eine pilzresistente Weißweinzüchtung (aus dem Jahr 1960) aus Freiburg, die vereinzelt in Baden, aber auch in der Pfalz, in Franken und in Rheinhessen zu finden ist.

Monarch . . . pilzresistente Neuzüchtung aus Freiburg (aus Solaris und Dornfelder).

Morio Muskat . . . einst wegen ihrer Muskatnoten beliebte Neuzüchtung aus Silvaner und Weißburgunder (nach ihrem Züchter Peter Morio benannt) hat in den letzten Jahren stark im Anbau abgenommen. Die

Weine zeichnen sich durch ihr ausgeprägtes Muskatbouquet aus. Ende der achtziger Jahre gab es weit über 2.000 Hektar in Deutschland, davon ist heute ein Fünftel übriggeblieben, vor allem in Rheinhessen, Pfalz, Franken (Baldauf) und an der Mosel.

Müllerrebe ... siehe → Schwarzriesling

Müller-Thurgau . . . immer öfter auch: Rivaner. Lange Jahre die am meisten verbreitete Rebsorte in Deutschland, ist Müller-Thurgau seit einigen Jahren stark rückläufig. Mit 13.000 Hektar liegt sie immer noch an Nummer 2 in der Rebsortenstatistik. In vielen Regionen wird sie heute auch in Cuvées verwendet oder als „Rivaner" bezeichnet. Nur in Franken pflegt man „den Müller" als regionale Sorte und von dort kommen auch die interessantesten Weine. Je nach Bodentyp fallen die Weine sehr unterschiedlich aus, gelegentlich weisen sie eine dezente Muskatnote im Bouquet auf, manchmal erinnern sie auch ein wenig an Aprikosen. Auch für edelsüße Weine gut geeignet.

Muscaris . . . pilzresistente Neuzüchtung aus Freiburg, gekreuzt aus Solaris und Muskateller, mit deutlicher Muskatnote, gelegentlich reinsortig zu finden, auch edelsüß.

Muskateller ... siehe → Gelber Muskateller.

Muskat-Lemberger . . . neuer Name: → Wildmuskat. Faszinierende Lemberger-Variante mit deutlicher Muskatnote, nur beim Amalienhof in Württemberg zu finden. Erbringt hohe Mostgewichte (regelmäßig im Auslesebereich) und erscheint mir trocken ausgebaut (auch im Barrique) besonders interessant.

Muskat Ottonel ... wegen der Schwierig-keiten im Anbau spielt Muskat-Ottonel nur eine Außenseiterrolle und hat nicht die Bedeutung des → Gelben Muskatellers. Am ehesten findet man ihn im Markgräflerland (z.B. Lämmlin-Schindler), selten einmal am Kaiserstuhl, an der Nahe, in Rheinhessen oder in der Pfalz.

Muskatsylvaner ... früher vor allem in der Steiermark genutzter Name für → Sauvignon Blanc, gelegentlich auch auf deutschen Etiketten zu finden, z.B. bei Schloss Sommerhausen.

Muskattrollinger ... eine Spielart des → Trollinger. Zeichnet sich – wie der Name sagt – durch eine ausgeprägte Muskatnote aus; gleichzeitig erinnert die Frucht an Trollinger (oft deutliche Kirschnote). Er wird derzeit wieder häufiger in Württemberg angebaut und ergibt meist leichte, säurebetonte Rotweine, auch als Sekt interessant, zeigt gelegentlich aber auch Kraft und Statur, z.B. bei Adelmann, Kistenmacher-Hengerer.

Nebbiolo ... Rotweinsorte aus Piemont, bisher nur einzelne Reben im Versuchsanbau in Deutschland, z.B. in der Pfalz (beim Weingut Brenneis-Koch) und in Baden.

Neronet ... tschechische Neuzüchtung, vor allem in Tschechien zu finden, gelegentlich in Deutschland.

Nobling ... Freiburger Neuzüchtung aus Silvaner und Gutedel, ist außerhalb des Markgräflerlandes kaum zu finden. Dort ist Nobling weit verbreitet. Nobling ergibt meist recht neutrale Weine (Ausnahme z.B. bei Frick, teils mit burgunderartiger Fülle) und wird auch zur Sektbereitung ge-

nutzt. Immer überzeugend: Der Sekt von Dörflinger, auch der von Frick.

Optima ... Neuzüchtung, wird wegen ihrer frühen Reife oft für Federweißer genutzt. Als Wein findet man sie meist süß oder edelsüß ausgebaut, z.B. bei Karlheinz Schneider an der Nahe oder Bunzelt in Franken; stark rückläufig.

Orion ... Neuzüchtung vom Geilweilerhof, gekreuzt in den sechziger Jahren aus Optima und Villard Blanc, pilzresistent.

Ortega ... einst in allen deutschen Anbaugebieten beliebt, findet man sie heute immer seltener, meist edelsüß ausgebaut. Dabei gibt es in Deutschland noch 550 Hektar Weinberge mit Ortega. Weist oft deutliche Zitrusfruchtnoten (Grapefruit, auch Orangenschalen) auf. Kann exzellente edelsüße Weine ergeben, mit Säure und Spiel. Vor allem in Rheinhessen, der Pfalz, an der Mosel und in Franken.

Osteiner ... Geisenheimer Neuzüchtung, gekreuzt in den zwanziger Jahren aus Riesling und Silvaner, zeitweise einige wenige Hektar in verschiedenen deutschen Anbaugebieten.

Palas ... eine der sechs Weinsberger Rotweinzüchtungen, die 1999 der Öffentlichkeit vorgestellt wurden, weniger erfolgreich als die anderen. Diese Kreuzung aus Trollinger und der Rubintraube (Mutation des Schwarzrieslings) ergibt farbintensive Rotweine.

Perle ... die in den zwanziger Jahren aus Gewürztraminer und Müller-Thurgau gekreuzte Rebsorte konnte sich nach anfänglichen Anbauerfolgen in verschiedenen Regionen (insbesondere Franken) nicht durchsetzen und ist heute nur noch selten zu finden (knapp 30 Hektar), vor allem in Rheinhessen und Franken (Saaletal).

Petit Verdot . . . rote, spätreifende Sorte aus Bordeaux, die dort nur eine untergeordnete Rolle in Cuvées spielt. Geringe Anpflanzungen versuchsweise in Deutschland (Aldinger, Peth-Wetz). Inzwischen weltweit zu finden, vor allem in Australien (relativ viele reinsortige Weine), aber auch in Spanien, Italien, Südafrika, Chile, Argentinien und Kalifornien, eigentlich überall dort, wo man „Bordeaux Blends" erzeugt.

Phoenix . . . pilzresistente Neuzüchtung vom Geilweilerhof (Kreuzung aus Bacchus und Seyve Villard 12-375), die Weißweine mit dezentem Muskataroma ergibt. Seit 1994 für Rheinland-Pfalz und Saarland als erste pilzresistente Rebsorte klassifiziert.

Pinotage . . . Südafrikanische Neuzüchtung aus Cinsault (damals in Südafrika gelegentlich Hermitage genannt) und Pinot Noir, in Südafrika weit verbreitet: Inzwischen versuchsweise auch in Deutschland angebaut, beim Staatsweingut Weinsberg, auch in der Pfalz.

Pinotin . . . Schweizer Neuzüchtung aus Pinot Noir, pilzresistent, gelegentlich auch sortenrein zu finden (z.B. Thüringer Weingut Bad Sulza), mit interessanten Ergebnissen.

Pinot Blanc . . . internationale Bezeichnung für → Weißer Burgunder, inzwischen hin und wieder auf deutschen Etiketten zu finden (schon lange bei Koehler-Ruprecht).

Pinot Grigio . . . italienische Bezeichnung für → Grauer Burgunder, einige Male auch auf deutschen Etiketten zu finden.

Pinot Gris . . . internationale Bezeichnung für → Grauburgunder, ab und an auf deutschen Etiketten zu finden (z.B. bei Koehler-Ruprecht).

Pinot Madeleine . . . in Frankreich übliche Bezeichnung für → Frühburgunder, heute gelegentlich auf deutschen Etiketten zu finden.

Pinot Meunier . . . internationale Bezeichnung für → Schwarzriesling, heute immer öfter auch auf deutschen Etiketten zu finden.

Pinot Noir . . . internationale Bezeichnung für → Spätburgunder, heute immer öfter auch auf deutschen Etiketten zu finden.

Pinot Noir Précoce . . . gelegentlich benutzte Bezeichnung für → Frühburgunder.

Portugieser . . . auch: **Blauer Portugieser**. Lange Jahre war Portugieser im Anbau rückläufig, weil er zu farbschwache Rotweine ergibt. Mit dem allgemeinen Rotweinboom stieg kurzzeitig auch wieder die Anbaufläche von Portugieser, nimmt inzwischen aber stark ab (3.800 Hektar). Vor allem in Rheinhessen und der Pfalz ist er verbreitet, aber auch in anderen deutschen Weinbauregionen ist er zu finden. Einige Winzer zeigen, dass bei Ertragsbeschränkung sehr interessante Rotweine möglich sind. Recht wenig genutzt wird noch das Potential der Rebsorte für Rosés. Auch barriqueausgebaute Portugieser können recht interessant sein (z.B. bei Keth, Gallé in Rheinhessen, Schneider, Langenwalter in der Pfalz). Außer in Deutschland ist Portugieser insbesondere im Donauraum verbreitet, vor allem in Ungarn, Kroatien, Slowenien und Österreich.

Primera . . . pilzresistente Rebsorte aus Geisenheim, die einen recht neutralen Wein ergibt.

Prinzipal . . . pilzresistente Neuzüchtung, bisher ganz selten anzutreffen (am ehesten in Rheinhessen). Die wenigen von uns bisher verkosteten Weine fielen durch – eher unangenehme – blumig-duftige Noten im Bouquet auf.

Prior . . . pilzresistente Neuzüchtung aus Freiburg, bei einigen Ökoweingütern im Anbau, ist uns bisher aber noch nicht reinsortig begegnet.

Reberger . . . pilztolerante Neuzüchtung des Geilweilerhofes aus Regent und Lemberger, seit kurzem gelegentlich auch reinsortig zu finden.

Regent . . . Pilzresistente Sorte, die sich in allen Anbaugebieten steigender Beliebtheit erfreut, nicht nur bei Ökowinzern, über 2.000 Hektar inzwischen. Liegt heute bei Neuanpflanzungen an erster Stelle, noch vor Dornfelder. Vom Geilweilerhof aus Diana (Geilweilerhof-Züchtung aus Silvaner und Müller-Thurgau) und Chambourcin gekreuzt. Einigen wenigen sehr guten Weinen (meist barriqueausgebaut), die wir in den letzten Jahren probieren konnte, z.B. Heid, Siglinger und Jürgen Ellwanger in Württemberg, Schmitt in der Pfalz, Kühn, Walter und Felshof in Franken, WG Auggen und Winter in Baden, stehen viele allzu einfache, manchmal aufdringlich duftige Weine gegenüber.

Regner . . . in den zwanziger Jahren in Alzey gezüchtet. Ergibt weiche etwas säurearme Weine mit ganz leichter Muskatnote. Der Großteil der heute etwa 30 Hektar steht in Rheinhessen. Die Weine zeigen eine dem Müller-Thurgau ähnliche dezente Muskatnote. Recht selten reinsortig zu finden (z.B. bei Georg Jung).

Reichensteiner . . . Geisenheimer Neuzüchtung aus den dreißiger Jahren. Knapp 80 Hektar noch im Anbau (Tendenz weiter abnehmend), vor allem in Rheinhessen, aber auch an der Mosel.

Rieslaner . . . die in den zwanziger Jahren in Würzburg aus Silvaner und Riesling gekreuzte Sorte hat sich als Spezialität in Franken etabliert, vor allem für süße und edelsüße Weine. Auch in der Pfalz (Pfeffingen, Müller-Catoir, Schaefer, Kuhn) und in Rheinhessen (Klaus Keller), insgesamt etwa 80 Hektar im Anbau. Auch trocken manchmal sehr gut, interessanter aber edelsüß, wo Rieslaner große Weine erbringen kann.

Riesling . . . auch: **Weißer Riesling**, **Klingelberger** (in der Ortenau). Riesling ist seit einigen Jahren die meistangebaute Rebsorte in Deutschland. Grund hierfür ist der starke Rückgang bei der bisherigen Nummer Eins, dem Müller-Thurgau. Denn Riesling selbst ist im Anbau leicht rückläufig. Riesling kann von trocken bis edelsüß exzellente Weine ergeben. Außerhalb Deutschlands gibt es nennenswerten Rieslinganbau im Elsass, in Österreich, in Norditalien (Riesling Renano, nicht zu verwechseln mit Riesling Italico, dem Welschriesling), in Neuseeland und Australien.

Rivaner . . . siehe → Müller-Thurgau.

Rondo . . . pilzresistente Neuzüchtung, in den sechziger Jahren in der ehemaligen

Tschechoslowakei aus St. Laurent und Zarya Severa (eine asiatische Rebe) gezüchtet. Wird heute in Geisenheim betreut und vor allem in Rheinhessen (Schönhals) bei einer Reihe von Winzern angebaut.

Rosenmuskateller . . . in Italien: Moscato Rosa. Vor allem in Südtirol gelegentlich anzutreffende Sorte. In Rheinhessen beim Weingut Jean Buscher.

Rotberger . . . in den zwanziger Jahren in Geisenheim aus Trollinger und Riesling gezüchtet, ist er vor allem an der Hessischen Bergstraße, im Rheingau und an der Ahr zu finden. Er ergibt recht hellrote Weine (Rosés), ähnlich dem Trollinger, und wird auch als Sekt ausgebaut.

Roter Elbling . . . nach dem deutschen Weingesetz als Weißwein klassifiziert, obwohl eher als Rosé anzusehen. Der Unterschied zum Weißen → Elbling liegt in der Verfärbung der Beeren. Die Mostgewichte sind ein klein wenig höher, die Säure ist ein klein wenig niedriger. Der Rote Elbling ist eine Spezialität der Obermosel.

Roter Gutedel . . . Mutation des Weißen → Gutedel, die in der deutschen Sortenliste als Weißwein geführt wird. Der Wein gleicht dem Weißen Gutedel, bei geringfügig niedrigerer Säure.

Roter Muskateller . . . Mutation des → Gelben Muskatellers, mit dunkleren Beeren. Recht selten anzutreffen.

Roter Riesling . . . Variante des Weißen → Riesling, dessen Beeren sich rotviolett verfärben. Bis ins 19. Jahrhundert in Deutschland im gemischten Anbau anzutreffen, seit 1996 von der Forschungsanstalt Gei-

senheim wieder betreut (z.B. bei Corvers-Kauter, Prinz, Bernhard Ellwanger).

Roter Traminer . . . auch Clevner (Ortenau). Spielart des → Gewürztraminers, die vor allem in der Ortenau und in der Steiermark zu finden ist. Immer interessant sind die Weine von Andreas Laible.

Rubinet . . . tschechische Neuzüchtung, vor allem in Tschechien zu finden, gelegentlich in Deutschland (in Cuvées).

Ruländer . . . früher übliche Bezeichnung für → Grauer Burgunder, noch heute gelegentlich auf Etiketten zu finden, vor allem für restsüße Weine.

Saint Laurent . . . siehe → Sankt Laurent.

Samtrot . . . wohl eine Mutation aus dem → Schwarzriesling, der vor allem in der Gegend um Heilbronn, aber auch im Remstal anzutreffen ist. Im Geschmack deutliche Verwandtschaft mit Spätburgunder und Schwarzriesling. Starke Weine z.B. von Wachtstetter, Zimmerle, Schnaitmann, Aldinger, Dautel, Kistenmacher-Hengerer, Weingärtner Bad Cannstatt oder Sonnenhof.

Sangiovese . . . wichtigste rote Sorte in der Toskana. Wird versuchsweise auch in Deutschland angebaut, manchmal reinsortig bei Philipp Kuhn.

Sankt Laurent . . . auch: **Saint Laurent**. Eine ursprünglich fast ausschließlich in der Südpfalz anzutreffende Sorte (ganz stark bei Bernhart, Jülg, Heiner Sauer), die inzwischen auch im Norden der Pfalz (Knipser, Kuhn, Castel Peter, Corbet, Eymann, Pfleger) und in Rheinhessen immer häufiger anzutreffen ist. Kleine Flächen auch in anderen deutschen Anbaugebieten, z.B. Kraichgau (Klumpp), Franken (Kühn), Württemberg (Heid, Weingut der Stadt Stuttgart), Nahe (Montigny, Closheim), Hessische Bergstraße (Rothweiler, Bergsträsser Winzer) oder Kaiserstuhl (Fischer). Insgesamt 670 Hektar im Anbau. Sie ergibt eigenständige Rotweine mit guter Substanz und eindringlicher Frucht, teils mit fleischigen Noten. In Zukunft sicherlich interessant auch für Cuvées (wie schon lange im Philipp L von Lergenmüller, inzwischen im Black Print von Schneider, als Juniorpartner auch im Steinsatz von Schneider). Im Burgenland weit verbreitet, auch in einigen osteuropäischen Ländern im Anbau.

Saphira . . . pilzresistente Weißweinneuzüchtung aus Geisenheim, die man bei einigen rheinhessischen Winzern (z.B. Schönhals) im Anbau findet. Aus Arnsburger (Kreuzung aus zwei Rieslingklonen) und Seyve Villard (Klon 1-72) gekreuzt. Im Bouquet sind die Weine eigenwillig blumig, im Mund dann recht neutral.

Sauvignon Blanc . . . Rebsorte von der Loire und aus Bordeaux, die weltweit verbreitet ist. In Deutschland seit 1830 beim Weingut Graf Wolff Metternich in Durbach angebaut. Heute mit rasantem Wachstum immer häufiger in Deutschland zu finden (etwa 750 Hektar), insbesondere in Baden (Ortenau, Kaiserstuhl, Bodensee), der Pfalz und in Rheinhessen; auch im Remstal erfreut er sich steigender Beliebtheit (wo er – angeblich – schon früher unter ihrem auch in der Steiermark verwendeten Namen Muskat-Sylvaner angebaut wurde). Ganz faszinierend bei Schnaitmann, Aldinger, Wöhrwag, beiden Ellwangers, Heid, Drautz-Able, Beurer; sehr gut auch bei Knipser, Kuhn, Mosbacher, von Winning, Zeter oder Weik. Leider allzu häufig bisher entweder recht neutrale oder aber blumige und süße (restsüße) Weine.

Sauvignon Gris . . . Spielart des Sauvignon Blanc, z.B. bei Knipser, Schloss Ortenberg.

Scheurebe . . . auch als Sämling 88 (in Österreich) bezeichnet. Zeichnet sich oft durch ihr Bouquet von schwarzen Johannisbeeren, auch Holunder und etwas Grapefruit aus. Für alle Weintypen geeignet, von trocken (Franken!, z.B. bei Ruck, Wirsching, Felshof, Knoll; aber auch bei Laible in der Ortenau, bei Schlumberger im Markgräflerland) bis edelsüß (Keller, Laible). Ganz brillant oft als Eiswein (z.B. bei Pfeffingen). In ganz Deutschland verbreitet mit noch 1.500 Hektar, im Anbau rückläufig.

Schönburger . . . vor allem in Rheinhessen gelegentlich anzutreffende Sorte, die im Bouquet ganz dezent an Muskat oder Traminer erinnert. Sie wurde in den dreißiger Jahren in Geisenheim gezüchtet; noch etwa 20 Hektar im Anbau.

Schwarzriesling . . . seltener auch: **Müllerrebe**. Der „Pinot Meunier" der Champagne wird in Deutschland vor allem in Württemberg, im Kraichgau (z.B. bei Hummel) und an der Badischen Bergstraße (Seeger) angebaut, auf knapp 2.200 Hektar. Auch in der Pfalz, in Rheinhessen und in Franken ist er immer häufiger zu finden. Schwarzriesling eignet sich auch sehr gut zur Sektherstellung.

Septimer . . . in den zwanziger Jahren in Alzey aus Gewürztraminer und Müller-

Thurgau gekreuzt. Heute kaum noch zu finden.

Shiraz ... siehe → Syrah.

Siegerrebe ... vor allem in Rheinhessen verbreitete Rebsorte (noch knapp 100 Hektar), die ganz exzellente edelsüße Weine ergeben kann, z.B. bei Neef-Emmich oder Knobloch in Rheinhessen. Recht würzig im Bouquet, trocken ausgebaut wenig interessant.

Silcher ... in den fünfziger Jahren in Weinsberg aus Kerner und Silvaner gezüchtet, benannt nach dem Komponisten Friedrich Silcher. Vereinzelt in Württemberg und Baden zu finden (Versuchsanbau).

Silvaner ... auch: **Grüner Silvaner** oder **Sylvaner**. Silvaner, früher auch als „Franken" oder „Österreicher" bezeichnet, verdrängte im 19. Jahrhundert den dominierenden Elbling aus den Weinbergen und war bis in die sechziger Jahre des 20. Jahrhunderts die wichtigste Rebsorte in Deutschland. In allen deutschen Anbaugebieten zu finden, mit Schwerpunkten in Rheinhessen („RS-Rheinhessen-Silvaner"), Franken, Pfalz und am Kaiserstuhl. Je nach Boden sehr verschieden im Geschmack, ergibt Silvaner sehr gute Tischweine und teils brillante edelsüße Weine (Franken, vor allem bei Horst Sauer, auch Schloss Schönborn, immer öfter auch in Rheinhessen). Außerhalb Deutschlands findet man Silvaner z.B. im Elsass, in der Schweiz, in Österreich, in Südtirol (Eisacktal), sowie in den meisten osteuropäischen Weinbauländern.

Sirius ... Neuzüchtung vom Geilweilerhof, aus Bacchus und Villard Blanc, pilzresistent.

Solaris ... Neuzüchtung aus Freiburg, pilzresistent. Auch als Tafeltraube geeignet, zeichnet sich durch frühe Reife und hohe Mostgewichte aus. Bei einigen badischen Winzern im Anbau, reinsortig z.B. bei Schindler oder Engelhof, an der Mosel bei Ollinger-Gelz, in Sachsen beim weingut Drei Herren; inzwischen 100 Hektar im Anbau.

Souvignier Gris ... pilzresistente Neuzüchtung aus Freiburg, gekreuzt aus Cabernet Sauvignon und Bronner.

Spätburgunder ... auch: **Blauer Spätburgunder**, **Pinot Noir**, Blauburgunder. Die meistangebaute deutsche Rotweinsorte (knapp 12.000 Hektar). Ist in Baden und an der Ahr die Nummer 1 und in allen deutschen Anbaugebieten zu finden. Sehr bekannt ist der Spätburgunder aus Assmannshausen im Rheingau. Auch die Spätburgunder in der Pfalz bringen Jahr für Jahr überzeugende Ergebnisse, ebenso in Württemberg und in Franken (z.B. bei Fürst). Viele Spitzenweine kommen derzeit aus Baden. Noch zu wenig genutzt wird in Deutschland das Potential von Pinot Noir (eine der drei für die Erzeugung von Champagner genutzten Rebsorten) für Sekt. Sehr beliebt in Deutschland derzeit als „Blanc de Noir", das heißt weißgekeltert (was vielleicht daran liegt, dass man allzu viele Weinfreunde unter der Bezeichnung Weißherbst mit Abfallprodukten malträtiert hat).

Staufer ... pilzresistente Neuzüchtung vom Geilweilerhof aus Bacchus und Villard Blanc, bei einigen ökologisch arbeitenden Betrieben im Anbau.

Sylvaner ... in letzter Zeit häufiger anzutreffende Schreibweise für → Silvaner.

Syrah . . . gelegentlich auch: **Shiraz**. Rhone-Sorte, die schon lange in Übersee für Furore sorgt und in den letzten Jahren versuchsweise auch bei deutschen Winzern zu finden ist (vor allem in der Pfalz, z.B. bei Knipser – mit immer überzeugenden Weinen, bei Stortz-Nicolaus, Brenneis-Koch, Neiss, Stachel). Wird inzwischen auch in Württemberg (z.B. Jürgen Ellwanger, Bernhard Ellwanger, Schnaitmann, Wachtstetter, Funk), Rheinhessen (z.B. Kühling-Gillot) oder Baden (z.B. Fritz Waßmer, Hermann, Martin Waßmer) angebaut; knapp 50 Hektar im Anbau.

Tauberschwarz . . . früher auch als Blauer Hängling bekannt. Alte Rotweinsorte, die fast ganz verschwunden war, bevor sie wieder züchterisch betreut wurde. Sie ist ausschließlich im Taubertal zu finden, wo sie heute als Spezialität wieder häufiger angebaut wird (14 Hektar), z.B. bei Hofmann in Röttingen, wo man auch erstmals Tauberschwarz im Barrique ausgebaut hat, auch bei Benz in Beckstein. Sie ergibt leichte, recht helle Rotweine mit feinem Duft, bei Ertragsreduzierung sind kräftigere Weine möglich. Gelegentlich auch in Tschechien und Kroatien zu finden.

Tempranillo . . . die bekannte spanische Rotweinsorte findet sich in der Pfalz im Versuchsanbau. Reinsortiger Tempranillo z.B. beim Weingut Jürgen Leiner in der Südpfalz.

Trollinger . . . in Südtirol als Vernatsch (oder Schiava) in mehreren Spielarten bekannt, spielt Trollinger in Deutschland nur in Württemberg eine wichtige Rolle, wo er die meistangebaute Rebsorte ist. Ganz selten einmal in der Südpfalz anzutreffen. Manche Erzeuger versuchen heute weichere, sanftere Weine zu erzeugen (durch malolaktische Gärung). Wir sehen das Potenzial von Trollinger vor allem darin „internationale Roséweine" zu erzeugen, d.h. nicht die traditionellen Trollinger Weißherbste, sondern frucht- und farbintensivere Rosés, die mit typischem, feinen Kirschenduft bezaubern. Interessant auch als Sekt.

Urban . . . Blauer Urban. Alte Rebsorte, die wohl aus Süddeutschland oder Südtirol stammt, verwandt mit dem → Trollinger. Früher weit verbreitet, meist im Mischsatz angebaut. Reinsortig beim Weingut Adelmann.

Weißburgunder auch **Weißer Burgunder**, international als Pinot Blanc bezeichnet. Derzeit die weiße „In-Sorte" in Deutschland mit den stärksten Zuwachsraten von allen Weißweinsorten. In allen Anbaugebieten im Vormarsch mit zunehmend interessanteren Weinen, auch barriqueausgebaut, aus vielen Anbauregionen. Die meisten Topweine kommen derzeit vom Kaiserstuhl, aber auch sonst in Baden sehr gute Ergebnisse, wie z.B. im Markgräflerland. Immer besser werden auch Weißburgunder aus der Südpfalz und aus Franken. Außerhalb Deutschlands vor allem im Elsass und in Norditalien (Südtirol, Trentino, Friaul, Franciacorta) zu finden, aber auch in Österreich und den meisten osteuropäischen Anbaugebieten.

Weißer Gutedel . . . siehe → Gutedel.

Weißer Riesling . . . siehe → Riesling.

Wildmuskat . . . von Gerhard Strecker (Weingut Amalienhof, Württemberg) nach Aussaat von 200.000 Lemberger-Kernen über Jahre hinweg selektiert. Der erste Wein kam 1991 in den Verkauf, unter dem Namen → Muskat-Lemberger. Da dieser Name vom Bundessortenamt abgelehnt wurde, kommt der Wein seit 2003 als Wildmuskat auf den Markt. Hohe Mostgewichte und Extrakte sind typisch für den Wildmuskat, ebenso die deutliche, namensgebende Muskatnote. Der Amaliehof bietet Jahr für Jahr sehr interessante Weine an, trocken wie restsüß. Unser Favorit: Barriqueausgebauter Wildmuskat!

Würzer ...in den dreißiger Jahren in Alzey aus Gewürztraminer und Müller-Thurgau gekreuzt. Vor allem in Rheinhessen noch zu finden, mit feinem Bouquet, das manchmal etwas an Muskat, ein anderes Mal wieder mehr an Traminer erinnert. Gutes Potential für edelsüße Weine. Noch 60 Hektar im Anbau, stark rückläufig.

Zähringer . . . Freiburger Kreuzung aus Traminer und Riesling. Hat sich nicht durchgesetzt und ist heute so gut wie gar nicht mehr zu finden.

Zweigelt ...auch: **Zweigeltrebe**, **Blauer Zweigelt**. In den zwanziger Jahren in Klosterneuburg in Österreich aus Blaufränkisch und Sankt Laurent gekreuzt. Erfolgreichste Neuzüchtung in Österreich, wo sie vor allem im Burgenland angebaut wird. Immer häufiger auch in Ungarn zu finden. In Deutschland vor allem bei einzelnen Winzern in Württemberg (insbesondere im Remstal) im Anbau, wo sie sowohl reinsortig als auch in Cuvées sehr interessante Weine ergibt (z.B. bei Haidle, Jürgen Ellwanger oder Zimmerle). Auch im Anbaugebiet Saale-Unstrut zu finden mit immer besser werdenden Weinen, z.B. bei Gussek; über 100 Hektar im Anbau.

Verzeichnis der Orte

A

Achkarren
Weingut Engist
Weingut Michel
Adolzfurt
Weingut Birkert
Weingut Borth
Altenahr
Weingut Sermann-Kreuzberg
Alzenau
Weingut Bernd Höfler
Alzenau-Michelbach
Weingut Heilmann
Alzey-Weinheim
Weingut Marx
Weingut Gysler
Angelbachtal-Michelfeld
Weingut Reichsgraf u. Marquis zu
    Hoensbroech
Appenheim
Weingut Bischel
Weingut Eberle-Runkel
Weingut Franz
Weingut Gres
Wein- und Sektgut Hofmann
Weingut Knewitz
Weingut Schweickardt
Aspisheim
Wein- und Sektgut Hothum
Assmannshausen
Weingut August Kesseler
Weingut Robert König
Weingut Krone
Auen
Weingut Hees
Auernhofen
Ökologischer Weinbau Krämer
Winzerhof Stahl
Auggen
Winzergenossenschaft Auggen
Ayl
Weingut Peter Lauer
Weingut Margarethenhof

B

Bacharach
Weingut Toni Jost – Hahnenhof
Weingut Martina & Dr. Randolf
    Kauer
Weingut Bernhard Praß
Bad Dürkheim
Weingut Daniel Aßmuth
Weingut Bärenhof
Weingut Brenneis-Koch
Weingut Darting
Weingut Fitz-Ritter
Weingut Hensel
Weingut Isegrim-Hof
Weingut Ernst Karst & Sohn
Weingut Castel Peter
Weingut Pfeffingen - Fuhrmann-
    Eymael
Weingut Pflüger
Weingut Egon Schmitt
Weingut Karl Schaefer
Weingut Karl Wegner & Sohn
Weingut Zumstein
Bad Kösen
Landesweingut Kloster Pforta
Bad Kreuznach
Staatsweingut Bad Kreuznach
Weingut Korrell - Johanneshof
Weingut St. Meinhard
Bad Krozingen-Schlatt
Weingut Fritz Waßmer
Weingut Martin Waßmer
Bad Neuenahr-Ahrweiler
Weingut J.J. Adeneuer
Weingut Peter Kriechel
Weingut Nelles
Weingut Sonnenberg
Bad Sobernheim
Weingut Karlheinz Schneider & Sohn
Bad Sulza
Thüringer Weingut Bad Sulza
Baden-Baden (Neuweier)
Weingut Holger Dütsch
Weingut Schloss Neuweier

Baden-Baden (Varnhalt)
Gut Nägelsförst
Baiersbronn
Weinfamilie Fendt
Bechtheim
Weingut Jean Buscher
Weingut Dreißigacker
Weingut Kurt Erbeldinger & Sohn
Weingut Johann Geil I Erben
Weingut Heinrich Groh
Weingut Dr. Koehler
Weingut Machmer
Weingut Runkel
Weingut Scultetus-Brüssel
Weingut Spiess, Riederbacherhof
Weingut Weinreich
Bechtolsheim
Weingut Winzerfamilie Flick
Beilstein
Weingut Sankt Annagarten
Bensheim
Domäne Bergstraße
Bensheim-Auerbach
Weingut Rothweiler
Bermersheim
Geil's Sekt und Weingut
Weingut Neef-Emmich
Weingut Peth-Wetz
Bermersheim vor der Höhe
Weingut Hauck
Bernkastel-Kues
Weingut Dr. Loosen
Weingut Dr. Pauly-Bergweiler
Weingut Wwe Dr. H. Thanisch -
    Erben Müller-Burggraef
Weingut Wwe Dr. H. Thanisch -
    Erben Thanisch
Weingüter Wegeler
Bernkastel-Wehlen
Weingut Heribert Kerpen
Weingut Markus Molitor
Weingut Karl O. Pohl
Weingut Joh. Jos. Prüm
Weingut S. A. Prüm

Verzeichnis der Orte

Weingut Klaus **Böhme**

Kleinbottwar (Steinheim)

Weingut Graf **Adelmann**

Weingut **Forsthof**

Weingut Reinhard **Schäfer**

Klingenberg

Weingut der Stadt **Klingenberg**

Weingut Wolfgang **Kühn**

Weinbau **Stritzinger**

Klingenmünster

Stiftsweingut Frank **Meyer**

Weingut **Porzelt**

Klotten

Weingut Theo **Loosen**

Klüsserath

Weingut **Kirsten**

Weingut Franz-Josef **Regnery**

Kobern-Gondorf

Vereinigte Weingüter **Dötsch-Haupt**

Weingut **Gerlachs Mühle**

Köndringen

Weingut **Zalwander**

Konz-Filzen

Weingut **Reverchon**

Konz-Oberemmel

Weingut **Agritiushof**

Weingut von **Hövel**

Weingut **Willems-Willems**

Korb

Weingut **Singer**

Weingut **Zimmerle**

Kreuzwertheim

Weingut Fürst **Löwenstein**

Kröv

Weingut Bernd **Hermes**

Weingut H.-J. **Junglen**

Weingut Christian **Klein**

Weingut **Staffelter Hof**

Kronau

Weingut Rudolf **Bosch**

Kürnach

Weinbau **Rumpel & Schömig**

Kürnbach

Weingut **GravinO**

Weingut **Plag**

L

Lahr

Weingut Stadt Lahr – Familie **Wöhrle**

Lambsheim

Weingut Lukas **Krauß**

Landau-Godramstein

Weingut **Münzberg**

Landau-Mörlheim

Weingut **Rothmeier**

Landau-Mörzheim

Weingut **Klundt**

Weingut Dr. Andreas **Kopf**

Weingut Jürgen **Stentz**

Landau-Nußdorf

Weingut Emil **Bauer**

Weingut **Lergenmüller**

Weingut Theobald **Pfaffmann**

Langenlonsheim

Weingut Konrad **Closheim**

Weingut & Gästehaus **Honrath**

Weingut Bgm. Willi **Schweinhardt**

Weingut Wilhelm **Sitzius**

Weingut **Tesch**

Weingut **Im Zwölberich**

Laubenheim

Weingut Sascha **Montigny**

Lauda-Königshofen

Weingut **Benz**

Laufen

Privat-Weingut H. **Schlumberger**

Weingut Rainer **Schlumberger**

Lauffen

Weingut **Eberbach-Schäfer**

Weingut Michael **Schiefer**

Laumersheim

Weingut **Knipser**

Weingut Philipp **Kuhn**

Weingut **Zelt**

Leimen

Weingut Adam **Müller**

Weingut **Seeger**

Leingarten

Weingut **Hirsch**

Leinsweiler

Weingut **Siegrist**

Leiwen

Weingut Klaus **Berweiler-Merges**

Weingut **Grans-Fassian**

Weingut **Köwerich**

Weingut **Loersch-Eifel**

Weingut Carl **Loewen**

Weingut Josef **Rosch**

Weingut **St. Nikolaus-Hof**

Weingut **Sankt Urbans-Hof**

Weingut Heinz **Schmitt**

Wein- und Sektgut Heinz **Schneider**

Riesling-Weingut Alfons **Stoffel**

Weingut O. **Werner** & Sohn

Leutenbach-Weiler zum Stein

Weingut **Wagner**

Lieser

Weingut Sybille **Kuntz**

Weingut **Schloss Lieser**

Weingut Rudolf **Pauly**

Weingut Ludwig **Thanisch**

Weingut Ulrich **Schumann**

Löchgau

Weingut Fritz **Funk**

Lösnich

Weingut Gebr. **Simon**

Löwenstein

Weingut **Bihlmayer**

Weingut **Zipf**

Lorch

Weingut **Altenkirch**

Weingut Graf von **Kanitz**

Weingut Paul **Laquai**

Weingut Wilhelm **Mohr** Erben

Weingut Karl **Ottes**

Lottstetten-Nack

Weingut Susanne & Berthold **Clauß**

Ludwigsburg

Weingut des Hauses **Württemberg**

Ludwigshöhe

Weingut Brüder Dr. **Becker**

Verzeichnis der Orte

Weingut Lamberth

M

Maikammer
Weingut Dengler-Seyler
Weingut Hollerith
Wein- und Sektgut Immengarten Hof
Weingut Stefan Schwaab
Weingut Erich Stachel
Mainstockheim
Winzerhof Burrlein
LandArt Weinbau
Mainz-Hechtsheim
Marcus Clauß, Weinkollektion
Weingut Schneider – Mirjam
    Schneider
Malsch
Weingut Becker
Weingut Bös
Wein & Sektgut Bernd Hummel
Malterdingen
Weingut Bernhard Huber
Mannweiler-Cölln
Weingut Hahnmühle
Margetshöchheim
Weingut Scheuring
Marienthal (Ahr)
Weingut Paul Schumacher
Maring-Noviand
Weingut Bollig - Mühlenhof
Weingut Markus Fries
Weingut Steffen-Prüm
Martinsthal
Diefenhardt'sches Weingut
Mauchen (Schliengen)
Weingut Lämmlin-Schindler
Mayschoß
Weingut Deutzerhof
Weingut Josten & Klein
Winzergenossenschaft Mayschoß
Meddersheim
Wein- und Sektgut Karl-Kurt
    Bamberger
Weingut Helmut Hexamer

Meersburg
Weingut Aufricht
Staatsweingut Meersburg
Mehring
Classisches Weingut Hoffranzen
Meisenheim
Weingut Reinhold Barth
Meißen
Weingut Schloss Proschwitz
Weingut Vincenz Richter
Merdingen
Kalkbödele – Weingut der
    Gebrüder Mathis
Weingut St. Remigius
Mertesdorf
Weingut Erben von Beulwitz
Weingut Karlsmühle
C.v. Schubert Weingut Maximin
    Grünhaus
Weingut vanelkan
Mettenheim
Weingut Becker
Weingut Sander
Weingut Schmitt
Minheim
Weingut Christoph Koenen
Weingut Molitor – Rosenkreuz
Mommenheim
Weingut Werther-Windisch
Monsheim
Weingut Karl-Hermann Milch
Monzernheim
Weingut Helmut Geil
Weingut Weedenbornhof
Monzingen
Weingut Alt
Weingut Emrich-Schönleber
Weingut Udo Weber
Morscheid
Weingut Reichsgraf von
    Kesselstatt
Mülheim
Weingut Bauer
Weingut Becker-Steinhauer

Weingut Bottler
Weingut Dr. Leimbrock - C. Schmidt
Weingut Max Ferd. Richter
Müllheim
Weingut Hermann Dörflinger
Weingut Hans Engler
Weingut Schindler
Müllheim-ZunZingen
Weingut Dr. Schneider
Münster-Sarmsheim
Weingut Carl Adelseck
Weingut Göttelmann
Weingut Kruger-Rumpf

N

Nackenheim
Weingut Gunderloch
Naumburg
Winzerhof Gussek
Naumburg -Rossbach
Weingut Fröhlich-Hake
Neef
Weingut Amlinger & Sohn
Neuleiningen
Weingut Sonnenberg
Neumagen-Dhron
Weingut A.J. Adam
Neustadt
Staatsweingut mit Johannitergut
Weingut Frank John
Weingut Johann F. Ohler
Weingut Oliver Zeter
Neustadt-Diedesfeld
Weingut Corbet
Weingut Stortz-Nicolaus
Neustadt-Duttweiler
Weingut Bergdolt St. Lamprecht
Weingut Bergdolt-Reif & Nett
Neustadt-Gimmeldingen
Weingut Christmann
Weingut Mugler
Neustadt-Haardt
Weingut Müller-Catoir
Neustadt-Hambach

Verzeichnis der Orte

Verzeichnis der Orte

Verzeichnis der Orte

991

Verzeichnis der Orte

Walluf
Weingut J.B. Becker
Weingut Mehl
Walsheim
Weingut Karl Pfaffmann
Wehr
Weingut Stephan Steinmetz
Weil am Rhein
Weingut Claus Schneider
Weil am Rhein – Haltingen
Winzergenossenschaft Haltingen
Weiler
Weingut Edelberg
Weinolsheim
Weingut Eckehart Gröhl
Weingut Manz
Weinsberg
Staatsweingut Weinsberg
Weinstadt
Weingut Dobler
Weingut Bernhard Ellwanger
Weingut Idler
Weingut Wolfgang Klopfer
Weingut Knauß
Weingut Kuhnle
Weingut Jochen Mayer
Weingut Parfum der Erde
Weingut Siglinger
Weisenheim am Sand
Weingut Langenwalter
Westhofen
Weingut Hirschhof
Weingut Seehof – Ernst Fauth
Weingut Wechsler
Weingut Wittmann
Weyher in der Pfalz
Weingut Rudi Möwes
Weingut Valentin Ziegler Sohn
Wiesenbronn
Weinbau Hofmann
Weingut Roth
Wiesentheid
Weingut Fischer
Willanzheim

Weingut Hillabrand
Wiltingen
Weingut Johannes Peters
Weingut Hans Resch
Weingut Vols
Windesheim
Weingut Gebr. Kauer
Weingut Lindenhof
Weingut Werner Marx
Weingut Poss
Weingut Heinrich Schmidt
Weingut Rudolf Sinß
Winnenden
Weingut Siegloch-Klöpfer
Winningen
Weingut Fries
Weingut Freiherr von Heddesdorff
Weingut Heymann-Löwenstein
Weingut Reinhard & Beate Knebel
Weingut Rüdiger Kröber
Weingut Materne & Schmitt
Weingut Richard Richter
Winterbach
Weingut Jürgen Ellwanger
Wonsheim
Weingut Achenbach
Worms
Weingut Liebfrauenstift
Weingut Château Schembs
Weingut Spohr
Worms-Pfeddersheim
Weingut Burgunderhof
Weingut Goldschmidt
Weingut Dirk Wendel
Worms-Pfiffligheim
Weingut Karlheinz Keller
Würzburg
Bürgerspital zum Heiligen Geist
Staatlicher Hofkeller Würzburg
Weingut Juliusspital Würzburg
Weingut Am Stein - Ludwig Knoll

Z
Zeil am Main

Weingut Dr. Heigel
Zeilitzheim
Weingut Mößlein
Zell
Sekt- u. Weingut Stephan Fischer
Zell-Merl
Weingut Albert Kallfelz
Zellertal
Weingut Janson Bernhard
Weingut Klosterhof
Zellertal-Zell
Weingut Wick
Zeltingen
Weingut Ackermann
Wein- und Gästehaus Baum
Weingut Albert Gessinger
Weingut Selbach-Oster
Zornheim
Weingut Münzenberger
Zwingenberg
Weingut Simon-Bürkle

Champagner-App

Mehr als 4000 Champagner
bewertet und beschrieben

www.mondo-heidelberg.de